Weihnachten 1985

DAS GROSSE OBERÖSTERREICHISCHE FEUERWEHRBUCH

CHRISTOPH WAGNER

DAS GROSSE OBERÖSTERREICHISCHE FEUERWEHRBUCH

1190 ABBILDUNGEN, DAVON 71 IN FARBE

VERLAG CHRISTIAN BRANDSTÄTTER · WIEN–MÜNCHEN

BILDQUELLENNACHWEIS

Das Gros der Abbildungen dieses Buches wurde dankenswerterweise vom Archiv des Landes-Feuerwehrkommandos in Linz, den einzelnen Freiwilligen Feuerwehren und Persönlichkeiten des oberösterreichischen Feuerwehrwesens zur Verfügung gestellt.

Archiv Bayerische Versicherungskammer, München: S. 25
Archiv der Oberösterreichischen Versicherung: S. 33, 50, 51, 52
Archiv Rosenbauer: S. 22, 31, 59, 75, 78, 79, 80, 86, 89, 90, 91, 92, 96, 104, 109, 149
Foto Oswald, Graz: S. 21, 27, 35, 36, 54, 55, 56, 57, 58, 59, 82, 83, 117, 118
Kulturzeitschrift „Oberösterreich": S. 17
Herbert Pascottini, Graz: S. 62

EHBI Schickelberger, St. Florian: S. 87 oben
Zeitschrift der oberösterreichischen Feuerwehren: S. 17, 69
Aus folgenden Büchern wurden Illustrationen entnommen:
Ausstellungskatalog „1000 Jahre Oberösterreich": S. 17 rechts oben
„Das Feuerlöschwesen" von C. D. Magirus, Ulm 1877: S. 18, 20
„Die Geschichte der Feuerspritze bis 1945": S. 19, 20
Festschrift zum 100jährigen Bestand der FF Braunau, 1966: S. 65
Gedenkschrift der Freiwilligen Feuerwehr Linz zu ihrem 40jährigen Bestande, 1906: S. 107, 110
Bericht der FF der Waffenfabrik Steyr über das 40jährige Wirken, 1910: S. 117
Leitfaden für freiwillige Feuerwehren, Brünn 1897: S. 138, 139

Schutzumschlagbild: St. Florian von Johann Peter Schwanthaler d. Ä. in der Pfarrkirche Hohenzell.

Besonderer Dank gebührt Herrn Techn.-Rat Ing. Fritz Heiserer, der sein Archivmaterial und sein umfassendes Wissen in Feuerwehrbelangen zur Verfügung gestellt hat; ebenso Herrn Hans Gutjahr, der bei Bildbeschaffung und Recherche tatkräftig geholfen hat.

1. Auflage

Copyright © 1985 by Christian Brandstätter Verlag & Edition
Alle Rechte vorbehalten
Schutzumschlag: Hans Schaumberger, Wien
Redaktion: Brigitte Werner
Technischer Betreuer: Franz Hanns
Schrift: Garamond-Antiqua
Satz: Universitäts-Buchdruckerei Styria, Graz
Reproduktionen: Graphisches Atelier Laut, Wien
Druck- und Bindearbeit: OÖ. Landesverlag Ges.m.b.H., Linz
ISBN 3-85447-094-0

INHALT

ZUM GELEIT!

Unsere Feuerwehren haben nicht nur, wie dieses Buch recht eindrucksvoll zeigt, eine lange und interessante Geschichte, sondern sie sind heute notwendiger denn je. Bedingt durch die technologische Entwicklung, haben sie neben der Brandbekämpfung, die nur noch rund ein Fünftel aller Einsätze nötig macht, viele neue Aufgaben erhalten: zum Beispiel die einer „Umweltverschmutzungs-Wehr", wenn es etwa gilt, eine drohende Verseuchung des Grundwassers durch ausgelaufenes Öl zu verhindern.

Zur Bewältigung all dieser Aufgaben wird den Feuerwehrmännern neben Einsatzbereitschaft ein hohes Maß an fachlichem Können abverlangt. Allein die Tatsache, daß die Landes-Feuerwehrschule bereits mehr als 100.000 Kursteilnehmer gezählt hat, zeugt von der Tüchtigkeit der Feuerwehrkameraden. Neben der guten Ausrüstung, deren Anschaffung vom Land nach Kräften unterstützt wird, ist diese Tüchtigkeit und Qualifikation die Grundlage der erfolgreichen Bilanz: Jährlich werden Hunderte Menschenleben, Tausende Tiere und Sachwerte in Milliardenhöhe gerettet. Das Feuerwehrwesen stellt dabei ein erfolgreiches Beispiel für die fruchtbringende Zusammenarbeit zwischen dem aktiven und engagierten Bürger und der öffentlichen Hand dar. Mit dieser Einstellung werden wir auch die Herausforderungen der Zukunft, etwa im Bereich des Umweltschutzes, mit Erfolg bewältigen können.

Ich danke bei dieser Gelegenheit allen Kameraden für ihre Leistungsbereitschaft recht herzlich und verbinde damit den Wunsch, daß der erfolgreiche Weg des heimischen Feuerwehrwesens, wie er im vorliegenden Band eindrucksvoll dargestellt ist, auch in Zukunft zum Wohle der gesamten Bevölkerung seine Fortsetzung findet.

Dr. Josef Ratzenböck
Landeshauptmann

ZUM GELEIT!

Oberösterreichs Feuerwehren blicken auf eine stolze Geschichte zurück. Sie sind zur Abwehr von Katastrophen als Selbsthilfeorganisationen gegründet worden und diesem Auftrag über einen langen Zeitraum hin treu geblieben.

Im Laufe der vielen Jahrzehnte ihres Bestehens haben unsere Feuerwehren für die Allgemeinheit unentgeltlich Leistungen erbracht, die sich in Geld gar nicht ausdrücken lassen. Das Volksvermögen, welches durch Feuerwehreinsätze vor dem Untergang bewahrt worden ist, ließe sich vielleicht dem Wert nach abschätzen, der sicher mindestens ebenso wichtige Beitrag zur Sicherheit der Bevölkerung aber nicht.

Der Aufgabenbereich der Feuerwehren hat sich stark gewandelt, die Zahl der technischen Einsätze hat jene in der Brandbekämpfung weit überflügelt, immer häufiger werden Einsätze zur Abwehr von Schäden durch gefährliche Stoffe und zum Schutze unserer Umwelt notwendig. Diese Entwicklung hat Erscheinungsbild, Ausrüstung und Organisation der Feuerwehren enorm verändert. Mit Dankbarkeit kann festgestellt werden, daß unsere Feuerwehrmänner ihren Wissens- und Ausbildungsstand in hervorragender Weise den neuen Gegebenheiten angepaßt haben.

Der Gründungsgedanke der Feuerwehren, Mitmenschen in akuten Notsituationen zu helfen, ist, wie zahlreiche Einsätze Jahr für Jahr beweisen, unabhängig von allen Änderungen wach. Es ist mir daher ein echtes Bedürfnis, allen Feuerwehrmännern und den führenden Funktionären des Feuerwehrwesens für die stets bewiesene Einsatzbereitschaft zu danken. Anläßlich der Herausgabe des „Großen oberösterreichischen Feuerwehrbuches" bitte ich aber auch, den Dienst am Mitmenschen in bewährter Weise fortzusetzen.

Leopold Hofinger
Landesrat

ENTWICKLUNG UND AUFBAUARBEIT
IM OBERÖSTERREICHISCHEN FEUERWEHRWESEN

„Nur wer die Vergangenheit kennt und beachtet, wird die Zukunftsaufgaben der Feuerwehr erfolgreich meistern"; das soll ein Grundgedanke des „Großen oberösterreichischen Feuerwehrbuches" sein.

In der Entwicklung des oberösterreichischen Feuerwehrwesens sollen daher an dieser Stelle die Namen der Landes-Feuerwehrkommandanten seit der Gründung des Landes-Feuerwehrverbandes Oberösterreich genannt sein, die soviel zur Aufbauarbeit beigetragen haben.

Es sind dies:
August Göllerich 1869–1883
Dr. Johann Schauer 1884–1914
Dr. Rudolf Lampl 1914–1926
Fritz Heiserer 1927–1934
Direktor Sepp Pointner 1934–1939
Ludwig Bergthaller 1939–1942
Sepp Klimann 1942–1945
Dipl.-Ing. Franz Krajanek 1945–1948
Otto Kalab 1948–1950
Franz Hartl 1950–1970

Nach der Überwindung der Nachkriegsprobleme in den oberösterreichischen Feuerwehren und im Landes-Feuerwehrverband setzte wohl unter anderem die Pionierleistung von Landes-Feuerwehrkommandant Landesrat Franz Hartl mit dem großen Ausbau der Feuerwehrschule einen richtungweisenden Markstein. An seine zwanzigjährige erfolgtungweisenden Markstein. An seine zwanzigjährige erfolg-

reiche Funktionszeit erinnern sich betagte Feuerwehrkameraden heute noch gerne.

Die sprunghafte Zunahme von Aufgaben in der Katastrophenhilfe und bei technischen Einsätzen prägt das Gesicht der Feuerwehr von heute. Eine hochentwickelte Feuerlöschtechnik, verbunden mit einer Brandschutzausbildung in allen Spezialgebieten, gehören aufgrund neuzeitlicher Bauweisen, speziell im Betriebsbrandschutz, zum zentralen Schwerpunkt.

Das schrittweise Verbessern und Vermehren der Ausrüstung für diese beiden großen Aufgabengebiete und die Bildung von Stützpunkten kennzeichnen die letzten zwei Jahrzehnte. Der verbesserte Brandschutz und die erfolgreichere Brandbekämpfung, die durch die Einstellung von neuen, einheitlichen Tanklöschfahrzeugen und Löschfahrzeugen mit Bergeausrüstung ermöglicht wurden, trugen wesentlich dazu bei, daß allein im Jahre 1984 Werte von S 910,826.000.— durch Feuerwehreinsätze gerettet werden konnten.

Im Bereich des Katastrophenhilfsdienstes und der technischen Hilfeleistungen ist seit dem Hochwasser 1954 die landesgesetzliche Regelung mit dem Katastrophenhilfsdienst-Gesetz geschaffen worden. Den Anforderungen an die oberösterreichischen Feuerwehren und den oberösterreichischen Landes-Feuerwehrverband ist durch die Bildung von Stützpunkten für technische Einsätze, Sprengdienst, Strahlenmeßtrupps, Ölwehr-Donau, Atemschutzfahrzeuge, Tauchdienst, schwere Kranfahrzeuge, schwere Rüstfahrzeuge, Wasserdienst und Heuwehr Rechnung getragen worden. Bei Sturmschäden, Schneedruckkatastrophen, Hochwasser, Öleinsätzen – auch auf Gewässern – haben sich die genannten Stützpunkte als sehr brauchbar für überörtliche Einsätze erwiesen. Besonders in dem ganz neuen Aufgabenbereich der Gefährliche-Stoffe-Einsätze haben die oberösterreichischen Feuerwehren oft schwere Bewährungsproben bestanden: Sei es nun die Einrichtung „Ölwehr-Donau" mit den Stützpunkten entlang unserer Gewässer oder die leistungsstarken Atemschutzfahrzeuge: Sie alle haben sich bei Gefährliche-Stoffe-Einsätzen bereits vielfach bewährt. Die erforderliche Aufklärungsausbildung unter großer Bedachtnahme auf eine heile Umwelt liegt im Aufgabenbereich der Landes-Feuerwehrschule.

So kritisch am Anfang auch die Stützpunkte für schwere Kranfahrzeuge betrachtet wurden, hat doch die hohe Zahl an Einsätzen dieser Kranfahrzeuge bei Verkehrskatastrophen, Gefährliche-Stoffe-Einsätzen und bei Anforderungen in gefährlichen Situationen außerhalb der normalen Arbeitszeit und an Wochenenden ihren Einsatz gerechtfertigt. Das Katastrophenfondsgesetz des Bundes und Mittel des Landes-Katastrophenhilfsdienstes haben die Bildung dieser Einrichtung ermöglicht. Unsere Sorge besteht nun darin, diese Stützpunkte auch in den kommenden Jahren im benötigten und gebührenden Ausmaß erhalten zu können.

Ein nicht zu übersehender Meilenstein in der Entwicklung des oberösterreichischen Landes-Feuerwehrverbandes wird aber das zentrale Warn- und Alarmsystem für den Brand- und Katastrophenschutz und für die Zivile Landesverteidigung sein. Es hat sich tausendfach bewährt, da es bei der Alarmierung beträchtliche Zeit einspart. Daß dieses Warn- und Alarmsystem wie jedes hochtechnische Gerät ständig betreut werden muß, sei nur am Rande vermerkt.

Die oberösterreichischen Gemeinden, die dem Aufruf zu dieser großen Aktion gefolgt sind, verdienen mit ihren Feuerwehrkommandanten hohe Anerkennung und Dank für diese im Interesse ihrer Bürger gesetzte Tat, auch aus dem Blickwinkel der Zivilen Landesverteidigung.

Die oberösterreichische Landes-Feuerwehrleitung hat in all diesen Jahren ihre Lenkungsaufgaben mit einer gezielten Beihilfestrategie und Geräte-Aktionen wahrgenommen, so z. B. auch mit der neu geplanten Indienststellung von Gefährliche-Stoffe-Fahrzeugen bei Stützpunkten: Diese Fahrzeuge sollen in der Lage sein, die Gesamtladung eines verunglückten Schienen- bzw. Straßen-Tankfahrzeuges aufzunehmen. Wie groß aber das fachliche Wissen der Feuerwehrtechniker und Feuerwehrmänner im Fall derartiger Einsätze zu sein hat, kann jeder orientierte Feuerwehrfunktionär aufgrund eigener Erfahrungen, aus der Feuerwehr-Fachpresse und aus den Zeitungen entnehmen.

Die Herausgabe des „Großen oberösterreichischen Feuerwehrbuches", die Schaffung des Historischen Feuerwehrzeughauses St. Florian und die Durchführung der VIII. Internationalen Feuerwehrwettkämpfe, der V. Internationalen Wettbewerbe für die Jugendfeuerwehren und des XV. Internationalen Symposiums des CTIF in Vöcklabruck sind äußere Zeichen der Anerkennung und Wertschätzung für das, was die oberösterreichischen Feuerwehren zum Schutze von Land und Leuten leisten.

Der oberösterreichischen Landesregierung sei für diese Förderung in besonderer Weise gedankt.

Karl Salcher
Landesbranddirektor

DIE OBERÖSTERREICHISCHEN FEUERWEHREN
EIN HISTORISCHER ABRISS

IM ANFANG WAR DAS FEUER

Die Höhe der Kultur eines Volkes erkennt man unter anderem auch daran, inwieweit es bestrebt und imstande ist, seine wertvollsten Kulturgüter gegen Vernichtung durch das Feuer zu schützen.

Johann Wolfgang von Goethe

Feuer, das vom Himmel kommt

„Alle Dinge sind Austausch für Feuer, und das Feuer für alle Dinge." So begründete der griechische Philosoph Heraklit seine Meinung, daß das Feuer der Urstoff der Welt sei. In der Mythologie seines Heimatlandes spielte das Element des Feuers eine wichtige Rolle. Der Göttersohn Prometheus holte es gegen den Willen des Göttervaters Zeus vom Himmel. Er nahm einen langen Stengel Riesenfenchel und näherte sich damit dem vorbeifahrenden Sonnenwagen, so daß der Stengel Feuer fing. Mit diesem glimmenden „Urzündholz" entfachte Prometheus dann auf Erden das erste Feuer.

Daß das Feuer vom Himmel komme, glaubten keineswegs nur die Griechen; diese Vorstellung ist auch in der Mythen- und Sagenwelt des Alpenraums tief verwurzelt. Sie entbehrt auch nicht einer recht vernünftigen Grundlage. War es doch der Blitzschlag, durch den die Menschen erstmals mit dem Feuer Bekanntschaft schlossen. Feuer selbst anzufachen lernten sie ja erst verhältnismäßig spät, nämlich in der Jungsteinzeit um 3000 v. Chr. Damals kam ein anonymer genialer Kopf – möglicherweise durch Zufall – auf die Idee, Feuer durch Zusammenschlagen zweier Steine und den dadurch entstehenden Funkenflug zu entzünden.

Doch das Feuer erwies sich als eine recht zwiespältige Errungenschaft. Es wärmte zwar in der kalten Jahreszeit, ermöglichte es, rohe Speisen zu garen und damit wohlschmeckender zu machen, und sorgte für Licht in der Dunkelheit. Es war jedoch auch das Feuer, das ganze Dörfer dem Erdboden gleich machte, das von lodernder Fackel aus die Scheiterhaufen entzündete, das Ernten vernichtete und Existenzen zerstörte. Aus der Zeit vor etwa drei- bis viertausend Jahren sind uns noch heute Pilotenreste von Pfahlbauten erhalten. Sie stammen aus dem Gebiet der Salzkammergutseen und haben wohl einst als Stützen für die roh gezimmerten Holzhütten der Menschen des Hallstatt-Zeitalters gedient. Die Spitzen dieser Pfähle sind schwarz und verkohlt; ein zweifelsfreier Beweis für eine der ältesten Brandkatastrophen auf dem Gebiet des heutigen Oberösterreich.

So alt wie die Angst vor dem Feuer ist indessen auch der Wille, seine Macht zu zügeln, seine elementare Gewalt in den Griff zu bekommen. Diesem Willen entspringen die ersten Versuche, Brände zu bekämpfen. Solche Versuche gibt es vermutlich schon, seit das Feuer den Menschen nutzbar gemacht worden ist. Die älteste Darstellung des Feuerlöschens befindet sich auf einem Alabasterrelief, das in einem Palast bei Ninive gefunden wurde und um 850 v. Chr. entstanden ist. Assyrische Krieger schöpfen darauf bei der

15

Die Geschichte des Feuers beginnt mit der Prometheus-Sage, wie sie hier um 800 v. Chr. dargestellt wurde.

Belagerung einer Stadt Wasser mit Hilfe von überdimensionalen Kellen, um die Brandfackeln ihrer Gegner zu löschen. Aus dem Bereich des Kriegshandwerks stammen auch die ältesten Zeugnisse von Vorformen der Feuerleiter. Um 3000 v. Chr. wurden von den Ägyptern bereits zweiholmige Sprossenleitern verwendet. Und schon um 2450 v. Chr. kam ein ägyptischer Kriegstechniker auf die Idee, die Anstelleiter an einem Ende mit zwei Rädern zu versehen, wodurch man sie länger bauen und problemloser an die feindlichen Mauern heranführen konnte. Um die eigenen Befestigungsanlagen gewissermaßen „feuersicher" zu machen, empfahl später der griechische Taktiker Aineias, das Holzwerk mit einem Anstrich aus Essig zu „imprägnieren".

Auch der große Aristoteles, der von der Mathematik bis zur Dramatik in so vielen Bereichen Entscheidendes beigetragen hat, findet sich in der Geschichte der Brandbekämpfung. Er empfahl seinem Schüler Alexander dem Großen, zur Bekämpfung des Feuers einen „röhrenförmigen Schlauch" zu benützen, wie ihn die Taucher zum Atemholen verwenden.

Aristoteles verglich diese Urform des Feuerwehrschlauchs mit dem System eines Elefantenrüssels.

Es fällt auf, daß die ersten Errungenschaften eines gezielten Feuerschutzes durchwegs aus strategischen Interessen entstanden sind. Vielleicht liegt darin auch ein Teil jener Tradition, die bis heute anhält und den friedlichen „Männern ohne Waffen", was Organisationsform und Erscheinungsbild betrifft, einen militärischen Stempel aufgedrückt hat.

Die Siphonarii von Ovilava

Der Feuerwehrschriftsteller C. D. Magirus schrieb in seinem 1877 erschienenen Standardwerk über das „Feuerlöschwesen": „Die ältesten Nachrichten über Feuerlösch-Anstalten führen in's Alterthum zurück und betreffen zunächst die Feuerspritze, welche in ihrer primitivsten Form unbestreitbar schon vor Beginn unserer Zeitrechnung erfunden worden ist."

Was Magirus damit meinte, war eine zweizylindrige Kolbenpumpe mit Saug- und Druckventilen, wie sie der römische Schriftsteller Vitruvius beschreibt. Die sogenannte „Maschine des Ktesibios" war nichts anderes als eine bronzene Pumpe, die, so Vitruvius, „das Wasser in die Höhe treibt". Ob eine solche Pumpe auch in den römischen Provinzen Verwendung fand, ist nicht bekannt. Fest steht jedoch, daß es die römische Hauptstadt war, von der aus die ersten Errungenschaften der „Feuerwehrtechnik" über das Imperium Romanum verbreitet wurden. Und fest steht auch, daß der organisierte Löschtrupp eine römische Erfindung ist.

Um 24 v. Chr. gelang es dem Polizeidirektor von Rom sogar, mit Hilfe einer aus Sklaven gebildeten Feuerwehrtruppe beinahe eine Staatskrise heraufzubeschwören, indem er den Kaiser beschuldigte, er sei nicht einmal imstande, Rom vor Feuersbrünsten zu bewahren. Kaiser Augustus wollte diesen Vorwurf entkräften und ließ 1200 Freigelassene für den Feuerlöschdienst anwerben. Sie könnte man als erste öffentliche Feuerwehr der Weltgeschichte bezeichnen. Und ihre innere Struktur diente als Vorbild für viele ähnliche Löschtrupps, die sich bald in den Provinzen des Cäsarenreichs bildeten. Man unterschied dabei vor allem die „aquarii" (Wasserträger), die „siphonarii" (Spritzenleute) sowie

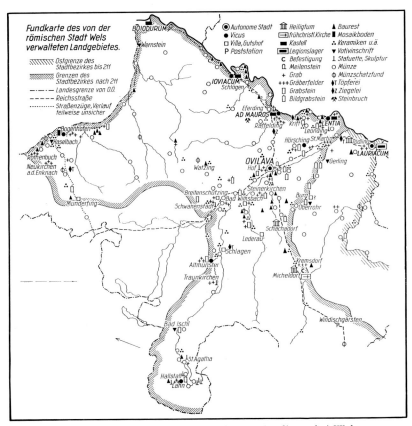

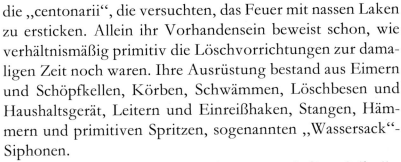

Oberösterreich zur Römerzeit auf einer Fundkarte bei Wels.

Römisches Grabmedaillon aus Ovilava (2. Jh. n. Chr.).

die „centonarii", die versuchten, das Feuer mit nassen Laken zu ersticken. Allein ihr Vorhandensein beweist schon, wie verhältnismäßig primitiv die Löschvorrichtungen zur damaligen Zeit noch waren. Ihre Ausrüstung bestand aus Eimern und Schöpfkellen, Körben, Schwämmen, Löschbesen und Haushaltsgerät, Leitern und Einreißhaken, Stangen, Hämmern und primitiven Spritzen, sogenannten „Wassersack"-Siphonen.

Nach diesem Vorbild dürften sich später auch die „vigiles" – so nannte man die Feuerwachen unter ihrem Kommandanten, dem „vico magister" – im Donauraum organisiert haben. Sie standen allein unter militärischer Oberhoheit, was angesichts der Bedrohung an der Grenze zu Germanien auch nicht besonders verwunderlich war, ebensowenig wie die überlieferte Tatsache, daß die „siphonarii" keineswegs nur fürs Brandlöschen zuständig waren, sondern sich im Felde durchaus auch als Brandstifter betätigten, wenn dies nötig war, um dem Feind eine empfindliche Niederlage beizubringen.

Solche „vigiles" gab es viele längs des Limes, wie man den 584 km langen Schutzwall gegen die Germanen nannte, der mit insgesamt 100 Kastellen und 1000 Wachtürmen verstärkt war. In seiner unmittelbaren Nähe fanden sich auch die altrömischen Ansiedlungen von Ovilava (Wels), Lauriacum (Lorch) und Lentia (Linz). An Arbeit dürfte es den „siphonarii" dort nicht gemangelt haben. Die Behausungen zur Römerzeit waren nämlich alles andere als brandsicher, da sie fast ausschließlich aus Holz und Lehm bestanden. Und es wird wohl nicht selten vorgekommen sein, daß die Feuerwehr mit ihren primitiven Wassersäcken ausgerückt ist, in die man am Brandplatz ein Loch schnitt, um direkt auf die Brandstelle zielen zu können.

In den römischen Kastellen und Ansiedlungen genossen die Feuerwehrleute oft hohes Ansehen. Dies geht daraus hervor, daß man die Mitglieder der „vigiles" mitunter auch namentlich in Gedenksteinen erwähnte. Die Mitgliedschaft scheint auch damals bereits freiwillig gewesen zu sein. Da der Dienst jedoch nicht ungefährlich war, sah sich die römische Zentralverwaltung bald gezwungen, den Beitritt zur Feuerwehr mit Steuererleichterungen zu belohnen. Daß damit auch Schindluder getrieben wurde, beweist eine Geschichte aus Flavia Solva beim heutigen Leibnitz in der Steiermark, wo sich reiche Bürger nur um der Steuererleichterung willen in die Feuerwehr eingekauft hatten, ohne deshalb auch nur ein einziges Mal zur Feuerspritze zu greifen.

Während die römische Verwaltung gegen diese Art von „Freiwilligen" nicht viel zu unternehmen vermochte, waren die Gesetze gegen Brandstifter dafür umso härter: Die Verbrecher wurden in einer „tunica molesta" aus Pech und Flachs zum Richtplatz geführt und dort bei lebendigem Leibe verbrannt.

Vom Ochsendarm zur Feuerspritze

Das Jahr 120 n. Chr. war für die Entwicklung des Löschwesens ein bedeutendes Datum. Um diese Zeit nämlich schlug der Belagerungstechniker Apollodorus von Damaskus vor, das Löschwasser mit Hilfe von Ochsendärmen an die gefährdeten Stellen zu leiten. Vor die Därme sollten wassergefüllte Ledersäcke gebunden werden, die zusammengedrückt wurden und das Wasser in die Höhe trieben. Zu gleicher Zeit regte der in zahlreichen Belagerungen erfahrene Apollodorus auch an, die sogenannte „scala romana" – die römische Leiter – weiterzuentwickeln und aus mehreren Teilstücken zusammenzusetzen. Damit waren die beiden wichtigsten Geräte der Brandbekämpfung, mit denen man auch heute noch Löschangriffe durchführt, festgelegt: die Feuerspritze und die Steckleiter.

„Siphone, die man bei Feuersbrünsten anwendet" hatte zehn Jahre vor Apollodorus bereits Heron von Alexandrien beschrieben. In seinem Werk „Versuche mit Luft" zeichnete er eine exakte Skizze einer tragbaren, zweizylindrigen Kolbenpumpe aus Bronze mit Wasserkasten und einer Vorform des Wendestrahlrohrs. Die Schriften Herons, die im 17. Jahrhundert wieder aufgelegt wurden, beeinflußten später maßgeblich die Weiterentwicklung der Feuerspritze in der neueren Zeit. Die letzte Erwähnung solcher Spritzen, die wir aus dem Altertum kennen, hat jedoch deren lebensrettenden Zweck ins Gegenteil verkehrt: Im Jahre 678 erfand der Baumeister Callinikos aus Heliopolis eine Art Flammenwerfer, das sogenannte „griechische Feuer", das man erfolgreich zur Vernichtung gegnerischer Flotteneinheiten bei Seeschlachten einsetzte.

Zwischen der Epoche der Völkerwanderung und dem Spätmittelalter liegt die „dunkle Zeit" des Feuerlöschwesens. C. D. Magirus zeichnet ein „unerfreuliches Bild, ein Jahrhunderte langes, im großen Ganzen erfolgloses Ringen nach brauchbaren Feuerlöscheinrichtungen, einen Kampf ohne Waffen gegen einen Leben und Eigenthum aller stündlich bedrohenden Feind".

Es war die Zeit, in der sich nach und nach die ersten Formen einer noch wenig fortgeschrittenen Urbanität herausbildeten. Aus Lauriacum etwa war nach der Besiedlung durch Bajuwaren allmählich einer der wichtigsten Grenzmärkte des Karolingerreiches geworden. Mit viel Mühe begann man, auf den Resten römischer Ansiedlungen neue Stadtmauern zu errichten. Doch die Mühe war vergeblich. Die Feuersgefahr drohte nicht nur durch die unzulängliche Bauweise, sondern auch durch plündernde Horden. So wurde Lauriacum etwa um 700 von den Awaren bereits wieder in Schutt und Asche gelegt.

Daß mit dem Untergang der römischen Zivilisation auch deren brandschutztechnische Einrichtungen, etwa der He-

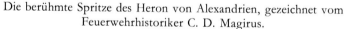

Die berühmte Spritze des Heron von Alexandrien, gezeichnet vom Feuerwehrhistoriker C. D. Magirus.

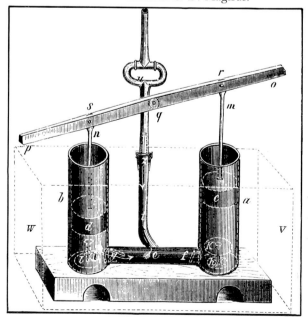

ronsche Siphon, in Vergessenheit geraten waren, machte die Brandbekämpfung nicht gerade einfach. Die Menschen des Mittelalters mußten sich mit dem Allernotwendigsten behelfen, mit Kochgeschirren und Kupferkesseln, mit provisorisch gebildeten Eimerketten. Denn der Umstand, daß es in einer Stadt meist nur einen einzigen Brunnen gab, machte die Löschwasserversorgung zu einem schier unlösbaren Problem.

Was war der Grund dafür, daß man über Jahrhunderte hinweg nicht einmal zu jenen primitivsten Formen der Brandbekämpfung zurückfand, wie man sie schon im Altertum gekannt hatte? Sicherlich, da waren jene baulichen Mißstände, die C. D. Magirus einmal so beschrieben hat: „Niemand sorgte für eine regelmäßige Straßenlage oder kümmerte sich um die innere Einrichtung des Hauses. Die Straßen wurden dabei eng und krumm, Sackgassen waren häufig. Für den Verkehr wurden die Straßen noch weiter verengt durch den Gebrauch der Handwerker und Krämer, vor der Hausthüre noch eine Verkaufsbude anzulegen; auch Kellerhälse und Schweineställe verengten die Straßen (...) Straßenpflaster und Straßenbeleuchtung gab es nicht; der Schmutz in den Straßen war übermäßig. Die bürgerlichen Häuser waren ganz von Holz, mit Schindel- oder Strohdach, das zweite Stockwerk rückte oft mehrere Fuß über das

erstere vor, so daß die Giebel beinahe zusammenstießen." Neben diesen Unzulänglichkeiten widersetzte sich einer gezielten Brandbekämpfung auch noch ein anderer Umstand: der Aberglaube. Noch aus vorchristlicher Zeit hatte sich nämlich der Mythos ins Mittelalter herübergerettet, daß das Feuer ein lebendiges, mit der Zunge leckendes Tier sei, das zwar dem Wasser nicht weiche, sehr wohl aber durch Stockschläge vertrieben werden könne... Angesichts solcher unausrottbarer Vorstellungen im Volksglauben verwundert es nicht, daß die ersten einfachen Handspritzen erst im 14. Jahrhundert verwendet wurden. Und selbst im Jahre 1602 ist in einer Chronik noch von der „neuerfundenen und wunderbaren sprützen" die Rede. Fest steht jedoch, daß es um 1500 in Nürnberg bereits eine leistungsfähige Feuerspritzenmanufaktur gab, die von Rotgießern betrieben wurde, welche Gußteile für kleine Stock- und Handspritzen fertigten. Diese wiederum wurden von Rotschmieddrechslern auf der Drehbank bearbeitet. Die fertigen Produkte wurden schließlich nicht nur in die Schweiz, sondern in den gesamten süddeutschen Raum – also auch nach Oberösterreich – exportiert.

Ungefähr um dieselbe Zeit begann Leonardo da Vinci in Italien mit einer freistehenden einholmigen Sprossenleiter zu experimentieren, die mit einer Handkurbel und einem

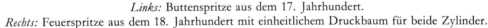

Links: Buttenspritze aus dem 17. Jahrhundert.
Rechts: Feuerspritze aus dem 18. Jahrhundert mit einheitlichem Druckbaum für beide Zylinder.

Jan van der Heydes „Slangen-Spritze" im Einsatz. *Bild unten:* Jan van der Heyde, der Erfinder des Feuerwehrschlauchs.

Gegenüberliegende Seite: Alter geflochtener Löscheimer mit genietetem Lederschlauch, eines der ältesten Exponate des Feuerwehrmuseums in St. Florian bei Linz.

Schraubradgetriebe aufgerichtet und am Einsatzort aus drei Teilstücken zusammengesteckt werden konnte.

Von jetzt an ging es in der Feuerwehrtechnik schnell voran. Die Wiederbeschäftigung mit der Antike in der Renaissance brachte die Errungenschaften der alten Ägypter, Griechen und Römer erneut zu Tage. Und der dumpfe Glaube an vorchristliche Mythen wich der Technik-Aufgeschlossenheit der beginnenden Aufklärung. Im Jahre 1518 führte der Augsburger Anton Platner eine erste „fahrbare Löschmaschine" in großem Maßstab aus. Im 1614 erschienenen „Maschinenbuch" von H. Zeising finden wir bereits eine Einzylinderspritze mit Einfachpumpwerk und Wenderohr, die von zehn Pumpenleuten mit Hilfe eines schweren Holzbalkens bewegt wird. Ein Holzschnitt aus dem Jahre 1573 zeigt Kinder, die mit einem Sprungtuch spielen. Es darf möglicherweise angenommen werden, daß man damals bereits erkannt hatte, daß es sich als Rettungsmittel bei Löscheinsätzen eignen könnte.

Ein Feuerwehrpionier, der weit über seine Heimatstadt Nürnberg hinaus bekannt wurde, war auch der Mechaniker und Zirkelschmied Hans Hautsch, dem es 1655 gelang, die großen Feuerspritzen erstmals mit einem Windkessel auszustatten und dadurch einen so starken Wasserstrahl zu ermöglichen, daß auch Brände bis zum vierten Stockwerk bekämpft werden konnten.

Ein – in diesem Rahmen zwangsläufig oberflächlicher und unvollständiger – Überblick über die Urväter der modernen Feuerwehrtechnik darf jedoch nicht enden, ohne daß dabei der Erfindung des Holländers Jan van der Heyde gedacht wird. Der Amsterdamer Brandmeister verwendete bei einem Brand am 12. Jänner 1673 erstmals lederne Druckschläuche mit Stahlrohren anstatt der bislang üblichen Wenderohre. Die einzelnen Schlauchlängen sind durch Verschraubungen miteinander verbunden, die aus diesem Grund bis zum heutigen Tag „Holländer" genannt werden. Natürlich hat es auch Vorformen des Heydeschen Feuerwehrschlauchs gegeben. Und es fehlen in der Fachliteratur auch nicht Meinungen, die dem Holländer das Recht, sich „Erfinder" zu nennen, rundweg absprechen. Fest steht jedoch, daß Jan van der Heyde nicht nur für die Entwicklung, sondern vor allem für die Verbreitung dieser Sensation im Löschwesen gesorgt hat. In seinem 1693 erschienenen Prachtband über die

Wirksamkeit von Schlauchspritzen stellte er anhand von einprägsamen Holzschnitten die vielseitige Verwendbarkeit dieser „Slangen-Spritze" dar.

All diese Entwicklungen – darunter auch jene des Feuermelders im Jahre 1767 – dürfen jedoch nicht darüber hinwegtäuschen, daß es noch ein weiter Weg war von den ersten, in Manufakturen hergestellten Provisorien bis zum Siegeszug einer hochentwickelten Feuerwehr-Industrie, wie sie um die Mitte des vorigen Jahrhunderts aufkam (und, wie das Beispiel der weltweit angesehenen Linzer Firma Rosenbauer beweist, auch immer noch im Fortschreiten begriffen ist).

Der Sieg menschlichen Erfindungsgeistes über Aberglauben und Mythologie läßt sich jedenfalls am Beispiel des menschlichen Kampfes gegen das Feuer überzeugend darstellen. Jenes Element, das Prometheus vielleicht auch deshalb vom Himmel geholt hat, um dem Menschen eine Gelegenheit zu geben, bei seiner Bezwingung gewissermaßen über sich selbst hinauszuwachsen – in der Tat eine wahrhaft „titanische" Leistung.

21

SANKT FLORIAN –
DER FEUERWEHRMANN GOTTES

Aus dem Beyspiel eines Köhlers, der mitten aus einer Brunst durch Fürbitt des heiligen Florians unverletzt hervorkommen, wird ersehen, daß dieser Heilige ein besonderer Helfer sey in Feuersbrunsten.

Matthäus Rader in „Bavaria Sancta", 17. Jahrhundert

Der geheime Schutzpatron Oberösterreichs

Im „Lande ob der Enns" ist der hl. Florian der Genius loci. Der Märtyrer von Lorch kann immerhin als einziger nachweisbarer Blutzeuge für das Christentum auf österreichischem Boden bezeichnet werden. Und in kaum einem anderen Bundesland wurden diesem überaus populären Heiligen so viele Denkmäler gesetzt wie in seiner „Heimat" Oberösterreich. (Ein Ausdruck, der freilich nicht historisch genommen werden kann, da das Wort „Ostarrîchi" erstmals 996 gebraucht wurde, also fast 700 Jahre nach dem Opfertod des Heiligen im Jahre 304 n. Chr.) Das hinderte die Oberösterreicher indessen nicht daran, Sankt Florian im Laufe der Zeit als einen der Ihren zu betrachten. Und wer dieses Bundesland mit offenen Augen durchquert, wird den Heiligen in seiner Rüstung mit den typischen Attributen, der Fahne, dem Sechter und dem brennenden Haus, mitunter auch mit Mühlstein und Marterwerkzeugen, nicht nur in zahllosen Kirchen und Kapellen antreffen, sondern auch auf Marterln, Brücken, Dorfbrunnen, in Mauernischen, Herrgottswinkeln, auf Votivtafeln, Hinterglasbildern und – nicht

zu vergessen – auf seinem Ehrenplatz über den Portalen der Feuerwehrhäuser. Was seine Beliebtheit in Gebet, Anrufung und Verehrung betrifft, hat der hl. Florian sicherlich dem „offiziellen" Landespatron – dem hl. Leopold – den Rang abgelaufen. Und gar nicht selten wird St. Florian auch als „geheimer Landespatron" bezeichnet. Daß er dieser Ehre auch würdig ist, beweist nicht zuletzt seine Krönung zum Diözesanpatron am 29. April 1971. Zu Floriani – also am

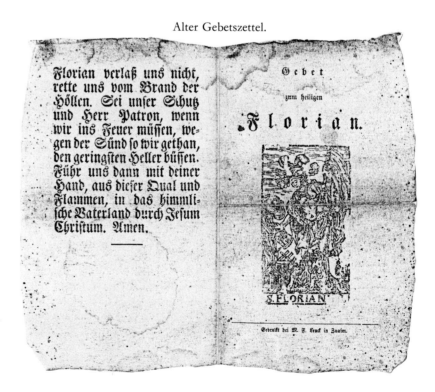

Alter Gebetszettel.

Florian verlaß uns nicht, rette uns vom Brand der Höllen. Sei unſer Schuß und Herr Patron, wenn wir ins Feuer müſſen, wegen der Sünd ſo wir gethan, den geringſten Heller büſſen. Führ uns dann mit deiner Hand, aus dieſer Qual und Flammen, in das himmliſche Vaterland durch Jeſum Chriſtum. Amen.

Gebet zum heiligen Florian.

S. FLORIAN

Gedruckt bei M. F. Lenck in Znaim.

4. Mai – geht's daher auch in vielen Ortschaften hoch her. (Mitunter werden die Feiern auch auf den darauffolgenden Sonntag verlegt.) Das ist ein Tag für Feuerwehrfeste und feierliche Hochämter, für allerlei altes Volksbrauchtum und für ein „Dankeschön", daß der Ort im letzten Jahr von Feuersbrünsten verschont geblieben ist. Daß der Florianitag gerade am Beginn des „Wonnemonats" Mai gefeiert wird, hat noch eine zusätzliche Bedeutung: Mit Floriani, sagt man, sei der Frühling endgültig ins Land gezogen. Und so bittet man ihn auch an diesem Tag um eine gute Ernte, für deren Zustandekommen der Feuer- und Wasserheilige Regen schicken möge.

Wer war Florian?

Der Name Florian wird in den letzten Jahren auf Spielplätzen und in Kindergärten häufiger gehört denn je zuvor, ja sogar häufiger als viele andere beliebte Bubennamen. Vielleicht ist das nicht nur eine Modeerscheinung, sondern auch eine Folge dessen, daß man sich einer alten Heiligenlegende bewußt geworden ist, der man die Vorbildwirkung nicht absprechen kann. Florian verdankt seinen Ruhm nämlich einer guten Tat, die für ihn allerdings denkbar tragische Folgen hatte. Da der römische Offizier keltischer Herkunft über einigen Einfluß verfügte, wollte er diesen benützen, um vierzig zum Tode verurteilten Christen beizustehen. Anscheinend hat er seine Bedeutung jedoch überschätzt. Denn als er öffentlich erklärte, daß auch er Christ sei, ersparte er damit seinen Glaubensbrüdern nicht das Todesurteil, sondern unterschrieb sein eigenes.

Es ist umstritten, ob Florianus wirklich, wie meist behauptet wird, der Kanzleichef jenes römischen Statthalters Aquilinus war, der ihn später hinrichten ließ. Andere meinen, er sei bereits ein ergrauter Pensionär gewesen, der in seiner Heimatstadt Cetium – dem heutigen St. Pölten – im Ruhestand lebte. Der Legende nach soll Florianus jedoch, als er vom Urteil über die vierzig Christen hörte, sofort nach Lauriacum aufgebrochen sein, wo er auf der Ennsbrücke dem Statthalter Aquilinus begegnete. Was dann geschah, liest sich in den „Bavaria Sancta" des Matthäus Rader, einer Legendensammlung des 17. Jahrhunderts, so:

„Florianus sagte: Da seye er, bekenne rund, daß er ein Christ: sole der Landvogt gleichwohl mit ihme nach Belieben verfahren. Wird derowegen beruffen und ihme befohlen, den Göttern zu opfern, und als er sich weigerte, mit Knütlen grausamlich hergenommen, die Schultern mit eisenen Hakken zerrissen, und als dieses nicht verfangen wollte, ab der Brucken in den Enns-Fluß gestürzet. Der Scharfrichter, der Florianum mit am Hals gehänckten Stein in das Wasser geworfen, ist sogleich darauf erblindet. Der Leib aber des starkmütigen Kämpfers ist von dem Wasser an einen aus dem Wasser hervor ragenden Stein getrieben und alldorten von einem Vogel so lang gehütet worden, bis ein fromme Matron, darzu durch himmlische Anmahnung aufgemuntert, ihn in ein Grab gelegt."

Dieses Grab befindet sich – zumindest vermutet man das –

Andachtsbild mit hl. Florian, um 1750.

Florian-Zyklus auf einem Flügelaltar der Donauschule 1515/20 im Oberösterreichischen Landesmuseum Linz:
Gefangennahme, Verurteilung, Hinrichtung und Bergung des Heiligen.

dort, wo Oberösterreichs schönstes Barockstift steht, das seinen Namen dem Heiligen verdankt. Und in der im Jahre 805 gegründeten Augustiner-Chorherren-Abtei St. Florian erinnert eine Gedenktafel bis heute an jene „fromme Matron", eine Witwe namens Valeria, die den Leichnam, mit Laub bedeckt, von einem Ochsengespann zu seiner letzten Ruhestätte bringen ließ. Auch mit dieser Geschichte ist etwas Wundersames verbunden: Sie spielt sich nämlich an einem besonders heißen Sommertag ab; als die Tiere vor Hitze und Durst nicht mehr weiterkönnen, öffnet sich der Erdboden und läßt vor ihren Mündern einen klaren Quell hervorsprudeln. (Neben Florians Tod im „nassen Element" ist dies übrigens bereits die zweite Anspielung auf das Wasser, das Florian später so prädestiniert für die Funktion des himmlischen Brandverhüters werden ließ.)

Die Legende, die sich im wesentlichen an das aus dem 8. Jahrhundert stammende „Martyrium Hieronymianum", eines der ältesten Heiligenverzeichnisse, anlehnt, ist von Historikern noch zu Beginn unseres Jahrhunderts in den Bereich von Dichtung und Lüge verwiesen worden. Man wandte ein, daß die ersten schriftlichen Aufzeichnungen immerhin erst aus einer Zeit stammen, zu der der Heilige schon fast 500 Jahre tot war. Und man mußte mit einiger Berechtigung feststellen, daß sich die Florianslegende wie ein Sammelsurium aus allen möglichen Heiligenlegenden liest. Der Körper, der trotz Mühlstein an der Wasseroberfläche treibt, könnte auch jener des hl. Crispin oder der hl. Christina von Bolsena gewesen sein. Der Adler, der seine Flügel schützend über den Toten ausbreitet, um ihn bis zu seinem Begräbnis zu bewachen, erschien auch beim Tod des hl. Vinzenz und des hl. Stanislaus von Krakau. Und der Umstand, daß gerade Lauriacum im Kampf um die Vorrangstellung der Bistümer Passau und Salzburg Gegenstand einer der größten Geschichtsfälschungen des Mittelalters wurde, machte die Legende vom hl. Florian auch nicht eben glaubwürdiger.

Trotz solcher schwerwiegender Verdachtsmomente konnte die Volkskundlerin und Expertin für christliche Ikonographie Friederike Tschochner in ihrer 1981 erschienenen Arbeit über den hl. Florian resümieren: „Was den Kern der Aussage betrifft – Zeit, Ort und Tod des Heiligen –, so läßt sich darin nichts feststellen, was nach den damaligen Gege-

benheiten nicht möglich, ja sogar wahrscheinlich wäre." In den letzten Jahrzehnten hat die historische Forschung nämlich einiges ans Licht gebracht, was den hl. Florian als historische Figur rehabilitierte: Florians Wohnort Cetium unterstand in der Tat dem Praeses von Noricum ripense in Lauriacum. Und es ist auch bekannt, daß gerade in dieser Region das Christenverfolgungsedikt des Kaisers Diokletian mit besonderer Härte in die Tat umgesetzt wurde. Es stimmt auch, daß Lauriacum zur fraglichen Zeit Sitz einer Präfektur der II. Italischen Legion war, und es ist durchaus wahrscheinlich, daß römische Soldaten die neue Religion in dieses Gebiet getragen haben. Dem historischen Florianus war man auch bei Ausgrabungen zwischen den fünfziger und sechziger Jahren dieses Jahrhunderts auf der Spur: Reste einer frühchristlichen Kultstätte, auf deren Grundriß man später das Stift St. Florian errichtet hat, weisen darauf hin, daß das Wissen um den hier verehrten Märtyrer keineswegs der historischen Grundlage entbehrt.

Eine Kultfigur entsteht

Vom römischen Legionär, der in selbstloser Hingabe sein Leben für die Glaubensbrüder opfert, bis zum „Heiligen Sankt Florian" mit dem Wasserkännchen und dem brennenden Haus war es freilich ein weiter Weg. In insgesamt vier sogenannten „Kultwellen", die sich über die Jahrhunderte verteilten, wurde St. Florian zu einem der beliebtesten Volksheiligen, dem – wie Paul Kaufmann in seinem Standardwerk über „Brauchtum in Österreich" ausführt – allenfalls noch der hl. Georg im buchstäblichen Sinne „das Wasser reichen" kann.

Die erste dieser vier Kultwellen fällt ins Zeitalter des Karolingerreiches. Als ältestes schriftliches Zeugnis der Florian-Verehrung gilt seine Anrufung in einer Heiligenlitanei aus der Zeit um 800. Kurze Zeit später finden sich auch bereits Urkunden, welche an Stätten ausgestellt wurden, die dem Heiligen geweiht sind (z. B. „apud S. Florianum"). Auch Schenkungen an den hl. Florian sind dokumentiert. Aus der Karolingerzeit stammen schließlich die drei ältesten, alle an alten Römerstraßen entstandenen Florian-Kultstätten in Oberösterreich: St. Florian bei Linz, St. Florian bei

Florian-Darstellung von Johann Peter d. Älteren Schwanthaler, 1772
(Pfarrkirche Hohenzell)

13. Jahrhunderts, was nicht heißt, daß es nicht auch schon früher Darstellungen des Heiligen gegeben hätte, deren Identifizierung jedoch in den Bereich des Spekulativen fällt. Es ist aber wahrscheinlich, daß der hl. Florian auch bei den um die Mitte des 12. Jahrhunderts entstandenen Salzburger Nonnberg-Fresken vertreten ist. Vom hl. Florian als Schutzpatron gegen Feuersgefahr ist um diese Zeit allerdings noch nicht die Rede.

Diese Patronanz wurde dem Heiligen erst im 15. Jahrhundert zuteil, zur Zeit der dritten Kultwelle während der Regierungen der Kaiser Friedrich III. und Maximilian I. Sie hängt eng damit zusammen, daß die Habsburger den hl. Florian unter ihre bevorzugten „Hausheiligen" aufnahmen. Friedrich III. hat den Namen eigenhändig in sein Gebetbuch eingetragen. Und in einem Stich von Albrecht Dürer gebührt St. Florian ein Ehrenplatz unter den „Heiligen des Hauses Österreich", wo er übrigens noch ohne Feuerattribute zu sehen ist: ein Zeichen dafür, daß der hl. Florian damals vor allem als Schirmherr über das Land und als Schützer von dessen Grenzen gegen den anstürmenden Feind betrachtet wurde. Diese Funktion mußte er schließlich auch im Kampf gegen die zunehmende Türkengefahr wahrnehmen. Und es spricht einiges dafür, daß St. Florian nicht zuletzt auch wegen seines Beistands gegen die stets brandschatzenden Muselmanen allmählich immer mehr zum „Feuerheiligen" geworden ist.

Das 15. Jahrhundert bescherte Oberösterreich wohl nicht zuletzt deshalb zwei seiner schönsten Floriani-Darstellungen: jene am Pacher-Altar von St. Wolfgang und den berühmten Kefermarkter St. Florian. Auch die Malerei dieser Zeit wählt die Florian-Legende immer häufiger zum Motiv. In besonderem Maße ist es dabei die Kunst der Donauschule, der wir Tafelbilder des Heiligen von hohem Wert verdanken. Man denke etwa an die beiden Altarflügel im Linzer Museum, welche die Leidensgeschichte St. Florians von der Verurteilung durch Aquilinus bis zur Bestattung durch Valeria erzählen. Diese Bilder schreiben Kunsthistoriker der unmittelbaren Umgebung Albrecht Altdorfers zu, der auch selbst einige Darstellungen der Florianslegende geschaffen hat.

Die Sakralkunst jener Zeit bestätigt, daß sich im 16. und 17. Jahrhundert der hl. Florian als „Volksheiliger" endgültig

Schärding und St. Florian bei Mauerkirchen/Helpfau im Mattiggau. Und von Karl dem Großen heißt es, daß er 791 bei einem drei Tage währenden Gottesdienst am Ennsfluß St. Florian um Hilfe beim bevorstehenden Feldzug gegen die Awaren angefleht habe.

Im Hochmittelalter blüht der Kult des hl. Florian erneut auf. Die Zahl der Kirchen, die ihm geweiht sind, nimmt rapide zu. In Oberösterreich erhalten Kleinzell im Mühlkreis, Wallern bei Wels und Wösendorf das St.-Florian-Patrozinium. Und die Figur des Heiligen beginnt auch, in die christliche Kunst Eingang zu finden. Die erste gesicherte Darstellung des Märtyrers von Lorch findet man noch heute in der Stiftsbibliothek St. Florian als Federzeichnung in einer Vesperinitialhandschrift. Sie stammt aus der Mitte des durchgesetzt hat. Und daß es sich dabei nicht nur um eine kurzfristige „Welle" handelte, belegt eine der schönsten Florian-Plastiken, die Altarskulptur von Matthias Schwanthaler, die 1665 für die Rieder Stadtpfarrkirche entstand.

Mittlerweile hatte sich auch das Florian-Bild, wie es uns heute geläufig ist, in mehreren Etappen entwickelt. Zeigte die mittelalterliche Kunst den Heiligen vor allem als Ritter, mitunter auch als Greis, so ist seit dem 15. Jahrhundert das Wassergefäß sein ständiger Begleiter. Zum „ritterlichen" St. Florian gehörten noch untrennbar das Schwert, der Fürstenhut sowie das weiß-rote „Tatzenkreuz" auf rotweißem Grund, das auch im Wappen von Stift St. Florian aufscheint. Dazu gesellt sich auch die Fahne, die mitunter einen Adler zeigt.

Der Schutzpatron gegen die Feuersgefahr und Nothelfer wird spätestens seit Ende des 16. Jahrhunderts durch den Schöpfkübel und das brennende Gebäude ausgewiesen. Symbolkräftig entleert der Heilige seinen Sechter mitunter auch gleich über eine ganze Stadt, wie dies auf Thomas Schwanthalers Relief am Altar der Brauerzunft in Ried im Innkreis zu sehen ist.

Obwohl die Florian-Verehrung seit dieser Zeit niemals mehr wirklich abebbte, ist auch noch von einer letzten Kultwelle zu berichten, die gemeinsam mit der Gegenreformation einsetzte. Es war dies die Zeit der großen Wallfahrtsbewegungen. Stift St. Florian verzeichnete im Jahre 1760 rund 20.000 Pilger und 2000 Meßstiftungen. Es war aber auch jene Zeit, in der am Linzer Jesuitengymnasium die Florianus-Spiele gang und gäbe waren, die bereits in ihrem Titel signalisierten, wie weit es St. Florian mittlerweile gebracht hatte – als „Der zu Enns wider das Heydentum durch den Marter-Todt obsigende Glaubens-Held".

Hand in Hand mit der Gegenreformation gingen auch zahlreiche Floriani-Patrozinien bei neuen Kirchengründungen, denen St. Florian seither als Schutzherr dient.

Diesen vier erwähnten Kultwellen um St. Florian verdankt Oberösterreich einige seiner bedeutendsten Kunstschätze. Nicht vergessen sollte man jedoch auch die gläubige Naivität, mit der sich die Volkskunst des Heiligen annahm. Vor allem war es dabei die Hinterglasmalerei – mit dem Zentrum Sandl –, die dem Heiligen einen Ehrenplatz in ungezählten Herrgottswinkeln im In- und Ausland gesichert hat.

Die sogenannten „Sandlbilder" sind zum Inbegriff der naiven Hinterglasmalerei geworden. In der zweiten Hälfte des 19. Jahrhunderts existierte in Sandl sogar eine Werkstätte, die in 12 Jahren allein 380.000 Bilder vorwiegend in den Osten der Österreichisch-Ungarischen Monarchie geliefert hat. Der hl. Florian war ein Spitzenreiter unter den religiösen Motiven, die man in Sandl mit viel Handwerksfleiß und Einfühlungsvermögen gestaltete. Charakteristisch ist dabei das Zurücktreten räumlicher Gestaltung zugunsten einprägsamer Symbolik.

St. Florian und die Feuerwehr

Wann es genau war, daß St. Florian, den manche Volkskundler als Erben einer heidnischen Wassergottheit erkennen wollen, auch für den Brandschutz zuständig erklärt wurde, läßt sich nicht mit Bestimmtheit sagen. Den ersten schriftlichen Beleg für das Feuerpatronat liefert jedoch einer, der St. Florian mitsamt allen anderen Heiligen am liebsten abgeschafft hätte – nämlich Martin Luther. Er erwähnt ihn in einer seiner Schriften gemeinsam mit dem hl. Laurentius, der aufgrund seines Martyriums auf einem glühenden Rost ebenfalls eine unleugbare Affinität zum Feuer besitzt. (In protestantischen Gebieten konnte das Bild St. Florians in seiner säkularisierten Form als Feuerwehrzeichen erst viel später an Boden gewinnen.)

Als Nothelfer gegen Feuersbrünste hatte St. Florian indessen bald eine beachtliche Klientel: Die Schmiede und Hammerherren, die Bierbrauer, Hafner, Töpfer, Seifensieder, Bäcker und Rauchfangkehrer – kurzum alle, die bei ihrer Berufsausübung Brände zu befürchten hatten – erkoren St. Florian zu ihrem Schutz- und manchmal auch zu ihrem Zunftpatron. Die Müller und Schäffler schlossen sich aufgrund der Floriani-Insignien Mühlstein und Sechter an. Und schließlich mußte der hl. Florian auch so manches im Inneren lodernde Feuer löschen, wenn liebesdurstige junge Mädchen zu ihm beteten, ihnen doch „den rechten Mann" zu bescheren.

Untrennbar ist der hl. Florian jedoch mit den Feuerwehren verbunden, die ihn bald nicht nur zum Schutzheiligen, sondern gewissermaßen auch zur „Trademark" wählten. Die innige Beziehung zwischen den Feuerwehren und ihrem Schutzpatron läßt sich bis ins 17. Jahrhundert zurückverfolgen, in dem erste Darstellungen St. Florians auf Wasserpumpen oder Feuerspritzen nachweisbar sind. In Zusammenhang mit dieser Entwicklung steht wahrscheinlich auch die besondere Bedeutung des Florianitags im Feuerwehralltag. An diesem Tag ist es im bäuerlichen Brauchtum seit jeher verboten, Feuer zu entzünden. Am Florianitag, am 4. Mai, werden jedoch auch traditionellerweise die neuen Feuerwehrautos gesegnet oder Orden und Ehrenzeichen der Feuerwehren an verdiente „Florianijünger" vergeben. Das Bild des hl. Florian prangt auf fast jedem Feuerwehrhaus, auf Feuerwehrfahnen und Feuerwehrfahrzeugen. Und nicht selten dient der Name des hl. Florian als Codewort im Feuerwehrfunk.

Sicherlich hat das alles zu einer Säkularisierung dieses Heiligen beigetragen und kaum mehr etwas mit der ursprünglichen Volksfrömmigkeit zu tun. Aus dem Volksleben ist die Figur des Heiligen jedoch nicht mehr wegzudenken, was man mitunter auch an so profanen Dingen wie einem jener Bierkrüge feststellen kann, die bei Feuerwehrfesten von Hand zu Hand gehen und die einprägsame Aufschrift tragen: „Hilf, heiliger Florian, wir fangen 's Löschen an."

FEURIO!
DIE GROSSEN BRÄNDE VON EINST

An dem heyligen Ostertag,
zu mittag umb 11 Uhr ich sag
die statt so gahr in grundt verbrann
das nur zwey hauß noch blieben stann.
Aus einer Reimchronik des 16. Jahrhunderts über den Brand
zu Linz im Jahre 1441

Von Rennern und Brennern

„Homo homini lupus", lautet ein altes lateinisches Sprich-
wort. Der Mensch ist dem Menschen ein Wolf. An diese
grausame Weisheit erinnert man sich, wenn man in der
oberösterreichischen Brandgeschichte stöbert und nachlesen
muß, daß die ältesten dokumentierten Großbrände keineswegs gleichsam wie Naturkatastrophen über die Städte und
Dörfer hereinbrachen. Es waren auch nicht nur die morschen
Bauten aus Holz und Lehm, die offenen Feuerstellen und der
mangelnde Brandschutz, die so mancher Ansiedlung zum
Verhängnis wurden. Die älteste urkundliche Erwähnung
einer Brandkatastrophe auf oberösterreichischem Boden
geht nicht auf Blitzschlag oder fahrlässiges Hantieren mit
einer Öllampe zurück, sondern auf einen Krieg.
Man schrieb das Jahr 1189, und Kaiser Friedrich Barbarossa
zog mit seinen Kreuzrittern donauabwärts in Richtung
Heiliges Land. Als sie nach Mauthausen kamen, versuchten
die dortigen Zöllner, sei es aus Unkenntnis oder aus Trotz
über die Tatsache, daß das Heer durch höchsten Befehl von

jeglicher Maut befreit war, dennoch die ihnen zustehende
Gebühr einzutreiben. Die Soldaten waren über dieses Ansinnen offensichtlich so erbost, daß sie das kleine Donaustädt-
chen kurzerhand in Brand steckten. Wenig mehr als zwei
Jahrhunderte später, im Jahre 1414, fiel Mauthausen dann
abermals brandschatzenden Soldaten zum Opfer. Diesmal
waren es die Hussiten, die von Böhmen her ins Donaugebiet
eingefallen waren und die Ortschaft so gründlich verbrannten, daß die Stadtväter nach dem Brand erneut beim Kaiser
um Markt-, Niederlags-, Maut-, Fisch- und Salzrecht ansuchen mußten, da alle einschlägigen Dokumente in den
Archiven zerstört worden waren.
Mauthausen war beileibe nicht die einzige Ortschaft, die den
Brandfackeln der Hussiten zum Opfer fiel. Zwischen 1424
und 1432 gingen auch noch Ulrichsberg, Pregarten, Wartberg, Klamm, Waldhausen, Ried, Marbach, Pulgarn und
Baumgartenberg aus diesem Grund in Flammen auf. Nach
den Hussiten kamen dann die Türken. Sie wüteten vor allem
im Ennstal zwischen Steyr und dem „güldenen Märktl"
Weyer. Am 8. September 1532 waren einige Türkenschwa-
dronen von den mutigen Waidhofnern verjagt worden und
zogen sich in Richtung Weyer zurück. Ein Teil der Bevölkerung war bereits geflohen, die Verteidigung entsprechend unzulänglich. Viele Bewohner des „Märktls" wurden
grausam ermordet, Kirche, Marktkapelle, Gerichts- und
Schulhaus sowie ein Großteil der Bürgerhäuser wurden ein
Opfer der von Türkenhand gelegten Flammen.
Als „Renner und Brenner" entpuppten sich auch die sonst so

kultivierten Franzosen während der sogenannten „Franzosenkriege" zu Beginn des 19. Jahrhunderts. Besonders arg mitgenommen wurde in diesen Jahren die Herrschaft Lambach. Zahllose Gehöfte wurden ein Raub der Flammen, und in den nach dem Franzosensturm aufgenommenen Protokollen wußten die Bauern von wahren Greueltaten zu berichten. „Einer von mehreren eingedrungenen Franzosen", berichtete der Bauer Martin Simmer am Mayrgütl zu Aichham Nr. 3, „drang mit besonderen Brutalitäten am 19. Dezember abends im Haus an Unterzeichneten, seine Dienstmädchen ihm preiszugeben; er rettete sie nebst seinem Weib mit allermöglichster Tätigkeit und gab ihm zur Befriedigung was möglich Geld, und weil ich die Flucht nehmen müssen, wegen immer auf mich beschehenen Gewehrstößen, und dies war die Ursach, daß eben dieser Franzos mit einem angefeuerten, hinaufgeworfenen Strohbuschen in der Ösen das Geströh anzünde und somit das Haus samt aller Gerätschaft in vollen Brand gebracht hat."

Fatal für die Zivilbevölkerung erwies sich auch die Schlacht bei Ebelsberg am 3. Mai 1809. Dem Brand der Ortschaft, der die Folge anhaltenden Geschützfeuers mit Brandgranaten war, fielen nicht nur Pfarrhof, Schule und Markthaus, sondern auch insgesamt 60 Häuser zum Opfer. Der Zweck der Brandlegung wurde, wie der Geistliche Franz Vorauer als Augenzeuge berichtet, erreicht: „Als das Feuer die Häuser bei der Brücke ergriffen hatte, konnte nichts mehr durchkommen, am allerwenigsten, was für den Feind das Nützlichste gewesen wäre, Artillerie und Kavallerie." An diesen schwarzen Tag der Marktgemeinde erinnert noch heute eine Inschrift am Marktbrunnen: „Ich bin ein stummer Zeuge der Not und Kriegespein/die Ebelsberg erlitten Anno 1809."

Die großen Plagen

Mit Feuersbrünsten mußten die Bewohner von Märkten und Städten früher ebenso rechnen wie mit der Pest. Man nahm sie als „Strafe Gottes" hin und war mitunter sogar der Meinung, es sei sündhaft, sich gegen diesen göttlichen Willen aufzulehnen oder etwas dagegen zu unternehmen. Man zog das Weihwasser daher häufig dem Löschwasser vor. Obwohl

Brände wie dieser zu Lambach bestimmten den Alltag in Städten und Dörfern früherer Zeiten. Es gab kaum eine Generation, die nicht mindestens einmal zusehen mußte, wie ein Städtchen oder eine Ortschaft durch Unachtsamkeit, Blitzschlag oder Brandlegung in Schutt und Asche gelegt wurde.

Nro. 3596.

166.

Kreißschreiben

Vom kaif. königl. Kreisamte des V. O. M. B.

an sämmtliche Dominien und Ortsobrigkeiten.

Dem Markte Lampach in Oesterreich ob der Enns ist eine Brandsteuer-Sammlung bewilliget worden.

Nach Inhalt eines hohen Hoffanzley-Dekrets sind 20 Bürger des Marktes Lampach in Oesterreich ob der Enns und 5 dortige unterthänige Realitäten-Besitzer durch den beym letzten feindlichen Einfalle entstandenen Brand in einen obrigkeitlich erhobenen Schaden von 325509 fl. versezet worden. In dieser Rücksicht hat die k. k. Hofkanzley denselben eine allgemeine Brandsteuersammlung mit Einschluß der Stadt Wien bewilliget.

Sämmtliche Ortsobrigkeiten haben demnach zufolge hohen Regierungs-Dekrets vom 15ten und Empfang 21ten d. M. wegen Einleitung dieser Sammlung nicht nur die vorschriftmäßigen Verfügungen zu treffen, sondern auch dafür zu sorgen, daß die eingegangenen Geldbeträge ungesäumt eingesendet werden.

Krems 24. den Juny 1810.

Christoph Freyherr v. Stiebar
Kreishauptmann.

Kurrende zum Brand in Lambach aus dem Jahr 1810.

derlei abergläubische Vorstellungen langsam, aber sicher gezielten Brandschutzmaßnahmen wichen, kam es dennoch bis ins 19. Jahrhundert hinein immer wieder zu vernichtenden Großbränden, vor allem in Städten. Abgesehen von Linz, Freistadt und Steyr, von deren verheerenden Brandkatastrophen noch die Rede sein wird, gibt es kaum eine Stadt, die in ihrer Chronik nicht von mehreren Bränden zu berichten weiß. Schärding etwa wurde 1257 von König Ottokar von Böhmen erstmals niedergebrannt. 1703 während des spanischen Erbfolgekriegs standen 50 Häuser in Flammen. 1724 brannten 32 Häuser im unmittelbaren Nahbereich der Burg ab, 1779 waren es gar 80 und 1809 sogar 178 Häuser mitsamt Kirchen, Rathaus und Stadttoren.

In Ried im Innkreis sorgten insgesamt acht Stadtbrände zwischen 1527 und 1869 dafür, daß viel von der historischen Architektur verlorenging. Gmunden brannte bereits 1327 das erstemal zur Gänze ab, weitere Großbrände folgten 1332, 1450 und 1512. Auch Enns war – nicht zuletzt wegen seiner historischen Wichtigkeit und strategischen Lage – immer wieder Opfer von Stadtbränden. Die ersten sind schon aus dem 12. und 13. Jahrhundert dokumentiert. Während des Bauernkriegs wüteten 1626 mehrere große Brände längs der Stadelgasse und im Stadtkern. Und 1729 löste ein Feuer im Dechanthof einen Großbrand aus. Schwer von Feuersbrünsten heimgesucht wurden schließlich auch Braunau mit sechs großen Stadtbränden und Bad Ischl mit drei. Erst als sich gegen Ende des 19. Jahrhunderts der Gedanke der Freiwilligen Feuerwehren verbreitete, fanden diese „großen Plagen" auch in Oberösterreich allmählich ein Ende.

„Feuer in der Höll"

„Lutz, lat an die glocken schlahen, es prinnt!" Mit diesen Worten stürzte nach eigenen Angaben der Freistädter Paul Bürger zum Mesner, nachdem „Paul Schneiders Weib" mit der Hiobsbotschaft in den Vespergottesdienst geplatzt war, daß es „vnnder den priestern brenne". Damit war der alte Pfarrhof gemeint, der sinnigerweise im Ortsteil „in der Höll" lag und vom Benefiziaten Johannes Huetter bewohnt wurde. Was als kleines Feuerchen begann, wuchs sich am 13. September 1507 um 3 Uhr nachmittags zu einer der größten

Brandkatastrophen in der Geschichte Freistadts aus. Zinnen, Giebel, Dachfirste, Tore, Befestigungsanlagen und Geschützstellungen brannten bald lichterloh. Die Orgel schlug Flammen, der Kirchturm loderte, und sogar die fünf Kirchenglocken schmolzen in der Hitze des Großfeuers dahin. 28 Menschen kamen in den Flammen ums Leben. Die Feuersbrunst war gleichbedeutend mit einer ökonomischen Katastrophe. Kaiser Maximilian I. sah sich jedenfalls gezwungen, die Freistädter für die Zeit von sechs Jahren von allen Steuern zu befreien. Als nach dem Brand ruchbar wurde, daß das Feuer beim „Pfaffen Huetter" ausgebrochen war, hatte der arme Geistliche keinen leichten Stand mehr in seiner Heimatstadt. Er zog weg ins entfernte Steyr – und selbst dort wurde seine Köchin, ebenso wie am Jahrmarkt zu Linz, wie es heißt, von durchreisenden Freistädter Bürgern „öffentlich angepöbelt".

„Die Aufbauarbeiten von 1508", schreibt Georg Grüll in seinen verdienstvollen „Beiträgen zur Geschichte der Brände in Oberösterreich", „waren noch nicht zu Ende, als in der ersten Septemberhälfte des Jahres 1516 abermals ein Brand die Stadt *bis an zehen haus* in Asche legte". Was blieb dem Kaiser also anderes übrig, als den Freistädtern ihre Steuerleistungen abermals um drei Jahre bis 1520 zu stunden. Außerdem wurde ihnen zum Wiederaufbau ein Betrag von 1000 Gulden aus der Maut von Engelszell angewiesen.

Damit war es mit der Feuersgefahr im Mühlviertler Städtchen freilich keineswegs vorbei. Großbrände finden sich in der Stadtchronik noch in den Jahren 1560, 1601, 1606, 1616, 1699, 1768, 1815, 1854 und 1880.

Die Hauptstadt steht in Flammen!

Diesen Schreckensruf hat die Stadt Linz in ihrer langen Geschichte leider allzuoft gehört. Schon 1441 findet sich die erste Erwähnung eines Brandes in der Altstadt. 1542 brannten von den 210 Häusern der Stadt zwei Drittel nieder, nur 69 blieben vom Feuer verschont. Und im Jahre 1626 war Linz ein Hauptschauplatz des Bauernkriegs, was sich letztlich ebenfalls in einem Flammenmeer niederschlug.

Das Bauernheer lagerte vor Linz und drängte einer militärischen Entscheidung entgegen. Am Nachmittag des 30. Juni

1626 begannen die Aufständischen daher, in den Vorstädten vereinzelt Brandfackeln zu legen. Die Aktion war jedoch militärisch von geringer Wirkung. Es brannten „nur" fünf Häuser nieder. In der folgenden Nacht versuchten die Bauern daher einen neuen Anlauf und zündeten den sogenannten „Bruckstadel" an. Dieser stand alsbald lichterloh in Flammen und bildete einen Brandherd, von dem aus sich das Feuer weiter ausbreitete und insgesamt 70 Häuser und Stadel erfaßte. Der Statthalter Graf Herberstorff, nicht nur wegen des „Frankenburger Würfelspiels" als grausamer Herrscher bekannt, ließ sich dadurch nicht besonders irritieren. Trokken notierte er in seinem Bericht über den Brand: „Gestern haben sie angefangen, die vorstat abzubrennen und darauf die jäger und Burgpaurn, so guete schützen, in die abgebrante heusser gelegt." Herberstorffs Sinn für Untertreibung fand in der Bilanz des Schreckens jedoch keine Entsprechung. Über die 87 „desolierten und verbrandten Heußer" heißt es in einem anderen Bericht: „Sibenden ist hiesige statt von den feindt mit greulichen Prunsten vnderschidlichen mallen also verfolget worden, das ir allain an grundstuckhen bei 80.000 fl schaden zugefiegt, zugehorig oder fahrnus so darinen zugleich im rauch aufgangen, vnd derjenigen Persohnen welche im feuer verbronnen."

Noch verheerender war der Brandschaden allerdings fast 200 Jahre später, als Linz am 15. August 1800 von der wohl gewaltigsten Feuersbrunst seiner Geschichte heimgesucht wurde. Es war gerade 6 Uhr abends, als Feueralarm gegeben wurde, weil die Flammen bereits über den Dächern des Linzer Schlosses zusammenschlugen. Der hölzerne Verbindungsgang zwischen Schloß und Landhaus erwies sich nunmehr als fatal: Wie eine Zündschnur diente er den Flammen als sicherer Weg, sich in Richtung Innenstadt auszubreiten. Es dauerte nicht lange, bis nicht nur das Landhaus, sondern auch die Häuser der Altstadt brannten. Am Hauptplatz boten die für den Bartholomäimarkt errichteten Holzstände ein willkommenes Ziel für die züngelnden Flammen. Eine Nacht lang war es unmöglich, das Feuer unter Kontrolle zu bekommen. Der Brandschaden betrug 226.375 Gulden. Bei den Löscharbeiten taten sich besonders zwei Männer hervor, die mit der Feuersgefahr von Berufs wegen vertraut waren: der Rauchfangkehrermeister Georg Josef Grasa aus Urfahr und der Schlosser Huemer. Auch

Der große Linzer Stadtbrand im Jahr 1800.

ein „Landschafts-Laternenanzünder" soll selbstlos bei der Brandbekämpfung mitgearbeitet haben. Als man schließlich nach dem Brand den Schaden aufnahm, stellte sich eine für alle ziemlich bedrückende Tatsache heraus: Ein Teil der Schäden ging nämlich keineswegs auf die Feuersbrunst zurück, sondern darauf, daß diese zum Anlaß für zahlreiche Diebstähle genommen worden war. Die Schuld daran gaben die Linzer einer Garnison, die sich gerade in Linz auf dem Durchmarsch befand. Trotz langwieriger Untersuchungen konnte dem Militär jedoch nichts nachgewiesen werden.

Feuer aus der Waschkuchl

Drei Menschenleben, 38 Häuser und drei Stadeln gingen bei einem Brand am 22. Dezember 1599 zugrunde, der beim Bader von St. Wolfgang ausgebrochen war. Der Wirt Adam Eisl erstickte dabei gemeinsam mit einem Knecht und einer Haushälterin im Rauch eines Gewölbes. Neben den schönsten Bürgerhäusern stand bald auch das herrschaftliche Gefängnis in Flammen, ein Holzbau direkt an der Friedhofsmauer. Wie durch ein Wunder blieben Kirche und Pfarrhof (und somit der weltberühmte Pacher-Altar) von der Feuersbrunst verschont.

Als man später nach der Brandursache forschte, kam es zu einer Fahndung mit anschließender Verhaftung. Die Frau des Baders Wolfgang Vogl hatte am Thomastag große Wäsche gehabt und zu diesem Zweck „vndergeheizt mit Liechtern vnnd feur". Weil sie das offenbar schlampig und achtlos begonnen hatte, kam es bald darauf in der Waschküche zu einer Brandentwicklung. Zwei Stunden lang versuchten der Bader und seine Frau, das Feuer unter Kontrolle zu bekommen, bevor es jemand aus der Nachbarschaft merkte. Als der Bader sah, daß er gegen die beginnende Feuersbrunst machtlos war, verfiel er auf eine List. Er lief hinüber in den Pfarrhof, wo er tags darauf ein Bad für die Konventualen herzurichten hatte. Mit der Begründung, er müsse bereits heute das nötige Unterfeuer dafür anmachen, sprach er im Pfarrhof vor, damit es schließlich so aussehen möge, daß das Feuer seinen Ausgang von dort genommen hätte. Doch da war es schon zu spät. Das Feuer in der Badstube war bereits „in die Hoch gebronnen und nunmehr solches feur den leithen schon kundbar worden". Das Baderehepaar packte in aller Eile seine Sachen und verschwand mit einer Zille über den See. Ihrer Strafe sind die beiden jedoch nicht entgangen.

„Das entsetzlichste Spectacul"

„Im Laufe der Jahrhunderte", berichtet der Chronist der oberösterreichischen Brandgeschichte, Georg Grüll, in der bereits zitierten Arbeit, „wurde auch die Stadt Steyr von mehreren schweren Brandkatastrophen heimgesucht, so in den Jahren 1302, 1522, 1554 und schließlich 1727. Der Brandschaden belief sich, einer Aufstellung der Stadt Steyr zufolge, auf 396.194 fl für Wiederaufbau sowie die Mobilien der ‚behausten und unbehausten‘ Bürger." Dazu kamen noch beträchtliche Schäden auf Schloß Lamberg und im Frauenkloster.

Besonders anschaulich hat diesen Brand der Rat von Steyr geschildert, um in einem Bittgesuch an den Kaiser um Steuernachlaß anzusuchen:

„Der desolable Zustand in welchen Euer Kais. u. Königl. Majestät uralte Kammerguts-Stadt Steyr in Österreich ob der Eenns vermittels der unterm 29. verschienenen August-Monats allda entstandenen leidigen Feuersbrunst so unvermutet als höchst betrübt gestürzet worden, nötiget uns, Euer Kais. u. Königl. Majestät als unseren allermildesten Landesvatern von denen dabei fürwaltenden Umständen eine alleruntertänigste Vorstellung zu machen, welche kürzlichen darin bestehet, daß nämlich das leidige Feuer an ersagt 29. Augusti (war ein Freitag) vormittags zwischen 9 und 10 Uhr auf eines Färbers Dach, da es eben auszubrennen angefangen durch die Turmwächter entdecket und so folglich alsogleich das gewöhnliche Zeichen durch den Glockenstreich und Aussteckung des Feuerfahns gegeben, mithin sowohl die Ennsdorfer der fürschwebenden Gefahr erinnert als die übrige Bürgerschaft zu Vorkehrung der nötigen Rettungsmittel zeitlich genug angemahnet worden. Allein wer dahin geeilet, mußte ohne die mindeste Hilfe leisten zu können, sogleich wieder zurück sich wenden, weil vermittels eines schon ettliche Tage zuvor entstandenen, und bei jetzigem Unglück fortgewährt sehr heftig niedern Windes, dann der sonders großen Dürre, die Flamme in solche Wut gebracht worden, daß das völlige Ennsdorf (ist eine Vorstadt, welche durch den Ennsfluß von der Stadt abgesöndert wird) nebst denen daranstoßenden 2 Gassen gleichsam in einem Augenblick davon in die Glut gesetzt war. Ja, es hat zu gleicher Zeit der Wind das Feuer aus dem Ennsdorf in die Stadt, in die sogenannte Enge getragen und die Häuser auch allda, nicht nach und nach sondern fast alle zugleich mit solcher Heftigkeit angefallen, daß etwas anderes als nur sich selbst zu retten, in den übrigen durchaus vergebens war, umsoviel mehr, da leider der Wasserturm, womit das Brunnenwasser durch die ganze Stadt geführt wird, gleich anfangs ruiniert, die Feuerspritzen auf offener Gassen vom

Kirchenbrand in Steyr, 1876.

Brand auf der Steyrleiten.

Feuer ergriffen und unbrauchbar gemacht, die beiden Brükken und zwar die Ennsbrücken völlig ins Wasser abgebrannt, die Steyrbrücken aber, nachdem eben auch allbereits 2 Joch vom Feuer ergriffen waren, damit die Flamme hiedurch nit auch in das Steyrdorf eindringen möchte, hat abgeworfen werden müssen. Die Schnelle dieses unlöschlichen Feuers umsomehr zu begreifen, ist allergnädigst zu konsiderieren, daß ungehindert selbes bei hellem Tage sich ergeben, gleichwohl 18 Personen dadurch elendiglich umkommen, wo da der Mann das Weib, dort das Weib den Mann, oder deren Kinder und Dienstboten ohne all mögliche Hilfeleistung höchst schmerzlich verlieren müssen. Das entsetzlichste Spectacul war in solchem Zustand dieses, daß in einem Kaufmannshaus 6 Personen, als eine verwitibte Doktorin nebst ihrem geistlichen Sohn und einer heiratsmäßigen Tochter, dann einen Kaufmannsdiener und zweien Dienstmägden vom Rauch erstickten, im Keller beisammen tot gefunden worden. Vermutlich, daß sie an dem engen Ort (wo sie wohnhaft gewesen) wegen um und um überhand genommenen Feuers, keine andere Rettung mehr gesehen, womit sie es just am schlimmsten getroffen hatten. Noch schlimmer aber ist es gemeiner Stadt Ordinarii Linzer Boten ergangen, um daß er mehr als halb gebraten unweit des gleichmäßig verunglückten Frauenklosters auf offener Gassen in einer recht erbarmungswürdigen Gestalt tot gefunden worden.

Die Flamme hat nun in Ennsdorf, wo sie ihren Ursprung genommen, und in der Enge bis den dritten Tag in der heftigsten Furie fortgewährt, bis die in der ersten halben Stund ergriffen Gebäu zum meisten Teil bis auf den Grund ab- und durchgebrannt waren, hat sich aber indessen auch in die Stadt zu beiden Seiten hinaufgezogen, bis endlich vermittels göttlichen Beistands denn, nach und nach, soviel Einhalt geschehen, daß der obere Teil der Stadt noch konserviert und die Glut, wiewohl kaum in 10 Tagen völlig gedämpft worden."

Muß noch hinzugefügt werden, daß die Steyrer ihren Steuernachlaß bekamen? Und zwar gleich 15 Jahre lang.

„Bei eng brinnts!"

Mit diesem Ruf schockierte der Bäckerssohn Anton Frank aus Mondsee die friedlich vor sich hinwerkenden Bediensteten im Guggenbräu. Es war zwischen 11 und 12 Uhr an einem Maitag des Jahres 1774. Die alte Guggin sah im Stall nach dem Rechten. Die Köchin Elisabeth schabte Leber in der Speisekammer. Das Wirtsleute-Ehepaar weilte auswärts, dafür waren noch der Brauknecht Johann Georg, das „Viehmensch" Regine und die geschiedene Färbersfrau Theresia Eggschlagerin, eine Dame von höchst zweifelhaftem Ruf und ebensolchem Lebenswandel, anwesend. Keiner von ihnen allen merkte, daß aus dem Dachstuhl über ihnen bereits Flammen schlugen. Und wäre der Bäckerssohn vom Haus gegenüber nicht gerade zufällig in die Dachkammer seines Elternhauses gestiegen, wäre der Brand vermutlich noch später entdeckt worden. Braustätten zählten in jenen Zeiten ja zu den besonders brandgefährdeten Objekten. Und so stieg der Brauknecht auch sogleich auf den Dachboden, um die Malzdarre zu überprüfen. Doch diese war in Ordnung, während aus dem Küchenrauchfang schon die Flammen züngelten. Um das Feuer zu löschen, war es jetzt freilich schon zu spät. Ein ungünstiger Wind trug die Flammen von Haus zu Haus und verursachte ein Inferno. Nach drei Stunden waren von den 193 Häusern der Ortschaft 148 bis auf die Grundfesten abgebrannt. Auch das Stiftsgebäude mit den drei Kirchen und der Armenseelenkapelle war schwer beschädigt.

Nach dem Brand suchte man die Schuldigen zuerst in der Küche. Doch die Belegschaft des Guggenbräu konnte nachweisen, daß im Herd nur ein kleines Feuerchen gebrannt und daß man an diesem Tag auch kein Schmalz ausgelassen hatte, das aufgrund seiner hohen Brennbarkeit schon für so manche Feuersbrunst verantwortlich gewesen war. Blieb also nur noch die übel beleumundete Eggschlagerin, von der es bald in der ganzen Ortschaft hieß, sie habe den Brand gelegt. Sie verbrachte auch einige Wochen im Gemeindekotter, wo man ihr aber trotz intensivster Verhöre keine Schuld nachweisen konnte. Die Stadtoberen mußten sie daher nolens volens wieder auf freien Fuß setzen – nicht jedoch ohne ihr zuvor ins Gewissen geredet zu haben, „künftighin sittsam zu leben".

Der Waldbrand im Keixengraben

Nachher waren alle klüger als zuvor. Da wußte jedermann, wer an dem verheerenden Waldbrand schuld gewesen war, der im August des Jahres 1800 den Forst Großraming zwischen Keixengraben und Wolfskopf in eine verkohlte Steppe verwandelte. Einige hatten sie ja schon am Samstag vor dem großen Brand gesehen und sie gleich für zwielichtiges Diebsgesindel gehalten. Fünf kroatische Deserteure

waren es, begleitet von einer Frau. Und am Sonntag sah die Köhlerin im Langtal abermals zwei Männer, diesmal sogar mit einer Flinte bewaffnet. Es dauerte nicht lange, bis man noch mehr von ihnen hörte. Auf der herrschaftlich spitalerischen Alm raubten sie nämlich dem Matthias Eibl vom Ranagut ein Kalb, stachen es an Ort und Stelle ab und hatten es offenbar sehr eilig. Die Diebe nahmen nämlich nur zwei Schlögel sowie das Herz mit, während sie das vordere Stück mit dem Kalbskopf auf der Wiese liegen ließen. Wenig später brach am „Wasserkopf" dann das Feuer aus, über dessen Verlauf der Forstamtsverwalter Huber und der Waldamtsadjunkt Heindl zu Protokoll gaben:

„Die Anstalten sind sowohl von Seite der löbl. Hauptgewerkschaftlichen Waldmeisterei St. Gallen, als von jener zu Reichraming dergestalten bereits getroffen, daß sowohl im Wolfskopf Tag und Nacht gewacht, der Auflauf des Feuers durch viele hauptgewerkschaftliche Holzmeister und Holzknechte tätigst mit Aufreißung des Wassers und so mühsamen Wassergießungen in so hohem Gebirge vorgebeuget und nach Möglichkeit des weiteren Vorgreifens gesorget werde." Insgesamt nahmen an der Bekämpfung dieses verheerenden Waldbrandes 200 Holzknechte teil. Das Feuer war schwer zu bändigen, da es an vielen Orten, wo früher, wie es heißt, „Waldmieß und Heiderich" blühten, einen halben Schuh tief in die Erde eindrang und dort weitergloste.

Eine „Mordt-brennerin" aus Perg

„Item die boßhafftigen überwunden brenner sollen mit dem fewer vom leben zum todt gericht werden." So heißt es in der Peinlichen Gerichtsordnung Karls V. aus dem Jahre 1532. Auch die Ferdinandeische Landgerichtsordnung des Landes Österreich ob der Enns vom Jahre 1559 betrachtet Brandstiftung als „Malefizverbrechen", das nicht nur mit dem Tode bestraft wird, sondern zu dessen Aufdeckung auch die „peinliche Befragung" zulässig ist. Ein Jahrhundert später findet sich im 24. Artikel der Landgerichtsordnung Leopolds I. vom 14. August 1675 sogar ein ausführlicher Passus „Von den Mordt-brennern", die bei mildernden Umständen wie Reue oder rechtzeitiger Dämpfung des Feuers mit dem Schwert gerichtet und anschließend verbrannt werden sollten. Bei erschwerenden Umständen konnte Brandstiftung jedoch auch durch Zwicken mit glühenden Zangen oder Abstoßung der Glieder mit dem Rad geahndet werden, bevor der Delinquent dann lebendig in das Feuer geworfen wurde.

Was exakt unter Brandstiftung zu verstehen ist, liest man im 99. Artikel der „Constitutio Criminalis Theresiana" des Jahres 1768: „Unter den Mordbrennern und Feueranlegern werden all jene verstanden, welche heimlich oder öffentlich an Häusern, Gebäuden, Waldungen, Feldfrüchten, Futtereien, Holzhaufen und anderen fremden oder eigenen Gut sowohl in – als auch außer Städten, Märkten und Dörfern gefährlich und fürsetzlicher Weise (es sei sodann aus fremder Bestellung, aus Haß, Zorn, Neid, Feindschaft, aus Begierd während der Brunst zu stehlen, aus Frevelmut oder was immer für einer bösen Absicht) Feuer einlegen."

Die Gemeindeväter von Perg schienen es geradezu geahnt zu haben, daß sich ein solches „verkommenes Subjekt" unter ihnen befinden könne. Am 27. Mai 1686 faßten sie in der Bürgerschaft nämlich noch ausdrücklich den Beschluß, daß rund ums Pfingstfest wegen der Feuergefahr „kein Feuer zum Tabaktrinken herausgegeben" werden dürfe und sich die Bürger „mit Wasser auf den Böden versehen" sollten, um „auf das liebe Feuer fleißig Obacht" zu halten.

All diese Vorkehrungen jedoch nützten nichts gegen die Rachsucht einer eifersüchtigen Frau. Die 28jährige Weißgerbersgattin Sabina Öller war im Ort verschrien, weil sie sich dem Trunk ergeben hatte und im Rausch häufig Drohungen ausstieß. Einmal erzählte sie, der „Feind" habe ihr 2000 Gulden zum Versaufen versprochen, wenn sie ein Feuer legen würde. Es war daher nicht verwunderlich, daß man nach dem großen Pfingstfeuer am 2. Juni, dem 23 Häuser und ein Menschenleben zum Opfer fielen, zuallererst auf die Öllerin kam. Dies umsomehr, als sie nach dem Brand gegenüber dem Lederer Georg König, dessen Frau in den Flammen umgekommen war, geäußert hatte: „iezt hats die Armen troffen, aufs negst aber wirdts die reichen Hundt auch treffen."

Genau dieser Georg König war es jedoch, den Sabina zum Ehebruch verführen wollte und dabei abgeblitzt war. Dem Richter, vor dem Sabina Öller alsbald stand, verriet sie den Hergang der Tat. Sie habe, gestand sie, ein Terzerol mit Schießpulver gefüllt und einen Papierpfropfen daraufgesetzt. Als die Menschen des Ortes beim Pfingstfest in der Kirche weilten, habe sie die Ladung direkt auf das Strohdach vom Lederer König abgefeuert. Sabina Öller fand – für damalige Rechtsverhältnisse – einen milden Richter. „Weillen ohne diss allzeit besser ist, vor die milde, als alzu grosse schörffe bey Gott dem allmechtigen rechenschaft zu geben", heißt es im Urteil, „vermainte Ich, es geschäche bey disen umbstenden ein sattsames beniegen, wan die delinquentin (. . .) von dem scharffrichter mit dem Schwerdt von leben zum Todt hingericht, vollgents aber der todte Cörper auf einem scheiter hauffen geworffen und verbrennet, auch die Aschen so dann gehörigen Orthen vertilgt werden."

Die Pöstlingbergkirche brennt!

Am 17. Mai des Jahres 1919 zogen dunkle Gewitterwolken vom Donautal her in Richtung Linzer Becken auf. Keine ungewöhnliche Szenerie in dieser vom Schönwetter nicht gerade bevorzugten Gegend. Doch diesmal sollte aus der Gewitterfront einer der spektakulärsten Brände im Oberösterreich des beginnenden 20. Jahrhunderts werden. Viele ältere Menschen, die damals Kinder waren, erinnern sich noch daran, wie die Pöstlingbergkirche zum ersten Mal in Flammen stand. (Ein zweiter Brand brach 1963 aus.) Gegen Mittag schlug der Blitz ins Kirchendach oberhalb der Sakristei ein. Innerhalb weniger Minuten war der gesamte Dachfirst ein Flammenmeer, das man aufgrund der exponierten Lage über Linz bis hinunter nach Ebelsberg deutlich sehen konnte. Noch bevor die Freiwillige Feuerwehr Pöstlingberg mit einer vierrädrigen Gebirgsspritze samt Handdruckpumpe anrücken konnte, hatte sich das Feuer bis zum Kirchenturm beim unmittelbar neben der Kirche gelegenen Pfarrhof ausgebreitet.

„Das Allerheiligste mußte infolge des starken Brandes aus dem Altar entfernt werden", erinnerte sich später ein Augenzeuge, „und fand für die ersten Stunden im Haus der Frau Rosa Schöpfendoppler ein Unterkommen." Zunächst war die Feuerwehr damit beschäftigt, die wertvollsten Kunstgegenstände zu retten und den Pfarrhof vor einem Übergreifen der Flammen zu bewahren. Erst nach zwei

Die Pöstlingbergkirche in Flammen: Dokumentation des Brandes, 1963.

Stunden traf die Freiwillige Feuerwehr Urfahr mit der Dampfkraftspritze auf dem Pferdewagen ein. Nun wurden zwei Wasserversorgungsleitungen zum 300 Meter entfernten Hackerteich und zum Pöstlingerteich gelegt – endlich konnte gelöscht werden. Die Dampfkraftspritze wurde dabei vor allem eingesetzt, um die umliegenden Häuser vor dem starken Funkenflug zu bewahren. Ein wolkenbruchartiger Gewitterregen, der bis in die späten Abendstunden anhielt, unterstützte – St. Florian sei Dank – den Einsatz der Feuerwehren.

WIE JEDER VOR- UND IN DER
FEWERS-BRUNST
SICH ZU VERHALTEN HABE...

„Von denen Nachtwächtern in erforderlichen Fall sowohl zu Tag, als Nachtzeit: Bewahrt das Feuer, und auch das Licht, ausruffen."

Aus „Der / Stadt Gmunden / Feuerlösch-Ordnung"
vom 28. August 1775

„Ans Löschen dachte Niemand"

„Die Zeit vom 12. bis 14. Jahrhundert ist die Periode der großen Brände. Sie traten am häufigsten und schrecklichsten auf, wenn die Stadt die größte Bevölkerungs-Dichtigkeit, die größte Blüthe des Verkehrs erlangt hatte."
So beschreibt der Feuerwehrhistoriker C. D. Magirus die katastrophale Situation gegen Ende des Mittelalters, die in ihrer Folge zum Entstehen der ersten Feuerlöschordnungen geführt hat. Grund genug gab es ja in der Tat, um mit einem gezielten Brandschutz zu beginnen. Man lese nur in demselben Werk von Magirus nach, wie dieser den Zustand der Brandbekämpfung zu jener Zeit geschildert hat:
„Wie leicht bei solcher Bauart und so primitiven Feuerungs-Einrichtungen ein Feuer ausbrechen konnte, liegt auf der Hand, wenn nun einige heiße Sommertage die eng zusammenhängenden Schindel- und Strohdächer ausgetrocknet hatten und ein auch nur mäßiger Wind dazu kam, so flog die Flamme von Haus zu Haus, von Straße zu Straße und in unglaublich kurzer Zeit stand ein Stadttheil oder auch die ganze Stadt in lichten Flammen. Ans Löschen dachte

Niemand, es galt das eigene Leben, Kinder, Kranke und Gebrechliche zu retten; die Straßen füllten sich sofort mit Flüchtigen, welche auf Karren und in Truhen wenigstens einen Theil ihrer Habe zu bergen suchten, leicht verstopfte sich die enge Straße und es entstand ein Gedränge, in welchem nur zu oft Menschen erdrückt oder Niedergefallene zertreten wurden, während viele andere den Tod in den Flammen fanden."

Die ersten Feuerlöschordnungen

In dieser Situation begannen sich die Stadtväter in den damals so ernsthaft gefährdeten Bezirken innerhalb der Stadtmauern erstmals darüber Gedanken zu machen, wie man einen organisierten Brandschutz – vor allem mit Hilfe der damals schon sehr mächtigen Zünfte – organisieren könnte.
Die älteste uns bekannte, 1086 datierte, Feuerlöschordnung stammt aus der Stadt Meran in Südtirol. Dies ist vielleicht kein reiner Zufall, zumal die Aufstellung von Feuerordnungen eng mit dem sozialen Modell der zünftigen Gesellschaftsordnung verbunden ist. Der Zunftgedanke kam über den italienischen Raum zu uns und setzte sich im Alpenraum erst allmählich durch. Darin könnte eine Erklärung dafür liegen, daß das Italien zunächst gelegene Meran damit begann, eine Feuerlöschordnung auszuarbeiten.
Bis zu einem organisierten Brandschutzwesen im oberöster-

reichischen Raum war es von da an freilich noch ein weiter Weg. Sicherlich verfügte so manche Stadtordnung schon in früher Zeit über Löschbestimmungen. In seinem minutiös recherchierten Verzeichnis der oberösterreichischen Feuerlöschordnungen vor der Gründung der Freiwilligen Feuerwehren datiert R. Magerl die älteste Feuerlöschordnung des Landes jedoch erst in das Jahr 1531. Sie ist in der Marktordnung des Propstes Peter „zu Sancd Florian" enthalten, also im direkten Einflußbereich des Stiftes St. Florian. Wenig später findet sich dann auch bereits eine „Pau- und Feuerordnung der Stadt Lynnz", die am 20. Mai 1542 ediert wurde. Die meisten uns bekannten Feuerordnungen wurden jedoch erst mit dem beginnenden 18. Jahrhundert erlassen.

Die Bekämpfung von Feuersbrünsten war ja vorwiegend Sache der Gemeinden selbst. Einheitliche Verordnungen für das gesamte „Heilige Römische Reich" kannte man lange nicht. Die ersten kaiserlichen Kundmachungen in Sachen Brandschutz betrafen stets nur die Reichshauptstadt Wien.

Dort führte Kaiser Leopold I. 1685 eine Organisationsreform der Städtischen Feuerwache durch und richtete in der Feuerwehrzentrale Am Hof die erste Berufsfeuerwehr Europas ein. Und Kaiserin Maria Theresia prägte ihren Namen unauslöschlich in die Annalen der Geschichte des Brandschutzes ein, indem sie eine aus praktischer Erfahrung entstandene Verordnung erließ, die „Unser Stadt Wien etwa entstehenden Feuers-Brünsten (welche Gott gnädiglich verhüten wolle) eine gewisse Feuer-Lösch-Ordnung errichtet". Für Oberösterreich ist diese „Theresianische Feuerordnung" vor allem deswegen von Bedeutung, weil sie die Grundlage für die später in allen österreichischen Ländern kundgemachten „Josephinischen Feuerordnungen" bildete. Und wer sich die Mühe macht, in den Schubern des oberösterreichischen Landesarchivs in Linz zum Thema Feuerbekämpfung nachzustöbern, der wird bei den Akten fast jedes Landkreises ein Exemplar dieser für viele spätere Verordnungen vorbildlichen Feuerschutzordnung finden.

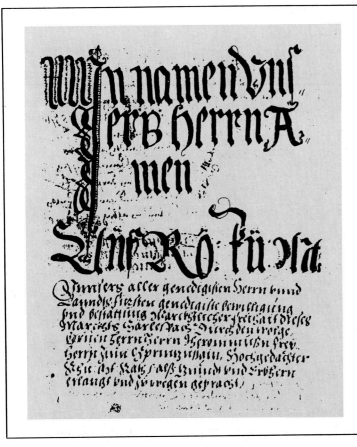

Item do gott vor sey ob sich am aigen
Feuer hebet, so soll ye derman Zurlauffen vnd
Retten Helfen, vnd solln nit davon Khommen
vnd wer was das nit thuet vnd davon lief zihe
der Richter vnd die Älter (alte Räte) sechs khommen, vnnd
sprechen, daß sie davon lauffen sollen, vnnd
wamb man das warlich überfert der davon
lief, oder nit darzur khämb ist ainer dem
Andern leib und guet Verfallen.
Item ob sich ein Feuer zu ainem Hebet vnd
nit beschrier, der ist leib vnd guets verfallen. Beschrier er es aber, so hat er drey
tag fried vnd glaid khumbt es aber über
das Tach und wurd gered, so ist er Zur wandl (Strafe)
Zwelft pfund schilling schenig.

Brandvorschrift aus dem Sarleinsbacher Ehaftbüchlein des Jahres 1557.

„Um den traurigen, immer sich so weit verbreitenden Folgen der ländlichen Feuersbrünste so viel möglich Einhalt zu thun", heißt es darin 1786, „haben Wir es für nöthig befunden, für das offene Land in Oesterreich ob der Enns eine Feuerlöschordnung festzusetzen, welche

    1tens die Verhinderung

    2tens die baldige Entdeckung

    3tens die schleunige Löschung der Feuersbrünste

    4tens endlich die Vorsicht gegen die Folgen, welche nach gelöschtem Brande sich ereignen können, zu ihrem Hauptaugenmerke hat."

Die Josephinische Feuerordnung folgt mit dieser Aufgliederung einem Trend, der sich seit den Zeiten der ersten Feuerordnungen systematisch entwickelt hat. Die vier erwähnten Schwerpunkte finden sich nämlich nicht nur in Oberösterreich, sondern bei Feuerlöschordnungen in fast allen europäischen Ländern, vor allem auch in den deutschen Ländern.

Zunächst wird für den vorbeugenden Brandschutz Sorge getragen. Eine Bau- und Feuerpolizei nach heutigem Muster war ja damals noch nicht bekannt. Umso wichtiger war es daher, wenigstens ein Minimum an vorbeugenden Regelungen anzuordnen. Sie reichen von Maßnahmen gegen „unschickliche Bauart" über das Verbot hölzerner Rauchfänge bis zu Vorschriften für das Hantieren „mit freyem Licht im Stalle" oder der Anordnung, daß „die Hauswirthe ihren Weibern, Töchtern, und Mägden nachdrücklich einzubinden" haben, „daß sie bei dem Kochen mit dem Schmalze vorsichtig, und behutsam umgehen, und besonders wenn das Schmalz Feuer fängt, kein Wasser in selbes gießen, sondern die Flamme durch Zudeckung des Geschirrs ersticken sollten".

Die zweite Sorge der Josephinischen wie auch vieler anderer Feuerordnungen gilt „den Anstalten zur baldigen Entdeckung und Bekanntmachung einer entstandenen Feuersbrunst". Traditionell war es Aufgabe der Türmer, schon beim ersten Anzeichen eines Brandes die Feuerglocke zu läuten. Zur Feuermeldung wurden natürlich auch die Nachtwächter mit ihren Hörnern eingesetzt, denen Richard Wagner in seinen „Meistersingern" ein so wohlklingendes Denkmal gesetzt hat. Und seit der Erfindung des Schießpulvers wurden auch immer häufiger die Stadtmilizen mit Alarmschüssen eingesetzt. Vor allem galt es jedoch von alters her als Pflicht eines jeden, der einen Brand gewahrte, durch die Straßen zu laufen und laut „Feuer" zu schreien.

Dem dritten Punkt – dem Löschvorgang – widmet nicht nur die Josephinische Feuerordnung das größte Augenmerk. Da findet sich die Anregung, bei Wassermangel das Löschwasser aus Roßschwemmen zu holen, oder die Vorschrift für alle herrschaftlichen Häuser, Pfarrhöfe, Fabriken, Bräuhäuser, Mühlen und Feuerwerkstätten, „auf ihren Böden mehrere gefüllte Wassergefäße, sogenannte Bodungen zu haben". An Löschgeräten schreibt die Josephinische Feuerordnung „Dachleitern, Feuerhacken, Handspritzen und Wasserläden" vor. Daran schließt sich die Aufforderung, vor allem an Zimmerleute, Maurer, Schmiede, Schlosser, Rauchfangkehrer, Müller „und dergleichen Professionisten", „mit den nöthigen Werkzeugen sich einzufinden, oder jemanden von den Ihrigen zur Hilfe zu schicken". Dies ist freilich als eine Art Rahmenvorschrift zu verstehen. Denn – wie wir noch sehen werden – die jeweiligen Gemeindefeuerordnungen verfügten über genaue Einsatzpläne, welche Handwerker aufgrund ihrer Ausbildung mit welchen Löschtätigkeiten betraut werden sollten.

Beim Punkt über die Brandfolgen bestimmt Joseph II. unter anderem, zur Brandstätte „eigene Wächter anzustellen, welche Sorge tragen, daß durch verborgene Funken das Feuer nicht wieder auflebe, und eine neue Brunst entstehe". Etwas vernachlässigt werden von der Josephinischen Feuerordnung jene „Maßregeln zur Aufrechterhaltung der Ordnung", die C. D. Magirus bei seinen Untersuchungen zur Brandgeschichte immer wieder vorgefunden hat:

„Es sollen sofort die Stadtthore geschlossen werden. Der Bürger soll den Harnisch anlegen und die Wälle besetzen. Herbergshalter sind bei Strafe verpflichtet, ihre Gäste zurückzuhalten. Wirthe dürfen kein oder nur ein bestimmtes Maas von Getränken abgeben. Händel anfangen ist bei Strafe verboten. Diebstahl bei einem Brande wird mit dem Tode bestraft."

„Blasen vn dz blasen" zu Linz

In den Jahren zwischen 1542 und 1851 wurden insgesamt vierzehn Feuerordnungen für die Landeshauptstadt Linz

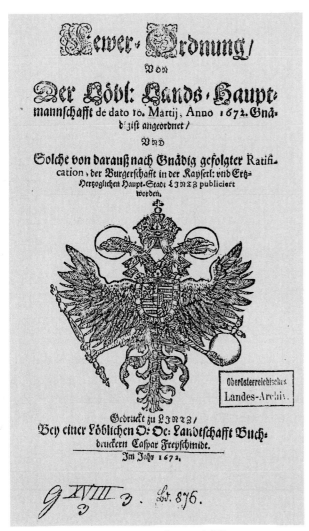

Linzer Feuerordnung, 1672.

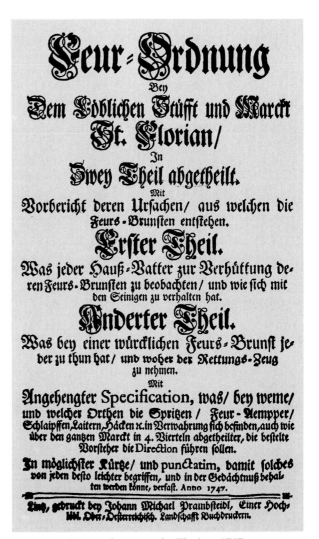

Feuerordnung zu St. Florian, 1747.

erlassen, die von Bränden ja weiß Gott nicht verschont geblieben ist. Anlaß für die erste Feuerordnung war der große Brand des Jahres 1542, von dem es in einer Reimchronik des 16. Jahrhunderts heißt:

Alß Kayser Ferdinandt regirt
unnd das 1542te jahr gezöhlet wirdt
die brunnst allhier in dißer statt
zum driten mahl sich angefangen hat
umb mittagszeit mit großen gwaldt
wider nach der ersten gstaldt
damahlen umb zwölff Uhr
abermahls ein großes clagen wuhr
zum dritten mahl geschach große bein
wie man hier list mit augenschein.

Der ersten Feuerordnung folgten bald weitere, die sich jedoch immer wieder als unzulänglich herausstellten und durch neue ersetzt werden werden mußten. Aus der „Fewer-Ordnung/von/DerLöbl: Lands-Haupt/mannschaft de dato 10. Martij, Anno 1672. Gnä-/digst angeordnet/vnd/Solche von darauß nach Gnädig gefolgter Ratifi-/cation, der Burgerschafft in der Kayserl: vnd Ertz-/Hertzoglichen Haupt-Stadt LINTZ publiciert/worden" kann man genau entnehmen, wie es um den Feuerschutz in jener Zeit bestellt war. Was die Brandschutzausrüstung betrifft, so ist davon die Rede, daß es in jedem Haus wenigstens zwei Leitern mit zwölf bis fünfzehn Sprossen – je nach Beschaffenheit des Daches – geben solle, die außerdem mit eisernen Spitzen beschlagen sein sollten. An weiteren Ausrüstungsgegenstän-

43

den werden Zimmerhacken, Schmiedehämmer, eiserne Laternen, zwei oder drei Handspritzen und „wenigist ain Boding mit Wasser" erwänt. Daran schließt sich die Mahnung, „Pulver/Bech/Saliter/Schwebel/Oel/Schmaltz/vnd dergleichen" an besonderen Orten zu verwahren. Eine weitere Vorsichtsmaßnahme besteht darin, „das Tabacksauffen mit der Pfeiffen vnd Zündstricken" zu unterlassen. „Den Aschen auff den Boden legen/ist bey Leibstraff verbotten." Wenn nun ein Feuer ausbrach, so war der „Wachter auff dem Pfarrthurm" angewiesen, „auff der grossen Glocken etlich Straich (zu) thun vnd dz Fewer verruffe/der Stadt-Thurner aber blasen/vn dz blasen etlichmal widerhole". Bei Tag wurde das Feuer mit roten Fahnen angezeigt, bei Nacht mit Laternen. Daran knüpfte sich die Aufforderung, beim Rathaus, dem Bürgermeister, dem Stadtrichter und dem Stadthauptmann anzuläuten und zu schreien: „Hüts Fewr/Hüts Fewr!"

Alle für einen, einer für alle

Wenn eine Feuersbrunst drohte, war Nachbarschaftshilfe die erste Pflicht. Mit dieser Hilfe wurde wohl auch der erste Grundstein für den späteren Gedanken der Freiwilligen Feuerwehren gelegt. Im 17. Jahrhundert war es mit der Freiwilligkeit indessen anscheinend nicht immer weit her. Sonst hätte die erwähnte Linzer Feuerordnung nicht den folgenden Absatz aufweisen müssen: „Wann sich nun ainiger/deme es seines Handwercks oder Beruffs wegen/betreffen thut/daß er zum retten und löschen verbunden/sich nit brauchen lassen wolte/derselbe solle nach umbständ der Sachen schwärlich/wol auch am Leib gestrafft werden." Dasselbe, so wird weiter ausgeführt, galt auch für jene, die ihre Brunnen versperrten oder Geschirr, Eimer und Leitern nicht zum Löschen zur Verfügung stellen wollten. Ihnen wurde mit Leibesstrafen, in schweren Fällen sogar mit der Todesstrafe gedroht.
Die ersten Linzer Feuerordnungen zeichnen ein deutliches Bild von einer Art Subsidiaritätsprinzip, wie es im Brandfall zwischen den Angehörigen der einzelnen Zünfte üblich war. Die wichtigsten Fachleute bei der Brandbekämpfung waren jene Handwerksmeister, die von Berufs wegen für diese Aufgabe am geeignetsten schienen: also die Rauchfangkehrer, die Pumpenmacher, die Schlosser und Schmiede, die mit dem Feuer umzugehen wußten, aber auch die Maurer und Zimmerleute, die meist nicht nur schwindelfrei, sondern auch in der Lage waren, auf Dachstühlen und Giebeln komplizierte Arbeiten zu verrichten. Den Badern wiederum wurde sinnvollerweise vorgeschrieben, sich mit Bottichen und Wannen am Brandplatz einzufinden. Die Organisation überließ man dabei den jeweiligen Meistern der Zunft, von denen es in einer Linzer Verordnung vom 16. August 1788 heißt: „Diese Meister theilen sich nach ihrer Zahl zu den Spritzen ein, damit, wenn einer ermüdet, ein anderer ihm folgen könne."
Natürlich verfügt nicht jedes Handwerk über eine berufsmäßige Eignung zur Bekämpfung von Feuersbrünsten. Während man den Schustern, Weißgerbern, Schneidern, Bäckern und Webern jedoch wenigstens zutraute, eine Menschenkette zu bilden und „die vollen und leeren Wasserämper in aller Hurtigkeit von Hand zu Hand zu geben", scheinen gewisse Gewerbe nicht einmal dazu imstande gewesen zu sein. „Um unnütze Zuseher noch mehr abzuhalten", heißt es daher in dieser Verordnung weiter, „stellen sich hinter die rechte Reihe die Gürtler, Handschuhmacher, Huterer, und Klampferer, dann hinter die linke Reihe die Messerschmiede, Nadler, Bürstenbinder, Seiler, Sockenstricker, und Schnürmacher, und besorgen vorzüglich, daß kein Weibsbild oder Kinder sich unter die Arbeitenden mengen."
Im Laufe der Zeit wurden die Feuerordnungen jedoch immer differenzierter. Kamen die ersten noch mit wenigen bedruckten Blättern aus, so umfaßt die Linzer Feuerordnung des Jahres 1816 insgesamt 87 Seiten. Auch die Vorschriften wurden zunehmend detaillierter. So wurde 1816 etwa die Zulassung von hölzernen Bodentreppen generell verboten. Außerdem wurde Personen weiblichen Geschlechts, obwohl sie zur „anhaltenden Löschhilfe nicht bestimmt sind", auferlegt, „ein Schaff Wasser auf den ersten Feueralarm an den Sitz des Feuers zu bringen (...), nach Absetzung ihres Schaff Wassers, und herbeygekommener anderweitiger Löschhilfe" jedoch auf schnellstem Wege zu ihren Wohnungen zurückzukehren.
Da Linz auch eine Garnisonsstadt war, spielte das Militär bei der Brandbekämpfung bald ebenfalls eine bedeutende Rolle.

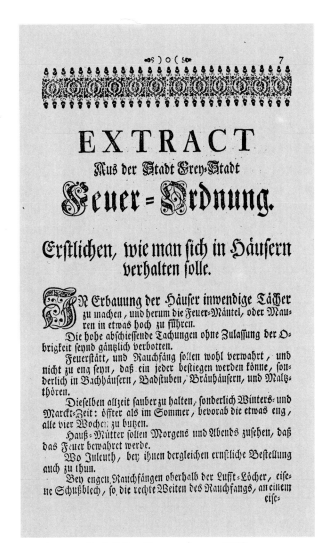

Freistädter Feuerordnung, 1749.

Gmundner Feuerlösch-Ordnung, 1775.

Feldmarschall-Lieutenant Freiherr von Kronher unterzeichnete am 8. Jänner 1829 eine spezielle „Feuer-Ordnung für die hiesige Garnison", in der das Verhalten der Hauptwache in der Kollegiokaserne, im Sammelhaus und in der Wasserkaserne exakt und mit Hilfe von übersichtlichen Tabellen geregelt wurde. Ein besonderer Ehrgeiz jedes einzelnen Soldaten bestand darin, im Brandfall der erste zu sein, der Alarm schlug. Dieser Ehrgeiz war freilich nicht nur von idealistischen Motiven geprägt, denn in der Garnisonsfeuerordnung hieß es in § 25: „Uebrigens kann der Mannschaft zur Aufmunterung allgemein bekannt gemacht werden, daß derjenige Mann, der zuerst ein Feuer ansagt oder signalisiert, von dem hiesigen Magistrate ein Douceur von 2 fl. erhalte."

Wels: „Dem Feur die Nahrung nehmen"

1723 bekam der Linzer Drucker Franz Zachaeus Auinger für damalige Verhältnisse einen Großauftrag: Der Welser Stadtrat beschloß eine „Erneuerte Feuerordnung", die nicht nur allen Zünften der Stadt, sondern jedem Bürger auf Verlangen in je einem Exemplar ausgehändigt werden sollte. Darüber hinaus hatten die Zünfte den bindenden Auftrag, die Feuerordnung einmal jährlich öffentlich zu verlesen.
Wie in vielen anderen Feuerlöschordnungen findet sich auch in jener von Wels eine relativ strenge Bestimmung, die die Verantwortlichkeit für das Aufkommen einer Feuersbrunst klärt. Der Hausbesitzer jenes Gebäudes, in dem das Feuer entsteht, wird zur Verantwortung gezogen, gleichgültig, ob

es sich dabei um sein eigenes Verschulden, das eines Hausbewohners oder eines Gastes gehandelt hat. Unter den „Vorhergehenden Vorsehungen und Ermahnungen" findet sich auch eine Bestimmung, die es den Maurern und Zimmerleuten auferlegt, keine zu engen Rauchfänge anzulegen und schon gar nicht einen hölzernen Tram in der Nähe einer Feuerstelle anzubringen.

Die Welser Feuerlöschordnung des Jahres 1723 gibt aber auch einen guten Überblick über die Ausrüstung, die damals zur Brandbekämpfung zur Verfügung stand. Die Gerätschaft war über mehrere Plätze im Stadtgebiet verteilt und befand sich in Depots im Stadt-Kammeramt, im Rathaus, in der Hafnergasse, am Vorstadtplatz, in der Faßziehergasse, Unter den Lederern, Unter den Fischern und in der Klingenschmiedgasse. An den öffentlichen Brunnen mußten laut Vorschrift transportable Wasserwannen zur jederzeitigen Verwendung bereitstehen. Insgesamt verfügten die Welser zu jener Zeit über 2 Druckspritzen, 29 Handspritzen, 81 Feuerlöschkübel, 23 Feuerhaken, 12 größere Leitern auf Rädern, 6 kleinere Leitern auf Rädern, 7 Doppelleitern, 12 gewöhnliche Leitern und 13 Leitergabeln.

Wenn der Turmwächter durch Anschlagen der Brandglocke Feueralarm gab, war es die erste Pflicht jedes Wohnungsinhabers, eine Laterne ins Fenster zu stellen, damit die Straße erleuchtet und die Brandbekämpfung auf diese Weise erleichtert wurde. Ein „Vortrupp", der aus den Maurern, Zimmerleuten und Rauchfangkehrern gebildet wurde, sollte laut Feuerordnung „die Bränd wegraumen und dem Feur die Nahrung nehmen". Dabei bedienten sie sich der Hilfe der Hufschmiede. Man nannte diesen Einsatz auch „Vorbrechen", ein Terminus, der sich auch bei der „Vorbrecherabteilung" der viel später gegründeten freiwilligen Gemeindefeuerwehren erhalten hat.

Die weitere Aufgabenverteilung folgte, ähnlich wie in Linz, einer gewissen Hierarchie unter den Zünften, die sich aus deren fachspezifischer und handwerksbezogener Eignung für Löschtätigkeiten ergab.

Schon 1749 entstand eine weitere Feuerlöschordnung, die in vieler Hinsicht noch detaillierter Stellung zur Brandschutzgrundausrüstung jedes Hauses nahm. Es wurden zumindest drei Feuereimer, ein Feuerhaken, eine Leiter, ein Wasserbottich auf dem Dachboden, zwei Fässer und eine Handspritze vorgeschrieben. Einmal im Vierteljahr wurde diese Ausrüstung auch von den Gemeindevätern „visitiert".

Zu Beginn des 19. Jahrhunderts – die Feuerlöschordnung von 1823 mit ihren Neuauflagen 1839 und 1849 beweist es – kam es zu einer wesentlichen Verbesserung der Brandschutzausrüstung, während man sich in der Organisation der Brandbekämpfung weitgehend an die bisherigen Gepflogenheiten hielt. Man merkt in diesem Zusammenhang bereits das Aufkeimen einer professionellen, industriell organisierten Feuerwehrtechnik. Die Stadt verfügte in diesen Jahren bereits über eine Hauptspritze, eine Landspritze, eine Wiener Schlauchspritze, zwei Requisitenwagen und zwei Wasserwagen. Damit hatte sich Wels in Sachen Brandbekämpfung zu einem Vorbild entwickelt. Und es war wahrscheinlich mehr als ein Zufall, daß der große Mentor des Freiwilligen Feuerwehrwesens in Oberösterreich und Gründer des Landes-Feuerwehrverbands, Dr. August Göllerich, ausgerechnet ein Welser war.

Gmunden: „Bey derley das Publicum bedrängenden Unglücksfällen"

„Allgemeine Regeln/was ein jedwederer Innsaß in der Stadt/Gmunden zu Verhüt- und Abwendung deren so schäd-/lichen Feuersbrunsten bey gesetzter Strafe zu beobachten hat:/Auf welches auch die alle Vierteljahr, oder monatlich die Feuerbeschau/Vornehmende genau zu sehen, und das widrig Befindende ihrer/Obrigkeit anzuzeigen haben."

Mit diesem verschachtelten Titel beginnt „Der Stadt Gmunden Feuerlösch-Ordnung" vom 28. August 1775. Sie schrieb unter anderem vor, daß im Schlafzimmer ausschließlich Laternenlicht verwendet werden dürfe, verbot generell bei Strafe das „Tabackanzünden, und Rauchen, nichtminder das Abschießen der Büchsenröhr, und das Kunstfeuerwerfen". Und sie verlangte „von denen Nachtwächtern in erforderlichen Fall sowohl zu Tag, als Nachtszeit: Bewahrt das Feuer, und das Licht, eigens laut ausruffen zu lassen".

Den Trubel und das Chaos, das in dieser Zeit offenbar untrennbar mit dem Ausbruch eines Feuers verbunden war, beschreibt anschaulich der 25. Abschnitt dieser Feuerlösch-

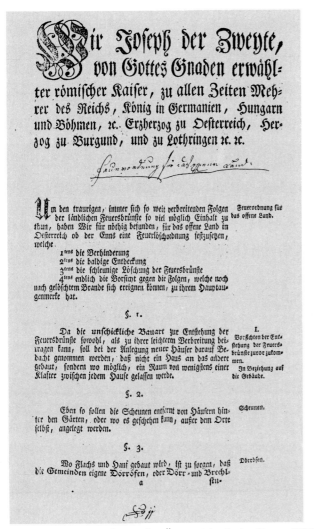

Josephinische Feuerordnung für Österreich ob der Enns, 1786.

Löschordnung für die Linzer Zünfte, 1788.

ordnung, in dem es unter anderem heißt: „Einem jedwederen Insassen oblieget, für das gemeine Beste auf alle Weeg und Weis sich gefaßt zu halten; So solle doch zu Abwendung der bey derley gefährlichen das Publicum sehr bedrängenden Unglücksfällen sich öfters unter dem unbändigen Pövel durch bös- und lasterhafte Leute verübenden Zaumlosigkeiten, auch wohl gar aufwicklenden Tumult, Aufruhr, und Diebereyen, so bald die erste Glockenstreich zu Andeutung der Feuersbrunnst geschehen, von dem in der Verzeichniß A. benennten Viertl sammt ihrer Viertlmeister die Wacht von 24. Mann mit Ober- und Untergewehr sogleich an den Ort des ausgebrochenen Feuers sich stellen."
Während in der erwähnten Löschordnung noch vieles allgemein und unbestimmt gehalten war, zeichnet sich die

„Instruktion zur Ausführung der Feuerlöschordnung für die k. k. landesfürstliche Stadt Gmunden und deren nächste Umgebung", die am 12. Juni 1841 erschien, durch eine minutiöse Aufgliederung aller in Frage kommenden Tätigkeiten aus. So heißt es in dieser 63 Paragraphen umfassenden Instruktion etwa, daß die Verbindlichkeit der Zufuhr der Spritzen „a) dem Poststall, b) dem Müllermeister in der Stadt Nr. 118, Franz Kemmetmüller; c) dem Braumeister in Seestadl Nr. 3, Johann Maurhard; und d) dem Braumeister in Graben Nr. 11" oblag. In einem eigenen Schema werden die Hausbesitzer zu bestimmten Löschtätigkeiten verpflichtet, wenn es etwa hieß: „Ludwig Karth, Stadt 109, mueß mit seinen Gesellen der erste auf dem Brandplatze sein". Um die Bürger zu besonderem Fleiß aufzumuntern, gab es für besonders diensteifrige Löscher auch Belohnungen. Für die erste am Brandplatz erscheinende Spritze wurden immerhin 3 Gulden, für die zweite 1 Gulden 30 Kreuzer gezahlt, für den ersten Wasserwagen 2 Gulden. Zeichnete sich ein Rauchfangkehrergeselle durch besonderen Wagemut aus, erhielt er ebenfalls 2 Gulden. Ähnliche Prämien waren auch für die Zimmerer ausgesetzt.

Als diese Instruktion erschien, waren die Gmundner noch stolz auf ihre Feuerlöschgeräte. Das änderte sich freilich bald, als mit dem Beginn des freiwilligen Löschwesens auch neue, modernere Geräte Einzug ins Depot hielten. Was blieb den Gemeindevätern daher anderes übrig, als die alten Spritzen am Rathausplatz zum Verkauf anzubieten? Den Verkaufspreis dieser Liebhaberstücke konnten sie allerdings nur mehr aufgrund des Messingwertes festsetzen.

Freistadt: „Bei tag den rottn feuer fanen"

Eine der ältesten oberösterreichischen Bestimmungen über das Löschwesen findet sich in der Freistädter Stadtordnung des Jahres 1440. Sie zeichnet sich vor allem dadurch aus, daß hier eine monatliche (!) Feuerbeschau durch den Stadtrichter und die Hauptleute vorgeschrieben wird. Wer seine Feuerstätten nicht ordnungsgemäß verwahrte, mußte sogar damit rechnen, daß sie niedergerissen wurden und er – nebst einer beträchtlichen Geldbuße – neue zu errichten hatte. Besonderes Augenmerk wird auch den Freistädter Bierbrauern geschenkt, über die es heißt: „Item sollen auch die scheiter, die man unter dem Preukessel verprennen soll, nicht lenger sein dan zweier daum ellen lang, oder der preuknecht wär verfallen der obverschriben peen (= Buße), wo er anders begriffen wurdt, und soll auch niemands nicht, so windig ist, in seinem preuhaus brauen lassen, und soll auch sein preuhaus alle wochen auf das mindst keren lassen."

Die Stadtordnung des Jahres 1635 kennt auch den Türmer oder Turnermeister, dem es bereits in einer Instruktion des Jahres 1548 auferlegt worden war, in die Richtung, in der ein Feuer ausgebrochen war, „bei tag den rottn feuer fanen, bei der nacht die latern an(zu)stecken". Diese Einrichtung hat sich im Lauf der Jahrhunderte übrigens kaum geändert. Noch 1883 heißt es in den Instruktionen des Freistädter

Nro. I.

Ausweis

Der Garnisons-Feuer-Reserve-Posten in Linz.

Benanntlich.	Offizier.	Korporal.	Tambour.	Gefreite.	Zimmerleute.	Gemeine.	Anmerkung.
Zum Herrn F. M. L. nebst Ordonanz-Korporal	1	—	—	—		3	
„ „ General-Brigadier nebst Ordonanz-Korporal	—	—	—	—		3	
„ „ Regierungs-Präsidenten	—	1	—	—		3	
Zur Militär-Ober-Kommando-Kanzlei	—	—	—	1		3	
„ Kriegskasse	—	—	—	1		2	
„ Bankalkasse	—	—	—	1		2	Der Gefreite und 3 Mann von der General-Wache, die den Posten da halten, werden gleich dorthin abgeschickt. Ist Polizey da. Wird die Artillerie versehen. Werden die Jäger bestritten.
Zum Manthamt	—	—	—	1		2	
„ Postamt und Diligence	—	—	—	1		2	
„ Tabakamt							
„ Rathaus							
„ Artillerie-Posto-Kommando							
„ Fabriks-Gebäude	—	1	—	—		3	
Verstärkung der Posten.							
Auf die Hauptwache	—	—	—	2	—	4	Zum Patrolliren.
„ Verpflegs-Magazins-Wache	—	—	—	1	—	3	
„ Pulverthurm	—	—	—	—	—	3	
„ Staabs-Stockhaus	—	—	—	1	—	3	Werden die Jäger bestritten.
„ Sammelhaus	—	—	—	2	—	4	Zum Patrolliren.
Zum Katastral-Vermessungs-Büreau	—	1	—	—	—	3	
Auf Kollegio-Kasern-Wache	—	1	1	1	—	4	} Zum Patrolliren.
„ Wasser- detto	—	1	1	2	—	6	
Summa	1	5	2	14	—	53	
Hiezu { Am Brandort	1	2	—	—	—	15	Gehen zusammen, Letztere ohne Rüstung, bloß in Kittel und Kappeln, und es haben alle Zimmerleute mitzugehen.
Bereitschaft zum Löschen	—	3	1	—	16	20	
Zusammen	2	10	3	14	16	88	

Aus der Feuer-Ordnung für die Linzer Garnison des Jahres 1829.

Turmwächters: „Der Turmwächter auf dem Kirchturm hat die Pflicht auf sich, alle Viertelstunde auf allen vier Altanen des Turmes herumzuschauen, ob nicht irgendetwas Verdächtiges von einem auffallenden Rauche zu sehen oder aus dem Geruche oder aus hörbarem Knistern oder Krachen oder aus anderem Kennzeichen ein Brand zu vermuten sei."
Trotz vieler Verordnungen zur Brandverhütung und -löschung schienen die Stadtväter dieser von Brandkatastrophen so schwer heimgesuchten Stadt der Wachsamkeit der Bürger dennoch nicht so recht zu vertrauen. Darum setzten sie auch in der Feuerordnung vom 7. Juli 1749 fest, daß von dieser Ordnung einem jeden Bürger und jeder Zunft ein Exemplar ausgehändigt werden müsse und daß „jener Burger, welcher bey vornehmender Visitation sein Exemplar verlohren hätte, einen Reichstaler, die Zunfft aber drey Reichsthaler Straf zu gemeiner Stadt zu erlegen hätte".

VOM BRANDBETTEL ZUR LANDES-BRANDSCHADENVERSICHERUNG

„Ihr werdet als Mitgenossen der Brandversicherung Retter von Unglücklichen, die ihr nicht einmal kennet, die aber als wahrhaft Unglückliche gerechten Anspruch haben auf die Hülfe von Euch als Mitmenschen, als Landesbrüder, als Christen!"

Aus einer Pfingstpredigt des Jahres 1799

Steuernachlaß für „Abbrändler"

„Bei dem toten Bettler fand man einen gelben, zerbrochenen, zerknitterten Brandbrief." Das schrieb Jean Paul in einem seiner Romane, der natürlich in einer Epoche spielt, als es noch keine Feuerversicherungen gab. Und auch Johann Wolfgang von Goethe schreibt in einem dringlichen Brief aus dem Jahr 1767: „Habe ich heute Abend um Halb neune nicht Antwort auf diesen Brandbrief, so bin ich selbst da." Der „Brandbettel" entwickelte sich bald zu einer echten Landplage. 1715 erschien sogar eine regelrechte Streitschrift über den „Unfug des täglich überhand nehmenden Brand-Bettelns", die beklagte, daß an allen Ecken und Enden sogenannte „Abbrändler" schriftlich oder auch persönlich um milde Gaben bettelten, weil ihnen Haus und Hof abgebrannt waren. Da sich mit dem Mitleid allerhand Geschäfte machen ließen, waren es bald keineswegs mehr nur wirklich vom Unglück Verfolgte, sondern allerlei lichtscheues Gesindel, das vorgab, alles bei einem Brand verloren zu haben, obwohl es in Wirklichkeit nie etwas besessen hatte, das den Flammen zum Opfer hätte fallen können. Und so glaubte man den „echten" Brandopfern bald nicht mehr, was deren Los noch weiter verschlimmerte.

Welche andere Chance aber blieb einem Bürger oder Bauern, der durch eine Feuersbrunst die Grundlage seiner Existenz verloren hatte? Das Versicherungswesen, wie wir es heute kennen, ist ein Kind der freien Marktwirtschaft und hatte im Feudalismus kaum einen Platz. Erst zu Beginn des 19. Jahrhunderts gewannen die drei klassischen Versicherungszweige allmählich in breiteren Bevölkerungsschichten an Boden: die Lebens-, die Transport- und vor allem die Feuerversicherung.

Diese Entwicklung erfolgte freilich keineswegs von heute auf morgen; es gab viele Vorläufer. Und wären nicht Aberglauben, Dummheit und Gleichgültigkeit mit im Spiel gewesen, hätte die Brandschutzversicherung wohl schon viel früher eingeführt werden können.

Erste Ansätze für den Versuch, das Risiko gemeinsam zu tragen, gab es schon zur Zeit des babylonischen Königs Hammurabi um 1700 v. Chr., dessen berühmt gewordener Codex schon eine Art Sicherheitskasse gegen Raubüberfälle und ähnliche Unbill enthielt. Im germanisch-nordeuropäischen Raum waren es dann vor allem die Zünfte, die sich zu gemeinsamen „Schutzgilden" zusammenschlossen. Die regelmäßig in die Zunftlade eingezahlten Beträge wurden nicht nur zur Unterstützung der Witwen und Waisen verstorbener Zunftmitglieder verwendet, sondern auch zur Übernahme eines Feuerrisikos. Dabei stand freilich weniger der Versi-

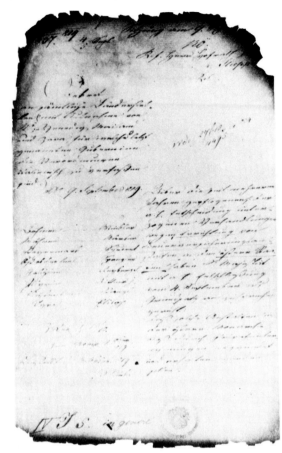

Versicherungs-Edikt, Anfang 19. Jahrhundert.

etwa dreijährigen „Wiederaufbauzeit" mit Steuernachlässen rechnen.

So sah die Situation vor Maria Theresias Zeiten in ganz Europa aus. Lediglich ein einziges Land (Island) war schon im 12. Jahrhundert dazu übergegangen, daß sich reiche Grundbesitzer auf wechselseitiger Basis gegen Feuerschäden und Viehseuchen „versicherten". Es sollte jedoch lange dauern, bis dieser Gedanke aus dem hohen Norden auch in den mitteleuropäischen Raum vordrang.

Die ersten Brandkassen

Die ersten Bemühungen in Oberösterreich, den Brandopfern mehr als nur Mildtätigkeit zukommen zu lassen, finden wir im 18. Jahrhundert. Damals halfen Grundherrschaften den Brandopfern durch Bereitstellung von Bauholz. Die Brand-Untertanenkasse machte Gelder für den Wiederaufbau abgebrannter Gehöfte flüssig. Und in Kremsmünster wurde 1710 unter Abt Alexander II. die erste vorbildliche „Brandschadenkasse" geschaffen. Feuerkassen wie diese wurden zum Vorbild der nachmaligen Brandschadenversicherungen. Jeder Untertan mußte eine jährliche Zahlung in die Kasse leisten. Von der Höhe dieses Beitrags hing schließlich auch die Summe ab, die im Schadensfall ausbezahlt wurde. Im Laufe der Zeit machte das Kremsmünsterer Beispiel Schule. Und da diese Kassen auch des öfteren zur Unterstützung von Armen und Bettlern verwendet wurden, nannte man sie im Volksmund, etwa in Prandegg und Zellhof, auch „Gmain-Anlägl". Ähnliche Kassen befanden sich auch ab 1767 in der Spitalerischen Herrschaft Klaus oder in Steyr, wo die Gemeinde noch vor Kremsmünster, im Jahre 1686, eine eigene Brandsteuerkasse gegründet hatte.

Daß der Versicherungsgedanke im 18. Jahrhundert allmählich Fortschritte machte, ist vor allem Kaiserin Maria Theresia zu verdanken. Sie forderte 1740 die maßgeblichen Behörden Böhmens, Mährens und später auch Niederösterreichs und der Steiermark auf, überregionale Feuerversicherungen zu schaffen. Doch wie alle Reformvorhaben landete auch dieses vorerst einmal auf der sprichwörtlichen „langen Bank" der schwerfälligen Bürokratie. Auch die Linzer Stände erwogen mehrmals, nach dem Vorbild des preußi-

cherungsgedanke im Vordergrund als ein Streben nach Barmherzigkeit und Mitleid.

Ein System nach dem Prinzip, daß jedermann einen (verhältnismäßig kleinen) Betrag einzahlte, um im Bedarfsfall von der Zahlungsgemeinschaft einen verhältnismäßig großen ausbezahlt zu bekommen, widersprach im Mittelalter und der beginnenden Neuzeit völlig allen religiösen und ethischen Vorstellungen. Man hätte derlei als verbotenen Eingriff in Gottes unerforschlichen Ratschluß betrachtet. Feuer galt als eine „Strafe Gottes". Und wenn man bedenkt, daß es dazumal schon als unmoralisch galt, einen Brand zu löschen, kann man sich vorstellen, was man davon hielt, sich gewissermaßen auf „listige" Art vor den Folgen von Gottes Zorn zu drücken.

Hilfe für Brandgeschädigte beschränkte sich daher jahrhundertelang auf Almosen. Nach großen Stadtbränden war es üblich, den Bürgern auf einige Jahre die Steuern zu erlassen. Und im 17. Jahrhundert konnten Abbrändler während einer

schen „Feuer-Regulaments" ein ähnliches Versicherungs-
modell zu schaffen. Die Diskussionen gingen aber über
diverse Briefwechsel nicht hinaus. Und als zu Beginn des
19. Jahrhunderts der Schärdinger Stadtkontrollor Jakob
Harold neuerlich einen Vorschlag für eine Feuerversicherung unterbreitete, wurde der Hofkanzlei in Wien zwar ein
entsprechender Plan vorgelegt, ging aber in den Kriegswirren der napoleonischen Zeit verloren. Bis zur Gründung der
Bayerischen Brandversicherungsanstalt im Jahre 1811 blieben in Oberösterreich daher einige bäuerliche Assekuranz-
vereine die einzigen Feuerversicherer.

Die „Oberösterreichische" – ein bayerisches „Besatzungskind"

Daß Oberösterreich bereits eine funktionierende Brandschutzversicherung besaß, als Kaiser Franz I. im Jahre 1816
erstmals eine generelle Brandsteuersammlung befahl, verdankt das „Land ob der Enns" dem politischen Spiel der
Mächtigen.
Als König Max Joseph von Bayern am 23. Jänner 1811
nämlich die Zentralisation der Versicherungsanstalten seines
Königreichs anordnete, zählten zu diesem auch weite Teile
Oberösterreichs und Salzburgs. Wie gut diese Verordnung
auch in den oberösterreichischen Gebieten funktionierte,
beweisen einige simple Zahlen: Das Königlich-Bayerische
Landgericht in Vöcklabruck konnte am 8. Juni 1811 bereits
melden, daß insgesamt 218 Objekte mit einer Summe von
66.000 Gulden versichert seien. Und als es 1815 in Schwanenstadt brannte, wurde die Versicherung auch tatsächlich mit
21.476 Gulden zur Kasse gebeten.
Die Einrichtung der Brandversicherung blieb auch erhalten,
als die oberösterreichischen Gebiete 1816 wieder von den
Bayern an Österreich kamen. Das Kapital der bayerischen
Anstalt in Oberösterreich und Salzburg war damals bereits
auf über 18 Millionen Gulden angewachsen. Es schien also
nicht zweckmäßig, die erfolgreiche Anstalt aufzulösen und
durch eine Neugründung zu ersetzen. Die Landesregierung
in Linz beschloß daher, das Assekuranzgeschäft mit dem
bereits vorhandenen Versicherungsstock, losgelöst von der
bayerischen Anstalt, weiterzuführen.

König Max Joseph von Bayern, unter dessen Herrschaft die
„Oberösterreichische" gegründet wurde.

Dieser historischen Entwicklung verdankt es die „Oberösterreichische Landes-Brandschaden-Versicherung", heute
kurz „Oberösterreichische" genannt, daß sie – gemeinsam
mit ihrem Salzburger Vetter – als ältestes Versicherungsinsti-
tut ganz Österreichs bezeichnet werden kann.

„Verhüten ist besser als Vergüten"

Getreu diesem Motto hat die Brandschadenversicherung im
Laufe ihrer Entwicklung nicht nur dazu beigetragen, viel
Not und Elend zu lindern; sie wurde auch zu einem
wirksamen Instrument der Brandverhütung.
Zahlreiche Großbrände, etwa der Großbrand von Steyr 1842,
bei dem 212 Gebäude abbrannten, trugen dazu bei, das Be-
wußtsein der Brandschadenversicherer zu schärfen und neue
Wege der Brandverhütung zu finden. So gelang es, ein neues
Bewußtsein für Brandschutz zu schaffen, indem man das Ta-

Eine begehrte Rarität bei Sammlern: Ein altes Emailschild der oö. Landesbrandschadenversicherung.

rifsystem nach Gefahrenklassen adaptierte. Da man für Stroh- und Schindeldächer höhere Prämien zahlen mußte und der Einbau von Feuermauern, Blitzschutzanlagen und die Anlage von Löschteichen durch niedrigere Prämien honoriert wurde, trug das Versicherungswesen entscheidend zu vielen baulichen Verbesserungen bei. Für diese wurde auch ein eigenes System von zinsenfreien Darlehen ins Leben gerufen. Der Beitrag der Feuerversicherer zur Finanzierung des oberösterreichischen Feuerwehr- und Brandverhütungswesens kann nicht eindringlich genug vermerkt werden. So fließen vom Landesanteil der Feuerschutzsteuer vier Fünftel an den oberösterreichischen Feuerwehrfonds und ein Fünftel an den oberösterreichischen Brandverhütungsfonds.

Nach dem Zweiten Weltkrieg waren es daher auch die oberösterreichischen Feuerversicherer, die eine neue Brandverhütungsorganisation ins Leben riefen. Daß es heute eine modern organisierte Feuerbeschau, regelmäßige Industriebetriebsprüfungen, elektrotechnische Spezialüberprüfungen und zahllose andere brandverhütende Aktivitäten gibt, ist nicht zuletzt der Initiative der Versicherungen zu verdanken. Die Oberösterreichische Wechselseitige Versicherungsanstalt, die über 140 Jahre den Feuersbrünsten in Oberösterreich den Kampf angesagt hatte, dehnte ihre Tätigkeit 1951 übrigens noch weiter aus: Von der „reinen Feuerversicherung" wurde sie als „Oberösterreichische" zum Inbegriff eines verläßlichen und seriösen „Universalversicherers". So fungiert die „Oberösterreichische" seit 1952 auch als Sturmschadenversicherung, seit 1962 als Kfz-Versicherung und seit 1977 auch als Lebensversicherung.

DAS GRÖSSTE FEUERWEHR-
MUSEUM DER WELT

„Es brennt, o heil'ger Florian,
Heut aller Orts und Enden:
Du aber bist der rechte Mann,
Solch Unglück abzuwenden!"

Ein Standort mit Tradition

Es ist eine späte, aber verdiente Huldigung an St. Florian, den Märtyrer von Lorch, daß das größte Feuerwehrmuseum der Welt ausgerechnet in unmittelbarer Nähe seiner wahrscheinlichen Begräbnisstätte eingerichtet worden ist. In der Tat ließe sich auch kein besserer Platz für ein solches Museum denken als die alte Meierei an der Westseite des von Jakob Prandtauer errichteten Augustiner-Chorherren-Stiftes St. Florian.

Die Stiftsmeierei wurde bereits vor der Kirche und dem Klostergebäude errichtet und vereinigte schon in früher Zeit alle landwirtschaftlichen Betriebe des Klosters. Hier fand man die Stallungen für die klostereigenen Pferde, Ochsen und das Mastvieh. In den alten Gewölben war jedoch auch die Fleischhauerei untergebracht. Eine Bäckerei sorgte dafür, daß den ehrwürdigen Patres das tägliche Brot nicht ausging. Und um sich während der Fastenzeit an das alte Gebot „Flüssiges bricht das Fasten nicht" halten zu können, verfügten die Augustiner-Chorherren hier auch über eine eigene Stiftsbrauerei. (Aus St. Florian ist übrigens auch eine der ältesten Nachrichten über den von Untertanen geleiste-

ten „Bierdienst" erhalten, eine Art Zehent, der in der Stiftsmeierei noch bis 1848 regelmäßig abgeliefert wurde.)

Ihrem vielseitigen Verwendungszweck zufolge war die Meierei zu St. Florian auch von entsprechend imposanten Ausmaßen. Sie hat die Form eines doppelten Vierkanters; allein die beiden Innenhöfe sind über 2500 m² groß. Die Außenabmessung des Gebäudes beträgt 84 × 71 m. Das Dach des beherrschenden Bauteils, nämlich des Wirtschaftstrakts, ragt fast 20 m empor. Die Dachfläche umschließt mit ihren 220.000 Biberschwanzziegeln insgesamt 7200 m². Kein Wunder also, daß Kunsthistoriker dieses Bauwerk als bedeutendstes Wirtschaftsgebäude seiner Epoche in ganz Oberösterreich bezeichnen. Noch vor hundert Jahren waren hier 60 Angestellte mit der Wirtschaftsführung befaßt. Der Viehbestand konnte sich mit 36 Pferden und 150 Kühen sehen lassen. Und die Heu- und Getreidevorräte waren selbst für die Bauern der als fruchtbar bekannten St. Florianer Gegend geradezu unvorstellbar.

Als die Landwirtschaft des Stiftes umstrukturiert wurde, war es indes mit der Bedeutung der Meierei vorbei. Die Stiftsverwaltung konzentrierte sich immer mehr auf Höfe außerhalb des Ortes und legte verschiedene landwirtschaftliche Betriebe im Meierhof nächst dem Jagdschloß Hohenbrunn zusammen. Auf diese Weise seiner Funktion beraubt, war der Stiftsmeierhof allmählich dem Verfall preisgegeben. Während der NS-Zeit wurde er schwer in Mitleidenschaft gezogen, als St. Florian zu einer Filialstelle des Reichsrundfunks ausgebaut wurde.

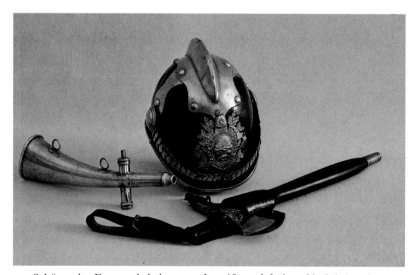

Autobahnrestaurant oder Museum?

In den sechziger Jahren unseres Jahrhunderts fanden Ausflügler, die es nach St. Florian zog, neben dem prunkvollen Stift ein recht tristes Bild vor. Bröckelnder Verputz, desolates Mauerwerk und ein vom Zahn der Zeit angenagter Dachfirst riefen eine Gruppe verantwortungsbewußter Denkmalschützer auf den Plan. Unter dem Vorsitz des mittlerweile verstorbenen Kommerzialrats Dr. Fred Apfolterer wurde 1968 der „Verein zur Erhaltung des barocken Stiftsmeierhofes St. Florian" ins Leben gerufen. Als Schriftführer fungierte der ehemalige Leiter der Landeskulturabteilung, Hofrat Dr. Wutzel. Zehn Jahre dauerte die Instandsetzung des Gebäudes, die 1979 abgeschlossen war. Bittbriefe wurden geschrieben, 400.000 Kubikmeter Holz mußten ebenso beschafft werden wie eine Viertelmillion Dachziegel und 1600 Firstreiter. Von dem nach dem Zweiten Weltkrieg häufig diskutierten Plan, hier ein Autobahnrestaurant zu errichten, war man inzwischen wieder abgekommen. Als Verwendungszweck schwebte den Bauherren damals ein „landwirtschaftliches Museum" vor. Der Plan scheiterte jedoch an Interesse- und Geldmangel der Landwirtschaftskammer.

Nach der Florianimesse des Jahres 1978 wurde schließlich wieder einmal intensiv darüber diskutiert, wie man das in seiner alten architektonischen Pracht wiedererstandene Gebäude nützen könne. Gesprächspartner waren damals Prälat Wilhelm Neuwirth, der Chef des Linzer Landesmuseums, Hofrat Dr. Franz Lipp, sowie OBR Franz Czejka von der Linzer Berufsfeuerwehr. Sie kamen auf eine alte Lieblingsidee des Chefs des Linzer Feuerwehrindustriebetriebs Rosenbauer, Techn. Rat Ing. Fritz Heiserer, zurück. „Der Meierhof", sprach man an diesem Florianitag erstmals aus, „wäre doch geradezu ideal für ein Feuerwehrmuseum!"

Ein großer Sammler

Wenn es so etwas wie einen „geistigen Vater" des „Historischen Feuerwehrzeughauses St. Florian" gibt, so ist dies der Technische Rat und Ingenieur Fritz Heiserer. Ohne die umfangreiche Privatsammlung des heute 68jährigen wäre ein

Schöne alte Feuerwehrhelme aus dem 19. und frühen 20. Jahrhundert.

so ehrgeiziges Projekt wie das des nach seiner Fertigstellung wohl größten Feuerwehrmuseums der Welt vermutlich niemals zustande gekommen.

Fritz Heiserer ist Chef der Linzer Firma Rosenbauer, des weltgrößten Herstellers für Feuerwehrgeräte, eines der angesehensten Aushängeschilder der österreichischen Wirtschaft. Mit dem Gedanken der Feuerwehren ist Fritz Heiserer schon seit frühester Kindheit aufs engste verbunden. „Ich habe das Feuerwehrwesen schon mit der Muttermilch eingesogen", sagt er gerne scherzhaft und ist damit von der Wahrheit gar nicht so weit entfernt. Der Sohn des Hauptmanns a. D. Friedrich Heiserer war bereits im zarten Alter von vierzehn Jahren der jüngste Feuerwehrmann ganz Österreichs. Sein Vater, der in das altehrwürdige Rosenbauer-Unternehmen eingeheiratet hatte, war immerhin auch Landes-Feuerwehrkommandant und einer der verdienstvollsten Männer des oberösterreichischen Feuerwehrwesens. Seiner Tatkraft ist nicht nur die „Erfindung" des sogenannten Einheitsfeuerwehrmannes zu verdanken, sondern auch die Schaffung der ersten Feuerwehrschule. In dieser war früher auch ein kleines Museum untergebracht, dessen interessanteste Exponate in den Wirren des Zweiten Weltkriegs leider verlorengegangen sind.

Sie machten indessen nur einen Teil von Fritz Heiserers umfangreicher Sammlung aus. Der Rosenbauer-Chef versäumte zudem in den letzten Jahrzehnten keine Gelegenheit, um an wertvolles, seltenes Material aus der Feuerwehrgeschichte heranzukommen. Er stöberte auf Flohmärkten ebenso wie in teuren Antiquitätengeschäften. Er führte einen umfangreichen Briefwechsel mit anderen Sammlern. Wenn er von einem verschollenen Dokument oder einem seltenen Gerät hört, so setzt Heiserer bis heute seinen ganzen Ehrgeiz darein, es zu sehen und – wenn möglich – auch zu beschaffen. Selbst von seinem Direktionsschreibtisch (unter einer wertvollen alten Holzfigur des hl. Florian) aus animiert Fritz Heiserer seine Mitarbeiter zu feuerwehrhistorischer Wachsamkeit. Wer immer im Verkauf oder Außendienst tätig ist, weiß, daß er im In- und Ausland stets beide Augen offenzuhalten hat. „Meine Firma hat mir beim Aufbau dieser Sammlung entscheidend geholfen", lobt Fritz Heiserer seine Mitarbeiter. „Eine Menge alter Feuerwehrgeräte hätte ich ohne ihre Mithilfe nicht aufgetrieben."

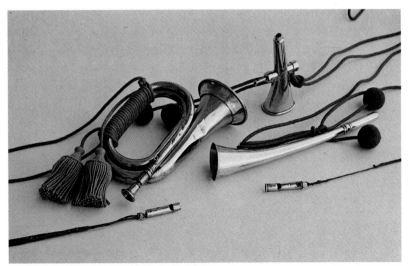

Alte Signalhörner.

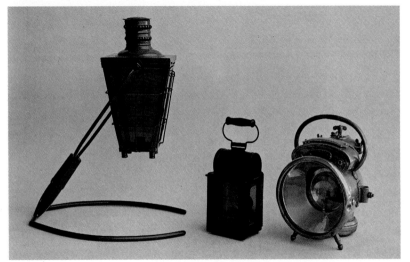

Alte Feuerwehr-Signalleuchten.

Saufhorn und Humpen für festliche Anlässe.

Handdruckspritze für Pferdezug, 1895.

Das Museumskonzept

Wenn man staunend durch die Säulengänge des Feuerwehrmuseums bummelt und die erwähnten Objekte in Augenschein nimmt, kann man bestätigen, daß das wirklich schade
gewesen wäre.

Das Museumskonzept

Als 1979 die Entscheidung fiel, die Stiftsmeierei als „Historisches Feuerwehrzeughaus" zu widmen, mußten zuerst einmal von den Feuerwehrmännern Oberösterreichs, dem
Bundesdenkmalamt sowie der oberösterreichischen Landesregierung 13 Millionen Schilling für Restaurierungsarbeiten
und Adaptierungszwecke aufgebracht werden. Im Endeffekt
kostete das Museum bis dato sogar 52 Millionen. Doch es
war nicht Geld allein, das nottat. Was nun erstellt werden
mußte, war ein umfassendes Konzept: Wie kann man anhand
des zur Verfügung stehenden Materials die Geschichte des
Feuerwehrwesens ebenso informativ wie leicht verständlich
dokumentieren?

Das Museumskonzept hat sich dabei zweierlei vorgenommen: Die Feuerwehr soll sowohl als technische wie auch als
gesellschaftliche Einrichtung betrachtet werden. In übersichtlichen Schautafeln und thematisch zusammengehörigen
Einheiten sollten alle wesentlichen Aspekte des Feuerwehrwesens beleuchtet werden. Daß sich ein solches Konzept
nicht auf einmal verwirklichen ließ, liegt auf der Hand. Es
mußte also in einigen Etappen realisiert werden. Die ersten
beiden Ausbaustufen sind bereits fertiggestellt und umfassen
etwa zwei Drittel des geplanten Museumsprogramms. Für
1986 ist die Eröffnung einer dritten Etappe vorgesehen, die
sich mit der Zeit nach 1938 befassen wird, also mit dem
Brand- und Katastrophenschutz während des Zweiten Weltkrieges sowie in der Nachkriegszeit.

Wer das Museum betritt, wird in der Eingangshalle zuerst
einmal mit der Geschichte der Stiftsfeuerwehr St. Florian,
der ältesten Betriebsfeuerwehr Oberösterreichs, konfrontiert. Ihr langjähriger Kommandant, der heute 77jährige
August Schickelberger, ist auch Kustos des Museums. Unter

Dampfspritze Rosenbauer & Kneitschel, 1908, 400 l/min, 40 m Wurfweite. FF Ostenach, bis 1945 im Dienst.

Leitung dieses seit 57 Jahren im Dienste der Feuerwehr stehenden Fachmannes wird jede Führung zum Erlebnis, vor allem, wenn Herr Schickelberger bei einigen alten Ausrüstungsgegenständen in den Vitrinen darauf hinweist, daß er diese „seinerzeit" noch selbst beim Feuerwehreinsatz benützt hat.

Weitere Themenschwerpunkte sind „Die oberösterreichischen Feuerversicherer", „Die Geschichte des oberösterreichischen Landes-Feuerwehrverbandes", „Brandverhütung", „Feuerwehrtechnik", „Feuerwehr in der Gesellschaft", „Uniformen", „Strahlrohre", „Kleinlösch- und Beleuchtungsgeräte", „Armaturen", „Tragkraftspritzen", „Oldtimer", „Die Feuerwehren von Linz, Wels und Steyr", „Feuerwehrschulen", „Feuerwehrbriefmarken", „Orden", „Feuerwehrkunst", „Feuerwehrspielzeug", „Feuerwehrmusik", „Feuerwehrhelme", „St. Florian in der Volkskunst" und vieles mehr.

Daß ein Konzept wie dieses niemals endgültig sein kann, versteht sich von selbst. So ist das „Historische Feuerwehr-zeughaus" ein durchaus lebendiges Gebilde, dessen weiterem thematischen Ausbau, von „Luftschutz" bis „Feuerwehrphysik", keine Grenzen gesetzt sind.

Eine Schatzkammer, vom „Schnauferl" bis zum Paradebeil

Feuerwehr-Nostalgiker dürfen sich auf einen großen Tag gefaßt machen, wenn sie durch das Portal des „Historischen Feuerzeughauses St. Florian" in eine eigene Welt eintreten: Wer Zeit, Muße und Interesse mitbringt, wird das „Abenteuer Feuerwehr" an einem einzigen Tag vielleicht gar nicht ganz und gar auskosten können und mindestens noch einmal herkommen. So vielfältig ist das Angebot an seltenen Objekten, historischen Gerätschaften und anderen Schätzen der „Feuerwehrarchäologie".

Schon im Vestibül wird die Vergangenheit lebendig. Da findet man einen jener schweinsledernen Feuerwehrschläu-

Handdruckspritze aus Holz, um 1800.

Vierrädrige Kastenspritze für Pferdezug aus dem Markt Klam, 1846.

Metallene Handdruckspritze der Welser Feuerwehr, 1890.

che, die noch fein säuberlich mit Kupfernieten gearbeitet waren. Er zählt ebenso zu den besonders wertvollen Stücken wie eine tragbare Handdruckspritze von Bernhard Lissiak aus dem Jahre 1795, einem „Bürgerlichen Stuck und Gloggen Giesser in Stadt Steyr". Sie ist eine der insgesamt 25 historischen Löschgeräte, die es neben 15 fahrbaren Spritzen, zahlreichen Haken-, Steg- und Scherenleitern sowie alten Pumpen und Handdruckspritzen zu bewundern gibt.

Besonders stolz ist Fritz Heiserer auch auf seine Oldtimer-Sammlung. Der älteste stammt aus dem Jahre 1798 und ist eine hölzerne 1-Zylinder-Handdruckspritze, eine Vorläuferin der heutigen Tanklöschfahrzeuge mit Monitor, die bereits über ein metallenes Wenderohr verfügt. Im Gegensatz zu ihren modernen Nachkommen dauerte es jedoch eine ganze Weile, bis man diese Spritze funktionstüchtig machen konnte. Von der herbeieilenden Bevölkerung mußten zuerst lange Eimerketten gebildet werden, bis man das Wasser vom Brunnen bis zur Spritze befördert hatte. War der Wasserkasten dann gefüllt, konnte mit dem Löschen begonnen werden. Durch manuellen Pumpendruck wurde das Wasser schließlich ins Wenderohr weitergeleitet.

1908 war die Feuerwehrtechnik da schon beträchtlich weitergekommen. Dies dokumentiert eine Dampfspritze der Firma Rosenbauer aus dem Jahre 1908, die bis Ende der vierziger Jahre in Einsatz gestanden und mittlerweile restauriert worden ist. Sie funktioniert nach demselben Prinzip wie eine Dampflokomotive. Die Kolbenpumpe wird dabei durch Dampf in Betrieb gesetzt, der in einem beheizten Wasserkessel erzeugt worden ist. Sollte – was Gott verhüten möge – in St. Florian einmal Not am Mann sein, könnte diese Spritze auch heute wertvolle Dienste leisten: Sie ist nämlich immer noch einsatzbereit wie am ersten Tag.

Nur einige Jahre später, 1913, wurde die Gebirgsspritze Marke „Triumph" nach Milna im Kronland Krain, heute Jugoslawien, geliefert. Diese Spritze stammt aus der Serie von Motorspritzen, die Rosenbauer als erster in der österreichisch-ungarischen Monarchie ab 1909 gebaut hat und wovon bis zum Ende des Ersten Weltkrieges 1918 immerhin 50 Stück ausgeliefert wurden. Dieses Gerät stand bis 1966 im Dienst und ist heute noch funktionsfähig.

Doch weiter im Bilderbogen der Feuerwehrgeschichte: Die Spritze Type F 70 ist als erste Tragkraftspritze bekannt und wurde 1923 von der Firma Rosenbauer gebaut. Bei der Motorspritze der Freiwilligen Feuerwehr Ort 1926 wurde eigentlich das gleiche Prinzip wie bei den pferdebespannten Handdruckspritzen angewendet: ein vierrädriger massiver Wagen, von zwei Pferden gezogen, diente als Transportgerät für Mannschaft und fest eingebaute Motorspritze. In den Schlauchmulden kann man noch die dicken Saugschläuche sehen, die innen mit Gummi und Drahtspiralen ausgekleidet sind. Unter dem „Kutschbock" an der Vorderseite findet man zwei Kästen mit insgesamt vierzehn Schläuchen zum Aneinanderkuppeln. Sehenswert ist natürlich auch der Benzinmotor, mit dem das „Ungetüm" betrieben wurde. Doch nicht nur der Technik galt die Aufmerksamkeit der Konstrukteure. Obwohl Praktikabilität Trumpf war, findet man auch die Liebe zum optischen Detail: etwa, wenn man die beiden Laternen links und rechts genauer unter die Lupe nimmt und feststellen kann, daß die Gläser nachträglich noch eingeschliffen wurden.

Nur drei Jahre nach dieser Spritze – im Jahre 1929 – entstand bei Rosenbauer der sogenannte „Kleine Florian", der mit einem 5-PS-Puch-Doppelkolben-Motor ausgerüstet war und immerhin bereits 250 Liter Wasser pro Minute förderte.

Aus den Zeiten, da die Feuerwehren auch noch für den Krankentransport zuständig waren (die Abtrennung des Rettungswesens erfolgte erst 1938), stammt auch eine weitere Rarität des Museums: ein Sanitäts-Pferdewagen aus dem Jahre 1905.

Doch nicht nur der Fahrzeugpark des Museums ist imponierend; die Erlesenheit dieser Sammlung zeigt sich auch in einer Fülle von Kleinodien, etwa in den beiden Schaukästen, in denen Feuerwehruniformen aus allen Epochen hängen. Die ersten zeugten noch mehr von Phantasie als von dem heute geübten Sinn fürs Praktische. Daneben findet man auch noch martialische alte Kommandantensäbel, Paradebeile, Faschinmesser und Beilpicken in den Glasvitrinen. An den Feuerwehrhelmen allein läßt sich vieles über Feuerwehrgeschichte ablesen. Da gibt es jene, die an altrömische Legionärshelme erinnern, wie man sie auf vielen Darstellungen des hl. Florian sieht. Da finden sich vernickelte Helme mit vielen goldenen Beschlägen, Messinghelme genauso wie Lederhelme, Helmschmuck mit Roßhaar- und Federbüschen ebenso wie schlichte Armeestahlhelme.

Tragkraftspritze E 28 (Rosenbauer 1925).

Löschfahrzeug AF aus Ried.

Altes Leiternfahrzeug.

Daß die Feuerwehr nicht unabhängig von der Gesellschaft denkbar ist, zeigt sich in einer Fülle von dokumentarischem Material. Da zeugen Einladungen zu Feuerwehrbällen ebenso von alten Zeiten wie Ballspenden, Bierkrüge mit Feuerwehrsprüchen, Fotos von Fahnenpatinnen und Postkarten von Feuerwehrgruppenbildern mit oder ohne Damen.

Kopien von alten Feuerlöschordnungen ergänzen diesen dokumentarischen Teil ebenso wie eine umfassende Darstellung von Orden und Ehrenzeichen, wie sie die Geschichte des Feuerwehrwesens stets begleitet haben.

Umfangreiche, didaktisch und pädagogisch hervorragend gestaltete Schautafeln machen das Museum schließlich nicht nur für Fachleute, sondern auch für Laien interessant, denen auf diese Weise ein umfassender Überblick über Geschichte und Gegenwart der Tätigkeit der Feuerwehren geboten wird. Denn das soll das „Historische Feuerwehrzeughaus St. Florian" ja nicht zuletzt auch sein: Ein Ort, an dem spätere Generationen einmal ablesen können, mit wieviel Opferbereitschaft und Idealismus das Feuerwehrwesen einst von ihren Vorvätern aufgebaut worden ist.

GOTT ZUR EHR',
DEM NÄCHSTEN ZUR WEHR!

*Oberösterreichs Freiwillige Feuerwehren
von den Anfängen bis in die Nachkriegszeit*

„In der Öffentlichkeit erscheint allzuoft der Dienst der
Feuerwehren als selbstverständlich. Der große Idealismus und die stete Hilfsbereitschaft gehen aber weit über
das normale Maß der Nächstenhilfe hinaus."

Heinrich Gleißner, 1969

Ein Brand gibt Anlaß zum Nachdenken

Im Sommer des Jahres 1865 lag über Bad Ischl bereits ein
Hauch von Schönbrunnergelb. Franz Joseph I. hatte die
Stadt zu seiner Sommerresidenz erwählt und dem Kurort im
Salzkammergut damit großen Aufschwung beschert. Doch
mitten in der schönsten Sommerfrischen-Idylle geschah das
Unglück. Ein Augenzeuge beschrieb das damals so:
„Am Freitag, den 21. Juli, wurde die Badegesellschaft und
Bevölkerung des klimatischen Kurorts Ischl in den Nachmit-
tagsstunden plötzlich durch das hastige Geläut der Turm-
glocke aus dem gewohnten Frieden aufgeschreckt. An der
Westseite des Ferdinandplatzes hinter den Wohnhäusern des
Traunufers, dem Elisabeth-Hotel und der Pfarrgasse war
durch die Unachtsamkeit eines betrunkenen Fuhrknechts ein
Schuppen in Brand geraten. Da die Mehrzahl der Hinterhäu-
ser dieses sonst so massiven Vierecks aus alten Baulichkeiten
aus Fichtenholz besteht, die nach neun Tagen glühender

Sommerhitze noch mehr zusammengetrocknet waren, schien
bei dem plötzlich aufspringenden Südwestwind die Existenz
des ganzen Ortes in Frage gestellt.
Der Berichterstatter, hinter dessen Wohnung das Feuer
ausbrach, fand nur soviel Zeit, seine Barschaft, die Papiere,
einige unentbehrliche Kleidungsstücke zu ergreifen und die
Treppe hinabzueilen. Hinter ihm drein schlug die knisternde
Lohe durch das Schindeldach. In einer halben Stunde stand
ein halbes Dutzend Häuser in Flammen, und unter lautem
Wehklagen flohen die verzweifelten Einwohner und Bade-
gäste, begleitet mit ihrer Habe und den unerwachsenen
Angehörigen. Vor der Post entstand ein grenzenloses Wirr-
warr, von allen Seiten verlangte man Postpferde, Equipagen,
hilfreiche Mannschaften. Inzwischen war auch das Elisabeth-
Hotel, das stattliche Gebäude des Ortes, an der Traunbrücke
in Brand geraten. Mit furchtbarer Gewalt verbreitete sich das
Feuer über das gesamte Häuserviertel, und selbst die ersten
Gebäude der Wirerstraße und der Nordseite der Pfarrgasse
entzündeten sich durch das Flugfeuer. Mit unsäglicher Mühe
gelang es, die ansehnlichen Lokalitäten der Post zu retten. In
der Wirerstraße setzte das Dietrichstein'sche Haus dem
Feuerstrome einen Damm entgegen. Ungeachtet der bescheidenen kleinstädtischen Löschapparate beschränkte der Hero-
ismus und die Ausdauer der Mannschaften das Feuer auf die
angegebenen Grenzen. Von Bauers Hotel am Kalvarienberg
aus gesehen, wohin sich die Mehrzahl der obdachlos gewordenen Kurgäste geflüchtet hatte, schien ganz Ischl zu
brennen. In der Tat ist eine Gruppe von 20 Häusern, etwa der

zwölfte Teil aller Gebäude, ein Opfer der Flammen geworden."

Daß hier direkt unter den Augen Seiner Majestät eine
Flammenhölle ausgebrochen war, gab nicht nur den Bad
Ischlern zu denken. Noch im selben Jahr riefen sie eine
Freiwillige Feuerwehr – eine der ersten des Bundeslandes –
ins Leben. Doch auch anderswo machte man sich ernsthaft
Gedanken darüber, daß es mit dem Brandschutz so nicht
weitergehen dürfe. Denn vor dem Brand von Bad Ischl hatte
es im „Lande ob der Enns" nur eine einzige Freiwillige
Feuerwehr gegeben – nämlich jene von Steyr. Und an diesem
Beispiel orientierte sich nun so manches andere Gemein-
wesen.

Die Turner von Steyr

Seit der später als „Turnvater" bekannt gewordene Friedrich
Ludwig Jahn 1811 auf der Berliner Hasenheide den ersten
Turnplatz errichtet hatte, verbreitete sich die Idee der
turnerischen Ertüchtigung im ganzen deutschen Sprach-
raum. Turnvereine entstanden bald in allen größeren Städten
und Gemeinden. Und es lag auf der Hand, daß die Turner die
mühsam antrainierte Kondition auch praktisch nützen wollten. In Österreich waren es neben der 1851 entstandenen
Linzer Gemeindefeuerwehr (s. Kapitel über Linzer Feuerwehren) die Innsbrucker Turner, die 1857 erstmals auf die
Idee kamen, auf eigene Faust eine „Rettungs-Abteilung" zu
gründen. Ihr Leiter war – nomen est omen – der akademische
Turnlehrer Franz Thurner.

Die Innsbrucker Initiative fand bald auch anderswo Nachah-
mer. „Von edelstem Geiste beseelt und geeint in Nächstenliebe und Menschenpflicht", heißt es daher in einer Chronik
der Steyrer Feuerwehr, „fand sich in unserer Stadt im Juni
des Jahres 1860 eine wackere Anzahl Männer zusammen, um
das Turnen in Steyr einzuführen." Und schon drei Jahre nach
der Gründung dieses Turnvereins notierte Schriftführer
Karl Auböck im Jahresbericht: „Der Anfang ist gemacht,
das Schwerste hiermit geschehen, vielleicht kommt es doch
noch dahin, daß die Gemeindevertretung auch zur Bildung
einer Feuerwehr aus den Turnern noch einen bedeutenden
Teil beitragen wird. Dadurch würde sich der Zweck des

Feuerwehrpolka der Turnerfeuerwehr in Steyr.

Turnens weiter herausbilden, so daß man die erlangte Kraft
und Gelenkigkeit zum besten seiner Mitmenschen verwendet."

Es dauerte freilich noch eine Weile, bis der Dialog zwischen
Turnern und Stadtvätern erste Früchte trug. Vorläufig
vertrauten die Turner noch auf die eigene Initiative: Sie
beschlossen, im Sommer 1864 einen Zyklus von Theatervorstellungen zu veranstalten, deren Ertrag zur Anschaffung
einer Turner-Feuerwehrspritze verwendet wurde. Außerdem beschloß die Versammlung die Bildung einer Feuerwehr aus Turnern, „beziehungsweise die Bildung einer
Steigerabteilung, die mit den nötigen Steigergeräten verse-

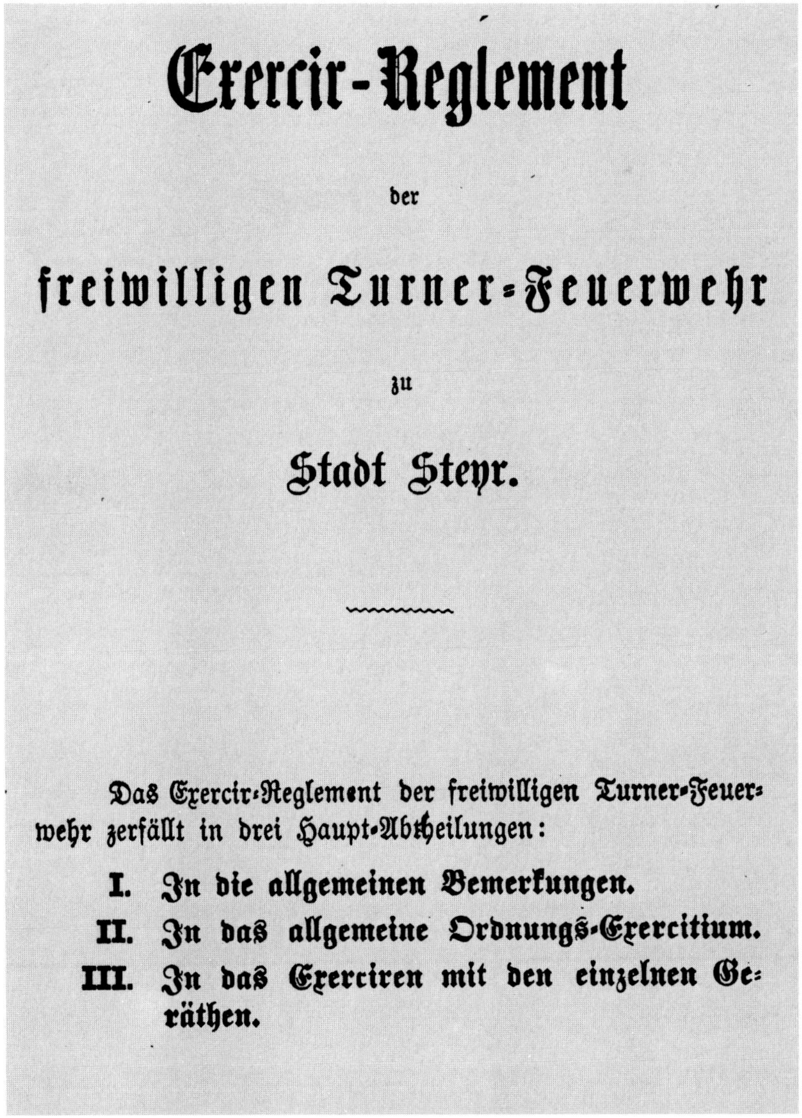

Exercir-Reglement

der

freiwilligen Turner-Feuerwehr

zu

Stadt Steyr.

~~~~~~

Das Exercir-Reglement der freiwilligen Turner-Feuerwehr zerfällt in drei Haupt-Abtheilungen:

I. In die allgemeinen Bemerkungen.

II. In das allgemeine Ordnungs-Exercitium.

III. In das Exerciren mit den einzelnen Geräthen.

„Exercir-Reglement" der Steyrer Turnerfeuerwehr.

hen werden soll. Die Ausbildung, Einübung und Organisierung dieser Steigerabteilung ist Sache des Turnvereines selbst, und soll diese Abteilung nie eine gesonderte Stellung einnehmen, sondern nur stets Hand in Hand mit den bestehenden Löschanstalten und im steten, richtigen, einheitlichen Einverständnis mit unseren Feuerarbeitern gehen."

Der Anfang war gemacht. Schon 1865 konnte eine Metzsche Karrenspritze aus Heidelberg bestellt werden. Und in den Jahren 1866 und 1867 taten sich die Steyrer Turner bei zahlreichen Bränden so erfolgreich hervor, daß sie nicht nur von der Gemeindevorstehung belobigt wurden, sondern

„als Beweis der Anerkennung vom Landesausschusse eine Subvention von 50 Gulden" erhielten.

Die Vorbildwirkung auf andere Gemeinden sollte nicht lange auf sich warten lassen.

Eine Idee setzt sich durch

Die ersten feuerwehrbegeisterten „Turnväter" kamen gerade zur richtigen Zeit. Die Gewerbefreiheit hatte das alte Zunftsystem, das längst von innen her ausgehöhlt war, überflüssig gemacht. Die Zünfte konnten ihre Aufgabe bei der Brandbekämpfung nicht mehr länger wahrnehmen. Die Zeit schien reif für eine neue Entwicklung. Nach den Steyrern preschten im Jahre 1865 daher nicht nur die Bad Ischler, sondern auch die Ennser vor. Auch sie hatten – ebenso wie die Kollegen aus dem Salzkammergut – einen unmittelbaren Anlaß zur Gründung einer Feuerwehr. Am 30. Juni 1865 konnte der Brand im Angerl bei Schloß Ennsegg nur dank des aufopferungsvollen Einsatzes des in Enns stationierten k. u. k. 5. Husarenregiments lokalisiert werden. Die Ennser Feuerwehr war indessen keine Turnerfeuerwehr, auch wenn man später den Linzer Turnlehrer Wilhelm Buley zur Schulung der Steigermannschaften nach Enns holte.

1866 wurden die Freiwilligen Feuerwehren von Linz, Braunau, Gmunden und Ried gegründet. In Gmunden war es der Turnlehrer J. P. Kehl, der sich an die „Brandassekuranz-Bezirkskommission" wandte, die mit ihrem Antrag auf Gründung einer Gmundner Feuerwehr jedoch beim Landtag abblitzte. Der Landesausschuß, hieß es in der Begründung, „ist nicht in der Lage, der neugebildeten Feuerwehr in Gmunden schon gegenwärtig einen Beitrag aus der Brand-Assekuranzkassa zu bewilligen und es muß sich (...) die Erfolgung einer Prämie oder Entschädigung für einen besonderen Anlaß vorbehalten werden". Die Aufregung um den Brand im benachbarten Bad Ischl, an dessen Löscharbeiten sich auch einige Gmundner mit städtischen Spritzen beteiligt hatten, gab dem Feuerwehrgedanken jedoch dann auch am Traunsee Auftrieb. Am 14. März 1866 konnte – nach Bewilligung der Statuten durch die k. k. Statthalterei in Linz – die Gmundner Feuerwehr konstituiert werden.

In Ried war es der Buchdrucker Norbert Kränzl, der seit 1846 eine „Turnerrunde" anführte und sich schon relativ früh Gedanken über die Gründung einer Turnerfeuerwehr gemacht hatte. Ob sie tatsächlich noch vor der Innsbrucker Feuerwehr 1857 gegründet wurde und damit – wie die Rieder stolz behaupten – die älteste Turnerfeuerwehr Österreichs ist, darüber mögen sich die Historiker streiten. Fest steht, daß Bürgermeister Anton Stockhammer 1865 eine Versammlung des Rieder Turnvereins einberief, bei der die bisherige Turnerfeuerwehr mit 28 Mann als „Freiwillige Feuerwehr Ried" nach dem Muster einiger Nachbarstädte gegründet wurde. Das Steigerhaus wurde im ehemaligen Theatergebäude auf dem Holzplatz (dem heutigen Stelzhamerplatz) untergebracht. Und die Stadtgemeinde bewilligte für die gute Sache den Betrag von 1063 Gulden. Da die Satzungen der Feuerwehr erst 1866 genehmigt wurden, gilt dieses Datum als Gründungsjahr der Rieder Feuerwehr. Schon innerhalb kürzester Zeit erfreute sich diese größten Zuspruchs: Als am 21. April 1866 die ersten Kommandantenwahlen stattfanden, traten spontan 76 Rieder Bürger der neuen Feuerwehr bei.

Bemerkenswert ist auch die Gründungsgeschichte der Freiwilligen Feuerwehr Braunau-Simbach; dies umsomehr, als sich dieses historisch gewachsene Gebilde bald in verschiedenen Staaten befand: Während Braunau am rechten Innufer noch zu Österreich gehört, zählen die Simbacher am linken Ufer bereits zur BRD. Als am 26. Oktober 1866 die Gründung einer Freiwilligen Feuerwehr vermerkt wurde, da waren Braunauer und Simbacher, wie man dem Protokoll entnehmen kann, noch ein Herz und eine Seele. „Nachdem das Gemeindeausschußmitglied Herr Seitz an die Gemeindevertretung um deren Unterstützung zur Errichtung einer gemeinschaftlichen Braunau-Symbacher Feuerwehr appellierte", besagt das Protokoll, „dieser Vortrag auch günstig aufgenommen wurde, ließ Herr Bürgermeister Haas eine Einladung an die Bewohner Braunau und Symbach ergehen, worauf eine Besprechung und Wahl eines Comitees bey Herrn Ignatz Stöger Mittwoch den 31. Oktober stattfand und zwar unter dem Vorsitz des Herrn Assessor Flori und des Herrn Bürgermeister Haas." Schon am 20. November war es dann soweit, daß der Bürgermeister an den frischgebackenen Feuerwehrhauptmann schreiben konnte: „Den

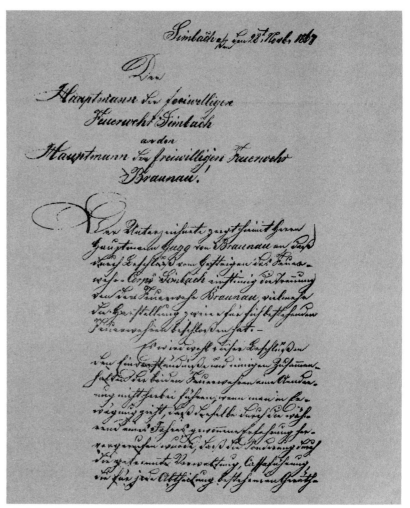

Briefwechsel unter Feuerwehrhauptleuten: Die Simbacher machen sich von den Braunauern selbständig.

Tag, an welchem Sie die Feuerlösch-Requisiten übernehmen, betrachte ich als jenen, wo die Thätigkeit der Feuerwehr faktisch ins Leben tritt, und wünsche derselben künftiges Gedeihen."

Die Freundschaft zwischen Braunauern und Simbachern bestand übrigens auch weiter, als Politik und Geschichte einen Grenzstrich zwischen die beiden Gemeinden zogen. Und noch heute stehen die Simbacher allezeit bereit, wenn es gilt, den Braunauern unter die Arme zu greifen oder ein gemeinsames Jubiläum festlich zu begehen. Und natürlich auch umgekehrt.

Ein Jahr nach der Braunauer Gründung, also 1867, war es dann in Wels und Kirchdorf soweit. (Von der Geschichte der Welser Feuerwehr wird noch ausführlicher die Rede sein.) Kirchdorf verdankte das frühe Entstehungsdatum seiner

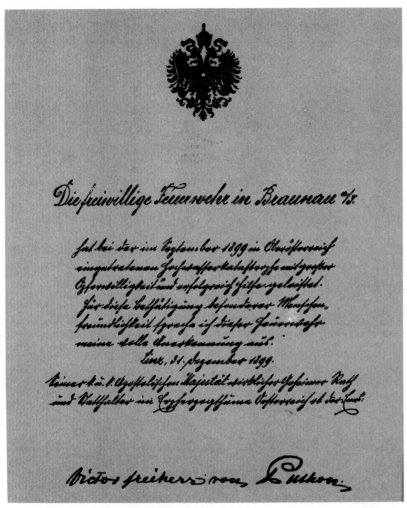

Der Statthalter im Lande Österreich ob der Enns bedankt sich bei der Braunauer Feuerwehr für den Einsatz während des Hochwassers 1899.

Doch weiter in der Chronik der ersten Feuerwehrpioniere: 1868 wurden die Feuerwehren in Engelhartszell, Hofkirchen bei Lembach und Kremsmünster gegründet. 1869 entstanden die Wehren von Eferding, Mattighofen, Mondsee, Steyr Waffenfabrik, Mauthausen und Freistadt, der die städtische Brau-Commune kurz nach ihrer Gründung zum Einstand eine neue Saugspritze zum damals sensationellen Betrag von 1000 Gulden schenkte.

Die Satzungen all dieser ersten Feuerwehren basierten auf dem Vereinsrecht und unterlagen der Genehmigung durch die oberösterreichische Statthalterei. Im Jahre 1869 bestanden in Oberösterreich insgesamt 16 Feuerwehren, von denen sich ein Großteil am 25. Juli dieses Jahres in Linz zusammenfand und erstmals über die Bildung eines oberösterreichischen Feuerwehrverbandes beriet.

Feuerwehrmetropole Wels

Die Gründung des Oberösterreichischen Landes-Feuerwehrverbands ist ohne die Verdienste des Welsers August Göllerich nicht denkbar. Es scheint daher auch sinnvoll, die Feuerwehrgeschichte der Stadt unter diesem besonderen Blickwinkel zu betrachten, zumal es auch die Feuerwehr Wels war, die am 22. Mai 1869 den Antrag einbrachte, die Feuerwehren Oberösterreichs zur Behandlung gemeinsamer Angelegenheiten in einer Spitzenorganisation zusammenzufassen.

August Göllerich, am 2. Juli 1819 in Linz geboren, begann seine Karriere als Polizeijurist in Mailand und war später am österreichischen Hof tätig. 1860 wurde er dann Gemeindesekretär und später Stadtrat in Wels, wo er sich ernsthaft mit dem Feuerlöschwesen auseinandersetzte. Göllerich fand zwar bereits bestehende städtische Löscheinrichtungen vor (was in anderen Städten damals keineswegs so selbstverständlich war); es bestand auch bereits die Verordnung, daß jeder Hausbesitzer über eigene Feuerbekämpfungsgeräte verfügen müsse; es fehlte jedoch an Männern, die entsprechend ausgebildet waren, um die Bevölkerung in der Handhabung dieser Geräte zu schulen. Göllerich, selbst ein begeisterter Turner, bildete daher aus dem von ihm gegründeten Turnverein bereits 1862 eine Turnerfeuerwehr. Seine

Feuerwehr zwei „fahrenden Gesellen", die gerade von der „Walz" aus Deutschland zurückgekommen waren und dort das Feuerwehrwesen von seiner neuesten Seite kennengelernt hatten: Karl Kofler und Paul Schodterer – so hießen die beiden – brachten innerhalb kürzester Zeit das Kunststück zuwege, nicht nur entsprechende Geldmittel zu beschaffen, sondern auch 43 Freiwillige für den Feuerwehrdienst zu gewinnen. Als am 4. November 1870 die Kirchdorfer Apotheke abbrannte und sich nur durch den Wagemut der neuen Feuerwehr ein Übergreifen des Brandes verhindern ließ, ging der Stadtpfarrer Pater Nivard mit gutem Beispiel voran und spendete 100 Gulden für eine neue Spritze. Sein Beispiel wirkte anscheinend Wunder; bald war der Betrag von 1734 Gulden gesammelt, und eine neue Knaustsche Abprotzspritze konnte gekauft werden.

Die Welser Feuerwehr erwirbt eine Dampfspritze.

Hoffnung, diese Turnerfeuerwehr zu einer Stärke auszubauen, die eine Gemeindefeuerwehr überflüssig machen sollte, erfüllte sich indessen nicht. Am 14. August 1867 erließ Bürgermeister Dr. Franz Groß daher einen Aufruf, in dem zum Beitritt zu einer Freiwilligen Gemeindefeuerwehr aufgefordert wurde. Am 15. Oktober desselben Jahres kam es zur konstituierenden Versammlung, die die Ausarbeitung der Statuten übernahm. Schon sechs Wochen später fand die Hauptversammlung statt, bei der Baumeister Arnhold zum Obmann gewählt wurde. Göllerich begnügte sich mit einem Posten als Ausschußmitglied. Verschiedene Meinungsverschiedenheiten darüber, ob man neue Geräte bei Welser oder

Salzburger Geschäftsleuten ankaufen solle, führten schließlich zu einer Spaltung im Vorstand. Am 22. Februar 1868 schieden einige Herren aus der Führung aus. Göllerich wurde Obmann, Arnhold dessen Stellvertreter.

1868 wurde nicht nur für die Welser Feuerwehr, die damals bereits über 183 Mitglieder verfügte (die Gemeindepolizei bestand damals aus spärlichen fünf Mann), ein Erfolgsjahr. Man beschäftigte sich auch mit Plänen zur Abhaltung eines Feuerwehrtages, an dem die Gründung eines Landesverbandes der oberösterreichischen Feuerwehren beschlossen werden sollte. Damit hatte sich Wels den Ruf als Keimzelle des oberösterreichischen Landesverbandes erworben.

Eine Sternstunde des oberösterreichischen Feuerwehrwesens

Am 26. Juli 1869 erschien die Linzer „Tages-Post" mit folgendem Aufmacher: „Gründung eines oberösterr. Feuerwehr-Verbandes." In dem Artikel hieß es: „Nachdem im Beisein der zahlreichen Delegirten und Mitglieder auswärtiger freiwilliger Feuerwehren, dann einer großen Anzahl von Zuschauern aus dem Militär und Civil die Exerzitien mit vier kompleten Löschapparaten am 25. d. M., um 2¼ Uhr Nachmittags, im Hofe der Wasserkaserne in gelungenster Weise durchgeführt worden waren, begaben sich die Vorstehung der hiesigen und die Delegirten der auswärtigen freiwilligen Feuerwehren um 4½ Uhr in den Gemeinderaths-Sitzungssaal zur Berathung über Gründung eines *oberösterreichischen Feuerwehr-Verbandes* und über eine an den oberösterreichischen Landtag zu richtende Petition. Herr Bürgermeister *Drouot* begrüßte die Anwesenden im Namen der Gemeinde. ‚Es ist sehr erfreulich, daß das Institut der freiwilligen Feuerwehren im Lande immer mehr Anklang und Anerkennung findet, obschon es noch eine Opposition dagegen gibt. Diese beruht meist auf persönlichen Motiven, und zwar auf Scheu vor persönlichen und pekuniären Opfern. Persönliche Opfer werden den Mitgliedern auferlegt, die sich der Feuerwehr widmen; sie müssen den Lohn in dem Gefühle des Patriotismus und der Nächstenliebe suchen. Die Gemeinden müssen den Lohn für ihre Opfer in der Beruhigung finden, welche sie den Mitbürgern geben, für deren Leben und Eigenthumssicherung die Feuerwehren sorgen. Ich glaube und hoffe, daß in allen größeren Orten des Landes Feuerwehren sich bilden werden.'"

Bürgermeister Drouot sollte recht behalten. Doch es wurde für August Göllerich und seine Nachfolger als Obmann des Oberösterreichischen Feuerwehrverbandes ein mitunter recht dornenvoller Weg, bis man 1893 die 300. Feuerwehr feierlich im Verband begrüßen durfte. Die Durststrecke, die dazwischenlag, liest man am besten daran ab, daß es beim 15jährigen Verbandsjubiläum 1884 trotz aller Bemühungen nicht einmal möglich war, das erste Hundert Freiwilliger Feuerwehren auf die Beine zu stellen. Es lag somit noch ein langer und mitunter recht dornenvoller Weg vor den Gründervätern.

Siegeszug mit Hindernissen: Die ersten Jahrzehnte

Die ersten Jahre der Ära Göllerich brachten dem neuen Verband bereits einen beachtlichen Erfolg. Als Mitglied des oberösterreichischen Landtages von 1870 bis 1883 und des Reichsrates von 1873 bis 1878 setzte der ambitionierte Feuerwehrmann einen langgehegten Wunsch durch: Das Erherzogtum Österreich ob der Enns erhielt 1873 seine erste Feuerpolizeiordnung. Göllerich hatte selbst an der Ausformulierung dieses Landesgesetzes mitgewirkt. Und so kam es, daß das in fünf Hauptstücke eingeteilte Gesetzeswerk den damaligen Notwendigkeiten weitgehend Rechnung trug. Die wichtigsten Punkte der Feuerpolizeiordnung waren die Verpflichtung des Gemeindevorstehers zu einem vorbeugenden Brandschutz, eine obligatorische jährliche Feuerbeschau, die Anstellung eines Nachtwächters auf Gemeindekosten in Orten mit mehr als 20 Häusern sowie die Verpflichtung des Gemeindevorstehers, einen Aufruf zur Gründung einer Freiwilligen oder besoldeten Feuerwehr zu erlassen, sofern eine solche nicht ohnedies schon bestand. Auch verbandsintern brachte Göllerich einiges an Neuerungen zustande: 1874 wurde auf seine Anregung hin eine Landes-Unterstützungskasse für im Dienst verunglückte Feuerwehrmänner geschaffen. Und die 1875 beschlossene Gründung von Bezirksverbänden wurde innerhalb von Zehnjahresfrist bis 1885 durchgeführt.

Die eigentlichen Probleme des frischgebackenen Verbandsobmanns lagen indessen anderswo: nämlich einerseits in der Kurzsichtigkeit und Unvernunft vieler Menschen, die dem Gedankengut der Freiwilligen Feuerwehren skeptisch bis bösartig gegenüberstanden, und andererseits im chronischen Finanzmangel der Feuerwehren, denen ein ebenso chronischer Bedarf an hochwertigem Gerät gegenüberstand. In manchen Ortschaften war die Anschaffung von neuen Löschgeräten geradezu ein Ding der Unmöglichkeit. Idealistische Feuerwehrmänner mußten das Notwendigste oft genug aus eigener Tasche anschaffen, da der Gemeindesäckel zugeschnürt blieb und die Spendenfreudigkeit der Bürger gering war. Auch aus Landesmitteln durften keine größeren Zuwendungen erwartet werden. Selbst die verhältnismäßig großzügigen Gründungsbeihilfen, die der feuerwehrfreund-

Trotz viel Idealismus klappt noch vieles nicht: Die „Zeitschrift der oberösterreichischen Feuerwehren" beklagt immer wieder „hemmende Einwirkungen auf das Gedeihen der Feuerwehren". *Rechts:* Eintrittserklärung in die Feuerwehr aus dem Jahr 1893.

liche Kaiser Franz Joseph aus seiner Privatschatulle zuschoß, erwiesen sich als nicht viel mehr denn ein Tropfen auf den heißen Stein.

Kurz vor seinem Tod im Jahre 1883 konnte August Göllerich dann noch ein Gesetzeswerk initiieren, das als Vermächtnis gegenüber seinen Kameraden bezeichnet werden darf: Am 26. Dezember 1883 trat ein Gesetz in Kraft, das die „Verpflichtung der Feuerversicherungsgesellschaften und Vereine zur Beitragsleistung zu den Kosten der Feuerwehren und zur Unterstützung verunglückter Feuerwehrmänner und der Hinterbliebenen im Erzherzogtum Österreich ob der Enns" festlegte – der oberösterreichische Landes-Feuerwehrfonds war somit ins Leben gerufen.

Dennoch blieb es vorderhand ein Wunschtraum, ganz Oberösterreich mit einem System gut funktionierender Feuerwehren zu überziehen. Das mußte auch Göllerichs Nachfolger, Dr. Johann Schauer, ein gebürtiger Lambacher und Mitbegründer der Welser Feuerwehr, bald erkennen. Zu seinem Stellvertreter wurde damals Johann Rosenbauer gewählt, der schon bei der Verbandsgründung zu den maßgeblichen Funktionären des Feuerwehrverbandes gezählt hatte.

Mit der Wahl Johann Schauers verblieb der Sitz des Feuerwehrverbandes weiterhin in Wels. Dort war daher auch der Erscheinungsort der „Zeitschrift der oberösterreichischen Feuerwehren", die unter der umsichtigen Redaktion von Schauer selbst seit 1885 regelmäßig erschien. In der ersten Nummer vom 1. September 1885 werden die redaktionellen Grundlinien des Blattes umschrieben, die gleichzeitig als „ideologisches" Konzept des Verbandes gelten können:

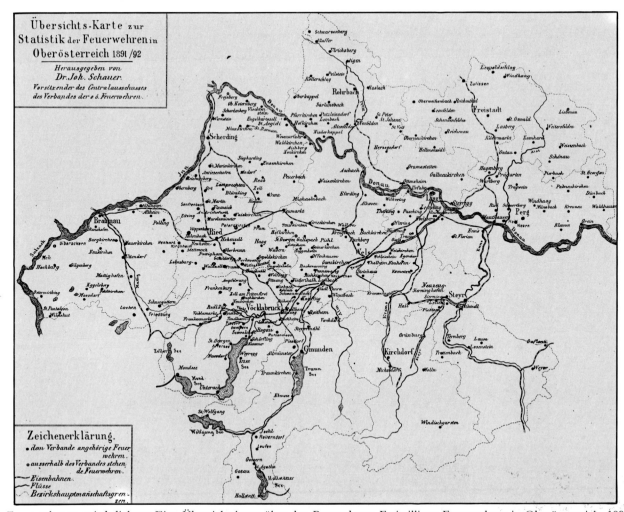

Das Feuerwehrnetz wird dichter: Eine Übersichtskarte über den Bestand von Freiwilligen Feuerwehren in Oberösterreich, 1891/92.

„Die 16. Delegirtenversammlung des oberösterreichischen Feuerwehrverbandes", heißt es schon in den ersten Zeilen dieses wichtigen Dokumentes, „hat den Beschluß gefaßt, zum Behufe der Förderung des Feuerwehrwesens im Lande, der Entwicklung eines regen Verkehrs der Feuerwehren untereinander und mit dem Central-Ausschusse, der Erlangung der Kenntniß von wesentlichen Vorgängen innerhalb der einzelnen Feuerwehr-Vereine ein eigenes Organ zu gründen. (. . .) Selbstverständlich wird der Central-Ausschuß es mit Freude begrüßen, wenn Männer der Wissenschaft und der Erfahrung auf dem Gebiete des Löschwesens, mögen sie wo immer weilen, durch Uebermittlung von geistigen Arbeiten und durch Bekanntgabe von Erlebnissen sich herbeilassen, für Fortbildung unserer gemeinsamen Sache zu sorgen und dazu beizutragen, daß die dem Feuerlöschwesen

zu Grunde liegende, hohe sittliche Idee zu klarer Erkenntniß und allgemeiner Anerkennung gebracht werde."

Die Lektüre der ersten Jahrgänge läßt denn auch viel aufklärerischen Impetus, was neue Feuerwehr-Technologien betrifft, erkennen. Die mitunter nicht ganz erfreuliche Situation des Landesverbandes schlägt sich jedoch auch insofern nieder, als immer wieder Artikel zu ein und demselben Thema erscheinen: „Warum in manchen Gemeinden keine Feuerwehren entstehen?" Am 1. Juni 1889 etwa wird von mehreren Fällen berichtet, in denen sich 25 oder 30 Männer mit der Bitte an ihre Gemeindevertretung wandten, eine Freiwillige Feuerwehr gründen zu dürfen, und – trotz anderslautender Gesetzeslage – abschlägig beschieden wurden. „Es ist begreiflich", ereifert sich der Autor im Verbandsorgan, „daß wir zu einem solchen Vorgehen nicht

69

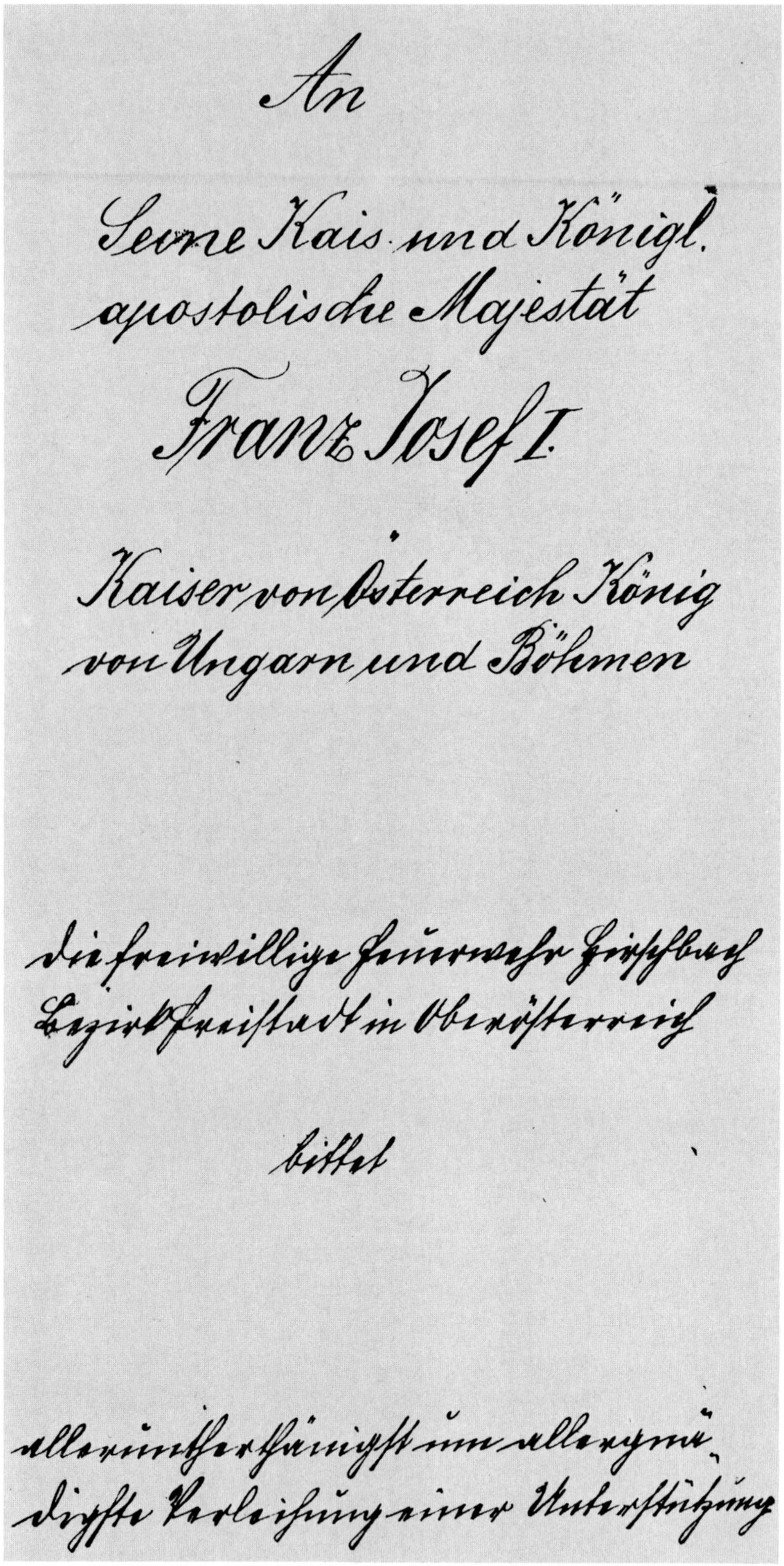

An

Seine Kais. und Königl.
apostolische Majestät

Franz Josef I.

Kaiser von Österreich König
von Ungarn und Böhmen

die freiwillige Feuerwehr Hirschbach
Bezirk Freistadt in Oberösterreich

bittet

allerunterthänigst um allergnä-
digste Verleihung einer Unterstützung

Wenn es auch nicht an gutem Willen mangelt, so fehlt vielen Feuerwehren doch das Geld für moderne Ausrüstung. Der Ausweg: Ein Bittbrief an den als besonders feuerwehrfreundlich bekannten Kaiser Franz Joseph.

stillschweigen können, um so weniger, als dasselbe geradezu eine *Verhöhnung des Gesetzes* bildet, welches den Gemeindevorstehern es zur Pflicht macht, dort, wo Feuerwehren noch nicht bestehen, *jährlich* einen Aufruf zur Gründung einer solchen und zum Beitritt zur selben zu erlassen."

Aber nicht nur störrische Gemeindeväter waren schuld, wenn es mit dem Feuerwehrwesen nicht überall wie gewünscht lief. Ein Artikel über „Hemmende Einwirkungen auf das Gedeihen der Feuerwehren" sucht im Dezember 1892 die Ursachen auch in Fahrlässigkeit und Disziplinlosigkeit. „Bei der Gründung von Feuerwehren", heißt es dort etwa, „kommt es nicht selten vor, daß sich Mitglieder in Menge melden. Solange die Feuerwehr eben ‚neu' ist, geht es schön zusammen, auch die Uebungen werden gut besucht; es vergeht ein Jahr – für manche Feuerwehren schon eine lange Zeit; der Commandant sieht sich veranlaßt, infolge lauer Betheiligung bei den Uebungen die Zügel etwas straffer anzuziehen und nicht lange dauert es, so sinkt die Anzahl der Mitglieder, welche theils freiwillig austreten, theils unfreiwillig ‚ausgetreten werden'."

Trotz solcher – und manch anderer – Kinderkrankheiten ging es mit der Sache der Feuerwehren beständig voran. Johann Schauer führte seinen Verband am 15. August 1887 in den „Ständigen österreichischen Feuerwehrausschuß", eine Art Zentralausschuß sämtlicher Feuerwehren des österreichischen Teils der Doppelmonarchie. Und es spricht für das Ansehen der Oberösterreicher, daß Schauer später zum 2. Stellvertreter des Vorsitzenden dieses Gremiums gewählt wurde.

Die statistischen Zahlen sprechen denn auch für einen Erfolg der vom Landesverband eingeschlagenen Linie. Zählte der Verband 1878 noch 8250 Mitglieder, so waren es etwa 1894 bereits 21.192. Und auch wenn man sich den Stand der Ausrüstung in den beiden Vergleichsjahren ansieht, kann man einen eindeutigen Erfolg ablesen. 1878 bestand die Ausrüstung aus 76 Handdruckspritzen mit und 107 Handdruckspritzen ohne Saugwerk, 102 Handspritzen, 38 Schiebeleitern, 155 Steckleitern, 272 Hakenleitern sowie 26.139 m Schlauch.

1894 stehen diesen Zahlen bereits 9 Dampfspritzen gegenüber, 455 Handdruckspritzen mit und 167 ohne Saugwerk, 440 Handspritzen, 58 Wasserwagen, 113 Gerätewagen, 52

Die Freiwillige Feuerwehr Zulissen, 1894.

Mannschaftswagen, 123 Schiebeleitern, 451 Steckleitern, 873 Hakenleitern und 79.340 m Schlauch. Auch mit der Zahl der Bezirksverbände ging es aufwärts. Während dieses Pflänzchen in den achtziger Jahren des vorigen Jahrhunderts noch im Keimen war, entwickelte sich daraus bald eine starke Organisation. 1893 zählte Oberösterreich bereits 25 Bezirksverbände, 1875 waren es 29, 1899 bereits 39 und um die Jahrhundertwende 40. Im Jahre 1910 erreichte man mit 44 Verbänden sogar einen neuerlichen Höchststand.

Feuerwehrleben „anno dazumal"

Ein „Kamerad der Feuerwehr Ebelsberg" machte seinem Unmut in einem Leserbrief an die „Zeitschrift der oberöster-

reichischen Feuerwehren" Luft: „Tages Arbeit, abends Gäste! Saure Wochen, frohe Feste! Wohl ist dies ein schöner Leitspruch für das menschliche Leben. Doch glaube ich, wird an keinem Spruche mehr gesündigt als an diesem Spruche in unserer jetzigen vergnügungssüchtigen Zeit. Ueberblicken wir einmal die oberösterreichischen Provinzblätter, wie es heuer im Sommer war, machen wir einen Blick in die Vereinszeitungen erst, so finden wir nichts als Gründungsfeste, Fahnenweihen, Ausflüge etc. immer wiederkehren. Doch, wenn wir die Tagesblätter überblicken, so finden wir leider, ich sage ausdrücklich leider, auch die Feuerwehrvereine, die ziemlich stark dabei mitthun. Dies ist nicht der Zweck der Feuerwehr. Solche Feste, Kameraden, sollten wir gänzlich überlassen den Sängern, Turnern oder Veteranen. Unser Beruf ist ein viel zu ernster!"

Oben: Der Stolz jeder Feuerwehr ist ein Rüsthaus wie jenes, das hier gerade feierlich von der Feuerwehr Roith eröffnet wird.
Unten: Gruppenbild mit „Musi": Die Freiwillige Feuerwehr Dimbach.

Feuerwehrleben von anno dazumal: Fahnenweihe bei der Freiwilligen Feuerwehr Natternbach.

Die Schriftleitung der Feuerwehrzeitung schloß sich dieser Meinung ausdrücklich an. Es muß also schon was Wahres an der Behauptung gewesen sein, die Feuerwehren fänden fast jeden Sonntag irgendeinen Grund zum Feiern. (Wobei – und das muß ausdrücklich gesagt werden – hier weniger Vergnügungssucht im Spiele war als die Absicht, durch Einnahmen aus diversen Lustbarkeiten die nötigen Geldbeträge für neue Gerätschaften zu beschaffen.) Es war dies auch die Zeit, als zahlreiche Feuerwehr-Musikkapellen entstanden. Und so mancher Festbericht liest sich wie die Rezension eines musikalischen Ereignisses, wenn etwa bei einem anläßlich des 20. Delegiertentages abgehaltenen Feuerwehrfest in Steyr berichtet wird: „Nachdem die Musikcapelle die ‚Feuerwehr-Quadrille‘ von Schebelik gespielt hatte, sang die ‚Steyrer Liedertafel‘ den prachtvollen Chor ‚Nachtzauber‘

von Storch mit prächtigem Vortrage, außerordentlicher Präcision und hellen, kräftigen Stimmen und erntete rauschenden Applaus.“

Daß man es auch verstand, bei solchen Festen die nötige Pietät mit der ebenfalls nötigen Heiterkeit zu vereinen, zeigt ein Bericht über das 20. Gründungsfest der Freiwilligen Feuerwehr Wels am 18. September 1887. „Schon am Vorabende“, hieß es darüber in der oberösterreichischen Feuerwehrzeitung, „7 Uhr, begab sich eine ziemliche Anzahl Feuerwehrmänner, geführt von ihrem Hauptmanne, auf den katholischen Friedhof, um beim Schein von Fackeln einen Kranz auf das Grab ihres früheren, langjährigen Commandanten, Herrn August Göllerich, niederzulegen. Nach diesem Acte der Pietät, versammelten sich die Feuerwehrmänner im Salon des Würzburger'schen Gartens zu einem

„Typenschein" für eine Feuerwehrfahne, deren Embleme genehmigungs- und stempelpflichtig waren.

gemütlichen Kneip-Abende, welchen der Herr Bürgermeister Dr. Schauer mit seiner Gegenwart beehrte, und bei welchem das Streich-Orchester der Stadt- und Bürgercorps-Capelle in vorzüglicher Weise concertirte. Besonderen Beifall errang der vom Herrn Capellmeister Quidenus eigens componirte ,Schauer-Feuerwehr-Marsch', in welchem alle Signale der Welser Feuerwehr eingeflochten sind. Auch einige komische Declamationen trugen zur Heiterkeit bei." Fast ebenso häufig wie Festberichte finden sich in der oberösterreichischen Feuerwehrzeitung jedoch auch warnende Stimmen. „Die Zusammenkünfte sollen nicht in Kneipereien und Trinkgelage ausarten, wie denn überhaupt der Feuerwehrmann sich immer der Nüchternheit befleißen soll", heißt es in einem ungezeichneten Beitrag. Und 1887 wird aus offenbar gegebenem Anlaß sogar darauf hingewiesen, daß bei Ausflügen und Sommerfesten mit Feuerwehrbeteiligung wenigstens ein paar Feuerwehrmänner im Ort zurückbleiben sollten – nämlich für den Fall, daß es irgendwo brannte.

Nichts wäre hingegen abwegiger, als die Feuerwehren in ihrer Gründungsphase irgendwo zwischen den Schilderungen Ludwig Thomas und Karl Valentins anzusiedeln. Im Gegenteil: Dem damaligen Zeitgeist entsprechend herrschte in den Wehren meist eiserne Disziplin, und wer sich die Bilder der ersten Feuerwehrkommandanten ansieht, wird sich dabei nicht selten an den gestrengen Feldwebel eines k. u. k. Infanterieregiments erinnert fühlen (auch wenn die ersten Uniformen mit ihren Schärpen, Helmbuschen und anderem bunten Zierat eher an einen Theaterfundus erinnerten). „Corpsgeist und Disziplin", meinte die Verbandszeitschrift jedenfalls martialisch im Dezember 1887, „diese zwei Tugenden bilden bei den Feuerwehren, besonders bei den *freiwilligen,* die Grundlage eines gesunden Bestehens. Wo sie fehlen, stockt jede Weiterentwicklung."
Die Freiwilligen Feuerwehren waren ja auch zu sehr in der patriotisch gesinnten Turnerbewegung verwurzelt, um allzugroßen Schlendrian einreißen zu lassen. Man betrachtete die Feuerwehren nicht zuletzt auch als moralische Anstalten und als pädagogisches Instrument zur Volkserziehung. Dem „sittlichen Grundzug der freiwilligen Feuerwehren", der wiederholt auch im Verbandsorgan angesprochen wurde, schenkte man allergrößtes Augenmerk. Der Wahlspruch

Beliebt bei Honoratioren: Ehrenurkunden der Freiwilligen Feuerwehren wie diese aus Freistadt.

„Gott zur Ehr', dem Nächsten zur Wehr", der bis heute nichts von seiner Gültigkeit verloren hat, wurde schon von den Pionieren des Feuerwehrwesens außerordentlich ernst genommen. Man bemühte sich daher auch besonders um eine Verankerung des Gedankens der Freiwilligen Feuerwehren im Schulwesen. „In erfreulicher Weise", hieß es im Juni 1888 in der oberösterreichischen Feuerwehrzeitschrift, „macht sich in neuester Zeit die Thätigkeit der Volksschullehrer in den freiwilligen Feuerwehren geltend. Eine nicht unbedeutende Anzahl namentlich der Markt- und Dorffeuerwehren zählt die Lehrer ihrer Orte zu ihren Mitgliedern. Wir begrüßen diesen Umstand, weil durch die Lehrer ein anregendes, belebendes Element in die Feuerwehren gelangt und weil gerade die Lehrer es sind, welche vermöge ihrer Stellung als Erzieher der Jugend einen maßgeblichen Einfluß auf Heranbildung eines tüchtigen Mitglieder-Nachwuchses ausüben können."

Und weiter heißt es: „Heute erhalten die Lehramtszöglinge Turnunterricht, um ihn weitergeben zu können und keinem Vernünftigen fällt es mehr bei, zu sagen, daß das Turnen dem Lehrer zu seiner Heranbildung abträglich sei." Feuerwehr und Turnen – das gehörte ja bereits seit den ersten Gründerjahren untrennbar zusammen. Und nicht selten findet man eine Stimme, die beklagt, daß es auch Feuerwehren gibt, die mit keinem Turnverein in Verbindung stehen und deren „aus den verschiedensten bürgerlichen Kreisen stammende Mitglieder, namentlich wenn sie schon etwas bejahrter sind, nicht selten dem Turnen mit allerlei keineswegs berechtigten Vorurtheilen gegenüber stehen".

Die Turner unter den Feuerwehrleuten pochten freilich nicht ohne Recht auf die Leibesertüchtigung. Denn mitunter scheiterten sogar die sogenannten „Hauptübungen" der Feuerwehren an mangelnder körperlicher Kondition. Wobei es an den ersten Übungen dieser Art allerlei zu kritisieren gab. „Viele Hauptübungen", beklagte etwa Georg Hummer, Mitglied des „Centralausschusses der oberösterreichischen Feuerwehren" 1893, „werden ohne Zugrundelegung einer Idee abgehalten. Man begnügt sich damit, eine Leiter aufgestellt, ein Dach erklommen, eine Schlauchlegung gemacht und eine Spritze in Thätigkeit gesetzt zu haben." Dazu kam noch, daß der Besuch solcher Übungen mitunter so flau war, daß sich die oberösterreichische Feuerwehrzeitung 1890

genötigt sah, eine mehrteilige Artikelserie ins Blatt zu rücken: „Auf welche Weise wäre eine stete rege Theilnahme bei den Uebungen der freiwilligen Feuerwehren zu erzielen?"

Am Beginn der oberösterreichischen Feuerwehrgeschichte mangelte es mitunter auch an Solidarität innerhalb der einzelnen Wehren. Manchmal entbrannten zwischen zwei Feuerwehren nach einem Brandeinsatz regelrechte „Feuerwehrkriege", wer denn nun wirklich das Feuer gelöscht habe. Nach einem Brand am 19. Dezember 1890 in Münzbach, an dessen Bekämpfung nicht nur die Münzbacher, sondern auch die herbeigeeilte Windhaager Feuerwehr beteiligt gewesen war, berichtete die „Zeitschrift der oberösterreichischen Feuerwehren" mit offensichtlicher Parteinahme für die Münzbacher. Die Reaktion ließ daher nicht lange auf sich warten. „Die Leistung der freiw. Feuerwehr von Münzbach", donnerten die Windhaager in einem Leserbrief, „ist hierbei in solch grellem Lichte dargethan, daß man in großer Gefahr ist, beim Lesen dieser Zeilen sein Augenlicht zu verlieren, wenn nicht unmittelbar darauf der über die Windhaager Feuerwehr geworfene Schatten wieder wohltuend auf das Auge einwirken würde. Diesem Glanzpunkte der freiwilligen Feuerwehr Münzbach gegenüber ist die freiwillige Feuerwehr Windhaag in lakonischer Kürze und in durchaus nicht kameradschaftlicher Weise erwähnt."

Solche Töne konnten die Münzbacher freilich nicht auf sich sitzen lassen. Schon in der nächsten Nummer des Verbandsorgans erschien deren Reaktion auf den „selten gehässigen Artikel" aus dem Nachbardorf: „Wenn wir gewußt hätten, welch großen Wert einzelne Feuerwehrmänner auf öffentlichen Dank und Anerkennung legen, hätten wir ihnen dieses Vergnügen leicht verschaffen können; ein echter Feuerwehrmann findet freilich seinen Dank schon in dem beglückenden Bewußtsein innerer Befriedigung, das ihm die Ausübung seines schönen und humanen Berufes bereitet."

Mit diesem Beitrag, bemerkte die Schriftleitung trocken in einer Fußnote, für dessen „Inhalt und Form wir keine Verantwortung übernehmen, halten wir die Angelegenheit in unserem Blatte abgethan". Ähnliche Vorkommnisse füllten immer wieder die Spalten der „Zeitschrift der oberösterreichischen Feuerwehren". Doch letztlich gewöhnte man sich daran, auch derlei mit ein bißchen Humor zu tragen.

Feuerwehralltag in früher Zeit: Mit Hilfe einprägsamer Schaubilder lernten die Feuerwehrmänner der Pionierzeit
ihre verantwortungsvolle Aufgabe zu bewältigen.

Als Urgroßvater auf der Dampfspritze fuhr

Als anläßlich des 25jährigen Bestehens des oberösterreichischen Feuerwehrverbandes am 5. August 1894 in Wels eine Feuerwehrgeräte-Ausstellung abgehalten wurde, notierte das Verbandsblatt: „Vor allem müssen wir mit großer Befriedigung feststellen, daß, wie diese Ausstellung zeigte, zwei oberösterreichische Firmen nämlich: K. Rosenbauer in Linz und Rup. Gugg & Söhne in Linz und Braunau imstande sind, eine jede Feuerwehr, ob groß oder klein, mit mehr oder minder nöthigen Geräthen und Ausrüstungsgegenständen in bester Qualität versehen zu können."

Die Firma Rosenbauer, damals ebenso in den Gründerjahren wie die Feuerwehren selbst, präsentierte auf dieser Ausstellung unter anderem einen Mannschaftswagen aus Eisen für sechzehn bis achtzehn Feuerwehrmänner, auf dem eine tragbare Schiebeleiter, vier Linzer Dachleitern, Löschbesen, Vorbrecherwerkzeuge und anderes Zubehör verstaut werden konnten. Daneben zeigte Rosenbauer auf der Ausstellung eine vierrädrige Wagenspritze und eine zweirädrige Abprotzspritze sowie zahlreiche kleinere Wagen- und Karrenspritzen, Krückenspritzen, Hydrophore, Schlauchhaspeln, verschiedene Steck-, Einhäng- und Dachleitern sowie Mano- und Vacuumeter. Der technische Fortschritt hatte

Einst – 1911

Heil dem Wehrmannsleben
Wir nach Edlen streben
Weil Begeist'rung uns und
Not vereint
Wenn in Rauch und Flammen
Treu wir steh'n zusammen
Bringen Hilfe gern ob Freund
ob Feind.

Wenn im muntern Kreise
Wir nach deutscher Weise
Tokulieren dann bei Scherz
und Sang
Wenn die Gerstensäfte
Bringen neue Kräfte
Wohl so will ichs gern mein
Leben lang.

(Melodie: Warum soll im Leben, ich nach
Bier nicht streben)

Dienst ist Dienst und Schnaps ist Schnaps – Feuerwehrleben, wie es eine

Jetzt - 1921

O alte flotte Wehrmannszeit
Wohin bist du entschwunden
Und die wir jetzt noch leben heut'
Hab'n schlimmes nur empfunden
Die Schläuch hab'n Löcher überall
Es spritzt heraus der Wasserstrahl
O jerum jerum jerum
Hoc vidi Misererum.

O alte flotte Wehrmannszeit
Du bist jetzund beim Teufel
Veraschwunden ist die Gmüatlichkeit
Beim Suffe ohne Zweifel
Der Magen, pfui der ist fürbass
Als wie ein volles Sautrankfass
O jerum jerum jerum
Hoc vidi Misererum.

(Melodie: „O alte Burschenherrlichkeit")

Kneipenzeitung der Linzer Feuerwehr in den zwanziger Jahren sah.

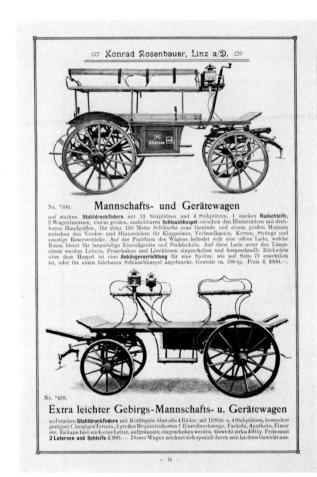

Aus dem vierteljährlich erscheinenden Produktionskatalog der Feuerwehrgeräte-Fabrik
Konrad Rosenbauer, Linz, im Jahr 1908/I. Quartal.

Ende des 19. Jahrhunderts also auch ins Feuerwehrwesen seinen Eingang gefunden.

Noch ein Vierteljahrhundert zuvor, als die ersten Freiwilligen Feuerwehren sich gerade in ihrer Gründungsphase befanden, hatten sie weit weniger geeignete Geräte vorgefunden. Obwohl die Zentrifugalpumpe schon im Jahre 1689 von dem französischen Arzt und Naturforscher Denis Papin erfunden worden war, dominierte im Oberösterreich der fünfziger und sechziger Jahre des vorigen Jahrhunderts die händisch betätigte Saug- und Druck-Hub-Kolbenpumpe mit Windkessel.

Das Sprungtuch und den Feuerwehrrettungsschlauch hatte bereits Conrad Magirus perfektioniert, in dessen Ulmer Fabrik auch die ersten fahrbaren Schiebeleitern erzeugt wurden, die sich aufgrund der hohen Kosten allerdings nur die reicheren Gemeinden leisten konnten.

Die älteste bekannte Spritze mit Dampfantrieb kam aus der englischen Industriemetropole Manchester. In das bereits 1841 konstruierte Fahrgestell waren Dampfkessel mit Dampfmaschine und Kolbenpumpe eingebaut. In den USA wurden unterdessen bereits Dampfspritzen gebaut, die mit Zentrifugal- anstatt mit Kolbenpumpen arbeiteten. So konnte die Spritzenleistung auf 1000 l/Minute und mehr gesteigert werden. Die neuartige Dampfspritze hatte jedoch auch einen gewaltigen Nachteil: Sie war nicht nur sehr teuer, sondern auch schwer und konnte nur bei leicht zugänglichen Wasserentnahmestellen in Stellung gebracht werden. Als Standardausrüstung für Freiwillige Feuerwehren war diese Spritze demnach ungeeignet, auch wenn sie erstmals wirksamen Schutz vor Großflächenbränden bot.

Für die Freiwilligen Feuerwehren eigneten sich indessen vor allem die Tragkraftspritzen, die auch in unzugängliches Gelände leicht transportiert werden konnten. In ihrer Leistung entsprachen sie den Anforderungen, und auch der

Oben: Ein Fernmeldetrupp der Freiwilligen Feuerwehr Wels präsentiert stolz seine „neueste" Ausrüstung.
Unten: Die Lachstätter Feuerwehr mit ihrem ersten Hydrophor.

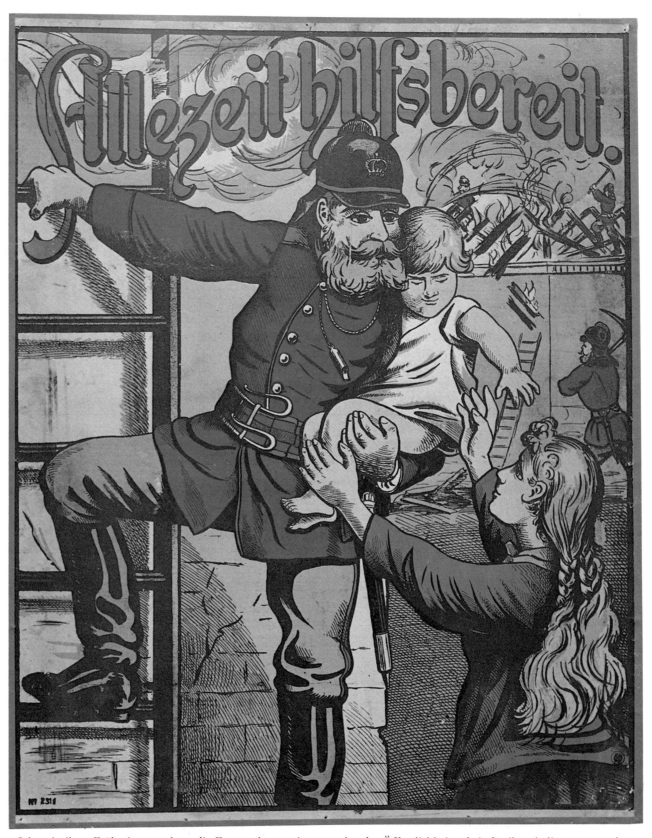

Schon in ihrer Frühzeit versuchten die Feuerwehren, mit ansprechender Öffentlichkeitsarbeit für ihre Anliegen zu werben.

Kaufpreis war im Verhältnis zur Dampfspritze erschwinglich. Dies umsomehr, als die in Linz ansässige Firma Rosenbauer selbst eine der besten damals weltweit erhältlichen Tragkraftspritzen herstellte.

Bis in die dreißiger Jahre des 20. Jahrhunderts wurden diese Spritzen noch mit dem Pferdewagen zum Brandplatz gebracht, auch wenn es längst Möglichkeiten zur Motorisierung gegeben hätte. Doch wie so oft fehlte den Feuerwehrmännern unserer Ur- und Großvätergeneration auch dafür das Geld.

Rettung dank Feuerwehr

Als die Feuerwehren den Kinderschuhen entwachsen waren und sich gegen Ende des 19. Jahrhunderts bereits in zahlreichen oberösterreichischen Orten etabliert hatten, begann man, sich einer weiteren und nicht minder verantwortungsvollen Aufgabe zu widmen. 1897 wurde angeregt, daß alle Wehren eigene Sanitätsabteilungen gründen sollten, weil sich immer wieder Verletzungen von Feuerwehrmännern im Dienst zutrugen. Aus dieser Selbstschutzmaßnahme entwickelte sich dann im Laufe der Zeit ein funktionierendes Rettungssystem.

Während des Ersten Weltkriegs wurden die Sanitätseinheiten der Feuerwehren den Militärdienststellen zur Verfügung gestellt. Im Laufe der Kriegsereignisse gewannen diese Sanitätseinheiten rasch an Bedeutung. Um ihrer ebenso aufopferungsvollen wie gemeinnützigen Tätigkeit Rechnung zu tragen, entschloß man sich daher nach Kriegsende, den Namen des Landesverbandes auf „O.Ö. Landesverband für das Feuerwehr- und Rettungswesen" abzuändern. In der Folgezeit wurde viel in die Ausbildung der Rettungsmannschaften für deren schwierigen Dienst investiert. 1935 war es bereits so selbstverständlich, daß die Rettung zur Feuerwehr gehörte, daß der „Österreichische Feuerwehrverband" auf das „Rettungswesen" in der Verbandsbezeichnung verzichten konnte. Die Rettung, die den Feuerwehren auch eine beträchtliche Einnahmequelle zum Ankauf besserer Ausrüstung erschloß, ging jedoch nach dem Einmarsch der Deutschen Wehrmacht in vollem Umfang auf das Rote Kreuz über. Das hat sich auch nach Kriegsende nicht mehr geändert. Dennoch gibt es bis heute in Oberösterreich mehr Feuerwehr- als Rettungsärzte.

Nach der verheerenden Brandkatastrophe zu Ottensheim am 7. Juni 1899.

Kampf um das Löschwasser

Um die Jahrhundertwende konnte der Oberösterreichische Landes-Feuerwehrverband eine stolze Bilanz präsentieren: In 40 Bezirksverbänden gehörten dem Landesverband insgesamt 443 Freiwillige Feuerwehren mit 26.268 Mitgliedern an. „Wir erinnern uns in diesem Augenblicke gerne der gewiß nicht geringen Erfolge, die wir im vergangenen Zeitraum errungen haben", meinte das Verbandsorgan in seinem Glückwunsch an die Kameraden zur Jahrhundertwende. „Wir denken aber auch nach, daß wir in dem neuen Leben, welches vor uns liegt, nicht rasten und nicht rosten dürfen, soll unser Bestreben, der Ausgestaltung der Sache, welcher wir uns gewidmet haben, immer näher zu kommen, kein vergebliches sein!"
Kurz vor der Jahrhundertwende – am 7. Juni 1899 – hatte

ein Großbrand von erschreckenden Dimensionen auch den optimistischsten Feuerwehrleuten vor Augen geführt, wieviel in Sachen Brandbekämpfung noch zu tun war. In Ottensheim waren 124 Häuser in Schutt und Asche gelegt worden, und trotz des unermüdlichen Einsatzes mehrerer Feuerwehren konnte der Brand nicht so recht unter Kontrolle gebracht werden, nicht zuletzt, weil es an Ausrüstung und Löschwasser mangelte. Eine der Hauptaufgaben Johann Schauers als Verbandsobmann war es daher, sich um Lösungsmöglichkeiten für das immer dringlicher werdende Löschwasserproblem zu kümmern. Für die Herstellung von Löschwasserstellen in wasserarmen Gegenden wurden – dank der Initiative des Landesverbandes – bald Gelder aus Landesmitteln beschafft. In allen Gemeinden wurden die Wehren beauftragt, Wasserkarten und genaue Beschreibungen der Löschwasserverhältnisse anzulegen, eine Aufgabe,

Die Gründungsversammlung der Desselbrunner Freiwilligen Feuerwehr im Jahre 1905.

bei der die Schulmänner den Feuerwehrmännern in entscheidendem Maße beistanden. Zum weiteren Ausbau des guten Verhältnisses zwischen Lehrerschaft und Feuerwehren wandte sich die Linzer Feuerwehr 1903 an den Direktor der k. k. Lehrerbildungsanstalt, er möge doch den Kandidaten der letzten beiden Jahrgänge gestatten, der Freiwilligen Feuerwehr Linz als Hospitanten beizutreten.

Jedoch nicht nur das Feuer zu Ottensheim, 1899, hatte den oberösterreichischen Feuerwehren einen Schock versetzt, sondern auch die großen Hochwasserkatastrophen desselben Jahres: In zahlreichen Städten und Gemeinden des Landes traten Flüsse und Bäche aus den Ufern und richteten verheerende Überschwemmungen an. Die schon seit längerer Zeit von verantwortungsbewußten Feuerwehrleuten erhobene Forderung „Schaffet Wasserwehren!" erhielt dadurch neuen Auftrieb.

Zu Beginn des neuen Jahrhunderts begann eine weitere Aufbauphase der Feuerwehren des Landes. Und hätte die große Weltpolitik nicht ihre langen Schatten bis ins kleinste oberösterreichische Dorf geworfen, so hätten die Feuerwehrmänner stolz sein können. Im Jahre 1910 zählte der Landesverband bereits 600 Feuerwehren mit 34.000 Mitgliedern. Und bereits 1906 hatte Kaiser Franz Joseph den Status der Feuerwehrmänner dadurch aufgewertet, daß er die erste staatliche Auszeichnung für das Feuerlöschwesen schuf, eine Ehrenmedaille für 25jährige Mitgliedschaft. Der Zentralausschuß wurde 1910 anläßlich der 64. Verbandstagung auf 24 Mitglieder aufgestockt. Zum Stellvertreter Johann Schauers als Obmann wurde einstimmig Dr. Rudolf Lampl gewählt. Ihm sollte später die schwierige Aufgabe obliegen, das oberösterreichische Feuerwehrwesen durch die Wirrnisse des Ersten Weltkrieges zu führen.

Die Feuerwehr zieht in den Krieg

Schon im Jahre 1886 hatten einige Feuerwehrleute an die „Zeitschrift der oberösterreichischen Feuerwehren" eine recht prophetische „offene Anfrage" gerichtet, in der es hieß: „Wenn man das Landsturmgesetz durchliest, so müssen, wenn – was der liebe Gott noch recht viele Jahre verhüten möge – Oesterreich in einen Krieg verwickelt wird, alle Feuerwehren des Reiches sich von selbst auflösen. Alles was Mann ist, muß ja dann Soldat werden, und sind hiezu namentlich Jene berufen, die heute den eigentlichen Kern der Feuerwehren bilden. Wem dann die oft mit vieler Mühe und Opfer von den Feuerwehren angeschafften Geräthe übergeben? Wer wird in einer Gemeinde überhaupt von den Männern noch übrig bleiben, um im Falle eines Brandes mit diesen Geräthen den Löschdienst auszuüben?"

Den besorgten Feuerwehrmännern von 1886 blieb noch eine „Galgenfrist" von 28 Jahren. Doch dann – im Jahre 1914 – bewahrheiteten sich ihre Befürchtungen auf das Schlimmste. Der verdienstvolle Johannes Schauer, der die Verbandsgeschicke seit 1884, also über dreißig Jahre, gelenkt hatte, mußte die Zertrümmerung des von ihm geschaffenen Systems allerdings nicht mehr miterleben. Er starb am 1. Juni 1914, vier Wochen vor den verhängnisvollen Schüssen von Sarajevo. Zu seinem Nachfolger wurde der Rechtsanwalt Dr. Rudolf Lampl gewählt, womit der Sitz des Landesverbandes nach Linz verlegt wurde, wo er bis zum heutigen Tag geblieben ist.

Lampls Aufgabe war von allem Anfang alles andere als leicht. Nach Ausbruch des Ersten Weltkriegs wurde die Abhaltung von Verbandstagen ausdrücklich untersagt, auch Bezirksobmännertagungen konnten nicht mehr stattfinden, was eine kontinuierliche Arbeit äußerst erschwerte. Der Zentralausschuß tagte von Fall zu Fall.

Der Dienst auf dem „Feld der Ehre" verringerte den Mannschaftsstand der oberösterreichischen Feuerwehren innerhalb von kürzester Zeit auf einen Rest von 2021 Mann. Das war weniger als in den Pioniertagen der siebziger Jahre des vorigen Jahrhunderts. Um auch nur ein einigermaßen intaktes Löschwesen aufrechterhalten zu können, wurden Veteranen und Buben ebenso eingesetzt wie die Frauen, die vor allem zur Spritzenbedienung und zum Auslegen von

Die Aufbauphase der Nachkriegsjahre brachte eine Ausweitung und Verbesserung der Ausrüstung. Die ersten Benzinspritzen zogen in die Gerätehäuser

ein. Und in der Linzer Firma Rosenbauer hatte die Feuerwehrtechnik einen bald weltweit beachteten Mittelpunkt.

Schläuchen herangezogen wurden. Die Feuerwehr-Sanitäts-einheiten wurden bald den Militärdienststellen untergeordnet. Die hervorragenden Dienste, die Feuerwehr-Sanitäter im Krieg leisteten, schlugen sich auch in einer Namensänderung des Verbandes nieder, der nun „Oberösterreichischer Landesverband für Feuerwehr- und Rettungswesen" hieß. In den Kriegswirren kam es schließlich zur vollständigen Auflösung des früheren Zentralausschusses. An seine Stelle trat der sogenannte „Große Ausschuß", in dessen erster Sitzung vom 30. November 1918 beschlossen wurde, die Bezirksverbände in jedem politischen Bezirk zu Kreisverbänden zusammenzuschließen. Schon zwei Jahre später, am 27. November 1920, wurde die Bestellung eines Landes-Feuerwehrinspektors beschlossen, der sich sowohl um die Verwaltung als auch um die Überwachung der Verbands-wehren zu kümmern hatte. Hauptaufgabe des „Großen Ausschusses" war es jedoch, sich mit der Übernahme von Rettungs- und Feuerlöschwagen, Feuerspritzen und sonstigen Löschgeräten zu beschäftigen, die anläßlich der militärischen Sachdemobilisierung den Feuerwehren freigegeben wurden. Im Gegensatz zu den Geräten waren Menschenleben jedoch unwiederbringlich: 4320 oberösterreichische Feuerwehrkameraden waren im Feld geblieben.

Die erste österreichische Feuerwehrschule

Die Verbandsstruktur nach dem Krieg stellte dem wiederge-wählten Obmann Dr. Lampl auch zwei Stellvertreter zur Seite. Neben Dr. Clemens Zechentner, der für das Rettungs-wesen zuständig war, übte diese Funktion seit 1922 Hauptmann a. D. Fritz Heiserer aus, der Lampl, als dieser das Amt 1927 wegen beruflicher Überlastung zurücklegte, auch als Obmann folgen sollte.

Mit dem Namen Fritz Heiserer – hauptberuflich Industrieller (er hatte in die Firma Rosenbauer eingeheiratet) – ist vor allem ein zentrales Ereignis der oberösterreichischen Feuer-wehrgeschichte verbunden: die am 15. September 1929 erfolgte Eröffnung der Landes-Feuerwehrschule in Linz. Dieses Ereignis kündigte sich freilich keineswegs über Nacht an, sondern war das Resultat einer jahrelangen, gewissenhaf-ten Vorbereitungsarbeit. Schon bei der Verbandstagung am

8. September 1922 in Braunau am Inn war die Abhaltung von Fachkursen in den einzelnen Bezirken beschlossen und somit ein Grundstein für ein geregeltes Ausbildungssystem gelegt worden. Ziel dieser Kurse war es, kurze theoretische Ausführungen mit einem praxisorientierten Unterricht zu verbinden, der von erfahrenen und tüchtigen Chargen der Freiwilligen Feuerwehr der Stadt Linz erteilt wurde. Der erste Landesfachkurs in Linz war bereits am 28. September 1921 abgehalten worden. Da sich bei diesem ersten Kurs bereits 400 Feuerwehrmänner anmeldeten, war das massive Interesse an einer gediegenen Ausbildung ausreichend dokumentiert.

Wie kam es zu diesem plötzlichen Nachholbedarf in Sachen Ausbildung? Fritz Heiserer selbst hat diese Frage in seiner Broschüre über die oberösterreichische Feuerwehrschule beantwortet: Nach dem Ersten Weltkrieg, meint er, seien viele Feuerwehren in eine tiefe Krise geraten, zumal es gerade die leistungsfähigste und am besten ausgebildete Generation war, die den hohen Blutzoll dieses Krieges zu zahlen gehabt hatte. Was blieb, waren ältere Kameraden und viel Jugend, der es an Erfahrung mangelte. Dazu kam der Fortschritt in der Feuerwehrtechnik, der sich mittlerweile durch die allmähliche Verbreitung von Motorspritzen eingestellt hatte.

Im Jahr 1925 wurden vom Österreichischen Reichsverband Grundzüge für die Durchführung von Fachkursen erarbeitet. 1926 führte der oberösterreichische Verband bereits dreitägige „praktische Fachkurse" durch. Und es zeigte sich, daß das Hauptproblem all dieser Kurse, die meist im Freien stattfanden, vor allem ihre starke Witterungsabhängigkeit war. Überdies mußten sie mit Hilfe von ausgeliehenem Gerät durchgeführt werden, was zusätzliche Probleme aufwarf. Schließlich waren die Kosten der Kurse relativ hoch, da ja sämtliche Lehrgangsteilnehmer in den umliegenden Gaststätten verpflegt und untergebracht werden mußten.

Um dem abzuhelfen, formulierte Fritz Heiserer – seit Jänner 1927 Lampls Nachfolger als Obmann – am 19. Dezember 1927 seinen Antrag in einer Beiratssitzung: „Die oberösterreichische Landesregierung ist zu ersuchen, aus den jährlichen Einsparungen des Verwaltungsfonds einen Baufonds anzulegen. Mit Hilfe dieses Baufonds soll ein Feuerwehrhaus gebaut werden. Dieses soll enthalten: die für den Betrieb notwendigen Kanzleiräume, Schulzimmer für abzuhaltende Kurse, einen Lehrmittelraum, Unterkunftsräume für Kursteilnehmer, das notwendige Zubehör, wenn möglich Räumlichkeiten für ein Feuerwehrmuseum und eine Wohnung für einen Hauswart. Mit dem Haus soll ein Exerzierplatz, eine Zeugstätte und ein Steigerturm verbunden sein. Der Zweck des Hauses ergibt sich aus seinen Bestandteilen."

Ein entsprechender Baugrund war auf dem Gelände einer erst 1919 erbauten Permanganatfabrik, die bereits nach drei Jahren wieder stillgelegt worden war, bald gefunden. Der Bau mit seinen massiven Betonpfeilern und Ziegelwänden eignete sich hervorragend für seinen neuen Bestimmungszweck. Und bereits nach nur fünfmonatigen Adaptierungsarbeiten konnte die neue Landes-Feuerwehrschule zur Benützung freigegeben werden. Auch ein kleines Museum war damals schon integriert, als dessen besondere Attraktion eine Spritze aus dem 16. Jahrhundert galt, die einst den oberösterreichischen Landständen gehört hatte.

Verbandsobmann Fritz Heiserer, dessen Liebe zu alten Feuerwehrraritäten auch das heutige Historische Feuerwehrzeughaus in St. Florian so vieles verdankt, konnte „seine" Feuerwehrschule am 15. September 1929 vor 500 versammelten Ehrengästen (darunter dem prominenten Stellvertretenden Präsidenten des österreichischen Reichsverbandes, Ing. Qurin aus Graz) mit folgenden Worten zur Benützung freigeben:

„Die Bereitwilligkeit, mit der sich alte und junge Männer nach den Mühen ihres persönlichen Einsatzes freiwillig und mit Begeisterung an eine Schulbank setzen und die Lehren Wissender in sich aufnehmen wollen, beweist, daß der Kern unseres Feuerwehrwesens, die Nächstenliebe, trotz aller Gegensätze die innerste Feder unseres Handelns ist. Dieser Wille zum Helfen allein genügt jedoch nicht, er muß erst durch das Können wirksam werden. Deshalb ist diese Schule erbaut worden und verspricht, ihren Zweck zu erfüllen."

Gleich nach der Eröffnung entfaltete die neue Schule eine intensive Kurstätigkeit. Der Andrang war enorm, und die Schulleitung konnte den vielen Interessenten bald kaum genug Raum zur Verfügung stellen. Waren es 1929 noch 130 Kursteilnehmer, die sich hier in verschiedensten Disziplinen ausbilden ließen, so verbuchte die Schule 1933 bereits 1345 Kursteilnehmer.

Oben: Chargenkurse wie dieser 1927 auf der Feuerwache Promenade abgehaltene erfreuen sich wachsender Beliebtheit.
Unten: Das funktionierende Ausbildungssystem wird in der 1929 in Linz eröffneten ersten Feuerwehrschule Österreichs zentralisiert.

Vor der Apokalypse

Die Eröffnung der Landes-Feuerwehrschule hatte ein sichtbares Zeichen gesetzt, wie sehr sich die Feuerwehren seit dem Ende des Ersten Weltkrieges wieder konsolidiert hatten. 1929 erging an alle Feuerwehren die Aufforderung, sich aktiv am zivilen Atemschutz zu beteiligen. Die Motorisierung der Wehren schritt rapid voran: Bereits 1913 erhielt die Linzer Feuerwehr ihr erstes Fahrzeug, 1923 folgten Kraftfahrzeuge mit eingebauter Pumpe. Ende 1929 standen nicht weniger als 146 Motorspritzen in Verwendung. Um den Feuerschutzgedanken zu vertiefen, hielt der Verband 1930 eine „Brandschutzwoche" ab. In den Schulen wurde ein Brandschutzunterricht eingeführt und eine eigene Broschüre zum Thema „Brandverhütung" in Gemeinden und Schulen

verteilt. Am 21. August 1932 – es war das Jahr, in dem auch die Linzer Berufsfeuerwehr gegründet wurde – erfolgte schließlich auch der Beschluß, daß die Wehrführerprüfung nur noch an der Landes-Feuerwehrschule in Linz abgelegt werden könne.

1934 trat Fritz Heiserer nicht nur als Obmann des oberösterreichischen Landesverbandes, sondern auch als Oberkommandant der Freiwilligen Linzer Feuerwehr zurück. Zu seinem Nachfolger wurde vom „Großen Ausschuß" einstimmig Josef Pointner gewählt, ein altgedienter Feuerwehrmann, der schon 1893 die Freiwillige Feuerwehr in Handenberg gegründet hatte und bis zum Jahre 1925 an der Gründung von insgesamt acht Feuerwehren beteiligt war. Pointners Amtsantritt fiel in eine für die Feuerwehren ziemlich schwierige Zeit. Da man sich nach dem Ersten

Alte gegen neue Zeit: Ein „Wettspritzen zwischen Dampf- und Benzinspritze" auf der Linzer Donaulände, um 1910.

Fortschritte in der Feuerwehrtechnik:
Das Rosenbauer-Werk im Jahre 1927 *(oben)*, das auch die beiden Rüstautos *(unten)* hergestellt hat.

Rüstfahrzeug der Freiwilligen Feuerwehr Ried *(oben)*
und Beiwagen mit Benzinspritze, „Kleiner Florian" *(unten)*.

Die Freiwillige Feuerwehr Seewalchen rückt zu einem Einsatz im Jahre 1933 aus.

Weltkrieg bei vielen Freiwilligen Feuerwehren leider nur allzuoft mit Behelfslösungen in der Ausrüstung begnügen mußte, standen vorwiegend gebrauchte Fahrzeuge zur Verfügung, deren Lebensdauer nun allmählich dem Ende zuging. Viele Fahrzeuge waren unwirtschaftlich geworden, mitunter auch gar nicht mehr einsatzfähig. Es war auch schwierig, für die vielen damals noch verwendeten Fahrzeuge mit Pferdebespannung die entsprechenden Pferde anzuschaffen. Und sich mit Traktoren zu behelfen, war eine zeitraubende Notlösung. Die Elektro- und Autoabteilungen hatten jedenfalls in dieser Zeit jede Menge zusätzlicher Dienststunden zu leisten. Unter Pointners Ägide kam es jedoch vor allem zur längst fälligen Erfüllung eines alten Wunsches der oberösterreichischen Feuerwehren: Am 15.

Dezember 1937 wurde die neue Feuerpolizeiordnung beschlossen, derzufolge die Feuerwehren – wie es schon im Burgenland und in Salzburg der Fall gewesen war – jetzt keine Vereine mehr, sondern Körperschaften öffentlichen Rechts waren.

Die Freude über diesen Erfolg wurde jedoch bald durch den Schatten der Ereignisse, die sich ankündigten, getrübt. Vor dem Anschluß Österreichs an Hitler-Deutschland fand am 23. Februar 1938 noch eine letzte Verbandssitzung statt. Die neue, für die Feuerwehren so günstige Feuerpolizeiordnung hatte zu diesem Zeitpunkt noch kaum die Möglichkeit gehabt, entsprechende Früchte zu tragen: Die neuen politischen Verhältnisse sollten das oberösterreichische Feuerwehrwesen von Grund auf umkrempeln.

Feuerwehr im Dritten Reich

Nur wenige Wochen nach dem „Anschluß" hieß es auch für Oberösterreichs Feuerwehren „heim ins Reich". Bereits am 28. Mai 1938 wurde das Feuerwehrwesen des Landes an jenes des Deutschen Reiches angeglichen.
Was bedeutete das konkret?
Die Dienstvorschriften wurden ebenso an jene der deutschen Feuerwehren adaptiert wie Uniformierung und Dienstgrade. Das gesamte Ausbildungssystem erfolgte nach dem reichseinheitlichen Standard „Die Gruppe". Zusätzlich zu dieser Normierung schritt man auch darin fort, einen sogenannten „Einheitsfeuerwehrmann" heranzubilden. Das Ziel der Ausbildung sollte demnach nicht mehr sein, nur gewisse Funktionen im Feuerwehrdienst erfüllen zu können,
sondern jeder Feuerwehrmann sollte in jedem Löschzug und jeder Löschgruppe jeden ihm zugewiesenen Platz voll ausfüllen. Dieses Ausbildungsziel ist übrigens die einzige Neuerung, die das „Tausendjährige Reich" auch nach 1945 überdauert hat. Wenn auch die Feuerwehren nach 1945 wieder gezielt Spezialisten ausbildeten, so ist der „Feuerwehrmann, der alles kann" doch nach wie vor ein wichtiges Ziel jeder Ausbildung.
Neben diesen Veränderungen in der inneren Struktur der Feuerwehren brachte die Naziherrschaft auch zahlreiche organisatorische Veränderungen mit sich. Unter dem neubestellten Feuerwehrreferenten, dem stellvertretenden Landeshauptmann Rudolf Lengauer, gab es ab sofort in jeder Gemeinde nur noch eine Feuerwehr. Die Feuerwehren wurden im Bezirk Oberdonau zusammengefaßt. Der Welser

Die VÖEST-Feuerwache, 1938.

Ludwig Bergthaller übernahm das Oberkommando. Der bisherige Kommandant Josef Pointner zog sich auf sein Amt als Direktor der Linzer Feuerwehrschule zurück, was er auch bis 1944 blieb. Die Berufsfeuerwehr wurde zur Feuerschutzpolizei umfunktioniert. Die Freiwilligen Feuerwehren fungierten als Hilfspolizeitruppen. Ihre Aufgabe war es, bei öffentlichen Notständen aller Art im Auftrag des Ortspolizeiverwalters jene Gefahren abzuwenden, die der Öffentlichkeit durch Schadenfeuer drohten. In die Kompetenz dieser technischen Hilfspolizeitruppe fiel außerdem auch der gesamte Luftschutzbereich, der – wie die schrecklichen Ereignisse des Zweiten Weltkriegs zeigen sollten – bald zum wichtigsten Aufgabenbereich dieser „Feuerschutzpolizisten" zählen sollte.

Eine weitere Neuerung nach 1939 betraf auch das Rettungswesen, das bislang ja den Feuerwehren übertragen gewesen war und nun auf das Rote Kreuz und andere Rettungsgesellschaften überging.

Auch für die „Zeitschrift der oberösterreichischen Feuerwehren" bedeutete Hitlers Machtübernahme das „Aus". Sie wurde, wie alle anderen Zeitschriften der Landesverbände, durch ein Einheitsorgan für die gesamte Ostmark ersetzt. Auch dieses Blatt erschien indessen nur ein einziges Mal und mußte schließlich dem in Berlin erscheinenden Zentralorgan „Die Feuerlöschpolizei" weichen. Ab November 1939 trug das Blatt dann den Titel „Deutscher Feuerschutz".

Auch die Verbandsstruktur blieb unter den neuen Machthabern nicht unverändert. Ereignisse, welche die Weltgeschichte schrieb, wirkten sich auch auf die Feuerwehren aus. So wurden nach Hitlers Einmarsch in die Tschechoslowakei

Das erste Löschfahrzeug in den Stickstoffwerken (Chemie Linz AG) im Jahre 1942.

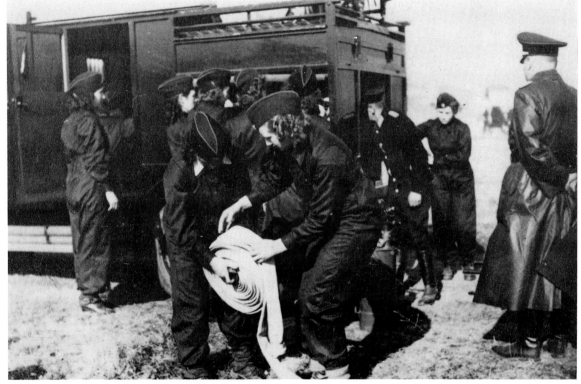

Prüfungs-Ausweis

womit bestätigt wird, daß der Kamerad

Weymann Lisl

der freiw. Feuerwehr der Stadt ⟨Gemeinde⟩   Wels

am Motorführerlehrgang

vom   4. Mai   bis   6. Mai 1942

teilgenommen und die Motorführerprüfung am heutigen Tage mit Erfolg abgelegt hat.

Linz, am   6. Mai 1942.

Der Bezirksführer der freiw. Feuerwehr
als feuerwehrtechnischer Aufsichtsbeamter
des Regierungspräsidenten:

Der Feuerwehrschuldirektor:

Der Reichsstatthalter in Oberdonau.

Ia/Pol (F) - 19/4 - 1943.   Linz, am 1.Feber 1943.

An die Landräte in Oberdonau,
     Kreisführer der Freiw.Feuerwehr,
     stellvertr.Kreisführer der Freiw.Feuerwehr
     Unterkreisführer,.

     den Bürgermeister des Marktes Rohrbach,
     Bürgermeister des Marktes St.Florian b.Linz,
     Führer der Freiw.Feuerwehr Rohrbach,
     Führer der Freiw.Feuerwehr St.Florian b.Linz.

Betrifft: Heranziehung von Frauen und Mädchen
     als Ergänzungskräfte der Feuerwehr.

Bezug: Reichsführer ⅍ und Chef der Deutschen Polizei
     im Reichsministerium v.14.1.1943,
     O-Fw 1145 Nr. 1/43.

Anlagen: 1 Erlassabschrift.

Wie schon im Ersten Weltkrieg lag es auch im Zweiten Weltkrieg an den Frauen, jene Lücke, die die ins Feld eingerückten Feuerwehrmänner hinterließen, zu füllen. In aller Eile wurden vor allem junge Frauen an den Löschgeräten ausgebildet und standen bei den zahlreichen gefährlichen Einsätzen vor allem im Bombenhagel der letzten Kriegsjahre im wahrsten Sinne des Wortes ihren Mann. Für die Feuerwehrfrauen galten auch bei den strengen Prüfungen – wie der obenstehende Prüfungsausweis belegt – die gleichen Bedingungen wie für Männer. Die organisierte Notdienstverpflichtung von Frauen und Mädchen begann in den Gemeinden Rohrbach und St. Florian Markt, wo die Reichsstatthaltung Oberdonau erstmals die versuchsweise Aufstellung einer Frauenfeuerwehr anordnete. Das obenstehende Photo zeigt eine oberösterreichische Frauenfeuerwehr bei der Ausbildung am LF 8.

Als die Freiwilligen Feuerwehren im Dritten Reich als Hilfspolizeitruppen mit neuen Uniformen eingesetzt wurden *(rechts)*, verschwand auch das letzte Stück altösterreichischer Feuerwehr-Nostalgie: Der Grieskirchner Nachtwächter Josef Schnölzenberger wurde 1938 entlassen *(links)*.

auch die Feuerwehren der „Böhmerwälder" dem Landesfeuerwehrkreis „Oberdonau" eingegliedert. Und das bislang steirische Ausseerland wurde ebenfalls dem Gau „Oberdonau" zugeschlagen, was zusätzliche 123 Wehren bedeutete. Insgesamt bestanden 1939 also 440 Feuerwehren mit einem Mitgliederstand von 30.709 Mann, 14 Betriebsfeuerwehren mit einem Ausrüstungsstand von 524 Motorspritzen und 237 motorisierten (und nunmehr polizeigrünen) Fahrzeugen.

Was die Feuerwehrtechnik betrifft, bedeutete der Anschluß an Hitler-Deutschland für Oberösterreichs Feuerwehr, zu Beginn jedenfalls, zweifellos einen Fortschritt (der sich im Laufe der Kriegswirren freilich in sein Gegenteil umkehren sollte). Vorläufig ging es nach 1939 jedoch mit der Beschaffung modernsten Geräts und vor allem mit der längst fällig gewordenen Motorisierung der Feuerwehren rapide voran. Da alle neuen Geräte genauen Normen entsprechen mußten, wurde die Ausrüstung der oberösterreichischen Feuerwehren mit einem Schlag vereinheitlicht. Für die Umstellung auf reichseinheitliche Schlauchdimensionen und -kupplungen wurde den Oberösterreichern eine Frist gesetzt. Da man in Berlin offenbar schon ahnte, was die nächsten Jahre bringen würden, forcierte man im Hinblick auf den Luftschutz auch

die immer schon etwas problematische Löschwasserversorgung. Der Mannschaftsstand wurde vielerorts durch die allmähliche Heranziehung von BdM-Mädchen als Helferinnen ergänzt.

Gerade die Luftschutzvorkehrungen sollten sich – wenn auch auf höchst tragische Art – am besten bezahlt machen. Der Luftschutz-Feuerwehrbereitschaft Oberdonau (OD) standen arbeitsreiche Zeiten bevor. Allein die in Wels stationierte Feuerwehrbereitschaft OD-3 mußte zwischen 1943 und 1945 bei den schweren Luftangriffen auf oberösterreichische Städte zwölfmal aktiv werden. Eine solche Bereitschaft umfaßte im Schnitt 183 Mann und hatte einen Gerätepark von 3 Krädern, 2 Kommandofahrzeugen sowie 7 Löschfahrzeugen zur Verfügung. Keine besonders große Ausrüstung angesichts der Bedrohung, mit der man konfrontiert war: Die durchwegs viermotorigen Bombenflugzeuge, die von italienischen Basen aus starteten, kamen mit zerstörerischer Wucht wie die apokalyptischen Reiter übers Land. Allein über Wels wurden von insgesamt 800 Bombern 1650 Tonnen Spreng- und Minenbomben sowie 50 Brandbomben und Phosphorkanister abgeworfen. Insgesamt wurde Oberösterreich das Opfer von 40 Bombenangriffen.

Links: Die Werksfeuerwehr der Stickstoffwerke am 1. 6. 1942.
Rechts: Neben den Frauenfeuerwehren mußten auch die Hitlerjungen für ihre eingerückten Väter den Feuerschutz übernehmen.

Das Einsatzprotokoll, das die Welser Feuerwehr über einen solchen Luftangriff am 25. Dezember 1944 verfaßte, verdeutlicht den blutigen „Feuerwehr-Alltag" jener Zeit:

10.37 Fliegeralarm

10.38 Feuerwehrbehelfsstelle besetzt

11.10 Bereitstellungsalarm für OD-3 durch Kommando Linz

11.15 Erste Stärkemeldung der Feuerwehr: 114 Mann

11.37 Angriff der ersten Welle Feindbomber

11.43 Angriff der zweiten Welle Feindbomber

11.55 Abteilungsleiter Zeilmayr fährt auf Erkundung

11.57 Einsatzbefehl an Löschgruppe 7 zum Brand Güterbahnhof

11.58 Einsatzbefehl an Löschgruppe 11 zum Brand Güterbahnhof

12.28 Angriff der dritten Welle Feindbomber

12.33 Angriff der vierten Welle Feindbomber

12.37 Angriff der fünften Welle Feindbomber

12.39 Angriff der sechsten Welle Feindbomber

12.46 Einsatzbefehl an Löschgruppe 5 – Menschenbergung Tabaktrafik Gruber

12.46 Einsatz der Löschgruppe 12 – Menschenbergung Bauer, Wallerer Straße

12.49 Angriff der siebten Welle Feindbomber

13.05 Einsatzbefehl an Zug 1 (Löschgruppe 1 und 2) zum Brand Murauer, Bahnhofstr. 35; Löschgruppe 1 muß jedoch zur Menschenbergung Café Ledererturm, Stadtplatz, abgezogen werden.

13.15 Einsatz des Zuges II (Löschgruppen 3 und 4) zum Brand bei Firma Küppersbusch und Menschenbergung aus dem dortigen Splittergraben

Soweit die ersten Zeilen eines Protokolls, das keineswegs noch am selben Tag abgeschlossen werden konnte. Fliegeralarm folgte auf Fliegeralarm. Um die Feuerwehrstärke den Bedürfnissen anzupassen, wurden auch BdM-Helferinnen und HJ-Löschgruppen eingesetzt. Erst am 31. Dezember 1944 konnte um 13.00, wenige Stunden vor Neujahr, das Ende des Einsatzes bekanntgegeben werden.

In diesen letzten Kriegsmonaten war der Mannschaftsstand der Feuerwehren im selben Maß gesunken, wie deren Aufgaben wuchsen. Alle verfügbaren Männer im wehrfähigen Alter leisteten ihren Dienst an der Front und waren zu Tausenden bereits gefallen. In einer solchen prekären Situation besannen sich die Feuerwehren der „letzten Reserven", nämlich der Frauen, der alten Männer und der Buben von der Hitlerjugend. Schon 1943 erteilte der damals erst seit einem Jahr im Dienst stehende Führer des Feuerwehrbezirks Oberdonau, Sepp Klimann, den Befehl, Frauen und Mäd-

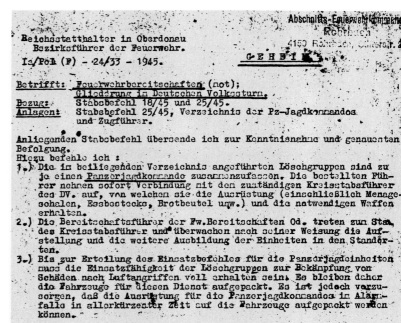

Links: Russische Kriegsgefangene werden ab 1944 als Löschgruppe in den Stickstoffwerken Linz eingesetzt.
Rechts: Geheimbefehl zur Eingliederung der motorisierten Feuerwehrbereitschaften in den Deutschen Volkssturm, 1945.

chen in Versuchsgruppen zum Feuerwehrdienst heranzuziehen. In einem Erlaß vom 1. Februar 1943 geht Klimann auch auf damit verbundene organisatorische Notwendigkeiten ein. „Insbesondere wird es notwendig sein", lautet es etwa in diesem Schreiben, „den Frauen und Mädchen der Versuchsgruppe soweit erforderlich, durch bevorzugte Ausstellung von Bezugscheinen für derbe Straßenschuhe den Feuerwehrdienst zu ermöglichen." Frauenfeuerwehren wurden auch überall dort gebildet, wo die mit dem Brandschutz beauftragten Hitlerjungen den unvermeidlichen Einberufungsbefehl erhielten und die nachrückenden Buben noch nicht jenes Alter erreicht hatten, in welchem sie mit Schlauch und Feuerspritze umgehen konnten. So geschah es etwa in Rohrbach, daß von 181 Hitlerjungen an einem Tag fast alle auf das „Feld der Ehre" mußten. Im „Heimatbrief" vom 7. Mai 1943 liest man darüber: „Da die Wichtigkeit der Feuerwehren auf dem Land insbesondere im Luftschutz immer größer wird, so ist von der Reichsführung zur Behebung der Personalschwierigkeiten die Einstellung von Frauen und Mädchen in Aussicht genommen worden. Gerade der Kreis Rohrbach ist dazu ausersehen worden, die erste Versuchsgruppe im Gau Oberdonau mit Frauen aufzustellen. Im Dezember 1942 haben sich 24 Frauen und Mädchen freiwillig gemeldet, die eine eigene Gruppe im

Rahmen der Gemeindefeuerwehr Rohrbach bilden. Die Ausbildung dieser Gruppe hat sehr gute Fortschritte gemacht, fünf der Mädchen haben in der Feuerwehrschule in Linz einem Grundausbildungslehrgang mit gutem Erfolg beigewohnt. Dank der Bemühungen der Führer der Freiwilligen Feuerwehr Rohrbach um die Ausbildung und der Einsatzfreudigkeit der Frauen und Mädchen ist das Ergebnis ein so günstiges, daß die Aufstellung solcher Frauengruppen für alle diejenigen Feuerwehren, die zuwenig Feuerwehrmänner besitzen, angeordnet worden ist."
Je aussichtsloser die Chancen der Deutschen wurden, den Krieg zu gewinnen, desto verzweifelter wurden die Bemühungen, den Brandschutz noch einigermaßen unter Kontrolle zu bekommen. Überall fehlte es – trotz vieler freiwilliger Helfer – an geschulten Feuerwehrmännern. Ein letzter Schlag wurde dem Feuerwehrwesen dann noch versetzt, als die ohnedies überlasteten Feuerwehr-Bereitschaften per Stabsbefehl 25/45 kurz vor Kriegsende in Panzerjagdkommandos des Volkssturms umgewandelt wurden. Die dadurch entstandene Lücke bei den Feuerwehren versuchte man damals mit russischen Kriegsgefangenen aufzufüllen, aus denen sich zum Beispiel die damalige Betriebsfeuerwehr der Linzer Stickstoffwerke (der heutigen Chemie Linz) rekrutierte.

Chevrolet-Rüstfahrzeug der Freiwilligen Feuerwehr Wendling unmittelbar nach Kriegsende.

Auf den Trümmern – aus den Trümmern

Die Bilanz, welche die oberösterreichischen Feuerwehrmänner nach Kriegsende ziehen mußten, war erschütternd: 4080 Kameraden aus den jungen und mittleren Jahrgängen waren gefallen, 2150 galten als vermißt. Viele waren in Kriegsgefangenschaft geraten, Maschinen und Geräte waren zerstört, Zeughäuser ausgeplündert und zu Ruinen verfallen. Die Feuerwehrschule war bis Jänner 1946 von amerikanischen Truppen besetzt und bot nach ihrer Freigabe ein erschreckendes Bild. Karl Irrsiegler beschrieb es in seinem Aufsatz „40 Jahre oö. Landesfeuerwehrschule" so: „Die Gebäude glichen verfallenen und verlassenen Ruinen. Zahlreiche Fenster und Türen fehlten, soweit sie vorhanden waren, waren die Fenster zerschlagen. Schlösser waren aus den Türen herausgerissen, die elektrischen Leitungen zum Teil aus den Rohren entfernt, elektrische Schalter und

Lampen und Sicherungen abmontiert und weggetragen, die Senk- und Sickergruben waren versumpft und unwirksam, die Wasserversorgungsanlage wies schwere Schäden auf, so daß Tausende von Kubikmetern Wasser aus den schadhaften Rohrleitungen monatelang ununterbrochen in die Erde versickerten. Das Gelände der Feuerwehrschule war nicht eingezäunt und daher für Diebe und Plünderer frei zugänglich. Das gesamte Aktenmaterial war vernichtet, Bibliothek und Lehrmittel nicht mehr auffindbar. Das Feuerwehrmuseum wurde von unbekannten Personen völlig ausgeraubt. Schulinventar war nicht mehr vorhanden, sondern verschleppt."

Trotz dieses beklagenswerten Zustandes hatte das Feuerwehrkommando seinen Sitz hierher verlegt und in den ramponierten Räumlichkeiten wieder einen regulären Dienstbetrieb auf die Beine gestellt. Es galt nun, wieder eine Körperschaft auf den Grundlagen der soeben erst wieder-

Das erste Tanklöschfahrzeug nach dem Krieg: das TLF 3000/600 in den Stickstoffwerken.

geborenen Demokratie zu schaffen. Bei diesen Bemühungen stießen die Feuerwehrmänner der ersten Stunde nach dem Chaos auf Mißtrauen. So mancher zurückgekehrte Frontsoldat zeigte keine Lust mehr, eine wie auch immer geartete Uniform anzuziehen. Die Jugend war am Feuerwehrwesen kaum interessiert. Zahlreiche Feuerwehrfahrzeuge waren von den ausländischen Truppen als Transportmittel verwendet und nie mehr gesehen worden...

In dieser schwierigen Situation begann eine neue Pionierzeit des Feuerwehrwesens. Idealismus und Einfallsreichtum der ersten Feuerwehrmänner der Zweiten Republik waren damals keine Grenzen gesetzt. Man begann damit, sich aus alten Autowracks und vorsintflutlichen Limousinen in der Freizeit eigene Rüstfahrzeuge zu basteln, um einigermaßen gewappnet zu sein.

Zwei Beispiele aus dem Feuerwehralltag nach 1945 belegen, wie sehr man sich häufig durch Improvisationskunst zu

helfen wissen mußte. So blieb etwa der Freiwilligen Feuerwehr Hohenzell im strengen Winter 1946 nichts anderes übrig, als für die Schneeräumung einfach einen selbstgebastelten Holzschneepflug an das Rüstfahrzeug anzuhängen. Und die Freiwillige Feuerwehr Treffling begann ihren „Wiederaufbau" nach dem Krieg mit einer aus der Gusen gefischten und daher total verrosteten Motorspritze sowie alten Schläuchen, die man von den Feuerwehrkollegen aus Gallneukirchen erbetteln konnte.

1948 wurde schließlich in vielen Orten damit begonnen, die oft genug durch Bombenangriffe und Plünderungen völlig verwüsteten Gerätehäuser neu instand zu setzen.

Was die Organisation der Feuerwehren betrifft, so wurde zunächst einmal der vor dem Jahre 1938 herrschende Zustand der oberösterreichischen Feuerwehren wiederhergestellt. Im ersten Nachkriegschaos beauftragte der damalige provisorische Landeshauptmann Dr. Eigl den früheren

Typisch für die Nachkriegsfeuerwehr: der Dodge.

Kommandeur des Feuerschutzpolizeiregimentes in Sachsen, Dipl.-Ing. Speil, mit den ersten Reorganisationsmaßnahmen, weil dieser sich noch von seinem Kriegseinsatz her in Oberösterreich befand. Dieser Zustand währte allerdings nur wenige Wochen, bis schließlich auf Befehl des amerikanischen Militärkommandos Dipl.-Ing. Franz Krajanek offiziell mit der Leitung des wiedererstandenen Landes-Feuerwehrverbandes betraut wurde. Der wiedererrichtete Landes-Feuerwehrverband wurde in Feuerwehrbezirke (= Verwaltungsbezirke) und Feuerwehrabschnitte (= Gerichtsbezirke) gegliedert, denen jeweils ein Bezirks-Feuerwehrkommandant bzw. ein Abschnitts-Feuerwehrkommandant vorstand. Als erster in der Geschichte des oberösterreichischen Feuerwehrwesens trug Krajanek den Titel Landes-Feuerwehrkommandant.

Da Krajanek allerdings nur provisorisch ernannt war, folgte ihm 1948 wieder ein Kommandant, der aus den Reihen der Feuerwehren selbst vorgeschlagen worden war. Am 26. April 1948 wurde der Volksschuldirektor Otto Kalab mit dem Posten betraut und von der Landesregierung bestätigt. Zu seinem Stellvertreter wurde damals bereits Franz Hartl gewählt, der als Referent für das Feuerwehrwesen in der Zivilverwaltung Mühlviertel prädestiniert dafür war, Kalab nur zwei Jahre später in dieser Funktion zu folgen.

Als Hartl am 3. 7. 1950 zum Landes-Feuerwehrkommandanten und der Welser Josef Zeilmayr zu dessen Stellvertreter gewählt wurde, hatte sich das oberösterreichische Feuerwehrwesen schon wieder einigermaßen konsolidiert. Die eigentliche Aufbauphase der oberösterreichischen Feuerwehren ging indessen erst zu Ende, als ein langgehegter Wunsch endlich Wirklichkeit wurde: Da die Feuerpolizeiordnung aus dem Jahre 1937 aus den unterschiedlichsten Gründen nicht mehr angewandt werden konnte, kam es nun endlich zu einem neuen Gesetzeswerk. Am 6. 12. 1951 wurde

Der englische Dodge der Freiwilligen Feuerwehr Meggenhofen versah seinen Dienst von 1952 bis 1974.

die neue oberösterreichische Feuerpolizeiordnung erlassen, aufgrund derer die Feuerwehren Körperschaften öffentlichen Rechts wurden. Der oberösterreichische Feuerwehrverband, in dem sie vereinigt sind, besitzt dabei eine eigene Rechtspersönlichkeit.

Im Jahre 1954 kam dann bereits eine neue Belastungsprobe auf das oberösterreichische Feuerwehrwesen zu. 1954 war ein Jahr der großen Hochwasserkatastrophen, bei denen die Feuerwehren rund um die Uhr im Einsatz standen. Aufgrund der guten Erfahrungen, die man mit den Feuerwehren in dieser Krisensituation machte, beschloß der oberösterreichische Landtag am 28. 2. 1956, die Durchführung des Katastrophenhilfsdienstes den Feuerwehren zu übertragen – womit die Grundlage des heutigen Stützpunktsystems (siehe Kapitel „Feuerwehr heute") geschaffen war.

Auch in der inneren Struktur der Feuerwehren änderte sich in den Nachkriegsjahren so manches. Galt es doch, die autoritären und paramilitärischen Erbstücke des Nationalsozialismus abzuschütteln und eine demokratische Feuerwehr zu schaffen. Von diesem Prozeß war jedoch die taktische Einteilung nicht mitbetroffen. Die Gliederung in Löschgruppen, Gruppen und Züge sowie die einheitliche Ausbildung der Gruppe wurden durch die Neuorganisation nicht berührt. Aus der Zeit vor 1938 übernahm man auch einige bewährte technische Maßnahmen wie etwa die Vereinheitlichung von Löschfahrzeugen und -geräten sowie sonstigen technischen Ausrüstungsgegenständen.

Franz Hartl war eine ebenso lange wie erfolgreiche Laufbahn als Landes-Feuerwehrkommandant beschieden. Er übte die Funktion bis zu seinem Tod am 15. 11. 1970 aus. 1971 folgte ihm dann Karl Salcher, der die oberösterreichischen Feuerwehren von der nunmehr abgeschlossenen Phase des Aufbaus und Ausbaus in die Epoche eines hochtechnisierten und bestausgerüsteten Krisenmanagements geführt hat.

Orden und Ehrenzeichen der oberösterreichischen Feuerwehren (von links oben nach rechts unten): Ehrenmedaille für 25jährige verdienstvolle Tätigkeit auf dem Gebiet des Feuerwehr- und Rettungswesens vom 24. November 1905, gestiftet von Kaiser Franz Joseph I.; Ehrenzeichen für eifrige und ersprießliche Tätigkeit auf dem Gebiete des Feuerwehr- und Rettungswesens vom 15. Juni 1923, verliehen von der österreichischen Bundesregierung; Österreichisches Feuerwehr-Ehrenzeichen für verdienstliche Tätigkeit auf dem Gebiete des Feuerwehr- und Rettungswesens vom 1. 3. 1933, verliehen vom Österreichischen Reichsverband für Feuerwehr- und Rettungswesen; Rückseite der Medaillen 1, 2, 3, und 5 (v. l. oben nach r. u.); Ehrenzeichen für eifrige und ersprießliche Tätigkeit auf dem Gebiete des Feuerwehr- und Rettungswesens vom 9. März 1949, verliehen von der österreichischen Bundesregierung; Ehrenzeichen für eifrige und ersprießliche Tätigkeit auf dem Gebiete des Feuerwehr- und Rettungswesens vom 1. Oktober 1952, verliehen vom oö. Landesverband. Ehrenzeichen der Gemeinde Linz für 20jährige Tätigkeit bei der Freiwilligen Feuerwehr vom 5. 8. 1896; Ehrenzeichen des Österreichischen Feuerwehrverbandes für Verdienste um das Feuerwehrwesen aus den Jahren 1934–1938; Ehrenzeichen 1., 2. und 3. Stufe für Verdienste im Feuerwehrwesen vom 23. März 1956, verliehen von der oberösterreichischen Landesregierung.

VOM POMPIER-CORPS ZUR PROFITRUPPE

Die Geschichte der Linzer Feuerwehr

„Der Linzer Feuerwehr ist in diesem Falle das schwierige Bravourstück gelungen, von dem Augenblicke an, wo sie eingriff, das verheerende Element zurückzudrängen und unschädlich zu machen."
Die „Zeitschrift für die deutsche Feuerwehr" nach dem Brand des Linzer Theater-Varietés 1901

Gesucht: „Ein Verein von Männern"

Der Beginn des 19. Jahrhunderts hatte es mit den Linzer Bürgern nicht eben gut gemeint. Sie standen unter dem Schock zweier geradezu apokalyptischer Brandkatastrophen: dem Stadtbrand des Jahres 1800 und der Einäscherung des Marktes Ebelsberg im Jahre 1809. Bei beiden Bränden hatten sich alle Brandschutzmaßnahmen als unzulänglich, wenn nicht unbrauchbar erwiesen. Doch schienen die Linzer durch diese beiden Katastrophen wie gelähmt. Trotz verschiedenster Bemühungen wollte es in der ersten Hälfte des vorigen Jahrhunderts einfach nicht gelingen, den Brandschutz der Landeshauptstadt auf eine ebenso vernünftige wie effiziente Basis zu stellen.

Noch 1850 wünschte sich der damalige Linzer Gemeinderat unter Bürgermeister Reinhold Körner „eine bleibende Feuerwehr", einen „Verein von Männern, die sich verpflichten, bei den Löschanstalten voranzugehen", wovon sich die Stadtväter „die wohlthätigsten Folgen" versprachen.

Allein diese Folgen wollten sich so rasch nicht einstellen. Offenbar mangelte es den Linzern von damals am nötigen Gemein- und Bürgersinn, vor allem aber auch am Vertrauen in den Nutzen eines gezielten Brandschutzes. Wäre es sonst möglich gewesen, daß sich nur ein spärliches Häuflein von 22 Mann bereitfand, sich im Sinne der 1851 erlassenen Feuerordnung freiwillig zu Feuerwehrdiensten zu verpflichten? Daß sich darunter einige Prominente wie der spätere Linzer Bürgermeister Vinzenz Fink befanden, vermochte den Elan der Linzer nicht anzuspornen. Im Gegenteil: Für die aufopfernde Tätigkeit dieser ersten organisierten Feuerwehr der Stadt hatte man allenfalls ein mildes Lächeln übrig. „Die Bevölkerung", so heißt es in einer Gedenkschrift aus dem Jahre 1906, „stand dem neuen Institute geradezu feindselig gegenüber, so daß es manchmal zu argen Ausschreitungen kam, wie zum Beispiel bei dem Brande des Militärspitales, bei welchem eine hohe Leiter samt den darauf befindlichen Wehrmännern von der aufgeregten Menge umgestürzt wurde." Und in einem anderen Dokument aus dieser Zeit heißt es: „Es war unter solchen Umständen begreiflich, daß die Lust und Liebe der Wehrmänner stetig sank und sich immer nach jedem Brande einige Mitglieder zurückzogen, so daß 1861 die Feuerwehr nur noch zwölf Mitglieder zählte und als solche ihre Tätigkeit in den nachfolgenden Jahren immer mehr und mehr einstellte, wiewohl immerhin noch zu jedem Brande eine kleine unentwegte Schar verbliebener Mitglieder ausrückte." Mangelhaft ausgerüstet, konnten diese freilich nicht viel ausrichten.

Links: Der Linzer Turnverein beantragte 1865 bei der Gemeinde-Vorstehung eine freiwillige, vereinigte städtische und Turner-Feuerwehr.
Rechts: Die alte Linzer Feuerwehrzentrale in der Keplerstraße 7.

Die Turner ergreifen die Initiative

Als 1861 das Linzer Feuerwehrwesen auf einem vorläufigen Tiefpunkt angelangt war, verfaßte Bürgermeister Körner einen flehentlichen Brief an Josef Hafferl, den Führer der „Rest-Feuerwehr", den Brandschutz der Stadt doch gründlich zu reorganisieren. Die Voraussetzungen dafür wurden jedoch erst ein Jahr später geschaffen. 1862 ist nämlich das Gründungsdatum des „Turnvereins Linz", der vom Linzer Bildhauer Josef Rint angeregt wurde. In diesem Zusammenhang tauchte auch der Gedanke an eine Institution auf, die es anderswo längst gab: eine Turnerfeuerwehr. In Linz orientierte man sich dabei vor allem am Beispiel der Stadt Krems, von der man sich die Statuten kommen ließ. 1862 reichte der Realschullehrer Dawidowsky dann einen Entwurf für „Allgemeine Satzungen und Dienstordnung des freiwilligen Feuerlösch- und Rettungskorps der Landeshauptstadt Linz" ein, in dessen Begleitschreiben der idealistische Schulmann seiner Hoffnung Ausdruck gab, daß „durch diese Statuten freilich das bisher bestehende Institut der löblichen ‚Feuerwehr' nicht nur reformiert, sondern beseitigt würde." Ein Wunsch, der erst vier Jahre später in Erfüllung gehen sollte. Denn vorderhand verstaubten Herrn Dawidowskys Statuten im Stadtarchiv.

Mittlerweile gab es im Umkreis der Stadt Linz Fortschritte im Feuerwehrwesen, 1864 wurde in Steyr eine Freiwillige Feuerwehr gegründet, 1865 war dies in Enns und Bad Ischl der Fall. Auch die Stadt Salzburg ging mit gutem Beispiel voran. Schließlich sah sich der Linzer Turnverein 1865 veranlaßt, in einem von Dr. von Rosas unterzeichneten Schreiben nicht nur auf die eben erfolgte Zusammenkunft der oberösterreichischen, niederösterreichischen und Salzburger Turnvereine hinzuweisen, sondern auch darauf, „daß insbesondere für die Turnvereine das Feuerwehr Wesen der praktische Boden sey, wo die auf dem Turnplatze erlangte Fertigkeit, Entschlossenheit und Disziplin dem Gemeinwohle dienstbar gemacht werden könne. Geleitet von diesen Erwägungen hat der achtungsvoll gefertigte Turnrath in seiner Sitzung vom 17. Juni d. J. einhellig beschlossen: bey der verehrlichen Gemeinde Vorstehung die Errichtung einer freywilligen, vereinigten städtischen Turner-Feuerwehr zu beantragen."

Dieses Schreiben führte schließlich zu einem Auftrag der Gemeinde, daß Josef Hafferl, der Obmann der bestehenden Feuerwehr, mit den Turnern verhandeln möge.

Die Verhandlungen verliefen schleppend. Zur Debatte stand nämlich das Problem, ob man dem Salzburger Vorbild eines selbständigen Vereins folgen oder beim System einer Ge-

Kommando der Linzer Feuerwehr unter Josef Hafferl (1861–1873).

meindeanstalt bleiben sollte. Am 17. März 1866 entschied sich der Gemeinderat dann für die zweite Variante. Der Turnrat stimmte den Statuten zu. Die neue Feuerwehr sollte „vollkommen frei" sein und nur ihrem Obmann unterstehen, zu dem der bisherige Feuerwehrchef Josef Hafferl wiedergewählt wurde. Das Jahr 1866 kann man also nicht als eigentlichen Beginn des Linzer Feuerwehrwesens bezeichnen, da es sich im Grunde nur um eine einschneidende Zäsur in der seit 1851 bestehenden Feuerwehr handelt. Die Turner trugen dennoch einen Sieg davon: die konstituierende Versammlung der Feuerwehr fand am 15. Juli 1866 in der städtischen Turnhalle statt. Die Gemeinde schoß den stattlichen Betrag von über 3000 Gulden für eine neue Ausrüstung zu. Und, wie die folgenden Jahre zeigen sollten, das ursprüngliche Mißtrauen der Linzer Bevölkerung in „ihre" Feuerwehr war plötzlich wie weggefegt. Und ist es bis heute geblieben.

Die Feuerwehr wird perfektioniert

Der Neubeginn des Jahres 1866 äußerte sich schon im Auftreten der Feuerwehrleute. Hatten sie bislang eher das Image eines exotischen Häufleins mit allerlei Binden und

Schärpen in roten, grünen und weißen Farben gepflegt, so erwies sich nun die Notwendigkeit, den Steigern eine geeignete Ausrüstung zu besorgen. 1868 erhielten auch die übrigen Abteilungen mit Ausnahme der Schutzmannschaft Helme mit verschiedenfarbigen Streifen. Darüber hinaus wurde eine einheitliche Dienstkleidung verfügt: Die blaue Bluse mit dem Metallbuchstaben F am Halskragen mußte sich zwar jeder Feuerwehrmann auf eigene Kosten besorgen, doch wurden aus der Unterstützungskasse Blusen angeschafft und an die Mitglieder gegen Ratenzahlung ausgegeben. Eine Maßnahme, die sich auf die Geschäftsgebarung übrigens negativ auswirkte. Denn durch den häufigen Mitgliederwechsel war die Bilanz bald alles andere als aktiv. Josef Hafferl, der seine Funktion bis 1873 ausübte, gliederte die Linzer Feuerwehr in eine Steiger-, eine Spritzenbedienungs- und eine Wasserzubringungsabteilung. Hafferl erwies sich auch technischen Neuerungen gegenüber aufgeschlossen. So ließ er etwa 1867 ein Feuerlöschgerät der Firma Metz anschaffen und auf den Linzer Türmen eigene Feuersignalanlagen anbringen. Oft genug jedoch funktionierten die neuen Apparate nicht, und der Feuertelegraph mußte wie eh und je vom Türmer auf dem Turm der Stadtpfarrkirche ausgelöst werden.

Dafür stiegen die Imagewerte der Linzer Feuerwehr gewal-

Konrad Rosenbauer, Kommandant der Linzer Feuerwehr von 1896 bis 1908.

Grundstein für die Feuerwehr-Rettungsabteilung gelegt, sondern auch die personelle Schlagkraft der Feuerwehren erhöht: Allein im Jahre 1874 erhöhte sich der Mitgliederstand der Linzer Feuerwehr von 211 auf 319, also um 50 Prozent.

Unter den großen Persönlichkeiten des Linzer Feuerwehrwesens ragt vor allem der städtische Ingenieur Josef Kempf hervor. Er war der erste Techniker unter den Obmännern. Ihm ist es zu verdanken, daß die Feuerwehr 1894 nach Zügen eingeteilt wurde, in denen Steiger-, Spritzen- und Schutzleute vereint waren. Da 1893 die Linzer Wasserleitung gebaut worden war, wurde die frühere Wasserabteilung überflüssig und den Spritzenleuten zugeteilt. 1890 wurde schließlich – dank einer Spende der Allgemeinen Sparkasse in Linz – auch die erste Dampfspritze angekauft und ein eigener Dampfspritzenzug gegründet.

Kempfs Nachfolger entstammte abermals der im Feuerwehrwesen so verdienten Familie Rosenbauer. Konrad Rosenbauer wurde 1896 gewählt und nahm sich vor allem der Versorgung der Linzer Vorstädte an. Er erweiterte die drei Stadtzüge um drei Löschzüge in den Stadtrandgebieten und gründete nach dem Hochwasser des Jahres 1899 die erste Linzer Wasserwehr.

tig, was vor allem daran lag, daß sich die Linzer bereit erklärten, 1870 den 8. Deutschen Feuerwehrtag in ihrer Stadt abzuhalten. Wenn das Fest dann auch mit der Kriegserklärung Frankreichs an Deutschland zusammenfiel und dadurch eine gedrückte Stimmung herrschte, konnten sich die Linzer dabei dennoch als „Musterfeuerwehr" profilieren.

Daß sie das auch weiterhin blieb, war vor allem das Verdienst des Hafferl-Nachfolgers Johann Rosenbauer. Der gelernte Gürtler spezialisierte sich zusehends auf die Erzeugung von Feuerwehrausrüstung und fungierte schon 1866 als „Feuerwehrrequisiten-Lieferant". Zu Beginn der siebziger Jahre schuf er dann die „1. Feuerwehr-Geräthe-Niederlage", was ihn in die Lage versetzte, „sein Ehrenamt", wie es der Historiker Wilhelm Rausch später formulierte, „mit seinen privaten Interessen, zum Vorteil für die Linzer Feuerwehr glückhaft" zu verbinden. In Rosenbauers Amtszeit wurde nicht nur 1875 die Linzer Feuerordnung revidiert und der

Das Bravourstück

In Konrad Rosenbauers Amtszeit fiel auch jenes „Bravourstück", das die Linzer Feuerwehr sogar über die Grenzen des Landes hinaus bekannt machte. „Wir haben es hier mit einer glänzenden Leistung der Linzer Feuerwehr zu tun", schwärmte der Münchner Franz Gilardone in der „Zeitschrift für die deutsche Feuerwehr" anläßlich des Linzer Theaterbrandes vom 19. Mai 1901. „Ich kenne in den letzten 20 Jahren nur einen einzigen ähnlichen, vielleicht noch etwas schwierigeren Fall. Daß fast spielend an einem Tage die Linzer freiwillige Feuerwehr drei Schadenfeuer bewältigte, spricht für deren präzise Schlagfertigkeit."

In der Tat ist die Bekämpfung des Brandes im Linzer Theater-Varieté ein Höhepunkt in der an Erfolgen so reichen Ära Konrad Rosenbauer. Es war dabei gelungen, das Übergreifen des Brandes von der Sommer- auf die Winter-

108

Vergleich zwischen Dampf- und Benzinspritze auf der Donaulände, 1910.

Oben: Die Linzer Wasserwehr, um 1900.
Unten: Musterung der Linzer Feuerwehr unter Josef Kempf.

bühne just in jenem Augenblick zu verhindern, als die Kulissen an den Schnürböden gerade in Schuhhöhe Feuer fingen. Durch das Aufreißen des Blechdachs über der Doppelbühne konnten die hoch aufflackernden Flammen abgelöscht und der Brand auch in dieser Richtung abgeschnitten werden. Fazit: Winterbühne, Zuschauerraum und die über dem Theater liegenden Wohnungen blieben erhalten.

Was das Verdienst der Linzer Feuerwehr noch erhöhte, war der Umstand, daß zu gleicher Zeit noch zwei weitere Brände ausbrachen, einer in einem Magazin der Firma Landa, ein zweiter außerhalb von Linz in Steeg. Auch diese beiden Brände konnten unter Kontrolle gebracht werden. Und das alles innerhalb von nur zwölf Stunden.

Es ist also keinesfalls erstaunlich, daß angesichts solcher Erfolge die Linzer Feuerwehr als eine der am besten ausgerüsteten Wehren des österreichischen Reichsverbandes galt. Auf Konrad Rosenbauers Nachfolgern lastete also die schwere Bürde, diesen Ruf zu erhalten, was spätestens 1914, nach Ausbruch des Ersten Weltkriegs, geradezu ein Ding der Unmöglichkeit war. Doch immerhin konnte bereits ein Jahr nach Kriegsende eine automobile „Hochdruck-Zentrifugalpumpe" angeschafft werden. 1924 wurde ein eigenes „Autokomitee" für die weitere Ausrüstung der Feuerwehr mit Automobilen eingesetzt. Und 1928 trat mit Hauptmann a. D. Fritz Heiserer abermals ein Mitglied der Familie Rosenbauer an die Spitze der Linzer Feuerwehr. Er ist nicht nur als Vater der 1929 eröffneten Landes-Feuerwehrschule in Linz in die Feuerwehrgeschichte eingegangen, sondern auch als eine der großen Persönlichkeiten des oberösterreichischen Landes-Feuerwehrverbands. In seine Amtszeit fiel auch die von Heiserer selbst vehement geförderte Aufstellung einer Berufsfeuerwehr.

Beruf: Feuerwehrmann

Seine Kameraden nannten ihn den „Feuerfresser von Linz". Der Brandmeister Karl Janda war der erste Kommandant der 1932 gegründeten Linzer Berufsfeuerwehr. Linz hatte damals eine Einwohnerzahl jenseits der Hunderttausend erreicht, das Anwachsen der Industrie und die Vergrößerung des Stadtgebietes durch Eingemeindungen hatten zu einer wesentlichen Vermehrung der Feuerwehreinsätze geführt. In anderen Großstädten wie Wien und Graz gab es bereits Berufsfeuerwehren. Nun sahen sich auch die Linzer Stadtväter vor der Entscheidung, den verdienstvollen Freiwilligen Feuerwehren noch eine zusätzliche Profi-Truppe beizugesellen.

Ein entsprechender Beschluß wurde unter Bürgermeister Josef Gruber gefaßt, und im März 1932 versammelten sich unter dem Kommando des verdienstvollen Karl Janda einige alte Zentralisten und junge Kräfte aus den Freiwilligen Feuerwehren, die gleichzeitig Magistratsbedienstete waren. Die erste Linzer Berufsfeuerwehr war in den Räumen der alten Zentrale in der Keplerstraße 7 untergebracht. Die Zentrale war teilweise mit hauptberuflichen und zum Teil auch mit freiwilligen Feuerwehrmännern rund um die Uhr besetzt.

Schon wenige Wochen nach Dienstantritt starb Karl Janda und wurde durch August Trimbacher ersetzt, der – abgesehen von der Zeit des Nationalsozialismus – die Geschicke der Linzer Berufsfeuerwehr bis 1953 lenkte.

Waren es zunächst nur 14 junge Kräfte, die den Bereitschaftsdienst in 24stündigem Wechsel versahen, so betrug der Mannschaftsstand der Berufsfeuerwehr 1936 bereits 28 Mann. Das Oberkommando über die Linzer Feuerwehren (Freiwillige und Berufsfeuerwehr) lag damals noch in den Händen des Führers der Freiwilligen Feuerwehr. (Erst nach dem Zweiten Weltkrieg wurde der Leiter der Linzer Berufsfeuerwehr auch gleichzeitig Bezirksfeuerwehrkommandant.) Das Dritte Reich krempelte schließlich – wie so vieles andere – auch das Linzer Feuerwehrwesen völlig um. Ab dem Frühjahr 1939 stand der Linzer Berufsfeuerwehr Dipl.-Ing. Franz Döttlinger vor, unter dessen Ägide die Mannschaft als „Feuerschutzpolizei" in die deutsche Polizei eingegliedert wurde. Als der Zweite Weltkrieg ausbrach, umfaßte diese Truppe 65 Mann. Die Freiwilligen Feuerwehren stellten in ihren zwölf Wachen damals sogar 300 Mann. Durch die Ausbildung von zivilen Kräften wurden die Feuerschutzmannschaften schließlich auf 700 Mann erweitert, was dadurch zusätzlich erschwert wurde, daß ein Großteil der männlichen Bevölkerung zum Frontdienst eingerückt war. Gerade in den Zeiten des Bombenhagels und der Geschütz-

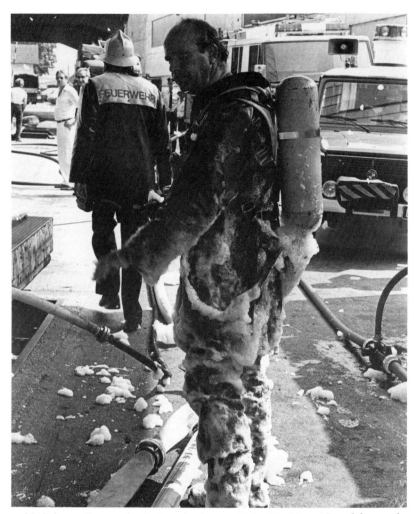

Einer der gefährlichsten Feuerwehreinsätze der letzten Zeit: Die Linzer Berufsfeuerwehr

feuer konnten die Linzer Feuerwehren jedoch so manches Menschenleben retten und viel Not und Elend dieser an Schrecken so reichen Zeit lindern.

Als 1945 das Dritte Reich zusammenbrach, hatte dies selbstverständlich auch die Auflösung der Feuerschutzpolizei zur Folge. 1945 beschloß der Linzer Stadtrat dann, die Berufsfeuerwehr und vier Freiwillige Feuerwehren in Ebelsberg, Pichling, Pöstlingberg und St. Magdalena zu reaktivieren. An Arbeit fehlte es damals keineswegs. Zahllose Gebäude waren unmittelbar vom Einsturz bedroht, Minen mußten entschärft, elektrische Leitungen und Heizungsanlagen wieder instandgesetzt werden. Durch Blindgänger von Fliegerbomben herrschte allenthalben akute Brandgefahr.

Einsätze gab es also mehr als genug, dagegen nur noch ein Minimum an Ausrüstung. Nur wenige alte Löschfahrzeuge und Pumpen hatten die Kriegswirren heil überstanden. Die Räumlichkeiten der Linzer Berufsfeuerwehr verfügten nur über die absolut notwendigste Ausstattung.

Erst 1955 begann sich die Situation mit dem Abzug der Besatzungsmächte und dem allmählich einsetzenden wirtschaftlichen Aufschwung wieder zu konsolidieren. Die neue Hauptfeuerwache mit ihrer Grundfläche von fast 6000 m² entwickelte sich zu einem Symbol des Wiederaufbaus. Die Mannschaften wurden auf 125 Mann aufgestockt. Siebzehn Fahrzeuge älteren Typs konnten außer Dienst gestellt und durch neue ersetzt werden. Sonderfahrzeuge, Schlauchwagen, ein schweres Schaumfahrzeug, ein Pölz-, ein Pumpen- und ein Zillenwagen konnten angekauft werden. Mit einem neuen Optimismus ging auch ein Wiederaufleben des Linzer Feuerwehrwesens Hand in Hand.

bekämpft den Schachermayr-Brand vom 31. August 1983 in der Industriezeile 86.

„Auf Knopfdruck funktionieren . . .“

Donnerstag, 14. 4. 1983, 9.13 Uhr: Die „Unbekannte aus dem Mühlbach“ wird von Passanten in der Neuen Heimat entdeckt, als der leblose Körper plötzlich neben einem Brückenpfeiler auftaucht. Innerhalb von wenigen Minuten ist die Linzer Feuerwehr zur Stelle. Zwei Feuerwehrtaucher bergen die Leiche und ziehen die Frau unter Leinensicherung an Land, wo sie einem Bestattungsunternehmen übergeben wird.

Mittwoch, 31. 8. 1983, 21.08 Uhr: Der gefährlichste Linzer Einsatz seit langem. Die Ausstellungshalle der Firma Schachermayr in der Industriezeile 86 steht, wie der Fachterminus lautet, „in Vollbrand“. Und das bei einer Grundfläche von 70 × 53 m. Der Außenangriff beginnt. 5 Wasserrohre, 3 B- und 4 C-Rohre werden im Kampf gegen das Flammenmeer eingesetzt. Um die Wasserversorgung zu sichern, werden vom 1 km entfernten Tankhafen drei Zubringleitungen mit Hilfe des Schlauchcontainers aufgebaut, nachdem die Kapazität der umliegenden Hydranten nicht mehr ausreicht. 42 Mann stehen über zwei Stunden lang im Großeinsatz, bei dem aufgrund der enormen Hitzeentwicklung an einen Innenangriff nicht zu denken ist. Endlich – um 23.17 Uhr – heißt es: „Brand aus!“ Die Nachlöscharbeiten dauern bis ins Morgengrauen. Immer wieder werden neue Glutnester freigelegt. Der Schaden beläuft sich auf 70 Millionen Schilling.

Montag, 12. 12. 1983, 6.19 Uhr: Die Kohlenbrecheranlage des ESG-Fernheizwerkes wird wie üblich über ein Förderband befüllt. Doch heute geht dabei etwas schief: Brennende

Brand in der Ringbrotfabrik.

Kohlen geraten in die Anlage. Der Kohlenstaub entzündet sich. Die Linzer Berufsfeuerwehr kann sich dem Brand nur mit schwerer Atemschutzausrüstung nähern und löscht die Flammen schließlich mit Mittelschaum. Es kommt laufend zu Verpuffungen. Auf den Trägern und Konstruktionsteilen brennt der Kohlenstaub. Schließlich gelingt es, die Anlage mit Hilfe eines HD-Rohrs abzuwaschen und die letzten Glutnester abzulöschen.

„Unsere Berufsfeuerwehr ist eine Profitruppe, die auf Knopfdruck funktionieren muß", sagt der Linzer Branddirektor und Bezirksfeuerwehrkommandant Dipl.-Ing. Wolfgang Kaplan. Seinem Pflichtbereich unterstehen 160 Bedienstete der Berufsfeuerwehr sowie 118 Mitglieder der Freiwilligen Feuerwehren Ebelsberg, St. Magdalena, Pichling und Pöstlingberg. Dazu kommen noch die 167 Bediensteten der beiden hauptberuflichen Betriebsfeuerwehren der VOEST und der Chemie Linz AG sowie die 256 Mitglieder der acht freiwilligen Betriebsfeuerwehren – zusammen also über 700 Offiziere und Männer.

Die Berufsfeuerwehr verfügt über eine tägliche Mindesteinsatzstärke von 46 Mann, die in der Hauptfeuerwache (HFW) und der Feuerwache Nord (FWN) im 24-Stunden-Takt ihren

Dienst versehen. Nach Dienstschluß sind 24 Stunden frei. Gewissermaßen als Zeitausgleich gibt es insgesamt 40 freie Tage pro Jahr.

Die Berufsfeuerwehr operiert in drei taktischen Einheiten: In der HFW sind der 1. Löschzug sowie ein technischer Zug stationiert. Und in der in den siebziger Jahren errichteten Hauptfeuerwache Nord in Urfahr wartet der 2. Löschzug auf den Einsatz. Die Züge sind mit jeweils 14 Mann besetzt. Daneben ist die Linzer Feuerwehr – etwa als Kranstützpunkt – auch in das Stützpunktkonzept des Landes-Feuerwehrverbandes fest integriert. Der umfangreiche Fahrzeugpark der Berufsfeuerwehr verfügt allein über 17 verschiedene Sonderfahrzeuge und 7 Tanklöschfahrzeuge. Nimmt man den Fuhrpark von Berufsfeuerwehr und den Linzer Freiwilligen Feuerwehren zusammen, so wird der Bezirk Linz von 40 Einsatzfahrzeugen, 6 Containern, 6 Anhängern und 1 Gabelstapler versorgt.

Eine Großstadt wie Linz braucht ein perfekt funktionierendes Feuerwehrwesen. Und wie ließe sich das besser erreichen als durch Kooperation von verläßlichen Berufsfeuerwehrmännern im Beamtenstatus, verstärkt durch Einsatzbereitschaft und Idealismus der Freiwilligen Feuerwehrmänner?

114

IN WENIGEN MINUTEN BEREIT

Die oberösterreichischen Betriebsfeuerwehren

„Der Hände Fleiß – die Waffen schafft,
Gut Heil! dem Nächsten – ihm uns're Kraft!"
Wahlspruch der „Freiwilligen Feuerwehr der Waffenfabrik
in Steyr", 1910

Das Feuer der industriellen Revolution

Es ist vielleicht nur ein seltsamer Zufall der Geschichte, stimmt aber doch nachdenklich, daß die erste oberösterreichische Betriebsfeuerwehr ausgerechnet im unmittelbaren „Schutzbereich" des hl. Florian gegründet wurde: 1847 nämlich konstituierte sich die Stiftsfeuerwehr St. Florian und setzte damit ein Zeichen für eine Zeit, in der mit dem Beginn der industriellen Revolution zwangsläufig auch Brände in großen Wirtschafts- und Industrieanlagen verbunden waren. Seit 1826 gab es eine Gasbeleuchtung. 1832 war Oberösterreich Schauplatz der ersten Eisenbahnfahrt, als am 1. August die Pferdeeisenbahn Linz–Budweis und damit die erste Eisenbahn auf dem europäischen Kontinent eröffnet wurde. Schon 1837 fuhr auf der Strecke Floridsdorf–Deutsch Wagram die erste Dampfeisenbahn Österreichs. Kleine Unternehmungen wuchsen aufgrund der neuen Möglichkeiten zu großen Industriebetrieben heran. Die neuen Transportmittel machten riesige Lagerhallen notwendig. Die Brandgefahr in den Industriebetrieben wuchs von Tag zu Tag. Die Erfindung chemischer Substanzen führte zu Explosionen. Die öffentlichen Feuerwehren konnten mit ihren unzulänglichen Mitteln der durch die Industrialisierung entstandenen neuen Probleme nicht Herr werden.

Doch selbst, wo bereits gut ausgerüstete Feuerwehren existierten, profitierte die Industrie nicht in allen Fällen davon. Viele Fabriken entstanden abseits der großen Städte, an Kanälen oder in abgelegenen Tälern. Die nächste Freiwillige Feuerwehr war oft viele Kilometer entfernt. In der Zeit vor der Automobilisierung bedeutete das so lange Anmarschwege, daß eine Fabrikshalle oft schon niedergebrannt war, bevor der erste Löschtrupp anrücken konnte.

Nicht zuletzt aus diesem Grund entstanden in vielen Industriebetrieben eigene Betriebsfeuerwehren. Ein zusätzlicher Anreiz bestand auch darin, daß die Brandschaden-Versicherungen die Prämien wesentlich herabsetzten, wenn sich ein Betrieb bereit erklärte, eine eigene Feuerwehrtruppe aufzustellen.

Gerade die industrielle Revolution schuf freilich auch die Voraussetzungen für eine wirkungsvolle Brandbekämpfung. Die Dampfmaschinen verursachten nicht nur neue Brandherde, sondern machten auch die Erfindung der Dampfspritze möglich. Und es darf auch als symbolhaft gelten, daß im Jahr der Gründung von Oberösterreichs erster Betriebsfeuerwehr, also 1847, die Telegraphenlinie Wien–Brünn–Prag als erste große Überlandverbindung auf dem europäischen Kontinent in Betrieb genommen wurde. Denn mit dem Siegeszug des Telegraphen ging schließlich auch jener des Feuerwehrfunks Hand in Hand.

Es ist auch bezeichnend, daß die erste oberösterreichische Betriebsfeuerwehr fast zwanzig Jahre, bevor sich in Steyr die erste Freiwillige Feuerwehr konstituierte, gegründet wurde. In den Betrieben schien man die Zeichen der Zeit schon früher erfaßt zu haben.

Aus den Anfängen der Betriebsfeuerwehren

Am 9. Jänner 1870 brach im Objekt III der Werndl'schen Waffenfabrik zu Steyr ein Großbrand aus. Dabei wurde, wie es später in einer Chronik der Betriebsfeuerwehr heißt, „die Erfahrung gemacht, wie erfolgreich und sicher die schon tüchtig organisierte und geschulte, mit auf der damaligen

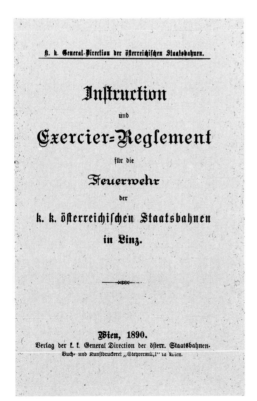

Exerzier-Reglement der Linzer Bahnfeuerwehr, 1890.

Höhe der Vollendung stehendem Geräte ausgerüstete Freiwillige Feuerwehr Steyrs die Feuergefahr bekämpfte und wir beschämt zusahen, wie machtlos und unfähig wir mit dem Ungetüm unserer Feuerspritze, trotz des besten Willens und der angewendeten Kräfte, den Anforderungen gegenüberstanden."

Die erwähnte Abprotzspritze hatte Josef Werndl 1867 bei der Firma Knaust gekauft und dadurch sein Interesse für den Brandschutz unter Beweis gestellt. Den Brand von 1870 nahm der erfolgsgewohnte Unternehmer schließlich zum Anlaß, in seiner Waffenfabrik eine eigene Betriebsfeuerwehr zu installieren.

Die gründende Hauptversammlung fand am 1. März 1870 im Wirtshaus „Zum blauen Bock" stand und vereinigte 263 Gründungsmitglieder. Schon im April begangen die ersten Übungen. Und Josef Werndl zeigte sich als äußerst spendabler Firmenchef, wenn es um den Ankauf neuen Geräts ging. Ein Erfolg, der auch von Kaiser Franz Joseph höchstpersönlich gewürdigt wurde, der am 23. August 1880 einer Übung der Waffenfabriksfeuerwehr beiwohnte. Vier Jahre später wurde im Gedenken an diese „Sternstunde" am Haus Werndlgasse Nr. 22 eine Erinnerungtafel enthüllt, eine Zeremonie, die von einem geradezu rauschenden Feuerwehrfest begleitet wurde. „Um 2 Uhr nachmittags", heißt es darüber in der 1910 erschienenen Jubiläumsschrift zum 40. Geburtstag der Steyrer Betriebsfeuerwehr, „nahm das Festessen seinen Anfang. Dasselbe hatte einen sehr gemütlichen, ja herzlichen Charakter und war überaus zahlreich besucht. Mehr als 200 Feuerwehrmänner saßen an den drei langen Tischreihen des prachtvollen großen Saales, in welchem vor kurzem erst anläßlich des Konzertes des Wiener Männergesang-Vereines die elektrische Beleuchtung eingeleitet worden war." Und der damalige Oberkommandant der Freiwilligen Feuerwehr der Waffenfabrik, Otto Schönauer, brachte einen Tost aus, in dem er klarstellte, daß dies alles „nur möglich gewesen durch die große Munifizenz des hohen Protektors der Freiwilligen Feuerwehr der Waffenfabrik Herrn Josef Werndl". Eine Feststellung, die, wie es in dem Bericht weiter heißt, „mit nahezu endlosen, stürmischen ‚Gut Heil'-Rufen akklamiert" wurde.

Das Steyrer Beispiel zeigt jedoch nur eine von vielen gut funktionierenden Betriebsfeuerwehren, die in Oberösterreich in der zweiten Hälfte des 19. Jahrhunderts zum Schutz der neuen Industrien gegründet wurden. Zu den traditionsreichen Betriebsfeuerwehren zählt auch jene der Austria Tabakwerke in Linz, die schon 1853 über eine eigene Brandschutzordnung verfügten und 1873 eine Betriebsfeuerwehr ins Leben riefen.

Oben: Gedenktafel an den kaiserlichen Besuch der Waffenfabriks-Feuerwehr in Steyr, 1880.
Unten: Wachvorschriften der Betriebsfeuerwehr Steyr.

Links: Ledereimer der Stiftsfeuerwehr St. Florian, Oberösterreichs erster Betriebsfeuerwehr.
Rechts: Glaspokal der Steyrer Betriebsfeuerwehr.

Einige Tradition hat auch die 1886 gegründete Betriebsfeuerwehr der Papierfabrik Steyrermühl. Sie bestand im Gründungsjahr aus 36 Kameraden, die sich noch mit einer einzigen Handdruckspritze, einigen Hanfschläuchen sowie ein paar Dach- und Hakenleitern behelfen mußten. Trotzdem, heißt es in einer Chronik aus dem Jahr 1956 anläßlich der 70-Jahr-Feiern, konnte man „einen Ausbildungsstand erreichen, der den anderen Feuerwehren durchaus ebenbürtig war. Im Lauf der Zeit kamen noch drei Schiebeleitern und eine zweite Handdruckspritze als Gerät dazu. Der Mannschaftsstand erhöhte sich nach und nach auf 60 Kameraden." Da der Bahnverkehr von Jahr zu Jahr bedeutender wurde, konnte es auch nicht ausbleiben, daß Linz eine eigene Bundesbahnfeuerwehr erhielt. Nachdem ursprünglich sämt-

liche Bediensteten der Station Linz zum Feuerlöschdienst verpflichtet waren, ordnete der Linzer Bahndirektor Josef Kubik am 1. Jänner 1887 die Bildung einer „40 Mann starken, militärisch organisierten und uniformierten Feuerwehr" an, wobei die Mannschaft ausschließlich dem Werkstättenpersonal entstammen sollte. Am 4. August fand die erste Hauptübung statt. Und im Jahre 1888 konnte die Bahnfeuerwehr bereits auf eine kleine Erfolgsbilanz hinweisen: Sechs Brände im Bahnrayon konnten von der Feuerwehr unterdrückt werden. Außerdem wurden 52 Übungen abgehalten. Und der Kaiser bewies seine Wertschätzung für das Feuerwehrwesen einmal mehr, indem er anläßlich seines Besuches am 29. Mai 1895 in Linz ein Spalier der gesamten in Paradeadjustierung ausgerückten Bahnfeuerwehr abschritt.

118

Betriebsfeuerwehren heute:
Die ersten am Brandplatz

Am 24. November 1983 findet über das Betreiben von Vizebrandrat Erich Zauner, dem Kommandanten der Betriebsfeuerwehr der Linzer Austria Tabakwerke, eine gemeinsame Übung mit der Linzer Berufsfeuerwehr statt. Es wird angenommen, daß im Hofgelände ein mit Giftfässern beladener Lkw in Brand geraten ist. Anwesend: die 37 Mann starke Betriebsfeuerwehr der ATW und 14 Berufsfeuerwehrmänner.

An solcher Kooperation ist Erich Zauner viel gelegen. Der leitende Angestellte und Brandschutzbeauftragte der ATW ist nämlich gleichzeitig Kommandant aller oberösterreichischen Betriebsfeuerwehren. In dieser Funktion hat er nicht nur Sitz und Stimme in der Landesfeuerwehrleitung, sondern er ist auch gemeinsam mit Vizebrandrat Johann Kai (BF der Chemie Linz AG) und Vizebrandrat Ernst Spitzbart (BF Steyrermühl) Mitglied des österreichischen Fachausschusses Betriebsfeuerwehren.

Erich Zauner über den spezifischen Vorteil einer Betriebsfeuerwehr: „Sie kann in kürzester Zeit ausrücken und den Brand meist noch als Entstehungsbrand erwischen."
Was bedeutet „in kürzester Zeit"?
In der Praxis sind die Betriebsfeuerwehrmänner im Falle eines Alarms innerhalb von 30 bis 40 Sekunden im Depot und nach zwei bis vier Minuten einsatzbereit. Die täglichen Gefahren in einem Betrieb, also etwa Entstehungsbrände, die durch Heiß- und Schweißarbeiten verursacht werden, überhitzte Maschinen, leicht brennbare Stoffe in Tischlereien – sie alle können bereits innerhalb kürzester Zeit unter Kontrolle gebracht werden. Oft wird der Brand schon im Entstehen erstickt, indem man Handfeuerlöschgeräte zu Hilfe nimmt.
Zur Zeit gibt es in Oberösterreich insgesamt 43 Betriebsfeuerwehren. Davon sind 40 auf freiwilliger Basis organisiert, drei Betriebe leisten sich hingegen eine hauptamtliche Betriebsfeuerwehr. So ist etwa ein so großer und brandgefährdeter Betrieb wie die VOEST in der Lage, 89 Mann hauptberuflich für den Brandschutz abzustellen. Die Chemie Linz AG verfügt über 76 Feuerwehr-Profis. Und die Steyr-Daimler-Puch AG, die auch den Brandschutz für das BMW-

Die SAKOG-Betriebsfeuerwehr bei ihrer ersten Übung nach der Gründung.

Die 1. Dienstgruppe der VOEST-Betriebsfeuerwehr, 1983.

Motorenwerk Steyr mit versieht, verfügt über 60 hauptberufliche und 58 freiwillige Feuerwehrmänner.
Neben diesen drei größten Betriebsfeuerwehren zählen noch die Feuerwehren der VMW Ranshofen, der Ebenseer Solvay-Werke, der Firma Hatschek in Gmunden, der Papierwerke Steyrermühl, der Zuckerfabrik Enns, der Papierfabrik Nettingsdorf, der ESG Linz, der Chemiefaser Lenzing und der Zipfer Brauerei zu den mitgliederstärksten Körperschaften. Und die Betriebsfeuerwehr „Salzach-Kohle" muß allein schon deswegen erwähnt werden, weil sie Oberösterreichs einzige Grubenfeuerwehr ist.
Ein besonderer Vorteil der Betriebsfeuerwehren liegt auch darin, daß sie mit der spezifischen Ausrüstung für die individuellen Bedürfnisse der jeweiligen Firma ausgestattet

sein können. So hat sich etwa die Betriebsfeuerwehr der Chemie Linz AG auf den Atemschutz konzentriert und ist in dieser Hinsicht führend in ganz Österreich. Betriebe wiederum, die aufgrund neuerer Technologien mit strahlendem Material arbeiten, sind beim Strahlenschutz führend. Es muß wohl nicht extra betont werden, daß die jeweiligen Strahlenschutzbeauftragten der Betriebe auch Mitglieder der Betriebsfeuerwehren sind.

Während in der Geschichte der Betriebsfeuerwehren zuerst das individuelle Verantwortungsbewußtsein von Führung und Belegschaft ausschlaggebend für die Aufstellung einer Betriebsfeuerwehr war, kann eine solche heute auch von der Behörde vorgeschrieben werden, wenn es aufgrund der Gefährdung eines Betriebes notwendig erscheint. Finden sich nicht genügend Freiwillige, können Mitarbeiter im Einvernehmen mit dem Betriebsrat auch zu diesem Dienst verpflichtet werden. Die Leistung der freiwilligen Betriebsfeuerwehrmänner wird üblicherweise durch einen entsprechenden Zeitausgleich belohnt. Es kann aber auch ein kollektivvertraglich festgelegtes Entgelt ausbezahlt werden, das jedoch – unabhängig von Funktion und Dienstgrad – für alle Feuerwehrmänner gleich hoch ist.

Das Wort „Betriebsfeuerwehr" bedeutet jedoch keineswegs, daß die Verantwortung für die Gemeinschaft außerhalb der Betriebsgrenzen aufhört. Immer wieder werden die Betriebsfeuerwehren auch bei Einsätzen in der unmittelbaren Umgebung zu Hilfe gerufen. So haben sich etwa die in unmittelbarer Autobahnnähe gelegenen Feuerwehren von Steyrermühl und Nettingsdorf schon bei so manchem Einsatz nach großen Verkehrsunfällen bestens bewährt. Denn – darüber ist man sich bei allen verantwortlichen Stellen einig – ein schlagkräftiges Feuerwehrwesen bedarf der Mitarbeit und des Einsatzes jedes einzelnen Feuerwehrmannes – gleichgültig, auf welchem Platz er steht.

Brand bei der Austria-Tabakregie, 1979: Die Betriebsfeuerwehr versucht, mit einem Hubsteiger und einer Drehleiter zum Brandherd vorzudringen.

GROSSE PERSÖNLICHKEITEN
DES OBERÖSTERREICHISCHEN
FEUERWEHRWESENS

Feuerwehrgeschichte ist vor allem die Geschichte jener unzähligen Mitarbeiter, die auf freiwilliger Basis ihren aufopferungsvollen Dienst im Interesse der Gemeinschaft versehen. Dennoch scheint es angebracht, auch jene Männer zu ehren, die ihr ganzes Leben in den Dienst der Feuerwehr gestellt haben und dort – an der Spitze des Landesverbandes – Verantwortung übernahmen. Es handelt sich dabei um Persönlichkeiten, die oft genug den erlernten Beruf und die persönliche Karriere hintanstellten, um sich dem Gedanken des Feuerwehrwesens zu widmen. Von den Pionieren der Gründerzeit bis zum Managertypus der Gegenwart reicht dabei die lange Liste jener Männer, denen die oberösterreichischen Feuerwehren so viel verdanken – der jeweiligen Obmänner des Landes-Feuerwehrverbandes.

August Göllerich, Polizeijurist, Staatsbeamter und Stadtrat in Wels, darf als eigentlicher Vater des oberösterreichischen Landes-Feuerwehrverbandes gelten. Er stand ihm von seiner Gründung im Jahre 1869 bis 1883 selbst vor. Göllerich konnte später auch als Landtagsabgeordneter die 1. oberösterreichische Feuerpolizeiordnung durchsetzen.

Dr. Johannes Schauer, Verbandsobmann von 1884 bis 1914, war wie Göllerich Mitbegründer der Freiwilligen Feuerwehr Wels. Als Obmann trat er vor allem durch die Herausgabe der „Zeitschrift der oö. Feuerwehren" hervor, die er selbst redigierte. Der Niedergang des Feuerwehrwesens im Ersten Weltkrieg und danach blieb Schauer erspart.

Dr. Rudolf Lampl, Obmann des oö. Landesverbandes für Feuerwehr- und Rettungswesen von 1914 bis 1926, brachte den Sitz des Landesverbandes von Wels nach Linz. Von Beruf Rechtsanwalt, wurde Lampl 1920 auch zum Präsidenten des Österreichischen Reichsverbandes gewählt. Ihm oblag der Wiederaufbau der Feuerwehren nach dem Ersten Weltkrieg.

Fritz Heiserer, Obmann des oö. Landesverbandes für Feuerwehr- und Rettungswesen von 1927 bis 1934, ist vor allem als Begründer der oberösterreichischen Landes-Feuerwehrschule in die Geschichte eingegangen. Als Mitglied der Familie Rosenbauer hatte Heiserer überdies ein ausgeprägtes Nahverhältnis zu den Fortschritten in der Feuerwehrtechnik.

Sepp Pointner, Landesfeuerwehrführer des oö. Feuerwehrverbandes von 1934 bis 1939, war bei Amtsantritt schon ein altgedienter Feuerwehr-Veteran, der bereits 1893 die Freiwillige Feuerwehr Handenberg gegründet hatte. In seine Amtszeit fiel das neue Feuerwehrgesetz, dessen Inkrafttreten jedoch durch das Dritte Reich verhindert wurde.

Ludwig Bergthaller, Bezirksfeuerwehrführer von 1939 bis 1942, kam von der Freiwilligen Feuerwehr Wels und hatte im Rahmen des Reichsgesetzes für das Feuerlöschwesen die Auflösung des Landesverbands zu exekutieren. Die Feuerwehren wurden unter Bergthaller im Bezirk Oberdonau zusammengefaßt.

Sepp Klimann, Obstlt. der Feuerschutzpolizei von 1942 bis 1945, fungierte bis Kriegsende als Führer des Feuerwehrbezirkes Oberdonau. Unter seiner Führung wurde das Rettungswesen vom Feuerwehrwesen abgetrennt und dem Roten Kreuz übertragen.

Dipl.-Ing. Franz Krajanek, Landes-Feuerwehrkommandant von Oberösterreich zwischen 1945 und 1948, wurde von der amerikanischen Besatzungsmacht mit der Leitung des Verbandes betraut. Er führte als erster den Titel Landes-Feuerwehrkommandant und leistete die ersten Aufbauarbeiten nach dem Chaos des Weltkriegs.

Otto Kalab, Landes-Feuerwehrkommandant von Oberösterreich zwischen 1948 und 1950, war von Beruf Volksschuldirektor. Als Landes-Feuerwehrkommandant war er der erste nach dem Krieg, der von den Feuerwehren selbst vorgeschlagen und in seiner Funktion von der oberösterreichischen Landesregierung bestätigt wurde.

Franz Hartl, Landes-Feuerwehrkommandant von Oberösterreich von 1950 bis 1970, stammte aus St. Gotthard im Mühlviertel und gehörte von 1955 bis 1961 auch dem oberösterreichischen Landtag an. In seiner Funktionsperiode wurde die bis heute gültige Feuerpolizeiordnung des Jahres 1951 gemeinsam mit den Feuerwehren erarbeitet.

Karl Salcher, Landes-Feuerwehrkommandant ab 1971. In seine bisherige Amtszeit entfielen u. a. das Tanklöschfahrzeug-Beschaffungsprogramm, Katastrophenhilfsdienst-Gerätebeschaffungsaktionen, die Bildung von Stützpunkten für Schwere Rüstfahrzeuge und Kranfahrzeuge, die Einrichtung des Warn- und Alarmdienstes und der Neubau des Kommandogebäudes.

FEUERWEHR HEUTE

Feuergefährlich ist viel, aber nicht alles,
was feuert, ist Schicksal.

Max Frisch

Vorbemerkung

Ein Kapitel, das so viele spezielle Fachbezüge aufweist wie
das folgende, hätte ohne die intensive Mitarbeit der zuständigen Fachleute niemals entstehen können. Es ist daher das
Produkt ausführlicher Gespräche und intensiver Zusammenarbeit zwischen dem Autor und den zuständigen Herren des
Landes-Feuerwehrkommandos, die ihr umfassendes Fach-
wissen und ihren reichen Erfahrungsschatz in äußerst koope-
rativer Weise zur Verfügung stellten. Der Dank des Autors
gebührt daher neben dem Landes-Feuerwehrkommandanten
Karl Salcher vor allem den folgenden Funktionären beim
Landes-Feuerwehrkommando: Landes-Feuerwehrinspektor
Reg.-Rat Karl Irrsiegler (zuständig für Katastrophenhilfsdienst, Atemschutz und Angelegenheiten des Feuerwehr-
Museums); Oberbrandrat Ing. Friedrich Ofner (Leiter der
oberösterreichischen Landes-Feuerwehrschule, zuständig
für Ausbildung und Bewerbe); Oberbrandrat Alfred Hacklmair (zuständig für Feuerwehrjugend, Bezirks-Komman-
dant von Braunau); Vize-Brandrat Franz Kraushofer (zuständig für Atemschutzfragen); Oberbrandinspektor Hubert
Schaumberger (zuständig für Feuerwehrfahrzeuge und
-geräte) sowie Brandinspektor Karl Hader (zuständig für
Funk sowie Warn- und Alarmsystem).

Aus dem Alltag der oberösterreichischen Feuerwehren

Szenen wie die folgende kennt man meist nur aus utopischen
Filmen oder Romanen. Kaum jemand denkt jedoch daran,
daß sich derlei durchaus auch in der Einsatzzentrale des
oberösterreichischen Feuerwehrkommandos abspielen kann:
Man schrieb den 24. Jänner 1983. Der sowjetische Raumsa-
tellit Cosmos 1402 war nicht – wie erwartet – in der
Atmosphäre verglüht. Einige Trümmer davon rasten auf den
Planeten Erde zu und niemand konnte exakt berechnen, wo
sie niedergehen würden. Es lag also durchaus auch im
Bereich des Möglichen, daß Oberösterreich zum Schauplatz
einer Katastrophe aus dem Weltall werden könnte.
Die Einsatzleitung des Katastrophenhilfsdienstes reagierte
prompt. Ein verstärkter Journaldienst stand via Telefon und
Fernschreiber in ständigem Kontakt mit allen maßgeblichen
Stellen: dem Bundesministerium für Landesverteidigung,
dem Gesundheitsministerium, der oberösterreichischen Landesregierung, dem Roten Kreuz und der Exekutive. Die
Strahlenmeßtrupps befanden sich in ständiger Alarmbereitschaft und wären im Falle eines Absturzes sofort zur Stelle
gewesen. Für den Notfall wurden alle Durchsagen vorfor-
muliert, mit denen man die Bevölkerung zeitgerecht hätte
informieren können.
Was als „Großeinsatz" begann, endete Gott sei Dank als
großangelegte „Stabsrahmenübung". Denn „Cosmos"
stürzte über dem Indischen Ozean ab. Der Teil mit dem

Atomantrieb, der strahlungsgefährlich war, verglühte über dem Südatlantik beim Eintritt in die Erdatmosphäre.

In der Kommandozentrale in Linz konnte man aufatmen. Der befürchtete „Ernstfall" war nicht eingetreten, was sonst im Alltag der oberösterreichischen Feuerwehren keineswegs alltäglich ist. Denn meist heißt es im Falle von Katastrophenalarm, mutig und bedingungslos seinen Mann zu stellen. Und der Katastrophen gibt es leider allzu viele.

Zum Beispiel, wenn – wie das 1982 in Bad Goisern der Fall war – eine Mure abgeht. Die zuständigen Stellen hatten schon seit längerer Zeit bemerkt, daß im Stammbachgraben Schnee- und Schlammassen in Bewegung gerieten, sich mit gewaltigen Felsblöcken vermischten und, im Knäuel mit ausgerissenen Baumriesen, talwärts bewegten. Dank des unentwegten Einsatzes der Feuerwehren gelang es, das Holz von der Mure zu trennen und so dem Schlamm möglichst ungehinderten Abfluß zu verschaffen. Allmählich gelangten die herabströmenden Massen zum Stillstand. Und die Feuerwehren hatten in aufopfernder Weise und unter Einsatz des eigenen Lebens dafür gesorgt, daß nach dieser Naturkatastrophe kein Menschenleben zu beklagen war.

Doch es sind keineswegs immer nur unwägbare Naturkräfte, die zu Katastropheneinsätzen führen. Oft genug erweisen sich Errungenschaften, die man als „technischen Fortschritt" bezeichnet, als Schaden für die Menschen.

Den Mai 1982 etwa wird man in der Marktgemeinde Andorf nicht so schnell vergessen. Innerhalb von nur drei Tagen mußte die Feuerwehr gleich zweimal zum Katastropheneinsatz ausrücken, als ein 1 Million l Heizöl „extra-schwer" fassender Tank am 25. Mai nach Schweißarbeiten explodierte. Ein Arbeiter wurde dabei schwer, ein anderer leicht verletzt. Und es war Aufgabe der Feuerwehr, dem sich ausbreitenden Flammenmeer Einhalt zu gebieten.

Die Andorfer Feuerwehrleute waren nach diesem gefährlichen Einsatz kaum zur Ruhe gekommen, als es am 27. Mai abermals Katastrophenalarm gab. Auf der Bahnstrecke zwischen Griesbach und Andorf trat in einem Güterzug, der von Rumänien in die Bundesrepublik Deutschland fuhr, in einem Waggon plötzlich starke Rauch- und Gasentwicklung auf. Giftige Dämpfe drohten auch Leben und Gesundheit der Anrainer der Bahnstrecke zu gefährden. Schließlich fing der Waggon Feuer und wurde in geradezu übermenschlicher

Anstrengung 1,5 km weit auf das freie Gelände gezogen. Nun begann aber erst der schwierigste Teil des ganzen Einsatzes. Da die Ladung aus hochgiftigem, in Fässern eingelagerten Phosphor bestand, konnte die Brandbekämpfung nur mit schweren Atemschutzgeräten vorgenommen werden. Die Feuerwehrleute waren in Vollschutzanzüge gekleidet und das Feuer ließ sich schließlich eindämmen. Doch damit war der Einsatz, der insgesamt 37 (!) Stunden – also anderthalb Tage – dauerte, noch keineswegs zu Ende. Da 19 der Phosphorfässer beschädigt waren, mußten sie – um weitere Schäden zu vermeiden – noch zur Zwischenlagerung nach Neumarkt abtransportiert werden.

Der Schienenstrang zählt häufig zu den gefährlichsten Einsatzorten der Feuerwehrmänner, die bei Zugsunglücken aller Art immer wieder als Retter aus der Not herbeigerufen werden. So war es auch am 8. Oktober 1983, als ein Güterzug mit 28 Waggons unmittelbar beim Bahnhof Trattenbach entgleiste, wobei sieben Waggons aus der Zugsgarnitur ausklinkten. Sechs davon stürzten über die Ennsbrücke 15 Meter hinab und versanken im Enns-Stausee bei Ternberg. Da sie hochwertige Ladung enthielten, wäre dieses Zugsunglück für den Transporteur mit einem beträchtlichen Schaden verbunden gewesen – wenn es nicht den Taucherstützpunkt des Bezirkes Steyr-Land gegeben hätte, den das Bergeunternehmen über das oberösterreichische Landes-Feuerwehrkommando anforderte. Den Tauchern gelang es, insgesamt 56 Tonnen Spezial-Stahlplatten und die beschädigten Waggons an den Bergegeräten festzumachen. Zur Ladung zählten jedoch auch noch Rundhölzer und Schnittware, die mit einem A-Boot in Richtung Ennskraftwerke Ternberg geschoben wurden und dort mit einem Kran geborgen werden konnten. Wie langwierig und kompliziert dieses Unternehmen war, beweist die abschließende Bilanz des Taucherstützpunktes: Mindestens fünf Taucher waren volle fünf Tage lang je acht Stunden im Dauereinsatz.

Von einem Unterwassereinsatz ganz anderer Art wird heute noch in Feuerwehrkreisen gesprochen, obwohl er schon einige Jahre zurückliegt. Das Besondere daran: Er dauerte eine geschlagene Woche lang. Als ein Hubschrauber des Innenministeriums am 21. Juli 1979 am Traunsee Wasserberührung bekam und in den Fluten absackte, gab es nicht wenige Fachleute, die eine Bergung des Wracks aus 170 m

Waggonabsturz über dem Ennsstausee in Ternberg am 8. Oktober 1983: Die Feuerwehr hilft.

Tiefe für undurchführbar hielten. Die Gmundner Feuerwehr versuchte es dennoch. Trotz starker Unterwasserströmungen gelang es, mit Hilfe einer Fernsehkamera das Wrack zu orten und durch eine Tauchergruppe nach äußerst langwierigen Bergearbeiten auch an Land hieven zu lassen. Diese Bergeaktion, bei der in sieben Tagen insgesamt 157 Mann mit 1411 Einsatzstunden beschäftigt waren, machte sogar Feuerwehrgeschichte: Noch nie zuvor war in einem europäischen Binnengewässer ein derartiger Erfolg erzielt worden. Nicht immer enden die Einsätze der oberösterreichischen Feuerwehren nach harter Arbeit so erfolgreich. Mitunter führen sie auch zu persönlichen Tragödien, wie dies am 10. Juli 1982 der Fall war, als im Werk der Chemiefaser Lenzing Katastrophenalarm gegeben wurde. In einem Adsorber der Schwefelkohlenstoff-Rückgewinnungsanlage war Feuer ausgebrochen. 30 Meter hoch schlugen die Flammen aus dem Abblasschacht. Da half nur der massive Einsatz von

Wasserwerfern mit B- und C-Rohren, bis der Brand gelöscht wurde. Doch die Stille, die jetzt eintrat, erwies sich als trügerisch. Nach kurzer Zeit erfolgte völlig unerwartet eine starke Verpuffung. Man konnte sie noch in den Griff bekommen, bis es, nach einer Stunde ständiger Abkühlung, zu einer neuerlichen, noch viel heftigeren Verpuffung kam. Die Feuerwehrleute waren eben im Begriff, ihre Geräte abzuräumen, als sich ein Behälterdeckel des Adsorbers hob und ein Feuerball zum Vorschein kam, der sich innerhalb von nur wenigen Sekunden zu einer wahren Flammenhölle ausbreitete.

Als auch dieses Feuer gelöscht war, mußte man eine katastrophale Bilanz ziehen: 22 Personen waren verletzt, darunter auch mehrere Feuerwehrleute. Einer von ihnen, Karl Popovic, erlag zwei Wochen später, trotz intensivster Anstrengungen der Ärzte im Krankenhaus Vöcklabruck, seinen schweren Verbrennungen.

Aus dem Alltag der oberösterreichischen Feuerwehren. *Oben:* Massenkarambolage auf der Westautobahn, 1984;
Links unten: Bei einem Brand in Thalheim bei Wels, 1980; *Rechts unten:* Feuerwehrleute schweißen einen Schwerverletzten aus einem Pkw.

Oben: Landeshauptmann Ratzenböck inspiziert die Arbeit der Wasserwehren.
Links unten: Landes-Feuerwehrkommandant Salcher bei einem Öleinsatz in Enns. *Rechts unten:* Das Öl wird abgepumpt.

Die FF Eitzing beim Löschen eines Autobrandes.

Einer der schwärzesten Tage in der oberösterreichischen Feuerwehrgeschichte war der 2. Juli 1955. Damals endete ein Hochwassereinsatz der Feuerwehr Oberweis tragisch: Weil ein Feuerwehrfahrzeug beim Einsatz nicht mehr rechtzeitig erkannte, daß eine Brücke von den Fluten weggerissen worden war, stürzte das Kraftfahrzeug mitsamt den Insassen in die Tiefe. Die Feuerwehr Oberweis mußte neun Kameraden zu Grabe tragen.

Tragödien wie diese ereignen sich im Feuerwehralltag gottlob selten. Und zum Tätigkeitsbereich der Feuerwehren zählen keineswegs nur die Bekämpfung flammender Infernos und Katastropheneinsätze, sondern auch viele Hilfeleistungen im täglichen Leben. Wie oft schon haben Feuerwehrmänner mit Engelsgeduld verirrte Katzen aus selbstverschuldeten Zwangslagen befreit, ausgeflogene Kanarienvögel eingefangen oder sind allzu abenteuerlustigen Kin-

Der Einsatz der FF Oberweis vom 2. Juli 1955 fordert neun Tote.

Autobahnunfall an der Abfahrt Weißkirchen vom 21. November 1983.

128

Oben: Brand eines Bauernhofes bei Wels, 1981.
Unten: Hallenbrand auf der Welser Messe, 1984.

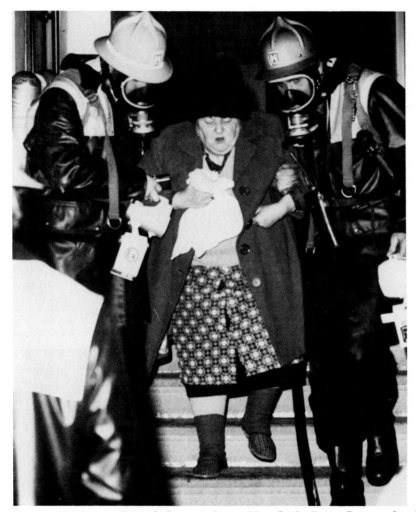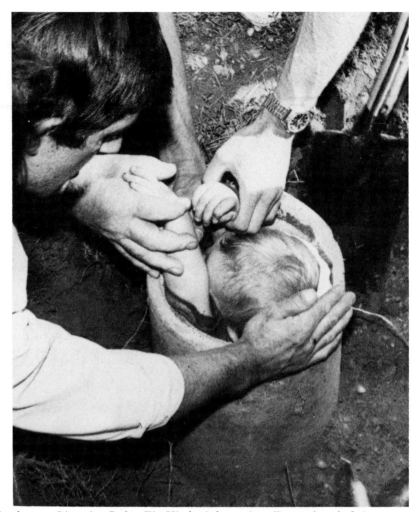

Die Feuerwehren als Retter in letzter Not. *Links:* Letzte Rettung für eine betagte Linzerin. *Rechts:* Ein Kind wird aus einer Zwangslage befreit.

dern beigestanden, wenn das Räuber-und-Gendarm-Spielen plötzlich brenzlig wurde? Ungezählt sind auch die Fälle, in denen die Feuerwehr ausrückte, um einen Lebensmüden vor dem letzten, entscheidenden Schritt zu bewahren. Viele der Geretteten haben dadurch neuen Lebensmut gefunden und sich noch Jahre später bei ihren Rettern bedankt.

Nicht genug hervorgehoben kann auch jener Beitrag werden, den die Feuerwehren zum Umwelt- und Landschaftsschutz leisten. Sie verhindern, daß bei Tankwagenunfällen Öl in den Erdboden einsickert und dort womöglich das Grundwasser vergiftet. Sie stellen nach Naturkatastrophen wieder ein möglichst unberührtes Landschaftsbild her. Sie sind als erste zur Stelle, wenn bei einem Giftalarm die Reinheit der Luft gefährdet ist. Und sie treten schließlich auch denkmalschützerisch auf, wenn sie so manche alte

wertvolle Bausubstanz, die durch Unachtsamkeit der Menschen in Brand gerät, durch prompten Einsatz für die Zukunft erhalten.

Feuerwehr – das bedeutet aber vor allem auch Gemeinschaftssinn und Kontaktfreude; ob dies nun im friedlichen Wettkampf bei den verschiedenen Feuerwehr-Leistungsbewerben der Fall ist oder bei den zahllosen Kontakten, die auf Wohltätigkeitsveranstaltungen oder Feuerwehrbällen geknüpft werden: Bei der Feuerwehr zu sein, heißt „mit dabei" sein. Und Feuerwehr bedeutet vor allem auch, Verantwortung zu übernehmen für die Gemeinschaft, in der man lebt. Idealismus, Opferbereitschaft und Kameradschaft – das sind die drei Säulen, auf denen das Feuerwehrwesen nicht nur in Oberösterreich ruht und durch die es immer wieder zu Höchstleistungen im Interesse aller fähig ist.

So funktioniert das oberösterreichische Feuerwehrwesen

Oberösterreich ist ein besonders abwechslungsreiches Bundesland. Vom Alpengebiet mit seiner berühmten Seenwelt im Süden über die Ebene des fruchtbaren Alpenvorlandes bis zum Granithochland des Mühlviertels mit seinem rauhen Klima verfügt es über große landschaftliche Strukturunterschiede, die sich auch in den Siedlungsformen entsprechend auswirken. Was für den Fremdenverkehr besonders reizvoll ist, bereitet den Brandschützern und Feuerwehrleuten jedoch oft genug einiges Kopfzerbrechen. Die unterschiedlichen Landschafts- und Wirtschaftsformen erfordern individuelle Anpassung der Ausrüstung, unterschiedliches Gerät für unterschiedliche Aufgaben. Die Feuerwehr muß sich im Heuschober des Flachlandes ebenso zurechtfinden wie bei einem Katastropheneinsatz in einer Gletscherregion.

Am besten wird man die Aufgaben der oberösterreichischen Feuerwehren ermessen können, wenn man sich die Dimension dieses Bundeslandes in nüchternen Zahlen vergegenwärtigt: Auf einer Gesamtfläche von 11.979,61 km² leben 1,269.540 Einwohner in den drei Statutarstädten Linz, Wels und Steyr sowie fünfzehn politischen Bezirken. Oberösterreich verfügt über 20 Stadtgemeinden, 124 Marktgemeinden und 301 Ortsgemeinden, was einer Gesamtzahl von 445 Einheiten auf Gemeindeebene entspricht. In ganz Oberösterreich beträgt die Zahl der Häuser 269.650, von denen sich 18.191 in der Landeshauptstadt Linz befinden. Die Betriebszählung von 1979 kam außerdem auf eine Zahl von 64.256 landwirtschaftlichen Betrieben, von denen sich fast die Hälfte in schwer zugänglichen Bergregionen befindet. Durch die zunehmende Motorisierung der Landwirtschaft und die dadurch notwendige Treibstoffbevorratung ist zu den traditionellen Brandgefahren in diesem Gebiet noch eine weitere hinzugekommen. Auch die vermehrte Lagerung von Kunstdünger führt dazu, daß in Lagerhäusern und Speichern die Brandgefahr wächst. Wenn man außerdem noch bedenkt, daß fast 40 Prozent der Gesamtfläche Oberösterreichs mit Wald bedeckt sind, so gesellt sich zur Gefahr von Bränden in der Landwirtschaft auch noch jene von Waldbränden. Schlaflose Nächte (oft im buchstäblichen Sinn des Wortes) bereiten den oberösterreichischen Feuerwehren auch die zahlreichen Industriebetriebe des Bundeslandes. Immerhin gibt es hier so extrem brandgefährdete Bereiche wie den Salz- und Kohlebergbau, die Erdöl- und Erdgasförderung, die Ziegel- und Zementindustrie, die holzverarbeitende- und Sägeindustrie, die Aluminiumindustrie, die Chemiefaser Lenzing, die Steyr-Daimler-Puch AG sowie die Großbetriebe der VOEST und der Chemie Linz AG.

Durchaus nicht zu unterschätzen ist auch die Brandgefahr in den Handels- und Gewerbebetrieben, wo große Mengen von Textilien, Papier, Lack, Chemikalien und Kunststoffen gelagert werden. Besonders die Warenhäuser zählen aufgrund der hohen Lagerquote und der hohen Zahl an Angestellten und Besuchern zu den gefährdeten Objekten. Von Jahr zu Jahr werden die Feuerwehren des Bundeslandes auch häufiger mit Katastrophen- und Brandfällen im Verkehr konfrontiert. Oberösterreich zählt zu den am stärksten motorisierten Ländern des gesamten Bundesgebiets. Zu den Autos und zum Schienenverkehr gesellt sich hier jedoch auch noch ein umfangreiches Schiffahrtsnetz auf der Donau und den großen Salzkammergutseen.

Alles in allem: Die Herausforderung, die sich Tag für Tag an das oberösterreichische Feuerwehrwesen stellt, ist beträchtlich. Der Oberösterreichische Landes-Feuerwehrverband begegnet ihr mit 902 Freiwilligen Feuerwehren, 42 Betriebsfeuerwehren und einer Berufsfeuerwehr, insgesamt also mit 945 öffentlichen Feuerwehren.

Erfreulich ist, daß die Mitgliederzahl sich laufend weiter erhöht. Gab es 1969 noch rund 60.000 Mann, Mitglieder und Reservisten, so sind es heute bereits 74.000 Idealisten, die ihre Einsatzkraft ohne Lohn in den Dienst der Gemeinschaft stellen.

Aufbau und Organisation des Brand- und Katastrophenschutzes fallen in Österreich hauptsächlich in die Kompetenz der Länder. Da ist zunächst einmal die *Oberösterreichische Feuerpolizeiordnung* (Landesgesetzblatt Nr. 8/1953), die sowohl den vorbeugenden Brandschutz als auch die Brandbekämpfung regelt. Der erstgenannte wird von den Bau- und Feuerpolizeibehörden der jeweiligen Gemeinden wahrgenommen. Zur Brandbekämpfung muß sich die Gemeinde jedoch einer eigenen Institution bedienen: der Feuerwehr. Die Gemeinden sind laut Landesgesetz nämlich verpflichtet, Einrichtungen zur Brandbekämpfung zu schaffen und auch finanziell zu tragen. Aus diesem Grund wird der Sachaufwand der Feuerwehren auch meist zur Gänze oder zumindest zu einem beträchtlichen Teil von den Gemeinden finanziert. Von hauptamtlichen Betriebsfeuerwehren und Berufsfeuerwehren abgesehen, fallen ja keine Personalkosten an, da fast alle Feuerwehren freiwillig sind.

Die Feuerpolizeiordnung regelt jedoch auch die Verantwortung des einzelnen Staatsbürgers bei der Brandbekämpfung. Nach Möglichkeit und Zumutbarkeit, heißt es dort, hat der einzelne alles zu unterlassen, was das Entstehen oder Weitergreifen von Bränden herbeiführen oder begünstigen kann. Außerdem ist im Brandfall jeder Bürger verpflichtet, Anordnungen der zuständigen Organe zu befolgen sowie notfalls auch erforderliche persönliche oder sachliche Leistungen zu erbringen.

Während die Feuerpolizeiordnungen einander in allen Bundesländern im wesentlichen ähnlich sind, ist das *Oberösterreichische Katastrophenhilfsdienstgesetz* (Landesgesetzblatt Nr. 88/1955) eine landesspezifische Besonderheit. Es verpflichtet die Feuerwehren, Katastropheneinsätze auf Landes- wie auf Gemeindeebene vorzubereiten und auch durchzuführen. Verantwortung und Kompetenz für den Katastropheneinsatz liegen also beim Feuerwehrkommando und nicht – wie anderswo – bei den Landes- und Gemeindebehörden. Wie wichtig diese gesetzliche Regelung ist, zeigt ein Blick auf die Einsatzstatistik der oberösterreichischen Feuerwehren im Jahr 1983. Dort standen 3396 Brandeinsätze insgesamt 18.318 technischen Hilfeleistungen – also Katastropheneinsätzen – gegenüber.

Einen Spezialfall behandelt das *Oberösterreichische Waldbrandgesetz*. Es wurde erst 1980 auf dringendes Verlangen der Feuerwehren beschlossen und umfaßt alle Regelungen für eine gezielte Waldbrandbekämpfung. Es beschäftigt sich jedoch auch mit Problemen des Kostenersatzes bei Waldbränden sowie mit Verhaltens-, Mitwirkungs- und Duldungspflichten für den einzelnen Bürger.

Vorschriften für die Arbeit der Feuerwehren finden sich jedoch auch noch in anderen Gesetzen und Verordnungen, etwa dem Baurecht, dem Kino- und Veranstaltungsrecht, dem Gewerberecht, dem Dienstnehmerschutz, dem Eisenbahnrecht, dem Luftfahrtrecht, der Straßenverkehrsordnung, der Erdöl-Bergpolizeiverordnung, im Forstrecht,

Die oö. Feuerpolizeiordnung vom 6. Dezember 1951.

Elektrizitätsrecht, Sprengmittelwesen sowie dem Waffen- und Munitionswesen.

Das jüngste feuerwehrbezogene Landesgesetz wurde erst am 8. August 1983 vom Landtag verabschiedet und trägt den Besonderheiten des Brandschutzes in unserer Zeit Rechnung: Die *Feuerwehrabschnittsverordnung* (Landesgesetzblatt Nr. 80/1983) erhöht die Schlagkraft der oberösterreichischen Feuerwehren, indem die Gliederung des Landes in Feuerwehrabschnitte neu organisiert wird. Das frühere System, das eine Aufteilung nach Bezirksgerichtssprengeln vorgesehen hatte, erwies sich als überaltert und führte zu Arbeitsüberlastung einzelner Abschnittskommandanten sowie zu Ungerechtigkeiten bei der Wahl des (Bezirks- und Abschnitts-)Feuerwehrkommandanten. Das neue Gesetz entsprach den Wünschen der Feuerwehren sowie einer Praxis, die sich bereits – unabhängig von anderslautenden Gesetzesvorschriften – aus der täglichen Arbeit ergeben hatte.

Was ihre innere Struktur betrifft, so ist die Feuerwehr in einem demokratischen Land wie Österreich auch auf demo-

LANDESGESETZBLATT
FÜR OBERÖSTERREICH

Jahrgang 1983 — Ausgegeben und versendet am 28. September 1983 — 28. Stück

80. Verordnung — Verordnung der o. ö. Landesregierung vom 8. August 1983 betreffend die Feuerwehrabschnitte (Feuerwehrabschnittsverordnung)

80.

Verordnung

der o. ö. Landesregierung vom 8. August 1983 betreffend die Feuerwehrabschnitte (Feuerwehrabschnittsverordnung)

Auf Grund des § 53 des Gesetzes vom 6. Dezember 1951, LGBl. Nr. 8/1953, über die Feuerpolizeiordnung im Lande Oberösterreich (O. ö. Feuerpolizeiordnung) wird verordnet:

§ 1

Feuerwehrbezirke; Feuerwehrabschnitte

(1) Die Feuerwehrbezirke (§ 53 Abs. 7 der O. ö. Feuerpolizeiordnung) umfassen die in den §§ 2 bis 19 bezeichneten Feuerwehrabschnitte.

(2) Die Feuerwehrabschnitte umfassen die in den §§ 2 bis 19 bezeichneten Gemeinden.

(3) Eine öffentliche Feuerwehr gilt jenem Feuerwehrabschnitt zugeordnet, zu welchem nach den Bestimmungen der §§ 2 bis 19 die jeweilige Standortgemeinde gehört.

§ 2

Feuerwehrbezirk Braunau

(1) Der Feuerwehrbezirk Braunau umfaßt die Feuerwehrabschnitte Braunau, Mattighofen, Mauerkirchen und Wildshut.

(2) Zum Feuerwehrabschnitt Braunau gehören folgende Gemeinden:

Altheim, Aspach, Burgkirchen, Helpfau-Uttendorf, Höhnhart, Mauerkirchen, Moosbach, Polling im Innkreis, Roßbach, St. Veit im Innkreise, Treubach und Weng im Innkreis.

(3) Zum Feuerwehrabschnitt Wildshut gehören folgende Gemeinden:

Eggelsberg, Franking, Geretsberg, Haigermoos, Hochburg-Ach, Moosdorf, Ostermiething, St. Pantaleon, St. Radegund und Tarsdorf.

§ 3

Feuerwehrbezirk Eferding

Der Feuerwehrbezirk Eferding bildet einen Feuerwehrabschnitt. Zu diesem Feuerwehrabschnitt gehören sämtliche Gemeinden des politischen Bezirkes Eferding.

§ 4

Feuerwehrbezirk Freistadt

(1) Der Feuerwehrbezirk Freistadt umfaßt die Feuerwehrabschnitte Freistadt-Nord, Freistadt-Süd, Pregarten und Unterweißenbach.

(2) Zum Feuerwehrabschnitt Freistadt-Nord gehören folgende Gemeinden:

Grünbach, Leopoldschlag, Rainbach im Mühlkreis, Sandl und Windhaag bei Freistadt.

(3) Zum Feuerwehrabschnitt Freistadt-Süd gehören folgende Gemeinden:

Die Feuerwehrabschnittsverordnung vom 8. August 1983.

kratische Weise organisiert. Jeder kann Mitglied werden, sofern das Feuerwehrkommando diesen Beitritt annimmt. Dann erst erfolgt die Eintragung der Neugründung in das offizielle Feuerwehrbuch. Die Organe der Freiwilligen Feuerwehren – also der Feuerwehrkommandant und das Feuerwehrkommando – werden in demokratischer Wahl von den Mitgliedern der Feuerwehr für eine Funktionsperiode von jeweils fünf Jahren gewählt. Das Feuerwehrkommando besteht aus dem Kommandanten, seinem Stellvertreter, den Zugskommandanten, dem Zeugwart, dem Schriftführer und dem Kassenführer. Zum Feuerwehrkommandanten kann freilich nur gewählt werden, wer die Kommandantenprüfung an der Feuerwehrschule erfolgreich abgelegt hat. Bei Pflichtfeuerwehren entscheidet über die Bestellung der Organe der jeweilige Bürgermeister der Gemeinde.

An der Spitze des oberösterreichischen Feuerwehrwesens steht schließlich der Oberösterreichische Landes-Feuerwehrverband. Der Landes-Feuerwehrkommandant wird – ebenfalls für eine fünfjährige Amtsperiode – vom Bezirks- und Abschnitts-Feuerwehrkommandantentag gewählt und muß von der Landesregierung bestätigt werden. Aufgabe des Oberösterreichischen Landes-Feuerwehrverbandes und seiner zahlreichen Organe ist es vor allem, die Schlagkraft der Feuerwehren bei gemeinsamen Einsätzen zu erhöhen, überregionale Brandeinsätze zu koordinieren und die Leiter von örtlichen Brandbekämpfungsaktionen dort zu unterstützen, wo mit regionalen Mitteln nicht mehr das Auslangen gefunden werden kann.

Demokratie bedeutet freilich nicht nur Rechte, sondern auch die Übernahme von Pflichten. Und so ist sich jeder Feuerwehrmann bewußt, daß ein verantwortungsvoller Umgang mit der Demokratie auch eine hierarchisch-funktionelle Gliederung umfaßt, vor allem aber eines: Leistungsbereitschaft und Disziplin.

Feuerwehr von innen

„Ich gelobe, meine freiwillig übernommenen Pflichten als Feuerwehrmann pünktlich und gewissenhaft zu erfüllen, meinen Vorgesetzten gehorsam und allen ein treuer Kamerad zu sein."

Mit dieser Eidesformel beginnt das Leben eines Feuerwehrmanns. Zunächst wird er freilich nur als Probefeuerwehrmann aufgenommen und muß sich in dieser Funktion bewähren, bis er als Feuerwehrmann erstmals eine Sternrosette aus Aluminium tragen darf. Sie ist das erste Dienstgradabzeichen in der langen und von zahlreichen Bewährungsproben begleiteten Karriere eines Feuerwehrmanns.

Das System der Dienstgradabzeichen ist jenem der Landesverteidigung verwandt. Die Sternrosetten zieren einen Spiegel auf dem Rockkragen, dem Uniformhemd, der Lederweste oder auch auf dem Schutzanzug. Kuraten haben außerdem ein lateinisches Kreuz aufgenäht, Feuerwehrärzte einen Äskulapstab und Feuerwehrkapellmeister eine Lyra.

Vom ersten Dienst in einer Löschgruppe bis zur Position des „Feuerwehrgenerals", nämlich als Landesbranddirektor und gleichzeitiger Landes-Feuerwehrkommandant, ist es allerdings ein weiter Weg. Er ist gepflastert mit Bewährungsproben, komplizierten Ausbildungsgängen und schwierigen Prüfungen.

Das Dienstgradsystem der oberösterreichischen Feuerwehren soll folgende Übersicht erläutern helfen:

1. Mannschaftsdienstgrade

Probefeuerwehrmann (PFm)
Feuerwehrmann (Fm)
Oberfeuerwehrmann (OFm)
Hauptfeuerwehrmann (HFm)

2. Chargendienstgrade

Löschmeister (Lm)
Oberlöschmeister (OLm)
Hauptlöschmeister (HLm)
Brandmeister (Bm)
Oberbrandmeister (OBm)
Hauptbrandmeister (HBm)

3. Offiziers-Dienstgrade

Brandinspektor (BI)
Oberbrandinspektor (OBI)
Hauptbrandinspektor (HBI)
Vize-Brandrat (VBR)
Brandrat (BR)
Oberbrandrat (OBR)
Vize-Landesbranddirektor (VLBD)
Landesbranddirektor (LBD)

Denjenigen, der die Kommandantenprüfung abgelegt hat, erkennt man am besten am gelben „Kommandantenknopf" am Aufschlag. Er hat einen Durchmesser von 13 mm und zeigt in erhabenem Druck das Kommandanten-Symbol – zwei gekreuzte und durch eine Masche verbundene Feuerwehrbeile sowie eine Brandfackel in der Mitte.

Die dienstgradmäßige Rangordnung innerhalb der Freiwilligen Feuerwehr variiert in Oberösterreich zwischen Steyr, Wels (wo der Kommandant den Dienstgrad Oberbrandrat führt) und dem übrigen Landesgebiet (wo der Kommandant Hauptbrandinspektor oder Vize-Brandrat ist). Die Berufsfeuerwehr in Linz hat ihr eigenes Dienstgradsystem. Gemeinsam ist allen jedoch, daß zum Aufrücken in eine höhere Dienstklasse die erfolgreiche Absolvierung eines Lehrgangs vonnöten ist: Um etwa vom Probefeuerwehrmann zum Feuerwehrmann aufzusteigen, ist eine vollständige Grundausbildung abzuschließen, die unter anderem die Fächer Gerätelehre, Dienstgrade, Arbeit in der Gruppe, Verhalten auf der Brandstelle, bei Unfällen und in Uniform beinhaltet. Das Vorrücken zum Hauptfeuerwehrmann bzw. Oberfeuerwehrmann ist ebenfalls an einen Prüfungsabschluß im Grundlehrgang oder einem gleichwertigen Lehrgang gebunden.

Wer die kleinste Einheit des Feuerwehrwesens – nämlich eine Löschgruppe – leiten will, muß sich diese Verantwortung durch den Besuch des Löschmeisterlehrgangs und eine anschließende Prüfung erst verdienen. Dasselbe gilt natürlich auch für den Kommandantenrang und die damit

Neue Dienstgrade seit 1985.
Links: Feuerwehrtechniker „B" (Voraussetzung HTL-Abschluß).
Rechts: Feuerwehrtechniker „A" (Voraussetzung Technisches Studium).

verbundenen Dienstgrade Brandinspektor, Oberbrandinspektor oder Hauptbrandinspektor, die sich ebenfalls nicht nur als Führungskräfte, sondern auch auf der „Schulbank" bewähren müssen.

Wer Feuerwehrkommandant oder Kommandant-Stellvertreter werden will, muß indessen keineswegs nur über die nötige Ausbildung verfügen, die freilich unbedingte Voraussetzung ist. Gefragt sind selbstverständlich auch hochgradige Führungsqualitäten. Und da diese wohl niemand besser beurteilen kann als die Feuerwehrmänner selbst, werden Kommandanten und deren Stellvertreter sowie auch die jeweiligen Abschnittskommandanten grundsätzlich durch Wahl bestimmt und nicht, wie alle anderen Dienstgrade, ernannt.

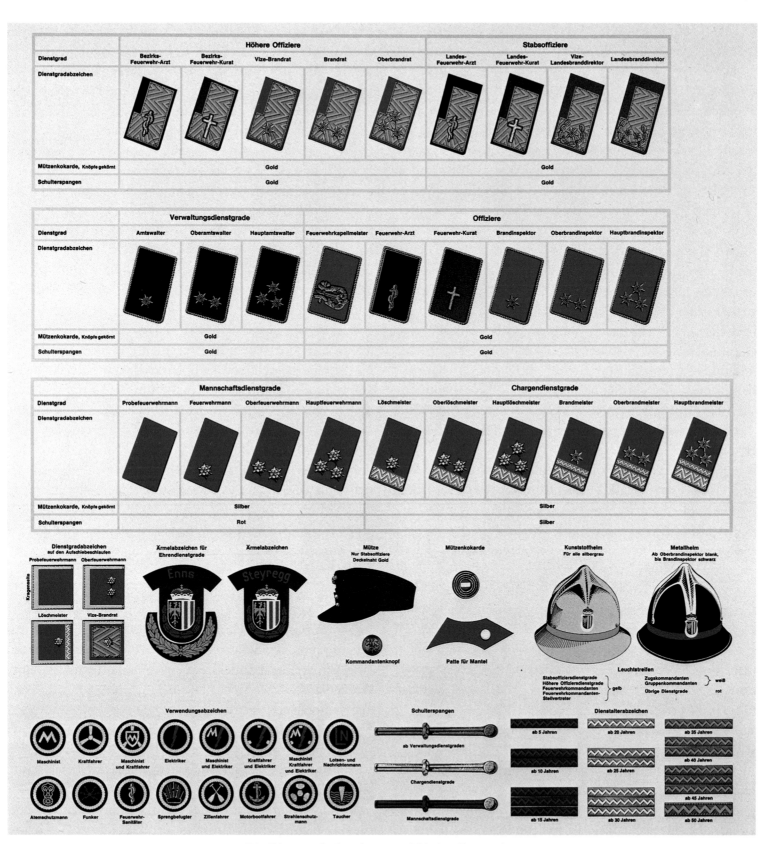

Die Dienstgrade der oberösterreichischen Feuerwehren.

135

Im Nervenzentrum der oberösterreichischen Feuerwehren

Das Frühjahr 1979 ließ sich wieder einmal von seiner schlechtesten Seite an. In der Zeit vom 30. März bis zum 1. April sorgte eine Schneedruckkatastrophe nicht nur für Schlagzeilen in den Zeitungen, sondern auch für hektisches Treiben auf den verstopften Straßen des Bundeslandes. Telefonleitungen brachen zusammen, der elektrische Strom fiel in einigen Regionen aus, Notstromaggregate mußten angezapft werden.

Daß diese schwierigen Verhältnisse dennoch rasch und vollständig bewältigt wurden, war vor allem einer Tatsache zu verdanken. Nach Beendigung der Räumungsarbeiten stellten Landeshauptmann Ratzenböck und die zuständigen Beamten der Landesregierung einhellig fest: „Es hat sich wieder einmal bewährt, daß wir den Katastrophenhilfsdienst beim Landes-Feuerwehrkommando eingerichtet haben." Nur so konnten die Notmaßnahmen von der Notstromversorgung bis zum Freischaufeln des Straßennetzes von insgesamt 6300 Feuerwehrmännern optimal bewältigt und koordiniert werden.

Dabei befand sich die Einsatzleitung damals noch im Zustand eines Provisoriums. Die Funkzentrale der oberösterreichischen Feuerwehren war in einem Winkel der Feuerwehrschule behelfsmäßig eingerichtet.

Zwei Jahre später erhielten die oberösterreichischen Feuerwehren dann endlich, was sie zur Durchführung ihrer wichtigen Aufgaben bei Katastropheneinsätzen benötigten: eine supermoderne Einsatzzentrale des oberösterreichischen Landes-Feuerwehrkommandos in der Petzoldstraße im Osten von Linz. Das viergeschossige Gebäude mit einem Grundriß von 38 × 15 Metern ist ebenso eindrucksvoll wie funktionell. Schließlich hat es ja auch allerhand wichtige Funktionen zu erfüllen:

Es dient als Zentralleitung des oberösterreichischen Landes-Katastrophenhilfsdienstes.

Von hier aus wird das Sprechfunknetz sämtlicher oberösterreichischer Feuerwehren zentral gesteuert.

Und schließlich ist es auch organisch in das Gesamtalarmkonzept des Bundesministeriums für Inneres eingebaut.

Das Herzstück des Landeskommandos ist daher die mit den Mitteln modernster Elektronik ausgestattete Nachrichtenzentrale. Dieses „Cockpit" der oberösterreichischen Feuerwehren ist rund um die Uhr besetzt. Wachsame Augen beobachten Tag und Nacht die überdimensionale Landkarte des Bundeslandes, wo Leuchtdioden die Belegung des Funknetzes anzeigen.

Im Einsatzfall wird ein genau geplantes Räderwerk in Betrieb gesetzt: Der Katastrophenabwehrstab tritt zusammen und fungiert auf einer Stabsebene, einer Befehlsebene und einer Ausführungsebene. Der Stab setzt sich aus Fachleuten mit bestimmten Aufgabenbereichen zusammen: Brandschutz, Bergung, Sanität, ABC-Dienst, Information und Presse. An der Spitze des Stabes steht – je nach Dimension des Einsatzes – der Bürgermeister, der Bezirkshauptmann oder der Landeshauptmann.

Solche Großeinsätze lassen sich freilich nur bewältigen, wenn auf die Technik Verlaß ist. Und das ist in der Nachrichtenzentrale in Linz wirklich der Fall: 90 Telephonanschlüsse, davon zehn Amtsleitungen, sorgen dafür, daß der Informationsfluß nicht abreißt. Den Kommandanten und den Offizieren vom Dienst steht sogar eine Schnellwahleinrichtung zur Verfügung. Wichtige Adressen wie das Amt der oberösterreichischen Landesregierung, die Linzer Berufsfeuerwehr und die Landesstelle des Roten Kreuzes sind auch ohne Amtsleitung jederzeit erreichbar. Und sollte einmal die Stromversorgung ausfallen, so steht für die gesamte Telephonanlage ein unterbrechungsloses Notstromaggregat zur Verfügung.

Auf dem neuesten Stand der Technik ist auch die Sprechfunkanlage mit ihren drei Relaisstationen in Kirchschlag, am Polsterer Kogel und am Gmundnerberg. Auf dem 2-m-Band mit Frequenzmodulation stehen 16 Kanäle zur Verfügung – eine allgemeine Landesfrequenz und 15 Bezirksfrequenzen. Auch die Feuerwehrsirenen sind im ganzen Land über Funk auf Knopfdruck auslösbar, und zwar wahlweise für sämtliche Sirenensignale. Auf einer speziellen Leuchttastatur steht S für Sirenenprobe, F für Feuerwehralarm, W für Zivilschutzwarnung, A für Zivilschutzalarm und E für Zivilschutzentwarnung.

Die EDV-Anlage der Linzer Zentrale kann sich sehen lassen. Sie hat 20 Millionen Bytes im direkten Zugriff mit dreifach abgesicherten Speicherinhalten. Auf fünf Sichtgeräten kann

In der Einsatzzentrale des oberösterreichischen Landes-Feuerwehrkommandos.

man sämtliche gespeicherten Statistiken abrufen. So lassen sich etwa alle Feuerwehrmitglieder jederzeit erfassen. Brandberichte sind ebenso gespeichert wie Reporte über technische Einsätze. Ein Knopfdruck genügt, und man hat sämtliche nötigen Hinweise über den Tranport von gefährlichen Gütern vor sich auf dem Bildschirm. Und außerdem erhält man die Alarmpläne der Gemeinden sowie der Feuerlösch- und Bergungsbereitschaften (FuB) auf Abruf. Schließlich ist das Computerzeitalter in der Nachrichtenzentrale auch in Form eines Einsatzleitrechners gegenwärtig, der eine automatische Alarmierung aller Feuerwehren ermöglicht.

Was aber nützt die modernste Einsatzzentrale, wenn diese selbst einmal durch unvorhergesehene Außeneinwirkungen in eine Katastrophe einbezogen würde, sei es durch radioaktive Strahlung oder durch Beeinträchtigung der Brand- und Trümmersicherheit? Für diesen „Fall der Fälle" dient der Schutzraum direkt unterhalb der Einsatzzentrale. Eine Drucktüre, die 3 bar widersteht, trennt ihn im Ernstfall von der Außenwelt. Die Türe ist 30 cm dick und wurde nach dem

Versetzen mit Stahlbeton ausgegossen, so daß sie 2000 kg wiegt. Und für die 70 cm starke Betonwand wurden nicht weniger als 60 Tonnen Betoneisen verbraucht.

Bevor man den Schutzraum betritt, muß man sich zuerst in einem eigenen Schleusenraum einer Reinigung unterziehen. Für den Fall, daß die Außenluft, etwa im Falle eines ABC-Alarms, verunreinigt ist, wird die in den Schutzraum eintretende Frischluft durch einen eigenen Sandfilter gereinigt. Ein Dieselstromaggregat mit einer Leistung von 40 kW sorgt dafür, daß auch im Ernstfall die Lichter nicht ausgehen. Der Schutzraum bietet 50 Personen Platz und eine autarke Überlebensgarantie von mindestens drei Wochen – so lange reichen nämlich die eingelagerten Lebensmittel. Von hier aus führen drei Fernschreibverbindungen sowie zehn Telephonanschlüsse an die Außenwelt – und somit zur Chance, auch in kritischsten Fällen einen Katastropheneinsatz doch noch mit Erfolg zu koordinieren. Denn das „Nervenzentrum" der oberösterreichischen Feuerwehren sollte wohl der letzte Platz sein, wo man im Ernstfall „die Nerven verliert".

Wo Brandmeister die Schulbank drücken

Seit 1971 ist Karl Salcher Landes-Feuerwehrkommandant von Oberösterreich. Als er diesen verantwortungsvollen Posten übernahm, hatte Salcher vor allem ein Ziel: die Ausbildung und die Schulkapazität soweit wie möglich zu verbessern.

Heute muß man sagen, daß dieser „Feuerwehrmann aus Berufung" sein Ziel erreicht hat. Karl Salcher, der schon seit 1945 mit dabei gewesen ist und sich in kürzester Zeit an die Spitze des oberösterreichischen Feuerwehrwesens emporgearbeitet hat, weiß, warum er gerade diesen Aspekt des Feuerwehrlebens so forciert hat: „Mit Technik und Taktik", meint er, „gelingt es am besten, auch jüngere Menschen zu inspirieren, daß sie persönliche Leistungen auf hoher ideeller Basis erbringen."

Der zweite Grund, den Ausbildungsstand der Feuerwehren auf ein immer höheres Niveau zu bringen, liegt auf der Hand: Allein in der Feuerwehrtechnik hat sich in den letzten 20 Jahren mehr geändert als in den 100 Jahren zuvor. Eine zweite Maxime Karl Salchers lautet: Qualität geht vor Quantität.

Qualitativ hochwertiges Gerät nützt jedoch nur, wenn jedermann es perfekt zu beherrschen weiß. Und daß dies der Fall ist, beweist eine simple Zahl: Waren es 1971, als Karl Salcher sein Amt antrat, noch 1712 Feuerwehrmänner, welche die insgesamt 50 angebotenen Lehrgänge besuchten, so waren es 1983 über 7000 Mann, die sich in insgesamt 95 Lehrgängen darüber auf dem Laufenden halten ließen, was „Feuerwehr heute" bedeutet.

Zentrum dieser Ausbildungsoffensive im oberösterreichischen Feuerwehrwesen ist die 1929 eröffnete oberösterreichische Landes-Feuerwehrschule. Sie ist in ihren Grundfesten bis heute die gleiche geblieben, wenn auch Anbauten und Adaptierungen dafür sorgten, daß die Schule mit den ständig wachsenden Anforderungen an das Feuerwehrwesen Schritt halten konnte. Wie sehr sich diese Anforderungen in den vergangenen Jahren und Jahrzehnten geändert haben, beweist am besten der Vergleich der Stundenpläne zwischen einst und heute.

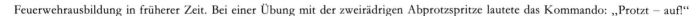

Feuerwehrausbildung in früherer Zeit. Bei einer Übung mit der zweirädrigen Abprotzspritze lautete das Kommando: „Protzt – auf!"

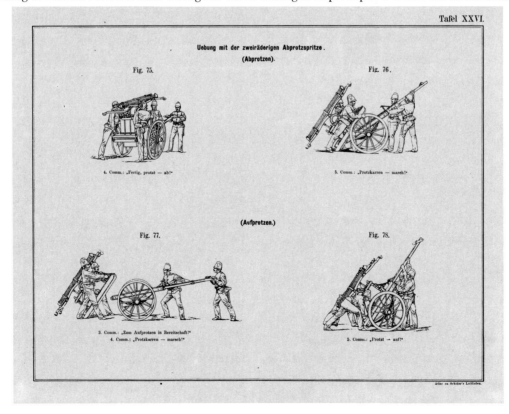

Übersicht über den Wehrführerkurs des Jahres 1929:

	Montag	Dienstag	Mittwoch	Donnerstag
7—8	Einleitung, Begrüßung, Ausgabe der Gebrauchsgegenstände für den Kurs	Fußexerzieren und Ordnungsübungen	Fußexerzieren und Ordnungsübungen	Fußexerzieren und Gelenksübungen
8—9	Fußexerzieren	Die Grundlagen des Bauwesens, das Verhalten der Baustoffe im Feuer	Über die Gefahr des elektrischen Stromes	Grundlagen der Wasserversorgung
9—11	Die schriftlichen Arbeiten im Feuerwehrdienste		Der Brandangriff: 1. Vorbereitung, 1. Taktik, 3. Technik.	Die Feuerverhütung und Feuerbeschau
3—5	Organisation des Feuerlöschwesens in OÖ., die rechtlichen Grundlagen der Feuerwehren und ihrer Führer	Gerätelehre, 1. Teil, (Personalausrüstung)	Leinendienst 1. Teil	Gerätelehre 2. Teil, Schläuche, große und kleine Löschgeräte, Leitern
5—6	Praktische Übungen an den Hakenleitern	Praktische Übungen an den Hakenleitern	Die Organisation der Rettungsabteilungen und erste Hilfeleistung	Zusammenfassung des Lehrstoffes, weitere Vorträge nach Wunsch der Kursteilnehmer
6—7	Praktische Übungen an den tragbaren Schiebeleitern	Praktische Übungen an den tragbaren Schiebeleitern		

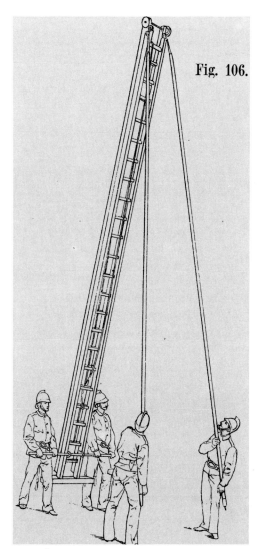

Fig. 106.

Historische Übungsanleitung für die tragbare Schiebeleiter.

	9—10	10—12		2—6		
Montag	Laufübungen, Schwebebaum, Freiübungen	Die Gefahren des elektrischen Stromes		Die Motorspritze, ihre Behandlung und ihre Verwendungsmöglichkeit		
	7—8	8—9	9—11	1—3		3—5
Dienstag	Marsch- und Gelenksübungen	Schlauchmaterial Verbindungsstücke Schlauchreparatur	Die Brandursachen und ihre Erforschung	Schlauchreibungsverlust		Erste Hilfeleistung
Mittwoch	Hakenleiter in Verbindung mit Schlauchdienst		Spritzen- und Hydrantendienst	Schlauchlegen		Die physikalischen und chemischen Grundlagen des Feuerlöschdienstes
Donnerstag	Tragbare Schiebeleiter, Auf- und Abseilen von Geräten, Selbstrettung	Organisation des Löschwesens in Ob.-Öst. — 2. Teil (Versicherungen)	Die Feuerwehr bei Elementarereignissen	Freies Thema nach Wunsch der Kurszöglinge	Übung	Prüfung

139

Und so sieht zum Vergleich ein Veranstaltungsplan für den Gruppenkommandantenlehrgang anno 1984 aus:

Montag

bis   8.00 Uhr Aufnahme, Einweisung

  8.15– 8.45 Uhr Formalexerzieren

  9.00–10.20 Uhr Bekleidungsvorschrift

10.30–12.00 Uhr Der Brandvorgang

12.00–13.00 Uhr Mittagspause

13.00–17.05 Uhr Die Löschgruppe mit allen Angriffsarten und Wasserentnahmestellen

Dienstag:

  7.30– 8.00 Uhr Grundlage des Atemschutzes

  8.10– 9.00 Uhr Der leichte Atemschutz

  9.15–10.05 Uhr Die Preßluftgeräte

10.10–11.00 Uhr Kleinlöschgeräte, allgemein

11.10–12.00 Uhr Aufgaben des Gruppenkommandanten

12.00–13.00 Uhr Mittagspause

13.00–17.30 Uhr Stationsbetrieb:

        A) Strahlrohrführung, Arten d. Strahlrohre

        B) Handfeuerlöscher

        C) Rettungsleinen, Knoten, Abseilübungen

        D) Rettungsgeräte

        E) Abseilgeräte

        F) Leitern

        G) Atemschutz (je 20 Minuten)

        H) Formalexerzieren

Mittwoch

  7.30– 9.30 Uhr Moderne Löschgeräte (Schaum, Hochdruck, Niederdruck, Trockenlöschpulver)

  9.45–12.00 Uhr Gefährliche Stoffe, Gefahren-Nr., Stoff-Nr., Erkennen der Gefahren

12.00–13.00 Uhr Mittagspause

13.00–17.05 Uhr Bekämpfen von Ölbränden mit Handfeuerlöschern und modernen Löschmitteln bzw. Geräten

Donnerstag

  7.30–11.20 Uhr Taktik mit Planspielen

11.30–12.00 Uhr Formalexerzieren

12.00–13.00 Uhr Mittagspause

13.00–17.05 Uhr Angriffsübungen (trocken) im Brandhaus

Freitag

  7.30– 8.45 Uhr Prüfung

  9.00–12.00 Uhr Angriffsübungen im Brandhaus mit Lösch- und Rettungsübungen

12.00–13.00 Uhr Mittagspause

13.00–14.00 Uhr Gerätereinigung

14.00 Uhr   Lehrgangsende

So wird heute generalstabsmäßig geübt: Eine Skizze für einen Übungseinsatz im Bereich der Pötschenpaß-Straße. Übungsannahme: Tankwagenunfall.

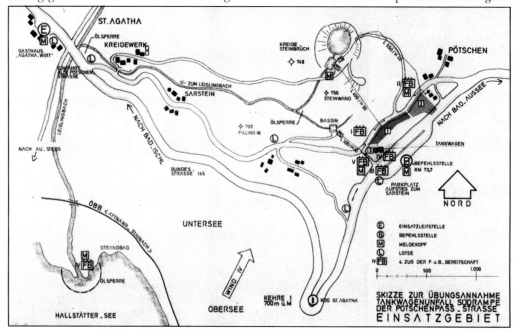

Ausbildungskräfte an der Oö. Landes-Feuerwehrschule (von links nach rechts):
1. Reihe (vorne): BI Johann Stritzinger (Hausmeister), HBI Ludwig Priesner
(FF St. Peter/Wbg.), Lm Otto Wolfsteiner (LFS-Werkstätte), Lm Johann Aumayr (LFS), BR Josef Rammer (LFK), OLm Franz Affenzeller (LFS-Verwal-
tung), OBI Hubert Schaumberger (Ausbildung).
2. Reihe: Lm Johann Buchmayr (LFK), OBI Josef Soller (Brandverhütung), VBR
Franz Kraushofer (Ausbildung), VBR Helmut Hanousek (FF Gallneukirchen),
E-HBI Johann Stockbauer (BtF ESG), BI Franz Aubrunner (LFS-Löscherwerk-
stätte), VBR Hermann Althuber (LFS-Verwalter).

3. Reihe: OBm Helmut Baireder (LFS-Werkstätte), HAW Ferdinand Roßpick-
hofer (FF Langenstein), OBI Alfred Wöß (BtF ÖBB-Hauptwerkstätte), OBR
Ing. Friedrich Ofner (Leiter der Feuerwehrschule), OFm Friedrich Reifenmüller
(LFS-Küche), BR Karl Mitterlehner (FF Mauthausen), HBI Ing. Siegfried
Hörschläger (KHD).
4. Reihe: HFm Alois Ennikl (LFK), OBI Josef Brandl (LFS-Atemschutzwerk-
stätte), HBI Horst Schedlmaier (FF Hofkirchen/Trattnach), OBI Ernst Slabschi
(FF Kirchberg-Thening), HFm Robert Sumedinger (LFS), OFm Hermann
Kofler (LFS-Sekretariat), Bm Manfred Fellner (KHD).

Der „Universalfeuerwehrmann" von einst weicht in zunehmendem Maße dem Feuerwehrspezialisten von heute. Das
heißt zwar nicht, daß es ohne universelle Grundausbildung
geht. Die hochgesteckten Anforderungen der modernen
Feuerwehrtechnik erfordern jedoch auch gezielte Fachaus-
bildung, wie sie in den Vorträgen, praktischen Übungen und
Exkursionen der oberösterreichischen Landes-Feuerwehrschule vermittelt wird.

Da gibt es etwa die Ausbildung im Bergungs- und Rettungsdienst, im Atemschutzdienst, an Sonderlöschgeräten oder
für Kraftfahrer. Da lassen sich ambitionierte Feuerwehrleute
jedoch auch als Rettungsschwimmer, Taucher, Zillenfahrer,
Schiffsführer oder Sprengbefugte ausbilden. Daneben werden Sanitäts- und Katastrophenschutzlehrgänge angeboten
oder ein Speziallehrgang für Strahlenschutz.

Selbstverständlich läßt sich ein so fortschrittliches und
modernes Ausbildungswesen nicht ganz ohne innere Probleme abwickeln. Die größte Sorge der Ausbilder ist dabei
die zur Verfügung stehende Zeit. Da die Freizeit der im

Berufsleben stehenden Feuerwehrleute meist knapp bemes-
sen ist, muß die Ausbildung zwangsläufig so kurz wie
möglich dauern und dennoch ein Maximum an technischer
Information vermitteln.

In Linz hat man dieses Problem dadurch gelöst, daß – mit
Ausnahme der Grundlehrgänge – alle Ausbildungskurse mit
einem Internatsbetrieb gekoppelt sind. Die Teilnehmer
werden in der Feuerwehrschule gratis untergebracht und
erhalten zudem freie Verpflegung. Die Fahrtspesen werden
vergütet und Dienstbekleidung wird zur Verfügung gestellt.
Dennoch erweist sich gerade daran, wie viele Feuerwehrleute
die Lehrgänge besuchen, der Idealismus, der für die oberösterreichischen Feuerwehrmänner so charakteristisch ist:
Der Verdienstentgang kann nämlich keineswegs vergütet
werden. Und die Lehrgänge dauern gewöhnlich drei bis fünf
Tage. Die Feuerwehrmänner müssen daher einige Urlaubsta-
ge im Jahr opfern, um sich an der ältesten Feuerwehrschule
Österreichs mit den modernsten Entwicklungen der Feuerwehrtechnik vertraut zu machen.

Bewährungsprobe im Wettkampf

Es war ein glühendheißer Freitag im Juli des Jahres 1984. Am Sportplatz der Hauptschule II in Schwanenstadt marschierte die Feuerwehrmusikkapelle Trattenbach auf und sorgte für Hochstimmung. Es galt, eine ebenso festliche wie spannende Veranstaltung zu eröffnen: den 22. oberösterreichischen Landes-Feuerwehrleistungswettbewerb und den 9. Jugend-Feuerwehrleistungswettbewerb. Einige tausend Feuerwehrmänner aus ganz Österreich sorgten dafür, daß auch dieses Jahr wieder der Teilnehmerrekord vom Vorjahr überboten wurde. Dabei waren die Voraussetzungen für diesen Wettbewerb nicht gerade günstig. In der Nacht zuvor hatten in Oberösterreich schwere Unwetter getobt, was für viele Feuerwehren eine arbeitsreiche Nacht bedeutet hatte. Das hinderte allerdings die Mitglieder nicht daran, am nächsten Morgen wieder tatendurstig und korrekt adjustiert bei den sportlichen Wettkämpfen mit dabei zu sein.

Wettkämpfe wie dieser zählen Jahr für Jahr zu den Höhepunkten des Feuerwehrlebens. Mit Löschangriffen und Staffelläufen zeigen die Feuerwehrmänner ihren hohen Ausbildungsstand, wenn es darum geht, die begehrten Leistungsabzeichen in Bronze, Silber und Gold zu erringen. In Oberösterreich werden solche Feuerwehrleistungsbewerbe schon seit 1951 regelmäßig durchgeführt. Und nicht ohne Stolz weisen die Oberösterreicher darauf hin, daß sich die Beteiligung am Wettbewerbswesen stetig entwickelt hat. 1951 wurden nur 108 Feuerwehrleistungsabzeichen in Bronze vergeben und noch keines in Silber oder in Gold. (Während Bronze und Silber für Gruppen vorgesehen ist, muß man sich das Feuerwehrleistungsabzeichen in Gold in schwierigen Einzelkämpfen erfechten.)

Die Ausbeute des Jahres 1983 zeigt deutlich, welchen Stellenwert die Wettbewerbe mittlerweile erlangt haben: Neu erworben wurden 211 Feuerwehrleistungsabzeichen in Gold, 2095 in Silber und 2164 in Bronze.

Besonderer Beliebtheit erfreuen sich auch die Wettkämpfe der Zillenbesatzungen um das Wasserwehrleistungsabzeichen sowie jene um das Funkleistungsabzeichen. Der sogenannte „nasse Löschgruppenbewerb" erwies sich dabei als besonders wertvoller Beitrag zur Schlagkraft der Feuerwehren. Das ständige Training der Bewerbsgruppen bringt

Bei den Feuerwehrleistungsbewerben stellen die Feuerwehrmänner ihr hohes Können in sportlicher Form immer wieder unter Beweis. Der Höhepunkt jedes Bewerbs ist die feierliche Überreichung der Feuerwehrleistungsabzeichen.

Die klassischen Wettkämpfe von Löschangriffen bis zu Staffelläufen stehen auch bei der sogenannten „Feuerwehrolympiade" 1985 im Mittelpunkt des Geschehens.

es mit sich, daß auch die Gerätschaft den Anforderungen des Einsatzes gerecht sein muß. Und der Wille zu siegen führt – mehr noch als die strengste Inspektion – dazu, daß Armaturen, Schläuche und Tragkraftspritzen ständig funktionstüchtig und einsatzbereit sind.

Nichts ist schließlich ein größerer Ansporn für weitere Leistungen, als wenn der Landeshauptmann – wie es in Schwanenstadt der Fall war – stolz über „seine" Feuerwehren sagen kann: „Oberösterreich ist eine echte Feuerwehrgroßmacht."

Feuerwehrolympiade in Vöcklabruck

Zwischen dem 15. und 21. Juli 1985 blickt die internationale Welt der Feuerwehren nach Vöcklabruck. Die Bezirkshauptstadt im oberösterreichischen Hausruckviertel ist nämlich zum Austragungsort der VIII. Internationalen Feuerwehrwettkämpfe und des V. Internationalen Wettkampfs der Jugendfeuerwehren bestimmt worden. Neben dieser „Feuerwehrolympiade", zu der 2000 Feuerwehrmänner aus aller Welt erwartet werden, findet auch noch das XV. Internationale Symposium des „Internationalen Komitees für vorbeugenden Brandschutz und Feuerlöschwesen" (CTIF) statt. Es dient dem internationalen Gedankenaustausch zu Problemen des Brand- und Katastrophenschutzes.

Neben anderer Prominenz wird auch der CTIF-Vorsitzende R. Dollinger aus Frankreich erwartet.

Daß die Vorbereitungen in Vöcklabruck schon seit langer Zeit auf Hochtouren laufen, versteht sich von selbst. Man darf annehmen, daß die fünfzehn österreichischen Wettkampfgruppen dank ihres intensiven gemeinsamen Trainings alles andere als eine leichte Zeit hinter sich haben. Fünf Wettbewerbsdisziplinen stehen auf dem Programm: der 100-m-Hindernislauf mit einem C-Stahlrohr der schwierige Aufstieg mit der Hakenleiter, der Feuerwehrhindernislauf über 4 × 100 m, der Löschangriff, der Zweikampf.

Alle Wettkampfgruppen treten bei diesen Bewerben in ihrer nationalen Feuerwehrausrüstung an, das heißt im Branddienstanzug mit Feuerwehrhelm, Hakengurt, hohen Schuhen und Stiefeln. Jedes teilnehmende Land darf zu den Wettkämpfen Kampfgruppen von jeweils 10 Mann entsenden.

Bei aller patriotischen Gesinnung und dem Willen, möglichst viele Siege für Österreich davonzutragen, steht aber dennoch eine Idee im Mittelpunkt: den völkerverbindenden Feuerwehrgedanken und die Kameradschaft unter Feuerwehrleuten hochzuhalten. Vor den Augen von Tausenden interessierten Zuschauern wird damit wieder einmal unter Beweis gestellt: Der Feuerwehrdienst ist nicht zuletzt auch ein Dienst am Frieden in dieser Welt.

Eine Feuerwehr ist so gut wie ihre Ausrüstung

7. August 1984. Es ist 16.55 Uhr. Bei Hauptbrandinspektor Atteneder, dem Feuerwehrkommandanten von Gutau, läutet das Telefon. Die Sirene wird ausgelöst. Und nur vier Minuten nach dem Alarm – um 16.59 Uhr – verläßt das Tanklöschfahrzeug (TLF 2000) das Feuerwehrhaus. Um 17.04 trifft das TLF am Einsatzort, einem brennenden Bauernhof der Umgebung, ein. Mit dem HD-Rohr wird versucht, das Wohngebäude zu schützen. Tiere und Geräte im Wert von 200.000 S können gerettet werden. Aufgrund des Alarms trifft nur wenige Minuten später das Kleinlöschfahrzeug (KLF) der FF Gutau ein. Mittels Funk hatte es bereits während der Anfahrt den Befehl erhalten, eine Zubringleitung vom Löschteich zum Brandobjekt aufzubauen. Der Brand erweist sich als hartnäckiger als erwartet. Die Feuerwehren von Erdmannsdorf und Prandegg kommen zum Brandplatz. Als starker Nordwind aufkommt und mit ihm die Befürchtung, der Brand könne sich noch weiter ausbreiten, wird über Funk die FF Kefermarkt herbeigerufen, die nur wenige Minuten nach der Anforderung mit dem TLF 2000 zur Stelle ist. Jetzt wird ein Außenangriff mit HD-Rohren und C-Rohren durchgeführt. Um 17.33 Uhr atmet HBI Atteneder auf: „Brand aus, aufräumen", lautet sein Kommando. In den oberösterreichischen Feuerwehr-Mitteilungen „brennpunkt" ist über diesen Einsatz später zu lesen: Von den vier Feuerwehren mit 70 Männern konnten Millionenwerte gerettet werden. Ein „Bilderbucheinsatz".

Doch was würde der aufopferndste Einsatzwille nützen, stünde den Feuerwehren nicht auch entsprechend modernes Gerät zur Verfügung? Dank jahrzehntelanger Aufbauarbeit nach dem Zweiten Weltkrieg ist es um die Ausrüstung der oberösterreichischen Feuerwehren heute bestens bestellt. Dies wohl auch deshalb, weil Landesbranddirektor Karl Salcher nicht nur Vizepräsident des Bundesfeuerwehrverbandes, sondern in diesem auch Vorsitzender des Sachgebietes Einsatzfahrzeuge ist. Karl Salcher, der es sich auch, als er bereits Bezirkskommandant war, nicht nehmen ließ, selbst einen Lkw zu lenken, blickt jedenfalls nicht ohne Stolz auf den umfangreichen Brandschutzfahrpark „seiner" Feuerwehren. Im Mittelpunkt stehen die Tanklöschfahrzeuge der Steyr-Daimler-Puch AG (TLF), die mit einer Besatzung von

drei oder sieben Mann ausrücken können, eine Motorleistung von 132 bis 195 PS aufweisen und für eine optimale Pumpenleistung sorgen. Der Löschwassertank umfaßt zwischen 2000 und 4000 Liter, die kombinierte Hoch- und Normaldruckpumpe schafft 400 l/min bei 40 bar bzw. 2000 l/min bei 10 bar.

Während die Löschfahrzeuge (LF), wie schon der Name sagt, vorwiegend bei Bränden eingesetzt werden, dienen die Rüstfahrzeuge (RF) für technische Einsätze. Je nach Einsatzbestimmung sind sie mit Bergeausrüstung, hydraulischem Rettungssatz, Greifzug, Handseil- und Kurbelwinde ausgestattet. Einige verfügen auch über Notstromaggregate, Scheinwerfer und Elektro-Handwerkszeug wie Bohrmaschinen oder Trennschleifer.

Eine Kombination von Löschfahrzeug und Rüstfahrzeug ist das sogenannte Rüstlöschfahrzeug (RLF), ein noch relativ junger Typus von Einsatzfahrzeug. Seine hinteren Laderäume sind mit einer Löschausrüstung ausgestattet, die andere Hälfte verfügt über eine Rüstausstattung.

Der Fahrpark der oberösterreichischen Feuerwehren entspricht in seiner Vielschichtigkeit den unterschiedlichen Bedürfnissen, denen er gerecht zu werden hat. So gibt es neben den erwähnten Fahrzeugtypen natürlich auch Öleinsatzfahrzeuge, Atemschutzfahrzeuge, Kranfahrzeuge, schwere Rüstfahrzeuge und die noch in Entwicklung befindlichen „Gefährliche-Stoffe-Fahrzeuge". Zur selbstverständlichen Ausrüstung der Feuerwehren gehören natürlich auch die Zillen, Motorboote und Schlauchboote für den Einsatz zu Wasser.

Die Aufzählung und Beschreibung der Feuerwehrfahrzeuge alleine würde ein Buch füllen. Was jedes Fahrzeug „können" muß, ist exakt in den Baurichtlinien festgelegt, die auch eine Grundausstattung bzw. eine erweiterte technische Ausrüstung vorsehen. Zur Brandschutzausrüstung zählen etwa die vorne oder hinten am LF eingebauten Feuerlöschpumpen und Tragkraftspritzen. Während der letzten zwanzig Jahre hat sich auch die Ausrüstung der Löschfahrzeuge mit Leitern entscheidend verbessert. Tragbare und fahrbare Leitern zählen ja zum wichtigsten Arbeitsgerät der Feuerwehren. Neben der guten alten Hakenleiter, die ja bereits in früheren Jahrhunderten verwendet wurde, ist es heutzutage vor allem die dreiteilige Schiebeleiter, die bei Bränden in bis zu vier

Links oben und unten: Übung auf der Atemschutzstrecke des Feuerwehrkommandos. *Rechts:* Schlauchrettung in Braunau.

Feuerwehrtechnologie von heute: Die Linzer Feuerwehr im Großeinsatz beim Ringbrotwerke-Brand.

Stockwerke hohen Gebäuden eingesetzt wird. In eingeschobenem Zustand mißt sie nur 6,5 m, kann jedoch bis zu 14 m ausgezogen werden. Reicht auch das nicht, so muß man sich einer Drehleiter bedienen. Sie gelangt bis in eine Höhe von 30 m und ist somit auch für den Einsatz bei den gefürchteten Hochhausbränden verwendbar. Zur Standardausrüstung der Feuerwehr gehört schließlich auch noch das Sprungtuch bzw. Sprungpolster, das man gefahrlos jedoch nur bis zu einer Sprunghöhe von etwa 12 m einsetzen kann. Für größere Entfernungen benötigt man eine Art Spezialluftkissen mit einem Grundriß von ca. 40 m².

Rettung in der Not kann jedoch nur wirkungsvoll sein, wenn auch die Retter selbst genügend geschützt sind. Neben einer ausreichenden Hitzeschutzausrüstung ist dabei vor allem der Atemschutz von entscheidender Bedeutung. Die Brandgase sind nämlich stark mit schädlichen Substanzen, sogenannten „Atemgiften" belastet. Und waren es 1970 nur 23 Prozent der Brandeinsätze, die den Einsatz von Atemschutzgeräten erforderten, so bedarf heutzutage praktisch jeder Innenangriff der Verwendung von Atemschutzgeräten.

Man unterscheidet dabei leichte und schwere Atemschutzgeräte. Die leichten filtern lediglich Umgebungsluft, der schwere Atemschutz ist von der Luft unabhängig und arbeitet mit Sauerstoffatmern, Preßluftatmern, Schlauchgeräten und Sauerstoff-Kreislaufgeräten.

Seit 1969 ist es in Oberösterreich üblich, Feuerwehren, die zwei schwere Atemschutzgeräte aus Eigenmitteln anschaffen können, vom Landes-Feuerwehrkommando ein drittes umsonst zur Verfügung zu stellen, was einer indirekten Subvention von immerhin 33,3 Prozent entspricht. Fragen des Atemschutzes sind jedenfalls in Oberösterreich immer wichtiger geworden. Zählte man 1967 noch 728 schwere und 4657 leichte Atemschutzgeräte, so waren es 1985 bereits 4010 leichte und 3018 schwere Atemschutzgeräte, deren korrekte Handhabung in der oberösterreichischen Landes-Feuerwehrschule auch in eigenen Atemschutzlehrgängen vermittelt wird. Beim Neubau des Landes-Feuerwehrkommandos wurde eine eigene Atemschutzübungsstrecke eröffnet, die im Kellergeschoß über eine Kommandozentrale, einen Schlaghammer, eine Endlosleiter, Lauf- und Kriechstrecken, ein Laufband-Ergometer sowie eine Tanübungsstrecke verfügt. Die Leistungen der Lehrgangsteilnehmer werden vom Kommando aus in jeder Phase beobachtet und aufgezeichnet. Eine Anzahl komplizierter Sicherheitseinrichtungen gewährleistet einen reibungslosen Übungsbetrieb. Und die übenden Feuerwehrmänner können ihre Belastungsfähigkeit umfassend überprüfen.

Überprüft werden müssen freilich auch die Atemschutzgeräte selbst. Dazu dient die Atemschutzwerkstätte in Linz, die in jährlich etwa 2750 Arbeitsstunden (das sind 68 Arbeitswochen) die Geräte auf ihre Tauglichkeit für den Einsatz überprüft bzw. repariert.

Neben dem Atemschutz ist bei Feuerwehreinsätzen auch noch der Körperschutz von Bedeutung, und zwar nicht nur jener gegen die Flammen, sondern auch gegen die schädliche Einwirkung von Chemikalien, die zu Ätzungen und anderen Einwirkungen auf die Haut führen können. Ähnlich wie bei den Atemschutzgeräten unterscheidet man „leichte" und „schwere" Schutzkleidung, auch „Teilschutz"- und „Vollschutzkleidung" genannt. Die Teilschutzkleidung bietet Schutz gegen radioaktiven Staub, Hitzestrahlung und brennendes Öl. Der schwere Schutzanzug widersteht allen Giftgasen, Dämpfen, Säuren und Laugen, nicht aber Flammen und Hitzeentwicklung. Es gibt jedoch auch einen Spezial-Vollschutzanzug, der nichts anderes ist als ein mit einem entsprechenden Hitzeschutz versehener Gasanzug.

Ein Kapitel über die Ausrüstung der oberösterreichischen Feuerwehren wäre jedoch nicht vollständig, würde man nicht auch kurz auf deren Dienstkleidung eingehen. Das sind jene Uniformen, an denen schon jedes Kind von weitem einen Feuerwehrmann erkennt. Das typische Dunkelrotbraun findet sich im Rock aus Loden, in der Mütze aus Tuch oder Kammgarn, aus denen auch der Mantel gewebt ist. Der Regenmantel hingegen ist grau und reicht bis ungefähr 3 cm über das Knie. Grau ist auch das Uniformhemd mit den beiden Schulterklappen, neben dem es auch noch ein blaugraues und ein weißes Hemd gibt. Die lange Hose der Feuerwehruniform ist aus schwarzem Loden gefertigt, die Keilhose aus mittelgrauem Kammgarncord. Daneben gibt es auch noch die feuerwehrspezifische Lederbekleidung sowie die Schutzanzüge aus olivgrünem Segelleinen. Als Feuerwehrhelm hat sich nach einer langen abwechslungsreichen (und mitunter recht farbenfrohen) Geschichte der Helm aus Leichtmetall oder Kunststoff durchgesetzt. Er ist mit einer sechszackigen Helmspinne geziert, die beim Leichtmetall-helm vernickelt ist. Der Leichtmetallhelm ist für Stabs-offiziere und höhere Offiziersdienstgrade blank, für alle übrigen Dienstgrade schwarz. Den Dienstgrad erkennt man auch am Leuchtstreifen oberhalb der Helmkerbe. Stabs- und höhere Offiziersdienstgrade tragen ihn gelb, Zugs- und Gruppenkommandanten weiß, alle übrigen Dienstgrade rot.

Die Hochdruck-Nebelpistole

Sie dient für wassersparende Löschangriffe und ist her-vorragend geeignet für Schnellangriffe bei Abgabe von kurzen Wasserstößen. Kein Wunder also, daß bereits 95 Prozent der oberösterreichischen Feuerwehren mit diesem System ausgerüstet sind. Das sogenannte Hoch-druck-Nebel-Löschverfahren wurde in den fünfziger Jahren von der Linzer Firma Rosenbauer entwickelt. Es war dadurch erstmals möglich, die Löschtechnik entscheidend zu verbessern. Durch Löschwasserzer-stäubung wurde ein Kühleffekt erreicht. Der Wasser-dampf bewirkt einen Stickeffekt. Und der Wasserver-brauch konnte drastisch gesenkt werden, was kleiner und leichter handhabbare Schläuche ermöglichte.

Im Krisenfall bestens bewährt: Das Stützpunktkonzept

„Wir brauchen praktikable Lösungsmöglichkeiten für tech-nische Einsätze." Das ist das Credo von Oberösterreichs Landesbranddirektor Karl Salcher. Um die jederzeitige Einsatzbereitschaft im Katastrophenfall zu gewährleisten, baute er mit seinen Mitarbeitern das gleich nach 1955 begonne-ne „Stützpunktkonzept" der oberösterreichischen Feuerweh-ren aus. Es geht davon aus, daß aus Kostengründen nicht jede Feuerwehr des Landes mit allem ausgestattet sein kann, was die Feuerwehrtechnik heutzutage anbietet. Viele Feuer-wehren verfügen zwar über eine zufriedenstellende Grund-ausstattung, können jedoch bestimmter technischer Proble-me nicht Herr werden. Da es aber undenkbar ist, jede der 945 oberösterreichischen Feuerwehren zu einer „technischen Truppe" aufzurüsten, ist man dazu übergegangen, das gesamte Landesgebiet strukturkonform mit einem System technischer Stützpunkte zu überziehen. Was immer passieren mag, ein technischer Hilfstrupp ist in möglichst unmittelba-rer Nähe ständig einsatzbereit. Dies ist umso bedeutender, als der Landes-Feuerwehrverband – wie schon erwähnt – verpflichtet ist, als Katastrophenhilfsdienst des Landes alle Maßnahmen zur Abwehr von Personen- und Sachschäden vorzubereiten und durchzuführen.

Der historisch gesehen älteste Sonderdienst im Rahmen des Landes-Katastrophenhilfsdienstes ist ohne Zweifel jener der *Wasserstützpunkte*. Sie sind das Produkt einer Entwicklung, die schon um die Jahrhundertwende mit den sogenannten „Wasserwehren" eingesetzt hatte. In den Jahren 1954 und 1956 wurde dann der Donauraum wieder von verheerenden Hochwasserkatastrophen heimgesucht, was der Anlaß war, das bisherige System von Grund auf neu zu überdenken. Heute kann man nicht ohne Stolz behaupten, daß es gelungen ist, alle hochwassergefährdeten Flußläufe und Bachbette in das Stützpunktkonzept miteinzubeziehen. Für den Einsatz zu Wasser sind die oberösterreichischen Feuer-wehren mit 123 Ruderzillen, 8 Schlauchbooten, 59 Motorzil-len, 9 Motorschlauchbooten, 36 A-Booten und 3 K-Booten bestens ausgerüstet.

Besonderes Augenmerk kommt jedoch auch den Unterwas-ser-Einsätzen des *Taucherdienstes* zu. Er wird längst nicht

Wasserwehren einst... Ein Welser Wasserwehrtrupp um die Jahrhundertwende.

mehr nur bei Wasserunfällen, sondern immer häufiger auch bei Verkehrsunfällen in Gewässernähe eingesetzt. Mehrere hundert Taucher wurden seit 1958 in der oberösterreichischen Landes-Feuerwehrschule ausgebildet. Heute sind an den insgesamt sechs Taucherstützpunkten des Landes 158 Feuerwehrtaucher im Einsatz. Sie treffen sich einmal pro Jahr zum „Taucherlager" – das letzte fand am Attersee statt – und bringen ihre Ausbildung bei Übungen und Probeeinsätzen stets auf den letzten Stand. Wer der Weiterbildung im Taucherlager mehr als zwei Jahre unentschuldigt fernbleibt, wird aus dem Aktivstand ausgeschieden.

Die Ausrüstung der Taucher besteht aus Tauchgeräten mit 10-l-Flaschen, Rettungswesten, Atemluftkompressoren sowie Trocken- und Naßtauchanzügen. Die trockenen Anzüge sind dabei durchaus mit Vollschutzanzügen vergleichbar, da sie für einen Vollkörperschutz sorgen. Dies ist leider notwendig geworden, da manche Gewässer bereits einen derartigen Verschmutzungsgrad aufweisen, daß man darin nicht mehr ohne die Gefahr schwerwiegender Hautschädigungen tauchen könnte.

1984 wurden für den Unterwassereinsatz eine Reihe hypermoderner Geräte vom oberösterreichischen Landes-Feuerwehrverband angeschafft. So verfügt der Tauchstützpunkt 5 bei der FF Wels nun über eine Unterwasser-Fernsehanlage. Sie dringt in Tiefen bis zu 200 m vor und ermöglicht das Auffinden von Objekten, an die ein Taucher aufgrund des zu hohen Risikos nicht herankäme. Daneben wurde auch noch ein Metallsuchgerät, die sogenannte „Förster-Sonde", angeschafft, das die Suche nach metallischen Gegenständen – etwa einem gesunkenen Pkw – wesentlich erleichtert. Damit der erfolgreichen Suche auch ein ebenso erfolgreiches Finden folgt, entschloß man sich auch zum Ankauf einer speziellen Bergungseinrichtung, die parallel zum Druckkörper der TV-Kamera geführt wird, damit der zu bergende Gegenstand und die Greifwerkzeuge im Blickwinkel der Fernsehkamera liegen. Alle Neuanschaffungen können bequem auf einem einzigen A-Boot untergebracht werden, womit die oberösterreichischen Feuerwehren jetzt mit Bergeerfolgen rechnen können, die bis vor gar nicht langer Zeit noch undenkbar waren.

Wasserwehren heute: Eine Wasserwehrübung der Gegenwart in Ottensheim.

Die Taucherstützpunkte in Oberösterreich haben sich bestens bewährt. *Oben:* Tauchereinsatz in Bad Mühllacken.
Links unten: Pkw-Bergung in St. Peter am Wimberg. *Rechts unten:* Tauchereinsatz bei Eferding.

Die Bergung vor allem von Kraftfahrzeugen macht den Feuerwehren jedoch keineswegs nur unter Wasser Kopfzerbrechen. Immer wieder ist es notwendig, Fahrbahnen von verunglückten Fahrzeugen freizumachen, wozu selbstverständlich viele Spezialausrüstungsgegenstände unbedingt erforderlich sind. Auch hier hat sich das System der Stützpunktfeuerwehren bestens bewährt. 1977 wurde ein eigenes *Stützpunktprogramm für Kraftfahrzeuge* geplant, das bereits 1981 verwirklicht war. Je ein Kranführer steht jetzt für drei Verwaltungsbezirke zur Verfügung, insgesamt also sechs in Oberösterreich. Darüber hinaus sind im Landesgebiet über 80 weitere technische Stützpunkte für Bergungseinsätze bestens ausgerüstet und garantieren ebenso schnelle wie wirkungsvolle Einsätze.

Ihre Funktion als eine Art „Umweltpolizei" erfüllt die oberösterreichische Feuerwehr vor allem, wenn es darum geht, die Umwelt von sogenannten „gefährlichen Stoffen" reinzuhalten. Dieser Sonderdienst ist noch relativ jung, mittlerweile aber bereits einer der wichtigsten im weiten Aufgabenbereich der Feuerwehren. Begonnen hatte es mit den Ölunfällen, die mit den ersten Tanklastwagen auf unseren Autobahnen ins Land kamen. Die Einsätze im Zusammenhang mit Öltankunfällen steigen von Jahr zu Jahr und werden mit Hilfe von 26 *Ölstützpunkten* wirkungsvoll durchgeführt. Jeder Verwaltungsbezirk verfügt mittlerweile über mindestens ein Öleinsatzfahrzeug. Beim Landes-Katastrophenhilfsdienst ist seit 1974 ein Mineralölanhänger für Flüssigkeiten der Gefahrenklasse I stationiert, der eine Aufnahmekapazität von 17.000 l aufweist. Wichtig ist auch, daß alle Öleinsatzfahrzeuge bei Bedarf zusammengezogen werden können, um eine größere Katastrophe bewältigen zu können. Außerdem verfügen die oberösterreichischen Feuerwehren über fast 6000 Säcke Ölbindemittel sowie über 3 km Ölsperren. Ein Sonderprogramm zur Reinhaltung der Donau von Ölrückständen haben die oberösterreichischen Feuerwehren 1975 gestartet. Wenn es um die Gewässergüte der Donau in Oberösterreich heute wieder etwas besser bestellt ist, so ist dies vor allem dem Einsatz der Feuerwehrleute zu verdanken, die von den Einsatzbooten aus mit Hilfe von Auffangbehältern, Ölschlängelleitungen, Absauggerä-

Wasserwehrübung in Wallsee-Mitterkirchen am 20. August 1983.

Hubschrauberübung auf der Larnstalleralm bei Micheldorf am 13. Juli 1983.

ten und Öl-Wasser-Trennungsgeräten ihren umweltschützerischen Aufgaben nachkommen.

Eine weitere Gefahr für unsere Umwelt ist die zunehmende radioaktive Strahlung. Mit modernen Strahlenspürgeräten sorgen 11 Strahlenmeßtrupps dafür, daß jede Strahlungsquelle sofort aufgespürt werden kann. Natürlich bleibt es nicht beim Aufspüren allein. In zahllosen Informationsvorträgen und Lehrgängen haben sich oberösterreichische Feuerwehrleute auch damit vertraut gemacht, wie man radioaktive Strahlung wirkungsvoll abwehrt.

Die dritte Gruppe der „gefährlichen Stoffe" bilden die Gase, Säuren und Laugen, die auf den beiden Haupttransportwegen Schiene und Straße immer wieder für schwere Umweltschäden sorgen würden, wenn man sie nicht erfolgreich bekämpfen könnte. Ein Dutzend *Stützpunkte mit Vollschutzanzügen* macht diese Bekämpfung möglich, ohne daß die Feuerwehrmänner mit bleibenden Schäden für die eigene Gesundheit rechnen müssen. Beim Landes-Katastrophenhilfsdienst steht für derartige Einsätze auch eine Säureumfüllpumpe zur Verfügung.

Dies sind freilich nur einige der oberösterreichischen Feuerwehrstützpunkte. Nach demselben Konzept organisiert sind etwa auch der Sprengdienst, die Stützpunktfeuerwehren an den Tunnelportalen der ÖBB-Strecken sowie an den Pipelines und Lagerstätten von Erdöl und Erdgas. Auch der Organisationsplan des *Feuerwehr-Sanitätsdienstes* beruht auf diesem System. Dieser Sonderdienst besteht bereits seit 1897. Seine Aufgabe ist die Erste Hilfe am Einsatzort sowie bei der Bergung Verletzter. In fast allen oberösterreichischen Bezirken besteht ein Netz von Feuerwehrärzten, die die Ausbildung zum Feuerwehrsanitäter gewährleisten.

Das Stützpunktsystem hat sich freilich nicht nur bei den technischen Einsätzen, sondern auch bei der Brandbekämpfung und -verhütung bewährt. Die Waldbrände der Jahre 1976 und 1977 waren der Anlaß für ein eigenes Stützpunktkonzept zur Waldbrandbekämpfung, für dessen Durchführung den oberösterreichischen Feuerwehren neben flugtauglichen Löschwasserbehältern und Flugfunkgeräten auch Hubschrauber und Flächenflugzeuge des Bundesministeriums für Landesverteidigung jederzeit zur Verfügung stehen.

Mehr der Brandverhütung als der Brandbekämpfung dienen

Feuerwehren bekämpfen einen Waldbrand bei Ebensee.

die neun oberösterreichischen *Heuwehrstützpunkte,* die für die Bekämpfung von übermäßiger Heustockerhitzung bereitstehen. Ihre Aufgabe ist es, die Heustocktemperaturen auf ein normales Maß abzusenken und damit zu verhindern, daß sich das Heu selbst entzündet. Einer klassischen Brandursache in der Landwirtschaft wurde damit erfolgreich der Kampf angesagt. Seit Bestehen der Heuwehren konnten 214 Einsätze zahlreiche Katastrophen verhindern, ohne daß erst der Löschzug ausrücken mußte. Voraussetzung für diesen Erfolg ist freilich, daß der Landwirt die Temperatur seines Heustocks regelmäßig kontrolliert.

Ein Sonderdienst, der sich besonders bewährt hat, sind schließlich die *Feuerlösch- und Bergungsbereitschaften (FuB),* die zur überörtlichen Hilfeleistung bestimmt sind. Bei Katastrophen und Spezialeinsätzen aller Art können sie als Zusammenschluß von Mannschaften, Fahrzeugen und Geräten mit besonderer Schlagkraft unter einem einheitlichen Kommando agieren. Eine FuB-Bereitschaft setzt sich aus dem Bereitschaftskommando, einem Kommandozug mit Feuerwehr-Sanitätsdienst, Sprengdienst, Strahlenschutz, Taucherdienst und Versorgungsgruppe, mindestens drei FuB-Zügen sowie einem technischen Zug mit Öleinsatzfahrzeug zusammen. Im Bedarfsfall kann der FuB-Bereitschaft auch ein Versorgungszug oder ein FuB-Zug für den Wasserdienst zugeordnet werden.

In jährlichen Übungen stellen gerade diese FuB-Bereitschaften immer wieder unter Beweis, worauf es beim Feuerwehrdienst ankommt: daß jeder einzelne an seinem Platz seine Pflicht tut und daß man nur durch Kooperationsbereitschaft Erfolge erzielen kann.

Pünktlich wie die Feuerwehr – das Nachrichtenwesen

Mitternacht in Garsten. Eine aufgeregte Stimme am Telefon – Notruf 122. „Im Sägewerk brennt's." Es ist 00.01 Uhr. Bei der FF Garsten behält Hauptbrandinspektor Klaus Schmidbauer einen kühlen Kopf. Er weiß: Es muß schnell gehen, aber es darf kein Fehler passieren. In der Linzer Kommandozentrale blinkt bereits die Leuchtdiode. Die Erkundung am Brandplatz ergibt: Verstärkung anfordern. Die Freiwilligen Feuerwehren von Steyr, Sand, St. Ulrich, Aschach, Schwamming, Saaß und Mitteregg werden alarmiert. Mit insgesamt 21 Einsatzfahrzeugen rasen sie zum Brandplatz. Als die letzte der herbeigerufenen Feuerwehren dort eintrifft, ist es exakt 00.30 Uhr, genau 29 Minuten nach dem ersten telefonischen Alarm. Um 2.00 Uhr bereits ist der Großbrand unter Kontrolle: Erfolg einer gelungenen Zusammenarbeit. Vor allem aber der Erfolg eines bestens funktionierenden Nachrichtenwesens.

Vize-Landesbranddirektor Nadler überreicht die Auszeichnungen bei einem Funkleistungsbewerb.

Wenn man vom Feuerwehrfunk spricht, so versteht man darunter zwei Arten:
der sogenannte „Sprechfunkverkehr", durch den Nachrichten übermittelt und Befehle erteilt werden;
die Funkauslösung durch die Feuerwehrsirenen, das wohl wichtigste Warn- und Alarmmittel der oberösterreichischen Feuerwehren.

Was uns heute selbstverständlich scheint – nämlich die Einsatzbereitschaft der Feuerwehr im Minutentakt –, ist vor allem durch die ständige Perfektionierung des Funksystems erreicht worden. Wenn wir in der Feuerwehrgeschichte nur etwas mehr als zwei Jahrzehnte zurückblicken, so stoßen wir auf ein historisches Datum: 1962 wurde die Feuerwehr in Oberösterreich zum letzten Mal durch Kirchenglocken und Opas gute alte Signalhörner alarmiert.

Seither hat sich viel geändert. Am deutlichsten läßt sich dies, wie so oft im Feuerwehrwesen, an der Statistik des Gerätebestandes ablesen. Ende 1967 verfügten die oberösterreichischen Feuerwehren über einen Bestand von 123 Funksprechgeräten. 1979 war es bereits die zwölffache Anzahl, nämlich 1555 Geräte. Und 1983 waren insgesamt 2433 Stück in Betrieb, und zwar 85 Funkfixstationen, 1366 Fahrzeugstationen und 982 Handfunkgeräte. Dazu kommen noch 1063 Funkgeräte im 11-m-Band.

Die beiden Systeme des Feuerwehrfunks arbeiten aus Sicherheitsgründen mit getrennten Frequenzen. Für den Sprechfunk stehen drei unbemannte Relaisstationen in Kirchschlag, am Gmundner Berg und am Polsterer Kogel zur Verfügung. Das Warn- und Alarmsystem wird über neun Relaisstationen im 2-m-Band und über zwei Umsetzer im 70-cm-Band betrieben. Das Warn- und Alarmsystem verfügt über 1264 Sirenen im ganzen Landesgebiet, von denen etwa zwei Drittel bereits an die Zentrale in Linz angeschlossen sind. Das restliche Drittel, das bis dato aus baulichen und organisatorischen Gründen noch nicht zentral alarmiert werden kann, wird jedoch ebenfalls bald vom Landes-Feuerwehrkommando aus betätigt werden können. Wie gut das System funktioniert, beweisen die weit über 800 Alarmierungen, die seit seiner Inbetriebnahme im Jahre 1979 bereits durchgeführt worden sind. Dabei dauert eine Einzelalarmierung inklusive Sprachdurchsage nur die Minimalzeit von 30 Sekunden.

Der perfekteste Feuerwehrfunk ist jedoch unvollkommen, wenn es nicht gelingt, den Ausbildungsstand den modernen Geräten ständig anzupassen. Jährlich finden daher an der Landes-Feuerwehrschule fünf Funklehrgänge statt, in denen pro Jahr etwa 300 Feuerwehrfunker ausgebildet werden. Wie hoch der Ausbildungsstand ist, zeigt sich immer wieder, wenn es bei den Bewerben um das Feuerwehr-Funkleistungsabzeichen darum geht, daß nicht nur perfekt und einsatzmäßig gefunkt wird, sondern daß auch die Theorie „sitzt".

Feuerwehrmusik und Gemeinschaftsleben

Die Freiwilligen Feuerwehren in Oberösterreich sind mehr als ein Helfer in der Not. Sie gehören zum sozialen Gefüge dieses Bundeslandes, wo sie auch eine wichtige kommunikative Funktion erfüllen; man denke nur an die zahlreichen von den Feuerwehren durchgeführten Veranstaltungen wie Bälle, Kirtage und Wiesenfeste, deren Reinerlös dann wieder der Anschaffung von modernem Gerät zugute kommt. Feuerwehr – das bedeutet immer auch Geselligkeit, Kameradschaft, Zusammenhalten. Das gilt nicht nur für Brand- und Katastropheneinsätze, sondern etwa auch für die elf Feuerwehrmusikkapellen des Landes, die durch ihr hohes musikalisches Können begeistern. Ihr Auftritt bildet den Höhepunkt so mancher Festlichkeit, vor allem, wenn es darum geht, die Sieger von Feuerwehrleistungswettbewerben zu ehren. Die meisten dieser Feuerwehrmusikkapellen blicken bereits auf eine lange Tradition zurück. Die Kapelle der FF Windhaag bei Freistadt etwa wurde bereits 1860 gegründet und ist damit sogar noch älter als der ehrwürdige oberösterreichische Feuerwehrverband.

Die soziale Funktion der Feuerwehren äußert sich jedoch nicht nur in ihrem Beitrag zum Gemeinschaftsleben, sondern auch durch eine betonte Hilfsbereitschaft, wenn es darum geht, Mitmenschen zu helfen, die in Not geraten sind. Für Feuerwehrkameraden, denen dies aufgrund von Schicksalsschlägen, Unfall oder Krankheit passiert ist, stellt der „Hilfssäckel der Feuerwehren Oberösterreichs" jährlich weit über 200.000 Schilling zur Verfügung. Etwa derselbe Betrag wird jährlich für Rentenzuschüsse und einmalige Unterstützungen an die Hinterbliebenen jener Feuerwehrmänner

Aus einer traditionsreichen Vergangenheit haben die oberösterreichischen Feuerwehren vieles in die Gegenwart herübergerettet. *Oben:* Fahnenweihe. *Mitte:* Fahrzeugsegnung. *Unten:* Historische Uniform bei einem Feuerwehrfest.

Wenn die Feuerwehrmusi spielt...

Die Feuerwehren haben neben ihren angestammten Aufgaben auch eine unbestreitbare soziale und gesellige Funktion. Und da zur Geselligkeit stets auch die Musik gehört, haben Feuerwehrmusikkapellen in Oberösterreich eine besonders lange Tradition. Die älteste davon, die Feuerwehrmusik Windhaag bei Freistadt *(Bild links unten)*, wurde bereits 1860 gegründet. Der Ursprung der Feuerwehrmusik liegt ja auch im Dienstlichen. Schließlich war es in Zeiten mangelhaften Nachrichtenwesens nötig, sich auf den Feuerwehrhornisten und dessen Signale zu verlassen. Aus dieser Signalfunktion erwuchsen dann bald andere: Feuerwehrmusikkapellen spielen heute auf Feuerwehrfesten, zum Abschluß von Feuerwehrleistungsbewerben, auf Bällen, bei Ehrungen. Und oft genug wird die Feuerwehrmusik auch „ausgeliehen" – für Hochzeiten, Politikerempfänge und andere Festivitäten. Schließlich hat die Feuerwehrmusik auch die traurige Pflicht, verstorbenen Kameraden ein musikalisches letztes Geleit zu geben.

Ein typisches Beispiel für das Entstehen einer Feuerwehrmusikkapelle ist jenes der Kapelle von Langwies bei Ebensee *(Bild links oben)*. Ihre Geburtsstunde schlug am 7. Oktober 1922, als der Oberlehrer Karl Rauch beschloß, aus einem bereits bestehenden Bläserquartett eine veritable Musikkapelle zu machen. Er erzählte dem damaligen Wehrführer Josef Steinkogler von seinem Plan. Und da es in Langwies bereits eine besonders tüchtige Freiwillige Feuerwehr gab, kam man überein, ihr auch eine besonders wohlklingende Musikkapelle anzuschließen. 19 Männer fanden sich bereit. Der Großteil mußte das jeweilige Instrument erst mühsam erlernen. Der Stabführer Josef „Staberl" Leidl, einst k. u. k. Fischmeister, ließ seine guten Beziehungen zur Aristokratie spielen, die den Langwiesern schmucke Uniformen bescherten.

Weitere oberösterreichische Feuerwehrmusikkapellen finden sich in Feldkirchen, St. Agatha, Voitsdorf, Eberschwang, Helfenberg, Oberkappel, Rainbach, Trattenbach und Gramastetten.

vergeben, die im Dienst tödlich verunglückten. Und im SOS-Kinderdorf Altmünster wohnt eine Kinderdorffamilie, für die von den oberösterreichischen Feuerwehren regelmäßig gesammelt wird. Der Name des Hauses, dem die Spenden zugute kommen, liegt wohl auf der Hand: Es ist das „Haus St. Florian."

Die Feuerwehrzukunft heißt Feuerwehrjugend

Die oberösterreichischen Feuerwehren von morgen machten eine Reise in die Vergangenheit. 60 oberösterreichische Jungfeuerwehrleute aus 16 Bezirken waren aufgebrochen, um an einem Ferienlager teilzunehmen. Das Feuerwehrjugendlager im italienischen San Michele war jedoch kein Lager wie alle anderen: nicht Spiel, Freizeitspaß und Sport standen hier auf der Tagesordnung, sondern harte Arbeit. Arbeit, die gleichzeitig Aufarbeitung altösterreichischer Vergangenheit war.

Innerhalb von vierzehn Tagen renovierten die jungen Oberösterreicher 483 Gräber des Soldatenfriedhofs von San Michele/Tagliamento, wo im Ersten Weltkrieg zahllose Soldaten der k. u. k. Armee fielen und damals recht würdelos bestattet wurden. Seither ist der Friedhof noch weiter in Vergessenheit geraten; bis die Jungfeuerwehr-„männer" (die Burschen sind zwischen 12 und 16 Jahre alt) mit ihren Spaten und Scheibtruhen anrückten, die Gräberfelder überarbeiteten, die Grabsteine säuberten und versetzten oder unleserlich gewordene Namenstafeln neu gravierten. Erst nach getaner Arbeit durften die Buben dann ihren natürlichen Spieltrieb ausleben: Dann stand Baden, Fußballspielen und Unterhaltung auf dem Programm.

Jugendlager wie diese gibt es für die oberösterreichische Feuerwehrjugend bereits seit 1974. Sie sollen vor allem der Völkerverständigung und der Aussöhnung mit einer allzu kriegerischen Vergangenheit dienen. Die Jugendlager, die von über 1000 Jungfeuerwehrmännern gemeinsam mit der Organisation „Schwarzes Kreuz" veranstaltet wurden, fanden bisher in Duino-Aurisina, Prosecco, Levico und zuletzt in San Michele statt. „Den jungen Leuten soll bewußt werden, welches Unrecht in vergangenen Zeiten geschehen ist", meinte dazu die Mitinitiatorin Laura Navarro, eine

Generalswitwe aus Ebensee. „Vielleicht hilft diese Aktion, einander die Hände zu reichen, um die Narben der Geschichte zu überdecken."

Frau Navarro scheint recht gehabt zu haben. Denn die jungen Leute, die bereits 1974 mit dabei waren, fuhren auch später immer wieder nach Italien, um Bekannte, die sie bei der Kriegsgräberfürsorge kennengelernt hatten, zu besuchen. Und die italienischen Freunde sind wiederum gern gesehene Gäste in Oberösterreich.

Warum, könnte man fragen, macht sich jedoch ausgerechnet die Feuerwehrjugend so verdient um die Kriegsgräberpflege? Die Antwort darauf kann leicht gegeben werden: weil es gerade in dieser Nachwuchsorganisation gelungen ist, das Bedürfnis der jungen Menschen nach positiven Idealen in die richtigen Bahnen zu lenken. Mit einer solchen Feuerwehrjugend braucht einem um den Nachwuchs bei Oberösterreichs Feuerwehren nicht bange zu sein.

In erster Linie verfolgen diese Jugendgruppen freilich den Zweck, Buben im Alter zwischen 12 und 16 Jahren auf den späteren Dienst in der Feuerwehr geistig und körperlich vorzubereiten. Sie werden in den verschiedensten Disziplinen fundiert theoretisch und praktisch ausgebildet. Und sie dürfen beim Einsatz im Ernstfall auch leichte Hilfsdienste, etwa Botengänge, übernehmen, die gleichwohl zum Gelingen eines Einsatzes oft von Bedeutung sind. In zahlreichen Jugendwettbewerben können die jungen Leute dann ihr Wissen und Können immer wieder aufs neue unter Beweis stellen. Dafür werden eigene Leistungs- und Wissenstest-Abzeichen vergeben. Der Weg vom Feuerwehrjugendlichen zum Feuerwehrmann führt über drei sogenannte „Erprobungen". Sie finden nach Abschluß jedes Mitgliedsjahres statt und äußern sich auch auf der Uniform der Feuerwehrjugend. Nach jeder Erprobung erhalten die jungen Leute einen „roten Streifen" auf dem Uniformhemd. Wer drei rote

Feuerwehrjugend heute. *Links:* Landesbranddirektor Karl Salcher gratuliert dem Sieger eines Landesjugendwettbewerbs.
Rechts: Ein Feuerwehr-Jugendlager in Eggenberg.

160

Oben: Auf einem Mühlviertler Jugendlager wird ein Zielspritzen geübt. *Unten:* Auf einem Jugendlager in Bad Goisern überreicht Landes-Feuerwehrinspektor Karl Irrsiegler Auszeichnungen an erfolgreiche Jung-Feuerwehrmänner.

Feuerwehr und Schwarzes Kreuz

Was hat die Feuerwehr mit dem Schwarzen Kreuz zu tun? – Diese Frage wird häufig gestellt, wenn es um die Zusammenarbeit zwischen den beiden Organisationen geht, die speziell auf dem Sektor der Feuerwehrjugend besonders viele Früchte getragen hat. Und in der Tat gibt es ja auch eine Reihe von Gemeinsamkeiten. Geht es doch da und dort darum, friedlichen und humanitären Zielsetzungen zum Durchbruch zu verhelfen.

Dennoch ist es nicht in allen Landesteilen Österreichs so, daß Feuerwehr und Schwarzes Kreuz in enger Partnerschaft miteinander stehen, und daß die Feuerwehrjugend mit wahrem Feuereifer Kriegerfriedhöfe renoviert.

Doch war gerade in diesem Jahrhundert die Welt ein besonderer Brandherd. Und in den Protokollen der Feuerwehren liest man von Tausenden Feuerwehrmännern, die im Krieg mit dem Leben bezahlen mußten. Bei den Feiern des Schwarzen Kreuzes erklingt genauso wie bei vielen Andachtsstunden der Feuerwehren das Lied vom „Guten Kameraden".

Schon nach dem Ersten Weltkrieg appellierte der Brigadepfarrer Franz S. Sandberger an Oberösterreichs Jugend: „Es ist an euch, Grab und Denkmal zu pflegen, sie vor dem Verfall und Vergessenwerden zu bewahren, Kränze und Blumen als Zeichen der Treue und Dankbarkeit niederzulegen."

Die oberösterreichische Feuerwehrjugend hat diese Gedanken aufgenommen und in diesem Geist zusammen mit dem Schwarzen Kreuz die verfallenen Kriegerfriedhöfe von Aurisina, Proseco, Levico und S. Michele renoviert.

Hinter diesen Bemühungen steckt viel Arbeit und Einsatzbereitschaft, für die sowohl den Funktionären der Feuerwehr als auch jenen des Schwarzen Kreuzes Dank gebührt. Schließlich sind Kriegerdenkmäler ja auch Kulturdenkmäler, stumme Zeugen einer mit Blut geschriebenen Geschichte. Und es steht zu hoffen, daß diese kulturelle Tätigkeit die Unkultur des Krieges ein für allemal vergessen macht.

Streifen besitzt, für den ist der Weg vom Jungfeuerwehrmann zum Feuerwehrmann nicht mehr weit.

Die oberösterreichischen Feuerwehren haben jedenfalls allen Grund, auf ihren Nachwuchs stolz zu sein, der nicht zuletzt dafür sorgt, daß die Feuerwehren des Bundeslandes auch im Ausland ein besonders gutes Image haben. Eine Delegation der „Corpo dei Vigili del Fuoco Volontari" aus Levico, wo unsere Jungfeuerwehrmänner einen Soldatenfriedhof renoviert hatten, schrieb nach einem Gegenbesuch bei der oberösterreichischen Landes-Feuerwehrschule an das Landesfeuerwehrkommando: „Die Feuerwehrleute von Levico Terme wünschen sich, daß in naher Zukunft, hoffentlich schon in allernächster Zeit, neuerlich Begegnungen stattfinden werden, sei es ihrerseits in Levico oder unsererseits in Linz . . ."

Ein großer Tag im Leben eines Feuerwehrmannes

Feuerwehrmitglied zu sein ist Ehrensache. Umso schöner ist es daher, wenn ein Feuerwehrmann für besondere Verdienste von der Gemeinschaft, in der er lebt und wirkt, geehrt wird. Die Auszeichnung von Feuerwehrmännern durch das Land, den Bezirk oder den Magistrat zählt daher zu den Höhepunkten im Leben eines Feuerwehrmannes.

Die begehrteste Auszeichnung ist dabei wohl das Oberösterreichische Feuerwehr-Verdienstkreuz. Es wird vom Land Oberösterreich in drei Stufen – Bronze, Silber und Gold – verliehen. Die Verleihung basiert auf dem Leistungsprinzip. Geehrt werden persönlicher Mut, Einsatz im Dienste der Allgemeinheit, hervorragende taktische Führung und Verdienste zur Steigerung der Schlagkraft der Feuerwehren. Das goldene Feuerwehr-Verdienstkreuz wird vor allem dann verliehen, wenn eine Leistung unter Einsatz des eigenen Lebens erbracht wurde, oder wenn eine Brandbekämpfung von einem ungewöhnlich großen und außerordentlichen Erfolg begleitet war.

Darüber hinaus vergibt das Land Oberösterreich auch sogenannte „Feuerwehr-Dienstmedaillen" für langjährige Mitgliedschaft sowie die oberösterreichische „Erinnerungsmedaille für Katastropheneinsätze".

Eigene Ehrenzeichen werden auch auf Bezirksebene verliehen, wobei die Vergabe jedoch von Bezirk zu Bezirk

unterschiedlich ist. Während die meisten Bezirke Verdienstmedaillen in Bronze, Silber und Gold vergeben, verfügt der
Bezirk „Urfahr-Umgebung" aufgrund seiner speziellen Tradition über eine Florianimedaille und eine Florianiplakette.
Im Bezirk Perg gibt es gar keine Verdienstmedaillen.
Besondere Auszeichnungen verleihen auch die Magistrate
von Linz, Wels und Steyr. Die Kriterien für die Auszeichnung beziehen sich dabei entweder auf besondere Leistungen
oder auf langjährige Mitgliedschaft.

Feuerwehr von morgen

„Oberösterreich ist zu einer der schlagkräftigsten Feuerwehren in unserer Republik aufgerückt." Das konnte Landes-
feuerwehrkommandant Karl Salcher schon 1983 voll Stolz
als Resümee seiner bisherigen Amtszeit in der Feuerwehr-
Zeitschrift „brennpunkt" feststellen. Das bedeutet freilich
nicht, daß sich die Feuerwehren des Landes Oberösterreich
auf ihren Lorbeeren ausruhen können. Es ist – vor allem im
legislativen Bereich – noch viel zu tun. Nur so kann
verhindert werden, daß die Feuerwehren von morgen nach
Gesetzen von gestern arbeiten müssen. „Das Kind Feuerwehr", stand daher auch im „brennpunkt" zu lesen, „hat sich
seit 1945 zu einem kräftigen Manne entwickelt; der ihm im
Jahre 1951 umgehängte Rock ist ihm schon längst zu eng
geworden!"
Die Zukunft der oberösterreichischen Feuerwehren wird
daher nicht nur im Zeichen weiterer Strukturverbesserungen
(etwa einem weiteren Ausbau des Stützpunktsystems sowie
dem verstärkten Einsatz der noch in Entwicklung befindlichen Gefährliche-Stoffe-Fahrzeuge) stehen müssen, sondern
auch ein Neuüberdenken der Gesetzeslage mit sich bringen.
Als nächstes soll etwa die Novellierung der Brandbekämp-
fungsverordnung in Angriff genommen werden, die Min-

deststärke und Mindestausrüstung der Feuerwehren in den
oberösterreichischen Gemeinden regeln und den heutigen
Erfordernissen anpassen soll.
Bei aller Zukunftsorientiertheit werden die Feuerwehren
dieses Bundeslandes jedoch auch niemals ihre reiche, historisch gewachsene Tradition vergessen. Eine Tradition, die
sich immer auch dann ausdrückt, wenn es bei der Feuerwehr
etwas zum Feiern gibt: wie zum Beispiel bei einem Nachmittag des oberösterreichischen Stelzhamerbundes, der unter
dem Motto „Die Feuerwehr – unser Helfer" stand. Dort
wurde unter anderem folgendes Gedicht von Leopold Wandl
vorgetragen, das in poetischer Form beweist, worum es bei
den Feuerwehren Oberösterreichs geht:

A Lob da Feiwehr

Wann s' d'Feiwehrá áh hánsln tánd,
ih sag, daß s' Idealisten sánd
und ham s' áh oiwei recht án Durscht,
geht's neamt nix an, des is ganz Wurscht.
Stellts eng de Hitz vür, wann's wo brinnt,
da ham s' eah 's Tringá scho' verdient.

Häuslanzünder gibt's hiazt gnua,
drum geht's bán Löschn dráwi zua.
Spritzt d'Feiwehr z'vü, hoaßt's des is schlecht
und spritzn s' z'weng, is 's áh net recht.
Es kimmt drauf an, des oa is g'wiß,
wia hoch oaná versichert is.

Ih schau má s' oft an nah dá Reih,
kernige Burschn sánd dabei,
eah Motto hoaßt: „Allzeit bereit,
im Dienst für Nächstnguat und Leit!"
Wann garneamt sünst in Hümmi kimmt –
á Feiwehrá dápackt's bestimmt.

EINSATZGESCHEHEN
1982–1984

Vergleicht man die Feuerwehreinsätze der letzten drei Jahre in Oberösterreich, so bekommt man folgendes Bild:

Brandeinsätze:

	1982	1983	1984
Einsätze gesamt	3.971	5.005	4.648
Anlässe (=Brände)	2.835	3.396	3.460
eingesetzte Männer	47.508	56.047	52.090
geleistete Arbeitsstunden	89.297	148.818	106.878
gefahrene Kilometer	54.653	71.922	60.148

Katastrophen- und technische Einsätze:

	1982	1983	1984
Einsätze gesamt	15.894	18.642	15.930
Anlässe (=techn. Hilfeleistungen)	15.262	18.318	15.594
eingesetzte Männer	65.895	65.268	63.065
geleistete Arbeitsstunden	181.323	161.009	158.196
gefahrene Kilometer	169.948	198.179	150.219

Die oberösterreichischen Feuerwehren leisteten im genannten Zeitraum von drei Jahren insgesamt 64.090 Einsätze, sie verwendeten dafür 845.521 Gesamtarbeitsstunden. 349.873 Männer waren dabei eingesetzt. Das bedeutet, daß durchschnittlich 319 Mann Tag für Tag, Sonn- und Feiertage eingeschlossen, in Oberösterreich im Einsatz waren!

Es wurden aber nicht nur Brände gelöscht und technische Hilfeleistungen durchgeführt. Viele Werte konnten bei diesen Einsätzen gerettet werden:

Bei Brandeinsätzen:

	1982	1983	1984
Menschen	108	35	15
Tiere	3.441	5.389	2.375
Sachwerte in S	660,569.000.–	1,908,429.000.–	865,871.000.–

Bei Katastrophen- und technischen Einsätzen:

	1982	1983	1984
Menschen	14	169	223
Tiere	54	576	1.124
Sachwerte in S	53,708.000.–	44,122.000.–	44,955.000.–

Insgesamt wurden somit gerettet:

564 Menschen

12.959 Tiere

3,577,654.000.– Sachwerte, und dies innerhalb eines relativ kurzen Zeitraumes von drei Jahren!

Diese Leistungen wurden nur dadurch möglich, weil von jeher größter Wert auf Schulung, Ausbildung und Übungen gelegt wird. An der oberösterreichischen Landes-Feuerwehrschule in Linz entwickelte sich der Kursbesuch folgendermaßen:

	1982	1983	1984
Anzahl der Lehrgänge:	98	95	119
Arten der Lehrgänge:	32	30	34
Lehrgangsbesucher:	6.674	7.023	7.476

Außerdem wird der Lehrgangsbetrieb ergänzt durch die bezirksweisen Arbeitstagungen, die in den Wintermonaten stattfinden und die folgende Besucherzahlen aufwiesen:

	1982	1983	1984
	6.450	6.441	6.752

Die Übungstätigkeit findet auf Feuerwehr-, Abschnitts- oder auch auf Bezirksebene (FuB-Übungen) statt. Die Feuerwehren wenden in ihrer Freizeit viele Stunden auf, um etwa komplizierte Tätigkeiten zu üben, die Brandschutzeinrichtungen von Betrieben kennenzulernen, und vielfach hört man in den Berichten, „daß der Einsatz nur dadurch so erfolgreich verlaufen konnte, weil der Kommandant durch eine kurz vorher durchgeführte Übung Örtlichkeiten, Produktionsabläufe und gelagerte Materialien genau kannte und dadurch den Brandverlauf voraussehen konnte".

Einen wesentlichen Ausbildungsfaktor stellen auch die verschiedenen Leistungsbewerbe dar. In den letzten drei Jahren wurden erworben:

	1982	1983	1984
Feuerwehrleistungsabzeichen Gold	121	211	130
Feuerwehrleistungsabzeichen Silber	1.966	2.095	1.955
Feuerwehrleistungsabzeichen Bronze	2.007	2.164	2.286
Jugendleistungsabzeichen	991	1.068	1.002
Wasserwehrleistungsabzeichen Gold	21	20	22
Wasserwehrleistungsabzeichen Silber	11	72	55
Wasserwehrleistungsabzeichen Bronze	33	90	86
Funkleistungsabzeichen Silber	47	79	56
Funkleistungsabzeichen Bronze	139	190	125

TECHNISCHE EINSATZSTATISTIK · 1982

	15.262	Anlässe	14.487 Pflichtb. ja	65.895	Männer
	15.894	Einsätze	1.380 Pflichtb. nein	181.323	Stunden
				169.948	gefahrene Kilometer

| Gerettet: | 207 Menschen | 1.409 Tiere | 92.078 Sachwerte in 1.000 S |

Einsatzart:

768 Auslaufen von Mineralöl	12 Dammbruch bzw. -sicherungen	863 Sicherungsdienste
40 Auslaufen von Säuren, Laugen	83 Eiszapfen, absturzdrohend	0 Strahlenschutzeinsätze
93 Ausströmen von Gasen, Dämpfen	0 Elektrounfälle	103 Sturmschäden
2 Autobusunglücke	60 Erd- oder Felsrutsche	79 Suchaktionen
229 Befreiung, Menschen aus Notlage	4 Explosionen (ohne Brand)	46 Taucheinsätze
139 Bergungen verl., hilfloser Menschen	5 Flugzeugabstürze (ohne Brand)	153 Tiere in Notlage
86 Bergungen von Toten	589 Freimachen von Verkehrswegen	248 Türöffnungen
41 Bergungen versch., eingekl. Menschen	18 Schäden an Heizanlagen	364 Verkehrsunfälle
98 Bergungen toter Tiere	708 Hochwasser, Überschwemmungen	378 Verkehrswegsicherungen
751 Bergungen von Kraftfahrzeugen	3 Lawineneinsätze	251 sonstige Wasserschäden
151 Bergungen sonstiger Güter	701 Leiter-, Hubsteigereinsätze	2.880 Wasserversorgungen
636 Bienen, Hummeln, Wespen etc.	75 lose Bauteile, loser Putz	4 Wasserunfälle
26 blinde Alarme	72 Notstromversorgungen	9 Zerknall v. Behältern, Rohrleitungen
38 Einstürze von Bauwerken	2.580 Pumparbeiten	2.474 sonstiger Einsatz
12 Eisenbahnunglücke	22 Schneeverwehungen	

| Meldung durch: | 3.192 Boten | 910 Notrufe | 450 Funksprechgeräte |
| | 8.907 Telefon | 29 Brandmelder | |

| Alarmierung: | 1.381 Alarmsirenen | 349 Meldeempfänger | 10.822 sonstige |

| Notlage behoben: | 13.887 durch Feuerwehr | 191 vor Eintreffen | |

| Funksprechgeräte: | 5.179 Fixstationen | 9.637 Fahrzeuge | 3.862 Handfunkgeräte |

Feuerwehrfahrzeuge:

1.884 KDO	736 Kleinrüstfahrzeuge	300 Rüstfahrzeuge mit Kran
3.400 LF	192 Kranfahrzeuge	95 Rüstanhänger
7.296 TLF, ULF	428 Öleinsatzfahrzeuge	1.790 sonstige
848 Drehleitern, Hubsteiger	687 Rüstfahrzeuge	

Feuerwehrgeräte:

333 Kräne	632 Motorkettensägen	347 Steckleitern
288 Einbau-Seilwinden	894 Wechselstromgeneratoren	476 Schiebleitern
153 Greifzüge	1.222 Beleuchtungsgeräte	202 Tauchgeräte
16 Brennschneidegeräte	411 Schmutzwasserpumpen	162 Boote
41 Trennschleifer	988 Tauchpumpen	2.165 sonstige
98 hydr. Rettungssätze	190 Wasserstrahlpumpen	
24 Hebekissen	245 schwere Atemschutzgeräte	

| Sachschäden: | 18.200 Gebäude in 1.000 S | 52.694 bewegl. Sachen in 1.000 S | |

| Tierverluste: | 965 Stück | | |

| Verunglückt: | 0 FW-Männer getötet | 21 FW-Männer verletzt | |

BRANDEINSATZSTATISTIK · 1982

	2.835 Anlässe	3.572 Pflichtb. ja	47.508 Männer
	3.971 Einsätze	384 Pflichtb. nein	89.297 Stunden
			54.653 gefahrene Kilometer

Gerettet:	108 Menschen	3.441 Tiere	660.569 Sachwerte in 1.000 S

Brandobjekt:	407 blinde Alarme	304 Industriebetriebe	201 Müll	0 Luftfahrzeuge
	190 öffentl. Gebäude	849 landwirtsch. Objekte	302 Kraftfahrzeuge	396 sonstige
	679 Wohngebäude	100 Wald	15 Schienenfahrzeuge	
	417 Gewerbebetriebe	107 Fluren	4 Wasserfahrzeuge	

Lage des Brandes:	507 Brandverdachte	304 Betriebsanlagen	227 Dachstühle	551 Sonstige
	110 Keller	43 Geschäftsräume	84 Feuerungsanlagen	
	343 Wohnräume	735 Lagerräume, Scheunen	147 elektr. Anlagen	
	110 Arbeitsräume	94 Dachböden	62 Kamine	

Meldung durch:	564 Boten	881 Notrufe	110 Funksprechgeräte
	1.384 Telefon	585 Brandmelder	

Alarmierung:	1.889 Alarmsirenen	137 Meldeempfänger	1.562 sonstige

Brand gelöscht:	2.714 durch Feuerwehr	304 vor Eintreffen

Brandverlauf:	1.600 beschr. auf Ausbruchstelle	438 beschränkt auf Gebäude
	427 beschränkt auf Gebäudeteil	84 übergegr. auf andere Objekte

Löschwasser-versorgung:	2.150 Tanklöschfahrzeuge	391 Löschwasseranlagen	2.366 ausreichend
	749 natürl. Gewässer	392 Hydranten	82 nicht ausreichend

Sonderlöschmittel:	4.083 Trockenlöschmittel in kg	3.232 Schaummittel in kg	3.776 Kohlensäure in kg

Funksprechgeräte:	1.659 Fixstationen	5.642 Fahrzeuge	2.509 Handfunkgeräte

Feuerwehrfahrzeuge:	1.431 KDO	488 Drehleiter/Hubsteiger	39 Rüstfahrzeuge
	1.659 LF	123 TSW, TSA	250 sonstige
	3.917 TLF, ULF	9 TROLA	

Feuerwehrgeräte:	527 Handfeuerlöscher	45 Mittelschaumrohre	135 Wechselstromgeneratoren
	132 Kübelspritzen	59 Leichtschaumgeneratoren	700 Beleuchtungsgeräte
	1.507 H-Pistolenstrahlrohre	58.404 H-Druckschlauch in m	175 Steckleitern
	758 C-Strahlrohre	40.066 C-Druckschlauch in m	182 Schiebleitern
	193 B-Strahlrohre	98.013 B-Druckschlauch in m	495 sonstige
	11 Pulverrohre	232 leichte Atemschutzgeräte	
	20 Schwerschaumrohre	1.346 schwere Atemschutzgeräte	

Sachschäden:	227.253 Gebäude in 1.000 S	65.821 bewegl. Sachen in 1.000 S

Tierverluste:	603 Stück

Verunglückt:	0 FW-Männer getötet	51 FW-Männer verletzt

TECHNISCHE EINSATZSTATISTIK · 1983

	18.318 Anlässe	17.155 Pflichtb. ja	65.268 Männer
	18.642 Einsätze	1.487 Pflichtb. nein	161.009 Stunden
			198.179 gefahrene Kilometer

Gerettet:	169 Menschen	576 Tiere	44.122 Sachwerte in 1.000 S

Einsatzart:

743 Auslaufen von Mineralöl	3 Dammbruch bzw. -sicherungen	875 Sicherungsdienste
31 Auslaufen von Säuren, Laugen	10 Eiszapfen, absturzdrohend	0 Strahlenschutzeinsätze
40 Ausströmen von Gasen, Dämpfen	2 Elektrounfälle	233 Sturmschäden
4 Autobusunglücke	14 Erd- oder Felsrutsche	85 Suchaktionen
210 Befreiung, Menschen aus Notlage	2 Explosionen (ohne Brand)	36 Taucheinsätze
135 Bergungen verl., hilfloser Menschen	2 Flugzeugabstürze (ohne Brand)	181 Tiere in Notlage
83 Bergungen von Toten	609 Freimachen von Verkehrswegen	397 Türöffnungen
35 Bergungen versch., eingekl. Menschen	20 Schäden an Heizanlagen	413 Verkehrsunfälle
85 Bergungen toter Tiere	260 Hochwasser, Überschwemmungen	403 Verkehrswegsicherungen
777 Bergungen von Kraftfahrzeugen	0 Lawineneinsätze	261 sonstige Wasserschäden
94 Bergungen sonstiger Güter	644 Leiter-, Hubsteigereinsätze	6.174 Wasserversorgungen
247 Bienen, Hummeln, Wespen etc.	60 lose Bauteile, loser Putz	5 Wasserunfälle
27 blinde Alarme	110 Notstromversorgungen	14 Zerknall v. Behältern, Rohrleitungen
17 Einstürze von Bauwerken	2.557 Pumparbeiten	2.415 sonstiger Einsatz
3 Eisenbahnunglücke	2 Schneeverwehungen	

Meldung durch:	3.836 Boten	933 Notrufe	127 Funksprechgeräte
	11.217 Telefon	31 Brandmelder	

Alarmierung:	1.218 Alarmsirenen	660 Meldeempfänger	12.873 sonstige

Notlage behoben:	18.266 durch Feuerwehr	265 vor Eintreffen

Funksprechgeräte:	5.407 Fixstationen	10.411 Fahrzeuge	16.799 Handfunkgeräte

Feuerwehrfahrzeuge:

1.772 KDO	790 Kleinrüstfahrzeuge	315 Rüstfahrzeuge mit Kran
3.246 LF	140 Kranfahrzeuge	115 Rüstanhänger
10.625 TLF, ULF	363 Öleinsatzfahrzeuge	1.823 sonstige
759 Drehleitern, Hubsteiger	720 Rüstfahrzeuge	

Feuerwehrgeräte:

286 Kräne	787 Motorkettensägen	332 Steckleitern
332 Einbau-Seilwinden	771 Wechselstromgeneratoren	441 Schiebleitern
187 Greifzüge	1.113 Beleuchtungsgeräte	187 Tauchgeräte
33 Brennschneidegeräte	285 Schmutzwasserpumpen	170 Boote
44 Trennschleifer	690 Tauchpumpen	7.327 sonstige
108 hydr. Rettungssätze	172 Wasserstrahlpumpen	
36 Hebekissen	205 schwere Atemschutzgeräte	

Sachschäden:	16.417 Gebäude in 1.000 S	63.006 bewegl. Sachen in 1.000 S

Tierverluste:	23 Stück

Verunglückt:	0 FW-Männer getötet	21 FW-Männer verletzt

BRANDEINSATZSTATISTIK · 1983

	3.396 Anlässe	4.660 Pflichtb. ja	56.047 Männer	
	5.005 Einsätze	345 Pflichtb. nein	148.818 Stunden	
			71.922 gefahrene Kilometer	

Gerettet:	35 Menschen	5.389 Tiere	1.908.429 Sachwerte in 1.000 S	

Brandobjekt:	435 blinde Alarme	233 Industriebetriebe	227 Müll	10 Luftfahrzeuge
	195 öffentl. Gebäude	384 landwirtsch. Objekte	249 Kraftfahrzeuge	533 sonstige
	511 Wohngebäude	76 Wald	14 Schienenfahrzeuge	
	320 Gewerbebetriebe	205 Fluren	4 Wasserfahrzeuge	

Lage des Brandes:	662 Brandverdachte	402 Betriebsanlagen	72 Dachstühle	1.954 sonstige
	142 Keller	30 Geschäftsräume	75 Feuerungsanlagen	
	296 Wohnräume	1.015 Lagerräume, Scheunen	133 elektr. Anlagen	
	102 Arbeitsräume	46 Dachböden	76 Kamine	

Meldung durch:	862 Boten	880 Notrufe	133 Funksprechgeräte	
	1.891 Telefon	723 Brandmelder		

Alarmierung:	2.583 Alarmsirenen	129 Meldeempfänger	1.953 sonstige	

Brand gelöscht:	4.571 durch Feuerwehr	316 vor Eintreffen	

Brandverlauf:	3.416 beschr. auf Ausbruchstelle	685 beschränkt auf Gebäude	
	598 beschränkt auf Gebäudeteil	144 übergegr. auf andere Objekte	

Löschwasser-versorgung:	2.669 Tanklöschfahrzeuge	540 Löschwasseranlagen	4.669 ausreichend	
	993 natürl. Gewässer	510 Hydranten	161 nicht ausreichend	

Sonderlöschmittel:	4.270 Trockenlöschmittel in kg	4.959 Schaummittel in kg	3.642 Kohlensäure in kg	

Funksprechgeräte:	2.003 Fixstationen	6.832 Fahrzeuge	3.107 Handfunkgeräte	

Feuerwehrfahrzeuge:	1.372 KDO	559 Drehleiter/Hubsteiger	102 Rüstfahrzeuge	
	2.066 LF	191 TSW, TSA	413 sonstige	
	4.576 TLF, ULF	14 TROLA		

Feuerwehrgeräte:	549 Handfeuerlöscher	58 Mittelschaumrohre	176 Wechselstromgeneratoren	
	105 Kübelspritzen	10 Leichtschaumgeneratoren	681 Beleuchtungsgeräte	
	1.822 H-Pistolenstrahlrohre	77.036 H-Druckschlauch in m	144 Steckleitern	
	1.034 C-Strahlrohre	48.948 C-Druckschlauch in m	200 Schiebleitern	
	119 B-Strahlrohre	138.212 B-Druckschlauch in m	765 sonstige	
	4 Pulverrohre	545 leichte Atemschutzgeräte		
	15 Schwerschaumrohre	1.674 schwere Atemschutzgeräte		

Sachschäden:	413.541 Gebäude in 1.000 S	186.361 bewegl. Sachen in 1.000 S	

Tierverluste:	1.326 Stück	

Verunglückt:	0 FW-Männer getötet	66 FW-Männer verletzt	

BRANDEINSATZSTATISTIK · 1984

	3.460	Anlässe	4.365	Pflichtb. ja	52.090	Männer		
	4.648	Einsätze	283	Pflichtb. nein	106.878	Stunden		
					60.148	gefahrene Kilometer		

Gerettet: 15 Menschen · 2.375 Tiere · 865.871 Sachwerte in 1.000 S

Brandobjekt:
- 525 blinde Alarme
- 189 öffentl. Gebäude
- 568 Wohngebäude
- 396 Gewerbebetriebe
- 264 Industriebetriebe
- 293 landwirtsch. Objekte
- 107 Wald
- 182 Fluren
- 224 Müll
- 244 Kraftfahrzeuge
- 5 Schienenfahrzeuge
- 2 Wasserfahrzeuge
- 0 Luftfahrzeuge
- 461 sonstige

Lage des Brandes:
- 690 Brandverdachte
- 115 Keller
- 350 Wohnräume
- 117 Arbeitsräume
- 373 Betriebsanlagen
- 18 Geschäftsräume
- 714 Lagerräume, Scheunen
- 43 Dachböden
- 54 Dachstühle
- 89 Feuerungsanlagen
- 115 elektr. Anlagen
- 83 Kamine
- 1.887 sonstige

Meldung durch:
- 645 Boten
- 1.651 Telefon
- 954 Notrufe
- 857 Brandmelder
- 88 Funksprechgeräte

Alarmierung: 2.472 Alarmsirenen · 330 Meldeempfänger · 1.643 sonstige

Brand gelöscht: 4.332 durch Feuerwehr · 316 vor Eintreffen

Brandverlauf:
- 3.555 beschr. auf Ausbruchstelle
- 426 beschränkt auf Gebäudeteil
- 533 beschränkt auf Gebäude
- 132 übergegr. auf andere Objekte

Löschwasserversorgung:
- 2.358 Tanklöschfahrzeuge
- 829 natürl. Gewässer
- 416 Löschwasseranlagen
- 519 Hydranten
- 4.632 ausreichend
- 16 nicht ausreichend

Sonderlöschmittel: 7.058 Trockenlöschmittel in kg · 2.542 Schaummittel in kg · 6.763 Kohlensäure in kg

Funksprechgeräte: 2.002 Fixstationen · 7.558 Fahrzeuge · 3.223 Handfunkgeräte

Feuerwehrfahrzeuge:
- 1.489 KDO
- 1.919 LF
- 4.840 TLF, ULF
- 589 Drehleiter/Hubsteiger
- 132 TSW, TSA
- 5 TROLA
- 142 Rüstfahrzeuge
- 339 sonstige

Feuerwehrgeräte:
- 603 Handfeuerlöscher
- 122 Kübelspritzen
- 1.761 H-Pistolenstrahlrohre
- 889 C-Strahlrohre
- 115 B-Strahlrohre
- 23 Pulverrohre
- 8 Schwerschaumrohre
- 58 Mittelschaumrohre
- 10 Leichtschaumgeneratoren
- 72.307 H-Druckschlauch in m
- 43.071 C-Druckschlauch in m
- 114.475 B-Druckschlauch in m
- 416 leichte Atemschutzgeräte
- 1.719 schwere Atemschutzgeräte
- 187 Wechselstromgeneratoren
- 754 Beleuchtungsgeräte
- 204 Steckleitern
- 228 Schiebleitern
- 1.022 sonstige

Sachschäden: 241.505 Gebäude in 1.000 S · 71.374 bewegl. Sachen in 1.000 S

Tierverluste: 271 Stück

Verunglückt: 0 FW-Männer getötet · 41 FW-Männer verletzt

TECHNISCHE EINSATZSTATISTIK · 1984

	15.594 Anlässe	14.718 Pflichtb. ja	63.065 Männer
	15.930 Einsätze	1.212 Pflichtb. nein	158.196 Stunden
			150.219 gefahrene Kilometer

Gerettet:	223 Menschen	1.124 Tiere	44.955 Sachwerte in 1.000 S

Einsatzart:	751 Auslaufen von Mineralöl	4 Dammbruch bzw. -sicherungen	1.015 Sicherungsdienste
	44 Auslaufen von Säuren, Laugen	8 Eiszapfen, absturzdrohend	2 Strahlenschutzeinsätze
	49 Ausströmen von Gasen, Dämpfen	3 Elektrounfälle	549 Sturmschäden
	4 Autobusunglücke	5 Erd- oder Felsrutsche	53 Suchaktionen
	253 Befreiung, Menschen aus Notlage	1 Explosionen (ohne Brand)	47 Taucheinsätze
	188 Bergungen verl., hilfloser Menschen	2 Flugzeugabstürze (ohne Brand)	181 Tiere in Notlage
	51 Bergungen von Toten	785 Freimachen von Verkehrswegen	460 Türöffnungen
	46 Bergungen versch., eingekl. Menschen	23 Schäden an Heizanlagen	516 Verkehrsunfälle
	89 Bergungen toter Tiere	177 Hochwasser, Überschwemmungen	503 Verkehrswegsicherungen
	847 Bergungen von Kraftfahrzeugen	0 Lawineneinsätze	275 sonstige Wasserschäden
	90 Bergungen sonstiger Güter	604 Leiter-, Hubsteigereinsätze	1.950 Wasserversorgungen
	454 Bienen, Hummeln, Wespen etc.	79 lose Bauteile, loser Putz	17 Wasserunfälle
	8 blinde Alarme	167 Notstromversorgungen	4 Zerknall v. Behältern, Rohrleitungen
	22 Einstürze von Bauwerken	2.449 Pumparbeiten	2.770 sonstige Einsätze
	3 Eisenbahnunglücke	1 Schneeverwehung	

Meldung durch:	3.279 Boten	1.087 Notrufe	167 Funksprechgeräte
	9.322 Telefon	32 Brandmelder	

Alarmierung:	1.503 Alarmsirenen	884 Meldeempfänger	10.845 sonstige

Notlage behoben:	15.715 durch Feuerwehr	215 vor Eintreffen	

Funksprechgeräte:	5.656 Fixstationen	10.639 Fahrzeuge	6.287 Handfunkgeräte

Feuerwehrfahrzeuge:	1.943 KDO	872 Kleinrüstfahrzeuge	352 Rüstfahrzeuge mit Kran
	3.539 LF	152 Kranfahrzeuge	88 Rüstanhänger
	7.173 TLF, ULF	452 Öleinsatzfahrzeuge	2.032 sonstige
	800 Drehleitern, Hubsteiger	804 Rüstfahrzeuge	

Feuerwehrgeräte:	373 Kräne	921 Motorkettensägen	410 Steckleitern
	354 Einbau-Seilwinden	834 Wechselstromgeneratoren	567 Schiebleitern
	166 Greifzüge	1.054 Beleuchtungsgeräte	142 Tauchgeräte
	5 Brennschneidegeräte	227 Schmutzwasserpumpen	160 Boote
	48 Trennschleifer	612 Tauchpumpen	7.939 sonstige
	120 hydr. Rettungssätze	146 Wasserstrahlpumpen	
	32 Hebekissen	213 schwere Atemschutzgeräte	

Sachschäden:	17.854 Gebäude in 1.000 S	55.284 bewegl. Sachen in 1.000 S	

Tierverluste:	218 Stück		

Verunglückt:	0 FW-Männer getötet	12 FW-Männer verletzt	

ANHANG

BIBLIOGRAPHIE

I. PRIMÄRLITERATUR

Die zahlreichen Feuerlöschordnungen und diversen Zusätze, die in diesem Werk Verwendung fanden, sind im Linzer Landesarchiv einsehbar; genaue Auflistung siehe Sekundärliteratur R. Magerl. Aus Platzgründen sind nicht extra erwähnt die Hunderte von Feuerwehr-Festschriften, Jahresberichten und sonstigen Feuerwehrmitteilungen, die sich im Laufe der Arbeit als unerschöpfliche Fundgrube erwiesen haben und deren zahllosen Verfassern an dieser Stelle ausdrücklich gedankt sei.

II. SEKUNDÄRLITERATUR

Awecker, H.: Der Brand von Linz im Jahre 1800, in: Jahrbuch der Stadt Linz 1951.

Bernaschek, Paul und Speil, Hugo: Feuer, steh still, Wien 1956.

brennpunkt, Oberösterreichische Feuerwehr-Mitteilungen, Linz 1948 ff.

Ewald, Gustav: Die Geschichte der Feuerspritze bis 1945, Stuttgart o. J.

Frank, Paul Arthur: Das Deutsche Feuerwehrbuch, Dresden und Wien 1929.

Fritsch, Heinz: Feuerschutz im Wandel der Zeiten, in: 100 Jahre oberösterreichischer Landes-Feuerwehrverband, Linz 1969.

Grüll, Georg: Beiträge zur Geschichte der Brände in Oberösterreich, Linz.

Handbuch für die freiwilligen Feuerwehren, hg. v. Zentralausschuß des oö. Landes-Feuerwehrverbandes, Wels 1903.

Harner, Karl: 100 Jahre Volk und Heimat für Oberösterreich, in: 100 Jahre oö. Landes-Feuerwehrverband, Linz 1969.

Heiserer, Fritz: Die oberösterreichische Feuerwehrschule, Linz 1930.

Herminghaus, Thomas W.: Feuerwehrhelme, Hanau 1982.

Holaubek, Josef: Die österreichische Feuerwehr, Wien 1979.

Hundert Jahre Linzer Feuerwehr, Sonderdruck der Zeitschrift „Linz aktiv", Nr. 18/1966.

Kaufmann, Paul: Brauchtum in Österreich, Wien 1982.

Kernmayr, H. G.: Der goldene Helm, München 1956.

Magirus, C. D.: Das Feuerlöschwesen, Ulm 1877.

Magerl, R.: Verzeichnis der Feuerlöschordnungen und damit zusammenhängender Verordnungen oberösterreichischer Gemeinden aus der Zeit vor der Gründung der Freiwilligen Feuerwehren (bis etwa 1850), Linz 1984.

Müller, Peter: Männer ohne Waffen, Graz–Stuttgart 1972.

Orth, H.-P.: Feuerwehr in der Geschichte – Kraftfahrzeuge und Geräte seit 1945, Hanau 1980.

Rauch, Konrad: Geschichte der Feuerversicherung in Oberösterreich von 1811–1861, Linz o. J.

Stanke, Peter: Österreichisches Feuerwehrbuch, Wien 1952.

Treffer, Günter: Das große steirische Feuerwehrbuch, Wien 1984.

Trenner, Florian: Der heilige Florian, Regensburg 1981.

Tschochner, Friederike: Heiliger Sankt Florian, München 1981.

Tuwora, M. J.: Illustrierte Gedenkschrift an den verheerenden Brand in Ottensheim am 7. Juni 1899, Linz 1899.

Zeilmayr, Alfred: Die öffentlichen Feuerwehren Oberösterreichs heute, in: „brennpunkt", Sondernummer vom 3. April 1981.

Zeitschrift der oberösterreichischen Feuerwehren, Jg. 1–54, Wels, 1885–1939.

REGISTER

Namensregister

Ortsregister

179

Sachregister

DIE OBERÖSTERREICHISCHEN FEUERWEHREN

Die Jahreszahl in Klammern gibt das Eintrittsdatum der einzelnen Mitglieder in die jeweilige Feuerwehr an.

Dienstgrade, Namen und Eintrittsjahre beruhen auf den vom Oö. Landes-Feuerwehrverband zur Verfügung gestellten Computerlisten.

DIE
OBERÖSTERREICHISCHEN
FEUERWEHREN

Bezirk	Anzahl der Feuerwehren
Linz-Stadt	14
Steyr-Stadt	2
Wels-Stadt	2
Braunau am Inn	82
Eferding	20
Freistadt	75
Gmunden	54
Grieskirchen	71
Kirchdorf	43
Linz-Land	48
Perg	48
Ried im Innkreis	80
Rohrbach	66
Schärding	67
Steyr-Land	44
Urfahr-Umgebung	64
Vöcklabruck	119
Wels-Land	45
	944
Berufsfeuerwehr Linz	1

OBERÖSTERREICHISCHER LANDES-FEUERWEHRVERBAND

LANDES-FEUERWEHRLEITUNG

Vorsitzender: Landes-Feuerwehrkommandant Karl Salcher, Vizepräsident des ÖBFV
Landesrat Leopold Hofinger
Wirklicher Hofrat Dr. Gerald Glinz
Landes-Feuerwehrkommandant-Stellvertreter Ing. Adalbert Nadler
Landes-Feuerwehrinspektor Regierungsrat Karl Irrsiegler
Leiter der Landes-Feuerwehrschule Ing. Friedrich Ofner
Bezirks-Feuerwehrkommandant Günther Gielge
Bezirks-Feuerwehrkommandant Karl Gehmaier
Bezirks-Feuerwehrkommandant Josef Hummer
Bezirks-Feuerwehrkommandant Rudolf Kapsammer
Branddirektor Oberbaurat Dipl.-Ing. Wolfgang Kaplan
Vize-Brandrat Ing. Erich Zauner
Bezirks-Feuerwehrkommandant Senatsrat Dr. Alfred Zeilmayr
Generaldirektor Regierungsrat Josef Hackl

KOLLEGIALORGANE

BEZIRKS- UND ABSCHNITTS-FEUERWEHRKOMMANDANTENTAG

18 Bezirks-Feuerwehrkommandanten
50 Abschnitts-Feuerwehrkommandanten

Sitzend von links nach rechts: VLBD Ing. Nadler Adalbert, LBD Salcher Karl, LR Hofinger Leopold, WHR Dr. Glinz Gerald, LFI RR Irrsiegler Karl; stehend von links nach rechts: OBR Hummer Josef, OBR Kapsammer Rudolf, BD OBR Dipl.-Ing. Kaplan Wolfgang, OBR Ing. Ofner Friedrich, OBR Gielge Günther, OBR SR Dr. Zeilmayr Alfred, OBR Gehmaier Karl (nicht abgebildet: Generaldirektor Reg.-Rat Josef Hackl, VBR Ing. Erich Zauner)

BEZIRK LINZ-STADT

14 FEUERWEHREN
UND
FEUERWEHR DER STADT LINZ

BEZIRKSKOMMANDO

Links: BD OBR Dipl.-Ing. Kaplan Wolfgang (Bezirkskommandant); rechts: BR RR Ing. Reisinger Johann (Abschnittskommandant)

BF DER STADT LINZ

Die erste Feuerwehr im Stadtgebiet Linz wurde schon 1851 gegründet. Insgesamt 29 Linzer stellten sich für die Aufgaben des Brandschutzes zur Verfügung, wurden aber von der Bevölkerung keineswegs unterstützt, sondern eher verspottet. 1866 erfolgte eine grundlegende Reformierung, und dieses Jahr gilt offiziell als das Gründungsjahr der Feuerwehr. Sie rekrutierte sich überwiegend aus Mitgliedern des Turnvereines Linz. Als Obmann der Feuerwehr wurde Gemeinderat Hafferl bestätigt, der schon vorher der Wehr angehört hatte. 1873 wurde GR Hafferl von Johann Rosenbauer abgelöst. 1887 übernahm Gemeinderat Josef Horner die Führung und 1889 Ing. Josef Kempf, dem auch die Gründung des Bezirksfeuerwehrverbandes Linz zuzuschreiben ist. 1896 wurde Konrad Rosenbauer zum Obmann gewählt. Er ergänzte die drei bestehenden Stadtzüge durch die Löschzüge Schullerberg, Margarethen und Lustenau-Waldegg. Seit 1904 führte Rosenbauer den Titel „Oberkommandant". 1898 wurde die städtische Feuerwache in der Keplerstraße (Lederergasse) errichtet. In dieser „Zentrale" wurden 18 Männer abteilungsweise kaserniert, die Tag und Nacht Dienst versahen. Dieser Standort blieb bis zur Eröffnung der derzeitigen Hauptfeuerwache an der Wienerstraße 154 im Jahre 1954 Sitz des Feuerwehrkommandos. Konrad Rosenbauer schied 1908 als Oberkommandant aus. Ihm folgte Johann Drobil als Kommandant bis 1914. Kurz vor Ausbruch des Ersten Weltkriegs übernahm Johann Herbsthofer die Leitung, die er bis 1928 innehatte. Ihm folgte Hauptmann a. D. Fritz Heiserer (1928–1934). Heiserer gründete die Feuerwehrschule in Linz, die 1929 eröffnet wurde. 1932 wurde, einem dringenden Bedürfnis entsprechend, die Berufsfeuerwehr Linz gegründet und Brandmeister Karl Janda zum ersten Kommandanten bestellt. Janda starb allerdings schon ein Jahr nach seiner Bestellung zum Kommandanten, und August Trimbacher leitete die BF von 1933 bis 1939 sowie von 1945 bis Ende 1953. 1936 bestand die Berufsfeuerwehr aus 28 Männern. Das Oberkommando über die Feuerwehren des Stadtgebietes lag allerdings bei den Freiwilligen Feuerwehren. 1939 übernahm Dipl.-Ing. Franz Döttlinger die Leitung der BF, die nunmehr die Bezeichnung „Feuerschutzpolizei" führte. Die Berufsfeuerwehr zählte zu diesem Zeitpunkt 65 Bedienstete. Die Freiwilligen Feuerwehren des Bezirkes Linz mit 12 Wachen hatten ca. 300 Mitglieder, und in mehreren Großbetrieben wurden Betriebsfeuerwehren eingerichtet. Im Verlauf des Krieges wurde die Feuerschutzmannschaft durch Heranziehung von zivilen Kräften auf 700 Mann erhöht. Nach dem Ausscheiden Trimbachers 1953 leitete Brandrat Franz Stumvoll die BF übergangsweise bis zur Ernennung von Dipl.-Ing. Alfred Sautner zum Kommandanten der Berufsfeuerwehr. Unter seiner Führung wurde der Personalstand auf 140 Mann erhöht und die Hauptfeuerwache, Wienerstraße 154, bezogen. 1965 trat SR i. R. Dipl.-Ing. Sautner in den Ruhestand. Seine Nachfolge als Branddirektor der Stadt Linz trat Dipl.-Ing. Heribert Wurm an. Während seiner Amtszeit erfuhr die BF eine umfassende technische Erneuerung. Die Nebenwache Urfahr, eine Wehrmachtsbaracke in der Rudolfstraße, wurde aufgelassen und durch die moderne Feuerwache Nord in der Dornacherstraße ersetzt. 1981 trat Dipl.-Ing. Heribert Wurm in den Ruhestand. Seine Nachfolge als Branddirektor der Feuerwehr der Stadt Linz und Bezirksfeuerwehrkommandant trat Dipl.-Ing. Heinz Blaschke an. Der Personalstand der BF betrug Ende 1982 158 Offiziere und Mannschaften des Einsatzdienstes, 7 Bedienstete des Vorbeugenden Brandschutzes und 14 Bedienstete des Kanzlei- und Werkstättendienstes.

OBR Dipl.-Ing. Kaplan W. (1984), Czejka F. (1950) — Allerstorfer R. (1954), Ammersdorfer F. (1969), Angster J. (1969), Antl A. (1970), Ärtner K.-H. (1969), Auer H. (1966), Augustin H. (1964), Bär M. (1970), Bauernfeind G. (1977), Baumgartner F. (1972), Bernauer G. (1974), Birklbauer E. (1981), Böck F. (1956), Böhmberger G. (1971), Brandl M. (1983), Brandstetter F. (1979), Brandstetter H. (1977), Brandstetter J. (1976), Brandstetter S. (1979), Braunsperger N. (1966), Brunhuber F. (1969), Diestlinger J. (1971), Dorninger J. (1970), Eder A. (1964), Eder H. (1954), Eichenberger F. (1979), Ennsbrunner J. (1973), Ettinger F. (1960), Fischer K. (1977), Fischer W. (1971), Freund J. (1973), Fritz H. (1981), Ing. Fuchs O. (1967), Füreder A. (1967), Gebhartl B. (1978), Geißlmeir M. (1970), Gottholmseder E. (1973), Grabner F. (1981), Gramberger J. (1960), Grenzfurtner E. (1960), Grömer J. (1977), Größer H. (1970), Gruber W. (1954), Grünzweil F. (1974), Grundwalt R. (1972), Gumpesberger H. (1981), Hablesreiter E. (1971), Hackl F. (1977), Hackl W. (1969), Haider G. (1969), Haindl J. (1956), Handschuhmacher H. (1966), Haunschmidt K. (1960), Hecher A. (1967), Hechwartner F. (1977), Henhapl J. (1960), Hintenaus M. (1978), Hinterdorfer F. (1954), Hochgatterer W. (1967), Höfer F. (1971), Höfferer H. (1973), Höglinger K. (1954), Höllinger F. (1977), Ing. Hofer G. (1964), Hofstadler P. (1970), Huß H. (1971), Hutter E. (1960), Iro E. (1967), Kaindleinsberger F. (1969), Kastner M. (1970), Kern J. (1964), Kerschbaum R. (1973), Kögl H. (1970), Kraft J. (1969), Kraml J. (1977), Kraml J. (1971), Kvicala K. (1960), Lackner W. (1970), Lang R. (1969), Lanzerstorfer A. (1970), Lauritz J. (1966), Lehner B. (1970), Leonhardt H. (1970), Lonauer A. (1954), Luger F. (1971), Lutz W.-D. (1970), Madlmayr F. (1974), Maier J. (1977), Mally W. (1966), Mayr F. (1974), Mitterhummer H. (1960), Mörbauer F. (1964), Morelli W. (1954), Neißl A. (1974), Obermayr F. (1970), Ortner J. (1971), Ortner H. (1974), Ott J. (1971), Paizoni T. (1981), Paminger G. (1971), Parzer M. (1970), Peischl J. (1970), Pichler H. (1971), Plechinger A. (1976), Preining A. (1966), Raab G. (1979), Rechberger J. (1971), Rechberger J. (1978), Reichart H. (1964), Richter H. (1969), Rittenschober J. (1973), Rohrmüller W. (1970), Roithmayr J. (1977), Ing. Rubicko E. (1981), Scharsinger M. (1972), Scheiblehner E. (1969), Scheiblhofer W. (1967), Scheweder W. (1977), Schmarlzer F. (1980), Schmidt J. (1954), Schmidt K. (1975), Schmidt R. (1981), Schneeberger S. (1977), Schneider R. (1971), Schnur A. (1966), Schober K. (1983), Schöberl M. (1967), Schönfeld R. (1954), Ing. Schraml S. (1967), Schütz W. (1967), Schwab A. (1969), Ing. Seemayr W. (1981), Skoda H. (1973), Stadlbauer A. (1971), Ing. Stadlbauer H. (1959), Stadlbauer L. (1967), Steininger E. (1976), Thaller J. (1969), Thurner H. (1960), Tichy H. (1956), Tomani L. (1960), Ugarkocic F. (1974), Wainke G. (1972), Wald F. (1954), Wasmayr K. (1981), Weilguny H. (1977), Weißenböck J. (1976), Wieser P. (1970), Ing. Wiesinger G. (1964), Wimmer A. (1960), Wimmer H. (1964), Winkler K. M. (1971), Winkler M. (1966), Wipplinger R. (1964), Wöckinger F. (1973), Wöckinger J. (1969), Wöckinger K. (1977), Wokatsch A. (1979), Wokatsch E. (1976), Wokatsch J. (1960), Wolfmayr F. (1972), Wolfsteiner K. (1966), Würtinger O. (1971), Wurm M. (1971), Wurzenberger E. (1972), Zöchbauer L. (1960), Zollitsch B. (1971)

FF EBELSBERG

1875: Gründung der Freiwilligen Feuerwehr des Marktes Ebelsberg. 1877: Marktbrand. 1894: Dreiteilige Anstelleiter, 12 m, angeschafft. 1896: Zweistrahlige, fahrbare Spritze. 1898: Zweite Schiebeleiter, 15 m, gekauft; Sanitätsabteilung errichtet. 1897: Hochwassereinsatz. 1899: Wasserwehr errichtet; neues Feuerwehrdepot übergeben, besteht noch heute. 1900: FW-Filiale Pichling gegründet. 1902: Mannschafts- und Rüstwagen mit Pferdebespannung angeschafft. 1907: Großes Marktfeuer. 1908: Kranken- und Rettungswagen mit Pferdebespannung übernommen. 1918: Schwerer Zugszusammenstoß im Bahnhof Kleinmünchen, Hilfeleistung durch die Ebelsberger Rettungsabteilung. 1924: Anschaffung des ersten Autolöschzuges. 1927: Motorisiertes Rettungsauto angekauft. 1932: Neuer Autolöschzug Type Perl in Dienst gestellt. 1939: Eingliederung der Gemeindefeuerwehr als Löschzug der Stadtfeuerwehr Linz. Nach Kriegsende wurde die Zeugstätte ausgeplündert. Es gelang, das Löschfahrzeug Perl wieder aufzufinden. 1954: Großer Hochwassereinsatz. 1960: LF 15 von der Stadt Linz erhalten; Perl wurde ausgetauscht gegen geschlossenes LF 8. 1963: LLF Opel neu. 1972: Erstes Tanklöschfahrzeug mit Vorbaupumpe von der Berufsfeuerwehr übernommen. 1973: Anschaffung von mobilen Funkgeräten auf den Fahrzeugen. 1974: Zeugstättenumbau nach Auszug der Polizeidienststelle. 1976: T 4000 eingestellt. 1978: Umstellung der Sirene mittels Funk. 1979: LFB erhalten. 1980: Anschaffung von Meldeempfängern. 1982: Außensanierung der Zeugstätte. 1983: Neues MTF aus Eigenmitteln angeschafft.

BR Ing. Reisinger J. (1955), OBI Obermayr F. (1942), HAW Müller H. G. (1976), AW Greunz W. (1955), AW Jungmayr F. (1943), AW Obermayr J. (1954), BI Luger H. (1944) — Fm Bauer M. (1977), HLm Brader R. (1954), E-OBI Feßl F. (1950), OLm Feßl F. (1969), Fm Frisch G. (1979), OLm Gehrer A. (1961), Lm Ing. Glatzmeier A. (1975), Lm Dipl.-Ing. Glatzmeier P. (1974), HFm Hauke P. (1975), PFm Hayder W. (1979), E-AW Hellein F. (1952), HBm Hübinger H.-G. (1961), HLm Immler A. (1963), E-BI Kaiser F. (1927), E-HBI Klimitsch H. (1973), HBm Kornmüller H. (1965), OFm Kornmüller L. (1975), VBR Lindlbauer O. (1974), HFm Luger H. (1975), OLm Maier J. (1921), PFm Mathe G. (1979), OFm Peitl R. (1979), E-OBI Pilz F. (1919), E-HBI Prinz A. (1962), HFm Reisinger H. (1975), Fm Reisinger T. (1977), JFm Reisinger W. (1980), HLm Rudzik O. (1966), Bm Stenzel A. (1965), PFm Stenzel K. (1980), OLm Thallinger G. (1957), Fm Thallinger K. (1976), E-BI Wald F. (1943), Fm Weigerstorfer G. (1977), JFm Weigerstorfer R. (1980), OFm Werner R. (1975)

FF PICHLING

1901: Gründung der Feuerwehr Pichling als Filiale der Feuerwehr Ebelsberg. Als erster Wehrführer scheint Josef Reisetbauer in der Standesliste auf. Als Inventar werden eine Saugspritze mit Zubehör und 100 m Schläuche der Kategorie II erwähnt. 1928: Gründung der Freiw. Wasserwehr Schwaigau mit Josef Ruhsam als Obmann. Die ersten Geräte waren: „ein großes eisernes Rettungsfahrzeug samt Anker, Seil, Rudern, Laterne, Eintrittsrampe etc. und drei Zillen samt Rudern". 1938: Die FF Pichling wird der Linzer Stadtfeuerwehr eingegliedert und verliert ihre Selbständigkeit. Die FF Pichling wird zur Freiw. Feuerwache. 1954: Großes Hochwasser, wochenlanger Hochwassereinsatz. 1955: Am 21. Juni 1955 erlangt die Freiw. Feuerwache Pichling auf Beschluß des Stadtsenates der Stadt Linz wieder ihre Selbständigkeit. 1956: Einweihe eines neuerrichteten Bootshauses und des renovierten Pontons in der Schwaigau. 1965: Hochwasser, Traun reißt 150 m Damm zum Weikerlsee weg, größerer Schaden als 1954, tagelanger schwerer Einsatz. 1966: Vier mittlere Hochwässer, tagelange Einsätze. 1967: Weihe eines vom LFK zur Verfügung gestellten Außenbordmotors. 1968: Spatenstich für neues Zeughaus. 1971: Autobusunglück auf der Autobahn, drei Tote und 31 Verletzte; Großbrand Sägewerk Schaffer. 1972: Erstes Tanklöschfahrzeug aus Beständen der BF Linz. 1975: Ankauf eines gebrauchten VW-Busses als MTF. 1976: Übergabe Tanklöschfahrzeug 4000 Liter. 1979: Übergabe eines neuen LFB. 1979: Übergabe eines neuen Bootes samt Anhänger. 1980: Vergrößerung des Depots in Eigenregie. 1983: Ankauf eines Weber-Hydraulikgerätes. 1984: Übergabe eines neuen MTF.

HBI Sommerhuber O. (1946), OBI Wimmer A. (1955), AW Ammerer K. (1962), AW Dicketmüller G. (1976), AW Wimmer W. jun. (1955), AW Wimmer W. sen. (1938), BI Atzlesberger A. (1955), BI Huber J. (1953) — Fm Anzinger W. (1976), E-AW Atzlesberger F. (1955), OLm Berger J. (1966), Lm Binder K. (1976), Lm Brandstetter J. (1966), Lm Coslop R. (1976), Fm Ebmer F. (1982), Fm Ehrentraut A. (1980), Lm Ehrentraut W. (1978), HLm Eichler E. (1961), Bm Einsiedler A. (1940), Lm Einsiedler E. (1977), Fm Feichtl Ch. (1980), HLm Feichtl J. (1979), HLm Fröschl J. (1955), Lm Lehner G. (1977), Lm Mühlberger J. (1966), Lm Neuwirth K. (1967), OLm Pack S. (1963), Bm Parzer M. (1963), Lm Penitsch A. (1966), Reisinger W., Lm Scheiterbauer J. (1955), Fm Selgrad Ch. (1980), HLm Teufelauer H. (1955), HFm Unger F. (1973), Weichhart F., Fm Wimmer A. jun. (1980), Fm Wimmer W. (1980)

FF PÖSTLINGBERG

Nachdem das Anwesen der Familie Danninger vulgo Lusser am Pöstlingberg ein Raub der Flammen geworden war, wurde von der Nachbarschaft der Entschluß gefaßt, eine öffentliche, gemeindeeigene Feuerwehr zu gründen. Bei einer Gemeindeversammlung und einer darauffolgenden Kirchenratssitzung wurde der Antrag zur Gründung einer Freiwilligen Feuerwehr angenommen. Die Freiwillige Feuerwehr Pöstlingberg wurde bei der Gründungsversammlung am 10. November 1895 ins Leben gerufen. Die Mannschaft bestand zu dieser Zeit aus 25 Mann vom Pöstlingberg und der benachbarten Koglerau. Dieser ersten Versammlung ging eine Spendenaktion im Gemeindegebiet zum Ankauf einer Feuerwehrspritze voraus. Das Gesamtergebnis betrug 457 Gulden 33 Kreuzer, dazu kam der Ertrag des Feuerwehrballes, 39 Gulden 67 Kreuzer. Mit diesem Betrag wurde am 12. Januar 1896 von der Fa. Rosenbauer, Linz, eine vierrädrige Gebirgsspritze samt Zubehör angefordert. Aufstellung der Ausgaben für die künftigen Ausrückungen insgesamt: Fa. Rosenbauer: vierrädrige Gebirgsspritze (486 Gulden), Helme und Zubehör (13 Gulden 80 Kr.), Schläuche (60 Gulden), Achselklappen (29 Gulden 69 Kr.); Fa. Becker, Wels: Loden für Uniform (94 Gulden 50 Kr.); Fa. Rosenbauer: weitere Ausrüstungsgegenstände (60 Gulden 80 Kr.); Schneiderei Hirnschrott: Uniformblusen (67 Gulden 60 Kr.); Fa. Birklbauer: Feuerwehrstatuten und -zeitungen (11 Gulden 70 Kr.). So zeigte sich mit 12. Januar 1896 ein Defizit von 327 Gulden 9 Kr. Dieses Defizit wurde von der Gemeinde Pöstlingberg vorfinanziert und bei der nächsten Jahreshauptversammlung zurückerstattet. Dies war nur auf der guten Vertrauensbasis möglich, die zwischen Bevölkerung, Gemeindevertretung und Freiwilliger Feuerwehr besteht.

OBI Baumgartner F. (1943), OBI Füreder A. (1954), AW Buchgeher M. (1975), AW Gattringer F. (1960), BI Stadler F. (1946) — HFm Außerwöger F. (1951), OFm Außerwöger G. (1980), Fm Außerwöger M. (1981), OFm Bachlechner A. (1959), E-OBI Buchgeher A. (1938), OFm Buchgeher L. (1971), OFm Füreder A. (1955), HFm Füreder A. (1949), HFm Füreder H. (1959), OFm Füreder J. (1949), HFm Füreder W. (1966), HFm Kepplinger J. (1964), Lm Ing. Kerschbaum W. (1978), OLm Koll A. (1940), OFm Koll A. (1975), E-HBI Leibetseder K. (1934), OFm Mahringer J. (1970), HFm Mahringer J. (1970), OFm Mayer L. (1943), Lm Mühlberger E. (1952), Lm Mühlberger E. (1978) AW Mühlberger G. (1980), E-HBI Pammer R. (1920), Fm Schierfeneder M. (1982), HFm Schöllhammer M. (1977), HFm Schöllhammer M. (1964), Lm Undesser H. (1940)

FF ST. MAGDALENA

Es war am 23. Februar 1905 um 19 Uhr, als sich der Himmel plötzlich von einer Brandröte färbte. Es brannte das zum Schloß Auhof gehörende „Alte Brauhaus". Dieser Brand war der Anlaß, daß Johann Klingseisen und Bürgermeister Karl Hofer sich einigten, eine Freiwillige Feuerwehr zu gründen. Am 30. März 1905 fand eine Gemeindeausschußsitzung in Sankt Magdalena statt, wo unter Punkt 5 die Gründung einer FF beschlossen wurde. Schon am 31. März 1905 wurde bei der Fa. Gugg eine Feuerwehrspritze um 500 Kronen angekauft. Als erster Kommandant der FF St. Magdalena wurde am 6. Juni 1905 Johann Klingseisen gewählt. Die Feuerwehr hatte an diesem Tag einen Mitgliederstand von 48 Mann. Das Zeughaus der FF St. Magdalena wurde 1905 an der Freistädter Straße in Dornach um den Preis von 1836 Kronen errichtet. Die erste Motorspritze, Fa. Rosenbauer, erwarb die Wehr 1928. Am 21. November 1929 wurde der 2. Zug, Standort Leonfeldner Straße — Haselgraben, gegründet. Das Zeughaus wurde 1930 errichtet und dient heute als privater Lagerraum. 1938 erhielt die Wehr einen Mercedes LF 8. 1973 wurde das neue Zeughaus der FF St. Magdalena Marienberg 93 errichtet. Es beinhaltet u. a. Garagen und drei Fahrzeuge, einen Schulungsraum und ein Büro. An technischem Material verfügt die FF über 1 TLF 2500, 1 Unimog 1000, MTF und die dazugehörigen Gerätschaften. Kommandanten der Wehr waren seit ihrer Gründung: Johann Klingseisen (1905–1913), Ferdinand Baumgartner (1913–1921), Josef Fenzl (1921–1923), Josef Seidl (1923–1938), Stefan Mittermayr (1938–1963), Josef Kusmitsch (1963–1972), Johann Mittermayr (seit 1972).

HBI Mittermayr J. (1942), OBI Haider G. (1962), AW Pirker W. (1961), AW Pirngruber F. (1964), AW Reischl W. (1960) — Fm Baumgartner J. (1982), Fm Ebner G. (1981), Fm Elischberger F. (1981), Hofbauer E. (1942), Fm Holzinger A. (1981), HFm Hoßinger E. (1976), Fm Keplinger M. (1981), Kitzmüller A. (1981), HLm Kraut A. (1957), OBm Menwig J., Fm Mittermayr J. (1981), E-HBI Mittermayr S. (1927), OBm Pirngruber A. (1962), Bm Schinagl R. (1962), Fm Schinagl R. (1981), OFm Steininger A. (1978), HLm Thurner J. (1968), OFm Uttenthaler A. (1950), HLm Uttenthaler K. (1955), OFm Ing. Wachberger P. (1971), Fm Wakolbinger Ch. (1981), E-BI Wall A. (1930), HLm Zant E. (1969)

BtF DER TABAKFABRIK LINZ

Die Errichtung der Tabakfabrik Linz erfolgte am 26. Juni 1850. Im Mai 1853 wurde eine Feuerlöschordnung erlassen. Der Gründungsnachweis der Betriebsfeuerwehr konnte laut dem fachlichen Mitteilungsblatt XII, Seite 149, Abs. 2, Wien 1910, ermittelt werden; es heißt darin: „Errichtung und Organisierung der Linzer Tabakfabriksfeuerwehr 1873". 1892: Mannschaftsstand 60 Mann. 1901: Errichtung eines Feuerwehrdepots und Anschaffung von Uniformen. Ankauf einer fahrbaren Handdruckpumpe mit Schläuchen. 1928: Ankauf einer tragbaren Motorspritze TS 600 und einer fahrbaren Schiebeleiter 12 m Steighöhe. 1929: Errichtung eines neuen Feuerwehrdepots, Mannschaftsstand 30 Mann. 1943: Anschaffung eines Rüstwagens LF 8 sowie von Saug- und Druckschläuchen und schweren Atemschutzgeräten. 1951: Eintragung in das Feuerwehrbuch bei der Oö. Landesregierung. 1952: Übersiedlung in ein neues Depot. 1961: Anschaffung eines KLF FK 1000. 1973: Feier zum 100jährigen Bestehen der Betriebsfeuerwehr. 1974: Übernahme eines neuen Löschfahrzeuges Ford Transit mit Vorbaupumpe. 30. Oktober 1979: Großbrand im 4. Stock des Magazins I. 1983: Inbetriebnahme der Brandmeldeanlage mit ca. 900 Ionisationsmeldern. Kommandanten seit Bestehen der Betriebsfeuerwehr (der erste Kommandant konnte nicht ermittelt werden): Theodor Preiseck (1892–1901), Viktor Scholler und Josef Pfund (1901–1906), Franz Bruckner (1906–1923), Peter Rasch (1924), Leopold Taschner (1925–1931), Walfried Krottenbach (1931–1937), Ing. Eduard Peintner (1937–1945), Ing. Franz Rechka (1945–1947), Rupert Lehner (1947–1963), Ing. Erich Zauner (seit 1963).

VBR Ing. Zauner E. (1948), HBI Perndorfer L. (1949), AW Schütz H. (1964) — Lm Ammerer R. (1964), PFm Breiteck F. (1981), Fm Breiteneder K. (1971), HFm Burgstaller J. (1964), OFm Danek F. jun. (1970), Bm Danek F. sen. (1962), Fm Grömer F. (1981), Fm Grünberger R. (1979), OLm Haider G. (1964), Fm Hauder L. (1975), Lm Hirschbeck G. (1974), PFm Hofer E. (1979), Hofmann H. (1983), OFm Lamplmayr F. (1975), Fm Lehner G. (1973), HLm Leibetseder E. (1962), Fm Lindenberger F. (1979), Bm Mair R. (1954), PFm Maisriemel H. (1979), PFm Meindl E. (1979), PFm Neundlinger F. (1979), Fm Nimmervoll J. (1979), Oberreiter J. (1983), OFm Öhlinger F. (1973), HBm Reichl J. (1963), Fm Reitinger E. (1979), OLm Schütz H. (1957), OLm Stadler J. (1966), PFm Stummer F. (1979), PFm Tauschmann F. (1975), Fm Tober F. (1977), Fm Wolfersberger J. (1980), Lm Zauner H. (1966), Fm Ziegler J. (1981)

BtF DER CHEMIE LINZ AG

Am 1. Juni 1942 wurde die „Werksfeuerwehr der Stickstoffwerke Ostmark AG" unter Josef Silbermann gegründet. Das erste Auto war ein Mercedes Rüst L 3000 mit einem 500-l-Tank. Im Frühjahr 1943 wurden der Werksfeuerwehr Lehrlinge zugeteilt, die beim Anflug feindlicher Bomber die Vernebelung des Werks durchführen und etwaige Einschläge sofort melden mußten. Im Mai 1944 wurden 38 kriegsgefangene Russen zu Feuerwehrmännern ausgebildet, die mit 2 Mercedes L 3000 eine eigene Einsatzgruppe darstellten. Kritisch war der Einschlag einer Phosphorbombe in das Lager für den Raketentreibstoff, jedoch wurde niemand verletzt. Anders hingegen bei der Explosionskatastrophe im Stollen nahe Redl-Zipf, bei der 50 Feuerwehrleute im Einsatz standen. Nach Abriegelung des Gebiets durch die SS und unter Einsatz von zwei Trupps der Stickstoffwerke mit Spezialausrüstung begann die Suche nach Überlebenden. 300 Menschen dürften damals getötet worden sein; den Männern wurde absolute Schweigepflicht auferlegt! In der letzten Schicht vor Kriegsende (4./5. Mai) setzten sich die russischen Feuerwehrmänner mit 3 Fahrzeugen und der gesamten Ausrüstung ab. Nach Plünderungen war schließlich alles bis auf die Motorpumpe verschwunden! Die BtF der Chemie Linz AG verfügt über einen Fahrzeugpark von 10 Wagen, darunter 2 TLF 4000, 1 Wagen mit 1 t Löschpulver, 1 Notarztwagen. Was es heißt, in einem Industriebetrieb wie der Chemie Linz AG für den Brandschutz und die Sicherheit der Mitarbeiter zu sorgen, kann nur verstehen, wer die Reaktionen chemischer Stoffe kennt. Denn hier geht es nicht nur darum, die Industrieanlagen und die Menschen darin und darum zu schützen, sondern auch die Computeranlagen mit den gespeicherten Daten vor Zerstörung zu bewahren.

VBR Kai J. (1956), HBI Herbe W. (1952), HBI Riedl G. (1947), OBI Frittajon J. (1953), OBI Keplinger W. (1947), OBI Schindelar F. (1956), OBI Wögerbauer K. sen. (1954), BI Birklbauer J. (1960), BI Deutschbauer L. (1955), BI Ecker J. (1948), BI Kasberger H. (1968), BI Mayrhofer J. (1968), BI Oberauer R. (1968) — Lm Aumayr J. (1974), HLm Aumayr K. (1970), Fm Bamberger E. (1982), HFm Beißmann E. (1978), Lm Bernhardt J. (1974), Fm Binder K. (1983), OFm Birklbauer G. (1981), PFm Blöchl-Traxler G. (1983), HLm Böhm E. (1969), OLm Brandner W. (1971), HBm Dannerbauer W. (1968), OFm Dansachmüller H. (1981), HLm Deinhofer G. (1969), OLm Dorninger L. (1971), OFm Dumfart H. (1981), HFm Ebner J. (1976), Lm Enzlberger J. (1971), HBm Erber A. (1958), HFm Gimplinger R. (1976), Lm Gruber W. (1974), HFm Gusenleitner J. (1978), HLm Hablesreiter W. (1969), Lm Höfer F. (1974), OLm Hospodar H. (1972), HFm Jachs H. (1978), OLm Kaiserainer W. (1971), Lm Kaufmann H. (1975), Lm Kern G. (1975), HFm Ketter E. (1977), Lm Kreiner R. (1975), Lm Layr P. (1975), Fm Leber J. (1982), OLm Lehner J. (1973), OBm Lichtenberger K. (1960), OFm Mauracher P. (1980), Lm Mayr H. (1974), HBm Mitschan A. (1962), OLm Müller G. (1971), OLm Neubauer G. (1969), OFm Neubauer G. jun. (1981), Lm Neuhuber P. (1974), Lm Ortner J. (1974), HLm Ortner S. (1968), Bm Pachner K. (1967), Bm Peitl H. (1961), Fm Pendlmayr S. (1976), HLm Pentisch A. (1967), OFm Primetzhofer A. (1980), Bm Reichetseder J. (1961), Fm Reisinger J. (1981), Lm Reiter G. (1974), OFm Reiter J. (1981), HFm Ruemer F. (1978), HFm Sailer E. (1978), Bm Scheba J. (1967), HBm Scheuereder H. (1962), HFm Schmolmüller G. (1978), OLm Schöppl A. (1972), OFm Sommer G. (1980), OLm Stadler J. (1972), HLm Weilguni M. (1969), HBm Werschnik J. (1952), OBm Wöckinger A. (1964), HFm Wöckinger A. (1978), HFm Wögerbauer K. jun. (1978)

BtF DER ELEKTRO-BAU AG

Im September 1966 wurde die BtF der EBG gegründet und 1967 in das Oö. Feuerwehrbuch eingetragen. In den ersten Jahren galt es, die Ausbildung der 21 Mann starken BtF voranzutreiben und die Ausrüstung zu modernisieren. Die von der ESG übernommenen Gerätschaften waren für die Bedürfnisse der BtF nicht mehr geeignet. In der Folge mußten neues Schlauchmaterial, eine TS, 25 leichte und 7 schwere Atemschutzgeräte, Bergegeräte, Ölwehreinrichtungen, Ölbindemittel usw. angeschafft werden. Zum 10jährigen Bestehen der BtF wurde eine groß angelegte Räumungsübung des Büro-Hochhauses der EBG gemeinsam mit der BF Linz und dem Roten Kreuz Linz, unter Einsatz eines Hubschraubers zur Menschenbergung, erstmals in Linz und Oberösterreich durchgeführt. Diese Übung fand in der Tagespresse große Anerkennung. Im Zuge der weiteren Investitionstätigkeit wurde die bestehende Brandmeldeanlage weiter ausgebaut, an gefährlichen Punkten wurden stationäre Löschanlagen installiert. Der Feuerwehrfunk wurde installiert und umfaßt derzeit 1 Fixstation, 2 Fahrzeug- und 4 Handfunkgeräte. Die Fahrzeuge KLF und KRF-B mußten ausgeschieden werden. Am 11. März 1981 wurden vom Vorstand der EBG ein TLF 1000-80 sowie ein Sonderlöschfahrzeug, ausgestattet mit P 250 und K 120 jeweils mit 40-m-Schnellangriffseinrichtung, an die BtF übergeben. Die Einrichtungen dieser beiden Fahrzeuge wurden von der BtF selbst auf die Bedürfnisse des Betriebes abgestimmt und ein- bzw. umgebaut. Dem vorbeugenden Brandschutz wird seit Gründung der BtF besonderes Augenmerk geschenkt.

HBI Gagstädter K. G. (1966), OBI Steinbauer F. (1966), AW Hochmayr E. (1973), AW Peter O. (1971), AW Sikora G. jun. (1974), BI Sallaberger J. (1973) — HBm Ing. Döberl H. (1967), HFm Draxler J. (1974), OLm Dumfart R. (1966), Lm Gruber R. (1966), OFm Hackl A. (1978), Lm Horvath N. (1966), OFm Klement R. (1978), HBm Lang W. (1976), Lm Maly H. (1966), E-BI Ing. Oberst F. (1966), Lm Pöchinger J. (1966), E-BI Richter A. (1966), OFm Schmitzberger K. (1978), HFm Schürz R. (1975), Lm Sikora G. (1966), Lm Sonnleithner H. (1974), HFm Tschiedel K. (1967), Lm Wakolbinger R. (1981), HLm Wallner A. (1966), OFm Wiesinger H. (1981), E-HBI Ing. Winter F. (1966), Bm Zeilinger P. (1966)

BtF ÖSTERREICHISCHE NESTLÉ GMBH, WERK LINZ

Am 18. Dezember 1884 rückten um 19 Uhr 35 Mann mit einer erst fünf Jahre alten Handdruckspritze zum Brandeinsatz am Bindermichl aus. So steht es in der Chronik der 1879 gegründeten BFW der damaligen Firma „Franck". Die Firma wurde als Zweigniederlassung des Werkes Ludwigsburg (BRD) am 30. Januar 1879 in das Handelsregister der Stadt Linz eingetragen. Als die BFW am 4. März 1885 um 20.30 Uhr beim Brand in Niederreith mit 47 Mann als erste Feuerwehr am Brandplatz war, gab es von den umstehenden Feuerschauern Beifall. In den Jahren bis zum Ersten Weltkrieg war der Mannschaftsstand mit 70 bis 80 Mann sehr hoch, aber aufgrund der technischen Gegebenheiten notwendig. Das erklärt auch, daß die BFW-Franck bis 1925 bei allen größeren Bränden im Stadtgebiet im Einsatz war. Eine BFW steht und fällt mit dem jeweiligen Betrieb und ist, mehr als eine Feuerwehr von den Stadträten, von der jeweiligen Firmenleitung und vom Direktor des Werkes abhängig. Obwohl sich der Name des Werkes und damit der Name der Betriebsfeuerwehr im Laufe der 104 Jahre von Franck auf Franck und Kathreiner, schließlich auf Nestlé bereits dreimal geändert hat, wurde doch der Wert einer BFW von den jeweiligen Betriebsverantwortlichen immer erkannt. Mit dem Namen haben sich auch die Produkte des Werkes geändert. War es zu Beginn der Zichorien-Kaffee, so ist es heute eine ganze Produktpalette und besteht aus: Suppen, Soßen, Würze flüssig und fest, Bohnenkaffee und Kaffeemittel, Kindernahrungsmittel und Tee. Die Betriebsfeuerwehr verfügt über ein eigenes Depot mit Mannschaftsraum, über zwei VW-Busse mit Tragkraftspritzenanhänger und VW-Pumpen sowie über vier Preßluftatmer und 220 Handfeuerlöscher.

VBR Buchberger W. (1952), HBI Karasek W. (1961), AW Holzmann S. (1965), AW Leitgöb L. (1961), BI Pfanzagl F. (1954) — PFm Bogner A. (1983), Lm Casta H. (1968), E-OBI Emhofer K. (1953), OLm Freudenthaler O. (1961), OLm Füreder A. (1963), Lm Hammerstorfer R. (1969), OLm Hauser F. (1961), Bm Höglinger J. (1961), OLm Holzmann H. (1973), OLm Kern W. (1977), OLm Kinzlhofer J. (1969), OLm Krüse F. (1969), Lm Lainer W. (1977), PFm Larndorfer A. (1982), Lm Palmetshofer J. (1970), Lm Pilz J. (1970), Lm Radinger W. jun. (1979), HLm Radinger W. sen. (1951), Lm Schöllhammer F. (1970), E-OBI Ing. Stöger R., PFm Syllaba D. (1983), HLm Vatergruber J. (1963), HFm Weiß F. (1961), Fm Weixelbauer F. (1981), Bm Weixelbaumer F. (1965), Lm Weixelbaumer F. (1968), OLm Winkelbauer J. (1961)

BtF DER LINZ TEXTIL AG

Die 1838 gegründete Firma mußte als Spinnerei und Weberei von Anfang an auf Feuerschutz bedacht sein. In der Gründerzeit der Textilindustrie waren Brände keine Seltenheit. So gab es auch in den Kleinmünchner Werken eine Betriebsfeuerwehr, die sich jedoch damals nur auf eine Lokalisierung der Brände beschränken konnte. 1880 brach in den Räumen der Englischen Spinnerei ein Brand aus, der bedeutenden Sachschaden anrichtete. Die zweite Bedrohung der Werke kam vom Wasser. Um die Wasserkraft nutzen zu können, hatte man an die Traunbäche und die Traun gebaut. 1887 stand fast das ganze Firmenareal unter Wasser, und derartige Überschwemmungen wiederholten sich in den folgenden Jahren. Besonderes Augenmerk wurde daher, um weitere Katastrophen so weit wie möglich vorzubeugen, der Organisation der Feuerwehr und auch der neu gegründeten Wasserwehr zugewendet. Mitglied dieser Wasserwehr oder der Feuerwehr zu sein galt als Auszeichnung. Nach den Überschwemmungskatastrophen des Jahres 1899 erfolgte sogar eine Ehrung des technischen Direktors und seiner Wehren durch Kaiser Franz Joseph I. In der Folge wurde endlich durch ein umfängliches Dammsystem und andere Schutzbauten die Hochwassergefahr weitgehend gebannt. In die Jahre vor der Jahrhundertwende fiel der Bau des Sprinklerturmes und die Ausstattung der anschließenden Spinnerei mit automatischen Berieselungsanlagen im Brandfalle. 1899 wurde auch eine neue Dampfspritze angeschafft. Der technische Stand der Betriebsfeuerwehr wurde laufend bis heute immer wieder den Bedürfnissen der Betriebe angepaßt. Erst 1982 wurde die Ausrüstung modernisiert, und es erfolgte die Anschaffung eines neuen Löschfahrzeuges.

HBI Holzmann A. (1951), OBI Hadeyer R. (1970) — Bäck K. (1982), Benesch F., Jäger W., Lemmerhofer F. (1978), Mayr J., Mittermayer H.-P. (1978), Mößler E. (1968), Mößler O. (1958), Puchinger J., Reitzmeier A., Saßmann E. (1951), Schüpany A. (1974), Seitz H. (1982), Spitzl E. (1981), Umhauer E. (1982), Waldhör H. (1979), Walter N. (1967), Windhager K. (1967), Zachhuber J.

BtF DER ESG-LINZ

Die ESG-Betriebsfeuerwehr wurde 1910 mit fünf Feuerwehrmännern gegründet. Erster Kommandant war Karl Haider, dem 1921 Alois Rund folgte. 1923 wurde eine Handdruckspritze angeschafft und 1938 die Eintragung in das Feuerwehrbuch des Landes Oberösterreich vorgenommen. Mit Zunahme des Mannschaftsstandes, der 1930 bereits 44 Mann betrug, wurde die Ausrüstung in den Jahren 1939, 1943, 1944, 1946 und 1959 um Motorspritzen erweitert. 1941 erfolgte die Übergabe des Feuerwehrgerätehauses Remise Urfahr, 1966 einer Zeugstätte in der Westbahnstraße, 1972 des Feuerwehrgerätehauses FHKW-Nebingerstraße und 1981 schließlich der neuen Zeugstätte Kleinmünchen. 1944 entstand der Löschzug 2 (Autobusbetrieb) und 1950 der Löschzug 3 (Obusbetrieb St. Martin). Trotz der kriegsbedingten Zerstörung der Ausrüstung konnte bereits am 19. Dezember 1945 die erste Feuerwehrübung durchgeführt werden. 1952 wurde erstmals an einem Feuerwehrleistungsbewerb teilgenommen und auf Bundesebene 1970 der 5. und 1978 der 12. Rang erzielt. 1954 standen 28 Feuerwehrmänner der ESG im Hochwassereinsatz und erhielten dafür Erinnerungsmedaillen. Bis heute wurden in den 73 Bestandsjahren der ESG-Betriebsfeuerwehr insgesamt 19 Leistungsabzeichen in Gold, 76 in Silber und 45 in Bronze erworben, 1964 übernahm das Kommando Franz Wlcek. In seine Ära fallen etwa auch die Anschaffung von Löschfahrzeugen in den Jahren 1968 und 1982 sowie 1980 der Ausbau des Atemschutzfahrzeuges in Eigenregie oder das Aufstellen einer Wasserdienstgruppe 1971 und einer Tauchergruppe 1978. Seit 1970 beteiligt sich die ESG-Betriebsfeuerwehr an Blutspendeaktionen. 1972 wurde der Nachrichtendienst in der Zentrale des Oö. Landes-Feuerwehrkommandos übernommen.

HBI Lala K. (1959), OBI Ing. Tyma L. (1976), VBR Wlcek F. (1949), HBI Rahofer K. (1942), AW Hammer J. (1956), AW Höbarth L. (1965), AW Primetzhofer E. (1967), AW Scharinger A. (1975), BI Mayerhofer R. (1958), BI Pehböck J. (1962), BI Sulzbacher E. (1954), BI Weyrer F. (1958) — OLm Aichmaier J. (1950), Bm Atzmüller A. (1961), OFm Bachl A. (1976), OLm Bachmayer H. (1964), OLm Böck R. (1975), OBm Böhm E. (1950), OFm Burgstaller F. (1941), E-HBI Draxler W. (1944), HFm Dünser J. (1975), HBm Ehrenmüller M. (1953), Fm Enzendorfer F. (1980), BI Enzenhofer R. (1975), Fm Feitzelmayr H. (1981), Lm Fischer H. (1964), Lm Fischhuber L. (1966), OLm Foisner W. (1949), Bm Fuchs O. (1951), HLm Gaisbauer W. (1950), OFm Galli J. (1959), OFm Ganher F. (1955), OLm Götzhaber J. (1967), Fm Gruber F. (1982), BI Grünberger L. (1933), OFm Gschwendtner F. (1950), HLm Gumpesberger F. (1950), HFm Gundhacker L. (1966), BI Hartl G. (1972), OFm Haubner H. (1950), PFm Hell H. (1983), HFm Herunter A. (1962), Lm Heuberger G. (1972), HLm Hobecker H. (1953), HFm Höller E. (1962), Fm Höllinger J. (1982), OBI Hofer A. (1943), Lm Hofer J. (1969), OFm Hofinger K. (1950), Bm Hofstätter J. (1977), OLm Hohl L. (1960), HLm Holl J. (1952), Lm Holl J. (1951), Lm Kirchmayr F. (1931), HBm Körbler W. (1967), OFm Lehner J. (1950), HFm Leitgeb J. (1972), HFm Leutgebweger F. (1978), Lindenbauer G. (1979), AW Lindenberger R. (1959), Bm Mahringer H. (1958), Mayr R. (1974), Bm Mayrbäurl F. (1974), Bm Merschitzkar H. (1940), OLm Mitterlehner J. (1962), HBm Ing. Moser H. (1965), AW Dipl.-Ing. Moser K. (1972), Bm Mühleder A. (1940), Lm Neumüller A. (1950), Fm Neumüller A. (1980), PFm Obermüller M. (1983), HFm Oberthaler B. (1972), Lm Oppenauer S. (1941), Fm Pirngruber A. (1962), OLm Plankenauer K. (1968), Lm Pölzl F. (1956), OLm Pölzl J. (1950), HFm Pointner G. (1975), Lm Pomohatsch E. (1938), PFm Rienner R. (1983), HFm Schauer K. (1962), Bm Schildhammer J. (1936), Lm Schildhammer J. (1971), PFm Ing. Schwinger W. (1983), HFm Seilinger P. (1968), HLm Seipel E. (1949), HFm Steiner E. (1967), E-HBI Stockbauer J. (1946), OFm Sulzbacher E. (1950), Fm Thaler-Haindl J. (1982), E-HBI Tichay F. (1923), OLm Tschapowetz E. (1950), E-OBI Viehböck K. (1948), HLm Weber J. (1968), Lm Weixelbaumer M. (1958), Wimmer R. (1945), BI Ziegelwanger J. (1950), HLm Zimmerl J. (1966)

BtF DER ÖBB-HAUPTWERKSTÄTTE LINZ

Die Freiwillige Betriebsfeuerwehr der Österreichischen Bundesbahnen wurde in den Jahren 1885 bis 1887 gegründet. Der erste Versuch 1885 war zum Scheitern verurteilt, da eine Stärke von 505 Mann ins Auge gefaßt wurde, deren Ausbildung und Ausrüstung undurchführbar war. So wurden dann 1887 aus Freiwilligen zwei Züge mit je 20 Mann unter dem Kommando des Werkstättendirektors Insp. Suchanek aufgestellt. 1899 mußte über Auftrag der k. u. k. Staatsbahndirektion die FF aufgelöst werden; eine 50 Mann starke Pflichtfeuerwehr wurde gegründet. Am 21. Juli 1910 wurde bei der Fa. Rosenbauer u. Kneitschel eine Benzinmotorspritze bestellt; sie war die erste dieser Art in Österreich. In den Kriegsjahren 1914–1918 mußte die Feuerwehr bei Verwundetentransporten nach Linz die Entladung vornehmen, für Beleuchtung sorgen sowie für weiterfahrende Transporte (auch Gefangene) die Trinkwasserversorgung übernehmen. 1919 wurden aus der Sachdemobilisierung zwei Autos angekauft, die zu Einsatzfahrzeugen umgebaut wurden. Durch das 1924 erlassene Abbaugesetz wurde auch die BtF stark betroffen, da 17 Mann ausscheiden mußten, darunter auch der langjährige Kommandant Jugl. Während der Kriegsjahre 1939–1945 wurde die BtF auf 14 Gruppen erhöht, um jede Dienststelle im Raume Linz mit einer voll ausgerüsteten Gruppe besetzen zu können. Nach dem Zusammenbruch 1945 war es die BtF, die mit den ersten Aufräumungsarbeiten begann, da das Werk zu 98 Prozent durch Bomben zerstört war. Die Entwicklung der BtF während des Krieges und in den Jahren nachher war von der Persönlichkeit des Kommandanten Brandrat Jocher geprägt. 1956, Brandrat Jocher war in den Ruhestand getreten, folgte VBR Brehm. An Ausrüstungen wurden 1960 bis 1970 ein TLF 1000 und ein LFB beschafft.

HBI Grasl J. (1942), OBI Ing. Pascher F. (1968) — Artner H. (1963), Aspetzberger W. (1983), Auer S. (1982), Bauer H. (1982), Bittner J. (1970), Blach Ch. (1983), Blauensteiner J. (1967), Dober E. (1981), Falkner M. (1983), Fichtinger J. (1973), Freudenthaler W. (1966), Gartner O. (1964), Hackl F. (1976), Hartl M. (1982), Hartl W. (1983), Haugeneder A. (1969), Hierweg E. (1976), Hinterleitner N. (1979), Hofmeister S. (1981), Huber K. (1982), Huemer J. (1982), Kalabis R. (1977), Katzenhofer F. (1971), Leutgeb L. (1981), Mayrhofer P. (1981), Niedermayer W. (1963), Niedermayr R. (1983), Ortner R. (1972), Payreder K. (1975), Pflügler J. (1982), Pöttinger J. (1974), Raidl J. (1983), Roller E. (1976), Sabitzer J. (1973), Scharinger F. (1958), Schönauer A. (1970), Schubert F. (1977), Schürz H. (1980), Seiwald E. (1982), Sima B. (1968), Steininger J. (1975), Stieger J. (1976), Studeregger K. (1982), Stütz A. (1966), Traxler R. (1959), Tuschek A. (1970), Ing. Vogelsberger M. (1982), Weißhäupl E. (1967), Wöß A. (1957), Wöß A. jun. (1982)

BtF ÖSTERREICHISCHE SCHIFFSWERFTEN AG, LINZ

1915 wurde die Feuerwehr der Schiffswerft Linz gegründet. Erster Kommandant war Franz Kellermayr. An Geräten standen Patschen, Wasserkübel, Handspritzen, eine fahrbare Handpumpe und eine Leiter zur Verfügung. 1918 ging die Werft in private Hände über. Anfang der dreißiger Jahre wurde die Ausrüstung um Feuerlöscher und eine Zille erweitert. Zu den Aufgaben zählte auch das Auspumpen leck gewordener Schiffe, das 1937 durch die Anschaffung einer Motorpumpe TS 600 Rosenbauer sehr erleichtert wurde. 1939 wurde die Werft der Marine zugeteilt, die Feuerwehr mit 3 Gruppen aufgestellt und 1 Löschfahrzeug zur Verfügung gestellt. 1950 ereignete sich der größte Schiffsbrand: Das Personenschiff Johann Strauß geriet in Brand, wobei zwei Arbeiter getötet wurden und großer Sachschaden entstand. Zur Ausrüstung kamen ein fahrbares Trockenlöschgerät P 250, 1 Kellerpumpe, 2 schwere Atemschutzgeräte und ein Schlauchwagen hinzu. Eine weitere Katastrophe war das Hochwasser 1954, bei dem die Feuerwehr tagelang im Einsatz stand. 1956 wurden ein gebrauchtes LLF und ein TLF angeschafft. Die Feuerwehr wurde auch als Wasserwehr ausgebildet. Es wurden 2 Zillen, 1 Motorboot und 2 Handfunkgeräte gekauft. 1963 folgte die Anschaffung eines neuen, leichten Löschfahrzeuges. 1965 war wieder Hochwasser, und die Feuerwehr stand im Dauereinsatz. 1968 wurde 1 Steyr 380 zu einem Tanklöschfahrzeug umgebaut und mit einer Hochdruckpumpe ausgerüstet. Für Öleinsätze wurde die Ausrüstung um 3 Ölsperren und Ölbindemittel erweitert. 1980 wurden 3 Ölsperren dazugekauft. 1982 bekam die Feuerwehr 1 Löschkanone, 1983 2 neue, schwere Atemschutzgeräte und 1984 eine elektrische Tauchpumpe.

HBI Huber J. (1958), AW Frick J. (1959), AW Kartusch J. (1958), AW Zinsberger J. (1963) — OLm Böhm F. (1978), Bm Fröhlich K. (1958), Fm Geißler E. (1979), Fm Höllmüller G. (1982), HFm Hofmayr O. (1978), HFm Huber H. (1976), HFm Krammer H. (1975), Bm Mohr M. (1959), Fm Müller A. (1978), Fm Nachlinger G. (1982), HFm Peham F. (1975), OFm Pröselmayr G. (1980), Bm Rammer J. (1975), Fm Ruckendorfer M. (1978), Bm Stöttner J. (1959), Fm Tyoler K. (1979), Fm Zoidl S. (1978)

BtF VOEST-ALPINE AG

Bis 1973, dem Jahr der Fusion der verstaatlichten österreichischen Eisen- und Stahlindustrie, trug das Unternehmen am Standort Linz den Namen „Vereinigte Österreichische Eisen- und Stahlwerke AG" und war zur Zeit seiner Gründung bis zum Ende des Zweiten Weltkrieges im Mai 1945 getrennt in Hermann Göringwerke Linz (HGW) und Eisenwerke Oberdonau (EWO). 1938 wurde die Werksfeuerwehr der HGW gegründet. Kommandant war Herr Krüttner vom 1. August 1938 bis 16. November 1945. Ab 1943 wurden die Einsatzkräfte der WF der HGW durch Heranziehen von Fremdarbeitern, vorwiegend Italienern und Russen, verstärkt. Ausrüstung: 20 bis 25 Feuerwehrfahrzeuge, alarmmäßig erreichbar. Dienst: 48 Stunden Dienst, 48 Stunden Freizeit; 2 Schichten. Unterbringung: Barackenlager. 1941 wurde die Werksfeuerwehr der EWO aufgebaut. Kommandant war Herr Tinsobin vom 15. Mai 1941 bis 6. Mai 1945. Stärke: 72 Mann, gegliedert in 45 hauptamtliche und 27 Hilfs-Feuerwehrmänner (Betriebsangehörige verschiedener Betriebe); 3-Schicht-Dienst. Ausrüstung: 12 schwere Löschfahrzeuge. Unterbringung: Barackenlager. Neben dem Brandverhütungs- und Feuerlöschdienst oblag der Werksfeuerwehr die Ausbildung der Werksbelegschaft für den Luftschutz- und den Krankentransportdienst. Größere Brände von 1938 bis 1945: Weihnachten 1940 = Kokerei, Kohlenturm II; Winter 1942/43 = Wohnlager 57; Anfang 1944 = Wohnlager an der Wienerstraße. Etwa sechs Wochen nach der Kapitulation wurde gleichzeitig mit dem Versuch, die schwer bombenbeschädigten, ausgeplünderten, nunmehr unter dem Namen „Vereinigte Österreichische Eisen- und Stahlwerke AG" zusammengefaßten ehemaligen HGW und EWO wieder aufzubauen, eine eigene Werksfeuerwehr eingerichtet. Kommandant war von 1945 bis 1952 Herr Rauscher. Aufgrund eines Gasunglückes 1948 wurde innerhalb der WF ein spezieller Gasrettungsdienst aufgebaut. Mit Bescheid Fw/B-508/1-1949 des Amtes der Oö. Landesregierung vom 2. Februar 1950 wurde die Feuerwehr der Vereinigten Österreichischen Eisenund Stahlwerke Hütte Linz eine Körperschaft öffentlichen Rechtes und erhielt die Bezeichnung Betriebsfeuerwehr. Personalstand 1950: 60 Feuerwehrangehörige. Ausrüstung: 6 Feuerwehrfahrzeuge. Die weiteren Kommandanten: 1952–1965 Herr Babanek; 1965–1980 Herr Wolkerstorfer, 1981–1983 Herr Nowotny. Derzeit verfügt die BtF der VOEST-ALPINE AG Linz über 90 Belegschaftsmitglieder, von denen 81 im 3-Schicht-Dienst und 7 Mann sowie 2 Zivilbedienstete (Schneider und Sachbearbeiterin) im Tagesdienst tätig sind. Fahrzeugausrüstung: 3 Tanklösch-, 1 Rüst- und 1 Atemschutzfahrzeug, 2 Lastkraftwagen, 1 Kommando-Mehrzweckfahrzeug, 1 Anhängeleiter, 2 Arbeitsboote. Entsprechend den wachsenden Anforderungen wurden neben einer gezielten Forcierung des Vorbeugenden Brandschutzes ab 1970 ein eigener Ölwehr- und Strahlenschutzdienst sowie eine Tauchergruppe aufgebaut. In zahlreichen Betriebsobjekten wurden stationäre Löschanlagen sowie Brandmeldeanlagen installiert. 1973 bzw. 1978 übersiedelte ein Teil der Betriebsfeuerwehr in ein neu errichtetes Gebäude.

HBI Linhart O. (1953), OBI Anzinger H. (1947), OBI Kerschbaum F. (1948), OBI Rammerstorfer K. (1959), OBI Veit K. (1953), OBI Wiesinger D. (1953), BI Atteneder M. (1953), BI Haslehner J. (1952), BI Hinterleitner K. (1957), BI Koblmüller R. (1952), BI Kollros H. (1956), BI Obernberger G. (1960), BI Sachsenhofer R. (1952) — HFm Affenzeller J. (1979), OLm Allerstorfer J. (1971), Fm Allerstorfer R. (1982), Lm Beißmann J. (1977), HLm Böhm F. (1965), OLm Brandstetter J. (1971), HLm Buchinger F. (1964), HLm Bühringer F. (1953), Lm Dannerer F. (1977), OBm Deibl W. (1959), OLm Deutschmann A. (1970), HLm Dorninger R. (1968), HBm Dumfahrt E. (1953), Bm Eidenberger W. (1952), Lm Gaisbauer J. (1975), Lm Gattringer F. (1975), OBm Grünwald K. (1962), Bm Gschwandtner R. (1959), HLm Gusenbauer J. (1966), Fm Hackl R. (1982), OLm Haider R. (1973), Bm Hasler F. (1965), OLm Hauser J. (1970), OLm Hemmelmayr K.-H. (1970), HLm Kaltenberger A. (1960), OBm Kesnar A. (1953), Bm Kirschner H. (1961), Bm Koblmüller R. (1966), Bm Kraushofer K. (1960), Fm Lehner J. (1982), HLm Lehner J. (1953), HLm Lichtenberger R. (1960), OBm Lindlbauer F. (1957), OBm Maier J. (1952), Bm Marehard M. (1964), OBm Mayrdorfer J. (1956), Mittendorfer A. (1957), Bm Möstl E. (1960), OLm Niederländer H.-P. (1974), OBm Oberaigner F. (1953), HLm Pargfrieder J. (1970), Lm Petermair F. (1959), Pfarrwaller J. (1983), OLm Pichler J. (1969), Lm Pichler P. (1975), OBm Pieringer R. (1953), OLm Puchner E. (1971), Lm Reischl F. (1975), OBm Reisinger E. (1953), OLm Resl J. (1972), OBm Retter F. (1953), HBm Richtsfeld R. (1953), HLm Rinner J. (1964), OBm Röckendorfer A. (1960), Fm Sachsenhofer S. (1982), OFm Schietz G. (1981), Schinkinger G. (1984), Lm Schlöglmann J. (1975), OLm Schöppl H. (1971), OBm Schramm E. (1953), OBm Schwarz K. (1953), Bm Seyer J. (1959), OLm Stephan H. (1967), OLm Stumbauer J. (1973), Fm Topf H. (1982), OBm Traunmüller J. (1955), HLm Vitzkotter F. (1966), Lm Wagner A. (1975), HLm Weiringer F. (1964), HFm Wenko A. (1979), HLm Wieser J. (1964), OBm Wimmer K. (1957), OBm Winklehner E. (1956), OBm Zimmerbauer F. (1953)

DIENSTGRUPPE A

DIENSTGRUPPE B

DIENSTGRUPPE C UND TAGDIENST

BtF DER WEGSCHEIDER FARBEN GMBH

Das 1945 gegründete Unternehmen mußte sehr bald zur Kenntnis nehmen, daß die Produktion von Farben, Lacken, Klebstoffen und chemischen Produkten mit erhöhter Brandgefahr verbunden ist. Bereits 1948 entstand ein nicht unbedeutendes Schadensfeuer, was unmittelbar zur Gründung einer werkseigenen Feuerwehr führte. Zum damaligen Zeitpunkt war es äußerst schwierig, die notwendigen Geräte, wie Motorspritze, Schläuche usw., zu beschaffen. Es wurde daher auf ehemalige Wehrmachtsbestände zurückgegriffen. So waren viele Jahre lang Stahlhelme der ehemaligen deutschen Wehrmacht in Benützung. Die Einsatzbekleidung bestand aus Schlosseranzügen. Für den Atemschutz bediente man sich Gasmasken der ehemaligen deutschen Wehrmacht. Die Angehörigen der Betriebsfeuerwehr sind Mitarbeiter des Werkes. Es werden für die werkseigene Feuerwehr vorwiegend Männer ausgewählt, die an exponierten Produktionsstätten arbeiten. Der Feuerwehr stehen derzeit neben einer Alarmsirene eine Tragkraftspritze TS 8, je 160 m Durchschlauch B + C, 3 Stück Sauerstoffschutzgeräte, 1 Stück Unterwasserpumpe, 3 Stück Trockenlöscher P 50 und 50 Stück Trockenlöscher P 12 zur Verfügung. Die Wasserversorgung aus einer ca. 65 m³ fassenden Zisterne, aus drei Brunnen und einem Hydrantenanschluß ist gesichert. Mehrere Großbrände, die das Werk in den vergangenen Jahren heimsuchten, wären sicher katastrophaler verlaufen bzw. hätten eine ungleich höhere Schadenssumme erbracht, wäre nicht durch die Betriebsfeuerwehr bis zum Eintreffen der Berufsfeuerwehr wertvolle Arbeit in der Verhinderung der Ausbreitung geleistet worden.

HBI Granegger J. (1951), OBI Mann S. (1948) — Aumayer M. (1980), Bayer W. (1978), Dimster M. (1959), Fiedler F. (1978), Gitter H. (1963), Hannesschläger A. (1979), Haugsberger J. (1973), Hessenberger N. (1978), Hofflener K. (1963), Lachner W. (1983), Reinboldt A. (1962), Sabo R. (1979), Schönberger H. (1975), Wimplinger R. (1979), Wurm P. (1983), Wurzenberger F. (1972)

BEZIRK STEYR-STADT

2 FEUERWEHREN

BEZIRKSKOMMANDO

Sitzend von links nach rechts: HBI Zimmermann Ewald (Kassier), HBI Praxmarer Gerhard (Zeugwart), BR Schrottenholzer Rudolf (Abschnittskommandant), OBR Wallergraber Gottfried (Bezirkskommandant), VBR Steinhuber Friedrich (Adjutant des Kdos), HBI Enzendorfer Helmut (Schriftführer); stehend von links nach rechts: HBI Mayr Heinz (Kdt. Löschzug I), HBI Schweiger Gerhard (Kdt. Wasserwehr), HBI Hasenleithner Walter (Kdt. Löschzug II), HBI Ecker Johann (Kdt. Löschzug III), HBI Hölblinger Walter (Kdt. KHD/Technischer Dienst), HBI Finner Berthold (Kdt. Löschzug IV), HBI Hackl Josef (Kdt. Löschzug V), HBI Burian Karl (Wettbewerbsleiter)

FF DER STADT STEYR

Am 29. Februar 1864 wurde die Freiwillige Feuerwehr der Stadt Steyr vom Turnverein als Steigerrotte mit 15 Mann gegründet. 1865 konnte die erste Spritze von der Fa. Metz angekauft werden. Im Jahr 1875 konstituierte sich die Feuerwehr als selbständiger Körper durch die Abtrennung vom Turnverein. 1887 wurde die erste und 1891 die zweite Dampfspritze angeschafft, beide von der Fa. Knaust. Im 40. Vereinsjahr gab es in Steyr 391 Feuerwehrmänner. Mußten in diesen Jahren die Wehrmänner mittels Kirchenglocken und Signalhörnern alarmiert werden, so konnte man im Jahr 1902 die elektrische Alarmierung einführen – eine Einrichtung, die bis zur Inbetriebnahme der Funkalarmierung ihre guten Dienste leistete. 1908 wurde im Rahmen der Feuerwehr eine Rettungsabteilung gegründet, deren erster Obmann ihr Initiator Franz Kiderle wurde. Im Jahr 1920 begann – wenn auch bescheiden – die Automobilisierung der Freiwilligen Feuerwehr der Stadt Steyr. Diese wurde bis zum Beginn des Zweiten Weltkriegs beharrlich fortgesetzt. Im Jahr 1938 wurde die Wehr ein Teil der deutschen Polizei und hieß als solcher Feuerhilfspolizei. Durch die Eingemeindung der Ortschaften Gleink, Christkindl, Hinterberg und Münichholz im Jahr 1939 wurden die Feuerwehren von Christkindl und Gleink der Stadtfeuerwehr eingegliedert. 1945 entstand wieder die Freiwillige Feuerwehr der Stadt Steyr und wurde eine Körperschaft des öffentlichen Rechts. Sie wurde mit Restbeständen der deutschen Luftschutzeinheiten sowie mit den verbliebenen eigenen Fahrzeugen und Geräten ausgerüstet. 1948 wurde die Stadtfeuerwehr ein eigener Feuerwehrbezirk. Mit dem wirtschaftlichen Aufschwung konnte man auch darangehen, die Feuerwehr zu modernisieren. Neue Fahrzeuge und Geräte konnten angeschafft werden. Die Schulung der Wehrmänner wurde zielstrebig in der eigenen Wehr und in der Landes-Feuerwehrschule durchgeführt. Heute kann die Freiwillige Feuerwehr der Stadt Steyr als modern und gut ausgerüstet und geschult angesehen werden. Die Feuerwehr verfügt derzeit über zwei Kommandofahrzeuge, ein Mannschaftsfahrzeug, fünf Tanklöschfahrzeuge, zwei Universallöschfahrzeuge, ein schweres Löschfahrzeug, vier Löschfahrzeuge, eine Gelenkbühne und einen Kleinlastkraftwagen. Besonders ausgebildeten Wehrmännern stehen im technischen Zug noch ein Vorausrüstfahrzeug, ein schweres Rüstfahrzeug mit Kran, ein Kranfahrzeug, ein Ölwehrfahrzeug und ein Atemschutzfahrzeug sowie ein Anhänger mit Stromgenerator zur Verfügung. Andere Spezialisten in der Feuerwehr bilden die Wasserwehr, die folgende Ausrüstung hat: ein A-Boot mit 65-PS-Motor, ein Ponton mit 65-PS-Motor, zwei Motorzillen mit 35-PS-Motor, drei Zillen und 350 m Ölsperren nebst den nötigen Geräten und Ausrüstungen. Kommandanten der Freiwilligen Feuerwehr der Stadt Steyr seit ihrer Gründung waren: Dr. J. Reinhart, Leopold Haller, Eduard Zinkl, Karl Edlbauer, Wilhelm Klein, Franz Lang, Franz Vogt, Hans Wolfartsberger, Franz Keller, Franz Aichinger, Josef Hack, Karl Sommerhuber, Erwin Hasenleithner und Gottfried Wallergraber.

LÖSCHZUG I

OBR Wallergraber G., OBR Ing. Ofner F. (1953), BR Schrottenholzer R. — Amon A., Amon J., Auer F., Bachner J., Baumgartner E., Baumgartner F., Bergmayr E. jun., Bergmayr H., Blümelhuber R., Breslmayr A. jun., Breslmayr A. sen., Breslmayr P., Brunmayr G., Brunner J., Burgsteiner J., Burian K., Busek A., Christl J., Danzinger H., Demmelmayr H., Demmelmayr H., Dietinger E., Dirnberger J., Dostal J., Dutzler A., Dutzler F., Dutzler J., Ecker H., Ecker J., Ecker J., Ecker T., Egelmayr R. jun., Egelmayr R. sen., Enzendorfer H., Eßl K., Esterka P., Finner B., Finner B. sen., Finner J., Fischer F., Forsthuber F., Franchi W., Fröhlich E., Frühauf R., Fürtauer J., Gaisberger F., Gaisberger J., Gaßner M., Prof. Dr. Grandy E., Großauer H., Gruber R., Gutbrunner H., Hackl F., Hackl H., Hahn D., Hahn J., Hahn R., Haiberger J., Haidenthaler J., Haider A., Halbritter G., Halbritter H., Hartl R., Hasenleithner E., Hasenleitner J., Hasenleitner W., Haslhofer J., Heinzelreiter H., Heitmanek K., Hengster R., Herzog P., Hiesmayr F., Hiesmayr F., Himmelbauer M., Himmelfreundpointner F., Himmelfreundpointner H., Hochrather K. jun., Hochrather K. sen., Hölblinger W., Höll P., Hönig G., Hofer E., Hofer K., Hofmarcher E., Holzer R., Huber A., Huber K., Hübner G., Hummer H., Hutsteiner A., Hutsteiner F., John W., Kaiplinger H., Kinauer M., Kinauer W., Kitzberger H., Klinger F., Klinger H., Kohlberger J., Koppler J., Kraushofer F., Krendl G., Krenn J., Kronberger E., Kühholzer J., Kurzwernhart J., Lamplmaier F., Landerl F., Langbauer G., Langensteiner A., Leitner E., Leitner P., Leonhartsberger J., Lessacher E., Lorz J., Lukas J., Lumesberger M., Lumesberger R., Mayr, Mayr F., Mayr H., Mayr H. jun., Mayr K., Mayrbäurl F., Mekina E., Mekina H., Mitterbauer L. sen., Mitterbauer M., Mitterhauser A., Mitterschiffthaler W., Mitterwachauer O., Mörtenhuber K., Moser Ch., Muckenhuber M., Mühlbauer B., Mulle H., Nebauer J., Neuwirth K., Niedl H., Palk R., Palk R., Patscheider I., Payrleitner W., Peyreder H., Pfaffenbichler B., Pichlbauer G., Pichlbauer P., Pichler H., Platzer H., Pötz J., Praxmarer G., Radler D., Raffelsberger G., Raffelsberger R., Reimann P., Reiter R., Reschauer K., Riedl H., Riegler H., Ritt R., Ritzberger A., Rottenmanner A., Sailer V., Sandmayr H. sen., Sandmayr J., Schachner F., Schaumberger J., Schaumberger R., Schedivy A., Schedlberger F., Schlader F. jun., Schlader F. sen., Schmidt W., Schmollgruber M., Schönherr H., Schrank F., Schrattenecker L., Schrottenholzer P., Schützenhofer F., Schützenhofer G., Schulz V., Schwarzmüller E., Schweiger A., Schweiger G., Simmer W., Springer R. jun., Springer R. sen., Staudinger E., Stecher E., Stecher J., Steinbacher L., Steinhuber F., Stöglöcker A., Süßer H., Tagini W., Wallergraber R., Dr. Walter E., Weikerstorfer R., Weis G., Weise E., Weise K., Weißengruber K., Weißgruber K., Weißengruber T., Wickgruber W., Wieser J., Wiesmayr M., Wimmer W., Wolfinger F., Zamazal M., Zimmermann E., Zitroni N.

LÖSCHZUG II

LÖSCHZUG III

LÖSCHZUG IV

LÖSCHZUG V

KHD-ZUG

WASSERWEHR

BtF DER STEYR-DAIMLER-PUCH AG

Ein am 9. Januar 1870 ausgebrochener Brand im Objekt III der österreichischen Waffenfabrik (gegründet 1864) war der Anlaß zur Gründung einer eigenen Fabriksfeuerwehr noch im gleichen Jahr. 1871 wurde das erste Feuerwehrhaus seiner Bestimmung übergeben. Im Jahr darauf wurde eine Knaustsche Wagenspritze angekauft; außerdem kam es zur Gründung einer Feuerwehrmusik mit 15 Mann. 1873 erfolgte der Ankauf eines Requisitenwagens. Am 24. November 1880 wurde im Beisein des Kaisers Franz Joseph und von Herrn Rosenbauer aus Linz das zehnjährige Gründungsfest gefeiert. Für die Betriebsanlage in Letten wurde eine eigene Betriebsfeuerwehr gegründet. Nach der „elektrischen" Ausstellung 1884 wurden zur raschen Alarmierung Kontrollklingeln, ein Telegraphenapparat und Telefon eingeführt. 1887 erfolgte der Einzug in das neue Depot mit Steigerturm und Feuerwachzimmer im Wehrgraben, außerdem der Ankauf einer 3-Zylinder-Dampfspritze durch Herrn Werndl (Wasserlieferung 1 200 bis 1 500 Liter pro Minute). Eine dreiteilige Knaust-Schiebeleiter und 500 m Schläuche wurden 1891 angekauft. Bei der Generalversammlung wurde die Rettungsabteilung für Wassergefahr gegründet. 1914 kam es zum Bau einer automatischen Sprinkleranlage in der Tischlerei im Hauptwerk, die heute noch funktioniert. Im Verband der neuen Berufsfeuerwehr der österreichischen Waffenfabrik wurde am 16. Januar 1922 eine Rettungsabteilung, die ständig mit drei Sanitätern besetzt war, gegründet. 1936 wurden eine Magirus-Leiter und zwei Motorspritzen angekauft. Zwischen 1938 und 1945 bestand die Feuerwehr aus 30 Mann, die kaserniert waren, und zusätzlich 54 Mann freiwillige Feuerwehr mit 100 Mann Werkschutz. 1945 kam es zur Neuaufstellung der Betriebsfeuerwehr mit 22 Mann (hauptberuflich). Die Feuerwache Wälzlagerwerk wurde 1941 unter Kommandant Pfenninger gegründet und hatte während des Krieges auch Luftschutzaufgaben zu erfüllen (sechs Mann, freiwillig). Im Zuge des Neubaus des BMW-Motorenwerks wurden von der Steyr-Daimler-Puch AG die Brandschutzaufgaben übernommen und aufgrund einer behördlichen Vorschreibung eine freiwillige Betriebsfeuerwehr mit 25 Mann aufgestellt. Erst im Jahr 1981 wurde für die Feuerwache Wälzlagerwerk und 1982 für die Hauptwache jeweils ein modernes Feuerwehrhaus, das den heutigen Anforderungen entspricht, errichtet. Heute hat die Betriebsfeuerwehr umfassende Aufgaben, z. B. Werkschutz und Werkssicherheit, wahrzunehmen und setzt sich aus einer Hauptwache mit 35 Mann, einer Feuerwache im Wälzlagerwerk mit 25 Mann sowie drei freiwilligen BtF in Letten mit 15 Mann, im Wälzlagerwerk mit 23 Mann und im BMW-Motorenwerk mit 25 Mann zusammen. Kommandanten der Betriebsfeuerwehr der Steyr-Daimler-Puch AG waren, soweit bekannt: W. Nimmerfroh (1870), Robert Schött (1871–1878), Otto Schönauer (1879–1914), Esterle (1934), Perkonigg (1935–1938), Ing. Pamperl (1938–1945), Kollik (1947–1957), Mahrle (1958–1961), Esterle (1962), Dipl.-Ing. Kitzler (1963), Esterle (1964–1968), Dipl.-Ing. Kitzler (1969–1982) und VBR Engelbert Kern (seit 1982).

VBR Kern E. (1979), HBI Rosensteiner J. (1970), OAW Dorfner J. (1950), OBI Müller H. (1949), OBI Pieringer J. (1952), OBI Zippermayr A. (1947), BI Enzenebner J. (1968), BI Feichtner F. (1947), BI König A. (1955) — HBm Arthofer F. (1982), HFm Auer O. (1968), Fm Bachner R. (1983), Fm Bangerl E. (1983), Fm Baumann H. (1983), Fm Beinhakl H. (1982), HFm Brameshuber J. (1968), HFm Brandstetter F. (1974), Lm Bröderbauer M. (1971), Fm Cibulka M. (1982), Fm Derflinger J. (1982), Dorfmayr F. (1952), Dworschak K. (1963), HBm Eibenberger F. (1981), Fm Eibl B. (1981), OLm Eibl J. (1971), PFm Ertel F. (1983), Fm Eßl K. (1982), Fm Etzelstorfer F. (1981), HBm Flankl F. (1972), OFm Forster K. (1976), OFm Franchi W. (1980), PFm Fuchsberger R. (1983), Fm Fürweger F. (1981), Fm Gaßner J. (1982), OFm Grill J. (1978), Fm Grillenberger J. (1981), Grinninger H. (1980), Fm Großalber H. (1982), OFm Großauer A. (1980), OFm Haas E. (1980), PFm Hager J. (1983), OLm Haimberger F. (1970), PFm Hartl R. (1983), Fm Hatschenberger B. (1981), HBm Hehenberger F. (1963), Fm Hinterbuchinger H. (1981), Fm Hönig G. (1981), HBm Hofmann A. (1968), Lm Holzer L. (1971), Lm Holzner J. (1973), Fm Huber J. (1983), Fm Infanger J. (1982), Fm Irle D. (1982), Kaineder J. (1962), Fm Kargl J. (1982), Lm Kern K. (1974), Fm Kerschbaumsteiner P. (1982), OFm Klausberger J. (1979), Fm Kloiber F. (1982), Bm Köstenberger K. (1966), Fm Köstenberger M. (1982), Fm Kogler H. (1981), Fm Kopf H. (1981), OFm Kopf J. (1978), Fm Kreismayr J. (1982), Fm Kuntner K. (1981), Fm Leimhofer J. (1981), Leimhofer J. (1958), Fm Leitner-Sidl L. (1981), OFm Leopold F. (1977), Fm Lichtenwöhrer J. (1981), Fm Lumesberger R. (1981), Lm Lungenschmied K. (1982), Fm Maderthaner K. (1981), HLm Mayr R. (1965), Fm Mekina E. (1982), Fm Michlmayr A. (1980), HLm Milot J. (1979), Bm Mitterbauer W. (1968), Lm Mitterhauser G. (1975), Fm Mösengruber K. (1982), Nagler J. (1954), PFm Nechtelberger R. (1983), Fm Neuhauser E. (1983), Lm Niedermayr J. (1972), Fm Nußbaumer F. (1982), OLm Obermayr K. (1970), Fm Pavlicek A. (1982), HBm Payrhuber F. (1954), Fm Pillwatsch W. (1982), OLm Pilz M. (1966), HFm Pinezits F. (1966), OFm Puntschuh K. (1980), Fm Putz F. (1981), Lm Ramskogler A. (1974), PFm Riener H. (1983), OBm Riesenberger S. (1970), Fm Röhlich K. (1981), OBm Rosensteiner B. (1969), Fm Schacherlehner I. (1981), Bm Scheucher F. (1980), Fm Schiffer H.-Ch. (1981), Lm Schmatz F. (1968), Lm Schmidleitner A. (1973), Fm Schmiedinger F. (1981), OFm Scholz H. (1978), Bm Schweinschwaller J. (1970), PFm Schwödiauer A. (1983), Fm Schwödiauer K. (1982), Fm Seidl R. (1981), HBm Skerlan P. (1978), HBm Stastny J. (1968), HLm Steger R. (1954), Steiner K. (1957), PFm Stöffelbauer J. (1983), Fm Strögmüller K. (1981), Fm Stoiber F. (1981), PFm Stummer G. (1983), Lm Teufel J. (1968), HBm Übellacker L. (1972), HBm Wallinger J. (1950), PFm Weindlmaier J. (1983), OLm Weinfurter A. (1971), HFm Wieser L. (1965), Fm Wimmer E. (1980), OBm Wirleitner F. (1965), Fm Zachhuber W. (1982)

BEZIRK WELS-STADT

2 FEUERWEHREN

BEZIRKSKOMMANDO

Sitzend von links nach rechts: BR Kornberger Fritz, OBR Dr. Zeilmayr Alfred, VBR Gruber Karl; stehend von links nach rechts: HAW Eichhorn Josef, HAW Häuserer Rudolf, HAW Weiss Karl

FF DER STADT WELS

Die Freiwillige Turnerfeuerwehr bewährt sich 1864–1867 in drei Brandeinsätzen. Da Aufgaben und Aufwand das Leistungsvermögen des Welser Turnvereins übersteigen, kommt es am 15. Oktober 1867 zur Gründung der Freiwilligen Feuerwehr der Stadt Wels. Die Wehr umfaßt 1868 vier Abteilungen mit 182 Mann; an Löschgeräten stehen zwei Saug- und Druckspritzen und vier Druckspritzen zur Verfügung. 1870 erhält die Wehr einen Hydrophor. Die Feuerwehr leistet beim großen Stadtbrand (24./25. April 1870), bei dem 31 Objekte vernichtet werden, hervorragenden Einsatz. 1871 bezieht die Feuerwehr ihre „Zentrale" am Minoritenplatz, 1873 wird in der Vorstadt (Spitalhof) eine zweite Zeugstätte eingerichtet. 1875 wird das erste schwere Atemschutzgerät beschafft, 1879 ein zweites. Die Wehr beginnt 1886 mit der Sanitätsausbildung, 1892 wird eine eigene Sanitätsabteilung gegründet. Die Rettungsabteilung wird 1942 aufgelöst; ihre Aufgaben übernimmt das Deutsche Rote Kreuz. 1892 besitzt die Wehr einen Landlöschzug, acht kleinere Saug- und Druckspritzen, vier Hydrophore sowie drei fahrbare Schiebeleitern. Aus Anlaß des großen Traunhochwassers 1897 wird eine eigene Wasserwehr gegründet, die bis 1913 bestehen bleibt. 1908 erhält die Feuerwehr zusätzlich eine Dampfspritze, Fabrikat Czermak (Leistung 1 400 l/min), einen Rüstwagen und eine Braun'sche Schiebeleiter. 1918/19 Beginn der Motorisierung der Wehr durch Ankauf eines ehemaligen Gräf & Stift-Militär-Lkw. Nach Großbrand 1923 unverzügliche Anschaffung von drei Motorspritzen und Umbau des Gräf & Stift zu einem schweren Löschfahrzeug (Einbaupumpe 2 700 l/min). Zusätzliche Kraftfahrzeuge erhält die Wehr 1925 (Austro-Fiat und Ford), 1932/33 (Rüstfahrzeug Austro-Fiat) sowie 1937 eines der ersten Tanklöschfahrzeuge Österreichs, einen Austro-Fiat mit 2 750 l Tankinhalt, Schaumtank 100 l und Einbaupumpe 1 500 l/min. 1938 verliert die FF der Stadt Wels ihre Eigenständigkeit und wird (technische) Hilfspolizeitruppe; 1938/39 werden die Wehren Lichtenegg, Pernau, Puchberg und Wimpassing als Löschgruppen eingegliedert. Nach dem Wiederaufbau stellt sich die FF der Stadt Wels heute als moderne Einsatzorganisation dar. Ausrüstung: 3 Kommandofahrzeuge, 2 Universal-Löschfahrzeuge, 2 Tanklöschfahrzeuge, 1 Rüstlöschfahrzeug, 4 Löschfahrzeuge (1 LLF, 3 LFB), 1 Tankfahrzeug (12 000 l), 2 Schlauchfahrzeuge (SF 1000), 3 Drehleitern, 1 schweres Rüstfahrzeug, 1 Rüstfahrzeug mit Wechselaufbauten, 1 Klein-Rüstfahrzeug S, 1 Atemschutzfahrzeug, 1 Öleinsatzfahrzeug, 1 Kranfahrzeug, 1 Beleuchtungsfahrzeug, 1 Versorgungsfahrzeug, 1 Zugmaschine Unimog, 1 Kleinlastkraftwagen, 1 Mofa. Katastrophenhilfsdienst: Bauunfallanhänger, Generatoranhänger, Feldküchenanhänger, 5 Wechselaufbauten. Wasserdienst: 1 K-Boot, 2 Motorzillen, 2 Schlauchboote.

LÖSCHZÜGE 1, 2, 3, 4 UND FEUERWEHRZENTRALE

OBR Dr. Zeilmayr A. (1950), VBR Gruber K. (1942), HAW Eichhorn J. (1949), HAW Erlebach L. (1954), HAW Häuserer R. (1971), HAW Weiß K. (1942), OAW Gröbner W. (1966), OAW Dr. Parzmayr A. (1966), OAW Prohaska O. (1962), OAW Prummer K. (1964), OAW Soller J. (1955), VLBD Irrsiegler K. (1960), BR Kornberger F. (1949), VBR Dr. Hehenwarter F. (1950), VBR Lichtenauer F. (1962), HBI Friedwagner H. (1955), HBI Gaisbauer F. (1942), HBI Ortner H. (1962), HBI Prchal F. (1949), HBI Simader E. (1942), OBI Greifeneder J. (1952), OBI Obermair L. (1940), OBI Ing. Reisenauer H. G. (1966), OBI Scholz K. (1980), OBI Zaunmayr J. (1950), BI Gruber A. (1952), BI Häuserer R. sen. (1950), BI Haider A. (1961), BI Hetzmannseder F. (1970), BI Kuno J. (1965), BI Pannagger H. (1962), BI Stundner A. (1966) — OBm Achleitner M. (1939), OLm Aichinger P. J. (1970), OFm Angerer W. (1979), Fm Armbruckner M. (1980), HFm Astecker E. (1963), HLm Astecker H. (1960), PFm Bauer A. (1983), Bauer H., Lm Bauer J. (1951), PFm Baumgartner M. (1983), E-BR Baumgartner R. (1941), Fm Dr. Berger R. (1965), OFm Bernecker A. (1975), HFm Berthold F. (1966), PFm Billmayer Ch. (1983), OBm Binder R. (1964), Fm Bräuer H. (1981), HFm Brandstätter J. (1963), OFm Brandstötter H. J. (1978), HFm Brunmair A. (1974), PFm Brunner P. (1983), JFm Brunner T. (1980), E-OBR Christ A. (1964), HLm Derflinger F. (1928), Bm Diwoky E. (1922), Fm Dopplbauer K. (1977), Fm Dopplbauer P. (1978), PFm Duscher H. (1983), OFm Eder Ch. (1974), Fm Eder J. (1979), HLm Ehrensperger H. (1971), Bm Eichhorn G. (1966), OFm Eichmayr G. (1954), PFm Eichmeir H. (1983), HLm Eidenberger A. (1971), OBm Eidenberger K. (1962), HFm Eisner F. (1949), OFm Erbler F. (1940), PFm Essert A. (1983), OLm Famler M. (1970), Bm Feichtenschlager F. (1967), Lm Feichtenschlager F. (1970), OLm Feichtenschlager W. (1973), VLBD Feichtner E. (1946), Fm Feldhofer J. (1981), OFm Feyrer W.-P. (1975), Lm Filla G. (1976), Bm Fischer P. (1960), JFm Fischer R., Bm Fischlhammer A. (1950), Lm Foschum F. sen. (1977), Lm Freimüller J. (1976), Fm Freimüller S. (1983), Fm Fürlinger J. (1983), Fm Gaber P. (1980), E-OAW Dr. Gasperschitz A. (1947), HBm Gattringer E. (1958), Lm Gerdoppler J. (1925), HLm Gräff E. (1961), HFm Grebien P. (1974), OFm Greifeneder G. (1975), Fm Greinecker G. (1981), OLm Groiß A. (1982), Lm Groiß E. (1979), OFm Gruber R. (1981), Lm Güttlinger M. (1926), HLm Hartweger M. (1935), HLm Hager R. (1957), Bm Hamedinger H. (1960), Bm Haslehner M. (1954), HBm Hebenstreit F. (1926), HLm Hiegelsberger F. (1979), HFm Hintenaus J. (1928), OFm Hipfl E. (1979), OFm Hirsler H. J. (1975), Lm Hödl Ch. (1975), OLm Höller E. (1950), OLm Holl M., HBm Holzer F. (1938), Fm Holzer K. (1981), HFm Holzinger W. (1974), OBm Horninger A. (1963), OLm Hradill F. (1974), OBm Huber J. (1920), OLm Hübel G. (1974), Hügelsberger H. (1976), HLm Hügelsberger H. (1971), HBm Hügelsberger H. (1952), HFm Humer F. (1974), PFm Jachs H. (1983), OFm Kalcher M. (1974), OFm Kannamüller A. (1954), PFm Kirchweger S. (1981), JFm Klement H., PFm Klimpel M. (1983), PFm Kloiber Ch. (1983), OBm Kollmann J. (1949), OLm Kollmann K. (1934), OFm Kolmhofer Ch. (1979), Fm Kopler F. (1982), JFm Kopler R., OFm Kraxberger J. (1931), E-OAW Kremizl A. (1946), OFm Krenmair D. (1980), Fm Krenmair H. (1977), HBm Krenmair M. (1958), OFm Krininger J. (1935), OFm Künburg F. (1957), HFm Kuschnig G. (1971), OLm Lachner A. (1941), Lm Lehner H. (1919), OFm Lehner J. (1951), E-BI Lehner R. (1941), OLm Lichtenmayr F. (1935), E-BI Lichtmanegger F. (1941), Lm Lindinger F. (1934), Bm Lindner A. (1964), JFm Lippitsch Ch., HLm Loher G. (1966), HFm Loidl K. (1976), JFm Loydolt A. (1976), HBm Marehard M. (1959), OBm Mathe F. (1951), HBm Mathe R. (1951), HFm Mayr H. (1966), JFm Mayrhofer Ch., Lm Meißl E. (1949), E-VBR Meißl F. (1949), Bm Michalik G. (1966), OBm Ing. Mikesch M. (1966), HLm Mizeli F. (1972), Dr. Moser H. (1947), HFm Mühleder W. (1983), Bm Neubert G. (1960), PFm Niederhauser F. (1975), Fm Niedermair A. (1981), JFm Niedermair A., OBm Obermair D. (1943), HBm Obermayr J. (1931), Fm Obernberger G. (1976), Lm Ortner G. (1975), PFm Parzer T. (1983), PFm Paschinger H. (1983), JFm Pechlof T., Lm Petermayr F. (1949), OFm Pfaffenberger J. (1953), HFm Pichler G. (1974), HFm Ing. Poledna H. (1967), PFm Preisinger M. (1955), OFm Prillinger K. (1955), PFm Pühringer F. (1983), JFm Raßl T., HLm Raßl W. (1960), JFm Rauch J., JFm Rauch T., JFm Rebenda M., JFm Rehak J., HFm Rehak K. (1974), OFm Reichl A. (1975), HFm Resl E. (1975), Lm Rödig K. (1948), PFm Rothkegel D. (1983), HLm Rothländer W. (1969), JFm Rumpfhuber R., JFm Schatzl O., OLm Schatzlmair F. (1967), OFm Schey G. (1949), JFm Schickmair G., OFm Schierl K. (1949), HFm Schierlinger-Brandmayr jun. (1975), HFm Schierlinger-Brandmayr (1932), AW Dr. Schimon O. (1942), PFm Schmidseder H. (1983), HBm Schmidt N. (1920), Bm Ing. Schmotzer S. (1960), HFm Schneider H. (1975), OLm Schrangl R. (1969), HBI Schuller A. (1962), OLm Seibold J. (1973), PFm Seitz G. (1980), OLm Silbermayr W. (1949), HBm Simader G. (1956), Bm Simader H. (1956), E-HBI Simader W. (1941), HFm Simader M. (1966), OFm Standfest Ch. (1977), JFm Staudt K., HBm Steindl W. (1941), PFm Steiner H.-J. (1981), HFm Steiner H. (1976), OBm Stieger A. (1950), OBm Stöckl E. (1964), HBm Strasser F. (1964), PFm Strasser F. jun. (1983), OLm Strasser R. (1966), PFm Törek H. (1983), Lm Tröbinger R. (1972), HFm Vamberger W. (1977), Bm Wagner O. (1962), OBm Walter H. (1950), Fm Weckl K. (1980), JFm Weinberger H., HLm Weinberger H. (1973), HBI Weinzierl A. (1946), OLm Weiß F. (1953), OFm Weiß F. jun. (1978), PFm Wenk A. (1983), Lm Wiesinger F. (1974), OFm Wiesinger H. (1979), E-HBI Wiesinger H. (1936), HFm Wimmer H. (1973), Lm Wind F. (1976), Lm Windhager R. (1974), Fm Wurmhöringer A. (1944), Bm Zeilmayr P. (1938), OLm Zens A. (1960), HBm Ziomek A. G. (1960), E-HBI Ziomek S. (1949), OLm Zotter A. (1971), HFm Zotter H. (1959)

FBtF FRITSCH

Die Betriebsfeuerwehr wurde im Jahre 1900 auf Anregung von Alfred Fritsch gegründet. Die Ausrüstung bestand in den ersten Jahren aus einer zweistiefeligen Abprotz-Spritze, dann in einem und später in zwei pferdebespannten Geräten. Im Jahre 1926 wurde die Feuerwehr mit einem Prototyp eines Steyr-Wagens, ein Zwischending zwischen Typ II und Typ VII, motorisiert und mit einer Rosenbauer Motoranhänger-Pumpe ausgestattet. Dies war der sogenannte weit über Wels hinaus bekannte Fernlöschzug. Ab 1953 wurde die Feuerwehr mit einem GMC-Tanklöschwagen mit 1700 Liter Wasserinhalt, der in der eigenen Werkstätte umgebaut wurde, ausgerüstet. Im Jahre 1964 wurde ein Mercedes-Tanklöschfahrzeug 250/2000 sowie ein Kleinlöschfahrzeug der Type Ford Transit angeschafft. Permanente Erneuerungen und Investitionen im Ausrüstungsstandard veranlaßten die Betriebsfeuerwehr im Jahre 1976, ein Löschfahrzeug mit Bergeeinrichtung anzuschaffen. Seit Jahren befindet sich im Besitz der Betriebsfeuerwehr ein Austro-Fiat aus dem Jahre 1927, der bestens erhalten ist und eine besondere Attraktion bei diversen Oldtimer-Rallyes darstellt. Sämtliche Mitglieder der Betriebsfeuerwehr sind mit Funkalarmempfänger ausgerüstet und werden auf diese Art alarmiert. Im Durchschnitt werden pro Jahr 80 technische und Brandeinsätze gefahren. Nach dem Gründungshauptmann KR Alfred Fritsch waren KR Ing. Heinz Fritsch-Richter und anschließend Claus Fritsch Kommandanten der Wehr.

HBI Fritsch C. (1956), OBI Mag. Fritsch Ch. (1971) — Astecker F. (1958), Astleitner F. (1974), Bachner J. (1975), Berenz A. (1952), Bulba R. (1950), Csamay Ch. (1977), Csamay J. (1966), Dehner G. (1956), Dörr J. (1950), Egger D.-J. (1961), Fritsch B. (1967), Fritsch F. (1971), Fritsch G. (1956), Fritsch H. (1965), Ing. Fritsch H. (1971), Fritsch-Richter H. (1952), Gerdoppler F. (1939), Giza H. (1982), Haselböck H. (1974), Hauser K. (1974), Huber W. (1955), Kirchweger K. (1936), Kopler F. (1979), Lamedschwandner A. (1974), Lehner J. (1961), Lindner P. (1974), Mandl F. (1966), Mayerhofer J. (1964), Meindl F. (1974), Neuböck G. (1975), Rablbauer W. (1980), Ing. Rablbauer W. (1964), Rathmoser G. (1950), Schmidt K. (1946), Stadlmayr F. (1967), Stieglmair H. (1975), Windner K. (1945), Zehentner W. (1974)

BEZIRK BRAUNAU AM INN

82 FEUERWEHREN

Abschnitt 1	Braunau	14 Feuerwehren
Abschnitt 2	Mattighofen	27 Feuerwehren
Abschnitt 3	Mauerkirchen	24 Feuerwehren
Abschnitt 4	Wildshut	17 Feuerwehren

BEZIRKSKOMMANDO

Sitzend von links nach rechts: HAW Kons. Harner Karl (Pressereferent), BR Gratzl Karl (Abschnittskommandant), BR Habl Hans (Abschnittskommandant), OBR Hacklmair Alfred (Bezirkskommandant), BR Hellmann Franz (Abschnittskommandant), BR Wimmer Franz (Abschnittskommandant), BFA Dr. Hable Alfred; stehend von links nach rechts: HAW Pfaffinger Helmut (Kassenwesen), HAW Kreil Erich (Funkwesen und Ausbildung), HAW Roland Günter (Sanitätswesen), HAW Wengler Alois (Jugendarbeit), HAW Weilpoltshammer Jakob (Gerätewesen)

FF ACH AN DER SALZACH

Die Freiwillige Feuerwehr Ach an der Salzach wurde 1888 unter dem Gemeindearzt Dr. Ludwig Wendling mit den Mitgliedern Josef Leitner, Michael Sigl, Michael Sigl vulgo Reitmann, Anton Skopetz und Friedrich Taitl gegründet. Im Jahr darauf wurde das erste Spritzenhaus erbaut. Am 20. Oktober 1889 fand die Delegiertensitzung (Bezirkskonferenz) in Ach statt. Am 14. Mai 1893 wurde in Ach die erste Fahne geweiht. Anläßlich der 700-Jahr-Feier der Stadt Braunau besuchte Kaiser Franz Joseph Braunau; die Sanitätsabteilung der Freiwilligen Feuerwehr Ach war dabei. Am 5. Oktober 1912 wurde in Ach das 25jährige Gründungsfest der Feuerwehr begangen. 1929 erfolgte der Ankauf der ersten Motorspritze von der Firma Rosenbauer. Bis 1932 kam die Freiwillige Feuerwehr Ach bei 21 Brandeinsätzen im bayerischen Raum (Burghausen, Mehring, Altötting), bei 25 Brandeinsätzen in Hochburg-Ach und Umgebung, bei zehn Katastrophen und vier Waldbränden zum Einsatz. In dieser Zeit gründete der Oberlehrer von Ach, Karl Pammer, langjähriger Schriftführer, die Acher Feuerwehrmusik. Seit ihrer Gründung stand die Freiwillige Feuerwehr Ach an der Salzach unter der Führung folgender Hauptleute: Dr. Ludwig Wendling (1888–1908), Dr. Groß (1908–1911), Hans Ofenmacher (1911–1939), Johann Steiner (1939–1958), Josef Esterbauer (1958–1968), Josef Irl (1968–1981), Josef Bachmayer (seit 1981).

HBI Bachmayer J. (1959), OBI Ing. Zadny W. (1964), AW Egginger G. (1949), AW Reschenhofer G. (1979), AW Taitl O. (1953), BI Irl H. (1947), BI Wasner W. (1976) — Lm Aigner F. (1949), HFm Aspacher A. (1975), Lm Aspacher J. (1950), Fm Auer P. (1980), OFm Auer R. (1974), Fm Biehl J. (1974), E-AW Birgmann F. (1933), JFm Buchner G. (1982), JFm Buchner H. (1982), Lm Buchner J. (1953), Lm Danner J. (1969), Fm Daum G. (1979), Lm Deubler E. (1967), HFm Drbal J. (1976), Fm Drbal K. (1959), Fm Eberl M. (1979), OFm Esterbauer F. (1964), JFm Esterbauer F. (1982), OLm Esterbauer J. (1947), E-BI Esterbauer J. (1935), OFm Esterbauer J. (1972), OFm Esterbauer J. (1972), Fm Esterbauer J. (1980), Lm Esterbauer L. (1951), Bm Esterbauer S. (1926), OLm Ettl J. (1969), HBm Ettl J. (1932), OFm Feldhüter K. (1915), Fm Fimberger J. (1975), OFm Forstenpointner G. (1979), Bm Forstenpointner J. (1954), JFm Forstenpointner J. (1980), Lm Frauenberger L. (1923), OFm Friedrich G. (1948), OBm Friesenecker G. (1949), OFm Friesenecker G. (1977), JFm Füller B. (1982), Fm Geßl E. (1982), HFm Hamminger J. (1964), Lm Harwöck J. (1930), Fm Hochertseder R. (1976), Lm Huber F. (1968), OFm Huber F. (1976), HFm Irl E. (1972), HBm Kain J. (1964), HFm Kanz G. (1969), Fm Kirchsteiger B. (1979), Bm Kirchsteiger F. (1962), OFm Kirchsteiger F. (1976), OFm Kirchsteiger W. (1976), OFm Kreilhuber F. (1972), HFm Lamprecht J. (1947), Lm Lenbauer W. (1964), JFm Maier G. (1982), OFm Neubauer R. (1960), JFm Österbauer K. (1981), Bm Patsch W. (1964), HFm Pichler H. (1974), JFm Pichler H. (1981), OFm Priller F. (1929), Priller J. (1964), Fm Reisinger J. (1978), Lm Reiter F. (1947), OFm Rübig J. (1962), JFm Schmitzberger J. (1980), OFm Schmitzberger S. (1929), Lm Schutte J. (1968), OFm Schutte R. (1978), HFm Schwaninger F. (1947), Spitzwieser M. (1980), OFm Stampfl A. (1976), Fm Stampfl G. (1978), Lm Stampfl J. (1953), OFm Stampfl J. (1976), E-BI Stampfl V. (1922), HFm Steiner J. (1934), OFm Taitl H. (1980), OFm Taitl O. (1978), OFm Urbanek L. (1947), OFm Wasner F. (1957), OFm Wasner F. (1930), Fm Wasner M. (1977), OFm Wengler H. (1979), Lm Wengler O. (1949), Lm Wengler W. (1947), OFm Ing. Zadny H. (1970), Bm Zadny J. (1928), Zadny R. (1976), HFm Zehentner S. (1959), Lm Zwickel H. (1967)

FF ACHENLOHE

Um in den Ortschaften der Gemeinde Munderfing ebenfalls Feuerschutz bieten zu können, wurde 1893, nach Gründung der Freiwilligen Feuerwehr Munderfing (1892), der Löschzug Achenlohe ins Leben gerufen, dessen Mitglieder am 12. Februar 1912 die selbständige Freiwillige Feuerwehr Achenlohe gründeten. 1926 erhielt die Freiwillige Feuerwehr Achenlohe eine pferdebespannte Handdruckspritze (noch erhalten), welche die tragbare Kübelspritze ablöste. 1930 wurde eine 20 PS starke Motorspritze angekauft, die sich im Frühjahr 1945 bei zwei Großbränden, die vermutlich durch Brandstiftung entstanden waren, bestens bewährte. Kurz nach Kriegsende wurde ein altes Wehrmachtsfahrzeug erworben, welches 1961 von einem KLF Ford Transit mit Vorbaupumpe abgelöst wurde. 1952 stellte die Gemeinde Munderfing eine neue TS-Motorpumpe von der Fa. Gugg in Braunau zur Verfügung, die heute noch im Einsatz ist. 1958 wurde ein neues und größeres Feuerwehrhaus errichtet, das 1959, verbunden mit einer Fahnenweihe, feierlich seiner Bestimmung übergeben wurde. Der Ankauf eines mobilen und zweier Handsprechfunkgeräte 1976 und eines Löschfahrzeuges der Type „LFB 508 D" mit Bergeausrüstung und Stromaggregat, 2 Fluter und einer Rosenbauer Tragkraftspritze Type „Supermatik 120" im Jahre 1984 – wozu die Bevölkerung des Pflichtbereiches einen wesentlichen finanziellen Beitrag leistete – sowie der Anschluß an das Sirenennetz und die Funkalarmierung entspricht den heutigen technischen Bedürfnissen.

HBI Moser J. (1961), OBI Voggenberger G. — Anglberger J. (1945), Anglberger J. (1969), Anglberger J. (1940), Anglberger J. (1940), Anglberger J. (1973), Anglberger J. (1969), Anglberger M. (1984), Anglberger R. (1956), Battokletti F. (1978), Battokletti F. (1945), Bayer G. (1940), Berner H. (1982), Brader E. (1956), Cserkits F. (1976), Felber F. (1957), Feldbacher H. (1959), Feldbacher J. (1969), Filzmoser F. (1956), Filzmoser J. (1968), Fröhlich H. (1967), Fröhlich H. (1977), Geisler F. (1967), Gräf G. (1975), Hangler A. (1978), Hattinger J. (1975), Hattinger K. (1966), Huber J. (1951), Kaser G. (1973), Kaser G. (1960), Klinger H. (1949), Klinger J. (1968), Klinger J. (1973), Kobler F. (1962), Kremser J. (1967), Leikermoser F. (1975), Maislinger J. (1968), Maislinger J. (1964), Manglberger F. X. (1984), Markler M. (1963), Moser A. (1973), Moser A. (1968), Moser E. (1974), Moser F. (1959), Moser F. (1961), Moser J. (1970), Moser M. (1984), Mühlbacher F. (1960), Nobis A. (1977), Nobis F. (1964), Nobis F. (1975), Penninger H. (1973), Pessentheiner K. (1974), Polach J. (1973), Pollhammer R. (1978), Probst J. (1951), Prossinger J. (1951), Prossinger J. (1976), Raudaschl F. (1973), Reitmaier F. (1972), Rendl M. (1943), Rosenhammer J. (1980), Scharl A. (1946), Scharl H. (1978), Schinagl H. (1941), Schinagl H. (1978), Schmidhuber F. (1958), Schwab K. (1957), Schwab K. (1974), Schwöller F. (1975), Stadler J. (1960), Stegmüller K. (1965), Stockinger A. (1951), Stockinger J. (1983), Viehböck E. (1976), Viehböck F. (1975), Viehböck J. (1976), Viehböck J. (1977), Viehböck M. (1977), Voggenberger F. (1983), Voggenberger J. (1982), Werndl E. (1973), Werndl H. (1954), Wiener J. (1971), Windsperger F. (1969), Windsperger J. (1959), Windsperger J. (1949), Windsperger J. (1969), Winzer F. (1982), Winzer J. (1983), Winzer J. (1958), Zwinger G. (1951)

FF ACHING

Am 8. Dezember 1919 wurde die Gründungsversammlung der Freiwilligen Feuerwehr Aching abgehalten. Am 9. September 1923 wurde die neue Feuerwehrfahne geweiht. Aus den Lagerbeständen des Gefangenenlagers des Ersten Weltkrieges wurde die erste Handdruckpumpe erstanden. Der erste größere Brandeinsatz erfolgte am 22. Juli 1920. Am 14. August 1938 wurde die Freiwillige Feuerwehr Aching der FF Braunau als 4. Löschzug zugeteilt. Am 19. Juni 1949 wurde die FF Aching wieder selbständig. Im Jahre 1953 erhielt die Wehr die erste Motorspritze. 1954 wurde die erste Alarmsirene installiert. Am 9. und 10. Juli 1954 war die Feuerwehr Aching mit 30 Mann im Einsatz, und zwar bei der Hochwasserkatastrophe, bei der zahlreiche Gebäude vernichtet wurden. Im Jahre 1955 wurde das erste Fahrzeug Marke Dodge angekauft und zum Feuerwehrfahrzeug umgebaut. Am 15. August 1959 wurden die neu errichtete Zeugstätte, das neue Kleinlöschfahrzeug sowie die renovierte Feuerwehrfahne gesegnet. 1967 wurde das Kleinlöschfahrzeug mit einer Vorbaupumpe ausgestattet. Am 11. November 1978 wurde die neue Tragkraftspritze Marke VW gesegnet. Am 21. Juni 1981 wurde der Abschnitts-Feuerwehrleistungsbewerb des Abschnittes Braunau am Inn in Aching durchgeführt. Anschließend an die Siegerehrung des Bewerbes wurde das neue Kleinlöschfahrzeug VW LT 35, ausgerüstet mit Funk und schwerem Atemschutz, gesegnet.

HBI Erlinger F. (1964), OBI Mayer K. (1940), AW Forstner G. (1965), AW Pointner K. (1965), AW Siegesleitner A. (1951) — HFm Auer J. (1959), OFm Bader J. (1971), Fm Daxberger M. (1975), OFm Erlinger J. (1951), OFm Erlinger J. jun. (1979), HFm Feichtelbauer G. (1931), HFm Floß G. (1958), HFm Forster F. (1965), OFm Forster F. (1933), HFm Forster F. jun. (1965), HFm Forster J. (1967), OFm Gann J. (1970), Fm Gierlinger F. (1981), Fm Haider G. (1982), Fm Haider J. (1978), HFm Haider M. (1950), Fm Hauser H. (1967), HFm Hintermaier P. (1957), Fm Hofstätter G. (1981), HFm Hofstätter J. (1943), OFm Hofstätter J. jun. (1976), PFm Hofstätter K. (1983), OFm Holzleitner J. (1950), OFm Ilgerl E. (1982), HFm Joachimbauer F. (1958), Fm Kreuzhuber M. (1978), OFm Lechner F. (1978), OFm Maiböck R. (1938), OFm Maiböck R. jun. (1958), E-OBI Mauch K. (1923), Mitterhofer A. (1978), OFm Mitterlehner J. (1976), OFm Moser F. (1950), OFm Moser G. (1952), OFm Moser J. (1978), OFm Mühlberger A. (1949), OFm Nöbauer H. (1971), OFm Nöbauer L. (1981), Fm Pommer A. (1981), Fm Preishuber K. (1973), OFm Püringer A. (1946), OFm Ramsbacher J. (1973), Fm Reiter F. (1957), HFm Reiter H. (1965), HFm Reithofer F. (1964), OFm Riedelmaier G. (1936), OFm Sattlegger J. (1952), Fm Schmidinger W. (1981), OFm Schmindinger F. (1975), HFm Schoßböck G. (1971), HFm Schoßböck J. (1955), Schreiber F. (1966), E-AW Schwarz J. (1931), HBm Siegesleitner A. jun. (1977), OFm Siegesleitner J. (1979), Lm Söllhammer A. (1967), HFm Spitzendoppler F. (1958), HFm Steidl J. (1945), HFm Steidl J. jun. (1976), HFm Steidl M. (1965), Fm Stockinger J. (1965), HFm Stockinger M. (1940), OFm Wimmer J. (1982), OFm Wimmer M. (1976), Fm Winkler E. (1982), Winkler J. (1931), OFm Wolf M. (1958), OFm Wolf M. jun. (1978), HFm Wührer G. (1951), OFm Wührer M. (1951), OFm Wurhofer H. (1960)

FF ALTHEIM

Am 5. März 1843 gab der Marktvorstand eine Feuerlöschordnung heraus. Auf Betreiben des damaligen Bürgermeisters Niklas Hofreiter fanden sich am 4. März 1877 106 Freiwillige bei der Gründung der Freiwilligen Feuerwehr Altheim ein. Es wurden drei Abteilungen (je eine Steiger-, eine Spritzen- und eine Schützenmannschaft) aufgestellt. Von der (Nachbar-) Gemeinde St. Laurenz bekamen die Altheimer eine 1874 gekaufte Handspritze und übernahmen gegen ein jährliches Entgelt von 25 Gulden die Brandbekämpfung in beiden Gemeinden. Aus dem Inventarverzeichnis 1887 ist zu ersehen, daß die FF Altheim 345 m Schläuche, einen Mannschaftswagen, 15 Wassereimer, eine Schiebeleiter und drei Spritzen besaß. Unter Paul Garr wurde der „Interessenverband für Feuerbekämpfung Altheim–Polling–Mühlheim" geschaffen. Für die Einsatzfahrten mit der neuen, am 9. Juni 1929 geweihten Motorspritze stellte Obmann Hugo Baumgartner sein Automobil zur Verfügung. 1938 wurde die Feuerwehr St. Laurenz (gegründet 1897) der Altheimer Feuerwehr einverleibt, die Gerätschaften wurden nach Altheim übernommen, der Motorwagen wurde für Rüstungszwecke verwendet. 1958 wurde ein leichtes Löschfahrzeug (Rüstwagen LF) gekauft, das heute noch in Verwendung ist. 1964 wurde die erste Jugendgruppe aufgestellt. 1973 erfolgte der Ankauf eines TLF 4000, 1975 der Ankauf eines LFB.

HBI Köchl K., OBI Buttinger E., OAW Altmann H., OAW Winhart L., AW Buchner H., AW Hager J., AW Ullmann A., BI Schrattenecker F., BI Windsperger G. — OFm Altmann E., PFm Braunsberger E. (1983), OFm Brawisch W., PFm Dipplinger A. (1983), JFm Dlesk G., Lm Erlinger J., Fm Fellner F., Lm Fischl K., Fm Frauscher F., Fm Friedl J., E-OBI Gapp J., Lm Gerner J., OFm Gerner J., JFm Gerner R., JFm Ginzinger W., HBm Gludowatz M., JFm Großfurtner G., Fm Gruber A., Fm Grubmüller P., OFm Gschaider H., Fm Hargaßner A., Fm Hatzmann J., Fm Heise L., JFm Heise T., OFm Hintermair R., Fm Hofbauer F., JFm Hofbauer J., Bm Huber F., OBm Huber F., Lm Huber F., OBm Hueber J., HFm Huemer R., OBm Jansky F., Fm Jansky F., JFm Kaspar M., Lm Katzlberger M., HFm Knauseder J., JFm Köchl S., OFm Kraft U., JFm Krestel S., HFm Lackinger P., Fm Langmeier J., JFm Leitner H., JFm Leitner P., JFm Linecker H., JFm Loböck K., Fm Mitter A., Fm Mitterbauer H., HBm Mühlegger A., Fm Mühlegger E. (1983), OFm Mühlegger H., Lm Nemetz F., JFm Prechtl G., HFm Prechtl J., HFm Priewasser G., PFm Prighel G. (1983), JFm Rachbauer J., Fm Räuschenböck W., PFm Reitter W. (1983), Fm Sageder H., OFm Salomon E., JFm Santner G., JFm Sattlecker H., Fm Schöppl J., HBm Schrottshamer H., Fm Sieglhuber H., JFm Speiker P., OLm Spreitzer F., HBm Spreitzer J., Lm Dr. Ullmann A., Fm Unfried K., Fm Vorhauer G., Lm Weinberger W., Fm Weinhäupl K., Fm Wimmer R., HFm Winklhamer F., Lm Wittmair H., Bm Wurmsdobler J., Zeilinger R.

FF DES MARKTES ASPACH

Der 1893 gegründeten FF Aspach gehörten damals auch die Männer der heutigen Wehren Wildenau, Migelsbach und Wasserdobl an. Das erste Feuerwehrgebäude entstand 1906. Die erste Motorspritze, Fa. Gugg, wurde 1926 gekauft und 1954 durch eine neue ersetzt. Im selben Jahr gründete die Wehr unter Kommandant Arbinger die erste Jugendfeuerwehr Oberösterreichs. 1967 konnte endlich ein gebrauchter Tankwagen Opel Blitz erworben werden. Beim 80-Jahr-Jubiläum wurde 1971 das neue Zeughaus eingeweiht. 1978 wurde ein KLF und 1983 ein TLF 2000 Rosenbauer angekauft. Inzwischen besitzt die Wehr auch eine Bergeschere, Atemschutz- und Funkgeräte. Seit ihrer Gründung wurde die FF von den Hauptleuten Karl Gurtner, Hans Hofmann, Franz Wiesbauer, Georg Baier, Hans Meisinger, Georg Baier, Franz Gradinger, Ferdinand Arbinger, Johann Feichtenschlager und Rudolf Bogner geleitet.

HBI Bogner R. (1968), OBI Berer E. (1955), AW Gurtner G. (1953), AW Harrer G. (1982), AW Holzner J. (1959), OBI Wiesbauer J. (1954), BI Danzer J. (1971), BI Hofmann W. (1972), BI Ratzinger H. (1976) — Fm Aigner E. (1981), Lm Aigner R. (1963), Bm Alversammer J. (1963), HFm Bachinger S. (1971), OLm Badegruber J. (1954), E-BI Baier G. (1938), HFm Baier J. (1963), OFm Barth G. (1966), HLm Baumberger K. (1948), OLm Baumgartner F. (1951), OLm Baumkirchner J. (1958), Fm Baumkirchner J. (1982), FA Dr. Beck J. (1956), HBm Benninger J. (1926), OFm Berer Ch. (1977), OFm Berer G. (1979), OFm Berrer G. (1972), Lm Berrer J. (1968), Lm Bleckenwegner R. (1956), OFm Blöckenwagner J. (1971), Fm Dr. Blöckenwegner W. (1983), OLm Bogner G. (1972), Lm Brunhuber J. (1973), Lm Burgstaller F. (1958), OFm Burgstaller J. (1965), OFm Daringer M. (1982), Bm Daringer O. (1946), OFm Denk J. (1981), OLm Dürhammer F. (1950), HFm Edinger F. (1972), Bm Edinger J. (1950), Fm Egger L. (1984), Egger R. (1984), OLm Eichberger F. (1954), OBm Eichlseder A. (1952), OFm Eichlseder A. (1974), Lm Feichtenschlager A. (1955), Lm Feichtenschlager F. (1975), HBm Feichtenschlager J. (1946), Lm Feichtenschlager J. (1958), HLm Feichtenschlager J. (1969), E-BI Fellner J. (1935), Fm Fellner E. (1983), OLm Fellner K. (1954), Fm Fellner K. (1984), Fm Fellner M. (1982), HLm Forstenpointner F. (1936), Bm Frauscher E. (1947), HLm Frauscher F. (1948), Fm Frauscher F. (1980), HBm Frauscher J. (1950), E-OBI Frauscher J. (1936), Fm Fuchs L. (1978), Fm Gaisbauer H. (1973), OFm Gallhammer J. (1977), OBm Gattringer J. (1954), Fm Gattringer J. jun. (1982), Lm Gollhammer F. (1973), Bm Gottfried M. (1945), Fm Gottfried M. (1982), E-HBI Gradinger F. (1921), Fm Gunner G. jun. (1984), HBm Gurtner F. (1930), OFm Gurtner F. (1981), Lm Gurtner G. (1976), Bm Gurtner G. (1956), HBm Gurtner G. (1929), OFm Habetswallner F. (1977), OFm Hager E. (1963), E-OBI Hammiger A. (1948), OFm Hargaßner F. (1966), HBm Hartwagner H. (1947), Lm Hinterbauer F. (1957), Fm Hittmayr G. (1973), Lm Hittmayr F. (1955), Fm Hittmayr F. (1976), HLm Hofmann H. (1946), OFm Hofmann H. (1968), OFm Mag. Hofmann K. (1968), Fm Dr. Höllwerth Ä. (1979), HFm Holovic J. (1963), Fm Holovic J. (1977), E-OBI Holzner E. (1950), HBm Holzner F. (1931), Lm Huber F. (1957), OFm Irran W. (1958), E-AW Junger J. (1950), HBm Kammerer H. (1938), OFm Kletzl J. (1968), OLm Kletzl J. (1952), OFm Kloibhofer R. (1978), Fm Knauseder G. (1979), Lm Knauseder J. (1962), E-AW Knauseder K. (1950), OFm Knauseder K. (1970), HLm Korrer J. (1957), Lm Kühberger G. (1958), OBm Lobmaier J. (1936), OLm Mann A. (1956), OFm Maxlmoser W. (1972), Fm Mayr R. (1984), HBm Moser H. (1974), HFm Naderlinger F. (1974), Fm Naderlinger J. (1972), Fm Penninger E. (1982), OBm Penninger M. (1936), OFm Penninger M. (1974), Fm Penninger R. (1983), HLm Perberschlager J. (1947), OFm Perberschlager J. (1980), Fm Pointaber J. (1984), HFm Puttinger F. (1970), Fm Rachbauer E. (1978), Fm Rachbauer K. (1971), HFm Rachbauer M. (1982), Bm Ratzinger F. (1955), OFm Ratzinger F. (1971), HFm Ratzinger G. (1969), E-AW Rauscher J. (1941), Lm Rauscher J. (1971), OFm Reichinger F. (1983), Lm Reichinger K. (1954), Fm Riedlmaier G. (1979), Bm Riedlmaier J. (1969), Lm Sattlecker J. (1948), HFm Schachinger J. (1972), OFm Schlüsslbauer J. (1969), Fm Schrattenecker J. (1976), Lm Schrattenecker L. (1966), OFm Dipl.-Ing. Seifried R. (1971), E-AW Siegl W. (1956), Lm Sperl J. (1947), HFm Sperl F. (1957), OFm Starka J. (1977), OFm Stehub H. (1979), OFm Steidl A. (1978), Lm Stockhammer A. (1958), OLm Stockhammer M. (1954), HBm Stockhammer W. (1971), HBm Strasser A. (1925), HFm Tischler H. (1965), Fm Weibold G. (1983), Fm Wiesbauer A. (1978), HBm Wiesbauer A. (1944), OFm Wiesbauer F. (1983), HBm Wiesbauer J. (1931), Fm Wiesbauer J. (1978), HLm Wiesbauer J. (1948), HFm Wiesbauer K. (1972), Bm Wimmleitner J. (1954), OFm Witzmann A. (1978), Fm Wölfingseder J. (1982), Fm Wölflingseder E. (1973), HLm Zeilinger M. (1943), Fm Zens J. (1972), HLm Zwink J. (1946)

FF AUERBACH

Die Freiwillige Feuerwehr Auerbach wurde im Jahr 1892 gegründet. Das erste Einsatzgerät war damals eine Handdruckspritze, die auch heute noch einsatzfähig wäre. Jahrzehntelang trugen sich die jeweiligen Kommandanten mit dem Gedanken, eine Feuerwehrfahne zu kaufen. Dies war überaus schwierig, da die zur Verfügung stehenden Geldmittel kaum ausreichten, um die notwendigsten Feuerwehrgeräte anzuschaffen. Im Jahr 1951 war es dann soweit. Dank der Spendefreudigkeit der Gemeindebewohner und des unermüdlichen Einsatzes des Kommandanten Georg Birgmann konnte eine Feuerwehrfahne angekauft werden. Am 15. August 1951 wurde das 60jährige Gründungsfest, verbunden mit der Fahnenweihe, zu einem großen Ereignis. Im April 1953 verstarb der allseits beliebte Feuerwehrkommandant Georg Birgmann. Zum nachfolgenden Kommandanten wurde der Gastwirt Josef Schwab gewählt, der die Geschicke der Wehr bis 1962, als er aus gesundheitlichen Gründen zurücktrat, leitete. Zum neuen Kommandanten wurde Franz Weiß gewählt, der die Wehr bis 1968 führte. Sein Nachfolger wurde Franz Pommer. 15 Jahre lang war Pommer unermüdlich für die Belange der Feuerwehr tätig. Das 80jährige Gründungsfest, verbunden mit der Weihe von 2 VW-Motorspritzen, sowie der Bau von 2 Zeugstätten und 3 Löschteichen, zählten zu seinen wichtigsten Vorhaben. 1983 legte Pommer aus Gesundheitsgründen die Kommandantenstelle zurück. Sein Nachfolger wurde Walter Daxecker. Am 20. Juli 1983 kaufte die FF Auerbach von der Fa. Rosenbauer ein neues LFB.

HBI Daxecker W. (1962), OBI Pommer F. (1971), AW Hochradl K. (1968), AW Huber L. (1948), AW Meßner H. (1956) — Aberer F. (1964), Aberer J. (1978), Aigner J. (1947), Binder J. (1974), Birgmann F. (1948), Birgmann F. (1966), Birgmann J. (1935), Birgmann J. (1975), Birgmann J. (1971), Buchner G. (1958), Buchner G. (1966), Buchner J. (1968), Ehrschwendtner F. (1971), Eicher J. (1957), Eicher J. (1971), Feichtinger K. (1956), Feldbacher F. (1949), Feldbacher F. (1978), Feldbacher G. (1982), Feldbacher M. (1981), Gann H. (1968), Gann J. (1971), Giger F. (1949), Giger F. (1982), Giger J. (1968), Graf J. (1952), Gregor F. (1982), Gregor H. (1976), Gregor H. (1961), Grill F. (1983), Hagenauer A. (1983), Hagenauer W. (1958), Haidinger J. (1948), Haidinger J. (1972), Huber F. (1972), Huber F. (1951), Huber F. (1982), Huber H. (1950), Huber H. (1978), Huber J. (1968), Huber J. (1973), Köchl J. (1948), Köchl J. (1966), Laimer F. (1978), Laimer J. (1953), Laimer J. (1982), Laimer L. (1972), Launer F. (1958), Launer L. (1931), Ledersberger J. (1949), Lettner J. (1967), Lutsch G. (1957), Lutsch J. (1978), Lutsch J. (1980), Meßner A. (1973), Meßner F. (1977), Meßner G. (1948), Meßner G. (1968), Meßner G. (1967), Meßner H. (1982), Meßner R. (1950), Moser G. (1956), Mühlbacher J. (1948), Mühlbacher J. (1974), Mühlbacher J. (1977), Netztaler F. (1963), Netztaler G. (1973), Netzthaler F. (1948), Netzthaler F. (1983), Netzthaler J. (1968), Neuhauser F. (1961), Neuhauser F. (1974), Neuhauser J. (1977), Niederstrasser F. (1951), Oberreiter K. (1968), Ölbauer F. (1983), E-HBI Pommer F. (1953), Pommer F. (1983), Pommer J. (1948), Pommer J. (1975), Probst A. (1968), Putz A. (1949), Putz F. (1975), Reitshammer L. (1948), Reitshammer L. (1981), Rothenbuchner M. (1958), Scherzer G. (1979), Scherzer H. (1977), Scherzer J. (1960), Schillinger H. (1970), Schreierer J. (1967), Schwab F. (1948), Schwab J. (1968), Dr. Schwab K. (1975), Schwaiger P. (1972), Schwarz H. (1971), Schwarz J. (1937), Schwarz J. (1948), Schwarz J. (1971), Seifriedsberger A. (1936), Seifriedsberger J. (1948), Seifriedsberger L. (1976), Seifriedsberger R. (1950), Seifriedsberger R. (1980), Seifriedsberger S. (1976), Sigl G. (1968), Sigl R. (1966), Stemeseder J. (1951), Thaler A. (1972), Vitzthum A. (1983), Vitzthum H. (1973), Vitztum A. (1962), Vitztum J. (1977), Webersberger F. (1947), Weindl F. (1946), Weiß F. (1947), Weiß J. (1956), Weiß J. (1980), Weiß J. (1980), Wimmer J., Wimmer J. (1960), Winter A. (1958), Winter F. (1972), Winter F. (1977), Winter J. (1980), Winzel F. (1977), Winzl G. (1979), Winzl J. (1948), Zdanovec L. (1980)

FF AUSSERLEITEN

Die Gründung der Freiwilligen Feuerwehr Außerleiten geht in die Jahre 1923 und 1924 zurück. Im September 1925 wurde das Gründungsfest abgehalten, bei dem bereits 65 aktive Mitglieder anwesend waren. Der erste Kommandant der Freiwilligen Feuerwehr Außerleiten war Johann Feichtenschlager vulgo Bachl. Er bekleidete die Funktion des Kommandanten von der Gründung bis zum 19. März 1933. An diesem Tag wurde sein Sohn Ferdinand Feichtenschlager zum neuen Kommandanten gewählt. Ferdinand Feichtenschlager vulgo Bachl stand als unermüdlicher Kommandant 45 Jahre hindurch an der Spitze der Wehr. Am 19. März 1978 wurde Johann Stempfer vulgo Beham zum Kommandanten gewählt; er hatte diese Funktion bis 11. November 1983 inne. Bei der Jahreshauptversammlung am 11. November 1983 wurde der derzeitige Kommandant Karl Knauseder neu gewählt.

HBI Knauseder K. (1959), OBI Duft E. (1979) — Baier F. (1952), Baier H. (1966), Baier J. (1966), Baier R. (1977), Berer A. (1949), Berer A. (1969), Berer F. (1983), Berer J. (1974), Bumhofer F. (1948), Bumhofer F. (1981), Danninger J. (1946), Duft F. (1981), Duft H. (1983), Feichtenschlager A. (1953), Feichtenschlager E. (1962), Feichtenschlager F. (1922), Feichtenschlager F. (1959), Feichtenschlager G. (1969), Feichtenschlager H. (1972), Feichtenschlager H. (1970), Fuchs F. (1962), Fuchs J. (1949), Fuchs L. (1951), Fuchs M. (1946), Gattermeier J. (1962), Haider J. (1946), Haider K. (1978), Hargaßner A. (1949), Hargaßner J. (1974), Hargaßner W. (1981), Hatheier J. (1949), Katzdobler J. (1946), Katzdobler J. (1978), Knauseder A. (1982), Knauseder K. (1979), Lanz F. (1983), Leeb F. (1938), Lengauer J. (1946), Lengauer J. (1979), Maierhofer M. (1981), Mairleitner J. (1946), Mairleitner J. (1974), Mairleitner J. (1951), Moser A. (1933), Moser A. (1964), Moser F. (1961), Moser F. (1979), Moser J. (1983), Mühlbacher F. (1938), Mühlbacher F. (1972), Mühlbacher J. (1960), Murauer F. (1933), Piereder A. (1978), Piereder F. (1978), Piereder F. (1972), Piereder G. (1978), Piereder H. (1972), Poll A. (1949), Prüwasser J. (1979), Reichinger H. (1962), Reichinger H. (1982), Riedlmaier K. (1952), Sallhofer A. (1955), Schießl F. (1979), Schießl J. (1949), Schießl J. (1970), Schönberger K. (1979), Schwarzmeier F. (1972), Steinhofer F. (1971), Stempfer F. (1979), Stempfer F. (1948), Stempfer F. (1979), Stempfer J. (1977), Stempfer J. (1942), Stempfer J. (1974), Volk J. (1966)

FF DER STADT BRAUNAU AM INN

1866 wurde über die bayerisch-österreichische Grenze hinweg die „Gemeinschaftliche Braunau-Symbacher Feuerwehr" gegründet, deren erster Kommandant der Braunauer Glockengießer Rupert Gugg war. Aus staatspolitischen Gründen trennten sich die Wehren 1867. Der Braunauer Magistrat übergab sämtliche Löschgeräte der jungen Wehr und beschloß, die weitere Ausrüstung durch eine jährliche Subvention sicherzustellen. 1874 brach im Brauhaus Stechl ein Brand aus, der, durch einen Sturmwind angefacht, innerhalb einer Stunde 125 Objekte in Flammen setzte. 12 bayerische und 9 österreichische Wehren sowie mit Sonderzügen herangeführte Pioniere aus Linz und Salzburg kämpften über eine Woche gegen das entfesselte Element. Dabei zeigte sich, daß die Schläuche der verschiedenen Feuerwehren nicht zusammengekuppelt werden konnten. Daraufhin wurde die Normierung der Kupplungen beschlossen. Für die Stadt wurde ein freiwilliger Bereitschaftsdienst eingeführt, der noch heute besteht. Im März 1875 wurde von höchster Stelle befohlen, daß Mannschaften und Geräte in Brandfällen mit allen Zügen, auch Sonderzügen, kostenlos zu befördern seien. 1876 wurde eine „moderne" Saugspritze angekauft. 1890 wurde eine 18 m lange Magirus Schiebeleiter angeschafft. Die Wehr bezog 1903 eine neue Zeugstätte an der Palmstraße, die sie wenige Jahre später mit dem Zeughaus im alten Festungsbereich tauschen mußte. Die Fa. Just in Nürnberg lieferte 1906 eine Balance-Schiebeleiter. 1908 wurde die Rettungsabteilung der FF Braunau mit einem neuen Rettungswagen ausgestattet, gleichzeitig aber mit dem Roten Kreuz zusammengeschlossen. Die Modernisierung der Wehr begann 1928 mit dem Ankauf eines Löschautomobils. 1953 wurde das erste TLF angekauft, 1956 eine neue Zeugstätte bezogen.

VBR Reiner F. (1957), HBI Reiter P. (1973), HAW Schuldenzucker H. (1960), AW Beran K. (1976), AW Kerschbaumsteiner P. (1978), AW Wimmer F. (1938), OBI Litzlbauer K. (1976), BI Novak J. (1971), BI Petermaier F. (1959), BI Riedl G. (1964) — HBm Achleitner H. (1945), HLm Angleitner L. (1948), JFm Angsüßer H. (1983), Lm Aschauer K. (1951), E-HBI Auer H. (1947), HBm Bauer L. (1978), Lm Bautenbacher E. (1951), JFm Beran K. (1980), HBm Berer D. (1971), OFm Berghammer K. (1978), OFm Berschl M. (1978), JFm Binder H. (1982), HBm Bode J. (1969), PFm Bode K. (1983), Fm Bode R. (1980), HBm Buchholz R. (1976), OLm Dialer A. (1931), HFm Dickl W. (1972), Bm Egger W. (1957), OFm Egger W. (1979), Fm Eichberger M. (1980), OFm Eichinger K. (1922), JFm Eitzlmayr A. (1982), Eitzlmayr M. (1958), OFm Eitzlmayr R. (1979), PFm Elender B. (1982), PFm Emmlinger F. (1980), HLm Feichtenschlager J. (1954), Filar P., HLm Fink J. (1947), OFm Forstner H. (1949), HFm Forthuber J. (1976), OBm Frixeder K. (1953), Fm Früh F. (1965), Lm Früh M. (1958), Lm Fuchs G. (1967), Fuchs H., Bm Geisecker K. (1971), Bm Gerner F. (1948), OFm Giesen W. (1978), Lm Glas N. (1984), Fm Gosch A. (1980), OLm Hargaßner J. (1971), OLm Haslinger J. (1949), OFm Hillinger G. (1949), HLm Hofbauer Ch. (1947), FK Hofer S. (1983), HBm Huber A. (1965), JFm Huber G. (1983), Fm Janiczek Ch. (1981), JFm Janiczek H. (1982), HLm Kain G. (1931), HBm Kammerbauer A. (1936), HFm Karer H. (1963), OLm Kornpointner K. (1967), Lm Kowaltschuk W. (1970), Bm Kozanek E. (1946), Lm Kriegleder G. (1975), PFm Krismann P. (1983), Lm Kronberger H. (1963), Fm Kummerer E. (1981), Fm Kweton J. (1980), OLm Lackner J. (1963), JFm Landsfried V. (1983), OBm Leidl F. (1935), OFm Lindner R. (1977), HFm Madl F. (1948), PFm Mayr G. (1983), Fm Meingaßner J. (1981), Bm Moritzer K. H. (1976), JFm Moritzer T. (1980), OBm Moser A. (1952), JFm Moser G. (1980), HFm Obersberger A. (1965), OFm Oberst A. (1928), JFm Obojes A. (1983), HBm Obojes H. (1969), PFm Obojes M. (1983), OFm Pfeil J. (1951), PFm Pollak G. (1983), PFm Rager F. (1978), OLm Reinisch F. (1947), HFm Reiter F. (1976), E-HBI Riedl J. (1953), HFm Rögl A. (1975), Fm Rosenberger T. (1979), HLm Salaberger F. (1965), OFm Santner W. (1978), Fm Schamberger K. (1980), OFm Ing. Schmelcher O. (1948), OBm Schmid F. (1944), FA Dr. Schubert J. (1983), Fm Seidl J. (1982), JFm Seidl W. (1980), PFm Siegesleitner H. (1983), JFm Stallinger B. (1983), JFm Stockinger P. (1981), FA Dr. Strasser G., HFm Streif W. (1937), E-HBI Tonkres A. (1937), OLm Wagner F. (1948), Bm Weickenkas I. (1965), HBm Weilpoltshammer J. (1963), HBm Weinberger W. (1968), JFm Weingartner H. (1983), PFm Weingartner J. (1983), PFm Winter Ch. (1983), HLm Zinecker A. (1943)

FF BURGKIRCHEN

Bereits 1856 wurde vom damaligen Gemeindeausschuß der Ankauf einer „Feuerspritze mittlerer Größe" beschlossen. Gleichzeitig wurde den Bauern und den „Häuslleuten" die Haltung einer bestimmten Zahl von „Feuereimern" vorgeschrieben. Am 28. Mai 1890 beschloß der Gemeindeausschuß die Gründung einer „Freiwilligen Feuerwehr der Ortsgemeinde Burgkirchen". Für die Ausrüstung der Feuerwehrmänner sorgte die Gemeinde. Gönner der jungen Wehr unterstützten diese mit namhaften Beträgen. 1894 wurde die erste Feuerwehrfahne angeschafft. Eine „Feuerwehrbühne" erbrachte durch ihre Theaterstücke weitere Mittel für die Feuerwehrkasse. Ein „Feuerwehrunterstützungsverein" wurde gegründet. Im gleichen Jahr trat die Feuerwehr dem Feuerwehrverband bei. 1900 wurde in der Ortschaft St. Georgen eine neue Zeugstätte errichtet. Weitere Feuerwehrfilialen wurden 1920 in Hermading und 1947 in Albrechtsberg errichtet. Am 26. Jänner 1930 wurde gegen den Willen des damaligen Bürgermeisters die erste Motorspritze bei der bodenständigen Firma Virlinger angeschafft. Während des Zweiten Weltkrieges besorgten Kriegsuntaugliche und Altgediente den Feuerwehrdienst. Sechs Feuerwehrmänner fielen im Krieg. 1947 wurden weitere Motorspritzen angeschafft. 1953 nahmen erstmals Männer der Wehr am Leistungswettbewerb in Braunau erfolgreich teil. 1959 bekam die Löschgruppe Burgkirchen das erste Feuerwehrauto, das in einer neuerrichteten Zeugstätte untergebracht wurde. Im Gemeindegebiet wurden Löschteiche und Löschwasserschächte errichtet. 1970 wurde die erste Jugendgruppe aufgestellt, die für die Wettbewerbe besondere Schulung erhielt. Der Gemeindearzt arrangierte Erste-Hilfe-Kurse. 1979 wurde bei der Firma Rosenbauer ein TLF 2000/60 in Auftrag gegeben.

HBI Frauscher E. (1968), OBI Lindner J. (1971), AW Aigner K. (1965), AW Gerner J. (1968), AW Ortner A. (1946), AW Piereder F. (1968), BI Friedl K. (1978), BI Perberschlager J. (1940), BR Wimmer F. (1953) — Fm Aigner F. (1980), HFm Aigner J. (1970), HFm Aigner J. (1971), PFm Berer J. (1983), Fm Bernroider R. (1981), Fm Berschl M. (1980), HLm Berschl M. (1959), JFm Bichler J. (1982), HBm Binder J. (1925), HFm Brenner H. (1972), HFm Brünner F. (1967), Lm Buchecker F. (1968), OBm Danninger G. (1956), Fm Danninger K. (1978), Lm Eiblmeier J. (1967), E-AW Eidenberger J. (1948), HFm Ellinger H. (1972), PFm Ellinger M. (1979), OLm Ellinger M. (1950), HFm Engl J. (1975), Bm Engl J. (1937), Bm Ertl F. (1944), JFm Eslbauer G. (1979), OFm Eslbauer J. (1977), OLm Eslbauer J. (1960), Lm Färberböck F. (1967), HBm Fellner L. (1950), JFm Filzhofer F. (1982), OLm Filzhofer F. (1958), Forsthofer F., Fm Forstner K. (1978), HLm Frauscher F. (1958), OBm Frauscher F. (1950), OFm Frauscher G. (1970), HFm Friedl G. (1975), HFm Führer F. (1974), HFm Gerner G. (1970), Lm Gerner H. (1970), OBm Gerner J. (1950), HBm Gubisch H. (1963), Lm Haberfellner J. (1965), HLm Hainz H. (1958), HLm Harrer J. (1944), HFm Hiebl G. (1970), Fm Hintermeier Ch. (1982), OBm Hirschlinger F. (1950), HFm Hofer F. (1972), OFm Hofer J. (1972), HFm Hofmann L. (1971), HFm Hofstätter G. (1974), OBm Hoppenberger F. (1947), JFm Joachimbauer H. (1982), E-AW Kasinger F. (1953), PFm Kasinger J. (1963), Fm Kellner S. (1972), PFm Kraxenberger J. (1983), OFm Kraxenberger J. (1980), OFm Leitgeb H. (1968), OLm Lindlbauer F. (1965), HFm Lindner F. (1972), HBm Lindner L. (1950), HBm Lugmayr F. (1948), OLm Maier F. (1955), Bm Maier G. (1936), HBm Mairböck K. (1950), JFm Mairböck R. (1982), JFm Mairböck R. (1982), OBm Mairinger J. (1950), OFm Mertelseder J. (1975), HBm Mertelseder J. (1958), HFm Mertelseder J. (1972), OFm Mertelseder M. (1979), Fm Mühlbacher H. (1979), HFm Ortner F. (1974), HFm Perberschlager F. (1975), OFm Pichler F. (1976), Fm Pichler G. (1977), Fm Pichler G., HLm Pieringer H. (1947), HLm Pieringer J. (1955), OFm Pieringer J. (1972), Fm Pointner F. (1972), HLm Prilhofer J. (1971), JFm Rendl F. (1979), Fm Rendl H. (1979), HFm Rendl J. (1972), Fm Rögl J. (1975), OLm Rögl J. (1958), HLm Rögl M. (1950), HFm Rögl M. (1968), HFm Roider F. (1974), HBm Schabetsberger J. (1925), HLm Schickbauer P. (1958), HLm Schreiber R. (1959), OBI Stadler A. (1920), OBm Stadler W. (1950), HFm Steinhögl F. (1952), HLm Thomae J. (1959), Fm Troppmaier J. (1979), HBm Wagner G. (1950), HLm Weinberger J. (1964), Fm Weinberger J. (1978), FA Dr. Widerhofer R. (1956), HLm Wiesner F. (1950), OBm Wimmer A. (1950), HFm Wimmer F. (1972), OBm Winhofer M. (1935), HFm Wührer F. (1970), Fm Wührer G. (1981), HFm Wührer K. (1967), JFm Wurhofer J. (1982)

FF EGGELSBERG

Die FF Eggelsberg wurde 1888 gegründet. Anton Stöger wurde zum Obmann gewählt. Die Anfangsausrüstung bestand aus zwei Saugpumpen, 240 m Schläuchen und einer Schlauchhaspel sowie zwei Dach- und Hakenleitern. Nach dem Tod Stögers übernahm dessen Sohn Anton Stöger die Stelle. Die Wehr verfügte über sechs Spritzen und 1580 m Schläuche. 1927 bildete sich aus dem Löschzug Ibm eine selbständige Feuerwehr. 1935 starb Obmann Anton Stöger, Nachfolger wurde Franz Weißenburger. 1937 wurde die erste Motorspritze von der Fa. Gugg gekauft. 1949 wurde Gerbereibesitzer Anton Stöger Kommandant. 1951 und 1955 wurden drei Motorspritzen gekauft, 1964 wurde ein KLF Ford Transit, das heute noch Verwendung findet, angeschafft. 1967 wurde im Schlauchturm eine Sirene installiert. 1982 erhielt die Feuerwehr ein TLF 2000 Trupp. Gleichzeitig wurde auch die neue Feuerwehrzeugstätte bezogen. 1983 wurde der 1973 gewählte Kommandant Matthias Albrecht von Johann Dax abgelöst. Seit 1984 ist die FF Eggelsberg an das Sirenennetz und die Funkalarmierung angeschlossen.

HBI Dax J., OBI Maislinger J. — Aberer J., Achleitner J., Aichriedler J., Aichriedler M., Albrecht E., Albrecht K., Albrecht M., Armen J., Armen L., Auer F., Auer F., Auer J., Augustin J., Baischer F., Baischer F., Baischer J., Baischer J., Baischer J., Baischer J., Baischer J., Baischer J., Bamberger A., Bamberger J., Barber F., Barber F., Bauer K., Beiskammer J., Bieringer K., Birgmann A., Birgmann E., Birgmann F., Birgmann G., Birgmann E., Biribauer E., Biribauer H., Biribauer J., Brandacher F., Brandacher J., Brandstetter J., Bruckner A., Bruckner E., Buchmayr J., Buchmayr J., Bürgmann K., Danner F., Danninger F., Danninger G., Danninger G., Danninger K., Danninger W., Danninger W., Daringer J., David G., Dax A., Dax Ch., Dax J., Dettenholzer J., Dettenholzer J., Dickenberger H., Dürager A., Dürager J., Eder H. W., Enthammer E., Enthammer G., Esterbauer W., Felber H. K., Felber K., Ferserer J., Ferserer R., Fimberger F., Flachner J., Flachner J., Fraueneder F., Fuchs A., Fuchs F., Fuchs J., Fuchs W., Gaisbauer G., Gaisbauer G., Gerstlohner A., Gerstlohner J., Göpperl J., Götzinger P., Grabner F., Großhammer A., Großhammer H., Grubmüller J., Gurtner A., Haber R., Hager W. D., Hager W. D., Hangöbl E., Hangöbl F., Hangöbl J., Hangöbl J., Hangöbl J., Hargaßner J., Hargaßner A., Harner F., Harner J., Harner J., Harner J., Harner J., Hitzginger F., Hitzginger F., Hitzginger J., Hitzginger J., Hitzginger M., Hochradl G., Hofmann H., Hofmann K., Hubauer J., Huber J., Huemer R., Irnesberger A., Irnesberger A., Irnstötter R., Jaganosch J., Jaganosch W. J., Jaidl F., Kainzbauer A., Kammerstetter A., Kammerstetter A., Kammerstetter A., Kammerstetter A., Kammerstetter J., Karrer Ch., Karrer J., Karrer J., Kerschdorfer K., Kirnstätter O., Kirnstätter O., Kirnstedter J., Klingseisen K., Knoll J., Köckerbauer W., Kohlbacher A., Kreil F., Kugler F., Landrichtinger J., Lehenbauer H., Lehenbauer L., Lehner A., Lindlbauer F., Maiburger F., Maislinger F., Maislinger J., Maislinger G., Maislinger S., Markor N., Mauer S., Molik J., Molik J., Mühlfellner F., Mühlfellner J., Neuhauser Ch., Neuhauser H., Neuhauser J., Österbauer E., Österbauer J., Oswald G., Oswald G., Paischer J., Payr J., Pfaffinger F., Pfaffinger G., Pöttinger J., Pöttinger J., Pommer J., Ramböck E., Reichhartinger A., Reichhartinger F., Reindl L., Reiter G., Reiter S., Reiter S., Renzl A., Renzl G., Renzl H., Renzl J., Resl F., Resl K., Rettenwender A., Rothenbuchner J., Russinger A., Russinger K., Sachs A., Schallmoser A., Schallmoser A., Schallmoser J., Schallmoser M., Schallmoser P., Schallmoser W., Scharinger A., Scharinger F., Scharinger F., Scharinger F., Scharinger J., Scharinger J., Scharinger J., Scharinger K., Scharinger S., Schlögl J., Schlögl J., Schmidlechner H., Schnitzinger J., Schwaninger A., Schwaninger A., Seeleitner F., Seeleitner J., Sigl F., Sigl J., Sigl R., Silberer J., Spatzier J., Spitzwieser J., Spitzwieser J., Stadler A., Stadler A., Stockinger J., Stockinger J., Stockinger N., Dkfm. Stöger J., Stöger J., Straßhofer J., Straßhofer G., Straßhofer J., Stürzer J., Thurner L., Thurner L., GR Trauner J., Wagner M., Wagner V., Wagner V., Weilbuchner G., Weiß F., Weiß H., Wimmer A., Wimmer G., Wimmer L., Windsberger A., Wolfgruber J., Wolfgruber J., Zweimüller E.

FF ERNSTING

Als 1884 die FF Ostermiething gegründet wurde, waren auch Männer aus Ernsting und Umgebung dort Mitglieder. Über Antrag von Christian Häusler wurde in Ernsting eine Feuerwehrfiliale gegründet. Im März 1901 führten Paul Hennermann, Franz Schmidlechner und Michael Messerklinger eine Sammlung durch, die 628 Kronen erbrachte. Dazu kamen 400 Kronen vom Landesfeuerwehrfond sowie 300 Kronen von der Gemeinde. Damit wurden eine zweistrahlige Spritze und 150 m Schlauch gekauft. 1903 wurde vom Wehrführer Mathäus Blüml die Gründung einer eigenen Feuerwehr beantragt, die schließlich 1906 unter Michael Messerklinger erfolgte. Im November 1936 wurde die erste Motorspritze gekauft. 1938 wurde die FF Ernsting ein Löschzug von Ostermiething; erst am 9. September 1949 erlangte sie ihre Selbständigkeit wieder. 1950 wurde das Zeughaus erneuert. 1952 wurde eine neue Fahne angeschafft, 1967 eine zweite Motorspritze, 1975 ein LF Ford Transit. 1978 konnte die zweite Fahne gesegnet werden. Zur Zeit wird ein zeitgemäßes Feuerwehrhaus errichtet.

HBI Wanghofer H. (1950), OBI Freimut P. (1967), OAW Obernhuber F. (1970), AW Beham F. (1972), AW Brunnauer J. (1968), BI Moritz W. (1978) — OFm Ackerl K. (1971), OFm Aigner A. (1951), HFm Ammerhauser J. (1946), OFm Auer J. (1950), OFm Bachmaier J. (1978), OFm Blüml F. (1952), Fm Blüml F. (1981), HFm Blüml G.(1978), JFm Brunnauer Ch. (1979), OFm Brunnauer J. (1958), E-AW Brunthaler F. (1929), OLm Damoser J. (1974), OFm Daniel W. (1968), HFm Eberherr F. (1930), Lm Eibl K. (1963), HFm Engelsberger V. (1946), HFm Esterbauer J. (1970), OFm Esterbauer J. (1950), Fm Esterbauer J. (1982), HFm Felber J. (1952), OFm Felber S. (1963), HFm Freimut G. (1975), Fm Fuchs A. (1963), HFm Furtner J. (1960), HFm Göpperl M. (1949), OFm Grager F. (1955), OFm Häusler H. (1962), PFm Häusler K. (1982), Fm Häusler H. (1978), OFm Handleder F. (1955), JFm Handleder M. (1982), HFm Handleder V. (1925), OFm Handleder V. (1950), E-BI Hipf A. (1924), HFm Höck G. (1953), HFm Höflmaier F. (1975), HFm Höflmaier J. (1954), JFm Höflmaier J. (1982), OFm Höflmaier R. (1950), OFm Höppl S. (1957), HFm Hofstätter J. (1946), Fm Hofstätter R. (1978), OFm Holzner G. (1978), OFm Holzner S. (1952), HFm Holzner S. (1976), OFm Huber F. (1946), Fm Huber F. (1977), Fm Huber G. (1971), Fm Huber H. (1978), OFm Huber J. (1946), Lm Huber J. (1976), HFm Huber J. (1975), OFm Huber L. (1946), HFm Kainzbauer S. (1960), Fm Kammerbauer E. (1978), Fm Kammerbauer F. (1971), E-AW Kanz L. (1932), HFm Kanz O. (1955), HFm Kreil F. (1946), OFm Kreil M. (1978), OFm Kreil W. (1977), HFm Kumpusch R. (1960), HFm Kumpusch R. (1973), JFm Lindner Ch. (1982), HFm Lindner F. (1968), HFm Lindner H. (1963), OFm Lindner P. (1946), Fm Lindner W. (1977), OFm Lipp F. (1975), HFm Lipp F. (1960), Fm Lipp F. (1982), JFm Lipp M. (1982), OFm Lobentanz F. (1964), JFm Lobentanz F. (1982), HFm Mackinger J. (1955), JFm Mackinger J. (1981), OFm Mackinger K. (1970), Fm Mackinger M. (1958), HLm Maislinger J. (1949), HFm Matzinger E. (1946), OFm Mayr F. (1965), HFm Mayr H. (1962), Fm Mayr K. (1979), HFm Mayr V. (1923), OFm Messerklinger F. (1962), Fm Messerklinger M. (1962), OFm Mitgutsch J. (1971), Fm Mösenbichler K. (1977), OFm Neuhuber J. (1960), OFm Nobis A. (1977), JFm Nußbaumer Ch. (1982), HFm Obernhuber F. (1973), Fm Palhuber H. (1977), HFm Pfaffinger A. (1950), HFm Pfaffinger F. (1927), OFm Romstötter J. (1950), OFm Rusch G. (1954), Fm Samhaber G. (1978), HFm Schlichtner F. (1920), HFm Schlichtner J. (1950), Fm Schmid J. (1977), Lm Schmidlechner J. (1975), HFm Schmidlechner J. (1950), E-AW Schmied A. (1939), HFm Schmied G. (1960), Fm Schmied G. (1979), E-HBI Schmied J. (1932), Schmied J. (1962), HFm Schmied V. (1939), OFm Schmiedhammer G. (1946), OFm Schmiedhammer R. (1970), Fm Schmiedlechner W. (1982), HFm Schrott E. (1941), HFm Schrott H. (1978), HFm Schuster E. (1946), Fm Schuster E. (1981), HBm Schuster F. (1975), HFm Schwab W. (1974), HFm Sigl K. (1952), Fm Sigl K. (1981), Fm Sinzinger F. (1970), HFm Sinzinger J. (1970), HFm Sinzinger J. (1936), Fm Sölkner G. (1982), HFm Sommerauer G. (1950), Fm Sommerauer G. (1978), HFm Steiner F. (1926), HFm Wanghofer J. (1975), OFm Wengbauer J. (1972), HFm Wengler J. (1950), HFm Wengler J. (1975), OFm Wengler J. (1976), HFm Widl F. (1937), HFm Widl F. (1936), OFm Widl F. (1973), OFm Widl H. (1970), HFm Widl L. (1935), Fm Widl R. (1975), Fm Wuppinger J. (1977)

FF FELDKIRCHEN BEI MATTIGHOFEN

Die 1889 gegründete FF Feldkirchen besteht aus vier Löschzügen: Feldkirchen, Oichten, Ottenhausen und Vormoos. Seit 1978 gibt es eine aktive Jugendgruppe und seit 1979 eine Feuerwehrmusikkapelle unter Kapellmeister Dir. Hermann Bernroider. Die Ausrüstung der Feuerwehr entspricht den Anforderungen. Der Löschzug Feldkirchen besitzt 1 TLF 2000 Trupp, 1 Ford Transit mit Vorbaupumpe, 2 Mobil- und 3 Handfunksprechgeräte, 1 Stromaggregat, 3 schwere Atemschutzgeräte usw. Diese Fahrzeuge und Geräte sind in einem 1979 erbauten Feuerwehrhaus untergebracht. Der Löschzug Oichten verfügt über 1 KLF mit Motorspritze, die Löschzüge Ottenhausen und Vormoos haben 1 Anhänger mit Motorspritze und Gerät.

HBI Lechner F. (1970), OBI Huber J. (1956) — Aberer J. (1936), Altenbuchner J. (1965), Altenbuchner J. (1937), Arndorfner R. (1962), Bachleitner A. (1974), Bachleitner J. (1970), Bachleitner J. (1977), Bahner J. (1949), Bauer J. (1960), Berer E. (1954), Bernroider H. (1970), Brandstätter J. (1954), Bruckmoser A. (1951), Buchwinkler F. (1956), Danninger A. (1969), Daxecker J. (1963), Dietringer J. (1949), Dragositz J. (1968), Duftner K. (1968), Duschl F. (1924), Eder A. (1982), Eder A. (1982), Eder F. (1969), Eder F. (1950), Eder G. (1966), Eder J. (1970), Eder P. (1948), Eder Wighard A. (1947), Edlmann J. (1979), Edthofer A. (1965), Ehrschwendtner J. (1977), Ehrschwendtner J. (1952), Eichberger A. (1946), Eichberger F. (1950), Eidlwimmer F. (1977), Eisenmann A. (1980), Eisenmann A. (1959), Eisenmann A. (1980), Eisenmann J. (1949), Eisenmann F. (1980), Eisenmann J. (1965), JFm Eisenmann J. (1983), Eisenmann J. (1976), Enthammer L. (1956), Enthammer L. (1979), Falterbauer J. (1945), Falterbauer J. (1979), Fellner A. (1973), Fischereder J. (1982), Fischereder A. (1982), Fischereder A. (1947), Fischereder A. (1960), Friedl J. (1950), Gabl E. (1982), Gangl A. (1952), Gebertshammer F. (1956), Gebertshammer F. (1977), Gerner A. (1968), Götzendorfner F. (1942), Grabner J. (1981), Gradl J. (1962), Gradl W. (1969), Graf G. (1951), Graf J. (1978), Grubmüller H. (1965), Haber O. (1972), Haider W. (1974), Haigerer F. (1922), Harner A. (1976), Harner A. (1950), Harner F. (1937), Harner F. (1974), Hettegger R. (1981), Hettegger R. (1961), Hettegger S. (1961), Hettegger S. (1980), Hirschmann J. (1966), Höflmaier A. (1942), Höflmaier J. (1975), Hubauer F. (1946), Hubauer F. (1971), Huber F. (1947), Huber J. (1980), Huber J. (1959), Huber J. (1965), Huber J. (1982), Katzdoppler K. (1967), Kittl J. (1973), Kittl S. (1974), Kletzl A. (1974), Koch J. (1938), Köchl F. (1946), Köchl S. (1982), Kratochwill J. (1974), Kreil F. (1978), Kreil F. (1978), Kreil G. (1970), Kreil J. (1974), Kücher F. (1937), Kürner H. (1970), Kürner H. (1944), Kürner L. (1970), Landrichinger A. (1966), Landrichinger H. (1980), Landrichinger J. (1968), Landrichinger J. (1955), Landrichinger J. (1956), Landrichinger J. (1969), Landrichinger K. (1965), Lang H. (1969), Lang H. (1980), Langgartner A. (1957), JFm Langgartner A. (1983), Langgartner J. (1960), Lanzl L. (1981), Lechner F. A. (1980), Linecker F. (1975), Lorenz J. (1975), Mackinger J. (1975), Maier J. (1936), Maier J. (1958), Maier J. (1946), Maier J. (1957), Mairinger F. (1976), Matzinger G. (1961), Mayringer F. (1971), Meindl F. (1961), Meindl F. (1981), Meindl W. (1982), Meindl W. (1982), Messerklinger L. (1974), Messerklinger M. (1971), Meßner M. (1950), Mitterbauer F. (1945), Mitterbauer R. (1982), Mitterbuchner F. (1976), Moser J. (1939), Moser J. (1960), Moser J. (1978), Müllbacher J. (1976), Neuhauser A. (1975), Nobis A. (1955), Nobis G. (1958), Nobis G. (1982), Nobis J. (1969), Öller F. (1972), Öller J. (1966), Öller R. (1980), Österbauer J. (1948), Österbauer J. (1976), Penzkofer F. (1982), Permadinger F. (1970), Pertiller P. (1976), Pfaffinger J. (1980), Piringer J. (1978), Pitzmann K. (1980), Pitzmann K. (1957), Pitzmann W. (1956), Pitzmann W. (1977), Pöckhofer J. (1973), Pomer J. (1968), Pomer E. (1968), Reich O. (1961), Reichl A. (1974), Reichl P. (1934), Reiter R. (1963), Reitzberger A. (1955), Renzl J. (1970), Rettenbacher J. (1970), Rieder A. (1960), Riedmüller A. (1974), JFm Rieß J. (1983), Sattlecker F. (1978), Sattlecker J. (1972), Sattlecker J. (1950), Sax F. (1971), Sax F. (1982), Sax F. (1967), Sax F. (1980), Schmid H. (1971), Schmied A. (1970), Schmied E. (1973), Schmitzberger A. (1945), Schmitzberger F. (1930), Schmitzberger F. (1969), Schmitzberger F. (1980), Schmitzberger J. (1977), Schmitzberger J. (1978), Schmitzberger J. (1967), Schmitzberger R. (1957), Schöberl R. (1982), Schöffegger F. (1945), Schöffegger J. (1945), Schöffegger J. (1974), Schwaiger A. (1974), Schweiger K. (1969), Seidl F. (1960), Seidl F. (1982), Seidl S. (1983), Silberer M. (1932), Spitzwieser F. (1973), Stadler M. (1950), Steinlechner K. (1984), Stockhammer J. (1946), Stockhammer J. (1975), Stöger F. (1949), Stöger J. (1972), Stöger J. (1982), Straßhofer A. (1945), Straßhofer H. (1960), Straßhofer J. (1974), Straßhofer J. (1960), Straßhofer J. (1956), Straßhofer J. A. (1982), Strobl A. (1974), Strobl F. (1949), Strobl F. (1975), Strobl F. (1973), Vogl A. (1970), Wagenleitner W. (1974), Weilbuchner A. (1969), Weilbuchner N. (1960), Weindl A. (1949), Weindl F. (1975), Weindl J. (1957), Weindl J. (1978), Weindl M. (1970), Weiß A. (1972), Weiß A. (1944), Weiß A. (1958), Weiß A. (1976), Weiß A. (1962), Weiß F. (1976), Weiß G. (1970), Weiß J. (1982), Weiß J. (1965), Wetscher A. (1969), Wimmer A. (1962), Zauner F. (1969), Zehentner M. (1966), Zeis J. (1959)

FF FRAHAM

Die Freiwillige Feuerwehr Fraham wurde im Jahre 1928 gegründet und umfaßt derzeit 70 aktive Mitglieder. Im Jahre 1979 wurde die alte Tragkraftspritze durch eine neue ersetzt. Für das kommende Jahr ist der Ankauf eines Löschfahrzeuges vorgesehen. Zu größeren Katastrophenfällen wurde die Freiwillige Feuerwehr Fraham Gott sei Dank noch nicht gerufen und bei Objektbränden hat sie immer ihre Schlagkraft bewiesen. Nach einem schweren Gewitter am 7. Juli 1983 kam es zu einer Hochwasserkatastrophe, bei der die Feuerwehrmänner der Freiwilligen Feuerwehr unermüdlich im Einsatz standen und das Ärgste abwenden konnten.

HBI Schickbauer J. (1953), OBI Reisecker G. (1966) — Aigner F. (1948), Bachmayr J. (1968), Baier F. (1968), Baier F. (1966), Baumkirchner J. (1971), Bauschenberger G. (1971), Bauschenberger J. (1966), Bauschenberger O. (1948), Berer J. (1968), Berndlbauer J. (1978), Bernroitner F. (1978), Bernroitner R. (1948), Bernroitner W. (1971), Bruckbauer J. (1977), Bühr J. (1960), Bumhofer F. (1922), Dachs L. (1924), Dobler F. (1954), Falkenstetter H. (1954), Falkenstetter H. jun. (1976), Gottfried J. (1978), Gottfried F. (1956), Harrer G. (1962), Hartwagner J. (1956), Hartwagner J. jun. (1978), Holzleitner A. (1971), Holzleitner J. (1971), Jechtl F. (1971), Jechtl J. (1968), Karrer K., Klingersberger F. (1948), Klingersberger F. (1978), Klingersberger F. (1948), Klingersberger G. (1971), Klingersberger R. (1948), Knauseder G. (1952), Langmaier H. (1969), Mair L. (1948), Nigl J. (1958), Prader G. (1971), Prader J. (1930), Puttinger A. (1958), Puttinger J. (1958), Puttinger M. (1979), Reisecker F. (1959), Reisecker F. (1978), Reisecker H. (1960), Reiter F. (1975), Reiter H. (1978), Reiter H. (1978), Reiter J. (1982), Sageder F. (1971), Schickbauer G. (1978), Schickbauer J. (1978), Schickbauer M. (1978), Schrattenecker A. (1973), Stopfner J. (1952), Wageneder E. (1948), Wageneder E. (1979), Weinberger F. (1966), Weinberger G. (1978), Weinberger L. (1950), Weinberger L. (1971), Wimmer F. (1955)

FF FRANKING

Die Gründung der FF Franking erfolgte am 26. Februar 1905 unter Vorsitz von Josef Pointner, Obmann des Bezirksverbandes. Kommandant wurde Jakob Niedermüller. Die bereits 1878 angekaufte Spritze bekam 1906 ihr erstes Heim. Als zweiter Kommandant wurde 1920 Franz Birgmann gewählt. Die Fahne kaufte die Wehr 1924; die Weihe der ersten Motorspritze feierte die Wehr 1937. Franz Birgmann, dessen Amtszeit von 1940 bis 1945 durch den Einsatz von Josef Hochradl als Wehrführer unterbrochen wurde, blieb der Wehr bis 1950 als Kommandant treu. 1950 übernahm Johann Hofmann das Kommando. Die zweite Motorspritze trat 1954 ihren Dienst an. Eine neue TS wurde 1958 durch Zeichnung von 200 Schilling je Mann und Rückzahlung durch die Gemeinde finanziert. Johann Hofmann legte das Kommando zurück und Rudolf Lindner übernahm das verwaiste Amt. Nach dessen Tod 1967 kehrte Johann Hofmann als Kommandant zurück. In den Jahren 1972 bis 1978 wurde die Löschwasserversorgung des Pflichtbereiches durch den Bau von acht Löschteichen sichergestellt. Das Feuerwehrauto kaufte die Gemeinde 1977.

HBI Hintermayr J. (1972), OBI Eckl G. (1970) — Aster E. (1983), Bauer J. (1947), Birgmann F. (1979), Braunsberger A. (1949), Braunsberger A. jun. (1965), Braunsberger J. (1970), Brunner K. (1952), Brunner K. jun. (1979), Demel E. (1979), Demel J. (1966), Demel J. (1965), Dieß F. (1935), Dieß F. jun. (1955), Ecker J. (1955), Ecker W. (1951), Eckinger A. (1945), Eckl J. (1933), Eckl J. jun. (1965), Enthammer F. (1949), Enthammer J. (1974), Frandl A. (1945), Fuchs J. (1973), Furtner J. (1974), Gmailbauer J. (1970) Göpperl A. J. (1980), Göpperl F. (1965), Gradl G. (1958), Graf F. (1935), Graf F. jun. (1973), Graspointner F. (1957), Graspointner H. (1976), Ing. Greul H. (1979), Greul J. (1936), Greul K. (1972), Handleder J. (1974), Handleder J. (1954), Handleder J. (1976), Hintermair A. (1951), Hintermair J. (1962), Hintermayr G. (1965), Hochradl J. (1965), Hochradl J. (1947), Hochradl J. jun. (1981), Höller R. (1957), Höllwart G. (1982), Höllwart J. (1981), Hörtlackner J. (1973), Hoffmann F. (1983), Hoffmann J. (1950), Hoffmann J. jun. (1970), Hofmann J. (1947), Hofmann J. jun. (1979), Hofmann J. (1965), Huber F. (1956), Huber J. (1954), Kainzbauer A. (1983), Kainzbauer A. (1958), Kainzbauer H. (1979), Kainzbauer J. (1957), Kainzbauer J. (1980), Kirchbauer A. (1965), Kirnstätter H. (1945), Kirnstätter H. (1979), Knieger G. (1954), Kohlbacher J. (1949), Kreuzeder E. (1983), Kreuzeder R. (1976), Lasser J. (1955), Lasser J. jun. (1982), Leitner F. (1962), Leitner M. (1980), Lindner A. (1972), Lindner P. (1949), Lobendanz R. (1960), Loiperdinger A. (1951), Loiperdinger A. jun. (1982), Loiperdinger F. (1983), Loiperdinger F. (1924), Loiperdinger J. (1954), Loiperdinger J. jun. (1982), Loiperdinger W. (1974), Maier F. (1954), Maier N. (1949), Maier T. (1936), Maier T. jun. (1979), Maislinger F. (1955), Manglberger F. (1965), Manglberger J. (1981), Manglberger V. (1954), Mayr E. (1949), Mayr E. jun. (1981), Mehlhart F. (1981), Mehlhart J. (1949), Mehlhart J. (1968), Müller F. (1968), Perschl J. (1955), Pfaffinger A. (1957), Pfaffinger A. (1955), Pfaffinger J. (1967), Pfaffinger J./Wimmer (1928), Pfaffinger S. (1962), Pfeil P. jun. (1979), Pötinger R. (1965), Rainer J. (1950), Renzl A. (1962), Renzl F. (1957), Renzl F. (1968), Renzl H. (1956), Renzl J. (1951), Romstötter F. (1950), Romstötter F. jun. (1980), Romstötter F. (1951), Scharinger J. (1973), Scharinger W. (1976), Schmied J. (1973), Schnitzinger H. (1982), Schnitzinger J. (1949), Schnitzinger J. jun. (1979), Schnitzinger J. (1951), Schwab J. (1966), Sinzinger F. (1960), Spitzauer J. (1983), Spitzauer J. (1950), Sterz J. (1972), Stöllberger A. (1982), Straßhofer J. (1947), Thalbauer F. (1958), Thalbauer G. (1965), Thalbauer J. (1957), Veichtlbauer A. (1922), Veichtlbauer Ch. (1981), Veichtlbauer F. (1949), Wengler F. (1973), Wengler J. (1980), Willener K. (1972), Wimmer A. (1951), Wimmer E. (1982), Wimmer F. (1958), Wimmer G. (1981), Wimmer J. (1949), Wimmer J. (1946), Wimmer S. (1972), Wolfersberger O. (1956), Wolfsöldner F. (1953), Wuppinger V. (1967), Zenz G. (1983), Zenz H. (1974), Zenz J. (1924), Zenz J. (1982), Zenz M. (1974), Zenz O. (1979), Zenz V. (1951), Zirnitzer E. (1983)

FF FRAUSCHERECK

Frauschereck, die am Rande des Kobernaußerwaldes höchstgelegene Ortschaft (700 m) im Bezirk Braunau am Inn, gründete seine Feuerwehr im Jahr 1929 unter Oberforstrat Rudolf Hanke. Die Mannschaft bestand damals vorwiegend aus Forstarbeitern; als Ausrüstung war im hölzernen Feuerwehrhaus ein Pferdewagen mit einer Handdruckspritze untergebracht. 1932 wurde die erste Tragkraftspritze angekauft und bereits 1937 das erste Waldfest abgehalten. In den Kriegsjahren wurde die Feuerwehr – Mannschaft und Ausrüstung – stark unter den damaligen Umständen in Mitleidenschaft gezogen, so daß die Feuerwehr 1945 unter Kommandant Ferdinand Hellmann neu aufgestellt werden mußte. 1952 gab es die erste Fahnen- und eine weitere Tragkraftspritzenweihe. 1958 wurde das bis heute bestehende Feuerwehrhaus gebaut. Im selben Jahr begann die Bewerbstätigkeit bei der Wehr, die ohne Unterbrechung – mit Einbeziehung der Jugend im Jahr 1969 – bis heute andauert. Zu erwähnen sind an dieser Stelle die beiden Landessiege 1974 und 1982 mit jeweils dem 3. Rang und zaheiche Siege bei Bezirks- und Abschnittsbewerben, von denen einer 1976 in Frauschereck ausgetragen wurde. Anläßlich des 40jährigen Gründungsfestes 1968 gab es abermals eine Spritzenweihe. 1973 trat das alte verdiente Feuerwehrkommando bei der Feuerwehrwahl ab; die Führung wurde in jüngere Hände gelegt. Das Löschfahrzeug, das aus dem Jahr 1943 stammte, wurde 1978 durch ein neues LFB ersetzt, dessen Weihe im darauffolgenden Jahr anläßlich des 50jährigen Bestehens der Feuerwehr stattfand. Im gleichen Jahr wurde das erste Zeltfest veranstaltet, das das traditionelle Waldfest ablöste. Aus eigenen Mitteln wurde 1982 ein Geländefahrzeug angekauft; auch ist die Wehr mit schwerem Atemschutz, Funk und hydraulischem Bergegerät ausgerüstet.

HBI Feichtenschlager F. (1965), OBI Knauseder K. (1958), OAW Feichtenschlager F. (1970), AW Augustin K. (1972), AW Katzdobler J. (1974), AW Stempfer F. (1974) — Fm Angleitner H. (1980), OLm Augustin A. (1974), Fm Augustin A. (1979), OFm Augustin F. (1977), HFm Augustin F. (1976), OFm Augustin K. (1975), JFm Baumkirchner F. (1983), OFm Baumkirchner L. (1978), HFm Berer A. (1953), OFm Berer J. (1980), HFm Berer K. (1937), HFm Berer K. (1946), OFm Brunhuber H. (1972), JFm Esterer R. (1983), Lm Feichtenschlager A. (1952), HFm Feichtenschlager E. (1977), JFm Feichtenschlager G. (1983), Lm Feichtenschlager J. (1968), Lm Feichtenschlager K. (1974), JFm Feichtenschlager M. (1983), OFm Feichtenschlager R. (1980), Frauenhuber J. (1947), Lm Frauenhuber J. (1969), Fm Frauscher F. (1973), OFm Gaisbauer E. (1983), OFm Haslinger F. (1978), JFm Haslinger G. (1983), JFm Höckner Ch. (1983), Lm Höckner E. (1955), OFm Höckner F. (1968), E-AW Höckner H. (1929), HFm Höckner G. (1963), Fm Dr. Hutgrabner S. (1973), HFm Jetzinger F. (1977), JFm Jetzinger G. (1983), JFm Karer Ch. (1983), OFm Karer G. (1979), Lm Karrer F. (1968), OFm Karrer J. (1971), HBm Kaser J. (1963), HFm Kaser J. (1972), HFm Katzlberger J. (1979), OFm Kinz J. (1979), Fm Kinz J. (1979), JFm Kinz K. (1983), OFm Knauseder K. (1983), JFm Kreuzhuber R. (1983), OFm Lettner H. (1979), JFm Maier J. (1983), Fm Matheis K. (1980), E-AW Menth F. (1959), HFm Mitterbauer A. (1974), OFm Mitterbauer A. (1981), Lm Mitterbauer F. (1974), Fm Mitterbauer J. (1979), HBm Mitterbauer J. (1974), HFm Mühlbacher H. (1969), JFm Murauer A. (1983), Fm Neubauer J. (1981), HFm Priewasser A. (1974), Lm Ridlmaier J. (1969), JFm Sattlecker Ch. (1983), JFm Schmidt R. (1983), JFm Schnurg G. (1983), JFm Schrattenecker R. (1983), Lm Schwarzenberger F. (1969), HFm Schwarzenberger J. (1970), HFm Sperl F. (1962), HLm Sperl G. (1945), Fm Sperl G. (1977), HLm Sperl J. (1945), JFm Spießberger J. (1983), Lm Stempfer A. (1973), Fm Stempfer F. (1977), HFm Stempfer G. (1963), Fm Stempfer H. (1979), HFm Stempfer J. (1975), HFm Vorhauer H. (1974), OFm Vorhauer H. (1973)

FF FREIHUB

Die Gründung erfolgte im Jahr 1926. Im Gründungsjahr bestand die Feuerwehr aus 26 Mitgliedern. Die eigentlichen Initiatoren und maßgeblichen Männer wurden auch als damaliges Kommando gewählt: Kommandant Englbert Wagner, Kommandant-Stellvertreter Josef Bernroider, Kassier Josef Bubestinger, Schriftführer Johann Baumann, Zeugwart Franz Vitzthumecker, Spritzenmeister Alois Hütter und Fähnrich Friedrich Berschl. Die wichtigsten Ereignisse im Gründungsjahr waren die Errichtung einer Zeugstätte in Freihub, weiters die Anschaffung einer Handspritze und die Weihe der Feuerwehrfahne. Im Jahr 1929 wurde Rupert Wagenhammer zum Kommandanten gewählt, der diese Stelle bis zum Jahr 1953 innehatte. Zu Beginn der NS-Zeit im Jahr 1939 wurde die FF Freihub aufgelöst und als Zug II der Feuerwehr Uttendorf angegliedert. Während dieser Zeit – bis zur Wiedererlangung der Selbständigkeit – war Kommandant Wagenhammer Zugskommandant. Als großer Fortschritt wurde im Jahr 1936 der Ankauf der ersten Motorspritze gesehen. Im Jahr 1952 wurden im Pflichtbereich der Feuerwehr in Anzenberg Löschwasserteiche errichtet. Bei der großen Hochwasserkatastrophe im Mattigtal 1954 leistete die Feuerwehr Freihub große Hilfe. Im Jahr 1953 wurde Englbert Wagner zum Kommandanten gewählt, der die Feuerwehr bis zum Jahr 1983 leitete. Unter seiner Führung wurde 1980 auch eine großartige moderne Zeugstätte errichtet. Die 1400 Robotstunden der Feuerwehrmitglieder sowie die Holzspenden hielten die Errichtungskosten in Grenzen. Auch der Ankauf der zweiten Motorspritze 1970 fiel in die Amtszeit von Kommandant Wagner. Nach 30jähriger Tätigkeit legte Wagner 1983 seine Stelle zurück. Darauf erfolgte seine Ernennung zum Ehrenkommandanten.

HBI Binder F. (1975), OBI Bernroider J. (1966) — Adlmanninger L. (1949), Adlmanninger L. (1980), Bermanschlager F. (1968), Bernroider S. (1967), Binder J. (1980), Bubestinger F. (1966), Bubestinger J. (1926), Bubestinger J. (1966), Bumhofer J. (1973), Gerner F. (1983), Gerner G. (1953), Hofer G. (1983), Huber J. (1969), Huber W. (1963), Hütter E. (1947), Hütter F. (1974), Hütter J. (1949), Hütter J. (1951), Hütter J. (1961), Hütter J. (1966), Hütter J. (1966), Hütter R. (1955), Kasinger J. (1948), Kobler F. (1966), Krotzer F. jun. (1983), Krotzer F. (1949), Krotzer H. (1969), Krotzer H. (1983), Krotzer J. (1969), Krotzer L. (1974), Krotzer M. (1947), Mayer J. (1972), Möger J. (1951), Öller J. (1955), Ortner F. (1963), Ortner F. (1963), Ortner G. (1983), Priewasser F. (1947), Priewasser F. jun. (1983), Priewasser F. (1958), Priewasser H. (1974), Priewasser J. (1932), Priewasser J. (1964), Priewasser J. (1958), Priller H. (1977), Probst J. (1949), Rögl A. (1926), Schachner J. (1972), Schwarzmaier H. (1983), Siegesleitner J. (1958), Steinbrückl F. (1938), Steinbrückl W. (1975), Stelzhammer J. (1958), Stieglbauer G. (1969), Streif G. (1956), Trauner J. (1949), Wagenhammer E. (1949), Wagenhammer F. (1953), Wagenhammer H. (1978), Wagenhammer J. (1980), Wagenhammer J. (1949), Wagner E. (1926), Wagner E. (1966), Wagner F. (1955), Wagner H. (1983), Weinberger J. (1947), Weiß J. (1949), Wieder F. (1952), Wührer F. (1958), Zeintl K. (1969)

FF FRIEDBURG

Im Jahr 1890 veranlaßte der damalige Kooperator Mathias Krauter die Gründung der Freiwilligen Feuerwehr Friedburg. Gründungsmitglieder waren Michael Aichinger, Mathias Miglbauer, Johann Enzensberger, Johann Führer und Josef Stabauer. Durch Spenden war es möglich, bei der Firma Gugg eine neue Spritze zu kaufen. Noch im Gründungsjahr wurde das erste Feuerwehrgebäude errichtet, an das 1907 ein Schlauchturm angebaut wurde. 1895 wurde bei der Firma Rosenbauer ein neuer Hydrophor angeschafft. 1905 wurde eine Vereinsfahne gekauft, die in Verbindung mit dem 15jährigen Gründungsfest geweiht wurde. 1929 erfolgte der Ankauf der ersten Motorspritze, Type Nr. 2, samt 100 m Schläuchen bei der Firma Rosenbauer. 1932 wurde das erste Feuerwehrauto Type 5 Steyr angekauft und 1936 eine zweite Motorspritze. 1941 wurde von Bürgermeister und Wehrführer Lorenz Spindler ein neuer Rüstwagen mit Anhänger samt Motorspritze angekauft, der dank vorzüglicher Pflege und Umsicht noch in Betrieb ist. 1951 erfolgte der Ankauf einer Vorbaupumpe, 1959 der einer neuen Motorspritze bei der Firma Gugg. Am 14. und 15. August 1964 feierte die Wehr das 75jährige Gründungsfest mit Fahnenweihe. 1968 erfolgte der Ankauf eines Grundstücks durch die Gemeinde für den Bau einer neuen Feuerwehrzeugstätte, die schließlich 1975 bezugsfertig war. 1979 wurde bei der Firma Rosenbauer ein neuer Rüstwagen angekauft. Kommandanten der Wehr seit ihrer Gründung: Michael Aichinger (1890–1897), Johann Ramsauer (1897–1914), Michael Hattinger (1914–1918), Johann Ramsauer (1918–1929), Lorenz Spindler (1929–1945), Georg Rieder (1945–1950), Lorenz Spindler (1950–1961), Karl Vietz (1961–1963), Lorenz Spindler (1963–1967), Johann Lugstein (1968–1970), Franz Voggenberger (seit 1970).

HBI Voggenberger F. (1957), OBI Roider A. (1973) — Asen Wilfried (1980), Bayr G. (1954), Berner F. (1981), Berner J. (1948), Berner J. (1975), Bruckmüller J. (1962), Buttinger J. (1954), Dallinger J. (1981), Daxer J. (1952), Eichinger R. (1931), Eidenhammer J. (1963), Empfelseder F. (1966), Empfelseder J. (1966), Feichtenschlager A. (1963), Feldbacher J. (1952), Fuchs W. (1962), Fuchs W. (1980), Hammerer J. (1980), Heinzl F. (1981), Hinterleitner J. (1980), Holzner F. (1960), Karrer K. (1973), Kaser F. (1974), Kofler J. (1966), Koschler J. (1953), Leitgeb M. (1980), Leitgeb R. (1948), Lettner W. (1981), Lugstein F. (1964), Lugstein J. (1956), Lugstein J. (1967), Mahr G. (1976), Maislinger F. (1966), Modl F. (1956), Modl F. (1981), Moser F. (1963), Moser J. (1966), Prielhofer J. (1976), Prühwasser W. (1964), Reitmaier A. (1947), Reitmaier E. (1976), Roider F. (1954), Schinagl F. (1975), Schlögl R. (1923), Sieberer J. (1925), Spatzenegger N. (1952), Spatzenegger N. (1980), Vietz K. (1948), Vietz K. (1973), Voggenberger F. (1973), Weichenberger J. (1976), Werdecker A. (1955), Wilhelmstötter F. (1963), Winkler J. (1958), Winkler J. (1981)

FF FURTH

Die Freiwillige Feuerwehr Furth wurde im Jahr 1900 mit 23 Mitgliedern gegründet. Sie besaß damals nur zwei Kübelspritzen. Im Jahr 1922 wurde eine Handdruckspritze angeschafft, die mittels Pferdegespann fahrbar war. Die Feuerwehrzeugstätte wurde 1930 errichtet und im Jahr darauf der Schlauchturm. Im Jahr 1936 erhielt die Wehr die erste Motorspritze, Fabrikat Vierlinger. Am 17. Juni 1951 wurde das 50jährige Gründungsfest der FF Furth in Verbindung mit einer Fahnenweihe gefeiert; Fahnenmutter war Maria Gamperer. Zum ersten Fahrzeugankauf kam es im Jahr 1955, ein Benzinauto Fabrikat Steyr. Im Jahr 1969 wurde ein Kleinlöschfahrzeug Ford Transit erworben. Ihre wichtigsten Großeinsätze hatte die Feuerwehr Furth bei den Hochwässern in den Jahren 1954 und 1958 sowie beim Brand des Brauereistadels in Mattighofen am 11. März 1955. Die Namen der Kommandanten seit der Gründung der Freiwilligen Feuerwehr Furth sind: Peter Weiß (1900–1905), Franz Schweiberer (1905–1908), Peter Weiß (1908–1920), Georg Spitzer (1920–1924), Franz Gamperer (1924–1928), Josef Zellner (1928–1933), Jakob Kronberger (1933–1940), Josef Zweimüller (1940–1945), Johann Allichhammer (1945–1948), Jakob Kronberger (1948–1953), Franz Gamperer (1953–1963), Fritz Kronberger (1963–1983), Michael Gamperer (seit 1983).

HBI Gamperer M. (1963), OBI Brambauer F. jun. (1977) — Aigner F. (1982), Bachleitner G. (1927), Bachleitner J. (1966), Brambauer F. (1957), Brambauer K. (1983), Daxecker F. (1983), Daxecker J. (1960), Daxecker J. jun. (1983), Erlinger F. (1950), Forthuber F. (1978), Forthuber G. (1974), Forthuber J. (1932), Forthuber J. jun. (1965), Forthuber K. (1983), Gamperer F. (1929), Großberger J. (1978), Grubmüller J. jun. (1938), Grubmüller J. (1963), Grubmüller J. (1983), Gurtner A. (1983), Gurtner J. (1938), Gurtner J. (1963), Heller K. (1969), Hillinger F. (1972), Hillinger J. (1968), Huber A. (1977), Kobler F. (1973), Kopp J. (1958), Kreil L. (1956), Kronberger F. (1947), Kronberger F. jun. (1972), Kronberger M. (1974), Kronberger P. (1959), Krottenhammer J. (1978), Krozer R. (1957), Landrichinger A. (1947), Landrichinger A. (1982), Lengauer J. (1978), Maier F. (1926), Moser G. (1980), Moser S. (1956), Pfaffinger F. (1977), Pleßl G. (1934), Pointecker H. (1963), Pointecker H. jun. (1966), Priewasser F. (1964), Priewasser J. (1934), Propst F. (1964), Prüwasser F. (1978), Reindl J. (1926), Rosenhammer J. (1950), Schalk F. (1979), Schweiberer F. (1920), Sengthaler A. (1962), Sengthaler G. (1952), Sieberer K. (1947), Sieberer K. jun. (1978), Urkauf W. (1968), Weiß P. (1953), Windhager J. (1978), Zeintl F. (1970), Zeller S. (1983), Zellner F. (1950), Zwischelsberger J. (1973)

FF GERETSBERG

Die Gründung der Freiwilligen Feuerwehr Geretsberg erfolgte am 28. Dezember 1895. Gründungsmitglieder waren Albert Bina, Franz Schmidhammer, Johann Lang, Josef Pleninger, Johann Spitzwieser, Georg Stöllberger und Simon Hofer. Die erste Motorspritze der Marke Breuer wurde im Jahr 1943 angeschafft. Diese Spritze zu bekommen war nur dadurch möglich, daß das Kommando der Feuerwehr damals Messing sammelte und dieses dann bei der Firma Gugg in Braunau ablieferte. Das erste Fahrzeug der Freiwilligen Feuerwehr Geretsberg war ein Allrad Horch, der im Jahr 1954 erworben werden konnte. Im Jahr 1957 wurde dann ein Fahrzeug der Marke Steyr angekauft. Im Jahr 1967 wurde das derzeitige Feuerwehrgebäude errichtet. Vorher waren alle Gerätschaften in einer Holzbude untergebracht gewesen. An Großeinsätzen vermerkt die Chronik der Freiwilligen Feuerwehr Geretsberg: Im Mai 1932 brannten innerhalb weniger Tage drei große Bauernhöfe ab. Der größte Brand überhaupt war der im Gummiwerk Kraiburg im Jahr 1975. Bei dem großen Hochwasser im Jahr 1954 rückte die Feuerwehr Geretsberg zum Katastrophengroßeinsatz nach Braunau aus, wo der Inn über die Ufer getreten war. Seit ihrer Gründung im Jahr 1895 stand die Freiwillige Feuerwehr Geretsberg unter dem Kommando folgender Hauptleute: Albert Bina, Franz Schmidhammer, Simon Hofer, Josef Bandzauner, Franz Kreil, Johann Hofmann, Ferdinand Kreuzhuber, Franz Kinzl, Raimund Spitzwieser, Peter Hofmann, Ferdinand Bandzauner, Ferdinand Scharinger und Friedrich Hitzginger.

HBI Hitzginger F. (1961), OBI Edtbauer B. (1969), AW Hofstätter H. (1979), AW Maislinger L. (1968), AW Mayr R. (1954), AW Puttenhauser J. (1958), BI Bachmaier A. (1972), BI Kammerstetter J. (1952), BI Silberer A. (1949), BI Tischlinger M. (1976), BI Tutzer E. (1977) — HFm Almer H. (1974), OFm Angermaier G. (1975), HFm Auzinger M. (1963), HFm Bachmaier A. (1949), E-HBI Bandzauner F. (1921), HFm Bandzauner F. (1958), HFm Bandzauner J. (1934), Fm Bandzauner J. (1972), HFm Binder J. (1926), OFm Binder J. (1968), PFm Brandacher K. (1983), HFm Brandl J. (1949), Fm Brandstetter H. (1981), PFm Brunthaler J. (1983), Fm Burger J. (1979), HFm Demel J. (1958), Fm Dicker F. (1981), HFm Dicker F. (1958), OFm Dicker F. (1975), Eberherr W. (1978), HFm Ebner M. (1958), JFm Eder A. (1980), HFm Eder F. (1930), Fm Eder F. (1978), HFm Eder J. (1961), OFm Eder J. (1974), Fm Eder J. (1979), HFm Ing. Egger B. (1973), HFm Eichberger F. (1965), Fm Eichberger N. (1979), HFm Eichberger R. (1965), OFm Enthammer F. (1978), HFm Enthammer J. (1954), HFm Esterbauer W. (1952), HFm Esterbauer W. (1979), HFm Feichtenschlager F. (1965), OFm Feichtenschlager S. (1979), HFm Felber H. (1950), HFm Felber K. (1924), E-BI Felber O. (1959), HFm Fischer J. (1952), OFm Fischer J. (1976), HFm Flachner F. (1949), HFm Flachner F. (1976), HFm Flachner J. (1945), HFm Fröhlich J. (1965), HFm Fröhlich S. (1932), OFm Furtner J. (1975), HFm Gann E. (1955), Fm Geir J. (1979), HFm Graf J. (1932), HFm Gruber A. (1958), HFm Gruber A. (1931), HFm Gruber J. (1958), Fm Haberl W. (1981), HFm Hangöbl S. (1946), Bm Hangöbl S. (1974), HFm Hartl F. (1953), HFm Hauser W. (1969), OFm Heinrich F. (1978), Fm Heinrich H. (1979), JFm Heinrich J. (1979), HFm Heinrich R. (1954), HFm Hinterlechner A. (1958), HFm Hirscher G. (1983), Fm Hitzginger F. (1979), OFm Hitzginger G. (1978), HFm Hochradl F. (1958), Fm Hochradl H. (1980), HFm Hofbauer A. (1955), OFm Hofbauer K. (1979), HFm Hofer J. (1963), HFm Hofmann J. (1927), HFm Hofmann J. (1968), HFm Hofmann K. (1976), HFm Irnstötter J. (1946), Kaiser M. (1946), Fm Kammerstetter G. (1979), HFm Kardeis F. (1965), HFm Kardeis L. (1954), HFm Kerschhacker J. (1965), HFm Kirnstedter J. (1977), HFm Kirnstedter J. (1955), HFm Kohlbacher J. (1950), HFm Kreil J. (1963), OFm Kugler J. (1979), HFm Laimighofer A. (1971), HFm Laimighofer E. (1930), HFm Laimighofer F. (1951), HFm Laimighofer G. (1925), HFm Lanzl F. (1966), HFm Lechner J. (1931), HFm Lechner J. (1972), HFm Lechner M. (1941), HFm Lettner F. (1972), HFm Lindner J. (1921), HFm Mackinger J. (1958), HFm Mackinger R. (1976), HFm Maier E. (1952), HFm Maier F. (1976), Fm Maier G. (1981), HFm Maier J. (1931), HFm Maislinger J. (1953), Maislinger F., HFm Maislinger J. (1952), HFm Maislinger L. (1939), HFm Maislinger N. (1974), HFm Maislinger P. (1952), HFm Maislinger P. (1955), HFm Matzinger G. (1970), HFm Mayer G. (1935), HFm Mayer G. (1969), OFm Mayr E. (1979), HFm Mayr F. (1958), OFm Mayr G. (1979), HFm Mayr J. (1975), OFm Mayr R. (1978), HFm Mitis F. (1955), HFm Neubauer J. (1958), HFm Neubauer J. (1926), HFm Neuhauser A. (1949), JFm Neuhauser A. (1980), HFm Neuhauser F. (1955), HFm Neuhauser F. (1977), HFm Neustifter K. (1974), HFm Öttl F. (1958), PFm Pemwieser J. (1983), HFm Pemwieser J. (1955), HFm Pfaffinger F. (1975), OFm Pfaffinger H. (1979), HFm Pfaffinger M. (1953), OFm Pöttinger Ch. (1979), HFm Ramböck W. (1966), HFm Reintaler F. (1978), HFm Reschenhofer A. (1934), HFm Reschenhofer F. (1931), HFm Reschenhofer F. (1966), HFm Riedl F. (1955), HFm Sachs G. (1950), HFm Scharinger F. (1955), Lm Scharinger F. (1949), HFm Scharinger F. (1972), HFm Scharinger W. (1954), PFm Scharinger W. (1983), HFm Schmeller A. (1972), HFm Schmidhammer F. (1958), HFm Schmidhammer F. (1955), HFm Schmidhammer F. (1976), HFm Schmidlechner F. (1974), HFm Schmidlechner J. (1976), HFm Schwarzmaier F. (1974), HFm Seidl F. (1935), HFm Seidl H. (1976), HFm Sommerauer K. (1955), HFm Sommerauer K. (1927), OFm Sommerauer N. (1979), HFm Spitzwieser A. (1958), HFm Spitzwieser E. (1974), HFm Spitzwieser F. (1949), HFm Spitzwieser J. (1930), HFm Spitzwieser J. (1949), E-OBI Spitzwieser L. (1949), OFm Spitzwieser S. (1978), HFm Sporrer J. (1960), JFm Stachl A. (1980), Fm Stegbuchner F. (1978), HFm Stegbuchner J. (1950), HFm Stegbuchner J. (1975), HFm Stockinger J. (1949), Fm Stockinger J. (1979), HFm Strasser L. (1959), HFm Strasser W. (1968), HFm Straßhofer G. (1958), HFm Temel W. (1963), Fm Tischlinger G. (1978), HFm Tischlinger M. (1965), HFm Vitzthum A. (1966), JFm Vitzthum A. (1980), HFm Voggenberger F. (1934), HFm Voggenberger F. (1962), HFm Wagner H. (1968), HFm Waldgruber A. (1963), HFm Waldl G. (1934), HFm Weiß J. (1968), HFm Weiß J. (1972), E-BI Wengler J. (1941), PFm Wengler S. (1982), HFm Wienerroither A. (1968), HFm Wimmer F. (1946), HFm Wimmer J. (1960), PFm Wimmer J. (1983), HFm Wimmer O. (1962), HFm Wurmhöringer E. (1949), HFm Wurmhöringer E. (1976), HFm Zehentner G. (1958), OFm Zehentner G. (1978)

FF GILGENBERG AM WEILHART

Die Gründung der Freiwilligen Feuerwehr Gilgenberg erfolgte am 17. Juli 1883. Die Statuten wurden am 30. September 1883 genehmigt. Zur Anschaffung einer Saugspritze fand im Gründungsjahr eine Sammlung unter der Bedingung statt, daß die Saugspritze im Röhrnerdorf oder in dessen nächster Umgebung aufgestellt wird. Die Haussammlung brachte 1098 Kronen. Im Jahr 1888 wurde auch für eine Fahne gesammelt, wobei 312 Kronen aufgebracht wurden. Die Fahne kostete aber 476 Kronen und so mußte das Defizit von der Feuerwehrkasse abgedeckt werden. Bei der Generalversammlung am 6. Dezember 1906 wurde einstimmig beschlossen, eine Dampfspritze anzukaufen, deren Kosten sich auf ca. 4000 Kronen beliefen. Die Versammlung wurde vom Obmann mit einem dreifachen Hoch auf den edlen Gönner des Feuerwehrwesens, Seine Majestät den Kaiser, und mit dem Absingen der ersten Strophe der Kaiserhymne geschlossen, wie dem Protokoll zu entnehmen ist. Diese Dampfspritze ist heute im Heimatmuseum Herzogenberg in Braunau am Inn zu besichtigen. Bei einer Schlauchprobe am 9. Mai 1909 wurde festgestellt, daß der Großteil der Schläuche unbrauchbar geworden war. Deshalb fand im Vereinslokal Gasthaus Hirschlinger ein Stoßbudelscheiben statt. Aus den Einnahmen bei dieser Veranstaltung konnten dann neue Schläuche angekauft werden. Die Chronik berichtet weiter, daß bei der Generalversammlung im Jahr 1911 folgender Beschluß gefaßt wurde: Dreimaliges unentschuldigtes Fernbleiben zieht die Ausschließung nach sich. Bereits 1914 war die Hälfte der Feuerwehrmitglieder zu den Waffen gerufen worden. Es finden sich daher bis 1918 keinerlei weitere Eintragungen in der Chronik. Im Jahr 1921 kam das Gesetz betreffend Einhebung und Verwendung einer Feuerwehrgemeindeumlage zur Sprache, und zwar hauptsächlich wegen der Spritzenpferde. Die drei Pferdebesitzer sollten sich diesbezüglich mit der Gemeinde auseinandersetzen. Spritzenfahrer waren Hirschlinger, Bermüller und Hangöbl. 1939 kam noch ein Zug dazu. Bereits im Jahr 1943 konnte die Freiwillige Feuerwehr Gilgenberg ein Feuerwehrauto mit Motorspritze erwerben. Wenn man die Entwicklung der Freiwilligen Feuerwehr Gilgenberg genauer betrachtet, so kommt man zur Feststellung, daß Gilgenberg eine Feuerwehr hat und hatte, welche immer auf dem neuesten Stand ist. Heute gehören zur Ausrüstung: ein TLF 2000, ein LLF, drei TS 8, ein TSW und ein TSA 500 sowie viele andere Geräte, die eine moderne Feuerwehr zur Erfüllung ihrer Aufgabe benötigt. Obmänner und Kommandanten der Freiwilligen Feuerwehr Gilgenberg seit der Gründung waren: Josef Hirschlinger (1883–1909), Josef Hartl (1909–1912), Heinrich Holzner (1912–1934), Leopold Angermaier (1934–1942), Alois Kreuzeder (1942–1945), Josef Stadler (1945–1948), Josef Angermaier (1948–1956), Franz Scheiblmaier (1956–1958), Heinrich Holzner (1958–1973) und Josef Pommer (seit 1973).

HBI Pommer J. (1949), OBI Maier J. (1951), AW Bayer N. (1955), AW Bermanschlager M. (1958), AW Pohn H. (1957), BI Brunner F. (1968), BI Esterbauer F. (1972), BI Hoffmann F. (1950), BI Russinger A. (1958) — Fm Achrainer J. (1977), Fm Achrainer M. (1982), Fm Achrainer N. (1976), Fm Albrecht G. (1975), HFm Albrecht G. (1949), Fm Albrecht M. (1981), HFm Altenbuchner F. (1968), HFm Altenbuchner J. (1947), Fm Angermaier A. (1956), HFm Auer J. (1946), Auer J., Fm Bachmaier F. (1973), HFm Bauer J. (1922), HFm Bauer M. (1921), Fm Bieringer J. (1977), Fm Biribauer J. (1971), Fm Brandhuber J. (1928), OFm Braunsberger J. (1966), Fm Brenner E. (1961), OFm Brunner F. (1970), Fm Brunner H. (1971), Fm Brunner L. (1965), Fm Buchner F. (1970), Fm Daxer G. (1984), Fm Dengg G. (1973), HFm Dicker A. (1952), Fm Dicker F. (1982), Fm Dicker J. (1982), Lm Duscher J. (1956), OFm Duscher W. (1979), Fm Eder W. (1971), HFm Egger F. (1951), Fm Eichberger G. (1975), HFm Eichberger G. (1949), Fm Eichberger J. (1970), HFm Esterbauer A. (1947), Fm Esterbauer F. (1981), HFm Esterbauer J. (1972), Fm Fimberger J. (1958), OFm Fischereder F. (1968), Fm Flachner J. (1965), Fürböck A. (1960), Fm Fürböck F. (1966), Fm Gamperer J. (1974), Fm Geisberger F. (1946), Fm Geisberger F. (1971), Fm Geisberger G. (1962), HFm Glöcklhofer F. (1951), Fm Grömer A. (1981), Grünbacher F. (1981), Fm Grünbacher J. (1958), Fm Gschneitner F. (1937), Fm Gschneitner F. A. (1980), Fm Habl J. (1981), HFm Habl P. (1947), Lm Häuslschmied A. (1953), OFm Hainz H. (1973), OLm Hangöbl F. (1958), Fm Hangöbl F. (1924), HFm Hangöbl F. (1955), Hangöbl F., Hangöbl F., Hangöbl K. G., Hanz F., Hartinger S., Hartl F., Hartl M., Helleis J., Hillebrand A., OFm Hillebrand J. (1946), HFm Hirschlinger F. (1938), Fm Hirschlinger F. (1964), HFm Hirschlinger J. (1928), OFm Hirschlinger J. (1970), Fm Hofer J. (1951), Fm Hofmaier F. (1981), HLm Holzner A. (1949), Fm Holzner A. (1981), OFm Holzner F. (1951), Fm Holzner F. (1981), E-HBI Holzner H. (1924), HFm Holzner H. (1956), Fm Holzner J. (1981), OFm Hubbauer F. (1974), Fm Hubbauer W. (1975), OFm Huber H. (1962), OFm Huber J. (1956), OFm Irnstötter G. (1946), Fm Irnstötter J. (1976), Fm Karl F. (1981), OFm Kerschdorfer F. (1965), Fm Kerschdorfer J. (1970), Fm Kerschdorfer W. (1981), HFm Kerschdorfer F. (1979), Fm Kerschdorfer J. (1974), Fm Köhl J. (1956), HFm Köllert J. (1962), Fm Kolmberger O. (1947), HFm Kreuzeder A. (1915), HFm Kreuzeder A. (1954), Fm Kreuzeder A. (1963), Fm Kreuzeder A. (1980), Fm Langgartner H. (1947), Fm Langgartner J. (1969), HFm Langgartner J. (1946), HFm Langgartner J. (1930), Fm Langgartner J. (1958), Fm Leimsner G. (1971), E-AW Leimsner J. (1933), Fm Loidl J. (1956), Maier A. (1978), Fm Maier A. (1950), Lm Maislinger A. (1972), HFm Maislinger J. (1950), Fm Maislinger J. (1979), Fm Maislinger R. (1980), Fm Maurer M. (1975), OFm Mayer H. (1964), Fm Mitteregger G. (1976), Fm Neuberger L. (1953), Fm Neuhauser A. (1964), Fm Neuhauser H. (1958), HFm Nöbauer J. (1920), Fm Oberdacher H. (1973), Fm Paischer R. (1949), Fm Pemwieser A. (1960), OFm Pemwieser A. (1963), OFm Pemwieser F. (1943), Fm Pemwieser F. (1964), Fm Pemwieser J. (1966), HFm Pemwieser J. (1960), Fm Pemwieser J. (1975), OFm Perschl J. (1970), HFm Pfaffinger J. (1953), Fm Pommer A. (1961), Fm Pommer E. (1975), HFm Pommer F. (1949), Fm Pommer F. (1980), OFm Pommer J. (1972), HFm Reichartinger L. (1948), Fm Reschenhofer J. (1975), HLm Reschenhofer L. (1958), Fm Reschenhofer L. (1982), Fm Rothenbuchner J. (1975), Fm Russinger A. (1969), OFm Russinger A. (1969), OFm Russinger J. (1953), Fm Russinger J. (1963), Fm Russinger K. (1969), Fm Salzlechner W. (1977), OFm Sax A. (1963), Fm Sax J. (1978), HFm Schacherbauer A. (1927), HFm Schacherbauer A. (1962), HFm Schacherbauer F. (1923), HFm Schacherbauer F. (1961), OFm Schacherbauer J. (1962), Fm Scharinger F. (1961), HFm Scheiblmaier F. (1951), Fm Schlager J. (1964), HFm Schmitzberger A. (1953), Fm Schmitzberger J. (1981), HFm Schmitzberger J. (1947), Fm Schwaighofer F. (1961), HFm Seeleitner A. (1915), Fm Sperl F. (1975), Fm Sperl J. (1950), Fm Spitzwieser J. (1963), HFm Sporrer F. (1940), Fm Sporrer F. (1968), OFm Sporrer F. (1972), OFm Sporrer F. (1953), OFm Sporrer F. (1972), HFm Sporrer H. (1949), Fm Sporrer J. (1953), Fm Sporrer J. (1962), Fm Sporrer R. (1969), Stadler A., Stadler A., Stadler A., Stadler F., Stadler F., Stadler G., Stadler J., Stadler J., Stadler K., Fm Stadler K. (1981), Fm Staudinger J. (1955), Fm Steinschneider A. (1977), Fm Sterz G. (1970), HFm Stöger A. (1956), Fm Stöger J. (1982), OFm Stopfner J. (1958), OFm Sturmböck J. (1955), Fm Sturmböck J. (1978), OFm Wagner J. (1943), OFm Wanghofer J. (1968), Fm Wappis H. (1975), OFm Wappis H. (1973), Fm Weilbuchner A. (1984), Fm Weilbuchner M. (1961), Fm Weinberger-Plasser L. (1973), OFm Weiß G. (1964), OFm Wengler G. (1969), Fm Wengler H. (1975), Fm Wengler H. (1980), Fm Wengler I. (1982), Fm Wimmer F. (1982), Fm Würflingsdobler F. (1947), Fm Wurmshuber F. (1969), Fm Wurmshuber H. (1975), Fm Zarfl R. (1983), Fm Zauner F. (1968), HFm Zauner J. (1947), OFm Zauner M. (1947), Fm Zimmer M. (1975).

FF HACKENBUCH

Auf Betreiben von Fabriksdirektor Adolf Hahn wurde 1905 eine Freiwillige Fabriksfeuerwehr der Glasfabrik Emmyhütte gegründet. Der Fabriksbesitzer Ignaz Glaser aus Bürmoos kaufte bei der Firma Moritz Zuckermann in Wien die erste Wagen-Feuerwehrspritze, welche bis in die dreißiger Jahre in Verwendung stand. Während der schlechten Wirtschaftslage Ende der zwanziger Jahre wurde der Betrieb der Glashütte eingestellt. Obwohl der Ort mit seinen 300 Einwohnern zur Gemeinde Moosdorf gehört, blieb die Freiwillige Feuerwehr Hackenbuch bis heute eigenständig. Nach mehreren alten, meist defekten, Motorspritzen bekam die Wehr unter Bürgermeister Webersberger eine neue Motorspritze, die noch heute im Einsatz ist. Im Jahr 1975 konnte die Wehr einen VW-Bus Kombi anschaffen. Da die Feuerwehr Hackenbuch nur über eine minimale Ausrüstung verfügt, sind lediglich Einsätze im Gebiet des Ibmermoors möglich, wobei die Feuerwehrkameraden meist zu Moor-Flächenbränden gerufen werden. Im Jahr 1984 wurde die Sirene der Freiwilligen Feuerwehr Hackenbuch an die Funkalarmierung angeschlossen. Hauptleute seit der Gründung waren: Michael Tischer, Paul Dinter, Franz Fuchs, Franz Lindner, Franz Wimhölzl, Johann Wimhölzl, Josef Lunglhofer, Lorenz Kunzier, Sebastian Leopolder, Kilian Fuchs und Alois Embacher.

HBI Embacher A. (1970), OBI Krekesch H. (1966), AW Kerekesch A. (1965), AW Kunzier H. (1973), AW Schwarz F. (1973) — OFm Altenstrasser H. (1970), OFm Altenstrasser H. (1970), Fm Andraschko R. (1982), Fm Blatzky H. (1982), Dabernig J. (1968), OFm Daglinger A. (1968), OFm Daglinger W. (1982), OFm Embacher H. (1967), HFm Emersberger F. (1924), PFm Esterbauer R. (1983), HFm Feichtenschlager J. (1978), OFm Fuchs A. (1982), PFm Fuchs H. (1984), Bm Fuchs K. (1959), OFm Fuchs K. (1976), HFm Gerstlohner J. (1964), HFm Haas F. (1960), HFm Hendlmayer L. (1974), HFm Kirnstedter K. (1966), OFm Kirsch M. (1957), OFm Krulikovski K. (1982), HFm Kunzier K. (1945), OBm Leopolder D. (1963), OFm Oberbrandacher M. (1963), Fm Österbauer J. (1975), Fm Osterbauer G. (1979), HFm Petter F. (1929), OFm Pisek F. (1953), OFm Pisek F. (1982), OFm Reindl J. (1964), OFm Reindl K. (1982), HFm Riedl K. (1948), OFm Scharinger H. (1976), OFm Schuster K. (1952), OFm Spitzwieser R. (1978), HFm Weber F. (1945), HFm Weber F. (1966), HFm Weber G. (1950), HFm Weber K. (1945), HFm Weber S. (1945), HFm Weber W. (1970), HFm Weiß F. (1963), OFm Winter W. (1970), OFm Wolfersberger L. (1967)

FF HAIGERMOOS

Haigermoos gründete am 16. Februar 1904 seine Feuerwehr. Das erste Feuerwehrhaus wurde 1907 errichtet. 1937 konnte die erste Motorspritze angekauft werden, eine Gugg L 2 mit Wasserringpumpe. Die Pumpe und das Gerät wurden zwischen 1939 und 1969 mit einem Traktor zu den Einsatzorten befördert. Die zweite TS, eine Gugg GS Automatik TS 8, wurde 1960 gekauft. Das Einsatzauto, ein VW-Bus, wurde 1969 übernommen und eingeweiht. 1977 errichtete man ein neues Rüsthaus. Im Juni 1984 wurde die Wehr an das Sirenenwarnsystem angeschlossen. Die Versorgung mit Löschwasser wird durch sieben Naturlöschteiche, fünf neue gedeckte Löschteiche, einen Bach und zwei Seen gewährleistet. Die Ausrüstung der FF Haigermoos besteht aus: 1 VW-Bus als Einsatzfahrzeug, 1 TS 8, 1 Mobilfunkgerät (2-m-Band), 2 Handfunkgeräte (11-m-Band), 1 Steckleiter, vierteilig, 1 Trockenfeuerlöscher P 12, 2 Panoramamasken mit Filter, 1 Tierblende, 10 Stück Stricke, 1 Bolzenzange, 1 elektrischer Viehtreiber, 300 m B-Druckschläuche, 150 m C-Druckschläuche und 3 C-Strahlrohre.

HBI Stölberger K. (1972), OBI Huber Hochradl J. (1958), AW Höpflinger F. (1958), AW Leitner G. (1981), AW Rambock O. (1959), BI Veitlbauer J. (1967) — HFm Alterdinger A. (1969), HFm Auer V. (1958), HFm Bamberger J. (1957), OFm Bamberger J. (1960), OFm Bamberger W. (1973), Fm Dr. Bernroider G. (1981), OFm Danner F. (1974), Fm Danzl F. (1958), Lm Demel M. (1959), Fm Eberharr F. (1959), Fm Demel M. (1920), Fm Eberherr F. (1959), Lm Eberherr F. (1963), Lm Eberherr L. (1962), OLm Esterbauer J. (1975), E-HBI Felber G. (1934), HFm Felber J. (1930), OLm Felber O. (1965), OLm Friedl G. (1955), OFm Friedl G. (1974), Fm Friedl M. (1979), Lm Fuchs G. (1960), HFm Graspeuntner J. (1958), HFm Grömer F. (1962), HFm Grömer F. (1969), JFm Großruck M. (1979), HFm Großruck P. (1947), Lm Gruber A. (1958), HFm Gruber A. (1969), OFm Gruber W. (1976), Hamberger J. (1947), OFm Hamedinger K. (1979), JFm Haring D. (1982), HFm Hennermann F. (1962), Fm Hennermann F. (1979), Hennermann J. (1983), Lm Hinterlechner M. (1962), HFm Höfer A. (1950), HFm Höfer A. (1982), HFm Höpflinger F. (1979), Lm Huber G. (1956), OLm Huber G. (1948), OFm Huber G. (1974), Fm Huber H. (1979), OLm Huber J. (1950), OFm Huber J. (1969), HFm Huemer F. (1964), Fm Huemer J. (1983), Lm Huemer W. (1974), E-OBI Irnstötter J. (1949), HFm Jurischitsch J. (1958), Fm Kardeis R. (1979), HFm Kardeis K. (1965), Fm Kardeis R. (1979), HFm Kern J. (1960), OFm Kern J. (1979), E-AW Kreuzbauer E. (1947), Lm Leitner J. (1969), HFm Leitner M. (1924), OFm Leitner M. (1973), OFm Leitner W. (1971), HFm Lindner A. (1949), JFm Lindner A. (1981), OFm Lindner J. (1977), Fm Lindner J. (1980), OFm Lindner R. (1974), Fm Mackinger H. (1983), HFm Mackinger J. (1958), HFm Mackinger L. (1974), JFm Mackinger P. (1982), OFm Mauracher A. (1971), Fm Mayr A. (1979), OFm Dr. Mayr K. (1959), Lm Mayr L. (1958), HFm Mayr L. (1927), HFm Meßner L. (1973), HFm Mitterbauer J. (1959), Fm Neureiter F. (1981), HFm Niedermüller F. (1946), Fm Niedermüller F. (1982), Fm Niedermüller J. (1982), HFm Niederreiter W. (1972), HFm Obernhuber J. (1933), HLm Obernhuber J. (1963), JFm Obernhuber J. (1982), Lm Perschl J. (1976), OFm Prodinger J. (1976), Fm Ramböck H. (1979), E-HBI Ramböck H. (1953), OFm Ramböck H. (1973), Fm Ramböck O. (1974), OFm Ramböck R. (1973), Bm Renzl F. (1956), OFm Renzl F. (1976), Fm Renzl J. (1979), HFm Renzl J. (1929), JFm Renzl K. (1982), OFm Romstötter J. (1958), HFm Scharinger A. (1975), Fm Scharinger A. (1978), Lm Schmidlechner M. (1965), HFm Dr. Schwaiger J. (1973), Fm Schwankner F. (1983), OFm Schwankner J. (1973), Lm Schwankner J. (1976), Fm Sigl K. (1978), Lm Sinzinger F. (1958), Fm Sinzinger F. (1978), HFm Sinzinger G. (1946), Fm Sinzinger J. (1981), Fm Spick J. (1962), Fm Spreitz J. (1981), OFm Stöfelmayer F. (1971), HFm Stögbuchner J. (1969), JFm Stögbuchner J. (1965), OFm Stögbuchner J. (1963), Fm Stöllberger S. (1982), HFm Stöllberger F. (1954), OFm Stöllberger F. (1981), HFm Tellian A. (1967), OFm Tellian H. (1977), HFm Thalhammer J. (1947), OLm Veitlbauer J. (1936), Lm Voggenberger F. (1954), HFm Wallerstorfer J. (1969), Fm Wallnigg G. (1978), HFm Wallner K. (1957), HFm Wallnig H. (1946), OFm Wallnigg H. (1973), HFm Wallnigg M. (1962), Fm Weber H. (1983), HFm Wengler K. (1931), Lm Widl H. (1965), HFm Wieser K. (1946), HFm Wuppinger J. (1973), HFm Zillner K. (1952)

FF HANDENBERG

Gegründet wurde die Freiwillige Feuerwehr Handenberg am 17. Juni 1893. Zum Hauptmann wurde der Gastwirt Franz Meindl gewählt, als dessen Stellvertreter und Schriftführer Josef Pointner und zum Kassier der Oberlehrer Franz Strasser. Die übrigen Gründungsmitglieder waren: Johann Ellinger, Georg Schreiner, Johann Stranzinger, Michael Stadler, Matthias Stranzinger, Leopold Meisenberger, Johann Zehentner, Josef Oberst und Johann Wimmer. Die ganze Feuerwehr bestand aus zwölf Männern. Im Jahr 1894 wurde die erste Saugspritze, Marke Strausberger, angekauft. Im Jahr 1906 wurden eine Fahne und zwei weitere Saugspritzen angekauft. Das Feuerwehrgebäude wurde im Jahr 1923 errichtet. Als erstes Fahrzeug konnte im Jahr 1950 ein amerikanisches Armeefahrzeug Marke Dodge erworben werden. Im Jahr 1954 hatte die Freiwillige Feuerwehr Handenberg anläßlich des Hochwassers Großeinsatz in Braunau am Inn und Dietfurt. Die Namen der Hauptleute seit Gründung der Freiwilligen Feuerwehr Handenberg sind: Franz Meindl, Anton Huber, Leopold Huber, Franz Latteraner, Franz Rieder, Georg Schmerold, Franz Mautner, Johann Bachmaier, Albert Neumayr (er war auch Landesbewerter) und Johann Schacherbauer (seit 1978).

HBI Schacherbauer J. (1948), OBI Auer J. (1956), AW Huber J. (1962), AW Scharinger L. (1952), AW Walzinger O. (1946), BI Mitterbauer F. (1957) — Fm Alt H. (1977), OFm Altenbuchner A. (1958), Lm Altenbuchner A. (1972), HFm Angelbauer J. (1930), OFm Angelbauer J. (1964), HFm Asen G. (1972), OFm Auer A. (1975), OBm Auer J. (1967), OFm Baier G. (1930), Fm Baischer F. (1980), HFm Beinhundner A. (1928), Fm Beinhundner A. (1972), Fm Beinhundner J. (1982), OFm Benzkofer F. (1952), OFm Berger J., Lm Bichler E. (1956), HFm Braunsberger A. (1950), HFm Braunsberger G. (1981), OFm Briedl B. (1975), HFm Briedl G. (1962), OFm Briedl G. (1975), OFm Briedl J. (1975), HFm Destinger E. (1979), HFm Dickenberger J. (1952), Fm Dicker G. (1969), OFm Dicker W. (1971), HFm Eder G. (1951), OFm Eder G. (1980), Eder G., Fm Eder W. (1979), OFm Eichberger A. (1953), OFm Eichberger A. (1980), HFm Eichberger F. (1975), HFm Eichberger F. (1949), HFm Eichberger G. (1978), HFm Eichberger J. (1981), HFm Eichberger J. (1934), OFm Enhuber F. (1947), HFm Enhuber J. (1967), Fm Enhuber J. (1981), HFm Erlinger A. (1951), HFm Erlinger A. (1974), HFm Erlinger J. (1972), Fm Erlmoser H. (1982), Fm Erlmoser H. (1982), OFm Esterbauer A. (1946), HFm Esterbauer F. (1947), HFm Esterbauer F. (1955), HFm Esterbauer G. (1978), Fm Fankhauser A. (1980), OFm Fellner F. (1949), Fm Fellner H. (1981), HFm Fischereder F. (1972), OFm Fischereder F. (1948), HFm Fischereder F. (1972), HFm Fischereder L. (1972), HLm Forthuber F. (1946), Fm Forthuber F. (1978), OFm Fuchs F. (1979), OFm Gann H. (1977), HFm Gasteiger F. (1951), HFm Gasteiger F. (1969), OFm Grömer J. (1980), HFm Hainz M. (1936), OFm Hainz M. (1949), HLm Hangöbl J. (1955), OFm Hangöbl L. (1931), HFm Hangöbl M. (1953), OFm Haring F., HFm Haring G. (1950), OFm Haunholder S., Fm Hawlik G. (1981), HFm Heinrich J. (1948), Lm Helminger J. (1976), HFm Hirschlinger G. (1951), OFm Hirschlinger G. (1969), OFm Hitzginger A. (1968), Fm Hitzginger J. (1980), OLm Hitzginger V. (1961), OFm Hitzginger V. (1980), OBm Hitzginger W. (1963), OFm Hochradl A. (1947), HFm Hochradl F. (1947), Bm Hochradl F. (1972), E-BI Hochradl G. (1934), Lm Hochradl G. (1967), HFm Hochradl G. (1975), HFm Hochradl J. (1948), HFm Hochradl J. (1972), HFm Höllermaier G. (1964), HFm Hofer J. (1977), E-BI Huber A. (1939), HFm Huber A. (1956), OFm Huber J. (1961), OFm Huber J. (1975), OFm Kastinger J. (1965), OFm Knapp J. (1952), HFm Köhl F. (1981), OFm Köhl G. (1979), OFm Köhl J. (1960), OFm Köhl J. (1980), OFm Köhl J. (1974), OFm Kreil G. (1950), OFm Kronberger J. (1973), Fm Kronberger J. (1980), Fm Kronberger M. (1979), Lm Lang W. (1966), Fm Lechner E. (1976), HFm Leimhofer J. (1978), HFm Leimhofer J. (1972), OFm Leimhofer J. (1980), Fm Leimhofer J. (1982), Fm Leimhofer L. (1978), Lm Linecker J. (1968), HFm Maislinger H. (1981), OFm Maislinger M. (1981), HFm Maislinger J. (1951), Lm Maislinger J. (1980), Lm Mayrhofer A. (1948), OFm Mitterbauer J. (1976), OFm Mühlauer G. (1978), OFm Mühlauer G. (1958), Fm Mühlauer J. (1980), HFm Neumaier A. (1969), HFm Neumaier G. (1949), OFm Neumaier J. (1973), Fm Neumayr A. (1971), Fm Nußbaumer F., Fm Öller A. (1949), Fm Öller A., HFm Öller L. (1975), Lm Öller M. (1946), Fm Öller M. (1981), HFm Ortner A. (1956), Fm Ortner H. (1979), Fm Ortner H. (1977), Lm Paischer F. (1966), Fm Permanschlager F. (1948), Fm Permanschlager F. (1947), HFm Perschl A. (1979), OFm Perschl G. (1957), E-BI Perschl M. (1930), HFm Pichler E. (1960), HFm Piereder F. (1965), Piereder M. (1967), OLm Pointner G. (1975), Lm Pommer A. (1966), OFm Pommer F. (1932), Fm Pommer J. (1974), OFm Pommer R. (1965), Lm Preiser A. (1963), OFm Prielhofer J. (1957), HFm Prielhofer J. (1975), OFm Priewasser G. (1978), HFm Priewasser J. (1949), HFm Probst G. (1975), HFm Probst J. (1953), HBm Probst J. (1969), HFm Rahm S. (1971), Fm Rappl G. (1978), HFm Renzl F. (1959), OFm Renzl F. (1974), Lm Renzl H. (1975), Lm Renzl J. (1950), Fm Reschenhofer J. (1981), HBm Rieder J. (1933), OFm Rieder R. (1978), Fm Russinger A. (1980), HFm Russinger G. (1953), HFm Russinger G. (1970), OFm Salaberger J. (1975), HFm Schacherbauer J. (1977), E-OBI Schamberger J. (1933), HFm Scharinger A. (1979), OFm Scharinger M. (1936), HFm Schiestl H. (1980), HFm Schiestl J. (1972), Lm Schmerold A. (1946), HFm Schmerold A. (1981), HFm Schmidbauer E. (1980), OFm Schmidbauer L. (1955), OFm Schmidbauer L. (1981), Fm Schmitzberger A. (1980), Fm Schmitzberger F. (1946), HFm Schmitzberger H.-J. (1979), HFm Schmitzberger J. (1955), Lm Schmitzberger J. (1949), Fm Schneider F. (1978), OFm Schörgenhuber L. (1950), Schürholt H. (1980), HFm Schwaiger E. (1975), Fm Seidl A. (1976), OFm Seidl G. (1931), OFm Seilinger H. (1980), Fm Sillaber P. (1978), Fm Sperl J. (1964), HFm Spitzwieser A. (1964), Fm Spitzwieser J. (1965), HFm Spitzwieser J. (1959), OFm Sporer G. (1947), HFm Sporer G. (1972), Fm Sporer H. (1979), OBm Sporer J. (1948), HFm Sporer J. (1975), Lm Sporer K. (1975), HFm Sporrer W. (1966), OFm Stachl J. (1967), OFm Stadler G. (1952), OFm Stampfl O. (1948), E-OBI Starnberger J. (1936), OFm Stöger J. (1967), OFm Sturmböck H. (1956), HFm Sturmböck H. (1979), HFm Voit A. (1981), OFm Voit F. (1976), HFm Voit F. (1981), OFm Voit G. (1979), OFm Voit J. (1948), HFm Walzinger O. (1979), OFm Weber H. (1981), OFm Weger R. (1979), Fm Weilbuchner F. (1979), HFm Weilbuchner J. (1949), HFm Weilbuchner J. (1980), E-BI Weilbuchner J. (1939), Lm Weilbuchner J. (1969), HFm Weilbuchner R. (1972), OFm Weinberger A. (1920), Fm Weinberger A. (1982), HFm Weinberger M. (1966), OFm Weinberger-Plasser L. (1946), OFm Weiß J. (1977), OFm Willinger J. (1948), E-BI Wimmer F. (1928), OFm Wimmer G. (1919), Wimmer G. (1949), HFm Winkler J. (1963), Lm Wurmschuber J. (1948), Lm Wurmshuber J. (1969), HFm Wurmshuber J. (1978), OFm Zachbauer J. (1978), OFm Zauner J. (1927), HFm Zauner J. (1976), OFm Zauner J. (1975)

FF HART

Die Freiwillige Feuerwehr Hart wurde im Jahr 1932 gegründet. Nachdem am 29. April 1932 ein Ansuchen an den Gemeindetag von Pischelsdorf zwecks Gründung einer eigenständigen Wehr mit neun zu sechs Stimmen abgelehnt worden war, wurde am 6. Mai 1932 ein neuerlicher Antrag gestellt, der nun endlich mit sechs zu neun Stimmen angenommen wurde. Voraussetzung zur Erteilung der Gründungsgenehmigung war, daß Hart drei Jahre hindurch keine Geldmittel zur Verfügung erhalten sollte. Bei der Gründungsversammlung am 5. Juni 1932 wurden 38 aktive und 16 unterstützende Mitglieder aufgenommen; zum Kommandanten wurde Johann Kücher gewählt. Hauptmannstellvertreter wurde Johann Reschenhofer, Schriftführer Heinrich Reiser, Kassier Franz Lehenbauer und Zeugwart Johann Höllermaier. Bei der Vollversammlung am 5. März 1933 wurde der Beschluß gefaßt, eine Fahne anzukaufen. Am 1. und 2. Juli desselben Jahres wurde das Gründungsfest mit Fahnenweihe gefeiert, bei dem 41 Feuerwehren mit fünf Musikkapellen und 732 Feuerwehrmännern anwesend waren. Das erste Zeughaus wurde im Oktober 1932 errichtet. Folgende Kommandanten standen der Freiwilligen Feuerwehr Hart seit der Gründung vor: Johann Kücher (1932–1950), Franz Lehenbauer (1950–1973), Johann Kücher jun. (1973–1978), Mathäus Weinberger (1978–1983) und Friedrich Hinterhofer (seit 28. Oktober 1983).

HBI Hinterhofer F. (1954), OBI Zauner J. (1975) — Augustin F., Bachleitner F. (1964), Baier F. (1932), Baier F. (1958), Baischer E. (1966), Bleierer F. (1950), Bleierer J. (1950), Damberger A. (1959), Damberger L. (1979), Denk F. (1924), Ehrenschwendtner F. (1959), Ellinger J. (1955), Ellinger J. (1974), Enthammer S. (1972), Esterbauer O., Giger A. (1958), Guggenberger E., Hainzl J. (1961), Hatheuer G. (1949), Hatheuer G. (1970), Hatheuer M. (1982), Hinterhofer F. (1954), Hofbauer G., Hofbauer J. (1962), Huber A. (1965), Huber A. (1970), Huber G. (1981), Huber J. (1957), Huber K. (1956), Kammerstetter A. (1976), Karrer J. (1963), Karrer J. (1959), Kastinger F. (1954), Katzdorfer J. (1946), Kelement P. (1969), Kirnstötter F. (1950), Kirnstötter F. (1970), Koch G. (1980), Kreilmoser A., Kreilmoser H. (1980), Kreilmoser J. (1959), Kücher F. (1970), Kücher F. (1950), Kücher J., Kücher J. (1970), Kücher J. (1974), Laimgruber M. (1961), Lanzl K. (1945), Lindlbauer G. (1975), Maislinger O. (1933), Meßner F. (1968), Moser J. (1973), Mühlbacher J. (1946), Mühlbacher J. (1976), Mühlbacher R. (1968), Netzthaler J. (1970), Neumaier J. (1950), Ortmaier F. (1976), Preiser F. (1951), Preiser F. (1974), Reiser H. (1951), Renzl F. (1956), Renzl F. (1982), Renzl H., Renzl J. (1951), Sägmüller K. (1970), Salzlechner G. (1956), Scharinger E. (1956), Scharinger E. (1974), Scharinger F. (1980), Scharinger F.-J. (1976), Scharinger J., Scharinger L. (1980), Scherr A. (1970), Schmidinger J. (1953), Schmiedinger J. (1980), Sengthaler J. (1955), Silberer F. (1970), Spitzwieser J. (1979), Spitzwieser J. (1950), Steinberger G. (1970), Sterz G. (1946), Strobl F. (1951), Strobl J. (1947), Thaler F. (1948), Thaler J. (1946), Thaller J. (1970), Webersberger R. (1967), Weilbuchner A. (1959), Weilbuchner A. (1980), Weilbuchner G. (1963), Weilbuchner J. (1974), Weilbuchner K. (1981), Weilbuchner W., E-HBI Weinberger M. (1946), Wimmer J. (1970), Winkler F. (1977), Zauner F. (1974), Zauner J. (1934), Zauner J. (1946), Zauner J. (1971)

FF HASELBACH

Am 2. Juli 1924 gab es die erste Besprechung zwecks Gründung einer eigenen Feuerwehr. Unter Vorsitz von Bezirksfeuerwehrhauptmann Spielbauer fand am 15. Juni 1924 die Gründungsversammlung statt. Bei der Firma Gugg wurde am 24. Juni 1924 die erste Handdruckfeuerspritze bestellt; im August wurde mit dem Bau des Spritzendepots begonnen. Die Gemeinde Ranshofen stellte den notwendigen Grund kostenlos zur Verfügung. Um alle Ausgaben bewältigen zu können, veranstaltete die Wehr ein großes Sommerfest in Haselbach. Die erste Fahnenweihe fand 1928 statt. 1931 wurde mit dem Bau des Schlauchturmes begonnen. Die Arbeiten wurden von den Mitgliedern in Robot erbracht. Die erste Motorspritze wurde 1937 von der Firma Krupp angeschafft. 1938 erfolgte die Auflösung der Feuerwehr Haselbach; sie wurde als 5. Zug der Stadtfeuerwehr Braunau zugeteilt. 1946: Begräbnis der ersten Fahnenmutter Maria Wimmer vulgo Schüdlbäurin. Wegen der amerikanischen Besatzung durfte mit der Feuerwehrfahne nicht ausgerückt werden. 1949 wurde die Feuerwehr Haselbach wieder selbständig und ins Feuerwehrbuch eingetragen. 1952 wurde mit dem Bau der jetzigen Zeugstätte begonnen. Alle Mitglieder beteiligten sich am Bau, sogar die Schlackenziegel wurden selbst angefertigt. 1953 wurde ein altes Militärauto angekauft und zu einem Feuerwehrfahrzeug umgebaut. 1964 wurde bei der Firma Schmelcher ein neues Kleinlöschfahrzeug FK/1250 angekauft. 1974: 50jähriges Gründungsfest mit Fahnenweihe. Die Stadtfeuerwehr Braunau stellte 1975 die ersten gebrauchten Funkgeräte zur Verfügung. 1976: Ankauf eines gebrauchten Löschfahrzeuges (LLF Opel Blitz) von der FF Bad Gastein. Aufgrund der steigenden Einsätze konnte mit dem zu klein gewordenen Fahrzeug nicht mehr das Auslangen gefunden werden.

BR Gratzl K. (1946), OBI Zeilinger J. (1968), AW Aigner J. (1955), AW Burgstaller A. (1958), AW Spießberger A. (1972), OBI Haider H. (1958) — HBm Aigner H. (1961), HBm Aigner J. (1958), HFm Allstorfer E. (1957), HFm Bernroitner A. (1924), HBm Bernroitner A. (1950), Brandecker M. (1980), Fm Ing. Breg O. (1980), Fm Burgstaller A. (1978), OFm Burgstaller J. (1958), Fm Burgstaller R. (1978), JFm Dachs A. (1983), OFm Detzlhofer K. (1969), HFm Diermaier J. (1930), HFm Eidenhammer K. (1930), HFm Faschang R. (1962), Lm Floß J. (1956), HFm Gärtner E. (1950), Fm Prof. Geretslehner F. (1980), Fm Gratzl H. (1974), HFm Gratzl K. (1980), Fm Hammer K. (1979), OFm Hammer L. (1964), Heinrich F. (1950), HFm Heinrich F. (1964), OFm Huber J. (1959), Fm Idam F. (1982), Fm Karner G. (1978), JFm Karner G. (1982), HFm Karner J. (1979), Kraxenberger F. (1943), JFm Kraxenberger M. (1983), HFm Meindl J. (1943), Fm Metz J. (1972), HFm Ober F. (1968), OFm Ober H. (1972), JFm Ober H. (1983), HFm Ober J. (1947), JFm Ober M. (1983), JFm Ober T. (1983), Lm Obermayer A. (1960), OLm Obermayr H. (1960), JFm Obermayr J. (1981), Lm Renner M. (1968), HFm Riß A. (1951), OFm Schaurecker A. (1975), HFm Spitzwieser A. (1951), JFm Stranzinger T. (1983), HFm Weinberger F. (1946), HFm Weinberger F. (1968), Fm Weixelbaumer Ch. (1978), HFm Zechmeister A. (1966)

FF HOCHBURG

Bereits im Jahr 1804 wurde von der Gemeinde eine Tragspritze um 150 Gulden angeschafft. 1868 wurde von der Glockengießerei Gugg in Braunau eine Saug- und Druckspritze mit doppelter Schlauchlinie erworben. Zwei Mann wurden mit der Bedienung vertraut gemacht. Beim Brand des Peterlechnergutes im Jahr 1872 waren die beiden Männer nicht zu Hause. Die Pumpe konnte daher lange nicht in Funktion gebracht werden, worüber die Bevölkerung sehr erbost war. Bürgermeister Anton Thanner lud mehrere Männer zu einer Besprechung ein. So kam es im Jänner 1873 zur Gründung der Freiwilligen Feuerwehr Hochburg. 46 Männer traten sogleich der Feuerwehr bei. Erster Kommandant war der Förster Alois Kragora. Im Jahr 1874 konnte die Wehr in „Parade" an der Fronleichnamsprozession teilnehmen, nachdem Seine Majestät Kaiser Franz Joseph 50 Gulden zur Uniformierung gespendet hatte. Aus der Zwei-Mann-Feuerwehr entwickelte sich eine schlagkräftige Wehr mit einem Mannschaftsstand von 250 Mann im Jahr 1984. 1903 wurde von k. u. k. Sanitätsrat Dr. Ludwig Wendling eine Rettungsabteilung gegründet, die er auch leitete. Eine „Rettungsgruppe" dürfte aber bereits bei der Gründung der Feuerwehr bestanden haben, da in einer Niederschrift davon die Rede ist. In späteren Aufzeichnungen wird diese aber nicht mehr erwähnt. Im Jahr 1905 erfolgte der Ankauf einer neuen Abprotzspritze, 1928 wurde von der Fa. Gugg die erste Motorspritze erworben. Drei Löschzüge wurden gegründet: Löschzug 1 Hochburg, 1928 Löschzug 2 Duttendorf, 1947 Löschzug 3 Kälbermoos. Jeder der Züge besitzt eine eigene Zeugstätte. 1907 wurde die erste Zeugstätte in Hochburg errichtet. 1947 erfolgte der Zeugstättenbau für den Löschzug 3, 1952 für den Löschzug 2. 1960 erhielt der Löschzug 3 an anderer Stelle eine neue Zeugstätte. 1969 wurde in Hochburg eine neue Zeugstätte errichtet, die Platz für zwei Fahrzeuge bietet. 1981 wurde in der Zeugstätte Hochburg ein Schulungsraum eingebaut. Die Motorisierung wurde 1949 mit dem Ankauf und Ausbau eines Steyr-Spezialfahrzeuges aus den Beständen des deutschen Afrikakorps eingeleitet. In weiterer Folge wurden angekauft und in Eigenregie ausgebaut: zwei Ford Transit, ein Mercedes LF 319 B wurde als Gebrauchtfahrzeug von der Freiwilligen Feuerwehr Burghausen erworben. Ein Ford Transit ist als KRF/B vom LFK bei uns stationiert. In den nächsten Jahren ist der Ankauf eines TLF 2000 geplant. Jedes Fahrzeug ist mit einer TS 80 ausgestattet. Zwei Fahrzeuge haben Vorbaupumpen. Die alten Rauchmasken wurden 1980 durch sechs Preßluftatmer PA 80 ersetzt. Mit dem Ausbau des Funknetzes wurde 1973 begonnen: sechs Handfunkgeräte im 11-m-Band, eine Fixstation „Florian Hochburg", 1983 Ankauf von drei Fahrzeuggeräten im 2-m-Band. Der Anschluß an die Funkalarmierung sollte noch 1984 erfolgen. Großbrände gab es 1882 und 1932 in Hochburg (bei letzterem mußte sogar die Berufsfeuerwehr Salzburg angefordert werden) und 1898 in Burghausen in Bayern. 1899 rückte die Freiwillige Feuerwehr Hochburg zum Salzachhochwasser in Burghausen und in Ach aus. Die Wehr stand seit ihrer Gründung unter der Leitung folgender Hauptleute: Alois Kragora (1873–1878), Georg Koch (1878–1884), Anton Danner (1884–1886), Johann Ofenmacher (1886–1910), Johann Spitzwieser (1910–1937), Simon Esterbauer (1937–1968), Franz Harner (1968–1982), Georg Schnaitl (seit 1982).

HBI Schnaitl G. (1956), OBI Bernegger F. (1960) — Aigner J. (1955), Altenbuchner J. (1933), Altenbuchner J. (1949), Altenbuchner J. (1928), Altenbuchner J. (1975), Altenbuchner J. (1969), Andrassik J. (1973), Appel R. (1962), Aschenbrenner J. (1947), Asen F. (1975), Asen J. (1958), Asen J. (1979), Asen R. (1964), Aspacher A. (1975), Auer G. (1959), Auer H. (1979), Auer H. (1959), Auer J. (1955), Auer J. (1979), Baumann H. (1983), Berger J. (1950), Bernecker F. (1983), Bernecker J. (1983), Bernecker J. (1983), Bernecker J. (1964), Bernecker M. (1950), Bernecker M. (1958), Bernecker R. (1983), Bernegger A. (1937), Bernegger G. (1955), Bernegger H. (1949), Blechinger G., Brunner J. (1952), Castell-Castell C. Graf zu (1973), Danner A. (1928), Danner A. (1953), Danner G. (1982), Danner H. (1970), Danner J. (1950), Danner J. (1952), Danner J. (1970), Danner J. (1970), Danner S. (1961), Daxl A. (1955), Daxl H. (1975), Daxl J. (1950), Deubler J. (1955), Dicker F. (1955), Dicker H. (1953), Dicker J. (1952), Dicker H. (1978), Dicker J. (1950), Dicker J. (1966), Dicker J. (1969), Dicker J. (1980), Dicker L. (1969), Dicker L. (1978), Duller T. (1982), Duller W. (1980), Ehreschwendtner J. (1978), Ehrschwendtner G. (1955), Ehrschwendtner J. (1952), Eichberger J. (1970), Enthammer F. (1983), Enthammer F. (1955), Esterbauer F. (1936), Esterbauer F. (1950), Esterbauer J. (1946), Esterbauer J. (1958), Esterbauer J. (1966), Esterbauer J. (1970), Esterbauer L. (1949), Esterbauer L. (1977), Esterbauer M. (1928), Esterbauer M. (1950), Feldbacher J. (1963), Fischereder J. (1932), Flachner H. (1975), Frank J. (1962), Frauscher M. (1963), Fries F. (1976), Gallhammer R. (1983), Geisberger A. (1953), Geisberger B. (1953), Geisberger F. (1975), Geisberger H. (1936), Glöcklhofer M. (1983), Glöcklhofer M. (1953), Glöcklhoger A. (1949), Grabmaier F. (1953), Grabner G. (1950), Grabner G. (1976), Gruber F. (1952), Gruber F. (1959), Gruber J. (1966), Hager F. (1951), Hager G. (1966), Hangöbl J. (1972), Harner G. (1950), Harner J. (1924), Harner J. (1973), Harner J. (1931), Harner J. (1968), Hartl H. (1950), Hartl H. (1950), Hartl J. (1956), Harwöck J. (1950), Harwöck J. (1983), Harwöck M. (1967), Heinrich W. (1956), Höllersdorfer J. (1937), Höllersdorfer J. (1966), Hofer A. (1973), Holleis M. (1977), Holzner A. (1969), Holzner G. (1971), Holzner H. (1949), Horwarth J. (1963), Horwarth W. (1970), Huber F. (1950), Huber H. (1979), Huber H. (1973), Huber H. (1969), Huber J. (1969), Irnstötter J. (1976), Jung M. (1959), Kaiser A. (1949), Kaiser H. (1983), Kaiser J. (1949), Dr. Kaltenbrunner U. (1958), Kammerstätter F. (1983), Kammerstätter F. (1955), Kammerstätter H. (1978), Kammerstätter J. (1953), Kammerstätter R. (1973), Kanz A. (1969), Kanz A. (1927), Kanz A. (1928), Kanz A. (1952), Kanz H. (1977), Kaufleitner G. (1980), Kaufleitner H. (1973), Kaufleitner H. (1981), Kaufleitner J. (1947), Kaufleitner J. (1969), Kaufleitner J. (1975), Kitzinger E. (1931), Klinger K. (1968), Klinger W. (1982), Kneißl A. (1971), Kneißl F. (1971), Koblinger W. (1966), Koch H. (1930), Koch H. (1969), Kogler H. (1953), Kugler J. (1963), Lang J. (1951), Lang J. (1960), Leitner G. (1973), Lintner F. (1957), Lintner G. (1982), Lintner K. (1976), Lintschinger J. (1977), Maier J. (1953), Maierhofer F. (1953), Mitterbauer M. (1975), Mühlbacher K. (1966), Nowy R. (1951), Österbauer H. (1947), Pemwieser A. (1960), Perschl J. (1956), Peterlechner A. (1981), Peterlechner L. (1966), Petrak J. (1975), Petrak J. (1949), Piller F. (1960), Pommer F. (1966), Pommer G. (1950), Priller J. (1949), Priller J. (1980), Rauchenbichler P. (1982), Reisecker G. (1949), Reisinger A. (1968), Reisinger A., Reschenhofer H. (1960), Reschenhofer J. (1923), Reschenhofer J. (1956), Reschenhofer J. (1969), Reschenhofer J. (1982), Reschenhofer S. (1950), Rimberger A. (1947), Rothenbuchner A. (1971), Rothenbuchner F. (1975), Rothenbuchner J. (1950), Schett H. (1971), Schiefegger W. (1950), Schiffecker J. (1947), Schmitzberger F. (1966), Schmitzberger G. (1950), Schmitzberger G. (1966), Schober A. (1971), Schober J. (1956), Schwanninger A. (1970), Schwanninger L. (1926), Schwanninger M. (1953), Schwanninger O. (1958), Schwarzmaier J. (1920), Sinzinger M. (1973), Speckner J. (1973), Spitzwieser E. (1975), Spitzwieser F. (1975), Spitzwieser F. (1947), Spitzwieser F. (1969), Spitzwieser J. (1937), Spitzwieser S. (1969), Stadler F. (1977), Steindl F. (1969), Steiner A. (1950), Steiner A. (1969), Steiner F. (1965), Steiner G. (1953), Steiner G. (1978), Steiner G. (1979), Steiner H. (1980), Steiner J. (1947), Steiner J. (1953), Steiner J. (1953), Steiner J. (1950), Steiner J. (1966), Steiner J. (1966), Steiner J. (1969), Steiner J. (1969), Steiner J. (1976), Steinfellner J. (1966), Stempfer J. (1975), Stöffelmaier G. (1953), Straßhofer F. (1936), Straßhofer F. (1966), Straßhofer H. (1966), Sützl W. (1949), Wanghofer H. (1955), Weiß G. (1971), Wieser J. (1953), Wimmer J. (1983), Wimmer J. (1973), Zenz J. (1949), Zenz J. (1969), Zenz W. (1971)

FF HÖHNHART

Die Freiwillige Feuerwehr Höhnhart wurde im Jahr 1889 durch den damaligen Oberlehrer Johann Harritz gegründet, der die Wehr bis zu seiner Versetzung nach Linz im Jahr 1891 führte. Auf Harritz folgten die Obmänner Johann Reintaller vulgo Lukasmüller und Kajetan Diermeier vulgo Hertum (bis 1938). 1938 übernahm Josef Priewasser vulgo Spanhuber das Kommando und lenkte die Geschicke der Freiwilligen Feuerwehr Höhnhart durch den Zweiten Weltkrieg mit all seinen Wirren bis zum Jahr 1951. Unter dem Kommando von Franz Lengauer wurde 1957 das alte Zeughaus, das noch aus der Gründerzeit stammte, abgerissen und neu aufgebaut. 1975 übernahm Johann Neuländtner als Kommandant die Freiwillige Feuerwehr Höhnhart. Während seiner Amtszeit wurde die Feuerwehrzeugstätte nach modernen Gesichtspunkten erbaut. Im Jahr 1979 konnte auch ein neues Löschfahrzeug angeschafft werden.

HBI Neuländtner J. (1955), OBI Sallaberger F. (1976), AW Preishuber F. (1953), AW Schnell H. (1969), AW Wölflingseder J. (1969), BI Gramiller F. (1958), BI Wagner J. (1974) — PFm Barth J. (1982), Lm Barth J. (1973), Lm Berger E., PFm Berghammer K. (1982), Lm Binder F. (1949), HFm Binder F. (1975), Lm Binder G. (1959), Lm Binder J. (1953), HFm Binder R. (1962), HFm Brunnbauer L. (1979), HFm Brunnbauer L. (1979), OFm Buchecker G. (1978), Diermeier F. (1932), Lm Duft J. (1955), HFm Erhart M. (1982), HFm Feichtenschlager J. (1977), Lm Frauscher J. (1950), Freischlager J. (1924), Fuchs E. (1932), HFm Fuchs F. (1969), Fuchs F. (1928), HBm Fuchs R. (1974), HFm Hager F. (1973), HFm Harrer J. (1972), Fm Hawel S. (1980), Hawell A. (1955), Hellstern G. (1983), HFm Hintermeier F. (1969), Hintermeier F. (1959), Höfelsauer N. (1983), Lm Huber F. (1958), HFm Huber F. (1975), Huber J. (1983), OFm Janisch W. (1969), Jobst J. (1950), HFm Kastinger J. (1969), Lm Katzelberger F. (1959), PFm Katzelberger F. (1982), HFm Lengauer F. (1973), Lm Lengauer J. (1955), PFm Lengauer J. (1982), HFm Maier F. (1974), PFm Maierhofer A. (1981), HFm Meixner F. (1977), HFm Meixner G. (1976), Lm Meixner K., Meixner K. (1954), Lm Möger G. (1946), Moser A., HFm Moser A. (1975), HLm Moser A. (1950), Lm Moser F. (1954), Lm Moser H. (1963), Lm Moser H. (1959), PFm Moser K. (1982), HFm Mühlbacher F. (1976), Mühlbacher J. (1935), PFm Murauer H. (1975), Lm Murauer J., PFm Neuländtner J. (1980), Fm Perberschlager F. (1977), Lm Piereder F. (1953), HFm Preishuber F. (1974), HFm Preishuber F. (1969), HFm Preishuber F. (1982), HFm Preishuber K. (1975), HFm Preishuber M. (1982), E-BI Priewasser E. (1953), HFm Priewasser E. (1975), HFm Priewasser F. (1973), HFm Priewasser H. (1962), HFm Priewasser J. (1973), HFm Priewasser J. (1975), HBm Rachbauer G. (1976), PFm Reichinger J. (1975), HFm Reinthaler F. (1958), E-BI Reinthaler J. (1946), Reiter E. (1983), Lm Reiter J. (1954), HFm Saltlecker J. (1969), HFm Scabo L. (1969), HBm Scabo J. (1973), Lm Schmalzl F. (1969), Lm Schrattenecker J. (1962), Schrattenecker K. (1983), Fm Schwarzwald F. (1981), Spannbauer M. (1950), HFm Steinberger W. (1975), HFm Stoll J. (1982), PFm Voit F. (1981), HFm Voit F. (1975), HFm Voit J. (1973), Windsperger F. (1950)

FF IBM

Am 10. April 1927 versammelten sich 28 Feuerwehrmänner des II. Löschzuges der Feuerwehr Eggelsberg und beschlossen, eine eigene Wehr zu gründen. Als erster Kommandant leitete Heinrich Wenger die Geschicke der neu entstandenen Wehr. Bereits 1931 wurde eine Motorspritze Type P 12 Klein-Florian angekauft. Es war dies eine der ersten Motorspritzen im gesamten Abschnitt. Deshalb wurde die FF Ibm auch im gleichen Jahr zu einem Brand in das 15 km entfernte Ostermiething gerufen, wobei die Motorspritze in einem Pkw transportiert wurde. Aufgrund der politischen Verhältnisse bestand zwar die Feuerwehr von 1938 bis 1948 nicht offiziell, doch war sie auch während dieser Zeit aktiv an der Brandbekämpfung beteiligt. 1949 übernahm Josef Seidl – er war bereits seit der Gründung bis 1938 Schriftführer – die Führung der FF Ibm. Während seiner Zeit als Kommandant – bis 1973 – wurde 1949/50 das Zeughaus errichtet, 1956 eine Sirene installiert, 1957 eine neue Motorspritze Type R VW 75 und 1966 ein VW Kleinlöschfahrzeug angekauft. 1982 wurden ein Mobil- und drei Handfunkgeräte angekauft. 1984 erfolgte der Anschluß an die Funkalarmierung. Durch einen Grundkauf trug man Vorsorge für den Neubau einer größeren Zeugstätte.

HBI Zimmerbeutel W. (1963), OBI Kirnstötter K. (1974) — Aigner F. (1961), Briedl G. (1957), Brunner J. (1984), Brunnthaler J. jun. (1949), Brunnthaler J. sen. (1932), Brunthaler J. (1984), Buchmayr A. (1982), Buchmayr A. (1950), Buchmayr A. (1960), JFm Buchmayr G. (1983), Buchmayr S. (1975), Buchmayr T. (1979), Buchner J. (1972), Buchner P. (1978), Buttenhauser H. (1959), Buttenhauser K. (1982), Buttenhauser R. (1983), Dieß J. (1954), Doppler F. (1927), Draxelbauer G. (1974), Draxlbauer A. (1957), Einberger J. (1921), Erl H. (1972), Ferberbeck H. (1959), Ferberböck H. (1922), Frank H. (1982), Gabl F. (1966), Gerner F. (1950), Gradschnig W. (1984), Graspointner J. (1979), Grömer F. (1931), Hafner A. jun. (1974), Hafner A. sen. (1946), Hafner L. (1978), Haidinger J. (1965), Hauser J. jun. (1978), Hauser J. sen. (1950), Hemetsberger F. (1963), Hinterauer A. (1966), Hinterauer S. (1946), Hinterauer W. (1967), Hitzinger J. (1909), Hochradl J. (1969), Höfer R. (1927), Holzer H. (1972), Kainsbauer A. (1974), Kerschhacken I. (1936), Kerschhacken I. (1965), Kerschhacken I. (1965), Kerschhacken W. (1966), Kirnstedter J. (1956), Kirnstedter J. (1927), Kirnstedter M. (1982), Kirnstedter S. (1965), Kirnstötter E. (1946), Kohlbacher J. jun. (1972), Kohlbacher J. sen. (1949), Lang F. (1974), Lang F. (1984), Lang M. (1984), Lederer Ch. (1979), Lederer G. (1978), Lederer O. (1964), Maisenberger F. (1935), Marte F. (1949), Marte P. (1979), Mayr F. jun. (1974), Mayr F. sen. (1950), Österbauer J. (1978), Österbauer J. (1966), Penninger A. (1923), Penninger J. (1984), Penninger J. (1949), Ramböck G. (1978), Ramböck P. jun. (1959), Ramböck P. sen. (1928), Rehrl J. (1927), Rehrl W. (1971), Reichl J. (1981), Reichl M. (1954), Reiter A. (1949), Reiter A. (1978), Resch J. (1950), Rummel A. (1984), Russinger E. (1946), Sandtner J. (1980), Santner G. (1982), Scharinger A. (1956), Scharinger F. (1965), Schrattenecker F. (1947), Schwaiger H. (1973), Schwaiger H. (1977), Schwaiger M. (1972), Dr. Schwarz P. (1954), Seidl A. (1948), Seidl H. (1965), Seidl J. (1950), Seidl J. jun. (1978), Seidl P. (1978), Stachl J. (1959), Staller A. (1976), Staller G. (1982), Strasser H. (1976), Trauner F. (1949), Wallner J. (1950), Wallner R. (1980), Weilbuchner F. (1951), Weiß Ch. (1978), Weiß E. (1974), Winkler M. (1984), Ing. Zehetner S. (1962), Zenz G. (1950), Zenz J. (1978), Zenz L. (1949), Zenz T. (1960), Zimmerbeutel A. (1972)

FF JEGING

Die Freiwillige Feuerwehr Jeging wurde 1892 gegründet. Erster Kommandant war Matthias Reitshammer aus Abern. Bis zum Jahr 1925 fehlten genaue Aufzeichnungen, da erst von diesem Jahr an eine Chronik geführt wurde. Die erste Motorspritze wurde 1930 von der Firma Rosenbauer angekauft. Es war dies eine E 36 mit Viertaktmotor und 15 PS. Aus dem Jahr 1930 existiert auch noch ein Mannschaftsfoto anläßlich der Übernahme dieser Motorspritze durch die Feuerwehr. Eine neue Zeugstätte wurde im Jahr 1951 errichtet, wobei die Bevölkerung viele freiwillige Arbeitsstunden leistete. Das neue Feuerwehrzeughaus war Voraussetzung für das erste Löschfahrzeug, das die Freiwillige Feuerwehr Jeging 1954 ankaufte, ein Dodge aus amerikanischen Kriegsbeständen; dieser wurde von ortsansässigen Fachkräften zu einem Löschfahrzeug umgebaut. Im Jahr 1956 wurde als zweite Motorspritze eine Gugg-Pumpe mit VW-Industriemotor angeschafft. Anläßlich des Ankaufs und der Einweihung der neuen Feuerwehrfahne wurde 1962 das 70jährige Gründungsfest gefeiert. Der Bezirks-Feuerwehrleistungsbewerb wurde 1981 von der Freiwilligen Feuerwehr Jeging durchgeführt, wobei 114 Bewerbsgruppen teilnahmen. Zur gleichen Zeit fand in der Lagerhalle der Firma Reichl in Jeging das erste Hallenfest der FF Jeging statt. Im Jahr 1978 wurde eine Jugendgruppe gegründet, die noch im gleichen Jahr an einem Bewerb teilnahm. Um die Ausrüstung der Feuerwehr auf dem neuesten Stand zu halten, wurde 1982 ein neues Löschfahrzeug (LFB) angekauft. Ein Jahr später wurde die FF Jeging mit Funkgeräten ausgerüstet. Im Rahmen des 90jährigen Gründungsfestes wurde das neue Löschfahrzeug 1983 in Dienst gestellt.

HBI Schindecker A. (1955), OBI Hattinger F. (1974) — Aichinger J. (1948), Aichinger K. (1978), Aichinger S. (1921), Ammerbauer W. (1964), Atzl P. (1976), Bamberger J. (1970), Bamberger S. (1970), Berger E. (1975), Birgmann K. (1958), Bleierer J. (1955), Buttenhauser J. (1970), Diermaier J. (1966), Eder H. (1974), Eder K. (1966), Eder K. (1931), Eder W. (1974), Egger J. (1972), Dir. Egger J. (1962), Enthammer F. (1976), Enthammer F. (1970), Enthammer J. (1969), Enthammer J. (1982), Feldbacher J. (1976), Forsterpointner J. (1950), Forthuber G. (1968), Frauscher J. (1978), Frauscher J. (1960), Fuchs L. (1950), Gann A. (1962), Gann G. (1978), Gann J. (1950), Gann J. (1974), Gann J. (1966), Gann R. (1983), Graf R. (1960), Hager G. (1978), Hager J. (1951), Hager J. (1974), Hattinger F. (1954), Hattinger H. (1978), Hofbauer L. (1966), Huber A. (1980), Huber A. (1975), Huber H. (1979), Huber J. (1983), Huber P. (1953), Huber S. (1972), Junger G. (1969), Karer F. (1971), Karer F. (1968), Karer J. (1953), Karer J. (1981), Karer L. (1981), Klooz M. (1972), Klooz M. (1981), Knauseder J. (1951), Knauseder J. (1965), Kobler F. (1951), Köpf W. (1926), Kogler F. (1958), Kreuzeder N. (1982), Leitner J. (1929), Lindenhofer J. (1978), Maier L. (1949), Maier L. (1966), Maislinger H. (1954), Mandl A. (1976), Mayr H. (1983), Mayr J. (1970), Mayr K. (1948), Meir-Huber K. (1972), Moser H. (1983), Moser J. (1947), Moser J. (1979), Neuhauser J. (1981), Neuhauser J. (1954), Neuhauser J. (1978), Neuhauser K. (1978), Neuhauser M. (1978), Neuhauser S. (1974), Pfarrkirchner S. (1978), Probst F. (1958), Probst F. (1978), Probst G. (1982), Probst J. (1978), Reichhartinger A. (1966), Reichhartinger L. (1960), Reichl L. (1978), Reichl L. (1945), Reitsberger J. (1972), Reitshammer F. (1937), Reitshammer F. (1983), Reitshammer F. (1952), Reitshammer J. (1948), Reitshammer J. (1974), Reitshammer K. (1945), Reitshammer K. (1981), Riß G. (1975), Riß K. (1958), Roider S. (1962), Schindecker A. (1978), Schindecker F. (1982), Schindecker J. (1978), Schmiedinger F. (1971), Schneider R. (1980), Schöppl F. (1978), Schöppl F. (1951), Schöppl G. (1982), Schöppl J. (1981), Schreinmoser J. (1980), Schwab H. (1978), Schwendtbauer J. (1975), Schwendtbauer L. (1950), Schwendtbauer L. (1978), Seidl J. (1954), Spatzenegger F. (1954), Spermoser J. (1966), Spermoser J. (1968), Stöckhammer L. (1972), Strasser J. (1963), Vitzthum A. (1960), Voggenberger J. (1964), Wagner F. (1958), Wagner F. (1972), Waiß F. (1956), Weindl A. (1922), Weindl A. (1960), Weindl E. (1981), Wernd A. A. (1965), Werndl J. (1924), Werndl J. (1960)

FF LENGAU

Die FF Lengau wurde 1894 gegründet. Am 24. Mai 1925 erfolgte die erste Fahnenweihe der FF Lengau vor dem Kriegerdenkmal. 1930 wurde die erste Motorspritze geweiht. 1948: Anschaffung des ersten motorisierten Feuerwehrautos und einer zweiten schweren Motorspritze; 1951: Ankauf einer neuen Tragkraftspritze R 75; 1965: Ankauf eines Kleinlöschfahrzeuges und einer Motorspritze; 1979: Einstellung eines Tanklöschfahrzeuges. Erfolgte die Unterbringung der Geräte zuerst in provisorischen Unterkünften und bis nach dem Zweiten Weltkrieg in einem Feuerwehrzeughaus im Hausgarten des Oberroider-Gutes, so wurde 1955 der Bau einer neuen Feuerwehrzeugstätte unter großer finanzieller und tatkräftiger Mithilfe der Bevölkerung und der Gemeinde Lengau in Angriff genommen. Diese Zeugstätte wurde 1957 eingeweiht. 1959 wurde das 65jährige Gründungsfest mit Fahnenweihe veranstaltet; 1979 wurde das 85jährige Gründungsfest gefeiert, bei dem auch das neue Tanklöschfahrzeug geweiht wurde.

HBI Klinger J. (1950), OBI Hager J. (1963), AW Denk F. (1973), AW Kozar A. (1973), AW Winkelmeier A. (1966), BI Eidenhammer J. (1966) — OLm Aigner J. (1946), HFm Apfelthaler K. (1958), Fm Areldt K. (1976), OLm Areldt M. (1933), Fm Arnold F. (1976), OBm Arnold G. (1946), Fm Arnold J. (1975), Fm Auer E. (1975), HFm Auer E. (1952), HLm Bamberger F. (1949), Bamberger F. (1975), OFm Bamberger M. (1975), HFm Barlanger F. (1954), HFm Barth H. (1969), HFm Barth M. (1954), Berer J. (1946), PFm Berer K. (1982), HBm Berner J. (1947), Lm Breckner J. (1974), Fm Breckner J. (1974), OFm Burg K. (1973), HLm Burgstaller J. (1928), Lm Burgstaller W. (1959), HLm Eidenhammer J. (1937), OFm Eidenhammer J. (1971), Fm Eidenhammer K. (1973), Lm Eisner G. (1923), Lm Eisner G. (1958), Lm Eisner J. (1964), PFm Eisner W. (1980), OBm Felber J. (1964), HFm Forthuber F. (1950), HFm Geisler F. (1938), HFm Giezinger G. (1964), Lm Goldinger J. (1960), Graf J. (1975), Gröbner J. (1964), Lm Gröbner F. (1933), HLm Haargruber J. (1921), HLm Hansel J., HFm Hansel J. (1965), Lm Hattinger G. (1959), Lm Hattinger J. (1951), HFm Hauser G. (1952), HLm Herbst F. (1948), HFm Hettegger R. (1966), PFm Hettegger R. (1982), OLm Hofstätter J. (1938), OFm Hofstätter J. (1971), HFm Huber J. (1968), Lm Karrer G. (1948), HFm Klein J. (1966), Fm Klein N. (1976), HFm Klinger J. (1953), OFm Klinger M. (1973), HLm Kozar A. (1953), HFm Kranzinger J. (1970), OFm Leitner J. (1973), HLm Lengauer A. (1932), Lm Lettner J. (1963), PFm Lettner J. (1976), HFm Linnerth J. (1941), Lm Linnerth M. (1944), OLm Lochner G. (1964), PFm Lochner M. (1983), Bm Lugstein A. (1954), Lm Lugstein J. (1949), Lm Lugstein J. (1965), HLm Mair A. (1932), HFm Mair J. (1962), PFm Meingast P. (1961), HFm Miglbauer F. (1966), HFm Miglbauer K. (1952), PFm Mitterbauer A. (1979), Fm Mitterbauer J. (1976), Fm Moser F. (1976), OLm Moser G. (1954), Fm Moser G. (1976), HFm Moser J. (1958), OFm Pär F. (1973), HBm Pär F. (1946), Lm Pidner E. (1958), OLm Pidner F. (1956), Lm Pollhammer A. (1955), Dr. Puchner E., HFm Rachbauer A. (1964), HFm Reibersdorfer F. (1963), Lm Reichert J. (1957), HFm Reitshammer G. (1970), HBm Roidmayr J. (1956), OFm Schachl J. (1970), PFm Schinagl F. (1983), HFm Schinagl F. (1969), HFm Schinagl M. (1951), HLm Schindecker J. (1951), OFm Schinwald A. (1973), HFm Schinwald F. (1969), HLm Schinwald J. (1931), OLm Schinwald J. (1964), HFm Schinwald J. (1940), HFm Schinwald J. (1966), HFm Schinwald K. (1975), E-HBI Schleicher F. (1923), HFm Schleicher J. (1957), HFm Schober A. (1969), HLm Schober J. (1953), PFm Schober J. (1978), Fm Schreierer J. (1975), HLm Schwab A. (1946), HFm Schwab F. (1958), E-OBI Schwab G. (1946), HFm Schwab G. (1969), Fm Schwab H. (1975), Bm Schwab J. (1947), HFm Schwab J. (1937), HBm Schwab J. (1928), HLm Schwandner M. (1951), Lm Sperr F. (1955), OLm Staffl F. (1946), PFm Staffl F. (1982), OFm Stangl F. (1972), HFm Stangl F. (1953), Lm Stangl F. (1947), HFm Stangl J. (1964), HFm Stegmüller F. (1968), HLm Stegmüller M. (1936), HLm Sturm P. (1924), HFm Sturm P. (1962), OFm Trattner M. (1974), Fm Vieselthaler F. (1976), HLm Vieselthaler K. (1926), OFm Vieselthaler K. (1975), OBm Vieselthaler K. (1954), Lm Vitzthum G. (1927), OFm Vitzthum M. (1972), HFm Voggenberger F. (1962), Fm Wagner A. (1975), Fm Wagner F. (1975), Lm Wallner J. (1960), HFm Weinberger H. (1965), Lm Weinberger J. (1932), Bm Winkelmeier F. (1947), HFm Winkelmeier J. (1969), Bm Winkelmeier F. (1952), OFm Winkelmeier J. (1962), Lm Winkelmeier J. (1950), Fm Winkelmeier P. (1978), Fm Winkelmeier R. (1975), HFm Wörgetter J. (1963), PFm Wörgetter J. (1980), Wörgetter M. (1983), HFm Zuckerstätter G. (1967)

FF LOCHEN

Auslösendes Moment für die Gründung der Wehr in Lochen war der verheerende Brand im Jahr 1888, dem ein großer Teil des Ortes zum Opfer fiel. Hauptinitiator und erster Feuerwehrhauptmann war Oberlehrer Alois Kainzner, der 1890 die Wehr gründete. Als erstes Löschgerät wurde von der Gemeinde eine moderne Handpumpe angeschafft, die bereits eine Ansaugvorrichtung besaß. 1891 war die erste große Bewährungsprobe der Wehr, als der Kirchturm durch Blitzschlag abbrannte, doch das Kirchenschiff konnte gerettet werden. Die erste Fahne erhielt die Wehr am 15. Juni 1902. 1905 fand die erste Uniformierung statt. 14 Steiger wurden mit Zwillichen ausgerüstet, deren Herstellung sich allerdings jeder selbst bezahlen mußte. 1914 wurde die erste gemauerte Zeugstätte errichtet, die noch heute in ihrer damaligen Form und Funktion erhalten ist. Am 13. und 14. Juni 1931 fand das 40jährige Gründungsfest statt. Am 21. September 1933 begann die Motorisierung der Lochener Wehr. Die erste Motorspritze, Marke Vierlinger, wurde angeschafft. Das erste Auto, Marke Steyr 12, wurde 1940 in Eigenregie für den Feuerwehrdienst hergerichtet. 1948 wurde es durch einen – wiederum selbst aufgebauten – Steyr Wüstenfuchs ersetzt. 1946 mußte der damalige Feuerwehrhauptmann Josef Zadny, der 1925 den Gründungskommandanten Kainzner abgelöst hatte, wegen seiner starken politischen Tätigkeit in der NS-Zeit den Ort verlassen. An seine Stelle trat der Schmiedemeister Franz Bermanstätter, der sein Amt bis 1963 versah. Sein Nachfolger wurde der Landwirt Josef Schober aus Ainhausen, 1965 fand das 75jährige Gründungsfest statt. 1966 wurde das heutige Rüstfahrzeug, Marke Land Rover, angeschafft. 1973 löste der heutige Kommandant Josef Greimel Kommandant Schober ab. 1977 erfolgte die Ausrüstung der Wehr mit Funkgeräten und Atemschutzgeräten. Im September 1983 erhielt die Lochener Wehr einen Tankwagen, Marke Steyr TLF 2000 Trupp. Heute besitzt Lochen eine schlagkräftige Wehr mit drei Löschzügen, einem Tank-, einem Rüstwagen und drei Tragkraftspritzen.

HBI Greimel J. (1949), OBI Bramsteidl F. (1949), AW Kobler F. (1976), AW Maderegger J. (1946), AW Maislinger F. (1975), BI Adlmanninger J. (1964), BI Lechner J. P. (1968), BI Maderegger J. (1974), BI Maderegger J. (1975), BI Maderegger J. (1953), BI Riffler R. (1973), BI Schimmerl J. (1975), BI Wimmer F. (1957) — Lm Ackinger J. (1946), Fm Aigner Ch. (1978), Fm Aigner F. (1978), Fm Aigner J. (1978), HFm Aigner G., JFm Aigner G. (1981), HFm Aigner J. (1969), HLm Angelberger J. (1960), Fm Angerer J. (1976), Fm Anglberger F. (1961), Bm Anglberger G. (1920), Fm Anglberger G. (1976), OFm Anglberger H. (1968), Lm Anglberger J. (1961), HFm Anglberger J. (1953), OBm Anglberger J. (1931), OBm Anglberger J. (1931), HLm Anglberger L. (1965), Bm Anglberger L. (1929), OFm Anglberger M. (1974), HFm Auer J. (1965), Bm Auer A. (1966), OFm Auer F. (1961), OBm Auer F. (1927), Fm Auer J. (1974), OFm Badinger J. (1974), HBm Bamberger J. (1973), Fm Beitschek J. (1981), E-HBI Bermanstetter F. (1935), OLm Berner J. (1947), Fm Bodenhofer E. (1980), Fm Bodenhofer J. (1975), Fm Bogdan F. (1951), Fm Bramsteidl F. (1974), Fm Bramsteidl R. (1974), OFm Dorfinger A. (1969), Fm Dorfinger A. (1979), Fm Dorfinger B. (1975), Lm Dorfinger B. (1946), OBm Ebner K. (1940), Fm Eder O. (1969), Fm Emminger E. (1956), Lm Emminger F. (1956), Lm Emminger G. (1949), JFm Emminger S. (1982), OFm Enhuber F. (1973), Fm Enhuber F. (1947), Lm Enhuber F. (1973), HLm Enhuber H. (1947), OFm Enhuber J. (1974), Fm Enthammer J. (1977), Fm Feichtinger E. (1981), Fm Feldbacher E. (1970), HLm Feldbacher J. (1953), Fm Feldbacher J. (1978), HFm Feldbacher J. (1973), JFm Feldbacher R. (1982), Fm Feldbacher W. (1983), OLm Fellnsteiner J. (1949), Fm Forstenpointner A. (1974), HLm Forstenpointner A. (1946), Fm Forthuber E. (1970), Fm Forthuber F. (1978), HLm Forthuber G. (1946), Fm Frahamer F. (1978), Lm Frahamer M. (1936), OFm Frankenberger J. (1961), Fm Frankenberger J. (1978), OFm Fritz E. (1970), Fm Frohner H. (1961), HBm Frohner J. (1953), OLm Gabis J. (1951), Fm Gabis K. (1975), E-HBI Grömer F. (1957), OFm Grömer J. (1979), HLm Gruber F. (1946), OFm Haberl A. (1973), Fm Haberl F. (1967), OLm Dr. Hable A. (1972), JFm Hable M. (1981), Lm Haböck J. (1956), JFm Haböck J. (1982), Fm Hager A. (1975), OFm Hager J. (1967), Fm Haller J. (1961), Fm Haller J. (1980), OLm Haller L. (1930), HLm Haller L. (1958), Fm Hauer J. (1983), Fm Hauer J. (1961), PFm Hauer J. (1983), Fm Heiml P. (1977), Fm Helminger J. (1977), Lm Helminger J. (1961), Bm Helminger J. (1931), HLm Helminger J. (1938), Fm Hemetsberger F. (1972), Lm Hemetsberger M. (1962), Bm Hemetsberger M. (1925), JFm Hinterauer Ch. (1982), HBm Hinterauer J. (1972), HLm Hinterauer J. (1972), Fm Höflmaier J. (1974), HLm Höflmaier J. (1949), HLm Hohenauer J. (1947), Fm Hohenauer K. (1974), Fm Hopfgartner A. (1978), JFm Hopfgartner H. (1980), Fm Hopfgartner H. (1978), Fm Huber J. (1974), Fm Kainz St. (1978), HLm Kainz S. (1952), Lm Karl A. (1961), Bm Klampfer J. (1930), HFm Klampfer M. (1963), HFm Klinger F. (1955), HFm Klinger G. (1965), OLm Klinger G. (1937), HFm Klinger J. (1955), Fm Klinger J. (1977), Fm Klinger J. (1959), Fm Klinger J. (1938), Lm Kobler A. (1977), Fm Kobler A. (1976), Lm Kobler A. (1954), Lm Kobler F. (1953), Bm Kobler G. (1954), OFm Kobler J. (1965), Lm Kranzinger F. (1955), Fm Kranzinger J. (1946), Lm Kratochwill J. (1956), Lm Kreichbaum J. (1948), OFm Kreiseder F. (1974), Lm Kreiseder F. (1958), OFm Kreiseder F. (1966), Fm Kreiseder F. (1968), OLm Kreiseder J. (1943), Lm Kreiseder J. (1962), Fm Kreiseder J. (1981), OFm Kreiseder K. (1977), HLm Kriechbaum F. (1949), Lm Kriechhammer J. (1947), Fm Kronberger F. (1968), OFm Kronberger J. (1965), HFm Kronberger L. (1961), Bm Lechner F. (1974), OBm Lechner J. (1968), Fm Lechner P. (1974), HLm Mackinger F. (1946), HFm Mackinger J. (1960), JFm Mackinger N. (1980), Fm Maderegger J. (1979), OLm Maderegger J. (1949), HBm Maderegger J. (1963), Bm Maderegger J. (1930), JFm Maderegger J. (1980), Fm Maier A. (1970), Fm Maier F. (1983), Lm Maier F. (1950), HBm Maier J. (1923), HFm Maier J. (1956), Fm Maier J. (1981), Fm Maier W. (1974), OFm Maislinger A. (1974), HBm Maislinger A. (1930), HLm Maislinger A. (1947), Fm Maislinger F. (1976), OFm Maislinger F. (1968), Fm Maislinger G. (1947), HLm Maislinger G. (1970), Fm Maislinger H. (1977), OFm Maislinger J. (1972), HBm Maislinger J. (1930), Lm Maislinger J. (1958), Maislinger J. (1968), OFm Maislinger J. (1974), Fm Maislinger L. (1974), Lm Maislinger M. (1950), Fm Maislinger W. (1979), HFm Manglberger J. (1958), HLm Mayr F. (1948), Fm Mitterbauer J. (1984), Fm Moser J. (1948), HFm Moser J. (1953), Fm Moser W. (1979), Fm Mühlbacher L. (1961), Fm Oberascher F. (1973), OBm Oberwimmer A. (1930), OFm Oberwimmer J. (1972), HLm Paster O. (1948), HLm Pichler G. (1978), OFm Pichler J. (1970), HFm Pichler J. (1954), Fm Pichler M. (1980), Fm Pichler S. (1972), OFm Pirker B. (1961), Fm Pöschl G. (1968), Lm Pöschl G. (1955), Fm Pöschl N. (1980), Fm Pötzelsberger R. (1971), Fm Pollhammer J. (1973), OBm Pommer J. (1973), HFm Pommer J. (1955), HLm Pommer W. (1954), Fm Prahamer J. (1979), OFm Prossinger F. (1965), HBm Prossinger F. (1975), HFm Prossinger J. (1961), Fm Prossinger J. (1977), HFm Prossinger J. (1965), Lm Prossinger W. (1945), OFm Prossinger W. (1970), Fm Radauer J. (1946), Fm Rehrl J. (1975), Fm Rehrl R. (1949), Lm Reibersdorfer K. (1945), Fm Reitshammer E. (1960), Lm Reitshammer J. (1956), Fm Reitshammer N. (1979), JFm Reschreiter A. (1982), Fm Reschreiter F. (1979), Fm Riefler J. (1974), Lm Riefler R. (1947), OFm Roider E. (1962), HFm Roider F. (1956), OFm Scharl A. (1977), OLm Scharl F. (1957), OFm Scharl J. (1960), Fm Scharl R. (1978), OFm Schickbauer F. (1965), Lm Schickbauer R. (1947), HBm Schiessendoppler J. (1966), Fm Schiessendoppler J. (1946), OBm Schimmerl J. (1965), HFm Schimmerl M. (1960), Bm Schimmerl M. (1927), E-AW Schimmerl R. (1940), E-BI Schimmerl W. (1940), Fm Ing. Schimmerl W. (1970), Fm Schinwald F. (1979), Fm Schinwald K. (1979), Fm Schinwald R. (1961), JFm Schinwald R. (1982), E-OBI Schirmer W. (1949), OFm Schnabl G. (1962), Fm Schnabl P. (1975), HFm Schober A. (1973), OFm Schober A. (1960), HFm Schober A. (1964), HLm Schober J. (1935), Lm Schober J. (1966), HFm Schober J. (1953), Fm Schober J. (1979), Fm Schreder R. (1970), Fm Schweiberer J. (1938), Fm Schweiberer J. (1983), HLm Schweiberer J. (1946), Fm Seidlein R. (1970), OFm Sengthaler H. (1971), JFm Sengthaler J. (1982), HFm Staffl A. (1956), OLm Staffl F. (1975), OLm Staffl M. (1952), Fm Stangl J. (1947), Fm Stangl J. (1973), Fm Stangl M. (1947), Fm Staudinger F. (1975), Fm Steiner G. (1974), OFm Steiner J. (1970), Fm Stepasiuk J. (1974), Fm Stockinger A. (1955), Fm Stockinger F. (1966), Fm Stockinger F. (1974), OFm Stockinger F. (1953), HBm Stockinger F. (1976), Fm Stockinger G. (1958), OFm Stockinger J. (1965), Fm Stockinger J. (1966), OFm Stockinger J. (1970), Lm Stockinger J. (1954), Fm Stockinger W. (1974), OFm Suchanek F. (1968), Lm Unverdorben J. (1949), OFm Unverdorben M. (1965), HFm Ing. Vitzthum A. (1973), Fm Vitzthum G. (1978), Fm Vitzthum J. (1946), OFm Vitzthum J. (1965), JFm Vitzthum J. (1982), HLm Voggenberger F. (1940), Fm Voggenberger G. (1979), Fm Voggenberger J. (1953), Fm Voggenberger R. (1946), Fm Voggenberger R. (1970), HBm Wallner M. (1971), Fm Wallner M. (1976), Bm Wallner M. (1923), Fm Webersberger A. (1978), Webersberger J. (1981), OBm Webersberger J. (1964), OLm Weinberger G. (1948), Fm Weinberger J. (1974), HFm Weinberger J. (1955), Fm Weindl G. (1968), Fm Weindl J. (1979), Fm Weindl K. (1980), HBm Weissauer J. (1962), Lm Wesenauer J. (1949), Fm Wimmer F. (1978), OLm Winkler A. (1974), OLm Winkler A. (1949), Fm Winkler G. (1976), Fm Winkler J. (1974), Lm Winkler J. (1937), HLm Winkler J. (1953), HFm Winkler J. (1975), Fm Winkler R. (1979), Fm Winkler Rieder R. (1946), Winklmaier F. (1976), HFm Winklmeier J. (1961), OLm Winklmeier J. (1980), Fm Winklmeier J. (1976), OFm Winklmeier F. (1965)

FF MARIA SCHMOLLN

Ein Brand beim landwirtschaftlichen Anwesen in Gstocket war der Anlaß für den damaligen Gemeindesekretär Josef Sattlecker, eine Feuerwehr zu gründen. Am 16. April 1899 fand die Gründungsversammlung statt, bei der Sattlecker zum Wehrführer gewählt wurde. In der darauffolgenden Zeit zeigte sich die Feuerwehr als Präger des Kulturlebens der erst seit 1898 selbständigen Gemeinde. 1900 gründete die Wehr eine Dilettanten-Theatergruppe, die eine Bühne herstellte und Theaterstücke aufführte und die 1925 ein selbständiger Verein wurde. 1902 spendete Maria Mühlbacher eine Vereinsfahne. 1923 gründete die Wehr eine Feuerwehrmusik. Die Gründer, Wehrführer Josef Sattlecker und Gemeindearzt Dr. Franz Bachl, bauten eine ansehnliche Musikkapelle auf, die 1934 selbständig wurde. Neben dem bestehenden Löschzug Maria Schmolln wurden die Löschzüge Schweigertsreith, Haslau, Aichbeck, Schnellberg und Minathal installiert. Heute bestehen nur noch die Löschzüge Maria Schmolln und Haslau. Um den Löschzug Haslau bemüht sich seit 1945 BI Karl Lengauer.

HBI Sattlecker G. (1959), OBI Berer H. (1977), AW Bachleitner J. (1973), AW Bubestinger H. (1973), AW Stempfer F. (1952), BI Lengauer K. (1941) — OFm Anderl W. (1947), HFm Bachleitner A. (1951), Fm Bachleitner A. (1964), Fm Bachleitner A. (1973), Bachleitner A. (1981), Bachleitner G. (1981), PFm Bachleitner G. (1983), Bachleitner H. (1946), Fm Bachleitner J. (1966), OFm Bachleitner J. (1937), Fm Bachleitner J. (1978), OFm Baier A. (1952), Fm Baier G. (1978), OFm Baier G. (1978), Fm Baier J. (1982), OFm Berer H. (1978), HFm Berer J. (1952), PFm Bodenhofer J. (1983), OFm Bodenhofer G. (1952), Fm Bodenhofer G. (1978), Fm Brandhuber F. (1978), Fm Bubestinger F. (1947), HFm Buchecker J. (1925), OFm Daxecker M. (1955), PFm Eichberger J. (1983), HFm Erlinger F., HFm Erlinger G. (1930), Fm Erlinger G. (1959), JFm Feichtenschlager J. (1983), Feichtenschlager H. (1981), E-HBI Feichtenschlager J. (1934), Fm Fessl G. (1981), Fm Fessl J. (1973), Fm Fessl J. (1973), OFm Fessl J. (1977), PFm Forstenpointner J. (1983), HFm Frauscher J. (1929), PFm Freischlager K. (1983), HFm Gach F. (1948), Fm Gamperer F. (1980), HFm Gamperer F. (1952), Fm Gamperer J. (1981), HFm Gerg F. (1952), Fm Gerg J. (1967), Fm Grubmüller F. (1952), Fm Grubmüller G. (1973), Fm Grubmüller G. (1952), OFm Grubmüller G. (1978), Fm Grubmüller G. (1974), Fm Grubmüller G. (1952), Fm Grubmüller H. (1973), HFm Grubmüller J. (1952), OFm Grubmüller J. (1977), OFm Grubmüller J. (1949), Fm Grubmüller J. (1977), HFm Haferlbauer A. (1955), Fm Hintermaier A. (1972), JFm Hintermaier Ch. (1983), Fm Hoffmann J. (1980), Fm Hofmann F. (1952), Fm Hohensinner W. (1981), Fm Kasinger F. (1952), Fm Kastinger A. (1979), Fm Kastinger F. (1980), HFm Kastinger F. (1955), JFm Kastinger S. (1983), Fm Kinz J. (1983), Fm Kirsch A. (1978), JFm Kirsch M. (1983), Fm Kracher F. (1958), Fm Liedl J. (1959), Fm Maierhofer A. (1976), Fm Mitterbauer F. (1979), HFm Moser F. (1959), HFm Moser M. (1948), Fm Mühlbacher J. (1950), Fm Nega J. (1981), OFm Öller F. (1948), Fm Pallasser H. (1964), Fm Pfaller J. (1962), Fm Priewasser E. (1980), OFm Raschhofer J. (1963), JFm Raschhofer S. (1983), HFm Reitmaier F. (1950), OFm Reitmaier J. (1950), Lm Ridlmair J. (1961), Fm Sattlecker A. (1952), HFm Sattlecker F. (1947), Fm Sattlecker F. (1975), OFm Sattlecker G. (1947), Fm Sattlecker G. (1981), E-HBI Sattlecker J. (1918), Fm Sattlecker J. (1975), Fm Sattlecker J. (1980), Fm Sattlecker J. (1981), JFm Sattlecker R. (1983), PFm Sattlecker R. (1983), Fm Sattlecker R. (1981), Fm Sattlecker S. (1963), OFm Schachner M. (1981), OFm Schickbaucher J. (1937), HFm Schröckelsberger J. (1951), Fm Schröckelsberger J. (1975), Fm Schwarzmaier F. (1981), Bm Schwarzwald R. (1969), Fm Steinbruckl J. (1964), Fm Steinbrückl H. (1978), OFm Steinbrückl J. (1936), OFm Steinbrückl J. (1947), OFm Stempfer F. (1947), Fm Stempfer F. (1952), OFm Stempfer J. (1978), HFm Strahberger J. (1965), Fm Strahberger J. (1981), JFm Strahberger R. (1983), Weidinger J., Weiß K., Wenger A., Wenger F., OFm Wenger J. (1964), JFm Winkler A. (1983), Fm Winkler A. (1978), OFm Winkler F. (1952), HFm Wohlfarter J. (1963), Fm Wührer F. (1972), Fm Zöpfl M. (1939), Fm Zöpfl M. (1978), Fm Zollner F. (1976)

FF MATTIGHOFEN

Die Freiwillige Feuerwehr Mattighofen wurde 1869 gegründet. Aus den ersten drei Jahrzehnten ihres Bestandes ist nichts überliefert. 1900 erhielt die Wehr ein Zeughaus. Darin waren die pferdebespannten Spritzenwagen eingestellt. Schließlich wurde 1926 ein Betrag zur Anschaffung einer tragbaren Motorspritze bewilligt. Die Anschaffung des ersten Feuerwehrautos ist nicht mehr bekannt. 1931 erhielt die Feuerwehr eine neue Motorspritze und eine zweite Schubleiter. 1941 erfolgte ein Um- und Ausbau der Zeugstätte. Es wurden ein neuer, 17 m hoher Schlauchturm errichtet und Wohnungen für den Zeugwart und für den Maschinisten und Kraftfahrer geschaffen. Im selben Jahr erhielt die Feuerwehr ein leichtes Löschfahrzeug mit anhängbarer Motorspritze. 1947: Instandsetzung der Wasserreservoire. 1948: Umbau eines Diesel-Löschfahrzeuges in einen Mannschaftswagen. 1949: Neu-Uniformierung der Wehr. Auch Arbeitsanzugsgarnituren und eine neue Sirene wurden angeschafft. 1950: Vorbaupumpe auf dem LF 8 wurde montiert. 1952: Der zweite Rüstwagen wurde zu einem modernen Tank- und Löschfahrzeug umgebaut. 1965: Ankauf eines neuen Tanklöschfahrzeuges. 1968: Verlegung der Zeugstätte vom Kirchenplatz in den Bauhof der Gemeinde. Dort wurde eine Mehrzweckhalle mit einem Schlauchturm gebaut und darin die Löschfahrzeuge und Geräte untergebracht. 1973: Ankauf einer neuen Leiter. Die derzeitige Ausrüstung besteht aus einem Tanklöschfahrzeug (TLF 2200, davon 200 Liter Schaum), ausgestattet mit drei Atemschutzgeräten und einem selbstangefertigten Bergewerkzeug, einem Opel-Blitz mit Vorbaupumpe und Tragkraftspritze, einem Mannschafts- und Schlauchwagen, einer 25-m-Leiter, zwei Handfunkgeräten und einer im TLF eingebauten Funkanlage.

HBI Gamperer J. (1973), OBI Winklhofer F. (1955) — Adlmaninger J. (1979), Aigner F. (1946), Anglberger J. (1964), Anglberger N. (1983), Aumayer A. jun. (1958), Aumayer A. sen. (1920), Berghammer J. (1948), Brandhuber K. (1960), Enthammer F. (1977), Gach F. (1952), Gach G. (1925), Gärtner G. jun. (1980), Gärtner G. sen. (1948), Goldberger J. (1977), Hartl H. (1941), Hoppenberger J. (1952), John J. (1949), Karrer J. (1974), Kasinger F. (1949), Kobler H. (1940), Kücher A. (1980), Lindlbauer J. (1970), Mayer H. (1930), Mayringer A. (1980), Ornetseder F. (1930), Ortner J. (1949), Pfeffer F. sen. (1973), Piereder J. (1934), Plass M. (1932), Reischauer R. (1978), Riess F. (1984), Schöffegger F. (1968), Schwarzenhofer F. (1951), Dr. Steidl T. (1962), Steiger W. (1958), Steinbach F. (1970), Trenker S. (1982), Voggenberger R. (1934), Weinberger L. (1974)

FF MAUERKIRCHEN

Im Jahr 1865 brannte bei einer großen Feuersbrunst der halbe Obermarkt samt der Kirche nieder. Nach dieser Katastrophe, bei der auch die im Rathaus befindlichen Urkunden und Archive vernichtet wurden, wurde im Jahr 1869 eine Feuerlöschordnung aufgestellt, aus der hervorgeht, daß Mauerkirchen damals fünf „Feuerspritzen" besaß. Die Gründung der Freiwilligen Feuerwehr Mauerkirchen erfolgte im Jahr 1873. Am 15. Mai 1874 erhielt die Freiwillige Feuerwehr von Kaiser Franz Josef 200 Gulden zur Anschaffung von Feuerlöschgeräten. Im Herbst 1877 wurde von der Fa. Rosenbauer eine Schubleiter angekauft. Die Freiwillige Feuerwehr Mauerkirchen schaffte im Jahr 1880 die erste Fahne an, die noch heute in ihrem Besitz ist. Für den um die Jahrhundertwende ins Leben gerufenen Rettungs- und Bergungstrupp wurde im Frühjahr 1908 ein pferdebespannter Krankenwagen angekauft. Im Jahr 1909 wurde die Dampfspritze erworben, die sich 1915 beim großen Brand in Braunau bestens bewährte. Das erste Feuerwehrauto wurde im Jahr 1937 angeschafft. Zu Anfang des Zweiten Weltkrieges stand ein Mercedes Rüstwagen zur Verfügung, dazu ein Einachsanhänger mit einer tschechischen Fladamotorspritze. Im Jahr 1969 wurde ein neues Tanklöschfahrzeug Marke Opel Blitz mit 1000 l Tankinhalt angeschafft und zugleich auch eine neue Rosenbauer Tragkraftspritze, VW TS 8, in Betrieb genommen. Im Jahr 1979 erhielt die Freiwillige Feuerwehr Mauerkirchen vom Landesfeuerwehrkommando ein KRF-B zugeteilt, das sich bei technischen Einsätzen, unter anderem auch bei Zugsunglücken bei der Eisenbahnkreuzung Obernberger Bundesstraße in Mauerkirchen, bestens bewährt hat.

HBI Stranzinger K. (1954), OBI Berschl J. (1942), AW Auer J. (1959), AW Gerner J. (1950), AW Landerdinger W. (1963), AW Zeilinger G. (1970), BI Roither K. (1954), BI Zeilinger G. (1950) — Aigner E. (1958), Lm Aigner F. (1954), OFm Aigner H. (1974), Aigner J. (1942), Fm Aigner J. (1975), Altmann J. (1952), Lm Altmann J. (1974), Fm Bader J. (1976), Fm Baier A. (1977), OLm Baier J. (1943), Lm Baier J. (1971), Fm Baier J. (1976), Lm Berschl J. (1972), Berschl J. (1927), Fm Berschl W. (1975), Fm Bogenhuber B. (1983), Fm Branstetter F. (1982), Lm Briewasser E. (1975), Fm Damberger F. (1977), Fm Daxecker F. (1975), OFm Daxecker K. (1978), Fm Detwiller E. (1969), Deubler F. (1950), Fm Doringer L. (1963), Eder J. (1946), Eder J. (1945), Eichelseder M. (1954), Emmer F. (1976), Erlach N. (1948), Fm Ertl B. (1976), Ertl J. (1948), Eselbauer A., Fm Etzinger A. (1973), Fm Etzlinger A. (1976), Fm Etzlinger G. (1978), Fm Faschang M. (1978), Fm Faschang S. (1980), HLm Feichtenschlager F. (1941), OLm Feichtenschlager F. (1945), Bm Feichtenschlager J. (1967), Fm Gattenbauer R. (1948), OFm Gerner J. (1949), Fm Ginzinger F. (1981), Fm Ginzinger L. (1973), Lm Girzinger F. (1975), Fm Golackner A. (1978), Fm Gschaider H. (1972), Fm Gut W. (1980), Haid W. (1981), OFm Haider W. (1979), Lm Hasiweder J. (1962), OLm Hinterhofer J. (1960), Hinterhofer S. (1960), Hofer J., Lm Hofer J. (1972), OFm Imser J. (1962), Kasinger G. (1951), Kreiser G. (1970), Bm Kremser J. (1959), Fm Leitner G. (1982), Lindlbauer M. (1930), Fm Litzlbauer R. (1977), Fm Löchli C. (1955), Fm Maier Ch. (1972), E-HBI Maier O. (1934), Fm Mauch A. (1954), Menth A. (1954), Fm Mödlhammer M. (1971), Fm Neuhauser E. (1969), Fm Öller A. (1966), Öller J. (1947), OFm Reidl J. (1953), Fm Roither K. (1983), Fm Rosenkranz A. (1947), Fm Scharrer J. (1946), Fm Scherzer A. (1975), Fm Schickbauer G. (1974), Fm Schmollgruber K. (1972), OLm Schreiber J. (1955), OFm Schreiber J. (1971), Fm Spilka B. (1981), Fm Spitzer G. (1980), Fm Stegmüller J. (1950), OLm Steidl A. (1960), Lm Stemp J. (1952), Stemp J., Lm Stranzinger G. (1970), Fm Tieftrunk W. (1970), Vierlinger J. (1926), Fm Vierlinger W. (1962), Fm Viertlbauer J. (1968), Lm Wagner H. (1974), Fm Weiß F. (1952), HFm Weitgasser A. (1976), OLm Weitmann O. (1960), Fm Weitmann O. (1981), Fm Winterberger K. (1976), OFm Winterberger K. (1947), Fm Zeintl F. (1976), Fm Zwink R. (1950)

FF MIGELSBACH

Die Freiwillige Feuerwehr Migelsbach wurde im Jahr 1900 als Löschzug der Freiwilligen Feuerwehr Aspach gegründet. Erst ein knappes Vierteljahrhundert später, im Jahr 1924, entstand die selbständige Freiwillige Feuerwehr Migelsbach. Der Gründungskommandant der nunmehr eigenständigen Wehr war Ferdinand Fellner. Im Jahr 1939 konnte die erste Motorspritze angeschafft werden. Im Jahr 1954 wurde das 30jährige Gründungsfest mit einer Fahnenweihe – die Fahnenpatin war Elise Pointecker – feierlich begangen. Im Jahr 1968 konnte die Freiwillige Feuerwehr Migelsbach den noch heute in Verwendung stehenden Rüstwagen anschaffen. In den Jahren 1953, 1954 und 1984 nahmen mehrere Feuerwehrkameraden mit Erfolg an den Leistungsbewerben teil. Seit Gründung der Freiwilligen Feuerwehr Migelsbach als selbständige Wehr standen folgende Kommandanten an der Spitze: Ferdinand Fellner (1924–1932), Ferdinand Reinthaler (1933–1940), Georg Reichinger (1941–1951), Georg Frauscher (1952–1957), Georg Reichinger (1958–1967), Anton Katzlberger (1968–1977), Anton Frauscher (1978–1983) und seit 27. Februar 1983 Franz Schachinger.

HBI Schachinger F. (1958), HBI Kastinger J. (1948), AW Reichinger F. (1978), AW Reichinger G. jun. (1972), AW Reichinger K. (1976), HBI Frauscher A. (1956), HBI Reichinger G. (1948) — Burgstaller G. (1948), Englberger P. (1970), Englberger P. sen. (1946), Ing. Englberger W. (1977), Frauscher F. (1951), Frauscher G. (1951), Frauscher G. (1946), Frauscher G. jun., Frauscher G. sen. (1930), Frauscher J. (1949), Frauscher W. (1972), Gaisbauer S., Grasser K. (1970), Haider F. (1951), Haselberger J. (1958), Hasibeder K. (1970), Katzlberger A. (1948), Katzlberger A. jun. (1976), Katzlberger G. (1973), Kinz F. (1951), Kühberger G. (1978), Lettner R. (1948), Lettner R. jun. (1980), Pointecker J. (1931), Preishuber J. (1961), Reichinger A., Reichinger Ch. (1980), Reichinger F. (1956), Reichinger G. (1954), Dipl.-Ing. Reinthaler F. (1968), Reinthaler F. (1929), Reinthaler J. (1970), Salomon F. (1949), Schachinger J. (1954), Schachinger J. (1956), Schachinger J. (1956), Schendlinger F. (1968), Schendlinger J. (1933), Schendlinger J. (1978), Stökl J. (1954), Stranzinger L. (1981), Thurnberger J., Thurnberger M. (1982), Wegenschimmel J. (1981), Weinberger J. (1972), Witzmann F. (1954), Wölflingseder E. (1928), Wölflingsederer J. (1931), Zeilinger F. (1954), Ziedek W. F. (1980)

FF MINING

Die FF Mining wurde 1890 gegründet, eine rege Übungstätigkeit festigte den Aufbau der Wehr. An Geräten war nur eine Druckspritze (Baujahr 1828) mit drei Schläuchen und zwölf Wassereimern vorhanden. Von der Firma Gugg in Braunau konnte 1893 eine Saugspritze angekauft werden. 1896 wurde in der Feuerwehr auch eine Sanitätsabteilung errichtet. Im Jahr 1905 erfolgte der Bau eines neuen Spritzenhauses. Die Kameradschaftsfahne wurde 1906 geweiht, sie ist heute noch der Stolz der Wehr. Vor Beginn des Ersten Weltkrieges wurde die Ausrüstung durch den Ankauf eines Hydrophors und einiger Schläuche erweitert, wobei Landesausschuß, Gemeinde, Feuerwehr und freiwillige Spender diese Anschaffung finanzierten. Während des Krieges wurden zur Spritzenbedienung im Brandfall auch weibliche Kräfte herangezogen. Die erste Motorspritze erhielt die FF Mining im Jahr 1932, die 43 Jahre im Dienst stand. Der Zweite Weltkrieg brachte wieder große Schwierigkeiten, denn der Großteil der Feuerwehrmänner wurde an die Front gerufen, in der Hofmark war nicht einmal mehr ein Pferd für die Spritzenwagenbespannung vorhanden. Nach dem Ende des Zweiten Weltkrieges erfolgte der Wiederaufbau der Feuerwehr. Beim 60jährigen Gründungsfest im Jahre 1951 konnte ein neu errichtetes Feuerwehrhaus gesegnet und bezogen werden. 1958 wurde ein neues Löschfahrzeug mit Vorbaupumpe angekauft. 1975 erhielt die Wehr eine neue Tragkraftspritze. Nach langem Bemühen der Feuerwehr konnte im Jahr 1981 ein Löschfahrzeug mit Bergeausrüstung gekauft werden. In den Jahren seit 1970 wird unter der Führung der beiden Kommandanten Franz Stockhammer und Alfred Hacklmair der Schwerpunkt auf die Ausbildung der aktiven Mannschaft und die Feuerwehr-Jugendarbeit gelegt.

OBR Hacklmair A. (1970), OBI David R. (1966), HAW Pfaffinger H. (1974), AW Ecker J. (1962), AW Groß J. (1976), AW Niedergrottenthaler R. (1960), AW Stephan L. (1955), BI Romberger J. (1963), BI Schwendtner F. (1968) — JFm Aigner Ch. (1982), HFm Aigner G. (1929), Fm Aigner J. (1979), HFm Berger J. (1954), Fm Berhammer R. (1956), OFm Biebl F. (1954), Fm Bleier A. (1983), OLm Brandstötter J. (1958), OFm Buttinger J. (1948), OLm Buttinger J. (1974), OFm Dallinger-Stöger J. (1958), Fm Danecker F. (1936), JFm Dickmann K. (1981), Fm Ecker H. (1973), Fm Eiblmayr L. (1948), OFm Fellner M. (1935), HFm Fellner M. (1962), JFm Fellsner Ch. (1981), Lm Frauscher L. (1948), OFm Fuggersberger F. (1966), OFm Furtner F. (1953), Fm Furtner F. (1956), OLm Furtner G. (1960), JFm Furtner G. (1980), Fm Furtner K. (1966), OFm Gaisböck F. (1974), HFm Glöcklhofer J. (1972), HFm Grabner G. (1929), HFm Gradinger Ch. (1974), OFm Gradinger F. (1950), Lm Gradinger L. (1973), Lm Gradinger L. (1955), Fm Gradinger P. (1978), Fm Gruber R. (1979), Fm Gruber W. (1978), OFm Gurtner M. (1949), Lm Hasiweder A. (1973), JFm Hatheier J. (1983), HFm Hatzmann J. (1949), Lm Hatzmann J. (1969), HFm Hebensteit W. (1948), Lm Hebenstreit F. (1971), Lm Hebertshuber J. (1948), OFm Heitzinger J. (1953), Fm Heitzinger J. (1980), Fm Heitzinger P. (1979), OFm Hillinger E. (1962), OFm Hofbauer A. (1958), OFm Hofstätter A. (1947), Bm Jakob F. (1924), OFm Janka G. (1953), OFm Kreil J. (1935), OFm Leitner J. (1948), Lm Lindhuber P. (1970), HFm Mayer R. (1952), Fm Mayr G. (1980), Fm Mayrböck A. (1978), HFm Mayrböck F. (1929), Fm Mertelseder G., Fm Mertelseder G. (1974), Fm Mertelseder J. (1979), OFm Nöhmer F. (1950), Fm Perschl F. (1980), OFm Pfaffinger A. (1948), Fm Plenk R., OFm Räuschenböck A. (1949), OFm Rechenmacher J. (1948), Lm Reinthaler J. (1956), HFm Romberger G. (1927), Fm Rosner M. (1981), OFm Schachinger L. (1955), OFm Schachinger L. (1966), Fm Schaller L. (1962), JFm Schaller L. (1983), Fm Schiessl E. (1961), JFm Schiessl J. (1982), OFm Schwendtner J. (1958), Lm Schwendtner W. (1968), OFm Seidl J. (1977), HLm Sieglhuber J. (1943), Fm Simböck F. (1980), Fm Simböck G. (1980), OFm Simböck K. (1976), OFm Spreitzer F. (1972), OFm Spreitzer M. (1972), HFm Steidl E. (1973), Fm Steidl S. (1978), Fm Steinhögl E. (1977), Fm Stephan J. (1984), OFm Stephan L. (1974), Fm Stephan M. (1969), HBI Stockhammer F. (1935), JFm Treiblmaier J. (1982), JFm Treiblmaier T. (1983), Fm Voglmayr J., Fm Wagner H. (1976), Weinberger K. (1966), OFm Wenger J. (1953), OLm Wimmer J. (1972), Fm Windischbauer E. (1978), HFm Winkler J. (1947), E-OBI Zechmeister J. (1955), JFm Zechmeister J. (1983)

FF MITTERNBERG

Auf Antrag von Anton Wurmshuber bekam Mitternberg 1899 einen Löschzug. Die erste Saugspritze wurde 1900 nach Schmalzhofen geliefert. 1925 feierte die Löschabteilung Schmalzhofen das 25jährige Gründungsfest, anschließend war die Gründungsversammlung der FF Mitternberg. 1939 wurde die Wehr aufgelöst und der Gemeinde Neukirchen angegliedert. Am 24. April 1949 wurde die FF Mitternberg wieder selbständig. 1954 wurde ein Traktoranhänger mit Tragkraftspritze angekauft. 1961 bekam die Wehr von Neukirchen einen Rüstwagen Steyr V 8, 1962 eine neue Tragkraftspritze VW 75 Automatik. 1975 wurde ein KLF Land Rover mit Vorbaupumpe Gugg Trokomat erworben. 1954 wurde in Schmalzhofen eine Zeugstätte mit Schlauchturm, 1951 beim zweiten Zug in Rittersberg und 1980 ein neues Rüsthaus in Rittersberg errichtet. 1966 wurde das 40jährige Gründungsfest gefeiert. 1973 konnte die Wehr zwei 11-m-Band-Funkgeräte erwerben. 1982 wurde ein Notstromaggregat mit zwei Scheinwerfern gekauft.

HBI Söllinger J. (1950), OBI Kreil G. (1964), AW Öhlbrunner J. (1960), AW Spitaler F. (1964), AW Wührer G. (1973), BI Hofer L. (1970), BI Leimer G. (1970), BI Leimer J. (1976), BI Lindlbauer J. (1958), BI Pommer E. (1958), BI Spitaler F. (1964), BI Sporrer F. (1970), BI Sporrer J. (1964), BI Weindl L. (1947) — OFm Aigner J. (1973), Fm Altenbuchner J. (1970), Fm Altendorfer J. (1971), Fm Beinhundner E. (1954), Lm Beinhundner G. (1958), OFm Beinhundner J. (1958), OFm Beinhundner J. (1946), Fm Bergstötter J. (1954), PFm Bogner H. (1983), Fm Brandstätter R. (1964), Fm Bratschuck J. (1946), Fm Buchmeier A. (1982), Fm Buttinger A. (1980), FA Dr. Czembirek (1979), Fm Ebner K. (1981), Fm Eitzelmeier W. (1982), Fm Fankhauser A. (1981), Fm Federer A. (1982), HFm Fellner F. (1931), OFm Fellner J. (1948), PFm Fellner G. (1983), Bm Fellner J. (1956), OFm Fellner J. (1971), Fm Fellner W. (1979), Fm Forsterpoitner G. (1982), OFm Fuchs A. (1983), Fm Fuchs A. (1979), Fm Fuchs A., OFm Gerner F. (1958), HFm Gruber J. (1956), OFm Gschneidner A. (1951), Fm Gschneitner G. (1982), Fm Hagenauer A. (1966), HBm Hofer F. (1937), OFm Huber M. (1950), Fm Huber M. (1964), Fm Karrer W. (1968), Fm Kolb J. (1976), OFm Kreil G. (1948), Fm Kreil G. (1979), E-BI Kreil J. (1948), PFm Kreil J. (1983), Fm Kreil J. (1982), Fm Kreil J. (1979), BI Kugler G. (1928), Fm Kupfner F. (1979), Fm Kupfner J. (1978), Fm Leimer A. (1976), PFm Leimer E. (1983), Leimer F. (1941), OFm Leimer F. (1970), HBI Leimer G. (1925), HFm Leimer J. (1928), Fm Lindmeier A. (1981), Fm Lindmeier Ch. (1983), JFm Maislinger J. (1984), Fm Mayer A. (1978), Fm Mühlbauer J. (1966), Fm Mühlbauer J. (1979), OLm Mühlbauer J. (1950), Fm Oberauer J. (1963), HFm Öhlbrunner J. (1931), Fm Ortner G. (1968), OFm Ortner J. (1948), Fm Pammer J. (1964), Bm Perschl J. (1958), Fm Peterlechner A. (1982), HBm Peterlechner G. (1952), Fm Piereder F. (1966), Fm Piereder J. (1979), OFm Pommer J. (1923), Fm Priewasser G. (1963), Fm Priewasser H. (1976), HFm Priewasser J. (1952), OFm Prilhofer A. (1946), Fm Prilhofer A. (1971), OFm Prilhofer H. (1960), Fm Prilhofer J. (1979), Fm Prilhofer J. (1979), OFm Rappl G. (1947), Fm Rappl G. (1979), JFm Regl J. (1981), PFm Rescheneder G. (1983), Fm Reschenhofer H. (1979), OFm Reschenhofer J. (1950), Fm Reschenhofer J. (1950), OFm Reschnhofer G. (1962), Fm Rosenhammer J. (1982), OFm Rothenbuchner F. (1936), Fm Rothenbuchner G. (1982), Fm Rothenbuchner J. (1973), Fm Rothenbuchner J. (1979), HFm Rothenbuchner J. (1925), OFm Rothenbuchner M. (1948), Fm Russinger J. (1972), JFm Russinger M. (1981), Fm Schmitzberger F. (1967), Fm Schmitzberger G. (1966), JFm Schmitzberger J. (1981), Fm Schmitzberger K. (1970), Fm Schümann H. (1979), Fm Seidl J. (1980), E-BI Spitaler F. (1948), OFm Spitaler J. (1950), Bm Spitaler J. (1964), Fm Spitzwieser J. (1979), OFm Sporrer J. (1963), Stadler G. (1983), Bm Stadler L. (1950), Fm Stadler L. (1982), Fm Stadler R. (1983), Fm Stopfner J. (1979), Strasser A. (1960), Fm Strasser W. (1970), Fm Strobl J. (1984), Fm Wassermann J. (1983), Fm Wegschneider M. (1964), Fm Weindl A. (1979), Fm Weindl F. (1960), Fm Weindl F. (1970), Fm Weindl L. (1982), OFm Weindl M. (1978), Fm Wighard G. (1970), Fm Wighard J. (1979), HBI Wighart G. (1950), Fm Wimmer K. (1964), Fm Wimmer K. (1983), OFm Wöckl R. (1973), Fm Wurhofer J. (1980), Fm Wurmshuber F. (1981), Fm Wurmshuber F. (1979), JFm Zauner A. (1982), Fm Zauner F. (1975), Fm Zauner G. (1952), Zauner G. (1981), OFm Zauner H. (1976), Fm Zauner H. (1980), Fm Zauner R. (1980)

FF MOOSBACH

Am 4. März 1893 erließ der damalige Schulleiter Wilhelm Maier einen Aufruf an die Bevölkerung zur Gründung einer Freiwilligen Feuerwehr. Am 12. März 1893 wurde dazu eine Sitzung des Gemeinderates abgehalten, bei der die Statuten festgelegt wurden. An den folgenden Tagen erklärten sich 40 Männer bereit, der Wehr beizutreten. Die Gründungsfeier wurde am 30. Juli 1893 mit einem Konzert feierlich umrahmt, gleichzeitig fand die erste Vollversammlung statt. Die erste Handspritze wurde im Jahr 1897 über Auftrag von Kaiser Franz Joseph angekauft. Das zehnjährige Gründungsfest und die erste Fahnenweihe wurden am 7. und 8. Juni 1902 abgehalten. 1922 erfolgte der Ankauf der zweiten Handspritze, 1929 der zweiten Fahne, 1937 der ersten Motorspritze (Fa. Vierlinger, Biburg). Im selben Jahr wurde in Winden der zweite Zug gegründet und mit der Handspritze vom ersten Zug ausgerüstet. 1950 Errichtung einer Zeugstätte für den zweiten Zug in Winden. 1953 fand das 60jährige Gründungsfest statt. 1954 erfolgte der Ankauf eines Lkw Steyr Diesel für den ersten Zug. 1955 erhielt der zweite Zug eine gebrauchte Motorspritze. 1968 wurde ein Range Rover gekauft und mit einer Rosenbauer Vorbaupumpe R S 120 ausgestattet, zugleich wurde der zweite Zug in Winden aufgelöst. 1973 wurde das 80jährige Gründungsfest mit Fahnenweihe gefeiert. 1976 wurde eine Bewerbsgruppe gegründet. 1978 wurde das erste Leistungsabzeichen in Gold von Josef Reiseder absolviert. 1980 erhielt die Feuerwehr drei Atemschutzgeräte PA 58. 1983 wurde in Anwesenheit der Militärmusik Linz das 90jährige Gründungsfest feierlich abgehalten. Ende 1983 wurde die FF Moosbach an das Sirenennetz und an die Funkalarmierung angeschlossen. 1984 wurden ein Mobil- und ein Handfunkgerät in Auftrag gegeben.

HBI Reiseder J. (1969), OBI Seeburger F. (1956), AW Bernroiter F. (1972), AW Kasinger S. (1971), AW Mertlseder J. (1973), BI Seidl J. (1959) — OLm Baier A. (1962), E-AW Berghammer J. (1921), Bm Bernauer A. (1928), Lm Bernroitner J. (1974), HFm Bernroitner P. (1969), Fm Bernroitner R. (1978), HLm Biebl J. (1953), HBI Braumann J. (1949), OBm Braumann J. (1937), Fm Briedl J. (1978), HFm Briedl J. (1977), Lm Briemaier G. (1964), HLm Bruckbauer F. (1951), Fm Bruckbauer F. (1977), Lm Burgstaller J. (1974), Bm Danninger J. (1948), OFm Denk F. (1973), HFm Denk F. (1978), Bm Denk J. (1948), E-OBI Denk J. (1948), Fm Denk J. (1975), HBm Destinger J. (1959), OFm Destinger F. (1981), HLm Dobler A. (1952), Eslbauer J. (1960), Fm Eslbauer J. (1983), Fink G., OLm Forstenpoitner G. (1958), HBm Forstenpoitner J. (1957), OLm Frauscher F. (1954), Bm Gast J. (1948), HFm Gast J. (1969), OLm Gast J. (1958), Fm Gast J. (1975), OFm Gerner E. (1973), E-HBI Gerner F. (1943), OBm Gerner J. (1936), HFm Gerner J. (1971), HBm Ginzinger E. (1949), E-AW Ginzinger F. (1954), OLm Ginzinger J. (1972), OFm Glechner J., OFm Grünberg J., OFm Gurtner F. (1971), Lm Harrer F. (1964), Bm Harrer J. (1948), Fm Hiebl F. (1973), Fm Jakob K. (1976), Lm Karrer J. (1958), Fm Kaser G. (1977), OFm Kasinger F. (1981), OBm Kasinger S. (1935), OFm Klingesberger J. (1973), Fm Kreilinger A. (1975), OFm Kreilinger G. (1981), OLm Kreilinger J. (1954), Bm Kremser L. (1946), Fm Mag. Kremser L. (1981), OFm Kritzinger A. (1981), HLm Lach J. (1960), OFm Maier G. (1981), OLm Mertlseder A. (1978), Fm Moser A. (1981), OFm Moser A. (1981), Bm Öller F. (1948), Fm Öller F. (1975), Fm Öller M. (1980), Lm Ortner A. (1967), HLm Pöll J. (1950), Lm Priewasser J. (1966), Lm Reisecker J. (1971), OLm Reiseder J. (1974), HFm Rieger F. (1968), Fm Rieger T. (1981), PFm Rögl G. (1983), HBm Rögl J. (1949), Fm Schachner E. (1981), Fm Ing. Scharf J. (1974), Bm Scharf J. (1948), HFm Scharf J. (1978), Scherndanner J. (1954), Schickbauer F. (1925), HLm Schickbauer G. (1950), HFm Schiessl J. (1976), Schöller K., OFm Schwarzmaier J. (1973), OFm Seidl J. (1981), HLm Spitzlinger J. (1950), Fm Spitzlinger J. (1981), OFm Steingress F. (1975), OLm Vierlinger J. (1959), Lm Weber J. (1968), Witzmann M. (1923), Fm Wührer F. (1981), OFm Wührer J. (1972), Fm Wührer K. (1981), HFm Zöhner J. (1959)

FF MOOSDORF

1888 gründeten 40 Männer unter Bürgermeister Georg Maislinger die Wehr. Die Fahne und die erste Handspritze wurden durch Spenden erstanden. 1908 wurde eine zweite Handdruckspritze für den 2. Zug in Furkern erworben. 1912 erfolgte der Bau eines neuen Spritzenhauses. 1930 begann für die Wehr die Motorisierung mit einer Gugg-Spritze Type I/15 PS. 1931 wurde an das Feuerwehrzeughaus ein Schlauchturm angebaut. 1955 wurde das erste Auto, ein VW Kombi, angekauft und als Löschfahrzeug eingerichtet. 1956 wurde eine neue VW-Motorspritze von der Fa. Gugg angekauft. 1961 wurde auf dem Schlauchturm eine Alarmsirene montiert. 1975 erfolgten der Ankauf eines TLF 2000 und der Baubeginn der neuen Zeugstätte. 1980 wurde ein Ford Transit angekauft und von den Kameraden als LLF eingerichtet. 1981 wurden drei Atemschutzgeräte angeschafft und ein Atemschutztrupp gebildet. 1982 wurden für die FF Moosdorf Funkgeräte angekauft.

HBI Esterbauer L. (1965), OBI Webersberger W. (1958), AW Bayer N. (1974), AW Spitzwieser E. (1952), AW Spitzwieser T. (1976), AW Stegbuchner J. (1951), AW Wurmshuber A. (1946), BI Achatz J. (1960), BI Spitzwieser S. (1965) — HFm Aberer F. (1929), Fm Aberer F. (1982), Fm Aberer J. (1976), E-OBI Achatz J. (1939), HFm Auer F. (1949), Fm Auer J. (1982), HLm Bachleitner J. (1971), HFm Baischer F. (1982), Lm Baischer J. (1954), HFm Baischer J. (1982), OFm Berschl A. (1946), HFm Berschl J. (1970), HFm Birgmann E. (1968), Fm Bommer J. (1962), HFm Brandstetter A. (1958), HFm Brandstetter J. (1947), Fm Daglinger J. (1979), Fm Dürager A. (1950), HFm Dürager J. (1970), HFm Dürager J. (1972), Fm Eder J. (1982), Fm Ehrschwendtner G. (1978), OFm Emersberger F. (1947), HFm Emersberger J. (1979), Fm Esterbauer K. (1963), OFm Feichtenschlager A. (1947), Fm Feichtenschlager A. (1964), Fm Feichtenschlager A. (1979), Fm Feichtenschlager F. (1966), Fm Feichtenschlager G. (1980), OFm Fimberger J. (1947), HFm Fimberger J. (1983), OFm Forstenpointner G. (1958), Fm Dr. Forstenpointner G. (1980), HFm Friedl J. (1970), HFm Fuchs G. (1918), Fm Fuchs G. (1978), HLm Fuchs J. (1947), HFm Fuchs S. (1980), OFm Gaisberger J. (1923), HFm Gann J. (1974), HFm Gann S. (1952), Fm Gerstlohner F. (1977), HLm Gradl F. (1947), HLm Gradl F. (1970), HFm Gruber J. (1982), Fm Haberl G. (1980), HFm Haberl J. (1959), Fm Hartl J. (1976), Fm Hirschmann W. (1980), Fm Hochradl G. (1978), OFm Hochradl G. (1947), HFm Hochradl J. P. (1981), OFm Hochradl J. (1953), HFm Hochradl J. (1972), Fm Hochradl L. (1980), HFm Hofmann J. (1950), HBm Huber A. (1963), Fm Huber G. (1973), OFm Huber J. (1947), HFm Huber J. (1980), HFm Huber J. (1964), HFm Huber M. (1930), Fm Irnstätter J. (1967), HFm Kainz H. (1966), HFm Kaltenegger F. (1934), HFm Kaltenegger F. (1972), OFm Kammerstätter J. (1951), HFm Karbon F. (1964), HFm Karrer J. (1958), HFm Katzdobler J. (1970), HLm Kohlbacher F. (1951), HFm Loiperdinger F. (1975), OFm Loiperdinger F. (1952), HFm Loiperdinger J. (1977), HFm Mackinger F. (1939), HFm Maislinger F. (1950), Fm Maislinger K. (1982), HFm Matzinger F. (1952), HFm Matzinger G. (1947), OFm Mayr A. (1947), OFm Mayr F. (1949), OLm Meisenberger A. (1966), OFm Nobis J. (1948), HFm Noppinger J. (1958), Fm Noppinger J. (1979), Fm Oberndorfer F. (1978), OFm Österbauer W. (1947), Fm Olschnögger J. (1978), Fm Ortner J. (1981), OFm Paischer L. (1952), HFm Paischer R. (1980), Fm Paischer R. (1958), HFm Peer F. (1958), Fm Pötzelberger J. (1966), OFm Pötzelsberger M. (1955), OFm Priewasser J. (1949), Fm Prügger J. (1979), OFm Raml J. (1947), Fm Raml J. (1978), Fm Raml J. (1978), Fm Rehrl J., HFm Reichl A. (1937), Fm Reichl K. (1970), Fm Renzl J. (1961), HBm Riefler J. (1966), Fm Riefler N. (1980), HFm Samhaber J. (1975), Fm Schertler J. (1965), HFm Schießl A. (1958), OFm Schleindl L. (1950), Fm Schmidlechner M. (1973), Lm Schmitzberger J. (1959), HBm Schwaiger K. (1964), HLm Silberer J. (1966), HFm Söllhammer F. (1966), OFm Söllhammer S. (1955), AW Sommerauer L. (1925), Fm Spitzwieser H. (1975), Fm Stadler A. (1966), HFm Staffl J. (1951), Fm Stegbuchner F. (1982), OFm Stegbuchner F. (1952), HFm Stegbuchner J. (1976), Fm Stegbuchner M. (1978), Stockinger J. (1970), OFm Stöger F. (1960), Fm Stöger J. (1962), OFm Surrer A. (1952), HFm Vogl F. (1964), HFm Vogl R. (1963), HFm Wallner J. (1953), HFm Webersberger A. (1947), OFm Webersberger A. (1928), HFm Webersberger F. (1958), HBm Webersberger J. (1980), HFm Webersberger J. (1966), E-HBI Webersberger W. (1934), OFm Weilbuchner F. (1938), OFm Weilbuchner F. (1952), Fm Weiß F. (1983), OFm Wieshammer F. (1937), Fm Winkler K. (1979), HFm Wurmshuber J. (1947), HFm Zachbauer K. (1963), HFm Zauner K. (1950), HFm Zauner F. (1958), HFm Zauner J. (1975), HFm Zechner K. (1958), OBm Ziller J. (1965), Fm Ziller K. (1966), HFm Ziller M. (1955)

FF MUNDERFING

Seit Gründung der FF Munderfing im Jahr 1892 wurden zahlreiche technische Geräte gekauft und viele neue Einrichtungen geschaffen. 1901: Bau des Feuerwehrzeughauses; 1926: Kauf der Motorspritze; 1932: Kauf der Schiebeleiter; 1937: Einbau der Sirene; 1938: Bau des Schlauchturmes; 1942: Kauf des Feuerwehrautos; 1943: Kauf der Motorspritze; 1950: Kauf einer Vorbaupumpe, Kauf des VW mit Gugg-Pumpe; 1976: Ankauf des Tanklöschfahrzeuges; 1983: Umbau des Feuerwehrzeughauses. 1973 wurde die Jugendgruppe gegründet, erster Jugendbetreuer war Helmut Stegmüller, sein Nachfolger Johann Probst. Die Jugendgruppe beteiligte sich bereits erfolgreich an Wettbewerben auf Abschnitts-, Bezirks- und Landesebene. Fahnenweihen der FF Munderfing fanden in den Jahren 1910 und 1957 statt.

HBI Probst R. (1950), OBI Wimmer G. (1957), AW Esterbauer A. (1963), AW Felbacher F. (1977), AW Kletzl H. (1962), BI Graf J. (1962), BI Probst R. (1974) — Aigner J. (1980), Areldt M. (1980), Bachleitner Huber G. (1953), Bachleitner Huber J. (1982), Bachleitner J. (1965), Bachleitner J. (1982), Baringer A. (1955), Bartinger A., Bernroider A. (1964), JFm Bernroider F. (1983), Fm Bernroider J. (1976), Fm Bogner J. (1979), OFm Bogner K. (1953), Fm Bogner K. (1979), OFm Bramsteidl F. (1958), OFm Bramsteidl J. (1957), JFm Bramsteidl J. (1980), Fm Brüller A. (1959), E-HBI Daxegger J. (1943), Fm Daxegger J. (1976), JFm Eder E. (1981), Fm Eder E. (1953), Fm Esterbauer A. (1978), Fm Esterbauer J. (1967), JFm Esterbauer M. (1983), Fm Fannenböck K. (1953), Fm Feichtenschlager A. (1926), Fm Feichtenschlager G. (1978), HFm Feichtenschlager L. (1922), Fm Feichtinger G. (1978), Fm Feichtinger K. (1958), Fm Felbacher G. (1978), Fm Felbacher S. (1978), HFm Feldbacher J. (1950), Fm Feldbacher G. (1980), HBm Feldbacher J. (1957), Fm Feldbacher J. (1978), OFm Fröhlich F. (1979), Fm Fuchs F. (1928), OFm Fuchs F. (1958), JFm Fuchs F. (1981), Fuchs H. (1974), OFm Fuchs J. (1978), Fm Graf F. (1959), Fm Graf F. (1979), Fm Graf J. (1950), Fm Graf J. (1982), Fm Graf J. (1979), HFm Hattinger F. (1965), Fm Hattinger F. (1975), Fm Hofbauer F. (1970), Fm Hofbauer F. (1941), Fm Hofmann F. (1955), Fm Huber A. (1980), Fm Huber L. (1967), Fm Junghuber J. (1970), HBm Kaisermeier F. (1973), Fm Kaisermeier J. (1978), Fm Kinzlinger G. (1953), JFm Kletzl T. (1982), Fm Knosp P. (1977), Fm Kobler F. (1924), HFm Kobler F. (1970), OFm Kobler H. (1983), Fm Kobler J. (1955), HFm Kobler J. (1928), JFm Kobler J. (1983), Fm Kobler J. (1939),

HBm Kobler K. (1943), HFm Krammer J. (1941), Krammer J., HBm Kücher H. (1971), Fm Kücher J. (1981), OFm Kücher W. (1978), HFm Langmeier F. (1931), OFm Maier G. (1975), Fm Maier J. (1968), HFm Maier K. (1943), Fm Maislinger F. (1980), HFm Manglberger J. (1952), OBm Manglberger J. (1970), Fm Miglbauer J. (1958), Fm Paischer F. (1970), Fm Paischer R. (1982), HFm Pfingstgräf P. (1960), HFm Probst I. (1926), OBm Probst J. (1976), HBm Probst J. (1973), Fm Probst J. (1968), OBm Probst J. (1973), OFm Probst L. (1927), HFm Probst L. (1975), Fm Raiger J. (1961), OFm Reitshammer J. (1983), Fm Rieß J. (1973), Fm Scharl R. (1964), Fm Dr. Scherfler P. (1975), HFm Schiessendoppler K. (1958), OFm Schinagl L. (1941), OFm Schrattenecker A. (1943), Fm Schwaiger M. (1979), OFm Seiwald H. (1976), Fm Spatzenegger E. (1973), OFm Spatzenegger F. (1952), OFm Spritzendorfer J. (1966), HFm Spritzendorfer R. (1932), OBm Spritzendorfer R. (1966), Fm Stachl J. (1962), HFm Stadler G. (1961), FA Dr. Stadlinger L. (1962), HFm Stegmüller H. (1968), Fm Steinberger E. (1983), HFm Steinberger K. (1948), Fm Steinberger K. (1983), Stockinger F., HFm Stockinger F. (1978), OFm Stockinger F. (1968), OFm Stockinger J. (1978), HFm Stockinger J. (1943), Fm Stockinger K. (1943), OBm Stockinger K. (1973), HFm Stockinger S. (1958), Fm Thurnberger P. (1973), Fm Voggenberger A. (1950), HFm Voggenberger A. (1973), HFm Voggenberger M. (1978), Fm Wassler M. (1980), Fm Weiß A. (1958), Fm Weiß A. jun. (1983), Fm Wiener J. (1971), JFm Wimmer F. (1980)

FF ORNADING

Im Jahr 1896 wurde die Freiwillige Feuerwehr Ornading als Filiale der Freiwilligen Feuerwehr Polling gegründet. Erst im Jahr 1922 konnte Ornading als selbständige Wehr ihre Gründung feiern. Folgende Feuerwehrmänner standen der Wehr als Kommandanten vor: Jakob Bader (1896–1904), Josef Mayer (1904–1907), Karl Lang (1907–1912), Georg Stranzinger (1912–1918), Ludwig Dallinger (1918–1922), Karl Feuchtinger (1922–1948), Josef Maier (1948–1958), Anton Zweimüller (1958–1968), Georg Wighart (1968–1973) und Alois Nagl, der der Wehr seit 1973 als Kommandant vorsteht. An Ausrüstungsgegenständen verfügt die Freiwillige Feuerwehr Ornading über folgende Geräte: ein Vierradanhänger, eine VW-Tragkraftspritze, ein Schaumlöschgerät, ein Handschaum-Trockenlöscher, 300 m B-Schläuche und 200 m C-Schläuche.

HBI Nagl A., OBI Zweimüller A. (1946) — Andorfer J. (1973), Andorfer J. (1937), Baier O. (1948), Baier O. (1979), Binder J., Binder J. (1951), Binder J. (1973), Bittermann F. (1976), Bittermann F. (1982), Bittermann M. (1982), Bittermann R. (1982), Dallinger H. (1973), Haslberger E. (1970), Huber H. (1978), Huber R. (1982), Huber R. (1982), Kasper F. (1950), Kasper F. (1918), Kasper J. (1958), Kastinager F. (1973), Kastinger F. (1943), Kastinger F. (1973), Klingsberger G. (1982), Koller F. (1958), Koller J., Kremser J., Kremser J. (1964), Kremser R. (1954), Kremser R. (1982), Leingartner A. (1969), Lengauer J. (1961), Lindner J. (1960), Moser G. (1954), Mühlbacher T. (1982), Nagl A. (1978), Peham J. (1974), Pumberger A. (1935), Pumberger M. (1978), Pumberger P. (1948), Rögl K. (1982), Stockhammer A. (1958), Wighart G. (1949), Wighart J. (1948), Wighart M. (1973), Wimleitner M. (1963), Winklhamer J. (1978), Wintersteiger M. (1938), Zweimüller F. (1973), Zweimüller J. (1926), Zweimüller J. (1971), Zweimüller M. (1968)

FF NEUKIRCHEN AN DER ENKNACH

Bereits im Jahr 1861 wurde von der Gemeinde eine Spritze ohne Saugwerk angekauft, die von den Bauernburschen bedient werden mußte; das Wasser mußte mit Eimern herbeigeschafft werden. Über Anregung des Gemeindearztes Dr. Johann Nepomuk Mayer wurde nach einem Brand, der die ganze Hofmark in Gefahr brachte, am 1. Juli 1883 die Freiwillige Feuerwehr Neukirchen an der Enknach gegründet. Spontan traten 25 Männer der Wehr bei. Am 30. Juli 1885 wurde von der Firma Straußberger, Osternberg, die erste Saugspritze angekauft. Die Kosten wurden durch eine Haussammlung aufgebracht. Am 28. Mai 1893 feierte man das zehnjährige Gründungsfest, bei dem 21 Vereine mit 260 Mann anwesend waren. Am 2. Dezember 1894 wurde der Gründer Dr. Johann N. Mayer zum Ehrenobmann ernannt. 1897 gab es großes Hochwasser in Braunau am Inn, nach dem die Wehr von der oberösterreichischen Statthalterei mit einem Diplom ausgezeichnet wurde. 1898 stand die Wehr nach einem Streit vor der Auflösung, da viele Kameraden austraten. Nur durch gutes Zureden des Bezirksobmannes konnte die Wehr gerettet werden. Bereits 1900 wurde die dritte Saugspritze, eine einstrahlige Spritze zum Preis von 500 Gulden angekauft. Am 12. Juli 1903 fand das 20jährige Gründungsfest statt. Am 18. Mai 1905 erfolgte die erste Fahnenweihe; 42 Vereine mit 20 Fahnen waren bei der Feier anwesend. Am 25. Juli 1908 wurde in aller Stille das 25jährige Gründungsfest veranstaltet. 1909 kam es zur Gründung der Löschabteilung Dietzing. Die vierte Spritze wurde angekauft. Am 24. Juli 1923 feierte die Wehr das 40jährige Gründungsfest, an dem neun Vereine teilnahmen. Am 1. Oktober 1933 wurde die erste Motorspritze von der Firma Rosenbauer angekauft. Beim 50jährigen Gründungsfest im Juli 1934 nahmen 30 Vereine mit 330 Mann teil. Am 1. Mai 1944 wurde der Wehr die zweite Motorspritze übergeben. 1952 erfolgte der Ankauf einer Viertakt-Motorspritze. 1949 wurde ein Feuerwehrauto (Steyr) aufgebaut; 1953 baute die Wehr eine neue Zeugstätte und nahm aus Anlaß des 70jährigen Gründungsfestes die Fahnenweihe vor. Einen Hochwassereinsatz in Braunau am Inn gab es 1954. 1961 kaufte die Wehr einen neuen Rüstwagen (Borgward) mit Vorbaupumpe. 1983 konnte die Freiwillige Feuerwehr Neukirchen an der Enknach ihr 100jähriges Gründungsfest mit Tankwagenweihe begehen, bei dem 90 Vereine und 20 Musikkapellen anwesend waren.

HBI Schmerold J., OBI Mairinger J. (1970), AW Pöttinger E. (1968), AW Schmitzberger J. (1949), BI Glatter J. (1950), BI Reichl J. (1970), BI Wintersteiger J. (1950) — Fm Adler H. (1975), Fm Allstorfer J. (1981), OFm Almesberger J. (1961), OFm Altendorfer J. (1952), OFm Altendorfer J. (1966), Fm Awender H. (1982), OFm Bauböck F. (1979), Fm Bauböck K. (1950), Fm Bauböck K. (1976), OFm Bauschenberger F. (1978), Fm Beinhundner F. (1953), Fm Beinhundner J. (1981), Fm Beinhundner M. (1970), Fm Bekerle A. (1966), Fm Benezeder H. (1962), Fm Bermanschlager F. (1966), Fm Bernroider G. (1982), Fm Bernroider J. (1977), HFm Bernroithner G. (1975), Fm Bertschinger H. (1959), OFm Binder J. (1964), Fm Bogner H. (1981), Fm Breckner J. (1974), Fm Breckner J. (1963), Fm Bresslauer W. (1981), OFm Briedl F. (1964), Fm Brunnthaler J. (1983), Lm Brunthaler A. (1976), Fm Brunthaler F. (1928), Fm Buchecker J. (1968), Fm Burgstaller G. (1952), FA Dr. Czempirek W.-D. (1974), Fm Dafner F. (1981), OLm Damoser J. (1968), OFm Daxecker A. (1974), Fm Daxecker G. (1967), Lm Daxecker J. (1966), OFm Daxecker J. (1955), OFm Deichendt G. (1960), Fm Dötzlhofer H. (1983), OFm Dötzlhofer J. (1951), Fm Doppler E. (1977), HFm Eberherr F. (1955), Fm Eckereder G. (1959), Fm Eder E. (1983), Fm Egger G. (1978), OFm Eiblmaier A. (1972), Fm Eitzlmaier W. (1982), OFm Emmersberger G. (1953), OFm Esterbauer A. (1976), Fm Esterbauer J. (1969), Fm Feichtenschlager J. (1967), Feichtenschlager J. (1966), Fm Fellner J. (1983), OFm Feuchtenschlager J. (1933), OFm Forsterpointner G. (1923), OFm Frahammer J. (1979), OFm Frauscher F. (1958), Fm Frauscher J. (1964), Fm Fuchs A. (1981), OFm Fuchs A. (1949), OFm Fuchs F. (1943), Fm Göbl G. (1979), Fm Göbl H. (1981), OFm Mag. Grabmayer R. (1964), Fm Gradinger F. (1959), OFm Gruber J. (1965), Fm Grünschneder F. (1960), HFm Hagenauer A. (1956), OFm Hagn J. (1963), Fm Haller J. (1963), Fm Handlechner J. (1967), Fm Hatheier J. (1982), OFm Hatheier J. (1982), Fm Hemtsberger R. (1980), Lm Hitzginger A. (1951), Fm Hitzginger A. (1979), OFm Höller J. (1951), Fm Hötzenauer F. (1967), HFm Hofer F. (1924), Lm Hofer F. (1956), OFm Hofer K. (1965), Fm Holzapfel J. (1963), Lm Hubauer F. (1946), OFm Huber A. (1952), Lm Huber G. (1951), OFm Huber J. (1974), Fm Dr. Humer K. (1983), Fm Jäger K. (1979), Fm Klein P. (1981), Fm Kraihammer F. (1936), OFm Kreihammer G. (1960), OFm Kreihammer J. (1966), Fm Kreil A. (1947), Fm Kreil G. (1979), Fm Kreil H. (1983), OLm Kreil J. (1952), HLm Kreil J. (1970), Fm Kreil J. (1983), Lm Kreil J. (1965), Fm Kretcji G. (1922), OFm Kronhuber F. (1979), Fm Kücher F. (1955), OFm Kugler G. (1938), Fm Kugler G. (1966), OFm Lackerbauer F. (1973), HFm Lauth L. (1947), Fm Leimer A. (1965), Fm Leimer E. (1983), OFm Leimer F. (1958), HBm Leimer J. (1949), Fm Leimer J. (1979), Fm Leimhofer G. (1983), Fm Lindmeier A. (1973), Fm Lindmeier Ch. (1981), Fm Lipphart H. (1977), OFm Maier F. (1950), Fm Maier G. (1949), OFm Mairinger G. (1927), Fm Mairinger J. (1980), OFm Maislinger J. (1949), Fm Maislinger J. (1966), Fm Maislinger J. (1981), E-AW Mayrhofer J. (1959), Meister O. (1982), Fm Nepp E. (1966), HFm Neuländer J. (1954), OFm Paischer F. (1928), Paischer J. (1955), Fm Pammer A. (1966), Fm Pammer J. (1950), Fm Perperschlager K. (1981), OFm Peterlechner H. (1979), E-BI Picker J. (1919), Fm Piehringer F. (1979), Fm Piehringer F. (1969), Fm Piehringer H. (1981), OFm Piehringer K. (1976), OFm Piehringer W. (1976), OFm Plasser F. (1946), OFm Pöttinger W. (1979), Fm Pommer E. (1969), Fm Pommer F. (1983), Fm Pommer F. (1947), Fm Pommer R. (1949), Fm Prielhofer J. (1966), OFm Prielhofer J. (1933), Fm Prielhofer J. (1949), HFm Priewasser G. (1949), Fm Priewasser G. (1982), OFm Prüllhofer K. (1973), Fm Reschenhofer F. (1960), Fm Reschenhofer J. (1974), OFm Reschenhofer J. (1947), Fm Reschenhofer R. (1979), HFm Rieder J. (1957), Fm Riedler A. (1983), Fm Rosenhammer J. (1966), Fm Rosenhammer J. (1978), Fm Salomon L. (1971), OFm Schatzl G. (1958), Schaumberger F. (1958), HFm Scheuhuber F. (1950), OFm Schindler V. (1959), Fm Schmerold G. (1981), OFm Schmerold G. (1974), Fm Schmidhammer S. (1956), OFm Schmiedbauer A. (1958), Fm Schmitzberger J. (1979), Fm Schmölz G. (1977), Fm Schönhofer A. (1965), Fm Schreiner G. (1965), Fm Schreirer A. (1977), Fm Schrems F. (1966), Fm Schümann H. J. (1974), HFm Schwanninger G. (1950), OFm Seidl G. (1949), Fm Seidl J. (1978), OFm Seidl J. (1947), OFm Seidl J. (1954), Fm Seidl W. (1950), OFm Sengthaler F. (1963), OFm Sengthaler J. (1959), Fm Söllinger H. (1980), Bm Sperl A. (1976), Fm Sperl A. (1970), OFm Sperl G. (1981), Fm Sperl H. (1984), Fm Sperl H. (1956), Fm Spitzwieser J. (1983), OFm Stadler J. (1953), OFm Stadler L. (1972), Fm Stangl F. (1963), OFm Starnberger K. (1969), Fm Stoiber J. (1963), OFm Stopfner G. (1962), Fm Stopfner J. (1981), Fm Vierlinger J. (1981), Fm Vötter K. (1963), Bm Vogl A. (1966), HLm Vogl J. (1964), Fm Wassermann J. (1979), Fm Wassermann J. (1947), Fm Wegscheider H. (1979), Fm Weindl J. (1927), OFm Weinhäupl R. (1956), HLm Weiß J. (1946), Fm Windhager J. (1977), Fm Wurhofer E. (1979), Fm Wurhofer F. (1958), OFm Wurhofer G. (1935), OFm Wurhofer G. (1981), Fm Wurhofer H. (1974), HFm Wurhofer J. (1951), Fm Wurhofer J. (1979), Fm Wurhofer L. (1964), Fm Zugsberger H. (1960)

FF OSTERMIETHING

Die Gründung der FF Ostermiething erfolgte 1883. Die finanzielle Basis wurde durch eine Theateraufführung (zugleich Gründung der Theatergruppe der Feuerwehr) und eine Haussammlung geschaffen. Mit Musik und einem Festzug geleitete die Gemeinde am 2. Oktober 1885 die erste Spritze zum Zeughaus. Als 1931 die erste Motorspritze im Ort eintraf, mußte sie zur selben Stunde beim größten Brand in der Geschichte der Wehr eingesetzt werden. Wegen der zahlreichen Hochwassereinsätze stellte der Landes-Katastrophenfond 1966 ein Rüstfahrzeug für Wassereinsätze (KRF-W) sowie eine Motorzille zur Verfügung. 1897 erfolgte die Gründung einer Sanitätsabteilung; 1926 erhielt die Wehr einen eigenen Sanitätswagen. Zum 100jährigen Gründungsfest erhielt die Wehr ein TLF. Derzeitiger Ausrüstungsstand: 1 KDO, 1 TLF, 1 LLF, 1 KRF-W, jeweils mit Funk; 1 Motorzille 7 m, 4 Atemschutzgeräte.

HBI Stöllberger K. (1947), OBI Ing. Sommerauer G. (1974), AW Hohengassner J. (1983), AW Maier F. (1983), BI Asen J. (1947), BI Feichtner F. (1951), BI Dr. Schwaiger J. (1950), BI Steinfellner G. (1953), BI Verdnik R. (1964) — JFm Aichinger H.-P. (1983), Fm Altenbuchner E. (1952), HFm Altenbuchner J. (1951), Fm Andorfer A. (1965), OLm Appel G. (1978), Fm Archam J. (1975), Fm Asen J. (1976), Fm Auer F. (1979), Fm Auer H. (1982), Fm Auer H. (1982), HFm Auer J. (1955), OLm Auer J. (1973), HFm Auer K. (1974), JFm Auer W. (1982), Fm Bartlechner H. (1964), HFm Bauchinger M. (1962), HFm Bichler F. (1949), HLm Bichler F. (1964), HFm Brunner F. (1960), HLm Brunner J. (1946), HLm Brunner J. (1954), HFm Datz K. (1960), HFm Datz M. (1915), Fm Demel A. (1980), OFm Eder G. (1970), HFm Eder-Neuhauser A. (1950), HFm Engl J. (1955), OLm Enthammer F. (1974), Fm Enzensberger F. (1966), OFm Erbschwendtner E. (1964), HFm Erbschwendtner F. (1950), OFm Erbschwendtner J. (1966), HFm Erbschwendtner J. (1933), OFm Esterbauer J. (1974), HFm Felber E. (1972), OFm Felber O. (1972), OFm Fritsch M. (1973), HFm Fuchs J. (1950), HFm Gebetshammer J. (1954), HFm Glück A. (1963), Fm Glück A. (1975), OFm Glück A. (1975), HFm Glück F. (1964), HFm Glück F. (1953), HFm Glück F. (1973), HFm Glück G. (1975), Glück J., JFm Gruber Ch. (1983), Gruber R., HFm Grubmüller K. (1972), HFm Hadner A. (1948), HFm Hadner W. (1979), HFm Haigermoser A. (1948), OFm Haigermoser J. (1974), HFm Haitzinger G. (1957), Fm Handlechner H. (1980), Fm Hell E. (1975), HLm Hell J. (1936), HFm Hell K. (1957), FA Dr. Hingsammer R. (1950), HFm Hintersteininger O. (1954), HFm Hitzginger F. (1929), HFm Höck A. (1961), HFm Höck K. (1947), Fm Höck F. (1980), HFm Höck J. (1958), Höck S. (1953), Fm Höfelmaier E. (1975), Fm Höfelmaier G. (1975), Fm Hofelmaier G. (1975), OLm Hofer J. (1950), HFm Hollersbacher G. (1979), Fm Holzer Ä. (1975), JFm Hovi D. (1982), HFm Huber J. (1953), HFm Huber J. (1963), JFm Irnsberger G. (1982), HFm Kaindl A. (1973), HFm Kainzbauer J. (1958), Fm Kainzbauer J. (1979), HFm Kaufleitner J. (1974), Fm Keil W. (1979), HFm Keilhauer P. (1964), HFm Kinzl R. (1964), Fm Kneissl F. (1980), JFm Kogler A. (1982), JFm Kogler J. (1982), Fm Lamprecht G. (1980), OFm Lamprecht V. (1949), HFm Liener F. (1942), HFm Liener L. (1970), Fm Lindlbauer H. (1975), OFm Mackinger F. (1965), HFm Maier F. (1929), HFm Maier F. (1966), HFm Maier F. (1942), HFm Maier J. (1965), HFm Maier J. (1953), Fm Maier K. (1978), OBm Maislinger L. (1959), OLm Makoro Ch. (1972), HFm Mandl A. (1958), HFm Manglberger E. (1980), HFm Mayer F. (1949), HFm Mayer F. (1972), HBm Meixner K. (1971), HFm Mesner F. (1920), HFm Mesner F. (1953), Mesner M. (1978), Fm Morawetz F. (1977), HBm Ing. Moritz D. (1965), HFm Moser J. (1966), HFm Moser M. (1979), Fm Neuhauser W. (1980), OLm Neuleitner J. (1950), HFm Neuleitner J. (1966), HFm Niedermüller F. (1962), HFm Niedermüller A. (1918), OLm Novi E. (1965), Fm Oberndorfer H. (1976), OFm Oberndorfer J. (1966), Lm Oberweger A. (1938), HFm Oberweger B. (1972), JFm Oberweger T. (1982), OFm Passauer F. (1966), HFm Pöllner J. (1951), Fm Priewasser R. (1981), HFm Rainer R. (1961), Fm Reitsamer K. (1969), HFm Rieder H. (1964), HBm Roschitz E. (1974), Fm Rosenstatter G. (1975), OFm Sattler J. (1975), BI Schick J. (1952), HFm Schlichtner F. (1942), HFm Schmidhammer V. (1954), HFm Schmidlechner J. (1948), HFm Schmidlechner J. (1973), HFm Schrott H. (1962), HFm Siegl J. (1958), E-AW Sigl F. (1928), JFm Sommerauer F. (1982), HFm Sommerauer F. (1956), Fm Staffel G. (1968), Fm Steinfellner G. (1979), JFm Steinkellner G. (1982), HFm Stöllberger A. (1965), HFm Stöllberger J. (1974), JFm Stöllberger M. (1982), OFm Strobl J. (1973), HFm Thalhammer L. (1937), OFm Timin A. (1974), HFm Timin J. (1956), Lm Veichtlbauer J. (1954), HFm Veichtlbauer J. (1928), HFm Veichtlbauer J. (1954), HFm Webersberger W. (1980), OLm Weilbuchner A. (1975), HLm Weilbuchner G. (1952), HBm Weilbuchner G. (1972), HFm Weinberger H. (1974), OLm Weinberger G. (1954), HFm Weiß J. (1953), OFm Wengler A. (1966), HBm Wengler G. (1963), HFm Wengler J. (1949), HFm Werndl J. (1929), Fm Wimmer A. (1973), HLm Wimmer F. (1959), HLm Wimmer F. (1942), HFm Wimmer W. (1966), HFm Wörndl K. (1963), HFm Wuppinger J. (1970), HFm Wuppinger V. (1950)

FF PALTING

Die Gründung der FF Palting erfolgte 1895, nachdem schon 1836 die erste Feuerspritze und 1883 eine zweite, größere Spritze in der Gemeinde vorhanden war. Während des Zweiten Weltkrieges waren die FF Palting und die FF Perwang als Löschzüge zusammengelegt. 1952 wurde eine Sirene gekauft, 1953 der Rüstwagen mit einer Vorbaupumpe ausgestattet. 1959 kaufte die Wehr eine TS G III/W von der Fa. Gugg und ersetzte 1960 das alte Fahrzeug durch einen neuen Steyr Allrad 586 G. Die aus 1924 stammende erste Fahne wurde 1964 durch eine neue ersetzt. 1978 erhielt die Wehr ein neues TLF, schwere Atemschutzgeräte, 1980 einen Kommandowagen (VW-Bus), 1981 Funkgeräte. Im Rahmen des 85jährigen Bestandsjubiläums, einer Feuerwehr-Festwoche im Mai 1979, wurde der neue Zeugstättenbau seiner Bestimmung übergeben.

HBI Pemwieser J. (1957), OBI Lechner F. (1970), AW Haberl W. (1961), AW Huber F. (1970), AW Huber F. (1976), AW Unverdorben J. (1973) — HFm Aberer R. (1966), HFm Anglberger A. (1953), Fm Anglberger W. (1977), HFm Bauer R. (1953), Fm Bauer R. (1980), Lm Baumkirchner L. (1983), Fm Bayer A. (1972), OFm Bermadinger H. (1983), HFm Bermadinger H. (1956), HFm Bermadinger J. (1954), HFm Bermadinger J. (1929), OFm Birgmann A. (1983), HFm Birgmann J. (1956), PFm Birgmann J. (1979), HFm Birgmann O. (1953), HFm Chocholaty F. (1935), HLm Eder J. (1970), HFm Eder L. (1956), HFm Egger J. (1953), HFm Eidenhammer W. (1959), OFm Emersberger R. (1974), Fm Emminger K. (1978), HFm Endhammer F. (1953), Fm Endhammer F. (1981), HFm Feldbacher F. (1976), Bm Feldbacher J. (1957), HFm Filzmoser F. (1978), HFm Fischinger F. (1960), Fm Fischinger J. (1979), Fm Forthuber J. (1979), HFm Fröhlich K. (1959), Fm Fürst E. (1977), OFm Fürst F. (1975), Lm Graz A. (1975), Bm Gull J. (1947), OFm Gull J. (1977), HFm Haberl G. (1963), Fm Hillinger O. (1965), Fm Hopfgartner P. (1962), Fm Huber A. (1961), HFm Huber A. (1951), HLm Huber B. (1969), HFm Huber F. (1957), Lm Huber H. (1913), OFm Huber F. (1976), Lm Huber J. (1976), Fm Huber J. (1978), HFm Huber M. (1973), HFm Huber M. (1956), Fm Huber J., HFm Huber S. (1968), OBm Huber W. (1959), HFm Kainz J. (1946), Fm Kainz J. (1964), HLm Kaserer J. (1958), HFm Kaserer J. (1946), Lm Kellner R. (1978), Fm Klinger A. (1979), HFm Klinger H. (1978), HFm Klinger R. (1978), HFm Kobler H. (1967), HFm Kobler S. (1948), HLm Kobler S. (1966), Fm Kogler J. (1982), OFm Kreuzeder J. (1974), HLm Kreuzhuber L. (1976), HFm Laimer L. (1956), Fm Laimer M. (1963), Fm Lassl F. (1978), Fm Lassl J. (1978), HFm Lechner F. (1960), HLm Lechner F. (1973), HFm Lechner J. (1946), Fm Lehner J. (1967), HFm Lehner M. (1936), Bm Leitner F. (1956), HFm Mackinger A. (1956), Fm Mackinger J. (1980), Bm Mackl A. (1970), Lm Mackl F. (1950), HFm Maier L. (1946), Fm Maier L. (1971), HFm Maislinger Ä. (1978), HLm Maislinger A. (1950), Fm Maislinger F. (1979), HFm Maislinger F. (1967), Fm Maislinger L. (1978), HFm Marko W. (1958), Fm Mayr F. (1978), HFm Mayr J. (1970), HFm Mayr W. (1970), Fm Melitzer H. (1973), HFm Messner J. (1946), Fm Moser F. (1978), E-HBI Moser F. (1953), OFm Moser J. (1977), OLm Moser J. (1962), HFm Moser M. (1956), HFm Müller A. (1953), HFm Neuhofer A. (1960), HLm Neuhofer A. (1976), HFm Österbauer M. (1953), Lm Paischer L. (1950), HLm Paischer S. (1976), Bm Pemwieser J. (1976), Fm Probst J. (1964), HFm Probst W. (1963), E-HBI Rehrl F. (1946), OFm Rehrl F., HFm Rehrl G. (1976), HLm Rehrl J. (1968), Fm Rehrl L. (1975), HLm Rehrl P. (1970), HFm Reichl P. (1963), HFm Reitshammer J. (1954), Fm Rendl F. (1976), OFm Rendl J. (1983), HFm Rendl J. (1931), HFm Rendl J. (1955), OFm Rendl J. (1983), Fm Reschreiter J. (1976), HLm Reschreiter P. (1967), HLm Roider J. (1970), HFm Scheinast R. (1953), Fm Scheinast G. (1979), HLm Schinagl J. (1976), HFm Schinagl G. (1964), OFm Schrattenecker A. (1968), HFm Schwab O. (1956), OFm Schwaiberroider J. (1983), Lm Schweigerer J. (1958), Fm Seirer J. (1978), HFm Stemeseder F. (1931), Lm Stemeseder F. (1963), HFm Stemeseder J. (1925), Bm Stempfer G. (1946), OFm Stempfer J. (1978), HFm Stempfer J. (1951), OFm Stempfer J. (1978), Bm Stempfer J. (1954), Lm Stempfer J. (1923), HFm Stockhammer J. (1946), Mag. Stockinger F. (1964), OFm Stockinger F. (1978), HFm Stockinger F. (1953), Lm Stockinger F. (1976), HFm Stockinger J. (1953), HLm Stockinger J. (1976), HFm Teichmeister F. (1963), HLm Teichmeister F. (1976), HFm Vallant G. (1968), HFm Vitzthum F. (1963), HFm Vitzthum J. (1928), Fm Voggenberger J. (1961), Fm Voggenberger J. (1965), HFm Vogl A. (1977), Fm Vogl H. (1978), Bm Vogl L. (1946), Fm Vogl L. (1967), HLm Wallner H. (1956), Fm Weiß A. (1980), HFm Weiß A. (1951), Fm Weiß F. (1963), Fm Weiß F. (1977), Fm Wimmer F. (1957), Fm Windhager F. (1963), Fm Windhager F. (1977), HFm Windhager J. (1960), Fm Windhager M. (1978), Fm Windhager W. (1980), HFm Winkler F. (1963)

FF PERWANG AM GRABENSEE

Nach allen Vorbereitungen konnte die FF Perwang am 8. Dezember 1903 gegründet werden. Sie erhielt 1904 ihren ersten Ausrüstungsgegenstand, einen auf einem Holzwagengestell montierten Hydrophor. Im Rahmen eines Festes wurde 1912 die Fahne geweiht. Weitere Anschaffungen zur Erweiterung und Verbesserung der Ausrüstung waren: 1930: Ankauf einer Motorspritze, kurz darauf Errichtung eines Feuerwehrdepots; 1949: Kauf eines Feuerwehrautos, was in der Folge den Bau einer neuen Zeugstätte erforderlich machte. Bald darauf ergänzte eine neue Motorspritze die Ausrüstung. 1954: 50jähriges Gründungsfest mit Weihe der neuen Zeugstätte; 1961: neues Auto, ein Ford FK 1000; 1972: Ersatz der zweiten Motorspritze durch eine neue; 1980: Einweihung eines Rüstfahrzeuges; 1982: Ankauf einer Funkausrüstung.

HBI Huber G. (1971), OBI Schweigerer J. (1975), AW Kaufmann J. (1958), AW Voggenberger F. (1958) — Fm Aigner J. (1974), OFm Andorfer F. (1965), OFm Andorfer H. (1964), HFm Bauböck F. (1956), Fm Bauböck W. (1964), OFm Buchwinkler J. (1958), OFm Chocholaty J. (1962), OFm Chocholaty S. (1964), Fm Dancs M. (1968), Fm Danes K. (1980), OFm Daringer E. (1972), Lm Doppler A. (1974), Fm Doppler F. (1982), HFm Eder I. (1917), HFm Eder J. (1956), Fm Eder-Felber A. (1959), HFm Eidenhammer F. (1950), Eidenhammer F. (1982), Fm Eidenhammer H. (1984), OFm Eidenhammer J. (1946), Lm Eidenhammer J. (1969), HLm Eidenhammer J. (1946), HFm Eidenhammer W. (1960), OFm Eidenhammer W. (1981), Fm Elixhauser P. (1982), HFm Emmersberger F. (1959), HFm Emmersberger J. (1967), OFm Fabi M. (1966), Fm Feigl H. (1978), Fm Feigl J. (1978), OFm Gangl A. (1959), OFm Gerner A. (1948), OFm Göschl J. (1961), HFm Grundner J. (1953), Lm Grundner W. (1980), Lm Gundner J. (1977), OFm Haberl J. (1974), OFm Haberl J. (1981), Fm Haberl P. (1975), Lm Haböck M. (1961), HFm Hager J. (1929), OFm Himmel G. (1966), HFm Höflmaier J. (1982), HFm Höflmeier F. (1965), Lm Höflmeier J. (1958), OFm Höflmeier J. (1967), HFm Höflmeier J. (1981), HFm Höflmeier P. (1948), OFm Höflmeier P. (1965), HFm Höflmeier T. (1925), HFm Höpflinger L. (1968), Fm Hofer A. (1967), HFm Hofmann J. (1947), Fm Huber A. (1978), OFm Huber F. (1951), OFm Huber F. (1935), OFm Huber F. (1967), Fm Huber G. (1978), Lm Huber H. (1958), OFm Huber S. (1978), Fm Huemer F. (1969), HFm Kainz F. (1931), Fm Kainz J. (1963), OFm Kainz J. (1946), Fm Kainz R. (1973), Lm Kappacher P. (1975), OFm Kaufmann R. (1963), Fm Klunter K. (1982), OFm Kobler E. (1963), OFm Kreiseder E. (1979), HFm Kreuzeder J. (1929), Lm Kreuzeder J. (1960), HLm Kreuzeder P. (1970), Fm Kreuzeder S. (1973), E-HBI Kreuzeder S. (1935), HFm Kreuzeder S. (1960), OFm Laireiter A. (1969), HLm Lang H. (1973), Fm Lechner M. (1965), HFm Lenerth G. (1973), HFm Mackinger F. (1959), HFm Mackinger J. (1928), Fm Mackinger J. (1970), HFm Mackinger J. (1969), HFm Mackinger P. (1935), OFm Mackinger R. (1969), Fm Maier J. (1967), Fm Maier K. (1980), OFm Maislinger F. (1953), HFm Maislinger J. (1978), HFm Maislinger J. (1981), Fm Maislinger R. (1963), OFm Mitterbauer F. (1953), Fm Moser J. (1964), OFm Moser M. (1959), OFm Moser W. (1982), OFm Müller J. (1973), OFm Müller J. (1969), Lm Müller J. (1979), Fm Oitner A. (1978), Fm Oitner W. (1982), Fm Pichler E. (1961), OFm Pichler R. (1956), OFm Pötzelsberger J. (1962), Fm Pötzelsberger M. (1983), HFm Prommegger H. (1983), OFm Raab J. (1964), Fm Raab J. (1981), Lm Rachl G. (1976), HFm Rachl J. (1982), HFm Rachl J. (1964), Fm Rachl R. (1971), OFm Rehrl F. (1964), Lm Rehrl F. (1973), Fm Rehrl F. (1969), OFm Rehrl H. (1953), Fm Rehrl H. (1974), HLm Rehrl J. (1978), Fm Rehrl M. (1974), OLm Renzl L. (1953), OLm Renzl R. (1953), OFm Renzl W. (1964), OFm Roidmeier A. (1958), Fm Roidmeir A. (1980), HFm Schacherbauer A. (1949), Fm Schachner H. (1974), Lm Schallmoser J. (1958), Fm Schneyer F. (1964), OFm Schrattenecker A. (1967), HFm Schweigerer G. (1982), OLm Schweigerer H. (1980), HFm Schweigerer J. (1961), HFm Schweigerer J. (1919), Lm Schweigerer J. (1969), OFm Spatzenegger J. (1962), Fm Spatzenegger J. (1976), HFm Spatzenegger L. (1936), Fm Stockhammer J. (1983), HFm Stockhammer J. (1919), HFm Stockhammer J. (1955), Lm Stöckhammer K. (1949), HFm Strobl A. (1924), OFm Strobl P. (1956), Lm Sulzberger J. (1974), Lm Mag. Vitzthum J. (1981), Fm Vitztum J. (1953), Fm Vitztum J. (1980), Fm Wagenhofer H. (1980), OFm Wagenhofer S. (1963), Fm Wagner W. (1980), HFm Wallner S. (1931), OFm Wallner W. (1967), Fm Wasserbauer D. (1983), Fm Weichenberger B. (1980), Lm Wimmer H. (1979), Lm Winzl W. (1956), Fm Zauner F. (1966)

FF PFAFFSTÄTT

1898 fand die Gründungsversammlung statt; 1900 wurde eine Rettungszille angeschafft. Am 4. August 1901 erfolgte der Ankauf der ersten Handdruckspritze. 1912 wurde ein Schlauchturm erbaut. Am 25. Mai 1919 wurde Schriftführer Schulleiter Johann Mayer zum Bezirksverbandsobmann des Bezirksverbandes gewählt. 1926 erfolgte der Bau des neuen (heutigen) Zeughauses; 1930 kaufte die Wehr eine Motorspritze; 1937 feierte man das Fest des 40jährigen Bestandes mit Fahnenweihe; 1953 konnte die Wehr eine Motorspritze erwerben, 1957 wurde eine weitere Motorspritze gekauft. Ein neues Auto, Ford FK 1000/250, gab es 1961; 1964 wurde eine Sirene eingebaut. Vom 23. bis 25. Juni 1978 feierte die Wehr ihr 80jähriges Gründungsfest mit einer Motorspritzenweihe.

HBI Unverdorben J. (1949), OBI Neuhauser M. (1964), AW Falch P. (1969), AW Neuhauser G. (1977), AW Stabauer M. (1968), BI Kirchgassner F. (1976) — Fm Adlhart A. (1975), OFm Adlhart E. (1967), OFm Angerer I. (1960), HFm Bachleitner J. (1937), OFm Bachleitner J. (1967), HFm Bendlinger F. (1948), OFm Bendlinger F. (1974), OFm Bendlinger F. (1974), OFm Bendlinger H. (1946), Fm Bendlinger H. (1982), HFm Bendlinger J. (1949), Fm Berer E. (1980), Fm Binder G. (1983), OFm Binder W. (1954), OFm Bogenhuber H. (1949), Fm Bogenhuber H. (1982), OFm Bogenhuber J. (1967), OFm Buchner J. (1937), HFm Buchner J. (1974), Fm Buttenhauser J. (1978), Fm Buttinger J. (1981), Fm Buttinger W. (1974), OFm Dax G. (1976), HFm Dax G. (1958), HFm Doringer J. (1971), OFm Doringer R. (1938), OFm Doringer R. (1971), OFm Falch F. (1974), HFm Falch L. (1959), OFm Falch P. (1952), Fm Fauland G. (1983), OFm Fürk W. (1954), Lm Gärtner R. (1949), HFm Gamperer F. (1930), Fm Gamperer F. (1974), E-HBI Gamperer J. (1949), Fm Gerner A. (1977), Gerner F., HFm Gerner F. (1974), HFm Gerner S. (1949), Fm Gruber F. (1983), Fm Grubmüller F. (1983), OFm Hager J. (1949), HFm Hager H. (1949), OFm Hehenberger A. (1948), OFm Hofbauer F. (1974), Fm Holzner F. (1977), OFm Holzner J. (1949), OFm Huber F. (1949), OFm Huber H. (1959), OFm Huber J. (1967), OFm Huber O. (1949), HFm Huber R. (1929), Fm Jakob F. (1979), OFm Kaser F. (1966), Fm Kirchgassner H. (1981), OFm Kirchgassner J. (1950), HFm Klein F. (1957), HFm Knauseder K. (1974), Fm Knauseder R. (1983), E-AW Knauseder R. (1951), OFm Köchl J. (1958), Fm Köchl J. (1978), OFm Kreil A. (1974), Fm Kreil F. (1978), HFm Kreil F. (1967), OFm Kreil H. (1949), OLm Kreil J. (1949), E-AW Kreil J. (1962), Fm Lindlmann G. (1976), Fm Luger J. (1980), HFm Maier F. (1957), HFm Maier H. (1957), HFm Maier J. (1957), Fm Maier J. (1975), Fm Mair A. A. (1978), Fm Mann A. (1979), OFm Matejka F. (1957), OFm Miglbauer F. (1968), Fm Mühlberger M. (1977), Fm Neuhauser A. (1974), HFm Neuhauser F. (1927), OFm Neuhauser F. (1946), HFm Neuhauser F. (1949), Fm Neuhauser H. (1979), HFm Neuhauser J. (1949), Lm Neuhauser J. (1974), HFm Neuhauser J. (1931), OFm Neuhauser J. (1949), Fm Neuhauser M. (1982), OFm Neuhauser O. (1967), Fm Permadinger J. (1982), Fm Picker H. (1983), OFm Picker L. (1949), OFm Picker L. (1974), HFm Putzhammer M. (1957), HFm Reichl J. (1949), Fm Reinthaler R. (1979), OFm Reitshammer J. (1950), OFm Roidmayer F. (1967), OFm Schlarp H. (1959), Fm Schneizinger R. (1983), OFm Scholz K. (1963), OFm Schreckelsberger F. (1951), HFm Schreckelsberger W. (1978), HFm Schweigerer L. (1968), Fm Seidl J. (1978), E-HBI Sigl J. (1948), OLm Staffl J. (1949), OFm Staffl J. (1971), Fm Ing. Staffl J. (1975), OFm Stöllinger J. (1966), OFm Taferner A. (1966), Fm Taferner F. (1978), Fm Unfrein H. (1983), OFm Unrein M. (1974), OFm Unverdorben F. (1974), Fm Unverdorben F. (1979), Fm Unverdorben J. (1977), OFm Vitzthum F. (1960), OFm Vitzthum F. (1973), OFm Vitzthum J. (1968), OFm Webersberger F. (1982), HFm Weindl J. (1949), Fm Weindl F. (1984), E-AW OSR Wimmer A. (1934), Fm Winkelmaier J. (1974), HFm Winter F. (1968), Fm Winter F. (1983), HFm Winter J. (1949), HFm Winter J. (1954), OFm Winter J. (1974), OFm Winter J. (1976)

FF PFENDHUB

Die Freiwillige Feuerwehr Pfendhub wurde am 3. Oktober 1926 mit einer Mannschaftsstärke von 39 Mann gegründet. Der erste Feuerwehrhauptmann war Josef Prambauer, der der Wehr bis zum Jahr 1963 vorstand. Seit dem Jahr 1963 ist Friedrich Stadler als Kommandant für die Belange der Freiwilligen Feuerwehr Pfendhub zuständig. Schon seit dem Jahr 1922 verfügte die Freiwillige Feuerwehr Pfendhub über eine Handdruckspritze Marke Gugg, der 1938 eine Motorspritze Marke DKW folgte. Diese war bis zum Jahr 1954 in Verwendung, als sie durch eine Motorspritze Marke Rosenbauer R 75 ersetzt wurde. Nachdem diese Spritze veraltet war, wurde im Jahr 1971 eine neue Gugg VW-Spritze angeschafft, die noch heute in Verwendung steht. Das neue Feuerwehrgebäude wurde im Jahr 1961 errichtet. Die Freiwillige Feuerwehr Pfendhub verfügt über folgende Ausrüstungsgegenstände: 1 KLF VW, 1 LFB Mercedes, 1 TS VW Gugg, 3 schwere Atemschutz- und Bergegeräte, 1 Notstromaggregat, 3 Handfunkgeräte mit 11-m-Band, 1 Lautsprecheranlage sowie eine Mittelschaumausrüstung. In den Jahren 1970 und 1983 fanden in Pfendhub die Bezirksbewerbe und im Jahr 1978 der Abschnittsbewerb statt, bei denen die Teilnehmer mit sehr guten Erfolgen aufwarten konnten.

HBI Stadler F. sen. (1947), OBI Bachleitner A. (1948) — Aigner F. (1968), Aigner M. (1947), Auer J. (1982), Auer J. (1966), Augustin H. (1952), Bachleitner W. (1982), Baier J. (1978), Bauchinger J. (1978), Bernroitner A. (1960), Brader W. (1980), Brandhuber W. (1970), Bruckbauer J., Daxecker J. (1965), Duft A. (1951), Duft G., Duft K., Erlinger G. (1970), Erlinger H. (1972), Erlinger J. (1970), Ertl J. jun. (1972), Ertl J. sen. (1950), Feichtenschlager G. (1925), Feichtenschlager G. (1953), Feichtenschlager G. (1980), Fellner J. (1966), Forstenpointner G. jun. (1973), Forstenpointner G. sen. (1975), Friedl F. (1951), Friedl M. (1947), Gadringer J. (1933), Gatterbauer G. (1953), Gatterbauer G. (1978), Gatterbauer M. (1950), Gatterbauer R. (1974), Genger F. (1980), Genger F. jun. (1963), Genger F. sen. (1922), Gerner A. (1957), Gerner G., Gerner H. (1973), Gerner H. jun. (1963), Gerner H. sen. (1933), Gerner H., Dipl.-Ing. Gerner J. (1977), Graser J. (1962), Jung J. (1966), Karer F. (1974), Karer H. (1975), Karer J. sen. (1975), Karer J. jun. (1972), Karer J. sen. (1975), Karer J. (1975), Karer W. (1974), Kronberger F. (1976), Langmaier J. (1973), Lener J. (1981), Linecker F. (1983), Linecker F. (1947), Neuländtner G. (1966), Öller J. (1972), Perberschlager M. (1957), Pieringer A. (1952), Pieringer A. (1978), Pieringer F. (1963), Pieringer G. (1958), Pieringer G. (1980), Pieringer G. (1970), Pieringer G. (1974), Pieringer J. (1975), Pieringer R. (1975), Prambauer G. (1950), Prambauer G. (1982), Riedlmaier J. (1978), Schaurecker F. (1956), Schickbauer F., Schickbauer J. (1952), Spitzer G. (1963), Stadler F. (1974), Stadler M. (1974), Streif F. (1953), Streif H. (1958), Streif J. (1970), Wimmer A. (1950), Wimmer F. sen. (1950), Wimmer J. (1979), Wimmer J. jun. (1956), Wimmer J. sen. (1933), Wimmer K. (1958)

FF PISCHELSDORF AM ENGELBACH

Unter der Leitung von Bürgermeister Anton Hötzenauer wurde am 15. Dezember 1895 die Gründungsversammlung abgehalten. Das erste Kommando lautete: Obmann Josef Gann, Obmannstellvertreter Michael Fellner, Kassier Johann Burger und Schriftführer Alexander Jäger. 1896 wurde die erste Fahrspritze und 1929 die erste Motorspritze angekauft. 1932 wurde die FF Pischelsdorf geteilt, und zwar machten sich 1932 die FF Wagenham und 1932 die FF Hart selbständig. Nach dem Anschluß 1938 wurden die drei Wehren der Gemeinde wieder zu einer Gemeindewehr Pischelsdorf zusammengelegt. Am 26. Dezember 1949 wurde die Wehr ein zweites Mal geteilt, und die beiden Feuerwehren Hart und Wagenham wurden wieder selbständig. Am 10. Juli 1955 wurde das 60jährige Gründungsfest der Wehr mit Fahnenweihe und Zeugstätteneinweihung veranstaltet. 1957 wurde von dem ehemaligen Pischelsdorfer Generaldirektor Fellner aus Mexiko der FF Pischelsdorf ein Betrag von 1000 US-Dollar gespendet, wovon das erste KLF (VW) angekauft wurde. 1975 wurde die neue Fahne anläßlich des 80jährigen Gründungsfestes am 13. Juli 1975 eingeweiht.

HBI Preiser F. (1950), OBI Bachleitner G. (1972) — Achleitner K. (1950), Aigner F. (1980), Aigner J. (1979), Aschenbrenner G. (1977), Bachleitner G. (1965), Baischer E. (1973), Baischer F. (1946), Baischer H. (1975), Barhammer J. (1950), Beckenberger J. (1952), Beckenberger K. (1977), Beinhundner G. (1981), Beinhundner J. (1958), Beinhundner J. (1981), Bernoitner F. (1975), Bernroitner J. (1974), Bleierer J. (1980), Bleierer K., Bleierer K. (1980), Briedl M. (1932), Brunthaler A. (1953), Brunthaler F. (1950), Buchner A. (1974), Damberger F. (1980), Daringer J. (1979), Eder V. (1977), Ehrenschwendtner J. (1929), Enthammer S. (1950), Erlinger F. (1946), Erlinger F. (1926), Erlinger F. (1957), Erlinger F. (1961), Ertl J. (1950), Esterbauer J. (1935), Esterbauer F., Färberböck F. (1946), Färberböck J. (1965), Färberböck K. (1974), Färberböck R. (1970), Färberböck R. (1965), Färberböck W. (1980), Falterbauer F. (1945), Falterbauer H. (1976), Freilinger H. (1955), Freilinger F. (1981), Freilinger K. (1978), Gann A. (1964), Gann F. (1929), Gann J. (1963), Gann J. (1964), Gann J. (1967), Gerner J. (1949), Gerner J. (1974), Giger F. (1950), Giger J. (1946), Giger J. (1980), Giger J. (1946), Giger J. (1979), Giger J. (1960), Gruber J. (1974), Grubmüller J. (1978), Grundbichler J. (1977), Gurtner A. (1983), Gurtner M. (1935), Gurtner M. (1981), Hagn G. (1971), Hahn J. (1974), Hötzenauer J. (1958), Hofbauer J. (1965), Hoffmann L. (1955), Huber J. (1946), Huber J. (1961), Huber J. (1975), Huber J. (1946), Huber K. (1972), Huber R., Huttary J. (1983), Karrer R. (1981), Kasinger J. (1933), Kirnstädter F., Kobler F. (1955), Kreil A. (1950), Kreil A. (1979), Kreil R. (1981), Kreil S. (1979), Kücher J. (1983), Langgartner F. (1946), Mayer A. (1965), Mitterbauer H. (1975), Mitterbauer J. (1979), Nußbaumer F., Pasch A. (1926), Permatinger J. (1929), Permatinger J. (1973), Pflug J. (1972), Pieringer F. (1950), Pieringer G. (1965), Pieringer J. (1979), Pointner J. (1952), Pointner J. (1980), Pommer A. (1981), Pommer L. (1932), Preiser F. (1980), Preiser F. (1975), Probst H. H. (1980), Probst J. (1960), Rathgeber J. (1935), Rathgeber J. (1964), Ratzinger H. (1974), Ratzinger J. (1935), Rehrl J. (1946), Rehrl J. (1979), Rieger J. (1980), Rinnerthaler A. (1946), Rinnerthaler A. (1973), Rinnerthaler J. (1974), Rinnerthaler M. (1946), Rinnerthaler R. (1957), Rothenbuchner F. (1974), Sägmüller J. (1949), Sägmüller J. (1970), Schießl F. (1950), Schießl F. (1965), Schießl G. (1950), Schießl H. (1971), Schmidhammer E. (1981), Schmidhammer J. (1951), Schmidhammer J. (1976), Schmitzberger J. (1968), Schmitzberger W. (1975), Schnitzberger R. (1977), Schwarzenhofer J. (1946), Schwarzenhofer J. (1983), Seidl J. (1960), Seidl R. (1980), Sengthaler J. (1954), Staller A. (1970), Staller F. (1946), Staller F. (1970), Stangl J. (1968), Stempfer F. (1968), Stempfer J. (1968), Stöberl J. (1968), Strobl H. (1947), Strobl J. (1975), Thaller A. (1970), Wagner M. (1982), Wallner M. (1977), Webersberger J. (1946), Wehrmann S. (1977), Wimmer J. (1950), Wimmer J. (1950), Wimmer J. (1979), Wurhofer F. (1981), Zauner S. (1974), Ziefle J. (1983)

FF POLLING IM INNKREIS

Die FF Polling wurde am 11. September 1887 von Bürgermeister Lengauer und Oberlehrer Angsüsser gegründet. Schon 1886 wurde eine Handfeuerwehrspritze gekauft. Die erste Motorspritze wurde 1928 bei der Firma Gugg angeschafft und nach 18 Jahren, 1946, von einer neuen Tragkraftspritze abgelöst. Nach weiteren 19 Jahren (1965) wurde diese von einer VW-Tragkraftspritze Automatik TS 8, Fabrikat Gugg, ersetzt. Zum 25jährigen Gründungsfest im Jahr 1913 erhielt die Wehr ihre erste Fahne, welche jeweils zum 50jährigen und zum 90jährigen Bestandsfest erneuert wurde. In der Nachkriegszeit 1949/50 wurde ein für die damalige Zeit schon im Ausmaß und in der Ausrüstung herausragendes Zeughaus gebaut. Beim Bau leisteten die Feuerwehrmänner viele freiwillige Arbeitsstunden und konnten dadurch die Baukosten (57 000 Schilling) niedrig halten. Seit 1956 befindet sich auf dem Gemeindeamtsgebäude eine Alarmsirene, welche 1983 an die Funkalarmierung angeschlossen wurde. 1951 wurde ein neuer Steyr-Wehrmachts-Lkw zu einem Einsatzfahrzeug mit Allradantrieb umgebaut. Dieses Fahrzeug wurde 1961 während einer Übungsfahrt bei einem Verkehrsunfall so schwer beschädigt, daß eine Reparatur unrentabel war. Die Gemeinde kaufte hierauf einen Rüstanhänger, der 1973 von einem gebrauchten KLF (Ford Transit) verdrängt wurde. 1982 erhielt die Wehr, nachdem drei Feuerwehrkameraden den Atemschutzlehrgang erfolgreich absolviert hatten, drei schwere Atemschutzgeräte. Leistungswettbewerbe wurden in kürzeren und längeren Intervallen bestritten. 1957 fand ein Leistungsbewerb in Polling statt, bei dem 77 Bewerbsgruppen aus dem Innviertel und aus angrenzenden Bezirken teilnahmen.

HBI Priewasser R. (1953), OBI Schwarzenberger J. — Bast J. (1958), Bast W. (1983), Buttinger R. (1983), Danninger L. (1946), Dattendorfer F. (1976), Erlinger H. (1974), Erlinger R. (1964), Erlinger R. (1969), Feichtinger L. (1957), Fröhlich M. (1957), Fröhlich R. (1969), Gaisecker J. (1960), Gattringer H. (1951), Gerner A. (1959), Gierlinger J. (1963), Gurtner K. (1927), Hargassner F. (1918), Hargassner H. (1983), Hargassner S. (1983), Hargassner W. (1979), Hattinger J. (1975), Hintermaier F. (1975), Höllerl A. (1957), Höllerl G. (1978), Horner F. (1965), Horner G. (1957), Huber J. (1934), Jetzinger F. (1964), Katzlberger A. (1942), Katzlberger K., Klingesberger F. (1968), Kreilinger F. (1950), Leitner R. (1966), Lindlbauer A. (1974), Lindlbauer J. F. (1964), Maier H. (1966), Mair G. (1939), Mair J. (1959), Mairleitner J. (1951), Maisriml A. (1975), Maisriml L. (1982), Mayerböck G. (1969), Mayerböck R. (1979), Mayerböck R. (1950), Mayrleitner F. (1982), Mayrleitner F. (1953), Öllinger K. (1979), Piereder A. (1960), Pillinger J. (1951), Priewasser J. (1977), Priewasser R. (1981), Priewasser W. (1974), Putscher J. (1973), Putscher O. (1957), Putscher-Sausack J. (1979), Puttinger A. (1932), Puttinger A. (1965), Rachbauer F. (1957), Radelsberger J. (1974), Reichinger J. (1964), Reisinger H. (1957), Reisinger O. (1965), Reiter F. (1963), Reiter-Stranzinger F. (1978), Reiter-Stranzinger J. (1976), Reiter-Stranzinger K. (1969), Rieder H. (1938), Rögl W. (1957), Rögl W. (1982), Rothner K. (1929), Schachinger H. (1967), Schachinger H. (1965), Schachinger J. (1930), Schnell F. (1957), Schöberl A. (1981), Schöberl J. (1981), Schrattenecker A. (1931), Schrattenecker F. (1957), Schreckensberger A. (1981), Schreckensberger F. (1975), Schwarzenberger J. (1969), Schwarzenberger J. (1941), Schwarzenberger M. (1973), Simböck S. (1975), Simböck J. (1975), Sperl F. (1942), Sperl F. (1981), Stöckhammer F. (1950), Stranzinger A. (1929), Stranzinger R. (1971), Wieser J. (1969), Wiesner J. (1975), Wintersteiger L. (1975), Witzmann O. (1973), Witzmann O. (1950), Zollner H. (1981), Zollner K. (1959), Zweimüller F. (1920)

FF RANSHOFEN

Am 18. September 1880 wurde unter dem Vorsitz von Bürgermeister Josef Bakele die Freiwillige Feuerwehr Ranshofen gegründet. Der Wehrführer Philipp Wertheimer, Schloßherr in Ranshofen, ging sofort an den Aufbau der Wehrmannschaft und bemühte sich, die vorhandenen Gerätschaften durch Neuanschaffungen zu ergänzen. Die Protokolle der Feuerwehr berichten viel Wissenswertes. So wurde 1902 ein Sanitäter bestimmt. 1903 wurde die Gründung der Löschrotte Roith beschlossen wie auch, eine Karren-Abprotzfeuerspritze mit Saugwerk aufzustellen. 1913 gelang es Altbürgermeister Schick, eine neue Gemeindespritze und zwei Signalhörner zustandezubringen. 1918 wurde die Löschrotte Blankenbach gegründet, die die alte, reparierte Spritze der Wehr Ranshofen erhielt. Drei Jahre später erfolgte die Gründung der Löschrotte Rothenbuch. 1932 wurde die erste motorbetriebene Spritze angekauft. Nach dem Zweiten Weltkrieg mußte die Wehr wieder aufgebaut werden und vor allem für Ersatz der zum Teil nicht mehr auffindbaren Geräte gesorgt werden. 1952 wurde die damalige Zeugstätte umgebaut und erweitert. Noch im selben Jahr konnte ein Frontfahrzeug (Afrika-Steyr) erworben werden. 1960 wurde das neue Zeughaus mit Lehrsaal und Dienstwohnung für den Zeugwart eingeweiht und eröffnet. 1964 konnte von der Wehr das LLF Opel Blitz mit Vorbaupumpe angekauft werden. 1976 wurde ein gebrauchter Lastwagen mit Doppelkabine und Seilwinde angekauft und in Eigenarbeit zu einem TLF umgebaut. Auch erhielt die Wehr vom Landes-Feuerwehrkommando eine Motorzille für die Ölwehr. Die Bootshütte wurde in 358 Stunden Eigenarbeit erstellt. Im Jahr ihres 100. Geburtstags erhielt die Wehr vom Landes-Feuerwehrkommando ein Notstromaggregat mit einer Leistung von 30 kVA zugeteilt.

HBI Harweck A. (1963), OBI Schwarz R. (1971), AW Gasteiger G. (1960), AW Schiebl H. (1952), AW Schiffeneder H. (1961), OBI Penias J. (1946), BI Auzinger G. (1971), BI Grabner J. (1952), BI Hafner A. (1976), BI Peterlechner J. (1964) — Lm Achleitner B. (1923), HFm Bachmayr P. jun. (1957), HFm Bachmayr P. sen. (1946), OLm Bruckmüller K. (1967), Fm Burggassner L. (1946), HFm Eder A. (1961), Bm Egger W. (1951), E-AW Eichberger A. (1956), E-BI Erlinger J. (1937), HFm Ertl J. (1956), Fm Esterbauer F. (1983), Lm Esterbauer L. (1949), PFm Feichtinger H. (1983), PFm Feuchtenschlager F. (1983), OFm Forster G. (1975), Lm Forster H. jun. (1970), Lm Forster H. sen. (1946), Lm Forsterpointner J. (1950), Fm Forsterpointner J. (1980), HFm Gartner J. (1966), HFm Grabmaier J. (1952), OFm Gurtner W. (1983), HFm Hainz A. (1965), Lm Handlechner F. (1946), HFm Handlechner F. (1966), Lm Handlechner J. (1953), Fm Handlechner K. (1931), HFm Handlechner K. (1958), HFm Handlechner K. (1975), PFm Heitzinger B. (1983), HFm Hiermann A. (1951), HFm Hiermann K. (1975), OFm Hinterhofer J. (1962), Lm Hofer J. (1972), OBm Holzleitner A. (1948), HFm Huber A. (1972), FA Dr. Kern E. (1981), HFm Köstler L. (1964), OFm Kreyci J. (1925), HFm Kugler T. (1951), OLm Ledersberger A. (1957), HFm Ledersberger A. (1975), Lm Maislinger L. (1950), Lm Mayrböck J. (1949), Lm Moser J. (1951), PFm Mühlegger P. (1983), OLm Naßauer A. (1956), HFm Nischler G. (1976), Bm Oberhuemer W. (1958), HFm Oberhuemer W. (1970), Lm Ortner J. (1946), OFm Ortner W. (1980), Lm Peishuber J. (1968), OFm Preishuber J. (1929), Lm Preishuber J. (1961), PFm Rambichler M. (1950), E-AW Reisecker A. (1933), E-AW Reisecker F. (1949), HFm Reschenhofer J. (1927), Lm Reschenhofer J. (1948), HFm Rieder F. (1956), OLm Roider F. (1953), HLm Schacherbauer J. (1947), OLm Schaumberger J. (1952), Lm Schmidbauer J. (1974), Lm Schmidhuber J. (1946), Fm Schmitzberger I. (1937), Lm Schmitzberger J. (1961), Lm Schmitzberger J. (1933), HFm Silberer A. (1962), E-HBI Spitzwieser G. (1951), Bm Spitzwieser J. (1952), HFm Sporrer A. (1975), Fm Steckenbauer J. (1948), PFm Steinhögl M. (1983), OFm Stoiber F. (1978), Lm Straßhofer J. (1951), OLm Wagner J. (1973), E-BI Wagner J. (1956), PFm Wagner P. (1983), Lm Weindl R. (1961), PFm Wieczorek R. (1983), HFm Wolfgruber A. (1963), Lm Wurhofer L. (1954)

FF REITH

Eine Handvoll Idealisten, darunter Alois Müller, Adolf Wiesbauer, Jakob Rieß, Johann Burgstaller, Johann Perschl und Johann Sänger, gründeten 1927 die Freiwillige Feuerwehr Reith. Zum ersten Kommandanten wurde Alois Müller bestellt. Die erste Ausrüstung bestand aus einer pferdebespannten Handspritze, welche 1935 durch eine Gugg-Motorspritze ersetzt wurde. Das derzeit noch bestehende Zeughaus wurde 1930 errichtet. 1953 wurde ein Schlauchturm errichtet, auf dem die Sirene angebracht ist. Bei der Renovierung 1967 erhielt das Zeughaus sein heutiges Aussehen. Während der NS-Zeit wurde die Wehr als selbständige Körperschaft aufgelöst und der Marktfeuerwehr zugeteilt. Nach 20jähriger Tätigkeit übergab Jakob Rieß das Kommando 1951 an Paul Spiessberger. 1956 wurde eine neue Motorspritze mit Anhänger angeschafft, und 1959 erhielt Heitzing eine Traktorspritze. Im Jahr 1965 wurde Alois Probst zum Kommandanten der Wehr bestellt und übte diese Funktion bis 1978 aus. Seit 1978 leitet Kommandant Ernst Öller die Geschicke der Wehr. 1978 wurde die Feuerwehr mit Handfunk und 1980 mit drei leichten Atemschutzgeräten ausgerüstet. 1982 wurde ein gebrauchtes KLF angekauft, welches in vielen Arbeitsstunden in einen guten Zustand gebracht wurde. Die FF Reith bedarf dringend einer Modernisierung ihrer Ausrüstung und hat teilweise damit auch schon begonnen, woraus die Notwendigkeit eines Zeughausneubaues entstand. Die Zusage der Gemeinde wurde erteilt und der Baubeginn mit Frühjahr 1984 festgelegt. Die aktiven Kameraden der Wehr haben sich verpflichtet, alle anfallenden Arbeitsleistungen unentgeltlich durchzuführen, das Bauholz zur Verfügung zu stellen und die notwendigen Transportarbeiten zu übernehmen.

HBI Öller E. (1958), OBI Windsberger A. (1979), AW Probst A. (1965), AW Schrems F. (1946), AW Seeburger A. (1961) — Autzinger W. (1981), Baar W. (1982), Bernroider H. (1967), Brünner J. (1967), Brünner J. (1978), Ertl H. (1977), Ertl M. (1942), Fabig E. (1962), Fabig H. (1982), Forthuber H. (1956), Forthuber J. (1982), Gerner J. (1965), Gerner J. (1954), Hoffmann R. (1978), Huber H. (1981), Irnsberger J. (1937), Irnsberger J. (1969), Kastinger J. (1949), Kastinger K. (1971), Katzdobler J. (1947), Klein G. (1982), Kronberger J. (1981), Kücher H. (1982), Kücher K. (1962), Maier A. (1962), Öller H. (1978), Ortner G. (1962), Ortner J. (1979), Paischer A. (1958), Pappernigg N. (1982), Perschl J. (1953), Pointner J. (1948), Priewasser H. (1960), E-HBI Probst A. (1948), Probst W. (1982), Putscher H. (1950), Putscher H. (1978), Riefellner J. (1950), Riefellner J. (1978), Riefellner S. (1978), Rieß A. (1956), Rieß A. (1978), Riffler F. (1956), Rosenhammer J. (1981), Rosenhammer J. (1978), Sänger J. (1953), Schneitl E. (1969), Schwarzmaier P. (1962), Stranzinger G. (1972), Stranzinger G. (1979), Vitzthum H. (1977), Wegscheidder K. (1949), Weinhäupl F. (1935), Weinhäupl F. (1956), Weinhäupl K. (1978), Weinhäupl S. (1969), Windsberger A. (1979), Zöpfl K. (1942)

FF RÖDHAM

Die Freiwillige Feuerwehr Rödham, die früher ein Löschzug der Feuerwehr Roßbach war, wurde am 20. Februar 1951 von den Gründern Franz Gattermaier, Franz Streif, Josef Pross, Johann Wagner und Georg Bogner als selbständige Wehr ins Leben gerufen. Ihr erstes Gerät war eine Handdruckspritze von der Firma Gugg in Braunau. 1952 wurde eine Motorspritze 4 Takt 18 PS der Firma Gugg von der Feuerwehr Kirchheim gekauft. 1954 wurde eine Motorspritze Triumph 28 PS der Firma Vierlinger in Biburg von der Feuerwehr Roßbach übernommen. 1981 erfolgte der Ankauf einer Motorspritze TS 8 von der Firma Rosenbauer. Die 1935 erbaute Zeugstätte wurde später vergrößert, 1984 wurde ein Neubau errichtet. Bei der Brandbekämpfung kam es immer wieder zu heiklen Situationen, etwa als nach einem Blitzschlag der Brand des Hauses Berghammer in Schiefeck wegen des starken Windes und des strömenden Regens sehr schwer gelöscht werden konnte: Über eine zwölfprozentige Steigung war eine 800 m lange Schlauchlinie erforderlich. Beim Brand des Zuhauses Bogner in Rödham, das zur Gänze aus Holz erbaut war, bestand durch äußerst heftigen Wind Gefahr für die ganze Ortschaft. Die Feuerwehrmänner konnten eine Katastrophe verhindern. Die Freiwillige Feuerwehr Rödham stand seit ihrer Gründung unter der Leitung der Kommandanten Franz Gattermaier, Johann Mühlbacher und Anton Bernroitner. Sie beteiligte sich sehr aktiv an Leistungswettbewerben und konnte viele Leistungsabzeichen in Silber und in Bronze sowie mehrere Pokale erringen.

HBI Bernroitner A., OBI Frauscher G. — Aigner H., Baier F., Bernroithner H., Bernroitner F., Bernroitner G., Bernroitner J., Bernroitner J., Bernroitner J., Bernroitner K., Bernroitner R., Bogner A., Brandstetter F., Brandstetter W., Burgstaller F., Burgstaller F., Burgstaller J., Duringer J., Frauscher F., Frauscher G., Frauscher R., Friedl F., Friedl J., Friedl J., Friedl J., Gattermaier F., Gattermaier F., Gattermaier G., Gattermaier G., Gattermaier G., Gattermaier J., Grabner A., Gradinger J., Gradinger W., Hamminger F., Hamminger H., Hamminger H., Hamminger W., Hufnagl J., Jodlbauer F., Jodlbauer J., Knauseder F., Kremser J., Kremser M., Lindlbauer H., Mühlbacher F., Mühlbacher G., Mühlbacher J., Mühlbacher J., Proß J., Ranftl A., Ranftl A., Ranftl F., Ranftl F., Steif F., Steif J., Streif A., Streif H., Streif H., Thurnberger M., Wimmleitner F., Zeilinger F., Zöhner J.

FF ROSSBACH

Die Freiwillige Feuerwehr Roßbach wurde im Jahre 1895 von Franz Bernroitner, der auch der erste Kommandant der Wehr war, von Georg Schwarzmeier und Josef Grabner gegründet. Im Jahr 1907 erhielt die Wehr ihre erste Fahne, die von der Fahnenmutter, Frau Ratzinger, gestiftet wurde. Im Jahr 1911 wurde das Zeughaus mit einem Schlauchturm errichtet. Das Jahr 1934 war für die Freiwillige Feuerwehr Roßbach sehr bedeutungsvoll, erhielt sie doch damals ihre erste Motorspritze, eine Vierlingerspritze. Erst im Jahr 1962 wurde diese Spritze gegen eine neue VW-Spritze getauscht. Die Freiwillige Feuerwehr Roßbach konnte einige sehr schöne Feste feiern, so das 60jährige Gründungsfest im Jahr 1955, eine Fahnenbandweihe im Jahr 1972 und eine zweite Fahnenweihe im Jahr 1975. Diese beiden letztgenannten Festlichkeiten standen unter dem Ehrenschutz der Fahnenpatin Katharina Jodlbauer, einer Nachfolgerin der ersten Fahnenmutter. In den letzten Jahrzehnten beteiligte sich die Freiwillige Feuerwehr Roßbach an allen Festlichkeiten innerhalb des Feuerwehrabschnitts, sehr oft sogar an Feiern über diesen Abschnitt hinaus. Im Jahr 1985 feiert die Wehr ihr 90jähriges Bestandsjubiläum und wird zu diesem Anlaß hoffentlich ein neues Kleinlöschfahrzeug erhalten und einweihen können, da die Wehr bis heute noch kein Fahrzeug besitzt. Folgende Kommandanten standen seit der Gründung der Wehr an der Spitze: Franz Bernroitner, Josef Grabner, Franz Seidl, Franz Bernroitner, Josef Gradinger, Karl Moser, Rudolf Bernroitner, Rupert Destinger.

HBI Destinger R. (1962), OBI Weinberger J. (1970) — Baier F. (1973), Baier J. (1947), Baier J. (1969), Berghammer G. (1947), Bernroitner J. (1953), Bernroitner K. (1964), Bernroitner R. (1948), Bernroitner R. (1973), Burgstaller F. (1951), Daskiewiez G. (1975), Destinger R. (1984), Dobler G. (1984), Dobler G. (1961), Dobler G. (1975), Fink K. H. (1977), Friedl R. (1975), Gerstorfer J. (1930), Gradinger A. (1970), Hintermaier G. (1957), Huber F. (1957), Katzlberger G. (1975), Küberger G. (1971), Leitner K. (1959), Leitner T. (1975), Mayr F. (1977), Ranftl J. (1946), Ranftl P. (1973), Reisecker H. (1979), Reisecker H. (1967), Reisecker J. (1975), Roithner G. (1947), Roithner G. (1970), Scherfler J. (1973), Schinecker J. (1975), Schinecker R. (1947), Schmidbauer K. (1954), Stranzinger G. (1973), Dr. Wolfbauer E. (1974)

FF ST. GEORGEN AM FILLMANNSBACH

Die Freiwillige Feuerwehr St. Georgen am Fillmannsbach wurde auf Initiative von Alois Allichhammer am 13. Februar 1927 gegründet. Zum ersten Kommandanten wurde Franz Josef König gewählt. Im Jahr 1933 wurde die erste Motorspritze angekauft. 1935 wurde in Fillmannsbach eine Zeugstätte erbaut. Von 1938 bis 1945 war Anton Kreil sen. Kommandant der Wehr. Nach dem Ende des Zweiten Weltkrieges bestellte Bürgermeister Alois Allichhammer Franz Haberl zum Kommandanten und Josef Schmidinger zu seinem Stellvertreter. In den ersten Nachkriegsjahren wurde ein Steyr-Lkw als Rüstfahrzeug verwendet. 1950 wurde in Wels aus amerikanischen Armeebeständen ein Besatzungsfahrzeug, Marke Dodge, als Rüstfahrzeug angekauft. Im Jahr 1954 wurde die Zeugstätte erweitert und ein Anhänger gekauft. 1955 wurde eine neue VW-Motorspritze von der Fa. Gugg, Braunau, angekauft. 1956 wurde die Sirene installiert. 1959 legte Franz Haberl die Kommandantenstelle zurück. Franz Radner führte die Wehr provisorisch ein Jahr lang. Ab 1960 wurde Anton Kreil als Kommandant mit der Führung betraut. Im Jahr 1967 wurde ein Ford Transit als Einsatzfahrzeug angeschafft. Am 24. März 1973 wurde Franz Zauner zum Kommandanten und Raimund Obrist zum Stellvertreter gewählt. 1976 wurde eine Motorspritze, VW-Trokomat, angekauft. 1978 wurde die Wehr mit drei Atemschutzgeräten ausgestattet. 1983 wurden im Zeugstättengebäude die Funksirenensteuerung eingebaut und im Jahr 1984 ein mobiles und zwei Handfunkgeräte erworben.

HBI Zauner F. (1958), OBI Köckerbauer J. (1958), AW Habel J. (1958), AW Russinger W. (1977), AW Sporer J. (1953), BI Russinger K. (1954) — HFm Binderberger K. (1974), Lm Binderberger K. (1980), Fm Binderberger N. (1982), Bm Bleierer J. (1965), Fm Bommer U. (1982), OFm Dicker J. (1974), OLm Eder A. (1939), HFm Eder G. (1962), Fm Eder G. (1981), Lm Eder J. (1973), OFm Esterbauer E. (1979), OBm Esterbauer W. (1973), HFm Gattermaier F. (1962), PFm Habel H. (1984), HFm Habel J. (1931), OFm Habel J. (1982), Bm Haberl A. (1973), HFm Haberl H. (1969), Fm Haidinger F. (1981), PFm Haidinger F. (1968), HFm Heinrich F. (1958), HFm Hiebl J. (1934), HFm Hiebl J. (1966), Fm Hipf H. (1983), HFm Hipf J. (1927), HFm Hipf J. (1956), OFm Hochradl J. (1973), HFm Höllermaier J. (1932), HFm Huber J. (1933), HFm Irnstötter F. (1953), OFm Irnstötter J. (1981), OFm Kanz A. (1972), OFm Kastinger A. (1980), Lm Kastinger F. (1951), HFm Kastinger F. (1977), OFm Kastinger H. (1981), HFm Kastinger J. (1954), Fm Kastinger J. (1977), HFm Kirnstedter F. (1952), OFm Kirnstötter J. (1982), HFm Kirnstötter K. (1958), Lm Kirnstötter K. (1979), HFm Köckerbauer F. (1965), OFm Köckerbauer H. (1983), E-HBI Kreil A. (1949), OFm Kreil A. (1983), HFm Kreil K. (1954), OFm Kreil K. (1983), HFm Kriechbaum R. (1948), Fm Landrichinger A. (1983), HFm Landrichinger A. (1944), OFm Landrichinger A. (1973), PFm Loidl J. (1984), OFm Lorz A. (1970), HFm Luger F. (1944) OFm Luger F. (1975), OFm Luger H. (1979), HFm Luger J. (1972), HFm Lunglhofer W. (1960), OFm Lunglhofer W. (1974), OFm Meindl J. (1977), HFm Neuländner A. (1969), OLm Österbauer F. (1958), OFm Österbauer K. (1982), OLm Perschl F. (1980), HFm Perschl G. (1956), Lm Perschl J. (1966), HFm Peterlechner G. (1935), Fm Rehrl J. (1980), OFm Russinger H. (1978), OFm Russinger J. (1981), Lm Russinger R. (1983), HFm Schmidinger J. (1928), HFm Schmidinger J. (1951), HFm Schober J. (1950), Schober F., HFm Schober O. (1982), OFm Siegl K. (1974), OFm Siegl M. (1959), Fm Sigl W. (1983), HFm Spitzwieser F. (1926), Fm Spitzwieser F. (1973), HFm Spitzwieser F. (1948), HFm Spitzwieser H. (1972), Lm Spitzwieser J. (1973), Lm Spitzwieser R. (1972), OFm Sporer G. (1977), OFm Sporer J. (1974), OFm Sporer K. (1975), OFm Spreizer R. (1974), OLm Strobl F. (1937), OLm Vilskotter A. (1926), HFm Vilskotter F. (1951), OFm Vrzal K. (1962), HFm Weilbuchner G. (1961), OLm Wengler F. (1958), OFm Wengler F. (1982), OFm Wührer K. (1978), OFm Zauner F. (1982), Fm Zöhrer A. (1980), Fm Zöhrer S. (1980)

FF ST. JOHANN AM WALDE

Das Löschen von Bränden war in der auf einem Bergrücken des Kobernaußerwaldes gelegenen Gemeinde St. Johann wegen der Wassernot seit jeher ein großes Problem, weshalb 1911 die Gründung einer Ortsfeuerwehr erfolgte. 1929 wurde die Handspritze durch eine Motorspritze ersetzt. 1949 wurde ein Motorfahrzeug aus den Beständen der Besatzungsmacht angekauft. 1965 wurde ein KLF FK 1000 und 1975 ein TLF 2000 angeschafft. 1952 ersetzte die Gemeinde die bestehende Feuerwehrhütte durch einen größeren Bau, der 1981/82 erweitert und modernisiert wurde. Er enthält einen Schulungs-, einen Kommando- und einen Geräteraum, eine Werkstatt und eine Garage für 2 Einsatzfahrzeuge. Die Wehr besitzt 2 Handfunksprechgeräte (11-m-Band), schwere Atemschutzgeräte und seit 1979 1 mobiles und 2 Handfunksprechgeräte im 2-m-Band, seit 1980 ein Notstromaggregat samt Notbeleuchtungskörper und 20 neue Einsatzanzüge mit Schutzjacken. Seit 1983/84 ist die FF St. Johann auch an das Sirenennetz mit Funkalarmierung angeschlossen.

HBI Bauchinger F. (1964), OBI Reichinger F. (1969), AW Berer F. (1970), AW Grubmüller A. (1980), AW Wagner F. (1955) — Bm Augustin R. (1949), OLm Bachleitner J. (1958), Bm Baier F. (1947), Bm Berer F. (1948), HFm Berer F. (1980), Fm Berer F. (1980), Bm Berer G. (1945), HLm Berer G. (1950), OLm Berer J. (1959), OFm Berer J. (1976), HLm Brunnhuber J. (1951), HFm Burgstaller J. (1968), HFm Egelseder L. (1966), Bm Erlinger L. (1948), E-HBI Feichtenschlager A. (1940), OLm Feichtenschlager A. (1958), HLm Feichtenschlager F. (1958), HFm Feichtenschlager F. (1964), OFm Feichtenschlager F. (1979), E-HBI Feichtenschlager F. (1928), OLm Feichtenschlager G. (1958), Fm Feichtenschlager G. (1982), Feichtenschlager J. (1968), HFm Feichtenschlager J. (1969), HFm Feichtenschlager J. (1968), OFm Feichtenschlager J. (1976), Bm Fellner J. (1945), HFm Fessl A. (1970), OBm Fessl F. (1945), HFm Fessl F. (1970), Fm Fessl G. (1981), OFm Fessl J. (1978), HFm Fessl J. (1969), Lm Forstenpointner A. (1961), HFm Forstenpointner E. (1979), Lm Forstenpointner F. (1979), HFm Forstenpointner G. (1965), OFm Frauscher E. (1979), HFm Frauscher G. (1979), Fm Gerner A. (1982), HFm Gerner J. (1976), HFm Gessl P. (1966), HFm Gruber F. (1976), HBm Grubmüller F. (1942), Bm Guggenberger F. (1947), HLm Hammerer A. (1957), OFm Hammerer A. (1978), HLm Hammerer F. (1950), OLm Hammerer G. (1960), HFm Hammerer J. (1966), HBm Hammerer M. (1911), Lm Hargassner J. (1976), OBm Hargassner F. (1949), HBm Haslinger F. (1926), Bm Hellmann F. (1940), HFm Hellmann F. (1966), OFm Hintermaier F. (1980), Bm Hintermaier J. (1950), PFm Hintermair J. (1983), HLm Hofmann A. (1950), HLm Hofmann F. (1950), OFm Kastinger R. (1980), Bm Kinz A. (1948), Bm Kinz A. (1980), OFm Kinz H. (1979), Bm Kinz J. (1948), OFm Kinz J. (1975), E-AW Knauseder A. (1950), Lm Knauseder F. (1968), OFm Koller J. (1981), HFm Koller K. (1968), Bm Kraus G. (1945), HFm Kraus G. (1969), Bm Leingartner F. (1945), HLm Leingartner G. (1953), HLm Leingartner J. (1953), HFm Leingartner J. (1974), Bm Lindlbauer G. (1948), Bm Lindlbauer J. (1948), Lm Lindlbauer W. (1978), Fm Losgott F. (1981), OLm Lunglhofer J. (1959), OLm Lunglhofer J. (1965), Fm Meckl S. (1982), HLm Mitterbauer A. (1953), Lm Mitterbauer J. (1979), HLm Mitterbauer F. (1950), Fm Mühlbacher A. (1982), Bm Mühlbacher A. (1947), HFm Mühlbacher G. (1970), HFm Mühlbacher G. (1970), Lm Mühlbacher J. (1981), Fm Murauer G. (1982), Fm Peham J. (1982), Bm Peham R. (1948), HFm Penninger F. (1960), Fm Ratzinger Ch. (1982), HFm Reichinger F. (1968), OBm Reichinger M. (1929), OBm Reinthaler J. (1926), Bm Reiter F. (1947), HFm Reiter G. (1968), Bm Riedlmaier J. (1973), HFm Rosenhammer H. (1978), E-AW Salhofer A. (1928), Bm Schrattenecker J. (1948), OLm Schrattenecker R. (1959), OFm Sperl A. (1976), HFm Stempfer A. (1979), OFm Stempfer J. (1976), HFm Strasser A. (1968), Bm Strasser F. (1948), OLm Tiefenthaler F. (1958), OBm Viertelbauer J. (1944), Bm Weinbrenner R. (1948), HLm Wenger F. (1954), HFm Wenger M. (1976), OFm Wiesbauer E. (1980), HFm Wunsch E. (1967), HLm Zaglmaier J. (1951), Lm Zaglmaier J. (1977), OFm Zaglmaier S. (1980)

FF ST. PANTALEON

6. Jänner 1887: Die in der ersten Hauptversammlung beschlossenen Statuten erhielten vom k. u. k. Stadthalter ihre Gültigkeit. Im Sommer dieses Jahres erfolgte der Ankauf einer zweistrahligen Saugdruckspritze zum Preis von 700 Gulden von der Fa. Gugg in Braunau. Erster Obmann des Vereines war Andreas Höfer, Stellvertreter Paul Göschl, Spritzenmeister Valentin Auer. 12. Juni 1888: Weihe der ersten Fahne. Johann Felber aus Hamburg legte den Grundstein zu deren Anschaffung. Zu dieser Zeit hatte der Verein 25 ausübende und 41 unterstützende Mitglieder. 1907: Zum neuen Obmann wurde Friedrich Kinzl gewählt. 1914—1918: Geringste Vereinstätigkeit infolge der Kriegsjahre. 1929: Begräbnis des Obmannstellvertreters Ferdinand Meßner in St. Pantaleon. 27. Oktober 1929: Als Spritzenmeisterstellvertreter wurde Johann Stegbuchner aufgestellt, der später langjähriger Kommandant war. 1934: Ankauf einer Motorspritze der Fa. Gugg in Braunau zum Preis von 2000 Schilling, gesammelt wurden 1700 Schilling (ein Bauernknecht verdiente damals 20 Schilling pro Monat). Einen günstigen Ankauf eines Pferdespritzenwagens vermittelte Josef Göschl sen. 17. Dezember 1934: Erster Einsatz der neuen Spritze beim Spitzauer in Loidersdorf, wo die Scheune brannte. Es waren insgesamt 13 Wehren im Einsatz. 1937: Der Wehrführerkurs in Linz wurde von Johann Stegbuchner positiv abgelegt. 1938: Johann Stegbuchner wurde zum neuen Wehrführer gewählt. 1938–1945: Feuerwehrwesen war in Gemeindehänden. 1950: Wiedergründung der geteilten Wehren im Gemeindegebiet. 1951: Ankauf einer neuen Motorspritze R 75. 1954: Erstes Feuerwehrauto angeschafft (Sanka-Wagen). 1956: Umbau des alten Spritzenhauses. 1973: Ankauf eines TLF 2000. 1974: Beschaffung eines Mannschaftswagens.

HBI Meßner A., OBI Mackinger M., AW Hochradl V., AW Kinzl K., AW Stegbuchner F., HBI Pabinger F. — OFm Amerhauser J., Fm Amerhauser J., Fm Amerhauser M., Fm Appl H., Fm Bachmaier A., OFm Bachmaier A., Bachmaier F., OFm Bachmaier F., OFm Brandstätter W., OFm David V., Fm Enthammer M., Fm Enthammer M., OFm Feichtlbauer A., Fm Feichtlbauer K., Fm Feichtlbauer K., Fm Felber H., Fm Felber K., Fm Fuchs H. (1983), Fm Garnweidner A., PFm Garnweidner A., Fm Gimpl F., PFm Gruber G., Gruber L., Fm Gruber S., OFm Hackl M., PFm Hager G. (1984), Fm Hager J., Fm Haneder H., Hauser F., PFm Heidinger R., Fm Hennermann G., Fm Hennermann J., Fm Hinterhofer A., Hinterhofer J., Fm Hochradl J., Fm Hochradl O., Fm Höfer G., OFm Höfer G., PFm Höfer J., Fm Höfer O., Fm Hofbauer J., Fm Hofer E., Fm Hofer R., Fm Hofer R., Fm Huber H., Fm Huber J., Fm Huber W., AW Kanz F., Fm Kinzl G., Fm Kinzl G., Fm Kinzl K., Fm Kirchmaier J., OFm Linnecker A., Fm Linnecker J., Fm Lobentanz J., OFm Lobentanz J., Fm Mehlhart F., OFm Meßner A., PFm Mödlhammer A., PFm Neißl G., Fm Neißl J., Fm Neißl K., Fm Neßling P., Fm Neubauer J., OFm Neubauer P., PFm Niederreiter F., Fm Niedl E. (1983), Fm Nobis J., Fm Ömer A., OFm Ömer J., Fm Ostermaier J., OFm Pabinger M., Dr. Permanschlager U., Fm Pfaffinger F., Fm Pfaffinger F., PFm Pfeil F., Fm Ploner F., PFm Ploner J. (1983), PFm Pranz A., Fm Rambichler J., AW Rausch F., PFm Reichl F., OFm Reiter J., Fm Reiter J., Fm Rusch A., Fm Rusch J., Fm Schmid J., Fm Schmidhammer E., Fm Schmidlechner H., Fm Schmidlechner J., Fm Schmidlechner J., Fm Schmidlechner J., Fm Schmidlechner J., Fm Schneider E., PFm Schneider E., OFm Schneider J., Fm Schneider J., Fm Schwaninger J., Fm Stadler J., Fm Straßer W., Fm Veichtlbauer J., Fm Veichtlbauer M., OFm Weiß S., OFm Welkhammer A., AW Werner A., OFm Wimmer J., Fm Winter F., Fm Wolfersberger G., Fm Zach F., Fm Zaunreiter J.

FF ST. PETER AM HART

Am 4. Juni 1895 fand die Gründungsversammlung der FF St. Peter statt. Auf einen Aufruf des damaligen Bezirksobmann-Stellvertreters, Josef Dafner aus Braunau, meldeten sich 35 Männer zum freiwilligen Beitritt. In einer weiteren Versammlung am 2. Juli wurden folgende Mitglieder in den „Verwaltungsrat" gewählt: Obmann: Johann Maier; Stellvertreter und Kassier: Johann Hofbauer. Als Löschmeister in die Steigerabteilung wurde Jakob Spießberger und in die Spritzenabteilung Mathias Schaurecker gewählt. Theodor Jungwirth wurde Schriftführer. Am 2. Februar 1924 beschloß die Feuerwehr in ihrer Versammlung, einen Musikverein zu gründen, dem aktive Mitglieder und auch andere außerhalb der Feuerwehr stehende Burschen und Männer angehören können. Diese Feuerwehrmusikkapelle umfaßte schließlich 16 Mitglieder. Im Jahr 1928 wurde eine tragbare Gugg-Motorspritze, Typ II O, zum Preis von 5000 Schilling angekauft. Im Juli 1928 wurden auch das erste Mal drei Kameraden zu einem Feuerwehrkurs nach Linz entsendet. 1944 erhielt die Wehr eine Brandalarmsirene. 1947 wurde ein altes Wehrmachtsfahrzeug angekauft. Dieses mußte erst repariert, gestrichen und zu einem Spritzenauto umgebaut werden. 1953 wurde von der Gemeinde eine neue Motorspritze gekauft und der Wehr übergeben. 1954 standen die Kameraden zwei Tage lang im Hochwassereinsatz, nachdem die Mattig aus ihren Ufern getreten war. 1962 wurde ein neuer Rüstwagen der Marke Ford Taunus Transit in Dienst gestellt, und 1976 wurde die Jugendgruppe St. Peter aus der Taufe gehoben. Im Jahr 1980 wurde unter kräftiger finanzieller Unterstützung seitens der Bevölkerung ein Traum verwirklicht: Die FF St. Peter bekam ein neues Tanklöschfahrzeug.

HBI Spießberger F. (1967), OBI Lindlbauer R. (1974), AW Ellinger J. (1966), AW Mühlberger A. (1967), AW Zeilberger A. (1972), BI Pammer R. (1966) — HFm Baier G. (1976), HFm Baier G. (1950), OFm Baier G. (1976), HFm Baischer E. (1961), OFm Baischer H. (1979), HFm Bründl E. (1948), JFm Bründl E. (1982), HFm Brunnbauer J. (1962), E-OBI Dachs G. (1948), OLm Danecker J. (1964), HFm Denk J. (1948), OFm Döllinger R. (1976), E-HBI Ellinger F. (1922), HFm Ellinger F. (1968), E-BI Ellinger J. (1930), HFm Eslbauer H. (1977), OFm Eslbauer J. (1979), OFm Eslbauer J. (1980), HFm Feichtlbauer F. (1950), HFm Feichtlbauer S. (1949), HFm Friedl E. (1950), JFm Giesen H. (1982), HFm Gießen A. (1974), JFm Ginzinger J. (1980), HFm Gurtner J. (1968), JFm Haider T. (1982), Fm Hartl A. (1982), JFm Hartl P. (1981), JFm Hasiweder G. (1981), HFm Hasiweder H. (1958), PFm Höllinger J. (1959), HLm Hofbauer F. (1950), PFm Huber F. (1983), HFm Kasinger F. (1965), HFm Kasinger J. (1953), OFm Knoll F. (1968), E-AW Köstler J. (1954), OFm Lindlbauer R. (1974), HFm Lorenz W. (1979), Fm Maier A. (1982), HFm Maier J. (1928), PFm Maier J. (1982), HFm Moser M. (1956), HFm Mühlberger F. (1958), OFm Neuländtner F. (1976), E-AW Pell G. (1949), HFm Pieringer J. (1958), OFm Pieringer J. (1979), OFm Pieringer M. (1980), OFm Poindecker J. (1950), HFm Pommer F. (1954), HFm Probst J. (1959), HFm Reischenböck A. (1958), PFm Schander S. (1983), HFm Seidl F. (1952), JFm Seidl H. (1982), OLm Seidl R. (1969), Fm Seidl R. (1982), HLm Seifriedsberger G. (1925), JFm Söllhammer K. (1981), HFm Spanbald E. (1958), OLm Springer F. (1979), JFm Stachl Ch. (1982), E-AW Stoiber J. (1948), Lm Stütz G. (1981), HFm Tischlinger F. (1959), HFm Uttenthaler F. (1964), HFm Wagner F. (1978), HFm Weideneder J. (1965), JFm Weinberger A. (1982), HFm Winkler W. (1968), HBm Wolkenhaar W. (1950), OFm Zaglmaier H. (1931), HFm Zaglmaier J. (1938), HFm Zaglmaier J. (1967)

FF ST. RADEGUND

Die FF St. Radegund wurde 1896 gegründet. Erster Kommandant war Franz Eichelseder, der sich auch als Obmann des damaligen Passionsspielvereines einen Namen gemacht hat. Die erste Motorspritze wurde 1933 unter Franz Eichelseder, dem Sohn des Gründungskommandanten, erworben. In den folgenden Jahren führten die Wehr Josef Habl und Johann Eckinger. Unter HBI Johann Schnaitl wurde 1958 die neue Zeugstätte errichtet. Ein Jahr später wurde eine R 8-Motorspritze angekauft. Seit 1972 führt Franz Sperl die Wehr. 1958 kaufte die Gemeinde unter Bgm. Hofbauer ein LFB an, das mit einer R-12, mit Funk und mit Atemschutzgeräten ausgerüstet ist. Neben der Aktivgruppe verfügt die Wehr über 10 ausgebildete Zillenbesatzungen. Auf deren hohen Ausbildungsstand legt das Kommando besonderen Wert, da sich die Zillenfahrer im Hochwassergebiet der Ettenau schon oft im harten Einsatz bewähren mußten.

HBI Sperl F. (1951), OBI Holzmann K. (1969), HAW Roland G. (1968), AW Esterbauer M. (1965), AW Wengler J. (1967), BI Kaufleitner A. (1959) — HFm Altenbuchner A. (1978), HFm Altenbuchner M. (1948), OFm Auer E. (1952), JFm Auer F. (1983), OFm Auer F. (1971), OFm Auer J. (1974), HLm Auer J. (1946), PFm Auer J. (1981), E-BI Baumann G. sen. (1948), OFm Baumann G. jun. (1973), OLm Beni F. (1963), Fm Eckinger A. (1946), E-BI Eckinger A. (1939), HFm Eckinger H. (1946), E-HBI Eckinger J. (1923), Fm Eckinger J. (1968), HFm Eichelseder F. (1948), JFm Esterbauer G. (1981), HFm Esterbauer J. (1979), HFm Esterbauer J. (1932), Fm Esterbauer R. (1969), Fm Fimberger H. (1965), Fm Fimberger H. (1980), Fm Fimberger J. (1980), JFm Graf A. (1981), HFm Graf J. (1948), OFm Graf J. (1975), Fm Graf J. (1976), HFm Habl A. (1952), OFm Habl A. (1980), OFm Häuselschmid J. (1950), Fm Häuslschmid J. (1977), HFm Häuslschmid J. (1951), OFm Hinterkircher J. (1963), Fm Hinterkircher M. (1963), HFm Hochradl G. (1972), OFm Höck V. (1966), Fm Höfelmeir A. (1966), HFm Höfelmeir E. (1959), Fm Höfelmeir R. (1968), Fm Höflmair A. (1980), OFm Höflmayr J. (1976), HFm Hofbauer A. (1956), Fm Hofbauer G. (1977), JFm Hofbauer H. (1946), Fm Hofbauer H. (1946), HBm Hofbauer I. (1964), Fm Hofbauer I. (1977), JFm Hohengaßner A. (1982), E-AW Huber F. (1954), Lm Huber J. (1956), HFm Huber J. (1948), Fm Kaufleitner A. (1977), Fm Kerschhacker M. (1977), Fm Kirchmair R. (1964), PFm Köckerbauer F. (1981), PFm Kramer F. (1983), Fm Leidl J. (1967), Fm Mairhofer V. (1967), Fm Mairhofer V. (1974), OFm Mairhofer W. (1976), OFm Mayr H. (1979), HFm Mayrhofer H. (1973), Fm Mayrhofer H. (1978), HBm Mayrhofer J. (1971), E-AW Mayrhofer J. (1946), PFm Mitterbauer F. (1981), OFm Mitterbauer K. (1969), Fm Moser J. (1958), Niedermüller F. (1950), Fm Niederreiter J. (1971), OFm Niedl F. (1967), OFm Novy F.

(1955), HFm Nußbaumer J. (1934), OFm Nußbaumer J. (1968), OFm Nußbaumer R. (1968), JFm Nuszbaumer M. (1982), Fm Peterlechner A. (1976), JFm Peterlechner A. (1982), OFm Peterlechner F. (1946), PFm Peterlechner F. (1981), Fm Peterlechner J. (1975), Peterlechner J. (1948), E-OBI Peterlechner J. (1951), PFm Peterlechner L. (1981), Fm Peterlechner W. (1977), Fm Rambichler J. (1971), HFm Rathberger J. (1974), Fm Reiter J. (1964), Fm Sailer R. (1968), HFm Schallmoser F. (1951), Fm Scharinger J. (1966), Fm Scharinger J. (1957), Fm Scharinger J. (1979), OFm Schindlauer F. (1974), OFm Schindlauer J. (1972), OFm Schlichtner L. (1955), Fm Schmied J. (1977), Fm Schmied P. (1977), HFm Schnaitl J. (1958), HFm Schnaitl J. (1963), E-HBI Schnaitl J. (1933), JFm Schnaitl J. (1981), Fm Schnaitl J. (1966), OFm Schröck E. (1973), Fm Schröck J. (1946), OFm Schwab F. (1973), Fm Schwaighofer W. (1979), JFm Schwaighofer W. (1982), HFm Sigl A. (1981), JFm Sigl E. (1981), OFm Sigl H. (1962), OFm Sigl H. (1976), OFm Sigl J. (1972), OFm Sigl J. (1946), HFm Sigl J. (1979), Fm Sigl L. (1975), Fm Sigl R. (1976), HFm Sigl S. (1976), OFm Sigl S. (1974), Fm Sommerauer H. (1980), OFm Sperl R. (1973), Fm Stadler F. (1968), OFm Stadler J. (1965), HFm Stadler J. (1939), Fm Stadler J. (1977), HFm Starka J. (1930), HFm Stöckl H. (1975), HFm Thalbauer H. (1929), Fm Thalbauer K. (1969), OFm Thalbauer K. (1957), Fm Thaler J. (1958), HFm Wagenhammer F. (1952), HFm Wagenhammer F. (1954), OLm Wagenhammer J. (1948), HFm Wagenhammer M. (1982), HFm Wengler A. (1946), JFm Wengler Ch. (1981), Fm Wengler E. (1959), HFm Wengler F. (1957), HFm Wengler J. (1940), HBm Wengler L. (1968), HFm Wengler L. (1972), Fm Wengler P. (1982), PFm Würzinger F. (1983), PFm Würzinger J. (1983), Fm Zenz F. (1946), Fm Zenz K. (1966)

FF ST. VEIT IM INNKREIS

Die FF St. Veit im Innkreis wurde im Jahr 1895 unter Josef Wiesbauer gegründet. Die Stärke der Wehr betrug nach der Gründung 65 Aktive und 11 unterstützende Mitglieder. Nach der Gründung wurde eine Handspritze angeschafft; diese kam bei verschiedenen Bränden zum Einsatz, wurde aber im Jahr 1931 durch die erste Motorspritze Marke Piccolo ersetzt, da sie den Anforderungen nicht mehr entsprach. 1902 gab es die erste Fahnenweihe. 1932 wurde die Motorspritze unter Hauptmann Max Haidenthaler durch eine leistungsstärkere Spritze Marke Gugg DKW 28 PS ausgetauscht, die bis 1977 ihren Dienst voll und ganz zum Schutze der Bevölkerung sowie von Hab und Gut leistete. 1960 wurde die zweite neue Fahne geweiht. 1977 wurde unter dem jetzigen Kommandanten Johann Leingartner ein Löschfahrzeug Marke Land Rover mit Vorbaupumpe angeschafft und somit die Wehr auf den neuesten Stand gebracht. Außerdem wurde für eine Löschgruppe eine komplette Ausrüstung gekauft. Von 1978 bis heute wurden verschiedene Geräte, wie Verteiler, Saugschläuche, Strahlrohre und ein Großteil der B- und C-Schläuche, durch neue ersetzt. Seit 1984 ist die FF St. Veit an das Sirenennetz und an die Funkalarmierung angeschlossen. Eine weitere Investition war der Ankauf von zwei Hand- und einem Mobilfunkgerät durch die Gemeinde. Das nächste große Vorhaben ist die Errichtung eines Feuerwehrzeughauses. Zur Zeit ist die Feuerwehr notdürftig im Gemeindegebäude untergebracht.

HBI Leingartner J. (1965), OBI Kneißl A. (1949), AW Endl R. (1977), AW Tiefenthaler G. (1958), AW Weinberger F. (1959) — HFm Baier G. (1957), Fm Berer F. (1981), Fm Berndlbauer W. (1982), HFm Burgstaller A. (1945), OFm Burgstaller G. (1979), HFm Burgstaller H. (1958), HFm Endl F. (1946), HFm Endl R. (1951), HFm Feichtinger M. (1958), OFm Forsthofer F. (1977), HFm Frauscher J. (1951), Fm Gradinger K. (1980), OFm Haidenthaler A. (1964), E-BR Haidenthaler A. (1931), OFm Holzleitner A. (1969), OFm Holzleitner J. (1968), OFm Huber G. (1972), HFm Huber J. (1929), OFm Karrer F. (1960), OFm Karrer H. (1968), OFm Karrer R. (1979), OFm Knauseder R. (1972), OFm Kneißl F. (1975), Fm Kneißl J. (1980), Lm Kremser G. (1957), OFm Kreutzer A. (1966), HFm Kühberger G. (1958), Fm Lindner J. (1982), HFm Maier J. (1953), Fm Maier J. (1980), OFm Mottl J. (1973), HFm Mühlbacher F. (1948), OFm Mühlbacher F. (1975), OFm Mühlbacher J. (1973), HFm Niederberger E. (1958), HFm Niederhauser G. (1951), OFm Niederhauser G. (1979), OFm Niederhauser R. (1979), OFm Putscher F. (1972), HFm Putzinger J. (1950), HFm Ranftl F. (1958), OFm Reiter J. (1975), HFm Reiter R. (1942), OFm Reiter R. (1975), E-HBI Sattlecker A. (1931), HFm Sattlecker J. (1946), OFm Schrattenecker A. (1964), HFm Schrems R. (1953), OFm Schrems R. (1979), OFm Schrottshammer A. (1966), HFm Schrottshammer A. (1945), OFm Schrottshammer A. (1977), HFm Seifried G. (1942), Fm Simetsberger A. (1982), Fm Stempfer R. (1981), OFm Stranzinger F. (1979), OFm Stranzinger J. (1966), OFm Stranzinger J. (1968), OFm Thurnberger A. (1973), Fm Thurnberger J. (1977), OFm Thurnberger M. (1973), OFm Tiefenthaler F. (1977), HFm Walzinger K. (1958), Fm Walzinger K. (1981), HFm Weidenthaler G. (1958), OFm Weidenthaler G. (1979), OFm Weinberger F. (1979), HFm Wiesbauer F. (1949), OFm Wiesenberger R. (1972), OFm Wohlschlager R. (1969)

FF SCHALCHEN

Der Verein Freiwillige Feuerwehr Schalchen wurde im Jahr 1893 als erste Feuerwehr der Gemeinde Schalchen gegründet. Als erstes Brandbekämpfungsgerät diente eine Handpumpe, die mit einem Pferdegespann zum Brandplatz befördert wurde. Für die Alarmierung der Feuerwehr wurden die Kirchenglocken verwendet. Bis zum Zweiten Weltkrieg wurde die Feuerwehr systematisch modernisiert. Trotz chronischer Geldschwierigkeiten, die mit diversen Veranstaltungen, wie Bällen, Oktoberfesten, Theateraufführungen usw., behoben wurden, konnte immer relativ früh modernes Gerät angeschafft werden. Während des Zweiten Weltkrieges wurden alle vier selbständigen Feuerwehren der Gemeinde Schalchen zu einer Gemeinde-Feuerwehr unter Führung eines Gemeinde-Wehrführers zusammengeschlossen. Nach dem Ende des Zweiten Weltkriegs wurde der Löschzug Schalchen wieder eine eigenständige Freiwillige Feuerwehr. Mit viel Idealismus wurde ein Lkw aus amerikanischen Besatzungsbeständen in ein brauchbares Löschfahrzeug – das erste der Feuerwehr – umgebaut. Unter der Führung des Kommandanten Jakob Stenger schritt die Modernisierung am rasantesten voran. Ein Tanklöschfahrzeug, Atemschutzgeräte und Funkgeräte machten die FF Schalchen zu einer schlagkräftigen Feuerwehr. Im Jahr 1976 wurde die FF Schalchen mit der Verlagerung des Heuwehrgerätes zum Heuwehrstützpunkt des Bezirkes Braunau. Seither verzeichnete der Heuwehrstützpunkt Schalchen die meisten Heuwehreinsätze im Land Oberösterreich. Den größten Brandeinsatz gab es 1955, als ein Brand im Heustadl der Brauerei Mattighofen ausbrach, in dem englische Besatzungssoldaten untergebracht waren. Feuerwehrmänner der FF Schalchen konnten unter Einsatz ihres Lebens viele Soldaten vor dem sicheren Tod retten.

HBI Wild A. (1969), OBI Kastinger F. (1969), AW Schlager J. (1956), AW Schleindl E. (1969), BI Sattlecker W. (1975), BI Schleindl W. (1969), BI Thaler J. (1957) — Achleitner Ch. (1981), Achleitner J. (1983), HFm Breckner M. (1956), Daxecker G. (1980), Dillitz G. (1977), Egger H. (1981), HFm Eicher F. (1950), HFm Erlinger F. (1959), JFm Faugel M. (1981), HFm Feichtenschlager R. (1966), OFm Göbl Ch. (1975), OFm Göbl J. (1975), OFm Gottschling S. (1959), OFm Grasser J. (1951), Lm Hammerschmied H. (1976), Lm Hammerschmied K. (1968), HFm Hammerschmied K. (1968), Lm Hillinger J. (1933), OFm Kaser F. (1979), HFm Kastinger F. (1951), HFm Kinz F. (1951), Bm Kronberger-Weiß J. (1961), Kronberger-Weiß J. (1980), OFm Laimer F. (1969), Laimer G. (1980), OFm Laimer G. (1976), HFm Lastonersky A. (1956), Maier A. (1981), Lm Maier F. (1980), Maier H. (1980), Maierhofer A. (1966), Lm Nothaft J. (1966), Nothaft J. (1981), E-AW Priewasser O. (1951), HFm Rachbauer J. (1932), HFm Redl K. (1966), Reindl S. (1983), Reinthaler F. (1981), HLm Reinthaler M. (1928), HFm Reiter K. (1959), HBm Schleindl K. (1958), Bm Schmidinger J. (1949), Lm Schnellberger F. (1969), HFm Schöffegger J. (1962), Schwarzenhofer F., OFm Schweifer R. (1978), HFm Spreitzer F. (1958), Fm Staudinger G. (1976), Lm Steinberger A. (1971), Stenger J. (1933), HBm Thaler J. (1975), Unfried J. (1983), Wagner M. (1979), E-OBI Weinberger F. (1950), HFm Weinberger G. (1950), Weinberger J., HFm Weinberger K. (1966), HBm Weinberger P. (1973), HBm Wild A. (1947), Bm Zellner F. (1919)

FF SCHNEEGATTERN

Im Jahr 1876 wurde die erste Feuerwehr gegründet, die jedoch mangels Statuten und amtlicher Anmeldung amtlicherseits erst nicht zur Kenntnis genommen wurde. Diese Anerkennung erfolgte am 18. Oktober 1881 durch die k. u. k. Statthalterei Linz. Zur materiellen Entwicklung wäre zu sagen, daß das Dampfsägewerk der Gebrüder Brüll großes Interesse an einer einsatzfähigen Feuerwehr hatte und daher viel für deren Entwicklung unternahm. So wurde schon bald nach Gründung der Wehr von dieser Firma ein Spritzenhaus errichtet. Einen hölzernen Schlauchturm erhielt die Wehr 1912, das elektrische Licht wurde 1927 eingeleitet, und 1933 stiftete die Glasfabrik eine Alarmsirene. Die Ausrüstung bestand vorerst aus zwei zweirädrigen Handspritzen, 1909 folgte eine vierrädrige Handspritze (Leistung: 400 l/min). Motorisiert ist die Wehr seit 1949; anfangs gab es nur einen alten Wehrmachtswagen. Dieser wurde 1958 durch einen Steyr Fiat 1100 T ersetzt. Das uralte Zeughaus wurde von der Gemeinde durch ein modernes Depot ersetzt, das 1965 feierlich eingeweiht wurde. Die gegenwärtige moderne Ausrüstung besteht aus einer RW 75 mit einer Leistung von 750 l/min und einer Gugg Automatik mit 900 l/min sowie aus schweren Atemschutzgeräten, welche 1978 angekauft wurden. Seit 1980 besitzt die Feuerwehr ein LFB-Lösch- und Bergefahrzeug. Als größere Festlichkeit wäre das am 15. August 1936 gefeierte 60jährige Bestandsjubiläum zu erwähnen, bei welchem 32 Feuerwehren anwesend waren. Am 27. und 28. Juni 1981 feierte die Feuerwehr ihr 105jähriges Gründungsfest, und am 26. Oktober 1982 wurde die neue von Fahnenmutter Michaela Fleischmann und Fahnenpatin Marianne Erhart gestiftete Fahne geweiht und ihrer Bestimmung übergeben.

HBI Grabner F. (1951), OBI Berner J. (1973), AW Steinbichler F. (1982), AW Winter R. (1950), AW Wolf D. (1976) — PFm Alisat G. (1980), OBm Allisat H. (1950), Fm Altmüller D. (1981), Fm Apfelthaler H. (1980), OFm Apfelthaler R. (1977), HFm Auer F. (1930), FA Dr. Bartlewski P. (1981), HFm Daxer F. (1936), PFm Eichler H. (1980), HFm Eichler W. jun. (1973), HFm Erkner F. (1915), Erkner G. (1979), HFm Erkner P. (1951), PFm Erlinger W. (1980), HFm Fischer H. (1965), HFm Frauscher G. (1951), HBm Hager K. (1974), PFm Hellermann G. (1977), Fm Hellermann N. (1976), JFm Hellermann W. (1983), HFm Hellmoser J. (1927), Hoppenthaler N. (1973), OFm Jungwirt D. (1976), OBm Koschler J. (1950), OBm Krifta O. (1958), HFm Lettner I. (1927), Lm Macho H. (1977), HFm Mangelberger K. (1953), HFm Mayer G. (1976), Fm Meilinger K. (1980), OBm Nobis W. (1951), OFm Prexl K. (1981), OFm Prexl M. (1968), HFm Pühringer K. (1947), Puscher A. (1984), JFm Puscher W. (1980), OBm Rappl H. (1967), Rauscher M. (1983), Fm Rippl Ch. (1976), Fm Rippl E. (1976), PFm Rippl R. (1977), HFm Rippl W. (1950), HFm Schinagl M. (1935), E-AW Schmidt R. (1955), HFm Seidl A. (1967), Fm Skopek R. (1981), HBm Struber P. (1976), HFm Trischitz H. (1967), JFm Trischitz J. jun. (1977), HFm Vitzkotter M. (1955), OFm Vitzkotter P. (1976), HFm Vitzthum H. (1927), Fm Vitzthum H. (1959), Walchhofer R. (1983), Fm Wilhelm F. (1977), Fm Wrabl A. (1977), HFm Zuckerstätter E. (1956), HFm Zuckerstätter W. (1968), Fm Zuckerstätter W. (1981)

FF SCHWAND IM INNKREIS

Am 20. Oktober 1892 fanden sich 49 Männer zur Gründung der FF Schwand zusammen. Erster Kommandant war Franz Solchinger. Unter ihm wurde 1896 das noch bestehende Feuerwehrhaus errichtet und 1898 von der Fa. Gugg eine Wagenspritze mit stehender Schlauchhaspel erworben. 1929 wurde die erste Motorspritze der Type I von der Fa. Gugg angekauft. 1945 konnte die FF Schwand eine DKW-Motorspritze aus deutschen Wehrmachtsbeständen übernehmen. 1948 wurde ein alter Steyr 29 zu einem Spritzenfahrzeug umgebaut. 1950 wurde ein alter Opel Blitz zu einem Feuerwehrauto umgebaut. 1958 wurde ein neuer Ford FK 1000 angekauft. 1968 wurden zwei Motorspritzen Rotax WS II von der Fa. Gugg erworben; 1975 wurde eine neue VW-Automatikspritze, 1982 zwei schwere Atemschutzgeräte gekauft. 1983 wurde ein neues LFB 508 D mit Vorbaupumpe von der Fa. Rosenbauer übernommen. 1984 Ankauf von 2 Handfunk- und 1 mobilen Funksprechgerät (2-m-Band).

HBI Schiefegger L. (1955), OBI Maislinger J. (1958), OAW Willinger J. (1951), AW Eisenführer V. (1976), AW Hofer M. (1975), AW Peterlechner J. (1950), AW Rothenbuchner J. (1962), AW Wimmer G. (1974), BI Wimmer P. (1969) — Bm Achleitner J. (1947), HFm Achleitner J. (1975), Fm Aigner F. (1950), Lm Altenbuchner J. (1927), HFm Altenbuchner J. (1954), E-AW Baumann J. (1958), HFm Baumgartner J. (1953), HFm Berger J. (1941), Fm Berger J. (1981), HFm Bermannschlager J. (1950), Fm Bermanschlager J. (1981), Fm Bermanschlager M. (1981), Fm Brodschelm J. (1973), Bm Buchner F. (1974), OFm Buchner J. (1975), OFm Daxl J. (1949), Fm Deubler J. (1975), HFm Dickenberger E. (1975), Fm Dicker J. (1981), HFm Eder K. (1975), HFm Eichberger F. (1968), HFm Eisenführer H. (1975), Fm Eisenführer W. (1981), Fm Feichtenschlager F. (1964), Fm Feichtenschlager F. (1964), HFm Filzmoser J. (1977), Fm Friedl G. (1953), HFm Friedl G. (1953), HLm Friedl J. (1977), Fm Gasteiger H. (1963), Fm Glötzer F. (1962), Bm Gohla G. (1962), HFm Grabner J. (1958), HFm Grabner J. (1958), HFm Grabner J. (1974), OFm Graf F. (1926), HFm Gröger O. (1960), Fm Gruber A. (1975), Lm Gruber J. (1958), Fm Gruber J. (1981), OFm Gruber S. (1929), Fm Hangöbl F. (1977), Fm Hangöbl H. (1979), OFm Hangöbl J. (1958), Fm Hangöbl J. (1977), Lm Hangöbl J. (1928), OFm Hangöbl J. (1951), Fm Hartl J. (1977), OFm Haslinger J. (1951), Fm Hofer F. (1968), OFm Hofer J. (1949), Fm Hofer J. (1958), HFm Hoffmann A. (1970), Fm Huber Ch. (1983), Lm Huber J. (1951), Fm Kaiser J. (1954), Fm Kaiser J. (1977), HBm Kammerstätter M. (1916), Fm Kirnstätter A. (1980), Fm Kitzhofer F. (1953), Fm Kreil G. (1962), Fm Kreil J. (1977), Fm Kreuzeder G. (1956), Fm Kreuzeder R. (1974), HFm Lanzl H. (1950), Bm Lechner-Schmerold A. (1947), OFm Loidl J. (1947), Fm Maislinger A. (1977), Fm Maislinger A. (1951), OFm Maislinger K. (1938), Lm Meindl G. (1950), HFm Mühlbacher G. (1976), HFm Mühlbacher J. (1977), Fm Mühlbacher K. (1979), HFm Pennwieser F. (1973), Fm Pennwieser H. (1983), HFm Pennwieser H. (1979), OFm Perschl F. (1928), Bm Perschl F. (1951), HFm Perschl F. (1963), Fm Perschl F. (1981), HFm Perschl J. (1958), OFm Perschl J. (1951), Fm Perschl J. (1969), Fm Peterlechner J. (1981), Fm Piereder J. (1981), Bm Plasser J. (1958), HFm Plasser J. (1958), OFm Plasser J. (1968), OFm Pommer A. (1959), Fm Pommer H. (1964), Lm Prielhofer J. (1950), OFm Prielhofer J. (1952), Fm Prielhofer J. (1981), Fm Reichartinger J. (1981), Fm Reichartinger J. (1981), Lm Reichartinger A. (1968), OFm Reichartinger A. (1949), OFm Reichartinger J. (1975), OFm Reichhartinger J. (1951), OFm Reschenhofer A. (1937), Fm Reschenhofer F. (1954), Fm Reschenhofer J. (1982), Fm Reschenhofer J. (1947), OFm Reschenhofer J. (1932), OFm Reschenhofer J. (1947), Bm Reschenhofer J. (1950), OFm Reschenhofer P. (1953), OFm Rothenbuchner J. (1955), Fm Rothenbuchner J. (1962), Fm Rothenbuchner J. (1983), Fm Rothenbuchner S. (1950), HFm Seidl J. (1969), HFm Seidl J. (1979), HFm Seidl J. (1958), Fm Silberer A. (1962), Lm Silberer S. (1958), HFm Söllinger A. (1975), OFm Söllinger G. (1963), HFm Söllinger J. (1980), Fm Speckner F. (1949), Fm Speckner F. (1949), Fm Speckner J. (1947), HFm Spitzwieser K. (1969), Fm Sporrer M. (1967), HFm Stadler J. (1949), Bm Stadler J. (1964), Fm Stadler J. (1960), OFm Stadler L. (1977), OFm Starnberger J. (1957), Fm Starnberger J. (1981), HFm Steindl F. (1958), Fm Steindl H. (1983), Fm Stopfner F. (1949), Fm Stopfner F. (1977), HFm Straßhofer J. (1958), Fm Straßhofer N. (1975), OFm Thaller A. (1932), OFm Thaller A. (1952), Fm Thaller F. (1969), HFm Thaller J. (1982), OFm Thaller F. (1959), Fm Thaller L. (1983), Bm Thaller L. (1951), HFm Tischlinger E. (1962), OFm Tischlinger J. (1954), Fm Tosch P. (1964), Fm Wagner J. (1951), Fm Wimmer J. (1961), OFm Wimmer P. (1947), Fm Würflingsdobler F. (1983), Fm Würflingsdobler G. (1950), Fm Würflingsdobler J. (1950), HLm Würflingsdobler J. (1978), Wurhofer G.

FF SIEGERTSHAFT-KIRCHBERG

In einer konstituierenden Versammlung gaben am 26. Mai 1895 in der Ortschaft Siegertshaft, Gemeinde Kirchberg, 29 Männer ihr Ja zur Gründung einer Feuerwehr. Für das Zustandekommen dieser Versammlung hatte sich Bürgermeister Franz Pommer in hervorragender Weise verdient gemacht. Ein Ausschuß verfaßte die Statuten und zwei notwendig gewordene Rekurse. Endlich wurde mit Schreiben vom 23. November 1895 von der Statthalterei Linz der Verein „Freiwillige Feuerwehr in Siegertshaft, Gemeinde Kirchberg" genehmigt. Bei der ersten ordentlichen Generalversammlung wurden folgende Funktionäre gewählt: Feuerwehrhauptmann Georg Piereder, Bauer; Stellvertreter Sebastian Endhammer, Wirt; Zeugwart Franz Pommer, Bauer; Schriftführer und Kassier Johann Mayer, Lehrer. Die notwendigen Ausrüstungsgegenstände wurden von der Feuerwehr und der Gemeinde Kirchberg bezahlt. Während des Ersten Weltkrieges konnten nur wenige Mitglieder den Bestand der Feuerwehr aufrechterhalten. 1923 wurden im Dorf Kirchberg und in der Ortschaft Sauldorf zwei Löschzüge innerhalb der Feuerwehr Siegertshaft gegründet und mit Handdruckspritzen ausgestattet. In diesem Jahr wurde die erste Feuerwehrfahne bei einem großen Feuerwehrfest geweiht. 1932 und 1934 wurden die beiden Löschzüge Oberholz und Hilprechtsham gegründet. Nach dem Zweiten Weltkrieg traten viele Männer der Wehr bei. Allmählich wurden weitere Tragkraftspritzen angeschafft. 1961 kaufte die Gemeinde einen Lkw, der als Feuerwehrfahrzeug und Schneeräumgerät eingesetzt wurde. Im letzten Jahrzehnt wurde die Freiwillige Feuerwehr Siegertshaft-Kirchberg durch den Ankauf eines TLF 2000 Trupp, des schweren Atemschutzes und der Funkgeräte technisiert und modernisiert. Ständig bilden sich junge Mitglieder in Feuerwehrkursen und bei Wettbewerben weiter. Das erste Feuerwehrgebäude mit Steigerturm wurde im Jahr 1899 erbaut; eine größere Reparatur erfolgte 1921. In den Jahren 1924/25 kam es zum Neubau des Zeughauses, das 1951 erweitert wurde.

HBI Stockinger H. (1947), OBI Laimer G. (1950), AW Huber J. (1961), AW Huber J. (1965), AW Winter A. (1953), OBI Huber F. (1949), BI Bermadinger F. (1968), BI Dax J. (1954), BI Gradl J. (1967), BI Österbauer A. (1953), BI Stockinger J. (1967) — HFm Aspodinger R. (1953), OFm Bachleitner F. (1972), OFm Bachleitner J. (1973), HFm Bauchinger J. (1932), OFm Bauchinger J. (1967), PFm Bayr A. (1983), HFm Berger E. (1947), OFm Berghammer E. (1975), Fm Berghammer H. (1978), OFm Berghammer L. (1976), HFm Berghammer S. (1951), HFm Berghammer S. (1973), Fm Bermadinger G. (1982), Bermadinger J. (1946), HFm Bermadinger S. (1949), Fm Binder H. (1979), OFm Bleierer F. (1973), HFm Bleierer G. (1946), OFm Bleierer G. (1970), Fm Braitenthaller J. (1975), Fm Brandl D. (1980), Fm Bürgmann F. (1960), Fm Bürgmann H. (1981), HFm Daxecker J. (1949), HFm Duschl A. (1946), OFm Duschl W. (1973), Fm Egger E. (1973), Eisele A., PFm Eisele Ch. (1983), OFm Eisele J. (1961), Fm Emmersberger L. (1976), PFm Enthammer H. (1983), HFm Enthammer J. (1951), HFm Enthammer J. (1934), OFm Enthammer J. (1965), OFm Esterbauer J. (1967), OFm Falch F. (1966), HFm Fröhlich J. (1936), Fm Göbl F. (1980), Fm Gollhammer Ch. (1980), OFm Gollhammer J. (1958), OFm Gratz A. (1961), HFm Gratz A. (1967), HFm Gruber G. (1949), Fm Gruber G. (1972), Fm Gruber J. (1975), OFm Gruber K. (1977), OFm Gruber P. (1974), HFm Hackelsberger J. (1949), OFm Hackelsberger J. (1970), OFm Haidenthaler P. (1962), HFm Harner F. (1949), OFm Heinrich F. (1955), Fm Heinrich F. (1980), HFm Heinrich M. (1946), OFm Höflmaier H. (1958), OFm Höflmaier L. (1957), PFm Huber F. (1983), HFm Huber F. (1971), OFm Huber F. (1970), PFm Huber J. (1983), HFm Huber J. (1929), HFm Huber J. (1951), OFm Huber J. (1975), HFm Huber J. (1948), OFm Huber J. (1970), HFm Huber J. (1976), HFm Huber J. (1963), HFm Huber M. (1948), Fm Huber M. (1982), PFm Ibetsberger W. (1983), Fm Käfer J. (1982), Fm Kainz J. (1981), OFm Kainz H. (1963), Fm Kainz M. (1980), HFm Kainz M. (1952), Fm Kainz R. (1979), OFm Kainz S. (1973), PFm Knauseder J. (1983), Fm Kreil A. (1976), OFm Kreiseder F. (1964), OFm Kreiseder F. (1975), OFm Lauer E. (1974), OFm Ing. Lauer G. (1974), OFm Lechner F. (1977), OFm Lechner H. (1972), OFm Lechner J. (1941), HFm Linecker F. (1939), HFm Linecker F. (1973), HFm Linecker F. (1946), OFm Mackinger F. (1973), OLm Mackinger F. (1946), Fm Mackinger F. (1980), Fm Mackinger F. (1981), HFm Mackinger W. (1951), HFm Maislinger J. (1951), HFm Maislinger P. (1951), HBm Maislinger P. (1965), HFm Mendler J. (1967), OFm Menth F. (1973), HFm Meßner A. (1980), HFm Mitterbauer J. (1948), OFm Mitterbauer J. (1971), OFm Mitterbauer J. (1970), OFm Moser J. (1953), OFm Moser J. (1976), Fm Moser M. (1980), OFm Moser W. (1957), Fm Moser W. (1976), HFm Mühlfellner J. (1964), Fm Mühlfellner L. (1978), HFm Müller F. (1932), OFm Müller H. (1971), HLm Neuhauser E. (1962), Fm Neuhauser K. (1978), HFm Neuhofer J. (1957), OFm Nobis F. (1970), Fm Obermaier F. (1974), HFm Öller F. (1940), HLm Öller F. (1968), Fm Öller J. (1980), OFm Öller J. (1977), OFm Öller J. (1977), HLm Pieringer J. (1946), Fm Pieringer J. (1982), HLm Plietl J. (1966), OFm Pöschl M. (1963), Fm Pötzelsberger G. (1979), OFm Pötzelsberger H. (1979), Fm Pötzelsberger H. (1979), HFm Pommer S. (1946), OFm Prossinger J. (1980), OFm Reinthaler T. (1963), HFm Reitsberger J. (1968), OFm Reitsberger J. (1977), Fm Reitsberger L. (1980), OFm Reitshammer J. (1973), HFm Reitshammer M. (1976), HFm Rendl J. (1947), HFm Rendl W. (1967), HFm Renzl L. (1946), Bm Ries F. (1934), HLm Ries F. (1966), Lm Ries J. (1967), HFm Ries J. (1946), OFm Rieß S. (1954), OFm Rögl-Fekührer K. (1966), HFm Roidmayr F. (1932), OFm Roidmayr H. (1973), HFm Salzlechner F. (1960), Fm Salzlechner F. (1977), Fm Salzlechner K. (1978), Fm Salzlechner S. (1978), HLm Scharries A. (1967), Fm Schmid T. (1978), HFm Schnur J. (1964), OLm Schreiner G. (1965), HFm Schwaiger J. (1931), OLm Schwaiger J. (1946), OFm Mag. Schwaiger J. (1970), HFm Schwarz G. (1949), HLm Schwarz G. (1965), OLm Schwarz J. (1966), HFm Schwarz K. (1958), HLm Spitzender J. (1964), OFm Spitzeneder F. (1976), HBm Sporrer J. (1954), Fm Sporrer J. (1980), Fm Sporrer K. (1976), OFm Starzer F. (1955), HFm Starzer J. (1957), PFm Starzer J. (1962), Stemeseder F. (1919), Fm Stockinger F. (1981), Stockinger F. J. (1966), OFm Stockinger H. (1973), E-HBI Stockinger J. (1939), HBm Stockinger J. (1959), OFm Stockinger J. (1974), OLm Stockinger J. (1946), Fm Stockinger J. (1979), PFm Stockner K. (1983), OFm Stockner O. (1958), HFm Stöger J. (1946), HFm Stöger J. (1973), OFm Stöger J. (1953), Fm Stöger K. (1981), HFm Vitzthum F. (1953), Fm Vitzthum F., Fm Vitzthum H. (1981), HFm Voggenberger A. (1946), HFm Wagner J. (1952), OFm Wallmannsberger F. (1975), HFm Wallmannsberger J. (1950), Fm Wallmannsberger W. (1982), HFm Webersberger F. (1932), Webersberger J., HFm Weinberger L. (1928), OFm Weinberger L. (1959), OFm Wimmer A. (1963), OFm Wimmer E. (1962), HLm Wimmer E. (1960), Fm Wimmer E. (1981), Bm Wimmer J. (1946), OFm Wimmer J. (1976), HFm Wimmer J. (1946), Fm Winter A. (1979), HFm Winter J. (1950), OFm Winter J. (1974), OFm Winter J. (1977), PFm Winter L. (1983), HFm Winter R. (1929), Fm Winter W. (1982), HFm Zehentner A. (1952), HFm Zehetner F. (1972)

FF STALLHOFEN

Die FF Stallhofen, eine der vier Feuerwehren der Gemeinde Schalchen, wurde 1908 gegründet. Erster Kommandant war das Gründungsmitglied Mathias Falk, dem 1938 Bindermeister Karl Schwedner folgte. 1973 wurde Schwedner durch HBI Anton Hofer abgelöst. 1928 kaufte die Wehr ihre erste Motorspritze, Marke Rosenbauer. 1937 erfolgte der Bau eines eigenen Zeughauses. Dieses Zeughaus wurde 1958 durch einen Zubau erweitert und umgebaut. Eine Sirene konnte aufgrund der finanziellen Lage erst 1949 installiert werden. Das erste Löschfahrzeug wurde 1950 angekauft; es war dies ein gebrauchter Steyr-Lkw, der erst für den Feuerwehreinsatz umgerüstet werden mußte. Dieses Fahrzeug wurde 1971 durch einen Land Rover Allrad ersetzt. Dazu wurde 1979 noch ein gebrauchter Mercedes Benz Tanklöschwagen angekauft. Die erste Jugendgruppe wurde 1972 ins Leben gerufen. Seit 1984 ist die FF Stallhofen an das Sirenennetz und an die Funkalarmierung angeschlossen.

HBI Hofer A. (1956), OBI Maier J. (1972), AW Grubmüller J. (1969), AW Haidinger J. (1973), AW Rieß F. (1958), BI Buttenhauser H. (1966), BI Maier F. (1946), BI Mühlbacher J. (1946), BI Reiter J. (1977) — OFm Achleitner F. (1972), HFm Achleitner F. (1950), Achleitner G. (1972), HFm Aigner F. (1963), HFm Bachleitner J. (1960), HFm Baier F. (1969), OFm Briedl A. (1973), HFm Briedl A. (1949), Fm Briedl H. (1982), OFm Briedl H. (1966), OFm Büttenhauser F. (1981), HFm Buttenhauser F. (1960), OFm Buttenhauser J. (1974), OBm Buttenhauser J. (1924), HFm Buttenhauser J. (1956), OFm Buttenhauser J. (1962), Lm Buttenhauser L. (1960), JFm Buttenhauser L. (1981), HFm Daxer A. (1956), Fm Diermaier F. (1963), JFm Dürnberger E. (1981), HLm Dürnberger J. (1962), JFm Dürnberger J. (1975), Fm Egner H. (1975), OFm Eisenhofer J. (1974), HFm Eisenhofer J. (1933), Fm Eisenhofer J. (1973), Fm Eisenhofer R. (1974), HFm Eng E. (1972), Lm Eng E. (1955), Fm Eng F. (1977), Fm Falk F. (1971), HFm Falk F. (1933), OFm Fangel H. (1976), JFm Fangel M. (1976), OFm Faugel G. (1976), HFm Faugel H. (1976), HFm Faugel P. (1962), Fm Feichtenschlager A. (1977), Fm Feichtenschlager F. (1981), HFm Feichtenschlager J. (1960), OFm Felber A. (1956), HFm Frauenhuber F. (1972), OFm Frauenhuber H. (1976), HFm Frauenhuber J. (1974), HFm Frauenhuber J. (1972), Lm Frauenhuber J. (1950), HFm Haidinger A. (1972), OFm Haidinger E. (1972), Fm Haidinger F. (1976), Fm Haidinger J. (1978), OFm Haidinger F. (1947), PFm Haidinger J. (1976), HFm Haidinger K. (1975), Lm Haidinger L. (1972), HFm Haidinger R. (1972), Lm Haidinger S. (1947), OFm Haidinger S. (1972), E-AW Heller J. (1948), Fm Höck S. (1981), OFm Höflmaier F. (1974), JFm Hofbauer Ch. (1980), JFm Hofbauer J. (1980), OFm Hofer A., E-AW

Hofmann K. (1923), OFm Hofmann L. (1971), Fm Huber G. (1976), OFm Katzdopler F. (1976), OFm Kirnstötter F. (1952), HFm Klinger R. (1957), OFm Kreil F. (1966), OFm Kreil H. (1955), OLm Kreninger G. (1946), JFm Kreuzer Ch., HFm Kreuzer E. (1975), JFm Kreuzer G., HFm Kreuzer J. (1966), OBm Kreuzer L. (1963), OFm Kreuzer L. (1975), OFm Langmaier F. (1975), Lm Langmaier F. (1975), OLm Lindlbauer J. (1928), Fm Lindlbauer J. (1976), OFm Linecker L. (1972), OFm Maier F. (1962), Fm Maier F. (1982), Fm Maier H. (1974), HFm Maier J. (1946), HFm Maier J. (1952), OFm Mitterbauer J. (1973), JFm Mitterbauer J. (1981), HFm Mitterbauer K. (1972), HFm Moser P. (1964), OFm Mühlbacher F. (1979), OFm Mühlbacher P. (1972), HFm Mühlbacher J. (1946), OFm Neuhauser F. (1975), HFm Neumayr F. (1954), OFm Penninger J. (1971), OFm Pfeil R. (1972), JFm Postl H. (1979), JFm Postl J. (1981), JFm Prambauer P. (1981), Fm Priewasser E. (1976), E-AW Priewasser E. (1957), HFm Prillhofer J. (1955), Lm Ranftl J. (1950), HFm Ranftl W. (1966), JFm Reiter A., HFm Reiter H. (1972), HLm Ries F. (1930), Rieß F. (1981), JFm Rieß G., HFm Sattlecker A. (1969), Fm Sattlecker A. (1979), Lm Sattlecker F. (1949), Fm Sattlecker F. (1977), Lm Sattlecker G. (1960), OFm Sattlecker G. (1972), OFm Sattlecker K. (1974), OFm Sattlecker W. (1972), HFm Schalk K. (1959), OFm Schiemer H. (1975), HFm Schmidt K. (1975), OFm Schmidt G. (1976), OFm Schwarz G. (1933), OFm Schwendner K. (1975), HFm Tiefenböck F. (1961), Fm Tiefenthaler J. (1978), HFm Tiefenthaler J. (1953), HLm Vitzthum J. (1937), HFm Wagner A. (1968), HFm Weiß J. (1968), JFm Weiß J. (1981), HFm Winter F. (1951), Winter H. (1980), JFm Winter J. (1982), HFm Winter J. (1956)

FF TEICHSTÄTT

Die FF Teichstätt wurde 1910 gegründet; die erste Anschaffung war eine Handdruckspritze. 1915 wurde mit dem Bau einer Zeugstätte begonnen. 1920 wurde bereits eine kleinere zweite Handdruckspritze gekauft. Zur Modernisierung der Wehr wurde 1932 der Ankauf einer Motorspritze beschlossen. Um bei Einsätzen eine bessere Alarmierung der Bevölkerung zu gewährleisten, wurde 1951 eine Sirene erworben. Im Mai 1954 kam es zu einer größeren Anschaffung, und zwar wurde ein Rüstwagen angekauft. Verbunden mit dem Wagenkauf wurde 1956 die Zeugstätte saniert und gleichzeitig vergrößert. Die Entwicklung der Zeit brachte es mit sich, daß wegen zu geringer Leistung der alten Spritze 1958 eine neue Motorspritze, Marke VW, in Betrieb genommen wurde. 1960 wurde das 50jährige Gründungsfest, verbunden mit einer Fahnenweihe, gefeiert. 1964 wurde das Rüstfahrzeug gegen ein moderneres der Marke KLF Ford 1250 ausgetauscht. 1976 wurde neben der Wallfahrtskirche Heiligenstatt ein Florianidenkmal errichtet. Nach längerer Planung wurde im Oktober 1983 mit dem Bau eines den heutigen Bedürfnissen entsprechenden Zeughauses begonnen.

HBI Stöllinger E. (1966), OBI Schnaitl A. (1946) — Angelberger E. (1980), Anglberger M. (1959), Anglberger M. (1981), Arnold J. (1958), Bayer M. (1981), Berner J. (1950), Bernroider A. (1954), Bleier F. (1964), Bleier R. (1926), Brandhuber H. (1983), Brandhuber J. (1970), Brandhuber R. (1983), Bruckmüller J. (1973), Bruckmüller R. (1966), Ebner A. (1959), Eder P. (1951), Eiblmayr A. (1930), Fahrner H. (1972), Falch F. (1942), Falch P. (1951), Falch W. (1966), Feldbacher F. (1932), Feldbacher J. (1973), Feldbacher J. (1951), Feldbacher W. (1978), Flöckenmüller J. (1950), Flöckenmüller J. (1966), Frahammer J. (1966), Fuchs H. (1983), Fuchs H. (1950), Fuchs M. (1930), Dr. Gaßner W. (1980), Giebl F. (1981), Giebl J. (1960), Gierbl J. (1973), Graf J. (1968), Graf J. (1969), Grubits P. (1973), Haller A. (1983), Hangler A. (1968), Hattinger J. (1976), Heinzl F. (1930), Heinzl F. (1966), Heinzl J. (1973), Heinzl W. (1973), Herz H. (1951), Hettegger B. (1980), Höllmoser J. (1965), Höllmoser J. (1982), Hofbauer J. (1968), Hofstetter J. (1970), Holzinger J. (1980), Holzinger J. (1951), Holzinger J. (1981), Hüttenberger F. (1983), Hüttenberger J. (1967), Karrer F. (1920), Karrer F. (1959), Kasper F. (1977), Klinger H. (1949), Ledl G. (1963), Ledl G. (1981), Leikermoser F. (1963), Linecker J. (1942), Maderegger G. (1960), Mahr H. (1968), Mahr K. (1959), Maislinger A. (1970), Maixner R. (1974), Mangelberger F. (1950), Manglberger F. (1973),

Mayer R. (1951), Mayer R. (1981), Migelbauer J. (1961), Moser F. (1946), Moser F. (1982), Moser H. (1952), Moser J. (1916), Moser J. (1953), Moser J. (1980), Moser M. (1983), Moser P. (1972), Müller A. (1983), Muigg M. (1978), Murgg M. (1950), Neuhofer A. (1980), Neuhofer M. (1983), Neuhofer M. (1968), Ortner S. (1960), Pfeffer F. (1980), Pintschka J. (1980), Reindl F. (1961), Reitsammer J. (1973), Reitshammer A. (1932), Reitshammer F. (1982), Reitshammer J. (1949), Rieß E. (1977), Sailer F. (1949), Sailer F. (1977), Schinagl J. (1978), Schindecker A. (1953), Schindecker K. (1966), Schindecker P. (1957), Schindecker P. (1968), Schinwald J. (1964), Schinwald J. (1977), Schnaitl F. (1952), Schnaitl F. (1918), Schneider G. (1954), Schneider S. (1954), Schröck J. (1951), Schwab J. (1968), Schwarz A. (1973), Schwarz A. (1975), Schwarz F. (1973), Sieberer E. (1970), Sieberer J. (1928), Sieberer J. (1973), Staffl G. (1983), Staffl J. (1952), Staffl S. (1970), Stegmüller H. (1932), Stempfer P. (1930), Stöllinger F. (1972), Stöllinger H. (1946), Stöllinger M. (1950), Stöllinger S. (1954), Voggenberger F. (1973), Voggenberger J. (1951), Voggenberger J. (1970), Voggenberger J. (1973), Vorhauer G. (1975), Vorhauer G. (1981), Weinberger F. (1933), Weinberger J. (1961), Weinberger J. (1968), Windsberger J. (1971), Zenzmeier J. (1977)

FF TARSDORF

Unter Leitung von Bürgermeister Georg Neuhuber wurde am 28. Mai 1895 die Freiwillige Feuerwehr Tarsdorf gegründet. Kommandant wurde Viktor Schwarz aus Hörndl. Doch schon nach kurzer Zeit legte Viktor Schwarz sein Amt nieder und Georg Neuhuber wurde zum Kommandanten gewählt (1896). Zu dieser Zeit bestand die Feuerwehr aus 24 Mann. 1896 wurde die erste Handspritze der Feuerwehr übergeben und in Tarsdorf stationiert. Ende 1896 wurde eine neue Abprotz-Saugspritze bei der Firma Gugg gekauft und gleichzeitig der Löschzug Hofweiden gegründet. Von 1896 bis 1900 gab es sechs Brandeinsätze. Im Jahr 1901 wurde Franz Huber zum Kommandanten gewählt. Ihm folgte im Jahr 1902 Oskar Gertzer als Kommandant. 1903 wurde Viktor Schwarz wiedergewählt, doch mußte er am 7. August 1903 sein Amt niederlegen. Neuer Kommandant wurde Franz Forsthofer, der seine Funktion bis 1911 ausübte. Er wurde von franz Dechant aus Hörndl als Feuerwehrhauptmann der Freiwilligen Feuerwehr Tarsdorf abgelöst. Im Jahr 1913 wurde die dritte Spritze gekauft und gleichzeitig der Löschzug Fucking gegründet. Im Jahr 1928 übernahm Eduard Schuster die Agenden des Kommandanten. Am 26. Jänner 1930 wurde die erste Motorspritze angekauft. Der vierte Löschzug, Schmidham, wurde am 30. November 1930 gegründet. 1933 übernahm wiederum Franz Dechant das Amt des Kommandanten. 1940 wählte man Anton Sigl aus Staig zum neuen Feuerwehrhauptmann. Am 8. Juli 1945 wurde das 50jährige Gründungsfest feierlich begangen. Im Jahr 1954 wurde eine weitere Motorspritze angekauft. Im Jahr 1961 wurde für den Löschzug Schmidham eine DKW-Motorspritze gekauft. Im Jahr 1963 wurde Johann Habl zum Feuerwehrhauptmann der FF Tarsdorf gewählt. 1968 wurde Ludwig Sommerauer zum neuen Kommandanten gewählt, der auch heute noch diese Funktion innehat. 1969 wurde die erste VW-Spritze gekauft. Im Jahr 1969 wurde auch eine Feuerwehrjugendgruppe gegründet. Bei einem Brand im Jahr 1972 wurde die Feuerwehrfahne vernichtet. Im Mai desselben Jahres fand ein Gründungsfest mit Fahnenweihe statt. Im Jahr 1973 wurde die baufällige Zeugstätte durch einen Neubau ersetzt. 1974 kaufte die Gemeinde ein gebrauchtes Löschfahrzeug von der Freiwilligen Feuerwehr Burghausen. 1978 wurde bei der Firma Gugg eine TS (Trokomatic) angekauft. Im Jahr 1980 fand der Bezirksbewerb in Tarsdorf statt. Es nahmen 107 Gruppen daran teil. 1981 erfolgte der Ankauf eines Tanklöschfahrzeuges. Die Feuerwehr beteiligte sich an den Kosten mit 300 000 Schilling.

HBI Sommerauer L. (1943), OBI Sinzinger F. (1970), AW Bachmaier L. (1946), AW Hartl F. (1930), AW Höck H. (1953), AW Sommerauer A. (1970), AW Sommerauer J. (1964), BI Auer E. (1963), BI Danner F. (1946), BI Mitterhofer H. (1952), BI Sommerauer J. (1974), BR Habl J. (1946) — OBm Altenbuchner H. (1974), OFm Amselgruber J. (1970), OFm Amselgruber J. (1960), E-BI Auer A. (1946), OLm Auer J. (1946), HFm Auer J. (1925), HFm Auer K. (1924), HBm Auer R. (1974), Fm Axmann H. (1978), OFm Bachmaier J. (1948), HFm Bachmaier L. (1973), HFm Bachmaier V. (1924), HLm Bachmaier V. (1956), Fm Baumann E. (1981), HFm Baumann J. (1946), Fm Bernegger K. (1975), OFm Brughardt J. (1975), HFm Brunnauer I. (1951), HFm Brunnauer P. (1946), PFm Brunnauer R. (1967), OFm Brunner E. (1979), OFm Brunner H. (1978), HFm Brunner J. (1957), HFm Brunner J. (1978), OFm Brunner K. (1948), Fm Brunner L. (1971), HFm Brunner L. (1958), HLm Brunner L. (1959), JFm Brunner M. (1982), Lm Brunner P. (1953), JFm Brunner P. (1982), OFm Brunner V. (1946), Lm Damoser J. (1972), HFm David A. (1946), OBm David A. (1973), HFm David E. (1953), OFm David V. (1971), HFm Dechant F. (1951), OFm Dechant G. (1971), HFm Dechat F. (1971), OFm Ebenthaler J. (1961), HFm Eberherr J. (1927), OFm Eder A. (1975), HLm Ehrschwendtner F. (1972), HFm Ehrschwendtner F. (1946), JFm Esterbauer E. (1980), OLm Esterbauer F. (1938), HFm Esterbauer J. (1952), HFm Felber J. (1953), HFm Felber R. (1957), Fm Forsthofer E. (1978), HFm Forsthofer F. (1938), Fm Forsthofer W. (1978), Fm Friedl E. (1971), HFm Furtner J. (1928), HFm Furtner J. (1974), Fm Gabner A. (1972), Fm Galluseder F. (1976), JFm Galluseder H. (1982), Lm Galluseder J. (1955), HFm Galluseder J. (1927), OFm Gmailbauer J. (1971), HFm Grabner J. (1949), OFm Grabner J. (1946), JFm Graf F. (1982), PFm Graf J. (1983), HFm Graf J. (1942), HLm Graf R. (1956), OFm Graf R. (1979), OFm Gruber J. (1950), OFm Habl J. (1970), OFm Hadleder F. (1955), Fm Häuslschmid A. (1972), OFm Häuslschmid F. (1981), JFm Häuslschmid F. (1985), Häuslschmid L. (1966), HFm Häuslschmid M. (1952), Lm Hager F. (1951), OFm Hager J. (1948), OFm Handleder M. (1979), HFm Handleder P. (1954), OFm Hasler J. (1979), HFm Hauser F. (1953), HFm Hauslschmid G. (1965), Fm Hauslschmid W. (1970), Fm Helmberger F. (1973), Fm Helmberger J. (1973), HFm Helmberger P. (1928), HFm Helmberger P. (1968), Fm Helmberger R. (1978), HFm Hennermann L. (1928), HFm Hipf F. (1966), HFm Hipf G. (1982), Fm Hock H. (1979), OFm Höck H. (1968), HFm Höck H. (1928), OLm Höck J. (1979), Fm Höfelmaier E. (1979), HFm Höfer L. (1947), Fm Hofer J. (1973), Fm Hoflmaier E. (1972), Lm Hofmann F. (1943), OFm Hollersbacher G. (1950), Lm Huber F. (1946), HLm Huber G. (1973), HFm Huber G. (1946), OFm Huber J. (1975), JFm Huber M. (1981), OFm Jöchtl J. (1962), PFm Klikitsch G. (1983), HFm Klinger F. (1970), OFm Klinger P. (1968), OFm Kloimstein J. (1974), HFm Klomstein F. (1972), PFm Kneißl J. (1983), OFm Leidl W. (1973), HFm Leitner A. (1933), HFm Leitner F. (1926), OLm Leitner F. (1957), OFm Leitner J. (1966), HFm Leitner J. (1923), HLm Leitner J. (1957), JFm Leitner J. (1982), OFm Leitner J. (1955), JFm Leitner R. (1983), HFm Lindner M. (1934), JFm Maier F. (1983), HFm Maier J. (1963), OFm Maier J. (1970), Fm Maier R. (1972), Fm Mangelberger E. (1980), HFm Marsch J. (1952), OFm Matzinger J. (1951), Fm Matzinger J. (1977), Bm Mitterhofer H. (1977), HFm Moser J. (1926), HFm Mühlberger J. (1970), Fm Netzthaler A. (1978), OFm Netzthaler A. (1946), OLm Neubauer E. (1953), Lm Neubauer E. (1974), Fm Neubauer H. (1977), E-BI Neubauer H. (1946), OFm Neubauer J. (1958), JFm Neubauer J. (1981), HFm Neubauer P. (1978), HFm Neubauer P. (1947), OFm Neuhauser J. (1957), Lm Niederreiter A. (1961), OFm Niedl B. (1958), OFm Niedl B. (1981), PFm Niedl E. (1983), HFm Niedl E. (1946), Fm Öbster S. (1964), Lm Oichtner F. (1974), HFm Oichtner F. (1946), HFm Oichtner J. (1976), OFm Peterlechner J. (1959), HBm Peterlechner P. (1948), OFm Peterlechner W. (1972), JFm Pflaum J. (1981), HFm Priewasser J. (1936), PFm Priller E. (1978), HFm Priller J. (1950), HFm Priller J. (1953), HFm Priller P. (1976), OLm Renzel G. (1973), Lm Renzl F. (1975), Fm Renzl G. (1946), Lm Renzl J. (1960), HFm Resl F. (1926), Fm Savic N. (1964), OFm Schinagl G. (1947), Bm Schinagl J. (1952), HFm Schinagl P. (1931), Fm Schlichtner H. (1973), OFm Schmiedlechner F. (1973), Fm Schnaitl H. (1975), OFm Schuster A. (1965), HFm Schuster I. (1948), HFm Schuster J. (1946), HFm Schuster J. (1980), PFm Schuster W. (1983), HFm Sigl A. (1946), HFm Sigl A. (1970), HFm Sigl F. (1952), Fm Sigl G. (1968), OLm Sinzinger J. (1949), JFm Sommerauer A. (1982), OLm Sommerauer A. (1931), HFm Sommerauer A. (1946), OFm Sommerauer F. (1978), HFm Sommerauer F. (1946), HFm Sommerauer F. (1974), HFm Sommerauer F. (1938), HFm Sommerauer F. (1957), OFm Sommerauer F. (1965), JFm Sommerauer F. (1981), OFm Sommerauer J. (1947), HFm Sommerauer J. (1930), HFm Sommerauer J. (1953), Fm Sommerauer J. (1980), HFm Sommerauer J. (1955), HLm Sommerauer L. (1973), PFm Sommerauer M. (1983), OFm Sommerauer N. (1974), HFm Sommerauer S. (1952), JFm Sommerauer W. (1982), OLm Sommerauer W. (1958), OFm Spitzwieser H. (1965), HFm Stadler F. (1939), HFm Stadler J. (1955), HFm Thalmaier G. (1962), HFm Thalmaier J. (1931), OBm Thalmaier J. (1970), JFm Thalmeier R. (1983), OFm Weilbuchner Ch. (1947), HFm Weilbuchner F. (1946), PFm Weilbuchner H. (1983), Fm Weilbuchner J. (1979), Bm Weilbuchner L. (1952), OFm Weilbuchner L. (1975), PFm Wenger G. (1983), HFm Wimmer L. (1948), HFm Wimmer T. (1976), Fm Winkler J. (1972), HFm Winkler J. (1949), HFm Winkler J. (1924), Fm Wurger F. (1973), OFm Zirnitzer R. (1964)

FF THANNSTRASS

Am 15. März 1925 wurde die FF Thannstraß gegründet. Kommandant war Alois Bachleitner. Es wurde eine Handdruckspritze von der Firma Gugg angekauft. Bald nach der Gründung wurde auch ein Zeughaus errichtet. 1938 wurde der Beschluß gefaßt, eine Fahne anzukaufen. Sie wurde bei der Fa. Hofer in Linz bestellt, wurde aber dann durch das Fahnenverbot nicht mehr ausgefertigt und als halbfertig zurückgeschickt. Über Initiative des Obmanns Ferdinand Wührer wurde 1945 neuerdings versucht, die Fahne fertigstellen zu lassen. Die Kommandomitglieder fuhren nach Linz zur Fa. Hofer, wohin sie Lebensmittel mitnahmen, worauf die Fahne fertiggestellt wurde. Die Fahne wurde in aller Stille beim Mühlbacher in Aichbichl geweiht und ist heute im Feuerwehrmuseum in Linz. Beim Gründungsfest am 2. Juli 1950 waren 28 Feuerwehren anwesend. Im Februar 1950 wurde die erste gebrauchte Motorspritze, 1969 eine weitere Motorspritze von der Fa. Gugg gekauft. Das erste Einsatzauto, ein gebrauchter Ford Transit, wurde 1975 angekauft. 1977 wurde eine neue Motorspritze erworben.

HBI Wimmer J. (1952), OBI Langmaier A. (1972), AW Bachleitner F. (1972), AW Frauscher M. (1960), AW Neuländtner J. (1959) — HFm Bachleitner F. (1962) E-OBI Bachleitner J. (1925), Lm Baier E. (1957), Baier E. (1984), Fm Bauchinger F. (1980), Lm Bauchinger F. (1962), Bauchinger F. (1982), HFm Bauchinger J. (1974), Lm Bauchinger J. (1965), Fm Bauchinger J. (1978), OLm Bauchinger J. (1953), OLm Bauchinger K. (1951), OBm Binder J. (1925), Fm Bodenhofer J. (1981), HFm Brunnhuber F. (1972), OFm Brunnhuber J. (1977), Fm Brunnhuber K. (1977), HLm Buchecker A. (1929), OLm Buchecker F. (1952), Fm Buchecker F. (1980), E-HBI Buchecker F. (1934), OBm Buchecker G. (1925), OLm Buchecker J. (1964), Fm Daxecker J. (1978), HFm Erlinger J. (1949), JFm Feßl J. (1981), Lm Feßl K. (1958), Fm Feßl K. (1980), HFm Frauscher F. (1974), HLm Frauscher M. (1930), Fm Frauscher M. (1978), E-BI Fuchs J. (1947), HFm Gattermaier G. (1973), Fm Gattermaier H. (1980), Fm Gattermaier J. (1977), Fm Gattermaier J. (1950), OLm Gattermaier J. (1977), Fm Gerner A. (1982), HFm Gerner H. (1960), OFm Görg J. (1974), Lm Größlinger J. (1966), Lm Gruber F. (1964), Fm Gruber H. (1977), Fm Hoffmann A. (1980), Fm Hoffmann F. (1978), OLm Hoffmann J. (1950), Fm Hoffmann J. (1978), Fm Hütter H. (1982), Karer F. (1973), Lm Karer J. (1970), OLm Karer J. (1950), OLm Kinz F. (1954), OLm Knauseder J. (1953), Fm Kreitmaier H. (1978), HLm Kreitmaier J. (1947), HFm Kreitmaier J. (1968), JFm Krenzlehner A. (1981), Fm Krenzlehner Ch. (1980), OLm Krenzlehner J. (1955), OLm Kronberger F. (1951), OLm Kronberger J. (1960), OLm Langmaier H. (1970), Lindbauer N. (1983), OLm Linecker J. (1947), OFm Maier F. (1973), Fm Maierhofer F. (1978), OLm Mortizhuber A. (1950), OLm Mühlbacher A. (1955), Mühlbacher A. (1983), HFm Mühlbacher F. (1966), OLm Mühlbacher F. (1983), HFm Mühlbacher G. (1975), HFm Mühlbacher G. (1972), OFm Mühlbacher J. (1978), HFm Mühlbacher J. (1970), HLm Neuländtner J. (1931), Fm Öller J. (1980), OBm Pieringer A. (1925), Fm Pieringer F. (1978), OLm Pieringer J. (1969), Fm Pointner J. (1966), OLm Priewasser G. (1945), OLm Priewasser J. (1938), Lm Priewasser J. (1964), Fm Putzinger H. (1978), OLm Putzinger J. (1944), HFm Reitmaier G. (1974), Lm Rosenhammer F. (1954), Fm Rosenhammer G. (1978), HFm Schickbauer G. (1972), Fm Schickbauer G. (1978), Schickbauer J. (1982), HFm Schieß F. (1972), Fm Schrattenecker F. (1981), Lm Schwarz L. (1960), OLm Stempfer G. (1948), Lm Wenger A. (1966), Fm Wenger A. (1980), Lm Wenger F. (1957), JFm Wenger F. (1981), JFm Wenger F. (1982), HFm Wenger G. (1972), Fm Wimmer F. (1977), HFm Wimmer G. (1972), Fm Wimmer J. (1977), HFm Wimmer J. (1972), OLm Winkler J. (1955), Fm Winkler J. (1978), OLm Wührer F. (1944), Fm Zillner F. (1978)

FF TREUBACH

Zur Brandbekämpfung wurde im Sommer 1893 von der Gemeinde Treubach eine Saugspritze angekauft, worauf es am 3. September 1893 durch Lehrer Ludwig Lauth, Johann Weimann und Josef Fellner zur Gründung der FF Treubach kam. Der Ankauf einer zweiten Saugspritze ermöglichte im Oktober 1922 die Aufstellung eines zweiten Löschzuges. Dieser machte sich am 21. Oktober 1926 selbständig und wurde die FF Pfendhub. Seit 1951 nimmt die Wehr an den verschiedensten Bewerben teil; auf die Ausbildung der aktiven Mitglieder wird großer Wert gelegt. In den sechziger Jahren wurden fünf Löschteiche errichtet. Dem Einsatz von Bürgermeister Alois Bruckbauer ist es zu danken, daß in den Jahren 1979 bis 1981 im Zuge des Neubaus des Gemeindeamts eine Zeugstätte errichtet werden konnte. Der Initiative des Kommandanten Georg Auer und des Bürgermeisters ist es zuzuschreiben, daß ein Jahr darauf der alte Rüstwagenanhänger von einem modernen LF Mercedes 509 D abgelöst wurde. Der Reingewinn aus dem 90jährigen Gründungsfest und eine Sammelaktion unter der Bevölkerung ermöglichten die Bereitstellung eines Beitrages von 120 000 Schilling zu den Ankaufskosten von 550 000 Schilling.

HBI Auer G. (1956), OBI Mayerböck A. (1979), AW Dachs L. (1954), AW Mühlbacher J. (1973), AW Windsperger F. (1956) — Lm Aigner F. (1949), HFm Albustin R. (1960), HFm Auer G. (1977), Fm Auer H. (1984), HFm Auer J. (1981), E-AW Bendlinger J. (1950), Fm Berghammer S. (1984), OFm Bernroider J. (1950), OFm Bernroider J. (1975), Fm Binder H. (1977), HFm Bruckbauer A. (1950), Fm Bruckbauer F. (1954), HLm Bruckbauer G. (1953), Fm Bruckbauer J. (1966), HFm Dachs F. (1948), Fm Dachs F. (1969), HFm Dachs F. (1951), Fm Dachs L. (1980), Fm Damberger F. (1982), Fm Damberger J. (1966), HFm Damberger K. (1977), Fm Deiser G. (1984), Lm Deiser H. (1966), Fm Feichtenschlager G., Lm Feichtenschlager K. (1950), HFm Fellner J. (1977), Lm Frauscher F. (1976), Fm Frauscher F. (1956), Fm Frauscher F. (1982), Lm Frauscher J. (1959), Lm Frauscher K. (1958), Fm Frauscher K. (1934), Lm Gattermaier F. (1954), HFm Gattermaier F. (1977), PFm Gattermaier J. (1984), Lm Gerner A. (1966), Lm Gerner F. (1982), OFm Gerner H. (1973), Lm Ginzinger F. (1976), OFm Größlinger F. (1950), HFm Größlinger J. (1953), HFm Größlinger J. (1948), OFm Hamminger W. (1973), Fm Hintermaier F. (1978), HFm Hintermaier J. (1947), HLm Kasinger E. (1966), Fm Kolber J. (1948), OFm Leimhofer G. (1950), HFm Leimhofer J. (1955), HFm Lindlbauer E. (1961), E-AW Lindlbauer F. (1950), OFm Lindlbauer J. (1950), HFm Lindlbauer J. (1975), PFm Lindlbauer J. (1984), Fm Mayrböck J. (1982), Fm Mühlbacher F. (1983), Fm Mühlbacher G. (1982), Fm Mühlbacher J. (1982), Fm Perschl G. (1967), Fm Pointecker R. (1976), HFm Ranftl A. (1959), OFm Ranftl F. (1953), HFm Ranftl G. (1976), HFm Rechenmacher J. (1950), Fm Riffler F. (1973), Fm Riffler H. (1984), OFm Schießl H. (1979), PFm Schneitl G. (1984), OFm Schöberl F. (1934), Lm Schöberl F. (1973), E-HBI Schöberl F. (1950), Fm Schöberl F. (1980), Fm Sieglhuber G. (1984), Lm Spreitzer G. (1982), Fm Spreitzer N. (1982), Fm Stranzinger A. (1982), OFm Stranzinger J. (1955), OFm Straßer J. (1958), HFm Strazinger A. (1923), HFm Strazinger J. (1977), OFm Wimmleitner J. (1982), Fm Windsperger F. (1981), Fm Windsperger J. (1977), Fm Windsperger J. (1984), HFm Winklhammer A. (1979), OFm Winklhammer Ch. (1978), E-AW Zaglmaier F. (1928), HFm Zeilinger G. (1933), Fm Zeilinger G. (1982), HLm Zeilinger J. (1956), Zeilinger J. (1978)

FF TRIMMELKAM

Die Freiwillige Feuerwehr Trimmelkam wurde am 21. Dezember 1913 gegründet. Die damaligen Gründungsmitglieder waren bereits bei der Freiwilligen Feuerwehr Wildshut aktiv. Erster Wehrführer wurde Friedrich Hennermann vulgo Scheuermüller, der bis 1919 sein Amt ausübte. Ihm folgten Franz Raab sen. bis 1924 und Franz Thalmaier bis 1938. 1924 feierte man mit der Einweihung des Feuerwehrdenkmals, das als erstes in der weiteren Umgebung errichtet worden war, ein großes Fest. 1926 wurde die Zeugstätte eingeweiht. Durch Spenden der Bevölkerung von Trimmelkam und durch Eigenmittel der Wehrmänner konnte 1929 eine Motorspritze um 4900 Schilling angeschafft werden. Ein unerfreulicher Tag – nicht nur für die Feuerwehr – war der 13. März 1938. Die FF Trimmelkam wurde ihrer Selbstständigkeit beraubt und vom damaligen NS-Bürgermeister in einen Löschzug der Gemeinde umgewandelt. Löschzugführer wurde Jakob Antaler vulgo Hofstetter aus Diepoltsdorf. Nach dem Krieg entstand die Feuerwehr wieder neu. Franz Raab jun. wurde 1946 erster Kommandant. 1953 fand beim 40jährigen Gründungsfest auch eine Fahnenweihe statt, und 1957 konnte ein eigenes Feuerwehrauto seiner Bestimmung übergeben werden. Bei der Neuwahl 1963 wurde Franz Stögbuchner Kommandant. In der Rekordbauzeit von nur drei Monaten wurde unter Einsatz von über 3000 freiwilligen Arbeitsstunden und einer sehr großzügigen Spende der Gemeinde St. Pantaleon das neue Zeughaus von den Wehrmännern in ihrer Freizeit erbaut. 1982 bekam die Feuerwehr ein Einsatzfahrzeug mit neuen technischen Ausrüstungen. Die Finanzierung wurde durch Gemeinde, Landesfeuerwehrkommando, Land Oberösterreich und durch die Spendenfreudigkeit der Bevölkerung gesichert.

HBI Gerstlohner A. (1963), OBI Danner R. (1977), AW Bamberger A. (1954), AW Eder E. (1965), AW Grömer R. (1964), AW Hennermann R. (1968), BI Eberherr A. (1965) — HFm Auer J. (1970), HFm Bachmaier J. (1957), Fm Bamberger W. (1965), Berger H. (1983), HFm Bernecker G. (1938), HLm Bernegger L. (1932), HBm Eberherr J. (1957), HLm Eder E. (1953), OFm Eder H. (1965), OFm Eder K. (1978), Fm Eder O. (1948), HFm Eder W. (1946), OFm Eidenhammer P. (1953), HFm Enzensberger F. (1970), HFm Enzensberger V. (1962), HFm Felber G. (1920), HLm Felber G. (1955), Fm Forstenpointner G. (1976), OFm Friedrich H. (1977), HFm Gerner L. (1978), Fm Grömer J. (1946), Fm Grömer J. (1975), Fm Grömer O. (1974), OFm Grömer R. (1977), OFm Gutjahr H. (1978), HFm Gutjahr O. (1957), OFm Haring A. (1938), HLm Haring A. (1957), HFm Haring J. (1949), Fm Hartl W. (1970), HLm Hennermann J. (1959), OFm Hennermann O. (1960), HFm Hennermann R. (1965), OLm Höfelmeier F. (1958), HFm Hruby W. (1972), HFm Huber A. (1954), HFm Huber L. (1929), OLm Huber L. (1958), OFm Kaltenegger K. (1977), OFm Kamm J. (1968), HLm Kammerstätter K. (1958), HBm Knoll A. (1948), Fm Kogler S. (1972), HFm Kreil H. (1943), OLm Lederhas K. (1957), OLm Lenzbauer M. (1927), Bm Lindner F. (1952), Fm Locher J. (1977), OFm Locher R. (1977), HFm Locher S. (1972), Lm Mehlhart F. (1953), HFm Nawratil G. (1974), Fm Neuhauser J. (1949), HBm Neuherz A. (1946), Fm Niedermüller H. (1981), OLm Raab F. (1957), Fm Reich E. (1981), HFm Schmid L. (1932), HFm Schmidberger F. (1946), OLm Schmidlechner J. (1967), OFm Schmied F. (1965), HFm Schmied J. (1963), HLm Schmied J. (1963), HFm Schmied L. (1952), Fm Schmiedlechner A. (1965), Fm Schmiedlechner F. (1954), HFm Schmiedlechner J. (1948), HFm Schmiedlechner J. (1965), HFm Schmutzler F. (1948), Fm Schmutzler F. (1965), Fm Schmutzler F. (1963), OFm Schmutzler J. (1965), OFm Singer G. (1981), OLm Singer L. (1957), Fm Sommerauer F. (1976), HFm Stegbuchner F. (1938), HBm Stehr J. (1951), HFm Stehr J. (1946), E-HBI Stögbuchner F. (1938), OLm Straßhofer M. (1932), OFm Thalhammer J. (1951), Fm Thalhammer J. (1981), HLm Thalmeier A. (1946), OFm Valanceak K. (1979), Fm Dr. Waltl J. (1971), HFm Wengler J. (1946), HFm Wolfsöldner J. (1929), OFm Zettl A. (1959), Fm Zettl M. (1978)

FF ÜBERACKERN

Die FF Überackern wurde 1892 gegründet. Der Ausrüstungsstand war dürftig: Wagenspritze, Schlauchhaspel, Schläuche, Leitern und Laternen. 1902 bekam die Feuerwehr eine neue Fahne, nach dem Ersten Weltkrieg eine Motorspritze (Fa. Gugg); um 1927 wurde das Feuerwehrdepot gebaut. Die FF Überackern hat mit der technischen Entwicklung Schritt gehalten, ist heute im Gemeindehaus untergebracht, mit einem Feuerwehrauto Land Rover, einer WV-Automatik sowie mit Funk, schwerem Atemschutz und Katastrophengeräten ausgerüstet. Im Rahmen des überregionalen Einsatzes gehört sie zum Wasserwehrzug und besitzt auch Boote und eine Motorzille. 1983 wurde die Funkalarmierung installiert. Besonders aktiv ist die Feuerwehrjugend, die fest in der Wehr integriert ist. Kommandanten seit der Gründung waren: Josef Achleitner, Josef Spitaler, Stefan Schwaninger, Johann Schmitzberger, Alois Spitaler und Josef Spitaler.

HBI Wengler A. (1968), OBI Huber H. (1964), HAW Harner K. (1947), AW Bichler J. (1969), AW Ehrschwendtner J. (1969), AW Huber G. (1975), BI Klimt H. (1976), BI Kreisberger F. (1975) — E-AW Asen A. (1960), E-BI Asen B. (1956), OFm Asen F. (1957), HFm Asen H. (1922), Fm Auer W. (1970), Fm Barber E. (1974), JFm Barber R. (1983), HFm Barber R. (1936), OFm Berger J. (1949), Fm Bernecker S. (1979), OFm Bichler M. (1966), Fm Bichler O. (1977), Fm Biefel R. (1983), Lm Bruntaler G. (1978), Fm Damoser F. (1970), HFm Daxl H. (1916), HFm Dicker A. (1920), OFm Dicker A. (1959), Fm Dicker B. (1982), OFm Ehrschwendtner J. (1953), OFm Ehrschwendtner R. (1934), Fm Ehrschwendtner R. (1963), Fm Eidenhammer J. P. (1976), HBm Fellner J. (1975), HFm Fellner M. (1977), Fm Fimberger P. (1982), OFm Götzendorfer H. (1965), HFm Harweck A. (1960), Fm Harweck A. (1978), OFm Harweck F. (1973), Fm Harweck H. (1977), Fm Harweck J. (1978), HBm Harweck M. (1977), Fm Harweck M. (1960), Harweck R. (1980), Fm Harweck W. (1977), HFm Heinrich J. (1935), HFm Hillemeier H. P. (1977), Fm Hillimaier F. (1974), Fm Hochreiter S. (1982), OFm Hubauer J. (1952), Fm Hubauer R. (1976), OFm Huber A. (1975), JFm Huber G. (1983), OFm Huber K. (1973), JFm Huber T. (1983), Fm Hurt R. (1964), HFm Kirnstötter J. (1975), Lm Kirnstötter J. (1952), HFm Knoll G. (1969), HBm König A. (1957), Fm König J. (1970), König M. (1981), Fm Kopp J. (1973), Fm Kramer A. (1970), Fm Kreil A. (1946), OFm Kreil A. (1966), JFm Kreil J. (1983), OFm Kreisberger O. (1955), Fm Leitner H. (1972), HFm Leitner K. (1967), HBm Leitner M. (1935), Maislinger K. (1981), Fm Mayer Ch. (1977), Mayer J. (1979), E-AW Mayer J. (1957), Fm Mühlegger F. (1977), Fm Mühlegger J. (1981), Fm Novak H. (1970), E-AW Novak J. (1957), Novak K. (1980), OFm Öller A. (1950), Fm Patsch H. (1975), OFm Patsch J. (1953), Fm Patsch S. (1972), OFm Pfaffelmoser J. (1960), Fm Pickl H. (1970), Fm Pommer J. (1979), OFm Priewasser F. (1973), Fm Priewasser F. (1977), Fm Priewasser J. (1981), E-AW Priller K. (1952), Fm Riedl A. (1975), OFm Rothenbuchner A. (1953), Fm Rothenbuchner A. (1981), HFm Rothenbuchner J. (1946), Lm Rothenbuchner R. (1978), Fm Schanda Ch. (1978), Lm Schanda W. (1977), E-OBI Scheinast G. (1964), HFm Schmitzberger G. (1928), HFm Schmitzberger G. (1931), Fm Schoblocher A. (1972), OFm Schwaninger F. (1959), Fm Schwaninger J. (1942), Fm Siegesleitner G. (1965), OFm Sohneg R. (1975), E-AW Spendlinger J. (1950), E-HBI Spitaler A. (1925), E-HBI Spitaler J. (1955), HBm Starka J. (1946), HFm Starka R. (1962), OFm Strini B. (1975), OFm Strini M. (1970), OFm Strini M. (1970), Urbanek R. (1980), Fm Wagner K. (1972), FA Dr. Weber H. P. (1980), Lm Wengler A. (1946), HFm Wengler F. (1970), HFm Wengler J. (1947), Fm Wimmer A. (1970), E-BI Winterer A. (1953), E-OBI Winterer J. (1942), Fm Wolfgruber J. (1953), Wolfgruber P. (1936), HBm Wolfgruber P. (1946), Fm Zacherl J. (1960)

FF UNTERLOCHEN

Die Freiwillige Feuerwehr Unterlochen war immer ein Löschzug der Freiwilligen Feuerwehr Schalchen. Durch ständige Reibereien mit der Feuerwehr Schalchen wurde 1934 beschlossen, sich von dieser zu lösen und selbst eine Feuerwehr zu gründen. 1935 war es dann soweit, daß unter Wehrführer Johann Moser die Feuerwehr Unterlochen gegründet wurde. Um sich selbst eine Spritze kaufen zu können, veranstaltete die Feuerwehr Unterlochen zweimal ein Waldfest (1936, 1937) mit überraschend großem Erfolg. Zum Ankauf einer Spritze ließ man sich von der Firma Rosenbauer eine Spritze der Type R 50 und R 60 vorführen. Dabei verwechselte der Vertreter die R 60 mit der R 50, so daß die falsche R 50 eine größere Leistung als die R 60 brachte, denn die beiden Spritzen hatten äußerlich keinen Unterschied aufzuweisen. Es wurde die R 50 bestellt, doch mit der Bedingung, daß die Leistung der Vorführung wiederholt werden muß, was sie allerdings nicht konnte. Deshalb mußte sie die Firma Rosenbauer gratis gegen eine R 60 austauschen. Der Preis dieser Spritze samt Wagen betrug 4500 Schilling. Die Feuerwehr Unterlochen kaufte 1952 das erste Motorfahrzeug der Marke VW. 1952 gab es zahlreiche Großeinsätze durch viele Großbrände, die alle Brandstiftung waren. 1954 kam über Unterlochen eine Hochwasserkatastrophe, die sich 1975 wiederholte. 1979 war Großeinsatz beim Schneedruck. In der Zwischenzeit wurde eine neue Spritze, Marke Gugg (1974), angeschafft, ein neues Auto, Marke Fiat (1974), gekauft und eine neue Zeugstätte (1952) errichtet. Es wurden 1982 auch Funkgeräte angekauft und 1983 an die Funksirenensteuerung angeschlossen.

HBI Dax F. (1946), OBI Schacherbauer F. (1949) — Dax F. (1975), Daxecker J. (1977), Daxecker J. (1978), Draxlbauer F. (1957), Finstermann K. (1968), Frauscher A. (1975), Friedl F. (1961), Gann K. (1957), Höflmaier J. (1958), Höflmaier J. (1975), Kaltenböck K. (1962), Kirnstötter M. (1963), Kronberger J. (1952), Kugler J. (1961), Kugler J. (1932), Laab F. (1954), Laimer F. (1957), Mühlbacher J. (1954), Muhr R. (1968), Neubauer H. (1964), Neumaier J. (1954), Neumayr A. (1977), Obermaier F. (1949), Obermaier F. (1982), Pointner P. (1955), Priewasser A. G. (1974), Priewasser G. (1940), Probst S. (1960), Rauch R. (1981), Schacherbauer F. (1979), Schachner J. (1953), Schmidt P. (1981), Schmitzberger J. (1955), Schmitzberger J. (1946), Schmitzberger J. (1975), Schöppl F. (1978), Schöppl J. (1966), Seidl O. (1948), Sieberer E. (1950), Sieberer G. (1949), Teichstätter A. (1962), Teichstätter A., Teichstätter L. (1981), Viertelbauer G. (1968), Webersberger J. (1970), Weiß G. (1978)

FF UTTENDORF

Die Freiwillige Feuerwehr Uttendorf wurde am 4. Juni 1873 gegründet. Zu den Gründungsmitgliedern zählten u. a. Heinrich Schmidhammer, Johann Berschl, Johann Ebel, Alois Moser, Johann Leitner, Johann Sailer, Stefan Schlehaider, Karl Pointner, Franz Kraus, Johann Falterbauer, Karl Obermayer, Anton Seibert, Albert Maier und Ferdinand Sailer. Im Jahr 1900 zählte die Freiwillige Feuerwehr Uttendorf bereits 95 Mitglieder. Zu Beginn des Jahres 1939 wurden die Freiwillige Feuerwehr Freihub und die Freiwillige Feuerwehr Reith aufgelöst bzw. der Freiwilligen Feuerwehr Uttendorf angegliedert — Zug II mit Zugskommandant Rupert Wagenhammer für Freihub und Zug III mit Zugskommandant Jakob Rieß für Reith. Im Jahr 1973 feierte die FF Uttendorf ihr 100jähriges Bestandsjubiläum mit der Weihe einer neuen Fahne. Die alte Fahne war damals 83 Jahre alt und ist heute noch vorhanden. Auch die Technik hielt bei der Wehr ihren Einzug: 1957 wurden eine neue Tragkraftspritze mit WV-Motor, 1964 ein leichtes Löschfahrzeug mit Vorbaupumpe, 1975 Mittelschaumausrüstung zum LLF und im gleichen Jahr schwere Atemschutzgeräte angeschafft. 1977 erhielt die Wehr ein mobiles und zwei Handfunkgeräte, 1979 ein Tanklöschfahrzeug 2000 Trupp mit Hochdruckpumpe und 1983 eine Alu-Feuerwehrleiter.

HBI Rieß F. (1958), OBI Falterbauer A. (1955), AW Falterbauer J. (1947), AW Helmreich J. (1979), AW Mayr K. (1951), BI Ritz H. (1965) — Anstadt J. jun. (1975), Autzinger J. (1974), Autzinger W. (1961), Biebl H. (1951), E-HBI Biebl H. sen. (1932), Bommer F. (1978), Briewasser J. (1977), Bruckbauer J. (1973), Bubestinger K. (1978), Engl H. (1973), Esterbauer F. (1955), Esterbauer L. (1978), Falch F. (1964), Falterbauer A. jun. (1977), Feichtenschlager H. (1974), Feichtenschlager R. (1968), Feichtenschlager R. (1981), Forstenpointner F. (1947), Forstenpointner G. (1947), Forthuber J. (1965), Forthuber K. (1978), Frieß F. (1981), Fuchs F. (1966), Gach J. (1974), Gamperer H. (1966), Gattermair S. (1962), Girllinger K. H. (1981), Hagn A. (1963), Helmreich F. (1981), Herber R. (1977), Hillermayer J. (1981), Hillinger E. (1977), Huber F. (1976), Huber H. (1936), Hütter E. (1962), Jakob-Landertinger F. (1973), Joachimbauer F. (1974), Kanz G. (1981), Karner H. (1962), Karrer A. (1930), Klein-Ginzel L. (1973), Knauseder J. (1958), Knauseder J. K. (1981), Kobler E. (1983), Kohlmann J. (1974), Krotzer F. (1974), Krotzer J. (1963), Krotzer J. (1978), Kücher A. (1978), Kücher J. P. (1979), Kücher J. (1979), Kücher-Maier M. (1936), Leimer E. (1982), Leimer J. (1975), Leimer J. (1951), Leimer S. (1981), Leingartner K. jun. (1971), Leingartner K. sen. (1960), Meindl F. (1963), Möger F. (1972), Moser A. (1979), Moser G. (1980), Moser G. (1957), Muigg R. (1972), Neiß A. (1957), Neiß E. (1972), Neiß M. (1937), Neumayer K. jun. (1962), Oberwimmer H. jun. (1974), Ortner J. (1977), Perschl J. (1979), Pieringer J. (1981), Priewasser F. (1966), Priewasser J. (1973), Priller O. (1983), Prillmann L. (1951), Pumberger F. (1979), Raab L. (1969), Reinthaler W. (1947), Reinthaller A. (1983), Rieß R. (1977), Sailer K. (1947), Schreiner L. (1966), Seidl G. (1982), Sieger J. (1979), Spießberger P. jun. (1969), Starz J. jun. (1965), Starz-Wegscheider J. (1966), Stranzinger H. (1963), Dr. Ungeringer J. (1951), Voraner L. (1947), Wagneder F. (1981), Weiß F. jun. (1973), Wiesner G. (1960), Wiesner G. jun. (1979), Wimmleitner F. (1979), Windhager M. (1966), Zarbl F. (1962)

FF UTZWEIH–IGELSBERG

Im Jahr 1887 taten sich die Bewohner der Ortschaften Utzweih und Igelsberg zusammen und kauften für Utzweih eine Handdrucksaugspritze und für Igelsberg eine Krückenspritze, jedoch wurde diese Wehr nicht amtlich angemeldet. Diese Geräte wurden anfangs mit einem Leiterwagen zu den Einsatzorten transportiert; ab 1907 stand dafür ein von der FF Schneegattern zur Verfügung gestellter Spritzenwagen im Einsatz. 1926 wütete in Igelsberg ein verheerender Brand, worauf sich die Männer der beiden Ortschaften um die amtliche Anerkennung der Feuerwehr bemühten, die sie dann auch erhielten (offizielle Gründung der Wehr). 1927 wurde in Utzweih ein Feuerlöschteich errichtet. Vier Jahre später wurde die erste (gebrauchte) Motorspritze angeschafft und wieder zwei Jahre später ein Zeughaus in Utzweih erbaut. In den Jahren 1939 bis 1948 wurde die Wehr von der FF Friedburg verwaltet. Nach Wiedererlangung der Selbständigkeit erwarb man einen Jeep samt Geräteanhänger. Aufgrund der vielen teuren Reparaturen wurde der Jeep verkauft und ein Mannschafts- und Geräteanhänger angeschafft (1958), der bei Gebrauch von einem Traktor eines Feuerwehrmannes gezogen wurde. Im Jahr 1978 errichtete man in Igelsberg ebenfalls einen Feuerlöschteich. 1981 begann man mit der Errichtung eines neuen Zeughauses, das bis zum Feuerwehrfest im Juni 1982 unter großem Arbeitseinsatz der Kameraden der Wehr fertiggestellt wurde. Bei dieser Feierlichkeit wurde auch die aus Spenden der Feuerwehrkameraden finanzierte Vereinsfahne geweiht. Weiters wurde auch das von der Gemeinde finanzierte Kleinlöschfahrzeug (Marke VW Lt 35) im Rahmen dieser Veranstaltung der Bestimmung übergeben.

HBI Modl J. (1972), OBI Asen A. (1965), AW Modl J. (1950), AW Pommer F. (1976), AW Zechleitner F. (1946) — E-AW Aigner M. (1927), Lm Asen A. (1927), HFm Asen J. (1970), OFm Kranzinger G. (1982), HBm Kranzinger J. (1926), PFm Lugstein F. (1983), HFm Lugstein J. (1948), HFm Lugstein J. (1957), HFm Lugstein J. (1975), HFm Lugstein J. (1980), OFm Modl A. (1976), OFm Modl A. (1983), HFm Modl F. (1952), OFm Modl H. (1980), OLm Modl J. (1970), E-AW Moosleitner A. (1947), OFm Moosleitner F. (1970), OFm Pommer F. (1961), Fm Pommer J. (1983), HBm Reindl J. (1957), OFm Schindegger J. (1954), E-HBI Schindegger J. (1947), HFm Schleicher A. (1967), Lm Standl F. (1976), HFm Standl J. (1937), OLm Standl J. (1970), OFm Standl J. (1981), HFm Steinbichler A. (1935), HFm Thaler J. (1981), OFm Weinberger J. (1965), Lm Wielend J. (1980), HFm Wienerroither J. (1966), OFm Zechleitner F. (1981), OFm Zechleitner J. (1980)

FF WAGENHAM

Am 16. Mai 1932 fand die Gründungsversammlung statt, an der 60 Kameraden teilnahmen. Der Vorsitzende, Franz Bamberger, wies auf die Wichtigkeit einer Feuerwehrgründung hin, was bei den Anwesenden Zustimmung fand. Noch am selben Tag wurde die Gründung beschlossen, folgende Funktionäre wurden gewählt: Wehrführer: Franz Bamberger, Wehrführerstellvertreter: Ludwig Thaller, Schriftführer: Hans Kücher, Kassier: Josef Thaller. Am 24. Februar 1937 wurde in einer Ausschußsitzung beschlossen, eine Vereinsfahne zu kaufen. Als Fahnenmutter konnte man Frau Bamberger gewinnen. Im Jahr 1939, als Österreich dem nationalsozialistischen Reich eingegliedert wurde, wurden die beiden Wehren Wagenham und Hart aufgelöst und der Gemeindewehr Pischelsdorf zugeteilt. Nachdem Österreich wieder selbständig geworden war, konnte die Freiwillige Feuerwehr Wagenham 1950 wieder neu gegründet werden. Am 26. Juni 1970 wurde eine neue Vereinsfahne angeschafft, welche anläßlich des 40jährigen Gründungsfestes am 10. und 11. Juli 1971 geweiht wurde. Fahnenmutter war Katharina Hellmann. Am 21. Dezember 1979 wurde ein Kleinlöschfahrzeug Type VW LT 35 angekauft.

BR Hellmann F. (1951), OBI Bamberger J. (1974), AW Mayrleitner H. (1966), AW Schinwald F. (1971), AW Strobl R. (1973), BI Gann F. (1966), BI Pasch J. (1951), BI Rieder A. (1965), BI Thaller F. (1956) — OFm Aichinger H. (1950), OFm Augustin F. (1950), HLm Bamberger A. (1950), HLm Bamberger A. (1971), OFm Bamberger F. (1931), HFm Bieringer J. (1979), OFm Bieringer J. (1958), HFm Bieringer J. (1982), Fm Binder R. (1976), OFm Bodenhofer J. (1950), OFm Brandlmaier J. (1948), OFm Brandstätter J. (1961), OFm Demm J., OFm Demm L. (1924), OFm Fink R. (1965), E-BI Gann F. (1946), OFm Gann J. (1961), HFm Gann J. (1982), E-BI Gann L. (1950), HFm Gann L. (1975), OFm Gerner H. (1951), OFm Gerner H. (1977), HFm Heinzel J. (1980), HFm Hellmann F. (1971), HFm Hellmann M. (1979), OFm Hintermaier G. (1953), OFm Huber F. (1930), OFm Huber F. (1963), HFm Huber F. (1974), HFm Jaidl F. (1977), HFm Kerschdorfer E., HFm Köchl J. (1969), E-BI Kreil A. (1958), HFm Kreil F. (1967), OFm Kreil S. (1969), HFm Kücher F. (1979), OFm Kücher J. (1928), OFm Kücher J. (1951), HFm Kücher J. (1975), OFm Kücher J. (1969), OFm Kücher J. (1928), OFm Kücher J. (1981), HFm Kücher J. (1982), HFm Lengauer G. (1981), OFm Lengauer L. (1946), OFm Lindlbauer F. (1951), OFm Lindlbauer F. (1970), Lm Linecker J. (1970), HFm Maier F. (1981), OFm Maier J. (1956), OFm Mayrleitner F. (1968), HFm Neumaier F. (1974), OFm Neumaier F. (1962), HFm Neumaier J. (1979), OFm Neumaier J. (1950), OFm Österbauer A. (1964), HFm Österbauer B. (1975), OBm Oppeneigner M. (1926), OFm Pflügl B. (1949), OFm Pommer J. (1961), HFm Rieder H. (1982), HFm Sagmühler F. (1981), OFm Schießl J. (1981), OFm Schlager F. (1928), OFm Sengsthaller J. (1936), HFm Sengthaller J. (1971), HFm Sperl F. (1979), OFm Sperl F. (1981), HFm Sperl J. (1972), OFm Sperl J. (1975), OFm Sperl S. (1949), HFm Sperl S. (1975), Fm Spitzwieser J. (1979), OBm Stadler L. (1971), OFm Stadler R. (1971), HFm Stöllinger F. (1976), OBm Stöllinger J. (1950), HFm Stöllinger J. (1975), HFm Stöllinger R. (1978), HFm Stöllinger W. (1979), HFm Strobl F. (1979), HFm Strobl H. (1975), HFm Strobl N. (1981), OFm Strobl W. (1981), OFm Thaller F. (1950), HFm Thaller F. (1981), OFm Thaller F. (1982), E-AW Thaller J. (1951), Lm Thaller J. (1953), E-OBI Thaller J. (1948), HFm Thaller J. (1983), E-HBI Thaller J. (1919), HFm Thaller J. (1971), OFm Treiber J. (1924), OFm Vorhauer F. (1953), HFm Vorhauer F. (1979), OFm Vorhauer J. (1981), E-AW Wagner K. (1950), OFm Weinberger W. (1972), OFm Wengler F. (1950), HFm Wengler F. (1974)

FF WASSERDOBL

Bei der Gründungsversammlung im Jahr 1951, unter Vorsitz von Bürgermeister Schachinger, konnten 33 Mitglieder aufgenommen werden; Josef Hammerer wurde einstimmig zum Kommandanten gewählt. Am 10. August 1952 feierte die Feuerwehr ihr erstes Gründungsfest, verbunden mit Fahnenweihe, welche von den Ehegatten Josef und Aloisia Hamminger gewidmet wurde. 1953 wurde die erste Motorspritze angeschafft. 1954 errangen neun Mann beim Leistungsbewerb in Aspach das bronzene Leistungsabzeichen. Außerdem wurden die Ehegatten Josef und Aloisia Hamminger zu Ehrenmitgliedern ernannt. Die Spritzen- und Zeugstättenweihe fand am 11. August 1957 unter dem Ehrenschutz von Landesfeuerwehrkommandant Hartl statt. 1958 wurden die Spritzenpatin Juliane Auer und ihr Gatte Johann zu Ehrenmitgliedern ernannt. 1959 wurde eine Alarmsirene beim Höhwirt montiert. Am 31. Juli 1976 wurde an 22 Feuerwehrmänner die Medaille für 25jährige Mitgliedschaft verliehen. Das 25jährige Gründungsfest, verbunden mit Fahrzeugweihe, feierte die Freiwillige Feuerwehr Wasserdobl am 22. August 1976. Bei der Hauptversammlung am 17. März 1978 gab es eine Veränderung des Kommandos: Neuer HBI wurde Franz Priewasser, neuer OBI Josef Schmalzl. Josef Hammerer wurde zum Ehrenkommandanten ernannt. Ein Notstromaggregat erhielt die Feuerwehr 1980, außerdem wurden zwei Funkgeräte angekauft. Am 12. März 1982 wurde die neue Motorspritze, Marke Trokomat, zum Preis von 80 000 Schilling angeschafft. Diese wurde am 23. Mai 1982 bei einer kleinen Feier von Pfarrer Wimmer gesegnet. Neue Spritzenpatin wurde Maria Priewasser.

HBI Priewasser F. (1951), OBI Schmalzl J. (1960), AW Hartinger J. (1951), AW Hartinger J. (1971), AW Hütter A. (1951), BI Karrer J. (1952) — HLm Auer J. (1951), AW Auer J. (1951), OLm Bogner F. (1951), OBm Destinger L. (1951), Fm Destinger L. (1980), OFm Feichtenschlager J. (1961), OLm Feichtenschlager J. (1951), Fm Feichtenschlager J. (1980), HFm Frauscher A. (1954), OBI Gattermaier S. (1922), OLm Größlinger J. (1951), OLm Größlinger J. (1951), OLm Größlinger J. (1975), Lm Größlinger J. (1961), E-HBI Hammerer J. (1922), HLm Hammerer J. (1955), HLm Hamminger J. (1951), Hamminger J. (1981), OLm Hubinger F. (1951), Fm Hütter A. (1980) OLm Hütter J. (1951), Fm Hütter J. (1978), OLm Hütter J. (1951), Lm Maier A. (1980), Fm Maier J. (1951), HLm Pollhammer G. (1952), Pollhammer R. (1983), Fm Reichinger F. (1979), OLm Reichinger G. (1951), OFm Reichinger G. (1971), HFm Reichinger J. (1971), HFm Reichinger M. (1951), Fm Riedlmaier W. (1976), Fm Schwarz H. (1980), OLm Schwarz J. (1952), Streif F. (1970), OLm Vitzthum J. (1951), Fm Vitzthum J. (1980), OFm Wiesbauer L. (1971), Fm Wohlfarter R. (1973)

FF WENG IM INNKREIS

Die FF Weng wurde 1893 gegründet. Der bei der Gründung vorhandenen Handdruckspritze folgten vier Motorspritzen: 1929 eine Gugg-Spritze, 1946 eine Metz-Spritze mit DKW-Motor, 1950 eine RW 80 Rosenbauer-Spritze, 1971 eine TS 800 Rosenbauer-Spritze. Das erste Feuerwehrauto war ein Steyr 2000, der, als Rüstwagen umgebaut, 1949 zugelassen wurde. Ihm folgte 1963 das jetzige KLF Ford mit Vorbaupumpe Rosenbauer. Weitere Ausrüstung im Lauf der Jahre: 1950: 750-kg-Anhänger mit Löschgeräteausstattung; 1973: Schaumzumischgerät Gugg; 1979: drei Atemschutzgeräte; 1980: drei Funkgeräte (11-m-Band); 1982: Sanitätstornister für die neu aufgestellte Sanitätsmannschaft. 1983 war Baubeginn des Gemeinde-Mehrzweckgebäudes, in dem auch die Feuerwehr eine neue Heimstätte bekommt. Das bestehende Zeughaus wurde 1910 errichtet und 1955 mit einem Schlauchturm erweitert.

HBI Arnold F. (1945), OBI Kasinger J. (1961), AW Knechtl E. (1964), AW Putscher H. (1971), AW Schinagl L. (1958), AW Wührer K. (1947), OBI Horner J. (1950), BI Probst W. (1957) — Lm Aigner F. (1953), Lm Aigner F. (1971), OFm Aigner J. (1963), HFm Aigner J. (1974), Lm Aigner M. (1981), JFm Aigner M. (1981), HFm Altmann A. (1951), HFm Altmann A. (1974), Altmann R. (1978), HFm Antlanger A. (1961), OFm Mag. Bauchinger E. (1971), Lm Bichler J. (1971), Bm Bramberger F. (1953), HFm Brandhuber E. (1951), Lm Denk F. (1967), OFm Ebner G. (1968), Lm Ecker A. (1953), Lm Ecker E. (1952), Fm Ecker E. (1972), HFm Ecker F. (1971), HFm Ecker M. (1950), Fm Engelsberger E. (1978), Bm Ertl J. (1971), Lm Ertl K. (1950), Lm Eslbauer G. (1953), Fm Faschang K. (1982), HFm Faschang K. (1960), HFm Feichtenschlager E. (1968), OLm Feichtlbauer J. (1929), Finsterer J. (1978), Fm Finsterer J. (1978), HFm Finsterer K. (1977), AW Fischer J. (1945), Fm Fischer L. (1974), Freischlager L. (1979), HFm Friedl G. (1958), Fm Friedl G. (1978), OFm Friedl G. (1975), Fm Friedl H. (1978), Fm Friedl J. (1962), OFm Friedl J. (1964), Lm Fritz G. (1975), HFm Fröhlich H. (1957), HFm Füreder J. (1971), HFm Gadringer G. (1958), OLm Gadringer J. (1933), Fm Gast F. (1981), Fm Gast J. (1975), Fm Gast J. (1980), Fm Germann M. (1969), OLm Gerner J. (1949), HFm Ginzinger J. (1972), Lm Gollhammer J. (1950), OLm Grömer J. (1929), OLm Gurtner F. (1928), HFm Gurtner F. (1956), OLm Gurtner J. (1954), OFm Gurtner J. (1972), OFm Gurtner J. (1975), HFm Hasibeder J. (1956), OFm Hathayer H. (1972), HFm Hatheier H. (1960), HFm Hatheier H. (1975), HFm Hatheuer F. (1979), JFm Hellstern J. (1981), Lm Hofer F. (1937), HFm Hofstätter J. (1975), OFm Hofstätter J. (1965), BI Horner J. (1929), JFm Horner J. (1980), OFm Kammerer J. (1975), HFm Kasinger F. (1953), Lm Kasinger J. (1953), OFm Kasinger J. (1979), Lm Kasinger J. (1919), Lm Kasinger S., Lm Klingersberger G., OLm Knechtl G. (1966), HFm Knechtl M. (1960), HFm Kobleder J. (1961), Fm Kreil J. (1977), OFm Kronberger J. (1975), HFm Kronberger J. (1958), HFm Lengauer H. (1956), HFm Lenglachner G. (1971), OFm Lindhuber E. (1963), Fm Lindhuber E. (1979), OLm Maier J. (1928), HFm Maierböck E. (1950), Fm Maierböck J. (1969), HFm Maierböck M. (1951), Lm Mindl J. (1937), OLm Mindl J. (1963), Fm Nief D. (1978), HFm Part G. (1953), HFm Pichler E. (1958), HFm Pichler G. (1949), BI Pointner S. (1919), Fm Pointner S. (1969), OLm Pointner-Kasinger F. (1930), JFm Prenninger A. (1980), OBI Probst A. (1934), Bm Putscher F. (1956), HFm Rafbauer J. (1954), Fm Rafbauer J. (1981), OLm Ranftl G. (1957), Lm Ranftl J. (1949), Lm Ranftl K. (1937), OFm Ranftl S. (1975), Fm Raschhofer G. (1975), Fm Raschofer J. (1976), Lm Rattenböck J. (1963), Lm Reinthaler K. (1936), HFm Reinthaler K. (1951), Lm Reischenböck J. (1971), Lm Reiter F. (1947), Fm Reiter K. (1972), Lm Reiter W. (1966), OLm Reitinger K. (1953), Fm Rögl E. (1982), Lm Schaber E. (1950), Lm Schaber G. (1937), Lm Schaber J. (1945), OLm Schinagl J. (1954), HFm Schinagl L. (1975), Lm Schmitt E. (1965), OLm Schwarzmaier G. (1953), Lm Sperl J. (1950), Lm Sperl J. (1971), Lm Spreitzer G. (1952), Lm Stadler W. (1947), HFm Starzinger F. (1975), Lm Steidl J. (1950), HFm Stempfer F. (1949), HFm Stoiber J. (1950), Lm Stranzinger A. (1948), Lm Stranzinger A. (1976), Fm Stranzinger G. (1972), HFm Stranzinger J. (1971), JFm Straßer R. (1981), OFm Tischlinger K. (1965), HFm Wagner J. (1950), Lm Wagner J. (1971), Fm Weber F. (1971), Fm Weber G. (1975), Fm Werni F. (1978), HFm Werni J. (1971), OLm Wiesner G. (1930), Fm Wiesner J. (1963), HFm Wimleitner F. (1950), BI Wimmer G. (1947), AW Wimmer J. (1927), HFm Wimmer J. (1960), OFm Winkelhammer H. (1963), HFm Wölflingseder A. (1977), Lm Wölflingseder A. (1951), Fm Zillner K. (1975

FF WILDENAU

Die FF Wildenau war in ihren Anfängen drei Jahre eine Filiale der FF Aspach (1893–1896). Erster Obmann der FF Wildenau war Eduard Schmidbauer. 1896 wurde die FF Wildenau selbständig und als erster Kommandant Ferdinand Meingast gewählt. Neben mehreren Bränden um die Jahrhundertwende war die Wehr auch beim großen Hochwasser 1899 im Einsatz. 1909 fand das erste Feuerwehrfest mit Fahnenweihe statt. 1924 wurde von der FF Wildenau ein Leichenwagen angekauft. Von 1924 bis 1970 wurde der Leichentransport der FF Wildenau mit Pferdegespann in drei Gemeinden durchgeführt (Aspach, Polling und Kirchheim). Eine aus den zwanziger Jahren bestehende aktive Theatergruppe ermöglichte aus dem Reingewinn den Ankauf des Leichenwagens. Die erste Zeugstätte wurde 1905 und die zweite 1959 errichtet. Die technische Ausrüstung bestand anfangs aus einer Handpumpe. 1928 erfolgte der Ankauf einer Motorspritze, Marke Gugg, 1955 der Ankauf einer neuen, moderneren Motorspritze. 1974 wurde das erste KLF, Marke Land Rover, mit Vorbaupumpe angeschafft. 1982 wurde das zweite KLF angekauft. Gerätestand: Funkgeräte, schwerer Atemschutz und Notstromaggregat. Seit 1984 ist die FF Wildenau an das Sirenennetz und die Funkalarmierung angeschlossen. Durch den großen Pflichtbereich wurde 1928 der Löschzug Au gegründet, der sich nach dem Krieg wieder auflöste. Vom Gewinn eines großen Waldfestes 1949 kam die Ortschaft Wildenau schon 1950 in den Genuß einer Ortsbeleuchtung. Durch den mutigen Einsatz bei der Rettung von Personen wurden Franz Mairinger, Karl Burgstaller und Alois Holzleitner 1934 die Lebensrettungsmedaille in Bronze vom Land Oberösterreich verliehen. Das 85jährige Gründungsfest mit Fahnenweihe wurde 1981 gefeiert.

HBI Windischbauer J. (1966), OBI Feichtenschlager F. (1953) — Aigner F. (1918), Aigner F. (1958), Aigner K. (1974), Angleitner F. (1953), Auer J. (1965), Brunthaler J. (1951), Buchner A. (1962), Buchner A. jun. (1977), Buchner F. (1980), Buchner J. (1953), Buchner J. jun. (1978), Bumhofer J. (1964), Daringer F. (1949), Desch S. (1947), Dobler G. (1949), Dürlinger H. (1974), Dürlinger H. (1978), Duft J. (1973), Egger-Lederer A., Enkner H. (1964), Ertl K. (1932), Feichtenschlager F. (1976), Filzhofer J. (1948), Fischer J. (1959), Forstenpointner J., Forstenpointner M. (1969), Friedl K. (1973), Fuchs F. (1927), Gattermaier F. (1949), Ginzinger E. (1980), Glechner F. (1982), Gollhamer J. (1972), Gollhamer O. (1976), Gollhammer J. (1934), Gollhammer J. (1982), Gollhammer O. (1948), Guritzer A., Gurtner A. (1981), Gurtner A. (1948), Habetswallner E. (1972), Hammerer F. (1960), Hammerer H. (1964), Hatheier H. (1976), Hinteraier J. (1973), Hörandtner F. (1973), Hörandtner H. (1967), Hörandtner J. (1950), Holzleitner A. (1934), Kastinger E. (1958), Katzlberger G. (1953), Katzlberger J., Kaufmann F. (1972), Kaufmann J. (1937), Kohlmayer J. (1959), Kollmaier J. jun. (1976), Lechner H. (1965), Lepitschnik J. (1959), Maixner G. (1949), Maixner G. (1980), Mayer E. (1965), Mitterbauer A. (1965), Mittermayer K. (1950), Mittermayr K. jun. (1977), Mühlbacher J. (1955), Niederhauser A. (1971), Oberleitner J. (1974), Peham R., Penninger R. (1929), Pichler A. (1951), Pichler A. jun. (1973), Pointecker J. (1976), Preishuber J. (1976), Rachbauer F. (1933), Rachbauer F. (1949), Rachbauer H. (1962), Reichinger F. (1951), Reitsberger G. (1959), Roßmaier E. (1948), Roßmaier F. (1949), Rothner W. (1973), Schachinger K. (1930), Schießl J. (1950), Schikbauer F., Schnecklberger K. (1957), Schratteneecker F. (1946), Schratteneecker-Frauscher (1976), Schwarz H. (1973), Schwendtner F. (1951), Seifried L. (1950), Stadelbauer W. (1962), Stangl-Kremser S. (1976), Stranzinger G. (1938), Stranzinger G. (1974), Weipold S. (1965), Wieland A. (1963), Wiland O. (1973), Wimleitner M. (1961), Wimmleitner J. (1981), Wintersteiger J. (1931), Wöflingseder F. (1949)

FF WILDSHUT

Die Freiwillige Feuerwehr Wildshut wurde 1879 gegründet und ist somit die älteste Wehr in der Gemeinde. Gründungsmitglieder waren Leonhard Pusan, Andreas Messner, Andreas Luft, Franz Kohlbacher, Johann Zenz, Mathias Messner, Mathias Kaltenegger und Konstantin Kuntner. Zum ersten Einsatz kam es im Februar 1882 beim Spitalsbrand in Oberndorf. In den folgenden Jahren rückte die Wehr zu verschiedenen Bränden, teilweise sogar mit 70 Mann, in die nähere und weitere Umgebung aus. Sogar Einsätze ins benachbarte Bayern sind in der Chronik nachzulesen. Auch bei einem schweren Hochwassereinsatz im Jahr 1897 stellten die damaligen Kameraden ihren Mann, so daß sie von der k. u. k. Stadthalterei mit einem Anerkennungsdiplom ausgezeichnet wurden. 1889 wurde von einer Nürnberger Firma die erste Spritze eingekauft und 1898 das Spritzenhaus eingeweiht. Die erste Motorspritze gab es 1931, 1955 wurde eine neue angekauft. 1954 wurde das Zeughaus renoviert. Nach dem Zweiten Weltkrieg wurde von den Mitgliedern der Feuerwehr ein Dodge der Besatzungsmacht in Eigenregie zu einem Rüstfahrzeug umgebaut. Wegen des enormen Benzinverbrauchs (über 30 l) und der Reparaturanfälligkeit wurde 1973, nachdem die FF St. Pantaleon ein neues Tanklöschfahrzeug erhalten hatte, deren KLF (Opel Blitz) übernommen. Ihren bisher größten Einsatz verzeichnete die Feuerwehr Wildshut am 5. November 1982, als in der Möbelfabrik Albrecht ein Brand ausbrach. 21 Feuerwehren mit über 40 Fahrzeugen und 180 Mann standen im Einsatz und konnten Werte von über 100 Mio. Schilling retten. In Kürze wird auch das neue Zeughaus fertiggestellt sein.

HBI Kinzl J. (1961), OBI Huber A. (1961) — Absmann G. (1980), Absmann M. (1980), Auer F. (1953), Auer J. (1955), Baumfrisch K. (1980), Bischof F. (1955), Braun J. (1983), Eder J. (1939), Eidenhammer G. (1968), Eidenhammer M. (1980), Erbschwendtner G. (1961), Erschwendtner K. (1980), Felber M. (1964), Freidl G. (1980), JFm Freidl W. (1983), JFm Friedrich M. (1982), Gailberger H. (1980), Ganglmair R. (1980), Gann J. (1930), Garnweidner G. (1957), Gloning H. (1980), Gloning J. (1946), Graßl G. (1969), Graßl R. (1952), Haberl O. (1939), Hafner J. (1969), Hainzer A. (1980), Hainzer J. (1972), Haller J. (1980), Haller M. (1983), Haring F. (1955), Haring J. (1980), Haring L. (1924), Höppl H. (1983), Hörtlackner E. (1963), JFm Hörtlackner G. (1982), Hörtlackner G. (1969), Hörtlackner H. (1968), Hofbauer J. (1956), JFm Hofer M. (1983), Huber G. (1928), Huber H. (1955), Huber J. (1958), Huber J. (1963), Huber R. (1980), Kammerstätter F. (1963), JFm Kinzl R. (1980), JFm Kolnberger M. (1983), JFm Krejci J. (1983), Kreul G. (1980), Kromp R. (1980), Kurzböck G. (1976), Laimer F. (1969), Laimer K. (1937), Lanzendorfer F. (1945), Lanzendorfer R. (1955), Lemberger F. (1976), Lepperdinger J. (1952), Mayr F. (1950), Mayr F. (1963), Niedermüller K. (1949), Novacek G. (1980), Paschinger A. (1958), Pinic H. (1952), Poschinger J. (1928), JFm Raab W. (1983), Reitsammer K. (1937), Rostrias A. (1965), Ruderstaller J. (1937), Ruderstaller R. (1958), Ruderstaller R. (1980), JFm Rückl W. (1983), Schalda A. (1980), Scharf F. (1973), Schmid J. (1954), Schüßler J. (1955), Schwenoha W. (1980), Stemeseder J. (1970), Stemeseder J. (1951), Stockhammer J. (1961), Tkauz M. (1980), Ing. Wanitschka M. (1974), Weilner A. (1969), Weiß K. (1961), Weiß K. jun. (1968), Welkhammer W. (1980), Wengbauer J. (1927), Wengler F. (1939), Wengler G. (1947), Wenzl P. (1980), Winter A. (1926), Wurzrainer G. (1974), JFm Wurzrainer J. (1983)

BtF WERNER VOGL & Co.

Sie ist eine der ältesten Fabriksfeuerwehren Oberösterreichs. 1896 war sie zunächst eine eigene Löschgruppe innerhalb der Marktfeuerwehr, bestehend aus acht Mann und einer Handdruckspritze. 1904 zählte diese Gruppe bereits 36 Mann, und 1908 wurde sie als selbständige „Betriebsfeuerwehr Fa. Vogl" beim Landesfeuerwehrverband Oberösterreich angemeldet. Kommandant war damals der Vorarbeiter Hans Georg Pfeffer. Die erste schwere Motorspritze für Pferdebespannung wurde 1912 angekauft. In den folgenden Kriegsjahren wurde eine eigene Sanitätsmannschaft aufgestellt und ausgebildet. Es wurden auch für den Betrieb Hydrantenmannschaften eingeteilt. 1933 wurde eine Steigerabteilung mit 30 Mann und 1935 eine Gasschutzmannschaft gebildet. Als ersten Feuerwehrwagen erhielt die Betriebsfeuerwehr von der Fa. Vogl 1938 einen Steyr Pkw Type XVI und 1939 die erste an das Feuerwehrauto anzuhängende Motorspritze. Mit 1. Jänner 1939 wurde der Werkmeister Arthur Sporn neuer Feuerwehrkommandant. Bei Kriegsbeginn wurde eine separate Luftschutz-Feuerwehr geschaffen und die Ausrüstung der Wehr wesentlich verbessert. Sie erhielt drei weitere Motorspritzen, eine Magirusleiter und zwei schwere Atemgeräte. Gegen Ende des Krieges wurden als Ersatz für die eingerückten Männer zwölf Frauen und Mädchen für den Brandschutz im Betrieb ausgebildet. 1948 fanden in Mattighofen innerhalb der Betriebsfeuerwehr die ersten Gruppenwettbewerbe statt. Besondere Initiative zeigte Hauptbrandmeister Arthur Sporn, Mitbegründer der heutigen Leistungswettbewerbe der Feuerwehren. Sporn führte die Betriebsfeuerwehr Vogl bis 1958. Ihm folgten als Kommandanten Hans Pommer (1958–1972), Franz Haber (1972–1976) und seit 1976 Stefan Scherzer.

HBI Scherzer S. (1955), OBI Draxlbauer J. (1955) — Baier J. (1980), Daxecker J. (1984), Dufter J. (1943), Eisl L. (1946), Feichtinger A. (1940), Frauenhuber G. (1983), Gärtner A. (1975), Gasperi M. (1980), Haberl F. (1948), Hammerer J. (1960), Hintermayer L. (1925), Hofbauer F. (1938), Huber F. (1974), Kainhofer J. (1937), Mitterbauer L. (1970), Mühlbacher J. (1982), Ortner J. (1951), Pichlmaier A. (1946), Pommer J. (1945), Reichinger H. (1984), Reitsperger F. (1953), Resch H. (1953), Schattauer A. (1984), Sporn A. (1925), Wagenleitner M. (1948), Wasilonok E. (1940), Wimmer F. (1953), Zauner F. (1945), Zauner J. (1935)

BtF DER AUSTRIA-METALL AG, BRAUNAU

Zum Wiederaufbau der österreichischen Wirtschaft erging im November 1946 ein Rundschreiben der Kammer für Handel, Gewerbe und Industrie, wonach die noch vorhandenen Werte in den Betrieben gegen eine Zerstörung durch Brand von Werksfeuerwehren zu schützen sind. Von der Werksleitung wurde diesem Ansuchen nachgekommen und 1947 die Werksfeuerwehr gegründet. 29 Gründungsmitglieder umfaßte diese Wehr, als Kommandant wurde Andreas Danmayer bestellt. Die Feuerwehrmänner waren in erster Linie darum bemüht, die von den Besatzungsmächten verschleppten Ausrüstungsgegenstände zurückzubekommen, wie etwa das Löschfahrzeug LF 8, Schlauchmaterial, Armaturen sowie Atemschutzmasken. Dem unermüdlichen Einsatz der Gründungsmitglieder ist es zu danken, daß die neuformierte Betriebsfeuerwehr in kürzester Zeit wieder voll aktiv war. Bereits im April 1947 konnte mit der noch notdürftigen Ausrüstung die erste Brandbekämpfung mustergültig bewältigt werden. Noch im selben Jahr wurden ein kompletter Löschzug mit drei Löschgruppen sowie ein technischer Zug aufgestellt. Die erste Großübung wurde gemeinsam mit der BtF Vogl, Mattighofen, Wacker-Chemie Burghausen und Hoechst Gendorf im März 1950 abgehalten. Am 20. Mai 1952 wurde die erste stationäre CO_2-Löschanlage im Bereich der Teeraufbereitungsanlage in Betrieb genommen. Im Dezember 1953 konnte ein ausgedienter Werksautobus zu einem Löschfahrzeug umgebaut werden. Dem folgten im Mai 1961 ein ULF 1800/220/250, im Oktober 1962 ein schweres Löschfahrzeug mit technischer Ausführung und Seilwinde, im Dezember 1967 ein Löschfahrzeug, im Dezember 1974 ein ULF 2000/220/750 und im Januar 1982 ein LFB.

VBR Kreil E. (1971), HBI Auzinger J. (1947), AW Aichberger G. (1968), AW Baier W. (1961), AW Schwab W. (1968), OBI Indrist W. (1957), BI Makovicka E. sen. (1978), BI Schwarz J. (1947) — OLm Aigner F. (1978), OFm Angermaier R. (1979), PFm Angermeier M. (1982), OFm Angermeier M. (1947), PFm Baumgartner W. (1983), PFm Buchner H. (1983), PFm Burgstaller R. (1982), PFm Daxberger H. (1965), OLm Delhaye W. (1975), Lm Draxlbauer F. (1947), E-AW Draxlbauer L. (1948), Draxlbauer R., Egger P., HFm Enthammer J. (1976), Bm Feiberger V. (1947), HBm Feichtinger F. (1951), E-VBR Fiala R. (1952), HLm Fida J. (1952), OBm Fleischer J. (1952), OBm Forster K. (1958), HFm Früh W. (1972), PFm Fürböck F. (1983), HFm Glas W. (1976), E-BI Größwang R. (1948), OFm Gutenbrunner J. (1978), OFm Hangl K. (1978), OFm Heintzinger H. (1978), Bm Heinzinger F. (1978), HBm Heitzinger J. (1964), Bm Perschl J. (1959), PFm Heitzinger P. (1983), PFm Hiermann R. (1983), HFm Holzkorn P. (1980), OFm Huber F. (1977), OLm Indrist F. (1948), Fm Karner J. (1978), PFm Kilian H. (1983), PFm Kleisinger H. (1983), PFm Kölblinger J. (1983), OBm Köstler F. (1974), Bm Kramer K. (1946), PFm Kramer K. jun. (1983), E-AW Kreilinger F. (1950), HFm Kreilinger G. (1975), PFm Krumschmid P. (1982), HFm Lauber F. (1976), PFm Lengauer W. (1982), Fm Maier M. (1979), OLm Makovicka E. jun. (1973), OFm Mayr H. (1978), OBm Merzendorfer M. (1974), Lm Miksa A. (1947), OLm Miksa K. (1965), HFm Moser D. (1976), E-AW Neuhauser K. (1947), OBm Neuleitner F. (1954), HFm Niedermayer Ch. (1978), HBm Niedermayer J. (1965), HBm Patzak F. (1947), PFm Perberschlager K. (1982), PFm Pöttinger M. (1983), HLm Preiser G. (1972), Lm Raschenhofer F. (1952), Lm Schander S. (1971), E-BI Scharmüller J. (1930), Lm Schwarz M. (1975), Fm Seidl A. (1978), E-AW Seidl R. (1949), Bm Steckenbauer H. (1947), HBm Steinhögl W. (1965), OFm Stemeseder H. (1978), HFm Steudl M. (1954), PFm Stöby M. (1983), PFm Trenker S. (1983), E-OBI Van Dyck F. (1947), HLm Vilzkotter A. (1958), E-HBI Wehofschitz F. (1948), OFm Weibold H. (1979), Lm Willinger G. (1947)

BtF DER SALZACH-KOHLENBERGBAU GES. M. B. H., TRIMMELKAM

Die Firma SAKOG wurde 1947 als Kohlenbergbau-Unternehmen gegründet. Im April 1948 erging die Vorschreibung einer Brandschutzorganisation durch die Berghauptmannschaft Salzburg; eine Motorspritze RW 80 auf zweirädrigem Anhänger, notwendige Ausrüstungsgegenstände und eine fahrbare Leiter, 15 m, wurden erworben (Fa. Rosenbauer). Juli 1949: Gründung durch die ersten acht Mitarbeiter der SAKOG und erste Übung mit Einschulung in die feuerwehrtechnischen Handgriffe durch Brandmeister Artner von der Oö. Landes-Feuerwehrschule. 1950 Ankauf eines fahrbaren Luftschaumgeräts für Wohnbarackenlager Wildshut. Ab 1950 Zugfahrzeug für Spritzenanhänger: Steyr-Gelände-Sanka und ab 1954 Mercedes Unimog. Im Juni 1955 wurde die erste Jahreshauptversammlung abgehalten und beschlossen, für die 20 Wehrmänner zählende Mannschaft Ausgangsuniformen zu beschaffen. Im Dezember 1955 erfolgte die Eintragung in das Feuerwehrbuch der oö. Landesregierung als freiwillige Betriebsfeuerwehr. August 1958: Großübung mit den umliegenden freiwilligen Feuerwehren, Werksbesichtigung und Abschnittstagung des Abschnittes Wildshut bei der SAKOG. 1958 wurden Bürgermeister Üblacker von St. Pantaleon und 1962 KR Dir. Heller von der SAKOG zu Ehren-Kommandanten ernannt. August 1974: 25jähriges Gründungsfest mit Weihe der neuen Tragkraftspritze. Mai 1979: Florianifeier mit den umliegenden freiwilligen Feuerwehren aus Anlaß 30 Jahre BtF SAKOG. November 1981: Auslieferung Steyr-TLF 2000 durch die Fa. Rosenbauer. Dezember 1981: Auslieferung Bus VW LT 28 und Umbau zu KLF.

HBI Wanitschka J. (1949), OBI Sommerauer G. (1953), BI Hopf H. (1956) — Fm Erbschwendtner G. (1980), HLm Fekter W. (1974), OFm Ganglmeier E. (1981), Fm Gattermann W. (1980), Lm Gneist F. (1972), HFm Gradischnig W. (1978), HLm Höflmaier F. (1953), Lm Joham F. (1974), HLm Kager A. (1963), Bm Kolnberger F. (1954), HLm Krenn F. (1962), Fm Krizek R. (1982), Lm Meilbauer K. H. (1975), OFm Mühlbacher H. (1981), Fm Pastolnik G. (1982), OFm Proschofski U. (1978), OLm Sixt G. (1965), Fm Steflitsch D. (1980), HBI Wiesinger G. (1951)

BtF DER FIRMA WIESNER-HAGER, ALTHEIM

Im Kriegsjahr 1941 wurden von der Wehrmacht, Abteilung Luftschutz, Schutzmaßnahmen zur Bekämpfung von Brandbomben angeordnet. Die hiefür vorgesehene Bereitstellung von Sandkisten, Wassereimern, Kübelspritzen und die Einschulung von Luftschutzgruppen waren für einen holzverarbeitenden Betrieb in der Größenordnung Wiesner-Hager zur Verhinderung einer Brandkatastrophe unzureichend. So schlug der Verantwortliche für die technischen Belange, Ing. Karl Huber, der Firmenleitung die sofortige Einrichtung einer Betriebsfeuerwehr vor. Es gelang, eine alte, aber einsatzfähige Motorspritze und Schläuche zu beschaffen. Bei einem Großbrand in der Lackierabteilung am 4. Juli 1944 bewährten sich die zwei Löschgruppen bestens. Mit der raschen Entwicklung des Betriebes in den ersten Nachkriegsjahren wurde die Feuerwehr auf vier Löschgruppen ausgebaut und die Ausrüstung großzügig ergänzt. Die Wasserversorgung wurde durch Behälter in der Größe von 500 m³ und 300 m³ mit Wasserzufluß vom Altheimer Mühlbach gelöst. Gleichzeitig wurden bis 1962 ein Hydrantennetz mit rund 1500 m Länge, 18 Überflurhydranten, Steigleitern in sämtlichen Stockwerken mit C-Anschluß errichtet und 8 Wasserwerfer Type RM 16 auf den Aufzugstürmen montiert. Im ganzen Werk wurden Feuerlöscher stationiert, und zwar 14 Stück P 50, 141 Stück P 12, 10 Stück P 6 und 49 Stück CO_2. 1965 wurde ein neues Feuerwehrhaus errichtet, 1966 bekam die Wehr ein LLF mit Vorbaupumpe (1200 l) und in weiterer Folge je einen Anhänger für Schaumlöscheinsatz, Atemschutz und einen CO_2-Anhänger (120 kg). Mit der Einführung der Sprechfunkgeräte 1977 (1 mobile Station, 3 Handfunkgeräte) wurde die technische Ausrüstung komplettiert.

HBI Bauschenberger F. (1949), OBI Offenhuber F. (1949), AW Frisch O. (1972), AW Lehrer K. (1965), BI Back B. (1953) — HFm Achleitner O. (1968), HFm Baier O. (1979), OFm Brenner R. (1977), HFm Dattendorfer F. (1976), HLm Doringer J. (1962), Lm Falkenstätter A. (1970), OFm Fischer K. (1971), HFm Gerner A. (1973), Lm Grasmeier J. (1972), Lm Hasibeder O. (1942), Lm Hasibeder J. (1982), Bm Hatheier A. (1957), Lm Hatheier J. (1957), Fm Heise Ch. (1982), HFm Himmelsbach F. (1970), HFm Lindhuber R. (1966), HFm Mayrleitner F. (1972), HLm Mühringer G. (1958), Fm Mühringer G. (1982), OFm Ing. Olschowski M. (1976), Bm Parzmair E. (1958), HLm Penninger J. (1948), Bm Räuschenböck H. (1957), HFm Rechenmacher E. (1972), HFm Rechenmacher J. (1974), Bm Sattlecker F. (1948), Bm Schernhammer H. (1942), Fm Schmidbauer R. (1982), Lm Sperl J. (1971), HLm Steinerberger H. (1965), OFm Stelzhammer H. (1978), Bm Weinberger E. (1957), HBm Weinberger F. (1950), OFm Weindrich K. (1975), Lm Wimleitner G. (1956), OLm Zaglmayr L. (1965)

BEZIRK EFERDING

20 FEUERWEHREN

Abschnitt 1   Eferding   20 Feuerwehren

BEZIRKSKOMMANDO

Sitzend von links nach rechts: MR Dr. Zillig Heinz, BR Richter Egolf, OBR Kronschläger Alois, Dechant Mag. Hueber Friedrich, HAW Lehner Johann; stehend von links nach rechts: HAW Mölzer Ewald, HAW Sandmeier Hermann, HAW Auinger Rudolf, HAW Stallinger Ernst, HAW Mitter Josef

FF ALKOVEN

Am 9. Juli 1882 fand die Gründung des Vereins der FF Alkoven durch Adam Fischer, Josef Mayr, Franz Huemer und Georg Heitzinger statt. Die Wehr zählte schon am Gründungstag 50 Mitglieder. Bei dem am 8. April 1890 ausgebrochenen Ortsbrand in Alkoven fielen 36 Objekte den Flammen zum Opfer, u. a. auch sämtliche Löschgeräte. 1901 erste Gründung einer Wasserwehr; 1907 Gedanke einer Sanitäts- und Rettungsabteilung, aber erst 1919 Anschaffung einer Räderbahre. Die fehlende Ausrüstung machte sich 1930 beim zweiten großen Ortsbrand in Hartheim bemerkbar. So wurden 1931 eine Motorspritze und ein Mannschaftsauto angekauft. Die große Katastrophe ereignete sich 1954. Tagelange Regengüsse führten zu einem Hochwasser, wie es die Chroniken seit 453 Jahren nicht mehr verzeichneten. Die FF Alkoven war ohne Unterbrechung 17 Tage ohne geeignete Ausrüstung im Einsatz. Erst mit Hilfe von Nachbarwehren und der US-Army gelang es, der vernichtenden Flut eine Menge Volksvermögen zu entreißen. Großzügige Unterstützung ermöglichte bis 1975 die Anschaffung eines Tanklöschfahrzeuges und eines Rüstlöschfahrzeuges. 1976 konnte das neuerrichtete Zeughaus seiner Bestimmung übergeben werden. 1979 begann der Aufbau einer Tauchergruppe. Bei der Feier des 100jährigen Bestandes 1982 hatte die FF Alkoven einen Mannschaftsstand von 100 Mann.

HBI Wieshofer H. (1966), OBI Burger W. (1969), AW Stadler F. (1978), AW Tiltscher J. (1971), AW Wachtveitl J. (1966), BI Kreilmeier S. (1971), BI Sames H. R. (1972), BI Wolfesberger W. (1966) — HFm Aigner J. (1974), Fm Angermayr F. (1982), Lm Atzelsdorfer A. (1929), HFm Bauer F. (1963), OFm Baumgartner J. (1981), E-OBI Bayer A. (1966), OBm Beisl E. (1951), HFm Beisl E. (1981), Fm Beisl M. (1983), OFm Beisl W. (1982), HFm Bolda F. (1967), Bm Bolda J. (1968), HLm Bolda J. (1974), Bm Bräuer G. (1967), HFm Bremstaler K. (1964), OLm Brunhuber M. (1922), Lm Dannerer H. (1949), Lm Deuschl W. (1977), Lm Eder H. (1953), Bm Eder J. (1952), Fm Eibensteiner E. (1984), Lm Ettinger J. (1949), OFm Ferihuemer M. (1981), HFm Galyo P. (1980), HLm Gessl J. (1953), Lm Gruber E. (1957), FK Gruber F. (1984), HFm Gruber J. (1960), HLm Gruber K. (1956), Fm Hackl T. (1984), Fm Hartl B. (1982), Hauser E. (1975), Hicka A., OFm Hochholzer G. (1981), Lm Höflinger J. (1927), Lm Höllhuemer R. (1924), HFm Höllhumer F. (1973), Fm Hofbauer H. (1984), OFm Hofer J. (1981), E-HBI Huemer F. (1927), OLm Kain F. (1975), E-OBI Kain L. (1958), HBm Kastner G. (1975), HFm Kastner W. (1978), Kirsch R. (1967), OFm Kloimböck W. (1968), Lm Kühn G. (1970), Lm Landl L. (1973), Lm Lehner H. (1969), HLm Lehner J. (1955), OFm Lessl H. (1981), E-HBI Lindorfer F. (1954), HBm Lindorfer K. (1974), E-BI Malzner K. (1964), Lm Mayr H. (1930), OFm Mayr H. (1951), Bm Mayr J. (1956), OLm Mayr M. (1977), Fm Pankraz J. (1984), OFm Pfeffer F. (1980), Lm Prummer R. (1968), HLm Quintus B. (1952), Lm Quintus G. (1963), Fm Reifenmüller F. (1984), HFm Reifenmüller G. (1981), HLm Reifenmüller G. (1949), OLm Reifenmüller J. (1951), HFm Reisinger G. (1974), HLm Reisinger J. (1959), Lm Reisinger K. (1952), OFm Reisinger W. (1982), Lm Ritzberger J. (1922), HFm Schmiedbauer B. (1975), Lm Stadler J. (1929), HLm Steineder A. (1966), Lm Stögermüller F. (1927), OFm Thalmair J. (1973), Lm Trauner K. (1927), Lm Vit R. (1975), Lm Waldhauser M. (1930), OFm Weiß H. (1981), Lm Wiesinger A. (1951), OFm Wiesinger G. (1980), HFm Wiesinger W. (1977), Fm Wimmer A. (1955), Lm Wimmer A. (1975), OFm Wimmer G. (1980), Winter F. (1930), Bm Winter J. (1962), OLm Wittmann Ch. (1974), E-OBI Wittmann F. (1956), OFm Wittmann W. (1981), OFm Wögerbauer R. (1981), Lm Zehetner A. (1966)

FF ASCHACH AN DER DONAU

Am 16. August 1868 beschloß der Gemeinderat von Aschach unter dem Vorsitz des Bürgermeisters Johann Georg Fischer, Schiffmeister in Aschach an der Donau, im Beisein der Gemeinderäte Apotheker Theodor Kurzwernhart, Brauer Gottlieb Stampfl, Fleischer Johann Wöß, K. K. Strombauleiter Johann Enzenhofer, Spengler Anton Baier, Bauer Josef Kleebauer, Gastwirt Josef Greinegger, Postmeister Karl Lettmair, Schuhmacher Josef Niedermair, Bäcker Michael Aigmüller, Riemer Josef Hiermann, Gastwirt Andreas Schöppl, Handschuhmacher Karl Amersin und Schneider Georg Hierman die Gründung einer freiwilligen Feuerwehr in Aschach. Am 25. Oktober wurden diese Statuten dem Gemeinderat vorgelegt und zur Genehmigung an die K. K. Statthalterei übersandt. Damit war die Freiwillige Feuerwehr Aschach an der Donau gegründet. 1869 traten 120 Mann der Feuerwehr bei. Es wurde auch eine damals moderne Saugspritze von W. Knaust in Wien um 630 Gulden und Schläuche, Helme und ein Requisitenwagen angekauft. 1891 wurde eine Sanitätsabteilung gegründet, 1909 ein Rettungsboot angeschafft, später auch ein eigener Krankentransportwagen, mit dem noch in den dreißiger Jahren Kranke nach Wels und Linz in die Spitäler gebracht wurden. Neben den Brandeinsätzen waren auch viele Katastropheneinsätze bei Hochwasser zu leisten. Der größte dürfte der vom 8. bis 12. Juli 1954 gewesen sein. Der technische Stand der Ausrüstung wurde in den letzten Jahren laufend verbessert. Auch der Ausbildungsstand der Wehr ist sehr gut. Seit 1984 wird gemeinsam mit dem Bauhof der Gemeinde ein neues Feuerwehrhaus errichtet.

HBI Augustin H. (1947), OBI Ettl W. (1965), HAW Minixhofer F. (1970), AW Bruckner G. (1958), AW Fellner M. (1953), AW Linetshumer J. (1979), BI Wimmer A. (1963) — JFm Bachmaier F. (1980), Lm Beneder R. (1968), OLm Binder H. (1965), HFm Böck J. (1922), Bm Bumberger F. (1965), HFm Dunzinger J. (1963), OFm Einfalt A. (1981), Lm Einfalt H. (1963), E-HBI Ettl M. (1934), Lm Freilinger J. (1958), Lm Freinbichler R. (1975), HFm Freller H. (1964), Lm Freller H. F. (1975), OFm Freller H. (1980), Fm Frey B. (1980), OLm Greinöcker F. (1953), HFm Greinöcker W. (1972), JFm Gruber R. (1980), HLm Gruber R. (1953), Lm Harrer L. (1974), LM Harrer T. (1975), OFm Hauer H. (1957), OFm Heger H. (1982), Fm Knierzinger J. (1946), E-AW Knogler J. (1945), HFm Koblinger J. (1946), HFm Lackner W. (1935), Lm Leblhuber Ch. (1974), Fm Leblhuber H. (1980), HBm Leblhuber J. (1950), HFm Leitner F. (1926), E-AW Loimayr A. (1946), JFm Luckeneder P. (1980), JFm Mair K. (1980), Fm Mandricovici J. (1981), OFm Miedl F. (1952), Lm Minixhofer R. (1977), Bm Moser H. (1946), Lm Nemeth E. (1958), Lm Paar J. (1961), OLm Paschinger F. (1972), HFm Paschinger F. (1965), Lm Paschinger J. (1974), Fm Paschinger S. (1946), JFm Poscher R. (1980), Fm Prucher R. (1980), HBm Schädle F. (1975), OFm Schaller F. (1947), Bm Scharhauser R. (1950), HFm Schauptmayr J. (1968), OFm Schlagintweit J. (1957), OLm Schölmberger H. (1955), Fm Sipek A. (1980), OLm Starzer O. (1972), Lm Straßl F. (1958), OLm Strohofer S. (1958), Lm Ing. Sturm E. (1980), Lm Sturmayr P. (1973), Lm Urferer G. (1974), OLm Viehböck K. (1972), OFm Voggeneder J. (1958), OLm Wagner F. (1947), JFm Wallner T. (1980), Fm Weichselbaumer F. (1947), E-OBI Weichselbaumer J. (1951), Fm Wippler L. (1935)

FF DER STADT EFERDING

Am 10. August 1869 kam es zur Gründung der FF Eferding. Die bisherigen „Feuerlösch-Anstalten" wurden in die neue Organisationsform übergeführt. Als Gründer zeichnen in den Protokollen Matthias Kleebauer, Valentin Schachinger und Josef von Paumgarten. Besonders verdienstvoll war Karl Schachinger, Bürgermeister, Reichsrats- und Landtagsabgeordneter: 1880 Eintritt in die Feuerwehr, 1890 Hauptmann, 1895 Zentralausschußmitglied, 1904 Obmann des Bezirksverbandes Eferding. Die Feuerwehr Eferding verdankt ihm die Gründung der Rettungsabteilung 1899, ferner die Bildung einer Wasserwehr und die Anlage eines elektrischen Klingelwerks sowie die Anschaffung zahlreicher Feuerlösch-Requisiten. Seit 1904 stand auch ein Rettungswagen für Krankentransporte zur Verfügung. 1905 verfügte die Wehr über 3 komplette Löschzüge, 5 Saugspritzen und 3 Schubleitern. 1928 wurde das erste motorisierte Fahrzeug in Dienst gestellt: Steyr XII mit Vorbaupumpe und Tragkraftspritze von der Fa. Knaust. In den Folgejahren wurden ein Puch für den Krankentransport, ein Cadillac als Löschgruppenfahrzeug und ein Glöckner-Deutz als Tanklöschfahrzeug sowie ab 1958 ein LLF Opel mit Vorbaupumpe angeschafft. Für den Katastrophenhilfsdienst wurden 1975 ein KRFB und ein Öl-Einsatzfahrzeug vom Oö. LFK zur hiesigen Wehr verlagert. Weiters stehen derzeit ein TLF 2000 Steyr 680, Bj. 66, eine GB 26 Steyr 1290, Bj. 1972, ein KDO VW-Bus, Bj. 1975, ein LFB Mercedes 409, Bj. 1976, und seit 1984 ein RLFA 2000 Steyr 791 zur Verfügung. Für den Wasserdienst hat die Feuerwehr Zille, Motorschlauchboot und Taucherausrüstung. Die räumliche Beengtheit im alten Feuerwehrhaus konnte durch die Übersiedlung in das Gebäude an der Schachingerstraße 1982 behoben werden.

BR Richter E. (1970), OBI Mölzer E. (1974), AW Bamminger R. (1979), AW Deuschl E. (1973), AW Vogl F. (1959), BI Plaim R. (1972), BI Roithmair R. (1974) — Fm Alkim R. (1978), E-OBR Boldog S. (1920), HBm Bruckner W. (1969), JFm Brunmaier K. (1983), Fm Brunmair G. (1981), HFm Buchroitner F. (1965), Fm Dörner A. (1978), HLm Eder F. (1969), OLm Eder F. (1969), HBm Eder F. (1961), HFm Eder G. (1974), JFm Eder H. (1981), Lm Eder P. (1964), Fm Eder R. (1980), Fm Eder T. (1981), JFm Edtmayr J. (1982), HFm Gattermeier H. (1955), JFm Grimminger J. (1983), HLm Gruber E. (1946), Fm Haberfellner G. (1980), HBm Häuserer M. (1969), PFm Helmlinger D. (1983), HFm Helmlinger R. (1983), Fm Hinterberger W. (1980), HFm Hinterhölzl Ch. (1975), Fm Hinterhölzl G. (1980), Fm Hlafka Ch. (1978), Lm Holzer G. (1975), FK Mag. Hueber F. (1973), JFm Karner H. (1983), OFm Kepplinger G. (1976), JFm Kepplinger G. A. (1981), OBm Kepplinger J. (1960), JFm Knoll F. (1982), Lm Körner W. (1972), PFm Kretz S. (1982), OBm Loidl J. (1962), E-AW Mattle O. (1956), HLm Mayrhauser K. (1921), HFm Mayrhofer A. (1974), HFm Meister F. (1975), HBm Natschläger J. (1954), HFm Obermayr J. (1975), PFm Obermühlner R. (1983), OLm Paschinger K. (1983), Bm Raab J. (1952), JFm Reiter G. (1983), PFm Roithner F. (1982), HLm Roithner F. (1957), HLm Sageder A. (1949), JFm Samhaber J. (1983), Lm Samhaber K. (1955), OBm Schachinger H. (1967), JFm Schwarzbauer G. (1983), OBm Steininger J. (1959), JFm Sulzbacher E. (1982), E-HBI Sulzbacher H. (1961), FK Wassermann J. (1975), FA Dr. Zillig H. (1975), Fm Zoidl H. (1981)

FF FINKLHAM

Am 19. Dezember 1897 wurde die Freiwillige Feuerwehr Finklham gegründet. 31 Kameraden unter Hauptmann Johann Schiefermeir stellten die erste Löschmannschaft. Beide Weltkriege forderten große Opfer von den Feuerwehrkameraden, viele kamen aus dem Krieg nicht mehr zurück. Bis zum Ende des Zweiten Weltkrieges mußten die Feuerwehreinsätze mit einer von Pferden gezogenen Spritze durchgeführt werden. Unter Kommandant Georg Schiefermayr wurde 1949 ein Zeughaus gebaut, eine Motorspritze und ein Löschfahrzeug (umgebauter SanDodge aus US-Beständen) angeschafft. Dieses Fahrzeug, Baujahr 1938, diente der Feuerwehr Finklham 28 Jahre und wurde 1977 durch ein LLF Mercedes 409 ersetzt. Bei der Kommando-Neuwahl im März 1983 berichtete HBI Wilhelm Ameshofer über seine 30jährige Tätigkeit als Kommandant der Freiwilligen Feuerwehr Finklham und stellte seine Funktion aus Altersgründen zur Verfügung. Sein Nachfolger wurde HBI Johann Doppler.

HBI Ameshofer W. (1946), OBI Doppelbauer J. (1949), AW Beiganz J. (1963), AW Grabner J. (1943), AW Kloimstein J. (1957), BI Meier J. (1957) — Lm Aigner A. (1955), OBm Ameshofer F. (1963), Lm Ameshofer G. (1965), PFm Ameshofer H. (1983), Lm Ameshofer W. (1969), HFm Astner K. (1967), OFm Bachleitner F. (1976), Bm Bachleitner K. (1956), Lm Billmayer M. (1964), Doleschal G. (1981), Doleschal H. (1970), PFm Dolezal R. (1983), HBI Doppler J. (1964), HBm Eginger K. (1955), HBm Floimaier J. (1965), HFm Greinecker-Hintenaus F. (1964), Lm Hehenberger G. (1972), Lm Hehenberger J. (1946), OFm Hemedinger G. (1973), OLm Hemedinger J. (1951), PFm Hemedinger J. (1983), OBm Hemedinger J. (1943), Lm Hemedinger W. (1971), Lm Klausmayer E. (1971), OFm Klausmayer F. (1971), PFm Klausmayer G. (1983), HFm Klausmayer H. (1973), OFm Klinger H. (1976), OBm Klinger R. (1962), Fm Lang Ch. (1981), Lm Lang F. (1951), PFm Lang R. (1983), Fm Lindenbauer J. (1981), HLm Mayr A. (1957), Fm Mayr S. (1979), Fm Möseneder F. (1976), OFm Oberleitner F. (1955), OFm Oberleitner M. (1973), OFm Oberndorfer F. (1973), HFm Petermeier J. (1960), OLm Pichler K. (1951), Lm Pichler R. (1943), OLm Schiefermayr M. (1946), HFm Schiefermayr M. (1973), OBm Steinbichler W. (1970), HFm Steinkellner S. (1973), Lm Strasser H. (1969), PFm Thalhammer W. (1983), Lm Weismann F. (1953), OBm Weismann J. (1949), Lm Weismann R. (1951), Fm Weismann R. (1976), OLm Wiesinger H. (1956)

FF FRAHAM

Die Feuerwehr Fraham wurde am 25. Februar 1895 von 59 anwesenden Männern gegründet. Als Feuerwehrkommandant wurde Johann Stieger gewählt. In der Folge wurden die weiteren Funktionäre sowie Rottenführer bestimmt und die Löschzüge eingeteilt. Die Rotte Steinholz gehörte damals zur Feuerwehr Fraham. Rottenführer war Andreas Schiefermeier. Der Rotte Steinholz wurde laut Bericht vom 23. Juni 1895 eine Feuerspritze von der Gemeinde Fraham angekauft. Im Jahr 1924 wurde die Rotte Steinholz eine selbständige Feuerwehr. Die Ausrüstung der Feuerwehr Fraham: Mannschaftswagen mit Pferdebespannung, Handspritze und einige Schläuche. Das erste Feuerwehrauto, ein Steyr Daimler, und eine Motorspritze wurden im Jahr 1930 angekauft, dazu mußte das alte Feuerwehrdepot etwas verlängert werden. 1946 wurde ein amerikanisches Besatzungsfahrzeug Dodge mit Seilwinde gekauft und zu einem Feuerwehrfahrzeug umgebaut. Mit dem Bau des neuen Feuerwehrdepots wurde im August 1968 begonnen, der Umzug in das neue Depot erfolgte im September 1972. Im Jahr 1973 wurde ein Opel Blitz mit Vorbaupumpe in Dienst gestellt, welcher heute noch Verwendung findet. Da die Gemeinde Fraham ein hochwassergefährdetes Gebiet ist, wurde der Feuerwehr vom Landesfeuerwehrkommando ein Motorboot zur Verfügung gestellt. Da ein Großteil der Feuerwehrmänner auswärts arbeitet, wurde 1978 ein TLF 2000 angeschafft, das auch mit wenigen Männern zum Einsatz gebracht werden kann.

HBI Eichinger J. (1947), OBI Diewald J.-E. (1963), AW Altenstrasser J. (1943), AW Stadler H. (1973), AW Stadler R. sen. (1943), BI Eichinger G. (1963), BI Lackner W. (1968) — Fm Baurecker J. (1976), HBI Berger J. (1943), OFm Berger W. (1974), HFm Brandstätter F. (1973), OFm Edtmayr J. (1981), Fm Eichinger G. (1981), HFm Eschlböck P. (1957), OFm Größwang E. (1975), Fm Größwang H. (1981), HFm Hattinger G. (1950), HLm Hechwartner F. (1957), OLm Helletsgruber A. (1947), Bm Hubner M. (1966), HLm Hubner W. (1963), OBI Illibauer F., Fm Illibauer F. jun. (1981), Fm Illibauer G. (1981), HLm Illibauer K. (1943), HBm Kocnar R. (1957), Lm Leeb M. (1952), HFm Linzner E. (1973), Bm Mayr A. (1970), HBm Ratzenböck J. (1959), HBm Schweizer F. (1968), HFm Stadler G. (1973), OFm Stadler G. (1974), HBm Stadler R. jun. (1973), Lm Stieger R. (1920), HLm Strasser K. (1960), HFm Wiesmair M. (1920)

FF GALLSBACH-DACHSBERG

Anläßlich eines Großbrandes in der Kompradlmühle wurde 1900 eine Wehr zum Schutze der umliegenden Gehöfte gegründet. Zum Wehrführer wurde Josef Breitwieser bestellt. Gründungsmitglied Ritter von Riederer, Gutsherr von Dachsberg, hatte sich damals bereit erklärt, monatlich 2 Kronen zur Unterstützung der Wehr zu spenden. Daher auch der Doppelname „Gallsbach-Dachsberg". Von der Fa. Gugg wurde rasch eine Handspritze mit der notwendigsten Ausrüstung angekauft. Dazu mußte auch ein bescheidenes Zeughaus gebaut werden. 1903 konnte die Wehr bereits 31 Mitglieder verzeichnen. Unter dem Kommando von Joh. Auinger wurden dann in den zwanziger Jahren die traditionellen Waldfeste veranstaltet, die der Feuerwehr finanziellen Aufschwung brachten. 1929 wurde die erste Motorspritze um 8000 Schilling angekauft, die jedoch noch immer von Pferden gezogen werden mußte. 1938 wurde die Wehr aus Personalmangel als Gemeindefeuerwehr gemeinsam mit der FF Prambachkirchen geführt, 1946 wurde sie unter Wehrführer Joh. Götzenberger wieder selbständig. Aus Kriegsbeständen wurde dann 1949 unter Kommandant Auinger das erste Feuerwehrauto Marke Dodge angekauft. Mit fortschreitender Technisierung wurde das bestehende Zeughaus zu klein. 1954 begann man mit dem Bau eines neuen, dessen Grundstück von Kommandant Rud. Auinger gespendet wurde. 1958 wurden ein neuer Rüstwagen Marke Ford FK 1200 und eine VW-Motorspritze angekauft. Um den steigenden Anforderungen der technischen Einsätze einigermaßen gerecht zu werden, wurde 1978 ein neues Lösch- und Bergefahrzeug angeschafft. 1983 trat Kommandant Rud. Auinger nach 35jähriger aktiver Tätigkeit als Kommandant in den wohlverdienten Ruhestand. An seine Stelle trat Ewald Kreinöcker.

HBI Kreinöcker E. sen. (1949), HAW Auinger R. jun. (1956), AW Heigl J. (1963), AW Stöger R. (1970), AW Strasser F. (1964), BI Kreinöcker E. jun. (1975) — Lm Ammersdorfer A. (1974), OLm Ammersdorfer A. sen. (1959), E-BI Auinger A. (1947), OLm Auinger F. (1971), HLm Auinger H. (1953), E-HBI Auinger R. sen. (1931), Fm Baumgartner A. (1983), Fm Breitwieser H. (1977), HLm Deixler J. (1953), HLm Eichlberger E. (1967), HFm Füreder K. (1965), Lm Götzenberger A. (1961), Fm Holzmüller A. (1983), E-BI Hübl A. (1944), HBm Humer A. (1956), Fm Humer W. (1983), Lm Jäger G. (1971), OFm Klaffenböck H. (1979), Lm Krammer G. (1975), Lm Krammer J. (1975), Fm Kreinöcker J. (1980), HFm Kreuzmayr J. (1971), Fm Laukotter W. (1983), Lm Lehner F. (1971), HFm Lehner J. (1971), HLm Leidinger R. (1953), HLm Leopoldsberger J. (1950), Fm Mittendorfer L. (1982), HLm Ortner R. (1967), OLm Panholzer G. (1969), E-OBI Panholzer G. sen. (1962), Lm Peham J. (1965), OFm Pöppl F. (1977), HBm Pointinger K. (1962), Fm Raab J. (1980), HLm Reiter L. (1950), HBm Sallaberger H. (1976), OFm Schätz J. (1972), HFm Spindler G. (1970), OFm Steingruber J. jun. (1975), Bm Steingruber J. sen. (1947), HFm Stiegler G. (1977), HBm Strasser G. (1953), HBm Winkler J. (1924)

FF HAIBACH OB DER DONAU

Die FF Haibach ob der Donau wurde am 12. Mai 1902, damals als Feuerwehrmusik, von 17 Männern unter dem Kommando von Anton Becherstorfer, Bauer in Dorf, gegründet. Zu den ersten Anschaffungen zählte eine pferdegezogene Feuerwehrspritze, welche in dem ebenfalls im Gründungsjahr errichteten Zeughaus eingestellt war und bis zum Jahr 1951 in Verwendung stand. Die erste Motorspritze Florian wurde im Jahr 1930 angekauft, welcher im Jahr 1951 eine RW 25 folgte. Schon bald wurde das alte Feuerwehrdepot zu klein, und es wurde im Jahr 1954 ein zweigeschossiger Neubau, in dem auch der Gemeinde-Unimog und eine Wohnung untergebracht waren, errichtet. Auch auf dem Fahrzeugsektor mußte dringend etwas geschehen, und es konnte im Jahr 1960 ein Kleinlöschfahrzeug FK 1250 in Dienst gestellt werden. Heute verfügt die FF Haibach neben den erforderlichen Geräten über einen Tankwagen TLF 2000 (Ankauf 1978) und ein LF-B (1983). In der Zeit von 1902 bis 1960 standen, in chronologischer Reihenfolge, folgende Feuerwehrhauptleute an der Spitze der Wehr: Anton Becherstorfer, Josef Gschaider, Josef Rathmayr, Anton Steindl, Michael Weißhäupl, Johann Bräuer und Johann Pühringer. Seit 1960 ist HBI Max Dieplinger Kommandant.

HBI Dieplinger M. (1950), OBI Ledermüller J. (1953), AW Bumberger A. (1977), AW Hinterhölzl J. (1947), AW Kaiser H. (1968), BI Steinbock J. (1974) — OLm Bräuer A. (1933), Lm Bräuer A. (1975), Bm Bürger J. (1949), HLm Bumberger F. (1947), Fm Bumberger M. (1982), Fm Dieplinger F. (1982), Lm Dieplinger J. (1975), Lm Dobler F. (1974), OFm Haderer G. (1978), OFm Haderer S. (1980), HLm Hinterberger J. (1961), OLm Hinterberger J. (1957), E-AW Kaindlstorfer J. (1939), OFm Kaltseis Ch. (1981), OFm Kimerstorfer M. (1980), OLm Knogler F. (1947), OLm Krexhammer A. (1964), OFm Ledermüller G. (1981), Lm Ledermüller J. (1975), Fm Leidinger G. (1980), OFm Leidinger H. (1980), Lm Maier O. (1970), OLm Mitter F. (1958), OLm Pecherstorfer J. (1964), PFm Peitl J. (1983), OBm Pointner A. (1957), HBm Pointner E. (1953), HFm Pointner F. (1970), OFm Pointner G. (1980), OFm Scherhäufl J. (1983), OLm Scherhäufl L. (1960), E-HBI Schmaranzer F. (1946), Lm Schmaranzer J. (1975), OFm Steinbock J. (1980), FK GR Wundsam J. (1976)

FF HAIZING

Am 26. Juli 1905 wurde in Haizing, Gemeinde Hartkirchen, eine eigene Feuerwehr gegründet. Den Grund zum Bau eines Zeughauses stellten Mathias Hofer, Haizing 30, und Johann Knierzinger, Haizing 5, je zur Hälfte zur Verfügung. Verschiedene Geräte wurden auch bald angeschafft. Im Jahre 1907 wurde der Turm des Zeughauses mit Eternit eingedeckt. Als Löschgerät diente ein pferdebespannter Spritzenwagen, der bei größeren Einsätzen noch durch zwei tragbare Handpumpen unterstützt wurde. Da der Spritzenwagen schon sehr schlecht war, wurde er 1937 komplett repariert, gestrichen und neu beschriftet. Im Mai 1938 löste man nach einer NS-Verordnung die FF Haizing auf und teilte sie der Gemeindefeuerwehr Hartkirchen als Löschzug zu. Nach dem Zweiten Weltkrieg durfte die FF Haizing wieder als selbständige Feuerwehr geführt werden. 1942 wurde eine neue Motorspritze vom Fabrikat TS 8 und nach dem Zweiten Weltkrieg das erste Feuerwehrauto, ein alter Chevrolet, gekauft. Dieser konnte aber aus Altersgründen nicht sehr lange benützt werden. Ihm folgte ein altes Rettungsauto, das umgebaut wurde. Im Oktober 1956 wurde eine neue Tragkraftspritze RVW 75 Automatik gekauft. Im Dezember 1962 wurde ein neues Feuerwehrauto, ein Ford FK 1250, gekauft, der heute noch in Betrieb ist. 1976 erhielt die Wehr ein mobiles Funkgerät (2-m-Band). 1978 wurde das Feuerwehrzeughaus renoviert und auf den heutigen Stand gebracht. Es wurden auch laufend neue Einsatzbekleidungen und Einsatzgeräte gekauft. Hauptleute der Wehr seit ihrer Gründung waren Franz Hager, Mathias Hofer, Josef Hager, Johann Knierzinger, Johann Kranl, Alois Knierzinger, Josef Maier, Josef Pichler und Leopold Hofer.

HBI Hofer L. (1960), OBI Keplinger A. (1974), AW Dunzinger K. (1980), AW Eder W. (1957), AW Kaindlstorfer J. (1963), BI Pichler J. (1963), BI Wolkerstorfer F. (1974) — PFm Aichinger H. (1983), HLm Aichinger S. (1960), OFm Atzlinger P. (1980), Bm Aumayr J. (1966), HLm Aumayr K. (1973), E-BI Bräuer E. (1946), HLm Dorner E. (1965), HLm Dunzinger F. (1963), Lm Dunzinger J. (1980), OFm Dunzinger J. (1980), Bm Falkner F. (1955), HFm Ing. Feldmüller F. (1974), Lm Floimayr F. (1973), Bm Gruber J. (1955), HFm Gruber J. (1960), HBm Gruber L. (1974), E-BI Gschwendtner J. (1949), HLm Häuserer W. (1968), HFm Hetzenecker F. (1969), Fm Hinterberger W. (1983), E-BI Hinterhölzl S. (1936), E-BI Huemer J. (1953), HBm König G. (1980), HFm Lackinger A. (1974), HBm Leitner J. (1961), OLm Loipetzberger J. (1969), OFm Loipetzberger J. (1980), HBm Loipetzberger R. (1969), E-AW Mittendorfer F. (1949), HLm Paschinger F. (1952), OFm Paschinger H. (1980), OLm Peherstorfer H. (1976), OLm Peherstorfer J. (1968), OFm Perndorfer K. (1980), HLm Rainer F. (1957), OLm Reinthaller J. (1969), Bm Roiß F. (1960), HFm Roithmayr F. (1969), HFm Roithmayr H. (1965), OBm Scharinger H. (1969), OLm Steidl F. (1968), OBm Weiß F. (1954), E-BI Wolfsteiner F. (1946), E-AW Wolkerstorfer A. (1943), OFm Wurm A. (1980), HLm Wurm A. (1949)

FF HARTKIRCHEN

Die FF Hartkirchen wurde 1883 gegründet. Zur damaligen Zeit stand nur eine Feuerwehrspritze ohne Ansaugrohr zur Verfügung, welche um 1870 von der Gemeinde angekauft worden war. Aus den einzelnen Wasserwehren und Rotten dieser Wehr gründeten sich nach der Jahrhundertwende im Gemeindegebiet Hartkirchen die Feuerwehren Hilkering-Hachlham, Haizing und Öd in Bergen. Nach der Anschaffung einer zweiten Spritze mit Ansaugrohr (1896) und mehreren Erneuerungen wurde 1928 die erste Motorspritze (Breuerpumpe) gekauft. 1945 konnte aus Wehrmachtsbeständen das erste Feuerwehrauto erstanden werden. Dieses wurde 1948 durch einen Steyr 1500 Typ A ersetzt. 1958 wurde die erste Sirene installiert. 1965 wurde die Wehr mit einem TLF Opel Blitz 1000 l ausgestattet, zusätzlich kaufte sie 1973 einen Ford Transit als KLF. 1977 wurde der Opel Blitz durch ein TLF Steyr 580 (Fassungsvermögen 2000 l, mit dem ersten Wasserwerfer im Bezirk Eferding) ersetzt. Anstelle des KLF wurde 1979 ein LFB Type Mercedes 509 D gekauft, welcher mit einer RVW-75-Pumpe, Notstromaggregat, schweren Atemschutzgeräten u. dgl. gut ausgerüstet ist. In jüngster Zeit (1984) wurde auf das TLF eine Seilwinde montiert. Die Schlagkraft der FF ist nicht nur durch gute Ausrüstung, sondern auch durch laufende Kursbesuche gegeben.

HBI Allerstorfer K. (1957), OBI Bremstaller G. (1965), AW Kliemstein J. (1957), AW Rudlstorfer W. (1973), AW Wendling K. (1960), BI Kraml A. (1947), BI Lehner J. (1957), BI Voggeneder J. (1955) — OFm Achleitner W. (1974), OFm Aichinger A. (1974), Fm Aichinger R. (1980), OFm Allerstorfer K. (1977), HFm Arthofer K. (1955), OLm Auinger A. (1959), OLm Auinger R. (1958) OBm Baumgartner F. (1952), Lm Bräuer E. (1964), HFm Bremstaller H. (1963), E-HBI Bremstaller K. (1940), OFm Bumberger R. (1974), Lm Czech A. (1965), HBm Deisenhammer F. (1934), Lm Dirnberger K. (1922), OLm Dunzinger E. (1951), HFm Ettinger G. (1974), OBm Furthmüller J. (1964), HFm Häuserer M. (1957), HFm Haslmayr A. (1956), Fm Hinterdorfer B. (1980), HFm Hinterdorfer Ch. (1980), Lm Hinterhölzl A. (1964), HFm Hofer A. (1973), OBm Hofer J. (1966), HLm Hofer J. (1966), HBm Hofinger K. (1964), Fm Hofinger P. (1980), OFm Inreiter R. (1974), Bm Jelinek G. (1971), JFm Jungreithmayr W. (1980), OFm Kaimberger J. (1974), OBm Kieberger J. (1958), JFm Kieberger K. (1980), HFm Knogler F. (1960), JFm Knogler T. (1982), OFm Kronawettleitner G. (1977), OLm Kronawettleitner W. (1958), OFm Kronawettleitner W. (1974), Lm Küblböck M. (1920), OFm Lehner G. (1974), Fm Lehner H. (1977), Fm Loimayr M. (1979), HFm Mahringer A. (1973), HFm Mahringer A. (1924), HLm Mayr A. (1957), OBm Mayr W. (1973), FA Dr. Meissl H. (1940), Lm Moser I. (1932), OBm Ozlberger O. (1972), Lm Ozlberger O. (1947), Lm Philipps J. (1977), OBm Phillips J. (1956), JFm Pichler T. (1980), OLm Pointinger A. (1952), Lm Rathmayr A. (1918), HFm Schauer A. (1975), HBm Schauer J. (1947), OLm Schauer K. (1953), HFm Schölnberger P. (1947), HFm Schöringhumer A. (1976), E-BI Schürz S. (1928), OBm Sonnleitner H. (1954), HFm Stadler R. (1947), HBm Steinböck R. (1952), OBm Stögmüller F. (1952), OLm Strasser G. (1960), Fm Strasser F. (1968), OLm Strohofer J. (1950), Lm Trapl F. (1962), HFm Viehböck H. (1974), HFm Viehböck W. (1974), JFm Weiß M. (1982), HFm Wolfesberger H. (1972)

FF HILKERING-HACHLHAM

Am 9. April 1905 wurde die Freiwillige Feuerwehr Hilkering-Hachlham gegründet. In der Gründungsversammlung erklärten 33 Mann ihre Bereitschaft zum Beitritt und wählten Schuldirektor Hans Deinhammer zum Kommandanten. Noch im Gründungsjahr wurden eine Saugspritze von der Firma Gugg in Linz und diverse andere Ausrüstungsgegenstände von der Firma Rosenbauer in Linz angekauft. Diese Saugspritze war mit Pferdegespann an das Brandobjekt heranzubringen. Im Jahre 1939 wurde diese Saugspritze mit Handbetrieb durch eine leistungsfähigere Motorspritze Type R 50 ersetzt. 1953 wurde das erste Fahrzeug Marke Steyr 1500 angekauft und in Dienst gestellt. Dieses Fahrzeug war 19 Jahre in Verwendung, wurde jedoch 1964 durch einen neuen Ford Kastenwagen Grundtype 1250 ersetzt. Das im Gründungsjahr der Wehr errichtete Zeughaus in Hachlham entsprach nicht mehr den modernen Anforderungen, es wurde 1982 abgerissen. Mit dem Neubau des Feuerwehrhauses in Hilkering wurde 1981 begonnen, die Fertigstellung erfolgte 1984. In den nächsten Jahren wird sich die Notwendigkeit des Ankaufes eines neuen Löschfahrzeuges stellen. Die Freiwillige Feuerwehr Hilkering-Hachlham stand seit ihrer Gründung unter der Leitung der Hauptleute Hans Deinhammer, Wenzel Pribil, Peter Hinterberger, Adam Obermayr und Herbert Obermayr.

HBI Obermayr H. (1954), OBI Hofer H. (1967), AW Dobretsberger F. (1956), AW Hinterberger S. (1947), AW Krammel-Leitner F. (1962), BI Hinterberger J. (1951), BI Perndorfer H. (1966), BI Roithmayr J. (1947) — OLm Altenstrasser A. (1973), Bm Altenstrasser J. (1950), HFm Gammer S. (1951), Lm Geyerhofer F. (1972), Lm Gschwendtner G. (1947), HFm Gschwendtner J. (1973), Fm Heitzinger H. (1982), BI Hinterberger S. (1936), HLm Kloimstein A. (1954), HFm Kloimstein A. (1981), Lm Kloimstein J. (1962), OLm Krammel-Leitner F. (1947), Lm Oglberger E. (1973), OBI Perndorfer M. (1962), OLm Perndorfer W. (1966), HBm Pichler A. (1955), OLm Pichler F. (1963), Bm Pichler H. (1955), HLm Rammelmüller A. (1959), Fm Reisinger R. (1982), HLm Roithmayr E. (1951), OLm Roithmayr J. (1972), Bm Schwung F. (1962), HBm Silber A. (1972), OFm Silber F. (1974), HFm Steindl A. (1980), HFm Stöbich R. (1976), HLm Strasser J. (1958), HBm Strasser J. (1965), Lm Sturmayr F. (1955), Lm Wadauer J. (1965), Bm Wiener A. (1974), HFm Wimmer A. (1951), HFm Wimmer H. (1980), HLm Wimmer J. (1954), PFm Winkler J. (1983), AW Zauner H. (1936), HLm Zauner J. (1959)

FF HINZENBACH

Am 25. Jänner 1883 wurde die FF Hinzenbach gegründet. Die Gründungsmitglieder waren: Leopold Obermayr, Gastwirt, Johann Hintenaus, Landwirt, Franz Stelzer, Landwirt. 1885 wurde die erste Motorspritze angekauft, die zu dieser Zeit die erste im Bezirk Eferding war. Bereits 1926 war wohl der größte Brand in der Gemeinde Hinzenbach. Es brannte das Ziegelwerk Obermayr (Leitl) vollständig nieder. Die Feuerwehr Hinzenbach wurde 1928 mit einem Spritzenwagen samt Pferdegespann ausgerüstet. Einige Jahre später wurden dann die Löschzüge Kalköfen, Wackersbach und Seebach gegründet. Jeder Zug besaß eine Pumpe, jedoch kein Fahrzeug. Bei Einsätzen wurde die Pumpe mittels Traktor oder anderem Gespann befördert. 1945 wurde das erste motorisierte Fahrzeug Typ Steyr 2000, ein Wehrmachtsfahrzeug, angekauft und in Eigenregie zu einem Einsatzfahrzeug umgebaut. Anfang 1964 erhielt die Feuerwehr eine RVW-Pumpe Automatik und 10 B-Trevira-Schläuche. Ein Jahr später baute man mitten im Ort ein ganz neues Feuerwehrzeughaus. Die Baukosten betrugen damals 165.000 Schilling. Am 25. September 1974 konnte die FF Hinzenbach ein neues Löschfahrzeug in Empfang nehmen. Das 90jährige Jubiläumsfest feierte die Feuerwehr am 25. Mai 1975, verbunden mit der Fahrzeugweihe. Im März 1979 wurde unter Mitarbeit sämtlicher Kameraden das Feuerwehrzeughaus vergrößert. Von großer Bedeutung war der Ankauf eines Rüstfahrzeuges, das die Feuerwehr am 25. Oktober 1980 in Empfang nehmen konnte. Hauptleute der Wehr seit ihrer Gründung waren Michael Hoflehner, Leopold Obermayr, Franz Obermayr Waslmayr, Johann Hochhauser, Alois Kronschläger, Karl Achleitner, Fritz Obermayr, Peter Stelzer und Alois Kronschläger.

OBR Kronschläger A. (1947), OBI Scharinger A. (1968), AW Burgstaller F. (1960), AW Radler F. (1952), BI Illibauer F. (1950), BI Scharinger F. (1971), BI Webinger J. (1947) — HFm Achleitner J. (1947), HFm Achleitner W. (1950), Fm Alkin H. (1978), Lm Aumayr A. (1976), OLm Bamminger G. (1972), OLm Bauer K. (1964), Fm Bauer K. (1977), HFm Eichinger J. (1954), HFm Eppinger F. (1943), OFm Eschlböck G. (1976), HFm Fackner J. (1963), HFm Greinecker J. (1925), HFm Heizinger G. (1970), HFm Hintenaus F. (1975), HFm Hinterhölzl S. (1965), Fm Hinterhölzl S. (1975), JFm Höller Ch. (1983), HFm Höller S. (1956), Fm Höller S. (1978), Fm Hollaus O. (1978), HFm Huemer A. (1963), Fm Huemer H. (1978), Fm Hüttenbrenner A. (1980), HFm Illibauer A. (1950), HFm Kriegner A. (1936), Fm Kronschläger M. (1975), HFm Lackner F. (1971), Fm Lackner G. (1980), OFm Lackner H. (1973), Fm Mahringer A. (1975), HFm Mahringer F. (1953), PFm Mahringer L. (1980), JFm Mahringer R. (1980), Fm Mayr Ch. (1980), HFm Mayr H. (1975), JFm Mittermayr A. (1981), JFm Mittermayr Ch. (1983), JFm Moser Ch. (1981), Fm Moser K.-J. (1971), HFm Obermayr K. (1955), HFm Pamminger J. (1947), HFm Perndorfer H. (1974), HFm Prehofer G. (1968), E-OBI Raaber F. (1932), JFm Radler H. (1983), JFm Rathmayr G. (1983), HFm Rathmayr H. (1961), E-AW Rathmayr J. (1947), OBm Reisinger F. (1968), OFm Roithner W. (1975), HFm Scharinger F. (1943), HFm Scheibl J. (1947), HFm Schiefersteiner F. (1933), HFm Schöffmann F. (1936), HFm Schöllnberger K. (1947), JFm Söllinger Ch. (1981), Fm Steinbruckner H. (1981), Fm Stelzer S. (1975), HFm Stiefler F. (1947), JFm Wagner H. (1983), Fm Wenzlhuemer H. (1975), HFm Wiesinger F. (1935), OFm Würmer G. (1975)

FF MAYRHOF-REITH

Die Freiwillige Feuerwehr Mayrhof-Reith wurde am 18. Juni 1922 unter dem Vorsitz von Bürgermeister Josef Kreuzwieser und im Beisein von 38 Mitgliedern gegründet. Die erste Ausrüstung war eine Landfahrspritze mit Pferdebespannung und 150 m Schläuche. Dieses Gerät war in einem Schuppen untergebracht. Mit dem Bau des ersten Feuerwehrhauses wurde im Jahre 1923 begonnen. Die erste Motorspritze, eine Gugg, wurde am 15. August 1931 angekauft. Das erste selbstfahrende Fahrzeug, ein alter Steyr aus dem Krieg, wurde 1952 angekauft und umgebaut. Am 17. September 1955 wurde eine neue VW 75 angekauft. 1956 erwarb die Wehr ein Grundstück und konnte mit dem Bau eines neuen Zeughauses beginnen, das 1960 fertiggestellt und eingeweiht wurde. Das erste neue KLF, ein Landrover 109, wurde im Jahre 1972 angekauft. Dieses Fahrzeug wurde am 22. Februar 1977 an die Freiwillige Feuerwehr Stroheim abgegeben, und die Freiwillige Feuerwehr Mayrhof-Reith erhielt einen Opel Blitz. In den letzten Jahren erfolgte der Ankauf eines stationären Funkgerätes und zweier Handfunkgeräte im 2-m-Band. Weiters wurden ein Notstromaggregat 7,5 kVA und eine Tauchpumpe angekauft. Seit ihrer Gründung stand die Wehr unter der Führung der Hauptleute Karl Kreuzwieser, Josef Luger, Franz Holzinger, Franz Ecker, Alois Huemer, Franz Ferihumer.

HBI Ferihumer F. (1959), OBI Hofer J. (1952), AW Edtmayr J. (1964), AW Lehner G. (1968), AW Wiery A. (1982), BI Mühlböck J. (1959) — HBm Bindreiter F. (1960), JFm Bindreiter F. (1980), OFm Bindreiter J. (1974), Lm Deutscher J. (1951), JFm Dieplinger F. (1980), OBI Ecker F. (1946), Lm Eckmayr E. (1974), HFm Eckmayr F. (1970), OFm Eckmayr F. (1977), HFm Eckmayr J. (1971), OFm Eisenköck B. (1974), HFm Eisenköck F. (1974), Lm Eschlböck F. (1946), Lm Ferihumer F. (1946), Fm Ferihumer F. (1980), Fm Hehenberger E. (1978), JFm Hehenberger E. (1983), Lm Hehenberger F. (1974), JFm Hehenberger O. (1982), HFm Hinterhölzl A. (1968), OFm Hofer F. (1975), OLm Hofer W. (1974), OBI Huemer P. (1946), JFm Kloimstein E. (1980), Lm Knogler H. (1974), OLm Kreuzwieser O. (1974), JFm Kreuzwieser O. (1983), Lm Obermayr A. (1960), OBm Obermayr M. (1923), HFm Scharinger F. (1974), HFm Scharinger J. (1971), Lm Scharinger J. (1946), JFm Scharinger M. (1983), Lm Schatzl R. (1962), JFm Schauer J. (1982), JFm Scheizer J. (1983), HFm Schörflinger J. (1971), Lm Schweitzer F. (1974), HBm Schweizer F. (1960), OLm Schweizer F. (1973), JFm Strasser G. (1980)

FF ÖD IN BERGEN

Die Freiwillige Feuerwehr Öd in Bergen wurde am 1. September 1930 von 20 Männern unter dem Kommando von Johann Radler vulgo Hofer in Paching gegründet. Die Ausrüstung bestand aus einem Mannschaftswagen mit Pferdegespann und einer Benzinspritze Marke Florian. Die Geräte waren bis zum Bau des Feuerwehrdepots in einem Wagenschuppen des Hauses Dorf Nr. 1 untergebracht. Die zweite Motorspritze TS 8 wurde im Jahre 1945 angekauft. Am 31. Oktober 1949 wurde mit dem Bau des Feuerwehrdepots unter Mithilfe von Feuerwehrkameraden und Interessenten des Pflichtbereiches begonnen. Die Fertigstellung erfolgte im Jahre 1950. Im Juli 1959 wurde der alte Mannschaftswagen durch einen neuen Traktoranhänger von der Fa. Rosenbauer ersetzt. Im Juni 1962 wurde eine neue VW-Pumpe angekauft. Am 28. September 1967 wurde das Löschfahrzeug FK 1000 angekauft und der Traktoranhänger als Teilzahlung zurückgegeben. Dieses Löschfahrzeug wurde . im März 1979 von einem Kleinlöschfahrzeug VW LT 35, welches neu angekauft wurde, ersetzt. Hauptleute der Freiwilligen Feuerwehr Öd in Bergen seit ihrer Gründung waren Johann Radler sen., Rudolf Keplinger und Johann Radler jun.

HBI Radler J. (1953), OBI Steindl F. (1973), AW Hofer H. (1976), AW Keplinger J. (1976), AW Loimayr H. (1958), BI Augdoppler G. (1953), BI Strasser R. (1951), BI Wöß K. (1946) — HFm Allerstorfer A. (1977), Fm Baumann L. (1974), Fm Berndorfer E. (1976), Dunzinger J. (1963), OFm Falkner J. (1972), OLm Fasching H. (1958), HFm Fellner K. (1973) HBm Furtmüller K. (1963), HFm Gammer J. (1930), HFm Geyerhofer E. (1975), Fm Gruber J. (1933), Fm Hanner L. (1939), Fm Hinterberger K. (1966), HFm Hofer F. (1977), HFm Hofer F. (1979), AW Hofer J. (1938), HLm Hoffmann E. (1972), Fm Huemer A. (1959), E-HBI Keplinger R. (1932), HFm Lackner J. (1977), HFm Lackner J. (1977), HFm Leitner E. (1977), OFm Leitner F. (1960), Fm Leitner H. (1981), HFm Leitner J. (1979), OFm Leitner J. (1948), Lm Leitner J. (1930), Fm Leitner J. (1981), Fm Lindorfer J. (1982), HLm Loitzenbauer R. (1950), OFm Mitter J. (1930), HLm Mitter L. (1958), HFm Mitter L. (1977), HLm Nürnberger F. (1960), HLm Nürnberger W. (1963), HFm Nürnberger W. (1979), HBm Öhlinger A. (1951), OFm Pichler F. (1930), Lm Radler J. (1976), Fm Rathmayr J. (1954), OLm Roiß M. (1973), HLm Roithmayr A. (1950), HFm Schauer A. (1964), HFm Wöß J. (1973), ÖLm Wöß K. (1973), E-HBI Würmer E. (1951)

FF POLSING

Am 6. Januar 1896 gelang es Mathias Ammer und einigen beherzten Männern, in Polsing eine freiwillige Feuerwehr ins Leben zu rufen. Die Wehr bestand damals aus 21 Kameraden. Am 4. Mai 1896 bekam die Wehr eine Feuerspritze der Fa. Gugg. Da noch kein Zeughaus vorhanden war, wurden die Feuerspritze und diverse Geräte im Hof des Schwimmer in Polsing aufbewahrt. Am 8. April 1901 wurde mit dem Zeughausbau begonnen und dieses im selben Jahr der Bestimmung übergeben. In den Jahren 1896 bis 1905 bestand die Feuerwehr als Verein, der sozusagen als Selbsthilfeverein anzusehen war. Erst 1905 wurde die Wehr in den Landesverband aufgenommen. Dieses Jahr sah man dann als endgültiges Gründungsjahr an. 1932 wurde die erste Motorspritze angeschafft. 1937 wurde eine Zeughausrenovierung durchgeführt. Am 13. September 1937 fand eine Besichtigung des Zeughauses und der Geräte durch den Landesfeuerwehrinspektor statt. Dann kam der Kriegsausbruch, und es mußten viele junge Männer einrücken, so daß die Mannschaft beträchtlich zusammenschrumpfte. Das Kommando wurde aufgelöst, die übriggebliebene Mannschaft der Freiwilligen Feuerwehr Alkoven eingegliedert. Es entstand ein Löschzug der FF Alkoven mit Stationierung in Polsing. Nach dem Umbruch erlangte die FF Polsing ihre Selbständigkeit wieder. 1949 wurde ein umgebautes Militärfahrzeug als Feuerwehrauto erworben. 1963 konnte das bereits gebrauchte KLF der FF Alkoven käuflich erworben werden. 1972 wurde von der Wehr eine neue Tragkraftspritze angekauft. 1975 wurde das Zeughaus erweitert und erneuert. 1976 konnte in das Zeughaus ein Funkgerät eingebaut werden. 1977 hatte das Löschfahrzeug sein 20jähriges Jubiläum, wurde bald abgelöst und durch ein neues LFB Type MB 409 ersetzt.

HBI Lehner F. (1954), OBI Stadler J. (1969) — Ammer R. (1926), Ammer R. (1953), Bauer F. (1980), Bauer H. (1974), Bauer J. (1958), Brummer A. (1956), Brunbauer E. (1957), Doppelbauer H. (1970), Doppelbauer J. (1938), Füreder H. (1965), Hackl R. (1949), Heim W. (1980), Jungreithmeier H. (1980), Jungreithmeier J. (1947), Juswiak J. (1961), Juswiak S. (1977), Kirchmeier H. (1967), Kremayr G. (1980), Kremayr E. (1952), Kremayr G. (1974), Kremayr H. (1979), Kremayr W. (1980), Kremayr W. (1976), Lackner F. (1969), Lackner K. (1974), Maringer F. (1951), Maringer F. (1974), Maringer G. (1974), Mayr R. (1947), Mayr R. (1965), Meier A. (1974), Mitterlehner H. (1976), Parzer F. (1969), Samhaber H. (1979), Samhaber J. (1977), Schellenhuber F. (1969), Schwarz E. (1954), Spitzer G. (1976), Spitzer H. (1969), Stadler N. (1981), Wiesmeier M. (1952)

FF PRAMBACHKIRCHEN

1892 gründet Josef Lehner mit 16 Kameraden die Freiwillige Feuerwehr Prambachkirchen. Die offizielle Gründungsfeier findet 1895 anläßlich des Ankaufs der ersten Handdruckspritze statt. Das Feuerwehrdepot wird im Gemeindehaus untergebracht. Durch Meinungsverschiedenheiten kommt es 1915 so weit, daß ein Weiterbestand der Wehr unmöglich scheint; sie wird bei der k. u. k. Bezirkshauptmannschaft Wels abgemeldet. Da aber bei mehreren Bränden alle Wehrmänner ausrücken, wird die Abmeldung nicht rechtskräftig. 1928 wird ein neues Depot gebaut. Ein großes Fest mit Fahnenweihe findet statt. 1930: Die erste Motorspritze, Type Rosenbauer B 48. 1935: Das erste Feuerwehrauto, ein Steyr Daimler 7. 1938 werden die FF Prambachkirchen und Gallsbach-Dachsberg zusammengelegt. Der 1. Zug wird in Gallsbach, der 2. Zug in Prambachkirchen stationiert. Im Herbst 1945 findet unter Hauptmann Prunthaler die erste Zusammenkunft nach dem Krieg statt. Das Depot ist ausgeplündert, ein alter Pferdewagen, eine desolate Motorspritze mit nicht betriebsfähigen Saugschläuchen und einige alte Uniformen haben die Kriegswirren überstanden. 1947 wird ein Steyr 1500 mit Rüstfahrzeugaufbau angekauft. 1950: Zwölf Brandeinsätze. Die Gemeinde stellt 1952 der Wehr einen Lkw Opel Blitz zur Verfügung, der gegen ein Fahrzeug mit Allradantrieb umgetauscht wird. Ein großes Fest mit Segnung des neuen Zeughauses findet statt. 1954 wird von der Fa. Rosenbauer die erste VW-Motorspritze (bis heute einsatzbereit) angekauft. 1957: Feuerwehrfest mit Auto- und Motorspritzenweihe. Weitere Anschaffungen: Motorspritze mit Ansaugautomatik (1960), Rüstfahrzeug Opel Blitz mit Rosenbauer-Aufbau (1961), TLF 2000 (1973).

HBI Grabmayr A. (1953), OBI Riederer J. (1970), AW Ferchhumer A. (1961), AW Lehner J. (1973), BI Kottal H. (1964), BI Riederer A. (1970), BI Steiner J. (1966) — E-HAW Aichinger-Reisinger R. (1946), OBm Aichlseder H. (1952), HLm Augendopler F. (1961), HBm Aumair A. (1951), HBm Beisl J., HFm Busch A. (1970), HFm Eder H. (1975), HFm Ehrengruber H. (1974), OBm Ehrengruber R. (1958), Bm Eschlböck G. (1958), HFm Eschlböck K. (1974), Fm Fattinger G. (1983), Lm Fattinger J. (1971), HBm Fattinger K. (1952), HFm Feichtinger E. (1979), OFm Ferchhumer H. (1978), Lm Ferihumer K. (1970), OLm Franz A. (1966), Bm Gatterbauer L. (1961), Lm Götzenberger J. (1953), Lm Goldberger J. (1974), HBm Goldberger L. (1946), Fm Grabmayr K. (1977), Fm Häuserer L. (1980), HFm Hintersteininger F. (1974), Bm Höflinger F. (1936), Lm Holzinger H. (1968), Lm Holzmüller H. (1970), HFm Holzmüller J. (1974), HFm Holzmüller J. (1974), OFm Humer A. (1975), HFm Humer J. (1970), Bm Illk L. (1949), Fm Jungreithmair K. (1983), HBm Kaliwoda K. (1946), Fm Kerschberger R. (1983), HBm Klinglmair R. (1951), Köberl F., Bm Krautgartner F. (1959), OBm Lang J. (1955), HBm Lindinger A. (1945), Lm Manigatterer F. (1965), HFm Manigatterer F. (1974), OBm Mayer F. (1956), HFm Ortner W. (1979), Fm Pammer J. (1983), HFm Pöppl A. (1978), Fm Reiter J. (1978), HFm Riederer A. (1974), Lm Riederer F. (1974), Fm Sageder H. (1980), HBm Sallaberger A. (1967), OBm Schörgendorfer A. (1957), HBm Seidlmann W. (1952), HFm Seidlmann W. (1974), Sonnleitner J. (1971), Bm Steiner A. (1948), OFm Steiner A. (1974), Steiner J., Bm Steininger J. (1951), Bm Strasser J. (1948), Bm Strasser L. (1946), E-OBR Übeleis J. (1946), Lm Übeleis J. (1972), Fm Weixelbaumer K. (1983), HLm Ziegler A. (1960)

FF PUPPING

Die ersten Hinweise auf eine Feuerwehr in Pupping reichen bis in das Jahr 1875 zurück. Damals gab es ein Zeughaus, in dem neben anderen Löschbehelfen eine fahrbare Handspritze vorhanden war. Die vereinsbehördliche Genehmigung der FF Pupping erfolgte am 26. Mai 1894. Als erster Obmann fungierte Franz Heiglauer in Pupping, der diese Tätigkeit bis 1921 ausübte. Schon in der Gründerzeit wurden in den weiter entlegenen Ortschaften Unterschaden und Taubenbrunn je ein Zeughaus mit der damals üblichen Ausrüstung eingerichtet und diese bis 1930 als Löschzüge der Feuerwehr Pupping geführt. Über Anregung des Gemeindeausschusses wurde 1929 in der Ortschaft Brandstatt eine weitere Feuerwehr eingerichtet und zur gleichen Zeit das Zeughaus in Taubenbrunn als eigene Gruppe aufgelassen. Ab 1930 waren somit in der Gemeinde drei selbständige Feuerwehren vorhanden. Jede dieser Wehren war mit einer Motorspritze Marke Klein-Florian ausgestattet. Auf Weisung der Kreisfeuerwehr lösten sich die drei Feuerwehren im Herbst 1938 als Vereine auf und schlossen sich gleichzeitig zu einer Gemeindefeuerwehr zusammen, wobei aber die einzelnen Einrichtungen als Löschgruppen bestehen blieben. 1948 wurde von der Feuerwehr festgelegt, weiterhin eine Organisation zu bleiben und die einzelnen Löschzüge wie bisher weiterzuführen. Die Gruppen Pupping und Unterschaden wurden nach 1945 mit je einem Rüstauto ausgestattet; der weitere Bestand des Löschzuges Brandstatt war nun nicht mehr erforderlich, und er wurde am 1. Januar 1957 aufgelassen. Die Geräte teilte man auf die zwei Löschzüge auf. In Pupping und Unterschaden wurden neue Zeughäuser gebaut, neue Löschfahrzeuge und Motorspritzen angeschafft. Zur Zeit besitzt die FF Pupping drei Löschfahrzeuge: ein LFB, ein KLF und ein Rüstfahrzeug.

HBI Allersdorfer E. (1953), OBI Heiglauer O. (1968), HAW Stallinger E. (1973), AW Höller O. (1975), AW Rathmayr F. (1954), AW Schwarzbauer E. (1958), BI Schapfl J. (1954) — OFm Achleitner G. (1974), HBm Allersdorfer E. (1974), Fm Buchroithner G. (1978), HLm Burner F. (1948), Lm Burner R. (1960), Lm Burner W. (1974), JFm Falzberger G., OFm Falzberger G. (1966), OFm Fuchs H. (1977), HFm Fuchs J. (1974), Fm Ing. Heftberger R. (1980), OFm Heiglauer F. (1966), Heiglauer J. (1929), HFm Heiglauer J. (1968), OFm Helletsgruber E. (1975), HFm Huemer J. (1967), HFm Kliemstein S. (1972), Fm Klimstein B. (1976), Knoll H., HLm Kothbauer F. (1973), HFm Kothbauer H. (1976), HFm Kothbauer J. (1966), Lm Kothbauer L. (1949), HFm Mach E. (1973), HFm Mayr F. (1955), E-HBI Mayr J. (1951), HFm Mayrhofer F. (1965), OBm Meindl-Huemer R. (1962), Fm Oberleitner H. (1981), Bm Oberleitner L. (1976), HFm Oberleitner L. (1951), Fm Plöderl J. (1981), OFm Prehofer F. (1975), Lm Reiff F. (1964), HFm Riederer J. (1974), HBm Roithmayr A. (1962), Fm Schapfl A. (1978), Fm Schapfl J. (1976), JFm Schapfl T., Fm Schrangl Ch. (1978), Fm Schrangl H. (1978), HFm Schübler J. (1970), Fm Schwarzbauer E. (1974) E-AW Wenzlhuemer A. (1939), OFm Winklehner H. (1978), OFm Winklehner M. (1978), OBm Wögerer F. (1946), HFm Wolfesberger F. (1936), HFm Wolfesberger F. (1974), OFm Wolfesberger N. (1975), OLm Zinnöcker J. (1953)

FF ST. MARIENKIRCHEN AN DER POLSENZ

In den zur Verfügung stehenden Aufzeichnungen kann man nachlesen, daß die FF St. Marienkirchen am 26. Juni 1892 unter dem Motto „Gott zur Ehr, dem Nächsten zur Wehr" gegründet wurde. Erster Feuerwehrhauptmann war Josef Greinöcker, ihn unterstützten 30 freiwillige Mitglieder. Die Ausrüstung bestand aus einem mittels Pferdegespann gezogenen Mannschaftswagen und einer Landfahrspritze. Die erste neuangekaufte Saugspritze erhielt die Wehr 1904. Da die Geräte eher notdürftig untergebracht waren, entschloß man sich zur Errichtung eines Feuerwehrzeughauses, das 1913 fertiggestellt wurde. Durch Brandlegung geriet der Ort 1919 in Verzweiflung. In kurzen Abständen wurde an fünf Objekten im Ortskern Feuer gelegt. 1931 erfolgte der Ankauf einer Motorspritze. Erst 1948 wurde ein Opel Blitz gekauft, und anschließend konnte aus Militärbeständen ein Steyr Typ A, Bj. 1945, erworben werden. Dieser Steyr wurde umgebaut und war das erste eigentliche Einsatzfahrzeug mit aufgebauten Leitern, Vorbaupumpe und Allrad. Ein den Anforderungen entsprechendes neues Zeughaus wurde 1958 gebaut. Ein Steyr TLF 2000 wurde 1972 und ein Unimog mit Seilwinde 1978 in Dienst gestellt, weiters wurde 1982 ein VW-Bus als Kommandofahrzeug angekauft.

HBI Ecker H. (1962), OBI Kraxberger H. (1955), AW Ammerstorfer J. (1951), AW Prunthaler F. (1961), AW Schutti F. (1968), BI Bachel H. (1953), BI Gaisböck K. (1968), BI Sallinger F. (1962), BI Zehetmayr H. (1962) — E-HBI Aichinger L. (1946), HFm Aichinger L. (1955), HLm Ammer F. (1924), HLm Ammer J. (1962), Fm Ammer J. (1981), HFm Auer M. (1973), Fm Baumgartner A. (1981), Fm Baumgartner G. (1981), Lm Baumgartner H. (1949), Lm Baumgartner J. (1958), PFm Binder R. (1983), Lm Binder R. (1963), OLm Breuer J. (1932), HFm Brunnbauer J. (1950), HFm Brunnbauer J. (1966), HFm Doppler H. (1960), OFm Dunzinger W. (1978), Lm Ecker J. (1949), Lm Erdpresser F. (1949), OFm Erdpresser F. (1974), OFm Feischl A. (1976), HBm Feischl J. (1958), HBm Feischl J. (1972), Feischl W. (1981), OFm Gaisböck R. (1973), Lm Gaubinger J. (1958), OFm Gautsch E. (1974), OBm Geislmair F. (1949), E-AW Greinöcker J. (1937), OLm Greinöcker R. (1937), Fm Grubmayr R. (1981), Lm Hagleitner O. (1952), Lm Harrer J. (1961), OBm Hermüller A. (1952), PFm Herrmüller K. (1982), Lm Hintenaus W. (1968), OFm Huemer A. (1972), Lm Huemer J. (1952), Fm Kitzberger K. (1981), Fm Lehner G. (1981), HBm Lehner I. (1963), HFm Lehner J. (1953), PFm Lehner M. (1983), E-BI Leidlmair F. (1938), Lm Mayr H. (1962), Bm Mayrhofer F. (1967), OFm Mayrhofer H. (1968), Lm Meixner E. (1963), Bm Moisl F. (1960), PFm Neuwirth J. (1983), OFm Obermayr W. (1974), OFm Perfahl W. (1978), Fm Pöchtrager M. (1981), Fm Prunthaller J. (1972), OBm Rathberger Ch. (1975), Lm Rechtlehner J. (1950), OFm Rechtlehner F. (1974), HBm Reiter J. (1953), OBm Röckendorfer G. (1975), HFm Sallaberger J. (1968), Lm Sallaberger J. (1949), OFm Sallaberger R. (1974), OFm Sallerberger F. (1978), Fm Sallinger Ch. (1981), Lm Sallinger F. (1949), Scharinger J. (1971), HFm Scharinger L. (1962), Lm Schauer E. (1946), Lm Schöberl F. (1943), Fm Schöberl J. (1981), OFm Schöndorfer G. (1972), HBm Schützenberger E. (1945), Lm Schweitzer A. (1954), OLm Schweitzer H. (1962), Lm Schweitzer J. (1949), Fm Seidler G. (1981), Lm Silber A. (1952), OFm Sommerfeld B. (1979), Fm Steiner H. (1981), HFm Stoiber F. (1963), OFm Sturmbauer J. (1978), HBm Übleis F. (1949), Fm Waltenberger A. (1981), OBm Wenzelhuemer J. (1978), Lm Wiesinger Mayr J. (1946), Lm Wildfellner K. (1949), OFm Wipplinger F. (1969), HFm Wipplinger H. (1968), OFm Wipplinger R. (1972), Fm Zehetmair G. (1981), Fm Zehetmair H. (1981)

FF SCHARTEN

Bereits im Jahre 1893 wurde die Freiwillige Feuerwehr Scharten gegründet, da es an einer geordneten und schlagkräftigen Bekämpfung der Feuersnöte in der Gemeinde Scharten fehlte. Nach kurzer Zeit wurde eine von Pferden gezogene Handspritze angeschafft. Im Jahre 1926 konnte die erste, wieder von Pferden gezogene Motorspritze, die heute noch im Besitz der Wehr ist, angeschafft werden. 1938 entstand das erste Zeughaus in Unterscharten unter Kommandant Rudolf Weiß. Nach Ende des Zweiten Weltkrieges wurde unter Kommandant Franz Rumpfhuber ein Wehrmachtsfahrzeug der Type Steyr 2000 in Eigenregie zu einem zweckmäßigen Löschfahrzeug umgebaut. Im Dezember 1960 übersiedelte die Wehr in das neue Amtshaus. 1965 wurde die kurz nach dem Zweiten Weltkrieg angekaufte Tragkraftspritze durch eine neue VW TS 75 ersetzt. 1970 wurde ein gebrauchtes LLF Opel Blitz mit Vorbaupumpe gekauft, das heute noch in Verwendung ist. Da die Gemeinde sehr zerstreut liegt, wurde im Jahre 1982 ein TLF 2000 Trupp angeschafft. Kommandant der Freiwilligen Feuerwehr Scharten ist seit 1961 HBI Johann Roitner.

HBI Roitner J. (1949), OBI Roitner H. (1971), AW Doms W. (1980), AW Gaisbauer H. (1976), AW Reichenberger A. (1954), BI Gumpelmeier F. (1971), BI Roitner R. (1971) — HLm Baumgartner M. (1927), JFm Bernsteiner G. (1982), Bm Biederleitner F. (1945), E-AW Bischläger J. (1945), E-AW Doms H. (1945), HFm Doms R. (1969), Bm Fehrer M. (1936), HFm Gaisbauer J. (1979), Fm Gaisbauer P. (1982), Bm Hamader J. (1964), JFm Hamader W. (1982), Lm Harbauer M. (1954), HBm Hubmer H. (1958), JFm Hubmer H. jun. (1982), HLm Hubmer J. (1945), Bm Huemer A. (1945), JFm Huemer M. (1982), OBm Huemer M. (1945), Lm Kinn J. (1945), PFm Kinn K. (1982), HFm Kinn R. (1978), HFm Kirchmeier A. (1971), JFm Lauber K. (1982), Lm Lehfellner A. (1978), PFm Lehfellner A. (1982), JFm Lehner Ch. (1982), Lm Lehner J. (1933), Lm Lehner M. (1926), OBm Lohnauer F. (1945), HFm Mitterbauer F. (1971), Fm Mittermeier Ch. (1982), OBm Moser F. (1964), PFm Neumüller R. (1982), HLm Nußbaumer F. (1927), Fm Partinger O. M. (1982), OLm Partinger W. (1971), PFm Prack D. (1982), PFm Prack U. (1982), Lm Radler J. (1917), HLm Radler M. (1958), OLm Riedler R. (1963), HFm Roitner H. (1978), JFm Roitner R. (1980), HLm Rumpfhuber F. (1954), JFm Rumpfhuber P. J. (1983), PFm Wiesinger E. (1982), JFm Zauner Ch. F. (1983), HFm Zierler G. (1979), Fm Zierler H. (1982)

FF STEINHOLZ

Unter Rottenführer Andreas Schiefermeier war die FF Steinholz bis 1924 ein Löschzug der FF Fraham. Am 7. Juni 1924 wurde die Wehr selbständig. Im Juli 1927 wurde dann das erste Zeughaus erbaut, das 1950 vergrößert wurde. Bis 1927 waren die Geräte in einem Schuppen untergebracht. Die erste, von Pferden gezogene Handspritze wurde 1930 von einer Motorspritze (Type Kleiner Florian) abgelöst. 1949 wurde eine Motorspritze RW 80 angekauft. Ein Steyr 2000 wurde 1950 von der Wehr gekauft und umgebaut. Der Steyr 2000 wurde 1961 durch einen Rüstwagen VW ersetzt. Da die Motorspritze RW 80 den Anforderungen nicht mehr entsprach, erhielt die Wehr eine neue Pumpe VW 75 Rosenbauer. Ein gebrauchter Landrover, der in Eigenregie aufgebaut wurde, löste 1971 den Steyr 2000 ab. 1975 wurde mit dem Bau eines neuen Feuerwehrhauses begonnen, das 1979 offiziell seiner Bestimmung übergeben wurde. Ersatz für den Landrover wurde 1977 ein LFB Mercedes 409. 1979 wurde der FF Steinholz ein E-Wagen VW mit Ausrüstung vom KHD zugeteilt. Derzeit verfügt die Wehr über zwei Feuerwehrfahrzeuge. Die Kommandanten der FF Steinholz seit ihrer Gründung waren: Karl Jungmeier (1924—1939), Roman Gschwendtner (1947—1952), Josef Eichinger (1952—1967), Fritz Brunner (1968—1973), Erwin Hartl (seit 1973).

HBI Hartl E. (1966), OBI Klinger F. (1974), AW Gschwendtner H. (1974), BI Lehner K. (1976), BI Schiefermayr J. (1948) — PFm Brunmair E. (1983), Brunmeir W., Brunner F., Eckl F., Eferdinger F., Eichinger J., Franzmayr F., Fuchs J., Gruber G., Gruber M., OFm Hölzl E. (1980), PFm Klinger H. (1983), OFm Lehner R. (1981), OFm Lindenmaier K. (1947), OFm Lindmeier F. (1981), HFm Maresch J. (1931), HFm Müller A. (1952), PFm Nagysombaty J. (1983), HFm Perfall E. (1960), HFm Schiefermayr M. (1950), HFm Schiefermayr R. (1953), HFm Schiefermayr S. (1975), OFm Schiefermeier G. (1981), E-AW Steinerberger E. (1947), HFm Steinerberger F. (1972), PFm Steinerberger T. (1983), E-AW Strasser F. (1948), HLm Weidinger F. (1959), PFm Weidinger F. jun. (1983), Lm Wohlfart K. (1959), PFm Wohlfart N. (1983)

FF STROHEIM

Die Freiwillige Feuerwehr Stroheim wurde im Jahre 1902 gegründet, und es meldeten sich sofort 30 idealistische Männer. Im gleichen Jahr wurde das erste Depot errichtet und eine Handspritze zum Preis von 740 Kronen angekauft. 1931 wurde die erste Motorspritze Gugg und 1946 die zweite Motorspritze TS 8 angekauft. 1946 wurde das erste Feuerwehrauto, ein amerikanischer Dodge, erworben. 1951 wurde das jetzige Feuerwehrhaus neu gebaut. 1966 wurde das LF Opel angeschafft, 1977 ein Tankwagen TLF 1000 erworben und das LF mit dem KLF der FF Mayrhof-Reith ausgetauscht. 1981 wurde ein VW-Bus zu einem Rüstfahrzeug ausgebaut. Die Freiwillige Feuerwehr Stroheim ist mit drei Mobil- und einem Handfunkgerät im 2-m-Band ausgestattet und seit 1981 an die Funkalarmierung angeschlossen. Hauptleute der Freiwilligen Feuerwehr Stroheim waren seit ihrer Gründung: Karl Brunnbauer (1902—1912), Michael Renauer (1912—1923), Josef Gammer (1923—1928), Hans Feichtinger (1928—1935), Franz Muckenhumer (1935—1968) und Johann Gammer (seit 1968).

HBI Gammer J. (1946), OBI Sandmeier H. (1971), HAW Mitter J. (1969), AW Gammer R. (1976), AW Neubauer A. (1946), AW Schweitzer J. (1958), BI Hinterhölzl F. (1967), BI Hofmann O. (1971) — JFm Ammerstorfer E. (1979), Bm Ammerstorfer F. (1961), OFm Ammerstorfer F. (1974), JFm Ammerstorfer G. (1983), HFm Danninger H. (1946), HFm Eckmayr W. (1975), OFm Edtmayr G. (1978), OBm Edtmayr H. (1967), HBm Enzelsberger A. (1975), OBm Gammer J. (1975), Dir. Gammer R. (1975), Fm Gessel H. (1982), Fm Grabner F. (1978), HLm Gruber K. (1950), JFm Gruber N. (1983), OLm Hofmann H. (1969), OLm Holzinger F. (1967), JFm Kloimstein H. (1983), JFm Kloimstein J. (1980), Lm Kreuzer A. (1967), Lm Lehner F. (1953), HFm Mair H. (1974), OFm Mair J. (1974), HLm Mayr P. (1928), Lm Mayrhuber A. (1936), HFm Mayrhuber W. (1958), JFm Mitter G. (1982), Prof. Mitter J. (1963), HLm Mitter J. (1921), OFm Mitter J. (1974), HBm Moser A. (1967), OBm Moser F. (1965), Fm Moser F. (1978), HBm Moser J. (1963), Fm Moser J. (1978), HBm Neubauer J. (1935), OFm Neubauer J. (1977), OFm Prunntaler F. (1977), OFm Ritt F. (1974), Fm Ritt-Huember H. (1981), JFm Schweitzer A. (1981), JFm Schweizer A. (1981), HLm Schwertberger A. (1951), E-OBI Schwertberger F. (1961), OLm Schwertberger J. (1958), OFm Schwertberger J. (1974), Lm Schwertberger J. (1972), OFm Wiesinger A. (1974), JFm Wiesinger A. (1983), Bm Wiesinger E. (1966), Bm Wiesinger H. (1966), E-BI Wiesinger J. (1946), Fm Wiesinger W. (1979), JFm Winkler M. (1983), JFm Wolfsteiner F. (1982), Lm Wolfsteiner F. (1951)

BEZIRK FREISTADT

75 FEUERWEHREN

Abschnitt 1	Freistadt-Süd	17 Feuerwehren
Abschnitt 2	Pregarten	13 Feuerwehren
Abschnitt 3	Unterweißenbach	21 Feuerwehren
Abschnitt 4	Freistadt-Nord	24 Feuerwehren

BEZIRKSKOMMANDO

Sitzend von links nach rechts: BFK GR Rechberger Karl, OBR Ruhsam Josef, BR Wagner Karl, BFA Dr. Dückelmann Tassilo; stehend von links nach rechts: BR Ing. Hoffmann Albert, HAW-HBI Sallaberger Johann, BR Brandstetter Leopold, BR Himmelbauer Josef, HAW Schatzl Alois

FF BAD ZELL

Schon im Jahr 1892 wurde seitens der Bezirkshauptmannschaft die Gründung einer Freiwilligen Feuerwehr in Zell betrieben. Obwohl schon seit Jahren derartige Versuche wegen der auflaufenden Kosten gescheitert waren, ging man nun auf Drängen des Schlossermeisters Michael Schmiedberger und des Schulleiters Johann Walter daran, ein Komitee von sieben Mitgliedern aus Marktbürgern zwecks Einleitung von Vorbesprechungen zu wählen. Die Bestrebungen hatten auch Erfolg, und Schulleiter Walter erklärte sich bereit, während der Vorarbeiten die Obmannstelle zu übernehmen. Es wurde eine Interessentenversammlung für den 13. März 1893 im Gasthaus Hofer einberufen, die wider Erwarten gut besucht war. Die ausgearbeiteten Statuten wurden verlesen und erläutert, worauf 42 der Anwesenden ihren Beitritt zur Feuerwehr anmeldeten. Die Statuten wurden am 24. Mai 1893 von der k. u. k. Statthalterei in Linz genehmigt, und der Verein konnte seine Tätigkeit aufnehmen. Bei der Gründungsversammlung am 4. Juni 1893 wurde der Lehrer Wendelin Richter zum Obmann gewählt, der diese Funktion aber nur bis 1894 ausübte. In den Jahrzehnten seit Bestand der Wehr wurden an Geräten und Fahrzeugen angeschafft: Kübelspritze mit Pferdebespannung (1895), Spritze für Pferdebespannung mit Saugrohr (1920), Tragkraftspritze von Fa. Rosenbauer (1931), Löschfahrzeug Mercedes (1949), Tragkraftspritze R 75 (1957), Löschfahrzeug Dodge (1970), TLF 2000 (1976), drei Atemschutzgeräte, ein mobiles und zwei Handfunkgeräte (1978), Kommandowagen, mobiles Funkgerät und Funkalarmierung (1982), Tragkraftspritze Supermatic 80 (1984). Anstelle des 1923 erbauten Feuerwehrhauses wurde 1972 ein neues errichtet.

HBI Stöcher K. (1953), OBI Bachner K. (1946), AW Ittensammer A. (1958), AW Luger K. (1971), AW Steinkellner J. (1973), BI Lengauer H. (1957) — HFm Aistleitner K. (1950), OBm Aistleitner S. (1971), JFm Andritsch A. (1981), OFm Bainczyk P. (1979), Lm Banwinkler J. (1963), HFm Bauernberger J. (1971), JFm Bauernberger M. (1981), Beyrl E. (1931), PFm Beyrl F. (1983), HFm Denkmaier W. (1958), E-AW Fink K. (1952), JFm Freller J. (1981), OBm Freller K. (1958), PFm Fröhlich A. (1982), Fröhlich J. (1950), Fürnhammer J. (1931), Gerstendorfer A. (1949), FA Dr. Gruber G. (1977), Lm Gschwandtner F. (1958), HFm Gusenbauer J. (1973), HFm Gusenbauer J. (1977), HFm Haböck H. (1976), Fm Haider H. (1981), Lm Haider K. (1958), E-BI Hammetner F. (1949), Herzog J. (1931), HFm Hinterholzer K. (1971), HFm Hinterreiter J. (1973), OBm Hirsch F. (1950), Hirsch R. (1920), Höfer J. (1923), Fm Höfer J. (1982), Lm Höfer R. (1975), HFm Holzmann K. (1976), Lm Holzweber J. (1968), JFm Käferböck C. (1981), HFm Käferböck D. (1975), Lm Kastenhofer A. (1946), Lm Kastl R. (1958), Lm Kastler K. (1958), JFm Katzenschläger M. (1982), HFm Killinger H. (1977), HFm Krichbaumer F. (1978), HFm Krichbaumer W. (1977), Lm Landl F. (1946), OFm Lehner J. (1979), OFm Lengauer H. (1980), Bm Lindner K. (1973), Lm Lumetzberger K. (1958), PFm Mayrhofer F. (1983), HFm Mayrhofer J. (1975), HFm Mayrhofer J. (1973), OFm Mitterlehner K. (1975), Lm Moser J. (1958), Moser J. (1918), PFm Naderer J. (1983), PFm Peyrl H. (1983), E-OBI Pilz A. (1940), E-AW Pilz J. (1938), OBm Pilz J. (1958), Lm Pleimer F. (1946), HFm Pleimer F. (1971), JFm Pömmer M. (1981), OFm Poscher W. (1981), Lm Reislinger J. (1956), Sailer H. (1935), HLm Schiefermüller K. (1935), Lm Schiefermüller K. (1971), HFm Schinnerl K. (1975), Lm Spendlingwimmer A. (1946), Lm Steinbeiß K. (1946), HFm Steinbeiß K. (1975), Lm Steiner K. (1951), JFm Steinkellner J. (1982), Thurnhofer F. (1928), HLm Thurnhofer R. (1945), Lm Thurnhofer R. (1966), Viehböck F. (1981), Wagner E. (1981), HFm Wagner K. (1975), HFm Wahl J. (1971), Lm Wahlmüller G. (1958), HFm Wögerer F. (1976), Würdinger A. (1946), Lm Wurm J. (1951), Zwölfer J. (1946), JFm Zwölfer M. (1981)

FF DINGDORF

Da in den Jahren vor 1925 des öfteren Brände in der Umgebung der Gemeinde Dingdorf auftraten und die Leute hilflos zusehen mußten, wie Hab und Gut der Landwirte den Flammen ausgeliefert waren, schlossen sich einige mutige Männer zusammen und wandten sich an Bürgermeister Anton Ruhsam mit der Bitte, bei der Gründung einer eigenen Wehr für Dingdorf behilflich zu sein. Und so wurde die Freiwillige Feuerwehr Dingdorf mit 26 Gründungsmitgliedern im Jahr 1925 gegründet. Erster Kommandant der Wehr wurde Hans Resch, dem 25 Mitglieder unterstanden. Resch führte die Wehr bis zum Jahr 1930. Noch im Gründungsjahr wurde von der FF eine Handdruckspritze von der Fa. Rupp in Braunau angekauft; außerdem wurde auch das erste Feuerwehrgebäude errichtet. Als diese Zeugstätte den modernen technischen Anforderungen nicht mehr entsprach, schritt man im Jahr 1943 an die Errichtung eines Neubaus. Zum Nachfolger von Kommandant Resch wurde 1930 Franz Berger gewählt, der seine Funktion bis zum Jahr 1936 ausübte. Anschließend übernahm Michael Riegler die Kommandantenstelle und stand bis 1940 an der Spitze der Wehr. Durch den Anschluß an das Deutsche Reich wurde 1938 die Gemeinde Matzelsdorf aufgelöst und der Marktgemeinde Neumarkt angegliedert. 1940 verlor die FF Dingdorf ihre Selbständigkeit, wurde der Freiwilligen Feuerwehr der Marktgemeinde Neumarkt einverleibt und als deren Löschzug geführt. Nach 1945 erging vom damaligen Bürgermeister von Neumarkt Wöckinger an den Wehrführer-Stellvertreter Josef Ziegler der Auftrag, die Wehr wieder selbständig zu führen. 1946 erfolgte die Neuwahl, bei der Josef Ziegler zum Kommandanten gewählt wurde. Er hatte diese Funktion bis 1952 inne und wurde von Johann Bachl abgelöst (bis 1968).

HBI Brunner F. (1955), OBI Katzmair F. (1954), AW Auer J. (1946), AW Bindreiter F. (1946), AW Remplbauer J. (1957) — Fm Bindreither J. (1982), Fm Brandstetter J. (1982), Fm Frühwirt F. (1976), Fm Frühwirt F. (1956), PFm Höpfler M. (1983), OFm Penn H. (1960), Fm Reichl J. (1982), PFm Remplbauer K. (1982), PFm Remplbauer K. (1982), Fm Remplbauer W. (1982), Fm Ruttenstock R. (1953), Fm Ruttenstock R. (1977), Fm Scheuchenstuhl J. (1966), Scheuchenstuhl L. (1924), Fm Schinnerl J. (1962), Fm Wagner H. (1966), Fm Wagner H. (1948), Fm Ziegler J. (1955), E-HBI Ziegler J. (1924)

FF EIBENSTEIN

Sehr bald wurde die Notwendigkeit einer eigenen Feuerwehr erkannt. Am 6. Dezember 1911 wurde deshalb die Feuerwehr als Verein gegründet und ein Kommando gewählt. 1912 kauften die Kameraden in Linz die erste Handspritze um den Betrag von 1061 Kronen und 50 Heller. Auch der Bau des Feuerwehrhauses wurde in diesem Jahr begonnen, die Mannschaft ausgerüstet und eingekleidet. Eine schmucke blaue Ausgehuniform für festliche Anlässe wurde ebenfalls gekauft. Die Wehr wurde am 17. Juli 1938 aufgelöst und der Feuerwehr Rainbach als dritter Löschzug eingegliedert. Bis 1950 finden sich in der Chronik keine Aufzeichnungen. 1950 wurde die erste Motorspritze angekauft. Die neue Motorspritze wurde am 8. August 1954 geweiht, und an diesem Tag fand das heute schon traditionelle Waldfest „rund um den Hohen Stein" zum ersten Mal statt. Der Schlauchturm wurde in den Jahren 1955/56 erbaut. 1971 wurde die neu angekaufte Motorspritze gesegnet. Kommandanten der Wehr waren seit ihrer Gründung: Michael Preinfalk (1911–1918), Franz Pühringer (1918–1933), Leopold Wiesinger (1933–1938); Leopold Hackermüller (1950–1953), Franz Kramer (1953–1956), Josef Hofstadler (1956–1961), Rupert Pühringer (1961–1963), Gottfried Krump (1963–1968), Josef Pühringer (seit 1968).

HBI Pühringer J. (1946), OBI Hackermüller H. (1971), AW Prückl J. (1977), AW Pühringer G. (1968), AW Weichselbaum G. (1977) — HFm Grubmüller J. (1950), Fm Hackermüller G. (1982), HFm Hackermüller G. (1973), Fm Hackermüller H. (1977), HFm Hackermüller J. (1950), OFm Hackermüller J. (1977), Lm Hackermüller L. (1946), Fm Hofstadler E. (1982), Fm Hofstadler E., OFm Hofstadler K. (1971), JFm Hofstadler K. (1983), HFm Hofstadler K. (1953), OLm Horner J. (1953), Fm Horner J. (1982), HFm Kohlberger A. (1953), HFm Kohlberger J. (1950), Fm Kohlberger K. (1978), Fm Kohlberger M. (1976), Fm Kralik G. (1976), E-AW Kralik J. (1959), JFm Krump G. (1982), E-OBI Krump G. (1955), OLm Krump J. (1950), OBm Krump R. (1920), JFm Krump W. (1982), JFm Larndorfer L. (1982), HFm Larndorfer L. (1965), HFm Lorenz G. (1969), HFm Pachinger J. (1959), HFm Preinfalk K. (1950), Fm Prückl F. (1976), OLm Prückl J. (1950), HFm Prückl J. (1976), Lm Pühringer A. (1955), OFm Pühringer F. (1974), OFm Pühringer G. (1976), Fm Pühringer H. (1979), Fm Pühringer H. (1982), OFm Pühringer H. (1978), Pühringer J., Lm Pühringer J. (1930), JFm Pühringer J. (1982), HFm Pühringer J. (1959), OLm Pühringer J. (1968), Lm Pühringer J. (1931), OFm Pühringer J. (1976), Fm Pühringer J. jun. (1976), Lm Pühringer J. sen. (1955), HFm Pulitsch A. (1968), Fm Pulitsch G. (1976), OFm Pulitsch H. (1971), HFm Pupeter F. (1963), JFm Sonnberger E. (1982), OFm Sonnberger J. (1962), HFm Stumbauer A. (1973), OLm Stumbauer J. (1934), Fm Stumbauer L. (1978), HFm Stumbauer O. (1970), JFm Wagner H. (1982), Bm Wagner J. (1958), JFm Wagner K. (1983), JFm Wiesinger E. (1982), HFm Wiesinger J. (1950), OFm Wiesinger J. (1976), Fm Wiesinger J. (1977), HFm Zeindlhofer J. (1928)

FF ERDLEITEN

Die Freiwillige Feuerwehr Erdleiten wurde am 8. Januar 1933 gegründet, im gleichen Jahr wurde bereits das Zeughaus erbaut. 1938 wurde die erste Motorspritze, eine R 25, angekauft. 1948 erwarb man ein Militärfahrzeug Agip Steyr 150, das zu einem Löschfahrzeug umgebaut wurde. Ein Jahr später wurde das Zeughaus erweitert und ein großes Feuerwehrfest mit Fahrzeugweihe abgehalten. Dabei waren die Kameraden in ihren braunen Uniformen vertreten. 1956 erfolgte der Ankauf der Sirene. 1968 wurde das Löschfahrzeug Steyr Agip gegen ein weiteres Steyr-Agip-Löschfahrzeug mit einem Original-Rosenbauer-Aufbau eingetauscht sowie auch eine neue Motorspritze, Type Automatik VW 75, angekauft. 1975 schritt man an die Renovierung des Zeughauses. 1979 erfolgte der Ankauf eines Löschfahrzeuges Type Land Rover; 1983 wurde eine Löschwasseranlage in Erdleiten errichtet. Gründungsmitglieder waren Alois Sigsl, Alois Hunger, Alois Gusenleitner, Franz Langthaler, Fanz Langegger, Joh. Langthaler, Adolf Voglhofer, Josef Primetzhofer, Michael Lumetzberger, August Gruber, Karl Fragner, Joh. Hunger, Franz Dreiling, Josef Dreiling, Josef Ebner, Franz Lumetzberger, Robert Wahlmüller, Ludwig Schinnerl, Josef Hackl, Joh. Miesenberger, Georg Danmayr, Josef Hunger; Hauptleute seit der Gründung waren Alois Sigsl (1933–1936), Alois Gusenleitner (1936–1958), Franz Langthaler (1958–1973), Josef Lengauer (1973–1978), Josef Ortner (1978–1983) und Karl Hunger (seit 1983).

HBI Hunger K. (1973), OBI Lintner F. (1969) — Aumayr A. (1968), Blöchl G., Bodingbauer J. (1970), Chaligsky F. (1953), Fragner J. (1978), Friedl E. (1957), Fürst F. (1970), Fürst J. (1974), Gafko F. (1958), Galli F. (1961), Galli F. (1983), Garaserbauer J. (1978), Gusenbauer E. (1950), Gusenbauer E. (1974), Gusenbauer F. (1949), JFm Gusenbauer F. (1977), Gusenbauer H. (1974), Gusenbauer K. (1969), Gusenbauer M. (1978), Gusenbauer M. (1979), Hackl F. (1973), Hackl G. (1983), Hakl G. (1964), Hametner F. (1983), Hochetlinger J. (1961), Hochetlinger R. (1940), JFm Hunger A. (1981), Hunger J. (1945), Hunger K. (1980), Langtaller F. (1933), Leimlehner K. (1950), Lengauer J. (1961), JFm Maierhofer M. (1981), Ortner E. (1969), Ortner J. (1953), Plöchl G. (1969), Popolorum W. (1974), Pree J. (1961), JFm Raab F. (1980), Raab H. (1950), JFm Raab R. (1980), Ratzenböck J. (1953), Ratzenbök K. (1981), Reichhart J. (1957), Reichhart J. (1983), Rühnessl J. (1978), Schinnerl J. (1957), Schinnerl J. (1983), Schwahegger E. (1983), Viehböck L. (1982), JFm Viehbök G. (1981), Vogelhofer F. (1957), Wahlmüller R. (1933), Wakolbinger J. (1966), Walch F. (1958), JFm Walkolbinger J. (1981), Windischhofer F. (1961), Zeitlhofer M. (1983), Zeitlhofer R. (1983), Zwettler E. (1959), Zwettler E. (1975)

FF ERDMANNSDORF

Die Gründung der Freiwilligen Feuerwehr Erdmannsdorf erfolgte 1924. Der nördlich von Gutau gelegene Ort Erdmannsdorf war damals noch eine eigene Gemeinde und wegen seiner geographischen Lage ein günstiger Ort für einen Feuerwehrstützpunkt. Der Gründer war Johann Hierz. Die Feuerwehr Erdmannsdorf machte eine rasche Entwicklung durch. Neben dem Zeughausbau wurde eine Feuerspritze mit Pferdebespannung angekauft, und 1937 kam es zum Ankauf einer TS R 25. Von 1938 bis 1945 war die Feuerwehr praktisch lahmgelegt, was auf die Kriegsereignisse zurückzuführen ist. Nach 1945 kam wieder Leben in die Feuerwehr. Es war viel Aufbauarbeit notwendig, um einerseits Ausrüstung zu beschaffen und andererseits den Personalstand aufzustocken. Dabei kam auch das Problem der Motorisierung auf die Feuerwehr zu, welches durch den Umbau eines Wehrmachtsautos notdürftig gelöst werden konnte. Bereits 1958 wurde ein neues KLF Ford 1250 und 1966 eine TS Automatik R 75 VW angekauft. 1973 wurde das Zeughaus neu gebaut. 1982 erfolgte der Anschluß an das Sirenennetz und die Funkalarmierung.

HBI Kastler A. (1971), OBI König A. (1957), AW Rockenschaub F. (1967), AW Dr. Schartmüller J. (1974), AW Siegl J. (1957), BI Gattringer R. (1974) — Fm Bamberger E. (1969), Fm Biermayr A. (1947), HFm Biermayr J. (1974), HFm Binder A. (1954), HFm Binder F. (1961), Fm Binder F. (1979), Fm Binder J. (1980), HFm Bindreiter A. (1970), JFm Bindreiter G. (1981), OFm Bindreiter J. (1971), JFm Bindreiter M. (1984), OFm Dumhard F. (1969), HFm Dumhart F. (1957), PFm Dumhart G. (1984), OFm Etzelsdorfer L., OFm Etzelstorfer J. (1930), OFm Etzelstorfer M. (1979), Fm Etzlstorfer F. (1979), HFm Etzlstorfer J. (1977), HBm Etzlstorfer J. (1979), JFm Fabian A. (1984), Fm Fabian A. (1928), Fm. Fabian A. (1975), OFm Fabian J. (1947), OFm Fabian J. (1967), HFm Fabian L. (1970), HFm Freudenthaler J. (1946), HFm Freudenthaler J. (1975), OFm Friedl K. (1979), OFm Gradl F. (1934), OFm Gusenbauer J. (1974), HFm Gusenbauer K. (1969), OFm Hackl F. (1979), JFm Hackl H. (1984), OFm Hackl J. (1957), OFm Hackl J. (1979), Fm Hackl J. (1981), OFm Haghofer W. (1968), Fm Haghofer W., OFm Haugeneder L. (1973), HFm Hennerbichler J., OFm Hennerbichler J. (1969), HFm Hiesl A. (1953), OFm Hiesl F. (1968), OFm Höller F. (1933), HFm Höller G. (1969), Höller G. (1974), Fm Höller J. (1974), JFm Horner W. (1984), HFm Kaineder J. (1972), OFm Kastler F. (1947), Fm Kastler F. (1950), JFm Kastler G. (1983), HFm Kastler J. (1932), HFm Kastler L. (1969), HFm Kiesenhofer J. (1949), OFm Kiesenhofer J. (1978), Fm Klug K. (1974), Fm König A. (1981), Fm König F. (1981), Fm König J. (1976),

OFm Kurz F. (1957), Fm Kurz R. (1981), HFm Lamplmayr L. (1976), HFm Lamplmayr L. (1949), HBm Lehner W. (1957), OFm Lindner J. (1968), HFm Lindorfer W. (1969), HFm Maiböck Ä. (1947), HBm Maiböck J. (1953), JFm Mayr A. (1981), Lm Mayr J. (1948), OFm Petermichl G. (1971), OFm Petermichl R. (1970), Fm Pölz J. (1983), HFm Pree J. (1963), Fm Pree M. (1981), Fm Puchinger J. (1935), HFm Rampetsreiter J. (1965), HFm Reidinger H. (1962), OFm Reidinger J. (1957), JFm Reisinger J. (1983), HFm Reisinger L. (1964), Fm Riederer J. (1981), HFm Riederer L. (1940), HBm Riederer W. (1967), HFm Riegler J. (1977), HFm Riegler J. (1953), Riegler O. (1976), HLm Rockenschaub A. (1956), OFm Rockenschaub F. (1928), JFm Rockenschaub F. (1984), Fm Rockenschaub O. (1968), OFm Ruhmer J. (1967), Fm Ruhmer L. (1983), Fm Ruhmer M. (1981), Fm Satzinger A. (1979), Fm Satzinger J. (1976), HFm Satzinger J. (1935), OFm Satzinger L. (1979), HFm Schaller F. (1972), Fm Schartmüller G. (1981), HFm Schartmüller J. (1948), JFm Schinagl E. (1983), Fm Schinagl J. (1973), Fm Schober H. (1983), OFm Schober J. (1924), JFm Schöfer G. (1983), Fm Schützeneder A. (1975), OFm Schützeneder E. (1946), Lm Seyrl F. (1957), JFm Seyrl F. (1982), OFm Seyrl J. (1925), Fm Stadlinger W. (1975), JFm Tucho A. (1981), JFm Voit Ch. (1982), E-AW Wagner J. (1947), OFm Weberberger F. (1949), OFm Weberberger J. (1978), HBm Weinberger K. (1979), HFm Weinberger L. (1967), OFm Weinberger L. (1979), Fm Weinberger W. (1981), Mag. Wenigwieser F. (1983), Fm Winkler O. (1981), OFm Zeinlinger A. (1978), JFm Zeinlinger A. (1984)

FF FREISTADT

1870 gilt als Gründungsjahr der FF Freistadt. Erster Kommandant war Johann Raffaseder (1870–1871). Gerätestand 1870: 1 Saugspritze, 3 Wasserwagen aus Holz, 2 Handdruckspritzen, 4 Steigleitern, 15 Karabiner zum Einhaken in eine Leiter, 2 Einhauleitern, 21 Ellen Gurten, 15 Steigerhelme, 2 Feuerwehrlaternen, 15 Leinen à 9 Klafter, 15 Hacken. 1908 wurde eine eigene Sanitätsabteilung aufgestellt, die 1938 in das Rote Kreuz übergeleitet wurde. 1970 erfolgte ein gründlicher Umbau des Feuerwehrhauses. In all den Jahrzehnten wurde stets auf entsprechende Ausrüstung geachtet. Fahrzeugstand Ende 1983: 1 Kommandofahrzeug (KDO), 1 Tanklöschfahrzeug (TLF), 1 Löschfahrzeug (LF), 1 Löschfahrzeug mit Vorbaupumpe, 1 Löschfahrzeug mit Bergeausrüstung und Vorbaupumpe, 1 schweres Rüstfahrzeug, 1 Öleinsatzfahrzeug, 1 Anhänger (30-kVA-Stromgenerator), 1 Schiebeleiter 24 m. Durch die Stationierung von KHD-Geräten und Fahrzeugen wurde die Feuerwehr Freistadt zur Stützpunktfeuerwehr ausgebaut. BR Karl Wagner ist seit 1967 Kommandant, unter seiner Leitung wurde der gesamte Fahrzeugpark ausgewechselt und erneuert.

BR Wagner K. J. (1945), HBI Pils H. (1955), OBI Steinmetz R. (1962), HAW Schatzl A. M. L. (1973), OAW Neumüller J. H. (1968), AW Penz W. (1981), AW Wagner K. (1968), BI Stiegelbauer F. (1966), BI Wimmer H. (1960) — HFm Affenzeller A. (1973), OLm Ahorner J. (1965), OBm Bauer E. (1958), HFm Binder E. (1958), JFm Breiteneder W. (1980), Bm Burgermeister J. (1938), OLm Christ A. (1924), HFm Daxberger G. (1971), Fm Eder R. (1982), OFm Etzelstorfer F. (1976), OFm Etzelstorfer F. (1973), OFm Foißner G. (1972), Lm Foißner H. (1969), OFm Futschek Ch. (1976), Fm Futschek H. (1982), Bm Gallistl E. (1950), HBm Hackl H. (1951), HBm Hackl P. (1972), E-AW Haider K. (1962), Lm Haider J. (1946), OLm Haugeneder A. (1966), HFm Haunschmid F. (1947), HBm Haunschmid J. (1962), HFm Haunschmid K. (1962), Fm Haunschmied J. K. (1980), JFm Hennerbichler M. (1983), PFm Ing. Hofer W. (1983), Lm Hofreiter A. (1952), OLm Hofstadler-Tröbinger J. (1926), HFm Horner W. (1973), HBm Jachs K. (1972), OFm Jank M. (1983), JFm Kapeller B. (1980), Fm Kastner E. Ch. (1981), OBm Katzinger O. (1957), Lm Kern A. (1970), OFm Klein M. (1968), Knoll J. (1981), Lm Königsecker J. (1945), HLm Kuttner E. (1971), HFm Kuttner J. (1973), Fm Leitner G. (1980), Bm Luger H. (1958), Lm Luritzhofer E. (1973), Fm Mair M. (1981), HFm Manzenreiter G. (1971), Lm

Manzenreiter J. (1968), E-BI Manzenreiter K. (1951), OFm Meindl E. (1975), HLm Mühlbachler H. (1950), E-AW Müller F. (1932), OLm Neumüller N. (1969), OFm Niederberger E. (1974), OLm Novak A. (1962), OFm Pils H. A. (1975), Lm Pirklbauer J. (1927), HLm Pramhofer E. (1968), HFm Preinfalk A. (1959), E-AW Preslmayr A. (1951), OFm Preslmayr A. (1968), JFm Pröll G. (1983), PFm Pum G. (1983), OFm Rauscher H. (1969), HFm Rauscher J. (1965), OBm Riepl J. (1957), OBm Rogl H. (1961), Lm Schaumberger J. (1932), E-BI Schinagl A. (1959), OBm Schinagl J. (1949), OLm Schinagl J. (1953), Lm Schmalzer F. (1966), OLm Schober L. (1972), HFm Schwarzenberger R. (1969), JFm Schweizer J. (1983), HLm Seyr L. (1962), JFm Seyr P. (1981), Fm Skijas F. (1979), JFm Slany A. (1982), E-BI Stadler H. (1951), Lm Steinmetz E. (1967), HBm Stöcklegger F. (1977), JFm Stütz C. (1983), OFm Stummer B. (1976), OLm Stummer E. (1949), HLm Teufer H. (1970), OLm Tischler F. (1936), Lm Tröbinger M. (1930), Lm Dipl.-Ing. Vejvar W. (1954), E-OBI Wegerer J. (1949), Bm Weiermann P. (1948), Fm Wesely T. (1980), JFm Wimmer M. (1980), OBm Zeinlinger F. (1953), HBm Zeinlinger M. (1981), OFm Zoller F. (1976)

FF GRÜNBACH BEI FREISTADT

Am 15. November 1896 fand die Gründungsversammlung statt, bei der auch der Bürgermeister und Landtagsabgeordnete Franz Blöchl begrüßt werden konnte. Aus der Wahl mit Stimmzettel ging Max Müller einstimmig als Kommandant hervor. Am 10. Januar 1897 wurde der Beitritt zum Bezirks- und Landesverband beschlossen. Die Wahl des Ausschusses fand alle Jahre statt, auf Übungstätigkeit und auch auf Geselligkeit wurde großer Wert gelegt. Von 1914 bis 1931 sind keine Eintragungen vorhanden. Bei einer außerordentlichen Hauptversammlung wurde lt. Erlaß des LFV, Zl. 1282/38, um die Auflösung des Vereines und die Umwandlung in eine Rechtskörperschaft angesucht. Bei einer gemeinsamen Sitzung aller fünf FF der Gemeinde Grünbach wurde die Zusammenlegung zu einer Gemeindefeuerwehr mit vier Löschzügen beschlossen. Ab 1950 gibt es lückenlose Eintragungen. 1975 wurde das KLF mit Vorbaupumpe gekauft, 1976 das Feuerwehrhaus gebaut und in der Folgezeit der schwere Atemschutz und der Funk angeschafft sowie die Funkalarmierung installiert.

HBI Pilgerstorfer J. (1967), OBI Birklbauer L. (1959), BI Birklbauer G. (1973) — OFm Affenzeller J. (1965), OFm Affenzeller J. (1977), HFm Affenzeller L. (1975), HFm Aufreiter A. (1958), HFm Aufreiter G. (1978), OFm Birklbauer J. (1965), HLM Birklbauer L. (1973), OFm Böhm Ch. (1978), Lm Böhm J. (1953), OBm Chalupar E. (1970), Fm Chalupar E. (1981), Fm Chalupar G. (1981), OFm Chalupar H. (1970), HFm Chalupar H. (1966), HFm Chalupar I. (1949), OFm Chalupar J. (1968), HFm Chalupar K. (1958), Fm Döberl E. (1981), Lm Döberl F. (1960), HLm Döberl F. (1956), Fm Döberl H. (1978), Döberl K. (1983), Bm Döberl M. (1932), HLm Döberl M. (1975), HFm Dreiling F. (1925), HFm Eder S. (1978), Bm Dir. Eibensteiner H. (1965), Bm Eibensteiner J. (1928), OLm Fitzinger M. (1974), Fm Friesenecker J. (1979), Lm Gaffal F. (1956), Fm Gattringer N. (1982), OFm Glasner L. (1966), Lm Goldmann F. (1974), HFm Grünberger A. (1965), Bm Grünberger J. (1946), Grünberger K. (1984), Fm Grünberger R. (1978), HFm Guserl J. (1950), HLm Guserl K. (1966), Gutenbrunner H. (1983), OFm Hackl J. (1971), HFm Hager E. (1954), OFm Hanle O. (1968), E-HBI Hanz R. (1924), HFm Hanz R. (1948), Bm Hiesl A. (1970), OFm Hiesl F. (1971), HFm Hiesl F. (1963), OLm Himmelbauer A. (1974), OFm Hinterreiter F. (1972), HFm Hinum E. (1955), HFm Hinum H. (1961), HFm Hinum H. (1929), Fm Hinum J. (1981), Lm Hochreiter J. (1968), Hfm Hofer J. (1930), HLm Horner A. (1946), Fm Horner J. (1980), HLm Horner G. (1977), HFm Horner J. (1959), OFm Jahn A. (1981), HLm Jahn F. (1947), Lm Jahn F. (1976), OFm Jahn F. (1981), OBm Jahn F. (1946), HFm Jahn H. (1978), OFm Jahn H. (1981), HFm Jahn J. (1946), HFm Jahn J. (1978), HFm Jahn J. (1978), HLm Jahn L. (1946), HLm Jahn L. (1970), OLm Jahn L. (1974), OFm Kada F. (1980), Fm Kapeller G. (1978), HLm Kastler F. (1980), HLm Kesenhofer H. (1938), Fm Kiesenhofer H. (1982), OFm Klambauer S. (1967), HLm Klepatsch F. (1946), Lm Klepatsch K. (1957), Lm Klopf F. (1929), HFm Kopplinger J. (1933), HFm Kopplinger J. (1970), HLm Krempl E. (1964), Bm Kroiher H. (1960), OLm Kubicka J. (1956), OFm Leber A. (1978), HFm Leber J. (1973), OFm Leber P. (1971), OFm Marschik J. (1966), OFm Maschik A. (1978), Lm Mittermühler J. (1958), Lm Neuhauser N. (1964), Ortner J. (1983), OBm Pammer K. (1962), HFm Papelitzky J. (1962), HFm Papelitzky J. (1961), HLm Pilgerstorfer A. (1958), HFm Pils H. (1950), OFm Pils L. (1973), HFm Pilz J. (1976), HLm Pirklbauer E. (1957), HFm Primetzhofer J. (1928), HLm Prößlmayr A. (1954), OFm Prößlmayr E. (1978), HFm Quaß F. (1946), HFm Riepl M. (1924), OLm Ruhaltinger M. (1953), Lm Scheuchenecker F. (1973), HBm Schmid L. (1957), Bm Schmid L. (1968), HFm Schönauer I. (1923), HLm Schönauer I. (1966), HFm Schönauer J. (1957), OFm Seidl G. (1970), Lm Stöglehner E. (1972), OBm Stütz A. (1967), Lm Stütz E. (1967), HFm Stütz E. (1968), HFm Stütz F. (1964), Fm Stütz F. (1981), OLm Stütz H. (1974), HLm Stütz K. (1970), Fm Stütz M. (1982), Lm Stütz W. (1951), Bm Sueka H. (1966), Lm Sueka K. (1963), OFm Thumfarth J. (1971), OBm Traxler F. (1954), HLm Traxler F. (1971), Lm Traxler H. (1954), HFm Traxler I. (1924), OFm Traxler L. (1965), HLm Traxler M. (1971), Fm Viertlmayr F. (1978), Fm Wagner A. (1978), OFm Wagner J. (1972), OFm Wagner J. (1979), Fm Wagner K. (1981), Fm Wiesinger A. (1973), E-HBI Wiesinger H. (1955), OFm Wimberger W. (1978), Fm Zahorka F. (1978)

FF GUGU-SCHÖNBERG

Die Freiwillige Feuerwehr Gugu-Schönberg wurde am 9. Januar 1927 gegründet. Zum Wehrführer wurde Johann Engleitner gewählt, der dieses Amt bis 1. Juni 1929 ausübte. Am 1. Juni 1929 wurde Franz Madl zum Wehrführer gewählt. Am 12. Juli 1932 beschloß das Kommando den Kauf einer Motorspritze, und auch der Neubau eines Zeughauses stand auf der Tagesordnung. Für den Zeughausbau brannten die Kameraden die Ziegel selber, um den Bau zu ermöglichen. Die Zeughausweihe fand am 29. Juni 1935 statt. Franz Madl war bis 1938 Kommandant. Während der Kriegszeit war die Freiwillige Feuerwehr Gugu-Schönberg nur ein Löschzug und laut Protokoll der Polizei unterstellt. Am 13. Juni 1946 wurde Karl Hofmann zum Kommandanten gewählt. Am 6. Januar 1950 wurde Franz Klein zum Kommandanten gewählt. Am 4. Dezember 1954 wurde eine neue Motorspritze RW 25 gekauft. 1956 wurde beim Guguhof ein Löschteich errichtet. Franz Klein legte 1966 die Kommandantenstelle aus gesundheitlichen Gründen zurück, worauf Adolf Michelcic am 6. Juni 1966 zum Kommandanten gewählt wurde. Adolf Michelcic legte 1971 wegen Übersiedlung die Kommandantenstelle zurück. Am 6. Februar 1971 wurde Alois Pils neuer Kommandant. 1973 wurde wegen Auflösung der Freiwilligen Betriebsfeuerwehr Rosenhof die VW-Spritze übernommen. Kommandant Alois Pils legte 1983 die Kommandantenstelle aus Altersgründen zurück.

HBI Gutenbrunner E. (1971), OBI Holzweber K. (1964), AW Haider H. (1976), AW Lehner G. (1972), AW Weber E. (1968) — HFm Bröderbauer E. (1972), Lm Bröderbauer L. (1960) Fm Ertl E. (1973), OFm Ertl J. (1971), HFm Fasching A. (1972), Fm Fasching A. (1981), E-AW Graser W. (1959), Fm Gratzl J. (1963), HFm Gutenbrunner K. (1953), OFm Hofmann J. (1946), HFm Hofmann K. (1953), Lm Hohneder H. (1946), HLm Hohneder H. (1946), OFm Holzweber F. (1981), Holzweber G. (1984), Lm Honnes E. (1980), HBm Honnes H. (1980) HLm Lemberger E., HFm Mader O. (1959), HBm Michelcic A. (1956), OFm Pehamberger J. (1976), E-HBI Pils A. (1959), HFm Pils A. (1968), HFm Pöchinger J. (1946), E-AW Prinz J. (1959), OLm Puchner W. (1966), HFm Schmutzhart F. (1960), OLm Schrenk W. (1951), Fm Steinek E. (1981), Lm Steinek E. (1949), OLm Steinek F. (1963), OLm Steinek F. (1927), OLm Winhör A. (1951), Fm Winhör A. (1977), Lm Winhör F. (1980)

FF GUTAU

Von Oberlehrer Julius Wagner kam der Appell, in Gutau eine eigene Feuerwehr zu gründen. Es meldeten sich sofort 53 Gemeindebürger und traten der neugegründeten Feuerwehr bei. Zum Zeitpunkt ihrer Gründung 1885 erhielt die Feuerwehr von der Pfarre eine Feuerspritze und zwei Anstelleitern, die damals im „Spritzenhäusl" neben dem Friedhofseingang untergebracht waren. Durch die Einsatzbereitschaft der Wehrmänner konnten bald neue Geräte angeschafft und die Mannschaft gut ausgebildet werden. 1888 trat die Gutauer Feuerwehr dem Oberösterreichischen Landesverband bei, kurz darauf wurde das Feuerwehrdepot an der Kefermarkter Straße erbaut. Die erste Motorspritze wurde 1932 von der Firma Rosenbauer angekauft, sie ist noch heute vorhanden und in einem von Pferden gezogenen Feuerwehrfuhrwerk untergebracht. Ein dreiachsiger Steyr (1951) war das erste motorisierte Feuerwehrfahrzeug. Heute noch in Verwendung stehen eine Motorspritze TS R 75 (1955) und ein 1959 angekaufter Opel Blitz mit Vorbaupumpe. Um für die Ansprüche der Zeit gerüstet zu sein, wurde 1975 das alte Feuerwehrdepot abgerissen und ein neues Zeughaus nach modernsten Gesichtspunkten erbaut. Das Feuerwehrhaus umfaßt zwei Großgaragen, einen Trockenturm sowie einen Schlauchwaschraum und ein Sitzungszimmer. Ein TLF 2000 Steyr steht seit 1978 im Einsatz der Feuerwehr Gutau. Dieses Fahrzeug ist mit Hochdruckpumpe, schwerem Atemschutz und einem mobilen Funkgerät ausgerüstet. Die heute 115 Mann starke Feuerwehr ist neben ihren Einsätzen bei Brand und Katastrophen auch kulturell aus dem Ortsgeschehen kaum noch wegzudenken. Bei Umzügen und Festen ist die Feuerwehr stets dabei, sie selbst ist Veranstalter eines jährlichen Feuerwehrballs.

HBI Atteneder A. (1940), OBI Haunschmid J. (1958), AW Lueger K. (1946), AW Reisinger F. (1945), AW Wagner G. (1948), BI Klaner K. (1950), BI Mayr H. (1962) — OFm Aichhorn F. (1954), HFm Aichhorn H. (1950), OFm Atteneder A. (1979), Fm Atteneder J. (1975), HLm Bachl G. (1961), Fm Bachl G. (1980), OFm Bachl G. (1975), OFm Bindreiter J. (1965), OFm Brückler J. (1954), JFm Brunner A. (1981), JFm Brunner G. (1982), E-OBI Brunner J. (1946), HFm Brunner J. (1964), HFm Brunner R. (1974), OFm Daniel A. (1946), HFm David A. (1972), OFm Eitenberger J. (1946), Fm Fellner E. (1976), OFm Fischer W. (1952), OFm Freudenthaler J. (1957), HFm Gruber A. (1965), PFm Gruber A. H. (1983), OLm Gruber W. (1972), HFm Gschwandtner A. (1947), Fm Hackl R. (1981), Fm Hasch K. (1950), Fm Haunschmid J. (1975), OFm Haunschmid J. (1977), Fm Haunschmid W. (1975), OFm Hauser F. (1925), Fm Hellmonseder K. (1969), HLm Hinterdorfer W. (1954), JFm Hinterdorfer W. (1981), Lm Höfer F. (1969), JFm Höfer G. (1983), HFm Höller K. (1962), OFm Irndorfer A. (1966), Fm Jank E. (1979), Fm Jank M. (1979), HFm Kammerer K. (1946), HFm Kiesenhofer G. (1975), HFm Klaner A. (1952), Lm Klaner J. (1975), HFm Klaner W. (1950), OFm Klaner W. J. (1976), Fm Koller J. (1979) OFm Krennbauer F. (1973), Fm Krenner H. (1982), Fm Kriegl F. (1954), Fm Kuttner G. R. (1979), OFm Kuttner R. W. (1956), HFm Lamplmair J. (1966), HFm Lamplmayr F. (1975), Lm Lamplmayr J. L. (1975), OFm Leitner E. (1976), Fm Lesterl G. (1977), Fm Lesterl H. (1977), OFm Lindner J. (1946), OFm Lindner J. (1956), Fm Lueger K. R. (1975), Fm Lueger W. (1975), OFm Matschy Ch. (1976), Fm Mayr G. W. (1977), Fm Mayr H. M. (1979), Fm Mayrwöger G. (1978), HFm Mayrwöger J. (1960), HFm Mayrwöger L. (1962), JFm Moser E. (1981), OLm Moser J. (1959), OFm Oberreiter H. (1928), OFm Petermann W. (1950), OFm Pichler A. (1968), Bm Pils K. (1946), Fm Pils K. L. J. (1966), HFm Priemetshofer E. (1972), JFm Puchner F. (1980), Lm Pühringer H. K. (1977), OFm Pühringer J. (1975), OFm Punkenhofer F. (1929), HFm Rametsteiner F. (1955), OFm Rehberger J. (1963), HFm Rehberger K. (1960), Fm Rehberger W. (1978), JFm Reisinger E. (1983), OFm Reisinger F. J. (1966), OFm Reisinger F. (1958), HFm Renhart F. (1946), OFm Resch K. (1946), HFm Sacher A. (1959), HFm Schabes F. (1946), OFm Schmidinger J. (1968), Fm Schützeneder F. (1982), OLm Schwarzenberger K. (1975), JFm Schwarzenberger M. (1982), Lm Ing. Singer J. (1950), OFm Staudacher K. (1971), HFm Stöllnberger F. (1969), JFm Tröbinger C. (1983), Fm Dir. Tunkl F. (1975), HFm Weberberger J. (1946), HFm Wittinghofer J. (1957), Fm Wittinghofer J. (1975), Fm Wittinghofer W. D. (1975), HFm Wolf K. (1966), Lm Wolf W. (1966), OFm Ziegelbauer G. (1976), Lm Zufall F. (1954), Fm Zufall P. J. (1980)

FF HACKSTOCK

1893 beschlossen der Schulleiter von Hackstock Rudolf Derschmidt und der damalige Kooperator von Unterweißenbach und Katechet von Hackstock Peter Kitlitzko, nach Rücksprache mit der Gemeindevorstehung und mit einflußreichen Männern von Hackstock eine selbständige Feuerwehr in Hackstock zu gründen. Am 1. Oktober 1893 wurden die Satzungen der k. u. k. Statthalterei vorgelegt und mit Bescheid bescheinigt. Die Statuten wurden von den Gründern Rudolf Derschmidt und Kooperator Peter Kitlitzko, Adolf Hietler, Gemeindevorsteher, Anton Daniel, Anton Wahlmüller und Johann Hinterreiter bestätigt. Am 18. November 1893 wurde von der Fa. Gugg eine Karrenspritze um 250 Gulden gekauft. Das Feuerwehrdepot wurde unentgeltlich von der Ortschaft Hackstock erbaut. 1929 gab es einen großen Brand in Hackstock. Es war „bitteres Schicksal", wie es in der Chronik heißt. Die erste Motorspritze wurde im Jahr 1930 angekauft. 1964 erfolgte der Neubau des Zeughauses. Das alte Zeughaus stand an der Stelle, wo sich heute die Dorfkapelle befindet. 1968 wurde ein VW-Bus als Löschfahrzeug erworben. 1973 wurde das 80jährige Gründungsfest mit der Segnung der 1971 gekauften VW-Tragkraftspritze gefeiert. 1982: Kauf eines neuen Kleinlöschfahrzeuges VW LT 35 um 295 000 Schilling. 1983: Segnung des KLF und 90jähriges Gründungsfest.

HBI Lehner J. (1956), OBI Baumgartner A. (1958), AW Buchner H. (1974), AW Lasinger J. (1980), AW Lehner J. (1978) — HFm Bauer E. (1972), HFm Bauer J. (1968), PFm Baumgartner R. (1983), OFm Bindreiter W. (1975), PFm Eibensteiner A. (1983), HFm Eibensteiner A. (1950), OFm Gallistl F. (1972), HLm Greindl F. (1950), HFm Greindl F. (1977), HFm Greindl J. (1923), HFm Greindl K. (1953), HFm Greinstetter F. (1972), Lm Greinstetter G. (1978), HFm Hackl F. (1964), HLm Hager A. (1950), OFm Hager A. (1979), HFm Haneder J. (1953), HFm Haunschmid K. (1954), OFm Hausleitner R. (1980), PFm Hausleitner W. (1983), HLm Hennerbichler F. (1954), HFm Hölzl A. (1936), OFm Hölzl W. (1980), HFm Holzweber G. (1972), HFm Holzweber K. (1952), HFm Holzweber O. (1932), HFm Kaltenberger A. (1929), Fm Kaltenberger J. (1980), HFm Kern A. (1960), OFm Kern J. (1968), HFm Kolros J. (1959), OFm Langthaler F. (1975), HFm Langthaler K. (1948), HFm Lasinger A. (1924), HFm Lasinger B. (1964), Fm Lasinger J. (1980), OFm Lehner F. (1980), HFm Lehner J. (1953), HFm Lehner W. (1973), HFm Leitner K. (1922), HFm Luxbauer K. (1980), OFm Moser A. (1961), HFm Moser J. (1977), E-HBI Moser K. (1959), HLm Mühlbachler H. (1967), Fm Mühlehner F. (1982), HBm Pachner K. (1958), Fm Pachner K. (1981), Fm Pachner M. (1981), HLm Penz F. (1952), HFm Puchner F. (1968), HFm Puchner G. (1931), HFm Rafezeder O. (1964), HFm Reif A. (1965), OLm Scheuchenpflug F. (1953), HFm Scheuchenpflug F. (1953), HFm Scheuchenpflug J. (1972), HFm Scheuchenpflug J. (1953), PFm Scheuchenpflug J. (1983), HFm Schmalz A. (1960), Fm Schmalz J. (1981), HFm Schmalz K. (1960), HFm Sigl J. (1954), HFm Stellnberger A. (1976), HFm Stellnberger A. (1953), HFm Wahlmüller J. (1972), OFm Wansch J. (1975), Fm Wansch J. (1981), PFm Wansch M. (1983)

FF HAGENBERG

1875 wurde die FF Hagenberg gegründet. Die Anfänge der Wehr sind eng mit der Herrschaft Hagenberg, den Grafen von Dürckheim, verbunden. Den guten Beziehungen des Grafen Georg Friedrich von Dürckheim zur Feuerwehr der Stadt Wien war es zu danken, daß die Hagenberger Wehr immer gut ausgerüstet war. So war sie schon 1914 im Besitz eines von Pferden gezogenen Löschtrains (700-l-Tankwagen mit Tragspritze). Die Feuerwehr nahm im Lauf ihres Bestehens nicht nur das unmittelbare Interesse der Brandbekämpfung wahr, sondern wirkte auch auf anderen Gebieten in der Gemeinde. So wurde 1900 die Feuerwehrmusik gegründet, 1905 eine öffentliche Telefonanlage installiert, und 1911 erfolgte die Gründung einer Sanitätsabteilung des Roten Kreuzes. Da infolge des Ersten Weltkrieges ärztliche Hilfeleistung nicht immer möglich war, wurde die Sanitätsabteilung der Feuerwehr von der Bevölkerung zur Ersten-Hilfe-Leistung bei körperlichen Unfällen in Anspruch genommen. 1926 wurde die Wehr mit der ersten Motorspritze ausgerüstet. Im April 1945 besaß die Wehr infolge von Plünderungen durch die Besatzungsmacht nur noch eine Handspritze. Durch die aufopferungsvolle Arbeit einiger Feuerwehrmänner war es möglich, nach dem Krieg die Feuerwehr wieder aufzubauen. Eine Motorspritze und Schlauch für Schlauch wurden wieder beschafft, so daß man wieder helfen konnte. 1954 bekam die Wehr das erste motorisierte Rüstfahrzeug, 1955 eine elektrische Feuerwarnanlage (Sirene), 1962 das erste schwere Atemschutzgerät, 1969 wurde ein Tanklöschfahrzeug und 1971 ein Kleinlöschfahrzeug angeschafft. 1975 erfolgte die Ausrüstung mit Funkgeräten. 1979 wurde als drittes Fahrzeug ein Kleinlöschfahrzeug gekauft, weshalb das bestehende Zeughaus provisorisch erweitert werden mußte.

HBI Sallaberger J. (1967), OBI Draws E. (1971), AW Neuburger J. (1947), AW Pilz J. (1967), AW Weilguni F. (1967), BI Inreiter N. (1973), BI Lengauer G. (1954) — OBm Ahorner A. (1962), HBm Auer A. (1964), OFm Bleckenwegner W. (1979), HFm Brandstetter F. (1964), PFm Brandstetter F. (1982), OFm Brandstetter W. (1976), BI Datl K. (1947), HFm Datl K. (1976), Lm Dirnberger J. (1960), HBm Ennikl F. (1958), Fm Ennikl F. (1976), JFm Fischerlehner K. (1980), OBm Forster F. (1957), Fm Forster G. (1982), OFm Forster S. (1976), HBm Freudenthaler J. (1961), HFm Freudenthaler J. (1973), HFm Friedmann F. (1958), JFm Frühwirth W. (1980), HFm Gabauer K. (1960), Lm Gilly W. (1971), OLm Gradl J. (1953), Fm Gruber J. (1981), Fm Grüner H. (1976), HBm Hablesreiter E. (1967), HFm Hametner E. (1973), OLm Hametner F. (1961), HFm Hametner G. (1972), Fm Hametner H. (1976), Fm Hametner O. (1976), Lm Hayder A. (1933), Lm Hayder J. (1953), HFm Hennebichler F. (1967), HFm Heß F. (1976), JFm Heß T. (1980), OFm Hinum E. (1976), HFm Inreiter F. (1976), OFm Kalupa M. (1976), OFm Kaluppa E. (1976), E-AW Kaschka F. (1956), OLm Katzenschläger F. (1952), JFm Kiesehofer E. (1980), OLm Kiesenhofer J. (1951), HBm Königsecker J. (1949), HFm Königsecker J. (1975), HFm Kreindl I. (1958), Lm Leitner E. (1954), OFm Lengauer G. (1976), OBm Lengauer J. (1960), OBI Linskeseder M. (1950), HFm Lintner J. (1957), Lm Mayr M. (1948), OFm Moser J. (1958), HFm Oppolzer F. (1947), HBm Ortner S. (1964), OLm Oyrer L. (1960), OLm Parkfrieder J. (1960), E-HBI Pfaffenbichler J. (1953), HFm Pilz G. (1958), JFm Pilz H.-P. (1980), Lm Pilz H. (1970), HFm Pühringer F. (1957), Lm Punzenberger F. (1950), HFm Raaber J. (1968), Fm Redl Ch. (1977), HFm Reichl J. (1950), HFm Reithmayr B. (1946), JFm Remplbauer P. (1980), OFm Riepl M. (1924), Lm Rockenschaub F. (1960), JFm Sallaberger A. (1980), Lm Satzinger F. (1955), Lm Schinnerl K. (1968), HFm Schmitzberger J. (1950), Fm Schöpf E. (1979), JFm Schöpf G. (1980), OFm Schöpf O. (1979), Lm Voggeneder A. (1950), HFm Voggeneder A. (1970), Bm Voggeneder H. (1950), JFm Weber A. (1980), OBm Weber J. (1954), HBm Weilguni M. (1967), Lm Zauner N. (1973)

FF HAID

Die FF Haid, die zur Gemeinde Königswiesen, Bezirk Freistadt, gehört, wurde am 1. Mai 1923 gegründet. Bei der Gründung wurde der Landwirt Franz Naderer zum Wehrführer ernannt und eine Pumpe, die auf jeder Seite von drei Männern händisch zu bedienen war, angeschafft. Im Laufe der Jahre mußten die Feuerwehrmänner der FF Haid bei einigen Hausbränden zu Hilfe geholt werden. 1937 wurde das erste motorisierte Fahrzeug von der Fa. Rosenbauer gekauft. 1938 wurde Josef Kastenhofer zum Kommandanten ernannt. 1947 übernahm Alfred Naderer, der Sohn des ersten Feuerwehrkommandanten, diesen Posten. 1959 wurde das Zeughaus auf seinem jetzigen Standort gebaut, nachdem vorher eine Holzhütte als Zeughaus gedient hatte. Seit 1973 übt Josef Schartmüller den Posten des Feuerwehrkommandanten aus. In dieser Zeit wurde die Feuerwehr auf den Stand der heutigen Technik gebracht, d. h., es wurden ein Kleinlöschfahrzeug, Druckschläuche, Schiebeleitern, Funksprechgeräte und ähnliche Dinge angeschafft.

HBI Schartmüller J. (1965), OBI Fragner F. (1957), AW Haider J. (1952), AW Hölzl F. (1949) — Aigner A. (1952), Aigner J. (1975), Aigner K. (1956), Aistleitner J. (1977), Aistleitner K. (1960), Aschenbrenner J. (1967), Haider Auinger G. (1980), Bauer E. (1974), Binder A. (1962), Binder J. (1979), Binder W., Bindreiter F. (1967), Bindreiter J. (1967), Brandl A. (1976), Braun J. (1949), Braun O. (1976), Braun W. (1976), Dirnberger H. (1967), Einfalt A. (1964), Einfalt K. (1923), Engleitner E. (1973), Fellner K. (1961), Fellner M. (1979), Fragner F., Fragner J., Fragner J. (1980), Fragner L. (1955), Frick K. (1970), Gimbl T. (1967), Grufeneder J., Gusenleitner F., Hackl F. (1976), Haider A. (1972), Haider B. (1979), Haider F. (1949), Haider F. (1951), Haider F. (1959), Haider F. (1960), Haider F. (1977), Haider H. (1956), Haider H. (1976), Haider J. (1967), Haider J. (1974), Haider J. (1977), Haider L. (1969), Hansmann A., Hinterndorfer E. (1972), Hinterndorfer H. (1966), Hinterndorfer F., Hinterndorfer R. (1971), Hochstöger J. (1967), Hochstöger L. (1974), Hölzl F. jun. (1975), Hölzl H. (1978), Hölzl S. (1951), Hofbauer A. (1980), Hofbauer F. (1953), Hofbauer J. (1952), Hofer J. (1952), Hofer J. (1976), Hofer F. (1972), Holzmann A. (1968), Holzmann F. (1949), Holzmann F. (1980), Holzmann F. (1960), Holzmann J. (1954), Holzmann K. (1923), Holzmann K. (1951), Holzmann L. (1949), Holzmann M. (1977), Houdeck K. (1967), Jarusch J. (1969), Jarusch L. (1969), Kaltenberger J. (1971), Karlinger F. (1951), Karlinger L. (1923), Kastenhofer J. (1955), Kastenhofer K. (1971), Kriechbaumer E. (1979), Lengauer A. (1967), Lengauer Ch. (1979), Lengauer E. (1960), Lengauer F. (1949), Lengauer F. (1976), Leonhartsberger A. (1979), Leonhartsberger A. (1936), Leonhartsberger A. (1951), Leonhartsberger H. (1962), Leonhartsberger J. (1969), Leonhartsberger K. (1976), Leutgeb E. (1973), Leutgeb S., Lintner K. (1956), Lintner K. (1979), Mitterlehner A. (1959), Mühlbachler W. (1954), Mühlbachler W., Naderer A. (1947), Naderer A. (1969), Naderer A. (1974), Naderer E. (1973), Naderer I. (1961), Naderer I. (1967), Naderer J., Naderer L. (1967), Obereder J. (1971), Obereder M. (1980), Obereder O. (1976), Pilz A. (1946), Pilz A. (1962), Pilz A. (1976), Pilz F. (1954), Pilz F. (1969), Pilz F. (1978), Pilz K. (1949), Pilz K. (1973), Poremski H. (1974), Prandstätter E. (1980), Prandstätter F. (1960), Prandstätter F. (1978), Primetzhofer A. (1975), Rametsteiner J. (1962), Rappl G. (1973), Renner A. (1950), Dipl.-Ing. Renner H. (1980), Riegler J. (1967), Schartmüller J. (1976), Schartmüller K. (1960), Schartmüller K. (1979), Schiller J. (1952), Schinnerl G. (1951), Schraml P. (1979), Spiegl K. (1953), Spiegl L. (1966), Starzer F. (1969), Starzer M. (1979), Starzer W. (1977), Steinbauer J. (1959), Steiner J. (1949), Steinkellner H. (1974), Steinkellner L. (1973), Tober J. (1931), Wansch E. (1966), Weichsbaumer K. (1956), Weichselbaumer Ch. (1977), Weichselbaumer F. (1967), Weichselbaumer R. (1974), Wiesinger F. (1976), Wiesinger J. (1949), Wiesinger J. (1979), Wiesinger K., Wiesinger L. (1949), Windhager J. (1969), Windhager K. (1980), Windhager L. (1949), Windhager L. (1979), Winkler J., Wurm R. (1969)

FF HARRACHSTAL

1907 wurde die Wehr unter August Schönauer sen., Franz Wurm und Josef Smudek gegründet: voll uniformiert mit Helm, Fahrrädern und einer mit Pferden ziehbaren Handdruckspritze ausgerüstet. Als Depot diente die Einfahrt im Forsthaus. 1924 wurde von Smudek und Lausegger eine alte Schmiede als Feuerwehrdepot umgebaut und ein Turm in eigener Regie errichtet. 1930 Ankauf einer Motorspritze Marke Gugg aus Braunau, mit der Einsätze in Nadelbach, Langfierling und Windföll mit Erfolg geleistet wurden. 1936 wurde unter Mithilfe aller Feuerwehrkameraden das erste Telefon in Harrachstal errichtet. Nach dem Zusammenbruch 1945 waren das Depot geplündert und alle Geräte verlorengegangen, so daß wieder neu begonnen werden mußte. Im Oktober 1946 überließ die FF Weitersfelden der FF Harrachstal eine Motorspritze. 1957 Anschaffung einer neuen Motorspritze R VW 75, die 1958 eingeweiht wurde. 1966 Grundsatzbeschluß über den Neubau eines Feuerwehrzeughauses, womit 1968 begonnen wurde. Ende Oktober 1968 war der Rohbau fertig, und im Frühjahr 1969 war das Depot vollendet. Im Juli erfolgte die Einweihung mit Gartenfest sowie Vorabendmesse mit Fackelzug zum Gedenkstein. 1970 bis 1982 gab es Einsätze bei Bränden, Tankwagenunfällen, Waldbränden, Autounfällen, Schneebruch und Windbrüchen. Kommandanten der Wehr waren: August Schönauer sen. (1907–1921), August Schönauer jun. (1921–1932), Karl Tüchler (1932–1946), Alois Eibensteiner (1946–1952), Friedrich Tüchler (1952–1958), Franz Kern (1958–1983), Robert Roselstorfer (seit 1983).

HBI Roselstorfer R. (1954), OBI Eibensteiner F. jun. (1972), AW Hackl A. (1957), AW Hinterreiter J. (1966), AW Kern G. (1968) — HFm Atteneder J. (1956), HFm Aumayr E. (1972), Fm Aumayr H. (1977), HLm Aumayr H. (1952), HLm Blaha W. (1930), HLm Eibensteiner F. sen. (1946), HFm Guttenbrunner E. (1965), HFm Hackl A. (1959), OFm Hackl M. (1980), HFm Harrant F. (1952), OFm Hölzl E. (1978), HFm Hölzl V. (1962), HLm Kellermann J. (1964), E-HBI Kern F. (1947), Fm Krainz M. (1978), HLm Kreindl F. (1928), HLm Kreindl K. (1952), HLm Lindner J. (1959), E-AW Näher A. (1928), HFm Näher K. (1968), Fm Peschke E. (1975), HLm Puchner J. (1923), HFm Puchner K. (1955), PFm Puchner K. (1983), OFm Puchner L. (1975), HFm Roselstorfer K. (1968), OFm Roselstorfer R. (1980), OFm Roselstorfer W. (1980), OLm Schypani F. (1974), HFm Stütz F. (1951), E-OBI Tischberger U. (1921), Lm Tüchler F. (1946), HFm Wimmer H. (1952), HLm Wimmer K. (1949), HLm Wurm G. (1946)

FF HELBETSCHLAG

Die Gründung der FF Helbetschlag erfolgte am 19. Februar 1936. Zum Wehrführer wurde Josef Pilgersdorfer gewählt, sein Stellvertreter war Stefan Affenzeller. Die erste Ausrüstung bestand aus einer gebrauchten Handspritze mit 100 m Schläuchen, die beim Stöglehner untergebracht wurden. Allen Hausbesitzern wurde außerdem die Anschaffung eines Feuerhakens vorgeschrieben. Der große Schwung der Gründungsphase zeigt sich darin, daß noch 1936 der Bau eines Löschteiches und eines Spritzenhauses beschlossen wurde, wovon jedoch lediglich der Löschteich verwirklicht werden konnte. 1938 wurden den Feuerwehren Neuwahlen vorgeschrieben. Das gute Zusammenhalten der Helbetschläger zeigt sich darin, daß sie – unbeeindruckt von den äußeren Ereignissen – alle Kommandomitglieder in ihren Funktionen bestätigten. Der Zweite Weltkrieg unterbrach die Tätigkeit der Feuerwehr, so daß erst vom April 1946 eine Jahreshauptversammlung überliefert ist, aus der Johann Stöglehner als Wehrführer hervorging. 1950 erfolgte der Ankauf einer Motorspritze, 1954 wurde das Zeughaus errichtet. Das Kommando lag ab 1963 in den Händen von Josef Leitner, ab 1968 leitete Alois Penz die Feuerwehr. In dieser Zeit begannen auch die geselligen Veranstaltungen in Form von „Rocharoasn" und Feuerwehrausflügen. Ein schwerer Schlag war 1976 der frühe Tod von Kommandant Alois Penz. Die dadurch notwendige Neuwahl sah Karl Blöchl als Kommandanten und Josef Leitner, den Sohn des ehemaligen Wehrführers, als seinen Stellvertreter. Ein großes Fest für Helbetschlag wurde die Weihe der neuen Motorspritze am 25. Juli 1978, bei der Kommandant Blöchl viele Ehrengäste und 18 Feuerwehren mit insgesamt 253 Mann begrüßen konnte.

HBI Blöchl K. (1964), OBI Leitner J. (1963), OBI Affenzeller H. (1965), AW Hofreiter H. (1960), AW Steinmaßl F. (1980), AW Wolf W. (1977) — HFm Affenzeller A. (1950), Fm Affenzeller A. (1981), HFm Affenzeller L. (1968), HFm Affenzeller S. (1947), OFm Bayrleitner R. (1969), HFm Blöchl L. (1961), Fm Friesenecker J. (1983), Fm Gregor W. (1980), Fm Hörhan M. (1976), PFm Hofreiter M. (1983), OFm Hofreiter R. (1977), Fm Holzer J. (1980), Fm Kastner E. (1976), Fm König A. (1974), Fm Kogler P. (1980), Fm Kolberger F. (1972), Fm Leitner S. (1983), HFm Magerl A. (1938), OFm Magerl O. (1955), OFm Müller L. (1983), OFm Penz F. (1974), OFm Penz J. (1975), Fm Pernusch H. (1980), HFm Riepl J. (1950), Fm Ringdorfer J. (1983), Fm Ringdorfer J. (1970), Fm Salzbacher H. (1977), Fm Schöllhammer H. (1976), Fm Stanek H. (1977), HFm Stöglehner A. (1958), HFm Stöglehner F. (1947), Fm Stöglehner F. (1977), PFm Stöglehner G. (1984), Fm Wagner B. (1980), HFm Wagner F. (1961)

FF HINTERBERG

1932 kaufte die Gemeinde Hinterberg von der FF Tragwein eine kleine Handspritze. 1933 wurde dann eine eigene Feuerwehr gegründet und sofort mit dem Bau des Zeughauses beim Gatterbauer begonnen. 1935 wurde von der FF Sirninghofen eine Saugspritze gekauft. 1938 bis 1945 war die Wehr mit den Wehren von Tragwein und Mistlberg zusammengelegt. Der Wiederaufbau begann mit der Anschaffung einer Motorspritze 1946 und eines Motorspritzenwagens. Die Spritze wurde 1950 bei Fa. Rosenbauer auf eine RW 80 umgetauscht. 1951 wurde beim Moser-Kreuz ein neues Zeughaus errichtet. In diese Zeit fällt auch die Umstellung von Pferdebespannung auf Traktoranhängung. 1958: altes Feuerwehrauto, 1961: Alarmsirene auf Kranewitter-Haus, 1968: neues Feuerwehrauto Fiat 1300, 1969: Löschfahrzeug, 1975: Weihe der Motorspritze VW-Automatik. 1982 wurde die Sirene auf das Zeughaus ummontiert und an die Funkalarmierung angeschlossen. Kommandanten der FF Hinterberg seit ihrer Gründung waren: Franz Himmelbauer (1933–1958), Leopold Kranewitter (1958–1973), Hermann Himmelbauer (1973–1983), Josef Grabmann (seit 1983).

HBI Grabmann J. (1971), OBI Himmelbaumer F. (1976), AW Fragner E. (1980), AW Hackl A. (1972), AW Jank S. (1971), BI Hinterdorfer F. (1964) — OFm Aigner J. (1973), HBm Bauer F. (1977), HFm Bauer G. (1977), HFm Bauernberger F. (1969), HFm Böhm J. (1969), HFm Brandstetter H. (1952), HFm Brunner F. (1978), HFm Dreiling J. (1969), HFm Dreiling J. (1980), HFm Eder N. (1980), HFm Eibensteiner J. (1955), OFm Eibensteiner J. (1974), HFm Fürnhammer J. (1972), E-AW Grabmann J. (1946), HFm Gruber H. (1979), HFm Gusenbauer F. (1977), HFm Gusenbauer W. (1952), OFm Gusenbauer W. (1976), HFm Haider F. (1968), HFm Himmelbauer F. (1950), OLm Himmelbauer H. (1976), E-HBI Himmelbauer H. (1938), HFm Himmelbauer H. (1968), OFm Himmelbauer J. (1974), PFm Himmelbauer J. (1982), PFm Hinterdorfer A. (1945), HFm Hinterdorfer E. (1956), Lm Hinterdorfer E. (1981), Lm Hinterdorfer F. (1980), HFm Hinterdorfer J. (1981), HFm Hinterdorfer J. (1957), HFm Hinterdorfer J. (1980), OFm Hinterholzer J. (1979), HFm Hintersteiner N. (1979), HFm Hofstadler F. (1982), HFm Inreiter F. (1952), HFm Inreiter F. (1957), Lm Jank Ch. (1980), PFm Jank M. (1983), OFm Jank S. (1982), HFm Jungwirth A. (1955), OFm Jungwirth K. (1974), HFm Klug Lampl J. (1964), E-HBI Kranewitter L. (1933), E-AW Lichtenegger K. (1964), PFm Lichtenegger K. (1983), HFm Lügmayr I. (1969), HFm Luftensteiner F. (1957), PFm Luftensteiner F. (1983), HFm Mayr J. (1952), Lm Mayrwöger J. (1976), OFm Miesenberger A. (1982), HFm Mistlberger E. (1976), Fm Mistlberger F. (1977), E-AW Mistlberger J. (1938), OFm Moser K. (1974), OFm Moser K. (1976), HFm Moser R. (1976), Fm Mühlehner J. (1983), OFm Peneder K. (1971), HFm Plöchl F. (1954), HFm Plöchl F. (1974), HFm Prammer A. (1974), HFm Reisinger J. (1953), HFm Reisinger K. (1981), HFm Schmidsberger J. (1933), HFm Schmidsberger J. (1961), E-BI Schwab J. (1947), HFm Schwab J. (1973), HFm Schwab J. (1978), HFm Stockinger J. (1952), HFm Voggeneder F. (1977), HFm Voggeneder J. (1978), OFm Voglhofer E. (1981), HFm Voglhofer F. (1952), HFm Voglhofer F. (1976), PFm Voglhofer F. (1983), HFm Voglhofer F. (1957), HFm Voglhofer J. (1941), HFm Voglhofer J. (1978), E-OBI Voglhofer K. (1945), HFm Voglhofer K. (1976), HFm Wahl F. (1981), HFm Wahl J. (1957), HFm Wahl J. (1980), Fm Wahl K. (1982), HFm Wahl R. (1981), OFm Wahlmüller J. (1982), HFm Walter J. (1948), Fm Walter J. (1982), HFm Wenigwieser A. (1950), HFm Wenigwieser A. (1977), FA Dr. Wild M. (1982), OFm Wurm E. (1977), HFm Wurm R. (1977)

FF HIRSCHBACH

Die FF Hirschbach wurde 1899 über Anregung von Leopold Eidenberger gegründet, der bei der Gründungsversammlung zum ersten Kommandanten gewählt wurde. 1900 wurde die erste Druckspritze angekauft. Erster Brandeinsatz am 10. Juni 1902 mittags beim Madergut in Berg. 1915 kam es in Pemsedt durch Brandstiftung zu einem Großbrand, wobei das gesamte Dorf ein Raub der Flammen wurde. 1949 wurde eine neue Motorspritze geweiht. Als erstes Feuerwehrauto wurde 1951 ein gebrauchter Klein-Lkw der Marke Horch angeschafft. Am 23. April 1953 wurde die Wehr zum Großbrand nach Schenkenfelden gerufen, wobei beide Motorspritzen zum Einsatz kamen. 1957 wurde eine Sirene angekauft und auf dem Gemeindeamt montiert. 1961 Segnung des neuen Löschfahrzeuges Ford FK 1000. 1970 Spritzenweihe und Naßlöschwettbewerb. Im Juni 1974 brannte das Wohngebäude des Ehrenkommandanten Josef Mossbauer zur Gänze aus, wobei Mossbauer getötet wurde. 1979 und 1980 wurde ein neues Zeughaus errichtet. 1983 wurde das neue Einsatzfahrzeug (LFB) ausgeliefert.

HBI Bröderbauer A. (1974), OBI Ehrentraut G. (1957), AW Lehner M. (1971), AW Rechberger K. (1963), AW Sixt H. (1952), BI Kopler R. (1948) — Fm Affenzeller F. (1976), Fm Affenzeller O. (1969), OLm Altmüller J. (1963), Lm Auer F. (1957), OFm Bachl F. (1962), JFm Bachl G. (1983), Fm Bachl H. (1953), HFm Bachl J. (1953), HFm Bachl J. (1957), JFm Bachl N. (1981), Fm Brandstetter J. (1952), Fm Brückl H. (1977), OFm Brückl J. (1931), Fm Danner F. (1953), Lm Danner J. (1948), Lm Edlbauer J. (1967), Fm Ehrentraut A. (1949), Fm Ehrentraut A. (1973), E-OBI Eibensteiner F. (1951), Fm Eidenberger F. (1979), Fm Eidenberger L. (1929), Fm Freudenthaler A. (1957), Fm Freudenthaler G. (1976), LM Freudenthaler J. (1936), Lm Freudenthaler J. (1953), Fm Freudenthaler J. (1971), Fm Ganhör R. (1946), Fm Glanzegg F. (1946), JFm Glanzegg H. (1983), E-HBI Glanzegg G. (1958), Bm Glanzegg R. (1979), Fm Glasner J. (1973), Fm Gossenreiter A. (1949), Fm Gossenreiter F. (1946), OFm Gossenreiter R. (1972), Lm Haghofer J. (1957), Lm Haiböck K. (1954), JFm Haslinger H. (1981), Fm Haybeck W. (1959), JFm Himmelbauer (1983), Fm Horner A. (1946), Fm Kapeller J. (1948), E-AW Kastner J. (1928), OFm Katzenschläger E. (1980), OFm Katzenschläger E. (1982), Fm Kopler N. (1980), Fm Koppler A. (1979), Fm Lehner F. (1979), Fm Leitgöb E. (1953), JFm Leitgöb M. (1982), Fm Leitner M. (1932), HFm Leitner M. (1970), Fm Luger G. (1981), E-AW Maier J. (1937), Lm Maier J. (1950), OFm Maier K. (1971), Fm Maier L. (1936), Fm Marksteiner J. (1979), Fm Martetschläger F. (1948), Fm Mayer A. (1979), Fm Mayer J. (1981), Lm Mayr H. (1953), Fm Mayr J. (1934), Fm Miesenböck J. (1973), Fm Miesenböck J. (1937), Fm Miesenböck O. (1973), HFm Moßbauer J. (1968), Fm Moßbauer J. (1963), JFm Moßbauer J. (1983), Fm Moßbauer K. (1964), HFm Pachl A. (1953), Fm Pammer J. (1948), Fm Pammer J. (1976), Fm Pammer J. (1949), Lm Pirklbauer H. (1968), JFm Pirklbauer H. (1980), JFm Pirklbauer W. (1983), OFm Plank J. (1966), HFm Plöchl A. (1968), Fm Plöchl J. (1969), Fm Preining H. (1973), Fm Pührerfellner R. (1980), JFm Rauch M. (1980), Fm Rechberger J. (1948), Fm Rechberger K. (1939), Fm Reingruber J. (1980), OFm Reitmayr F. (1950), Fm Schauer K. (1951), Bm Schaumberger J. (1945), OFm Schnaitter A. (1963), JFm Schnaitter M. (1982), OFm Schwarzenberger J. (1980), OFm Schwarzenberger H., OFm Seyer K. (1967), OFm Seyer L. (1926), Lm Seyr L. (1957), Fm Seyrlberger J. (1946), Fm Sixt A. (1967), JFm Sixt A. (1981), Bm Sixt E. (1980), Fm Sixt J. (1959), JFm Sixt K. (1980), Bm Sixt L. (1928), JFm Sixt M. (1983), OFm Süß A. (1965), E-AW Süß G. (1946), JFm Süß R. (1983), JFm Süß T. (1983), OFm Tischberger G. (1980), Fm Tröbinger A. (1925), Lm Tröbinger J. (1953), Fm Tröbinger J. (1964), HFm Wagner F. (1933), OFm Wagner F. (1981), Fm Wagner H. (1983), OFm Wagner S. (1982), Fm Walchshofer A. (1946), Fm Watzinger J. (1965), Fm Wiesinger F. (1980), Fm Wiesinger M. (1948), Fm Wiesinger R. (1949), OFm Wiesinger R. (1979), HBm Wiesinger S. (1978), OBm Wiesinger S. (1948), Lm Winklehner H. (1946), Fm Winklehner J. (1949), OFm Wögerer F. (1970), Fm Wögerer J. (1930), Fm Wurm F. (1946), Fm Wurm J. (1946), Fm Wurm J. (1982), JFm Ziegler A. (1980), Lm Ziegler J. (1963), OFm Ziegler J. (1932), Lm Ziegler J. (1967), HFm Ziegler M. (1971)

FF HÖRSCHLAG

Erste Nachweise über die organisierte Brandbekämpfung in Hörschlag gibt es aus dem Jahr 1912. Am 27. Dezember wurde von 25 Männern Hörschlags der sogenannte Mandl-Verein gegründet. In erster Linie sollte dieser zur Bekämpfung der Feuersbrunst dienen. Mitglied konnte jeder männliche Dorfbewohner nach einer genau festgelegten Beitragsentrichtung, die sich in drei Teile staffelte und sich nach dem Besitz richtete, werden. Zum ersten Obmann wurde Ignaz Resch gewählt. Ein mit Pferden zu bespannender Anhänger mit aufgebauter Spritze wurde angeschafft. Als Geburtstag der Feuerwehr darf man den 25. Juli 1926 betrachten. An diesem Tag wurde die erste Gründungssitzung abgehalten. Zum Wehrführer wurde Ignaz Resch gewählt. Geräte und Ausrüstung wurden vom Mandl-Verein übernommen. Am 6. Juni 1927 wurde das Gründungsfest gefeiert. Neben anderen Brand- und technischen Einsätzen waren zwei von besonderer Bedeutung: Am 2. Juni 1945 verursachte ein russischer Soldat durch unvorsichtiges Hantieren mit einer Leuchtpistole einen Großbrand. Das Feuer entstand im Bauernhaus Sagner, wo im Wirtschaftsgebäude Munition gelagert war, die explodierte. Das Feuer griff sogleich auf die Nachbarhäuser Reisinger, Schütz und Kappl über. An den nicht ungefährlichen Löscharbeiten beteiligte sich auch ein tschechischer Löschtrupp aus Hohenfurth. Am 8. Mai 1967 wurde das Anwesen des Kameraden Johann Pils eingeäschert. Weitere Ereignisse: 1948: die erste Motorspritze wird angekauft; 1963: Kauf einer Motorspritze, VW 75; 1970–1973: Zeughausbau; 21. Juli 1974: 50jähriges Gründungsfest mit Zeughausweihe; 1976: Löschwasserbehälterbau (50 m³); 1978: Sirenenankauf; 1980: KLF-Ankauf (Ford Transit); 1982: Einbau der Funkalarmierung.

HBI Linninger J. (1969), OBI Reisinger J. (1958), AW Dienstl K. jun. (1969), AW Schimpl F. (1957), AW Stumbauer H. (1978), BI Payer M. (1960) — PFm Mag. Bouchal H. (1982), HFm Breßlmeier J. (1973), E-AW Dienstl K. sen. (1947), HFm Fleischanderl A. (1965), HFm Fleischanderl I. (1948), HFm Friesenecker F. (1962), OLm Friesenecker J. (1960), HFm Friesenecker K. (1969), HFm Haghofer H. (1962), HFm Haghofer J. (1975), Fm Haghofer J. (1981), HFm Kappl F. (1969), OFm Kappl K. jun. (1980), HFm Kappl K. sen. (1947), HFm Koller F. (1947), HFm Kranzl A. (1973), HFm Kranzl F. (1968), HFm Kranzl J. (1965), HFm Kubicka K. (1960), Linninger J., HFm Moser J. (1977), HFm Pils J. (1947), HFm Reisinger J. (1936), HBm Rudlstorfer F. (1971), HFm Rudlstorfer J. sen. (1947), HFm Sagner F. (1976), OFm Sagner J. (1979), HFm Schwingshandl A. (1973), HFm Stumbauer F. (1976), Lm Stumbauer F. (1976), PFm Stumbauer H. (1983), HFm Stumbauer J. (1974), E-HBI Stumbauer J. (1947) HFm Wagner J. (1926), HFm Wagner L. (1947)

FF KALTENBERG

Am 16. Oktober 1892 beschloß die FF Unterweißenbach die Gründung der Filialfeuerwehr Kaltenberg. Stanislaus Rauscher wurde zum Löschzugführer bestellt. 1893 wurde das erste Zeughaus errichtet. 1894 wurde von Unterweißenbach nach Kaltenberg eine Telefonleitung gebaut. 1907 erlangte die Filialfeuerwehr Kaltenberg ihre Selbständigkeit. Die erste Motorspritze wurde 1933 angeschafft. Während des Krieges wurde die FF Kaltenberg wieder an die FF Unterweißenbach angeschlossen und erlangte erst am 1. November 1945 wieder ihre Selbständigkeit. Nun erfolgte die große Aufbauarbeit der mittellosen Feuerwehr. 1946/47 Zeughausneubau. 1948 wurde ein Lkw Dodge angekauft und zu einem Rüstwagen umgebaut. Statt der alten Spritze wurde eine neue TS R VW 75 angekauft. 1963 wurde für den Dodge ein Ford FK 1000 erworben und als KLF ausgerüstet. Das jetzige Feuerwehrhaus wurde von 1960 bis 1965 erbaut. Zwischen 1974 und 1977 wurde in Eigenregie ein TLF 3000 aufgebaut. Auch schwerer Atemschutz und Schaumausrüstung wurden angeschafft. 1983 wurde ein neues KLF erworben.

HBI Wurz J. (1961), OBI Hiemetsberger F. (1961), AW Asanger W. (1980), AW Hölzl H. (1968), AW Wurz A. (1956), BI Rockenschaub O. (1966) — HFm Aigner H. (1946), HFm Aigner K. (1948), OFm Aistleitner J. (1974), PFm Asanger F. (1982), OFm Asanger J. (1977), JFm Asanger R. (1983), OFm Atteneder J. (1970), Fm Atteneder M. (1981), PFm Atteneder W. (1982), Fm Gattringer J. (1978), Fm Gillinger E. (1981), OFm Hackl A. (1973), JFm Hackl F. (1982), OFm Hackl J. (1969), JFm Hackl J. (1983), OFm Hackl L. (1969), HFm Hackl M. (1948), Fm Hackl M. (1977), HFm Hackl O. (1957), PFm Haider F. (1982), Lm Haider J. (1972), Lm Haider J. (1974), HFm Haneder F. (1950), OFm Hennerbichler A. (1959), Fm Hennerbichler B. J. (1976), JFm Hiemetsberger G. (1982), HFm Hiemetsberger J. (1948), Fm Himmelbauer A. (1975), JFm Himmelbauer E. (1983), HFm Himmelbauer F. (1957), Fm Himmelbauer G. (1979), HFm Himmelbauer J. (1943), Fm Himmelbauer J. (1981), HBm Hinterdorfer J. (1967), HFm Hinterdorfer L. (1973), Fm Hinterdorfer S. (1974), HFm Hinterreither F. (1952), PFm Hinterreither J. (1982), JFm Hölzl H. (1981), Fm Hölzl H. (1979), HFm Hölzl H. (1966), OFm Hölzl H. (1974), Fm Hölzl L. (1980), Fm Ittensammer E. (1975), HFm Katterbauer A. (1953), Fm Katterbauer J. (1980), Bm Kern A. (1954), Fm Kern A. (1976), HFm Kern A. (1950), Fm Kern A. (1977), PFm Kern F. (1983), OFm Kern K. (1973), OFm Kern P. (1975), HFm Kern S. (1946), Fm Kern W. (1974), Fm Koller H. (1981), Fm Kreindl L. (1977), HFm Langthaler E. (1966), Fm Langthaler E. (1976), OFm Lasinger F. (1975), HFm Lehner F. (1953), Fm Lehner J. (1972), Fm Lehner J. (1972), PFm Lercher A. (1982), Fm Luger A. (1981), Fm Luger F. (1977), HFm Luger H. (1961), HFm Luger H. (1983), HFm Luger J. (1948), PFm Luger S. (1982), Fm Mittmannsgruber F. (1979), HFm Moser A. (1960), HFm Moser J. (1965), HBm Neubauer R. (1971), Neubauer S. (1952), OFm Nötstaller J. (1969), PFm Nötstaller M. (1982), OLm Nötstaller S. (1966), Fm Nötstaller S. (1979), OFm Obereder J. (1966), JFm Obereder J. (1980), OFm Obereder J. (1971), Lm Obereder J. (1975), PFm Obereder L. (1983), OFm Pachner M. (1973), HFm Pichlbauer B. (1975), HFm Pichlbauer F. (1952), PFm Pichlbauer L. (1983), OFm Raffetseder G. (1972), Fm Raffetseder J. (1976), HFm Reif F. (1966), Fm Reitmayr R. (1981), HFm Rockenschaub E. (1973), HFm Scheuchenpflug L. (1953), HFm Schmalzer A. (1950), Fm Schmalzer A. (1975), Fm Schmalzer J. (1972), HFm Schmalzer M. (1960), HFm Spindelberger K. (1968), OFm Tober E. (1970), OLm Tober J. (1952), HFm Viertelmayr F. (1952), HFm Voit H. (1953), OFm Voit J. (1977), Lm Voit K. (1973), Fm Wahlmüller A. (1982), HFm Wahlmüller O. (1948), HFm Wenigwieser M. (1932), OLm Wurz B. (1969), JFm Wurz Ch. (1981), HBm Wurz H. (1962), OFm Wurz M. (1971), PFm Wurz T. (1982), PFm Zametz S. (1983), HFm Zehethofer L. (1955)

FF KEFERMARKT

Bereits 1871 wurde über Anregung des Gastwirtes und Bäckermeisters Karl Neuböck von der Fa. Gugg eine Spritze gekauft, obwohl es viele Gegner und kein Geld gab. Am 8. September 1872 war die Gründungsversammlung. 1896 wurden eine moderne Saugspritze samt Zubehör, ein Signalhorn A und ein Trinkhorn angekauft. 1914 erfolgte die Gründung von drei Rettungspatrouillen. 1920 wurde die Gutsfeuerwehr Weinberg gegründet. 1929 Ankauf einer Motorspritze und Druckschläuche. 1931 Ausbau und Fertigstellung des neuen Zeughauses. 1947 erfolgte unter Mitarbeit fast aller Mitglieder der Neuaufbau. 1957 wurde der Kauf eines neuen Rüstfahrzeuges und 1960 der Kauf einer Vorbaupumpe ermöglicht. Am 26. August 1966 wurde eine neue VW-Tragkraftspritze angekauft. 1972 Segnung des neuen Rüstfahrzeuges Land Rover. 1979 Weihe des neu angekauften Tanklöschfahrzeuges TLF 2000. 1982 erfolgte der Tausch des KLF Land Rover gegen einen Datsun Patrol.

HBI Steinbichl A. (1965), OBI Maier L. (1969), AW Freudenthaler E. (1966), AW Lechfellner K. (1977), AW Leitner J. (1955), AW Wurmtödter F. (1964), BI Baierl W. (1969), BI Linskeseder J. (1973), BI Maier S. (1971) — Dr. Arnold H. (1949), Fm Atteneder F. (1983), HBm Atteneder H. (1955), HBm Atteneder W. (1952), Fm Atteneder W. (1974), HBm Aumayr A. (1964), Fm Aumayr Ch. (1974), Fm Aumayr G. (1977), Fm Aumayr J. (1977), OFm Bachl F. (1974), OFm Bodingbauer M. (1954), OLm Brandstötter J. (1952), OFm Brandstötter J. (1978), Fm Bröslmayer G. (1973), Fm Bröslmeyer W. (1977), OFm Danner G. (1965), Lm Danner M. (1962), HFm Dastl J. (1965), Fm Diesenreiter H. (1971), OFm Diesenreiter J. (1949), Lm Dirisamer H.-P. (1980), HBm Duscher D. (1969), OLm Duscher F. (1977), Lm Eder H. (1977), Lm Fischer J. (1973), Fm Fischer R. (1976), Fm Fischerlehner J. (1964), HBm Freudenthaler F. (1964), Fm Freudenthaler J. (1976), HFm Freudenthaler J. (1968), HFm Freudenthaler J. (1971), Lm Freudenthaler K. (1972), OFm Freudenthaler M. (1973), E-AW Grabner J. (1953), Fm Grabner R. (1969), Lm Gruber J. (1926), Fm Gstöttenmayr A. (1981), Fm Harant W. (1978), HBm Hauser A. (1952), OLm Hauser J. (1952), Fm Hiesl J. (1977), Fm Hinterdorfer J. (1955), HFm Hinterholzer H. (1968), HFm Höfer H. (1977), Fm Höller H. (1976), Fm Horner A. (1951), Fm Horner G. (1976), Fm Jahn J. (1974), Lm Jahn J. (1973), Fm Jobst J. (1954), Fm Just G. (1979), Fm Just I. (1923), OFm Kepplinger F. (1958), Fm Kerschbaummair K. (1971), OFm Klopf G. (1975), HBm Kohlberger J. (1965), OFm Kohlberger J. (1965), OFm Kohlberger M. (1971), Fm Koplinger J. (1955), HFm Krah Ch. (1973), Fm Krah K. (1949), Fm Krah K. (1976), OFm Krah R. (1974), HLm Kreindl N. (1979), HBm Krenner F. (1953), Fm Krenner G. (1971), OLm Krenner H. (1953), Fm Krenner H. (1973), Fm Krenner S. (1971), Fm Krenner W. (1973), Lm Krupka J. (1949), OLm Kurz H. P. (1965), OLm Larndorfer F. (1953), HFm Larndorfer F. (1977), Fm Larndorfer K. (1958), Fm Larndorfer W. (1975), OFm Lehner E. (1962), OFm Lehner E. (1973), OFm Lehner I. (1931), Fm Leitner F. (1971), Fm Leitner F. (1971), Fm Leitner J. (1971), OFm Leitner J. (1977), HLm Leitner W. (1963), Fm Leitner W. (1977), Fm Lengauer L. (1983), Fm Linskeseder F. (1971), HLm Linskeseder J. (1951), OFm Maier J. (1936), OFm Maier J. (1977), Fm Maier L. (1959), Fm Mayrwöger F. (1958), E-BI Miesenberger A. (1933), Miesenberger J. (1966), Mitschan A. (1958), Fm Mitschan F. (1964), HFm Mitschan F. (1975), OFm Mitschan H. (1978), OLm Mitschan J. H. (1975), Fm Mitschan K. (1977), HLm Moser J. (1933), OFm Neumüller J. (1925), HBm Oberprantacher G. (1971), Pichler J. (1973), OFm Pilz P. (1951), HBm Pilz R. (1966), Fm Primetzhofer J. (1971), Lm Primetzhofer M. (1962), Fm Puchmayr W. (1966), OLm Pum J. (1949), HLm Puscha J. (1924), HFm Rauch J. (1927), HFm Rauch J. (1969), Fm Reindl L. (1979), OFm Reindl L. (1962), Fm Resch J. (1978), HBm Rockenschaub A. (1964), Fm Rockenschaub H. (1977), Fm Satzinger K. (1933), Lm Scheuchenstuhl W. (1952), Fm Schimpl F. (1972), OFm Schinagl J. (1955), Fm Schmid R. (1972), OFm Sedlacek J. (1949), OLm Seyrl J. (1959), Lm Sickinger H. (1973), Fm Stecher Ch., OFm Steinbichl E. (1974), OLm Steinbichl F. (1971), OFm Steinmetz O. (1947), Fm Stürzlinger K. (1949), Fm Stürzlinger S. (1976), HBm Thurn J. (1971), OFm Tröls E. (1978), Lm Voggeneder F. (1932), Lm Voggeneder F. (1971), HFm Voggeneder J. (1975), Fm Wagner F. (1963), OLm Winkler O. (1927), Fm Wurm J. (1977), Fm Wurm J. (1966), OFm Wurmtödter F. (1927), OLm Wurmtödter H. (1959), OFm Wurmtödter T. (1978), Lm Zehethofer E. (1942), Fm Zehetmayr G. (1968)

FF KERSCHBAUM

Im Jahr 1844 sind „für das Dorf Kerschbaum samt den Stumbauern und die 10 Häusler zwei Feuerspritzen beigeschafft worden und haben gekostet 18,52 Müntz. So hat jeder Eigentümer 28 Müntz dazubezahlt. Die Häusler haben nur den 4ten Teil zu 7 Müntz dazubezahlt. So verbleibt der Dorfgemeinde samt Stumbauer und die 10 Häusler auf die Feuerspritze ein Rest von 1 14 Müntz. Eingeschafft hat es der Franz Greul, Gemeinderichter." Die Anschaffung der neuen Feuerspritze erfolgte 1877 zu einem Preis von 886 fl. 1 Kr., wobei eine Akontozahlung von 400 fl. geleistet wurde. 1880 konnte der Bau der ersten Feuerhütte bewerkstelligt werden. Am 3. September 1912 kam es zur Gründung der Freiwilligen Feuerwehr Kerschbaum. Der Zeughausbau wurde im Jahr 1948 beim Haus Dreiling durchgeführt. 1956: Löschteichbau in Kerschbaum-Oberort und 1962 Löschteichbau in Kerschbaum-Mitte. Die erste Motorspritze für die FF Kerschbaum wurde am 30. Juni 1939 durch die Gemeinde Rainbach der FF Rainbach, 4. Löschzug Kerschbaum, 1 Aggregat Type B 45, 16 PS mit einer Leistung von 500 Litern Fördermenge, zum Preis von 2123 Reichsmark samt Zubehör übergeben. Die zweite Motorspritze samt Einachsanhänger wurde am 1. April 1965 bei der Fa. Rosenbauer zum Kaufpreis von 57000 Schilling angekauft. Am 23. Juli 1961 bestand die erste Gruppe das Feuerwehrleistungsabzeichen in Silber, und davon Josef Ottensamer das Feuerwehrleistungsabzeichen in Gold. 1972 erfolgte der Neubau des Feuerwehrhauses. Der 1956 errichtete Löschteich wurde 1982 durch einen neuen ersetzt.

HBI Ottensamer J. (1948), OBI Hager J. (1978), AW Affenzeller F. (1948), AW Horner A. (1978), AW Ott J. (1973), BI Janko R. (1971) — Affenzeller A. (1931), Affenzeller L. (1954), PFm Dreiling G. (1983), Dreiling K. (1951), Fm Dreiling S. (1978), HBm Etzelstorfer J. (1978), Friesenecker A. (1957), Friesenecker A. (1951), OFm Friesenecker H. (1978), Friesenecker H. (1948), Friesenecker J. (1929), Friesenecker J. (1963), Friesenecker J. (1963), Fm Friesenecker S., Hager J. (1946), Haiböck A. (1946), Haiböck J. (1967), Hanusch J. (1962), E-OBI Hofer B. (1956), Horner A. (1957), OFm Horner F. (1978), Janko J. (1948), Janko R. (1946), Jobst H. (1978), Jobst J. (1946), Fm Kadlec E. (1979), Kadlec H. (1936), Lm Klopf J. (1973), Klopf K. (1967), Leisch J. (1959), Leitner K. (1959), Fm Maier J. (1979), Maier J. (1939), PFm Mayer F. (1983), Ottensamer A. (1954), Pammer J. (1932), Reindl J. (1971), Resch A. (1939), Scherb H. (1971), Schinko J. (1959), Sitz J. (1954), HFm Sitz O. (1967), Sitz R. (1934), Sonnleitner F. (1959), Sonnleitner J. (1921), Stumvoll J. (1967), Weilguny J. (1946)

FF KÖNIGSWIESEN

1870 wurde die Freiwillige Feuerwehr Königswiesen gegründet, Ernst Bauer war der erste Kommandant der Wehr (bis 1895). Die erste Feuerwehrspritze wurde 1899 angekauft, die erste Motorspritze 1930. Nach dem Zweiten Weltkrieg wurde aus einem Kriegsfahrzeug Steyr A, Baujahr 1939, ein Rüstfahrzeug von den Feuerwehrmännern unter der Führung des späteren Abschnittskommandanten Alois Hackl zusammengebaut. Dieses Fahrzeug wurde 1979 nach 40 Einsatzjahren verschrottet. 1951 wurde eine neue Motorspritze angekauft. 1964 wurde die noch heute in Verwendung stehende Motorspritze VW 75 erworben. Die Anforderungen an die Wehr wurden immer größer, und so wurde am 16. März 1974 das Tanklöschfahrzeug TLF 2000 Trupp von der Firma Rosenbauer angeschafft. Zur besseren gegenseitigen Verständigung wurden 1976 drei neue Funkgeräte angekauft. Um die Einsatzfähigkeit der Feuerwehr weiter auszubauen, wurde ein Rüstfahrzeug Puch Pinzgauer gekauft, das am 24. Januar 1980 von der Firma Rosenbauer geliefert wurde.

HBI Föricht M. (1966), OBI Mühlbachler J. (1949), AW Häusler A. (1955), AW Huber A. (1962), AW Huber J. jun. (1978), BI Poremski H. (1968), BI Schützenberger J. (1958), BI Wahlmüller J. (1956) — Fm Aigner B. (1960), Fm Aigner B. (1983), Fm Aigner K. (1977), Fm Aigner M. (1966), Fm Aistleitner L. (1977), OFm Auer A. (1959), Fm Auinger J. (1963), Fm Bauer J. (1967), Fm Baumgartner J. (1952), Fm Baumgartner S., HFm Bobeck B. (1930), Fm Brandl A. (1975), Fm Brandl K. (1970), Fm Brandstätter H. (1974), OFm Brandstetter R. (1980), HFm Buchberger H. (1947), OFm Buchberger K. (1973), Fm Bür J. (1949), HFm Daniel L. (1956), Fm Dungl L. (1968), HFm Einfalt J. (1973), HFm Fingerlos J. (1948), HFm Fragner E. (1954), Fm Fragner R. (1968), HFm Freinschlag B. (1967), Fm Furtlehner F. (1975), Fm Gaßner A., HFm Gaßner E. (1949), HFm Gaßner E. (1952), Fm Gaßner F. (1960), HFm Gaßner G. (1978), Fm Göschl K. (1975), Fm Gruber J. (1973), Fm Grufeneder E. (1972), Fm Haas E. (1954), HFm Haas J. (1936), OFm Haberle E. (1980), HFm Haider A. jun. (1973), Fm Haider A. sen. (1948), Fm Haider A. (1972), Fm Haider E. (1983), Fm Haider G. (1975), HFm Haider J. (1956), Fm Haider J. (1973), Fm Haider J. (1967), FA Dr. Hasenberger W. (1981), Fm Häusler K. (1965), HFm Hinterdorfer K. (1956), Fm Hinterndorfer J. (1977), Fm Hinterndorfer J. (1973), Fm Hinterreiter G. (1978), HFm Hölzl F. (1948), HFm Hölzl F. (1975), Fm Hölzl W. (1976), Fm Hofer F. (1954), HFm Holzmann F. (1952), Fm Huber J. (1973), OFm Hüttmannsberger J. (1976), Fm Jungwirth F. (1959), OFm Karlinger F. (1978), HFm Karlinger F. (1955), Fm Karlinger H. (1964), Fm Karlinger H. (1976), HFm Kastenhofer A. (1969), HFm Kastenhofer E. (1968), OFm Kastenhofer K. (1977), HFm Kloibhofer K. (1960), HFm Kloibhofer K. (1972), Fm Krammer F. jun. (1974), Fm Krammer F. sen. (1947), Fm Kreindl A. (1976), Fm Krichbaumer R. (1983), HFm Kriechbaumer F. (1969), Fm Kriechbaumer F. (1982), Fm Kriechbaumer K. (1966), Fm Leitner A. (1965), OFm Leitner H. (1965), Fm Leitner K. (1980), Fm Lengauer J. (1965), Fm Leutgeb J. (1974), Fm Leutgeb L. (1973), OFm Lindner G. (1979), Fm Lindner H. (1968), OFm Lindner J. (1980), Fm Lindner J. (1966), OFm Lindner J. (1965), Fm Lindner K. (1967), Fm Lindner L. (1954), Fm Luftensteiner E. (1957), HFm Mühlbachler F. (1968), OFm Mühlehner L. (1965), Fm Mühllehner F. (1973), OFm Naderer R. (1964), Fm Obereder H. (1968), Fm Obereder O. (1961), OFm Penz J. (1980), Fm Pilz H. (1962), Lm Pilz M. (1962), Fm Pilz R. (1965), Fm Pilz W. (1977), Fm Pointner J. (1966), OFm Rogner L. (1964), Fm Rudelsdorfer S. (1973), Fm Schabasser J. (1976), Fm Schartmüller J. (1965), HFm Schartmüller J. (1980), Fm Schaumberger G. (1970), Fm Schaumberger G. (1975), Fm Schmutzhart B. (1970), Fm Schöberl R. (1977), OFm Schupfer J. (1970), Fm Smrzka L. (1964), HFm Spiegl K. (1967), OFm Steiner H. (1972), HFm Steiner K. (1957), Fm Steiner M. (1967), OFm Steinkellner J. (1967), OFm Steinkellner R. (1981), HFm Stocker B. (1977), Fm Tober E. (1970), Fm Tober Kastner J. (1965), HFm Viertelmayr J. (1952), HFm Wahlmüller J. (1980), Fm Wazurka F. (1951), Fm Weichselbaumer W. (1951), OFm Wiesinger H. (1960), OFm Wiesinger J. (1975), Fm Wiesinger K. (1972), Fm Windischofer J. (1977), Fm Wurm H. (1963), Fm Wurm J. (1973), Fm Wurm K. (1973), OFm Wurm R. (1980), Fm Zeitlhofer K. (1949), HFm Ziehlinger H. (1962)

FF LAMM

In Lamm trug man sich schon länger mit dem Gedanken, eine Feuerwehr zu gründen. Als es in der Nacht nach Fronleichnam im Juni 1924 zum Brand zweier strohgedeckter Häuser kam, erschien erst nach zwei Stunden eine Feuerwehr. Nachbarn und Leute aus der Umgebung retteten mühsam mit Wasserkübeln und Feuerpatschen ein drittes Haus. Aus diesem Haus sollte der neue Wehrführer Hofer kommen, als nun sehr schnell, am 1. August 1924, die Freiwillige Feuerwehr Lamm gegründet wurde. Trotz der schweren Zeit wurde gleich ein Feuerwehrdepot in Angriff genommen und 1925 fertiggestellt. Eine Spritze samt Zubehör wurde gekauft, ebenso ein Spritzenwagen für Pferdegespann. Die Mannschaft erhielt die nötige Ausrüstung und wurde in Übungen geschult. 1939 wurde die FF Lamm in einen Löschzug der FF Neumarkt umgestaltet. 1940 erhielt Lamm die erste Motorspritze, eine DKW Zweitakt. Nach dem Ende des Zweiten Weltkriegs wurde Lamm wieder zur selbständigen Feuerwehr, und man ging an den Wiederaufbau. Im März 1951 wurde eine Motorspritze samt Anhänger Rosenbauer gekauft. Den Anhänger konnte man an einen Traktor anhängen, was eine viel schnellere und bessere Einsatzmöglichkeit bot. 1954 erhielt die Wehr das erste Feuerwehrauto, einen amerikanischen Militär-Jeep, mit eingebauter Motorspritze und Sauger sowie einem Anhänger für die Geräte. 1955 kaufte die Wehr Lamm eine Sirene zur Alarmierung. 1961 wurde eine neue bessere Motorspritze VW R 75 Rosenbauer angeschafft, 1969 ein Löschfahrzeug Ford Transit 1250. 1970 erfolgte der Ankauf von drei Sprechfunkgeräten Type Tokai (11-m-Band). 1975 wurde eine Jugendgruppe gegründet, und im Jahr darauf wurde ein mobiles Sprechfunkgerät (2-m-Band) angekauft.

HBI Brandstetter F. (1952), OBI Desl A. (1973), AW Desl J. (1944), AW Freudenthaler L. (1961), AW Thumfart K. (1980) — Lm Bachl J. (1950), HFm Bachl P. (1979), PFm Banzirsch E. (1983), OFm Bauer G. (1980), PFm Bauer H. (1983), HFm Bauer L. (1962), OFm Brandstätter J. (1979), HFm Desl K. (1976), HFm Freudenthaler J. (1965), OFm Freudenthaler M. (1938), Fm Friesenecker K. (1967), OFm Fröhlich J. (1950), Fm Fuka H. (1979), OFm Fuka J. (1962), HFm Hager J. (1977), Lm Hofer F. (1944), Lm Hofer F. (1977), OFm Hofer K. (1946), Fm Hofstadler J. (1975), OFm Hofstadler J. (1950), Lm Holzinger J. (1967), OFm Innendorfer J. (1966), HFm Innendorfer J. (1977), Fm Innendorfer M. (1982), Lm Kapfer J. (1956), Fm Karl J. (1957), OFm Kellerer K. (1946), OFm Klug K. (1952), OFm Panzirsch E. (1955), E-OBI Penn K. (1950), Lm Pirklbauer A. (1952), Fm Pirklbauer K. (1970), OFm Pointner F. (1971), Lm Prammer J. (1969), OFm Prammer K. (1968), OLm Pröselmayer J. (1974), HFm Scheuchenstuhl J. (1949), OFm Scheuchenstuhl M. (1977), HFm Schoißengeier J. (1947), OFm Schramm H. (1961), HFm Sitz J. (1968), OFm Smetana M. (1950), E-HBI Thumfart K. (1924), OLm Thumfart K. (1948), HFm Zuschrott H. (1944)

FF LANGFIRLING

Die Gründung der FF Langfirling erfolgte formell im Jahr 1907, nachdem am Ostermontag 1906 die Häuser Nr. 16 und Nr. 18 in Langfirling ein Raub der Flammen wurden. Das Zeughaus wurde dicht an der Straße nächst dem Haus Nr. 21 errichtet. 1928 erlebte Langfirling den größten Brand, wobei 20 Häuser zur Gänze abbrannten. Ein Zeugstättenneubau wurde in den Jahren 1957 und 1958 durchgeführt. Die erste Motorspritze wurde 1947 eingestellt, eine Ersatzbeschaffung erfolgte 1967. Ein gebrauchter Rüstwagen wurde 1966 angekauft. 1982 erfolgte der Ankauf eines neuen Löschfahrzeuges. Die Kommandanten der FF Langfirling seit der Gründung waren: Mathias Gradl (12 Jahre), Johann Piber sen. (19 Jahre), Johann Buchmayr (20 Jahre), Franz Mayrhofer (15 Jahre), Stefan Böhm (5 Jahre), und seit 1978 ist Johann Piber jun. Kommandant der FF Langfirling.

HBI Piber J. (1965), OBI Bayr J. (1957), OBI Böhm S. (1946), BI Eibensteiner O. (1946) — Fm Aglas F. (1973), OFm Aglas J. (1950), HFm Aistleitner J. (1960), HFm Aumayr W. (1969), Lm Buchmayr F. (1954), OFm Buchmayr H. (1981), Lm Buchmayr J. (1946), OFm Buchmayr J. (1981), Fm Dauerböck A. (1982), OLm Diesenreiter F. (1965), Fm Diesenreiter H. (1974), HLm Diesenreiter K. (1950), Lm Diesenreiter K. (1978), Fm Diesenreiter R. (1974), HLm Diesenreiter R. (1962), HFm Eder A. (1947), Lm Eibensteiner A. (1955), Lm Eibensteiner A. (1978), Fm Eibensteiner A. (1981), Lm Eibensteiner E. (1968), Lm Eibensteiner O. (1978), OLm Eibensteiner S. (1973), OFm Ennikl E. (1974), HFm Ennikl J. (1967), HFm Fragner L. (1960), Lm Früwirth F. (1959), Fm Gassenbauer J. (1981), Lm Gratzl J. (1937), Fm Gusenbauer J. (1981), Fm Gusenbauer W. (1976), Lm Guttenbrunner J. (1965), Bm Hackl F. (1948), Fm Hackl G. (1982), HFm Hackl L. (1950), Lm Haunschmid F. (1966), HFm Haunschmid F. (1974), Lm Haunschmid J. (1968), Fm Henerbichler H. (1981), Fm Hennerbichler A. (1982), HFm Hennerbichler J. (1938), HFm Hennerbichler L. (1960), Lm Hinterkörner J. (1970), Lm Hinterkörner W. (1970), PFm Jahn G. (1983), Lm Kern J. (1972), OFm Kiesenhofer A. (1974), Lm Kiesenhofer J. (1948), HFm Kitzler J. (1948), OFm Knoll P. (1968), HFm König K. (1958), Fm Kriechbaumer J. (1980), OFm Luger E. (1967), OLm Mayrhofer F. (1965), E-HBI Mayrhofer F. (1934), Lm Mittmannsgruber F. (1953), Lm Mittmannsgruber H. (1974), HFm Ortner F. (1950), HFm Piber G. (1968), E-OBI Piber J. (1938), HFm Pichlbauer J. (1955), HLm Pichlbauer J. (1950), HFm Pichlbauer R. (1978), HFm Pötscher F. (1973), Bm Pointner W. (1954), PFm Punz Ch. (1983), Fm Punz H. (1978), Lm Punz K. (1952), Lm Rauch G. (1975), Lm Rauch J. (1978), Fm Rauch K. (1981), HFm Rockenschaub A. (1973), Fm Rockenschaub H. (1974), OLm Rührnößl F. (1952), OFm Rührnößl J. (1978), Bm Rührnößl J. (1954), OFm Rührnößl J. (1981), HFm Rührnößl R. (1981), HBm Rümer F., HFm Satzinger A. (1966), PFm Satzinger O. (1983), Fm Schaumberger F. (1981), HFm Schaumberger K. (1958), HFm Schwab J. (1957), HBm Stellnberger K. (1946), OFm Stellnberger M. (1974), HFm Stitzt J. (1960), OBm Strauß J. (1957), HFm Viertelmayr J. (1950), OFm Viertelmayr J. (1966), Bm Wansch F. (1957), Fm Weberberger J. (1981), HFm Weberberger W. (1974), HFm Weinberger K. (1958), OLm Weinberger K. (1934), OLm Wittibschlager J. (1952), HLm Wurm J. (1953), HFm Zatsch H. (1968)

FF LASBERG

Die FF Lasberg wurde 1875 gegründet. 1916 wurde die vorhandene alte Druckspritze gegen eine moderne, kleinere Saugspritze umgetauscht. Die alte Spritze war vom Pfleger des gräflichen Schlosses Thürheim in Weinberg für die Gemeinde Lasberg angekauft worden. Diese ungemein schwere Wagenspritze, bestehend aus einem mit Kupferblech belegten viereckigen Wasserfüllkasten, in dessen Mitte sich der äußerst massive Windkessel aus Messing befand, mußte von vier Pferden gezogen werden. 1956 wurde der erste Motorwagen gegen einen gebrauchten Steyr Allrad umgetauscht. 1962 konnte mit großzügiger Unterstützung durch die Gemeindebewohner, die Gemeinde und das Landesfeuerwehrkommando ein Opel Blitz mit Vorbaupumpe angekauft werden. 1975 erfolgte die Weihe der neuen Tragkraftspritze Automatik 75 VW. Seit 1975 ist das Zeughaus im Gebäude der LAWOG untergebracht. 1980 wurde unter Kommandant Josef Freudenthaler ein gebrauchter Tankwagen angeschafft.

HBI Freudenthaler J. (1968), OBI Waldmann J. (1942), AW Freudenthaler G. (1960), AW Voit A. (1975), AW Winkler M. (1976), BI Besta J. (1963), BI Krammer A. (1968) — OFm Affenzeller W. (1965), OFm Ahorner H. (1981), PFm Altreiter A. (1983), HFm Altreiter F. (1958), OFm Bachl G. (1979), OFm Besta J. (1979), Lm Bittner H. (1974), Blöchl J. (1917), OFm Danner H. (1981), OFm Fleischanderl J. (1982), Forstner R. (1965), OFm Freudenthaler A. (1962), HFm Freudenthaler A. (1949), OFm Freudenthaler A. (1979), PFm Freudenthaler A. (1983), HBm Freudenthaler H. (1968), HFm Freudenthaler J. (1954), OFm Freudenthaler J. (1975), HFm Giritzer Ch. (1977), OFm Grabner F. (1979), HFm Greslehner L. (1931), Lm Grubauer A. (1963), Lm Grünberger J. (1957), HFm Hackl F. (1978), HFm Hackl J. (1970), OFm Haghofer J. (1979), HFm Haghofer J. (1949), HFm Haghofer J. (1952), Fm Hahn J. (1946), OFm Hahn J. (1979), OFm Haunschmid F. (1981), HFm Haunschmid J. (1954), OFm Haunschmied H. (1979), HFm Himmelbauer H. (1954), Himmelbauer J. (1964), OFm Höller A. (1979), Lm Höller A. (1952), Höller F. (1976), OFm Höller J. (1979), HFm Horner J. (1954), OFm Kastler F. (1979), OFm Katzenschläger M. (1979), OFm Kletzenbauer J. (1981), König K. (1971), OFm Koschutnig L. (1962), E-OBI Krammer F. (1946), HBm Kreindl A. (1956), Lm Kreindl H. (1979), Fm Kröpfl F. (1949), Leimlehner V. (1981), OFm Leitner E. (1979), Leonhardsberger J. (1954), HFm Lindner F. (1961), HFm Lindner F. (1927), OFm Maureder J. (1979), Fm Neumüller J. (1949), OFm Neumüller W. (1970), HFm Penz J. (1951), OFm Penz J. (1968), Fm Pirafellner I. (1949), PFm Pirchenfellner G. (1983), PFm Pirchenfellner H. (1983), OFm Pirklbauer F. (1981), HFm Pirklbauer J. (1948), OFm Preßlmayr E. (1960), E-HBI Prückl A. (1923), HFm Puchmayr F. (1954), Lm Puchner J. (1963), OFm Puchner J. (1980), PFm Puchner N. (1983), OFm Raml J. (1978), HLm Reiter R. (1956), OFm Ringdorfer Ch. (1979), OFm Ringdorfer J. (1979), Röblreiter J. (1932), HFm Satzinger H. (1970), OFm Schiechl A. (1979), Schwaha V. (1946), Fm Schwaiger H. (1982), Fm Seiringer J. (1971), OFm Seiringer M. (1975), HFm Siegl H. (1974), HFm Siegl J. (1954), OFm Silberbauer F. (1975), Spiral F. (1927), HFm Steinmetz J. (1962), Fm Stöger F. (1978), HBm Storer M. (1978), E-OBI Stütz A. (1948), E-AW Stütz E. (1948), Fm Stütz L. (1982), HFm Tröbinger F. (1937), Tröbinger J. (1964), HFm Viehböck J. (1946), OFm Viehböck J. (1979), HFm Wabro A. (1954), Fm Wagner J. (1971), Wald M. (1975), Bm Waldmann J. (1978), Fm Weinmüller J. (1981), HFm Weiß N. (1955), Winklehner A. (1962), E-AW Winklehner J. (1956), Winklehner J. (1962), PFm Winkler Ch. (1983), HFm Winkler J., OFm Wittinghofer F. (1978), HFm Wurm A. (1920), HFm Zauner J. (1949), OFm Ziegler A. (1963), OFm Ziegler H. (1970), E-AW Zitterl J. (1952), OFm Zitterl J. (1968)

FF LEOPOLDSCHLAG-DORF

Bereits zwei Jahre vor der Gründung der FF Leopoldschlag-Dorf wurde auf Bestreben einiger Herren der Ankauf einer Löschmaschine (Feuerspritze für Pferdegespann mit Handpumpe) sowie der Bau einer Feuerwehrhütte erwogen. Den Grund, auf dem die Feuerwehrhütte aufgebaut wurde, hatten die Besitzer Johann Scherb und Alois Schöllhammer kostenlos abgetreten. Die statutenmäßige Gründung erfolgte am 21. Mai 1905. Während des Zweiten Weltkrieges wurde die Wehr aufgelöst, doch erlangte sie nach Kriegsende (1946) wieder ihre Selbständigkeit. Bald wurden eine neue Motorspritze Type RW 80 und 1956 ein Rüstwagen angekauft. Zwei Jahre nach Anschluß an das Stromnetz (1949) erfolgte der Bau eines Schlauchturmes, auf den 1962 auch eine Sirene montiert wurde. 1974 wurde eine neue VW-Motorspritze TS 75 gekauft. Durch Bau der Bundesstraße mußte das alte Zeughaus entfernt werden; 1979/80 wurde den heutigen Anforderungen entsprechend ein neues Zeughaus errichtet. Der Baugrund wurde Johann Schöllhammer abgelöst. Der Anschluß an das funkgesteuerte Alarmsystem für die Feuerwehr erfolgte 1982.

HBI Hiesl J. (1947), OBI Pötschko J. (1968), AW Hiesl R. (1973), AW Schöllhammer J. (1954), AW Wirtl F. (1973) — OFm Affenzeller A. (1971), OLm Affenzeller J. (1960), OFm Blaha F. (1967), Fm Flautner H. (1983), HFm Flautner J. (1946), Fm Flautner W. (1968), Fm Fuchs G. (1983), Fm Fuchs R. (1962), OFm Galli J. (1949), OFm Galli L. (1973), HFm Gstöttenmayer A. (1954), OLm Gstöttenmayer J. (1925), Fm Gstöttenmayer W. (1981), Fm Hiesl J. (1974), Fm Hiesl M. (1982), HFm Hiesl R. (1949), OLm Hölzl J. (1949), OFm Hoffellner A. (1980), OLm Jachs L. (1919), Fm Jachs M. (1981), OFm Jachs S. (1962), E-BI Kinzl J. (1946), Fm Kinzl N. (1983), OLm Klopf B. (1954), OFm Klopf B. (1974), OLm Klopf F. (1926), Fm Klopf J. (1969), Fm Klopf J. (1982), Fm Magerl A. (1982), HFm Magerl H. (1954), Fm Pirerfellner E. (1983), Fm Pirerfellner J. (1983), Fm Rudlstorfer H. (1981), Fm Rudlstorfer H. (1982), HBm Rudlstorfer K. (1954), Fm Rudlstorfer K. (1978), HFm Schlechtl H. (1958), OFm Schöllhammer E. (1974), Fm Schöllhammer H. (1983), Lm Schöllhammer J. (1978), Fm Schöllhammer K. (1983), HFm Schöllhammer K. (1952), E-HBI Starkbaum J. (1948), OFm Starkbaum J. (1974), HFm Steinbichl K. (1962), OLm Ullmann W. (1960), Lm Wagner F. (1973), HFm Wirtl F. (1946), OFm Wirtl H. (1974), Bm Wirtl J. (1934), HFm Wirtl J. (1946), Lm Wirtl K. (1973), OFm Wirtl M. (1946)

FF LEOPOLDSCHLAG-MARKT

Die Freiwillige Feuerwehr Leopoldschlag-Markt wurde im Jahr 1888 gegründet. Die erste Handpumpe, Fabrikat unbekannt, wurde im Jahr 1913 angekauft. Im Jahr 1945 erfolgte die Anschaffung der ersten Motorspritze. Zwei Jahre später wurde ein Militärfahrzeug Marke Dodge erworben und darauf im Jahr 1953 eine Vorbaupumpe aufgebaut. Im Jahr 1954 kam es zum großen Hochwassereinsatz der FF Leopoldschlag-Markt in Rannariedl. Das Feuerwehrgebäude wurde im Jahr 1958 erbaut und im Jahr darauf eingerichtet und eingeweiht. Die Freiwillige Feuerwehr Leopoldschlag-Markt stand seit ihrer Gründung unter der Führung folgender Kommandanten: Karl Greisenegger, Ignaz Greisenegger, Friedrich Greisenegger, Eduard Schmiedinger, Franz Hoffelner, Josef Birngruber, Josef Haas, Rudolf Greisenegger, Johann Hoffelner, Ferdinand Schaufler, Leopold Wagner, Ferdinand Schöllhammer und Erich Rasch.

HBI Rasch E. (1965), OBI Hoffelner W. (1972), AW Affenzeller J. (1971), AW Schöllhammer F. (1961) — OFm Affenzeller K. (1938), PFm Beutl K. (1981), HFm Beutl R. (1963), Fm Beutl R. (1960), Fm Beutl W. (1971), HBm Birngruber J. (1922), OFm Birngruber J. (1955), Fm Böhm A. (1978), OFm Böhm E. (1937), Fm Böhm E. (1966), Fm Böhm H. (1972), Fm Broda H. (1979), HFm Broda J. (1948), PFm Broda J. (1978), Fm Buchgeher F. (1981), OFm Buschberger W. (1955), PFm Dreiling H. (1978), HFm Duschlbauer J. (1946), Fm Duschlbauer J. (1973), HFm Emmersberger J. (1922), Fm Galli J. (1981), HBm Greisenegger R. (1946), Fm Haiböck A. (1970), Fm Haiböck J. (1968), Fm Hoffelner E. (1965), PFm Hoffelner E. (1978), HFm Hoffelner F. (1963), PFm Hoffelner F. (1978), HFm Hoffelner J. (1946), OFm Hoffelner J. (1967), PFm Hoffelner W. (1981), Fm Hofflehner J. (1972), Fm Janko B. (1983), HFm Knoll E. (1946), HFm Knoll R. (1966), Fm Krempl E. (1963), HFm Krempl J. (1955), Fm Matschy K. (1966), Fm Novak K. (1966), Fm Pammer E. (1973), Fm Pammer J. (1965), Panzirsch O. (1925), Fm Pauer H. (1966), Fm Pauer W. (1973), Fm Pils E. (1978), OFm Pils F. (1948), OFm Pils F. (1972), Fm Pils R. (1973), OFm Pötschko J. (1933), Fm Pötschko K. (1970), Fm Preinfalk E. (1965), HFm Preinfalk H. (1963), Fm Preinfalk M. (1963), OFm Preininger A. (1958), OFm Rudlstorfer J. (1949), Fm Ruschak K. (1966), HBm Schauffler F. (1947), OFm Schinagl F. (1935), Fm Schinagl M. (1966), OFm Schöllhammer F. (1960), HFm Schöllhammer F. (1927), OFm Schöllhammer F. (1957), PFm Schöllhammer F. (1981), PFm Stöttner H. (1981), PFm Ullmann A. (1965), OFm Wagner A. (1946), PFm Wagner E. (1981), Fm Wagner E. (1974), OFm Wagner K. (1946), Fm Wagner K. (1973), Fm Wagner W. (1951), Fm Wagner W. (1978), OFm Wegrath H. (1952), OFm Weinzinger F. (1946), OFm Weinzinger J. (1946), Fm Winkler K. (1965), Fm Zwettler J. (1978)

FF LICHTENAU

Anlaß zur Gründung der Freiwilligen Feuerwehr Lichtenau war ein Großbrand in Lichtenau im Jahr 1892, bei dem elf Häuser niederbrannten. Der damalige Bürgermeister, Land- und Reichsrat Franz Blöchl vulgo Steininger, Alois Koller, Franz Pühringer und Josef Friesenecker waren die Gründer der Wehr. Im Lauf der nächsten Jahre wurden zwei Handpumpen (damals Hochdruckspritzen genannt) angeschafft. Auch vom Hochwasser blieb Lichtenau nicht verschont. 1926 gab es bei den Rettungsarbeiten unter der Leitung von Leopold Fischerlehner mehrere Verletzte. Unter der langjährigen Führung der Wehr durch Josef Pilgerstorfer wurde im Jahr 1931 die erste Motorspritze angekauft. Diese wurde nach dem Zweiten Weltkrieg von der Besatzungsmacht beschlagnahmt und mitgenommen. Die Schläuche konnten durch das mutige Handeln damaliger Wehrmänner gerettet werden; zu den Mutigen gehörte auch der spätere langjährige Zeugwart und heutige Ehrenamtswalter Johann Leitner. Schließlich wurde die Feuerwehr mit einer alten Wehrmachtsspritze wieder aufgebaut. Unter Ehrenkommandant Alois Fischerlehner wurden ein neuer Traktorrüstwagen und eine neue VW-Automatik angekauft sowie drei Löschteiche und die Ortswasserleitung mit Hydranten gebaut. Unter Kommandant Johann Preinfalk (1968–1981) wurde ein neues Zeughaus gebaut, das 1972 im Rahmen eines Feuerwehrfestes eingeweiht wurde.

HBI Hinum K., OBI Affenzeller O. (1981), AW Friesenecker H. (1974) — Affenzeller F. (1934), Affenzeller S. (1956), Altkind A. (1972), Blöchl E. (1977), Blöchl H. (1975), Brückl F. (1969), Dichtl E. (1976), Dichtl O. (1976), Dobusch R. (1954), Etzlstorfer A. (1978), HBm Fischerlehner A. (1931), Fischerlehner A. (1960), Freudenthaler L. (1950), Friesenecker F. (1950), Friesenecker G. (1950), Friesenecker J. (1934), Friesenecker J., Friesenecker J., Friesenecker J., Friesenecker K. Graser A., Graser H., Graser H., Gstöttenmayr G., Gstöttenmayr J., Hofstadler J., Jachs F., Jachs F., Jahn F., Jahn G., Jahn H., Jahn H., Jahn J., Jahn L., Jahn S., Kapl M., Klopf F., Kudler A., Kudler H., Leitner J., Leitner J., Leitner J., Leitner W., Lengauer E., Lengauer G., Lengauer G., Lengauer J., Magerl R., Maurer H., Mayr F., Mayr H., Peter E., Peter K., Peter K., Pilgerstorfer H., Pilgerstorfer M., Pilgerstorfer M., Pils H., Pils J., Pisko F., Pisko F., Pisko J., Preinfalk J., Preinfalk J., Rainer F., Rainer W., Reitmeier J., Reitmeier J., Reitmeier K., Ringdorfer J., Ringdorfer J., Scherb F., Scherb F., Scherb K., Scherb K., Schmid K., Schmid K., Schweizer W., Seiberl M., Steininger A., Traxler F., Traxler J., Weinzinger A., Weinzinger A., Weinzinger H., Weinzinger H., Weinzinger H., Weinzinger J., Weinzinger J., Weinzinger J., Weißenböck A., Weißenböck A., Weißenböck H., Weißenböck J., Weißenböck L., Weißenböck S., Woisetschläger H., Woisetschläger K., Woisetschläger K.

FF LIEBENAU

Am 10. Januar 1877 wurde ein schriftlicher Aufruf des Bürgermeisters Josef Haubner an die Bewohner von Liebenau abgefaßt. Nach Zustimmung der hohen k. u. k. Statthalterei in Linz konnte am 15. Mai 1877 die „Freiwillige Dorffeuerwehr zu Liebenau" gegründet werden, welcher 50 Gründungsmitglieder angehörten. Die ersten Anschaffungen, welche durch die Spenden wohlhabender Bürger gemacht werden konnten, waren verschiedene Spritzen, Feuerpatschen, Schläuche, Helme und anderes mehr. Das erste Zeughaus wurde 1927 errichtet. Die Schlagkraft der Wehr konnte durch den Kauf der Motorspritze Florian gehoben werden. Bis zum Zweiten Weltkrieg gab es viele Brandeinsätze in Liebenau und Umgebung. Selbst im Ort Liebenau wurden einige Häuser ein Raub der Flammen. Dank der Feuerwehr konnte ein Übergreifen auf den ganzen Ort mehrmals verhindert werden. Nach dem Zweiten Weltkrieg wurde das jetzige Feuerwehrdepot erbaut. In den Folgejahren nahmen mehrere Gruppen an Wettbewerben teil. Auf Landesebene wurden sogar Spitzenplätze erreicht. Durch die Verschiedenartigkeit der Einsätze war 1971 der Neukauf eines BLFA notwendig. Ebenso wurde 1972 in Gemeinschaftsarbeit eine Festhalle errichtet und eine Vorbaupumpe für das BLFA angeschafft, ebenso ein Land Rover. Der Fahrzeugpark wurde 1980 durch den Kauf eines gebrauchten TLF 1500 und 1984 durch den Ankauf eines fahrbaren Notstromaggregates erweitert. Bis 1987 wird das bestehende Feuerwehrdepot vergrößert werden. Die Feuerwehr Liebenau zählt in der Umgebung zu den am besten ausgerüsteten Feuerwehren.

HBI Kern F., (1948), OBI Reichenberger K. (1961) — Atteneder A. (1946), Ing. Atteneder E. (1952), Atteneder F. (1950), Atteneder F. (1976), Atteneder F. (1961), Atteneder H. (1981), Atteneder H. (1973), Baumgartner F. (1969), Binder L. (1983), Cierpka H. (1981), Dauerböck G. (1976), Dauerböck M. (1983), Egger A. (1952), Egger F. (1974), Egger F. sen. (1940), Egger W. (1953), Frisch H. (1963), Fröller J. (1952), Fucec J. (1980), Gallistl H. (1976), Gallistl K. (1974), Gallistl K. (1962), Gattringer F. (1958), Gattringer F. (1974), Gattringer J. (1967), Gattringer J. (1983), Greinstetter J. (1983), Gringer J. (1981), Grünsteidl A. (1966), Grünsteidl A. (1954), Grünsteidl J. (1946), Gutenbrunner L. (1966), Hackl A. (1961), Hahn F. (1981), Hahn J. (1925), Hahn J. (1983), Haider F. (1914), Haider J. (1968), Haider R. (1983), Haslinger A. (1982), Hennerbichler G. (1975), Hennerbichler G. (1950), Hennerbichler J. (1976), Hennerbichler J. (1983), Hennerbichler L. (1983), Hilber K. (1971), Himmelbauer E. (1974), Himmelbauer J. (1963), Hinterreiter J. (1983), Hochedlinger F. (1978), Hochedlinger F. (1950), Höbart F. (1983), Höbart J. (1957), Höbarth E. (1983), Höbarth J. (1974), Hörlsberger G. (1975), Jachs K. (1958), Kaltenberger F. (1983), Kasis L. (1983), Kastl A. (1973), Kaufmann F. (1953), Kaufmann F. (1970), Kern A. (1961), Kern F. (1977), Kern F. jun. (1966), Kern L. (1961), Kropfreiter A. (1963), Lehner F. (1949), Lehner F. (1968), Lehner P. (1928), Leopoldseder A. (1961), Leopoldseder A. (1952), Leopoldseder J. (1966), Leutgeb A. (1960), Leutgeb F. (1963), Leutgeb G. (1956), Leutgeb G. (1976), Leutgeb J. (1960), Leutgeb J. (1957), Leutgeb J. (1959), Leutgeb J. (1937), Lindner J. (1952), Lindner J. (1946), Lindner S. (1977), Mayrhofer A. (1983), Mitmannsgruber F. E. (1974), Moser J. (1983), Neulinger J. (1955), Penz J. (1950), Penz O. (1957), Pichler F. (1980), Pichler R. (1979), Pink L. (1981), Raffedtzeder F. (1961), Raffetseder J. (1963), Raffetseder M. (1960), Raffetseder R. A. (1982), Reichenberger G. (1974), Reindl M. (1981), Resch K. (1959), Rockenschaub F. (1950), Rogner J. (1974), Dr. Schlosser R. (1950), Schübl J. (1966), Schübl H. (1983), Schübl J. (1957), Schwarzinger R. (1974), Sigl F. (1948), Sigl G. (1974), Sigl L. (1979), Spiegl F. (1971), Weichselbaum K. (1977), Weichselbaum O. (1974), Weiß F. (1968), Weiß F. (1966), Weiß R. (1928), Wirrer J. (1962), Wögerer J. (1957), Wurm A. (1969), Wurm F. (1982), Wurm J. (1948), Zwölfer A. (1961), Zwölfer F. (1982), Zwölfer O. (1974)

FF LIEBENSTEIN

Die Gründung der FF Liebenstein erfolgte am 11. August 1912 durch die Initiatoren Bürgermeister Karl Hahn, Johann Frisch, Anton Hennerbichler und Franz Rockenschaub, welche dann auch das Kommando bildeten. Schon am 22. September 1912 wird eine Handdruckspritze um 450 Kronen angekauft. Bei der ersten Jahreshauptversammlung am 26. Januar 1913 scheinen schon 42 Mitglieder auf. 1920 übernimmt Anton Hennerbichler die Wehr und führt sie gewissenhaft bis zum 12. Februar 1928. In dieser Zeit wird der erste Geräteschuppen gebaut, der bis 1953 als Zeughaus dient. Kommandant ab 12. Februar 1928 ist Josef Punz, Bauer und Kaufmann in Liebenstein. Vom August 1928 ist der erste größere Brandeinsatz registriert. Josef Punz führt die Wehr bis zum Ausbruch des Zweiten Weltkrieges. In der Zeit zwischen 1928 und 1938 ist eine rege Tätigkeit der Feuerwehr festzustellen. So werden damals auch schon Feste und Bälle veranstaltet, um die finanzielle Lage der Feuerwehr ein wenig zu verbessern. In den Kriegsjahren 1939 bis 1945 löst sich die Feuerwehr beinahe wieder auf; es gibt keinerlei Aufzeichnungen über eine Tätigkeit. Die Neugründung erfolgt am 4. Juni 1946, und Josef Hennerbichler, Sohn des früheren Kommandanten Anton Hennerbichler, wird zum Kommandanten gewählt. Hennerbichler ist ein sehr rühriger Kommandant, der der Wehr starke Impulse gibt (Bau des neuen Zeughauses). Am 8. Dezember 1951 wird Leopold Gattringer zum neuen Kommandanten gewählt. Die erste Motorspritze wird angekauft, neue Rüstanhänger werden beschafft, die Löschwasseranlage wird erbaut. Am 24. März 1963 wird Franz Lehner zum neuen Kommandanten gewählt. Lehner widmet sich in selbstloser Weise der Feuerwehr und baut diese zu einer gut gerüsteten, schlagkräftigen und modernen Wehr aus.

HBI Lehner F., OBI Bröderbauer F. (1974), AW Binder H. (1963), AW Bröderbauer J. (1974), AW Primetzhofer A. (1961), BI Krügl E. (1974) — Lm Ahorner F. (1956), OFm Ahorner F. (1974), HFm Aumayer A. (1950), HFm Aumayr-Hackl A. (1965), OFm Binder F. (1968), HFm Bröderbauer J. (1950), Fm Bröderbauer J. (1978), Dauerböck J. (1981), Fm Eggner E. (1974), HBm Frisch F. (1966), HFm Frisch F. (1976), Lm Frisch H. (1974), OFm Frisch J. (1968), E-HBI Gattringer L. (1927), Lm Gruber L. (1950), HFm Gruber L. (1974), Fm Hahn J. (1972), OLm Haider A. (1962), HFm Haider A. (1950), OFm Haider A. (1978), OLm Haider F. (1974), E-OBI Haider J. (1954), OFm Haubner J. (1962), Fm Haubner W. (1974), OFm Heiligenbrunner H. (1966), OFm Hennerbichler F. (1968), Fm Hennerbichler H. (1982), HFm Hennerbichler H. (1950), HFm Hennerbichler J. (1956), Fm Hennerbichler J. (1977), HFm Jank F. (1956), HFm Jank V. (1951), Fm Kern J. (1980), OLm Krügl F. (1974), E-AW Krügl J. (1951), OFm Krügl J. (1979), OFm Krügl K. (1979), HFm Lehner A. (1950), HFm Lehner F. (1922), HFm Lehner J. (1955), HLm Lehner J. (1957), HFm Leopoldseder F. (1968), OFm Leopoldseder F. (1962), Lm Leopoldseder J. (1967), Lm Lindner A. (1967), HFm Lindner A. (1950), OFm Mühlbachler A. (1974), HFm Mühlbachler I. (1950), Fm Mühlbachler J. (1982), Fm Penz F. (1982), HFm Pointstingl H. (1950), Lm Primetzhofer A. (1967), Fm Primetzhofer K. (1980), Fm Primetzhofer J. (1981), OFm Puchner E. (1977), HFm Puchner J. (1950), HFm Puchner J. (1974), Fm Punkenhofer F. (1978), HFm Punkenhofer L. (1953), HFm Punz F. (1976), Fm Punz J. (1981), HFm Punz J. (1950), HFm Ruttenstock J. (1961), OFm Schmalzer E. (1976), OLm Schmalzer J. (1974), Fm Schmidinger F. (1974), HFm Schübl A. (1950), OFm Wansch F. (1980), Fm Weilguny F. (1974), Fm Wenigwieser A. (1974), OFm Wenigwieser F. (1979), HFm Wenigwieser H. (1950), Fm Wenigwieser H. (1976), Fm Wenigwieser H. (1979), Fm Wurm A. (1967), Fm Wurm S. (1979)

FF MARCH

Die Freiwillige Feuerwehr March wurde im Jahr 1907 gegründet. Unter dem damaligen Kommandanten Anton Pachner wurde ein Depot errichtet, eine tragbare Saugspritze angekauft und die nötige Ausrüstung für die Feuerwehrmänner angeschafft. Zum erstenmal wurde die Wehr beim Brand in der Ortschaft March 1915 hart auf die Probe gestellt, als neun Objekte ein Raub der Flammen wurden und nur durch das Eingreifen der Feuerwehr die übrigen Häuser gerettet werden konnten. Leider blieb auch diese Wehr nicht von den Kriegswirren verschont, und so wurde aus der FF March ein Löschzug. Man war jedoch bis zum Ausbruch des Krieges keineswegs untätig gewesen. So wurde 1925 eine neue Handspritze angekauft und zwei Jahre später ein Schlauchturm errichtet. Da der Löschbereich sich weit erstreckt, wurde 1929 für die Ortschaft Neudorf eine Landwirtschaftsdruckspritze und für die Ortschaft Stiftungsberg eine Druckspritze angeschafft. 1936 wurde die alte Saugspritze durch eine neue Motorspritze ersetzt und ein Jahr später ein Pferdefuhrwerkswagen für die Motorspritze erworben. Aufgrund der Motorisierung nach dem Krieg mußte 1958 ein modernerer Rüstwagen für Traktorgespann gekauft werden, um die Wehr schlagkräftig zu halten. Die inzwischen veraltete Motorspritze wurde durch eine leistungsfähigere Motorspritze der Fa. Rosenbauer 1960 ersetzt. 1961 baute man einen Löschteich in Neudorf. Da nun auch das Zeughaus baufällig wurde, errichtete die FF March in den Jahren 1976/77 ein völlig neues Zeughaus. 1978 wurde ein Löschfahrzeug der Marke Ford von der Stadtfeuerwehr Wels erworben und der Ankauf einer Hochleistungssirene der Fa. Rosenbauer getätigt. 1981 wurde die Funkalarmierung installiert, und 1982 wurden die nötigen Funkgeräte angekauft.

HBI Riepl W. (1965), OBI Ruhmer W. (1966), AW Ruhmer J. (1981), AW Viertelmayr L. (1969), AW Wagner K. (1955), BI Neumüller F. (1981) — Fm Affenzeller A. (1973), Fm Ahorner F. (1960), OLm Bindreiter J. (1963), Lm Breiteneder J. (1977), Fm Bruckner W. (1966), Fm Eilmsteiner E. (1948), Fm Eilmsteiner E. (1981), Lm Etzelstorfer I. (1937), Fm Freudenthaler J. (1931), Fm Freudenthaler J. (1960), Fm Gattringer J. (1924), Fm Gattringer M. (1950), Lm Giritzer F. (1973), HFm Giritzer L. (1928), Fm Giritzer M. (1950), Fm Gutenthaler K. (1964), Fm Haider J. (1968), OBm Haugeneder A. (1950), HFm Haunschmidt E. (1977), PFm Haunschmidt G. (1982), Fm Horner M. (1937), Fm Kastler J. (1965), Fm Kiesenhofer A. (1958), HBm Kiesenhofer J. (1956), Fm Kiesenhofer K. (1929), Fm Kiesenhofer K. (1962), Fm Klambauer K. (1973), PFm Koppenberger G. (1982), Lm Koppenberger K. (1969), Fm Krempl F. (1964), Fm Krempl I. (1946), OBm Maurer J. (1973), PFm Mayr A. (1982), Fm Mayr E. (1973), HFm Mayr K. (1956), Lm Mayr R. (1976), PFm Moser F. (1982), OFm Moser E. (1958), Fm Moser F. (1973), HFm Moser J. (1956), HBm Moser J. (1969), Fm Moser K. (1975), PFm Moser S. (1982), Fm Neumüller J. (1946), Fm Oberreiter J. (1977), Fm Oberreiter J. (1949), Fm Pierafellner L. (1962), Fm Pilgerstorfer A. (1964), Fm Pilgerstorfer J. (1961), Fm Pointner L. (1966), Fm Preßlmayr H. (1974), Lm Pum W. (1977), HFm Quast M. (1949), Fm Riepl A. (1950), Fm Ruhmer E. (1937), Fm Ruhmer H. (1981), Fm Ruhmer H. (1973), HFm Ruhmer J. (1937), E-BI Ruhmer J. (1948), Fm Ruhmer J. (1977), Fm Ruhmer K. (1946), Fm Ruhmer S. (1958), HFm Satzinger J. (1958), HFm Schatzl M. (1931), HFm Scheuchenstuhl E. (1977), HFm Scheuchenstuhl G. (1924), Lm Scheuchenstuhl J. (1946), HFm Scheuchenstuhl J. (1950), Fm Schmollmüller J. (1923), Fm Schmollmüller J. (1961), Fm Schmutchart L. (1970), Fm Schwab F. (1932), HFm Schwab J. (1973), Lm Stumbauer G. (1968), Lm Triefhaider J. (1959), Fm Trölß E. (1953), Fm Trölß J. (1911), Fm Urban J. (1931), PFm Viertelmayr J. (1982), HFm Viertelmayr L. (1956), PFm Viertelmayr W. (1982), Fm Voit K. (1968), Fm Wagner K. (1981), E-AW Wagner M. (1951), Fm Wiertl J. (1950), Fm Wiesinger J. (1928), Bm Wiesinger J. (1960), Fm Wiesinger J. (1961), HFm Wolfschwenger A. (1966), E-AW Wurm A. (1922), Fm Wurm J. (1956), Fm Wurm J. (1922)

FF MARDETSCHLAG

Am 1. Dezember 1924 gründeten die Bewohner der Ortschaft Mardetschlag ihre eigene Feuerwehr. Zum ersten Wehrführer wurde Michael Fleischanderl ernannt. Bei der großen Gründungsfeier 1926 nahmen elf Wehren aus dem Grenzgebiet teil. Durch die damaligen Grenzverhältnisse wurden einige Einsätze auch in Böhmen geleistet. Während der Kriegszeit wurde die Wehr als Löschzug der FF Markt Leopoldschlag geführt. 1946 konnte die FF Mardetschlag unter bewährter Führung wieder erstehen und eine neue Motorspritze gekauft werden. 1953 übergab Ehrenkommandant Fleischanderl sein Amt an Michael Fleischanderl vulgo Reisinger. Neun Kameraden erwarben 1955 das bronzene Leistungsabzeichen und erhöhten damit die Schlagkraft der Wehr bei Einsätzen im Brand- und Hochwasserfall. Eine neue Motorspritze wurde 1959 angekauft und die erste Alarmsirene 1962 angeschafft. 1964 erhielt Mardetschlag sieben Hydranten. Im Zug der Wildbachverbauung errichtete man im Ortszentrum einen Löschteich mit 180 m³. Den größten Einsatz hatte die Feuerwehr im Jahr 1967, als das Anwesen des Franz Pammer niederbrannte und die Wehr zwölf Stunden im Einsatz stand. Nach der Generalsanierung des Feuerwehrhauses fand 1975 das 50jährige Gründungsfest der FF Mardetschlag statt. Michael Fleischanderl trat 1976 die Nachfolge seines Vaters als Kommandant der Wehr an. In den letzten Jahren wurde die FF Mardetschlag an die überregionale Funkalarmierung angeschlossen und ist durch Ausrüstung mit schweren Atemschutzgeräten für die Aufgaben der Zukunft gerüstet.

HBI Fleischanderl M. (1947), OBI Janko F. (1976) — Affenzeller F. (1933), Affenzeller F. (1959), Birngruber F. (1924), Eilmsteiner H. (1954), Eilmsteiner-Hölzl H. (1983), Fleischanderl A. (1983), Fleischanderl A. (1955), Fleischanderl H. (1974), Fleischanderl J. (1948), Fleischanderl M. (1948), Fleischanderl M. (1974), Fleischanderl M. (1980), Greul J. (1958), Hau*geneder F. (1978), Hinum A. (1957), Höller L. (1950), Hölzl H. (1964), Hölzl J. (1972), Janko M. (1934), Klopf J. (1974), Kohlberger L. (1979), Kugler J. (1964), Kugler R. (1974), Mauthofer J. (1961), Melzer H. (1955), Pachlatko W. (1972), Pammer A. (1975), Pammer A. (1948), Pammer F. (1924), Pammer G. (1975), Pammer H. (1948), Pammer H. (1982), Ing. Pammer J. (1972), Pammer J. (1937), Pammer J. (1976), Pammer J. (1975), Pammer L. (1978), Pammer R. (1972), Pammer R. (1977), Peyrl A. (1957), Peyrl J. (1931), Pflügl A. (1957), Pflügl A. (1924), Schiefer W. (1976), Weinzinger F. (1937), Wenzinger R. (1976), Wizany K. (1981)

FF MARREITH

Anfang 1914 beschlossen Johann Friesenecker, Josef Pum und Matthias Stütz aus Obermarreith, für eine freiwillige Feuerwehr zu werben. Am 22. März 1914 konnte schließlich im Gasthaus Stütz, Obermarreith, eine Versammlung einberufen werden. Es wurden Bauern aus Obermarreith, Untermarreith und Florenthein eingeladen, weiters der Obmannstellvertreter des Feuerwehrbezirksverbandes Freistadt, Oberlehrer Breitschopf aus Sandl, Bürgermeister Leopold Krenner aus St. Oswald und der Obmannstellvertreter der Feuerwehr St. Oswald, Josef Schmid. Für den 24. Mai 1914 wurde die Gründungsversammlung einberufen. Zum ersten Obmann wurde Josef Pum gewählt. Bereits im Juli 1914 wurde von der Firma Rosenbauer eine neue Spritze angekauft. Bei Kriegsausbruch 1914 wurden die meisten Wehrmänner einberufen. Nach Kriegsende baute man die Wehr weiter aus, und am 25. Mai 1919 wurde der Beschluß gefaßt, ein Zeughaus zu bauen. 1921 wird mit dem Bau des Zeughauses begonnen. 1922 legt Josef Pum seine Obmannstelle zurück, neuer Obmann wird Matthias Stütz. 1924 geht Schriftführer Oberlehrer Moser nach Walding, sein Nachfolger wird Oberlehrer Adolf Breitschopf. 1933 wird Franz Hölzl zum neuen Obmann gewählt. 1934 ersetzt man die Handspritze durch eine Motorspritze. 1938 wird Anton Ortner, 1946 Anton Pum neuer Obmann. 1958 wird Johann Dumhard neuer Kommandant. 1964 übernimmt Hermann Pointner das Kommando, das er bis heute innehat. Ein VW-Kombi wird angekauft, der alte Rüstwagen verkauft. 1974 Montage einer neuen Sirene; 1979 Abtragung des alten Zeughauses und Beginn des Neubaus, der 1981 eingeweiht wurde. 1981 erfolgt der Anschluß an die Funkalarmierung und der Ankauf eines gebrauchten LLF. Weiters wird ein gebrauchtes Kommandofahrzeug angeschafft.

HBI Pointner H. (1946), OBI Siegl J. (1951), AW Greindl K. (1973) — OFm Biegl J. (1970), Fm Breitenberger E. (1971), HFm Breitenberger F. (1972), Fm Breitenberger H. (1958), Fm Breitenberger J. (1959), OFm Dastl F. (1969), OFm Dastl J. (1933), Fm Edlbauer F. (1936), OFm Edlmayr J. (1960), HFm Freudenthaler L. (1953), OFm Frisch J. (1931), Fm Fürst A. (1971), Fm Gratzl A. (1951), HFm Greindl E. (1976), HFm Greindl E. (1978), Fm Greindl G. (1979), HFm Greindl H. (1973), Fm Grill F. (1970), Fm Grill J. (1953), HFm Guttenbrunner E. (1981), OFm Guttenbrunner K. (1954), HFm Guttenbrunner L. (1934), OFm Hackl Ch. (1976), OFm Hackl F. (1960), OFm Hackl F. (1976), OFm Hackl J. (1960), OFm Hackl J. (1975), OFm Hackl L. (1960), Fm Haiböck A. (1970), HFm Haiböck A. (1977), HFm Haunschmid H. (1960), OFm Hinterreiter J. (1960), OFm Hinterreiter J. (1976), OFm Hirnschrott A. (1914), OFm Höller M. (1953), Fm Jachs A. (1954), E-AW Jahn F. (1946), OFm Jahn M. (1970), OFm Kleiß J. (1966), Fm Koppenberger J. (1977), HFm Kreinol A. (1983), HFm Kreinol R. (1983), OFm Kreslehner F. (1964), OFm Kröpl F. (1956), Fm Laßlberger E. (1950), OFm Laßlberger K. (1970), Fm Lehner F. (1976), OFm Munz K. (1977), OFm Munz K. (1961), HFm Oberreiter G. (1978), HFm Oberreiter L. (1950), HFm Oberreiter L. (1978), OFm Pilz F. (1955), AW Plöchl B. (1971), OFm Pointner F. (1924), OFm Pum F. (1954), Fm Pum J. (1958), OFm Pum R. (1950), Fm Satzinger A. (1950), HFm Satzinger L. (1946), OFm Satzinger W. (1966), Fm Schmollmüller I. (1975), OFm Siegl E. (1976), OFm Siegl E. (1966), OFm Siegl J. (1944), Lm Steinöcker L. (1958), OFm Stütz J. (1958), OFm Stütz J. (1923), OFm Stütz J. (1928), HFm Stütz M. (1949)

FF MATZELSDORF

Die erste und wohl wichtigste Aufgabe nach erfolgter Gründung 1921 war es, eine personelle Organisation der Wehrmänner aufzubauen. Im Frühjahr 1922 wurde mit dem Bau des ersten Zeughauses begonnen, und zugleich wurde eine Handpumpe gekauft. 1932 wurde die erste Motorspritze gekauft, deren Einweihung am 29. Mai erfolgte. Im Januar 1933 beendete Hauptmann Franz Affenzeller seine Führungsaufgabe. An seiner Stelle wurde Anton Ruhsam gewählt. 1946 wurde mit der Wiederbeschaffung von Geräten für den Branddienst begonnen (Einheitsmotorspritze mit 30 PS). 1951 erfolgte die Gründung einer Jugendgruppe. 1953 erhielt die Wehr ihr erstes Fahrzeug, einen Dodge. Durch den plötzlichen Tod des Kommandanten Anton Ruhsam 1954 mußte ein neues Kommando gewählt werden. Als Nachfolger wurde Leopold Ruhsam gewählt, der bis 1979 als Kommandant tätig war. Aus der Neuwahl ging Josef Walch als Kommandant hervor. Die Wehr konnte folgende Ausrüstung erwerben: 1968 eine VW-Spritze, 1962 einen TS-Anhänger und 1980 ein KLF Ford-Transit. Im März 1981 wurde vom Kommando der Beschluß gefaßt, ein neues Haus zu bauen. Nachdem die Gemeinde Neumarkt ihre Zustimmung zum Bau gegeben hatte, wurde bereits im April 1981 begonnen. Die Gesamtausgaben beliefen sich auf 280 000 Schilling, zusätzlich wurden von den Kameraden und der Bevölkerung 1 800 Arbeitsstunden und 90 Traktorstunden geleistet. Die Kosten dafür wurden durch Spenden, Feste und Veranstaltungen aufgebracht. 1983 wurde der Bau bis auf kleine Ausführungsarbeiten fertiggestellt. Die Einweihung des Gebäudes erfolgte am 15. Juli 1984.

HBI Walch J. (1973), OBI Glasner F. (1952), AW Rudlstorfer F. (1972), AW Schmitzberger J. (1978) — OFm Aichberger E. (1978), Fm Aichberger J. (1945), Fm Aichhorn H., Fm Bauer F. (1952), Fm Brandstetter J. (1972), Fm Brandstetter L. (1980), Fm Brandstetter M. (1980), Fm Brandtstetter F. (1979), Brandtstetter M., Fm Bruckner J., Fm Dirnberger A., Fm Egger M., OFm Erhart A. (1979), OFm Erhart E. (1978), Fm Erhart G. (1978), PFm Erhart K. (1984), Fm Erhart P. (1982), Fm Erhart W. (1978), Fm Feiler E. (1972), Fm Fischer H. (1952), OFm Fischer J. (1942), Fischer J. (1972), OFm Florian J. (1952), Fm Gabauer H. (1942), Fm Gillinger F. (1980), OFm Glasner K. (1978), OFm Hammer J. (1972), Haunschmied J. (1976), Kernecker I. (1939), Kohlberger E. (1978), Kohlberger F., Kohlberger F. (1972), Kohlberger H. (1976), Krempl L. (1951), Krempl L. (1978), PFm Krempl M. (1984), Loisinger J. (1975), Fm Loisinger J. (1945), HLm Marschick J. (1946), Fm Marschick J. (1983), Fm Moser J. (1952), Fm Narzt J. (1980), BI Narzt M. (1928), Fm Oirer J. (1952), Fm Oirer J. (1950), PFm Palmetzhofer R. (1984), Fm Poscher J. (1953), Fm Pucher M. (1972), Fm Puchner A. (1946), Fm Puchner E. (1972), Fm Puchner H. (1980), Lm Puchner M. (1926), Fm Reiter H., Fm Riegler R. (1980), Fm Ruhsam A., Fm Satzinger H. (1978), Lm Schmitzberger F. (1948), OFm Stütz G. (1978), Fm Taschler J. (1980), OFm Traxler J. (1952), OFm Tröls J. (1972), Fm Zarzer K. (1972)

FF MISTLBERG

Die FF Mistlberg wurde am 4. Mai 1927 gegründet. Am 21. August 1927 wurden zwei Feuerwehrspritzen von der Fa. Rosenbauer geliefert und eingeweiht. Das Feuerwehrzeughaus beim Steininger war bereits fertig. Das zweite Zeughaus wurde 1929 beim Holzer auf der Hochwart errichtet. 1938 bis 1946 war die Wehr in die FF Tragwein eingegliedert. 1949 wurden zwei Motorspritzen samt Spritzenanhänger angekauft. 1964 wurden beide Zeughäuser renoviert. 1975 wurde das Feuerwehrhaus in Mistlberg neu gebaut. 1976 erhielt die FF Mistlberg vom Landes-Feuerwehrkommando ein Feuerwehrauto (Ford Transit) und eine Heuwehrausrüstung. Seitdem ist sie Heuwehrstützpunktfeuerwehr für die Bezirke Perg und Freistadt. 1977 wurde die Feuerwache Hochwart aufgelassen. 1979 wurde ein VW-Bus als Kommandofahrzeug angekauft. Die derzeitige Ausrüstung: 2 Sirenen, 1 Sirenensteuergerät, 1 Löschfahrzeug (Ford Transit), 1 Heuwehrgerät, 1 Tragkraftspritze (VW-Automatik) und Löschausrüstung, 3 schwere Atemschutzgeräte, 1 Mittelschaumausrüstung, 2 Handfunkgeräte, 2 mobile Funkgeräte, 1 VW-Bus als Kommandofahrzeug.

HBI Viertelmayr H. (1958), OBI Reisinger F. (1976), AW Mayrhofer J. (1974), AW Moser A. (1973), AW Stöllnberger F. (1977), BI Stöllnberger J. (1973) — Lm Aschauer F. (1967), HFm Aschauer J. (1939), HFm Barndstetter J. (1978), OFm Beneder A. (1955), Lm Bindreiter J. (1973), OFm Brandner F. (1977), OFm Brandstetter J. (1950), OFm Buchner E. (1974), Fm Buchner N. (1982), OFm Buxbaum F. (1953), HFm Danninger H. (1951), OFm Danninger H. (1973), OFm Derntl A. (1955), E-AW Derntl O. (1948), OFm Derntl O. (1980), Fm Eder M. (1982), HFm Fichtinger J. (1950), HFm Fichtinger J. (1974), HBm Fragner F. (1962), Lm Friedl F. (1951), HFm Friedl J. (1979), OFm Friedl K. (1946), OFm Gstöttenbauer J. (1946), OFm Hackl K. (1967), Fm Haslinger H. (1979), OFm Haunschmied J. (1975), OFm Hintersteiner J. (1973), HFm Hofreiter F. (1977), HFm Hofreiter J. (1959), HFm Hofreiter J. (1977), OFm Hofreiter M. (1973), OFm Innreiter F. (1951), OFm Inreiter G. (1980), Lm Inreiter J. (1979), HFm Inreiter K. (1978), HFm Kapplmüller A. (1952), HFm Kapplmüller J. (1927), OFm Koller J. (1955), HFm Koppler L. (1967), Fm Langthaler A. (1975), Fm Langthaler G. (1982), OBm Langthaler J. (1956), HFm Larndorfer J. (1969), HFm Leibetseder A. (1978), HFm Leopoldseder J. (1931), Lm Leopoldseder J. (1959), PFm Luegmayr Ch. (1983), OFm Luegmayr J. (1973), OFm Lumetzberger R. (1980), OFm Maresch G. (1973), OFm Maresch O. (1948), Lm Marksteiner F. (1976), HFm Marksteiner K. (1957), HFm Marksteiner K. (1978), E-AW Mayrhofer F. (1958), HFm Mayrhofer F. (1978), Lm Mayrhofer J. (1973), HFm Mayrhofer J. (1955), OFm Mayrhofer J. (1980), OFm Mittmannsgruber L. (1975), Lm Mörtenböck F. (1950), E-AW Moser A. (1946), OLm Moser A. (1973), E-HBI Moser A. (1946), OFm Mühlbachler J. (1975), HFm Praher H. (1948), HFm Praher L. (1954), OFm Praher M. (1980), OFm Prammer F. (1979), OFm Prammer H. (1973), HFm Prinz K. (1952), HFm Punz J. (1948), OFm Punz J. G. (1980), HFm Rathgeb J. (1967), OFm Rathgeb J. (1978), OFm Rathgeb K. (1974), HBm Reisinger F. (1952), OFm Reisinger G. (1967), HFm Reisinger M. (1973), Fm Riepl J. (1982), Fm Riepl L. (1982), Fm Riepl P. (1982), HFm Schinnerl F. (1946), OFm Schinnerl J. (1981), HFm Schinnerl J. (1978), HFm Schinnerl K. (1958), HFm Schinninger F. (1927), HBm Schwab A. (1976), Lm Schwaiger A. (1973), Lm Schwaiger F. (1973), HFm Schwaiger J. (1946), Lm Schwaiger J. (1973), OFm Schwaiger R. (1975), OFm Schwinghammer A. (1976), OFm Seyr G. (1977), HFm Siegl F. (1979), Lm Siegl J. (1951), HFm Siegl J. (1977), OFm Stockinger K. (1973), Fm Stöllnberger J. (1982), HFm Thurnn J. (1973), HFm Trichling J. (1948), Fm Viertelmayr J. (1982), OFm Voggeneder H. (1980), HFm Wegrath H. (1966), HFm Weiß L. (1946), HFm Windischhofer F. (1977), OFm Wizany L. (1979), OFm Wöckinger F. (1954), Lm Wolfinger J. (1946), PFm Wolfinger J. (1983), HFm Wurm F. (1967), OFm Wurm R. (1975), OFm Wurzer K. (1967), HFm Zimmerberger J. (1927), HFm Zimmerberger J. (1962)

FF MITTERBACH

Am 15. April 1928 wurde die Wehr gegründet. Eine Löschmaschine und 100 m Schläuche wurden gekauft und der Rüsthausbau beschlossen. Am 22. April gab es die erste Übung und eine Woche später den ersten Einsatz. Am 1. Juni war das Rüsthaus fertig, und die Löschmaschine wurde in das Depot überstellt. Am 8. Juli wurde die Wehr erstmals mit einem Hornsignal alarmiert. 1938 verlor die Wehr ihre Selbständigkeit, was bis Juli 1945 dauerte. Während der Kriegsjahre wurde die erste Motorspritze angekauft. 1947 entstand bei einem Blitzschlag ins Feuerwehrdepot nur Sachschaden. 1949 wurde der Feuerwehrwagen saniert und das Zeughaus ausgebessert. Am 21. Mai 1957 überprüfte der Landes-Feuerwehrkommandant die Wehr. 1958 wurde ein Schlauchturm gebaut. 1961/62 erfolgte der Bau des neuen Zeughauses. 1963 wurde ein neuer Tragkraftspritzenwagen gekauft. Im Jahr darauf wurden die Lichtinstallation für das Zeughaus und eine Sirene angeschafft. 1965 wurde eine neue VW-Motorspritze gekauft. Am 1. Januar 1966 fand die Weihe der Motorspritze und des Rüstwagens statt. Neuanschaffungen 1974 waren eine Heusonde und eine dreiteilige Schiebeleiter. Im Frühjahr 1982 wurde die Funkalarmierung im Zeughaus installiert. Am 4. September 1983 wurde der Beschluß gefaßt, ein neues KLF zu kaufen, und nachdem die Gemeinde dem Finanzierungsplan zugestimmt hatte, der Vertrag mit der Fa. Rosenbauer unterzeichnet; Lieferung 1984. Im weiteren wird die Wehr Atemschutzgeräte anschaffen müssen. Auch wird ein Neu- oder Umbau des Zeughauses notwendig werden. Wie bisher gedenkt die Wehr auch in Zukunft schlagkräftige Leistungsgruppen zu den diversen Bewerben zu entsenden.

HBI Kreiner R. (1964), OBI Kreiner J. (1961), AW Larndorfer J. (1977), AW Friesenecker J. (1974), AW Hirnschrot K. (1960), BI Krenner R. (1967) — HFm Auer H. (1977), HBm Auer J. (1947), OFm Auer J. (1980), OLm Auer S. (1972), E-HBI Dreiling F. (1928), Lm Etzelsdorfer F. (1977), OBm Fitzinger M. (1928), Lm Friesenecker E. (1977), OBm Friesenecker J. (1950), Fm Friesenecker R. (1981), OFm Gärtner F. (1974), Fm Gärtner J. (1983), HFm Hackl H. (1966), Fm Hießl G. (1977), Lm Hießl H. (1952), Fm Hirnschrodt E. (1983), Fm Hirnschrodt G. (1981), OFm Hirnschrot K. (1973), Lm Kada H. (1970), HLm Kada J. (1961), JFm Kada J., HFm Kada S. (1970), Bm Kastler F. (1960), HFm Klambauer A. (1969), OFm Klambauer E. (1979), HBm Klambauer J. (1954), OLm Klambauer S. (1955), Bm Kopplinger F. (1951), HFm Kopplinger F. (1976), OFm Kopplinger H. (1979), Fm Kreiner K. (1983), Lm Kreiner K. (1952), OFm Kreiner W. (1980), Lm Kroiss R. (1971), HFm Kroiss R. (1973), HBm Larndorfer E. (1947), OFm Larndorfer E. (1984), HLm Lengauer F. (1958), JFm Lengauer H., Bm Maurer H. (1961), HBm Maurer J. (1960), HLm Piererfelner H. (1962), JFm Preinfalk E., OLm Pühringer J. (1951), HFm Pum E. (1977), Lm Pum F., HBm Pum W. (1947), OLm Pum W. (1973), Lm Punz F. (1952), JFm Reindl E., HLm Reindl G. (1939), HFm Reindl G. (1974), OFm Reindl H. (1980), Lm Reindl J. (1972), OFm Reindl M. (1980), HLm Reindl O. (1971), OFm Reindl U. (1979), OLm Spindler A. (1957), Lm Stech F. (1964), Bm Stech O. (1947), OFm Stöglehner A. (1976), Fm Stöglehner J. (1981), HLm Stöglehner M. (1953), OLm Stütz E. (1966), Lm Stütz J. (1956), Fm Trenda A. (1981), OBm Trenda K. (1950), OFm Trenda K. (1976)

FF MÖNCHDORF

Am 9. Mai 1897 wurde die Gründungsversammlung der FF Mönchdorf abgehalten. Mit einfachen Mitteln wurde die Wehr durch Spenden aus der Bevölkerung und von der Gemeinde ausgerüstet. Unter Ehrenobmann Steiner und Obmann Gregor Rameder wurde die Fahne angekauft und am 1. Juli 1928 geweiht. Als im April 1930 das Wasserbassin fertig war, wurde 1931 trotz wirtschaftlich schlechter Lage eine Motorspritze angekauft. Bedingt durch die politischen Umstände wurde am 27. November 1939 die Feuerwehr aufgelöst. Nach dem Krieg wurde die Wehr wieder aufgebaut und 1949 ein Feuerwehrauto gekauft. 1951 wurde ein Löschteich errichtet. Das neue Zeughaus wurde 1963 eingeweiht. Verbunden mit dem 70jährigen Gründungsfest wurde 1969 eine moderne Motorspritze angekauft. Um den Kauf von Funkgeräten zu finanzieren, wurde 1978 ein Flohmarkt abgehalten, worauf 1979 die Funkgeräte gekauft werden konnten. Daß die Feuerwehr Mönchdorf eine stabile, aus der Bevölkerung gewachsene Institution ist, zeigt sich darin, daß erst der neunte Kommandant die Feuerwehr führt.

HBI Aumayr J. (1958), OBI Haslhofer J. (1976), AW Ahorner E. (1950), AW Hinterkörner J. (1965), AW Leutgeb H. (1974), AW Ing. Rameder W. (1976), BI Jungwirth A. (1964) — HLm Aglas F. (1952), PFm Ahorner E. (1983), Lm Ahorner M. (1972), HFm Aistleitner G. (1978), HFm Aistleitner M. (1930), HFm Atteneder F. (1940), Lm Atteneder K. (1972), HFm Baumgartner J. (1968), Fm Baumgartner R. (1981), HFm Beneder K. (1930), HBm Beneder K. (1958), HFm Ebner K. (1966), HLm Fehrerhofer J. (1946), OFm Fehrerhofer J. (1978), HFm Freinschlag E. (1976), HFm Gaffl A. (1956), HFm Gaffl J. (1930), E-AW Gaffl J. (1955), OLm Gaffl K. (1967), PFm Gaffl W. (1983), HFm Granegger F. (1978), HLm Granegger J. (1944), HBm Granegger J. (1973), Lm Granegger P. (1976), OLm Grufenauer A. (1963), HLm Gusenbauer G. (1968), Gusenleitner J. (1967), HLm Hackl A. (1964), HLm Hackl L. (1943), OFm Hackl R. (1981), HFm Haderer G. (1979), Lm Haderer J. (1976), OLm Haderer M. (1965), HFm Haslhofer J. (1931), Lm Herndl M. (1976), HFm Hinterkörner K. (1933), Lm Horner A. (1969), PFm Hunger G. (1983), OFm Inreiter W. (1978), Lm Kastner F. (1976), Lm Kastner J. (1972), HFm Kastner J. (1963), HFm Kastner K. (1946), Lm Kastner K. (1972), Lm Kastner L. (1976), HFm Katzenschläger M. (1969), PFm Katzenschläger S. (1983), OFm Kern K. (1981), OFm Kern S. (1981), OFm Kloibhofer K. (1981), HLm Kloibhofer K. (1958), HLm Kloibhofer S. (1958), HFm Kuttner J. (1960), Lm Lehner M. (1973), OLm Leithner J. (1968), OLm Leithner K. (1964), Lm Leitner A. (1967), Lm Leitner J. (1959), HFm Leitner K. (1969), HBm Leitner L. (1969), HFm Lindner A. (1948), HFm Lindner F. (1969), PFm Luftensteiner G. (1983), Lm Mechurka L. (1963), Fm Mitterlehner E. (1976), OFm Mitterlehner F. (1974), Lm Mitterlehner G. (1976), HFm Mitterlehner J. (1951), HFm Mitterlehner J. (1968), Lm Mitterlehner J. (1976), Fm Mitterlehner K. (1980), Lm Mitterlehner M. (1972), HFm Mühlleitner J. (1973), OFm Palmetzhofer L. (1978), Lm Pehböck H. (1963), OFm Pehböck-Wallner J. (1981), OLm Peneder F. (1966), OLm Pilz H. (1967), HFm Pilz K. (1963), HFm Pilz K. (1977), E-AW Plaimer A. (1935), HFm Pointner F. (1979), Lm Pointner L. (1981), OFm Pointner L. (1981), HFm Raffetseder R. (1969), OLm Rameder H. (1973), E-HBI Rameder K. (1930), OFm Riegler F. (1979), OLm Rogner E. (1970), OFm Rumetzhofer G. (1981), PFm Rumetzhofer J. (1983), Rumetzhofer J. (1981), OFm Rumetzhofer L. (1981), HFm Rumetzhofer M. (1946), OLm Rumetzhofer M. (1961), HFm Schartlmüller J. (1968), HFm Schickermüller G. (1963), OLm Schinninger K. (1968), OFm Schmiedbauer G. (1973), Bm Spiegl F. (1964), OFm Starzer J. (1976), HFm Starzer L. (1946), HFm Steiner J. (1947), HFm Weichselbaumer A. (1930), Lm Weichselbaumer H. (1969), Fm Weißbacher E. (1980), HFm Weißbacher J. G. (1976), Westermayr H., OFm Wurm F. (1974)

FF MÖTLAS

1912 gründete Johann Tober die Freiwillige Feuerwehr Mötlas. Sie zählte 29 Kameraden. Eine Spritze samt Zubehör wurde um 1164 Kronen erworben. Die erste Pumpe wurde 1949 gebraucht gekauft. 1969 wurde ein neues, den heutigen Anforderungen entsprechendes Zeughaus errichtet. Die Gemeinschaft ist heute auf 90 Mitglieder angewachsen. 39 Aktive unterziehen sich Jahr für Jahr Schulungen. Ausrückungen, Einsatzübungen und Einsätze runden ein Arbeitsjahr ab. In der 1983 neuerrichteten Allzweckhalle können nun die alljährlichen Vereinsfeste abgehalten werden. Neben allerlei Gerät stehen heute ein Kommando- und ein Leichtlöschfahrzeug im Einsatz. Die Vervollständigung der Funkausrüstung, die Anschaffung eines neuen Einsatzfahrzeuges können mit diesen Einnahmen durchgeführt werden. Umrüstung und Erneuerung des Einsatzgeräts müssen ebenfalls davon bestritten werden. Hauptleute der Wehr seit ihrer Gründung waren Johann Tober, Franz Kern, Karl Kern, Franz Brandstötter und seit 1983 Karl Hinterdorfer.

HBI Hinterdorfer K. (1951), OBI Obereder F. (1980), AW Hinterdorfer K. (1978), AW Lindner H. (1958), AW Polly F. (1974) — HFm Aglas H. (1974), Fm Aglas R. (1948), OFm Aglas S. (1976), Fm Aistleitner K. (1948), Fm Bachhofner A. (1968), Fm Bachtrog W. (1968), E-HBI Brandstötter F. (1957), JFm Brandstötter G. (1982), Fm Branstetter F. (1983), Fm Buchner J. (1946), Fm Buchner J. (1969), Fm Fegerl G. (1983), Fm Funk K. (1978), Fm Furtlehner J. (1946), OFm Grufeneder A. (1979), Fm Grufeneder A. (1950), Fm Haderer H. (1947), Fm Haun L. (1950), JFm Haunschmid Ch. (1982), Lm Haunschmid H. (1936), HFm Haunschmid H. (1974), Fm Haunschmid J. (1978), HFm Haunschmid K. (1978), Fm Hiemetsberger F. (1983), JFm Hiemetsberger P. (1983), Fm Himetsberger F. (1974), Lm Hinterdorfer A. (1969), HFm Hinterdorfer F., OFm Hinterdorfer J. (1965), Fm Hinterdorfer K. (1983), HFm Hinterdorfer M. (1978), Fm Höbart J. (1930), Fm Hölzl F. (1965), Fm Inreiter J. (1973), Fm Katzenschläger H. (1973), Fm Katzenschlager J. (1983), Fm Kern B. (1982), JFm Kern Ch. (1982), Lm Kern F. (1952), Fm Kern J. (1967), HFm Kern J. (1964), Fm Kern J. (1976), Bm Kern K. (1919), E-AW Kern K. (1948), HFm Kollroß J. (1974), Fm Kollroß K. (1954), Fm Kovac H. (1978), Fm Kriechbaumer E. (1925), Lm Kristic J. (1963), JFm Kristic J. (1982), Fm Langthaler F. (1972), OFm Lasinger S. (1969), Lm Leonhartsberger A. (1968), JFm Leonhartsberger T. (1982), HFm Lesterl A. (1925), Lm Lesterl E. (1963), HFm Lesterl I. (1970), OLm Lesterl R. (1969), Fm Lindner K. (1979), HFm Luftensteiner K. (1947), Fm Müller H. (1982), Fm Muthentaler L. (1976), HFm Obereder H. (1967), Fm Obereder O. (1969), HFm Palmetshofer B. (1962), JFm Palmetshofer B. (1982), JFm Palmetshofer F. (1982), Fm Palmetshofer J. (1982), OFm Palmetshofer K. (1953), Fm Palmetshofer K. (1933), Fm Palmetshofer K. (1982), Lm Pointner W. (1973), OFm Pointner W. (1977), Fm Polly K. (1945), HFm Rafetseder K. (1967), Fm Ruspekhofer K. (1950), E-AW Schöfer E. (1945), Fm Schwaiger A. (1963), Fm Schwaiger R. (1945), Fm Schwaiger R. (1977), Fm Seiser A. (1968), Fm Spiegl K. (1976), Fm Steiner J. (1946), OFm Steiner M. (1945), Fm Strohmayer F. (1930), OFm Strohmayer J. (1949), HFm Tober F. (1974), Fm Tremetsberger L. (1969), HFm Weichselbaumer K. (1955), HFm Wiesinger J. (1946), Fm Wurm L. (1949), Fm Wurm L. (1974), Fm Zach L. (1952), OFm Zach L. (1974)

FF NEUMARKT IM MÜHLKREIS

Die Wehr wurde am 14. Juni 1891 gegründet, wobei ihr die Pfarrbevölkerung eine Standspritze aus dem Jahr 1847, eine Saugspritze Marke Hydrophor 1887 sowie einen Wasserwagen samt Faß mit Wassereimern, Schaufeln und Feuerhaken übergab. 1894 wurde ein Zeughaus gebaut. Um 1920 wurden Schläuche und Kleingeräte, aber auch eine Abprotzspritze angeschafft. 1929: erste Motorspritze der Fa. Rosenbauer. Anfang der fünfziger Jahre konnte ein alter Heeres-Lkw zu einem Löschfahrzeug umgebaut werden. 1957: neue VW-Motorspritze, 1962: LLF Opel Blitz, 1967: VW-Motorspritze Automatik, 1975: TLF 2000. 1976/77: Bau eines neuen Feuerwehrhauses. 1984 wurde das LLF durch ein Lösch- und Bergefahrzeug 790 Steyr Allrad ersetzt, ausgestattet mit Kran, Seilwinde, Notstromgenerator, Lichtmast und den erforderlichen Löscheinrichtungen.

HBI Plöchl E. (1962), OBI Prinz K. (1974), AW Brandstetter J. (1948), AW Fuchs H. (1974), AW Resch L. (1974), BI Hirsch H. (1963), BI Resch J. (1963), OBR Ruhsam J. (1941) — OFm Achhorner F. (1954), HFm Achhorner J. (1943), OBm Affenzeller A. (1976), HFm Affenzeller G. (1974), OFm Aichhorn M. (1969), HFm Apfolterer E. (1961), HFm Atteneder F. (1969), HFm Aufreiter K. (1950), Fm Barth H. (1963), HFm Barth J. (1940), OFm Barth J. (1950), Fm Benisch S. (1973), HLm Berlesreiter F. (1957), Fm Berlesreiter G. (1977), Fm Berlesreiter R. (1971), OFm Birklbauer J. (1959), Fm Blöchl F. (1975), OBm Böhm E. (1960), HFm Böhm F. (1969), HFm Böhm L. (1938), Fm Brandstetter E. (1973), E-BI Brandstetter F. (1928), OBm Brandstetter I. (1952), JFm Breuer A. (1981), OFm Dr. Burgstaller J. (1954), Lm Deibl F. (1962), Fm Deibl R. (1978), Fm Deibl W. (1976), Fm Denkmair E. (1973), OFm Denkmair F. (1963), HFm Edelbauer G. (1964), HLm Edelbauer N. (1961), Fm Edelbauer P. (1977), Fm Edelbauer M. (1973), HFm Egger E. (1957), HFm Engleitner F. (1954), Lm Foisner F. (1931), Fm Freudenthaler Ch. (1975), JFm Fuchs A. (1981), Fm Fuchs K. (1952), Fm Fuchs K. (1980), OBm Füreder H. (1962), HFm Fürricht M. (1935), Lm Gstöttenbauer J. (1955), OFm Hackermüller A. (1969), Lm Hauser J. (1951), OFm Hell H. (1970), JFm Hinterreiter-Pötscher (1980), HFm Hons A. (1963), OFm Horner E. (1979), OFm Horner J. (1969), JFm Janko F. (1982), OBm Kaindeder K. (1972), Fm Kindermann H. (1977), Fm Kindermann H. (1975), HFm Kindermann J. (1949), E-AW Kindermann J. (1951), Fm Kindermann K. (1973), Fm Kindermann M. (1978), HFm Kindermann R. (1950), Fm Kindermann R. jun. (1978), OBm Klammer F. (1974), OFm Klewein E. (1979), JFm Klopf G. (1983), Fm Konrad A. (1965), OFm Kopler G. (1951), OFm Kotsina K. (1950), E-OBI Lehner F. (1950), HFm Lehner O. (1962), OLm Lengauer E. (1952), Fm Lengauer E. jun. (1981), Fm Lengauer H. (1977), OFm Leutgeb G. (1981), JFm Leutgeb R. (1981), OFm Lindenberger F. (1950), Lm Lumplegger-Führicht F. (1924), OFm Meditz K. (1978), Fm Meditz R. (1969), Lm Mikolasch J. (1950), Fm Nikolasch N. (1973), Fm Mülleder J. (1966), OFm Müllner H. (1975), HFm Müllner J. (1949), Fm Obermüller A. (1959), Lm Pichler J. (1953), OFm Plöchl L. (1966), HFm Plöchl J. (1943), JFm Prammer E. (1981), OFm Primetzhofer J. (1962), Fm Prinz H. (1973), OFm Prinz M. (1971), OFm Puchner E. (1976), HBm Rabmer B. (1969), E-HBI Rabmer M. (1944), OLm Rabner F. (1938), JFm Rauch Ch. (1980), OBm Rauch K. (1963), HFm Rauch F. (1963), HFm Rauch K. (1981), HFm Rauch W. (1969), HFm Rechberger E. (1963), HLm Reichl H. (1961), OFm Reichl J. (1966), HLm Reichl K. (1969), Lm Reindl J. (1922), Fm Resch G. (1975), OFm Resch J. (1943), Fm Resch J. (1974), Fm Resch K. (1983), Fm Roth D. (1973), OLm Roth J. (1927), Fm Ruhsam O. (1971), Fm Ruhsam W. (1976), HFm Schramm K. (1967), HFm Schramm M. (1950), Fm Stadler A. (1982), HFm Steigersdorfer W. (1969), Fm Stöglehner G. (1979), Lm Stöglehner K. (1952), HFm Stradinger J. (1938), HFm Stroblmair F. (1950), Fm Stroblmair G. (1973), OFm Stroblmair J. (1943), OFm Stroblmair W. (1973), OFm Tonko A. (1950), OLm Tonko W. (1970), HLm Wabro J. (1949), HFm Wabro R. (1950), OFm Wald J. (1950), OFm Wanek O. (1953), Fm Weglehner J. (1958), HFm Übermasser S. (1970), FA Dr. Witzmann F. (1954), JFm Wurmsdobler K. (1981), HFm Zarzer A. (1963), OFm Zeiler J. (1979)

FF SELKER–NEUSTADT

Schon vor dem Ersten Weltkrieg erkannte der Landwirt Alois Baireder aus Netzberg die Notwendigkeit, eine Feuerwehr für die Ortschaften Selker–Neustadt–Hundsdorf zu gründen. Die Wirren des Krieges verhinderten dies aber bis zum Jahr 1922. Dann gingen zwei Männer, Alois Baireder aus Netzberg und Josef Frühwirt aus Neustadt, mit viel Energie daran, die Freiwillige Feuerwehr Selker–Hundsdorf zu gründen. Das Gründungskomitee bestand aus zehn Mann, eine von der Freiwilligen Feuerwehr Kefermarkt ausgeliehene Abprotzspritze und eine spendenfreudige Bevölkerung machten die Gründung Ende 1922 perfekt. Der erste Obmann war Alois Baireder. 1923 begann man mit dem Bau des Zeughauses, 1935 konnte die erste Motorspritze angekauft werden, 1956 erfolgte der Kauf eines Jeeps, 1961 der Ankauf einer VW 75, 1967 die Anschaffung eines KLF; 1982 wurde der Anschluß ans Funksteuerungssystem durchgeführt. Die Freiwillige Feuerwehr Selker–Neustadt hat außer bei Hausbränden in überwiegender Zahl Waldbrandeinsätze nebst der Bahn unter schwierigsten Bedingungen geleistet. Die Gruppen erkämpften innerhalb von 15 Jahren mehr als 60 Pokale bei den Wettbewerben; außerdem wurden 30 Bronze- und 35 Silbermedaillen erworben.

HBI Prückl J. (1946), OBI Pasch J. (1964), AW Pillmayr J. (1964), AW Steinmetz E. (1958), BI Haslhofer J. (1951) — Fm Affenzeller J. (1979), OFm Affenzeller J. (1928), Fm Etzlstorfer E. (1979), OFm Etzlstorfer F. (1948), OLm Freudenthaler L. (1950), Lm Frühwirt K. (1958), OFm Frühwirt K. (1948), OFm Frühwirt W. (1976), Bm Hackl F. (1950), Fm Hackl N. (1979), OFm Haslhofer J. (1976), Fm Hochedlinger Ch. (1978), OFm Hochedlinger H. (1958), Fm Hochedlinger H. (1978), Fm Höfer J. (1959), Fm Hofreiter E. (1982), Bm Hofreiter L. (1958), Fm Jachs M. (1982), HFm Kapeller F. (1958), Fm Kapeller F. (1982), OFm Kriechbaumer R. (1976), OFm Kriechbaummer J. (1957), HFm Langwieser E. (1963), OFm Leitner H. (1974), HFm Lindtner J. (1950), HFm Lintner H. (1950), HFm Mühlbachler J. (1968), PFm Mühlbachler K. (1983), Lm Neulinger M. (1973), Lm Neulinger R. (1973), OFm Nösterer J. (1973), OFm Nösterer W. (1973), HFm Philipp E. (1967), Lm Philipp G. (1931), Fm Philipp J. (1973), HFm Philipp L. (1975), OFm Postl J. (1973), OFm Postl W. (1950), Fm Postl W. (1973), Fm Prielhofer J. (1960), OFm Prielhofer J. (1979), OFm Prückl Ch. (1976), OFm Prückl J. (1977), OFm Reindl G. (1973), Fm Reindl G. (1979), Fm Reindl H. (1979), OFm Reindl J. (1955), PFm Reisinger J. (1983), HFm Resch F. (1962), Fm Resch H. (1982), Lm Resch I. (1935), Lm Rockenschaub R. (1973), E-OBI Rockenschaub W. (1946), OFm Rockenschaub W. (1979), OFm Scheuchenpflug R. (1950), HFm Seyr L. (1958), PFm Vater L. (1983), Fm Vater M. (1982), HFm Viertauer W. (1973), Fm Voggeneder J. (1979), Fm Wahlmüller G. (1958), Fm Walch H. (1982), HFm Walch J. (1958), Fm Walch J. (1982), HFm Walch J. (1951), HFm Walch L. (1976), HFm Walch L. (1951), HFm Walch L. (1954), OFm Walch M. (1958), OFm Wittinghofer J. (1948), PFm Wolfschluckner H. (1983), Lm Zauner K. (1949)

FF OBERNDORF

Im Oktober 1912 beschlossen sieben Mitglieder der FF Schönau, aus dem Löschzug Oberndorf eine selbständige Feuerwehr zu bilden. Anlaß dazu war der Wunsch nach moderneren Geräten und einer eigenen Führung. Am 24. Januar 1913 fand die erste Wahl statt: Hauptmann wurde Alois Kogler, sein Stellvertreter Jakob Aumayr. Im Mai 1913 wurde der erste Spritzenwagen, auf dem eine handbetriebene Kastenspritze montiert war, angekauft. 1923/24 wurde eine Zeugstätte erbaut und am 20. Juli 1924 eingeweiht. Die erste Motorspritze, eine R 25, wurde 1936 angekauft. Im Mai 1938 wurde die Wehr als Löschzug Oberndorf der FF Schönau eingegliedert und erst ab 1946 wieder als selbständige Feuerwehr geführt. Im Juli 1952 wurde eine Sirene installiert. Der Zeughausneubau wurde 1955 begonnen und 1957 abgeschlossen. 1960 wurde ein Rüstwagen für wahlweisen Traktor- oder Pferdezug angekauft. Eine neue TS VW 75 Automatik wurde 1964 angekauft. Ein gebrauchter VW-Bus wurde 1982 in Eigenregie als Kommandofahrzeug adaptiert und mit einem neuen Tragkraftspritzenanhänger ausgestattet.

HBI Panholzer A. (1967), OBI Rosinger K. (1966), AW Mittmannsgruber G. (1967), AW Schinnerl A. (1967), AW Wittibschlager G. (1972) — HBm Aumayr E. (1964), OBm Aumayr F. (1953), OFm Aumayr F. (1976), HFm Aumayr I. (1967), HFm Aumayr J. (1957), OFm Aumayr J. (1979), E-HBI Aumayr J. (1926), HFm Aumayr M. (1978), HFm Bauer F. (1966), Fm Diesenreiter E. (1976), HFm Diesenreiter E. (1967), HFm Diesenreiter F. (1966), HFm Diesenreiter J. (1946), HFm Diesenreither J. (1964), OBm Faux K. (1938), HFm Fragner F. (1954), OFm Fragner F. (1981), OFm Frühwirth H. (1976), OFm Frühwirth H. (1976), HBm Frühwirth J. (1964), HFm Frühwirth J. (1967), HFm Gradl I. (1950), HFm Gradl F. (1937), HFm Gradl J. (1964), HFm Grufeneder J. (1974), HFm Haider F. (1946), HLm Haider F. (1967), Fm Hinterdorfer A. (1982), HFm Hinterdorfer R. (1973), OFm Hinterreiter A. (1976), HFm Hinterreiter J. (1950), HFm Hölzl F. (1967), HFm Hölzl G. (1973), HFm Hofbauer F. (1966), HFm Käferböck A. (1958), HFm Käferböck K. (1966), HFm Kaferböck F. (1973), HFm Kaltenberger A. (1924), Fm Kapeller G. (1982), HFm Karlinger L. (1946), OFm Kastner F. (1976), HLm Kastner F. (1966), HFm Kastner J. (1946), Lm Kern F. (1968), HFm Kiesenhofer Ä. (1946), OBm Kiesenhofer F. (1959), HFm Kiesenhofer K. (1967), HFm Klinger A. (1960), Fm Klinger A. (1982), HFm Klinger J. (1979), Fm Klinger J. (1982), PFm Kogler A. (1984), HFm Kogler W. (1979), HFm Kollroß B. (1973), OFm Kollroß E. (1979), HFm Kollroß J. (1946), HFm Kollroß J. (1972), HFm Kollroß J. (1975), Fm Kriechbaumer E. (1984), HFm Kriechbaumer J. (1971), HFm Langegger J. (1973), HFm Leitner H. (1967), HFm Leitner J. (1952), HFm Leitner K. (1955), HFm Lengauer L. (1975), HFm Lumetzberger B. (1955), HFm Lumetzberger B. (1979), HLm Maierhofer J. (1967), HFm Matzenberger H. (1957), HFm Mayr E. (1976), HFm Mayr K. (1954), HLm Mayr K. (1946), HFm Mayrhofer A. (1976), HFm Mayrhofer J. (1920), OBm Mayrhofer J. (1950), OFm Mayrhofer J. (1976), OFm Mayrhofer K. (1979), HFm Mittmannsgruber J. (1975), HFm Niedermayr M. (1946), HFm Öllinger J. (1938), HFm Panholzer A. (1957), HFm Panholzer A. (1973), E-OBI Panholzer F. (1949), HFm Panholzer J. (1966), HFm Panholzer J. (1946), HFm Peilberger F. (1957), HFm Pointner A. (1975), HFm Pointner H. (1979), HFm Pointner I. (1957), PFm Pointner J. (1984), HFm Pree J. (1936), HFm Rechberger J. (1973), HFm Reisinger J. (1932), HFm Reisinger O. (1953), HFm Riegler J. (1973), HFm Rockenschaub F. (1936), HFm Rockenschaub G. (1969), HFm Rockenschaub J. (1966), HFm Rockenschaub J. (1953), HFm Rockenschaub K. (1953), HLm Rosinger E. (1967), HLm Rosinger F. (1972), HFm Rosinger J. (1934), HFm Rührnessel J. (1973), OBm Schinnerl F. (1967), HFm Staudacher M. (1960), OFm Tober J. (1978), OFm Tober J. (1976), HFm Viehböck H. (1967), HFm Viehböck H. (1946), OFm Viehböck J. (1976), Fm Wahlmüller F. (1984), HFm Wahlmüller F. (1946), HFm Wahlmüller G. (1969), HFm Wegerer A. (1937), HFm Wittibschlager J. (1952)

FF PASSBERG

Veranlaßt durch einen Großbrand, befaßte man sich bereits 1911 mit dem Gedanken, in Paßberg eine eigene Feuerwehr zu gründen. Denn am 13. August 1911 hatte eine vom Scherbgut in Unterpaßberg 10 ausgehende Brandkatastrophe zehn Häuser vernichtet. Kurze Zeit nach diesem verheerenden Brand waren bereits Franz Pachinger, der damalige Besitzer des Riepl-Gutes, und Franz Jungwirth um die Aufstellung einer eigenen Feuerwehr bemüht. Im Juni 1914 kam es dann auch zur Anschaffung einer sogenannten „Leichten Gebirgsabprotzspritze", die von der Fa. Rosenbauer samt Zubehör und Schläuchen um 1 585 Kronen angekauft wurde. Der Kaufvertrag für diese Handspritze war von den späteren Gründungs- und Kommandomitgliedern Johann Puchmaier, Franz Jungwirth und Josef Handelbauer unterzeichnet worden. Aber der Ausbruch des Ersten Weltkrieges verzögerte die eigentliche Gründung um etwa fünf Jahre, so daß die offizielle Gründungsversammlung erst am 4. Januar 1920 stattfinden konnte. Die Errichtung des ersten Zeughauses erfolgte 1926. Als erstes Alarmgerät wurde eine handbetriebene Sirene angekauft. Im November 1955 wurde ein Schlauchturm errichtet und 1961 ein neuer Rüstanhänger angeschafft. Unter dem derzeitigen Kommandanten Josef Pachinger wurde u. a. 1970 eine neue VW-Tragkraftspritze angekauft. Weiters wurde ein neues Gerätehaus erbaut, da das alte Feuerwehrdepot der Straßenerweiterung zum Opfer gefallen war. Anläßlich des 1971 festlich begangenen 50jährigen Gründungsfestes wurden das neue Feuerwehrgerätehaus und die TS feierlich ihrer Bestimmung übergeben. Die bereits 1957 angeschaffte und seitdem in Betrieb befindliche elektrische Alarmsirene wurde 1982 auf dem Gerätehaus montiert und an das Funksystem angeschlossen.

HBI Pachinger J. (1946), OBI Weinzinger K. (1946), AW Flieger F. (1971), AW Pirklbauer O. (1971), AW Weinzinger J. (1968) — Fm Affenzeller I. (1958), Lm Babler J. (1966), HFm Eder A. (1946), Fm Eder L. (1974), Fm Eder S. (1971), Lm Eibensteiner W. (1946), Fm Eibensteiner W. (1978), HFm Elmecker L. (1928), Fm Etzelsdorfer E. (1946), Lm Etzelsdorfer J. (1946), Fm Etzelsdorfer J. (1974), Lm Friesenecker S. (1946), Fm Hochedlinger A. (1965), Lm Jungwirth E. (1963), HFm Kappl R. (1958), OLm Kastler F. (1946), Fm Kastler F. (1974), Fm Kastler L. (1980), E-OBI Klopf J. (1936), Fm Klopf J. (1974), Fm Klopf M. (1978), Fm Kreil H. (1963), HFm Kreil J. (1966), HLm Larndorfer J. (1924), Fm Larndorfer J. (1974), OFm Pachinger J. (1974), Lm Pachinger L. (1948), Fm Pachinger L. (1978), Fm Pirklbauer A. (1973), E-AW Pirklbauer J. (1929), Lm Plöchl E. (1948), Fm Plöchl E. (1974), Fm Plöchl F. (1979), OFm Plöchl H. (1971), Fm Plöchl H. (1968), Fm Plöchl J. (1972), Lm Plöchl J. (1946), Fm Plöchl J. (1973), Fm Plöchl J. (1974), Fm Plöchl L. (1978), Fm Stellberger W. (1973), HFm Traxler J. (1946), PFm Wagner A. (1983), Fm Wagner E. (1980), PFm Wagner J. (1981), E-AW Wagner J. (1948), Fm Wagner J. (1971), HFm Wagner K. (1951), Fm Wagner K. (1974), PFm Weinzinger G. (1980), OFm Weinzinger J. (1971), Fm Weinzinger J. (1980), Fm Weinzinger K. (1971), Fm Weinzinger W. (1974), OFm Wimberger J. (1972)

FF PIERBACH

Am 20. Januar 1889 wurde in einer öffentlichen Versammlung der einstimmige Beschluß gefaßt, eine freiwillige Feuerwehr in Pierbach zu gründen. 37 Männer traten sogleich als Mitglieder bei. Zum ersten Obmann wurde Josef Mörwald gewählt. Eine von der Gemeinde in den siebziger Jahren angekaufte kleine englische Handspritze wurde nun von der Feuerwehr betreut und eingesetzt. Mit viel Fleiß und Idealismus wurde diese Spritze auf einen vierrädrigen Wagen aufgebaut, um so mit einem Ochsengespann bei Einsätzen schneller vorwärtszukommen. Im Mai 1890 wurde eine neue fahrbare Handspritze von der Fa. Rosenbauer angekauft. Da für dieses Gerät kein ordnungsgemäßer Unterstellplatz vorhanden war, wurde 1905 das erste Feuerwehrspritzenhaus erbaut. 1907 brannte Pierbach fast zur Gänze nieder, und die Wehr hatte mit ihrer kargen Ausrüstung alle Hände voll zu tun. 1956 wurde ein geräumiges Zeughaus errichtet und 1957 als erstes motorisiertes Fahrzeug ein Jeep angekauft. Die technische Ausrüstung wurde in den letzten Jahrzehnten den Bedürfnissen angepaßt.

HBI Lehner K. (1957), OBI Inreiter J. (1971), AW Haslhofer E. (1963), AW Lehner K. (1973), AW Schartlmüller E. (1974), BI Brandstetter A. (1950), BI Katzenschläger J. (1949) — HFm Bachtrog J. (1949), OFm Bauernfeind A. (1983), HFm Bauernfeind I. (1971), Bauernfeind J. (1974), OFm Brandstetter A. (1983), HFm Burgstaller J. (1960), OFm Burgstaller J. (1977), HLm Ebmer J. (1959), HFm Ebmer O. (1964), HFm Ebner J. (1949), HFm Ebner K. (1959), HFm Eder W. (1956), HFm Etzelsdorfer J. (1968), OFm Fasching E. (1973), HLm Freynschlag O. (1974), HBm Fürnhammer J. (1957), Glinsner O. (1973), HFm Grüneis K. (1952), HFm Grüneis W. (1968), HFm Guschl A. (1953), HFm Guschl J. (1950), HBm Haslhofer F. (1949), HFm Haslhofer G. (1975), PFm Haslhofer J. (1983), HFm Herzog H. (1963), HFm Herzog H. (1950), Herzog K. (1950), HLm Himmelbauer E. (1974), HLm Hinterreiter A. (1956), Bm Hinterreiter A. (1977), OFm Hinterreiter J. (1983), JFm Holzer B. (1983), HFm Holzer J. (1959), HFm Holzer R. (1963), JFm Holzer R. (1982), HFm Huber A. (1950), HFm Huber J. (1959), JFm Kastenhofer A. (1982), OFm Kastenhofer J. (1983), OFm Kastenhofer K. (1977), HFm Kastenhofer K. (1967), OLm Kastner J. (1950), HFm Kastner J. (1930), Fm Kastner J. (1980), HFm Katzenschläger A. (1976), HFm Katzenschläger A. (1955), HFm Klinger A. (1967), OFm Klopf A. (1974), HFm Klopf A. (1967), Klopf A. (1982), HLm Königsberger J. (1977), HFm Königsberger J. (1959), HFm Koller L. (1926), HFm Koller M. (1969), Fm Kreindl J. (1982), OFm Krenner F. (1973), OFm Kropfreiter F. (1973), HFm Kropfreiter J. (1977), HFm Kühhas L. (1950), HFm Langegger E. (1975), HFm Langegger F. (1974), OFm Lehner A. (1976), JFm Lehner K. (1982), HFm Lehner L. (1950), OFm Leitgeb R. (1979), HFm Leitner H. (1974), OFm Leitner H. (1983), Fm Leitner J. (1978), HFm Lichtenecker A. (1968), HLm Lichtenecker H. (1973), HLm Luftensteiner L. (1957), HFm Mahr H. (1963), Mair J. (1974), Mayrhofer H. (1973), OFm Mitterlehner H. (1976), HFm Mitterlehner L. (1953), HFm Mörwald J. (1964), HFm Mühlbachler F. (1956), Fm Mühlbachler F. (1979), JFm Nenning L. (1982), JFm Nöbauer E. (1982), HFm Nöbauer J. (1982), HFm Nöbauer L. (1976), HLm Nöbauer L. (1976), JFm Obereder A. (1982), HFm Ortner F. (1956), HFm Palmetshofer F. (1958), HFm Pehböck A. (1971), HFm Pehböck F. (1928), HFm Pehböck F. (1963), OBI Populorum I. (1949), HFm Praher K. (1971), HFm Praher K. (1928), HFm Prinz F. (1956), HFm Raab A. (1970), OFm Raab F. (1974), HFm Reisinger F. (1981), Fm Reisinger F. (1979), OFm Reiter A. (1983), JFm Reiter S. (1982), HFm Riegler M. (1974), HFm Rottinger J. (1971), HFm Ruspekhofer A. (1964), HFm Schachinger F. (1964), Fm Schartlmüller A. (1980), HLm Schartlmüller H. (1979), HFm Schartlmüller S. (1958), OFm Schartlmüller O. (1983), OFm Schickermüller F. (1983), HFm Schinninger J. (1949), HFm Schnepf K. (1950), OFm Schnepf K. (1976), HLm Starzer P. (1956), JFm Starzer W. (1982), Bm Steinkellner A. (1973), HFm Strasser K. (1972), PFm Strazer E. (1983), HFm Tremetzberger J. (1929), HFm Vogl K. (1918), HFm Walter A. (1973), Fm Walter A. (1978), HLm Wansch M. (1968), HFm Weichselbaum F. (1971), HFm Wiesinger A. (1970), HLm Wiesinger F. (1933), HFm Wiesinger F. (1950), HFm Wimhofer E. (1967)

FF PRANDEGG

Am 1. April 1932 wurde die Freiwillige Feuerwehr Prandegg gegründet. Im selben Jahr wurde auch das erste Zeughaus errichtet. Im Jahr 1949 erfolgte ein Erweiterungsbau des Zeughauses. Ebenfalls 1949 wurde die erste Motorspritze der Type R 8 angekauft. Im Jahr 1951 wurde die Errichtung einer Alarmanlage unter Kommandant Lambart beschlossen. Das erste Einsatzfahrzeug – ein VW-Bus – wurde in den sechziger Jahren angeschafft. Bei der Jahreshauptversammlung am 10. Januar 1971 wurde der Ankauf einer Tragkraftspritze VW 75 sowie die Abmeldung des Löschfahrzeuges beschlossen. 1972 wurde das 40jährige Gründungsfest abgehalten. Ende 1974 wurde beschlossen, wieder ein Löschfahrzeug anzukaufen. Es wurde ein Land Rover von der Freiwilligen Feuerwehr Wels angeschafft. Zu diesem Fahrzeug wurde 1975 ein Anhänger gekauft, der zu einem Löschanhänger umgebaut wurde. Im Jahr 1975 erfolgte die Gründung einer Jugendgruppe. 1982/83 wurde zum bestehenden Zeughaus ein Anbau errichtet. Die Mitgliederzahlen aus den Anfängen sind nicht bekannt, 1965 betrug die Mannschaftsstärke 36 Mann.

HBI Weberberger M. (1949), OBI Rosinger F. (1968), AW Ebner A. (1975), AW Matschy A. (1966), AW Opfolter G. (1974), BI Käferböck J. (1953) — E-AW Ebner A. (1949), Fm Gafal F. (1960), OFm Hackl A. (1956), OFm Hackl A. (1977), HFm Hackl H. (1973), HFm Hackl H. (1946), Fm Hackl H. (1975), HFm Hackl K. (1975), OFm Hackl L. (1932), Fm Haugeneder L. (1932), Fm Kiesenhofer E. (1977), OFm Kiesenhofer F. (1937), OFm Kiesenhofer F. (1960), Fm Kiesenhofer F. (1975), HFm Kiesenhofer J. (1975), Lm Kiesenhofer J. (1969), Lm Kirchschlager H. (1973), OFm Klug F. (1969), Fm Lasinger G. (1977), HFm Lasinger K. (1963), Fm Lasinger K. (1958), OFm Lengauer J. (1969), OFm Luger J. (1973), Lm Madlmayr S., Fm Mairböck G. (1977), OLm Matschy J. (1952), HFm Naderer G. (1978), Fm Ortner F. (1975), Fm Ortner J. (1975), Lm Pichler F. (1967), Fm Pichler I. (1973), HFm Rockenschaub R. (1975), Fm Rosinger F. (1977), OFm Schartmüller J. (1949), Fm Schinnerl W. (1969), Stellenberger J. (1964), Fm Stuhlberger H. (1969), Fm Tichler M. (1975), OFm Viehböck A. (1952), Fm Viehböck A. (1977), Fm Viehböck K. (1975), OFm Weberberger A. (1932), HFm Weberberger A. (1973)

FF PREGARTEN

Die Feuerbeschau mußte aufgrund der Leopoldinischen (1686), der verbesserten Maria-Theresianischen (1759) und der Josefinischen (1790) Feuerordnung durchgeführt werden. 1835 wurde eine Feuerspritze angeschafft. 1873 kam durch Kauf eine zweite Spritze aus dem Landhaus zu Linz nach Pregarten. 1875 Gründung des „Feuerwehr-Vereins Pregarten" (74 Mitglieder). 1876 Erwerb der ersten Saugspritze. 1886 berichtet die Chronik über die Festzugsordnung zum 10. Gründungsjubiläum: 1. Steigerkarren, 2. Spritze I, 3. Spritze II, 4. Saugspritze, 5. Schaffelkarren. 1901 ließ Graf Dürkheim (Hagenberg) auf dem Wartberg einen optischen Nacht-Feuersignalapparat errichten. Rot = ausfahren, grün = unbestimmt, abwarten, weiß = nicht ausfahren. 1904 erfolgte die Installation der Feueralarm-Telephonverbindung Pregarten-Hagenberg-Wartberg, Pregarten-Mauthausen bzw. Pregarten-Linz. 1909: Spritze I wird verkauft, ein Hydrophor angeschafft; 1910: neuer Mannschaftswagen; 1926: Erwerb einer Handdruckspritze; 1931: Kauf der ersten Motorspritze MO E 35; 1935: große Schubleiter, durch die Sparkasse finanziert. 1939 bilden die Freiwilligen Feuerwehren Pregarten, Wartberg, Hagenberg, Pregartsdorf, Selker und Unterweitersdorf die „Feuerschutzpolizei Pregarten". 1940: Vollmotorisierung, neue Löschgeräte (Magirus). 1945: Verlust aller Motorfahrzeuge und Geräte. 1945/46: Wiederaufbau der FF Pregarten. 1948: Ankauf der Motorspritze RW 80; 1952: Lkw Steyr; 1956: Motorspritze II; 1963: Rüstwagen LLF; 1968: Sprechfunkgeräte; 1972: Atemschutzmasken, Preßluftatemgeräte, Alarmanlage im Zeughaus; 1974: TLF 2000; 1980: Fahrzeug LFB angekauft. 1983 Anschluß an die Funkalarmierung.

HBI Mayr H. (1966), OBI Aichinger J. (1949), AW Hochgatterer H. (1971), AW Kerschbaumer J. (1950), AW Reiter J. (1949), BI Baderer J. (1951), BI Hackl K. (1958), BI Stumptner R. (1948), BI Voglauer L. (1965), BI Wegerer A. (1961) — HBm Affenzeller G. (1949), HFm Aistleitner A. (1978), BI Auer F. (1948), HBm Auer P. (1958), PFm Bachl J. (1982), Fm Bachner J. (1948), Fm Böhm A. (1977), HFm Böhm J. (1942), OFm Brandstetter F. (1978), HFm Brandstetter J. (1962), Fm Ebmer K. (1977), Fm Fischer W. (1971), OFm Fragner A. (1981), FA Dr. Fürlinger W. (1979), HFm Gebetsberger F. (1943), HFm Haunschmied I. (1958), Fm Haunschmied K. (1978), OFm Heger F. (1971), OFm Hölzl R. (1949), OFm Kartusch J. (1961), Lm Kartusch J. (1948), OFm Kartusch L. (1964), HFm Kartusch L. (1945), HFm Lengauer R. (1969), Fm Märzinger M. (1977), E-HBI Mayer H. (1930), HFm Mayrhofer F. (1961), OLm Mayrhofer F. (1967), Lm Mayrhofer H. (1971), HFm Mayrhofer J. (1976), PFm Meisel Ch. (1977), OFm Muxeneder J. (1949), HBm Ottensammer L. (1949), HFm Peyerl A. (1948), OFm Pribyl G. (1950), HFm Primitzhofer H. (1973), Fm Puchner Ch. (1977), Fm Puchner F. (1976), HFm Raml J. (1961), Fm Reichl H. (1977), HLm Reindl F. (1958), OBm Reindl K. (1962), OFm Reiter A. (1976), BI Scheuwimmer A. (1946), Fm Schmollmüller A. (1979), HFm Schützenberger H. (1943), HFm Schützeneder F. (1962), OFm Staber F. (1948), PFm Stelzmüller G. (1983), OFm Voglauer J. (1967), Fm Weberberger J. (1973), Fm Wegerer A. (1977), Lm Winkler G. (1969), HFm Ziegler J. (1948), Fm Ziegler J. (1976)

FF PREGARTSDORF

Schon einige Jahre vor der Gründung der FF Pregartsdorf (1908) bestand eine Hilfsmannschaft, die sich aus mehreren Dorfbewohnern zusammensetzte. Die Spritze besaß keine Ansaugung, und der Wasserbehälter mußte händisch gefüllt werden. Diese Spritze war eine Spende der FF Pregarten. Als Zeugstätte diente der Schießstand des aufgelösten Schützenvereines Pregarten und war ebenfalls eine Spende. Als Feuerwehrhauptmann fungierte der damalige Bürgermeister der selbständigen Gemeinde Pregartsdorf Josef Schmitzberger bis zu seinem Tod im Jahr 1919. Im Jahr 1909 wurde eine leistungsfähige Spritze von der Fa. Rosenbauer angekauft. Diese Spritze ist heute noch vorhanden und betriebsfähig. Während des Ersten Weltkrieges verlor die Feuerwehr sieben Kameraden. 1920 wurde die Wehr reaktiviert, als Hauptmann wurde Schmiedemeister Anton Scheuwimmer gewählt. 1922 erfolgte die Errichtung eines kleinen gemauerten Zeughauses durch die Mitglieder der Wehr. 1930: Ankauf einer Motorspritze von der Fa. Gugg. 1932: Vergrößerung des Zeughauses und des Schlauchturmes. 1938 wurde die FF Pregartsdorf an die FF Pregarten überstellt und als Löschzug dieser Feuerwehr geführt. Nach Kriegsende 1945 wurde eine selbständige Feuerwehr Pregartsdorf wieder bestätigt. Ab 1953 stand ein Motorfahrzeug zur Verfügung, welches nur bedingt einsatzfähig war und in den Folgejahren durch ein leistungsfähigeres Fahrzeug ersetzt wurde. 1963 wurden ein entsprechend leistungsfähiger Rüstwagen und eine Spritze zur Verfügung gestellt. Infolge der Größe des Rüstwagens mußte das Zeughaus abgetragen und von Grund auf neu in seiner nunmehrigen Größe erbaut werden. Dieser Bau wurde zur Gänze von der Kameradschaft sowie von freiwilligen Helfern und Spendern errichtet.

HBI Pillmayr J. (1967), OBI Hanz K. (1954), AW Dirnberger J. (1972), AW Feichtner H. (1938), AW Hilbel J. (1972), BI Dirnberger W. (1978), BI Hunger F. (1946) — OLm Aichinger H. (1982), OLm Aichinger J. (1950), HFm Aigner K. (1967), HFm Aigner L. (1978), Fm Auer H. (1973), HFm Auer L. (1954), Bm Bodingbauer W. (1946), Lm Dirnberger G. (1962), HFm Fragner K. (1953), HFm Freudenthaler J. (1946), Lm Gschwandner A. (1969), HFm Guttenbrunner E. (1981), HFm Hanz G. (1979), HBm Hibel Ch. (1981), HFm Hilbel J. (1978), HFm Himmelbauer H. (1970), Fm Himmelbauer R. (1983), HFm Höllwirth J. (1927), OFm Höllwirth J. (1967), HFm Hölzl F. (1968), HFm Hunger J. (1946), HFm Hunger J. (1969), Fm Kartusch J. (1978), HFm Kreundl J. (1946), HFm Langer A. (1981), Lm Langer E. (1927), Lm Langer E. (1953), HFm Lehner J. (1957), OFm Mayrwöger J., OBm Miesenberger A. (1961), HFm Nösterer J. (1936), OFm Nösterer J. (1969), Fm Pichler G. (1982), HFm Pichler L. (1956), OFm Pillmayr J. (1948), HFm Pilz K. (1970), HFm Prammer J. (1946), HFm Spengler G. (1953), E-BI Steiner I. (1931), Lm Steiner J. (1953), HFm Steiner J. (1983), OFm Stitz F. (1969), Wegerer A. (1960), OFm Wegerer H. (1980), HFm Wegerer J. (1953), Bm Weinmayr F. (1936), HFm Weißkirchner F. (1949), HFm Wolfinger F. (1946), HFm Wolkerstorfer A. (1960)

FF PRENDT-ELMBERG

Am 4. Mai 1905 wurde die FF Prendt-Elmberg mit 30 Gründungsmitgliedern gegründet, erster Kommandant war Michael Pilgerstorfer. Das Zeughaus wurde 1913, der Schlauchturm 1928 gebaut. Ab 1914 war Michael Mayer Wehrhauptmann. 1933 löste ihn Karl Pointner als Kommandant ab. Während des Krieges, ab 1939, durfte nur noch bei Trauungen und bei Begräbnissen ausgerückt werden. Ab 1941 war Leopold Neumüller neuer Wehrkommandant. Ihm folgten Johann Jachs ab 1946 und Johann Mayer. Die erste Motorspritze wurde 1948 gekauft. 1954 wurden die Löschteiche bei Etzlstorfer, Prendt Nr. 21, und bei Traxler, Prendt 8, errichtet. Das 50jährige Gründungsfest wurde am 19. Juni 1955 gefeiert. 1957 wurde ein gummibereifter Spritzenwagen angeschafft. Das Kriegerdenkmal wurde 1961 durch die FF Prendt-Elmberg restauriert. 1966 wurde eine neue Sirene gekauft und 1967 der Löschteichbau bei Traxler, Prendt 14, durchgeführt. Ab 1968 war Fritz Breitenberger Wehrhauptmann. Der Löschteich bei Etzlstorfer wurde 1970 neu gebaut. Eine neue Tragkraftspritze, die heute noch im Einsatz steht, wurde 1970 von der Fa. Rosenbauer gekauft. 1970 wurde das 65jährige Gründungsfest mit einem Bezirksnaßwettbewerb und mit der Segnung der Spritze gefeiert. 1974 wurde der Löschteich bei Traxler, Prendt 8, neu errichtet. 1978 wurde Franz Weinzinger zum achten, derzeit noch amtierenden Kommandanten gewählt. Die bisher letzte größere Investition wurde 1982 mit der Installierung der Funkalarmierung getätigt.

HBI Weinzinger F. (1970), OBI Weinberger J. (1976), AW Etzlstorfer F. (1969), AW Traxler J. (1973), BI Haan F. (1976) — HFm Affeller A. (1963), Fm Affenzeller A. (1976), HFm Affenzeller F. (1979), Fm Affenzeller G. (1981), HFm Affenzeller H. (1976), HFm Affenzeller J. (1978), OFm Affenzeller J. (1973), HFm Affenzeller K. (1950), OFm Affenzeller K. (1974), OFm Affenzeller W. (1976), Fm Aufreiter M. (1979), Fm Brandstätter Ch. (1983), OFm Brandstätter J. (1970), Fm Breitenberger F. (1983), OBm Breitenberger F. (1955), OFm Eilmsteiner E. (1966), OLm Eilmsteiner I. (1964), HFm Eilmsteiner K. (1948), E-AW Eilmsteiner K. (1923), Fm Etzlstorfer J. (1983), Fm Etzlstorfer K. (1953), HFm Etzlstorfer F. (1931), HFm Etzlstorfer J. (1955), OFm Etzlstorfer J. (1978), Fm Etzlstorfer J. (1983), Fm Etzlstorfer J. (1983), HFm Etzlstorfer K. (1963), OFm Etzlstorfer K. (1976), HFm Etzlstorfer L. (1956), HFm Etzlstorfer M. (1946), OFm Etzlstorfer S. (1969), OFm Etzlstorfer W. (1976), OLm Etzlstorfer J. (1956), HFm Fleischanderl A. (1950), OFm Fleischanderl M. (1976), HFm Friesenecker A. (1944), OBm Friesenecker J. (1953), Fm Friesenecker J. (1981), Lm Glasner A. (1973), Fm Glasner G. (1981), Fm Glasner J. (1983), OFm Glasner J. (1965), OFm Glasner K. (1976), OFm Grill A. (1971), HFm Haan F. (1951), OFm Haan H. (1976), Fm Haan R. (1983), Fm Hellein G. (1981), HFm Hellein I. (1946), HLm Hiesl J. (1968), OFm Hinterdorfer F. (1979), HFm Hofbauer I. (1953), OFm Hofbauer N. (1983), Fm Hofbauer W. (1983), OFm Holzer J. (1976), E-AW Jachs J. (1931), OFm Kalischeck J. (1962), HFm Kapeller J. (1937), OLm Kapeller M. (1946), OFm Kapeller M. (1973), HFm Kastl R. (1956), HFm Kroiher J. (1948), OFm Kroiher M. (1968), HFm Kudler J. (1954), HFm Kudler S. (1968), Fm Laßlberger S. (1979), E-HBI Mayer J. (1935), E-AW Mayer J. (1965), OFm Mayer M. (1955), Fm Mayer W. (1981), OBm Neumüller L. (1950), E-AW Neumüller L. (1917), Fm Oberreiter I. (1983), HFm Paule E. (1958), Fm Paule R. (1976), HFm Pflügl H. (1956), OFm Pilgerstorfer J. (1976), OLm Pilgerstorfer K. (1946), OFm Pilgerstorfer K. (1973), Fm Pilgerstorfer K. (1978), HFm Pointner G. (1946), HFm Pointner K. (1967), HFm Pointner K. (1946), Fm Pum J. (1951), Fm Pumm W. (1979), HFm Punz F. (1932), HFm Punz H. (1969), OFm Schinagl H. (1971), HFm Schönberger F. (1934), OFm Steinbichler H. (1979), Fm Steininger J. (1976), Fm Stütz A. (1981), Fm Traxler E. (1981), OFm Traxler F. (1971), HFm Traxler I. (1946), OLm Traxler J. (1969), HFm Traxler J. (1974), HFm Weinberger J. (1946), OBm Weinzinger F. (1946), OFm Weinzinger J. (1973), HFm Witzan J. (1976), Fm Witzan M. (1983), Fm Wolfsgruber H. (1979)

FF PÜRSTLING

Auf Anregung von Alois Metzl und Oberlehrer Breitschopf aus Sandl wurde 1906 die FF Pürstling gegründet. Gründungsmitglieder waren Obmann Josef Maurer, Obmann-Stellvertreter Franz Bauer, Schriftführer und Kassier Johann Wagner, Zeugwart Karl Mittendorfer. Der Kauf der ersten Spritze mit 20 m Schlauch und 3 m Saugschlauch erfolgte 1903. 1913 wurde das Zeughaus erbaut. Am 29. Januar 1928 kam es zur Wiederwahl des Ausschusses. 1932 legte Wagner die Schriftführerstelle aus Altersgründen zurück. 1938 wurde die FF Pürstling der FF Sandl unterstellt. Am 2. März 1947 wurde die FF Pürstling wiederaufgestellt, Franz Stütz wurde Wehrführer. Im Herbst 1947 wurde eine Motorspritze angekauft. Die Finanzierung erfolgte durch die Gemeinde, die FF Pürstling führte eine Lebensmittelsammlung durch und erhielt eine Spende von Gräfin Kinsky. Spritzenpatin war Ludmila Wagner. Im Herbst 1950 gelang der Kauf eines gebrauchten Feuerwehrwagens. Die Finanzierung geschah durch eine Kartoffelsammlung. Der alte (bespannte) Spritzenwagen wurde an die Fa. Rosenbauer 1950 verkauft. Am 7. April 1963 wurde Rudolf Maurer Kommandant. Franz Stütz wurde zum Ehrenkommandanten ernannt. Am 15. Dezember 1965 wurde Otto Greindl neuer Kommandant. 1966 erfolgte der Kauf eines Vorführwagens Fiat 1100. Am 21. Februar 1972 wurde Erich Eibensteiner Kommandant. Ankauf eines VW-Kombi als Feuerwehrauto. Am 17. April 1983 wurde Karl Pölz zum Kommandanten gewählt. Es kam zur Anschaffung der Geräte für die Funkwarnanlage und zu Vorbereitungsarbeiten für den Bau eines neuen Zeughauses.

HBI Pölz K. (1976), OBI Enöckel J. (1966), AW Maurer A. (1924), AW Wagner M. (1947) — OLm Bauer A. (1959), Fm Bauer M. (1966), HFm Bock H. (1966), HFm Brandl H. (1951), OFm Brunner K. (1966), Lm Eibensteiner E. (1959), OFm Etzelsdorfer E. (1979), Fm Füxl H. (1980), OFm Grabmüller J. (1979), HBm Greindel O. (1958), PFm Hartl F. (1981), HFm Hildner W. (1965), PFm Himmelbauer R. (1982), HFm Horeschy J. (1967), HFm Kalischeck F. (1954), OFm Kastl E. (1977), Fm Kastl H. (1981), OFm Kastl J. (1977), OFm Kastl S. (1977), HFm Kastler K. (1966), Lm Kolbauer G. (1966), Fm Kolmbauer W. (1981), Fm Lehner E. (1981), OFm Mandl J. (1979), OFm Manigatterer A. (1968), Fm Manigatterer J. (1981), HFm Maurer A. (1967), HFm Maurer F. (1951), OFm Maurer R. (1977), HBm Maurer R. (1949), HBm Näher J. (1968), HFm Näher K. (1967), HFm Oberreiter M. (1958), Lm Pautsch J. (1962), Puchner G. (1970), Fm Pum J. (1982), Lm Pum M. (1950), Fm Punz J. (1959), HFm Reithmaier J. (1968), OBm Riepel J. jun. (1979), HFm Riepel J. sen. (1950), OFm Seirl R. (1948), Fm Seyerl J. (1981), Lm Stelzmüller A. (1948), Lm Stelzmüller F. (1947), Stütz J. (1948), PFm Wagner H. (1982), OFm Wagner H. (1977), HFm Wagner R. (1961), Fm Wagner R. (1981), Lm Wagner W. (1959), HFm Weiß J. (1966), HFm Willingsdorfer H. (1968), PFm Windhager P. (1981), Lm Winter J. (1966)

FF RAINBACH IM MÜHLKREIS

Die Gründung der Wehr erfolgte 1894. Drei Jahre später wurde ein Mannschaftswagen angekauft. 1904 wurde eine Fahne geweiht, 1906 die Sterbekasse gegründet. 1911 kaufte die Feuerwehr 35 neue Helme. 1926 erfolgte die Weihe einer Motorspritze der Fa. Rosenbauer. 1938 wurde die Feuerwehr aufgelöst und mit den anderen Wehren der Gemeinde zusammengelegt. 1946 wurde die Wehr wieder selbständig. 1948: Ankauf einer neuen Motorspritze von der Stadtfeuerwehr Freistadt. 1950 kaufte die FF Rainbach ihr erstes eigenes Auto. Bei einem Waldbrand 1954 wurde die Feuerwehr erstmals durch die neue Sirene alarmiert. Beim 60jährigen Gründungsfest wurde das neue Zeughaus eingeweiht. 1960: Anschaffung einer neuen Tragkraftspritze. 1964 kaufte die FF Rainbach ein leichtes Löschfahrzeug. 1970 gab es zum zweitenmal eine festliche Fahnenweihe. Aktivitäten 1973 waren die Zeughausrenovierung sowie die Anschaffung zweier Funkgeräte und eines Sirenensteuergerätes. 1979 wurde ein Tanklöschfahrzeug von der Fa. Rosenbauer angekauft und feierlich geweiht. 1980 stellte das LFK der FF Rainbach Hebekissen zur Verfügung. 1982 wurde die Ausrüstung um drei Atemschutzgeräte erweitert.

HBI Kohlberger A. (1957), OBI Blöchl F. (1974), AW Kindermann J. (1957), AW Scherb A. (1976), AW Wagner G. (1974), BI Resch W. (1974), BI Stockinger F. (1974) — OFm Affenzeller A. (1977), OLm Affenzeller J. (1939), HFm Atteneder R. (1974), HBm Bayer E. (1957), JFm Bayer E. jun. (1982), OLm Birklbauer A. (1945), OFm Birklbauer H. (1976), JFm Birngruber J. (1982), OLm Birngruber J. (1961), OFm Birngruber J. jun. (1981), OLm Blöchl A. (1962), Fm Blöchl G. (1977), Lm Blöchl H. (1977), Lm Blöchl J. (1974), Lm Blöchl J. (1967), OLm Blöchl J. sen. (1948), LM Blöchl O. (1967), HFm Blumauer G. (1976), Lm Eibensteiner A. (1950), Fm Elmecker A. (1983), OFm Elmecker A. (1978), OFm Elmecker P. (1980), HFm Fleischanderl B. (1975), E-OBI Fleischanderl L. (1945), Fm Forstner E. (1981), Lm Franz J. (1960), Fm Freudenthaler G. (1981), Lm Friesenecker H. (1977), OLm Friesenecker O. (1948), Fm Gruber E. (1983), Lm Gruber F. (1974), HLm Gruber H. (1965), OLm Gruber H. (1977), OLm Gruber J. (1953), JFm Gruber P. (1982), OFm Gruber P. (1980), OFm Gruber W. (1980), HLm Haiböck A. (1955), HFm Haiböck J. jun. (1981), JFm Haiböck O. (1982), Lm Hiesl J. (1976), OFm Hörbst K.-H. (1980), JFm Hörbst M. (1983), OBm Jachs A. (1973), JFm Jachs P. (1982), JFm Kohlberger A. (1980), Lm Kohlberger F. (1962), JFm Kohlberger R. (1982), HFm Kolberger H. (1983), OLm Koller S. (1960), OFm Koller W. (1980), HFm Leitner L. (1974), OLm Miesenböck J. (1960), OFm Mühlehner A. (1983), OLm Pammer A. (1967), HBm Preinfalk K. (1963), JFm Preßlmayr J. (1983), OFm Reindl A. (1981), Lm Reindl E. (1963), Fm Reindl G. (1978), Lm Reindl J. (1951), Lm Reindl J. (1977), Bm Reindl O. (1955), Fm Reisinger G. (1977), Lm Reisinger H. (1977), HFm Reisinger K. (1978), HFm Resch K. (1974), OLm Resch K. (1945), OLm Röbl F. (1948), OLm Röbl F. (1948), OLm Röbl J. (1955), HFm Röbl J. (1980), OFm Röbl K. (1981), OFm Röbl M. (1982), PFm Röbl O. (1978), OFm Röbl R. (1977), JFm Röbl R. (1982), OLm Scherb A. (1965), Lm Schimpl F. (1974), JFm Seidl B. (1980), OLm Seidl W. (1970), Lm Stadler O. (1964), OLm Stockinger F. (1956), Lm Stockinger F. (1974), Lm Stöglehner F. (1967), OLm Stöglehner W. (1962), Lm Stumbauer A. (1974), Fm Stumbauer F. (1980), Lm Stumbauer J. (1977), Lm Stumbauer J. (1974), HFm Stumbauer W. (1979), HLm Traxler J. (1946), Lm Traxler O. (1977), OLm Traxler R. (1948), JFm Traxler R. (1982), OLm Umbauer L. (1956), Fm Wagner A. (1980), Lm Wagner J. (1963), HFm Wahlmüller G. (1978), Lm Wegrath E. (1974), E-AW Wegrath J. (1955), Lm Winklehner J. (1967), E-HBI Wirtl A. (1955), Fm Wirtl H. (1980), HFm Zillhammer H. (1981)

FF RAUCHENÖDT

Die Freiwillige Feuerwehr Rauchenödt wurde am 10. Juli 1904 mit 34 Mitgliedern gegründet. Der Grund waren zwei Großbrände in den Jahren 1895 und 1900, wobei jeweils neun Gehöfte und drei Menschenleben dem Brand zum Opfer fielen. Die Führung übernahm Hauptmann Anton Etzelstorfer (bis 1919). Die Ausrüstung bestand aus einem Spritzenwagen und einer Handkraftspritze. 1913 wurde eine zweirädrige Handspritze angekauft. Von 1919 bis 1933 leitete Hauptmann Josef Hager die Wehr. Bis 1928 waren Mitglieder aus der Ortschaft Mitterbach zu verzeichnen, welche im selben Jahr eine eigene Feuerwehr gründeten. 1931 wurde die erste Motorspritze (kleiner Florian) angekauft, welche ein Jahr später auf eine größere umgetauscht wurde. Von 1933 bis 1946 wurde Karl Pirklbauer mit der Führung der Feuerwehr betraut. Unter seiner Leitung wurde ein Spritzenwagen zur Motorspritze angekauft und eine Wasserschwelle errichtet. Von 1946 bis 1953 und von 1956 bis 1964 übernahm Kommandant Karl Pawlovsky die Wehr. Von 1953 bis 1956 fungierte Leopold Lengauer als Kommandant. Unter ihrer Führung wurde 1957 eine Sirene aufgebaut und 1959 der Bau des Schlauchturmes abgeschlossen. 1963 wurde die neue Motorspritze Type VW 75 Automatik und ein Traktorspritzenwagen TSW angekauft. Von 1964 bis 1978 leitete Kommandant Stefan Hager die Wehr, unter dessen Leitung das Zeughaus erweitert und 1971 ein offener Löschteich gebaut wurde. Seit 1978 steht die Wehr unter der Führung von Herbert Preslmayr. Er brachte die Feuerwehr auf den neuesten technischen Stand durch Ankauf eines KLF, Funk- und Mittelschaumausrüstung, Notstromaggregat mit Flutern und Kfz-Anhänger, durch Elektrifizierung des Feuerwehrhauses und Anschluß an das Warn- und Alarmsystem.

HBI Preslmayr H. (1963), OBI Pürerfellner F. (1949), AW Böhm O. (1967), AW Hager J. (1973), AW Preinfalk J. (1966), BI Hager A. (1962) — OFm Affenzeller A. (1963), Lm Affenzeller J. (1965), Fm Altkind K. (1982), OLm Böhm H. (1960), E-AW Böhm S. (1928), OFm Brandstötter J. (1966), OFm Buchner J. (1977), HFm Eder F. (1961), HFm Etzelstorfer A. (1953), HFm Exl J. (1961), OFm Fleischanderl J. (1979), HFm Guserl E. (1974), OLm Guserl J. (1964), OFm Hager E. (1966), OFm Hager G. (1953), Lm Hager H. (1966), OFm Hager J. (1977), HFm Hager K. (1933), Fm Hager M. (1982), E-HBI Hager S. (1937), HFm Hellein H. (1954), HFm Hellein J. (1972), HFm Holzer E. (1937), Lm Holzer E. (1964), HFm Kolmbauer J. (1956), OFm Kolmbauer J. (1972), Fm Kroiher F. (1977), HFm Kroiher J. (1972), HFm Kroiher J. (1925), HFm Lengauer H. (1968), E-AW Lengauer K. (1946), Fm Lengauer L. (1982), OFm Lengauer W. (1981), HFm Magerl R. (1962), HFm Melzer H. (1963), OFm Melzer L. (1951), OFm Moser H. (1979), Lm Moser M. (1951), OLm Mosmüller J. (1950), OFm Moucka E. (1980), HFm Moucka K. (1964), HFm Ottensamer A. (1964), OFm Ottensamer F. (1960), HFm Ottensamer J. (1964), E-HBI Pawlovsky K. (1921), OFm Pelz E. (1976), OFm Pelz E. (1979), OFm Pichler J. (1977), HFm Pirklbauer J. (1973), HFm Pirklbauer J. (1951), E-OBI Pirklbauer K. (1947), Lm Pirklbauer W. (1967), HFm Preinfalk A. (1974), HFm Preinfalk O. (1976), OFm Preinfalk S. (1977), HFm Preinfalk W. (1963), OFm Preinfalk W. (1977), OFm Preßlmayr W. (1978), Lm Pürerfellner F. (1972), OLm Pürerfellner J. (1949), HFm Pürerfellner J. (1972), OLm Pürerfellner L. (1946), HFm Pum J. (1967), HFm Reindl F. (1960), HFm Schöllhammer J. (1946), OFm Seeliger W. (1970), HFm Strauß R. (1974), Fm Traxler P. (1982), OFm Wagner F. (1979), OFm Wegerer J. H. (1962), HFm Woda J. (1939), HFm Woda J. (1970)

FF RUBEN

Die Freiwillige Feuerwehr Ruben wurde im Jahr 1904 von Oberlehrer Hermann von Weiß und Förster Josef Henke gegründet. Noch im selben Jahr wurde eine Handkolbenpumpe angeschafft sowie eine bespannbare zweirädrige Saugspritze. 1930 erfolgte die Errichtung des Feuerwehrgebäudes; die erste Motorspritze, Klein Florian, wurde gekauft. 1971 erhielt die Wehr einen VW 22. Seit ihrer Gründung stand die Freiwillige Feuerwehr Ruben unter dem Kommando folgender Hauptleute: Josef Henke (1904–1911), Franz Haselmeier (1911–1913), Rupert Hannbeckh (1913–1928), Julius Wenko (1928–1938), Franz Gubi (1938–1943), Engelbert Gattringer (1944–1946), Franz Gubi (1946–1961), Josef Schmalzer (1961–1963), Horst Hebenstreit (seit 1964).

HBI Hebenstreit H. (1963), OBI Gattringer R. (1955), OAW Kern H. (1971), OAW Wiesmüller J. (1951), AW Wansch A. (1960) — HFm Fragner R. (1938), HFm Füxl G. (1968), HFm Gattringer E. (1928), HFm Gattringer E. (1973), OFm Haider F. (1979), HFm Haider J. jun. (1977), HFm Haider J. sen. (1951), OFm Haneder M. (1980), HFm Haneder O. (1973), Fm Hebenstreit A. (1980), OFm Hennerbichler H. (1980), HFm Holzmann J. jun. (1977), HLm Holzmann J. sen. (1957), OFm Leonhardsberger A. (1979), OFm Leonhardsberger A. (1979), HFm Leonhardtsberger L. (1928), HLm Moser J. (1939), HFm Penz H. (1974), HFm Pfeiffer H. (1977), Fm Pfeiffer J. (1982), HFm Praher J. (1951), HFm Qual A. (1965), HFm Raffetseder A. (1967), Fm Raffetseder G. (1982), HFm Reichl H. (1967), Fm Reif J. jun. (1982), HLm Reif J. sen. (1951), HLm Reindl J. (1941), OFm Reindl R. (1980), PFm Rieger F. (1984), HFm Riegler J. (1951), HFm Riegler J. (1973), HFm Sebera J. (1961), PFm Wansch A. (1984), OFm Wansch A. (1980), HFm Wansch A. (1960), OFm Wiesmüller G. (1979)

FF SANDL

Die Statuten der Freiwilligen Feuerwehr Sandl wurden am 30. Mai 1896 von der Vollversammlung beschlossen und am 31. Mai 1896 von der Gemeindevorstehung Sandl genehmigt. Der Bestand des Vereines wurde mit 25. Juni 1896 vom k.k. Statthalter bescheinigt. Mit 12. Juli 1896 wurde die erste, sehr ausführliche und umsichtige Dienstordnung beschlossen. Statuten und Dienstordnung wurden sorgfältig gedruckt und jedem Mitglied ausgefolgt. Der Ausrüstungsstand der Freiwilligen Feuerwehr Sandl umfaßte 1984 an Fahrzeugen: 1 Kdo-Fahrzeug (VW-Bus), 1 LF (Opel 1,9 t), 1 Klein-Rüstfahrzeug/B (Ford Transit); an Alarmierung: 1 Alarmsirene mit Funksteuerung; an Funksprechgeräten: 1 Fixstation (Kommandozentrale Sandl 70 mit Telefon), 3 Fahrzeuggeräte, 1 Handfunkgerät, 5 11-m-Bandgeräte; an Atemschutzgeräten: 3 Atemmasken mit Filter, 4 Preßluftatmer; an sonstigen Geräten: 1 Drehstromgenerator (5 kVA), 1 TS 8, 750 m B- und 450 m C-Schläuche, 1 Schaumrohr, 1 Hebekissen, 1 Greifzug, 1 Trennschleifer, 1 Motorkettensäge, Schaummittel und Ölbindemittel. Die Kommandanten der Freiwilligen Feuerwehr Sandl waren seit ihrer Gründung: Alois Metzl (1896–1910), Adolf Breitschopf (1910–1923), Franz Biebl, (1923–1926), Franz Schober (1926–1932), Josef Piesche (1932–1938), Johann Bauer (1938–1943), Alois Dattl (1943–1958), Adolf Breitschopf (1958–1960), Johann Bauer (1960–1963), Adolf Breitschopf (1963–1973), Karl Bauer (seit 1973).

HBI Bauer K. (1957), OBI Gratzl K. (1946), AW Schatzl K. (1953), AW Victora K. (1949), AW Wurzinger F. (1953), BI Penzkofer J. (1976), BR Ing. Hofmann A. (1972) — OFm Affenzeller F. (1978), OFm Baumgartner O. (1974), Lm Biebl K. (1966), E-BR Breitschopf A. (1956), Fm Czernin-Kinsky S. (1982), Lm Danner J. (1959), Lm Dattl E. (1966), OFm Franz J. (1947), OFm Franz L. (1977), Lm Franz L. (1930), OBm Franz R. (1940), OFm Fried J. (1960), HFm Graser J. (1951), Lm Gratzl A. (1969), Lm Gratzl M. (1972), HBm Gratzl R. (1972), HFm Gratzl W. (1966), Lm Grün J. (1954), Lm Grün J. (1966), OLm Hackl J. (1949), OFm Haghofer F. (1958), HFm Haider E. (1972), Lm Haider J. (1955), Lm Haider R. (1927), Lm Hamernik G. (1972), OFm Hamernik K. (1966), HBm Hießl E. (1953), OLm Hießl E. (1974), HBm Hießl K. (1958), Fm Hießl M. (1981), OFm Hießl W. (1977), Lm Hofer J. (1951), Fm Hofer J. (1974), Lm Ing. Huber R. (1954), Fm Jahn E. (1976), Fm Jahn F. (1976), OFm Kapeller F. (1977), Fm Klein L. (1981), Lm Klein L. (1953), Fm Königsdorfer J. (1963), OFm Königsdorfer R. (1963), HFm Koppenberger J. (1953), OBm Kugler A. (1972), OBm Kugler H. (1972), Lm Kugler R. (1950), Fm Ing. Lego E. (1963), OFm Lehner H. (1966), OLm Michelcic E. (1953), HBm Morawetz A. (1953), HFm Morawetz F. (1959), OBm Neunteufel E. (1962), Fm Neunteufel H. (1981), E-OBI Nowak K. (1953), BFK Rechberger K. (1978), Lm Reichenberger F. (1939), OFm Riegler J. (1977), OFm Riepl O. (1953), E-BI Schober H. (1949), HLm Schober M. (1946), Fm Schober W. (1948), HFm Schwarz E. (1963), HFm Schwarzenberger J. (1936), HLm Seitl J. (1925), HFm Smutek G. (1969), HLm Stauber J. (1954), Fm Steinecker J. (1968), HFm Steininger R. (1962), HLm Stelzmüller F. (1937), Fm Stöcklegger A. (1981), Lm Stöcklegger J. (1951), HBm Traxler E. (1972), Lm Vater H. (1962), HLm Vater H. (1954), OFm Vater W. (1978), Victora Ch. (1979), HFm Vlasek E. (1966), OFm Wallnberger D. (1977), HLm Weilguny R. (1923), Lm Weinberger H. (1958), Fm Willfort E. (1981), Lm Willfort G. (1974), HLm Willfort K. (1950), HFm Winter A. (1957), OLm Winter A. (1951), Fm Winter G. (1981), HLm Winter K. (1954), OBm Winter W. (1950), Fm Wurzinger F. (1982)

FF ST. LEONHARD BEI FREISTADT

Die FF St. Leonhard wurde 1881 unter Leopold Schlosser gegründet. Aus Spenden wurde die erste Handdruckspritze angekauft und mit Hilfe der Gemeinde ein Zeughaus errichtet. Neue Geräte waren schwer zu beschaffen, da die FF unter chronischem Geldmangel litt. Nach einem Großbrand wurden 1928 eine neue Motorspritze und Schläuche sowie ein Wagen angeschafft. 1951 konnte dann endlich ein Steyr 2000 erworben und zu einem Rüstwagen umgebaut werden. Auch für die Tragkraftspritze R 75 mußte die FF allein aufkommen. In den folgenden Jahren wurde ein Anhänger gekauft, zur Sicherung der Wasserversorgung baute man Oberflurhydranten, und ein gebrauchter VW-Bus wurde als KLF ausgerüstet. 1969 erfolgte der Ankauf einer TKS VW Automatik, 1970 eines LFZ Ford Transit. 1981 wurde das neue Zeughaus eingeweiht, 1982 die FF mit Funk ausgerüstet und 1983 ein neues TLF erworben.

HBI Schaumberger S. (1963), OBI Wirtl-Gutenbrunner J. (1964), AW Fragner A. (1962), AW Hackl W. (1974), AW Hennerbichler F. (1957), BI Buchmayr F. (1953), BI Kiesenhofer J. (1980), BI Schaumberger H. (1970), BI Wurm J. (1961) — PFm Aichhorn F. (1981), HLm Aichhorn W. (1955), HLm Aistleitner F. (1950), OLm Aistleitner F. (1969), OLm Aistleitner J. (1972), HLm Aistleitner J. (1961), OFm Aufreiter G. (1982), HBm Aufreiter J. (1963), HLm Aufreiter J. (1953), Lm Aumayr M. (1975), Fm Becherer A. (1984), HLm Birklbauer J. (1967), HLm Birklbauer L. (1933), PFm Brunner A. (1979), HFm Brunner K. (1974), HBm Buchmayr E. (1970), OFm Buchmayr F. (1975), OBm Buchmayr F. (1958), HLm Cerwenka J. (1947), HLm Cerwenka J. (1981), HFm Cerwenka P. (1970), Lm Chalupsky L. (1974), HLm Diesenreiter A. (1963), PFm Edelbauer F. (1982), Lm Ing. Eder A. (1973), Fm Etzelstorfer J. (1981), HLm Firlinger J. (1950), Lm Freudenthaler F. (1981), HLm Freudenthaler R. (1950), OLm Freudenthaler W. (1971), Fm Frühwirth F. (1974), HLm Gell J. (1955), HLm Gölß K. E. (1961), Lm Greindl F. (1976), OLm Gusenbauer A. (1954), OFm Gutenbrunner E. (1974), PFm Gutenbrunner J. (1981), Lm Gutenbrunner J. (1970), HLm Hackl K. (1967), HLm Hackl W. (1969), HLm Haider J. (1956), HLm Handlgruber H. (1972), HLm Haunschmid A. (1926), HLm Haunschmid A. (1953), OLm Haunschmid J. (1950), HLm Hennebichler J. (1964), PFm Hennebichler J. (1983), HLm Hennerbichler L. (1930), PFm Hennerbichler M. (1979), Lm Hennerbichler R. (1975), HLm Hinterreiter O. (1945), E-AW Dir. Huber J. (1980), PFm Janko G. (1981), HFm Karlinger A. (1976), Lm Karlinger H. (1976), Lm Karlinger J. (1974), HFm Karlinger R. (1974), Lm Karlinger R. (1976), HLm Karte F. (1974), PFm Karte F. (1982), OFm Kern M. (1974), HLm Kern W. (1950), HFm Kern W. jun. (1974), HLm Kiesenhofer L. (1959), HLm Kiesenhofer R. (1975), Lm König J. (1951), HLm König J. (1946), OFm König W. (1970), HLm Kordik K. (1961), HLm Kreslehner L. (1945), HLm Lasinger F. (1968), HLm Lasinger J. (1969), Fm Leeber J. (1971), Lm Lungenschmid F. (1970), HLm Lungenschmid J. (1935), PFm Mairhofer A. (1983), PFm Mayr R. (1981), Lm Mayrhofer F. (1976), E-OBI Mayrhofer J. (1932), HLm Mayrhofer J. (1960), OLm Mayrhofer W. (1976), Lm Mittmannsgruber F. (1975), OFm Mittmannsgruber H. (1974), E-AW Mühlbachler H. (1955), HLm Mühlbachler R. (1972), Bm OSR Narzt J. (1947), HLm Neckstaller A. (1925), HLm Neckstaller A. (1961), HBm Ing. Neversal E. (1971), FA MR Dr. Niederlechner (1972), OFm Nösterer F. (1974), OFm Nösterer W. (1974), HLm Nötstaller H. (1973), HBm Nötstaller J. (1961), HLm Nötstaller J. (1967), OLm Puchner F. (1976), HLm Puchner J. (1967), Bm Puchner J. (1958), HBm Puchner J. (1947), HLm Pum F. (1972), OLm Pum J. (1951), E-OBI Pum W. (1947), Lm Pum W. (1976), HLm Punz H. (1964), Lm Punz J. (1972), PFm Punz K. (1981), HLm Radinger J. (1955), HLm Reiter J. (1956), HLm Reiter J. (1968), OLm Rieder R. (1976), HLm Rieß J. (1959), PFm Rockenschaub H. (1981), Lm Rockenschaub J. (1978), PFm Rockenschaub J. (1980), E-BI Rockenschaub L. (1937), PFm Rührnößl J. (1981), E-BI Rusam A. (1947), Lm Rusam J. (1970), Lm Satzinger F. (1976), HLm Satzinger J. (1932), OLm Schaumberger Ch. (1972), Fm Schaumberger J. (1978), E-HBI Schaumberger K. (1937), HBm Schaumberger K. (1964), HLm Scheuchenpflug J. (1963), HLm Schinnerl E. (1963), Lm Schmollmüller A. (1974), Fm Schmollmüller J. (1976), HLm Schöllerbacher K. (1956), OLm Schwarz K. (1962), HLm Seyrl A. (1951), HLm Steininger F. (1947), HLm Steininger F. (1969), HLm Steininger R. (1950), OLm Stöger W. (1975), PFm Stütz G. (1983), OFm Tichler G. (1975), HLm Tichler I. (1950), Lm Tichler S. (1968), HLm Trattner H. (1973), OFm Urban G. (1978), HFm Urban J. (1978), HLm Urban L. (1968), HLm Viertlmayr F. (1967), HLm Viertlmayr J. (1950), PFm Wahlmüller E. (1983), PFm Wahlmüller J. (1983), Lm Weberberger O. (1974), Lm Weinberger J. (1980), HLm Weinberger J. (1967), PFm Wenigeder A. (1983), PFm Wirtl J. (1983), HLm Wirtl J. (1961), HLm Wittibschlager W. (1973), HLm Wögerbauer J. (1958), HLm Wurm F. (1967), PFm Wurm F. (1983), HFm Wurm G. (1974), HLm Wurm J. (1945), HLm Wurm J. (1967), HLm Wurm J. (1950), PFm Zellner G. (1982), E-HBI Zellner J. (1928), HBm Zellner J. (1963), Lm Zoitl F. (1973), HBm Zoitl J. (1969)

FF ST. OSWALD BEI FREISTADT

Die FF St. Oswald besteht seit 1873 und zählt somit zu den ältesten Feuerwehren des Bezirkes Freistadt. Das alte Zeughaus mit dem Marktturm trägt die Jahreszahl 1879. Finanziell erhalten wurde diese Feuerwehr von der Marktkommune St. Oswald und den Marktbürgern. Um die Jahrhundertwende wurde sie in eine Gemeinde-Feuerwehr umgewidmet. Um diese Zeit erfolgte auch der Ankauf eines Spritzenwagens mit Saugrohr, der heute noch voll funktionsfähig ist. 1928 wurde ein Mannschaftswagen mit Pferdebespannung angekauft, dieser war bereits mit einer Kernreuter-Motorspritze ausgerüstet. 1950 wurde ein Ford Kanada erworben und zu einem Rüstfahrzeug umgebaut. Ausgerüstet war er mit einer TS R 80. 1954 wurde eine Vorbaupumpe aufmontiert. 1958 wurde das derzeitige Zeughaus errichtet und 1959 ein Opel-Rüstwagen in Dienst gestellt, der mit einer VW-TS R 80 und einer Vorbaupumpe ausgestattet ist. 1980 konnte ein TLF 2000 und 1983 ein VW-Kommandowagen erworben werden. Beide Fahrzeuge sind mit Funk ausgerüstet.

HBI Reindl J. (1954), OBI Siegl H. (1958), AW Eder L. (1966), AW Pölderl L. (1973), AW Preinfalk E. (1979), BI Peherstorfer L. (1966) — E-BI Allesch W. (1933), E-HBI Anderle L. (1932), OFm Atteneder F. (1979), OFm Bamberger F. (1979), Lm Bauer L. (1965), Lm Böhm J. (1950), HFm Breiteneder J. (1962), OLm Breitfelder F. (1956), JFm Dolsky M. (1983), JFm Dumhard W. (1983), Lm Ecker G. (1964), OFm Eder G. (1968), OFm Eder J. (1979), E-AW Eder L. (1933), OFm Eder S. (1966), OFm Ehm K. (1965), HFm Etzelsdorfer I. (1970), HFm Etzelstorfer J. (1962), Etzelstorfer J. (1980), Lm Etzelsdorfer M. (1953), OFm Etzelsdorfer M. (1970), OFm Etzlsdorfer W. (1972), HLm Etzelstorfer J. (1932), OLm Feichtmayr K. (1950), JFm Feitzlmayr R. (1983), Lm Fröstl F. (1971), HFm Fürst H. (1972), OFm Fürst J. (1975), Lm Gattringer A. (1954), HFm Gattringer R. (1980), E-BI Grad F. (1950), OFm Größling V. (1956), OFm Größling K. (1956), Fm Gusner J. (1979), OFm Guttenbrunner F. (1975), PFm Hablesreiter M. (1984), OBm Hackl W. (1953), OFm Haider K. (1979), E-AW Haidvogl R. (1941), Lm Haunschmid M. (1955), OFm Haunschmidt H. (1978), Lm Hörmandinger E. (1968), HBm Hörmandinger H. (1970), OFm Hörmandinger J. (1966), HFm Holzhaider J. (1948), JFm Holzhaider W. (1983), OFm Hons A. (1972), OLm Hons E. (1957), Lm Hons L. (1923), OFm Janko K. (1979), OLm Januschko A. (1949), HBm Jochinger H. (1981), OFm Kastl G. (1971), JFm Kastler A. (1983), Fm Kastler L. (1979), OBm Kerschbaummayr J. (1942), JFm Kerschbaummayr R. (1983), Lm Klampfl R. (1950), HLm König A. (1954), Lm König C. (1950), HLm Kryzer K. (1958), Lm Mayrhofer E. (1933), OFm Mayrhofer R. (1961), Fm Naderer I.

(1978), OFm Narzt K. (1979), Lm Neumüller A. (1961), HLm Neumüller G. (1938), Lm Neumüller J. (1938), OLm Nötstaller M. (1972), Fm Ortner G. (1982), HLm Ortner H. (1950), OFm Ortner S. (1979), E-HBI Peherstorfer F. (1936), HFm Peherstorfer W. (1978), Lm Pflügl A. (1960), Lm Pflügler J. (1965), HFm Pils J., JFm Pirklbauer B. (1983), Lm Pirklbauer F. (1946), HFm Pirklbauer K. (1967), HFm Pirklbauer R. (1975), OBm Pölderl K. (1960), HFm Pointner H. (1977), E-OBI Presl F. (1928), OLm Puchner G. (1953), JFm Puchner M. (1983), JFm Puchner R. (1983), HFm Pum J. (1953), OLm Pum M. (1955), OBm Punkenhofer A. (1950), HFm Punkenhofer A. (1974), OBm Punkenhofer A. (1950), HFm Punkenhofer A. (1974), Fm Punkenhofer H. (1980), E-AW Punkenhofer M. (1950), OFm Reindl E. (1979), OFm Reindl G. (1979), OFm Reindl J. (1979), Lm Reindl K. (1966), HLm Reindl K. (1968), Lm Reindl M. (1973), OLm Rührnößl L. (1925), HFm Ruhmer E. (1965), FA Dr. Schlosser R. (1979), HFm Schmid K. (1962), OBm Schmidinger K. (1950), OBm Schmollmüller G. (1968), HFm Schmollmüller H. (1978), HLm Schmollmüller K. (1932), JFm Schmolmüller E. (1983), PFm Schmolmüller E. (1984), HFm Schnauderer H. (1970), Lm Schnauderer J. (1960), OLm Schönauer F. (1938), E-AW Schwab J. (1947), HLm Schwarz L. (1937), Fm Seiwald J. (1979), Fm Steininger J. (1983), OLm Stütz L. (1951), OBm Tischberger F. (1962), OFm Tischberger F. (1977), HFm Tober J. (1972), HLm Trenda J. (1962), PFm Trölß Ch. (1984), OBm Wieser J. (1960), OFm Wirthl M. (1962), OFm Wirthl R. (1968), Wirthl W. (1966), HLm Ziegler F. (1930), OFm Ziegler F. (1968)

FF ST. PETER

Bereits vor 1900 griffen die Bewohner der Ortschaften St. Peter und Sonnberg zur organisierten Selbsthilfe bei Bränden. Sowohl durch die Erstehung einer Handdruckspritze als auch durch den Bau eines Zeughauses 1903 wurde der Grundstein zur Gründung des Vereines „Freiwillige Feuerwehr St. Peter-Sonnberg" gelegt. Am 1. Juni 1905 wurde die Wehr offiziell gegründet. Am 6. Dezember 1908 wurde der Verein in zwei Traine (Züge) geteilt. Jeder Train hatte eine eigene Spritze. 1. Train = St. Peter, 2. Train = Sonnberg. Bei der Generalversammlung am 8. März 1925 wurde die Trennung der Feuerwehr St. Peter-Sonnberg in zwei selbständige Wehren beschlossen. Der Kassenbestand und die Spritze sowie die Ausrüstung des 1. Trains blieben in St. Peter, Spritze und Ausrüstung des 2. Trains in Sonnberg. 1928 wurde eine neue Motorspritze angeschafft. Gleichzeitig wurde aus dem Bestand der FF Freistadt ein Gerätewagen gekauft. Über Aufforderung des Landesfeuerwehrverbandes Linz wurde die Auflösung des Vereines FF St. Peter am 4. Mai 1938 ausgesprochen, und dieser wurde in eine Körperschaft besonderen (öffentlichen) Rechtes umgewandelt. Am 7. August 1938 wurde die Wehr in die Gemeinde-Feuerwehr Waldburg als III. Löschzug eingegliedert. Am 10. Februar 1946 hielt die FF Waldburg eine Vollversammlung ab, bei der der Löschzug III (St. Peter) wieder als selbständige Feuerwehr erklärt wurde. 1959 wurde das Zeughaus renoviert. Im selben Jahr wurde der Anhänger für Mannschaft und Geräte geliefert. 1962 wurde der neue Schlauchturm aufgestellt. 1978 wurde die neue Tragkraftspritze RK 75 geliefert. 1981 wurde ein Kleinlöschfahrzeug (KLF) gekauft. Am 13. Juli 1983 fand die Bauverhandlung über den Bau eines neuen Feuerwehrhauses statt.

HBI Hörbst M. (1946), OBI Stöglehner A. (1968), AW Hörbst W. (1962), AW Summerauer E. (1968), AW Weinzinger F. (1977), BI Handlbauer E. (1970) — HBm Birklbauer A. (1949), OFm Birklbauer J. (1937), OFm Birklbauer J. (1974), HFm Brunngraber H. (1978), Fm Dorfner W. (1978), Fm Fitzinger J. (1940), Fm Fitzinger J. (1981), Fm Fleischanderl W. (1983), Fm Hackl J. (1946), Lm Handlbauer E. (1977), Lm Haunschmied J. (1951), OLm Hofstadler J. (1962), E-HBI Hofstadler M. (1929), Fm Klinger J. (1981), Fm Kunst F. (1968), HBm Lang G. (1968), E-HBI Lang I. (1940), Fm Lang W. (1969), OFm Leitner T. (1968), HFm Leitner T. (1960), Fm Lengauer J. (1940), HFm Lukas E. (1978), Lm Pöll J. (1960), Lm Rechberger F. (1981), Fm Satzinger K. (1958), Fm Schimak F. (1983), E-AW Solberger A. (1933), HFm Solberger A. (1974), OFm Summerauer J. (1949), OFm Tröbinger J. (1968), HFm Weinzinger F. (1947), Fm Wiesinger J. (1981), HFm Ziegler J. (1970)

FF SCHÖNAU

Die FF Schönau wurde 1888 gegründet. 1912 wurde für Mitglieder die 1. Haftpflichtversicherung abgeschlossen und ein Rotkreuzkurs für Feuerwehrkameraden durchgeführt. 1929 wurde nach einer Haussammlung die 1. Motorspritze angekauft. 1946 wurde eine neue Tragkraftspritze angekauft. 1954 beteiligte sich die FF Schönau beim Hochwassereinsatz in Linz. Unter dem damaligen Kommandanten Johann Wolfmayr feierte die FF Schönau am 18. August 1968 das 80jährige Gründungsfest mit Einweihung des neuerrichteten Zeughauses, des 1967 angekauften Löschfahrzeuges und der 1961 angekauften Motorspritze (Automatik 75 VW), verbunden mit den Abschnitts-Naßleistungsbewerben mit Gästegruppen. 1980 wurde eine neue Tragkraftspritze (Supermatik 80) und 1983 der schwere Atemschutz angekauft. Das nächste Ziel der FF ist der Ankauf eines neuen LF und eines Tankwagens.

HBI Pointner J. (1968), OBI Zeitlhofer J. (1954), AW Klinger F. (1974), AW Moßbauer E. (1973), AW Raab G. (1968), BI Viehböck M. (1967) — OFm Aglas H. (1954), Fm Andorfer G. (1983), Fm Andorfer J. (1978), Fm Andorfer J. (1980), Fm Aumayr J. (1974), Fm Aumayr-Hinterreiter J. (1981), OFm Aumeir-Hinterreiter A. (1963), OLm Bauer H. (1948), Fm Bauer J. (1975), Fm Bindreiter F. (1968), PFm Brandstätter J. (1983), Fm Brandstetter B. (1976), OFm Brandstetter F. (1975), HFm Brandstetter H. (1967), Fm Brandstetter J. (1982), Fm Brandstetter J. (1968), PFm Brandstetter J. (1983), OFm Brunner A. (1957), Fm Buchberger A. (1974), Lm Buchberger J. (1951), Fm Buchberger J. (1974), Fm Buchberger J. (1983), Fm Buchberger J. (1957), HFm Diesenreiter E. (1974), OFm Dorfbauer F. (1967), OFm Etzelsdorfer A. (1957), Fm Farthofer H. (1975), Fm Farthofer J. (1940), Fm Farthofer J. (1975), OFm Frühwirth F. (1929), Fm Frühwirth F. (1974), Fm Frühwirth J. (1929), Fm Frühwirth J. (1974), Fm Giretzlehner G. (1974), OFm Giretzlehner J. (1946), Fm Goldermann F. (1955), OFm Goldermann F. (1964), OFm Gradl G. (1967), HFm Gradl J. (1960), Fm Greindl I. (1947), Fm Greindl J. (1968), Fm Greindl N. (1983), E-BI Groiß F. (1946), Fm Gusenbauer K. (1979), OFm Gusenleitner J. (1967), OFm Hametner L. (1951), FA Dr. Hammerle J. (1980), Fm Haslhofer L. (1967), Fm Haslhofer M. (1950), Fm Himmelbauer J. (1971), HFm Hinterdorfer H. (1931), Fm Hinterreiter J. (1944), Fm Hinterreiter J. (1974), Fm Hinterreiter J. (1952), Fm Hinterreiter K. (1980), Fm Hinterreiter L. (1979), Fm Hinterreiter M. (1979), Fm Hinterreiter R. (1967), PFm Hinterreiter W. (1983), OFm Hochstöger A. (1954), Fm Hofer J. (1952), HFm Horner K. (1954), Fm Horner K. (1968), Fm Horner R. (1973), Fm Hüttmannsberger A. (1981), Hüttmannsberger A. (1982), Fm Inreiter H. (1971), HFm Inreiter J. (1954), HFm Kaltenberger A. (1960), Fm Kaltenberger W. (1959), OLm Kastner G. (1946), OFm Katzenschläger J. (1946), Fm Kern R. (1940), PFm Klinger A. (1983), Fm Klinger J. (1947), Fm Klinger J. (1970), Fm Kloibhofer J. (1948), OFm Kloihofer O. (1968), Fm Kriechbaumer F. (1977), OFm Kriechbaumer K. (1969), OFm Kriechbaumer K. (1948), OFm Kriechbaumer K. (1974), Fm Kriechbaumer L. (1976), OFm Kriechbaumer R. (1972), Fm Kriener E. (1982), HBm Kriener F. (1953), Fm Kriener F. (1977), OFm Kriener L. (1953), Fm Lasinger K. (1979), OFm Leimlehner A. (1950), Fm Lengauer H. (1970), Fm Lengauer H. (1967), E-BI Lengauer J. (1957), Fm Lengauer K. (1982), OBm Lindenbauer J. (1967), Lumesberger A., Fm Lumetsberger M. (1950), OFm Lumetzberger F. (1955), Fm Lumetzberger S. (1974), Fm Lumetzberger W. (1970), E-BI Mach E. (1959), OFm Mayrhofer F. (1929), HFm Mayrhofer F. (1948), Fm Mayrhofer K. (1948), OFm Mayrhofer L. (1967), Fm Mittmannsgruber A. (1974), HBm Moser A. (1961), Fm Moser G. (1955), OBm Naderer G. (1964), Fm Naderer J. (1970), OFm Neuhuber K. (1946), Fm Pehamberger A. (1976), Fm Pehamberger N. (1981), Fm Pehamberger R. (1982), OFm Peirlberger J. (1974), PFm Peirlberger J. (1983), Fm Peirlberger J. (1974), OLm Peirleitner A. (1948), Fm Peirleitner J. (1968), OFm Peirleitner J. (1950), Fm Peirlleitner J. (1976), Fm Pichlbauer F. (1948), Fm Pilz J. (1974), Fm Pointner H. (1978), Fm Pointner K. (1975), Fm Praher J. (1976), Fm Prandstetter F. (1969), OFm Puchner H. (1963), OFm Puchner J. (1946), Fm Puchner J. (1961), PFm Puchner J. (1983), HFm Puchner S. (1968), HFm Raab A. (1960), Fm Raab A. (1946), HFm Raab G. (1968), HBm Raab J. (1967), Fm Raab J. (1974), OFm Radlmüller J. (1947), Fm Raffelseder E. (1972), Fm Raffelseder W. (1964), HFm Reichard F. (1970), E-HBI Reiter F. (1953), OFm Riegler A. (1929), HBm Riegler K. (1975), Fm Rigler J. (1968), OFm Rosinger J. (1967), Fm Rümer J. (1975), Fm Rümer K. (1953), PFm Schinnerl F. (1983), Fm Schmalzer G. (1974), Fm Schmalzer J. (1952), Fm Schmalzer R. (1974), Fm Sigl E. (1971), Fm Spiegl S. (1967), Fm Steininger H. (1962), OFm Viehböck G. (1974), Fm Viehböck F. (1979), Fm Viehböck J. (1953), PFm Viehböck J. (1983), Fm Viehböck K. (1974), HFm Wansch A. (1956), Fm Weichselbaumer K. (1936), Fm Weiß H. (1968), OFm Wenigwieser L. (1924), Fm Wiesinger J. (1968), Fm Wiesinger K. (1945), OFm Windischhofer J. (1976), E-HBI Wolfmayr J. (1948), Fm Zeitlhofer A. (1959), PFm Zeitlhofer J. (1983)

FF SCHÖNEBEN

Karl Matulka, Schulleiter in Schöneben, richtete an die k. u. k. Statthalterei ein Ansuchen um Erstellung einer Feuerwehr. Am 2. April 1900 bestätigte der Gemeinderat die Satzungen, und am 9. April 1900 bescheinigte die Statthalterei den Bestand der Feuerwehr Schöneben. Es folgte die offizielle Gründung der Wehr mit einem Mitgliederstand von 22 Mann. Am 15. Juli 1900 trat die FF Schöneben dem Bezirksverband Unterweißenbach bei. Am 4. August desselben Jahres wurden die inzwischen angekauften Geräte zum erstenmal versichert. Im August 1914 werden 34 Mann der Wehr zum Ersten Weltkrieg einberufen. Im Krieg fallen vier Kameraden. Die Gründung einer eigenen Feuerwehrmusik erfolgte im Januar 1923. Am 26. Juli 1926 wurde das 25jährige Gründungsfest mit großem Besuch gefeiert. Zum Ankauf der ersten Motorspritze wurde das Geld zum Teil durch eigene Theateraufführungen erbracht. Gespielt wurde „Der Stöfflbauer" oder „Einen Tag Bürgermeister". Die Motorspritzenweihe erfolgte am 27. Juli 1937 mit einem Fest im Gasthaus Stütz in Gugu. Von Anfang des Zweiten Weltkrieges bis Ende 1948 fehlen die Eintragungen in der Chronik. Im Dezember 1950 wurde die Feuerwehrmusik aufgelöst. Am 5. Juli 1951 gab es das 50jährige Gründungsfest mit Depotweihe und einer Feldmesse, die von Pfarrer Konsistorialrat Gottfried Brandstetter abgehalten wurde. Im selben Jahr wird die Motorspritze auf einen Handwagen montiert. Zwischen 9. und 15. August 1956 erfolgte der Bau eines Löschteiches mit ca. 120 m³. Am 9. November 1957 wurde der Beschluß zum Kauf einer Sirene Type FS 8 gefaßt, die am 24. Mai 1958 in Betrieb genommen wurde. Am 29. August 1959 wurde eine neue Motorspritze VW 75 angekauft. Am 10. Juni 1960 kam es zum Ankauf eines Rüstanhängers.

HBI Edlbauer J. (1981), OBI Kuttner J. (1953), AW Hackl A. (1976), AW Schmalzer M. (1975), AW Stelzmüller S. (1974) — HFm Dauerböck K. (1919), Fm Edlbauer E. (1982), HFm Edlbauer F. (1949), Fm Edlbauer J. (1975), HFm Edlbauer J. (1949), HFm Edlbauer J. (1949), HFm Engleitner F. (1925), HFm Engleitner J. (1949), E-HBI Guttenbrunner M. (1952), HFm Hackl A. (1950), E-AW Hennerbichler A. (1952), OFm Hennerbichler F. (1962), HFm Hennerbichler F. (1967), OFm Hennerbichler W. (1957), OFm Himmelbauer J. (1974), HFm Hinterreiter F. (1956), OFm Hinterreiter F. (1974), OFm Hinterreiter J. (1973), OFm Käferböck F. (1979), HFm Käferböck F. (1956), OFm Käferböck A. (1976), Fm Kasis J. (1982), Fm Kasis J. (1976), HFm Kaufmann A. (1950), OFm Kaufmann K. (1961), OFm Kreindl A. (1977), Fm Kreindl F. (1976), Fm Kreindl K. (1978), Fm Kreindl S. (1982), HFm Kuttner E. (1949), Fm Kuttner F. (1982), Fm Kuttner J. (1983), HFm Kuttner K. (1958), Lm Kuttner M. (1976), Fm Langthaler J. (1979), HFm Lehner J. (1949), HFm Leimhofer G. (1973), Fm Leutgeb J. (1977), OFm Mühlbachler E. (1976), Fm Mühlbachler J. (1977), HLm Mühlbachler J. (1950), Fm Pehamberger J. (1982), E-AW Pehamberger W. (1956), E-HBI Pils O. (1949), Fm Pölz A. (1975), HFm Pölz A. (1950), Fm Pölz E. (1976), Fm Pölz F. (1975), OFm Pölz P. (1975), OFm Pölz W. (1976), Fm Puchner F. (1970), OFm Raab A. (1976), HFm Raab A. (1950), OFm Raab J. (1976), HFm Raab J. (1956), HFm Schippany J. (1949), Schmalzer O. (1950), OFm Schmidinger A. (1973), Fm Schmiedinger A. (1979), HFm Schwarzinger F. (1968), Fm Schwarzinger J. (1955), OFm Schwarzinger F. (1965), OFm Schypani J. (1977), HFm Schypani W. (1950), E-OAW Stelzmüller F. (1936), PFm Stütz R. (1983), OFm Süß W. (1973), Fm Wagner G. (1982), Fm Wagner J. (1982), Fm Weber A. (1978), OFm Weber A. (1979), OFm Weber F. (1973), OFm Weber J. (1974), OFm Weilguny A. (1973), OFm Weilguny J. (1968), Fm Wurzer G. (1976)

FF SCHWANDT

Die FF Schwandt wurde 1913 gegründet. Bereits im Gründungsjahr wurde in Oberschwandt eine Zeugstätte errichtet sowie eine aufgebaute Handdruckspritze mit Spritzenwagen für Pferdegespann angekauft. Als sich die Brände mehrten, dachte man an den Ankauf einer Motorspritze; erst nach mehrmaliger Getreidesammlung konnte eine Motorspritze RS 25 sowie ein Spritzenwagen erworben werden. 1938 wurde diese Motorspritze unter großer Anteilnahme der Bevölkerung geweiht. Gleichzeitig wurde der Ortschaft Freudenthal die alte Handdruckspritze übergeben. In Freudenthal wurde ebenfalls eine Zeugstätte errichtet und eine Motorspritze angeschafft, die Einweihung erfolgte 1951. 1955 mußte für Freudenthal wieder eine neue Motorspritze angekauft werden, denn die alte, noch Kriegsmaterial, versagte ihren Dienst. Bereits 1964 konnte eine Wettbewerbsgruppe in Steyr das Leistungsabzeichen in Bronze und in Silber erringen. 1969 konnte diese Gruppe den ersten Pokal bei einem Wettbewerb in der Harbruck erwerben. 1971 konnte das erste goldene Leistungsabzeichen erkämpft werden. Zum letzten Mal hat diese – nunmehrige – Seniorengruppe beim Landesfeuerwehrleistungsbewerb 1981 in Rohrbach Bronze erreicht. Inzwischen war eine junge, sehr aktive Gruppe herangewachsen, die hervorragende Ergebnisse erzielte.

HBI Manzenreiter F. (1940), OBI Sandner A. (1963), AW Alberndorfer G. (1967), AW Hochreiter J. (1946), AW Prieschl K. (1979), AW Stimmeder J. (1955), BI Kernecker F. (1969), BI Kernecker J. (1969), BI Klampferer R. (1969), BI Kolberger M. (1979) — E-OBI Alberndorfer K. (1923), HFm Brückl J. (1961), OLm Chalupar A. (1966), Fm Dumfart J. (1981), HFm Eder H. (1951), Lm Eder J. (1976), Lm Freudenthaler A. (1963), HFm Freudenthaler J. (1980), HFm Freudenthaler F. (1946), Fm Freudenthaler J. (1982), HFm Freudenthaler K. (1951), OLm Freudenthaler P. (1971), HFm Friesenecker F. (1946), HFm Gratzl F. (1936), OLm Gratzl M. (1971), HFm Gstöttner F. (1959), HFm Haag G. (1973), OFm Haider G. (1980), E-HBI Haider R. (1951), HLm Haider R. (1973), Lm Handlbauer M. (1946), OLm Haunschmied J. (1947), HBm Haunschmied M. (1971), OFm Hemetsberger H. (1981), HFm Horner M. (1920), HLm Kapeller A. (1957), Fm Katzmair M. (1981), Fm Kernecker Ch. (1982), E-OBI Kernecker J. (1946), HFm Klampferer J. (1953), OLm Klampferer M. (1980), E-BI Kolberger J. (1948), HFm Koxeder E. (1946), E-AW Leitner G. (1956), OFm Leitner G. (1979), Fm Leitner J. (1982), Lm Lengauer E. (1973), HFm Lengauer F. (1937), Lm Lengauer G. (1973), HFm Lengauer J. (1969), HFm Lengauer K. (1971), HLm Lengauer K. (1971), HBm Lorenz F. (1969), HFm Lorenz J. (1949), HFm Manzenreiter F. (1947), OFm Manzenreiter J. (1979), HFm Mayr K. (1946), HFm Mayr K. (1979), HFm Pachl F. (1946), HLm Pachl F. (1973), HFm Peil M. (1968), HLm Penn K. W. (1967), HFm Pirklbauer J. (1955), HFm Ratzenböck K. (1954), HFm Sailer F. (1949), OLm Sailer F. (1969), HFm Sandner J. (1936), HFm Schmid J. (1961), HFm Schmitzberger F. (1951), HFm Schmitzberger F. (1946), Fm Schmitzberger F. (1978), Bm Schwandner M. (1960), HFm Schwarzenberger E. (1953), Lm Sengstschmid K. (1974), OFm Sengstschmid R. (1980), HBm Solberger E. (1979), HFm Solberger F. (1946), E-AW Solberger J. (1928), HBm Steininger G. (1969), HLm Steininger H. (1969), OLm Stoiber A. (1967), Fm Tröbinger F. (1980), HFm Tröbinger M. (1951), OLm Wagner A. (1973), Fm Wagner E. (1982), OFm Walchshofer J. (1976), HFm Weinzinger F. (1942)

FF SILBERBERG

Am 5. Februar 1933 wurde unter Oberlehrer Fritz Raml die Freiwillige Feuerwehr Silberberg gegründet. Im Protokoll heißt es: „31 Mitglieder sind sofort beigetreten; unter dem Wehrführer Franz Hennerbichler wurde sofort eine Handspritze angekauft, die im selben Haus in einem Holzschuppen untergebracht war." Beim Brand vom Groß-Reiffegger ging die Handspritze kaputt, und es wurde 1949 von der Fa. Rosenbauer eine TS-Motorspritze Marke Magirus mit DKW-Motor angekauft. Dazu wurde ein kleiner Gummiwagen angekauft und von Kamerad Aumayr umgebaut. Das Zeughaus wechselte den Standort; ab 1951 bis zum Zeughausbau war der Spritzenanhänger beim Mötzner in Tischberg untergebracht. 1959 wurde mit dem Zeughausbau (mit Schlauchturm) begonnen, alles wurde in Robot geleistet. Im September 1960 war es soweit, daß die Einweihung stattfinden konnte. Als Ehrengäste waren Landeshauptmannstellvertreter Johann Blöchl, Bezirksfeuerwehrkommandant Aigner und Bürgermeister Rockenschaub anwesend. 1973 wurde von der Fa. Rosenbauer eine neue TS RVW 75 angekauft (Vorführspritze), und 1975 wurde das erste Löschfahrzeug, ein gebrauchter VW-Bus, gekauft, die bis heute im Einsatz stehen. 1971 erhielt Silberberg die Sirene. 1975 hatte die Feuerwehr eine eigene Jugendgruppe und eine Leistungsgruppe, die erfolgreich war. 1980 gab es ein großes Fest mit Fahrzeug- und Spritzenweihe. Im Frühjahr 1982 wurden die Funksirenensteuerung montiert und zwei Funkgeräte (eine mobile Pumpe und ein Handfunkgerät) angekauft.

HBI Aigner J. (1969), OBI Hackl E. (1973), AW Fragner-Lieb R. (1969), AW Himmelbauer M. (1972), AW Thauerböck J. (1974) — Fm Ahorner B. (1980), OFm Ahorner F. (1977), Fm Ahorner G. (1979), HFm Ahorner J. (1933), HBm Ahorner J. (1959), HFm Ahorner J. (1954), Fm Aistleitner E. (1980), HFm Aistleitner F. (1961), OFm Aistleitner J. (1975), Fm Aistleitner J. (1980), HFm Aumayr L. (1939), HFm Aumayr L. (1975), HFm Eichhorn K. (1950), Fm Fragner H. (1982), HFm Fragner I. (1933), HFm Fragner I. (1946), PFm Fragner J. (1983), HBm Fragner-Lieb A. (1946), Lm Fragner-Lieb G. (1975), OLm Hackl A. (1974), HFm Hackl E. (1956), HFm Hackl G. (1932), OFm Hackl G. (1975), HFm Hackl J. (1943), HFm Hackl L. (1954), OFm Hackl W. (1977), HFm Hennerbichler A. (1956), HFm Hennerbichler A. (1954), Fm Hennerbichler A. (1980), HFm Hennerbichler A. (1961), Fm Hennerbichler F. (1978), HFm Hennerbichler J. (1945), OFm Hennerbichler J. (1977), OFm Hennerbichler L. (1977), E-OBI Himmelbauer F. (1933), HFm Himmelbauer F. (1954), HFm Himmelbauer G. (1980), Fm Himmelbauer J. (1978), Fm Himmelbauer M. (1979), HFm Himmelbauer R. (1969), OFm Hölzl H. (1975), OLm Hölzl J. (1975), HFm Kaltenberger V. (1954), OFm Kaltenberger F. (1978), OFm Reithmayer J. (1974), Fm Rockenschaub F. (1982), HFm Rockenschaub F. (1956), Lm Spindelberger J. (1975), OFm Thauerböck J. (1974), Fm Thauerböck L. (1977)

FF SONNBERG

Die Freiwillige Feuerwehr Sonnberg wurde 1905 unter Kommandant Haghofer gegründet, der bis 1925 der Wehr vorstand. In diesen Jahren wurde die Wehr als 2. Train (Zug) der FF St. Peter-Sonnberg geführt, wobei der Kommandant von St. Peter der Hauptmann-Stellvertreter aus Sonnberg war. Am 8. März 1925 beschlossen die Bürgermeister von Waldburg und von Rainbach, die beiden Züge zu teilen, womit jeder Train eine eigene Wehr wurde. Unter dem damaligen Hauptmann Josef Koller vulgo Pauss wurde im Jahr 1931 die erste Motorspritze angekauft. Die Weihe der angekauften Motorspritze wurde 1932 durch GR Pfarrer Ensgraber vorgenommen. Der Kommandant war Josef Pröll aus Sonnberg. Aus heute unerklärlichen Gründen wurde im Jahr 1935 ein Kommandowechsel durchgeführt, der neue Kommandant war Johann Reindl. In den Jahren 1925 bis 1950 war aus Gründen der schlechten Wirtschaftslage bzw. des Ausbruchs des Zweiten Weltkrieges an einen weiteren Ausbau der Wehr nicht zu denken. Nach dem Krieg wurde die Wehr unter dem heutigen Ehrenkommandanten E-HBI Pammer weiter ausgebaut. In den 23 Jahren seiner Kommandantenfunktion hatte Pammer versucht, eine schlagkräftige Wehr aufzubauen. 1962 wurde wiederum eine neue Motorspritze angekauft. Im Jahr 1973 wurde der damalige Schriftführer Josef Tröbinger zum Feuerwehrhauptmann gewählt. Er setzte die Aufbautätigkeit weiter fort, so daß nach 20 Jahren wiederum eine den heutigen Anforderungen entsprechende Tragkraftspritze sowie mehrere Ausrüstungsgegenstände angeschafft werden konnten. Um auch den jüngeren Kameraden etwas Interessantes zu bieten, wurde eine Wettbewerbsgruppe aufgestellt. Die Leitung der Gruppe wurde von Brandinspektor Koller übernommen.

HBI Tröbinger J. (1955), OBI Klopf J. (1970), AW Breitenberger F. (1973), AW Kapl K. (1982), AW Michl L. (1970), BI Koller J. (1979) — Fm Bauer J. (1925), E-BI Breitenberger F. (1945), Fm Breitenberger H. (1982), HFm Breitenberger J. (1974), Fm Haunschmied H. (1973), HFm Klopf H. (1967), Fm Klopf J. (1951), Lm Klopf K. (1957), HFm Klopf R. (1973), OFm Koller A. (1924), Fm Koller E. (1955), Fm Koller E. (1983), OFm Kröpl E. (1973), OFm Larndorfer H. (1973), OFm Leitner F. (1973), Fm Leitner H. (1982), HFm Leitner J. (1955), OFm Mader F. (1958), Fm Mader H. (1976), OFm Mader J. (1981), OFm Mader L. (1978), Fm Michl L. (1955), E-HBI Pammer L. (1983), Fm Pröll H. (1983), OFm Ransmayer L. (1950), HFm Reindl R. (1973), OFm Reindl S. (1982), Fm Reisinger R. (1983), OFm Riepl H. (1951), OFm Scherb A. (1982), OFm Scherb H. (1982), OFm Sitz A. (1962), Fm Steinmetz J. (1973), Fm Thumfart H. (1982), E-AW Tröbinger F. (1948), Fm Tröbinger F. (1970), HFm Tröbinger G. (1973), Fm Tröbinger H. (1980), Fm Tröbinger J. (1980), HBm Wagner H. (1963), Fm Zeiner A. (1978), Fm Zeiner G. (1974), HFm Zeiner T. (1961)

FF SPÖRBICHL

Die Männer aus Spörbichl, Oberschlag und Viehberg sahen die Notwendigkeit einer Nächstenhilfe, weshalb sie am 24. Februar 1924 die Feuerwehr Spörbichl gründeten. Der erste Kommandant war Leopold Kastler, der die Wehr bis 16. Juni 1963, also 39 Jahre, leitete. Unter seiner Führung wurde ein Zeughaus gebaut, eine Handpumpe erworben, die heute noch im Besitz der Feuerwehr ist, und später eine Motorspritze mit Zubehör angeschafft. 1963 legte Leopold Kastler seine Stelle zurück, und am 16. Juni 1963 wurde Herbert Zacharias zum neuen Kommandanten gewählt. In den Jahren 1968 bis 1978 wurde ein neues Feuerwehrhaus gebaut, ein Löschteich errichtet und eine Motorspritze RVW 80 mit Rüstwagen angekauft. Der nächste Wunsch der Freiwilligen Feuerwehr Spörbichl wäre ein neues Feuerwehrauto. Die Wehr Spörbichl wurde in den 60 Jahren ihres Bestehens zu 31 Bränden und vielen technischen Einsätzen gerufen.

HBI Zacharias H. (1953), OBI Affenzeller K. (1974) — Affenzeller G. (1974), Aufreiter I. (1960), Bindreiter J. (1964), Czotscher J. (1946), Dreiling F. (1962), Dreiling M. (1956), Edlbauer F. (1983), Etzelsdorfer G. (1980), Etzelsdorfer J. (1963), Etzlsdorfer F. (1957), Etzlsdorfer J. (1982), Fitzinger J. (1965), Goldmann K. (1950), Graser H. (1952), Graser H. (1977), Haunschmid A. (1934), Haunschmid J. (1952), Hießl K. (1973), Horjesi F. (1976), Horner S. (1953), Janda K. (1946), Kalischek A. (1974), Kastler F. (1946), Kastler J. (1981), Klepatsch A. (1979), Klepatsch E. (1980), Klepatsch F. (1979), Klepatsch L. (1946), Klepatsch R. (1972), Klopf J. (1976), Larndorfer O. (1946), Laßlberger L. (1953), Lehner J. (1964), Lehner L. (1924), Mittermüller F. (1948), Mittermüller J. (1975), Oberreiter L. (1964), Pauatsch K. (1964), Pölz A. (1954), Pölz N. (1977), Primetzhofer K. (1955), Punz J. (1958), Sacher H. (1977), Sacher H. (1976), Schaumberger F. (1964), Siegl F. (1983), Steinecher H. (1972), Stütz K. (1981), Stütz-Pflügl J. (1971), Traxler A. (1958), Traxler A. (1937), Traxler F. (1934), Traxler G. (1970), Traxler J. (1929), Traxler J. (1974), Traxler J. (1967), Traxler L. (1948), Traxler P. (1953), Vater J. (1953), Wagner A. (1955), Wieser J. (1959), Wieser R. (1965), Zacharias A. (1983), Zacharias F. (1924), Zacharias F. (1981), Zacharias H. (1977), Zacharias I. (1959)

FF SUMMERAU

Die Freiwillige Feuerwehr Summerau wurde im Jahr 1907 gegründet. Aber bereits vor der Gründung bestand in Summerau eine Ortsfeuerwehr, nachdem im Jahr 1897 die sogenannte „Feuerhütte" zur Unterbringung von Feuerwehrgeräten errichtet worden war. Der Gründung ging ein Großbrand im Jahr 1904 voraus, der vom Stumbauer seinen Ausgang nahm und innerhalb kürzester Zeit elf Bauernhöfe einäscherte. Dieser Brand forderte ein Todesopfer. Ein handschriftliches Mitgliederverzeichnis aus dem Jahr 1908 liegt im Archiv der Wehr auf, in dem 66 aktive und 14 unterstützende Mitglieder angeführt sind. Ab dieser Zeit liegen kaum noch Aufzeichnungen auf, da sie größtenteils in den Kriegsjahren 1939 bis 1945 vernichtet wurden. Das letzte Gründungsmitglied, Johann Leitner, hat vor seinem Tode noch mündlich über die Aktivitäten und Ereignisse von Summerau berichtet. Dieser Bericht wurde in einer neu angelegten Ortschronik verewigt. Ein weiterer Großbrand war im Jahr 1917 zu verzeichnen, dem die Häuser Froscherbauer, Resch, Tischler und Holzhaider zum Opfer fielen. Ein weiteres Jahr später ging das Reisingergut durch einen Blitzschlag in Flammen auf. Im Jahr 1931 wurden die Häuser Hunger und Traxler ein Raub der Flammen. Im Jahr darauf schaffte sich die Freiwillige Feuerwehr Summerau die erste Motorspritze an, die heute noch erhalten ist. Im Jahr 1938 kam es zur Auflösung der Freiwilligen Feuerwehr Summerau. Während des Zweiten Weltkrieges wurde die Wehr als VI. Löschzug der Gemeindewehr eingegliedert. Durch einen Funkenflug aus einer tschechischen Dampflok im Jahr 1946 kam es zu einem Waldbrand in der Pirau, der erst nach drei Tagen gelöscht werden konnte. Im Jahr 1948 kaufte die Freiwillige Feuerwehr Summerau das erste Feuerwehrauto (Dodge), das lange Zeit seinen Dienst vorzüglich versah. Der auch geographisch bedingte Mangel an Löschwasser im Dorf führte 1951 zum Bau eines Löschteiches. Rund 2 500 Arbeitsstunden wurden geleistet, um den 216 m³ fassenden Beton-Löschteich zu errichten. Durch Blitzschlag entstand am 1. Juli 1954 ein Brand beim Kohl in Summerau. Als weiterer Einsatz wurde der Hochwassereinsatz am 11. Juli 1954 in Linz verzeichnet. Im Jahr 1964 wurde eine neue Motorspritze (VW) angekauft und kurz darauf ein Feuerwehrauto Type Barkas 1000. Ein weiterer Großbrand war am 30. Oktober 1968 bei den Häusern Haberl und Josepp zu verzeichnen. Im Jahr 1970 wurde ein gebrauchter Ford Transit anstelle des Barkas 1000 angekauft. Im Jahr 1976 errichtete die Feuerwehr Summerau eine Veranstaltungshalle, um die nötigen Einnahmen für den Ankauf eines Feuerwehrautos und eines Feuerwehrhauses zu bekommen. Das neue Feuerwehrauto Mercedes Benz L 409 mit Leiter und Funkausrüstung wurde bereits im Jahr 1978 durch die Fa. Rosenbauer geliefert. Im Mai 1983 konnte das neu errichtete Feuerwehrhaus seiner Bestimmung übergeben werden. Als letzter größerer Brand ist das Anwesen Hoiner, welches im Juli 1983 abbrannte, in der Chronik verzeichnet.

HBI Apfolter F. (1959), OBI Traxler M. (1958), AW Elmecker O. (1962), AW Kalupar G. (1963), AW Schwarz H. (1959), BI Friesenecker I. (1957), BI Reisinger W. (1967) — OFm Affenzeller F. (1970), HFm Affenzeller H. (1970), Fm Apfolter H. (1978), Lm Apfolter J. (1961), Lm Auer F. (1976), OFm Auer G. (1977), HFm Auer J. (1974), OFm Auer J. (1970), Lm Auer L. (1949), Lm Auer L. (1968), OFm Bergsmann H. (1974), OFm Biberhofer E. (1959), Lm Birngruber A. (1961), Lm Birngruber F. (1961), Fm Blöchl F. (1981), OFm Blöchl G. (1974), JFm Blöchl H. (1981), Fm Blöchl H. (1956), Lm Blöchl J. (1947), Fm Blöchl J. (1979), OFm Blöchl J. (1947), Fm Blöchl J. (1973), HFm Böhm A. (1973), HBm Böhm J. (1949), HBm Böhm J. (1971), HFm Deibl J. (1964), OFm Denk J. (1974), HFm Ecker F. (1956), Ecker J. (1973), JFm Elmecker G. (1981), Lm Elmecker H. (1974), HFm Elmecker J. (1963), Lm Elmecker L. (1936), HFm Elmecker L. (1968), JFm Elmecker O. (1983), Fm Elmecker W. (1979), JFm Fleischanderl H. (1983), HFm Fleischanderl F. (1967), HFm Fleischanderl H. (1969), HFm Fleischanderl J. (1967), HFm Fleischanderl J. (1958), E-AW Freudenthaler J. (1947), Fm Friesenecker G. (1979), PFm Ganhör H. (1983), Gebauer A. (1972), JFm Gebauer Ch. (1983), JFm Gilg F. (1956), HFm Glasner F. (1963), E-HBI Glasner F. (1948), HFm Glasner J. (1966), OFm Goldmann B. (1970), Fm Gstöttner H. (1974), JFm Guttenbrunner A. (1983), OFm Guttenbrunner L., Fm Hager A. (1978), Lm Haiböck J. (1964), Fm Haiböck O. (1980), Lm Handlbauer M. (1932), OFm Handlbauer M. (1967), HFm Hellein K. (1968), Fm Hofer M. (1972), OLm Hofstadler H. (1947), Fm Hofstadler L. (1975), HFm Hofstadler M. (1961), OFm Holzhaider J. (1946), Lm Jagsch G. (1962), JFm Kalupar G. (1979), HFm Kalupar H. (1931), OFm Kapl E. (1975), Lm Kapl H. (1974), HFm Kapl J. (1948), OFm Kapl J. (1970), Lm Kapl J. (1947), HFm Kapl K. (1947), OFm Kapl L. (1977), Lm Kerschbaummayr F. (1964), Fm Kerschbaummayr G. (1979), JFm Kerschbaummayr G. (1983), JFm Kerschbaummayr H. (1980), JFm Kerschbaummayr J. (1977), HBm Kerschbaummayr K. (1959), HFm Kerschbaummayr K. (1968), HFm Knogler A. (1968), HFm Köppl J. (1957), Lm Kohlberger A. (1964), JFm Kohlberger Ch. (1982), HFm Kohlberger J. (1957), JFm Kohlberger M. (1981), Fm Kralik A. (1972), Lm Kralik Ch. (1975), HFm Kralik F. (1966), Fm Kralik I. (1979), Lm Kralik J. (1919), HFm Kralik J. (1954), HFm Dr. Kralik J. (1962), OFm Kralik J. (1974), OFm Kralik R. (1977), OFm Kralik U. (1970), OFm Kranzl O. (1978), OFm Kuhn G. (1971), HFm Leitgeb F. (1966), JFm Leitner B. (1980), OFm Leitner E. (1980), OFm Leitner F. (1974), HFm Leitner H. (1956), OLm Leitner J. (1949), OFm Leitner J. (1979), HFm Leitner J. (1949), OFm Leitner St. (1974), Fm Lonsing E. (1972), HFm Lonsing F. (1951), OLm Lonsing H. (1974), OLm Lonsing J. (1947), Lm Lonsing J. (1976), Lm Lonsing K. (1947), Lm Lonsing W. (1974), Fm Müller J. (1981), Fm Mag. Oberreiter J. (1973), Fm Payer E. (1980), HFm Payer G. (1960), Fm Payr G. (1981), HFm Payr J. (1965), HFm Pelnarsch G. (1974), HFm Pelnarsch M. (1968), HFm Piringer A. (1949), Fm Piringer A. (1975), E-OBI Piringer F. (1958), OFm Piringer J. (1973), OFm Piringer K. (1973), JFm Piringer M. (1980), HFm Plöchl J. (1964), HFm Pötscher A. (1956), Lm Pröll E. (1975), HFm Pröll F. (1953), HFm Pröll G. (1975), OFm Pröll G. (1974), Lm Pröll H. (1974), Fm Pröll H. (1978), HFm Puchmayr O. (1967), HBm Pühringer F. (1967), OFm Pühringer F. (1972), OLm Pühringer G. (1968), HFm Reindl F. (1954), OLm Reindl M. (1958), HFm Reindl O. (1975), Fm Reindl R. (1979), HFm Reisinger G. (1980), HFm Reisinger J. (1970), Reisinger K. (1963), OFm Reisinger K. (1980), Fm Reisinger W. (1975), HFm Reitstätter W. (1963), OFm Reitstätter W. (1974), Fm Roth A. (1981), JFm Rudlstorfer H. (1983), Lm Rudlstorfer J. (1974), OFm Saminger J. jun. (1964), HFm Saminger J. sen. (1956), HFm Sandner K. (1950), JFm Schimpl E. (1979), OLm Schimpl K. (1965), Fm Skurewitsch I. (1981), HFm Sonnleitner J. (1967), Lm Sonnleitner L. (1967), Lm Sonnleitner R. (1963), HFm Stütz K. (1961), OFm Sulzer M. (1970), Fm Thürriedl H. (1978), Fm Traxler H. (1979), Lm Traxler R. (1961), JFm Traxler R. (1982), HFm Viehböck J. (1960), OLm Wagner A. (1960), Fm Wagner A. (1980), Fm Wagner Ch. (1979), OFm Wagner E. (1977), JFm Wagner F. (1981), OLm Wagner F. (1958), Lm Wagner J. (1949), OLm Wagner J. (1958), Fm Wagner J. (1975), OFm Wagner L. (1976), JFm Wagner M. (1983), HLm Waldhauser J. (1947), Lm Weinzinger J. (1926), Lm Weißenböck J. (1926), HFm Weißenböck R. (1966), Fm Wiederstein H. (1973), OFm Wiesinger O. (1974), OFm Wohlschlager H. (1974), Fm Zeiml R. (1979), HFm Zeindlhofer H. (1958), E-AW Zeindlhofer J. (1956), Fm Zeindlhofer J. (1978), HFm Zeindlhofer R. (1950), PFm Zeindlhofer R. (1983), HFm Zeindlinger A. (1950), JFm Zeindlinger A. (1979), Lm Zeindlinger F. (1959), OFm Zeindlinger G. (1974), Lm Zeindlinger J. (1926), OLm Zeindlinger J. (1954), HFm Zellner A. (1968)

FF TRAGWEIN

Am 24. April 1879 beschloß man in Tragwein, Leute zur Spritze und zur Leiter aufzustellen, womit der Grundstein zur Feuerwehr Tragwein gelegt wurde. Vom 26. September bis 10. Oktober 1884 brannten sämtliche Häuser im Marktbereich durch Brandstiftung ab. Es war nur eine einzige Feuerspritze vorhanden. Am 10. Januar 1886 gründete der Ledermeister Johann Leeb die Feuerwehr Tragwein. Am 29. April 1886 wurde eine Saugspritze bei der Fa. Knaust in Wien samt 6 m Schlauchleitung (Saugschlauch), Schlauchkapsel und 60 m Rohhanfschlauch angekauft. Das erste Gründungsfest wurde am 3. Juli 1887 mit Weckruf, Empfang von auswärtigen Feuerwehren und einem Gottesdienst gefeiert. Die erste Motorspritze wurde am 9. April 1931 gekauft, und zwar eine Spritze von der Fa. Rosenbauer E 35. Im Jahr 1945 bekam die Feuerwehr von Ing. Kaulich ein komplettes Feuerwehrauto samt Anhänger geschenkt. Ein geländegängiges Feuerwehrauto wurde 1950 aus Heeresbeständen angekauft. 1957 wurde die zweite Motorspritze von der Fa. Rosenbauer erworben. Das jetzige Feuerwehrzeughaus wurde im Jahr 1961 gebaut. Aufgrund von vielen Feuerwehrfesten wurde im Jahr 1972 ein Steyr 590, TLF 2000 sowie ein Allrad-Land-Rover gekauft. Eine große Tradition der Feuerwehr Tragwein ist der schon jahrzehntelang bewährte Maibaum. Feuerwehrhauptleute von Tragwein waren: Johann Leeb, Anton Graßl, Schöller, Friedinger, Kampf, Thürriedl, Alois Sommerhuber, Schober, Hintersteininger, Gusenbauer, Mistlbachner, Luegmayr, Rockenschaub, Reisinger, Detl, Landl, Adlesgruber (seit 1983).

HBI Adlesgruber A. (1974), OBI Gattringer A. jun. (1976), BI Granegger A. (1968), BI Hildner W. (1976), BI Hintersteininger G. (1966) — Fm Adlesgruber K. (1977), OFm Adlesgruber L. (1971), OFm Aigenbauer F. (1972), Lm Aigenbauer J. (1968), Fm Aistleitner J. (1973), OLm Altzinger J. (1945), Fm Aumayr J. (1980), Fm Bachtrog F. (1970), Fm Berger M. (1977), Lm Binder J. (1928), HFm Bindreiter J. sen. (1945), Lm Blaha A., Fm Brandstätter O. (1963), Lm Brcak R. (1954), Fm Brunner H. (1966), Fm Brunner J. jun. (1966), Fm Dreiling F. (1969), Fm Dreiling J. (1969), Fm Dreiling K. (1969), BFA Dr. Dückelmann T. (1966), HFm Eder J. (1966), Fm Edlmayr F. (1975), HFm Ennikl A. (1946), HFm Friedlinger R. (1963), HFm Gattringer A. sen. (1946), HFm Gattringer H. (1946), OLm Gattringer H. (1966), HFm Gattringer K. (1970), OLm Gattringer K. (1946), PFm Gattringer K. (1979), HFm Gattringer R. (1979), Fm Gratzl J. (1969), HFm Gusenbauer F. (1964), HFm Gusenbauer J. (1977), Lm Gusenbauer J. (1952), HFm Gusenbauer R. (1945), Fm Handlos H. (1954), Fm Haslhofer F. (1975), HFm Heßl A., Bm Heßl K. (1963), Lm Hiebl F. (1950), HFm Hildner J. (1948), Fm Hildner K. (1952), HFm Himmelbauer F. (1976), HFm Hintersteininger F. (1968), HFm Hintersteininger N. (1963), Lm Hochedlinger K. (1953), OLm Irrer F. (1950), OLm Irrer J. (1953), Lm Ing. Kern J. (1969), Bm Killinger H. (1969), Bm Kinzlhofer J. (1954), OLm Klambauer R. (1946), OFm Klein G. (1973), E-BI Kornbichler F. (1943), Lm Kornbichler K. (1968), HLm Kornbichler K. (1950), PFm Kornbichler M. (1979), Fm Kreindl A. (1976), E-BI Lamm J. (1948), E-HBI Landl A. (1946), HFm Landl A. (1976), HFm Latzel M. (1968), Lm Mairwöger J. (1953), HLm Miesenberger E. (1945), Lm Mistelbacher F. (1963), HLm Mittmannsgruber F. (1957), PFm Mittmannsgruber M. (1979), HBm Mittmannsgruber O. (1948), OLm Moser J. (1968), Lm Naderer J. (1967), Lm Ortner R. (1965), HFm Petermandl W. (1979), HFm Pichler R. (1963), Bm Pühringer W., HFm Riegler R. (1946), Lm Schinnerl J. (1972), OLm Schmalzer J. (1965), E-AW Schöllhammer O. (1963), Lm Schützeneder W. (1945), Fm Schützenhofer A. (1973), Lm Spitzl K. (1956), PFm Tischberger J. (1975), Lm Undesser R. (1972), HFm Walch J. (1979), E-OBI Wolfinger O. (1952)

FF TROSSELSDORF

Bis 1935 wurde der Löschbereich KG Trosselsdorf als Löschzug III von Neumarkt geführt. Wegen mangelnder Zuschüsse seitens der Gemeinde Neumarkt entschloß sich der Löschzug III zur Gründung einer eigenständigen Feuerwehr. Im Gründungsjahr wurden das Feuerwehrhaus gebaut und eine R 25 mit einem Pferdeanhänger angeschafft. 1953 Brand beim Martetschläger (Baun), Besitzer Stadler, Trosselsdorf 2, Bruckner, Trosselsdorf 20, Mostkeller und Wagenschuppen, Trosselsdorf 1; alle Objekte waren mit Stroh gedeckt. 1950 Dodge mit Seilwinde. 1966 wurden eine TSA, eine Tragkraftspritze R 75 und ein Trockenlöscher P 12 angekauft. 1979 Renovierung des Zeughauses und Ankauf eines KLF. 1981 Ankauf einer TS Automatik 80 VW Rosenbauer. 1974 Ankauf einer Sirene, im darauffolgenden Jahr wurde ein Sirenensteuerungsgerät angekauft. 1982 wurde die FF Trosselsdorf mit der Funkalarmierung ausgestattet. 1983 Ankauf eines mobilen und eines Handfunkgerätes (2-m-Band). Hauptleute seit der Gründung waren: Josef Wöckinger (1935–1938), Josef Legauer (1938 bis Kriegsbeginn), Johann Miesenberger (1949–1958), Johann Steigersdorfer (1958–1983) und Karl Larndorfer (seit 1983).

HBI Larndorfer K., OBI Horky A. (1970), AW Danninger J. (1959), AW Pum E. (1959), AW Raml F. (1972) — Bm Altreiter J. (1939), Fm Aufreiter F. (1977), Lm Aufreiter F. (1955), HFm Aufreiter J. (1946), HFm Aufreiter J. (1969), HFm Aufreiter J. (1977), Fm Babler A. (1982), Fm Bersmann W. (1983), Fm Brückl L. (1977), HFm Danner F. (1959), JFm Danninger G. (1982), Fm Danninger P. (1980), JFm Freller H. (1983), Fm Gangl J. (1983), JFm Grabner M. (1981), Lm Grabner R. (1945), Fm Grabner R. (1977), Bm Grubauer H. (1945), HFm Grubauer J. (1972), OBm Hofstadler J. (1935), HFm Hofstadler J. (1968), Hofstadler L. (1959), HFm Horky A. (1972), Fm Horky E. (1981), HFm Kaineder J. (1973), OLm Keineder J. (1946), HFm Klambauer J. (1973), Bm Klambauer J. (1939), Bm Klambauer P. (1935), Lm Leeb F. (1959), HFm Leeb F. (1980), Fm Leeb H. (1977), Fm Leeb H. (1979), Fm Leeb K. (1982), HFm Lengauer F. (1972), Bm Lengauer F. (1945), Fm Lengauer J. (1979), HFm Lengauer R. (1976), Lm Lengauer W. (1955), HFm Lengauer W. (1978), Fm Maier A. (1983), Lm Maier G. (1947), Fm Maier G. (1981), OFm Maier G. (1946), HFm Maier L. (1951), Fm Maier L. (1982), OLm Miesenberger J. (1955), PFm Miesenberger J. (1979), JFm Miesenberger M. (1983), JFm Miesenberger N., OLm Obermüller J. (1937), Bm Ortner J. (1946), HFm Ortner L. (1946), Fm Ortner M. (1977), HFm Penn A. (1961), JFm Penn Ch. (1981), OFm Penn G. (1975), OLm Penn J. (1946), Fm Penn J. (1982), JFm Penn M. (1983), OLm Prammer J. (1946), Bm Preining J. (1937), OLm Punzenberger E. (1977), OLm Rabner J. (1955), HFm Raml F. (1977), HFm Reichetzeder J. (1972), HFm Reichetzeder K. (1973), JFm Resch W. (1983), Fm Riepl B. (1978), Bm Riepl J. (1935), Fm Saminger K. (1977), Lm Samminger F. (1957), HFm Seitlinger J. (1963), E-BI Steigerstorfer J. (1946), OFm Steigerstorfer J. (1976), Fm Watzinger F. (1972), Fm Watzinger H. (1977), OLm Zarzer J. (1946), Fm Zarzer W. (1980)

FF UNTERWALD

Gegründet wurde die Freiwillige Feuerwehr Unterwald am 18. Dezember 1946, als die Gemeinde unter dem damaligen Bürgermeister Götzendorfer für diese Ortschaft eine Tragkraftspritze kaufte. Das Gründungskommando setzte sich zusammen aus Josef Steinmetz (Wehrführer), Josef Eilmsteiner (Stellvertreter), Anton Jiroch (Schriftführer), Josef Pachlatko (Kassier), Karl Navratil (Spritzenmeister), Johann Pachlatko (Gerätewart), Johann Laßlberger, Franz Pachlatko (beide Motorführer) und Johann Steininger (Rohrführer). Die Wehr zählte damals 22 Mitglieder. Etwa zwei Jahre später wurde mit dem Bau eines Feuerwehrdepots begonnen und unmittelbar danach auch das erste Fahrzeug gekauft, welches sich aber als nicht zweckmäßig erwies und deshalb ausgetauscht wurde. Im Jahre 1950 konnte dann das Zeughaus mit der Motorspritze und einer Zeughausglocke feierlich eingeweiht werden. Etwa zwei Jahre später errichtete man den ersten Löschteich in Unterwald. Im Jahre 1957 tätigte die Wehr den Ankauf einer neuen Motorspritze mit einem Anhänger, die im Jahre 1963 durch eine neue ersetzt wurde. Beim Landesbewerb in Freistadt (1967) konnte eine Gruppe erstmals das bronzene und silberne Feuerwehrleistungsabzeichen erringen. In den folgenden Jahren nahm die Leistungsgruppe sehr eifrig an diversen Leistungsbewerben teil und errang auch sehr gute Erfolge. 1976 wurden der Schlauchturm beim Feuerwehrhaus verlängert sowie eine Tankgrube errichtet.

HBI Laßlberger I. (1947), OBI Jung W. (1970) — Aufreiter O. (1954), Franz I. (1951), Holzheider J. (1969), Holzheider O. (1980), Laßlberger G. (1983), Laßlberger H. (1980), Laßlberger H. (1972), Laßlberger H. (1972), Laßlberger J. (1947), Laßlberger J. (1976), Laßlberger O. (1959), Lindorfer G. (1971), Pachlatko A. (1964), Pachlatko F. (1947), Pachlatko J. (1956), Pammer H. (1979), Plöchl A. (1978), Plöchl A. (1963), Plöchl A. (1947), Plöchl J. (1966), Plöchl J. (1982), Plöchl K. (1980), Pöchl J. (1980), Reindl F. (1971), Rudelstorfer L. (1950), Satzinger J. (1949), Schatzl F. (1969), Schatzl G. (1978), Schatzl J. (1969), Schatzl K. (1957), Steinecker A. (1973), Steinecker A. (1947), Steinecker A. (1976), Steinecker A. (1933), Steinecker G. (1971), Steinecker J. (1970), Steinecker J. (1947), Steinecker K. (1969), Steinecker M. (1969), Steininger F. (1947), Steininger J. (1969), Steininger J. (1947), Zeininger H. (1972)

FF UNTERWEISSENBACH

1876 berief Bürgermeister Michael Langthaler eine Versammlung der Marktbewohner ein und empfahl, eine freiwillige Feuerwehr zu gründen. Nach Genehmigung der Statuten durch die k. u. k. Statthalterei Linz wurde der Arzt Dr. Karl Achhorner zum ersten Feuerwehrhauptmann gewählt. Feuerlöschgeräte wurden in der Einfahrt des Bezirksgerichtes untergebracht. 1893 erfolgte die Gründung des Bezirksfeuerwehrverbandes Unterweißenbach, der vom damaligen Vereinsobmann Leopold Kern geleitet wurde. Zu dieser Zeit wurde auch in dem zu Unterweißenbach gehörenden Pfarrort Kaltenberg eine Feuerwehrfiliale gegründet. Um eine rasche Verständigung zu ermöglichen, wurde bereits 1894 eine Telefonverbindung zwischen beiden Orten hergestellt, die später nach Hackstock und Liebenau verlängert wurde. 1907 wurde die Filiale Kaltenberg selbständig. 1908 wurde anstatt des hölzernen Feuerwehrdepots ein Feuerwehrzeughaus errichtet. Das 50jährige Gründungsfest war Anlaß zum Kauf einer Schubleiter und einer Fahne, 1928 erhielt die Feuerwehr eine Motorspritze. 1948 bekam die Wehr einen Lkw amerikanischer Bauart, der für Feuerwehrzwecke umgebaut wurde. Seit 1974 erfolgte unter den Kommandanten Himmelbauer und Hausleitner eine komplette Neuausrüstung mit neuen Fahrzeugen und Geräten: 1974 ein neues TLF 2000 und 1980 ein Löschfahrzeug mit Bergeausrüstung, Funkgeräten, schwerem Atemschutz und einer neuen Tragkraftspritze. Vom LFK wurde 1982 ein Kleinrüstfahrzeug samt Ausrüstung übergeben.

HBI Hausleitner A. (1950), OBI Gerner A. (1961), OAW Reithmayr E. (1975), AW Kern F. (1951), AW Windischhofer F. (1967), BR Himmelbauer J. (1942) — Lm Ahorner J. (1956), OFm Berger F. (1979), Fm Böhm A. (1976), JFm Diesenreither A. (1982), JFm Diesenreither B. (1980), HFm Diesenreither J. (1977), OLm Diesenreither J. (1957), HLm Einfalt R. (1951), OLm Etzelstorfer A. (1972), HFm Etzlstorfer F. (1950), JFm Fichtinger H. (1982), HFm Freudenthaler F. (1955), Lm Fürst H. (1941), OBm Fürst J. (1941), Fm Fürst W. (1979), OFm Gerner H. (1979), HFm Griesbauer S. (1964), JFm Griesbauer S. (1982), Lm Grosser G. (1965), Bm Hackl J. (1953), Fm Hager J. (1982), E-HBI Haider F. (1938), HFm Haneder J. (1968), HFm Haslinger F. (1958), HLm Haslinger F. (1970), JFm Haslinger G. (1980), OFm Haslinger J. (1980), HBm Haslinger K. (1953), Lm Haunschmid R. (1941), OFm Hausleitner E. (1972), HFm Hennerbichler K. (1925), OLm Himmelbauer J. (1973), Fm Himmelbauer J. (1982), HFm Hochmuth H. (1949), HLm Ittensammer F. (1962), Lm Ittensammer J. (1970), HBm Jungwirth E. (1960), OLm Jungwirth E. (1932), Lm Kaltenberger F. (1972), HFm Kaltenberger G. (1976), JFm Kaltenberger M. (1982), OFm Kern G. (1981), Lm Kern G. (1972), Lm Kern H. (1960), HFm Ing. Kern W. (1967), OFm Klinger B. (1976), HLm Landskron E. (1943), HBm Landskron L. (1945), OFm Lasinger E. (1963), Lm Lasinger J. (1956), OLm Lehner F. (1953), Fm Lesterl I. (1957), HFm Lindner F. (1976), E-AW Mayrhofer F. (1923), HLm Moser F. (1969), Fm Moser F. (1979), Lm Naderer F. (1963), OFm Nötstaller F. (1979), Lm Peyrl H. (1958), Peyrl K. (1930), HFm Piererfellner J. (1969), OLm Reichard F. (1951), Lm Riedler H. (1973), Lm Rockenschaub E. (1969), HLm Scheuchenpflug K. (1969), Lm Starzengruber W. (1975), OLm Stellnberger F. (1952), HFm Stellnberger H. (1977), HLm Wagner F. (1969), Lm Wahlmüller F. (1969), Lm Walter O. (1960), OLm Wansch A. (1952), Bm Weiß E. (1949), Fm Wiesinger G. (1979), HBm Windischhofer F. (1964), JFm Windischhofer G. (1980), Lm Wurzer G. (1964), OFm Zaussinger A. (1942), HFm Zaussinger F. (1953), E-AW Zwittag E. (1934), E-OBI Zwittag F. (1942), Lm Zwittag K. (1968)

FF UNTERWEITERSDORF

Ein Großbrand in Radingdorf am 22. Juni 1900 war der Anlaß, in der Gemeinde Unterweitersdorf eine freiwillige Feuerwehr zu gründen. Aufgrund des Gemeinderatsbeschlusses vom 11. November 1900, in dem Bürgermeister Franz Maurer für die durchzuführenden Vorarbeiten bestimmt wurde, und der Bemühungen von Josef Binder, Johann Preinfalk und Georg Friedrich Graf von Dürkheim kam es am 21. Juli 1901 in Unterweitersdorf zur Gründungsversammlung. Noch im selben Jahr wurde ein Zeughaus in Massivbauweise erbaut, eine Handdruckspritze der Firma Gugg und die notwendigsten Geräte angekauft. 1906 wurde der Feuerwehr gemäß Gemeinderatsbeschluß vom 5. November 1905 ein Betrag von 1 000 Kronen bewilligt, wovon ein Mannschafts- und Gerätewagen sowie 30 Zwilchmonturen mit Arbeitshelmen angekauft wurden. Die erste Motorspritze der Firma Gugg wurde am 4. März 1931 angekauft. Im März 1945 wurde das Feuerwehrzeughaus von der deutschen Wehrmacht beschlagnahmt und als Vorratslager eingerichtet. Die Geräte wurden beim damaligen Kommandanten Leopold Plank notdürftig eingestellt. 1958 wurde der erste motorisierte Rüstwagen, ein Steyr A Typ, angekauft, welcher 1973 durch einen Ford Transit mit Vorbaupumpe ersetzt wurde.

HBI Wögerbauer J. (1955), OBI Wöcking H. (1966), AW Haslinger W. (1959), AW Jachs H. (1980), AW Wöckinger F. (1958), BI Pachner E. (1970) — Fm Abrandner G. (1979), HBm Abrandtner R. (1965), HBm Aichinger K. (1946), HFm Aichinger K. (1973), HFm Aistleitner F. (1958), Fm Aistleitner F. (1978), Lm Aistleitner F. (1935), E-BI Barnreiter F. (1939), HFm Barnreiter K. (1973), HFm Bauer F. (1951), Fm Brandstätter G. (1979), HFm Brandstetter R. (1974), HFm Dallinger M. (1965), Fm Donabauer S. (1983), HFm Dorninger F. (1934), OFm Falkner Ch. (1977), Fm Falkner W. (1977), Fm Freudenthaler J. (1980), HFm Ganhör L. (1949), HLm Glanzegg J. (1950), HFm Hametmer F. (1948), OFm Hametmer J. (1963), Fm Hametner K. (1977), Bm Hanl G. (1927), HFm Haslinger F. (1974), HFm Herzog J. (1950), E-BI Hiesl A. (1946), Fm Hiesl A. (1976), Fm Höflinger E. (1982), HFm Hofer R. (1972), E-BI Hofstadler J. (1951), Fm Jakob H. (1965), Bm Kapfer J. (1946), HFm Kapfer J. (1973), HLm Karlinger K. (1959), HLm Kellerer H. (1966), Lm Kneidinger F. (1964), HLm Kneidinger W. (1966), HFm Krieger F. (1933), Bm Krieger M. (1957), OLm Kürnsteiner L. (1963), HFm

Lehner F. (1949), PFm Lehner F. (1983), Fm Lehner G. (1978), Fm Lehner J. (1977), Lm Lehner J. (1958), Lm Lehner J. (1966), Fm Lehner M. (1982), Bm Lehner W. (1951), Lm Madlmayr R. (1934), OFm Madlmayr R. (1963), Bm Mayr J. (1952), HFm Müller G. (1923), HFm Nesser J. (1965), HFm Oyrer J. (1946), Fm Peterseil A. (1971), Fm Plank G. (1973), OFm Plank J. (1974), Bm Plank L. (1949), HFm Plank R. (1949), HFm Plank R. (1973), Lm Plöchl W. (1973), E-HBI Preinfalk R. (1948), Lm Preinfalk R. (1973), Lm Pröselmayr J. (1954), E-OBI Pröselmayr J. (1946), Fm Raffeteseder B. (1982), HFm Rammer H. (1950), Bm Schenkenfelder J. (1951), HFm Schmutz J. (1955), Bm Seir R. (1946), HBm Stiftinger F. (1952), HFm Stiftinger F. (1960), HLm Stiftinger K. (1952), Fm Stingeder E. (1977), Lm Strohmayer F. (1953), Lm Stütz E. (1929), OFm Taubinger K. (1972), Lm Thron J. (1957), PFm Tober J. (1983), HFm Wildberger F. (1952), Fm Wildberger G. (1977), HFm Winkler G. (1973), E-BI Wöcking F. (1926), Fm Wöcking F. (1983), HFm Wöckinger J. (1934), OFm Wögerbauer J. (1977), Lm Wolfinger J. (1963), HLm Zauner A. (1947)

FF WALDBURG

Die FF Waldburg wurde 1905 gegründet. Bis 1928 waren eine Handdruckspritze und ein Mannschaftswagen in Verwendung, die heute noch erhalten sind. 1928 wurde die erste Motorspritze angekauft. Seit 1933 besitzt die Wehr eine Feuerwehrfahne (Patin: Gräfin Grundemann-Falkenberg, Reichenthal). 1952 erfolgte der Neubau des Feuerwehrhauses im Gemeindegebäude. 1955 wurde ein Steyr-Lkw als erstes Feuerwehrfahrzeug angekauft, 1961 ein LLF Opel Blitz. Seit 1974 führt die Wehr eine Jugendgruppe. 1981 erfolgte der Ankauf eines Kommandobusses, ausgerüstet mit Funk, schwerem Atemschutz und Hitzeschutz. Die Kommandanten der Freiwilligen Feuerwehr Waldburg seit ihrer Gründung waren: Franz Riepl (1905–1923), Josef Wiesinger (1923–1931), Josef Glasner (1931–1936), Josef Wiesinger (1936–1946), Franz Glasner (1946–1961), Josef Wiesinger (1961–1978), Anton Schinagl (seit 1978).

HBI Schinagl A. (1968), OBI Denk F. (1979), AW Glasner J. (1968), AW Leonfellner R. sen. (1958), AW Manzenreiter J. (1970), BI Hartmann R. (1974), BI Kregl H. (1969) — HFm Bachl J. (1946), Fm Bachl J. (1980), Lm Bamberger E. (1975), HFm Bamberger J. (1956), HFm Bamberger J. (1978), JFm Binder K. (1982), Fm Blöchl F. (1977), Fm Blöchl K. (1976), HFm Bröslmayer H. (1953), HFm Denk E. (1958), HFm Desl E. (1946), Fm Desl K. (1976), HFm Eilmsteiner E. (1964), Fm Ing. Eilmsteiner E. (1979), JFm Eilmsteiner F. (1982), HFm Eilmsteiner J. (1966), OFm Eilmsteiner J. (1976), HFm Fischerlehner F. (1925), HBm Fischerlehner H. (1976), Fm Fischerlehner K. (1974), Fm Fischerlehner W. (1973), Fm Fleischanderl F. (1979), Fm Fragner-Lieb A. (1974), OFm Franz-Glasner G. (1975), OFm Franz-Glasner J. (1966), HFm Franz-Glasner M. (1952), HFm Freudenthaler E. (1946), OLm Freudenthaler M. (1947), Fm Frisch E. (1976), E-HBI Glasner F. (1924), HFm Gruber G. (1968), HFm Gruber J. (1975), HFm Hartmann R. (1950), Fm Hennerbichler J. (1974), HFm Hießl H. (1946), OFm Hießl H. (1975), HFm Hießl M. (1973), HFm Hintermüller H. (1940), HFm Hinum-Kellerer F. (1956), JFm Hochreiter H. (1980), HFm Hochreiter J. (1952), OFm Hochreiter J. (1976), OFm Hochreiter K. (1976), Lm Hofer E. (1974), HFm Hofer F. (1946), E-AW Hofer G. (1947), Fm Hofer G. (1975), HFm Hofer H. (1974), Fm Hofer K. (1974), Fm Hofer W. (1979), HFm Horner E. (1949), HFm Horner J. (1946), JFm Horner R. (1982), JFm Horner S. (1982), HFm Horner W. (1951), HFm Hütter F. (1924), Fm Katzmayr G. (1974), HFm Katzmayr J. (1948), Fm Kellerer G. (1977), HFm Kellerer-Pirklbauer F. (1957), Fm

Keplinger P. (1979), HFm Kernecker K. (1950), Fm Leitner E. (1981), HBm Leitner F. (1968), Fm Leitner H. (1981), Lm Leitner J. (1946), OFm Leitner J. (1978), HFm Lengauer H. (1946), HFm Lengauer K. (1953), Fm Lengauer K. (1979), Fm Lengauer M. (1979), HLm Leonfellner R. jun. (1974), HFm Mayr J. (1973), HFm Mörixbauer K. (1975), OFm Ortner A. (1980), HFm Ortner K. (1940), OFm Pilgerstorfer H. (1979), HFm Pirklbauer H. (1979), HFm Pirklbauer J. sen. (1956), Fm Pirklbauer J. (1982), OFm Pömer G. (1968), Fm Preslmaier H. (1978), HFm Preslmaier J. (1950), OFm Ing. Prückl A. (1974), E-OBI Prückl A. sen. (1946), Fm Prückl A. (1975), HBm Prückl H. (1968), HFm Prückl K. (1973), HFm Prückl L. (1946), HBm Prückl P. (1974), JFm Prückl W. (1981), HFm Pühringer J. (1959), HFm Reich F. (1950), Fm Reich H. (1973), Fm Rockenschaub F. (1976), HFm Ruhsam J. (1966), Fm Ruhsam K. (1979), Fm Ruhsam L. (1977), OLm Sandner J. (1982), JFm Sandner N. (1982), OFm Schaumberger A. (1974), HFm Schinagl A. (1952), OLm Schinagl M. (1974), OFm Schinagl P. (1975), Lm Schmitzberger Ch. (1978), HFm Schmitzberger K. (1930), OFm Schütz K. (1969), E-BI Schwandner N. (1950), HFm Schwarzenberger K. (1975), HFm Steinecker H. (1948), HFm Steininger G. (1955), OFm Steininger H. (1976), HFm Steininger H. (1975), OFm Stellnberger D. (1973), Fm Strauß J. (1982), HFm Übermasser H. (1925), HFm Wagner H. (1930), HFm Weichselbaum F. (1961), HFm Weißengruber J. (1958), E-HBI Wiesinger J. (1946), HFm Wolf J. (1935)

FF WARTBERG OB DER AIST

Im Dezember 1885 kam es zur Gründung des Freiwilligen Feuerwehrvereins. Schon vor 1840 waren einige beherzte Männer zur Brandbekämpfung zusammengetreten; 1850 hatten sie eine alte hölzerne Spritze ohne Saugvorrichtung erhalten. Am 14. August 1938 wurde gemäß dem Deutschen Feuerpolizeigesetz die FF Wartberg ob der Aist aufgelöst und nach rechtskräftigen Bestimmungen ein Löschzug der FF Pregarten. Als Löschzugführer fungierte Josef Treu. Ein Wehrmachtsauto (Phänomen) wurde 1945 zu einem Rüstfahrzeug umgebaut. Die Neuordnung der Feuerwehren trat erst 1948 ein. Erster Obmann der FF Wartberg war Alfons Blasenbauer. 1949 wurde Johann Kern, Zimmermeister, zum Obmann gewählt. Am 31. Mai 1958 wurde Josef Bachinger Feuerwehrkommandant. 1961 wurde unter Kommandant Bachinger das jetzige Zeughaus errichtet, ein neues Rüstfahrzeug sowie eine Motorspritze wurden angeschafft. Am 5. Oktober 1968 wurde Kommandant Josef Bachinger zum Abschnittskommandanten des Feuerwehrabschnittes Pregarten gewählt. 1975 wurde ein VW-Kombi-Bus zum Kommandofahrzeug umgebaut. Weiters wurde die Feuerwehr mit Funkgeräten ausgerüstet. 1978 übernahm Leopold Brandstetter die Kommandantenstelle. 1979 wurde ein gebrauchtes Tanklöschfahrzeug erworben.

BR Brandstetter L. (1943), OBI Leutgeb S. (1958), AW Meier H. (1974), AW Meier J. (1968), AW Schinnerl R. (1967), AW Wolfinger F. (1947), BI Brandstetter L. (1976), BI Haneder R. (1972) — HBm Auer J. (1958), E-BR Bachinger J. (1949), OFm Bauer J. (1981), E-OBI Blasenbauer A. (1933), Lm Bodingbauer F. (1954), OLm Bodingbauer J. (1968), OLm Bodingbauer J. (1967), HFm Bodingbauer K. (1966), OFm Brandstetter W. (1976), HFm Dinghofer L. (1959), JFm Dobusch H. (1981), E-BI Eibensteiner A. (1946), HFm Eibensteiner F. (1947), OLm Eibensteiner J. (1966), HBm Eibensteiner J. (1968), JFm Estl B. (1981), HFm Fitzinger H. (1961), JFm Fitzinger H. (1981), PFm Frühwirth R. (1973), HFm Fuchs J. (1964), HFm Gerl K. (1961), OFm Grandl J. (1937), HFm Grasböck F. (1958), JFm Grasböck J. (1981), OLm Hametner L. (1948), HFm Hametner M. (1976), HFm Hiesel K. (1981), HFm Hiesl A. (1946), OFm Hiesl P. (1978), JFm Hofer A. (1982), HFm Kainz H. (1962), OFm Kathofer E. (1974), Kathofer G. (1974), Lm Kathofer W. (1971), E-HBI Kern J. (1925), HFm Kitzler R. (1951), OLm Koppensteiner A. (1921), OFm Kosel G. (1971), HFm Kuttner F. (1948), HFm Kuttner K. (1960), HFm Lehner A. (1974), HFm Lehner J. (1959), Lm Leitner J. (1955), HFm Leutgeb J. (1974), HFm Marksteiner A. (1956), Fm Mayrhofer A. (1973), HFm Mayrhofer L. (1962), OFm Patzer J. (1948), HFm Pirchenfellner R. (1965), HFm Prokschi J. (1956), HFm Sacher J. (1972), HFm Scheuchenegger J. (1961), OLm Scheuchenegger K. (1951), Lm Schinnerl L. (1933), HFm Schützeneder H. (1973), HFm Schützeneder H. (1960), HFm Siegl F. (1962), HFm Siegl J. (1960), HFm Siegl J. (1962), Fm Sigl J. (1979), JFm Sigl K. (1981), HFm Stanger J. (1967), Fm Stegfellner J. (1948), Fm Stegfellner J. (1949), HFm Steglehner F. (1958), Bm Steglehner F. (1953), HFm Steinbauer F. (1960), Bm Steininger J. (1956), E-AW Tauber K. (1971), JFm Tauber R. (1981), Lm Undesser F. (1953), OFm Wagner F. (1956), OFm Wagner J. (1951), HFm Weichselbaumer J. (1966), OFm Wirtl J. (1978), HFm Wittberger L. (1967), OLm Wizany J. (1968), HFm Wolfinger J. (1963), HFm Wolfinger S. (1970), HFm Ziegler J. (1968)

FF WEITERSFELDEN

Bereits ein Jahr nach der am 13. März 1884 erfolgten Gründung zählte die FF Weitersfelden 43 Mitglieder. Laut Jahresbericht 1888 bestand die damalige Ausrüstung aus zwei großen Spritzen und einer Handspritze. Am 14. Januar 1894 wurde die Filiale Harrachstal gegründet. Ein Jahr später wurde in Weitersfelden eine Unterstützungskasse für bei Bränden geschädigte Ortsbewohner eingerichtet. Zu Anfang dieses Jahrhunderts hatte die Feuerwehr bereits eine Sanitätsabteilung. 1936 konnte der erste Rüstwagen für die Beförderung der Motorspritze und der nötigen Mannschaft angeschafft werden. 1955 wurde das jetzige Zeughaus erbaut und 1956 eingeweiht. Im selben Jahr wurde auch ein neuer Löschteich angelegt. Im Laufe der Zeit wurden von den Kameraden viele Kurse besucht, so daß der Ausbildungsstand und die Schlagkraft ständig erhöht werden konnten. Dies wurde nicht zuletzt durch die Teilnahme der aktiven Gruppen an Wettbewerben erreicht. Seit der Gründung der Freiwilligen Feuerwehr Weitersfelden standen folgende Hauptleute der Wehr vor: Ludwig Pollak (1884–1888), Heinrich Reknagel (1888–1911), Johann Hahn (1911–1935), Rudolf Leopoldseder (1935–1946), Ludwig Riepl (1946–1968), Gerold Ruhaltinger (1968–1981) und Walter Rockenschaub (seit 1981).

HBI Rockenschaub W. (1956), OBI Neulinger J. (1970), AW Bauer J. (1945), AW Guschlbauer J. (1978), AW Pfuntner H. (1967), BI Grabner F. (1945), BI Ruhaltinger G. (1949) — OFm Achleitner H. (1949), PFm Affenzeller F. (1981), Fm Affenzeller J. (1976), HFm Affenzeller J. (1948), Fm Affenzeller K. (1976), PFm Aglas J. (1973), OLm Ahorner H. (1973), Lm Atteneder F. (1928), PFm Bauer J. jun. (1972), PFm Bindreiter H. (1975), PFm Bucheger L. (1975), Fm Daniel O. (1949), PFm Diesenreiter G. (1968), Lm Diesenreiter G. (1978), Fm Edelmayr J. (1976), Fm Felkl A. (1968), Fm Frühwirth J. (1968), OFm Frühwirth L. (1965), Fm Frühwirth O. (1976), PFm Dipl.-Ing. Götzel M. (1976), OFm Grabner A. (1968), OFm Grabner F. (1973), Fm Grabner G. (1976), OFm Grabner K. (1931), PFm Grünberger H. (1983), OLm Grünberger J. (1959), HBm Guschlbauer G. (1973), Lm Guschlbauer J. (1938), Lm Gutenbrunner W. (1981), Fm Hackl K. (1968), HFm Hackl M. (1975), OLm Hahneder L. (1959), OFm Haider K. (1972), Fm Hennerbichler A. (1946), Lm Herzog A. (1953), Lm Herzog I. (1953), Fm Hietler J. (1980), OFm Himmelbauer J. (1946), Hinterreiter A. (1959), Lm Höbart J. (1949), Bm Höbart J. (1968), PFm Höller J. (1975), PFm Hölzl J. (1973), Fm Hölzl J. (1973), Fm Honeder J. (1961), PFm Irrer K. (1975), PFm Jungwirth F. (1975), PFm Kaltenberger F. (1975), Dr. Kammerer A. (1957), Lm Koppenberger F. (1954), Fm Kreisel J. (1948), PFm Kreisel J. (1973), Fm Lasinger E. (1931), OFm Leopoldseder F. (1926), OLm Leopoldseder F. (1948), Fm Leopoldseder J. (1949), Fm Leopoldseder K. (1952), Fm Leopoldseder W. (1980), PFm Ludwiczek W. (1979), PFm Manzenreiter A. (1973), HFm Mayrhofer L. (1973), Lm Müller H. (1954), Lm Neulinger J. (1938), Lm Nötstaller F. (1953), Bm Peherstorfer E. (1978), Fm Preßler O. (1945), OFm Priemetzhofer F. (1952), OFm Puchner W. (1949), PFm Reichhart J. (1981), Lm Rockenschaub J. (1954), Fm Ruhaltinger N. (1968), Ruhaltinger J. (1958), OLm Schaller J. (1949), Fm Schatzl E. (1969), Fm Schatzl F. (1948), HFm Seirl K. (1925), PFm Stöger L. (1948), HFm Stöger L. (1948), OLm Stöger O. (1948), PFm Stütz E. (1971), PFm Stütz F. (1971), Fm Tober O. (1980), OFm Tober S. (1978), Fm Tondl F. (1973), HBm Tondl F. (1927), PFm Walch J. (1979), OFm Wansch F. (1980), OFm Wansch F. (1980), OLm Wögerer F. (1968), OFm Wögerer F. (1968), Fm Wögerer K. (1933)

FF WIENAU

Gegründet wurde die Freiwillige Feuerwehr Wienau am 2. Juli 1922. Ihre bisherigen Kommandanten waren: HBI Johann Himmelbauer (1922–1939), HBI Karl Himmelbauer (1946–1953), HBI Anton Schatzl (1953–1973), HBI Franz Pöchinger (1973–1984), Friedrich Reithmayr (seit 1984). 1958 erfolgte der Bau des Zeughauses, 1970 der Kauf eines Feuerwehranhängers und 1983 der Kauf eines gebrauchten Feuerwehrautos.

HBI Reithmayr F. (1967), OBI Haunschmied F. (1976) — Aistleitner H. (1978), Aistleitner J. (1980), Aistleitner J. (1946), Aistleitner J. (1973), Aistleitner M. (1947), Biermeier E. (1964), Biermeier F. (1973), Brunner J. (1968), Brunner K. (1949), Brunner K. (1969), Buchmayr R. (1960), Dumhard J. (1978), Eibensteiner J. (1972), Gutenbrunner A. (1974), Gutenbrunner W. (1966), Guttenbrunner G. (1977), Guttenbrunner G. (1977), Guttenbrunner J. (1946), Hackl A. (1946), Hackl A. (1975), Hackl J. (1962), Hackl J. (1982), Hackl J. (1949), Hackl K. (1968), Hackl K. (1982), Hackl K. (1973), Hackl O. (1979), Hahneder F. (1965), Haunschmid J. (1978), Haunschmied F. (1949), Haunschmied G. (1954), Haunschmied I. (1955), Haunschmied I. (1946), Haunschmied J. (1955), Hennerbichler J. (1949), Hennerbichler J. (1975), Herzog G. (1982), Herzog U. (1967), Himmelbauer K. (1946), Irrer A. (1982), Irrer K. (1982), Kaltenberger I. (1965), Kaltenberger J. (1977), Kreindl J. (1973), Kreindl J. (1967), Krindl J. (1973), Leutgeb A. (1967), Leutgeb A. (1982), Mühlbachler F. (1973), Mühlbachler J. (1973), Mühlbachler J. (1946), Nöststaller J. (1958), Pilz M. (1980), Pöchinger F. (1958), Pöchinger F. (1973), Dr. Polak K. (1983), Preining G. (1982), Puchner G. (1976), Puchner H. (1965), Puchner H. (1982), Puchner J. (1922), Reitmaier A. (1955), Reitmaier A. (1974), Riepl J. (1968), Schatzl J. (1946), Schöfer K. (1964), Stellnberger A. (1957), Stellnberger F. (1980), Stellnberger G. (1979), Stellnberger M. (1982), Stöckegger A. (1971), Stöcklegger A. (1949), Stöger K. (1969), Stütz A. (1981), Stütz A. (1964), Stütz A. (1981), Stütz A. (1983), Stütz F. (1933), Stütz F. (1971), Stütz J. (1978), Stütz J. (1949), Stütz J. (1976), Stütz J. (1922), Wirtl I. (1946)

FF WINDHAAG BEI FREISTADT

Nach zwei Bränden des Marktes Windhaag (1841 und 1872) wurde 1882 von der Marktkommune aus Marktgeldern eine gebrauchte Feuerspritze, die vorher im oö. Landhaus verwendet worden war, angekauft. Dies war der Anlaß, daß 1884 die Gründung der FF Windhaag erfolgte. Der erste Wehrführer war Oberlehrer Pannholzer. Die FF Windhaag umfaßt die Ortschaften Piberschlag, Oberwindhaag, Mairspindt und den Markt Windhaag. 1882 wurde die erste Handspritze angekauft, 1888 die zweite. 1929 wurde die erste Motorspritze erworben, 1962 die zweite. Als Einsatzfahrzeug wurde nach dem Zweiten Weltkrieg ein Kriegsrelikt der Amerikaner verwendet. Seit 1972 ist ein Löschwagen mit Vorbaupumpe vorhanden. Die Feuerwehrfahne stammt aus 1929. 1964 fand die Spritzen- und die Zeughausweihe statt. 1973 wurde der Löschwagen geweiht. Eine Besonderheit der FF Windhaag ist die vereinsinterne Feuerwehrmusikkapelle, die seit 1898 besteht.

HBI Puchmayr I. (1952), OBI Bauer E. (1959) — Affenzeller A. (1974), Affenzeller F. (1933), Affenzeller J. (1947), Affenzeller J. (1959), Affenzeller J. (1969), Affenzeller J. (1975), Affenzeller J. (1965), Affenzeller J. (1972), Affenzeller J. (1977), Affenzeller K. (1953), Affenzeller K. (1954), Affenzeller K. (1965), Affenzeller P. (1930), Affenzeller T. (1983), Anzinger L. (1953), Aufreiter J. (1953), Aufreiter J. (1983), Aufreiter L. (1980), Bauer J. (1970), Brezina G. (1959), Brezina R. (1978), Chalupar J. (1961), Chalupar J. (1974), Deubl S. (1965), Eckmüller H. (1982), Eckmüller O. (1974), Edlbauer F. (1953), Eilmsteiner M. (1965), Elmecker R. (1971), Fenzl J. (1947), Fenzl E. (1974), Fenzl J. (1950), Fenzl J. (1965), Fenzl J. (1976), Fenzl W. (1972), Filas H. (1979), Filas W. (1961), Fitzinger E. (1969), Fleischanderl A. (1980), Friesenecker A. (1973), Friesenecker F. (1982), Friesenecker H. (1979), Friesenecker H. (1983), Friesenecker J. (1953), Friesenecker J. (1953), Friesenecker J. (1974), Friesenecker J. (1983), Friesenecker J. (1940), Friesenecker J. (1951), Friesenecker J. (1956), Friesenecker J. (1979), Friesenecker K. (1953), Friesenecker K. (1972), Friesenecker L. (1982), Friesenecker R. (1963), Friesenecker R. (1961), Friesenecker S. (1947), Friesenecker S. (1975), Fröller K. (1979), Gaffal H. (1963), Gattringer E. (1965), Gattringer J. (1978), Gattringer J. (1949), Glasner E. (1953), Glasner J. (1969), Glasner R. (1965), Gratzl E. (1947), Haider J. (1953), Haider J. (1979), Hartl B. (1973), Hartl S. (1953), Hartl S. (1983), Haunschmied J. (1949), Haunschmied O. (1979), Hinterdorfer K. (1971), Hinterleitner F. (1979), Hinterleitner M. (1983), Hirnschrodt J. (1969), Holzmüller G. (1981), Holzmüller W. (1965), Jachs E. (1984), Jachs J. (1976), Jachs M. (1973), Jachs R. (1968), Klampfer F. (1967), Klopf H. (1976), Kohlberger L. (1948), Kohlberger M. (1983), Kregl F. (1953), Kregl R. (1965), Kregl W. (1966), Kregl W. (1976), Kroiher M. (1978), Kugler J. (1980), Larndorfer E. (1967), Larndorfer H. (1972), Larndorfer S. (1981), Laßlberger J. (1953), Mayer A. (1963), Mayer H. (1964), Miesenböck L. (1950), Misenböck H. (1979), Neunteufel J. (1953), Niederberger A. (1954), Niederberger A. (1974), Oberreiter G. (1982), Oberreiter G. (1982), Pachinger J. (1957), Palser H. (1972), Palser K. (1969), Pammer M. (1979), Papelitzky F. (1968), Papelitzky H. (1962), Perlesreiter P. (1976), Pfeifer A. (1975), Pflügl G. (1982), Pflügl I. (1974), Pilgerstorfer F. (1979), Pilgerstorfer F. (1953), Pilgerstorfer F. (1959), Pilgerstorfer H. (1973), Pilgerstorfer J. (1973), Pilgerstorfer W. (1980), Pirklbauer E. (1962), Pirklbauer F. (1947), Pirklbauer-Eder F. (1982), Pleßberger F. (1969), Pointner M. (1959), Priemetzhofer J. (1957), Primetzhofer I. (1922), Primetzhofer W. (1964), Puchmayr F. (1954), Puchmayr G. (1981), Puchmayr H. (1974), Puchmayr H. (1974), Puchmayr J. (1972), Puchmayr W. (1981), Quaß A. (1951), Quaß A. (1982), Quaß F. (1974), Quaß J. (1953), Quaß K. (1981), Reichensdorfer H. (1949), Reichenstörfer H. (1965), Reindl F. (1975), Reindl G. (1972), Reindl J. (1975), Riepl E. (1975), Rinösl F. (1948), Ripl E. (1982), Roiß H. (1947), Dr. Roiß H. (1978), Rudelsdorfer F. (1973), Rudelsdorfer H. (1970), Rudelstorfer F. (1948), Rudelstorfer S. (1947), Schaubmayr J. (1970), Schaufler J. (1948), Schaufler J. (1979), Schaufler S. (1982), Schimböck J. (1971), Schmid K. (1980), Schmied K. (1953), Schmoll F. (1965), Schmoll J. (1926), Seiberl F. (1962), Seiberl F. (1978), Seiberl J. (1946), Seiberl J. (1959), Seiberl J. (1983), Seitz F. (1946), Seitz F. (1972), Sengstschmied E. (1955), Sengstschmied J. (1926), Sengstschmied W. (1979), Sicher J. (1946), Spörker F. (1971), Spörker J. (1973), Steidl J. (1938), Steidl J. (1971), Steinmetz B. (1953), Tischberger H. (1946), Tischberger H. (1971), Traxler A. (1972), Traxler F. (1953), Traxler F. (1965), Traxler H. (1962), Traxler J. (1968), Traxler J. (1933), Traxler K. (1947), Traxler K. (1979), Traxler L. (1948), Viereder F. (1983), Weilguny G. (1973), Wieser J. (1953), Winter A. (1972), Winter A. (1972), Zeinlinger J. (1959), Zeinlinger K. (1965), Zeitlhofer K. (1948)

FF WULLOWITZ

Wullowitz gehört zur Gemeinde Leopoldschlag und wurde vor und während des Krieges von der Feuerwehr des nahen Marktes Unterhaid (heute ČSSR) betreut. Als nach dem Krieg die Grenze zwischen Österreich und dem Sudetenland geschlossen wurde, mußten sich die Besitzer von Wullowitz ernstlich mit der Gründung einer eigenen Feuerwehr befassen. Die Wege waren schlecht, und die Entfernung zum Markt Leopoldschlag betrug 6 km; bei Pferdezug wären lange Anfahrtszeiten zu berücksichtigen gewesen. Also ging man an die Gründung einer Wehr. Die Gründer waren Anton Preinfalk, Franz Duschlbauer, Johann Wagner (Spender des Grundes für das Feuerwehrzeughaus), Josef Klopf und Johann Greul. Man kann das hervorragende Organisationstalent der Gründer in diesen schwierigen Zeiten nur bewundern. Bereits am 4. Mai 1946 war es möglich, eine Motorspritze und ein neu erbautes Zeughaus durch Pfarrer Etzelsdorfer und Bürgermeister Fleischanderl einweihen zu lassen. Zum Feuerwehrbereich Wullowitz gehören die Dörfer Stiegersdorf, Leitmannsdorf, Eisenhut und Wullowitz. Der Pflichtbereich erstreckt sich auf das gesamte Gemeindegebiet von ca. 3 000 km² Größe. Unter Kommandant Anton Preinfalk wurde im Mai 1946 eine Tragkraftspritze DKW angeschafft. Unter Kommandant Durstberger wurden die FF-Kameraden auf Lehrgänge geschickt und das Leistungsabzeichen in Bronze erworben. Unter Kommandant Karl Preinfalk wurde ein Tragkraftspritzenanhänger gekauft und der Schlauchturm mit Eternit verkleidet. Unter Kommandant Herbert Wiederstein wurde 1969 auf ein KLF, Marke Jeep mit Heckpumpe, umgerüstet, 1982/83 wurde die Funkalarmierung installiert, 1983 eine neue VW-Supermat-Tragkraftspritze angekauft. 1984 Ankauf eines KLF Marke Ford Transit.

HBI Wiederstein H. (1958), OBI Duschlbauer G. (1973), AW Linhart F. jun. (1958), AW Rudlsdorfer J. (1965), AW Schimpl J. (1953) — Lm Durstberger M. (1950), OFm Duschlbauer F. (1973), Lm Duschlbauer F. (1951), Fm Duschlbauer F. (1973), OFm Eilmsteiner J. (1970), OLm Fleischanderl A. (1953), OFm Fleischanderl F. (1980), Lm Fleischanderl K. (1946), OFm Fleischanderl K. (1980), OFm Goldmann F. (1969), OFm Greul F. (1946), OLm Greul J. (1946), Fm Haun K. (1981), Fm Helml M. (1981), OFm Höller F. (1974), Lm Höller H. (1954), OFm Holler J. (1977), Lm Koller F. (1975), OFm Koller F. (1973), Lm Koller H. (1980), OFm Koller H. (1973), Fm Koller J. (1982), Lm Koller J. (1946), OFm Krenauer G. (1982), Lm Krenauer K. (1952), OFm Krügl K. (1947), OFm Linhart F. (1946), Fm Linhart F. jun. (1984), OFm Payer A. (1971), Fm Pils W. (1969), Bm Preinfalk A. (1951), OFm Preinfalk A. jun. (1973), OFm Preinfalk J. (1953), OFm Preinfalk R. (1973), Fm Preinfalk R. (1980), Fm Preinfalk W. (1973), OFm Preinfalk W. (1980), Fm Reisinger J. (1946), OFm Reisinger J. (1969), OFm Ripota J. (1980), OFm Ripota K. (1946), Fm Rudlstorfer K. (1946), Fm Schimpl J. (1973), Fm Schimpl M. (1976), Lm Schmidt F. (1946), Fm Schmidt F. (1973), Fm Schmidt H. (1968), Fm Schöllhammer H. (1970), Fm Singer A. (1967), Lm Steinbichl F. (1946), OFm Steininger F. (1969), OFm Steininger F. (1980), Fm Ulmann A. (1980), Fm Weidinger W. (1980), OFm Wiederstein E. (1980), Fm Wiederstein F. (1973), Fm Wiederstein H. jun. (1973), Fm Wöß J. (1969)

FF ZEISS

Die Freiwillige Feuerwehr Zeiß wurde am 30. Juni 1935 gegründet. Ihr erster Kommandant war der Schmiedemeister Ludwig Übermasser aus Schwandtendorf. Die Wehr zählte im Jahr der Gründung 27 Mitglieder. Das Feuerwehrhaus befand sich damals beim Hause Aumeier in Schwandtendorf. Die ersten Ausrüstungsgegenstände waren ein Tragkraftspritzenwagen für Pferdevorspann und eine den damaligen Verhältnissen entsprechende Tragkraftspritze sowie C-Schläuche. Im Jahr 1961 wurden eine neuartige Tragkraftspritze R VW 75 und die dafür notwendigen B-Schläuche gekauft. Im Jahr 1974 erfolgte die Anschaffung bzw. der Selbstum- und -aufbau eines gebrauchten Kleinlastkraftwagens (Ford Transit) zu einem Kleinlöschfahrzeug. 1975 Umwidmung des früheren Kühlhauses zum derzeitigen Feuerwehrhaus, das sich in geeigneter, zentraler Lage in Kronast befindet. In den folgenden Jahren kam es zur Errichtung einer Schlauchschrägaufhängung als Ersatz für einen kostspieligen Schlauchturm, zur Anschaffung eines mobilen Funkgerätes (2-m-Band), zweier Handsprechfunkgeräte (11-m-Band), einer Schiebeleiter, dreier schwerer Atemschutzgeräte samt Reserveflaschen und als größte finanzielle Anschaffung im Jahr 1982 zum Ankauf eines neuen Kleinlöschfahrzeuges (VW LT 35) mit Differentialsperre und den Baurichtlinien entsprechender Ausstattung. Die Kommandanten der Wehr seit ihrer Gründung waren: Ludwig Übermasser (1935–1938), keine Wehr in der Kriegszeit (1938–1948), Josef Zwettler (1949–1959), Friedrich Maurer (1959–1968), Siegfried Rammel (1968–1973), Johann Weglehner (1973–1983), Franz Zarzer (ab 1983).

HBI Zarzer F. (1959), OBI Weglehner M. (1966), AW Maurer F. (1979), AW Waldhör F. (1952), AW Weidinger K. (1972), BI Reindl K. (1965) — OLm Affenzeller A. (1966), OLm Affenzeller J. (1935), HFm Ahorner K. (1968), Fm Bauer J. (1980), HFm Bauer R. (1976), Fm Brandstetter H. (1979), OFm Danninger F. (1979), OFm Denk L. (1975), OLm Denk R. (1938), Fm Duschlbauer J. (1975), Fm Duschlbauer M. (1979), OLm Friesenecker K. (1946), OFm Gierer F. (1976), HFm Grabner F. (1968), Fm Grabner J. (1974), OLm Graubauer E. (1954), PFm Greslehner E. (1983), Lm Grill F. (1965), PFm Grill F. (1983), OLm Gubo F. (1953), OFm Gubo F. (1979), Fm Guschlbauer J. (1975), Fm Heinzl H. (1975), OFm Hofstadler F. (1973), Lm Hofstadler J. (1965), Fm Kappl H. (1975), Fm Kappl W. (1975), Fm Kranerwitter J. (1975), OLm Kranewitter L. (1947), OFm Landl A. (1979), OLm Leitner A. (1939), PFm Leitner F. (1983), OFm Leitner G. (1976), Fm Martetschläger A. (1975), OFm Martetschläger F. (1972), Fm Martetschläger J. (1977), Fm Martetschläger O. (1975), Fm Mayr J. (1968), HFm Miesenberger K. (1968), Fm Miesenberger K. (1976), PFm Mühlbachler F. (1983), Lm Neumüller F. (1975), Fm Pflügl J. (1979), OLm Pirklbauer F., OLm Pirklbauer G. (1950), Fm Pirklbauer H. (1977), PFm Pirklbauer J. (1983), Lm Poscher A. (1965), OLm Poscher J. (1935), HBm Rammel S. (1961), PFm Reindl J. (1983), PFm Riedl G. (1983), OLm Riedl M. (1945), OBm Riedl W. (1965), HFm Schäfler W. (1970), OLm Schinagl J. (1951), OFm Schläger A. (1959), Lm Seir A. (1976), Lm Stadler L. (1959), PFm Stadler G. (1983), OFm Überegger A. (1977), Fm Überegger R. (1979), OLm Übermasser H. (1943), OFm Übermasser R. (1972), PFm Waldhör Ch. (1983), HFm Waldhör F. (1968), OFm Waldhör G. (1975), E-HBI Weglehner J. (1938), HBm Weidinger H. (1979), Fm Weidinger K. (1979), HFm Zarzer H. (1968), OLm Zarzer J. (1966), OLm Zarzer M. (1950), Lm Zwettler A. (1961), E-AW Zwettler A. (1937)

FF ZULISSEN

Die FF Zulissen wurde im Jahr 1891 gegründet, nachdem bereits 1877 eine Handspritze von der Agrargemeinschaft (Ortscommune) Zulissen angekauft worden war. Das erste Kommando bestand aus Alois Deibl, Wehrführer, Johann Preinfalk, Stellvertreter, Florian Barbl, Adjutant, Franz Kutschera, Schriftführer, Peter Koller, Kassier, und Josef Magerl, Zeugwart. Der Erste Weltkrieg ging an der Organisation nicht spurlos vorüber. Michael Duschlbauer stand dem alternden Kommandanten Deibl helfend zur Seite und übernahm 1926 die Geschicke der Wehr. Eine neue Zeit brach an. 1931 wurde eine Motorspritze angekauft. 1933 wurde ein neues Zeughaus gebaut. Am 23. Februar 1938 wurde die Feuerwehr eine Körperschaft öffentlichen Rechts. Am 17. Juli 1938 durch die NSDAP gesetzlich aufgelöst, bestand die Wehr als Zug VII weiter. 1945 wurde Michael Duschlbauer (Röbl) Wehrführer. Durch Feuerwehrfeste wurde Geld für Ausbildung und Materialergänzung aufgetrieben. Am 22. August 1948 war das erste Waldfest am Zulisser Berg. 1949 kam die Wehrführung wieder zum Hansbauernhaus. Kommandant wurde Alois Duschlbauer. Johann Floh (Danner) wurde im April 1956 mit der Kommandostelle betraut. Eine neue Motorspritze RVW 75 wurde angekauft und der Rüstwagen auf Traktorzug umgebaut. Johann Floh amtierte bis 1963 und wurde von Josef Weinzinger abgelöst. Die Waldfeste wurden wieder eingeführt und mit dem Geld die Erneuerung der Dachhaut auf dem Zeughaus begonnen. Am 13. Mai 1973 wurde Franz Preinfalk zum Kommandanten gewählt. 1974 wurden ein Löschwasserbehälter (50 m³) gebaut sowie eine Alarmsirene und Funkgeräte erstanden. Ein gebrauchtes Löschfahrzeug wurde 1979 eingestellt. 1983 wurde beschlossen, ein neues KLF zu kaufen, das 1984 geliefert wurde.

HBI Preinfalk F. (1962), OBI Duschlbauer F. (1975), AW Kohlberger F. (1973), AW Kollberger F. (1946), AW Mühleder W. (1974), BI Stoiber G. (1971) — OFm Barbl O. (1980), Fm Bruckmüller K. (1968), Lm Brunner F. (1930), HFm Brunner F. (1964), Lm Deibl H. (1973), E-HBI Duschlbauer A. (1937), Lm Duschlbauer B. (1973), HFm Duschlbauer F. (1971), OFm Duschlbauer G. (1979), OLm Duschlbauer J. (1958), HFm Duschlbauer J. (1964), OFm Duschlbauer J. (1972), E-HBI Duschlbauer M. (1921), OFm Duschlbauer M. (1980), Lm Freudenthaler A. (1956), HFm Freudenthaler G. (1964), Lm Freudenthaler W. (1967), OFm Haghofer H. (1980), HLm Haghofer J. (1946), Lm Haghofer J. (1973), OLm Haghofer J. (1950), OFm Haghofer M. (1980), Lm Haghofer S. (1976), HLm Haider H. (1952), OFm Haider R. (1980), Lm Kalupar H. (1971), HFm Kapl F. (1964), Lm Kienzl F. (1973), HFm Kienzl J. (1965), HLm Kohlberger F. (1948), OLm Kohlberger J. (1946), HFm Kolberger F. (1972), OBm Kolberger J. (1946), Lm Kollberger A. (1975), OFm Kollberger J. (1980), HBm Lackinger J. (1930), HFm Landl F. (1962), Lm Landl J. (1970), OLm Leitgeb E. (1956), OFm Leitgeb F. (1978), OFm Lengauer F. (1973), OFm Lengauer J. (1978), OLm Mühleder F. (1947), Lm Mühleder F. (1969), HFm Mühleder F. (1967), HBm Mühleder H. (1972), HFm Neubauer E. (1965), Lm Neubauer J. (1952), HFm Pils J. (1962), Lm Pinner J. (1957), HFm Preinfalk A. (1965), OBm Preinfalk F. (1927), Lm Preinfalk W. (1964), HLm Reisinger A. (1948), HFm Reisinger E. (1972), HFm Reisinger F. (1965), OFm Reisinger J. (1972), E-OBI Steininger J. (1959), Lm Wagner A. (1973), Lm Wagner G. (1970), OFm Wagner J. (1972), OLm Wagner L. (1959), E-HBI Weinzinger J. (1948), Lm Weinzinger J. (1975), Fm Winter Ch. (1980), Fm Wunderlich E. (1979)

FBtF A. HABERKORN, FREISTADT

Anton Haberkorn gab 1940 Georg Rammer den Auftrag, eine freiwillige Betriebsfeuerwehr zu gründen. Im Laufe der Jahre gehörten der Wehr 70 Mann an. Die erste Pumpe RW 80 wurde noch im Gründungsjahr angeschafft, das erste Fahrzeug war 1969 ein KLF VW 23, das in Eigenregie ausgebaut wurde. Von 1940 bis 1962 waren die Feuerlöschgeräte im Keller der Halle 8 untergebracht, seit 1962 besitzt die Wehr ein Feuerwehrhaus. Als Großeinsatz ist vor allem der Sturm hervorzuheben, der 1957 die Dächer mehrerer Betriebsgebäude abtrug. Die derzeitige Ausrüstung besteht aus: 1 KLF VW 23, 1 Pumpe VW 75 Automatik, 1 schwere Atemschutzausrüstung, 1 Mittelschaumausrüstung, 1 Schiebeleiter 12 m, 1 Anlage stille Alarmierung (Piepser). Hauptleute der Freiwilligen Betriebsfeuerwehr A. Haberkorn seit ihrer Gründung waren: Georg Rammer (1940–1955), Johann Horner (1955–1962), Karl Wurm (seit 1962).

HBI Wurm K. (1946), OBI Puchinger F. (1954), AW Freudenthaler J. (1963), AW Hirnschrott E. (1950), AW Stumbauer F. (1962), BI Haberkorn K. (1949), BI Wagner A. (1966) — HLm Benda F. (1958), OFm Haan F. (1979), Bm Mag. Haberkorn K. (1968), Fm Hablesreiter L. (1981), Fm Lauß A. (1981), OLm Riepl J. (1959), HFm Riepl J. (1972), OFm Rockenschaub G. (1979), Fm Rumetshofer E. (1979), OLm Rumetshofer K. (1958), HBm Stampfl E. (1958), HBm Stoiber J. (1961), HFm Traxler J. (1978), OBm Waldschütz N. (1967), Lm Weinzinger F. (1974), OFm Wimberger G. (1975), OFm Wurm E. (1976), Bm Zauner G. (1960)

BEZIRK GMUNDEN

54 FEUERWEHREN

Abschnitt 1 Bad Ischl   23 Feuerwehren
Abschnitt 2 Gmunden   31 Feuerwehren

BEZIRKSKOMMANDO

Sitzend von links nach rechts: BFA MR Dr. Watzke Hans, BR Höller Josef, OBR Hummer Josef, BR Hofinger Othmar, BFK Kons.-Rat Schicklberger Johannes; stehend von links nach rechts: HAW Hessenberger Waldemar (Tauchstützpunktleiter), HAW Hubner Helmut (Funk- und Nachrichtenwesen), HAW Stadler Arnold (Kassenwesen), HAW Dipl.-Ing. Krempl Heribert (Bewerbs- und Ausbildungswesen), HAW Wunsch Helmut (Schriftverkehr), HAW Haider Walter (Atemschutz- und Gerätewesen)

FF DES MARKTES ALTMÜNSTER

Die Gründung der FF Altmünster erfolgte 1870 durch Johann Ahamer. Erster Kommandant war der Schullehrer Kell. 1872 wurde die erste Feuerspritze angeschafft. 1926 baute Heinrich Buberl aus einem Fiat-3500-ccm-Personenauto, Bj. 1920, auf einem neuen Fahrgestell und mit Aufbauten von Franz Gruber einen Feuerwehrrüstwagen für 13 Mann. Eine zweirädrige Schlauchhaspel war aufgeprotzt und die Knaust-Pumpe hinten aufgebaut. In diese Zeit fiel auch der Bau der Zeugstätte. Diese wurde samt Grundstück 1939 von der Gemeinde übernommen, die Feuerwehr mußte in ein Nebengebäude der Gemeinde übersiedeln (dort befindet sich die Zeugstätte noch heute). 1944 kaufte die Gemeinde ein Rüstfahrzeug (Opel Blitz), komplett mit Pumpe und technischem Gerät. 1954 wurde von den Bundesforsten ein Jeep angekauft und zu einem Feuerwehrfahrzeug umfunktioniert. 1964 wurde das erste TLF, ein allradgetriebener Unimog S, von der Fa. Rosenbauer angekauft. Ein gebrauchter VW-Bus wurde zu einem Feuerwehrfahrzeug umgebaut, der Opel Blitz ausgeschieden. 1969 Ankauf des KLF Ford und Ausrüstung der Wehr mit Funkgeräten. 1973 wurde ein Lkw Steyr 480 angekauft und umgebaut. 1974 konnten gleichzeitig der Neubau der Zeugstätte und das neue TLFA 4000 Steyr 1290 übernommen werden sowie ein Motorboot mit 40-PS-Außenbordmotor und 1975 ein VW-Bus. Später wurde ein Lkw Steyr 680 Allrad angekauft, überholt und zu einem Rüstfahrzeug für technische Einsätze umfunktioniert (3-Tonnen-Kran, pneumatischer Lichtmast, hydraulisches Rettungsgerät). 1979 bis 1981 erfolgte der weitere Ausbau der Funkanlage inklusive Anschluß an das Funknetz der Landes- bzw. Bezirkswarnzentrale. 1981 erhielt die Wehr eine Magirus-Drehleiter, 30 m, aufgebaut auf ein Steyr-Fahrgestell 791 Allrad.

HBI Benda R. (1969), OBI Pangerl G. (1972) — Ahammer K. (1926), Bachinger F., Baumgartinger H. (1976), Baumgartner L. (1950), Bruderhofer J. (1969), Derfler R., Derflinger F. (1978), Feichtinger G. (1978), Fischill J. (1921), Fraueneder E. (1925), Fraueneder J., Freund R. (1980), Ganzenbacher J., Gösweiner G. (1982), Gruber Ch. (1976), Gruber E. (1953), Gruber E. (1978), Hager E. (1974), Hamminger S. (1973), Heißl E., Hindinger M. (1974), Jani G. (1981), Karre A., Kerschbaummayr H., Kiesenhofer F. (1946), Klackl H. (1979), Lackner J., Lumpi K. (1959), Mitterhofer A. (1980), Nader L. (1961), Nußbaumer E. (1957), Nußbaumer J. (1932), Nußbaumer M. (1953), Oberleitner F. (1966), Oberleitner W. (1975), Pangerl H. (1964), Pangerl J. (1943), Pangerl L., Pesendorfer A. (1980), Pesendorfer E. (1962), Pesendorfer G. (1974), Pesendorfer J. (1972), Pesendorfer J. (1966), Pfifferling F., Pöllhuber J. jun., Pöllhuber J. sen., Putz A., Reisenberger H. (1979), Rohe M. (1979), Schernberger H. (1976), Dr. Scheuba H., Schlipfinger F., Schrempf P. (1980), Silbermayr A., Spießberger A. (1959), Störinger H., Szieber S., Thallinger M. (1974), Trawöger K. (1970), Trawöger M. (1972), Weidinger F. (1969), Dr. Wolfram B. (1975), Wolfsgruber F. (1979), Würflinger G. (1974), Zopf R. (1954)

FF AURACHKIRCHEN

Die Freiwillige Feuerwehr Aurachkirchen wurde am 12. Februar 1905 gegründet. Zum Hauptmann wurde Michael Wimmer gewählt. Bald darauf erfolgte der Ankauf einer Spritze von der Fa. Rosenbauer. 1906 wurde zur Unterbringung der Löschgeräte ein Spritzenhaus erbaut. 1924 wurde eine neue Uniform angeschafft (Übergang von blauem auf braunen Blusenstoff). 1931 erhielt die Wehr eine neue Motorspritze C 60. Nach 33jähriger Tätigkeit als Wehrführer legte Michael Wimmer 1938 sein Amt zurück, sein Nachfolger wurde Franz Gruber. Er führte die Wehr in der schwierigen Kriegszeit und begann nach 1945 mit dem Wiederaufbau. Als erstes wurde 1949 ein gebrauchter Steyr 790 Allrad mit Seilwinde gekauft. Ab diesem Jahr war die Wehr auch wieder selbständig wie vor 1938. Man begann das Feuerwehrdepot zu reparieren. 1952 verstarb Kommandant Gruber plötzlich, zum Nachfolger gewählt wurde Anton Moshammer. Für die Alarmierung wurde eine Sirene angeschafft und von den Kameraden selbst montiert. Gleichzeitig errichtete man auch einen neuen Schlauchturm. 1954 wurde das offene Feuerwehrauto zu einem geschlossenen umgebaut. 1955 wurde das 50jährige Gründungsfest mit der Weihe des Autos und einer neuen Motorspritze gefeiert. Das Feuerwehrdepot wurde erneuert, und 1964 kaufte die Wehr einen neuen Rüstwagen Opel Blitz. Zehn Jahre später erhielt die FF Aurachkirchen von der FF Ohlsdorf den gebrauchten Tankwagen. 1978 legte Kommandant Anton Moshammer sein Amt zurück, Nachfolger wurde Franz Reiter. Da geplant war, ein zweites Feuerwehrauto zu kaufen, und das Depot sehr baufällig war, entschloß man sich zu einem Neubau, der 1980 und 1981 entstand. 1981 erfolgte die Anschaffung eines Kleinlöschfahrzeuges Chevrolet mit Allradantrieb.

HBI Reiter F. (1964), OBI Grafinger P. (1964), AW Preinstorfer B. (1974), AW Rohrhofer O. (1958), AW Windauer A. (1966), BI Asamer H. (1953), BI Eder J. (1949), BI Rohrhofer R. (1958), BI Wimmer F. (1943) — OFm Asamer M. (1979), OFm Blank H. (1979), Fm Brandstätter G. (1982), Lm Burgstaller H. (1962), OFm Eichhorn H. (1979), Lm Grafinger F. (1962), HFm Grafinger G. (1973), OFm Grafinger H. (1979), Fm Grafinger K. (1982), Lm Gruber F. (1953), OLm Haidinger A. (1950), Fm Haidinger H. (1982), HFm Hutterer K. (1973), Lm Hutterer K. (1949), HFm Hutterer W. (1975), OFm Innerlohinger T. (1981), OLm Kendl L. (1957), HLm Kiener A. (1938), Lm Köttl F. (1966), Lm Loderbauer A. (1967), HLm Loderbauer A. (1931), Fm Maringer Ch. (1982), Fm Mayer M. (1982), OFm Mayer P. (1982), Fm Mayrhofer F. (1982), Lm Mirlacher E. (1964), E-OBI Mirlacher L. (1925), HLm Moser F. (1931), Lm Moshammer K. (1965), Lm Moshammer A. (1968), E-HBI Moshammer A. (1931), HLm Moshammer J. (1921), E-AW Moshammer K. (1937), Fm Oberndorfer E. (1982), OFm Pamminger A. (1973), HLm Pamminger A. (1949), HLm Pamminger J. (1949), Fm Pamminger J. (1982), HFm Preinstorfer E. (1964), E-AW Raffelsberger J. (1931), HLm Reisenberger K. (1924), HFm Rohrhofer K. (1976), HLm Schausberger A. (1936), OBm Schausberger A. (1957), OFm Scheibmair A. (1979), OFm Schicker W. (1982), Fm Schober F. (1982), HFm Schobesberger R. (1962), HLm Steinbichler R. (1952), Fm Sterer J. (1982), OFm Texler H. (1982), HLm Texler J. (1952), HLm Ungericht I. (1950), HLm Wimmer A. (1954), Fm Wimmer A. K. (1982), OFm Wimmer F. (1979), OLm Wimmer J. (1950), HFm Wimmer K. (1976), Fm Wimmer K. (1982), OLm Wimmer M. (1951), Fm Windauer G. (1982)

FF MARKT BAD GOISERN

Offizielle Gründung im Jahr 1877, aktive Tätigkeit durch verschiedene Unterlagen schon früher nachweisbar, z. B. eine Spendenliste aus dem Jahre 1875 „zum Zwecke des Ankaufes von Feuerwehr-Requisiten" oder ein Dankbrief aus Ischl über die Löschhilfe im Jahr 1865. Eine „Knaustische Spritze" wurde noch 1877 angeschafft, die 1882 von einem Modell der Firma Kernreuter ersetzt wurde. Die erste Schubleiter (tragbar) wurde 1889 gekauft, der Ersatz dafür, eine fahrbare Schiebeleiter, wurde 1932 beschafft. Steckleitern, Hakenleitern und Spitzleitern waren in ausreichender Anzahl vorhanden. 1892 konnte eine große Saugspritze erworben werden. Das Depot war ursprünglich in Holzbauweise errichtet worden und wurde deshalb im Jahre 1897 untermauert und im Fachwerkbau ausgemauert. 1897 wurde das Ortsnetz der Wasserleitung gelegt, und die Feuerwehr konnte 14 Hydranten errichten. Ein Mannschaftswagen für Pferdezug wurde 1909 in Dienst gestellt. 1914 Ankauf einer Sanitätstrage. Sirene montiert. 1935/36 Ankauf einer leistungsstarken Austro-Fiat-(Motor-)Pumpe. Als Zugfahrzeug wurde der Lkw des Arbeiter-ConsumVereins verpflichtet. 1938 erstes eigenes Kraftfahrzeug (Daimler). 1940 Ankauf eines Mercedes LF 8, der dazugehörige Anhänger mit einer RW 80 folgte 1942. In Eigenregie wurde 1946/47 ein US-Jeep zum Bergland-Löschfahrzeug umgebaut, er war bis 1976 in Dienst. 1952 konnte ein Land Rover erworben und der Ankauf einer VW-Pumpe beschlossen werden. 1968 wurde ein gebrauchter Steyr (TLFA 2000) in Dienst gestellt, 1973 ein KRF-B (Ford), 1976 ein Unimog mit Seilwinde. Anläßlich der 100-Jahr-Feier 1977 wurde ein zweites TLF angekauft, 1978 ein International-Skout 2 mit Hydro-Geräten und Stromerzeuger. 1973 wurden UKW-Funkanlage und Funkalarmierung installiert.

HBI Fettinger B. (1951), OBI Unterberger J. (1962) — Asperl W. (1982), Aumüller H. (1968), Buttinger E., Elmer H. (1981), Elmer J. (1961), Engelbrecht J., Fettinger A. (1982), Fettinger Ch. (1970), Fettinger G., Fettinger H. (1975), Fettinger J. (1965), Fettinger K. (1977), Fettinger S. (1980), Fettinger W. (1954), Fischer G. (1971), Forstinger M. (1976), Friedl R. (1973), Fuchs G. (1980), Gamsjäger Ch. (1981), Gamsjäger W. (1971), Gamsjäger W., Gapp H. (1967), Kreuzhuber F., Kreuzhuber F. jun. (1980), Lahner A. (1972), Laimer Ch. (1965), Leitner F. (1970), Mathe H. (1961), Mathe R., Musler P. (1971), Pilz F. (1976), Pomberger A. (1977), Putz G. (1972), Rainer G. (1980), Reisenauer E., Reiter H.-J. (1972), Rothschädl H. (1976), Roubik E. (1981), Roubik W. (1982), Schenner T. (1982), Schmutzer S. (1977), Spreitzer A. (1981), Steflitsch R., Steiner L. (1980), Straubinger K., Struger H. (1977), Thalhammer R. (1950), Unterberger F., Wiesenauer G. (1980), Winterauer Ch., Zurucker H. (1981)

FF BÄCKERBERG

Auf dem Bäckerberg, der auf 717 m Seehöhe liegt, war das Vorhandensein einer Feuerwehr besonders notwendig. Die umliegenden Gehöfte und Häuser waren von den nächstliegenden Feuerwehren bei den damaligen Straßenverhältnissen äußerst schwierig zu erreichen. Nach einem Brand, der einen naheliegenden Bauernhof (vulgo Stadl) im Jahr 1911 bis auf die Grundmauern einäscherte, wurde der Beschluß gefaßt, auf dem Bäckerberg eine freiwillige Feuerwehr (FF Dorf) zu gründen. Die hierzu konstituierende Versammlung wurde am 16. November 1913 auf dem Bäckerberg unter dem Kommandanten Johann Gatterer, dem Besitzer des Tannesbergerguts, abgehalten. 13 Jahre später fand die Umbenennung von FF Dorf auf Freiwillige Feuerwehr Bäckerberg statt, da dieser Name besser der Örtlichkeit entsprach. Im Jahr 1914 wurde der Bau der ersten Feuerwehrzeugstätte vorgenommen, 1937 die erste Motorspritze angeschafft. Bis zu dieser Zeit war der Feuerwehr nur eine Handpumpenspritze zur Verfügung gestanden. Von 1938 bis 1951 war die FF Bäckerberg mit der damaligen Gemeindefeuerwehr Scharnstein fusioniert und erhielt erst am 22. Februar 1951 nach Ansuchen beim Landesfeuerwehrkommando ihre Selbständigkeit zurück. 1954 Kauf eines KLF (Jeep), 1964 Anschaffung der zweiten Motorspritze und 1961 die Vollendung der neu erbauten zweiten Zeugstätte, die mit 1423 unentgeltlichen Arbeitsstunden von den Feuerwehrkameraden errichtet wurde. Mit dem Kauf eines neuen Rüstwagens KLF A 120 (1974, Marke Rover mit Vorbaupumpe) sowie eines VW-Busses (1981, mit 30 Deckenstützen) und natürlich auch anderer Ausrüstungsgegenstände bzw. technischer Hilfsmittel konnte sich die Wehr in den letzten zwei Jahrzehnten gänzlich dem modernen technischen Niveau anpassen.

HBI Pühringer J. (1950), OBI Mittermeier J. (1962) — Beck E. (1957), Eder J. (1970), Eder M. (1969), Eder W. (1983), Gielesberger A. (1946), Gielesberger J. (1973), Gielesberger W. (1980), Götschofer K. (1980), Hillinger J. (1954), Leitinger F. (1951), Merschitzka A. (1977), Pernegger K. (1946), Pointl F. (1951), Pühringer F. (1953), Pühringer W. (1978), Raffelsberger A. (1979), Raffelsberger F. (1946), Raffelsberger F. (1978), Raffelsberger G. (1973), Raffelsberger J. (1956), Raffelsberger J. (1967), Raffelsberger R. (1983), Rubista J. (1952), Schallmeiner J. (1933), Scharax F. (1975), Schober A. (1960), Spitzer F. (1952), Stinglmayr K. (1950), Straßmair R. (1983), Wageneder J. (1963), Wageneder J. (1979), Waldhör F. (1977)

301

FF BAD ISCHL

Der große Brand von Ischl am 21. Juli 1865 war der Anlaß zur Gründung der freiwilligen Feuerwehr noch im selben Jahr. Erster Kommandant war Ferdinand von Lidl. Im Jahr 1869 erbaute Carl von Herzfeld für die Wehr ein Depot. 1857 wurde eine Feuerwehrapotheke eingerichtet. Zwei Jahre später spendete Anna Herzfeld eine Fahne. Im Jahr 1879 kam es zur Gründung einer Krankenunterstützungskasse. 1882 wurde im Theater eine Feuerwache installiert. Die erste Dampfspritze wurde 1887 erworben. 1892 erhielt die Wehr von Frau Leitenberger eine neue Fahne. 1896 erfolgte der Ankauf einer Magirus-Leiter; es gab die ersten Hydranten. Eine Wasserwehrabteilung wurde 1899 gegründet, eine Rettungsabteilung 1907, nachdem bereits zwei Jahre früher ein Rettungswagen angeschafft worden war. 1922 wurde dann ein Rettungsauto gekauft. Ein Jahr darauf wurden um 40 Millionen Kronen ein Löschfahrzeug und eine Motorspritze von der Gemeinde erworben. 1925 wurde eine Sirene gekauft. Im Jahr 1938 erfolgte die Auflösung der Freiwilligen Feuerwehr Bad Ischl. Nach Ende des Zweiten Weltkriegs 1945 wurde sie sofort neu gegründet. In diesem Jahr wurde ein Lkw Steyr 1500 A in Dienst gestellt und 1957 zu einem Tanklöschfahrzeug umgebaut. 1946 konnte die Wehr ein schweres Rüstfahrzeug LF 15 aus Wehrmachtsbeständen erwerben. Im Jahr darauf erfolgte der Ankauf eines geländegängigen Rüstwagens Steyr 640 und dessen Umbau zu einem Feuerwehrfahrzeug. 1952 erhielt die Wehr eine neue Fahne. Im Jahr 1954 wurde ein hauptamtlicher Zeugwart bestellt; außerdem schritt man an die Renovierung des Rüsthauses. 1955 wurde ein neues Tanklöschfahrzeug erworben. 1963 erhielt die Wehr eine mechanische Drehleiter, Fabrikat Magirus. 1964 konnten zwei Puch-Haflinger-Geländefahrzeuge in Dienst gestellt werden. Die Freiwillige Feuerwehr Bad Ischl stand seit ihrer Gründung unter der Leitung folgender Kommandanten: Ferdinand von Lidl (1865–1867), Matthias Ramsauer (1867–1868), Friedrich Büchl (1868–1872), Friedrich Karl (1872–1879), Josef Huber (1879–1885), Adolf Krupitz (1885), Karl Rehagen (1885–1901), Leopold Sams (1901–1907), Peter Bandzauner (1907–1922), Alois Stadler (1922–1937), Albin Roth (1937–1941), Florian Jäger (1941–1945), Josef Dallinger (1945–1947), Josef Reithofer (1947), Alois Stadler (1947–1950), Franz Hocker (1950–1965), Leopold Sams (1965–1968), Johann Zeppetzauer (1968–1978) und Ernst Zeppetzauer (seit 1978).

HBI Zeppetzauer E., OBI Struber E. — Achleitner J., Achleitner J., Achleitner J. jun., Ahammer P., Aigner W., Androschin J., Auer J. jun., Auer J. sen., Bachinger J., Bachinger M., Bichler E., Bramberger E., Bramberger K., Bruckschlögl A., Bruckschlögl A., Bruckschlögl A., Bruckschlögl E., Bruckschlögl F., Bruckschlögl J., Bruckschlögl J., Bruckschlögl R., Druckenthanner G., Druckenthanner J., Dubszka H., Ebner M., Ecker K., Eisl A., Eisl J., Ernstdorfer E., Fahrner J., Fahrner J., Feichtinger F., Feichtinger J., Feichtinger J., Feichtinger J., Feichtinger R., Feichtinger S. jun., Fischeneder L., Fischneder F., Fixl H., Flegel F., Forstinger A., Forstinger M., Franz P., Gasteiger M., Glatz E., Grabner F., Grabner G., Gratzer L., Gratzer S., Gratzer T., Grieshofer O., Großpointner S., Grünwald Ch., Gschwandtner A., Gschwandtner Ch., Gschwandtner Ch., Gschwandtner F., Gschwandtner H., Gschwandtner H., Gschwandtner J., Gschwandtner J., Gschwandtner J., Gschwandtner R., Gschwandtner R., Gschwandtner W., Gütl F., Gütl G., Haas R., Hartl F., Hödlmoser F., Höllwerth A., Höllwerth F., Höllwerth J., Höllwerth J., Höllwerth M., Huber F., Huemer P., Hütter S., Käfer J. jun., Käfer J. sen., Kain H., Kefer M. jun., Kefer M. sen., Kieneswenger K., Kößler G., Kogler F., Kogler J., Kolanek F. jun., Kranabitl J., Laimer G., Laimer H., Laimer J., Laimer S., Leimer F., Leimer F., Leithner F., Leithner J., Leitner B., Lichtenegger G., Lienbacher J., Lienbacher J., Lindner W., Löffler A., Löffler J., Loidl A., Loidl E., Loidl J., Loidl M., Loidl V., Maherndl F., Maier K., Mali W., Mannert C., Mannert T., Mayr A., Mayr J., Mayr R. jun., Mayr R. sen., Mayrhauser G., Mittermaier H., Mösenbichler J., Molnar I., Molner R., Moser H., Moser W., Mühlbacher L., Müllegger F., Müllegger J., Müleger J. sen., Neff C., Neff J., Panzl F., Panzl W. jun., Panzl W. sen., Pernecker F., Pernecker J., Pernecker J., Pernecker R., Pichlmüller L., Pilstl J., Pölzleitner A., Pölzleitner G., Pramberger F., Pürstinger A., Pürstinger A., Putz A., Putz F., Putz F., Putz F., Putz J., Ramsauer E., Rehrl A. jun., Rehrl A. sen., Reisenauer A., Reisenbichler F., Rettenbacher H., Rettenbacher M., Roithner J., Roitmayer F., Rothauer A., Rothauer F., Sambs F., Sams A., Sams F., Sams J., Sams J., Sams M., Sams M. sen., Sams W., Schaller W., Schenner H., Schenner J., Scheutz A., Schiendorfer A., Schiendorfer A., Schiendorfer H., Schiendorfer J., Schiendorfer L., Schiendorfer P., Schiendorfer R., Schlager M., Schmalnauer H., Schmalnauer J., Schneeberger W., Schneider H., Schuller R., Schummel G., Schusterbauer F., Seitner J., Sommer A., Sommer A., Spehar K., Spehar W., Spitaler J., Stadler A., Stadler J., Stadlmann J., Stadlmayr A., Stadlmayr R., Steinbrecher E., Stögner A., Stögner Ch., Stögner H., Stögner H., Stögner J. jun., Stögner J. sen., Stögner J., Stögner M., Stögner T., Strubreiter F., Stücklschwaiger F., Stücklschwaiger H., Stüger J., Sunkler F., Sunkler G., Unterberger A., Unterberger F., Unterberger J., Unterberger M. jun., Unterberger M. sen., Unterberger N., Unterberger P., Verwagner J., Verwagner J., Vockner J., Vogelhuber R., Vogtenhuber R., Wallner L., Weinböck H. P., Weinbacher Ch., Weinbacher F., Weinbacher H., Weinbacher S., Wiener J., Wiener M., Wimmer A., Wimmer A., Wimmer F., Wimmer H., Wimmer H., Wimmer J., Wimmer J., Wimmer J., Wimmer J., Wimmer L., Wimmer P., Wimmer R., Zeppetzauer E., Zeppetzauer J., Zeppezauer F., Zeppezauer F., Zeppezauer J., Zeppezauer J., Zeppezauer M., Ziehfreund H., Zierler F., Zierler G., Zierler J., Zierler J. jun., Zierler J. sen., Zierler J., Zinganell W., Zopf F., Zopf F., Zopf F., Zopf F. jun., Zopf K.-H.

LÖSCHZUG AHORN-KALTENBACH

Der Löschzug Ahorn-Kaltenbach wurde am 28. Januar 1906 gegründet. Die Errichtung einer Zeugstätte erfolgte 1907. Ebenso wurde im selben Jahr eine Handspritze angeschafft. Am 23. März 1908 erfolgte der Beschluß zur Gründung einer Sanitäts- und Schutzabteilung. 1908 begann der Bau von Wasserreservoirs im Pflichtbereich. Eine weitere Handspritze, Fabrikat Rosenbauer, konnte 1913 angekauft werden. 1930 konnte der Ausbau der Wasserbezugsstellen im Pflichtbereich beendet werden. 1931 Ankauf einer Motorspritze Fabrikat Rosenbauer, Type E60/2. 1932 Ausbau der Zeugstätte und Errichtung eines gemauerten Raumes für Geräte und Treibstoffe. Im Zuge der Neuformierung mußte die Wehr Ahorn-Kaltenbach auf Löschzug Ahorn-Kaltenbach umbenannt werden. Weiters mußten künftig eine Feuerwehrkasse und ein Mannschaftsfonds geführt werden. 1939 erfolgte die Trennung von Feuerwehr und Sanität. 1951–1960 Anschaffung diverser Ausrüstungsgegenstände für die Kameraden. Ankauf einer Tragkraftspritze Marke „Gugg 250" im Jahr 1960. Abbruch der alten Zeugstätte und Neuerrichtung in den Jahren 1963 und 1964. Anschaffung einer Fahne sowie eines Mannschaftswagens, Marke Jeep, im Jahr 1966. Aufbau einer Sirene in der Zeugstätte im selben Jahr. Der Löschzug wurde 1968 mit Funkgeräten ausgestattet. 1970 Anschaffung eines Gerätewagens Marke Jeep. Nach Verkauf der alten Fahrzeuge konnten in den Jahren 1978 bis 1980 zwei neue Fahrzeuge, Marke Jeep, in den Dienst gestellt werden. Die Leitung der Wehr hatten seit ihrer Gründung inne: Franz Müllegger (1906–1907), Franz Plamberger (1907–1937), Franz Madlberger (1937–1938), Mathias Stögner (1939–1957), Leopold Sams (1958–1968), Franz Zopf (1968–1983), Gottfried Grabner (seit 1983).

LÖSCHZUG PERNECK

Die Gründung erfolgte am 2. September 1894 mit den Mitgliedern Josef Lenthaler, Gottfried Achleitner, Josef Stögner, Franz Kranabitl, Mathias Reisenbichler und Georg Witzlsteiner. Die Wehr besaß damals eine Handpumpe. Am 6. Oktober 1895 wurde die neugebaute Zeugstätte eröffnet. Am 13. April 1912 wurde die Freiwillige Feuerwehr Perneck selbständig. Im Jahr darauf wurde die Löschrotte Eck der Feuerwehr Perneck gegründet, und die Wehr erhielt eine Abprotzhandspritze. 1932 erfolgte die Anschaffung einer Motorpumpe DKW. 1933 wurde die Zeugstätte vergrößert und renoviert. 1934 wurde die Löschrotte Eck selbständig. 1936 wurde die Freiwillige Feuerwehr Perneck der Stadtfeuerwehr Bad Ischl angeschlossen. 1974 wurde eine Motorpumpe RK 40 und im Jahr darauf ein KLF VW-Bus angeschafft. 1984 wurde der Löschzug Eck dem Löschzug Perneck angeschlossen. Die Leitung der Wehr hatten seit ihrer Gründung inne: Josef Lenthaler (1894–1930), Alois Gschwandtner (1930–1938), Karl Gschwandtner (1940–1944), Stefan Gratzer (1958–1973) und Franz Vockner (seit 1973).

LÖSCHZUG REITERNDORF

1891 Gründung als Filialfeuerwehr Reiterndorf. Anschaffung einer Handdruckpumpe; der Pferdewagen dafür wird selbst gebaut. 1892 Eröffnung der Zeugstätte. 1909 selbständige Feuerwehr Reiterndorf mit Löschrotte Sulzbach. 1913 Ankauf einer fahrbaren Schiebeleiter Magirus. 1924 Fahnenweihe, Fahnenmutter: Frau von Keil-Bündten. 1928 Weihe der Motorspritze Knaust. 1935 Bau einer Löschwasseranlage. 1938 Umgliederung als Löschzug der Gemeindefeuerwehr Bad Ischl. 1947 Neubenennung: Fw. Feuerwehr Bad Ischl Löschzug Reiterndorf. 1955 Ankauf einer Sirene. 1956 Weihe des Löschfahrzeuges Jeep. 1958 Errichtung der Kriegergedächtniskapelle. 1960 Ankauf einer Tragkraftspritze Gugg. 1969 Erweiterungsbau der Zeugstätte. 1971 Ankauf eines Löschfahrzeuges Ford FK 1250. 1973 Ankauf eines Funkgerätes. 1976 Ankauf eines zweiten Löschfahrzeuges Ford Transit. 1978 Ankauf von schwerem Atemschutz. 1979 Weihe der neuen Fahne, Fahnenmutter: Erika Hippesroither, Fahnenpatinnen: Maria Kogler, Paula Hirnböck und Edith Kratky. 1983 Erneuerung des Schlauchturms. Die Leitung der Wehr hatten seit ihrer Gründung inne: Franz Mannert (1891–1908), Johann Plieseis (1909–1922), Josef Kefer (1923), Karl Berger (1924–1937), Oskar Morbitzer und Franz Hausotter (1938–1939), Josef Wimmer (1940–1946), Franz Kogler (1947–1967), Julius Höllwerth (seit 1968).

LÖSCHZUG RETTENBACH-STEINFELD-HINTERSTEIN

Im Jahr 1902 schließen sich einige beherzte Männer der Ortschaft Rettenbach zusammen und gründen laut Protokoll vom 2. November 1902 unter Löschmeister Johann Schmalnauer die Feuerwehr Rettenbach. Mit maßgeblicher finanzieller Unterstützung von Gemeinde und Sparkasse gelingt es der inzwischen 70 Mitglieder zählenden Wehr, schon im darauffolgenden Jahr ein eigenes Depot zu errichten und nach einem weiteren Jahr eine neue Abprotzspritze anzuschaffen. Die Wirren der beiden Weltkriege, in denen viele Kameraden auf fernen Schlachtfeldern ihr Leben lassen müssen, bringen zwar große personelle Probleme mit sich, der Fortbestand der Feuerwehr Rettenbach kann jedoch trotz alledem gesichert werden. Dem zielstrebigen Verhalten aller bisherigen Kommandanten ist es zu verdanken, daß ständig neue und technisch besser entwickelte Ausrüstungsgegenstände angekauft werden und so die Schlagkraft wesentlich erhöht werden kann. Der sicherlich bedeutendste Schritt in dieser Richtung wird im Jahr 1972 gesetzt, bei dem anläßlich des 70jährigen Bestandsjubiläums vom damaligen Kommando ein neues Bergland-Löschfahrzeug mit Vorbaupumpe angekauft wird. Dieses durch 22 Jahre hindurch bewährte Kommando des inzwischen in den Bereich der Stadtfeuerwehr eingegliederten Löschzuges beendet im Jahr 1983 seine verdienstvolle Tätigkeit und übergibt die Führung einem neuen jungen Kommando. Die Leitung der Wehr hatten seit ihrer Gründung inne: Johann Schmalnauer (1902–1924), Peter Buchböck (1915–1918), Johann Druckenthaner (1924–1947), Ferdinand Eder (1938–1945), Josef Grieshofer (1947–1953), Franz Zopf (1953–1961), Josef Lienbacher (1961–1983), Gerhard Laimer (seit 1983).

LÖSCHZUG SULZBACH

1919 Gründung der Löschrotte Sulzbach der FF Reiterndorf. 1926 Gründung der FF Sulzbach, Bad Ischl; Anschaffung einer Handpumpe; Einweihung des neuerbauten Zeughauses in Sulzbach. 1936 Ankauf der Motorspritze R 50 der Fa. Konrad Rosenbauer. In der NS-Zeit Auflösung der FF Sulzbach, Umwandlung in Löschzug Sulzbach der FF Bad Ischl. 1972 Motorpumpe RK 40 und Kleinlöschfahrzeug FK 1000 erworben. 1975 KLF Mercedes L 206 D. 1983/84 Umbau des Zeughauses. Aktivitäten des Löschzuges, deren Reingewinn zur Anschaffung von Löschgeräten verwendet wurde, waren Glöcklerlaufen, Gartenfeste, 14 Bälle und Kränzchen, Faschingsumzüge, Bierzelte und Flohmärkte. Die Leitung der Wehr hatten seit ihrer Gründung inne: Wolfgang Loidl (1926–1931), Karl Zeppezauer (1931–1943), Johann Loidl (1943–1946), Matthias Höllwerth jun. (1946–1971), Alois Wimmer (1971–1978), Josef Wimmer (seit 1978).

FF DIETHAMING

Im Jahr 1903 stellte das damalige Kommandomitglied der FF Laakirchen Josef Schatzl den Antrag, einen Löschzug in Diethaming zu gründen. Josef Schatzl wurde Kommandant der Löschgruppe Diethaming. Die Geräte, eine Handdruckspritze und Schläuche, waren von 1903 bis 1906 beim „Tobiasen in Überhülling" eingestellt. 1906 wurde das erste Spritzenhaus auf dem heutigen Standort errichtet. 1928 übernahm Franz Eder die Kommandantenstelle, die er bis 1939 innehatte. Von 1939 bis 1946 war Josef Stockinger Kommandant. Sein Nachfolger war Anton Schatzl, er übernahm 1946 das Kommando und führte die Wehr 27 Jahre (bis 1973). Die erste Motorspritze wurde 1947 angekauft, und 1949 wurde das Spritzenhaus erweitert. 1951 wurde der Löschzug Diethaming zur selbständigen Feuerwehr (Eintragung ins Feuerwehrbuch). 1955 wurde ein luftbereifter Traktoranhänger angekauft, 1956 der erste Löschteich in Diethaming gebaut und eine Sirene montiert. 1962 wurde das erste Feuerwehrauto KLF mit Vorhangpumpe gekauft. Bei der Neuwahl 1973 wurde Adolf Auinger Kommandant. Auch wurde ein mobiles Funkgerät gekauft und in das Feuerwehrauto eingebaut. Die Funkanlage wurde 1975 durch den Ankauf eines tragbaren Handfunksprechgerätes erweitert. 1977 wurde die neue FS 8 angekauft sowie an die Gemeinde das Ansuchen um Erweiterung des Zeughauses gestellt. Am 27. Dezember 1977 wurde mit dem Erweiterungsbau begonnen; am 18. August 1978 fand die Zeughaussegnung statt. Am 4. April 1978 erhielt die Wehr den neuen Rüstwagen Mercedes-Benz 409. 1979 wurden zwei Atemschutzgeräte angekauft, ein drittes Gerät wurde vom Landesfeuerwehrkommando als Subvention gegeben.

HBI Auinger A. (1954), OBI Fischereder M. (1958) — Aigner F. (1972), Auinger H. (1978), Auinger H. (1977), Bammer J. (1959), Bammer J. (1981), Fischereder F. (1978), Hintenaus F. (1979), Hintenaus R. (1950), Hintenaus R. (1979), Holzleitner A. (1978), Kreiseder H. (1979), Kreiseder J. (1956), Kreiseder J. (1967), Kreiseder K. (1970), Lacher F. (1954), Magira F. (1966), Pfundner F. (1956), Rumplmayr E. (1959), Rumplmayr E. (1981), Schatzl A. (1938), Schatzl Ch. (1981), Schatzl J. (1955), Schatzl J. (1980), Schießlingstrasser F. (1970), Schießlingstrasser W. (1971), Seber H. (1949), Seber N. (1973), Sonntagbauer H. (1981), Sonntagbauer J. (1970), Waldl M. (1965), Weinheimer A. (1979), Weinheimer F. (1979), Weinheimer K. (1976), Weinheimer R. (1970), Weinheimer R. (1945), Weißinger H. (1981), Weißinger J. (1955)

FF EBENSEE

Die FF Ebensee wurde am 31. Mai 1887 gegründet. Wie auch in anderen Orten, rekrutierte sich die erste Wehr aus der bestehenden Turnerriege. Die zu diesem Zeitpunkt mit zwei Handspritzen ausgerüstete Feuerwehr hatte außer Bränden in Privathäusern sowie im Salinenareal sehr viele Waldbrände auf dem Sonnstein zu bekämpfen. Diese waren vor allem auf Funkenflug aus der vorbeiführenden Eisenbahnlinie zurückzuführen und naturgemäß mit den damaligen Mitteln sehr schwer zu bekämpfen. 1894 erhielt die FF Ebensee das erste Zeughaus, welches sich bei der Traunbrücke befand. Eine neue Zeugstätte auf dem Gelände der alten Saline wurde 1934 bezogen. Die Übersiedlung in das jetzige Feuerwehrhaus erfolgte 1972 im Rahmen des Neubaues des Ebenseer Rathauses. Anfang der zwanziger Jahre entschloß man sich, eine Dampfspritze anzuschaffen, die bis 1935 ihren Dienst versah. Dem Zuge der Zeit folgend, wurde infolge der damals aufkommenden Motorisierung ein Rüstwagen Marke Daimler angekauft. Nach den Wirren der Kriegsjahre wurde sofort mit dem Wiederaufbau der Feuerwehr begonnen. Mit einem aus dem Nachlaß der Deutschen Wehrmacht vorhandenen Löschfahrzeug Mercedes LF 8 wurden die Einsätze durchgeführt. Das erste Tanklöschfahrzeug wurde 1962 angekauft, ein TLF 2000 Steyr 586, das heute noch zur vollsten Zufriedenheit im Einsatz steht. Der nächste Kauf war ein KLF Ford Transit, der später gegen einen modernen LFB ausgetauscht wurde. Die FF Ebensee wurde dann als Ölstützpunkt erwählt und mit einem Öleinsatzfahrzeug, einem A-Boot und Ölsperren für Einsätze auf dem Traunsee ausgerüstet. Ein KDO und als neueste Anschaffung ein RLF 2000 runden die Ausrüstung ab, so daß die FF Ebensee nunmehr über fünf Fahrzeuge, ein Krad und zwei Boote verfügt.

BR Hofinger O. (1949), HBI Brejcha W. (1959), HAW Hubner H. (1973), HAW Dipl.-Ing. Krempl H. (1960), OAW Radner K. (1951), AW Günther-Eschholz G. (1978), AW Löckher H. (1977), OBI Piontek J. (1963), BI Brejcha K. (1950), BI Ing. Hofinger E. (1970), BI Imhofer D. (1962), BI Neuböck A. (1966) — PFm Auer A. (1983), HFm Auer G. (1979), Lm Daxner J. (1976), HBm Dorfner J. (1955), Fm Enthofer P. (1982), OBm Furlan J. (1968), Fm Gaigg J. (1955), JFm Günther-Eschholz G. (1982), Lm Heißl H. (1975), Lm Kienesberger Ch. (1975), HFm Kienesberger R. (1976), Lm Lahnsteiner R. (1975), HFm Laimer Ch. (1977), PFm Laimer H.-J. (1983), Leitner A., HBm Lipp A. (1967), OLm Loidl F. (1974), Lm Loidl H. (1976), Lm Loidl J. (1945), HLm Loidl L. (1954), OLm Mittendorfer J. (1966), PFm Mühlbacher E. (1983), Fm Parzer K. (1959), Pilz R. (1983), OBm Promberger J. (1962), HBm Riezinger A. (1974), HFm Schilcher J. (1975), HBm Steinkogler P. (1966), Lm Stöger A. (1976), Lm Strauß R. (1939)

FF EBEN-NACHDEMSEE

Die Freiwillige Feuerwehr Eben-Nachdemsee wurde am 7. Juli 1904 aus der Überlegung heraus gegründet, daß im Jahr durchschnittlich zwei oder auch drei große Brände im Gebiet von Eben-Nachdemsee zu bekämpfen waren. Die Mannschaft bestand aus 32 Wehrmännern und sechs Steigern. Es galt, in diesem Bereich 200 Objekte zu schützen. Im Juli 1931 wurde die erste Motorspritze angeschafft. 1932 besuchten erstmals zwei Kameraden, Johann Stummer und Johann Höller, die Feuerwehrschule in Linz. 1950 wurde das erste Feuerwehrauto angeschafft. 1952 wurde das Zeughaus gebaut und im selben Jahr noch fertiggestellt. 1954 fand das 50jährige Gründungsfest statt. 1958 wurde ein Opel-Allrad-Löschwagen angekauft. 1962 wurde die VW-Automatik-Pumpe angeschafft und 1963 zwei Funkgeräte im 11-m-Band. 1966 bekam die Feuerwehr einen Telefonanschluß. 1968 wurde ein Löschwagen Land Rover angekauft. In den Jahren 1978 und 1979 wurde das Feuerwehrhaus umgebaut und mit einem Schulungsraum versehen. 1983 erwarb die Feuerwehr ein Mercedes-Löschfahrzeug. Der derzeitige Stand an Fahrzeugen ist ein Mercedes LLF und ein VW-Kommandobus. Seit der Gründung der Freiwilligen Feuerwehr Eben-Nachdemsee standen folgende Kommandanten an der Spitze der Wehr: Josef Nussbaumer (1904–1920), Andreas Stummer (1921–1938), Alois Nussbaumer (1938–1940), Franz Schiffbänker (1940–1941), Josef Mittendorfer (1941–1963) und Franz Nussbaumer (seit 1963).

HBI Nußbaumer F. (1948), OBI Würflinger G. (1956) — Baumgartinger K. (1974), Danner M. (1946), Dorfer W. (1957), Ettinger R. (1952), Feichtinger A. (1934), Feichtinger J. (1943), Feichtinger J. (1968), Felleitner A. (1965), Felleitner F. (1975), Felleitner J. (1976), Gaigg J. (1964), Haiberger F. (1980), Höller J. (1961), Höller J. (1920), Höller J. (1948), Höller K. (1954), Höller M. (1967), Höller M. (1928), Hofer A. (1965), Hofstätter E. (1956), Hufnagl E. (1964), Hufnagl F. (1947), Hufnagl J. (1936), Hufnagl J. (1964), Hufnagl J. (1957), Kaltenbrunner F. (1930), Leitner F. (1968), Leitner J. (1974), Leitner L. (1968), Loidl F. (1975), Loidl H. (1975), Mayr J. (1952), Mittendorfer A. (1953), Mittendorfer F. (1956), Mittendorfer F. (1978), Moser E. (1983), Moser G. (1956), Moser K. (1948), Moser R. (1927), Nußbaumer F. (1962), Nußbaumer J. (1949), Nußbaumer R. (1981), Öhlinger F. (1977), Öhlinger F. (1962), Öhlinger H. (1980), Öhlinger J. (1956), Pesendorfer J. (1924), Pesendorfer J. (1973), Pesendorfer J. (1950), Pesendorfer R. (1964), Putz G. (1979), Putz I. (1927), Raffelsberger J. (1935), Rebhan J. (1969), Reiter F. (1935), Reiter F. (1968), Schernberger A. (1974), Schiffbänker F. (1953), Schiffbänker F. (1979), Schiffbänker J. (1974), Schiffbänker J. (1974), Schmid A. (1948), Schöppl G. (1973), Spitaler J. (1974), Spitaler W. (1976), Spitaler W. (1980), Thalhammer A. (1978), Thalhammer L. (1965), Thallinger A. (1949), Trawöger J. (1974), Weyermayr M. (1948), Wildauer F. (1974), Wolfsgruber A. (1974), Zopf A. (1958), Zopf A. (1977), Zopf A. (1978), Zopf F. (1961), Zopf F. (1977), Zopf W. (1980)

FF FEICHTENBERG

Von 1945 bis 1959 war die Freiwillige Feuerwehr Feichtenberg ein Löschzug der Freiwilligen Feuerwehr Kirchham, der damalige Wehrführer war Ferdinand Raffelsberger. 1947 wurde der Beschluß gefaßt, ein Feuerwehrzeughaus zu errichten. Der Bau begann 1948 mit Unterstützung durch die Gemeinde und unter Mithilfe der Bevölkerung. Am 29. Mai 1949 wurde das neue Zeughaus, verbunden mit einem Sommerfest, eingeweiht. Am 21. Juni 1959 wurde anläßlich der Jahreshauptversammlung durch den Bürgermeister von Kirchham, Karl Spitzbart, der Löschzug Feichtenberg zur selbständigen Feuerwehr ernannt. Zum Kommandanten wurde Max Helmberger gewählt, unter dem dann 1962 eine neue VW-Pumpe und 1967 das erste Löschfahrzeug angeschafft wurden. Seit dem Jahr 1978 liegen die Geschicke der Freiwilligen Feuerwehr Feichtenberg in den Händen von Kommandant Johann Trenzinger. Seitdem konnte die Schlagkraft der Wehr durch den Ankauf eines KLF und einer neuen Pumpe sowie diverses Gerätes wie Funk usw. wesentlich erhöht werden.

HBI Trenzinger J., OBI Klinglmair J. — Bergthaler A., Buchegger A., Buchegger K., Buchegger K., Eder J., Eder J., Göbesberger K., Helmberger A., Helmberger A., Helmberger M., Holzinger F., Holzinger G., Holzinger M., Holzleitner F., Jungwirth P., Jungwirth P., Kaiser A., Kamesberger H., Lehner F., Loidlsberger F., Mayrdorfer K., Neumayr A., Nußbaumer R., Platzer A., Prem H., Prentner H., Prielinger S., Raffelsberger F., Rumpl K., Spitzbart F., Spitzbart K., Trausner F., Trausner F., Trenzinger J.

FF GMUNDEN

Die FF Gmunden wurde am 14. März 1866 gegründet. Zum Kommandanten wurde Bürgermeister Franz Schleiß gewählt. Die Geräte wurden im ehemaligen „Zwinger" am Graben und im ärarischen Spritzenhaus untergebracht. 1899 erfolgte die Gründung einer Wasserwehr und bald darauf die einer Sanitätsabteilung, welche der ganzen Gemeinde diente, bis sie 1938 vom Roten Kreuz übernommen wurde. In diesem Jahr wurde im Turm der Pfarrkirche eine Sirene installiert. Die Wehr, die sich über all die Jahrzehnte bemüht hatte, ausrüstungsmäßig auf dem neuesten Stand zu sein, mußte 1945 neu beginnen, was unter dem kommissarischen Kommandanten Rudolf Grabsky auch gelang. 1965 erfolgte der Neubau der Zeugstätte Traunleiten, 1966 der der Zeugstätte Traundorf und die Erneuerung der Zeugstätte Stadt am Graben. Der 1961 aufgenommene Funkbetrieb einschließlich der Verbindung mit dem LFK wurde ab 1974 auf eine neue Basis gestellt, und seit 1978 ist die Alarmierung ohne Störung der Öffentlichkeit möglich. Der Wagenpark wurde ab 1945 teilweise erneuert, und derzeit verfügt die Feuerwehr über folgende moderne Einsatzfahrzeuge: 3 Tanklöschfahrzeuge mit einem Fassungsvermögen von 1000, 2000 und 4000 Liter Wasser, 1 Kommandofahrzeug, 1 Kleinlastwagen, 3 leichte Löschfahrzeuge (Mannschaft und Geräte), 1 Rüstfahrzeug für KHD-Einsätze mit technischer Ausrüstung, vom LFK zur Verfügung gestellt, 2 Motorboote. Auch wurden folgende Geräte angeschafft: 15 schwere Atemschutzgeräte (Preßluftatmer), 1 Leichtschaumgenerator (zum Fluten von Kellergeschossen und Öllagern), 2 Lichtstromaggregate, 2 Elektro-Schmutzwasserpumpen, 8 Funkgeräte (mobile und stationär in Fahrzeugen) sowie Hitzeschutzanzüge für den Einsatz bei besonders gefährlichen Bränden.

HBI Stadler A. (1939), OBI Stadler W. (1940) — Andrä K. (1981), Arbes P. (1981), Bachlechner H. (1954), Bauer W. (1976), Bosse R. (1970), Brandes W. (1942), Cauza H. (1962), Forstinger J. (1960), Gabis A. (1926), Gärtner H. (1968), Gindl J. (1969), Gindl M. (1975), Gottsbachner W. (1961), Grafinger A. (1961), Groder J. (1981), Gruber H. (1960), Haider W. (1960), Hangl F. (1980), Harringer F. (1935), Harringer F. (1953), Harringer K. (1967), Harringer K. (1959), Harringer W. (1950), Hartl W. (1983), Haslinger J. (1962), Haukwitz K., Hochreiner H. (1981), Höller E. (1951), Hofer N. (1959), Hubner S. (1967), Hülbleitner D. (1979), Huemer A. (1939), Huemer J. (1979), Huemer J., Huemer P. (1968), Hufnagl A. (1980), Hufnagl H. (1980), Kahrer A. (1980), Kahrer G. (1980), Kasberger M. (1979), Kemptner A. (1978), König F. (1953), Kreuzer W. (1956), Kürner H. (1964), Loidl Ch. (1919), Loidl Ch. (1952), Meisel H. (1953), Meisel H. (1925), Meisel M. (1970), Mistelberger F. (1958), Mistelberger F. (1981), Nußbaumer J. (1978), Pfifferling E. (1967), Pfifferling J. (1956), Pichler F. (1949), Pichler K. (1980), Prachinger F. (1943), Prachinger H. (1965), Preinstorfer K. (1980), Preinstorfer K. (1980), Preinstorfer S. (1980), Putz J. (1933), Rachbauer J. (1959), Raffelsberger J. (1976), Rathberger M. (1937), Russegger A. (1963), Sallinger W. (1958), Schickelberger J. (1978), Schiefer H. (1955), Simon H. (1977), Spitzer H. K. (1975), Steffel A. (1981), Stroblmayr L. (1943), Trattner J. (1949), Trybek W. (1979), Vondraschek K. (1961), Wagneder J. (1959), Wallnstorfer E. (1972), Weißensteiner S., Wögerbauer A. (1948), Wögerbauer Ch. (1980), Wögerbauer T. (1981), Wunsch H. (1968)

FF GOSAU

Die Freiwillige Feuerwehr Gosau wurde im Jahr 1877 gegründet. Zum hundertjährigen Bestandsjubiläum konnte die Wehr den Ankauf eines Tanklöschfahrzeuges 2000 Trupp vornehmen. Im Jahr 1979 wurde ein Kleinlöschfahrzeug Pinzgauer angeschafft, um auch im Winter bei extremer Schneelage voll einsatzfähig zu sein. Im Jahr 1982 wurde mit dem Bau eines neuen, modernen, allen heutigen Anforderungen entsprechenden Zeughauses begonnen, das noch im selben Jahr fertiggestellt werden konnte. Gleichzeitig konnte die Freiwillige Feuerwehr Gosau an den Ankauf eines KRF VW LD 35 und einer Tragkraftspritze TS 75 schreiten. Im Jahr 1983 wurde die Anschaffung einer modernen Sirenensteuerung und eines Schlauchanhängers durchgeführt. Der moderne und umfangreiche Fahrzeugpark ist vor allem unter dem Kommando von E-HBI Josef Posch und E-OBI Gottfried Gamsjäger zustande gekommen sowie dank der Unterstützung durch die Bevölkerung, die Gemeinde und das Landes-Feuerwehrkommando. Und so ist die Freiwillige Feuerwehr Gosau heute modern und gut ausgerüstet und schlagkräftig genug, um alle Einsätze wirkungsvoll durchführen zu können, da die Nachbarwehren einen Anfahrtsweg von mehr als 15 Kilometern haben. Josef Posch und Gottfried Gamsjäger leiteten die Wehr in vorbildlicher Weise von 1970 bis 1983, wofür ihnen anläßlich der Feuerwehrkommandantenwahl durch Bürgermeister Josef Wallner und im Beisein des Bezirksfeuerwehrkommandanten OBR Josef Hummer Dank und Anerkennung ausgesprochen wurden.

HBI Posch F. jun., OBI Kalß W. — Czerny P., Demmel L., Egger F., Egger H., Egger J., Egger K. P., Egger L., Egger W., Fast H., Gamsjäger A., Gamsjäger Ch., Gamsjäger F., Gamsjäger F., Gamsjäger F., Gamsjäger G., Gamsjäger H., Gamsjäger J., Gapp L., Groiß A., Hoffmann H., Hubner F., Hubner W., Islitzer Ch., Kirchschlager M., Kreßl E., Kreßl H., Laserer A., Neißl A., Nutz A., Nutz W., Pachler J., Pilz M., Pomberger A., Pomberger F., Pomberger G., Pomberger H. H., Posch F., Posch F., Posch G., Posch H., Posch H., Posch J., Posch J., Posch L., Posch L., Posch R., Posch S., Posch W., Pranieß F., Reiter B., Reiter F., Reiter G., Roth F., Roth J., Schmaranzer R., Schweighofer J., Schweighofer J. jun., Schweighofer L., Spielbüchler B., Spielbüchler F., Spielbüchler F., Spielbüchler K., Spielbüchler P., Spielbüchler P., Unterberger M., Urstöger Ch., Urstöger E., Urstöger E., Urstöger F., Urstöger F., Urstöger J., Urstöger J., Urstöger R., Vierthaler E., Vierthaler H., Vierthaler J., Wallner H., Wallner J., Wallner J., Winterauer R.

FF GRÜNAU IM ALMTAL

Über Anregung der Herren Heinrich Drack, Besitzer am unteren Tischlergut, Karl Drack, Besitzer am Brunneck, und Franz Vockner, Lehrer an der hiesigen Volksschule, wurde zur Errichtung einer freiwilligen Feuerwehr geschritten. In der ersten Versammlung, bei der 20 Personen anwesend waren, wurden obige Herren mit der provisorischen Führung der Geschäfte betraut. Bei der zweiten Zusammenkunft am 7. Januar 1900 wurde beschlossen, bei den Grundbesitzern um eine Unterstützung anzusuchen. Die Gründungsversammlung wurde am 1. Dezember 1901 abgehalten und der erste Feuerwehrhauptmann, Alois Grafinger, mit 22 Stimmen gewählt. Von dem Geld, das im Jahr 1900 von den Grundbesitzern gespendet wurde, kaufte man 1903 von der Fa. Rosenbauer eine Wagenspritze, ebenso wurde das Feuerwehrzeughaus mit hölzernem Schlauchturm gebaut. In den folgenden Jahren gab es immer wieder Einsätze wegen Hochwasser und Waldbränden. Die Ausrüstung der Feuerwehr wurde laufend erneuert. Im Jahr 1957 wurde das neue Feuerwehrzeughaus von der Gemeinde erbaut. Am 24. März 1957 wurde der derzeitige Kommandant HBI Josef Hubinger zum neuen Feuerwehrhauptmann gewählt. Im Jahr 1979 wurde ein Tanklöschfahrzeug von der Fa. Rosenbauer angekauft. Die FF Grünau verfügt über Geräte zur Bergung von Opfern bei Verkehrsunfällen, für die Brandbekämpfung und für Einsätze bei Hochwasser. 1982/83 wurde die FF Grünau an das Sirenennetz und an die Funkalarmierung angeschlossen. Feuerwehrkommandanten seit der Gründung waren Alois Grafinger, Karl Drack, Franz Kurzbäck sen., Franz Kurzbäck jun., Herr Kirchschläger, Franz Link, Franz Herndl, Josef Hubinger.

HBI Hubinger J., OBI Dutzler H. — Aitzetmüller F., Aitzetmüller H., Auinger N., Bammer F., Bammer H., Baumgartner G., Birthelmer K., Brozek L., Drack H., Dutzler H. jun., Ettinger E., Herndl F., Hüthmayr H., Hüthmayr H., Kaiblinger B., Kaiser E., Kastner K., Kefer F., Kremsleithner A., Leithner J., Leithner K., Löberbauer H., Merschitzka P., Mizelli L., Mizelli L., Moser F., Moser H., Pimminger F., Pimminger G., Pürstinger J., Rathberger H., Rauscher G., Redl A., Rührlinger J., Rumplmayr H., Santner E., Santner F., Schachinger A., Schachinger J., Schachinger K., Schachinger K., Schachinger K., Staudinger H., Staudinger J., Dipl.-Ing. Stieglbauer J., Strasser M., Dr. Trautwein K., Vielhaber U., Wagner H., Walter J., Weidinger N., Windschek F.

FF GSCHWANDT

Die FF Gschwandt wurde 1895 von Franz Brunthaler gegründet, der auch der erste Kommandant war. Auf Brunthaler folgten als Hauptleute Anton Neuwirth, Anton Hessenberger, Franz Holzinger, Karl Wampl, Josef Hummer, Franz Hufnagel. Das erste Feuerwehrzeughaus wurde 1898 errichtet. Nach dem Zweiten Weltkrieg war die Aufbauarbeit sehr schwierig. 1952 konnte das erste Kraftfahrzeug (Dodge) angekauft werden. Die schon vor dem Krieg vorhandene Motorspritze (Gugg) wurde 1954 durch Ankauf einer R 75 ergänzt. Ein leichtes Löschfahrzeug (Opel Blitz) folgte 1960. 1962 wurde das vorhandene Feuerwehrhaus renoviert und erweitert und gemeinsam mit der Musikkapelle im ersten Stock ein Schulungsraum geschaffen, der auch der Musikkapelle als Probenraum dient. 1963 Einführung von Funk in den Feuerwehrdienst, eine Funkfixstation und ein Mobilgerät wurden angekauft. 1964 Einführung des schweren Atemschutzes, 1968 wurde das erste Tanklöschfahrzeug (TLF 1000 Opel) angekauft, 1971 ein Berglandlöschfahrzeug mit Seilwinde und 1973 ein Kleinlöschfahrzeug für die Feuerwache Flachberg. 1976 wurde die Wehr Gschwandt als Stützpunktfeuerwehr für den Heuwehreinsatz vom Landesfeuerwehrkommando mit einem Heuwehrgerät ausgestattet. 1976 wurde der Neubau eines Feuerwehrhauses geplant und begonnen. Die FF Gschwandt führte den Bau in Eigenregie durch, die Baumaterialkosten wurden von der Gemeinde getragen. 1979 wurde der Neubau im Rahmen der Kulturtage seiner Bestimmung übergeben. 1980: Inbetriebnahme der Funksirenenalarmierung. 1982: Ankauf eines TLF 2000 Trupp. 1983: Verbesserung der Alarmierung der Feuerwehrmänner durch den Ankauf von Personenrufempfängern (Piepser).

HBI Hufnagl F. (1959), OBI Wampl F. (1965), OBR Hummer J. (1949) — Aigner R. (1976), Bergthaler J. (1970), Bergthaler K. (1971), Bruderhofer J. (1970), Buchinger F. (1980), Buchinger J. (1945), Buchinger J. (1976), Buchner E. (1970), Egger K. (1952), Eitelsebner F. (1971), Feichtinger J. (1929), Födinger F. (1954), Forstinger F. (1949), Gföllner H. (1978), Gföllner W. (1978), Gillesberger A. (1957), Gillesberger A. (1973), Gillesberger F. (1949), Gillesberger H. (1978), Gillesberger J. (1979), Grabl A. (1969), Grafinger A. (1926), Grafinger F. (1970), Grafinger J. (1962), Grafinger K. (1965), Haas E. (1979), Haas H. (1975), Haas R. (1980), Ing. Hain A. (1978), Harrer A. (1976), Hessenberger K. (1967), Holzinger A. (1964), Holzinger J. (1973), Holzinger J. (1963), Holzinger K. (1964), Holzinger M. (1946), Huemer H. (1978), Huemer J. (1946), Hufnagl W. (1973), Hummer B. (1973), Kronberger A. (1973), Kronberger A. (1979), Kronberger J. (1965), Kronberger K., Kronberger M. (1952), Kronberger M. (1976), Lahninger A. (1971), Lahninger W. (1973), Lichtenwagner K. (1946), Lichtenwagner K. (1978), Mayrhofer J. (1950), Neuwirth A. (1916), Pamminger A. (1949), Dr. Plankensteiner P., Pointl M. (1956), Redl J. (1932), Reittinger J. (1967), Schäfer G. V. (1978), Schaufler K. (1958), Schobesberger F. (1962), Seklehner J. (1978), Sonntag R. (1980), Spitzbart K. (1965), Steinhäusler J. (1976), Thalhammer J. (1978), Thallinger F. (1968), Thallinger F. (1978), Thallinger J. (1973), Thallinger J. (1973), Thallinger R. (1954), Thanner M. (1959), Unterholzer J. (1973), Venzl A. (1963), Viertbauer M. (1978), Waldl K. (1973), Wampl J. (1973), Wampl J. (1973), Wampl K. (1946), Weidinger A. (1929), Weidinger F. (1964), Weißmann E. (1973), Weißmann J. (1971), Weißmann R. (1979), Würflinger K. (1978)

FF HALLSTATT

Die FF Hallstatt, die seit 1878 besteht, wurde ursprünglich von der K. und K. Saline Hallstatt gegründet. 1894 wurde die Wehr in die K.K. Salinenbetriebsfeuerwehr und in die Marktfeuerwehr Hallstatt getrennt. Schon 1891 war im Ortsteil Lahn eine aus Holz gebaute Zeugstätte errichtet worden. 1894 erbaute man im Zentrum von Hallstatt das heute noch in Verwendung stehende Hauptdepot. 1927 wurde die erste Motorspritze angeschafft. Aufgrund des Baues des Straßentunnels Hallstatt wurde 1966 der FF Hallstatt vom Amt der oö. Landesregierung ein Unimog mit Seilwinde als Berge- und Abschleppfahrzeug zur Verfügung gestellt. Dieses nun schon ein wenig altersschwache Fahrzeug leistet aber auch heute noch gute Dienste. Nach wie vor fehlte aber ein Einsatzfahrzeug für den Geräte- und den Mannschaftstransport. 1971 entschloß sich das damalige Kommando unter HBI Karl Höplinger, ein gebrauchtes KLF Type FK 1250 von der FF Senftenbach aus Mitteln der Kameradschaftskassa anzukaufen. 1974 legte die VB Bad Goisern durch eine Spende von 40 000 Schilling den Grundstein für die Funkausrüstung auf 2-m-Band. Durch die großzügige Mithilfe der Marktgemeinde Hallstatt und die Spendenfreudigkeit der gesamten Bevölkerung Hallstatts gelang es 1977 unter Kdt. HBI Johann Fischer, einen neuen Tanklöschwagen Trupp 2000 anzukaufen. Als das KLF Ford 1250 von der Zulassungsbehörde aus dem Verkehr gezogen wurde, entschloß man sich kurzfristig, ein neues KLF VW LT 35 anzukaufen. Die Geldmittel wurden von der FF Hallstatt durch Sommerfeste, Bausteinaktion und Sammlungen aufgebracht. Im Januar 1978 wurde als Kommandant August Bankhammer gewählt. Bei der 100-Jahr-Feier wurden zwei neue Löschfahrzeuge geweiht.

HBI Bankhammer A.-R. (1961), OBI Gamsjäger K. (1964) — Brader K. (1978), Buttinger E. (1976), Cijan E. (1979), Ditachmair H., Godl F. (1981), Gschwandtner F. (1972), Haider E. (1973), Hemetzberger A. (1960), Höll H. (1974), Ing. Höll J. (1978), Kern K. (1968), Krumböck R. (1974), Lichtenegger W. (1965), Marth H. (1983), Paveronschütz J. (1976), Posch R. (1971), Preimesberger Ch. (1979), Preimesberger F. (1968), Prelog J. (1952), Probst R. (1979), Reiter F. (1979), Scheutz A. (1978), Unterberger B. (1974), Urstöger G. (1973), Viertbauer H. (1979), Wiesholzer R. (1977), Zauner E. (1971), Zauner F. (1959), Zauner G. (1981), Zauner G. (1970), Zauner J. (1968), Zauner R. (1979)

FF JAINZEN

„1895 war es, als eine furchtbare Feuersbrunst das Anwesen des Huber-Bauern zur Gänze zerstörte. Die Erkenntnis, daß der einzelne Mensch dem wütenden Element machtlos gegenübersteht und hilflos zusehen muß, wie sein Hab und Gut, das er im Schweiße seines Angesichtes in jahrelangem Fleiß aufgebaut hat, in kürzester Zeit vernichtet wird, veranlaßte beherzte Männer von Jainzen zur Gründung eines Vereines freiwilliger Helfer in Feuersnot. Es waren dies: Sams Mathias, Pamesberger Josef, Sams Johann, Grabner Franz und Falkensteiner Johann." (Auszug aus der Festrede zum 70jährigen Bestandsfest der FF Jainzen, gehalten von Bürgermeister Müllegger.) Den Baugrund für die Errichtung einer Zeugstätte stellte Franz Zierler kostenlos zur Verfügung, und Herr Sarsteiner spendete eine Handdruckspritze. Um 1899 war die Jainzener Feuerwehr eine „Filial-Feuerwehr" der Gemeinde Bad Ischl und wurde später der selbständigen Feuerwehr Pfandl eingegliedert. Erster Kommandant war Mathias Sams (bis 1899). Ihm folgten Josef Berner (bis 1919) und Alois Müllegger einen Rüstwagen und eine Motorpumpe anschaffen konnte. Sein Nachfolger wurde Franz Favretti (bis 1941). Es war keine gute Zeit: 1938 war die Selbständigkeit für die FF Jainzen zu Ende. Auf Kommandant Favretti folgte Franz Androschin, der nach den Kriegswirren die Selbständigkeit der Wehr erreichen konnte. Seinem Wunsch gemäß wurde bei der neuen Wahl Mathias Sams gewählt, der diesen Ehrenplatz volle 25 Jahre (bis 1978) innehatte. Es gelang ihm, ein neues Löschfahrzeug und neue Ausrüstung (u. a. Pumpe, Sirene, Funkgeräte) zu erwerben und seinen Plan, den Zeugstättenzubau, zu verwirklichen. Sein Nachfolger wurde Alfred Müllegger, mit damals 21 Jahren jüngster Kommandant der FF Jainzen. 1981 Ankauf eines neuen KLF.

HBI Müllegger A. (1971), OBI Baumgartinger H. (1971), AW Huber F. (1963), AW Schachinger H. (1963), AW Zierler F. (1973) — Aitenbichler A. (1928), Androschin F. (1938), Lm Berner F. (1932), HBm Berner F. (1948), JFm Berner F. (1980), Bruckenberger J. (1925), Bruckenberger J. (1968), Buchböck F. (1968), Buchböck F. (1947), Buchböck F. (1966), HFm Eisl J. (1947), PFm Eisl J. (1965), Ellmauer R. (1976), PFm Erhart W. (1979), Forsthuber F. (1963), Forsthuber S. (1959), Grabner H. (1959), OFm Graf J. (1947), JFm Gschwandtner S. (1981), Fm Haschek J. (1954), HBm Höpflinger F. (1956), Holzinger J. (1971), Jocher J. (1959), Kahls L. (1971), Krall F. (1959), JFm Laimer H. (1980), Loidl F. (1927), Loidl M. (1971), Loidl R. (1980), Moisl K. (1963), Müllegger F. (1925), Fm Müllegger J. (1956), Lm Müllegger M. (1952), Pöllmann A. (1959), PFm Pöllmann A. (1979), JFm Promberger M. (1981), JFm Promberger S. (1981), Rößler A. (1960), Rößler A. (1978), Sams A. (1972), Sams F. (1938), Sams F. (1963), Sams F. (1976), Sams F. (1952), JFm Sams G. (1980), JFm Sams H. (1980), Fm Sams J. (1979), OFm Schachinger H. (1947), Fm Schachinger H. (1979), JFm Schachinger H. (1983), Schachleitner A. (1971), OFm Scherntanner M. (1947), Spitzer J. (1963), Fm Steirer F. (1930), Thomas K. (1967), HFm Unterberger J. (1947), Zauner A. (1961), Zauner W. (1968), Zierler A. (1966), HFm Zierler F. (1947), Zierler W. (1976)

FF KIRCHHAM

Die FF Kirchham wurde am 3. Juni 1895 gegründet. Feuerwehrkommandant war Thomas Casta, Jahrgang 1836. Die Ausrüstung war der damaligen Zeit entsprechend. Der Löschwagen mußte mit Zugtieren gezogen werden. Erst am 5. Juni 1926 konnte der FF Kirchham eine neu errichtete Zeugstätte übergeben werden. Im Sommer 1928 wurde die FF Kirchham mit einer Motorspritze, Fabrikat Rosenbauer, ausgerüstet. 1937 wurde das erste Feuerwehrauto, Marke Gräf & Stift, zugewiesen. Ab 1943 wurde mit einem Wehrmachtsauto Marke Mercedes das Auslangen gefunden. Jedenfalls wurde durch die Tatkraft der Männer am 27. November 1966 ein TLF 1000 Opel Blitz angekauft. Das alte Rüstfahrzeug war bereits 25 Jahre alt. Am 24. September 1982 wurde ein neuer FLFA Steyr 690 angekauft. Am 26. Mai 1978 bezogen die Feuerwehrmänner das von ihnen neu errichtete Zeughaus. Seit der Gründung standen folgende Hauptleute an der Spitze der Freiwilligen Feuerwehr Kirchham: Thomas Casta, Johann Hofmanninger, Franz Grosauer, Josef Rahberger, Friedrich Kronberger, Johann Schober, Mathias Huemer, Franz Hessenberger.

HBI Hessenberger F. (1955), OBI Schimpl J. (1966) — Amering G. (1979), Amering J. (1983), Amering J. (1958), Bammer-Reisenbichler K. (1961), Bammer-Reisenbichler K. (1979), Bauer L. (1955), Baumann M. (1943), Beiskammer F. (1966), Beiskammer R. (1964), Brunner J. (1953), Brunner R. (1976), Danzer F. (1945), Danzer J. (1952), Eder E. (1982), Forstinger A. (1937), Frischmuth G. (1982), Frischmuth J. (1956), Haas A. (1973), Helmberger J. (1954), Hessenberger A. (1957), Holzinger J. (1957), Hutterer F. (1945), Hutterer F. (1952), Hutterer F. (1976), Jungwirth A. (1948), Jungwirth A. (1976), Jungwirth B. (1979), Jungwirth E. (1979), Jungwirth F. (1979), Kothmayr F. (1935), Kronberger H. (1963), Kronberger J. (1970), Kronberger K. (1961), Kronberger R. (1931), Kronberger R. (1963), Mayrhofer F. (1948), Merschitzka K. (1942), Pesendorfer F. (1979), Pesendorfer R. (1965), Piringer H. (1979), Plank F. (1983), Plank J. (1981), Pöll G. (1971), Pühringer F. (1982), Radner J. (1967), Schnellnberger A. (1964), Söllner K. (1976), Spitzbart J. (1945), Tiefenthaller F. (1958), Tuschek J. (1928), Ursprunger G. (1964), Waldl-Gruber F. (1972), Waldl-Gruber J. (1933), Waldl-Gruber J. (1964), Wolfsgruber F. (1945)

FF LAAKIRCHEN

Der am 15. August 1880 ausgebrochene Brand, dem das
Gasthaus Stockhammer, die Volksschule und der große Zehent-
stadel zum Opfer fielen, veranlaßte die Bezirkshauptmannschaft
Gmunden, Laakirchen neuerdings auf die Notwendigkeit der
Gründung einer Feuerwehr hinzuweisen. Die Gründungsversammlung wurde am 10. März 1895 durchgeführt. Zum
Kommandanten wurde Matthias Hitzenberger gewählt. 1897
übernahm Karl Grafinger das Kommando. Die Wehr erhielt
unter seiner Führung ein Feuerwehrhaus beim Bahnhof und
eine zweite Spritze. Der nächste Kommandant hieß Ferdinand
Thallinger und wirkte von 1908 bis 1919. Die Anschaffung
einer Schiebeleiter sowie einer zweistrahligen Spritze trug
wesentlich zur Verbesserung der Ausrüstung bei. Bevor Josef
Meier von 1921 bis 1938 die Kommandostelle innehatte, hießen
seine Vorgänger für je ein Jahr Karl Weller und Martin
Forstinger. In die Zeit Meiers fällt der Kauf eines motorisierten
Rüstautos samt TS. Dieses Fahrzeug diente auch als Rettungswagen. Karl Hitzenberger, der von 1938 bis zur Einberufung
zur Wehrmacht 1940 Kommandant war, wurde durch Karl
Lahner ersetzt. In den Jahren 1940 und 1946 konnte jeweils ein
Rüstwagen in Dienst gestellt werden. Nachfolger von Lahner
wurde Johann Grafinger (1948). Er konnte den Bau des
Feuerwehrhauses 1950, die Anschaffung des schweren Atemschutzes, der VW-TS und des TLF Steyr 680 1965 bewerkstelligen. Seit 1971 leitet Otmar Tischler die Feuerwehr. Er konnte
die Installierung des Feuerwehrfunks in den Einsatzfahrzeugen
sowie den Kauf eines KLF und 1976 eines zweiten TLF
durchbringen. Die Erweiterung und Sanierung des Feuerwehrhauses wurde 1983 abgeschlossen.

HBI Tischler O. (1955), OBI Ohrlinger R. (1942), AW Ortner J. (1963), AW Schober S. (1961), AW Stanig J. (1975), BI Forstinger H.
(1963), BI Mittendorfer J. (1950), BI Petereder J. (1961), BI Pinaucic P. (1972), BI Spitzbart J. (1966), BI Waldl J. (1959), BI
Windischbauer J. (1947) — FA Dr. Atzlinger F. (1969), HBm Atzlinger O. (1952), E-BI Bammer J. (1946), OFm Danner F. (1976),
Lm Enichlmayr J. (1974), OBm Grafinger J. (1950), E-BI Hager M. (1934), OFm Holzinger H. (1965), HFm Kienesberger F. (1970),
E-BI Kienesberger K. (1942), E-OBI Kreuzer K. (1933), Fm Lager H. (1981), E-BI Lechner J. (1934), HFm Lehmann M. (1954), E-AW
Mayr R. (1916), Lm Meister K. (1971), OBm Mitterhuber J. (1960), Lm Mösl G. (1971), Fm Ohrlinger H. (1975), OBm Pamminger O.
(1959), Petereder Ch. (1982), Fm Petereder H. (1974), HFm Plasser F. (1976), OLm Plasser J. (1967), HBm Poltrum K. (1967), Bm
Reithmeier F. (1944), Fm Reithmeier J. (1973), Fm Schernberger P. (1982), Bm Schilcher J. (1959), HFm Spitzer E. (1970), HFm Ing.
Stadlbauer H. (1978), Fm Stanig H. (1975), HFm Stanig K. (1975), Lm Sturm E. (1957), Lm Tischler O. (1973), HBm Waldl K. (1960),
HBm Weiß A. (1951), OLm Windischbauer E. (1960), Lm Windischbauer F. (1973), Fm Zauner L. (1977), Fm Zeilinger G. (1976)

FF LANGWIES

Die Freiwillige Feuerwehr Langwies wurde vom damaligen
Oberlehrer Weimberger im Jahr 1900 gegründet. Bereits 1901
war die FF Langwies stolzer Besitzer einer Abprotzspritze, von
100 Meter Schläuchen, einigen Feuerhaken und kleinen Feuer-
wehrgegenständen. Noch im Gründungsjahr wurde mit dem
Bau der Feuerwehrzeugstätte begonnen. 1901 spendete die
damalige k. u. k Forst- und Domänenverwaltung von Ebensee
das Holz für die Zeugstätte. Gegen eine Bestätigung durften die
Feuerwehrmänner von Langwies das Holz im Wald schlagen.
Im Herbst 1901 war die Zeugstätte fertig und konnte bezogen
werden. 1926 wurde die Zeugstätte vergrößert, um für ein
Feuerwehrauto Platz zu schaffen. 1930 war es endlich soweit,
das erste Feuerwehrauto konnte angekauft werden. Nach
längerem Schriftverkehr mit der Fa. Danninger in Linz wurde
ein Steyr XII gekauft (Baujahr 1926). Mit der Eingliederung
Österreichs in das Großdeutsche Reich ging auch die Selbständigkeit der Wehr verloren, und Langwies wurde ein Löschzug
von Ebensee. Im Laufe der Kriegsjahre mußte Langwies das
Feuerwehrauto an die Feuerwehr Ebensee abliefern. Aber die
Feuerwehrmänner gaben nicht auf. Sie kauften einen Pkw und
bauten ihn zu einem Feuerwehr- und Rettungsauto um. Doch
die Freude sollte nicht lange währen. Gegen Ende des Krieges
konnte die Rettungsabteilung von Ebensee nicht mehr ausfahren, weil kein Auto vorhanden war. Und wieder sprang
Langwies ein. 1948 bekam die FF Langwies als Ersatz einen
Steyr 1500 A ohne Aufbau. 1952 legte Kommandant Franz
Grabner seine Funktion zurück, und Hermann Reiter wurde
Kommandant. In seiner Ära wurde ein neues Feuerwehrhaus
gebaut, das den heutigen Anforderungen noch voll entspricht.

HBI Auinger E. (1954), OBI Paveronschütz P. (1960), AW Großpointner R. (1968), AW Vogl A. (1962), AW Vogl K. (1978), BI
Feichtinger A. (1960) — OFm Ahamer R. (1954), FK Altendorfer J. (1974), HFm Auinger A. (1977), OFm Brennsteiner J. (1960),
HFm Brennsteiner K. (1950), OFm Entholzer J. (1973), HFm Felleitner J. (1956), HFm Felleitner J. (1969), OFm Giorgini A. (1970),
OFm Giorgini A. (1979), HFm Glück J. (1950), HFm Grabner F. (1954), Lm Großpointner R. (1972), E-OBI Großpointner R. (1932),
Fm Haubenhofer T. (1982), OFm Hemmetsberger A. (1962), HFm Hemmetsberger A. (1946), OFm Hödlmoser G. (1962), HFm
Kienesberger G. (1972), HFm Kienesberger P. (1972), HFm Klettner R. (1973), Lm Kogler F. (1961), HFm Kunze H. (1960), HFm
Lahnsteiner E. (1972), E-AW Lahnsteiner F. (1946), HFm Lahnsteiner F. (1951), HFm Lahnsteiner H. (1958), HFm Lahnsteiner J.
(1951), Fm Lahnsteiner M. (1983), HFm Lahnsteiner R. (1967), OFm Leirich K. (1975), HFm Leirich P. (1946), OFm Leirich P. (1973),
HFm Leitner R. (1965), HFm Lemmerer A. (1965), HFm Mag. Lemmerer J. (1968), HFm Loidl F. (1950), HFm Loidl F. (1931), HBm
Loidl F. (1966), E-AW Loidl F. (1959), OFm Loidl G. (1977), OFm Loidl H. (1976), E-HBI Loidl H. (1949), E-OBI Loidl J. (1960),
HFm Loidl J. (1921), HFm Loidl J. (1923), HFm Loidl K. (1930), HFm Loidl K. (1922), OLm Mayer J. (1957), HFm Mayer J. (1960),
OFm Mayer J. (1962), FKM Mayer K. (1952), OBm Mittendorfer F. (1955), HFm Mutschlechner A. (1974), Fm Mutschlechner E. (1982),
Lm Mutschlechner G. (1968), HFm Mutschlechner K. (1950), HFm Ortner F. (1954), OFm Paveronschütz P. (1981), HFm Pilz E.
(1962), HFm Pilz E. (1958), HFm Pilz J. (1923), HFm Pollhammer J., HFm Promberger A. (1947), HFm Promberger F. (1960), HFm
Promberger F. (1915), OFm Promberger F. (1960), OFm Promberger K. (1960), E-HBI Reiter H. (1937), OFm Schrempf K. (1964), HFm Schulz K. (1957), OFm Schulz R. (1981), OFm Schwaiger F. (1950), OFm Schwaiger F. (1977), OFm
Schwaiger G. (1959), HFm Schwaiger H. (1957), E-BI Schwaiger J. (1946), HFm Schwaiger W. (1967), HFm Spießberger F. (1958),
OFm Steinkogler J. (1922), HFm Steinkogler J. (1956), OFm Steinkogler J. (1979), HFm Stüger E. (1976), HFm Stüger G. (1979),
HFm Stüger K. (1951), Lm Vogl J. (1966), HFm Vogl L. (1958)

FF LASERN

Die Freiwillige Feuerwehr Lasern wurde am 12. Februar 1922 gegründet. In den ersten Jahren nahm die junge Wehr sofort einen erheblichen Aufschwung. Auch die Tradition der Kameradschaftseinsätze ist in diesen Gründungsjahren zu finden und hat sich bis heute im Kreis der Feuerwehr erhalten. Ebenso fanden auch schon die nun traditionellen Feuerwehrbälle statt. Die erste fahr- und tragbare Spritze wurde am 6. Mai 1927 von der Fa. Rosenbauer angeschafft. Nach dem Krieg wurde die Wehr (im Jahr 1949) mit dem neuen Kommandanten Krenn reaktiviert. Kamerad Kain wurde zum Melder bestimmt, da er über ein Motorrad verfügte. 1952 dankte die Landesfeuerwehrschule für die Holzspende, die für den Bau der Kegelbahn bereitgestellt wurde. 1953 erfolgte die Turmerhöhung. 1955 wurde als erstes Fahrzeug ein Kettenkrad angekauft. 1960 wurde als zweites Fahrzeug ein gebrauchter Jeep gekauft. 1967 wurde der altgediente Jeep gegen einen fabriksneuen Austin Gipsy getauscht. 1973 wurde die FF Riedln übernommen. 1974 wurde statt dem Krad ein Puch Haflinger gekauft. 1983 wurden Austin und Haflinger verkauft und ein VW LT 35 angeschafft, nachdem die Depoteinfahrt vergrößert worden war. Seit der Gründung der Wehr führten folgende Kommandanten die Geschicke der Wehr: Johann Deubler (1922–1928), Leopold Scheutz (1928–1949), Gottlieb Krenn (1949–1953), Christian Scheutz (1953–1973), Alfred Pilz (1973–1978) und Ludwig Lichtenegger (seit 1978).

HBI Lichtenegger L. (1960), OBI Loidl G. (1967), AW Falkensteiner J. (1966), AW Heschl F. (1974), AW Schilcher F. (1967), BI Pilz A. (1951), BI Scheutz P. (1977) — Fm Engleitner E. (1979), Fm Engleitner E. (1976), HFm Fischer Ch. (1962), Fm Forstreiter F. (1979), Fm Gamsjäger A. (1982), Fm Grampelhuber E. (1974), Fm Hemetzberger F. (1979), Fm Hubner R. (1980), Fm Kain J. jun. (1979), HFm Kain J. sen. (1959), HFm Leitner H. (1963), Fm Lichtenegger F. (1966), OFm Lichtenegger L. (1968), OFm Lichtenegger L. jun. (1978), OFm Lichtenegger P. (1977), OFm Lichtenegger R. (1967), OFm Obenaus H. (1977), HFm Obenaus O. (1960), Fm Peer J. (1953), HFm Pilz L. (1963), Fm Pomberger F. (1953), OFm Scheutz R. (1979), OFm Schilcher M. (1979), OFm Schmaranzar F. (1968), HFm Unterberger F. (1956)

FF LAUFFEN

Die Gründungsversammlung der Freiwilligen Feuerwehr Lauffen fand am 29. Juni 1891 statt. Im Beisein des Ischler Kommandanten Rehagen sowie einiger Ischler Feuerwehrkameraden wurde von neun Lauffener Bürgern beschlossen, eine „Filiale" der Feuerwehr Ischl zu gründen. Während des Zweiten Weltkrieges wurde die Freiwillige Feuerwehr Lauffen als Löschzug der Feuerwehr Bad Ischl unterstellt. Am 8. November 1974 erfolgte die Eintragung der Freiwilligen Feuerwehr Lauffen in das Feuerwehrbuch. Seit der Gründung im Jahre 1891 leitet jetzt der zehnte Kommandant die Geschicke der Freiwilligen Feuerwehr Lauffen.

HBI Laimer F., OBI Kienast F. — Baumgartinger F., Ber P., Bernöcker H., Ellmer A., Ellmer H., Eselböck J., Feichtinger J., Gamsjäger P., Grieshofer M., Hödlmoser K., Hörhager W., Holzberger J., Holzberger J. jun., Holzberger P., Huemer Ch., Jedinger R., Kienast A., Kienast R., Kogler A., Kogler F., Kogler J., Kogler J., Kogler M., Kogler R., Koppmann F., Lackner A., Laimer F. jun., Laimer H., Laimer L., Laimer R., Laimer R. jun., Leitner J., Loidl L., Maherndl A., Mucha F., Nawar J., Neff F., Neff F. sen., Neff F., Neff H., Nitzler G., Obernhauser F., Offenhauser E., Pilz F., Pilz J., Pilz J. jun., Plamberger M., Pranieß Ch., Pranieß M., Putz A., Putz E., Putz F., Reiter L., Rosifka A., Rosifka A. jun., Rosifka T., Sammer R., Savel J., Scheutz H., Schnöll J., Sejka K., Sejka W., Sidler H., Sidler M., Stadlmann F., Stöckl W., Treml R., Weiratmüller J., Weiratmüller L., Weiß A., Weiß H., Wimmer F., Zierler J., Zierler M.

FF LEDERAU

Bereits 1894 wurde die FF Lederau gegründet, wobei die große Entfernung der nächsten Feuerwehr in Vorchdorf und die Anzahl von Gewerbebetrieben, Sägewerken und entlegenen Höfen ausschlaggebend dafür war. Ihr erster Hauptmann war Friedrich Birgmair. 1896 wurde ein neues Zeughaus gebaut, die entstandenen Schulden wurden zum Teil durch Theateraufführungen abgedeckt. Neben vielen Feuereinsätzen sollte die Feuerwehr immer wieder bei Hochwasser helfend eingreifen müssen. Große Schwierigkeiten ergaben sich während der beiden Weltkriege, weil viele Kameraden eingezogen wurden und zahlreiche von ihnen aus den Kriegen nicht mehr zurückkehrten. In der Zwischenzeit wurde die Wehr unter Hauptmann Leopold Hochreiter mit modernen Geräten ausgerüstet. Im Zweiten Weltkrieg wurde die Feuerwehr Lederau wie auch die Feuerwehr Schart als Löschzug der FF Vorchdorf geführt. Der Zusammenbruch 1945 bedeutete auch für die Lederauer einen Neubeginn, da man vor dem Nichts stand. 1946 war die Wehr dank der Mithilfe von Bevölkerung und Gemeinde wieder einsatzbereit. In unzähligen Einsätzen bewies sie seither immer wieder ihre Tüchtigkeit, in vielen Leistungsbewerben errang sie Pokale und Auszeichnungen. Ein weiterer Höhepunkt war die 75-Jahr-Feier 1968 mit Fahrzeugweihe. Ein Erster-Hilfe-Kurs und eine Umwelt-Säuberungsaktion wurden ebenfalls schon durchgeführt. Dank und Anerkennung der Feuerwehr hat sich der heutige Ehrenkommandant Berthold Hochreiter erworben, welcher über 25 Jahre (1952–1978) Kommandant der Feuerwehr Lederau war. Heute verfügt die Feuerwehr Lederau über zwei Löschfahrzeuge, TLF 1000 und LFB.

HBI Kuntner E. (1958), OBI Pointner J., AW Aigner A. (1963), AW Heundsdorfer J. (1958), AW Hofer E. (1958), AW Huemer J. (1960), AW Hutterer J. (1968), OBI Kalchmair F. (1951), BI Aitzetmüller F. (1951), BI Aitzetmüller J. (1962), BI Greifeneder K. (1957), BI Kronberger J. (1964) — Fm Atzlinger J. (1981), HLm Brandstetter F. (1954), HFm Diensthuber R. (1977), HFm Feichtinger J. (1971), OBm Grammerstätter L. (1949), Fm Helmberger M. (1981), E-HBI Hochreiter B. (1949), OLm Hochreiter B. (1971), HFm Hofer E. (1977), Lm Huemer G. (1946), Fm Huemer J. (1981), HFm Huemer M. (1977), Lm Hutterer F. (1973), OLm Kalchmair F. (1972), Fm Kammesberger A. (1981), Bm Kammesberger L. (1971), HBm Kiesenebner L. (1965), Lm Kornberger F. (1950), Fm Kreuzeder H. (1979), HFm Kuntner M. (1972), HBm Leichtfried J. (1971), E-BI Leitenmair J. (1929), OBm Malzner L. (1926), Lm Moser K. (1964), HLm Moser L. (1961), Lm Neuböck A. (1962), E-AW Riedler F. (1941), OFm Schedenik J. (1974), Lm Spindler A. (1971), HFm Stadlmair R. (1977), Lm Suchy J. (1938), Lm Waldenhofer E. (1964), OFm Waldenhofer F. (1974), Bm Wiener F. (1972)

FF LINDACH

Die FF Lindach wurde am 14. April 1901 unter Hptm. Alois Hoffmann gegründet. 1903 wurde unter Hptm. Alois Sedlmayer ein Spritzenhaus mit einem Trockenturm errichtet. 1910 wurde unter Hptm. Karl Hiegelsperger eine fahrbare, dreiteilige Schubleiter angeschafft. In weiterer Folge wurde unter Hptm. Leopold Weißengruber eine Handspritze gekauft, die 1924 an die FF Oberweis abgegeben wurde. Am 14. Januar 1925 wurde bei der Fa. Rosenbauer die erste pferdebespannte Motorspritze in der Gemeinde Laakirchen angekauft. Unter Kommandant Leopold Weißengruber wurde am 9. Juni 1929 das erste Motorfahrzeug angeschafft. Durch die Ereignisse des Zweiten Weltkrieges wurde die Mannschaft stark geschwächt. 1946 wurde unter Kommandant Johann Waldl die FF Lindach wieder aktiv. In der Folge wurde aus Wehrmachtsbeständen ein brauchbares geländegängiges Rüstfahrzeug von Kameraden der Wehr selbst neu aufgebaut. Unter Kommandant Ernst Prillinger konnte 1962 das heutige Zeughaus bezogen werden. Gleichzeitig mit der Zeughauseinweihung gelang es Komm. Ernst Prillinger, auch ein verbessertes Fahrzeug in Dienst zu stellen. Seit 1967, unter Kommandant Karl Schöfbenker, erfolgte der weitere schrittweise Ausbau der FF Lindach. So wurde eine Neuuniformierung der gesamten Mannschaft durchgeführt. 1977 wurde ein neues Fahrzeug angeschafft, das nach modernstem Stand für Lösch- und Bergearbeiten ebenso geeignet ist wie für Katastropheneinsätze. Dazu wurde eine Funkeinrichtung installiert. Das Zeughaus wurde neu eingerichtet, mit Mannschaftsgarderoben und einem Waschraum.

HBI Schöfbenker K. (1950), OBI Pesendorfer R. (1972) — HFm Aigner J. (1973), Altmanninger A. (1974), Bakalarz-Zakos K.-H. (1978), Bergsmann A. (1950), Berthaler Danner J. (1976), Blausteiner J. (1973), Fierluinger F. (1946), Gillesberger F. (1974), Gillesberger K. (1980), Gillesberger M. (1981), Hamminger H. (1958), Hartner J. (1977), Hehenberger J. (1967), Heidecker A. (1977), Heidecker L. (1955), Hessenberger F. (1932), Hüttner F. (1967), Hufnagl A. (1967), Hufnagl F. (1975), Kofler R. (1980), Lehner G. (1978), Littig F. (1977), Littig H. (1978), Niedermeier F. (1949), Niedermeier J. (1925), Pamminger M. (1927), Prammerdorfer W. (1980), Prillinger E. (1949), Prüwasser A. (1964), Prüwasser E. (1967), Prüwasser K. (1967), Schneglberger H. (1976), Schneglberger L. (1976), Schöfbenker J. (1949), Schöfbenker J. (1948), Schöfbenker K. jun. (1978), Schubert G. (1974), Sitter E. (1974), Spitzbarth M. (1964), Starzinger G. (1980), E-HBI Waldl J. (1913), Weseßlintner R. (1977), Weseßlintner J. (1951), Wiesenberger E. (1973), Zach H. (1958), Zach N. (1967)

FF MITTERWEISSENBACH

Die Freiwillige Feuerwehr Mitterweißenbach wurde am 1. November 1897 von Josef Huber gegründet, der auch der erste Kommandant der Wehr wurde. Die Zeugstätte wurde 1900 gebaut. 1925 stellte Johann Stadlmann seine Werksirene für Alarmzwecke zur Verfügung. Im gleichen Jahr wurde die Musikkapelle Mitterweißenbach gegründet, die aus der FF hervorging. 1926: Anschaffung einer Räderbahre. 1928 wurden Sanitätskurse abgehalten, an denen mehrere Kameraden teilnahmen. Die Rettungsabteilung bestand zwischen 1925 und 1958 unter den jeweiligen Leitern Alois Leitner (1925–1936), Josef Wiener (1936–1949) und Johann Zeppetzauer (1949–1958). 1928 konnte eine neue Motorspritze angeschafft werden; 1936 wurde der Neubau der Zeugstätte abgeschlossen, die 1959 aufgestockt wurde. 1957 wurde die Alarmierung mit Sirene ermöglicht und 1963 das erste Löschfahrzeug angekauft. 1964: Anschaffung eines Einachsanhängers mit Aufbau. 1967 wurde das Feuerwehrtelefon eingeleitet. 1968: Ankauf der neuen Tragkraftspritze RK 35, 1974 Kauf des neuen KLF-A Land Rover 109 mit Vorbaupumpe und eines Mobilfunkgerätes, ein Jahr später eines Handfunkgerätes. 1974 konnte eine Alarmsirene in Roith installiert werden. 1977 überließ die Stadtgemeinde Bad Ischl der Freiwilligen Feuerwehr Mitterweißenbach das ehemalige Volksschulgebäude für Feuerwehrzwecke. 1980 erfolgte die Montage der Funksteueranlage für beide Alarmsirenen. In den Jahren 1979 bis 1983 wurde die Restaurierung des Gebäudes außen und innen sowie der Garagenanbau vorgenommen. 1984 konnte das Feuerwehrgebäude feierlich eingeweiht werden.

HBI Haslinger A., OBI Gratzer K. — Aitenbichler J., Balas S., Balas W., Bruckschlögl R., Buchberger Ch., Eisl J., Feichtinger G., Gratzer A., Gratzer F., Gratzer J., Gratzer R., Günther J., Haslinger A., Haslinger G., Haslinger H., Haslinger R., Ischlstöger F., Ischlstöger F., Ischlstöger J., Ischlstöger P., Ischlstöger W., Kranabitl F., Loidl F., Loidl J., Loidl M., Loidl T., Mattuzzi M., Müllegger Ch., Müllegger K., Müllegger K., Oberfrank H., Pichlmüller P., Pichlmüller P., Putz F., Reisenbichler J., Schöndorfer M., Schönner P., Siegl M., Spießberger J., Steinkogler J., Stüger A., Unterberger A., Unterberger H., Wagner L., Wagner L., Wimmer A., Zeppetzauer A., Zeppetzauer F., Zeppetzauer J.

FF NEUKIRCHEN BEI ALTMÜNSTER

Bei der Gründungsversammlung 1893 wurde der damalige Oberlehrer Franz Löberbauer einstimmig zum Feuerwehrhauptmann gewählt. Bald darauf wurde eine Handdruckspritze um 450 Gulden gekauft. Der Bau des Depots wurde 1894 ausgeführt. 1897 wurde bereits eine Feuerwehrfahne gekauft, als Fahnenmutter wurde Anna Forstinger erwählt, welche damals 200 Gulden spendete. 1902 wird das erstemal eine Sanität erwähnt. 1905 wurde das bestehende Zeughaus zu klein und durch ein größeres ersetzt. 1913 wurde der Zug Winkl gegründet. Zwischen 1916 und 1923 fehlen die Eintragungen. 1925 gab es einen Großbrand in der unteren Aurachmühle. 1929 erfolgte der Ankauf der ersten Motorspritze. Das Eintreffen selbiger wurde mit Böllerschüssen verkündet. 1932: Ankauf einer kleinen Motorspritze für den Zug Winkl (Kleiner Florian). 1945: erstes Löschfahrzeug Daimler-Benz Mercedes, ein Beutewagen der Deutschen Wehrmacht. 1948: zwei Sirenen erhalten. 1951 wurde unter dem Kommandanten Alois Schatzl ein neues Zeughaus errichtet. 1963 wurde der Löschzug Winkl aufgelöst. 1964 erhielt die Wehr ein LLF Opel Blitz mit Vorbaupumpe. 1970 wurden Funkgeräte eingebaut, 1974 ein TLF 2000 angekauft. 1979 konnte die Wehr in den F+B-Zug aufgenommen und der Ankauf eines LFB vorgenommen werden. 1980: Sirenensteuerung eingebaut; 1981 KDO-Wagen bekommen. 1983 erhielt die FF Neukirchen anläßlich des 90jährigen Gründungsfestes eine neue Fahne, da die alte 1945 beim Brand des Bäckerhauses verbrannt war.

HBI Spiesberger F. (1949), OBI Feichtinger J. (1959) — Apfel R. (1949), Attwenger G. (1947), Bergthaler F. (1983), Bergthaler J. (1974), Bergthaler S. (1979), Bruderhofer E. (1963), Derflinger J. (1974), Feichtinger B. (1962), Feichtinger I. (1965), Feichtinger J. (1925), Feichtinger J. (1967), Födinger J. (1920), Födinger J. (1936), Ganzenbacher F. (1932), JFm Gebhart E. (1983), Gebhart V. (1949), Halbauer J. (1969), JFm Harringer M. (1983), Harringer K. (1966), Hausjell H. (1966), Hausjell K. (1963), Hobl L. (1950), Hofstatter F. (1959), Hufnagl A. (1949), Hufnagl F. (1972), Hufnagl J. (1980), JFm Katherl E. (1983), Kreuzer F. (1932), Kreuzer J. (1979), Kreuzer J. (1963), Kreuzer R. (1938), Kreuzer S. (1963), Laubichler E. (1979), Laubichler F. (1950), JFm Laubichler G. (1983), Laubichler J. (1958), Laubichler K. (1974), JFm Leitner A. (1983), JFm Leitner Ch. (1983), Leitner F. (1963), Leitner F. (1974), Leitner F. (1939), JFm Leitner F. (1983), Leitner H. (1966), Leitner H. (1962), Leitner J. F. (1974), Leitner J. (1952), Leitner J. (1983), JFm Leitner N. (1983), Mascherbauer J. (1923), Mayr J. (1951), JFm Mitsch P. (1983), JFm Mittendorfer J. (1983), Mittendorfer M. (1979), JFm Mühlbacher J. (1983), Mühlegger A. (1953), Mühlegger F. (1924), Mühlegger G. (1979), Mühlegger J. (1977), Mühlegger W. (1979), Mühlegger F. (1979), JFm Nagl J. (1983), Nöbauer K. (1953), Nußbaumer K. (1938), JFm Nußbaumer M. (1983), Nußbaumer-Pölzleitner (1973), Nußbaumer-Pölzleitner (1949), JFm Oberhofer G. (1983), Pangerl J. (1928), JFm Pesendorfer Ch. (1983), Pesendorfer F. (1974), Pesendorfer F. (1949), Pesendorfer H. (1979), Pesendorfer J. (1920), Pesendorfer W. (1974), JFm Pichler M. (1983), Planitzer R. (1979), Plasser E. (1965), Plasser W. (1970), Putz A. (1979), Putz F. (1983), Putz F. (1974), Putz J. (1949), Putz J. (1965), Radner A. (1979), JFm Rampetsreiter T. (1983), JFm Reiter A. (1983), Schatzl A. (1934), Schmid H. (1954), Schmid H. (1972), Schmid O. (1963), Schobersberger F. (1936), Schobesberger A. (1965), Spiesberger J. (1947), JFm Spiesberger Ch. (1983), Spiesberger F. (1973), Spiesberger F. (1970), Spiesberger F. (1972), Spiesberger F. (1952), Spiesberger F. (1943), Spiesberger J. (1947), Spiesberger J. (1972), Spiesberger J. (1978), Spiesberger J. (1963), Spiesberger K. (1947), Spiesberger W. (1977), Spiesberger M. (1958), Spiesberger-Pesendorfer F. (1963), Spiesberger-Pesendorfer H. (1972), Spiesenberger J. (1972), Spießberger E. (1968), Sturm S., JFm Thallinger A. (1983), JFm Trawöger A. (1983), Trawöger J. (1974), Wiesmayr G. (1972), Wiesmayr M. (1974), Wintersberger M. (1974), Wolfsgruber J. (1981), JFm Wolfsgruber J. (1983), JFm Wolfsgruber M. (1983), Zallinger R. (1980), Zopf A. (1949)

FF OBERTRAUN

Die Freiwillige Feuerwehr Obertraun wurde im Jahr 1904 unter dem ersten Kommandanten Joseph Binder gegründet. Leider sind aus den Jahren bis zum Zweiten Weltkrieg keine Aufzeichnungen vorhanden, bekannt ist lediglich, daß zu Kriegsbeginn Joseph Binder noch immer der Wehr als Kommandant vorstand. Nach dem Krieg fungierten die Feuerwehrhauptleute Johann Holzleitner (1949–1950), Franz Schilcher (1950–1954), Karl Höll (1954–1968), Johann Gamsjäger (1968–1971), Paul Gamsjäger (1971–1978), Herbert Hammerl (1978–1983) und Alfred Kaiser (seit 1983). In den ersten Nachkriegsjahren wurde von der Wehr ein Anhänger mit Motorspritze RW 80 angeschafft; 1962 folgte der Ankauf eines Kleinlöschfahrzeuges Land Rover mit Vorbaupumpe. Im Jahr 1978 wurde das bis dahin im alten Amtsgebäude der Gemeinde Obertraun untergebrachte Feuerwehrhaus umgebaut und darüber hinaus drei Atemschutzgeräte angekauft. Nach Bränden in den Jahren 1980/81 wurde 1982 ein Tanklöschfahrzeug 2400 Allrad mit Seilwinde (5 t) erworben. 1984 konnte mit dem Neubau des Zeughauses begonnen werden.

HBI Kaiser A. (1973), OBI Winter E. (1972) — Ambach A. (1958), Ambach A. (1977), Ambach H. (1973), Amon F. (1960), Amon F. (1977), Binder A. (1931), Binder Ch. (1939), Binder E. (1974), Binder L. (1930), Binder M. (1939), Blatnig H. (1961), Dankelmayer E. (1973), Dankelmayer F. (1968), Dankelmayer F. (1955), Deubler F. (1936), Deubler H. (1925), Edlinger J. (1955), Eggenreiter F. (1924), Eggenreiter H. (1924), Eggenreiter L. (1916), Eggenreiter L. (1951), Eggenreiter L. (1977), Faber J. (1955), Feuerer F. (1962), Feuerer F. (1973), Feuerer J. (1974), Fischer A. (1952), Frühberger T. (1980), Gamsjäger A. (1925), Gamsjäger G. (1980), Gamsjäger J. (1949), Gamsjäger J. (1955), Gamsjäger M. (1951), Gamsjäger M. (1977), E-HBI Gamsjäger P. (1946), Gamsjäger P. (1932), Gianmöna F. (1966), Hammerl G. (1977), Hammerl H. (1964), Hinterer F. (1961), Hinterer F. (1949), Hinterer K. (1964), Höck F. (1961), Höll A. (1976), Höll A. (1977), Höll E. (1946), Höll F. (1972), Höll H. (1970), Höll J. (1932), Höll J. (1955), Höll K. (1932), Höll S. (1973), Höll W. (1952), Hufnagl W. (1964), Immervoll B. (1976), Immervoll J. (1976), Kaiser A. (1954), Kaiser Ch. (1946), Kaiser F. (1975), Kaiser F. J. (1925), Kaiser F. J. (1946), Kaiser F. (1965), Kaiser J. (1966), Kieninger J. (1937), Köberl J. (1962), Köberl J. (1938), König A. (1954), König G. (1975), Kößler F. (1946), Lackner R. (1983), Lehner J. (1979), Lettner J. (1982), Lettner J. (1982), Limberger T. (1946), Mattl J. (1980), Moser B. (1977), Moser H. (1972), Neumann J. (1955), Pernkopf F. (1973), Perstl R. (1972), Putz R. (1964), Rastl J. (1948), Rastl W. (1946), Schilcher E. (1955), Schilcher F. (1951), Schilcher J. (1961), Schilcher J. (1955), Schilcher L. (1969), Schlömmer K. (1964), Schlömmer M. (1918), Schober K. (1955), Schreder J. (1955), Simonlehner K. (1973), Stimitzer W. (1973), Stricker H. (1972), Wallner J. (1949), Wallner R. (1961)

FF OBERWEIS

Bei einer Versammlung am 24. August 1924 unter Vorsitz von Bürgermeister Karl Krottenauer wurde von der Bevölkerung die Gründung einer Ortsfeuerwehr einstimmig befürwortet. Durch großen persönlichen Einsatz aller Feuerwehrmänner unter Wehrführung von Johann Enichlmaier und durch großzügige Unterstützung seitens der Bevölkerung und der Gemeinde gelang es über geraume Zeit, die notwendigsten Ausrüstungsgegenstände, mit dem Prunkstück einer eigenen Feuerwehrspritze, anzuschaffen. Die schwierige Zeit des Zweiten Weltkrieges kostete der Wehr sehr viel an Substanz, doch unter der hervorragenden Führung des neuen Wehrführers Anton Hämmerle kam neuer Schwung in die Schar. In Hämmerles Amtszeit fällt auch das große Feuerwehrunglück, das nicht nur in die Geschichte des Ortes, sondern auch in die österreichische Geschichte einging. In den frühen Morgenstunden des 23. Juli 1955 starben sieben Feuerwehrkameraden aus Oberweis den Heldentod in Erfüllung ihrer freiwillig übernommenen Pflicht. Nach tagelangen Regenfällen war in der vorausgegangenen Nacht die Brücke über den Bach eingestürzt. Als in den frühen Morgenstunden Gmunden Großalarm gab, fuhren die Kameraden Josef Holzinger, Anton Holzleitner, Egon Zalto, Johann Schobesberger, Robert Löb, Franz Buchinger und Franz Schallmeiner in das gähnende Loch und verbrannten samt dem Rüstwagen. Es folgten Jahre des Wiederaufbaus und der Aufrüstung. Durch beständige Verbesserungen und Neuanschaffungen gelang es, die Einsatzkraft der Wehr bedeutend zu verbessern. Mit der Anschaffung eines neuen Tanklöschfahrzeuges Trupp 2000 im Rahmen der Markterhebung Laakirchens wurde 1984 wieder ein großer Schritt getan.

HBI Trawöger A., OBI Grafinger F. — Bayrhuber J., Beißkammer J., Beißkammer K., Bergthaller L., Depner S., Eichstill J., Grundbichler A., Grundbichler H. P., Herbst K., Hörtenhumer R., Kainberger A., Klement K., Lasser J., Martinelli R., Mayerl H., Mitteregger T., Natmeßnig E., Nußbaumer J., Ohler H., Pesendorfer A., Pesendorfer J., Plasser A., Puchinger E., Puchinger F., Riedler E., Riedler E. jun., Riedler J., Schlosser A., Singer P., Sonntag J., Stumvoll Ch., Dkfm. Ing. Swoboda J., Topf E., Trawöger A. jun., Trawöger A., Waldl A., Walzl J., Wasner A., Wittmann W., Würflinger K.

FF OHLSDORF

Die Notwendigkeit zur Gründung einer freiwilligen Feuerwehr wurde das erstemal am 6. März 1880 befürwortet. Die notwendigen finanziellen Mittel wurden durch eine Haussammlung aufgebracht. Benifiziat Stummer stellte der Feuerwehr einen Raum zur Verfügung. Am 29. Oktober 1885 wurde die Freiwillige Feuerwehr Ohlsdorf wegen zu geringem Interesse an dieser guten Sache leider wieder aufgelöst. Auch fehlte die finanzielle Unterstützung durch die Gemeindevertretung. Die inzwischen vorhandenen Geräte wurden von den Ortsbewohnern sorgsam aufbewahrt. Am 6. Juli 1888 erhielt die Gemeindevorstehung den Auftrag, eine neue Feuerwehr zu gründen. Dies wurde wegen der mißlichen Verhältnisse erst am 16. Juni 1895 möglich. 1895 wurde eine neue Spritze (Fa. Rosenbauer) erworben, 1899 begann man mit dem Bau eines Feuerwehrdepots. 1914 kaufte die Wehr eine weitere Spritze an. 1929 wurde der Löschzug Nathal als Außenstelle der FF Ohlsdorf installiert. 1942: Ankauf des ersten Feuerwehrautos Opel Blitz. In den fünfziger Jahren wurden eine Sirene, ein Anhänger und eine Tragkraftspritze angeschafft, 1955/56 ein neues Zeughaus mit zwei Garagen und Schlauchturm gebaut. 1968 konnte der erste Tanklöschwagen, Opel TLF 1000, erworben werden, 1975 ein größeres TLF 2000 Steyr 590. 1980 wurde ein VW-Bus als Kommandowagen gekauft. Der heutige Fahrzeug- und Gerätestand umfaßt: 1 TLF 2000, 1 LLF, 1 KDO-Wagen, Funkgeräte, Atemschutzgeräte, Heumeßsonde, Notstromaggregat, 1 TKS VW 120 Supermatic. Seit der Gründung der Freiwilligen Feuerwehr Ohlsdorf standen folgende Hauptleute an der Spitze der Wehr: Franz Montl, Johann Aicher, Michael Wimmer, Mathias Loderbauer, Karl Ebner, Heinrich Sturm, Karl Geigenberger, Alois Maxwald, Hermann Leutgeb.

HBI Leutgeb H., OBI Maxwald K. — Altenstraßer R., Autengruber J., Buchinger L., Danner Ch., Danner T., Deisl E., Eichinger E., Ettinger F., Feichtinger A., Fischer F., Fürtbauer J., Fürtbauer J., Gaigg A., Gassenbauer M., Gassenbauer R., Gottfryd S., Haidinger R., Hamedinger S., Hiebl H., Huber J., Huber K., Huemer G., Keiblinger J., Kirchgatterer G., Kostial G., Kothmayr J., Kreuzer F., Kreuzer F., Kreuzer R., Kruppa H., Kruppa P., Kruppa S., Leitner W., Leutgeb E., Leutgeb H., Maxwald A., Maxwald F., Maxwald F., Maxwald J., Maxwald K., Obergottsberger A., Pamminger A., Pamminger F., Pamminger M., Peiskammer J., Pesendorfer M., Pesendorfer S., Plank F., Pointner J., Raffelsberger F., Raschke P., Reiter A., Reiter K., Resch J., Resch J., Resch K., Schacherreiter J., Schifbänker M., Schlauer G., Schobesberger K., Schwarzlmüller P., Schwarzmüller S., Sommerer M., Spitzbart M., Stadlmayr E., Stockhammer E., Stockinger H., Sturm F., Sturm F., Thalhammer F., Weber J., Wiener F., Windischbauer J.

FF PFANDL

Über Antrag des Schulleiters Urban Lazzeri wurde 1889 die Filialfeuerwehr Pfandl gegründet. Noch im selben Jahr wurde eine Feuerwehrspritze angekauft und eine Zeugstätte errichtet, die 1893 und 1905 durch Zubauten erweitert wurde. 1919 legte Urban Lazzeri seine Funktion als Hauptmann zurück. Sein Nachfolger wurde Anton Streibl. Unter seiner Leitung wurde die erste Motorspritze angekauft, das Depot umgebaut und das erste motorisierte Löschfahrzeug eingerichtet. 1938 verlor die Wehr ihre Selbständigkeit und wurde ein Löschzug der Feuerwehr Bad Ischl. Josef Gassner wurde 1939 zum Löschzugführer gewählt. Unter dem Kommando von Josef Gschwandtner (1945–1950) erhielt die Pfandler Wehr 1949 wieder ihre Selbständigkeit. Von 1950 bis 1958 oblag das Kommando Franz Streibl. In seiner Ära wurde ein gebrauchter Lkw Steyr 1500 angekauft und von den Wehrmännern zu einem Rüstwagen umgebaut. Ab 1958 war Josef Fahrner Kommandant. Die Wehr beschloß nun, an anderer Stelle ein neues, zeitgemäßes Feuerwehrhaus zu bauen. Durch den Abbruch der alten Pfandler Kirche, den die FF Pfandl vornahm, wurde Baumaterial gewonnen und ein bescheidenes Grundkapital erworben. Am 29. Oktober 1964 konnte nach zweimonatiger Bauzeit zur Firstfeier eingeladen werden; am 26. Juni 1969 war Zeughausweihe in Pfandl. Weitere Anschaffungen: ein leichtes Löschfahrzeug (1972) und ein Tanklöschfahrzeug (1974). 1978 übergab Josef Fahrner das Kommando an Alois Fischer. Unter seiner Führung wurde 1982 an der Südseite des Feuerwehrhauses ein großer Zubau mit Schulungs- und Gemeinschaftsraum, Büffet und WC fertiggestellt. 1984 wurde ein neues Tanklöschfahrzeug in Dienst gestellt.

HBI Fischer A. (1959), OBI Eisl J. (1966) — Achleitner A. (1948), Achleitner J. (1973), Achleitner M. (1972), Aitenbichler F. (1946), Auer E. (1968), Auer H. (1976), Auer L. (1965), Bramberger F. (1940), Bramberger J. (1962), Eckmann M. (1952), Eder J. (1972), Eisl J. (1942), Fahrner F. (1954), Fahrner J. (1971), Fahrner J. (1937), Fahrner J. (1966), Feichtinger A. (1979), Feichtinger F. (1958), Feichtinger J. (1967), Fuchs A. (1971), Grabner J. (1966), Grabner J. (1950), Grabner J. (1960), Grabner J. (1976), Graf F. (1966), Gschwandtner A. (1971), Gschwandtner J. (1937), Gschwandtner J. (1970), Gschwandtner J. (1945), Hödl J. (1974), Hofauer P. (1954), Hofauer S. (1956), Hofauer S. (1976), Hofinger A. (1976), Hofinger F. (1970), Hofinger J. (1968), Huemer A. (1951), Iglseder B. (1971), Kain A. (1950), Kalhs A. (1952), Kalhs F. (1965), Kerschbaum K. (1976), Kienberger F. (1950), Kienberger F. (1965), Kienberger J. (1968), Laimer J. (1965), Leitner W. (1968), Lichtenegger A. (1976), Lienbacher F. (1956), Loidhammer J. (1958), Moser A. (1977), Müllegger F. (1955), Müllegger J. (1950), Müllegger J. (1970), Neubacher L. (1956), Österreicher A. (1970), Pernecker F. (1952), Pilz E. (1972), Pilz J. (1968), Pinzger R. (1970), Putz A. (1953), Putz H. (1963), Putz J. (1973), Putz M. (1978), Sams J. (1950), Schiendorfer S. (1969), Schiendorfer S. (1976), Schlager J. (1963), Schmall J. (1978), Schmalnauer A. (1920), Schmalnauer A. (1965), Schmalnauer F. (1955), Schmalnauer J. (1962), Schuller A. (1978), Schuller F. (1976), Schuller J. (1969), Stadlmann J. (1967), Straßer R. (1970), Strubreiter A. (1962)

FF PINSDORF

Die Gründung der Freiwilligen Feuerwehr Pinsdorf erfolgte im Jahr 1890 unter dem ersten Kommandanten Michael Habermayr, der die Kameraden in eine Spritzen- und in eine Steigermannschaft einteilte. Die erste Pumpe war schon vor der Gründung, 1885, angekauft worden. Die Einweihung des Feuerwehrdepots erfolgte am 26. Juli 1905, nachdem schon 1901 eine von Franziska Föttinger gestiftete Fahne geweiht worden war. Die erste Motorspritze (Gugg) kaufte die Wehr 1929, der Wagenaufbau wurde von den Kameraden selbst hergestellt. Aus Anlaß des 60jährigen Bestandsjubiläums der FF Pinsdorf im Jahr 1950 wurde das erste Feuerwehrkraftfahrzeug Steyr A-Typ, ein Kriegsfahrzeug, zusammen mit der neuen Motorspritze (Fa. Rosenbauer) geweiht. Die erste Sirene wurde 1953 angekauft und auf dem Schlauchturm montiert. 1961 wurde ein leichtes Löschfahrzeug Opel Blitz mit Vorbaupumpe erworben, 1963 eine Tragkraftspritze Marke VW 75, 1970 ein Tanklöschfahrzeug 2000 Mercedes 710 (im Tausch gegen den Opel). 1974 erwarb die Wehr ein KLF Ford Transit, 1981 einen gebrauchten VW-Doppelkabinenbus, der von den Kameraden in Eigenregie als Kommandofahrzeug adaptiert wurde (Bergeschere und Spreizer wurden installiert). Das Feuerwehrzeughaus wurde einige Male um- und ausgebaut und entspricht heute voll den modernen Anforderungen. Kommandanten seit der Gründung waren: Michael Habermayr (1890–1892), Ivo Deubler (1892–1900), Franz Stockhammer (1900–1911), Ludwig Hobl (1911–1928), Karl Muchitsch (1928–1951), Rupert Neuer (1951–1956), Ernst Hufnagl (1956–1978), Karl Mair (seit 1978).

HBI Mair K. (1959), OBI Föttinger J. (1969) — Arnold G. (1981), Attwenger A. (1967), Bernegger F. (1967), Doblmair G. (1975), Ebner H. (1983), Eder F. (1916), Eder F. (1949), Eder L. (1928), Egger E. (1973), Enichlmayr U. (1981), Fettinger F. (1949), Fettinger F. (1970), Födinger F. (1930), Födinger J. (1965), Gattinger K. (1977), Groiß E. (1952), Groiß E. (1975), Hamminger F. (1955), Hausleitner W. (1981), Hessenberger E. (1930), Hofstätter H. (1981), Hofstätter J. (1929), Hubweber T. (1975), Huemer F. (1967), Huemer F. (1981), Huemer G. (1981), Kager J. (1949), Kienberger J. (1949), Kiener A. (1949), Kiener A. (1973), Kiener Ch. (1975), Kiener K. (1939), Kiener K. (1967), Klein G. (1974), Klein G. (1975), Klein H. (1975), Kreischer G. (1983), Kreischer G. (1954), Lachner F. (1929), Lasser F. (1941), Lasser F. (1974), Loderbauer G. (1969), Loderbauer G. (1949), Mair Ch. (1981), Mair K. (1982), Mair K. (1933), Mayrhofer F. (1956), Mayrhofer M. (1982), Mittendorfer A. (1982), Neudorfer F. (1952), Neuhuber F. (1949), Nußbaumer F. (1952), Nußbaumer J. (1925), Nußbaumer J. (1949), Nußbaumer J. (1983), Obermaier F. (1949), Pammer J. (1983), Pfeiffer J. (1969), Pils H. (1975), Puchinger F. (1949), Puchinger F. (1975), Quitoschinger H. (1981), Scheibl F. (1949), Schiemel H. (1977), Schiffbanker J. (1953), Schönberger A. (1970), Schönberger J. (1949), Schönberger J. (1975), Spießberger F. (1974), Spießberger F. (1975), Spießberger J. (1948), Spießberger J. (1967), Stockenhuber E. (1959), Stockerhuber M. (1979), Stockhammer F. (1942), Stockhammer J. (1981), Stockhammer W. (1949), Sturm G. (1939), Vockenhuber F. (1969), Dr. Weinberger H. (1977)

FF RAHSTORF

Die Freiwillige Feuerwehr Rahstorf wurde im Jahr 1913 gegründet. Aus den bescheidenen Anfängen der damaligen Zeit – einer Handpumpe nebst Schläuchen und einem Pferdegespannwagen – wurde schon 1932 eine Motorpumpe angekauft. Ab 1942 wurden die Pferde durch einen Traktor ersetzt. Die nach dem Ersten Weltkrieg angekaufte Gugg-Motorspritze wurde 1957 durch eine neue RVW 75 von Rosenbauer ersetzt. Der erste Kommandant war Anton Forstinger (1913–1928). Ihm folgten von 1928 bis 1945 Johann Stockhammer, von 1945 bis 1950 Johann Bachmair und von 1950 bis 1958 Anton Riedler. Am 4. August 1961 erhielt die Rahstorfer Feuerwehr unter ihrem Kommandanten Johann Spitzbart (1958–1973) erstmals ein Feuerwehrauto, einen KLF Ford 1250. Zu Ostern 1974 wurde unter dem derzeitigen Kommandanten Martin Braunsberger (ab 1973) mit dem Neubau eines neuen, größeren Feuerwehrhauses begonnen. Das schöne und zweckmäßige Feuerwehrhaus wurde am 18. November 1978 durch Bürgermeister Neuwirth seiner Bestimmung übergeben. Es wurde von der Feuerwehr eine freiwillige Arbeitsleistung von 3500 Stunden erbracht. Die Gesamtkosten von 800 000 Schilling wurden von der Gemeinde getragen. Der Wunsch nach einem neuen, moderneren und vor allem größeren Feuerwehrauto konnte durch die Auslieferung eines neuen LFB Mercedes L 508D am 30. März 1982 verwirklicht werden. Durch einen Flohmarkt, einige Alteisensammlungen und Verwertung alter Autos konnten Funkgeräte, Atemschutzgeräte, Notstromaggregat und dergleichen angekauft und die Mannschaft neu eingekleidet werden. Der Ausbildungsstand ist durch regen Besuch der Oö. Landesfeuerwehrschule und durch zahlreiche Strahlenschutzausbildungen beim Bundesheer recht gut – ebenso wie die Kameradschaft.

HBI Braunsberger M. (1950), OBI Reiter A. (1957) — Amering E. (1977), Amering J. (1974), Beißkammer K. (1977), Beißkammer K. jun. (1983), Beißkammer K. sen. (1955), Braunsberger F. (1979), Braunsberger F. (1981), Braunsberger M. jun. (1979), Forstinger A. (1955), Forstinger E. (1978), Forstinger J. (1924), Forstner A. (1981), Forstner F. (1948), Forstner J. (1981), Helmberger A. (1975), Helmberger E. (1959), Helmberger F. (1980), Holzinger J. (1982), Kofler A. (1953), Kofler E. (1975), Kofler W. (1978), Kreuzeder A. (1980), Reisenberger J. (1932), Reiter A. sen. (1925), Sonntagbauer A. (1948), Sonntagbauer W. (1977), Spitzbarth J. (1931), Steindl F. (1979), Treml A. (1963), Treml A. jun. (1979), Treml J. (1978), Würflinger K. (1933)

FF RAMSAU BEI BAD GOISERN

Die Beschaffenheit des Goiserer Tales mit seinen zum Teil in großen Höhen gelegenen Gehöften brachte es mit sich, daß schon in früher Zeit relativ viele Feuerwehren bzw. Löschzüge entstanden. Die Gründungsversammlung der Freiwilligen Feuerwehr Ramsau am 20. März 1893 mit vorerst 14 Mitgliedern wählte Johann Neubacher zu ihrem ersten Kommandanten. Die Hauptaufgaben in der Gründungszeit bestanden in der Errichtung einer Zeugstätte in der Ortschaft Ramsau, einer Löschgerätehütte in Steinach und der Anlegung von mehreren Löschwasserbassins. Der Einsatz konnte besonders in den Wintermonaten sehr beschwerlich werden, da die gesamte Schattseiten mit den Ortschaften Ramsau, Gschwandt, Steinach, Muth und Teilen von Unterjoch zu betreuen war. Die Alarmierung erfolgte vor der Installierung der Alarmsirenen durch einen Hornisten in jeder Ortschaft. Mit dem Ankauf des ersten Kraftfahrzeuges im Jahr 1959 wurde auch die Arbeit der Einsatzgruppe wesentlich erleichtert. Das Geräteinventar wurde nun laufend ergänzt und modernisiert. Das Feuerwehrdepot in Ramsau mußte bereits mehrmals vergrößert werden, der letzte Umbau wurde im Jahr 1984 abgeschlossen. Die Feuerwehr untersteht derzeit dem Kommando von Josef Stieger. Im Jahr 1982 wurde eine sehr aktive Jugendgruppe gegründet, die bereits an einigen Bewerben erfolgreich teilgenommen hat. Aufgaben für die Zukunft sind weitere Verbesserung der Löschwasserversorgung durch vermehrten Einbau von Hydranten, Modernisierung des Inventars, insbesondere der Funkausrüstung, und Spezialisierung der Ausbildung für Brandbekämpfung im alpinen Gelände.

HBI Stieger J. (1957), OBI Ellmer W. (1969) — Ellmer F. (1958), Ellmer J. (1962), Feichtinger M. (1977), Gaisberger E. (1951), Gamsjäger A. (1983), Gamsjäger F. (1977), Gangl Ch. (1983), Gangl K. (1962), Greunz E. (1976), Greunz S. (1975), Haugeneder W. (1980), Hillbrand H. (1983), Hofbauer G. (1967), Hofer A. (1962), Kain K. (1983), Kain M. (1967), Kain R. (1967), Kaiser A. (1960), Kaiser A. (1972), Neubacher J. (1976), Neubacher M. (1977), Oitzinger J. (1971), Pilz B. (1957), Schilcher F. (1975), Schilcher H. (1975), Schilcher H. (1983), Schilcher J. (1953), Stadler E. (1971), Steglegger J. (1958), Steyrer F. (1957), Stieger R. (1983), Stimez A. (1967), Stimez W. (1977), Straubinger H. (1984), Tiefenbacher Ch. (1983), Urstöger F. (1971), Urstöger F. (1983), Urstöger P. (1983), Vöge V. (1983), Wörther M. (1983), Wörther S. (1982), Zahler A. (1983), Zahler H. (1964), Zahler J. (1949)

FF REINDLMÜHL

Am 31. Mai 1896 wurde die Freiwillige Feuerwehr Reindlmühl gegründet. Am 27. März 1897 bestätigte die konstituierende Versammlung die Gründungsmitglieder in ihren Funktionen. Erster Hauptmann war Josef Ramsauer. 1902 wurde Josef Ahammer zum neuen Kommandanten gewählt, der bis zum 16. März 1924 die Geschicke der Wehr lenkte. Die Not der Kriegs- und Nachkriegsjahre des Ersten Weltkrieges fand in den Protokollen ihren deutlichen Niederschlag. Auf Josef Ahammer folgte im Kommando Franz Ahamer. 1921 wurde unter Karl Trawöger eine Rettungsabteilung gegründet. Am 26. März 1926 befaßte man sich im Kommando mit der Errichtung einer Filiale der Wehr auf dem Grasberg, da dort akuter Wassermangel herrschte und nur sogenannte Hauslacken vorhanden waren. Im Jahr 1929 faßte man zwei bedeutsame Beschlüsse, und zwar zur Gründung einer Feuerwehrmusik und zum Ankauf einer Motorspritze; zu letzterer sagte Bürgermeister Amtsrat Kren eine Gemeindesubvention von 2500 Schilling zu. Die Wirtschaftskrise der dreißiger Jahre wie auch der Zweite Weltkrieg setzten der Wehr Grenzen in ihrer Entwicklung. Nach 1945 wurde die Wehr von den Kommandanten Franz Schernthaner, Johann Höller, Ernst Weberstorfer und Franz Kefer erfolgreich geführt. Gegenwärtig steht ihr Josef Schmid als Kommandant vor. 1947 erfolgte der Ankauf eines Rüstfahrzeuges Steyr-8-Zylinder Allrad. Erwähnenswerte Großeinsätze gab es bei den Hochwasser- und Naturkatastrophen in den Jahren 1955 und 1956. Die neue Zeugstätte wurde zwischen 1977 und 1979 erbaut und am 4. August 1979 durch Dechant Prof. Putz feierlich eingeweiht.

HBI Schmid J. (1971), OBI Moser J. (1967) — Attwenger A. (1961), Bachl L. (1955), Binder K. (1967), Brunner A. (1982), Brunner E. (1973), Derflinger F. (1935), Führer G. (1954), Gabrysch K. (1954), Gaigg F. (1960), Gaigg J. (1960), Ganzenbacher W., Hager F. (1979), Hager H. (1962), Hager K. (1982), Höller A. (1963), Höller F. (1973), Höller J. (1963), Höller W. (1978), Hofmann E. (1979), Hofmann H. (1978), Hofmann M. (1947), Hofmann M. (1977), Hufnagl-Führer G. (1948), Hufnagl F. (1973), Kaltenbrunner K. (1971), Kefer F. (1948), Kreuzer H. (1975), Kreuzer J. (1967), Künz P. (1974), Laubichler F. (1972), Leberbauer M. (1982), Leitner A. (1967), Leitner A. (1954), Leitner A. (1972), Mayr F. (1969), Mayrhofer J. (1969), Millinger G. (1973), Mittermayr J. (1953), Moser A. (1946), Moser A. (1963), Moser Ch. (1975), Moser J. (1980), Moser J. (1968), Moser L. (1983), Moser R. (1961), Mühlegger M. (1970), Nußbaumer M. (1983), Oberhumer G. (1983), Pesendorfer Ch. (1980), Pesendorfer J. (1970), Plasser J. (1976), Prähauser F. (1961), Prähauser J. (1956), Rahstorfer G. (1952), Rahstorfer K. (1979), Riedler M. (1973), Riener J. (1949), Schernberger J. (1977), Schernberger R. (1977), Schmid K. (1958), Dr. Schobersberger H. (1943), Spießberger F. (1949), Spießberger F. (1940), Spießberger J. (1977), Ing. Stangl F. (1982), Trawöger J. (1980), Weberstorfer E. (1970)

FF RINDBACH

Die Freiwillige Feuerwehr Rindbach wurde im Jahr 1895 gegründet. Am 1. Dezember 1907 wurde der Beschluß zum Ankauf einer Kübelspritze gefaßt. Am 28. März 1908 konnte die FF Rindbach eine mechanische Schubleiter anschaffen. Am 28. September 1912 wurde beschlossen, eine Feuerwehr-Liedertafel zu gründen, weiters wurde festgesetzt, daß jeder 20 hl Strafe zu zahlen habe, der bei Versammlungen ein unerlaubtes Wort spricht. Dieses Geld habe in die Kasse der Liedertafel zu fließen. Am 26. und 27. Juni 1926 wurde ein großes Wiesenfest abgehalten. Am 16. Februar 1927 wurde eine Motorspritze der Fa. Knaust in Wien angekauft. Im Jahr 1935 wurde ein großes Wiesenfest abgehalten, dessen Reinertrag zum Ankauf einer Motorspritze diente, die bei der Fa. Rosenbauer in Linz angekauft wurde. Am 20. September 1970 wurde das 75jährige Bestandsjubiläum der FF Rindbach mit der Segnung des neuen Löschfahrzeuges KLF Ford-Taunus 1500 gefeiert. Im Mai 1983 wurde ein neues Löschfahrzeug angekauft, ein KLF VW. Im Jahr 1985 wird das 90jährige Bestandsjubiläum der FF Rindbach gefeiert. Das jetzige Zeughaus wurde in den Jahren 1950/51 erbaut. Folgende Kommandanten leiteten die Geschicke der Freiwilligen Feuerwehr Rindbach seit ihrer Gründung: Anton Heißl (1905–1923), Rudolf Heißl (1923–1928), Gottfried Heißl (1928–1941), Josef Kienesberger (1941–1950), Hans Heißl (1950–1963), Ferdinand Kienesberger (1963–1978), Heribert Heißl (1978–1984) und Johann Tauß (seit 1984).

HBI Heißl H. (1955), OBI Redl E. — Lm Ahamer H. (1972), Attwenger H. (1964), Bittendorfer J. (1973), OLm Bittendorfer M. (1979), Daxner A. (1955), HFm Daxner P. (1976), Engl A. (1978), Engl K. (1975), HFm Gaigg H. (1966), Gaigg R. (1983), HBm Großauer F. (1955), HFm Heißl A. (1959), Heißl A. (1983), OBm Heißl F. (1952), Heißl G. (1983), OLm Heißl H. (1963), Heißl H. (1980), Heißl J. (1918), OLm Heißl R. sen. (1932), Heißl R. (1955), Heißl W. (1975), Ippisch W. (1953), Jocher J. (1979), Keusch H. (1978), Kienesberger F. (1948), Kienesberger H. (1983), Kienesberger S. (1983), Klettner R. (1978), Kouba R. (1970), Lindenbauer A. (1983), Lm Loidl A. (1965), Loidl F. (1952), OLm Loidl G. (1963), Loidl J. (1951), Losgott E. (1983), Magritzer H. P. (1980), Magritzer W. (1983), HFm Mühlegger K. (1969), Neubacher K. (1979), Neuhuber W. (1979), Pesendorfer E. (1983), Pesendorfer S. (1983), Bm Podkornik J. (1927), Preimesberger G. (1969), HFm Promberger S. (1966), HBm Pucher G. (1975), Pührer W. (1976), Redl H. (1965), Reisenbichler W. (1978), Richter Ch. (1983), Lm Schachinger H. (1965), HFm Schiffbänker W. (1977), OFm Schiffmann R. (1973), Lm Schilcher J. (1949), Schiller W. (1965), Schwaiger R. (1979), HFm Schwaiger T. (1966), Dr. Schwarz N. (1965), Sevestin R. (1983), Spießberger B. (1979), Spießberger K. (1980), Spießberger W. (1978), Stanek A. (1969), Steinkogler A. (1924), Lm Steinkogler A. (1955), OLm Steinkogler R. (1955), Stüger A. (1981), OLm Stüger F. (1948), Stüger J. (1970), HBI Tauß J. (1963), HFm Thiel S. (1953), Vogl Ch. (1983)

FF ROITH

Aus dem III. Löschzug der Ortsfeuerwehr Ebensee wurde im Jahr 1912 die Freiwillige Feuerwehr Roith als selbständige Feuerwehr gegründet. In einem kleinen Depot wurden die damaligen Ausrüstungsgegenstände – eine kleine fahrbare und zum größten Teil aus Holz bestehende Handspritze, eine Schlauchkarre, eine Schlauchkapsel, Hanfschläuche, Wassereimer und Schanzwerkzeug – untergebracht. Im Jahr 1919 wurde eine größere Handdruckspritze angekauft. Durch den Ankauf eines Sanitätskarrens im Jahr 1925 wurde unter Führung des Sanitätsobmanns Josef Loidl eine Sanitätsabteilung gegründet. Der geplante Ankauf einer Motorspritze erforderte auch einen Erweiterungsbau des Depots, welcher im Jahre 1926 erfolgte. Ein Jahr später wurde durch den Ankauf eines Wagens für Pferdebespannung die Beweglichkeit der Feuerwehr wesentlich verbessert. Der Ankauf der Motorspritze im Jahr 1927 der Type Folio 10 Größe II mit Breuer-Motor von der Fa. Rosenbauer erhöhte die Einsatzfähigkeit der Wehr ganz erheblich. Die Feuerwehr hatte während des Krieges viele Gerätschaften verloren, aber es ist ihr unter schwierigsten Umständen wieder gelungen, aus Wehrmachtsbeständen einen Rüstwagen und eine Tragkraftspritze TS 75 zu erwerben. 1957 wurde eine moderne Tragkraftspritze und 1960 ein KLF angekauft. Seither wurde der technische Stand immer wieder den Bedürfnissen angepaßt und modernisiert. 1982 erfolgte der Anschluß an die Funkalarmierung. Hauptleute seit der Gründung waren Stefan Grill, Michael Steinkogler, Michael Feichtinger, Johann Daxner, Johann Lahnsteiner, Rudolf Kienesberger, Franz Groiß.

HBI Groiß F. (1952), OBI Lahnsteiner J. (1943), AW Behr D. (1975), AW Neuhuber K. (1974), AW Spitzer E. (1955), OBI Neuhuber F. jun. (1969) — HFm Daxner A. (1950), HFm Daxner R. (1967), OFm Daxner W. (1979), OFm Dygruber R. jun. (1976), Fm Dygruber R. sen. (1977), OFm Ebenschwaiger F. (1976), OFm Ebenschwaiger T. (1976), HFm Engl J. (1945), PFm Engl J. (1983), JFm Födinger M. (1983), OFm Höller A. (1967), Lm Kienesberger R. (1974), E-HBI Kienesberger R. (1949), OFm Kienesberger J. (1973), Fm King F. (1975), OFm Lahnsteiner H. (1974), Lm Lahnsteiner J. (1972), HFm Lahnsteiner J. (1974), JFm Lemmerer M. (1983), OFm Lemmerer K. (1965), Loidl H., Fm Loidl J. (1979), OFm Loidl M. (1980), Bm Neuhuber F. sen. (1949), HFm Pfatschbacher J. (1975), Pfatschbacher R. (1965), Fm Pilz A. (1980), JFm Quatember Ch. (1983), OFm Rainbacher J. (1974), OFm Rainbacher M. (1976), Reisinger J. (1983), JFm Scheck P. (1983), Fm Schwaiger J. (1975), OFm Spitzer F. (1976), OFm Spitzer J. (1964), HFm Spitzer J. (1953), Lm Stadlmann F. (1970), HFm Stadlmann S. (1976), OFm Steinkogler F. (1964), OFm Steinkogler W. (1980), OFm Zauner J. (1974)

FF ROITHAM

Aufgrund vieler Brände und Naturkatastrophen in der Gemeinde Roitham kam es am 7. August 1889 zur Gründung einer Wehr in Roitham. (1888 brannten der Kirchturm und mehrere Bauernhöfe ab; am 7. Juni 1888 brannte die Ortschaft Magling nieder, dabei verbrannte eine Bäuerin.) Gemeindevorsteher Franz Stöttinger stellte eine Wehr mit vorerst 34 Mann auf. Die Ausrüstung muß wohl bescheiden gewesen sein, denn erst 1929 wurde die erste Motorspritze angekauft. Größere Anschaffungen im Laufe der Jahrzehnte war 1931 das erste Feuerwehrauto, 1933 eine Sirene, 1939 ein Feuerwehrauto, das auch für Krankentransporte verwendet wurde, 1940 eine DKW-Motorspritze, 1947 ein LF 15 mit Rüstanhänger, 1949 ein Militärdodge, der auf ein Löschfahrzeug umgebaut wurde. 1949 erfolgte der Bau einer Zeugstätte in Raah, 1953 Ankauf einer RW-25-Motorspritze, 1960 einer VW-Motorspritze, 1964 ein Opel Blitz Löschfahrzeug, 1966 das erste Tanklöschfahrzeug, 1979 ein LFB, 1983 ein KLF. Seit Bestehen der FF Roitham wurden jedes Jahr ein oder zwei Veranstaltungen abgehalten (Bälle, Gartenfeste usw.). Alle zehn Jahre fand ein Gründungsfest statt. Bis 1940 mußte sich die Wehr selber finanzieren. In Roitham bestanden mehrere Löschzüge: Roitham, Raah, Deising, Watzing. Die beiden letztgenannten wurden später aufgelöst. Seit Gründung der Wehr mußten rund 40 größere Brände bekämpft werden. 19 Kommandanten standen bis jetzt der FF vor. Die Namen der Hauptleute seit der Gründung: Franz Stöttinger, Johann Maringer, Johann Nöstlinger, Franz Silbermair, Josef Kastenhuber, Alois Stöttinger, Josef Huemer, Ferdinand Ennser, Franz Pichlmann, Anton Minimair, Matthias Dickinger, Martin Berger, Johann Rübl, Josef Stadlmair, Johann Pichlmann, Peter Gruber, Franz Edlinger und Rudolf Gruber.

HBI Gruber R. (1957), OBI Hufnagl J. (1965) — Aigner A. (1952), Aigner H. (1978), Aigner J. (1930), Aigner J. (1975), Anschuber R. (1979), Anschuber W. (1949), Avbelj F. (1978), Avbelj M. (1951), Avbelj M. (1974), Avbelj P. (1978), Breitwieser F. (1981), Burgstaller Ch. (1983), Dickinger E. (1971), Ebner J. (1923), Edlinger F. (1949), Edlinger J. (1981), Eiesebner A. (1959), Engljähringer H. (1958), Forstinger F. (1959), Forstinger W. (1970), Fuchs W. (1979), Fuchshuber F. (1959), Gehmayr E. (1957), Gruber H. (1982), Gruber H. (1982), Gruber J. (1957), Hamminger H. (1948), Hamminger H. (1975), Hamminger H. (1980), Haslbauer M. (1958), Hauke A. (1921), Hauke H. (1962), Hiegelsperger J. (1929), Hiesmayr W. (1954), Hörtenhumer J. (1952), Hofmann J. (1979), Hornof E. (1929), Hornof E. (1959), Hornof W. (1969), Kastenhuber A. (1924), Kastenhuber A. (1963), Kastenhuber F. (1974), Kienberger M. (1963), Kogler A. (1965), Kogler J. (1952), Krapf K. (1946), Kupfner K. (1979), Leb A. (1962), Leeb H. (1963), Leeb M. (1972), Leibetseder Ch. (1982), Leibetseder J. (1977), Lichtenegger F. (1922), Liftinger A. (1983), Lind G. (1982), Martinutsch J. (1982), Neudorfer F. (1919), Nickel K. (1980), Niederhauser J. (1963), Niederhauser J. (1924), Oder M. (1957), Pamminger J. (1972), Pamminger J. (1946), Pichlmann F. (1973), Pichlmann F. (1951), Pichlmann J. (1927), Pichlmann J. (1977), Rohrmoser F. (1964), Schaumberger F. (1960), Schiffer Ch. (1972), Schiffer G. (1950), Schiffer J. (1940), Schiffer K. (1948), Schimpl K. (1970), Schwarz A. (1978), Spießberger J. (1963), Spießberger J. (1979), Spießberger R. (1979), Spitzbart F. (1967), Stöttinger F. (1952), Wagner F. (1960), Waldl F. (1982), Weismann W. (1981), Weismann W. (1983), Wimmer H. (1982), Wimmer J. (1979), Windischbauer A. (1967), Ziegelböck F. (1958)

FF RUSSBACH

Im August 1895 gründete Johannes Sams die Freiwillige Feuerwehr Rußbach. Es wurde eine Feuerspritze samt Requisiten angeschafft und eine Feuerwehrzeugstätte errichtet, wobei die notwendigen Mittel durch Spenden der Bevölkerung aufgebracht wurden. 1905 erfolgte ein Erweiterungsbau am Depot. 1938 wurde die FF Rußbach aufgelöst und bildete gemeinsam mit der FF St. Wolfgang die Freiwillige Gemeindefeuerwehr St. Wolfgang. Erst 1945 wurde die Wehr wieder selbständig. 1953 erfolgte wieder eine Erweiterung des Feuerwehrdepots, jedoch handelte es sich dabei noch um einen reinen Holzbau. Der Anschaffung des ersten Kraftfahrzeuges Ford Transit, 1960, folgten weitere Käufe, die den Ausrüstungsstand der FF kontinuierlich verbesserten. So besitzt die FF Rußbach derzeit 1 TLF, 1 KLF (Land Rover), schweren Atemschutz und eine Funkausrüstung. 1974 wurde ein neues, größeres Feuerwehrdepot errichtet und damit für eine geordnete Unterbringung der vorhandenen Ausrüstung gesorgt.

HBI Hödlmoser J. (1961), OBI Moser L. (1972) — Achatz R. (1983), Appesbacher F. (1972), Appesbacher G. (1961), Appesbacher H. (1969), Auer M. (1983), Auer W. (1924), Bachauer F. (1955), Baier F. (1955), Baier F. (1975), Baier J. (1951), Begusch A. (1938), Buchinger F. (1979), Buchinger W. (1979), Ehrnstorfer H. (1964), Eisl F. (1973), Eisl F. (1963), Eisl F. (1973), Eisl F. (1964), Eisl F. (1970), Eisl F. (1967), Eisl F. (1952), Eisl J. (1947), Eisl J. (1970), Eisl J. (1966), Eisl J. (1966), Eisl J. (1961), Eisl M. (1983), Eisl M. (1959), Eisl M. (1968), Eisl M. (1967), Eisl P. (1964), Eisl W. (1959), Eisl W. (1973), Ellmauer J. (1964), Ellmauer J. (1922), Ellmauer J. (1974), Ellmauer M. (1958), Ellmauer P. (1974), Ellmauer P. (1974), Forsthuber B. (1964), Forsthuber F. (1980), Forsthuber J. (1950), Forsthuber M. (1967), Fuschlberger A. (1960), Grabner F. (1970), Grabner F. (1980), Grabner F. (1976), Grabner F. (1951), Grabner H. (1980), Grabner J. (1968), Grabner J. (1967), Grabner P. (1956), Grabner P. (1973), Grabner W. (1966), Graf F. (1964), Graf M. (1964), Haas A. (1965), Haas J. (1959), Hinterberger F. (1958), Hinterberger J. (1978), Hinterberger M. (1966), Hinterberger M. (1931), Hödlmoser H. (1983), Hödlmoser J. (1976), Hödlmoser J. (1964), Hödlmoser J. (1965), Hödlmoser J. (1983), Hödlmoser M. (1955), Hödlmoser M. (1955), Hödlmoser P. (1910), Höll J. (1918), Höll J. (1952), Hörack F. (1982), Hörak F. (1965), Hörak M. (1979), Jedinger F. (1964), Kienberger F. (1969), Kienberger J. (1978), Kienberger J. (1950), Kienberger M. (1951), Kienberger M. (1969), Kienberger W. (1947), Kienberger W. (1966), Knoblechner J. (1983), Knoblechner J. (1954), Knoblechner W. (1970), Kogler S. (1973), Kogler W. (1983), Kopf A. (1977), Dir. Kopf A. (1979), Kopf N. (1976), Kristmann S. (1951), Lahnsteiner E. (1968), Laimer J. (1964), Laimer J. (1973), Laimer S. (1964), Lechner J. (1980), Leitner Ch. (1983), Leitner J. (1951), Leitner J. (1963), Leitner M. (1960), Leitner M. (1976), Leitner P. (1983), Lemmerer A. (1957), Lemmerer A. (1924), Lemmerer A. (1979), Lemmerer F. (1966), Lemmerer F. (1932), Lemmerer F. (1976), Lemmerer J. (1975), Lienbacher A. (1967), Limbacher J. (1968), Limbacher G. (1973), Limbacher H. (1979), Limbacher J. (1973), Limbacher J. (1956), Limbacher J. (1960), Limbacher W. (1963), Linner A. (1957), Linner R. (1966), Mergl F. (1964), Mergl W. (1979), Nierlich G. (1983), Nirlich G., Peham F. (1980), Peham F. (1960), Peham H. (1978), Peham W. (1978), Peinsteiner J. (1949), Pichlmüller F. (1948), Pichlmüller F. (1983), Pichlmüller J. (1983), Plamberger G. (1922), Pöllmann J. (1966), Pöllmann J. (1965), Pöllmann J. (1939), Pöllmann J. (1967), Preiner J. (1965), Preiner J. (1979), Preiner W. (1979), Raudaschl F. (1966), Raudaschl J. (1976), Raudaschl J. (1967), Raudaschl M. (1965), Raudaschl W. (1965), Redl J. (1961), Reisenbichler F. (1977), Reisenbichler F. (1952), Riedler J. (1957), Rieger F. (1963), Rieger H. (1960), Rieger J. (1976), Rieger J. (1957), Rieger J. (1976), Rieger J. (1946), Rieger M. (1965), Sammer A. (1923), Sammer J. (1968), Sammer J. (1966), Sams A. (1964), Sams F. (1954), Sams J. (1967), Sams J. (1976), Sams J. (1966), Schuy J. (1951), Stadlmann A. (1977), Stadlmann F. (1952), Stadlmann F. (1951), Stadlmann M. (1976), Standl O. (1929), Stangl H. (1974), Stangl O. (1964), Steinböck J. (1955), Unterberger A. (1949), Unterberger F. (1933), Wesenauer J. (1978), Wimmer A. (1965), Wintersteller G. (1934), Wintersteller M. (1968)

FF ST. AGATHA

Der Gründung der FF St. Agatha ging eine Brandkatastrophe voraus, und dieser äußere Umstand bewog den Maurer Johann Reitter 1879, die Wehr zu gründen. Bereits 1883 kaufte man aus dem Erlös einiger Veranstaltungen eine Ventilhahn-Karrenspritze. Erster Kommandant wurde Josef Grill. Der Erste Weltkrieg forderte schwere Menschenopfer, aber die Wehr blieb weiter bestehen. 1947 wurde nach mühevoller Aufbauarbeit eine weitere wichtige Anschaffung getätigt: eine Rosenbauer Motorspritze RW 80. 1958 wurde Hermann Engleitner zum neuen Kommandanten gewählt, unter seiner Amtswaltung setzte die Motorisierung der Wehr voll ein. War es zuerst ein VW-Bus, so folgte ein geländegängiger Land Rover und später ein zweiter Land Rover mit Vorbaupumpe. 1970 wurde der Zeugstättenneubau in Angriff genommen, weil das alte Depot aus dem Jahr 1887 im Zuge von Straßenbauarbeiten weichen mußte. 1972 wurden schwere Atemschutzgeräte und eine komplette Mittelschaumausrüstung angeschafft. Reinhard Winterauer wurde 1973 zum Kommandanten gewählt. 1974: Anschaffung eines Kommandofahrzeuges und Einrichtung einer Kommandozentrale mit Funkbestückung am 2-m-Band; 1976: Ankauf eines Steyr TLF 2000 Trupp sowie erste Waldbrandeinsätze mit Hubschrauberunterstützung; 1978: Einrichtung der Funkalarmierung mit zwei Außenstellen und Ankauf eines Ford Transit Allrad mit Vorbaupumpe; 1979: ein Lada Taiga als geländegängiges Kommandofahrzeug. 1981/82 folgte die Installierung der ersten automatischen Telefonalarmierung in Österreich.

HBI Fischer J., OBI Schenner R. — Engleitner R., Fischer F., Fischer H., Gamsjäger S., Gasserbauer S., Greunz E., Greunz H., Grill A., Grill F., Grill M., Grill M., Haischberger E., Haischberger F., Haischberger G., Haischberger S., Kaar H., Kain A., Kain E., Klackl Ch., Leitner Ch., Neubacher J., Oberfrank W., Pfandl J., Pichler H., Pomberger J., Pomberger S., Pramesberger W., Rastl J., Rundhammer G., Rundhammer K., Scheuchl E., Scheutz H., Steiner F., Steiner H., Stimitzer H., Unterberger Ch., Wallmann J., Wallner K., Winterauer R., Wörtner H.

FF ST. KONRAD

Die FF St. Konrad wurde am 3. Juli 1894 im Ortsteil Kranichsteg gegründet. Ihr erster Feuerwehrobmann war Georg Klinsner. Die Kommandanten der Wehr waren: Georg Klinsner (1894–1919), Karl Buchner (1919–1938), Heinrich Buchegger (1938–1950), Johann Pöll (1950–1963), Ernst Auinger (1963–1978) und Alois Hummer (seit 1978). Im Jahr 1894 bestand die Ausrüstung aus einem vierrädrigen Spritzenwagen mit drei Saugschläuchen. Das erste Feuerwehrdepot wurde 1902 gebaut. 1929 wurde unter dem damaligen Kommandanten Karl Buchner die erste Motorspritze angekauft, deren Einweihung am 5. August 1929 stattfand. Ganz stolz aber war die Wehr, als das erste Fahrzeug, ein Dodge, 1952 angekauft und in Eigenregie zu einem Feuerwehrauto umgebaut wurde. Unter Kommandant Pöll wurde 1954 das heutige Feuerwehrdepot erbaut. 1957 wurde eine RVW-75-Pumpe angekauft. Der Dodge leistete bis 1960 treue Dienste, mußte jedoch dann aus wirtschaftlichen Überlegungen abgestoßen werden, und man entschied sich zum Ankauf eines Opel Blitz mit Vorbaupumpe. 1970, unter Kommandant Auinger, begann für die Wehr ein neuer Zeitabschnitt: Das erste Tanklöschfahrzeug, ein TLF 1000, wurde angekauft, weiters 1974 ein KLF Marke Ford Transit. 1979 erfolgte der Kauf eines TLF 2000 Trupp, das am 4. Mai 1980 geweiht wurde. Weiters wurden in den letzten Jahren die Funkgeräte, Schläuche und Sirenenanlagen auf den neuesten Stand der Technik gebracht.

HBI Hummer A., OBI Buchegger J. — Almhofer K., Auinger E., Baumgartner J., Baumgartner J. jun., Bergthaler G., Bergthaler J., Bieregger F., Brandauer L., Brunnsteiner J., Dück J., Gillesberger K., Hessenberger Ch., Hessenberger J., Hessenberger J. jun., Holzinger E., Huemer J., Hummer F., Hummer G., Kaibinger F., Kronberger J., Lang M., Leeb R., Loitlsberger E., Mairhuber G., Mayr J., Mehlig M., Pöchacker L., Pöll F., Pöll L., Pointl J., Prentner F., Pühringer F., Pühringer H., Pühringer W., Redl A., Reisenberger H.-G., Riedler R., Rittenschober J., Schögl A., Schögl J., Stadlhuber K., Steinhäusler F., Steinhäusler F., Steinhäusler J., Steinhäusler K., Steinhäusler L., Zemsauer J.

FF ST. WOLFGANG

Im Jahr 1873 wurden die Gemeindevorstehungen durch Erlaß des Landesausschusses aufgefordert, „Freiwillige Feuerwehren ins Leben zu rufen und kräftigst zu fördern". Das war 1878 der Anlaß, auch in St. Wolfgang eine Wehr zu gründen. Aber schon Jahrhunderte vorher hatte man im Ort Vorkehrungen gegen Brände getroffen (seit 1514). So mußte jeder Bürger, der in die Feuerwehr aufgenommen wurde, einen Löscheimer mitbringen und im Flur seines Hauses zwei solche „lödterne Amper" zur Brandbekämpfung bereithalten. Seit 1792 besaß die Wehr eine kleine Druckspritze; 1851 wurde eine Karrenspritze angekauft, 1887 eine vierrädrige Saugspritze. 1927 konnte die erste Motorspritze erworben werden, 1932 eine kleine Rosenbauer-Motorspritze (C 60). 1960 erfolgte der Kauf eines Klein-löschfahrzeuges Ford FK 1250, 1972 eines TLF Mercedes. 1984 wurde ein VW KLF Type TL 35 erworben. 1851 wurde eine kleine Holzhütte als erstes Depot errichtet, 1894 das erste richtige Zeughaus erbaut, das 1950 mit Zeugwartwohnung und Steigerzimmer erweitert wurde. 1981 wurde ein modernes Feuerwehrdepot errichtet, das allen Anforderungen der heutigen Zeit entspricht. Schon 1896 wurde eine Rettungsabteilung, bestehend aus fünf Mann, aufgestellt. Seit der Gründung der Wehr waren folgende Hauptleute an der Spitze der Wehr tätig: Paul Peter (1881–1884), Georg Saarsteiner (1885–1892), Michael Ennichlmayr (1893–1896), Franz Gerstberger (1896–1898), Wolfgang Lehrer (1899–1905), Wolfgang Kölblinger (1906–1914), Anton Kurz (1915–1928), Johann Linsmayr (1929–1945), Matth. Ellmauer (1945–1973), Franz Sammer (1973–1982), Hans Raudaschl (seit 1982).

HBI Raudaschl J., OBI Ellmauer M. — Aigner W., Appesbacher J., Auer J., Baumgartinger F., Baumgartinger G., Braunstein A., Brunner H., Christoforetti H., Chrobak G., Ebner A., Eisen R., Eisl G., Eisl J., Eisl R., Ellmauer M., Ellmauer M., Falkensteiner J., Falkensteiner P., Fellner E., Fellner E., Frank J., Gandl H. P., Gastberger H. P., Grabner F., Grabner K., Grabner R., Haag W., Haas H., Helm J., Hillebrand G., Hinterberger H., Hinterberger J., Hinterberger J., Hinterberger J., Hinterberger J., Hinterberger M., Hödlmoser J., Hödlmoser J., Hödlmoser K., Hödlmoser P., Hödlmoser S., Höplinger N., Hörack J., Huber H., Huber H., Hutterer J., Jocher F., Koglauer F., Koglauer J., Kritzinger J., Kurz A., Kurz A., Kurz F., Kurz N., Laimer J., Lang H., Lange H. Ch., Lange J., Lange S., Dr. Lauberböck G., Leitner F., Leitner J., Leitner J., Leitner J., Leitner J., Leitner M., Leitner W., Limbacher J., Linortner A., Lippert H., Lippert M., Lippert P., Niederhofer J., Pernstich A., Pfarl P., Dr. Pfarl P., Dkfm. Pfarl W., Pichler E., Pichlmüller M., Pichlmüller M., Plamberger J., Pöllmann F., Pöllmann J., Putz F., Ramsauer F., Ramsauer F., Raudaschl W., Raudaschl K. H., Ing. Raudaschl W., Raudaschl W., Rettenbacher L., Riedl J., Riedl J., Rieger J., Dr. Rieger J., Riesner J., Riesner J., Sammer F., Schmidberger K., Schmidberger K., Schmied W., Schöppl J., Seifzenecker H., Seifzenecker H., Sengseis B., Speigner E., Speigner G., Stadler H., Stadler W., Strobl J., Strobl J., Strubreiter J., Unterberger J., Vielsecker F., Vielsecker G., Wallner R., Wallner R., Wallner W., Weinbacher H., Weinbacher R., Westenthaler J., Westenthaler R., Wieland A., Wiesbauer R., Wiesbauer R., Windhager E., Zimmermann F., Zimmermann F., Zimmermann F., Zimmermann J.

FF SCHARNSTEIN

Die Freiwillige Feuerwehr Scharnstein wurde 1892 gegründet. Unter der Führung des Kommandanten Josef Lidauer wurde 1893 der Beschluß über den Ankauf von Geräten gefaßt: 10 Steigerausrüstungen, 2 Dachleitern, 2 Fensterleitern, 2 Laternen, 1 Comandolaterne, 2 Rottenführerausrüstungen, 120 m Hanfschläuche, 4 m Gewinde-Hanfschläuche, 12 Metz-Normal-gewinde-Kupplungen, 1 Übersetzstück und 2 Strahlrohre. Im September 1900 wurde das neue Feuerwehrdepot fertiggestellt, in dem alle Geräte zentral untergebracht werden konnten. Im Oktober 1900 wurde eine vierrädrige Gebirgsabprotzspritze in Dienst gestellt. 1904 kam es auf Anregung von Feuerwehr-Korps-Arzt Dr. Friedrich Koch zur Gründung einer eigenen Rettungs- und Sanitätsabteilung. 1927 kam es unter Wehrführer Carl Schmiedinger zum Ankauf der ersten Motorspritze. 1939 erfolgte die Zusammenlegung der drei Wehren der Gemeinde (Scharnstein, Viechtwang, Bäckerberg). 1947 konnte von der „Gruppe Scharnstein" ein umgebauter Militär-Funkwagen (Mercedes, Baujahr 1944) als erstes motorisiertes Löschfahrzeug in Dienst gestellt werden. 1950 erfolgte eine einheitliche Uniformierung. 1952 wurde der Löschzug Scharnstein wieder als selbständige Körperschaft erfaßt. Unter Wehrführer Josef Michetschläger erfuhr die FF Scharnstein eine beachtliche Modernisierung: 1955 der Neubau einer modernen Zeugstätte, 1956 der Ankauf einer leistungsfähigen Tragkraftspritze RVW 75. Kommandant Franz Rührlinger konnte die Technisierung in Form eines KLF Ford Transit 150, eines LFB Mercedes 409, einer leichten Tragkraftspritze RK 40 sowie von schweren Atemschutzgeräten und Funkgeräten in den Jahren 1972 bis 1978 fortsetzen. Die feuerwehrtechnische Krönung wird das neue RLF 2000, Steyr 791, sein, das 1985 in Dienst gestellt wird.

HBI Stadler W. (1952), OBI Auhuber H. (1972), AW Auhuber R. (1974), AW Huemer Ch. (1970), AW Lang H. (1971), BI Vondraschek J. (1974) — OFm Auhuber K. (1978), Bm Bammer J. (1948), Fm Baumgartner P. (1980), FA Dr. Bimminger L. (1982), Fm Binder F. (1982), Fm Binder J. (1981), HFm Bruckner F. (1962), Lm Eßmann G. (1972), JFm Eßmann S. (1981), OFm Fehringer M. (1978), JFm Fröch H. (1981), OFm Hageneder G. (1978), JFm Hageneder M. (1982), Fm Hutterer G. (1980), JFm Hutterer R. (1982), Fm Kallab F. (1979), HFm Kammerstätter F. (1925), HLm Meidl K. (1959), JFm Öhlinger M. (1982), Bm Pfingstmann T. (1970), OFm Platzer J. (1979), HFm Pühringer F. (1955), Fm Pühringer J. (1978), HLm Pühringer M. (1951), OFm Pühringer P. (1979), E-HBI Rührlinger F. (1951), JFm Schwarzenbrunner G. (1983), OLm Silmbroth K. (1940), HBm Sperrer A. (1967), JFm Sperrer M. (1982), OFm Stadler F. (1979), OFm Stadler W. jun. (1977), OLm Wagner J. (1939), HLm Walchshofer F. (1937)

FF SCHART

Die FF Schart wurde im Juni 1926 von einigen Männern der Umgebung gegründet. Besondere Verdienste erwarb sich Franz Löberbauer sen., der zum ersten Kommandanten gewählt wurde. Das Depot mit Schlauchturm wurde durch Sachspenden und durch die Mitarbeit der Feuerwehrkameraden gebaut. Ebenfalls im Jahr 1926 wurde die erste Motorspritze gekauft. Im Jahr 1933 wurde Alois Schmalwieser zum neuen Kommandanten gewählt und 1938 von Michael Gruber abgelöst. 1941 wurde die FF Schart der FF Vorchdorf eingegliedert. Nach Kriegsende erlangte die FF Schart wieder ihre Eigenständigkeit. Neuer Kommandant wurde Josef Gruber. Unter seiner Führung wurde zuerst ein Militärfahrzeug als Rüstwagen benützt; auch eine neue Motorspritze wurde notwendig. Das Zeughaus, das nur für einen Spritzenwagen gebaut war, mußte vergrößert werden und wurde 1946 in Robotarbeit erweitert. 1948 wurde als Ersatz für das Militärfahrzeug ein Steyr 1500 ohne Aufbau gekauft. Der Aufbau wurde von den Kameraden mit einigen Aushilfskräften selbst gemacht. 1956 wurde durch Mitarbeit der Kameradschaft ein Feuerwehrtelefon zum Gasthaus Wirt in der Edt verlegt. Auch eine neue Tragkraftspritze wurde gekauft. Durch verschiedene Neuanschaffungen mußte 1975 der stark überladene FK 1250 einem Ford Transit weichen. Die Entwicklung der Wehr seit 1945 wurde entscheidend von Kommandant Josef Gruber geprägt. Er legte nach 33 sehr verdienstvollen Jahren die Kommandantenstelle zurück. Neuer Hauptmann wurde Josef Gruber jun. Um die Einsatzstärke zu heben, wurden 1980 drei schwere Atemschutzgeräte angeschafft. Der Ankauf eines Tanklöschfahrzeuges im Jahr 1982 machte einen Erweiterungsbau notwendig, welcher von der Kameradschaft in ca. 2000 Arbeitsstunden fertiggestellt wurde.

HBI Gruber J. (1964), OBI Schmalwieser F. (1961) — Aigner F. (1979), Austaller J. (1979), Deichsel H. (1979), Deichsel W. (1962), Deichsel W. (1978), Dopf J. (1941), Fischereder J. (1978), Gasperlmair H. (1978), Gasperlmayr H. (1978), Gollinger F. (1949), Gruber F. (1971), Gruber H. (1978), Gruber J. (1966), Gruber J. (1964), Gruber J. (1937), Gruber J. (1970), Hörtenhuemer A. (1970), Hummelbrunner J. (1949), Hummelbrunner J. (1978), Hummelbrunner M. (1978), Lehner A. (1966), Lehner K. (1979), Löberbauer R. (1943), Mitteregger W. (1972), Obermayr J. (1983), Obermayr J. (1963), Prillinger F. (1972), Prillinger J. (1978), Prillinger W. (1976), Pühringer J. (1968), Raffelsberger F. (1949), Reisenberger F. (1949), Scherndl A. (1950), Schlattner K. (1982), Schönberger F. (1951), Spiesberger J. (1950), Straßmayr F. (1974), Straßmayr F. (1945), Weichselbaumer F. (1949), Zagerbauer B. (1982), Zorn H. (1979)

FF TRAUNKIRCHEN

Im Jahr 1870 wurde die Freiwillige Feuerwehr Traunkirchen gegründet. Es war nicht leicht, eine leistungsgerechte Feuerwehr aufzubauen, da doch anfangs nur die „händelange Kette", in der mit Wasser gefüllte Löscheimer zum Brandherd weitergereicht wurden, die einzige Möglichkeit der Brandbekämpfung war. Diese aus wasserdichtem Segelleinen handgefertigten Löscheimer hingen an langen Stangen an der Decke der Klosterkirche. 1884 wurde eine moderne Handdruckspritze mit Saugschläuchen angeschafft. Auch erfolgte die Gründung des 2. Zuges im Winkl, der die gleiche Spritze erhielt. 1914 erhielt die FF Traunkirchen eine fahrbare Schiebeleiter und eine Motorspritze. 1945 war es möglich, einen alten Ford V 8 anzuschaffen und umzubauen. 1951 wurde die neue Zeugstätte im Winkl gebaut. In den folgenden Jahren wurde eine Sirene für Winkl, die ab nun das „Trara" des Hornisten ersetzte, die Motorspritze R 75, Schläuche sowie Uniformen angeschafft. 1957 wurden ein Rüstwagen Opel Adam 1,75 t für Winkl und 1963 ein Rüstwagen Steyr-Fiat für Traunkirchen-Ort angekauft. 1956 konnte der erste Zug in die von der Gemeinde neu erbaute Zeugstätte im Amtsgebäude einziehen. 1969 wurde die Ausrüstung durch drei schwere Atemschutzgeräte ergänzt. Zum 100jährigen Gründungsfest 1970 spendete die Gemeinde die moderne Motorspritze VW Automatik 75. 1973 wurde mit dem Zeughausneubau im Winkl begonnen. 1975 wurde dieses Projekt vollendet und eingeweiht. Dieser beachtliche Erfolg läuft parallel mit dem Ankauf von Funkanlagen, dem Kompressor PFU 2000, Schläuchen, Uniformen und wichtigem Kleinmaterial. 1978 konnte das TLF 2000 Trupp angekauft werden. 1979 wurde die Sirene montiert und drei Atemschutzgeräte PA 80 angeschafft.

HBI Kofler L. (1964), OBI Reiter J. (1957), OBI Putz R. (1955) — Ing. Amoser J. (1982), Bachinger J. (1978), Bachinger J. (1952), Brunner R. (1947), Buchberger M. (1951), Danner G. (1962), Danner J. (1960), Druckenthanner F. (1968), Druckenthanner J. (1954), Druckenthanner J. (1952), Ellmauer M. (1976), Enichlmayr F. (1973), Enichlmayr F. (1951), Enichlmayr F. (1951), Enichlmayr J. (1954), Enichlmayr T. (1979), Feichtinger A. (1951), Feichtinger H. (1978), Feichtinger K. (1978), Feichtinger L. (1961), FA Dr. Filnkößl H. (1963), Ing. Friedl H. (1975), Geiger K. (1968), Grafinger K. (1967), Grasberger J. (1975), Gröller F. (1951), Gröller H. (1978), Gruber H. (1975), Hanke R. (1978), Harringer J. (1979), Haugeneder G. (1973), Hessenberger W. (1973), Hödl R. (1978), Höller F. (1957), Höller F. (1942), Höller F. (1957), Höller J. (1968), Höller N. (1978), Höller S. (1973), Höller S. (1957), Hüthmayr F. (1950), Jahic F. (1980), Karl F. (1980), Kienesberger J. (1968), Kölblinger M. (1963), Köppl U. (1978), Kofler A. (1965), Dipl.-Ing. Kofler L. (1973), Kolleritsch A. (1975), Kolleritsch A. (1978), Kolleritsch F. (1978), Kreuzer W. (1963), Dipl.-Ing. Krönning H. (1983), Lacher S. (1978), Lederer M. (1979), Lehner F. (1979), Lehner J. (1950), Lerchner G. (1978), Lerchner R. (1978), Litzlbauer F. (1975), Loidl R. (1976), Mair A. (1976), Markgraf F. (1957), Mittendorfer J. (1947), Moser J. (1980), Moser J. (1968), Moser O. (1978), Moser P. (1978), Moser R. (1957), Moser T. (1978), Mühlegger J. (1950), Öhlinger J. (1979), Ofner F. (1952), Peer N. (1968), Dr. Pesendorfer E. (1976), Pesendorfer J. (1947), Pesendorfer L. (1982), Pesendorfer P. (1973), Plasser A. (1947), Plasser F. (1951), Plasser F. (1951), Plasser F. (1978), Mag. Prinz W. (1983), Pühringer H. (1976), Pühringer J. (1961), Raffelsberger L. (1978), Reiter J. (1955), Reiter W. (1971), Resch A. (1936), Saurer H. (1965), Scheichl J. (1957), Ing. Schmid F. (1973), Schögl A. (1978), Schögl J. (1931), Schögl J. (1931), Schuster J. (1968), Sießl J. (1977), Sießl W. (1978), Stadlhuber F. (1968), Standler Ch. (1978), Standler F. (1954), Steinkogler H. (1980), Straßer A. (1977), Stritzinger F. (1938), Stummer F. (1980), Stummer F. (1955), Stummer J. (1954), E-BR Stummer K. (1916), Thalhammer H. (1976), Treml F. (1978), E-OBI Vockner A. (1938), Vockner D. (1976), Vockner R. (1975), Vogl J. (1978), Vogl J. (1957), Weiermayer F. (1961), Weigl A. (1975), Zauner H. (1983), Zopf J. (1968), Zopf J. (1935)

FF VIECHTWANG

Bürger und Arbeiter gründeten im April 1892 die erste Freiwillige Feuerwehr Viechtwang, welche im damaligen Ortsteil (seit 1932 Ortschaft) Scharnstein ihren Sitz hatte. Vorher oblag die Organisation von Brandbekämpfungen den jeweiligen Gemeindevorstehern und noch früher den jeweiligen Pflegern (Richtern) der Herrschaft Scharnstein. Im Jahr 1904 wurde die heutige Freiwillige Feuerwehr Viechtwang gegründet, die damals die Bezeichnung „Viechtwang-Ort" führte. Die verbliebene Feuerwehr Viechtwang nannte sich hierauf Viechtwang-Scharnstein und später nach der im Jahr 1932 entstandenen Ortschaft Scharnstein. Ab dieser Zeit war der Zusatz „Ort" für die Feuerwehr Viechtwang zur Unterscheidung nicht mehr nötig. Im Jahr 1905 kaufte der damalige Gemeindearzt Dr. Karl Denk der Feuerwehr eine vierrädrige Feuerspritze mit Saugwerk und Zubehör. Dadurch war die Feuerwehr Viechtwang-Ort für die damalige Zeit die im Almtal modernst ausgerüstete Feuerwehr mit einem über 30 Mann zählenden Mitgliederstand. Für die Unterbringung der Geräte diente bis zum Jahr 1926 der sogenannte Gruber-Stall, ein kleines Holzgebäude neben dem Bäckenwirtshaus. Am 4. Juli 1926 fand die Einweihung einer neuen Zeugstätte für die Feuerwehr statt. Diese Zeugstätte wurde 1981 den heutigen Erfordernissen entsprechend umgebaut und vergrößert. 1939 mußte im Zuge der Neuregelung des Feuerlöschwesens nach deutschem Recht die Feuerwehr Viechtwang ihre Tätigkeit als Verein aufgeben und wurde als Löschgruppe der Gemeindefeuerwehr Viechtwang zugeordnet. Seit 1. Januar 1952 ist die FF Viechtwang wieder selbständig. Sie ist zur Zeit die bestausgerüstete Wehr mit dem höchsten Mitgliederstand in der seit 1976 neu bezeichneten Gemeinde Scharnstein.

HBI Rauscher F., OBI Pointl K., AW Fröch J., AW Silmbroth A., AW Zörweg R., BI Bammer A., BI Mittermair J. — Bernegger J., Brandstätter H., Ebenführer D., Eckhart F., Eibl S., Fagerer J., Frauscher J., Fröch A., Fröch M., Fröch R. (1983), Graßegger H., Grenzfurtner B. (1983), Helmberger J., Holzinger J., Hummer J., Hummer L., Kröpfl J., Länglacher P., Lügerbauer J., E-HBI Mallinger L., Mayrhofer J., Mittermaier A., Mittermair H., Mittermair J., FA Dr. Mittermayr H. (1983), Mittermayr J., Mittermayr M. (1983), Moser F., Pointl J., Pointl J., Pointl K. jun., Raffelsberger J., Rathberger F., Reiter W., Ridler J., Schmidt T., Schmiedinger G., Silberleitner F., Silmbroth F., Stadler H., Stadler K., Stadler R., Steinhäusler Ch., Steinhäusler J., Weiß H.

FF VORCHDORF

Nach dem Ankauf einer Saugspritze wurde im Jahr 1876 die FF Vorchdorf gegründet, zu deren Hauptmann Josef Hörtenhuber gewählt wurde. Noch vor der Jahrhundertwende machte ein weiterer Ankauf einer Saugspritze die Errichtung eines Zeughauses notwendig. Ende 1928 wurde ein neuer Rettungswagen eingeweiht; dieser Anschaffung ging ein Fest voraus, von dem die Mittel für den Kauf stammten. Im Jahr 1930 hielt die Motorisierung bei der FF Vorchdorf Einzug. Bei der Fa. Rosenbauer wurde eine Tragkraftspritze mit 20-PS-Motor samt Anhänger angeschafft. Ende der dreißiger Jahre erhielt die FF Vorchdorf ihr erstes Löschfahrzeug auf Austro-Fiat-Fahrgestell. Während der Zeit des Zweiten Weltkrieges wurde dieses Fahrzeug dem Löschzug Lederau zur Verfügung gestellt; die Wehr erhielt dafür ein Fahrzeug der Type LF 8 auf Daimler-Benz-Fahrgestell. Bei der Feuerschutzausrüstung des Luftwaffenlazaretts befand sich ein weiteres Löschfahrzeug (LF 15 auf Opel-Fahrgestell), das mit Kriegsende in den Besitz der FF Vorchdorf überging. Als erstes Tanklöschfahrzeug wurde 1963 ein Unimog TLF 1000 angeschafft und 1976 durch ein TLF Trupp 2000 ersetzt. In diesem Jahr fand auch aus Anlaß des 100jährigen Gründungsfestes der Bezirks-Leistungsbewerb in Vorchdorf statt. 1978 wurde ein Löschfahrzeug mit Bergeausrüstung in Dienst gestellt. In diesem Jahr verunglückte am Karsamstag der genau einen Monat vorher zum Feuerwehrkommandanten gewählte Adalbert Vogl bei einem Einsatz durch Rauchgasvergiftung tödlich. 1979 und 1983 stellten zwei Großbrände in der Fa. Acamp hohe Anforderungen an zirka 30 Feuerwehren und 500 Feuerwehrmänner. 1984 erfolgte die Eröffnung des neuen Feuerhauses bzw. die In-Dienst-Stellung zweier weiterer Löschfahrzeuge.

HBI Haas J. (1946), OBI Baumgartinger J. (1966) — Achinger F. (1979), Aichinger M. (1983), Aichinger F. (1938), Aigner G. (1953), Aigner L. (1926), Amering H. (1977), Bachmeier F. (1973), Bergmeister R. (1973), Binder H. (1954), Buchegger G. (1983), Dietl J. (1965), Donleitner F. (1983), Eder J. (1949), Edlinger A. (1951), Edlinger H. (1967), Eiersebner A. (1925), Ettinger J. (1951), Ettinger J. (1976), Glück H. (1958), Gruber J. (1966), Hammering W. (1966), Hartleitner L. (1925), Herndl J. (1958), Hofstätter F. (1952), Hofstätter F. (1973), Hofstätter H. (1974), Hummelbrunner L. (1957), Kirchhamer F. (1974), Krammel F. (1977), Krumphuber K. (1955), Laimer F. (1980), Mischkreu A. (1953), Nierlich H.-G. (1981), Ohler J. (1949), Pichler M. (1973), Pühringer W. (1969), Rainer W. (1969), Richter H. (1973), Riedler J. (1948), Schloßgangl K. H. (1983), Schobesberger A. (1975), Schobesberger K. (1973), Schwarzenbrunner W. (1959), Söllradl F. (1983), Söllradl F. (1983), Söllradl J. (1975), Söllradl R. (1982), Staudinger J. (1949), Stummer K. (1979), Vogl A. (1975), Vogl F. (1945), Vogl K. (1952), Dr. Westreicher W. (1944), Willingsdorfer F. (1953), Windischbauer K. (1948), Windischbauer M. (1962), Windischbauer O. (1965), Zagerbauer J. (1917), Zeilinger A. (1979), Zoidl H. (1983)

FF WEISSENBACH

Aus den ältesten Unterlagen der FF Weißenbach geht hervor, daß bereits 1890 das Bestreben bestand, eine Feuerwehr zu organisieren und eine „Wasserspritze" anzukaufen. Aus Geldmangel scheiterte jedoch dieses Vorhaben. Ein schreckliches Gewitter im Mai 1891 verursachte im Anwesen Weißenbach Nr. 4 einen Großbrand. Die gefährdeten Nachbarobjekte konnten nur durch den Einsatz einer von der Eisenbahn geborgten Pumpe geschützt werden. Dieser Vorfall bekräftigte die Vorkämpfer der FF Weißenbach aufs neue, und bereits im selben Jahr wurde der Ankauf einer eigenen Spritze beschlossen. Somit kann das Jahr 1891 als Geburtsjahr der FF Weißenbach bezeichnet werden. Mit welchem Eifer und Verantwortungsbewußtsein nun die Feuerwehrkameraden ihre Aufgabe erfüllten, geht aus den überlieferten Protokollen hervor: Bis zum Jahr 1938 wurden wöchentlich Übungen und monatlich protokollierte Versammlungen abgehalten. Am 14. Mai 1938 traten die neuen „Dienstanweisungen" (NSDAP) in Kraft. Ab diesem Zeitpunkt fehlen Nachweise über etwaige Aktivitäten, bis zum Jahr 1949. Im Jahr 1949 wurde die FF Weißenbach mit Genehmigung der oö. Landesregierung wieder im Sinne wie vor 1938 reaktiviert und hat bis zum heutigen Tage aktiven Bestand.

HBI Laimer H., OBI Kain J. — Aitenbichler A., Aitenbichler F., Aitenbichler F., Berner H., Buttinger L., Engl A., Hautzenberger F., Hemetzberger F., Huber W., Huemer S., Kain J., Kain L., Karre J., Kogler J., Kowaleinen R., Lahner H., Laimer E., Lichtenegger J., Lichtenegger W., Neubacher F., Neubacher J., Neubacher J., Peter F., Petter F., Pramesberger E., Putz J., Scheuchl R., Schimpelberger K., Schmalnauer A., Unterberger A., Unterberger E., Unterberger F., Urstöger F., Urstöger H., Urstöger J., Wagner H., Zahler J.

FF WIESEN

Im Dezember 1923 wurde die Freiwillige Feuerwehr Wiesen unter Kommandant Franz Gut gegründet, der die Geschicke der Wehr bis zum Jahr 1938 lenkte. Unter seiner Leitung wurde 1924 der Feuerwehrhausbau vorgenommen. Am 1. Juli 1928 fand eine Motorspritzenweihe statt. Im Juli 1938 verlor die FF Wiesen ihre Selbständigkeit und wurde der FF Pinsdorf als Löschzug 2 zugewiesen. Im Juli 1945 war Wiesen wieder selbständig. Am 10. Juli 1949 wurde das 25jährige Bestehen gefeiert. Am 18. Mai 1953 wurde der erste Rüstwagen angekauft. Am 26. Oktober 1963 wurde das 40jährige Bestehen gefeiert. Am 27. November wurde der zweite Rüstwagen gekauft (Ford), der zur Zeit noch einsatzfähig ist. In den letzten Jahren, seit 1980, erreichte die FF Wiesen durch den Einsatz aller Kameraden ein großes Ziel. Es wurde mit dem Bau eines neuen Feuerwehrhauses begonnen, welches am 1. Oktober 1983 eingeweiht wurde. Dieses Feuerwehrhaus wurde zur Gänze in Eigenregie von den Feuerwehrkameraden errichtet. Im Dezember 1982 erhielt die FF Wiesen ein neues Löschfahrzeug (LFB), welches am 1. Oktober 1983, verbunden mit der 60-Jahr-Feier der FF Wiesen und dem neu errichteten Feuerwehrhaus, eingeweiht wurde. Feuerwehrhauptleute seit der Gründung waren: Franz Gut (23. 12. 1923 bis 7. 5. 1938), Franz Peiskammer (7. 5. 1938 bis 28. 7. 1938), Josef Gut (22. 7. 1945 bis 17. 5. 1947), Franz Peiskammer (18. 5. 1947 bis 9. 3. 1968), Franz Pöll (9. 3. 1968 bis 29. 5. 1971), Karl Streif (30. 5. 1971 bis 10. 3. 1973), Alfred Spiesberger (11. 3. 1973 bis 18. 3. 1978), Karl Schiffbänker (19. 3. 1978 bis heute).

HBI Schiffbänker K. (1971), OBI Quirchmayr H. (1971) — Baier J. (1981), Bergthaler F. (1961), Bergthaler F. (1973), Dirnstorfer H. (1980), Dreiblmaier A. (1981), Ebner P. (1980), Emminger F. (1964), Fürtbauer A. (1957), Göschlberger F. (1961), Graml E. (1971), Gregorczyk H. (1980), Haslinger F. (1979), Haslinger R. (1980), Hödl F. (1971), Hödl W. (1979), Huber F. (1983), Huber R. (1977), Jedinger F. (1983), Kapeller A. (1955), Kemptnek R. (1983), Leister H. (1978), Matyas P. (1980), Mayr D. (1977), Nagl A. (1971), Neudorfer E. (1948), Pamminger F. (1983), Peiskammer H. (1955), Peiskammer J. (1934), Peiskammer M. (1945), Pöll F. (1934), Raffelsberger G. (1977), Reiter J. (1951), Reiter J. (1959), Reiter J. (1980), Renner M. (1949), Schobesberger H. (1957), Spiesberger F. (1977), Zopf W. (1983).

FF WIRLING

30. April 1930: Gründung des Löschzuges Wirling aus der FF Pfandl; Beginn mit Karrenhanddruckspritze. Mai 1931: Bau eines Zeughauses in Wirling (Holzbau). Juni 1932: Bau eines Löschwasserbehälters bei Wasserschöpf. Juni 1942: Überstellung des Löschzuges Wirling zur Gemeindefeuerwehr St. Wolfgang als Löschtrupp. 19. November 1955: Beistellung einer Motorspritze durch die Gemeinde St. Wolfgang. November 1961: Installierung einer Alarmsirene, Neubau des Löschteiches. Mai 1964: Ankauf einer Motorspritze TS 8 von der Fa. Rosenbauer. Oktober 1965: Übernahme der Fahne von der ehemaligen Feuerwehr Aigen-Voglh. 8. Mai 1966: Weihe der restaurierten Fahne. Januar 1972: Bau eines neuen Zeughauses in Wirling. Juli 1972: Segnung und Eröffnung des neuen Feuerwehrhauses. 12. Mai 1974: Die Feuerwache Wirling wird selbständig „Freiwillige Feuerwehr Wirling"; Eintragung ins Feuerwehrbuch. 24. Mai 1974: Ankauf eines Bergland-Löschfahrzeuges von der Fa. Gugg. 7. Juli 1974: Segnung des neuen Löschfahrzeuges mit Bierzelt. 1. August 1978: Anschaffung und Inbetriebnahme einer Funkanlage; Mobilgerät im Löschfahrzeug und Handfunkgeräte. Oktober 1979: Installierung der Funk-Sirenensteuerung. Dezember 1979: Installierung des Telefonanschlusses. Juli 1980: 50jähriges Gründungsfest. 1981: Erweiterungsbau am Zeughaus. Juni 1982: Ankauf eines LFB und Segnung im Juli 1982 sowie Bierzeltveranstaltung. 1983: Ankauf von schwerer Atemschutzausrüstung. Namen der Hauptleute seit der Gründung der FF Wirling: Alois Hofmann (1930–1932), Matthias Fahrner (1932—1938), Franz Stadler (1938—1948), Johann Unterberger (1948–1959), Josef Windhager (1959–1960 und 1968–1978), Matthäus Unterberger (1960–1968), Leopold Hinterberger (ab 1978).

HBI Hinterberger L. (1964), OBI Sams F. (1955), AW Plamberger G. (1973), AW Stadler J. (1972), AW Unterberger M. (1930), BI Haas O. (1978) — HFm Achleitner F. (1968), Lm Appesbacher W. (1971), Lm Appesbacher W. (1971), OFm Bachinger A. (1970), OFm Bachinger G. (1977), OFm Begusch A. (1964), PFm Begusch G. (1983), Fm Bück H. (1967), Fm Eckschlager G. (1968), OFm Eckschlager G. jun. (1979), Fm Eisl H. (1968), HFm Eisl J. (1964), Fm Eisl J. (1973), PFm Eisl J. (1983), Lm Eisl J. (1969), OFm Eisl W. (1977), Fm Ellmauer J. (1974), Lm Falkensteiner J. (1953), Fm Falkensteiner W. (1981), Fm Forsthuber A. (1979), OFm Graf F. (1965), Fm Graf G. (1981), HFm Graf G. (1974), HFm Graf H. (1964), PFm Graf W. (1983), Fm Gründbichler J. (1979), Fm Gschwandtner P. (1981), OFm Guggenbichler J. (1969), PFm Haag J. jun. (1983), Lm Haas J. (1963), OFm Hillebrand G. (1977), Fm Hillebrand H. (1982), OFm Hinterberger F. (1966), Lm Hinterberger M. (1969), Fm Höll J. (1978), OLm Hofmann M. (1953), Lm Hofmann M. (1920), Fm Hollergschwandtner J. jun. (1980), HFm Hollergschwandtner J. sen. (1953), OFm Kain H. (1979), Fm Krallinger M. (1976), HFm Laimer F. (1947), HFm Laimer F. jun. (1971), HFm Laimer G. (1976), Fm Laimer J. (1981), HFm Laimer M. (1975), HFm Laimer P. (1944), Fm Leitner W. (1981), Lm Limbacher F. (1977), Lm Limbacher P. (1967), Lm Limbacher W. (1968), Pichlmüller J. (1980), HFm Plamberger A. (1950), HFm Plamberger A. (1964), Plamberger A. jun. (1983), Lm Plamberger J. (1968), Lm Plamberger M. (1938), HFm Plamberger M. (1973), HFm Plamberger W. (1970), OFm Pöllmann J. (1952), OFm Pöllmann J. jun. (1973), Fm Rieger J. (1969), HFm Rieger M. (1964), OFm Sams A. (1979), Lm Sams F. jun. (1974), OFm Sams G. (1960), OFm Sams J. (1975), PFm Sarsteiner P. (1983), Fm Sengseis B. (1976), OLm Stadler F. (1930), Fm Unterberger A. (1979), OFm Unterberger H. (1974), Fm Unterberger J. (1967), OBm Unterberger J. (1947), OFm Unterberger J. (1958), OFm Unterberger M. (1968), PFm Windhager F. (1983), E-HBI Windhager J. (1953), HFm Windhager J. jun. (1974), HFm Windhager M. (1966)

BtF ELEKTRODENWERK STEEG

Am 15. Juni 1919 wurde die Gründungsversammlung der „Freiwilligen Feuerwehr der Aluminiumwerke Steeg" abgehalten. Wehrführer: Cigale, Stellvertreter Ratzinger sen. Die Motorspritze wurde bereits am 16. April 1919 in Linz übernommen. 1927 erhielt die Mannschaft ein Feuerwehrheim und Arbeitsmonturen. 1930 wurde mit Gastwirt Pomberger ein Übereinkommen bezüglich der Beistellung von Pferden für die Bespannung im Alarmfall getroffen. 1934 wurden Alarmabteilungen (8-Mann-Schicht) geschaffen. 1936 erfolgte die Neuanschaffung einer kleinen Motorspritze und eines Schaumlöschers. 1939 war die letzte Versammlung vor dem Zweiten Weltkrieg. 1947 war die erste Versammlung nach dem Krieg. 1950 wurde Kommandant Cigale Ehrenwehrführer. Sein Nachfolger als Hauptmann wurde August Hladky. 1953: plötzlicher Tod von Kom. August Hladky. Julius Lerch wird neuer Kommandant. 1954: Neuanschaffung von Schaumlöschgeräten und Schläuchen. 1960: Kauf einer Motorspritze Automatik 75 VW mit Anhänger. 1966: Übergabe des Kommandos an Josef Pilz. 1969: Neubestellung von Kommandant Rudolf Ramoser. 1974/75: Anschaffung von Handfunksprechgeräten. 1977: Kauf eines gebrauchten LLF Land Rover 109 FC. 1981: Übersiedlung der Feuerwehr in das neue Feuerwehrdepot im Sozialhaus II. 1983: Übergabe eines TLF Trupp 2000 an Kommandant Ramoser und die Mannschaft der Betriebsfeuerwehr Elektrodenwerk Steeg.

HBI Ing. Ramoser R., OBI Kain F. — Campregher A., Erlacher G., Fischer E., Hager H., Hager M., Hauser W., Hutegger R., Ladstätter H., Lhotzky W., Pfandl Ch., Pfandl S., Putz G., Rebmann P., Rehn F., Scheutz J., Seebacher A., Stricker W., Tiefenbacher R., Wörther H.

BtF DER EBENSEER SOLVAY WERKE, WERK EBENSEE

Bereits vier Jahre nach der Gründung der Ammoniaksodafabrik wurde 1887 die Werksfeuerwehr gegründet. Mit rund 50 Mann wurde die Tätigkeit der Werksfeuerwehr zum Schutz des Werkes und seiner Mitarbeiter sowie der Bewohner von Ebensee aufgenommen. Da man mit den mobilen Löschgeräten der damaligen Zeit nur geringe Löschhilfe erzielen konnte, wurden in den Betriebsanlagen, die zum Großteil aus Holzkonstruktionen bestanden und daher sehr brandgefährdet waren, Wasserringleitungen und Pumpstationen errichtet, damit bei Bränden rasch gelöscht werden konnte. Wie der Feuerwehrchronik zu entnehmen ist, konnten die Entstehungsbrände immer rasch gelöscht und daher größere Brandkatastrophen verhindert werden. Durch den ständigen Ausbau der Betriebsanlagen zählt das Werk der Ebenseer Solvay Werke mit rund 400 Mitarbeitern heute zu den modernsten Chemiebetrieben Österreichs. Auch die Ausrüstung der Betriebsfeuerwehr sowie die Ausbildung ihrer Wehrmänner wurde ständig der Zeit angepaßt. Die Werksfeuerwehr besteht aus vier Löschgruppen und dem Kommando. Besonders zu erwähnen ist die Löschgruppe im Steinbruch Karbach, da die Steinbruchanlagen nur über den Traunsee erreichbar sind und bei eventuell auftretenden Elektro-, Maschinen- oder Waldbränden sofort ein Löschangriff durchgeführt werden kann. Die Aufgaben der Betriebsfeuerwehr haben sich vorwiegend auf den vorbeugenden Brandschutz sowie auf technische Einsätze verlagert. Neben den 250 Handlöschgeräten in den Betriebsabteilungen besitzt die Wehr ein LFB-Mercedes L 409, Bj. 1978, mit Ausrüstung, zwei VW TS, eine Magirusleiter mit 17 m, sechs Atemschutzgeräte, 200 l Schaummittel, 200 kg Ölbindemittel.

HBI Loidl M., OBI Loidl A. — Behr H., Behr R., Blauensteiner W., Boydunik A., Dorfner F., Eisl W., Feichtinger A., Feichtinger F., Feichtinger P., Fuchs K., Furlan W., Graf R., Hochhauser F., Höller S., Kuffner A., Kuffner B., Lahnsteiner J., Laimer R., Leidinger J., Leitner F., Loidl H., Loidl R., Neuhuber A., Neuhuber G., Parzer R., Plasser J., Pregartner F., Quatember J., Schallinger K., Scheichl W., Schoberleitner J., Schwaiger G., Schwaiger J., Traxl J., Wallner J., Wiesholzer H., Zinganell R.

BtF DER SALINE EBENSEE-STEINKOGEL

1895 hat man seitens der Österreichischen Saline in Ebensee erstmals eine Werksfeuerwehr zum Schutz ihrer Anlagen aufgestellt. Lange Zeit wurde am technischen Stand der Feuerwehr nichts verändert, bis man am 20. Januar 1950 durch die Anschaffung einer RW-80-Tragkraftspritze die Ausrüstung um ein wichtiges Inventar verbesserte. Aufgrund des Brandes im Kesselhaus in der Saline Ebensee wurde dann größtes Augenmerk auf die Werksfeuerwehr gelegt und etliche Ausrüstungsgegenstände angeschafft. Durch den Neubau der Saline Ebensee 1979 und die Initiative des Salinendirektor Hofrat Dipl.-Ing. Matl war es möglich, die Feuerwehr durch Kauf eines Feuerwehrautos KLF VW LT 35, einiger Preßluftatmer, Mittelschaumrohr, Schläuche, Strahlrohre usw. auf den neuesten Stand der Technik zu bringen. Am 2. April 1982 weihte Pfarrer Altendorfer das neue Löschfahrzeug ein, und am 1. Juni 1982 erfolgte erstmals die Eintragung der Werksfeuerwehr Saline Ebensee in das Feuerwehrbuch des Landes Oberösterreich. Seit der Gründung der Wehr standen folgende Kommandanten an der Spitze: August Holzinger, Johann Kienesberger, Johann Lahnsteiner, Ernst Kasberger, Alois Enthofer.

HBI Enthofer A. (1974), OBI Pfatschbacher F. (1974), AW Appl W. (1974), AW Heißl P. (1977), AW Promberger F. (1977) — OFm Attwenger K. (1981), Fm Brandtner M. (1982), OBm Daxner F. (1974), Fm Höller R. (1982), HBm Hofer A. (1974), OFm Kienesberger F. (1974), Fm Klausner K. (1974), Fm Kreuzer R. (1976), HFm Küpper R. (1974), OFm Leitner J. (1981), HFm Lobnik E. (1974), OFm Neuhuber J. (1981), OFm Schlager R. (1981), E-OBI Schwaiger H. (1974), OFm Unterberger J. (1974)

BtF DER OKA, GMUNDEN

Die Betriebsfeuerwehr der OKA Gmunden wurde im Jahr 1960 gegründet. Sie verfügte über 32 Mann, zwei leichte Löschfahrzeuge, sechs schwere Atemschutzgeräte, zwei VW-Pumpen, eine fahrbare Kohlensäurebatterie, einen Wasserwerfer usw. Es ist Aufgabe der Wehr, bei Bränden in Niederspannungs- und Hochspannungsanlagen die Bekämpfung durchzuführen bzw. bei Einsatz von Fremdfeuerwehren den Lotsendienst zu übernehmen und diese gegen elektrische Gefahren abzusichern. Bei den Kraftwerken sind verschiedene technische Einsätze erforderlich (Turbinenkammer, Wehrfelder, Wasserkanäle ausspritzen). Weiters werden die Belegschaftsmitglieder in der Handhabung der ersten Löschhilfe laufend geschult. Im Betriebsbereich Gmunden sind 460 verschiedene Feuerlöscher laufend zu überprüfen und instand zu setzen.

HBI Schiller E., OBI Weißensteiner V. — Anlanger J., Dickinger K., Ecker F., Föttinger F., Hackmayr J., Haupt W., Holzleitner P., Kienesberger I., König F., Lämmerhofer R., Leitner F., Lichtenwagner K., Mizera A., Moser J., Ornetzeder R., Redl F., Reininger R., Schallmeiner J., Schilchegger M., Schmidt K., Weißensteiner S., Wiesauer R., Wolfsgruber R.

BtF STEYRERMÜHL-PAPIER

1886 faßte Dir. Oskar von Gonzenbach den Entschluß, eine Betriebsfeuerwehr der Papierfabrik Steyrermühl ins Leben zu rufen. Unter Vorsitz von Julius Mehnert billigte der Verwaltungsrat diesen Entschluß. Es gelang in kurzer Zeit, mit ihrer für den Anfang zur Verfügung stehenden Handdruckspritze, mit etlichen Hanfschläuchen, Dach- und Hakenleitern einen hohen Ausbildungsstand zu erreichen. Später kamen noch drei Schiebeleitern und eine zweite Handdruckspritze als Gerät dazu. Auf Drängen des Kommandanten Setka wurde 1910 die damals große und praktische Zeugstätte außerhalb des Betriebes errichtet, in der eine Handdruckspritze für Pferdegespann, eine für Handzug und ein Mannschaftswagen für Pferdegespann untergebracht waren. 1928 wurde die erste 42-PS-Benzinmotorpumpe, für Handzug oder Anhänger verwendbar, angeschafft. Durch die Umstellung der betrieblichen Transportmittel verlor die Wehr 1930 die Bespannung der Geräte. Erst nach dem großen Totalbrand des Hauptmagazins wurde ein auf einen Rüstwagen umgebautes Auto Steyr VII mit einem Aggregat Rosenbauer, Type 60, zur Verfügung gestellt. Ein neuer Abschnitt der Entwicklung der Wehr begann nach dem Zweiten Weltkrieg unter der Leitung des Ehrenmitgliedes Gen.-Dir. Ing. Adolf Bundsmann. Mit tatkräftiger Unterstützung seitens der Geschäftsleitung und unter der zielbewußten Aufbauarbeit des Wehrausschusses wurde die notwendige Reorganisation durchgeführt. Die löschtechnischen Ausrüstungen wurden durch zwei Rüstwagen, einen komplett ausgerüsteten Anhänger für schwere Einsätze und einen Anhänger für den technischen Einsatz erweitert. Höhepunkt war das neue Feuerwehrhaus. Die Wehr verfügt über 10 Einsatzfahrzeuge, darunter 3 TLF (4000 l) und 1 Gelenkbühne, Steighöhe 26 m.

VBR Spitzbart E. (1948), HBI Forstinger A. (1946), AW Gattinger E. (1965), AW Hüthmair F. (1946), AW Ing. Lebel R. (1963), AW Putz E. (1964), HBI Dkfm Dir. Jagsch H. (1977), HBI Dipl.-Ing. Dr. Meindl N. (1973), OBI Ing. Schöffl E. (1971), BI Hornof L. (1948), BI Kreuzeder W. (1973), BI Loidl F. (1940), BI Pöll K. (1948), BI Putz H. (1959), BI Trybek J. (1970) — HBm Almhofer F. (1952), Fm Bammer A. jun. (1981), Bm Bammer A. sen. (1952), Fm Bauer A. (1978), HFm Biberhofer H. (1971), PFm Dr. Brandner A. (1983), PFm Breitwieser J. (1983), HBm Bruckmüller H. (1958), HFm Brunner H. (1969), Bm Czech H. (1950), Lm Dickinger L. (1967), OLm Fuchs R. (1958), Fm Gabler K. (1980), HBm Gattinger H. (1961), OFm Grasberger F. (1974), OBm Gruber K. (1939), Lm Heitzinger H. (1967), OLm Hessenberger J. (1967), Lm Hocker H. (1964), OLm Holzleitner J. (1958), HFm Huemer F. (1968), PFm Hüthmair H. (1982), Bm Imlinger F. (1949), Lm Imlinger H. jun. (1966), Bm Imlinger H. sen. (1951), HLm Jungwirth R. (1955), OLm Lacherstorfer O. (1959), Fm Lindtner A. (1979), HLm Littringer F. (1957), HBm Löwe S. (1949), Fm Loitelsberger J. (1981), AW Lugmair J. (1949), OLm Mayr J. (1962), OFm Mayrhofer K. (1973), HLm Neubacher E. (1955), BI Neubacher J. (1949), HLm Neubacher L. (1957), HBm Neubaucher A. (1953), HFm Pikl A. (1968), Fm Polzinger Ch. (1979), OLm Resl A. (1959), HLm Schallmeiner J. (1955), BI Dir. Scherer H. (1962), HLm Schickinger S. (1956), OLm Schmiedjell A. (1958), AW Thallinger J. (1951), AW Trofaier E. (1940), HLm Waldl F. (1956), OFm Walter H. (1976), OFm Wansch F. (1974), BFA Dr. Watzke H. (1963), Lm Wiesauer H. (1965), Lm Windischbauer E. (1968), HLm Windischbauer W. (1962), Fm Wohl K. (1969)

BtF DER GMUNDNER ZEMENTWERKE HANS HATSCHEK AG

Am 1. Oktober 1937 wurde die BtF als „Freiwillige Fabriksfeuerwehr der Gmundner Portlandzementfabrik Hans Hatschek, Gmunden", gegründet. Dem Gründungskommando gehörten an: Wehrführer K. Armbruster, Stellvertreter L. Grafinger; Abteilungsführer F. Lachinger, Rottenführer E. Schatzl, Rettungsführer J. Pichler, Schriftführer A. Raffetseder, Zeugwart A. Obereigner, Wehrgehilfe F. Weidinger, Säckelwart K. Fischeder. Als Hornisten wurden die Herren Krempl und Blecha bestellt. Während des Krieges war die Feuerwehr hauptsächlich als Luftschutztruppe tätig. Von 1946 bis 1955 war Leopold Grafinger Kommandant der Wehr. In dieser Zeit konnte ein Pumpenanhänger TSA und eine TS 8 (RW 80) angeschafft werden. 1955 übernahm Josef Höller die Kommandostelle, die er bis heute innehat. Nun wurde mit aufopferndem Schwung reformiert, junge Leute kamen, besuchten Kurse und erhielten Spezialausbildungen. Praktische und theoretische Übungen wurden fixiert und durchgeführt. Erstmals wurden Übungen mit Nachbarwehren veranstaltet. Geräte und Ausrüstungen wurden angeschafft; so wurde 1956 das erste Löschfahrzeug (Borgward) in Betrieb genommen. In den folgenden Jahren wurde die Schlagkraft laufend weiter verbessert und auf den heutigen Stand gebracht. Geräte im Besitz der Wehr: 1 Kdo, 1 LLF, 1 TLF Trupp 2000, 1 TS VW Autom., 1 TSA, 1 TS RW 80, 1 TROLA 250 Total, 1 Notstrom 5 kVA, 1 Notstrom 1,4 kVA; KHD-Stützpunkt für Notstrom 30 kVA.

BR Höller J. (1951), OBI Tschütscher A. (1951), AW Ferrari H. (1962), AW Leitner J. (1952), AW Pesendorfer J. (1954), OBI Höller F. (1952), OBI Preiner J. (1960), BI Speigner M. (1956), BI Vockenhuber J. (1943) — HFm Edthaler J. (1967), OBI Ferrari J. (1946), OFm Gordon G. (1980), OFm Gordon L. (1962), Fm Hainbucher F. (1979), HBm Hillinger K. (1956), Fm Höller A. (1975), HFm Höller G. (1971), HBm Höller J. (1960), Fm Hutterer A., Lm Kaser L. (1975), HBm Katterl F. (1974), E-HBI König F. (1946), Bm Kunsky W. (1955), HFm Lausegger O. (1971), OFm Leberbauer J. (1958), HLm Leitner F. (1951), OFm Meißlinger P. (1949), Bm Neuhuber H. (1955), Fm Neuhuber H. (1982), Lm Nußbaumer J. (1955), Putz A. (1964), OLm Riedler H. (1973), OBm Schmitzberger S. (1970), OLm Sonntag A. (1966), Bm Spießberger M. (1947), OLm Thambauer H., HBm Tiefenthaler J. (1975), OFm Weißböck F. (1969)

BtF REDTENBACHER, SCHARNSTEIN

Die Firma Redtenbacher besteht seit 1875. Sie ist eine Fortsetzung der seit 1589 bestehenden Scharnsteiner Sensenschmiedbetriebe. Erst nach dem Ersten Weltkrieg waren Bestrebungen vorhanden, eine eigene Betriebsfeuerwehr zu errichten. Der Großbrand im Werk Losenstein der Firma Redtenbacher, der nahezu den ganzen Betrieb einäscherte, war der Anstoß, daß am 20. September 1921 eine Betriebsfeuerwehr in Scharnstein gegründet wurde. Es wurden eine fahrbare Motor-Turbopumpe, eine zweirädrige 14 m lange Schiebeleiter und das notwendige Schlauchmaterial angeschafft. Die Feuerwehrzeugstätte für zwei Fahrzeuge wurde schon 1919 im Betriebsgelände errichtet; der dazugehörige Schlauchturm konnte erst 1936 vollendet werden. In den Krisenjahren 1931 bis 1938 und in den Kriegsjahren 1939 bis 1945 litt die Wehr unter Leutemangel, so daß bis 1945 jede Aktivität zum Erliegen kam. Im März 1949 brannte es im Sensenwerk. Bei ungünstigen Windverhältnissen hätte dieser Brand zu einer Katastrophe führen können. Dies war der Anlaß für eine Neuformierung der Betriebsfeuerwehr. Noch im März 1949 fand die Neugründung mit 28 Mann statt. Es folgte die Umrüstung der Pferdebespannung auf motorisierte Fahrzeuge. Neue Tragkraftpumpen und neues Schlauchmaterial wurden gekauft. In den fünfziger Jahren wurden im ganzen Betrieb über 50 Wandfeuerlöscher, vier Stück UP 50, 50 Stück UP 12 und Kohlensäureschneelöscher angeschafft. Es folgten Sprechfunkgeräte (2-m-Band), leichter und schwerer Atemschutz, Frischluftgerät, Ölausrüstung, Unterwasserpumpen und Säureausrüstung. Eine stationäre, mit E-Motor angetriebene Kraftpumpe wurde installiert.

Ing. Exenberger H., Dipl.-Ing. Blumauer W. (1977) — Bernegger K. (1949), Blasbichler K. (1983), Drack W. (1981), Ebenführer K. (1969), Ebenführer K. sen. (1949), Fermüller J. (1963), Häubl F. (1982), Herzog F. (1949), Kohlbauer F. (1981), Krottendorfer H. (1983), Krottendorfer J. (1962), Mitterhumer J. (1973), Oppeneder J. (1983), Pühringer A. (1962), Raffelsberger A. (1983), Raffelsberger E. (1983), Raffelsberger J. (1981), Reittinger J. (1978), Dr. Rotky H. (1974), Rott A. sen. (1949), Schwenninger M. (1949), Stadler F. (1983), Straßmayr K. (1970), Weingärtner H. (1965), Weingärtner H. (1981), Weingartner R. (1980), Zemsauer A. (1964), Zemsauer A. (1969)

BEZIRK GRIESKIRCHEN

71 FEUERWEHREN

Abschnitt 1	Grieskirchen	31 Feuerwehren
Abschnitt 2	Haag am Hausruck	16 Feuerwehren
Abschnitt 3	Peuerbach	24 Feuerwehren

BEZIRKSKOMMANDO

Sitzend von links nach rechts: BFA Dr. Lehner Sepp Dieter, BR Harra Rudolf (Abschnittskommandant), BR Wameseder Friedrich (Abschnittskommandant), OBR Kapsammer Rudolf (Bezirkskommandant), BFK GR Andlinger Josef, BFA MR Dr. Dunzinger Eduard, BR Hauser Friedrich (Abschnittskommandant); stehend von links nach rechts: HAW Aigner Hermann (Schriftverkehr), HAW Schwarzmannseder Josef (Wettbewerbswesen), HAW Hartl Johann (Gerätewesen), HAW Märzendorfer Helmut (Jugendarbeit), HAW Zauner Walter (Funk- und Nachrichtenwesen), HAW Mair Friedrich (Kassenwesen)

FF ADENBRUCK

Die Freiwillige Feuerwehr Adenbruck wurde im Jahre 1909 gegründet. Im Gründungsjahr traten 65 Männer der Feuerwehr bei. Als Spritze diente damals eine Handpumpe. 1910 wurde ein Zeughaus aus Holz aufgestellt, wozu 1927 ein Schlauchturm dazugezimmert wurde. 1932 wurde bereits eine elektrische Beleuchtung im Zeughaus installiert. Die erste Motorspritze Marke Piccolo von der Fa. Gugg wurde im Jahre 1931 angekauft. Sie wurde am 5. März 1947 durch eine neue Motorspritze TS 8 ersetzt. 1956 wurde der Beschluß gefaßt, ein neues Feuerwehrhaus zu bauen, dessen Bau dann in den Jahren 1959/60 verwirklicht wurde. Eine weitere Motorspritze TS 75 Marke VW Automatik von der Fa. Rosenbauer wurde 1965 gekauft. Im Jahre 1970 wurde die Feuerwehr mit einem neuen Kleinlöschfahrzeug Marke VW 1600 ausgerüstet. Die Feuerwehr Adenbruck war von ihrer Gründung bis Ende 1983 bei 54 Bränden im Einsatz, wobei in früheren Zeiten einige Großbrände, bei denen mehrere Häuser in Flammen standen, zu verzeichnen waren. Als Kommandanten standen der FF Adenbruck seit der Gründung vor: Johann Wagner (1909–1919), Johann Mayr (1919–1921), Johann Wimmer (1921–1922), Ignaz Humer (1922–1925), Johann Wimmer (1925–1928), Josef Söllinger (1928–1932), Franz Wagner (1932–1934), Josef Söllinger (1934–1940), Rudolf Leidinger (1940–1942), Karl Harrant (1942–1953), Anton Gföllner (1953–1958), Franz Humer (19. 1. 1958–7. 4. 1958), Karl Weibold (1958–1968), August Humer (1968–1978), Josef Kreutzer (seit 1978).

OBI Altmann J. sen. (1960), BI Fischer F. (1960), AW Brandstötter W. (1970), AW Eisterer V. (1970), AW Wallner M. (1961) — OFm Aichlberger A. (1978), OFm Altmann J. jun. (1978), Altmann R. (1981), Fm Anzengruber W. (1983), OFm Aschauer J. (1973), OFm Auzinger A. (1965), HFm Bauer J. (1965), Fm Baumgartner G. (1983), OLm Brandmayr M. (1946), JFm Brandstötter C. (1983), OLm Dieplinger A. (1967), OLm Dornetshuber J. (1946), OFm Fellinger A. jun. (1980), E-BI Fellinger A. sen. (1946), OLm Fellinger J. (1948), JFm Fischer F. (1982), OFm Fischer M. jun. (1978), OLm Fischer M. sen. (1952), Fm Ganglmayr J. (1978), Lm Gerhartinger F. (1967), JFm Gerhartinger F. (1982), HLm Gföllner A. (1919), HBm Hager R. (1973), E-HBI Harrant K. (1930), Fm Höller L. (1978), JFm Höller M. (1982), Lm Hörmanseder J. jun. (1960), HLm Hörmanseder J. sen. (1925), E-HBI Humer A. (1946), HFm Humer F. jun. (1971), HLm Humer F. sen. (1925), E-BI Humer I. (1946), Lm Kaisermayr G. (1962), OLm Kaufmann J. (1948), JFm Kaufmann J. (1982), JFm Kreutzer J. (1982), JFm Kreutzer J. (1982), OFm Kreuzer A. (1981), OFm Leidinger F. (1982), JFm Mairhuber G. (1982), OFm Mairhuber J. jun. (1973), E-BI Mairhuber J. sen. (1950), OFm Mallinger F. jun. (1973), OLm Mallinger F. sen. (1952), OLm Mayr F. (1946), Lm Mayr J. (1969), OFm Nöhammer W. (1981), Lm Ortbauer H. (1964), HFm Pauzenberger A. (1968), JFm Pauzenberger A. jun. (1982), Lm Pühringer J. (1960), OFm Pühringer J. (1982), Fm Pühringer K. (1983), Lm Ratzenböck F. (1963), HBm Ratzenböck F. (1971), OFm Ratzenböck G. (1981), HFm Ratzenböck J. (1973), OLm Ratzenböck J. (1972), OFm Sauer F. (1970), Lm Schrank F. (1954), OFm Schrank G. (1980), OLm Söllinger A. (1946), OFm Söllinger E. (1982), JFm Söllinger G. (1982), Lm Spissak A. (1970), Lm Steiner A. (1965), Fm Unterholzer W. (1976), HFm Voglmayr L. (1967), JFm Wagner H. (1982), OLm Wagner R. (1946), Fm Wallner H. (1983), E-HBI Weibold K. (1946), Lm Wiesinger A. (1962)

FF AFFNANG

Die Gründung der Freiwilligen Feuerwehr Affnang war beschlossen worden, nachdem im Oktober 1913 ein Brand beim Immlingergut in Felling ausgebrochen war. Das Gründungsjahr war 1914. Die Gründungsmitglieder waren: Johann Friedwagner, Johann Brandner, Josef Roiter, Alois Iglseder, Josef Watzinger, Ferdinand Lidauer. Der Baubeginn des ersten Zeughauses war 1914. 1953 wurde das Zeughaus umgebaut, der Dachstuhl gehoben und ein Schlauchturm errichtet, 1982 wurde das jetzige Zeughaus komplett renoviert und vergrößert. 1983 wurde die Sirenensteuerung eingebaut. Schon im Gründungsjahr wurde die erste Handspritze angekauft, 1945 die erste Motorspritze, 1962 die jetzige VW-Tragpumpe. Im Juli 1950 wurde erstmals mit Traktor ausgerückt, 1952 wurde ein Steyr-2000-A-Wehrmachtswagen (Baujahr 1944) angekauft, zu einem Rüstwagen umgebaut, der bis zum heutigen Tag im Einsatz ist. Namen der Kommandanten seit der Gründung: Johann Friedwagner (1914–1919), Ferdinand Lidauer (1919–1923), Johann Friedwagner (1923–1934), Franz Aigner (1934–1938), Franz Pointner (1938–Kriegsanfang), Eras Seiringer (1945–1950), Franz Meindlhumer (1950–1963), Josef Maier (1963–1978), Alois Famler (1978–1984), Franz Maier (1984 bis heute).

HBI Famler A. (1951), OBI Ögger G. (1967), AW Dipl.-Ing. Brandner K. (1965), AW Greifeneder F. (1960) — Fm Arminger A. (1979), FM Arminger J. jun. (1977), Fm Arminger J. sen., Fm Beham F. (1966), Fm Beham W. (1976), Fm Berger F. jun. (1979), HFm Berger F. sen. (1954), FM Bruckner J. (1977), OFm Burgstaller F. (1952), Fm Dambauer J. jun. (1983), Dambauer J. sen. (1944), OFm Distlbacher F. jun. (1975), Fm Distlbacher F. sen. (1953), OFm Emmer J. (1937), Fm Famler M. (1947), Fm Gamperl P. (1983), Fm Graf W. jun. (1969), Fm Grasl F. jun. (1946), OFm Hofmanniger A. jun. (1977), OFm Hofmanniger A. sen. (1948), OFm Hofmanniger J. (1969), HFm Hofmanniger M. (1937), OFm Hofmanninger F. (1979), Fm Hofmayr R. (1975), Fm Holzmann F. (1960), OFm Holzmann J. (1932), HFm Maier F. (1959), E-HBI Maier J., OFm Mayr L. (1957), Fm Mayrhuber A. (1967), HFm Mittermayr A. (1967), OFm Mittermayr H. jun. (1971), OFm Mittermayr H. sen. (1953), Fm Mittermayr L. (1961), OFm Murauer P. (1977), E-AW Oberhumer F. (1936), OFm Ögger H. (1946), Pillweiß R. (1972), Fm Pointner F. (1971), Fm Prechtl J. (1982), Fm Rabengruber F. (1968), Fm Riedl F. (1965), OFm Riedl F. (1971), OFm Riedl F. sen. (1938), OFm Roitinger F. (1946), OFm Schmalwieser A. jun. (1967), Fm Schrattenecker F. (1975), OFm Schrattenecker J. jun. (1975), OFm Schrattenecker J. sen. (1959), Lm Schrattenecker M. (1969), Lm Seidermann F. (1965), OFm Seidermann J., Fm Seiringer E. (1980), E-AW Seiringer E. sen. (1946), Fm Söllinger A. jun. (1977), Fm Söllinger A. sen. (1959), HFm Thallinger J., OFm Waldenberger J. (1946), OFm Zweimüller H.

FF AISTERSHEIM

Die FF Aistersheim wurde am 24. April 1887 gegründet. Erster Mannschaftsstand: 56 Mann; Gliederung: Kommando 4 Mann, Steigerabteilung 18 Mann, Spritzenabteilung 19 Mann, Schutzmannschaft 15 Mann. Ausrüstung: 1 alte Feuerspritze von 1883, ganz aus Holz gebaut, Gelenksstrahlrohr ohne Schläuche, Bedienung 20 Mann; lederne Löscheimer, Feuerhaken und Leitern, schwarze Lederhelme mit Beschlag aus Messingblech, Zwilchjacken und rot-schwarze Textilgurte mit kurzstieligen Beilen. Nach der Gründung wurde eine neue Feuerspritze aus Eisen angekauft, mit Saug- und Druckschläuchen, Bedienung nur 10 Mann. Das alte Spritzenhaus auf dem Dorfplatz wurde durch ein neues ersetzt. 1914: 2. Zeughaus der Gemeinde in Rakesing; 1931: 3. Zeughaus der Gemeinde in Pöttenheim; 1957: Abtragung des bisherigen Zeughauses auf dem Dorfplatz in Aistersheim; 1958–1962: Neuerrichtung eines modernen Zeughauses am nördlichen Ortsrand mit zwei Garagen. An Geräten und Fahrzeugen kaufte die Wehr im Laufe der Jahrzehnte an: 1887: 2. Handdruckspritze, 1898: 1. Handdruck-Abprotzspritze, 1900: 2. Handdruck-Abprotzspritze, 1931: 1. Motorspritze von Fa. Rosenbauer (C 60), 1945: 2. Motorspritze von Fa. Rosenbauer (NRO FB 800, DS 80), 1966: 3. Motorspritze von Fa. Rosenbauer (VW-Automatik 75); 1949: 1. Mannschafts- und Spritzenwagen für Pferde- und Traktorzug aus Metall, mit Vollgummibereifung, 1955: 1. Feuerwehrauto (altes Lkw-Fahrgestell mit neuem Kastenaufbau für Feuerwehrzwecke), 1960: Ankauf eines neuen Rüstwagens von Fa. Rosenbauer, KLF Ford, FK 1250, 1982: Ankauf eines 2. Rüstwagens von Fa. Rosenbauer, leichtes Löschfahrzeug, Mercedes.

HBI Zöbl J. (1967), OBI Schwarzgruber F. (1972), AW Kraxberger W. (1946), AW Mayrhuber M. (1958), AW Simmer H. (1972), BI Krenn E. (1958) — Fm Aschl G. (1975), HFm Aschl J. (1962), Fm Aschl K. (1981), Fm Auinger H. (1962), HFm Auinger J. (1967), Lm Auinger J. (1963), Fm Auinger J. (1963), Fm Bachinger G. (1974), Lm Bachinger O. (1948), OFm Bachinger O. (1973), Fm Baldinger F. (1972), Fm Bointner K. (1929), Fm Breitwieser A. (1966), Lm Cech J. (1946), Fm Dinjel J. (1979), Fm Donnermair I. (1980), Fm Enser F. (1966), Fm Enser F. (1963), Fm Enser K. (1950), OFm Enser K. (1966), Lm Fürtauer K. (1938), Lm Fürtauer-Brummer G. (1947), OLm Geßwagner F. (1958), OFm Geßwagner F. (1973), HLm Gugerbauer H. (1946), Fm Heltschl M. (1981), HFm Höftberger G. (1972), OLm Höftberger H. (1963), OLm Hofer F. (1949), Lm Hofwimmer H. (1967), Lm Hofwimmer J. (1952), HFm Hofwimmer J. (1972), Fm Huber A. (1963), Fm Huber F. (1982), Fm Huber G. (1982), Fm Huber J. (1966), Fm Huber J. (1982), Fm Humer J. (1966), OFm Hummer F. (1963), OFm Kaser A. (1972), Fm Kaser K. (1920), Fm Keindl A. (1966), Fm Kettl F. (1963), Fm Köstl W. (1970), OLm Krenn J. (1963), HFm Krenn R. (1962), Fm Krenn W. (1952), Fm Krenn W. (1974), OFm Kreupl W. (1972), HFm Kreuzroither F. (1930), HFm Kroiß F. (1966), HFm Kroiß J. (1972), Lm Kronlachner F. (1951), OFm Kronlachner F. (1977), HFm Leeb F. (1952), Fm Lugmair A. (1982), Fm Lugmair F. (1948), OFm Lugmair F. (1973), Fm Lugmair F. (1982), Lm Märzendorfer F. (1947), Lm Mauthner J. (1954), OFm Mayrhuber J. (1973), Fm Mayrhuber R. (1946), Fm Mayrhuber R. (1978), Lm Mühringer G. (1958), HFm Neudorfer A. (1951), Lm Nöhammer J. (1953), Fm Prähofer A. (1966), Fm Prähofer W. (1978), Lm Prehofer F. (1951), HFm Prehofer H. (1969), Fm Prehofer S. (1978), HFm Puchner J. (1981), Fm Raab F. (1953), HFm Raab F. (1972), OFm Rebhan F. (1973), HFm Riener R. (1966), OFm Riener R. (1981), HFm Ruttinger H. (1969), OFm Salfinger F. (1947), Fm Salfinger F. (1982), OFm Salfinger H. (1972), HFm Schmalwieser E. (1972), Lm Schürrer G. (1984), Fm Schuster J. (1946), Fm Schwarzgruber F. (1938), Lm Sickinger J. (1962), Lm Silber A. (1951), Fm Simmer G. (1972), HFm Spicker H. (1950), Fm Spicker H. (1982), Fm Stockinger F. (1973), Lm Stockinger J. (1947), Lm Waldhör A. (1948), Fm Wiesinger G. (1963), Fm Wiesinger H. (1970), OFm Wiesinger H. (1973), Fm Wiesinger J. (1963), OFm Wiesinger J. (1978), OFm Wiesinger R. (1973), OFm Willinger K. (1983), OLm Zauner F. (1946), HFm Zauner G. (1963), OFm Zöbl R. (1973)

FF ALTENHOF AM HAUSRUCK

Die Freiwillige Feuerwehr Altenhof wurde im Jahr 1890 gegründet. Der Mitgliederstand betrug 60 Mann, davon Spritzenmannschaft: 24 Mann, Schutzmannschaft: 7 Mann, Rettungswesen: 5 Mann. Eine neue Handspritzenpumpe wurde angekauft, Type Gugg. 1903 wurde das erste Zeughaus hinter der ehemaligen Volksschule erbaut. Das zweite Zeughaus wurde 1951 seiner Bestimmung übergeben und dient derzeit noch als Zeugstätte. 1936 wurde der Kauf einer zweizylinderischen Motorspritze Type Gugg, 18 PS, beschlossen. 1970 wurde eine Motorpumpe Type VW Automatik 75 erworben. Bis zum Ankauf des ersten Rüstfahrzeuges mußten die angrenzenden Landwirte mit ihren Pferden und Traktoren die Pumpe zu den Einsatzstellen befördern. Das erste Fahrzeug, ein Steyr 1500, wurde 1952 angekauft, dem 1966 ein Ford Transit folgte, das heute noch im Einsatz steht. Im Juli 1983 konnte ein gebrauchtes TLF 1000 Opel Blitz angekauft werden. Seit der Gründung der Freiwilligen Feuerwehr Altenhof standen folgende Kommandanten an der Spitze der Wehr: Franz Voraberger (1890–1893), Josef Stockinger (1893–1895), Georg Voraberger (1895–1901), Karl Rösslhuber (1901–1904), Johann Baldinger (1904–1905), Karl Rösslhuber (1905–1906), Alois Voraberger (1906–1928), Michael Harrer (1928–1929), Franz Hillinger (1929–1939), Leopold Raab (1939–?), Ferdinand Kemptner (?–1949), Adolf Berger (1949–1965), Otto Rösslhuber (1965–1973), Karl Haas (1973–1978), Siegfried Seifried (1978 bis heute).

HBI Seifried S. (1966), OBI Bruckner K. (1969), AW Altenhofer A. (1965), AW Oberhumer W. (1969), AW Oberhumer J. (1959), AW Oberhumer K. (1982), BI Berger A. (1960), BI Haas J. (1975), BI Haas K. (1947), BI Rößlhuber O. (1955), BI Vogl R. (1935) — HFm Allmannsperger R. (1955), HFm Altenhofer A. (1947), HFm Altenhofer F. (1950), OFm Altenhofer F. (1962), JFm Altenhofer G. (1983), HBm Bauer G. (1980), JFm Berger T. (1982), PFm Brandstätter W. (1983), HFm Deisenhammer L. (1957), Fm Dinjel H. (1982), OFm Ecklmair F. (1936), Lm Ecklmair H. (1979), Fm Eislmair M. (1979), Lm Emmer W. (1962), HFm Famler M. (1952), JFm Feischl G. (1983), OFm Franke A. (1980), Bm Gradinger J. (1969), OFm Grasl F. (1970), HFm Gröstlinger K. (1948), HFm Haas F. (1982), JFm Haas G. (1982), Bm Haas J. (1971), Lm Haas J. (1947), OFm Haas K. (1970), HFm Hager G. (1968), HLm Hager J. (1963), Lm Hehenberger J. (1970), OFm Holl W. (1979), Fm Koblbauer F. (1979), OFm Koblbauer G. (1979), HFm Kubinger M. (1980), JFm Mayr N. (1982), OFm Möseneder H. (1966), HFm Oberhumer Ch. (1982), HFm Oberhumer F. (1949), Lm Oberhumer J. (1931), Lm Raab J. (1958), JFm Raab J. (1982), HFm Raab O. (1955), Lm Rebhan J. (1935), Lm Rebhan L. (1947), OFm Ritzberger F. (1979), HFm Rößlhuber F. (1972), Fm Rößlhuber O. (1979), HFm Rößlhuber R. (1949), Fm Rosner M. (1982), Fm Schauer F. (1982), Lm Schiemer J. (1951), Fm Schiemer J. (1977), Lm Schildberger F. (1947), OFm Schneeberger H.-P. (1972), PFm Starlinger E. (1983), JFm Starlinger R. (1982), PFm Steininger M. (1983), Lm Stockinger F. (1953), HFm Sturmair F. (1947), HFm Sturmair F. (1950), JFm Sturmair W. (1983), JFm Trappl M. (1982), JFm Trappl T. (1982), Fm Weitmann G. (1982), JFm Weitmann T. (1983), HFm Wolfsgruber K. (1958)

FF ASCHAU

Die Freiwillige Feuerwehr Aschau wurde laut mündlicher Überlieferung 1890 gegründet. Das erste Protokoll ist vom 24. Juli 1906, als Ignaz Baumann zum Hauptmann gewählt wurde. Die Ausrüstung bestand aus einer Handpumpe mit Pferdegespann. Beim Landwirt Weidenholzer wurde eine Holzhütte als Zeughaus errichtet. 1908 wurde Johann Sallaberger Hauptmann. Ihm folgte 1911 Franz Mitterhauser und 1912 Mathias Mairhofer. Nach dem Ersten Weltkrieg, 1919, wurde Karl Mittermaier zum neuen Hauptmann gewählt. Dieser wurde 1926 von Johann Zellinger abgelöst. 1930 wurde bei der Firma Rosenbauer in Linz eine neue Motorspritze E 35 angekauft. 1938 wurde die Freiwillige Feuerwehr Aschau zu einem Löschtrupp eingeteilt und von Josef Weidenholzer bis 1946 geführt. Im Jahr 1946 wurde die Freiwillige Feuerwehr Aschau neu aufgestellt. Hauptmann wurde Josef Weidenholzer. 1950 wurde Franz Baumgartner zum Kommandanten gewählt. Im gleichen Jahr wurde ein neues Zeughaus gebaut und 1951 ein Wehrmachts-Einachsanhänger für Traktorzug angekauft. Im Jahr 1957 erfolgte der Ankauf einer neuen Motorspritze VW R 75. Zur Alarmierung wurde 1959 eine Sirene angeschafft. Der Ankauf eines neuen Feuerwehranhängers erfolgte 1962. Im Jahr 1968 wurde Johann Zellinger Kommandant. Nach dessen frühem Tod wurde 1976 Josef Brandmayr Kommandant, und 1978 wurde als junger Nachfolger Alois Demmelbauer zum Kommandanten gewählt. 1982 erfolgte der Anschluß an die zentrale Funkalarmierung. Im Jahr 1983 wurde ein neues modernes Kleinlöschfahrzeug angekauft. Im Jahr 1984 wurde auch die Neuuniformierung durchgeführt. Seit dem Jahr 1953 ist Josef Mühringer Schriftführer.

HBI Demmelbauer A. (1968), OBI Baumgartner M. (1968) — Benetzeder H. (1968), Brandmayr J. (1946), Doppelbauer R. (1968), Ecker G. (1980), Ecker J. (1958), Ecklmar R. (1981), Ecklmayr F. (1949), Edetsberger F. (1961), Entholzer A. (1957), Entholzer M. (1983), Fürthauer J. (1952), Fürthauer J. (1981), König P. (1974), Lehner R. (1970), Lehner R. (1982), Lindmayr J. (1973), Mayrhuber R. (1957), Mühringer J. (1946), Pauzenberger J. (1961), Sageder J. (1981), Weidenholzer F. (1946), Weidenholzer J. (1946), Weidenholzer J. (1950), Wiesinger J. (1968), Würzl F. (1946), Zellinger A. (1977), Zellinger J. (1972)

FF AUBACH

Die Freiwillige Feuerwehr Aubach wurde im Jahr 1922 mit 35 Gründungsmitgliedern gegründet. Erster Kommandant war Georg Weißenböck. 1922 wurde bei der Fa. Rosenbauer eine nordböhmische Wagenspritze samt Zubehör zum Preis von 9 750 000 Kronen angekauft. Das erste Zeughaus wurde 1922 aus Holz gebaut. Die zweite Zeugstätte wurde in den Jahren 1938/39 in Unteraubach in Massivbauweise errichtet. Eine Erweiterung des Zeughauses und der Anbau des Schlauchturmes erfolgte viele Jahre später. 1950 wurde die erste gebrauchte Motorspritze angekauft. Ebenso wurde ein Ford V 8 (Militärfahrzeug) angeschafft und als Feuerwehrfahrzeug umgerüstet. 1953 wurde mit Hilfe der Gemeinde und des Landes Oberösterreich eine neue Motorspritze Type RW 25 angekauft. 1954 wurde das 25jährige Gründungsfest mit Motorspritzensegnung abgehalten. 1955 wurde eine Alarmsirene eingebaut. 1959 wurde ein VW-Bus als Feuerwehrfahrzeug umgebaut. 1970 wurde die heutige Motorspritze Type VW Automatik angekauft. 1974 wurde als Feuerwehrfahrzeug ein gebrauchter Ford Transit gekauft. 1983 wurde das heutige moderne Feuerwehrfahrzeug der Marke VW LT 35 angeschafft. Kommandanten der Freiwilligen Feuerwehr Aubach von der Gründung 1922 bis heute: Georg Weißenböck (1922–1923), Max Würzl (1923–1938), Franz Wenzl (1938–1945), Anton Auer (1945–1948), Franz Heitzinger (1948–1968), Franz Wenzl (1968 bis heute).

HBI Wenzl F. (1956), OBI Würzl L. (1973), AW Königseder A. (1948), AW Königseder E. (1973), AW Steinbock F. (1969) — HBm Ellinger J. (1954), Fm Exenschläger F. (1979), PFm Gfellner J. (1983), OLm Haderer F. (1948), E-HBI Heitzinger F. (1948), OLm Heitzinger H. (1966), Fm Heitzinger M. (1976), Fm Hochholzer G. (1981), Fm Hochholzer R. (1980), OFm Humer E. (1978), E-BI Kaltseis K. (1922), Lm Königseder A. jun. (1969), OLm Königseder G. (1948), Fm Kriegner F. (1983), OFm Kriegner G. (1981), E-BI Kriegner J. (1930), OFm Kronschläger M. (1976), E-OBI Kronschläger M. (1959), OLm Leidinger J. (1954), OLm Lindner J. (1956), OFm Litzlbauer O. (1978), HBm Mayr A. (1949), OFm Mittermeier M. (1973), OFm Mühlböck A. (1971), PFm Mühlböck G. (1983), PFm Mühlböck H. (1983), OLm Obermüller F. (1948), Fm Obermüller H. (1983), OLm Peham A. (1974), HFm Peham A. (1973), Lm Peham F. (1955), Lm Peham F. (1975), PFm Rittberger H. (1983), HFm Rittberger J. (1969), Lm Salletmaier A. (1963), Fm Samhaber G. (1981), HFm Samhaber H. (1979), E-BI Scheucher A. (1936), Lm Schmid J. (1973), HLm Steinmaier J. (1966), Fm Wenzel J. (1982), PFm Wenzl E. (1983), Lm Wenzl G. (1979), HLm Wolfschluckner A. (1950), Fm Wolfschluckner A. (1981), Fm Wolfschluckner M. (1979), Lm Würzl F. (1976), Lm Würzl H. (1977)

FF BAD SCHALLERBACH

Die Freiwillige Feuerwehr Bad Schallerbach wurde am 12. Januar 1896 mit 35 Mitgliedern gegründet. Damalige Ausrüstung: 1 Feuerspritze (Handpumpe) und 105 m Schläuche, angekauft um 722 Gulden von der Fa. Gugg in Linz. Das erste Zeughaus wurde 1897 erbaut, das zweite 1925 im Rathaus bezogen, und das dritte Zeughaus konnte am 27. Oktober 1981 bezogen werden. Ankauf von Motorspritzen: 1930 Motorspritze PS 6, Fa. Rosenbauer, 1947 Motorspritze TS 8, Fa. Rosenbauer, 1957 Motorspritze R VW 75, Fa. Rosenbauer, 1958 Motorspritze RW 80, Fa. Gugg. An Feuerwehrfahrzeugen schaffte die FF Bad Schallerbach im Laufe der Zeit an: Wagen für Motorspritze von der Fa. Gföllner, Grieskirchen, für Pferdebespannung (1930), Lkw Mercedes, Beutefahrzeug von der Wehrmacht (1946), Lkw Steyr Type 2000 und Neuaufbau (1948), Tankwagen gebraucht, Steyr 480 (1966), KLF Ford Transit (1966), LFB Mercedes 508 D (1981) und Tankwagen TLF Trupp 2000, Steyr 591 (1982). Kommandanten der Freiwilligen Feuerwehr Bad Schallerbach seit ihrer Gründung waren: Franz Neuwirth (1896–1898), Josef Breitwieser (1898–1899), Johann Kreuzmair (1899–1900), Josef Maurer (1900–1901), Alois Schamberger (1901–1903), Josef Amesberger (1903–1907), Karl Breuer (1907–1919), Johann Wiesbauer (1919–1923), Josef Übleis (1923–1934), Emmerich Ziegler (1934–1936), Johann Schauer (1936–1946), Ludwig Zach (1946–1947), Johann Doppelbauer (1947–1964), Johann Kraxberger (1964–1973), Ernst Roithmeir (seit 1973).

HBI Roithmeir E. (1948), OBI Schweitzer J. (1946), AW Grottenthaler F. (1957), AW Hochreiter K. (1947), BI Roithmeier B. (1957) — E-BI Augeneder J. (1936), HFm Augeneder M. (1962), Bm Berger F. (1970), Fm Berger J. (1972), HFm Böhm E. (1963), FA Dr. Dunzinger E. (1977), HFm Ecker J. (1924), Greinegger J. (1955), PFm Greinegger L. (1983), Fm Grottenthaler E. (1980), Grottenthaler F. (1979), Fm Grottenthaler S. (1977), HFm Grubmair H. (1966), Hager F. (1948), Fm Hager F. (1978), Lm Hasibeder E. (1966), Hehenberger J. (1969), E-HBI Kraxberger J. (1946), HFm Kraxberger J. (1962), E-BI Lindinger F. (1946), Fm Meindlhumer E. (1982), Neudorfer J. (1964), OFm Neudorfer J. (1971), Lm Niedergesäß I. (1972), PFm Niedergesäß G. (1983), PFm Obermeier W. (1983), PFm Paulusberger E. (1983), Fm Pollhammer M. (1926), Fm Raab W. (1980), PFm Roithmeier B. (1983), Roithmeier J. (1930), PFm Roithmeir E. (1983), OFm Roitmayer F. (1946), Fm Schatzlmayr G. (1975), Fm Schönberger F. (1942), HFm Schweitzer J. (1950), OFm Stadlbauer E. (1961), PFm Straßer F. (1983), Fm Straßer G. (1980), Thaller R. (1950), Übleis R. (1946), HFm Wagner M. (1969), Lm Zach M. (1928), OFm Zauner F. (1970), OFm Zauner L. (1950)

FF BRUCK-WAASEN

Die Freiwillige Feuerwehr Bruck-Waasen wurde 1895 von Julius Haas gegründet. Um 1898 wurde eine Handpumpe mit Pferdewagen gekauft. 1910 wurde das Kommando von Hans Bruckner übernommen. 1931 kaufte die Freiwillige Feuerwehr Bruck-Waasen die erste Motorspritze, eine Viertakt Rosenbauer, aufgebaut auf einem Pferdewagen. 1932 übernahm Rudolf Wagner das Kommando, ihm folgten 1935 Johann Huber sen., 1939 Josef Egger, 1945 Johann Stockinger. 1947 übernahm August Lehner sen., heute Ehrenkommandant der Feuerwehr, das Kommando. 1948 kaufte die Feuerwehr einen gebrauchten amerikanischen Dodge, 1950 eine Zweitakt-Rosenbauer-Pumpe, Type R 75. Von 1953 bis 1973, also 20 Jahre lang, führte Johann Huber die Feuerwehr. Während seiner Amtszeit wurden angeschafft: 1958 ein neuer VW-Feuerwehrkombi, 1965 eine Sirene Type FS 8, 1966 eine Rosenbauer-VW-Automatik-Tragkraftspritze Type TS 75, und von 1972 bis 1975 wurde das neue Zeughaus errichtet. 1973 übernahm Franz Humer das Kommando. 1978 kaufte die Freiwillige Feuerwehr Bruck-Waasen einen 250-kg-Pulverlöschanhänger und 1979 das neue Feuerwehrfahrzeug, einen VW, Type LT 35. 1983 wurde Franz Wohlmayr zum neuen Kommandanten gewählt.

HBI Wohlmayr F. (1973), OBI Mayrhofer H. (1982), AW Humer A. (1974), AW Niederhauser W. (1974), AW Sallaberger F. (1978), BI Damberger J. (1973) — OFm Ameshofer J. (1969), OFm Auinger H. (1977), HBm Auzinger J. (1951), Fm Auzinger J. (1973), Benezeder F. (1962), HFm Benezeder S. (1977), Lm Dornetshuber A. (1950), OFm Grömer H. (1958), Lm Gschwendtner R. (1947), OLm Hartl J. (1955), Fm Hartl M. (1978), E-AW Hierz F. (1941), E-HBI Huber J. (1938), E-HBI Humer F. (1965), Bm Humer J. (1939), OLm Inninger J. (1954), Lm Jäger H. (1954), Fm Jäger H. (1977), Lm Jungbauer L. (1978), OLm Katzlberger J. (1974), Fm Kreuzer G. (1973), Bm Kreuzwieser J. (1929), OLm Lauber M. (1966), E-OBI Lehner A. (1949), E-HBI Lehner A. (1919), Fm Lindner A. (1973), OFm Mairinger H. (1978), HBm Marihart A. (1926), HFm Marihart F. (1966), HFm Mühlböck A. (1966), Lm Niederhauser A. (1946), Lm Nimmerfall A. (1946), Fm Nimmerfall F. (1981), PFm Poringer J. (1979), HBm Prechtl F. (1950), Lm Ritt J. (1952), Fm Ritt J. (1974), OFm Ritt W. (1976), HFm Schatzl G. (1959), Bm Stockinger J. (1946), PFm Straßer G. (1983), OLm Straßl H. (1956), OLm Weißensteiner K. (1952), OFm Wiesmüller F. (1975)

FF ENZENDORF

Die Freiwillige Feuerwehr Enzendorf wurde am 4. November 1906 gegründet. Bei der Gründungsversammlung konnte Gemeindevorstand Franz Lindinger 38 Mann zum Ausfüllen einer Beitrittserklärung bewegen. Daraufhin erfolgte die Wahl Franz Lindingers zum Hauptmann. Am 14. November 1906 wurde bei der ersten Ausschußsitzung über den Ankauf eines Spritzenwagens und über das Komponieren eines Ortsrufes beraten. Am 28. Dezember 1906 wurde beschlossen, daß der Stoff für die Feuerwehrkluften vom Verein gekauft wird und die Kosten des Schneiders (2 Kronen pro Kluft) vom Feuerwehrmann bezahlt werden müssen. Am 21. März 1920 legte Franz Lindinger seine Hauptmannstelle nieder, worauf Alois Mauernböck einstimmig zum neuen Wehrführer der FF Enzendorf gewählt wurde. 1924 wurde das erste Spritzendepot errichtet. 1926 wurde das 20jährige Gründungsfest verbunden mit einem Wiesenfest beim neuen Depot in Thanhof gefeiert. Bei der Neuwahl am 20. Januar 1933 wurde dann Franz Lindinger II zum Wehrführer gewählt. 1937 wurde die erste Motorspritze angekauft. 1962 wurde beim Zeughaus eine Löschwasseranlage errichtet und eine neue Motorspritze angekauft. 1969 wurde ein neues Kleinlöschfahrzeug Marke Land Rover gekauft und aus Eigenmitteln finanziert. Nach dem Ableben des langjährigen Kommandanten Franz Lindinger II am 28. Januar 1972 wurde am 8. April 1972 Franz Lindinger III zum Kommandanten gewählt. 1977 wurde das neue Zeughaus errichtet und ein neues Einsatzfahrzeug (LFB) mit Bergeausrüstung unter Mithilfe der Gemeinde Gallspach angekauft. Seit 1961 existiert eine rührige Wettbewerbsgruppe, welche schon viele ausgezeichnete Ränge und schöne Pokale errungen hat.

HBI Lindinger F. (1954), OBI Baldinger F. (1970), AW Kroiß G. J. (1973), AW Wiesner F. (1961), BI Mallinger F. (1955), BI Malzer H. G. (1962), BI Wiesinger A. (1951) — Brauner G. (1982), PFm Brunner R. (1982), Brunner W. (1981), HFm Eggertsberger H. (1955), PFm Flörl H. (1980), HFm Grüblbauer F. (1925), PFm Hager G. (1982), Heinemann H. (1982), HLm Heitzinger J. (1963), PFm Heitzinger S. (1982), HFm Huemer A. (1975), PFm Jaksch A. (1980), HFm Kühberger A. (1949), HFm Lechner J. (1972), HFm Leeb N. (1969), OBm Leitner F. (1961), HBm Leitner K. (1970), OBm Lindinger G. (1964), Fm Lindinger L. (1980), Lintner H., PFm Lintner W. (1980), E-OBI Mairhuber F. (1935), Lm Mallinger A. (1974), Mallinger F. (1940), OLm Mallinger F. (1971), HFm Mallinger G. (1978), HFm Mallinger J. (1967), PFm Mallinger W. (1980), JFm Mallinger W. (1980), HFm Minihuber F. (1956), HFm Minihuber J. (1976), Fm Mittermayr A. (1982), JFm Mittermayr A. jun. (1983), JFm Mittermayr H. (1983), JFm Obermayr A. (1980), HFm Obermayr H. (1958), Obermayr H. (1980), JFm Obermayr J. (1980), HFm Oberroither F. (1949), OFm Palmstorfer E. (1980), Palmstorfer F. (1948), Fm Palmstorfer R. (1980), Pfarrwallner J. (1946), Pucher R. (1980), Rathmayr A. (1949), Rudelstorfer A. (1965), JFm Rudelstorfer K. (1983), Scheibmayr M. (1970), Stoiber F. (1963), Lm Stoiber J. (1967), JFm Stritzinger E. (1983), HLm Stritzinger W. (1967), Fm Weichselbaumer G. (1982), OLm Weidinger K. (1968), HBm Wiesinger A. (1972), JFm Wiesner R. (1984)

FF ESCHENAU

Gegründet wurde die Freiwillige Feuerwehr Eschenau am 2. Juli 1922. Noch im selben Jahr wurde die erste Handspritze angekauft. 1923 wurde von den Kameraden ein Kriegerdenkmal für die Gefallenen des Ersten Weltkrieges errichtet. 1947 erfolgte der Ankauf einer neuen Motorspritze. 1949 wurde vom Heeresfeldzeuglager Wels ein Rüstwagen Marke Dodge erworben. 1955 kam es zur Errichtung eines neuen Feuerwehrzeughauses. 1957 wurde von der Firma Rosenbauer eine neue TS 75 VW angekauft. 1961 wurde wiederum ein VW-Bus als Einsatzwagen angeschafft. 1972 fand das 50jährige Gründungsfest mit Fahnenweihe statt. 1976 wurde aus dem Erlös von Hallenfesten und durch Unterstützung der Gemeinde ein Allrad-Rüstwagen Marke Land Rover angekauft. 1983 Aufstockung des Schlauchturmes sowie Generalsanierung des Feuerwehrzeughauses. Seit der Gründung der Freiwilligen Feuerwehr Eschenau lenkten folgende Hauptleute die Geschicke der Wehr: Matthias Neuweg (1922–1927), Josef Graml (1927–1938), ab 1938 war die Freiwillige Feuerwehr Eschenau in Neukirchen eingemeindet und diente als Löschzug der FF Neukirchen; weitere Kommandanten: Johann Reisinger (1953–1963), Johann Gahleitner sen. (1963–1968), Johann Reisinger (1968–1973), Johann Gahleitner jun. (seit 1973).

HBI Gahleitner J. (1963), OBI Dobetsberger A. (1968), AW Oberndorfer F. (1971), AW Sandberger J. (1971), AW Sandberger J. (1972), BI Altendorfer F. (1970), BI Ennsfellner R. (1964), BI Wolfschluckner E. (1970) — Fm Anreiter J. (1980), Fm Augdoppler J. (1977), OFm Brandmayr G. (1970), OFm Dornetshuber F. (1970), OFm Dornetshuber H. (1977), OLm Edetsberger A. (1962), OBm Edinger J. (1952), OFm Edinger J. (1980), OBm Enzelsberger F. (1971), OFm Enzelsberger H. (1973), HBm Gahleitner J. (1932), Fm Hiesl J. (1976), OLm Humberger A. (1970), HLm Humer J. (1928), OLm Humer J. (1974), Lm Humer R. (1975), OBm Kaimberger F. (1964), OFm Kaimberger F. (1975), HFm Kaimberger M. (1973), HFm Kaimberger P. (1978), HFm Kaltseis F. (1957), OBm Leirich F. (1952), OFm Leirich F. (1976), OFm Leirich J. (1978), HLm Mittermaier K. (1926), HFm Moser K. (1973), OLm Razenberger F. (1974), HFm Reisinger F. (1952), E-HBI Reisinger J. (1946), Fm Reisinger J. (1978), OBm Sageder A. (1959), HLm Sandberger A. (1935), OFm Sandberger A. (1976), HLm Scheucher A. (1946), HBm Scheucher H. (1963), HFm Scheuringer J. (1956), HFm Schrank D. (1980), OFm Wolfsteiner A. (1978), HFm Wolfsteiner F. (1978)

FF GALLSPACH

Im Kurort Gallspach gibt es derzeit zwei Freiwillige Feuerwehren, die FF Gallspach und die FF Enzendorf. Nach dem Anschluß wurden am 8. Januar 1939 die damals bestehenden Feuerwehren Gallspach und Enzendorf zu einer Freiwilligen Feuerwehr zusammengeschlossen, es gab damals eine FF Gallspach und einen Löschzug II der FF Gallspach. Nach dem Zweiten Weltkrieg wurden die beiden Feuerwehren Gallspach und Enzendorf jeweils wieder eigene selbständige Wehren. Seit dem Gründungsjahr 1887 waren die damals wenigen Geräte und Ausrüstungsgegenstände der Feuerwehr Gallspach in privaten Holzschupfen oder anderen privaten Räumlichkeiten untergebracht. Das erste Zeughaus wurde 1922 erbaut. 1933 wurde ein neues Zeughaus ausgebaut und eingerichtet. 1939 wurde dieses Gebäude an die Gemeinde Gallspach verkauft; anschließend wurde dem Depot die jetzige Form gegeben. Da das derzeitige Zeughaus den heutigen Anforderungen nicht mehr voll entspricht, arbeiten die Kameraden seit 1982 wiederum in Eigenleistung am Aufbau eines größeren Feuerwehrhauses, das bei der 100-Jahr-Feier der FF Gallspach 1987 eingeweiht werden soll. Die erste Feuerwehrspritze in der Gründungszeit war eine Handkraftspritze (Hydrophor). Die erste Motorspritze (15 PS, Fa. Rosenbauer) erhielt Gallspach im November 1927. 1953 wurde eine neue Motorspritze (R 75, Fa. Rosenbauer) angekauft, die bis 1961 in Verwendung stand. Heute hat die FF eine TS Automatik 75 VW. Das erste Feuerwehrfahrzeug war 1927 ein Feuerwehranhänger für Pferdebespannung. 1947 kam das erste Motorfahrzeug (Steyr Mannschafts-Lkw mit 85 PS, Bj. 1944). Das TLF 1500 Marke Steyr stammt aus 1964 und war bis 1975 im Einsatz. Heute gibt es ein KLF (VW Bus), ein TLF 2060 Trupp, eine fahrbare, zweiteilige Feuerwehrleiter, 11 m.

HBI Johanik O. (1962), OBI Metzger H. (1963), AW Auinger J. (1954), AW Lehner A. (1975), AW Wieshofer W. (1967), BI Schmidlehner F. (1954), BI Sickinger A. (1964), BI Stoiber J. (1969) — HLm Aichinger L. (1950), E-AW Aigner F. (1949), HFm Alpers R. (1949), HBm Auinger A. (1970), JFm Beham H. (1982), HBm Breslmayr F. (1970), JFm Burg G. (1982), OFm Eder Ch. (1976), OFm Fischer J. (1976), OFm Fischer J. (1976), Fm Gabbauer G. (1982), OFm Grasl A. (1976), E-AW Gruber E. (1949), Fm Huemer A. (1978), HLm Humer J. (1949), HLm Humer J. (1970), JFm Johanik M. (1979), JFm Kaser R. (1979), HFm Kerschhuber H. (1969), Fm Kerschhuber H. (1976), HBm Kofler K. (1972), OFm Kortner R. (1970), HFm Kreuzhuber R. (1919), HFm Kühberger A. (1949), HFm Leeb W. (1958), Fm Mackinger A. (1978), OFm Magauer A. (1976), HFm Mair K. (1976), OFm Mairhuber J. (1976), HFm Malzer J. (1919), HFm Mayr K. (1935), HFm Mayrhuber W. (1962), HLm Meindlhumer W. (1949), Fm Meindlhumer W. (1978), Bm Moser W. (1960), Bm Muckenhuber J. (1954), OFm Muckenhuber M. (1976), JFm Obermair A. (1982), HFm Obermayr F. (1958), JFm Obermayr H. (1982), JFm Parzer R. (1980), JFm Raab F. (1980), JFm Rebhan R. (1981), HBm Scharinger B. (1970), OFm Schöftner J., E-HBI Schüller F. (1949), JFm Stockinger J. (1983), HFm Wageneder J. (1954), Fm Wansch P. (1982), OFm Wildfellner J. (1981), HBm Wurm N. (1949), JFm Wurm N. (1980)

FF GASPOLTSHOFEN

Die Freiwillige Feuerwehr Gaspoltshofen wurde 1887 gegründet. Aus der Freiwilligen Feuerwehr Gaspoltshofen entstanden später die anderen vier Gemeindewehren, und zwar Altenhof am Hausruck, 1890, Höft 1899, Hörbach 1903 und Affnang 1913. Erster Feuerwehrhauptmann der FF Gaspoltshofen wurde der Landwirt Johann Heitzinger (1887–1892). Das erste Spritzendepot befand sich beim Alder-Wirt (bis 1893), dann im Gemeindehaus (bis 1954). Das jetzige Feuerwehrhaus wurde von 1952 bis 1954 mit großer Eigenleistung erbaut, wird aber demnächst einer Friedhoferweiterung weichen müssen. Schon 1926 wurde die erste Motorspritze angekauft, die bis 1948 ihren Dienst tat. 1948 wurde eine größere Motorspritze gekauft, die aber beim Hochwasser 1954 in Linz kaputtging und nicht mehr repariert werden konnte. So mußte 1954 die jetzt noch im Betrieb stehende Tragkraftspritze angeschafft werden. Als eine der ersten Feuerwehren des Bezirkes Grieskirchen erhielt die Wehr schon 1935 ein Auto, dem 1948 ein weiteres aus Kriegsbeständen stammendes Auto folgte (Lkw Steyr Mannschaftswagen mit Geräteaufbau). 1968 wurde ein 1000-Liter-Tankwagen (Marke Opel Blitz) angekauft. 1974 wurde das alte Rüstfahrzeug gegen ein neues KLF (Ford Transit) ausgetauscht. Nach dem Zweiten Weltkrieg mußte auch die FF Gaspoltshofen wieder von vorne beginnen. Unter dem Kommandanten Eras Söllinger (1945–1962) beteiligte sich die FF Gaspoltshofen schon 1951 an den Leistungsbewerben. Auch unter dem späteren Kommandanten Anton Priewasser (1962–1976) wurde regelmäßig an den Landesbewerben teilgenommen. Höhepunkt der FF Gaspoltshofen war das 100jährige Gründungsfest im Sommer 1984 mit der Weihe des neuen Tankrüstfahrzeuges.

HBI Voraberger F. (1949), OBI Söllinger E. (1922) — Aigner A. (1955), Anzengruber W. (1966), Bachinger A. (1950), Baumgartner W. (1982), Baur R. (1965), Berger H. (1950), Blidon B. (1974), Burgstaller J. (1949), Cerhak F. (1950), Danner R. (1962), Dr. Düring G. (1962), Duringer R. (1982), Ehmathinger H. (1981), Famler J. (1965), Famler K. (1958), Fattinger J. (1981), Fattinger R. (1954), Fattinger R. (1971), Feichtner A. (1981), Feichtner J. (1950), Feischl A. (1957), Feischl H. (1963), Fischerleitner K. (1949), Fosodeder H. (1974), Fuchsberger W. (1983), Fürtner F. (1981), Grausgruber J. (1974), Greifeneder Ch. (1982), Gruber F. (1955), Hartmann H. (1957), Hartmann M. (1978), Hattinger H. (1969), Hintringer A. (1962), Hintringer K. (1931), Hintringer W. (1958), Hochrainer K. (1923), Holzinger F. (1924), Dechant Humer J. (1974), OFm Humer R. (1976), Hummer A. (1958), Kagerer S. (1960), Klinger W. (1950), Klinger W. (1977), Kösseldorfer J. (1950), Kühberger H. (1963), Kühberger R. (1949), Märzendorfer H. (1956), Mair J. (1983), Mayr J. (1974), Mayr J. (1950), Mittermayer W. (1978), Möslinger R. (1949), Mühllleitner A. (1962), Mühlleitner Ch. (1978), Oberhumer F. (1981), Oberhumer R. (1966), Oberndorfer A. (1949), Oberndorfer A. (1969), Oberndorfer A. (1964), Oberndorfer A. (1978), Oberndorfer F. (1974), Oberndorfer F. (1921), Oberndorfer J. (1974), Öhlinger G. (1981), Öhlinger J. (1978), Öhlinger S. (1967), Prehofer F. (1967), Priewasser A. (1946), Pumberger G. (1981), Rebhan F. (1981), Rebhan H. (1962), Rieger F. (1982), Schein O. (1931), Schiller A. (1956), Schmalwieser M. (1965), Schrank J. (1950), Söllinger E. (1950), Söllinger F. (1963), Söllinger M. (1949), Söllinger R. (1949), Söllinger R. (1974), Stritzinger H. (1962), Stritzinger W. (1978), Stritzinger S. (1983), Tuckecker A. (1948), Voraberger A. (1958), Voraberger A. (1982), Voraberger H. (1963), Voraberger J. (1950), Voraberger J. (1969), Voraberger J. (1982), Voraberger J. (1978), Voraberger M. (1978), Wagner F. (1975), Watzinger R. (1953), Weberberger J. (1967), Weißenecker J. (1954), Zauner F. (1978)

FF GEBOLTSKIRCHEN

Die Freiwillige Feuerwehr Geboltskirchen wurde 1874 gegründet. Im Jahr 1902 erfolgte die Eröffnung und die Weihe des ersten Spritzenhauses. Im Jahr 1939 wurde die erste tragbare Motorspritze von der Fa. Gugg angekauft, 1950 das erste Feuerwehrauto; 1954 erwarb die Wehr wieder eine Motorspritze von der Fa. Gugg und zehn Jahre später einen Land Rover mit Vorbaupumpe; 1965 wurde die derzeitige Tragkraftspritze angekauft. 1969 erfolgte die Einweihung des neuen Zeughauses im Rahmen des 90jährigen Gründungsfestes. Im Jahr 1978 kaufte die Wehr einen LFB-Gerätewagen (Mercedes) von der Fa. Rosenbauer an. Weiters besitzt die FF heute ein Notstromaggregat mit Lampen, drei schwere Atemschutzgeräte und eine Motorsäge. Seit der Gründung der Wehr standen folgende Kommandanten an der Spitze: Heinrich Tuchecker (1874 bis 1898), Franz Mayrhuber (1898–1908), Alois Raab (1908–1911), Leopold Seiringer (1911–1918), Johann Kirchsteiger (1918 bis 1919), Franz Fischer (1919–1920), Ferdinand Liedauer (1920–1946), Mathias Dallinger (1946–1952), Hermann Sickinger (1952–1978) und Friedrich Huemer (seit 1978).

HBI Huemer F. (1959), OBI Stockhammer H. (1967), AW Dallinger R. (1958), AW Schürrer H. (1952), AW Waltenberger J. (1966), BI Kroiß J. (1958), BI Mayr F. (1965), BI Thaler F. (1981) — HFm Bachmaier H. (1976), OFm Bauchinger E. (1978), Fm Bichler F. (1980), JFm Bichler G. (1981), HFm Billinger K. (1958), OFm Burgstaller Ch. (1976), HFm Burgstaller G. (1953), Fm Burgstaller G. (1979), JFm Burgstaller J. (1982), Fm Dallinger G. (1980), OFm Dallinger J. (1955), OFm Dallinger J. (1966), HFm Dallinger R. (1976), HFm Diesenberger F. (1973), HFm Ecklmaier F. (1966), Lm Ecklmayer O. (1950), OFm Ecklmayer R. (1978), HFm Eiber F. (1978), HFm Emmer N. (1966), HFm Emmer R. (1952), Fm Englmayr A. (1983), Lm Frauscher J. (1948), Lm Greifeneder G. (1978), Fm Groiß K. (1983), HFm Groiß R. (1966), JFm Groiß R. (1981), HFm Haginger J. (1930), OFm Haginger R. (1978), Fm Haginger R. (1979), Fm Hattinger A. (1978), OFm Hattinger R. (1966), Bm Hattinger R. (1950), HFm Heftberger J. (1971), HFm Hehenberger J. (1952), Fm Heitzinger B., HFm Higl F. (1976), HFm Höftberger J. (1950), HFm Höftberger J. (1976), OFm Hörmedinger R. (1975), HFm Holzmann A. (1976), Holzmann A. (1954), HFm Huemer E. (1980), OLm Huemer F. (1948), Fm Huemer F. (1978), HFm Huemer J. (1932), HFm Huemer M. (1949), JFm Iglseder G. (1982), OFm Jedinger G. (1978), OFm Jedinger H. (1952), Fm Kirchsteiger Ch. (1978), HFm Kirchsteiger H. (1976), Fm Koblinger J. (1981), HFm Kroiß J. (1950), HFm Lugmaier J. (1966), JFm Matzeneder E. (1981), Fm Matzeneder E. (1981), Fm Matzeneder F. (1978), HFm Mayerhuber F. (1951), HFm Mayr J. (1950), Fm Mayrhuber A. (1982), OFm Mayrhuber F. (1978), OFm Mayrhuber T. (1978), Fm Mittermaier F. (1979), HFm Möseneder H. (1948), JFm Möseneder H., Fm Mospointner F. (1979), Mospointner H. (1925), HFm Oberauer A. (1978), HFm Partinger L. (1922), JFm Perschl W. (1982), OFm Petereder H. (1980), HFm Pichler H. (1960), HFm Picker J. (1978), HFm Pohn F. (1953), Lm Pramendorfer F. (1979), Pramendorfer H. (1954), OFm Pramendorfer H. (1979), HFm Rabengruber F., OFm Rabengruber L. (1978), OFm Reimeier F. (1953), HLm Reisinger J. (1959), HFm Riesinger F. (1960), OFm Riesinger K. (1979), OLm Schürrer M. (1978), Fm Seiringer F. (1956), HFm Seiringer G. (1978), Fm Seiringer P. (1978), E-HBI Sickinger H. (1930), HLm Stahr-Thalhammer J. (1957), Fm Stahrl S. (1981), HFm Steiner J. (1934), OFm Steininger J. (1978), HFm Sterrer H. (1948), HFm Stillinger A. (1966), Fm Strumberger H. (1979), HFm Strumberger M. (1972), HFm Sturmaier J. (1967), HLm Tahedl J. (1948), HFm Thalbauer F. (1951), Fm Thalhammer H. (1980), Fm Thalhammer M. (1978), HFm Thalhammer M. (1950), Fm Thalhammer R. (1978), E-AW Tuchecker G. (1949), JFm Tuchecker T. (1982), HFm Waldenberger G. (1950), HFm Waltenberger J. (1946), HFm Weger M. (1950), JFm Weibold F. (1982), HFm Weierdinger R. (1978), Fm Weißmann G. (1980), Fm Wiesinger H. (1981), Fm Wiesinger N. (1978), HFm Wiesinger R. (1974), HFm Wiesinger R. (1939), OFm Wiesinger R. (1978), HFm Zahrhuber M. (1953), HFm Zöbl A. (1967), Fm Zweimüller W. (1978)

FF GOTTHAMING

Die Freiwillige Feuerwehr Gotthaming wurde im Jahr 1893 unter der Federführung von Franz Frankenreiter, der auch der erste Kommandant der neuen Wehr wurde, gegründet. Zu den Gründungsmitgliedern zählten Johann Pimmingsdorfer, Johann Dallinger, Franz Höftberger, Jakob Raab, Friedrich Reisinger, Johann Sumedinger, Johann Bauernfeind, Leopold Starlinger und Friedrich Jedinger. Seit der Gründung der Freiwilligen Feuerwehr Gotthaming standen folgende Kommandanten an der Spitze der Wehr: Gründungskommandant Franz Frankenreiter, Johann Pimmingsdorfer, Johann Anzengruber, Johann Nöhammer, Johann-Georg Jetzinger, Rudolf Dallinger, Josef Jedinger und Hermann Humer. Ein Jahr nach der Gründung, 1894, wurde eine Doppelkolben-Handspritze sowie ein Pferdewagen, dessen Fabrikat unbekannt ist, angeschafft. Um die Jahrhundertwende gab es bereits ein Feuerwehrgebäude; im Jahr 1953 wurde ein modernes, den heutigen Ansprüchen gerecht werdendes neues Zeughaus errichtet. Im Jahr 1947 wurde eine Wehrmachtsspritze von der FF Haag am Hausruck gekauft; 1955 erfolgte der Ankauf eines Kfz Dodge, 1968 wurde eine neue Tragkraftspritze TS 8 und ein neuer Traktoranhänger erworben sowie ein Rüstwagen Ford Transit.

HBI Humer H., BI Stöttner R. (1972), AW Dallinger F. (1958), AW Gruber J. (1974), AW Kumpfmüller G. (1979), BI Dallinger P. (1968) — PFm Anzengruber G., OFm Anzengruber L. (1950), Fm Anzengruber R. (1978), OFm Bauernfeind A. (1946), Fm Bauernfeind A., Fm Bauernfeind J., Dallinger F., OFm Dallinger H. (1967), OFm Dallinger R. (1959), PFm Eitzinger W. (1979), Fm Feischl G., E-BI Fuchsbauer A. (1938), OFm Gruber G. (1974), Fm Grünbacher A., Fm Grünbacher F. (1964), OFm Heftberger A. (1950), OFm Heftberger F. (1971), Fm Heftberger J. (1935), OFm Heftberger P. (1947), Fm Hinterberger M. (1983), E-HBI Jedinger J., Fm Jedinger J., Fm Jedinger V. (1969), Fm Jetzinger J., Fm Jetzinger W. (1982), Fm Kern H. (1973), Fm Koblbauer J. (1964), Kubingber A., Fm Kumpfmüller J. (1972), Fm Kumpfmüller R. (1972), Fm Lehner H. (1974), Fm Lugmier G., OFm Mayrhuber F. (1924), OFm Mittermaier H. (1947), Fm Möseneder J. (1963), E-OBI Nöhammer A. (1947), OFm Oberhumer F. (1946), Fm Oberhumer M. (1975), Fm Ölschuster G. (1963), Fm Pichler R. (1974), Fm Pointner A. (1980), Fm Pramendorfer F. (1957), Fm Raab W. (1946), Fm Raab W., PFm Rebhahn J. (1975), Fm Rothböck K. (1952), PFm Schnalzenberger F., Fm Simmer F. (1967), Fm Stadlmaier A., OFm Stadlmaier A. (1974), Fm Stockinger J. (1980), Fm Stöger A. (1959), Fm Stöger S. (1974), Lm Stöttner A. (1946), HFm Stöttner A. (1971), PFm Strasser G. (1965), Fm Wallaberger-Mayrhuber G. (1981), OFm Weidenholzer F. (1945), Fm Weinberger F. (1979), OFm Weinzierl H. (1974), OFm Weinzierl M. (1946), OFm Willminger A. (1974), OFm Willminger J. (1974), Fm Wimmer J. (1961), OFm Zauner F. (1949), Fm Zöbl-Pimmingsdorfer A. (1930), OFm Zöbl-Pimmingsdorfer H. (1973), Fm Zöbl-Pimmingsdorfer J. (1949)

FF GRIESKIRCHEN

Die Freiwillige Feuerwehr der Stadt Grieskirchen wurde im Jahr 1872 gegründet. 1904 erhielt die FF Grieskirchen als 4. Zug eine eigene Rettungsabteilung, die in den ersten Jahren ihres Bestehens etwa 50mal zum Einsatz kam. Ein Sanitätswagen für Pferdebespannung wurde 1906 erworben. 1914 wurde eine Schubleiter angeschafft. Zum 50. Gründungsfest wurde 1922 eine große Schauübung am Kirchenplatz abgehalten, wobei auch das neue Feuerwehrauto vorgestellt wurde. Anläßlich des Baues einer städtischen Wasserleitung 1927 führte die Feuerwehr eine Großübung mit Hydranten durch. Als neue Ausrüstung wurde ein Hydrantenkarren angeschafft und ein eigener Hydrantenzug gegründet. 1932 wurde von der Stadtgemeinde eine Feuerlöschordnung erlassen. Nach den Kriegswirren wurde die FF Grieskirchen 1948 neu organisiert. 1955 wurde die neue Zeugstätte im Ortsteil Manglburg mit 16 Wohnungen bezogen. Angekauft wurden ein Tanklöschwagen und zwei neue Rüstfahrzeuge. 1971 wurde seitens der oö. Landesregierung ein Ölalarmfahrzeug übergeben. Anläßlich der 100-Jahr-Feier der FF Grieskirchen wurde 1972 in Grieskirchen der 10. Landesfeuerwehr-Wettbewerb durchgeführt. Der Jubilar erhielt von der Gemeinde ein neues Tanklöschfahrzeug und von der Sparkasse Grieskirchen einen Kommandowagen als Geschenk. Aus Raumnot wurde 1982 von der Stadtgemeinde eine Garage gebaut, wo derzeit die Bezirksdrehleiter und der Atemschutzwagen des Landes-KHD untergebracht sind. Diese Fahrzeuge wurden in den Jahren 1982 und 1983 der Feuerwehr übergeben. Zur 110-Jahr-Feier der FF Grieskirchen wurde 1982 der 20. oö. Feuerwehrlandesbewerb und der 7. Jugendfeuerwehrbewerb in Grieskirchen durchgeführt. 1983 wurde ein neuer Tankwagen angeschafft.

VBR Moser F. (1948), HBI Grabmayr H. (1965), OBI Wasner J. (1950), OBI Zauner J. (1959), OAW Zauner R. (1956), AW Schindler E. (1979), AW Zahrhuber J. (1973), BI Glasner K. (1952), BI Hartl J. (1972), BI Schiefermayr W. (1959), BI Schwarzmannseder J. (1967) — HLm Aichlseder H. (1948), HLm Augustin M. (1948), PFm Baumgartner H. (1983), Bernhard H. (1968), OFm Brunner F. (1979), Fm Chalupsky H. (1979), Fm Doplbaur R. (1981), Fm Emmer S. (1980), FA MR Dr. Engl W. (1959), OBm Englmaier J. (1957), PFm Englmaier J. jun. (1982), Fm Ganglmayr A. (1981), Fm Ganglmayr J. (1981), OBm Göllner L. (1948), PFm Göllner T. (1983), E-AW Goger W. (1948), E-HAW Grabmayr H. (1948), PFm Greifeneder H. (1982), HLm Gschwandtner G. (1961), Bm Haberfellner L. (1948), PFm Hangl E. (1982), OFm Hatheier F. (1978), Fm Dr. Hemmers E. (1980), Fm Hemmers K. (1981), HFm Herzog E. (1975), HBm Hinterberger J. (1976), Fm Höllwert W. (1981), Lm Hörschläger J. (1948), Fm Hohensinner Ch. (1978), Ch. Holzinger F. (1979), HFm Holzinger R. (1974), HLm Ing. Schrabal E. (1948), PFm Ing. Daxer W. (1983), Fm Ing. Schneitler Ch. (1974), Lm Johanik H. (1964), Lm Jungreithmaier H. (1974), HBm Koch V. (1976), OFm Kult S. (1978), OFm Lorenz F. (1976), OLm Lugmayr G. (1970), HLm Mader K. (1968), Fm Mauernböck W. (1979), HFm Mayr H. (1975), OFm Mayr W. (1977), PFm Moser A. (1982), PFm Moser J. (1982), Mühlleitner F. (1983), HFm Muggenhumer K. (1976), Bm Oberndorfer F. (1962), HLm Ortner M. (1958), HFm Ortner T. (1976), Lm Pachner P. (1974), Bm Pachner F. (1959), Bm Parzer S. (1979), PFm Pauzenberger Ch. (1982), PFm Pauzenberger G. (1982), HLm Pöttinger H. (1948), HBm Rathwallner J. (1972), Lm Rauch E. (1969), OLm Ringer A. (1969), HLm Santer A. (1965), HLm Schützinger K. (1948), Seifried A., HLm Seiringer J. (1958), OBm Siegl J. (1948), HLm Sittenthaler J. (1967), E-OBI Stockmair F. (1948), E-BI Strasser O. (1956), HFm Taubinger H. (1976), OLm Taubinger S. (1969), OLm Tischler F. (1971), E-BI Trattner J. (1949), Fm Wieser H. (1979), HFm Wimmer M. (1974), HLm Wirag J. (1966), HFm Würmer H. (1975), Bm Zauner W. (1964), HLm Zecher M. (1959), HFm Zweimüller A. (1975), E-BR Zweimüller R. (1938)

FF GSCHWENDT

Die Freiwillige Feuerwehr Gschwendt wurde im Jahr 1950 gegründet. Im Gründungsjahr bestand die Ausrüstung der Wehr aus einem eisenbereiften Feuerwehrwagen mit Pferdespannung und einer Motorspritze RW 25. Das erste Feuerwehrgebäude war bereits im Jahr 1920 errichtet worden, denn die Freiwillige Feuerwehr Gschwendt war zwischen 1920 und 1950 ein Löschzug und wurde erst 1950 selbständig. Die Motorspritze RW 25 wurde am 8. März 1951 bei der Fa. Rosenbauer gekauft. 1963 erfolgte die Anschaffung der Motorspritze 75 VW Automatik, 1977 der Ankauf der Motorspritze VW 750. Im Jahr 1955 wurde das alte Zeughaus renoviert und umgebaut. Im gleichen Jahr wurde auch der Feuerwehrwagen auf Gummibereifung umgerüstet. 1964 konnte die Freiwillige Feuerwehr Gschwendt von der Fa. Rosenbauer einen Rüstwagen mit Traktorbespannung erwerben. Kurz nachdem die FF Gschwendt selbständig geworden war, kam es im herrschaftlichen Wald, dem Aisterheimer Wald in Brunau, zu einem Großbrand durch Funkenflug von einer Lokomotive der Kohlenbahn Gschwendt–Roßwald. Dabei wurden vier Hektar Wald ein Raub der Flammen. Seit der Gründung der Freiwilligen Feuerwehr Gschwendt lenkten Hermann Meixner von 1950 bis 1973 und seit 1973 Josef Huber als Kommandanten die Geschicke der Wehr. Die Kameraden der Freiwilligen Feuerwehr Gschwendt konnten bisher bei Leistungswettbewerben 27 Medaillen in Silber und 1 Bronzemedaille erringen.

HBI Huber J. (1948), OBI Stahrl F. (1961), AW Gruber F. (1965), AW Hierantner F. (1966), AW Schmidmaier R. (1962), BI Kumpfmüller F. (1978) — HFm Bachinger J. (1950), HFm Bachinger J. (1949), Fm Bachinger J. (1964), HFm Berger F. (1972), HFm Berger J. (1974), HFm Böcklinger K. (1952), Fm Englmair F. (1974), Fm Englmair H. (1948), Englmair H. (1979), HFm Englmair K. (1980), HFm Englmair O. (1947), HFm Enzenberger F. (1948), HLm Ertl A. (1972), HFm Graf F. (1935), HFm Graf J. (1962), Groiß F. (1949), OFm Gruber J. (1983), Fm Gruber J. (1973), HFm Gurka N. (1966), HFm Haitzinger E. (1972), HFm Hemetsberger F. (1949), Fm Hemetsberger W. (1974), HFm Hierantner J. (1978), HFm Huber F. (1981), HFm Huemer J. (1968), HLm Kaißl K. (1981), HFm Kirchsteiger K. (1974), HFm Kirchsteiger S. (1979), OFm Kriechbaum J. (1967), HFm Lehner K. (1956), E-HBI Meixner H. (1938), HLm Oberauer E. (1973), HFm Pumberger J. (1946), HFm Quirchmair J. (1949), HFm Reiter T. (1981), OFm Rödhammer H. (1959), HFm Schmid J. (1962), HFm Sickinger H. (1920), OFm Sima G. (1968), E-AW Stahrl A. (1928), HLm Stahrl F. (1972), HFm Stockinger J. (1920), E-AW Stockinger J. (1948), HLm Stöger F. (1976), OFm Stöger G. (1983), OFm Sturmaier F. (1974), HFm Thalbauer H. P. (1980), E-OBI Vormair M. (1946), OFm Waltenberger J. (1968), OLm Weinberger H. (1954), Fm Weißmann R. (1957), HFm Zöbl F. (1965), HFm Zweimüller H. (1973)

FF GÜTTLING

Die Freiwillige Feuerwehr Güttling wurde im Jahr 1898 gegründet. Zum Hauptmann wurde Franz Nimmervoll, Schneider in Pehring, gewählt. Als Zeughaus fand bis Juli 1943 eine Holzhütte beim Landwirt Leopold Humer Verwendung. An Ausrüstung stand der Feuerwehr eine Handpumpe mit Pferdegespann zur Verfügung. Im August 1943 wurde das Zeughaus in eine Holzhütte nach Pehring verlegt. 1949 erfolgte die Wahl von Paul Ecker zum neuen Hauptmann. Im Jahr 1950 wurde in Güttling ein neues Feuerwehrhaus aus Holz erbaut, welches bis heute in Verwendung steht; Kommandant war damals Alois Willinger. 1954 wurde ein neuer Feuerwehranhänger für Traktorzug, der bereits mit Blaulicht ausgestattet war, von der Fa. Burgholzer und der Fa. Em in Kallham angekauft. 1960 wurde August Summereder aus Güttling Kommandant. Im Jahre 1961 erfolgte der Ankauf einer neuen VW-Motorspritze. 1963 wurde Max Stempfer zum Kommandanten gewählt, der diese Funktion bis März 1983 bekleidete. Der Ankauf eines neuen Kleinlöschfahrzeuges VW LT 35 erfolgte im Jahr 1980. Dieses moderne Löschfahrzeug wurde von der Gemeinde, der Feuerwehr und mit einer Subvention des oö. Landesfeuerwehrkommandos finanziert. Im April 1983 wurde Matthias Zellinger zum Kommandanten gewählt. Seit dem Jahr 1950 ist Matthias Wiesinger Schriftführer. Dieser Feuerwehr gehört auch der Bürgermeister aus Kallham, Josef Buttinger, als Mitglied an. Der Anschluß der Freiwilligen Feuerwehr Güttling an die zentrale Funkalarmierung sowie die Neuuniformierung erfolgte im Jahr 1982.

HBI Zellinger M. (1973), OBI Steiner H. (1968), AW Pointner J. (1963), AW Schützenberger L. (1968), AW Wiesinger M. (1947), BI Steiner A. (1973) — PFm Baumgartner E. (1983), Lm Buttinger J. (1963), HFm Gaisberger J. (1968), PFm Gramberger F. (1983), HFm Habetswallner J. (1953), OFm Hörmanseder J. (1971), Lm Mayrhuber F. (1950), PFm Obermayr M. (1983), Lm Pawel W. (1972), HFm Schützenberger A. (1963), OFm Steiner H. (1976), HFm Steiner K. (1973), Lm Steiner L. (1947), E-HBI Stempfer M. (1952), Fm Stempfer M. (1979), HFm Stieger N. (1973), E-AW Summereder A. (1952), HFm Wiesinger A. (1968), HFm Wiesinger H. (1976), Lm Wiesinger J. (1947), Lm Wilflingseder A. (1947), Fm Wilflingseder G. (1979), E-AW Wilflingseder J. (1947), HFm Willinger J. (1958), Fm Zehetner R. (1982)

FF HAAG AM HAUSRUCK

Die FF Haag am Hausruck wurde 1872 gegründet, erster Kommandant war Julius Sieghartner. Durch Spenden konnte bald ein Steigerübungshaus im Gemeindehaus gebaut und Ausrüstungen angeschafft werden. 1873 kaufte die Wehr eine pferdebespannte Handdruckspritze, 1925 erhielt die Wehr eine mechanische Schiebeleiter und 1928 eine Motorspritze Knaust, 1932 einen Omnibus Marke Fiat, der zu einem Rüstwagen umgebaut wurde. 1938 Ankauf einer Motorspritze R 80. 1946 erwarb die FF aus Wehrmachtsbeständen einen Lkw Steyr A 2000 als Rüstwagen, 1960 wurde ein LF 15 Mercedes eingestellt. 1966 kam eine neue TS Automatik 75 VW hinzu, weiters ein KLF Land Rover mit Vorbaupumpe RV 100 und ein TLF Opel Blitz. 1972 wurde die neue Feuerwehrzeugstätte bezogen, die nunmehr den heutigen Ansprüchen gerecht wird. 1982 erhielt die Wehr ein neues TLF RLF-A 2000 Steyr 690 Allrad mit Seilwinde und ein Kommandofahrzeug, VW-Bus. Bei den Leistungswettbewerben errangen die Kameraden der FF Haag bisher 7 FLA Gold, 35 FLA Silber, 11 FLA Bronze, 9 FLA Jugend sowie je 1 Funk LA in Silber und in Bronze.

HBI Picker K. (1975), OBI Hagelmüller F. (1973), AW Baminger J. (1983), AW Bischof J. (1972), AW Riedl J. (1969), AW Steiner G. (1975), BI Anzenberger J. (1953) BI Bruckmüller J. (1980), BI Zellinger F. (1973) — PFm Autengruber H. (1983), Ing. Bayer J. (1962), Bm Bischof H. (1972), HBm Bischof J. (1962), HBm Bruckmüller R. (1952), HBm Bruckmüller R. (1973), JFm Buttinger A. (1981), HFm Deixler W. (1971), PFm Diesenberger F. (1979), OLm Eder R. (1965), HFm Feischl H. (1968), HFm Ganglmayer K. (1972), Fm Gerner M. (1975), Fm Goldberger M. (1979), Gradauer G. (1964), HFm Gradauer G. (1973), PFm Groiß F. (1983), Hagelmüller F. (1964), Dipl.-Ing. Hatschek F. (1962), OBm Hattinger L. (1951), Lm Heigl K. (1945), JFm Hochwimmer P. P. (1982), HBm Holzbauer J. (1951), OFm Huber F. (1975), HBm Huber F. (1945), OBm Huber F. (1940), OFm Huber F. (1975), OFm Huber J. (1973), HBm Huber J. (1945), HBm Huber J. (1978), OFm Humer J. (1969), HFm Humer L. (1966), Fm Humer L. (1978), JFm Humer T. (1981), JFm Jetzinger K. (1981), HFm Kaliauer A. (1982), PFm Kampl F. (1983), HFm Kiener E. (1971), HFm Kiener G. (1968), HBm Kleemayr K. (1962), HBm Kußberger F. (1950), HFm Lang G. (1962), JFm Lang G. (1981), HFm Littich B. (1974), HFm Littich G. (1972), HFm Littich J. (1953), HFm Luhofer R. (1951), PFm Lutz B. (1977), FA MR Dr. Lutz H.-P. (1960), HBm Macherhammer R. (1962), Lm Malli H. (1962), HBm Malli K. (1948), OFm Mayer W. (1964), HFm Mayrhuber H. (1974), JFm Mayrhuber H. (1983), E-BR Mayrhuber H. (1940), HBm Mayrhuber K. (1952), Fm Mayrhuber K. (1973), JFm Mayrhuber T. (1983), PFm Mayrhuber W. (1982), Fm Mittendorfer J. (1981), Mittendorfer R. (1960), Bm Mitterbauer F. (1945), PFm Möseneder H. (1981), OFm Murauer K. (1960), HFm Oberhumer F. (1983), OFm Obermüller F. (1966), Obermüller L. (1963), PFm Oberndorfer H. (1983), OFm Partinger E. (1975), Fm Partinger G. (1978), HFm Petereder J. (1958), HFm Petersamer E. (1968), Bm Pilz F. (1983), HFm Pilz L. (1960), OFm Rabl O. (1960), HFm Riedl J. (1959), Bm Rupprich H.-P. (1970), OLm Rusche W. (1940), HFm Schauer J. (1938), Fm Dipl.-Ing. Dr. Schneeberger M. (1970), Schoberleitner R. (1957), Schwaha K. (1962), Bm Sperl F. (1970), Stauch W. (1966), HFm Steiner F. (1954), Fm Steiner F. (1973), HFm Straßer H. (1954), OFm Thalhammer F. (1968), Wallaberger J. (1920), OFm Wasner F. (1962), JFm Wetzlmaier H. (1983), JFm Wetzlmaier W. (1980), JFm Wiesinger M. (1983), OFm Winkler H. (1972), HFm Winkler J. (1968), OFm Zellinger F. (1972), Fm Ziegelböck F. (1969), E-HBI Zweimüller J. (1952), HFm Zweimüller R. (1983)

FF HEHENBERG

Die Freiwillige Feuerwehr Hehenberg wurde offiziell am 22. August 1909 gegründet, nachdem die ersten Aufnahmen in die Feuerwehr bereits seit 17. April 1891 stattgefunden hatten. Von den Herren Payrhuber, Landwirt, und Stadlmaier, Fleischer in Hehenberg, wurde aus privaten Mitteln eine Handspritze gekauft. Der erste Feuerwehrkommandant der FF Hehenberg war Adolf Payrhuber. Ihm folgten folgende Kameraden als Hauptleute nach: Josef Stadlmaier (1920–1923), Max Sommersberger (1923–1924), Johann Huber (1924–1933), Max Sommersberger (1933–1936), Johann Trinkfaß (1936–1938), Alois Wierer (1948–1958), Johann Pöttinger (1958–1963), Alois Wierer (1963–1973), Franz Kirchsteiger (1973–1978). Hauptmann Johann Huber zog sich beim Brand am 25. Juli 1933 beim Jodlwirt mit einem Stacheldraht eine Verletzung zu, an deren Folgen er am 17. August 1933 im Krankenhaus starb. Bei der Gründung war bereits ein Zeughaus erbaut, das zweite wurde 1933 und das dritte 1978 fertiggestellt. 1911 wurde eine Handspritze mit Wagen von der Freiwilligen Feuerwehr Hehenberg angekauft. 1928 wurde die erste Motorspritze Type I/0 mit sämtlichem Zubehör von der Fa. Gugg aus Braunau und 1956 eine RVW 75 von der Fa. Rosenbauer gekauft. Im Dezember 1983 wurde von der Gemeinde mit der Freiwilligen Feuerwehr Hehenberg ein Rüstfahrzeug KLF Ford Transit Allrad zum Preis von 488 000 Schilling gekauft. Die Eigenleistung der Kameraden war sehr hoch, 250 000 Schilling. Alljährlich veranstaltet die Freiwillige Feuerwehr Hehenberg ein Sommerfest, das am Bauernhof des Kameraden Wassermeier stattfindet.

HBI Wimmer H. (1967), OBI Berger F. (1964), AW Trinfaß K. (1973), AW Wiesinger K. (1948), AW Zellinger F. (1963) — FM Auer F. (1979), OFm Auer J. (1948), OFm Auer J. (1973), Lm Aumayer J. (1948), Fm Baumgartner F. (1976), Braumandl J. (1969), E-OBI Burgstaller H. (1978), OLm Doblmair M. (1948), Ennser J., Fink H., Fink K., Furthauer G., Hangl F., Heitzinger A., Heitzinger A., Heitzinger M., Hinterberger L., Fm Hohensin F. (1979), E-HBI Kirchsteiger F. (1948), OFm Kirchsteiger F. (1973), HFm Kronlachner J. (1948), Lm Loidl J. (1969), HFm Maier E. (1969), HFm Maier J. (1953), Fm Maier J. (1979), Lm Mair J. (1948), OFm Mairhuber H. (1969), OFm Mairhuber J. (1948), OFm Mauernböck G. (1963), Fm Pichler J. (1979), Lm Pichler K. (1956), HFm Pöttinger E. (1969), Fm Pöttinger H. (1973), E-HBI Pöttinger J. (1948), HFm Pöttinger J. (1974), OFm Pöttinger M. (1973), Pöttinger R. (1966), OFm Pointner A. (1977), HFm Schauer A. (1948), OFm Schauer J. (1959), Fm Trinfaß A. (1969), OLm Trinkfaß A. (1948), Fm Trinkfaß G. (1976), Lm Wassermaier J. (1948), E-HBI Wierer A. (1930), Lm Wilflingseder J. (1928), Fm Zellinger F. (1923), OFm Ziegler A. (1963)

FF HEILIGENBERG

Die Freiwillige Feuerwehr in Heiligenberg wurde am 29. Juli 1894 gegründet. Als Initiatoren der Feuerwehrgründung gelten Schulleiter Ferdinand Brückl, Pfarrer, J. N. Mandl und Bürgermeister Mathias Wagner. 1895 wurde das erste Gründungsfest abgehalten. Die Saugspritze war in einem Raum des damals neuerbauten Gemeindehauses untergebracht. Das Feuerwehrdepot stand neben dem Wirtschaftsgebäude des Pfarrhofes. Es wurde 1967 abgetragen. 1905 erhielt die Freiwillige Feuerwehr eine Fahne. Als Fahnenpatin bei der Fahnenweihe fungierte die Gattin des Wehrführers, Frau Brückl. Durch mündliche Überlieferung ist bekannt, daß sich die Feuerwehr bei der Brandbekämpfung stets auszeichnete. Anläßlich des Kaiser-Jubiläums im Jahr 1898 reiste eine Abordnung der hiesigen Feuerwehr nach Wien. 1912 wurde eine Sanitätsabteilung gebildet. Während des Ersten Weltkrieges ruhte die Vereinstätigkeit. Fast alle aktiven Mitglieder wurden zu den Fahnen gerufen. Das 25jährige Gründungsfest wurde am 11. Juli 1920 gefeiert. Die erste Motorspritze wurde 1931 angekauft und am 16. August desselben Jahres durch Ortspfarrer Grießler geweiht. Zu diesem Fest erschienen 10 Wehren aus der Umgebung. 1949 wurde eine neue Motorspritze angekauft und anläßlich des 55jährigen Gründungsfestes am 28. August 1949 geweiht. Unter Wehrführer Rennmayr kaufte die Gemeinde 1953 das erste Feuerwehrauto. Seit 1964 nahmen mehrere Gruppen des Vereines an Wettbewerben teil. 1965 wurde eine Jugendgruppe als Leistungsgruppe ausgebildet. Bei Wettbewerben wurden mehrere Pokale errungen. Zum 70jährigen Gründungsfest am 21. und 22. Mai 1966 wurde ein neues Löschfahrzeug und die neue Zeugstätte im Gemeindehaus geweiht. Motorspritzenweihe mit Fahrzeugsegnung war am 28. Juli 1968.

HBI Leidinger F. sen. (1949), OBI Aigner K., AW Humer F. (1948), AW Schauer E. (1960), BI Sattlberger F. (1953), BI Schützeneder R. (1955) — OLm Andlinger B. (1959), JFm Buchenberger W. (1981), JFm Burgstaller G. (1983), OFm Dieplinger H. (1975), Fm Dieplinger J. (1978), PFm Dornetshumer G. (1982), JFm Dornetshumer J. (1980), OFm Dornetzhumer F. (1975), PFm Ecker H. (1982), HFm Ecker J. (1970), OLm Edinger M. (1947), Bm Eisterer J. (1964), JFm Falkner A. (1983), PFm Falkner F. (1983), JFm Falkner J. (1980), HFm Fattinger A. (1955), PFm Fattinger J. (1983), Bm Fruauf S. (1966), Lm Gruber H. (1969), Fm Gruber J. (1976), PFm Haslehner H. (1983), AW Haslehner J. (1946), Lm Haslehner O. (1946), OBm Hofinger J. (1950), PFm Hofinger J. jun., Fm Humer F. (1961), Fm Humer F. jun. (1977), Fm Humer G. (1979), Fm Humer H. (1980), OBm Königseder J. (1938), OLm Krempl H. (1933), OFm Leidinger F. jun. (1974), OLm Mayr R. (1936), OLm Mittermeier J. jun. (1970), OLm Mittermeier J. (1952), OLm Peham E. (1952), HFm Peinbauer A. (1971), OLm Penninger H. (1950), OLm Saxinger R. (1965), Fm Schützeneder E. (1979), JFm Dr. Schützeneder F. (1981), JFm Schützeneder N. (1980), JFm Stöger E. (1980), Fm Stöger J. (1978), Lm Wagner L. (1953), Lm Watzenböck H. (1964), Fm Watzenböck J. (1978), PFm Watzenböck M. (1982), OLm Wilflingseder J. (1964), OLm Wimmer W. (1968)

FF HOF

Die Freiwillige Feuerwehr Hof wurde 1893 als Löschzug der Freiwilligen Feuerwehr Hofkirchen an der Trattnach gegründet. Über den damaligen Mitgliederstand sowie über die Ausrüstung bestehen keine Aufzeichnungen mehr. Ab 9. August 1931 wurde eine selbständige Wehr gegründet, der Mitgliederstand betrug 28 Wehrmänner. Über das erste Zeughaus ist nichts bekannt, der Bau des zweiten und derzeitigen Zeughauses wurde 1959 fertiggestellt. Über den Kauf bzw. die Anschaffung der Handdruckspritze gibt es keine Aufzeichnungen. Die erste Motorspritze, RW 80, wurde 1948, die zweite Motorspritze, eine RVW 75, wurde am 1. März 1960 angekauft. Das KLF Ford Transit wurde am 14. September 1982 erworben. Zu technischen Einsätzen mußte die Wehr bis jetzt nicht ausrücken. Brandeinsätze hatte die Wehr sehr viele zu bewerkstelligen. Als Kommandanten waren seit der Gründung tätig: Mathias Obergottsberger (1893–1931), Leopold Gerhartinger (1931–1953), Johann Gerhartinger (1953–1958), Adolf Pichler (1958–1973), Ferdinand Mairhuber (seit 1973).

HBI Mairhuber F. (1952), HBI Pichler A. (1970), AW Müller J. (1973), AW Pointner J. (1934), AW Starlinger J. (1962), BI Eiblhuber F. (1952) — E-OBI Amersberger A. (1948), Fm Amersberger R. (1976), HFm Anzengruber F. (1953), HFm Baumgartner J. (1961), HFm Maier A. (1968), Fm Maier A. (1982), Fm Mairhuber F. (1982), OFm Mehrwald A. (1980), HFm Moser F. (1947), OFm Moser F. (1968), OFm Müller F. (1952), HBm Müller F. (1976), E-HBI Pichler A. (1947), HFm Pichler A. (1965), Fm Pichler F. (1976), Fm Pichler J. (1982), OFm Pichler J. (1973), HLm Pointner A. (1934), E-AW Schauer F. (1931), OLm Schauer F. (1947), HLm Schauer F. (1950), Fm Schauer F. (1982), OLm Starlinger J. (1947), OBm Trauner H. (1934), HLm Voraberger J. (1931), HFm Walzer J. (1954), OLm Zellinger A. (1947)

FF MARKT HOFKIRCHEN AN DER TRATTNACH

Die Freiwillige Feuerwehr Hofkirchen an der Trattnach wurde im Jahr 1887 mit 45 Mitgliedern gegründet. Anfangs bestand die Ausrüstung lediglich aus einer Handdruckspritze, doch hatte die Wehr bereits einen Zeughausbau aufzuweisen. Im Jahr 1951 konnte die FF Hofkirchen-Markt dann ein neues, den modernen Anforderungen entsprechendes Zeughaus erbauen. Im Jahr 1932 erfolgte der Ankauf einer Motorspritze, 1945 einer weiteren Motorspritze und 1981 einer modernen Motorspritze TS Supermatic 80. Im Jahr 1961 schaffte die Freiwillige Feuerwehr Hofkirchen eine Vorbaupumpe an, Type RK auf Opel Blitz, sowie ein Tanklöschfahrzeug LLF Opel Blitz. Schon 1932 hatten die Kameraden einen gummibereiften Anhänger für die Motorspritze in Verwendung; 1947 erfolgte der Ankauf eines offenen Mannschaftswagens. Im Jahr 1981 erwarb die FF Hofkirchen ein LFB Mercedes Benz, L 409 Benzinmotor. Seit der Gründung der Freiwilligen Feuerwehr Hofkirchen-Markt standen folgende Kommandanten an der Spitze der Wehr: Johann Berndorfer (1887–1889), Johann Billinger (1890–1896), Ignaz Würzburger (1896–1899), Ignaz Fischl (1899–1924), Johann Obermayr (1924–1957), Josef Pramendorfer (1957–1963), Ludwig Linseder (1963–1968), Johann Obermayr (1968–1978), Horst Schedlmaier (seit 1978).

HBI Schedlmaier H. (1961), OBI Karl J. (1970), AW Huemer J. (1951), AW Köllerer J. (1977), BI Egger F. (1974), BI Hauder F. (1973) — JFm Anzengruber T. (1983), OFm Benetseder R. (1967), HFm Dallinger L. (1936), HFm Derntl W. (1976), OFm Dirisamer A. (1976), Fm Dirisamer J. (1975), HFm Doppler F. (1973), HFm Duftschmied E. (1974), Gruber J. (1960), JFm Hangl W. (1983), Lm Hörmandinger F. (1967), HFm Huemer F. (1964), Lm Huemer H. (1973), JFm Humer A. (1982), JFm Karl Ch. (1980), Kersch H. (1982), HFm König G. (1972), OLm Lauber A. (1963), JFm Linseder H. (1983), Loy W. (1973), Lm Maier A. (1956), HFm Maier A. (1972), Mayrhuber R. (1973), Niedermayr Ch. (1982), Nobis J. (1960), HFm Obermayr J. (1972), Lm Peham J. (1938), JFm Pehringer A. (1982), JFm Pehringer J. (1980), HBm Pichler H. (1965), OFm Pichler K.-H. (1976), JFm Pramendorfer Ch. (1983), HFm Pramendorfer G. (1972), E-HBI Pramendorfer J. (1934), HFm Pürstinger J. (1982), Salfinger H. (1965), JFm Schönleitner E. (1982), JFm Schönleitner W. (1980), OLm Schörgendorfer K. (1948), HFm Schörgendorfer K. (1973), OLm Schwarz J. (1949), OLm Steinböck J. (1970), HFm Steiner J. (1973), OFm Wagenleitner M. (1977), Fm Wagenleitner R. (1976), HFm Walderdorff J. (1973), Lm Weidinger J. (1981), Fm Weinberger W. (1976), JFm Wiesinger G. (1980), OLm Wildhager F. (1957), Lm Würzburger K. (1916)

FF HÖFT

Die FF Höft wurde im Jahr 1901 gegründet. Sie gehört zum Abschnittsbereich Haag am Hausruck des Bezirkes Grieskirchen und bildet eine der fünf Feuerwehren der Gemeinde Gaspoltshofen. Zum Gründungszeitpunkt traten der Wehr 30 Mitglieder bei, deren erste Ausrüstung aus einer Zwölf-Mann-Handpumpe, einem Pferdewagen und einem ersten Zeughaus bestand. 1930 wurde eine Motorspritze der Marke Gugg angekauft, in den Jahren 1960/61 wurde die derzeitige Motorspritze TS Marke VW angekauft, 1963/64 erfolgte der Neubau des jetzigen Zeughauses, 1975 wurde ein KLF Ford Transit angeschafft und mit Funk und Lautsprecher versehen; der Ankauf eines 30-kVA-Starkstromgenerators, der Anschluß an die zentrale Sirenensteuerung und die Anschaffung zeitgemäßer Einsatzkleidung brachten die Wehr auf den derzeitigen modernen Ausrüstungsstand. Die Einsätze der FF Höft beschränkten sich vor 1970 hauptsächlich auf landwirtschaftliche Brandeinsätze, wobei im Jahr 1928 Kamerad Pramendorfer in jungen Jahren tödlich verunglückte; zunehmende Motorisierung und Technisierung sorgten jedoch ab den siebziger Jahren für zusätzliche technische Einsätze wie Ölbeseitigung usw.; der Hochwassereinsatz 1982 stellt in dieser Liste eine Ausnahme dar. Der FF Höft standen seit ihrer Gründung folgende Wehrführer vor: Josef Körer (1901–1906), Johann Wiesinger (1906–1909), Josef Pollhammer (1909–1910), Johann Famler (1910–1913), Karl Sturm (1913–1923), Matthias Nöhammer (1923–1933), Johann Friedwagner (1933–1935), Alois Kaser (1935–1938), Rupert Wiesinger (1938–1947), Josef Falzberger (1947–1953), Franz Spitzer (1953–1968), Herbert Mittermair (1968–1973), Hubert Stritzinger (seit 1973).

HBI Stritzinger H. (1957), OBI Wiesner H. (1970), AW Dirisamer K. jun. (1957), AW Hochroither J. (1957), AW Maier F. (1973), BI Mittermaier J. (1979) — HFm Aschauer R. (1963), OFm Bachinger H. (1977), Fm Bointner W. (1973), Fm Falzberger J. jun. (1982), HFm Falzberger J. sen. (1964), OFm Famler A. (1972), HFm Famler E. (1953), HFm Fink F. (1973), Fm Gugerbauer F. (1982), E-AW Höftberger F. (1961), OFm Hofmanninger H. (1978), HFm Hofmanninger J. jun. (1973), HFm Hofmanninger J. sen. (1951), HBm Jedinger J. (1974), HFm Jetzinger A. (1950), HFm Kaser A. (1948), OFm Kaser A. (1978), OFm Kaser J. (1973), OFm Kaser K. jun. (1977), HFm Kaser K. sen. (1947), HFm Kemptner E. (1957), Bm Kroiß G. (1955), Lm Kroiß H. (1973), HFm Lehner H. (1968), HLm Mittermaier H. (1950), Fm Neudorfer J. (1981), HFm Nöhammer M. (1931), HFm Oberbauer A. (1974), HFm Ögger W. (1953), HFm Panhofer H. (1973), OFm Pötzlberger E. jun. (1978), E-OBI Pötzlberger E. sen. (1960), OFm Prechtl A. (1978), OFm Schimpl E. (1976), HFm Schmalwieser K. (1933), Fm Schoberleitner E. jun. (1970), HFm Schoberleitner E. sen. (1953), Fm Schoberleitner J. (1983), HFm Schöndorfer W. (1963), Fm Simmer J. (1983), OFm Söllinger M. (1975), HFm Spicker R. (1963), HLm Spitzer F. jun. (1956), Fm Stritzinger R. (1961), HLm Voraberger H. jun. (1970), HFm Voraberger H. sen. (1948), OLm Voraberger J. (1964), HFm Weidinger F. (1970), OFm Wiesner G. (1975), HFm Wiesner J. (1970), Willinger F., HFm Willinger K. sen. (1951), HFm Zöbl F. (1926)

FF HÖRBACH

Die Freiwillige Feuerwehr Hörbach wurde im Jahr 1903 mit 24 Mitgliedern gegründet. Es wurde sogleich mit dem Bau eines Zeughauses begonnen, das erst im Jahr 1974 umgebaut und erweitert wurde. Die erste Ausrüstung bestand aus einer Handdruckspritze, die erste Motorspritze wurde 1928 erworben, eine VW-Automatik-Spritze im Jahr 1959. 1903 wurde ein Motorspritzenanhänger angekauft, 1975 ein KLF Ford Transit 1600. Am 4. Mai 1945 wurde die Ortschaft Hörbach von den Amerikanern beschossen und im Kampfverlauf zwei Wirtschaftsgebäude in Brand gesteckt. Die Feuerwehrmänner konnten durch ihr mutiges Eingreifen mehrere angrenzende Häuser vor den Flammen retten; 28 deutsche Soldaten fielen hier im Kampf. Aus diesem Anlaß wurde von der Feuerwehr eine Kriegerkapelle errichtet. Im Jahr 1982 mußte die Freiwillige Feuerwehr Hörbach zum Hochwassereinsatz nach Schwanenstadt ausrücken. Die Löschwasserversorgung ist in der Ortschaft Hörbach durch zwei betonierte Behälter, die 1952 (150 m³) bzw. 1958 (75 m³) gebaut wurden, sowie durch zwei aus dem Jahr 1959 stammende Unterflurhydranten sichergestellt. In Ober-Grünbach steht ein 1968 erbauter betonierter Behälter mit 80 m³ Fassungsraum. Der Freiwilligen Feuerwehr Hörbach standen seit der Gründung die folgenden Kommandanten vor: Karl Salfinger (1903–1919), Franz Salfinger (1919–1932), Johann Wallner (1932–1937), Josef Schamberger (1937–1938), Alois Söllinger (1946–1950), Josef Berger (1950–1968), Johann Holzinger (1968–1978), Rudolf Potzi (1978–1983) und erneut Rudolf Potzi (seit 1983).

HBI Potzi R. (1961), OBI Schamberger H. (1957), AW Berghammer K. (1957), AW Heftberger J. (1966), AW Obergottsberger A. (1966) — HFm Aicher H. (1943), HFm Berghammer K. (1924), HFm Berghammer O. (1950), OFm Berghammer O. (1979), Fm Bichl G. (1983), HFm Brandstätter R. (1947), HFm Bruckmüller F. (1948), Bm Frauscher A. (1956), HFm Fürthauer J. (1932), HFm Fürtner F. (1952), HFm Haslinger F. (1978), OFm Haslinger G. (1979), HFm Heftberger J. (1936), HFm Hofwimmer F. (1976), OBm Holzinger J. (1979), OFm Kaser J. (1979), OFm Kaser K. (1979), HFm Kienast H. (1943), OFm Kleemeier A. (1970), Fm Kloibhofer G. (1979), HLm Kloibhofer R. (1957), Kloibhofer W. (1980), HBm Leiner A. (1970), HFm Leiner M. (1974), HFm Mair J. (1962), HFm Mittendorfer A. (1937), HFm Mittendorfer A. (1972), Mohrwind K. (1969), OFm Neudorfer E. (1982), OLm Neuhofer H. (1972), Neuhofer H. (1947), OLm Obergottsberger A. (1966), OFm Oberhumer G. (1981), OFm Oberhumer M. (1979), HFm Ortner A. (1968), HLm Panz A. (1962), HFm Pointner J. (1976), HFm Pointner J. (1976), HFm Polzinger A. (1935), OLm Potzi W. (1972), HFm Salfinger H. (1947), Schamberger H. (1979), HFm Schamberger J. (1929), HFm Schamberger J. (1954), HFm Schamberger J. (1982), Fm Schoberleitner W. (1978), OFm Söllinger H. (1979), OFm Söllinger M. (1979), HFm Sturm J. (1976), OFm Sturm W. (1972), HFm Trauner R. (1969), Lm Wiesinger U. (1972)

FF KALLHAM

In der Gemeinde Kallham sind vier Freiwillige Feuerwehren, und zwar Kallham, Kimpling, Aschau und Güttling, die für den Brandschutz von 670 Häusern und rund 800 Haushalten verantwortlich sind. Die Freiwillige Feuerwehr Kallham ist Pflichtbereichsfeuerwehr und wurde im Jahr 1894 gegründet. Die FF Kallham war bis 1947 in einer Kleingarage mit Wohnung beim Friedhof in Kallham untergebracht. 1948 erfolgte der Neubau eines Zeughauses mit Zeugwartwohnung. Wegen Platzmangels wurde 1965 ein Gemeindebauhof erbaut, in dem für die FF Kallham 2 Großgaragen errichtet wurden. Bis 1936 hatte die FF Kallham Handspritzen mit Pferdezug, 1937 wurde eine Motorspritze (Gugg), 1938 ein gebrauchter Löschkraftwagen angekauft. Von 1939 bis 1946 waren die Gemeinden Kallham und Neumarkt zusammengelegt. 1947 fand die Reorganisation der FF Kallham statt, und 1949 wurden ein neuer Löschwagen und eine zweite Motorspritze angekauft. 1960 erfolgte der Ankauf eines Löschfahrzeuges, Opel mit Vorbaupumpe, das noch heute in Verwendung steht. 1973 wurde ein gebrauchter Bundesheer-Flughafen-Tankwagen angekauft, der bis 1979 diente. 1981 erhielt die FF Kallham einen neuen Tankwagen, TLF 2000. Erwähnenswert ist auch, daß der Kommandant der FF Kallham, Josef Em, von 1949 bis 1969 Abschnittsfeuerwehrkommandant des Abschnittes Peuerbach (24 Feuerwehren) war und von 1969 bis 1976 die Stelle des Bezirksfeuerwehrkommandanten (71 Feuerwehren) bekleidete und 1976 zum Ehren-Oberbrandrat ernannt wurde. 1969 wurde auch Hermann Aigner aus Aspeth zum Bezirks-Schriftführer bestellt, der diese Stelle noch immer innehat. 1974 wurde eine Jugendgruppe mit 9 Mann gebildet, die jährlich an Lagern und Bewerben teilnimmt.

HBI Willinger J. (1955), OBI Ruttinger H. (1973), HAW Aigner H. (1957), AW Aigner R. (1976), AW Baumgartner A. (1978), AW Berger H. (1959), BI Hangweirer J. (1974), BI Hofpointner A. (1970), BI Sallaberger F. (1967) — PFm Angermayr G. (1983), HFm Angermayr J. (1970), HFm Anzengruber J. (1948), OFm Anzengruber J. (1974), Äsböck F. (1974), JFm Demmelmayr G. (1982), HFm Demmelmayr K. (1956), OLm Dornetshuber H. (1954), OFm Ettl F. (1978), Fellinger J. (1982), Lm Gaßner H. (1949), HLm Gramer R. (1949), Fm Dr. Hagn W. (1975), HBm Hangweirer F. (1974), E-HBI Hangweirer J. (1947), Fm Hangweirer J. (1980), JFm Hofpointner A. (1982), Lm Hohensinn A. (1947), Lm Huber J. (1948), E-AW Humer M. (1941), PFm Hummer G. (1979), JFm Hummer M. (1983), E-BI Hummer M. (1956), JFm Hummer W. (1980), PFm Kalteis H. (1979), JFm Kalteis M. (1982), Dr. Lehner J. (1947), OFm Lukhaup Ch. (1976), Lm Möseneder J. (1957), E-AW Ollinger A. (1948), HFm Parzer G. (1960), E-BI Pokorny H. (1956), JFm Preisinger A. (1982), HFm Rathmair J. (1957), Fm Reisinger E. (1973), PFm Ruttinger F. (1982), OFm Ruttinger H. (1975), Lm Ruttinger J. (1977), Lm Schachermayr R. (1978), Lm Schauer F. (1953), Fm Schauer F. (1981), E-AW Scheickl E. (1949), HFm Schützenberger J. (1959), OLm Stelzhammer F. (1951), OFm Tischler A. (1974), JFm Arch. Traunwieser E., JFm Traunwieser T. (1982), HFm Übleis J. (1950), HFm Voglmaier A. (1936), JFm Weiß G. (1983), HFm Wiesinger J. (1948), HFm Zellinger H. (1976), PFm Zellinger W. (1982), OFm Ziegler G. (1975)

FF KEMATEN AM INNBACH

Unter Vorsitz des Gemeindearztes Dr. Eduard Rabl wurde nach mehreren schweren Bränden die Freiwillige Feuerwehr Kematen am Innbach gegründet. Weitere Gründungsmitglieder waren Johann Weiß, Franz Zischka, Josef Eder, Alois Teufelberger, Johann Ennsberger, Georg Obermayr, Matthias Maader und Matthias Aichinger. Das erste Feuerwehrgebäude wurde um 1900 errichtet. Für die Zeit bis 1931 fehlen leider alle Aufzeichnungen. 1939 konnte die erste Motorspritze, Marke Gugg, angeschafft werden. Nach dem Zweiten Weltkrieg wurde der Stand der Feuerwehr stetig angehoben. So wurde im Jahr 1945 eine weitere Motorspritze der Marke Klöckner-Humboldt-Deutz angekauft und aus dem Wrack eines Wehrmachtsfahrzeuges der Type Horch der erste Rüstwagen zusammengebaut und in Verwendung genommen. Im Jahr 1954 war die Freiwillige Feuerwehr Kematen finanziell wieder so gestärkt, daß mit dem Bau des derzeitigen Depots begonnen wurde, das 1956 fertiggestellt werden konnte. Zehn Jahre später, man schrieb das Jahr 1966, wurde ein neues Kleinlöschfahrzeug, Ford-Transit, mit einer VW-Automatik-Motorspritze angeschafft. Anläßlich des 95jährigen Gründungsfestes im Jahr 1978 erhielt die Feuerwehr ein Löschfahrzeug mit Bergeausrüstung. Namen der Hauptleute seit Gründung: Dr. Eduard Rabl (1884–1885), Franz Klinger (1885–1890), Josef Krötzl (1890–1896), Vinzenz Stutz (1896–1909); vom 28. 2. 1909 bis 18. 6. 1931 fehlen im Protokollbuch sämtliche Aufzeichnungen; Josef Blohberger (1931–1933), Karl Muckenhuber (1933–1941), Johann Berghamer (1941–1953), Wilhelm Hobik (1953–1956), Johann Gassl (1956–1962), Johann Hipfl (1962–1973), Karl Mairinger (seit 1973).

HBI Mairinger K. (1956), OBI Leitgeb W. (1947), AW Kroißböck W. (1953), AW Mühringer F. (1978), AW Pichler J. (1968), BI Daxl G. (1964), BI Hoflehner J. (1968) — OLm Auinger J. (1967), OFm Auinger K. (1974), HLm Auinger V. (1964), OFm Bachmair Ch. (1979), Bm Bachmair H. (1947), PFm Bergauer S. (1984), E-HBI Hipfl J. (1957), OFm Huspek A. (1977), Bm Jöchtl J. (1957), HLm Kapeller E. (1952), OFm Kapeller J. (1978), Fm Kaser F. (1982), PFm Kolb Ch. (1983), OLm Kolb J. (1963), Fm Kolb J. (1981), PFm Kolb W. (1983), HLm Kronberger J. (1925), HFm Kronberger J. (1973), Fm Mair H. (1981), E-AW Mallinger H. (1947), Lm Mitterlehner F. (1970), Fm Moser F. (1977), Fm Mühringer A. (1982), OFm Schachinger A. (1979), Lm Schachner H. (1970), HLm Schachner J. (1977), OFm Schneider A. (1977), Lm Schranz H. (1978), E-HBI Seifried J. (1947), HFm Stadelhuber J. (1980), Bm Stoiber A. (1955), OFm Stoiber A. (1970), Fm Straßer E. (1981), HFm Sturm W. (1976)

FF KENEDING

Gründung der Freiwilligen Feuerwehr Keneding am 12. Juni 1901 unter der Bezeichnung „Gruppe 4 Filiale Eichberg" unter dem Feuerwehrrayon Taufkirchen. Am 10. Oktober 1908 trennte sich die Wehr von der Feuerwehr Taufkirchen und wurde am 13. Dezember 1908 als selbständig konstituiert, der erste Obmann der Gruppe Eichberg war Josef Weidinger, Ortmaier in Keneding, Obmann ab 1908 war Johann Trinkfaß. 1901 wurde ein hölzernes Feuerwehrhaus errichtet, das mit einem Pferdegespann und einer Handpumpe ausgestattet war. 1944 wurde unter dem Kommandanten August Ziegler die erste Motorspritze angeschafft, weiters wurde unter dieser Führung ein Tragkraftspritzenanhänger im Jahr 1956 angeschafft. Die Tragkraftspritze wurde 1964 durch eine neue VW-Gugg-Automatik ersetzt, die auch jetzt noch zur vollsten Zufriedenheit in Verwendung ist. 1974 wurde das alte Zeughaus durch ein neues ersetzt und 1976 mit der Ehrung der 25jährigen und der 40jährigen Altersjubilare feierlich eingeweiht. In den letzten Jahren konnte die Wehr sehr viele junge Kameraden gewinnen.

HBI Mittermayr A. (1968), OBI Trinkfaß J. (1962), AW Griesmayr H. (1969), AW Schaur E. (1980), AW Steinbruckner E. (1977), BI Mair J. (1972) — OLm Angermair J. (1960), Fm Asböck J. (1980), HFm Atrinkfaß H. (1964), HFm Binder F. (1947), HFm Binder F. (1966), HFm Burgstaller R. (1960), Fm Eiblhuber A. (1980), Fink J. (1973), Gruber K. (1980), HFm Hinterberger M. (1933), HFm Humer F. (1954), HFm Kogler L. (1947), HFm Kortner A. (1954), Fm Lechner G. (1976), PFm Lugmair A. (1983), HFm Lugmair H. (1973), HFm Lugmair J. (1936), HFm Mair A. (1973), HFm Mair A. (1947), HFm Mairhuber J. (1948), PFm Mairhuber J. (1983), HFm Parzleitner J. (1947), OFm Pauzenberger J. (1969), OFm Pöchersdorfer F. (1973), HFm Pöchersdorfer J. (1966), OFm Pöchersdorfer J. (1973), HFm Pöttinger A. (1936), HFm Pointner J. (1963), E-AW Pollhammer F. (1950), HFm Prantner F. (1921), OFm Ringer L. (1982), HFm Schaur F. (1954), PFm Schönbauer F. (1983), Fm Schönbauer M. (1980), OFm Schwab F. (1980), HFm Sickinger W. (1954), Fm Sternbauer H. (1980), HFm Sternbauer R. (1980), HFm Traunwieser A. (1924), HFm Traunwieser A. (1954), HLm Traunwieser R. (1966), Fm Traunwieser R. (1980), HFm Trinkfaß H. (1947), Fm Voraberger W. (1980), HFm Waslmayr B. (1927), HFm Waslmayr J. (1957), HFm Wassermayr A. (1957), OFm Wassermayr F. (1973), Fm Wassermayr H. P. (1980), OFm Wassermayr H. (1976), Fm Wassermayr M. (1980), HFm Weidenholzer A. (1914), PFm Weidenholzer J. (1983), E-HBI Weidenholzer J. (1960), HFm Zach A. (1931)

FF KIMPLING

Die Freiwillige Feuerwehr Kimpling wurde am 16. April 1895 gegründet. Das erste Zeughaus wurde 1895 errichtet, es war dies eine Holzhütte mit einem Schlauchturm; die Zeugstätte wurde 1950 durch einen Massivbau ersetzt. Den Baugrund spendete Gottfried Wilflingseder, Davidbauer in Kimpling. 1938 wurde eine neue Motorspritze von der Fa. Rosenbauer angekauft, welche 1959 von einer neuen VW-Automatik abgelöst wurde. Zwischen 1939 und 1945 hatte die FF Kimpling ein Auto mit Spritzenanhänger. 1949 wurde vom damaligen Kommandanten Josef Augendoppler ein gummibereifter Anhänger gebaut, welcher 1960 durch einen, der Feuerwehr entsprechenden, Traktoranhänger ersetzt wurde. 1979 wurde ein neues KLF gekauft, das mit Funk ausgestattet ist. 1954 konnte ein neuer, betonierter Löschteich von den Feuerwehrmännern und der Bevölkerung von Kimpling hinter dem Zeughaus gebaut werden. Die Spender des Grundes waren Gottfried Wilflingseder und Josef Daringer. Seit 1956 gibt es eine Bewerbsgruppe in Kimpling. 1980 wurde der Abschnittsbewerb des Abschnittes Peuerbach in Kimpling ausgetragen. Folgende Kommandanten standen seit der Gründung an der Spitze der Wehr: Ferdinand Schachermayr (1895–1896), Johann Hinterholzer (1896–1897), Josef Wilflingseder (1897–1903), Theodor Berger (1903–1919), Leo Rudolf Schmied (1919–1921), Paul Seifried (1921–1922), Alois Mallinger (1922–1925), Paul Seifried (1925–1927), Josef Kienbauer (1928–1930), Johann Seifried (1930–1933), Johann Sumereder (1933–1934), Engelbert Murauer (1934–1935), Johann Humer (1935–1938), Josef Hörandner (1938–1940), Fritz Rockenschaub (1940–1945), Johann Baumgartner (1945–1946), Josef Augendoppler (1946–1968), Josef Sumereder (1968–1983), Ernst Aigner (seit 1983).

HBI Aigner E. (1969), OBI Zauner R. (1972), AW Stummer F. (1961), AW Sumereder E. (1978), AW Zankl H. (1977), BI Häupl W. (1970), BI Manhartsberger L. (1950) — HFm Auer F. (1973), HFm Augendoppler J. (1934), E-HBI Augendoppler J. (1932), HFm Augendoppler J. (1959), HFm Baumgartner A. (1947), OFm Baumgartner J. (1972), OFm Baumgartner J. (1946), HFm Baumgartner J. (1958), OFm Dornetshumer E. (1978), HFm Dornetshumer J. (1952), HFm Fetter F. (1980), HFm Geßwagner F. (1940), HFm Geßwagner J. (1970), HFm Gschaider W. (1966), OFm Hamedinger W. (1980), HFm Hörandner J. (1934), HFm Hörlberger H. (1970), HFm Hofinger K. (1958), HFm Humer A. (1969), HFm Humer G. (1978), HFm Humer J. (1926), HFm Humer J. (1956), HFm Kumpfmüller J. (1933), E-AW Murauer F. (1946), HFm Oberndorfer A. (1948), Fm Ollinger A. (1962), PFm Pauzenberger A. (1983), HFm Perndorfer F. (1979), Fm Pfeiffer F. (1952), OFm Pichler J. (1946), Pointner F. (1950), Fm Ruttinger H. (1982), Fm Ruttinger H. (1973), HFm Schuler A. (1964), Fm Strauß K. (1963), OFm Sumereder F. (1979), E-HBI Sumereder J. (1947), Fm Sumereder R. (1982), Fm Zankl J. (1973), HFm Zarhuber L. (1964), HFm Zauner R. (1956), PFm Zauner W. (1983), PFm Ziegler A. (1983), OFm Ziegler J. (1946), HFm Ziegler J. (1950), HFm Ziegler U. (1952)

FF LANGENPEUERBACH

Gründung als „Freiwillige Feuerwehr Steegen" (1893) von Johann Eisterer, Besitzer des Bräuhauses zu Steegen. Die Freiwillige Feuerwehr Langenpeuerbach wurde erstmals laut Statistik in der Gemeinde Steegen am 29. Mai 1892 erwähnt, wobei die Wehr mit 12 Mann der FF Steegen unterstellt und 1893 bei der Gründung dabei war. Der Zusammenschluß der FF Steegen und der FF Langenpeuerbach von 1893 fand 1908 sein Ende. Von 1908 bis 1921 war die FF Langenpeuerbach selbständig. Am 27. Dezember 1921 wurde von der FF Steegen die fahrbare Handdruckspritze samt Schlauchhaspel an die FF Langenpeuerbach übergeben. Zu diesem Zeitpunkt wurde die FF Langenpeuerbach gegründet (Johann Eder Kommandant). Ausrüstung: 1 fahrbare Handdruckspritze, 1 fahrbare Schlauchhaspel, 3 Krückenspritzen und diverses Schlauchmaterial. Als Unterbringung für Fahrzeuge und Ausrüstung wurde 1921 ein gebrauchter Holzschuppen beigestellt; 1957 ein neues Zeughaus in Massivbauweise errichtet. Am 15. Dezember 1945 wurde die erste Motorspritze angekauft (Type TS 8), 1948 wurde die Motorspritze für eine RW 80 umgetauscht. 1968 Ankauf einer neuen TS Automatik VW 75. Bis 1952 wurde mit einem pferdebespannten Spritzenwagen gefahren. 1952 beschloß man, einen gummibereiften Tragkraftspritzenanhänger für Traktorvorspann anzuschaffen. 1964 wurde eine Alarmsirene gekauft. 1973 wurde der Ankauf eines Kleinbusses (KLF) beschlossen. 1977 wurde ein LFB Mercedes 409 gekauft. Das KLF wurde an die FF Andorf verkauft. Zur vollständigen Ausrüstung des LFB Mercedes 409 wurden noch 1 Stromaggregat, 1 Tauchpumpe, 1 Trennschleife, 3 Preßluftatmer, 1 Motorsäge, 1 Bergeausrüstung, 3 Handfunkgeräte (11-m-Band) und ein mobiles Funkgerät angeschafft.

HBI Mayr J. (1965), OBI Eschlbeck A. (1969), AW Hager J. (1964), AW Pumberger A. (1972), AW Tauschek J. (1939), BI Richter E. (1969) — Bm Dallinger A. (1947), PFm Dallinger G. (1983), Bm Duscher T. (1947), HFm Eder J. (1969), Lm Eder J. sen. (1938), Bm Egger A. (1947), OLm Egger F. (1955), Fm Egger F. (1981), Lm Egger F. sen. (1937), OFm Endholzer J. (1972), Lm Fellinger J. (1978), Bm Fellinger J. sen. (1947), Fm Grömer J. (1981), Fm Grömer W. (1982), Lm Grüneis J. (1965), Fm Grüneis L. jun. (1980), Lm Hager J. (1975), OLm Holzinger F. (1970), Lm Holzinger W. (1976), OFm Hornung K. (1977), Fm Huber F. (1981), Fm Huber H. (1981), HLm Huber H. sen. (1950), Fm Humer F. (1981), PFm Humer J. (1983), Bm Humer J. (1955), E-HBI Humer J. sen. (1921), Bm Hurnaus J. (1945), OLm Jäger A. (1958), HFm Karl F. (1967), HLm Lehner F. (1967), Fm Mairhofer J. (1981), Fm Martl A. (1981), Lm Martl A. sen. (1963), OLm Mayr F. (1956), HLm Mayr J. (1950), E-HBI Mayr K. (1937), PFm Mayr W. (1983), Fm Parzer G. (1978), Bm Richter E. sen. (1947), HLm Rupertsberger F. (1950), OFm Rupertsberger G. (1977), Fm Rupertsberger H. (1978), Fm Samhaber A. (1980), OLm Schachner J. (1969), OBm Schachner J. (1938), Fm Schäffer J. (1978), Fm Scharinger J. jun. (1980), OLm Scharinger J. sen. (1958), Lm Scharinger J. (1980), Bm Schauer J. (1947), HFm Steiner G. (1960), Fm Steininger F. jun. (1980)

FF MEGGENHOFEN

Am 24. Februar 1876 brannten in Meggenhofen drei Häuser nieder. Man hatte bisher schon Löscheimer, Feuerhaken und einige unzureichende Handdruckspritzen in den Häusern verteilt. Es gab aber noch keine geordnete Brandbekämpfung. Der Großbrand vom 24. Februar war der Anlaß, daß bereits am 17. April 1876, dem Gründungsdatum, laut Beschluß der Gemeindevertretung eine fahrbare Saugspritze mit 180 m Schläuchen um 1200 Gulden angekauft wurde. Zum Löschdienst wurden 14 Mann bestimmt, die zum Teil noch in der Chronik namentlich aufscheinen. Die Handdruckspritze war bis 1932 bei 72 Bränden im Einsatz. Im Jahr 1932 wurde eine Gugg-Motorspritze, Zweizylinder, 18 PS, angekauft, die bis 1955 bei 27 Bränden ganz hervorragende Dienste leistete. Das erste motorisierte Rüstfahrzeug, Steyr XVI, wurde 1937 in Dienst gestellt. 1952 bekam die FF Meggenhofen einen englischen Dodge. Als Kriegsfahrzeug mußte er in Eigenregie umgebaut werden. Eine R VW 75 wurde 1955 angekauft. Das Jahr 1974 brachte eine ganz wesentliche Neuerung durch die Einstellung eines TLF Trupp 2000. Die derzeitige Ausrüstung umfaßt: 1 TLF und R VW Motorspritze, 1 Notstromaggregat und 3 Stück schwerer Atemschutz, 2 Funkgeräte (2-m-Band), 3 Geräte (11-m-Band) und Tauchpumpe. Das erste Zeughaus war in der Volksschule (1876), das zweite Zeughaus wurde 1923 gebaut, das derzeitige Zeughaus wurde 1960 erbaut. Kommandanten: Georg Dämon (1876–1886), Peter Brandstätter (1886–1887), Anton Hummer (1887–1889), Franz Neudorfer (1889–1908), Ferdinand Pötzlberger (1908–1918), Franz Hinterberger (1918–1923), Johann Leitner (1923–1948), Franz Neudorfer (1948–1958), Rudolf Kirchberger (1958–1963), Johann Einberger (1963–1968), Rudolf Kirchberger (seit 1968).

HBI Kirchberger R. (1949), OBI Oberndorfer R. (1961), AW Krendl J. (1937), AW Mayr L. (1969), AW Mitterlehner F. (1961), AW Möslinger O. (1970), AW Obermaier J. (1962), BI Doppelbauer H. (1961), BI Kirchberger R. (1978), BI Leitner J. (1953) — E-OBI Berger J. (1926), E-AW Berger J. (1958), Fm Berger J. (1980), Fm Berghammer H. (1942), HFm Eigl F. (1958), HLm Eigl J. (1949), Fm Eigl J. (1978), HBm Einberger F. (1928), OBm Einberger J. (1946), HFm Falzberger F. (1958), Bm Fellinger F. (1933), Fm Gaubinger J. (1978), Fm Gaubinger J. (1982), HFm Harrer K. (1954), Fm Harrer K. (1981), HLm Hattinger H. (1949), Fm Hattinger J. (1934), Fm Hattinger M. (1979), Fm Hiegelsberger G. (1975), PFm Hiegelsberger M. (1983), OFm Jedinger F. (1969), Lm Jedinger W. (1978), Fm Kirchberger F. (1979), Fm Kliemstein J. (1978), HFm Kronlachner E. (1966), HFm Leberbauer J. (1953), OFm Leitner K. (1946), HFm Mayr L. (1952), Fm Mazuka M. (1962), Fm Minihuber E. (1978), HFm Minihuber G. (1956), Fm Obermaier A. (1934), E-BI Oberndorfer F. (1948), HFm Oberndorfer J. (1958), Fm Oberroither A. (1947), PFm Oberroither E. (1983), Fm Oberroither H. (1979), HFm Ohrlinger G. (1947), PFm Payrhuber F. (1983), HFm Pötzlberger A. (1947), Fm Pötzlberger A. (1982), Fm Rader M. (1980), Fm Rader O. (1977), Fm Raimair K. (1942), Fm Rosner F. (1955), Fm Scharinger H. (1976), OFm Scharinger J. (1969), Lm Schmiedsberger A. (1961), OFm Schwarz A. (1976), Fm Steineder K. (1970), OFm Steininger A. (1970), HFm Steininger J. (1936), Fm Steininger J. (1978), OFm Streicher J. (1969), Lm Voithofer A. (1968), Fm Voithofer A. (1982), Fm Wagner F. (1935), OFm Wagner F. (1946)

FF MICHAELNBACH

Die Freiwillige Feuerwehr Michaelnbach wurde 1890 gegründet und ist Pflichtbereichsfeuerwehr in der Gemeinde Michaelnbach. Das erste Zeughaus wurde 1914 erbaut, das zweite Zeughaus im Jahr 1954, das jetzige Feuerwehrhaus wurde im Jahr 1981 bezogen. Die erste Motorspritze wurde 1928 angekauft, die zweite Motorspritze im Jahr 1945. 1962 wurde eine Tragkraftspritze VW Automatik 75 angekauft; 1950 erfolgte der Ankauf des ersten Rüstautos; 1963 wurde als zweites Rüstauto ein leichtes Löschfahrzeug Opel Blitz angeschafft. 1981 erfolgte der Ankauf eines gebrauchten Tanklöschfahrzeuges (TLF 2500) Steyr 586. Die Kommandanten seit der Gründung waren: Leopold Brandtmayr (1890–1896), Josef Hendlmayr (1896–1903), Josef Wohlmayr (1903–1907), Franz Egger (1907–1909), Ferdinand Hötzeneder (1909–1910), Johann Ertl (1910–1912), Josef Burgstaller (1912–1919), Johann Hötzeneder (1919–1938), Johann Übleis (1938–1945), Karl Floimayr (1945–1947), Johann Hötzeneder (1947–1958), August Schwarz (seit 1958).

HBI Schwarz A. (1947), OBI Keimelmaier H. (1971), AW Danninger A. (1949), AW Gugeneder F. (1968), AW Hendlmayr A. (1960), AW Muckenhumer J. (1963), AW Übleis F. (1952), BI Groiß F. (1945), BI Hofinger L. (1966), BI Muckenhumer K. (1945), BI Schörgendorfer J. (1965), BI Stöhringer J. (1949) — Bm Aichinger J. (1950), Lm Breitwieser J. (1945), HLm Brunnmair A. (1965), HLm Buchegger F. (1966), OFm Buchegger W. (1973), Fm Burg E. (1973), PFm Burgstaller A. (1983), OBm Burgstaller A. (1956), Lm Danninger A. (1971), HFm Eschlböck H. (1961), Fm Fellinger F. (1969), Fm Fischbauer H. (1979), Fm Floimayr K. (1979), Fm Geis F. (1977), Lm Grabner A. (1945), HFm Haberfellner H. (1949), OFm Haberl H. (1980), PFm Hendlmayr A.-K. (1983), Fm Hinterberger G. (1981), Lm Hörmann F. (1972), OBm Hofinger A. (1971), Fm Humer J. (1980), HFm Hutterer A. (1958), HFm Jäger W. (1960), Bm Kaltenböck F. (1963), PFm Keimelmaier G. (1983), HFm Lehner F. (1960), HFm Lehner H. (1953), HFm Lehner J. (1953), PFm Luger H. (1983), Lm Mair F. (1933), PFm Mair H. (1983), Lm Mairhofer K. (1945), Fm Manigatterer F. (1977), HFm Mayr H. (1955), Fm Muckenhumer K. (1974), PFm Mückenhumer M. (1983), Fm Obermayr J. (1970), OBm Oberndorfer H. (1964), Lm Peham H. (1973), HFm Pühringer F. (1960), OFm Rebhahn J. (1968), OFm Reiter R. (1975), Fm Rieger E. (1968), OLm Sageder J. (1968), Fm Schmidbauer A. (1979), HFm Schörgendorfer A. (1958), FA Dr. Schörgendorfer M. (1969), HFm Schörgendorfer R. (1958), Lm Schweizer K. (1975), HFm Stockinger A. (1955), Fm Stockinger W. (1973), E-OBI Stöhringer K. (1949), HBm Stöhringer S. (1969), Lm Stutz O. (1976), OFm Übleis F. (1977), Fm Vogl H. (1972), Fm Wagner Ch. (1975), HBm Wimmer H. (1962), Zauner E.

FF NATTERNBACH

Die Gründung der FF Natternbach erfolgte im Jahr 1892. Der Tischlermeister Matthäus Bruckner war ihr erster Hauptmann (bis 1922). Das erste Löschgerät war eine einstrahlige Spritze von der Fa. Gugg in Braunau, der 1901 eine zweistrahlige Spritze folgte. Die erste tragbare Motorspritze lieferte die Fa. Gugg im Jahr 1930. Für die FF Natternbach begann die motorisierte Gegenwart 1949 durch den Ankauf eines Autos aus amerikanischen Heeresbeständen. Das zu einem Rüstwagen umgebaute Fahrzeug leistete gute Dienste. Eine neue, leistungsfähigere VW-Motorspritze lieferte 1956 die Fa. Rosenbauer. Der Ankauf eines Opel-Blitz-Rüstwagens im Jahre 1963, der vier Jahre später mit einer Vorbaupumpe versehen wurde, bildete den nächsten Schritt in der Verbesserung der Ausrüstung. 1975 übergab die oö. Landesregierung der hiesigen Wehr für den Katastrophenhilfsdienst einen Beleuchtungswagen und einen Versorgungsanhänger. Den vorläufigen Schlußpunkt in der Ausrüstung bildete 1982 der Ankauf eines Tankwagens Trupp 2000. Drei schwere Atemschutzgeräte sowie die komplette Ausrüstung für zwei Gruppen sind vorhanden. Im Ortsbereich des Dorfes Natternbach stehen fünf Wasserhydranten von der Ortswasserleitung zur Verfügung. Als Zeugstätte diente bis 1927 ein kleiner Bau neben der Pfarrkirche. 1928 konnte eine größere Zeugstätte am Ortseingang bezogen werden, und seit 1979 besitzt die Feuerwehr im Kellerunterbau der neuen Hauptschule eine 200 m² große, modernst eingerichtete Zeugstätte. Für den nördlichen Teil der Gemeinde Natternbach wurde 1901 eine Filiale zur Ortsfeuerwehr aufgestellt, die seit 1909 als Freiwillige Feuerwehr Tal selbständig ist. Eine schöne Fahne bekam die Wehr 1909.

HBI Obernhumer H. (1956), OBI Gschwendtner A. (1952), AW Lindner A. (1951), AW Obernhumer V. (1961), AW Schlager A. (1951), AW Sippl F. (1945), BI Hauser J. (1941), BI Hofstetter J. (1964), BI Humer E. (1959), BI Zöchmann J. (1956), BR Hauser F. (1943) — Lm Auer A. (1946), HLm Auinger H. (1959), Lm Baminger A. (1945), HFm Bartenberger F. (1974), HFm Bartenberger J. (1978), Fm Berger M. (1982), OLm Berndorfer E. (1954), Lm Binder L. (1922), Lm Bruckner A. (1960), HFm Brunbauer J. (1954), Lm Dieplinger A. (1968), Lm Dornetshuber H. (1922), OLm Dornetshuber H. (1952), Lm Eder L. (1956), HFm Gumpinger R. (1976), Lm Gumpinger R. sen. (1943), HFm Hagenbuchner B. (1954), HFm Hauser J. (1952), Lm Hofstetter J. (1952), Fm Humer E. (1982), OFm Humer H. (1980), Lm Jäger J. (1950), Bm Jobst J. (1960), Lm Jungwirth J. (1968), Lm Klaffenböck A. (1945), HFm Klaffenböck F. (1960), HFm Klaffenböck F. (1977), Fm Königseder H. (1982), Bm Köpf A. (1955), Lm Kronschläger F. (1963), Lm Kronschläger J. (1957), HFm Lang E. (1947), Lm Lang W. (1975), Lm Lindner F. (1947), HFm Lindner F. (1973), Lm Litzlbauer F. (1935), OLm Litzlbauer M. (1960), OLm Litzlbauer R. (1961), HFm Luger H. (1974), Lm Luger H. (1963), FA MR Dr. Nöhammer G. (1950), FA Dr. Nöhammer G. (1975), OLm Obernhumer A. (1954), OLm Panhölzl H. (1937), AW Preisch A. (1925), HFm Razenberger K. (1961), HFm Reifinger M. (1977), Lm Resch J. (1936), OLm Sageder J. (1943), Lm Sageder J. (1974), HLm Sageder O. (1943), OFm Scheucher E. (1976), HLm Scheuringer F. (1931), Lm Schlagintweit A. (1945), Lm Schlagintweit J. (1930), HFm Schmidbauer A. (1973), OLm Schützenberger A. (1943), HFm Sperz E. (1978), Lm Sperz F. (1943), HFm Straßer A. (1950), Lm Süß J. (1961), OFm Wimmer A. (1980), OLm Wimmer A. (1943), Fm Wimmer F. (1982), Lm Windpeßl J. (1960), OLm Zauner H. (1961)

FF NEUKIRCHEN AM WALDE

Die Gründung der Freiwilligen Feuerwehr Neukirchen am Walde fand am 8. Juli 1888 statt; die Gründungsmitglieder waren Johann Bogner, Hubert Ecker, Georg Ecker, Karl Klaffenböck, Johann Polz, Karl Pröbstl, Josef Zick, Alois Saxinger, Josef Renetseder. Gelöscht wurde anfangs mit einer Holzpumpe, einer von der Fa. Rosenbauer erbauten Druckspritze, bei der mit Leinen- oder Ledereimern das Wasser der Hauptpumpe zugeführt wurde. Im Oktober 1928 konnte dann endlich durch Spenden und Beiträge eine neue, moderne Motorspritze erworben werden. Im März 1938 wurde die Wehr als Körperschaft öffentlichen Rechts installiert. Am 10. Juli 1938 feierte man das 50jährige Bestandsjubiläum. 1939 erfolgte die Eingliederung in die Deutsche Feuerschutzpolizei. 1946 wurde die Wehr neu aufgestellt und konnte bald darauf ein ehemaliges Wehrmachtsauto, einen Opel, ankaufen und zu einem Rüstwagen umbauen. Im Jahr 1953 wurde eine neue Motorspritze RWS 75 angekauft, 1959 ein LLF und 1969 eine Motorspritze VW Automatik, die anläßlich des 90jährigen Gründungsfestes geweiht wurde. 1978 erhielt die FF Neukirchen am Walde ein Tanklöschfahrzeug 2000, drei schwere Atemschutzgeräte, Bergewerkzeuge sowie 1979 Funkgeräte im 2-m-Band, eine Feuerwehrfahne und 1980 ein Notstromaggregat. Das Feuerwehrgebäude bzw. Depot ist seit Gründung der Wehr im Benefiziatenhaus in Neukirchen am Walde 65. Es wurde im Jahr 1978 anläßlich der Anschaffung des TLF für dessen Unterbringung umgestaltet. Der derzeitige Landeshauptmann von Oberösterreich, Dr. Josef Ratzenböck, ist seit dem Jahr 1948 Mitglied der Freiwilligen Feuerwehr Neukirchen am Walde.

HBI Berghamer W. (1952), OBI Barth H. (1975), AW Barth H. (1946), AW Entholzer M. (1955), AW Lang F. (1946), BI Em A. (1949), BI Huber H. (1968), BI Reitinger H. (1948) — HFm Anzengruber J. (1977), HLm Barth F. (1947), PFm Berghamer H. (1983), HFm Berghamer R. (1972), HFm Berghamer W. (1974), OFm Berndorfer H. (1977), OLm Dobetsberger W. (1950), HFm Ecker H. (1968), HFm Eder J. (1973), HFm Eizenberger H. (1971), E-BI Fischer L. (1958), HFm Fürthner H. (1957), E-OBI Höfer A. (1946), E-HBI Huber L. (1936), OLm Humer J. (1951), Fm Dr. Kaisereder K. (1983), OLm Kalteis K. (1951), HLm Klaffenböck A. (1976), OFm Klaffenböck K. (1952), HLm Klaffenböck R. (1946), HFm Koller A. (1976), HFm Koller K. (1973), HFm Litzlbauer E. (1977), FA Dr. Lügmaier G. (1932), PFm Oberndorfer T. (1983), HFm Parzer A. (1958), Lm Perndorfer E. (1952), Pöchersdorfer G. (1947), HLm Dr. Ratzenböck J. (1948), Lm Reisinger R. (1950), HFm Reitinger G. (1976), PFm Reitinger R. (1983), HFm Rittberger H. (1972), OLm Ing. Roithner W. (1956), PFm Schabetsberger R. (1983), OLm Schachner H. (1953), HFm Schachner H. (1979), Lm Schachner J. (1977), Lm Scheuringer W. (1953), HFm Schmidleitner A. (1968), HLm Stadler L. (1946), HFm Steiner A. (1974), HLm Stöttner J. (1946), Lm Tomandl F. (1961), OLm Wohlfahrt R. (1953), Lm Wolfschluckner A. (1968), Lm Wolfschluckner E. (1968), Lm Zauner H. (1957)

FF NEUMARKT IM HAUSRUCKKREIS

Schon seit 1829 ist eine Feuerwehr im Ort belegt, die über diverse Löschgeräte verfügte. 1870 wurde dann eine neue Spritze angeschafft, die schließlich zur Gründung der Wehr 1874 führte. Das erste Zeughaus wurde 1874 erbaut und blieb bis 1959 in Betrieb. Für 1985 ist ein weiterer Neubau geplant. 1925 Ankauf einer Knaust-Vierzylinder-Motorspritze 30 PS, 800 l/min, wassergekühlt; 1935: Steyr VII, Bj. 1925, 50 PS; 1936 Gugg-Viertakt-Motorspritze mit Fiat-Motor F 1, mit 15 PS; 1945 Kauf eines Steyr 1500, 100 PS, geländegängig; 1946 Ankauf einer DKW-TS-8-Motorspritze (800 l/min), wassergekühlt; 1958 Ankauf einer Gugg-Motorspritze mit VW-Industriemotor (750 l/min), luftgekühlt; 1963: KLF Ford FK 1250; 1976 Kauf eines TLF 2000; 1982 Anschaffung des Pulver- und CO_2-Löschfahrzeuges Unimog. Die heutige Ausrüstung besteht aus: 1 TLF 2000, 1 KLF Ford FK 1250, 1 Pulverlösch- und CO_2-Fahrzeug Marke Unimog; 1 Schiebeleiter, 3 schwere Atemschutzgeräte, 1 2-m-Funkgerät, 2 11-m-Funkgeräte, 1 Notstromgerät mit 7,5 kVA (4-Takter). Die Kommandanten seit der Gründung der Freiwilligen Feuerwehr Neumarkt im Hausruckkreis waren: Karl Knasmüller (1874–1875), Johann Sillinger (1.–18. August 1875), August Haas (1875–1880), Franz Aschauer (1880–1882), Johann Floimayr (1882–1892), Anton Haderer (1892–1895), Adolf Watzka (1895–1900), Julius Haas (1900–1901), Ferdinand Raab (1901–1909), Alois Mayr (1909–1910), Josef Etzlinger (1910–1916), Adolf Watzka (1916–1919), Alois Rottenbrunner (1919–1920), Hans Edtstadler (1920–1923), Karl Sporn (1923–1929), Ulrich Trinkfaß (1929–1945), Hans Fischer (1945–1951), Hugo Freisleben (1951–1963), Josef Weissenberger (1963–1966), Heinrich Ruttinger (1966–1972), Franz Mayr (seit 1972).

HBI Mayr F. sen. (1944), OBI Dürnberger W. (1952), AW Lehner F. (1929), AW Reizl J. (1962), AW Scharinger E. (1958), BI Bruckbauer E. (1974), BI Entholzer J. (1958), BI Zlunka K. (1946) — Fm Aumeyr H. (1981), HFm Breinbauer J. (1956), HFm Edtstadler J. (1958), HFm Eybl K. (1948), PFm Eybl K. jun. (1983), E-HBI Freisleben H. (1935), HFm Gattringer E. (1935), HFm Geyer S. (1960), HFm Gföllner J. (1956), HFm Gruber W. (1967), OFm Hatzmann K. (1975), Fm Hötzeneder H. (1979), E-AW Köglbauer A. (1946), Fm Krasensky F. (1975), HFm Krasensky F. sen. (1917), HFm Krasensky F. sen. (1947), Fm Lakovsek R. (1982), BFA Dr. Lehner S.-D. (1971), HFm Lunz W. (1967), Lm Mayr F. jun. (1976), Mayr G. (1982), E-OBI Mayrhuber F. (1947), HFm Niedermayr J. (1937), Fm Parzer M. (1975), E-BI Ruttinger H. (1945), HFm Scharinger J. (1967), OFm Schien G. (1976), JFm Schöberl Ch. (1983), OFm Schöberl M. (1981), OFm Stutz G. (1981), PFm Stutz R. (1982), OFm Traunwieser H. (1967), E-OBI Trinkfaß K. (1937), OFm Wimmer A. (1981), HFm Wimpeszel L. (1946), Fm Wurm W. (1980), PFm Zlunka K. jun. (1983), E-AW Zurucker F. (1940)

FF OBER-ERLEINSBACH

Die Freiwillige Feuerwehr Ober-Erleinsbach wurde 1895 als Filiale der Gemeinde Steegen gegründet. Als Gründungskommandant galt Johann Brandstötter. Unter seiner Führung wurde die Handzugpumpe mit Pferdewagen angekauft und ein Zeughaus in Holz errichtet. 1915 wurde er von Johann Martl abgelöst. Johann Fellinger hatte ab 1920 das Amt des Kommandanten inne. In diesem Jahr fand das 25jährige Gründungsfest statt. 1927 wurde Mathias Fellinger zum Kommandanten gewählt, und 1930 wurde unter seiner Führung eine Motorspritze, Marke Breuer, mit einem neuen Pferdewagen angeschafft. Ignaz Gütlinger war von 1933 bis 1951 Kommandant der Freiwilligen Feuerwehr. In seiner Amtszeit wurden viele Feuerwehrfeste veranstaltet. Von 1952 bis 1957 war Anton Fellinger Kommandant, in dessen Amtszeit eine Motorspritze VW 75 gekauft wurde. Während der Amtszeit von Johann Humer wurde 1964 das neue Zeughaus errichtet und unter Teilnahme von vielen Feuerwehren, verbunden mit einem Feuerwehrfest, eingeweiht. 1973 übernahm dann Johann Lehner das Kommando. Nach finanziellem Ringen wurden Löschgruppen ausgebildet und ausgerüstet. Davon besitzen 36 das silberne und 6 das bronzene Leistungsabzeichen. Auch das bayrische LA konnte ein Teil der Gruppen erwerben. Weiters wurde 1976 ein KLF angekauft. Mit dem Reinerlös des traditionellen Hüttenfestes wird die Freiwillige Feuerwehr Ober-Erleinsbach finanziert. Namen der Hauptleute seit Gründung (soweit bekannt): Johann Brandstötter (1895–1915), Johann Martl (1915–1920), Johann Fellinger (1920–1926), Mathias Fellinger (1927–1932), Ignaz Gütlinger (1933–1951), Anton Fellinger (1952–1957), Johann Humer (1958–1973), Johann Lehner (seit 1973).

HBI Lehner J. (1960), OBI Richter F. (1969), AW Grüneis A. (1964), AW Heuer F. (1966), AW Sageder F. (1973), BI Fellinger A. (1969) — Fm Anlinger L. (1982), Lm Antlinger L. (1956), HFm Baumgartner J. (1949), Fm Baumgartner J. (1981), OBm Brandstötter J. (1951), HFm Demmelbauer J. (1933), HFm Ecker J. (1933), Fm Felbauer K. (1982), HFm Fellinger A. (1928), HFm Fellinger H. (1977), HFm Fellinger J. (1951), HFm Fellinger J. (1973), HFm Fellinger J. (1957), Lm Fellinger J. (1976), OFm Fellinger W. (1980), HFm Gaderbauer J. (1950), HFm Glechner J. (1958), HFm Grüneis F. (1930), HFm Gütlinger I. (1959), HBm Gütlinger N. (1976), HFm Haslinger M. (1948), HFm Hechinger R. (1970), Fm Heuer F. (1981), HFm Hirz R. (1947), HFm Humer H. (1962), E-HBI Humer J. (1956), HFm Lackenberger E. (1964), OFm Lackenberger E. (1980), OFm Lackenberger J. (1980), HFm Lehner F. (1919), OFm Lehner J. (1980), HFm Lehner J. (1925), HFm Martl A. (1957), HFm Martl J. (1922), OLm Mayrhofer F. (1975), HFm Mayrhofer V. (1973), HFm Mittermayr J. (1936), OFm Mittermayr J. (1980), HFm Püretmaier J. (1936), HFm Reitinger F. (1927), E-OBI Richter F. (1945), HFm Richter R. (1950), HFm Rupertsberger W. (1968), OFm Rupertsberger W. (1980), HFm Sallaberger J. (1950), OFm Sallaberger J. (1980), OFm Schatzl J. (1952), OLm Schatzl J. (1973), Lm Schmid F. (1968), HFm Schmid F. (1936), Lm Schmid R. (1975), OLm Schönbauer H. (1973), OFm Schönleitner K. (1980), HFm Stöger J. (1950), HFm Süß J. (1962), HFm Viehböck F. (1950), OFm Viehböck F. (1977), Fm Vogetseder H. (1982), HFm Vogetseder L. (1953), HFm Wagner A. (1950), Fm Wagner A. (1976), Fm Wagner F. (1982), Fm Wakolbinger J. (1981), HFm Waltenberger J. (1950), Fm Weidenholzer F. (1981), Fm Wiesinger H. (1981), Lm Wiesinger J. (1976), HFm Wiesinger J. (1968), HFm Zeilinger F. (1950), OLm Zeilinger F. (1975)

FF OBERNDORF

Die Freiwillige Feuerwehr Oberndorf wurde am 9. Juli 1905 gegründet. Bereits 1898 war für Oberndorf eine Spritze mit 200 m Schläuchen angeschafft worden. 1906 wurde diese Spritze gegen eine andere eingetauscht. Der erste Kommandant der Feuerwehr war Alois Mallinger. Bei der Gründungsversammlung erklärten 41 Kameraden ihren Eintritt, bereits ein Jahr später gab es 62 aktive und 16 unterstützende Mitglieder. Am 1. Juni 1909 wurde Josef Humer zum neuen Obmann gewählt, am 5. Juni 1910 Alois Gruber, am 22. Februar 1914 Alois Traunwieser. Nach dem Ersten Weltkrieg wurde am 20. November 1920 Mathias Mallinger zum Hauptmann gewählt, Josef Lugmair am 25. März 1923. Ab 1923 war Josef Mairhuber Wehrführer, ihm folgte 1934 Johann Burgholzer, diesem 1936 Ferdinand Weikinger. Nach dem Krieg wurden erst 1947 wieder stärkere Aktivitäten verzeichnet. Zum Wehrführer wurde am 1. Juli 1947 Paul Stelzhammer gewählt. So wurde auch 1948 bereits ein Auto erworben und zu einem Feuerwehrauto umgebaut. Ebenso wurde noch im selben Jahr ein neues Feuerwehrhaus erbaut. Am 12. Juli 1983 wurde das 50jährige Gründungsfest gefeiert, zu dem insgesamt 19 auswärtige Feuerwehren kamen. Der nächste Höhepunkt war am 18. Juli 1954, wo ein großer Blumenkorso abgehalten wurde. 1957 wurde eine Spritze angeschafft. Bei den Wahlen am 19. Mai 1963 wurde August Mayrhuber zum neuen Kommandanten gewählt. Ihm folgte am 31. Mai 1968 Josef Stelzhammer. Im Jahr darauf wurde das Feuerwehrhaus in vergrößertem Ausmaß neu errichtet. 1971 wurde ein neues Feuerwehrauto angeschafft. 1978 wurde Johann Wazinger zum neuen Kommandanten gewählt und 1983 in seinem Amt bestätigt.

HBI Wazinger J. (1966), OBI Fraißler F. (1970), AW Brunner H. (1968), AW Burgstaller F. (1958), AW Trinkfaß L. (1945) — OFm Altmann J. (1954), Fm Altmann J. (1977), HLm Ameshofer F. (1949), Fm Bauer F. (1978), OFm Bauer F. (1968), Fm Bauer H. (1983), HFm Frühauf R. (1975), HFm Ganglmaier F. (1971), HLm Heitzinger A. (1950), Fm Hörmandinger E. (1978), HLm Huemer F. (1953), HLm Krempl F. (1945), Lm Lugmayer J. (1977), Fm Lugmayer M. (1983), HLm Mallinger A. (1937), OFm Mallinger A. (1976), E-HBI Mayrhuber A. (1938), Fm Mayrhuber E. (1983), Fm Mayrhuber G. (1979), HFm Pichler F. (1954), HFm Pointner F. (1954), Fm Pointner F. (1978), HFm Pointner J. (1952), Fm Pointner J. (1983), OFm Schauer A. (1968), HFm Schönbauer H. (1958), HLm Schönbauer J., OFm Sperl F. (1983), Lm Sperl H. (1954), Fm Sperl H. (1979), Lm Stelzhammer A. (1951), HFm Stelzhammer A. (1958), HFm Stelzhammer A. (1977), Fm Stelzhammer F. (1983), Fm Stelzhammer G. (1983), E-HBI Stelzhammer J. (1930), Fm Stelzhammer R. (1983), HFm Sternbauer E. (1976), Stieger F. (1965), HFm Straßl R. (1968), OFm Straßl W. (1976), HFm Tischler A. (1971), Fm Wenzl J. (1983), HFm Wenzl J. (1958), HFm Zauner F. (1958)

FF OBERTRATTNACH

Mit Bescheid der oö. Landesregierung vom 12. Mai 1964 wurde die FF Obertrattnach als selbständige Feuerwehr eingetragen, bis dahin war sie Löschzug der Feuerwehr Taufkirchen an der Trattnach. Der heutige Stand der Ausrüstung: 1 LFB Mercedes L 409 mit TS 8 VW Gugg-Trokomat und Standardausrüstung sowie Lautsprecheranlage; 1 KRF-B Ford Transit mit kompletter Bergeausrüstung, 2 5-kVA-Notstromgeneratoren mit Scheinwerfern; 1 E-Tauchpumpe; 1 hydraulisches Bergegerät „Spreizer und Schere"; 3 schwere Atemschutzgeräte; 2 mobile und 1 Handfunkgerät; 1 Sirene mit Sirenensteuerung; Normausrüstung an Schlauchmaterial und sonstigem Gerät. 1963 erfolgte ein Zeughausneubau anstelle des bisherigen hölzernen Zeughauses; 1977 Zeughausumbau; 1983 Beginn der Vorbereitungsarbeiten für einen Zeughausneubau. An Motorspritzen gab es: Karl Metz RLM MP 8, 1967: Rosenbauer R 75 (gebraucht); 1973: VW-Gugg Trokomat. Die FF Obertrattnach schaffte folgende Fahrzeuge an: 1964: Fordson Dodge; 1967: KLF Ford Transit; 1977: LFB Mercedes L 409; 1981: KRF-B Ford Transit des Landes-KHD. Kommandanten waren: Friedrich Wameseder (1964–1978) und Johann Wagner (seit 1978).

HBI Wagner J. (1964), OBI Aigelsreiter E. (1967), OAW Pfosser F. (1950), AW Kogler J. (1964), AW Kropf J. (1970), AW Willinger F. (1972), BI Ebergaßner J. (1967), BR Wameseder F. (1948) — HFm Affenzeller J. (1968), HFm Altmann F. (1968), HFm Altmann J. (1977), Lm Ameseder F. (1931), PFm Berndorfer H. (1983), Lm Ebergaßner J. (1923), HFm Eisenführer A. (1960), HFm Fellinger E. jun. (1976), BI Fellinger E. sen. (1948), HFm Friedwagner J. (1953), OLm Greifenstein K. (1968), PFm Gschaider Ch. (1983), OFm Gschaider W. (1980), E-BI Hehenberger J. (1948), HFm Hinke H. (1964), Fm Hinke H. jun. (1982), HFm Hinterberger H. (1948), HLm Hinterberger J. (1949), HFm Hörbinger S. (1975), OFm Kalchgruber G. (1978), OFm Kalchgruber J. (1978), OFm Kolb W. (1980), HLm Kollmann H. (1967), OFm Lainer K. (1980), E-OBI Lehner E. (1948), HLm Mair K. (1951), OFm Mal A. (1978), HFm Nimmerfall A. (1966), OFm Öllinger J. jun. (1980), HFm Öllinger J. sen. (1965), OLm Pimmingsdorfer A. (1953), OFm Pimmingsdorfer K. (1980), OLm Plank J. (1951), E-AW Plank S. (1933), HFm Repitz R. (1977), Lm Spielmannsberger J. (1954), Fm Wagner G. (1982), HFm Wagner U. (1966), HFm Wiesmair F. (1979), OLm Wolfesberger F. (1951), PFm Zeininger B. (1983), OFm Zeininger E. jun. (1977), HFm Zeininger E. sen. (1965), HFm Zeininger J. (1964)

FF OBERWÖDLING

Die Gründungsversammlung der FF Oberwödling fand am 1. Dezember 1907 statt. 30 Mann wählten im Beisein des Bezirksobmannes Zischka und des Gemeindevorstehers Hummer das erste Kommando der FF Oberwödling. Die Wahl des ersten Kommandanten fiel auf Anton Wagner aus Niederwödling. 1908 wurde das Feuerwehrhaus errichtet. Baukosten: 600 Kronen. Weiters wurden im selben Jahr für die Anschaffung einer Spritze 2000 Kronen, für die Mannschaftsausrüstung 300 Kronen und für sonstige Anlagen 100 Kronen ausgegeben. 1935 wurde unter Kommandant Ludwig Aigner, der 1933 Anton Wagner abgelöst hatte, eine Motorspritze Marke Vierlinger gekauft. Nach dem Kriege wurde am 10. Mai 1945 die Wehr mit 19 Mitgliedern neu aufgestellt. Drei Kameraden hatten im Krieg ihr Leben gelassen. Zum Kommandanten wählte man Johann Hangweirer. Damals wurde bereits Johann Edlbauer zum Kassier gewählt, der diese Tätigkeit bis 1983 ausübte. Von 1951 bis 1968 leitete Johann Baumann als Kommandant die Feuerwehr. In seine Amtszeit fällt der Kauf eines TSA-Tragkraftspritzenwagens im Jahr 1957. Im Jahr 1960 erhielt die Wehr eine neue Tragkraftspritze Type RVW 75 Automatik. 1961 wurde das seit langem baufällige Zeughaus abgetragen und an derselben Stelle ein neues von Grund auf gebaut. Bei der Neuwahl 1968 wurde Franz Gugerbauer zum Kommandanten gewählt. Um dem raschen Fortschritt der Technik zu entsprechen, wurde 1971 ein KLF Type UAZ mit Allradantrieb gekauft. Der feuerwehrtechnische Aufbau wurde in Eigenregie durchgeführt. 1973 wurde Josef Wagner zum Kommandanten gewählt. Im selben Jahr wurde ein mobiles Funkgerät sowie ein Handfunkgerät angeschafft. 1977 entschloß man sich zum Kauf von drei schweren Atemschutzgeräten.

HBI Wagner J. (1964), OBI Falzberger E. (1972), AW Hattinger J. (1974), AW Lichtenwinkler F. (1975), AW Schmidmayr J. (1966), BI Gugerbauer F. (1948), BI Obermayr H. (1964) — OBm Baumann J. (1949), OFm Burgstaller F. (1979), OFm Burgstaller R. (1981), HFm Däubler A. (1928), HFm Dammair H. (1954), HFm Dammayr H. (1979), PFm Dammayr K. (1983), E-BI Danmayr K. (1927), HFm Eder J. (1974), HFm Eder K. (1943), E-AW Edlbauer J. (1943), Lm Falzberger H. (1975), HFm Falzberger J. (1957), HFm Falzberger K. (1972), OFm Franzmair G. (1981), HFm Hangweirer F. (1951), OFm Hangweirer F. (1981), HFm Hangweirer H. (1951), PFm Hangweirer H. (1983), OFm Hangweirer M. (1980), HFm Huber F. (1960), HFm Kalteis F. (1967), Fm Kaltenböck A. (1982), HFm Kerschberger E. (1971), OFm Kogler A. (1981), OBm Kogler A. (1954), HFm Krexhammer J. (1948), Lm Lindenbauer J. (1951), Lm Lindenbauer R. (1971), OFm Muckenhuber J. (1981), OFm Muckenhuber J. (1981), HFm Muggenhumer F. (1954), HFm Orthofer F. (1975), E-AW Orthofer J. (1954), OFm Orthofer J. (1980), OFm Puckmayr L. (1981), HFm Schauer J. (1957), Fm Schauer J. (1981), Fm Schauer R. (1982), HFm Scheuringer R. (1974), HFm Simmet J. (1971), Lm Thallermair F. (1947), HLm Wagner A. (1954), PFm Wagner H. (1963), OFm Wagner K. (1980), OFm Wiesinger F. (1980)

FF PEUERBACH

Wie aus dem Hauptbuch der FF Peuerbach hervorgeht, wurde am 19. Juli 1881 eine Gründungsversammlung abgehalten, wobei etwa 90 Mann aus allen Bevölkerungsschichten für die Gründung eintraten. Zum ersten Kommandanten wurde der Arzt Dr. Oskar Pastl unter Bürgermeister Ignaz Starzengruber gewählt. Ihm folgten in den vergangenen 100 Jahren 12 Kommandanten bis zum heutigen HBI Sepp Baumgartner, der nun seit vier Perioden die Verantwortung trägt. Das erste große Ereignis in der Vereinsgeschichte war das 50jährige Bestandsjubiläum im Jahre 1931. Damals besaß die FF Peuerbach bereits eine Motorspritze mit Pferdebespannung und eine 16-m-Schubleiter. Eine Besonderheit dazu, daß für jeden Brandeinsatz von der Sparkasse Peuerbach für das Pferdegespann jeweils 1 Gulden bezahlt wurde, um die Roßknechte anzuspornen! Durch die Kriegsereignisse 1939 bis 1945 wurde die Feuerwehr sehr stark dezimiert. Ein Fahrzeug der ehemaligen Wehrmacht wurde 1945 als Feuerwehrfahrzeug verwendet; auch konnte eine Tragkraftspritze für die FF Peuerbach ergattert werden. Kurt Viehböck, Martin Humer, Hans Leitenbauer und Rudolf Kaufmann haben viel Aufbauarbeit geleistet, dies soll besonders erwähnt werden. Das erste Tanklöschfahrzeug wurde 1963 angeschafft, dies war damals in der Region eine Sensation. Zum 100jährigen Bestandsjubiläum konnte ein neues Tanklöschfahrzeug TLF 2000 angeschafft werden sowie ein KLF VW LT 35. Dieses Jubiläum war für die FF Peuerbach wohl ein Höhepunkt in ihrer Geschichte. Nachdem bereits um 1900 ein Zeughaus im Objekt des Schlosses Peuerbach bestanden hatte, wurde 1951 eine neue Zeugstätte im Ort erbaut. Die erste Motorspritze wurde 1925 von der Fa. Rosenbauer erworben.

HBI Baumgartner J. (1923), OBI Kaufmann R. (1952), OAW Ebner H. P. (1962), AW Richter J. (1961), AW Wimmer F. (1959), AW Wimmer F. (1972), BI Klaffenböck K. (1961), BI Meißl H. P. (1956) — OBm Bauer J. (1946), OFm Dornetshuber L. (1980), Lm Eder W. (1972), OBm Entholzer W. (1946), OFm Ertl H. (1980), PFm Ertl H. (1983), OFm Fehlhofer A. (1980), HFm Fellinger L. (1974), OFm Franz J. (1975), OLm Freilinger E. (1946), OFm Freilinger G. (1980), HFm Gamsjäger A. (1971), HFm Heuberger A. (1967), Lm Huck F. (1962), Fm Humer J. (1974), Lm Jobst H. (1975), HFm Karl A. (1976), OFm Karl H. (1978), Fm Kaufmann J. (1980), HLm Kaufmann R. (1967), OBm Kindlinger H. (1946), HBm Klaffenböck J. (1964), OLm Königmaier J. (1954), OBm Kraus F. (1946), OLm Krbecek F. (1946), OFm Krenn S. (1975), OLm Kugl K. (1952), HLm Lachner J. (1969), Fm Lauber K. (1981), FK Lehner-Dittenberger A. (1973), HFm Leitenbauer J. (1971), Lm Lindner W. (1973), OBm Mallinger B. (1961), OLm Mayr G. F. (1959), HFm Murauer J. (1978), HBm Oberschmidleitner H. G. (1967), Lm Peham F. (1942), Lm Peham J. (1960), OLm Peham-Zecha J. (1947), Lm Pernklau E. (1960), HFm Reiter H. (1978), OLm Reiter W. (1947), OFm Repnik J. (1973), PFm Resl J. (1983), HFm Roithner G. (1975), Lm Sattlberger A. (1964), Fm Schardinger Ch. (1980), OLm Schardinger L. (1962), OLm Scheuringer A. (1946), OFm Sickinger F. (1977), Lm Steiner J. (1960), Lm Stockmayr J. (1950), OLm Stowasser W. (1946), OLm Straßer M. (1951), OLm Tauschek E. (1970), Lm Tauschek J. (1968), Fm Trappmaier H. (1979), HLm Wagner R. (1949), OLm Wallnegger M. (1967), HFm Willibald O. (1975), HLm Zellinger R. (1944)

FF PÖTTING

Das Gründungsjahr der Freiwilligen Feuerwehr Pötting war 1896; die Ausrüstung bestand in einer Handpumpe. Das erste Zeughaus war bis 1949 in Verwendung, danach begann der Neubau des Zeughauses. Die erste Motorspritze stammte aus dem Jahr 1932, die zweite Motorspritze, eine Rosenbauer RVW 75, aus 1956, dieser folgte 1966 eine Rosenbauer Automatik 75 VW. Bis 1949 stand ein Pferdewagen, seit 1949 ein Dodge Allrad in Verwendung, der für die FF modifiziert wurde. Die Kommandanten seit der Gründung waren: Johann Anzengruber (1896–1897), Martin Haböck (1897–1919), Josef Witzmann (1919–1928), Karl Mayrhuber (1928–1933), Josef Aschauer, Matthias Mayr, Ignaz Eibelhuber (1933–1939, ohne detaillierte Aufzeichnungen); zwischen 1939 und 1948 gab es infolge der Kriegswirren keine aktive Feuerwehr; 1948 Wiederaufstellung: Alois Lackner (1948–1968), Alois Traunwieser (1968–1983), Alois Lackner jun. (seit 1983).

HBI Lackner A. jun. (1958), OBI Pimmingstorfer J. jun. (1978), AW Burgholzer A. (1970), AW Ing. Mair A. (1982), AW Stuhlberger A. (1976), BI Fellinger J. (1948) — HFm Angermayr M. (1971), HFm Anzengruber R. (1922), HFm Auer J. (1948), PFm Auer W. (1982), HFm Bachmayr A. (1963), PFm Breitwieser H. (1981), HFm Burgholzer L. (1951), HFm Eibelhuber J. (1956), Fm Eibelhuber J. (1980), HFm Eibelhuber M. (1929), PFm Eibelhuber W. (1982), OFm Endmayr F. (1948), HFm Fellinger M., PFm Grömer A. (1983), HFm Grömer P. (1970), HFm Großbötzl K. (1948), PFm Haböck A. (1982), HLm Haböck J. (1956), OFm Haböck J. (1928), HFm Haböck J. (1963), OFm Hangweyrer A. (1948), OFm Hattinger J. (1974), OFm Hattinger J. sen. (1956), PFm Hattinger K. (1983), HFm Hinterberger A. (1965), HFm Hörmedinger J. (1950), HFm Horvath G. (1969), PFm Humer F. (1981), PFm Jungwirth W. (1982), OFm Kalteis J. (1961), HLm Kastner L. (1972), HFm Kaufmann F. (1931), OLm Koblbauer J. (1973), PFm Kreuzmayr K. (1983), HFm Kronschläger A. (1955), E-HBI Lackner A. sen. (1929), OLm Lang P. (1958), HFm Leitner F. (1937), HFm Leitner J. (1948), HLm Lindinger F. (1954), HFm Märzendorfer F. (1958), OFm Mairhofer J. (1973), HFm Maurer L. jun. (1973), HFm Maurer L. sen. (1936), OFm Mayr F. (1948), OFm Mayr H. (1979), OFm Mayr L. (1922), PFm Mayr M. (1983), HFm Mayr W. (1948), HFm Mayrhuber J. (1948), HFm Mayrhuber K. (1970), HFm Nimmerfall J. (1976), Nimmervoll J. (1939), HFm Oberlehner A. (1956), OLm Pimmingstorfer J. sen. (1956), HFm Schär L. (1948), OLm Schauer A. (1956), OFm Schildberger E. (1978), HBm Schmitzberger A. (1965), OFm Schustereder E. (1965), HFm Schustereder J. (1948), Staudinger R. (1984), OLm Stockinger J. (1970), HFm Dir. Stockinger W. (1958), HFm Stuhlberger J. jun. (1975), OFm Stuhlberger J. sen. (1967), HFm Sumereder E. (1954), Fm Sumereder L. (1981), E-HBI Traunwieser A. (1947), PFm Traunwieser T. (1982), OFm Vogl J. (1970), OFm Vogl W. (1978), HFm Waldenberger F. (1948), HFm Waldenberger J. (1974), OFm Waldenberger M. (1976), PFm Wassermayr M. (1982), HFm Zach J. (1948), PFm Zach J. jun. (1981), OFm Ziegler A. (1971)

FF PRAM

Die Freiwillige Feuerwehr Pram wurde im Jahr 1891 gegründet. Der Wehr gehören die Löschzüge Poxruck, Prenning, Gries, Hebetsberg und Gerhartsbrunn an. Die heutige Ausrüstung besteht aus einer Feuerwehrfahne, 1 Tanklöschfahrzeug 2000, 1 Kleinlöschfahrzeug VW, 3 Handfunksprechgeräten, 11-m-Band, 2 Funkgeräten, 2-m-Band, 3 Preßluftatmern, 6 Reserveflaschen zu Preßluftatmern, 1060 lfm B-Druckschläuchen, 440 lfm C-Druckschläuchen, 150 lfm Hochdruckschläuchen, 1 Drehstromgenerator 5 kVA, 4 Tragkraftspritzen, 1 Zapfwellenspritze, Bergewerkzeugen. Der erste Zeugstättenbau der Freiwilligen Feuerwehr Pram stammt aus dem Jahr 1865; 1970 erfolgte ein Neubau. In Poxruck wurde das 1896 errichtete Depot 1926 abgerissen und neu aufgebaut; das Zeughaus in Prenning aus dem Jahr 1896 wurde 1967 erneuert; in Gries errichtete man 1977 das erste Feuerwehrhaus; das aus dem Jahr 1899 stammende Depot in Hebetsberg wurde 1969 völlig neu erbaut, und Gerhartsbrunn erhielt das erste Feuerwehrgebäude im Jahr 1929. Bis zirka 1968 wurden bei der Freiwilligen Feuerwehr Pram Tragkraftspritzen verwendet, im gleichen Jahr erfolgte der Ankauf eines gebrauchten TLF; 1980 wurden ein TLF 2000 und ein KLF neu angeschafft. Tragkraftspritzen wurden für die Löschzüge in folgenden Jahren erworben: Hebetsberg 1975, Prenning 1972, Poxruck 1972 und Gries 1974. Folgende Kommandanten standen seit der Gründung an der Spitze der Freiwilligen Feuerwehr Pram: Alois Derflinger (1891–1892), Engelbert Wiesenberger (1892–1935), Rudolf Lindpointner (1935–1940), Josef Hörandtner (1940), Franz Huber (1963), Rudolf Lindpointner (1963–1968), Franz Stiglbrunner (1968–1983), Erwin Karrer (seit 1983).

HBI Karrer E., OBI Wilflingseder N. — Aigner E. (1946), Aigner E. (1971), Aigner H. (1978), Anzenberger A. (1982), Anzenberger G. (1952), Anzenberger G. (1981), Anzenberger M. (1975), Anzengruber A. (1946), Anzengruber F. (1973), Anzengruber F. (1946), Anzengruber F. (1963), Anzengruber F. (1975), Anzengruber F. (1946), Anzengruber F. (1982), Anzengruber F. (1980), Anzengruber J. (1970), Anzengruber J., Anzengruber J. (1971), Anzengruber J. (1982), Anzengruber M. (1946), Anzengruber M. (1977), Anzengruber R. (1946), Anzengruber R. (1967), Arnezeder M., Arnezeder O., Arnezeder P. (1975), Asböck J. (1964), Asböck J. (1960), Aspetsberger A. (1954), Aspetsberger J. (1980), Außerleitner J. (1964), Bangerl F. (1970), Bangerl J. (1981), Bangerl K. (1957), Baumgartner F. (1969), Baumgartner F. (1928), Baumgartner J. (1968), Baumgartner R. (1973), Baumgartner R. (1973), Baumgartner S. (1968), Bergstätter K. (1953), Bichler H. (1980), Bichler H., Bichler J. (1965), Böttinger A. (1946), Böttinger R., Bohninger H. (1960), Bohninger H. (1983), Brenneis S. (1978), Breuer A. (1969), Briedl J. (1974), Briedl M. (1946), Casagranda A. (1973), Dallinger F. (1982), Desch A. (1947), Desch A. (1976), Dirschlmayer W. (1974), Dobler F. (1966), Dobler J. (1938), Dobler J. (1968), Dürnberger F. (1931), Dürnberger J. (1981), Ebner J. (1946), Ecker F. (1970), Eckerstorfer A. (1953), Eckerstorfer A. (1976), Egglmayr G. (1960), Ehrnleitner F. (1974), Ehrnstorfer F. (1946), Eichinger M. (1977), Eisenführer F. (1967), Eitzinger P. (1973), Emberger F. (1970), Engleitner K., Enzlmüller J. (1956), Enzlmüller J. (1983), Erkner Sacherl K. (1978), Falter F. (1973), Falter J. (1941), Mag. Falter J. (1975), Feichtinger F. (1950), Feichtinger J. (1965), Feischl A., Fekührer G. (1978), Fekührer J., Fellinger A. (1973), Fellinger R. (1976), Fisecker A. (1954), Fisecker A. (1965), Fisecker W. (1971), Flotzinger J. (1952), Flotzinger J. (1977), Flotzinger W. (1979), Friedwagner F. (1946), Gaderbauer F. (1973), Gadermayr J. (1975), Gadringer H. (1979), Gadringer J. (1968), Gadringer P. (1967), Gadringer R. (1967), Gietl G. (1979), Gietl G. (1980), Gietl J. (1951), Gietl J. (1984), Göbhart H. (1970), Göbhart H. (1982), Gregor J. (1972), Griesmayr F. (1952), Griesmayr G. (1981), Griesmayr G. (1982), Griesmayr K. (1981), Griesmayr O. (1968), Griesmayr S. (1963), Gruber A. (1966), Gruber F. (1941), Gruber H. (1982), Gruber J. (1975), Gruber R. (1924), Gruber P. J. (1975), Gsottbauer H. (1956), Gsottbauer W. (1972), Gumpinger A. (1946), Häupl F. (1977), Häupl J. (1946), Häupl J. (1911), Häupl K. (1945), Hager J. (1959), Hamminger J. (1967), Handlbauer J. (1968), Hangweier H.-P. (1975), Dipl.-Ing. Hanreich G. (1971), Hanreich L. (1977), Hetzlinger J. (1939), Hetzlinger R. (1969), Hlavac G., Hochleitner K. (1961), Hochleitner K. (1975), Höller A. (1968), Höltinger G. (1980), Höltinger H. (1943), Höltinger R. (1943), Höltinger R. (1978), Hölzl J. (1974), Hölzl J. (1974), Hörandtner S. (1967), Hofinger M., Dr. Hofwimmer W. (1969), Holzinger F. (1979), Huber Ch. (1978), Huber F. (1978), Huber F. (1935), Huber F. (1969), Huber G. (1980), Huber M. (1976), Humer F. (1948), Humer F. (1982), Hummer A. (1982), Hummer J. (1931), Hummer J. (1966), Hummer J. (1971), Igelsböck W. (1975), Jakob K. (1974), Kaltenböck K. (1975), Kaltsels J. (1970), Karl W. (1980), Kettl A. (1980), Kienbauer G. (1980), Knoglinger H. (1964), Knoglinger J. (1967), Köck J., Kohel A. (1981), Kohel F. (1980), Kohel F. (1983), Korntner J. (1979), Korntner H. (1958), Korntner H. (1975), Korntner R. (1952), Kreuzhuber K. (1972), Kreuzhuber M. (1968), Kriechbaumer A. (1953), Kriechbaumer J. (1934), Kriechbaumer J. (1973), Kriechbaumer J. (1973), Kumpfmüller A. (1950), Lehner F. (1966), Lindpointner H. (1978), Lindpointner J. (1974), Lindpointner R. (1950), Lughofer E. (1967), Märzendorfer A. (1980), Märzendorfer A., Maier F., Maier F. (1941), Maier H. (1974), Maier J. (1968), Maier J., Maier K. (1969), Maier R. (1950), Maier R. (1980), Ing.

Maisriemler M. (1969), Mandl G. (1967), Mandl H. (1974), Mayr A. (1973), Mayr J. (1980), Mayr J., Mayr J. (1946), Mayrhuber F. (1950), Mayrhuber F. (1945), Mayrhuber J. (1970), Mayrhuber J. (1940), Mayrhuber J. (1963), Mayrhuber K. (1975), Mayrhuber R. (1976), Mayringer H. (1946), Mayringer J. (1946), Mayringer J. (1973), Meingaßner A. (1966), Meingaßner F., Meingaßner F. (1972), Mitterbuchner J. (1969), Mitterer J. (1967), Mitterer M. (1978), Möseneder J. (1953), Möseneder J. (1980), Möseneder M., Moshammer S. (1970), Mühlberger J. (1933), Mühlberger J. (1979), Nöhammer F. (1931), Nußbaumer F. (1983), Öhlböck J. (1973), Ollmaier E. (1966), Ollmaier J. (1971), Partinger J. (1950), Perndorfer J. (1964), Pfeiffer K. (1915), Pöttinger E. (1946), Pöttinger E. (1980), Pöttinger J. (1976), Pointner H. (1946), Prenninger A. (1965), Prenninger F. (1946), Prenninger F. (1974), Pumberger H. P. (1975), Pumberger J. (1947), Rabengruber F. (1952), Rabengruber F. (1968), Rabengruber H. P. (1978), Rabengruber J. (1972), Rachbauer J. (1972), Rainer H. (1972), Raschhofer J. (1981), Raschhofer J. (1981), Rauber J. (1965), Reichart G. (1979), Reisinger B. (1980), Reisinger F. (1967), Reisinger F. (1981), Reitböck F. (1955), Reitböck L. (1983), Reiter H. (1981), Reiterer J. (1982), Renetseder G. (1972), Repitz E. (1983), Roithinger A. (1974), Roithinger F. (1945), Roithinger F. (1972), Roithinger M. (1982), Roithinger M. (1945), Roithinger W. (1982), Rothböck F. (1978), Rothböck F. (1976), Rothböck F. (1946), Rothböck F. (1978), Rothböck J. (1973), Rothböck J. (1961), Rothböck L. (1946), Rothböck R. (1978), Rothböck W. (1954), Rottner J. (1959), Rühringer K. (1925), Sacherl F. (1973), Sacherl F. (1929), Sacherl F. (1973), Schamberger F. (1946), Dipl.-Ing. Schamberger F. (1968), Schauer U. (1976), Schiffelhummer F. (1970), Schiffelhummer H. (1968), Schiffelhummer J. (1968), Schneglberger J. (1975), Schneidinger F. (1957), Schneidinger W. (1975), Schustereder K. (1983), Seifried J. (1966), Senzenberger A. (1958), Seyfried E. (1959), Seyfried E. (1970), Seyfried M. (1948), Seyfried W. (1956), Simmer W. (1980), Sperl M. (1977), Spindler M. (1947), Spitzer W. (1973), Stadler G. (1979), Stadler R. (1972), Steinböck A. (1979), Steinböck F., Stier R. (1980), Stiglbrunner F. (1946), Stiglbrunner G., Stiglbrunner J. (1946), Dipl.-Ing. Stiglbrunner R. (1975), Stöger J. (1965), Stöger K. (1952), Straßer J. (1925), Straubinger A. (1948), Straubinger R. (1973), Straubinger R. (1977), Thaler R. (1929), Thalhammer J. (1953), Thalhammer J. (1968), Thaller W. (1968), Tischler G. (1983), Vormaier A. (1931), Vormaier A. (1915), Vormayr F. (1923), Vormayr F. (1971), Vormayr J. (1950), Vormayr J. (1979), Wageneder A. (1954), Wageneder M. (1982), Wagner F. (1969), Waltenberger J. (1946), Wassermaier J. (1978), Watzinger F. (1973), Watzinger F. (1972), Weidlinger J., Weinberger J. (1950), Wetzelsberger W. (1969), Wiesinger M. (1973), Wiesner J. (1956), Wiesner J. (1983), Wiesner J. (1958), Wiesner M. (1977), Wilflingseder A. (1967), Wilflingseder A. (1966), Wilflingseder G. (1980), Wilflingseder J. (1982), Willinger V. (1960), Willinger J. (1977), Willinger M. (1977), Willminger J. (1947), Willminger A. (1968), Willminger J. (1977), Wimleitner K. (1970), Wimmer A. (1946), Wimmer A. (1975), Wimmer F. (1946), Wimmer M., Wimmesberger F. (1941), Wimmesberger F. (1975), Wimmesberger G. (1981), Wimmesberger G. (1953), Wimmesberger J. (1979), Wimmesberger L. (1949), Wimmesberger U. (1950), Wohlmacher W. (1947), Würzl J. (1930), Zahrhuber J. (1973), Zauner F. (1946), Zauner H. (1950), Zauner H. (1953), Zauner J. (1956), Zauner R. (1954), Zechmeister A. (1949), Zechmeister A. (1981), Zechmeister H. (1981), Zechmeister W. (1969), Ziegler J. (1979), Ziegler M. (1983), Ziegler R. (1970), Zöbl-Pimmingstorfer A.

FF POLLHAM

Die Freiwillige Feuerwehr Pollham wurde am 30. November 1894 mit 30 Mitgliedern gegründet. Die erste Feuerspritze mit Pferdewagen wurde schon 1881 angekauft und war bis zur Gründung schon bei sieben Brandeinsätzen in Aktion. Wesentliche Bauten und Anschaffungen: 1. Zeughaus (1895), neue Handspritze (1907), Schlauchtrockenturm (1911), 1. Motorspritze R 50 (1935), Umbau des Zeughauses und elektrisches Licht (1937), 1. Feuerwehrauto Dodge Allrad (1948), neues Feuerwehrhaus mit Wohnung (1950), neue Sirene (1954), TS-R VW 75 (1956), neuer Rüstwagen Opel Blitz (1960), Vorbaupumpe (1966), TS VW Automatik (1967), Atemschutzgeräte und Funk (1969), Kleinlösch- und Kdo-Fahrzeug VW-Bus (1974), neues Rüstfahrzeug LFB (1980). Eine weitere Gründung der Feuerwehr Kaltenbach im Gemeindegebiet scheiterte 1905. Die Feuerwehrjugendgruppe wurde im Jahr 1971 gegründet und ist immer aktiv. 98 absolvierte Lehrgänge und 87 Leistungsabzeichen dokumentieren den Ausbildungsstand unter dem derzeitigen Kommandanten Friedrich Hinterberger. Die Kommandanten seit der Gründung: Johann Aichelseder (1894–1896), Matthias Grabmer (1896–1897), Johann Peißl (1897–1898), Matthias Grabmer (1898–1901), Josef Kröswang (1901–1907), Alois Weinbergmair (1907–1913), Heinrich Grabmer (1913–1914), Johann Ortmayr (1914–1918), Johann Peißl (1918–1934), Karl Kaltenböck (1934–1968), Rudolf Kapsammer (1968–1976), Friedrich Hinterberger (seit 1976).

HBI Hinterberger F. (1956), OBI Zauner J. (1955), HAW Mair F. (1959), AW Demmelmayr J. (1965), AW Giglleitner J. (1963), BI Kapsammer R. (1972), BI Mair F. (1970), BI Schlosser J. (1956), OBR Kapsammer R. (1951) — HFm Aichinger F. (1963), HFm Aichinger R. (1963), OLm Aschauer A. (1950), JFm Burg K. (1981), Lm Danreiter H. (1964), JFm Demmelmayr H. (1981), E-AW Demmelmayr K. (1922), Fm Dobetsberger F. (1977), JFm Dobetsberger J. (1981), HFm Dopler R., HFm Doppler A. (1964), OFm Doppler H. (1971), E-AW Doppler J. (1950), Fm Doppler M. (1980), JFm Edlbauer J. (1981), Fm Edlbauer K. (1977), OBm Eichelseder E. (1965), JFm Em H. (1982), JFm Em R. (1982), HFm Giglleitner J. (1972), JFm Grabmer H. P. (1981), OFm Grabmer H. (1963), OLm Grabmer H. (1924), OFm Greinöcker F. (1974), OLm Gruber J. (1972), Lm Hager N. (1958), Lm Hinterberger J. (1957), HFm Hinterberger M. (1972), HFm Hinterberger R. (1966), Fm Hofinger K. (1976), Fm Hofinger R. (1978), HFm Humer J. (1950), Fm Hummer J. (1980), HFm Kaltenböck J. (1964), Fm Kaltenböck J. (1972), HLm Kaltenböck R. (1956), HFm Kapsammer J. (1963), Fm Kapsammer J. (1975), HFm Kitzberger A. (1972), Fm Köllerer E. (1979), Lm Krautgartner J. (1966), OLm Kröswang J. (1925), JFm Lehner R. (1983), E-BI Linzer J. (1936), Fm Mader A. (1975), HFm Mader E. (1963), OFm Mader E. (1977), PFm Mader J. (1983), PFm Mader T. (1979), Fm Mair A. (1975), OFm Miniberger K. (1968), JFm Pimmingstorfer R. (1981), JFm Radmayr R. (1981), Fm Rathwallner F. (1979), OLm Rathwallner F. (1949), Lm Roitmayr E. (1947), HLm Schauer F. (1930), JFm Stieger E. (1981), PFm Stieger E. (1981), HBm Straßer F. (1969), HLm Straßer J. (1931), Fm Trattner F. (1981), HFm Übleis F. (1960), OLm Waselmayr A. (1926), OFm Waselmayr R. (1973), OLm Zauner G. (1976), JFm Zauner G. (1981), Fm Zauner J. (1975), Fm Zauner J. (1975), HBm Zauner N. (1976), Lm Zehetner N. (1958)

FF RITZING

Die Freiwillige Feuerwehr Ritzing wurde im Jahr 1928 mit 18 Mann gegründet. Noch im Gründungsjahr kaufte die Wehr eine Handspritze von der FF Waizenkirchen. 1929 wurde der Zeugstättenbau errichtet. 1930 erfolgte der Ankauf einer Tragkraftspritze „Klein-Florian", 1950 konnte die Wehr schon eine TS mit DKW-Motor und einer Kapazität von 800 Litern pro Minute einsetzen. Auch ein LKW Steyr wurde in diesem Jahr erworben, nachdem man bis dahin noch mit dem aus dem Gründungsjahr stammenden Pferdewagen (von der FF Waizenkirchen) gefahren war. 1958 wurde der LKW Steyr in Eigenregie zu einem Rüstfahrzeug umgebaut, 1963 wurde ein gebrauchtes LF Steyr 1500 A, Bj. 1942, sowie eine R VW 75 Automatik angeschafft. 1974 erfolgte der Ankauf eines Ford-Transit-Kastenwagens, der ebenso zu einem Feuerwehrwagen umgerüstet wurde. 1977 bis 1978 errichtete die FF Ritzing ein neues Feuerwehrgebäude, 1981 kam es zur Anschaffung eines LF Opel Blitz von der FF St. Agatha. Seit der Gründung der Freiwilligen Feuerwehr Ritzing standen folgende Kommandanten an der Spitze der Wehr: Josef Baumgartner (1928–1949), Franz Wagner (1949–1952), Johann Heftberger (1952–1953), Alois Schauer (1953–1956), Friedrich Mayr (1956–1958), Franz Holzinger (1958–1973), Engelbert Fischer (seit 1973).

HBI Fischer E. (1968), OBI Huber J. (1955) — Aigner G. (1980), Aschauer G. (1980), Aschauer J. (1980), Aschauer J. (1950), Aschauer J. (1959), Baumgartner A. (1950), Brunmayr J. (1968), Fattinger M. (1972), Gaisbauer J. (1980), Gaisbauer F. (1968), Gföllner J. (1957), Haslehner J. (1968), Hinterleitner E. (1981), Holzinger F. (1950), Huber J. (1980), Huber M. (1980), Kerbl F. (1977), Mair F. (1968), Mair J. (1968), Mair J. (1980), Mair L. (1972), Mair R. (1980), Mayr J. (1920), Plöderl A. (1964), Raab A. (1980), Sageder K. (1950), Sattlberger W. (1968), Schmid F. (1965), Schwabeneder A. (1973), Schwabeneder J. (1973), Schwabeneder M. (1981), Steininger H. (1968), Stiglhuber K. (1977), Strasser A. (1978), Unger J. (1955), Voglhuber F. (1946), Wagner G. (1981), Wagner J. (1963), Wagner W. (1975), Weidinger R. (1982)

FF ROITH

Die Freiwillige Feuerwehr Roith wurde im Jahr 1891 von elf Mitgliedern gegründet. Das Zeughaus wurde im Jahr 1892 erbaut. 1983 wurde es abgetragen und völlig neu erbaut. Die erste Motorspritze, eine Vierlinger Triumph, wurde am 25. September 1936 angekauft; am 7. Juni 1972 wurde sie durch eine neue Gugg TS 8 ersetzt. Nachdem lange Jahre ein Spritzen-Anhängewagen seine guten Dienste erbracht hatte, wurde im Jahr 1972 ein VW-Bus als Kleinlöschfahrzeug angeschafft, der 1978 durch einen Ford Transit ersetzt wurde. Markante Brandeinsätze: 1922 beim Winklinger und Iribauer in Winkl. 1931 beim Bräu in Roith, 1946 beim Huemer in Winkl vlg. Buchleitner. Sowie Hochwassereinsätze 1982, 1958 und 1954. Gründer und erster Kommandant war Herr Hawalik, Verwalter zu Gut Roith. Ihm folgten Albert Thaller aus Korntnerberg, dann Alois Zahrhuber (bis 1927), Franz Thaller (1927–1938), Josef Stadlmayr (1938–1947), Hubert Leitner (1947–1953), Anton Eiblhuber (1953–1958), Josef Loidl (1958–1973), Ing. Franz Watzinger (1973–1982), Franz Greifeneder (1982–1983), Manfred Aschauer (seit 1983). Die heutige Ausrüstung besteht aus einem KLF Ford Transit mit einer TS 8 Marke Gugg, 220 Meter B- und 105 Meter C-Schläuchen samt Zubehör. Leistungsabzeichenträger: 1 Mann Gold, 24 Mann Silber, 1 Mann Bronze und 9 Mann Bronze aus Bayern.

HBI Aschauer M. (1971), OBI Greifeneder F. (1962), AW Loidl A. (1971), AW Pauzenberger H. (1970), AW Steinböck F. (1976), BI Eiblhuber A. (1948), BI Loidl A. (1967), BI Moser K. (1960), BI Zehetner A. (1967) — Lm Angermaier F. (1955), OFm Anzengruber G. (1976), Lm Anzengruber J. (1949), OFm Eiblhuber A. (1970), Lm Eiblhuber J. (1953), Lm Gruber E. (1967), HFm Gruber E. (1977), Lm Hochrainer F. (1951), Lm Hörmandinger K. (1962), OLm Huber F. (1930), OFm Huber H. (1970), Lm Huber J. (1947), Lm Huber R. (1932), Lm Kornfeldner H. (1951), HFm Kornfeldner H. (1977), Lm Leutgöb J. (1962), HFm Loidl A. (1970), E-HBI Loidl J. (1930), Lm Möseneder J. (1948), Lm Murauer F. (1948), OFm Pauzenberger G. (1970), OFm Pauzenberger W. (1978), OFm Pichler A. (1971), Lm Pichler F. (1967), Lm Pichler J. (1962), OLm Polzinger R. (1953), HLm Reinthaler F. (1924), PFm Rott E. (1983), OFm Stadler K. (1981), OFm Stadlmayr G. (1976), OFm Stadlmayr H. (1977), OFm Stadlmayr J. (1970), OFm Steinböck F. (1947), HLm Stumptner F. (1927), Lm Stumptner H. (1948), E-AW Thaller F. (1930), Lm Thaller U. (1970), Lm Trinkfaß F. (1948), E-AW Trinkfaß M. (1948), HLm Voraberger F. (1923), OFm Wiesinger K. (1978), E-AW Winkler J. (1947), PFm Zehetner A. (1983), HLm Zehetner A. (1937), Lm Zehetner A. (1962), HFm Zehetner J. (1969)

FF ROITHAM

Am 5. Juli 1892 wurde der Löschzug Roitham unter dem Kommando der Feuerwehr Meggenhofen gegründet. Die Zugsführer, auch Spritzenmeister genannt, waren: Josef Hattinger (1892–1895), Franz Voraberger (1895–1897), Heinrich Hattinger (1897–1908), Peter Pointner (1908–1918), Jakob Kaser (1918–1928), Johann Steinbrecher (1928–1933). Das erste Feuerwehrzeughaus wurde 1898 erbaut, um dem eigenen Löschwagen mit Wasserspritze und 52-m-Wasserschlauch ein eigenes Heim zu geben. Der Gründungstag der FF Roitham war der 16. Juli 1933. Der erste Kommandant hieß Franz Kaser, welcher die FF Roitham bis zur Machtübernahme Hitlers leitete. Vom 8. Mai 1938 bis zum 18. November 1945 war die Feuerwehr aufgelöst. Auf Initiative des damaligen Bürgermeisters Alois Oberroither wurde die FF Roitham am 18. November 1945 zum zweiten Mal gegründet. Eine neue Motorspritze und ein altes Wehrmachtsfahrzeug als Löschwagen wurden angeschafft. Unter Mitwirkung aller Dorfbewohner von Roitham und Umgebung baute man das jetzige Feuerwehrdepot. 1965 kaufte die FF Roitham die noch im Einsatz stehende VW-Motorspritze und das Löschfahrzeug FK 1250, das am 18. Juli 1965 eingeweiht wurde. Die gewählten Kommandanten waren bis zum heutigen Datum: Johann Stöger (1945–1963), Franz Steinbrecher (1963–1983), Josef Baldinger (seit 1983).

HBI Baldinger J. (1955), OBI Steinbrecher F. (1973), AW Jungmayr F. (1969), AW Kronlachner J. (1969), AW Mair H. (1974), BI Wiesinger J. (1981) — HFm Aigner R. (1957), Fm Baldinger P. (1980), HFm Baldinger W. (1976), HBm Baumann J. (1945), PFm Brauner W. (1983), HFm Erlinger L. (1973), HFm Gaubinger J. (1967), Fm Gaubinger J. (1981), HFm Harrer K. (1950), HFm Hattinger J. (1947), HFm Hattinger J. (1957), Fm Huemer A. (1981), OLm Huemer J. (1947), HFm Huemer-Parzer G. (1962), Fm Huemer-Parzer G. (1983), E-AW Jungmayr F. (1948), OBm Kahr J. (1958), OLm Krempl J. (1962), OFm Kronlachner F. (1974), Bm Kronlachner J. (1948), HFm Leeb H. (1955), HFm Lehner J. (1957), Fm Leitner J. (1973), Leitner R. (1980), Lm Mayrhofer L. (1948), HFm Neuwirt J. (1973), Fm Obermayr H. (1982), OFm Obermayr J. (1973), Fm Poiß A. (1980), PFm Poiß K. (1983), Lm Söllinger R. (1948), Lm Söllinger W. (1963), E-HBI Steinbrecher F. (1945), Lm Stöger F. (1955), OFm Stritzinger E. (1973), HFm Stritzinger J. (1943), OFm Stritzinger J. (1978), Fm Stritzinger R. (1981), E-AW Zeiler F. (1955), HFm Zeiler F. (1963)

FF ROTTENBACH

Im Jahr 1894 wurde die Freiwillige Feuerwehr Rottenbach von verantwortungsbewußten Männern gegründet. Den Kommandomitgliedern der FF Rottenbach unterstanden die Löschgruppen von Innernsee, Poppenreith und Winkling. Diese Löschgruppen wurden 1965 aufgelassen. Die Gemeinde konnte dadurch für die FF Rottenbach mehr Geld für Geräte und Ausrüstung aufwenden. Durch diese Konzentration wurde eine erhebliche Erhöhung der Schlagkraft der FF erzielt. 1954 fand ein großes Feuerwehrfest anläßlich des 60jährigen Gründungsjubiläums statt. Im Juli 1984 wurde das 90jährige Gründungsjubiläum gefeiert. Unter tatkräftiger Mithilfe der Gemeindebevölkerung und der Feuerwehrkameraden konnte von 1981 bis 1983 ein zweckentsprechendes Feuerwehrhaus errichtet werden. Das 1954 erbaute alte Zeughaus in der Ortschaft Frei an der Bezirksstraße nach Weibern wurde 1983 abgetragen. Die FF Rottenbach ist mit einem Löschfahrzeug LFB L 508 Diesel, das 1982 angekauft wurde, ausgerüstet. Da durch das Gemeindegebiet von Rottenbach die stark frequentierte Innviertler Bundesstraße B 137a führt, muß die Feuerwehr nach Verkehrsunfällen zu zahlreichen technischen Einsätzen ausrücken.

HBI Sumereder J. (1970), OBI Schiller J. (1971) — Angermayr H. (1948), Anzenberger P. (1984), Anzengruber F. (1977), Anzengruber H. (1948), Anzengruber J. (1948), Anzengruber J. (1948), Anzengruber K. (1948), Anzengruber K. (1978), Arthofer F. (1952), Baminger F. (1958), Baumgartner J. (1962), Breuer J. (1948), Breuer R. (1948), Breuer R. (1981), Bruckmüller J. (1950), Dirisamer F. (1943), Ebert H. (1949), Ecker J. (1957), Fink A. (1970), Fuchs H. (1948), Fuchs H. (1981), Grabner A. (1961), Gruber L. (1938), Hamedinger H. (1963), Heftberger Ch. (1979), Heftberger E. (1970), Heftberger E. (1978), Heftberger G. (1973), Heftberger G. (1981), Heftberger J. (1961), Heftberger W. (1948), Hehenberger F. (1953), Hehenberger L. (1947), Hehenberger L. (1963), Heigl W. (1982), Hellwagner F. (1977), Hochmaier H. (1949), Höllinger J. (1924), Hörmannseder J. (1977), Hofer G. (1935), Holzmann F. (1932), Holzmann J. (1948), Horner A. (1978), Hosner L. (1951), Huber G. (1948), Huber J. (1952), Huemer H. (1983), Huemer J. (1948), Jedinger F. (1932), OFm Jedinger F. (1978), Jetzinger J. (1977), Karl K. (1984), Karl R. (1965), Kern A. (1958), Kern N. (1982), Kienbauer G. (1962), Kienbauer R. (1948), Kirchsteiger J. (1950), König A. (1952), Krausgruber A. (1963), Krausgruber F. (1963), Krausgruber G. (1983), Krein G. (1979), Kroiß J. (1956), Leeb F. (1970), Leeb R. (1965), Lehner F. (1956), Lehner J. (1931), Lengauer J. (1957), Lengauer M. (1970), Lettner A. (1972), Lettner R. (1977), Märzendorfer F. (1982), Märzendorfer K. (1955), Malvend A. (1963), Mauernböck F. (1978), Meingaßner B. (1982), Meingaßner J. (1970), Milli M. (1983), Milli S. (1979), Pauzenberger G. (1976), Pauzenberger H. (1979), Pauzenberger H. (1946), Pichler F. (1953), Pichlmann A. (1958), Pichlmann H. (1984), Pimmingsdorfer E. (1975), Pöttinger F. (1951), Pöttinger F. (1980), Pöttinger R. (1948), Pointner A. (1926), Pointner F. (1945), Polz F. (1956), Polz F. (1976), Polzinger J. (1967), Raab G. (1981), Ratzenböck F. (1982), Rebhan A. (1948), Rebhan F. (1963), Reif E. (1951), Reif R. (1978), Roithinger R. (1948), Rühringer K. (1971), Sauhammer L. (1978), Schauer L. (1960), Schindelar J. (1978), Schoberleitner H. (1963), Schöndorfer E. (1955), Schöndorfer G. (1983), Schrögendorfer F. (1963), Schuster J. (1963), Sickinger B. (1984), Sickinger I. (1948), Sickinger J. (1952), Sickinger J. (1956), Sickinger J. (1978), Silian W. (1984), Spanlang F. (1948), Spanlang J. (1970), Spanlang J. (1947), Steiner J. (1948), Stöttner H. (1948), Voraberger F. (1975), Voraberger G. (1962), Voraberger M. (1962), Voraberger R. (1947), Vormayer J. (1950), Vormayr F. (1978), Vormayr J. (1948), Vormayr J. (1979), Wallaberger F. (1952), Wallaberger J. (1958), Wambacher J. (1973), Weidenholzer M. (1951), Weidenholzer M. (1954), Wiesinger A. (1949), Wiesinger H. (1948), Wolfsteiner G. (1963), Zellinger A. (1958), Zweimüller F. (1946)

FF RUHRINGSDORF

Die Freiwillige Feuerwehr Ruhringsdorf wurde am 16. Januar 1896 als Gruppe der Freiwilligen Feuerwehr Hofkirchen an der Trattnach durch die Mitglieder Jakob Kienast, Johann Doppler, Johann Wiesinger, Franz Holzmannhofer und Johann Hattinger, welche gleichzeitig das erste Kommando bildeten, gegründet. Noch im selben Jahr wurde ein Zeughaus in Holzbauweise zwischen den Ortschaften Brunham und Ruhringsdorf errichtet, da von der Gemeinde keine Geldmittel für die Errichtung einer gemauerten Zeugstätte zur Verfügung gestellt wurden. Den ersten Brandeinsatz hatte die FF Ruhringsdorf am 18. August 1897. Den wohl größten Einsatz seit Bestehen der FF Ruhringsdorf hatte diese wohl im Jahr 1899, als durch einen Blitzschlag die Ortschaft Ruhringsdorf gefährdet war. Bis auf drei Häuser, welche vollständig zerstört wurden, konnten alle anderen trotz starken Windganges gerettet werden. Eine neue Handspritze wurde im Jahr 1906 angeschafft. Bei der ersten Jahreshauptversammlung nach dem Ersten Weltkrieg konnte die FF Ruhringsdorf einen Mitgliederstand von 34 Mann verzeichnen. Mit der Errichtung eines gemauerten Zeughauses im Jahr 1956 konnte ein langgehegter Wunsch erfüllt werden. 1963 erfolgte die Einweihung des neuen Zeughauses im Rahmen eines großangelegten Jubiläumsfestes. Feuerwehr-Leistungsabzeichen in Silber: 3 Mann; Funk-Leistungsabzeichen in Bronze 1 Mann; Feuerwehr-Jugend-Leistungsabzeichen 1 Mann.

HBI Kersch H. (1973), OBI Payrhuber J. (1962), AW Auer H. (1971), AW Christenberger R. (1975), AW Mair F. jun. (1972), BI Wiesbauer J. (1973) — E-HBI Andeßner J. (1947), HFm Baumgartner J. (1951), PFm Billinger F. (1983), HFm Christenberger R. (1954), HFm Dirisamer J. (1948), PFm Dirisamer R. (1983), E-OBI Gugerbauer A. (1939), E-HBI Holzmannhofer L. (1933), OFm Kienast H. (1967), HFm Kroiß A. (1973), PFm Kroiß G. (1983), HFm Kroiß J. (1973), HFm Kroiß F. (1967), OFm Mair A. (1980), HFm Mair F. sen. (1938), HFm Mittermayr A. (1948), HFm Obergottsberger H. (1956), AW Oberhumer F. (1951), HFm Obermayr K. (1948), HFm Payrhuber J. (1947), HFm Payrhuber M. (1972), HFm Pramendorfer A., HFm Quirchtmayr A. (1947), Fm Reiter J. (1954), HFm Rettinger M. (1963), HFm Rettinger W., HFm Schönleitner F. (1973), OFm Schönleitner W. (1980), Fm Schrögenauer R. (1982), HFm Straßhofer J. (1946), Stumpfl F. (1951), Bm Taubinger F. (1936), PFm Taubinger J. (1982), Wiesinger F. (1978), HBm Wiesinger J. jun. (1976), HFm Wiesinger J. sen. (1951), Fm Winklehner J. (1980), HFm Winklehner M. (1954)

FF ST. AGATHA

Die Freiwillige Feuerwehr St. Agatha ist die einzige Feuerwehr und Pflichtbereichsfeuerwehr der Gemeinde St. Agatha. Vom 17. Oktober 1935 bis 22. April 1968 bestand auch die Freiwillige Feuerwehr Hölzing als zweite Feuerwehr der Gemeinde. Die Gründung der FF St. Agatha erfolgte am 4. Juni 1895. Gründungsmitglieder waren: Johann Fattinger, Leopold Lachner, Hochw. Johann Sigl. Die Feuerwehrkommandanten seit der Gründung waren: Johann Fattinger (1895–1899), Josef Reiter (1899–1905), Johann Strasser (1905–1922), Karl Fischer (1922–1929), Ferdinand Kraxberger (1929), Johann Strasser (1929–1934), Ernst Ozlberger (1934–1935), Ignaz Sandberger (1935–1946), Karl Jäger (1946–1948), Lambert Stichlberger (1948–1949), Dr. Erwin Deuring (1949–1951), August Baldinger (1951–1953) und Johann Burgstaller (seit 1953). Am 30. August 1896 wurde der FF St. Agatha ein Feuerwehrdepot für die Einstellung der Feuerwehrspritze übergeben. 1913 wurde dieses Depot mit einem Schlauchturm versehen. Im Zuge des Neubaues des Amtsgebäudes im Jahr 1961 wurden die Feuerwehrräume im Amtsgebäude untergebracht. 1895 erfolgte der Ankauf einer mit Pferdegespann gezogenen Handspritze, 1901 eines Hydrophors, 1935 Ankauf bzw. Auslieferung einer Rosenbauer-Tragkraftspritze R 60, 1958 einer TS R VW 75 und 1983 einer TS Supermatic 80. Bis 1948 wurde mit Pferdegespann gefahren, dann wurde ein gebrauchter Lkw Steyr 2000 A mit eigenem Feuerwehraufbau in Dienst gestellt. Ein leichtes Löschfahrzeug Opel Blitz 1,9 t wurde 1962 von der Fa. Rosenbauer gekauft, 1966 eine Rosenbauer Vorbaupumpe RV 125 gekauft und angebaut. 1979 wurde ein TLF Trupp 2000, Steyr-Diesel Typ 590, mit Kombiwerfer Type RM 16 und 1981 ein LFB-Fahrzeug L 508 D 29 gekauft (Fa. Rosenbauer).

HBI Burgstaller J. (1946), OBI Haider A. (1970), AW Eisenköck J. (1974), AW Erlinger F. (1953), AW Hinterhölzl M. (1965), BI Altenhofer A. (1957), BI Augdopler A. (1969), BI Pointinger J. (1948) — OFm Allerstorfer A. (1974), PFm Andlinger H. (1983), HLm Baschinger J. (1960), Fm Baschinger J. (1981), OFm Dieplinger G. (1974), Lm Dieplinger I. (1965), HBm Prof. Dieplinger J. (1934), Lm Eder F. (1965), BI Eisenköck J. (1946), PFm Erlinger F. (1983), HFm Fattinger H. (1969), HLm Fellinger J. (1973), PFm Göllner A. (1983), OFm Haider A. (1975), OFm Haider R. (1974), HBm Hechinger J. (1946), OFm Hintringer A. (1974), Bm Hintringer G. (1950), OFm Huemer E. (1974), OLm Humer S. (1981), E-OBI Jäger K. (1938), OFm Kaltenberger A. (1972), Bm Kaltseis K. (1956), HBm Klammer-Steinbock L. (1946), OBm Krenn J. (1953), OLm Leidinger I. (1966), E-BI Mair F. (1962), OFm Neuweg H. (1974), PFm Neuweg H. A. (1983), PFm Neuweg H. K. (1983), HFm Oberlehner W. (1969), OFm Ozlberger H. (1974), OBm Reitbauer A. (1946), OFm Reitbauer J. (1976), HBm Roiter A. (1950), Fm Sageder I., E-AW Schabetsberger J. (1946), Bm Schabetsberger L. (1956), HBm Schauer J. (1953), HFm Schlucker F. (1974), HBm Steindl F. (1952), HFm Steindl N. (1969), Lm Toßmann W. (1975), HLm Weinbauer J. (1960), HBm Wöß R. (1927)

FF ST. GEORGEN BEI GRIESKIRCHEN

Gegründet wurde die FF St. Georgen am 7. August 1888 von Mathäus Brumer, Johann Stumpfner, Josef Aschauer, Mathäus Schauer und Mathäus Huber unter dem Motto: „Brüder gebt die Hand zum Bunde, Segen bringe jede Stunde, uns und unserer Gemein', das soll unser Wahlspruch sein; mit vereinten Kräften." Erstes Gerät war eine Handspritze auf einem von Pferden gezogenen Wagen. Im Jahr 1889 wurde das erste Zeughaus neben der Gemeinde gebaut. Anläßlich der Einweihung des neuen Gemeindehauses am 6. Dezember 1959 erfolgte die Übersiedlung in das neue Depot im Gemeindehaus. 1935 Ankauf der ersten Motorspritze, Marke Rosenbauer R 50, 1961 einer neuen Motorspritze, R 75 VW Automatik. Die Fahrzeuge waren anfangs von Pferden gezogene Wagen. Das erste Kraftfahrzeug, ein Lkw Dodge, wurde 1950 in Dienst gestellt, 1977 ein neues Kraftfahrzeug Ford Transit. Erster Wehrführer war Johann Jedinger von 1888 bis 1889. Dann folgten: Mathäus Sommer (1889–1897), Franz Huber (1897–1903), Johann Bauer (1903–1906), Mathäus Brumer (1906–1909), Franz Huber (1909–1933), Alois Hofwimmer (1933–1935), Harrer-Lechner (1935–1936), Franz Huber (1936–1938), Ludwig Linseder (1938–1942), Maximilian Scheiböck (1942–1945), Friedrich Pöttinger (1945–1951), Johann Plochberger (1951–1956), Alois Gütlinger (1956–1973), Heinz Jedinger (1973–1983) und Helmut Roither (seit 1984). Die von Mitgliedern der FF St. Georgen bei Grieskirchen erworbenen Feuerwehrleistungsabzeichen: 1 Gold, 16 Silber, 18 Bronze, 1 Funkleistungsabzeichen in Silber.

HBI Roither H. (1973), OBI Rathmair F. (1970), AW Erlinger K. (1973), AW Waltenberger W. (1956), AW Wassermair K. (1981), BI Dallinger J. (1961), BI Oberndorfer J. (1975) — HFm Aigner J. (1975), HFm Aigner R. (1973), Fm Angermayr A. (1956), Fm Angermayr H. (1933), HFm Angermayr K. (1945), Fm Baldinger H. (1935), JFm Bauer Ch. (1984), Lm Bauer J. (1951), OFm Bauer J. (1952), HLm Brummer F. (1935), HFm Erlinger W. (1973), JFm Gaubinger A. (1984), JFm Gaubinger K. (1984), JFm Gaubinger M. (1984), OFm Groisböck J. (1977), Lm Gruber A. (1972), Lm Gruber H. (1974), JFm Grünbacher G. (1984), E-HBI Gütlinger A. (1946), Fm Höllinger J. (1977), HFm Höllinger W. (1975), Fm Holzinger H. (1963), Fm Huber F. (1936), OFm Hügl H. (1978), HLm Illk F. (1954), PFm Illk F. (1983), HBm Jedinger H. (1963), Bm Jedinger H. (1951), Jedinger H. (1976), JFm Jedinger T. (1984), Fm Lackinger W. (1954), JFm Lemberger Ch. (1984), JFm Lemberger F. (1984), JFm Mader R. (1984), OLm Mader R. (1968), Bm Märzendorfer W. (1956), OFm Märzendorfer W. (1973), OFm Mayrhuber H. (1977), OLm Mayrhuber J. (1946), PFm Merwald L. (1982), JFm Oberauer Ch. (1984), JFm Oberauer H. (1984), Fm Oberauer H. (1981), JFm Oberauer T. (1984), Bm Peham J. (1955), Plochberger H. (1973), Lm Plochberger K. (1951), HLm Polly F. (1959), JFm Polly F. (1984), HFm Pröll J. (1954), HLm Roither W. (1966), JFm Schamberger Ch. (1984), HFm Schauer J. (1949), HFm Schaumberger A. (1978), HFm Söllner F. (1973), OFm Söllner H. (1973), HFm Söllner H. (1973), Fm Söllner H. (1933), OFm Söllner K. (1973), Fm Stumpfl J. (1933), OFm Vormair A. (1977), Fm Waltenberger M. (1934), E-OBI Zahrhuber F. (1946), HFm Zauner F. (1973)

FF ST. THOMAS

Die Freiwillige Feuerwehr St. Thomas wurde im Jahr 1905 von folgenden Personen (Gemeindevertretung) gegründet: Franz Roiter, Karl Dopplmair, Josef Jungreuthmayer, Johann Huemer, Johann Greifeneder, Franz Wassermair, Mathias Hintenaus, Matthäus Mair. Der Mitgliederstand betrug damals 29 Wehrmänner. Die Ausrüstung bestand aus einer Handdruckspritze mit dem erforderlichen Schlauchmaterial und Werkzeugen. Das erste Zeughaus wurde im Jahr 1911 erbaut. Im Jahr 1948 wurde das alte Feuerwehrhaus abgebrochen und ein neues Feuerwehrhaus errichtet. 1971 wurde ein Um- und Erweiterungsbau des bestehenden Feuerwehrhauses nach modernen Richtlinien durchgeführt. 1947 wurde eine TS 8 Motorspritze, 1962 eine Rosenbauer Tragkraftspritze 75 VW angekauft. 1948 wurde ein Rüstwagen Dodge 3/4, 1968 ein Rüstwagen Ford Canada, 1968 ein Rüstwagen Lkw Dodge Division, 1974 ein Kleinlöschfahrzeug VW-Kombi Modell 231.211, 1978 ein Funk-Dodge und 1983 ein Rosenbauer Löschfahrzeug LFB D mit Bergeausrüstung angekauft. 1979 wurde die Feuerwehr mit einem Stromaggregat mit zwei Scheinwerfern ausgerüstet. Die Feuerwehr wurde auch mit drei Handfunkgeräten (11-m-Band), zwei Funkgeräten mobil, drei schweren Atemschutzgeräten, einer Funksirenensteuerung und einem Mittelschaumgerät ausgerüstet. Die Feuerwehrkommandanten seit der Gründung waren: Alois Doplmayr (1905–1911), Karl Dopplmair (1911–1919), Ferdinand Wassermair (1919–1922), August Schildberger (1922–1926), Franz Greifeneder (1926–1928), Karl Dopplmair (1928–1929), August Schildberger (1929–1933), Mathias Gruber (1933–1945), Karl Hummer (1945–1968), Alois Moser (1968–1981), Franz Rechtlehner (1981–1983), Karl Aichleitner (seit 1983).

HBI Achleitner K. (1965), OBI Hofer F. (1966), AW Aumair H. (1968), AW Bräuer A. (1960), AW Lindinger F. (1946), AW Reiter J. (1964), AW Watzenböck H. (1963), BI Rechtlehner F. (1944) — HLm Achleitner J. (1955), PFm Achleitner J. (1983), Achleitner K. (1982), Achleitner M. (1981), Annerl G. (1982), HFm Annerl J. (1967), HFm Arthofer J. (1955), HFm Aumair A. (1968), Fm Aumair G. (1980), PFm Aumair M. (1981), Aumair M. (1983), OFm Baumann A. (1976), HLm Baumann A. sen. (1954), HFm Bramböck F. (1968), Bramböck F. (1981), HFm Brandner F. (1966), OFm Brandner J. (1977), HFm Brandner R. (1972), Fm Dopler F. (1979), HFm Doplmayr A. (1932), OBm Doppelbauer F. (1947), HFm Dopplbauer A. (1959), HFm Dopplmair A. (1946), OFm Dopplmair A. E. (1973), OFm Dopplmair F. (1965), Fm Dopplmair J. (1978), OLm Dopplmair J. (1923), PFm Ecker L. (1982), PFm Enzelsberger T. (1981), OFm Ferchhumer A. (1962), Fm Ferchhumer G. (1971), Ferchhumer M. (1981), HLm Ferihumer F. (1965), HFm Fischbauer H. (1952), HLm Fischbauer V. (1952), Floimayr R. (1981), Frühauf M. (1982), OFm Geiselmayer H. (1971), Lm Greifeneder F. (1948), Fm Greifeneder H. (1974), HLm Greinöcker J. (1949), HFm Gruber A. (1921), OLm Hinterberger L. (1955), HFm Hinterberger W. (1962), OFm Hintersteininger A. (1974), HFm Huemer F. (1951), HFm Huemer J. (1968), Huemer M. (1981), Humer W. (1982), Jungreithmayr R. (1982), OFm Kaltenböck F. (1972), HLm Lehner A. (1946), OFm Lehner J. (1970), HFm Lehner J. (1972), OFm Lindinger A. (1972), Fm Lindinger H. (1980), HFm List J. (1923), OBm Mair J. (1968), PFm Mayr H. (1976), HLm Mayr W. (1953), HFm Mayr W. (1976), HBm Moser A. (1946), HFm Offenzeller F. (1968), OLm Orthofer J. (1946), Fm Ortner M. (1975), Örtner T. (1981), HFm Peham A. (1951), E-OBI Petermayr J. (1935), Reiter G. (1981), Fm Reiter M. (1978), Schildberger F. (1982), HLm Schrögenauer A. (1946), Fm Schwabeneder A. (1973), PFm Schwabeneder F. (1976), HLm Schwabeneder R. (1976), PFm Schweitzer H. (1981), HFm Schweitzer R. (1951), Lm Steinberger J. (1946), OLm Wassermair E. (1953), PFm Wassermair P. (1977), HFm Wassermair W. (1947), OFm Weidinger F. (1973), Weinbergmair M. (1983), Willerstorfer K. (1983), Willerstorfer P. (1981), HLm Willerstorfer R. (1959), Willerstorfer T. (1982)

FF SCHLÜSSLBERG

Das Gründungsjahr der FF Schlüßlberg war 1919; die heutige Ausrüstung besteht aus 1 Löschfahrzeug LFB, 1 hydraulischen Rettungsgerät, 1 VW Tragkraftspritze. Im Jahr 1919 wurde das erste Feuerwehrdepot in Dingbach errichtet. Das derzeitige Depot, welches im Jahre 1970 bezogen wurde, weist mehrere Räumlichkeiten auf, ebenso wurde im Obergeschoß eine Wohnung eingebaut. Die Kosten für diesen Bau wurden zu 75 Prozent durch die Feuerwehr aufgebracht. Am 15. Februar 1927 wurde die erste Motorspritze angekauft. In den fünfziger Jahren kam eine Tragkraftspritze R 75 zum Ankauf. Im Jahre 1974 wurde die derzeit in Verwendung stehende VW-Automatik angekauft. Im Jahr 1950 wurde ein amerikanisches Wehrmachtsfahrzeug als Löschfahrzeug umgebaut. Als nach vielen Problemen dieses Fahrzeug ausgedient hatte, wurde im Jahr 1960 ein KLF Ford Transit angekauft. Im Jahre 1974 wurde ein gleiches Fahrzeug neu erworben, dieses jedoch 1979 gegen ein Lösch- und Bergefahrzeug umgetauscht. Seit der Gründung der Freiwilligen Feuerwehr Schlüßlberg standen folgende Kommandanten an der Spitze der Wehr: Franz Watzinger (1919–1923), Franz Mayrhuber (1923–1924), Franz Watzinger (1924–1927), Josef Eder (1927–1938), Johann Hattinger (1938–1945), Mathias Marihart (1945–1953), Franz Hattinger (1953–1971), Karl Kerschberger (1971–1976), Roman Riegler (1977–1978), Hubert Augeneder (1978–1981), Ludwig Gugerbauer (seit 1981).

HBI Gugerbauer L. (1975), OBI Feichtenschlager J. (1964), AW Hoflehner E. (1975), AW Neuwirth F. (1950), AW Öllinger F. (1959), BI Eder J. (1962), BI Grabmer J. E. (1965), BI Irkuf H. (1971) — Bm Abbrent A. (1947), Bm Bachinger A. (1955), AW Brenneis A. (1932), Lm Brenneis J. (1966), Lm Brunnbauer G. (1972), Fm Burndorfer K. (1981), Fm Eichinger A. (1981), OFm Erdpresser H. (1980), Fm Feichtenschlager H.-P. (1981), OFm Feichtenschlager J. (1980), AW Feichtlbauer J. (1925), Lm Frischmuth H.-J. (1977), PFm Gebeshuber R. (1983), HBm Gruber W. (1947), OLm Gruber W. (1970), Lm Guttmann R. (1963), OFm Habenschuß E. (1979), PFm Hann G. (1983), HLm Haslinger F. (1963), Bm Haslinger R. (1952), HFm Haslinger R. (1977), HBm Helmhart J. (1931), HFm Hintenaus F. (1963), HBm Hintenaus M. (1925), Bm Hoflehner F. (1951), Lm Hoflehner F. (1935), Lm Irkuf G. (1976), Bm Lehner F. (1953), Bm Lehner M. (1928), Fm Leopoldsberger F. (1981), HLm Lindermayr E. (1959), HLm Malzer K. (1967), OLm Malzer K. (1974), PFm Mayr J. K. (1983), HBm Meindlhumer A. (1950), HFm Meindlhumer A. (1977), OFm Murauer K. (1980), PFm Neuwirth F. (1983), PFm Neuwirth H. (1983), Bm Neuwirth J. (1959), Fm Neuwirth J. (1981), Fm Neuwirth R. (1981), OBm Prehofer H. (1949), HLm Schabetsberger F. (1949), OLm Scholl J. (1931), OBm Schwentner F. (1948), HLm Schwung W. (1963), OLm Spiegelfeld G. (1980), PFm Weinberger J. (1983)

FF SCHNÖLZENBERG

Die Freiwillige Feuerwehr Schnölzenberg wurde mit 44 Mitgliedern im Jahr 1923 gegründet. Ihre erste Ausrüstung bestand aus einer Handdruckspritze, den entsprechenden Schläuchen und Strahlrohr. Das erste Feuerwehrhaus wurde 1925/26 erbaut. Im Jahr 1938 wurde eine Motorspritze R 50 erworben. Von 1939 bis 1947 war die Wehr ein Löschzug der Freiwilligen Feuerwehr Schlüßlberg. Nach der Aufbauphase wurde ein Anhänger Fabrikat Em, Baujahr 1954, angeschafft. Im Jahr 1964 erfolgte der Ankauf einer TS 75 VW Automatik. Der Ankauf des KLF Ford FK 1250 im Jahr 1974 machte in der Folge den Neubau des Feuerwehrhauses notwendig. Er war 1975 fertiggestellt. Im Jahr 1982 konnte die Wehr ein weiteres Feuerwehrfahrzeug, ein KLF VW 291 LT 35, in Dienst stellen. Die Freiwillige Feuerwehr Schnölzenberg stand seit ihrer Gründung unter der Leitung folgender Kommandanten: Josef Winkler sen. (1923–1929), Alois Störinger (1929–1934), Franz Kitzinger (1934–1939), Löschzug von Schlüßlberg (1939–1947), Johann Haselroither (1947–1958), Josef Winkler jun. (1958–1973), Johann Mittendorfer (1973–1983) und Ludwig Waltenberger (seit 1984).

HBI Waltenberger L. (1973), OBI Groisböck L. (1956), AW Huemer F. (1956), AW Wieczorek K. (1960), AW Zauner J. (1970), BI Gruber A. (1973), BI Kitzinger M. (1973) — Lm Aicher A. (1970), E-BI Aicher J. (1945), OFm Bachleitner A. (1965), OFm Doppelbauer G. (1975), HFm Doppelbauer H. (1973), Fm Dumps A. (1980), HFm Edlbauer J. (1970), OFm Eiblhuber F. (1977), Fm Eschlböck P. (1982), Bm Feymann F. (1950), OFm Greinecker J. (1977), Fm Greinecker R. (1979), OFm Hochreiner J. (1977), E-OBI Hoflehner F. (1939), OLm Jungreithmayr J. (1956), E-BI Kitzinger H. (1950), OFm Kitzinger H. (1975), OFm Kitzinger M. (1954), E-AW Lugmair L. (1934), Fm Lugmair L. (1979), E-HBI Mittendorfer J. (1936), FK Mag. Mittendorfer J. (1972), OFm Rohringer A. (1977), HFm Rohringer H. (1975), Lm Smereczanski F. (1968), Lm Smereczanski M. (1966), E-AW Steiner A. (1949), Lm Wenidoppler R. (1923), HFm Winkler J. (1973), HFm Zauner F. (1964), Bm Zauner K. (1930), HFm Zauner K. (1958), HFm Zimmel A. (1964)

FF STEFANSDORF

Die Freiwillige Feuerwehr Stefansdorf besteht seit dem Jahr 1906 und wurde infolge eines Brandes beim Omingergut in Stefansdorf gegründet. Das Einsatzgebiet der Feuerwehr erstreckt sich auf ca. ein Viertel des Gemeindegebietes. Im Gründungsjahr wurde eine kleine Zeugstätte aus Holz errichtet, in der nur Platz für Kleingeräte und eine Handspritze war. Im Jahr 1929 wurde eine Motorspritze Marke Rosenbauer E 35 angekauft und zugleich das Zeughaus renoviert und vergrößert. 1961 wurde dann eine neue Motorspritze TS 75 mit VW-Motor angekauft, die bis heute in Verwendung steht. Bis 1953 wurden die Geräte der Feuerwehr mit Pferd und Wagen transportiert. Durch den Einsatz von Traktoren in der Landwirtschaft wurde 1953 ein für damalige Verhältnisse moderner Traktoranhänger (Spritzenwagen) angekauft. 1969 hatte auch dieser seine Dienste erfüllt und wurde von einem KLF Fiat 1500 abgelöst. Da die alte Zeugstätte zu klein geworden war und den Anforderungen nicht mehr entsprach, wurde im Jahr 1958 ein neues Zeughaus in Massivbauweise mit Hilfe der Bevölkerung und den Mitgliedern errichtet. Die Freiwillige Feuerwehr Stefansdorf wurde in all den Jahren zu zahlreichen Brand- und Hochwassereinsätzen (vor Regulierung der Aschach) gerufen und konnte durch diese Hilfeleistungen die Not der Betroffenen lindern helfen. Als erster Kommandant ab 1906 stand Josef Kutzenberger der FF Stefansdorf vor (1906–1920). Ihm folgte Johann Bauer (1920–1938). Von 1938 bis 1945 hatte die FF Stefansdorf die Selbständigkeit verloren und fungierte nur als Löschzug der FF Bruck. Erst 1945 wurde die Selbständigkeit der Feuerwehr wieder hergestellt, und Josef Kutzenberger übernahm 1949 das Kommando. Von 1949 bis 1978 war Johann Bauer Kommandant der FF Stefansdorf.

HBI Kutzenberger J. (1958), OBI Braumann R. (1973) — Aichinger J. (1983), Aschauer J. (1983), Aschauer J. (1948), Bauer J. (1934), Berger J. (1958), Boubenicek G. (1951), Dichtl R. (1949), Dornetshuber H. (1974), Erdpresser J. (1983), Fellinger J. (1947), Grubmayr R. (1964), Güttlinger A. (1982), Haidinger J. (1980), Haslehner A. (1950), Hauseder H. (1967), Hörmann A. (1960), Hofer M. (1980), Huemer M. (1936), Humer A. (1983), Humer E. (1982), Humer E. (1960), Humer G. (1947), Humer G. (1973), Humer J. (1973), Humer R. (1936), Humer R. (1974), Jungreitmeyr F. (1972), Kastner F. (1980), Kreuzwieser R. (1950), Kutzenberger J. (1983), Kutzenberger J. (1936), Lachner J. (1950), Lauber H. (1960), Leidinger L. (1950), Maierhofer A. (1983), Mairhofer J. (1943), Mairhofer R. (1972), Mairhofer R. (1947), Mallinger A. (1974), Orthofer E. (1974), Orthofer M. (1948), Renauer A. (1936), Renoldner H. (1983), Schörgendorfer J. (1983), Schörgendorfer J. (1955), Sensenberger J. (1948), Sensenberger J. (1974), Stadler J. (1948), Stadler J. (1983), Stockmair A. (1974), Voglhuber-Brummair (1983), Voglhuber-Brunmair J. (1948), Watzenböck Ch. (1983), Watzenböck L. (1929), Watzenböck M. (1960)

FF STEINBRUCK

1896 erfolgte die Gründung als Freiwillige Feuerwehr Steegen vom Reichsrats- und Landtagsabgeordneten, Ökonomierat, bischöflichen Ehrenrat und Bürgermeister von Steegen, Johann Eisterer. Zur Gründung wurde eine Handdruckspritze angekauft. Auch gab es einen Handdruckspritzenwagen mit Schlauchhaspel; untergebracht waren die Geräte im Bräuhaus zu Steegen. Die Zeugstätte befand sich bis nach dem Ersten Weltkrieg noch im Bräuhaus zu Steegen, übersiedelte dann aber nach Steinbruck, wo ein hölzernes Feuerwehrhäuschen errichtet wurde. 1922: Übernahme der Kommandantenstelle durch Franz Muckenhumer aus Steinbruck. Erst nach 26 Jahren, 1948, wurde eine Motorspritze Type TS 8 angeschafft. 1950 übernahm Felix Auer die Kommandantenstelle, und im Oö. Feuerwehrbuch wurde die Änderung auf den heutigen Namen „Freiwillige Feuerwehr Steinbruck" vorgenommen. 1953: Ankauf einer neuen Motorspritze Type R 75 mit Spritzenweihe. 1956: 60jähriges Gründungsfest. 1957: Abbruch des hölzernen Zeughauses und Errichtung eines neuen in Massivbauweise. Im selben Jahr wurde ein Einachs-Anhänger, der für Traktorzug geeignet war, von den Feuerwehrkameraden selbst gebaut. Dieser Anhänger diente bis 1971. 1970: Ankauf eines typisierten, gefederten Zweiachs-Feuerwehranhängers. 1976 Ankauf eines Land Rover, Baujahr 1961. Umbau zu einem KLF. Im April 1977 wurde bei der Fa. Gugg eine Vorbaupumpe Type VP 120 Trokomat bestellt. 1978 Neueinkleidung der Feuerwehrmänner, Ankauf dreier Handfunkgeräte Marke Zodiak (11-m-Band). 1979 Ankauf einer neuen Sirene. 1980 begannen die Renovierungsarbeiten bei der Zeugstätte mit späterer Dacherneuerung. 1981 wurde die Sirenenfunksteuerungsanlage eingebaut. 1983 wurde Franz Wagner neuer Kommandant.

HBI Wagner F. (1961), OBI Auer J., AW Christenberger J. (1947), AW Scheuringer W. (1976), AW Wimmer A. (1945) — HFm Aspöck J. (1970), OFm Aspöck W. (1976), E-HBI Auer F. (1946), HFm Auer F. (1970), Fm Auer R. (1981), Fm Buchmayr G. (1977), OFm Doblmair G. (1983), OLm Egger J. (1947), OLm Enzlberger J. (1947), HFm Enzlberger J. (1976), OFm Födermayr W. (1983), Fm Geßl J. (1981), Fm Geßl J. (1981), Gföllner H., Fm Gföllner H. (1981), OFm Gföllner J. (1976), Lm Haderer F. (1951), Fm Hellmair J. (1981), OFm Humer A. (1974), OLm Humer L. (1951), OLm Hurnaus F. (1945), HFm Hurnaus J. (1947), OFm Jobst J. (1976), Lm Jobst M. (1959), HBm Lederhilger J. (1961), OLm Lehner R. (1954), OFm Litzlbauer P. (1974), Lm Mitterberger J. (1956), Lm Schmidbauer H. (1961), Fm Steiner W. (1981), E-AW Trinkfaß A. (1949), Fm Trinkfaß A. (1981), OBm Trinkfaß F. (1942), HFm Wagner F. (1975), Lm Wallner J. (1961), Bm Zankl W. (1983)

FF STEINERKIRCHEN AM INNBACH

Aufgrund des Dorfbrandes in Bubendorf 1884, dem sechs Häuser zum Opfer fielen, wurde die Freiwillige Feuerwehr Steinerkirchen am Innbach gegründet. Die FF Steinerkirchen hatte den Sitz in Kematen (bis 1938 hieß die jetzige Gemeinde Kematen am Innbach Steinerkirchen) und wurde in zwei Zügen geführt: 1. Zug Depot und Standort in Kematen, 2. Zug Depot und Standort in Steinerkirchen. Bereits im Gründungsjahr verfügte die Wehr über eine Hebelpumpe, die auf einem Pferdewagen fix montiert war. Im März 1929 trennten sich die beiden Löschzüge in zwei voneinander unabhängige Feuerwehren. Die Freiwillige Feuerwehr Steinerkirchen kaufte 1930 die erste Motorspritze in der Gemeinde mit einem dazugehörigen Wagen von der Firma Gugg, der 1960 durch ein KLF der Marke Tempo Matador ersetzt wurde. 1965 wurde die noch heute in Verwendung stehende Motorspritze Rosenbauer VW Automatik 75 angekauft. 1977 wurde ein neues KLF Ford Transit angekauft. Im Herbst 1983 wurde der Neubau der Feuerwehrzeugstätte in Moos begonnen, nachdem bereits seit 1885 in Steinerkirchen ein Zeughaus stand. Folgende Kommandanten standen seit der Gründung der Freiwilligen Feuerwehr Steinerkirchen an der Spitze: Dr. Eduard Rabl (1884–1885), Franz Klinger (1885–1890), Josef Krötzl (1890–1896), Vinzenz Stutz (1896–1918), Heinrich Einberger (1918–1926), Josef Ploberger (1926–1929), Johann Kronlachner (1929–1935), Ferdinand Baldinger (1935–1938), Mathias Weichselbaumer (1938–1947), Johann Ziegler (1947–1949), Josef Salhofer (1949–1952), Heinrich Maader (1952–1968), Karl Wimmer (1968–1978), Franz Hofinger (seit 1978).

HBI Hofinger F. (1961), OBI Bauer J. (1972), AW Aspöck S. (1971), AW Auzinger J. (1962), AW Horninger A. (1979), BI Mallinger H. (1932) — HLm Alletzgruber R. (1979), HFm Alletzgruber R. jun. (1979), HFm Artelsmair G. (1982), OLm Auinger G. (1972), HFm Auinger J. (1978), HLm Auinger K. (1961), HLm Baldinger E. (1954), HFm Baldinger F. (1972), OFm Bausek A. (1980), OLm Brandl H. (1959), HFm Fuchshuber N. (1978), HFm Girkinger A. (1971), Lm Horninger H. (1973), OFm Huber R. (1980), HFm Kraxberger J. (1979), E-HBI Maader H. (1920), HFm Mallinger F. (1973), HLm Pumberger J. (1947), HFm Röbl F. (1960), Fm Röbl J. (1983), HFm Wagner W. (1969), HFm Weidinger J. (1974), HFm Wieländer A. (1970), HFm Wimmer J. (1973), E-HBI Wimmer K. (1947)

FF STILLFÜSSING

Nach der Gründungsversammlung am 13. Juli 1923 waren 33 Mann der FF zugehörig. Im Herbst desselben Jahres wurde ein kleines Zeughaus errichtet. Es diente zur Unterstellung der einfachen und anfangs sehr kargen Ausrüstung, die aus einem pferdebespannten, einfachen Rüstwagen, einer tragbaren Handpumpe und einigen Schläuchen bestand. 1935 wurde die erste Motorspritze vom Typ Piccolo gekauft. Diese wurde 1948 gegen eine TS 6 Marke DKW ausgetauscht. 1956 wurde auf eine neue TS 8 Type Rosenbauer VW 75 ohne Automatik umgestellt. Im Dezember 1983 wurde der Bestand mit einer neuen TS 8 Supermatik 80 aufgebessert. 1963 wurde der kleine hölzerne Schlauchturm, der noch aus der Gründerzeit stammte, abgetragen. An der Rückseite des kleinen Feuerwehrhauses wurde ein zehn Meter hoher, den Anforderungen der Gegenwart entsprechender Turm errichtet. Dabei wurde auch eine Alarmsirene installiert. 1979 wurde das viel zu klein gewordene Feuerwehrhaus mit Ausnahme des Schlauchturmes abgetragen. In Eigeninitiative mit vielen unentgeltlichen Arbeitsleistungen wurde ein neues Feuerwehrhaus aufgebaut. 1983 wurde die zentrale Funkalarmierung installiert. Der seit Gründung in Dienst stehende Rüstwagen wurde 1952 gegen einen gummibereiften Rüstanhänger ausgetauscht. 1969 wurde anstelle des Rüstanhängers das erste Kleinlöschfahrzeug, ein VW-Bus, Bj. 1954, in Dienst gestellt. Dieser stand bis 1980 im Einsatz, dann konnte ein neues KLF Type VW LT 35 angekauft werden. In den ersten Jahrzehnten blieb die Tätigkeit der FF Stillfüssing auf zahlreiche Brandeinsätze in der Umgebung beschränkt. Seit zehn Jahren häufen sich auch die technischen Einsätze immer mehr und haben die Zahl der Brandeinsätze bei weitem übertroffen.

HBI Schöflinger R. (1963), OBI Kammerer A. (1972), AW Ditzlmüller R. (1969), AW Humer F. (1967), AW Scharinger J. (1973) — OFm Auinger J. (1980), PFm Bauernfeind E. (1983), OFm Bremberger E. (1979), HFm Burgstaller R. (1967), Lm Dittenberger J. (1969), Lm Doppelmair F. (1975), HLm Doppelmair F. (1948), HFm Doppelmair G. (1936), HLm Doppelmair J. (1955), E-OBI Doppelmair O. (1963), OFm Doppelmair R. (1980), HFm Eichberger O. (1974), OFm Eisenköck J. (1980), OFm Froßdorfer F. (1980), OFm Hinterberger J. (1978), Lm Huemer A. (1975), E-HBI Humer A. (1948), Fm Humer F. (1980), HFm Humer O. (1956), HFm Humer R. (1974), OFm Humer R. (1977), E-OBI Kimberger A. (1956), OFm Kliemstein A. (1980), HFm Krenmair A. (1975), OFm Krennmair O. (1980), OLm Lanz K. (1969), OFm Lehner J. (1980), OFm Lindinger F. (1980), HFm Mair E. (1972), PFm Mair G. (1983), Lm Mair J. (1980), HFm Mair R. (1974), HFm Meßner F. (1924), HLm Pichler J. (1954), E-AW Sallaberger A. (1936), PFm Samhaber A. (1983), HFm Schabetsberger M. (1974), E-AW Scharinger A. (1945), HFm Scharinger A. (1961), HLm Schmiedsberger P. (1932), Lm Schmiedsberger P. (1975), HBm Stadlmayr J. (1957), E-BI Steiner F. (1929), Bm Stolberger J. (1956), HFm Tramscheg K. (1974), OBm Watzenböck J. (1961), OFm Watzenböck J. (1980)

FF TAL

Für den nördlichen Teil der Gemeinde Natternbach wurde 1902 eine Filiale zur FF Natternbach gegründet. Diese übergab ihrer Filiale eine einstrahlige Handdruckspritze samt dem nötigen Zubehör. Diese Filiale wurde 1907 die heutige selbständige Feuerwehr Tal mit eigenem Statut und eigenem Pflichtkreis. Erster Kommandant war Alois Litzlbauer (bis 1928). Nach dem Zweiten Weltkrieg kam es 1946 zum Ankauf einer tragbaren Motorspritze. 1948 konnte ein Auto aus amerikanischen Heeresbeständen erworben werden, das zu einem Rüstwagen umgebaut wurde. Eine neue Motorspritze kam im selben Jahr auf diesen Rüstwagen. Ein weiterer Schritt in der Verbesserung der Ausrüstung war 1961 der Ankauf eines neuen Rüstwagens Marke Ford 1250. Gleichzeitig wurde die Motorspritze gegen eine VW-Automatik-Motorspritze umgetauscht. Die Mannschaftsausrüstungen wurden laufend ergänzt und verbessert. Als provisorisches Zeughaus diente anfänglich ein Raum im Wirtschaftsgebäude des Bauernhauses „Bauer am Berg", bis 1910 neben diesem Hof eine Zeugstätte, ein einfacher Holzbau, errichtet werden konnte. Um die Zeugstätte näher bei der Ortschaft zu haben, wurde sie 1928 auf einen Platz neben der Kapelle übertragen. Die heutige gemauerte Zeugstätte mit Schlauchturm und Sirene steht seit 1950 in der Ortsmitte, der Löschteich befindet sich unmittelbar daneben. Eine Fahne bekam die FF Tal 1928, die 1973 durch eine neue Fahne ersetzt wurde. Im Frühjahr 1984 ging auch der langersehnte Wunsch nach einem KLF in Erfüllung. Im Juli 1984 wurde das gutausgerüstete KLF VW LT 35 beim 80jährigen Gründungsfest unter der Führung des Kommandanten Otto Klaffenböck feierlich übergeben. Das alte Zeughaus wurde provisorisch saniert.

HBI Klaffenböck O. (1961), OBI Straßer M. (1967) — Auer L. (1974), Bartenberger F. (1951), Berndorfer F. (1947), Dobetsberger A. (1958), Eggetsberger F. (1945), Eggetsberger W. (1974), Ettinger A. jun. (1968), Ettinger A. sen. (1970), Ettinger L. (1965), Fenth J. (1951), Fenth J. (1978), Fischbauer A. (1945), Fischbauer A. (1928), Fischbauer W. (1974), Gierlinger K. (1980), Größwagen A. (1958), Größwagen H. (1965), Größwagen H. (1959), Größwagen J. jun. (1974), Größwagen J. sen. (1952), Gschwendtner J. (1959), Hauseder J. (1958), Humberger F. (1962), Humberger K. (1934), Jobst F. (1959), Kalteis J. (1980), Kasbauer A. (1945), Kirchberger F. (1945), Klaffenböck F. (1962), Klaffenböck H. (1961), Klaffenböck J. (1974), Klaffenböck J. (1965), Knoll J. (1964), Koller J. (1960), Kriegner F. (1946), Kronschläger R. (1978), Lang A. (1961), Lang A. (1981), Litzlbauer A. (1958), Litzlbauer J. (1967), Litzlbauer J. jun. (1953), Litzlbauer J. sen. (1927), Litzlbauer N. (1971), Marböck A. (1945), Marböck W. (1978), Mühlböck H. (1971), Mühlböck J. (1955), Müller A. (1981), Niederleitner F. (1966), Niederleitner H. (1957), Niederleitner J. (1953), Obendorfer H. (1961), Öhlinger J. (1966), Penzinger H. (1981), Probst A. (1981), Razenberger H. (1974), Razenberger J. (1945), Reitinger G. (1980), Schmalhofer A. (1953), Schöfberger A. jun. (1974), Schöfberger A. sen. (1945), Stuhlberger H. (1978), Weidinger R. (1981), Weißenböck J. (1963)

FF TAUFKIRCHEN AN DER TRATTNACH

Die Freiwillige Feuerwehr Taufkirchen an der Trattnach wurde am 18. Mai 1889 unter dem damaligen Forstverwalter Adolf Hawlik gegründet. Die von acht Männern gegründete Wehr wurde von der damaligen k. u. k. Statthalterei in Linz bestätigt. Hawlik wurde auch als Hauptmann eingesetzt. Niederschriften der Wehrchronik lassen darauf schließen, daß sich bereits im Jahr 1747 eine Wehr gebildet hatte, um den zahlreichen Bränden, die zur damaligen Zeit durch Blitzschlag und Brandlegungen entstanden waren, Herr zu werden. Nach dem Jahr 1890 entstanden die Wehren Roith, Hehenberg, Eichberg (heute Keneding) und Obertrattnach, die nach und nach selbständig wurden. Durch die laufenden Aufzeichnungen kann ein großes Betätigungsverzeichnis aufgewiesen werden. So wurde im Jahr 1894 die Wehr Mitglied des Bezirksverbandes Grieskirchen. Im Jahr darauf wurde die erste Spritze angeschafft. 1909 wurde für alle FF-Mitglieder die Haftpflichtversicherung eingeführt. In den kommenden Jahren wurden die Wehren immer wieder mit neuen Geräten ausgestattet: Die erste Motorspritze wurde 1932, das erste Feuerwehrauto 1959 erworben. 1969 wurden die Wehren Hehenberg, Keneding, Roith, Taufkirchen Körperschaften öffentlichen Rechtes und wurden in das Feuerwehrbuch der oö. Landesregierung eingetragen. Heute verfügt die Gemeinde, die im Jahr 785 das erste Mal urkundlich erwähnt wird, mit ihren 1850 Einwohnern über fünf schlagkräftige Feuerwehren. Die FF Taufkirchen ist die ortsansässige. Unter der Führung des jetzigen Kommandanten HBI Hubert Hinterberger wurde die Wehr aufgebaut, erhielt eine Zeugstätte sowie neue Fahrzeuge und Gerätschaften und kann großflächig eingesetzt werden.

HBI Hinterberger H. (1955), OBI Scheuringer R. (1964), AW Andorfer J. (1950), AW Kogler J. (1974), AW Loidl H. (1968), BI Stutz E. (1970) — HFm Aigner A. (1956), E-HBI Aigner H. (1911), Fm Aigner H. (1982), HFm Angermair R. (1968), HFm Aspetzberger F. (1964), HFm Dirisamer M. (1955), HFm Ecker Ch. (1964), PFm Giesig G. (1983), HBm Haslinger J. (1970), HFm Hehenberger F. (1974), HFm Hinterberger H. (1974), FK GR Hinterberger J. (1980), HFm Holzinger R. (1964), OBm Kogler H. (1951), HFm Leidinger O. (1974), HFm Listberger J. (1948), HFm Listberger J. (1972), HFm Loidl H. (1938), E-AW Lugmayr L. (1922), HFm Mittendorfer F. (1953), E-HBI Nimmerfall R. (1930), OFm Oberndorfer W. (1972), OFm Pauzenberger A. (1945), HFm Pfaffenbauer A. (1948), HFm Pfaffenbauer A. (1974), OFm Rott H. (1955), HBm Schaur G. (1978), HBm Schaur J. (1954), E-OBI Schaur J. (1946), OFm Scheuringer G. (1978), HFm Scheuringer W. (1973), HFm Schneiderbauer J. (1955), HFm Schönbauer A. (1955), HFm Schönbauer E. (1968), Fm Schönbauer E. (1978), PFm Schönbauer E. (1983), PFm Schönbauer G. (1983), Fm Schönbauer M. (1974), OFm Schrödl H. (1948), HFm Schrödl H. (1968), HFm Stelzer M. (1964), PFm Stumpfl H. (1983), E-BI Stutz F. (1948), Lm Wagner R. (1945), E-HBI Wenzl F. (1930), HFm Wenzl F. (1968), HFm Wiesinger R. (1954)

FF TEGERNBACH

Ein Brand eines Getreidespeichers beim Obermair-Anwesen in der Pfleg 1914, dem man wehrlos gegenüberstand, war der Anstoß zur Gründung der Feuerwehr. Matthias Zauner rief am 13. April 1914 die Hausbesitzer von Tegernbach und Umgebung zwecks Aussprache über die Gründung einer Feuerwehr mit Sitz in Tegernbach zusammen. Die Gründungsversammlung, geleitet von Hugo Purtscher, erfolgte bereits am 26. April 1914. 30 Mann meldeten sich als ausübende Mitglieder, Matthias Zauner wurde zum Hauptmann gewählt. Es erfolgte sogleich eine Geldsammlung zum Geräteankauf, welche 1492 Kronen ergab. Eine Handdruckpumpe wurde angekauft, die erste Übung fand am 21. Mai 1914 statt. 1933 Ankauf der ersten Motorspritze Fabrikat Rosenbauer. 1961 Ankauf der RV 75 und 1979 Ankauf der TS Supermatic, ebenfalls ein Rosenbauer-Fabrikat. Die erste Zeugstätte wurde noch im Jahre 1916 auf einem Grundstück des Mathias Zauner erbaut, wobei der Turm aus Holz errichtet wurde. 1958 wurde das derzeitige Zeughaus neu erbaut. Der Gerätetransport erfolgte mit Pferdegespannwagen, 1954 wurde ein Mannschafts- und Gerätetransportwagen für Traktorzug angekauft. Das derzeitige KLF Ford Transit wurde 1974 angekauft. Folgende Kommandanten führten die Feuerwehr Tegernbach seit ihrer Gründung an: Matthias Zauner (1914–1929), Josef Mauernböck (1929–1934), Alois Fuchs (1934–1938), Georg Greinecker (1938–1958), Hubert Rumerstorfer (1958–1978) und Alois Greinecker (seit 1978).

HBI Greinecker A. (1959), HBI Sumedinger R. (1979), AW Greinecker A. (1941), AW Kronlachner K. (1963), AW Rathmair E. (1951), AW Wagner J. (1948), OBI Annerl H. sen. (1954), BI Dopplmair H. (1948) — HBm Annerl F. (1920), Fm Annerl H. jun. (1980), Lm Auinger A. (1959), Fm Auinger E. (1981), OFm Dopplmair N. (1979), Lm Eder J. (1971), HFm Eder L. (1966), OFm Edlbauer K. (1970), Fm Fischbacher R. (1980), HFm Fuchs A. (1963), Fm Fuchs R. (1980), Fm Greinecker H. (1980), OLm Griesmair H. (1974), OFm Gruber E. (1979), Fm Gruber G. (1980), OFm Gruber H. (1967), OFm Haböck F. (1979), Fm Haböck J. (1959), OFm Harrer A. jun. (1957), Lm Leitner G. (1970), HFm Maurer A. (1955), HLm Reinhardt J. (1952), HLm Roiter F. (1960), HLm Roitinger J. (1958), HLm Rumerstorfer W. (1958), HFm Samhaber H. (1971), HFm Silber F. (1970), Lm Silber J. (1970), OFm Sumedinger F. jun. (1979), HLm Sumedinger F. sen. (1950), Fm Sumedinger H. (1981), PFm Übleis W. (1983)

360

FF TOLLETERAU

Die im Jahr 1890 gegründete FF Tolleterau suchte seit Anbeginn wegen der eher bescheidenen Finanzkraft der Gemeinde St. Georgen eigene Finanzierungsquellen. Wurden die ersten Anschaffungen, etwa die der ersten Steigerausrüstung, durch verschiedene Spendengewährungen und später durch Einhebung von Mitgliedsbeiträgen (1929: 38 Mitglieder à S 5.—) bestritten, so besserte man später die Kasse mit Festeinnahmen auf. Vorerst diente eine tragbare Doppelkolbenhandspritze auf einem eisenbereiften Pferdewagen, garagiert im gemeindeeigenen Wohnhaus, als fortschrittliches Löschgerät. 1931 wurde die erste Motorspritze „Klein Florian" angeschafft, die nach dem Zweiten Weltkrieg, währenddessen die FF Tolleterau als Löschzug der FF St. Georgen galt, von einer wassergekühlten Motorspritze und diese später nach deren Ausfall im Jahr 1964 von der jetzigen VW TS 8 abgelöst wurde. Dem ersten Pferdewagen folgte 1950 ein selbstgebauter Traktoranhänger. 1954 baute man einen gebrauchten Steyr 2000 als LFA auf, dem das derzeitige KLF Ford Transit folgte. Nach Errichtung des hölzernen Schlauchturmes im Jahr 1952 bauten Kameraden der FF im Jahr 1961 ein eigenes Feuerwehrhaus. Markante Brandeinsätze fanden 1948 beim Hadingergut, 1964 beim Auböckgut und 1972 beim Haudumgut statt. Eine große Leistung erforderte u. a. auch der Hochwassereinsatz im Jahre 1954. Die Kameraden der FF Tolleterau besitzen 2 Leistungsabzeichen in Gold, 26 in Silber, 15 in Bronze, 2 Funkleistungsabzeichen in Bronze, 36 Jugendleistungsabzeichen in Bronze und 10 Wissenstestabzeichen in Bronze. Nach den Kameraden Johann Denk, Mathäus Greifender, Johann Haslinger, Karl Greifeneder, Josef Öhlbauer, Josef Zauner und Josef Weberndorfer ist nunmehr Josef Feischl Kommandant.

HBI Feischl J. (1970), OBI Frühauf S. (1946), AW Ammerstorfer A. (1952), AW Frühauf K. (1970), AW Voraberger J. (1970), BI Ammerstorfer R. (1970), BI Huber H. (1949), BI Loidl A. (1960), BI Ing. Rumpfhuber H. (1955) — PFm Ammerstorfer M. (1981), OLm Ammerstorfer M. (1951), OFm Asböck F. (1970), OFm Auer F. (1979), PFm Baumgartner F. (1982), OFm Baumgartner M. (1978), PFm Bayer O. (1982), Fm Berger J. (1979), JFm Denk R. (1983), Lm Dittenberger K. (1950), JFm Dittenberger W. (1981), PFm Dittenberger W. (1980), HFm Doppelbauer F. (1970), JFm Doppelbauer G. (1983), PFm Doppelbauer H. (1982), Fm Doppelbauer R. (1978), JFm Doppelbauer W. (1981), Fm Doppelbauer W. (1978), OLm Eisenköck F., HLm Enzlmüller F. (1954), HFm Enzlmüller F. (1970), OFm Enzlmüller G. (1974), HLm Enzlmüller J. (1954), Fm Enzlmüller W. (1979), Fm Feischl H. (1979), HFm Feischl J. (1970), Bm Feischl J. (1952), HBm Feizlmayr J. (1972), OFm Frühauf G. (1972), JFm Frühauf K. (1946), JFm Frühauf S. (1983), Fm Furthmair K. (1982), Fm Graml R. (1978), HFm Granditsch E. (1973), Lm Greifeneder K. (1958), HFm Hangweirer R. (1974), JFm Hinterberger F. (1983), OLm Huber A. (1949), E-OBI Huber F. (1927), Lm Huber R. (1946), OFm Huber W. (1978), JFm Humer Ch. (1981), JFm Humer Ch. (1983), Lm Humer R. (1963), HFm Kemptner A. (1970), JFm Kotzor H. (1981), HBm Krempl P. (1968), Fm Loidl A. (1978), HFm Neuwirth J. (1974), HFm Neuwirth P. (1974), OFm Neuwirth S. (1974), OLm Nimmervoll A. (1958), Fm Osterkorn M. (1979), HFm Pöttinger F. (1970), HFm Prehofer A. (1968), OFm Roither J. (1972), JFm Rumpfhuber A. (1981), Fm Rumpfhuber F. (1979), Lm Samhaber J. (1962), OLm Silber K. (1952), Lm Standhartinger A. (1955), JFm Standhartinger G. (1981), Fm Standhartinger G. (1982), OLm Thurnberger A. (1950), Bm Voraberger A. (1966), HLm Voraberger A. (1946), JFm Voraberger N. (1980), HFm Watzinger F. (1969), E-HBI Weberndorfer J. (1946), HFm Weberndorfer J. (1972), Lm Weberndorfer M. (1970), Zauner H.

FF UNTERHEUBERG

Die Freiwillige Feuerwehr Unterheuberg wurde 1929 mit 36 Mann gegründet. Die erste Ausrüstung bestand aus einer Handspritze Rosenbauer mit eingebautem Automotor, 12 C-Schläuchen, etlichen Drillichanzügen und Hackengurten. Das Zeughaus wurde 1930 erbaut und 1975 erweitert, dabei wurde es auch mit einem Schlauchturm versehen. 1947 erfolgte der Ankauf einer gebrauchten TS 8, 1950 der eines Lkw Phänomen, der umgebaut wurde. 1960 wurde eine VW RW 75 angeschafft, 1965 ein Ford FK 1000 erworben, der umgebaut wurde. 1980 erhielt die Wehr ein KLF Rosenbauer. Kommandanten der Freiwilligen Feuerwehr Unterheuberg seit ihrer Gründung waren: Josef Laßlhumer (1929–1938), Alois Lehner (1938–1947), Alois Laßlhumer (1947–1951), Alois Lehner (1951–1978) und Franz Himsl (seit 1978). An Leistungsabzeichen konnten erworben werden: 3 Mann Gold, 17 Mann Silber und 15 Mann Bronze.

HBI Himsl F. (1952), OBI Egger R. (1949), AW Bachlmayer J. (1949), AW Strasser J. (1952), AW Wagner M. (1963), BI Sandberger A. (1965) — HBm Auinger J. (1964), OFm Baumgartner G. (1978), HBm Baumgartner J. (1968), Fm Baumgartner J. (1981), OLm Berndorfer F. (1949), PFm Boubenecek J. (1983), OFm Boubenecek W. (1978), HFm Bremberger W. (1975), Lm Doppelbauer E. (1973), PFm Gfellner K. (1983), OBm Gfellner L. (1960), OFm Gfellner L. (1978), HFm Groisböck M. (1973), Bm Hager J. (1963), Fm Hager Roiser G. (1981), Lm Haslehner J. (1973), Lm Himsl F. (1973), OLm Hofer F. (1964), PFm Hofer G. (1983), OBm Hofer H. (1968), Lm Hofer J. (1970), OLm Humer M. (1929), Bm Kaltseis L. (1932), OLm Kutzenberger F. (1949), E-HBI Lehner A. (1949), OFm Lehner A. (1978), PFm Lehner J. (1983), OLm Mair J. (1964), Lm Moser F. (1964), HLm Pauzenberger F. (1970), OFm Sallaberger J. (1973), Bm Schöberl J. (1951), HLm Schörflinger R. (1949), HLm Wagner F. (1959), PFm Wagner-Kemetmüer J. (1983), Lm Watzenböck R. (1973), HLm Wimmer A. (1959), Bm Wimmer A. (1958), OLm Wimmer F. (1964), Bm Wimmer F. (1929), Fm Wimmer G. (1981), OLm Wimmer W. (1963), Fm Wimmer W. (1981)

FF UNTERSTETTEN

Die Freiwillige Feuerwehr Unterstetten wurde 1945 gegründet und war ursprünglich nur ein Löschzug der FF Oberwödling. Mit Verfügung des Landes Oberösterreich vom 29. Dezember 1950 wurde die Löschgruppe Unterstetten als selbständige freiwillige Feuerwehr anerkannt. Bei der Gründungsversammlung 1945 waren 18 Mann anwesend, und zum Kommandanten wurde Johann Hinterberger gewählt, der später auch Bürgermeister der Gemeinde Tollet war. Ihm folgte 1953 Alois Söllner, der dieses Amt bis 1958 innehatte. Von 1958 bis 1963 war Matthias Pöttinger der Chef der Feuerwehr. 1963 wurde Josef Moser gewählt, der dieses Amt 1978 an Max Hehenberger übergab. Max Hehenberger starb 1981 überraschend im 31. Lebensjahr. Seit diesem Zeitpunkt ist nunmehr Franz Pichler Kommandant. Das Feuerwehrhaus in Unterstetten wurde 1951 erbaut, 1979 wurde es umgebaut und stark erweitert. 1949 wurde als erstes Fahrzeug ein Anhänger angekauft, 1971 erwarb die Feuerwehr einen Ford Transit. Seit 1980 steht ein LFB der Marke Mercedes im Dienst der Feuerwehr. Das Aushängeschild der Feuerwehr Unterstetten ist die Bewerbsgruppe, die in den letzten Jahren bemerkenswerte Erfolge erzielen konnte. Seit 1978 ist die Gruppe in den vordersten Rängen der Landeswettbewerbe vertreten. So wurde von 1979 bis 1982 ununterbrochen der I. Rang in Bronze erkämpft. 1983 beim Landeswettbewerb in Perg erreichte die Gruppe einen II. Rang in Silber und einen III. Rang in Bronze. Der größte Erfolg war beim Bundesfeuerwehrleistungswettbewerb 1983 in Feldkirch zu verzeichnen. Unter mehr als 100 Gruppen aus allen Bundesländern wurde in Bronze der 11. Platz erreicht, wodurch die Gruppe die drittbeste aus Oberösterreich war. Außerdem besitzt ein Großteil der Gruppe das Bayerische Leistungsabzeichen in Gold.

HBI Pichler F. (1968), OBI Hangweirer A. (1964), AW Friedwagner J. jun. (1973), AW Lugmayr A. (1951), AW Dr. Moser J. jun. (1975), BI Reitinger J. (1947) — HLm Achleitner F. (1945), Fm Adlmanninger J. (1979), Fm Adlmanninger J. (1945), HFm Ahamer J. (1975), PFm Angerlehner J. (1983), HFm Breitwieser F. (1948), E-AW Bruckner J. (1945), Fm Doblhofer H. (1977), Fm Friedwagner J. sen. (1979), Fm Gittmair J. (1965), HFm Gruber M. (1946), OFm Hehenberger M. (1956), HFm Hörmann A. (1969), OLm Huber K. (1968), HFm Landlinger J. (1969), HBm Lehner R. (1975), HLm Leßlhumer G. (1969), PFm Lugmair F. jun. (1983), OFm Lugmayr F. (1945), HLm Mairhofer J. (1946), Fm Mairhofer W. (1960), HFm Mayr J. (1947), OFm Meindlhumer F. (1981), E-HBI Moser J. sen. (1945), OFm Pöttinger J. (1969), Bm Pöttinger M. (1948), Lm Reif A. jun. (1975), HFm Reif A. sen. (1961), Lm Reisinger E. (1973), OFm Reisinger E. jun. (1975), HFm Reisinger E. sen. (1962), Bm Söllner A. (1945), OFm Stafflinger F. (1974), OLm Stafflinger K. (1973), Lm Mag. Steininger R. (1972), Lm Zauner A. (1976), Fm Zauner F. (1981), Lm Zauner J. (1975), OFm Zauner M. (1945)

FF UNTERTRESSLEINSBACH

Im Jahr 1894 wurde die FF Untertreßleinsbach gegründet. Zum Kommandanten wurde Mathias Eisterer gewählt. Das erste Zeughaus der FF Untertreßleinsbach wurde 1896 erbaut. 1923 wurde von den Kameraden ein Schlauchturm aus Holz an das bestehende Zeughaus angebaut. 25 Jahre später, 1948, unter Kommandant Anton Schöberl, wurde das alte Zeughaus abgerissen und an dessen Stelle das heutige Zeughaus samt Schlauchturm errichtet. Im Jahr 1898 kaufte die Gemeinde eine Saugspritze für die FF Untertreßleinsbach. 1931 wurde aus der Feuerwehrkasse und unter finanzieller Mithilfe der Gemeinde eine DKW-Motorspritze gekauft. Die heute im Einsatz stehende Tragkraftspritze Type VW R 75 Automatik wurde 1960 von der Fa. Rosenbauer gekauft. Im Jahr 1931 kaufte die Feuerwehr einen Leiterwagen, der zu einem Feuerwehrwagen umgebaut wurde. 1950 Ankauf eines alten Lkw Steyr 2000, der zum Transport der Motorspritze und Ausrüstung verwendet wurde. 1983 Ankauf eines neuen KLF LT 35 VW 281/291 von der Fa. Rosenbauer. Seit dem Bestehen der Freiwilligen Feuerwehr Untertreßleinsbach wurden 12 Kommandanten gewählt, wo zum Teil einige Kommandanten nur kurze Zeit die Führung der Feuerwehr innehatten. Das brachten die Kriegszeit und manche schwere Krankheit einiger Kommandanten mit sich. In den Kriegsjahren wurde auch die Mannschaft stark reduziert. Die Kameraden der Freiwilligen Feuerwehr Untertreßleinsbach nehmen regelmäßig an Wettbewerben teil und haben bisher folgende Leistungsabzeichen errungen: FLA in Bronze 7 Kameraden; FLA in Silber 16 Kameraden; FULA in Bronze 2 Kameraden.

HBI Auer A. (1978), OBI Ratzenböck E. (1977) — Adelsgruber J. (1978), Adelsgruber K. (1940), Antlinger H. (1979), Antlinger H. (1959), Auinger J. (1962), Dietach A. (1953), Dietach A. jun. (1979), Dietach G. (1982), Ecker F. (1951), Eder H. (1979), Eder J. (1965), Enzelmüller J. (1979), Enzelmüller L. (1965), Enzelmüller R. (1978), Humer H. (1968), Kalteis R. (1978), Kaufmann A. (1947), Kaufmann J. (1959), Keplinger G. (1962), Keplinger G. jun. (1979), Klaffenböck F. (1959), Kolmhofer J. (1950), Kolmhofer M. (1919), Lehner A. (1950), Lehner A. jun. (1979), Lehner J. (1982), Lehner J. (1934), Mörtelbauer J. (1978), Müller J. (1950), Ortbauer A. (1953), Ortbauer H. (1979), Osterkorn K. (1918), Osterkorn W. (1951), Osterkorn W. (1980), Pfeneberger J. (1950), Ratzenböck H. (1942), Schlagintweit H. (1975), Schlagintweit M. (1922), Schmid G. (1979), Schöberl J. (1979), Schöberl J. jun., Söllinger J. (1979), Sommergruber M. (1984), Störinger J., Wagner G. (1979), Wohltan A. (1920), Wohltan J. (1950), Zauner L. (1928)

FF WAIZENKIRCHEN

Die FF Waizenkirchen wurde am 23. Juli 1875 gegründet. Bei der Gründung waren laut Protokoll 80 Personen, aktive und unterstützende Mitglieder, anwesend. Die Gründer waren: Franz Pucher, Dr. Ferdinand von Samern, Dr. Emmerich Wirt, Rudolf Deubler, Karl Mayr, Alois Dopler, Josef Bachmair, Ludwig Degeneve und Karl Degeneve. Das Zeughaus wurde im Jahr 1883 von der Marktkommune als Feuerspritzenhütte errichtet. 1905 erfolgte der Neubau der Feuerwehrzeugstätte. 1975 wurde die Zeugstätte adaptiert und renoviert. Die FF-Vereinsfahne wurde am 28. Juni 1885 geweiht. Die derzeitige Vereinsfahne wurde am 24. Juli 1965 geweiht. Im Jahre 1907 wurde eine eigene Rettungsabteilung gegründet, die im Jahr 1938 vom Roten Kreuz übernommen wurde. Laut Aufzeichnung wurden folgende Motorspritzen von der FF Waizenkirchen erworben: 1875 Saugspritze von Fa. Lehner, Wels; 1887 Saugspritze von der Marktkommune Waizenkirchen der Fa. Gugg, Braunau; 1907 Abprotzspritze von Fa. Rosenbauer, Linz; 1910 Benzinmotorspritze von Fa. Kernreuter, Wien; 1925 Benzinmotorspritze von Fa. Rosenbauer; 1938 Motorspritze von Fa. Rosenbauer; 1945 DKW-Motorspritze; 1959 Motorspritze Robe; 1964 Tragkraftspritze VW Automatik. Die Fahrzeuge der FF Waizenkirchen: erstes Rüstauto typisiert 1938, Steyr 7; 1946 Mercedes Löschfahrzeug Kübelwagen LF 8; 1958 Löschfahrzeug Ford 1250 mit Vorbaupumpe; 1968 Tanklöschfahrzeug TLF 1000; 1983 Mercedes LFB.

HBI Steinbruckner K. (1951), OBI Gruber J. (1956), AW Ing. Göschl R. (1954), AW Pillinger H. (1956), AW Ing. Proksch A. (1973), BI Gruber H. (1948), BI Kirchmeier G. (1977), BI Maier H. (1946), BI Mayr A. (1943), BI Mayrhuber P. (1963), BI Obermayr W. (1943), BI Paschinger K. (1974), BI Peham M. (1950) — HFm Aichinger A. (1974), Bm Aichinger-Biermair F. (1960), OFm Auer F. (1969), HFm Borstnar A. (1975), Lm Brunmair A. (1964), Brunmair Ch. (1980), E-BI Degeneve J. (1932), FK Detzlhofer J. (1980), HFm Deuring D. (1975), MR Dr. Deuring E. (1945), Bm Dieplinger O. (1945), Doppelmair A. (1924), Eidenberger V. (1982), HLm Faltyn H. (1952), FA MR Dr. Fattinger B. (1976), OFm Fleck G. (1976), OFm Göllner R. (1976), Fm Göllner R. (1976), Gruber G. (1981), Fm Gruber H. (1978), Lm Haderer J. (1968), Fm Hartl M. (1976), Lm Hartl R. (1974), HFm Haslehner B. (1968), Fm Haslehner F. (1979), OLm Hochmayr W. (1946), Humer Ch. (1980), Humer D. (1982), Fm Humer G. (1980), HFm Jaudas R. (1968), Kaiserseder A. (1982), Kaiserseder B. (1980), Fm Kaiserseder Ch. (1978), Fm Kaiserseder T. (1976), Lm Kaltseis E. (1973), HLm Kastner F. (1956), Keppelmüller M. (1981), OLm Löckinger G. (1974), Fm Maier W. (1975), Mair J. (1982), Lm Mair R. (1948), Lm Mairinger H. (1974), Mayrhuber A. (1982), Lm Mayrhuber P. (1970), OLm Mitter A. (1969), Fm Obermayr W. (1975), Fm Ott Ch. (1979), OLm Pillinger R. (1950), Plöderl G. (1982), OLm Reitmayr K. (1971), Renauer Ch. (1981), Fm Renauer M. (1982), Fm Sallaberger H. (1978), Sallaberger R. (1982), HFm Schmid F. (1973), E-BI Schörgendorfer K. (1924), OBI Ing. Schwamberger E., Fm Sittenthaler B. (1980), Fm Sittenthaler Ch. (1978), Steinbruckner K. (1982), Bm Steinmair J. (1956), OFm Steinmair P. (1975), HFm Traunwieser J. (1955), E-BI Wachtl H. (1941), Lm Ing. Weigl A. (1964), Bm Weinzierl R. (1958), HLm Weinzierl R. (1974), HLm Wenzl H. (1959), Bm Windhager G. (1945), OFm Windhager G. (1975), Fm Zistler J. (1981)

FF WALLERN AN DER TRATTNACH

Als 1866 die Mühle zu Wallern abbrannte, zeigte sich wieder einmal, wie nützlich eine Feuerwehrspritze gewesen wäre. Zu dieser Zeit mußte das Wasser durch eine Menschenkette mittels Eimern zur Brandstelle gebracht werden. Gemeindevorsteher Josef Eigelsberger bemühte sich daher um den Ankauf einer pferdebespannten Spritze. Schon 1867 konnte eine passende Spritze mit Saugapparat erworben werden. Phillip Schobesberger wurde als erster Kommandant eingesetzt. Alarm wurde bei Feuersbrünsten durch Glockengeläute gegeben. 1889 fand die erste Besprechung wegen Gründung einer Ortsfeuerwehr statt. Dr. Karl Fürlinger wurde zum ersten Hauptmann der neugegründeten Feuerwehr gewählt. In den Jahren 1889 und 1890 wurde je eine Spritze angekauft. 1892 konnte das neugeschaffene Feuerwehrdepot im adaptierten Gemeindehaus bezogen werden. An der Nordseite der nebenstehenden Volksschule wurde eine Aufhängevorrichtung zum Trocknen der Schläuche angebracht. Die Kriegsjahre dezimierten die Feuerwehr derart, daß nicht mehr genug Wehrmänner zur Verfügung standen, um die Löschgeräte zu betätigen. Da das Depot im Gemeindehaus für die vielen Geräte und Fahrzeuge zu klein wurde, errichtete die Gemeinde ein neues Zeugstättenhaus. 1927 erfolgte der Ankauf der ersten Benzinmotorspritze. 1976 Einzug der Wehr in das Depot im neuerbauten Wirtschaftshof der Gemeinde und Fertigstellung des modernen allradgetriebenen Tanklöschfahrzeuges (3000 l). Den Wehrmännern stehen neben dem Tankwagen noch ein leichtes Löschfahrzeug mit Vorbaupumpe, ein hydraulisches Bergegerät und schwere Atemschutzgeräte für ihren Einsatz bereit. Die Alarmierung ist modern ausgerichtet. Neben der Sirene ist auch eine „stille Alarmierung" mittels funkgesteuerter Personenrufgeräte möglich.

HBI Zauner J. (1953), OBI Weinzierl J. (1963), AW Kaliauer G. (1963), AW Kirchmeier J. (1974), AW Waltenberger J. (1971), AW Waltenberger J. (1947), AW Wiesinger N. (1938), BI Weinberger K. (1966) — Fm Arnreiter W. (1977), OLm Brandstetter J. (1956), OFm Brandstetter K. (1979), HLm Breitenfellner F. (1966), HLm Dallinger J. (1959), Fm Eder F. (1979), AW Eisterer J. (1928), JFm Franjkic I. (1981), HLm Franjkic I. (1959), HLm Fuchs M. (1963), Fm Greinecker G. (1980), PFm Greinecker J. (1983), HFm Hager K. (1976), HFm Hartlmayer H. (1977), Fm Haslinger H. (1982), HLm Haslinger J. (1975), E-HBI Hochmaier J. (1947), Fm Hofer C. (1982), OLm Hofer F. (1959), JFm Hohensinn A. (1982), HFm Igelsböck F. (1970), OLm Jungmair F. (1966), JFm Kaliauer B. (1982), HFm Kaliauer H. (1978), Fm Kellermair J. (1982), Bm Kellermair J. (1952), JFm Kirchmeier J. (1981), JFm Klinglmüller H. (1982), Fm Klinglmüller P. (1982), OFm Lackner H. (1976), OFm Lehner E. (1975), Lm Lehner N. (1975), HFm Mauthner K. (1977), OLm Mayer F. (1974), HLm Mayr W. (1921), HFm Ortner L. (1980), OFm Pamer H. (1977), HLm Petermeier F. (1971), OLm Pilsner J. (1970), OFm Rieger F. (1980), Fm Rieger J. (1982), Lm Schneeberger F. (1959), JFm Schütz H. (1983), Lm Thalhammer R. (1975), Bm Untersmayer E. (1952), Lm Untersmeier M. (1973), JFm Weinzierl R. (1982), OFm Zauner F. (1980), HFm Zauner J. (1975), OLm Zauner J. (1972), Fm Zauner R. (1982), OLm Zauner R. (1955), JFm Zauner T. (1982)

FF WEEG

Die Freiwillige Feuerwehr Weeg wurde im Jahr 1949 gegründet, mit einem Mitgliederstand von 45 Mann. Irrtümlicherweise wurde die Feuerwehr als Feuerwache geführt, 1954 wurde dies bereinigt und Weeg in das Feuerwehrbuch als Freiwillige Feuerwehr eingetragen. Für die Gründung der Freiwilligen Feuerwehr Weeg haben sich der damalige Bürgermeister Johann Stokinger, Johann Voraberger und Ulrich Voraberger besonders verdient gemacht. Die erste Motorspritze Marke DKW 800 wurde von der Firma Gugg 1949 angekauft. Als zweite Neuanschaffung wurde von der Firma Rosenbauer 1974 eine TS VW 75 erworben. Als Notunterkunft für die Motorspritze und die Geräte diente die neben dem Gasthaus Voraberger befindliche Leichenwagenhütte. 1951 wurde eine neue Zeugstätte aus Holz mit Schlauchturm errichtet, das Holz wurde von den Mitgliedern gespendet. Aus Platzmangel und Überalterung der Zeugstätte wurde 1980 ein neues Feuerwehrhaus mit Schlauchturm gebaut, wobei sämtliche Arbeiten von den Mitgliedern als Robot geleistet wurden. Das Grundstück wurde von der Gastwirtsfamilie Pointner in Weeg kostenlos zur Verfügung gestellt. Die Kommandanten seit 1949: Johann Voraberger (1949–1958), Johann Ecker (1958–1973), Franz Stelzhammer (seit 1973). Jugendbetreuer Kdt. Franz Stelzhammer begann 1975 mit der Ausbildung einer Jugendgruppe, die unter anderen Siegen viermal Landessieger der Jugendgruppen von Oberösterreich wurde. Als Lohn für die aktive Arbeit der Freiwilligen Feuerwehr Weeg wurde von der Gemeinde Wendling im Jahr 1984 ein Löschfahrzeug LT 35 angekauft.

HBI Stelzhammer F. (1958), OBI Asböck L. (1958), AW Hager A. (1949), AW Perndorfer J. (1949), AW Trinkfaß J. (1949), BI Voraberger N. (1980) — Fm Asböck F. (1979), HFm Asböck F. (1954), OFm Asböck G. (1978), HFm Baumgartner F. (1949), Fm Baumgartner J. (1978), Fm Baumgartner J. (1982), Fm Baumgartner R. (1983), Fm Baumgartner R. (1956), JFm Baumgartner R., Fm Baumgartner W. (1981), E-HBI Ecker J. (1934), Fm Frauengruber H. (1973), OFm Griesmaier G. (1982), Fm Hellwagner F. (1972), HFm Huber F. (1949), JFm Huber F., HFm Kalteis F. (1955), HFm Kalteis F. (1972), HFm Keftl J. (1949), HFm Leitner J. (1949), HFm Leitner J. (1972), HFm Maier H. (1973), HLm Nöhammer F. (1953), OFm Nöhammer J. (1982), OFm Nöhammer F. (1979), JFm Perndorfer F., OFm Perndorfer J. (1977), HFm Perndorfer J. (1972), Fm Perndorfer J. (1982), HFm Perndorfer F. (1953), HFm Pichler A. (1953), HFm Pointner M. (1974), HFm Preninger J. (1960), OFm Preninger J. (1977), JFm Rabengruber H., HFm Rabengruber J. (1951), HFm Rabengruber J. (1976), HFm Roither R. (1954), OFm Roither R. (1981), Fm Schamberger E. (1982), HFm Schamberger E. (1954), HFm Schaur F. (1951), JFm Schaur M., Fm Schlosser F. (1972), Fm Schlosser J. (1951), Fm Schneebauer Ch., Fm Schneebauer R. (1982), HFm Seifried F. (1966), OFm Spanlang W. (1963), OFm Stelzhammer F. (1981), Fm Stelzhammer R. (1982), OFm Strauß J. (1981), JFm Strauß M., Fm Traunwieser W. (1958), Fm Voraberger F. (1949), Fm Voraberger F. (1977), HFm Voraberger M. (1967), OFm Voraberger M. (1958), HBm Weinzierl W. (1958), HFm Wildhager F. (1963), JFm Zehetner F., Fm Zellinger E. (1975), JFm Zigler U.

FF WEIBERN

1873 Gründung der ersten Löschrotte, Anschaffung einer Spritze, Entstehung des Feuerwehrhauses (bis 1972 benützt). Ausrüstung und Fahrzeuge im Lauf der Jahrzehnte: 1901 Feuerlöschspritze der Fa. Gugg; 1927 neue Spritze mit Rüstanhänger; 1947 Fahrzeug der Marke Stoiwer, aufgebaut von Karl Niederndorfer; 1955 Spritze VW 70 der Fa. Rosenbauer; 1956 Lkw Opel Blitz, der umgebaut wurde; 1970 TS VW Automatik; 1972 Tanklöschfahrzeug TLF 2000; 1974 VW-Bus als KLF; 1977 neues Löschfahrzeug Mercedes Benz mit Bergeausrüstung; 1979 Verkauf des KLF, dafür Anschaffung eines KRF auf VW-LT-Basis. Seit 1972 ist die Wehr im neuen Gemeindegebäude untergebracht.

BR Harra R. (1962), OBI Stafflinger J. (1966), AW Hager M. (1970), AW Preischer H. (1951), AW Stiglbrunner J. (1968), BI Murauer H. (1962), BI Stafflinger A. (1971), BI Stockinger R. (1966), BI Wilflingseder H. (1973) — BFK Andlinger J. (1971), JFm Annerl R. (1983), HBm Anzengruber F. (1954), Fm Anzengruber H. (1966), JFm Anzengruber H. (1981), HFm Auer M. (1922), OFm Auzinger K. (1974), HFm Baumgartlinger A. (1953), Fm Baumgartner G. (1969), HFm Baumgartner K. (1949), OFm Benetseder H., Fm Benetseder J. (1953), HFm Benetseder J. (1969), Fm Benetseder R. (1977), OFm Berger J. (1965), OFm Berger K. (1956), Fm Bugram F. (1961), Fm Burgsteiner J. (1982), Buttinger R. (1973), Fm Demmlbauer F. (1964), OFm Demmlbauer F. (1971), HBm Diensthuber F. (1970), Fm Diensthuber J. (1984), Fm Dirisamer L. (1962), Fm Dirisamer R. (1972), Lm Edlbauer A. (1950), OFm Edlbauer A. (1973), HBm Edlbauer F. (1969), JFm Eichlehner W. (1981), Fm Erd A. (1948), OFm Erkner E. (1950), Erkner E. (1980), JFm Feischl K. (1982), HFm Fink F. (1966), OFm Fosselteder J. (1938), HFm Fosselteder J. (1966), OFm Fosselteder J. (1950), HLm Furtner A. (1950), OFm Furtner A. (1972), OFm Furtner B. (1973), Fm Furtner J. (1980), Fm Gietl F. (1981), PFm Gietl H. (1983), Ing. Götzendorfer G. (1976), OFm Götzendorfer M. (1934), HBm Greifeneder A. (1954), Fm Griefeneder K. (1980), Fm Gruber F. (1980), OFm Gruber M. (1951), Fm Gruber M. (1980), Fm Gründlinger F. (1953), Fm Gründlinger J. (1948), Fm Hager M. (1981), Fm Hager M. (1948), E-HBI Hamedinger H. (1958), OFm Hangl J. (1973), JFm Harra J. (1981), Fm Harra S. (1977), Fm Hatzmann G. (1977), Fm Hatzmann W. K. (1983), JFm Hiptmaier K. (1983), JFm Hiptmaier R. (1983), OFm Hiptmair E. (1977), HBm Hiptmair J. (1973), Fm Höftberger A. (1972), Fm Höftberger G. (1981), OFm Höftberger J. (1929), HFm Höftberger J. (1969), OFm Höftberger W. (1973), Lm Hörandner J. (1948), OFm Hoffmann S. (1971), Lm Holzmann F. (1923), Fm Holzmann F. (1973), OFm Holzmann J. (1928), OBm Holzmann J. (1953), PFm Holzmann J. (1983), OFm Holzmann M. (1956), JFm Humer Ch. (1983), OFm Iglseder G. (1948), HBm Kaliauer J. (1979), OFm Kosel F. (1982), JFm Kosel M. (1982), Fm Kosel W. (1978), Fm Krausgruber J. (1972), HBm Krempl J. (1953), PFm Krempl M. (1983), Lm Kumpfmüller K. (1979), OFm Lemberger F. (1949), E-BI Lemberger J. (1942), Fm Lemberger S. (1970), Bm Malzer H. (1963), Fm Mielinger F. (1950), PFm Mielinger L. (1983), Mielinger M. (1979), Fm Mittermayer H. (1955), Fm Mittermayer H. (1948), OFm Mittermayer H. (1950), HBm Möseneder J. (1958), Fm Möseneder J. (1974), Fm Möslböck H. (1948), Fm Ing. Müller H. (1973), Fm Müller H. (1976), OFm Murauer J. (1976), Fm Niederndorfer H. (1965), HFm Obermair J. (1957), OFm Oberndorfer H. (1979), OFm Oberndorfer J. (1979), HBm Ögger A. (1966), OFm Platzer J. (1950), OFm Pointner J. (1973), Fm Preischer H. (1976), HFm Raab-Obermayr L. (1929), Fm Rabengruber J. (1980), Lm Rabengruber J. (1951), Fm Rabengruber J. (1981), PFm Rameder F. (1983), Fm Rankl H. (1974), Lm Rebhan R. (1934), Fm Rebitz J. (1971), HLm Rebitz S. (1962), HFm Reichenwallner M. (1974), Fm Reichenwallner W. (1980), HFm Reitböck R. (1950), Fm Roitinger A. (1953), Bm Rottinger F. (1948), Fm Roitinger F. (1978), Fm Roitinger H. (1971), Fm Roitinger F. (1952), Fm Roitinger J. (1916), Lm Roitinger J. (1916), Fm Roitinger J. (1955), Fm Roitinger J. (1979), Fm Roitinger J. (1978), HFm Rotinger H. (1948), HLm Salfinger J. (1955), JFm Salfinger J. (1982), Fm Salfinger W. (1972), OLm Schauer H. (1962), HFm Schell H. (1975), OFm Schwarzgruber J. (1953), Fm Spanlang F. (1952), PFm Spanlang G. (1983), Fm Spanlang H. (1951), Fm Spanlang H. (1964), OFm Stafflinger F. (1932), HBm Stafflinger H. (1963), OFm Stafflinger H. (1978), Lm Starl K. (1948), OFm Starlinger F. (1966), OFm Stehrer F. (1937), E-BI Steiner F. (1946), HFm Stockinger F. (1950), HFm Stockinger F. (1966), Fm Strasser S. (1953), OFm Strasser W. (1961), OFm Stüblreiter F. (1948), OFm Stüblreiter F. (1978), PFm Thalhemmer F. (1983), Fm Thaller H. (1981), OFm Traxler J. (1974), OFm Traxler R. (1973), HLm Voraberger G. (1963), OFm Waldenberger F. (1948), OFm Wastlbauer F. (1962), Fm Watzinger A. (1963), Fm Watzinger J. (1983), HFm Weidenholzer H. (1962), JFm Weidenholzer H. (1981), Fm Weidinger R. (1935), Fm Weinberger F. (1974), Fm Weinberger H. (1948), HFm Weiß H. (1963), JFm Wieländer A. (1982), Lm Wieländer F. (1931), Fm Wiesinger A. (1961), Fm Wiesinger A. (1947), Fm Wiesinger F. (1950), Fm Dipl.-Ing. Wiesinger F. (1979), Fm Wiesinger G. (1983), Fm Wilflingseder A. (1964), HFm Wilflingseder H. (1952), Fm Wilflingseder J. (1952), OFm Wilflingseder J. (1978), Lm Wilflingseder L. (1948), Willich F. (1948), OFm Wimmer J. (1949), HLm Zauner G. (1964), Fm Zauner G. (1978), Fm Zellinger A. (1953), Fm Zöbl F. (1948), HFm Zöbl J. (1944)

FF WENDLING

Die Gemeindevertretung faßte am 4. Juli 1893 den Beschluß, eine Feuerwehr zu gründen. In der ersten Generalversammlung am 5. Februar 1894 wurden Matthias Mayrhuber (Wendling) zum Hauptmann und Alois Schamberger (Zupfing) zu seinem Stellvertreter gewählt. Hierauf wurden die 68 Mitglieder in je vier Rotten der Gruppen Wendling und Zupfing in Steiger, Werkleute, Spritzenleute und Schutzleute aufgeteilt. Jede Rotte wählte ihren eigenen Führer. Bereits am 25. Mai 1904 wurden die beiden Löschgruppen Wendling und Zupfing wegen diverser Meinungsverschiedenheiten in zwei selbständige Feuerwehren getrennt. 1906 konnte sich die Wehr aus eigenen Mitteln eine neue Handspritze anschaffen. Die Feuerwehren Wendling und Zupfing wurden am 17. Juli 1938 wieder vereint, diese Vereinigung hielt aber nur bis Kriegsende. Nach Ende des Zweiten Weltkrieges wurde am 6. Januar 1949 der Löschzug Weeg gegründet. 1943 wurde die erste Motorspritze RW 80 angeschafft und 1981 repariert und funktionsfähig gemacht. 1961: Ankauf einer Motorspritze VW TS 75. 1952 wurde vom Verlag Gutenberg der Rüstwagen Chevrolet, Bj. 1941, erstanden. 1972 wurde im Arsenal Wien vom österreichischen Bundesheer Langenlebarn ein TLF Marke GMC, Bj. 1940, ersteigert. 1982 konnte ein TLF 2000 Trupp erstanden werden. Ein Notstromaggregat, Marke Hitzinger, 30 kVA mit Zapfwellenantrieb, wurde 1983 gekauft. Für das Notstromaggregat und die VW TS 75 wurde in Eigenregie je ein dazugehöriger Anhänger gebaut. Sirene seit 1952; Atemschutz seit 1972; Funk: 2 HFG 2 m und ein 2-m-Band im TLF. Zeughäuser: ab 1920 Holzhütte; ab 1956 Neubau in massiver Bauweise mit Schlauchturm, renoviert 1983; ab 1972 Bezug der Zeugstätte im neu erbauten Gemeindehaus. 1967 wurde ein Löschteich erbaut.

HBI Ecker E. (1965), OBI Rockenschaub W. (1965), AW Atzmüller J. (1977), AW Kumpfmüller H. (1962), AW Pauzenberger K. (1961), AW Schamberger W. (1972), BI Niederhuber K. (1955), BI Schauer A. (1948) — Fm Anzengruber U. (1956), Atzmüller A. (1947), Bm Auböck R. (1949), Fm Aumeier A. (1974), Fm Baminger J. (1981), Bamminger F. (1979), Baumgartner J. (1946), Fm Ecker E. (1981), Fm Feischl A. (1981), Fm Feischl A. (1974), Feischl H. (1979), Fm Frauscher H. (1972), Fm Fürthauer G. (1979), Dr. Hietler F. (1950), Huber G. (1946), Fm Huber H. (1975), Lm Huber J. (1958), Fm Huber J. (1958), OLm Jakobi F. (1960), OLm Kreuzhuber A. (1960), Lm Kreuzhuber R. (1962), HFm Kriechbaumer A. (1974), Fm Kriechbaumer J. (1959), Fm Kriechbaumer J. (1974), Kubinger G. (1963), Kubinger U., Fm Kubinger W. (1974), Fm Kumpfmüller H. (1981), Fm Kumpfmüller K. (1974), Lechner J. (1965), Fm Macho W. (1977), Mairhuber F. (1946), Fm Manetsgruber E. (1968), Fm Mayr L. (1954), Fm Mayr L. (1934), Fm Mayrhuber F. (1948), Meingaßner A. (1983), Nagl R. (1974), Fm Niederhumber A. (1974), Partinger F., Pimmingsdorfer F. (1935), HFm Prenninger K. (1973), Prenninger K. (1932), Fm Rockenschaub I. (1930), Fm Rockenschaub W. (1979), Fm Schamberger A. (1966), Schamberger A. (1937), Fm Schamberger J. (1974), OLm Schauer G. (1972), Schauer G. (1951), Fm Schauer G. (1974), Fm Schneglberger J. (1972), Seifriedsberger J. (1959), Lm Sperl R. (1965), Fm Stelzhamer R. (1974), Fm Strasser A. (1979), Traunwieser U. (1934), Fm Trinkfaß J. (1974), Fm Voraberger R. (1981), E-AW Waldenberger J. (1959), Fm Wierer G. (1978), E-HBI Wierer J. (1954), Wiesinger F. (1952), Wilflingseder H. (1931), Zehetner F. (1983)

FF WENG

Die Gründung der Freiwilligen Feuerwehr Weng erfolgte am 3. Juli 1926 mit 34 Mann. Die erste Ausrüstung war ein Handspritzenwagen. Das erste Feuerwehrhaus wurde 1926 erbaut, das zweite 1951. Die erste Motorspritze, Type Breuer, wurde am 4. Mai 1931 angekauft, die zweite, Type VW Gugg Trokomat 800, am 25. August 1973. Das erste Feuerwehrauto, ein Jeep mit Anhänger, wurde 1948 erworben, das zweite, ebenfalls ein Jeep mit Anhänger, 1962. Am 24. Januar 1977 erfolgte der Ankauf des dritten Feuerwehrfahrzeuges, eines Ford Transit als KLF. Erste Spritzentaufe und großer Brandeinsatz war am 17. Juni 1926 beim Stadlmayr in Obertrattnach, erste Spritzentaufe der Motorspritze und großer Brandeinsatz beim Brand der beiden Bauernhäuser Mayr und Voraberger in Weng am 12. Juli 1931. Bei diesem Brandeinsatz lief die Motorspritze 20 Stunden ununterbrochen. Vom 8. bis 13. Juli 1954 erfolgte der große Hochwassereinsatz in der näheren Umgebung und in Linz, wobei ständig sieben Mann im Einsatz waren. Die Freiwillige Feuerwehr Weng stand seit ihrer Gründung unter der Leitung folgender Kommandanten: Mathias Stelzhammer (1926–1949), Johann Zahrhuber (1949–1968), Friedrich Gradinger (1968–1973), Franz Polzinger (1973–1983) und Walter Rosner (seit 1983).

HBI Rosner W. (1963), OBI Murauer A. (1979), AW Auinger W. (1979), AW Eiblhuber J. (1971), AW Kainz K.-H. (1978), BI Mühlböck W. (1970), BI Wurm J. (1956) — OLm Auinger H. (1950), Auinger H. (1972), OFm Dallinger F. (1977), OLm Frühauf H. (1950), Fm Gradinger F. (1979), Lm Gradinger F. (1949), OFm Grausgruber A. (1964), HFm Güttlinger J. (1947), OFm Höftberger F. (1977), Fm Kainz G. (1983), OLm Kainz H. (1947), HFm Kainz H. (1971), HFm Kainz W. (1975), Lm Lachner F. (1930), OLm Öffler P. (1953), HFm Ögger J. (1966), E-HBI Polzinger F. (1936), HLm Reisinger F. (1926), OFm Roither H. (1977), Fm Seifried J. (1983), Fm Sperz F. (1983), OLm Wagner J. (1926), OLm Wiesinger J. (1956), HFm Wiesinger J. (1970), Fm Wurm F. (1983), Bm Wurm J. (1928), OFm Wurm M. (1980)

FF WILHELMSBERG

Das Gründungsjahr der FF Wilhelmsberg ist 1906. Laut Gründungsversammlungsprotokoll betrug der Mitgliederstand 27 Mann. Der derzeitige Stand der Ausrüstung: KLF VW LT 35, Motorspritze Rosenbauer VW, nachdem im Gründungsjahr lediglich eine Wagenspritze vorhanden war. Das erste Zeughaus wurde im Gründungsjahr gebaut, das derzeitige Zeughaus wurde 1960 errichtet. Die erste Motorspritze wurde 1949 gekauft, eine TS 8; die zweite Motorspritze, eine RW 8, 1952 von der Fa. Rosenbauer, die dritte Motorspritze 1966: Rosenbauer-Automatik 75 VW. 1951 wurde ein Gerätewagen für die Tragkraftspritze und sonstige Ausrüstung angeschafft. Dieser Wagen wurde von einem Traktor gezogen und war bis 1975 im Einsatz. Am 8. August 1975 wurde ein KLF (gebrauchter Ford FK 1000) in Betrieb genommen. Dieses Fahrzeug wurde 1983 gegen ein KLF der Type VW LT 35 (von der Fa. Rosenbauer) ausgewechselt. Der markanteste Einsatz war am 29. September 1909. An diesem Tag brannten in der Ortschaft Oberndorf drei größere Gehöfte nieder. Ein viertes Gehöft konnte nur unter größtem Einsatz vor den Flammen gerettet werden. Der Feuerwehrmann Johann Prammer rettete bei diesem Einsatz sieben Personen vor dem Erstickungstod. Er erhielt dafür 1912 eine besondere Auszeichnung des Kaisers.

HBI Fuchshuber K. (1967), OBI Pichler E. (1975), AW Hiptmair J. (1950), AW Kaser M. (1961), BI Grüblbauer A. (1964), BI Wagner H. (1964) — E-BI Aichmair J. (1950), Fm Ameseder J. (1975), PFm Ameseder R. (1983), Lm Angermair J. (1971), Bm Angermair J. (1943), OFm Angermair J. (1971), OFm Auer J. (1967), OFm Baumgartner E. (1974), Fm Baumgartner O. (1976), Bm Berger F. (1950), Lm Berger F. (1972), Fm Berger J. (1978), Fm Berger J. (1975), OFm Berger K. (1973), E-AW Berger M. (1946), OFm Beutelmair H. (1965), Lm Beutelmair J. (1950), Fm Beutelmair J. (1978), E-AW Beutelmair J. (1951), OLm Beutelmair W. (1964), Fm Burgstaller A. (1975), HFm Einberger F. (1931), HBm Einberger M. (1931), OLm Einberger R. (1924), Fm Gotthalmseder J. (1982), PFm Graf W. (1981), OLm Grüblbauer A. (1925), Lm Hackenbuchner J. (1972), OLm Hattinger J. (1965), OFm Hiptmair H. (1974), Fm Hiptmair J. (1978), Fm Kaser M. (1978), Lm Lehner A. (1935), HFm Lehner A. (1969), OFm Lehner W. (1975), OLm Mair A. (1950), Fm Mair A. (1972), OFm Mair H. (1971), E-HBI Mair J. (1946), OFm Mair J. (1975), HLm Mair R. (1967), Fm Mairhofer J. (1978), OLm Mairinger H. (1965), Fm Mairinger J. (1926), OFm Malzer A. (1953), Fm Messenböck J. (1978), Lm Messenböck J. (1957), Fm Messenböck J. (1978), OFm Minihuber J. (1974), E-AW Minihuber J. (1957), Fm Minihuber J. (1975), Fm Mittendorfer K. (1957), PFm Neudorfer F. (1981), E-BI Oberndorfer J. (1963), Fm Pöttinger A. (1975), HLm Pötzlberger F. (1963), Fm Pottinger M. (1963), OFm Roider H.-P. (1974), E-AW Roider M. (1953), HFm Roiß F. (1924), Fm Schatzl J. (1974), PFm Schatzl M. (1975), Lm Schiller H. (1964), E-AW Seiringer H. (1946), Lm Sellinger K. (1946), PFm Sellinger R. (1982), Lm Spannlang G. (1950), Lm Stelzhamer F. (1961), OLm Strasser J. (1958), Fm Vorhauer J. (1973), Lm Wachlmair J. (1946), OFm Wachlmair R. (1974), Fm Wagner J. (1975), OFm Wiesinger F. (1961), Lm Zopf F. (1957), OFm Zopf F. (1971), OFm Zopf W. (1971)

FF ZUPFING

Die Freiwillige Feuerwehr Zupfing wurde am 18. Dezember 1904 gegründet. Als Hauptmann wurde Franz Weidenholzer bestellt. Die Gemeinde Zupfing wurde zu jener Zeit in zwei Feuerwehren geteilt, in Wendling und Zupfing. Ersichtlich ist, daß die im Jahr 1894 gegründete Feuerwehr Wendling hieß und nach zehn Jahren geteilt wurde. In den Jahren 1904 und 1905 wurde ein Zeughaus erbaut, das bald zu klein wurde und erweitert werden mußte, auch ein Schlauchturm kam dazu. Dieses Zeughaus diente bis zum Jahr 1966, als unter Kommandant Alois Pöttinger eine neue Zeugstätte geplant wurde. Diese wurde mit viel Fleiß und vielen freiwilligen Arbeitsstunden erbaut und entspricht bis heute den Anforderungen. 1984 wurde ein Schlauchturm angebaut. Vom Ankauf der ersten Pumpe bestehen leider keine genaueren Aufzeichnungen. Als zweite Pumpe wurde eine Motorspritze, Fabrikat Gugg aus Braunau, angekauft, die langjährige Dienste erwies. Da bei einem Brandeinsatz am 1. Januar 1979 die Spritze einen Motorschaden erlitt, wurde im Einvernehmen mit der Gemeinde und dem Landesfeuerwehrkommando beschlossen, eine neue Motorspritze zu kaufen. Am 28. Juli 1905 rückte die Wehr zum erstenmal beim Sighartsleitner in Holzleiten, Gemeinde Kallham, aus, wo ein Brand ausgebrochen war. Als größter Einsatz der Wehr galt der am 28. September 1907 in Neumarkt am Hausruck, wo fünf Häuser durch einen Brand eingeäschert wurden und durch das rasche Eingreifen der Wehr ein Übergreifen auf die Lederfabrik Duswald verhindert werden konnte. Hauptleute seit der Gründung waren Franz Weidenholzer (1904–1919), Engelbert Schamberger (1919–1930), Mathias Ziegler (1930–1932), Alois Kumpfmüller (1932–1957), Alois Pöttinger (1958–1975) und Rudolf Folie (seit 1976).

HBI Folie R. (1972), OBI Schreckeneder E. (1972) — PFm Atzmüller A. (1981), Auer G. (1960), Baumgartner A. (1958), Baumgartner F. (1945), Baumgartner R. (1972), Baumgartner U. (1951), Baumgartner U. (1951), Baumgartner U. (1974), Baumgartner W. (1977), Bell F. (1981), Ecker H. (1978), Feischl A. (1954), Feldbauer W. (1983), Geßwagner K. (1951), Geßwagner K. (1981), Höftberger G. (1972), Höftberger G. (1948), Holzmann A. (1962), Holzmann F. (1962), Humer J. (1949), Kubinger F. (1974), Kubinger F. (1978), Kumpfmüller F. (1983), Kumpfmüller F. (1962), Kumpfmüller L. (1949), Mairhuber J. (1948), Mayer F. (1981), Mayer H. (1981), Mittermaier J. (1920), Mühlberger J. (1952), Mühlberger J. (1981), Mühlberger R. (1945), Oberndorfer A. (1974), Oberndorfer W. (1983), Oberwagner J. (1974), Oberwagner J. (1956), Peham J. (1939), Pichler M. (1983), Pichler R. (1957), Pöttinger A. (1972), Pointner F. (1955), Raab H. (1959), Ramersdorfer J. (1969), Reisinger L. (1946), Schachermaier F. (1940), Schamberger A. (1956), Schamberger A. (1974), Schamberger H. (1958), Schamberger H. (1983), Schamberger R. (1962), Schauer F. (1974), Schauer G. (1974), Schauer G. (1981), Schauer W. (1983), Schreckeneder R. (1972), Schwanthaler A. (1950), Spanlang A. (1958), Stelzhammer J. (1983), Stelzhammer J. (1974), Strasser E. (1972), Strasser J. (1972), Zehetner F. (1961), Ziegler E. (1956), Ziegler F. (1977), Ziegler F. (1978), Zoglmaier E. (1920)

BEZIRK KIRCHDORF

43 FEUERWEHREN

Abschnitt 1	Grünburg	11 Feuerwehren
Abschnitt 2	Kirchdorf	16 Feuerwehren
Abschnitt 3	Kremsmünster	10 Feuerwehren
Abschnitt 4	Windischgarsten	6 Feuerwehren

BEZIRKSKOMMANDO

Sitzend von links nach rechts: BR Wallner Karl, BR Brunnmayr Franz, OBR Wolfram Anton, BR Bleimschein Johann, BR Steinmaßl Franz; stehend von links nach rechts: HAW Ramsebner Johann, HAW Berc Oskar, HAW Loibl Manfred, BFK P. Tretter Konrad, HAW Ramsebner Florian, BFA Prim. Dr. Dichtl Eduard, HAW Prentner Johann

FF ALTPERNSTEIN

Im Jahr 1927 wurde unter Einsatz eifriger Männer der Umgebung die Freiwillige Feuerwehr Altpernstein gegründet. Als Zeugstätte wurde beim Riegler ein hölzernes Gebäude errichtet, wo Johann Strasser als erster Kommandant die Wehr führte. Zur Brandbekämpfung standen damals eine Handdruckspritze und Leineneimer zur Verfügung. Johann Strasser war bis 1929 Kommandant der Freiwilligen Feuerwehr Altpernstein. Sein Nachfolger wurde Franz Windhager, der bis 1939 sein Amt als Feuerwehrhauptmann innehatte. Während des Zweiten Weltkrieges übernahm Förster Führlinger die Führung der Wehr und wurde später von Franz Braunreiter abgelöst. Nach Kriegsende wurde eine gebrauchte Motorspritze samt Einachsanhänger angeschafft. 1953 legte Braunreiter seine Stelle als Kommandant zurück; sein Nachfolger wurde Franz Strasser. Unter seiner Führung wurde ein Zweiachsanhänger angekauft. 1955 wurde Johann Schmied von den Feuerwehrkameraden zum Kommandanten gewählt. Unter Schmieds Führung wurde 1958 ein neues Zeughaus gebaut und 1961 ein Löschteich errichtet. 1971 wurde das erste Rüstfahrzeug, ein Land Rover, gekauft, auf den später eine Vorbaupumpe montiert wurde. Im Jahr 1976 wurden auch zwei Funkgeräte angeschafft. Nach 23 Jahren (1978) legte Kommandant Johann Schmied seine Funktion als Kommandant zurück und Franz Zeitlinger übernahm sein Amt. 1981 wurde ein weiterer Löschteich in der Sonnseite errichtet. 1983 trat Franz Zeitlinger nach nur einer Amtsperiode als Feuerwehrhauptmann zurück, und nach ihm übernahm Herbert Schmied die Führung der Wehr.

HBI Schmied H. (1967), OBI Oberhauser H. (1969), AW Rinnerberger R. (1972), AW Schmied J. (1975), AW Spernbauer G. (1970) — Fm Etzelsdorfer H. (1980), Etzelsdorfer K. (1929), Fm Hofmann E. (1977), Lm Hofmann J. (1954), Lm Huemerlehner F. (1934), E-AW Oberhauser F. (1950), HFm Pfarrl A. (1961), Fm Prachersdorfer W. (1977), OFm Prentner H. (1971), OFm Schmied G. (1977), E-HBI Schmied J. (1951), Bm Schrefler E. (1977), OBm Schrefler E. sen. (1948), OLm Spernbauer F. (1953), Bm Strasser F. (1951), Lm Strasser H. (1974), Fm Vorauer H. (1980), OLm Windhager F. (1948), Fm Winter F. (1981), Fm Winter H. (1977), HFm Winter R. (1959), Lm Zeitlinger F. (1955), Bm Zeitlinger F. (1927)

FF BREITENAU

Nach einem Brand beim Kramlgut im Jahr 1895 faßten die Besitzer des Breitenauertales den Entschluß, eine eigene Feuerwehr zu gründen. Die erste Sitzung wurde am 23. Februar 1896 im Gasthaus Rebhandl einberufen. Aus dem Sitzungsprotokoll geht hervor, daß der Sensengewerke Julius Schweiger zum ersten Wehrführer gewählt wurde und sein Amt bis zum Jahr 1898 ausübte. Von 1898 bis 1904 war Ignaz Priller, von 1905 bis 1906 Ludwig Neubacher, von 1907 bis 1908 Hans Kaun, von 1909 bis 1911 Josef Schwingenschuh und von 1911 bis 1945 Franz Priller Wehrführer. Während dieser Zeit wurden drei Feuerwehrstätten aus Holz gebaut. Die Ausrüstung umfaßte zwei Handspritzen und eine Motorspritze sowie 700 m Schläuche. Nach dem Zweiten Weltkrieg, im Jahr 1945, wurde Franz Steiner zum Kommandanten gewählt. Er war bis 1978 in diesem Amt tätig. Während Steiners Amtsperiode wurden zwei Tragkraftspritzen und ein Kleinlöschfahrzeug angekauft; 1954 entstand das erste Feuerwehrhaus in Massivbauweise, und es wurde auch ein Löschteich errichtet. Seit 1978 ist Johann Rohrauer Kommandant der Freiwilligen Feuerwehr Breitenau. Im Jahr 1980 wurde mit dem Bau eines neuen Feuerwehrhauses begonnen, das im Jahr 1983 fertiggestellt und eingeweiht wurde. Ebenso wurde ein zweites Einsatzfahrzeug gekauft. Die Freiwillige Feuerwehr Breitenau verfügt auch über ein mobiles und drei Handfunkgeräte.

HBI Rohrauer J. sen. (1949), OBI Welser H. (1972), OBI Rußmann K. (1956), AW Auer O. (1969), AW Brandstetter A. (1949), AW Brandstetter H. (1978), AW Dir. Krennmayr H. (1953), AW Riedl A. (1947), AW Rohrauer H. (1959), AW Rohrauer J. (1975), BI Gaisbachgrabner R. (1969), BI Kores A. (1958), BI Rettenbacher K. (1971), BI Rohrauer H. (1959) — Fm Agspalter E. (1937), OLm Arthofer J. (1975), OFm Bachmayr O. (1973), Fm Bachmayr O. sen. (1948), Fm Berger G. (1972), Fm Berger L. (1948), HFm Berger S. (1932), HFm Bernegger J. (1931), Lm Bernögger G. (1975), HFm Bernögger G. (1982), HFm Brandstetter A. (1982), HFm Buchegger L. (1925), Fm Eder F. (1965), OLm Eder J. (1934), Fm Gaisbachgrabner F. (1972), HFm Gaisbachgrabner J. (1949), HFm Gaisbachgrabner J. (1935), HFm Gaisbachgrabner R. (1924), BI Gschliffner K. (1922), HFm Hörzing J. (1928), AW Huber F. (1924), HFm Kerbl F. (1937), HFm Kerbl W. (1980), Lm Kienbacher A. (1946), BI Kienbacher J. (1947), HFm Klausriegler A., Lm Klausriegler F. (1929), HFm Kothgaßner A. (1981), HLm Kothgaßner J. (1978), Fm Kothgaßner J. sen. (1965), BI Moser F. (1931), Fm Peithner F. (1947), OFm Platzer F. (1978), HFm Platzer F. sen. (1946), Fm Plursch H. (1949), OFm Plursch H. jun. (1980), Fm Pointner E. (1968), HFm Priller E. (1932), HFm Priller F. (1922), HFm Priller H. (1937), OFm Priller H. jun. (1977), Lm Priller H. sen. (1946), HFm Priller H. (1968), Fm Pühringer E. (1981), HFm Redtenbacher H. (1928), OFm Redtenbacher R. (1946), OLm Rettenbacher J. (1949), Bm Riedl F. (1964), Bm Rohrauer E. (1972), HLm Rohrauer E. (1963), OLm Rohrauer F. (1955), HFm Rohrauer F. (1929), HLm Rohrauer F. jun. (1975), HFm Rohrauer H. (1982), E-OBI Rohrauer I. (1918), Fm Rohrauer O. (1983), HLm Rohrauer R. (1972), HFm Schwingenschuh H. (1982), HLm Schwingenschuh J. (1951), HFm Schwingenschuh J. (1982), Lm Steiner A. (1947), OLm Steiner H. (1951), AW Steinriegler E. (1948), Fm Stöger K. (1954), HFm Welser L. (1949), HFm Windhager J. (1948), OLm Zelinka A. (1949), Fm Zemsauer A. (1983), HFm Zemsauer F. (1949), HFm Zemsauer G. (1981), HFm Zemsauer L. (1920)

FF EGGENSTEIN

Die Freiwillige Feuerwehr Eggenstein wurde am 2. Februar 1907 gegründet. Zum Hauptmann wurde der Stiftsförster von Theuerwang, Karl Jäger, gewählt. Von der FF Pettenbach wurde eine hölzerne Saugspritze übernommen. Als Zeugstätte diente eine hölzerne Hütte am Ortsausgang von Eggenstein. 1912 wurde eine neue Saugspritze für Pferdegespann angekauft. 1914 begann eine schwierige Zeit, da fast die Hälfte der Kameraden zum Militärdienst eingezogen wurde. Das hölzerne Zeughaus wurde 1923 durch ein gemauertes in der Ortsmitte von Eggenstein ersetzt. Das erste Feuerwehrauto, ein Austro-Daimler 60 PS, wurde 1929 gekauft. 1938 wurde die erste Motorspritze R 51 gekauft. 1950 wurde das alte Rüstfahrzeug durch ein moderneres der Type Chevrolet ersetzt. 1956 wurde die Mannschaft vollständig eingekleidet. Anstelle der Holzhütte, welche im Gründungsjahr als Zeugstätte diente, konnte 1957 das Grundstück von Johann Bauernhuber zum Neubau des derzeitigen Feuerwehrhauses angekauft werden. 1958 wurde das Feuerwehrhaus erbaut. Dank der guten Planung des damaligen Kommandos entspricht es noch den heutigen Anforderungen. Der Ankauf einer Motorspritze R-VW wurde 1962 getätigt. 1966 wurde das derzeitige LLF Type Mercedes 408 von der Firma Rosenbauer angekauft. 1974 wurde die Wehr mit Funk ausgerüstet, und 1975 konnte das Dach des Feuerwehrhauses mit Eternit eingedeckt und der Schlauchturm mit Alu-Ropa verkleidet werden. Atemschutz DA 58 und ein Notstromaggregat 12 kVA konnten 1977 angeschafft werden. 1980 wurde ein TLF A 1000 Unimog von der FF Magdalenaberg erworben. Am 27. September 1983 konnte durch den Bürgermeister der Gemeinde Pettenbach, Wilhelm Straßer, der Kaufvertrag für einen neuen TLF 2000 Trupp-Steyr 591 abgeschlossen werden.

HBI Platzer R. (1952), OBI Hackl R. (1963), AW Aitzetmüller F. (1957), AW Götzendorfer F. (1969), AW Prielinger J. (1959), BI Rapperstorfer F. (1961), BI Unterberger J. (1962) — E-HBI Aitzetmüller F. (1927), HBm Bamminger G. (1973), HFm Bamminger J. (1971), Fm Bamminger J. (1977), Fm Bamminger W. (1982), HFm Buchegger J. (1970), OFm Götschhofer F. (1982), Fm Götschhofer A. (1980), Fm Hillingrathner J. (1982), OFm Hillingrathner W. (1980), HFm Hutterer H. (1972), HFm Hutterer M. (1970), Fm Kadletz K. (1980), E-BI Kaltenbrunner J. (1922), OLm Kolnberger J. (1972), HFm Lugstein B. (1951), Fm Pichler R. (1980), HBm Platzer F. (1976), HBm Platzer R. (1978), OFm Platzer R. (1975), PFm Prielinger F. (1983), OLm Rapperstorfer A. (1966), HFm Rathner F. (1971), Lm Schmitzberger J. (1953), OBm Sperrer H. (1949), Fm Steinhuber F. (1982), OBm Weigerstorfer F. (1948), HFm Wieser J. (1969)

FF EHRNSDORF

Wie der Chronik zu entnehmen ist, bildete sich am 3. Juni 1923 ein Gründungskomitee. Am 25. Juni 1923 wurde eine Gründungsversammlung einberufen, bei der 27 Mann der Feuerwehr beitraten. Zum Kommandanten wurde Georg Dietermayr gewählt. Die Feuertaufe erhielt die Wehr am 5. Januar 1924 anläßlich des Brandes des Weiermairhauses in Wartberg. 1924 wurde der Beschluß zum Bau eines Zeughauses gefaßt, und noch im gleichen Jahr konnte das neue Zeughaus gesegnet werden. Kurz bevor die Wehr durch Landesgesetz vom 2. Juli 1938 ihre Eigenständigkeit verlor, wurde eine Tragkraftspritze, welche die Handdruckspritze ablöste, angekauft. Im Jahr 1938 wurde die Wehr als Löschzug in die Ortsfeuerwehr eingegliedert. Der Krieg lichtete die Reihen der Wehr erheblich – viele Kameraden kehrten nicht mehr in die Heimat zurück. Am 1. September 1948 erhielt die Freiwillige Feuerwehr Ehrnsdorf ihre Selbständigkeit wieder. Das damalige Kommando beschloß, die Wehr von Grund auf zu erneuern. 1949 wurde ein neues Kommando gewählt. An Ausrüstung galt es viel nachzuschaffen. 1953 wurde der erste Rüstwagen angekauft. 1962 konnte die alte Tragkraftspritze durch eine neue VW R 75 ersetzt werden. Im Jahr 1965 wurde das Zeughaus in Eigenregie von Grund auf neu gebaut. Da der Rüstwagen, ein ehemaliges Kriegsfahrzeug, nicht mehr funktionstüchtig war, wurde im Oktober 1970 ein neuer Rüstwagen, Marke Land Rover, angeschafft, dem bereits sieben Jahre später ein Kleinlöschfahrzeug folgte. Im Mai 1983 konnte die Wehr ihr 60jähriges Bestandsjubiläum feiern.

HBI Neudecker F. (1968), OBI Pürstinger R. (1966), AW Kerschbaumer A. (1974), AW Kraxberger F. (1962), AW Reder J. (1962), BI Dietermaier K. (1974), BI Werner J. (1959) — Fm Bamberger J. (1956), E-HBI Dietermaier K. sen. (1948), Fm Großholzner F. (1979), HFm Hagmüller J. (1974), HFm Hagmüller J. sen. (1948), HFm Hagmüller M. (1978), OBm Haider J. (1968), HFm Hehenberger H. (1978), HFm Hertl W. (1978), E-BI Hertl W. sen. (1948), HFm Hillinger J. (1959), HFm Hillinger R. (1978), OFm Hörtenhuemer J. (1981), E-AW Hornhuber J. (1948), HFm Huemer J. (1948), OFm Kimpflinger J. (1980), HFm Kremshuber H. (1974), HFm Kronegger J. (1975), OFm Kronegger L. (1981), HLm Mayr G. (1970), Fm Mayr H. (1979), HLm Mayr J. (1974), HFm Mayr K. (1948), E-AW Messerer J. (1948), HFm Mörtenhuber K. (1975), HFm Mörtenhuber K. sen. (1952), JFm Neudecker S. (1979), Lm Passenbrunner J. (1968), HFm Passenbrunner J. (1975), E-AW Pesendorfer L. (1948), HFm Pürstinger F. (1966), JFm Pürstinger G. (1979), Fm Pürstinger R. (1979), JFm Pürstinger W. (1982), JFm Schlattl F. (1982), HFm Soringauer J. (1948), Fm Soringauer J. (1979), Fm Steinmayr F. (1979), Fm Steinmayr J. (1979), HFm Sturmberger H. (1974), HFm Sturmberger R. (1974), HFm Sudasch L. (1948), HFm Weiermaier J. (1974), HFm Weiermaier J. sen. (1948), Fm Weiermaier J. (1979), HFm Weißenbrunner H. (1978), E-HBI Weißenbrunner H. (1957), Fm Weißenbrunner S. (1979), Fm Werner J. (1979)

FF FRAUENSTEIN

Die Freiwillige Feuerwehr Frauenstein wurde 1906 gegründet. Zwei Jahre stand eine gebraucht angekaufte Pumpe, Marke unbekannt, in Verwendung. Dann wurde aus Anlaß des 60jährigen Regierungsjubiläums von Kaiser Franz Joseph ein Ansuchen an das Kaiserhaus gerichtet und um Unterstützung ersucht. Daraufhin wurde ein Geldbetrag zum Ankauf einer neuen Handdruckspritze gewährt. Errichtung eines Zeughauses 1908 aus Holz auf einem Grundstück beim Moar in Ramsau. Während des Ersten Weltkrieges sind zahlreiche Mitglieder gefallen. In den zwanziger Jahren gab es einige Krisen innerhalb der Feuerwehr. Es wurde Kritik am Kommandanten Franz Trahuber geübt, weil zuwenig Aktivitäten gesetzt wurden. Dieser wurde dann abgelöst. Zwischen 1929 und 1931 wurde ein neues, gemauertes Zeughaus am gleichen Ort wie das hölzerne errichtet. Von 1938 bis 1945 gab es keine eigenen Aktivitäten, weil während des Hitlerregimes der Anschluß an die Feuerwehr Molln angeordnet wurde. Frauenstein war nur Löschzug, erhielt aber wegen seiner Aktivitäten Belobigungen. Nach dem Krieg wurde eine DKW-Motorspritze angekauft. Diese brachte bei Einsätzen Probleme, weil der Motor oft nicht ansprang. In den fünfziger Jahren wurde die Löschwasserversorgung im gesamten Einzugsbereich gesichert. Es wurden vier Löschteiche errichtet. 1965 kaufte die Feuerwehr ein gebrauchtes Löschfahrzeug. Damit gab es keinen einzigen Einsatz. Später wurde ein gebrauchter VW-Bus erworben. Auch der reichte nicht. 1974 wurde ein neuer Land Rover angekauft, dieser wurde inzwischen mit Vorbaupumpe versehen. Auch eine VW-Motorspritze ist vorhanden. An das Zeughaus wurde ein Schlauchturm angebaut und der elektrische Strom eingeleitet. Die Feuerwehr führt seit 1978 Umweltschutzaktionen durch.

HBI Kerbl A., OBI Bindreiter R., AW Bloderer R., AW Dirngrabner E. jun., AW Pöllhuber G., BI Weissengruber J. — Aigner M., Bankler A., Bankler G., Bernögger A., Bernögger F., Bernögger J., Bernögger J. jun., Bloderer J., Brösenhuber F., Dirngraber F., Dirngrabner E., Dirngrabner N., Ebner F., Edtbauer A., Edtbauer A. sen., Federlehner A., Federlehner F., Fuchs K., Fuchs S., Gradauer L., Gruber E., Kerbl G., Kirchweger J., Kirchweger J. jun., Kirchweger J. sen., Kirchweger K., Kirchweger L., Kreindl V., Lattner G., Pöllhuber J., Prenninger A., Prieler R., Resch H., Resch J., Resch S., Rohrauer A., Rohrauer E., Rohrauer F., Rohrauer J., Rohrauer J., Rohrauer J., Schersch A., Schersch W., Schmiedtaler L., Schöngruber A., Schöngruber W., Singer A., Stoiber J., Thaller F., Trinkl F., Trinkl J., Wallerberger F.

FF GROSSENDORF

Als 1922 in Grossendorf das Annerlbauerngut brannte, war dies der ausschlaggebende Anlaß, eine Feuerwehr zu gründen. Unter der Führung von Josef Minichmair, er war Mitglied der FF Ried, und von Bürgermeister Franz Maringer wurde 1923 in Grossendorf ein Löschzug errichtet, damit auch in diesem Teil der Gemeinde eine rasche Brandbekämpfung gewährt sei. Da die FF Ried zu dieser Zeit einen neuen Spritzwagen erhielt, wurde der alte Spritzenwagen mit Handpumpe dem neuerrichteten Löschzug in Grossendorf als Grundausrüstung überlassen. Mit der Weihe des neuerrichteten Feuerwehrhauses im August 1923 wurde ein weiterer Grundstein gelegt. Am 20. April 1927 wurde der Löschzug Grossendorf als selbständige Wehr anerkannt. In das erste Kommando wurden Kommandant Josef Minichmair, Stellvertreter Simon Windischbauer, Schriftführer Josef Krumphuber, Kassier Fr. Maringer gewählt. 1937 wurde von der Fa. Rosenbauer eine neue TS R 50 angekauft. Von 1938 bis 1945 wurde so wie bei den anderen Wehren unserer Gemeinde die Eigenständigkeit aufgehoben und die Wehr unter das Kommando von Gemeindewehrführer Huemer gestellt. 1948 wurde als erstes Löschfahrzeug ein Dodge angekauft. Dieser wurde in Eigenregie als Feuerwehrauto aufgebaut. Da das damalige Zeughaus zu klein war, mußte das Auto in einer Garage der Fa. Moosberger eingestellt werden. 1952 wurde ein neues Feuerwehrhaus errichtet. 1964: Anschaffung einer TS RVW 75. 1968: 1 KLF Fiat. 1970: Beschaffung eines mobilen Funkgerätes im UKW-Bereich und einer Schaumausrüstung. 1974: Kauf einer TS VW-Automatik, 1979: 1 KLF VW LT 35, 1982: Handsprechfunkgerät 2-m-Band. Seit 1980 ist Grossendorf an das Sirenennetz und an die Funkalarmierung angeschlossen.

HBI Krennhuber K. (1960), OBI Dietachmeier K. (1961) — Achleitner J. (1963), Baumgartner E. (1965), Baumgartner E. (1974), Derflinger F. (1982), Dietachmeier F. (1982), Dietachmeier K. (1974), Hagmeier G. (1963), Hagmeier J., Heim F. (1955), Heim F., Krennhuber J. (1982), Krumphuber F. (1973), Krumphuber J. (1948), Krumphuber J. (1973), Krumphuber J. (1923), Lindinger A. (1965), Mayr F. (1982), Minichmair E. (1976), Mosberger J. (1923), Moser F. (1961), Pühringer F. (1955), Raab A. (1969), Salaböck W. (1982), Schmidt J., Stinglmeier W. (1968), Weiermeier G. (1973), Weiermeier J. (1977), Zaunmeyr F. (1936), Zaunmeyr F. (1976)

FF GRÜNBURG

Die Freiwillige Feuerwehr Grünburg wurde am 3. Juni 1876 gegründet. Der Gründungsausschuß bestand aus neun Mann. Über die Tätigkeit unserer Wehr gibt es erst seit 1915 schriftliche Aufzeichnungen. Als Löschgeräte standen der Feuerwehr damals drei Handdruckspritzen mit dem dazu notwendigen Schlauchmaterial zur Verfügung. Mittels Pferdegespann wurden diese zu der dem Brandobjekt nächstliegenden Wasserentnahmestelle gebracht. Sämtliche Feuerwehrmänner mußten den oft weiten Weg zu Fuß zurücklegen. Anfang der zwanziger Jahre wurde für die Anschaffung einer Motorspritze ein Fonds errichtet, in dem aus Erlösen von Veranstaltungen Geld angespart wurde. Am 25. September 1927 wurde diese neue Spritze unter Kommandant Johann Winkler eingeweiht. Während der Kriegsjahre erlitt unsere Wehr eine arge Schwächung. Ein kleiner Trupp alter Feuerwehrmänner unter dem Kommando von Theodor Weiß sen. legte nach dem Krieg den Grundstein für den neuerlichen Aufbau der FF Grünburg. 1946 wurde aus Wehrmachtsbeständen ein Opel Blitz als Rüstfahrzeug aufgebaut. 1957 wurden das zweite Rüstfahrzeug (Steyr A/Typ) und eine moderne VW-Motorspritze eingeweiht. In den folgenden Jahren wurde laufend die technische Ausrüstung der Wehr den Betrieben, Verkehrswegen und Gebäuden angepaßt. Seither wurden angekauft: 1 TLF Steyr 680 mit Seilwinde und dazugehöriger Ausrüstung, 1967 ein KLF Land Rover, 1973 1 Mannschaftsfahrzeug Ford Transit, 1976 ein Stromaggregat Bosch 5 kVA, 1983 1 LFB Mercedes 508 D mit TKS VW-Supermatik 80. Von 1969 bis 1976 wurde hinter der Gemeinde ein neues Feuerwehrzeughaus gebaut. Neben technischen Einsätzen und Brandeinsätzen hat die Wehr die häufigen Hochwasserkatastrophen entlang des Steyrflusses zu bewältigen.

HBI Weiß T. (1952), OBI Schwarz K. (1963), AW Hönig K. (1951), AW Schroff J. (1963), AW Vittinghoff G. (1965), BI Weiß T. jun. (1976) — HLm Anderluch A. (1959), Lm Aumüller G. (1974), HBm Bemmer G. (1963), HFm Bichler A. (1977), Lm Feßl L. (1937), OLm Fröstl A. (1969), HFm Fürlinger J. (1951), OFm Hönig K. jun. (1980), Fm Juvancic G. (1982), HFm Juvancic J. (1977), Bm Kammerhuber J. (1969), Lm Kerbler E. (1971), Lm Ing. Kieweg J. (1974), OLm Kletzmayr H. (1971), OLm Laukas E. (1971), HFm Laukas E. jun. (1973), OFm Lindner F. (1979), Fm Löwelhuber J. (1982), HFm Magele F. (1979), E-BI Schmidinger G. (1956), Fm Schmidt H. (1982), Lm Schnellnberger J. (1966), Bm Skerlan P. (1974), HFm Staudinger A. (1948), Bm Teichmann E. (1958), OLm Traunmüller M. (1965), HBm Wallner R. (1956), HFm Weiß H. (1978), Fm Weiß R. (1982)

FF GUNDENDORF

Gründungsjahr der FF Gundendorf war das Jahr 1922, in dem auch der Ankauf einer neuen Handdruckspritze mit Pferdegespann vorgenommen wurde. Die Einweihung des neuen Zeughauses erfolgte am 17. Juni 1923. Die erste Wahl des Kommandos und des Ausschusses war am 8. Jänner 1924. Erster Kommandant wurde Johann Fischereder (Kanzlmaier) und Kommandantstellvertreter Franz Gundendorfer (Lahmaier). Im Jahr 1930 wurde eine größere Handdruckspritze angekauft. Im Mai 1938 wurde der bisherige Stellvertreter Franz Gundendorfer zum Kommandanten und Franz Schwarzlmüller zum Stellvertreter des Kommandanten gewählt. 1940 wurde eine neue Motorspritze DKW R 80 angekauft. Während des Krieges stand die Feuerwehr als Löschzug Gundendorf unter dem Kommando von Pettenbach. 1947 wurde Franz Straßmair (Gundenmair) Kommandant. Im Jahr 1949 wurde Georg Neuhauser (Schröckerbauer) zum Kommandanten und Ferdinand Hubinger (Ober-Machleithen) zu dessen Stellvertreter gewählt. Im August 1954 wurde eine Alarmsirene und im Mai 1960 eine neue, leistungsfähigere Motorspritze, eine VW-Automatik, angeschafft. Am 18. September 1960 wurde das 40jährige Gründungsfest gefeiert und die Weihe der neuen VW-Motorspritze vorgenommen. Auch Landesfeuerwehrkommandant Hartl war zu diesem großen Fest erschienen. Im April 1968 wurde der Ankauf eines neuen Rüstwagens Fiat 1300 getätigt, welcher am 5. Mai 1968 im Rahmen der Florianimesse in Pettenbach die kirchliche Segnung erhielt. Da für den neuen Rüstwagen das alte Zeughaus zu klein geworden war, mußte ein Erweiterungsbau vorgenommen werden, welcher im Juli 1970 fertiggestellt wurde. Die kirchliche Segnung des neuen Zeughauses fand am 7. Mai 1972 statt.

HBI Atzlinger J. (1949), OBI Egger J. (1954), AW Egger J. (1980), AW Steinmaurer A. (1966), AW Steinmaurer J. (1947), BI Steinmaurer F. (1960), BI Steinmaurer J. (1979) — Lm Aigner F. (1972), HBm Aitzetmüller J. (1954), Fm Aitzetmüller J. (1980), Fm Aitzetmüller M. (1982), Fm Atzlinger G. (1980), OFm Atzlinger J. (1974), HBm Austaller A. (1960), Fm Austaller K. (1980), OFm Bimminger K. (1972), Fm Brunner J. (1980), Bm Gundendorfer F. (1938), HFm Hageneder J. (1947), OLm Haslinger M. (1963), E-OBI Hubinger F. (1938), OLm Hubinger F. (1968), E-BI Leithenmaier A. (1938), Lm Leithenmaier F. (1968), E-HBI Neuhauser G. (1947), Fm Neuhauser W. (1982), OFm Passenbrunner J. (1979), HFm Passenbrunner W. (1974), PFm Ramsebner E. (1983), HFm Reiter J. (1972), OLm Schardt P. (1971), Schwarzlmüller F. (1923), OLm Stadler A. (1960), Fm Steinmaurer A. (1980), HBm Straßmaier F. (1972), HFm Straßmaier J. (1974), Fm Straßmair F. (1981), OFm Weingartner F. (1979), PFm Weingartner K. (1983)

FF HINTERSTODER

Im Frühjahr 1904 brach am Tamberg ein gewaltiger Waldbrand aus. In der Gemeinde bestand zu dieser Zeit noch keine Feuerwehr, weshalb von der Bezirkshauptmannschaft Kirchdorf der Auftrag erteilt wurde, in der Gemeinde eine Feuerwehr zu gründen. Gemeindesekretär Franz Windscheck veranlaßte 1905 den Beitritt von Männern zur Feuerwehr und leitete die Gründungsversammlung ein. Weitere Gründungsmitglieder waren Elias Schweiger (Hauptmann), Karl Vogl (Kassier) und Rupert Langeder. Bürgermeister Stefan Ramsebner kaufte von der Firma Rosenbauer eine Handdruckspritze mit Schläuchen. 1910 wurde am Pfarrhofgrund ein Zeughaus gebaut, welches 1945 von der Gemeinde der Musikkapelle und dem Bergrettungsdienst zur Verfügung gestellt wurde. Im gleichen Jahr wurde mit Hilfe der Wehrkameraden ein neues Feuerwehrhaus gebaut, das in den Jahren 1982/83 unter Feuerwehrkommandant und Bürgermeister Karl Wallner zu einem modernen Feuerwehrhaus umgebaut und erweitert wurde. Von der deutschen Wehrmacht wurde 1945 ein Mercedes gekauft, der für die Feuerwehr umgebaut wurde und bis 1960 seine Dienste erfüllte. 1960 wurde ein UNIMOG und 1976 ein Tankwagen, der den Anforderungen des modernen Feuerwehreinsatzes entspricht, angekauft. Im Laufe der Zeit wurden von der Freiwilligen Feuerwehr zahlreiche Löscheinsätze an Wohn- und Wirtschaftsgebäuden, an Mühlen, Villen usw. durchgeführt. Die Kameraden waren auch an zahlreichen Katastropheneinsätzen beteiligt. In den Kriegsjahren waren nur zwölf Wehrmitglieder zu Hause, so daß von der damaligen NSDAP-Ortsgruppenleitung Frauen für die Feuerwehr dienstverpflichtet wurden.

BR Wallner K. (1950), OBI Rohregger K. (1949), OBI Grabner W. (1942), AW Pernkopf A. (1974), AW Pernkopf J. (1950), AW Pilgerstorfer S. (1983), BI Hackl W. (1964) — Bm Auinger A. (1968), Fm Auinger H. (1976), Fm Bachmayr A. (1982), Fm Baumschlager A. (1982), Bm Beinhaupt R. (1963), Fm Beinhaupt T. (1982), Fm Eder E. (1982), HFm Frech E. (1964), Fm Gößweiner J. (1959), HFm Hackl G. (1964), Fm Hackl H. (1977), Fm Hackl M. (1976), HFm Hackl P. (1969), HFm Hackl R. (1970), OFm Herzog H. (1974), OFm Herzog R. (1974), Fm Holzer H. (1976), Fm Kelemen A. (1980), HFm Klinser S. (1942), HFm Kloihofer H.-G. (1982), OFm Kniewasser H. (1974), OLm Kniewasser H. (1943), HFm Kniewasser H. (1963), Lm Kniewasser J. (1973), OFm Kniewasser J. (1970), HFm Kniewasser W. (1964), HFm Kolmeigner G. (1943), HFm Lercher A. (1958), Lm Ing. Lindner W. (1976), HFm Luzcanitz F. (1975), OFm Mühlberger O. (1972), Fm Öhlschläger K. (1980), OFm Pachleitner F. (1970), HFm Pachleitner F. (1946), OFm Pernkopf G. (1974), OFm Pernkopf H. (1974), HFm Pichler A. (1954), OFm Piokker R. (1974), HFm Pirhofer R. (1969), OLm Prieler J. (1942), HFm Ramsebner E. (1942), OFm Ramsebner K. (1974), OFm Riedler E. (1961), Fm Riedler H. (1982), FA Dr. Rohkar P. (1975), Fm Rohrauer Ch. (1976), OFm Rohregger K. (1974), Fm Roithner G. (1975), Fm Roithner R. (1975), Fm Saxenauer W. (1977), HFm Schönegger F. (1947), HFm Schoiswohl J. (1959), OFm Schoiswohl P. (1974), OFm Ing. Schoiswohl W. (1974), HFm Schuster A. (1950), OFm Stöttinger H. (1974), Fm Stummer A. (1976), HFm Stummer R. (1959), OFm Sulzbacher H. (1969), Fm Tannenberg H. (1982), HFm Wallner H. (1963), OFm Zinganel J. (1974)

FF INZERSDORF

Die Freiwillige Feuerwehr Inzersdorf wurde 1907 gegründet; zum Kommandanten wurde Johann Aufischer gewählt, der bis 1926 im Amt blieb. Es wurde eine Handspritze gekauft und in einem Kohlenstadel eingestellt. 1926 wurde Ferdinand Windischbauer Kommandant. Der erste Zeughausbau erfolgte 1927. 1932: Ankauf einer Rosenbauer- Motorspritze. Von 1936 bis 1939 war Franz Braunsberger Kommandant der Wehr. 1939 wurde Franz Pöllhuber zum Kommandanten bestellt (bis 1953). 1945 wurde aus Wehrmachtsbeständen ein Steyr A-Typ als erstes Auto sowie eine DKW-Spritze erworben. 1953 wurde Georg Gotthardtsleitner zum Kommandanten gewählt, der seine Funktion bis 1963 ausübte. Zeughausbau in Wanzbach 1957. Löschteiche wurden in Inzersdorf und Wanzbach errichtet. Von 1963 bis 1968 war Michael Huemer Kommandant. 1966 erfolgte der Bau des Zeughauses (Musikheim) nach neuestem Stand, 1963 wurde ein Rüstwagen KLF-FK 1000 sowie eine Rosenbauer VW-Automatik angekauft. 1968 wurde Franz Bauer zum Kommandanten gewählt und das Zeughaus fertiggestellt sowie 1971 ein Rüstwagen Opel Blitz angekauft. Kurz vor dem Tod des Kommandanten (1972) wurde das Zeughaus eingeweiht; bis zur Neuwahl 1973 führte Kommandant-Stellvertreter Eduard Moser die Wehr. 1973 wurde Stefan Lindpichler zum Kommandanten gewählt, der zur Zeit die Wehr führt. Im Lauf der letzten Jahre wurde die technische Ausrüstung vervollständigt und ein RLF Mercedes angekauft, um für jeden Einsatz gewappnet zu sein.

HBI Lindpichler S. (1957), OBI Pramhas S. (1963), AW Mayr J. (1968), BI Bögl H. (1963), BI Huemer F. (1968) — OFm Baumgartner F. (1928), OFm Bloderer F. (1978), Fm Bloderer L. (1982), OFm Bloderer S. (1978), OFm Gegenleitner F. (1974), HBm Gotthardtsleitner G. (1926), OFm Gotthardtsleitner G., HFm Hinterwirth F. (1963), OFm Hinterwirth J. (1937), OLm Hoffmann A. (1968), HBm Holzinger F. (1967), Fm Huemer F. (1978), Fm Huemer J. (1982), HBm Huemer M. (1940), OFm Klausner F. (1946), OFm Klausner F. (1968), Fm Klausner H. (1982), HFm Klausner J. (1974), HBm Klausner K. (1974), Fm Kronegger F. (1981), Fm Kronegger K. (1982), Fm Leitner J. (1981), Fm Mahringer J. (1978), OFm Mair S. (1968), Fm Mayr F. (1981), Mayr G. (1979), HLm Moser E. (1956), OFm Moser E. (1974), Fm Pimminger F. (1978), Lm Pimminger M. (1950), OLm Pöschko F. (1953), OFm Rankl K. (1974), AW Rankl W. (1962), HFm Reinthaler F. (1963), HFm Rinnerberger R. (1971), AW Schauerhofer A. (1947), OFm Schauflinger K. (1939), OBm Schedlberger F. (1946), Bm Schmied M. (1964), HFm Schöllhuber L. (1963), Fm Schröcker B. (1978), Fm Schröcker L. (1982), Fm Schwarzlmüller H. (1979), HFm Spitzbart F. (1961), OFm Stadlhuber F. (1974), OLm Stadlhuber J. (1968), Fm Trenzinger F. (1978), Lm Tretter J. (1930), Lm Wasserbauer F. (1968), HFm Zorn G. (1968), OFm Zorn J. (1939), HFm Zorn K. (1961)

FF IRNDORF

Die FF Irndorf wurde das erste Mal 1899 erwähnt, und zwar mit dem Namen Sattledt-Irndorf. Irndorf war damals eine Löschgruppe der FF Sattledt. Als eigene Feuerwehr wurde Irndorf im Jahr 1926 gegründet. Gründungskommandant war Karl Zehetner. Der Mitgliederstand bei der Gründung war 47 Aktive, 4 Ehrenmitglieder und 24 Unterstützende. In den Jahren 1926 bis 1932 hatte die FF Irndorf zahlreiche Einsätze, die die junge Feuerwehr mit ihren Kameraden hervorragend meisterte. Am 22. Mai 1932 war für die Freiwillige Feuerwehr Irndorf ein großer Tag, es wurden nämlich das erste Auto der Wehr, ein Fahrzeug der Marke Gräf & Stift, sowie die Motorspritze der Marke Rup. Gugg gesegnet. Mit diesen Geräten war die Wehr damals sehr schlagkräftig und bewährte sich in vielen Einsätzen. In den Jahren 1938 bis 1948 wurde bei der Freiwilligen Feuerwehr Irndorf keine Chronik geführt. Im Jahr 1948 wurde der Tätigkeitsbericht wieder aufgenommen. Am 24. Juli 1949 wurde das neue Feuerwehrhaus eingeweiht, welches die Kameraden der FF Irndorf mit viel Arbeit, Fleiß und Mühe erbaut hatten. Am 4. Mai 1963 nahm die Modernisierung der Freiwilligen Feuerwehr Irndorf ihren Fortgang. Es wurden der neue VW-Bus und die neue VW-Tragkraftspritze gesegnet. Das Kleinlöschfahrzeug der Marke Ford Transit ist seit dem Jahr 1973 im Einsatz und wurde im Laufe der Zeit immer wieder mit neuen und besseren Geräten ausgerüstet, so daß man heute sagen kann, dieses Fahrzeug ist gut ausgerüstet. Mit dem Ankauf des TLF 2000 von der Freiwilligen Feuerwehr Markt im Jahr 1982 besitzt die Wehr nunmehr zwei sehr schlagkräftige Einsatzfahrzeuge. Mit dem Nachwuchs gibt es keine Probleme in der Freiwilligen Feuerwehr Irndorf, denn das Geheimnis heißt Kameradschaft!

HBI Schickmair L. (1972), OBI Oberhauser B. (1974), AW Bibermayr F. (1976), AW Krennhuber J. (1962), AW Wimmer K. (1962), HBI Mayr J. (1964), BI Obermayr A. (1950), BR Brunnmayr F. (1948) — HLm Aumüller F. (1946), HBm Baur J. (1946), HFm Bergmair A. (1963), HLm Buschberger F. (1946), Fm Buschberger F. (1980), HLm Dutzler J. (1959), Fm Dutzler J. (1978), HFm Eckmayr J. (1965), Fm Eckmayr J. (1982), OFm Eckmayr R. (1978), Fm Eibensteiner E. (1980), HBm Englmair G. (1948), OFm Englmair G. (1976), HLm Garsleitner J. (1968), OFm Garsleitner J. (1946), HLm Gebesmair F. (1962), Fm Glinser E. (1980), HLm Glinser J. (1952), Fm Glinser J. (1980), HBm Gottenhuber J. (1962), Fm Hofinger G. (1982), E-HBI Hubl F. (1946), HFm Hubl J. (1957), Fm Hubl J. (1982), Fm Krennhuber H. (1980), OFm Krennhuber J. (1976), HFm Mair F. (1967), Bm Mayr F. (1974), OFm Mayr J. (1977), Mayr K., PFm Mitterhuemer H. (1983), HFm Mörtenhuber A. (1947), HFm Mörtenhuber F. (1964), HFm Mörtenhuber F. (1982), HLm Ölsinger K. (1964), Bm Prantner J. (1960), HLm Quittner J. (1957), PFm Quittner W. (1983), HFm Rathmayr F. (1967), Fm Rathmayr F. (1978), PFm Schlattl F. (1983), OFm Stallinger K. (1974), Fm Steinmair K. (1980), HFm Steinmayr J. (1960), HFm Stockinger R. (1982), OFm Straßmayr F. (1974), Lm Straßmayr J. (1972), OFm Viereckl G. (1976), OFm Viereckl L. (1976), OFm Viereckl R. (1972), HBm Wimmer A. (1968), HFm Wimmer F. (1952), HBm Wimmer W. (1974), Fm Windischbauer K. (1982), PFm Zaunmayr H. (1983), E-AW Zwicklhuber J. (1962), OFm Zwicklhuber R. (1976)

FF DER STADT KIRCHDORF AN DER KREMS

Gründungsjahr 1867. Gründungsmitglieder Karl Kofler, Wilhelm Schmid, Paul Schodterer und Josef Brandmaier. Im Jänner 1871 kaufte die Wehr eine neue Spritze. Der größte Einsatz war in der Nacht vom 11. auf 12. April 1877. Bei dieser Katastrophe brannte der ganze Markt, 56 Häuser mit 43 Nebengebäuden sowie die Kirche ab. Der Brand dauerte vier Tage. 1924 erste Feuersirene am Dach des Rathauses montiert. 1926 erste zweirädrige Motorspritze (Knaust). 1933 erstes Rüstauto gebraucht angekauft. 1942 ein Rüstwagen mit Anhänger und Motorspritze. 1943 ein Rüstwagen zusätzlich (Steyr A-Typ). 1945 wurde von den Besatzungsmächten das Feuerwehrkommando aufgelöst, Geräte und Fahrzeuge geplündert. 1948 erste Jahreshauptversammlung nach dem Krieg. 1951: Ankauf einer zusätzlichen Sirene. 1953: Einweihung des neuen Zeughauses. Ankauf eines gebrauchten Jeeps als Kommandofahrzeug. 1955: Ankauf des ersten Tanklöschfahrzeuges 1750 Liter mit Hochdruckpumpe. 1956: Ankauf einer dritten Feuersirene. 1959: Ankauf eines leichten Löschfahrzeuges Hanomag Diesel, dafür ausgeschieden Steyr A-Typ. 1967: Ankauf eines 4000-Liter-Tankwagens (Steyr 690e), dafür ausgeschieden Tankwagen Opel. 1968: Kommandofahrzeug Rover angekauft, dafür ausgeschieden Jeep. 1974: Preßluftfüllstation für Bezirk Kirchdorf eingebaut. 1974: Übernahme des Öleinsatzfahrzeuges vom Landes-KHD. 1980 Errichtung eines Schulungsraumes. 1981 Errichtung eines Garagentraktes für drei Fahrzeuge. 1982 Ankauf eines RLFA 2000 und eines LFB. 1983 Errichtung eines Kommandoraumes, in dem auch die Bezirkswarnstelle untergebracht ist.

HBI Sperrer A. (1947), OBI Poxleitner F. (1977) — Bachhalm J. (1956), Baumann F., Berc O. (1971), Breitwieser A. (1977), Dr. Dichtl E. (1983), Eder L. (1946), Eder L. jun. (1980), Eisterhuber G. (1962), Grill P. (1977), Heftberger A. (1974), Huemer E. (1953), Karlhuber H. (1977), Dr. Kaufmann M. (1932), Kern K. (1963), Kurzbauer M. (1983), Lachinger A. (1977), Lattner F. (1976), Lettmayer W. (1982), Luwy W. (1966), Mayr R. (1968), Pernegger M. (1952), Peturnig P. (1962), Polterauer M. (1974), Rachlinger R. (1928), Rankl K. (1968), Rebhan O. (1962), Reithuber J. (1982), Reithuber W. (1966), Resl J. (1911), Rußmayer R. (1969), Schaider W. (1974), Schaupp F. (1953), Schicho Ch. (1982), Schicho M. (1981), Schiffler J. (1962), Schmiedlehner J. (1952), Schodterer K. (1921), Schöllhuber H. (1965), Schöllhuber J. (1982), Schwarze R. (1932), Sperrer H. (1982), Sperrer H. (1973), Staudinger J. (1956), Strutzenberger W. (1968), Stürmer A. (1971), Stürmer G. (1982), Tschandl F. (1953), Ulrich A. (1951), Voggenhuber K. (1954), Wagenleithner O. (1950), Wagenleithner O. jun. (1973), Wegscheider V. (1935), Weiermair J. (1928), Wöß H. (1964), Zölß J. (1962)

FF KREMSMÜNSTER

Einem dringenden Bedürfnis Folge leistend, entschlossen sich im Jahre 1868 einige beherzte Männer von Kremsmünster, eine freiwillige Feuerwehr zu gründen. Als Gründungstag gibt der Chronist den Christi-Himmelfahrts-Tag an. Bereits drei Jahre später wurde die erste Saugspritze Fabrikat Knaust angeschafft und so für wesentlich mehr Schlagkraft der Wehr gesorgt. Im Jahr 1873 wurde eine Satzung der FF Kremsmünster herausgegeben, die die Feuerordnung des Stiftes von 1683 ablöste. Der damalige Mannschaftsstand betrug bereits 34 Mann. Es folgten einige Jahrzehnte des Aufbaues bis zu den beiden Weltkriegen. Auch eine Rettungsabteilung wurde ins Leben gerufen, die mit einer Fotografie aus dem Jahr 1932 dokumentiert ist. Während des Zweiten Weltkrieges wurde aus Personalmangel eine Damenfeuerwehr aufgebaut. Im Jahr 1960 konnte das neue Feuerwehrhaus eingeweiht und 1968 das erste TLF 2000 angeschafft werden. 1973 konnte eine Alarmanlage, an die zahlreiche Firmen von Kremsmünster sowie das 777 gegründete Stift angeschlossen sind, in Betrieb genommen werden. Im inzwischen mehrmals um- und ausgebauten Feuerwehrhaus befindet sich neben der Garage eine Atemschutzwerkstätte mit Kompressor zur Befüllung der Preßluftatmer sowie ein kleines Feuerwehrmuseum. Auch ein Schulungsraum mit Fernseher, Videoanlage und Videokamera für Schulungszwecke stehen der Wehr zur Verfügung. Im Fuhrpark stehen sechs Fahrzeuge. 1 Kdo-Bus, 1 Vorausfahrzeug mit Hydro-Schere und Spreitzer, 1 RLF 2000 mit 5-t-Winde, ein Rüstfahrzeug, ein KLF mit Vorbaupumpe sowie eine 15-m-Leiter, auf einem VW-Bus aufgebaut.

HBI Bruckner J. (1960), OBI Schinko G. (1971), OAW Schreiber B. (1948), AW Ebner W. (1958), AW Gottenhuber J. (1966), BI Könings G. (1970), HBI Haider F. (1950) — HBm Agrill H. (1970), Bm Brandlberger F. (1967), Fm Brandlberger G. (1982), OBm Brandstätter A. (1955), HBm Brandstätter H. (1951), HFm Brandstätter W. (1975), OFm Bruckner G. (1980), HLm Bruckner W. (1973), Fm Ettinger J. (1982), OLm Feilmayr R. (1963), OFm Fischereder M. (1980), E-BI Gegenleitner J. (1953), OFm Haider F. (1980), Lm Heidlmayr K. (1946), HFm Hölzl H. (1958), Bm Hummelberger K. (1928), E-HBI Kapfer J. (1947), HBm Kapfer M. (1970), HFm Leithenmayr F. (1977), Leithenmayr J. (1977), HFm Löger E. (1975), OFm Löger G. (1980), HFm Meißinger F. (1975), HFm Merzweil G. (1975), Lm Mörtenhuber F. (1955), Lm Mörtenhuber F. (1944), Lm Mörtenhuber F. II (1953), HBm Oberhauser K. (1971), OFm Oder S. (1953), Fm Pühringer F. (1983), Fm Rauscher R. (1982), OFm Rohrmoser J. (1980), HBm Roiser K. (1964), HFm Rühl G. (1975), E-HBI Schinko S. (1947), OLm Schmidthaler M. (1949), Lm Schöllhuber L. (1954), HFm Schreiber D. (1973), HFm Schreiber H. (1969), Fm Schreiber H. (1982), Lm Stadlhuber A. (1955), Lm Steinmayr J. (1946), Lm Strauß J. (1968), HFm Weinmaier A. (1962), OFm Weinmaier A. (1980), Lm Weinmaier J. (1950)

FF KRÜHUB

1906 beschlossen die Gutsbesitzer des Schulsprengels Krühub (Kremsmünster), eine freiwillige Feuerwehr zu gründen. Zum ersten Kommandanten wurde Johann Obermayr gewählt. Als Zeughaus für Ausrüstung und Handdruckspritze diente die Wagenhütte des Krühubergutes. 1911 übernahm Johann Mayr das Kommando. 1923 wurde unter Führung des dritten Kommandanten, Georg Mayr, der Bau des ersten Feuerwehrhauses in Angriff genommen (Finanzierung durch Haferspendenaktion). Als nächster Kommandant übernahm 1937 Ignaz Schreiner die Leitung der Feuerwehr. Damals konnte die erste Motorspritze angeschafft werden. Am 10. Juli 1938 wurde die FF Krühub auf Anordnung der neuen NS-Landesregierung als Löschzug Krühub in die Gemeinde-Feuerwehr Kremsmünster eingegliedert und erst 1949 wieder selbständig. Ab 1955 erfolgte die Alarmierung durch eine Sirene. Kommandant Ignaz Schreiner verstarb im Jahr 1959. Aufgrund der Neuwahlen vom 1. März 1959 wurde Albert Obermayr das Kommando übergeben. In den sechziger Jahren erfuhr die Wehr eine große Aufwertung durch die Einleitung des Telefons, den Ankauf einer VW-Tragkraftspritze und die Anschaffung des ersten VW-KLF, das dann 1975 von einem Chevrolet Bergland-LF abgelöst wurde. Da das 1923 errichtete Zeughaus in keiner Weise den gestiegenen Anforderungen entsprach, wurde nach langer Planung im Mai 1979 ein Neubau begonnen. Am 5. Juli 1981 erfolgte die feierliche Einweihung durch den Abt des Stiftes Kremsmünster DDr. Bruckmayr. 1982 wurde ein gebrauchtes Fiat-Rüstfahrzeug zur Aufnahme der Atemschutzgeräte und des Notstromaggregats angeschafft. Nach 24 verdienstvollen Jahren legte 1983 Albert Obermayr sein Amt zurück. Aufgrund seiner Leistungen wurde er zum Ehrenkommandanten der FF Krühub ernannt.

HBI Spernbauer A. (1960), OBI Striegl K. (1970), OAW Dr. Schweiger K. (1976), AW Huemer J. (1975), AW Kriechbaumer G. (1974), AW Obernberger J. (1946) — OLm Bischof F. (1960), Fm Bischof J. (1982), OLm Eckmayr A. (1961), OLm Färber H. (1962), OFm Groiß G. (1979), OLm Hebesberger G. (1957), Lm Humenberger M. (1957), HBm Klinglmüller J. (1938), OLm Krumphuber W. (1961), HFm Lederhilger J. (1946), OFm Lederhilger J. (1978), Fm Lederhilger K. (1982), OFm Lederhilger W. (1978), Bm Littringer F. (1959), OFm Mörtenhuber H. (1975), HFm Neuwirth J. (1975), HBI Obermayr A. (1950), HFm Obermayr F. (1976), OFm Obernberger G. (1978), Fm Reumüller S. (1982), Fm Rösner E. (1980), HLm Rösner J. (1963), OBI Schreiner F. (1950), Fm Schreiner R. (1980), Fm Schreiner W. (1982), OLm Söllradl A. (1956), OBm Spernbauer A. (1955), OBm Sperrer J. (1960), HFm Striegl F. (1970), OLm Weinmaier F. (1960), Fm Weinmaier F. (1980), OFm Zaunmayr J. (1978), OLm Zorn J. (1960), Fm Zorn J. (1982)

FF LAUTERBACH

Die Freiwillige Feuerwehr Lauterbach war bis zum Jahr 1953 ein Löschzug der Freiwilligen Feuerwehr Inzersdorf. Unter Kommandant Josef Tretter wurde der Löschzug im Jahr 1953 eine selbständige Feuerwehr. Das Gründungsjahr ist 1954. Im gleichen Jahr wurde die erste Motorspritze angekauft, ein Jahr später bekam die Feuerwehr das erste Fahrzeug; auch der Bau des Zeughauses erfolgte im Jahr 1955. Im Laufe der Zeit wurde ein zweite Motorspritze VW Marke Rosenbauer sowie ein zweites Löschfahrzeug, Fiat NC 50, angeschafft. Durch das Anwachsen der Mannschaftsstärke auf 40 Mann und die Vergrößerung des Gerätebestandes war ein Erweiterungsbau des Feuerwehrhauses dringend notwendig, der 1981 abgeschlossen wurde. Die Feuerwehr Lauterbach ist mit allen notwendigen Geräten und Ausrüstungsgegenständen für eine schlagkräftige Einsatz- und Hilfeleistung bestens ausgerüstet. Die Freiwillige Feuerwehr Lauterbach wird oft zu technischen Einsätzen und zu Katastropheneinsätzen sowie zur Brandbekämpfung zu Hilfe gerufen.

HBI Huemer K. (1967), OBI Pamminger A. (1958), AW Gotthartslehner J. (1958), AW Limberger K. (1963), AW Strasser F. (1970), AW Waibel A. (1963), BI Prenninger J. (1972) — HLm Achathaler F. (1950), AW Almhofer Ä. (1953), OLm Ebenhochwimmer F. (1970), HLm Edlmayr H. (1968), HLm Etzelsdorfer F. (1950), OFm Etzelsdorfer F. (1977), Fm Gotthartsleitner E. (1980), OFm Gotthartsleitner J. (1977), OBm Grassegger K. (1966), HBm Huemer A. (1958), PFm Huemer R. (1983), HBm Jungwirth H. (1965), HLm Kern F. (1950), Fm Koller J. (1978), OLm Milichovsky L. (1973), OFm Prenninger F. (1975), Fm Prenninger F. (1980), Bm Reder J. (1953), HLm Rohrleitner J. (1969), Fm Schachinger J. (1968), OLm Schobesberger J. (1975), OFm Schwarzenbrunner E. (1977), OFm Schwarzenbrunner H. (1975), OLm Schwarzlmüller J. (1972), BI Stadler E. (1953), E-OBI Strasser F. (1947), E-BR Tretter J. (1934), HBm Tretter J. (1953), Fm Weiseneder E. (1983), OBm Wögerer R. (1967), OLm Wögerer W. (1973), Bm Zorn K. (1960), Fm Zorn S. (1980)

FF LEONSTEIN

Den Grundstein der Freiwilligen Feuerwehr Leonstein legten die Gründer Georg Rabuse, Ludwig Zeitlinger, Alfred Grawatsch und Alois Schlader bereits im Jahr 1905, als sie als privates Konsortium die erste Handdruckpumpe kauften. Am 1. September 1907 erfolgte die Gründung, welche am 3. September 1907 von der Gemeindevorstehung Grünburg bestätigt wurde. Der Zeughausbau erfolgte 1909. Dieses Zeughaus wurde 1959 erweitert und mit einer Zeugwartwohnung im 1. Stock versehen, ein weiterer Ausbau war 1973 notwendig. Die erste Motorpumpe wurde 1927 von der Firma Rosenbauer geliefert, 1948 wurde diese Pumpe gegen eine RW 75 und 1961 wiederum gegen eine Pumpe VW-Automatik von der Firma Rosenbauer ausgetauscht. Aus Kriegsbeständen wurde 1947 unter Kommandant Ernst Schlader ein Steyr-A-Typ vom Landeskommando erworben und von der Fa. Rosenbauer mit einem offenen Aufbau versehen, wozu die Beistellung von Buchen- und Eschenholz notwendig war. Im Jahr 1971 wurde unter Kommandant Karl Lattner sen. der erste von Rosenbauer entwickelte und ausgelieferte TLF 2000 Trupp Steyr 590 angeschafft. 1974 folgte unter Kommandant Karl Lattner jun. der Ankauf eines Lösch- und Bergefahrzeuges LFB Mercedes, da der A-Typ aus dem Verkehr gezogen werden mußte. Seit den siebziger Jahren wurden weiters Atemschutzgeräte, Funkgeräte und sonstige technische Ausrüstungen angeschafft.

HBI Lattner K. (1956), OBI Auer F. (1963), AW Prentner E. (1954), AW Rauter R. (1963), AW Rohregger R. (1974), BI Holli J. (1974) — HFm Arthofer H. (1975), Lm Daubner J. (1954), E-OBI Ebmer F. (1947), Lm Engelstorfer W. (1957), HFm Fahrngruber J. (1966), Fm Freidhager H. (1981), HBm Gappmayer J. (1970), Fm Helm F. (1979), OBm Helm F. sen. (1953), Bm Hofer F. (1949), OFm Hofinger F. (1976), OFm Hofinger K. (1949), HFm Hohendhanner J. (1966), OBm Holli A. (1946), OFm Holli A. (1976), OFm Innreither K. (1979), PFm Klaffenböck K. (1983), HFm Kogler F. (1972), Lm Kogler G. (1966), OFm Kogler J. (1927), OFm Lattner Ch. (1978), OLm Lattner F. (1956), E-HBI Lattner K. (1932), PFm Lattner P. (1983), Lm Matzer H. (1956), Fm Niederkrottenthaler J. (1974), HFm Niederkrottenthaler J. (1947), Fm Oberbichler H. (1981), Lm Petz A. (1968), OFm Priestner G. (1950), OFm Rainer F. (1968), OFm Rainer G. (1966), OFm Richter G. (1976), Bm Richter J. (1973), Lm Rohregger J. (1956), HFm Roidinger A. (1956), HBm Roidinger H. (1966), Fm Rosenegger K. (1981), Lm Schlader E. (1956), PFm Schlader E. (1981), Lm Schmidthaler L. (1969), HFm Schmidthaler L. (1957), OFm Schopf A. (1976), Fm Schweiger H. (1976), HBm Schwingenschuh J. (1963), OFm Singer F. (1969), OFm Singer L. (1976), Fm Sitter H. (1981), Fm Sitter M. (1976), Lm Sitter W. (1957), OFm Sitter W. (1978), HFm Sperrer K. (1957), Lm Steiner F. (1921), OFm Steiner J. (1928), OFm Steiner K. jun. (1979), Fm Tanzmayr F. (1977), Lm Tanzmayr F. (1957), Fm Wecht F. (1947), Lm Wührleitner L. (1947)

FF MAGDALENABERG

Um 1890 wurde in Magdalenaberg eine neue Feuerspritze angeschafft und in einem hierzu neugebauten kleinen Depot eingestellt. Die Feuerspritze wurde im Brandfall von einigen Leuten bedient. Erst im Frühjahr 1921 traten einige Männer zusammen und gründeten eine Feuerwehr. Es wurde beschlossen, im Anfangsstadium als Löschzug der Freiwilligen Feuerwehr Pettenbach mit selbständiger Verwaltung aufzutreten. Am 25. Dezember 1925 wurde der bisherige Löschzug Magdalenaberg zur selbständigen Feuerwehr erklärt. Erstmalige Inspizierung durch das Landesfeuerwehrkommando am 17. September 1934. Nach mehreren Brandeinsätzen wurde nach Beschluß bei der Firma Rosenbauer die erste Motorspritze bestellt und am 4. Dezember 1934 übernommen. 1939 Auflösungserscheinungen der Wehr; es wurden regelmäßig Übungen abgehalten, jedoch keine organisatorischen Arbeiten geleistet. Die Wehr wurde wieder als Löschzug der Feuerwehr Pettenbach geführt. Mit Vollversammlungsbeschluß vom 16. Februar 1949 wurde die Wiedererrichtung als selbständige Feuerwehr beschlossen. Am 13. Januar 1952 erfolgte der Beschluß zum Bau eines neuen Feuerwehrzeughauses, welches am 25. Juli 1953 eingeweiht wurde. Am 2. Mai 1959 bekam die Wehr eine neue VW-Motorspritze. Der jetzige Rüstwagen wurde von der Firma Rosenbauer am 29. September 1966 übernommen. 1973 wurde am bestehenden Depot ein Schlauchturm angebaut. 1976: Ankauf eines gebrauchten TLF 1000. 1981 wurde ein neues, modernst ausgerüstetes RLF 2000 angeschafft, das 1982 im Rahmen des 60jährigen Bestandsjubiläums eingeweiht wurde. Seit 1983 ist die FF Magdalenaberg an die Funkalarmierung angeschlossen.

HBI Schnellnberger J. (1955), OBI Mitteregger L. (1960), AW Preinstorfer K. (1970), AW Scharinger F. (1960), BI Preinstorfer L. (1949), BI Seiwald F. (1976) — Fm Almhofer J. (1982), OLm Almhofer J. (1965), E-BI Bammer H. (1922), OLm Bittendorfer A. (1961), HLm Fischer F. (1958), OLm Gegenleitner F. (1965), Lm Haslgrübler A. (1974), E-BI Henzinger J. (1938), OFm Herzog-Kniewasser S. (1972), E-HBI Hinterwirth F. (1949), Fm Huemer A. (1983), Fm Kronberger F. (1938), Lm Limberger E. (1974), HBm Mayrhofer F. (1949), Fm Mayrhofer F. (1983), HLm Mayrhofer J. (1954), Fm Mayrhofer J. (1980), HFm Pramberger F. (1976), Lm Pramhas H. (1968), HLm Radner A. (1970), HBm Rankl J. (1974), OLm Retschitzegger H. (1962), OLm Riedler K. (1954), OLm Rohrauer E. (1956), Fm Scharinger Ch. (1983), OFm Scharinger F. (1978), HLm Schedlberger H. (1974), HBm Schedlberger J. (1949), OFm Schnellnberger J. (1977), Fm Schnellnberger M. (1982), HFm Sieberer K. (1977), OLm Sieberer M. (1970), Fm Staudinger F. (1981), Fm Staudinger J. (1979), HLm Stingeder K. (1939), HBm Wimmer F. (1949), OFm Wimmer F. (1978), Fm Wimmer-Pfarrl J. (1980)

FF MICHELDORF IN OBERÖSTERREICH

Am 12. Februar 1871 berief der Sensengewerke Gottfried Zeitlinger eine Versammlung in das Gasthaus „Hoftaverne" ein. 44 Teilnehmer erschienen und beschlossen die Gründung einer Freiwilligen Feuerwehr, Gottfried Zeitlinger wurde zum Kommandanten bestellt. Er stellte der Feuerwehr seine neu angeschaffte Knaust-Abprotzspritze zur Verfügung. Franz Zeitlinger, Sensengewerke „An der Zinne", überließ leihweise einen ehemaligen Jagdwagen für die Requisiten. Die Spritze samt Requisiten wurde in einer Remise im Gradenwerk von Franz Zeitlinger untergebracht. Im Laufe des Gründungsjahres traten insgesamt 59 Mann der Feuerwehr bei. Zum 10-Jahr-Jubiläum konnte das neuerbaute Feuerwehrdepot übergeben werden. Die Gewerken Franz Holzinger, Franz Zeitlinger und Gottfried Zeitlinger hatten den Grund zur Verfügung gestellt, Feuerwehr und Gemeinde das nötige Geld aufgebracht. Fuhren und Handlangerdienste wurden mittels Robot unentgeltlich geleistet, Planer und Erbauer war Maurermeister Anton Diensthuber. Jahr um Jahr berichtet die Chronik von Übungen, Einsätzen, Ereignissen im Leben der Mitglieder und Festen. 1924 wurde die Neuuniformierung nach den Vorschriften des Landesverbandes durchgeführt: Uniformrock aus braunem Loden mit roten Aufschlägen, Tellerkappe. 1926 Ankauf einer zweirädrigen Benzinmotorspritze 20 PS von der Fa. Knaust. 1939 wird die 1927 gegründete FF Altpernstein der FF Micheldorf als dritter Löschzug eingegliedert. Gegen Ende des Zweiten Weltkrieges erhielt die Wehr eine Motorspritze TS 8. 1945 fiel ein Teil der Ausrüstung und ein leichtes Feuerwehrfahrzeug LF 15 der FF Micheldorf zu. 1971 wurde das 100-Jahr-Jubiläum mit Zeughausumbau und Weihe des Tankwagens TLFA 2150 gefeiert.

HBI Amesberger F. (1962), OBI Wegmaier H. (1962), AW Aichinger R. (1947), AW Mitterhuemer M. (1979), AW Trinkl B. (1978), BI Lungenschmied K. (1957), BI Ortner J. (1953), BI Riedl R. (1978) — OLm Bankler F. (1951), OFm Baumgartner E. (1976), Lm Baumgartner F. (1959), OFm Binder R. (1976), Bm Breitenberger M. (1959), OLm Burgholzer K. (1963), Ebner K. (1920), HLm Fischer F. (1952), HFm Gebeshuber H. (1978), Hagenauer E. (1945), Lm Hebesberger F. (1948), Lm Hofinger F. (1955), Bm Hofinger K. (1940), FA Dr. Janout W. (1952), OLm Jobst K. (1960), HFm Knoll H. (1975), Fm Knoll R. (1982), OFm Kreuzeder H. (1954), Fm Kreuzeder H. (1980), OFm Kuttnig W. (1975), OLm Littringer L. (1951), PFm Mitterhuemer J. (1980), OFm Nagl F. (1975), HFm Nagl G. (1973), E-HBI Neumeyer F. (1948), HBm Pfarrsbacher A. (1952), Lm Pöhli A. (1974), Rablbauer J. (1931), Fm Roidinger J. (1978), HBm Schedlberger J. (1939), Fm Schedlberger J. (1978), Schoißwohl J. (1919), Fm Schwarzbauer J. (1978), Fm Seiringer R. (1981), OLm Sonntagbauer F. (1959), PFm Sonntagbauer H. (1983), Fm Sonntagbauer R. (1973), OLm Strutzenberger A. (1954), Fm Strutzenberger P. (1981), OBm Stummer K. (1948), HFm Trautmann M. (1970), HLm Wasserbauer H. (1948), OFm Wieser F. (1978), Fm Zederbauer H. (1978), OLm Zeitlinger F. (1955)

FF MOLLN

An einem Sommertag des Jahres 1877 geschah das Unglück, das die Mollner veranlaßte, eine Feuerwehr zu gründen. Aus heiterem Himmel war ein Gewitter aufgezogen, und ein Blitz entzündete mitten im Ort den Pöllnstadl. Noch während der Löschaktion schlug ein weiterer Blitz in das Hauptgebäude ein und äscherte es bis auf die Grundmauern ein. Aus diesem Anlaß fand am 6. Dezember 1877 die Gründungsversammlung statt. Christoph Piesslinger wurde zum ersten Kommandanten gewählt, dem Franz Erblehner und Anton Aigner nachfolgten. 1910 wurde die erste Sanitätsstaffel gegründet – die erste im Steyrtal. Von 1938 bis 1963 leitete Hans Zrenner die FF Molln, ihm folgte Hans Rußmann. 1966 wurde mit Hilfe von Spenden sowie Eigenleistung der Feuerwehr ein TLF angeschafft. Auf Rußmann folgte Franz Lintner als Kommandant. Der Glöckner-Deutz (1945) wurde durch einen neuen Rüstwagen ersetzt. Weiters wurden eine neue Motorspritze, Funkgeräte und ein Motorrad angeschafft. 1978 wurde das TLF erneuert. Das Feuerwehrhaus aus 1952 war zu klein geworden, weshalb 1981 ein Neubau begonnen wurde (Einweihung 1985).

HBI Lintner F. (1964), OBI Zrenner G. (1957), OBI Mayrhofer K. (1957), HAW Prentner J. (1962), AW Klausriegler H. (1960), AW Mendl M. (1952), AW Rußmann W. (1958), AW Steiner M. (1974), BI Agspalter E. (1963), BI Fischeneder A. (1978), BI Mayrhofer A. (1958), BI Sieghartsleitner F. (1966) — HFm Achleitner F. (1966), HFm Achleitner F. sen. (1951), JFm Agspalter R. (1982), OLm Aigner A. (1955), HLm Aigner H. (1973), HBm Auer J. (1963), OFm Bades A. (1978), JFm Bernögger Ch. (1982), Fm Boxleitner J. (1979), OFm Brandstetter G. (1955), E-BI Braunsberger H. (1946), Lm Buchegger F. (1973), Fm Eder F. (1980), OFm Eder J. (1982), Lm Finner E. (1968), HFm Flaser F. (1980), HLm Flaser F. (1957), HFm Gaisbachgrabner S. (1972), OFm Gaßner E. (1980), HLm Gegenleitner K. (1957), OFm Geißhütter E. (1976), HFm Girkinger J. (1947), Bm Grillmayr L. (1955), HFm Gruber F. (1955), JFm Gruber H. (1982), Bm Gschliffner K. (1971), E-BI Hackl F. (1953), Lm Hackl N. (1966), HBm Hajek L. (1934), Lm Hasenleitner A. (1946), HFm Hasenleitner Ch. (1978), OFm Hasenleitner L. (1955), HBm Hilger F. (1958), Bm Hilger G. (1957), OFm Höller F. J. (1982), OLm Kaltenbrunner E. (1965), OLm Kammerhuber E. (1957), OLm Kerbl A. (1955), Lm Kerbl E. I (1966), Lm Kerbl E. II (1970), Lm Kerbl F. (1960), OLm Kerbl J. (1957), JFm Kerbl M. (1982), JFm Kerbl N. (1982), HFm Kerbl R. (1968), HFm Kienbacher E. (1968), HBm Klausberger H. (1960), OFm Klausberger K. (1963), JFm Kleinhagauer B. (1982), OLm Klinser R. (1971), JFm Knapp M. (1982), Fm Koller F. (1978), Fm Koller H. jun. (1982), OFm Kranawetter B. (1974), HFm Kraxberger J. (1965), OFm Laglstorfer A. (1973), HFm Laglstorfer J. (1975), OFm Loidl A. (1954), Lm Maier K. (1977), OLm Mayrhofer A. (1958), Lm Mayrhofer K. sen. (1938), JFm Mayrhofer R. (1982), OLm Mitterhuber J. (1963), HLm Neuwirth J. (1952), OFm Novak F. (1971), OLm Nußbaumer R. (1946), HFm Pammer K. (1957), Fm Pointner J. (1979), HFm Popp-Hilger R. (1980), Lm Raberger L. (1946), Fm Rohrauer J. (1980), Fm Rohrauer J. (1979), HLm Rohrauer U. (1950), OFm Rußmann A. (1982), HLm Rußmann K. (1957), HBm Schlader A. (1964), HBm Schön E. (1952), OFm Schwarz K. (1955), OFm Schwarz L. (1946), HLm Schwarzer K. (1971), HLm Seiberl F. (1959), Fm Sieghartsleitner H. (1982), OLm Sieghartsleitner J. (1951), OFm Sperrer I. (1935), HBm Steiner A. I (1958), Lm Steiner A. II (1940), HLm Steiner E. (1949), HLm Steiner E. (1977), Lm Steiner F. (1953), Lm Steiner J. (1953), E-OBI Steiner L. (1919), Bm Steiner R. (1964), JFm Steiner S. (1982), Bm Stöger R. (1946), PFm Stöger W. (1983), JFm Stummer E. (1982), HLm Sturmlehner G. (1953), Lm Tatzreiter L. (1959), OFm Trinko T. (1970), Lm Trinko L. (1954), OFm Unterbrunner E. (1973), OLm Unterbrunner K. (1946), HFm Wagner O. (1978), OLm Wagner O. (1953), Lm Wecht J. (1959), PFm Werner B. (1983), HLm Wimmer F. (1955), HFm Wimmer H. (1978), Lm Zemsauer E. (1968)

FF NUSSBACH AN DER KREMS

Nach den Großbränden Bühler und Unteredlinger im Jahr 1903 kam es am 15. Mai 1904 zur Gründung der FF Nußbach. Schon vorher hatte bei einem Gutshof ein privates Spritzendepot mit einer „Schöpfspritze" bestanden, und noch 1904 kaufte die Gemeinde eine „Saugspritze" bei der Firma Rosenbauer. 1907 wurde ein Feuerwehrdepot errichtet. Bereits 1909 wurde in der Ortschaft Wimberg eine Filiale (Löschgruppe) gegründet. 1920 wurde die Löschgruppe Natzberg und 1923 die Löschgruppe Sattel gegründet. 1934 wurde im Ort ein Löschteich gegraben. 1950 wurde das heutige Zeughaus errichtet, 1953 das erste motorisierte Fahrzeug angeschafft. Nach vielen Überbrückungen in der Nachkriegszeit am Fahrzeugpark wurde 1966 ein neues KLF Steyr Fiat 1300 angekauft, und so wurde die Motorisierung und Modernisierung wie folgt fortgesetzt: 1976 ein TLF 2000 Trupp, 1979 eine neue Feuerwehrfahne, 1980 ein LFB Mercedes und 1983 zwei neue KLF VW 135 sowie Funk, Atemschutz und drei Zeughäuser. Für die erforderlichen Geräte des Katastrophenhilfsdienstes wurde stets gesorgt. Natürlich gehört auch der gute Ausbildungsstand der Feuerwehrmänner dazu. Eine besondere Aufwertung der Wehr war die Wahl des Kommandanten Franz Steinmaßl zum Abschnitts-Feuerwehrkommandanten des Gerichtsbezirkes Kirchdorf im Jahr 1978.

BR Steinmaßl F. (1955), OBI Wasserbauer J. (1965), OAW Perteseil W. (1970), AW Pöchinger G. (1981), AW Tragler H. (1954), AW Vogl R. (1978), BI Forster J. (1976), BI Hotz H. (1962) — HFm Ahathaller K. (1956), OLm Altmann F. (1975), Lm Altmann J. (1967), E-BI Altmann J. (1948), HFm Blumenschein F. (1966), HFm Buchegger J. (1951), HFm Eckmann A. (1948), OFm Filzmoser F. (1977), E-BI Filzmoser F. (1946), Fm Filzmoser K. (1979), Gebeshuber L. (1919), Lm Geistberger-Hieslmair F. (1974), Bm Haider A. (1965), HFm Hieslmair J. (1953), HLm Hieslmair J. (1934), OLm Hornhuber H. (1968), HFm Hornhuber J. (1946), Fm Huber F. jun. (1981), HFm Hubner F. (1970), HFm Huemer J. (1934), PFm Karlhuber F. (1983), HFm Karlhuber K. (1963), HFm Kettenhuber F. (1963), OLm Kiesenebner F. (1961), OFm Kiesenebner F. (1978), Fm Kiesenebner J. (1980), HFm Kogler F. (1952), Lm Kogler J. (1976), Fm Korzen H. (1980), HFm Korzen J. (1958), OLm Kronegger E. (1959), PFm Kronegger E. jun. (1983), BFA OMR Dr. Loidl R. (1960), Fm Lugerbauer R. (1980), OFm Maurhart K. (1977), PFm Mayrhofer E. (1983), HFm Mayrhofer J. (1926), E-BI Mayrhofer K. (1943), HFm Mayrhofer K. (1968), HFm Mayrhofer L. (1974), HFm Mayrhofer L. (1967), OFm Mayrhofer R. (1978), HFm Merkinger J. (1962), OBm Pamminger G. (1956), E-OBI Pamminger G. (1921), HFm Pöllhuber F. (1962), HFm Prillinger F. (1946), Prillinger G. (1932), OFm Prillinger K. (1977), Fm Resch E. (1980), HFm Resch J. (1974), HBm Resch K. (1953), HFm Rieß A. (1960), HFm Ruspeckhofer J. (1947), Lm Schedlberger F. (1975), OBm Schedlberger J. (1956), E-HBI Schedlberger J. sen. (1931), E-BI Dir. Schlapschi A. (1956), OFm Schlapschi M. (1976), Bm Schröckmair H. (1962), HFm Schröckmair J. (1954), Lm Schröckmair J. jun. (1977), HFm Schwarzlmüller J. (1960), OFm Steinmair J. (1979), Fm Straßmair N. (1981), Lm Tretter J. (1971), E-OBI Wasserbauer F. (1940), HBm Wasserbauer H. (1962), OLm Wasserbauer H. (1970), Lm Wasserbauer J. (1977), HFm Wasserbauer J. (1954), HFm Wasserbauer J. (1968), E-OBI Wasserbauer J. (1926), HFm Weiermair A. (1956), HFm Weigerstorfer J. (1967), HFm Winter F. (1948), OFm Winter W. (1978), HLm Wöckl J. (1965), OLm Wöckl R. (1976), FM Würzlhuber F. (1981), Bm Zaunmair F. (1966), Zizerlbauer L. (1930), OBm Zorn F. (1958)

FF OBERSCHLIERBACH

Die Freiwillige Feuerwehr Oberschlierbach wurde im Jahr 1928 gegründet. Erster Kommandant war Michael Fischer, sein Stellvertreter Franz Spernbauer. Als Schriftführer und Kassier fungierte Josef Tragler, und Zeugwart war Johann Mitterhumer. Im Jahr 1929 wurde ein Feuerwehrhaus in Holzbauweise errichtet, 1931 wurde eine Spritze (Kleiner Florian) mit 200 l/min angeschafft. Im Jahr 1953 wurde ein massives neues Zeughaus an anderer Stelle errichtet. 1958 kaufte die Freiwillige Feuerwehr Oberschlierbach eine Kraftspritze RL 25 mit TSA, 10 Jahre später ein Kleinlöschfahrzeug Fiat 1100 und im Jahr 1978 eine Motorspritze RK 75. Im Jahr 1983 wurde nicht nur ein Zeughausneubau errichtet, und zwar als Anbau an das Gemeindeamt, sondern auch ein Tanklöschfahrzeug Trupp 2000 erworben. Die jüngste Anschaffung ist ein Kleinlöschfahrzeug VW, das 1984 erworben wurde. Die Freiwillige Feuerwehr Oberschlierbach ist an die Funksirenensteuerung angeschlossen und verfügt über Funkgeräte, um rascher an die jeweiligen Einsatzorte gelangen zu können. Die Kommandanten seit der Gründung der Wehr waren: Michael Fischer (1928—1930), Josef Weiermair (1930—1958), Siegfried Hofer, der seit dem Jahr 1958 der FF Oberschlierbach als Kommandant vorsteht. Die Funktion des Kommandant-Stellvertreters wurde von folgenden Männern ausgeübt: Franz Spernbauer (1928–1930), Franz Huemer (1930–1950), Siegfried Hofer (1950–1958), Alois Winter (1958–1960), Johann Bauhofer (1961–1973), Josef Weiermair (1973–1978), Josef Tragler (1978–1983) und Karl Fallend (seit 1983).

HBI Hofer S. (1945), OBI Fallend K. (1972), AW Limberger K. (1961), AW Peyr J. (1963), AW Schicho F. (1951), AW Weiermair J. (1961), BI Winter G. (1970) — HFm Bauernfeind F. (1974), HFm Bauernfeind L. (1962), Bauernfeind L. (1934), Lm Bauhofer J. (1950), OFm Bloderer J. (1963), HFm Edlinger J. (1970), HFm Fellinger H. (1970), HFm Gasplmayr H. (1978), HFm Hofer L. (1950), OFm Huemer S. (1969), OFm Karer J. (1975), Lm Peneder F. (1973), Lm Peneder G. (1961), HFm Pühringer J. (1949), OFm Reiter K. (1975), OFm Schardax M. (1970), HFm Schicho F. (1973), OFm Schmidt M. (1979), HBm Tragler J. (1962), Lm Tragler L. (1951), HFm Tragler L. (1979), HFm Tretter F. (1947), Wagenleitner J. (1961), OFm Weiermair J. (1979), HFm Winter A. (1961), HFm Winter J. (1950), HFm Winter L. (1958), Winter M. (1928), Lm Wöckl N. (1978)

FF PERNZELL

Schon vor der Gründung der Feuerwehr Pernzell, welche am 28. Juli 1928 in Leonstein stattfand, wurde das erste Zeughaus im Jahre 1927 beim Reiterer errichtet. Dieses hatte bereits einen Schlauchturm und bot Platz für einen Zweiradleranhänger für Pferdezug mit einer Handdruckspritze, welche ebenfalls schon angeschafft war. Dieses Zeughaus steht heute noch. 1929 wurde ein Gründungsfest gefeiert. Im Jahr 1932 erfolgte der Ankauf des „Kleinen Florian", bei dessen Vorführung sich der Fabrikant Rosenbauer beim Starten die Hand brach. Bis zum Jahr 1938 wurde eine intensive Übungs- und Versammlungstätigkeit entfaltet. Nach Ausbruch des Zweiten Weltkrieges mußten die meisten Kameraden einrücken, und so bestand die Feuerwehr Pernzell bis zum 25. März 1947 nur aus einem Löschzug der Gemeindefeuerwehr Grünburg. Im Mai 1951 traten 14 Mitglieder in die Wehr ein; in den nächsten Jahren wurde an den Bau eines neuen Zeughauses mit Standort wieder beim Reiterer herangegangen, was damals jedoch schon von einigen Kameraden heftig kritisiert wurde, da der Standort geographisch ungünstig war und das Material zum Bau mit der Seilbahn hinaufbefördert werden mußte. 1956 wurde das Zeughaus eingeweiht. 1957 wurde eine neue Pumpe RW 25 angeschafft, welche 1969 durch eine VW 75 ersetzt wurde. 1962 wurde ein Rosenbauer-Anhänger für Traktorzug gekauft, der in den folgenden Jahren mit der Pumpe anfangs beim Lurf, später beim Fuchsen eine Notunterkunft hatte, da das Zeughaus mit dem Traktor oft nicht erreichbar war. Im Jahr 1974 wurde daher mit dem Bau eines neuen Zeughauses auf der Fuchsen-Höhe begonnen, das am 30. Juli 1978 beim 50jährigen Gründungsfest eingeweiht wurde. 1976 erfolgte der Ankauf eines gebrauchten Land Rover, der 1983 durch einen VW LT 35 ersetzt wurde.

HBI Resch L. jun. (1966), OBI Ramsebner F. (1971), AW Ramsebner J. (1971), AW Schardax J. (1962), AW Seufer-Wasserthal H. (1950), BI Gegenhuber F. (1971) — HFm Brandstätter A. (1973), OFm Brandstätter B. (1981), HFm Brandstätter K. (1973), OLm Dorninger K. (1950), JFm Dorninger K. (1981), OBm Faltenhansl K. (1961), HFm Faltenhansl M. (1979), HFm Gegenhuber H. (1971), Bm Gegenhuber J. (1950), Fm Gegenhuber L. (1979), Bm Gradauer M. (1950), OBm Gressenbauer L. (1950), OFm Haider A. (1979), JFm Hörzing B. (1983), E-HBI Karlhuber L. (1950), Koller F. (1975), OBm Koller K. (1950), OLm Koller K. (1970), Fm Koller M. (1980), OFm Koller R. (1979), HFm Lechner H. (1971), Oberascher J. (1950), HFm Pernegger A. (1971), JFm Pernegger J. (1981), Fm Podlipnik J. (1963), JFm Raffetseder A. (1981), Fm Raffetseder J. (1979), HBm Raffetseder J. (1950), HFm Raffetseder J. (1972), HBm Ramsebner F. (1950), OFm Ramsebner L. (1979), Lm Reiter Ch. (1975), OBm Resch E. (1950), Fm Resch L. jun. (1979), HBm Rosenberger H. (1961), JFm Rosenberger H., OLm Schardax J. (1971), HFm Schinko F. (1971), OFm Seufer-Wasserthal F. (1980), JFm Seufer-Wasserthal R. (1979), E-OBI Seufer-Wasserthal R. (1929), Fm Seyerlehner J. (1979), JFm Steiner A. (1982), HBm Winter G. (1954)

FF PETTENBACH

Am 6. Dezember 1894 wurden von der k. u. k. Statthalterei die Satzungen und damit die Gründung der FF Pettenbach bestätigt. Erster Hauptmann und Hauptbeteiligter bei der Gründung war Franz Karlhuber. Mit den ersten Spenden und Beihilfen der Gemeinde wurden 1895 zwei Handdruckspritzen gekauft, die auf Pferdewagen transportiert wurden. Im selben Jahr wurde auch eine fahrbare Schiebeleiter gekauft. Untergebracht waren die Geräte in einem von der Gemeinde zur Verfügung gestellten Stadel. 1925 und 1926 wurden zwei große Faschingszüge veranstaltet, mit deren Erlös das heutige Feuerwehrhaus gebaut wurde. 1928 wurde die erste Motorspritze von der Fa. Rosenbauer gekauft. Einen Pkw Steyr Typ 2 baute man 1929 in Eigenregie in ein Feuerwehrauto um. Zu Anfang des Zweiten Weltkrieges wurde die erste Sirene installiert, die die Glockenalarmierung und den Hornisten ablöste. Da Hauptmann Max Mayr 1939 einrücken mußte, übernahm Josef Müller als Gemeindewehrführer das Kommando über die sechs Feuerwehren der Gemeinde, die der FF Pettenbach als Löschzüge zugeteilt waren. Kurz vor Kriegsende konnte ein kaputter Militärsanitätswagen (Opel Blitz) repariert und in einen Feuerwehrwagen umgebaut werden. 1950 erhielt die FF ein LF 8/0 Steyr 1500 A. 1964 konnte ein TLF 1000 Opel Blitz in Dienst gestellt werden. Das LF 8 Steyr 1500 A wurde 1970 durch ein KLF A Land Rover ersetzt. 1978 wurde der Feuerwehr vom KHD ein Notstromaggregat zur Verfügung gestellt. Ein TLF 2000 Tr Steyr 590 konnte 1979 angekauft werden. Der verstärkten Einsatztätigkeit bei Verkehrsunfällen und sonstigen Bergungen Rechnung tragend, wurden 1980 der FF Pettenbach vom KHD hydraulische Bergegeräte übergeben, die auf einem Rüstanhänger mitgeführt werden.

HBI Steinmaurer J. (1953), OBI Jaburek R. (1980), AW Aitzetmüller J. (1978), AW Müller P. (1980), AW Radner F. (1959), BI Limberger J. (1956), BI Mayr-Kern F. (1966), BI Müller J. (1968), BI Pöhn F. (1945), BI Polterauer H. (1966), BI Radner A. (1953) — E-AW Elsigan A. (1942), E-AW Esterbauer F. (1948), Lm Felbermair F. (1956), PFm Gruber H. (1983), OLm Gruber M. (1953), HBm Gruber R. (1956), HFm Habinger M. (1962), E-BI Herndler I. (1947), HFm Hillinger H. (1974), HFm Hörtenhuber M. (1958), OFm Hörtenhuemer F. (1978), Lm Hörtenhuemer J. (1953), PFm Huemer F. (1983), HFm Kadlec R. (1978), FA Dr. Kraml W. (1980), HLm Moser J. (1978), OFm Müller F. (1980), E-BI Müller J. (1924), E-AW Neudeck F. (1937), OFm Pernegger A. (1972), E-BI Platzer F. (1931), PFm Polterauer G. (1983), OFm Radner A. (1976), PFm Radner Ch. (1983), OFm Schanung J. (1974), E-HBI Scheck A. (1933), OFm Schultschik J. (1974), PFm Schwarz A. (1983), HBm Schwarzlmüller R. (1966), OLm Thanhofer J. (1968), OLm Tiefenthaler L. (1960), HFm Trink A. (1974), Lm Waldhör F. (1956), HFm Waldhör J. (1978), E-HBI Waldhör J. (1945)

FF PIESLWANG

Die Freiwillige Feuerwehr Pieslwang wurde 1924 gegründet. Im Gründungsjahr gehörten der Feuerwehr 23 Mitglieder an. Die damalige Ausrüstung bestand aus einer handbetriebenen Spritzpumpe, welche von Pferden zu den Einsätzen gezogen wurde. Das sogenannte Feuerwehrhaus wurde beim Grubersberger aus Holz errichtet. Heute ist dieser Platz noch eine Brandmeldestelle. 1934 wurde ein neues Feuerwehrhaus beim Gatterhof errichtet. 1951 konnte von der FF Steinbach an der Steyr ein gebrauchtes Kraftfahrzeug mit der Markenbezeichnung Tatra erworben werden. Im selben Jahr wurde auch eine neue Spritzpumpe RW 80 angeschafft. Im Jahr 1958 wurde unter dem damaligen Kommandanten Franz Seidlhuber ein Feuerwehrhausneubau begonnen. Ein Jahr später konnte dieses Feuerwehrhaus eingeweiht werden und steht heute noch der Feuerwehr als einziges Feuerwehrhaus zur Verfügung. Im Jahr 1962 wurde eine neue Spritzpumpe Rosenbauer TS 8 Automatik angeschafft. Ein Jahr später, 1963, konnte ein gebrauchter Opel Blitz als Fahrzeug erworben werden. Im Jahr 1968 gründete die Freiwillige Feuerwehr Pieslwang unter Führung von Kommandant Greimel eine Jugendgruppe. Diese Jugendgruppe nahm als erste im Bezirk Kirchdorf an der Krems an Feuerwehrwettbewerben teil. In den Jahren 1977 und 1978 wurden zwei Steyrtaler Frühlingswandertage veranstaltet. Der Reingewinn dieser Wandertage diente zur Finanzierung eines 1979 angekauften neuen LFB Mercedes 508 Diesel. In den Jahren 1981 und 1982 baute die Freiwillige Feuerwehr Pieslwang unter Führung von Kommandant Alois Schierl eine Wasserversorgungsanlage für die Bevölkerung. Die ständige Aufwärtsentwicklung brachte es mit sich, daß die Feuerwehr 1982/83 an das Sirenennetz und die Funkalarmierung angeschlossen wurde.

HBI Schierl A. (1957), OBI Ofner-Wiesner K. jun. (1968), AW Fahrngruber A. (1968), AW Huber P. (1951), AW Mitterberger F. (1966), BI Gsöllhofer J. (1968), BI Lindner H. (1966) — Lm Bachmayr J. (1968), OFm Baumschlager F. (1972), HFm Baumschlager G. (1951), E-BI Deubl J. (1948), HFm Deubl J. (1976), HBm Dorfbauer F. (1948), HLm Dorfbauer J. (1959), Fm Dorfbauer J. jun. (1982), PFm Feurhuber E. jun. (1983), HFm Feurhuber E. (1951), HFm Greimel J. (1963), E-HBI Greimel P. (1956), HFm Großhagauer A. (1968), HFm Großhagauer F. (1969), HFm Gsöllhofer F. (1979), OFm Gsöllhofer K. sen. (1948), HLm Habichler F. (1958), OFm Haslehner F. jun. (1979), Bm Haslehner F. sen. (1948), OFm Huber H. (1978), HBm Huber-Groiß J. (1977), HFm Kastenhofer K. (1971), HFm Kieweg K. jun. (1951), HFm Krammer J. (1936), OFm Lichtenwöhrer J. (1971), OFm Massak A. (1951), HFm Mitterhuber A. sen. (1951), Fm Niedermann H. (1982), HFm Niedermann J. (1960), OFm Niedermann M. (1978), Fm Obermair S. (1981), Fm Ofner-Wiesner H. (1981), HBm Ofner-Wiesner A. (1968), OFm Ofner-Wiesner A. (1977), HFm Ofner-Wiesner K. sen. (1948), HFm Pointner K. (1931), HFm Postlmayr F. (1968), HFm Pranzl R. (1966), Fm Schaupp F. (1982), HFm Sieghartsleitner J. (1948), OFm Ing. Sieghartsleitner K. (1972), Fm Sieghartsleitner K. jun. (1981), HBm Wolfschwenger E. (1976), HFm Wolfschwenger J. (1968), Fm Wolfschwenger K. (1981), Fm Zach F. (1982)

FF PRATSDORF

Die FF Pratsdorf wurde am 17. Mai 1921 gegründet. Angekauft wurde eine zweirädrige Abprotzspritze mit Handbetrieb, Saugwerk samt Zubehör, Ausrüstung und Uniformen. Das erste Spritzenhaus wurde innerhalb von acht Wochen in uneigennütziger Weise durch gute Zusammenarbeit der Mitglieder erbaut. Die Grundbestellung erfolgte kostenlos. Am Pfingstmontag, dem 5. Juni 1922, fand in Pratsdorf die Spritzen- sowie Spritzenhauseinweihung statt. In den Jahren 1921 bis 1938 wurde die Wehr zu mehreren Bränden gerufen, die durch Blitzschläge und Brandlegungen in Landwirtschaften entstanden waren. 1935 Ankauf einer neuen Motorspritze R 60 samt Zubehör. 1938 wurde die FF Pratsdorf aufgelöst und der FF Pettenbach als Löschzug zugeteilt. 1949 konnte sich die FF Pratsdorf unter dem neugewählten Kommandanten Benedikt Radner durch eine Haussammlung wieder eine Kapitalsanlage schaffen und die Selbständigkeit erhalten. 1950 Ankauf eines gebrauchten Rüstfahrzeuges von der FF Pettenbach. 1958 Neubau eines Zeughauses in Pratsdorf. 1962 Ankauf einer neuen Motorspritze VW R 75 A samt Zubehör und Ausrüstung. Im Jahr 1964 Neuwahl, Franz Brunmair wurde zum neuen Kommandanten gewählt. 1971 wurde ein neuer Rüstwagen Marke Land Rover angekauft. Durch die verschiedenen Einsätze, die die Feuerwehr heutzutage bewältigen muß und zu denen sie auch die Geräte braucht, wurde nach einigen Jahren der Rüstwagen zu klein. Es wurde beschlossen, einen größeren Rüstwagen zu kaufen, Mercedes 409, samt Schiebeleiter. 1980 Ankauf von Stromaggregat und Halogenscheinwerfer. 1981 Ankauf einer Schmutzwasserpumpe mit einer Leistung von 1200 l/min. Franz Brunmair war 20 Jahre Kommandant.

HBI Hörtenhuber J. (1964), OBI Hubmer A. (1969), AW Klausner K. (1969), AW Mörtenhumer J. (1969), AW Rankl J. (1975), BI Kiesenebner K. (1974), BI Langeder J. (1973) — PFm Atzlinger J. (1983), Bm Bernecker J. (1950), Fm Brand R. (1980), E-HBI Brunmaier F. (1951), Lm Brunmair A. (1949), HFm Dutzler F. (1958), OFm Dutzler F. (1974), Fm Dutzler K. (1978), Fm Dutzler W. (1982), PFm Etzenberger F. (1983), HLm Etzenberger M. (1926), Lm Felbinger S. (1978), Fm Felleitner W. (1982), Bm Forster F. (1923), HFm Gruber F. (1964), Fm Haslinger L. (1982), OFm Hofer J. (1974), Fm Kiesenebner E. (1981), HFm Kiesenebner M. (1964), OLm Mair J. (1972), Lm Mayr-Kern S. (1951), OFm Radner F. (1970), Fm Radner G. (1976), E-AW Rankl F. (1958), Fm Riedler S. (1978), OFm Staudinger J. (1974), HFm Stöttinger A. (1964), OFm Stöttinger M. (1975)

FF RAMSAU

Der Brand in der Poxleitner-Säge in Ramsau 1921 gab den Anstoß zur Gründung der Freiwilligen Feuerwehr Ramsau. Damals wurde zur Brandbekämpfung die FF Molln alarmiert, und zwar durch einen Boten per Fahrrad. Nach diesem Ereignis beschäftigten sich einige Männer in der Ramsau mit dem Gedanken, eine Feuerwehr zu gründen. Am 12. Oktober 1924 erfolgte die Gründungsversammlung. Als Kommandant wurde Johann Kogler gewählt. Ihm folgten von 1927 bis 1934 Wilhelm Sterneder, von 1934 bis 1951 Josef Poxleitner-Blasl, von 1951 bis 1973 Alois Kogler; seit 1973 ist Norbert Rohrauer Kommandant. Die ersten Geräte waren die von Frau Hofrat Schrutka zur Verfügung gestellten Feuerspritzen. Sie stellte auch eine Hütte, den „Zimmerstadl", zur Unterbringung der Feuerwehrgeräte zur Verfügung. 1925 wurde eine fahrbare Handdruckspritze angeschafft. 1929 kaufte man eine Krückenspritze und 1930 die erste Klein-Motorspritze. 1934 wurde ein alter Landauer zum ersten Spritzenwagen umgebaut und 1952 ein Spritzenwagen von der FF Klausedt bei Lambach gekauft. Dieser Spritzenwagen wurde so umgebaut, daß er mit einem Traktor gezogen werden konnte. 1950 wurde eine Tragkraftspritze RW 80 und 1953 eine Tragkraftspritze DKW angeschafft. 1967 wurde eine Tragkraftspritze VW 75 Automatik gekauft. 1974 wurde das langersehnte Kleinlöschfahrzeug Ford-Transit angeschafft. 1928 wurde das Zeughaus erbaut. 1957/58 wurde für die dritte Gruppe ein kleines Zeughaus in der Garnweid errichtet. 1973 wurde nach Anschaffung eines Kleinlöschfahrzeuges das Zeughaus Ramsau erweitert und mit einem neuen Einfahrtstor versehen. 1980 wurde ein Grundstück neben dem bestehenden für ein neues Feuerwehrhaus angekauft. 1983 wurde der Rohbau errichtet; Fertigstellung 1985.

HBI Rohrauer N. (1946), OBI Kogler A. (1968), AW Heugel J. (1975), AW Riedl J. (1970), AW Steiner J. (1972), BI Klinser A. (1958), BI Lattner E. (1969) — HFm Auer H. (1960), Lm Bernegger F. (1972), HFm Bernegger G. (1975), OFm Bernegger G. (1981), Lm Bodingbauer R. (1976), HFm Dürnberger G. (1973), E-AW Eder F. (1950), HFm Feldmann H. (1977), HFm Feldmann K. (1974), Lm Feldmann O. (1977), HFm Feldmann R. (1979), OFm Feldmann W. (1981), HFm Graßegger A. (1953), HFm Grill G. (1976), HFm Hilger F. (1946), HLm Huemer E. (1954), Lm Kogler A. (1971), HFm Kogler A. (1971), Lm Kogler A. (1934), HBm Kogler F. (1964), HFm Kogler F. (1929), E-BI Kogler F. (1924), HFm Kogler J. (1968), HFm Kogler J. (1966), HFm Koller F. (1979), Madauer R. (1946), HFm Neuböck G. (1950), HLm Popp E. (1969), Lm Popp G. (1973), HLm Popp-Hilger F. (1948), HFm Prentner L. (1963), HFm Priegelhofer H. (1976), E-BI Rammer J. (1953), OLm Reithuber L. (1971), HBm Resch J. (1954), Lm Resch K. (1964), Fm Resch M. (1982), HBm Rettenbacher G. (1964), HFm Rettenbacher H. (1975), E-BI Rettenbacher L. (1931), HFm Rettenbacher R. (1972), HLm Schersch J. (1957), E-BI Siegl K. (1946), HFm Steiner F. (1955), HFm Steiner F. (1950), HFm Steiner H. (1976), Lm Stingeder O. (1970), HLm Strasser E. (1953), HLm Stummer F. (1958)

FF RIED IM TRAUNKREIS

Die Freiwillige Feuerwehr Ried im Traunkreis wurde im Jahr 1898 gegründet. Bereits 1857, aufgrund des großen Dorfbrandes im Jahr 1856, wurde von der Gemeinde eine Feuerspritze angeschafft. Die Gründung der Feuerwehr wurde nach einem Brandeinsatz – eben mit dieser Feuerspritze – in Kremsmünster beschlossen. Noch im Gründungsjahr wurde eine neue Feuerspritze von der Firma Gugg angekauft. Die nächste Spritze wurde 1922 angeschafft, da die Wurfweite schlecht war, was sich nachträglich als Irrtum herausstellte. Die alte Spritze wurde nach Großendorf überstellt, dies war der Anstoß zur Gründung der Rotten Großendorf, Voitsdorf und Zenndorf unter dem gemeinsamen Kommando von Ried. 1925 wurden die Rotten als selbständige Feuerwehren beim Landesverband angemeldet. 1925 wurde das erste Feuerwehrhaus gebaut, und zwar auf jenem Grundstück, wo auch das heutige steht. 1929 wurde die erste Motorspritze von der Firma Rosenbauer angekauft. Das erste Fahrzeug wurde 1948 angeschafft, es handelte sich dabei um ein Fahrzeug der deutschen Wehrmacht, das von den Feuerwehrmännern selbst umgebaut wurde. 1954 wurde das nächste Fahrzeug, ein Steyr A-Typ, angekauft. Da es für den Feuerwehrdienst nicht sehr gut geeignet war, wurde es 1958 in Eigenregie umgebaut. Im selben Jahr wurde eine neue Motorspritze (Rosenbauer RVW 75) angekauft, die bis heute ihre Dienste leistet. Verhältnismäßig spät, nämlich 1964, wurde die Sirene installiert. 1970 wurde ein Tanklöschfahrzeug (TLF 1000) angekauft. Funkgeräte sind seit 1972 bei der FF Ried vorhanden. 1975 wurde ein zweites Fahrzeug – ein gebrauchter Dodge wurde zu einem Löschfahrzeug umgebaut – angeschafft. 1979 wurden schwere Atemschutzgeräte angekauft.

HBI Gnadlinger J. (1966), OBI Weingartner F. (1967), AW Huemer J. (1956), AW Moser K. (1969), AW Ramsebner J. (1976), BI Klinglmair F. (1963) — Fm Eder F. (1982), HLm Eder J. (1968), OFm Glinsner H. (1976), HBm Gnadlinger K. (1972), Lm Gnadlinger W. (1976), HBm Heitzendorfer F. (1952), E-AW Huber K. (1945), HFm Kalchmayr J. (1974), HFm Langeder J. (1946), HBm Lindinger K. (1978), OLm Lindinger-Pesendorfer M. (1976), HFm Michlmayr F. (1977), OFm Michlmayr G. (1980), E-HBI Minichmair F. (1941), Lm Minichmair J. (1971), HBm Moser F. (1960), HFm Nobl R. (1948), HFm Radinger G. (1978), E-HBI Ramsebner J. (1951), HFm Reisner F. (1966), Lm Reisner J. (1959), HFm Seckellehner H. (1973), Fm Steinmaurer R. (1981), E-AW Waser K. (1958), HFm Weißeneder J. (1956), E-AW Winkler J. (1950), Lm Zchetner F. (1977)

FF ST. PANKRAZ

Nach mündlicher Überlieferung älterer Ortsbewohner bestand vor 1900 bereits eine Art freiwillige Feuerwehr. Ein Foto des Ortes von 1896 zeigt das alte Zeughaus neben dem Mesnerhaus sowie den Löschwasserbehälter auf dem jetzigen Parkplatz vor der Kirche. Im Zeughaus wurden die Löscheimer sowie Fackeln und Werkzeug mit Leitern und Feuerhaken aufbewahrt. Als im nahegelegenen Markt Windischgarsten 1885 bei der Brandkatastrophe 26 Bürgerhäuser den Flammen zum Opfer fielen, dürfte sich auch in St. Pankraz die Notwendigkeit einer Feuerwehr gezeigt haben. Zur offiziellen Gründung der Freiwilligen Feuerwehr St. Pankraz kam es aber erst bei der Gemeindeausschußsitzung am 10. Mai 1914 unter dem Vorsitz des damaligen Bürgermeisters Franz Lattner. Am 16. Juni 1914 erfolgte die Genehmigung der Gründung durch die k. u. k. Statthalterei in Linz. Da nur behelfsmäßige Geräte vorhanden waren, wurde ein Fonds zur Anschaffung der Ausrüstung errichtet. Außerdem wurde eine Sammlung für diesen Zweck eingeleitet. Angekauft wurde nun eine Ventilhahnspritze auf einem vierrädrigen Wagen für Pferdebespannung von der Fa. Rosenbauer in Linz sowie Geräte und Uniformen. 1932 kaufte die Wehr die erste Motorspritze, die 1934 gegen eine stärkere getauscht wurde (H/50). 1952 erfolgte der Zeughausbau. 1956 Ankauf der RVW 75 und des TSA 750. Im Jahr 1961 erwarb die Wehr ihr erstes Löschfahrzeug Ford 1250 mit Vorbau RV 1000. 1975 wurde ein gebrauchtes TL Opel Blitz 2500 l mit Vorbau gekauft. 1980 Lieferung des neuen Rüstfahrzeuges Marke Mercedes LFB mit Vorbau RV 1000.

HBI Baumschlager S. (1945), OBI Plursch E. (1952), AW Badinger A. (1962), AW Degelsegger M. (1968), AW Jaksch A. (1959) — HFm Aigner A. (1941), Fm Aigner F. (1976), HFm Aigner J. (1941), HFm Antensteiner E. (1967), HFm Antensteiner O. (1951), HFm Auerbach A. (1963), Fm Badinger S. (1982), HFm Bankler E., Bankler J. (1925), HFm Bankler M. (1969), Bankler M. (1929), HFm Baumschlager H. (1958), Lm Baumschlager O. (1966), OFm Duscher R. (1979), HFm Ferrari J. (1953), PFm Führling R. (1983), Grabner M. (1929), HFm Graßmugg A. (1974), OFm Graßmugg P. (1978), OFm Gruber G. (1983), HFm Holzer S. (1950), Fm Humpelsberger H. (1978), OFm Kaltenbrunner G. (1979), Lm Kienbacher E. (1963), E-HBI Lattner F. (1937), HFm Lichtenwöhrer E. (1953), E-HBI Lichtenwöhrer G. (1919), HFm Lichtenwöhrer W. (1960), Löschenkohl F. (1951), Lm Löschenkohl O. (1960), OFm Plursch H. (1978), HFm Plursch R. (1977), HFm Redtenbacher W. (1977), Bm Schaupp L. (1962), OFm Schaupp S. (1978), HFm Trinkl H. (1972), OFm Trinkl H. (1975), OFm Wiesinger J. (1978)

FF SCHLIERBACH

Die Freiwillige Feuerwehr Schlierbach wurde am 15. November 1896 im Gasthaus Wieser (Mesner in Sautern) gegründet. Erster Kommandant war Josef Wagner. Am 21. Februar 1897 wurde Franz Ebner zum neuen Kommandanten gewählt. 1898 wurde das erste Zeughaus in Sautern erbaut. Nächster Kommandant war Johann Bleimfeldner (1911–1933). 1930 wurde unter seiner Führung das Zeughaus in Schlierbach erbaut. Die erste Motorpumpe (Rosenbauer B 48) wurde auch 1930 gekauft. Von 1933 bis 1938 war Dr. Viktor Schmiedt Feuerwehrkommandant. Von 1938 bis 1946 war Franz Hauser Kommandant. Nach dem Zweiten Weltkrieg wurde Franz Lackner Wehrführer. Er leitete die Wehr von 1946 bis 1968. Unter seiner Führung wurde 1946 das erste Feuerwehrauto, ein Steyr Typ A 2000, angekauft. Auch wurden (1960 und 1968) zwei Tragkraftspritzen R VW Automatik gekauft. In den Jahren 1965 und 1966 wurde das neue Feuerwehrhaus in Schlierbach gebaut. Im Jahre 1968 legte Kommandant Lackner sein Amt nieder, sein langjähriger Stellvertreter Josef Spernbauer wurde zum neuen Kommandanten gewählt. Unter seinem Kommando wurde 1969 ein KLF (Fiat) gekauft, 1974 in Sautern ein neues Feuerwehrhaus gebaut und 1976 ein LFB für Schlierbach erworben. Seit 1978 steht nun Georg Achathaller der Freiwilligen Feuerwehr als Kommandant vor. In seine Zeit fällt die Vervollkommnung der technischen Einsatzgeräte. Im Jahr 1979 wurde das zu klein gewordene KLF (Fiat) verkauft und dafür ein LFB angekauft. Die jüngste Anschaffung ist das Tanklöschfahrzeug 2000 Trupp (1984).

HBI Achathaller G. (1953), OBI Holzinger A. (1965), AW Dutzler M. (1967), AW Moser K. (1946), AW Stadler H. (1965), AW Zweckmair J. (1956), BI Gruber K. (1967), BI Maier F. (1962), BI Tretter F. (1967) — Lm Achathaller F. (1977), OLm Briendl E. (1952), OFm Danner J. (1980), HFm Edlinger-Holzinger F. (1958), HBm Frodl F. (1966), HFm Gebeshuber F. (1976), HFm Gebeshuber L. (1954), Bm Haider J. (1965), OLm Hebesberger F. (1959), HFm Hoffmann F. (1947), HFm Hoffmann J. (1951), HFm Hoffmann L. (1943), OFm Holub G. (1983), HFm Holzinger F. (1966), HFm Huemer H. (1956), HFm Huemer J. (1959), HFm Huemer K. (1966), HFm Kalchmair J. (1959), HFm Kronegger H. (1976), OFm Kronegger H. (1981), HFm Limberger F. (1947), Fm Maier F. (1981), HFm Mitterbauer A. (1975), HFm Mitterbauer F. (1975), OLm Mitterbauer L. (1971), E-BI Mitterbauer L. (1944), HFm Müller H. (1971), HFm Müller L. (1956), HFm Ottendorfer J. (1977), HFm Pernegger J. (1954), HFm Peterseil A. (1971), Fm Pramberger E. (1981), Fm Pramberger H. (1981), Bm Prenninger F. (1965), HFm Rappold F. (1961), HFm Resl K. (1974), HBm Sandmayr F. (1971), Fm Schneider M. (1981), OFm Ing. Spernbauer J. (1978), E-HBI Spernbauer J. (1934), Bm Stürzer J. (1951), HFm Tretter J. (1967), BFK Tretter K. (1977), Bm Waldenhofer J. (1958), E-AW Weixelbaumer F. (1935), HFm Winter J. (1955), HFm Winter M. (1972), OFm Wöß A. (1978), HFm Zach B. (1975), HFm Zach B. (1937)

FF SPITAL AM PYHRN

Als am 16. Januar 1895 in Weinmeisters Sensenwerk ein Brand ausbrach, zeigte sich die Notwendigkeit der Gründung einer Feuerwehr. Bei der Brandbekämpfung fehlte es an geeigneten Lösch- und Rettungsgeräten. So entschlossen sich die Männer von Spital am Pyhrn, eine Feuerwehr zu gründen. Schon im Gründungsjahr 1895 wurde eine Ventilhahnspritze mit Saugwerk angeschafft, die auf einem vierrädrigen Wagen transportiert wurde. Nach und nach erfolgte dann die Ausrüstung der Wehr, bis Anfang der dreißiger Jahre die erste Motorkolbenspritze gekauft werden konnte. Um 1920 wurde ein Haus angemietet, das allmählich zu einem Zeughaus aus- und umgebaut wurde. Das neue Zeughaus wurde 1954 erbaut und 1981 erweitert. Ein Mannschafts- und ein Spritzenwagen – von Pferden gezogen – waren bis 1949 im Einsatz. 1950 kaufte die Gemeinde das erste Einsatzfahrzeug, einen Steyr 1500 2000 A aus Wehrmachtsbeständen. Jahre später wurde ein gebrauchter Tanklöschwagen GMC in Dienst gestellt. Zwischen 1920 und 1948 bestand auch eine Rettungsabteilung unter der Führung von Agapitus Stummer und Johann Neubauer. Der Freiwilligen Feuerwehr Spital am Pyhrn standen folgende Kommandanten seit der Gründung vor: Engelbert Kapfenberger (1895–1897), Georg Vollgruber (1897–1900), Ignaz Merceder (1900–1901), Josef Gruber (1901–1903), Franz Radlingmayr (1904–1911), Johann Bachauer (1911–1933), Franz Neubauer (1933–1936), Eduard Metzler (1936–1946), Walter Rablbauer (1946–1948), Eduard Metzler (1948–1960), Josef Gösweiner (1960–1984).

HBI Gösweiner J. (1944), OBI Auer L. (1967), AW Berger P. (1969), AW Hinteregger E. (1945), AW Rohrmoser P. (1938), AW Schulz W. (1983), BI Habacher H. (1968), HBI Trinkl J. (1947) — Fm Angerer M. (1978), E-OBI Auer L. (1945), AW Breitenbaumer L. (1941), Fm Egger K. (1981), Fm Eggl H. (1981), Lm Forster J. (1924), PFm Gösweiner B. (1978), Fm Gösweiner J. (1981), Bm Habacher F. (1965), HFm Hinterer A. (1974), Lm Hohenbichler S. (1955), Fm Hohenbichler S. (1978), HLm Huemer O. (1960), Lm Kaltenbrunner M. (1963), OBm Mayr J. (1956), HBm Neubauer O. (1945), Lm Pacher J. (1954), OBm Pirhofer F. (1972), Fm Polz H. (1981), Fm Polz R. (1976), Fm Rablbauer K. (1981), HBm Reichl D. (1972), Fm Rohrauer W. (1981), Lm Schausberger H. (1974), Fm Schmid F. (1981), HFm Schweiger H. (1945), Fm Seebacher H. (1982), PFm Steinbach A. (1983), HBm Stöcher A. (1938), OLm Stöcher A. (1968), Fm Stummer M. (1978), HLm Stummer O. (1967), Lm Sulzbacher J. (1973), Lm Tschurtschenthaler H. (1969), Lm Wagner G. (1972), Lm Watzinger F. (1959), HBm Wolfbauer G. (1961), OLm Wurzenreiner A. (1960)

FF STEINBACH AN DER STEYR

Durch die Lage des Ortes Steinbach am Steyrfluß und die vielen Messereibetriebe bestand im Ort seit eh und je einerseits Hochwasser- und andererseits Brandgefahr. Aus diesem Grund wurden in der Gründungsversammlung am 5. Juni 1904 die Herren: Stein, Wolf, Reingruber, Bichler und Bauernfeind „Jedermann ein Mitglied dieses edlen Vereines". An Inventar stand zur Verfügung: 16 Helme und Nackenleder, 16 Gurten, 7 Leinen, 16 Beile, 40 Achselklappen, 8 Schwämme, 8 Schnüre mit Pfeifen und 4 Fackeln. Am 1. Juni 1911 wurde an der Stelle des heutigen Parkplatzes auf der Weihergasse das erste Depot eingeweiht. 1928 wurde die erste Motorspritze von der Fa. Knaust angekauft. Am 22. Mai 1949 war der Bau des jetzigen Depots abgeschlossen. Am Abend der Einweihung war jedoch statt eines Tanzes Hochwassereinsatz. 1959 wurde statt des alten Tatra von vor 1946 ein LLF Opel Blitz angeschafft. Der schwärzeste Tag der vielen Einsätze war der 13. Juli 1974. Bei einem Hochwassereinsatz wurde durch eine abgehende Mure Kamerad Hermann Wührleitner getötet. Da in der Feuerwehr neben Nächstenhilfe auch Kameradschaft im Vordergrund steht, kam es zur Bildung von Wettbewerbsgruppen. Aus den Reihen einer ersten Leistungsgruppe trat Kamerad Johann Wührleitner sen. hervor. Er erreichte 1956 als erster im Bezirk Kirchdorf das Leistungsabzeichen in Gold. 1963 übernahm der heutige Kommandant Engelbert Kern die Wettbewerbsgruppe, die sich seither an allen Landeswettbewerben beteiligt. 1977 wurde der große Traum vom Ankauf eines Tankwagens Wirklichkeit. 1979 wurde der Wagenpark durch einen LFB Mercedes erweitert. Um das nächste Ziel, ein neues Feuerwehrhaus, mitzufinanzieren, wurde 1984 das 80jährige Jubiläum mit Festveranstaltungen gefeiert.

HBI Kern E. (1958), OBI Vogel R. (1972), HAW Loibl M. (1965), OAW Bachmayr K. (1960), AW Flexl F. (1949), AW Schwarzlmüller K. (1970), BI Ganglbauer K. (1963), BI Mitterhuber J. (1964), BI Ziermayr J. (1949), BR Bleimschein J. (1940) — HLm Bauhofer K. (1963), Fm Deischinger A. (1981), Fm Deischinger E. (1981), Lm Eßl A. (1958), OLm Fachberger J. (1964), Bm Fachberger M. (1955), Fm Fachberger W. (1977), HBm Finner E. (1966), OFm Girkinger E. (1979), Girkinger E., OFm Gradauer E. (1980), Grill J. (1964), Fm Großauer J. (1977), HFm Großauer O. (1964), JFm Großauer T., HBm Halbartschlager F. (1941), OLm Halbartschlager F. (1969), Fm Halbartschlager R. (1978), OLm Hieslmayr G. (1970), OFm Himmelfreundpointner J. (1952), Lm Hubauer-Brenner F. (1950), Fm Hubauer-Brenner F. (1976), Fm Kern E. (1978), OLm Löffler H. (1970), Lm Löffler K. (1970), JFm Markon A. (1982), JFm Mayr M. (1982), HFm Mitterhuber F. (1946), Lm Obermayr A. (1933), PFm Poxleiter W. (1983), OFm Ratzenböck H. (1952), HLm Schedlberger F. (1952), Fm Schedlberger G. (1977), Fm Schedlberger H., Lm Schellmann A. (1958), HFm Schmadlbauer J. (1969), Lm Schmidinger H. (1970), Schneckenleitner F. (1976), OLm Schwarzlmüller K. (1949), HFm Sitter A. (1967), FA Dr. Sonnleitner W. (1972), HFm Spernbauer G. (1954), OLm Steiner J. (1959), OFm Steiner L. (1967), JFm Stöger F. (1982), OFm Stöger K. (1979), E-BI Tibisch A. (1930), Lm Wallner H. (1960), OFm Wallner J. (1946), PFm Winzig K. (1983), HBm Wührleitner G. (1977), E-OBI Wührleitner J. (1946), HBm Wührleitner J. (1962), Lm Zeiselberger A. (1962), PFm Zeiselberger Ch. (1979), Lm Ziermayr K. (1971), HFm Ziermayr S. (1970)

FF STEINBACH AM ZIEHBERG

Der 1878 in Steinbach am Ziehberg geborene Johann Störrer hatte in Lambach den Beruf des Kaufmanns erlernt und war auch dort seit 1898 bei der örtlichen Feuerwehr tätig. Nach seiner Rückkehr in den Heimatort gründete er am 7. März 1915 die Freiwillige Feuerwehr Steinbach am Ziehberg. Als Feuerwehrgebäude diente ein kleines gemauertes Haus, ein Geschenk des Gründungsmitglieds Georg Ratzinger, das diesem früher als Verkaufslokal für Brot diente. Im Gründungsjahr bestand die Ausrüstung aus einer kleinen Handpumpe. Erst nach dem Zweiten Weltkrieg wurde ein amerikanischer Jeep aus Heeresbeständen angeschafft und zu einem Rüstfahrzeug umgebaut. Bis dahin (1954) wurde mit pferde- oder ochsenbespannten Stellwagen zu den Einsätzen gefahren. Im Jahr 1964 kaufte die Wehr ein Kleinlöschfahrzeug Marke Land Rover an, zehn Jahre später ein Tanklöschfahrzeug TLF 2000 sowie drei Geräte für schweren Atemschutz. Im Jahr 1983 wurde die Freiwillige Feuerwehr Steinbach am Ziehberg an das Funk- und Alarmsystem der oö. Landesfeuerwehr angeschlossen. 1984 konnte die Wehr drei Handfunk- und zwei mobile Funkgeräte anschaffen. Das erste richtige Feuerwehrgebäude wurde im Jahr 1951/52 als Anbau am Gemeindeamt errichtet, 1974 konnte die Wehr ein neues eigenes Feuerwehrhaus erbauen, das 1984 fertiggestellt wurde. Hauptleute seit der Gründung waren: Johann Störrer, Alois Rumplmayr, Franz Pauer, Johann Schellmann, Anton Rumplmayr, Wilhelm Bachl und seit 1. Juli 1983 Franz Lassl.

HBI Lassl F. (1964), OBI Dilly F. (1962), AW Hinterwirth H. (1975), AW Schabenreithner D. (1962), AW Steinmaurer F. (1962) — HBm Achathaler J. (1968), Lm Aitzetmüller A. (1968), E-HBI Bachl W. (1954), HFm Dilly R. (1964), HFm Dilly S. (1970), OBm Ebenhöchwimmer K. (1962), HFm Fürweger A. (1971), OLm Hager R. (1968), HFm Haslinger J. (1968), HFm Herzog J. (1956), PFm Hinterwirth G. (1982), HBm Hinterwirth H. (1968), Bm Hinterwirth J. (1962), Lm Hinterwirth J. (1973), OFm Hinterwirth S. (1975), PFm Kaltenbrunner F. (1983), OFm Kamesberger H. (1974), HBm Kamesberger J. (1973), Bm Kern-Helmberger J. (1941), Lm Kiniger J. (1973), PFm Kiniger M. (1982), Bm Lattner J. (1941), OLm Lattner J. (1968), HBm Mayrhofer K. (1948), OBm Pramhas F. (1962), HBm Pranzl F. (1954), OFm Pranzl F. (1971), HFm Reisenbichler J. (1968), Bm Reithuber J. (1962), E-HBI Rumplmair A. (1915), OLm Rumplmair F. (1967), PFm Schabenreithner K. (1983), HBm Scharax F. (1949), Lm Schellmann F. (1975), Bm Schellmann J. (1946), Bm Schreiber K. (1971), PFm Wohlschlager Ch. (1982), Ziegler J. (1938)

FF STEINFELDEN

Am 25. August 1912 fanden sich 18 Männer Steinfeldens zur Gründung einer Feuerwehr. Als erster Kommandant wurde Franz Merschitzka gewählt. Am 19. September desselben Jahres konnte dann unter großen finanziellen Schwierigkeiten eine Handdruckspritze um 1435 Kronen bei der Firma Rosenbauer angekauft werden. Bereits am 23. November 1912 kam die neue Spritze beim Brand des Hemetsbergergutes in Pettenbach zum Einsatz. Die neue Spritze wurde auf den Namen Klemens getauft. In der Zwischenzeit wurde auch das Zeughaus fertiggestellt. 1932 wurde eine Motorspritze DKW angekauft, wobei zu erwähnen ist, daß sowohl die 1912 angekaufte Spritze noch einsatzfähig ist und die DKW jetzt noch bei Brandeinsätzen wertvolle Dienste leistet. 1949 wurde das Signalhorn durch eine Sirene ersetzt. Eine zweite Motorspritze konnte 1957 angekauft werden. Als 1960 ein neues Zeughaus erforderlich war, wurde dieses unter Kommandant Josef Bergbauer errichtet. Anschließend wurde im Jahr 1968 ein neues Löschfahrzeug Marke Land Rover 110 angekauft. Funkgeräte wurden 1977 installiert und auch der 1979 angekaufte VW LT 35 wurde mit einem Funkgerät ausgerüstet. Eine starke Mannschaft ist stets bereit, das fortzusetzen, was 1912 gegründet und in all diesen Jahren aufgebaut wurde. Diese Mannschaft ist aber auch bemüht, das Nötige zu tun, um die Feuerwehr Steinfelden in Zukunft schlagkräftig zu erhalten.

HBI Wolf J. (1953), OBI Rathner A. (1975), AW Dirnberger S. (1957), AW Mahringer G. (1976), AW Waidhofer R. (1975), BI Zauner A. (1980) — OFm Bloderer F. (1976), OFm Brandmayr H. (1980), HFm Dirnberger G. (1977), E-OBI Glinz F. (1923), HLm Glinz K. (1962), OFm Hackl J. (1970), OFm Hager A. (1980), Lm Hauser W. (1966), OFm Herzog S. (1977), OFm Kastner F. (1975), PFm Leitinger F. (1983), PFm Mairbäurl R. (1983), HFm Murauer G. (1977), OLm Nußbaumer A. (1959), HFm Panhuber A. (1966), HFm Raffelsberger J. (1977), HFm Rathberger M. (1977), HFm Rathner K. (1971), Lm Reithuber K. (1969), HFm Ritt L. (1969), HFm Scharax H. (1977), Bm Scharax J. (1966), OFm Scharax K. (1980), Fm Sparber J. (1982), Fm Spitzer P. (1982), OLm Waidhofer E. (1952), PFm Waidhofer E. (1983)

FF STEYRLING

Die Feuerwehr Steyrling wurde 1927 als Feuerwehrmusikkapelle und Feuerwehr gegründet. Sie bestand damals aus den zwei Löschgruppen Steyrling und Brunnental. Als Einsatzfahrzeug diente ein Pferdewagen. 1928 wurde durch die Forstverwaltung Schaumburg-Lippe eine Motorspritze zur Verfügung gestellt. Nach dem Krieg konnten 1945 aus Wehrmachtsbeständen zwei Motorspritzen, das komplette Schlauchmaterial und ein Lkw (Mercedes) samt Einachsanhänger von der Bezirkshauptmannschaft Kirchdorf angekauft werden. Sämtliche Geräte und Fahrzeuge waren im Pießlingerstadel untergebracht. 1953 wurde die Löschgruppe Kniewas gegründet. Mit dem Bau des Feuerwehrhauses mit Schlauchturm (23 m hoch) wurde 1952 begonnen (1954 fertiggestellt). Durch Eigeninitiative beschaffte sich die Löschgruppe Kniewas 1954 ein eigenes Löschfahrzeug (Steyr-A-Typ). 1965 kam die Löschgruppe Klaus zur Freiwilligen Feuerwehr Steyrling, die gleichzeitig eine Motorspritze (TS VW Automatik) samt Ausrüstung bekam. Die beiden Löschgruppen Kniewas und Brunnental wurden später aufgelöst. 1973 gelang es, ein neues Löschfahrzeug (Opel Blitz) anzukaufen. 1977 wurde der FF Steyrling nach Errichtung des Stausees Klaus eine Motorzille vom KHD des Landesfeuerwehrkommandos zur Verfügung gestellt. 1978 wurde die Löschgruppe Klaus mit einem VW-Bus ausgerüstet. Ein Anhänger für den VW-Bus war bereits vorhanden. Ein Handfunkgerät für den Löschzug Klaus wurde gleichzeitig angekauft. Im Zuge des Vereinshausbaus in Klaus war es möglich, für die Löschgruppe Klaus eine eigene Feuerwehrgarage zu errichten. Der Anschluß an die Sirenensteuerung des LFK erfolgte 1983. Derzeit besteht die Feuerwehr aus den zwei Löschgruppen Klaus und Steyrling.

HBI Prieglhofer H. (1959), OBI Zeitlinger K. (1951), AW Cervik L. (1957), AW Hirschmugl H. (1975), AW Limberger F. (1965), BI Huber R. (1953), BI Hunger H. (1965), BI Prieglhofer H. (1957), BI Rohrauer K. (1965), BI Stummer J. (1965) — Lm Aigner F. (1979), HFm Auinger K. (1966), HFm Bankler F. (1943), HFm Baurnschmid H. (1963), Fm Becker R. (1979), HFm Benedetter R. (1979), HFm Benischeck E. (1968), HLm Braunreiter E. (1965), HFm Chudy N. (1952), HFm Fischer E. (1957), HFm Fries S. (1971), PFm Graßmugg W. (1983), OFm Greiml F. (1981), PFm Hahn M. (1981), HLm Helm K. (1960), Fm Herndl A. (1981), HFm Hirschmugl K. (1967), HFm Holzmüller F. (1971), HFm Huemerlehner J. (1952), HFm Hummer J. (1963), Fm Hunger A. (1982), Fm Hunger H. (1965), PFm Hunger H. (1983), Bm Kerbl W. (1947), HFm Kerschbaumer J. (1954), HLm Klug E. (1961), HLm Knapp A. (1952), HFm Kothbauer A. (1957), PFm Kothbauer A. (1983), HFm Krenn A. (1952), OFm Krenn M. (1975), HFm Langeder R. (1975), HFm Limberger A. (1928), PFm Mayr R. (1983), HFm Melchert E. (1967), HFm Mitterhauser A. (1952), E-BI Dipl.-Ing. Morbitzer A. (1953), Fm Nowak M. (1981), HFm Pangraz F. (1927), HLm Pernegger J. (1951), HFm Pernegger K. (1958), Bm Pichler E. (1960), HFm Pölz J. (1953), HLm Pölz R. (1951), PFm Prieglhofer H. (1979), HFm Raberger M. (1965), Bm Ramsebner L. (1959), Bm Redtenbacher E. (1968), HFm Rohrauer E. (1965), HFm Rohrauer F. (1967), HFm Rohrauer F. (1967), HFm Ruprecht G. (1965), HFm Schlader G. (1953), HLm Schubert-Zeitlinger L. (1923), HFm Schwarz H. (1958), OLm Sieder R. (1958), PFm Steinegger W. (1982), HFm Stöger H. (1965), E-HBI Wimberger F. sen. (1952), HFm Wimmer H. (1959), OLm Windhager A. (1957), HLm Zettl J. (1957)

FF STRIENZING

Am 19. Januar 1908 wurde die Gründungsversammlung abgehalten. 40 Mann stellten sich der neugegründeten Wehr zur Verfügung. Zum Hauptmann wurde Josef Wagenleitner gewählt. Am 1. Februar 1908 wurden eine neue Saugspritze und 150 m Schläuche zum Preis von 2100 Kronen sowie zwei Hörner um 23 Kronen und 60 Heller angekauft. Am 24. April 1908 waren 34 Mann vollständig mit Bluse und Kappe ausgestattet. An diesem Tag wurde auch die neue Spritze übernommen. Noch im selben Jahr wurden 150 m Schläuche nachbestellt. Am 13. Juli 1958 feierte die Freiwillige Feuerwehr Strienzing ihr 50jähriges Bestandsjubiläum mit gleichzeitiger Segnung der neuen Motorspritze. 1962 kaufte die Feuerwehr ein Kleinlöschfahrzeug Ford Taunus Transit. Im Jahr 1968 wurde die alte Spritze verkauft und eine neue Automatik 75 VW angeschafft. 1969 kaufte die Wehr einen Land Rover. 1974 wurde mit der Erweiterung und Adaptierung des Feuerwehrzeughauses begonnen. Durch beträchtliche Eigenleistungen konnten die Arbeiten im Jahr 1976 abgeschlossen werden. Im Jahr 1980 wurde ein modernes Notstromaggregat angeschafft. Die Alarmierung wurde auf Funksirenensteuerung umgestellt. Die Jugendgruppe der Freiwilligen Feuerwehr Strienzing wurde 1973 gegründet. Das 75jährige Gründungsfest wurde 1983 festlich begangen. Der nächste Schwerpunkt wird die Anschaffung eines neuen Einsatzfahrzeuges sein, da das derzeitige Feuerwehrauto den heutigen Anforderungen nicht mehr entspricht.

HBI Karlhuber J. (1961), OBI Mayr J. (1970), BI Edlinger J. (1968), BI Gruber J. (1969) — Bm Bäck J. (1965), OFm Egger M. (1975), E-HBI Egger M. (1956), OFm Egger R. (1979), OFm Fischer G. (1977), HFm Füsselberger E. (1976), HFm Füsselberger F. (1976), Fm Ganglbauer H. (1981), PFm Hable F. (1983), HFm Hable K. (1978), Bm Hageneder F. (1967), PFm Hathaller R. (1983), OFm Hebesberger J. (1979), Fm Hubl F. (1981), PFm Hubmer J. (1982), OFm Karlhuber F. (1976), Fm Kremsberger F. (1981), OFm Kremsberger M. (1977), OFm Kremshuber F. (1977), OFm Kremshuber J. (1976), HLm Lachmair F. (1966), Bm Mayr G. (1957), OFm Mayr G. (1978), HFm Mayr H. (1974), OFm Neumair E. (1979), HFm Pils A. (1976), HLm Prenninger E. (1970), HFm Radinger E. (1976), Lm Schimpelsberger F. (1963), Bm Zeilinger F. (1958), OFm Zwickelhuber F.

FF VOITSDORF

1898 wird in der Ortschaft Voitsdorf erstmals eine Feuerwehr erwähnt. Diese erhielt von der Ortsfeuerwehr Ried im Traunkreis eine aus 1858 stammende Spritze. Unter dem Kommando von Alois Beckenhuber wurde die FF Voitsdorf 1923 selbständig. Zu dieser Zeit zählte die Wehr 25 Mann. Im selben Jahr kaufte man von der Fa. Gugg eine pferdebespannte Handdruckspritze. 1926 wurde auf einem von der Familie Zaunmair gespendeten Grundstück das Zeughaus errichtet. Durch Robot, Geld- und Materialspenden konnte diese Tat verwirklicht werden. 1936 kaufte die Feuerwehr Voitsdorf von der Fa. Rosenbauer eine Tragkraftspritze. Zwei Jahre später wurden sämtliche Feuerwehren der Gemeinde Ried unter ein Kommando gestellt. Den Löschzug Voitsdorf führte Johann Wasserbauer. Im Jahr 1948 erwarb die FF Voitsdorf ein Wehrmachtsfahrzeug der Type Steyr A-Type. Wegen Platzmangel errichtete man 1952 das jetzige Feuerwehrhaus. Zwei Jahre danach wurde eine Sirene angeschafft. Eine Tragkraftspritze VW R 75 folgte. Das Tanklöschfahrzeug Opel Blitz erwarb Voitsdorf von der Feuerwehr Kirchdorf. Auf das bestehende Feuerwehrhaus wurde ein Musikheim aufgestockt. Im Jahr 1971 schaffte die FF Voitsdorf ein Rüstfahrzeug mit Seilwinde an und baute dieses in Eigenregie auf. Da das alte Tankfahrzeug nicht mehr einsatzfähig war, wurde von der Feuerwehr Voitsdorf im Einvernehmen mit der Gemeinde Ried im Dezember 1976 ein TLF Steyr Trupp 2000 gekauft. Dieses Fahrzeug beinhaltet drei schwere Atemschutzgeräte. Beide Einsatzfahrzeuge sind mit Funk ausgestattet. Weiters wird noch ein Handfunkgerät verwendet. Durch die vielen Einsätze bei Verkehrsunfällen auf der B 138 wurde es notwendig, ein Notstromaggregat sowie eine Hydroschere und einen Spreizer anzuschaffen.

HBI Atzlinger F. (1951), HBI Zaunmair F. (1956) — Ammer M. (1952), Fischer J. (1947), Fischer S. (1979), Fischereder A. (1970), Haubenleitner M. (1946), Hiebel A. (1970), Hiebel G. (1979), Hiebel M. (1946), Hochleitner J. (1954), Krusch J. (1981), Krusch W. (1979), Lageder L. (1962), Langeder F. (1946), Langeder F. (1974), Langeder F. (1969), Langeder G. (1978), Lindinger H. (1979), Lindinger J. (1954), Meier J. (1952), Meiseleder J. (1960), Minichmaier F. (1977), Moser F. (1979), Moser H. (1973), Moser J. (1951), Moser J. (1971), Moser W. (1980), Pichler H. (1979), Ransmaier F. (1966), Resel F. (1937), Sinnhuber K. (1969), Somogyi J. (1947), Spindler S. (1978), Tempelmaier F. (1964), Wasserbauer F. (1966), Weber A. (1936), Zwickelhuber M. (1966)

FF VORDERSTODER

Der Anlaß zur Gründung der Freiwilligen Feuerwehr Vorderstoder war im Jahr 1945 ein Blitzschlag in den Stadel des Anwesens Baumschlagerberg. Unter den Helfern zur Brandbekämpfung war der Wiener Berufsfeuerwehrmann Hans Daniel, der als Kriegsflüchtling in Vorderstoder wohnte. Bei diesem Brand zeigte sich der Wert einer fachmännischen Bekämpfung und daher die Notwendigkeit einer geschulten Feuerwehr. Der Vorschlag, eine Feuerwehr in Vorderstoder zusammenzustellen und Hans Daniel zu bitten, als Fachmann dabei behilflich zu sein, wurde von diesem gerne angenommen. So kam es im Herbst 1946 zur Gründung der Ortsfeuerwehr Vorderstoder. Das Ausrüstungsmaterial, das Hans Daniel vom Landesfeuerwehrkommando beschaffen konnte, wurde vorerst beim Steinerwirt im sogenannten Brunnsaal aufbewahrt. Unter dem Kommandanten Josef Eckhart kam im Jahr 1948 das Depot in das Stockerkogelhaus. Sogar elektrisches Licht wurde eingeleitet. Nach dem Brand des Lögerstadels im Jahr 1949 wurde durch eine Sammlung der Ankauf eines Dodge-Allrad aus amerikanischen Armeebeständen ermöglicht. Bisher war mit einem Pferdegespann ausgerückt worden. Im Jahr 1953 übersiedelte die Feuerwehr in den ehemaligen Stocker-Eiskeller, wo sie bis 1966 blieb. Im Jahr 1966 übersiedelte die Wehr in das von der Gemeinde neuerrichtete Depot in der alten Schule, wo sie nun endgültig und zweckentsprechend untergebracht ist. Der Ausrüstungsstand hat sich in den Jahren so weit verbessert, daß nun folgende Ausrüstungsgegenstände vorhanden sind: 2 KLF, 2 Motorspritzen; komplette Funkausrüstung; Mittelschaumausrüstung usw. Seit 1968 steht Karl Strutzenberger als Kommandant der Freiwilligen Feuerwehr Vorderstoder vor.

HBI Strutzenberger K. (1960), OBI Eibl E. (1965) — Antensteiner H. (1975), Antensteiner H. (1961), Baumschlager H. (1965), Baumschlager H. (1972), Berger J. (1965), Berger J. jun. (1973), Eibl G. (1969), Frech J. (1965), Frech J. jun. (1978), Glöckl B. (1953), Glöckl H. (1962), Kaindl A. (1979), Klinser K. (1963), Klinser S. (1979), Krenn J. (1972), Mösenbichler J. (1969), Mühle A. (1974), Platzer H. (1961), Platzer H. jun. (1983), Prieler W. (1972), Rammer M. (1975), Ramsebner A. (1946), Ramsebner G. (1972), Retschitzegger H. (1963), Retschitzegger P. (1971), Riedler G. (1946), Rohregger J. (1979), Schmeißl F. (1976), Trinkl L. (1972), Wolfbauer A. (1975), Zick K. (1973)

FF WAGENHUB

Im Gemeindegebiet Grünburg stehen vier Feuerwehren bereit, und zwar Grünburg, Leonstein, Pernzell und Wagenhub. Die FF Wagenhub war früher ein Löschzug der FF Grünburg. Auf Betreiben der Bevölkerung des Gemeindeteiles Wagenhub wurde mit Erlaß der oö. Landesregierung vom 16. Dezember 1927 die selbständige Wehr Wagenhub genehmigt und mit Verfügung des Landesverbandes für Feuerwehr- und Rettungswesen dem Bezirksverband Grünburg angegliedert. Als Gründungsbeihilfe wurden 200 Schilling gewährt. Die FF Grünburg steuerte eine Kübelspritze bei. Am 4. März 1928 wurde die erste Generalversammlung mit Ausschußwahl durchgeführt. Als Obmann und Wehrführer wurde Karl Großtessner vulgo Niedernhuber gewählt. Am 26. August 1928 fand das Gründungsfest und die Einweihung des inzwischen erbauten Zeughauses statt. Die kurze Chronik der FF Wagenhub endete mit 1. März 1938. Soweit bekannt, wurde die Tätigkeit kurz darauf eingestellt, die Mannschaft wieder der FF Grünburg eingegliedert. Erst nach dem Krieg 1945 wurde die Wehr wieder selbständig. Die Kübelspritze wurde in eine selbstsaugende Handdruckpumpe umgebaut und später durch eine Motorspritze RW 80 30 PS, Baujahr 1947, ersetzt. Bis zum Jahr 1950 wurde ein Pferdegespann und später ein Anhänger für Traktor verwendet. Anschließend leistete das amerikanische Armeefahrzeug Jeep gute Dienste. Gleichzeitig mit dem Ankauf (1967) eines Land Rover wurde die derzeit ebenfalls noch in Verwendung stehende Motorspritze VW-Automatik in Dienst gestellt. Da das Zeughaus für ein Fahrzeug zu klein geworden war, wurde 1980 mit dem Bau eines neuen begonnen, das nun fertiggestellt ist. Die Wehr besitzt auch ein mobiles und ein Handfunkgerät sowie drei schwere Atemschutzgeräte.

HBI Gegenhuber K. (1969), OBI Öhlinger J. (1972), AW Blaslbauer J. (1961), AW Laglstorfer K. (1961), AW Stögermayr E. (1977), BI Siegl I. (1951) — Lm Brandstätter K. (1972), Fm Deutsch E. (1981), Fm Deutsch H. (1979), HFm Deutsch J. (1974), HBm Freiberger E. (1961), Lm Freiberger-Geistberger F. (1959), Fm Gaspelmayr F. (1981), Lm Gaspelmayr J. (1953), HBm Gaspelmayr J. (1963), Fm Gaspelmayr J. (1981), Fm Gaspelmayr L. (1981), E-HBI Gegenhuber F. (1928), E-HBI Grammer A. (1947), HFm Großdesner F. (1972), E-OBI Großdesner J. (1938), Fm Hieslmayr G. (1982), HLm Kainrad J. (1947), E-BI Kals J. (1947), Lm Kals J. (1972), OLm Kogler I. (1962), OBm Laglstorfer A. (1965), HBm Lehner K. (1957), Lm Leutgeb J. (1959), OLm Leutgeb K. (1947), E-BI Öhlinger F. (1948), Fm Pichler R. (1981), Lm Pölz J., OFm Pölz K. (1978), Lm Riegler L. (1969), Fm Rinnerberger J. (1982), HBm Rinnerberger J. (1954), PFm Rohregger F. (1983), HLm Rohregger J. (1947), OFm Rohregger J. (1978), OFm Schlick G. (1977), OFm Schlick J. (1977), Schoiswohl J. (1972), HFm Schwarzmüller L. (1969), OFm Stögermayr E. (1978), HFm Wasserbauer A. (1969), Fm Wasserbauer F. (1982), OFm Wostschak S. (1974)

FF WARTBERG AN DER KREMS

Einem Aufruf des Bezirkshauptmannes folgend, in den Gemeinden Feuerwehren zu errichten, bemühte sich 1894/95 Pfarrer P. Robert Fürst, in Wartberg eine Feuerwehr ins Leben zu rufen. 1895 wurden die Statuten von der k. u. k. Statthalterei genehmigt und die Feuerwehr Wartberg als Verein bestätigt. Am 23. Mai 1895 fand die Gründungsversammlung statt. Der Schulleiter Vinzenz Laus wurde zum Obmann gewählt. Die Gemeinde stellte eine Saugdruckspritze sowie 160 m Schläuche zur Verfügung. Ein bereits bestehendes Depot wurde in guten Zustand versetzt. Der Erste Weltkrieg forderte viele Opfer, so daß wieder von vorne begonnen werden mußte. 1922 wurde die erste Motorspritze in Dienst gestellt, die am 8. Dezember beim Brand des Kalihofes ihre Feuertaufe bestand. 1933 wurde das erste Feuerwehrauto angekauft. Das Feuerwehrdepot, das vor dem Zweiten Weltkrieg erbaut worden war, wurde im Jahr 1952 vergrößert. Ein Wehrmachtsauto versah bis 1958 seinen Dienst, mußte aber, da es nicht mehr einsatzfähig war, durch einen Opel-Blitz-Rüstwagen, der heute noch in Verwendung ist, ersetzt werden. Die erste moderne VW-Tragkraftspritze wurde ebenfalls 1958 angekauft. 1965 wurde ein Tanklöschfahrzeug angeschafft. Um den Anforderungen gerecht werden zu können, wurde die Ausrüstung laufend ergänzt (schwerer Atemschutz, Rüstanhänger, Stromerzeuger, Funksirenensteuerung usw.). 1981 wurde eine Jugendgruppe gegründet. Mit dem Kauf eines Grundstückes wurde die Möglichkeit geschaffen, ein neues Feuerwehrhaus zu errichten. 1979 wurde der Spatenstich vorgenommen. Der Bau machte unter Mithilfe von Feuerwehrmännern und Bevölkerung große Fortschritte, so daß 1983 die Eröffnung stattfinden konnte. Schwerpunkt der nächsten Jahre wird die Erneuerung des Fahrzeugparks sein.

HBI Weißenbrunner M. (1953), OBI Schnellnberger F. (1969), AW Hubinger S. (1961), AW Mair R. (1979), AW Penninger J. (1978), BI Krump F. (1967), BI Limberger J. (1954), OBR Wolfram A. (1952) — JFm Artelsmair A. (1981), OLm Artelsmair G.(1948), OLm Artelsmair K. (1954), OFm Bachmair G. (1932), Lm Bachmair L. (1929), OFm Buschbeck E. (1977), PFm Buschbeck M. (1979), Fm Buschbeck R. (1980), HLm Eberlein K. (1964), JFm Eberlein K. (1981), BI Eigenstühler J. (1947), OLm Ensgraber F. (1951), JFm Fischer B. (1982), Fm Forstinger K. (1922), PFm Gebeshuber K. (1982), AW Geyer W. (1954), OLm Hebesberger F. (1959), OBm Hebesberger J. (1935), FA MR Dr. Kimbacher F. (1957), FA MR Dr. Kimbacher W. (1982), HFm Kranzl A. (1977), HFm Kranzl M. (1979), HFm Kremshuber A., HFm Kremshuber E. (1979), HFm Kremshuber F. (1949), Fm Kremshuber G. (1982), HFm Kremshuber J. (1950), PFm Kremshuber J. (1981), OLm Kremshuber J. (1951), JFm Lehner F. (1982), Fm Leithenmair F. (1921), Fm Limberger G. (1981), OFm Limberger H. (1980), OFm Limberger K. (1978), JFm Link G. (1981), OLm Macherndl L. (1950), Fm Mayr M. (1979), JFm Mitterhuemer H. (1981), JFm Mühlberg T. (1982), PFm Neuhauser J. (1983), OLm Obendorfer S. (1963), JFm Obermair F. (1981), HFm Oberndorfinger J. (1951), HFm Pürstinger F. (1974), OBm Pürstinger F. (1961), HBm Pürstinger J. (1968), PFm Ramel Ch. (1981), JFm Rauscher H. (1983), Lm Resl F. (1954), Lm Ridler J. (1945), JFm Schmidsberger F. (1983), BI Schnellnberger F. (1949), OBI Strasser F. (1950), Lm Striegl A. (1957), Lm Striegl J. (1971), BI Suchy J. (1952), HFm Wahl A. (1974), OLm Wasserbauer J. (1965), HBm Weigerstorfer J. (1949), HBm Weißenbrunner F. (1974), HFm Weißenbrunner M. (1978)

FF WINDISCHGARSTEN

Die Freiwillige Feuerwehr Windischgarsten wurde im Jahr 1871 unter dem damaligen Bürgermeister Ferdinand Hofbaur gegründet. Zum ersten Obmann wurde der Kaufmann Wenzl Postl gewählt. Im Jahr 1881 wurde in einem Pferdestall das erste Steigerhaus eingerichtet. 1885 brach im Ort Windischgarsten ein Großbrand aus, dem 26 Objekte zum Opfer fielen. Machtlos standen die Wehrmänner dem Flammeninferno gegenüber, das durch einen Sturm immer wieder angefacht wurde. Auch ein Menschenleben war zu beklagen. 1905 wurden 20 Hydranten an die Hochquellenwasserleitung angeschlossen. 1909 wurde das Steigerhaus zu einem schönen Zeughaus umgebaut. 1926 wurde die erste Sirene installiert. Vorher wurden die Wehrmänner mit drei Schüssen aus einem „Donner" alarmiert. Nach dem Ankauf von zwei Motorspritzen in den Jahren 1928 und 1931 wurde 1936 und 1946 je ein Rüstauto angeschafft. 1953 wurde das Zeughaus im Ortszentrum abgetragen und in der Bahnhofstraße ein neues Zeughaus errichtet. 1983 wurde dieses Zeughaus umgebaut und erweitert und 1984 festlich eingeweiht. Aus den Jahren 1957 bis 1959 ist über eine Brandserie zu berichten, die ein Feuerwehrmann gelegt hat. Dank der damals schlagkräftigen jungen Mannschaft konnte mehrmals ein Ortsbrand verhindert werden. Höhepunkt in der Geschichte der Freiwilligen Feuerwehr Windischgarsten war sicherlich der 9. Landesfeuerwehrwettbewerb im Jahr 1971 anläßlich des 100jährigen Bestandsjubiläums. Die FF Windischgarsten ist mit einem TLF 2000 und vier weiteren LF verhältnismäßig gut ausgerüstet.

HBI Hofbaur W. (1958), OBI Trinkl M. (1954), OAW Weißensteiner E. (1964), AW Rumplmayr J. (1958) — Bm Aigner R. (1963), Lm Aigner W. (1968), HLm Baumschlager E. (1947), HLm Berger S. (1954), OFm Buchbauer H., Bm Czernkovic J. (1950), OFm Eckerstorfer J. (1975), E-BI Graßecker E. (1952), HFm Hochreiter L. (1975), HFm Kierner H. (1977), Bm Kniewasser F. (1930), OLm Knitt-Krank A. (1974), HLm Kreiter W. (1952), Bm Kurtz O. (1921), OLm Lang K. (1976), HLm Lanzner G. (1943), E-BR Mayr F. (1933), OLm Mayr R. (1962), HLm Pölz F. (1951), OFm Prentner H. (1978), HLm Priglhofer W. (1955), Fm Rebhandl A. (1979), Lm Redtenbacher L. (1936), HLm Rieser G. (1957), E-OBI Schleifer J. (1932), HLm Schmied H. (1960), HLm Schwaninger J. (1952), Lm Schwaninger K. (1968), HFm Steindacher K. (1977), OLm Steinkogler G. (1972), HFm Stocker J. (1979), E-HBI Strobl R. (1940), OLm Trinkl E. (1972), HLm Weilguni J. (1958), OFm Wieser H. (1979), OFm Wimmer W. (1980)

FF ZENNDORF

Die Freiwillige Feuerwehr Zenndorf wurde im Jahr 1923 gegründet. Es traten ihr 19 Männer bei. Als Ausrüstung stand eine handbetriebene Feuerlöschspritze zur Verfügung, die auf einem Pferdewagen transportiert wurde. Als Zeughaus diente damals ein landwirtschaftliches Nebengebäude. Im Jahr 1928 wurde ein Schlauchturm dazugebaut. Eine Motorspritze wurde im Jahr 1937 gekauft. Durch den Beginn des Zweiten Weltkrieges wurden die meisten Feuerwehrmänner zur Wehrmacht eingezogen. Die übrigen wurden dem Kommando von Ried unterstellt. Acht Feuerwehrkameraden kamen vom Schlachtfeld des grausamen Krieges nicht mehr zurück. 1946 wurde wieder ein eigenes Kommando mit eigener Verwaltung bestellt. 1948 errichtete man ein neues Zeughaus. 1951 wurde eine Tragkraftspritze angeschafft. Als Transportfahrzeug rüstete man einen Militärfernsprechwagen um, in dem die gesamten Geräte Platz fanden. Gezogen wurde dieser Wagen von einem Traktor. 1965 kaufte man einen VW-Bus, der als Kleinlöschfahrzeug ausgerüstet und in Dienst gestellt wurde. 1971 wurde ein Funkgerät angeschafft. 1977 ersetzte man den VW-Bus durch einen Ford-Transit 150. 1981 kaufte man ein Zweitfahrzeug, welches als KRF-E eingerichtet wurde.

HBI Zorn A. (1964), OBI Achleitner S. (1966), AW Adamsmair J. (1966), AW Gnadlinger J. (1969), AW Hehenberger F. (1973), BI Bindl E. (1973) — E-BI Achleitner J. (1937), OFm Achleitner P. (1980), HBm Bindl J. (1947), Fm Bresenhuber F. (1981), HFm Brunnmair F. (1947), OLm Buschmüller K. (1968), HBm Felbermair F. (1952), HBm Gatterbauer G. (1948), Fm Gatterbauer J. (1982), Fm Gundendorfer G. (1982), PFm Gundendorfer H. (1983), OFm Gundendorfer M. (1981), Bm Guntendorfer K. (1955), Fm Guntendorfer K. jun. (1980), OLm Katzenschlager A. (1941), HFm Katzenschlager L. (1971), OLm Kogler J. (1955), PFm Leimer F. (1984), OLm Leimer K. (1964), Fm Leimer K. (1982), Lm Mörtenhuber H. (1963), E-HBI Mörtenhuber K. (1931), PFm Pammer P. (1984), HFm Radhuber F. (1971), HFm Sattleder J. (1969), OLm Sattleder J. (1937), HFm Schuster K. (1947), OBm Stadlmair A. (1957), PFm Stadlmair H. (1984), Fm Straßmair G. (1981), Fm Straßmair H. (1980), Lm Weigersdorfer W. (1934), E-HBI Zorn G. (1937), Lm Zorn G. (1973), OBm Zorn K. (1939)

FBtF ROSENAU AM HENGSTPASS

Von 1940 bis 1946 bestand der Werkschutz der Dambachwerke, aus dem heraus sich im Jahr 1946 die Freiwillige Betriebs- und Ortsfeuerwehr Rosenau zusammenfand. Gründungsmitglieder waren August Kliem, Josef Antensteiner, Rudolf Dikas, Franz Degelsegger, Josef Lubinger, Alois Schönegger, Otto Track, Franz Fahrnberger, Ludwig Hackl, Michael Hilger und Karl Reichl. Bereits im Gründungsjahr wurde eine DKW-Pumpe angekauft, zwei Jahre später eine Rosenbauer-Pumpe, 1952 eine Pumpe VW-Gugg. Zwischen 1962 und 1980 konnte die Wehr Rosenau vier VW-Kommandofahrzeuge in Dienst stellen, 1973 wurde ein Tanklöschfahrzeug 2000 angekauft, 1981 ein Ford Transit. Im Jahr 1979 schaffte die Freiwillige Orts- und Betriebsfeuerwehr Rosenau am Hengstpaß zwei Handfunkgeräte und ein stationäres Gerät für Tankwagen an. Folgende Hauptleute standen der Wehr seit der Gründung vor: Josef Antensteiner (1946–1950), August Kliem (1950–1968), Alfred Rainer (1968–1983) und seit April 1983 Franz Eggl. Das Feuerwehrgebäude, in dem die Wehr auch heute noch untergebracht ist, stammt aus dem Jahr 1917. Bei dem großen Hochwasser 1954 stand die Wehr in Rannariedl im Einsatz.

HBI Eggl F. (1964), OBI Auerbach P. (1972), AW Auerbach M. (1969), AW Mühlebner W. (1964), AW Schögger M. (1953), BI Feßl G. (1972), BI Rippel W. sen. (1953) — OLm Altmüller K. (1951), HLm Antensteiner S. (1960), Bm Auerbach G. (1965), Lm Auerbach H. (1969), E-OBI Auerbach H. (1946), Fm Baumschlager H. (1982), HBm Baumschlager R. (1975), Fm Berger F. (1982), Lm Boyko F. (1972), Fm Eggl F. jun. (1982), Fm Eibl J. (1982), Fm Eibl W. (1982), Bm Erlmann A. (1965), Fm Herndl J. (1982), HFm Immitzer M. (1979), HFm Kreuzgruber J. (1963), HFm Matayka R. (1950), Oberhauser I. (1958), E-HBI Rainer A. (1943), Bm Rainer M. (1969), OLm Rippel W. jun. (1963), HFm Rußmann J. (1950), HBm Scheik H. (1969), Schmid W. (1946), Schönegger A. (1930), Lm Schönegger K. (1976), Fm Senegacnik A. (1982), HLm Steiner J. (1958), Lm Steinhäusler G. (1972), BI Steinhäusler M. (1950), AW Sulzbacher E. (1950)

BtF HAUNOLDMÜHLE, GRÜNBURG

Die Gründung der Betriebsfeuerwehr Haunoldmühle erfolgte im Jahr 1924. Gründer und erster Kommandant war Dir. Koberstein (1924–1951). Ihm folgten im Kommando: Friedrich Neumüller (1951–1971), Johann Bichler (1971–1983) und Ernst Winter (seit 1983). Die derzeitige Ausrüstung der Betriebsfeuerwehr Haunoldmühle besteht aus einem Kleinlöschfahrzeug und einer Tragkraftpumpe.

HBI Winter E. (1951), OBI Haider R. (1976) — Altermüller J. (1936), Deuster E. (1979), Faltenhansl M. (1983), Fürweger A. (1971), Fürweger H. (1980), Gradauer L. (1956), Heßmann G. (1957), Lösch G. (1967), Mairleb E. (1951), Plursch W. (1983), Schaffer R., Schausberger K. (1957), Steiner K. (1951), Steinmaßl A. (1961), Steinmaßl K. (1950), Wallner J. (1982), Zemsauer J. (1957)

BEZIRK LINZ-LAND

48 FEUERWEHREN

Abschnitt 1	Enns	7 Feuerwehren
Abschnitt 2	Linz-Land	28 Feuerwehren
Abschnitt 3	Neuhofen	13 Feuerwehren

BEZIRKSKOMMANDO

Sitzend von links nach rechts: BR Danninger Gustav, OBR Sonnberger Fritz, BR Althuber Hermann, BR Höpfler August; stehend von links nach rechts: HAW Minichberger Erich, HAW Gruber Franz, HAW Kai, BFA OMR Dr. Rotky Hans, HAW Schwaiger Robert, HAW Klausberger

FF ACHLEITEN

Ein Brand am 2. Februar 1923 war Anlaß zur Gründung einer Feuerwehr in Achleiten. Alexander Pessl lud daher am 14. Februar 1923 alle Interessenten zu einer Gründungsversammlung ein. Bereits am 27. Februar 1923 wurde die erste pferdebespannte Handpumpe geliefert. 1942 konnte die erste Motorspritze angekauft werden. In den Jahren des Zweiten Weltkrieges war die FF Achleiten als Löschzug 3 der FF Kematen angeschlossen. 1949 wurde die FF Achleiten wieder selbständig, und es wurde mit dem Zeughausbau begonnen. Am 1. Juli 1951 war Zeughausweihe, zu diesem Anlaß konnte das erste Auto (Militärfahrzeug Dodge) geweiht werden. 1957 wurde eine neue Motorpumpe und 1964 ein neues Kleinlöschfahrzeug gekauft. Die ersten Funkgeräte im 11-m-Bereich wurden im Jahr 1971 angekauft. In den Jahren 1974 und 1975 wurde das Feuerwehrhaus renoviert. Die Vorbereitungen zum Ankauf eines neuen Feuerwehrfahrzeuges begannen im Jahr 1976 und wurden 1977 mit einstimmigem Beschluß der FF Achleiten und der Gemeinde Kematen an der Krems abgeschlossen. Die Lieferung des neuen Fahrzeuges, Mercedes L 409 (LFB), erfolgte am 30. Juni 1977. In den folgenden Jahren wurde begonnen, die Ausrüstung im Fahrzeug zu komplettieren, 1979 wurden zwei Funkgeräte im 2-m-Bereich gekauft. Die Vorbereitung für die Funkalarmierungseinrichtung wurde 1980 begonnen, die Anlage wurde 1981 durch die Fa. Elin montiert und in Betrieb genommen. In den letzten Jahren wurden für die gesamte Mannschaft neue Uniformen, Arbeitskleidung und Regenschutzjacken angekauft. Am 28. Juni 1983 konnte eine 60-Jahr-Feier mit Ehrungen verdienter Feuerwehrkameraden abgehalten werden.

HBI Mayrhofer M. (1962), OBI Rumpl A. (1962), AW Ensfelder J. (1952), AW Hohenthanner A. (1931), AW Söllradl A. (1975), BI Hehenberger F. (1963), BI Quittner M. (1963), BI Schwalsberger J. (1953) — HLm Edelbauer E. (1953), E-OBI Hehenberger F. (1925), Bm Hochhuber E. (1956), HFm Hoffelner W. (1973), HLm Hympsl R. (1932), HLm Leitner R. (1966), Bm Lindinger A. (1953), OFm Lindinger W. (1979), Fm Miesenberger W. (1981), Bm Neubauer G. (1966), Fm Obermayr J. (1981), HLm Quittner I. (1923), PFm Riegler F. (1982), Bm Rumpl A. (1932), HBm Schmidberger H. (1968), HFm Schoßwohl H. (1975), PFm Schwalsberger A. (1983), Fm Schwalsberger A. (1983), OFm Schwalsberger F. (1979), OFm Schwalsberger J. (1979), Fm Schwalsberger S. (1981), Bm Skrasek J. (1952), Bm Söllradl F. (1950), HLm Zacherl A. (1949), Bm Zaunmayr J. (1953)

FF ALLHAMING

Am 21. März 1897 gründeten weitblickende Männer in unserem Ort eine freiwillige Feuerwehr. Eine für die damalige Zeit technisch fortschrittliche Handdruckspritze wurde angekauft. Um dieses Löschgerät, auf einem Pferdewagen aufgebaut, sicher einzustellen, wurde an der zentralsten Stelle des Ortes ein Zeughaus errichtet. 1922 wurde das erstemal die Gründung der Feuerwehr mit einem Verbandstag und 25jährigem Gründungsfest, bei denen Mitglieder von 28 Feuerwehren mit insgesamt 650 Mann teilnahmen, festlich begangen. Eine Serie von Großbränden zu Ende der zwanziger und zu Beginn der dreißiger Jahre veranlaßte die Feuerwehr, die erste Motorspritze anzukaufen. Die Weihe dieses damals modernen Gerätes wurde mit dem 35jährigen Gründungsfest verbunden und erfolgte am 22. Mai 1932. Zu Beginn des Zweiten Weltkrieges wurde, einer allgemeinen Standardisierung folgend, die zweite Motorspritze durch die Gemeinde angekauft. 1947 wurde durch die gute Zusammenarbeit mit dem damaligen Bürgermeister Josef Puckmayr die Motorisierung der Feuerwehr mit dem Ankauf eines Rüstwagens Steyr 1500 A eingeleitet. Der Ankauf des neuen Rüstwagens erforderte die Erweiterung und den Ausbau des seit 1899 bestehenden Zeughauses. Nach Fertigstellung des Zeughauses, 1949, erfolgte im Rahmen des 50jährigen Gründungsfestes die Weihe der Zeugstätte und des Rüstwagens. Gemeinsam mit der Weihe der 1959 angekauften Tragkraftspritze R VW-Automatik wurde am 5. Juli 1959 das 60jährige Gründungsfest gefeiert. Der rasche technische Fortschritt und die Überalterung des ersten Löschfahrzeuges erforderten den Ankauf des neuen Tankwagens, der am 4. Mai 1967 in einer schlichten Feier im Rahmen des Florianigedenkgottesdienstes seine Segnung erhielt.

HBI Mayr J. (1960), OBI Brunnbauer M. (1964) — Aichmair J. (1942), Angerer F. (1972), Binder F. (1977), Binder J. jun. (1977), Binder J. sen. (1956), Bleimschein F. (1972), Brandstetter F. jun. (1972), Brandstetter F. sen. (1953), Brunbaur E. (1964), Brunnbaur G. (1977), Ecklbauer F. (1958), Edlmair G. (1919), Ehrenberger F. (1972), Ehrenberger H. (1972), Ehrenberger I. (1944), Hauchart J. (1971), Hochmayr E. (1953), Hochmayr F. (1977), Hochmayr R. (1959), Hörtenhuber F. (1981), Hörtenhuber F. (1973), Hohneder M. (1977), Huemer J. (1962), Köttstorfer J. (1969), Leitenbauer J. (1977), Obermayr G. (1964), Obermayr M. (1972), Platzer F. (1923), Puckmayr J. (1958), Raxendorfer F. (1962), Schachner F. (1943), Schachner J. (1978), Schmiedhuber F. (1949), Thell F. (1974), Thell M. (1946), Ümgeher K. (1959), Weigl F. (1923), Weingartsberger G. (1977), Zeillinger A. (1957)

FF ANSFELDEN

Die konstituierende Versammlung der Freiwilligen Feuerwehr Ansfelden wurde am 28. Dezember 1898 einberufen. Der Einberufer der Versammlung, Franz Huber, Gemeinderat, sowie Franz Kaar, Karl Stockinger und Johann Ebner führten eine Hauswerbung durch, nach der schließlich ein Mitgliederstand von 40 Mann zu verzeichnen war. Im Jahr 1900 entstand eine Filiale der Wehr in Nettingsdorf. 20 Jahre später wurde Freindorf als Filiale von Ansfelden geführt. 1932 wurde das erste Feuerwehrauto gekauft. Nachdem die Feuerwehr durch den Kriegsdienst sehr stark gelichtet war, erließ der Bürgermeister einen Aufruf, daß auch Frauen in den Feuerwehrdienst einzutreten hatten. 1955 stellte Georg Tiefgraber sen. eine Jungfeuerwehrmannschaft auf. Am 5. Juli 1956 wurde der erste Tankwagen geliefert. 1973 war kein gutes Jahr für die Freiwillige Feuerwehr Ansfelden. Am 30. Mai starb der langjährige Kommandant Georg Tiefgraber, worauf die Wehr von seinem Stellvertreter Eduard Ebner geführt wurde, der am 26. Juli bei einem Verkehrsunfall tödlich verunglückte; bis zu der am 1. Dezember abgehaltenen Neuwahl leitete Johann Schmidt die Geschicke der Wehr. Bei dieser Wahl ging Georg Tiefgraber jun. als Kommandant hervor. Zur Zeit wird die Wehr von Kommandant Georg Tiefgraber jun. geführt. Seit der Gründung standen folgende Kameraden der FF Ansfelden als Kommandanten vor: Eduard Peintner (1898–1904), Johann Bräuer (1904–1933), Karl Platzl (1933–1935), Franz Zabern (1935–1937), Karl Huber (1937–1955), Georg Tiefgraber sen. (1955–30. Mai 1973), Eduard Ebner (1. Juni bis 26. Juli 1973), Johann Schmidt (27. Juli bis 30. November 1973), Georg Tiefgraber jun. (seit 1. Dezember 1973).

HBI Tiefgraber G. (1955), OBI Petermandl K. (1955), AW Dickinger G. (1969), AW Koller N. (1950), AW Steindl W. (1976), BI Czerny J. (1950), BI Grabner O. (1955) — Bm Baumgartner F. (1957), Fm Benko P. (1982), E-BI Bräuer J. (1937), HFm Bräuer J. (1968), HLm Breinesberger K. (1964), PFm Czerny J. (1983), HLm Danninger K. (1967), PFm Dickinger K. (1982), OBm Dickinger K. (1972), Fm Dickinger R. (1976), Lm Diendorfer J. (1964), HBm Dolzer K. (1955), OFm Dolzer K.-H. (1976), OBm Dorfer J. (1956), HFm Grillnberger F. (1978), HFm Gstöttenmayr S. (1976), Fm Heiberger F. (1980), E-AW Holzbauer J. (1950), OLm Holzner A. (1951), Bm Huber J. (1967), HFm Inreiter E. (1978), HBm Jungmayr F. (1950), HFm Jungmayr F. (1974), PFm Kauk W. (1983), Knögler L., Fm Körber J. (1982), Fm Krammer S. (1977), Fm Krauser A. (1979), OBm Lajosch G. (1960), Lm Langmayr Ch. (1975), OBm Langmayr F. (1949), HLm Mauhart A. (1957), Bm Mayr-Stockinger F. (1964), PFm Müller I. (1983), HFm Niederhuber H. (1977), Fm Nöbauer A. (1982), OFm Oberndorfer E. (1973), Lm Pamperl G. (1975), HFm Pichler F. (1975), HBm Platzl J. (1955), OBm Platzl J. (1964), HLm Potsch E. (1976), HFm Renke M. (1971), OBm Rogl A. (1957), OFm Rogl A. (1975), Lm Sallmann F. (1962), Fm Simmerl J. (1980), HFm Szegedi M. (1972), HBm Traußner M. (1950), Fm Wimmer Ch. (1978), E-BI Zabern A. (1924), OBm Zabern K. (1962), HFm Zehetner K. (1974), Fm Zöllner A. (1979)

FF ASTEN

Die Freiwillige Feuerwehr Asten wurde 1905 mit dem Zweck gegründet, ein geordnetes Zusammenwirken von Männern des Lösch- und Rettungsdienstes einer etwaigen Gefahr entgegensetzen zu können. Die Mannschaft unterteilte sich in die Steiger-, die Spritzen- und die Schutzabteilung. Zu Anfang verfügte man über Pferdewagen mit Haspel und Handkolbenpumpe. Erstes Zeughaus war der Postpferdestall. Alarmiert wurde durch die Hornisten. Es gab bereits damals große Einsätze zu bestreiten, so z. B. den gleichzeitigen Brand des Kamptner- und des Kammerhubergutes am 11. April 1921. Die erste Motorspritze, eine Bräuer-Pumpe, konnte 1927 angeschafft werden. Im Jahr 1933 wurde in das unter Kommandant Karl Huber und der Bauleitung von Franz Wurzinger in zweijähriger Tätigkeit errichtete heutige Zeughaus 2 übersiedelt. Nach Kriegsende wurde unter Kommandant Florian Stögmüller ein Fahrzeug der Marke Dodge angekauft, das sich aufgrund seiner besonders guten Geländegängigkeit beim großen Hochwasser 1954 bestens bewährte. Eine auf Anhänger befindliche RW-80-Pumpe wurde 1962 durch eine VW-Pumpe ersetzt. Anstatt des 1965 zum letztenmal zugelassenen Mannschaftsfahrzeuges Dodge wurde Ende desselben Jahres ein gebrauchter Rüstwagen mit Vorbaupumpe in Betrieb genommen. Seit dieser Zeit stieg die Zahl der Mitglieder ständig, und das damals bereits 32 Jahre alte Zeughaus wurde viel zu klein. So war die Freude begreiflicherweise groß, als 1968 in das neue Zeughaus übersiedelt werden konnte. Seit 1971 verfügt die Feuerwehr Asten über ein Tanklöschfahrzeug, dem 1975 ein Kleinlöschfahrzeug folgte. Beide Fahrzeuge sind mit Funk ausgestattet. Weiters zählen ein Wasserwerfer und technische Geräte auf Anhängern sowie eine Motorzille zur derzeitigen Ausrüstung.

HBI Fiala E. (1963), OBI Mayr K. (1955), AW Gumpesberger A. (1959), AW Reisinger L. (1941), AW Schmid H. (1966), BI Dirnberger F. (1972), BI Gumpesberger H. (1975) — PFm Amon K. (1984), PFm Aufreiter G. (1984), OFm Bartosch F. (1977), Fm Binder R. (1979), HBm Böberl J. (1975), Lm Böberl J. (1957), Breinesberger J. (1948), Lm Deak J. (1965), OLm Dienesch M. (1966), E-HBI Dirnberger F. (1950), OLm Fischer L. (1957), HFm Geiblinger L. (1958), FA Dr. Hanke L. (1982), Fm Heirich J. (1982), OLm Hörtinger A. (1963), Fm Hofer A. (1982), Lm Hohl R. (1975), OFm Huber K. (1980), OFm Huber K. (1979), HFm Huber R. (1979), PFm Lackner H. (1984), Lichtenberger M. (1946), PFm Mayr J. (1984), HLm Mayr J. (1951), Fm Mayr J. (1972), Fm Mayr K. (1981), HFm Mühlbauer E. (1948), Lm Peireder G. (1951), E-OBI Pissenberger J. (1950), HFm Ratschenberger A. (1951), OLm Ratschenberger F. (1970), Fm Reisinger J. (1980), OFm Schmid F. (1967), OLm Schmuck F. (1978), Schober L. (1927), HBm Schreiberhuber J. (1979), OFm Schübl Ch. (1982), Schürz J. (1932), Lm Spandl F. (1970), Lm Steinbichl J. (1974), HFm Stöckl M. (1979), Stögmüller F. (1930), HFm Thaler F. (1946), Lm Unger K. (1978), Lm Unger S. (1978), OLm Wenko H. (1975), Fm Wiltz R. (1982), PFm Wimbauer K. (1984), Bm Winklmüller G. (1972)

FF AXBERG

Die FF Axberg wurde am 1. Juli 1924 gegründet; erster Kommandant wurde Friedrich Jungmeier sen. Als erstes Gerät wurde eine Handdruckspritze von der Fa. Gugg gekauft, die vorerst privat untergestellt wurde. 1928 wurde dann ein eigenes Feuerwehrhaus errichtet. Um die Schlagkraft der Wehr den Erfordernissen anzugleichen, wurde zwischen 1928 und 1931 eine leichte Motorspritze E 35 angeschafft, die auf einen gebrauchten Steyr Type II aufgebaut wurde. 1938 wurde die Wehr zum Löschzug II der FF Kirchberg-Thening. Am 29. März 1947 bekam die Wehr wieder ihren eigenen Namen. Kommandant wurde Johann Wiermeier (bis 1953). Leider konnten aus den bisherigen Beständen nur die Motorspritze und Teile des Schlauchmaterials weiterverwendet werden, das Fahrzeug und der größte Teil des Gerätes kam in den Kriegswirren abhanden. Im September 1948 wurde ein amerikanischer Armee-Lkw Dodge mit Anhänger gekauft und in Eigenregie umgebaut. 1950 wurde eine neue Tragkraftspritze R 75 angeschafft. Bei der Wahl 1953 löste Friedrich Jungmeier jun. den alten Kommandanten ab und führte die Wehr bis 1973. 1957 errichtete die Wehr einen Löschteich. 1960 wurde der Modernisierung Rechnung getragen und ein neues KLF Ford FK 1250 gekauft. Da 1963 das Feuerwehrhaus der Straßenverbreiterung weichen mußte, wurde zwischen 1965 und 1968 ein neues Feuerwehrhaus gebaut. 1973 wurde Alfred Riedl zum Kommandanten gewählt. 1974 konnte die Wehr ein TLF 1000 Opel Blitz kaufen. 1975 wurde die R 75 durch eine VW Automatik TS 8 ersetzt. Noch 1977 konnte ein LFB Type Mercedes 409 gekauft werden. Bei der Wahl 1978 wurde Johann Ammer zum Kommandanten gewählt. 1981 wurde mit dem Umbau des Feuerwehrhauses begonnen (fertiggestellt 1983).

HBI Ammer J. (1954), OBI Riedl A. (1970), AW Haim H. (1958), AW Ing. Linimayer H. (1972), AW Weiß F. (1978), BI Haim F. (1969) — PFm Gasselseder R. (1982), Lm Gattringer A. (1973), E-BI Gerstorfer J. (1935), OLm Gruber L. (1967), Bm Haim A. (1953), OFm Haim Ch. (1980), OLm Haim E. (1972), HFm Haim E. (1981), HLm Haim F. (1951), HFm Haim G. (1977), HLm Haim H. (1960), HFm Haim H. (1978), OFm Haim K. (1980), Bm Haim R. (1951), HFm Haim W. (1974), OBm Haudum R. (1947), Bm Holzner J. (1949), HLm Jakober L. (1956), E-HBI Jungmeir F. (1947), E-AW Kitzmüller K. (1947), HBm Kloimböck S. (1969), OFm Kremaier H. (1978), Bm Kremaier K. (1951), Lm Lackner J. (1972), HLm Lehner J. (1956), HFm Lehner J. (1975), Lm Leutgöb R. (1930), HLm Mayer E. (1947), HLm Mayr F. (1957), HFm Mayr G. (1978), Bm Moser W. (1950), HI.m Obermayer E. (1957), E-OBI Orthmayr W. (1958), HFm Pascher G. (1978), HLm Pascher J. (1962), OLm Reichhardt F. (1973), HFm Reichhardt G. (1975), HLm Schwaiger J. (1963), PFm Seemayr H. (1982), OLm Stadlmayr F. (1950), Bm Vogl F. (1957), PFm Weiß E. (1983), HBm Weiß F. (1967), Lm Wieshofer E. (1967), OLm Wolowatsch M. (1960)

FF BREITBRUNN

Die Freiwillige Feuerwehr Breitbrunn wurde am 30. Mai 1926 gegründet. Die erste Ausrüstung bestand aus einer pferdebespannten Handpumpe. Noch im selben Jahr wurde mit dem Einbau einer Zeugstätte in ein altes Bauernhaus begonnen. Auf die Initiative des ersten Feuerwehrkommandanten Ing. Ernst Ertl ist die frühe Motorisierung der Wehr zurückzuführen. 1938 wurde die FF Breitbrunn mit der FF Hörsching zusammengeschlossen und erst wieder 1949 selbständig. Unter dem zweiten Kommandanten der Wehr seit Bestehen, Karl Fischer, wurden mehrere moderne Gerätschaften angekauft und der Bau eines neuen Zeughauses sowie eines Löschteichs begonnen. 1964 wurde HBI Fischer von Kommandant Sepp Mayerhofer abgelöst, der die Ausrüstung der Wehr weiter modernisierte und zur Finanzierung der Ankäufe mehrere Feste organisierte (1. Stadlfest in Österreich!). Nach seinem aus Gesundheitsgründen erfolgten Rücktritt im Jahr 1971 folgte Hauptmann Hans Mayr, der noch im Amt ist. 1976 wurde mit dem Neubau des Zeughauses begonnen, 1979 erfolgte der Ankauf eines LFB und verschiedener notwendiger technischer Geräte. Die Finanzierung des Zeugstättenbaus und die Anschaffung der vielen neuen Geräte wurden zu mehr als 60 Prozent aus Eigenmitteln getätigt, da die Wehrmänner die Einnahmen aus den diversen Festen und ihre Eigenleistung (für den Bau) beisteuerten.

HBI Mayr H. (1963), OBI Ing. Ertl E. (1953), AW Ing. Lehner W. (1976), AW Mayrhofer J. (1975), AW Wieshofer A. (1949), BI Fischer N. (1977) — PFm Beigans Ch. (1983), Lm Beigans J. (1949), Lm Beigans W. (1971), PFm Ertl M. (1983), HFm Dipl.-Ing. Fischer K. (1975), OLm Höllhumer H. (1961), HFm Kirchmayr E. (1975), OLm Kirchmeir R. (1932), OFm Leberbauer G. (1979), OFm Lehner P. (1979), HFm Lehner R. (1976), OLm Mayr H. (1943), E-HBI Mayrhofer J. (1948), OFm Mellinger H. (1973), Lm Moshammer A. (1972), Fm Prohaska W. (1981), Lm Schmoigl G. (1966), Lm Schmoigl J. (1966), Fm Schmoigl J. (1981), PFm Schneickhart H. (1983), HLm Schneickhart J. (1955), Bm Schöllenberger H. (1943), OFm Tichy K. (1980), PFm Umbauer E. (1983), Wieshofer H. (1973)

FF BRUCK-HAUSLEITEN

Am 21. Oktober 1923 wurde die FF Bruck-Hausleiten gegründet und wurde bis 1926 als Filial-Feuerwehr von St. Florian geführt, von der sie auch eine gebrauchte Handdruckspritze für Pferdebespannung bekam. Bei der ersten Generalversammlung am 17. Februar 1926 wurde der FF Bruck-Hausleiten von der Gemeinde die Bewilligung erteilt, als selbständige Feuerwehr zu bestehen. Im März 1930 wurde eine Zeugstätte errichtet. Während des Zweiten Weltkriegs stand die FF Bruck-Hausleiten wieder unter dem Kommando der FF Markt St. Florian. 1942 wurde die alte Handdruckspritze durch eine DKW-Motorspritze ersetzt, die auf einem Einachsanhänger transportiert wurde. Im März 1950 wurde eine neue Motorspritze, RW 80, angekauft, 1954 ein zweiachsiger Mannschaftswagen als Traktoranhänger. 1967 Ankauf einer neuen Tragkraftspritze RK 35. 1970 konnte die FF einen gebrauchten Rettungswagen (VW-Bus) anschaffen, der in Eigenregie zu einem KLF umgebaut wurde. 1975 erwarb die Wehr ein neues KLF Ford Transit, 1976 eine Tragkraftspritze RK 75. Zur besseren Alarmierung der Wehr wurde 1977 eine Sirene am Schlauchturm installiert. Im gleichen Jahr wurden auch noch drei Funkgeräte und drei Geräte für schweren Atemschutz erstanden. 1979 wurde beschlossen, ein neues Feuerwehrgebäude zu errichten. 1980 wurde mit dem Bau begonnen, wobei sich die Kameraden verpflichteten, mehr als 50 Prozent der Gesamtkosten in Form von Eigenleistung zu erbringen. 1982 wurde der Rohbau fertiggestellt. Kommandanten der FF Bruck-Hausleiten waren seit der Gründung: Ignaz Landerl (1926–1953), Franz Landerl (1953–1973), Karl Zittmayr (seit 1973).

HBI Zittmayr K. (1948), OBI Taferner J. (1965), AW Mayr F. (1952), AW Schinnerl G. (1970), AW Wurm J. sen. (1961) — HFm Brunbauer F. (1978), HFm Brunbauer J. (1975), PFm Bumberger F. (1982), Fm Czepl R. (1981), HLm Deinhofer K. (1968), Lm Gruber F. (1934), PFm Gruber M. (1982), HFm Heibl H. (1978), HFm Kurzmann F. (1976), Bm Landerl F. jun. (1965), E-HBI Landerl F. sen. (1948), Bm Landerl J. (1971), Fm Lauer J. (1981), HFm Leitner F. (1978), OFm Linninger R. jun. (1980), HLm Linninger R. sen. (1971), Fm Mayrhofer J. (1982), PFm Metz M. (1982), Fm Penn A. (1981), HFm Penz J. (1976), Fm Prinzensteiner J. (1981), Lm Pühringer J. (1923), Bm Schinnerl L. (1968), HLm Stadler J. (1951), HLm Taferner A. (1961), Lm Weberberger K. (1948), HFm Wolfsjäger F. (1952), HFm Wurm J. jun. (1978), Lm Wurm M. (1975), OFm Wurzinger J. (1980), Lm Wurzinger J. (1982), OFm Zittmayr K. (1980), Lm Zittmayr L. (1934)

FF EDRAMSBERG

Die Freiwillige Feuerwehr Edramsberg zählt zu den ältesten des Bezirkes Linz Land. Die Wurzeln reichen bis in das Jahr 1876 zurück. Das älteste noch vorhandene Schriftstück ist das Protokoll der konstituierenden Generalversammlung vom 22. Oktober 1882. Mehrere Dankschreiben für Brandeinsätze aus den Jahren 1890 bis 1898 sind ebenfalls noch existent. Als Gründer der FF Edramsberg geht Mathias Kellermair hervor. Im Jahr 1883 hatte die Wehr bereits 67 aktive und 12 unterstützende Mitglieder. Aus der „Statistischen Übersicht über die freiwilligen Feuerwehren von Oberösterreich nach dem Stand vom 1. 1. 1901" geht hervor, daß Edramsberg 65 Aktive, eine Spritze mit Saugwerk, 200 m Schläuche, eine Dachleiter und eine Feldapotheke besaß. Das älteste Schmuckstück im heutigen Feuerwehrhaus ist eine noch funktionsfähige Feuerwehrspritze der Fa. Rosenbauer mit Wasserkühlung aus dem Jahr 1927. Der Aufbau des Fuhrparks reicht vom roßbespannten Wagen über einen umgebauten Austro-Fiat-Lkw zum Wehrmachtsfahrzeug mit Anhänger aus amerikanischen Beständen der Marke Dodge und einem TLF Opel Blitz 1800 mit Doppelkabine und Allradantrieb. Heute besitzt die FF Edramsberg ein TLF Magirus 2400 mit Allrad, Bj. 1955, und ein LFB Mercedes 50-D, Bj. 1982. Weiters ist noch eine VW-Pumpe Bj. 1959 im Einsatz. Der Baubeginn für das neue Feuerwehrhaus war 1970, und am 29. Juli 1973 wurde dieses eingeweiht. Bei der Kommandowahl im März 1983 wurde HBI Franz Bayer nach 25jähriger ununterbrochener und verdienstvoller Kommandantentätigkeit von HBI Bruno Lausch abgelöst.

HBI Lausch B. (1953), OBI Kuch H. (1972), AW Huemer A. (1970), AW Kremsleitner P. (1976), AW Kriechmayr M. (1978), BI Hangl J. (1972) — HFm Aichinger M. (1977), Fm Aichinger R. (1981), Fm Aichinger W. (1978), E-HBI Bayer F. (1938), OFm Bayer G. (1977), Bm Bräuner H. (1951), OBm Eder F. (1968), OFm Enengl L. (1980), Bm Friedl O. (1956), OLm Füreder J. (1968), OLm Füreder L. (1966), OFm Gruberbauer F. (1975), OBm Haider K. (1946), Fm Hainberger M. (1981), PFm Haindl F. (1983), OLm Hartl J. (1962), HBm Hinterreiter A. (1956), Fm Hübsch M. (1981), HFm Humer A. (1973), Bm Kaltenböck J. (1936), FK Kaserer J. (1981), E-HBI Kirchmeier J. (1928), Bm Kirchmeier R. (1928), Fm Koch T. (1981), PFm Kofler H. (1983), Fm Koll K. (1977), HBm Krommer H. (1965), OLm Landl W. (1967), OLm Lausch B. (1966), Lm Dipl.-Ing. Lengauer A. (1968), Lm Luger J. (1968), Fm Luger R. (1981), PFm Lugmayr T. (1981), OBm Mittermayer K. (1928), E-AW Moshammer F. (1928), OFm Nimmervoll H. (1978), OLm Parzmayer M. (1964), E-AW Pastl F. (1946), OBm Penz J. (1923), HLm Pichler H. (1956), HLm Ries J. (1946), HLm Ritzberger A. (1958), HLm Ritzberger G. (1977), Fm Ritzberger H. (1981), Bm Ritzberger K. (1946), OBm Ritzberger M. (1936), HBm Schwarzberger J. (1946), E-OBI Sommer A. (1953), HFm Sommer G. (1972), OLm Sommer J. (1968), E-AW Stadler A. (1954), HBm Theischinger R. (1963), Fm Ullmann G. (1981), Fm Viehböck G. (1971), OLm Weber A. (1946), OFm Wieshofer G. (1978), E-BI Wieshofer O. (1953), Lm Wieshofer O. (1972), OLm Wilflingseder H. (1963), Bm Wilflingseder M. (1956), HLm Winkler E. (1966), HLm Winkler M. (1953), OLm Wolfschluckner R. (1953)

FF EGGENDORF IM TRAUNKREIS

Im Jahre 1890 wurde der Beschluß gefaßt, in Eggendorf eine freiwillige Feuerwehr zu gründen. Diese trat 1890 vorerst dem Bezirksverband Wels bei, bis 1909 der Verband Nr. 44, Bezirksverband Neuhofen an der Krems, gegründet wurde. Der Kommandant der FF Eggendorf, Fischer von Ankern, wurde dessen erster Obmann. Im September 1918 legte Fischer von Ankern die Obmannstelle des Bezirksverbandes und 1920 die Kommandantenstelle zurück. Am 2. Januar 1921 wurde Karl Steinpatz zum Kommandanten gewählt. 1928 wurde Georg Neubauer zum neuen Kommandanten gewählt. 1929 wurde die erste Motorspritze angekauft. Nachdem am 16. Januar 1938 Wehrführer Georg Neubauer sein Amt niederlegte, wurde Alois Schimpelsberger zum neuen Wehrführer gewählt, 1949 Franz Eiblwimmer. Unter seiner Führung wurde im Februar 1950 der Beschluß zum Bau eines neuen Zeughauses gefaßt. Die Fertigstellung und Übergabe erfolgte im Oktober 1951. Bereits im Dezember 1951 wurde der erste Rüstwagen, ein Lkw Dodge, angekauft. 1957 wurde eine neue Motorpumpe angekauft und eingeweiht. 1962 wurde der neue Rüstwagen Opel Blitz in Dienst gestellt und am 23. September 1962 feierlich eingeweiht. Dieser langgeplante Neuankauf wurde dringend nötig, da der bereits als Gebrauchtwagen gekaufte Dodge nicht mehr einsatzfähig war. Am 12. Juli 1967 wurde Georg Neubauer zum Kommandanten gewählt. Während seiner Dienstzeit wurden die ersten schweren Atemschutzgeräte angeschafft. Georg Neubauer legte am 6. März 1971 aus gesundheitlichen Gründen sein Amt nieder, worauf am 29. April 1971 Franz Neubauer zum Kommandanten gewählt wurde. Am 31. August 1975 fand die Einweihung des neuen TLF 2000 statt.

HBI Neubauer F., OBI Hörtenhuber L. — Aichenauer J., Beisl F., Derndorfer F., Eiber H., Eichmair F., Eichmair K., Fischill F., Forster R., Grüblinger A., Grüblinger Ch., Grüblinger H., Gugenberger W., Guggenberger W., Hochleitner A., Hoffmann G., Lindlbauer W., Mairanderl A., Mayer J., Mörtenhuber S., Müller E., Neubauer G., Ortbauer F., Ortbauer H., Ortbauer J., Ortbauer J., Ortmayer K., Pühringer J., Puffer E., Radner J., Reder H., Renke E., Schachermaier A., Schachner H., Schmidhuber A., Schmidhuber A., Schmidhuber E., Schmidhuber E., Schmidhuber M., Schmidhuber W., Schöller Ch., Schützenhofer L., Söllradl G., Steinkogler J., Steinkogler K., Steinparzer F., Umgeher F., Wöß Ch., Zauner A.

FF DER STADT ENNS

Anfang September 1865 hatte die historische Stadt Enns ihre Freiwillige Feuerwehr, und ihr erster Kommandant war Bahnvorstand Josef Meltzer. Seine Nachfolger Dr. Anton Stifter, Michael Haberleitner und Franz Schwandl waren sehr bemüht, die notwendigsten Geräte anzuschaffen. 1877 wurde eine fahrbare Saugspritze angekauft. Am 17. August 1890 wurde eine Patentschiebeleiter erworben und im gleichen Jahr wurden Mittel zum Ankauf einer Dampfspritze bereitgestellt. 1900 wurde eine Wasserwehrabteilung gebildet. Am 5. Mai 1898 erfolgte die Gründung einer Sanitätsabteilung unter Führung des Stadtarztes Dr. Appenauer und des Abteilungsführers Karl Heller. Am 12. Dezember 1908 wurde die Sanitätsabteilung dem Österr. Roten Kreuz angegliedert. Theodor Pumb übernahm im November 1914 provisorisch das Kommando. Am 23. März 1919 fand die konstituierende Versammlung der Filial-Feuerwehr Lorch mit ihrem Wehrführer Franz Nökam statt, und am gleichen Tag wurde Theodor Pumb zum definitiven Feuerwehrkommandanten gewählt. Eine Autospritze wurde am 21. April 1924 in Dienst gestellt. Die Sanitätsabteilung mußte in der Zeit von 1916 bis 1925 siebenhundertmal ausrücken. Am 24. Juni 1925 wurde der Schlauchtrockenturm der Wehr übergeben. Unter dem Kommandanten Johann Huemer wurde die Wehr Enns neu organisiert. Gliederung: Zwei Einsatzzüge und eine Rettungsabteilung. Ankauf einer Alarmsirene 1935. Am 22. September 1940 Übergabe der Feuerwehr-Rettungsabteilung an das Deutsche Rote Kreuz. Nur der Umsicht der Wehrkameraden war es zu danken, daß trotz der Wirren die Ausrüstung erhalten werden konnte. 1957 wurde ein Löschfahrzeug FK 1000 angekauft. Eröffnung der Feuerwehrzentrale Enns am 28. April 1979.

BR Danninger G. (1953), HBI Welles O. (1954), OBI Danninger G. (1970), OAW Traunmüller K. jun. (1963), AW Hirsböck A. (1967), AW Weichhart A. (1971), BI Ehrenbrandner L. (1957), BI Schlucker E. (1965) — OFm Aberl J. (1977), OBm Aigner G. (1950), HBm Aigner J. (1939), OFm Berdl W. (1948), E-BI Breitenfellner A. (1933), JFm Cojokaru P. (1982), E-HBI Danner K. (1933), JFm Einsiedler T. (1982), HFm Fischlmayr J. (1926), HFm Forster F. (1950), OBm Gatterbauer J. (1965), HFm Gölzner S. (1950), OFm Gruber K. (1980), HBm Gruber S. jun. (1977), HBm Gruber S. sen. (1971), HLm Grünwald E. (1976), Lm Guger H. (1968), HBm Hacker F. (1966), OFm Haider K. (1966), OFm Haider M. (1970), OBm Hainbuchner F. (1966), OLm Hametner J. (1973), HFm Hammerschmid P. (1955), Fm Happl K. (1979), HBm Haritz B. (1975), HBm Hava F. (1977), Lm Hiebl R. (1970), HFm Hoflehner K. (1948), HFm Hrazdera A. (1950), HFm Huber J. (1941), OLm Huber J. (1949), OFm Huber M. (1978), OFm Inselsbacher F. (1968), Fm Inselsbacher G. (1975), Kamptner J. (1939), HFm Kitzinger M. (1976), Fm Klement G. (1983), HFm Kneidinger E. (1968), FA Dr. Kneifel H. (1937), JFm Kuezma W. (1982), FA Dr. Lackner G. (1982), Fm Lauer K. (1981), HFm Lehermayr H. (1973), JFm Linner G. (1982), JFm Linninger M. (1982), HFm Magerle K. (1956), Fm Malle J. (1982), HBm Mayrhofer H. (1965), JFm Mitterhuber A. (1982), HFm Neubauer K. (1948), HFm Ostermayer B. (1966), OFm Pail W. (1973), Lm Pils E. (1960), HBm Podpeskar R. (1971), HFm Pühringer F. (1948), JFm Ratzberger M. (1981), OBm Reisinger F. (1959), OFm Reisinger J. (1967), Fm Reiter F. (1982), HFm Riegler H. (1957), OFm Schaumlechner W. (1978), Fm Schlucker P. (1982), OFm Schlucker R. (1979), Fm Schöller G. (1977), HFm Schrefler A. (1954), OFm Sengseis S. (1977), Sotsas A. (1949), HLm Thurnhofer E. (1963), HFm Titz U. (1971), Fm Tobisch Ch. (1982), HFm Traunmüller K. (1948), Fm Traunmüller M. (1979), HBm Walter M. (1977), Lm Winter H. (1964), HBm Wirleitner E. (1974), HBm Witzeneder A. (1940), Fm Wornaus M. (1983), HFm Zittmayr A. (1939), Fm Zweimüller E. (1981)

FF FREILING

Die Freiwillige Feuerwehr Freiling wurde am 9. Dezember 1923 gegründet. Der damalige und erste Obmann Ferdinand Wörister konnte schon 1924 das erste Bestandsjubiläum feiern; die Einnahmen wurden zum Ankauf von Geräten und Schläuchen verwendet. Unter Führung von Johann Obermayr konnte 1927 von der Fa. Rosenbauer eine Hochdruck-Zentrifugalpumpe H 50/III, aufgeprotzt auf einem Leichtanhänger für Pferdegespann, angekauft werden. Das erste große Freilinger Parkfest war 1927. Die Einnahmen wurden für den Bau eines in Eigenregie gefertigten Zeughauses mit zwei Toren verwendet, das 1929 eröffnet wurde. 1938 wurde die FF Freiling in die Ortsfeuerwehr Oftering eingegliedert. Am 28. Januar 1949 wurde die Freiwillige Feuerwehr Freiling wieder selbständig. Eine Menge junger Männer trat im gleichen Jahr dieser Organisation bei. So konnte in einer Versammlung unter Bürgermeister Johann Rothberger Anton Hainzl als Kommandant gewählt werden. 1950 wurde aus amerikanischen Militärbeständen ein 8-Zylinder Ford Canada angekauft und zu einem brauchbaren Löschfahrzeug umgebaut. 20 Winter wurden damit die Schneemassen von den Straßen gefegt. 1953 konnte eine Tragkraftspritze R 75 und 1964 eine RVW 75 Automatik erstanden werden. 1968 war Franz Straßer Kommandant. 1970 wurde ein Lkw Steyr 480 gekauft und daraus in 1400 Arbeitsstunden ein TLF 2000 mit Doppelkabine von den eigenen Feuerwehrkräften gebaut. Noch im gleichen Jahr waren die Verhandlungen zum Umbau des Südwesttraktes im Maierhof Freiling für die Feuerwehrunterkunft. Nach 4200 Arbeitsstunden konnten die Feuerwehrmänner ihr Werk 1972 beenden. Die Weihe beider Werke und das 50jährige Bestandsjubiläum wurden 1974 feierlich begangen.

HBI Straßer F. (1958), OBI Leutgöb R. (1962), AW Heheberger S. (1980), AW Scheidleder J., AW Schwaiger R. (1972), BI Kremaier R. (1969), BR Althuber H. (1959) — HFm Ammerstorfer E. (1978), OBm Basa A. sen. (1949), OBm Bascha J. (1956), HBm Bauer E. (1971), E-BI Baumgartner H. (1949), Lm Bidmon H. (1965), Fm Brunnmayr K. (1978), HFm Depner W. (1976), Bm Ehmeier G. (1967), HFm Engel H. (1978), E-AW Füreder J., OFm Gattermair F. (1978), HFm Habith W. (1978), Bm Hainzl A. (1967), Lm Himmelbauer G. (1976), HFm Hoheneder W. (1973), Lm Klinger J. (1949), OFm Kremaier K. H. (1978), OBm Leutgöb H. (1961), OFm Leutgöb M. (1978), E-AW Maier F. (1923), E-AW Mittermayer T. (1924), OFm Pernter F. (1978), JFm Pöschko B. (1980), JFm Pühringer J. (1981), JFm Puncec M. (1979), OFm Reichhard G. (1978), OFm Ritzberger J. (1979), OFm Roithner M. (1979), OFm Schmidt H. (1978), OBm Wallerberger L. (1964), OLm Weingärtner E. (1949), Lm Weingärtner R. (1936), OFm Wöckinger W. (1978)

FF FREINDORF

Am 27. Juni 1925 wurde die FF Freindorf gegründet. Der erste Kommandant der FF Freindorf war Gottlob Lell. Die Feuerwehr Freindorf war zu Beginn nur notdürftig ausgerüstet (Handdruckpumpe). Am 8. Juni 1927 wurde eine neue Motorpumpe gekauft, die eine Fördermenge von 600 Liter pro Minute erbrachte und auf einem zweirädrigen Karren montiert war. Im Jahr 1931 wurde ein kleines Zeughaus gebaut, wobei Materialtransport und die geleisteten Arbeitsstunden von den Kameraden erbracht wurden. Am 11. Oktober 1931 besichtigte Bez.-Fw.-Kdt. Penz das Zeughaus und fand es als eines der zweckmäßigsten seines Bezirkes. Besonders gefiel ihm der Brunnen im Zeughaus, der für den Ort zentral lag und ausreichend Wasser lieferte. 1941 mußte eine Mädchengruppe aufgestellt werden. 1948 konnte der erste Rüstwagen angekauft werden, 1950 eine TS (RW 80) und 1954 wurde das Zeughaus vergrößert. Am 26. April 1955 wurde eine TS (VW 70) angekauft, und am 14. August 1955 fand die Zeughaus- und Pumpenweihe statt. Ein KLF wurde gekauft und konnte am 10. Juli 1959 zum 70. Geburtstag des Ehrenkommandanten Bachl übernommen werden. Weiters konnte 1961 eine TS (VW 75) erworben werden. Aus eigenen Mitteln konnte 1972 eine Unterwasserpumpe angekauft und 1974 das langersehnte LLFA erstanden werden. Im Jahr 1978 wurde das Zeughaus renoviert. Die Schlagkraft der Wehr wurde am 15. Oktober 1980 durch den Ankauf des TLF 2000 Trupp erhöht. Die noch fehlenden Atemschutz- und Funkgeräte sowie ein Notstromaggregat konnten in den Jahren 1981 bis 1983 ebenfalls angekauft werden.

HBI Stotz D. (1958), OBI Kettl J. (1958), OBI Hamberger E. (1948), AW Holzer W. (1978), AW Leutgeweger K. (1943), AW Neuwirth A. (1955), AW Schönecker E. (1961), AW Schreil J. (1961), BI Frittajon J. (1957), BI Hamberger E. (1974) — Lm Bruckner F. (1979), OFm Dannerbauer J. (1979), HBm Danninger F. (1946), PFm Eberle Ch. (1983), HBm Gruber J. (1938), OLm Haiberger K. (1975), OLm Hamberger J. (1960), HBm Heissinger J. (1941), OLm Huber F. (1955), Lm Kaß F. (1971), HFm Kaß P. (1974), Fm Kienmayer G. (1920), HLm Krist J. (1963), PFm Lackner T. (1983), Fm Leimlehner E. (1981), HBm Linzner M. (1954), Lm Linzner R. (1972), HFm Lizlfellner J. (1976), HBm Mühlberger J. (1950), HBm Neubauer G. (1948), Bm Neuwirth F. (1952), Lm Nöhmayer L. (1972), PFm Plank H. (1983), Bm Plank H. (1958), Lm Pollhammer A. (1936), OLm Pollhammer F. (1957), OLm Pollhammer H. (1957), Lm Pollhammer K. (1962), Bm Pühringer H. (1962), Fm Raid A. (1982), PFm Schönecker E. (1983), HBm Schönecker F. (1926), OLm Schreil H. (1974), Lm Stieger K. (1972), HFm Stotz R. (1978), HLm Summersberger F. (1960), HLm Summersberger J. (1957), HBm Wagner J. (1943), Lm Wagner J. (1965), Fm Wögerbauer M. (1980), HBm Wörndl J. (1949), Bm Wörndl J. (1952)

FF GERERSDORF-SCHACHEN

Am 8. April 1912 erfolgte die Gründungsversammlung, bei der die Satzungen erstellt sowie der Beschluß gefaßt wurde, eine Feuerwehrspritze samt 150 m Schläuchen bei der Fa. Gugg anzukaufen und eine Haussammlung durchzuführen. Die Feuerspritze wurde am 4. Mai 1912 vom Pfarrer von Kematen geweiht und dabei in Gerersdorf eine Schauübung durchgeführt. Da kein Zeughaus vorhanden war, wurde die Feuerspritze provisorisch im Bernschopfenhaus in Gerersdorf untergebracht. Als Uniformteil wurde lediglich eine einheitliche Kopfbedeckung angekauft. Am 18. November 1921 beschloß die Wehr, ein neues Zeughaus auf einem von Johann Bleimschein kostenlos zur Verfügung gestellten Grundstück zu bauen, das bereits 1922 seiner Bestimmung übergeben werden konnte. Aufgrund der vielen Brandfälle in den zwanziger und dreißiger Jahren kaufte man 1931 von der Fa. Rosenbauer eine Motorspritze (kleiner Florian). 1938 wurde der Freiwilligen Feuerwehr Gerersdorf-Schachen die Selbständigkeit aberkannt, und erst im Jahr 1949 lebte das alte Recht wieder auf. Am 6. März 1949 trat die Feuerwehr wieder zu einer Sitzung zusammen, bei der auch 16 neue Mitglieder aufgenommen wurden. Kommandant Mathias Rathner und das gesamte Kommando stellten ihre Funktionen jüngeren Kameraden zur Verfügung. 1949 wurde von der Freiwilligen Feuerwehr Traun ein gebrauchtes Feuerwehrauto (offener Leiterwagen) angekauft, 1959 eine neue VW-Tragkraftspritze angeschafft, 1962 wurde in Engenfeld ein überdeckter Löschteich errichtet, 1967 wurde ein geländegängiger Rüstwagen (Land Rover) erworben und 1979 die Uniformen durch neue ersetzt. 1984 wurde mit dem Neubau eines zweitorigen Feuerwehrhauses begonnen, das sich an der Stelle des ursprünglichen Feuerspritzeneinstellplatzes befindet.

HBI Weinzierl F. (1957), OBI Schieder J. (1969), AW Baumgartner J. (1965), AW Grabinger G. (1977), AW Michlmayr J. R. (1979), BI Kaltenbäck J. (1953), BI Rumetshofer K. (1954) — HLm Angerer J. (1959), Lm Bachmair G. (1948), OFm Baumgartner J. (1960), E-AW Bleimschein A. (1942), OFm Bleimschein G. (1979), Bm Bleimschein J. (1912), OFm Bleimschein J. (1979), PFm Ebner F. (1983), OLm Ebner J. (1942), OFm Ebner J. (1971), HFm Eisinger W. (1974), OBm Felbringer G. (1925), OLm Fellinger F. (1948), Bm Grabinger A. (1951), PFm Haubenleithner M. J. (1983), OLm Hörtenhuber J. (1942), HFm Holzer R. (1964), HLm Irndorfer A. (1956), OFm Irndorfer W. (1969), HLm Krumhuber F. (1961), Lm Lamm J. (1936), HBm Lamm J. (1957), OLm Maurerbaur G. (1949), PFm Michlmayr R. (1980), OFm Neckar F. (1979), OFm Raxendorfer H., Fm Rumetshofer G. (1980), OFm Rumetshofer K. (1979), OFm Rumetshofer R. (1979), OFm Schiefermair Ch. (1979), Lm Schiefermair H. (1959), Fm Schiefermair K. (1981), OLm Striegl J. (1948)

FF HARGELSBERG

Am 16. Dezember 1900 fand unter dem Vorsitz des provisorischen Hauptmannes Karl Huber die konstituierende Versammlung der Freiwilligen Feuerwehr Hargelsberg statt. In Anwesenheit des Obmannes des Bezirksverbandes Enns, Pilz, wählten die anwesenden Feuerwehrmitglieder per Akklamation den Ausschuß für die Dauer von drei Jahren. Die Stärke der FF Hargelsberg betrug 25 Mann, die in Ausschuß, Steigerabteilung und Spritzenabteilung gegliedert waren. Der erste Feuerwehrhauptmann war Karl Huber; Stv.: Ignaz Hißmayr; Schriftführer: Krennmayr; Kassier: Oberlehrer Müller, Zeugwart: Büsser. Ausrüstung und Unterbringung der jungen Feuerwehr waren dürftig. In den Anfangsjahren stellte der Bürgermeister die Zugpferde für die Spritze. 1913 wurde im Schulgarten ein eiserner Schlauchturm errichtet. 1922 wurden 80 m Schläuche angeschafft. 1931 wurde eine neue Motorspritze der Fa. Knaust angekauft. Im Inventarbericht von 1935 wird als Feuerbesitz neben verschiedenen Kleingeräten eine tragbare Motorspritze, eine fahrbare Handdruckspritze, eine Steigerleiter, zwei Einheitsleitern, 450 m Schläuche, 29 Reichskupplungen und andere Geräte ausgewiesen. In den Kriegsjahren 1939 bis 1945 war die Feuerwehr durch Einrückungen etwas geschwächt. 1945: neuer Kommandant Johann Steinleitner. 1949 wurde mit dem Bau des Zeughauses begonnen. 1953 erfolgte erstmals die Teilnahme am Leistungswettbewerb in Braunau. 1970 wurde ein neues Aggregat angekauft. 1972 wurde die Feuerwehr der neuen Bekleidungsverordnung angepaßt. 1973 legte Karl Habermaier die Funktion des Kommandanten zurück, sein Nachfolger wurde Karl Grünwald. 1976 wurde ein TLF 1500 von der VOEST angekauft. 1980 wurde das Depot abgerissen und der Antrag auf Neubau der Zeugstätte gestellt.

HBI Grünwald K. (1959), OBI Mayrbäurl J. (1961), AW Berghuber K. (1961), AW Grünmüller H. (1976), AW Pichler G. (1976), AW Scheunchen W. (1962), BI Mayr K. (1977), BI Oberaigner F. (1949) — HLm Becker W. (1961), OFm Becker W. jun. (1976), HLm Brandstetter F. (1956), Lm Dorninger J. (1948), HBm Födermayr F. (1948), Lm Födermayr J. (1948), E-BI Gruber F. (1948), HFm Gruber F. jun. (1974), HLm Grünling A. (1948), OBm Hiesmayr J. (1948), HLm Hießmayr J. (1955), OFm Huber M. (1976), HLm Kropfreiter J. (1952), OFm Luckeneder H. (1976), OFm Matzenberger K. (1976), E-AW Minichberger K. (1953), Bm Minichberger L. (1948), HLm Petermair H. (1950), Lm Pichler I. (1938), OFm Schachner A. (1976), HBm Schedlberger F. (1961), OBm Schmitzberger F. (1940), OFm Schmöller H. (1978), HLm Schneckenleitner E. (1964), Bm Schöringhumer F. (1953), HBm Stadler W. (1952), Fm Wagner R. (1982), PFm Wakolbinger B. (1983), Lm Wandrak J. (1968), HLm Wantschar F. (1961)

FF HART

Nach einem Großbrand und aufgrund von schlechten Löschbedingungen wurde am 24. August 1905 die Freiwillige Feuerwehr Hart gegründet. Zwischen 1950 und 1955 wurde das derzeitige Feuerwehrgebäude erbaut. Auf einem zur Verfügung gestellten Grundstück wurde vor allem mit eigenen finanziellen Mitteln und mit enormer Eigenleistung der Kameraden dieser Bau vollendet. Anläßlich des 50jährigen Bestandsfestes wurde das Feuerwehrhaus geweiht. 1960 konnte die Wehr die Weihe eines KLF Ford Transit und einer Motorspritze TS 8 vornehmen. Im Juni 1974 übernahm die FF Hart von der FF Leonding ein TLF 2000, das sorgfältig ausgestattet wurde. 1978 erhielt die Wehr von der Stadtgemeinde Leonding ein LFB; das alte KLF wurde verkauft. 1980 wurde in der Ortschaft Reith eine zweite Sirene installiert und damit die Alarmierung wesentlich verbessert. Im September 1983 faßte der Gemeinderat der Stadtgemeinde Leonding den Beschluß, der FF Hart ein neues Feuerwehrhaus zur Verfügung zu stellen, wozu die FF Hart einen beträchtlichen Betrag aus Eigenmitteln beizutragen hatte. Dieses Gebäude beherbergt die Rettungsstelle und ist zentral gelegen. Damit ging ein langgehegter Wunsch der FF Hart in Erfüllung, da nun wesentlich zur besseren Einsatzbereitschaft beigetragen werden kann. Die Kommandanten seit der Gründung der FF Hart waren: Anton Weixelbaumer (1905–1913), Johann Kirchmayr (1913–1935), Johann Mayrhofer (1935–1953), Josef Kirchmayr (1953–1970), Karl Kirchmayr (1970–1978) und Josef Kirchmayr (seit 1978).

HBI Kirchmayr J. (1965), OBI Eszbichl K. (1967), AW Mag. Enengl E. (1974), AW Schmid A. (1974), AW Weigl R. (1972), BI Huber F. (1972), BI Mayrbäurl J. (1958) — OLm Aigner A. (1974), OLm Aigner F. (1967), OLm Aigner O. (1974), Bm Bäck A. (1955), Fm Berger M. (1982), OLm Enengl E. (1960), OLm Fuchs G. (1950), OFm Furtmayr W. (1978), OFm Gruber H. (1978), Fm Gusenbauer Ch. (1979), HFm Hartl F. (1975), OFm Hartl F. (1973), Bm Hartl J. (1959), HFm Hartl R. (1976), OFm Hartl W. (1979), OLm Hauer J. (1956), PFm Helfert P. (1983), OLm Hochmayr G. (1947), OLm Huber L. (1973), HFm Kirchmair J. (1966), OLm Kirchmayr A. (1972), OLm Kirchmayr E. (1958), Fm Kirchmayr E. (1981), OFm Kirchmayr G. (1979), E-HBI Kirchmayr J. (1932), E-HBI Kirchmayr K. (1947), HFm Kirchmayr S. (1956), OLm Lehner F. (1956), OFm Lehner W. (1980), E-BI Leithenmayr F. (1962), OFm Luger J. (1979), Fm Madlmair J. (1982), Lm Mayrhofer F. (1975), Lm Mayrhofer M. (1973), HFm Öllinger J. (1978), PFm Öllinger R. (1983), Lm Ransmayr E. (1972), OFm Ransmayr J. (1973), HFm Salzner G. (1966), Fm Scherzenlehner H. P. (1978), Fm Schmid F. (1982), OLm Schmid G. (1973), HFm Schmid J. (1978), Lm Schmid L. (1975), OLm Schmitzberger J. (1958), HFm Schmitzberger J. (1977), OLm Steiner H. (1966), Lm Strobl G. (1976), HFm Strobl K. (1978), OFm Weinberger G. (1979), Fm Weinberger M. (1981), E-BI Weixelbaumer J. (1938), HFm Weixelbaumer K. (1974), Lm Wimmer J. (1959), Fm Wimmer J. (1981)

FF HASENUFER

Wegen zahlreicher Brände und Hochwasserkatastrophen, die immer wieder große Opfer unter der Bevölkerung forderten und denen der einzelne hilflos gegenüberstand, versuchte Adolf Stadler gemeinsam mit Gleichgesinnten, ein Feuerwehrwesen in Hasenufer zu organisieren. Sein Vorhaben gelang trotz anfänglicher Schwierigkeiten. Am 4. September 1898 kam es zur ersten Haupt- bzw. Gründungsversammlung. Von 1898 bis 1899 wurde das Zeughaus errichtet. Eine Handdruckspritze mit Pferdebespannung wurde 1898 erworben. Weiteres Gerät wurde angekauft und im November 1931 die erste Motorspritze. 1938 erfolgte durch den allgemeinen Beschluß des NS-Regimes die Auflösung der Wehr, die dann der Feuerwehr Pucking als Löschzug unterstellt wurde. Am 28. Januar 1949 erlangte die FF Hasenufer wieder ihre Selbständigkeit. Eine zweite Motorspritze und ein Dodge – von der amerikanischen Besatzung erworben, steht als Bergefahrzeug heute noch im Einsatz – wurden zugekauft. 1952 wurde das Zeughaus neu errichtet. Ein Mannschaftswagen, Ford FK-1000 (1965) sowie ein gebrauchtes TLF (1967) kamen zur Ausrüstung. Der technische Stand der FF Hasenufer wurde weiter verbessert. Es erfolgte der Ankauf von Atemschutzgeräten, die später durch neue Geräte ersetzt wurden. 1974 fand die Einweihung eines neuen Tanklöschfahrzeugs statt. In alle Einsatzfahrzeuge wurden Funkgeräte eingebaut und 1979 eine hochmoderne Tragkraftspritze angekauft. Seit April 1984 wird das Zeughaus um- und ausgebaut, auch der Kauf eines neuen Einsatzfahrzeuges wurde beschlossen.

HBI Sauer J. (1971), OBI Trinkbauer R. (1973), AW Loizenbauer J. jun. (1971), AW Müller F. (1955), AW Trinkbauer R. (1970), BI Lindinger F. (1973), BI Österreicher A. (1951) — Bm Brandstetter K. (1965), HLm Burgstaller H. (1963), OLm Draxler A. (1971), OBm Draxler F. (1949), Bm Draxler J. (1951), HFm Forstner K. (1969), HLm Gassenbauer J. (1953), E-OBI Gierlinger F. (1948), Fm Grabmaier G. (1981), OBm Grabmair K. (1941), E-HBI Grabmair R. (1936), OFm Gruber E. (1980), HFm Gruber H. (1975), HFm Grünberger B. (1975), HLm Heißinger A. jun. (1963), HFm Helm W. (1975), HFm Herber A. (1981), Lm Hintenaus F. (1967), Bm Jirik F. (1962), OLm Kirchmayr J. (1971), HFm Koblmüller L. (1975), HFm Köglhaider M. (1975), PFm Koliha W. (1983), Fm Lauß J. (1981), E-HBI Lindinger W. (1960), Lm Loizenbauer J. sen. (1948), Lm Mauerkirchner B. (1971), Lm Mikula J. jun. (1971), PFm Neuwirth W. (1983), Fm Peterseil J. (1981), HFm Pfeiffer D. (1975), HFm Pfeiffer J. (1966), Bm Pichler J. (1961), PFm Pollak A. (1982), HLm Putschägl K. (1961), HLm Sandmayr A. (1953), HFm Schramm A. (1975), HFm Schramm H. (1975), OLm Schreiberhuber H. (1963), OLm Schwarzlmüller A. (1963), OFm Steinmaier F. (1977), OBm Strohmeier K. (1960), OFm Unterholzer R. (1977), OLm Wörister A. (1971), HLm Wöß J. (1952)

FF HÖRSCHING

Die Freiwillige Feuerwehr Hörsching wurde im Jahr 1872 von Leopold Krenmair, dem Besitzer eines der größten Bauerngüter der Gemeinde, des Gattringergutes in Gerersdorf, gegründet. Seit dem Jahr 1867 ist jedoch ein Feuerhilfeverein Hörsching nachweislich. Der denkwürdigste Tag in der Geschichte der FF Hörsching ist der 26. März 1911, an dem nach einer Brandlegung am Ostende des Ortes und aufgrund eines orkanartigen Oststurms insgesamt 26 Objekte eingeäschert wurden. 19 Feuerwehren aus der Nachbarschaft – sogar aus Linz – mit insgesamt 350 Mann sowie Pioniere und Infanterie aus Linz waren zur Brandbekämpfung aufgeboten. Die Chronik berichtet, daß nach dem Großbrand 8000 bis 10.000 Personen den Brandort besichtigten und daß die k. u. k. Staatsbahnen zu diesem Zweck sogar Sonderzüge von Linz nach Hörsching eingerichtet hatten. Im Jahr 1929 wurde die erste Motorspritze von der Fa. Rosenbauer angekauft. Das Jahr 1938 brachte durch die Errichtung des Militärflughafens Hörsching nicht nur einen bevölkerungsmäßigen Strukturwandel – aus dem früheren Bauerndorf wurde eine Stadtrandgemeinde –, sondern auch neue Aufgaben für die Feuerwehr. Die Automatisierung der FF Hörsching setzte nach dem Zweiten Weltkrieg ein. 1945 wurde ein Mannschaftswagen LF-8 Mercedes mit Vorbaupumpe angeschafft. 1949 folgte der Bau eines neuen Zeughauses. 1971 bekam die Wehr ein TLF 4000, 1972 wurde statt des LF-8 ein VW-Bus angekauft. Ein großer Tag in der Geschichte der FF Hörsching war der 26. Oktober 1982, als im Zuge eines Neubaus des Gemeindezentrums auch ein modernes Gerätehaus eingebaut wurde. Die FF Hörsching verfügt derzeit über folgende Einsatzfahrzeuge: einen VW-Bus als Mannschaftsfahrzeug, ein LFB sowie ein TLF-A 4000 auf Mercedes.

HBI Platzer F. (1956), OBI Datscher H. (1970), AW Platzer A. (1979), AW Roithmayr E. (1975), AW Roithmayr K., BI Platzer K. (1961) — Lm Bangerl W. (1952), OBm Banglmaier F. (1954), OLm Ecker J. (1952), Lm Feitzlmayr H. (1953), OFm Gierlinger K. (1979), HFm Goldberger J. (1947), OLm Hauzenberger R. (1961), OBm Hofer A. (1972), OFm Hofer A. (1979), Lm Ivo L. (1971), PFm Kloimböck M. (1979), HFm Lang M. (1976), Fm Luger N. (1982), FA Dr. Maier O. (1983), HFm Minichberger A. (1961), PFm Niederreither G. (1983), HLm Öhlinger E. (1956), Fm Ortmayr H. (1982), Fm Pazelt H. (1979), OFm Podobrie J. (1979), OBm Roithmayr A. (1961), OBm Roithmayr E. (1954), HBm Roithmayr H. (1970), E-HBI Spachinger J. (1952), HFm Stadler H. (1964), Bm Steiger J. (1929), E-OBI Sulzbacher A. (1949), Fm Ulrich G. (1979), PFm Walchshofer W. (1983), HLm Weiß K. (1936), HFm Wiesmüller F. (1976), E-AW Windner H. (1953), Fm Wölfel G. (1982), Bm Würmer F. (1942)

FF HOFKIRCHEN IM TRAUNKREIS

Am 24. April 1901 erfolgte die Gründung der Freiwilligen Feuerwehr Hofkirchen im Traunkreis; zum Kommandanten wurde Matthias Wolkerstorfer gewählt. 1902 kaufte die Wehr zwei starke Feuerwehrleitern an. 1912 wurde beim Gemeindehaus ein hölzerner Schlauchturm angebaut. 1913 übernahm Franz Wieser die Kommandantenstelle, ihm folgte 1916 Franz Habringer. Im Jahr 1922 konnte die Wehr mit tatkräftiger finanzieller Unterstützung durch die Gemeinde Schläuche ankaufen. 1923 wurde Franz Huber zum neuen Wehrführer gewählt. 1931 erfolgte der Ankauf einer Motorspritze, ein Jahr später eines Rüstwagens von der Fa. Rosenbauer. Nach dem Zweiten Weltkrieg, 1948, konnte ein Rüstwagen Steyr 1500 A in Betrieb genommen werden, der bis 1970 in Dienst stand. In den Jahren 1950 und 1951 wurde eine neue Feuerwehrzeugstätte gebaut, 1953 wählten die Kameraden Adolf Arbeithuber zum neuen Kommandanten. 1956 erwarb die Wehr von der FF Meilersdorf ein gebrauchtes Rüstauto, das in einen Tankwagen umgebaut wurde. 1961 wurde ein neuer Lkw Steyr Diesel angeschafft; 1968 eine Tragkraftspritze VW-Automatik von der Fa. Rosenbauer übernommen. Im gleichen Jahr ging Franz Preuer als Kommandant bei der Wahl hervor. 1970: Kauf eines KLF Ford Transit. 1974 erfolgte der Umbau des Tankwagens, 1977 wurden neue Geräte dafür gekauft, außerdem ein Schaumlöschgerät. 1979 Ankauf von drei Atemschutzgeräten. 1980 Umbau des Zeughauses, 1981 Anschaffung eines neuen Tankwagens Mercedes, 1017 Allrad mit Aufbau. 1982 feierte die FF Hofkirchen ihr 80jähriges Bestandsjubiläum.

HBI Preuer F. (1945), OBI Hauser J. (1964), AW Hörtenhuber R. (1964), AW Zehetner J. (1964), BI Arbeithuber A. (1976), BI Luckeneder G. (1970), BI Resl J. (1964) — Fm Arbeithuber F. (1981), HLm Arbeithuber F. (1956), Fm Arbeithuber J. (1981), OLm Auer J. (1954), HLm Bauer F. (1946), OBm Baumann K. (1946), Lm Berger F. (1964), Fm Berghuber A. (1981), Fm Bleimschein G. (1981), Fm Bleimschein W. (1981), OFm Elias A. (1975), HBm Elias H. (1964), HFm Eßlberger F. (1969), OFm Felbermayr K. (1969), Lm Fraundorfer A. (1964), E-BI Fraundorfer A. (1952), OFm Göchl E. (1977), OFm Grüllenberger F. (1975), OLm Grüllenberger W. (1964), Lm Hälk H. (1964), Fm Helmberger H. P. (1981), E-BI Herber K. (1938), OLm Hiesmayr E. (1950), E-BI Hörtenhuber R. (1948), Fm Huber H. (1981), HLm Huber H. (1961), OLm König R. (1949), HLm Lambrecht F. (1954), Fm Lambrecht J. (1981), HLm Lambrecht P. (1951), HFm Langmayr E. (1969), Fm Leitner F. (1982), OBm Linninger G. (1951), Lm Metzbauer F. (1964), HBm Michlmayr L. (1972), HFm Neuzil J. (1975), HLm Neuzil J. (1942), OFm Neuzil J. (1975), OLm Nöbauer J. (1938), Bm Pickl A. (1969), Fm Pickl F. (1981), Fm Preuer F. (1981), Fm Rechberger F. (1966), E-AW Rechberger J. (1945), HLm Resch I. (1956), E-BI Riedl I. (1937), HBm Rumpelsberger F. (1945), E-OBI Sailer F. (1949), E-BI Steinmair F. (1949), HFm Steinmair F. (1974), HFm Steinmair J. (1972), PFm Steinmair K. (1982), HLm Stockinger F. (1956), E-BI Straßmayr L. (1945), Lm Thaller A. (1964), Bm Traußner F. (1928)

399

FF KEMATEN AN DER KREMS

Die Gründungsversammlung fand im Dezember 1889 statt. 1921 lieferte Rosenbauer eine neue Handdruckspritze. Die Feuerwehrkommandanten von Kematen seit der Gründung 1890 waren: Franz Reiter (1890–1898), Josef Thanesberger (1898–1899), Jakob Feichtinger (1899–1902), Florian Lederhilger (1902–1910), Florian Zeilinger (1910–1911), Florian Lederhilger (1911–1923), Stefan Obermayr (1923–1938), Johann Strigl (1938–1945), Georg Obermayr (1945–1947), Stefan Obermayr (1947 1952), Franz Schöllhuber (1952–1963), Karl Mayrhofer (1963–1978), August Höpfler (seit 1978). 1930 wurde eine Motorspritze gekauft. Am 30. Juli 1936 starb Gründer und Ehrenmitglied Johann Wolfram. Durch den Weltkrieg bedingt wurde 1945 ein leeres Zeughaus vorgefunden. Durchziehende Truppen plünderten und zerstörten die Geräte, es begann der Wiederaufbau der Feuerwehr. Das Kommando bemühte sich, gebrauchte Einsatzgeräte anzukaufen. Eine gebrauchte DKW-Zweitakt-Motorspritze und 100 m Schlauch wurden erworben, ein altes Wehrmachtsfahrzeug, Type A 2000, wurde zu einem Rüstwagen umgebaut. 1958 wurde eine neue Motorspritze RVW 75 gekauft. Ein neues Tanklöschfahrzeug TLF 1000 wurde 1964 angeschafft. 1965 wurde beschlossen, Preßluftatmer anzukaufen. 1970 wurde ein Grundstück gekauft und mit dem Depot-Neubau begonnen, der nach zweijähriger Bauzeit seiner Bestimmung übergeben wurde. Von der Rot-Kreuz-Stelle in Linz wurde 1973 ein VW-Bus als Kommandofahrzeug angekauft. Zur Stützpunkt-Feuerwehr der RAG wurde die Wehr 1976 nominiert. Das TLF 1000 wurde 1979 an die FF Berndorf in der Steiermark verkauft, worauf die Wehr das TLF 2000 Trupp erhielt.

BR Höpfler A. (1947), OBI Leutgeb R. (1954), AW Scheinecker J. (1971), AW Schlapp J. (1968), AW Zeilinger G. (1945), BI Stättermayer J. (1954) — E-BI Arnberger K. (1931), Lm Außermaier F. (1973), Bm Bammer E. (1947), E-AW Ehrenhuber G. (1948), Lm Feuerstein F. (1947), Forstner F. (1951), HBm Höpfler A. (1971), Bm Hörtenhuber A. (1955), HLm Hörtenhuber F. (1963), Bm Hoflehner A. (1923), Fm Holzleitner P. (1979), HLm Huber F. (1958), HBm Klanner H. (1974), OFm Krahwinkler R. (1977), Bm Krumhuber A. (1963), Bm Leutgeb J. (1954), Fm Leutgeb R. (1979), E-HBI Mayrhofer K. (1924), HBm Mitheis A. (1954), OLm Nachbargauer H. (1974), OFm Neckar J. (1977), OLm Oberhammer H. (1969), OFm Obermayr G. (1977), Fm Passenbrunner A. (1979), OFm Pointner F. (1977), Bm Pointner F. (1946), OLm Schaffrath F. (1974), OFm Scheinecker G. (1977), E-HBI Schöllhuber F. (1952), E-BI See J. (1919), Lm Söllradl E. (1972), HFm Söllradl J. (1974), HFm Steiner M. (1974), Bm Strigl F. (1954), E-AW Wolfram J. (1954), OLm Zeilinger J. (1964), Fm Zeilinger J. (1979)

FF KIRCHBERG-THENING

Die FF Kirchberg-Thening wurde am 26. Mai 1878 gegründet, nachdem sich auf den Aufruf zur gründenden Versammlung 46 ausübende und sechs unterstützende Mitglieder gemeldet hatten. 1887 wurde Johann Kreilmayr zum Hauptmann gewählt, dieses Amt bekleidete er 32½ Jahre. Als Landesrat hatte er das oö. Feuerwehrwesen inne und war Begründer der Oö. Landesfeuerwehrschule. 1920 trat Adam Trautenberger die Nachfolge als Hauptmann des wegen Ämterüberhäufung zurückgetretenen Johann Kreilmayr an. Am 1. Juli 1928 fand das 50jährige Gründungsfest statt; Ankauf einer vierrädigen Benzinmotorspritze bei der Fa. Rosenbauer. 572 Mann aus 29 Feuerwehren waren zu den Feierlichkeiten erschienen. Beim Bezirksfeuerwehrtag in Thening am 2. Juni 1935 wurde Ehrenhauptmann Johann Kreilmayr mit dem Bundes-Feuerwehr-Ehrenzeichen für 50jährige Feuerwehrtätigkeit ausgezeichnet. Am 31. August 1941 trat Adam Trautenberger zurück; neuer Hauptmann wurde Richard Jungmeier. Als dieser am 26. Juli 1951 seine Funktion zurücklegte, wurde Hans Kirchmeier neuer Kommandant. Am 3. Juni 1951 erfolgte die Übergabe des praktisch in Eigenregie errichteten neuen Feuerwehrzeughauses. Am 5. August 1961 übernahm Dir. Karl Dobetsberger von Franz Mayrhuber die Kommandantenstelle. 17. Juni 1962: Segnung einer neuen Tragkraftspritze. 5. Juli 1964: 85jähriges Gründungsfest mit Fahrzeugsegnung (Ford Transit 1250). Am 2. Juni 1968 wurde Traugott Jungmaier neuer Kommandant, er steht auch heute noch der Wehr vor. Vom 23. bis 25. Juni 1978 beging die Wehr das 100jährige Gründungsfest mit Segnung eines neuen TLF 2000 und einem Bezirksleistungswettbewerb. Im Juli 1983 gab es die Fahrzeugsegnung eines neuen LFB (Mercedes Diesel 508 D).

HBI Jungmaier T. (1960), OBI Hofmeister F. (1947), AW Hofmeister H. (1974), AW Hufnagl J. (1977), AW Jungmeier G. (1949), BI Hoflehner W. (1981), BI Kirchmeier H. (1969) — HBm Brummeir H. H. (1960), Lm Eder J. (1947), E-AW Eichberger R. (1948), Lm Eigner H. (1947), OLm Feindert G. (1950), OFm Feindert G. (1980), OFm Feindert H. (1980), HBm Gierescher M. (1951), E-AW Haim J. (1969), OLm Hamader J. (1947), HBm Hauzenberger H. (1949), HLm Hauzenberger J. (1957), HFm Heidinger A. (1961), HFm Heidinger H. (1962), OBm Heidinger W. (1968), HLm Heigl J. (1960), HLm Hicka A. (1974), Fm Hirschvogl W. (1975), HFm Hirschvogl W. (1956), OFm Hofmeister H.-W. (1978), HFm Hofmeister H. (1974), Bm Hofmeister W. (1949), OFm Jungmeier G. (1978), Lm Jungreithmayr J. (1974), HLm Jungreithmayr M. W. (1947), OFm Jungreuthmayr H. (1978), HFm Jungreuthmayer J. (1950), HFm Kirchberger J. (1932), Lm Kirchberger R., HFm Kirchmeier H. (1949), HFm Kirchberger K. (1969), HFm Lehner E. (1974), Lm Mayer W. (1947), HFm Mayr E. (1970), HLm Mayr W. (1964), OLm Mayrhuber F. (1952), OFm Niederwimmer W. (1980), Lm Partinger L. (1966), HFm Pittrich R. (1969), Fm Reindl F. (1980), HFm Reindl J. (1963), PFm Rohrmoser M. (1983), HFm Roitner A. (1960), OBm Samhaber H. (1949), Lm Schwendtbauer F. (1974), HFm Sikora K. (1967), OFm Silber H. (1968), E-OBI Slabschi E. (1960), Lm Stallinger G. (1949), HFm Trautenberger A. (1974), Trautenberger F. (1928), FA Dr. Übeleis J. (1982), Lm Wiesinger J. (1960)

FF KRONSTORF

Die Freiwillige Feuerwehr Kronstorf wurde 1898 gegründet, Gründungsmitglieder waren Franz Forstner, Iganz Mittendorfer, Iganz Auer und Franz Pühringer. Das erste Feuerwehrdepot wurde noch im Gründungsjahr gebaut und bestand bis 1925. 1910 kaufte die Wehr die erste fahrbare Saugspritze samt Zubehör und Schlauchhaspel. 1925 wurde das zweite Feuerwehrhaus erbaut, 1928 konnte die FF Kronstorf von der Fa. Rosenbauer die erste Viertakt-Motorspritze anschaffen sowie das erste Auto, einen Tatra für acht Personen, erwerben. Schon 1932 kam ein Austro-Daimler mit offenem Aufbau in Betrieb. Während des Zweiten Weltkrieges erwarb die FF einen Opel Blitz mit geschlossenem Aufbau und eine TS 8 (1944). 1971 wurde das alte Zeughaus durch einen Neubau ersetzt, in dem ein Tanklöschfahrzeug 3500 l mit Hochdruckpumpe, ein modernst ausgerüstetes Löschfahrzeug mit Bergeausrüstung und ein Kommandowagen VW-Bus untergebracht sind. Weiters stehen der FF Kronstorf eine Tragkraftspritze VW-Automatik, eine Tauchpumpe, ein Notstromaggregat, drei schwere Atemschutzgeräte und zwei fix eingebaute Funkgeräte in den Fahrzeugen sowie eine funkgesteuerte Alarmeinrichtung zur Verfügung. Seit der Gründung der Freiwilligen Feuerwehr Kronstorf standen folgende Hauptleute an der Spitze der Wehr: Franz Forstner (1898–1903), Franz Mühlberghuber (1903–1918), Josef Frühwirt (1919–1922), Josef Ömer (1923–1949), Florian Steinleitner (1949–1978) und Friedrich Kolmberger (seit 1978).

HBI Kolmberger F. (1940), OBI Steinleitner W. (1954), AW Etmayr H. (1973), AW Guger F. (1942), AW Ömer H. (1956), BI Lang A. (1960), BI Schlöglhofer G. (1944) — OLm Bachtrog L. (1962), OLm Brandelik F. (1965), E-AW Derndorfer K. (1954), Bm Etmayr K. (1931), OFm Forster F. (1931), OBm Forstner J. (1956), E-AW Fuchsgruber J. (1942), Lm Gabriel L. (1975), OFm Ganz W. (1971), OFm Gusenbauer I. (1946), HLm Hießmayr I. (1952), OLm Hochrather W. (1942), Lm Hölzl A. (1967), Lm Hofinger W. (1974), HBm Holzinger K. (1949), HLm Huber A. (1956), OLm Huber I. (1949), OFm Huber I. sen. (1920), OLm Huber J. (1957), Bm Kaltenbrunner K. (1937), HFm Kussian H. (1956), OFm Lechner H.-P. (1976), OFm Moser H.-G. (1978), OFm Ömer H. (1978), OLm Panhuber J. (1969), Lm Pleil W. (1961), Bm Prinz A. (1942), PFm Reinegger L. (1983), PFm Rieder J. (1983), HFm Rinesch A. (1962), OLm Rockenschaub H. (1972), OLm Rupaner F. (1962), HLm Schreiner M. (1940), OLm Seibezeder J. (1946), HLm Seibezeder W. (1961), HBm Steinleithner K. (1953), E-HBI Steinleitner F. (1931), OFm Steinleitner W. jun. (1978), HLm Strauß F. (1955), HBm Traunmüller J. (1944), HBm Traunmüller K. (1944), OFm Volk H.-P. (1976), HFm Weber E. (1971), OLm Weber H. (1960), Lm Weitesser F. (1969), HFm Wimmer L. (1974), HFm Zeilermayr B. (1977)

FF DER STADT LEONDING

Als das Gründungsjahr der FF Leonding gilt 1876. Jahrzehntelang waren Spritze, Schläuche und andere Gerätschaften eher notdürftig untergebracht, bis man 1907 endlich ein Depot errichtete. 1909 wurde ein Mannschafts- und Sanitätswagen und 1911 eine Koebes Abprotzspritze (Fa. Rosenbauer) gekauft. Alle Fahrzeuge waren pferdebespannt. 1922 wurde in Bergham und 1923 in Rufling je ein Löschzug aufgestellt. 1924 erhielt das Depot einen Schlauchturm. 1929 erfolgte die Anschaffung der ersten Motorspritze und 1931 die des ersten Autos. 1938 wurden sämtliche Feuerwehren der Gemeinde zusammengefaßt. 1946 wurde die Freiwillige Feuerwehr Leonding neu organisiert. 1948 erhielt die Wehr eine zweite Motorspritze, untergebracht in einem Anhänger an den Rüstwagen, der während des Krieges beschafft worden war. Nachdem 1950 ein Tanklöschfahrzeug 3500 l angeschafft worden war, wurde der Bau einer Zeugstätte notwendig, deren Übergabe 1951 stattfand. Als die Fa. Rosenbauer eine Hochdruckpumpe herausbrachte, wurde 1955 der Tankwagen mit einem solchen Gerät ausgestattet. 1963 übergab die Gemeinde ein TLF 2000 und 1966 erhielt die Wehr statt des alten Rüstwagens ein leichtes Löschfahrzeug. 1969 lösten Funkgeräte die Feldtelefone ab. 1974 gab die Feuerwehr Leonding das 1963 erworbene Tanklöschfahrzeug an die Freiwillige Feuerwehr Hart ab und erhielt ein neues mit 3650 l Wasser und 350 l Schaum. Der Ankauf eines technischen Rüstfahrzeuges (KRF-B) wurde beschlossen. 1976 wurde ein Sirenensteuergerät für die Meldestelle angekauft. Neue Ausrüstung 1981: E-Pumpe, Abseilgerät, Industriestaubsauger. Zur Erhöhung der Schlagkraft der Wehr wurde ein Funkalarmierungssystem mit zehn Empfängern angekauft. 1982 erhielt die Wehr vom KHD des LFK ein Vetter Hebekissen.

OBI Burger O. (1964), OBI Prucha J. (1956), AW Bäck F. (1972), AW Michel H. (1974), AW Riener E. (1972), BI Bäck F. (1973), BI Mayr H. (1962) — HFm Atzmüller W. (1976), Lm Bäck A. (1975), OFm Bäck E. (1978), OFm Bäck E. (1980), OLm Bäck G. (1967), OBm Bäck J. (1962), Bm Bäck J. (1960), OBm Bäck M. (1946), OLm Brandstetter H. (1970), Fm Bruckner J. (1983), Bm Burger M. (1960), E-BI Hagmüller R. (1949), Bm Haider J. (1958), Bm Harrer E. (1960), Bm Harrer H. (1958), E-BI Harrer M. (1930), OFm Hofer M. E. (1981), E-BI Hoffmann H. (1949), Bm Hofmann O. (1953), OBm Huber E. (1962), OFm Hübmer H. (1976), HFm Kirchmayr F. (1978), HLm Kirchmayr J. (1970), OFm Kraxberger K. (1974), Bm Kronsteiner L. (1954), OBm Labek L. (1964), Bm Landschützer J. (1943), HFm Leithner F. (1978), OBm Mayr H. (1960), Fm Mayr H. (1981), HBm Mayr M. (1973), HFm Michel G. (1975), Bm Obermayr S. (1961), OLm Paminger A. (1973), Fm Reindl M. (1981), Lm Reingruber E. (1976), OFm Reisenberger A. (1979), FA Dr. Rudolph K. (1976), Lm Schmid R. (1973), Fm Schwarz A. (1981), HFm Silber A. (1976), HLm Stipanitz J. (1976), HLm Strohmeier H. (1957), E-HBI Trägner O. (1950), OBm Wallner H. (1963), E-HBI Wasmayr A. (1949), HBm Wasmayr K. (1975), Fm Wiesinger F. (1982), Fm Wiesinger F. (1981), Fm Wiesinger M. (1981), HBm Wimmer H. (1972)

FF NETTINGSDORF

Im Jahr 1900 errichtete der damalige Gemeindearzt Dr. Peintner in Nettingsdorf eine Filiale der Feuerwehr Ansfelden, aus der sich schließlich im Jahr 1903 die Freiwillige Feuerwehr Nettingsdorf entwickelte. Anfangs erfolgte noch der Einsatz einer Handpumpe. Im Jahr 1929 wurde die erste Motorspritze angeschafft. 1935 wurde ein Feuerwehrteich beim Depot angelegt. 1948 wurde das erste Rüstfahrzeug, ein Steyr Benzinauto, gekauft. 1955 wurde eine neue Motorspritze angeschafft. 1957 wurde das alte Feuerwehr-Zeughaus abgerissen und ein neues an seiner Stelle aufgebaut. Im Jahr 1959 wurde ein gebrauchtes Tanklöschfahrzeug (Steyr 370 mit Vorbaupumpe) von der Fa. Rosenbauer angeschafft. 1965 wurden ein neues Rüstfahrzeug (Ford Taunus Transit) und eine neue Motorspritze (VW-Automatik) erstanden. 1974 wurde eine Jugendgruppe gebildet und das alte Tanklöschfahrzeug durch ein neues TLFA 1300 (Mercedes Unimog) ersetzt. 1976 wurde die Wehr mit Funkgeräten ausgerüstet. 1981 wurde das Zeughaus renoviert und schwere Atemschutzgeräte (PA 80) angeschafft. 1982 wurde der Rüstwagen ausgeschieden und ein neues LFB (Mercedes) angekauft. Die neueste Anschaffung der Wehr ist ein hydraulisches Bergegerät und ein Kommando-Fahrzeug. Hauptleute seit der Gründung waren Karl Zeilinger, Josef Auer, Adalbert Schober, Adolf Kössl, Franz Rucker, Heinz Pollhammer und Josef Almeder.

HBI Almeder J. (1956), OBI Franzmaier W., OBI Urbitsch J. (1965), AW Gusenbauer J. (1974), AW Hagmayr K. (1956), AW Schiebl K. (1965), BI Krentl F. (1974), BI Unterholzner F. (1963) — HLm Aistleitner J. (1960), Fm Altecker F. (1979), E-BI Aschenwald G. (1971), Fm Auer F. (1974), Fm Bauer K. (1982), OBm Bergmaier F. (1951), HLm Böhm J. (1957), E-BI Bräuer F. (1952), OFm Bräuer F. (1974), Fm Bräuer J. (1980), Fm Brunner J. (1982), Bm Brunnmayr K. (1960), JFm Esterer W. (1982), Fm Gusenbauer M. (1978), Fm Hackl M. (1980), JFm Hagmayr F. (1982), Fm Hagmayr K. (1982), OFm Haselhofer W. (1981), HBm Hemelik K. (1950), Fm Heupler H. (1979), Lm Heupler H. (1979), Fm Hirth Ch. (1979), JFm Hofmayr H. (1983), HLm Hofmayr H. (1972), Fm Hones M. (1981), Fm Kaiser M. (1978), OLm Kößl H. (1971), OBm Krentl F. (1950), Fm Krentl F. (1974), OLm Mayr J. (1930), OFm Miller Ch. (1974), Fm Miller G. (1974), Fm Mühlparzer A. (1982), Lm Obermair J. (1959), Bm Ömer K. (1969), Bm Ömer W. (1965), Fm Ott D. (1982), OFm Pils A. (1979), E-BI Pöcksteiner L. (1955), E-HBI Pollhammer H. (1948), Fm Pollhammer T. (1981), HBm Rechberger J. (1958), Lm Reich J. (1969), E-OBI Rucker F. (1954), E-OBI Sakoparnig E. (1969), JFm Sakoparnig J. (1968), HBm Schirl F. (1972), Fm Schmied D. (1974), OBm Sommer K. (1959), JFm Steinbichler G. (1983), Fm Steininger R. (1979), Bm Stockhammer F. (1957), OFm Stockhammer R. (1974), OFm Stockhammer U. (1974), HBm Sturmberger F. (1953), E-BI Summersberger F. (1939), HLm Swoboda J. (1965), OFm Unterholzner J. (1974), HLm Urbitsch F. (1969), Bm Zabern J. (1950), OBm Zabern W. (1924), Bm Zaschka H. (1972), OBm Zeilinger J. (1945)

FF NEUHOFEN

Die FF Neuhofen wurde 1889 gegründet, erster Kommandant war Iganz Theodor Thanner, der der Wehr bis 1894 vorstand. Das erste eigene Feuerwehrzeughaus wurde 1899 errichtet. 1908 erhielt die Wehr eine Hochdruckspritze neuester Bauart, mit der es möglich war, von der Kremsbrücke aus Wasser anzusaugen. 1910 wurde der Löschzug Guglberg gegründet und dessen Zeughaus beim Brandstättergut errichtet. Aufgelassen wurde der Löschzug 1953. 1926 erfolgte der Ankauf der ersten Rosenbauer-Motorspritze sowie von 400 m Schläuchen. 1928 wurde ein gebrauchtes Feuerwehrauto Marke Gräf angekauft. 1930 wurde ein neuer Steyr 40 angekauft, der auch als Rettungswagen verwendet werden konnte. Dies hatte jedoch zur Folge, daß in der Feuerwehr auch eine Sanitätsabteilung aufgestellt werden mußte. 1938 wurde die FF Neuhofen als Verein aufgelöst und eine Körperschaft öffentlichen Rechts. Im Mai 1945 stand die Feuerwehr Neuhofen vor dem Nichts, hatte sie doch alles an Geräten verloren. Aus deutschen Wehrmachtsbeständen wurde ein Rüstfahrzeug samt Ausrüstung gekauft und wieder einsatzbereit gemacht.1949 wurde das alte Depot aufgelassen und ein neues Feuerwehrhaus errichtet. Der alte Rüstwagen wurde 1951 neu aufgebaut und mit einer Rosenbauer Voreinbaupumpe RV/1600/II ausgerüstet. 1953 wurde ein Fahrzeugwrack Type Opel Blitz Allrad gekauft, das zu einem Tankwagen zusammengebaut wurde. 1957 wurde der Tankwagen mit einer Hochdrucknebelpumpe ausgerüstet. 1968 bekam die Wehr einen neuen Tankwagen Mercedes 1113 mit Seilwinde. Statt des alten Rüstwagens wurde 1972 ein KLF Land Rover 109 angeschafft. 1973 erhielt die Wehr vom KHD ein KRF-B als Stützpunktfahrzeug, 1982 ein hydraulisches Bergegerät.

HBI Steinmeir G. (1958), OBI Lamm A. (1961), AW Aumair F. jun. (1978), AW Klingelmair J. (1969), AW Reisetbauer W. (1966), BI Irndorfer A. (1962), BI Scheinecker J. (1971) — HBm Arzt A. (1966), Bm Aumair F. (1951), Fm Aumair H. (1982), E-AW Baumgartner J. (1967), HFm Beber J. (1971), PFm Berghuber H. (1983), E-AW Bernecker L. (1951), HBm Bogusch J. (1953), Lm Eigner L. (1961), E-HBI Enzenhofer N. (1951), E-BI Gröbner J. (1951), Bm Gruber G. (1938), HFm Himpsl J. (1970), OLm Höfer J. (1970), HBm Hotz F. (1966), PFm Hubmer K. (1983), Bm Irndorfer J. (1954), OLm Kranawetter J. (1951), E-AW Laskowski O. (1959), OLm Lederhilger K. (1951), HFm Lederhilger K. (1974), OLm Moser J. (1968), OLm Neuhofer-Mollner R. (1972), Lm Novak J. (1958), HLm Nußbaumer J. (1954), OBm Oberhuber J. (1940), Lm Ottendörfer J. (1975), Fm Panwinkler J. (1980), OFm Pfistermüller J. (1979), HFm Rabel G. (1975), OLm Reiter L. (1953), OFm Rosenberger M. (1979), HFm Sadleder A. (1974), OFm Schallauer M. (1979), Bm Schallauer F. (1953), HFm Schedelberger F. (1974), HFm Schedelberger F. (1974), HBm Schedelberger K. (1968), Fm Schenter H. (1982), E-BI Schimpelsberger F. (1957), E-BI Schöller A. (1946), OFm Steinböck M. (1980), OFm Steinböck R. (1980), Fm Steinmayr S. (1980), HLm Wespel M. (1947), HBm Zauner F. (1963), Bm Zeilinger K. (1966), Lm Zeintl O. (1963), OFm Zurucker J. (1980)

FF NEUKEMATEN

Den Anlaß zur Gründung einer Feuerwehr gab der Brand des Salzwimmergutes. Es dauerte damals sehr lange, bis Helfer zur Bekämpfung des Brandes zur Stelle waren. Nachdem einige Männer die Vorarbeit leisteten, war es dann am 25. November 1923 so weit. Im Gasthaus Dietersdorfer wurde die erste Gründungsversammlung abgehalten. Unter Bürgermeister Nöbauer rief man mit 49 Mitgliedern die Freiwillige Feuerwehr Neukematen ins Leben. Es wurde eine Handdruckspritze angekauft, die beim Bachmeier eingestellt wurde, der auch das Pferdefuhrwerk zur Verfügung stellte. Da die Alarmierung bei Bränden noch sehr mangelhaft war, ließ Pfarrer Wehrenfennig Richtplatten aufstellen, die er mit Hilfe von sieben Apparaten telefonisch miteinander verband. Somit war das erste Telefonnetz im Bereich der Wehr geschaffen. 1926 wurde ein eintoriges Zeughaus erbaut und eingeweiht. Die erste Motorspritze wurde 1934 angekauft. Im August 1944 wurde eine Motorspritze DS 8 angekauft. Aus Eigenmitteln wurde 1949 ein amerikanischer Dodge mit Geländegang und Seilwinde erworben und zum Rüstwagen umgebaut. Durch Robotarbeit der gesamten Feuerwehrmänner und nach Bereitstellen eines Grundstücks durch Kommandant Fischer war es möglich, 1954 in Neukematen einen Löschteich mit 120 m³ Inhalt zu errichten. 1957 wurde eine neue Motorspritze Gugg DS 8 angekauft. 1965 wurde von Familie Malzner ein Grundstück zur Verfügung gestellt, worauf in Eigenregie ein zweitoriges Zeughaus errichtet und am Turm eine Sirene montiert wurde. 1973 wurde ein TLF 1000/40 mit eingebautem Funkgerät angekauft. Im Jahr 1983 konnte auch ein neues KLF in Betrieb genommen werden.

HBI Itzinger-Penninger F. (1972), OBI Schimpelsberger F. (1970), AW Edtmayr P. jun. (1976), AW Obermayr G. (1970), BI Mitterndorfer L. (1971) — HLm Brameshuber K. (1957), OFm Brandstätter Ch. (1980), Fm Brandstätter H. (1981), E-OBI Brandstätter J. (1944), Lm Ecker A. (1966), Fm Edtmayr K. (1981), Edtmayr P. sen. (1953), Bm Eichinger E. (1953), Lm Fischer F. (1969), E-HBI Fischer F. (1930), OFm Födermayr J. (1977), OFm Graßauer J. (1975), Lm Hacklmayr J. (1977), HLm Huber F. (1953), Fm Kleebinder K. (1978), OLm Klinglmair F. (1961), HLm Klinglmayr A. (1953), HLm Landerl F. (1959), OFm Luger J. (1975), OBm Meier H. (1955), PFm Oberlehner J. (1983), Oberlehner J. (1955), Obermayr M. (1931), OFm Pöll F. (1978), OLm Reder F. (1961), E-BI Reder J. (1953), Lm Rösner F. (1974), PFm Schatzdorfer J. (1983), HLm Schmidt A. (1957), Fm Schützenhofer J. (1980), Bm Schützenhofer R. (1953), OBm Schwarz F. (1952), Lm Schwarzlandner F. (1960), Staudinger J. (1951), E-HBI Steininger F. (1949), HLm Stepan A. (1953), E-HBI Wallner L. (1939), OLm Weinzierl J. (1966), Fm Wiesenberger A. (1981), Lm Zachl A. (1972)

FF NIEDERNEUKIRCHEN

Die Freiwillige Feuerwehr Niederneukirchen wurde am 28. Oktober 1899 unter Bürgermeister Georg Fischer und den Gemeindeausschußmitgliedern gegründet. Zum ersten Kommandanten wurde Albert Plaß gewählt. Der Mitgliederstand betrug seit dem Gründungsjahr durchschnittlich 60 Mann. Bis zum Jahr 1931 war nur eine von Pferden gezogene Handspritze vorhanden, die in diesem Jahr durch eine Motorspritze ersetzt wurde. 1942 konnte dann ein Mannschaftswagen Marke Mercedes angeschafft werden. Dieser Mannschaftswagen hatte 1973 nach über 30 Jahren restlos ausgedient und wurde von einem Tanklöschfahrzeug (TLF) 2000, Steyr 590, ersetzt und entsprechend ausgerüstet. Zur besseren Bewältigung der zunehmenden technischen Einsätze wurde zuletzt auch ein Lösch- und Bergefahrzeug (BLF) angeschafft, welches modernst ausgerüstet ist. Da das Ortsgebiet der Wehr an unfallsträchtigen Straßen liegt, war in den letzten Jahren besonders auf die Ausrüstung für Einsätze bei Verkehrsunfällen Bedacht genommen worden. Es wurden ein Hubzug, Hebekissen, ein Notstromaggregat mit Flutern für Nachteinsätze und eine Kalttrennsäge angeschafft. Weiters wurde die Wehr mit schweren Atemschutzgeräten und mit Funkgeräten ausgestattet. Die FF Niederneukirchen wurde bisher von neun Kommandanten geführt, und zwar von Albert Plaß, Josef Kaiseseder, Karl Huber, Franz Plaß, Friedrich Holli, Karl Dendorfer, Florian Hörtenhuber, Mathias Weinzirl und Rudolf Pellhammer. Nun leitet Adalbert Spatt als zehnter Kommandant unsere Feuerwehr.

HBI Spatt A. (1951), OBI Sengstbratl H. (1960), AW Dietachmayr J. (1943), AW Mayr J. (1974), AW Dr. Oberlehner H. (1976), BI Klausberger J. (1972), BI Mayr E. (1975), BI Sengstbratl H. sen. (1968) — Fm Aichhorn O. (1981), Lm Atzlinger F. (1974), HBm Bachmayr F. (1956), Fm Bachmayr F. jun. (1983), Lm Breinesberger K. (1955), PFm Csombai P. (1984), Bm Dendorfer K. (1943), E-AW Dietachmayr J. (1925), Fm Ebner I. (1980), Lm Ebner J. (1938), Lm Ebner K. (1955), OFm Edlmayr H. (1968), OFm Ennsgraber K. (1975), OLm Gallner L. (1948), Bm Gruber J. (1953), HFm Haböck J. (1963), HFm Hackl W. (1968), OFm Haider F. (1975), Fm Hakl H. (1981), E-HBI Hörtenhuber F. (1930), OFm Hörtenhuber J. (1974), PFm Hörtenhuber J. (1984), Holli E. (1954), Fm Hotzl J. (1980), HFm Hotzl J. (1961), Klausberger J., HFm Klinglmayr F. (1960), E-BI Mauerkirchner J. (1941), Fm Mayr A. (1979), Lm Möhsl J. (1948), E-AW Niederfeichtner F. (1948), OFm Niedermann J. (1964), HFm Nutz K. (1960), Lm Nutz W. (1969), HBm Pollhammer R. (1958), Fm Schinko J. (1970), OFm Schmidbauer F. jun. (1974), Lm Schmidbauer F. sen. (1950), Fm Sengstbratl H. jun. (1979), Fm Spatt A. (1980), OLm Stölzl F. (1948), OFm Trauner J. (1974), E-HBI Weinzierl M. (1944), Fm Weinzirl T. (1981), E-AW Weiß L. (1961), HLm Wieser J. (1948), Lm Wild J. (1950), Fm Wild S. (1949), HFm Winkler J. (1969), HFm Wolfschwenger J. (1961), E-BI Zeilinger J. (1940), Fm Ziegler R. (1981)

FF OFTERING

Die FF Oftering wurde am 14. September 1881 unter dem damaligen Gemeindevorsteher Michael Kirchmeier gegründet. 1927 wurde ein Schlauchturm und 1934 an diesen ein Depot angebaut. 1930 wurden eine Motorspritze und dazupassende Schläuche angeschafft. Die FF Freiling wurde 1938 als Löschzug in die FF Oftering eingegliedert. Nach dem Krieg wurde am 14. Oktober 1945 die erste Wahl abgehalten und Josef Meindlhumer zum Hauptmann gewählt. Der Löschzug Freiling wurde wieder zur eigenen Wehr umgestaltet. Der Pumpenwagen wurde 1951 vom Pferdeanhänger in einen Traktoranhänger abgeändert, der bis zur Anschaffung eines Dodge 1955 diente. 1958 wurde eine neue Zeugstätte errichtet und 1959 die erste VW Automatik gekauft. 1963 wurde Josef Hetzmannseder, der bis zum heutigen Tage an der Spitze der Wehr steht, zum Kommandanten gewählt. 1968 wurde von der FF Gmunden ein gebrauchter Tankwagen Mercedes L 3000 und 1970 ein Land Rover als Rüstwagen aus privater Hand gekauft. Außerdem mußte die VW-Pumpe erneuert werden. Im Februar 1976 wurde von der FF Bad Mühllacken ein TLF Opel Blitz angekauft. 1976 wurde ein Funkgerät, 1977 eine Schaumlöschausrüstung, 1979 ein Zeugstättenzubau mit Schlauchtrocknungsanlage, modernen Mannschaftsräumen, Lagerraum, sanitären Anlagen und vor allem einer Garage für ein zweites Auto geschaffen. Weiters wurden in diesem Jahr schwere Atemschutzgeräte angekauft und die Mannschaftsbekleidung auf den neuesten Stand gebracht. Zum 100jährigen Gründungsfest 1981 wurde auch ein neues LF Mercedes 508 D gekauft, das beim Gründungsfest geweiht wurde. 1982 wurde das Auto mit Notstromaggregat, Funk, Bergewerkzeugen usw. ausgerüstet.

HBI Hetzmannseder J. (1946), OBI Breitwieser F. (1964), AW Brunnmayr W. (1967), AW Gamsjäger W. (1976), AW Harrer E. (1959), BI Eßbichl F. (1959), BI Hetzmannseder R. (1967) — Bm Aigner F. (1949), Lm Bäck M. (1970), HFm Böhm F. (1972), OLm Breitwieser H. (1956), E-HBI Breitwieser J. (1934), E-AW Ing. Breitwieser J. (1949), Lm Breitwieser J. (1967), HLm Breitwieser K. (1964), OLm Brückl-Mair H. (1959), OFm Dipl.-Ing. Buschek M. (1976), PFm Ebichl G. (1982), Fm Ertl T. (1980), HLm Feitzlmayr R. (1952), OLm Fritz H. (1956), E-HBI Gmeiner J. (1952), E-AW Hagenbuchner F. (1946), HLm Harrer E. (1959), Mag. Heckmann G. (1979), HLm Heigl H. (1965), HFm Hetzmannseder J. (1974), Bm Höllhuber R. (1959), E-AW Hubmer J. (1952), HLm Humer H. (1964), HFm Humer L. (1971), OBm Kirchmayr R. (1949), OFm Krennmayr G. (1972), Lm Mayr J. (1971), HBm Meindlhumer F. (1956), PFm Meindlhumer F. jun. (1982), PFm Meindlhumer G. (1982), Bm Müller M. (1953), OLm Netherer J. (1961), E-OBI Netherer W. (1957), OLm Nöbauer W. (1964), E-AW Obermayr H. (1949), HFm Ortmair J. (1976), HFm Ortner F. (1971), HFm Ortner F. (1970), Bm Paschinger S. (1949), HFm Preining F. (1976), Lm Reckendorfer E. (1969), HLm Rieder F. (1959), PFm Roithmeier K. (1982), PFm Roithner M. (1982), HLm Roithner M. (1959), PFm Schätz S. (1982), Bm Schwarz K. (1950), HFm Weber K. (1970), Fm Wörister E. (1979)

FF PASCHING

Die Feuerwehr Pasching wurde im Jahr 1878 gegründet. Das Gebiet wurde zu dieser Zeit sehr häufig von Bränden heimgesucht. Diese Brandkatastrophen wurden noch verschärft, da die Wohn- und landwirtschaftlichen Gebäude zum Großteil aus Holz gebaut und mit Stroh gedeckt waren. Durch mündliche Überlieferung wurde bekannt, daß im Jahr 1882 in Pasching ein Großbrand wütete, welcher, begünstigt durch starken Wind, einen Teil des Ortes vernichtete. Am 5. August 1919 wurde die „Feuerwehr-Musikkapelle Pasching" gegründet. Das Erbauungsjahr des ersten Feuerwehrdepots ist leider nicht bekannt. Im Jahr 1925 war es der Feuerwehr Pasching mit Unterstützung der Gemeinde möglich, ein neues Feuerwehrdepot zu errichten. Bis zum Jahr 1932 war die Wehr mit einer Handkraftspritze ausgerüstet. 1932 wurden fünf Objekte im Gemeindegebiet Pasching ein Raub der Flammen, dabei stand bereits die erste Motorspritze im Einsatz. Im Oktober 1948 wurde ein Steyr-Diesel als Löschfahrzeug umgerüstet. 1956 wurde mit Unterstützung der Gemeinde ein Kleinlöschfahrzeug der Marke Ford FK 1000 mit VW-Tragkraftspritze angekauft. Aus Gemeindemitteln und privaten Spenden wurde am 24. September 1969 ein Tankwagen der Marke Opel Blitz mit Hochdruckpumpe angekauft. Mit der Eröffnung des Kulturzentrums am 8. März 1980 wurde auch die neue Feuerwehrzeugstätte ihrer Bestimmung übergeben. 1981 wurde ein neues Löschfahrzeug mit Bergeausrüstung angekauft. Die Freiwillige Feuerwehr Pasching ist mit einem Tanklöschfahrzeug TLF 1000 mit Hochdruckspritze, einem Kleinlöschfahrzeug FK 1000 mit Tragkraftspritze und einem LFB mit diversen Ausrüstungen bestückt.

HBI Lehner F. (1958), OBI Lindner G. (1964) — Aigner F. (1957), Aigner H. (1971), Aigner J. (1962), Auer W. (1979), Berger E. (1952), Boxhofer F. (1980), Brunhuber A. (1947), Deil F. (1947), Eßlbichl F. (1974), Flattinger-Wögerbauer H. (1983), Gstöttner J. (1955), Gumpelmayr F. (1967), Haidvogel A. (1948), Haidvogel A. (1967), Hintermüller A. (1960), Hintermüller R. (1978), Hirzenauer R. (1947), Kirchmayr J. (1919), Knoll B. (1960), Kogler E. (1979), Kraxberger F. (1949), Krügl W. (1977), Krugl H. (1977), Lausecker J. (1978), Mader K. (1944), Mader M. (1919), Mayr R. (1945), Mayr W. (1983), Meindl H. (1980), Mikschl R. (1981), Minichmayr F. (1974), Mistelbacher H. (1952), Palmetshofer J. (1979), Paumgartner A. (1967), Paumgartner A. (1960), Platzl S. (1981), Ploberger S. (1967), Pühringer A. (1955), Reindl S. (1974), Reisetbauer H. (1944), Reisetbauer W. (1983), Dr. Schwarzlmüller J. (1973), Stockinger E. (1969), Weiß F. (1952), Weiß F. (1975), Wiesmayr J. (1977), Wimmer E. (1977), Wimmer R. (1980)

FF PIBERBACH

Die Freiwillige Feuerwehr Piberbach wurde 1920 gegründet. Infolge der unruhigen Zeit nach dem Ersten Weltkrieg entschlossen sich Bürgermeister Georg Neubauer sowie die Initiatoren Jagdleiter Glinzinger, Schaffrath und Wolfsegger, für das gesamte Gemeindegebiet eine Feuerwehr zu gründen. Das Jagdkonsortium stellte die erste Feuerwehrspritze – eine Handdruckspritze, welche auf einem Wagen aufgebaut war – zur Verfügung. Die Spritze stammte noch aus Kriegsrelikten und wurde aus einem Wehrmachtslagerplatz aus Wegscheid geholt. Beim ersten Großbrand in Kematen/Krems erhielt die Feuerwehrpumpe die Feuertaufe, wobei die gut funktionierende Pumpe den Namen „Paula" erhielt. Die erste Motorspritze konnte 1934 von der Fa. Rosenbauer erworben werden. Das erste Feuerwehrauto, Marke Dodge, wie die erste Feuerwehrspritze ein altes Wehrmachtsüberbleibsel, wurde 1948 erstanden. Bevor es in fahrbaren Zustand gebracht werden konnte, mußten umfangreiche Reparatur- und Umbauarbeiten durchgeführt werden. Die heute noch in Verwendung stehende VW-Motorspritze konnte 1959 erworben werden. Das Tanklöschfahrzeug Mercedes mit 1000 l Wassertank wurde 1971 gekauft. Das veraltete Feuerwehrauto, welches ohne Dach ausgeführt war, konnte durch einen Rüstwagen Opel Blitz ersetzt werden. Weiters konnten in den letzten Jahren zwei schwere Atemschutzgeräte sowie die notwendigste Funkausrüstung erworben werden. Der Wehr standen seit der Gründung folgende Wehrmänner vor: Florian Kranawetter (1920–1924), Georg Pirger (1925–1926), Florian Kranawetter (1927–1929), Josef Firlinger (1930–1938), Georg Lettenmair (1939–1945), Josef Firlinger (1946–1951), Florian Kranawetter (seit 1952).

HBI Kranawetter F. (1946), OBI Aigner K., AW Kettenhuber A. (1958), AW Kettenhuber J. A. (1955), AW Schneebauer J. (1964), BI Hauser G. (1973) — OLm Altmüller K. (1962), Lm Bernecker J. (1965), OFm Blaimschein G. (1977), HFm Forster H. (1972), HFm Ganglbaur G. (1979), OFm Ganglbaur W. (1981), Lm Gruber A. (1963), HLm Harrer S. (1958), HFm Herrnbauer S. (1974), HBm Hollnsteiner A. (1940), HFm Hollnsteiner A. (1980), OFm Irndorfer F. (1977), HFm Keplinger K. (1959), Fm Klinglmair F. (1983), OFm Kranawetter F. (1977), HBm Kubicka E. (1949), OFm Kubicka E. (1980), OFm Kubicka W. (1980), Lm Lettenmair H. (1959), OFm Minnich J. (1974), OFm Mitterbaur A. (1974), Fm Oberleitner H. (1981), HLm Oberleitner J. (1958), HBm Reder K. (1954), OFm Rogl W. (1977), HFm Rohregger A. (1973), Lm Seyrl J. (1969), Bm Singer J. (1954), Fm Singer S. (1981), HFm Sixt E. (1974), OFm Sixt K. (1981), OFm Teufelmayer M. (1971), OFm Zauner J. (1979), Fm Zauner K. (1981), OLm Zendorfer A. (1963)

FF PUCKING

Obwohl Einsätze mit der Feuerspritze seit 24. Februar 1892 nachgewiesen sind, wurde die Freiwillige Feuerwehr Pucking erst am 19. März 1905 gegründet. 1927 erfolgte die Gründung der Löschgruppe St. Leonhard. Im Jahr 1932 wurde die erste Spritze, Type D 45, angekauft; 1946 konnte das erste Rüstfahrzeug, ein Steyr A-Typ, übernommen werden. 1957 wurde der Löschzug St. Leonhard wieder aufgelassen und die gesamte Mannschaft sowie die Gerätschaft in die FF Pucking überstellt. Im April 1964 konnte die FF Pucking ein TLF 1000 Marke Opel ankaufen, das noch immer in Betrieb steht. 1966 wurde der Löschteich in Aigen gefüllt, wofür 1400 m B-Schläuche ausgelegt wurden. Im Februar 1967 wurde von privater Seite ein VW-Bus erworben und in Eigenregie zu einem KLF umgebaut. 1970 erwarb die Wehr ein mobiles Funkgerät Telecar TS, das im TLF 1000 Verwendung findet. 1979 wurden Atemschutzgeräte angeschafft und ein LFB 508 D von der Fa. Rosenbauer übernommen. Im Sommer 1980 konnten die Kameraden das zwischen 1955 und 1957 gemeinsam mit dem Gemeindehaus erbaute Zeughaus in Eigenregie vergrößern. 1982 erfolgte die Übernahme der Hydraulikgeräte vom LFK, ein Jahr später wurde ein Hubzug angekauft. 1984 erwarb die FF Pucking 28 Euro-Anzüge sowie ein Rollgliss und zwei Handfunkgeräte.

BR Derflinger F., OBI Salomon H. — Aichhorn J., Aichmayr A., Angerer F., Aumaier H., Deixler F., Deixler K., Edlinger J., Ehgartner R., Finner A. jun., Finner A. sen., Friedl J., Geierhofer M., Dr. Harringer F., Henninger K., Hochrathner L., Höllinger F., Kimmersdorfer F., Klaus W., Knoll F., Krauß E., Kreiner G., Kreiner R., Krucher K., Kührer J., Lachmaier F., Lachtner G., Leblhuber F., Loy O., Lugmayr J., Mair K., Mairinger J., Mayer A., Mayer A., Mayer F., Mayr J., Mayrhuber F., Neubauer K., Neustifter R., Planner K., Prohazka P., Pühringer F., Reindl-Schwaighofer J., Reindl-Schwaighofer W., Spindler K., Spindler L., Stadlmayr F., Stadlmayr J., Steinerberger L., Stockhammer J., Sykora J., Tyroller M., Umgeher J., Winklehner A., Zauner F., Zauner F. J.

FF RAFFELSTETTEN

Am 1. Mai 1927 wurde unter dem Bürgermeister Markus Forster die Gründungsversammlung abgehalten, zum Kommandanten wählten die Kameraden Michael Kröpl. Die Wehr war in Ausschuß, Steigerabteilung und Spritzenabteilung gegliedert. Zur Ausrüstung und Einkleidung wurde eine Spendenaktion gestartet, von der FF Asten wurde eine alte Rosenbauer-Spritze übernommen, 80 m Schläuche und eine Leiter wurden angeschafft, die Wehrmänner mit Zwillichanzug und Helm ausgerüstet. 1928 wurde mit dem Bau des Zeughauses begonnen, bei dem alle tatkräftig mithalfen. 1931 feierte die FF Raffelstetten ihr Gründungsfest. 1938 erfolgte die Zusammenlegung der beiden Feuerwehren Raffelstetten und Asten, erst nach dem Krieg wurde die Wehr wieder selbständig. 1949 erhielten die Wehrmänner ihre erste Schulung an der Landesfeuerwehrschule. Im August 1952 feierte die Wehr ihr 25jähriges Bestandsjubiläum. In diesen Jahren gab es eine rege Teilnahme der Wehrkameraden an mehreren Leistungsbewerben mit sehr guten Ergebnissen. Im Jahr 1954 gab es im Gemeindegebiet von Asten schweren Hochwasseralarm, bei dem die Männer Vorbildliches leisteten. Im November 1955 ertönte in Raffelstetten zum erstenmal die Feuerwehrsirene, damit wurde die Einsatzbereitschaft der Wehr beträchtlich erhöht. Im November 1963 wurde von der Fa. Rosenbauer eine neue Motorspritze VW R 75 erworben. 1965 erfolgte der Ankauf eines Feuerwehrautos, und aus der Kameradschaftskasse konnte ein Löschfahrzeug von der FF Traun erworben werden. Im Oktober 1970 erstand die Wehr ein Tanklöschfahrzeug TLF 1000. Kommandant der Wehr ist derzeit Helmut Födermayr.

HBI Födermayr H. (1956), OBI Kleesadl J. (1953) — Altenhofer F. (1963), Aufreiter F. (1951), Aufreiter F. (1976), Breinesberger F. (1953), Ebner E. (1976), Fellhofer L. (1968), Födermayr H. (1981), Großeiber R. (1983), Holzer H. (1980), Kaltenberger D. (1981), Kaltenberger M. (1981), Kittinger E. (1981), Kleesadl H. (1976), Kleesadl R. (1979), Klepsch E. (1978), Krump S. (1980), Langmayr F. (1968), Niedermayer K. (1976), Obermayer A. (1982), Otto H. (1976), Pfistermüller G. (1939), Porstmann H. (1969), Raml F. (1965), Riepl K. (1968), Schwaiger G. (1976), Stephan H. (1963), Stephan H. (1976), Vollgruber E. (1976), Vollgruber F. (1971), Vollgruber F. (1964), Vollgruber K. (1941), Vollgruber K. (1965), Watzinger K.-H. (1980), Winkelmüller R. (1950), Winkler G. (1980), Winkler J. (1980), Zopf A. (1965)

FF ROHRBACH

Im Jahr 1900 beschlossen beherzte Männer wegen der vielen Brandereignisse in Rohrbach, eine eigenständige Feuerwehr ins Leben zu rufen. Unter Führung des Landwirts Josef Strassmair kam es im Jahr 1901 zur Gründung der Freiwilligen Feuerwehr Rohrbach. Das Grundstück zur Errichtung der Zeugstätte wurde von Johann Luhammer kostenlos zur Verfügung gestellt. Nach Vollendung des Zeugstättenbaues konnten darin eine Handdruckspritze für Pferdezug und alle damals vorhandenen Geräte garagiert werden. Durch die Wirren des Zweiten Weltkrieges wurde das Feuerwehrleben sehr in Mitleidenschaft gezogen, da fast alle Kameraden an der Front waren. Erst im Jahr 1949 kam es auf Initiative des Landwirts Johann Heibl zur vollen Aktivierung der Feuerwehr Rohrbach, dem Zug um Zug der moderne Ausbau folgte. Der Schaffenskraft von Johann Heibl – dem jahrzehntelangen Kommandantstellvertreter, aber Motor der Wehr – war es zu verdanken, daß bereits 1952 einer der ersten Tankwagen – Type Opel Blitz – im Bezirk Linz-Land zum Einsatz kam. Es erfolgte die einheitliche Uniformierung der Kameraden mit Einsatzanzügen und A-Uniformen. Unter dem von 1958 bis 1983 im Amt befindlichen Kommandanten HBI Franz Heinrich wurde 1971/72 ein gebrauchtes Fahrgestell mit Doppelkabine Type Steyr 80 angekauft, das unter Aufsicht des Landesfeuerwehrkommandos und unter Einhaltung der Vorschriften des Bundesfeuerwehrverbandes in Eigenregie zu einem TLF 2500 umgebaut wurde. Die Modernisierung wurde fortgesetzt mit dem Ankauf einer TS Automatik 75 VW Rosenbauer, Schaumausrüstung, Mobilfunkgerät (2-m-Band), Sirenensteuergerät, Schlammpumpe, Greifzug, Schiebeleiter und Atemschutzgeräte. Zur Zeit wird das seit 1901 bestehende Feuerwehrhaus renoviert.

HBI Mayr F., OBI Klepsa J. (1972), AW Fink R. (1949), AW Schatzl P. (1979), AW Winkler M. (1970), BI Prinzensteiner A. (1962) — OBm Bittermann K. (1956), HLm Büßermayr M. (1950), OFm Frühwirt H. (1981), HLm Hager L. (1946), E-HBI Heibl J. (1940), E-HBI Heinrich F. (1950), HFm Heinrich J. (1975), E-BI Hochreiner A. (1949), OBm Hölzl K. (1958), OLm Kallinger J. (1964), OFm Kallinger M. (1979), Bm Kiraly S. (1960), Lm Kitzmüller A. (1964), Bm Klinglmayr J. (1953), HFm Luger F. (1971), HLm Luger J. (1953), Lm Luhamer J. (1960), OBm Mitterndorfer F. (1946), HFm Petrovic A. (1976), HFm Pimmingsdorfer R. (1976), HLm Plöderl A. (1951), HFm Plöderl W. (1975), HLm Pröll A. (1951), HLm Salzner A. (1950), HBm Salzner M. (1968), E-AW Schatzl A. (1949), HFm Scherbaum R. (1968), Bm Schicklberger G. (1958), E-AW Schreiner A. (1963), Lm Traußner G. (1967), HFm Zittmayr F. jun. (1974)

FF RUFLING

Die Freiwillige Feuerwehr Rufling wurde am 17. Januar 1923 als 2. Zug der Freiwilligen Feuerwehr Leonding gegründet. Zugskommandant wurde Franz Ranzmeir. Im Juni 1925 legte Ranzmeir aus gesundheitlichen Gründen seine Funktion nieder, Nachfolger wurde Karl Langthaler. Auf Anraten des damaligen Bezirksverbands-Obmanns Penz wurde der Beschluß gefaßt, eine selbständige Wehr zu gründen. Am 10. September 1927 wurde dem Löschzug Rufling das Selbständigkeitsrecht zuerkannt. Wehrführer blieb Karl Langthaler. Am 2. Juni 1928 wurde das Zeughaus seiner Bestimmung übergeben. 1930 wurde eine Motorspritze E 35 und ein Auto angekauft. 1936 wurde der stellvertretende Wehrführer Mitterlehner zum neuen Kommandanten der Wehr gewählt. Am 1. Mai 1946 fanden sich 13 Mann um den wiedergewählten Wehrführer Langthaler zusammen. Am 28. Januar 1949 erhielt die Wehr wieder ihre Selbständigkeit. Franz Ranzmeir jun. wurde am 30. Mai 1948 zum Wehrführer gewählt. Am 22. April 1950 wurde das Rüstfahrzeug Opel Blitz in Dienst gestellt. Am 23. März 1958 wurde der bisherige Schriftführer Wilhelm Lindengrün zum Wehrführer gewählt. 2. Juni 1962: Verkauf des alten Rüstwagens und Lieferung des neuen KLF Ford-Transit FK 1250 mit Vorbaupumpe. In dieser Zeit wurde das alte Zeughaus renoviert. Baubeginn des Löschwasserteiches 24. Juli 1967. Am 1. März 1978 übergab Bgm. Finster Wilhelm Lindengrün das Tanklöschfahrzeug TLF 2000 Trupp. Installation der Funkalarmierung erfolgte am 5. Dezember 1980. 13. Mai 1981: Lieferung der Schlammpumpe. 4. November 1981: Übergabe des KLF VW LT 35. Am 14. Oktober 1982 wurde das Notstromaggregat geliefert und der Umbau des Zeughauses beendet.

HBI Lindengrün W. (1948), OBI Pachinger J. (1963), AW Rauch W. (1970), AW Stöttinger F. (1973), AW Wagenhofer H. (1974), BI Simkovics W. (1971) — Lm Eidenberger F. (1952), E-BI Ettl J. (1945), HFm Fellinger J. (1967), HFm Fellinger L. (1961), HFm Hahn L. (1964), Lm Hehenberger R. (1946), HFm Holzweber L. (1961), Lm Huemer J. (1946), OFm Hummer H. (1977), OFm Hummer S. (1979), Lm Kempl H. (1954), Fm Lackner K. (1978), Fm Lackner R. (1978), Lm Ing. Lindengrün W. (1975), PFm Mayrbäurl F. (1983), HFm Pachinger F. (1970), E-OBI Pachinger J. (1948), HFm Papst L. (1932), E-AW Ing. Ranzmair F. (1946), Fm Rejcovsky W. (1980), HFm Schauer A. (1966), Fm Schauer G. (1981), Fm Schauer W. (1980), Lm Steiner J. (1946), Lm Stöttinger F. (1952), Lm Mag. Stöttinger F. (1973), Lm Stöttinger J. (1972), E-AW Wagenhofer A. (1946), HFm Wagenhofer A. (1973)

FF RUTZING

Im Jahre 1897 wurde die FF Rutzing erstmals als Löschgruppe der Feuerwehr Hörsching erwähnt. In einem Schreiben vom 11. April 1898 wird dann das Bestehen der Feuerwehr Rutzing urkundlich bestätigt und u. a. ausgeführt: „Wie noch jedermann erinnerlich, wurde die Idee der Gründung einer Feuerwehr in Rutzing deshalb angeregt und auch den Tatsachen entsprechend als Bedürfnis anerkannt, weil es infolge der Terrainverhältnisse für die Feuerwehr Hörsching schwierig ist, sich richtig zu orientieren, ob ein etwa in der Traungegend ausgebrochener Brand sich noch diesseits der Traun oder schon jenseits derselben befinde, welcher Umstand sich noch durch Nachtzeit oder nebeliges Wetter bedeutend erschwert und wodurch möglicherweise ein rechtzeitiges Eingreifen der Feuerwehr Hörsching verzögert werden könnte ... Es wurde dementsprechend auch beim Ankauf eines Löschgerätes, einer Abprotzspritze, vorgegangen, welche in Konstruktion wie Leistungsfähigkeit vorzüglich, leicht und schnell auf einen bedrohten Punkt der Hörschinger Traungegend durch Menschenkräfte dirigiert werden kann. Der sich in Rutzing befindliche Spritzenwagen möge als Mannschaftswagen adaptiert werden." Die zahlreichen Hochwässer der Traun zwangen die Wehr, auch eine Wasserwehrabteilung zu schaffen, die jedoch nach dem Bau des Hochwasserdamms 1922 bis 1924 wieder aufgelöst wurde. Nach dem Anschluß 1938 wurde die FF Rutzing als 2. Löschzug der Feuerpolizei Hörsching angeschlossen und erst 1949 wieder selbständig. Daten aus den Protokollbüchern: 1897 – Handdruckspritze von der FF Hörsching; 19. März 1901 – Grundsteinlegung für das Feuerwehrzeughaus; 1926 – Sanierung des Zeughauses; 20. August 1932 – Weihe der ersten Motorspritze; 1943 – der Löschzug Rutzing erhielt eine zweite Motorspritze.

HBI Sitz A. (1950), OBI Kasieczka J. jun. (1966), OBI Wagner H. (1956), AW Ransmayr H. (1965), AW Schober W. (1962), AW Steiger J. (1962), BI Eder K. (1949), BI Stadlmayr R. (1965), BI Stadlmayr R. (1937) — HLm Althuber W. (1960), JFm Bizourek R. (1981), HFm Breiteneder G. (1975), Bm Breiteneder K. (1952), HFm Breiteneder K. (1975), E-BI Cagitz J. (1950), HFm Cagitz J. jun. (1975), JFm Deininger P. (1981), E-HBI Eder J. (1949), OFm Eder J. jun. (1979), HLm Egger J. (1965), Bm Grünwald J. (1940), JFm Helscher W. (1981), HBm Hochratner K. (1962), OBm Höhlhubmer J. (1951), Lm Holler K. (1954), E-BI Kasieczka J. (1949), Fm Kaun J. (1976), JFm Koch W. (1981), OBm Lechner J. (1956), OFm Mandorfer A. (1973), HBm Manzenreiter F. (1966), HFm Manzenreiter M. (1981), HLm Nöbauer E. (1962), Fm Nöbauer E. (1983), JFm Nöbauer G. (1981), HFm Ploier F. (1975), E-BI Ploier L. (1946), HFm Ploier L. (1975), OFm Ploler A. (1977), HFm Rammelmüller E. (1975), HFm Rammelmüller F. (1975), E-AW Ransmayr E. (1950), E-BI Ransmayr J. (1937), E-AW Richtsfeld K. (1950), OFm Rittenschober H. (1979), Lm Schweiger B. (1949), JFm Sitz E. (1981), HFm Sitz G. (1975), JFm Sommerhuber M., Bm Stadlmayr R. (1956), HFm Tummeltshammer H. (1972), OLm Tummeltshammer R. (1970), HLm Windhager J. (1954), JFm Zauner H. (1981), JFm Zink G. (1981)

FF MARKT ST. FLORIAN

Die FF Markt St. Florian wurde nach einem Brand des Ziegeleistadels als zweite Feuerwehr des Bezirks Linz-Land 1872 gegründet. Erster Kommandant war der Augustiner Chorherr Dr. E. Mühlbacher. Den 79 Mitgliedern standen 1 Knaustsche Saugspritze, 1 Wagenspritze, 4 Handspritzen, Wasserwagen und Schiebeleiter für den Einsatz zur Verfügung. 1875 wurde das Feuerwehrdepot errichtet. 1894 erfolgte die Gründung des Bezirksverbandes Enns-St. Florian (Nr. 32). Obmann wurde Viktor von Scheuchenstuel. Von 1895 bis 1920 war die Stiftsfeuerwehr (Löschtrain des Stiftes) eine Filiale der Marktfeuerwehr. 1896 erfolgte der Ankauf einer Saugspritze. 1900 wurde eine Sanitätsabteilung gebildet. 1901: Ankauf einer Knaust-Löschmaschine. 1914: Bildung einer Rettungsabteilung und Anschaffung einer fahrbaren Tragbahre. 1923: Ankauf einer Motorspritze und 1924 eines pferdebespannten Sanitätswagens. 1926: ein Feuerwehrauto Gräf & Stift, 1927: eine zweirädrige Motorspritze sowie eine Sirene. 1937 wurde eine Motorspritze R 50 gekauft. Am 15. Mai 1938 wurde die Feuerwehr als Verein aufgelöst, die FF Rohrbach und Hausleiten werden Löschzüge der Marktfeuerwehr. 1939: Ankauf eines Rüstwagens Ford BB. 1942: Ankauf einer Tragkraftspritze Magirus. 1949 wurde aus einem Schlauchwagen ein TLF (2600 l) gebaut und eine RW 80 gekauft. 1953 wurde der Rüstwagen mit einer Vorbaupumpe versehen, 1954 eine Hochdrucknebelpumpe am Tankwagen eingebaut. 1954: Ankauf eines Kranwagens. 1959 wurde eine VW-Pumpe und 1966 ein LLF Mercedes angeschafft. 1970 wurden ein TLF 4000, 1972 schwere Atemschutzgeräte und 1974 Sprechfunkgeräte (11-m-Band) angeschafft. Hydraulische Bergegeräte, ein Anhänger, eine fahrbare Schiebeleiter vervollständigen die Ausrüstung.

HBI Hirscher J. (1946), OBI Windtner G. (1960), AW Jungwirth K. (1947), AW Jungwirth K. (1973), AW Pree K. (1972), BI Marchner K. (1960), BI Winkler K. (1955) — OFm Aspermayer M. (1973), OFm Baier H. (1975), Bm Baier H. (1966), OFm Baier P. (1980), HFm Baumberger K. (1970), FK Prof. Baumgartner R. (1972), OFm Bayer K. (1978), Fm Böck R. (1979), Lm Breinesberger F. (1935), OBm Czejka F. (1977), Fm Darmann A. (1980), OLm Dietl A. (1957), OFm Dobesberger F. (1976), HLm Dobesberger S. (1958), Fm Dobrzanski M. (1980), HFm Ebner P. (1973), Fm Egger K. (1980), FA Dr. Einwagner H. (1980), Lm Engel K. (1947), Lm Forster G. (1955), HBm Grabner S. (1965), Bm Gschwendtner S. (1953), OFm Hahn A. (1979), OFm Hahn P. (1979), HFm Höller L. (1969), Lm Hofstetter F. (1939), Lm Käfer A. (1976), OLm Kastberger F. (1933), E-OBI Kemmetmüller H. (1957), Lm Kiener A. (1942), E-OBI Kiß A. (1950), Bm Klement A. (1949), OFm Koppler F. (1947), Lm Koppler F. (1955), Fm Krawinkler G. (1977), Fm Lengauer B. (1979), E-HBI Ing. Linninger F. (1926), OLm Mayr G. (1955), HFm Mittendorfer F. (1965), OBm Mitterlehner F. (1972), HFm Nestler F. (1965), HFm Neubauer K. (1972), Bm Schachner H. (1957), E-AW Schnabl F. (1954), OFm Schöffl G. (1965), OFm Sengstbratl K. (1975), OFm Wandl E. (1971), HLm Wandl L. (1946), Fm Weinmüller D. (1982), Fm Wimmer B. (1981), E-BI Wimmer K. (1947), OFm Wimmer W. (1979), HBm Windtner A. (1965), OFm Windtner F. (1978), PFm Windtner G. (1983), OFm Winkler F. (1946), Fm Zimmermann R. (1977)

FF ST. MARIEN BEI NEUHOFEN

Die Freiwillige Feuerwehr St. Marien wurde am 27. Februar 1893 gegründet. Im Juli des gleichen Jahres wurde das Gründungsfest feierlich begangen. Die erste Frühjahrsübung wurde am 29. April 1900 abgehalten. Die Mitgliederzahl stieg nach dem Ersten Weltkrieg beachtlich an. So wurde vermerkt, daß bei der Jahresversammlung 1928 gleich 20 Mann neu beitraten und bei der Frühjahrsübung 1929 93 Mann anwesend waren. Das 35jährige Bestandsjubiläum wurde 1931 gefeiert. Am Festzug nahmen 370 fremde Feuerwehrmänner teil, und bei der Forstner Mühle wurde eine Schauübung abgehalten. Am 1. Mai 1938 wurde die Freiwillige Feuerwehr St. Marien eine Körperschaft öffentlichen Rechts. Während des Krieges hatte die FF neben 37 ausübenden 35 nichtausübende Mitglieder und 17 Mann im Kriegsdienst. In den Kriegsjahren wurde 1943 das Zeughaus umgebaut, weiters eine Jungfeuerwehr aufgestellt und im März 1944 ein Rüstauto übergeben, das aber zu Kriegsende von Flüchtenden gestohlen wurde. Besondere Einsätze in den fünfziger Jahren waren der Hochwassereinsatz 1954 und ein Einsatz nach dem Absturz einer amerikanischen Maschine in Kurzenkirchen. 1963 wurde ein TLF 1000 angekauft. Seit 1971 nehmen Wettbewerbsgruppen in ununterbrochener Reihenfolge an den Landeswettbewerben teil. 1975 wurde der KLF Ford Transit und 1977 eine neue Tragkraftspritze BK 75, angekauft. Die FF St. Marien führt seit 1968 jährlich Alteisensammlungen durch und erhielt für diese Tätigkeit 1982 einen Umweltschutzpreis des Landes Oberösterreich. Als Projekt für die Zukunft wird der Neubau des Feuerwehrhauses geplant.

HBI Rogl F. (1968), OBI Gruber F. (1961), AW Forstner A. (1971), AW Frank K. (1963), AW Minichberger E. (1971), BI Fehrer E. (1954), BI Lazelsberger W. (1971) — HFm Aichmair M. (1964), Fm Altmann J. (1977), HBm Aumair G. (1975), E-HBI Bachmair J. (1939), Fm Brandstetter B. (1981), HFm Chalupar F. (1949), HFm Estl A. (1955), HFm Estl J. (1955), OFm Greimer J. (1965), HFm ÖR Gruber A. (1952), HFm Gruber J. (1949), HFm Haidvogel L. (1927), HFm Hanuosek W. (1966), Fm Heinrich J. (1964), HFm Huber J. (1930), OFm Klinglmayr H. (1971), HFm Klinglmayr J. (1947), OFm Krahwinkler F. (1970), OFm Krahwinkler J. (1955), HFm Kührer F. (1976), HFm Lamm A. (1965), E-OBI Lazelsberger A. (1934), OFm Lazelsberger A. (1974), E-BI Lazelsberger O. (1949), OFm Leblhuber J. (1964), OFm Mursch A. (1949), HBm Neubauer K. (1971), E-AW Oberndorfer A., E-BI Paminger K. (1949), Fm Pfeiffer J. (1979), HFm Platzl F. (1928), HFm Platzl I. (1929), OFm Platzl J. (1959), HFm Platzl K. (1970), Fm Pollesböck K. (1973), Rogl F., Fm Roiser E. (1982), PFm Roiser F. (1983), Fm Roiser G. (1980), Lm Roiser K. (1955), HFm Sommer H. (1958), HFm Sommer J. (1928), E-BI Dir. Stenger A. (1949), OFm Temper F. (1979), Fm Templ H. (1976), Lm Wallner F. (1970), HFm Wild J. (1965), Fm Wörndl A. (1979), Fm Wörndl A. (1981), HFm Zehetner F. (1928), Fm Zehetner J. (1979), Fm Zehetner J. (1981), OFm Ziehesberger F. (1955)

FF SCHÖNERING

In einer Versammlung am 29. Juli 1928 wurde der Entschluß gefaßt, in Schönering eine selbständige Feuerwehr aufzubauen. Die offizielle Gründungsversammlung fand am 27. Dezember 1928 statt, bei der Alois Ottensamer zum Wehrführer bestellt wurde. Neben den Feuerwehren Wilhering, Edramsberg und Dörnbach war nun Schönering die vierte Wehr im Gemeindegebiet. 1938 wurden die vier selbständigen Feuerwehren der Gemeinden zu einer Wehr zusammengefaßt, in der Schönering als Löschgruppe mit 56 Mitgliedern unter Obertruppführer Ludwig Öhlinger vertreten war. Nach Kriegsende wurde die Freiwillige Feuerwehr Schönering neu aufgestellt und die ursprüngliche Organisationsform wieder hergestellt. Alois Ottensamer erhielt die Ehrenobmannschaft, und Gottfried Öhlinger wurde zum neuen Wehrführer gewählt. Unter seiner langjährigen Führung entwickelte sich die Wehr zu einer leistungsfreudigen, gutausgerüsteten Truppe. Der alte pferdebespannte Löschwagen wurde von einem zum Löschfahrzeug umgebauten Lastwagen abgelöst. Die 1948 in Angriff genommenen Bauarbeiten zu einer eigenen Zeugstätte konnten schon ein Jahr später abgeschlossen werden. In den folgenden Jahren wurden der Depotausbau und die Verbesserung technischer Geräte durchgeführt und die Löschwasserprobleme einer Lösung zugeführt. 1956 wurde Wehrführer Gottfried Öhlinger zum Pflichtbereichskommandanten der Gemeinde Wilhering ernannt. Die Neuwahl im Jahr 1978 brachte die Ablöse des Kommandanten Gottfried Öhlinger, der daraufhin zum Ehrenkommandanten ernannt wurde. Gewählt wurde Robert Pühringer, unter dessen Führung sich die Feuerwehr kontinuierlich weiterentwickeln konnte.

HBI Pühringer R. (1959), OBI Plankenauer J. (1960), AW Kühn H. (1975), AW Peherstorfer M. (1962), AW Penz M. (1963), BI Mittermayr S. (1955), BI Ramaseder E. (1981) — PFm Aigner H. (1952), HFm Baminger J. (1972), Fm Baminger R. (1981), OFm Eckersberger A. (1968), HFm Eigl H. (1960), HBm Fattinger E. (1981), HFm Fattinger J. (1971), OFm Feitzlmayr R. (1960), OFm Fortenbacher G. (1976), HFm Fortenbacher H. (1949), HFm Freimüller H. (1948), Lm Freynschlag A. (1953), Fm Gall K. jun. (1976), OFm Gall K. sen. (1973), HBm Geßl F. (1975), OLm Geßl L. (1953), OLm Geßl R. (1946), Fm Götschhofer M. (1980), Fm Grillmayr F. (1980), Fm Großauer H. (1983), Lm Haberfellner R. (1957), OFm Haider G. (1975), Lm Hinterberger P. (1961), Lm Hirsch O. (1943), OFm Hochstöger J. (1980), OLm Hofer J. (1949), OFm Hollaus F. jun. (1979), Lm Hollaus F. sen. (1961), Fm Hollaus J. (1981), OFm Hollaus M. (1961), Bm Holzbauer F. (1958), PFm Holzbauer F. (1980), Bm Holzbauer W. (1963), OLm Jakoblich A. (1961), Lm Janko G. (1976), Bm Kaar A. (1958), HFm Kaar A. (1959), Bm Kaar F. (1934), Lm Kremsleitner E. (1956), Lm Kremsleitner J. (1933), Lm Löckher H. (1974), HFm Lugmayr K. (1938), PFm Lugmayr K. jun. (1983), OFm Meinschad E. (1979), Lm Meinschad F. (1953), Lm Minichmayr H. (1980), Bm Möstl A. (1935), Fm Möstl H. (1980), OFm Moser M. (1979), Fm Moser P. (1981), OFm Obermayr J. (1957), E-HBI Öhlinger G. (1936), Lm Öhlinger J. (1933), HFm Pamer E. (1975), E-OBI Peherstorfer A. (1946), Bm Peherstorfer H. (1962), Fm Peherstorfer W. (1980), Lm Penz F. (1957), PFm Pühringer K. (1983), Fm Pühringer R. (1981), HFm Ramaseder E. (1975), HFm Ramaseder J. (1969), HFm Dipl.-Ing. Ramaseder J. (1969), OLm Ramaseder L. (1938), HFm Remili J. (1953), PFm Reschauer R. (1983), HFm Rohrhuber W. (1953), OLm Schneider F. (1942), Fm Dr. Straka G. (1981), OFm Weishäupl A. (1968)

FF DER STADT TRAUN

Die Feuerpolizei-Ordnung des Jahres 1873 verpflichtete die Ortsvorsteher (heute: Bürgermeister), Aufrufe zur Gründung von Feuerwehren zu erlassen und jährlich zu erneuern. Nach mehrfachen vergeblichen Anläufen, „durch Abrichtung einer Spritzenbedienungsmannschaft" eine Wehr zu gründen, bildete ein Großbrand am 16. Juni 1878 den unmittelbaren Anlaß der Feuerwehrgründung. Schon am 23. Juni 1878 übergab „die löbliche Gemeindevertretung der zu errichtenden Wehr die Spritze." Ihre erste große Bewährungsprobe hatte die junge Wehr bei einem Großbrand 1879 zu bestehen. 1881 wurde von der Firma Knaust in Wien eine neue Saugspritze angeschafft und ein Mannschaftswagen gekauft. Bereits fünf Jahre nach der Gründung mußte in St. Martin ein zweites Depot errichtet werden, 1898 wurde der Löschzug III in Dionysen gebildet. 1903 taten sich „die fahrkundigen Schiffsleute und Fischer zur Gründung einer Wasserwehr zusammen", die 1906 mit zwei Plätten ausgerüstet wurde. Erst 1908 konnte mit dem Bau des Zeughauses in der Badergasse begonnen werden, das 1912 fertiggestellt wurde und der Trauner Wehr bis 1981 Unterkunft bot. Im Jahr 1926 brach für die Feuerwehr Traun das Zeitalter der Motorisierung an. Ein Gräf & Stift wurde zu einem Mannschaftswagen umgebaut und 1928 mit der ersten Motorspritze zum Autotrain vereinigt. Mit der Besetzung Österreichs 1938 wurde die Zusammenlegung aller in der Ortsgemeinde bestehenden Freiwilligen Feuerwehren zu einer Gemeindefeuerwehr angeordnet, ein Zustand, der mit kurzen Unterbrechungen bis heute besteht. Seit 1981 ist die Wehr in einer modernen Einsatzzentrale beheimatet. Seit 1982 ist auch die Bezirksalarmierungsanlage bei der Trauner Wehr untergebracht.

VBR Gerstberger A. (1942), HBI Koblmüller R. (1962), OBI Feck Melzer J. (1965), AW Leidenfrost R. (1978), AW Reitberger O. (1967), AW Wögerbauer K. (1976), BI Lindinger G. (1965) — OFm Andexlinger H. (1974), E-BI Eder F. (1932), HBm Ehrmann A. (1971), PFm Erler M. (1983), Bm Fellner M. (1974), Fm Fiereder R. (1980), OLm Fürlinger P. (1929), HBm Graz G. (1971), HFm Haindrich K. (1968), OLm Hermann P. (1968), Fm Hofstätter N. (1982), OFm Jekl E. (1976), HBm Kai J. (1952), HFm Kaiser W. (1973), Fm Katavić M. (1982), OBm Kirchmayr K. (1954), OFm König A. (1975), OFm König J. (1975), OFm König W. (1975), HFm Königseder E. (1967), OFm Krasensky W. (1951), PFm Lehnert M. (1983), HFm Leitner H. (1967), OFm Leitner H. (1973), OLm Matheisl F. (1955), HBm Mayr F. (1956), Fm Mayr F. (1980), Mayrleb J., Fm Dr. Novak R. (1978), HBm Obermaier A. (1937), Fm Pernkopf O. (1981), FK Mag. Peters H. (1980), Fm Pfisterer A. (1981), HBm Platzer A. (1954), Fm Pusch E. (1979), OFm Raxendorfer F. (1971), Fm Ringer W. (1981), Bm Roithner J. (1956), HFm Rosenauer K. (1971), OFm Schieder W. (1975), Lm Sonnleitner E. (1965), HFm Sonnleitner E. (1973), HFm Springer F. (1971), HLm Vitzkotter F. (1962), HFm Weinhofer J. (1973), HBm Welker W. (1964), E-HBI Wögerbauer K. (1951), PFm Wolkerstorfer H. (1976), HFm Zdenek J. (1963), Fm Zimmerbauer H. (1981)

FF WEICHSTETTEN

Die Freiwillige Feuerwehr Weichstetten wurde am 29. Juni 1920 gegründet; Im Jahr 1921 spendete die Familie Trauner einen Baugrund zum Bau des Zeughauses, das in Eigenregie erbaut und am 31. Juli 1921 eingeweiht wurde. In den folgenden Jahren wurden laufend Feuerwehrgeräte angeschafft, darunter zwei Handdruckspritzen, die von Pferden gezogen wurden. Am 21. Juni 1937 wurde die erste Motorspritze von der Fa. Rosenbauer angekauft. 1945 erhielt die Feuerwehr aus Wehrmachtsbeständen einen Steyr-A-Typ als erstes Motorfahrzeug. 1951 wurde erstmals eine Alarmsirene in Betrieb genommen. 1957 wurde für den Ortsbereich Weichstetten ein Löschteich errichtet. 1968 wurde ein TLF 3000 von der Betriebsfeuerwehr Steyrmühl und ein VW-Bus vom Roten Kreuz als KLF angekauft. 1971 wurde das alte Feuerwehrzeughaus abgerissen und mit dem Bau eines neuen und größeren Zeughauses begonnen. Die Baukosten wurden zum größten Teil durch Robotarbeit, Alteisensammlungen und Spenden aufgebracht. In den siebziger Jahren wurden von der ÖMV im Bereich Weichstetten Ölbohrungen durchgeführt. Seit dieser Zeit ist die FF Weichstetten mit Schaumlöschmitteln ausgestattet und wird von der ÖMV unterstützt. Im Oktober 1978 wurde der Feuerwehr ein Notstromaggregat mit Scheinwerfer, Tauchpumpe und Zubehör übergeben. Am 30. Juli 1981 wurde ein neuer LF-B mit Funkausrüstung übergeben. Am 8. Oktober 1982 wurde vom Oö. Landesfeuerwehrkommando Spreitzer und Schere mit elektrischem Pumpenaggregat samt Zubehör der Feuerwehr übergeben. Im Dezember 1983 wurde von der Gemeinde St. Marien ein TLF 2000 von der Feuerwehr Traun angekauft und der FF Weichstetten übergeben.

HBI Dutzler F. (1952), OBI Bachmair A. (1956) — Angerer F. (1982), Angerer F. (1959), Angerer F. (1979), Auer G. (1979), Auer K. (1976), Bachl S. (1974), Bachmayr F. (1982), Baumgarthuber H. (1952), Bittermann L. (1982), Bräuer A. (1960), Dicketmüller K. (1966), Dutzler B. (1957), Dutzler B. (1982), Dutzler F. (1982), Dutzler F. (1966), Dutzler G. (1979), Dutzler R. (1978), Edenhofer S. (1970), Eisele M. (1974), Friedhuber F. (1933), Friedhuber J. (1960), Friedhuber V. (1966), Gartner F. (1951), Gartner F. (1957), Gerstmair J. (1933), Geyer J. (1969), Hackl E. (1972), Hanreich G. (1975), Hanzenberger F. (1982), Haslehner G. (1979), Heidlmair F. (1956), Heidlmair G. (1954), Mag. Hinterhölzl F. (1975), Hofmeister K. (1965), Huber J. (1965), Karan H. (1973), Langthaler E. (1965), Langthaler H. (1976), Langthaler H. (1976), Langthaler K. (1951), Lederhilger K. (1964), Lehner F. (1954), Leitgeb F. (1970), Leutner J. (1952), Leutner J. (1976), Löschl H. (1982), Luger A. (1938), Luger F. (1965), Luger G. (1971), Manzenreiter K. (1972), Marxt W. (1948), Nömair A. (1979), Ömer I. (1979), Passenbrunner F. (1937), Passenbrunner F. (1969), Penz Ch. (1979), Pirchner U. (1982), Pühringer F. (1976), Salomon J. (1982), Salomon R. (1961), Salomon R. (1978), Schedlberger J. (1942), Schwager A. (1952), Schwager H. (1982), Semijalac A. (1982), Söllradl F. (1979), Söllradl M. (1979), Stöger J. (1979), Trauner F. (1937), Trauner J. (1982), Trauner J. (1951), Winkler F. (1966), Winklmair H. (1978), Wöginger F. (1952), Zeihsel A. (1956)

FF WEISSENBERG

Die Freiwillige Feuerwehr Weißenberg wurde 1906 vom Besitzer der damaligen Papierfabrik Richard Porak gegründet. In Eigeninitiative der Feuerwehrmänner wurde noch im selben Jahr ein Zeughaus neben Schloß Weißenberg errichtet und ein Spritzenwagen (Pferdefuhrwerk) mit Spritze angekauft. Im Zuge der Modernisierung und Motorisierung sind im Lauf der Jahre weitere Geräte erworben worden. 1928: Ankauf einer Handdruckspritze; 1931: eine Motorspritze; 1933: ein Rüstwagen; 1952: eine neue Motorspritze; 1953: Ankauf eines Lastwagens Opel Blitz; 1954: feuerwehrtechnischer Umbau des Lastwagens zu einem Tanklöschfahrzeug; 1960 bis 1964: Neubau der Feuerwehrzeugstätte; 1968: ein Kleinlöschfahrzeug und eine Motorspritze; 1979: ein Tanklöschfahrzeug Steyr-Trupp 2000-60; 1982: ein Kleinlöschfahrzeug VW LT 35. Die FF Weißenberg hat seit ihrem Bestehen bei vielen Bränden, Unfällen, Hochwasser- und anderen Katastrophen ihren Einsatz geleistet und hat sich außerdem an zahlreichen Feuerwehr-Wettbewerben beteiligt, wovon viele erworbene Pokale Zeugnis geben. Gründungsmitglieder waren Richard Porak, Ludwig Guttmann, Ferdinand Ebel, Karl Scholz, Florian Langwieser, Josef Holzner, Ignaz Gebeshuber, Franz Marchgraber, Ignaz Pickl, Franz Willnauer. Hauptleute seit der Gründung waren: Ludwig Guttmann (1906–1910), Ignaz Pickl (1910–1912), Emil Lustig (1912–1913), Franz Willnauer (1913–1923), Klaus Putzler (1923–1924), Franz Willnauer (1924–1932), Josef Sonnberger (1933–1950), Friedrich Sonnberger (1950–1973), Walter Sonnberger (seit 1973).

OBR Sonnberger F. (1930), Eigner R. (1965) — Akamphuber K. (1942), Blaimschein A. (1960), Blaimschein A. jun. (1982), Blaimschein G. (1983), Derflinger G. (1967), Derflinger J. (1974), Ebner H. (1979), Edlmayr E. (1975), Hagmüller F. (1965), Hauser F. (1958), Hemmer N. (1962), Hinterholzer F. (1954), Hörtenhuber J. (1953), Hofer F. (1980), Hofer J. (1980), Huber F. (1927), Kollnberger W. (1956), Lamm I. (1963), Marchgraber G. (1922), Marchgraber G. (1974), Mayr A. (1952), Mayr F. (1948), Mayr F. (1962), Mayr K. (1973), Mayrhofer R. (1978), Neubauer F. (1957), Neubauer G. (1939), Neubauer M. (1974), Neulinger H. (1978), Orawski W. (1974), Pichler F. (1954), Pichler F. (1974), Pickl I. (1925), Pickl I. (1967), Pimminger A. (1978), Pimminger E. (1982), Plohberger J. (1930), Ries E. (1963), Sandmayr A. (1978), Sandmayr A. (1958), Schallauer I. (1925), Schwarz F. (1960), Sendner K. (1962), Sonnberger F. (1962), Sonnberger W. (1962), Stampfer J. (1960), Untermair F. (1953), Untermair F. (1979), Untermair G. (1932), Wiesmayr F. (1958), Wiesmayr J. (1982), Wild G. (1957), Wöß F. (1974), Zeintl E. (1953), Zeintl E. (1980), Zeintl J. (1978)

FF WILHERING

Am 17. Oktober 1904 wurde die Freiwillige Feuerwehr Wilhering gegründet. Der erste Kommandant, Braumeister Carl Schmid, hatte als Ausrüstung zwei fahrbare Saugspritzen mit je drei Saugschläuchen, eine Schlauchhaspel, 26 Druckschläuche, 20 Feuereimer, eine fahrbare Schubleiter, Helme, Gurten und Beile zur Verfügung. Unter Kommandant Johann Lehner wurde 1929 anläßlich des 25jährigen Bestandsjubiläums die erste Motorspritze geweiht. 1950 wurde eine neue Motorspritze geweiht, die auch heute noch als Reservepumpe eingesetzt wird. Schon wenige Tage nach dem 50jährigen Bestehen der Wehr wurde sie zu einem ihrer schwersten Einsätze, dem verheerenden Hochwasser, gerufen. Tagelang waren die Wehrmänner mit dem Auspumpen von Kellern, Bergen von Hab und Gut der Bevölkerung und der Versorgung der eingeschlossenen Häuser beschäftigt. Anläßlich des 60jährigen Bestandes konnte am 14. Juli 1964 nicht nur ein neues Zeughaus, sondern auch eine neue VW-Spritze, die heute noch im Einsatz ist und tadellos funktioniert, geweiht werden. 1967 wurde das erste Tank-, 1969 das erste Kleinlöschfahrzeug seiner Bestimmung übergeben. Da Wilhering zum Wasserstützpunkt erklärt wurde, erhielt die Feuerwehr ein Polyesterboot mit Außenbordmotor, Zillen und Schwimmwesten. Einen gewaltigen Aufschwung brachte 1972 die Weihe des neuen TLF 2000. Nach der Renovierung einer ehemaligen Garage erhielt die Feuerwehr drei weitere Garagen, eine Werkstätte und Sanitäranlagen. Das 1978 zur Verfügung gestellte Kleinrüstfahrzeug E, ein neues Kleinlöschfahrzeug, ein Arbeitsboot sowie zahlreiches Berge- und Rettungsgerät und das engagierte Kommando geben der Bevölkerung ein großes Gefühl der Sicherheit.

HBI Schiller J. (1953), OBI Schiller L., AW Hilgart K. (1971), AW Mittermair J. (1967), AW Stibal G. (1969), BI Weber J. (1968) — HBm Allerstorfer B. (1970), Bm Dipl.-Ing. Beyerl R. (1946), OFm Biermeier B. (1980), OBm Biermeier F. (1950), Bm Denk A. (1946), OFm Diesenreither A. (1980), Fm Diesenreither J. (1982), HLm Diesenreither J. (1960), Bm Durstberger R. (1957), Lm Erbl F. (1971), OFm Erbl G. (1980), OFm Fasching F. (1980), Fm Fasching H. (1981), HFm Fröhlich R. (1974), Fm Fröhlich R. (1974), FA Dr. Gahleitner H. (1980), E-AW OSR Gruber F. (1958), HBm Handschuhmacher H. (1973), FK GR Hemmelmair G. (1980), HFm Hierzer G. (1967), HBm Hilgart A. (1973), E-AW Hofer G. (1953), Lm Hofer J. (1976), Bm Hofer S. (1963), HLm Hofstätter A. (1972), HFm Kernecker M. (1979), E-OBI Kroiß J. (1949), HFm Kroiß J. (1964), Fm Lang R. (1981), Fm Lehner G. (1980), HFm Leitner M. (1971), E-OBI Lichtenwagner H. (1959), Fm Mayrhofer B. (1980), OFm Mayrhofer H. (1980), Fm Mayrhofer M. (1981), OFm Mittermair E. (1980), Bm Mittermair F. (1946), E-BI Mittermair J. (1958), OFm Mittermair M. (1980), HFm Obermair E. (1967), HBm Obermair R. (1964), OBm Prummer A. (1964), OFm Prummer A. (1980), HFm Reisenberger A. (1976), HLm Reitstätter E. (1958), OFm Reitstätter E. (1980), HFm Salzbacher J. (1978), HFm Schabmayr A. (1972), HFm Schrammel W. (1967), OFm Schütz T. (1980), HFm Schwarzberger Ch. (1981), OLm Schwarzberger F. (1964), OFm Schwarzberger F. (1980), Fm Schwarzberger K. (1981), HFm Spelitz E. (1972), HLm Wagner J. (1946), HBm Weber W. (1974), HFm Wiesinger H. (1973), HFm Wießmayr W. (1976), OBm Wilflingseder R. (1953), Fm Wilflingseder W. (1982), Lm Winkler A. (1927), Lm Wolf A. (1973), HLm Wolfsteiner A. (1930), Bm Wolfsteiner A. (1961), OFm Wolfsteiner A. (1980), OFm Zechmeister T. (1980)

BtF DER SUGANA ZUCKER GMBH, FABRIK ENNS

Die BtF der Zuckerfabrik Enns wurde am 18. Juni 1930 unter dem Vorsitz des damaligen Dir. Hermann mit Maschinenmeister Franz Pal als Kommandanten gegründet. In den ersten Jahren umfaßte die Wehr 20 Mann, die in den verschiedenen Abteilungen der Fabrik beschäftigt waren. Da sich im Betrieb einige sehr feuergefährdete Objekte, wie Kesselhaus, Trocknerei, Tischlerei, aber auch Zuckerlager befinden, wurde von der Gründung an ein großes Augenmerk auf den vorbeugenden Brandschutz gelegt. 1934 wurde von der Fa. Rosenbauer ein KLF angekauft. Während des Krieges wurden fünf kriegsgefangene Franzosen in den Dienst der BtF gestellt, die die ihnen übertragenen Aufgaben zur vollsten Zufriedenheit lösten. Beim Hochwasser 1954 wurden auch Objekte im Firmengelände von den Wassermassen eingeschlossen. Dabei war die Wehr mehrere Tage pausenlos im Einsatz, um Keller auszupumpen und Objekte durch Errichten von Dämmen zu schützen. Es waren aber auch Feuerwehrmänner der BtF im Gemeindegebiet mit der Menschen-, Tier- und Sachbergung sowie mit Trinkwasser- und Lebensmittelversorgung durch Boote beschäftigt. 1955 wurde den eingesetzten Feuerwehrmännern für den vorbildlichen Einsatz die Hochwassermedaille durch den Bürgermeister von Enns verliehen. 1968 wurde das KLF durch ein TLF 2600 ersetzt, wobei nur das Fahrgestell mit der darauf montierten Pumpe gekauft, der Aufbau, der Tank und die Ausstattung aber von den Feuerwehrmännern in Eigenregie gefertigt wurden. 1969 wurde eine TS (VW-Automatik), 1970 ein Kdo-VW-Bus angeschafft. 1971 wurde die BtF mit Funk ausgerüstet. Auch wurden zwei Motorzillen, Tauchgeräte und Strahlenmeßgeräte bei der BtF stationiert.

HBI Ing. Peresson F. (1957), OBI Hacker F. (1953) — Atteneder H., Bergmayr L., Beyerl L., Binder A., Böberl F., Böberl H., Buchberger K., Danninger G., Ing. Dörsch E., Drasl E., Ing. Drasl K., Ing. Elßenwenger K., Fuchshuber H., Furtner K., Hacker K., Haunschmidt K., Haunschmidt K., Janecek F., Kamptner K., Kamptner L., Kastenhofer J., Kemethofer J., Kern F., Koblinger J., Kralinger B., Kuril A., Lieb W., Pay F., Pay H., Peschek L., Poppe R., Preinfalk J., Pürstinger I., Pulk H., Pulk J., Schlucker E., Schlucker W., Slaby V., Strimmer W., Theiß R., Tober U., Uhl F., Uhl J., Walchshofer H., Weprek A., Wirleitner R., Zainer S., Zinner F.

BtF DER CHEMIE LINZ AG, WERK ENNS

Am 2. November 1976 traten 15 Mann von der BtF Chemie Linz AG den Dienst im neuen Werk Enns an. Ein Rettungswagen sowie ein Transporter wurden noch im Jahr 1976 von Linz nach Enns überstellt. Von der Fa. Rosenbauer wurden Anfang 1977 zwei TLF 2500-1500 sowie ein TRO-LF 1000 geliefert. Die BtF Werk Enns war eine Nebenwache der BtF Chemie Linz und wurde durch die Eintragung in das Oö Feuerwehrbuch im März 1983 selbständig. Zur Zeit steht die Wehr unter dem Kommando von Johann Guttenbrunner. Die Ausrüstung der BtF besteht aus: 1 Pulverlöschfahrzeug Steyr 690 TRO-LF 1000-180 (CO_2) + LG 200; 2 TLF 2500-1500 Steyr 790 je zwei Wasserwerfer; 1 SAN VW LT 31 mit kompletter Ausrüstung; 1 VW-Transporter (Doppelkabine) (1 UNIMOG samt Hänger steht bei Bedarf jederzeit zur Verfügung); 1 TSA mit RK/75 mit kompletter Ausrüstung; 1 Zillenanhänger, 2 Pionierzillen, 1 Motorboot mit 40-PS-Außenbord-Motor; 1 KHD-Anhänger, 5 kVA, Beleuchtungsgeräte, E-Tauchpumpen, 1 Einachsanhänger (Last); 1500 m C-, 1500 m B-, 600 m A-Druckschläuche, 12 A-, 3 B-Saugschläuche; 34 PA/54, 5 OXY-SR/45, AS-Geräte, 336 AUER 3 S-Masken samt Filter; 3 Gasspürgeräte, 2 EX-Meter, 1 BIO-MARINE, 2 Rollgliss; 10 Vollschutzanzüge, 6 schwere Hitzeschutzanzüge, 20 Flammschutzjacken; 6 P/50, 158 P/12, 48 K/6, 11.000 l Mehrbereichsschaummittel; 2 Turbo-Tauchpumpen, 1 RS/3 Schmutzwasserpumpe, 8 E-Tauchpumpen, 6 Wasserstrahlpumpen; Funk: 1 Fixstation, 4 mobile sowie 7 Hauptfunkgeräte (Kanal 1 = LFK, 2 = BFK Linz-Land, 3 = Chemie Enns, 4 = Chemie Linz).

HBI Guttenbrunner J. (1954), OBI Burner M. (1964), OBI Huemer A. (1969), OBI Watzlinger J. (1974), OBI Weis G. (1974) — Fm Aberl J. (1977), HFm Adelberger R. (1977), Fm Aichhorn K. (1977), HFm Back E. (1976), Fm Bauernfeind J. (1976), Fm Berger J. (1977), Fm Brandstetter R. (1976), Fm Danninger H. (1977), OFm Deisinger J. (1979), HFm Derntl G. (1977), HBm Erlinger J. (1971), Fm Estermann M. (1977), Fm Frühwirt R. (1980), HBm Gattringer H. (1975), Fm Geiblinger F. (1982), Fm Giese H. (1982), Fm Griemus G. (1980), Fm Gruber S. (1982), OLm Haider F. (1973), HFm Halmdienst F. (1977), Fm Hinterreiter F. (1977), Fm Hintersteiner E. (1977), HFm Hintersteininger F. (1977), Fm Hochmayr J. (1976), Fm Höller H. (1982), Fm Höninger K. (1982), Fm Hofschwaiger F. (1977), HFm Holzinger H. (1977), Fm Honeder G. (1980), Fm Hornaus W. (1977), HBm Irsiegler W. (1976), Fm Kapplmüller J. (1976), OLm Karl W. (1973), Fm Kehrer A. (1977), HFm Keplinger P. (1978), Fm Konnerth J. (1976), Fm Landgraf K. (1977), Fm Langtallner J. (1977), OLm Leitner H. (1967), Fm Leonhartsberger J. (1977), Fm Liedl J. (1977), Fm Macho R. (1977), OFm Mader F. R. (1979), Fm Mayr F. (1976), HFm Mayrhofer G. (1977), HFm Neulinger W. (1977), HFm Niedermayr H. (1977), Fm Pail W. (1977), Fm Pallinger K. (1952), Fm Pay W. (1980), Fm Penz A. (1980), Fm Pichler A. (1977), OFm Pichler G. (1980), HFm Pleimer F. M. (1977), Fm Prevedel N. (1980), OFm Prokschi H. (1977), Fm Puchner G. (1977), HLm Rafetseder J. (1976), HFm Ramer J. (1977), Fm Reif W. (1977), HFm Reinthaler O. (1977), Fm Rittmannsberger F. (1977), HFm Scharinger A. (1977), Fm Scharinger W. (1982), Fm Schaumlechner W. (1978), Fm Schimbeck J. (1980), Fm Schubert E. (1976), OLm Stegfellner J. (1976), Fm Steinbach E. (1977), Fm Steinbichl J. (1977), OFm Steininger R. (1977), Fm Steinkellner H. (1980), Fm Steinkellner J. (1977), HFm Stollnberger W. (1977), Fm Timnik F. (1982), Fm Vinkroin J. (1977), Fm Voglhofer H. (1976), Fm Weber K. (1976), HFm Wieser J. (1977), HBm Wimmer P. (1976), Fm Wurm K. (1982)

BtF DR. FRANZ FEURSTEIN, TRAUN

Die Betriebsfeuerwehr Dr. Franz Feurstein wurde im Jahr 1876 gegründet. Aus den frühen Jahren der Feuerwehr ist leider keine Chronik vorhanden. Bekannt ist lediglich, daß bis zum Jahr 1940 mit einer Motorspritze, die auf einem Pferdewagen montiert war, zu den Einsätzen gefahren wurde. Erst nach dem Jahr 1940 konnte die Betriebsfeuerwehr einen Steyr R 5, der auf einen Mannschafts- bzw. ein Rüstfahrzeug umgebaut wurde, in Dienst stellen. Das Feuerwehrgebäude wurde im Jahr 1954 errichtet. Folgende Feuerwehrhauptleute standen der Betriebsfeuerwehr Dr. Franz Feurstein seit der Gründung vor (soweit dies aus den Unterlagen bekannt ist): HBI Rannerbauer (1923–1930), HBI Neubauer (1930–1935), HBI Janko (1935–1954), HBI Franz Madl (1954–1965), HBI Franz Mayr (1965–1973), HBI Walter Madl (1973–1983), und seit dem Jahr 1983 steht Franz Staudinger als Kommandant der Betriebsfeuerwehr Dr. Franz Feurstein vor.

HBI Staudinger F. (1964), OBI Madl W. (1955), AW Aigner F. (1974), AW Kellermayer W. (1975), AW Teufelhofer E. (1955) — Lm Aichmayr F. (1957), Fm Bindreiter G. (1981), HFm Brunnmayr F. (1958), HLm Buchegger A. (1966), PFm Deutsch W. (1983), HLm Fritz M. (1957), HLm Grottenthaler K. (1963), HFm Hehenberger J. (1974), HLm Klatenhuber L. (1973), E-HBI Madl F. (1921), E-HBI Mayr F. (1958), Lm Oberndorfer J. (1973), Fm Osterkorn W. (1981), Lm Reischl E. (1966), OLm Wittmann R. (1970), HFm Wohlschläger A. (1978)

BtF DER FLUGHAFEN LINZ BETRIEBS-GESELLSCHAFT M. B. H.

1964 wurde die Feuerwehr als rechtmäßige Betriebsfeuerwehr gegründet. Es wurden das erste Tanklöschfahrzeug FLF 3000 sowie ein Pulverlöschanhänger P 250 als Grundausrüstung angeschafft. Da aber die Ausmaße und Kapazitäten der neuen Flugzeuge im Rettungsdienst neue Maßstäbe erfordern, wurden weitere Gerätschaften angekauft. Somit verfügt die BtF heute über drei Tanklöschfahrzeuge mit einem Gesamtinhalt von 17 000 l Wasser und 2 300 l Schaumbildner, über ein Trockenlöschfahrzeug mit 2 000 kg Pulvervorrat, weiters über ein Kommandofahrzeug mit einer 75-l-Halon-Löschanlage für den Ersteinsatz und ein Rüstfahrzeug der Type RF 10 mit Sonderausrüstung für Flugzeugbergung. In den Schutzbereich der Wehr fällt in erster Linie die Sicherung des Flugverkehrs, weiters der Brandschutz über die Flughafenanlagen und die Betreuung der Brandmeldeanlage mit ihren 1 200 Brandmeldern. Im Westen des Flughafengeländes verfügt die Wehr über ein Übungsgelände. Sämtliche Einsatzfahrzeuge sind mit Funk der Flughafenfrequenz 121,9 MHz AM ausgestattet. Zwei Tanklöschfahrzeuge und ein Kommandofahrzeug sind zusätzlich mit Funkgeräten der Frequenz des Oö. Landes-Feuerwehrkommandos 172,600 sowie 172,650 MHz FM bestückt. Die BtF ist auch an das Funkalarmierungsnetz angeschlossen, wobei eine optimale Alarmierungsmöglichkeit besteht. Größere Einsätze: die Notlandung einer JAT DC 3 Frachtmaschine in Niederfrauenleithen bei St. Florian, der Kesselwagenbrand auf dem Bahnhof Hörsching sowie die Saababstürze bei der Zaunermühle in Traun und zwei Saab-Ö-105-Abstürze auf dem Flughafengelände, außerdem Objektbrände in der näheren Umgebung von Hörsching.

HBI Lechner J. (1965), OBI Sturm G. (1965), BI Windhager J. (1970) — Fm Baco J. (1979), HFm Bartl H. (1965), Fm Brandecker J. (1980), HBm Breiteneder K. (1976), HFm Brunhuber F. (1973), HFm Brunmayr F. (1975), OFm Brunmayr F. (1977), Fm Datscher H. (1979), HFm Ehling R. (1965), HFm Fasching K. (1965), HFm Gritzer L. (1976), OFm Hoffmann F. (1978), OFm Jugl M. (1976), OBm Kimeswenger J. (1977), PFm Kleindeßner F. (1983), Fm Kloimböck M. (1979), PFm Knoll H. (1982), OFm Landl J. (1976), HFm Leithinger G. (1973), HFm Mülleder J. (1971), Lm Pallaoro V. (1965), Fm Peterseil A. (1979), OFm Pichler A. (1974), PFm Pinkel G. (1983), Fm Priebsch K. (1974), OBm Püringer W. (1981), Fm Reindl R. (1974), Bm Resch J. (1966), OFm Rohrhuber F. (1975), PFm Sixtl K.-H. (1983), Fm Spaller G. (1980), OBm Stalltner E. (1981), PFm Steiner M. (1982), OFm Sturmair W. (1976), Fm Traunfellner K. (1976), Fm Uitz A. (1980)

BtF FA. FRANZ GABLER, TRAUN

Die Betriebsfeuerwehr wurde im Jahre 1895 vom damaligen Besitzer der „Bänder, Dochte u. Schnür-Fabrik" wegen der besonderen Brandgefahren in der Textilindustrie gegründet. Im Jahr 1937 schaffte die Betriebsfeuerwehr eine Rosenbauer-Pumpe RW 50 an und im Jahr 1958 ein Kleinlöschfahrzeug FK 1250 mit Vorbaupumpe. Sie hatte in der Blütezeit einen Stand von 35 bis 40 Mann, und ihr Einsatzbereich umfaßte außer dem Betrieb, dem Pflichtbereich, auch die umliegenden Gemeinden. Wegen des geringen Anteils an männlichen Mitarbeitern beträgt derzeit der Aktivstand nur noch zehn Mann, und der Einsatz beschränkt sich im wesentlichen auf die Brandsicherung des Betriebes. Seit der Gründung im Jahr 1895 standen folgende Feuerwehrmänner als Kommandanten an der Spitze: Honegger (1895–1905), Dworschak (1905–1912), Mohr (1912–1921), Filz (1921–1938), Franz (1938–1960), Sauer (1960–1967) und seit 1967 Kommandant Sagmüller.

HBI Sagmüller R. (1945), AW Lang F. (1954), AW Maurer J. (1978), AW Schindlecker F. (1973), BI Hartmann K. (1958) — HFm Bergmair K. (1964), HFm Brenner F. (1971), OLm Dörrich E. (1955), HLm Gaisbauer J. (1965), Bm Hauer C. (1939), OFm Haunschmidt A. (1978), HFm Marth E. (1966), OFm Metka G. (1978), HFm Mittermayr R. (1956), HFm Pelzeder K. (1972), OFm Scheidl L. (1978), OLm Schiffler J. (1958), HLm Schnetzinger J. (1940)

413

BtF DER NETTINGSDORFER PAPIERFABRIKS AG

1908 wurde die Betriebsfeuerwehr der Nettingsdorfer Papierfabrik ins Leben gerufen. Die Ausrüstung bestand aus einer Handdruckspritze, einer fahrbaren Schiebeleiter sowie Haken- und Dachleitern. 1920 bestand die Ausrüstung aus einem pferdebespannten Sanitätswagen, einer fahrbaren Motorspritze, einer fahrbaren Schiebeleiter, Dach- und Hakenleitern sowie einer fahrbaren Handdruckspritze. In den Jahren 1925 bis 1930 Bau des Feuerwehrdepots, und 1930 verfügte die Betriebsfeuerwehr als erste Wehr in der Gemeinde Ansfelden bereits über eine vollmotorisierte Löschgruppe, bestehend aus einem selbst umgebauten PKW Steyr 2 mit aufgebauter 4-Takt-Tragkraftspritze sowie dem dazugehörigen Schlauchmaterial. Im neuerbauten Depotgebäude standen zwei Landspritzen der Fa. Rosenbauer sowie eine leistungsstarke fahrbare Dampfspritze. 1939 erfolgte die Eingliederung der Betriebsfeuerwehr in die deutsche Feuerschutzpolizei. 1945 begann der Wiederaufbau der BtF. 1951 wurde das erste TLF angekauft. Es war auf einem englischen Militärfahrzeug, Marke Bedford, aufgebaut. 1953 erhielt die Betriebsfeuerwehr einen VW-Kübelwagen als Kommandofahrzeug. 1956 wurde das zweite TLF mit Allradantrieb und einer Hochdruckpumpe, Type 51.000, in Dienst gestellt. Als Ersatz für den außer Dienst gestellten Bedford erhält die BtF ein Tanklöschfahrzeug 2000, auf Steyr 680. 1971 wurde ein TLF 2000 Steyr 380 gebaut. 1970 Bau eines Rüst-Unimogs mit Seilwinde. 1983 wurde ein RLF-A 2000 angekauft. Weiters wurden vom LFK ein KRF-E (VW-Bus) und ein Atem-Fahrzeug (Mercedes 608 D) zur Stützpunktfeuerwehr BtF Nettingsdorf verlagert. Eine fahrbare Schiebeleiter, 1 TSA 75, 1 LS Generator Turbex vervollständigen die Ausrüstung.

VBR Frischauf K. (1939), HBI Schwaiger R. (1947), HBI Kuppinger M. (1968), OAW Schwertberger F. (1950), AW Brunnmayr M. (1954), AW Rinnerberger H. (1950), AW Sommer K. (1962), BI Buchberger G. (1957), BI Gutwald G. (1952), BI Kaiser J. (1943), BI Zachl J. (1942) — OLm Andexlinger J. (1950), HFm Aschenwald P. (1978), OLm Beer K. (1956), HFm Bitt R. (1976), HBm Brunner A. (1968), HBm Brunner F. (1953), HBm Ebner S. (1961), HLm Ernhard J. (1953), HLm Fehrer A. (1957), PFm Grüneis B. (1982), E-HBI Gumpesberger J. (1947), Bm Hackl F. (1942), Bm Helm H. (1950), HBm Hubert H. (1958), HLm Kandra K. (1947), Fm Kretzenbacher H. (1981), Fm Krist G. (1980), HBm Lernbeiß J. (1957), HBm Liebensteiner F. (1960), HFm Lindenmayr A. (1974), Bm Mair K. (1943), PFm Mayr H. (1982), Bm Mayr H. (1954), Mayr J., HBm Neuhofer H. (1964), HFm Neulinger W. (1975), PFm Neustifter K. (1982), PFm Ortmaier E. (1982), HLm Ottendörfer F. (1950), Bm Plaß A. (1948), PFm Portenkirchner W. (1982), HBm Preininger A. (1945), Lm Prenninger K. (1966), HBm Pühringer J. (1965), Fm Rigolet M. (1980), HFm Scheiblehner F. (1976), OFm Schmidt L. (1978), PFm Schölmberger A. (1982), Fm Schwaiger R. (1974), PFm Schwertberger W. (1982), PFm Dr. Stepski-Doliwa U. (1983), PFm Stöger Ch. (1983), HBm Süß H. (1965), E-OBI Wagner A. (1949)

FBtF STIFT ST. FLORIAN

1531 gab Propst Peter Maurer in der Marktordnung Anordnungen für die Verhütung von Feuerausbrüchen und Verhaltensregeln im Falle eines Brandes. In der Feuer-Ordnung für Stift und Markt St. Florian von 1747 erließ Propst Johann Georg genaue Bestimmungen für die Dienstnehmer im Stift bezüglich Brandbekämpfung. 1795 erfolgte der Ankauf einer tragbaren Kübelspritze (noch erhalten), 1811 einer Feuerspritze für Pferdebespannung ohne Saugrohr, 1835 von 30 Feuerpatschen. Die gedruckte Feuerordnung von 1836 übertrug die Leitung der Löscharbeiten den Beamten des Stiftes und dem Marktrichter. 1847 wurde die Freiwillige Stiftsfeuerwehr gegründet. Kommando: der Braumeister; Wartung und Bedienung der Geräte: die Brauerei- und Meierhofarbeiter; Ankauf einer Spritze für Pferdebespannung mit Saugrohr. Das Inventar der Stiftsfeuerwehr umfaßte 1872: 5 Feuerspritzen, 5 Handspritzen, 12 Wassereimer, 6 kleine Kanonen, 10 Böller, Patschen und Spieße. Der Zusammenschluß von Markt- und Stiftsfeuerwehr von 1894/95 findet 1920 ein Ende, und die Stiftsfeuerwehr wird mit eigenen Statuten selbständig. Seither wurden angekauft: TS-R 25-Rosenbauer (1936), TS Magirus TS 80 (1942), ein Rüstwagen (1950), ein gebrauchter KLF-Ford (1967), TS-Automatik 75 VW-Rosenbauer (1971). 1978/79 wurde im Remisegebäude ein Feuerwehrhaus ausgebaut. In den letzten Jahren erfolgte der Ankauf eines Megaphons und dreier Handsprechfunkgeräte (11-m-Band) sowie eines mobilen und eines Handsprechfunkgerätes (2-m-Band). Seit 1982/83 ist die FBtF Stift St. Florian an das Sirenennetz und die Funkalarmierung angeschlossen.

HBI Schuhmayer J. (1957), OBI Prohaska E. (1953), AW Franz I. (1968), AW Kugler J. (1962), AW Lechner G. (1962) — OBm Affenzeller R. (1966), HFm Gschwendtner A. (1974), E-AW Jägerhuber F. (1930), HFm Köhrer F. (1952), HFm Königsdorfer A. (1936), HFm Larndorfer R. (1962), OLm Lichtenauer A. (1972), OLm Nachbagauer J. (1972), HFm Palenik L. (1964), HFm Perner K. (1964), HBm Pflügl J. (1962), OFm Pollhammer H. (1979), Fm Prohaska E. (1980), Fm Prohaska H. (1980), OLm Reslhuber L. (1972), HFm Rieß H. (1975), OLm Schedlberger F. (1972), E-HBI Schicklberger A. (1928)

414

BEZIRK PERG

48 FEUERWEHREN

Abschnitt 1	Grein	14 Feuerwehren
Abschnitt 2	Mauthausen	19 Feuerwehren
Abschnitt 3	Perg	15 Feuerwehren

BEZIRKSKOMMANDO

Sitzend von links nach rechts: BR Kühberger Fritz, OBR ÖR Pointner Franz, BR Baumgartner Josef, BR Mitterlehner Karl; stehend von links nach rechts: HAW Lettner Johann, HAW Köck Gottfried, HAW Gruber Franz, BFK Pfarrer Zauner, BFA Dr. Sutter Helge, HAW Pfeiffer Anton

FF AISTING-FURTH

Auf Betreiben von Franz Moser aus Aisting verabschiedete die Gemeinde Schwertberg im Frühjahr 1932 im Gemeinderat den Gründungsbeschluß für den Löschzug der FF Schwertberg. Bei der Gründungsversammlung vom 6. April 1932 wurde Franz Moser zum Zugskommandanten gewählt. Die von der FF Schwertberg übernommene fahrbare Spritze wurde am 12. Juni 1932 einem ersten zufriedenstellenden Test unterzogen. Die ständigen Bestrebungen zur Erlangung der Selbständigkeit führten schließlich dazu, daß am 17. Juli 1932 die Gründungsversammlung als selbständige Wehr Aisting-Furth abgehalten und das Kommando vollständig übernommen werden konnte. Im Oktober 1932 wurde die erste Motorspritze gekauft. Am 24. März 1933 wurde der Pachtvertrag für das Grundstück des zukünftigen Zeughauses unterschrieben; die Kommissionierung erfolgte am 15. Mai 1933, und bereits am 8. Juli 1934 fand die Weihe des Zeughauses und der Motorspritze statt. Am 5. Juli 1938 kam es zum Ankauf eines Steyr Lkw, der in Eigenregie zum Rüstfahrzeug umgebaut wurde. Während des Zweiten Weltkrieges war die FF Aisting-Furth der FF Schwertberg angeschlossen. 1948 war die Wehr wieder selbständig und kaufte einen Steyr-2-Tonner. 1951 konnte die Schlagkraft der Wehr durch die Montage einer Sirenenanlage erhöht werden. 1956 kam es zum Ankauf der Motorspritze Typ R 75. 1964 hatte der 2-Tonner als Rüstfahrzeug ausgedient und wurde durch einen Ford KLF ersetzt. 1968 wurde eine Motorspritze VW Automatik 75 angekauft. Höhepunkt war das 40jährige Gründungsfest am 30. Juni 1968, zu dem viele Ehrengäste begrüßt werden konnten. Für diesen Anlaß erfolgte die Renovierung des Zeughauses, der dann 1970 der Neubau des Schlauchturmes folgte. 1976 konnte ein KLF Ford angekauft werden.

HBI Moser H. (1957), HBI Biringer P. (1957), AW Gusenleitner J. (1971), AW Harrer F. (1967), AW Lindner R. (1946), BI Froschauer G. (1967), BI Rammer R. (1958), BI Reindl A. (1962), BI Reindl F. (1977), BI Sturm L. (1974), BI Wieser J. (1976) — Fm Aichinger J. (1976), OFm Aigner G. (1971), OFm Aigner J. (1965), OFm Aigner W. (1983), Fm Atzmüller A. (1981), OFm Atzmüller J. (1977), OFm Bachner J. (1973), E-HBI Bauernschmied J. (1932), Lm Bayrleitner J. (1962), OFm Breuer P. (1981), OFm Brunner K. (1965), OFm Brunner M. (1971), E-BI Brunner W. (1948), OFm Brunner W. (1976), OFm Dirneder J. (1966), OFm Dirneder J. (1967), OFm Eichinger W. (1981), HLm Erlinger J. (1965), OFm Friedl R. (1981), HLm Froschauer F. (1950), OFm Froschauer F. (1974), OFm Gartner F. (1972), Fm Grassbauer A. (1982), OFm Grassbauer F. (1978), OFm Grassbauer R. (1975), Fm Greinstetter A. (1982), HFm Gusenleitner J. (1946), HLm Harrer W. (1954), OFm Horner Ch. (1981), Fm Horner H. (1982), HFm Horner J. (1947), OFm Horner J. (1966), OFm Kaiselgruber N. (1968), OFm Kapplmüller J. (1956), OFm Leitner E. (1963), OFm Lindner R. (1962), Fm Lindner R. (1971), OFm Lugmayr S. (1965), Fm Lumetsberger J. (1953), OFm Maurer H. (1976), Lm Moser F. (1946), OFm Moser F. (1969), Fm Moser F. (1971), OFm Moser H. (1983), OFm Moser R. (1959) OFm Moser R. (1983), E-AW Nöbauer S. (1946), OFm Peterseil F. (1979), OFm Dipl.-Ing. Peterseil R. (1975), E-AW Peterseil R. (1956), OFm Pissenberger F. (1962), OFm Pissenberger K. (1962), Fm Pissenberger K. (1983), HFm Pree H. (1970), E-AW Pree J. (1946), OFm Prinz J. (1964), OFm Reindl F. (1962), Fm Reindl G. (1982), OFm Reindl J. (1958), HFm Reindl K. (1958), Fm Reindl K. (1982), Fm Reindl K. (1983), Fm Reindl M. (1982), OLm Reindl R. (1949), E-AW Schier A. (1932), E-BI Schober J. (1946), Fm Schober J. (1969), OFm Stöllnberger W. (1967), E-HBI Sturm F. (1930), Fm Voglhofer J. (1979), OFm Wenigwieser L. (1971), OFm Wenigwieser L. (1974), OFm Wiesmayr F. (1957), OFm Wiesmayr F. (1967), E-AW Windischhofer E. (1962)

FF ALLERHEILIGEN-LEBING

Die Freiwillige Feuerwehr Allerheiligen-Lebing wurde am 4. November 1911 gegründet. Zum ersten Kommandanten wurde Schulleiter Karl Neudorfer gewählt. Am 28. Januar 1912 kaufte die Freiwillige Feuerwehr eine Feuerwehrhandspritze mit Pferdeanhänger. 1912: Planung und Bau des ersten Feuerwehrzeughauses. Der Baugrund wurde vom Besitzer des Gasthauses Kapplmüller kostenlos zur Verfügung gestellt. Die Baukosten (für Material) wurden von den Ortsgemeinden Allerheiligen und Lebing übernommen. Die Arbeitsleistung erbrachten die Mitglieder. 1920 wurde August Seyr zum Kommandanten gewählt. Dieses verantwortungsvolle Amt hatte Seyr bis 1953 inne. 1932 erfolgte der Ankauf der ersten Motorspritze (Type DKW) mit Pferdeanhänger. 1953 übernahm Karl Lugmayr das Amt des Feuerwehrkommandanten. 1955 Ankauf einer neuen Motorspritze mit Traktoranhänger (Type RW 75 Rosenbauer). 1957/58 Planung und Bau des neuen Feuerwehrzeughauses. Die Einweihung erfolgte am 14. September 1958. 1963 wurde Johann Hinterholzer neuer Feuerwehrkommandant. Seit 1973 ist Johann Angerer Kommandant der FF Allerheiligen-Lebing. 1974 wurden ein Berglandlöschfahrzeug und eine Motorspritze (Type VW RW 8) angekauft.

HBI Angerer J. (1957), OBI Wegerer J. (1968) — Achleitner F. (1963), Aistleitner H. (1971), Aistleitner K. (1962), Aistleitner M. (1976), Ambros A. (1978), Baumgartner G. (1983), Baumgartner K. (1979), Baumgartner R. (1946), Baumgartner R. (1979), Buchinger J. (1971), Dolzer J. (1946), Dolzer K. (1978), Ebenhofer R. (1954), Feilmayr W. (1957), Fischl F. (1957), Fraundorfer J. (1949), Mag. Fraundorfer J. (1973), Fraundorfer K. (1979), Freinschlag H. (1955), Freinschlag J. (1976), Freinschlag J. (1976), Freinschlag R. (1976), Freinschlag S. (1983), Freinschlag W. (1976), Greif A. (1973), Gruber K. (1949), Gruber K. (1974), Gschwandtner J. (1957), Himmelbauer A. (1969), Hinterberger K. (1979), Hinterholzer H. (1973), Hinterholzer J. (1947), Hinterholzer J. (1973), Hinterholzer K. (1972), Hochreiter A. (1958), Hochreiter A. (1979), Hochreiter J. (1974), Hofer A. (1949), Holzmann A. (1957), Holzmann Ch. (1982), Hueber R. (1969), Kaindl K. (1973), Kapplmüller K. (1947), Kapplmüller K. (1976), Kapplmüller L. (1979), Katzenschläger F. (1956), Kiesenhofer K. (1946), Kissenhofer K. (1973), Knoll F. (1957), Knoll J. (1957), Knoll J. (1959), Knoll R. (1953), Kriechbaum K. (1957), Kriechbaum K. (1957), Kühhas F. (1957), Kühhas G. (1976), Kühhas H.-P. (1979), Kühhas H. (1965), Kühhas J. (1946), Kühhas R. (1959), Lasinger A. (1972), Lasinger A. (1962), Lasinger G. (1979), Lasinger J. (1978), Lehner J. (1934), Lehner W. (1973), Leihmlehner F. (1946), Leihmlehner J. (1972), Leitner F. (1981), Leitner J. (1978), Lindner N. (1979), Lugmayr J. (1974), Lugmayr J. (1983), Lugmayr J. (1943), Lugmayr K. (1946), Lugmayr K. (1972), Lugmayr K. (1973), Mörwald F. (1976), Mörwald J. (1946), Mörwald J. (1972), Öhlinger A. (1959), Panholzer N. (1974), Pichler J. (1970), Pichler K. (1946), Pichler K. (1976), Pilsl J. (1981), Pilsl J. (1973), Pilsl R. (1940), Pilsl R. (1973), Raab A. (1960), Raab A. (1975), Raab K. (1979), Rammer V. (1949), Reiter M. (1946), Riegler J. (1973), Schimpl A. (1976), Schimpl J. (1973), Schinnerl A. (1934), Schinnerl L. (1976), Steinbrecher J. (1957), Steinbrecher K. (1927), Steinbrecher K. (1957), Steiner F. (1946), Steiner F. (1957), Stöger A. (1950), Stöger A. (1978), Tischberger H.-P. (1983), Tischberger H. (1957), Tischberger H. (1978), Tischberger J. (1927), Unterauer F. (1973), Wahl H. (1973), Wahl J. (1946), Wahl J. (1973), Wahl J. (1973), Wahl J. (1949), Wahl J. (1969), Wahl J. (1979), Wahl L. (1973), Wahl R. (1983), Walch W. (1983), Walch W. (1957), Weichsbaumer K. (1973), Wimhofer J. (1970), Wimhofer K. (1973), Zimmerberger J. (1983), Zimmerberger K. (1957), Zimmerberger R. (1978)

FF ALTAIST

Am 3. Juni 1923 fand die Gründungsversammlung der FF Altaist, vormals Löschzug der FF Wartberg ob der Aist, statt. 28 Mitglieder traten der Feuerwehr bei. Wehrführer war Franz Lehner vulgo Haslinger. Eine Feuerwehrspritze wurde von der FF Wartberg leihweise dem Löschzug Aistbergthal beigestellt. Im Jahr 1924 wurde eine Spritze angekauft. 1927 wurde ein Feuerwehrdepot in Aistbergthal auf dem Grundstück des seinerzeitigen Kommandant-Stellvertreters und derzeitigen Kommandanten HBI Franz Rammer gebaut. Bis 1933 leitete Franz Lehner die Geschicke der FF Altaist. Fritz Reiter übernahm kurze Zeit die Funktion des Schriftführers und Wehrführers. Er war Schulleiter der Volksschule Hochstraß. 1934 löste Florian Hoislbauer den Wehrführer Fritz Reiter ab. In seiner Amtszeit waren mehrere Ausrückungen bei Bränden erforderlich. Während der Kriegszeit scheint über die Tätigkeit der FF Altaist nichts auf. Am 5. Mai 1946 fand unter Vorsitz des seinerzeitigen Bürgermeisters von Ried, Franz Sommerauer, eine Versammlung statt, bei der Franz Stegfellner einstimmig zum Wehrführer gewählt wurde. Unter der Legislaturperiode löste Robert Schinnerl Kommandant Stegfellner ab. 1952 wurde eine neue Motorspritze, RW 25, angekauft. 1957 wurde die Bewerbsgruppe durch Josef Rammer gegründet. In diesem Jahr wurde die Zeughauserweiterung durchgeführt und ein Traktoranhänger gekauft. 1970 wurde eine neue VW-Motorspritze angekauft. Im August 1971 fand das 50jährige Gründungsfest, verbunden mit Motorspritzenweihe und Naßlöschwettbewerb, statt. Kommandant Robert Schinnerl legte seine Funktion 1976 nieder. Franz Rammer wurde zum Kommandanten gewählt; diese Funktion übt er bis heute aus. Am 14. März 1980 erhielt die FF Altaist ein KLF.

HBI Rammer F. (1958), OBI Rammer J. (1951), AW Brammer J. (1968), AW Just J. (1954), AW Steiner J. (1954), BI Brandstetter R. (1950), BI Hoislbauer F. (1972), OBI Sethaler A. (1952) — E-BI Artner J. (1963), HFm Binder F. (1946), Lm Böhm A. (1959), OLm Brandstätter J. (1969), OLm Ennikl A. (1976), Fm Gigl A. (1982), OLm Glockner J. (1958), HFm Glockner M. (1972), OFm Gruber F. (1972), OLm Grubmüller J. (1955), E-BI Haas H. (1934), HLm Haas K. (1959), HFm Hennerbichler J. (1977), Lm Hirsch A. (1949), OFm Hitzker F. (1977), OLm Höslbauer F. (1946), Fm Just J. (1979), OFm Just J. (1981), HFm Käferböck F. (1974), OFm Kern W. (1966), Fm Lehner G. (1982), Fm Leitner F. (1979), OLm Lischansky E. (1968), OFm Mairböck J. (1977), OLm Mayr J. (1948), HFm Pichler K. (1977), Lm Punz A. (1951), OLm Raffetseder J. (1974), OLm Rammer F. (1932), E-HBI Schinnerl R. (1934), Lm Stegfellner F. (1932), Fm Steiner H. (1980), HFm Steiner J. (1974), Lm Steiner J. (1972), Lm Stöger F. (1946), Fm Stöger J. (1978), OFm Tauscheck Ch. (1979), Fm Tauschek A. (1982), HFm Tauschek H. (1977), OFm Wahl A. (1977), OFm Wahl J. (1979)

FF ARBING

Nach einem Großbrand in Frühstorf am 16. April 1899 wurde das Gründungskomitee zur Gründung einer Feuerwehr gewählt. Als erste Ausrüstung wurde eine vierrädrige Spritze, 150 m Schläuche und Feuerwehrkappen aus Leder gekauft. Eine Gerätekammer im Pfarrhof diente als Feuerwehrdepot. Am 1. Oktober 1899 fand die konstituierende Generalversammlung der FF Arbing statt. Dabei wurde das erste Kommando unter Wehrführer Camillo Pauk gewählt. Die Feuerwehr zählte damals 32 Mitglieder. Zum Ankauf nötiger Geräte (Feuerhaken, Leitern, Helme, Uniformen usw.) bemühte sich das Kommando um Subventionen, führte Sammlungen durch und veranstaltete Silvesterfeiern mit Tombola. 1905 wurde ein eigenes Feuerwehrdepot gebaut, und in den siebziger Jahren bezog die FF das Zeughaus im neuerrichteten Amtsgebäude. Zur Finanzierung größerer Anschaffungen (z. B. 1930 eine Motorspritze, 1975 ein KLF) wurden Theateraufführungen und Haussammlungen durchgeführt. 1948 wurde in Roisenberg ein eigener Löschzug gegründet. Seit 1983 ist die FF Arbing an das Sirenennetz und die Funkalarmierung angeschlossen.

HBI Fritzl F. (1952), OBI Heiml J. (1953), AW Fröschl F. (1973), AW Kirsenhofer W. (1971), AW Dir. Renner W. (1978), BI Baumgartner F. (1958), BI Fröschl F. (1948), BI Hochreiter F. (1966) — HFm Achleitner K. (1948), Bm Aigner R. (1961), Lm Aschauer H., Lm Aschauer J. (1978), Lm Baderer F. (1970), E-AW Baderer H. (1951), HBm Baderer H. (1969), HFm Ing. Bauernfeind J. (1966), Lm Baumgartner A. (1950), HFm Baumgartner N. (1969), Fm Berger L. (1974), OLm Bruckner F. (1952), Lm Bruckner R. (1965), OFm Bruckner R. (1980), OFm Ing. Brunner F. (1966), OFm Burgstaller G. (1978), OFm Burgstaller J. (1969), OFm Daniel E. (1981), Fm Dirringer H. (1981), Lm Ebner F. (1964), HLm Ebner K. (1966), Lm Fellner J. (1950), OLm Fritzl K. (1964), E-AW Dir. Hoheneder K. (1966), Bm Holzer G. (1947), OLm Holzer W. (1965), OLm Huber J. (1961), Bm Kaiselgruber L. (1967), Lm Kastner J. (1981), Lm Kastner J. (1981), HFm Kaufmann H. (1966), Lm Kemethofer E. (1974), OFm Kemethofer J. (1978), Kemethofer J. (1949), Fm Kirchhofer F. (1974), HFm Kirchhofer F. (1974), OFm Kirchhofer W. (1981), OFm Kirsenhofer A. (1978), OFm Klissenbauer R. (1967), E-BI Kloiblhofer A. (1960), OLm Kneidinger F. (1959), Bm Koppler G. (1960), HFm Koppler K. (1965), Bm Kranzer F. (1954), HFm Kranzl J. (1964), OBm Kranzl L. (1962), Bm Küllinger J., Lm Küllinger J. (1948), OLm Küllinger K. (1972), OLm Landl A. (1951), HFm Landl A. (1965), HFm Landl J. (1965), HLm Lettner H. (1963), Lm Lettner K. (1974), Lettner M. (1959), Bm Nefischer K. (1960), OLm Nefischer K. (1960), OFm Nußbaummüller A. (1982), OFm Nußbaummüller J. (1981), OFm Nußbaummüller K. (1982), Lm Öllermayer A. (1975), Lm Pachinger M. (1981), Lm Panhofer F. (1947), HFm Pfeifer J. (1951), Lm Pfeifer K. (1947), Lm Pfiffer F. (1974) OLm Pilz F. (1967), OLm Pilz J. (1960), Lm Prinz J. (1960), OLm Puchberger H. (1950), HLm Ruland K. (1935), Lm Schützeneder J. (1964), OLm Schweiger J. (1953), Lm Schweiger H. (1952), HFm Speckhofer F. (1952), Lm Speiser H. (1972), OFm Speiser J. (1969), PFm Spiegel G. (1983), Bm Steindl I. (1946), HLm Steininger A. (1956), OLm Steinkellner J. (1947), OLm Steinkellner J. (1966), Bm Straßer J. (1948), Lm Tagwerker J. (1947), OLm Tagwerker K. (1963), OFm Tauböck J. (1967), HFm Tauböck K. (1955), OFm Tremetsberger E. (1981), OFm Wahl G. (1981), OLm Wahl K. (1952), OFm Weixelbaumer J. (1981), Lm Wimmer J. (1962), Lm Woldrich J. (1965), OFm Zach H. (1966)

FF UND WASSERWEHR AU AN DER DONAU

Im Dezember 1922 rief der Bürgermeister der Marktgemeinde Au zur Gründung einer Feuerwehr auf. Der damalige Bürgermeister Josef Froschauer wurde zum Wehrführer gewählt. Die Wehr bestand aus Steiger-, Spritzen-, Rettungs- und Wasserwehrabteilung. Für den Einsatz wurde der neugegründeten FF eine Knaust-Abprotzspritze von der Schwemmverwaltung zur Verfügung gestellt. Der Zeughausbau begann 1924. Den Baugrund stellte die Familie Pühringer kostenlos zur Verfügung. Am 9. August 1925 erfolgte die Einweihung. Die erste zweirädrige Motorspritze wurde 1928 gekauft. Der Anschluß Österreichs 1938 brachte die Eingliederung in die deutsche Feuerpolizei. Die Eigenständigkeit endete mit der Eingemeindung nach Naarn. Während des Zweiten Weltkrieges wurden aus Mitgliedern der Hitlerjugend Löschgruppen gebildet, um den Feuerschutz aufrechtzuerhalten. Am 14. April 1946 erfolgte die Wiedererstehung der Feuer- und Wasserwehr Au an der Donau. Alois Wagner wurde in offener Wahl zum Wehrführer gewählt. Ein altgedienter Steyr A 1500 aus Wehrmachtsbeständen wurde 1948 als Feuerwehrauto angeschafft. Am 29. März 1953 wurde Willi Österle zum neuen Kommandanten gewählt. Nach der großen Hochwasserkatastrophe 1954 wurde ein Ponton sowie zwei Sturmbootmotoren und einige Zillen angekauft. Das alte Feuerwehrdepot war für diese Gerätschaften viel zu klein geworden, weshalb ein neues Zeughaus erbaut wurde. Im Juli 1959 erfolgte die Einweihung, verbunden mit einem Fest. Der Gerätestand wurde 1962 durch eine moderne Tragkraftspritze Automatik 75 VW und 1965 durch ein Feuerwehrfahrzeug Ford 1000 erweitert. Nach 30jähriger beispielhafter Tätigkeit legte Kommandant Willi Österle im März 1983 sein Amt nieder. Kommandant wurde Willi Hannl.

HBI Hannl W. (1949), OBI Brunner E. (1951), AW Fritz J. (1963), AW Kiehas J. (1964), AW Kiehas J. (1952), AW Luftensteiner J. (1943), BI Braher J. (1955), BI Nösterer W. (1954), BI Tauber J. (1941), BI Voglhofer J. (1969), BI Wurm A. (1963) — OFm Aigner F. (1974), OFm Aistleitner H. (1974), OFm Bauernschmidt J. (1974), OFm Binder P. (1974), OFm Braher G. (1978), OFm Braher P. (1980), OFm Ing. Brunner E. (1975), Fm Brunner F. J. (1979), Lm Brunner R. (1969), HFm Dangl F. (1935), OFm Dannhofer H. (1974), Lm Dannhofer J. (1951), OFm Datterl F. (1974), HFm Dorfner H. (1959), OFm Einfalt J. (1980), OFm Flankl M. (1974), Lm Fritz J. (1951), HFm Fritz J. (1966), OFm Ing. Froschauer E. (1973), OFm Froschauer J. (1980), OFm Froschauer J. (1979), OFm Furchtlehner J. (1980), OFm Gartner K. (1975), AW Grasserbauer A. (1946), HFm Grasserbauer R. (1965), Lm Grienberger J. (1930), HFm Gruber J. (1946), HFm Gruber J. (1961), HFm Haas K. (1962), Fm Haberbauer E. (1982), HFm Haberbauer G. (1946), OFm Handl F. (1969), HFm Heindl G. (1950), Lm Heindl W. (1977), OFm Hennerbichler F. (1974), OFm Hochreiter F. (1982), HFm Kiehas A. (1943), HFm Kiehas E. (1963), HFm Kiehas H. (1964), Lm Kiehas J. (1954), OFm Kiehas J. (1979), HFm Kienberger F. (1950), OFm Kienberger R. (1976), OFm Korischeck Ch. (1979), HFm Korischek A. (1963), Lm Langeder J. (1974), OFm Lettner E., E-OBI Lettner M. (1930), Lm Lettner M. (1959), Lm Luftensteiner G. (1967), Lm Luftensteiner J. (1959), PFm Luftensteiner R. (1980), HFm Michlmayr K. (1962), E-HBI Österle W. (1951), HFm Oppenauer F. (1949), OFm Oppenauer F. (1974), OFm Oppenauer R. (1980), HFm Peterseil E. (1980), Fm Peterseil J. (1980), HFm Peterseil M. (1952), HFm Peterseil M. (1982), HFm Pissenberger J. (1949), HFm Pührerfellner E. (1946), HFm Pühring A. (1946), OFm Pühringer R. (1974), OFm Raffetseder A. (1979), Fm Raffetseder J. (1980), Lm Scheuwimmer F. (1951), Lm Sieghart J. (1923), HFm Tauber E. (1955), OFm Tauber G. (1979), Fm Tauber K. (1982), HFm Tober F. (1964), OFm Tober F. (1979), PFm Tober M. (1982), HFm Viehböck A. (1951), OFm Viehböck J. (1970), HFm Vösenhuber H. (1963), Lm Vorbuchner J. (1961), HFm Werfer F. (1951), Fm Wurm A. (1983)

FF BAD KREUZEN

Im Jahr 1877 wurde in Kreuzen der „Verein für Feuerwehr und Rettungswesen" gegründet. Kommandanten sind seit 1895 bekannt: Anton Grasser (1895–1907), Theodor Mair (1907–1923), Karl Aschauer (1923–1933), Franz Winglmayr (1933–1938), Michael Brunhofer (1938–1946), Dir. Franz Winglmayr (1946–1960) Franz Kern (1960–1968), Hermann Katzlinger (1968–1973) und Rudolf Kandulski (seit 1973). Im Jahr 1902 wurde die erste Spritze, Marke Polo, eingeweiht, 1930 wurde die neue Motorspritze geweiht. 1938 wurde aus dem Verein „Feuerwehr und Rettungswesen" eine Körperschaft öffentlichen Rechts. 1946 Ankauf eines Geländefahrzeuges (Jeep mit Anhänger aus Kriegsbeständen). 1953 wurde eine neue Motorspritze angekauft, 1961 ein Unimog. 1955 erfolgte der Ankauf einer Sirene, die aus dem Reingewinn des ersten Nachkriegsfeuerwehrballs finanziert wurde. Das Jahr 1965 brachte die Einrichtung des neuen Zeughauses im Mehrzweckgebäude und den Ankauf eines VW-Busses. 1970 wurde ein Mittelschaumrohr zur Brandbekämpfung von Flüssigkeitsbränden angeschafft, 1973 drei schwere Atemschutzgeräte; 1978 machte die moderne Brandbekämpfung den Ankauf eines Tanklöschfahrzeuges notwendig. Die gesamte Bevölkerung und die Gemeinde trugen zu den enormen Kosten bei.

HBI Kandulski R. (1952), OBI Lengauer E. (1955), AW Furtlehner F. (1960), AW Ing. Hinterdorfer F. (1953), AW Kaindl J. (1964), AW Kranzler E. (1960), BI Kurzmann F. (1974), BI Mitterlehner R. (1959) — Lm Aistleitner K. (1943), HFm Barth K. (1974), Bm Brandstetter J. (1946), HFm Bruckner A. (1970), HLm Bruckner O. (1946), Lm Brunhofer H. (1972), HBm Brunhofer R. (1946), Lm Buchberger A. (1962), OFm Buchberger J. (1977), Fm Dober G. (1977), Lm Freinschlag R. (1950), HFm Freinschlag R. (1973), OLm Frühwirth A. (1962), Fm Frühwirth R. (1980), OFm Furtlehner R. (1973), OFm Geirhofer J. (1976), Fm Geirhofer J. (1978), Lm Grabmann A. (1970), JFm Grafeneder J. (1982), HFm Grafeneder L. (1977), HLm Grünsteidl J. (1952), Lm Hahn F. (1968), PFm Haidbauer L. (1983), HLm Haider K. (1946), HFm Haider K. (1976), Lm Haider K. (1978), HLm Heilmann R. (1946), Fm Heimel J. (1977), Bm Hießböck A. (1936), Fm Hießböck W. (1983), Fm Hinterdorfer G. (1978), JFm Hintersteiner A. (1983), HLm Honeder K. (1966), OLm Inreiter M. (1936), HLm Jung J. (1961), OFm Jung L. (1976), OLm Karl W. A. (1977), HFm Kastl H. (1970), E-HBI Katzlinger H. (1937), HFm Kollros R. (1973), Fm Konrad A. (1980), JFm Konrad F. (1982), Fm Kranzler K. (1979), HLm Leimer L. (1946), Lm Leimer L. (1920), JFm Leinmüller R. (1982), OFm Leitner F. (1973), HFm Leonhartsberger I. (1970), JFm Leonhartsberger S. (1980), Lm Lindner J. (1973), HFm Lumetsberger L. (1977), Fm Mitterlehner A. (1976), HFm Mitterlehner G. (1974), Fm Mitterlehner K. (1980), OFm Nenning J. (1974), HLm Peyreder R. (1946), JFm Podlensnic K.-H. (1982), Fm Prinz G. (1978), OLm Prinz J. (1966), HFm Raffetseder F. (1974), HFm Riegler J. (1973), Bm Riegler J. (1960), HFm Schiefer J. (1966), OLm Schopf A. (1946), E-BI Sigl V. (1965), OFm Sigl V. (1976), Fm Steindl H. (1978), HLm Stiermayr J. (1959), E-BFA Dr. Sutter H. (1979), HLm Überreiter K. (1966), Fm Ürreiter G. (1982), HBm Waidhofer J. (1949), HBm Waser J. (1952), HFm Wenigwieser J. (1970), HFm Wenigwieser J. (1974)

FF BAUMGARTENBERG

Die Freiwillige Feuerwehr Baumgartenberg wurde am 26. März 1905 gegründet. Zum ersten Feuerwehrhauptmann wurde Ambros Otter gewählt. Der erste Feuerwehrball wurde am 21. Januar 1906 abgehalten und brachte einen schönen Reingewinn. Weiters wurde im Jahr 1906 das Feuerwehrdepot fertiggestellt, um die Handspritze und die Gerätschaften unterbringen zu können. Laut Chronikbericht gab es bis zum Jahr 1934 in Baumgartenberg und Umgebung sehr viele und oft verheerende Brände, was an die Feuerwehr große Anforderungen stellte. 1939 wurde die erste Motorspritze R 50/20 PS von der Fa. Rosenbauer gekauft; 1948 wurde ein amerikanischer Mannschaftswagen Marke Dodge gekauft und als Rüstwagen umgebaut, der durch den Allradantrieb beim Hochwasser 1954 große Dienste leistete. 1960 bekam die Feuerwehr eine VW-Pumpe R 75 mit Automatik; 1965 wurde ein Ford Transit 1250 mit Vorbaupumpe gekauft, und seit 1982 besitzt die Feuerwehr ein Tanklöschfahrzeug 2000 mit Funkausstattung.

HBI Guttmann J. (1966), OBI Kaindl K. (1963), AW Hochgatterer F. (1972), AW Kern W. (1952), BI Brunner K. (1966), BI Froschauer K. (1951), BI Lehbrunner J. (1961), BI Scharf W. (1972) — HLm Aigner A. (1946), Lm Aistleitner M. (1947), OFm Aistleitner M. (1974), HFm Amort E. (1964), OLm Baderer J. (1952), HFm Berner J. (1964), HBm Berner J. (1947), OFm Blaschek J. (1975), OLm Brunner A. (1963), HLm Brunner J. (1963), HFm Buchmayr F. (1961), PFm Buchmayr F. (1983), OLm Eder K. (1955), OBm Einsiedler F. (1945), PFm Einsiedler M. (1983), Bm Fischl J. (1946), HFm Fischl J. (1969), Fm Fornwagner J. (1977), HFm Foschum J. (1968), OFm Fraundorfer F. (1978), Fm Fraundorfer J. (1981), HFm Fraundorfer F. (1969), Bm Fröschl F. (1946), Lm Fröschl K. (1952), HFm Fröschl K. (1963), OFm Froschauer E. (1978), OFm Froschauer G. (1962), HFm Froschauer J. (1970), Bm Froschauer J. (1964), HFm Froschauer K. (1977), HFm Gaisberger M. (1966), Bm Grasserbauer A. (1946), HFm Grasserbauer G. (1977), OLm Grasserbauer K. (1946), OFm Gruber J. (1956), HBm Gruber J. (1973), Lm Grüllenberger R. (1947), Bm Gusenbauer F. (1946), OLm Gusenbauer J. (1948), HFm Gusenbauer K. (1974), OFm Gusenbauer L. (1977), PFm Guttmann A. (1983), OLm Hickersberger K. (1946), OFm Hickersberger K. (1972), OBm Hochgatterer F. (1948), OLm Hochgatterer I. (1952), OLm Hochgatterer J. (1952), OLm Hochgatterer J. (1959), HFm Hochgatterer K. (1973), OLm Hohl J. (1960), HFm Holzmann Ch. (1977), Lm Holzmann F. (1952), OFm Huber F. (1974), OFm Huber F. (1968), OLm Huber J. (1925), HFm Huemer A. (1972), OFm Kagerhuber F. (1976), HFm Kaindl F. (1963), HBm Kaindl F. (1968), HFm Kaindl J. (1973), OLm Kastner A. (1953), Fm Kastner E. (1979), HFm Kastner F. (1973), OFm Kastner I. (1948), HFm Kastner I. (1948), HFm Kern W. (1978), HBm Kloibhofer A. (1950), PFm Kloibhofer F. (1983), Lm Kloibhofer K. (1961), OBm Dr. Königseder K. (1946), Lm Kollmann J. (1950), OLm Kranzl J. (1960), OLm Kranzl K. (1963), OFm Küllinger F. (1976), Lm Kunze R. (1952), Lm Kunze R. (1973), OLm Lang W. (1964), OLm Langeder J. (1948), Fm Langeder J. (1979), Lm Lasinger L. (1978), Fm Lehbrunner J. (1980), OLm Lengauer A. (1950), HFm Lengauer M. (1961), OFm Lengauer W. (1973), OLm Leonhardsberger A. (1961), HBm Leonhardsberger F. (1968), OFm Leonhardsberger S. (1979), PFm Leonhartsberger E. (1983), PFm Leonhartsberger G. (1983), Bm Lettner A. (1946), OFm Lettner F. (1975), HFm Lettner G. (1968), Bm Lettner J. (1947), E-BI Lettner K. (1946), OFm Lettner K. (1969), HFm Lettner R. (1964), Lm Leutgeb J. (1956), Fm Lindenhofer J. (1981), Lm Mayrhofer F. (1948), HBm Müller J. (1970), HFm Müller K. (1977), HFm Opitz H. (1966), OLm Ortmayr F. (1949), Fm Pachner A. (1978), Bm Palmanshofer K. (1958), OLm Palmetshofer A. (1952), HFm Palmetshofer A. (1970), Lm Panholzer L. (1959), OFm Pichler H. (1974), OLm Pichler K. (1946), HFm Pichler R. (1964), PFm Poscher F. (1982), HFm Prinz A. (1974), Lm Prinz J. (1945), Lm Prinz K. (1948), Lm Raab K. (1952), HFm Raab K. (1973), OLm Riegler K. (1960), Fm Scharf W. (1982), Lm Schartmüller F. (1966), Bm Schatz K. (1953), OLm Schöller J. (1957), OFm Schön K. (1973), OLm Schweiger F. (1945), PFm Schweiger F. (1979), Lm Schweiger J. (1957), OFm Stadlbauer A. (1953), Lm Stadlbauer F. (1968), Bm Stadtbauer M. (1937), Bm Stadlbauer F. (1947), Bm Steininger J. (1932), Fm Steininger J. (1980), OFm Steininger L. (1968), Lm Steininger M. (1945), OFm Strondl K. (1973), OLm Tremesberger F. (1946), OFm Tremesberger J. (1969), Bm Tremesberger L. (1947), OFm Wagner H. (1968), OBm Wagner J. (1954), HFm Weilig G. (1974), HFm Weilig K. (1977), OLm Zickerhofer J. (1946), OFm Zickerhofer K. (1977)

FF BLINDENDORF

Im Jahr 1925 gab es im Ort Blindendorf-Kruckenberg mehrere Brände; die Bevölkerung war ratlos. Bei einer am 31. Januar 1926 abgehaltenen Versammlung unter der Leitung des damaligen Bürgermeisters von Ried in der Riedmark, Landesrat Josef Mayrhofer, wurde die Notwendigkeit einer eigenen Ortsfeuerwehr festgestellt, und bereits am 4. Juli 1926 feierten die Blindendorfer Feuerwehrmänner ihr erstes Gründungsfest. Die damals noch als Löschzug der Freiwilligen Feuerwehr Ried in der Riedmark geführte Wehr hatte schon 42 Mitglieder. Nach mehreren Einsätzen in den darauffolgenden Jahren wurde der Löschzug Blindendorf am 6. Juli 1932, im Jahr der Markterhebung von Ried in der Riedmark, eine eigenständige Feuerwehr und in das Feuerwehrbuch des Landes Oberösterreich eingetragen. 1932 wurde das zur Zeit noch benützte Feuerwehrhaus errichtet und eine Motorspritze angeschafft. Am 28. Januar 1951 wurde eine moderne Tragkraftspritze gekauft, 1965 eine Feuerwehrhaus-Vergrößerung durchgeführt und am 5. November 1968 das erste Löschfahrzeug, ein VW-Kastenwagen, in Eigenregie aufgebaut und in Betrieb genommen. So wurden im Laufe der Jahre die Gerätschaften modernisiert, so daß die Freiwillige Feuerwehr Blindendorf mit ihrer derzeitigen Mannschaft und den vorhandenen Geräten eine schlagkräftige Wehr in der Gemeinde Ried darstellt. Dies wurde durch die Stationierung eines Kleinrüstfahrzeuges mit Elektrogeräten durch den Katastrophenhilfsdienst des Landes Oberösterreich bestätigt. Für die Unterbringung aller Gerätschaften wurde 1981 ein neues Feuerwehrhaus geplant und 1982 mit dem Bau begonnen. Mit der Unterstützung des Landes, der Gemeinde und nicht zuletzt durch entsprechende Eigenleistungen wird die Fertigstellung bis zum 60jährigen Gründungsfest 1986 gelingen.

HBI Gagstädter K. G. (1964), OBI Schatz B. (1971), AW Aberl J. (1968), AW Brandstötter J. (1954), AW Tröbinger F. (1966), BI Peterseil S. (1971) — HFm Aberl J. (1948), Lm Bamberger G. (1959), HFm Bamberger H. (1969), HFm Brandstätter F. (1968), OBm Brandstätter R. (1954), HFm Brandstetter J. (1965), Lm Breselmayr W. (1964), E-BI Brückler F. (1947), HBm Buchner A. (1961), HFm Dalpiaz W. (1969), HFm Derntl F. (1964), OFm Ebenhofer K. (1980), HFm Ebersteiner H. (1973), HFm Ebersteiner H. (1975), HFm Ebersteiner J. (1972), Bm Friedl J. (1972), Lm Gagstädter K. (1958), PFm Gagstädter R. (1983), OBm Grasser R. (1951), Fm Grubmüller A. (1968), HFm Grubmüller L. (1958), OFm Hennerbichler A. (1974), OFm Hinterkörner F. (1973), OFm Hinterreiter O. (1973), PFm Ing. Hochreiter A. (1983), HFm Höllwirth W. (1971), Lm Holzweber E. (1977), OLm Huber R. (1973), Lm Kaindl A. (1964), E-BI Kern A. (1926), HFm Lichtl F. (1954), HFm Marksteiner F. (1973), OFm Marksteiner J. (1972), Bm Mauracher H. (1964), Lm Mauracher J. (1959), OFm Mauracher P. (1980), OLm Mayrhofer F. (1954), HBm Mayrhofer F. (1968), Lm Mayrhofer J. (1971), HFm Obereder F. (1937), HLm Oggolder J. (1964), OFm Peterseil F. (1980), Lm Peterseil J. (1964), Lm Peterseil S. (1960), HFm Pissenberger E. (1971), HFm Pissenberger J. (1953), OLm Pissenberger J. (1975), Lm Pointner E. (1964), HBm Prandner F. (1968), E-HBI Rammer J. (1946), E-BI Reisinger F. (1948), OLm Reisinger F. (1964), Lm Röbl A. (1964), E-OBI Roidinger F. (1937), HLm Roselstorfer R. (1952), E-BR Saumer F. (1950), Lm Schatz F. (1968), HFm Schatz M. (1950), Fm Scherer F. (1981), OBm Scherrer F. (1947), HBm Traxler H. (1965), HFm Wahl H. (1971), HLm Wahl J. (1947), Lm Weidinger E. (1958), HFm Weilguny F. (1973), OFm Wurm H. (1960), Lm Wurm H. (1969)

FF DIMBACH

Die Gründung der FF Dimbach erfolgte am 17. Juli 1887, wie aus den Eintragungen der ersten Mitglieder im Bestandsbuch zu ersehen ist. Bereits im Gründungsjahr wurde die erste Handdruckpumpe, mit Bedienung durch vier Mann, angeschafft. Weitere Anschaffungen waren 1930: erste Motorspritze; 1949: Bau des Zeughauses; 1951: Ankauf der zweiten Motorspritze R 75 mit 30 PS. 1952 wurde das erste Auto, ein gebrauchter Jeep, angeschafft, der den Pferdewagen ablöste. 1957 wurde der unbrauchbar gewordene Jeep gegen einen anderen gebrauchten Jeep getauscht. 1963: Ankauf cincs neuen VW-Busses mit Einachsanhänger; 1972: Anschaffung einer neuen Motorspritze VW 75 Automatik; 1979: Ankauf eines neuen KLF VW-LD 35; 1980: Anschaffung von drei Funkgeräten (zwei Handfunkgeräte und ein im KLF eingebautes Gerät). 1927 fand das 40jährige Gründungsfest statt. 1935 wurde eine zweite Wehr in der Ortschaft Gassen gegründet, welche bis ins Jahr 1963 ihren Bestand hatte, aber aufgrund der Motorisierung, hauptsächlich aber aus finanziellen Gründen, wieder aufgelöst wurde. Über die ersten Kommandanten nach der Gründung konnte nichts eruiert werden; es ist lediglich gesichert, daß Oberlehrer Hans Reichl nach 1908 viele Jahre die Wehr führte. 1937 war Leopold Neulinger, 1938 Rudolf Riener, 1941 Franz Leonhartsberger Wehrkommandant. Auch aus der Kriegszeit sind keine lückenlosen Aufzeichnungen vorhanden, aufgrund mündlicher Aussagen war zwischen 1943 und 1945 Alois Schachenhofer, nach Kriegsende für kurze Zeit wieder Franz Leonhartsberger Wehrführer. Vom Jahr 1947 an wurden alle Kommandanten aufgezeichnet: Hans Lieb (1947–1951), Johann Freinschlag (1951–1963), Karl Fröschl (1963–1968), Rudolf Reiter (1968–1978) und Johann Freinschlag (seit 1978).

HBI Freinschlag J. (1948), OBI Gruber H. (1946) — Aichinger S. (1951), Aistleitner J. (1946), Aistleitner J. (1979), Aschauer J. (1946), Aschauer K. (1963), Barth L. (1981), Brandl J. (1978), Brandstetter F. (1977), Buchberger J. (1930), Dirringer J. (1936), Eisenhuber H. (1974), Fenster F. (1981), Fernster F. (1978), Fichtinger J. (1979), Freinschlag J. (1924), Freinschlag J. (1961), Freinschlag K. (1966), Furtlehner H. (1963), Furtlehner K. (1930), Furtlehner K. (1954), Futterknecht G. (1974), Gaßner F. (1954), Gaßner F. (1979), Gaßner J. (1948), Gruber F. (1938), Hader A. (1959), Hader G. (1974), Hader J. (1936), Hader J. (1924), Hader N. (1954), Haider A. (1978), Haider F. (1975), Haider K. (1958), Heiligenbrunner J. (1979), Heindl H. (1975), Hinterkörner E. (1983), Hinterleitner A. (1974), Hinterleitner E. (1972), Hinterleitner J. (1974), Hofer F. (1979), Hofer J. (1956), Hofer J. (1978), Hofer S. (1981), Holzer F. (1974), Holzer R. (1930), Holzmann L. (1976), Huber J. (1983), Käferböck L. (1972), Kleinbruckner J. (1978), Kleinbrukner G. (1982), Kollroß F. (1979), Leimhofer F. (1983), Leitner L. (1958), Lenz R. (1983), Leohartsberger F. (1958), Leohartsberger F. (1954), Leonhartsberger F. (1924), Luger G. (1972), Lumesberger F. (1946), Lumesberger F. (1961), Lumesberger J. (1954), Lumesberger J. (1946), Lumesberger R. (1979), Maurer F. (1979), Mitterlehner L. (1949), Nenning J. (1979), Nenning J. (1979), Offenthaler F. (1980), Palmetshofer J. (1960), Pilz J. (1979), Rafetseder A. (1946), Rafetseder J. (1933), Rafetseder J. (1972), Rafetseder J. (1979), Riegler F. (1963), Schartmüller M. (1955), Schauer K. (1954), Schauer M. (1979), Steininger J. (1933), Untersteiner G. (1983), Weichselbaumer E. (1963), Wiesinger J. (1982), Wurzer M. (1964), Zisterer J. (1961), Zöchlinger G. (1946)

FF EIZENDORF

Die Freiwillige Feuerwehr Eizendorf wurde im Jahr 1902 von Josef Stieber, Georg Starzer, Ignaz Brandstätter, Johann Straßer und einigen weiteren Landwirten und Hausbesitzern aus der Umgebung gegründet. Zum ersten Kommandanten wurde Josef Stieber gewählt. Noch im Gründungsjahr konnte die Freiwillige Feuerwehr Eizendorf von der Fa. Gugg eine Feuerwehrspritze um 1894 Kronen anschaffen. Im Jahr 1906 wurde das Feuerwehrzeughaus erbaut, nachdem schon im Jahr davor (1905) eine Sanitätsgruppe unter Obmann Johann Hikkersberger aus Pitzing aufgestellt worden war. Im Jahr 1952 feierte die Freiwillige Feuerwehr Eizendorf ihr 50jähriges Bestandsjubiläum. 1977 wurde von der Wehr ein VW-Bus als Feuerwehrauto erworben. Seit der Gründung standen folgende Feuerwehrkommandanten an der Spitze der Freiwilligen Feuerwehr Eizendorf: Josef Stieber, Michael Ginthör, Michael Burgstaller, Josef Kühberger, Johann Schützenhofer, Fritz Kühberger.

BR Kühberger F. (1959), OBI Burgstaller W. (1973), OAW Buchmayr K. (1973), OAW Rammelmayr J. (1955), AW Freyhofer F. (1961), AW Schützenhofer F. (1959) — E-AW Atteneder A. (1953), Fm Atteneder H. (1983), HFm Baderer J. (1967), HLm Buchberger L. (1976), Lm Buchmayr F. (1964), HFm Büchselmeister J. (1967), PFm Büchsenmeister J. (1984), E-OBI Burgstaller A. (1938), E-AW Burgstaller A. (1946), Lm Burgstaller M. (1976), Fm Dornik R. (1979), OLm Ebner J. (1952), OFm Ebner J. (1981), OFm Ecker M. (1981), OFm Erschbaumer E. (1981), Bm Fraundorfer F. (1929), HBm Fraundorfer F. (1958), PFm Freynhofer H. (1984), Lm Fröschl G. (1951), Lm Haider J. (1977), OFm Haslinger A. (1981), OFm Haslinger E. (1963), OLm Haslinger F. (1961), PFm Haslinger H. (1984), Lm Haslinger M. (1930), OLm Hauser F. (1948), OLm Hauser F. (1973), OLm Heimel J. (1979), Bm Heiml F. (1956), PFm Heindl A. (1984), HLm Hochgatterer J. (1936), Bm Hofer J. (1961), HLm Hofer K. (1930), OFm Hofer M. (1981), PFm Huber J., PFm Kühberger K. (1983), Lm Kühnberger F. (1976), HFm Kühnberger M. (1978), OLm Langzauner K. (1956), OFm Langzauner K. (1981), Fm Langzauner R. (1982), Lm Lettner J. (1946), Fm Lettner J. (1982), Lm Lettner J. (1951), OFm Lirschbaumer O. (1981), OFm Palmetshofer F. (1981), HFm Palmetshofer J. (1960), Bm Peham J. (1957), PFm Peham J. (1983), OFm Raab H. (1981), OLm Raab J. (1959), HFm Radinger J. (1951), PFm Rammelmaier F. (1984), Lm Rausch J. (1948), Lm Rausch J. (1969), OFm Schalhas H. (1981), HLm Schalhas K. (1947), OLm Schalhas K. (1973), Lm Schalhas M. (1976), OFm Schalhas R. (1977), Fm Schlager H. (1978), PFm Schlager H. (1984), E-HBI Schützenhofer J. (1921), Lm Starzer J. (1949), Lm Starzer J. (1969), OFm Steiner A. (1981), Lm Straßer A. (1961), Fm Straßer J. (1982), OFm Tichler F. (1969), Fm Tichler K. (1981), HLm Tichler R. (1938), OFm Weichselbaumer F. (1973), OFm Weichselbaumer G. (1978), Fm Wögerer J. (1977), OFm Wögerer K. (1969)

FF DER STADT GREIN

Häufige Brände waren der Anstoß, eine freiwillige Feuerwehr zu gründen. Die Gründungsversammlung der Freiwilligen Feuerwehr der Stadt Grein erfolgte am 30. Mai 1871. Seine Majestät Kaiser Franz Josef I. hatte 100 Gulden „aus allerhöchsten Privatmitteln zu spenden geruht". Als Ausrüstung übernahm die Wehr: zwei Feuerwehrspritzen, eine Kastenspritze, eine Fahrspritze und Wasserfässer. 1872 kam eine Saug-Karrenspritze dazu. Ebenso wurden Schläuche, Schlauchhaspeln u. a. m. angeschafft. Kameradschaftliche Verbindungen mit den Nachbarwehren wurden angeknüpft und gemeinsam Übungen durchgeführt. Im Laufe der Jahre erhielt die Wehr zahlreiche Gerätschaften, wie Schub- und Steckleitern, eine Landfahrspritze, einen Hydrophor und 1919 eine Benzinmotorspritze, welche die erste im Bezirk Perg war. Durch den Bau der Wasserleitung im Jahr 1903 standen erstmals auch Hydranten zur Verfügung. In Anbetracht der häufigen Hochwässer und Überschwemmungen wurde 1901 eine eigene Wasserwehr aufgestellt. Ebenso bedeutungsvoll war die im Jahr 1907 unter Dr. Storch gegründete Sanitätsabteilung, welche sich in zahllosen Einsätzen bewährte. 1912 wurde ein Branddirektor mit Sitz und Stimme im Ausschuß der Stadtgemeinde bestellt. An Anschaffungen wurden im Laufe der Zeit getätigt: Schiebeleiter (1922), Kfz Hanomag (1938), Kfz Dodge (1945), 1958: Eröffnung des neuen Feuerwehrhauses. Rüstwagen Opel mit VP und TS 8 (1962), ein Kdo.-Fahrzeug, ein TLT 3000, ein LFB, ein Ölfahrzeug, ein Krad, ein B-Anhänger, ein Kranfahrzeug, eine Zugmaschine, ein Arbeitsboot, eine Zille, eine Funk-Fixstation, vier Mobil- und vier Handfunkgeräte sowie technische Geräte und Schutzbekleidungen. Seit 1983 ist die FF Grein an das Sirenennetz und die Funkalarmierung angeschlossen.

HBI Pfeiffer A. (1962), OBI Krammer O. (1969), OAW Seyer J. (1951), AW Furtlehner J. (1973), AW Gubi G. (1967), BI Geyrhofer J. (1939), BI Gubi R. (1957), BI Kloibhofer J. (1961), BI Rathgeb F. (1963) — HFm Aschauer F. (1980), Lm Bauer R. (1976), E-OBI Brandstätter J. (1936), HLm Bubenik W. (1970), OLm Burgstaller L. (1953), Fm Dörsieb J. (1973), PFm Dörsieb P. (1983), HFm Enengl G. (1954), HFm Felhofer R. (1973), OFm Freinschlag J. (1979), OFm Fröschl K. (1969), Lm Gaßner G. (1973), HFm Geyrhofer E. (1954), Lm Grabenschweiger F. (1970), E-BI Grell J. (1937), PFm Grottenthaler G. (1983), E-HBI Gubi J. (1942), HFm Gubi J. (1947), Lm Gubi R. (1973), Bm Hainzl J. (1950), OFm Harreiter R. (1980), OFm Hintersteiner K. (1979), HFm Hohensinner K. (1955), Lm Hohn K. (1955), Lm Huber A. (1976), FA Dr. Huemer A. (1949), OFm Jobst J. (1979), Lm Kasper F. (1973), OFm Katzengruber F. (1979), OLm Kerschbaumer H. (1955), OBm Kloibhofer F. (1957), OFm Kloibhofer F. (1976), HLm Kloibhofer F. (1969), HFm Kloibhofer H. (1978), HFm Kolber K. (1950), HLm Kurzbauer F. (1970), HFm Langeder H. (1980), HFm Lehner H. (1978), Lm Leitner F. (1947), OBm Leonhartsberger F. (1959), OFm Leonhartsberger J. (1979), Bm Lindner E. (1951), HFm Lindner F. (1960), HFm Luger H. (1953), HFm Ing. Lumetzberger J. (1974), OLm Meindl N. (1968), HFm Mistlberger J. (1954), OLm Müllner F. (1975), HLm Nösterer F. (1963), Fm Petz R. (1973), OFm Pilsl L. (1973), Fm Pirschl A. (1982), Bm Pirschl E. (1952), HFm Pirschl W. (1978), OFm Preining A. (1973), OLm Prinz K. (1955), Fm Prinz S. (1982), Fm Puchberger F. (1968), OFm Puchberger W. (1975), HLm Raab M. (1970), PFm Raffezeder H.-P. (1983), HLm Rathgeb R. (1966), OFm Reifecker A. (1981), OFm Riegler A. (1973), Fm Riegler H. (1973), HFm Rosenleitner A. (1978), HFm Schartmüller O. (1974), Lm Schneider M. (1976), HFm Seyer K. H. (1978), PFm Simon H. (1982), OLm Temper R. (1967), OLm Weichselbaum H. (1980), OFm Wögerer F. J. (1977)

FF HAID

Die FF Haid bei Mauthausen wurde am 20. März 1892 unter Hauptmann Johann Zuschratter und Hauptmann-Stv. Franz Wittich gegründet. Mauthausen spendete als Gründungsgeschenk eine Feuerwehrspritze. Aufgrund von Hochwässern um die Jahrhundertwende wurde eine Wasserwehr gegründet. Eine Plätte und sieben Zillen wurden angekauft. Am 9. November 1902 wurde das erste Feuerwehrhaus in Heinrichsbrunn errichtet und eine Saugspritze angekauft. 1910 wurde ein zweites Feuerwehrdepot in Hart errichtet (Filiale der FF Haid). Die erste Motorspritze wurde 1930 angekauft. Zu den sechziger Jahren wurde die Motorisierung eingeleitet; es wurden zwei Feuerwehrautos mit zwei Vorbaupumpen angekauft. Auch eine Motorspritze TS 8 und drei Zillen konnten erworben werden. 1964: Ankauf einer VW Automatik; 1967: Ankauf eines Tankwagens TLF 1000 und dreier Atemschutzgeräte. In weiteren Jahren wurden ein Kdo-Fahrzeug, ein Kleinlöschfahrzeug und vier Funkgeräte angekauft. 1980 erfolgte die Erweiterung des Feuerwehrhauses.

HBI Steinkellner L. (1967), OBI Kastler R. (1969), AW Aichhorn K. jun. (1978), AW Reichhart J. (1962), AW Unterauer J. sen. (1963), BI Bauernfeind F. (1970), BI Brunner J. jun. (1972), BI Hannl E. (1978), BI Preslmaier J. (1967) — Lm Affenzeller G. (1953), OLm Aichhorn K. (1963), Fm Aichinger F. (1978), E-BI Aichinger G. (1947), HFm Aichinger K. (1963), HBm Aigenberger F. (1948), HBm Aigner J. jun. (1972), Lm Aigner J. sen. (1953), HFm Aistleitner J. (1963), HFm Aistleitner J. jun. (1978), Atzelsberger G. (1977), OLm Auböck J. (1957), E-AW Auböck J. (1926), Lm Auböck M. (1970), Lm Auinger A. (1976), Lm Bauernfeind J. (1970), HFm Brandstätter F. (1976), E-AW Brunner J. (1947), E-HBI Brunner J. sen. (1948), HFm Datterl J. (1964), Lm Dattinger K. (1963), HFm Dobler J. (1976), E-OBI Döberl A. (1953), OFm Döberl K. (1983), OLm Döberl P. (1966), OFm Erhart K. (1978), Bm Freudenthaler A. (1932), HFm Freudenthaler F. (1948), HBm Friedl H. jun. (1978), HFm Friedl H. sen. (1955), HFm Friedl J. (1948), OBm Frühwirth F. (1949), HFm Frühwirth F. (1962), HFm Gaßner H. (1975), HFm Glück A. (1972), HFm Glück E. (1963), Fm Haas A. (1976), E-BI Hannl J. (1947), OLm Hannl J. (1966), HFm Hlavaty A. (1965), HFm Hlavaty G. (1970), HFm Hörmandinger F. (1951), HFm Hörmandinger A. (1963), HFm Hörner M. (1970), HFm Horner A. (1970), Bm Kaltenböck H. (1946), HFm Katzenschläger H. (1948), E-BI Katzlinger J. (1953), OLm Katzlinger R. (1976), OFm Kern N. (1976), HFm Kiehas J. (1951), HFm Kogler A. (1963), HFm Kogler J. (1954), HFm Krammer E. (1973), OBm Krankl F. (1948), HFm Kurz J. (1974), HFm Laßlberger J. (1966), HFm Lengauer F. (1976), E-HBI Lengauer F. (1926), E-BI Marksteiner J. (1957), Lm Dr. Mascherbauer J. (1978), HFm Maurer L. (1970), HFm Mayerhofer F. jun. (1976), HFm Mayerhofer F. sen. (1974), OFm Mayerhofer K. jun. (1979), HBm Mayerhofer K. sen. (1948), OFm Neumüller J. (1970), OFm Nusime G. (1979), HFm Nusime J. (1978), HBm Nußböck J. (1950), Fm Oberhaidinger J. (1983), HFm Oberleitner J. (1962), HFm Ortner M. (1977), Bm Penner F. (1948), OFm Perusich J. (1978), Lm Peterseil A. (1960), E-AW Pötscher F. (1948), HBm Pötscher F. (1982), OFm Pötscher J. (1982), HFm Prandstätter J. (1948), HFm Puchner R. (1948), Lm Rabinger A. (1957), HFm Rammler W. (1967), OBm Reichhart A. (1947), Fm Reichhart F. (1983), HFm Reichhart F. (1973), OFm Reichhart F. (1978), E-BI Reichhart F. (1925), HFm Reichhart J. (1962), HBm Reichl J. (1982), E-BI Reiter F. (1947), HFm Salfinger J. (1964), HFm Schimböck F. (1951), E-AW Schöller K. (1966), OBm Schön H. (1970), HFm Schutti K. (1959), Lm Steiner A. (1974), HFm Steinkellner E. (1964), Stroß F. (1947), HFm Trauner R. (1970), Fm Unterauer J. (1983), OFm Unterauer J. jun. (1980), OBm Voggeneder K. (1966), HFm Wagner M. (1933), HFm Wahl G. (1952), LM Weindlmayr J. (1957), HFm Windner J. (1976), FKM Windner J. jun. (1963), Bm Windner J. sen. (1924), HFm Windner K. (1929), HFm Wöhrer K. (1963), OFm Zadravec V. (1978)

FF HARTL

Am 8. Februar 1923 zerriß die Dampfsirene der Fa. Merckens die Stille der sternklaren Nacht. Beim Burgstaller brannte es. Doch bis die schweren Pferde die Handspritze der Fa. Merckens den steilen Berg hinaufzogen, verstrich wertvolle Zeit. Es war Josef Karlinger, der sich nun für die Gründung einer eigenen Wehr einsetzte. Am 15. März 1923 erfolgte die Gründungsversammlung. Ein Zeughaus aus Stein und ein Schlauchturm aus Holz wurde von den Gründern mit eigenen Mitteln und aus eigener Kraft gebaut. Johann Mayrhofer wurde zum Kommandanten und Josef Karlinger zu seinem Stellvertreter gewählt. 1946 übernahm sein Sohn Johann Mayrhofer das Kommando. Unter seiner Führung bekam die FF Hartl anstatt der Handspritze eine Motorspritze und Anhänger. Das Zeughaus wurde mit der Zeit zu klein, und als 1967 auch noch ein Sturm den Schlauchturm umriß, beschloß man 1968 unter dem neuen Kommandanten Karl Huber den Bau eines neuen Zeughauses. Das Zeughaus wurde 1971 fertiggestellt. Da jedoch das 50jährige Gründungsfest bevorstand, wollte man dieses mit der Zeughausweihe verbinden. Am 8. Juli 1971 wurde ein Trockenlöschwettbewerb abgehalten und das Zeughaus unter Teilnahme zahlreicher Prominenz eingeweiht. 1976 wurde eine Tragkraftspritze gekauft, und 1981 erwarb die FF Hartl als letzte Wehr der Gemeinde Ried in der Riedmark ein gebrauchtes Kleinlöschfahrzeug, Marke Fiat 1300 T 2. 1983 wurde die Feuerwehrsirene in Doppl abgebaut, auf das Dach des Zeughauses montiert und mit der automatischen Sirensteuerung versehen. Der größte Einsatz der FF Hartl in den letzten Jahren war bei der Schneedruckkatastrophe am 30. März 1979. Durch den tatkräftigen Einsatz von 23 Freiwilligen konnten in über 100 Stunden die Verkehrswege wieder freigemacht werden.

HBI Huber K. (1950), OBI Mittmannsgruber G. (1958), AW Auer A. (1963), AW Hochedlinger F. (1971), AW Huber K. (1967), BI Palmetshofer J. (1976) BI Praher F. (1960), BI Weiß J. (1971) — HBm Auer A. (1925), Fm Bauer A. (1981), HBm Gusenbauer F. (1982), HFm Hitzker K. (1952), HFm Hitzker K. (1977), HLm Hochreiter J. (1962), HFm Huber F. (1971), HFm Kaindlstorfer F. (1958), OBm Lausecker K. (1960), HFm Mascherbauer J. (1949), E-HBI Mayrhofer J. (1933), HFm Muthenthaler F. (1971), HFm Muthenthaler F. (1960), HFm Palmetshofer A. (1977), HFm Palmetshofer J. (1950), HLm Pernerstorfer J. (1963), HLm Pernerstorfer J. (1923), Fm Pichler F. (1981), Fm Pichler J. (1982), HFm Prandstetter R. (1974), HLm Reiter J. (1934), HFm Schöffl F. (1946), HFm Schöllhammer J. (1968), HFm Schwarz J. (1968), HFm Schwarzgruber E. (1952), Fm Urban A. (1981), HFm Wahlmüller A. (1946), HFm Wahlmüller J. (1971), Fm Wechselbaum A. (1982), HFm Weichselbaum F. (1966), E-OBI Wiesmayr J. (1949), HLm Wiesmayr K. (1946)

FF HOLZLEITEN

Am 1. März 1925 gründeten die beiden Katastralgemeinden Baumgarten und Ruprechtshofen eine Feuerwehr, die auch den Namen der beiden Orte trug. Kommandant wurde Josef Einsiedler. 1932 kaufte die FF die erste Motorspritze, eine R 50. 1938 wurde die Wehr der FF Naarn zugeteilt, 1949 erfolgte die Neugründung; ein Steyr 1500 Allrad wurde in Eigenregie umgebaut und mit einer Vorbaupumpe versehen. 1952 erfolgte der Neubau des Zeughauses. 1958 wurde der Name der FF Baumgarten-Ruprechtshofen auf FF Holzleiten geändert. 1961 wurde Josef Baumgartner zum Kommandanten gewählt (bis 1981). 1965 40-Jahr-Feier mit Einweihung eines neuen Feuerwehrautos Ford Taunus RV 75 mit Vorbaupumpe. 1974 wurde das Sirensteuergerät angeschafft und 1975 ein A-Boot mit Außenbordmotor und Funkgerät vom Oö. Landesfeuerwehrkommando der Wehr übergeben. 1978: Renovierung der Zeugstätte; 1980: 50-Jahr-Feier mit Weihe eines neuen Autos, VW LT 35. 1981 wurde Johann Lettner neuer Hauptmann.

HBI Lettner J. (1967), OBI Wahl F. (1955), HAW Lettner J. (1950), OAW Nenning F. (1952), OAW Foschum F. (1967), AW Hackner J. (1961), AW Nöbauer K. (1952), AW Sillipp J. (1946), AW Winkelmayr F. (1935), BI Lettner F. (1966), BI Lettner M. (1952), BI Peham J. (1950), BI Stadlbauer G. (1969), BR Baumgartner J. (1951) — HFm Achleitner J. (1971), OFm Aichinger R. (1970), PFm Aichinger R. (1983), Fm Aschauer F. (1981), HLm Auer J. (1949), HFm Binder R. (1963), Fm Binder R. (1982), PFm Blauensteiner F. (1982), HFm Blauensteiner G. (1950), Lm Bräuer F. (1946), HFm Bräuer F. (1972), Lm Bräuer J. (1967), PFm Bräuer J. (1980), HFm Brunner F. (1950), PFm Datterl H. (1983), Fm Dierneder J. (1976), Fm Dierneder J. (1979), OLm Firmberger A. (1954), OFm Firmberger J. (1972), HLm Firmberger J. (1963), OFm Firmberger K. (1975), E-OAW Foschum F. (1946), HFm Fraundorfer F. (1963), PFm Fraundorfer F. (1981), Fm Fraundorfer J. (1981), OFm Fröschl F. (1950), OFm Fröschl L. (1969), Bm Froschauer A. (1948), OFm Froschauer F. (1975), PFm Froschauer F. (1981), OLm Froschauer J. (1946), HFm Froschauer J. (1969), HFm Frühwirt F. (1958), Lm Furtlehner K. (1957), HBm Gschwandtner J. (1967), PFm Gusenbauer Ch. (1981), E-BI Gusenbauer J. (1933), HLm Gusenbauer J. (1969), Lm Gusenbauer K. (1958), PFm Hackner J. (1983), PFm Hader J. (1981), Lm Hader K. (1963), Fm Hader K. (1981), PFm Halmer K. (1981), PFm Hammerschmid H. (1983), HBm Hammerschmid J. (1958), Fm Hammerschmid J. (1981), OFm Helperstorfer R. (1975), OLm Hlousek J. (1952), OFm Holzmann A. (1963), HLm Huber I. (1947), HBm Huber J. (1946), HLm Huber J. (1972), Fm Janko G. E. (1982), Fm Kaltenberger J. (1980), Fm Kastner H. (1981), PFm Killinger E. (1981), OLm Knoll J. (1957), OFm Knoll J. (1975), Fm Knoll R. (1980), HLm Kroiher K. (1952), OFm Kroiher K. (1973), HFm Langerreiter F. (1968), HFm Langerreiter J. (1971), Lm Lehner J. (1963), PFm Leonhartsberger A. (1983), Lm Leonhartsberger I. (1975), OFm Lettner F. (1975), OFm Lettner F. (1974), Lettner F. (1971), HLm Lettner F. (1970), OLm Lettner F. (1950), HLm Lettner F. (1935), Lm Lettner G. (1950), OFm Lettner G. (1967), HLm Lettner J. (1962), HFm Lettner J. (1972), Bm Lettner K. (1964), OLm Lettner M. (1970), Fm Lichtenberger J. (1981), HFm Lichtenberger R. (1977), HBm Lugmayr-Lettner F. (1946), HFm Lugmayr-Lettner J. (1973), HFm Mascherbauer F. (1969), Fm Nenning F. (1980), Fm Nöbauer K. (1982), OFm Öhlinger K. (1969), E-AW Öhlinger M. (1950), OFm Öhlinger M. (1969), Lm Ortmayr G. (1950), OFm Ortmayr G. (1970), HBm Ortmayr J. (1953), HFm Ortmayr J. (1975), HBm Payreder K. (1961), Fm Peham J. (1981), Fm Porod E. (1962), OFm Preslmayr H. (1972), Lm Prinz F. (1947), Prinz F. (1981), Lm Pühringer E. (1961), PFm Pühringer J. (1980), PFm Pühringer K. (1983), HBm Raab A. (1961), Fm Raab E. (1981), HLm Raab J. (1950), Lm Redl F. (1958), Fm Redl F. (1981), OFm Reindl J. (1969), HFm Riegler K. (1979), OFm Saffertmüller F. (1970), PFm Saffertmüller P. (1980), PFm Schatz J. (1980), Lm Schatz K. (1946), Fm Schatz M. (1973), HLm Schöffl H. (1957), E-OBI Schrattenholzer J. (1950), PFm Schrattenholzer K. (1981), Fm Sillipp J. (1982), HLm Stadlbauer A. (1950), Lm Stadlbauer H. (1968), Lm Stadlbauer J. (1952), HFm Starzer J. (1968), PFm Wahl A. (1982), Fm Wahl F. (1978), E-BI Walzer K. (1952), Fm Walzer K. (1981), HFm Waser F. (1973), OLm Winkelmayr F. (1966), OLm Winkelmayr F. (1975), Lm Zobl E. (1950), HFm Zobl G. (1979), HFm Zobl W. (1973)

FF UND WASSERWEHR HÜTTING

Die 1901 von Friedrich Fries gegründete FF Hütting war von Beginn an als Feuerschutz gedacht. Aufgrund der Lage des Ortes an der Donau stellte sich bald heraus, daß die FF Hütting weniger mit Feuer, aber umsomehr mit Hochwasser zu kämpfen hatte. 1950 wurden ein Pferdeanhänger und eine Motorpumpe RS 75 angeschafft. Aufgrund der Hochwasserkatastrophe 1954 wurde ein Jahr später offiziell eine Wasserwehr gegründet, die 17 Ruderzillen und einen Mutzen bekam. 1960 wurden zwei Außenbordmotoren mit jeweils 18 PS angeschafft. Da der Aufgabenbereich so groß wurde, mußten 1968 Funkgeräte im 11-m-Band angeschafft werden. Da ein Teil der Geräte privat untergebracht war, entschloß sich das Kommando unter Hauptmann Sindhuber 1970, einen Zeughausneubau in Angriff zu nehmen. Mit Hilfe der Gemeinde und freiwilligen Stunden der Wehrkameraden konnte der Bau 1971 eröffnet werden. 1972 wurde eine Fahne angeschafft, deren Patin Erika Haberl wurde. Die Technisierung brachte es mit sich, daß im Juni 1973 eine neue TS 8 VW 75 Automatik gekauft wurde. Im Jahr 1976 war ein Erweiterungsbau des Zeughauses notwendig, da die FF Hütting vom Land Oberösterreich zum KHD-Stützpunkt für Öleinsätze gemacht wurde, worauf die Wehr vom Land Oberösterreich umfangreiche Geräte erhielt, z. B. 200 m Ölsperre, ein A-Boot mit Jet-Antrieb, zwei Funkgeräte im 2-m-Bereich und eine Motorseilwinde. 1981 kaufte die FF Hütting ein längst notwendig gewordenes KLF der Marke VW. So wurde die FF Hütting zu einem bewährten Leistungsträger bei Feuer-, Öl- und Hochwassereinsätzen. Hauptleute seit der Gründung waren Friedrich Fries, Johann Lettner, Karl Binder, Johann Eichinger, Vinzenz Sindhuber, Franz Haberl und Karl Stadlbauer.

HBI Stadlbauer K. (1959), OBI Kisling J. (1970), AW Aigner Ch. (1958), AW Dieringer E. (1973), AW Huemer H. (1954), BI Brandstetter W. (1958), BI Lettner F. (1960), BI Mayrhofer A. (1957) — OLm Aichinger F. (1953), Fm Aichinger K. (1975), Fm Bauernfeind J. (1972), Fm Brandstetter R. (1978), OFm Buchinger A. (1981), Fm Burghofer A. (1978), HFm Datterl J. (1963), Fm Dieringer F. (1981), E-BI Dieringer F. (1946), E-OBI Eichinger M. (1949), HBm Einsiedler M. (1972), HLm Fröschl E. (1952), Lm Fröschl E. (1972), Lm Froschauer A. (1956), E-HBI Haberl F. (1954), E-BI Haberl J. (1926), Fm Haberl J. (1978), Fm Halbmayr E. (1982), Lm Halmer L. (1946), OFm Haslinger M. (1978), Hiebaum K. (1975), OLm Hinterreiter L. (1951), OFm Huemer W. (1978), HLm Kastner I. (1952), Lm Kastner R. (1963), Fm Kisling A. (1963), HLm Kisling F. (1948), OFm Kloimwieder K. (1981), OFm Kowarz K. (1974), Fm Lettner J. (1975), HBm Moser J. (1963), OLm Pankratz O. (1954), Fm Schmid A. (1981), OFm Schmid J. (1980), Lm Schmid L. (1957), Lm Schmid R. (1958), Fm Schinnerl J. (1981), Fm Stadlbauer K. (1978), OLm Stemmer L. (1953), Lm Wallner R. (1953), E-BI Zeitlhofer J. (1928)

FF KATSDORF

Die Gründung der FF Katsdorf erfolgte am 17. Dezember 1893. Erster Obmann war Franz Viktor Schieder. Im Juni 1894 wurde die Wehr in den Bezirksverband und in den Landesverband aufgenommen. 1899 wurde die Feuerwehrmusikkapelle Katsdorf gegründet. 1900 bildete sich aus den Reihen der Feuerwehrmänner eine Theatergruppe. 1905 erfolgte die Gründung der Löschrotte für den Ort Ruhstetten als Teil der FF Katsdorf. 1926 wird die Löschrotte Ruhstetten eine eigene Feuerwehr. Die erste Motorspritze konnte 1929 angeschafft werden. 1934 Ankauf eines Lastautos als Rüstfahrzeug. 1938 wurden die drei Gemeindefeuerwehren Katsdorf, Ruhstetten und Lungitz vereinigt. Nach Kriegsende wurde die Tätigkeit in der FF Katsdorf wieder aufgenommen und im Juni mit dem Bau eines neuen Zeughauses begonnen. 1950: Ankauf des Rüstfahrzeuges Marke Dodge. 1953 feierte die FF das 60jährige Gründungsfest und die Weihe des neuen Rüstfahrzeuges LLF Opel Blitz. 1973: 80jähriges Gründungsfest mit Weihe des neuen Tanklöschfahrzeuges TLF 2000 Trupp, Anschaffung von schwerem Atemschutz. 1982 und 1983 erfolgte der Ankauf eines Lösch- und Bergefahrzeuges sowie technischer Geräte.

HBI Mühleder L. sen. (1961), OBI Wall H. jun. (1969), AW Haunschmied J. (1967), AW Mayrhofer H. (1962), AW Naderer L. (1969), BI Hiemetsberger F. (1964), BI Peterseil L. sen. (1950), BI Schinko A. (1947) — HFm Aichhorn K. (1968), HLm Aichinger F. (1947), HFm Aistleitner J., OFm Arnett H. (1978), JFm Baier A. (1983), OFm Baier E. (1976), OFm Baier R. (1976), HBm Bauer F. (1978), HBm Berndl H. jun. (1959), Bm Berndl H. sen. (1943), HLm Blöchl J. (1958), JFm Bodingbauer S. (1983), FA MR Dr. Böck J. (1950), HLm Buchner F. (1947), OFm Buchner R. (1978), HFm Buchner S. (1974), Bm Derntl J. (1923), HFm Derntl J. (1953), OLm Ebner J. (1950), HBm Faltlhansl F. jun. (1968), Bm Faltlhansl F. sen. (1947), Fm Fischill Ch. (1981), HLm Fischill F. (1943), HFm Fischill W. (1967), HFm Fölß K. (1981), JFm Friedinger A. (1978), JFm Friedinger Ch. (1981), E-OBI Fuchs E. (1921), Bm Fürst F. (1950), JFm Fürst G. (1981), OLm Gollmann F. (1965), Bm Gusenbauer F. (1950), JFm Gusenbauer F. (1983), HBm Gusenbauer J. (1971), JFm Gusenbauer J. (1981), HFm Hammer F. (1963), HBm Hammer F. (1978), HFm Hannl K. (1957), HBm Harant E. (1979), HFm Hinterholzer H. (1978) E-OBI Hofstetter F. (1953), OFm Huber G. (1982), HFm Hübsch J. (1978), HFm Igelsböck P. (1973), Fm Jahn G. (1981), JFm Jahn H. (1981), Fm Kaltenberger R. jun. (1972), HLm Kaltenberger R. sen. (1949), OFm Kern J. (1976), Fm Kernegger F. (1981), OFm Kernegger J. (1976), JFm Kraml R. (1983), OLm Kranewitter H. (1969), HBm Krieger J. jun. (1972), Bm Krieger J. sen. (1947), OFm Krieger P. (1978), Fm Kurz H. (1978), HFm Lesterl G. (1974), OFm Lesterl G. (1975), JFm Lindenberger F. (1981), JFm Lindenberger G. (1981), Fm Mader J. (1973), Fm Mader W. (1974), Fm Mahringer J. (1977), Lm Mayrhofer K. (1965), HFm Mirsch R. (1974), OFm Mittermaier G. (1979), Lm Mühlberger J. (1967), Lm Mühleder G. (1972), HFm Mühleder L. jun. (1974), HBm Natschke H. (1972), Lm Peterseil L. jun. (1972), HBm Peterseil S. (1965), E-BI OSR Plöckinger J. (1946), Lm Pöstinger J. (1964), Fm Prokschi M. (1978), HFm Raab R. (1964), HFm Rammer A. jun. (1979), Bm Rammer A. sen. (1950), E-AW Rammer J. (1933), E-AW Roselstorfer F. (1946), HBm Saumer G. (1978), OFm Schinnerl G. (1961), JFm Schinnerl M. (1981), Bm Schnabl A. (1922), OFm Spitzl M. (1977), HFm Steigerstorfer K. (1974), HBm Steinbauer J. jun. (1972), Bm Steinbauer J. sen. (1947), Fm Steinbauer K. (1978), OFm Stiftinger W. (1979), HLm Strauß H. (1954), Lm Thaler G. (1972), Fm Tichler W. (1982), Fm Wall E., E-OBI Wall H. sen. (1947), HLm Winkler K. (1956), FA Dr. Zeilinger A. (1976), HLm Zivny H. (1951)

FF KLAM

1872 wurde in Klam der Verein der freiwilligen Feuerwehr gegründet. Die Ausrüstung der Feuerwehr bestand aus der 1846 von der Gemeinde angekauften Spritze, weitere Geräte wurden durch Sammlung, durch Mitgliedsbeiträge, durch Abhalten von Feuerwehrbällen und Theatervorstellungen aufgebracht. 1887 wurde eine Saugspritze von der FF Lasberg gekauft. 1900: Ankauf einer Steigerausrüstung. 1902: Ankauf einer neuen Spritze. 1929: Ankauf von 45 m Schläuchen und fünf Steigerausrüstungen. 1931: Ankauf der ersten Motorspritze C 60/II und von 255 m Schläuchen, Errichtung eines neuen Zeughauses. 1947: Ankauf eines gebrauchten Militärfahrzeuges Dodge. 1958: Ankauf des Autoanhängers. 1967: Löschteichbau in Linden und in Niederkalmberg. 1972: Ankauf eines leichten Löschfahrzeuges Land Rover Type 109 mit Vorbaupumpe. 1972: 100jähriges Gründungsjubiläum mit Leistungswettbewerb. 1973: Ankauf eines automatischen Sirenen-Steuer-Gerätes. 1978: Umtausch der alten Motorspritze auf eine Supermatic. 1977: Bau eines Löschteiches in Unterhörnbach. 1979: Anschaffung des Notstromaggregates. 1980: drei Hebekissen wurden angekauft. 1981 Bau eines neuen Zeughauses, Fertigstellung 1983.

HBI Kirchhofer G. (1958), OBI Kirsenhofer A. (1949), AW Aigner J. (1971), AW Aigner J. (1971), AW Schaurhofer F. (1971), BI Aichinger S. (1959), BI Heimel F. (1972), BI Hinterreiter F. (1952), BI Kirsenhofer J. (1971) — Fm Achleitner F. (1979), E-OBI Achleitner J. (1955), HFm Achleitner J. (1957), Lm Achleitner J. (1946), Fm Achleitner J. (1978), Fm Aichinger S. (1981), Fm Aigner A. (1978), Fm Aigner R. (1971), E-HBI Aigner R. (1950), Fm Barth H. (1970), Lm Baumgartner F. (1946), OFm Bleimer G. (1973), OFm Bleimer K. (1978), Lm Brandner F. (1957), Fm Brandner F. (1981), HFm Brandstetter A. (1976), OFm Brandstötter F. (1975), Fm Brandstötter F. (1982), OFm Brunner F. (1973), HFm Buchmair F. (1958), HLm Buchmair K. (1954), Fm Buchmayr F. (1981), OLm Burgstaller J. (1946), Lm Burian J. (1958), HFm Decker F. (1948), E-AW Decker K. H. (1964), Fm Decker W. (1958), Fm Decker W. (1981), Lm Engelbrechtsmüller L. (1972), Fm Franke R. (1982), Fm Fraundorfer A. (1981), E-AW Fraundorfer I. (1952), Fm Fraundorfer I. (1973), Fm Fraundorfer J. (1949), E-BI Fröschl J. (1952), Fröschl J. (1973), Lm Frühwirth F. (1960), Fm Frühwirth F. (1981), Lm Fürnhammer J. (1958), Fm Fürnhammer J. (1980), Fm Fürnhammer J. (1971), Fm Grillenberger G. (1952), Fm Grottenthaler G. (1951), Fm Grottenthaler J. (1981), Fm Grottenthaller A. (1931), HFm Grottenthaller G. (1973), OFm Grottenthaller J. (1973), E-AW Grüll E. (1960), Fm Haidbauer J. (1978), Fm Heimel K. (1959), OFm Hochgatterer J. (1975), OFm Hochgatterer J. (1973), Fm Hochgatterer J. (1973), Lm Hölzl A. (1958), HBm Holzer F. (1959), OFm Huber J. (1969), OLm Käferböck G. (1968), E-AW Kaltenböck A. (1949), E-HBI Kastler A. (1946), HFm Kastler F. (1971), Fm Kirchhofer G. (1982), E-BI Kloibhofer J. (1952), Fm Kloibhofer J. (1977), HFm Kloibhofer R. (1971), Fm Lehner G. (1977), Fm Lehner H. (1962), Lm Lehner K. (1958), HFm Lehner L. (1958), OFm Leonhartsberger F. (1973), E-AW Leonhartsberger J. (1950), E-AW Leonhartsberger J. (1958), HLm Lettner J. (1950), OFm Lettner J. (1973), OFm Lettner J. (1978), Fm Lettner K. (1973), HFm Lettner S. (1960), HLm Neuhauser J. (1936), Fm Neuhauser J. (1981), HFm Neuhauser S. (1960), OFm Palmetshofer J. (1972), OFm Payreder M. (1971), OLm Pechböck I. (1946), HFm Pleimer J. (1969), Bm Puchberger K., OLm Reichsthaler V. (1950), BR Robl F. (1931), Lm Rumetshofer E. (1966), Lm Schartmüller F. (1962), E-HBI Schartmüller K. (1958), Fm Schaurhofer A. (1958), OBm Stadler H. (1965), Lm Steinkellner F. (1962), Fm Steinkellner F. (1973), Fm Steinkellner F. (1982), Fm Steinkellner F. (1969), Lm Steinkellner F. (1963), OFm Wagner F. (1974), Fm Waldhäusl A. (1955), Fm Waldhäusl A. (1973), Fm Weber F. (1975), OFm Weber J. (1973), E-OBI Wieser J. (1950)

FF LANGACKER

Im Jahr 1901 wurde im Gemeindegebiet Mitterkirchen in der Katastralgemeinde Langacker die Freiwillige Feuerwehr Langacker gegründet. Die neun Gründungsmitglieder wählten aus ihren Reihen Franz Lichtenberger zum ersten Kommandanten der FF Langacker. Am 29. Dezember 1924 gab es einen Einsatz bei einer Brandkatastrophe in der Ortschaft Wörth. 1928 standen in der Ortschaft Wagra fünf Häuser in Flammen. 1948 wurde die erste Motorspritze angekauft, Type TS 8 von der Fa. Rosenbauer. Neben dem Einsatz bei Brandkatastrophen wurde die Freiwillige Feuerwehr Langacker auch bei Hochwasserkatastrophen zum Einsatz gerufen. So kam es im Jahr 1954 in der Zeit vom 9. bis 14. Juli zu einem Einsatz, als die Donau aus ihren Ufern trat und mehrere Ortschaften überflutete. Es entstanden große Schäden an Gebäuden und Kulturen – fünf Häuser stürzten ein. 1955 erfolgte der Ankauf von fünf Zillen. Die Feuerwehrzeugstätte wurde 1953 erbaut. Weiters wurde 1955 ein Außenbordmotor angekauft. 1967 Übernahme eines Feuerwehrautos KLF VW-Bus mit Anhänger und VW-Pumpe 750. 1968 wurde das erste Handsprechfunkgerät (11-m-Band) angekauft. 1972 Anschaffung einer Feuerwehrfahne; Fahnenpatin war Frau Achleitner. 1973 wurde in der Zeugstätte eine Sirene eingebaut. Weiters wurde 1973 die erste Jugendgruppe gegründet. 1982 Ankauf von zwei Handsprechfunkgeräten (2-m-Band). Seit 1983 ist die Freiwillige Feuerwehr Langacker an das Sirenennetz und die Funkalarmierung angeschlossen.

HBI Ebner W. (1962), OBI Sattler K. (1972) — Achleitner F. (1946), Baumfried A. (1981), Baumfried A. (1978), Baumfried H. (1978), Baumfried P. (1978), Berger F. (1967), Berger G. (1982), Berger J. (1978), Burgstaler R. (1964), Fekürer J. (1959), Fröschl J. (1950), Fröschl S. (1962), Heimel J. (1978), Heimel J. (1954), Heiml K. (1969), Hinterreiter A. (1946), Hinterreiter A. (1962), Hinterreiter J. (1981), Hochreiter J. (1982), Hoser F. (1978), Hoser F. sen. (1965), Kaindl F. (1946), Königshofer A. (1948), Langeder J. (1951), Langeder J. jun. (1978), Langzauner K. (1980), Lichtenberger F. (1968), Luftensteiner H. (1946), Luftensteiner H. (1978), Mühlbachler A. (1978), Mühlbachler W. (1980), Prinz F. (1968), Prinz J. (1967), Reitbauer S. (1978), Reitbauer S. sen. (1946), Resch J. (1961), Rigler F. (1974), Sattler A. (1969), Sattler A. sen. (1950), Schaurhofer J. (1968), Schemmerer E. (1980), Schemmerer W. (1984), Schöller J. (1982), Stadtlbauer F. (1978), Walch A. (1976), Walch J. (1976), Zuckertremmel J. (1961)

FF LANGENSTEIN

1897 wurde die Freiwillige Feuerwehr Langenstein gegründet. Als man darangehen wollte, die nötigen Hilfsmittel und Geräte für die Wehr anzuschaffen, machten ein verheerendes Hochwasser und eine Mißernte die Funktionäre mutlos. Im darauffolgenden Frühjahr begann man, die gefaßten Vorsätze in die Tat umzusetzen. Aus der Chronik wörtlich zitiert: „Bezüglich Beschaffung des Geldes blieb nichts übrig, als das zu tun, was modern zu sein scheint, nämlich Schulden machen..." Die Firma Anton Poschacher stellte den Grund für ein Depot zur Verfügung, auf dem das erste Gerätehaus errichtet wurde. Im Jahr 1899 stellte dann die bis zu diesem Jahr größte Hochwasserkatastrophe die Feuerwehr auf eine harte Probe. Hochwassereinsätze blieben auch in weiterer Folge, bis herauf zur Gegenwart, ein ständiges Einsatzgebiet für die FF Langenstein. So wurden neben den großen Hochwassereinsätzen 1954, 1965 und zuletzt 1981 beinahe alle Jahre Ausfahrten zu kleineren Hochwässern entweder der Donau oder der Gusen verzeichnet. Daneben rückte die FF Langenstein immer wieder zu Bränden aus, die jedoch nie in größere Katastrophen ausuferten und von der Wehr gelöscht wurden. Nach dem Zweiten Weltkrieg wurde das derzeit benützte Feuerwehrdepot in Langenstein errichtet und 1949 eingeweiht. Dieses Feuerwehrhaus ist jedoch bereits wieder viel zu klein und verfügt weder über Wasserleitungs- noch Telefonanschluß und ist nicht zu beheizen, so daß die Errichtung eines neuen Feuerwehrhauses geplant wird. An Einsatzfahrzeugen und Geräten sind derzeit im Einsatz: 1 Löschfahrzeug, 1 Kleinrüstfahrzeug, 1 Motorzille, 1 TSA 750, 3 Zillen, 1 Notstromaggregat sowie die dazu notwendigen Geräte.

HBI Roßpickhofer F. (1950), OBI Buchberger R. (1968), OAW Roßpickhofer F. (1971), AW Buchberger K. (1958), AW Lintner R. (1962), BI Derntl R. (1962), BI Hanl L. (1962), BI Kapl H. (1962), BI Schöfl R. (1973), BI Trinkl H. (1962), OBR Pointner F. (1940) — HFm Aichhorn K. (1971), OFm Barth K. (1972), Fm Bindreiter F. (1977), OLm Bindreiter F. (1949), OLm Böhm F. (1956), OLm Brunner J. (1954), HFm Brunner J. (1971), JFm Buchinger E. (1982), HFm Derntl S. (1973), HFm Fehrerberger J. (1968), Bm Fehrerberger M. (1915), HFm Flattinger G. (1975), HFm Flattinger J. (1977), HFm Friedl S. (1952), PFm Frimmel W. (1984), HFm Fröhlich A. (1966), HLm Gaisbauer Ä. (1962), OLm Graßler F. (1954), HFm Gusenleitner J. (1946), Lm Gusenleitner L. (1951), HFm Hanl F. (1962), OLm Hanl J. (1954), Lm Hanl J. (1976), E-AW Hanl L. (1937), JFm Hanl R. (1983), JFm Hanl W. (1984), HFm Haslinger F. (1975), OLm Hattmannsdorfer F. (1952), HFm Hauser B. (1971), HFm Hauser F. (1962), HFm Hauser F. (1977), OFm Hauser F. (1978), Fm Hauser M. (1976), HFm Hauser W. (1974), OLm Hauser-Thaller F. (1948), HFm Hauser-Thaller F. (1976), Lm Jung K. (1959), Bm Karl A. (1953), Fm Kern E. (1974), HFm Kerschbaummayr E. (1962), JFm Kraschowetz H. (1982), PFm Kraschowetz M. (1984), HFm Krempelbauer F. (1973), Bm Leitner J. (1951), HLm Lintner F. (1948), JFm Maly E. (1981), OFm Manzenreiter A. (1978), Fm Matschnig F. (1981), Fm Matschnig F. (1981), HLm Matschnig F. (1948), HFm Matschnig F. (1979), JFm Mayer Ch. (1981), OFm Mayer G. (1978), Lm Mayer R. (1959), HFm Ortner F. (1973), OFm Papacek G. (1978), Bm Peitl F. (1948), Bm Peterseil F. (1938), HFm Peterseil J. (1973), HFm Pflügl J. (1970), Fm Plank W. (1982), HLm Pointner F. (1963), Lm Pointner J. (1975), JFm Rabitsch H. (1981), HFm Reisinger F. (1963), OFm Reiter H. (1966), HFm Schatz F. (1979), Fm Schinnerl H. (1983), Fm Schinnerl K. (1972), Bm Schöfl A. (1951), HFm Schöfl E. (1973), OLm Schöfl F. (1946), HLm Schöfl F. (1949), HFm Seyer H. (1974), HFm Seyer K. (1969), HLm Sperl F. (1948), Bm Steindl H. (1951), HFm Stütz G. (1972), Lm Stütz J. (1967), Lm Stütz L. (1969), HLm Trauner F. (1948), JFm Trinkl P. (1981), HFm Wahl L. (1956), HFm Wurzer J. (1969)

FF LUFTENBERG AN DER DONAU

Die Freiwillige Feuerwehr Luftenberg an der Donau wurde im Jahr 1905 gegründet. Gründungsmitglieder waren Erhard Michel, Josef Radl sen., Franz Reidlbacher sen., Johann Mühlberger, Ferdinand Wochenalt, Johann Dall. Erster Kommandant der Wehr war Johann Radl (bis 1906). Ihm folgten als Wehrführer Erhard Michel (1906–1921), Johann Mühlberger (1921–1938), Johann Pils sen. (1938–1956), Franz Böhm (1956–1968) und Johann Pils, der seit dem Jahr 1968 die Geschicke der Wehr führt. Die erste Pumpe wurde im Jahr 1935 von der Fa. Rosenbauer („Florian") angeschafft, ein Kleinlöschfahrzeug Marke VW mit Pumpenanhänger konnte die Freiwillige Feuerwehr Luftenberg an der Donau im Januar 1959 erwerben. Der Bau des Feuerwehrzeughauses erfolgte im Jahr 1956. Die meisten Einsätze mußte die Wehr bei den diversen Hochwasserkatastrophen (1954, 1965) leisten. Einer der Kommandanten der Wehr, Erhard Michel, ist über die engeren Grenzen des Landes hinaus als Mundartdichter bekannt geworden.

HBI Pils J. sen. (1952), OBI Pargfrieder F. (1949), AW Böhm F. (1980), AW Buchberger K. (1968), AW Führlinger J. (1964), BI Hofer J. (1972), BI Leinmüller J. (1943), BI Reidlbacher F. (1951), BI Traxler R. (1948) — Bm Aistleitner J. (1959), HFm Aistleitner J. jun. (1977), PFm Aistleitner P. (1979), JFm Aistleitner R. (1983), JFm Aistleitner R. (1983), OFm Angerer J. (1930), OBm Bauer R. (1966), Lm Bauer S. (1978), E-HBI Böhm F. (1946), Bm Buchner F. (1972), HBm Dansachmüller H. (1972), JFm Ebersteiner A. (1980), JFm Eggerstorfer H. (1983), Bm Enöckl S. (1968), OLm Enzenhofer W. (1952), JFm Fleischmann E. (1982), Lm Fröhlich H. (1976), OLm Führlinger J. (1971), HBm Fürer W. (1967), Fm Gmeiner A. (1980), OLm Gmeiner J. (1972), JFm Grabner M. (1983), Bm Grasser F. (1950), Lm Hanl L. jun. (1972), OBm Hanl L. sen. (1959), Lm Hinterkörner J. (1934), OBm Hochreiter H. (1941), Lm Höglinger F. (1973), JFm Höglinger K. (1979), Lm Höglinger K. (1975), Lm Höllwirth J. (1972), JFm Hofer E. (1983), JFm Hofer E. (1983), JFm Hofer G. (1981), OFm Huemer H. (1921), OBm Inreiter F. (1971), OBm Jakl H. (1971), JFm Kaiser H. (1982), Bm Kargl E. (1974), Bm Kargl J. (1972), OLm Kreindl W. jun. (1964), Bm Kreindl W. sen. (1943), OLm Kreuzer F. (1964), E-AW Krieger J. (1952), Krieger J. jun. (1979), HBm Leitner H. (1974), HFm Lenart K. (1969), Fm Ley J. (1981), JFm Ley M. (1981), Lm Lintner F. (1967), JFm Maier M. (1983), JFm Mistlberger M. (1983), Mühlbachler F. (1947), HBm Mühlberger J. (1968), Lm Mülleder E. (1977), HLm Mündl A. (1975), Bm Nemetz F. (1951), HLm Nemetz W. (1972), Lm Pammer R. (1976), HBm Pehn F. (1952), Lm Pehn F. jun. (1974), Lm Peyreder G. (1976), Lm Pils J. jun. (1974), OLm Pleiner J. (1968), OFm Pöschko H. (1978), Bm Punz J. (1972), HBm Raml F. (1952), OLm Rammer M. (1978), JFm Reiter M. (1983), HBm Schiffermüller F. (1964), Fm Steindl F. (1980), HFm Stütz H. (1972), HFm Stütz R. (1972), HBm Weitersberger J. (1957), Fm Wenigwieser S. (1981), E-AW Wiesinger F. (1956), E-AW Wiesinger F. (1941), E-AW Wild F. (1946), OLm Willimayr K. (1977), Bm Winkler G. sen., OBm Wochenalt J. (1957)

FF LUNGITZ

Die FF Lungitz wurde am 26. Januar 1913 gegründet. Zum ersten Kommandanten wurde der damalige Bahnhofsvorstand von Lungitz, Josef Sixt, gewählt. Durch dessen Übersiedlung nach Kremsmünster wurde im Dezember 1913 als Nachfolger Josef Hatmannstorfer zum Wehrführer gewählt. Diesem folgte 1923 Franz Grasser, 1927 Sebastian Scheuchenegger sen., 1938 Leopold Reichl, 1953 Sebastian Scheuchenegger und seit 1968 Johann Reichl. Nach der Gründungsversammlung wurden noch im selben Jahr die erste Feuerwehrspritze mit Handbetätigung und das notwendige Zubehör angeschafft. Die Feuerwehrspritze und die Geräte wurden, da noch kein Feuerwehrhaus zur Verfügung stand, bei Franz Derntl eingestellt. 1925 wurde mit dem Bau eines Feuerwehrhauses begonnen und dieses im selben Jahr noch fertiggestellt. 1932 wurde die erste Motorspritze – Marke Florian – angeschafft, die auf einem Anhänger mit Pferdegespann und später mit dem Traktor transportiert wurde. 1954 erhielt die FF Lungitz eine Motorspritze – Type RW 25 –, die anfangs noch immer mit Anhänger und Traktor, dann für kurze Zeit mit einem Dodge und später mit einem VW-Bus befördert wurde. Die derzeitige Motorspritze mit Elektrostarter und Handstarter – Type RW 75 – wurde 1966 angeschafft. Die FF Lungitz besitzt seit 1976 ein Löschfahrzeug (Ford Transit) samt Ausrüstung und obige Motorspritze. Durch die zunehmende Modernisierung und Technisierung wurde das bisherige Feuerwehrhaus zu klein; 1980 wurde auf dem Grund von Johann Reichl mit der Errichtung eines neuen Feuerwehrhauses begonnen. Dieses Feuerwehrhaus wird durch die freiwillige Mithilfe aller Feuerwehrkameraden in absehbarer Zeit fertiggestellt sein.

HBI Reichl J. (1948), OBI Hametner J. (1948) — Aichberger F. (1949), Altendorfer W. (1983), Brandstätter J. (1958), Buchner J. (1948), Derntl F. (1960), Derntl F. (1979), Derntl H. (1958), Derntl J. (1962), Derntl J. (1948), Derntl J. (1976), Derntl J. (1981), Derntl L. (1953), Fürlinger E. (1980), Fürst A. (1976), Fürst F. (1953), Fürst J. (1976), Grasser J. (1968), Grasser J. (1936), Hackl F. (1954), Haider F. (1979), Hametner J. (1978), Hannl A. (1958), Hannl J. (1962), Hannl M. (1927), Hartl F. (1954), Hoislbauer F. (1958), Hoislbauer F. (1981), Hoislbauer F. (1978), Kerschbaumayr W. (1960), Mayerhofer F. (1968), Mayerhofer J. (1962), Mayerhofer J. (1964), Mayerhofer J. (1980), Neubauer J. (1953), Oberwegner J. (1948), Parzer J. (1950), Peterseil J. (1976), Puchner J. (1948), Puchner J. (1923), Rafezeder F. (1935), Rafezeder J. (1960), Reichl H. (1976), Reichl J. (1958), Schatz K. (1963), Schatz N. (1963), Schelmbauer H. (1976), Schelmbauer J. (1958), Schelmbauer J. (1976), Scheuchenegger F. (1931), Scheuchenegger G. (1976), Scheuchenegger J. (1980), Scheuchenegger J. (1968), Scheuchenegger J. (1968), Scheuchenegger S. (1934), Schmalzer A. (1967), Schwarz P. (1953), Tischberger R. (1954), Weitersburger F. (1968), Wenigwieser J. (1958), Wimhofer J. (1978), Winkler J. (1976), Winkler J. (1956), Wöckinger J. (1980)

FF MAUTHAUSEN

Mit der Einführung der allgemeinen Feuerwehrverordnung wurde in Mauthausen an die Gründung der freiwilligen Feuerwehr geschritten. In der Gemeindeausschußsitzung vom 2. Juni 1869 regte Bürgermeister Johann Rzidky eine Spendenaktion an, die es der jungen Feuerwehr ermöglichte, Geräte anzuschaffen. Am 24. Dezember 1870 wurde die Gründungsversammlung abgehalten. 1871 wurden zwei Spritzen übernommen. In kurzer Zeit wuchs der Gerätepark durch Anschaffung einer Schiebeleiter, Schlauchpresse, Schlauchbinde, 300 m Schläuchen, 30 Helmen und einer Abprotzspritze. 1873 wurde der erste Mannschaftswagen und 1874 die erste Landfahrspritze angekauft. Am 26. Oktober 1887 bekam die Feuerwehr eine Dampfspritze. 1898 wurde eine neue Schiebeleiter bei Magirus in Ulm bestellt. 1912 konnte die FF Mauthausen einen Rettungswagen ankaufen und eine Rettungsabteilung gründen. Im Herbst 1929 erfolgte die Motorisierung der Wehr. Von der Gemeinde Wien wurden eine 18 m lange Magirus-Leiter und eine fast neue Motorspritze erworben. 1945 wurden sämtliche Geräte gestohlen, doch gelang es durch das tatkräftige Eingreifen der wenigen Mitglieder der Wehr, die in Mauthausen geblieben waren, sämtliches Material der Wiener Städtischen Feuerwehr, die in den letzten Kriegsmonaten statt der SS die Bewachung des KZ Mauthausen übernommen hatte, sicherzustellen. 1955: Einweihung des Feuerwehrhauses. 1962: Einweihung des Feuerwehrautos Opel Blitz. 1973 wurden drei schwere Atemschutzgeräte und ein Glasfiberboot, 1975 drei komplette Taucherausrüstungen und ein 1A-Boot 70 PS gekauft. 1977: Einweihung des Tankwagens TLF 2000/60 und Ankauf eines K-Boots mit Jetantrieb 180 PS. 1977 Einweihung des Zeughauszubaues und Erwerb von einem VW-Bus als Kdo.-Fahrzeug.

BR Mitterlehner K., OBI Scharinger J. (1946), AW Affenzeller F. (1977), AW Enzenhofer W. (1973), AW Kaufmann F. (1964), BI Krach J. (1968), BI Langeder R. (1972), BI Staudinger J. (1949), BI Walk J. (1953) — OFm Abel F. (1975), PFm Aigenbauer M. (1980), Fm Aigenbauer R. (1980), Lm Bachl A. (1951), HFm Bauer Ch. (1973), HBm Bauer J. (1966), HFm Baumgartner F. (1978), OLm Brixner H. (1968), E-BI Dir. Czerwenka J. (1976), HLm Drexler E. (1949), OFm Freuinger G. (1953), HFm Gusenleitner F. (1951), HBm Gusenleitner W. (1971), E-AW Dir. Hanl A. (1976), HFm Hießmayr F. (1970), Fm Hießmayr M. (1978), Fm Hinterdorfer H. (1976), E-AW Holzhaider H. (1946), HFm Huber K. (1935), Fm Hummenberger F. (1979), HFm Jani F. (1951), Lm Kaser J. (1951), Kastner G., HLm Klammer K. (1959), Lm Köstl F. (1953), Lm Krump R. (1971), E-OBI Lang F. (1923), Lm Lengauer F. (1968), OFm Luftensteiner G. (1979), Lm Mager L. (1972), Fm Mitterlehner T. (1978), HFm Ortner A. (1976), OLm Ortner F. (1957), Ortner W. (1980), OLm Peitl J. (1970), Fm Peterseil K. (1979), OFm Pissenberger F. (1951), OFm Pissenberger J. (1947), OFm Pissenberger R. (1960), Fm Raffetseder F. (1978), Lm Rammer J. (1959), E-HBI Reichl L. (1949), OFm Saßmann K. (1928), OLm Schaller S., Scharinger A., Scharinger J., HFm Scharinger W. (1973), OFm Schatzl F. (1922), Fm Schaumberger G. (1980), E-AW Schaumberger R. (1947), OFm Schreiner F. (1953), PFm Sempere A. (1980), OLm Sempere P. (1964), Fm Seyer A. (1975), OFm Seyer J. (1979), JFm Sigl A., HBm Sigl J. (1963), Fm Steinwendner K. (1981), HFm Stroß F. (1950), HFm Stroß J. (1969), Studeregger K. (1973), OLm Tausche R. (1967), E-OBI Walenta F. (1951), Fm Walk J. (1973), HBm Weilguny E. (1973), Weilguny J. (1941), Fm Weindl E. (1980), HFm Weindl J. (1973), OFm Widi J. (1953), Fm Windner A. (1976), Lm Winkler R. (1957)

FF MITTERDÖRFL

Die Freiwillige Feuerwehr wurde im Jahr 1929 gegründet, war aber zu diesem Zeitpunkt noch der Freiwilligen Feuerwehr Bad Kreuzen zugehörig. Zu den Gründungsmitgliedern zählten Johann Huber, Franz Huber, Georg Wimmer, Franz Mitterlehner, Franz Kloibhofer, Josef Mitterlehner. Im Gründungsjahr schaffte die FF Mitterdörfl von der FF Bad Kreuzen eine gebrauchte Handspritze an und errichtete das erste Feuerwehrdepot in Holzbauweise. Im Jahr 1931 wurde die Rotte Mitterdörfl eine selbständige Feuerwehr. Der erste Kommandant der nunmehr selbständigen Wehr war Johann Huber sen., der dieses Amt bis zum Jahr 1953 innehatte. Ihm folgte sein Sohn Johann Huber jun., der bis heute an der Spitze der Wehr steht. 1951 konnte die Freiwillige Feuerwehr Mitterdörfl von der FF Bad Kreuzen eine Motorspritze erwerben; Fahrzeug ist in Mitterdörfl keines vorhanden. Im Jahr 1966 begann die FF Mitterdörfl mit der Errichtung eines neuen Feuerwehrzeughauses in Massivbauweise.

HBI Huber J. (1943), OBI Wimhofer J. (1953), AW Lindtner A. (1979), AW Wimhofer J. (1932), AW Wimmer F. (1967), AW Wimmhofer K. (1961), BI Neuhauser I. (1959) — OFm Edelmayer K. (1969), HLm Enengel J. (1953), PFm Huber F. (1983), Bm Huber P. (1978), HFm Käferpöck E. (1967), OBm Kriner K. (1947), OBm Leonhartsberger F. (1947), Lm Leonhartsberger F. (1971), OFm Leonhartsberger J. (1979), Lm Leonhartsberger J. (1979), Lm Mitterlehner J. (1973), HFm Mühllehner A. (1978), HBm Palmetzhofer J. (1933), Lm Pöcksteiner F. (1967), HFm Prinz F. (1972), HLm Prinz J. (1947), PFm Prinz J. (1983), OBm Raffetseder A. (1947), Lm Redl F. (1971), E-OBI Schmiedinger F. (1947), HLm Schneiter E. (1960), Fm Wimhofer J. (1981)

FF MITTERKIRCHEN

Im Jahr 1901 wurde die Freiwillige Feuerwehr Mitterkirchen-Hütting gegründet. Am Anfang erfolgte die Brandbekämpfung mit einfachen Mitteln. Die Anschaffung der ersten Motorspritze und der spätere Ankauf des ersten motorisierten Fahrzeuges trugen viel zur wirksameren Brandbekämpfung bei. Im Jahr 1962 wurde der eine VW-Bus als Feuerwehrfahrzeug angekauft. Im Jahr 1965 erfolgte die Auflösung der Feuerwehr Hofstetten; die Mitglieder wurden zur Feuerwehr Mitterkirchen überstellt. Das erste Tanklöschfahrzeug, TLF 1000, Marke Opel, wurde 1967 angekauft. 1968 wurden die ersten Funkgeräte mit 11-m-Band angekauft. Im Zuge des Gemeindehausbaues wurde 1968 ein neues Zeughaus errichtet. 1972 bekam die Feuerwehr eine Fahne. Die Jugendgruppe wurde 1973 gegründet. Im Jahr 1976 erfolgte die Übernahme eines Ölabsauggerätes und zweier Funkgeräte mit 2-m-Band vom Landesfeuerwehrkommando. Das Tanklöschfahrzeug TLF 2000 Marke Steyr 590 wurde 1978 von der Fa. Rosenbauer angekauft. 1979 wurden drei Preßluftatmer PA 58 angeschafft. Der Anschluß an die Funkalarmierung erfolgte 1983. Der Freiwilligen Feuerwehr Mitterkirchen standen folgende Kameraden als Wehrführer vor: Friedrich Fries, Johann Lettner, Karl Binder, Herr Eichinger, Mathias Fröschl, Josef Ecker, Karl Sattler, August Moser.

HBI Moser A. (1966), OBI Lindner K. (1952), AW Forschauer A. (1966), AW Reitinger F. (1952), AW Schaurhofer J. (1969), BI Langeder J. (1948), BI Langeder J. (1966), BI Lettner J. (1946), BI Lindenhofer L. (1963), BI Pleimer F. (1969) — HFm Andraschko A. (1961), Lm Brömmer J. (1966), E-BI Buchberger R. (1920), OLm Burghofer J. (1953), OLm Burian K. (1955), OFm Derntl J. (1976), HFm Fröschl J. (1969), OLm Fröschl J. (1953), HFm Froschauer H. (1978), OLm Grasserbauer J. (1968), HLm Greisinger A. (1946), HLm Grüner F. (1936), Lm Häuserer A. (1973), HBm Haslinger M. (1956), Bm Heilmann F. (1962), OFm Heiml F. (1980), OLm Heiml J. (1947), E-BI Himmelbauer F. (1931), OFm Himmelbauer R. (1962), Fm Hoser Ch. (1983), OFm Hoser J. (1981), OFm Huber E. (1968), HFm Huber J. (1972), HFm Huber J. (1969), HFm Käferböck F. (1978), OLm Käferböck K. (1953), Lm Käferböck K. (1972), Lm Kranzl A. (1966), OFm Kranzl H. (1978), OFm Kranzl J. (1975), Lm Langeder J. (1968), Lm Langeder J. (1972), HFm Leihbrunner G. (1969), E-BI Lettner A. (1931), OFm Lettner H. (1963), OFm Lettner J. (1950), OFm Lettner K. (1978), HFm Lettner L. (1976), OFm Lettner M. (1969), HFm Lichtenberger F. (1972), Lm Lichtenberger K. (1975), OFm Lindenhofer F. (1980), OFm Löttner J. (1969), Lm Lumetsberger F. (1966), HFm Lumetsberger F. jun. (1978), Fm Mayrhofer J. (1973), Lm Mittmannsgruber R. (1966), HFm Neulinger R. (1971), HBm Nöbauer F. (1947), Lm Nöbauer L. (1975), Lm Peterseil J. (1974), E-BI Pleimer J. (1953), E-BI Prinz H. (1951), HFm Raffetseder J. (1976), OFm Raith J. (1975), Lm Reitinger F. jun. (1972), HFm Reitinger M. (1979), E-BI Riesenberger J. (1931), E-HBI Sattler K. (1946), OLm Sattler K. (1972), OLm Schachner F. (1947), HLm Schwarz H. (1963), Lm Stadlbauer J. (1952), HLm Steininger J. (1969), Lm Steininger K. (1973), HLm Steininger L. (1968), Bm Steinkellner J. (1961), OLm Walch J. (1968), Lm Walch L. (1966), Lm Walter K. (1955), OFm Willnauer F. (1969), OFm Willnauer F. (1969), Lm Wögerer O. (1971)

FF MÜNZBACH

Die Marktgemeinde Münzbach erscheint bereits 1251 in einem landesfürstlichen Urbar als Forum = Markt und beherbergte schon damals eine Reihe von Handwerkerbetrieben. Da es in den eng aneinandergebauten Häuserfronten immer wieder zu Brandkatastrophen kam, wurde der Ruf nach einer organisierten und ausgebildeten Feuerwehr immer lauter, bis sich schließlich 1882 der damalige Gemeindearzt Franz Mehr entschloß, in Münzbach eine Feuerwehr zu gründen. Aufgrund großzügiger finanzieller Unterstützungen gelang es ihm, eine neue Feuerwehrspritze anzuschaffen. Nachdem die Statuten von der hohen k.u.k. Statthalterei genehmigt waren, wurde am 11. Februar 1883 mit der Aufnahme von Mitgliedern begonnen und am 4. März 1883 die erste Wahl des Kommandos durchgeführt: Hauptmann Franz Mehr (Arzt), Stellvertreter Johann Schwarz. Eine aus den Anfangsjahren erhaltene Chronik besagt, daß die Feuerwehr durch ihren für damalige Verhältnisse hohen Ausbildungs- und Ausrüstungsstand alle Aufgaben sehr gut bewältigte, wo sich doch zu dieser Zeit die Brände geradezu ablösten. Welch ein Gönner und Förderer der Feuerwehr Franz Mehr war, beweist auch die Tatsache, daß er eigens für die FF Münzbach ein Feuerwehrlied dichtete, welches heute noch bei den Versammlungen zum Abschluß gesungen wird. Um in den Wirren der Kriegsjahre die Schlagkraft der Feuerwehr zu erhalten, wurden einige Jahre lang auch Frauen zum Dienst herangezogen. Nach dem Krieg wurde unter dem langjährigen und bewährten Kommando von BR Rupert Decker mit äußerst bescheidenen Mitteln darangegangen, die Feuerwehr zu modernisieren. Unter Kommandant Anton Mayrhofer besitzt die FF Münzbach heute ein KLF (Ford Transit) und seit 1983 ein TLF 2000.

HBI Mayrhofer A. (1950), OBI Burian A. (1963), AW Krichbaumer F. (1952), AW Lindner K. (1952), AW Paireder R. (1952), AW Schmidtberger K. (1970), BI Fröschl H. (1978), BI Hochgatterer J. (1978), BI Langthaller H. (1962), BI Mitterlehner J. (1952), BI Zimmerberger H. (1954) — Fm Achleitner J. (1978), OFm Aschauer K. (1971), E-AW Berger I. (1955), OLm Bindreiter I. (1947), Fm Brandstätter L. (1979), FA Dr. Buchberger J. (1981), HLm Buchmayr J. (1948), OBm Burian J. (1931), E-BR Decker R. (1931), OFm Diesenreiter K. (1967), Fm Diesenreiter K. (1979), E-BI Emhofer J. (1945), Lm Enengl J. (1963), HLm Fröschl A. (1931), E-BI Fröschl J. (1940), Fm Fuchs A. (1980), HFm Fuchs M. (1945), OLm Grillnberger G. (1952), E-OBI Heiligenbrunner K. (1934), Fm Himmelbauer Ch. (1979), Fm Hintersteiner J. (1978), OLm Hintersteiner L. (1952), OLm Hochgatterer M. (1957), HFm Huber M. (1967), Fm Kerschbaummaier F. (1978), Fm Killinger J. (1976), Lm Killinger M. (1948), Lm Krichbaumer G. (1961), HBm Krichbaumer K. (1925), Lm Krichbaumer L. (1958), Fm Krichbaumer L. (1978), Fm Langeder E. (1978), HLm Langeder H. (1959), Lm Langeder J. (1958), Fm Langeder J. (1978), HLm Leonhartsberger J. (1937), HBm Lettner H. (1920), Lm Lettner H. (1963), OLm Mayrhofer F. (1947), Fm Mitter R. (1981), Fm Mitterlehner J. (1979), OFm Mühlbachler F. (1973), OFm Panhofer F. (1969), FK Pfanzagl A. (1972), FA Dr. Pilshofer J. (1959), Lm Pilshofer L. (1953), HBm Pilshofer R. (1921), OLm Prinz F. (1952), Fm Prinz H. (1978), Lm Prinz J. (1960), Fm Prömer R. (1975), OFm Raab F. (1968), HFm Reininger J. (1956), Lm Schinnerl R. (1954), HFm Schmidberger A. (1964), Lm Schützeneder J. (1951), Fm Schützeneder J. (1979), Fm Schützeneder L. (1981), Lm Sigl K. (1960), HFm Spindler A. (1963), Lm Spindler F. (1961), OBm Steinkellner J. (1923), Lm Straßer F. (1963), OLm Straßer F. (1951), Lm Viehböck F. (1961), OLm Walch A. (1951), Bm Walch J. (1936), Fm Walch R. (1978)

FF NAARN

Am 6. Dezember 1891 wurde die FF Naarn gegründet. Erster Hauptmann wurde Johann Reisner. Gleichzeitige Bildung einer Wasserwehrabteilung. 1892 konnten die nötige Ausrüstung, Behelfe und eine neue Spritze angekauft und 1893 das Gerätedepot errichtet werden. Von 1891 bis 1983 fungierten folgende Männer als Kommandanten: Johann Reisner, Michael Schaurhofer, Georg Lettner, Karl Nusime, Karl Gassner, Rupert Peterseil, Josef Hahn, Franz Kitzler, Josef Schnetzinger und derzeit Georg Haberbauer. Infolge der Größe der Pfarre Naarn trennten sich die jetzige Feuer- und Wasserwehr Au an der Donau 1923 und der Löschzug Baumgarten, jetzt FF Holzleiten, 1925 von der FF Naarn. Die Wehr feierte folgende Feste: 1893 Gründungsfest, 1926 25jähriges Gründungsfest, 1932 40jähriges Gründungsfest mit Motorspritzenweihe, 1950 Zeughaus-Rüstwagen-Motorspritzenweihe-Fest. 1961 70jähriges Jubelfest, verbunden mit Rüstwagen- und Geräteweihe. 1967 75jähriges Jubelfest, verbunden mit der Weihe der renovierten Fahne, die bereits 1901 angekauft worden war.

HBI Haberbauer G. sen. (1950), OBI Lichtenberger F. (1950), AW Eichinger K. (1974), AW Lindner J. (1974), AW Mayrhofer K. (1950), BI Brunner K. (1952), BI Derntl J. (1950), BI Lehner G. jun. (1950), BI Palmetshofer F. (1947), BI Payreder K. (1974), BI Schatz F. (1963) — HFm Achleitner F. (1970), HBm Achleitner J. (1963), HFm Aistleitner L. (1967), Fm Alkin J. (1955), Fm Auer H. (1930), OBm Auinger J. (1940), PFm Brunner Ch. (1983), Fm Brunner J. (1970), Fm Buhri E. (1963), HFm Datterl G. (1959), E-AW Datterl J. (1949), OLm Datterl J. (1929), HBm Derntl G. (1982), HBm Derntl G. (1974), HFm Derntl J. jun. (1970), HFm Derntl J. sen. (1947), HFm Dierneder G. (1956), Fm Dierneder G. jun. (1978), HFm Dierneder J. (1956), PFm Ebner J. (1983), Fm Ebner R. (1931), OBm Eichinger G. (1974), Fm Erlinger W. (1978), Fm Fasching J. (1928), OBm Firmberger F. (1950), HFm Friedl G. (1970), OFm Froschauer A. (1921), OFm Froschauer Ch. (1977), HFm Froschauer J. (1950), Fm Froschauer K. (1960), HFm Frühwirth A. (1955), HBm Gaßner K. jun. (1950), FA Dr. Gebetsberger J. (1950), HFm Grafeneder J. (1965), HFm Gruber G. (1976), Fm Gusenbauer G. (1965), HFm Haberbauer G. jun. (1975), HFm Hager R. (1965), E-HBI Hahn J. (1927), OBm Hahn O. (1961), Fm Hinterdorfer J. (1958), HFm Hlousek F. (1952), Lm Hölzl G. (1974), HFm Hörstorfer J. (1956), HBm Jung W. (1960), HFm Kasbauer J. (1958), OFm Kastner G. (1950), HFm Kiehas J. jun. (1976), HFm Kiehas J. sen. (1951), HFm Kiehas J. (1975), OFm Kitzler F. (1975), HFm Kitzler M. (1950), HFm Klem H. (1968), Fm Kroiher W. (1973), OFm Kühhas J. (1977), HFm Lambauer H. (1955), OFm Lehner K. jun. (1978), OBm Lehner K. sen. (1947), HFm Leitner E. (1960), Fm Lettner E. (1961), OBm Lettner G. (1963), HFm Lettner L. (1970), Fm Luftensteiner A. (1959), HFm Luftensteiner J. (1968), Fm Mayrhofer J. (1968), OBm Müllner W. (1964), HFm Nöbauer A. (1958), Fm Öhlinger R. (1950), OFm Öller F. (1950), OFm Pachner F. (1970), OFm Peterseil E. (1977), HFm Peterseil J. (1974), E-BR Peterseil R. (1937), OBm Pissenberger L. (1961), HFm Raab J. (1970), HFm Schaurhofer K. (1950), HFm Scheuchenegger S. (1947), OLm Schmidtberger G. (1930), HFm Schmidtberger G. (1977), HFm Schmidtberger J. (1950), HFm Schmidtberger J. (1956), OFm Schnetzinger E. (1956), HFm Schnetzinger F. (1958), Fm Schober F. (1978), HFm Schober G. (1956), OLm Schober J. (1937), OFm Schober J. (1978), HFm Schober J. (1947), OFm Schober K. (1959), Fm Schober K. jun. (1982), OFm Schön G. (1959), HFm Schön J. (1944), Lm Starzer F. (1974), HFm Starzer G. (1978), OBm Starzer L. jun. (1976), OFm Starzer L. sen. (1944), Lm Straßer F. (1947), HFm Straßer F. (1947), Fm Voggeneder J. (1962), OFm Wahl E. (1963), OFm Wahl F. (1930), HFm Wahl H. (1958), Fm Weinlandner M. (1961), OFm Weixelbaumer K. (1980), HFm Wurm J. (1974), BFK Zauner J. (1972), PFm Zobl E. (1983).

FF OBENBERG

Die FF Obenberg wurde am 8. März 1931 gegründet. Der erste Kommandant war Herr Augl aus Gerasdorf. Noch im Gründungsjahr wurde ein Feuerwehrhaus errichtet, welches heute noch steht, auch eine Feuerwehrspritze „Florian" wurde in Dienst gestellt. Nachfolger Angls wurde 1945 Kommandant Rammer, der diese Tätigkeit bis 1950 ausübte. Auf sein Bestreben hin wurde 1947 das erste Feuerwehrauto, ein Dodge, angekauft. Bäckermeister Proprentner löste Rammer 1950 ab und war Kommandant bis 1952. 1950 wurde die „Florian" durch eine neue RW 25 ersetzt. Seit 1952 ist Wilhelm Mayrhofer Kommandant der FF Obenberg. Durch seine rege Tätigkeit wurde 1954 mit dem Bau des jetzigen Feuerwehrhauses begonnen, welches 1955 von Pfarrer Kirnbauer gesegnet und durch den Landesfeuerwehrkommandanten Hartl feierlich seiner Bestimmung übergeben wurde. Der Dodge wurde 1962 durch einen gebrauchten VW-Bus ersetzt. Bürgermeister Alfred Aichinger übergab der Wehr 1974 ein neues Feuerwehrauto, Marke Ford Transit. Seit 1951 fahren die Kameraden zu Leistungsbewerben.

HBI Mayrhofer W. sen. (1941), OBI Gusenleitner A. (1954), OAW Aspelmayr W. (1962), AW Buchholzer K. (1972), AW Oppitz W. (1962), AW Reißner A. (1960), BI Narnleitner W. (1957), BI Pils W. (1971), BI Schilcher L. (1952), BI Winkler O. (1956) — JFm Aichinger H. (1980), JFm Aichinger J. (1983), Fm Aichinger J. (1951), Fm Aichinger J. (1978), JFm Aspelmayr A. (1980), HFm Aspelmayr J. (1974), Lm Aspelmayr J. (1952), HBm Aspelmayr J. (1960), Lm Bachinger J. (1964), HFm Bauer F. (1931), HFm Baumgartner K. (1937), PFm Beyer K. (1981), HFm Buchberger E. (1953), JFm Buchholzer H. (1982), Fm Buchinger F. (1972), HFm Buchinger J. (1967), JFm Buchinger T. (1983), Lm Derntl K. (1953), OFm Derntl R. (1958), JFm Derntl R. (1982), PFm Diwold L. (1983), OFm Diwold L. (1958), HFm Diwold L. (1931), PFm Frühwirth G. (1979), Bm Fürholzer R. (1945), Fm Fürst B. (1982), HBm Gasselseder L. (1952), OFm Glocker H. (1975), OLm Göll J. (1954), Lm Greinstetter F. (1972), Fm Gusenleitner G. (1977), Fm Gusenleitner P. (1979), HFm Haider A. (1956), Fm Haider G. (1982), Fm Haider H. (1977), HFm Höller J. (1967), PFm Höllinger E. (1982), HFm Höllinger F. (1970), Fm Janko G. (1978), PFm Kastner J. (1981), HFm Krautsieder J. (1971), HFm Krottenthaler F. (1955), HFm Krottenthaler F. (1978), Lm Leibetseder K. (1948), HFm Leitner A. (1966), HLm Martinetz H. (1947), PFm Mayr E. (1975), PFm Mayr J. (1970), Fm Mayrhofer E. (1968), PFm Mayrhofer F. (1978), HFm Mayrhofer F. (1947), Fm Mayrhofer J. (1951), PFm Mayrhofer J. (1979), HBm Dipl.-Ing. Mayrhofer K. (1971), PFm Mayrhofer P. (1978), Lm Mayrhofer R. (1962), Bm Mayrhofer W. jun. (1970), Fm Narnleitner H. (1980), Fm Neuhauser R. (1979), HLm Neuhauser W. (1955), OFm Neuhauser W. (1978), HBm Pils J. (1969), HFm Pils R. (1969), HFm Preslmayr J. (1970), HFm Prielhofer M. (1976), Fm Rammer F. (1958), OFm Rammer J. (1971), HFm Reißner J. (1954), PFm Schilcher E. (1978), Fm Schilcher K. (1979), HLm Schimböck R. (1945), HFm Schimböck R. (1969), PFm Schirz A. (1980), OFm Schwarz F. (1977), HFm Seyr O. (1947), Fm Traxl L. (1979), HFm Wahl F. (1958), PFm Wahl F. (1977), HLm Wahl J. (1945), OFm Wahl J. (1975), Fm Wahl J. (1981), JFm Wahlmüller A. (1980), Fm Wahlmüller A. (1977), PFm Wahlmüller E. (1979), HFm Wahlmüller F. (1959), HFm Wahlmüller H. (1956), Fm Wahlmüller H. (1978), Fm Wahlmüller J. (1981), JFm Wahlmüller M. (1981), Fm Wahlmüller N. (1979), Fm Wahlmüller R. (1980), Fm Wahlmüller W. (1972), HFm Waidhofer H. (1960), PFm Waidhofer J. (1978), HFm Weingartner F. (1970), OFm Werner K. (1972), HFm Wiesmayr A. (1960), Lm Winkler F. (1970), Fm Winkler J. (1972), JFm Winkler K. (1981), HFm Winkler O. (1970), HFm Winkler R. (1971), Fm Wolfsegger M. (1979), Fm Zimmerberger F. (1978)

FF OBERNSTRASS

Am 13. Mai 1934 wurde die Freiwillige Feuerwehr Obernstraß auf Initiative von Anton Buchmayr und Josef Palmetzhofer gegründet. Wenige Tage nach der Gründung wurde bereits mit dem Bau des Zeughauses begonnen, wobei die Kameraden das Baumaterial (Holz) bereitstellten. Erster Kommandant der Wehr war Anton Buchmayr. Am 17. Juni 1934 wurde eine Handdruckspritze von der FF Münzbach übernommen. Am 4. August desselben Jahres fand zugleich mit dem Gründungsfest die Zeughausweihe statt. Nach dem Anschluß 1938 wurde die FF Obernstraß aufgelöst und der FF Münzbach angeschlossen. Nach dem Zweiten Weltkrieg erlangte die Freiwillige Feuerwehr Obernstraß wieder ihre Selbständigkeit (9. Februar 1947), Anton Buchmayr wurde erneut zum Kommandanten bestellt, Stellvertreter wurde Josef Palmetzhofer. 1959 erfolgte der Bau eines großen Löschteiches für den Raum Pilgram, auch wurde eine RVW Automatik angeschafft, die anläßlich des 25jährigen Gründungsfestes geweiht wurde. Im Jahr 1969 wurde das alte Zeughaus aus Holz abgetragen und eine neue Feuerwehrzeugstätte in Massivbauweise errichtet. 1974 konnte die Wehr ein VW-Einsatzfahrzeug von der FF Münzbach ankaufen.

HBI Ebenhofer M. (1959), OBI Buchmayr K. jun. (1966), AW Buchmayr L. jun. (1963), AW Lumetsberger J. (1975), AW Naderer K. (1974), BI Buchmayr H. (1974), BI Lettner J. (1973) — Fm Aschauer E. (1979), OBm Aschauer H. (1947), HFm Baumgartner R. jun. (1968), HLm Baumgartner R. sen. (1951), HBm Berger I. (1929), Fm Buchberger H. (1979), OLm Buchmayr A. (1970), OBm Buchmayr F. (1949), Fm Buchmayr K. (1979), E-OBI Buchmayr K. sen. (1947), HBm Buchmayr L. sen. (1934), HLm Buchmayr Innernstein L. (1963), HLm Holzer K. (1969), PFm Holzer K. (1983), OBm Käferböck J. (1947), OFm Käferböck J. (1972), Fm Käferböck R. (1979), HLm Kaindl F. (1963), E-HBI Kaindl J. (1934), E-OBI Langeder F. (1947), OBm Langeder F. (1948), Fm Langeder H. (1979), Fm Langeder H. (1979), HLm Langeder M. (1958), PFm Lettner F. (1978), Fm Lettner F. (1978), E-AW Lettner J. (1947), HFm Lettner J. (1975), E-AW Lumetsberger J. (1947), Lm Palmetzhofer K. (1955), HLm Prinz A. (1955), HFm Ratzinger F. (1969), Fm Ratzinger F. (1978), OBm Redl F. (1942), Fm Redl J. (1979), OFm Schendl F. (1937), HFm Schmidtberger J. (1968), HBm Schmidtberger K. (1929), Slaviczek J. jun. (1979), HFm Slaviczek J. sen. (1958), Fm Stadlbauer F. jun.(1978), OBm Stadlbauer F. sen. (1937), Fm Stollnberger H. (1978), Fm Weixlbaumer F. jun. (1978), OBm Weixlbaumer F. sen. (1947), HFm Wiesinger E. (1963), HFm Windhager R. (1981)

FF PABNEUKIRCHEN

In der Heimatkunde von Pabneukirchen scheinen bis zur Gründung der FF im Jahr 1874 viele verheerende Brände auf. Am Dreifaltigkeitssonntag, 31. Mai, erfolgte in einem Festakt die feierliche Fahnenweihe. Bei der Gründung standen 62 Feuerwehrmänner unter dem Kommando von Wehrführer Michael Sengstschmied; Fahnenpatin war Maria Lutz. Für die einfache Ausrüstung stand das Feuerwehrdepot neben dem Friedhof zur Verfügung. 1896: Einweihung des neuen Feuerwehrzeughauses. 1929: neue Motorspritze angekauft. 1941 starb Fahnenpatin Cilli Pilz, nachdem sie über 30 Jahre die FF wiederholt unterstützt hatte. 1949 folgte als Fahnenpatin Maria Ebner, Gattin von Kommerzialrat Heinrich Ebner; über 35 Jahre unterstützt sie nun schon die FF bestens. 1954 wurde das Feuerwehrzeughaus erweitert und 1959 eine neue Motorspritze (RW 75 Rosenbauer) angekauft. 1965 erfolgte die Anschaffung eines Rüstwagens (Rover); in den folgenden Jahren wurde die Ausrüstung weiter modernisiert und die Ausbildung der Feuerwehrmänner in Kursen und Schulungen vorangetrieben. 1982 konnte unter Mithilfe des Landes, der Gemeinde sowie der Gemeindebevölkerung ein TLF 2000 angekauft werden. 1984 beging die FF Pabneukirchen mit 108 Feuerwehrkameraden das 110jährige Gründungsfest. Kommandanten seit der Gründung: Baumeister Michael Sengstschmied (1874–1877), Mathias Patzner (1877–1885), Michael Breiteneder (1885–1890), Ferdinand Buchberger (1890–1896), Josef Kastner (1896–1901), Josef Pilz (1901–1904), Ignaz Huber (1904–1905), Anton Koller (1905–1908), Josef Pilz (1908–1910), Franz Hellmuth (1910–1919), Karl Haberl (1919–1922), Josef Pilz (1922–1928), Karl Haslinger (1928–1951), Ludwig Reisinger (1951–1972), Leopold Mitterlehner (seit 1972).

HBI Mitterlehner L. (1956), OBI Pilz K. (1958) — HFm Achleitner J. (1963), Aichhorn K. (1952), Binder W. (1960), Brandstetter F. (1981), Brandstetter K. (1983), Ebenhofer E. (1952), Ebner G. (1982), Eder J. (1965), Faux K. (1950), Fichtinger A. (1979), Gaßner J. (1963), Gebetsberger K. (1949), Glinsner J. (1983), Göschl E. (1955), Haderer E., Haderer J. (1949), Haider H. (1960), Haider R. (1960), Haider R. (1954), Heindl F. (1978), Heindl F. (1978), Heindl K. (1979), Hochstöger F. (1958), Hochstöger H. (1975), Hölzl H. (1965), Holzweber A. (1983), Holzweber H. (1981), Kastenhofer F. (1965), Kastenhofer F. (1965), Kastenhofer F. (1949), Kastenhofer J. (1983), Kastenhofer K. (1958), Klopf F. (1958), Kropfreiter J. (1970), Leitner K. (1958), Leonhartsberger J., Lindtner J. (1983), Lindtner J. (1977), Lingg J. (1960), Luftensteiner J. (1970), Manner H. (1960), Mayerhofer K. (1970), Mitterlehner J. (1978), Mitterlehner K. (1979), Mitterlehner L. (1981), Mühlbachler K. (1950), Naderer E. (1960), Naderer G. (1963), Naderer H. (1964), Ortler H. (1954), Palmetshofer F. (1976), Pauer A. (1952), Payreder F. (1977), Payreder J. (1963), Pilz J. (1983), Pilz K. (1950), Pilz S. (1967), Praher F. (1952), Reisinger G. (1953), Reisinger G. (1963), Reisinger J. (1954), Reisinger K. (1954), Reiter J. (1963), Riegler K. (1979), Schartmüller A. (1963), Schartmüller H. (1965), Scheidl K. (1963), Steindl F. (1980), Steindl H. (1983), Steindl J. (1958), Steinkellner E. (1980), Steinkellner R. (1980), Stiedl A. (1964), Tremetsberger K. (1975), Weidhofer F. (1954), Weidhofer J. (1968), Wimhofer F. (1964), Wimhofer J. (1949), Wolf K. (1940)

FF DER STADT PERG

Der 20. Juli 1873 gilt als der Gründungstag der Freiwilligen Feuerwehr Perg. Ihr erster Kommandant war Karl Terpinitz. Der erste große Einsatz war anläßlich des Brandes, bei dem 1875 acht Häuser und das Rathaus in Flammen aufgingen. 1886 erfolgte der Ankauf eines Ausfahrtswagens und einer Steckleiter. 1904 wurde eine Ausfahrtspritze angeschafft. 1908 beschloß man die Gründung einer Sanitätsabteilung, was allerdings erst 1914 mit dem Kauf eines Rettungswagens in die Tat umgesetzt werden konnte. 1921 erkannte man die Notwendigkeit eines Zeughauses, das aber erst 1933 seiner Bestimmung übergeben werden konnte. Inzwischen hatte die Wehr zwei Fahrzeuge erhalten, einen Ford mit 32 PS und einen kleinen Lkw, der zum Mannschaftswagen umgebaut wurde. Nach dem Zweiten Weltkrieg mußte ein neuer Anfang gemacht werden, 1952 standen der Wehr wieder zwei Fahrzeuge zur Verfügung, Mercedes LF 8 und Steyr A 2000, sowie drei Motorspritzen. 1956 wurde ein Tanklöschfahrzeug in Dienst gestellt, 1959 ein Land Rover als Kommandofahrzeug. 1965 erhielt die FF Perg ein neues Tanklöschfahrzeug 2400 Steyr 680, was 1966 eine Erweiterung des Zeughauses notwendig machte. 1969 erhielt die Wehr ein Kleinlöschfahrzeug und ein Ölalarmfahrzeug. Im ständigen Bemühen, den Fortschritt der Technik mitzumachen, wurde 1975 wieder ein neues Tankfahrzeug gekauft, mit 3600 l Wasser- und 400 l Schaummitteltank. Ein weiteres Tanklöschfahrzeug wurde 1978 in Dienst gestellt. Erfreulich war auch in diesen Jahren der Beitritt von vielen jungen Kameraden. 1980 wurden 16 Funk-Pager gekauft, 1981 weitere Sirenen installiert. 1982 erhielt die Wehr ein weiteres Löschfahrzeug mit Bergeausrüstung.

HBI Brandstetter M., OBI Böschl R. — Aigner F., Aistleitner F., Aschauer N., Bauer K. M., Birkelbauer W., Birklbauer O., Böschl R. jun., Brandl W., Brandstetter F., Buchberger F., Buchberger J., Buchinger F., Dietze R., Ebersmüller J., Edelmayr K., Ehrentraut F., Ehrentraut J. jun., Ehrentraut J. sen., Eßl H., Fraundorfer F., Freinschlag J., Fröschl K., Froschauer F., Froschauer J., Froschauer L., Gattringer A., Gmeiner J., Grabmann R., Grosseiner H., Grosseiner E., Grossteiner P., Gruber F., Hader J., Haindl J., Hartmann G., Haselberger J., Haslinger A., Hausleitner H., Hiemetsberger A., Himmelbauer R., Hintermaier J., Hintermaier K., Hofer A., Hofer A. jun., Hofer E., Holzer H., Holzer R., Holzmann G., Holzmann J., Horner S., Irrgeher K., Irrmann E., Käferböck J., Kaindlstorfer H. J., Kapplmüller J., Knoll F., Krammer F., Kreuzer G., Mag. Ladenbauer V., Landgraf F., Lechner G., Dr. Leimer J., Leimer K., Lentschig M., Lettner F., Lueger A., Luftensteiner J., Lughofer H.-G., Mayrhofer J., Mitterlehner M., Mühlehner B., Neuburger F., Niederleuthner J., Nusime J., Nußbichler G., Oberreiter E., Panhauser S., Payreder H.-K., Payreder J., Podlesnik A., Pöschl K., Pöschl S., Pöschl J., Poldlehner J., Poscher F., Prinz A., Raab G., Raab G. jun., Raab G. sen., Raab W., Reiter J., Rockenschaub F., Rockenschaub F., Rockenschaub F., Rockenschaub H., Rockenschaub H., Rockenschaub M., Rosenberger J., Schachner J., Schachner M., Schartmüller M., Schaurhofer A., Schenk H., Schöberl S., Schön K. jun., Schützeneder J., Schweiger J., Skola F., Spindelberger J., Stadler H., Steindl K., Streifert T., Dr. Thin B., Tischlinger R., Trauner A., Trauner F., Trauner F., Trauner K., Tüchler G., LAbg. Waidhofer J., Walch F., Waldhör K., Weinzinger H. jun., Zach H.

430

FF PERGKIRCHEN

Die Pfarre Pergkirchen liegt im Osten der Stadt Perg, wurde 1939 als selbständige Gemeinde aufgelöst und in die Gemeinde Perg eingegliedert. Zur Zeit der Gründung der Freiwilligen Feuerwehr im Jahr 1905 war Pergkirchen eine rein bäuerliche Pfarre mit etwa 100 Bauernhäusern und etlichen Kleingewerbebetrieben. Entsprechend sparsam ist man daher mit den vorhandenen Mitteln umgegangen. Die erste Pumpe, die noch im Gründungsjahr angekauft wurde, war eine Handdruckspritze der Glockengießerei und Spritzenfabrik Anton Gugg, Linz. Während des Krieges stand eine Pumpe der Maschinenfabrik Schöberl aus Perg im Einsatz, und bald nach dem Krieg wurde eine R-50-Tragkraftspritze der Fa. Rosenbauer angeschafft. Ein vom dörflichen Wagnermeister umgebauter Sanitätswagen, der anfangs von Pferden gezogen und dann mit einer Anhängevorrichtung für Traktoren versehen wurde, diente als Rüstwagen. Nach dem Krieg war ein Bedford-Militärfahrzeug als Mannschaftswagen im Einsatz. Die Pumpe wurde in einer Karette befördert. In weiterer Folge wurden ein FK 1000 und eine R-75-Tragkraftspritze angekauft. 1954 entstand das neue Zeughaus. Auch der Löschwasserbehälter mußte erneuert werden, nachdem ein Trupp russischer Besatzungssoldaten mit ihrem Fahrzeug durch die Abdeckung in das alte Bassin eingebrochen war. 1964 entstanden überall im Pfarrgebiet neue Güterwege, und so konnte man auch an den Kauf eines neuen KLF denken. 1970 kam noch eine VW-Pumpe dazu und 1981 ein Tankwagen TLF 1000 mit entsprechender Funkausrüstung. Hauptleute seit der Gründung: Rupert Weiß (1905–1910), Georg Kranzl (1910–1914), Josef Holzer (1914–1939), Rupert Holzer (1946 bis April 1946), Josef Weiß (1946–1947), Franz Kragl (1947–1963), Markus Holzer (1963–1979), Ernst Schinnerl (seit 1979).

HBI Schinnerl E. (1926), OBI Schweiger J. (1964), HAW Hintersteiner H. (1971), OAW Kranzl H. (1957), AW Holzer M. (1970), AW Karigl W. (1965), AW Praher F. sen. (1963), AW Thuller J. (1956), BI Grabenschweiger J. (1955), BI Holzer J. jun. (1970), BI Königshofer H. (1959), BI Nader J. (1962) — Fm Aistleitner J. (1979), HFm Aistleitner J. (1960), OFm Dahedl G. (1974), Dahedl H.-P., OLm Diesenreiter E. (1967), Fm Dolzer J., OFm Doppler J. (1982), Fm Emhofer J. (1979), HFm Froschauer F., Fm Froschauer W. (1981), HFm Gasch F. (1968), JFm Grabenschweiger J., Fm Grübler G. (1982), Grübler H. (1945), Fm Himmelbauer H. (1981), HFm Hintersteiner J. (1977), OFm Holzer F. jun. (1979), E-AW Holzer F. sen. (1930), Fm Holzer F. (1982), Fm Holzer G. (1979), Fm Holzer G. (1979), E-BI Holzer J. sen. (1923), HFm Holzer J. (1946), OFm Holzer J. (1978), HBm Holzer M. (1971), E-HBI Holzer M. (1952), HFm Holzer M. (1974), E-BI Holzer R. (1947), Fm Holzer T. (1982), Fm Hornbacher E. (1981), HFm Huber J. (1964), HFm Huber W. (1960), HFm Kaindl E. (1973), HFm Kaindl G. (1973), HFm Kaindl J., JFm Karigl W. (1983), Lm Kastl F. (1933), Fm Kastl J. (1983), HBm Kastner J. (1973), Kemethofer M., Fm Killinger K. (1978), E-AW Klinger J. (1933), HFm Königshofer J. (1974), JFm Kragl F., OBm Kragl G. (1949), HFm Kragl G. (1964), Lm Kragl J. (1947), Fm Kragl J. (1981), HFm Kragl M. (1964), JFm Kranzl A., JFm Kranzl H.-G., JFm Kranzl H., Lm Kranzl J. (1964), HFm Kunse J. (1945), OLm Leitner M. (1931), HBm Leitner M. (1975), Fm Lettner F. (1983), HFm Lettner J., OFm Lindner F. (1979), Fm Lindner J. (1981), HFm Luftensteiner H. (1962), Fm Mayrhofer K., JFm Nenning G., Öllinger A. (1982), HFm Öllinger J. (1959), JFm Öllinger R., HFm Ortmüller J., OFm Pichler F. (1977), Praher F. jun., E-BI Prandstätter J. (1936), Fm Preisack E. (1982), HLm Roßnagl F. (1967), Fm Schatz A. (1979), HFm Schatz A. sen. (1959), JFm Schinnerl Ch., HFm Schrattenholzer J. (1971), Fm Schweiger Ch. (1981), HFm Schweiger H. (1973), OFm Schweiger J. (1971), HFm Schweiger J. (1947), Fm Schweiger J. jun. (1980), HFm Schweiger K. (1946), HFm Starzer J. (1964), HBm Steinkellner J. (1967), HBm Straßer M. jun. (1974), E-AW Straßer M. sen. (1935), HFm Straßer M. jun. (1974), Lm Straßer M. sen. (1947), JFm Thuller E., Fm Wagner F. (1979), OFm Wagner J. (1973), HFm Weichinger L. (1969), JFm Weichselbaumer K., HFm Weichselbaumer M. (1970), OFm Weichselbaumer W. (1975), HFm Weiß R. (1973), Lm Wenigwieser A. (1959), HFm Wolfsegger J. (1947)

FF PONEGGEN

Nach einem großen Brand entschlossen sich beherzte Männer zur Gründung eines Feuerwehrzuges der FF Schwertberg (1905). Noch im Gründungsjahr wurde in der Filiale Poneggen eine Abprotzspritze untergebracht. Das Depot wurde auf dem Grund von Franz Eder errichtet. Im gleichen Jahr trat die Feuerwehr auch dem Bezirks- und Landesverband bei. Die ersten Funktionäre in Poneggen waren Franz Eder als Löschmeister, Josef Geiseder war Stellvertreter, Johann Gruber Schriftführer und Kassier, Franz Palmetzhofer war Rottenführer, Jacob Schinnerl war Zeugwart. Sie alle waren dem Schwertberger Kommando unterstellt. Am 2. Oktober 1932 wurde Poneggen mit einer Motorspritze ausgerüstet. Für die Abdeckung des Betrages suchten Johann Falzberger und Johann Gruber um einen Glückshafen an und veranstalteten am 11. Juni 1933 ein Fest. 1938 wurde die Feuerwehr eine Körperschaft öffentlichen Rechts. Während der Kriegsjahre waren Schläuche und Pumpe beim Haus Schinnerl untergebracht. Es war die einzige Pumpe im ganzen Umkreis. 1946: Der Löschzug Poneggen macht sich selbständig. Am 16. Juni 1946 fand das Gründungsfest statt, erster Kommandant war Johann Gruber. 1949/50 wurde ein neues Depot erbaut. Die Einweihung fand 1953 statt, wobei das erste Auto, ein Chevrolet, angekauft wurde, dessen Patin Gräfin Hoyos war. 1956 wurde eine Spritze RW 75 gekauft, Patin war Rosa Hattmanstorfer. 1963 wurde ein VW von der Fa. Poschacher angekauft, 1966 ein VW von der Fa. Engel, Patin war Anneliese Gruber. 1969 wurde eine RVW-Automatikpumpe angeschafft, Patin Franziska Schinnerl. 1973 fand die Gründung von zwei Jugendgruppen statt. Die heutige Ausrüstung, ein KLF VW, hat schweren Atemschutz und ist mit Funk ausgestattet.

HBI Voglhofer H. (1965), OBI Knoll H. (1962), AW Brunner F. (1970), AW Guttenbrunner H. (1969), AW Lumetzberger F. (1980), OBI Holzer A. (1964), BI Haslinger A. (1976), BI Kleedorfer O. (1965) — Fm Aglas W. (1980), HLm Bauer J. (1955), Lm Bernhard L. (1963), Lm Bodingbauer J. (1947), HFm Brandstetter J. (1962), HFm Brandstetter J. (1975), Lm Derntl J. (1949), Lm Derntl J. (1955), OFm Dirneder F. (1981), Lm Duschek F. (1965), OFm Freller L. (1980), E-AW Frick F. (1953), Lm Frick J. (1968), Lm Geirhofer A. (1949), HFm Ginner L. (1965), OLm Glück E. (1960), OLm Goldermann J. (1949), Lm Goldermann J. (1968), OFm Greinstätter A. (1949), Lm Grossteiner J. (1947), HLm Gruber A. (1964), Lm Grünsteidl F. (1964), Fm Harringer P. (1983), E-HBI Hattmannsdorfer F. (1953), OLm Hochstöger J. (1957), Lm Höller K. (1956), Lm Holzer I. (1947), OFm Karlinger E. (1975), Lm Karlinger G. (1968), OLm Karlinger R. (1966), Fm Kaser J. (1979), HFm Kleedorfer O. (1980), OFm Kneidinger J. (1965), E-HBI Knoll F. (1956), HLm Knoll J. (1956), OLm Knoll K. (1935), HLm Knoll L. (1957), E-AW Krasel M. (1968), HFm Kühhas F. (1969), Lm Kühhas K. (1973), HFm Mayrwöger J. (1957), OLm Mayrwöger J. (1968), Fm Müllner J. (1974), OFm Neumeister F. (1951), HFm Palmetzhofer K. (1980), Fm Paukner G. (1980), OFm Penz R. (1957), Fm Penz R. (1976), Lm Pernerstorfer K. (1966), OFm Schatzl A. (1961), HFm Schatzl J. (1953), Fm Schauer A. (1960), HFm Schima W. (1977), E-AW Schinnerl J. (1969), Fm Schoder H. (1980), Fm Schoder P. (1975), Lm Schwayger G. (1950), HFm Schwayger G. (1977), OFm Trauner K. (1968), HLm Undesser K. (1955), OFm Vismara V. (1965), OFm Wahlmüller F. (1969), Fm Weikinger E. (1981), E-BI Woldrich A. (1947), OLm Woldrich F. (1942), OLm Wurz K. (1962)

FF PÜRACH

Vom damaligen ehemaligen Vorsteher Johann Zehetner wurde 1897 ein Aufruf an die Bevölkerung von Pürach und Umgebung gerichtet, eine freiwillige Feuerwehr zu gründen. Am 20. Mai 1897 wurde die konstituierende Sitzung einberufen, in der sogleich eine Wahl des Kommandos durchgeführt wurde. Die Gründung der Wehr war notwendig geworden, da durch die extreme Lage mancher Häuser und Ortschaften auf fremde Hilfe anderer Wehren sehr spät oder gar nicht zu rechnen war. Noch im selben Jahr wurden eine Gugg-Saugspritze und Geräte angekauft und im Holzerbauerngut deponiert. Im Jahr 1908 konnte durch Mithilfe der Bevölkerung und der Gemeinde in Pürach ein Feuerwehrhaus errichtet werden. Vom Zeitpunkt der Gründung bis zum Zweiten Weltkrieg gab es viele Brände und an Arbeit für die Wehr keinen Mangel. 1935 wurde eine neue Motorspritze (Kleiner Florian) angekauft. 1946 wurden die Feuerwehren Pürach und Luftenberg zusammengeschlossen; am 16. Dezember 1952 konnte dem Ansuchen um Wiederselbständigmachung der FF Pürach seitens der Zivilverwaltung Mühlviertel stattgegeben werden. Eine neue Motorspritze (RW 25) konnte 1953 angeschafft werden. Von 1960 an konnte der Mitgliederstand erhöht werden. Seither wurden angekauft: 1963 ein Traktoranhänger, gebraucht, ein TS RW 75. 1968 ein Kleinlöschfahrzeug, gebraucht. 1973 ein mobiles und ein Handfunkgerät (2-m-Band). 1977 ein KLF VW LT 35, neu. 1979 war das Gebiet durch die Schneedruckkatastrophe schwer getroffen. So kaufte die Wassergenossenschaft Forst ein neues Notstromaggregat. 1980 wurden ein Einachsanhänger und Flutlichtscheinwerfer gekauft, 1983 drei schwere Atemschutzgeräte, 1984 zwei Handfunkgeräte (2-m-Band). Seit 1982/83 ist die FF Pürach an das Sirenennetz und die Funkalarmierung angeschlossen.

HBI Gusenbauer A. (1961), OBI Aichinger J. (1969), AW Keplinger P. (1969), AW Wall J. (1963), AW Wall L. (1963), BI Hackl A. (1953), BI Hager F. (1944), BI Lindner W. (1970), BI Musel F. (1969), BI Pirklbauer J. (1958) — E-HBI Aichinger F. (1945), HFm Aichinger L. (1964), OLm Blauensteiner J. (1963), HLm Burger H. (1944), JFm Burger R. (1981), HFm Derntl J. (1963), HFm Diesenreiter A. (1976), Fm Durder W. (1980), JFm Ebner G. (1982), HLm Ebner J. (1961), HFm Ebner J. (1972), HLm Faltinger L. (1971), OLm Geißlmayr A. (1958), PFm Grubauer F. (1979), HLm Guschl K. (1919), Bm Gusenbauer A. (1944), Fm Gusenbauer G. (1979), HFm Gusenbauer I. (1967), HFm Gusenbauer J. (1977), OFm Hackl A. (1976), JFm Hackl E. (1981), E-OBI Halmdienst F. (1944), HLm Halmdienst F. (1969), HFm Halmdienst H. (1976), HLm Halmdienst J. (1969), OFm Halmdienst J. (1976), JFm Hammer A. (1983), HLm Höllinger J. (1954), Fm Huemer J. (1982), Fm Hummer A. (1983), OFm Hummer G. (1976), Bm Jäger A. (1963), JFm Javornik J. (1983), HLm Lintner J. (1967), OBm Minichberger J. (1961), HBm Minichberger L. (1967), Bm Musel F. (1944), PFm Palmetshofer K. (1980), JFm Pargfrieder J. (1983), HFm Peterseil J. (1967), Lm Pflügl F. (1971), Fm Pflügl L. (1971), Fm Pirklbauer J. (1973), HLm Rechberger F. (1954), Lm Rechberger J. (1978), JFm Reischl R. (1982), JFm Rohrmannsdorfer M. (1983), HFm Schöfl H. (1969), OFm Schön L. (1972), HLm Stumptner A. (1935), OLm Stumptner J. (1969), E-AW Wall L. (1952), HLm Wöckinger A. (1952), HLm Wöckinger J. (1957), Lm Wöckinger J. (1969), Fm Wöckinger J. (1976), JFm Wöckinger J. (1980)

FF RECHBERG

Die Freiwillige Feuerwehr Rechberg wurde im August 1902 gegründet. Der Mitgliederstand betrug 43 Mann. Im November 1902 wurde die erste Handdruckspritze (Gebirgsabprotzspritze) angekauft. 1906 spendete seine k.u.k. Majestät der Feuerwehr Rechberg 100 Kronen aus Privatmitteln. 1945 wurde die Feuerwehr unter Bgm. Schwaiger wieder aktiviert. 1952 erfolgte der Ankauf des ersten Rüstwagens Marke Chevrolet. 1953 fand das 50jährige Gründungsfest statt. 1954 wurde eine neue Tragkraftspritze R 75 von der Fa. Rosenbauer angekauft. Im Juli 1954 waren 17 Mann im Hochwassereinsatz in Mitterkirchen. Im Oktober 1956 wurde mit dem Neubau des Feuerwehrzeughauses begonnen, das am 23. Juni 1957 eingeweiht wurde. Im Juni 1958 erfolgte der Ankauf einer Sirene. 1958 wurde die Sterbekasse eingeführt. 1962 erfolgte der Ankauf des Rüstwagens FK 1000. Am 21. August 1966 wurde das 65jährige Gründungsfest gefeiert, in dessen Verlauf die Weihe des Kriegerdenkmales erfolgte. 1972 Ankauf der Tragkraftspritze VW-Automatik. 1977 wurde im Rahmen des 75jährigen Gründungsfestes der neue Rüstwagen Ford Transit geweiht.

HBI Naderer G. (1946), OBI Neuhauser H. (1963), AW Bauernfeind E. (1963), BI Ebenhofer J. (1967), BI Käferböck K. (1961) — Ahorner F. (1946), Bauernfeind E. (1983), HBm Bauernfeind J. (1948), Bauernfeind J. (1970), Brandstetter F. (1965), Buchberger H. (1967), Ebenhofer J. (1959), Ebenhofer J. (1977), Ebenhofer J. (1977), Ebenhofer J. (1934), Ebenhofer K. (1949), Ebenhofer K. (1961), Ebenhofer K. (1931), Ebenhofer K. (1981), Ebenhofer M. (1958), Ebenhofer M. (1924), HFm Ebenhofer M. (1953), Egger H. (1970), Gaisberger J., Gaisberger J. (1968), Gaisberger J. (1956), OFm Gaisberger J. (1981), HFm Gaisberger M. (1946), Gaisberger M. (1983), Haslinger A. (1973), Haslinger J. (1967), Hauerböck B. (1983), Haunschmid M. (1977), Heiligenbrunner J. (1960), OFm Hintersteiner H. (1981), Honeder G. (1978), Honeder G. (1971), Huber E. (1973), Huber J. (1953), Huber J. (1979), Huber M. (1972), Huber M. (1977), Huber P. (1973), Jahn F. (1977), Käferböck L. (1930), Kaindl F. (1969), Lm Kern A. (1973), HFm Killinger J. (1952), Killinger J. (1967), Killinger K. (1977), Killinger M. (1953), Klug A. (1968), Knoll J. (1982), Kriechbaumer J. (1955), Kriechbaumer J. (1981), Kriechbaumer J. (1979), HFm Kriechbaumer M. (1958), Langeder J. (1953), Langeder J. (1979), Leeb A. (1981), Leonhartsberger F. (1974), Leonhartsberger J. (1973), Leonhartsberger J. (1971), Mitterlehner J. (1982), OFm Moser J. (1973), Naderer G. (1974), Naderer J. (1977), Naderer J. (1973), Naderer J. (1972), Naderer K. (1946), Nenning F. (1982), Nenning J. (1977), Nenning M. (1955), Nenning M. (1981), Nenning P. (1961), OFm Nenning P. (1981), Nenning R. (1971), Neuhauser H. (1977), Neuhauser K. (1983), Oberreiter W. (1974), OFm Ortner F. (1982), Ortner H. (1955), Ortner J. (1974), Ortner L. (1966), OFm Ortner H. (1981), HBm Primetzhofer J. (1931), Primetzhofer J. (1964), Primetzhofer M. (1974), Raab A. (1973), Raab J. (1953), Raab J. (1980), HFm Raab K. (1960), Raab K. (1982), OFm Raab L. (1981), E-AW Raab O. (1946), Reiter K. (1971), Reiter L. (1981), Riederer J. (1949), Riegler J. (1964), OFm Riegler L. (1978), Riegler M. (1980), Rosinger A. (1977), Rosinger L. (1978), Schatz F. (1965), HFm Schatz F. (1977), Schmiedberger A. (1949), Schmiedberger J. (1967), E-AW Schwaiger M. (1949), Schwaiger M. (1953), Spindelberger H. (1958), OFm Spindlberger H. (1981), Steinbrecher F. (1978), OFm Steinbrecher J. (1981), E-AW Steinkellner K. (1955), Stiftner J. (1963), Stiftner J. (1979), Straßer J. (1926), HFm Thauerböck J. (1981), Thauerböck J. (1983), OLm Thauerböck B. (1955), OFm Thauerböck K. (1981), OLm Thauerböck L. (1946), Walter A. (1936), Waser A. (1973), Waser I. (1953), Weichselbaumer K. (1951), Weichselbaumer K. (1977), Weiß V. (1961), Wimhofer J. (1959), Woldrich F. (1970)

FF REITBERG

Die Gründung der Freiwilligen Feuerwehr Reitberg erfolgte im Jahr 1931. Die erste Ausrüstung bestand aus einer Handpumpe mit Pferdezug. Im Jahr 1952 erfolgte der Ankauf eines Traktoranhängers mit Motorspritze. Eine weitere Motorspritze, Rosenbauer VW, wurde im Jahr 1962 erworben. Im Jahr 1980 kam es zum Ankauf eines VW-Busses, der selbst umgebaut wurde. Der erste Kommandant der Freiwilligen Feuerwehr Reitberg war Anton Eisenstöch. 1963 wurde Josef Burgstaller Kommandant. Seit 1964 leitet Anton Hoser die Freiwillige Feuerwehr Reitberg.

HBI Hoser A. (1947), OBI Kuch R. (1953), AW Haslinger R. (1980), AW Hofstätter J. (1963), AW Steinkellner M. (1959), AW Weber J. (1955), AW Weber J. (1972), BI Kühberger A. (1951), BI Kühnberger J. (1958) — HFm Abentheuer K. (1963), HFm Aichinger J. (1970), HFm Aichinger J. (1953), Lm Aigner F. (1953), HFm Aigner F. (1974), Aigner J. (1983), Lm Aigner J. (1951), HFm Aigner K. (1953), HFm Aigner K. (1965), HFm Binder F. (1979), Binder I. (1983), HFm Binder K. (1946), HFm Dirnberger G. (1952), HFm Freinhofer J. (1931), HFm Grillenberger F. (1976), Lm Grillenberger J. (1947), Grillenberger J. (1983), HFm Haslinger J. (1963), HFm Haslinger J. (1974), HFm Hoser A. (1974), HBm Hoser J. (1967), HFm Jochinger A. (1931), HFm Jochinger F. (1963), Jochinger F. (1983), HFm Konnerth M. (1953), Kranzer A. (1983), HFm Kranzer J. (1973), Lm Kuch R. (1970), HFm Kühnberger J. (1972), HFm Lehbrunner A. (1973), HFm Lehbrunner F. (1948), HFm Leonhartsberger E. (1973), OBm Lumetzberger J. (1970), HFm Mitterlehner F. (1959), HFm Mitterlehner F. (1978), Mitterlehner H. (1983), Pichler M. (1931), HFm Raffetseder A. (1951), Lm Rausch M. (1947), HFm Rausch M. (1978), Rentner A. (1983), HFm Schartmüller E. (1948), HFm Schatz L. (1978), HFm Schweighofer E. (1963), HFm Sperneder J. (1980), HFm Sperneder J. (1963), Sperneder J. (1983), HFm Sperneder K. (1947), HFm Steiner J. (1957), Steiner J. (1983), HFm Weber S. (1952), HFm Wenigwieser F. (1931), HFm Wimhofer F. (1974).

FF RIED IN DER RIEDMARK

Die FF Ried wurde am 28. Dezember 1873 gegründet; sie ist laut Chronik die älteste Dorffeuerwehr Oberösterreichs. Es zeigte sich bald, daß wegen der Größe des Gemeindegebietes die Versorgung durch eine Wehr allein nicht zu bewerkstelligen war, weshalb es zur Gründung von vier selbständigen Löschzügen kam, aus denen sich später selbständige Feuerwehren bildeten (Blindendorf, Obenberg, Zirking). Bei der Markterhebung 1932 erhielten die FF Ried, Zirking und Blindendorf eine Motorspritze. 1951 wurde ein Traktoranhänger als Einsatzfahrzeug angekauft. 1959 Baubeginn des neuen Feuerwehrhauses, das 1964 eingeweiht wurde. Zugleich wurde das erste KLF an die FF Ried übergeben, das bis 1982 im Einsatz stand. 1973 wurde eine neue Motorspritze angekauft. Um die Schlagkraft der Wehr zu festigen und den Anforderungen unserer Zeit zu entsprechen, wurden 1977 drei schwere Atemschutzgeräte, 1979 die Funkausrüstung und 1982 ein neues Lösch- und Bergefahrzeug (mit 5 kV-Notstromaggregat mit Beleuchtung, Greifzug usw.) angeschafft.

HBI Lehner A. (1955), OBI Schwarz J. (1949), AW Brandner F. (1956), AW Buchner H. (1977), AW Wall K. (1949), BI Gruber L. (1969), BI Ramer J. (1964) — OFm Brandner A. (1980), Bm Buchner H. (1977), HFm Burger H. (1976), HLm Derntl J. (1951), HFm Dirnberger J. (1971), HFm Dirnberger J. (1979), HFm Diwold J. (1978), Lm Dorninger J. (1962), Lm Dorninger J. (1962), Lm Eckerstorfer W. (1948), OFm Einsiedler J. (1979), OFm Einsiedler K. (1978), Lm Fiedler J. (1953), HFm Freuinger A. (1969), Fm Freuinger F. (1974), OFm Freuinger H. (1973), HFm Fürst A. (1978), HFm Fürst W. (1977), OBm Gusenbauer F. (1959), HFm Gusenbauer J. (1969), OLm Hackl F. (1950), HFm Hackl F. (1977), Lm Hanl F. (1948), HFm Hanl F. (1977), HFm Haslinger G. (1980), HFm Haslinger J. (1956), OLm Haslinger K. (1953), HFm Höflinger A. (1979), OFm Höflinger Ch. (1979), OFm Höflinger H. (1979), OFm Höflinger H. (1964), OBm Höller J. (1931), OBm Hörzenberger F. (1963), Lm Holzer E. (1962), HFm Hunger J. (1977), E-BI Holzer F. (1950), HFm Holzer H. (1979), E-HBI Humer L. (1936), OLm Hunger J. (1948), HFm Hunger J. (1977), OLm Kapplmüller J. (1956), Lm Karlinger F. (1961), HFm Katteneder F. (1956), HFm Koberger K. (1980), HFm Lechthaler E. (1973), Fm Lechthaler H. (1972), HFm Dipl.-Ing. Lettner J. (1972), PFm Lumetsberger A. (1966), PFm Lumetsberger J. (1983), OFm Matzinger J. (1971), OFm Mayr E. (1950), Lm Mayr F. (1958), OLm Mayr F. (1974), OLm Mayr F. (1979), HFm Mayrhofer F. (1983), HFm Mayrhofer J. (1969), PFm Mayrhofer J. (1983), E-AW Mayrhofer K. (1936), OBm Nitsche J. (1946), HFm Pernerstorfer F. (1961), OFm Pointner R. (1979), Lm Praher F. (1959), Fm Reisinger J. (1972), OFm Reiter H. (1970), E-BI Resch W. (1946), HFm Riegler A. (1968), HFm Rockenschaub L. (1948), Lm Rummerstorfer L. (1956), HFm Schatz J. (1956), Fm Schatz R. (1946), Fm Scheba F. (1979), Scheba K. (1979), PFm Schwarz J. (1983), OLm Schwarz J. (1977), HLm Siegl K. (1971), OLm Sommerauer W. (1977), Fm Spaller J. (1979), HFm Stadler A. (1976), HFm Stadler F. (1977), HFm Thürridl J. (1961), OLm Thürridl M. (1977), OLm Wahl J. (1955), HFm Wahl J. (1932), Lm Wall F. (1955), OFm Wall L. (1950), HFm Dr. Wöckinger J. (1978), HBm Wögerer J. (1949)

FF RIEDERSDORF

Die Freiwillige Feuerwehr Riedersdorf wurde am 27. September 1928 gegründet. Zum ersten Kommandanten wurde der Gastwirt Johann Stollnberger gewählt. Am 26. März 1932 wurde Kommandant Johann Stollnberger von dem Landwirt und Müller Anton Schuhbauer abgelöst, welcher bis zum 12. Mai 1963, also 31 Jahre, dieses Amt innehatte. Seit 12. Mai 1963 ist der Landwirt Josef Palmetshofer Kommandant der Freiwilligen Feuerwehr Riedersdorf.

HBI Palmetshofer J. (1946), OBI Schuhbauer K. (1953) — Aigner R. (1957), Brandstätter J. (1950), Grafeneder J. (1963), Großsteiner H. (1979), Großsteiner O. (1958), Grünberger F. (1978), Hader F. (1979), Haider J. (1973), Hollaus A. (1960), Holzer G. (1973), Holzer J. (1957), Klampfer A. (1971), Klampfer F. (1948), Klampfer F. (1975), Kloibhofer J. (1954), Kloibhofer J. (1981), Koglgruber F. (1957), Kranzer E. (1957), Kranzer F. (1928), Kranzer J. (1928), Kranzer J. (1957), Kranzer J. (1973), Kubizek K. (1946), Lindner F. (1948), Luger R. (1965), Lumetzberger I. (1962), Mitterlehner J. (1982), Palmetzhofer E. (1976), Rumetshofer K. (1972), Schiefer J. (1948), Schöller F. (1964), Schöller F. (1970), Schuhbauer K. (1979), Steindl J. (1973), Steiner I. (1963), Winkler H. (1970), Winkler H. (1974)

FF RUHSTETTEN

Die FF Ruhstetten wurde 1905 gegründet und bis Ende 1925 als Löschzug der FF Katsdorf geführt. Aus der Gründungsversammlung am 3. Januar 1926 gingen Peter Schnabl und Ferdinand Eichinger aus Ruhstetten als erster Wehrführer bzw. Stellvertreter hervor. Ihnen folgten von 1936 bis 1945 Ferdinand Eichinger und Florian Rammer, von 1945 bis 1958 Florian Rammer mit Michael Eichinger als Kommandanten bzw. deren Stellvertreter. Seit 1958 werden die Geschicke der FF Ruhstetten von Kommandant Georg Deisinger geleitet, der dabei von Johann Greindl, Franz Mayrhofer, Johann Lengauer und Alois Stanger unterstützt wird und dem seit 1978 Ernst Lengauer als Stellvertreter zur Seite steht. Besonders die Jahre nach dem Zweiten Weltkrieg waren durch ständige technische Verbesserungen und eine steigende Einsatzbereitschaft der FF Ruhstetten gekennzeichnet, so daß Brand- und technische Einsätze zunehmend von Erfolg begleitet wurden. Einsatzfreude, Ehrgeiz und Kameradschaft sind die Triebfedern dafür, daß auch in dieser verhältnismäßig kleinen Gemeinschaft Großes geleistet wird. Regelmäßige Kursbesuche an der Landesfeuerwehrschule in Linz erklären auch die immer wieder hervorragenden Leistungen der FF Ruhstetten bei Wettbewerben. Namen der Hauptleute seit der Gründung: Leopold Rammer (1905–1926), Peter Schnabl (1926–1936), Ferdinand Eichinger (1936–1945), Florian Rammer (1945–1958), Georg Deisinger (seit 1958).

HBI Deisinger G. (1945), OBI Lengauer E. (1965), AW Langegger K. (1973), AW Rammer K. (1969), AW Schön H. (1965), BI Deisinger J. (1974), BI Lengauer F. (1980) — Lm Bauer K. (1974), Lm Böhm F. (1968), OFm Deisinger F. (1976), Bm Deisinger G. (1972), Fm Deisinger H. (1982), HFm Denkmayr E. (1958), OFm Denkmayr P. (1963), Lm Doppelhammer R. (1974), OLm Feiglstorfer-Haider K. (1958), E-OBI Greindl J. (1952), Lm Hintersteininger F. (1974), HFm Holzer J. (1975), Lm Jachs J. (1973), OBm Kaindlstorfer J. (1947), HBm Kaindlstorfer J. (1973), OFm Kaindlstorfer J. (1976), HFm Kaindlstorfer W. (1975), HFm Landgraf K. (1978), Fm Ing. Langeder P. (1983), Fm Lengauer Ch. (1982), PFm Lengauer E. (1983), OFm Lesterl A. (1974), OLm Lumetzberger J. (1963), Fm Martetschläger G. (1963), OBm Mayrhofer F. (1958), HFm Mayrhofer F. (1976), Fm Mayrhofer J. (1983), OLm Pleiner A. (1958), E-OBI Rammer F. (1926), HFm Rammer F. (1978), E-BI Rammer F. (1934), HFm Rammer J. (1976), E-BI Rammer K. (1947), OFm Reichl A. (1978), Lm Reichl F. (1974), PFm Reichl J. (1983), E-AW Reichl J. (1943), OFm Schirl F. (1978), HFm Schnabel H. (1966), Bm Schnelzer E., Lm Schützeneder L. (1967), Lm Stanger A. (1968), Lm Stauder K. (1973), Fm Stiefelbauer H. (1983), OBm Wahl H. (1967), PFm Wahl H. (1983), Fm Weis H. (1983), OBm Weißhappel H. (1959), HBm Wenigwieser E. (1958), Lm Wiesinger H. (1971), Fm Wiesinger H. (1978), HFm Wolfschwenger J. (1958)

FF SAXEN

Am 8. September 1894 taten sich beherzte Männer von Saxen unter der Führung des Komiteeobmannes Anton Slepitzka zusammen, um den „Feuerwehrverein" zu gründen. Nach Beratungen und Bekanntgabe der Satzungen wurde schließlich der „Feuerwehrverein Saxen-Dornach" ins Leben gerufen und Eduard Seitler zum ersten Kommandanten gewählt. Protektor wurde Anton Slepitzka, der zeit seines Lebens ein großer Gönner der Feuerwehr blieb. Unter Hauptmann Seitler erfolgte die erste Uniformierung und der Ankauf der Handdruckspritze. Seitlers Nachfolger Karl Gusenbauer hatte die Funktion des Kommandanten von 1895 bis 1930 inne. 1904 wurde der Beschluß gefaßt, das Feuerwehrdepot im Nachbargebäude des Pfarrhofes zu errichten, das bis zum Neubau des jetzigen Gemeindehauses im Jahr 1960 als Zeugstätte diente. Unter Kdt. Gusenbauer wurde die erste Motorspritze gekauft. 1938 wurde die FF Saxen-Dornach als Verein aufgelöst. Im Juli 1938 erfolgte die Übernahme der FF Reitberg und Eizendorf in die Gemeindefeuerwehr Saxen. Beide Wehren wurden nach dem Krieg wieder selbständig. Unter Hauptmann Josef Schweighofer wurden 1960 die VW-Spritze Automatik und 1964 das Feuerwehrauto Opel Blitz gekauft. Unter Kommandant Anton Böhm konnte das TLF 2000 erworben werden. In den Jahren 1982/83 wurde der Neubau des Feuerwehrzeughauses durchgeführt. Folgende Kommandanten standen seit der Gründung der Wehr an der Spitze ihrer Kameraden: Eduard Seitler (1894–1895), Karl Gusenbauer (1895–1930), Johann Plaim (1931–1936), Franz Hintersteiner (1936–1943), Markus Gusenbauer (1943–1958), Josef Schweighofer (1958–1973), Karl Lehbrunner (1973–1977), Johann Gaßner (1977–1978), Anton Böhm (1978–1983) und Anton Lettner (seit 1983).

HBI Lettner A. (1968), OBI Grillenberger F. (1970), AW Kurzmann J. (1953), AW Lettner F. (1968), AW Rumetshofer H. (1979), BI Reindl J. (1966), BI Schmiedinger J. (1960) — Achleitner F. (1970), Achleitner G. (1976), HFm Achleitner J. (1951), Ahorner J. (1962), Bm Aichinger A. (1931), Lm Asanger F. (1958), HFm Auer F. (1960), HBm Bauer K. (1954), E-HBI Böhm A. (1957), Böhm A. (1976), Böhm E. (1977), Lm Böhm K. (1949), OFm Brenninger J. (1960), Fm Brenninger J. (1983), HFm Buchberger J. (1951), Buchberger J. (1980), Fm Eder W. (1976), Bm Fornwagner F. (1951), Lm Fornwagner G. (1968), Lm Fornwagner J. (1968), Lm Fornwagner J. (1951), Lm Fröschl J. (1958), Fm Fröschl K. (1982), Fürnhammer J. (1948), E-OBI Gaßner J. (1951), Lm Ginterstorfer F. (1947), Lm Ginthör A. (1958), HLm Ginthör A. (1951), Ginthör Ch. (1975), E-AW Ginthör J. (1947), Fm Ginthör M. (1976), Fm Gradauer L. (1983), OLm Grillenberger J. (1937), Gstettenbauer F. (1976), E-OBI Gutkowski A. (1960), OLm Haider A. (1942), HLm Heimel J. (1959), Hochstöger A. (1976), Hochstöger H. (1976), Hochstöger H. (1973), Höbart H. (1973), Höbart M. (1980), E-BI Höller K. (1958), Fm Höller K. (1978), OFm Jandl K. (1978), Kapfensteiner A. (1972), Karl G. (1977), OLm Karl R. (1966), Kemethofer F. (1973), E-BI Klammer J. (1948), OLm Klopf O. (1968), PFm Kurzmann A. (1983), Lehbrunner A. (1976), Fm Lehbrunner A. (1983), Lehner K. (1932), HFm Leinmüller M. (1964), E-AW Lettner A. (1934), Lm Lettner J. (1947), Lm Lettner J. (1970), Fm Lindenhofer F. (1983), Lm Mühlehner K. (1960), HFm Müller A. (1961), Lm Müller S. (1977), Müllner M. (1973), Lm Nefischer F. (1968), HBm Reindl K. (1942), Schopf G. (1980), Lm Schwarzl J. (1958), HLm Schweighofer G. (1951), E-HBI Schweighofer J. (1931), OLm Schweighofer J. (1948), HBm Stütz M. (1959), E-AW Wagner J. (1951), Fm Walch H. (1983), Lm Walch J. (1976), Lm Wenigwieser A. (1953), Wiesmayer J., Wimmer F. (1972), OLm Wimmer J. (1961)

FF SCHWERTBERG

Am 24. Mai 1874 wurde die Freiwillige Feuerwehr Schwertberg von Karl Berger und dem Schulleiter Josef von Kirchroth gegründet. Der erste Kommandant war Karl Berger. Bereits 1875 konnte eine Abprotzspritze gekauft werden. 1880 wurde eine Feuerwehrmusik gegründet, die aus 16 Mann bestand. Mit 60 Mann trat die Feuerwehr 1898 der Kranken- und Unterstützungskasse bei, und 1905 wurde von der Fa. Cermak aus Wien eine Fahrspritze gekauft; die Abprotzspritze kam nach Poneggen, wo eine Filiale gegründet wurde. Im Jahr 1912 kam es zum Ankauf einer Schiebeleiter von der Fa. Rosenbauer, und 1924 wurde anläßlich des 50jährigen Gründungsfestes eine neue Fahne geweiht. 1929 kam es zum Ankauf eines Fiat-Löschwagens mit Vorbaupumpe; dieses Fahrzeug steht heute als Leihgabe im Feuerwehrmuseum St. Florian. Im Jahr 1944 kam es zur Gründung einer Jugendfeuerwehr; während des Krieges wurde die Feuerwehr zu Löscheinsätzen nach Linz und nach Steyr beordert. Die Feuerwehr stand 1945 vor dem Nichts, und so wurde von der Zivilverwaltung ein Funkwagen der Marke Horch zur Verfügung gestellt und zu einem Mannschaftswagen umgebaut. Für den Bau des neuen Feuerwehrhauses leisteten die Kameraden 550 Arbeitsstunden; und 1949 konnte die Zeugstätte eröffnet werden. 1953 wurde eine neue Fahne angeschafft, da die alte Fahne 1938 hatte abgeliefert werden müssen. 1954 wurde durch Kommandant Klanner die Florianimesse eingeführt; die Feuerwehr erhielt eine Tragkraftspritze. 1955 kam es zur Gründung einer Jugendgruppe, die auch im Ausland sehr erfolgreich war und zur Verbindung mit der Feuerwehr Godesberg-Bonn führte. 1959 wurde ein Opel Rüstwagen, 1965 ein Opel TLF 1973 ein TLF Steyr-Diesel und 1984 ein Rüst- und Bergefahrzeug Mercedes gekauft.

HBI Köck G. sen. (1949), OBI Dorninger R. (1960), AW Jungwirth M. (1972), AW Wagner K. (1952), BI Achhorner H. (1976), BI Scheuchenegger J. (1976), BI Schimböck A. (1962) — Lm Bauer H. (1949), OLm Baumann J. (1956), Bogendorfer K. (1924), HLm Brandstätter F. (1963), Lm Bruckner J. (1963), OFm Brückler K. (1954), HLm Burghofer E. (1955), HLm Dorninger W. (1968), Lm Eder F. (1959), OLm Eichinger F. (1956), PFm Enengl H. (1983), Fleischer K., Bm Friedl L. (1964), Lm Frühwirth F. (1955), Lm Füxl H. (1963), HBm Graf L. (1953), OFm Graf R. (1978), JFm Gruber G. (1968), HLm Gruber J. (1967), E-BI Grünberger F. (1932), OLm Günther W. (1959), OFm Guttmann K. H. (1977), OLm Hackl R. (1979), OLm Hader K. (1964), Fm Haider A. (1982), Fm Hamernik F. (1981), Bm Hochstöger F. (1963), OFm Katzenhofer H. (1981), HLm Klanner H. (1960), E-BR Klanner K. (1938), Bm Klanner W. (1955), OFm Köck Ch. (1976), HBm Köck G. jun. (1969), OLm König H. (1949), OLm König L. (1954), E-BI Lehner F. (1922), Fm Leibetseder J. (1971), OFm Leimlehner G. (1981), OFm Leimlehner H. (1981), Leimlehner R., Lm Leithenmayr F. (1965), OFm Leithenmayr J. (1951), E-HBI Mader A. (1949), JFm Mader Ch. (1983), JFm Mayrwöger H. (1983), OFm Moser F. (1977), JFm Moser M. (1983), OLm Muschitz F. (1963), OLm Muschitz H. (1966), BI Niklas F. (1949), HLm Pilsl F. (1935), Bm Pilz W. (1949), FA Dr. Posawetz W. (1958), E-HBI Praher F. (1938), Bm Pree B. (1955), AW Rauchlohner J. (1935), Lm Reindl F. (1963), HFm Reindl G. (1959), OLm Reisinger F. (1962), Fm Reisinger F. (1976), Fm Saftic L. (1981), OFm Scheuchenegger J. (1973), Bm Scheuchenegger J. (1956), JFm Schimböck H. (1977), JFm Schimböck M. (1977), Bm Schimpl E. (1983), Lm Schöffl A. (1949), Lm Schöller E. (1978), OFm Schuster R. (1963), Fm Schwarz J. (1981), FK Stöllenberger J. (1976), E-OBI Strohmayr F. (1946), HFm Strohmayr G. (1970), JFm Thurner Ch. (1983), OBm Trauner F. (1959), JFm Weber J. (1983)

FF ST. GEORGEN AN DER GUSEN

Die Gründungsversammlung der FF St. Georgen an der Gusen fand am 30. Mai 1897 statt, doch ist einer alten Chronik zu entnehmen, daß hierorts schon viel früher – nämlich bereits 1820 – eine Art Feuerwehr bestanden haben muß, weil die Gemeinde damals eine Handkolbenpumpe mit Wenderohr angekauft hat. Noch im Gründungsjahr wurde eine Saugspritze gekauft und mit dem Bau eines Zeughauses begonnen. 1927 erfolgte der Ankauf einer Motorspritze samt hölzernem Spritzenwagen. Anfang der fünfziger Jahre wurde mit der Errichtung eines neuen Feuerwehrdepots und der Adaptierung eines Rüstfahrzeuges aus Wehrmachtsbeständen neues Leben entfaltet. 1964 wurde in St. Georgen die erste Feuerwehr-Jugendgruppe aufgestellt, 1965 wurde ein Tankwagen TLF 1000 erworben. Im Jahr darauf wurde die Wehr mit Funkgeräten ausgestattet und bekam mit der Beistellung eines KHD-Anhängers durch das Landesfeuerwehrkommando Stützpunktcharakter. In den folgenden Jahren wurde das Feuerwehrhaus erweitert und der Fahrzeugbestand laufend modernisiert. Der „Fuhrpark" umfaßt heute ein TLF A 4000, ein Kommandofahrzeug (VW LT 35), ein LFB-Fahrzeug (Mercedes 409), dazu kommt noch eine Motorzille samt Anhänger. Zudem hat die Wehr noch fünf schwere Atemschutzgeräte und eine aus sechs Mann bestehende, voll ausgerüstete Tauchergruppe.

HBI Böhm J. (1950), OBI Irsiegler W. (1965), AW Gruber F. (1966), AW Rosenstingl W. (1972), AW Wansch E. (1964), BI Kobilka K. (1964), BI Schindelar J. (1962) — E-BI Aichinger J. (1937), HBm Altendorfer A. (1950), OFm Bisenberger K. (1976), Fm Böhm W. (1982), JFm Brandstetter G. (1981), OFm Brandstetter R. (1976), Bm Buchner G. (1965), JFm Buchner W. (1981), Fm Derntl J. (1980), HLm Dotter A. (1964), Bm Dotter H. (1951), HBm Ebretsteiner E. (1972), FA Dr. Eibl J. (1984), Lm Fehlhofer E. (1966), OLm Frühwirth F. (1972), Fm Gebauer J. (1964), E-OBI Geiblinger F. (1926), OFm Gerstmair G. (1976), OLm Gusenleitner F. (1959), Bm Guttenbrunner J. (1941), E-HBI Haas J. (1949), Lm Hager J. (1972), JFm Haslinger A. (1983), E-HBI Heindl J. (1921), OLm Ing. Hentschläger F. (1943), JFm Hinterreiter Ch. (1982), Bm Hitsch J. (1931), Lm Horner W. (1968), JFm Irsiegler T. (1983), Irsiegler W. (1981), E-BI Dipl.-Ing. Kobilka J. (1972), Bm Kogler J. (1952), Fm Kram J. (1980), Lm Kratochwill F. (1958), OFm Kreuzer M. (1975), OLm Lachinger A. (1953), OLm Leitner J. (1971), Lm Mahr E. (1947), Fm Minichberger G. (1980), Fm Palmetshofer A. (1977), JFm Pechhacker T. (1982), HLm Prammer J. (1957), OLm Ragailler J. (1959), OFm Ramer J. (1976), Fm Raml H. (1980), JFm Rammer W. (1982), Bm Rapata K. (1951), Bm Ratzenböck J. (1955), Fm Riener H. (1980), Fm Riener J. (1980), E-AW Rosenstingl F. (1947), E-OBI Rummerstorfer F. (1947), HBm Rummerstorfer F. (1955), E-BI Rummerstorfer M. (1922), JFm Schäfl T. (1983), OBm Schindelar F. (1950), HFm Schindelar F. (1972), Schindelar J. (1982), HFm Schmalzer H. (1973), Bm Schöfl F. (1960), OLm Schützenberger F. (1951), JFm Secklehner M. (1983), Fm Sonnberger H. (1982), HLm Stadlmann M. (1966), HLm Wahlmüller A. (1956), OFm Weichselbaumer G. (1972), HBm Wiesmayr R. (1950), HFm Wiesmayr R. (1972), Bm Windner E. (1947), OFm Zauner H. (1980), Bm Ziegler J. (1953)

FF ST. GEORGEN AM WALDE

Im Jahr 1882 gründeten einige beherzte Männer von St. Georgen eine Feuerwehr. Zum Kommandanten wurde Josef Frank gewählt. Das erste Zeughaus wurde gebaut. Als es sich aber bald als ungünstig gelegen erwies, wurde es wieder abgetragen und am Ostende des Ortes neu errichtet. 1903 Ankauf einer fahrbaren Saug- und Druckspritze; 1935 erste fahrbare Motorspritze; 1948 Ankauf eines Jeeps; 1968 ein Land Rover; 1981 TLF 2000 und Kommandofahrzeug (beide Fahrzeuge ausgerüstet mit Mobil- und Handfunkgeräten); 1983 schwerer Atemschutz (3 Geräte); 1983 Notstromaggregat (8 kVA). Da das Gemeindegebiet von St. Georgen am Walde eines der größten des Bezirkes Perg ist, war es sehr schwierig, schnell und rechtzeitig zu den Brandstellen zu gelangen. Daher wurden in Henndorf, Linden und Ottenschlag Filialfeuerwehren errichtet. Durch die Motorisierung der Stammfeuerwehr St. Georgen am Walde wurden sie jedoch später wieder aufgelassen. 1982 wurde eine fahrbare Handdruckspritze mit schief eingebauten Saugzylindern angeschafft.

HBI Kernecker G. (1968), OBI Buchinger L. (1962) — Achleitner F. (1953), Achleitner M. (1954), Ahorner H. (1946), Aigner A. (1975), Aigner F. (1952), Andraschko J. (1954), Astleitner F. (1944), Aumayr E. (1980), Aumayr E. (1941), JFm Bauer G. (1982), Bauer J. (1933), Bauer J. (1962), Bauer K. (1968), Bauer W. (1979), Böhm R. (1947), Brandl J. (1974), Brandstetter K. (1974), Buchberger J. (1939), Buchberger M. (1976), Buchberger M. (1977), Ebner F. (1960), Enzendorfer R. (1936), Etzelsdorfer J. (1956), Freinschlag F. (1944), Freinschlag M. (1953), Freynschlag W. (1974), Frühwirt F. (1944), Frühwirt K. (1975), Frühwirt K. (1975), Fürst Ch. (1977), Gensweider B. (1961), Grosssteiner R. (1980), Gruber J. (1976), Grudl E. (1973), Grudl M. (1975), Grudl W. (1977), Grüneis J. (1959), Grünsteidl J. (1976), Grünsteidl M. (1947), Grurl E. (1947), Haas A. (1970), Haas G. (1982), Haas J. (1946), Hackl B. (1961), Hahn F. (1954), Haider A. (1960), Haider A. (1957), Haider J. (1973), Haider J. (1958), Haider J. (1958), Haneder A. (1981), Haneder F. (1981), Heiligenbrunner J. (1973), Heilmann H. (1973), Hochgatterer A. (1947), Hochstöger A. (1978), Hochstöger L. (1974), Höbarth J. (1951), Höbarth M. (1974), Höbarth M. (1982), Houdek Ch. (1976), Huber I. (1953), Huber J. (1977), Huber J. (1953), Jung K. (1926), Jung O. (1979), JFm Kaiselgruber Ch. (1982), Kaiselgruber H. (1976), Kaiselgruber J. (1976), Kamleitner E. (1976), Kamleitner L. (1957), Kastenhofer E. (1976), Kastenhofer G. (1972), Kastenhofer H. (1976), Kastenhofer L. (1977), Kastenhofer L. (1950), Kastenhofer M. (1981), Kitzler J. (1954), Klammer A. (1953), Klaus B. (1973), JFm Klaus R. (1982), Klaus R. (1970), Köck F. (1958), Köck S. (1981), Kogelgruber A. (1973), Leinmüller W. (1966), Leitner J. (1953), Leitner J. (1976), Leonhartsberger K. (1981), Lindtner J. (1954), Lintner O. (1977), Lintner O. (1944), Lumetsberger G. (1974), Lumetsberger J. (1954), Lumetsberger R. (1978), Mai E. (1970), Mörwald W. (1977), Mühlbachler A. (1973), Mühlbachler J. (1957), Mühlbachler J. (1975), Neumayer W. (1952), Offenthaler H. (1982), Offenthaler J. (1973), Paireder G. (1981), Palmetshofer A. (1936), Payreder A. (1977), Payreder J. (1946), Payreder R. (1982), Peböck B. (1975), Peböck H. (1982), Peböck M. (1974), Penz J. (1955), Pepöck L. (1964), Pilz J. (1964), Pilz R. (1982), Pölzl A. (1953), Pölzl A. (1977), Pölzl D. (1982), Pölzl F. (1944), Pölzl M. (1976), Preßler J. (1943), Preßler O. (1967), Raffetseder A. (1958), Raffetseder A. sen. (1934), Raffetseder E. (1962), Raffetseder E. (1954), Raffetseder E. (1978), Raffetseder G. (1975), Raffetseder J. (1968), Raffetseder W. (1980), Reiter K. (1980), Reitinger R. (1958), Rigler F. (1977), Rogner D. (1974), Rumetshofer J. (1976), Schachenhofer S. (1975), Schachenhofer W. (1967), Schartmüller L. (1946), Schauhofer J. (1924), Schauhofer M. (1979), Schubauer J. (1954), Schubauer J. (1977), Schwarzinger G. (1973), Schwarzinger J. (1953), Sengstbratl R. (1953), Stadlbauer F. (1973), Steinkellner J. (1954), Stimmeder M. (1954), Temper E. (1944), Temper F. (1944), Temper J. (1944), Tober F. (1969), Truhlar J. (1974), Wagner A. (1972), Weichselbaumer A. (1976), Wenko H. (1958), Wiesmüller L. (1963), Wimmer A. (1981), Wimmer J. (1970), JFm Windhager B. (1982), Windhager E. (1973), Windhager E. (1968), Windhager J. (1973), Wurzer J. (1937)

FF ST. NIKOLA

Am 1. Oktober 1926 wurde die Freiwillige Feuerwehr St. Nikola gegründet. Die Erstausrüstung bestand aus einer Kübelpumpe, 1927 kam eine Handdruckpumpe hinzu. Die FF St. Nikola war von der Gründung bis zum Dezember 1927 eine Filialfeuerwehr von Waldneukirchen. Erst das Jahr 1928 brachte die Selbständigkeit. Da der FF St. Nikola noch kein eigenes Feuerwehrhaus zur Verfügung stand, wurde 1930 mit dem Bau eines Zeughauses begonnen; die Einweihung fand am 31. August 1930 statt. 1938 wurde die FF St. Nikola als Löschzug der FF Waldneukirchen eingegliedert. 1952 wurde die erste Motorpumpe, eine RW 25, angekauft. Das Jahr 1954 brachte wiederum die Selbständigkeit der Freiwilligen Feuerwehr St. Nikola. Und 1954 trat von der Feuerwehr St. Nikola bereits eine Gruppe zum Feuerwehrleistungsabzeichen an. 1958 wurde ein Einachsanhänger und 1961 eine Sirene angekauft. Im Jahr 1969 erhielt die FF St. Nikola eine neue Motorpumpe, eine VW Automatik, und 1974 wurde ein gebrauchter Ford Transit angekauft, welcher in Eigenregie zu einem KLF umgebaut wurde. Da das Feuerwehrhaus nicht mehr den Anforderungen entsprach, wurde im April 1980 mit einem Neubau begonnen, welcher im Jahre 1982 fertiggestellt werden konnte. Die Segnung des neuen Feuerwehrhauses fand am 4. Juli 1982 statt. Nunmehr war es eine Notwendigkeit, das überalterte KLF durch ein neues Löschfahrzeug zu ersetzen. Im Jahr 1983 wurde ein LFB Mercedes 409 D angekauft, welches am 18. September 1983 gesegnet und seiner Bestimmung übergeben wurde.

HBI Fasching A. (1950), OBI Kern R. (1966), AW Fasching L. (1964), AW Heindl J. (1964), AW Jakob F. (1972), AW Lehner R. (1972), AW Pöcksteiner A. (1953), BI Gerlinger O. (1954), BI Leimer E. (1959) — HFm Aigner A. (1928), HLm Aigner J. (1958), OBm Aigner J. (1967), OFm Aigner J. (1979), OFm Aigner M. (1979), Lm Aigner S. (1956), E-AW Aistinger F. (1947), Lm Aistleitner J. (1955), Fm Beer A. (1982), Fm Beer W. (1982), HFm Berger A. (1972), Lm Eisenstöck A. (1946), JFm Ettlinger H. (1982), Lm Ettlinger H. (1970), OFm Fasching A. (1976), JFm Fasching J. (1979), HFm Fasching F. (1972), HLm Fasching J. (1961), Lm Fasching J. (1972), OFm Fasching J. (1977), OFm Fasching L. (1976), JFm Fasching M. (1983), Lm Fink H. (1948), HFm Gerlinger E. (1972), JFm Gerlinger P. (1982), JFm Glettler I. (1982), HFm Groidl L. (1950), HLm Gujon A. (1950), JFm Heyduk M. (1982), Lm Hinterkörner J. (1948), JFm Hinterleitner M. (1983), E-AW Jagersberger R. (1949), Fm Jakob E. (1976), JFm Jakob G. (1975), HBm Jakob H. (1954), HFm Jakob H. (1972), Lm Jakob J. (1972), HFm Jakob J. (1974), JFm Kern M. (1983), HLm Klampfer F. (1972), HFm Klampfer N. (1977), OLm Lehner A. (1955), JFm Lehner A. (1984), HFm Lehner F. (1936), Lm Lehner G. (1951), JFm Lehner J. (1982), HFm Lehner W. (1950), Fm Leitner K. (1982), JFm Lenz H. (1983), JFm Leonhartsberger G. (1983), HLm Luger J. (1971), HFm Lumesberger J. (1977), HLm Lumesberger J. (1954), HFm Lumesberger J. (1977), E-HBI Menzl A. (1953), Fm Praher F. (1982), Fm Prinz A. (1976), HFm Prinz F. (1974), HFm Prinz N. (1974), OFm Raffetseder E. (1978), Lm Raffetseder J. (1958), HFm Redl A. (1974), Lm Redl J. (1958), HFm Redl J. (1974), E-OBI Reithner K. (1946), Fm Rosenthaler J. (1983), HBm Rosenthaler N. (1950), E-OBI Rumetshofer K. (1948), Lm Rumetshofer M. (1976), HBm Schachinger A. (1972), HFm Schachinger L. (1972), Fm Schauberger G. (1982), HFm Schauberger K. (1946), Fm Scheibelberger A. (1982), HFm Schmutz E. (1947), Fm Schmutz M. (1983), Lm Seyr Ch. (1960), E-HBI Seyr N. (1937), OLm Sigl O. (1958), Fm Sonnleitner R. (1982), HFm Starkl R. (1946), Bm Stemmer A. (1960), HFm Unterweger J. (1955), Fm Wimhofer E. (1983), HFm Zeitlhofer I. (1948), Zeitlhofer J. (1964)

FF ST. THOMAS AM BLASENSTEIN

Die Freiwillige Feuerwehr St. Thomas am Blasenstein wurde am 6. Januar 1904 gegründet. Im gleichen Jahr wurde noch eine Handdruckspritze mit Pferdezug angekauft, die Finanzierung erfolgte durch namhafte Spenden der Gründungsmitglieder, aus Spenden der Gemeindebevölkerung sowie aus Beiträgen der Gemeinde und des Landesausschusses. Für die Unterbringung der Geräte wurde ein Zeughaus aus Holz erbaut. Wie wichtig die Übungen genommen wurden, geht aus einem Sitzungsprotokoll hervor, daß bei „Unentschuldigten Fernbleiben von Übungen eine Strafe von 10 Heller für Mannschaften und 20 Heller für Chargen" festgesetzt wurde. Die Chronik verzeichnet viele Brände von landwirtschaftlichen Anwesen. Nach dem Zweiten Weltkrieg wurde aus ehemaligen deutschen Wehrmachtsbeständen ein Lastkraftwagen als Mannschaftsfahrzeug und ein Jeep als Zugfahrzeug mit Anhänger für die Motorspritze angeschafft. Auch ein zweites Feuerwehrhaus wurde erbaut. Im Jahr 1964 wurde die Feuerwehr komplett neu ausgerüstet, mit neuer Motorspritze, neuen PVC-Schläuchen und KLF. Aufgrund der günstigen geographischen Höhenlage (722 m) wurde St. Thomas am Blasenstein mit einer Fixfunkstation ausgestattet und ist Bezirksfunkleitstelle. Da die Ausrüstung immer umfangreicher wurde und Raummangel herrschte, wurde 1973 das dritte und derzeitige Feuerwehrhaus mit drei Toren erbaut; 1983 wurde im Dachgeschoß ein Schulungsraum eingerichtet. Ein besonderes Problem stellt die Löschwasserversorgung dar. Es wurden schon viele offene und gedeckte Löschwasserbehälter gebaut. Die Feuerwehr hat jetzt 2 KLF, 2 Motorspritzen, 4 Funkgeräte und 3 schwere Atemschutzgeräte sowie die notwendige Ausrüstung.

HBI Gschwandtner H. (1958), OBI Mühllehner J. (1951) — Auböck F. (1954), Auböck G. (1983), Bauernfeind K. (1983), Bauernfeind L. (1965), Bauernfeind L. (1977), Bauernfreind E. (1983), Bauernfreind G. (1983), Brandstetter A. (1949), Brandstetter A. (1960), Buchberger M. (1940), Ebenhofer M. (1972), Ebner F. (1951), Ebner J. (1947), Frühwirt M. (1964), Gaisberger K. (1964), Gaßner H. (1947), Gschwandtner W. (1977), Hackl-Lehner E. (1964), Haider J. (1964), Haider J. (1974), Haslinger L. (1951), Haslinger L. (1974), Hinterdorfer K. (1965), Hintersteininger J. (1960), Jungwirth A. (1977), Jungwirth H. (1983), Kirchhofer K. (1979), Lasinger J. (1948), Mühlehner A. (1983), Mühllehner A. (1964), Mühllehner J. (1977), Nader A. (1964), Nader F. (1966), Nader F. (1960), Naderer F. (1954), Naderer F. (1951), Naderer M. (1952), Naderer M. (1974), Nenning L. (1954), Neugschwandtner F. (1947), Neulinger A. (1935), Neulinger A. (1974), Neulinger F. (1953), Ortner K. (1974), Panholzer F. (1954), Panholzer G. (1954), Pehböck A. (1983), Pehböck J. (1983), Pilz E. (1960), Raab M. (1969), Rafetseder J. (1978), Reiter J. (1983), Reiter K. (1963), Reiter L. (1920), Reiter L. (1963), Riegler A. (1959), Satzinger W. (1962), Schachinger J. (1954), Schachinger J. (1974), Schinnerl A. (1964), Schinnerl J. (1964), Spindelberger L. (1946), Starzer A. (1934), Steinbeiß L. (1953), Steinkellner K. (1974), Tremetsberger F. (1953), Voglhofer A. (1933), Walterer J. (1964), Wansch J. (1978), Woldrich F. (1961), Woldrich F. (1983)

FF WALDHAUSEN IM STRUDENGAU

Im Jahr 1882 wurde von Friedrich Kerschbaumer der Antrag zur Gründung einer Feuerwehr gestellt und einstimmig angenommen. Somit bestand auch im einst gewerbereichen Ort am Sarmingbach eine Freiwillige Feuerwehr. Die Statuten wurden am 28. Mai 1882 unterzeichnet. Zum ersten Hauptmann wurde der Oberlehrer Carl Polt gewählt. Das Erbe, das die FF Waldhausen im Jahr 1882 von der Marktkommune antrat, war nicht groß. Zwei kleine hölzerne Kastenspritzen, einige Löscheimer, Feuerpatschen und Leitern wurden übernommen. Schon bei der Gründung mußte an die Anschaffung neuer Geräte gedacht werden. So wurde 1885 ein Hydrophor, 1901 eine Wagenspritze, 1912 ein weiterer Hydrophor, 1935 die erste Motorspritze, eine R 50, bei Rosenbauer gekauft. Diese Spritze ist heute noch intakt und wird notfalls auch eingesetzt. 1944 folgte eine TS 8. 1948 wurde am Schloßberg und 1958 im Markt eine neue Zeugstätte errichtet. 1949 wurde ein KLF-A, 1956 eine TS 75, 1965 das erste TLF, 1974 ein TLF Trupp 2000 und 1982 ein LFB angekauft. Der Gerätestand 1984 beträgt ein TLF-Trupp 2000, ein LFB, ein KLF-A, drei TS, drei Atemschutzgeräte, ein Notstromaggregat, zwei mobile und zwei Handsprechfunkgeräte.

HBI Hundegger J. (1981), OBI Berger J. (1971), AW Brandstetter K. (1967), AW Holzer K. (1946), AW Kerschbaumer W. (1971), AW Sandhofer R. (1972), AW Wagner F. (1977), BI Hausleithner J. (1957), BI Palmanshofer F. (1968), BI Waidhofer J. (1946) — Fm Aigner E. (1979), Lm Aigner J. (1950), OLm Aschauer L. (1966), HFm Bauer J. (1947), Lm Bauer J. (1946), OFm Berger F. (1965), E-HBI Berger F. (1947), HFm Berger F. (1971), PFm Blauensteiner J. (1983), PFm Blauensteiner K. (1983), HFm Brandstetter L. (1956), Lm Bredlinger E. (1957), OFm Brunner I. (1965), Lm Buchinger F. (1974), Lm Carbonari M. (1949), Lm Carbonari O. (1947), OFm Carbonari O. (1968), HFm Docsek F. (1947), OFm Docsek F. (1976), OLm Docsek H. G. (1969), Lm Eder F. (1974), FA Dr. Eder F. (1982), Fm Eder J. (1982), HFm Ettlinger H. (1963), Lm Ettlinger J. (1920), HBm Exenberger J. (1965), OFm Furtlehner J. (1979), HBm Gaßner J. (1956), Lm Gaßner J. (1974), Lm Gebetsberger F. (1947), Lm Ginterstorfer J. (1965), HBm Gmeiner-Froschauer J. (1971), HBm Göbl J. (1961), HBm Grubmüller J. (1965), Lm Grünberger L. (1947), OFm Grünberger L. (1977), OFm Grufeneder K. (1972), Lm Gstöttmaier J. (1970), HFm Hader G. (1971), Lm Hader K. (1937), OFm Haubenberger H. (1979), Lm Haubenberger L. (1969), OFm Haunschmid J. (1971), Lm Hausleithner A. (1961), Lm Hinterleithner L. (1967), Fm Hirsch G. (1972), HFm Hirsch J. (1950), OFm Höbarth F. (1959), OFm Hofer J. (1974), OFm Hofstetter K. (1979), E-OBI Holzer J. (1927), HFm Kaiselgruber J. (1956), Lm Kamleitner F. (1974), OLm Kastner L. (1970), HFm Katzengruber L. (1947), HFm Kerschbaumer F. (1971), OFm Leonhartsberger F. (1977), Fm Leonhartsberger K. (1979), HFm Maierhofer J. (1981), OFm Maierhofer L. (1965), Lm Meindl I. (1937), HFm Naderer K. (1970), HFm Naderhirn J. (1971), HFm Offenthaler R. (1947), HFm Palmetzhofer J. (1962), Lm Reiter J. (1951), Lm Reutner J. (1969), Fm Ridler J. (1977), HBm Röthlin A. (1947), Lm Schauer W. (1936), HFm Schauer W. (1971), OFm Schaurhofer F. (1975), OFm Schlager L. (1973), Lm Schnepf K. (1950), OFm Spiegl H. (1970), OLm Steindl F. (1958), HFm Steinkellner F. (1971), Lm Steinkellner J. (1930), Fm Taubenschmid R. (1973), E-AW Uhrmann E. (1948), E-OBI Wagner A. (1950), OFm Wagner W. (1979), HFm Waidhofer R. (1971), HFm Ing. Witzany F. (1950), OFm Wöran E. (1975), Fm Zeh F. (1980), AW Zöchlinger J. (1947), Bm Zöchlinger J. (1954)

FF WINDEN-WINDEGG

Einige fortschrittliche Männer, die in der FF Schwertberg mitarbeiteten, entschlossen sich 1923, einen Löschzug zu gründen, der aus einer Steiger- und einer Spritzenmannschaft bestand. Schließlich wurde am 9. Mai 1926 die Freiwillige Feuerwehr Windegg ins Leben gerufen. Noch im Gründungsjahr erwarb die Wehr eine moderne Gebirgsmotorspritze samt Wagen. Für diese bereits seit 60 Jahren bestehende Gemeinschaft ist die lange Dienstzeit der jeweiligen Kommandanten charakteristisch: Franz Trauner von 1926 bis 1945, Franz Hinterholzer von 1945 bis 1968 und Karl Kapplmüller, der seit 1968 die Geschicke der Wehr lenkt. 1938 wurde der Windegger Raum zum Pflichtbereich Schwertberg ernannt. Erst nach dem Zweiten Weltkrieg erhielt die Wehr ihren heutigen Namen: Freiwillige Feuerwehr Winden-Windegg. Unter Kommandant Hinterholzer wurde nach dem Krieg das alte Zeughaus, das am Gemeindehaus angebaut war, umgebaut und erweitert. Auch der Umstieg von pferdebespannten Einsatzwagen zum motorisierten Mannschaftswagen vollzog sich unter Hinterholzers Wehrführung. Unter Kommandant Kapplmüller wurde intensive Mitgliederwerbung betrieben, und so präsentiert sich heute die Wehr Winden-Windegg als die stärkste Mitgliedergruppe im Pflichtbereich. Auch die konsequente Jugendarbeit trägt bereits Früchte.

HBI Kapplmüller K. (1948), OBI Wolfinger R. (1972), AW Knoll F. (1955), AW Mayrhofer J. (1955), AW Mühlbachler J. (1968), BI Kapplmüller K. (1977), BI Mader R. (1972), BI Trichlin E. (1972) — OLm Angerer M. (1980), HFm Botschek F. (1968), Brandauer L. (1921), OFm Buchmayr R. (1973), JFm Derntl W. (1978), Fm Egger F. (1983), Lm Eigner E. (1947), OBm Friedl G. (1969), OLm Friedl K. (1979), E-BI Gradl J. (1968), OLm Grasserbauer J. (1982), OLm Grasserbauer K. (1978), OLm Grasserbauer L. (1982), Lm Gubi R. (1973), Fm Gusenbauer J. (1972), OFm Hackl H., HFm Haderer H. (1977), OBm Hahn G. (1972), OFm Hahn J. (1954), E-HBI Hinterholzer F. (1925), Fm Hinterholzer F. (1968), OLm Hinterholzer J. (1956), Fm Hinterholzer T. (1981), OBm Hintersteininger J. (1968), OFm Hochreiter F. (1948), HFm Hochreiter F. (1979), OLm Hochreiter G. (1948), OBm Hochreiter J. (1946), OFm Hochreiter J. (1978), OLm Hochreiter K. (1980), Fm Hochreiter R. (1964), Fm Hofer K. (1955), HFm Hofreiter A. (1978), OFm Holzer J. (1948), OFm Kaltenberger M. (1979), Fm Kaltenberger P. (1981), Fm Kapplmüller A. (1980), HFm Kapplmüller A. (1978), OLm Kapplmüller F. (1981), JFm Kapplmüller H., Lm Kapplmüller J. (1955), OFm Kapplmüller J. (1946), OLm Kapplmüller J. (1978), Fm Kapplmüller J. (1978), HFm Katzenschläger F. (1973), OFm Knoll F. (1977), JFm Knoll F. (1980), Fm Knoll J. (1979), HFm Kollingbaum J. (1979), OFm Leuchtenmüller R. (1977), E-OBI Leutgebwegner F. (1967), OFm Luftensteiner F. (1948), OFm Mader J. (1946), OFm Mader J. (1973), HFm Mader J. (1969), Fm Maurer J. (1965), OFm Mayrhofer A. (1977), Fm Mayrhofer E. (1983), OLm Mayrhofer J. (1975), E-OBI Moser F. (1925), OBm Moser J. (1959), OFm Payreder J. (1954), E-AW Peterseil J. (1956), Fm Peterseil J. (1977), HFm Pfeiffer M. (1973), OFm Raab K. (1955), OFm Reisinger J. (1977), OFm Reiter E. (1977), OFm Reiter M. (1950), Riegler J. (1968), Fm Rippatha H. (1980), Fm Rippatha J. (1975), OFm Rippatha J. (1948), HFm Rippatha M. (1972), OFm Rockenschaub F. (1948), Fm Rockenschaub K. (1976), Fm Rosenberger W. (1970), OLm Schinnerl J. (1948), Lm Schinnerl J. (1968), OFm Schöffl W. (1977), Lm Schönböck J. (1923), Schönböck J. (1968), Lm Trauner F. (1919), OLm Trauner R. (1948)

FF WINDHAAG BEI PERG

1882 beschlossen einige Männer von Windhaag, eine gebrauchte Karrenspritze anzukaufen. 1886 wurde die FF Windhaag gegründet. Sogleich errichtete man das erste von der Pfarrgemeinde finanzierte Feuerwehrhaus. Erster Kommandant war Markus Holzer. Der Ankauf der zweiten Spritze erfolgte 1911. Die erste Motorspritze (Tragkraftspritze D 24) wurde 1933 in Betrieb genommen. 1952 erstand die FF das erste Feuerwehrauto Marke Lkw Steyr Puch A 1500, das auch im Winter als Schneeräumgerät im Einsatz war. Zusätzlich wurde eine größere Pumpe (TS 8) angekauft. Daher mußte auch das alte Feuerwehrzeughaus abgerissen und ein neues Zeughaus mit Doppelgarage errichtet werden. Beim Feuerwehrfest 1970 wurden das derzeit noch im Einsatz befindliche Auto (Land Rover) sowie eine neue Pumpe (VW) angekauft und feierlich übergeben. Im Zuge des Schulneubaues und der Ortsplatzgestaltung mußte das bestehende Zeughaus weichen. Ein neues wurde an anderer Stelle errichtet.

HBI Haderer A. (1971), OBI Riegler G. (1957), AW Neulinger A. (1941), AW Raab M. (1954), AW Schützeneder F. (1971), BI Schinnerl J. (1953), BI Schwaiger J. (1945) — OFm Achleitner G. (1980), OBm Achleitner J. (1949), HFm Achleitner J. (1978), HFm Aistleitner H. (1966), Fm Altmann R. (1963), HFm Bauernfeind A. (1926), HFm Bauernfeind A. (1952), Lm Baumann F. (1971), OFm Baumann F. (1971), HFm Baumgartner J. (1968), HFm Bindreiter J. (1963), HFm Ebmer A. (1971), OFm Ebmer F. (1964), HFm Ebmer H. (1964), HFm Ebner J. (1938), HFm Emhofer G. (1977), HFm Emhofer R. (1974), E-HBI Feiglstorfer A. (1954), OFm Feiglstorfer A. (1979), Lm Freinschlag A. (1952), OFm Freinschlag A. (1978), PFm Freinschlag H. (1983), HFm Freinschlag J. (1966), HFm Freinschlag J. (1923), OFm Freinschlag K. (1960), HFm Freinschlag M. (1960), OBm Froschauer J. (1924), Fm Fürholzer F. (1982), HFm Fürholzer K. (1969), HFm Gottsbacher A. (1951), HFm Gottsbacher A. (1977), HFm Gottsbacher J. (1981), OBm Haderer A. (1950), HFm Heigl E. (1952), HFm Heigl E. (1971), OLm Holzer J. (1945), HFm Holzer J. (1976), Fm Holzmann J. (1981), Lm Hos R. (1974), HFm Huber H. (1971), Fm Huber J. (1981), OBm Huber J. (1950), OFm Huber J. (1980), HFm Huber J. (1946), OLm Huber J. (1973), Fm Huber M. (1981), HFm Huber M. (1972), HFm Huber S. (1983), HFm Irreiter F. (1959), HFm Irreiter R. (1964), Lm Kastner F. (1959), HFm Kastner J. (1954), Fm Kastner R. (1982), OFm Killinger J. (1975), HFm Knoll A. (1953), Fm Knoll H. (1981), HFm Knoll I. (1977), E-AW Knoll J. (1930), HFm Königshofer J. (1963), HFm Kühas J. (1957), HFm Kunze J. (1933), HFm Langeder A. (1954), OFm Langeder A. (1979), HLm Lengauer K. (1953), Fm Lengauer K. (1981), OFm Lettner F. (1979), HFm Lettner K.

(1945), Lm Lettner K. (1961), OLm Luftensteiner J. (1959), HFm Luger A. (1941), OFm Luger A. (1971), OFm Luger J. (1973), PFm Mitterlehner N. (1983), OBm Moser H. (1952), OFm Moser W. (1978), HFm Neulinger A. (1968), Lm Neulinger A. (1971), HFm Neulinger J. (1972), HFm Neulinger R. (1954), OLm Neulinger W. (1967), OFm Öhlinger J. (1971), HFm Öllinger K. (1954), HBm Pilz J. (1960), OFm Pilz K.-H. (1964), HFm Pölz L. (1952), OLm Pölz L. (1971), HFm Raab J. (1953), HFm Raab R. (1976), HFm Redler G. (1975), Fm Redler R. (1974), OFm Reisinger V. (1971), HFm Reiter J. (1952), Fm Reiter W. (1981), HFm Riegler J. (1961), HFm Schaden K. (1976), HFm Schinnerl J. (1949), PFm Schinnerl M. (1983), HFm Schinnerl S. (1976), HFm Schmid A. (1963), HBm Schmid F. (1971), HFm Schmid R. (1974), HFm Schönbeck L. (1970), OLm Schönberger K. (1971), HLm Schützeneder A. (1977), E-HBI Schützeneder F. (1945), HFm Schützeneder H. (1973), OFm Schützeneder J. (1971), OBm Schützeneder S. (1954), HFm Schützenhofer J. (1940), HFm Schützenhofer M. (1952), HFm Schützenhofer M. (1977), HFm Schwaiger H. (1959), HFm Schwaiger M. (1948), HLm Schwaiger M. (1971), HFm Starzer-Lettner J. (1946), OFm Starzer-Lettner J. (1971), HFm Starzer-Lettner J. (1977), HFm Trauner G. (1963), Bm Unterauer A. (1957), PFm Unterauer K. (1983), HFm Weixelbaumer H. (1975), HFm Wimmer J. (1951), OFm Wörnhörer W. (1979), HFm Zimmerberger J. (1930), OLm Zimmerberger R. (1954), HFm Zobl H. (1975), E-OBI Zuderstorfer A. (1948), HLm Zuderstorfer A. (1966), HFm Zuderstorfer J. (1923), Fm Zuschrader H. (1976)

FF ZIRKING

Im Jahr 1904 wurde die Freiwillige Feuerwehr Zirking von den Mitgliedern Johann Mayrhofer, Siegfried Narzt, Anton Narnleitner, Josef Hunger, Wittberger und Gusenbauer gegründet. Seit 1932 wurde ein eigener und selbständiger Löschzug geführt. Die größten Einsätze im Ortsbereich waren bei Großbränden und vor allem 1977 bei der Überschwemmungskatastrophe in Niederzirking. Der gesamte Einsatz samt Aufräumungsarbeiten dauerte vier Tage. Die Modernisierung der Freiwilligen Feuerwehr Zirking begann 1965 mit dem Zeughausneubau in Oberzirking, dem Bau eines Löschteiches in Niederzirking, dem Ankauf einer VW-Automatik-Motorspritze und der Stationierung des Öleinsatzfahrzeuges im Jahr 1973. Es stehen auch drei Funkgeräte im Einsatz. Seit 1973 wurden rund 100 technische Einsätze mit mehr als 2600 Stunden geleistet. Den Hauptanteil haben dabei Öleinsätze, vor allem aufgrund der Tatsache, daß die Quellfassung der Mühlviertler Ringwasserleitung in Oberzirking liegt. Von 1938 bis 1963 war Josef Mayrhofer Kommandant und Michael Mascherbauer dessen Stellvertreter, seit 1963 steht Franz Hunger (Stellvertreter ist Johann Wahl) der Wehr als Hauptmann vor.

HBI Hunger F. (1954), OBI Wahl J. (1952), AW Dattinger H. (1968), AW Hannl F. (1971), AW Hunger G. (1951), BI Aichinger H. (1973), BI Mascherbauer J. (1963), BI Parzer R. (1968), BI Stöger L. (1968) — Lm Aberl A. (1972), Lm Aberl G. (1974), OLm Aberl H. (1968), HFm Aberl M. (1978), Fm Aichinger H. (1983), OLm Auer J. (1969), OFm Aumüller N. (1977), OFm Brunner F. (1978), Brunner J. (1968), OLm Brunner J. (1950), HFm Brunner K. (1974), Lm Brunner W. (1976), HLm Brunner W. (1946), E-BI Buchberger F. (1936), Lm Diwold A. (1963), Bm Diwold F. (1945), OLm Diwold G. (1952), OFm Diwold G. (1977), E-BI Diwold J. (1950), Lm Ebmer E. (1973), HFm Ebmer K. (1953), OFm Ebner J. (1978), HFm Ebner J. (1953), OLm Edelmayr F. (1962), HFm Fabian A. (1973), Fm Fürst E. (1983), HFm Gallistl A. (1968), OLm Gattringer A. (1973), OFm Gutenbrunner A. (1981), OFm Ing. Haider B. (1963), OLm Haider E. (1973), OLm Haider K. (1932), E-BI Hannl F. (1932), OFm Hinterreiter M. (1979), OLm Hochreiter J. (1953), HFm Hochreiter J. (1978), HFm Hochreiter K. (1972), Lm Hochreiter K. (1948), HLm Katzenhofer J. (1963), HFm Katzenhofer J. (1950), Fm Landl J. (1980), Landl J. (1951), HFm Mair H. (1976), HFm Mair L. (1973), HLm Marksteiner J. (1948), OLm Mayrhofer F. (1951), HFm Mayrhofer F. (1979), Lm Mayrhofer F. (1948), OBm Mayrhofer J. (1951), Fm Mayrhofer K. (1983), OFm Mayrhofer M. (1981), OFm Mayrhofer P. (1979), E-AW Mayrhofer P. (1954), HFm Mayrhofer R. (1951), OFm Panzenböck J. (1982), HBm Parzer R. (1950), HBm Primetzhofer G. (1963), OLm Rechberger J. (1974), HFm Reiter H. (1972), E-AW Schölmbauer J. (1930), HLm Schübl F. (1968), HLm Tremetsberger J. (1968), OLm Wahl J. (1969), Fm Wahl R. (1983), HFm Weißengruber F. (1973), OLm Weißengruber K. (1973), OFm Wiesinger J. (1978), Fm Windtner R. (1983), Lm Wöckinger F. (1963)

BEZIRK RIED IM INNKREIS

80 FEUERWEHREN

Abschnitt 1	Ried-Nord	24 Feuerwehren
Abschnitt 2	Ried-Süd	30 Feuerwehren
Abschnitt 3	Obernberg	26 Feuerwehren

BEZIRKSKOMMANDO

Sitzend von links nach rechts: BR Raffelsberger Hans Peter (Abschnittskommandant), BR Rautner Johann (Abschnittskommandant), OBR Urlhart Hans (Bezirkskommandant), E-OBR Glechner, BR Bohninger Josef (Abschnittskommandant), BFA MR Dr. Kirchtag Anton; stehend von links nach rechts: VBR Beham Walter, HAW Reichenwallner Gerhard jun. (Atemschutzwart), BFK GR Gföllner Johannes, HAW Simmer Leopold (Zeugwart), HAW Enser Erich (Schriftführer), HAW Urlhart Franz (Bewerbsleiter), HAW Reichenwallner Gerhard sen. (Versorgungschef), HAW Schwarz Leo (Sanitätstruppführer)

FF AMPFENHAM

Die FF Ampfenham bildete seit dem Jahr 1891 den 2. Löschzug der Gemeinde Kirchheim. Am 10. März 1924 kam es zur Gründung einer eigenen Feuerwehr. Unter dem Gründungskommandanten Leopold Burgstaller fanden sich 48 Gründungsmitglieder zusammen. Fahnenpatin wurde Aloisia Lechner. Noch im Gründungsjahr wurde eine Sanitätsabteilung unter Franz Hohensinn eingerichtet, die sehr viele Einsätze zu fahren hatte, da ein Gemeindearzt nicht immer erreichbar war. Die Abteilung bestand bis zum Jahr 1933. Im Jahr 1926 wurde eine Handspritze, eine Kolbenpumpe, in Dienst genommen, die noch aus der Zeit um die Jahrhundertwende stammte. Erst 1950 konnte die FF Ampfenham eine Motorspritze DKW und ein Einsatzfahrzeug Marke Dodge erwerben. Die Spritze wurde von der FF Kirchheim übernommen und beim 25jährigen Gründungsfest geweiht. Das aus der Jahrhundertwende stammende Feuerwehrhaus wurde im Jahr 1950 durch einen Zeughausneubau ersetzt. Im Jahr 1974 konnte die Wehr eine Spritze Gugg Trokomat anschaffen, 1966 war für die Spritze und den Gerätewagen ein Anhänger erworben worden. 1974 erfolgte der Ankauf eines Einsatzfahrzeuges FK 1000 und 1984 der Kauf eines neuen Einsatzwagens VW LT 35, der beim 60jährigen Bestandsjubiläum am 3. Juni 1984 feierlich eingeweiht wurde. Hauptleute seit der Gründung waren: Leopold Burgstaller (1924–1927), Ludwig Lechner (1927–1933), Felix Hattinger (1933–1939), Alois Köstner (1939–1952), Gottfried Leeb (1952–1974), Rudolf Lechner (1974–1978) und Hermann Lengauer (seit 1978).

HBI Lengauer H. (1959), OBI Biereder L. (1958), AW Bleckenwegner J. (1935), AW Reiter J. (1958), AW Schwendtner G. (1957) — Angleitner J. (1958), HFm Bleckenwegner J. (1974), HFm Brückl J. (1974), E-OBI Dallinger F. (1937), HBm Dallinger F. (1974), Lm Dallinger L. (1950), Fischer J. (1934), Fischer J. (1981), HFm Fischer J. (1958), HFm Frauenhuber A. (1958), HFm Frauenhuber J. (1958), HFm Gaisbauer H. (1947), HFm Haminger R. (1958), HFm Hartl A. (1958), HFm Hattinger J. (1946), HFm Hattinger R. (1939), Fm Hattinger R. (1978), HFm Helmlinger A. (1975), Fm Helmlinger J. (1980), E-AW Hohensinn F. (1946), HFm Hohensinn G. (1940), Lm Langmaier A. (1940), OBm Lechner R. (1950), E-HBI Leeb G. (1924), HFm Leeb K. (1959), JFm Ing. Lengauer H. (1984), HBm Mairinger W. (1974), OFm Pfeffer F. (1974), JFm Schauer F. (1984), HFm Schauer J. (1950), OFm Schauer J. (1978), Lm Schiffmann A. (1958), OFm Spindler H. (1978), HFm Spindler J. (1959), Fm Stelzhammer G. (1978)

FF ANDRICHSFURT

Die Gründung der Freiwilligen Feuerwehr Andrichsfurt erfolgte im Jahr 1885. Am 7. Juli 1935 beging die FF Andrichsfurt ihr 50jähriges Gründungsfest, bei welchem Anlaß die erste Motorspritze eingeweiht wurde. Der rasche technische Fortschritt bewirkte jedoch, daß dieses Modell schon nach 15 Jahren veraltet war und daher im Jahr 1951 eine neue Motorspritze angekauft werden mußte. Im Jahr 1965 wurde die derzeit im Einsatz befindliche Motorspritze erworben. Das erste Kleinlöschfahrzeug wurde im Jahr 1981 angeschafft. Im Jahr 1984 wurde ein neues Feuerwehrdepot mit zwei Einstellplätzen errichtet. Die Arbeiten wurden fast ausschließlich von den Feuerwehrkameraden als Robotleistung durchgeführt. Das Baumaterial wurde von der Gemeinde angekauft. Aufgrund des ländlichen Raumes in Andrichsfurt und Umgebung bestehen die Feuerlöscheinsätze überwiegend bei Bränden in der Landwirtschaft. In letzter Zeit waren es fast ausschließlich technische Einsätze. Neben der FF Andrichsfurt gab es in der Gemeinde früher zwei weitere Ortsfeuerwehren, und zwar die Feuerwehren Krammern und Furt. Die Feuerwehr Krammern wurde im Jahr 1958 und die Feuerwehr in Furt im Jahr 1950 aufgelöst. Seit Bestehen der Wehr hatten folgende Feuerwehrkameraden die Funktion eines Kommandanten inne: Jakob Augustin, Felix Junger, Matthias Angleitner, Johann Stockenhuber, Karl Stockenhuber, Max Gramberger, Leopold Breitwieser, Georg Strasser, Alois Ebner, Georg Danninger und Alois Ebner.

HBI Ebner A. (1945), OBI Straif J. (1980), AW Fuchs J. (1967), AW Landlinger R. (1977), AW Straif A. (1945) — Fm Angleitner F. (1982), OFm Berger A. (1948), HFm Berger J. (1972), OFm Brückl A. (1961), Lm Daller M. (1967), HBm Danninger G. (1957), OFm Erler J. (1968), OFm Fischer R. (1951), HFm Fuchs A. (1967), HFm Fuchs J. (1960), Lm Gaisbauer F. (1956), Fm Ganglbauer F. (1967), OFm Girk S. (1972), Fm Großbointner G. (1980), HFm Hatzmann F. (1935), Fm Kallinger F. (1978), OFm Kallinger F. (1947), OFm Kallinger F. (1975), OFm Landlinger H. (1976), Fm Landlinger W. (1978), Fm Lengauer H. (1983), HFm Lengauer H. (1958), Fm Maier J. (1980), HFm Maier M. (1975), HFm Manhartsgruber F. (1922), Fm Moser J. (1949), OFm Petershofer E. (1978), HBm Petershofer J. (1968), HFm Pumberger J. (1981), OFm Pumberger M. (1979), OFm Pumberger M. (1961), Fm Rammerstorfer H. (1983), Lm Raschhofer J. (1955), OFm Raschhofer K. (1965), HFm Reichinger F. (1945), Fm Sacherl G. (1976), E-AW Sacherl J. (1931), HFm Sacherl J. (1958), HLm Schmidleitner F. (1973), HLm Schmidleitner W. (1979), HFm Schustereder F. (1958), HFm Schustereder K. (1945), OFm Stadler J. (1977), HFm Steiner A. (1956), HFm Stelzhammer A. (1959), OFm Stelzhammer P. (1981), OFm Stelzhammer W. (1981), Fm Stockenhuber K. (1980), HFm Stockenhuber R. (1937), OFm Stockenhuber R. (1972), OFm Straif F. (1975), OFm Straif F. (1977), HFm Straif M. (1981), HFm Straßer F. (1969), Lm Straßer G. (1959), HFm Straßer J. (1945), HFm Thalhammer A. (1953), OFm Thalhammer N. (1982), HFm Wiesinger J. (1967), Fm Wiesinger K. (1967), Fm Wiesner J. (1975), OFm Wohlmacher J. (1958), HFm Zogsberger F. (1963)

FF ANTIESENHOFEN

Die Freiwillige Feuerwehr Antiesenhofen wurde 1890 von Antiesenhofner und Münsteurer Bürgern gegründet. Es waren 19 Männer, darunter Bauern, Gewerbetreibende, Arbeiter und Private. Schon 1891 kamen wieder mehrere Männer zur Freiwilligen Feuerwehr Antiesenhofen dazu. Im selben Jahr wurde auch die 14 bis 15 Mann starke Feuerwehrmusikkapelle gegründet. Diese hielt sich in dieser Form bis zum Jahr 1938. Die Kommandanten der Freiwilligen Feuerwehr Antiesenhofen waren von 1890 bis heute folgende Männer: Josef Linseder (1890–1919), Josef Denk (1919–1938), Ludwig Strobl sen. (1938–1953), Ägidius Witzmann (1953–1963), Franz Schusterbauer (1963–1978), Ludwig Strobl (1978 bis heute). Die erste Zeugstätte war ein primitives niedriges Bauwerk mit einem hölzernen Schlauchturm. Die erste Spritze war ein Holzgefährt mit einer Pumpe, die von sechs Mann durch Pumpen in Betrieb gesetzt wurde. Erst 1937 bekam die Freiwillige Feuerwehr Antiesenhofen die erste Benzinmotorspritze. 1952 erhielt die Freiwillige Feuerwehr Antiesenhofen eine neue Zeugstätte und 1959 das erste motorisierte Löschfahrzeug. Das jetzige Löschfahrzeug, ein Mercedes 409, wurde der FF Antiesenhofen im Jahr 1979 übergeben. Die FF Antiesenhofen verfügt auch über drei Atemschutzgeräte und mehrere Funkgeräte; das Löschfahrzeug wurde mit vielen Geräten, die die Feuerwehr braucht, ausgestattet.

HBI Strobl L. (1951), OBI Feichtinger A. (1979), AW Dietrich K. (1946), AW Kastenhuber J. (1955), AW Wagner F. (1959), BI Zweimüller E. (1968) — HFm Bauer J. (1974), OFm Bauer K. (1974), OFm Baunschmid W. (1977), HFm Bauschmid J. (1951), OFm Bruckbauer J. (1980), Fm Brunninger F. (1982), HFm Daringer A. (1963), E-AW Detzlhofer J. (1940), Lm Eichetshammer J. (1945), OFm Einböck F. (1974), HFm Einböck J. jun. (1969), HFm Einböck J. sen. (1947), HFm Etzinger J. (1956), HFm Gerstorfer J. (1933), Lm Gurtner F. (1953), HFm Hartl J. (1956), HFm Hasibeder J. (1959), HFm Hirsch A. (1948), OFm Hirsch R. (1966), OFm Hochaspöck J. (1983), HFm Holzinger G. (1922), Fm Kaindlstorfer J. (1982), HFm Kastenhuber G. (1977), HFm Linseder J. (1951), HFm Linseder J. sen. (1919), OFm Linseder L. (1981), OFm Linseder R. (1979), HFm Lißl K. (1968), HFm Manzeneder J. (1947), OFm Mayrhuber F. jun. (1977), Lm Mitterbuchner G. (1980), HFm Oberndorfer J. (1966), HFm Partinger J. (1947), Fm Pointner Ch. (1980), HFm Pointner E. (1956), OFm Pointner E. jun. (1981), OFm Pointner K. jun. (1969), Lm Pointner K. sen. (1956), Fm Pointner R. (1982), OFm Pumberger H. (1966), E-BI Pumberger J. (1919), HFm Rauber A. (1959), HFm Rauber J. (1966), OFm Reifeltshammer J. (1974), HFm Sausack M. (1949), HFm Schachinger A. (1948), Fm Schlager F. jun. (1978), HFm Schlager F. sen. (1952), HFm Schmied H. (1966), OFm Schneglberger F. J. (1979), Fm Schöndorfer T. (1981), HFm Schrems K. (1959), Fm Schrotshammer W. (1975), OFm Schumacher J. (1977), E-HBI Schusterbauer F. (1938), OFm Schusterbauer F. jun. (1983), E-OBI Schwarzmeier A. (1948), OFm Siegesleuthner A. (1971), Lm Steinberger H. (1968), HFm Stockenhuber A. (1951), OLm Stockenhuber J. (1968), HFm Wagneder A. (1959), HFm Wagner F. (1980), HFm Wagner H. (1969), Lm Wagner R. jun. (1978), HFm Wagner R. sen. (1948), HFm Weidinger J. (1958), OFm Weinhäupl F. (1978), HFm Wiesner A. (1956), HFm Winklhofer A. jun. (1972), OFm Wipplinger K. jun. (1971), HFm Wipplinger K. sen. (1948), HFm Witzmann A. (1934), HFm Witzmann E. jun. (1973), E-HBI Witzmann E. sen. (1923), HFm Zeiberger J. (1968), OFm Zweimüller A. (1980), Fm Zweimüller P. (1981)

FF ARNBERG

Auf Wunsch der gesamten Bevölkerung von Arnberg und Umgebung wurde 1949 die Freiwillige Feuerwehr Arnberg gegründet. Michael Frauscher, der sich als Hauptinitiator hervortat, wurde einstimmig zum ersten Kommandanten gewählt. Noch im Gründungsjahr wurden eine Motorspritze und ein Spritzenwagen angekauft, und unter Mithilfe der gesamten Bevölkerung wurde ein Zeughaus gebaut. 1955 wurde eine neue Motorspritze (RVM 75) und acht Jahre später ein Feuerwehrauto (Dodge Trucks Allrad) beschafft. Durch den Ankauf eines Allradautos wurde ein für diese Region heißes Problem gelöst. 1964 wurde die erste Wettbewerbsgruppe aufgestellt, die in den darauffolgenden Jahren zweimal hintereinander den Wanderpokal der Gemeinde Mettmach gewann. Seit nunmehr 20 Jahren wird die Wettbewerbstätigkeit mit gutem Erfolg rege weitergeführt. Am 27. Juli 1969 überreichte die Fahnenmutter Anna Berrer der Wehr eine schöne Fahne. 1965 wurde in das neuerbaute Zeughaus übersiedelt. 1981 wurde das jetzige Feuerwehrauto (Chevrolet Allrad), das durch großzügige Spenden der Bevölkerung angekauft werden konnte, im Zuge eines großen Feuerwehrfestes eingeweiht. Seit der Gründung der Freiwilligen Feuerwehr Arnberg standen folgende Kommandanten der Wehr vor: Michael Frauscher, Josef Schrattenecker, Georg Birglechner, Johann Litzlbauer und Franz Bergbauer.

HBI Bergbauer F. (1971), OBI Buchbauer J. (1954), AW Berrer J. (1975), AW Buttinger F. (1974) — Baier A. (1967), Baier F. (1967), Berrer G. (1949), Berrer G. (1954), Berrer J. (1957), Berrer J. (1949), Berrer J. (1954), Birglechner G. (1962), Buchbauer A. (1968), Buchbauer A. (1968), Buchbauer G., Buchbauer G. (1968), Buchbauer J. (1949), Buchbauer R., Burgstaller F. (1955), Burgstaller G. (1972), Buttinger F. (1949), Esterer G., Esterer G., Furtner G. (1973), Gaisbauer G., Gaisbauer J. (1971), Gaisbauer W. (1982), Grubmüller A. (1966), Hellerman G. (1973), Hingsamer J. (1975), Hingshamer J. (1957), Kantner F. (1949), Kantner J. (1949), Karrer F. (1971), Karrer F. (1961), Karrer H. (1977), Kaser G. (1949), Kaser G., Kaser J., Kaser J. (1978), Kaserbauer J., Kaserbauer J., Kinz F., Kinz F. (1952), Kinz G. (1966), Kinz H. (1958), Kinz J. (1954), Kinz M. (1957), Kreuzhuber J. (1961), Kreuzhuber J. (1977), Kriechbaum A. (1956), Kriechbaum W. (1975), Lang F. (1961), Lang F., Leingartner F. (1972), Lettner J. (1953), HBI Litzlbauer J. (1955), Litzlbauer J. (1949), Reichinger A. (1975), Reichinger H., Reichinger K. (1955), Renetzeder J. (1949), OBI Riedlmair L. (1960), Schachl F. (1974), Scherfler M. (1982), Schrattenecker A. (1972), Schrattenecker F. (1954), Schrattenecker F. (1977), Schrattenecker J. (1949), Schrattenecker J. (1949), Schrattenecker W. (1977), Spiesberger L. (1974), Stempfer A. (1949), Wilhelm F. (1977), Wilhelm F. (1949)

FF ASENHAM

Am 25. Juli 1926 wurde die Gründungsversammlung der FF Asenham abgehalten. Die FF Asenham war bis zu diesem Zeitpunkt ein Löschzug der FF Mehrnbach mit einer Handpumpe und wurde somit selbständig. Sie erhielt von der Gemeinde Mehrnbach eine Motorspritze Gugg mit Anhänger. In den Kriegsjahren 1939 bis 1946 wurden keine Versammlungen abgehalten. 1946 wurde ein Steyr 1500 (ein Kriegsfahrzeug) von den Feuerwehrkameraden auf ein Feuerwehrauto umgebaut. Dieses Auto wurde 1952 samt Aggregat an die FF Gosau verkauft. Der Verkauf wurde von der Fa. Rosenbauer vermittelt, die dafür einen neuen geschlossenen Einachsanhänger mit Aggregat Type Rosenbauer, RW 80, zur Verfügung stellte. 1967 wurde eine Wettbewerbsgruppe aufgestellt, die im selben Jahr das Leistungsabzeichen in Bronze und Silber in Vöcklabruck erwarb. 1969 erhielt die Wehr von der Fa. Rosenbauer ein neues Aggregat RVW 75 A. 1970 wurde eine Sirene Rosenbauer FS 8 angeschafft. 1973 wurde ein Land Rover Type 88, gebraucht, gekauft und von Feuerwehrkameraden zu einem einsatzfähigen Feuerwehrauto umgebaut. 1979 erwarb die Wettbewerbsgruppe wohl als erste des Bezirkes Ried im Innkreis das Bayerische Leistungsabzeichen in Gold. 1982 erwarb die Wettbewerbsgruppe als erste des Bezirkes das Südtiroler Leistungsabzeichen in Bronze und in Silber. Im August 1983 wurde ein neues Löschfahrzeug, Type VW LT 35, gekauft. Das alte Fahrzeug wurde an die FF Pramerdorf verkauft. Im Mai 1984 war der Baubeginn für das neue Zeughaus, das binnen kurzer Zeit im Rohbau hergestellt wurde.

HBI Reiter J. (1958), OBI Weidlinger M. (1966) — Anzenberger J. (1978), Berger A. (1952), Böttinger J. (1977), Buchner J. (1959), Diermaier G. (1958), Diermaier J. (1949), Diermaier J. (1978), Diermaier R. (1926), Eder-Augustin A. (1969), Eder-Augustin J. (1980), Eglauer M. (1946), Ertl A. (1975), Fery J. (1980), Fery P. (1980), Fischer F. (1977), Fischer R. (1983), Fischerleitner H. (1958), Fuchs R. (1952), Fuchs R. (1976), Gaisböck E. (1979), Gaisböck J. (1979), Gattermaier K. (1978), Hofinger F. (1966), Hofinger M. (1947), Holzinger F. (1971), Holzinger K. (1962), Katzlberger J. (1975), Prof. Klincok A. (1974), Köpplinger G. (1946), Köpplinger J. (1976), Leitner H. (1984), Leitner H. (1966), Lingnau A. (1981), Lingnau Ch. (1981), Lingnau F. (1981), Lingnau G. (1983), Lingnau H.-G. (1981), Lingnau J. (1981), Lippl H. (1977), Murauer F. (1979), Murauer F. (1958), Murauer F. (1977), Neuhofer J. (1967), Oblinger J. (1968), Picker-Trauner J. (1946), Picker-Trauner J. (1975), Rachbauer J. (1982), Reiter J. (1983), Reiter R. (1983), Schachinger R. (1939), Schmitzberger J. (1978), Schober M. (1960), Seeger-Wiesinger A. (1982), Siegesleitner J. (1979), Spindler F. (1958), Steinbinder E. (1978), Steinbinder M. (1968), Steinbinder M. (1963), Stelzer G. (1979), Ungar G. (1978), Weidlinger J. (1969), Wienroither J. (1983), Wiesinger A. (1963), Willinger R. (1960), Zeilinger A. (1966)

FF DES MARKTES AUROLZMÜNSTER

Am 1. Mai 1874 fand im gräflich-Arco-Valleyschen Hofwirtskeller in Aurolzmünster die Gründungsversammlung der Feuerwehr statt. Nach Bewilligung der Statuten seitens der k. k. Statthalterei in Linz wurde am 1. November 1874 die definitive Wahl der Kommandantschaft vorgenommen. Hauptmann wurde Erasmus Pabsthart, sein Stellvertreter Josef Schwäry, Kassier Josef Haas, Steigerobmann Josef Gstreun, sein Stellvertreter Jakob Langbauer, Spritzenobmann Josef Schwäry jun., sein Stellvertreter Alois Schwäry und Rettungsobmann Matthias Baumgartner. Als weitere Gründungsmitglieder wurden ermittelt: Hieronymus Jungwirth, Karl Sammereyer, Friedrich Schmid, Johann Staller, Jakob Kornbointner und Alois Schrattenecker. Die Beschaffung von Geräten war immer Sache der Feuerwehr, die jedoch immer mit Beiträgen der Gemeinde und der Spendenfreudigkeit der Bevölkerung rechnen durfte. Unter Kommandant Kornbointner wurde eine Feuerspritze mit Handbetrieb erworben, deren Bedienung viel Kraft und Ausdauer erforderte. Unter Kommandant Hörmandinger wurde die erste Motorspritze angekauft. Nach dem Zweiten Weltkrieg war es sehr schwer, die mit ihren eigenen Problemen beschäftigte Bevölkerung wieder für die Feuerwehr zu interessieren und ihre Abneigung gegen jede Art von Uniform zu überwinden. Dies gelang Georg Haginger schließlich doch, und als ein ehemaliger „Afrikawagen" erworben werden konnte, war der Bann gebrochen. Die Wehr erhielt auch eine neue Fahne. 1966 veranstaltete die FF Aurolzmünster ein Moto-Cross, das ein großer finanzieller Erfolg war. Dies und zwei Folgeveranstaltungen ermöglichten der Wehr die Anschaffung eines Löschautos mit Vorbaupumpe. Weiters besitzt die Wehr verschiedene Gerätschaften, die den Einsatz erleichtern.

HBI Redhammer A. (1955), OBI Wana H. (1964), AW Haslinger R. (1979), AW Parzer J. (1963), AW Rader J. (1963), OBI Rohringer R. (1946), BI Engl W. (1961), BI Jebinger J. (1969), BI Spitzlinger R. (1958) — Fm Angleitner W. (1974), Bm Badegruber J. (1948), JFm Bauchinger A. (1980), Fm Bauchinger A. (1979), OFm Bauchinger J. (1972), JFm Bauchinger J. (1980), JFm Bauchinger T. (1982), Lm Bermanschläger F. (1967), Fm Böhm P. (1978), JFm Böhm T. (1980), Fm Damberger K. (1981), OFm Deutsch J. (1958), Lm Deutsch R. (1969), Lm Dötzlhofer M. (1963), OLm Ebner J. (1974), JFm Eder M. (1980), OLm Eder R. (1930), Fm Eder R. (1966), OFm Enser E. (1978), OFm Ewerth M. (1974), Fm Fellner F. (1979), Fm Frauscher J. (1982), E-HBI Fuchs J. (1957), OLm Furthner K. (1926), Fm Greil J. (1975), Bm Gruber R. (1982), OFm Hehenberger M. (1976), Lm Heinzlmaier F. (1969), Lm Heinzlmaier F. (1947), JFm Heinzlmaier G. (1982), OFm Hochhold K. (1963), E-HBI Hörmandinger K. (1947), Lm Kettl J. (1964), OFm Lang M. (1973), Lm Lang N. (1969), Fm Lindert Ch. (1980), Lm Linzner J. (1969), OFm Radlmaier H. (1971), Lm Rainer O. (1974), HFm Redhammer A. (1964), Fm Redhammer R. (1950), Fm Redhammer R. (1980), Fm Riedl M. (1981), JFm Riedl R. (1982), Fm Rumesch F. (1980), Fm Sammerayer G. (1981), OLm Scheinost J. (1981), OFm Schmied H. (1969), HFm Schneiderbauer W. (1973), Lm Schrattenecker A. (1921), Lm Schwarz J. (1963), OBm Schwarzgruber K. (1952), Fm Sinzinger R. (1980), HFm Sperl A. (1977), JFm Stieglbauer G. (1979), JFm Stieglbauer J. (1982), PFm Stieglbauer J. (1979), Lm Tiefenthaler J. (1969), Fm Wana L. (1975), Fm Wögerbauer R. (1978)

FF BLINDENHOFEN

Die Gründung der Freiwilligen Feuerwehr Blindenhofen erfolgte im Jahr 1894 als Filialfeuerwehr der Freiwilligen Feuerwehr Mehrnbach. Diese als Löschzug geführte Wehr stand unter dem Kommando von Wehrführer Johann Pöppl. Am 11. November 1923 erklärte sich die Filialfeuerwehr für selbständig. Der erste Führer dieser nun selbständigen Wehr war Wehrführer Martin Wörlinger. Als Gründungsunterstützung erhielt die Wehr vom Land Oberösterreich den Betrag von 1,500.000 Kronen. Bei der Selbständigwerdung der Wehr zählte diese 81 Mitglieder. Der erste Ankauf einer Motorspritze wurde von Wehrführer Franz Fischer im Jahr 1937 getätigt. In diesem Jahr wurde auch ein neues Zeughaus für die Wehr gebaut. Dieses Feuerwehrzeughaus steht auch heute noch in Verwendung. Vor Beginn des Zweiten Weltkrieges zählte die Wehr rund 80 Mitglieder. Nach dem Krieg war die Mitgliederzahl auf rund 40 Mitglieder im Jahr 1946 gesunken. Der erste Ankauf eines Feuerwehrautos wurde unter Wehrführer Johann Jenichl im Jahr 1946 durchgeführt. Im Jahr 1954 wurde die Freiwillige Feuerwehr Blindenhofen in das Feuerwehrbuch von Oberösterreich aufgenommen. 1955 wurde von der Feuerwehr ein Gründungsfest, verbunden mit der Weihe der Feuerwehrfahne, durchgeführt. Im Jahr 1968 wurde von der Wehr mit dem Aufbau einer Jugend- und Wettbewerbsgruppe begonnen. Diese stand unter der Führung von Josef Reiter und wurde später von Max Rothner übernommen. Im Jahr 1973 wurde unter dem Kommando von Alois Pumberger ein Kleinlöschfahrzeug angekauft, welches auch heute noch in Verwendung steht.

HBI Reiter J. (1952), OBI Scherfler G. (1952), AW Lux A. (1959), AW Neuhofer F. (1951), AW Rendl K. (1969), AW Schrems G. (1970), BI Buchner G. (1957), BI Buttinger J. (1975), BI Vzlt. Lengauer W. (1951) — Lm Adlmanseder K. (1951), Lm Auer J. (1934), HFm Auer J. (1969), Fm Baumkirchner G. (1982), Lm Baumkirchner J. (1957), Lm Buchleitner J. (1953), Lm Buttinger F. (1930), Diermaier G., Fm Eder F. (1981), Lm Eder G. (1948), HLm Eder G. (1958), Lm Eder G., Lm Ehwallner F. (1968), HFm Fischer F. (1948), OLm Fischer F. (1951), HFm Frauenhuber A. (1963), OFm Frauenhuber A. (1973), Lm Frauenhuber W. (1972), Fm Gadringer M. (1980), Lm Graml M. (1948), HFm Grimmer H. (1970), Lm Grimmer J. (1956), HFm Grimmer J. (1970), OLm Grimmer M. (1948), Fm Haslinger K. (1977), Fm Helm H. (1973), HFm Helm H. (1949), HFm Helm H. (1974), HFm Helm K. (1970), Helm M. (1980), Hofer J. (1980), OLm Hohensinn A. (1924), Lm Hütter R. (1950), Lm Kettl F. (1951), HFm Kettl F. (1977), Fm Lachner A. (1976), Fm Lachner K. (1982), Fm Lux E. (1973), Lm Mayer J. (1970), HBm Mayer J. (1952), HFm Mittermaier A. (1973), Lm Mittermaier E. (1954), E-OBI Moser G. (1938), E-OBI Pumberger A. (1938), OLm Pumberger M. (1970), Lm Reiter F. (1979), Lm Reiter J. (1980), Fm Rendl R. (1974), Fm Rothner M. (1948), Fm Sagmeister K. (1979), Fm Schachinger G. (1977), Fm Schauer F. (1952), HFm Schauer F. (1970), OFm Schauer F. (1973), Fm Schauer F. (1976), HFm Schauer M. (1972), Fm Schrattenecker J. (1981), Lm Schrattenecker J. (1958), Fm Schrattenecker J. (1980), E-AW Schrems G. (1932), Lm Schwarzenberger A. (1959), Lm Schwarzenberger M. (1945), Fm Schwarzenberger M. (1981), Lm Schwarzenberger R. (1948), HFm Stempfer J. (1932), E-OBI Stockhammer K. (1934), Fm Unger W. (1977), Lm Vogelsperger J. (1948), Fm Wagner R. (1978), Lm Wimmleitner A. (1954), Fm Winklinger F. (1952), Fm Winklinger J. (1922), OLm Winklinger J. (1945), Lm Winzing M. (1947), OLm Wörlinger F. (1964), HFm Wörlinger J. (1955), HFm Zeilinger J. (1935)

FF BREININGSHAM

Zwölf Männer taten sich im Jahr 1911 zusammen und gründeten die FF Breiningsham. Josef Itzinger übernahm die Stelle des Wehrführers, die er 30 Jahre lang innehatte. Vorerst mit Pferdefuhrwerk und Handspritze mußten die ersten Jahre, darunter der Landwirtschaftsbrand beim Mitterbuchner in Reischau, bewältigt werden. 1932 wurde die Zeugstätte neu gebaut und die erste Motorspritze angekauft, die noch im selben Jahr bei einem Brand in Hohenzell ihre Feuertaufe hatte. 1941 wurde Johann Irger als Kommandant gewählt; im Jahr 1948 übernahm Johann Hagelmüller diese Stelle. Im selben Jahr wurde eine Motorspritze, Fabrikat DKW, von der FF Hohenzell übernommen; die Ausrüstung war damals schon auf Traktor und Anhängerwagen umgestellt und wurde durch die Großzügigkeit der Gemeinde ständig verbessert. Die Neuwahl 1973 brachte ein neues Kommando unter Johann Dürnberger als Kommandant. Der bisherige Kommandant Johann Hagelmüller, der nach 25 Jahren zurücktrat, wurde zum Ehrenkommandanten ernannt. Unter der Ära Dürnberger wurde eine Bewerbsgruppe ins Leben gerufen und in Zusammenarbeit mit der Gemeinde 1983 die Zeugstätte neu und modern gebaut und eine neue Tragkraftspritze, Fabrikat Rosenbauer VW Automatik 80, angeschafft, so daß die Freiwillige Feuerwehr Breiningsham für jedwede Ernstfälle gut gerüstet ist. Seit der Gründung der Wehr standen folgende Kommandanten an der Spitze der FF: Josef Itzinger (1911–1941), Johann Irger (1941–1948), Johann Hagelmüller (1948–1973) und Johann Dürnberger (seit 1973).

HBI Dürnberger J. sen. (1941), OBI Bohninger M. (1962) — Aspetzberger W. (1972), Auinger A. (1956), Auinger R. (1979), Bader E. (1978), Bader J. (1946), Bader W. (1968), Baumann J. (1947), Beham A. jun. (1975), Beham A. sen. (1952), Bohninger J. (1970), Bohninger M. (1933), Brückl J. (1970), Danreiter J. (1939), Danreiter J. (1974), Diermaier A. (1954), Dürnberger F. (1971), Dürnberger F. (1971), Dürnberger G. (1981), Dürnberger G. (1976), Dürnberger G. (1976), Dürnberger J. (1976), Dürnberger J. (1968), Freund F. (1950), Freund F. (1981), Greifeneder W. (1970), Häupl J. (1982), Hartl J. (1957), Hattinger E. (1957), Hörandner J. (1947), Irger A. (1955), Irger J. (1932), Irger J. (1932), Itzinger J. (1952), Jetzinger A. (1981), Jetzinger A. (1951), Jetzinger A. (1981), Jetzinger M. (1976), Kirchsteiger G. (1981), Lindner H. (1969), Lindner H. jun. (1972), Lindner J. sen. (1948), Maislinger F. (1947), Maislinger M. (1947), Maislinger R. (1963), Mitterbuchner J. (1934), Mitterer J. (1979), Mühlberger J. (1975), Ölsinger E. (1980), Schernhammer J. (1974), Schernhammer J. sen. (1959), Seifriedsberger E. (1977), Seifriedsberger G. (1979), Seifriedsberger H. (1980), Seifriedsberger J. (1983), Seifriedseder K. (1981), Spindler J. (1966), Spindler J. sen. (1947), Spindler M. (1978), Spitzer J. (1939), Stockhammer J. (1960), Thalbauer J. (1978), Thalbauer R. (1952), Trattner J. (1962)

FF BREITENRIED

Die FF Breitenried wurde seit dem Gründungsjahr 1882 als Löschzug der FF Taiskirchen bis zum Jahr 1908 geführt. Bei der ersten Versammlung 1882 wurde als Kommandant Eduard Däubler gewählt, welcher bis 1908 dieses Amt ausübte. 1908–1920 war Franz Pumberger Kommandant, 1920–1936 Jakob Pöttinger, 1936–1938 Georg Diermaier, 1946–1953 Josef Stockinger, 1953–1958 Rudolf Mühlböck, 1958–1973 Johann Hörandner und ab 1973 Paul Kreuzhuber. 1924 wurde die erste Fahnenweihe abgehalten. 1935 wurde die erste Motorspritze, eine R 50, angekauft, welche bis 1964 in Verwendung war. 1964 wurde unter Kommandant Hörandner eine Zapfwellenpumpe mit Anhänger in Eigenbau für Traktorzug angefertigt, wodurch für die damalige Zeit eine sehr rasche und verläßliche Inbetriebnahme erreicht wurde. 1965 wurde ein großes Feuerwehrfest mit Fahnenweihe veranstaltet. 1972 wurde ein den damaligen Verhältnissen angepaßtes Zeughaus errichtet. 1977 wurde eine neue Tragkraftspritze VW angekauft, und ein gebrauchter Ford Transit wurde von einigen tüchtigen Kameraden auf ein KLF umgebaut.

LÖSCHZUG WIETRAUN DER FF BREITENRIED

Das Protokollbuch reicht bis 1902 zurück, als der Löschzug Wietraun aufgestellt wurde. Erster Kommandant war Anton Silver. Im Jahr der Gründung wurde bei der Fa. Gugg in Braunau eine Spritze angekauft, die durch 33 Jahre klaglos funktionierte. 1920 wurde durch eine außerordentliche Generalversammlung einstimmig der Beschluß auf Selbstständigerklärung gefaßt, der von den Behörden genehmigt wurde. 1923 wurde Johann Reininger nach Rücktritt von Anton Silver zum Kommandanten gewählt. 1935 wurde eine neue Motorspritze Austro Diesel angekauft. 1937 wurde der Löschzug Petersham gegründet, welcher der FF Wietraun untergeordnet war. Im März 1938 wurde die Selbständigkeit aufgehoben. 1938–1940 war Josef Brandl Kommandant, 1940–1953 Georg Steinhofer, 1953–1958 Johann Mayr und 1958–1968 Martin Scherfler. 1968 wurde der jetzige Kommandant Josef Wagneder gewählt. In seine Amtszeit fallen: Ausrüstung mit schwerem Atemschutz, Umrüstung auf Treviraschläuche, Einbau einer Sirene, Anlegung von Löschteichen und Neuankauf einer Rosenbauer TS Supermatic 80 1981. Große Ziele sind der Ankauf eines LF sowie die Erlangung der Selbständigkeit.

HBI Kreuzhuber P. (1957), OBI Tischler F. (1963), AW Berrer H. (1968), AW Brüglauer F. (1968), AW Diermaier G. (1976), AW Hellwagner M. (1952), AW Kaiser J. (1943), AW Oberndorfer H. (1955), AW Ott B. (1974), AW Reichhardt J. (1975), AW Reichhart N. (1969), AW Steinhofer F. (1973), OBI Anzengruber J. (1948), OBI Hattinger J. (1964), OBI Wageneder J. (1956), BI Ziegler H. (1976) — Lm Aigner J. (1946), Aigner J., Fm Anzengruber F. (1979), HFm Anzengruber J. (1977), OFm Anzengruber M. (1968), Lm Auer J. (1954), HFm Außerleitner J. (1948), Bm Bauernfeind F. (1933), Fm Berger F. (1979), Fm Bermanschläger F. (1976), PFm Berrer J. (1979), Lm Berrer J. (1954), HFm Brandl A. (1957), Fm Brandl J. (1981), OLm Brandl J. (1950), Fm Burgstaller W. (1983), HFm Desch J. (1935), Fm Desch J. (1975), OFm Dick F. (1975), Bm Diermaier F. (1950), Lm Diermaier J. (1979), PFm Donninger J. (1979), HFm Donninger M. (1962), Lm Ebetshuber F. (1969), Fm Ebetshuber F. (1979), OLm Ebetshuber G. (1968), Fm Ebetshuber G. (1982), OFm Ebetshuber J. (1941), OFm Ebetshuber J. (1976), JFm Ebetshuber J. (1977), OFm Anzengruber M. (1958), OLm Ebetshuber W. (1958), HLm Ebner A. (1950), HFm Ebner M. (1955), Lm Egger F. (1945), Fm Egger J. (1983), Lm Einböck A. (1970), OFm Einböck F. (1970), OFm Einböck G. (1963), HFm Einböck G. (1930), HFm Einböck J. (1939), HFm Einböck J. (1966), OFm Endtmayer A. (1959), OFm Enzlmüller J. (1946), OFm Feichtinger F. (1963), PFm Feichtinger G. (1983), OFm Feichtner L. (1971), HFm Fischer M. (1959), Fm Floß G. (1974), HFm Floß J. (1946), HFm Gadermaier E. (1980), HFm Gadermaier F. (1952), Fm Gadermayr F. (1983), Lm Gaisböck J. (1955), HFm Grafendorfer H. (1954), HFm Gruber F. (1930), Fm Gruber F. (1965), JFm Gruber G. (1983), HFm Gruber J. (1925), OFm Gruber J. (1965), HLm Gruber-Kalteis M. (1936), Fm Gugerbauer J. (1973), Bm Gumpinger F. (1918), Fm Hafeneder R. (1973), Lm Hafeneder R. (1927), Lm Haslinger F. (1953), Lm Hattinger J. (1937), Fm Hattinger J. (1980), Lm Hatzmann F. (1912), OFm Hatzmann J. (1947), Fm Hatzmann J. (1977), Lm Hellwagner J. (1946), HFm Hinterbauer F. (1983), E-HBI Hörandner J. (1932), HFm Hörl A. (1954), Lm Hörl A. (1931), Lm Hörmandinger G. (1941), HFm Hörmandinger G. (1979), OFm Hofinger G. (1970), OFm Hofinger J. (1959), Lm Hofinger J. (1938), Lm Hofinger J. (1918), Lm Hofinger J. (1946), OFm Hofinger J. (1948), Lm Hofinger M. (1935), HFm Hofinger M. (1950), HFm Hosner F. (1960), OLm Huber A. (1926), HFm Huemer J. (1954), HLm Kaser H. (1946), OFm Kaser J. (1966), Fm Kettl A. (1969), OFm Kirchböck F. (1979), OFm Kirchsteiger A. (1959), Lm Klaffenböck M. (1923), OFm Klee K. (1946), JFm Kleinpötzl G. (1983), Fm Kleinpötzl J. (1983),

Lm Kleinpötzl J. (1933), JFm Kreuzhuber G. (1980), OFm Laufenböck I. (1973), HFm Lehner J. (1963), Fm Leitner B. (1978), OFm Machtlinger J. (1927), OFm Machtlinger M. (1951), Lm Machtlinger W. (1976), HFm Märzendorfer F. (1929), Fm Maier H. (1965), OFm Maier J. (1979), HFm Maier K. (1949), Fm Maier S. (1973), OFm Mair F. (1966), Bm Mayr J. (1959), HFm Mayrhuber H. (1953), HFm Mühlböck A. (1952), Lm Nagl E. (1968), Lm Oberauer F. (1973), PFm Ott A. (1979), Fm Ott J. (1979), HFm Pataky M. (1965), Lm Patzelt G. (1952), Fm Patzelt J. (1975), Lm Pauzenberger J. (1952), OFm Petershofer F. (1973), OFm Raschhofer E. (1948), OFm Raschhofer J. (1973), OFm Raschhofer J. (1958), OFm Rauber J. (1976), HFm Rauber J. (1946), Lm Reichhard J. (1948), PFm Reininger Ch. (1983), HFm Reininger J. (1950), Fm Reininger J. (1980), Fm Rübenzucker J. (1969), HLm Schachinger J. (1956), HFm Schauer F. (1953), E-HBI Scherfler M. (1937), OLm Scherfler M. (1968), OFm Schiefecker A. (1948), Fm Schiefecker R. (1979), Fm Schneiderbauer E. (1976), HFm Schneiderbauer F. (1937), OFm Schneiderbauer J. (1956), Lm Schusterbauer J. (1970), OLm Schwarzgruber A. (1966), OBm Schwarzgruber A. (1939), HFm Schwarzgruber A. (1951), Fm Schwarzgruber F. (1982), OFm Schwarzgruber F. (1956), HFm Schwarzgruber F. (1980), OFm Schwarzgruber J. (1948), Lm Schwarzgruber J. (1970), JFm Schwarzgruber M. (1982), OBm Schwarzgruber R. (1935), JFm Schwarzgruber W. (1980), OFm Seifried F. (1948), PFm Seifried J. (1983), OFm Söß J. (1960), OFm Sößer S. (1960), HFm Steinbruckner J. (1949), Lm Steindl L. (1965), JFm Steindl L. (1983), JFm Steindl W. (1983), Fm Steinhofer A. (1983), HFm Stelzhamer J. (1960), OFm Stelzhammer S. (1979), Bm Stockinger J. (1956), E-BI Stockinger J. (1932), HFm Stockinger L. (1929), HFm Strauß J. (1911), OFm Süß F. (1966), Fm Süß F. (1981), HFm Süß H. (1965), HFm Unfried J. (1925), HFm Vorhauer A. (1978), OFm Wageneder F. (1947), Fm Wageneder F. (1978), OFm Wageneder F. (1958), OFm Wageneder G. (1950), PFm Wageneder J. (1982), Fm Wageneder J. (1978), PFm Wageneder J. (1982), OFm Wageneder J. (1953), Lm Wageneder J. (1947), HFm Weirathmüller B. (1981), OFm Weirathmüller F. (1941), Fm Weirathmüller J. (1976), Fm Weirathmüller J. (1979), Lm Wesner J. (1968), Lm Wilflingseder E. (1967), HFm Wimmer F. (1947), OLm Wimmer H. (1974), Fm Wimplinger G. (1973), OFm Wimplinger J. (1974), Bm Winter A. (1951), HFm Winter A. (1918), Fm Witzmann A. (1983), Bm Zweimüller J. (1971)

FF BRUCKLEITEN

Die Freiwillige Feuerwehr Bruckleiten wurde im Jahr 1895 unter dem Kommandanten Johann Hofinger und 27 weiteren Mitgliedern gegründet. Seit der Gründung standen folgende Feuerwehrhauptleute an der Spitze der Wehr: Johann Hofinger (1895–1920), Franz Hangl sen. (1920–1934), Franz Hangl jun. (1934–1937), Josef Ott sen. (1947–1963), Heinrich Schmiedbauer (1963–1973), Karl Gramberger (1973–1983) und Josef Ott jun. (seit 1983). Die erste Motorspritze konnte die Freiwillige Feuerwehr Bruckleiten im Jahr 1935 anschaffen. Im Jahr 1937 wurde die Freiwillige Feuerwehr Bruckleiten aufgelöst; erst zehn Jahre später, 1947, erfolgte die Neugründung. Die erste Feuerwehrzeugstätte wurde im Jahr 1952 errichtet; da dieser Bau im Laufe der Jahre den modernen Anforderungen nicht mehr voll entsprach, wurde in den Jahren 1980/81 eine Erweiterung der Zeugstätte vorgenommen.

HBI Ott J. (1960), OBI Gramberger K. (1954) — HFm Auer J. (1965), HFm Brückl M. (1965), Dick F. (1969), Ebetshuber J. (1928), Ebetshuber J. (1962), Gadermaier J. (1964), JFm Gramberger K. (1982), JFm Gramberger N. (1982), OLm Haginger J. (1949), JFm Haginger J. (1982), Hangl F. (1959), Helml A. (1970), Helml G. (1954), Helml J. (1975), Hofinger J. (1952), Hofinger J. (1982), AW Hofinger R. (1959), Hofinger S. (1982), Karrer E. (1975), Karrer J. (1970), Karrer J. (1936), Köstlinger G. (1955), Köstlinger J. (1975), Köstlinger W. (1975), Kollmer J. (1968), Kumpfmüller M. (1926), Manzeneder J. (1965), Müller J. (1964), Ott W. (1982), Paulusberger K. (1962), Raschhofer J. (1935), PFm Schmidbauer H. (1982), Streif K. (1916), Treitinger K. (1968), Treitinger K. (1948), Wageneder J. (1954), Weilhartner L. (1953)

FF EBERSCHWANG

Der älteste verbürgte Brand fällt in das Jahr 1660. Daß das Feuerlöschwesen nicht geregelt gewesen wäre, widerlegt ein auf einem Mauerkastl noch klebender Zettl vom damaligen Bürgermeister Bimminger: „Haus Nr. 18 Franz Meisinger von Eberschwang hat bey entstehenden Feuer zum Ziehen der großen Spritze 1 Mann zu stellen." Eberschwang, am 20. 12. 1850. Der angesehene Bürger und Kaufmann Max Fischer verstand es, einige Männer für das Feuerwehrwesen zu begeistern, und gründete 1875 die Freiwillige Feuerwehr Eberschwang. Im November 1876 wurde von der Fa. Gugg eine vierrädrige Abprotzspritze samt 200 m Hanfschläuchen und 100 Gewinden gekauft. 1885 konstruierte Max Fischer eine Saugspritze (350 l/Minute). 1880 erhielt die FF Eberschwang einen Schlauchturm. 1893 umfaßte das Inventar: 1 patentierte Saugspritze, 1 Gerätewagen mit Pferden bespannt, 2 Steckleitern, 4 Stützstangen, 6 Feuerhaken, 2 Schutzdecken und Schläuche. 1929 Ankauf der ersten Motorspritze Gugg (DKW). 1941 Ankauf einer DKW-Motorspritze Rosenbauer. 1948 Ankauf eines Steyr Lkw A 1500. 1948 erhielt der Löschzug II (Mühring) eine Motorspritze. 1951: Installierung einer Alarmanlage. 1957: Ankauf einer RVW 75 und eines VW-Kombi. Der Löschzug II erhielt 1958 ebenfalls eine RVW 75 und einen Anhänger Marke Berger. 1962: Ankauf von zwei Handfunkgeräten. Ein gebrauchter Lkw Mercedes Allrad wurde 1965 angekauft und zu einem Tankwagen zusammengebaut. Ankauf eines TLF 2000 Steyr 590 im Jahr 1974. Ein Ford Kombi 1500 wurde 1975 beschafft. Mit dem TLF 2000 wurden auch Atemschutzgeräte angeschafft. 1979 wurden zwei E-Aggregate mit 4 kW Anschlußwert angekauft. 1976 Neubau der Zeugstätte mit vier Garagenplätzen, Mannschafts- und Schlauchraum.

HBI Reischauer K. (1956), OBI Nadler A. (1973), HAW Gruber F. (1939), HAW Reiter K. (1944), AW Brandstötter F. (1973), AW Pachinger A. (1958), AW Weiß O. (1964), BI Irtenhammer J. (1954), BI Kriechbauer G. (1939), BI Winkler W. (1970), VLBD Nadler A. (1951) — HFm Bauchinger G. (1963), HBm Bleckenwegner J. (1954), Bleckenwegner J. (1922), JFm Bleckenwegner J. (1983), Bm Christl G. (1931), Fm Deiser W. (1939), HFm Duringer G. (1963), Fm Einböck J. (1964), Lm Emprechtinger J. (1960), HLm Englhart F. (1939), Lm Feichtinger J. (1958), Fm Feichtinger J. (1976), Fm Feldbauer R. (1937), Lm Freund-Pramendorfer J. (1950), HFm Fuchsberger F. (1956), HLm Gadringer F. (1924), OLm Glasner J. (1955), HFm Glasner R. (1969), HFm Gotthalmseder F. (1953), E-HBI Gruber F. (1919), Dr. Gruber J. (1953), HLm Gruber L. (1955), Lm Haidenthaller A. (1960), E-OBI Haslinger J. (1958), FKM Haslinger S. (1974), OLm Holzer A. (1955), HLm Huber E. (1952), HFm Huber G. (1978), Fm Huber R. (1982), HFm Huber W. (1978), OLm Itzinger F. (1939), OLm Junger F. (1939), Fm Kapeller J. (1979), HFm Kapeller H.-J. (1976), OLm Kiehas A. (1970), Lm Kinast K. (1965), HFm Kottbauer K. (1966), OLm Krammer R. (1954), Bm Kreilinger F. (1927), JFm Kühberger B. (1983), OLm Lang A. (1930), HFm Leblhuber F. (1968), JFm Lederbauer A. (1983), Fm Lederbauer H. (1979), HLm Lederbauer H. G. (1957), JFm Lederbauer P. (1979), HBm Leuchtenmüller H. (1971), HFm Losgott J. (1977), HLm Lughofer J. (1922), HLm Maier J. (1919), JFm Meingaßner H. (1983), HFm Meingaßner P. (1975), OBm Parzer W. (1953), Penetsdorfer H., HLm Pichlmann A. (1955), HBm Pointner F. (1968), HFm Pointner M. (1971), OBm Pramendorfer F. (1954), Lm Ing. Rachinger K. (1916), Lm Rauscher J. (1960), HFm Reischauer A. (1971), HFm Reischauer E. (1972), Fm Reischauer G. (1975), Bm Reischauer K. (1937), Fm Reischauer K. (1973), HLm Reisinger F. (1960), OFm Reisinger J. (1978), HFm Reiter H. (1972), OFm Reiter J. (1977), E-OBI Reiter J. (1939), E-BI Reiter-Felix K. (1922), OLm Rendl M. (1967), JFm Salomon W. (1983), OLm Schausberger H. (1965), Fm Schiller J. (1952), JFm Schindlmaier A. (1983), HFm Schmid A. (1965), E-BI Seifriedsberger J. (1942), OLm Sommereder A. (1954), Fm Sommereder G. (1979), Fm Sommereder G. (1954), OFm Sommereder K. (1974), JFm Sommereder N. (1980), HLm Spreitzer X. (1954), FKM Stribersky A. (1946), OFm Traubeneck H. (1979), OFm Traubeneck K. (1978), Lm Traubeneck W. (1967), HFm Unfried R. (1938), OLm Wallersdorfer H. (1952), HFm Weibold F. (1964), OLm Weinberger J. (1950), HLm Weißenbrunner G. (1954), Bm Weißenbrunner M. (1958), HFm Wiesbauer K. (1950), JFm Winkler W. (1982), HFm Winklinger J. (1933), OFm Ziegler H. (1973), JFm Zweimüller Ch. (1983)

FF EICHETSHAM

Am 24. Februar 1923 wurde in Anetsham (Eberschwang) eine Versammlung zur Gründung einer Feuerwehr einberufen. August Lughofer, der die Verhandlungen führte, wurde auch zum ersten Feuerwehrhauptmann gewählt. Bei der Gründungsversammlung beschloß die Freiwillige Feuerwehr Eichetsham, von der Gemeinde Eberschwang eine alte Spritze als erstes Gerät anzukaufen. (Der Kaufpreis betrug damals aufgrund der hohen Inflation 5 Millionen Kronen!) Das Geld für die Spritze wurde von den Interessenten des Feuerwehrbereiches aufgebracht. Im April 1923 wurde das Feuerwehrgebäude erbaut und anschließend feierlich eingeweiht. Bald darauf wurden die Kameraden in neue Uniformen eingekleidet, mit denen sie sich bei der Fronleichnamsprozession zum erstenmal der Öffentlichkeit präsentierten. Im Oktober 1931 konnte die Freiwillige Feuerwehr Eichetsham eine neue Motorspritze ankaufen, die feierlich geweiht wurde. Im Mai 1936 wurde ein zweiter Löschzug in der Ortschaft Oberbreitsach gegründet, der bis zum Jahr 1955 bestehen blieb. Das 50jährige Bestandsjubiläum wurde am 20. Juli 1974, verbunden mit zahlreichen Ehrungen, in einem Festakt gefeiert. 1977 wurde eine neue Rosenbauer-Tragkraftspritze 75 VW Automatik erworben, wobei die Mitglieder finanzielle Mittel zur Verfügung stellten. Das Zeughaus wurde 1979 von den Mitgliedern generalsaniert und im Rahmen einer kleinen Feier eingeweiht.

HBI Pumberger R. (1956), OBI Sensenberger G. (1952), AW Hohensinn K. (1959), AW Reiter F. (1952), AW Wellinger F. (1946), BI Feichtinger J. (1956) — OFm Andeßner J. (1976), OFm Andeßner J. (1978), Angleitner J. (1951), Lm Anzengruber F. (1956), Anzengruber F. (1977), Anzengruber J. (1978), Auböck F. (1978), HFm Bachinger J. (1946), OFm Bachinger J. (1977), Bauchinger J. (1929), Bauchinger J. (1975), OFm Berger F. (1976), Berger H. (1946), Berger H. (1973), HFm Bögl K. (1947), OFm Brunner F. (1982), HFm Brunner F. (1970), Diesenreiter F. (1970), Felbermayr A. (1974), HFm Freund E. (1977), Lm Freund E. (1952), HFm Freund F. (1978), Freund J. (1982), HBm Gadermaier G. (1946), OFm Gadermaier J. (1978), Gadermaier K. (1946), OFm Gadermaier K. (1977), HFm Griesmaier K. (1968), Größlbauer A. (1971), Größlbauer A. (1927), Hampl F. (1977), Höckner J. (1970), Lm Hohensinn J. (1954), Kaiser R. (1968), Kapeller J. (1983), Kaser J. (1973), HFm Ketter-Spindler F. (1975), Lm Kirchsteiger X. (1946), Knoblinger J. (1974), OFm Kreuzhuber J. (1972), Lm Kreuzhuber J. (1957), OFm Kreuzhuber R. (1973), OFm Lackner F. (1974), HFm Ing. Lughofer J. (1970), HFm Mayr-Zweimüller F. (1963), OFm Öllinger F. (1979), OFm Öllinger F. (1977), Lm Öllinger L. (1959), OFm Öllinger L. (1973), Penninger G. (1933), HFm Penninger G. (1959), HFm Pumberger G. (1974), OFm Pumberger J. (1981), Lm Pumberger J. (1954), Lm Pumberger J. (1941), HFm Pumberger J. (1973), Reisinger J. (1923), Reisinger J. (1946), Reiter G. (1941), Repser M. (1974), HFm Riegler A. (1962), OFm Riegler A. (1979), OFm Riegler F. (1982), Schilcher F. (1931), Sensenberger G. (1923), Springer H. (1973), Thalbauer G. (1974), Lm Thalbauer J. (1950), Wageneder K. (1948), Lm Weißenbrunner A. (1955), Winklhammer F. (1970), Zöbl J. (1946)

FF EITZING

Seit dem Gründungsjahr 1890 standen der Freiwilligen Feuerwehr Eitzing 14 Kommandanten vor. Insgesamt wurde die Freiwillige Feuerwehr Eitzing von 1890 bis 1983 zu 92 Bränden gerufen, die zwei größten Brände im Gemeindegebiet waren am 8. Juli 1970 bei Eder in Kirchberg sowie am 21. August 1981 beim Huemer, Gastwirt in Eitzing. Die Freiwillige Feuerwehr Eitzing besitzt ein Feuerwehrhaus mit zwei Garagen, worin ein KLF Ford Transit sowie ein LFB Mercedes 409 untergebracht sind. Folgende Zusatzausrüstungen wurden in den letzten Jahren angeschafft: Schwerer Atemschutz, Notstromaggregat, Tauchpumpe, komplette Einsatzkleidung für zwei Löschgruppen, mobile sowie Handfunkgeräte, Sirenensteuerung, TS 1200. Das Bewerbsgeschehen in der Feuerwehr Eitzing wurde von Beginn an groß geschrieben. Der Beweis dafür war die Teilnahme an 24 Landes- und Bundesbewerben sowie an 95 Bezirks- und Abschnittsbewerben in ganz Oberösterreich. Die Sammlung von Plaketten, Urkunden und Pokalen übersteigt die Zahl 200. Größter Erfolg war der Landessieg 1972 in Grieskirchen.

HBI Weinberger R. (1964), OBI Schrattenecker H. (1961), AW Buchner J. (1949), AW Lobmaier A. (1960), AW Stangel L. (1967), BI Hangler R. (1964), BI Stangel A. (1967) — OFm Asböck E. (1968), Fm Asböck J. (1975), Fm Baptist J. (1982), HFm Bauchinger J. (1953), Fm Bauchinger K. (1971), OFm Baumkirchner J. (1967), OFm Berneder L. (1964), OFm Binder A. (1966), OLm Braumann J. (1974), Fm Buchner J. (1971), Fm Buchner J. jun. (1971), HFm Burgstaller R. (1950), HFm Buttinger J. (1948), E-HBI Christl F. (1948), HLm Dandler G. sen. (1948), Fm Dötzlhofer E. (1964), Fm Eder J. (1978), HFm Eder S. (1951), PFm Eichberger J. (1982), OFm Eichberger R. (1971), HFm Eisenführer K. (1971), HFm Eisenführer K. sen. (1948), Fm Engl F. (1977), OFm Ertl F. (1966), OFm Ertl F. jun. (1967), E-AW Ertl F. sen. (1948), HLm Ertl J. (1971), HFm Ertl M. (1954), HFm Etzlinger R. (1973), Fm Feichtinger J. (1966), OFm Freund F. (1964), HFm Freund J. (1966), Bm Freund J. jun. (1964), OLm Freund J. sen. (1930), Fm Fuchs E. (1980), OLm Fuchs J. sen. (1954), OFm Gaisbauer G. (1969), Fm Gallmetzer E. (1982), Fm Grafenstätter J. (1976), Fm Greifeneder J. (1954), Lm Dipl.-Ing. Hackl A. (1967), Lm Hackl H. (1970), OFm Handke W. (1963), Fm Hangler J. (1948), HFm Hangler J. jun. (1967), OFm Hangler K. (1970), Fm Hangler M. (1982), E-AW Hetterle R. (1959), Fm Höfurtner Ch. (1983), Lm Höfurtner H. (1977), Fm Hohensinn F. (1947), HFm Holzinger F. (1948), HFm Huemer A. (1941), Fm Huemer J. (1980), E-OBI Irlesberger J. (1946), Fm Köstner J. (1948), Fm Lettner G. (1968), HBm Litzlbauer J. (1959), OLm Mautshammer H. (1966), Fm Mühlböck K. (1980), OFm Niklas G. (1964), E-BI Nußbaumer A. (1948), HFm Pichlerbauer W. (1971), OFm Prinz F. jun. (1967), E-AW Prinz F. sen. (1948), Fm Prinz J. (1971), HFm Ramberger J. (1948), OFm Ramberger J. jun. (1968), OLm Reischauer J. (1967), HFm Reischauer J. (1948), HFm Ritzberger J. (1949), Fm Rosenberger J. (1977), OFm Rosenberger J. sen. (1954), Fm Sallai J. (1976), HBm Schachinger F. (1967), HFm Schachinger M. (1948), Fm Scherfler A. (1972), HFm Schlosser J. (1967), OFm Schmierer J. (1964), Fm Schrattenecker J. jun. (1976), E-BI Schrattenecker J. sen. (1949), Fm Siegesleitner J. (1980), Fm Spießberger K. (1975), E-OBI Spießberger K. sen. (1948), Fm Stangel A. sen. (1961), Fm Stelzhammer K. (1930), Fm Unterberger M. (1974), Fm Vogl J. (1971), OFm Wagner A. (1954), OLm Wagner E. (1966), Fm Wagner J. (1964), HFm Weibold J. (1949), OFm Wenzl J. (1969), Fm Wiesinger A. (1981), Fm Wiesinger A. (1971), PFm Wiesinger J. (1982), HFm Wiesinger L. (1952), OFm Wimplinger J. (1962), HFm Zwingler F. jun. (1981), HFm Zwingler F. sen. (1949), Lm Zwingler J. (1951), PFm Zwingler W. (1983)

FF EMPRECHTING

Am 29. Juni 1921 wurde in Roith die Gründungsversammlung der Freiwilligen Feuerwehr Emprechting abgehalten und Johann Jetzinger zum ersten Kommandanten gewählt. Bei dieser Sitzung wurde beschlossen, eine Motorspritze anzukaufen und ein Feuerwehrgebäude zu errichten, das 1922 geweiht wurde. 1928 wurde Josef Meingassner zum neuen Hauptmann ernannt, 1953 folgte Karl Meingassner als neuer Kommandant, der nach 25 Jahren verdienstvoller Tätigkeit die Kommandantenstelle 1978 an Josef Bohninger übergab. 1953 wurde das alte Zeughaus abgerissen und an dessen Stelle ein moderner Neubau errichtet. 1955 wurde von der Stadtfeuerwehr Ried im Innkreis eine leistungsfähige Motorspritze erworben, je zur Hälfte von der Gemeinde und von den Kameraden finanziert. 1966 wurde eine neue Motorspritze VW Automatik angekauft und von den Feuerwehrkameraden ein Rüstwagen gebaut, beide Ausrüstungsgegenstände wurden feierlich eingeweiht. Im Frühjahr 1968 wurde auf Wunsch des Kommandanten eine Wettbewerbsgruppe aufgestellt, die sehr erfolgreich war und mehrere Pokale erkämpfte. 1971 feierte die Freiwillige Feuerwehr Emprechting mit einer Gemeinschaftsmesse das 50jährige Bestandsjubiläum.

BR Bohninger J. (1948), OBI Priewasser F. (1952) — Aigner H. (1966), Aigner M. (1948), Aspöck F. (1950), Auer A., Auer L. (1940), Auleitner F. (1959), Auleitner J. (1962), Berger K. (1956), Brandstätter K. (1980), Briedl F. (1960), Buchmaier J. (1954), Buchmaier K. (1979), Dirmayr E., Doblinger A. (1969), Doblinger J. (1978), Doblinger W. (1977), Dürnberger J. (1954), Dürnberger J. (1971), Dürnberger J. (1970), Eder E. (1963), Eder J. (1964), Feichtner F. (1950), Feichtner G., Gadermaier J. (1964), Groß F. (1955), Gruber F. (1957), Gruber J. (1956), Gruber J. (1975), Gruber J. (1938), Gruber J. (1967), Gruber J. (1955), Gruber J. (1967), Gruber K. (1946), Gruber K., Helml M., Katzlberger A. (1969), Katzlberger G. (1966), Katzlberger W. (1974), Kofler W. (1979), Kreuzhuber A. (1940), Kühberger F. (1952), Kühberger J. (1978), Meingaßner J. (1979), Meingaßner K. (1935), Meingaßner R. (1941), Ollmaier J. (1947), Pointner A., Praml E., Raschhofer H. (1978), Reischauer J., Schachinger G. (1983), Schachinger J. (1957), Schachinger J., Schachinger W., Schlegl M. (1983), Schnötzlinger J. (1953), Seifriedsberger E., Spitzer J. (1939), Standhartinger E. (1978), Wambacher J. (1955), Wanger R. (1952), Weilhartner F. (1954), Weilhartner F. (1962), Weilhartner F. (1979), Weilhartner J. (1959), Weilhartner J., Wiesmüller M. (1963), Willminger K. (1936)

FF ENGERSDORF

Die Freiwillige Feuerwehr Engersdorf wurde am 2. März 1919 gegründet. Johann Rescheneder übernahm die Stelle des Wehrführers, die er über 20 Jahre (bis 1940) innehatte. Eine Handpumpe wurde knapp nach der Gründung angekauft und das erste Zeughaus errichtet. Im Jahr 1929 wurde ein 2. Löschzug aufgestellt, der in Gonetsreith seinen Standort hatte, wofür auch dort eine Zeugstätte aufgemauert wurde. Die Handpumpe übersiedelte zu diesem Löschzug, und für den Löschzug Engersdorf wurde eine Motorspritze angekauft. Während des Zweiten Weltkrieges übernahm Martin Huber die Führung der Feuerwehr. Der 2. Löschzug wurde wieder aufgelassen. Im März 1945 wurde Georg Rescheneder zum Kommandanten gewählt, was er bis 1973 blieb. 1950 wurde eine neue Motorspritze R VW 75 angekauft, und auch die übrigen Ausrüstungen wurden ständig verbessert (u. a. ein neuer Rüstwagen). 1973 übernahm Felix Schmid das Kommando. Unter seiner Ära wurde 1978 ein neues, modernes Zeugstättengebäude errichtet. 1980 wurde ein Kleinlöschfahrzeug VW LT 35 mit Tragkraftspritze VW Supermatik 80 angeschafft, das 1982 mit Funk ergänzt wurde. Mit der Alarmsirene, 320 m B- und 105 m C-Druckschläuchen, der 8-m-Schiebeleiter und dem Scheinwerfer ist die Wehr gut und modern ausgerüstet.

HBI Schmid F. (1947), OBI Gruber J. (1960), AW Fürtner R. (1964), AW Gruber J. (1961), AW Wöllinger J. (1972) — OFm Aigner F. (1977), HFm Aigner J. (1951), Fm Aigner J. (1982), OBm Badergruber A. (1944), OFm Badergruber J. (1973), HFm Böttinger A. (1966), HFm Buchleitner F. (1964), HFm Dallinger M. (1957), HFm Diermayr J. (1949), OFm Diermayr J. (1976), HFm Emprechtinger G. (1938), Fm Engl T. (1983), HFm Feichtinger F. (1968), Fm Feichtinger G. (1981), Fm Feichtinger H. (1973), HFm Feichtinger J. (1960), Fm Feichtinger J. (1979), Fm Fellner J. (1979), OLm Flotzinger-Aigner F. (1951), OFm Flotzinger-Aigner F. (1980), Fm Flotzinger-Aigner J. (1983), Fm Frauenhuber J. (1978), HFm Frauscher L. (1968), HFm Freilinger F. (1961), Lm Freilinger F. jun. (1978), Fm Freilinger R. (1981), HFm Graml M. (1926), HLm Gruber J. (1964), HFm Gruber J. (1950), Fm Gruber J. (1981), HFm Gruber M. (1953), HFm Gruber R. (1949), HFm Gruber R. (1972), HFm Hammerer A. (1957), OFm Hammerer W. A. (1978), HFm Hangler G. (1953), HFm Hartinger F. (1968), Fm Hartinger F. (1982), Fm Helml Ch. (1979), OBm Hörandner G. (1947), HFm Hörandner G. J. (1976), Fm Hörandner J. G. (1977), HLm Hörandner K. (1968), OBm Huber J. (1947), OFm Huber J. (1976), HFm Prof. Köstler J. (1977), HFm Kreuzhuber F. (1954), Fm Kreuzhuber J. (1981), HFm Landlinger F. (1946), HFm Landlinger F. (1973), Lm Landlinger J. (1975), HFm Landlinger J. (1966), HLm Landlinger J. (1968), HFm Leeb J. (1926), HFm Prof. Litzlbauer F. (1977), E-OBI Pointecker F. (1947), HFm Pointecker F. (1966), HFm Pointecker F. (1973), HFm Reisegger F. (1947), HFm Reisegger G. (1928), HFm Reisegger J. (1964), E-HBI Rescheneder G. (1929), Fm Rescheneder J. (1976), HFm Rosner R. (1947), OFm Rosner R. (1973), HFm Rottner J. (1951), Fm Schachinger G. (1973), Schachinger G. (1981), HFm Schmid F. (1976), HFm Schöndorfer F. (1968), HFm Seifried J. P. (1974), OFm Spindler J. M. (1974), HFm Stranzinger K. (1959), Fm Stranzinger K. (1980), HFm Vöcklinger A. (1953), Fm Vöcklinger A. (1982), Fm Vöcklinger F. (1982), HFm Wageneder F. (1923), HFm Wageneder J. (1935), Fm Weinberger K. (1980), HFm Willminger F. (1954), HFm Wimplinger F. (1929), HFm Wöllinger H. (1975), HFm Wöllinger J. (1944)

FF ESCHLRIED

Die Freiwillige Feuerwehr Eschlried wurde im Jahr 1921 von Franz Hohensinn, Josef Zweimüller, Josef Groß, Johann Landlinger, Johann Schachinger, Johann Spitzer, Johann Jetzinger, Josef Ganglmeier und Franz Schmid gegründet. Erster Feuerwehrhauptmann wurde Franz Hohensinn. Bereits im Gründungsjahr baute die FF Eschlried eine Feuerwehrzeugstätte, die im April 1982 abgerissen und anschließend neu errichtet wurde. Finanziert wurde dieses Vorhaben von der Gemeinde Tumeltsham und aus Eigenmitteln des Ortes und der Feuerwehr Eschlried. Die Freiwillige Feuerwehr Eschlried besitzt eine Motorspritze und einen Anhänger. Im November 1982 wurde ein Feuerwehrauto Mercedes 307 von der Gemeinde Tumeltsham angekauft; dieses Fahrzeug bauten die Mitglieder der FF Eschlried zu einem Kleinlöschfahrzeug um, wobei Eigenmittel der FF herangezogen wurden. Im Februar 1984 wurde das KLF mit Funk ausgestattet, und auch Lautsprecher wurden montiert. Im Juni 1984 gab die Freiwillige Feuerwehr Eschlried die Funksirenensteuerung in Auftrag. Seit der Gründung der FF Eschlried waren folgende Kommandanten für die Belange der Wehr verantwortlich: Franz Hohensinn, Kdt. Schachinger, Kdt. Jetzinger, Kdt. Furtner, Kdt. Holzinger, Kdt. Brandstätter, Kdt. Klugsberger.

HBI Klugsberger A. (1967), OBI Meingaßner J. (1973), AW Gadermeier J. (1947), AW Höckner K. (1965), AW Schmid J. (1965), OBI Meingaßner F. (1938), BI Gadermeier M. (1973), BI Spitzlinger J. (1973) — OFm Aichinger J. (1977), HFm Aichinger R. (1958), Bm Angleitner F. (1961), HFm Angleitner J. (1967), HFm Angleitner-Flotzinger F. (1952), HFm Angleitner-Flotzinger W. (1966), Lm Bleckenwegner F. (1949), OFm Bleckenwegner F. (1981), OBm Brandstetter S. (1968), Lm Ertl A. (1963), HFm Furtner J. (1961), OFm Gadermeier G. (1981), HFm Groß F. (1973), Lm Groß J. (1953), OFm Groß J. (1974), Fm Groß J. (1977), Lm Hellwagner J. (1965), OLm Katzlberger A. (1969), HLm Landlinger J. (1946), HBm Landlinger J. (1968), OFm Rachbauer G. (1956), OFm Riedl F. (1982), Lm Schmid F. (1923), Lm Schmid F. (1975), HFm Spitzer F. (1973), OLm Spitzlinger J. (1953), HFm Spitzlinger J. (1968), OFm Straßer J. (1968), HLm Weilhartner J. (1968), OFm Weilhartner J. (1968), HFm Wimmer G. (1973), Lm Wimmer W. (1974)

FF FORCHTENAU

Die Gründung der FF Forchtenau erfolgte im Jahr 1904. Weiters ist bekannt, daß die aktive Mannschaft auch als Feuerwehrmusikkapelle tätig war. Mit dem Neubau eines Zeughauses, das im Jahr 1952 bezogen werden konnte, wurde der Aufbau weiter fortgesetzt. Im Jahr 1955 wurde das erste Einsatzfahrzeug, Marke Dodge, angekauft. Von 1954 bis heute wurde ununterbrochen an Feuerwehrleistungsbewerben teilgenommen; dabei wurden schöne Erfolge erzielt. Auch eine Jugendgruppe bestand von 1964 bis 1974. In jüngster Zeit wurde im bestehenden Wehrgebäude ein Schulungsraum eingerichtet, in dem auch eine Weiterbildung im theoretischen Bereich in der eigenen Wehr möglich wurde. Zur Ausrüstung kann man festhalten, daß man für den Pflichtbereich gut gerüstet ist. Es zählt dazu ein KLF VW LT 35, bestückt mit schwerem Atemschutz, Notstromaggregat, Funkgeräten usw. Auch der Anschluß an die Funkalarmierung ist gegeben. Seit der Gründung der Wehr im Jahr 1904 waren folgende Kameraden als Kommandanten tätig: Johann Zweimüller sen., Johann Zweimüller jun., Kdt. Hinterholzer, Josef Großbötzl, Karl Huber, Hans Urlhart, Franz Urlhart.

HBJ Urlhart F. (1949), OBI Reichhart J. (1969). — Baier F. (1949), Bortenschlager J. (1949), Dorfer A. (1982), Eder F. (1956), Eder G. (1979), Egger F. (1959), Fischerleitner A. (1982), Gerstberger J. (1979), Greil G. (1982), Greil H. P. (1982), Greil J. (1958), Greil K. (1955), Grochar J. (1951), Hauck F. (1950), Hauck F. (1982), Hauer F. (1971), Herzberger M. (1982), Hörmedinger R. (1959), Hörmedinger W. (1966), Huber K. (1950), Köglbauer H. (1979), Märzendorfer G. (1963), Nöbauer F. (1965), Nöbauer F. (1982), Polzinger J. (1932), Reichhart K. (1969), Schendl A. (1954), Schendl H. (1969), Scheuer A. (1974), Schex F. (1959), Schießl J. (1949), Schnaitl Ch. (1979), Schnaitl G. (1959), Schrattenecker A. (1974), Schwarzmayr H. (1969), Stranzinger J. (1974), Tischler F. (1961), Tischler H. (1974), Tischler J. (1979), Urlhart J. (1949), Urlhart J. (1972), Urlhart J. (1955), Urlhart M. (1969), Wamprechtshammer W. (1982), Wieser H. (1982), Wieser W. (1961), Wurmhöringer K. (1967).

FF GEIERSBERG

Das Gründungsjahr der Freiwilligen Feuerwehr Geiersberg fällt auf das Jahr 1893. Neben Hauptmann Paul Renetseder sind noch weitere 57 Männer als Gründungsmitglieder eingetragen. Die erste Übung fand am Osterdienstag 1894 statt. In den ersten Jahren wurden sogenannte Steigerübungen abgehalten. Bis zum Ende des Ersten Weltkrieges stand die Wehr bei 27 Bränden im Einsatz. Die Brände wurden in der damaligen Zeit mit Handspritzen bekämpft. Erst im Jahr 1930 wurde eine Motorspritze der Marke Gugg angekauft und diese noch im selben Jahr gegen ein neues Modell derselben Marke ausgetauscht. 1929 wurde der FF Geiersberg die Bewilligung zur Führung einer Vereinsfahne erteilt. Mußte die Feuerwehr mehr als 60 Jahre mit einer provisorischen Zeugstätte im Gasthaus Mayr ihr Auslangen finden, so konnte sie im Jahr 1950 ein neu erbautes Zeughaus beziehen. Dieses neue Haus wurde mit bescheidenen finanziellen Mitteln und mit viel Eigenleistung erbaut, konnte jedoch im Lauf der Jahre die umfangreicher werdende Ausstattung nicht mehr beherbergen. 1978 wurde dann in ein neues modernes Zeughaus übersiedelt. Seit 1976 ist die Freiwillige Feuerwehr Geiersberg Stützpunktfeuerwehr. Zu diesem Zwecke wurde sie vom LFK mit einem KLF und mit einem Heuwehrgerät ausgestattet. Seither hat man 23 Heuwehreinsätze erfolgreich abgeschlossen. Da das neue Feuerwehrhaus noch räumliche Reserven hatte, wurde 1982 ein Rüstfahrzeug (VW Kombi) aus Geldern der Kameradschaftskasse angekauft. Seit der Gründung der Wehr standen folgende Hauptleute an der Spitze: Paul Renetseder, Josef Bauchinger, Andreas Fasthuber, Johann Druzka, Alois Hosner, Karl Lainer und Karl Kreuzhuber (seit 1958).

HBI Kreuzhuber K. (1942), OBI Schnötzlinger F. (1960), AW Aichinger J. (1947), AW Deschberger L. (1953), AW Hattinger E. (1969), AW Wieländner J. (1976), AW Wohlzog R. (1954), BI Kreuzhuber K. (1969) — OFm Baumgartner J. (1957), OFm Dürnberger J. (1946), FK Edtmayr A. (1965), HFm Fürtner A. (1965), Lm Gehböck M. jun. (1976), OFm Grasl G. (1980), Lm Grasl R. (1952), OFm Gruber J. (1975), Lm Gruber J. (1949), OLm Gruber R. (1955), PFm Gruber R. jun. (1979), PFm Häupl M. (1980), OFm Hager F. (1955), Lm Hager J. (1958), E-BI Hattinger M. (1938), HBm Hellwagner A. (1977), Lm Höller W. (1977), HFm Hosner F. (1959), OFm Koblbauer J. (1964), Lm Kreuzhuber K. (1980), HFm Laufenböck R. (1980), Lm Maier J. (1931), HFm Mair F. (1969), Lm Mayr F. (1946), Lm Meislinger F. (1976), HFm Meislinger M. (1979), HFm Müller G. (1979), PFm Müller J. (1981), Fm Neuhauser J. (1978), OFm Nöhammer H. (1955), HFm Rauber M. (1933), HFm Reitböck L. (1955), Fm Reitböck R. (1964), HFm Scharinger H. (1955), Lm Schernhammer A. (1954), HFm Seidl L. (1950), HFm Sickinger F. (1965), OFm Starlinger J. (1980), OFm Sterrer F. (1959), Lm Thalbauer G. (1929), E-OBI Wiesinger F. (1926), Fm Wiesinger G. (1980), E-AW Wohlzog G. (1948)

FF GEINBERG

Die Freiwillige Feuerwehr Geinberg wurde am 10. Juni 1894 gegründet. Zum ersten Hauptmann wurde Wenzl Grünbart gewählt. Zur Zeit der Gründung besaß die Wehr nur eine kleine Saugspritze und 90 m Schläuche. 1905 erhielt die FF ihre erste Fahne. Am 1. Mai 1938 wurde die Freiwillige Feuerwehr Geinberg als Verein aufgelöst und als Körperschaft öffentlichen Rechts erklärt. Im Jahr 1968 wurde bei Schmiedemeister Draxlbauer in Katzenberg ein Spritzenwagen angeschafft, der seinen damaligen Anforderungen voll entsprach. Bei allfälligen Einsätzen stellte einer der Bauern seinen Traktor für die Beförderung zur Verfügung. Das erste Feuerwehrfest fand im Jahr 1905 mit Fahnenweihe statt, 1953 feierte man das 60jährige Bestandsjubiläum mit Fahnen- und Zeugstättenweihe und 1974 das 80jährige Gründungsfest mit einer Autoweihe. Seit Bestehen der Freiwilligen Feuerwehr Geinberg standen folgende Kommandanten an der Spitze der Wehr: Wenzl Grünbart (1894–1913), Michael Berger (1913–1923), Wenzl Grünbart (1923–1928), Ludwig Dirnberger (1929–1931), Martin Hager (1931–1933), Josef Lobmaier (1933–1938), Johann Wimmer (1938–1963), Johann Wegenschimmel (1963–1968), Josef Feichtenschlager (1968–1973) und Ernst Berger (seit 1973).

HBI Berger E. (1958), OBI Spindler E. (1951), AW Grünbart J. (1951), AW Zechmeister A. (1952), BI Fuggersberger K. (1960) — HFm Bauinger F. (1949), OLm Bauinger J. (1949), HFm Baumann H. (1946), HFm Berger J. (1919), HFm Berger K. (1950), HFm Berger M. (1919), HFm Berghammer F. (1948), HFm Bruckbauer F. (1963), OLm Bürkl A. (1966), HFm Buttinger R. (1946), HFm Demmelbauer G. (1949), HFm Dirmair J. (1938), HFm Erhardt F. (1969), HFm Ertl J. (1923), HFm Feichtenschlager J. (1970), HFm Feichtenschlager J. sen. (1950), HFm Frauscher F. (1951), HFm Fuggersberger A. (1960), HFm Fuggersberger J. (1948), HFm Grabner W. (1966), HFm Gruber L. (1933), HFm Grünbart L. (1949), HFm Grünbart M. (1946), PFm Günzinger A. (1981), PFm Günzinger F. (1981), PFm Günzinger M. (1982), HFm Gurtner E. (1950), E-AW Hager K. (1958), HFm Hager K. (1961), HFm Hohensinn R. (1928), HFm Jodlbauer R. (1964), OLm Kepplinger F. (1964), HFm Koppelstätter A. (1958), HFm Laabmaier F. (1946), OLm Lindinger G. (1963), HFm Lindinger J. (1949), Fm Lindinger J. jun. (1975), HFm Lindinger K. (1949), HFm Lobmaier E. (1928), HFm Maier R. (1950), HFm Maier-Huber G. (1963), HFm Mann J. (1951), Lm Meisrimel J. (1962), OLm Petermaier A. (1960), OFm Petermaier A. jun. (1975), OFm Priewasser F. (1975), HFm Reiter F. (1930), HFm Reiter F. (1974), HFm Reiter F. jun. (1970), HFm Reiter R. (1970), HFm Reitinger A. (1965), HFm Reitinger L. (1950), HFm Rinner L. (1981), HFm Schaureker A. (1957), HFm Scheikl A. (1937), HFm Schneider J. (1928), HFm Schönauer F. (1958), PFm Schönauer F. jun. (1981), HFm Schrems F. (1946), PFm Schwöry A. (1981), HFm Seifried G. (1970), HFm Seifried J. (1942), Fm Simböck J. (1981), HFm Spitzer L. (1953), Fm Stempfer Ch. (1978), OLm Stockinger A. (1946), HFm Wegenschimmel J. (1956), HFm Weishäupl A. (1971), HFm Weishäupl W. (1976), OLm Wimmer J. (1958), HFm Wimmer R. (1949), Fm Wimmer R. jun. (1975), OFm Zechmeister A. jun. (1976), OLm Zechmeister G. (1946)

FF GROSSWEIFFENDORF

Beherzte Männer gründeten im Jahr 1896 eine Freiwillige Feuerwehr. Johann Mairinger wurde zum ersten Hauptmann gewählt. Die Ausrüstung der Wehr war sehr primitiv. Es gab lediglich eine einfache Handdruckfeuerspritze, die von vier bis acht Mann bedient wurde. Am 1. Juli 1923 wurde das 25jährige Bestandsjubiläum gefeiert, zu dem 38 Vereine mit über 500 Mann und vier Musikkapellen kamen. 1953 wurde eine Motorspritze angekauft und damit die Technisierung eingeleitet. 1969 folgte ein gebrauchter Rüstwagen Marke Ford und 1977 eine neue Motorspritze von der Fa. Gugg. Im Jahr 1979 wurde die Feuerwehrzeugstätte errichtet. Die Feuerwehr besteht aus zwei Bewerbsgruppen und einer Jugendgruppe, die 1984 unter Kdt. HBI Franz Wambacher gegründet wurde. Feuerwehrhauptleute seit der Gründung waren Johann Mairinger (1899), Anton Kobleder (1912), Johann Hell (1925), Johann Maierhofer (1933), Heinrich Schweikl (1945), Anton Berger (1948), Franz Weilbold (1950), Alois Lengauer (1968), Franz Wambacher (1978).

HBI Wambacher F. (1962), OBI Kobleder A. (1964), AW Gurtner J. (1982), AW Lengauer H. (1967), AW Scharnböck J. (1975), BI Hammerer J. (1948) — HFm Augustin F. (1948), HFm Augustin G. (1950), Fm Baier F. (1981), Fm Baier G. (1970), Fm Baier J. (1978), HFm Baier L. (1945), Fm Bergthaller J. (1976), Fm Berrer F. (1973), Bm Berrer P. (1949), Lm Bleckenwegner J. (1971), HFm Blumschein E. (1949), HFm Brenner G. (1939), HFm Brückl F. (1950), Fm Brückl F. (1983), Fm Buchbauer J. (1954), OFm Buchbauer F. (1974), HFm Burgstaller F. (1976), HFm Burgstaller F. (1944), Fm Burgstaller J. (1980), HFm Burgstaller J. (1946), OFm Christl W. (1972), HFm Dreiblmaier A. (1949), HBm Dreiblmaier J. (1967), Fm Feichtinger A. (1964), OFm Feichtinger G. (1945), OFm Feichtinger K. (1975), HFm Filzhofer F. (1947), OFm Forstenpointner E. (1966), Fm Forstenpointner J. (1977), Fm Frauscher A. (1973), HFm Gaisbauer A. (1956), Fm Gaisbauer F. (1978), Fm Gaisbauer F. (1965), OFm Gaisbauer J. (1957), OFm Gaisbauer L. (1948), Fm Gererstorfer L. (1977), Fm Grünbart H. (1975), OBm Grünbart H. (1962), OFm Gurtner H. (1975), Bm Haider J. (1946), Fm Haider J. (1980), Fm Haslinger J. (1971), Bm Haslinger J. (1936), HFm Huber W. (1958), HFm Kaser J. (1956), HFm Katzlberger F. (1949), HFm Katzlberger J. (1933), Fm Katzlberger J. (1970), HFm Katzlberger J. (1940), Fm Katzlberger K. (1981), HFm Klugsberger J. (1947), HFm Kobleder J. (1953), OFm Kobleder M. (1975), Fm Kreuzhuber G. (1973), HBm Lederer J. (1976), OFm Lederer J. (1979), Fm Lengauer F. (1965), OFm Lettner A. (1980), OFm Lettner F. (1981), Fm Lettner G. (1965), Lm Lettner J. (1977), Fm Lettner J. (1983), HFm Litzlbauer H. (1946), Bm Litzlbauer J. (1935), Fm Machl J. (1971), Fm Märzendorfer F. (1963), Fm Märzendorfer F. (1978), Fm Mairhofer G. (1962), Lm Manglberger J. (1960), HFm Meirleitner J. (1946), OFm Nagl F. (1958), Bm Nagl J. (1957), Fm Paulusberger A. (1965), HFm Paulusberger F. (1958), OFm Paulusberger F. (1981), HBm Paulusberger W. (1975), Fm Polhamer H. (1965), HFm Puttinger A. (1928), HFm Reich F. (1951), HFm Reich J. (1931), HFm Reiter H. (1948), Fm Reiter J. (1980), HFm Schachinger F. (1952), Fm Schachinger G. (1975), OFm Schachinger J. (1976), Fm Schachl F. (1961), HFm Scherfler F. (1950), HFm Schnötzlinger A. (1954), Fm Schnötzlinger J. (1970), Fm Schnötzlinger J. (1975), OFm Schrattenecker F. (1976), HFm Schrattenecker J. (1946), Lm Schrattenecker J. (1977), OFm Schrattenecker J. (1978), Fm Schrattenecker J. (1973), HFm Schweickl F. (1947), HFm Spieler A. (1946), Fm Spieler A. (1982), OFm Spieler F. (1976), Fm Spieler F. (1978), Fm Spieler F. (1964), HFm Spieler F. (1938), HFm Spieler F. (1950), HFm Spieler J. (1946), OFm Spiesberger F. (1975), HFm Spießberger F. (1946), HFm Stangl K. (1934), Fm Stempfer F. (1977), Fm Stockhammer R. (1978), Fm Traunwieser M. (1977), Fm Walchetseder F. (1982), HFm Weber F. (1945), Fm Weber G. (1978), HFm Weber J. (1954), HFm Weber M. (1945), Fm Weber M. (1976), HFm Weilbold F. (1954), OFm Weilbold J. (1975), Fm Weilbold M. (1973), Lm Weißenbrunner H. (1979), HLm Zischg W. (1957)

FF GURTEN

Die FF Gurten wurde im Januar 1894 vom damaligen Bürgermeister Josef Weinberger gegründet. Von der Gründung 1894 bis zum Jahr 1901 wurden keine Aufzeichnungen gemacht. Zum ersten Feuerwehrhauptmann wurde Heinrich Kriegleder gewählt. Am 15. Juli 1895 wurden zwei Tragkraftspritzen angekauft. Im Jahr 1896 wurde von der Feuerwehr die Muskkapelle Gurten gegründet, welche heute noch besteht. Franz Wimmer wurde nach Heinrich Kriegleder sechsmal hintereinander (von 1901 bis 1928) zum Kommandanten gewählt. Sein Nachfolger wurde am 4. März 1928 Johann Lengauer, der die Stelle bis 1938 innehatte. Als sein Nachfolger wurde sein damaliger Stellvertreter Leopold Bader ernannt, der mehr als 20 Jahre das Amt des Kommandanten ausübte. Am 14. Mai 1952 wurde für den Löschzug Freiling eine Motorspritze Marke Gugg samt Zubehör angekauft. 1954 wurde für den Löschzug Dorf ebenfalls eine Motorspritze angekauft. Am 12. Januar 1958 wurde eine neue Fahne angekauft. Zur Wahl kam es am 23. März 1958. Neuer Kommandant wurde Franz Schönauer (bis 1973). 1963 wurde der Löschzug Dorf aufgelöst. Am 29. Juni 1963 fand eine Rüstwagenweihe, verbunden mit einer Fahrzeugweihe, statt. Am 18. März 1973 erfolgte eine Neuwahl des Kommandos; Max Simetsberger wurde zum HBI gewählt. Am 5. Juni wurde an Kommandant Simetsberger ein TLF 2000 übergeben. Am 3. Oktober 1977 erfolgte der Ankauf eines LLF Opel Blitz von der FF Puchenau. 1978 wurde der Löschzug Freiling aufgelöst. Am 22. Oktober 1978 wurde die Segnung des Feuerwehrhauses und der Feuerwehrfahrzeuge vorgenommen. 1980 wurde ein Wasserwerfer angekauft. 1983: Ankauf einer neuen Motorspritze Marke Supermatic 120.

HBI Simetsberger M. (1951), OBI Schrems F., AW Buttinger E. (1972), AW Neubauer J. (1968), AW Rögl G. (1969), BI Pumberger M. (1967), BI Weinberger M. (1956), BI Wiesinger M. (1935) — Lm Auer F. (1950), HFm Auer J. (1965), HFm Bader L. (1950), HFm Bader L. jun. (1969), Fm Baier A. (1981), HFm Baier J. (1975), JFm Baumgartinger F. (1980), HFm Baumgartinger H. (1977), HFm Berrer F. (1973), JFm Berrer G. (1983), Lm Boindecker R. (1955), HFm Buttinger A. (1964), OLm Dallinger F. (1945), HFm Dallinger J. (1960), Lm Detzlhofer F. (1973), Fm Ecker J. (1977), HFm Feichtinger F. (1936), HFm Frauscher G. (1971), OFm Frauscher J. (1971), HFm Gaisböck F. (1949), HFm Glechner J. (1960), HFm Grausgruber J. (1973), OFm Grünbart G. (1960), HFm Hauer F. (1962), HFm Hofbauer G. (1949), JFm Jappel F. (1981), OFm Kastinger A. (1973), HFm König S. (1956), HFm Konrad F. (1948), HFm Konrad K. (1972), OFm Krämer H. (1973), Lm Lechner F. (1958), JFm Lechner F. jun. (1980), OFm Lechner J. (1975), HFm Lechner M. (1958), Lm Leiner W. (1968), OFm Leiner W. jun. (1976), E-OBI Lengauer F. (1929), HFm Lengauer F. jun. (1976), HFm Lengauer F. (1973), HFm Lengauer W. (1959), HFm Lobmaier A. (1973), OFm Mairleitner G. (1973), JFm Mairleitner K. (1980), HFm Mooshammer G. (1956), OFm Mühringer F. (1963), HFm Peßmaszl A. (1968), Lm Petermaier A. (1950), OFm Petermaier M. (1978), HFm Pumberger A. (1973), JFm Pumberger Ch. (1982), JFm Pumberger F. (1979), HFm Puttinger A. (1960), HFm Puttinger L. (1959), HFm Reich R. (1959), JFm Schabetsberger R. (1983), OFm Schaubeder A. (1947), HFm Schmee P. (1973), Fm Schmid E. (1950), OFm Schmiedhammer R. (1968), E-HBI Schönauer F. (1934), HFm Schonauer M. (1959), JFm Schrems F. (1983), JFm Schrems R. (1982), Bm Schuldenzucker F. (1952), Lm Simetsberger F. (1975), HFm Simetsberger M. (1971), HFm Spadinger G. (1966), HFm Strobl F. (1979), JFm Strobl G. (1979), Lm Strobl J. (1965), HFm Weinberger A. (1951), HFm Weinberger A. jun. (1974), OFm Weinberger T. (1979), HFm Weisz F. (1937), HFm Wiesbauer J. (1972), OFm Wimmer F. (1956), OFm Wimmer K. (1951), OFm Wimmer P. (1976), OFm Zechmeister F. (1957)

FF HAUSRUCK

Die Freiwillige Feuerwehr Hausruck wurde im Jahr 1886 von Franz Knasmüller und den Mitgliedern Johann Reiter, Franz Maier, Jakob Bachinger und Josef Zweimüller gegründet. Erster Kommandant der Wehr wurde Franz Knasmüller (bis 1902). Bis zum Jahr 1890 war die FF Hausruck Filialfeuerwehr der Freiwilligen Feuerwehr Eberschwang. Durch den Ankauf einer eigenen Spritze wurde die Freiwillige Feuerwehr Hausruck selbständig. Der Bau einer Zeugstätte wurde 1890 durchgeführt. Die erste Motorspritze wurde im Jahr 1931 gekauft, es war dies eine Spritze von der Fa. Gugg. Eine moderne Tragkraftspritze VW Automatik konnte im Dezember 1958 angeschafft werden. Im Oktober 1969 wurde mit dem Bau einer neuen Zeugstätte begonnen; im Frühjahr 1970 konnte das Zeughaus eingeweiht werden. Nach dem ersten Kommandanten Knasmüller standen folgende Kameraden an der Spitze der Wehr: Matthias Eder (1902–1910), Karl Gross (1910–1923), Franz Tiefenthaler (1923–1928), Johann Gross (1928–1933), Franz Bachinger (1933–1935), Karl Huber (1935–1940), Franz Bachinger (1940–1944), Karl Gross (1944–1953), Johann Gross (1953–1958), Josef Maingassner (1958–1968), Josef Daringer (1968–1983) und Bruno Kühberger (seit 1983).

HBI Kühberger B. (1958), OBI Korntner F. (1961), AW Gruber A. (1950), AW Mayr J. (1950), AW Pimmingstorfer F. (1969), BI Bleckenwegner J. (1946) — OFm Andeßner R. (1974), HFm Anteßner J. (1950), HLm Bachinger F. (1958), HFm Bauchinger J. (1963), Lm Baumann F. (1962), Bleckenwegner J. (1970), Fm Bleckenwegner J. (1980), OLm Böcklinger J. (1958), HFm Buckreus G. (1974), Lm Buckreus W. (1969), Fm Buttinger G. (1975), Fm Buttinger J. (1972), E-HBI Daringer J. (1955), Fm Desch J. (1981), Doppler F. (1959), HFm Doppler F. (1977), HFm Dürrer G. (1949), HFm Dürrer G. (1976), Fm Dürrer J. (1979), HFm Dürrer R. (1976), Lm Eder J. (1970), Fm Enser G. (1980), Fm Enzlmüller J. (1982), OFm Felix K. (1968), Fm Frauenhuber W. (1977), Fm Friedl A. (1977), OFm Gramberger J. (1977), OFm Gramberger K. (1967), HFm Groß F. X. (1964), HFm Groß J. (1960), Lm Haas E. (1950), Lm Hagler J. (1950), HFm Harrer W. (1959), OFm Helm G. (1959), HFm Hörandner H. (1974), OFm Hörandner M. (1977), HFm Hörl J. (1961), HFm Hötzinger J. (1953), Fm Hötzinger J. (1980), HFm Huber A. (1968), HFm Huber L. (1959), HFm Huber L. (1976), HLm Huber S. (1950), HFm Itzinger G. (1958), HFm Junger J. (1943), Fm Kampfhofer R. (1976), HFm Kastinger G. (1962), PFm Kinast J. (1982), Fm Kinast J. (1977), HFm Knasmüller F. (1950), HFm Knirzinger J. (1958), Lm Korntner E. (1962), PFm Korntner G. (1983), HFm Kühberger J. (1950), Fm Kühberger J. (1974), HFm Kühberger K. (1964), HFm Kühberger M. (1979), Fm Kühberger R. (1980), Fm Mayr J. (1972), Fm Meingaßner F. (1977), HFm Meiringer J. (1958), HFm Miesenberger F. (1951), Fm Miesenberger F. (1980), HFm Mösenbichler J. (1974), Fm Mühlböck H. (1977), HLm Pachinger J. (1956), PFm Pachinger J. (1982), Fm Pillichshammer A. (1959), Fm Pixner J. (1977), OFm Praml W. (1969), OFm Pumberger G. (1965), HFm Pumberger J. (1955), Fm Rachbauer J. (1974), HFm Rauber F. (1946), HFm Rauber F. (1974), OFm Rauchenegger H. (1968), OFm Reisinger G. (1976), OLm Reisinger J. (1958), HFm Reisinger J. (1976), PFm Reisinger M. (1982), HFm Rohringer J. (1966), HFm Roither G. (1971), Fm Schreder A. (1980), HFm Steinbichler F. (1962), PFm Steinbichler R. (1983), PFm Untersberger J. (1981), LFA Dr. Weiß H. (1962), HFm Weißenbrunner J. (1962)

FF HOF

Die Freiwillige Feuerwehr Hof wurde im Jahr 1919 gegründet. Die erste Ausrüstung war eine Handspritze. Im Jahr 1936 wurde eine Motorspritze B 6 erworben. Seit dem Jahr 1956 ist die Wehr mit einem Traktoranhänger mit Motorspritze VW ausgerüstet. Kommandanten der Freiwilligen Feuerwehr Hof waren: Franz Braumann, Karl Gebetzberger, Georg Mühringer, Georg Burgstaller, Wolfgang Brückl, Johann Stieglbauer (1942–1948), Wolfgang Brückl (1948–1952), Fritz Zweimüller (1952–1954), Josef Seinzenberger (1954–1963), Ludwig Huber (1963–1973), Josef Huber (1973–1980), Felix Kern (1980–1985) und Hermann Berger (seit 1985).

HBI Kern F. (1954), OBI Berger H. (1978) — Braun J. (1975), Bretbacher H. jun. (1974), Bretbacher H. sen. (1946), Brückl W. (1952), Diermaier A., Diermaier J., Doppler A. (1967), Ebner T., Eglauer A. jun. (1954), Eglauer A. sen. (1923), Eglauer K. (1962), Felseisen J. (1949), Gadermeier R. (1980), Haitzinger M. (1948), Hattinger F. jun. (1974), Hattinger F. sen. (1946), Hattinger J. (1977), Hohensinn G., Huber G. (1955), Huber J. (1981), Huber L. (1938), Huber M. (1981), Jakob G. (1953), Kaiser R. (1952), Kern F. jun. (1982), Mayer A. (1917), Mayer A. (1948), Mayer J. (1952), Mayer K. (1948), Mayer R. (1983), Mitterbuchner H. (1938), Mitterbuchner H. jun. (1975), Muxeneder E. (1977), Muxeneder R. (1978), Pletz F. (1919), Pögl J. (1927), Rachbauer F. (1923), Reisinger J. (1952), Salletmaier R. (1973), Schiller J. (1936), Schlüsselbauer K. (1970), Seifritzberger J. (1972), Seifritzberger J. jun. (1983), Senzenberger J. (1966), Stiglbauer J. (1952), Traunwieser A. (1952), Wiesbauer J. (1936), Zeilinger J. (1948), Zweimüller F. (1966)

FF HOHENZELL

1879 wurden die Statuten der FF Hohenzell von der k. k. Statthalterei in Linz genehmigt. 70 aktive Mitglieder traten bei. Der Wehr stand als erster Hauptmann Johann Steingreß vor. 1908 wurde bei einem großen Fest eine Fahne geweiht. Diese Fahne wird bis heute wie ein Kleinod gehütet. Während des Zweiten Weltkriegs war sie als Altmaterial abgeliefert worden, durch glückliche Umstände jedoch nicht in den Reißwolf, sondern zu einem Rieder Altwarenhändler gelangt. Dort wurde sie nach Kriegsende zufällig entdeckt und nach Hohenzell zurückgeholt. 1929 erfolgte der Ankauf der ersten Motorspritze. 1946 wurde das Fahrgestell eines Steyr 1500 A angekauft und von den Kameraden fahrbereit gemacht. 1961 konnte aus zwei gebrauchten Fahrgestellen ein Chassis zusammengebaut werden, das durch die Fa. Rosenbauer den Aufbau eines TLF erhielt. 1964 wurden die ersten Atemschutzgeräte angekauft. Unter Kommandant Johann Spitzer (seit 1976) erfolgte 1978 der Ankauf eines TLF 2000 und 1982 der eines KLF.

HBI Spitzer J. (1950), OBI Stiglbauer J. (1936), AW Aspöck R. (1960), AW Glechner A. (1963), AW Huber M. (1959), BI Schreinmoser A. (1948), BI Schrems F. (1955), BI Zweimüller J. (1955) — Lm Angleitner J. (1962), HFm Aspöck F. (1963), HLm Auböck M. (1968), Lm Auzinger K. (1976), HFm Bachmayr R. (1948), HEm Bader F. (1950), Fm Bader F. (1977), HFm Bader R. (1973), HFm Baier E. (1970), Lm Bauchinger E. (1957), HFm Bauchinger K. (1962), Fm Berger G. (1982), HFm Berger J. (1978), HBm Bleckenwegner F. (1953), JFm Brandstätter K., HFm Briglauer J. (1963), HFm Dürnberger J. (1948), HFm Dürnberger J. (1970), HFm Eder J. (1963), OFm Eder W. (1977), Lm Engertsberger H. (1950), HFm Freund M. (1952), Fm Freund M. (1982), HFm Fuchsbauer A. (1967), Fm Mag. Glechner F. (1979), E-OBR Glechner J. (1936), OFm Glechner J. (1962), Lm Gruber M. (1949), HFm Guggenbauer E. (1959), OLm Haminger J. (1948), Lm Hartinger A. (1954), Fm Hartinger A. (1979), HFm Hartinger J. (1948), OFm Hartinger J. (1973), HFm Hartinger R. (1976), HFm Hartl A. (1968), OFm Haslinger G. (1971), HFm Haslinger H. (1968), HLm Haslinger H. (1948), HFm Haslinger J. (1948), JFm Huber G., HFm Huber J. (1959), Fm Huber J. (1983), HFm Huber K. (1975), HFm Huber K. (1948), Lm Humer J. (1948), HFm Jetzinger F. (1970), HFm Jetzinger J. (1940), HFm Jetzinger J. (1970), OFm Jetzinger J. (1972), Fm Kaiser A. (1978), OFm Kettl F. (1978), Lm Kettl G. (1974), HFm Kettl J. (1967), JFm Klingseisen Ch., Lm Klingseisen G. (1960), HFm Kreuzhuber G. (1963), HFm Kreuzhuber M. (1961), HFm Kreuzhuber N. (1977), HFm Kubinger J. (1975), Fm Landauer N. (1982), HFm Lechner A. (1932), HLm Lindner G. (1955), OFm Lindner G. (1976), HLm Mittermaier J. (1954), Lm Oberreiter M. (1973), HLm Oberreiter M. (1924), JFm Ollmaier A., OFm Ollmaier J. (1977), HFm Ollmaier J. (1965), Lm Ollmaier J. (1976), HLm Ollmaier K. (1948), OFm Ollmaier K. (1978), Lm Poringer J. (1936), OLm Poringer J. (1956), OFm Poringer J. (1973), HFm Poringer J. (1975), OFm Poringer J. (1973), HLm Pramendorfer J. (1948), HFm Pramendorfer J. (1978), Lm Pumberger G. (1963), HFm Pumberger J. (1957), HBm Pumberger J. (1924), HFm Raschhofer J. (1955), Fm Reichard A. (1964), HFm Reisecker H. (1964), HFm Reisecker J. (1957), HLm Reisecker J. (1934), HFm Reisecker M. (1976), HFm Reiseder F. (1948), HBm Reiseder K. (1948), Fm Reiseder K. (1974), HFm Rottner R. (1959), OFm Rottner R. (1977), Fm Schmidt R. (1982), Lm Schreinmoser K. (1954), Lm Schreinmoser K. (1974), HFm Schrems F. (1975), JFm Seifriedsberger G., JFm Spitzer G., Lm Spitzer J. (1968), HFm Spitzer J. (1936), HFm Spitzer J. (1948), Lm Spitzer J. (1954), OLm Sternbauer J. (1983), OLm Sternbauer-Leeb J. (1959), Bm Sternbauer-Leeb J. (1921), OLm Stiglbauer F. (1968), HFm Trauner F. (1941), OLm Trauner F. (1970), OFm Trauner F. (1978), HFm Trauner J. (1965), HFm Trauner J. (1964), HFm Trauner J. (1970), HFm Trauner J. (1936), BI Trauner M. (1928), HFm Trauner R. (1973), Fm Vogelsberger Ch. (1983), OFm Voggeneder R. (1981), Fm Voraberger A. (1983), BI Wagner K. (1940), HFm Wagner K. (1974), HFm Wallner J. (1958), OFm Weiermann Ch. (1977), Lm Weiermann J. (1958), Lm Weiermann J. (1973), HLm Wiesinger J. (1953), HFm Wöllinger F. (1963), Lm Wöllinger J. (1967), HLm Zechmeister A. (1965), OFm Zechmeister H. (1976), Zechmeister M., Lm Zweimüller F. (1948), HBm Zweimüller J. (1928)

FF JEDRETSBERG

Die erste Gründungsversammlung, einberufen vom Gründungskomitee, fand am 8. März 1908 unter dem Vorsitz von Matthäus Vollerberger, Alois Hörmanseder und Josef Archauer, dem Feuerwehrkommandanten von Taiskirchen, statt. Folgende Funktionäre wurden gewählt: Hauptmann Ludwig Wiesinger, Stellvertreter Johann Sacherl, Schriftführer und Kassier Matthäus Vollerberger, Zeugwart wird Josef Geißinger. Matthäus Vollerberger bekleidet sein Amt bis 1918, Ludwig Wiesinger bis 1923. Unter seinem Nachfolger Georg Karrer wurde 1931 die Zeugstätte umgebaut und die erste Motorspritze von der Fa. Rosenbauer angekauft, die Finanzierung erfolgte großteils durch Spenden der Mitglieder. 1938 wurde Franz Haslinger zum Kommandanten und Gottfried Junger zum Stellvertreter gewählt. In den Kriegsjahren verlor die Wehr ihre Selbständigkeit und wurde zum Löschzug der Ortsfeuerwehr Taiskirchen erklärt. Der erste Kommandant nach dem Krieg war Johann Schmiedbauer, 1953 wurde Georg Karrer jun. zum Kommandanten gewählt. 1958 wurde Matthias Fischer Kommandant; nach zweijähriger Amtszeit wurde am 22. Mai 1960 von der Fa. Rosenbauer die neue Motorspritze angekauft. 1961 wurde ein neuer Rüstwagen gebaut. Unter Fischers Führung erlangte die FF Jedretsberg ihre Selbständigkeit zurück. 1978 wurde Johann Kaltenböck zum Kommandanten gewählt; unter seiner Führung wurde im März 1984 ein Ford Transit zum KLF umgebaut. Vom Gründungsjahr bis 1931 bestand nur eine Holzhütte; nach Abbruch der Hütte wurde ein Neubau in Massivbauweise errichtet. 1968 erfolgte der Anbau an eine bestehende Garage. 1982 mußte das Zeughaus wegen Neubaus der Straße in eine Garage in Jedretsberg verlegt werden.

HBI Kaltenböck J. (1961), OBI Moser F. (1976), AW Leitner J. jun. (1976), AW Stieglmaier A. (1968), AW Tummeltshammer F. jun. (1980), BI Rauchdobler W. (1958) — OFm Angleitner H. (1976), Bm Brandstetter A. (1968), OFm Brandstetter G. (1972), OFm Brandstetter K. (1976), Lm Eder J. (1948), E-HBI Fischer M. (1946), OFm Freund J. (1976), HFm Haslinger F. (1948), OFm Hatzmann F. jun. (1976), HBm Junger J. (1963), HFm Kaiser E. (1977), OFm Kaltenböck J. (1977), OFm Kaltenböck S. (1980), E-BI Karrer G. (1931), OFm Karrer G. jun. (1981), Fm Köstlinger H. (1981), Lm Köstlinger K. (1944), Lm Leitner J. (1960), Lm Märzendorfer G. (1947), OFm Prok. Märzendorfer G. (1947), OFm Moser A. (1977), Fm Moser J. (1983), OFm Moser J. (1977), OFm Oberauer J. (1977), HFm Parzer J. (1968), HFm Sacherl J. (1930), HFm Sacherl J. jun. (1966), HFm Sacherl R. (1938), HFm Schmiedleitner F. (1977), Lm Tummeltshammer F. (1962), Fm Tummeltshammer F. (1982), Fm Tummeltshammer J. (1981), PFm Wiesner J. (1984), HFm Winter J. (1965), OFm Zechmeister K. (1976)

FF KATZENBERG

Als Gründungsjahr für die Freiwillige Feuerwehr Katzenberg
scheint das Jahr 1901 in der Chronik auf. Karl Schrems
übernahm die Kommandostelle. Zur Ausrüstung gehörte ein
pferdegezogener Wagen, der mit einer Handpumpe und diversen Geräten ausgestattet war. Die Gemeinde stellte ein Gebäude, welches bisher als Arrest fungierte, als Zeughaus zur
Verfügung. Im Jahr 1951 wurde unter dem Kommandanten
Franz Springer das 50jährige Gründungsfest feierlich begangen.
Da auch in einer kleinen Feuerwehr die Zeit nicht stehen bleibt
und der Platz im Zeughaus zu klein werden kann, um die
Gerätschaften, welche in den letzten Jahren erworben wurden,
aufzunehmen, befaßte man sich 1970 mit dem Gedanken, ein
neues Zeughaus zu bauen. Nach langen Überlegungen wurde
ein passendes Grundstück gefunden, und so konnte bereits im
Frühjahr 1971 unter dem Kommando von Mathias Gapp das
Startzeichen für den Neubau der Zeugstätte gegeben werden.
Um dieses Vorhaben zu vollenden – da das Geld etwas knapp
war –, wurden an die 3000 freiwillige Arbeitsstunden geleistet.
Im Laufe der nächsten Jahre wurde, um die Gerätschaften auf
den neuesten Stand zu bringen, bei der Bevölkerung um eine
Spende für eine neue Tragkraftspritze und ein gebrauchtes
Löschfahrzeug gebeten. Wiederum waren es großzügige Gönner, die Verständnis aufbrachten und mit Rat und Tat zur Seite
standen. So konnten 1980 diese Geräte gekauft und im Rahmen
einer kleinen Feierstunde ihren Bestimmungen übergeben
werden. Um auch jederzeit zu einem Einsatz gerufen werden zu
können, wurde die Sirenensteuerungsanlage eingebaut. In der
Freiwilligen Feuerwehr Katzenberg besteht eine aktive Bewerbsgruppe, die sich seit zehn Jahren an den Landesbewerben
mit hervorragenden Leistungen beteiligt.

HBI Schießl G. jun. (1959), OBI Edtmaier A. (1958) — Baier F. (1953), Baier F. (1978), Baier G. sen. (1946), Baier J. (1975), Baier
K. (1981), Baier R. (1984), Bauder M. K. (1984), Baumkirchner F. (1982), Berger G. (1958), Brunnhuber W. (1976), Buchner H. (1973),
Danninger F. jun. (1970), Danninger F. sen. (1946), Draxlbauer K. jun. (1972), Draxlbauer K. sen. (1946), Duft F. (1946), Edtmaier A.
(1979), Edtmeier J. (1926), Eichinger R. (1960), Fekührer J. (1954), Fekührer K. (1953), Feuchtinger G. (1984), Feuchtinger J. jun.
(1979), Feuchtinger J. sen. (1953), Finkenzeller M. (1981), Finkenzeller R. (1978), Fischer F. (1952), Fischer R. (1970), Gadermeier J.
(1958), Gapp K. (1967), Gapp M. (1935), Gapp R. (1971), Gerhartinger R. (1980), Ginzinger W. (1984), Ginzinger W. (1911), Grahamer
J. jun. (1973), Grahammer R. (1981), Greil J. (1927), Greil R. (1974), Gurtner A. (1943), Gurtner F. (1946), Gurtner G. (1958), Gurtner
J. (1973), Haginger H. (1984), Haginger P. (1916), Haginger R. (1968), Haslinger J. (1965), Hillinger J. (1954), Hillinger J. jun. (1981),
Hillinger J. (1984), Hopfgartner E. (1962), Maier E. (1947), Manhartseder L. J. (1978), Mann F. (1973), Öller J. (1984), Pögl J. (1970),
Pögl R. jun. (1971), Pögl R. sen. (1975), Pointner E. (1977), Ranftl A. (1984), Ranftl J. (1959), Ranftl J. (1982), Ranftl R. (1981),
Rescheneder R. (1984), Rescheneder R. (1958), Saletmaier J. jun. (1968), Saletmaier J. sen. (1932), Saletmaier L. (1958), Saletmeier R.
(1981), Sattlecker J. (1974), Schachinger G. (1969), Schaubeder J. (1946), Schießl G. jun. (1984), Schießl G. sen. (1947), Schießl K.
(1957), Schießl L. (1970), Schindlmeier E. (1974), Schinnerl G. (1981), Schlager Ch. (1984), Schlager F. (1957), Schlager F. F. (1984),
Schmiedbauer J. (1957), Schöberl F. (1947), Schöberl J. (1949), Schröcker J. jun. (1972), Schröcker J. sen. (1946), Skopetz S. (1981),
Spitzer A. jun. (1958), Springer F. (1931), Stelzhammer J. (1982), Stelzhammer J. (1970), Stockhammer J. (1976), Süß K. (1962),
Treiblmayr F. (1958), Treiblmayr F. jun. (1984), Treiblmeier A. (1970), Treiblmeier E. (1969), Weiermann F. jun. (1979), Weinberger
A. sen. (1973), Weinberger G. (1981), Weinberger H. (1984), Weixlberger H. (1979), Wimmer H. jun. (1973), Windsperger Ch. (1981),
Windsperger K. (1968), Wittner S. (1968), Zechmeister J. (1953), Zechmeister J. (1977), Zimmerer H. (1960), Zimmerer K. (1984),
Zöpfl W. (1967)

FF KEMATING

Da bei einem Brand sämtliche Unterlagen vernichtet wurden, ist
es nicht mehr möglich, Daten aus der Geschichte der Freiwilligen Feuerwehr Kemating zusammenzustellen. Bekannt ist nur
noch die Gründung der Wehr im Jahr 1900 mit 48 Mitgliedern
und daß im Jahr 1923 drei Bauernhöfe im Kemating einem
Brand zum Opfer fielen.

HBI Putz J. (1968), OBI Angleitner A. (1968) — Angleitner J. (1944), Angleitner J. (1982), Angleitner-Kettl J. (1950), Angleitner-
Kettl J. (1984), Aspöck J. (1954), Binder J. (1984), Brenner F. (1958), Buchbauer M. (1944), Burgstaller A. (1940), Burgstaller A. (1973),
Burgstaller J. (1963), Emprechtinger G. (1956), Etzlinger K. (1963), Haginger J. (1984), Haginger J. (1954), Hangler P. (1933), Hartl F.
(1945), Hartl W. (1975), Hattinger G. (1940), Hattinger G. (1973), Höfurtner M. (1983), Hohensinn H. (1975), Hohensinn J. (1953),
Hohensinn J. (1952), Hohensinn J. (1971), Hohensinn J. (1975), Holzberger J. (1963), Jöchtl J. (1945), Kaiser-Mühlecker A. (1937),
Kaiser-Mühlecker W. (1968), Kellerer F. (1961), Kettl J. (1925), Kettl J. (1950), Lechner J. (1973), Leitner F. (1959), Leitner F. (1956),
Leitner J. (1983), Mann J. (1983), Pillinger J. (1975), Putz J. (1935), Reichinger G. (1979), Reischenböck J., Rindler J. (1977),
Schabetsberger A. (1971), Schabetsberger F. (1973), Schabetsberger J. (1944), Schachinger F. (1980), Schander A. (1961), Schöffecker
A. (1982), Schöffecker G. (1975), Schrattenecker A. (1971), Schratteneker-Orn. (1958), Senzenberger A. (1958), Senzenberger G.
(1946), Strasser F. (1958), Strasser S. (1977), Strasser J. (1973), Vorhauer A. (1969), Vorhauer G. A. (1972), Vorhauer J. (1968),
Vorhauer L. (1974), Vorhauer M. (1950), Wageneder J. (1983), Wageneder J. (1958), Wageneder K.

FF KIRCHDORF AM INN

Die Gründung der Freiwilligen Feuerwehr Kirchdorf erfolgte im Jahr 1893 unter Gemeindevorstand Max Wührer. Der erste Wehrführer war Mathias Schachinger. Das 30jährige Gründungsfest wurde 1923 mit einer Fahnenweihe feierlich begangen. 1925 gründeten die Feuerwehrkameraden eine Feuerwehrmusikkapelle. Im Jahr darauf wurde an der bestehenden Zeugstätte ein Schlauchturm angebaut. 1932 wurde der Ankauf einer Motorspritze von der Fa. Rosenbauer beschlossen; die Weihe erfolgte im Jahr darauf. Die erste Jahreshauptversammlung nach dem Zweiten Weltkrieg fand 1946 statt. 1953 erhielt der Spritzenwagen zwei neue Achsen und vier luftbereifte Räder. 1955 erhielt der Wagen einen Aufbau. 1957 wurde der Ankauf einer Sirene beschlossen, der Ankauf aber erst später durchgeführt. Seit 1960 wurden dem Spritzenwagen nicht mehr Pferde, sondern ein Traktor vorgespannt. 1976 erfolgte die Segnung der neuen Motorspritze Marke Rosenbauer. 1979 wurde der Neubau der Zeugstätte beschlossen. 1982 war es endlich soweit: Ein Grundstück konnte erworben und mit dem Bau begonnen werden. Bis zur endgültigen Fertigstellung sollte es zwei Jahre dauern. Das Kommando über die Freiwillige Feuerwehr Kirchdorf hatten seit ihrer Gründung inne: Mathias Schachinger (1893–1905), Gottfried Holzleitner (1905–1908), Karl Weinberger (1908–1915), Johann Mayr (1915–1916), Max Wührer (1916–1919), Vinzenz Klingseisen (1919–1924), Johann Dachs (1924–1937), Johann Hillinger (1937–1945), Lambert Pöschl (1945–1968), Josef Nöbauer (seit 1968).

HBI Nöbauer J. (1951), OBI Ellinger J. (1972) — Aigner H. (1956), Aigner H. jun. (1981), Auer A. (1946), Brandstätter H. (1971), Danecker K. (1939), Demmelbauer K., Edtmeier G. (1983), Eiblmayr P. (1974), Ellinger E. (1936), Ellinger K. (1974), Finkenzeller E. (1970), Finsterer F. (1966), Finsterer O. (1938), Geßl B. (1981), Geßl H. (1973), Gradiger F. (1953), Grahamer J. sen. (1950), Grahamer R., Gschaider G. jun. (1974), Gschaider G. sen. (1957), Gurtner E. (1972), Gurtner K. jun. (1967), Gurtner K. sen. (1947), Gurtner R. (1967), Hager A. (1978), Hager K. (1979), Hatheier J. (1947), Hatheier J. jun. (1983), Klingseisen J. (1967), Klingseisen J. sen. (1950), Manhartseder L. (1945), Mayr E., Mayringer F. (1967), Mayringer H. (1981), Mayringer J. jun. (1958), Mayringer J. sen. (1925), Mertlseder J. (1950), Öller J. (1953), Öller L. (1949), Öller L. jun. (1981), Penninger J., Pögl R. jun. (1970), Pögl R. sen. (1964), Pöschl L. (1964), Pöschl L. sen. (1925), Prechtl R. (1976), Ranftl F. (1981), Ranftl J. (1946), Ranftl J. jun. (1974), Ranftl M. (1923), Rögl J. sen. (1967), Rosner H. (1971), Rügl J. jun. (1983), Schachinger A. (1950), Schaubeder G. (1983), Schinnerl E. sen. (1976), Schißler M. (1976), Schöppl A. E. (1953), Schöppl A. jun. (1981), Schrems A. (1967), Schrems P. (1981), Schröcker M. (1924), Schröcker O. (1967), Schwarzbauer A. (1967), Stelzhammer F. (1965), Stelzhammer J. (1970), Stelzhammer R. (1977), Stelzhammer W. (1974), Veigl W. (1976), Weinberger J. (1915), Weinberger K. (1952), Weinberger K. jun. (1981), Wiesbauer J. (1976), Windsperger G. (1977), Windsperger H. (1974), Windsperger W. (1976), Winklehner F. (1960), Wührer J. (1959), Wührer M. (1914), Zimmer A. (1979)

FF KIRCHHEIM IM INNKREIS

Die Freiwillige Feuerwehr Kirchheim im Innkreis wurde im Jahr 1891 von Blasius Rohrmoser, Georg Dirmaier, Michael Stingl, Johann Burgstaller, Michael Burgstaller, Josef Hötzenberger, Georg Dallinger und Leopold Dallinger gegründet. Zum ersten Kommandanten wählten die Gründungsmitglieder Georg Dirmaier, der bis zum Jahr 1898 an der Spitze der Wehr stand. Um die Gründungszeit besaß die Wehr eine aus dem Jahr 1868 stammende Handdruckspritze von der Fa. Gugg, erst 1931 wurde die erste Motorspritze, eine Viertakt von der Fa. Gugg, erworben. 1905 wurde die Feuerwehrmusik gegründet, 1907 eine Sanitätsabteilung durch Oberlehrer Karl Mayr, der die Abteilung bis zum Jahr 1962 leitete. 1925 wurde von der Weberin in Buch eine Feuerwehrfahne gespendet, die im August desselben Jahres geweiht wurde. 1932 wurde die neue Motorspritze geweiht. 1930 war die erste Feuerwehrzeugstätte errichtet worden. Im Jahr 1952 wurde von der Fa. Gugg eine neue Motorspritze, Dreitakt, G S III, 30 PS, angekauft und anläßlich des 60jährigen Bestandsjubiläums feierlich geweiht. 1974 konnte die Freiwillige Feuerwehr Kirchheim im Innkreis von der Fa. Gugg ein Löschfahrzeug Land Rover 109 mit Vorbaupumpe GVP 120 Trokomat anschaffen und weihen. Seit der Gründung der Wehr standen folgende Hauptleute an der Spitze: Georg Dirmaier (1891–1898), Ferdinand Ametsreiter (1898–1907), Anton Krichbaum (1907–1912), Josef Penninger (1912–1923), Franz Glechner (1923–1938), Josef Lechner (1938–1949), Josef Bleckenwegner (1949–1952), Josef Penninger (1952–1961), Karl Duft (seit 1961).

HBI Duft K. (1964), OBI Wimmer J. (1974), AW Dallinger H. (1960), AW Dallinger J. (1960), AW Finsterer G. (1974), AW Fraunhuber R. (1973), AW Rachbauer O. (1950), AW Wiesner R. jun. (1976) — OFm Aichinger A. (1953), Fm Angleitner A. (1976), OFm Angleitner A. (1950), Fm Angleitner J. (1978), Fm Arnold F. (1967), Fm Baier L. (1976), Fm Bichler J. (1981), Bm Binder F. (1969), Fm Binder J. (1978), OFm Bleckenwegner A. (1950), Fm Bleckenwegner J. (1978), HFm Bleckenwegner J. (1967), HFm Dallinger G. (1969), Fm Dallinger H. (1976), HFm Daxdobler F. (1953), Fm Daxdobler F. (1974), Fm Duft E. (1976), Fm Dir. Duft J. (1978), Fm Duft K. jun. (1978), Fm Etz J. (1968), Fm Finsterer G. (1953), Fm Frauscher O. (1981), HFm Gierzinger J. (1958), Fm Glechner F. (1967), OFm Glechner G. (1973), Fm Gruber O. (1952), Fm Haider J. (1953), OFm Haider J. (1971), Fm Haider K. (1976), OFm Haider W. (1967), OFm Haider-Pointecker R. (1974), Fm Hartl J. (1981), OFm Holzleitner F. (1973), OFm Kasper L. (1950), Fm Kern J. (1952), OFm Lang A. (1966), Fm Mairhofer G. (1982), HFm Mairhofer L. (1971), Fm Paulusberger W. (1983), HFm Ratzinger A. (1961), Fm Ratzinger G. (1975), HFm Reich A. (1956), OFm Reidl M. (1981), Fm Reischenböck M. (1966), PFm Reischenböck M. jun. (1983), Fm Schauer-Weiß J. (1969), Fm Schaurecker A. (1983), PFm Schießl G. (1983), Fm Schießl G. (1967), Fm Schnallinger J. (1973), Fm Schnallinger M. (1979), Fm Schnallinger M. (1951), Fm Schönauer J. (1973), Fm Schwarzmaier M. (1974), OFm Simetsberger A. (1973), Fm Simetsberger J. (1967), Fm Steingreß J. (1982), Fm Strasser J. (1978), OFm Strobl K. (1952), PFm Weiermann A. (1983), OFm Weiermann F. (1961), Fm Wenger-Gaisbauer L. (1971), Fm Wiesner F. (1976), Fm Wiesner G. (1963), OFm Wiesner H. (1967), OBm Wiesner R. (1950), Bm Wührer L. (1968)

FF KOBERNAUSSEN

Die Freiwillige Feuerwehr Kobernaußen wurde im Jahr 1896 gegründet. Gründungsmitglieder waren Bürgermeister Andreas Bader, Johann Schrattenecker, Michl Gattermaier, Josef Frauscher, Johann Berer, Paul Berer und Georg Schrattenecker. Die vorhandene gebrauchte Dampfspritze aus München, Fabrikat Bauer, wurde noch im Gründungsjahr von der Gemeinde durch eine neue Dampfspritze, Fabrikat Gugg aus Braunau, ersetzt. Das Feuerwehrgebäude wurde im Jahr 1898 errichtet. Ab 19. März 1919 bestand eine Rettungsabteilung unter der Leitung von Johann Burgstaller. Die Freiwillige Feuerwehr Kobernaußen stand seit ihrer Gründung unter dem Kommando folgender Hauptleute: Johann Schrattenecker (1896–1897), Michl Gattermaier (1897–1928), Martin Schmatzl (1928–1941), Georg Gadermaier (1941–1952), Johann Burgstaller (1952–1959), Jakob Frauscher (1959–1978) und Georg Hangler (seit 1978).

HBI Hangler G. (1950), OBI Frauscher J. (1950), AW Burgstaller J. (1967), AW Frauscher J. (1971), AW Reichinger F. (1942), AW Schrattenecker M. (1963), OBI Seifried P. (1942), BI Feitzinger F. (1946) — HFm Aschenberger J. (1946), OFm Berer H. (1969), Fm Berger J. (1968), OFm Bergthaler F. (1956), OFm Burgstaller A. (1950), Fm Burgstaller A. (1981), OFm Burgstaller F. (1941), Lm Burgstaller J. (1943), OFm Burgstaller K. (1955), OFm Burgstaller M. (1957), OFm Burgstaller W. (1964), OFm Etzlinger G. (1957), OFm Feitzinger G. (1963), OFm Frauscher F. (1963), OFm Frauscher F. (1956), Fm Frauscher F. (1975), Fm Frauscher G. (1975), E-HBI Frauscher J. (1927), OFm Frauscher J. (1952), Fm Frauscher S. (1981), OFm Grill J. (1958), HFm Gumpinger F. (1946), Fm Hammerer J. (1961), HFm Hangler A. (1947), HFm Hangler K. (1941), Fm Hangler K. (1976), Fm Hangler W. (1977), Fm Kettl G. (1966), Fm Kratzer L. (1970), HFm Lang F. (1928), Fm Litzlbauer A. (1945), HFm Litzlbauer A. (1944), HFm Litzlbauer G. (1956), Lm Litzlbauer G. (1978), Fm Litzlbauer H. (1977), Lm Meierhofer J. (1977), HFm Meierhofer M. (1947), Fm Mitterbuchner M. (1973), HFm Schachl K. (1929), OFm Scherfler J. (1959), OFm Scherfler J. (1963), OFm Schnetzlinger A. (1953), OFm Schnetzlinger G. (1956), OFm Schrattenecker F. (1943), HFm Schrattenecker G. (1932), OFm Schrattenecker G. (1958), Lm Schrattenecker G. (1968), OFm Schrattenecker G. (1970), Fm Schrattenecker G. (1969), OFm Schrattenecker J. (1960), Fm Schweighofer J. (1979), OFm Seifriedsberger M. (1965), Fm Spieler J. (1978), HFm Spieler J. (1937), HFm Stämpfl F. (1950), Fm Stempfer J. (1980), OFm Stockhammer G. (1960), OFm Strasser J. (1947), OFm Wallerstorfer G. (1974), OFm Wallerstorfer H. (1975), OFm Wallerstorfer W. (1980), HFm Weber F. (1950), HBm Weilbold J. (1946), Fm Weilbold J. (1970), HFm Wiesinger W. (1970)

FF KOHLHOF

Die Freiwillige Feuerwehr Kohlhof wurde im Jahr 1905 gegründet. Man baute eine Zeugstätte und schaffte einen Pferdewagen an. Eine Motorspritze von der Fa. Gugg in Braunau wurde 1934 gekauft. Im Jahr 1957 wurde der Pferdewagen mit Gummirädern versehen und auf Traktorzug umgebaut. Von der Fa. Rosenbauer kaufte man eine Tragkraftspritze VW 75. Der Schlauchturm wurde 1958 in Eigenregie gebaut. Das 50jährige Gründungsfest mit Motorspritzenweihe, bei dem 27 Feuerwehren zu Gast waren, wurde 1959 gefeiert. Eine Bewerbsgruppe wurde im Jahr 1967 aufgestellt, und sie kann auf gute Erfolge bei Abschnitts-, Bezirks- und Landesbewerben zurückblicken. Der Löschteich im Bereich der Ortschaft Rödt ist 1970 gebaut worden. Da der Traktoranhänger den Anforderungen nicht mehr entsprach, kaufte die Gemeinde 1976 einen VW-Pritschenwagen, der auf ein Kleinlöschfahrzeug umgebaut wurde. Der Bau einer größeren Zeugstätte erfolgte in den Jahren 1980 bis 1982. Der Ankauf eines neuen Kleinlöschfahrzeuges Marke Ford mit Allradantrieb wird geplant. Das 80jährige Gründungsfest, verbunden mit Segnung der neuen Zeugstätte und des Löschfahrzeuges, könnte im Jahre 1986 oder 1987 abgehalten werden. Seit ihrer Gründung stand die FF Kohlhof unter dem Kommando folgender Hauptleute: Matthias Murauer (1905–1933), Johann Meingassner (1933–1946), Johann Brenner (1946–1968), Johann Lindlbauer (1968–1978), Anton Baier (seit 1978).

HBI Baier A. (1955), OBI Kern J. (1957), AW Größlbauer J. (1968), AW Murauer J. (1970), AW Reiter J. (1952), BI Böck M. (1926), BI Lindlbauer J. (1947) — Fm Bachinger A. (1982), Fm Bauchinger G. (1956), HFm Bayer F. (1946), HFm Binder J. (1946), OFm Binder M. (1970), Lm Binder M. (1948), E-HBI Brenner J. (1921), Lm Brenner M. (1948), OFm Burgstaller J. jun. (1970), HFm Burgstaller J. sen. (1949), OLm Burgstaller K. jun. (1974), OLm Burgstaller K. sen. (1949), HFm Buttinger G. (1957), OFm Buttinger J. jun. (1963), HFm Buttinger J. sen. (1928), HFm Etzlinger J. (1959), Fm Flotzinger J. jun. (1979), Lm Flotzinger J. sen. (1946), Fm Freudlinger M. (1983), Fm Freudlinger W. (1978), Fm Fruhstorfer F. (1978), HFm Fruhstorfer M. (1946), Fm Fruhstorfer M. (1974), HFm Gaisbauer J. (1958), Fm Haitzinger J. (1978), HFm Haitzinger M. (1976), Fm Höckner M. (1978), HFm Kreuzhuber M. (1928), Fm Landlinger K. (1976), OLm Lindlbauer F. (1926), OLm Lindlbauer F. jun. (1972), OBm Lindlbauer F. sen. (1946), Fm Linecker F. (1980), Fm Linecker H. (1980), HFm Mayr J. (1963), HFm Murauer A. (1946), Fm Murauer B. (1981), OFm Murauer F. jun. (1970), E-OBI Murauer F. sen. (1933), OLm Murauer H. (1972), HFm Murauer K. (1974), OFm Murauer K. (1981), OFm Murauer M. jun. (1978), Lm Murauer M. sen. (1948), Fm Murauer W. (1982), HFm Reich R. (1964), Fm Reiter H.-P. (1981), Fm Schrattenecker J. (1982), Fm Schrattenecker J. (1982), Fm Vielsecker Ch. (1980), HFm Walchetseder J. (1929)

FF KROMBERG

Die Gründung der FF Kromberg erfolgte am 29. April 1906 mit den Mitgliedern Georg Haslinger, Johann Daller, Johann Glechner, Alois, Josef und Karl Großbötzl, Josef Junger, Mathias Sallaberger, Josef Oberleitner, Karl Angermayr, Alois Dietrich. Im Mai 1907 erfolgte der Ankauf einer Handdruckspritze mit 100 m Schläuchen, Kosten 1170 Kronen. Beim Steingreß, der ein Wagerl zur Verfügung stellte, wurde die Ausrüstung in die Wagenhütte gestellt. Erste Uniformierung 1907 für 24 Mann. Erster Brandeinsatz am 17. Juli 1907: Scheunenbrand beim Daxl in Kromberg; da das Wohnhaus und der hölzerne Stall mit Strohdach gerettet werden konnten, spendete die Versicherung 100 Kronen und 100 m Schläuche. 1907: Bau des ersten Spritzenhauses, Kosten insgesamt 53 Kronen. Ankauf eines Spritzenwagens, Kosten 321 Kronen. 1911: 8. Januar: erster Vereinsball; 29. Juli: nach längerer Trockenheit gab es ein heftiges Gewitter, bei dem vier Objekte innerhalb eines Kilometers in Flammen aufgingen; die Wehr wurde erstmals auf eine harte Probe gestellt. 1934: Ankauf der ersten Motorspritze. 1952: Ankauf der ersten Fahne um 7836 Schilling; aufgrund der Maul- und Klauenseuche mußte die Fahnenweihe zweimal verschoben werden. 1954 wurde das neue Spritzenhaus errichtet, ebenso ein neuer Löschteich; neue Sirene angeschafft. 1955: erstmals Teilnahme an einem Feuerwehrleistungsbewerb; Zeughausweihe. 1960: 12. November Anschaffung der neuen Motorspritze VW Fabr. Rosenbauer. 1974: Anschaffung der neuen Feuerwehrfahne. Kommandanten von 1906 bis heute: Josef Oberleitner, Johann Schachinger, Alois Großbötzl, Josef Zahrer, Josef Junger, Alois Haslinger, Johann Fellner, Alois Haslinger, Leo Hauer und Ludwig Glechner.

HBI Glechner L. (1951), OBI Hanslmaier F. (1956), AW Freund K. (1963), AW Junger E.-J. (1973), AW Sensenberger J. (1963) — OLm Angermaier A. (1952), HFm Bachmaier J. (1937), HFm Burgstaller F. (1947), HFm Dietrich J. (1958), Fm Dietrich J. (1979), OFm Duscher G. (1979), OFm Duscher J. (1979), OFm Egger J. (1973), HFm Egger J. (1932), HFm Einböck J. (1949), OFm Einböck J. (1968), E-HBI Fellner J. (1922), HFm Flotzinger J. (1947), OFm Flotzinger J. (1977), PFm Flotzinger J. (1983), Fm Freund M. (1981), HFm Friedwagner A. (1955), Fm Friedwagner G. (1983), Fm Friedwagner M. (1981), HFm Gramberger K. (1926), HFm Großbötzl J. (1929), OFm Großbötzl J. (1966), HFm Gurtner R. (1955), Fm Hanslmaier F. (1983), HFm Haslinger A. (1971), OFm Haslinger F. (1970), Fm Haslinger F. (1974), Fm Haslinger J. (1981), PFm Haslinger J. (1983), OFm Haslinger K. (1973), OFm Hauer J. (1974), E-HBI Hauer L. (1955), HFm Heinzl J. (1926), Fm Junger H. (1981), OFm Junger J. (1946), OFm Junger J. (1931), OFm Koblstätter A. (1972), HFm Machl J. (1971), E-AW Mayer J. (1955), OFm Mitteregger F. (1974), HFm Oberleitner J. (1968), HFm Redhammer J. (1972), OFm Redhammer K. (1981), E-AW Reiter J. (1946), HBm Sallaberger K. (1963), HFm Schmiedleitner A. (1963), E-OBI Schneglberger K. (1929), HFm Schneglberger K. (1960), HFm Schredl K. (1968), HFm Simmer E. (1963), HFm Wiesner A. (1947), Fm Wiesner A. (1980), OFm Wimmer J. (1963), OFm Windhager R. (1972), HFm Zahrer J. (1947), HFm Zauner M. (1947)

FF LAMBRECHTEN

Am 21. Juli 1889 hielten die Gründungsmitglieder Michael Langgruber, Mathias Weilhartner, Edmund Aigner, Andreas Manazeder, Leopold Aigner und Felix Windhager die erste Versammlung ab und gründeten die Freiwillige Feuerwehr Lambrechten. Im Jahr 1905 gab es etliche Brände in kurzer Zeit. Bei strömendem Regen feierte die Freiwillige Feuerwehr Lambrechten im Jahr 1907 das 17jährige Gründungsfest, bei dem auch die Fahnenweihe stattfand. Bürgermeister Josef Rumpl überreichte am 5. April 1968 der FF Lambrechten das erste Feuerwehrauto und eine neue Motorspritze. Der technische Stand der Feuerwehr wurde laufend den Bedürfnissen der Gemeinde angepaßt. 1983 wurde das neue Feuerwehrdepot fertig, und gleichzeitig wurde die Freiwillige Feuerwehr Lambrechten an das Sirenennetz und die Funkalarmierung angeschlossen. Seit der Gründung der Freiwilligen Feuerwehr Lambrechten standen folgende Kommandanten an der Spitze der Wehr: Michael Langgruber (1890–1899), Johann Hörmandinger (1899–1905), Franz Frixeder (1905–1911), Leopold Weilhartner (1911–1918), Lambert Hainzl (1918–1923), Johann Mayrhofer (1923–1938), Leopold Aigner (1938–1953), Johann Doblhamer (1953–1962), Josef Springer (1962–1973) und Ludwig Schmidleithner (seit 1973).

HBI Schmidleithner L., OBI Weber G. — Barth J. sen., Berrer J., Bichl A., Bodenhofer J., Bodenhofer J., Brammer F., Daller A., Dantler A., Dick A., Dick J., Dick R., Ecker F., Eder H., Ettl A. sen., Ettl W., Freilinger L., Freund J., Furtner F., Gadermaier J., Gadermeier A., Gadermeier A., Greil J., Großpointner J., Hainzl A., Hofinger G., Hofinger J., Hofpoitner A., Hofpoitner F., Hofpoitner F., Junger J., Kager J., Kammerer J., Kammerer J., Kasberger F., Kettl N., Kettl K., Kopfberger K., Landlinger R., Langruber A., Langruber J., Maier J., Maier J., Manaberger R., Mayrhofer J., Mühlstötter A., Mühlstötter J., Muxeneder A., Ott J., Rachbauer E., Rachbauer F., Rachbauer F., Raschhofer A., Rumpl J., Rumpl J., Rumpl K., Schamberger J., Schmiedleitner J., Schmiedleitner M., Schneglberger J., Schneiderbauer A., Schneiderbauer L., Schneiderbauer L., Schredl A., Schredl J., Schredl L., Schwarzgruber A., Springer J., Strasser A., Sturmaier J., Thrainer W., Thrainer W., Wageneder J., Wageneder J., Weilhartner J., Wimmer J., Wimmer J., Wimmer K.

FF LEOPOLDSHOFSTATT

Die Freiwillige Feuerwehr Leopoldshofstatt wurde im Jahr 1909 aufgrund des Großbrandes beim Anwesen des Rombergergutes in St. Peter (1908), dem der ganze Hof zum Opfer fiel, gegründet. Die Gründungsmitglieder bei der ersten Versammlung am 13. Juli 1909 waren 62 Personen. Als erstes Gerät wurde 1910 eine neue Handspritze angekauft. Im Jahre 1937 wurde diese Spritze an den Löschzug II der Freiwilligen Feuerwehr Eberschwang (Mühring) verkauft und eine neue Motorspritze der Firma Gugg angeschafft. Die aus Altersgründen ausgediente Motorspritze wurde 1967 durch eine Zapfwellenpumpe ersetzt, mit der man bis 1978 das Auslangen fand. In diesem Jahr wurde die heutige Tragkraftspritze von der Freiwilligen Feuerwehr Eberschwang übernommen. In den Jahren 1978 und 1979 wurde das 1909 errichtete Zeughaus von Grund auf erneuert und auf den heutigen Stand gebracht. Seit der Gründung der Wehr standen folgende Kommandanten an der Spitze der Wehr: Franz Rößler (1909–1913), Martin Huber (1913–1919), Martin Jetzinger (1919–1923), Johann Dürrer (1923–1928), Josef Bauchinger (1928–1934), Franz Jetzinger (1934–1947), Ernst Pumberger (1947–1953), Martin Weißenbrunner (1953–1978), Johann Bauchinger (1978–1983) und Johann Eberl (seit 1983).

HBI Eberl J. (1970), OBI Reiter F.-X. (1953), AW Dornstauder K. (1958), AW Greifeneder J. (1974), AW Krauß G. (1974) — OBm Bauchinger H. (1959), Fm Buttinger J. (1967), PFm Buttinger W. (1982), HFm Dornstauder K. (1974), PFm Dornstauder M. (1983), HFm Dornstauder R. (1947), HBm Dürrer J. (1967), HFm Eberl R. (1953), HFm Eberl R. (1976), OFm Einböck G. (1968), HFm Freilinger F. (1949), HFm Gittmaier G. (1961), OFm Gittmaier G. (1974), HFm Glück H. (1963), Fm Glück H. (1979), HFm Dr. Greifeneder J. (1954), HFm Helm J. (1959), Fm Helmetsberger J. (1964), Lm Hobelsberger F. (1951), HFm Hobelsberger J. (1968), PFm Hörandner R. (1982), Hörandtner R. (1956), PFm Hohensinn A. (1972), HFm Huber P. (1947), PFm Huemer B. (1982), Lm Huemer H. (1964), Fm Jetzinger A. (1967), OFm Jetzinger G. (1947), HFm Kaiser R. (1974), PFm Kinzlberger G. (1982), OFm Kirchsteiger A. (1978), HFm Kirchsteiger J. (1947), E-OBI Kirchsteiger J. (1947), HFm Kirchsteiger K. (1964), Fm Kirchsteiger R. (1947), Fm Kreuzhuber J. (1955), Fm Kroiß K. (1974), Fm Kronberger E. (1973), OLm Maier J. (1953), Fm Meingaßner H. (1963), Fm Murauer E. (1978), OFm Niederndorfer H. (1961), OLm Pillichshammer R. (1947), HFm Reiter K. (1974), Fm Scherfler J. (1976), OFm Trafnik N. (1975), HFm Weißenbrunner J. (1967), E-HBI Weißenbrunner M. (1928), Fm Wenger W. (1967), OFm Wiesinger K. (1962), HFm Würzl M. (1947)

FF LOHNSBURG

Die FF Lohnsburg wurde 1881 gegründet. Franz Schachinger war der erste Hauptmann. Die Wehr hatte bereits 1893, also nach zwölf Jahren, 108 aktive Feuerwehrmänner. 1896 wurde die Gemeindefeuerwehr in vier Feuerwehren geteilt, und zwar: FF Kobernaußen, FF Gunzing, FF Kemating und FF Lohnsburg. In den über 100 Jahren seit Bestehen wurden sieben Spritzen (die erste, eine Gugg, 1900) und zwei Feuerwehrautos (das erste 1946) angekauft. Das derzeitige TLF 2000 und die Atemschutzgeräte wurden 1974 angekauft und in Betrieb genommen. Das Feuerwehrgebäude wurde erstmals 1922 erwähnt im Zusammenhang mit dem Bau des Schlauchturms. 1905 wurde ein Feuerwehrdenkmal für den verunglückten Feuerwerker und Baumeister Georg Seeburger errichtet und eingeweiht und das 25jährige Gründungsjubiläum gefeiert. 1931 fand das 50jährige und 1957 das 75jährige Gründungsfest statt. Es wurden auch zahlreiche Feuerwehrbälle, Wiesenfeste und bunte Abende abgehalten. Die Wehr war im Lauf der rund 100 Jahre, abgesehen von kleineren Bränden, bei 93 Bränden und bei der Hochwasserkatastrophe 1954 in Linz und bei zahlreichen technischen Einsätzen im Einsatz.

HBI Augustin F. (1963), OBI Walchetseder J. (1959) — Aigner J. (1919), Angleitner F. (1958), Aschenberger F. (1941), Auer R. (1922), Auer R. (1951), Augustin F. (1927), Badegruber F. (1979), Baier K. (1945), Bayer J. (1955), Berer J. (1971), Berer J. (1940), Berer W. (1972), Berger G. (1951), Berger J. (1940), Berger K. (1970), Berger K. (1946), Bergthaler G. (1953), Bergthaler G. (1974), Binder G. (1981), Binder J. (1956), Brettbacher A. (1954), Brettbacher K. (1940), Briedl A. (1965), Buchbauer J. (1965), Burgstaller G. (1951), Burgstaller J. (1952), Buttinger A. (1972), Buttinger G. (1931), Buttinger J. (1943), Buttinger J. (1948), Danner Ch. (1973), Diermaier J. (1920), Diermaier J. (1956), Diermaier R. (1966), Doplhofer J. (1945), Eitzinger J. (1964), Emprechtinger F. (1947), Emprechtinger F. (1973), Fischer-Litzlbauer R. (1938), Fruhstorfer F. (1962), Fruhstorfer K. (1964), Fruhstorfer W. (1963), Gadermayr H. (1976), Gadermayr H. (1976), Gadermayr J. (1949), Gadermayr J. (1963), Gadermeier F. (1936), Gattermeier G. (1972), Gelhart J. (1976), Gierzinger J. (1973), Goldberger F. (1980), Goldberger F. (1947), Goldberger W. (1973), Haginger F. (1966), Haginger W. (1957), Hamminger F. (1944), Hamminger J. (1977), Hamminger K. (1981), Hamminger O. (1981), Höckner A. (1976), Höckner A. (1946), Dr. Kahrer J. (1976), Kaiser-Mühlecker J. (1973), Krautgartner F. (1978), Krautgartner J. (1952), Krautgartner J. (1932), Krautgartner L. (1969), Krautgartner W. (1976), Kriechbaum W., Leitl F. (1946), Leitl F. (1966), Linecker J. (1951), Litzlbauer J. (1965), Machl J. (1947), Machl J. (1956), Mair A. (1978), Mair F. (1980), Mair F. (1980), Mair J. (1969), Marschal K. (1967), OFm Mitterbuchner F. (1961), Ornetsmüller F. (1946), Ornetsmüller F. (1980), Ornetsmüller F. (1953), Ornetsmüller F. (1973), Ornetsmüller G. (1946), Ornetsmüller G. (1976), Ornetsmüller J. (1922), Ornetsmüller J. (1975), Paulusberger J. (1978), Pichler P. (1958), Putz J. (1924), Putz J. (1953), Reiberstorfer K. (1919), Reisecker F. (1957), Reiter F. (1953), Reiter J. (1970), Reuer J. (1944), Reuer W. (1968), Schachinger G. (1953), Schnetzlinger J. (1976), Schnetzlinger J. (1963), Schrattenecker A. (1969), Schrattenecker G. (1938), Schrattenecker J. (1953), Schrattenecker J. (1938), Schrems G. (1955), Schweickl K. (1962), Schweickl K. (1970), Spieler J. (1956), Spindler J. (1973), Spindler J. (1949), Spindler J. (1965), Stockinger J. (1946), Stockinger J. (1953), Strasser G. (1960), Strasser G. (1956), Strasser J. (1956), Streif B. (1972), Streif E. (1948), Streif E. (1972), Streif W. (1978), Wageneder K. (1952), Walchetseder J. (1930), Wallerstorfer J. (1962), Zaglmaier J. (1949), Zeilinger G. (1977), Zeilinger J. (1927)

FF MEHRNBACH

Im Jahr 1871 wurden von seiten der Gemeinde Mehrnbach Männer zu einer Gemeindefeuerwehr zum Schutze des Ortes zusammengezogen. Daraus wurde 1884 die Ortsfeuerwehr Mehrnbach gegründet. Einer der ersten urkundlich erwähnten Kommandanten ist Johann Brückl (ab 1891). Durch die Spendenfreudigkeit der Dorfbewohner war es den Vorfahren schon möglich, die Wehr gemäß dem seinerzeitigen Stand der Technik auszurüsten. 1923 wurde die erste Motorspritze angekauft. Als eines der ersten Autos von den Landfeuerwehren des Bezirkes Ried wurde ein Steyr gekauft. Aufgrund der Größe des Gemeindegebietes entstanden Löschzüge um 1920. Seit Bestehen der Feuerwehr hatte diese zahlreiche Landwirtschaftsbrände zu bekämpfen. Mit Beginn der NS-Zeit wurden die Löschzüge umgruppiert, und es gab nur noch eine Feuerwehr im Ort. Nach Kriegsende wurde jedoch der alte Zustand wieder hergestellt, wodurch die Gemeinde über vier selbständige Feuerwehren verfügt. Durch zahlreiche Beitritte junger Kameraden und eifrige Lehrgangsbesuche in der Landesfeuerwehrschule ist die Wehr gut gerüstet. Der Ford Taunus, der 20 Jahre seinen Dienst versah, wurde 1983 von einem LF-B Mercedes Diesel abgelöst. Gleichzeitig erhielt die Wehr auch eine neue TS VW Supermatic. Weiters wurden ein Greifzug, ein Notstromaggregat sowie eine Bergeausrüstung angekauft. Da die alte Zeugstätte nicht mehr benützt werden konnte, wurde 1974 eine neue Stätte mit Mannschaftsraum errichtet. Den heutigen Anforderungen jedoch nicht mehr gewachsen, wurde 1984 mit dem Bau eines größeren Feuerwehrzeughauses mit drei Garagen und Arbeitsräumen begonnen. In den letzten 15 Jahren wurden drei Atemschutzgeräte, Mittelschaum, Hitzeschutz, mobiles 2-m-Funkgerät, 11-m-Funkgeräte angeschafft.

HBI Lettner F. (1970), OBI Knirzinger F. (1966), HAW Schwarz L. (1945), AW Fischer J. (1946), AW Kaisinger F. (1973), BI Hötzinger J. (1970) — JFm Aigner J. (1980), Lm Aigner L. (1947), Lm Ing. Aigner L. (1974), HFm Aigner M. (1974), JFm Bernauer H. (1983), Bm Bernauer J. (1959), JFm Bernauer M. (1983), Fm Bernauer M. (1967), Lm Böttinger A. (1946), HFm Böttinger A. (1972), HFm Böttinger F. (1980), Bm Böttinger J. (1945), HFm Böttinger J. (1972), Bm Böttinger M. (1945), OFm Böttinger M. (1980), HFm Brandstätter J. (1981), Fm Dorfner S. (1981), Lm Eichinger G. (1930), Lm Fellner J. (1957), OFm Freilinger W. (1974), Lm Fuchs J. (1965), OFm Fuchs J. (1980), Lm Grimmer A. (1958), Lm Gurtner J. (1957), Lm Gurtner J. (1929), Fm Gurtner J. (1982), JFm Gurtner M. (1980), OFm Haslinger H. (1981), Lm Haslinger J. (1981), Lm Hötzinger J. (1936), HFm Hohensinn R. (1970), E-HBI Kaisinger J. (1935), HFm Kaisinger J. (1966), HFm Kaisinger J. (1970), OFm Kirchsteiger J. (1982), OFm Klincock P. (1975), OFm Knirzinger Ch. (1980), HFm Kornpointner K. (1980), Fm Kreuzhuber Ch. (1981), OFm Kreuzhuber F. (1962), JFm Kreuzhuber G. (1983), HFm Landlinger E. (1974), Landlinger J. (1957), HFm Landlinger J. (1974), HFm Landlinger W. (1973), OFm Lenerth E. (1982), OFm Lenerth G. (1981), HFm Lenerth G. (1982), HFm Lettner M. (1981), HFm Lettner J. (1974), HFm Lettner M. (1981), HFm Löw J. P. (1981), HFm Mager F. (1975), HBm Medwed A. (1973), Lm Medwed J. (1952), Lm Mitterbucher K. (1946), JFm Müller K. (1983), Lm Murauer J. (1964), HFm Neuhofer H. (1981), Lm Oberndorfer J. (1954), HFm Raffeiner H. (1975), HFm Raffeiner L. (1962), HFm Raffeiner R. (1955), Lm Schneiderbauer F. (1981), Lm Schönauer K. (1959), Lm Seifried F. (1958), OFm Siegesleitner Ch. (1980), Bm Siegesleitner J. (1956), HLm Siegesleitner J. (1972), HLm Siegesleitner M. (1974), HFm Spindler M. (1972), HFm Spindler R. (1974), Fm Stangl M. (1983), HFm Stelzer K. (1958), Lm Stelzer R. (1947), Fm Vilseker P. (1980), FA Dr. Zadrazil J. (1983)

FF METTMACH

Die Freiwillige Feuerwehr Mettmach besteht schon seit 1867. Aber die damaligen Herren hatten nicht immer zusammengehalten, so daß das Jahr 1890 als Gründungsjahr anzusehen ist. 1867 wurde die erste Handdruckspritze von der Fa. Knaust in Wien angekauft, dieselbe wurde in Ried im Innkreis vorgeführt und galt als die beste Handdruckspritze der Umgebung. Gründungsmitglieder waren: Georg Reischenböck, Georg Baumkirchner, Johann Feichtinger, Franz Kreuzhuber, Heinrich Estmeister, Englbert Leeb, Leopold Schwarz. Die Handdruckspritze wurde umgebaut, da sich herausstellte, daß das feste Strahlrohr nicht so gut war; man verwendete dann Schläuche. Am 31. Dezember 1896 brannten durch Blitzschlag vier Bauernhöfe ab. Bei der Generalversammlung 1912 wurde ein Antrag auf eine neue Spritze gestellt. Der Antrag wurde einstimmig angenommen und eine Sammlung beschlossen und durchgeführt. Die Spritze wurde bei der Fa. Gugg in Braunau bestellt und samt Schläuchen geliefert. Gefahren wurde sie von Bäckermeister Bernhard Beham in Mettmach. 1919 tauschte die Freiwillige Feuerwehr Mettmach mit der Fa. Gugg eine Leiter, vier Fahrräder und 800 Kronen gegen einen Spritzenwagen ein. 1930 kaufte die Wehr eine neue Motorspritze bei der Fa. Gugg mit einem Breuer-Motor, Vierzylinder, 24 PS und 700–800 Liter in der Minute. Am 6. Mai 1951 wurde eine neue Gugg-Spritze mit einem DKW-Motor gekauft. Die Freiwillige Feuerwehr Mettmach kaufte von der Freiwilligen Feuerwehr Ried das TLFA 3000 Ford Baujahr 1943. 1972 kaufte die Wehr eine Rosenbauer VW-Pumpe, für die eine Sammlung durchgeführt wurde. Am 16. und 17. Juni 1984 fand das Feuerwehrfest in Mettmach mit Weihe des neuen TLF 2000 von der Fa. Rosenbauer statt.

HBI Knauseder F. (1965), OBI Gaisbauer G. (1963), AW Lengauer K. (1949), AW Lengauer K. (1978), AW Litzlbauer A. (1975), AW Reischenböck G. (1950) — Fm Aspök J. (1942), HFm Augustin A. (1947), HFm Augustin J. (1949), OFm Augustin S. (1980), Bm Baier J. (1947), Baier J. (1975), PFm Baumgartner J. (1983), Bm Beham R. (1933), OFm Brückl F. (1972), Burgstaller E. (1951), OFm Danner M. (1962), OFm Daxecker A. (1975), E-HBI Daxecker F. (1944), OFm Daxecker F. (1973), PFm Feichtenschlager J., OFm Feichtenschlager J. (1966), OLm Feichtenschlager K. (1956), HFm Feichtinger E. (1938), OFm Fellner F. (1973), OFm Forstenpointner F. (1945), PFm Forstenpointner W. (1974), HFm Frauscher G. (1955), HFm Frauscher H. (1964), OBm Furk K. (1962), OFm Gaisbauer A. (1954), Bm Gaisbauer F. (1958), PFm Gaisbauer F. (1983), HFm Gaisbauer G. (1949), Gaisbauer J. (1956), PFm Gaisbauer M. (1976), HFm Dr. Gotthalmseder A. (1971), Fm Gotthalmseder E. (1975), OFm Gotthalmseder E. (1975), OFm Greineder J. (1966), PFm Habetswallner J. (1970), OFm Hager J. (1953), OFm Hingsamer F. (1957), PFm Hütter J. (1982), Bm Hutter K. (1940), Fm Kehl A. (1962), HFm Kettl K. (1947), PFm Kettl K. (1973), HFm Kinz A. (1951), OFm Knauseder A. (1972), HFm Knauseder F. (1929), HFm Kobler F. (1966), OFm Kraml G. (1981), HFm Lanz J. (1942), OFm Lanz R. (1980), OFm Maier A. (1949), OFm Maier A. (1977), Fm Meingaßner A. (1979), HFm Ornetsmüller G. (1960), HFm Ing. Pumberger K. (1952), PFm Pumberger P. (1975), PFm Pumberger R. (1975), OFm Reischenböck F. (1971), OFm Reischenböck F. (1966), PFm Reischenböck G. (1974), HFm Reischenböck R. (1971), OFm Salhofer F. (1962), HFm Sattlecker F. (1949), OFm Sattlecker F. (1975), OLm Sperl H. (1959), OFm Spindler G. (1977), OFm Stangl G. (1960), OFm Stieglbauer E. (1977), HFm Stieglbauer H. (1971), HFm Stranzinger E. (1940), OLm Strasser F. (1940), HFm Strasser F. (1975), PFm Weißenbrunner F. (1980), HFm Weißenbrunner J. (1945), E-HBI Wetzlmaier R. (1953), OFm Zaglmaier J. (1970), HFm Zeilinger J. (1924)

FF MOOSHAM

Die Gründung der FF Moosham erfolgte 1922. Noch im gleichen Jahr wurde eine Fahne geweiht. Bald wurde eine gebrauchte Handspritze angekauft, als Zeugstätte diente ein Raum des Anwesens Winklhammer. 1931 wurde die Handspritze durch eine neue Motorspritze Type GR E 35 ersetzt. 1937 konnte ein neues Zeughaus errichtet werden. Während des Zweiten Weltkrieges gehörte die FF Moosham als Löschzug zur FF Geinberg. Dann begann der Wiederaufbau. 1955 erhielt die Wehr einen neuen Tragkraftspritzenwagen, 1966 eine neue Tragkraftspritze Type 75 VW Automatik von der Fa. Rosenbauer. 1972 wurden anläßlich des 50jährigen Gründungsfestes eine Fahne und eine Motorspritze geweiht. 1975 fand eine Zeughausgeneralsanierung statt. Der Entschluß von 1978, ein Tanklöschfahrzeug in Eigenregie zu bauen, führte schließlich 1979 nach einigen Umwegen zum Ankauf eines geländegängigen Opel Blitz 6700 Bj. 1942 mit Pumpe und Haspel. 1980 wurde das Fahrzeug ohne Zubehör nach Deutschland verkauft und dafür ein gebrauchtes Mercedes-L-508-Fahrgestell erworben. Der Umbau war sehr mühevoll, die Freude über das fertige TLF 1800 dafür um so größer. Anfang 1984 wurden drei schwere Atemschutzgeräte angeschafft. Als großes Vorhaben gilt nun der Bau eines neuen Zeughauses.

HBI Vilsecker E. (1950), OBI Stoiber J. (1961), AW Kößlbacher F. (1955), AW Reichl H. (1954), AW Strasser J. (1969) — HFm Baier H. (1977), HFm Baier K. (1965), HFm Baier K. (1977), HFm Berer F. (1956), HFm Berer F. (1977), HFm Berger G. (1922), HFm Berger J. (1946), Fm Berger J. (1983), HFm Berger K. (1949), HFm Brunnhuber F. (1968), HFm Buchner J. (1952), HFm Buchner J. (1977), OFm Buttinger F. (1966), HFm Buttinger F. (1952), Lm Buttinger N. (1977), Fm Dirnberger F. (1980), HFm Dirnberger J. (1967), HFm Ellinger-Neuhold G. (1959), HFm Endl A. (1967), OFm Fladnitzer E. (1983), OFm Gadermaier J. (1976), HFm Grünbart F. (1965), HFm Gurtner G. (1966), HFm Hamminger H. (1968), HFm Hartl J. (1977), HFm Hartl J. (1952), HFm Hubauer R. (1966), HFm Kaser R. (1946), HFm Köck H. (1961), HFm Kößlbacher F. (1926), Fm Kößlbacher F. (1977), E-AW Kößlbacher J. (1922), OFm Kreuzhuber G. (1977), HFm Kreuzhuber G. (1955), OFm Kreuzhuber G. (1966), HFm Lechner F. (1962), HFm Mairinger M. (1936), HFm Mayr M. (1936), HFm Morawetz O. (1954), Fm Mühringer J. (1983), HFm Nöbauer K. (1952), OFm Öllinger K. (1980), HFm Penzenstadler H. (1978), HFm Penzenstadler R. (1980), HFm Preishuber F. (1982), HFm Prentner A. (1963), Fm Priewasser M. (1983), HFm Putscher A. (1957), HFm Putscher P. (1977), HFm Rabler K. (1937), Fm Reiter G. (1963), HFm Reitinger L. (1977), HFm Schaber J. (1959), HFm Schaber J. (1951), OFm Schieß A. (1946), OFm Schieß R. (1946), HFm Schneidinger R. (1963), HFm Schöppl B. (1977), HFm Schöppl H. (1948), HFm Schrems J. (1952), HFm Schwendinger A. (1962), HFm Seidl G. (1980), Fm Stelzhamer K. (1977), HFm Stieger F. (1979), Fm Stoiber H. (1972), HFm Stoiber R. (1950), HFm Stranzinger J. (1946), Fm Vilsecker E. (1981), HFm Wagner K. (1980), HFm Wagner W. (1964), OFm Weinberger F. (1961), Fm Weindrich G. (1977), HFm Weindrich J. (1968), HFm Weinzierl L. (1950), HFm Wiesbauer J. (1951), Fm Wiesbauer L. (1983), HFm Wimmer M. (1966), HFm Zechmeister G. (1955), Zöpfl G. (1966)

FF MÖRSCHWANG

Die Freiwillige Feuerwehr Mörschwang wurde im Jahr 1894 von Franz Hellmuth, Kaspar Gurtner, Martin Lenzbauer, Karl Schachinger, Jakob Stampfl, Johann Gurtner, Karl Danninger und Franz Bruckbauer gegründet. Im ersten Jahr des Bestehens kaufte die Wehr eine Abprotzspritze und 1899 eine Saugspritze von der Fa. Gugg. Im Jahr 1913 wurde eine Abprotzspritze für den Ortsteil Greifing erworben, 1929 konnte die erste Motorspritze angeschafft werden, es war dies ein Viertaktmotor von der Fa. Gugg mit Pferdegespann-Anhänger. 1966 erfolgte der Ankauf einer Motorspritze VW Gugg, 1979 wurde der Ankauf eines Kleinlöschfahrzeuges Ford Transit vorgenommen. Im Jahr 1924 wurde auf dem von Bürgermeister Laurenz Stranzinger zur Verfügung gestellten Grundstück ein neues Feuerwehrdepot errichtet. Hauptleute seit der Gründung der Freiwilligen Feuerwehr Mörschwang waren Martin Lenzbauer, Johann Schneglberger, Ludwig Schachinger, Karl Dobler, Max Hainzlmeier und Wilhelm Gurtner.

HBI Gurtner W. (1947), OBI Lenzbauer J. (1956) — Binder J. (1948), Bruckbauer J. (1935), Dandler E. (1960), Danecker A. (1975), Danecker K. (1955), Egger J. (1973), Egger J. (1953), Fattinger S. (1971), Flotzinger F. (1954), Flotzinger F. jun. (1972), Gurtner W. jun. (1967), Hargaßner J. (1931), Hebertshuber J. (1973), Hebertshuber J. (1956), Hebertshuber J. (1972), Heinzlmaier M. jun. (1972), Hubauer F. (1983), Huber G. (1953), Huber K. (1977), Huber P. (1915), Huber R. (1964), Huber R. jun. (1979), Jetzinger J. (1952), Lenzbauer G. (1919), Oberschmidleitner J. (1944), Oberschmidleitner J. (1979), Pointner J. (1971), Reinthaler J. (1978), Riegler H. (1953), Rieser J. jun. (1978), Schachinger A. (1956), Schachinger A. (1978), Schachinger A. (1930), Schachinger B. (1979), Schachinger H. (1959), Schachinger J. (1958), Schachinger J. (1930), Schachinger J. (1950), Schachinger K. (1966), Schachinger K. (1975), Schachinger L. (1950), Schachinger L. (1959), Schachinger L. (1963), Schachinger L. (1924), Schachinger L. (1930), Schmidbauer R. (1972), Schmölzer B. (1983), Schneebauer F. (1950), Stempfer R. (1957), Stöckl J. (1951), Stöckl R. (1978), Wiesbauer F. (1966), Wiesbauer J. (1963), Wiesbauer K. (1978), Wimmer P. (1962), Zechmeister F. (1952), Zechmeister J. (1973)

FF MÜHLHEIM AM INN

Am 11. Juni 1889 fand die Gründungsversammlung der Freiwilligen Feuerwehr Mühlheim statt. Baron Julius von Peckenzell hatte sich um die Gründung sehr verdient gemacht. Im Juli 1898 fand die Weihe der Feuerwehrfahne statt. 1900 wurde die Feuerwehrmusik gegründet, die sich zu Beginn des Ersten Weltkrieges wieder auflöste. 1930 erfolgte der Ankauf einer Motorspritze von der Fa. Gugg. 1938 beschloß die Vollversammlung, den Verein aufzulösen und sich als Körperschaft öffentlichen Rechts zu erklären. Nach dem Zweiten Weltkrieg wurde die Musikkapelle wieder ins Leben gerufen, jedoch nicht als Feuerwehrmusik, sondern als Ortsmusik. Als Gegenleistung für die kostenlose Überlassung der Instrumente mußte die Musikkapelle bei Begräbnissen von Feuerwehrkameraden bis 1954 gratis spielen. 1964: Ankauf einer Tragkraftspritze, 1975 mußte das alte Zeughaus im Zuge der Straßenverbreiterung weichen, ein Neubau wurde in Angriff genommen. 1976 wurde von der FF Eferding ein gebrauchtes Einsatzfahrzeug erworben. Im Jahr 1979 fand die Segnung des neuen Zeughauses statt. Hauptleute seit Gründung: Alois Haas, Jakob Kitzbichler, Jakob Gradinger, Georg Eiblmair, Ferdinand Schmid, Johann Katzlberger, Josef Katzlberger und Alfred Auer.

HBI Auer A. (1964), OBI Gradinger F. (1973), AW Dobler F. (1963), AW Hatheier H. (1964), AW Ringl K. (1957), BI Zaglmayr L. (1962) — JFm Auer A. (1983), OFm Auer A. (1960), JFm Auer H. (1983), OFm Auer R. (1952), OFm Auzinger R. (1956), Fm Baumkirchner J. (1981), OFm Binder H. (1979), OFm Brunbauer K. (1946), OFm Denk J. (1968), Fm Destinger J. (1978), OFm Destinger W. (1951), OFm Eichelsberger G. (1965), OFm Eichelsberger G. (1965), OFm Eichelsberger J. (1965), OFm Eichelsberger J. (1946), OFm Falkenstätter L. (1972), OFm Fink J. (1960), Fm Finsterer O. (1968), HFm Frauscher F. (1967), JFm Freilinger M. (1983), HFm Gattringer F. (1951), Fm Gattringer F. (1980), JFm Gradinger B. (1983), PFm Gradinger F. (1983), OFm Gradinger F. (1961), OFm Gradinger H. (1953), OFm Gradinger K. (1977), PFm Gradinger L. (1983), HFm Hasibeder A. (1954), Fm Hatheier F. (1980), JFm Hatheier R. (1983), OFm Hatheier R. (1948), Fm Hatheier R. (1977), Fm Herndlbauer J. (1970), OFm Huemer L. (1950), OFm Jewtuschenko M. (1962), E-HBI Katzlberger J. (1948), Fm Kaufmann H. (1973), JFm Kindlinger W. (1983), OFm Köchl J. (1950), Fm Kratzer F. (1980), Fm Kratzer J. (1973), Lm Kreil G. (1953), Fm Kreil G. (1981), OFm Lichtenberger E. (1969), OFm Maier O. (1958),

Fm Mairinger A. (1965), Fm Mairinger J. (1978), Fm Mayr F. (1978), JFm Mayr K. (1983), JFm Mayr S. (1983), OFm Mayrböck F. (1950), PFm Meindl E. (1983), PFm Meindl R. (1983), OFm Neuburger J. (1978), PFm Nöbauer F. (1983), Fm Osternacher J. (1979), OFm Pammer R. (1968), Fm Panhölzl F. (1979), HFm Pöttinger L. (1968), HFm Pöttinger L. (1951), OFm Ranftl G. (1968), HFm Rechenmacher J. (1951), OFm Rechenmacher J. (1978), OFm Schaber A. (1951), OFm Scheidegger J. (1949), OFm Schlager H. (1964), OFm Schmid R. (1951), OFm Schmidbauer A. (1973), PFm Schmidbauer R. (1983), OFm Schmitzberger F. (1954), Lm Schwandtner K. (1975), OFm Sinegger A. (1977), Fm Stockhammer A. (1979), Lm Stockhammer J. (1975), Fm Stranzinger E. (1978), OFm Stranzinger G. (1954), OFm Stranzinger I. (1952), OFm Stranzinger K. (1972), Fm Unfried K. (1981), Fm Walzinger F. (1977), Fm Weibold A. (1978), JFm Weidinger A. (1983), JFm Weidinger M. (1983), OFm Weinberger J. (1973), OFm Weinberger J. (1948), HFm Wenger-Hargaßner K. (1949), OLm Wiesbauer A. (1971), Fm Wimmer E. (1976), OFm Wimmer F. (1953), PFm Wimmer W. (1983), Fm Windsperger K. (1983), OFm Winklhammer E. (1950), Fm Winklhammer H. (1981), Lm Zauner R. (1946)

FF MÜNSTEUER

Am 28. Januar 1946 wurde die Gründung der Freiwilligen Feuerwehr Münsteuer durch Bürgermeister Franz Zahrer, Reischl, durchgeführt. Als Führer der Wehr wurde Hauptlöschmeister Ludwig Weilhartner bestimmt. Bei der Gründungsversammlung wurden 34 aktive und 20 unterstützende Mitglieder aufgenommen. Die erste Spritze wurde am 27. Dezember 1945 angekauft, sie hatte die Bezeichnung Gugg DS 8, ein Breuer-Erzeugnis. Der Kaufpreis betrug S 550.— und wurde zur Gänze durch Sammlungen gedeckt. Das erste Spritzenhaus war ein Wohnwagen aus dem Zweiten Weltkrieg. Der Spritzenwagen stammte vom Flugplatz Münsteuer. 1949 wurde das derzeitige Spritzenhaus durch Eigenleistungen erbaut. Am 15. Juli 1972 wurde eine neue Tragkraftspritze, VW-Trokomat, 31 PS, angekauft. Im März 1978 legte Kommandant Weilhartner nach 32jähriger Tätigkeit sein Amt nieder. Im Jahr 1979 bekam die Freiwillige Feuerwehr Münsteuer ihre erste Fahne, die durch Eigenleistungen und Sammlungen angekauft wurde. 1980 erhielt die Freiwillige Feuerwehr Münsteuer durch die Gemeinde ein Feuerwehrauto, und im Jahre 1982 wurde die Wehr mit zwei Funkgeräten von der Raika Reichersberg ausgerüstet. Der heutige Kommandant der Freiwilligen Feuerwehr Münsteuer ist HBI Alois Hauer.

HBI Hauer A. (1974), OBI Zarbl J. (1964) — Bachmaier A. (1945), Bachmaier J. (1963), Ertl F. (1976), Ertl J. (1945), Feichtlbauer J. (1945), Fischer A. (1958), Fischer J. (1970), Fischer J. (1957), Fischer K. (1966), Greil H. (1947), Greil L. (1977), Gruber H. (1983), Kickinger F. (1978), Kreil J. (1976), Maisenberger A. (1960), Meisenberger A. (1954), Öttl A. (1945), Öttl J. (1977), Ottl A. (1972), Schachinger H. (1968), Schachinger J. (1971), Schachinger J. (1956), Schachinger K., Schachinger R. (1980), Schachinger W. (1980), Straßer J. (1952), Straßer J. (1975), Stummer H. (1977), Stummer J. (1971), Stummer J. (1974), Stummer J. (1945), Weilhartner L. (1971), Zahrer K. (1970), Zarbl J. (1945), Zechmeister F. (1972)

FF NEUHOFEN IM INNKREIS

Von einer offiziellen Gründungsversammlung mit 60 Mitgliedern am 28. September 1883 berichtet die Pfarrchronik. Eine Feuerwehrchronik wird seit 1896 geführt, Mitgliederlisten seit 1883. Ein besonders markantes Ereignis in der Geschichte der Freiwilligen Feuerwehr Neuhofen war etwa der Ankauf einer Motorspritze im Jahr 1924 um 75 000 000 Schilling mit anschließender Motorspritzen- und Fahnenweihe. Eine traurige Begebenheit kennzeichnet den 29. Dezember 1930, an dem der Motorführer Josef Butter vulgo Ehofer beim Ausrücken zu einem Brandeinsatz um Mitternacht infolge von Glatteis unter die Spritze stürzte und sich das Genick brach. 1951 erfolgten der Neubau des Zeughauses sowie die Anschaffung einer Autospritze. Kurz darauf erfolgte der Ankauf einer Alarmsirene, die aus Eigenmitteln finanziert wurde. Besonders ausführlich berichtet die Chronik vom Hochwassereinsatz 1954. Im Jahr 1956 wurde ein Wehrmachtsfahrzeug Steyr 5000 erworben, welches bis 1980 Feuerwehrdienste leistete. Erst Anfang der achtziger Jahre nahm man eine Modernisierung durch den Ankauf eines LFB sowie von Funk- und Atemschutzgeräten vor. 1981 war die Freiwillige Feuerwehr Neuhofen im Rahmen der Autoweihe Veranstalter des Bezirksfeuerwehrfestes, verbunden mit dem Bezirksleistungsbewerb. Die Namen der Hauptleute seit der Gründung (soweit bekannt) sind: Johann Brückl, Johann Dullinger, Mathias Fellner, Jakob Knoglinger, Alexander Dullinger, Josef Schilcher, Johann Knoglinger, Rudolf Sternbauer, Franz Wilhelm.

HBI Wilhelm F. (1977), OBI Sternbauer J. (1949), AW Ecker J. (1974), AW Schabetsberger J. (1978) — Fm Ametsreiter W. (1982), Lm Augustin J. (1946), Lm Bachinger R. (1957), OFm Bachinger R. (1980), OLm Badegruber-Kaisinger G. (1950), OFm Badegruber-Kaisinger G. (1977), OFm Brattan N. (1978), HFm Buttinger H. (1972), HLm Buttinger K. (1946), Lm Diermaier J. (1946), Lm Diermayr J. (1954), HLm Dullinger W. (1946), OFm Ecker G. J. (1979), Fm Ecker G. (1981), Lm Ecker J. (1954), HLm Etz R. (1946), Lm Etzlinger J. (1955), Fm Etzlinger K. (1981), HLm Fischerleitner J. (1946), HLm Fischerleitner H. (1930), HLm Froschauer A. (1928), HFm Gadringer F. (1965), Fm Graf Ch. (1982), Lm Hamminger F. (1955), OFm Höckner F. (1973), Lm Höckner J. (1946), Bm Höckner R. (1930), Lm Hohensinn A. (1954), Lm Huber R. (1951), E-OBI Krautgartner J. (1932), HFm Kreuzhuber J. (1960), HFm Kreuzhuber M. (1955), OFm Lang J. (1979), Lm Mair R. (1973), OFm Obermüller F. (1980), Posch J. (1946), HLm Rabenberger J. (1941), Lm Scharnböck J. (1960), OFm Schilcher F. (1962), Fm Schilcher F. (1966), HFm Schindler E. (1975), OFm Schreiner E. (1975), Fm Simmer B. (1979), Lm Spiesberger F. (1975), HLm Steinbacher J. (1946), HFm Sternbauer E. (1977), OFm Sternbauer F. (1966), E-HBI Sternbauer R. (1952), OFm Weideneder R. (1977), OLm Werner A. (1966), OLm Zeilinger F. (1949), E-BI Zweimüller F. (1919), Lm Zweimüller F. (1951)

FF NEUNDLING

Die Gründung der Freiwilligen Feuerwehr Neundling erfolgte am 12. April 1894. Eine chronologische Zusammenstellung der wichtigsten Ereignisse ist nicht möglich, da sehr wenig Aufzeichnungen vorhanden sind. Am 8. Juli 1900 fand in Neundling der Bezirksdelegiertentag statt, zu dem sämtliche Feuerwehren erschienen waren. 1913 wurde ein Zeughaus gemauert, das erste war aus Holz gewesen. 1920 wurde bei der Fa. Gugg in Braunau die Spritze stärker ummontiert; die Kosten wurden mit Weizen und Butter bezahlt. 1950 wurde eine Motorspritze von der Fa. Gugg angekauft. Am 15. Juli 1951 feierte die Wehr ihr 60jähriges Gründungsfest mit Motorspritzenweihe. 1952 wurde eine Wettbewerbsgruppe gegründet. 1954 wurde die von Franz Kalmberger gespendete Fahne geweiht. Beim großen Hochwasser vom 8. bis 11. Juli 1954 waren 63 Mann 1006 Stunden im Einsatz. 1961: Ankauf einer neuen Tragkraftspritze und eines Autos VW Doppelkabine. 1974: Gründung einer Jugendgruppe. Bei der Schneekatastrophe 1979 waren 126 Mann 1566 Stunden im Einsatz. 1982 erfolgte der Neubau der Zeugstätte. Am 10. und 11. September 1983 fand das 90jährige Gründungsfest, verbunden mit Zeughausweihe und Abschnittsbewerb des Abschnittes Ried-Nord, statt. Die Namen der Hauptleute seit Gründung (soweit bekannt): Lorenz Hamminger, Franz Frauscher, Ferdinand Spindler, Anton Hell, Ferdinand Spindler, Georg Spindler, Alois Gadermeier, Alois Huber, Josef Mairinger, Josef Mühlbacher, Franz Stangl.

HBI Stangl F. (1955), OBI Spindler F. (1947), AW Baier F. (1958), AW Binder J. jun., AW Jenichl E. sen. (1948), BI Gaisbauer A. (1942) — OFm Angleitner J. (1947), Lm Aspök J. (1957), HFm Baier K. (1980), Fm Berghammer H. (1960), Fm Binder F. (1969), OFm Binder J. (1981), Lm Binder J. sen. (1936), OFm Briefeneder J. (1957), Fm Briefeneder J. jun. (1978), Fm Brückl H. (1982), Fm Burgstaller F. (1979), Fm Burgstaller J. (1982), Fm Burgstaller J. (1978), Fm Christ E. (1959), Fm Dallinger G. (1964), PFm Daxecker H. P. (1978), Fm Daxecker J. (1958), HLm Daxeker H. (1975), Fm Dobler J. (1973), PFm Dobler J. (1980), OFm Frauscher E. (1960), Fm Fuchs K. (1972), Lm Gadermeier A. (1968), HFm Gadermeier A. sen. (1935), OFm Gaisbauer F. (1960), HFm Gaisbauer F. (1974), OFm Gruber G. (1976), Lm Gruber J. (1952), OFm Gruber J. (1965), HFm Gstöttner J. (1973), OFm Haller A. (1972), Fm Hartwagner F. (1970), OFm Hell F. (1974), Lm Hell G. (1947), OFm Hell G. (1973), OLm Hell J. (1921), JFm Hell R. (1982), Fm Holzner F. (1964), OLm Huber A. (1928), Fm Huber F. (1974), Fm Huber F. (1980), HLm Jenichl E. jun. (1974), Fm Jöchtl H. (1971), Lm Kalteneker J. (1956), Lm Kastinger A. (1958), Fm Kastinger F. (1969), OFm Kimpflinger H. (1973), HLm Klein M. (1974), OLm Knauseder J. (1962), JFm Knauseder J. (1981), HBm Knauseder J. sen. (1940), OBm Lahr R. (1954), Fm Lettner F. (1952), OFm Mairinger F. (1973), OFm Mairinger J. (1973), OLm Mairinger J. sen. (1976), OFm Mairinger L. (1976), OFm Mühlbacher H. (1974), E-HBI Mühlbacher J. (1952), HFm Mühlbacher J. (1972), Lm Paulusberger J. (1977), Fm Pürstinger N. (1982), Lm Riedlmeier G. (1935), HFm Schmiedeger R. (1977), OFm Schoibl J. (1952), OFm Schwarzmeier H. (1966), OFm Spindler F. (1974), PFm Spindler J. (1979), HLm Spindler J. (1948), PFm Spindler J. (1978), Fm Steingreß J. (1977), OFm Stieglbauer A. (1960), PFm Stieglbauer A. (1980), PFm Stieglbauer F. (1973), OFm Stieglbauer F. (1947), OFm Stieglbauer F. (1976), OFm Stieglbauer G. (1947), JFm Stieglbauer J. (1980), OFm Stieglbauer K. (1960), HLm Stieglbauer M. (1948), JFm Stieglbauer W. (1981), E-AW Stockhammer J. (1952), Fm Weinberger F. (1979), OFm Weißenbrunner K. (1972), OLm Weißenbrunner K. sen. (1953), Fm Weißenbrunner W. (1977), Fm Zeilinger F. (1973)

FF NUSSBAUM

Das Kdo. der Feuerwehr Nußbaum hat sehr wenige Unterlagen aus der Zeit der Gründung, hat aber bei den Nachforschungen folgende Fakten entdeckt: Das Gründungsjahr war 1895, erster Kommandant war Josef Reif. Ihm folgten Josef Seifried (1912–1921), Alois Reif (1922–1929), Josef Mühlecker (1929–1931), Matthias Hangler (1931–1935), Rudolf Spindler (1935–1953), Georg Salhofer (1953–1973), Franz Erlinger (1973–1982), Josef Salhofer (1982–1983), Johann Spieler (seit 1983). 1929: Ankauf einer Vierlinger-Motorpumpe, dazu die ersten ausgebildeten Maschinisten Johann Linecker, Johann Spieler und Franz Zeilinger. 1953: Ankauf einer Rosenbauer-Motorpumpe R 75. 1964: Erste Löschgruppe – Teilnahme am 2. oö. Landeswettbewerb in Steyr und damit der Beginn einer belebten Tätigkeit in der Feuerwehr, z. B. Ausbildung, Neuanschaffung. 1966: Neubau des Zeughauses. 1968: Ankauf eines BLF (Land Rover) mit gebrauchter Vorbaupumpe. Als erste Feuerwehr der Gemeinde bekommt Nußbaum mit starker finanzieller Unterstützung der Bevölkerung des Pflichtbereiches ein Einsatzfahrzeug. 1973: Ankauf von zwei schweren Atemschutzgeräten durch die Gemeinde und die Raika Waldzell, ein drittes wurde vom Land Oberösterreich finanziert. 1976: Auf Grund der Überlastung des BLF bauen der ZW Johann Steinhofer und Georg Schrattenecker einen Anhänger für die TS. 1979: Ankauf einer neuen VP A R 120. 1981: Ankauf eines mobilen Funkgerätes. 1984: Neubau des Schlauchturms.

HBI Spieler J. (1942), OBI Aspöck F. (1969), AW Salhofer G. (1967), AW Steinhofer J. (1968), HBI Salhofer G. (1947), BI Steinhofer G. (1961) — OFm Aigner W. (1978), HFm Aspöck P. (1952), Fm Berer F. (1976), HFm Berer G. (1951), OFm Berer G. (1974), Berer J. (1975), HFm Berghammer J. (1944), HFm Burger J. (1957), HFm Burgstaller J. (1957), HFm Burgstaller J. (1967), Fm Burgstaller J. (1979), HFm Emprechtinger J. (1974), HFm Erhart M. (1954), Fm Erhart M. (1982), OLm Erlinger F. (1950), Erlinger F. (1975), HFm Esterer J. (1936), HFm Frauscher G. (1967), HFm Friedwagner R. (1942), OFm Gyhammer G. (1977), HFm Gyhammer G. (1948), HFm Haidentaller O. (1978), HFm Haselgruber J. (1970), Fm Hattinger F. (1979), Hermandinger J. (1967), HFm Hohensinn J. (1976), HFm Huber F. (1949), HFm Huber J. (1973), HFm Huber J. (1948), OFm Ibinger G. (1976), HFm Ibinger G. (1950), HFm Klugsberger G. (1948), HFm Linecker F. (1967), OFm Linecker J. (1970), HFm Machl F. (1950), HFm Maier F. (1967), HFm Maier G. (1957), OFm Maier G. (1978), HFm Maier R. (1951), HFm Mayr J. (1944), HFm Mühlecker F. (1956), HFm Mühlecker J. (1972), HFm Mülecker F. (1942), HFm Reifetshammer F. (1953), OFm Salhofer A. (1976), OFm Salhofer F. (1975), HFm Salhofer F. (1942), HFm Salhofer F. (1963), Fm Salhofer G. (1981), HFm Salhofer J. (1960), HFm Salhofer J. (1967), Lm Salhofer J. (1955), OFm Salhofer J. (1977), HFm Salhofer R. (1965), HFm Schabetsberger F. (1953), Fm Schachl H. (1980), HFm Schatzl A. (1953), HFm Scherfler G. (1962), HFm Scherfler J. (1963), HFm Schoibl G. (1965), HFm Schrattenecker F. (1967), HFm Schrattenecker G. (1969), Schrattenecker J. (1972), Schrattenecker J. (1969), Schrattenecker M. (1949), Schrattenecker W. (1975), Seifried J. (1942), Lm Seifried P. (1955), Siedl S. (1968), Spieler F. (1953), HFm Spieler J. (1968), HFm Spindler F. (1948), HFm Spindler G. (1972), HFm Stainbacher J. (1942), Fm Steinbacher J. (1980), HFm Steinhofer P. (1948), HFm Walchetseder F. (1972), HFm Weidlinger J. (1927), Wieser F. (1957), Zauner G. (1968), OFm Zauner J. (1974), Zeilinger J. (1976), Zeilinger J. (1932), Zoglmaier H. (1932), Zoglmaier J. (1948).

FF OBERBRUNN

Die Freiwillige Feuerwehr Oberbrunn wurde 1881 gegründet. Bis etwa 1927 besaß die FF Oberbrunn eine Handpumpe, bei der drei Mann links und drei Mann rechts nach dem Kommando (Takt) des Hauptmannes pumpen mußten. Nach den Aufschreibungen in den alten Protokollbüchern sind trotz der einfachen, jedoch seinerzeit einzig möglichen Art der Wasserförderung zahlreiche Einsätze, auch in den Nachbargemeinden, getätigt worden. Im Jahre 1927 wurde eine Breuer-Motorpumpe von der Fa. Gugg in Braunau gekauft. Die Errichtung des Feuerwehrhauses und des Schlauchturmes ist datumsmäßig nicht bekannt, jedoch müssen beide Objekte schon sehr lange bestehen, weil sich selbst die ältesten Dorfbewohner nicht mehr an eine Errichtung, sondern an den Bestand beider Gebäude seit ihrer Kindheit erinnern. 1956 wurde eine R VW 75 Tragkraftspritze angekauft, welche noch immer im Einsatz ist und gut funktioniert. Als Einsatzfahrzeug diente ein zweiachsiger Anhängewagen, der beim Kauf der VW Pumpe 1956 ebenfalls umgebaut wurde. Das Feuerwehrhaus wurde saniert und vergrößert und 1967 vom Pfarrer Baireder eingeweiht. 1978 erhielt die FF Oberbrunn ein gebrauchtes Kleinlöschfahrzeug (Ford FK 1250). 1980 wurde der Schlauchturm ausgebessert und erhöht. Zur Alarmierung ist eine Sirene mit Steuergerät, jedoch ohne Funkauslösung vorhanden. Aus dem Erlös von Veranstaltungen (Waldfest) wurden diverse kleinere Geräte und drei Handfunkgeräte (11-m-Band) gekauft und zur Uniformierung beigesteuert. Ein Beitrag für ein neues KLF ist vorgesehen, dessen Ankauf geplant und vom LFK genehmigt ist.

HBI Kreuzhuber J. (1962), OBI Bögl J. (1964) — Adlmanninger J. (1948), Aigner J. (1970), Baumann R. (1953), Bimingstorfer A. (1979), Bimingstorfer J. (1959), Bimingstorfer M. (1948), Bimingstorfer M. (1976), Böck F. (1978), Böck J. (1944), Böck J. (1977), Braun J. (1946), Braun J. (1970), Brückl J. (1973), Buchinger J. (1973), Danecker K. (1979), Dirnberger P. (1973), Doblinger J. (1977), Draxl M. (1982), Emprechtinger H. (1970), Emprechtinger J. (1947), Erlinger J. (1983), Etzlinger K. (1932), Feichtinger F. (1947), Feichtinger F. (1973), Feuchtenschlager A., Feuchtenschlager G. (1980), Flaig J. (1946), Flatscher R. (1964), Flixeder E. (1979), Flixeder J. (1955), Flixeder J. (1973), Freund J. (1944), Freund F. (1979), Gadermaier A. (1924), Gadermaier A. (1944), Gadermaier J. (1978), Gadermaier J. (1973), Gadermaier J. (1972), Gadermaier K. (1948), Greifeneder F. (1935), Greifeneder G. (1929), Greifeneder G. (1966), Greifeneder K. (1973), Gruber F. (1969), Grünbart F. (1976), Hanazeder E. (1948), Hanazeder E. (1982), Hartinger J. (1963), Hartinger J. (1982), Hattinger F. (1953), Hinterobermaier E. (1967), Hosner H. (1963), Hosner H. (1979), Huber G. (1951), Jetzinger A. (1931), Jetzinger E. (1976), Jetzinger F. (1947), John A. (1964), Juric J. (1965), Karl E. (1976), Ketter J. (1953), Kinast J. (1937), Knoblinger S. (1975), Knoglinger A. (1979), Knoglinger E. (1978), Knoglinger F. (1923), Knoglinger J. (1946), Knoglinger J. (1978), Leeb G. (1934), Mitterbuchner J. (1947), Mitterbuchner J. (1972), Murauer A. (1955), Murauer A. (1981), Murauer H. (1978), Nagl F. (1964), Penninger J. (1973), Reisegger J. (1947), Reisegger J. (1966), Reisegger J. (1976), Reiter J. (1964), Reiter J. (1966), Reiter M. (1973), Rohringer J. (1947), Rohringer J. (1973), Rohringer J. (1978), Rutzendorfer R. (1979), Schatzdorfer R. (1935), Schilcher J. (1964), Schilcher J. (1967), Schneiderbauer J. (1960), Schnötzlinger J. (1955), Schnötzlinger J. (1980), Seifried F. (1948), Steinhofer J. (1967), Strauß A. (1953), Strauß A. (1978), Wallersdorfer G. (1981), Wambacher F. (1929), Windsberger J. (1978), Windsberger S. (1960).

FF OBERHOLZ

Am 5. März 1924 gründeten 51 Männer die Freiwillige Feuerwehr Oberholz. Beim Greinerbauer wurde ein Feuerwehrdepot gebaut. Der Standort der Spritze sollte etwas höher liegen, damit man mit dem Pferdegespann rascher zum Einsatzort gelangen konnte. Bei zahlreichen Brandeinsätzen in der Zwischenkriegszeit war die Handpumpe im Einsatz. 1937 wurde von der Fa. Gugg in Braunau eine Motorspritze angekauft. Nach Ausbruch des Zweiten Weltkrieges wurde die FF Oberholz der Gemeindefeuerwehr Mehrnbach als Löschzug unterstellt und 1946 wieder als selbständige Feuerwehr errichtet. 1947 wurde ein Wehrmachtsfahrzeug Type Steyr angekauft und in unzähligen freiwilligen Arbeitsstunden zum Feuerwehrfahrzeug umfunktioniert. 1952 wurde zum Gründungsfest eine neue Fahne geweiht. Das Löschfahrzeug wurde mit zunehmendem Alter immer reparaturanfälliger, weshalb man sich 1956 zum Verkauf entschloß. Aus dem Erlös wurde eine neue Tragkraftspritze VW 75 von der Fa. Rosenbauer angeschafft. Der alte Pferdegespannwagen wurde auf Traktorzug umgebaut und diente wieder als Spritzenwagen. 1973 wurde ein gebrauchter Land Rover von der Fa. Auto Haag in Salzburg angekauft und in Eigenregie aufgebaut. Der Löschteichbau wurde vorangetrieben und eine Jugendgruppe aufgestellt. 1980 wurden ein Notstromgerät mit Beleuchtungskörpern und ein mobiles Funkgerät angeschafft. Da die alte Tragkraftspritze schon sehr reparaturanfällig war, wurde sie 1981 durch eine neue Supermatik von der Fa. Rosenbauer ersetzt. Durch laufende Anschaffungen herrschte überall Platzmangel, weshalb das Feuerwehrhaus vergrößert und ein Tragkraftspritzenanhänger gebaut wurde.

HBI Mayer J. (1966), OBI Kreuzhuber F. (1959), OAW Schwarzgruber F. (1965), AW Ametsreiter J. (1958), AW Penninger G. (1958), BI Maier H. (1973) — HLm Adlmannseder P. (1941), HFm Aigner J. (1956), Fm Ametsreiter J. (1977), JFm Ametsreiter J. (1920), JFm Ametsreiter R. (1982), HFm Baumgartner W. (1966), HLm Baumkirchner F. (1953), OFm Brandstetter G. (1974), OLm Buchner F. (1951), OFm Buchner F. (1974), OLm Buttinger J. (1970), HFm Buttinger M. (1967), OLm Buttinger-Adlmanninger M. (1957), HLm Eder F. (1950), E-BI Eichinger J. (1959), Fm Etzlinger F. (1973), HFm Feichtenschlager G. (1965), OFm Fischer E. (1973), OFm Fischer J. (1974), Fm Fischer K. (1980), OFm Goldberger K. (1978), E-BI Haginger J. (1929), OLm Haginger R. (1957), E-AW Hartl F. (1953), HLm Haslinger G. (1953), Lm Hauser J. (1974), OLm Hell R. (1964), Lm Heyerichs I. (1974), Fm Höckner M. (1976), Fm Hörandtner J. (1975), HFm Hötzinger J. (1966), HFm Hohensinn F. (1974), E-AW Hohensinn G. (1934), HLm Hohensinn J. (1955), OFm Hohensinn J. (1972), Fm Huber J. (1973), HLm Huber J. (1950), Fm Huber J. (1976), JFm Huber M. (1982), E-AW Kreuzhuber F. (1926), E-OBI Kreuzhuber J. (1924), Fm Kriegleder M. (1974), Lagler E. (1976), HFm Maier E. (1974), HLm Maier F. (1934), HLm Maier J. (1938), OLm Maier J. (1966), E-AW Mayer J. (1941), JFm Mayer J. (1982), HBm Mayer K. (1972), OFm Mitterbucher B. (1974), OLm Mitterbucher F. (1959), HFm Mitterbucher F. (1974), HLm Mitterbucher G. (1924), HLm Mitterbucher J. (1926), OLm Mitterbucher J. (1958), Lm Mitterbucher J. (1960), OFm Mitterbucher J. (1977), OLm Mitterbucher M. (1960), JFm Mitterbucher M. (1982), JFm Mitterbucher R. (1982), OLm Mitterbucher R. (1958), HLm Moser M. (1949), OFm Moser M. (1974), OFm Nanasch F. (1968), Fm Nanasch J. (1977), HLm Neuhofer A. (1950), HFm Neuhofer A. (1974), Lm Neuhofer R. (1967), OFm Penninger G. (1977), JFm Penninger J. (1981), HLm Puttinger A. (1951), Fm Puttinger A. (1977), Fm Redhammer A. (1976), HBm Reifetshamer F. (1975), OFm Reifetshamer J. (1978), Fm Reischauer J. (1974), OLm Reisecker J. (1960), JFm Reisecker J. (1982), E-HBI Rothner A. (1949), OLm Rothner A. (1972), Fm Schustereder J. (1977), Lm Spitzer R. (1956), OFm Steininger M. (1978), HLm Stieglmayr J. (1950), Stieglmayr G. (1978), OFm Stieglmayr G. (1974), OLm Stockhammer A. (1957), HLm Stranzinger J. (1950), Fm Streitberger W. (1981), Bm Unfried W. (1953), E-OBI Voglsperger J. (1956), OFm Voglsperger J. (1977), JFm Voglsperger K. (1982), HFm Vorhauer F. (1972), Fm Vorhauer J. (1974), HLm Wimmer J. (1930), HFm Wimmer J. (1972), Fm Wimmer J. (1975), Lm Wimmer J. (1966), HLm Wimplinger J. (1947), Fm Wrba H. (1975), HFm Wührer F. (1958), JFm Wührer H. (1982), OFm Zöhner E. (1972)

FF OBERNBERG AM INN

Im Jahr 1874 unternahmen die Herren Michael Augustin Baumgartner und Ferdinand Fuchs jun. eine Fahrt nach Ried, um Informationen zwecks Gründung einer Feuerwehr einzuholen. Das Jahr 1876 wird laut Chronik als erstes Vereinsjahr ausgewiesen. Die erste Ausschußsitzung fand am 5. Februar 1876 statt. Eine alte Druckspritze wurde von der Fa. Gugg in Braunau auf eine Saugspritze umgebaut, die der damalige Bürgermeister Pfliegl der Wehr im Juni 1876 übergab. 1927 wurde eine neue Motorspritze von der Fa. Gugg angekauft. Bis zum Jahr 1938 sind in der Chronik 177 Brände vermerkt. Im Jahr 1945 erhielt die Wehr ein LLF 15 vom ehemaligen Feldflugplatz Münsteuer zugeteilt. Im Jahr 1966 wurde die alte Fahne durch eine neue ersetzt, die von Albine Meisriemler gespendet wurde. Die alte Fahne ist in der Pfarrkirche Obernberg aufbewahrt. Eine neue Motorspritze wurde am 22. September 1972 von der Firma Gugg in Braunau angekauft. Ein Kleinlöschfahrzeug erhielt die Wehr im September 1974. 1976 erhielt die Wehr ein neues Tanklöschfahrzeug TLF 2000 von der Fa. Rosenbauer geliefert. Das 100jährige Gründungsfest fand von 18. bis 20. Juni 1976 statt. Bei dieser Feier fand auch eine Fahrzeugweihe statt. Im Juni 1979 wurde eine 15-m-Leichtmetall-Anhängeleiter von der Fa. Rosenbauer gekauft. Derzeitiger Fahrzeugstand: TLF 2000, KLF, KRFW. Seit der Gründung der Wehr standen folgende Männer an der Spitze der Wehr: Anton Woerndle, Georg Sinnhuber, Friedrich Altmann, Rudolf Fürst, Josef Reich, Anton Rothner, Anton Wiesbauer, Anton Fruhstorfer, Johann Hetzeneder, Franz Kuchlbacher, Johann Piralli, Johann Raffelsberger, derzeit Hans-Peter Raffelsberger.

BR Raffelsberger H. P., OBI Rescheneder F. (1966), OAW Petermaier A. (1960), OAW Wiesinger P. (1977), AW Rödhammer L. (1954), OBI Stimmeder L. (1973), BI Feichtinger H.-P., BI Lechner F., BI Stadler A. (1950) — OLm Berger S. (1973), HFm Billinger F., OFm Birglechner A. (1959), Fm Bucher B. (1978), JFm Buchner A. (1981), PFm Buchner T. (1979), Fm Denk H. (1965), Deubler J., Dieplinger J., OFm Diermaier J. (1968), OFm Dorfer F., Lm Eberhard H. (1981), HFm Eder K., HFm Eder K., OFm Feichtinger H. (1971), JFm Feichtlbauer H. (1983), HLm Fekührer M. (1969), OFm Fischer F. (1967), OFm Fritz Ch. (1977), HFm Gumboldsberger J. (1935), Fm Guppenberger F. (1950), Lm Hatheier J. (1954), HFm Huber S. (1965), Fm Hurt A. (1980), Fm Kaucic A. (1981), OFm Klenner H. (1980), OFm Kotschnig H. (1975), Kuchlbacher F., Launer H., Fm Lechner F. (1945), PFm Lettner Ch. (1978), PFm Lettner G. (1980), OFm Mittermaier K. H. (1973), E-OAW Nußbaumer J. (1956), Fm Pargfrieder A. (1981), HFm Piralli J., PFm Putta M. (1983), JFm Putta M. (1983), JFm Rachbauer G. (1979), Fm Radkovitsch J. (1954), E-BR Raffelsberger J. (1935), OLm Rastorfer R. (1947), Fm Reiter W. (1976), HFm Reitmaier H. (1961), Fm Rothner A., Fm Schachinger A. (1981), Fm Schachinger B. (1981), Lm Schröcker K. (1977), Fm Schwendinger K. (1971), OFm Seifried J., OFm Stelzhammer F. (1969), JFm Stelzhammer F. (1983), OFm Stranzinger S. (1978), JFm Voglmayr T. (1984), PFm Winklbauer B. (1981), Fm Winklbauer R. (1965), PFm Ziegler M. (1980)

FF ORT IM INNKREIS

Die Freiwillige Feuerwehr Ort im Innkreis wurde im Jahr 1877 gegründet. Gründungsmitglieder und nähere Daten sind nicht bekannt. Am 31. Januar 1926 kam es zum Zerfall und zur Auflösung der Wehr, aber am 31. März 1926 erfolgte wieder die Neugründung, bei der sich Franz Ezinger besonders verdient machte; er wurde dann auch zum Kommandanten gewählt und bekleidete dieses Amt bis 1938. Die nächsten Kommandanten waren Karl Kettl (10 Jahre), Felix Summereder (5 Jahre), Franz Ezinger (23 Jahre), Franz Peter als Stellvertreter bis zur Neuwahl (2 Jahre). Seit 1978 ist Alois Peer Kommandant der Freiwilligen Feuerwehr Ort im Innkreis. Im Jahr 1927 wurde die erste Motorspritze mit Pferdebespannung angekauft. In den Jahren 1947/1948 wurden ein gebrauchtes Einsatzfahrzeug, eine gebrauchte TKS und ein TKS-Anhänger angekauft. 1967 kam es zum Kauf einer neuen TKS der Fa. Rosenbauer, 1977 erfolgte der Ankauf schwerer Atemschutzgeräte. 1979 wurde ein neues LFB angekauft, 1983 konnte die Wehr den Ankauf eines kVA-Notstromgenerators tätigen, und auch die Sirene wurde auf Funkalarmierung umgebaut.

HBI Peer A. (1957), OBI Öttl J. (1970), AW Dietrich K. (1972), AW Schusterbauer J. (1948), AW Witzmann J. (1967), BI Weidlinger K. (1970) — OFm Aumaier F. (1959), HFm Bachmaier F. (1949), HFm Bachmaier K. (1973), Fm Bartl W. (1964), OFm Bögl A. (1981), OFm Bögl G. (1957), OFm Doblinger F. (1966), OFm Dötzlhofer J. jun. (1981), Lm Dötzlhofer J. sen. (1946), Lm Eder E. (1957), HFm Eder F. (1931), OFm Eder K. (1959), OFm Eisenführer F. (1934), OFm Ezinger F. (1972), OFm Ezinger H. (1957), Lm Ezinger J. (1959), OFm Ezinger J. (1981), OFm Ezinger J. (1972), OFm Fischer E. (1981), HFm Fußl A. (1956), Lm Gottfried J. (1938), Fm Gottfried P. (1968), OFm Gründlinger R. (1970), Fm Gumpoldsberger G. (1981), Lm Hamminger F. (1949), HLm Hamminger M. (1972), OFm Hamminger R. (1983), HFm Hauer F. (1970), Lm Hauer J. (1922), Lm Hauer K. (1951), OFm Hauer M. (1957), Lm Hetzeneder F. (1949), OFm Hölzl K. (1951), OFm Huber F. (1970), OFm Jobst A. (1959), E-HBI Kettl K. (1923), Lm Koblstätter M. (1947), Fm Köberl K. (1983), HFm Kriegleder R. (1949), HFm Kühberger K. (1954), OFm Langgruber A. (1956), HFm Maier-Ezinger J. (1946), HFm Maier-Ezinger K. (1972), OFm Manhartsberger J. (1983), HFm Mayr K. (1956), OFm Meierhofer R. (1947), OFm Murauer L. (1978), OFm Murauer R. (1961), OFm Peter F. (1962), Fm Rachbauer K. (1981), OFm Raffeiner A. (1968), Lm Ranseder F. (1951), OFm Reiffinger F. (1979), HFm Reiffinger J. jun. (1959), HFm Reiffinger J. sen. (1927), HFm Reisegger E. (1979), Fm Reisegger J. (1983), Lm Saletmaier F. (1937), E-OBI Schlegl J. (1932), HFm Schüßlbauer J. (1970), Fm Söberl F. (1983), OFm Stempfer E. (1946), HFm Stockhammer F. (1951), HFm Strobl J. (1951), HFm Trost F. (1965), HFm Wagneder K. (1948), Lm Wagner F. (1951), OFm Weilhartner J. (1969), Fm Weinberger Ch. (1983), Bm Wiesner F. (1963), OFm Wiesner L. (1946), OFm Wiesner W. (1967), HFm Zahrer G. (1950), HFm Zahrer L. (1964), OFm Zahrer R. (1965)

FF OSTERNACH

1893 wurde die Feuerwehr mit 42 Mann gegründet. Erster Kommandant war Michael Stieglbrunner. 1923 wurde die erste Vereinsfahne angeschafft. Seit 1923 wird auch eine Vereinschronik geführt. Die erste Motorspritze wurde 1930 angekauft und am 13. Juli von Pfarrer Rumpl eingeweiht. Am 3. Juni 1951 wurde eine Motorspritze R 75 Rosenbauer erstanden. Als erste Feuerwehr des Bezirkes Ried im Innkreis machte Osternach unter Gruppenkommandant Franz Streicher 1952 das Leistungsabzeichen in Bronze und Silber. 1955 wurde ein gummibereifter Anhänger gekauft. Neu gebaut wurde 1956 eine Zeugstätte, und eine Alarmsirene wurde angeschafft. 1961 wurde die neue Fahne geweiht. 1969 wurde die neue Motorspritze (Rosenbauer VW Automatik) geweiht. Seit 1982 besitzt die Wehr ein gebrauchtes Kleinlöschfahrzeug Marke Fiat sowie schweren Atemschutz. Kommandanten der FF Osternach waren: Michael Stieglbrunner (1893–1900), Josef Roth (1900–1905), Johann Ecker (1905–1908), Karl Gottfried (1908–1911), Michael Daller (1911–1919), Alois Aigner (1919–1938), Karl Wiesner (1938–1943), Alois Aigner (1943–1947), Karl Wiesner (1947–1955), Franz Bürkl (1955–1963), Franz Flotzinger (seit 1963).

HBI Flotzinger F. (1940), OBI Egger K. (1975), AW Daller A. (1952), AW Hofinger A. (1967), AW Mager H. (1958) — HFm Bauchinger M. (1955), Brandstötter L. (1945), HFm Bürkl F. (1958), OFm Dietrich F. (1972), OFm Dietrich L. (1976), OLm Doblhammer J. (1965), HFm Doblhammer K. (1951), Lm Doblhammer K. (1976), HFm Doblhammer R. (1951), OLm Ecker F. (1954), Fm Ecker F. (1978), Fm Ecker F. (1981), Fm Ecker J. (1974), HFm Ecker J. (1952), OFm Ecker J. (1976), Lm Egger A. (1976), OFm Egger A. (1974), Lm Egger K. (1949), HFm Ehrnleitner A. (1951), OFm Englbutzeder F. (1966), HFm Feichtlbauer S. (1960), HFm Feichtlbauer S. (1977), HFm Feldweber A. (1948), OLm Fischer J. (1965), Lm Flotzinger E. (1970), OLm Flotzinger F. (1966), OFm Flotzinger K. (1963), HFm Freilinger E. (1947), Lm Freilinger J. (1949), OFm Gattringer K. (1964), OFm Gottfried J. (1954), OLm Gsottbauer J. (1950), HFm Gurtner F. (1961), Fm Habinger J. (1982), HFm Habinger J. (1953), HFm Haslinger J. (1946), HFm Haslinger K. (1951), HFm Hauer J. (1946), Hauer K. (1921), Fm Hingsammer F. (1981), Bm Hingshamer F. (1955), OFm Hingshamer F. (1979), HFm Kampl F. (1941), OFm Kampl F. (1968), OLm Kampl J. (1946), Kienbauer J. (1928), OFm Kienbauer J. (1969), OFm Kienbauer K. (1966), Fm Kienbauer R. (1974), OFm Kinzlbauer F. (1968), HFm Kittl J. (1933), HFm Köberl K. (1953), Koller E. (1949), OFm Laabmaier J. (1968), Leherbauer J. (1920), OFm Mager H. (1977), Mangold J. (1931), HFm Manzeneder J. (1960), Fm Mayerhofer G. (1977), OFm Pointner H. (1974), Ranseder J. (1933), OFm Ranseder K. (1972), OFm Redhammer F. (1970), OFm Redhammer F. (1954), HFm Redhammer J. (1969), Ing. Reinthaler A. (1918), Reinthaler F. (1920), HFm Reinthaler J. (1950), OLm Schlosser J. (1955), Lm Schwarzgruber J. (1955), OFm Schwarzgruber R. (1969), Fm Siegesleitner H. (1979), OFm Siegesleitner J. (1961), HFm Spitzlinger J. (1938), Fm Stiglbauer Ch. (1982), OLm Stiglbauer J. (1950), Lm Stiglbauer J. (1978), OFm Stiglbauer F. (1979), Fm Stiglbauer J. (1977), HFm Stiglbauer J. (1977), HFm Stiglbrunner J. (1946), HFm Stranzinger J. (1940), HFm Streicher A. (1945), HFm Streicher K. (1949), HFm Wagner F. (1946), Fm Wagner F. (1976), Fm Watzinger J. (1977), Wiesinger J. (1919), Fm Wiesner A. (1980), E-HBI Wiesner K. (1929), Lm Zweimüller F. (1946), Fm Zweimüller F. (1974), HFm Zweimüller J. (1941), Zweimüller L. (1945)

FF PATTINGHAM

Die Gründung der Freiwilligen Feuerwehr Pattingham erfolgte 1881. 1926 erwarb die Wehr eine Motorspritze der Fa. Gugg, Kleiner Florian. 1953 wurde auf Traktorzug umgestellt. 1955 wurde eine Spritze VW R 75 angekauft. Drei Jahre später wurde ein Rüstwagen angeschafft. Der Ankauf eines Berge-KLF Mercedes 409 hatte einen Garagenbau zur Folge. Kommandanten der Freiwilligen Feuerwehr Pattingham waren: Alois Amon (1881–1890), Johann Nepomuk Braun (1890–1903), Franz Helm (1903–1910), Jakob Bögl (1910–?), Georg Etzinger (?–1918), Jakob Bögl (1918–1920), Franz Seyfried (1920–1921), Wolfgang Schenk (1921–1923), Josef Haselberger (1923–1938), Heinrich Voglmaier (1938–1953), Ferdinand Schoßleitner (1953–1963), Johann Kaiser (1963–1968), Georg Seyfried (1968–1973) und Georg Buttinger (seit 1973).

HBI Buttinger G. (1960), OBI Baumgartner F. (1958) — Augustin G. (1966), Braumann G., Braumann G. (1973), Braun F. (1977), Braun F. (1979), Braun J. (1948), Brückl J., Burgstaller J. (1946), Buttinger G. (1973), Dirhammer J. (1973), Doppler A., Emprechtinger J. (1947), Esterer M. (1978), Felseisen J. (1963), Felseisen W., Fischer J. (1944), Freilinger G. (1948), Greifeneder J. (1949), Größlinger G. (1966), Größlinger G. (1977), Gruber W. (1973), Haider G., Haider G. (1970), Hammerer F. (1965), Haslberger J. (1952), Haslberger J. (1965), Haslberger J., Hintenaus F. (1973), Hörmandinger F. (1965), Hollerieder J. (1963), Huber J. (1973), Itzinger K., Leitl H. (1965), Luger F. (1963), Maier J., Maier J., Medwed J. (1977), Mitterhauser G. (1948), Mitterhauser W. (1973), Moser F. (1973), Moser J. (1948), Mühringer M. (1981), Neulentner J. (1965), Pögl J. (1968), Rachbauer F. (1937), Rachbauer J. (1948), Rachbauer K. (1973), Reichl H., Rögl K. (1948), Rögl K., Schoßleitner H. (1979), Schoßleitner W. (1973), Schoßleitner W. (1948), Seifried G. (1948), Seifried G. (1973), Spindler J. (1953), Stieglbauer J. (1977), Topf F. (1963), Topf J. (1963), Topf M. (1966), Wallerstorfer G. (1964), Wiesinger A. (1965), Wiesinger J. (1973), Wimmer J. (1964)

FF PETERSKIRCHEN

Die FF Peterskirchen wurde 1891 mit 50 Mann gegründet. Josef Meingaßner wurde zum Hauptmann gewählt. 1893: Mitgliederstand bereits 120 Mann. 1910: Erbauung einer neuen „Spritzenhütte" mit Schlauchturm aus Gemeindemitteln. 1929: Weihe der ersten neuen Motorspritze von Rosenbauer (B 48, 4-Takt, 600 l/min). 1947: Man entschloß sich zum Kauf des ersten neuen Feuerwehrautos Typ Steyr 1200 A. 1958: Es wurde die erste Wettbewerbsmannschaft gegründet. Weiters wurde eine elektrische Sirene angeschafft. 1965: Ein neuer Rüstwagen (Land Rover 109) wurde angekauft. 1967: Feuerwehrfest, verbunden mit 75jährigem Gründungsfest. 1983: Bau eines neuen Feuerwehrhauses sowie Anschaffung eines neuen Autos (LFB Mercedes 508 D).

HBI Leeb F. (1972), OBI Straßer G. (1969), AW Berger J. (1955), AW Einfinger L. (1968), AW Ernleitner M. (1968) — Fm Auzinger J. (1975), OFm Auzinger K. (1956), Fm Auzinger P. (1977), Fm Berger F. (1976), OLm Berghammer E. (1946), Fm Berghammer H. (1981), OFm Birn J. (1965), Fm Birn W. (1981), OFm Bohninger H. (1972), HFm Bohninger J. (1936), Fm Braumann H. (1980), JFm Dobler A. (1983), OFm Dobler J. (1973), HFm Dobler J. (1926), HBm Dobler J. (1968), HFm Eder W. (1950), E-OBI Edinger J. (1926), OFm Ehrnleitner F. (1965), OFm Ehrnleitner J. (1972), HFm Ehrnleitner J. (1919), OFm Ehrnleitner J. (1969), OFm Ehrnleitner J. (1969), Fm Ehrnleitner M. (1973), Fm Ehwallner L. (1973), HFm Engertsberger A. (1955), Fm Engertsberger A. (1981), JFm Engertsberger Ch. (1983), HFm Engertsberger R. (1951), Fm Enzlmüller H. (1975), HFm Enzlmüller O. (1959), OFm Feichtinger J. (1973), OLm Fischer A. (1955), OFm Fischer A. (1972), HFm Fischer G. (1960), OFm Fischer H. (1973), HFm Fischer J. (1962), HFm Fischer J. (1963), HFm Fischer J. (1952), OFm Fischer J. (1979), Fm Flotzinger F. (1983), Flotzinger F. (1972), OFm Flotzinger J. (1964), OFm Flotzinger J. (1965), OFm Flotzinger M. (1968), HFm Flotzinger W. (1946), Fm Freund J. (1980), OFm Gittmaier E. (1969), HFm Gittmaier E. (1947), Gittmaier F., OFm Gittmaier J. (1980), HFm Gittmaier J. (1947), OFm Gittmaier J. (1972), HFm Gittmaier J. (1948), OFm Gittmaier J. (1978), Fm Gittmaier J. (1979), HFm Grill J. (1929), Fm Helm J. (1978), Fm Helm J. (1952), Helm J. (1975), OFm Helml J. (1955), OFm Helml J. (1972), OFm Helml R. (1975), Fm Helml W. (1977), OFm Hendel M. (1956), OFm Hörandner J. (1975), OFm Hofinger J. (1968), Fm Holzinger J. (1982), HFm Hosner E. (1963), OFm Jetzinger J. (1968), OFm Jetzinger J. (1965), HFm Junger A. (1948), OFm Junger G. (1961), JFm Kallinger Ch. (1983), OFm Kallinger M. (1964), JFm Kallinger N. (1983), HFm Kreuzhuber J. (1957), HFm Landlinger A. (1924), OFm Landlinger E. (1967), OFm Landlinger J. (1968), OFm Leherbauer J. (1962), Fm Leherbauer J. (1981), HFm Leitner J. (1967), HFm Ing. Märzendorfer G. (1979), OFm Manhartsgruber A. (1952), HFm Manhartsgruber K. (1972), Fm Manhartsgruber W. (1980), OFm Mayr J. (1973), OFm Meingaßner J. (1969), OFm Moser E. (1972), Fm Nagl J. (1979), HFm Nagl L. (1952), Fm Nagl L. (1975), HFm Niederhuber J. (1948), Fm Oberauer A. (1975), OLm Ott J. (1971), OFm Ott J. (1969), OFm Ott M. (1967), OFm Partinger J. (1973), HFm Rebhann K. (1930), HFm Schilcher K. (1962), OFm Schustereder A. (1981), JFm Schustereder Ch. (1983), OFm Schustereder F. (1964), HFm Spitzer J. (1930), OFm Standhartinger A. (1951), Fm Standhartinger E. (1979), Fm Standhartinger H. (1979), HFm Standhartinger J. (1949), OFm Standhartinger J. (1957), Fm Standhartinger J. (1980), HFm Standhartinger K. (1955), Fm Stelzhammer J. (1979), Lm Sternbauer J. (1957), JFm Sternbauer J. (1983), Fm Sternbauer M. (1972), Fm Stockinger G. (1980), HFm Straßer G. (1948), OFm Straßer J. (1973), Fm Straßer J. (1974), Fm Straßer J. (1978), HFm Trauner J. (1947), OFm Trauner J. (1972), Fm Prof. Vogl A. (1973), OFm Weilhartner J. (1961), OFm Weilhartner J. (1976), OFm Weilhartner W. (1977), E-OBI Wiesner F. (1946), Wiesner G. (1968), HLm Wimmer F. (1957), JFm Wimmer F. (1983), HFm Wimmer J. (1941), Fm Wimmer J. (1979), HFm Wimmer J. (1955), OFm Zogsberger F. (1975), OFm Zogsberger J. (1976)

FF PONNER

Die Freiwillige Feuerwehr Ponner wurde im Jahr 1892 gegründet. Der erste Kommandant war Josef Wilmlinger; ihm folgten Josef Helm, Herr Bachinger (bis 1961), Franz Jetzinger (bis 1983) und Johann Hagn, der zur Zeit die Kommandantenstelle der Freiwilligen Feuerwehr Ponner innehat. Das erste Feuerwehrgebäude wurde im Jahr 1927 errichtet; für 1985 ist ein Neubau geplant. In den ersten Nachkriegsjahren wurde eine Motorspritze der Marke DKW angeschafft, dazu ein Pferdeanhänger; dieser wurde einige Zeit später auf Traktoranhängung umgebaut (1948).

HBI Mag. Hagn J. (1971), OBI Murauer J. (1972) — Aigner M. (1968), Albrecht F. (1932), Berger F. (1947), Berger F. (1972), Berger J. (1952), Bleckenwegner J. (1931), Bleckenwegner J. (1971), Feichtinger H. (1982), Feichtinger K. (1978), Fisecker A. (1953), Fisecker M. (1981), Forsthofer F. (1975), Hagn J. (1946), Helm F. (1940), Helm F. (1978), Hörandner G. (1953), Hörandner J. (1972), Hörandner J. (1947), Hörandner J. (1979), Jetzinger F. (1940), Jetzinger F. (1973), Kettl J. (1946), Kettl R. (1940), Kreuzhuber A. (1979), Kreuzhuber A. (1980), Kreuzhuber M. (1981), Meingasser J. (1940), Meingaßner J., Murauer F. (1960), Murauer J. (1952), Reichart J. (1972), Reichart J. (1978), Reischauer J. (1937), Steingreß F. (1963), Stempfer F. (1958), Thalbauer J. (1956), Weilhartner J. (1933), Zauner J. (1956), Zweimüller H. (1977), Zweimüller J. (1973), Zweimüller J. (1947)

FF PRAMERDORF

Der bereits verstorbene Ehrenkommandant Franz Mittendorfer gründete die Feuerwehr Pramerdorf im Jahr 1930 und war dann bis 1948 deren Kommandant. Bis 1938 wurde mit einer Handwerkpumpe gearbeitet, der erste Brandeinsatz war 1935, ein Autobusbrand. 1938 wurde die erste Rosenbauer-Motorspritze gekauft. 1940 wurde mit der damals neuen Methode, dem Üben in der Gruppe, begonnen. Die Freiwillige Feuerwehr Pramerdorf war von 1938 bis 1945 ein Löschzug der Freiwilligen Feuerwehr Geiersberg. Die letzten Kriegstage waren gekennzeichnet von höchster Alarmbereitschaft. Es wurde noch ein Ukrainer von einem SS-Offizier beim Hissen einer weißen Fahne erschossen. Nach dem Krieg wurde Pramerdorf wieder selbständig. Von 1948 bis 1958 war Adalbert Fisecker Kommandant, ein Zugsführer aus dem Ersten Weltkrieg. 1956 wurde mit der Ausbildung für die Bewerbe begonnen, es wurden auch einige Medaillen in Silber und Bronze gemacht. 1958 wurde Franz Zauner Kommandant. In diese Zeit fielen der Bau des neuen Zeughauses und des Löschteiches. Von 1963 bis 1973 war Rudolf Prenninger Kommandant. In dieser Zeit wurde eine neue Gugg-Motorspritze gekauft. Seit 1973 ist Manfred Möseneder Kommandant. 1983 wurde ein Land Rover mit Vorbaupumpe gekauft, welche sehr leistungsfähig ist. Die Freiwillige Feuerwehr Pramerdorf ist derzeit sehr gut gerüstet. Es ist zu wünschen, daß der Eifer und der Zusammenhalt, wie sie gegenwärtig auch durch den großartigen Einsatz des Zeugwartes vorhanden sind, auch weiterhin anhalten.

HBI Möseneder M. (1962), OBI Gietl F. (1959), AW Groß J. (1963), AW Hattinger H. (1967), AW Nöhammer R. (1950), HBI Prenninger R. (1939), BI Berger F. (1950), BI Gruber A. (1946), BI Mittendorfer F. (1950) — Lm Buttinger W. (1959), Fm Deixler H. (1980), OFm Ecker A. (1946), Fm Ecker A. (1981), Fm Fisecker R. (1980), Lm Gadringer K. (1959), OFm Gadringer K. (1935), OFm Gruber A. (1973), HFm Gruber E. (1977), Fm Handlbauer F. (1967), Fm Maier G. (1977), Fm Maier M. (1981), HFm Mittendorfer F. (1977), Fm Mittendorfer G. (1975), Fm Mittermaier M. (1975), Fm Nöhammer E. (1977), OFm Nöhammer G. (1977), OFm Nöhammer K. (1975), HFm Nöhammer K. (1977), Fm Ölsinger E. (1972), Fm Olsinger A. (1973), Fm Pimmingsdorfer W. (1965), HFm Prenninger A. (1964), OFm Reischauer J. (1956), Fm Scherfler A. (1980), Fm Sterer W. (1977), Fm Straßer K. (1962), OLm Streißenberger F. (1945), OFm Weinberger G. (1953), BI Zauner F. (1931), Fm Zweimüller J. (1981)

FF PRAMET

Die FF Pramet wurde am 4. Mai 1878 gegründet. Es wurde damals eine für diese Zeit moderne Saugdruckspritze angekauft, die 46 Jahre im Einsatz war. Die hiesige Siedlungsform – weit verstreut liegende Ortschaften –, das wenig ausgebaute Straßennetz und die fehlende Motorisierung – die Löschgeräte wurden damals noch von Pferdegespannen gezogen – machten den notwendigen und wirksamen raschen Einsatz der Feuerwehr am Unglücksort nur selten möglich. Es war daher die Gründung weiterer Wehren notwendig. In den folgenden Jahren wurden im Gemeindegebiet von Pramet weitere drei Wehren gegründet: 1902 FF Großpiesenham, 1910 FF Feitzing, 1923 FF Lungdorf. Von 1938 bis 1945 faßte man die Wehren in eine Einsatzgruppe zusammen. War es bis nach dem Zweiten Weltkrieg Hauptaufgabe der Feuerwehr, Brände zu bekämpfen und zu begrenzen, so kam es insbesondere in den fünfziger und sechziger Jahren zu einer Änderung der Bedingungen. Einerseits brachte ein rascher Ausbau der Verkehrswege und die zunehmende Motorisierung wesentlich verkürzte Anfahrtszeiten. Andererseits brachte die Technisierung den Feuerwehren zusätzliche Aufgaben, die sogenannten technischen Einsätze, die spezielle Ausrüstungen der Wehren und auch entsprechende Ausbildung der Wehrmänner erforderten. Die einzelnen kleinen Wehren in der Gemeinde waren dadurch sowohl finanziell als auch personell überfordert – eine Zentralisierung war notwendig. Dies wurde von den Kommandanten und Funktionären erkannt, und dank ihrer Aufgeschlossenheit und Einsicht gelang es 1973, die Wehren unter ein gemeinsames Kommando zu stellen. Die früheren selbständigen Wehren blieben – mit Ausnahme der FF Lungdorf, die bereits 1968 aufgelöst worden war – als Löschzüge erhalten. Nun konnte man darangehen, die Ausrüstung den zeitlichen Erfordernissen anzupassen: Anschaffung eines neuen Tanklöschfahrzeuges (1978), von Atemschutzgeräten, einer Funkausrüstung, einer Heusonde, einer Sanitätsausrüstung, Hebekissen u. a. Auch die innere Organisation der Wehr konnte den Zeiterfordernissen angepaßt werden, indem neben den Löschzügen eine Atemschutzgruppe, eine Rettungsschwimmergruppe, ein Funktrupp und ein Sanitätstrupp aufgestellt wurden, die bei den regelmäßigen Übungen ihre Einsatzbereitschaft unter Beweis stellen, um so für den Ernstfall gerüstet zu sein. Die Kommandanten der FF Pramet: Jakob Dobler, Martin Schweikl, Franz Moser, Josef Rieder, Johann Spitzer, Josef Spindler, Johann Fischerleitner, Anton Adlmannseder, Johann Gastinger sen., Franz Jetzinger, Georg Wieländner (1938–1943), Johann Senzenberger (1943–1949), Johann Lughofer (1949–1953), Josef Schnallinger (1953–1963), Walter Burgstaller (1963–1973), Sebastian Mairhofer (seit 1973). Die Kommandanten der FF Großpiesenham: August Hohensinn, Josef Penninger, Johann Mairhofer, Franz Schmid, Franz Berghammer, Georg Haslinger, Josef Penninger jun., Josef Hattinger, Josef Hohensinn, Franz Xaver Zweimüller, Johann Schöberl, Gottfried Simmelbauer (bis 1973). Die Kommandanten der FF Feitzing: Johann Spitzer (1910–1913), August Brandstätter (1913–1918), Josef Rieder (1918–1924), Josef Wagner (1924–1933), Josef Fischer (1933–?), Martin Gadringer, Franz Meister, Josef Lughofer (?–1953), Josef Hofinger (1953–1958), Johann Doblinger (1958–1973).

HBI Mairhofer S. (1947), OBI Fellner F. (1967), AW Burgstaller J. (1956), AW Buttinger A. (1970), AW Hintermaier R. (1962), AW Hofinger R. (1960), AW Straßer J. (1970), BI Aigner J. (1973), BI Diermayr J. (1972), BI Kroißböck H. (1971), BI Rauscher A. (1970) — OFm Aigner J. (1949), Aigner J., Fm Aigner W. (1979), FA Dr. Aschauer A. (1976), HFm Bachinger F. (1950), HFm Bachinger J. (1954), Fm Bachinger M. (1980), HFm Bauchinger J. (1946), HFm Baumgartner F. (1947), Fm Berghammer F. (1979), HFm Berghammer G. (1948), Fm Berghammer G. (1980), HFm Berhammer F. (1951), HFm Binder F. (1973), OFm Binder M. (1967), HFm Binder M. (1932), HFm Bleckenwegner G. (1946), Fm Bleckenwegner J. (1976), Fm Blümlinger J. (1972), OLm Bögl A. (1970), HFm Braumann J. (1946), OFm Burger F. (1973), E-HBI Burgstaller W. (1950), Fm Burgstaller W. (1974), HFm Buttinger F. (1946), Fm Buttinger J. (1978), OFm Buttinger W. (1978), OFm Dallinger F. (1970), HFm Doblinger A. (1960), HFm Doblinger A. (1960), HFm Doblinger J. (1934), HFm Doblinger M. (1938), HFm Donninger F. (1955), HFm Donninger J. (1961), OFm Donninger J. (1966), HFm Donninger J. (1961), HFm Eberl F. (1956), HFm Enzinger W. (1946), OFm Erler G. (1964), HFm Feichtinger J. (1958), Fm Feitzinger A. (1980), HFm Feitzinger K. (1960), HFm Feitzinger W. (1956), HFm Fellner J. (1958), HFm Fischer J. (1924), OFm Fischer J. (1973), OFm Fischer F. (1961), HFm Flachs J. (1955), OFm Flotzinger F. (1965), HFm Flotzinger M. (1926), OFm Freudlinger J. (1978), HFm Freudlinger J. (1947), Fm Gadermaier J. (1980), OFm Gadermaier J. (1950), Fm Gadermaier K. (1980), HFm Gadermaier K. (1946), HFm Gadringer G. (1946), Fm Gadringer K. (1973), HFm Gadringer M. (1947), OFm Gadringer R. (1975), Fm Gadringer R. (1983), HFm Gadringer W. (1955), HFm Gastinger J. (1927), OFm Gattermann J. (1973), Fm Gmeinwieser K. (1980), HFm Grabner G. (1946), HFm Graf A. (1983), HFm Graf F. (1948), HFm Greifeneder F. (1949), HFm Greifeneder F. (1958), HFm Greifeneder F. (1973), HFm Greifeneder F. (1956), HFm Greifeneder J. (1955), OFm Greifeneder J. (1961), HFm Greifeneder J. (1930), HFm Greifeneder J. (1953), HFm Greifeneder J. (1954), HFm Greifeneder W. (1972), HFm Größlinger F. (1969), OFm Guggenberger F. (1960), OFm Haginger F. (1971), HFm Haidinger K. (1955), HFm Hangler G. (1946), Fm Hangler H. (1979), HFm Haslinger A. (1946), HFm Haslinger G. (1975), HFm Haslinger J. (1963), HFm Hattinger F. (1948), OFm Hattinger F. (1980), HFm Hattinger J. (1937), HFm Hattinger J. (1973), OFm Hintermaier R. (1975), OFm Hintermayer S. (1980), HFm Hochrainer J. (1953), OFm Hörmandinger A. (1964), OFm Hörmandinger J. (1967), OFm Hörmandinger J. (1964), HFm Hötzinger A. (1935), OFm Hofinger J. (1967), HFm Hofinger J. (1928), HFm Hofinger J. (1938), OFm Hofinger J. (1978), HFm Hofmann A. (1964), HFm Hofstätter J. (1946), HFm Hohensinn A. (1951), HFm Hohensinn A. (1930), OFm Hohensinn A. (1975), OFm Hohensinn E. (1978), HFm Hohensinn J. (1928), OFm Hohensinn J. (1961), HFm Hohensinn M. (1953), HFm Hohensinn M. (1964), HFm Jenichl G. (1957), Lm Jetzinger W. (1948), Fm Jetzinger W. (1980), Fm Kaiser A. (1972), HFm Kaiser A. (1946), HFm Kaiser F. (1946), HFm Kaiser G. (1925), OFm Kaiser H. (1973), Fm Kaiser R. (1976), OFm Kallinger M. (1981), OFm Kallinger M. (1969), Fm Karner J. (1976), OFm Kettl H. (1970), HFm Ing. Kögler E. (1963), Fm Kopp J. (1980), HFm Kothbauer F. (1980), HFm Kraus F. (1962), HFm Krautgartner A. (1963), HFm Kritzinger J. (1959), HFm Kühberger A. (1946), Fm Kühberger A. (1973), E-HBI Kühberger A. (1941), HFm Kühberger F. (1949), Fm Kühberger F. (1976), HFm Kühberger J. (1946), HFm Kühberger W. (1955), Fm Kühberger W. (1980), HFm Langeder J. (1947), Lm Lughofer F. (1946), Fm Lughofer F. (1980), HFm Lughofer F. (1947), HFm Lughofer J. (1923), HFm Lughofer J. (1923), Fm Lughofer J. (1981), HFm Maier G. (1935), OFm Mairhofer F. (1980), Fm Mairhofer S. (1980), OFm Manhartsgruber L. (1981), Fm Mayer H. (1980), OFm Mayr F. (1971), Fm Mayr J. (1974), OFm Meingaßner A. (1964), OFm Meingaßner A. (1964), OFm Meingaßner F. X. (1966), HFm Meingaßner J. (1931), OFm Meingaßner J. (1962), Fm Meingaßner J. (1975), HFm Meister J. (1957), HFm Moser J. (1957), HFm Niederhauser J. (1946), OFm Niederhauser J. (1980), HFm Oberauer J. (1958), HFm Peller E. (1950), HFm Penninger J. (1948), Fm Penninger J. (1975), Fm Penninger J. (1983), OFm Pesendorfer M. (1963), OFm Pillichshamer S. (1975), Fm Pötzl A. (1980), HFm Pötzl G. (1946), HFm Pötzl G. (1970), HFm Pötzl G. (1931), HFm Rachbauer A. (1963), Fm Rachbauer J. (1980), HFm Rachbauer J. (1926), OFm Rachbauer J. (1963), Fm Rauchenzauner W. (1980), HFm Reinthaler J. (1946), HFm Reinthaler M. (1946), Fm Rieder A. (1980), OFm Riedl R. (1961), HFm Ringl K. (1963), OLm Rohringer J. (1946), Fm Rohrmoser K. (1980), Fm Scharschinger A. (1982), OLm Schaschinger F. (1950), OFm Schatzdorfer A. (1951), HFm Scheibl A. (1963), Fm Scheibl E. (1980), Fm Scherzer F. (1973), OFm Scherzer J. (1964), Fm Schimerl J. (1979), HFm Schmid J. (1926), OFm Schmied F. X. (1964), E-HBI Schnallinger J. (1946), OFm Schnallinger J. (1964), HFm Schnetzlinger A. (1978), Fm Schnetzlinger G. (1981), OFm Schnetzlinger J. (1967), Fm Schöberl G. (1982), Fm Schöberl J. (1978), HFm Schöberl J. (1946), HFm Schrattenecker J. (1980), Fm Seifriedsberger A. (1971), HFm Seifriedsberger G. (1957), HFm Seifriedsberger J. (1946), Fm Seifriedsberger L. (1974), HFm Seitl G. (1953), Fm Seitl K. (1980), HFm Senzenberger K. (1946), HFm Simmelbauer G. (1962), OFm Spindler R. (1970), HFm Spitzer J. (1946), Fm Spitzer J. (1971), HFm MR Stallinger A. (1953), HFm Steinberger M. (1942), HFm Steinbruckner A. (1952), HFm Steinbruckner A. (1975), HFm Steinbruckner J. (1946), HFm Stockinger G. (1957), HFm Straßer A. (1968), HFm Thalhamer J. (1946), OFm Urwanisch J. (1973), HFm Walchetseder J. (1946), Fm Walchetseder J. (1979), Fm Weber W. (1980), Fm Weilhartner A. (1973), Fm Weilhartner A. (1980), Weilhartner J. (1946), HFm Dr. Weinhäupl N. (1953), HFm Werth H. (1970), HFm Wieländner G. (1983), HFm Wieländner G. (1953), Fm Wolf A. (1970), HFm Zeilinger J. (1947), OFm Zweimüller B. (1980), Fm Zweimüller F. (1978), OFm Zweimüller F. X. (1961), HFm Zweimüller J. (1967), HFm Zweimüller J. (1951), HFm Zweimüller J. (1977), OFm Zweimüller K. (1957)

FF REICHERSBERG

Am 24. Februar 1877 erfolgte die Gründung der Freiwilligen Feuerwehr Reichersberg. Die Vereinsstatuten sind in neun Paragraphen festgelegt: In § 1 heißt es: „Zweck der Feuerwehr ist ein geordnetes Zusammenwirken bei Feuergefahr, um Leben und Eigentum der Bewohner zu schützen!" Als erster Feuerwehrhauptmann wird Hochwürden Raimund Reidinger genannt. 1895 erfolgte erstmals eine Bestandsaufnahme der Löschrequisiten: 1 Saugspritze, 1 Schiebeleiter, 1 Aufsteckleiter, 2 Drehleitern, 3 Hakenleitern, 180 m Schläuche, 1 Schlauchkarren, 1 Rettungssack, 8 komplette Steigausrüstungen, 4 halbe Steigausrüstungen, 12 Zwilch-Arbeitsblusen, 3 Wagenlaternen, 1 Steigerlaterne, 1 Handpetroleumlaterne, 3 Signalhörner. Neben den vielen Brandeinsätzen wird auch über große Feste berichtet, z. B. 1908: Feuerwehrfest mit Fahnenweihe, an dem 34 Vereine mit ca. 600 Mann und drei Musikkapellen teilnahmen. Am 13. Oktober 1931 wurde die erste Motorspritze angekauft. Im Jahre 1979 wurde ein modernes und zweckmäßiges Feuerwehrzeughaus errichtet. Um den immer höher werdenden Anforderungen, die heute an die aktiven Mitglieder gestellt werden, halbwegs zu entsprechen, ist die Mannschaft derzeit mit einem Tanklöschfahrzeug der Type TLF 2000, einem leichten Löschfahrzeug BLFA 100 mit Vorbaupumpe, einem Einsatzboot mit 70 PS Außenbordmotor, einem Einachsanhänger mit Tragkraftspritze und einem Notstromaggregat ausgerüstet.

HBI Nöbauer J. (1946), OBI Demmelbauer G. (1950), AW Gruber F. (1968), AW Hathayer J. (1972), AW Zeilinger W. (1966) — HFm Angerer J. (1962), HBm Binder K. (1949), HFm Bubestinger H. (1956), E-AW Dallinger F. (1946), E-AW Dallinger H. (1968), E-HBI Denk H. (1946), OLm Denk H. (1966), OLm Edinger F. (1954), OFm Edinger F. jun. (1975), HFm Fekührer J. (1961), HFm Greil J. (1971), Lm Hauser A. (1941), Fm Hinterholzer J. (1983), HFm Holzer R. (1960), Fm Huber E. (1981), HFm Katzlberger E. (1933), OFm Langmaier J. (1973), HFm Lenzbauer G. (1973), HFm Lenzbauer J. (1973), OFm Lorenzer G. (1974), HFm Macherhammer F. (1952), HFm Maileitner K. (1959), HFm Mayrhuber A. (1951), HFm Meisl G. (1975), HFm Micheli H. (1952), Lm Moser H. (1979), HFm Moser J. (1941), OFm Murauer F. (1979), HFm Nemetz F. (1982), Fm Nemetz M. (1977), OFm Nemetz W. (1977), BI Nöbauer J. (1934), OLm Nöbauer W. (1969), Fm Nömaier W. (1978), HFm Öttl F. (1946), HFm Öttl K. (1975), E-AW Potrusil F. (1958), OFm Prenninger F. (1973), HFm Prenninger J. (1951), HFm Prenninger J. (1973), OFm Schachinger K. (1958), HFm Schönberger A. (1968), HFm Schratzberger F. (1952), HFm Schrotshammer E. (1970), HFm Stiglbrunner A. (1950), HFm Trausinger J. (1956), HFm Wagner K. (1973), HFm Wamprechtshammer K. (1948), HFm Wiesenberger J. (1951), HFm Wiesenberger J., HBm Wilflingseder P. (1970), HFm Zahrer F. (1933), Fm Zarbl E. (1973), OFm Zarbl W. (1979), OFm Zeilinger E. (1976), HFm Zeilinger F. (1973), HFm Zeilinger S. (1973), Fm Zeilinger T. (1983), OFm Zeilinger W. (1973)

FF RIED IM INNKREIS

1848 wurde bei Gründung des Turnvereines gleichzeitig eine Turnerfeuerwehr aufgestellt. Daraus entstand 1866 die FF Ried. Erster Feuerwehrhauptmann war Ludwig Reiter. War bis dahin mit 4 Handspritzen gearbeitet worden, so kaufte 1869 die Stadtgemeinde Ried von der Fa. Gugg die erste Motorspritze. 1902 wurden 15 Feuermeldestellen eingerichtet. 1903 bekam die Feuerwehr im Stadtgebiet 3 Zeugstätten und 1904 durch den Bau des Wasserleitungsnetzes 24 Oberflurhydranten zur Wasserentnahme. 1905 kaufte die Stadtgemeinde 4 Hydrantenwagen und 1 Fahrleiter (18 m). 1925 wurde am Turm der Stadtpfarrkirche eine Sirene angebracht. 1930 wurde neben der Zeugstätte ein Schlauchturm errichtet. 1931 bekam die Feuerwehr die erste Autospritze Austro Fiat. Die Ausrüstung 1933: 1 Automotorspritze, 2 Anhängemotorspritzen, 2 Handdruckspritzen, 5 Fahrleitern und 1200 m Schläuche. 1943 wurde ein gebrauchter Omnibus und 1944 ein Löschgruppenfahrzeug L 3000 S der Feuerwehr zugewiesen. Aus Kriegsbeständen wurden 1945 und 1946 organisiert: 1 LF 15 Mercedes, 1 LF 15 Henschel, 1 3achsiges Mannschafts- und Gerätetransportfahrzeug Steyr 640, 1 Magirus Stahlleiter (17 m). 1949 wurde ein TLF Bedford mit 3000 l Inhalt angekauft. 1951–1953 baute die Stadtgemeinde ein neues Zeughaus. 1952 Ankauf eines zweiten TLF Ford Kanada. 1956 erwarb die Feuerwehr eine gebrauchte Magirus-Drehleiter und einen gebrauchten Mercedes Benz, die zu einer vollautomatischen Drehleiter ausgebaut wurden. Zum 100jährigen Gründungsfest 1966 bekam die Wehr 2 TLF 4000. 1968 wurde die Tauchergruppe aufgestellt. 1980 erwarb die FF einen gebrauchten Mercedes 608 D, der in ein Atemschutzfahrzeug umgebaut wurde. 1982 wurde ein gebrauchter Chevrolet Blazer K 5 zu einem Unfallvorausfahrzeug umgebaut.

HBI Beham W. (1953), OBI Berndoblinger H.-P. (1956), HAW Simmer L. (1970), AW Holzhammer H. (1953), AW Knoll J. (1977), BI Etzlinger A. (1953), BI Ing. Fellner P. (1955), BI Gärner M. (1969), BI Gattermaier J. (1956), BI Reichenwallner G. (1969), BI Steinschnack G. (1967), VBR Asanger M. (1948) — Fm Armbruster H. (1981), HBm Arnreiter K. (1964), HLm Asanger B. (1970), OBm Badegruber F. (1956), OLm Bauchinger O. (1973), Fm Beham Ch. (1977), HLm Bermadinger G. (1969), HBm Blaschke F. (1974), OFm Bräuer H. (1980), OLm Braid F. (1965), OBm Burgstaller J. (1967), Bm Danner A. (1974), HFm Dietrich W. F. (1968), Bm Dullinger A. (1935), OLm Ebetshuber F. (1938), Fm Gadermaier G. (1982), OLm Gärner Ch. (1969), FA Dr. Gruber K. (1979), HFm Dipl.-Ing. Gruber T. (1969), PFm Haidinger A. (1983), OBI Hörl A. (1947), OBm Huber H. (1957), Fm Huber J. (1980), OBm Kettl G. (1953), HFm Kettl G. (1974), BFA Dr. Kirchtag A. (1965), BI Kreuzhuber J. (1932), Bm Mairinger M. (1959), Fm Marsch Ch. (1979), HFm Mayerböck J. (1964), OBm Mayerhofer W. (1947), Fm Morocutti Ch. (1979), HBm Morocutti E. (1943), Bm Neugeborn A. (1956), HFm Pixner A. (1978), Fm Pixner A. jun. (1977), Fm Pixner E. (1977), HBm Priewasser J. (1971), HLm Radlinger J. (1958), HBm Radlinger J. jun. (1978), OFm Radlinger K. jun. (1979), Bm Reichenwallner G. (1952), Lm Schachinger F. (1960), HLm Schmid P. (1958), OBm Schober A. (1953), OBm Schrattenecker J. (1952), Bm Schreder F. (1956), HBm Steinbacher M. (1962), Bm Thalhammer A. (1938), OBm Voglmayer F. (1953), Bm Waldhör V. (1952), OBm Wimplinger J. (1952), OFm Ing. Winkler F. (1980), Bm Zednik R. (1960)

469

FF RIEGERTING

1878 wurde die Genossenschaft Riegerting und Umgebung, die zur Hilfeleistung bei Bränden und anderen Ereignissen zur Stelle war, gegründet. 1902 wurde die Freiwillige Feuerwehr Riegerting, bestimmt für den Lösch- und Rettungsdienst im Bereich der Ortsgemeinden Mehrnbach, Lohnsburg, Mettmach Kirchheim und Neuhofen, gegründet. Riegerting wurde deshalb als Standort gewählt, da dies der Mittelpunkt des Einsatzgebietes ist und im Gutshof von Riegerting immer einspannbereite Pferde vorhanden waren. 1930 wurde die erste Motorspritze B 48 angeschafft. 1954 wurde eine neue Motorspritze R 75 gekauft. 1932 wurde das Remisegebäude gebaut. 1962 wurde ein KLF Ford mit Vorbaupumpe angekauft. 1982 wurde die FF Riegerting an die Sirenenfernsteuerung angeschlossen.

HBI Schmiedbauer J. (1947), OBI Schmid J. (1966), AW Graml M. (1974), AW Straßer M. (1971), AW Weiermann A., BI Gattringer F., BI Salhofer F. (1975) — PFm Aigner H. (1983), PFm Andorfer J., HFm Angleitner J. (1923), PFm Angleitner J. (1960), PFm Angleitner J. jun. (1975), HFm Angleitner N. (1963), PFm Autzinger W. (1978), Fm Bader F., Fm Bader G., HFm Bader G. (1949), PFm Baumgartner J., PFm Berger J. (1976), HFm Binder J. (1953), PFm Binder M. (1964), PFm Braidt L. (1964), E-BI Brenner J. (1923), HFm Brenner J. (1954), PFm Brückl K., HFm Buttinger M. (1950), HFm Daller M. (1951), PFm Daller J. (1975), PFm Emprechtinger J. (1969), E-BI Enghuber J. (1934), Fm Enghuber J. (1976), PFm Enghuber N., PFm Fischer J. (1983), HFm Fischer J. (1957), Fm Fischer R. (1977), PFm Frauscher F. (1951), PFm Frauscher F. (1981), PFm Frauscher J. (1961), PFm Gattringer M., Fm Glechner G. (1981), HFm Glechner J. (1948), HFm Gotthalmseder J. (1959), HFm Gotthalmseder R. (1949), HFm Graml M. (1951), HFm Haginger F. (1938), PFm Haginger F. (1972), PFm Haginger H. (1979), HFm Haginger M. (1940), Fm Hammerer F. (1969), PFm Hammerer J., PFm Hamminger J. (1964), PFm Hamminger J., Fm Hartl A. (1972), HFm Hartl J. (1933), PFm Hartl J. (1980), PFm Heitzinger F. (1953), PFm Hillinger F., HFm Hillinger H. (1960), PFm Höfurtner M. (1966), Fm Huber J. (1976), HFm Jetzinger W. (1962), PFm Jochinger J. (1958), HFm Kahrer J. (1954), PFm Kettl G. (1972), PFm Kettl J. (1971), PFm Klingeisen M. (1978), OLm Klingesberger A. (1965), PFm Klingesberger J. (1959), E-AW Klingesberger F. (1936), HFm Klingesberger J. (1954), E-OBI Klingesberger J. (1923), PFm Klingesberger K. (1965), OFm Klugsberger F. (1907), Fm Krammer G. (1959), Fm Krammer R. (1964), PFm Kriechbaum J. (1964), PFm Kriechbaum J. (1975), PFm Lang G. (1964), PFm Lang J., PFm Lechner H. (1983), PFm Lechner M. (1980), HFm Lechner W. (1954), PFm Leeb E. (1971), PFm Leitner A. (1976), PFm Leitner J. (1961), PFm Lenzenweger J. (1954), PFm Lenzenwegner F., PFm Lettner F. (1950), PFm Lettner F., HFm Mairinger J. (1944), HFm Matheis F. (1949), HFm Mayer M. (1955), HFm Meinhart J., PFm Moser R.

(1969), PFm Murauer A. (1958), PFm Murauer A. (1974), OFm Murauer M. (1967), HFm Neulentner J. (1947), PFm Neulentner J. (1964), PFm Niederwinkler G. (1982), PFm Öttl F. (1969), PFm Öttl R. (1983), HFm Offenhuber W. (1950), HFm Penninger G. (1963), PFm Perberschlager J. (1977), Fm Pflanzer J. (1976), PFm Posch A. (1976), HFm Posch R. (1942), PFm Posch R. (1971), PFm Pramml J., PFm Puttinger G. (1975), PFm Puttinger J. (1938), HFm Puttinger M. (1972), HFm Puttinger W. (1963), PFm Rachbauer F. (1978), HBm Rachbauer F. (1964), HFm Rachbauer J. (1952), HFm Rachbauer J. (1937), HFm Reich J. (1971), PFm Reichinger G., PFm Riedlmeier F. (1965), PFm Rieger E., PFm Saitl M. (1978), PFm Schachinger G. (1967), HFm Schachl J. (1953), HFm Schamberger M. (1946), PFm Schander J., PFm Scharnböck J. (1978), PFm Schauer K., PFm Schmalzl G., PFm Schmatzl F. (1960), PFm Schmidbauer J. (1976), PFm Schmidbauer W. (1980), PFm Schmiedbauer J. (1950), Schneider J., PFm Schrattenecker F. (1971), HFm Schrattenecker G., HFm Schrattenecker J., PFm Schrems H., Fm Schrems M., Fm Schrems M., PFm Schüßler R., PFm Schwalm E., HFm Seifried J. (1932), HFm Seifried J. (1964), HFm Sotourcak L. (1953), Fm Spiesberger F. (1935), Fm Spiesberger G. (1924), PFm Spiesberger R. (1972), PFm Spießberger F. (1972), PFm Spindler H., HFm Spindler J. (1951), OFm Steinberger F., PFm Steingreß J. (1958), HFm Stempfer F. (1946), HFm Stempfer J. (1953), PFm Stieglbauer F., PFm Stieglbauer G. (1953), PFm Stieglbauer K., PFm Straßer J., PFm Vorhauer J. (1951), PFm Vorhauer J., PFm Vorhauer M. (1951), PFm Wagner J., HFm Weber-Haslberger J. (1951), PFm Weber-Haslberger J. (1974), HFm Weilhartner J. (1954), HFm Wiesinger K. (1972), OLm Wimmer A. (1958), PFm Wimmer A. (1977), PFm Wimmer F., PFm Wimplinger J., PFm Winroither L., PFm Zeilinger F. (1981), PFm Zellner F. (1953), PFm Zeppetzauer A. (1982), PFm Zeppetzauer F., HFm Zeppetzauer J. (1959), PFm Zeppetzauer J. (1981), PFm Zeppetzauer J. (1981), PFm Zeppetzauer J. (1983), PFm Zeppetzauer N. (1983), PFm Ziegler J. (1964), HFm Zweimüller G. (1954)

FF ST. GEORGEN BEI OBERNBERG

1904 wurde die Freiwillige Feuerwehr St. Georgen bei Obernberg gegründet und Georg Schneebauer zum Kommandanten gewählt. Als Löschgerät wurde eine Handpumpe angekauft, deren Transport mittels Pferdegespann erfolgte. 1908 wurde das Feuerspritzendepot errichtet. 1909 konnte eine Fahne angekauft werden. 1930 wurde eine Motorspritze angekauft. Da seitens der Gemeinde gleichzeitig ein Lkw gekauft wurde, erfolgte nun die Fahrt zu Einsätzen mit diesem Fahrzeug. Nach dem Zweiten Weltkrieg stand der gemeindeeigene Lkw leider nicht mehr zur Verfügung, weshalb ein Traktor zu Einsatzfahrten benützt wurde. Der Ankauf eines Löschfahrzeuges und die Errichtung einer entsprechenden Feuerwehrzeugstätte ist deshalb ein Gebot der Stunde. Feuerwehrmänner und Jugendgruppen nehmen alljährlich erfolgreich an Wettbewerben teil. An Ausrüstung ist derzeit vorhanden: 1 Kraftspritze TS 8, 1 Anhänger TSW, 1 Sirene mit Funkauslösung, 2 Handfunksprechgeräte, 375 m Druckschläuche B, 110 m Druckschläuche C und dazu die erforderliche Einsatzkleidung.

HBI Augustin K. (1938), OBI Endl A. (1967), OAW Moser E. (1955), AW Moser H. (1969) — JFm Auer G. (1980), HFm Auer K. (1964), HFm Augustin F. (1976), OFm Augustin H. (1965), JFm Augustin H. jun. (1981), OFm Augustin K. jun. (1975), OFm Brunner A. (1982), HFm Brunner W. (1982), Lm Buchner G. (1975), OFm Dachs F. (1960), OFm Dachs H. (1967), OFm Demmelbauer A. (1969), OFm Demmelbauer J. (1954), OFm Demmelbauer K. (1920), OFm Detzlhofer H. (1957), OFm Detzlhofer M. (1952), JFm Detzlhofer M. jun. (1980), HFm Dipplinger K. (1955), OFm Dötzlhofer K. (1975), HFm Edtmayr A. (1980), HFm Endl A. (1977), E-BI Endl K. (1946), OFm Fekührer K. (1969), JFm Fekührer K. jun. (1980), OFm Fellner R. (1948), OFm Fellner R. (1967), JFm Gadermayr A. (1980), HFm Gadermayr J. (1961), HFm Gadermayr J. jun. (1977), OFm Gaisbauer F. (1937), OFm Glechner L. (1941), OFm Glechner L. (1946), OFm Günzinger L. (1969), HFm Günzinger L. jun. (1978), HFm Günzinger M. (1976), OFm Gurtner A. (1952), OFm Gurtner F. (1976), HFm Gurtner G. (1949), OFm Gurtner J. (1938), OFm Gurtner J. (1957), HFm Gurtner J. (1952), OFm Gurtner K. (1936), OFm Gurtner R. (1949), HFm Hackinger E. (1967), JFm Hackinger E. (1980), HFm Hackinger L. (1935), OFm Haslinger L. (1952), HFm Haslinger L. jun. (1976), HFm Hathayer H. (1972), OFm Höllerl L. (1946), Lm Höllerl L. jun. (1967), OFm Hubauer F. (1949), OFm Hubauer K. (1957), OFm Hubauer L. (1981), OFm Jodlbauer J. (1968), OFm Kirchsteiger J. (1968), OFm Kirchsteiger J. jun. (1978), HFm Kumpfmüller J. (1947), OFm Kumpfmüller J. (1980), OFm Kumpfmüller L. (1976), OAW Lindinger J. (1955), OFm Mairleitner J. (1975), OFm Matheis G. (1964), OFm Matheis G. (1976), OFm Matheis G. (1973), HFm Matheis K. (1976), OFm Matheis R. (1977), OFm Mayer A. (1980), HFm Moser Ch. (1976), OFm Moser E. (1935), JFm Moser H. jun. (1980), OFm Moser R. (1979), OFm Niklas E. (1983), OFm Niklas J. (1976), OFm Oblinger F. (1950), HFm Oblinger F. jun. (1976), Lm Oblinger J. (1975), JFm Pargfrieder R. (1980), Lm Pirklbauer A. (1975), OFm Pointner F. (1952), OFm Pointner J. (1971), OFm Pranz J. (1950), OFm Pranz J. jun. (1976), OFm Prenninger A. (1962), OFm Prenninger J. (1964), OFm Prenninger J. jun. (1976), OFm Rachbauer E. (1933), E-HBI Ratzinger L. (1924), OFm Reisecker F. (1970), OFm Reisecker K. (1933), OFm Schachinger G. (1933), OFm Schachinger K. (1947), E-HAW Schaller L. (1918), OFm Schamberger J. (1924), HFm Schamberger R. (1967), OFm Schmidleitner J. (1975), OFm Schmierer J. (1973), HFm Schmierer R. (1978), OFm Schneebauer J. (1956), OFm Schneebauer R. (1960), OFm Schneebauer R. (1949), HFm Schneidinger H. (1975), OFm Schöppl G. (1957), OFm Schrems A. (1949), Lm Schrems A. (1957), Lm Schrems H. (1975), JFm Schrems J. (1980), OFm Schrems P. (1970), OFm Schrems R. (1967), OFm Schwarzmayr J. (1957), OFm Schwarzmayr R. (1951), OFm Schwarzmayr-Lindinger G. (1953), OFm Unfried A. (1919), HFm Unfried G. (1979), OFm Unfried J. (1971), OFm Unfried J. (1969), OFm Weishäupl A. (1980), HFm Wiesbauer A. (1977), HFm Wiesbauer J. (1924), OFm Wiesbauer K. (1931), HFm Wiesbauer K. (1949), OFm Wiesbauer K. (1974), HFm Wiesbauer K. G. (1971), OFm Wiesbauer L. (1975), HFm Wiesbauer R. (1969), Ing. Wiesbauer W., Lm Wiesenberger L. (1971), Lm Wiesinger J. (1976), HFm Wimmer F. (1973), OFm Wimmer J. (1977), OFm Wintersteiger G. (1952), OFm Wintersteiger K. (1962), HFm Wipplinger F. (1973), OFm Zarbl M. (1957), OFm Zarbl M. jun. (1977)

FF ST. MARIENKIRCHEN AM HAUSRUCK

1891 wurde St. Marienkirchen eine selbständige Gemeinde. Auf Anregung des ersten Bürgermeisters Anton Wellinger wurde beschlossen, eine freiwillige Feuerwehr zu gründen. Dazu mußten die Statuten an die k. u. k. Statthalterei nach Linz zur Genehmigung gesandt werden. Dreimal mußte der hiesige Schulleiter Alois Paulmühl die Statuten schreiben ("eine mühsame Arbeit" steht in der Chronik), denn zweimal wurden diese abgelehnt und nach Monaten mit Korrekturen zurückgesandt. 1892 fand dann die konstituierende Versammlung statt. Als Feuerwehrhauptmann wurde Josef Wellinger gewählt. Im Gründungsjahr hatte die Feuerwehr 23 Mitglieder. In den ersten Jahren hatte die Wehr große Schwierigkeiten. Vielfach wurden die Feuerwehrmänner ausgelacht. Der Verein drohte sich wieder aufzulösen. Dies verhinderte Josef Groß. Er ging von Haus zu Haus und warb 25 neue Mitglieder. Den größten Aufschwung erlebte die Wehr unter Hauptmann Martin Straubinger (1899–1922). 1932 erfolgte der Ankauf einer Motorspritze. Diese wurde anläßlich des 40jährigen Jubiläums geweiht. 1955 wurde unter Kommandant Karl Bögl eine TKS VW-Gugg angekauft. 1956 wurde das 65jährige Bestandsjubiläum gefeiert. 1967 wurde ein neues Zeughaus errichtet. 1973 wurde ein neues Kleinlöschfahrzeug Type Ford Transit mit einer TS VW-R 75 angekauft. 1974 wurde das 80jährige Bestandsjubiläum mit Löschfahrzeugweihe gefeiert. 1981 wurde die Feuerwehr an das Sirenennetz mit Funkalarmierung angeschlossen. Ein großer Schritt bezüglich Ausrüstung wurde 1984 gemacht. Es wurde ein neues Löschfahrzeug mit Bergeausrüstung, LFB Mercedes Benz 508 D, angekauft. Gleichzeitig wurden auch drei Atemschutzgeräte erworben.

HBI Wellinger J. (1949), OBI Spitzer J. (1953), AW Anzengruber R. (1973), AW Raschhofer A. (1970), AW Schuster E. (1976), BI Bögl A. (1972), BI Kußberger E. (1962), BI Murauer A. (1972) — OLm Angleitner G. (1941), Fm Anzengruber J. (1948), OLm Bauchinger F. (1944), Fm Bauchinger G. (1983), Fm Bauchinger W. (1976), Lm Berger F. (1970), Fm Berger F. (1947), Fm Berger H. (1983), Fm Bergtal Ch. (1978), Fm Bögl A. (1973), Fm Bögl K. (1973), Fm Bögl M. (1972), Fm Bögl R. (1977), E-AW Bögl R. (1958), Fm Brandl M. (1961), Lm Buttinger J. (1957), Fm Buttinger K. (1933), Buttinger K. (1961), OLm Buttinger R. (1969), HFm Eder J. (1958), Fm Fischer K. (1952), Fm Fisecker A. (1944), Fm Fisecker A. (1972), Fm Fisecker G. (1983), HFm Gittmaier J. (1957), HFm Graf M., Fm Höckner E. (1970), OFm Höckner J. (1971), Fm Hörandner A. (1983), Fm Hörandner J. (1983), Fm Hörandner J. (1944), Fm Hörandner K. (1983), Fm Hörandner W. (1983), OFm Jetzinger G. (1961), HFm Jetzinger J. (1954), HFm Jobst M. (1952), Fm Jungwirth H. (1972), Fm Kohlndorfer A. (1976), Fm Kranner H. (1968), Fm Kranner P. (1950), E-BI Kreuzhuber J. (1955), E-BI Kreuzhuber M. (1951), Fm Kruglhuber G. (1952), Lm Kruglhuber J. (1928), Fm Landlinger A. (1964), Fm Landlinger J. (1967), E-AW Landlinger J. (1936), Fm Lemberger M. (1970), Fm Lemberger R. (1946), HFm Luger J. (1965), HFm Luger J. (1972), Fm Manetsgruber A. (1977), Lm Manetsgruber A. (1954), Fm Manetsgruber F. (1983), Fm Murauer F. (1953), Lm Öhlinger V. (1959), Fm Ohlinger J. (1979), Fm Ornetsmüller G. (1968), Lm Pumberger J. (1952), OLm Pumberger K. (1939), Lm Pumberger R. (1960), HFm Rabengruber A. (1962), OLm Raschhofer H. (1972), Fm Raschhofer J. (1976), OFm Reifetzshammer F. (1963), Lm Riedl M. (1955), Fm Samhaber H. (1962), Fm Schilcher J. (1963), Fm Schnötzlinger G. (1978), Lm Schnötzlinger H. (1956), Fm Seifriedsberger E. (1957), Fm Seyfried G. (1956), Fm Seyfried J. (1978), OLm Seyfried J. (1951), HLm Singer J. (1951), Fm Sperl J. (1968), E-AW Steinschnak E. (1948), Fm Stranzinger K. (1983), Fm Streif K. (1965), OFm Thalbauer J. (1949), HFm Thalbauer S. (1969), Fm Vöcklinger G. (1944), Lm Wallner J. (1954), Fm Wellinger K. (1966), HFm Wielendner J. (1938), Fm Wiesmüller J. (1973), Lm Wildhager A. (1963), E-OBI Wölflingseder J. (1952), E-AW Wöllinger J. (1963), Lm Zweimüller R. (1963)

FF ST. MARTIN IM INNKREIS

Am 1. Mai 1874 wurde aufgrund eines Löschordnungsgesetzes des oö. Landtages eine Feuerwehr gegründet. Als Kommandant der 50 Mann zählenden Wehr wurde der Gemeindevorsteher Alois Pfreintner bestimmt. Zugleich wurde eine Handpumpe von der Fa. Gugg in Braunau angeschafft. Am 23. Januar 1875 wurde die Freiwillige Feuerwehr zu einem Großbrand nach Breitenaich gerufen. Fünf Bauernhöfe brannten nieder, und ein Todesopfer forderte die Katastrophe. 1912 wurde vom Erlös eines Waldfestes eine neue Motorspritze finanziert. Das Zeughaus wurde im Jahr 1920 durch einen Sturm arg in Mitleidenschaft gezogen und noch im selben Jahr im Oktober von den Feuerwehrkameraden wieder aufgebaut. 1925 feierte die Wehr das 50jährige Gründungsfest, Anna Stöger spendete aus diesem Anlaß der Feuerwehr eine Fahne. Am 16. Juli 1937 wurde eine neue Zweitakt-Motorspritze angekauft. Im Zweiten Weltkrieg erhielt die Wehr den Status einer Hilfspolizei. Nach Kriegsende wurde die Wehr reaktiviert und 1947 eine neue Motorspritze angekauft. 1954 wurde ein vierrädriger Anhänger für eine Löschmannschaft gekauft. 1956 wurde eine VW-Motorspritze angeschafft, die bis heute ihren Dienst versieht. 1966 Großbrand in der gräflichen Gutsverwaltung St. Martin im Innkreis. 1961 erhielt die Feuerwehr ihr erstes Auto. 1973 wurde Josef Weilhartner als Kommandant gewählt, der dieses Amt bis heute erfolgreich ausübt. 1974 großer Festakt anläßlich des 100jährigen Bestandsjubiläums der Freiwilligen Feuerwehr St. Martin im Innkreis.

HBI Weilhartner J. (1945), OBI Reischauer R. (1965), AW Buttinger J. (1982), AW Koller R. (1949), AW Trost R. (1966), BI Kasper G. (1962) — HFm Angleitner F. (1967), HLm Angleitner F. sen. (1946), OFm Auzinger F. (1968), HFm Baumgartner J. (1922), Fm Bortenschlager F. (1972), Fm Bürkl J. (1969), AW Dir. Danninger K. (1945), HFm Dezlmüller A. (1973), Fm Dezlmüller H. (1979), HFm Dizili F. (1916), HLm Edel G. (1951), PFm Ertl M. (1981), OLm Fischer H. (1948), Fm Gast A. (1954), OFm Glechner F. (1977), OBI Götzendorfer H. (1934), AW Greul F. (1956), OFm Gruber J. (1969), Lm Gstöttner J. (1949), E-BR Gurtner A. (1923), OFm Gurtner A. (1955), HFm Gurtner K. (1936), E-BI Gurtner L. (1931), OFm Hargaßner K. (1962), AW Harrer J. (1947), OLm Huber A. (1937), HFm Huber J. (1939), OFm Inzinger J. (1949), HFm Kallinger A. (1948), OFm Kallinger A. jun. (1977), OFm Kasper J. (1960), OFm Klugsberger A. (1977), HFm Kollmann J. (1933), OFm Kollmann J. (1962), HFm Legler A. (1950), HFm Lobmaier G. (1968), OFm Lobmaier R. (1977), Fm Löschenbrand J. (1980), HFm Melem A. (1965), OFm Michlbauer J. (1977), OFm Öttl J. (1977), OFm Rachbauer J. (1950), PFm Redhammer F. (1982), OFm Schachinger G. (1974), Fm Schachinger H. (1978), Fm Schamberger J. (1947), PFm Voglhuber K. (1983), PFm Wagenleitner J. (1983), PFm Wagneder J. (1983), HBm Weikinger A. (1932), OFm Wiesenberger F. (1948), OFm Wimmer J. (1951), PFm Witzmann F. (1982), HFm Zahrer J. (1946), HFm Zahrer R. (1950), PFm Zechmeister G. (1976)

FF SCHILDORN

Die heutige FF Schildorn mit ihren drei Löschzügen entstand durch die Zusammenlegung 1983 aus den Wehren von Schildorn, Ebersau und St. Kollmann. Die älteste dieser Wehren ist die von Schildorn, welche 1878 gegründet wurde. Anlaß dazu war, daß sich bei einem Brand in Ebersau die alte Handspritze als unbrauchbar herausstellte und es zur Anschaffung einer neuen Spritze der Fa. Gugg kam. Bei dieser Gelegenheit wurde auch gleich eine selbständige Feuerwehr gegründet. 1932 wurde eine Spritze der Fa. Rosenbauer und ein neuer Wagen, der erstmals mit einer Anhängevorrichtung für einen Traktor versehen war, angekauft. 1966 rüstete sich die Wehr mit einer VW-Rosenbauer-Spritze und wiederum einem neuen Wagen aus. 1979 erfolgte der Ankauf eines Löschfahrzeuges LFB Mercedes Benz 409, ebenfalls von der Fa. Rosenbauer, sowie eines Sirenensteuergerätes. 1975 wurde die erste Jugendgruppe unter der Leitung von Ferdinand Demel und Heinz Zweimüller aufgestellt, aus der 1978 eine sehr erfolgreiche Wettbewerbsgruppe hervorging.

1896 erfolgte die Gründung der FF Ebersau, deren Mitglieder sich vorerst noch aus dem oberen Gemeindegebiet rekrutierten. Zugleich wurde eine Handspritze der Fa. Gugg erworben. Seither wurden gekauft: 1931 eine Vierlinger-Motorspritze (der Wagen dazu wurde vom Schmied zu Ebersau angefertigt), 1957 eine Motorspritze und 1962 ein Wagen der Fa. Rosenbauer. 1953 wurde der neue Löschteich gebaut und 1955 daneben ein neues Zeugstättenhaus errichtet. Bereits 1953 besaß die FF Ebersau eine sehr erfolgreiche Wettbewerbsgruppe, die in Ried beim Leistungswettbewerb in Bronze ganz überlegen siegte.

1910 erfolgte die Gründung der FF St. Kollmann, verbunden mit dem Ankauf einer Handspritze und der Errichtung des Feuerwehrhauses (das heute noch verwendet wird). 1931 kam es zur Anschaffung einer Vierlinger-Motorspritze, die 1960 durch eine Rosenbauer-VW-Motorspritze ersetzt wurde. 1962 wurde zur neuen Spritze auch ein neuer Spritzenwagen erworben.

Die Zusammenlegung der Feuerwehren ist in Schildorn jedoch nichts Neues. So waren die Wehren von Schildorn und Ebersau während des Zweiten Weltkrieges bereits vereinigt gewesen. Gab es in Schildorn auch fast immer drei selbständige Wehren, so wurde doch von Anfang an auf eine gute Zusammenarbeit großer Wert gelegt. Seit 1983 erfolgt diese Zusammenarbeit nach einer Befragung aller Mitglieder und einem Gemeindebeschluß unter einem gemeinsamen Kommando.

Die Kommandanten der FF Schildorn: Johann Dirmeier (1878–1891), Franz Röhenbauer (1891–1894), Peter Dirmeier (1894–1919), Johann Penninger (1919–1934), Fritz Kreuzhuber (1934–1938), J. Spiessberger (1938–1945), J. Hollrieder (1945–1957), W. Feichtinger (1957–1963), Ludwig Schoibl (1963–1968), Ferdinand Demel (1968–1973), Georg Fischerleitner (seit 1973).

Die Kommandanten der FF Ebersau: J. Burgstaller, Johann Aigner, Franz Seifried, Franz Bachinger, Johann Aigner (1953–1968), Wilhelm Fischerleitner (1968–1983).

Die Kommandanten der FF St. Kollmann: Ferdinand Lechner (1910–1913), Jakob Moser (1913–1919), Michl Buttinger (1919–1920), Johann Hangler (1920–1930), Josef Kirchsteiger (1930–1938), Ludwig Mühllechner (1938–1945), Johann Hangler (1945–1953), Franz Hangler (1953–1955), Franz Walchetseder (1955–1956), Josef Duringer (1956–1963), Alois Buttinger (1963–1973), Josef Moser (1973–1983).

HBI Fischerleitner G. (1951), OBI Hangler F. jun. (1975), AW Kaltenböck J. (1956), AW Trost G. (1966), BI Demel F. (1956) — HFm Adlmanseder A. (1972), OFm Adlmanseder A. (1948), HFm Aigner J. (1953), OFm Aigner J. (1919), Aigner J., Fm Aschenberger F. (1971), Bachinger F., Bachinger F., Bachinger G., OFm Badergruber F. (1946), Fm Badergruber J. (1970), Fm Berger R. (1980), Bernauer K., Bernauer K. jun., OFm Binder F. (1929), Bleckenwegner F., Bleckenwegner G., Bleckenwegner J., Fm Breml H. (1979), OFm Breml J. (1978), Fm Breml J. (1978), Fm Brettbacher A. (1973), OFm Burgstaller A. (1956), Burgstaller F., Fm Burgstaller G. (1964), HFm Burgstaller J. (1977), OFm Burgstaller J. (1953), HFm Burgstaller J. (1975), Burgstaller M., Buttinger A., Buttinger G., Buttinger G., Fm Buttinger G. (1964), OFm Buttinger G. (1936), OFm Demel F. (1937), Fm Demel W. (1979), Desch K., Detzlhofer J., OFm Diermaier W. (1956), Dirmaier J., Dobler H., Erhard F., Erhard G., Fm Erler F. (1967), Fm Erler G. (1977), Fm Erler H., Erler S., HFm Esterer A. (1977), OFm Esterer J. (1965), HFm Etzlinger A. (1977), Fm Feichtinger B. (1979), Lm Feichtinger G. (1975), HLm Feichtinger W. (1949), HFm Feichtinger W. (1975), OFm Feitzinger G. (1956), HFm Fischerleitner G. (1954), OFm Fischerleitner G. (1924), PFm Fischerleitner G. (1983), OFm Fischerleitner H. (1978), OFm Fischerleitner M. (1929), Fischerleitner W., Fischerleitner W., Fraueneder F. jun., Fraueneder J., Fm Frauscher J. (1962), Frauscher J., Frauscher W., Gaßner A., Gattermann J., Gattermann J., HFm Gehnböck M. (1978), OFm Gehnböck R. (1944), OFm Gehnböck R. (1958), Fm Geier H. (1974), Groiß H., Gruber G., Gruber J. (1959), Habetswallner E., Hammerer F., Hammerer G., Hangler F., Hangler F., Hangler J., Hangler J., Hangler J., Haslberger M. (1959), Haslinger F. (1964), Haslinger F. (1980), Haslinger G. (1980), Hattinger J. (1977), Heftberger H. (1975), Heftberger W., Heftberger W. (1968), Fm Hillinger J. (1975), HFm Hillinger J. (1975), Hofinger J., OFm Hohensinn F. (1936), Fm Hohensinn J. (1964), Hohensinn J., OFm Hohensinn R. (1976), Fm Hollrieder F. (1955), HBm Hollrieder J. (1933), Itzinger J., Fm Kallinger A. (1966), OFm Kaser K. (1958), HFm Kern A. (1955), Kettl F., Kettl H., OFm Kirchsteiger F. (1964), Kirchsteiger J., Fm Knirzinger F. (1950), Fm Knirzinger J. (1964), Fm Kresinger J. (1980), Kresinger J., Fm Kresinger M. (1976), Kühberger J., Kühberger W., Lechner F., Lechner J., Lindelbauer M., Maier J., Fm Mayerhofer J. (1961), Meingaßner A., Meingaßner F., Meingaßner F., Meingaßner W., Meingaßner W., Fm Moser H. (1975), Moser J., Moser J., OFm Mühlbacher A. (1926), Fm Mühlbacher F. (1964), Mühlechner L., Mühlecker F., Mühlecker J., Mühlecker J., Mühlecker S., Mühlechner M., Müller K., Murauer J., Niederhauser G., OFm Niederhauser J. (1923), Niederhauser J., Ornetsmüller A., Ornetsmüller G., Ornetsmüller G., Ornetsmüller H., Ornetsmüller J., Ornetsmüller J., Ornetsmüller K., Ottinger J., Fm Penninger J. (1972), Fm Penninger M. (1953), OFm Pollhammer A. (1961), Preinfalk J., OFm Rachbauer G. (1959), Rachbauer J., Rachbauer J., Fm Reiter G. (1951), OFm Rescheneder G. (1951), OFm Rescheneder J. (1957), Fm Rescheneder M. (1978), Reumayr F., OFm Schachinger P. (1959), OFm Schachl A. (1958), Schachl M., Fm Schachl S. (1979), Fm Schatzdorfer J. (1975), Schatzl F., Fm Schildhammer J. (1965), Fm Schmiedbauer A. (1971), Fm Schneeberger J. (1959), Schönpaß J., HFm Schoibl G. (1978), HBm Schoibl L. (1954), HFm Schoibl L. (1975), Fm Schoibl R. (1963), Schrattenecker F., Schrattenecker J., OFm Schwarzenberger R. (1934), HFm Seifried F. (1975), Seifried J., OFm Seifriedsberger J. (1975), Seifriedsberger J., Sperl M., HBm Spießberger F. (1955), OLm Spießberger J. (1953), Fm Steinberger F. (1962), Fm Steinhofer A. (1980), Stiedl R., Fm Stockinger A. (1965), OFm Stockinger A. (1949), HFm Stockinger J. (1959), Fm Stockinger J. (1975), Fm Stockinger L. (1977), Fm Stockinger M. (1962), Fm Trost J. (1966), Fm Trost M. (1963), Fm Urwanisch J. (1937), OFm Urwanisch J. (1968), Völker D., Völker J., Vorhauer J., Fm Wadl J. (1958), Walchetseder F., Walchetseder F. sen., Fm Weber-Haslberger A. (1982), Weinhäupl H., Weißenbrunner J., Wielentner F., Fm Wiesinger V. (1963), Wimmer J., Fm Zauner J. (1949), Zweimüller A., Zweimüller A., Zweimüller H. (1964), Zweimüller M., Lm Zweimüller M. (1975), Zweimüller M., Zweimüller W.

FF SENFTENBACH

1891: Gründung der FF Senftenbach, 1894 Fahnenweihe. 1932 erfolgte der Ankauf der ersten Pumpe. 1954 wurde das Feuerwehrdepot errichtet und der Ankauf des ersten Feuerwehrautos vorgenommen. Im selben Jahr kam es auch zur Gründung einer Wettbewerbsgruppe. 1969 wurde ein Kleinlöschfahrzeug (Ford) angekauft; 1971: Fusionierung der FF Bruck und der FF Senftenbach. 1979 wurde eine Jugendbewerbsgruppe gegründet. 1975 feierte die Wehr ihr 80jähriges Gründungsfest mit Abschnittsbewerb. 1979 konnte der Ankauf eines Kleinlöschfahrzeuges (VW) erfolgen. Namen der Hauptleute seit der Gründung (soweit bekannt): Hebetshuber, Franz Fehkührer, Engelbert Dötzlhofer, Anton Nobis, Georg Weber, Josef Reisegger, Johann Schrattenecker, Josef Lechner.

HBI Lechner J. (1963), OBI Fehkührer J. (1969), AW Berneder J. (1968), AW Hörl A. (1965), AW Weinhäupl J. (1978), BI Koppelstätter J. (1969), BI Wallner J. (1972) — OFm Andeßner A. (1973), HFm Andeßner A. (1958), HFm Andeßner F. (1969), HFm Angleitner A. (1932), HFm Angleitner F. (1968), HFm Angleitner F. (1956), HFm Baumkirchner A. (1933), HFm Berneder F. (1951), HFm Berneder J. (1950), Lm Berneder J. (1977), HFm Berneder K. (1946), HFm Berneder W. (1964), JFm Bögl F. (1983), HFm Bögl F. (1966), HFm Bruckmüller F. (1969), OFm Bruckner J. (1978), HFm Brückl R. (1975), HFm Brückl R. (1953), OFm Burgstaller A. (1978), HFm Burgstaller F. (1929), OFm Burgstaller J. (1972), HFm Danecker F. (1953), Fm Danecker F. (1981), OFm Danecker J. (1977), HFm Danecker J. (1950), PFm Deschberger A. (1983), HFm Deschberger A. (1957), HFm Dötzlhofer J. (1949), PFm Dötzlhofer J. (1983), HFm Dötzlhofer M. (1976), HFm Egger J. (1930), JFm Egger J. (1982), HFm Eichberger J. (1977), HFm Eichberger K. (1955), HFm Eichberger R. (1968), OFm Erhardt H. (1977), HFm Fehkührer F. (1968), HFm Fehkührer F. (1933), Bm Fehkührer G. (1966), HFm Fehkührer G. (1933), HFm Fehkührer G. (1979), HFm Fehkührer J. (1958), HFm Fehkührer J. (1979), JFm Fehkührer J. (1983), HFm Fischleder F. (1959), HFm Frixeder J. (1965), HFm Frixeder K. (1957), Lm Fußeis E. (1972), HFm Fußeis F. (1934), HFm Gaisbauer F. (1958), JFm Gattermaier T. (1983), HFm Gattermaier W. (1967), JFm Gattermaier W. (1980), HFm Gradinger J. (1938), HFm Großbötzl J. (1919), HFm Hangler K. (1928), JFm Hörl Ch. (1981), HFm Hofer G. (1968), HFm Jebinger J. (1955), Lm Kinz M. (1980), HFm Klingeisen J. (1942), OFm Klingeisen M. (1976), PFm Kobler M. (1983), HFm Kobler M. (1949), HFm Köck L. (1935), HFm Kollmann F. (1951), HFm Kollmann F. (1978), Lm Kollmann J. (1970), JFm Lechner J. (1982), OLm Leherbauer J. (1949), HFm Leherbauer J. (1923), PFm Madritsch J. (1983), JFm Mayrleitner G. (1983), Fm Mayrleitner J. (1981), HBm Mayrleitner J. (1958), HFm Mayrleitner M. (1949), HFm Nobis F. (1972), HFm Nobis G. (1979), HFm Petershofer A. (1961), HFm Petershofer A. (1926), HFm Petershofer F. (1963), HFm Pichlerbauer L. (1975), OFm Probst L. (1982), HFm Puttinger E. (1950), HFm Rabenberger J. (1954), HFm Rabenberger J. (1932), Lm Rachbauer J. (1978), HFm Regl H. (1961), HFm Regl K. (1937), HBm Regl K. (1963), HLm Reifeltshammer K. (1950), OFm Reischauer A. (1977), E-HBI Reisegger J. (1938), Bm Reisegger R. (1949), HFm Reitsberger J. (1958), HFm Schamberger J. (1932), HFm Schamberger K. (1961), Fm Schamberger K. (1983), JFm Schamberger K. (1982), JFm Schamberger R. (1983), HFm Schardinger G. (1977), HLm Schaurecker A. (1975), HFm Schaurecker J. (1969), HFm Schaurecker J. (1933), HFm Schiemer K. (1974), E-HBI Schrattenecker J. (1939), HFm Schrems A. (1981), HFm Straßer F. (1949), PFm Strobl G. (1983), HFm Strobl J. (1961), Bm Tiefenthaler F. (1963), HFm Tiefenthaler F. (1946), Bm Tiefenthaler J. (1964), HFm Wagenleitner F. (1956), HFm Weber J. (1946), HFm Weiermann J. (1949), HFm Weilhartner J. (1969), OLm Weinberger J. (1966), HFm Weinhäupl F. (1972), HFm Würthinger J. (1949), OFm Zechmeister A. (1970), HFm Zechmeister J. (1923), HFm Zweimüller J. (1976)

FF STELZHAM

1928 gründeten 20 tatkräftige Männer, durchwegs Bauern und Knechte, die Freiwillige Feuerwehr Stelzham. Da die nächste Feuerwehr in der Ortschaft Utzenaich war, sollte diese Wehr den Schutz der Ortschaften Murau, Stelzham, Windhag, Aigen, Weilbolden und Krammern übernehmen. Die Grundausrüstung bestand aus einer Zugspritze für Handbetrieb sowie aus 100 m C-Hanfschläuchen. Dieses Gerät wurde von der Ortsfeuerwehr Utzenaich angekauft. Bis 1949 mußten mit dieser Handspritze alle Einsätze bewältigt werden, bis von der Fa. Rosenbauer die erste Motorspritze angekauft wurde. Bis 1958 war das gesamte Gerät der Wehr in einer Wagenhütte in Stelzham untergebracht. Der Baugrund für eine neue Zeugstätte wurde von Kdt. Manhartsgruber kostenlos zur Verfügung gestellt, das Baumaterial vom Ziegelwerksbesitzer und großen Gönner der Wehr KR Stefan Berghammer aus Utzenaich gestiftet. Anstatt eines Schlauchturmes wurde ein Schlauchtrockenschrank der Fa. Ziegler angeschafft. Diese Anlage war die erste ihrer Art im Bezirk Ried im Innkreis. 1960 wurde das Zeughaus mit einer elektrischen Alarmsirene ausgestattet. Bis 1963 mußte die FF Stelzham buchstäblich mit Roß und Wagen zu den Bränden ausrücken. Erst im Jahr 1963 wurde eine einachsige Karette angekauft. 1967 feierte die Wehr ihr 40jähriges Bestehen mit einer Fahnenweihe. Am 24. und 25. Juni 1967 wurde die neue Fahne von Pfarrer Reifeltshammer in einem Festakt geweiht. 1976 mußte die mittlerweile 27 Jahre alte Motorspritze durch eine neue ersetzt werden. 1978 legte Kommandant Johann Manhartsgruber seine Tätigkeit, welche er 50 Jahre hindurch ausgeübt hatte, aus Altersgründen zurück. Neuer Kommandant wurde Karl Kreuzhuber. 1981 wurde vom LFK ein gebrauchtes KLF angekauft.

HBI Kreuzhuber K. (1948), OBI Danninger S. (1959), OAW Kreuzhuber K. jun. (1976), AW Danninger J. (1942), AW Ehwallner K. (1970), AW Hochhold J. (1970), AW Lengauer H. (1959), BI Buttinger K. (1945) — OFm Binder E. (1981), HFm Buchinger F. (1943), OFm Buchinger J. (1981), JFm Buttinger F. (1984), OBm Dallinger J. (1949), OFm Dallinger J. jun. (1981), Fm Danninger J., HFm Danninger A. (1921), HFm Doblhammer F. (1931), OFm Eder J. (1980), OBm Eichberger F. (1949), OLm Eichberger J. (1976), OFm Einböck F. (1979), JFm Gruber J., HLm Gruber J. (1957), PFm Gruber J. jun. (1984), HFm Haas J. (1932), HFm Haas R. (1960), JFm Helml E., HFm Hochhold A. (1970), HFm Hochhold K. (1959), OFm Hochhold R. (1979), Fm Hochhold W. (1977), OLm Höckner F. (1956), OFm Höckner F. jun. (1979), HFm Höckner J. (1965), JFm Höckner J. jun., PFm Huber G. (1984), HFm Huber K. (1976), HFm Kühberger J. (1949), PFm Maier F. (1984), HFm Maier J. (1965), HFm Maier W., HFm Manhartsgruber J. (1942), E-HBI Manhartsgruber J. (1912), Fm Manhartsgruber J. jun. (1983), HFm Mayr K. (1927), HFm Mitter A. (1967), OFm Moser F. (1971), OFm Oberauer J. (1949), HFm Propst J. (1935), HFm Pühringer A. (1931), Fm Redlhammer J. (1983), HFm Schmid J. (1936), JFm Schneiderbauer Ch. (1981), HFm Schneiderbauer J. (1946), HFm Schneiderbauer J. (1965), E-OBI Schneiderbauer J. (1946), PFm Schneiderbauer M. (1984), HFm Stöger F. (1959), Fm Stöger J. (1983), Bm Straßer L. (1926), HFm Zehetner K. (1959), Fm Zehetner K. jun. (1982), Fm Zehetner R. (1983) OFm Zeilinger R. (1981)

FF TAISKIRCHEN

Die Freiwillige Feuerwehr Taiskirchen wurde 1882 gegründet und in Pfarrhofnähe ein gemauertes Zeughaus errichtet, welches bis 1926 der Unterbringung des Spritzenwagens mit Pferdebespannung diente. In diesem Jahr wurde dieses Gebäude geschleift und am Stallgebäude des Pfarrhofes ein Anbau errichtet. 1932 konnte die erste Motorspritze von der Fa. Gugg in Braunau beschafft werden, wofür auch ein neuer, vorerst noch mit Pferden bespannter Wagen notwendig wurde. 1946 erhielt die Feuerwehr das erste Auto, einen Steyr 2000 aus ehemaligen Wehrmachtsbeständen. Die Beschaffung einer neuen Motorspritze, Type Rosenbauer R VW 75, erfolgte 1959. Ein Feuerwehrfest mit Löschfahrzeugweihe des 1965 angekauften Kleinlöschfahrzeuges Ford Transit wurde im Jahr 1966 in Taiskirchen abgehalten. Durch den Abbruch des Pfarrhofstalles mußte die Feuerwehr in den Gemeindebauhof ausweichen und war dort bis 1980 provisorisch untergebracht. In diesem Jahr wurde das in der Hauptschule vorgesehene Lehrschwimmbecken von den Mitgliedern in Eigenregie zu einem neuen Zeughaus ausgebaut und die Sirene mit Funkalarmierung installiert. Die Ausrüstung mit einem Tanklöschfahrzeug TLF 2000 (Steyr 591) von der Fa. Rosenbauer erfolgte 1982. Dies wurde 1983 mit der Abhaltung des 100jährigen Gründungsfestes mit Weihe des Zeughauses und des TLF sowie der Durchführung des Bezirksleistungsbewerbes festlich begangen.

HBI Dauth S. (1962), OBI Ebner J. (1971), AW Danninger A. (1972), AW Ebner F. (1967), AW Gsottbauer R. (1969), BI Feichtner F. (1968) — Bm Auer H. (1962), OFm Bauer J. (1968), HFm Berger H. (1961), OFm Berger H. (1980), OLm Berrer J. (1958), HFm Brandl R. (1969), OFm Bruckl M. (1978), OFm Brückl G. (1979), HBm Brückl H. (1963), OBm Brückl K. (1955), HLm Däubler F. (1946), OFm Däubler J. (1960), Fm Dannreiter A. (1970), HFm Diermaier A. (1956), OFm Doblhofer F. (1970), OFm Doblhofer J. (1968), Fm Doblhofer K. (1971), E-BI Ebner F. (1936), HLm Ecker J. (1947), OFm Greifeneder F. (1968), OLm Griesmaier J. (1976), OBm Gruber A. (1930), OLm Gruber O. (1960), OFm Gruber W. (1967), OLm Hangler J. (1952), Fm Hörmanseder G. (1982), HLm Hörmanseder J. (1958), OLm Hörmanseder R. (1947), Lm Hofinger B. (1954), HBm Huber L. (1922), E-BI Jetzinger F. (1933), HLm Mair A. (1964), Fm Mayr F. (1970), HBm Müller J. (1928), HFm Oberleitner A. (1960), Bm Rainer O. (1964), E-HBI Reich A. (1946), Bm Reich A. (1969), Salaberger E., OLm Schachermaier F. (1959), HFm Scheuringer G. (1972), OFm Schratzberger H. (1978), OLm Stockhammer A. (1965), HLm Stockhammer F. (1961), Lm Stockhammer J. (1978), HFm Stockhammer W. (1981), E-HBI Stockinger M. (1931), HLm Stoll F. (1946), Fm Stoll G. (1981), OFm Straßer R. (1980), Lm Tischler J. (1969), OLm Voglbauer J. (1946), OFm Wageneder F. (1977), OBm Weikinger J. (1950), Lm Wiesinger R. (1957), Fm Windhager E. (1969), Fm Zinner H. (1971), OLm Zogsberger M. (1954) OFm Zogsberger M. (1980)

FF TRAXLHAM

Wie in der Vereinschronik zu lesen ist, ist die im Jahr 1912 erfolgte Gründung vor allem ein Verdienst des Jakob Stranzinger, der auch erster Hauptmann wurde. Das Spritzenhaus wurde in der Zeit vom 5. Juni bis 6. Juli errichtet. Die Gemeinde kaufte die erste Spritze, welche am 11. August geweiht wurde. 1913 wurde ein herausgezimmerter Löschteich errichtet. Am 28. April 1914 war der erste Alarm bei der FF Traxlham zu verzeichnen. Da der Brand aber weiter entfernt war, kam die Spritze nicht zum Einsatz. 1923 wurde schließlich eine Fahne gekauft. Das 1929 gehegte Ansinnen, eine Motorspritze zu kaufen, scheiterte, da von der Gemeinde keine Unterstützung gewährt wurde. Doch bereits zwei Jahre später wurde dieser Plan verwirklicht. Am 23. August 1931 war dann die Weihe der neuen Motorspritze im Rahmen eines großen Festes. Das nächste größere Fest war das 25jährige Gründungsfest, welches am 20. Juni 1937 abgehalten wurde. In der Zeit des Nationalsozialismus wurde die Feuerwehr zu einem Löschzug „degradiert". In den ersten Nachkriegsjahren wurden die Hydranten errichtet, welche einen wichtigen Schritt in Richtung Brandschutz darstellten. Am 20. September 1953 trat die Feuerwehrmusikkapelle Traxlham das erste Mal in Ried an die Öffentlichkeit. Die Musikkapelle wirkte bereits vor dem Zweiten Weltkrieg und wurde schließlich im Jahr 1954 aufgelöst. 1958 wurde eine neue Motorspritze gekauft. Dieser Ankauf war durch finanzielle Unterstützung von der Gemeinde möglich geworden. Die Feuerwehr Traxlham nahm wie alle Mannschaften oft an Übungen und Kursen erfolgreich teil.

HBI Redhammer J. (1972), OBI Büchl F. (1941) — Berger A. (1977), Bernauer A. (1963), Biereder A. (1950), Biereder J. (1966), Büchl F. (1976), Büchl J. (1971), Dieß R. (1979), Dornetshuber A. (1955), Dornetshuber A. (1979), Egger J. (1966), Egger K. (1937), Egger K. (1968), Fischer F. (1960), Fußl P. (1980), Gattermaier F. (1969), Gattermaier F. (1952), Gattermaier F. (1972), Großbötzl K. (1955), Gruber A. (1918), Gurtner J. (1959), Gurtner J. (1916), Gurtner K. (1968), Hauer J. (1967), Hörmeier A. (1966), Kampl J. (1979), Kettl F. (1957), Koppelstätter G. (1973), Lang F. (1977), Lang J. (1951), Lang J. (1972), Müller F. (1970), Müller J. (1941), Murauer J. (1934), Murauer W. (1966), Oberschmidleitner J. (1949), Oberschmidleitner K. (1959), Öttl J. (1969), Reisegger L. (1957), Schachermeier F. (1980), Schachinger J. (1960), Schachinger J. (1968), Schachinger K. (1953), Schachinger K. jun. (1972), Schamberger L. (1949), Schlagradl L. (1947), Schneglberger J. (1979), Schneglberger J. (1949), Schneglberger J. jun. (1977), Schneglberger M. (1948), Schneglberger M. (1966), Schüßlbauer J. (1949), Schüßlbauer J. (1977), Schusterbauer F. (1979), Seidl A. (1980), Strobl J. (1952), Tiefentaler G. (1957), Tiefentaler J. (1960), Totter S. (1966), Trutzka G. (1949), Weber M. (1954), Weber M. (1979), Weilhartner K. (1979), Weilhartner F. (1945), Wiesbauer R. (1969)

FF TROSSKOLM

Die Feuerwehr Troßkolm war von 1938 bis 1945 an die FF St. Martin im Innkreis angeschlossen und erlangte nach dem Zweiten Weltkrieg wieder ihre Selbständigkeit. Unter ihrem Kommandanten Georg Adlmannseder ging man daran, eine schlagkräftige Wehr aufzubauen. In seine Amtszeit fiel auch der Bau eines neuen Zeughauses. Im Jahr 1958 errichtete man unter ihrem Kommandanten Engelbert Flotzinger in Hötzlarn einen Löschteich. 1965 wurden anläßlich der Fahnenweihe die ehemaligen Wehrführer Georg Stöger, Georg Adlmannseder, Josef Doblhammer und Engelbert Flotzinger für ihr verdienstvolles Wirken zu Ehrenkommandanten ernannt. Ein Jahr später wurde eine neue Motorspritze angekauft, und 1977 erwarb die FF Troßkolm ein neues Löschfahrzeug. Auch das Zeughaus entsprach nicht mehr den gewünschten Anforderungen, und Kommandant Max Ecker setzte am 21. November 1980 den Spatenstich für einen Neubau, der 1983 fertiggestellt wurde. Die Kommandanten der Freiwilligen Feuerwehr Troßkolm seit ihrer Gründung waren: Ludwig Ecker (1922–1928), Georg Stöger (1928–1936), Felix Ecker (1936–1937), Anton Loidl (1937), Georg Adlmannseder (1945–1949), Josef Doblhammer (1949–1953), Engelbert Flotzinger (1953–1963), Max Ecker (seit 1963).

HBI Ecker M. sen., OBI Bäck J. — Adlmannseder G., Bäck A., Doblhammer J. jun., Dohlhammer J. jun., Dohlhammer J. sen., Ecker L., Ecker M. jun., Flotzinger E., Flotzinger G., Flotzinger J., Flotzinger K., Fuchs A., Fußl E., Greil-Wimmer G., Grömer G., Gurtner J., Hartinger J., Hatzmann J., Höchtl A. sen., Höchtl F., Höchtl J., Höchtl K., Huber E., Krautgartner K., Loidl A. sen., Loidl J., Machl F., Mayer W., Mayer W. jun., Neumayer J., Neumayer R., Plattner H. jun., Sausack J., Schilcher J., Schilcher J. sen., Schilcher R., Schild A. jun., Schild A. sen., Stöger G., Stranzinger G., Stranzinger J. jun., Stranzinger J. sen., Stranzinger J. sen., Tiepold J., Tischler J., Vormayr Ch., Wetscher A., Wetscher J., Wörister E.

FF TUMELTSHAM

Gründung der FF Tumeltsham: 16. Januar 1898; erster Kommandant: Johann Diermayer. Errichtung des Löschzuges Eschlried 1913 (selbständig 1920), Errichtung des Löschzuges Walchshausen 1909 (selbständig 1913). 1938–1948 waren die Wehren Eschlried und Walchshausen wieder Löschzüge der Wehr Tumeltsham. Löschgeräte und Ausrüstung: 1898 Ankauf einer Handdruckspritze; 1921 Ankauf einer Motorspritze, Viertakt, 10 PS, 300 l/min.; 1947 Ankauf eines Lkw (Kriegsfahrzeug); 1948 Umbau des Lkw als Rüstfahrzeug; 1948 Ankauf einer TS Type R 80, 800 l/min.; 1953 Ankauf einer Fahne; 1953 Bau der neuen Zeugstätte — Vollendung 1954; 1965 Ankauf einer Motorspritze Type VW Automatik 75; 1970 Atemschutzgerät; 1973 Ankauf eines Rüstfahrzeuges BLF mit Vorbaupumpe; 1974 Ankauf eines Rüstanhängers; 1976 Ankauf eines Kdo-Busses; 1977 und 1982 Ankauf von mobilen Funkgeräten.

BR Rautner J. (1969), OBI Ott-Berger A. sen. (1955), AW Andeßner F. (1962), AW Berger R. (1977), AW Helmetzberger F. (1965), BI Angleitner F. (1962), BI Hofinger J. jun. (1972), BI Thattendorfer M. (1977) — HLm Albrecht G. (1936), Lm Andeßner A. (1957), HFm Angleitner F. (1962), HFm Angleitner J. (1922), Lm Angleitner J. (1946), Lm Angleitner J. (1957), Lm Angleitner-Andeßner J. (1935), JFm Angleitner-Andeßner F. (1981), HFm Augustin J. (1972), HFm Bauböck J. (1977), HFm Berger F. (1975), OFm Bernhofer T. (1979), JFm Binder H. (1983), HFm Brandstätter A. (1975), JFm Brenneis G. (1981), OFm Brenneis G. (1975), JFm Dicker H.-P. (1982), OFm Dicker J. (1971), OLm Diermayer M. (1947), Fm Egger H. (1971), Fm Engertsberger K. (1974), HFm Etz J. (1937), HFm Etz P. (1970), OFm Falch G. (1981), Lm Flachs F. (1964), OFm Flotzinger A. (1974), Lm Flotzinger H. (1975), JFm Flotzinger K. (1981), JFm Fuchs B. (1983), HFm Gehmair J. (1957), HLm Haider G. (1936), E-AW Hammerer I. (1949), HFm Hammerer M. (1971), OFm Hammerer W. (1975), HFm Hangl G. (1965), E-AW Hangl J. (1947), OFm Hellwagner J. (1971), Lm Hellwagner L. (1964), OLm Hermentin J. (1954), OLm Hinterholzer R. (1971), Bm Hochrainer E. (1950), OLm Hofinger J. (1955), Fm Hofinger M. (1979), OFm Hohensinn Ch. (1974), OBm Hohensinn J. (1949), OFm Holzinger P. (1977), OFm Jetzinger H. (1971), Lm Kallinger J. (1963), HFm Klein A. (1977), OFm Klein F. (1977), HFm Krichbaum G. (1953), Lm Liederer E. (1969), HFm Liederer J. (1974), HFm Mayer G. (1965), Lm Mayer J. (1957), OFm Mayerhofer M. (1977), Moser R. (1981), HFm Nagl H. (1977), OFm Nagl K. (1971), JFm Obermüller P. (1983), Lm Ott-Berger A. (1974), PFm Ott-Berger J. (1983), Lm Poringer J. (1965), HLm Poringer J. sen. (1947), Bm Rabenberger K. (1932), Fm Radl R. (1981), OFm Raschhofer A. (1970), E-BI Raschhofer F. (1947), Lm Rathbauer J. (1965), HFm Rottner J. (1957), HLm Rottner J. sen. (1927), Lm Schmid J. (1937), Fm Schmidtbauer F. (1981), Lm Schmidtbauer J. (1972), HFm Schmidtbauer J. (1978), Schönauer G. (1981), Fm Schönauer R. (1983), OFm Schütz H. (1982), OFm Schwarzmaier F. sen. (1974), OLm Schwarzmayer F. (1974), OFm Stiebleichinger J. (1975), Lm Stiebleichinger J. (1950), JFm Stieglmayer R. (1983), HBm Thattendorfer P. (1975), JFm Unterberger F. (1980), Unterberger F. (1966), HFm Unterbuchberger L. (1947), Fm Volk W. (1983), Lm Wagenleitner H. (1972), HBm Wallner W. (1938), OLm Wetzlmaier R. (1965), OFm Wienroither H. (1977), HFm Wimmer Ch. (1976), Fm Zweimüller R. (1974), HFm Zwingler F. jun. (1965), HFm Zwingler F. sen. (1916), Bm Zwingler F. (1947)

475

FF UNTERHASLBERG

Die Gründung der Freiwilligen Feuerwehr Unterhaslberg erfolgte im Jahr 1897. Seit der Gründung besteht ein Rüsthaus, das nach und nach ausgebaut wurde. Die Wehr ist mit einem Traktoranhänger mit Tragkraftspritze ausgerüstet. Kommandanten der Freiwilligen Feuerwehr Unterhaslberg waren seit ihrer Gründung, soweit bekannt: Streif, Stockenhuber, Schrems-Schauer, Josef Brandstätter, Rudolf Stöger, Johann Stockenhuber und Johann Gottfried. Derzeit ist Ing. Franz Eichsteininger im Amt.

HBI Ing. Eichsteininger F. (1944), OBI Zogsberger R. (1963), AW Krenn M. (1937), AW Neuhofer F. (1983), AW Zogsberger G. (1955), AW Zogsberger J. (1950) — OFm Amma F. (1947), OFm Angleitner F. (1949), Fm Berger F. (1949), Fm Buttinger F. (1976), OFm Eder J. (1955), OFm Friedwagner A. (1965), OFm Gottfried J. (1957), OFm Hatzmann J. (1967), OFm Höfurtner F. (1962), OFm Rachbauer J. (1965), HFm Rauchenecker J. (1952), Lm Schrems J. (1947), OFm Würtinger F. (1950), Fm Zogsberger J. (1965)

FF UTZENAICH

Die Freiwillige Feuerwehr Utzenaich wurde im März 1882 gegründet. Erster Kommandant war Georg Andorfer. 1900 wurde Kommandant Andorfer von Josef Reifeltshammer abgelöst. 1909 wurde das erste Zeughaus erbaut. Im Ersten Weltkrieg übernahm Pfarrer Gottfried Schachinger die Führung der Wehr. Ab 1918 übernahm wieder Josef Reifeltshammer das Kommando. 1922 wurde Hans Sindhöringer als neuer Kommandant gewählt. 1938 wurden durch Gemeindebeschluß die vier Feuerwehren Utzenaich, Stelzham, Wilhelming und Unterhaselberg zu einer Feuerwehr mit vier Löschzügen zusammengeschlossen. Gemeindewehrführer war Kdt. Johann Sindhöringer. Herr Sindhöringer legte nach 25 Jahren aus Altersgründen die Kommandantenstelle zurück. Sein Nachfolger war Josef Seifried. Unter ihm wurde 1950 ein neues Zeughaus auf dem von Josef Winkler kostenlos zur Verfügung gestellten Grundstück erbaut. 1954 wurde ein neuer Gerätewagen mit Motorspritze angekauft. 1963 wurde Franz Schuh neuer Wehrführer. Bei den Neuwahlen 1968 wurde Johann Eder zum neuen Kommandanten gewählt. 1972 wurde Eder von Georg Obermüller abgelöst. 1978 wurde ein neues LF Mercedes 409 angekauft. 1983 wurde eine neue Feuerwehrfahne angekauft.

HBI Obermüller G. (1960), OBI Wimmer J. (1964), AW Eder J. (1970), AW Gruber F. (1920), AW Klambauer R. (1941), AW Müller H. (1950), AW Piralli L. (1958), AW Wintersteiger G. (1967), BI Eder J. jun. (1973), BI Vitzthum E. (1981) — HFm Aichinger J. (1933), Fm Baumgartner J. (1972), FA Dr. Berger R. (1950), HFm Bodenhofer J. (1958), OFm Bodenhofer J. (1980), PFm Bogner A. (1982), Fm Bogner G. (1938), Fm Bogner G. (1957), JFm Bogner J. (1982), PFm Dietrich J. (1974), OFm Ebetshuber K. jun. (1968), E-OBI Ebetshuber K. sen. (1925), Fm Eder G. (1973), PFm Eder H. (1980), HBm Eder J. sen. (1950), HFm Eder J. (1947), JFm Egger H., Fm Famler F. (1962), OFm Feichtinger J. (1974), Fm Feichtlbauer E. (1969), Feichtlbauer W., Fm Fischer F. (1950), HFm Fischer K. (1958), HFm Fischer M. (1973), OFm Flotzinger G. (1973), Fm Frixeder K. (1979), OFm Gaisböck A. (1974), OFm Gottfried F. (1974), Fm Gumpoldsberger G. (1973), OFm Hatzmann M. (1981), Fm Herzberger J. (1969), Fm Hinterleitner A. (1972), OFm Hinterleitner H. (1970), Fm Hinterleitner R. (1948), Fm Hinterleitner W. (1970), Fm Hobelsberger F. (1970), OFm Höckner J. (1958), Fm Höckner R. (1976), Fm Höfurtner G. (1976), Fm Hörl J. (1979), Fm Hörl J. (1963), HFm Ingelsberger G. (1963), Fm Karl R. (1939), HFm Kirchberger W. (1968), Kitzmantel Ch., JFm Kitzmantel M. (1982), Fm Kreuzhuber K. (1974), Fm Landlinger K. (1957), HFm Landlinger K. (1931), Fm Lindner F. (1969), Fm Lindner F. (1972), Fm Löckinger J. (1963), Fm Maier J. (1974), Fm Manzeneder G. (1977), OFm Mayr H. (1979), Fm Mittendorfer E. (1969), OFm Mitter A. (1979), Fm Obermüller M. (1978), Fm Obermüller W. (1976), Fm Pointecker K. (1978), OFm Redhammer J. (1977), Fm Reifeltshammer J. (1979), Fm Renetzeder R. (1977), Fm Renezeder F. (1978), Fm Rumpl A. (1969), OFm Sallai G. (1980), OFm Saloberger J. (1972), Fm Schneebauer A. (1968), Fm Schneebauer A. (1982), JFm Schöndorfer G. (1982), OFm Schöndorfer J. (1975), Fm Stegfellner L. (1963), OFm Steininger H. (1958), JFm Straßer F. (1982), HFm Urlasberger J. (1945), Fm Vitzthum W. (1981), Viztum J., HFm Zeilinger A. (1954), Lm Zellner L. (1958), Fm Zellner L. (1979)

476

FF VOGLHAID

Die Freiwillige Feuerwehr Voglhaid wurde als dritte und letzte Feuerwehr in der Gemeinde Waldzell gegründet und gibt dem nordöstlichen Teil des Gemeindegebietes Brandschutz. Im Voglhaider Pflichtbereich sind 53 Häuser und Gehöfte vorhanden. Die Mitgliederzahl betrug im Gründungsjahr 64 Mann. Vom Gründungsjahr bis 1949 wurde mit einem pferdegezogenen Holzwagen zur Brandstätte gefahren. Im Jahr 1950 wurde der erste gummibereifte Anhänger angekauft, der jedoch im Jahr 1963 auf einen traktorgezogenen Anhänger umgebaut wurde. 1973 wurde das erste Auto der Marke VW Transporter mit einer Doppelkabine angeschafft. 1983 wurde dieses Fahrzeug durch ein neues KLF VW LT 35 ersetzt. Die derzeitige Ausrüstung besteht aus einer Tragkraftspritze VW 75, 200 m B-Schläuchen, 100 m C-Schläuchen, 8-m-Aluleiter, 12 kg Trockenlöscher. Seit der Gründung der Freiwilligen Feuerwehr Voglhaid waren folgende Kommandanten an der Spitze der Wehr tätig: Franz Buttinger (1910–1919), Martin Maier (1919–1922), Johann Strasser (1922–1938), Franz Hargassner (1938–1942), Josef Goldberger (1942–1946), Josef Schmid (1946–1952), Johann Strasser (1952–1962), Alois Maier (1962–1972), Johann Strasser (1972–1982) und Johann Schmid (seit 1982).

HBI Schmid J., OBI Straßer J. — Aigner J., Berer J., Bleckenwegner F., Brettbacher J., Buchinger J., Buchinger W., Buttinger A., Buttinger F., Buttinger J., Buttinger J., Buttinger J., Eitzinger P., Erhart F., Erhart J., Erlinger E., Goldberger R., Hammerer J., Hargaßner F., Hargaßner J., Hargaßner J., Hargaßner M., Höckner W., Hohensinn F., Hohensinn J., Kirchsteiger J., Kritzinger A., Kritzinger E., Kritzinger J., Lang G., Lang M., Lughofer J., Lughofer W., Machl F., Machl J., Machl J., Maier A., Maier A., Maier M., Maier M., Maier W., Mairinger G., Mairinger G., Mayr G., Moser J., Moser W., Ortbauer H., Ortbauer H., Reisecker J., Schmid J., Schnötzlinger L., Schrattenecker G., Schrattenecker G., Seifried J., Seifried J., Stämpfl J., Steinberger J., Steinberger F., Stockhammer J., Straßer A., Straßer A., Straßer F., Straßer F., Straßer G., Straßer G., Straßer G., Straßer G., Straßer J., Straßer J., Straßer J., Straßer J., Weber-Haslberger, Wimplinger G., Zechmeister F., Zechmeister L., Zweimüller J.

FF WALCHSHAUSEN

Da Walchshausen nach dem Gemeindeort Tumeltsham der größte Ort in der Gemeinde war, wurde 1908 eine Filiale der Ortsfeuerwehr errichtet. Zum Filialleiter wurde Michl Doblinger gewählt. Für die Ortsfeuerwehr wurde eine neue Abprotzspritze ohne Saugwerk angekauft. Die alte Spritze kam zur Filiale Walchshausen. Vom damaligen Schulleiter Georg Rauter wurde am 27. Januar 1913 die Gründung einer selbständigen Feuerwehr angezeigt. Am 23. Februar 1913 fand die konstituierende Versammlung mit 40 Mitgliedern statt. Sebastian Brandstetter wurde zum Hauptmann und Michl Wimmer zum Stellvertreter gewählt. 1935 wurde ein eigener Sanitätsausschuß gegründet. Der erste Löschteich im Pflichtbereich wurde 1961 erbaut. Da der Rüstwagen nicht mehr zum Verkehr zugelassen war, wurde 1975 ein Bus Fiat 238 angekauft und von einigen Wehrmännern zu einem KLF umgebaut. Auch die Zeugstätte mußte noch in diesem Jahr erweitert werden. Durch laufende Anschaffungen in den folgenden Jahren wurde aber dieses KLF bald zu klein, und so wurde 1982 ein neues Löschfahrzeug LF-B Mercedes 508 D bei der Fa. Rosenbauer angekauft. Im selben Jahr wurde aus Eigenmitteln noch ein VW-Bus angekauft. Dieser wurde 1983 von einigen Wehrmännern zu einem Kommandofahrzeug umgebaut. Diese Verbesserung des Ausrüstungsstandes wird den Neubau eines Feuerwehrhauses erforderlich machen.

HBI Brückl J. (1969), OBI Einfinger J. (1973), AW Brückl J. (1973), AW Schmid-Doblinger J. jun. (1972), AW Spitzlinger J. jun. (1978), BI Kinzlbauer F. (1955), BI Landlinger J. (1971) — Fm Aichinger W. (1973), OFm Aigner G. (1981), HBm Aigner H.-P. (1978), HFm Auer Ch. (1976), E-BI Auer F. (1948), OFm Auer G. (1978), OFm Bachinger J. jun. (1980), E-AW Bachinger J. sen. (1948), OFm Bachinger J. (1966), Fm Berghamer F. (1980), E-BI Berthold A. (1956), Fm Brandstetter F. (1978), Fm Brandstetter G. (1981), HFm Brandstetter J. jun. (1973), HLm Brückl A. (1973), OBm Brückl J. (1947), OFm Einfinger F. (1966), OFm Einfinger G. (1966), Bm Endtmayr F. (1971), HFm Grabner F. jun. (1974), Fm Gramberger J. (1978), Lm Gruber J. (1966), Fm Gumpinger F. jun. (1976), E-AW Gumpinger F. sen. (1948), HFm Hinterholzer J. (1971), OLm Hinterholzer J. jun. (1971), Bm Höckner F. (1934), HFm Hörmanseder J. (1971), Fm Hörmanseder R. (1978), HFm Kallinger J. jun. (1978), E-HBI Kallinger J. sen. (1946), Fm Rabenberger J. (1976), HBm Rachbauer J. (1978), OFm Rohregger H. (1978), OFm Schachinger E. (1977), Fm Schachinger E. (1978), HFm Schachinger F. (1973), OFm Schachinger F. (1957), HFm Schachinger F. (1971), HLm Schmid-Doblinger J. sen. (1941), HFm Schmid-Doblinger J. (1976), Fm Schmidbauer H. (1981), OLm Schönleitner A. (1969), HFm Schrems J. (1958), E-AW Spitzlinger J. sen. (1942), Bm Thattendorfer A. (1949), E-BI Weilhartner J. (1948), Lm Zwingler F. (1959)

FF WALDZELL

Die FF Waldzell wurde am 1. Juli 1877 gegründet. Mit diesem Datum beginnen die Eintragungen in das erste Hauptbuch. Daraus ist zu entnehmen, daß Martin Krammer der erste Hauptmann der Freiwilligen Feuerwehr von Waldzell war. Folgende Hauptleute standen an der Spitze der Freiwilligen Feuerwehr Waldzell nach dem Gründungskommandanten Martin Krammer: Franz Rieder, Martin Gadringer, Josef Strasser, Georg Maier, Karl Sattlegger, Johann Gurtner, Franz Strasser und der zum Zeitpunkt amtierende Kommandant Heinrich Seifried. Die erste Motorspritze wurde 1934 von der Fa. Rosenbauer erworben, eine Handspritze war bereits vorhanden. Das Feuerwehrauto ist ein Mercedes mit Vorbaupumpe, das 1979 angekauft wurde, als Ersatz für das KLF VW. Das Zeughaus wurde 1970 erbaut.

HBI Seifried H. (1952), OBI Hammerer J. (1949), OAW Maringer A. (1957), AW Höckner J. (1973), AW Hofinger A. (1964), AW Litzlbauer A. (1969), HBI Straßer F. (1947), BI Emprechtinger J. (1978), BI Rachbauer J. (1969) — HFm Bachmaier H. (1973), Bm Bachmaier J. (1939), Berghammer G. (1949), OFm Bleckenwegner G. (1975), Lm Bleckenwegner J. (1975), Bm Brandstätter F. (1945), PFm Buchner J. (1981), OSR Burgstaller F. (1948), OLm Burgstaller G. (1982), HFm Burgstaller J. (1956), OFm Buttinger F. (1978), Fm Buttinger J. (1981), OFm Ehrentraut W. (1979), HFm Eitzinger A. (1978), OFm Emprechtinger F. (1949), Fm Emprechtinger G. (1982), HFm Emprechtinger J. (1962), OFm Emprechtinger M. (1962), HFm Erler F. (1949), OLm Erler G. (1931), Fm Gschwendtner A. (1973), Fm Gurtner J. (1973), OBm Gurtner J. (1936), HFm Hammerer F. (1961), HFm Hammerer G. (1948), HFm Hammerer J. (1951), Fm Hargaßner J. (1969), OFm Hargaßner M. (1973), OFm Hattinger F. (1973), Fm Hattinger H. (1969), OFm Homann N. (1978), Jöchtl J. (1946), Lm Kaser F. (1963), Fm Kellner H. (1973), HLm Klaffenböck J. (1946), HLm Klugsberger J. (1946), OFm Kraml G. (1949), HFm Kraml J. (1949), Fm Kropp E. (1979), HLm Lang G. (1946), OBm Lang M. (1951), Lm Lanz J. (1961), HFm Linecker F. (1955), Fm Litzlbauer G. (1983), Fm Litzlbauer J. (1981), Fm Litzlbauer J. (1979), OLm Litzlbauer M. (1960), Fm Litzlbauer W. (1973), HFm Lix G. (1974), Lm Maier J. (1948), OLm Maier W. (1968), OFm Maringer M. (1973), HFm Marschall F. (1950), HLm Mayr W. (1947), OFm Moser J. (1975), HFm Moser J. (1937), Fm Mühlecker G. (1973), Müller J. (1967), HFm Peter K. (1969), Dr. Peterlik R., OLm Rachbauer J. (1937), OFm Reiter G. (1974), Fm Reiter G. (1959), HFm Rohrmoser I. (1962), Fm Sageder K. (1972), OLm Salhofer F. (1948), OFm Sattlegger K. (1968), HFm Schachinger F. (1936), HBm Schatzl J. (1931), OBm Schober F. (1938), Fm Schrattenecker S. (1967), Fm Schrattenecker W. (1979), Lm Seifried A. (1956), HFm Seifried G. (1961), Bm Seifried M. (1949), OBm Seifriedsberger J. (1956), Lm Siedl J. (1945), OFm Spindler E. (1973), Fm Steinhofer G. (1982), HFm Steinhofer G. (1956), Fm Steinhofer K. (1974), OFm Stelzhammer W. (1976), OFm Stempfer H. (1970), HFm Stingl J. (1934), Lm Straßer F. (1973), HFm Straßer G. (1973), Lm Straßer G. (1979), OLm Straßer G. (1969), HFm Straßer J. (1962), HFm Straßer J. (1945), Fm Straßer J. (1967), Fm Straßer J. (1983), Lm Sturm W. (1973), Theißenberger F. (1948), Fm Urlasberger J. (1981), OLm Walchetseder M. (1943), Lm Walchetseder R. (1962), Fm Weber J. (1976), OFm Weinhäupl G. (1969), Fm Weinhäupl J. (1973), PFm Wimplinger G. (1979)

FF WALLING

Im Jahr 1892 gründete der Auszugsbauer Jakob Knoglinger die Freiwillige Feuerwehr Walling. Zur Gründungsversammlung waren 40 Mitglieder erschienen. Das erste Kommando bestand aus dem Kommandanten Jakob Knoglinger, dessen Stellvertreter Franz Xaver Itzinger, dem Rechnungsführer Josef Schneglberger sowie dem Zeugwart Josef Einböck. Der FF Walling ist das westliche Gemeindegebiet von Eberschwang als Einsatzbereich zugeteilt. Ursprünglich war die Wehr mit einer Handspritze und Hanfschläuchen ausgerüstet. 1928 wurde von der Fa. Gugg in Braunau die erste Motorspritze angekauft. 1959 wurde das Zeughaus erbaut und eine Tragkraftspritze von der Fa. Rosenbauer angeschafft. Heute verfügt die FF Walling über ein Kleinlöschfahrzeug und Schläuche aus Kunststoff, welche den heutigen Anforderungen entsprechen. Für besondere Verdienste um die Feuerwehr wurden Franz Xaver Bleckenwegner aus Straß zum Ehren-Oberbrandmeister und Franz Maier aus Feichtet zum Ehren-Amtswalter ernannt. Die Freiwillige Feuerwehr Walling wurde seit ihrer Gründung von folgenden Kommandanten geleitet: Jakob Knoglinger, Kaspar Reiter, Johann Itzinger, Franz Itzinger, Anton Itzinger, Anton Kühberger sen., Fritz Senzenberger, Anton Kühberger jun., J. Itzinger und derzeit Karl Schmid.

HBI Schmid K. (1949), OBI Seifried J. (1972), AW Berghammer A. (1964), AW Dallinger K. (1964), AW Mühlecker F. (1958), BI Rachinger E. (1954) — Fm Berger J. (1981), HFm Böcklinger F. (1958), HFm Diermaier F. (1952), HFm Doppler J. (1967), OLm Feichtinger E. (1956), Fm Gadermaier X. (1977), HFm Gadermaier X. (1954), HFm Grabner H. (1955), HFm Greifeneder F. (1970), HFm Greifeneder J. (1958), Fm Hammerer J. (1980), HFm Hammerer J. (1949), Fm Hammerer W. (1980), HFm Hattinger J. (1974), Fm Hollrieder A. (1982), HFm Hollrieder A. (1956), HFm Huber F. (1971), HFm Kinast A. (1950), HFm Kirchsteiger F. (1949), Fm Kirchsteiger F. (1980), HFm Knoglinger J. (1964), E-AW Maier F. (1937), HFm Mair J. (1956), OFm Mair J. (1971), HFm Mayr R. (1968), HFm Mühlecker J. (1963), HFm Mühlecker J. (1962), OFm Naute W. (1978), HFm Pumberger A. (1933), HFm Pumberger F. (1971), HFm Pumberger G. (1964), HFm Pumberger J. (1972), HFm Pumberger J. (1968), HFm Rohringer F. (1964), HFm Rohringer J. (1950), HFm Sartori K. (1952), Fm Schindlmaier H. (1982), HFm Schwendbauer F. (1962), HFm Seifried J. (1948), HFm Senzenberger K. (1964), HFm Senzenberger K. (1958), Fm Wiesinger F. (1982), HFm Zweimüller A. (1949), OFm Zweimüller A. (1973)

FF WEIERFING

Die Freiwillige Feuerwehr Weierfing wurde im Jahr 1907 unter Leitung von Jakob Weidlinger gegründet. Die Ausrüstung der Feuerwehr bestand aus dem Depot aus Holz und einem Feuerwehrwagen, der von einem Pferd gezogen wurde. Weiters war noch eine von Hand betriebene Pumpe vorhanden. Im Jahr 1928 wurde jedoch bereits eine Motorspritze angekauft. Als nächsten größeren Ankauf tätigte die Wehr die Anschaffung einer Fahne im Jahr 1930. Während des Weltkrieges waren die Frauen teilweise in der Feuerwehr tätig. Im Jahr 1954 mußte das Feuerwehrzeughaus neu gebaut werden. Ungefähr zur selben Zeit wurde auch der Feuerwehrwagen nicht mehr mit dem Pferd, sondern mit dem Traktor zum Einsatz gefahren. Das erste motorisierte Fahrzeug konnte die Freiwillige Feuerwehr Weierfing im Jahr 1962 anschaffen. Gleichzeitig konnte auch eine neue Feuerwehrpumpe in Betrieb genommen werden. Durch die großen Veränderungen in den Feuerwehreinsätzen war es notwendig geworden, daß die Feuerwehr mit Atemschutzgerät, Notstromaggregat, Sirenensteuerungsgerät usw. ausgerüstet wurde. Als Höhepunkt der Feuerwehr und der Zusammenarbeit in der Wehr ist die Anschaffung eines neuen Feuerwehrautos (1983) der Marke Mercedes zu bezeichnen, das von den Feuerwehrmännern selbst ausgebaut wurde. Seit der Gründung der Wehr standen folgende Kommandanten an der Spitze: Jakob Weidlinger (1907–1910), Michael Gadringer (1910–1928), Franz Schamberger (1928–1968), Rudolf Schachinger (1968–1983), Alois Angleitner (seit 1983).

HBI Angleitner A. sen. (1955), OBI Brattan H. — Angleitner A. jun. (1974), Angleitner R. (1983), Bachinger K. (1968), Bauchinger J. (1954), Bauer W. (1968), Bayer A. (1977), Binder E. (1961), Dezelhofer F. (1947), Dezelhofer F., Dezelhofer J. (1971), Dirlinger J. (1928), Eberhartl H. (1965), Eberhartl J. (1946), Eggner R. jun. (1963), Eggner R. sen. (1941), Faschang W. (1953), Fraueneder R. (1974), Hattinger J. (1953), Höfer H. jun. (1973), Höfer H. sen. (1953), Hörandner F. (1965), Huber A. (1949), Irnstädter F. (1974), Irnstäter J. (1972), Irnstäter J. (1972), Kagerer A. (1972), Lobmaier J. jun., Lobmaier J. sen. (1957), Maier F. (1974), Mairinger F. (1956), Mayrböck F. (1968), Mugrauer J. (1966), Puttinger J. (1948), Rabenberger H. (1973), Rabenberger J. (1974), Rabenberger K. jun. (1973), Rabenberger K. sen. (1941), Rachbauer J. (1983), Reifeltshammer J. (1953), Reisinger F. (1958), Sallaberger J. (1969), Schachinger J. (1971), Schachinger R. (1971), Schachinger R. sen. (1953), Schamberger F. (1914), Schamberger F. jun. (1971), Schamberger F. sen. (1941), Scherfler J. (1972), Scherfler J. jun. (1972), Scherfler J. sen. (1953), Schmid J. (1968), Schrattenecker J. (1935), Schrems P. (1972), Spießberger F. (1974), Spießberger F. (1961), Spießberger J. (1941), Spitzlinger J. sen. (1952), Spitzlinger J., Spitzlinger W. (1983), Steinberger Ch. (1974), Stöckl H. (1964), Stögbuchner J. (1983), Straßer J. jun. (1974), Tiefenthaler K. (1955), Zogsberger J. (1949), Zogsberger J. (1982), Zogsberger J. (1982), Zogsberger W.

FF WEILBACH

Die Gründung der FF Weilbach erfolgte 1895. Als erste Spritze diente ein bespannbarer Spritzenwagen, auf dem eine handbetriebene Kolbenpumpe aufgebaut war. Dieses Gerät wurde 1933 von der ersten Motorspritze abgelöst. Diese Spritze wurde bei Kriegsende von den Amerikanern beschlagnahmt. Als Ersatzgerät konnte mit viel Mühe eine Breuer-Spritze aufgetrieben werden, die aber nicht mehr den Anforderungen entsprach. 1949 wurde dann die zweite Motorspritze von der Fa. Rosenbauer angekauft. 1952 wurde das alte Traunwieserhaus gekauft und an seiner Stelle ein neues Zeughaus errichtet, das am 17. Oktober 1954 bei einem Gemeindefest seiner Bestimmung übergeben wurde. 1955 traten bei der Motorspritze erhebliche Mängel auf, so daß 1957 von der Fa. Rosenbauer ein neues Gerät mit der Bezeichnung R VW 75 gekauft werden mußte. Dieses Gerät wurde dann später gegen die neueste Type, R VW 75 Automatik, umgetauscht. Das zu einem Geräteanhänger umgebaute Viehwagerl konnte dem Traktorzug bei den Einsätzen nicht mehr standhalten. So kaufte die Wehr von der Feuerwehr Traun bei Linz einen alten Mannschaftswagen Opel Blitz, der umgebaut wurde und neun Jahre lang zum Einsatz kam. 1971 wurde bei der Fa. Rosenbauer ein Ford 130 einschließlich technischem Einbau bestellt.

HBI Hörl A. (1958), OBI Gaisbauer J. (1955), AW Duft L. (1957), AW Greil J. (1964) — HFm Andeßner K. (1953), HFm Andeßner K. jun. (1979), OLm Bangerl A. (1974), HFm Berrer J. (1952), Lm Bichl H. (1975), HFm Bichl R. (1977), HFm Buttinger J. (1962), OFm Buttinger L. (1981), HFm Buttinger M. (1952), HFm Dallinger K. (1967), JFm Dallinger K. jun. (1983), HFm Duft J. (1957), HFm Eder S. (1968), OFm Gaisbauer J. (1980), HFm Gattringer R. (1959), JFm Greil T. (1982), HLm Gruber F. (1963), HFm Gurtner A. (1948), OLm Gurtner A. jun. (1979), HFm Gurtner F. (1978), JFm Hanslmaier J. (1983), OLm Hanslmaier J. (1966), OLm Haslberger J. (1974), Bm Hatheyer J. (1961), HFm Horak J. (1951), HFm Huber J. (1949), Bm Huber L. (1955), HLm Jeblinger W. (1967), JFm Jeblinger W. jun. (1983), JFm Kasbauer K. (1982), HBm Költringer F. (1956), Költringer W. (1981), JFm Kühhas K. (1981), HFm Lechner H. (1949), OAW Lenz K. (1930), Lm Lobmaier L. (1975), Mathesius J. (1983), HFm Mooshammer J. (1949), HFm Mooshammer L. (1955), HFm Moser H. (1948), OBm Moser J. (1971), JFm Moser L. (1983), HFm Moser R. (1951), OLm Murauer A. (1959), HFm Niklas G. (1954), HBm Niklas J. jun. (1957), HFm Ortmaier L. (1968), HFm Petershofer L. (1961), HFm Pranz M. (1937), Lm Rauchenecker J. (1965), HFm Regl A. (1970), HFm Regl R. (1957), HFm Reich H. (1966), OBm Sausack J. (1949), HFm Schachinger G. (1948), HFm Schachinger G. (1973), HFm Schardinger G. (1950), Schaubeder F. (1983), HFm Schmiedhammer G. (1956), Fm Stanek H. (1976), PFm Stockhammer E. (1983), HLm Stockhammer E. (1958), HFm Straßer K. (1950), Lm Streif A. (1953), JFm Streif A. (1981), HFm Streif H. (1958), FA Dr. Sulzbacher K. (1963), HFm Traunwieser G. (1960), OFm Vorauer A. (1981), PFm Vorauer H. (1983), HFm Vorauer K. (1978), HFm Vorauer P. (1966), OLm Weidlinger L. (1968), Lm Weiermann A. (1975), Weiermann J. (1983), HFm Weinberger J. (1971), Fm Weinberger J. jun. (1982), HFm Wiesenberger A. (1968), JFm Wiesenberger A. (1983), HFm Wiesinger J. (1957), OLm Wintersteiger S. (1949), OLm Zechmeister G. (1975), HFm Zechmeister J. (1947)

FF WIESENBERG

Die Freiwillige Feuerwehr Wiesenberg wurde im Jahre 1882 als Filiale der Freiwilligen Feuerwehr Taiskirchen gegründet. Der damalige Kommandant war Gottfried Mayer. Am 21. Februar 1912 wurde die Freiwillige Feuerwehr Wiesenberg unter dem Kommandanten Franz Hofinger selbständig. Die Motorisierung der Freiwilligen Feuerwehren in Taiskirchen begann Anfang der dreißiger Jahre. Bis zu diesem Zeitpunkt stand, wie auch bei den anderen Feuerwehren, noch die Kastenspritze im Einsatz, an der 12 bis 14 Mann oft stundenlang an der Zugstange ziehen mußten, um den nötigen Wasserdruck zu erzeugen. Die Selbständigkeit ging 1938 im Zuge der Machtergreifung Hitlers wieder verloren. Die Feuerwehr Wiesenberg wurde unter dem Namen „Feuerwache Wiesenberg" erneut der Freiwilligen Feuerwehr Taiskirchen angeschlossen. Seit 27. Februar 1963 ist Wiesenberg wieder eine selbständige Feuerwehr. Seit ihrer Gründung wurde die Freiwillige Feuerwehr Wiesenberg von folgenden Kommandanten geleitet: Gottfried Mayer, Franz Hofinger, Michael Rauchdobler, Gottfried Stöger, Anton Oberauer, Friedrich Egger, Franz Schachinger, Matthias Raschhofer, Karl Kahrer, Johann Weibold, Johann Aichberger.

HBI Aichberger J. (1958), OBI Schachinger F. (1958), AW Machtlinger M. (1969), AW Stadler K. (1967), AW Weibold G. (1971), BI Brüglauer J. (1959) — JFm Bermannschläger E. (1983), PFm Bermannschläger F. (1979), OFm Bermannschläger F. (1962), JFm Brüglauer G. (1982), JFm Brüglauer J. (1980), OFm Ecker H. (1967), OLm Einböck J. (1959), JFm Einböck J. (1980), HFm Einböck K. (1959), PFm Einböck K. (1980), JFm Einböck M. (1983), OLm Ertl F. (1953), OLm Friedwagner J. (1950), PFm Friedwagner J. (1981), OFm Gaisböck A. (1970), Fm Gaisböck F. (1976), OFm Gaisböck J. (1968), Lm Gumpinger J. (1967), Fm Gumpinger H. (1971), OLm Gumpinger J. (1940), Fm Haginger E. (1976), OLm Haginger J. (1962), PFm Hellwagner M. (1979), JFm Helml G. (1983), HLm Huemer A. (1959), HFm Kalchgruber J. (1956), Lm Kinzlbauer J. (1958), Fm Kinzlbauer J. (1976), PFm Lengauer F. (1980), PFm Lengauer J. (1979), OLm Lengauer J. (1956), Lm Machtlinger J. (1967), HFm Manhartsgruber W. (1966), Lm Ott J. (1967), OLm Ott J. (1965), OLm Raschhofer F. (1952), PFm Raschhofer F. (1979), Fm Raschhofer G. (1976), HBm Raschhofer J. (1975), HLm Schmiedbauer F. (1946), OFm Schmiedbauer F. (1972), OFm Schneglberger J. (1966), PFm Schneglberger J. (1976), Fm Schneiderbauer F. (1976), HLm Schneiderbauer M. (1946), OFm Schusterbauer M. (1972), Lm Siegetsleitner J. (1963), PFm Siegetsleitner J. (1980), JFm Siegetsleitner M. (1983), OFm Wageneder J. (1959), HFm Weibold F. (1969), E-HBI Weibold J. (1946), Lm Weibold J. (1968), Fm Weilhartner H. (1973), Fm Weilhartner K. (1980), JFm Weilhartner M. (1982), JFm Weilhartner R. (1983)

FF WILHELMING

Mit 14 Mitgliedern fand am 20. Oktober 1889 die konstituierende Versammlung des Löschzuges (Filiale) Wilhelming der Gemeindefeuerwehr Utzenaich statt. Schon 1891 zählte man über 40 Mitglieder, so daß die Wehr ein selbständiger Verein werden konnte. Wie in den Tätigkeitsberichten zu ersehen ist, setzte in diesem Verein rasch eine rege Tätigkeit ein, sowohl bei Ausrückungen, um Brände zu bekämpfen, als auch bei Ausrückungen, um Feste zu feiern bzw. Feuerwehrbälle zu besuchen. 1925 wurde das Spritzenhaus samt Schlauchturm errichtet. 1931 konnte eine DKW-Motorspritze angekauft werden. Die Anlegung eines Wasserbuches im Jahr 1936 gibt für die Häuser in den Ortschaften Wilhelming, Gaisbach, Wohlmuthen, Flöcklarn, Himmelreich, Reschenedt, Dann, Ellerbach und Bruck Auskunft über Wasserentnahmestellen sowie Zufahrtsstraßen. Am 30. Juni 1938 wurde die FF Wilhelming als Löschzug der Gemeindefeuerwehr Utzenaich eingegliedert. Nach Kriegsende erhielt die Wehr wieder ihre Selbständigkeit. Für den 1953 beschlossenen Zeugstättenbau stellte Felix Großbötzl den Baugrund unentgeltlich zur Verfügung. Die Baukosten wurden durch Spenden und Gemeindeunterstützung aufgebracht und die Bauarbeiten durch Robotleistungen der Kameraden und Anrainer durchgeführt. So konnte am 17. Mai 1953 die Weihe der neuen Zeugstätte samt Kriegergedenktafel und Motorspritze vorgenommen werden. 1958 wurde eine Alarmsirene installiert. Am 12. Juli 1959 erfolgte durch GR Pfarrer Georg Bachinger die Weihe der neu angeschafften Fahne. Als Fahnenmutter fungierte Lina Danninger, als Fahnenpatin Pauline Bachschweller und als Ehrenfahnenjungfrau Herta Raschhofer. 1964 wurde eine Rosenbauer-Motorspritze R VW 75 angekauft.

HBI Schmidleitner J. (1949), OBI Weidlinger F. (1968), AW Bachmaier F. (1950), AW Hatzmann J. (1952), AW Redhammer J. (1971) — OFm Bachschweller J. (1970), OFm Baier G. (1974), HLm Birkel J. (1945), OFm Doblhammer F. (1977), HFm Doblhammer J. (1938), OFm Doblhammer J. jun. (1977), E-OBI Einböck F. (1976), OFm Einböck F. (1976), Fm Feichtinger K. (1958), HFm Flotzinger F. (1951), HFm Flotzinger F. (1933), OFm Glechner J. (1959), Fm Grieser A. (1983), Fm Hatzmann G. (1980), HFm Hatzmann J. (1938), Fm Hatzmann J. (1981), OFm Hatzmann J. (1973), OFm Hatzmann J. (1976), HFm Hatzmann L. (1948), OFm Helm F. (1957), HLm Helm G. (1948), OFm Herzog P. (1964), Lm Höllinger J. (1953), Fm Höllinger J. (1981), Fm Hofinger F. (1981), OFm Hofinger F. (1961), Fm Hofinger F. (1980), Fm Hofinger M. (1982), Fm Manzeneder G. (1970), Fm Ott G. (1982), HFm Ott R. (1948), OLm Schaubeder J. (1959), Lm Schmidleitner A. (1955), Lm Schneiderbauer J. (1955), OLm Schrems M. (1970), OFm Schrems M. (1946), HFm Sensenberger J. (1932), OFm Stockhammer A. (1973), OFm Strobl L. (1968), HFm Vogetseder J. (1947), OFm Wageneder J. (1951), OFm Wagner A. (1961), Fm Wagner A. (1973), HFm Weidlinger K. (1951), Fm Weidlinger K. (1973), Fm Weidlinger R. (1950), HBm Wiesner R. (1945), Fm Wimmer J. (1951), Fm Würtinger F. (1981), Lm Würtinger K. (1959), Fm Würtinger M. (1982)

FF WINKL

1895 gründete Felix Streif vulgo Wendl in Blindendorf, der auch Gründungsmitglied der Ortsfeuerwehr Lambrechten war, die FF Winkl. Schon im Gründungsjahr standen 41 Mitglieder für die Brandbekämpfung und den Feuerschutz bereit. Erste Ausrüstung: 1 Saugspritze mit Pferdegespann, 2 Saugschläuche, 170 m Schläuche, 1 Schlauchhaspel, 10 Wassereimer, 2 Laternen, 5 Helme, 5 Gurten, 5 Beile, 2 Feuerhaken, 2 Hakenleitern, 2 Signalhörner, 1 Hacke, 1 Zange, 1 Peitsche, 4 Schraubenschlüssel. 1950 begann die Motorisierung mit einer TS RW 80 und einem TSA für Traktorgespann. 1951 Ankauf der Sirene. 1953 Ankauf einer Vereinsfahne. 1961 wurde das aus Holz erbaute Spritzenhaus durch einen Neubau ersetzt und statt des Schlauchturmes ein Schlauchtrockenschrank angeschafft. 1966 Neuanschaffung einer TS Automatik 75 VW Rosenbauer. 1967 Erstellung und Ausrüstung der ersten Wettbewerbsgruppe. 1975 Erstellung und Ausrüstung der ersten Jugendgruppe (12- bis 16jährige). 1979 Ankauf eines gebrauchten KLF Ford Transit. 1982 Ankauf einer Funkausrüstung, 2-m-Band, 1 Mobilfunkgerät und 1 Handfunkgerät. Hauptleute der FF Winkl seit ihrer Gründung waren: Felix Streif (1895–1906), Michael Kaiser (1906–1912), Johann Schwarz (1912–1919), Mathias Gumpoltsberger (1919–1924), Josef Linseder (1924–1938), Josef Schwarzgruber (1938–1949), Josef Linseder (1949–1963), Franz Wimmer (1963–1973), Johann Badegruber (1973–1983), Josef Schwarz (seit 1983).

HBI Schwarz J. (1967), OBI Linseder J. (1964), AW Schneglberger L. (1948), AW Schwarzgruber J. (1967), AW Wimmer F. (1962), BI Heimbuchner J. (1965) — E-HBI Badegruber J. (1953), HFm Böck F. (1957), Bm Egger F. (1930), HFm Feichtlbauer J. (1948), OFm Feichtlbauer J. (1975), HFm Hangl R. (1950), HFm Hansbauer M. (1947), OFm Hartinger L. (1971), Fm Helml F. (1971), Fm Hörmanseder H. (1980), Fm Hofinger O. (1980), HFm Hofpointner L. (1947), Fm Jetzinger F. (1975), Lm Kager J. (1975), Lm Kaiser E. (1967), E-AW Kaiser M. (1930), Fm Kalchgruber J. (1967), OFm Kalchgruber J. (1964), HFm Kimberger F. (1947), Fm Kimberger F. (1971), OFm Kinzlbauer F. (1965), E-HBI Linseder J. (1930), Fm Mayr J. (1975), HFm Mayr M. (1957), HFm Mitterbucher G. (1947), OFm Mitterecker K. (1970), OFm Mitterhauser J. (1965), Bm Probst J. (1933), HFm Riedl F. (1958), OFm Schamberger F. (1975), OFm Schamberger J. (1962), HFm Schneglberger J. (1955), OFm Schneglberger J. (1975), HFm Schneglberger J. (1951), OFm Schneglberger J. (1975), HFm Schöberl J. (1926), Lm Schöberl J. (1953), HFm Schwarz A. (1957), HFm Schwarz J. (1947), HFm Schwarzgruber J. (1947), OFm Schwarzgruber K. (1962), HFm Schwarzgruber W. (1973), OFm Senzenberger J. (1967), HFm Siegetsleitner J. (1947), HFm Stockenhuber F. (1950), Fm Wiesinger A. (1979), OFm Wimmer F. (1970), E-HBI Wimmer F. (1947), HFm Witzmann A. (1952), OFm Zöbl A. (1970)

FF WIPPENHAM

Die Freiwillige Feuerwehr Wippenham wurde im Jahre 1891 unter Kommandant Georg Weiermann gegründet. Die technischen Geräte damals waren eine Handpumpe mit Pferdegespann und Löscheimer sowie Hakenleitern. Im Jahre 1936 wurde dann eine Motorspritze Zweitakt DKW, Fa. Gugg, angekauft, die dem damaligen Kommandanten Jakob Eberhartl eine große Hilfe war. Die Alarmierung bei Bränden und anderen Katastrophen erfolgte damals mit den Kirchenglocken. 1963 wurde dann unter Kommandant Josef Schuldenzucker eine neue Motorspritze gekauft, eine RW 75 von VW. Dann wurde im Jahre 1965 eine Alarmsirene gekauft und 1976 eine neue Feuerwehrzeugstätte gebaut. 1978 wurde das LLF gekauft, das bis heute gute Dienste leistet. 1981 wurde ein Autofunkgerät angekauft. 1984 wurde unter Kommandant Josef Regl der schwere Atemschutz angekauft. Der technische Stand der Feuerwehr ist sehr gut. In der Gemeinde befinden sich drei Löschteiche mit ca. 240 000 l Wasser. Kommandanten der freiwilligen Feuerwehr seit ihrer Gründung waren: Georg Weiermann (1891–1903), Georg Fischerleitner (1903–1916), Engelbert Zeilinger (1916–1930), Jakob Eberhartl (1930–1945), Alois Spießberger (1945–1950), Albert Fischer (1950–1963), Josef Schuldenzucker (1963–1983) und Josef Regl (seit 1983).

HBI Regl J. (1968), OBI Freund R. (1973), AW Schardinger Ch. (1978), AW Schuldenzucker J. (1978), AW Wörlinger A. (1973), BI Fischer M. (1948), BI Jetzinger F. (1954), BI Kreuzhuber F. (1958), BI Penninger J. (1976) — HFm Binder A. (1947), Lm Bögl J. (1936), HFm Boindecker J. (1956), JFm Boindecker J. (1979), HFm Brunthaler F. (1967), Lm Ellinger E. (1977), HLm Endtmaier L. (1948), HFm Fischer A. (1967), OFm Fischleitner J. (1973), HFm Frauscher G. (1950), Fm Frauscher G. (1979), PFm Frauscher M. (1979), Fm Frauscher P. (1981), Fm Freund H. (1982), HFm Freund R. (1950), JFm Glechner J. (1979), HLm Graml J. (1938), JFm Grübler W. (1979), OLm Gurtner R. (1975), HFm Huber K. (1950), HBm Kasteneder J. (1973), Bm Kasteneder K. (1973), OFm Kern J. (1979), OFm Kimpflinger J. (1963), HFm Langmaier J. (1946), HFm Mairleitner G. (1967), OLm Mautshammer J. (1950), JFm Meier J. (1979), OFm Penninger A. (1975), HFm Penninger J. (1967), HFm Penninger M. (1963), OFm Penninger M. (1979), OFm Prenninger J. (1975), HFm Reich M. (1978), OLm Sausag E. (1946), PFm Schachinger J. (1979), HFm Schoibl J. (1952), E-OBI Schuldenzucker J. (1942), HFm Spitzer J. (1979), HBm Spitzer J. (1978), HFm Trost G. (1964), Fm Trost G. (1979), JFm Weibold J. (1979), OFm Wiesinger E. (1978), PFm Wiesinger E. (1979), OLm Wörlinger J. (1973), JFm Wolkersdorfer J. (1982), JFm Wolkersdorfer S. (1982).

FF ZEILING

Die Freiwillige Feuerwehr Zeiling wurde im Jahr 1909 von 35 Mitgliedern gegründet. Im selben Jahr wurde das Feuerwehrhaus erbaut und eine Handdruckspritze angekauft. Nach dem Großbrand von 1931, der in zwei Dörfern fünf Bauernhöfe einäscherte, wurde 1936 eine Motorspritze Fabrikat Gugg 2-Takt angeschafft. 1958 wurde diese durch eine Motorspritze Fabrikat Rosenbauer VW 75 ersetzt. Seit 1975 wurden folgende Anschaffungen getätigt: 1975 ein TSA, 1976 zwei Handsprechfunkgeräte, 1978 KLF Ford 1250, 1978 Bau eines neuen Feuerwehrhauses, 1980 Funkgerät für KLF, 1984 Sirenensteuergerät und Funkauslösung, 1984 Heusonde. Die Freiwillige Feuerwehr Zeiling stand seit ihrer Gründung unter der Leitung folgender Kommandanten: Michael Bauchinger (1909–1914), Josef Reisinger (1914–1919), Johann Gotthalmseder (1919–1922), Karl Weiermann (1922–1949), Johann Mayer (1949–1973) und Xaver Kühberger (seit 1973).

HBI Kühberger X. (1956), OBI Rauscher K. (1973) — Ahamer H. (1974), Bauchinger G. (1973), Bauchinger G. (1927), Bauinger R. (1976), Brandstätter J. (1976), Burgstaller J. (1960), Dallinger J. (1964), Dornstauder J. (1956), Eder A. (1956), Eder J. (1967), Eder J. (1921), Eichmaier F. (1962), Eichmaier F. jun. (1983), Emprechtinger J. (1956), Fuchs J. (1973), Gast A. (1974), Haginger J. (1953), Höckner F. (1963), Höckner F. (1977), Hötzinger K. (1953), Hötzinger K. (1977), Holl G. (1980), Huber J. (1969), Huber J. (1947), Huber J. (1928), Iglseder F. (1919), Itzinger J. (1967), Jetzinger J. (1978), Jetzinger K. (1982), Jetzinger M. (1969), Kinast F. (1967), Kinast F. (1968), Kirchsteiger J. (1974), Kramer J. (1958), Kramer J. (1931), Krittl F. (1949), Krittl M. (1948), Krittl M. jun. (1983), Kühberger X. jun. (1982), Lederbauer M. (1948), Lederbauer M. (1973), Lederbauer R. (1973), Leiner F. (1926), Leiner R. (1951), Leiner R. (1977), Leitner J. (1947), Leitner J. (1981), Maier F. (1965), Maierhofer M. (1976), Mayer J. (1974), Mayer J. (1947), Mayer J. (1954), Mayer J. (1926), Mayer J. (1952), Mayr G. (1968), Meingaßner J. (1976), Penninger A. (1974), Pramendorfer W. (1979), Pumberger G. (1947), Pumberger G. (1951), Pumberger G. (1972), Pumberger G. (1975), Pumberger J. (1975), Pumberger J. (1977), Pumberger K. (1939), Rachbauer E. (1974), Reisinger F. (1973), Reiter J. (1954), Reiter J. (1930), Riedl K. (1967), Rohringer K. (1948), Schachinger A. (1971), Sommereder J. (1982), Spieler J. (1960), Ziegler H. (1973), Zweimüller J. (1981), Zweimüller X. (1973)

BEZIRK ROHRBACH

66 FEUERWEHREN

Abschnitt 1	Aigen	9 Feuerwehren
Abschnitt 2	Lembach	14 Feuerwehren
Abschnitt 3	Neufelden	19 Feuerwehren
Abschnitt 4	Rohrbach	24 Feuerwehren

BEZIRKSKOMMANDO

Sitzend von links nach rechts: BR Kraml Wilhelm, OBR Keplinger Othmar, BR Ing. Hartl Stefan; stehend von links nach rechts: HAW Prof. Winkler Fritz, HAW Matschi Franz, BR Leitenmüller Josef, BR Eisner Herbert, HAW Ing. Stangl Siegfried

FF AFIESL

Gründung der Freiwilligen Feuerwehr am 1. Mai 1934. 17 Mann treten der Feuerwehr bei, als Wehrführer wird Leopold Pürmayer gewählt. 1938 wird Franz Hamberger neuer Kommandant, da dieser Schulungen in der Landes-Feuerwehrschule in Linz besuchte. Von 1942 bis 1946 wird die Freiwillige Feuerwehr Afiesl der FF Helfenberg unterstellt, da fast alle Kameraden zum Wehrdienst einrücken mußten. Am 7. April 1946 wird die FF Afiesl wieder selbständig und ein neues Kommando gewählt; Karl Pröll wird neuer Kommandant. Mußten sich die Kameraden bisher mit einer Handkarrenspritze behelfen, so wird 1947 eine Motorspritze angekauft. Als 1964 Kommandant Karl Pröll wegen Unstimmigkeiten im Kommando seine Funktion zurücklegt, wird Josef Keplinger als neuer Kommandant gewählt. 1964 wird eine neue TS, ein neuer Anhänger und eine Sirene von der Fa. Rosenbauer angekauft. 1972 wird mit dem Bau eines neuen Zeughauses begonnen. Bei den Wahlen 1973 wird Rudolf Engleder zum neuen Kommandanten gewählt. 1974 wird anläßlich des 40jährigen Bestandsjubiläums der FF Afiesl der Abschnittswettbewerb des Abschnittes Rohrbach in Afiesl durchgeführt. 1979 wird zwischen den Feuerwehren Schalding bei Passau und Afiesl eine Partnerschaft geschlossen. Fünf Kameraden besitzen das goldene Leistungsabzeichen, 28 Kameraden das silberne Leistungsabzeichen, drei Kameraden das bayerische Leistungsabzeichen in Gold, sieben Kameraden das bayerische Leistungsabzeichen in Silber. Von 1968 bis 1983 nahmen Gruppen der FF Afiesl an 54 Naß- und Trocken-Wettbewerben teil. Seit 1974 nimmt auch alljährlich eine Gruppe am Landes-Feuerwehrleistungsbewerb teil.

HBI Engleder R. (1966), OBI Anzinger H. (1970), AW Leibetseder H. (1964), AW Sauerkrenn R. (1963), AW Schöftner W. (1968), BI Zeinhofer J. (1971) — HFm Anzinger L. (1939), HFm Anzinger R. (1962), HBm Eischiel J. (1976), PFm Eisschiel N. (1982), Fm Engleder R. (1981), Fm Feilmayr M. (1980), E-AW Fenzl J. (1955), Lm Grünzweil E. (1983), Lm Hauser H. (1955), HFm Hofer F. (1964), PFm Hofer S. (1984), Lm Igelsböck A. (1950), PFm Igelsböck K. (1982), PFm Keplinger J. (1984), HBm Keplinger J. (1957), Fm Kitzmüller W. (1980), PFm Leibetseder W. (1984), OFm Lindorfer H. (1978), OFm Pöschl F. (1960), Fm Pöschl S. (1980), HBm Preining J. (1974), HBm Pröll J. (1968), Lm Pröll J. (1968), HFm Pröll M. (1934), OFm Pürmayr F. (1948), Fm Pürmayr W. (1979), Fm Scheucher J. (1977), HFm Schietz S. (1971), Bm Schöftner F. (1958), Fm Venzl H. (1977), Lm Venzl J. (1971), Fm Venzl J. (1980), PFm Weilguny R. (1984)

FF AHORN

Über Betreiben des damaligen Bürgermeisters Johann Haider kam es im Januar 1926 zur Gründung einer freiwilligen Feuerwehr in Ahorn. Florian Ehrenmüller, der wesentlichen Anteil daran hatte, wurde deren erster Kommandant. Bereits im Mai wurde die erste Spritze angekauft, eine Handpumpe, die noch vorhanden und gebrauchsfähig ist. Im Jahr 1928 schenkte Frau Theresia Haider, die Mutter des Bürgermeisters, der Feuerwehr ein Grundstück für den Bau eines Zeughauses. Damit wurde unverzüglich begonnen, die Fertigstellung erfolgte im darauffolgenden Jahr. Im Januar 1928 wurde eine Rettungsabteilung mit Franz Dollhäubl als Kommandant gegründet. 1936 übernahm Sanitätsobmann Leopold Stummer die Rettungsabteilung. Die erste Motorspritze wurde 1933 angekauft. In der schwierigen Zeit nach dem Zweiten Weltkrieg übernahm Stefan Haider die Führung der Wehr. Er veranlaßte 1953 den Kauf einer neuen Motorspritze. 1962 wurde ein KLF angeschafft. Um es einstellen zu können, mußte das Zeughaus um 4 m verlängert werden. Die Ausrüstung und die Ausbildung der Wehr wurde in den folgenden Jahren laufend verbessert. Die Freiwillige Feuerwehr Ahorn besitzt seit 1973 eine Pumpe vom Typ R VW 75 und erhielt 1984 ein neues Löschfahrzeug. Seit der Gründung der Freiwilligen Feuerwehr Ahorn waren folgende Kommandanten tätig: Florian Ehrenmüller (1926–1928), Josef Weißengruber (1928–1931), Leopold Stummer (1931–1933), Josef Weißengruber (1933–1945), Stefan Haider (1945–1953), Josef Weißengruber (1953–1958), Josef Neulinger (1958–1963), Josef Friepeß (1963–1968) und Markus Walchshofer (seit 1968).

HBI Walchshofer M. (1959), OBI Königstorfer L. (1959), AW Königstorfer A. (1968), AW Schöftner J. (1974), AW Stimmeder H. (1968), BI Dollhäubl J. (1973) — Lm Dollhäubl A. (1950), OFm Dollhäubl A. (1973), Fm Dollhäubl C. (1979), HFm Freller H. (1971), HFm Freller R. (1932), Fm Gillhofer H. (1980), Lm Gillhofer J. (1970), HFm Gillhofer J. (1975), HFm Haider A. (1974), HFm Haider E. (1981), Fm Haider E. (1983), Fm Haider F. (1951), Bm Haider G. (1961), Lm Haider J. (1947), HFm Haider J. (1926), HFm Haider J. (1959), OFm Haider J. (1975), HBm Haider K. (1971), HFm Haider K. (1975), HFm Haider L. (1947), HFm Hammerlindl J. (1961), Fm Hammerlindl J. (1980), Lm Hammerlindl L. (1962), Fm Hammerlindl S. (1981), HFm Hartl A. (1926), Hieke G. (1984), OFm Kastner W. (1976), HFm Keplinger E. (1974), HFm Königstorfer A. (1926), HFm Königstorfer A. (1969), HFm Königstorfer F. (1935), Fm Königstorfer H. (1983), HFm Lengauer H. (1970), Fm Mayer J. (1974), OFm Neulinger W. (1975), HFm Nimmervoll E. (1973), Fm Peneder A. (1981), OFm Preining A. (1974), Fm Preining A. (1981), Fm Preining B. (1983), Fm Stimmeder G. (1978), OFm Stumptner H. (1976), HFm Stumptner J. (1974), HFm Theinschnack M. (1963), OFm Theinschnack W. (1963), Fm Walchshofer D. (1981), E-AW Walchshofer J. (1953), Fm Walchshofer J. (1981), HFm Walchshofer S. (1953), HFm Wiplinger E. (1963)

FF AIGEN IM MÜHLKREIS

Einrichtungen zur Brandverhütung und Brandbekämpfung sind in Aigen schon seit frühester Zeit überliefert. Es ist nachgewiesen, daß in Aigen nach den Großbränden in der Mitte des vorigen Jahrhunderts bereits eine Anzahl von Löschrequisiten, darunter auch eine aus Holz gebaute Spritze mit einigen Längen Schlauch, vorhanden war. Zur eigentlichen Gründung der Freiwilligen Feuerwehr kam es jedoch erst bei der Versammlung am 11. Oktober 1873, bei der der Initiator und Gründer, Adalbert Swoboda, zum ersten Kommandanten gewählt wurde. Am 26. Januar 1874 wurden die Satzungen des „Feuerwehr-Vereines" Aigen von der hohen Statthalterei genehmigt, und am 2. März desselben Jahres erfolgte in einer festlichen Veranstaltung die Angelobung der Wehrmänner. Die Feuerwehr wurde in eine Spritzenmannschaft, eine Wassermannschaft und eine Steigermannschaft unterteilt. In all den Jahren wurde die Wehr zu vielen Einsätzen, darunter auch zu einigen Großbränden außerhalb des Pflichtbereiches, gerufen. So kamen unsere Feuerwehrmänner 1916 bei einem Großbrand in Untermoldau (heute ČSSR) und 1931 bei einem Großfeuer in Neufelden zum Einsatz, um nur die entferntesten Orte zu erwähnen. In der Motorisierung hielt die Wehr stets Schritt mit der Zeit. Es stehen derzeit ein Tanklöschfahrzeug mit 2000 Litern, ein Mannschaftswagen samt Ausrüstung und ein Kommandofahrzeug zur Verfügung. Die um etwa 1884 erbaute Zeugstätte ist in einem alten Haus untergebracht. 1929 gründete Roman Hauer eine Sanitätsabteilung; er war damit Pionier auf diesem Sektor im Bezirk Rohrbach. Bis 1972 war Hauer Einsatzleiter der Rotkreuzabteilung.

HBI Höllmüller A. (1952), OBI Schopper K. (1971), AW Hronicek F. (1962), AW Pernsteiner R. (1969), AW Richtfeld F. (1949), BI Plöderl A. (1968), HBI Schiffner K. (1943) — HLm Ascher J. (1943), Fm Autengruber G. (1982), HLm Barth G. (1959), OLm Filnköß E. (1971), HFm Gruber W. (1947), OLm Dr. Hable A. (1974), HLm Hauer R. (1916), HLm Heinzelteiter L. (1927), HFm Höglinger J. (1968), HLm Höglinger K. (1922), HLm Hörschläger L. (1948), HFm Hronicek K. (1962), HLm Kern A. (1947), Lm Klinger R. (1954), Lm Knollmüller F. (1949), HBm Kraml A. (1963), OLm Kraml H. (1963), OFm Kramml B. (1980), PFm Laimbauer H. (1983), OFm Leitenmüller E. (1979), OFm Leitenmüller G. (1979), HFm Leitner W. (1969), Lm Lindorfer J. (1967), OLm Lötsch W. (1962), HLm Mößlinger W. (1955), HFm Oberpeilsteiner M. (1975), HLm Perfahl K. (1941), HLm Petschl A. (1929), OLm Pfeil J. (1949), OLm Pfleger F. (1964), HFm Pfleger H. (1976), OFm Pichler F. (1978), HBm Plank J. (1930), OFm Plöderl R. (1980), BR Reingruber K. (1931), HBm Richtfeld G. (1971), Fm Schiffner W. (1982), HFm Schopper F. (1968), HLm Schröder W. (1947), HLm Schwarz G. (1947), Lm Sigl F. (1968), OLm Sigl W. (1963), Dr. Sitter F. (1979), Fm Veit F. (1982), HFm Veit J. jun. (1971), HLm Veit J. sen. (1950), HFm Veit W. (1969), OLm Wöß P. (1977), HLm Zierlinger J. (1925), HLm Zimmermann J. (1919)

FF ALTENFELDEN

Anhand von mündlichen Überlieferungen sowie aus Angaben in der Pfarrchronik wird als offizielles Gründungsjahr der FF Altenfelden 1883 genannt. Als Gründungsmitglieder traten vor allem fünf Männer in Erscheinung: Mathias Bichler, Johann Bichler, Johann Mayrhofer, Georg Bauer, Josef Kadane. besonders verdient gemacht haben sich auch Hr. Hinterleitner und Hr. Zimmermann. Diese Männer wurden 1908 im Zuge einer großen Feier besonders geehrt. Unter Kommandant Hirsch wurde die erste Motorspritze angekauft und im Juni 1930 feierlich übergeben. Während des Zweiten Weltkrieges mußten in Altenfelden auch Mädchen den Feuerwehrdienst ausüben. Im Jahr 1945 wurde durch Artilleriebeschuß das Gemeindehaus in Brand gesetzt, welches bis auf die Grundmauern niederbrannte. Bei diesem Brand wurden bedauerlicherweise auch alle Feuerwehrunterlagen, Einsatzgeräte und Uniformen zur Gänze vernichtet. Beim Wiederaufbau erfolgte die Unterbringung des Feuerwehrdepots neuerlich im Gemeindehaus. Nach dem Ende des Zweiten Weltkrieges wurde aus den zurückgelassenen Fahrzeugbeständen der ehemaligen deutschen Wehrmacht ein Mercedes-Allrad-Rüstwagen für den Feuerwehrbetrieb umgebaut. 1953 erfolgte der Ankauf einer neuen Motorspritze vom Typ R 75. Das zweite Feuerwehrauto – ein neuer Allrad-Land-Rover mit Vorbaupumpe (LLF), wurde 1966 bei der FF Altenfelden in Dienst gestellt, welches bis heute noch in Verwendung ist. Die erste aktive Wettbewerbsgruppe wurde 1954 aufgestellt, welche am 19. September 1954 das FLA in Bronze erhielt. 1982 wurde das Feuerwehrzeughaus in das Kellergeschoß des Gemeindehauses verlegt und neu gestaltet.

HBI Hartl K. (1963), OBI Wolfmair E. (1972), AW Rannetbauer J. (1943) AW Ing. Traxler H. (1965), BI Öttl T. (1956) — Fm Altenhofer R. (1974), PFm Busch F. (1983), HFm Busch J. (1974), OBm Eder F. (1942), OBm Eder L. (1943), Fm Falkner J. (1974), Fm Falkner M. (1974), Bm Furtmüller G. (1949), HFm Gattringer J. (1974), Bm Glachs L. (1954), Fm Hintringer J. (1972), Fm Hintringer K. (1974), E-AW Hirsch F. (1940), HFm Hirsch F. jun. (1974), OBm Karl J. (1943), HLm Kitzberger A. (1947), Fm Leibetseder H. (1974), Fm Leibetseder J. (1974), HLm Leibetseder J. (1952), PFm Leibetseder P. (1983), Fm Leibetseder S. (1974), HFm Leitner J. (1969), Fm Leitner W. (1981), HFm Lindorfer H. (1968), Bm List H. (1957), Fm Lorenz K. (1974), Fm Luger R. (1983), E-AW Magauer J. (1921), OBm Neißl F. (1938), Bm Pieslinger E. (1932), Fm Prechtl J. (1974), OLm Riepl J. (1951), Lm Sailer J. (1962), FÄ Dr. Schaubmayr K. (1981), HFm Sigl E. (1963), Fm Steininger M. (1974), Fm Stöbich F. (1973), OFm Stöbich J. (1979), Fm Wakolbinger J. (1974), HFm Wax W. (1969), Bm Wolfmair L. (1957), E-HBI Zeller N. (1963), Fm Zeller N. (1981), OLm Zöchbauer H. (1950), HLm Zöchbauer K. (1943)

FF ALTENHOF IM MÜHLKREIS

Die Freiwillige Feuerwehr Altenhof im Mühlkreis wurde im Jahr 1914 gegründet. Gründungsmitglieder waren: Josef Kiesl, Karl Hölzl, Johann Ratzesberger, Franz Huber und Peter Adelsgruber. Seit der Gründung standen folgende Feuerwehrhauptleute an der Spitze der FF Altenhof: Josef Kiesl (1914–1936), Heinrich Graf Salburg (1937–1938), Johann Ratzesberger (1939–1945), Heinrich Graf Salburg (1945–1962), Karl Neissl (1963–1979) und Wilhelm Kalischko (seit 1980). Der Bau des ersten Zeughauses wurde schon im Jahr nach der Gründung, 1915, durchgeführt. Im gleichen Jahr schaffte die Wehr auch eine Abprotz-Handpumpe an, ein Jahr später einen Spritzenwagen für Pferdezug. Im Jahr 1923 wurde an das Zeughaus ein Schlauchturm angebaut. Die erste Motorspritze wurde 1947 erworben, 1966 kam ein Tragkraftspritzenwagen für Pferde und für Zugmaschinenzug hinzu. Eine neue moderne Motorspritze wurde 1973 angeschafft. Nachdem das alte Zeughaus allmählich zu klein geworden war, wurde im Jahr 1976 ein neues, den Anforderungen entsprechendes Feuerwehrgebäude errichtet. 1983 kaufte die Freiwillige Feuerwehr Altenhof im Mühlkreis ein Feuerwehrauto. Zwischen 1914 und 1936 bestand auch eine Rettungsabteilung, die unter der Führung von Leopold Hölzl, Josef Kiesl und Franz Ruzicka stand.

HBI Kalischko W. (1971), OBI Wögerbauer H. (1964), AW Eilmannsberger J. (1943), AW Grobner A. (1978), AW Huber A. (1958), AW Rosenberger W. (1964), BI Wögerbauer K. (1963) — Fm Aumair G. (1981), Fm Aumair J. (1982), Fm Bauer H. (1978), Lm Bauer J. (1963), OFm Bergmann K. (1978), Fm Böhm W. (1974), Fm Dall J. (1950), HLm Eckerstorfer E. (1957), OLm Erlinger L. (1968), Fm Froschauer E. (1981), OLm Froschauer J. (1968), OLm Froschauer J. (1958), Lm Fuchs J. (1958), Fm Fuchs J. (1982), Lm Fuchs M. (1958), OLm Füchsl J. (1946), Lm Ganser J. (1964), HLm Grobner A. (1958), OFm Gruber H. (1971), HFm Haider K. (1958), HFm Hinterberger J. (1966), Bm Hinterberger J. (1937), Lm Hölzl H. (1963), OBm Hölzl H. (1924), Lm Huber A. (1972), OFm Huber E. (1974), OLm Huber F. (1968), OBm Huber F. (1928), HFm Huber F. (1968), Lm Huber J. (1966), OBm Huber J. (1933), HFm Huber W. (1944), OFm Kainberger W. (1975), OLm Katzinger E. (1959), Fm Katzinger E., HFm Kehrer A. (1960), OFm Kehrer A. (1975), Lm Kehrer F. (1963), HLm Kehrer J. (1944), OFm Kehrer K. (1979), Fm Kehrer M. (1981), OLm Kiesl J. (1948), Fm Kiesl L. (1981), OLm Kneidinger G. (1964), Fm Krottenthaler E. (1981), HFm Luger H. (1970), OFm Mayrhofer R. (1974), OFm Mehringer H. (1975), HLm Mehringer H. (1960), HLm Mennerstorfer F. (1946), Fm Moser A. (1982), OFm Moser E. (1979), Fm Moser G. (1974), HFm Moser J. (1966), Lm Moser J. (1952), OFm Moser K. (1979), HLm Moser M. (1944), E-HBI Neißl K. (1952), OFm Neißl K. (1968), HBm Ratzesberger F. (1920), OLm Reiter F. (1968), OLm Ritt F. (1950), OBm Rosenberger A. (1950), Fm Rosenberger H. (1982), OBm Rosenberger H. (1963), OFm Rudorfer F. (1972), E-OBI Salburg N. (1964), OLm Schlagitweit A. (1944), HFm Schlagnitweit J. (1968), HLm Schweitzer M. (1948), Lm Stallinger O. (1968), OLm Vierlinger J. (1971), OLm Wakolbinger F. (1964), HBm Wögerbauer A. (1939), Fm Wögerbauer G. (1981), OLm Wögerbauer J. (1964), Lm Wögerbauer N. (1978), Lm Wollendorfer K. (1963), OBm Wollendorfer R. (1946)

FF ALTENSCHLAG

Die Freiwillige Feuerwehr Altenschlag wurde im Jahr 1930 gegründet. Gründer und Organisator war Anton Stumptner. Zum ersten Kommandanten wurde Johann Keplinger gewählt. Er war von 1930 bis 1938 Kommandant der Wehr. Von 1930 bis 1932 wurde das Zeughaus gebaut. Die Feuerwehrkameraden nahmen große finanzielle Opfer auf sich, es wurde alles in Eigenregie und mit freiwilligen Sachspenden errichtet und ausgerüstet. In den Kriegsjahren war die Feuerwehr Altenschlag von den damaligen Machthabern aufgelöst worden und der Feuerwehr Helfenberg angegliedert. Die FF war nur ein Löschzug, der dem Löschzugführer Johann Haslgrübler unterstand (bis 1945). Nach Kriegsende taten sich die heimgekehrten Feuerwehrmitglieder wieder zusammen, und die Freiwillige Feuerwehr Altenschlag wurde wieder selbständig. Kommandant wurde wiederum Johann Keplinger. Ab 1946 half ihm Anton Keplinger in der Ausübung seines Kommandantenamtes. Am 22. Januar 1950 wurde Kamerad Josef Schöftner zum Kommandanten gewählt. 1953 wurde eine stärkere Motorspritze R 75 angekauft, der erste Löschteich gebaut, 1956 wurde das erste Rüstauto angeschafft und das Zeughaus verlängert. Am 5. März 1966 wurde Franz Windsteiger zum Kommandanten gewählt. 1972 wurde ein neues Rüstauto angeschafft. Am 20. März 1976 wurde Konrad Mayrhofer zum Kommandanten gewählt. Unter seiner Führung wurde die Wettbewerbstätigkeit fortgesetzt. Das Zeughaus wurde renoviert und drei Löschbehälter gebaut; 1978 wurde die dritte Motorspritze angekauft, eine Supermatic R 80. Am 11. März 1983 wurde der Lotsenkommandant Franz Ganglberger zum Kommandanten gewählt. Im vergangenen Jahr wurde auch bei der FF Altenschlag die Funkalarmierung im Zeughaus eingebaut.

HBI Ganglberger F. (1965), OBI Breiteneder E. (1964), AW Gaisbauer H. (1968), AW Ledermüller J. (1971), AW Schwarzinger J. (1968), BI Grünzweil W. (1971) — HFm Atzmüller H. (1964), HFm Atzmüller L. (1949), HFm Atzmüller S. (1947), HBm Atzmüller S. (1971), Bm Bindeus A. (1969), JFm Bindeus E. (1980), HFm Bindeus F. (1968), HFm Bindeus H. (1969), JFm Bindeus H. (1980), HFm Bindeus J. (1958), Fm Bindeus J. (1980), JFm Bindeus K. (1980), OFm Bindeus R. (1977), OLm Fölser R. (1954), JFm Fölzer R. (1980), JFm Fölzer W. (1980), HFm Fröhlich N. (1965), HFm Füreder F. (1964), JFm Füreder H. (1981), OFm Ganglberger H. (1975), OFm Geretschläger A. (1975), OLm Gimpl W. (1973), Fm Grünzweil H. (1980), HFm Grünzweil J. (1930), JFm Grünzweil S. (1980), HFm Haselgrübler A. (1970), HFm Haselgrübler J. (1930), HFm Hron K. (1956), HFm Keplinger A. (1943), HFm Keplinger F. (1953), HFm Keplinger G. (1973), OFm Keplinger H. (1973), HFm Keplinger J. (1949), Fm Keplinger J. (1979), E-AW Keplinger K. (1955), HFm Keplinger L. (1949), Keplinger W. (1983), HFm Kitzmüller F. (1951), HFm Kitzmüller R. (1969), OFm Ledermüller A. (1975), OFm Ledermüller W. (1975), HFm Lepschy F. (1974), HFm Lepschy K. (1949), OBm Mayrhofer K. (1971), JFm Mayrhofer A. (1980), JFm Mayrhofer K. (1980), OFm Montjan W. (1980), HFm Montyan E. (1951), HFm Neulinger H. (1930), Fm Ornetzeder J. (1983), HFm Patek F. (1957), Fm Peneder M. (1983), OLm Pröll H. (1974), OLm Pröll U. (1952), Pührmayr H. (1984), Fm Pümayr G. (1983), E-AW Pürmayer H. (1955), Fm Pürmayr S. (1975), Fm Rechberger F. (1982), HFm Schachereiter L. (1930), Schachereiter A. (1952), HFm Schaumbauer F. (1950), HFm Schöftner F. (1930), HFm Schöftner G. (1930), HFm Schöftner J. (1930), HFm Schwarzinger K. (1961), HFm Schwarzinger S. (1969), JFm Stallinger A. (1980), HFm Stallinger J. (1964), HFm Steininger F. (1950), OBm Thorwartl H. (1961), HFm Wakolbinger J. (1958), E-HBI Windsteiger F. (1949), OFm Windsteiger M. (1973)

FF AMESEDT

Am 26. März 1925 fuhren vier Mann zur Fa. Rosenbauer nach Linz, um die nötigen Ausrüstungsgegenstände zu besorgen. Es wurde eine fahrbare Handspritze im Wert von 2500 Schilling gekauft. Außerdem wurden 95 m Schläuche, 21 Hacken, 40 Gürtel, 10 Eimer, 27 Helme, 60 m Stoff für Arbeitsblusen, eine Schlauchhaspel und zwei Hörner gekauft. Am 5. April kam die Spritze in Amesedt an. Dies wurde zum Anlaß genommen, die erste Vollversammlung (Gründungsversammlung) im Gasthaus Arnreiter in Amesedt abzuhalten. Daher beginnt mit 5. April 1925 das erste Vereinsjahr der FF Vatersreith. Die Wehr bestand aus 43 Mitgliedern. Der Gastwirt Johann Arnreiter von Amesedt erklärte sich bereit, auf eigene Kosten ein Zeughaus zu erbauen. Schon am 16. Mai 1925 kam die Spritze erstmals zum Einsatz. Der größte Einsatz der FF Vatersreith war am 25. Juli 1926. Es war ein Großbrand in Mollmannsreith, dem etwa 25 Häuser zum Opfer fielen. Am 19. Februar 1935 starb der Gründungsobmann Johann Rauecker, Leopold Rauscher aus Amesedt wurde zu seinem Nachfolger gewählt. Von 1943 bis 1946 war die FF Vatersreith dem Feuerwehrverein Pfarrkirchen als 4. Löschzug zugeteilt. Dann wurde die Wehr wieder selbständig und in FF Amesedt umbenannt. 1946 wurde auch die erste Motorspritze angekauft. 1950 wurde die alte Motorspritze gegen eine neue (RW 80) ausgetauscht. 1965 erfolgte der Ankauf eines Rüstanhängers, 1969 der einer neuen Motorspritze, VW Automatik. 1975 erwarb die Wehr ein KLF. Seit ihrer Gründung stand die FF Amesedt unter der Leitung der Kommandanten Johann Rauecker, Leopold Rauscher, Johann Schneeberger, Karl Draxler und Alois Lauß.

HBI Lauß A. sen. (1950), OBI Rauscher F. sen. (1952), AW Laus J. (1976), AW Lehner H. (1968), AW Rauscher K. (1978), BI Peinbauer F. (1965) — Fm Draxler J. (1982), OFm Ehrengruber J. (1948), HFm Falkinger J. (1951), Fm Falkner H. (1983), OLm Falkner H. (1966), HFm Falkner J. jun. (1978), HBm Falkner J. sen. (1959), HFm Falkner J. (1978), OLm Falkner M. (1953), HFm Falkner W. (1978), HFm Gabriel F. (1978), Lm Hackl F. (1972), Fm Hackl H. (1982), Lm Hackl J. jun. (1972), E-AW Hackl J. sen. (1938), Fm Hauer O. (1974), Fm Heidinger J. (1983), OLm Höglinger F. (1963), Lm Höglinger J., Fm Hofmann A. (1966), Fm Hummenberger M. (1953), Lm Jungwirt K. (1965), HFm Kaiser L. (1978), OFm Kreuzwieser J. (1979), HFm Kreuzwieser R. (1978), HFm Lauß A. jun. (1978), Fm Lauß F. (1974), E-AW Lehner J. (1948), Fm Lehner J. jun. (1983), Fm Löffler A. sen. (1968), HFm Löscher F. (1978), Fm Loffler A. (1983), Lm Lorenz L. (1929), Fm Märzinger F. (1978), HFm Märzinger M. (1976), HBm Nöckler J. (1968), OLm Ortner J. (1946), Lm Peinbauer R. (1966), HLm Pfarrwaller H. (1978), Fm Pfeil B. (1978), OFm Pröll J. (1948), HFm Rauscher F. (1978), HFm Rauscher L. jun. (1981), Fm Rauscher L. (1979), Bm Rauscher L. sen. (1953), Lm Richtsfeld J. (1972), OLm Schwarzbauer A. (1955), Lm Schwarzbauer F. (1972), Lm Schwarzbauer J. (1963), HFm Schwarzbauer K. (1925), Fm Stallinger E. (1981), OFm Stallinger M. (1953), Fm Thorwartl L. (1979), Lm Weiß F. (1957), Fm Weiß F. (1983), Lm Weiß J. (1953), HFm Weiß J. jun. (1981), Fm Weiß J. (1983), OFm Windsteiger F. (1962), Fm Wögerbauer A. (1967), Fm Wögerbauer J. (1982), HFm Wögerbauer R. (1956).

FF ARNREIT

Die Gründung der Feuerwehr Arnreit erfolgte über Anregung des damaligen Oberlehrers Rudolf Derschmidt. Die konstituierende Versammlung war am 26. November 1911. Bemerkenswert ist, daß gleich nach Schluß dieser Versammlung, als sich die Mitglieder gemütlich zusammensetzten, im Nachbarorte Rohrbach beim Scheiblhofer Feuer ausbrach und die Feuerwehrmannschaft sogleich dahin eilte. 1913 gründete auch das Nachbardorf Neundling, zur Gemeinde Rohrbach gehörend, einen Löschzug unter dem Titel „Filiale Neundling der Freiwilligen Feuerwehr Arnreit", der bis 1938 bestand. Als Zeughaus diente bis 1950 (Umbau der Schule) ein Raum auf der Nordseite der Schule, von 1950 bis 1957 die Maschinenhütte der Druschgenossenschaft Arnreit. Das neue Zeughaus auf der Südseite der Kirche wurde 1957 erbaut. Der Ausrüstungsstand unserer Wehr ist derzeit so weit, daß jede Notsituation bewältigt werden kann. 1976 erhielt die Feuerwehr ein Lösch- und Bergefahrzeug mit Schaumlösch-, Atemschutz- und Funkgerät. Einen Höhepunkt für die Feuerwehr Arnreit bildete das 65jährige Gründungsjubiläum 1976, das mit einem Abschnittswettbewerb verbunden war. 1979 erfolgte die Anschaffung eines Kommandofahrzeuges, und 1984 wurde das LF-B zusätzlich mit schwerem Atemschutz ausgerüstet. Feuerwehrkommandanten seit Gründung der Wehr: Rudolf Derschmidt (1911–1921), Johann Öttl (1921–1924), Franz Azesberger (1924–1936), Alois Stoiber (1936–1938), Josef Gahleitner (1938–1946), Franz Stoiber (1946–1951), Johann Gahleitner (1952, als kommissarischer Leiter), Josef Gahleitner (1953–1957), Johann Höllinger (1957–1959), Michael Dullinger (1960–1973), Hermann Gierlinger (seit 1973).

HBI Gierlinger H. (1948), OBI Höllinger F. (1953), AW Arnreiter H. (1968), AW Azesberger L. (1971), AW Lindorfer K. (1973), BI Stoiber A. (1963), BR Kraml W. (1943) — Lm Arnreiter J. (1953), HFm Azesberger F. (1918), HFm Azesberger F. (1955), E-AW Azesberger L. (1939), HLm Azesberger M. (1947), OFm Bäck H. (1973), Fm Bäck R. (1981), Lm Bier G. (1958), JFm Bier W. (1982), HFm Breuer J. (1973), E-HBI Dullinger M. (1926), HFm Engleder J. (1973), JFm Gahleitner A. (1981), Fm Gahleitner G. (1980), HFm Gahleitner J. (1940), HFm Gahleitner J. (1955), E-HBI Gahleitner J. (1932), HFm Gattringer J. (1967), Lm Gierlinger A. (1949), Lm Gierlinger F. (1946), OFm Gierlinger J. (1979), Fm Gierlinger M. (1979), Fm Gierlinger T. (1974), HFm Hartl J. (1953), JFm Hirz J. (1981), HFm Höglinger A. (1964), Lm Höller F. (1967), HBm Höller J. (1968), OFm Höllinger G. (1972), JFm Höllinger W. (1982), HFm Hoffmann K. (1933), JFm Hoffmann P. (1983), HFm Kneidinger F. (1948), HFm Koblmüller A. (1962), HBm Koblmüller J. (1965), Fm Koblmüller J. (1977), Lm Leibetseder F. (1972), HFm Leibetseder J. (1978), HFm Leitner E. (1973), HFm Märzinger A. (1954), E-AW Märzinger A. (1925), JFm Meisinger H. (1981), HFm Meisinger O. (1923), HFm Neumüller A. (1965), JFm Neumüller W. (1981), JFm Neundlinger K. (1983), HFm Öttl J. (1973), Fm Peherstorfer F. (1978), HFm Pieslinger R. (1948), HFm Pöchtrager A. (1918), HBm Pöchtrager R. (1961), HFm Ing. Prechtl E. (1946), Fm Prechtl E. L. (1976), HFm Pühringer K. (1957), HFm Reiter L. (1937), HFm Scharinger J. (1967), HBm Schaubmaier A. (1981), HFm Schweidler J. (1964), OFm Schweidler W. (1976), Fm Seltenhofer H. (1971), HFm Steininger J. (1946), HFm Steirl F. (1946), JFm Stoiber A. (1982), Fm Stoiber R. (1974), PFm Stürmer F. (1983), HFm Stürmer F. (1961), Lm Thaller H. (1949), HFm Thaller J. (1981), OFm Vierlinger H. (1976), Fm Walchshofer W. (1981), Fm Wiesinger B. (1981), Fm Wiesinger N. (1982).

FF AUBERG

Die FF Auberg wurde im Jahr 1950 von Gemeinderat Karl Mitheis gegründet, der auch ihr erster Kommandant wurde. Besonders verdiente Männer bei der Gründung waren der Gemeindesekretär Karl Mitter und Johann Höllmüller, der 1953 zum Hauptmann gewählt wurde. Die Gründung gestaltete sich angesichts der russischen Besatzungsmacht sehr schwierig. Die FF Auberg wurde aber dennoch unter bescheidensten Verhältnissen gegründet und konnte auch mit den allernotwendigsten Geräten ausgerüstet werden. Bis ins Jahr 1965 war außer insgesamt drei größeren Brandeinsätzen keine sehr große Aktivität zu registrieren. Im Jahr 1965 wurde die erste Wettbewerbsgruppe gegründet. Innerhalb von zwei Jahren folgten eine zweite Gruppe und eine Jugendgruppe. Mit der Aktivität dieser Gruppen kam Leben und „Feuerwehrbewußtsein" in die kleine Mühlviertler Feuerwehr, die in der Folge in jeder Hinsicht einen großen Aufschwung nahm. Im Jahr 1970 wurde mit dem Bau eines neuen Feuerwehrhauses begonnen, das am 12. September 1971 mit zwei Einsatzfahrzeugen gesegnet werden konnte. Das Baumaterial sowie eine bescheidene Einrichtung wurden von der Gemeinde Auberg beigestellt, die Bauarbeiten wurden fast ausschließlich von den Feuerwehrmännern unentgeltlich geleistet. Der große Gönner der Feuerwehr Othmar Slupetzky schenkte der Feuerwehr im Dezember 1970 ein nagelneues KLFA 120 Marke Land Rover 109 und sein gebrauchtes Jagdfahrzeug DKW Munga, das als KDO-Fahrzeug Verwendung fand. Seit 1973 veranstaltet die FF Auberg alljährlich das „Waldfest Hollerberg", aus dessen Reinertrag bereits ein neues LFB inklusive Ausrüstung sowie ein neues KDO-Fahrzeug angeschafft werden konnte. Die FF Auberg ist Strahlenmeß-Stützpunktfeuerwehr.

HBI Lindorfer J. (1965), OBI Höllmüller M. (1962), AW Hartl K. (1979), AW Luger S. (1944), AW Mitter J. (1959), AW Schauer G. (1965), BI Engleder R. (1962), BI Traxler F. (1953) — Bm Bayer F. (1950), HFm Bernecker J. (1962), OFm Eckerstorfer F. (1975), HFm Eckerstorfer J. (1972), Fm Eckerstorfer N. (1974), HBm Engleder B. (1975), HFm Engleder G. (1971), HFm Engleder J. (1974), OFm Engleder R. (1974), Fm Fischer P. (1980), JFm Gunzl J. (1982), HLm Gunzl J. (1962), HFm Hartl A. (1979) Fm Hartl H. (1981), E-HBI Höllmüller J. (1950), OFm Höllmüller M. (1978), HLm Höllmüller M. (1950), HLm Höllmüller M. (1972), OLm Höllmüller S. (1969), HLm Hofer G. (1950), Fm Hofer J. (1976), OFm Hofer J. (1973), HFm Hoffmann R. (1978), Fm Kepplinger A. (1979), Fm Kepplinger F. (1976), Fm Kepplinger G. (1977), Kepplinger J. (1958), JFm Krenn A. (1982), HFm Lackner A. (1965), Fm Linddorfer K. (1981), Lm Lindorfer J. (1950), JFm Lindorfer O. (1979), OLm Luger R. (1953), Fm Luger S. (1977), HFm Mairhofer H. (1966), JFm Martha F. (1982), Lm Martha H. (1972), JFm Mitheis K. (1983), HLm Mitheis K. (1959), OFm Mitter J. (1978), HLm Mittermayr F. (1966), Fm Ortner R. (1978), PFm Plakolb W. (1982), Fm Radinger A. (1976), Fm Reisinger G. (1976), OFm Reitberger F. (1965), Fm Schaubmaier G. (1983), Fm Schaubmair F. (1979), OFm Schaubmayr F. (1974), HLm Schaubmayr G. (1974), E-BI Schaubmayr J. (1950), HFm Schaubmayr J. (1975), HLm Schauer A. (1950), Fm Schauer J. (1977), HLm Scheiblhofer F. (1931), Bm Scheiblhofer F. (1965), Lm Scheiblhofer F. (1953), HFm Scheiblhofer J. (1974), JFm Scheiblhofer M. (1982), OBm Schietz A. (1964), HLm Schinkinger E. (1953), OFm Schinkinger F. (1976), Fm Schinkinger H. (1976), JFm Schinkinger R. (1983), OLm Schönberger F. (1972), OLm Schönberger L. (1972), Lm Schörgenhuber H. (1950), HLm Schürz M. (1950), OLm Schürz S. (1969), Lm Starlinger E. (1958), OLm Starlinger S. (1966), JFm Stöbich J. (1983), HFm Stöbich J. (1979) OLm Wakolbinger F. (1968), HLm Wolfesberger A. (1958), JFm Wolfesberger M. (1982).

FF FRINDORF

Nach Auflösung der Gemeinde Frindorf wurde der Standort der ehemaligen Feuerwehrlöschgruppe Wippling der FF Berg-Perwolfing im Jahr 1948 nach Frindorf verlegt. Die 14 Gründungsmitglieder bauten die Feuerwehr immer mehr auf, so daß 1952 die Eintragung in das Feuerwehrbuch erfolgte. 1952 wurde zum ersten Mal ein Kommandant (Franz Stöbich) gewählt. Im gleichen Jahr wurde noch mit dem Neubau eines Feuerwehrhauses (Garage für einen Anhänger mit Schlauchturm) begonnen. Der Baugrund wurde 1952 und auch 1980 (für den Anbau) vom Landwirt Lindorfer in Frindorf kostenlos zur Verfügung gestellt. 1948 gab es nur eine Pumpe (DKW), einige Schläuche und Armaturen. Die derzeitige Pumpe wurde 1961 angeschafft. 1950 besaß die Feuerwehr einen kleinen Leiterwagen, dem im Brandfall zwei Pferde vorgespannt wurden. 1958 baute der Feuerwehrmann Hermann Wögerbauer sen. seinen zweiachsigen Tragkraftspritzenwagen, der bis zum Ankauf des LFB 1983 in Dienst stand. Ursprünglich konnte die Alarmierung nur durch einen Boten erfolgen. 1963 wurde eine Alarmsirene auf dem Schlauchturm montiert. Durch den Ankauf des LFB wurde es notwendig, das Feuerwehrhaus zu vergrößern. Der 1980 begonnene Anbau wurde 1983 mit dem Ausbau eines Schulungs- und Kommandoraumes fertiggestellt. Insgesamt wurden dabei 1969 freiwillige Arbeits- und Traktorstunden von den Feuerwehrmännern geleistet. Bei dem am 28. März 1983 gelieferten LFB Marke Mercedes 508 D wird noch laufend die Ausrüstung nach dem Beladeplan vervollständigt. Anläßlich der Übergabe des Fahrzeuges und der Segnung des Feuerwehrhauses am 19. Juni 1983 wurde der 14. Abschnittswettbewerb des Abschnittes Rohrbach durchgeführt, bei dem sich 123 Bewerbsgruppen beteiligten.

HBI Ernst H. (1957), OBI Hofer F. (1962), AW Großberger K. (1967), AW Kaineder J. (1974), AW Wakolbinger L. (1951), BI Springer F. (1953) — Fm Anzinger E. (1978), E-HBI Aumüller F. (1951), HFm Brandl A. (1953), Fm Breuer M. (1982), JFm Ernst A. (1978), Fm Ernst M. (1978), JFm Großberger K. (1981), Fm Gruber J. (1978), Lm Grubhofer R. (1960), OFm Hintringer J. (1978), HFm Hofer G. (1973), HLm Hofer H. (1947), JFm Hofer K. (1981), HFm Karlsböck J. (1962), Fm Kirchberger W. (1980), Lm Kneidinger F. (1955), Lindorfer K. (1950), HFm Lindorfer R. (1973), HFm Obermüller A. (1963), Fm Pachner J. (1982), HFm Schauer Ch. (1974), E-AW Schauer R. (1959), HFm Schütz R. (1976), HFm Springer J. (1963), Fm Traxler F. (1970), E-AW Traxler F. (1951), JFm Wakolbinger H. (1980), Fm Wakolbinger J. (1978), OFm Wakolbinger W. (1980), OFm Wild A. (1964), OFm Wögerbauer H. (1978), Lm Wögerbauer H. (1952), Fm Wögerbauer T., OFm Wolfesberger F. (1978), HBm Wolfesberger K. (1974)

FF GÖTZENDORF

Die Freiwillige Feuerwehr Götzendorf wurde im Jahr 1899 gegründet; der erste Kommandant war Max Holzer. Von 1939 bis 1946 war die Freiwillige Feuerwehr Götzendorf kein selbständiger Verein, sondern war als Löschzug der Gemeindefeuerwehr Oepping unterstellt. Nachdem das alte Zeugstättengebäude zu klein geworden war, wurde im Jahr 1957 mit dem Neubau des Feuerwehrgebäudes begonnen. Die Einweihung erfolgte am 26. Juni 1960. Wann die erste Motorspritze angeschafft worden war, ist leider nicht bekannt, da zwischen 1947 und 1963 kein Protokollbuch geführt wurde. Im Jahr 1974 wurde eine Tragkraftmotorspritze (VW) angekauft, und im Jahr 1977 erfolgte der Erwerb eines gebrauchten Leichtlöschfahrzeuges. Seit der Gründung der Freiwilligen Feuerwehr Götzendorf standen folgende Kommandanten an der Spitze der Wehr: Max Holzer (1899–1912), Josef Stallinger (1912–1919), Georg Mauracher (1919–1922), Josef Stallinger (1922–1928), Johann Spindelböck (1928–1935), Ludwig Pichler (1935–1936), Anton Stallinger (1936–1939), Johann Kobler (1946–1973), Karl Natschläger (seit 1973).

HBI Natschläger K. (1963), OBI Fellhofer L. (1943), AW Höller A. (1946), AW Hofer A. (1971), AW Zöchbauer A. (1963), BI Stallinger A. (1958) — Lm Arnreiter A. (1946), HFm Arnreiter A. (1975), HLm Arnreiter H. (1968), OBm Berger F. (1948), OLm Edstadler G. (1922), Lm Eilmannsberger M. (1962), HFm Fellhofer R. (1975), HFm Fuchs L. (1975), Lm Griesinger J. (1929), Fm Grinninger A. (1982), HLm Hannerer A. (1964), PFm Hannerer E. (1982), PFm Hannerer H. (1982), Lm Harauer H. (1975), Lm Harauer J. (1946), PFm Höglinger A. (1982), PFm Höglinger B. (1982), Bm Höglinger L. (1952), OFm Höll J. (1971), OLm Höller A. (1972), Fm Höller H. (1980), OFm Höller M. (1978), HFm Hofmann A. (1963), HFm Humenberger M. (1975), Lm Kaindlbinder J. (1946), HFm Kaindlbinder J. (1972), Fm Kaindlbinder S. (1980), PFm Kobler A. (1982), OFm Kobler F. (1978), Fm Kobler H. (1980), HFm Kobler J. (1977), HLm Kobler M. (1962), E-AW Laher L. (1948), HFm Lebzelter F. (1960), OFm Lindorfer M. (1977), Fm Magauer Ch. (1980), PFm Magauer F. (1982), Lm Magauer J. (1949), OLm Mayrhofer I. (1967), E-BI Nadschläger A. (1956), Lm Nadschläger A. (1975), HFm Natschläger P. (1972), E-AW Pröll I. (1924), HLm Pröll M. (1939) HLm Pröll M. (1968), Lm Reiter J. (1975), Fm Riederer E. (1980), OLm Riederer J. (1971), HLm Schaubmayr F. (1950), Schaubmayr N. (1984), Lm Schaubmeier A. (1946), Schaubmeier G. (1982), E-BI Scheuer L. (1961), PFm Scheuer L. (1982), Fm Scheuer S. (1980), OFm Schopper H. (1977), Fm Schuster A. (1980), OLm Schuster K. (1972), PFm Schuster R. (1982), HFm Schwarzbauer R. (1977), OLm Sigl J. (1923), E-AW Spindelböck J. (1929), OLm Spindelböck J. (1968), HFm Stallinger M. (1977), HFm Steidl N. (1975), HFm Steidl O. (1977), OFm Stöbich J. (1965), HBm Stumvoll J. (1963), E-AW Werner H. (1955), HFm Wurm K. (1977), Fm Zöchbauer G. (1980), HFm Zöchbauer J. (1948), OFm Zöchbauer J. (1977), Bm Zöchbauer K. (1968), Zöchbauer M. (1982), Lm Zoidl E. (1951), Fm Zoidl H. (1980), PFm Zoitl J. (1982), Bm Zoitl L. (1946), HLm Zoitl L. (1963)

FF HASLACH AN DER MÜHL

Am 29. Dezember 1872 wurden die ersten Statuten der Freiwilligen Feuerwehr zu Haslach vom Kommando unter Vorsitz des Obmannes Franz Schreiber einstimmig beschlossen. Die Haslacher Feuerwehr war damals eine Gemeindeanstalt. Sie bildete und ergänzte sich aus Freiwilligen aller Stände und bezweckte die Rettung des durch Feuer bedrohten Menschenlebens und Eigentums der Pfarre Haslach. Die Feuerwehr war damals in Steiger-, Spritzen-, Wasser- und Schutzmannschaft eingeteilt. Im 19. Jahrhundert wurde Haslach von verheerenden Bränden heimgesucht, welche jeweils große Teile des Marktes zerstörten. Beim Brand am 22. Februar 1890 wurde erstmals vom Einsatz der Freiwilligen Feuerwehr Haslach und der Spritze vom Schloß Lichtenau gesprochen. Der Feuerwehr kam in späterer Zeit auch der Einsatz der Dampffeuerspritze der Fabrik Vonwiller zugute. Seit dem Jahr 1929 verfügt die Feuerwehr des Marktes Haslach über eine Motorspritze. Durch die Errichtung der Haslacher Trinkwasserleitung standen der Feuerwehr ab 1908 11 Oberflur- und 2 Unterflurhydranten zur Verfügung. Während des Zweiten Weltkrieges erhielt die Feuerwehr das erste Löschfahrzeug und wurde in dieser Zeit sehr oft zu Brandeinsätzen gerufen. Im Jahr 1979 wurde die Freiwillige Feuerwehr Haslach mit einem Tanklöschfahrzeug TLF 2000 ausgerüstet. Durch die Leistung von zahlreichen freiwilligen Arbeitsstunden konnte in den Jahren 1982 und 1983 das heutige Feuerwehrhaus neu ausgebaut und eingerichtet werden. Von der Freiwilligen Feuerwehr Haslach an der Mühl wurde 1982 ein VW-Bus angekauft und zu einem KDO-Fahrzeug umgerüstet. Im Oktober 1983 bekam die Feuerwehr Haslach ein neues LFB (Lösch- und Bergefahrzeug) und ist damit derzeit technisch und ausbildungsmäßig sehr gut gerüstet.

OBI Königseder J. (1946), OBI Bauer G. (1971), AW Hofer F. (1972), AW Kastner O. (1962), AW Wiplinger S. (1973), BI Finsterer R. (1947), BI Leidenmühler F. (1968) — E-AW Andexlinger J. (1929), JFm Bauer E. (1981), OBm Bauer G. (1963), JFm Bayer J. (1981), JFm Bindeus R. (1983), HLm Bräuer K. (1949), Bruckmüller J. (1930), E-AW Bruckner J. (1953), OFm Bruckner J. (1973), Lm Dobersberger M. (1963), E-AW Eggerstorfer R. (1964), JFm Feurstein H. (1981), HFm Fuchs Ch. (1973), Fm Ganser E. (1980), Lm Ganser F. (1971), Bm Ganser R. (1919), OBm Ganser R. (1953), FA Dr. Göppl H. (1949), Fm Haselgrübler K. (1980), E-BI Hofer F. (1951), OFm Hofer R. (1973), Fm Hofer S. (1978), Fm Ippoldt A. (1982), Bm Ippoldt F. (1957), E-OBI Kagerer A. (1949), Fm Kainberger B. (1980), HLm Kaiser E. (1951), HFm Kastner J. (1976), OBm Keplinger J. (1946), OBm Klimitsch L. (1946), Fm Leidenmühler J. (1979), OBm Ing. Mauler A. (1946), E-AW Mayer H. (1922), OBm Michlbauer H. (1963), FK Miesbauer L. (1981), OFm Neudorfer W. (1973), Fm Paulik G. (1978), JFm Paulik S. (1981), OBm Plakolb J. (1941), OFm Plattner H. (1975), Bm Preining J. (1946), FA Dr. Rebhandl E. (1981), HBm Schmid N. (1973), E-BI Schramm J. (1933), Fm Sigl S. (1980), Fm Springer F. (1981), Fm Wakolbinger B. (1976), HFm Wakolbinger E. (1970), OLm Wakolbinger H. (1970), HBm Wakolbinger R. (1975), HFm Winkler H. (1973), HFm Winkler H. (1973), E-HBI Wolkerstorfer J. (1927)

FF HELFENBERG

Die Gründungsversammlung fand am 1. Mai 1892 statt. Bei der ersten Generalversammlung wurde Franz Hauer zum ersten Hauptmann gewählt, der 38 Jahre die Feuerwehr führte. Hauer war ein aufgeschlossener Mann; er war auch Obmann des Veteranenvereines. Nachfolger Hauers wurde Alois Ebner. 1931 wechselte die Führung an Josef Ruml. Ab 1938 war Stefan Hofbauer Wehrführer. Bei der 1946 stattfindenden Jahreshauptversammlung wurde Georg Haider zum Wehrführer gewählt. Ihm folgte Leopold Eckerstorfer. 1949 folgte als neuer Kommandant Hubert Glaser. Franz Matschi übernahm 1963 von Glaser die Kommandantenstelle. 1965 wurde die erste Jugendgruppe gegründet. Von 1978 bis 1983 war Josef Raab Kommandant. Die erste Ausstattung bestand aus einer Handspritze, einem Schlauchhaspel mit 150 m Schläuchen und sonstigen Kleingeräten. Die erste Motorspritze wurde 1929 angeschafft, diese wurde durch eine DKW TS 8 ersetzt. 1949 wurde die DKW durch eine R 75 ersetzt. In den Nachkriegsjahren wurde ein Wehrmachtsfahrzeug als Rüstwagen umgebaut, der dann durch einen Land Rover der Fa. Rosenbauer ersetzt wurde. 1983 wurde eine R VW 120 angekauft.

HBI Haas K. jun. (1965), OBI Leibetseder L. (1948), AW Haselgrübler J. (1943), AW Ruml K. (1938), AW Stimmeder E. (1974), BI Stimmeder L. (1956), OBR Keplinger O. (1947) — Fm Atzmüller E. (1978), HFm Auer F. (1974), Lm Bachleitner E. (1966), JFm Bögl P. (1982), Fm Dobersberger W. (1980), Lm Eckerstorfer J. (1969), Fm Falkner Ch. (1976), JFm Fellhofer J. (1982), HFm Gallistl F. (1969), HLm Gimpl J. (1952), HFm Glaser J. (1938), Lm Haas F. (1965), Lm Haas J. (1949), Lm Haas L. (1962), Fm Haas R. (1977), HFm Handlbauer J. (1951), OFm Haselgrübler K. (1979), HFm Haudum F. (1953), OFm Haudum P. (1979), HFm Hetzmannseder J. (1925), Lm Höfer J. (1973), Fm Höllmüller M. (1974), OLm Höllmüller R. (1943), JFm Hofbauer G. (1982), Bm Hofer B. (1962), JFm Hofer H. (1980), Fm Kastner H. (1978), Bm Kastner J. (1962), HFm Kastner K. (1958), Fm Keplinger A. (1976), Fm Keplinger J. (1976), OFm Keplinger S. (1974), JFm Kitzmüller A. (1983), OFm Kitzmüller E. (1976), HFm Kitzmüller J. (1967), E-HBI Matschi F. (1947), Lm Miesbauer H. (1962), Fm Obermüller A. (1980), JFm Obermüller H. (1981), OBm Obermüller J. (1966), Lm Panholzer F. (1962), JFm Panholzer K. (1983), HFm Pöchmann A. (1950), HFm Pötscher J. (1938), HBm Pötscher W. (1956), OLm Raab J. (1965), Lm Raab K. (1964), Fm Rechberger M. (1977), Lm Rechberger S. (1963), OLm Reich H. (1950), OFm Reich P. (1974), E-BI Ruckerbauer J. (1918), OLm Ruml A. (1930), OLm Ruml Ch. (1965), Fm Schaubmair H. (1977), Lm Schaubmair J. (1952), HFm Schinagl H. (1949), HFm Schreiber E. (1974), OLm Schreiber H. (1966), HFm Schwarzinger O. (1966), JFm Schwarzinger P. (1981), OFm Spindlbalker A. (1949), Fm Steininger H. (1975), OLm Steininger J. (1967), HLm Stimmeder A. (1966), OFm Stimmeder K. (1974), JFm Stürmer G. (1981), HFm Stürmer L. (1966), HFm Sulzbacher R. (1935), OLm Sunzenbauer J. (1971), Lm Thorwartl J. (1956), HFm Traxler K. (1955), Fm Wagner F. (1979), HFm Wagner H. (1962), JFm Wolkerstorfer G. (1983), Fm Wolkerstorfer G. (1980), HFm Wolkerstorfer J. (1920), Fm Zeinhofer H. (1974), Lm Zeinhofer K. (1965)

FF HINTERSCHIFFL

Die Freiwillige Feuerwehr Hinterschiffl wurde am 5. Mai 1928 gegründet. Das Gründungsfest wurde am 26. Mai 1929 in Julbach gefeiert. Kommandant war Josef Peinbauer. Die Feuerwehr erhielt von der Gemeinde eine gebrauchte Motorspritze und die notwendigste Ausrüstung. Ein bescheidenes Zeughaus wurde errichtet. 1931 wurde eine neue Motorspritze angekauft und ein hölzerner Spritzenwagen für Pferdezug angeschafft. Zu dieser Zeit wurde eine Sanitätsgruppe ausgebildet, die zu verschiedenen Unfällen gerufen wurde. Kommandant Peinbauer legte 1934 sein Amt zurück, sein Nachfolger, Ignaz Simmel, war bis 1946 Kommandant. Nach dem Krieg, im Frühjahr 1946, organisierte Johann Nigl aus Leithen mit den wenigen Heimgekehrten mit neuem Mut wieder die Feuerwehr. Er war bis 1963 strebsamer Kommandant. In dieser Zeit wurde das Zeughaus neu errichtet und eine neue Motorspritze RW 25 angekauft. Da die Feuerwehr bis zu dieser Zeit mit Pferden zu den Einsätzen fuhr und durch die fortschreitende Technisierung die Pferde verdrängt wurden, stellte man 1962 auf einen traktorgezogenen Spritzenwagen um. Von 1963 bis 1973 war Josef Grimps Kommandant. Unter seiner Führung wurde 1964 eine Fahne angeschafft. Fahnenpatinnen waren Anna Auer und Josefa Nößlböck. 1968 wurde eine neue Motorspritze VW TS 8 angekauft. Spritzenpatin war Anna Greiner. 1973 wurde Eduard Simmel zum Kommandanten gewählt. Während seiner Amtszeit erreichte die Feuerwehr einen guten Ausbildungsstand. Nächster Kommandant wurde Heinrich Grimps. 1981 war es möglich geworden, ein Kleinlöschfahrzeug anzuschaffen. 1983 wurden drei Atemschutzgeräte angekauft. Das 1928 erbaute Zeughaus wurde 1957 abgetragen und ein größeres errichtet.

HBI Grimps H. (1961), OBI Nößlböck E. (1965), AW Koblbauer J. (1972), AW Resch R. (1955), AW Simmel E. (1978), BI Pühringer R. (1947) — OFm Anreiter F. (1976), HFm Anreiter M. (1951), HFm Auer L. (1928), HFm Eder F. (1946), HFm Eder J. (1971), HFm Grims J. (1953), HLm Hain F. (1955), OFm Hain H. (1975), OFm Hain H. (1978), HFm Hellauer H. (1957), PFm Höfler H. (1983), OFm Höfler H. (1977), HFm Jungwirt H. (1969), OFm Kickingereder J. (1973), HFm Kickingereder J. (1972), HFm Koblbauer F. (1975), Lm Koblbauer J. (1965), E-AW Koblbauer J. (1955), HFm Krenn J. (1946), HBm Krenn J. (1969), HFm Nigl F. (1967), E-OBI Nößlböck F. (1937), OFm Nößlböck J. (1978), OFm Öller M. (1979), OFm Pfoser E. (1978), Fm Ploch E. (1980), Fm Ploch R. (1980), OFm Pühringer F. (1978), HFm Pühringer H. (1973), HFm Pühringer O. (1963), Fm Pühringer O. (1980), HFm Schlägl J. (1957), OFm Thaller J. (1978), OFm Traxinger F. (1979), HFm Traxinger K. (1953), HLm Weidinger E. (1965), PFm Wurm J. (1982), HFm Wurm L. (1928), OBm Zöchbauer F. (1951), HFm Zöchbauer J. (1951)

FF HÖRLEINSÖDT

Am 27. Oktober 1919 fand die Gründung der Freiwilligen Feuerwehr Lichtenau statt. Der Standort für das Feuerwehrhaus war die Ortschaft Ödt. 1934 wurde die Ortschaft Hörleinsödt von einem Großbrand heimgesucht. Aufgrund der langen Anfahrtszeit der Feuerwehren und aus Wassermangel fielen dem Brand neun Anwesen zum Opfer. Als 1945 die Grenze zur Tschechoslowakei gesperrt wurde und dadurch die Ortschaft Ödt nur über einen großen Umweg zu erreichen war, kam erstmals der Gedanke auf, in Hörleinsödt eine eigene Feuerwehr zu gründen. 1953 wurde in Hörleinsödt eine Löschwasseranlage gebaut. Im selben Jahr schenkte Landesfeuerwehrkommandant Hartl der Ortschaft Hörleinsödt eine gebrauchte Feuerwehrspritze. Im Februar 1954 wurde die FF Lichtenau unter dem Bezirksfeuerwehrkommandanten Amtsrat Leopold Natschläger in die Löschgruppen Ödt und Hörleinsödt aufgeteilt. Am 19. Oktober 1955 wurde beschlossen, die Löschgruppe Hörleinsödt als eigene Feuerwehr zu führen. Die Wahl des ersten Kommandos fand am 27. November 1955 statt. Franz Hehenberger wurde Kommandant. Am 3. Juni 1956 fand das Gründungsfest mit Spritzen- und Feuerwehrhausweihe statt. Aus den Einnahmen der Theatergruppe und von Bällen konnte ein Pferdegespannwagen erworben werden. 1959 wurde eine neue TS R VW 75 gekauft. Der Pferdegespannwagen wurde 1963 durch einen Einachstraktoranhänger ersetzt. Dieser ist zur Zeit noch in Verwendung. Im Laufe des fast 30jährigen Bestehens der FF Hörleinsödt hat es sich des öfteren gezeigt, daß es sinnvoll war, die FF Lichtenau in zwei Feuerwehren geteilt zu haben. Da das alte Feuerwehrhaus nicht mehr entspricht, wurde im Herbst 1983 mit dem Bau eines neuen Feuerwehrhauses begonnen.

HBI LAbg. Andexlinger R. jun. (1968), OBI Kickinger H. (1968), AW Andexlinger H. (1969), AW Wimberger J. jun. (1974), AW Zach E. (1976), BI Keplinger J. sen. (1963) — PFm Aichberger A. (1983), OLm Aichberger F. (1955), Lm Andexlinger E. (1970), Lm Andexlinger E. (1958), OLm Andexlinger L. (1933), Fm Andexlinger M. (1982), E-BI Andexlinger R. sen. (1935), Fm Baier A. (1978), OLm Baier L. (1961), HFm Barth J. jun. (1974), OLm Barth J. sen. (1953), OFm Friedl F. jun. (1975), E-HBI Friedl F. sen. (1933), OFm Hörschläger E. (1981), Bm Hörschläger J. (1958), PFm Keplinger B. (1983), OFm Keplinger J. jun. (1978), HFm Kickinger F. (1973), PFm Kickinger M. (1983), OLm Leibetseder O. (1955), PFm Leibetseder O. (1983), HFm Ornetzeder E. (1973), HFm Ornetzeder H. (1974), PFm Stadlbauer S. (1983), Bm Stürmer L. (1955), HBm Teufelsbrucker J. (1961), PFm Teufelsbrucker J. (1983), OFm Traxler E. jun. (1976), OLm Traxler E. sen. (1956), Fm Traxler J. (1981), Fm Venzl E. (1981), OBm Wimberger J. sen. (1953), OFm Wimberger R. (1976), OLm Wurzinger F. (1929), HBm Zach K. jun. (1974), OLm Zach K. sen. (1953)

FF HOFKIRCHEN IM MÜHLKREIS

Das Interesse der Bevölkerung für die Feuerwehr war stets lebendig, und es war eine Ehre und Verpflichtung zugleich, Feuerwehrmann zu werden. Ausgelöst durch die großen Brände in den Katastrophenjahren 1579, 1636, 1671, 1764 und 1771, entstand die Freiwillige Feuerwehr Hofkirchen als zweitälteste Feuerwehr des Mühlviertels 1867. Die Gründer der FF Hofkirchen und die ersten Funktionäre waren Kdt.: Johann Binder, Stellvertreter: Josef Eggetsberger, Schriftführer: Josef Pislinger. Am 29. Mai 1919 war folgende Ausrüstung vorhanden: 1 neue und 1 alte Saugspritze, 1 Handspritze, 2 lange Leitern, 3 Fensterleitern, 4 Dachleitern, 1 fahrbare Schubleiter, 1 Schlauchhaspel, 135 m Schläuche zur neuen Spritze, 60 m Schläuche zur alten Spritze, 1 Laterne zur alten und 2 Laternen zur neuen Spritze, 9 lange Haken, 23 Wassereimer, 1 Kommandolaterne, 1 Zuglaterne, 2 Löschbesen, 1 Tragbahre, 2 Feuerprüfer. 1925 wurde die erste Motorspritze angekauft. 1927 wurde das 60jährige Gründungsfest gefeiert. 1963 übernahm Rudolf Wakolbinger das Kommando der FF, und 1964 wurden das neue Löschfahrzeug (Opel Blitz) und eine neue TS R 75 eingeweiht. Beide Geräte stehen heute noch in Verwendung. 1966 übernahm Leopold Dobretzberger das Kommando, der auch 1967 in Zusammenarbeit mit dem Ehrenmitglied OBR Franz Czejka das 100jährige Jubiläum organisierte. 1976 erhielt die FF Hofkirchen ein TLF 2000 Trupp. In den letzten Jahren wurden angeschafft: 1 Stromgenerator 7,5 kVA, 2 Stück 1000-Watt-Scheinwerfer, 1 Hubzug, 1 5-Tonnen-Winde, 1 Frischluftgerät, 1 Wasserstrahlpumpe. Diese Geräte wurden aus Erlösen verschiedener Veranstaltungen bezahlt. Seit 1983 ist die FF Hofkirchen an das Sirenennetz und an die Funkalarmierung angeschlossen.

HBI Hintringer F. (1957), OBI Mayrhofer L. (1970) — Anreiter O. (1949), Arnezeder J. (1982), Bachmair G., Bachmair H. (1964), Bachmair H. (1982), Baumann A. (1922), Baumann A. (1952), Baumann E. (1975), Berger L. (1958), Binder A. (1949), Binder W. (1983), Bumberger B. (1963), Derschl J. (1941), Derschl J. (1971), Derschl K. (1978), Dobretzberger F. (1949), Eggetsberger F. (1927), Ehrengruber H. (1963), Füchsl H. (1974), Gahleitner F. (1946), Gierlinger H. (1965), Gnigler J. (1949), Gnigler J. (1975), Großhaupt H. (1982), Hackl A. (1949), Hackl E. (1939), Hartl L. (1946), Heinzl N. (1954), Hintringer Ch. (1982), Hintringer H. (1963), Hochmuth J. (1949), Hochmuth J. (1982), Hochmuth W. (1982), Höglinger J. (1946), Huber A. (1931), Huber G. (1977), Kampmüller P. (1972), Karl H. (1950), Karl H. (1973), Karl R. (1982), Kehrer K. (1927), Kirchberger A. (1954), Kurz F. (1968), Lauß E. (1973), Magauer J. (1946), Mairhofer E. (1977), Mairhofer J. (1960), Mayrhofer F. (1932), Mayrhofer F. (1971), Mayrhofer F. (1958), Mayrhofer G. (1933), Mayrhofer G. (1968), Mayrhofer H. (1968), Mayrhofer J. (1925), Mayrhofer J. (1950), Mayrhofer L. (1949), Mayrhofer L. (1978), Mühlberger A. (1969), Müller M. (1982), Neundlinger A. (1963), Neundlinger A. (1958), Nößlböck J. (1958), Past F. (1920), Pichler A. (1950), Pühringer A. (1978), Pühringer J. (1940), Pühringer J. (1970), Pühringer K. (1969), Pühringer M. (1982), Pühringer T. (1982), Raab J. (1939), Raab L. (1982), Razenberger A. (1949), Razenberger K., Reinthaler K. (1927), Reiter J. (1982), Schaller F. (1963), Schaubmair B. (1974), Schaubmair J. (1958), Schmiedleitner R. (1932), Schmiedleitner R. (1982), Simon J. (1968), Stallinger A. (1963), Stöbich J. (1972), Thaller A. (1968), Thaller F. (1965), Wakolbinger E., Weishäupl E. (1949), Weishäupl E. (1958), Wimmer R. (1973), Wipplinger F. (1937), Wipplinger F. (1968), Wirtl R. (1960), Wögerbauer J. (1946), Wöß H. (1958), Zöchbauer F. (1954)

FF HÜHNERGESCHREI

Im Jahr 1925 gründeten einige beherzte Männer unter Kommandant Martin Kneidinger die FF Hühnergeschrei. Durch freiwillige Spenden der Gründungsmitglieder und der Bevölkerung wurden ein Pferdewagen und eine Handpumpe angeschafft. 1927 konnte mit dem Bau eines Feuerwehrdepots im Anschluß an eine Kapelle begonnen werden. Die Kosten wurden zum überwiegenden Teil von der Bevölkerung getragen. 1928 konnte der Bau abgeschlossen werden. Eine besondere Gönnerin der Feuerwehr war Franziska Bruckmüller, die 1935 eine Fahne spendete, die noch heute zu besonderen Anlässen der Öffentlichkeit gezeigt wird. 1936 wurde eine Motorspritze DKW angekauft. Während des Zweiten Weltkrieges stand die Freiwillige Feuerwehr Hühnergeschrei unter der Verwaltung der Gemeinde Altenfelden. In den fünfziger Jahren wurde von den Steyr-Werken ein Wehrmachtsfahrzeug (Steyr 1500) erworben, welches bis 1976 in Betrieb war. In diesem Jahr wurde ein gebrauchtes Feuerwehrfahrzeug Opel Blitz gekauft, das bis 1980 seinen Dienst versah. Seit diesem Zeitpunkt steht ein allradgetriebener Land Rover und seit 1983 auch ein VW-Kommandobus, in dem der schwere Atemschutz untergebracht ist, in Verwendung. 1967 konnte eine gebrauchte VW-Motorspritze erworben werden. Zum Pflichtbereich der FF Hühnergeschrei gehören: Stierberg, Mayrhof, Krondorf, Fürling, Unterreith, Hörbich, Doppl, Partenreith, Haselbach, das Mühltal bis Obermühl. Da das aus dem Jahr 1925 stammende Feuerwehrhaus nicht mehr den heutigen Erfordernissen entspricht, wurde beschlossen, das Angebot der Firma Kneidinger anzunehmen: Die Wehr wird am geplanten Kraftwerkshaus mitbauen und das Obergeschoß als Feuerwehrhaus nutzen.

HBI Mehringer J. (1965), OBI Höretzeder H. (1973), AW Höretzeder A. (1963), AW Radinger R. (1970), AW Rothberger H. (1973) — OFm Aiglstorfer F. (1974), HFm Aiglstorfer R. (1953), Fm Baier W. (1981), HFm Falkner M. (1970), Fm Gahleitner E. (1981), HFm Gahleitner E. (1953), HFm Götzendorfer A. (1970), HFm Hannerer J. (1968), OLm Hochholdinger A. (1938), OLm Hochholdinger J. (1934), Lm Hochholdinger O. (1965), Fm Höglinger F. (1981), HFm Höpfl J. (1953), HFm Höretzeder A. (1946), HFm Höretzeder H. (1934), HLm Höretzeder J. (1965), HLm Höretzeder N. (1965), HFm Kitzberger H. (1957), OLm Kneidinger J. (1931), E-HBI Kneidinger L. (1940), HFm Kobler E. (1952), HBm Ötll F. (1974), OFm Peherstorfer J. (1974), Fm Peherstorfer N. (1981), Fm Prechtl A. (1984), HFm Radinger R. (1940), Fm Rammerstorfer M. (1983), OFm Rothberger A. (1974), E-AW Rothberger M. (1942), OLm Schaubschläger F. (1968), Fm Schürz H. (1981), Fm Schürz J. (1981), HLm Seiringer F. (1940), OFm Springer H. (1976), Lm Steininger A. (1967), E-AW Stöbich F. (1942), Fm Vierlinger J. (1981), HLm Wax J. (1953), Fm Winkler H. (1981), HFm Zauner K. (1974), Fm Zöchbauer H. (1983), Fm Ing. Zöchbauer M. (1981)

FF JULBACH

Im Jahr 1892 wurde die Freiwillige Feuerwehr Julbach gegründet. An der Gründung waren maßgebliche Persönlichkeiten des Bezirkes, wie der Lederfabrikant Pöschl aus Rohrbach, beteiligt. Im Jahr 1894 wurde auch eine Feuerwehrmusik geschaffen, die aber 1932 wieder aufgelöst wurde. 1893 wurde die erste Saugspritze angekauft, 1924 wurde ein Zeughaus gebaut. 1928 wurde eine Motortragkraftspritze angekauft, die bis zum Jahr 1952 im Einsatz war und bis zum heutigen Tag erhalten ist. Im Jahr 1952 wurde der erste Rüstwagen der Marke Steyr 1100 A und eine Motorspritze TSA R 75 von der Firma Rosenbauer angekauft. Im Jahr 1964 wurde ein leichtes Löschfahrzeug der Marke Land Rover gekauft, das aber nach zwei Jahren wegen der zu geringen Motorleistung umgetauscht wurde auf ein stärkeres Fahrzeug gleicher Marke. In diesem Zeitraum wurde auch eine Tragkraftspritze der Marke VW angekauft. Der vollständige Umbau des Zeughauses erfolgte im Jahr 1970. Im Jahr 1977 wurde von der Firma Rosenbauer ein KLF der Marke Ford Transit gekauft, das bis heute im Einsatz ist. Im Herbst 1982 wurde als Kommandofahrzeug ein VW-Bus erworben. 1983 erfolgte der Anschluß an das Funksirenennetz des Landesfeuerwehrkommandos. Im Jahr 1984 wurden ein mobiles und ein Handfunkgerät angekauft. Seit der Gründung der Freiwilligen Feuerwehr Julbach waren folgende Kommandanten tätig: Franz Schenk (1893–1903), Ignaz Kollon (1903–1910), Stefan Koblmüller (1910–1926), Kajetan Geissler (1926–1928), Johann Ranninger (1928–1945), Heinrich Krenn (1946–1949), Josef Auberger (1949–1953), Heinrich Wöß (1953–1965), Leopold Traxler (1965–1973) und Franz Krenn (seit 1973).

HBI Krenn F. (1953), OBI Stöger W. (1976), AW Lorenz G. (1983), AW Schramm L. (1943), AW Stöger F. (1954), BI Reitberger O. (1974) — PFm Ameseder R. (1983), Bm Auberger A. (1958), OLm Auberger F. (1953), OFm Auberger H. (1981), Lm Auberger J. (1929), Lm Auberger J. (1962), OLm Auberger J. (1954), PFm Bogner G. (1983), OLm Eckerstorfer A. (1967), PFm Eder G. (1983), Fm Erlinger G. (1981), OLm Fischer F. (1958), OLm Gabriel A. (1963), OLm Gabriel F. (1953), Fm Gabriel L. (1981), Fm Griebl A. (1982), Lm Grimps J. (1979), Lm Gumpenberger A. (1959), PFm Hausteiner G. (1983), Lm Heuberger A. (1956), Lm Kern J. (1954), PFm Krenn F. (1983), PFm Lauß H. (1983), Lm Lauß H. (1923), HFm Lauß H. (1974), E-OBI Lichtenauer R. (1955), HBm Lindorfer E. (1979), HFm Löffler J. (1980), Lm Lorenz J. (1959), PFm Märzinger G. (1983), PFm Mitgutsch J. (1983), OLm Mitgutsch J. (1976), Fm Mitgutsch R. (1982), HLm Mügschl E. (1974), E-BI Müller A. (1957), Lm Müller E. (1980), Lm Öller J. (1929), OLm Pangerl K. (1954), Bm Pfleger R. (1940), Lm Plank F. (1967), HLm Prügl J. (1972), Lm Prügl J. (1946), OLm Ranninger R. (1954), HFm Ranninger R. (1981), Lm Rauch F. (1954), Lm Rauch F. (1969), OFm Rauch G. (1973), OLm Reichetseder P. (1947), PFm Reif E. (1983), HFm Reif F. (1979), PFm Reif R. (1983), PFm Reischl E. (1983), HFm Reitberger R. (1981), Lm Richtsfeld S. (1959), OFm Salzer F. (1973), Lm Schopper F. (1954), Lm Schramm H. (1939), OLm Schramm J. (1943), HLm Schramm R. (1976), HFm Schuster E. (1979), Lm Seidl L. (1931), Lm Sexlinger A. (1980), OFm Stadlbauer H. (1976), PFm Stadlbauer J. (1983), Lm Starlinger H. (1979), Lm Stockinger H. (1956), Lm Stöbich F. (1933), PFm Stöger F. (1983), PFm Stöger S. (1983), PFm Thaller G. (1983), E-BI Thaller H. (1950), Lm Töpfer H. (1953), Lm Töpfer H. (1930), E-OBI Töpfer L. (1943), E-HBI Traxler L. (1949), Lm Wimmer A. (1954), Lm Wimmer A. (1969), OLm Wöß J. (1952), HLm Wurm E. (1976), HLm Wurm E. (1951), Lm Wurm F. (1958)

FF KARLSBACH

Die FF Karlsbach wurde 1934 als Löschzug der FF Oberkappel ins Leben gerufen. Der Kommandant der FF Oberkappel, Josef Boxleitner, berief für den 1. August 1934 eine Versammlung in Karlsbach ein, bei der 30 Mann der Feuerwehr beitraten. Dem neuen Löschzug unter Kdt. Huber wurde die Handdruckspritze der FF Oberkappel überantwortet. Eine Sammlung erbrachte die nötigen Mittel für Uniformen und Ausrüstung. Für den raschen Einsatz beim Brand in Pollmannsdorf zahlte die Versicherung einen Anerkennungsbeitrag. Die Bemühungen um Selbständigkeit zeitigten 1937 Erfolg: Mit 1. Januar 1938 wurde die FF Karlsbach selbständig. Doch dieser Status währte nicht lange, denn nach dem Einmarsch Hitlers wurde mit 1. August 1938 verfügt, daß auch die FF Karlsbach als Löschzug der Gemeindefeuerwehr zu gelten habe. Um den Bestand zu sichern, traten sieben ältere Bauern bei, nachdem 21 Kameraden hatten einrücken müssen. 1943 bekam Karlsbach die alte Motorspritze der FF Pfarrkirchen. Im April 1945 brannte der Ort, es konnten lediglich zwei Gehöfte und zwei Hausstöcke gerettet werden. Aufschwung nach Kriegsende: Eine Sammlung ermöglichte die Anschaffung neuer Schläuche, der Zeughausbau wurde beschlossen. Große Leistungen der Kameraden (kostenlose Baugrundbeistellung, viele Arbeitsstunden, Holzspenden). 1955 Vergrößerung und Betonierung des Löschteiches, vier Jahre später Anschaffung einer Motorspritze. Installierung einer Alarmsirene 1971, ein Jahr später Ankauf eines TS-Anhängers, ab 1975 Sanierung des Zeughauses. 1984 konnte die zielstrebige Aufbauarbeit durch Anschaffung eines neuen Löschfahrzeuges gekrönt werden. Im August 1984 Jubiläum des 50jährigen Bestandes mit Segnung des Einsatzfahrzeuges.

HBI Past J. (1968), OBI Helml J. (1968), AW Falkner H. (1983), AW Huber J. (1978), AW Schlager J. (1980), BI Höglinger H. (1978), BI Weiß A. (1951) — HFm Andorfer L. (1971), Fm Bauer F. (1982), Lm Bauer R. (1960), Fm Bauer R. (1982), OBm Ehrengruber J. (1947), Lm Falkner A. (1968), Lm Fesl A. (1972), PFm Fuchs J. (1983), Lm Grobner A. (1947), Lm Grobner A. (1976), Lm Grobner H. (1976), Fm Hain J. (1982), Lm Huber F. (1968), E-HBI Huber J. (1947), Lm Huber J. (1968), E-HBI Huber L. (1934), HFm Huber L. (1976), OFm Huber L. (1978), Fm Jägermüller J. (1981), HBm Jägermüller J. (1976), OFm Jägermüller K. (1978), PFm Kehrer K. (1983), HFm Knapp P. (1971), E-OBI Löffler J. (1934), Lm Löffler J. (1968), OBm Öttl K. (1951) Fm Past F. jun. (1982), HLm Past J. (1934), OFm Past M. (1979), Lm Pehersdorfer J. (1968), E-HBI Pilsl H. (1947), Lm Pilsl H. (1968), OFm Raab A. (1977), OFm Rauscher F. (1978), HFm Rauscher J. (1972), OFm Rauscher L. (1978), Bm Rosenberger H. (1947), HFm Rosenberger H. (1976), Lm Rosenberger H. (1960), HFm Rosenberger L. (1971), OLm Schlager J. (1951), PFm Schuster S. (1983), Bm Schwarzbauer J. (1951), OFm Schwarzbauer J. (1978), Lm Stadler J. (1951), Fm Stadler J. (1982), Lm Wundsam A. (1959), Lm Wundsam F. (1965)

FF KASTEN

Mit vielen Anstrengungen und langen Schulungen gelang es Johann Leibetseder samt einigen beherzten Männern im Jahr 1928, die Freiwillige Feuerwehr Kasten ins Leben zu rufen. Anlaß zur Gründung war die dringende Notwendigkeit einer organisierten Feuerwehr, da man dem furchtbaren Feuer ganz und gar machtlos gegenüberstand. So wurde am 14. Oktober 1928 die konstituierende Versammlung abgehalten; Obmann wurde Johann Leibetseder. Am 11. November 1928 wurde eine Handdruckspritze von der Freiwilligen Feuerwehr Neufelden angekauft. Im Juni 1929, an einem schönen Sommertag, hatte die Feuerwehr ihren großen Ehrentag: das Gründungsfest. 1932 wurde mit dem Bau des Feuerwehrzeughauses begonnen, der 1933 vollendet wurde. 1939 wurde die Freiwillige Feuerwehr Kasten aufgelöst und der Feuerwehr St. Peter unterstellt. Im Winter 1945/46 wurde die FF Kasten wieder selbständig; in einer Vollversammlung wurde durch Wahl die Neugründung durchgeführt. Der wirtschaftliche Aufschwung nach dem Krieg kam auch der Feuerwehr zugute. Die Ausrüstung wurde verbessert, Löschteiche wurden gebaut und in den letzten Jahren ein Feuerwehrauto angekauft, so daß bei Bränden und technischen Einsätzen rasch Hilfe geleistet werden kann.

HBI Hörschläger O. (1971), OBI Reisinger R. (1971), AW Breitenfellner J. (1967), AW Kneidinger A. (1950), AW Vierlinger E. (1959), BI Pichler K. (1955) — HFm Arnoldner E. (1968), HFm Arnoldner J. (1972), Lm Arnoldner L. (1971), Fm Breitenfellner S. (1983), Fm Diendorfer E. (1982), Lm Diendorfer H. (1957), Fm Eckerstorfer A. (1980), Fm Eckerstorfer J. (1978), HFm Eder H. (1976), HFm Eder R. (1978), E-AW Eder R. (1953), HFm Eggerstorfer F. (1976), OFm Eggerstorfer G. (1979), Lm Eggerstorfer H. (1967), OFm Feldler H. (1968), Lm Fraundorfer A. (1948), Fm Fraundorfer F. (1983), Lm Gabriel J. (1957), Lm Gahleitner H. (1966), Bm Ganser F. (1959), JFm Ganser G. (1981), Fm Ganser M. (1983), Fm Ganser W. (1981), E-HBI Habringer J. (1940), Bm Hartl J. (1968), OFm Hinterleitner A. (1979), Lm Hinterleitner J. jun. (1978), HFm Hörschläger E. (1978), Lm Hörschläger F. (1952), Fm Hörschläger H. (1981), Lm Hörschläger J. (1973), Lm Hörschläger L. (1940), HBm Hörschläger R. (1948), OLm Hofer M. (1967), Fm Kern R. (1980), HFm Kitzberger J. (1973), Lm Kluknavsky L. (1950), HFm Kluknavsky N. (1971), Fm Kneidinger A. (1982), E-OBI Kneidinger N. (1951), Bm Krenn J. (1961), HFm Lackner F. (1971), OFm Mick A. (1968), Fm Micko M. (1983), OFm Moser O. (1971), OBm Pichler K. (1961), Fm Pichler K. (1983), JFm Pichler M. (1982), HFm Pichler M. (1975), Pichler R. (1928), OFm Pichler R. (1967), JFm Pichler T. (1981), OLm Reisinger F. (1972), HFm Reisinger R. (1965), OFm Sailer S. (1963), Lm Sauerkren F. (1961), Lm Schörgenhuber S. (1961), OFm Spreitzer H. (1979), Lm Starlinger J. (1963), JFm Stelzer H. (1962), JFm Stelzer J. (1980), Lm Stelzer K. (1957), Fm Stelzer K. (1983), JFm Stelzer M. (1982), OFm Vierlinger A. (1979), HFm Vierlinger M. (1978), JFm Vierlinger R. (1983), HFm Vierlinger R. (1965), HFm Wackolbinger R. (1973), HFm Zach N. (1975)

FF KIRCHBACH

Durch die vielen Brände in den dreißiger Jahren entschlossen sich die Kirchbacher, eine Feuerwehr zu gründen. Am 12. Januar 1937 wurde die Wehr gegründet (15 Mann). In diesem Jahr baute man das Feuerwehrhaus und einen Löschteich. Doch die Selbständigkit dauerte nicht lange, am 17. Juli 1938 wurde die Wehr der Freiwilligen Feuerwehr Peilstein angeschlossen und als Löschzug weitergeführt. Die erste Motorspritze wurde im März 1951 geliefert. Die Selbständigkeit der Wehr wurde am 13. September 1959 wiederhergestellt. Im Jahr 1965 trat erstmals eine Jugendgruppe zu einem Bewerb an. Das Feuerwehrhaus renovierte man im Jahr 1970, wobei gleichzeitig der Dachstuhl angehoben wurde. Da die alte Spritze noch mit einer Schraubgewindekupplung ausgerüstet war, kaufte man einen Tragkraftspritzenanhänger mit der entsprechenden Ausrüstung. Durch diese Anschaffung konnte endlich die Wettbewerbstätigkeit aufgenommen werden; dies geschah 1972 auf Bezirks- und Landesebene. Eine weitere Modernisierung erreichte man durch den Ankauf einer neuen Motorspritze und eines Kleinlöschfahrzeuges. Durch diese Anschaffungen platzte das Feuerwehrhaus jedoch aus den Nähten, so daß ein Neubau des Zeughauses ins Auge gefaßt werden mußte. Bei diesem Neubau, der 1982 begonnen werden konnte, leisteten Feuerwehrmitglieder und Dorfbewohner in zweijähriger Bauzeit ca. 4000 freiwillige Arbeitsstunden. Durch weitere Anschaffungen an Geräten und Ausrüstungsgegenständen paßte man sich den heutigen Erfordernissen im Feuerwehrdienst an.

HBI Schwentner R. (1946), OBI Öller J. (1968), AW Lauß L. (1948), AW Mitgutsch F. (1973), AW Sigl A. (1967), BI Öller L. (1959) — HFm Groiß H. (1964), OBm Grübl E. (1952), E-HBI Grübl J. (1947), Bm Grübl J. (1968), Fm Hainberger E. (1981), PFm Hainberger H. (1983), PFm Hainberger J. (1983), OFm Hainberger R. (1980), Lm Hauer F. (1944), Lm Hauer F. (1944), HFm Hierer H. (1978), PFm Lauß E. (1983), Fm Leitner A. (1981), HLm Leitner M. (1957), HFm Löffler A. (1963), OFm Mitgutsch A. (1978), HFm Mitgutsch J. (1959), HFm Mitgutsch K. (1957), HFm Mondl G. (1974), HFm Mondl J. (1973), HFm Öller L. (1937), HFm Paster E. (1960), Lm Pfoser F. (1974), HBm Pfoser L. (1974), HFm Plöderl F. (1948), HFm Plöderl G. (1980), HFm Reischl A. (1976) Fm Reischl E. (1981), HFm Rothberger A. (1972), PFm Schramm H. (1982), HFm Schuster F. (1937), HFm Schuster S. (1973), OLm Schwentner E. (1972), HFm Schwentner G. (1973), HFm Sigl F. (1937), PFm Sigl H. (1983), PFm Sigl J. (1983), OBm Stockinger J. (1950)

FF KIRCHBERG OB DER DONAU

Im Jahr 1895 wurde in Kirchberg ob der Donau die Freiwillige Feuerwehr gegründet. Am 29. August 1937 wurde das am Ortseingang neuerrichtete Zeughaus feierlich eingeweiht. Bis zu diesem Tag hatte als Feuerwehrzeughaus eine Holzhütte gedient, die dort stand, wo sich heute das Kriegerdenkmal befindet. Am 2. Oktober 1955 fand die feierliche Weihe der zwei von der Gemeinde angekauften Gerätschaften, eines Rüstautos und einer Motorspritze, statt. Abschnittskommandant Leidinger aus Neuhaus erklärte in seiner Festrede, daß mit dieser der Gemeinde Kirchberg anzurechnenden hohen Tat die Kirchberger Feuerwehr zu den bestausgerüsteten Wehren des Mühlviertels gehört. Dieses Feuerwehrauto wurde auch von der Gemeinde zur Schneeräumung eingesetzt. An diesem Festtag wurden auch verdiente Wehrmänner mit der vom Land OÖ für den Hochwassereinsatz 1954 gestifteten Hochwasser-Erinnerungsmedaille ausgezeichnet. Im Jahr 1964 wurde ein modernes, jedoch gebrauchtes Rüstauto angekauft, welches heute noch seine Dienste verrichtet. 1976 feierte die FF Kirchberg im Rahmen eines Abschnittswettbewerbes ihr 80jähriges Gründungsjubiläum. 1980 erhielt die FF Kirchberg vom Landesfeuerwehrkommando ein Einsatzboot, da 10 km der Gemeindegrenze die Donau bildet. Nachdem im Jahr 1979 zwei Feuerwehrkameraden den Atemschutzlehrgang absolviert hatten, wurden zwei schwere Atemschutzgeräte angeschafft. Das dritte Gerät erhielt die Wehr 1983. In dieser Zeit wurde auch ein Schaumlöschgerät gekauft. 1984 wurde eine neue automatische Tragkraftspritze von der Gemeinde mit finanzieller Unterstützung aus der Kameradschaftskasse angekauft, und seit diesem Jahr ist die FF Kirchberg auch stolzer Besitzer einer eigenen Vereinsfahne.

HBI Bauer A. (1959), OBI Kaindlbinder A. (1970), AW Atzgerstorfer E. (1975), AW Gierlinger K. (1983), AW Hartl W. (1975) — Bm Andraschko J. (1958), OBm Andraschko J. (1961), HFm Atzgerstorfer F. (1974), PFm Atzgerstorfer J. (1982), OFm Bauer A. (1975), OFm Berger F. (1975), JFm Böhm E., JFm Drexler A., Bm Ecker H. (1953), HFm Egger W. (1974), HFm Falkner B. (1975), Bm Falkner J. (1951), Fm Finsterer A. (1975), Bm Fuchs F. (1953), Bm Fuchs J. (1956), Fm Fuchs J. (1976), OBm Gahleitner F. (1963), Lm Gahleitner K. (1973), OFm Gahleitner K. (1973), Fm Gahleitner O. (1980), HFm Grobner A. (1974), HBm Grobner F. (1982), PFm Grobner H. (1982), Lm Hartl J. (1947), HLm Hartlmayr A. (1965), Fm Hartlmayr A. (1977), PFm Hartlmayr R. (1983), HFm Hofer A. (1981), OBm Hofer F. (1949), OFm Hofer F. (1975), OFm Hofer F. (1975), OFm Hofer H. (1975), Hofer J. (1948), PFm Hofer K. (1983), E-HBI Jungwirth L. (1952), Fm Koblmüller H. (1981), Bm Koblmüller P. (1958), Lm Lehner A. (1970), HFm Lindorfer K. (1976), HLm Neumüller J. (1967), HLm Obernberger H. (1931), Lm Oberpeilsteiner G. (1974), HFm Oberpeilsteiner G. (1974), HFm Oberpeilsteiner J. (1974), Fm Praher H. (1976), Bm Reisinger E. (1960), OLm Reisinger W. (1960), Bm Reitetschläger J. (1961), Reumüller L. (1938), OFm Reumüller W. (1978), OLm Riedl K. (1970), OLm Sailer K. (1947), OBm Schlagnitweit A. (1963), Schnölzer J. (1947), Bm Schönhuber F. (1950), Bm Schönhuber G. (1975), OFm Stadlinger O. (1975), HLm Staltner F. (1967), Steininger F. (1947), Bm Steininger M. (1947), E-HBI Stöttner A. (1950), Bm Straßer W. (1953), Wöß S. (1949), Bm Wolfsteiner G. (1960), HFm Wollendorfer A. (1974), HFm Wollendorfer J. (1974)

FF KLAFFER

Zwei Großbrände in den Jahren 1879 und 1880 dürften der Anlaß für die Gründung der FF Klaffer gewesen sein, die 1882 stattfand. Als Gründer gelten laut mündlicher Überlieferung Kandidus Grininger, Mathias Sonnleitner und Mathias Pfoser. 1894 erwarb die Wehr bei der Fa. Rosenbauer 40 m Hanfschläuche. In den Jahren nach dem Ersten Weltkrieg war die finanzielle Lage so schwierig, daß Feuerwehrmänner und andere Idealisten Theater spielten, um vom Erlös dringend benötigte Schläuche und Helme ankaufen zu können. In dieser Zeit wurde auch die erste Handspritze angekauft. Auf die 1930 erworbene Gugg-Motorspritze war die FF Klaffer besonders stolz; die Spritze ist noch heute im Besitz der Wehr. 1938 wurde die FF Klaffer als Löschzug der FF Ulrichsberg zugeteilt. 1946 wurde die Wehr unter Kommandant Alois Löffler (1946–1953) wieder selbständig. Beim Bau des ersten Gemeindehauses 1948/49 waren auch ein Feuerwehrdepot und ein Schlauchturm eingeplant. Aber schon zwei Monate nach der Einweihung mußten Amtsgebäude und Depot für die Besatzungstruppen geräumt werden. Die Feuerwehr wurde in einem Nebengebäude des Gasthofs Sammer einquartiert. Am 9. Mai 1955 wurde das erste Auto, ein Jeep, und kurze Zeit später eine Motorspritze gekauft. Kommandant Josef Zoidl (1953–1958) konnte 1956 das renovierte Zeughaus im ersten Amtsgebäude wieder für die Feuerwehr einrichten. Der dritte Kommandant nach dem Krieg, Franz Wittner (1958–1973), konnte im Oktober 1964 in das an das neue Amtsgebäude der Gemeinde angebaute Feuerwehrzeughaus übersiedeln (Weihe am 11. Oktober). 1973 wurde Kommandant Wittner von Adolf Pfoser abgelöst, der bis 1978 im Amt war. Heute leitet Albert Obermüller die Wehr.

HBI Obermüller A. (1955), OBI Gierlinger G. (1962), AW Fischer L. (1963), AW Sonnleitner J. (1964), AW Sonnleitner N. (1977), BI Egginger R. (1956) — OFm Altendorfer W. (1977), HFm Auer E. (1963), OLm Dumps F. (1953), Fm Dumps W. (1980), Lm Eisner F. (1969), Lm Gierlinger A. (1959), Fm Gierlinger A. (1961), HFm Gierlinger E. (1962), HBm Grininger A. (1947), Fm Grininger A. jun. (1980), HBm Groiß J. (1916), PFm Gruber W. (1983), OLm Hehenberger F. (1953). PFm Hehenberger W. (1983), OFm Höller J. (1978), Fm Krenn M. (1980), Lm Kübelböck R. (1962), HFm Lang S. (1973), Fm Lanzerstorfer W. (1970), OFm Leeb J. (1974), OFm Löffler A. (1968), Fm Löffler F. (1981), HFm Neudorfer F. (1977), Fm Ober J. (1981), OFm Obermüller W. (1967), OLm Öller K. (1957), HBm Pfoser A. (1947), OFm Pfoser E. (1977), Fm Pfoser R. (1981), Fm Pfoser T. (1979), HBm Reiser E. (1962), OFm Rußmüller J. (1973), Fm Schramm G. (1981), OFm Schramm J. (1978), HFm Sigl E. (1966), Fm Stadelbauer G. (1981), HFm Steininger J. (1959), OFm Weidinger S. (1979), E-HBI Wittner F. (1947), Fm Wittner K. (1981), Lm Zimmerbauer A. (1956)

FF KLEINZELL IM MÜHLKREIS

Die Freiwillige Feuerwehr Kleinzell im Mühlkreis wurde 1900 gegründet. Nach dem Ersten Weltkrieg bauten die Kommandanten Nömayer und Blumberger die Wehr wieder auf. Der erste Zeughausbau erfolgte 1924. 1938 wurde ein neuer Spritzenwagen angekauft, und das 1924 erbaute Zeughaus wurde renoviert. Während des Zweiten Weltkriegs erfolgten leider keine Eintragungen. Es bestand eine weibliche Feuerschutzgruppe. Kommandant Pirngruber begann 1946 mit dem Wiederaufbau unserer Wehr. 1951 wurde das erste Feuerwehrauto, ein amerikanischer Chevrolet, angekauft, 1954 eine neue Motorspritze. In diesem Jahr war auch unsere Wehr tagelang beim Hochwasser in Untermühl und Linz im Einsatz. 1963 wurde statt des Chevrolet, der sich als untauglich erwiesen hatte, eine Karette zum Gemeinde-Unimog gekauft. Johann Falkinger wurde Kommandant und Karl Pirngruber Ehrenkommandant. 9. Mai 1965 Ankauf eines neuen Feuerwehrautos Ford 1250, weil sich die Karette als untauglich erwiesen hatte. 1967 wurde Frau Theresia Kastner (Steinbruchbesitzerin) Ehrenmitglied. Sie stiftete eine Fahne. 1969 wurde der Inhaber der Firma Poschacher Ing. Leopold Helbich als Ehrenmitglied der Feuerwehr aufgenommen. 1973 wurde eine neue Motorspritze angekauft. 1974 wurden Hermann Pühringer Kommandant und Bürgermeister Johann Falkinger Ehrenkommandant; auch die neuen Funkgeräte wurden in diesem Jahr angekauft. Im Juni 1977 wurde ein neuer Rüstwagen Mercedes 409 angekauft. Mit dem Bau des derzeitigen schönen Zeughauses wurde im März 1978 begonnen, und es konnte am 22. und 23. September 1979, verbunden mit der 80-Jahr-Feier, eingeweiht werden. 1984 konnte ein Tanklöschfahrzeug angekauft werden.

HBI Pühringer L. (1971), OBI Stummer H. (1962), AW Hehenberger J. (1976), AW Hofer E. (1976), AW Pühringer F. (1973), AW Scalet A. (1967), BI Schürz R. (1968) — Lm Andexlinger F. (1973), HBm Bammer J. (1932), HLm Barth K. (1946), HBm Baumann J. (1922), HBm Breitenfellner F. (1930), PFm Breitenfellner H. (1984), OFm Breitenfellner L. (1967), OFm Bruckmüller K. (1981), E-AW Deischinger J. (1926), E-HBI Falkinger J. (1958), PFm Falkinger K. (1983), Fischnaller J. (1975), OFm Fuchs G. (1981), OLm Gabriel J. (1964), HFm Gütlbauer F. (1964), HFm Hartl H. (1981), HFm Hauzenberger A. (1976), OLm Hehenberger G. (1950), OLm Heinzl J. (1946), HFm Heinzl J. (1978), KR Ing. Helbich L. (1969), OFm Höfler A. (1953), OFm Höfler J. (1981), OLm Höglinger E. (1946), OLm Höglinger F. (1961), Lm Höglinger J. (1958), OLm Höglinger J. (1958), PFm Höglinger J. (1982), HLm Hölinger J. (1946), OFm Hofer G., OLm Hofer H. (1978), HLm Holly L. (1946), PFm Ilk J. (1984), OLm Ilk J. (1958), PFm Jäger H. (1982), OLm Kainberger A. (1971), Fm Katzinger H. (1975), Lm Katzinger J. (1972), OLm Krenmayr J. (1952), HLm Leibetseder F. (1967), HLm Leitner G. (1947), Leitner G. (1976), OLm Luger J. (1947), OLm Mahringer F. (1956), OFm Mahringer F. jun. (1981), OLm Mittermayr J. (1946) HLm Möstl K. (1946), PFm Neudorfer G. (1982), HFm Panholzer A. (1978), Lm Panholzer F. (1975), E-AW Panholzer J. (1950), OLm Pichler H. (1952), OLm Pröll L. (1947), E-AW Pühringer J. (1950), HLm Pühringer F. (1946), OFm Pühringer H. (1981), HLm Pühringer H. (1947), E-HBI Pühringer H. (1958), OLm Pühringer J. (1947), HBm Pühringer J. (1946), PFm Pühringer S. (1984), Lm Rammerstorfer J. (1970), Lm Reisinger G. (1950), Lm Reisinger L. (1950), OLm Reiter H. (1953), OLm Reitetschläger A. (1950), OLm Reitetschläger F. (1958), E-AW Reitetschläger L. (1947), OFm Reitetschläger W. (1981), PFm Sachsenhofer A. (1983), HFm Sailer E. (1976), OFm Schaubschläger J. (1955), OLm Schober K. (1958), OLm Schoissingeyer H. (1967), OLm Schürz F. (1975), OLm Seiwald J. (1946), OFm Stummer L. (1962), OLm Wakolbinger R. (1950), OLm Wimmer R. (1947), HBm Wimmer R. sen. (1923), Lm Wolfmayr J. (1970), HFm Zauner F. (1982), Fm Zauner J. (1982)

FF KOLLERSCHLAG

Ein Brand zerstörte am 12. August 1879 zwei Häuser des Ortes. Kurz darauf, am 29. September, wurde die Feuerwehr Kollerschlag gegründet und Anton Martl zum ersten Obmann gewählt. Zwei Jahre später zählte die Feuerwehr 34 Mitglieder, die in drei Gruppen eingeteilt waren: die Steigermannschaft, die Spritzenmannschaft und die Schutzmannschaft, jeweils angeführt von einem Rottenführer. Die Feuerwehr war mit einer Spritze, mit Hanfschläuchen, Eimern, Leitern und Feuerhaken gut ausgerüstet. Im Jahr 1931 wurde von der Fa. Gugg die erste Motorspritze angekauft. Im Jahr 1956 wurde die Freiwillige Feuerwehr Kollerschlag erstmals mit einem motorisierten Löschfahrzeug ausgerüstet; drei Jahre später wurde eine neue Tragkraftspritze angekauft. 1975 Segnung des neuen Kleinlöschfahrzeuges Ford Transit und Austragung eines Feuerwehrleistungsbewerbes in Kollerschlag. In Anwesenheit von Landesrat Hofinger und Landesfeuerwehrkommandant Salcher feierte die FF Kollerschlag im Jahr 1980 ihr 100jähriges Bestehen. Das neue TLF 2000 wurde 1983 an die Feuerwehr übergeben. Diese hat selbst mit 200 000 Schilling zum Ankauf kräftig beigetragen. Das Feuerwehrzeughaus ist im Neubau des Gemeindehauses untergebracht, das 1955 fertiggestellt werden konnte. Kommandanten waren: Anton Martl (1879–1889), Eduard Baumüller (1889–1895), Anton Martl jun. (1895–1897), Heinrich Baumüller (1897–1901), Mathias Brunbauer (1901–1904), Johann Wurm (1904–1908), Josef Kasberger (1908–1913), Josef Roidl (1913–1918), Josef Friedl (1918–1921), Johann Winkler (1921–1946), Josef Rampetsreiter (1946–1949), Josef Traxinger (1949–1951), Johann Wurm (1951–1958), Josef Hurnaus (1958–1968), Johann Wurm (1968–1973) und Josef Leitner (seit 1973).

HBI Leitner J. (1946), OBI Neundlinger F. (1957), AW Höller H. (1975), AW Staldbauer E. (1973), AW Starlinger J. (1964), BI Bindeus A. (1958) — OFm Aumüller M. (1965), Lm Aumüller M. (1973), Fm Auzinger A. (1973), Lm Barth J. (1965), HBm Baumgartner J. (1969), Lm Baumüller E. (1917), OLm Baumüller E. (1967), OFm Baumüller F. (1951), OFm Baumüller H. (1951), OBm Berger F. (1969), HFm Berger F. (1977), OLm Berger H. (1974), Bm Eckerstorfer F. (1951), Fm Eisner A. (1981), Bm Eisner J. (1970), Fm Feichtenschlager W. (1981), HLm Friedl E. (1970), Fm Gabriel J. (1967), BI Grobner F. (1955), Lm Gumpenberger G. (1973), OFm Hain A. (1979), OFm Höllinger S. (1966), HFm Hofmann A. (1949), OFm Hofmann Ch. (1984), PFm Hofmann J. (1983), Fm Hurnaus J. (1974), OBm Hurnaus J. (1946), PFm Hurnaus J. (1983), Lm Jungwirth A. (1969), Lm Kasberger J. (1941), OBm Kreuzwieser F. (1960), Lm Kumpfmüller F. (1927), Lm Kumpfmüller F. (1958), Lm Kumpfmüller O. (1970), PFm Kunz K. (1984), HFm Lauß S. (1968), Fm Leitner H. (1974), PFm Leitner J. (1983), Lm Märzinger J. (1965), OFm Mayer H. (1957), PFm Neundlinger F. (1984), HLm Reischl E. (1962), Lm Reischl H. (1975), OBm Reischl K. (1959), HFm Reischl M. (1978), PFm Resch J. (1983), Richtsfeld J. (1984), OFm Ringenberger L. (1951), Lm Rothberger O. (1947), Lm Saxinger J. (1973), Fm Scherer O. (1969), PFm Schichl H. (1983), PFm Starlinger A. (1983), Fm Theischinger E. (1973), OFm Viehböck H. (1980), PFm Wöß E. (1983), Lm Wöß E. (1959), OLm Wöß M. (1951), Bm Wöß M. (1968), OLm Würfl E. (1959), PFm Wurm Ch. (1983), OBm Wurm F. (1964), OLm Wurm F. (1973), OLm Wurm H. (1972), Wurm H. (1984), E-HBI Wurm J. (1927), Lm Wurm J. (1945)

FF LEMBACH

Der Markt Lembach wurde im Laufe seiner wechselvollen Geschichte oft von Brandkatastrophen heimgesucht. Schon im Jahr 1858 hatte die Gemeindevorstehung von Lembach eine Feuerordnung erlassen, die Alarmierung und Einsatz bei der Brandbekämpfung regelte. Gleich nach der Gründung der FF Lembach 1874 und der Angelobung 1875 konnten jene selbstlosen, um das Wohl und die Sicherheit der Bevölkerung bemühten Männer ihre Schlagkraft unter Beweis stellen, als am 5. August 1876 Markt und Kirche ein Raub der Flammen wurden. Nachdem die Wehr sich in vielen kleinen Einsätzen bewährt hatte, bestand sie auch eine große Probe, als in den letzten Kriegstagen 1945 im Lauf der Kampfhandlungen fünf Häuser in Brand geschossen wurden. In den vielen Jahren seit der Gründung, mit ihren Höhen und Tiefen, leiteten nachstehende Kommandanten die Geschicke der Wehr Lembach: Johann Fuchs (1874–1895), Leopold Hernberger (1895–1903), Johann Zimmermann (1903–1909), Franz Stadler (1909–1918), Johann Stadler (1918–1933), Eduard Stadler (1933–1939), Stefan Höllinger (1939–1945), Karl Stadt (1945–1946), Eduard Baumüller (1946–1947), Ing. Baumgärtner (1947–1963), Josef Meisinger (1963–1968), Karl Ennsbrunner (1968–1972), Josef Leitenmüller (seit 1972). Die FF ist Stützpunktfeuerwehr des Abschnittes Lembach. Um der Bevölkerung des Einsatzbereiches, der sich auf das Gemeindegebiet von 8 km² und Teile der angrenzenden Nachbargemeinden mit ihrer vielfältigen Infrastruktur erstreckt, bestmöglichen Schutz zu gewähren, sind ein Tanklöschfahrzeug, ein VW-Bus mit Funkausrüstung, ein LFB mit Funkausrüstung, leichter und schwerer Atemschutz sowie verschiedene Ölbindemittel einsatzbereit.

BR Leitenmüller J. (1964), OBI Berndorfer J. (1956), OAW Leitenmüller K. (1972), AW Anreiter F. (1952), AW Hofer E. (1963), AW Krauk H. (1950), BI Meisinger J. (1948) — Fm Amersdorfer J. (1980), HFm Bauer R., OLm Bruckmüller H. (1974), HFm Ecker A. (1977), HFm Ecker E. (1963), HFm Ecker F. (1970), Fm Ecker H. (1982), HFm Ecker H. (1963), HFm Ecker J. (1950), Fm Eckersdorfer H. (1982), HFm Eder A. (1963), HFm Eissiel H. (1970), E-BI Ensbrunner K. (1955), E-BI Fürlinger H. (1948), HFm Grillnberger F. (1971), HFm Hain J. (1971), Fm Hauder M. (1982), HFm Hinterberger F. (1966), HFm Höltschl K. (1972), HFm Höltschl P. (1972), OLm Hötzendorfer F. (1974), OLm Hötzendorfer R. (1974), HFm Hopfner H. (1971), Hopfner W., Kaiser J. (1967), HFm Kraml E. (1963), Fm Leitenmüller P. (1982), Lindorfer A. (1939), Luger V. (1951), OFm Mayrhofer G. (1972), HFm Nigl J. (1973), HFm Obergruber H. (1974), Fm Öller M. (1982), HLm Peer L. (1974), HFm Praher J. (1972), Fm Preininger J. (1982), Rebhan F.-K. (1979), Fm Reinthaler B. (1982), OLm Reiter J. (1974), Fm Reiter L. (1982), Fm Schürz H. (1982), Schürz R. (1970), HFm Sellner R. (1952), Steininger F. (1953), HFm Thorwartl A. (1970), HFm Thorwartl G. (1970), Wanger J. (1907), OLm Wögerbauer E. (1974)

FF MISTLBERG

Die Freiwillige Feuerwehr Mistlberg wurde 1935 als zweite Feuerwehr der Gemeinde Kollerschlag gegründet. 29 Gründungsmitglieder waren anwesend, erster Kommandant wurde Josef Pfarrwaller. Von der Freiwilligen Feuerwehr Kollerschlag erhielt Mistlberg deren gebrauchte Handdruckspritze für Pferdebespannung. Im Jahr 1946 wurde eine Motorspritze Type D 45 (Rosenbauer) angekauft. Zu den Einsätzen fuhr die Feuerwehr Mistlberg damals mit einem Pferdegespann. 1967 wurde die Motorspritze durch eine neue TS 8-RVW 75/A ersetzt. Von 1972 bis 1977 fuhr die FF Mistlberg mit einem Einachsanhänger (Gugg), gezogen von einem Traktor, zu den Einsätzen bzw. Übungen. Erst 1977 wurde ein gebrauchter Jeep gekauft und zu einem BLF A umgebaut, damit konnten die Einsatzorte bedeutend schneller erreicht werden. Wegen Platzmangels mußte in den nächsten Jahren ein neues Feuerwehrhaus errichtet werden. 1980 wurde mit dem Bau begonnen und 1981 fertiggestellt. Seit 1982/83 ist die FF Mistlberg an die Funkalarmierung angeschlossen. 1984 entschloß sich die FF Mistlberg, ein LFB Mercedes 508 D zu kaufen, welches 1985 von der Firma Rosenbauer geliefert wird. Seit der Gründung lenkten folgende Kommandanten die Geschicke der Freiwilligen Feuerwehr Mistlberg: Josef Pfarrwaller, Friedrich Krenn, Alois Schlager, Josef Reischl, Ignaz Märzinger.

HBI Märzinger I. (1968), OBI Baumgartner A. (1968), AW Baumgartner G. sen. (1978), AW Kainberger A. sen. (1955), AW Kainberger F. sen. (1956), BI Reischl H. sen. (1956) — OFm Altendorfer A. jun. (1979), Fm Altendorfer A. sen. (1979), Fm Auer E. (1982), OFm Auer F. (1977), OFm Auer F. sen. (1955), HFm Baumgartner F. (1975), Fm Baumgartner G. jun. (1982), OLm Baumgartner H. (1967), HFm Eder G. (1973), OFm Eggerstorfer F. (1972), OLm Eibl K. (1970), HFm Falkner F. jun. (1975), HFm Falkner F. sen. (1953), HFm Falkner L. (1975), OFm Falkner O. (1979), Fm Falkner W. (1979), Fm Fesl J. (1978), Fm Fesl J. (1978), OFm Gabriel E. (1973), Fm Gabriel L. (1978), Lm Gottinger A. (1956), Fm Hautzeneder J. (1982), OLm Höglinger F. (1968), HFm Höglinger J. (1967), OFm Hurnaus H. (1973), Fm Hutsteiner F. jun. (1980), Lm Hutsteiner F. sen. (1952), HFm Hutsteiner J. (1979), OFm Kainberger A. jun. (1973), OFm Kainberger E. (1977), OFm Kainberger F. jun. (1973), HFm Kainberger W. (1974), E-HBI Krenn F. (1935), Fm Krenn H. (1982), HFm Krenn H. (1973), HFm Krenn J. (1975), OLm Krenn J. (1968), OFm Krenn M. (1973), PFm Lehner J. (1982), OFm Lorenz H. (1961), OFm Lorenz J. (1972), OFm Luger A. (1975), Fm Luger A. (1979) Fm Luger F. (1979) OFm Märzinger J. jun. (1973), HFm Märzinger J. sen. (1935), OLm Märzinger J. (1968), Lm Märzinger R. (1957), OFm Neubacher H. (1979), HFm Neubacher U. (1970), Lm Pfarrwaller H. (1973), OFm Pfarrwaller F. (1976), OFm Pfarrwaller G. (1979), Fm Pfarrwaller J. (1980), HFm Pfarrwaller J. (1973), HFm Pfarrwaller J. (1975), Lm Pfarrwaller J. sen. (1944), OFm Pfeil F. jun. (1979), HFm Pfeil F. sen. (1957), OFm Pfleger M. (1978), PFm Ranninger F. (1983), OFm Rauscher A. (1975), OFm Rauscher A. (1964), HFm Rauscher A. (1971), Fm Rauscher J. (1978), OFm Reischl H. jun. (1978), OFm Reischl J. (1979), OFm. Reischl J. jun. (1976), E-HBI Reischl J. sen. (1951), HFm Schlager A. (1970), HFm Schlager J. (1975), OFm Schlager O. (1978), OFm Urban F. (1935), OFm Walch F. (1964), Fm Weber B. (1978), HFm Weidinger F. (1961)

FF MOLLMANNSREITH

Anläßlich der Eröffnung der neuen Schule in Mollmannsreith wurde der Wunsch nach einer freiwilligen Feuerwehr laut. Daraufhin beriefen Volksschulleiter Lutz und Josef Falkner eine Interessenversammlung ein. Am 15. September 1910 meldeten 45 Mann den Beitritt zur Feuerwehr anläßlich der ersten Generalversammlung an. Es folgten Sammlungen von Haus zu Haus für Anschaffung von Spritze, Ausrüstung und Uniformierung. Beim Gründungsfest 1911 (5. Juni) auf dem Ameisberg waren 22 Vereine und eine tausendköpfige Menschenmenge anwesend. Einteilung der Mitglieder: Kommando, Steigermannschaft (10 Mann), Spritzenmannschaft (24 Mann), Vorbrecher (10 Mann). Erstes Gerät: 1 Abprotzspritze, 110 m Schlauch, 3 Schlauchhaspeln, 1 Vorderwagen, Arbeitsrüstung pro Mann (Arbeitsbluse, Gürtel, Helm), 1 Signalhorn, 3 Hupen. 1935: 25jähriges Jubiläum (12 Mann erhalten die 25-Jahr-Verdienstmedaille). Nach dem Anschluß an Deutschland wurde die FF Mollmannsreith dem Feuerwehrkommando Oberkappel als Löschzug unterstellt, wurde jedoch 1946 wieder selbständig (neue Motorspritze TS-8 angekauft). 1955 Einbau einer Sirenenanlage. 7., 8. Juni 1980: 70jähriges Gründungsfest mit Feuerwehrhaussegnung und Trockenlöschwettbewerb des Abschnittes Lembach. 1980: Ankauf eines gebrauchten TLF 1000 (Opel Blitz). 1983: Anschluß an das Sirenennetz und die zentrale Funkalarmierung. Kommandanten seit der Gründung waren: Josef Falkner, Michael Neßlböck, Johann Falkner, Franz Lorenz, Eduard Schinkinger.

HBI Schinkinger E. (1958), OBI Kronawitter J. (1972), AW Hofmann A. (1958), AW Lorenz F. jun. (1968), AW Neßlböck J. (1972), AW Schinkinger F. (1940), BI Gabriel M. (1963) — OFm Baumgartner N. (1978), OFm Baumgartner O. (1980), Lm Baumgartner T. (1951), HFm Bogner E. (1960), OFm Dorfer A. jun. (1978), Lm Dorfer A. sen. (1949), HFm Ecker G. (1953), Falkner F. (1955), HFm Falkner F. (1967), HFm Gabriel A. (1978), HFm Gabriel J. (1978), Lm Gabriel J. (1948), HFm Hauer J. (1972), HFm Höfler A. (1977), HFm Höfler M. (1968), OBI Höfler M. (1935), HFm Hurnaus J. (1968), HFm Hurnaus J. (1931), Fm Jell G. (1974), Bm Konawitter L. (1951), Lm Krenn A. (1958), OBm Krenn A. (1931), HFm Kumpfmüller J. (1958), Fm Leitner J. (1978), HFm Lindorfer J. (1964), HBI Lorenz F. (1946), HFm Neßlböck J. (1968), Lm Neßlböck J. (1972), HFm Neßlböck O. (1972), HFm Neulinger G. (1972), OFm Neulinger O. (1979), OFm Neundlinger J. (1975), HLm Neußl J. (1972), OLm Oberngruber F. (1956), OFm Öller J. (1980), OFm Ortner A. (1972), Fm Ortner F. (1978), HFm Pernsteiner A. (1974), OFm Pfeil A. (1978), Bm Pfeil A. (1946), Bm Plöderl F. (1971), OLm Rauecker A. (1954), HFm Resch F. (1971), Fm Resch G. (1972), Lm Schinkinger A. (1948), Lm Schinkinger A. (1949), OFm Schinkinger A. jun. (1980), Fm Schinkinger F. (1982), HFm Schinkinger F. J. (1976), HBm Schinkinger H. (1978), HLm Schinkinger J. (1953), HFm Schlager F. (1974), Lm Thaller H. (1956)

FF NEBELBERG

In einer Zeit, in der Unruhe und Hast die Menschen noch weniger hetzte, in der der Kampf um Zehntelsekunden nicht so unerbittlich geführt wurde, die wohl friedlicher und bedächtiger, aber keineswegs leichter war als unsere, fanden sich in der kleinen Gemeinde einige Männer zusammen, die am 20. Dezember 1900 den Verein der Freiwilligen Feuerwehr Nebelberg gründeten. Im selben Jahr hatte ein Großbrand in Hinternebelberg sechs Häuser zerstört, gleichzeitig jedoch auch in den verantwortungsbewußten Männern der Gemeinde die Erkenntnis geweckt, daß nur eine geschulte Feuerwehr imstande sei, dem Feuer wirksam entgegenzutreten. Die Gründungsurkunde berichtet, daß Franz Pfoser aus Stift am Grenzbach zum ersten Kommandanten gewählt wurde. Als Löschgerät war zur Zeit der Gründung eine Schubkarrenspritze vorhanden, die schon 1895 von der Gemeinde angekauft worden war. 1901 wurde eine größere Handfeuerspritze und ein Spritzenwagen für Pferdebespannung gekauft. Bau eines Feuerwehrhauses im Jahr 1905; 1926 erfolgte die Übergabe der Feuerwehr mit allem Inventar an die Gemeinde. Ankauf einer gebrauchten Motorspritze DKW (1944), Bau von zwei Löschwasserteichen in den Orten Hinternebelberg und Stift am Grenzbach 1956. Das Jahr 1958 leitet einen Höhepunkt in der Geschichte der FF Nebelberg ein. In diesem Jahr wurde der Beschluß gefaßt, ein neues Feuerwehrhaus zu bauen. Es konnte 1960 fertiggestellt und seiner Bestimmung übergeben werden. Seither wurden angekauft: TS-Automatik-75-VW-Rosenbauer (1960), 1 TSA 750 (1961), 1 KLF Fiat 1100 (1966). In den folgenden Jahren wurde die Ausrüstung durch Ankauf kleinerer Geräte laufend modernisiert und den Bedürfnissen angepaßt. 1983 erfolgte der Anschluß an das Sirenennetz und die Funkalarmierung.

HBI List H. (1959), OBI Kroiß J. (1965), AW Nader E. (1968), AW Pfeil J. (1968), AW Seidl F. (1960) — HFm Altenhofer K. (1946), HFm Bogner H. (1954), OFm Eder F. (1975), Fm Eder G. (1982), HFm Hauer H. (1973), Fm Hein A. (1981), HFm Hein O. (1948), Fm Heinzl H. (1981), HFm Heinzl H. (1973), HFm Heinzl L. (1976), Fm Heinzl M. (1981), JFm Hellauer H. K. (1981), OFm Hollnsteiner A. (1971), Lm Jungwirth F. (1947), HFm Jungwirth J. (1948), Fm Jungwirth J. (1978), HFm Jungwirth K. (1937), OFm Jungwirth K. (1970), OFm Kickingereder L. (1974), E-AW Koblbauer F. (1936), HFm Lang J. (1970), HFm Lauss F. (1951), HFm Lauss G. (1971), OLm Lauss H. (1946), HFm Lauss J. (1950), HFm Lauss L. (1930), Fm Lauß J. (1981), Fm Lauß M. (1981), Fm List G. (1981), Fm List J. (1979), HFm Lorenz F. (1964), HFm Lorenz M. (1964), HFm Märzinger F. (1968), HFm Märzinger I. (1938), HFm Märzinger J. (1975), Fm Märzinger J. (1979), HFm Märzinger J. (1955), JFm Märzinger K. (1981), HFm Märzinger O. (1954), OFm Märzinger O. (1978), Fm Märzinger O. (1981), HFm Nader W. (1938), Fm Pfeil A. (1981), HFm Pfeil A. (1940), HFm Pfeil J. (1934), OLm Pfeil J. (1968), OFm Pfeil J. (1976), OFm Pfeil K. (1976), HFm Pfeil O. (1942), Fm Pfleger A. (1973), Fm Pfoser H. (1982), E-HBI Pfoser H. (1937), Fm Ploch G. (1981), HFm Pühringer A. (1968), HFm Pühringer F. (1916), Fm Rachinger O. (1979), HFm Richtsfeld J. (1973), Lm Rothbauer J. (1953), Fm Rothberger J. (1982), Lm Rothberger M. (1946), Fm Schartner M. (1978), HFm Starlinger M. (1945), Fm Weißenberger A. (1981), E-HBI Wöß A. (1941), HFm Wöß F. (1971), Fm Wurm A. (1982), OFm Wurm E. (1978), HFm Wurm J. (1947), OFm Wurm J. (1978), OFm Wurm J. (1978), JFm Wurm O. (1981), JFm Wurm S. (1982), HFm Zinöcker J. (1958), JFm Zöchbauer J. (1981)

FF NEUFELDEN

Am 24. September 1870 fanden die konstituierende Versammlung und die Gründung der Freiwilligen Feuerwehr Neufelden statt. 1874: Ankauf einer Landfahrspritze; 1895: Bau des Feuerwehrzeughauses; 1899: Eröffnung der Hochquellenwasserleitung, dadurch Verbesserung der Löschwasserversorgung; 1905: Feier des 35jährigen Bestandes der Feuerwehr; 1928: Ankauf des vierrädrigen Mannschaftswagens und der ersten Motorspritze; 1942: 1. Feuerwehrauto (Mercedes) angekauft, das derzeit noch in Betrieb ist. 1944 war es durch die Kriegsereignisse notwendig, eine Damenfeuerwehr aufzustellen; diese Damenfeuerwehr war bis 1945 im Feuerwehrdienst; 1950: Trennung der Feuerwehren Neufelden und Steinbruch (bis 1950 war die jetzige Feuerwehr Steinbruch ein Löschzug der FF Neufelden); 1950: Feier des 80jährigen Gründungsfestes; 1952: Fest der Auto- und Motorspritzenweihe; Juni 1970: 100-Jahr-Feier mit Wettbewerb; 1970: Ankauf einer Tragkraftspritze Automatik 75 VW (war durch Spende von Sparkasse möglich); Ankauf einer Sirene; Oktober 1975: Stationierung des Öleinsatzfahrzeuges mit Funkgerät; September 1976: Auslieferung des Tanklöschfahrzeuges; 1977: Segnung der Einsatzfahrzeuge (Tanklösch- und Öleinsatzfahrzeug); 1979: Ankauf eines mobilen Funkgeräts sowie dreier schwerer Atemschutzgeräte; 1983: Der pferdebespannte Rüstwagen mit der alten Motorspritze wird dem Feuerwehrmuseum St. Florian als Leihgabe übergeben; Montage des Sirenensteuergeräts am Zeughaus Neufelden.

HBI Haas G. (1959), OBI Wögerbauer J. (1952) — Agfaletrer H. (1943), Anreiter J. (1970), Bauer J. (1973), Bindeus H. (1959), Clee O. (1973), Eggerstorfer M. (1958), Fach R. (1968), Fischer F. (1956), Friedl F. (1941), Friedl F. (1979), Friedl G. (1960), Friedl J. (1957), Gahleitner H. (1967), Gürtler P. (1972), Haas A. (1977), Hannerer R. (1976), Hartl K. (1914), Hötzendorfer F. (1973), Hollnsteiner A. (1978), Hübauer J. (1938), Hübauer J. (1968), Kalischko K. (1982), Kogler A. (1973), Kriegner A. (1978), Lanzerstorfer O. (1946), Mittermayr A. (1979), Mülleder M. (1982), Öppinger F. (1945), Pichler A. (1982), Pichler G. (1982), Pichler R. (1982), Pichler V. (1977), Pichler W. (1982), Pils H. (1979), Pils L. (1982), Pils M. (1982), Plank G. (1982), Plank M. (1982), Dr. Preinfalk K. (1959), Rachinger J. (1973), Reinthaler E. (1973), Reiter K. (1951), Sailer R. (1948), Sailer R. (1969), Sammer A. (1947), Schietz E. (1953), Schneeberger M. (1981), Schuberth K. (1969), Dr. Sittenthaler R. (1973), Ing. Sommer J. (1974), Stöttner F. (1969), Unter A. (1932), Unter R. (1925), Wöß H. (1973), Wöß K. (1950), Wolfmayr J. (1971), Wurnisch F. (1979), Zöchbauer A. (1968)

FF NEUHAUS-UNTERMÜHL

Am 11. Oktober 1903 wurde die Gründungsversammlung abgehalten. Erster Kommandant wurde Franz Viehböck. Bereits 1904 konnte eine neue Spritze angeschafft werden. Die Wasserwehr wurde ausgebaut, eine Schiffsbrücke erworben und Sanitätsmaterial gekauft. Der Erste Weltkrieg und die Nachkriegswirren erschwerten eine weitere Aufwärtsentwicklung. Erst 1922, als Hermann Leidinger aus der Hand Max Höflers (Kommandant von 1918 bis 1922) die Wehr übernahm, konnte wieder an Feuerwehrarbeit gedacht werden. 1924 wurde eine Sanitätsabteilung gegründet und ein Alarmierungsplan geschaffen. Die OWEAG, heute OKA, stellte ein Feuerwehrdepot zur Verfügung, das 1927 fertiggestellt wurde. Dazu wurden auch Rauchschutzmasken gekauft. Nach dem Anschluß wurde die FF Neuhaus-Untermühl als 4. Zug der Gemeindefeuerwehr von St. Martin einverleibt. 1946, Josef Riepl wurde neuer Kommandant, Hermann Leidinger Abschnitts-Kommandant, beschloß die Generalversammlung die Verselbständigung der Wehr. Die FF hatte die Motorspritze, 200 m Hanfschläuche, Helme und weiteres Ausrüstungsmaterial verloren. 1948 übernahm Alois Thalhammer als Kommandant die Wehr. Franz Lindorfer wurde 1953 zum neuen Kommandanten gewählt. 1955 wurde das erste Feuerwehrauto eingeweiht. Mit dem Bau des Kraftwerkes Aschach ging das alte Untermühl in den Fluten der Donau unter, ein neues Untermühl entstand. Mit dem Ort entstand auch eine neu ausgerüstete Feuerwehr und ein neues Zeughaus. 1966 wurde ein neuer Rüstwagen gekauft. Besonderes Augenmerk wurde der Ausbildung als Wasserwehr gewidmet. 1978 wurde ein Arbeitsboot vom Oö. Landesfeuerwehrkommando zur Verfügung gestellt. Auch schwerer Atemschutz und Funkgeräte wurden angeschafft.

HBI Lindorfer F. (1949), OBI Riegler F. (1958), AW Ernst O. (1965), AW Schallmeyer S. (1968), AW Thorwartl F. (1966), BI Dr. Natzmer H. (1966), BI Reisinger J. (1966) — HFm Böldl H. (1976), HLm Danninger J. (1960), OFm Ecker B. (1975), E-BI Ernst O. (1925), Fm Ing. Feichtinger E. (1965), Lm Feyrer J. (1949), HFm Gabriel F. (1976), HFm Gahleitner E. (1974), Lm Gahleitner W. (1964), Lm Hametner J. (1962), Lm Heindorfer K. (1951), HLm Heindorfer K. (1966), Fm Huemer H. (1982), Lm Kaiser R. (1946), HFm Kalaber A. (1955), OLm Kleebauer K. (1951), Fm Knogler J. (1936), HBm Königstorfer H. (1967), E-OBI Königstorfer M. (1946), Fm Koller A. (1976), HFm Ing. Natzmer G. (1975), Lm Pammer A. (1951), E-BI Prager R. (1950), HLm Pühringer J. (1947), HLm Pühringer J. (1964), HFm Reinsch A. (1946), HLm Reitetschläger J. (1963), Fm Reumüller M. (1947), Fm Riegler F. (1981), Lm Riepl J. (1968), HFm Santner H. (1976), Fm Schuster T. (1984), OLm Seiwald J. (1951), Lm Seiwald W. (1966), Fm Wagner R. (1983), OFm Wimmer A. (1979)

FF NEUSTIFT IM MÜHLKREIS

Am Freitag, dem 13. April 1893, brannte Neustift völlig nieder. Das war der Anlaß zur Gründung der FF Neustift im März 1894. Es wurde sofort mit dem Bau eines Zeughauses begonnen (Holzhütte). Martin Fischer war der erste Kommandant. Bei der Gründungsversammlung wurde gleichzeitig der Kauf einer Feuerwehrspritze beschlossen. Diese Spritze restaurierten übrigens 1984 einige Kameraden der Wehr. Die Spritze stellt nun das Prunkstück der FF Neustift dar. Die wichtigsten Anschaffungen: 1939: Kauf der ersten Motorspritze; 1945: Bau eines neuen Zeughauses; 1952: Ankauf einer Feuerwehrspritze R 75; 1957: Anschaffung eines gebrauchten Feuerwehrautos; 1967: TS-Automatik-75-VW-Rosenbauer; 1976: TCF/2000-Trupp Löschfahrzeug – großes Feuerwehrfest; 1978: KLF – gebraucht (Ford), Mannschaftsfahrzeug; 1981: Errichtung des jetzigen Feuerwehrhauses; 1982: neues KLF/LD-35. Außerdem wurden in den letzten Jahren angeschafft: 1 Megaphon, 3 Handsprechfunkgeräte (11-m-Band), 1 mobiles Handsprechfunkgerät. Seit 1984 ist die FF Neustift an das Sirenennetz und an die Funkalarmierung angeschlossen.

HBI Pichler A. (1972), OBI Wallner H. (1968), AW Dorfer A. (1964), AW Gielinger J. (1978), AW Schönberger J. (1971), AW Schwarzbauer H. (1964), BI Dorfer G. (1956), BI Feichtenböck J. (1973), BI Kapfer R. (1973), BI Wundsam L. (1979) — HFm Altenhofer J. (1968), Lm Altenhofer J. (1968), HFm Bauer L. (1963), Fm Bogner K. (1975), OFm Dikany H. (1969), OLm Dirmhirn J. (1923), Fm Dobretzberger H. (1983), HFm Donanbauer H. (1983), HFm Donaubauer H. (1980), HFm Donaubauer J. (1949), Fm Dorfer F. (1983), HFm Dorfer G. (1973), HFm Dorfer J. (1956), HFm Dorfner J. (1970), OFm Ecker A. (1978), OFm Ecker K. (1981), OFm Egginger M. (1973), OFm Feichtenböck K. (1980), HFm Froschauer A. (1980), OFm Froschauer H. (1970), OFm Gabriel A. (1968), Fm Gabriel H. (1980), Fm Gabriel K. (1983), HFm Gierlinger E. (1951), Fm Hofer F. (1983), Fm Hofer J. (1979), E-BI Hofmann H. (1951), Fm Hofmann J. (1973), OFm Huber A. (1957), OLm Hutterer A. (1963), Fm Kaggerer K. (1983), OFm Kainberger G. (1982), Fm Kainberger M. (1983), E-AW Kapfer A. (1951), OLm Kapfer L. (1929), Lm Klär E. (1957), E-AW Krenn J. (1936), OFm Krenn J. (1978), Fm Krenn K. (1975), Lm Krennböck H. (1934), Lm Krennböck H. (1956), Fm Kronawitter A. (1974), Fm Kronawitter E. (1975), Fm Kronawitter G. (1983), Fm Kronawitter H. (1973), HFm Kronawitter H. (1949), HFm Kronawitter H. (1972), Fm Kronawitter J. (1983), OFm Kronawitter L. (1972), E-AW Lachtner J. (1950), Fm Lachtner S. (1973), HFm Lang G. (1976), OLm Lohr J. (1928), HFm Lohr J. (1958), OFm Luger E. (1964), HFm Luger F. (1954), HFm Luger K. (1964), HFm Luger L. (1938), Fm Magauer F. (1983), HFm Mayer W. (1972), HFm Mühlberger A. (1944), HFm Paminger A. (1952), HFm Paminger H. (1964), Fm Prosser J. (1983), Fm Rader J. (1976), HFm Rauecker A. (1956), Fm Rauscher F. (1976), Fm Rosenberger J. (1983), Fm Rosenberger K. (1982), HFm Scharrer A. (1950), E-HBI Scharrer E. (1950), Lm Scharrer S. (1954), E-HBI Schmidleitner A. (1919), Fm Schönberger E. (1983), OFm Schönberger J. (1982), OFm Schörgenhuber A. (1973), HFm Schörgenhuber J. (1929), HFm Schörgenhuber J. (1970), OFm Schürz J. (1975), OFm Schwarzbauer J. (1935), OFm Schwarzbauer J. (1964), Fm Schwarzbauer M. (1973), OFm Schwarzbauer S. (1972), Lm Seibold J. (1950), OFm Stadler O. (1973), Fm Turner N. (1976), Fm Wakolbinger R. (1979), Fm Weiß H. (1972), Lm Weiß L. (1957), Fm Weißenberger G. (1980), OLm Wöß A. (1942), HFm Wöß A. (1974), Fm Wöß K. (1975), Fm Wöß K. (1983), OFm Wundsam A. (1976), HFm Wundsam A. (1964), HFm Zöchmann A. (1967)

FF NIEDERKAPPEL

Unter dem Landtagsabgeordneten und Bürgermeister Josef Bumberger wurde im Jahr 1881 die FF Niederkappel gegründet. Die erste Handspritze wurde bereits 1876 von der Gemeinde gekauft, wozu der 1858 gegründete Brandschadenversicherungsverein Niederkappel 200 Gulden spendete. Im Herbst 1928 konnte die erste Motorspritze von der Fa. Rosenbauer angekauft werden. Im Jahr 1949 wurde ein gebrauchtes Fahrzeug angekauft. 1953 konnte eine neue Tragkraftspritze ihrer Bestimmung übergeben werden. 1963 wurde ein Tragkraftspritzenwagen angekauft und das neue Zeughaus eröffnet. Nach fast 100jährigem Bestehen der FF Niederkappel konnte 1980 ein modernes Löschfahrzeug LFB und eine moderne Tragkraftspritze angekauft werden. Im Einzugsgebiet der FF Niederkappel waren bis 1984 insgesamt 81 Brände zu verzeichnen. Folgende Hauptleute führten die Wehr seit der Gründung: A. Amersdorfer, Kooperator Kupka, F. Pumberger, F. Suppan, A. Amersdorfer, L. Amersdorfer, E. Grinzinger, K. Pumberger, F. Ruthmann, A. Ehrengruber, R. Höpfl, K. Amersdorfer, A. Haschka, L. Winkler.

HBI Winkler L. (1971), OBI Aigsldorfer L. (1959), AW Kehrer R. (1971), AW Lindorfer R. (1962), AW Wakolbinger R. (1971), BI Dumfarth K. (1958), BI Jäger K. (1952) — HFm Aiglsdorfer E. (1971), HFm Aiglsdorfer F. (1971), Lm Aiglsdorfer L. (1960), OFm Aigsldorfer H. (1980), OFm Aigsldorfer J. (1976), Lm Altendorfer A. (1946), HFm Altendorfer E. (1975), HFm Altendorfer M. (1971), HFm Altendorfer S. (1974), HFm Amersdorfer F. (1969), HFm Amersdorfer J. (1961), OFm Beißmann E. (1974), OFm Beißmann J. (1969), FK Dr. Breid F. (1983), Fm Bumberger J. (1981), OFm Bumberger N. (1974), HFm Bumberger R. (1974), OFm Dobretzberger B. (1974), Fm Dobretzberger J. (1983), HFm Dumfarth K. (1945), OFm Ehrengruber H. (1978), OFm Ehrengruber I. (1980), Lm Ehrengruber J. (1977), OFm Eibl F. (1978), Lm Fischer F. (1954), HFm Girlinger A. (1953), HFm Hackl H. (1967), E-HBI Haschka A. (1954), Fm Hintringer J. (1976), HFm Hirtenlehner G. (1974), HFm Höfler M. (1972), HFm Höfler M. (1934), HFm Höpfl W. (1970), OBm Hötzendorfer H. (1962), Lm Hötzendorfer J. (1958), HFm Hötzendorfer R. (1972), Fm Hötzendorfer S. (1983), OBm Hofer J. (1965), OFm Jäger J. (1972), OFm Jäger K. (1980), Fm Karl H. (1981), OFm Kehrer A. (1975), Fm Kehrer B. (1980), HFm Kehrer F. (1958), OFm Kehrer J. (1967), OFm Kehrer J. (1971), HFm Kehrer J. (1945), OFm Kehrer L. (1976), OFm Leitenbauer H. (1977), HFm Leitenbauer K. (1974), HFm Lindorfer A. (1958), OFm Lindorfer F. (1975), OFm Lindorfer R. (1980), HFm Maierhofer A. (1971), OFm Mairhofer J. (1974), OBm Mayerhofer A. (1968), Fm Mayerhofer A. (1983), OFm Mayerhofer Ch. (1974), OFm Mayerhofer H. (1974), HFm Mayrhofer F. (1971), HFm Mayrhofer F. (1927), OFm Mayrhofer W. (1975), HFm Niederleitner L. (1969), HFm Pehersdorfer F. (1954), HFm Praher A. (1946), Fm Praher M. (1981), HFm Pühringer J. (1930), HFm Pühringer J. (1932), HFm Pumberger P. (1974), HFm Pumberger R. (1943), HFm Pumberger-Windhager R. (1928), Fm Pumberger-Windhager R. (1979), Fm Reisenzaun H. (1981), Lm Reiter F. (1969), HFm Ried J. (1969), HFm Scharinger J. (1965), Lm Stallinger J. (1965), HFm Streinesberger F. (1972), OFm Streinesberger K. (1978), Lm Streinesberger K. (1946), Fm Streinesberger M. (1981), OFm Streinesberger S. (1976), HFm Weishäupl K. (1962), OBm Wiesinger J. (1943), HFm Winkler F. (1974), OFm Winkler W. (1978), Fm Witzersdorfer H. (1982)

FF NIEDERRANNA

Nachdem der Ort Niederranna an der Donau zweimal ein Raub der Flammen wurde und fast zur Gänze niederbrannte, entschloß man sich, in Niederranna eine eigene Feuerwehr zu gründen. Niederranna gehörte damals – nach der Jahrhundertwende – zur Gemeinde Marsbach. Zu dieser Zeit war die gesamte Gemeinde Marsbach ohne eigene Feuerwehr. 1922 wurde schließlich in Niederranna eine eigene freiwillige Feuerwehr gegründet. Noch im Gründungsjahr wurde von der Stadt Gmunden eine Handdruckspritze angekauft. 1927 wurde ein Feuerwehrdepot errichtet. 1932 wurde die FF Niederranna mit einer Motorspritze „Kleiner Florian" der Fa. Rosenbauer ausgerüstet, die 1962 durch eine neue R VW 75 Automatik ersetzt wurde. Ausgelöst durch mehrere Hochwasserkatastrophen und Wasserunfälle an der Donau sah man sich veranlaßt, 1962 in Niederranna eine Wasserwehr (KHD) zu gründen. Seitens des LFK wurde der FF Niederranna eine Motorzille und ein A-Boot zur Verfügung gestellt. 1968 wurde innerhalb der Feuerwehr eine Tauchergruppe gegründet, die in weiterer Folge vom LFK zum Tauchstützpunkt VI ausgebaut wurde. Als erstes Einsatzfahrzeug erhielt die FF Niederranna 1975 einen Unimog mit Seilwinde. Zur Unterbringung des Fahrzeuges und der Geräte wurde 1979 ein neues Feuerwehrhaus gebaut. Erst 1984 wurde die Ausrüstung modernisiert, und durch großzügige Spenden aus der Bevölkerung und der Gemeinde erfolgte die Anschaffung eines Löschfahrzeuges mit Bergeausrüstung (LFB). Der Anschluß an das Sirenennetz und die Funkalarmierung erfolgte ebenfalls 1984. Der Schwerpunkt der Feuerwehr liegt im Bereich der Wasserwehr. Seit 1963 beteiligt sich die Wasserwehr bei den oö. Landes-Wasserwehrleistungsbewerben mit hervorragenden Leistungen.

BR Draxler N. (1946), OBI Ecker L. (1958), HAW Gottinger G. (1955), AW Eilmannsberger A. (1955), AW Stallinger M. (1976), AW Steininger E. (1959) — OFm Altmann J. (1973), Bm Antlanger A. (1955), Fm Auberger G. (1975), OLm Auberger G. (1966), OFm Auberger H. (1968), OLm Auberger J. (1966), Auberger M. (1966), PFm Bauer H. (1983), HFm Bauer H. (1966), Fm Benedetter H. (1975), HLm Berger E. (1941), HFm Berger F. (1971), E-BI Berger R. (1945), OFm Ing. Burgstaller F. (1971), Lm Draxler E. (1965), HFm Mag. Draxler R. (1967), OLm Ecker L. (1953), Lm Ecker L. (1978), HFm Eilmannsberger A. (1937), OFm Eilmannsberger E. (1975), Fm Eilmannsberger R. (1982), HFm Ensinger E. (1963), HFm Ensinger H. (1955), OFm Ensinger M. (1979), HFm Falkner M. (1978), HFm Fischer J. (1966), HFm Gierlinger F. (1964), OBm Gugler G. (1955), PFm Kaiser F. (1983), OFm Katzinger J. (1968), Bm Königsdorfer H. (1973), E-OBI Königsdorfer H. (1941), OBm Königsdorfer R. (1973), HLm Koller F. (1950), OBm Krenn G. (1971), OBm Krenn H. (1976), HLm Lang E. (1953), Bm Lang E. (1972) FA Dr. Leitner L. (1967), HLm Loizenbauer E. (1968), PFm Luger H. (1983), HLm Luger J. (1938), OLm Mühlböck J. (1951), HLm Ratzenböck H. (1964) OFm Roll F. (1975), HLm Roll N. (1945), OFm Schöngruber G. (1973), OFm Schöngruber H. (1979), Bm Stallinger G. (1974), OLm Stallinger J. (1957), Fm Stallinger J. (1981), OBm Trautendorfer L. (1971), E-OBI Trautendorfer M. (1922), OLm Witti A. (1951), Lm Witti A. (1975), HFm Witti R. (1966), Witti R. (1980), OFm Witzersdorfer H. (1971), Bm Witzersdorfer J. (1964), OFm Wollinger H. (1975), Fm Zeller J. (1972), Lm Zeller J. (1964), HFm Zeller K. (1968), Zeller L. (1974), Bm Zeller R. (1959)

FF NIEDERWALDKIRCHEN

Die Freiwillige Feuerwehr Niederwaldkirchen wurde am 14. Juni 1896 gegründet. Gründungsmitglieder waren: Hauptmann Franz Wakolbinger, Hauptmann-Stellvertreter Karl Bischofreiter, Kassier Fritz Walchshofer, Schriftführer Josef Schönhuber, Rottenführer Anton Hofer, Rottenführer-Stellvertreter Josef Kapfer, Zeugwart Mathias Leitener, 1. Hornist Franz Rammelmüller. Das erste Zeughaus wurde von der Freiwilligen Feuerwehr Niederwaldkirchen in den Jahren 1929 und 1930 erbaut, steht heute aber nicht mehr in Benützung. Ein weiteres Zeughaus wurde im Jahre 1973 an das Gemeindehaus angebaut. Ein völlig neues Feuerwehrhaus ist derzeit in Planung. Der erste Spritzenwagen mit einer Motorspritze (DKW) wurde im Jahr 1933 angeschafft, die zweite Motorspritze (VW 75) im Jahr 1958 und die dritte im Jahr 1972 (VW 75 Automatik). Der derzeitige Fahrzeugpark umfaßt 1 LFB Mercedes 508-D, 1 LLFA Borgward-2000, 1 Kdo-VW-Bus. Seit der Gründung der Freiwilligen Feuerwehr Niederwaldkirchen standen folgende Kommandanten an der Spitze der Wehr: Franz Wakolbinger (1896–1900), Franz Rammelmüller (1901–1906), Michael Hauder (1907–1910), Karl Ortner (1911–1912), Raimund Holly (1912–1919), Anton Schott (1920–1921), Johann Füreder (1922–1947), Franz Lindorfer (1948–1951), Hermann Rad (1952–1962), Johann Dorfer (1963–1973), Heinrich Neumüller (seit 1973).

HBI Neumüller H. (1959), OBI Füreder J. (1970), AW Leibetseder H. (1973), AW Leibetseder J. (1977), AW Sachsenhofer E. (1977), BI Füreder H. (1977), HFm Breitenfellner J. (1980), OLm Dall-Höglinger E. (1952), E-HBI Dorfer J. (1931), Fm Dorfer J. (1969), OFm Durstberger J. (1972), Lm Engleder G. (1959), Lm Engleder J. (1936), Lm Falkner J. (1970), Fm Füreder A. (1967), HFm Füreder J. (1974), Füreder J. (1922), HBm Gattringer J. (1958), HBm Gattringer K. (1968), HBm Gillhofer F. (1946), Fm Greiner J. (1946), HFm Grillberger H. (1978), Groiß K., HFm Grünzweil W. (1965), Fm Hartl J. (1974), Lm Hartl L. (1929), HBm Hartl W. (1946), Lm Haselmayr M. (1945), HFm Haslinger E. (1977), Lm Hauder F. (1950), HFm Hauder J. (1968), HBm Hirz J. (1946), HFm Höfer W. (1966), Lm Höllinger J. (1977), HFm Hofbauer H. (1966), HFm Hofer A. (1969), HFm Hofer J. (1937), Lm Hofer M., OBm Hofstätter A. (1964), Fm Holly J. (1965), Lm Kapfer A. (1952), OLm Kapfer J. (1946), HFm Kapfer J. (1977), Lm Kastler A. (1947), HBm Kepplinger J. (1950), HBm Kirschner H. (1955), OFm Krautsieder F. (1963), HFm Leibetseder A. (1971), Lm Leibetseder A. (1950), HFm Leibetseder J. (1968), HFm Leibetseder L. (1965), HBm Leitner F. (1960), Lindorfer F. (1931), HFm Lindorfer H. (1974), HFm Lindorfer L. (1965), HLm Mader H. (1955), HFm Meindl L. (1959), HFm Neumüller F. (1973), HFm Neumüller J. (1977), Lm Neumüller J. (1959), Fm Neumüller L. (1981), HFm Neumüller W. (1973), Lm Pehersdorfer F. (1935), HFm Pichler H. (1971), HFm Pichler H. (1966), Lm Priglinger K. (1955), HFm Rabeder J. (1960), HFm Rammerstorfer F. (1973), HBm Rechberger H. (1959), HFm Reingruber J. (1959), HFm Reinthaler J. (1968), Reiter A. (1946), HFm Reiter H. (1977), Fm Reiter J. (1974), Lm Reiter J. (1946), Fm Sachsenhofer J. (1951), Lm Silber H. (1959), OFm Silber J. (1964), Lm Simader A. (1970), HFm Simader L. (1968), HFm Wagner J. (1967), HFm Wolfesberger H. (1957), HFm Wolkerstorfer H. (1974), HFm Wolkerstorfer J. (1974), Fm Zauner R. (1946)

FF OBERFEUCHTENBACH

Im Jahr 1899 wurde die Idee verwirklicht, in Oberfeuchtenbach eine freiwillige Feuerwehr zu gründen. Daraufhin wurde in zweijähriger Bauzeit das Feuerwehrhaus, welches erstaunlicherweise auch jetzt noch in der Größe den heutigen Anforderungen entspricht, errichtet. 1901 konnte die Gründungsversammlung abgehalten und somit die FF Oberfeuchtenbach ins Leben gerufen werden. Da damals keine öffentlichen Geldmittel zur Verfügung standen, mußte die gesamte Finanzierung der Feuerwehr durch Spenden von Gönnern und Feuerwehrmitgliedern erbracht werden. Der jährliche Beitrag eines Kameraden belief sich auf 6 Kronen. Zur Gründungsfeier wurde von der Schloßfrau zu Langalsen, Frau Kerschbaum, eine Fahne gestiftet, die jetzt noch in relativ gutem Zustand unser kulturell höchstes Gut darstellt. Aufgrund der zu dieser Zeit eher mangelhaften technischen Ausrüstung verlegte man die Aktivitäten nicht so sehr auf Einsätze, sondern auf das gesellige Beisammensein, das Feiern von Festen. Aus alten Protokollen ist ersichtlich, daß auf das korrekte öffentliche Auftreten und den Zustand der Uniformen größter Wert gelegt wurde. Es wurde regelmäßig ein sogenanntes „Fußexerzieren" geübt. Kameraden, deren Aktivität zu wünschen übrig ließ, wurden kurzerhand aus der Kameradschaft ausgeschlossen. Dies ging sogar so weit, daß man einen Feuerwehrmann von einem Gruppenfoto wegretuschiert hat. Kommandanten seit der Gründung: Georg Engleder (1901–1913), Karl Schürtz (1914–1919), Franz Höller (1919–1925), Ludwig Linkeseder (1925–1931), Karl Eidenberger (1931–1937), Michael Lauss (1937–1950), Ludwig Koblmüller (1950–1963), Ludwig Eidenberger (1963–1968), Franz Stöbich (1968–1978), Willi Prechtl (1978–1983) und Hermann Linkeseder (seit 1983).

HBI Linkeseder H. (1974), OBI Zeller F. (1961), AW Gahleitner W. (1968), AW Neulinger F. (1974), AW Parzer H. (1976), BI Linkeseder F. (1943), BI Parzer J. (1954), BI Prechtl W. (1969) — OFm Eidenberger F. (1974), BI Eidenberger K. (1925), BI Eidenberger L. (1925), OFm Engleder G. (1970), Fm Engleder K. (1982), OLm Hartl J. (1949), Fm Hartl J. (1980), Fm Kainberger Ch. (1979), Fm Kainberger W. (1978), Fm Karl R. (1980), OFm Kepplinger K. (1968), OBm Koblmüller J. (1949), Fm Koblmüller J. (1981), Fm Koblmüller L. (1980), Fm Leibetseder B. (1979), OFm Leibetseder J. (1949), Fm Leitner K. (1980), Fm Lindorfer F. (1979), Fm Lindorfer H. (1979), HFm Lindorfer J. (1965), OLm Lindorfer J. (1974), PFm Lindorfer J. (1983), Fm Lindorfer J. (1943), Lm Lindorfer K. (1943), OFm Lindorfer K. (1974), OFm Lindorfer M. (1946), HFm Linkeseder A. (1926), Lm Meisinger A. (1954), Fm Meisinger K. (1982), Lm Meisinger M. (1958), HFm Neulinger W. (1974), HFm ÖR Prechtl L. (1929), OFm Reumüller K. (1974), Lm Reumüller K. (1974), Fm Schaubmaier E. (1982), HFm Schaubmaier F. (1950), Lm Schauer J. (1967), OFm Theinschnak R. (1974), HFm Winkler J. (1946), Fm Zeller F. (1982), Lm Zeller H. (1968)

FF OBERKAPPEL

Die Gründung der Wehr fand im Frühjahr 1882 statt. Bei der Gründungsversammlung traten 20 Bewohner Oberkappels der Feuerwehr bei. Die erste Motorspritze erhielt die FF Oberkappel im Jahr 1934. Im Jahr 1933 wurde die Ortsmusik Oberkappel gegründet und der Feuerwehr eingegliedert. Die Musikkapelle der FF Oberkappel ist heute noch eine der wenigen echten Feuerwehrmusikkapellen Oberösterreichs. 1934 wurde der Löschzug Karlsbach gegründet, der sich später als eigene Feuerwehr selbständig machte und 1984 das 50jährige Jubiläum feierte. 1949 wurden eine neue Fahne und eine neue Motorspritze geweiht. Der Neubau des jetzigen Feuerwehrzeughauses wurde ebenfalls 1949 begonnen und 1950 fertiggestellt. Eine neue RVW-Tragkraftspritze wurde 1959 der Feuerwehr übergeben. Das erste Löschfahrzeug erhielt die FF Oberkappel am 6. April 1973: ein KLFA, Marke Land Rover. Im Jahr 1977 wurde mit der FF Neudorf bei Grafenau im Bayerischen Wald Partnerschaft geschlossen. Gemeinsam mit der Union Oberkappel wurden 1977 fünf Stück 11-m-Band-Handfunkgeräte angeschafft. Im Jahr 1979 wurde die hiesige Feuerwehr als Stützpunktfeuerwehr, zuständig für die Meßstation Dittmannsdorf der ÖMV-Erdgasleitung, eingeteilt. Ein leistungsfähiges 2-m-Band-Funkgerät erhielt die Feuerwehr im Jahr 1981. Ihr 100jähriges Jubiläum feierte die FF Oberkappel am 2., 3. und 4. Juli 1982, verbunden mit dem Bezirks-Feuerwehrwettbewerb. Ein weiteres Fahrzeug, ein KLF VW LT 35, wurde 1983 mit einer schweren Atemschutzausrüstung angeschafft. Anstelle der bereits 28 Jahre alten Motorspritze erhielt die FF Oberkappel eine neue TS 12. Ausbildungs- und Ausrüstungsschwerpunkte der FF bilden neben der Leistungswettbewerbsgruppe die Jugendgruppe sowie der Strahlenstützpunkt.

HBI Hazod A. (1959), OBI Peinbauer L. (1973), AW Ebner R. (1975), AW Kandlbinder J. (1981), AW Krenn B. (1978), BI Baumgartner J. (1964), BI Hauer F. (1963), BI Hazod G. (1971) — E-OBI Dipl.-Ing. Dr. Adam A. (1974), Lm Altendorfer E. (1968), HFm Altendorfer K. (1972), Lm Anreiter A. (1972), HFm Arnezeder O. (1965), E-OBI Aumüller A. (1954), HFm Aumüller A. (1977), Bm Baumgartner K. (1919), HFm Baumgartner O. (1969), HFm Baumgartner P. (1980), OLm Binder K. (1973), HFm Binder P. (1977), HFm Binder W. (1975), OBm Bogner J. (1954), Lm Bosdorf H. (1975), E-BI Buckmüller F. (1940), PFm Firmberger L. (1983), Bm Firmberger L. (1963), OLm Fischer E. (1959), HLm Gierlinger J. (1949), Lm Gierlinger W. (1969), HFm Gierlinger W. (1971), HFm Grobner F. (1970), E-AW Hainschink K. (1940), PFm Hauer R. (1983), OBm Hazod A. (1954), Lm Hazod E. (1969), E-BI Hazod J. (1924), HLm Hazod L. (1948), HLm Hazod R. (1951), HFm Hintringer E. (1972), Bm Hintringer L. (1948), Lm Höglinger L. (1972), OBm Höllinger J. (1948), E-AW Höllinger L. (1963), Bm Höllmüller H. (1959), Fm Höpfler J. (1982), HFm Hofmann J. (1959), OFm Jellinger G. (1981), PFm Jungwirth F. (1983), PFm Jungwirth F. (1983), E-BI Jungwirth K. (1950), Lm Katzinger W. (1979), HFm Dr. Krenn H. (1971), FK Dr. Krenn K. (1967), Lm Kropfmüller F. (1964), HFm Löffler A. (1972), HFm Löffler H. (1978), HFm Löffler J. (1975), Lm Löffler A. (1959), E-BI Lorenz A. (1974), OLm Luger J. (1931), HLm Luger J. (1953), HFm Luger J. (1981), OFm Luger M. (1981), Bm Luger O. (1930), Lm Luger O. (1964), HLm Maier H. (1938), OBm Miggisch J. (1948), HFm Miggisch J. (1976), HFm Moser A. (1977), Fm Oberneder A. (1982), E-HBI Oberneder J. (1956), HFm Oberngruber H. (1971), HLm Oberngruber K. (1945), HFm Oberngruber K. (1969), HFm Öller E. (1969), HFm Past E. (1972), Lm Past J. (1968), Lm Past J. (1957), HFm Past J. (1978), OBm Past K. (1952), HFm Past K. (1978), OLm Peer A. (1972), HFm Peer F. (1973), PFm Peer R. (1983), OLm Peherstorfer F. (1958), OBm Peherstorfer J. (1947), HFm Peherstorfer J. (1977), HFm Perr A. (1968), Lm Perr K. (1963), HFm Piesch W. (1971), Lm Pöschl W. (1973), Fm Pribahsnik P. (1982), Lm Pribahsnik W. (1973), Lm Raab K. (1960), HFm Rauscher K. (1977), OLm Reiter O. (1972), OLm Ritt J. (1951), FA Dr. Sarmini N. (1977), HLm Saxinger E. (1948), HFm Saxinger E. (1977), OBm Scharrer A. (1949), E-AW Scharrer F. (1968), HLm Scharrer W. (1967), Lm Schiffner J. (1967), OBm Schneeberger A. (1945), Fm Schneeberger A. (1982), HFm Schuster F. (1955), Lm Schuster J. (1964), OFm Schuster W. (1981), HFm Stadlbauer O. (1979), HLm Stadler A. (1959), Lm Stadler J. (1964), HLm Stadler J. (1949), HFm Stadler J. (1972), Lm Stadler L. (1967), PFm Sterl J. (1983), Bm Stöbich A. (1968), Lm Stöbich S. (1956), HLm Stögmüller E. (1947), HFm Stögmüller H. (1974), OBm Süß J. (1948), OBm Winterstieger A. (1969), E-BI Wundsam J. (1928), Zinöcher H. (1981), Lm Zinöcker F. (1972), Bm Zinöcker F. (1949), Zinöcker F. (1974), Bm Zinöcker J. (1955)

FF ÖDENKIRCHEN

Schon im Jahr 1901 wurde im Rahmen der FF Ulrichsberg eine Löschrotte Ödenkirchen gebildet, die jedoch 1909 wieder aufgelöst wurde. Ab 1927 häuften sich die Brände im Gemeindegebiet südlich der Großen Mühl, so daß 1930 in einer Vollversammlung der FF Ulrichsberg die Gründung der FF Ödenkirchen beschlossen wurde. Am 8. März 1931 fand die Gründungsversammlung statt. Zur Verfügung stand eine Handspritze. Nach der Machtergreifung Hitlers in Österreich 1938 traten auch andere Feuerwehrgesetze in Kraft. So wurde die FF Ödenkirchen aufgelöst und als Löschzug in die FF Ulrichsberg eingegliedert. Nach Kriegsbeginn mußten von den neun im Löschzug Ödenkirchen verbliebenen Wehrmännern sieben zur deutschen Wehrmacht einrücken. Vier von ihnen ließen auf den Schlachtfeldern des Zweiten Weltkrieges ihr Leben. 1946 trennte sich der Löschzug wieder von der FF Ulrichsberg und machte sich als FF Ödenkirchen selbständig. 15 Mann wurden neu aufgenommen. 1950 schaffte die FF Ödenkirchen eine neue Motorspritze an, die im Rahmen eines großen Feuerwehrfestes geweiht wurde. 1963 erfolgte durch die Feuerwehrkameraden der Bau eines neuen Zeughauses. 1966 wurde ein Tragkraftspritzenanhänger angekauft. 1978 wurde durch die Gemeinde eine Sirene angeschafft. 1981 wurde das 50jährige Gründungsfest gefeiert. Dabei wurde die neuangeschaffte Tragkraftspritze, eine VW-Supermatic 80, geweiht. 1983 erfolgte der Neubau eines Zeughauses mit Mannschaftsraum durch die Feuerwehrkameraden. 1984 schaffte die Gemeinde einen neuen Einsatzwagen an.

HBI Roth K. (1950), OBI Fischer J. (1973), AW Fischer A. (1957), AW Jung H. (1965), AW Zöchbauer A. (1973) — HFm Bayr A. (1950), HFm Brandl J. (1946), HFm Fischer A. (1952), OFm Fischer F. (1976), Fm Fischer J. (1983), HFm Fischer R. (1946), OFm Fuchs S. (1976), HFm Gabriel A. (1950), HBm Gabriel F. (1973), OFm Gabriel S. (1978), Fm Hainberger E. (1981), OFm Hainberger H. (1979), Fm Hainberger U. (1980), OFm Kasper H. (1974), Fm Lauß E. (1982), HFm Lauß F. (1940), HFm Leitner F. (1946), OFm List J. (1960), OFm Mitgutsch U. (1977), OFm Öller J. (1974), OFm Rauscher A. (1957), Fm Roth G. (1980), HFm Schenk A. (1946), Fm Schenk F. (1981), HFm Schenk J. sen. (1946), OFm Sonnleitner A. (1946), HFm Sonnleitner F. (1946), Fm Sonnleitner W. (1982), E-OBI Wöß A. (1931), E-HBI Zöchbauer F. (1935)

FF ÖDT

Am 27. Oktober 1919 fand die Gründungsversammlung der Freiwilligen Feuerwehr Lichtenau statt. Es meldeten sich gleich 36 Mann. Schon 1922 erhielt die junge Wehr die Feuertaufe durch den Brand bei Hehenberger in Rosenau. 1924 erfolgte die Anschaffung einer Handdruckspritze. Am 16. und 19. Mai 1926 war wieder Feueralarm, es brannten die Häuser Radinger und Schlögl in Ödt. Am 27. Dezember 1926 brannte die Bleicherei Lichtenau. 1927 wurde das erste Feuerwehrhaus errichtet. Schon am 25. Juni 1930 gab es wieder Großalarm, es wurde die ganze Ortschaft Damreith mit neun Häusern durch Blitzschlag eingeäschert. Am 27. Juli 1932 brannte das Anwesen des Adolf Ameseder in Ödt nieder, wobei der Besitzer tödlich verunglückte. Im Juli 1934 wurde die neue Motorspritze angekauft. Im Herbst 1958 wurde der Löschteich Ödt gebaut. 1960 wurde die neue VW-Automatik-Motorspritze angekauft. Im April 1964 war ein großer Flurbrand jenseits der Grenze, welcher durch schlagkräftigen Einsatz der FF Ödt vereint mit tschechischen Grenzsoldaten gelöscht werden konnte. 1966 wurde ein neuwertiger Rüstanhänger für die FF Ödt angekauft. Am 5. April wurde ein Waldbrand in einem nahegelegenen Wald von Ödt festgestellt, es kamen 12 Mann zum Einsatz, das Wasser wurde mit zwei Vakuumfässern zur Einsatzstelle gebracht (ca. 1500 m³). Am 28. April 1975 brannten die beiden Häuser Schütz und Stallinger in Schwakereith ab, die FF Ödt war mit 19 Mann im Einsatz. Am 11. April 1978 war Baubeginn für das neue Zeughaus, die Fertigstellung war am 28. September 1978, es beteiligten sich 32 Mann mit einer Gesamtleistung von 1388 Stunden.

HBI Reiter F. (1973), OBI Weishäupl E. (1959), AW Königseder J. (1963), AW Walchshofer J. (1977), AW Weishäupl J. (1976), BI Ruml F. (1953) — Fm Aitenbichler R. (1979), HBm Ameseder E. (1946), OBm Baier J. (1919), OLm Feldler A. (1964), OLm Fisch A. (1956), Lm Fisch J. (1969), HBm Ganser A. (1950), PFm Ganser E. (1983), Fm Ganser J. (1981), PFm Groiß G. (1983), HLm Groiß K. (1956), Fm Groiß K. (1979), HFm Gumpenberger A. (1973), PFm Gumpenberger M. (1983), Lm Gumpenberger R. (1973), Fm Hetzmannseder B. (1976), HLm Hetzmanseder M. (1952), Fm Hetzmannseder R. (1979), HLm Höglinger J. (1958), PFm Königseder M. (1983), OFm Kurzbauer A. (1976), HBm Leitner A. (1961), E-HBI Leitner K. (1936), PFm Mayer D. (1983), OLm Mayer G. (1956), OLm Mayer J. (1966), HFm Neubauer M. (1973), HLm Radinger F. (1946), BI Reingruber F. (1933), HBm Reingruber F. (1961), PFm Reiter N. (1983), Fm Ruml F. (1979), HLm Venzl E. (1959), HLm Wakolbinger J. (1946), OBI Walchshofer L. (1933), OLm Weishäupl J. (1963), HFm Weishäupl N. (1973), HFm Weishäupl O. (1975), OFm Weishäupl R. (1978)

FF OEPPING

Die Gemeinde Oepping hat zwei Feuerwehren. Der Anlaß zur Gründung dieser Wehren waren sicher die vielen Brände im Gemeindesprengel Götzendorf Ende des 19. Jahrhunderts, denen 1899 auch das Schloß Götzendorf zum Opfer fiel. Noch im selben Jahr wurde die Feuerwehr Götzendorf und im Jahr 1900 die Feuerwehr Oepping gegründet. Die erste Spritze wurde am 7. Mai 1900 bei der Fa. Rosenbauer in Linz gekauft. Die Feuerwehr hat sich im Laufe der Jahrzehnte zu einer schlagkräftigen Wehr entwickelt. Als Höhepunkt in der Aufwärtsentwicklung dürfte wohl die Anschaffung der 1. Motorspritze 1937 zu sehen sein. In ihrer tiefsten Erniedrigung befand sich die Feuerwehr im Jahr 1945, als das Zeughaus von den Siegern geräumt wurde und die Geräte auf Nimmerwiedersehen verschwanden. Aber die Idee des Feuerwehrwesens konnte man nicht stehlen. Die Feuerwehr Oepping diente kaiserlichen Exzellenzen und in der Notzeit der Nachkriegsjahre als Verein, dann dem Bürgermeister untergeordnet als Gemeindefeuerwehr und seit 1945 als öffentlich-rechtliche Körperschaft. Die Entwicklung hat ungeahnte Fortschritte gemacht, und die Technik hat den Menschen und das Material anders geformt. Immer aber sind die Feuerwehrmänner ihrem Grundsatz treu geblieben, Dienst am Nächsten zu tun und dem Lande und seinen Menschen Schutz und Hilfe zu geben.

HBI Kapfer K. (1975), OBI Peinbauer F. (1969), AW Eckerstorfer L. (1966), AW Heinzl J. (1962), AW Mayrhofer P. (1942), BI Humenberger J. (1956) — PFm Anzinger F. (1983), PFm Anzinger R. (1983), Lm Arnreiter J. (1973), OLm Barth R. (1968), Lm Beißmann L. (1972), OFm Bogner K. (1966), Fm Brandl F. (1980), Lm Brandl J. (1953), HLm Eckerstorfer L. (1930), HFm Gabriel H. (1940), HFm Gabriel J. (1963), HLm Gumpenberger J. (1956), Fm Höfler E. (1979), Lm Höfler O. (1954), Fm Höfler O. (1980), PFm Höfler T. (1983), HFm Höglinger A. (1969), OFm Höglinger A. (1924), HFm Hofer A. (1937), Fm Jell Ch. (1976), OLm Kern J. (1966), Lm Kickinger K. (1953), HFm Krenn A. (1946), HFm Kroiß J. (1951), Lm Lauß E. A. (1973), HFm Lauß R. (1953), Lm Lauß S. (1975), Fm Lehner F. (1980), HFm Leitner A. (1968), Fm Lindorfer A. (1979), Lm Märzinger A. (1973), HFm Mayrhofer M. (1942), OLm Naderhirn J. (1950), HFm Natschläger E. (1975), OFm Natschläger H. (1978), Bm Natschläger J. (1955), Fm Natschläger J. (1979), HFm Natschläger K. (1946), HFm Natschläger M. (1945), Fm Oberpeilsteiner J. (1981), PFm Paulik K. J. (1983), Fm Pernsteiner F. (1979), HLm Plöderl E. (1968), HFm Pöschl M. (1928), OLm Pröll F. (1964), HBm Reischl F. (1956), PFm Reischl G. (1983), Fm Reischl H. (1982), OLm Roller H. (1936), HFm Schaubmeier F. (1969), HFm Schinkinger F. (1938), HFm Schwentner A. (1955), PFm Seifert H. (1983), HFm Sigl F. (1966), OLm Simmel A. (1969), HBm Simmel F. (1945), Fm Simmel W. (1979), OLm Sonnleitner E. (1966), Lm Sonnleitner A. (1973), Fm Spindelbalker O. (1976), Fm Springer A. (1966), PFm Steirl J. (1983), OFm Stögmüller J. (1919), HFm Weißl J. (1954), HFm Wögerbauer A. (1963), Lm Wögerbauer L. (1915), OFm Wöß F. (1948), Fm Zimmerbauer K. (1978)

FF OLLERNDORF

Bei der Gründungsversammlung der FF Ollerndorf im Jahr 1927 werden insgesamt 20 Mitglieder aufgenommen. Gründungsmitglieder waren: Josef Amertorfer, Johann Atzgersdorfer, Johann Berger, Rupert Berger, Anton Bumberger, Alois Bumberger, Franz Bumberger, Franz Böldl, Josef Dobretzberger, Josef Eilmannsberger, Josef Hofer, Josef Peer, Rupert Peer, Johann Peer, Leopold Peer, Mathias Hofer, Josef Prieschl, Josef Schauer, Mathias Leitenbauer und Josef Kehrer. Der erste Kommandant der neugegründeten Körperschaft wird HBI Josef Amerstorfer. Noch im Gründungsjahr wird eine Rosenbauer-Handdruckspritze beschafft. 1939 wird Johann Berger zum neuen Kommandanten gewählt. 1948 wird das erste Fahrzeug, ein Wehrmacht-Sanitätskraftwagen, gekauft und zu einem einsatztauglichen Feuerwehrauto umgebaut. 1950 baut die Wehr das Feuerwehrzeughaus mit Standort Steinstraß. 1959 wird von der Fa. Gugg aus Braunau eine Tragkraftspritze gekauft. 1963 wählt die FF Rupert Reiter zum Nachfolger von HBI Johann Berger. 1968 wird HBI Rupert Reiter für eine weitere Periode von fünf Jahren wieder zum Kommandanten gewählt. Von der FF Rutzing wird 1973 ein Löschfahrzeug, Marke Opel Blitz, gekauft. Neuer Kommandant wird Johann Berger. Ein gebrauchtes KLF von der FF Raab wird 1976 gekauft. Bei der Kommandowahl 1978 wird Johann Berger als Kommandant bestätigt. Sein Stellvertreter wird OBI Johann Bumberger. Am 30. Mai 1981 stirbt Kommandant Johann Berger, und Zeugwart Josef Reiter wird zum neuen Kommandanten gewählt. Bei der Wahl am 19. Februar 1982 wird Josef Reiter Kommandant.

HBI Reiter J. (1973), OBI Bumberger J. (1961), AW Blödl E. (1961), AW Blödl F. (1958), AW Bumberger R. (1973) — Fm Amersdorfer L. (1982), Bumberger A. (1973), Bumberger F. (1927), Bumberger F. (1960), Eilmannsberger A. (1963), Falkner F. (1965), Falkner H. (1968), Falkner J. (1962), Hackl B. (1983), Hackl F. (1979), Hackl R. (1981), Höglinger H. (1973), Huber J. (1946), Kehrer J. (1952), Kehrer J. (1979), Mühlberger F. (1978), Mühlberger H. (1981), Mühlberger J. (1946), Mühlberger J. (1973), Mühlener F. (1983), Peer F. (1974), Peer J. (1927), Peer J. (1952), Reiter F. (1974), Reiter J. (1973), Reiter P. (1946), Schauer J. (1956), Schauer N. (1981), Schlagnitweit E. (1974), Schlagnitweit H. (1973), Schlagnitweit J. (1974), Schlagnitweit L. (1951), Straßer J. (1982), Zöchbauer J. (1981)

FF PEILSTEIN IM MÜHLVIERTEL

Es gab in Peilstein schon 1810 eine Feuerwehr, eine sogenannte Bürgerkommune-Feuerwehr, bei der alle Marktbürger dabei waren; schon im Jahr 1842 war eine Spritze angeschafft worden. Jeder Marktbürger hatte zwei Leineneimer bereitstellen müssen. Die Freiwillige Feuerwehr Peilstein wurde im April 1888 gegründet, und noch im selben Jahr wurde eine Spritze von der Fa. Rosenbauer angeschafft, die von der Freiwilligen Feuerwehr Peilstein auf Raten abzuzahlen war. Das erste Einsatzfahrzeug wurde im Jahr 1903 angeschafft, und im weiteren Verlauf wurden immer neue Geräte zugeschafft. Auch ein Feuerwehrgerätehaus hatten sie damals schon. Es stammte aus dem Jahr 1890. 1935 wurde die erste Motorspritze angeschafft, die heute noch einsatzfähig ist, und nach dem Zweiten Weltkrieg wurde ein Militärfahrzeug zu einem Rüstfahrzeug umgebaut. Nach und nach wurde aufgerüstet. Zur Zeit besitzt die Freiwillige Feuerwehr Peilstein eine R-75-Rosenbauer-Spritze, ein VW-Kleinlöschfahrzeug und ein Tanklöschfahrzeug 2000. Weiters wurde im Jahr 1981 ein neues Feuerwehrhaus gebaut, das größenmäßig für die Wehr ausreicht. Seit der Gründung waren folgende Kameraden als Kommandanten tätig: Friedrich Hesch, Josef Lauss, Michael Stierberger, Leopold Griesinger, Josef Lauss, Friedrich Grubel, Anton Gubo, Franz Gubo, Josef Kohlberger, Friedrich Hehenberger, Johann Hannerer, Alois Wiesinger, Karl Dolzer.

HBI Dolzer K. (1963), OBI Wiesinger M. (1968), AW Kraml J. (1978), AW Lauß J. (1946), AW Naderhirn J. (1955), BI Hopfner S. (1958), BI Obergruber J. (1959) — HFm Altenhofer H. (1928), Fm Bogner A. (1981), OFm Buchmaier J. (1963), HFm Eckerstorfer F. (1958), OBm Eggner H. (1956), Bm Fleischmann J. (1952), HFm Fuchs-Eisner H. (1958), OFm Führlinger O. (1955), HLm Gabriel F. (1968), HLm Gabriel J. (1968), OFm Gabriel J. (1980), Hehenberger J. (1946), OFm Höfler A. (1980), OFm Höfler J. (1978), OFm Höller G. (1982), HFm Hoheneder-Höllinger J. (1958), OFm Hopfner H. (1980), OFm Hopfner J. (1980), HFm Innertsberger J. (1953), OFm Karlsböck J. (1980), HFm Kasberger J. (1958), OLm Kern L. (1963), OFm Kobler N. (1980), Lm Kraml J. (1973), HFm Lang M. (1958), OLm Lauß E. (1958), HFm Lauß J.-H. (1973), OFm Märzinger R. (1980), Lm Naderhirn F. (1973), Fm Obergruber J. (1923), OFm Paster A. (1978), OFm Pfeil E. (1980), HFm Pfeil J. (1947), HFm Pürmaier J. (1975), OFm Reisinger E. (1980), HFm Scharinger E. (1973), HFm Schartner J. (1970), Bm Schneeberger P. (1958), HLm Stöbich H. (1968), Lm Thaller R. (1958), Wagner R. (1916), HFm Weidinger R. (1970), OBm Wiesinger A. (1950), Lm Wiesinger R. (1973), HFm Wögerbauer E. (1963)

FF PERWOLFING

Nach dem Brand im landwirtschaftlichen Anwesen der Familie Lorenz in Rotberg am 3. Februar 1927 entschloß man sich, eine Feuerwehr zu gründen. Am 27. Februar 1927 fand die Gründungsversammlung in Perwolfing statt, bei der Kamerad Schmuckerschlag zum ersten Kommandanten gewählt wurde. Die ersten Feuerwehrgeräte und eine Handpumpenspritze der Fa. Rosenbauer wurden ausschließlich aus Spenden angekauft. Der erste Brandeinsatz war 1928 in Kolonödt zu verzeichnen. Bis zum Jahr 1938 mußte die FF Perwolfing zu 16 Großbränden ausrücken. Die Handpumpenspritze wurde mit einem im Jahr 1928 angekauften Pferdewagen transportiert. Zwischen 1927 und 1928 wurde das erste Zeughaus in Perwolfing errichtet. Unter Bürgermeister Gumpenberger konnte im Jahr 1941 die erste Motorspritze Marke Gugg mit DKW-Motor angekauft werden. Nach einem Großbrand in Reith 1961 wurde diese durch eine neue TS-Automatik-VW-Rosenbauer ersetzt. In den Jahren 1971 und 1982 wurde das Zeughaus in Perwolfing umgebaut. 1983 bekam die FF Perwolfing unter Bürgermeister Fischer ein neues LFB. Aufgrund einer Haussammlung konnten bereits zahlreiche Ausrüstungsgegenstände für das neue Einsatzfahrzeug angekauft werden. Seit 1983 ist die Wehr an das Sirenennetz und die Funkalarmierung angeschlossen. Seit der Gründung der Freiwilligen Feuerwehr Perwolfing standen folgende Kommandanten an der Spitze der Wehr: Hr. Schmuckerschlag, Peter Natschläger, Johann Haudum sen., Max Holnsteiner, Josef Natschläger, Johann Haudum.

HBI Haudum J. (1948), OBI Mandl W. (1962), AW Öppinger H. (1947), AW Pernsteiner J. (1973), AW Pötscher F. (1962) — HFm Ameseder G. (1974), Lm Anzinger M. (1972), OLm Barth H. (1949), OLm Barth J. (1967), OLm Bauer F. (1956), HFm Baumann J. (1974), OLm Haudum F. (1967), OFm Haudum J. (1977), E-OBI Holnsteiner M. (1929), Fm Holnsteiner R. (1982), Lm Hutsteiner H. (1966), Lm Kaiser F. (1973), Fm Kaiser H. (1978), HFm Karlsböck J. (1927), Fm Katzinger F. (1981), OLm Koblmüller H. (1954), OFm Mandl W. (1979), Lm Natschläger J. (1972), Bm Neumüller F. (1958), Bm Nigl H. (1941), HFm Öppinger H. (1974), Fm Pernsteiner G. (1982), Lm Pernsteiner J. (1965), HBm Pernsteiner J. (1938), Fm Pichler J. (1982), OLm Pilsl F. (1962), HLm Pöchtrager A. (1940), OLm Rachinger F. (1955), Lm Rauscher A. (1972), HFm Rauscher M. (1974), OBm Reischl F. (1937), OLm Schuster F. (1953), Lm Stadlbauer A. (1973), HFm Stadlbauer F. (1927), OLm Steidl S. (1965), HLm Stögmüller J. (1927), E-OBI Wöß F. (1940), Fm Wöß F. (1981)

FF PETERSBERG

Über Anraten der Freiwilligen Feuerwehr St. Johann am Wimberg wurde am 25. Juni 1933 der Löschzug Petersberg gegründet. Der Löschzug Petersberg beschloß bald darauf, ein Feuerwehrzeughaus zu errichten. Am 20. März 1934 wurde mit dem Bau begonnen. Am 24. Februar 1935 wurde die Freiwillige Feuerwehr Petersberg selbständig. Am 28. Juli 1935 wurde am Standplatz des Depots ein Gründungsfest abgehalten, bei dem rund 1000 Personen anwesend waren. Durch das Inkrafttreten des deutschen Feuerschutzpolizeigesetzes in Österreich wurde die Freiwillige Feuerwehr Petersberg 1938 der Gemeindefeuerwehr St. Johann am Wimberg als Löschzug unterstellt. Im Mai 1946 wurde sie wieder als selbständige Freiwillige Feuerwehr errichtet. Ab dem Jahr 1946 liegen keine Aufzeichnungen mehr auf. Im November 1983 wurde beschlossen, ein neues Feuerwehrzeughaus zu errichten. Seit 1935 bestand auch eine Rettungsabteilung, die unter der Führung von Franz Lehner stand. Kommandanten seit der Gründung der freiwilligen Feuerwehr Petersberg waren Franz Winkler (1935–1946), Johann Erlinger (1946–1951), Rudolf Mittermayr (1951–1968), Raimund Prieschl (1968–1983) und Johann Neumüller (seit 1983).

HBI Neumüller J. (1968), OBI Hinterhölzl J. (1952) — Breiteneder F. (1960), Engleder R. (1963), Hartl F. (1978), Hauer M. (1935), Hintenberger F. (1978), Hinterhölzl H. (1968), Hinterhölzl J. (1935), Höglinger M. (1978), Hofer H. (1936), Hofer J. (1961), Jungermann J. (1978), Kepplinger F. (1963), Kitzmüller R. (1935), Leitenmüller S. (1968), Lindorfer F. (1948), Maringer J. (1948), Mittermayr K. (1938), Mittermayr R. (1935), Neumüller J. (1948), Neundlinger J. (1935), Neundlinger K. (1935), Neundlinger K. (1952), Prieschl J. (1978), Prieschl R. (1949), Reisinger J. (1935), Sachsenhofer F. (1968), Sachsenhofer J. (1978), Simader W. (1964), Viehböck J. (1948), Winkler L. (1943), Winkler W. (1935), Wipplinger E. (1968) Wolfesberger J. (1968)

FF PFARRKIRCHEN IM MÜHLKREIS

Eine Chronik dieser ältesten der vier Feuerwehren der Gemeinde ist nicht auffindbar, doch steht fest, daß sie älter als 100 Jahre ist. In der Schulchronik Pfarrkirchen wird der Lehrer Michael Ecker als Gründer der Feuerwehr Pfarrkirchen angeführt. Er kam am 1. Mai 1878 an die hiesige Volksschule. 1924 feierte man allerdings das Jubiläum des 40jährigen Bestandes. Von da an sind die schriftlichen Zeugnisse wieder zahlreicher, vor allem aus der Zeit des Oberlehrers Josef Mohl (Kommandant von 1924 bis 1931). 1930: Weihe der ersten Motorspritze, 1936 Erneuerung des bereits gepölzten Zeughauses im „Schulstadel". 1943: Ankauf einer neuen Motorspritze, die alte wurde der Feuerwehr Karlsbach überlassen. 1952: Beim Neubau der Volksschule Schaffung eines neuen Zeughauses in diesem Gebäude. 1954: Anschaffung eines Löschfahrzeuges Steyr 1500 A-Typ. 1972: Gründung einer Jugendgruppe. 1973: Anschaffung einer neuen Pumpe (Automatik). 1976/77: Beim Umbau der Volksschule wurde das Zeughaus für Nebenräume des Turnsaals umgestaltet. Die Feuerwehr mußte den Platz räumen und bekam ein neues Feuerwehrhaus im Gemeinde-Garagentrakt. Im September 1977 erfolgte die Übernahme und Stationierung eines Bergungsfahrzeuges KRF-B mit Funk, bestückt mit 131 Geräten und Werkzeugen. 1979: Anschaffung eines neuen Rüstfahrzeuges Mercedes Benz 409. 1980/81: Ausrüstung des Löschfahrzeuges mit Funk, Anschaffung eines Handfunkgerätes, Übernahme von Hebekissen zum Bergungsfahrzeug und Ausrüstung mit schwerem Atemschutz.

HBI Anreiter E. (1956), OBI Lang A. (1967) — Amerstorfer E. (1940), Amerstorfer E. (1976), Ameseder H. (1974), Ameseder J. (1978), Anreiter E. (1977), Anreiter G. (1978), Anreiter H. (1975), Bauer A. (1953), Bauer A. (1977), Bauer E. (1980), Bauer L. (1982), Berger K. (1958), Eckerstorfer E. (1981), Fahrner W. (1968), Falkinger J. (1981), Falkner J. (1983), Falkner N. (1970), Fenk A. (1954), Fesl J. (1977), Fuchs H. (1951), Fuchs H. (1970), Fuchs R. (1942), Grobner A. (1965), Hackl A. (1981), Hackl F. (1962), Hackl F. (1980), Heinzl J. (1975), Heinzl J. (1974), Höglinger H. (1980), Höglinger J. (1953), Höglinger L. (1974), Hofinger F. (1976), Huber E. (1960), Huber J., Jungwirth W. (1967), Kehrer K. (1941), Kehrer K. (1976), Klein F. (1938), Klein J. (1962), Königseder J. (1973), Krenn J. (1975), Kriegner A. (1968), Lang J. (1972), Lang K. (1974), Leithner J. (1919), Leithner J. (1956), Leithner K. (1958), Lenz F. (1976), Lenz K., Lettner F. (1974), Lindorfer K. (1947), Mandl J. (1935), Mandl J. (1972), Neumüller F. (1978), Paster F. (1978), Pühringer F. (1976), Pühringer F. (1980), Pühringer H. (1980), Raab K. (1982), Raab L. (1931), Reiter R. (1974), Riegler P. (1956), Scherrer K. (1958), Scherrer R. (1953), Scholl G. (1978), Stadt F. (1973), Staltner H. (1946), Staltner H. (1970), Straußberger F., Weiß A. (1974), Wiesinger J. (1960), Wiesinger J. (1982), Wösenböck F. (1974), Wösenböck G. (1977), Wösenböck J. (1952), Wösenböck K.

FF PIBERSCHLAG

Über Initiative der Feuerwehrkameraden Josef Schöftner, Otto Keplinger und Karl Mayrhofer entstand aus der im Juli 1951 gegründeten Löschgruppe Piberschlag der FF Schönegg die selbständige Freiwillige Feuerwehr Piberschlag mit Niederschrift vom 27. April 1952 mit einer Mannschaftsstärke von 20 Mann. Gleichzeitig wurde Josef Schöftner zum Kommandanten der Feuerwehr gewählt (bis 1956). Von 1957 bis 1966 führte Karl Gallistl die Feuerwehr. Von 1966 bis 1968 war Hermann Mayrhofer Kommandant, von 1968 bis 1970 Friedrich Schöftner, von 1970 bis 1983 Heinrich Dumfart. Am 29. Juni 1951 wurden von der Fa. Rosenbauer eine Motorspritze RW 25 und verschiedene Kleingeräte bestellt und am 4. August 1951 ausgeliefert. Die Beförderung der Geräte erfolgte mittels eines sogenannten Roßwagens. Die Unterbringung war im Ausnehmergebäude des Stefan Gartner gegeben. Vorwiegend mit Robotleistungen der Bevölkerung von Piberschlag und Umgebung war es möglich, in den Jahren 1955 und 1956 ein Feuerwehrzeughaus zu errichten. 1958 wurde eine Alarmsirene angebracht. 1962 erfolgte der Ankauf und die Segnung eines Tragkraftspritzenwagens. 1966 wurde eine Tragkraftspritze Type Automatik 75 VW angekauft. In der Folge wurde durch Neuankäufe die gesamte Ausrüstung modernisiert. Als Zugfahrzeug für den Tragkraftspritzenwagen diente von 1962 bis 1975 bei allen Einsätzen und Übungen vorwiegend ein Traktor. Die Modernisierung der FF mit einem KLF Ford Transit 1975 stellte einen Höhepunkt in der Ausrüstung der FF Piberschlag dar. Es ist in der Zwischenzeit gelungen, das Fahrzeug nach den Baurichtlinien des Bundesfeuerwehrverbandes auszustatten. Seit 1983 ist die Sirene an die Funksirenensteuerung angeschlossen.

HBI Grünzweil J. (1965), OBI Mörixbauer R. (1967), AW Dumfart H. jun. (1976), AW Ortner J. (1963), AW Schuster F. jun. (1974), BI Neulinger K. (1959) — PFm Atzmüller H. (1983), Lm Atzmüller W. (1975), OFm Dietrich K. (1970), E-HBI Dumfart H. (1956), HBm Duringer F. (1958), Fm Duringer F. jun. (1976), Fm Freller G. (1984), HFm Freller L. (1958), Lm Ganhör J. (1951), OFm Grünzweil H. (1974), OFm Hohner F. (1969), Lm Hohner F. (1951), HFm Keplinger F. (1976), HFm Keplinger J. (1965), Lm Keplinger S. (1956), Lm Kiesl R. (1976), OLm Kitzmüller E. (1970), HFm Maierhofer-Hauser J. (1952), E-BI Mayrhofer H. (1951), HFm Mayrhofer M. (1974), Lm Miesbauer A. (1964), HBm Neulinger E. (1965), Lm Neulinger J. (1956), OLm Ortner E. (1968), Lm Ortner J. (1974), OLm Pertlwieser A. (1966), Fm Preitschopf H. (1979), Fm Schöftner F. (1976), Fm Schuster F. (1965), HFm Schuster R. (1967), Fm Schwarzinger E. (1976), Fm Simader R. (1976), Lm Steininger F. (1974), Fm Wolkerstorfer F. (1976), HFm Wurm F. (1967)

FF PLÖCKING

Am 7. April 1933 wurde der Löschzug Plöcking unter Alois Thalhamer als Kommandant gegründet. Am 15. Juni 1933 wurde Josef Praher sen. Kommandant. 1937: Baubeginn des Feuerwehrhauses. Nach dem Tod von Kdt. Praher wurde 1938 Josef Praher jun. zum Hauptmann bestellt. Nach dem Krieg (1945) Fortführung der Feuerwehr unter Kdt. August Reiter. 1947: Ankauf einer TS 8, auf Pferdegespann transportiert; 1950: Ankauf einer RW 80; 1958: Ankauf des Rüstwagens Ford FK 1000. Im Jahr 1963 wird Rudolf Kneidinger Kommandant. Im August 1967 erfolgt die Weihe der Fahne, gespendet von Fahnenpatin Theresia Kastner, und die Weihe der neuen Motorspritze VW Automatik. 1977 kommt es zum Ankauf eines neuen Rüstwagens KLFA Chevrolet-Allrad. 1979: Ankauf von zwei Sprechfunkgeräten (2-m-Band); 1978: Wahl von Johann Wöss zum Kommandanten; 1979: Beschluß zum Feuerwehrhausneubau im Ortskern von Plöcking. Der Baubeginn erfolgt 1980. 1982: Neuwahl des Kommandanten Karl Müller. September 1983: Einweihung des neuen Feuerwehrhauses. 1984: Ankauf einer Zille und einer Heumeßsonde. Der Reingewinn des Sommernachtsfestes im Schloß Neuhaus wird alljährlich zur Finanzierung des Zeughauses und zur Anschaffung notwendiger Geräte verwendet. Für den Nachwuchs in der Feuerwehr ist gesorgt, schon einige Jahre stellt die FF Plöcking zwei Jugendgruppen, eine Wettbewerbsgruppe nimmt ebenfalls an den diversen Wettbewerben teil.

HBI Müller K. (1965), OBI Kreuzmayr H. (1959), AW Gruber G. (1974), AW Luksch E. (1966), AW Pichler J. (1972) — Fm Allerstorfer B. (1980), Lm Allerstorfer G. (1972), HLm Allerstorfer J. (1947), OFm Allerstorfer J. (1976), Lm Altendorfer A. (1971), OBm Breitenfellner A. (1950), HFm Bruckmüller J. (1977), Fm Bruckmüller J. (1981), Fm Dall J. (1982), OFm Eckerstorfer A. (1974), OFm Eckerstorfer F. (1974), JFm Ennsbrunner M. (1982), OLm Ennsbrunner W. (1965), Lm Falkner H. (1965), OFm Feyrer J. (1978), Fm Ganser J. (1981), OLm Ganser J. (1963), HFm Gruber B. (1974), PFm Gruber H. (1984), HLm Gruber H. (1950), HFm Gruber H. (1974), HFm Gruber J. (1972), Fm Gruber K. (1978), Fm Gruber P. (1978), Fm Gruber W. (1980), JFm Grünzweil D. (1983), JFm Grünzweil M. (1981), Hartl J., Fm Himsl F. (1978), HFm Himsl F. (1974), JFm Höglinger J. (1981), JFm Höglinger M. (1982), OFm Hollnsteiner J. (1972), OFm Jaksch F. (1972), HFm Kallinger F. (1951), OFm Kitzberger Ch. (1981), Lm Kitzberger J. (1967), E-HBI Kneidinger R. (1933), OLm Knogler J. (1959), JFm Köck E. (1982), Fm Kranzer W. (1981), OFm Kreuzmayr H. (1972), Lm Kreuzmayr K. (1974), Lm Lanzersdorfer K. (1963), JFm Linberger K. (1982), E-OBI Luksch J. (1941), Lm Mahringer K. (1966), OLm Mayhofer N. (1963), Fm Mayrhofer G. (1978), JFm Müller G. (1982), JFm Müller T. (1984), OFm Müller W. (1972), HFm Neulinger G. (1978), Bm Neulinger H. (1972), Fm Neulinger J. (1982), JFm Neumüller K. (1982), Lm Nopp J. (1961), OFm Öhlinger R. (1950), JFm Panholzer A. (1984), OBm Pichler A. (1965), HFm Pichler H. (1974), OFm Pichler M. (1970), Fm Dr. Plappart O. (1981), JFm Praher A. (1982), JFm Praher F. (1982), Bm Praher J. (1933), JFm Praher M. (1982), OLm Pühringer K. (1948), OFm Pusch E. (1973), Fm Pusch J. (1982), Fm Pusch S. (1982), Lm Radler F. (1953), Bm Radler H. (1953), Bm Reischl H. (1946), JFm Resch H. (1982), Fm Riegler F. (1981), OLm Rois E. (1959), JFm Rois M. (1983), OBm Roser F. (1965), Fm Santner A. (1982), OFm Schauer J. (1963), JFm Schauer M. (1983), JFm Schauer W. (1982), Fm Schirz A. (1981), Fm Schober A. (1972), OLm Schober E. (1966), OFm Thaller E. (1977), Fm Tonezzer A. (1982), HFm Traxler J. (1959), Fm Wagner E. (1981), Fm Winkler H. (1981), JFm Wöß H.-P. (1982), E-HBI Wöß J. (1965), OBm Wöß W. (1965), Lm Wolfesberger J. (1965)

FF PUTZLEINSDORF

Im Jahr 1878 wurde von der Gemeinde und der Marktkommune um 753 Gulden eine Handdruckspritze gekauft. Zur selben Zeit organisierte sich auch unter Schulleiter Josef Hofer eine freiwillige Feuerwehr. Als Gründungsmitglieder scheinen auf: Josef Hofer, Leopold Schernberger, Eduard Preinninger, Anton Höfler, Franz Mohl, Anton Sommer, Johann Öttl, Johann Fierlinger, Franz Jungwirt, Josef Fuchs, Karl Pehersdorfer, Karl Gassl, Johann Nigl und Franz Dikany. Erster Kommandant wurde der Initiator Schulleiter Josef Hofer. 1902 gab es den ersten Führungswechsel. Karl Schneeberger löste Kommandant Josef Hofer nach 24jähriger Führungstätigkeit ab. Unter Kommandant Schneeberger wurde am 5. Juli 1928 das 50jährige Gründungsfest gefeiert. Am 8. Dezember 1929 wurde Direktor Rupert Eder zum neuen Führer gewählt. Unter seiner Leitung wurde 1930 die erste Motorspritze angekauft. Zwischen 1938 und 1950 versuchte Franz Sommer, trotz allergrößter Probleme, die Feuerwehr aufrechtzuerhalten. 1950 wurde Rupert Berger neuer Kommandant. Unter seiner Leitung wurde 1953 das 75jährige Gründungsfest begangen. 1957 wurde ein gebrauchter Lkw gekauft, der zu einem Einsatzauto umgebaut wurde. Ab 11. März 1958 leitete Franz Kehrer die Geschicke der Feuerwehr. Im Dezember 1958 wurde eine neue Motorspritze gekauft, die beim Feuerwehrfest am 5. Juli 1959 gemeinsam mit dem umgebauten Lkw eingeweiht wurde. Am 6. April 1974 wurde das Kommando an Franz Dikany übergeben. Das 100jährige Gründungsfest beging die Feuerwehr am 19. und 20. Mai 1979 im Rahmen der 400-Jahr-Feier der Markterhebung von Putzleinsdorf. Die Gemeinde übergab als Jubiläumsgeschenk einen neuen Rüstwagen. Im März 1983 wurde Johann Höglinger zum neuen Kommandanten gewählt.

HBI Höglinger J. (1956), OBI Oberngruber K. (1972), AW Keplinger F. (1971), AW Schneeberger L. (1972), AW Zinöcker H. (1977), BI Aichner S. (1955), BI Falkinger J. (1972), BI Fuchs F. (1972) — HFm Berger F. (1965), E-OBI Dikany F. (1949), OFm Dobretsberger J. (1980), OFm Falkinger B. (1978), OFm Falkinger J. (1980), OFm Fleischmann E. (1980), OFm Hackl J. (1980), HFm Hain F. (1961), Fm Hinterleitner H. (1966), HFm Huber A. (1946), OFm Huber A. (1977), Lm Huber J. (1975), HFm Hutterer R. (1946), HFm Kartusch H. jun. (1959), HFm Kartusch H. sen. (1922), HFm Kehrer F. jun. (1971), E-HBI Kehrer F. sen. (1948), Fm Kehrer J. (1983), Fm Keplinger F. (1983), HFm Keplinger F. (1958), HFm Kriegner A. (1948), OFm Leitner F. (1980), HFm Leitner L. (1972), HFm Lindorfer A. (1976), Fm Lindorfer J. (1983), OFm Luger H. (1980), OFm Luger R. (1980), HFm Magauer J. (1948), HFm Neißl M. (1946), OFm Oberngruber J. (1975), HFm Reiter A. (1980), OFm Reiter B. (1975), Fm Reiter E. (1977), Lm Reiter J. (1972), HFm Schaubmayr A. (1940), HFm Schenk F. (1971), OFm Schneeberger J. (1978), HFm Sommer F. (1954), OFm Wiesinger H. (1980), HFm Wögerbauer A. (1975), HFm Wögerbauer F. (1953)

FF RANNARIEDL

1893 gründeten Schulleiter Wimmer und Pfarrer Königseder die FF Rannariedl. Durch Spenden und mit Unterstützung der Gemeinde Rannariedl wurde im gleichen Jahr eine Handdruckspritze angekauft. Im Dezember brannte es in der Rannamühle, Besitzer war Mathias Gottinger. Sein Sohn Julius kam dabei ums Leben. 1894 errichtete die Gemeinde ein Zeughaus in der Ortschaft Dorf. 1898: Brand durch Blitzschlag in Steinlacken; 1899: Hochwassereinsatz in der Rannamühle; 1910: Waldbrand in der Donauleiten. 1921 brannten die Anwesen Dorf Nr. 1 bis Nr. 6 ab. 1936 kaufte die Feuerwehr eine Motorspritze R 25 an. Von 1938 bis 1945 waren die Freiwilligen Feuerwehren Neustift und Rannariedl vereinigt. 1949 kaufte die Feuerwehr von der amerikanischen Besatzungsmacht ein gebrauchtes Fahrzeug Marke Dodge. 1955 wurde eine Motorspritze R 75 Marke Rosenbauer angeschafft. 1964 nahm die Feuerwehr am ersten Bundeswettbewerb in Wien teil. Im gleichen Jahr wurde Kommandant Otto Wöss zum Abschnittskommandanten gewählt. 1965 wurde eine Motorspritze VW R 75 Automatik gekauft. 1971 kaufte man ein KLF Marke Land Rover, in das ein Funkgerät (2-m-Band) eingebaut wurde. 1978 nahm die Freiwillige Feuerwehr Rannariedl am vierten Bundeswettbewerb teil. 1983 errichtete die Gemeinde ein neues Zeughaus; in das Gebäude wurde auch ein Sirenensteuergerät eingebaut, welches an das Sirenennetz und an die Funkalarmierung angeschlossen wurde. 1984 wurde das neue Zeughaus eingeweiht. Kommandanten seit der Gründung der FF Rannariedl waren: Pfarrer Königseder (1893–1894), Johann Arnezeder (1895–1896), Anton Schweitzer (1897–1936), Anton Bauer (1936–1938), Heinrich Fenzel (1939), Georg Schweitzer (1945–1953), Otto Wöss (1953–1968), Rudolf Baumann (seit 1968).

HBI Baumann R. (1952), OBI Wumdsam J. (1964), AW Gradwohl H. (1971), AW Kristl A. (1963), AW Lorenz E. (1970), AW Mayrhofer J. (1958), BI Weberschläger J. (1958) — OFm Bauer E. (1977), HFm Bauer E. (1958), OLm Bauer B. (1969), HFm Bauer R. (1946), Fm Baumann J. (1980), OFm Baumann R. (1975), HFm Berger F. (1961), HFm Berger L. (1973), HFm Ecker A. (1957), JFm Ecker O. (1982), JFm Ecker P. (1981), OLm Falkner G. (1955), Fm Falkner K. (1978), HFm Falkner L. (1961), PFm Feichtenböck J. (1983), HFm Fenzl A. (1946), OFm Fenzl H. (1975), OFm Fenzl H. (1973), OLm Fenzl H. (1953), Fm Fesel J. (1975), HFm Fesel J. (1955), HFm Fesel J. (1946), HFm Fesl H. (1969), HFm Friedl A. (1947), OFm Friedl A. (1979), HFm Gabriel F. (1961), E-BI Gabriel R. (1946), OFm Gößler S. (1978), HFm Graf S. (1955), Lm Greindl J. (1970), OFm Grüblinger J. (1980), Lm Jell F. (1970), OFm Kalischko E. (1980), HFm Kalischko L. (1937), HFm Kalischko L. (1970), E-BI Kalischko L. (1947), HFm Kalischko L. (1969), Lm Kristl F. (1975), OFm Kudla E. (1976), E-BI Lachner F. (1940), Lm Leitner J. (1970), HFm Martha E. (1959), Fm Mayrhofer G. (1980), JFm Mayrhofer H. (1982), OFm Mayrhofer K. (1983), E-OBI Öttl L. (1947), HFm Pointner J. (1969), HFm Praha F. (1969), OBm Pumberger A. (1955), OFm Pumberger A. (1976), OFm Pumberger A. (1976), Lm Pumberger E. (1976), HFm Pumberger H. (1951), Lm Pumberger H. (1975), OLm Pumberger L. (1958), HFm Reichart J. (1953), Fm Ritt A. (1982), Fm Ritt A. (1979), Fm Ritt H. (1982), Fm Rosenberger F. (1980), HFm Rosenberger J. (1970), E-BI Scharrer A. (1952), Fm Scharrer E. (1980), HBm Scharrer R. (1975), Fm Seiler K. (1979), Fm Stadler E. (1980), Fm Stadler J. (1980), HFm Trautendorfer J. (1956), HFm Wallner E. (1970), HFm Wallner G. (1970), JFm Wallner H. (1981), HFm Wallner H. (1947), HFm Wallner J. (1963), HFm Weberschläger O. (1949), HFm Weiß A. (1956), OLm Weiß F. (1970), OFm Weiß G. (1980), HFm Weiß H. (1954), HFm Weiß J. (1954), HFm Weiß L. (1946), HFm Wöß A. (1969), Lm Wöß O. (1969), HFm Wundsam F. (1956), HFm Wundsam J. (1958)

FF ROHRBACH IM MÜHLKREIS

Verheerende Brandkatastrophen ließen 1873 Bürger des Marktes Rohrbach zur Gründung einer freiwilligen Feuerwehr schreiten. Bei der Gründungsversammlung am 10. Januar 1873 verfügte die Wehr über eine zweirädrige Schub- und andere Leitern sowie zwei Handspritzen und 300 m Schläuche. Mit gutem Willen und dieser Ausrüstung allein war den damals gehäuft auftretenden Großbränden kaum beizukommen. Vielleicht war es der mangelnde Erfolg, der dazu beitrug, daß die FF Rohrbach in den ersten 30 Bestandsjahren einen Verschleiß von 19 Kommandanten hatte, 1885 waren es sogar deren drei, von 1904 bis heute nur noch deren sieben. Wesentlich geprägt wurde die Rohrbacher Feuerwehrgeschichte durch den späteren Bezirks-Feuerwehrkommandanten Rudolf Reumüller und dessen Sohn Friedrich, die zusammen 53 Jahre der FF Rohrbach vorstanden. Im Lauf der Jahre erfuhr die technische Ausstattung eine ständige Erneuerung und Verbesserung. So wurde 1883 eine pferdebespannte Handdruckspritze, 1907 ein Mannschaftswagen und 1924 eine Autospritze angekauft. Stationierung einer Bezirksautospritze in Rohrbach 1928. Am 15. April 1940 wurde die FF Rohrbach aufgelöst. Anstelle der Bezirksautospritze erhielt die Wehr 1943 ein Löschfahrzeug LF 15, welches nach Kriegsende von der russischen Besatzungsmacht verschleppt und erst 1950 wieder aufgefunden wurde. 1949 wurde ein aus einem Wehrmachtsauto umgebautes Löschgruppenfahrzeug, Steyr 115 A, erworben, welches 1961 durch ein LLF, Opel Blitz, ersetzt wurde. 1956 hatte die FF Rohrbach ein TLF 1700 mit Hochdruck-Nebelpumpe erhalten. 1966/67 wurde das bereits 1928 einmal vergrößerte Zeughaus erneut erweitert und modernisiert. 1983 wurde ein LFB MB 508 D geweiht.

HBI Gierlinger J. (1941), OBI Hauer F. (1967), HAW Ing. Stangl S. (1962), OAW Brandstetter J. (1947), OAW Neumüller F. sen. (1963), AW Fuchs F. (1965), AW Hollin J. (1941), BI Springer H. (1963) — OFm Almansberger L. (1972), JFm Altendorfer M. (1983), Fm Altendorfer S. (1978), OFm Altendorfer W. jun. (1972), HBm Altendorfer W. sen. (1953), HLm Degenhart J. (1948), Lm Degenhart K. (1963), HFm Dobersberger A. (1954), Lm Dorfner F. (1946), OFm Grims W. (1970), Bm Großhaupt E. (1950), OFm Großhaupt G. (1970), OFm Großhaupt S. (1973), JFm Haider A. (1983), JFm Haider M. (1983), OFm Hauer J. (1976), JFm Hinterhölzl G. (1983), JFm Höfler A. (1980), Fm Höfler R. (1980), OFm Hötzendorfer F. (1976), Bm Hofer J. (1953), OFm Holnsteiner M. (1973), Bm Holzinger M. (1928), Fm Kitzmüller A. (1975), Bm Kitzmüller B. (1951), Bm Kobler H. (1955), HFm Kobler J. (1951), JFm Kobler K. P. (1983), Lm Kroiß R. (1960), HFm Lehner K. (1975), Bm Lindorfer H. (1946), Fm Lindorfer L. (1978), HFm Mühlsteiner H. (1941), HFm Niedersüß K. jun. (1963), HLm Niedersüß K. sen. (1928), HLm Öller R. (1948), OFm Pauli J. (1973), Bm Pfeil J. (1930), E-HBI Reumüller F. (1928), OFm Springer J. (1983), OFm Stallinger F. (1970), HFm Stallinger H. (1965), OFm Stallinger J. (1972), HFm Stallinger W. (1966), Fm Stangl S. sen. (1963), Lm Stockinger M. (1983), OFm Stöbich A. (1963), JFm Stöbich H. (1983), JFm Stöbich R. (1983), OFm Strutzenberger O. (1973), JFm Tatzel A. (1983), HBm Turner B. (1965), HFm Veit W. (1967), OLm Wakolbinger R. (1963), JFm Walchshofer W. (1983), HFm Werner A. (1967), Fm Dr. Wiesner G. (1983), HLm Wöß L. (1960), OFm Wöß R. (1976)

FF SARLEINSBACH

Die Gründung der FF Sarleinsbach erfolgte am 18. November 1871. Als Zeughaus wurde der ehemalige Laubengang des Rathauses benützt, und zwar bis 1956, als am 17. Juni das jetzige Zeughaus eingeweiht wurde. 1883 erwarb die Wehr die erste Handdruckpumpe. 1891 wurde eine neue Saugspritze mit 30 m Schläuchen angekauft. Zu Transportzwecken besaß die Wehr damals einen Requisitenwagen. 1909 wurde der Vorschlag zur Einführung eines Sanitätsdienstes von der Versammlung angenommen. 1911 wurde die alte Spritze der Gemeinde Hörbich zur Gründung einer Feuerwehr überlassen. Die erste Motorspritze erwarb die Wehr 1929. 1933 wurden erstmals bei einer Übung Autos zur Beförderung der Mannschaft eingesetzt. 1935 erfolgte der Bau eines Schlauchturms. 1938 mußte sich die Freiwillige Feuerwehr Sarleinsbach auflösen; sie wurde 1939 mit den Feuerwehren Sprinzenstein und Innerödt zur Gemeindefeuerwehr Sarleinsbach zusammengelegt (drei Löschzüge). In diesem Jahr wurde ein übertragenes Feuerwehrauto der Marke Dodge angekauft und das alte Fahrzeug dem Löschzug Sprinzenstein übergeben. Bereits 1940 mußte das Feuerwehrauto jedoch kriegsbedingt abgegeben werden. 1946 wurde die Freiwillige Feuerwehr wieder selbständig. Zwei Jahre später konnte wieder ein Feuerwehrauto angekauft werden. 1954 erfolgte der Gemeinderatsbeschluß zum Bau eines Feuerwehrhauses. 1967 wurde der Rüstwagen geweiht. 1978 erhielt die Wehr eine alte Tragkraftspritze gespendet. Im Jahr darauf wurden für die Wehr von zwei Firmen die Atemschutzgeräte angekauft. 1981 konnte das TLF in Dienst gestellt werden, und am 20. Juni feierte die FF Sarleinsbach ihr 110jähriges Bestehen.

HBI Katzlinger J. (1957), OBI Kieweg A. (1953), AW Gierlinger M. (1976), AW Großhaupt H. (1973), AW Hackl L. (1963), BI Großhaupt H. (1955) — HFm Brauneis A. (1968), JFm Brunner A. (1981), Lm Brunner H. (1972), HFm Brunner L. (1972), OFm Dorfner F. (1980), OLm Ecker H. (1934), PFm Eckersdorfer F. (1983), PFm Eder F. (1983), Lm Eder F. (1952), Lm Eilmannsberger J. (1952), Fm Falkner J. (1981), JFm Gierlinger J. (1982), Lm Großhaupt J. (1972), OFm Hackl H. (1973), Fm Haslmeier R. (1963), HFm Hinterleitner E. (1972), OFm Hinterleitner H. (1972), OFm Höglinger M. (1973), OFm Hörleinsberger A. (1980), HFm Indra F. (1946), OBm Jell H. (1955), Fm Jell H. (1976), HFm Jetschgo A. (1970), Lm Jetschgo L. (1949), Bm Jungwirth R. (1941), OFm Jungwirth R. (1976), JFm Kraml F. (1983), JFm Kraml R. (1981), HFm Leibetseder F. (1977), OFm Leibezeder M. (1977), HFm Leibezeder O. (1976), HBm Leitner A. (1974), HFm Leitner J. (1977), Lm Meindl A. (1937), HFm Neumüller A. (1957), Lm Niedermaier F. (1964), HFm Obermüller H. (1955), E-AW Öhlinger J. (1946), OFm Öller M. (1979), OFm Panholzer A. (1980), OFm Panholzer F. (1980), Lm Pernsteiner E. (1973), Lm Pomper K. (1974), OLm Prokesch J. (1973), OLm Prokesch J. (1965), Lm Reiter J. (1947), E-HBI Schiffler M. (1933), Fm Schlögl R. (1952), Fm Schmidt R. (1953), OFm Schwarzbauer F. (1980), HBm Stallberger H. (1970), OFm Stöbich F. (1976), OFm Stöbich F. (1980), Bm Stöbich G. (1944), PFm Stöbich J. (1983), OFm Stöbich J. (1976), Lm Stöbich L. (1944), Bm Wagner E. (1941), HFm Zöchbauer A. (1958)

FF ST. JOHANN AM WIMBERG

Die Freiwillige Feuerwehr St. Johann am Wimberg wurde am 12. März 1883 gegründet. Wichtiges Gründungsmitglied war Mathias Kitzmüller, der damalige Schulleiter von St. Johann. Bald nach der Gründung wurde laut Überlieferung die erste Pumpe angeschafft, die erste Motorspritze kaufte die Wehr erst im Jahr 1936. Das erste Feuerwehrfahrzeug wurde von der FF St. Johann im Jahr 1953 in Dienst gestellt, es war dies ein Horch V 8. Das Feuerwehrgebäude wurde am 29. Mai 1938 feierlich eingeweiht. Seit der Gründung der Freiwilligen Feuerwehr St. Johann am Wimberg standen folgende Kommandanten an der Spitze der Wehr: Mathias Kitzmüller (ab 1883), Franz Neundlinger (ab 1919), Josef Baumgartner, Peter Rammerstorfer (1931–1938), Franz Höglinger (ab 1938), Hubert Neundlinger (1944–1946), Josef Baumgartner (1946), Heinrich Reinthaler (1946–1952), Heinrich Wolkerstorfer (1952–1958), Alfred Krauck (1958–1968), Franz Wolfmair (seit 1968).

HBI Wolfmair F. (1965), OBI Bichler G. (1963) — Anderl E. (1973), Anderl E. (1978), Anderl J. (1939), Baumgartner J. (1946), Baumgartner J. (1972), Baumgartner R. (1980), Dobesberger J. (1968), Gaisbauer P. (1973), Ganser H. (1949), Gattringer L. (1973), Hartl F. (1978), Hartl H. (1957), Hartl J. (1955), Hartl J. (1978), Hartl P. (1980), Hauder H. (1968), Hauder J. (1966), Holly R. (1946), Holly R. (1969), Keinberger L. (1955), Keplinger H. (1976), Kepplinger J. (1931), Klopf G. (1978), Klopf H. (1978), Klopf M. (1962), Klopf R. (1976), Knogler F. (1947), Knogler G. (1962), Kramml A. (1922), Kramml J. (1965), Krauck A. (1949), Leibetseder J. (1976), Leitgeweger A. (1952), Leitgeweger H. (1978), Michlbauer F. (1978), Michlbauer J. (1946), Michlbauer J. (1973), Pfleger N. (1980), Pröll J. (1931), Rabeder F. (1959), Radler S. (1975), Ramerstorfer A. (1946), Rehberger J. (1944), Sageder S. (1978), Schürz J. (1970), Schütz W. (1969), Schwarz H. (1976), Schwentner H. (1962), Simader J. (1964), Stürmer J. (1955), Wagner H. (1978), Winkler W. (1978), Wöhrer A. (1958), Wolfmair F. (1940), Wolkerstorfer H. (1973), Wolkerstorfer J. (1965), Wurzinger H. (1976), Zimmerbauer W. (1946)

FF ST. MARTIN IM MÜHLKREIS

In den letzten 200 Jahren fiel St. Martin dreimal einer Feuersbrunst zum Opfer. Die letzte dieser Katastrophen war 1885. Nach dem Wiederaufbau beschloß man 1889 die Gründung einer freiwilligen Feuerwehr. Noch im Gründungsjahr wurde eine Handspritze angeschafft und ein Feuerwehrdepot beim Haus St. Martin Nr. 37 errichtet. 1892 erfolgte der Ankauf einer zweiten Handspritze, 1927 der ersten Motorspritze. 1957 wurde im Gemeindehaus Nr. 17 ein neues Feuerwehrdepot errichtet. 1962 wurde ein Unimog-Feuerwehrwagen angekauft, 1976 ein TLF 2000, 1979 ein LLF Mercedes 408 und 1984 ein VW-Kommandowagen. Die FF St. Martin stand unter der Leitung folgender Kommandanten: Kaspar Krammer (1883–1916), Franz Wöß (1916–1918), Leopold Niederhuber (1918–1932), Johann Weixelbaumer (1932–1939), Heinrich Krammer (1939–1946), Heinrich Krammer (1946–1968), Franz Krammer (1968–1983), Franz Kepplinger (seit 1983).

HBI Kepplinger F. (1958), OBI Kaiser F. (1979), AW Kepplinger F. (1956), AW Lanzersdorfer J. (1946), AW Rechberger F. (1963), BI Fuchs J. (1964), BI Hagenauer J. (1963) — OLm Allerstorfer J. (1971), Bm Allerstorfer M. (1939), Fm Bäuml H. (1969), Bm Dall A. (1946), HFm Dall A. (1968), HFm Dall F. (1970), OFm Dall J. (1978), PFm Eckerstorfer E., HFm Eckerstorfer F. (1980), HFm Eckerstorfer F. (1979), HFm Eckerstorfer J. (1972), Lm Eckerstorfer J. (1970), HFm Eckerstorfer J. (1972), HFm Eckerstorfer L. (1972), HFm Eckerstorfer L. (1975), OFm Eckerstorfer M. (1977), OLm Ehrengruber H. (1929), OLm Engleder F. (1958), JFm Engleder K., HFm Engleder R. (1976), OFm Engleder S. (1977), JFm Engleder S., Bm Ennsbrunner A. (1948), HFm Etzlstorfer I. (1970), PFm Fraundorfer G. (1984), Bm Fritz H. (1953), OLm Füreder F. (1975), Bm Füreder J. (1948), HBm Füreder J. (1970), OFm Gaisbauer J. (1936), OFm Gaisbauer K. (1977), HFm Gammer A. (1934), HFm Ganser A. (1966), OLm Ganser J. (1960), HFm Gartner J. (1935), OFm Gartner M. (1932), OFm Gierlinger E. (1972), Lm Gierlinger E. (1968), HLm Gierlinger F. (1968), Bm Habringer F. (1927), Bm Hagenauer F. (1960), OFm Hofer Ch. (1983), OFm Hofer F. (1974), HLm Hofer G. (1961), Bm Hofer J. (1938), HLm Hofer J. (1968), JFm Hofer R., OLm Hofer W. (1975), Bm Kaimberger J. (1953), Lm Kaimberger J. (1970), OFm Kaimberger K. (1975), HFm Kaimberger P. (1975), OLm Kaineder B. (1961), HFm Kaineder F. (1981), Lm Kaineder J. (1979), Bm Kaiser H. (1952), Lm Kaiser H. (1980), Lm Kaiser R. (1979), E-OBI Kastner J. (1949), OLm Kastner K. (1960), HLm Kehrer F. (1969), JFm Kehrer G. (1981), JFm Kehrer G. (1981), Lm Kehrer J. (1963), Fm Kehrer J. (1983), Fm Kehrer J. (1983), OLm Kehrer M. (1961), OFm Kehrer R. (1970), HFm Kepplinger F. jun. (1982), OFm Kepplinger J. (1983), HBm Kepplinger J. (1965), JFm Kepplinger S. (1980), OFm Kleebauer H. (1970), OLm Kleebauer K. (1972), Lm Kneidinger J. (1922), OLm Kneidinger L. (1928), OLm Koller A. (1961), HBm Krammer E. (1967), Krammer E., E-HBI Krammer F. (1960), Bm Krammer M. (1946), OFm Krammer M. (1979), OFm Krammer M. (1982), OFm Lanzersdorfer F. (1983), HLm Ledermüller J. (1965), Lm Leitner J. (1978), Bm Leitner K. (1953), OFm Leitner K. (1982), HFm Leitner L. (1966), OLm Leitner W. (1963), Lm Leitner W. (1968), Lm Luger F. (1971), JFm Mahringer H. (1981), OFm Mahringer J. (1981), Lm Mahringer L. (1923), OLm Martetschläger J. (1956), Lm Mittermayr H. (1960), Lm Niederhuber F. (1921), HFm Niederhuber K. (1925), JFm Niederleitner G. (1982), OFm Nigl K. (1969), Bm Nigl L. (1947), HFm Nußbaumer K. (1936), PFm Oberhamberg G. (1983), PFm Pichler E. (1983), Fm Pirngruber J. (1981), HLm Pirngruber L. (1950), HFm Plöderl A. (1970), E-BI Pötschko H. (1946), HBm Pühringer J. (1963), Lm Pühringer J. (1970), Bm Rabeder F. (1946), HFm Rabeder J. (1975), OLm Rabeder J. (1970), HFm Rabeder M. (1973), Lm Radler A. (1949), OFm Radler H. (1970), OLm Radler J. (1928), JFm Rammelmüller A. (1983), HFm Rechberger F. (1967), OFm Rechberger J. (1953), Lm Rechberger L. (1978), OFm Saxenhofer F. (1982), OFm Schaubschläger A. (1965), Fm Schaubschläger F. (1983), OLm Schaubschläger J. (1961), OLm Scheiblhofer H. (1957), HLm Scheiblhofer J. (1953), Fm Schirz R. (1982), HLm Schöftner R. (1948), OBm Silber F. (1952), Lm Silber J. (1946), Fm Silber J. (1983), Lm Simader J. (1983), Fm Steidte V. (1981), HLm Steininger R. (1970), HLm Wagner F. (1953), JFm Wagner F. (1982), OFm Wagner H. (1983), HFm Wakolbinger W. (1969), Fm Wakolm R. (1981), E-BI Weidinger F. (1948), OFm Willnauer E. (1977), HLm Willnauer J. (1956), OFm Willnauer J. (1977), Fm Willnauer J. (1983), HFm Willnauer M. (1978), OBm Wöhrer J. (1946), OFm Wöß H. (1946), OFm Wolfmair J. (1982), JFm Wolkerstorfer A. (1982), HFm Zauner H. (1958)

FF ST. OSWALD BEI HASLACH

Die Gründung der Freiwilligen Feuerwehr St. Oswald erfolgte im Jahr 1910. Gründungsmitglieder waren Josef Höpfler, Johann Haselgruber, Martin Pröll, Bernhard Stögmüller und Mathias Bauer. Im Jahr 1911 wurde das Depot mit Schlauchturm errichtet. Im Jahr 1930 erfolgte der Ankauf einer 15-PS-Motorspritze von der Fa. Gugg. Im Jahr 1960 wurde eine neue Motorspritze, VW Rosenbauer R 75, angeschafft. Im Jahr 1979 erhielt die Wehr einen Mercedes LFB 409 Benzin. Die Freiwillige Feuerwehr St. Oswald bei Haslach stand seit ihrer Gründung unter der Leitung folgender Kommandanten: Josef Höpfler (1910–1923), Johann Haselgruber (1923–1930), Alois Ilk (1930–1937), Franz Mager (1937–1942), Karl Laher (1942–1949), Josef Bauer (1949–1963), Rudolf Bertlwieser (1963–1983) und Karl Madlmayer (seit 1983).

HBI Madlmayer K. (1975), OBI Kneidinger R. (1978), AW Madlmayer K. (1959), AW Prischl F. (1977), AW Radinger O. (1943) — HLm Anzinger R. (1930), Lm Autengruber F. (1943), Lm Bauer B. (1979), E-HBI Bauer J. (1920), Bauer R. (1967), Lm Bauer-Öppinger A. (1962), E-HBI Bertlwieser R. (1945), OFm Brunner A. (1981), HFm Haselgruber B. (1978), Lm Haselgruber H. (1969), Lm Haselgruber H. (1947), HFm Haselgruber J. (1978), OFm Heiß S. (1980), HFm Hönig Ch. (1979), OFm Ilk F. (1980), Kneidinger F. (1943), OFm Kneidinger J. (1979), Lm Laher E. (1967), Lm Laher L. (1962), Lm Löffler F. (1950), HFm Madlmayer M. (1975), Lm Mandl J. (1962), Fm Mandl J. (1982), Fm Obermüller E. (1982), Lm Paster F. (1958), HFm Paster H. (1975), OFm Pernsteiner F. (1980), HFm Prieschl G. (1979), HFm Prieschl W. (1979), OFm Prischl H. (1981), OFm Radinger J. (1981), Lm Radinger L. (1968), HFm Radinger N. (1979), HFm Stockinger F. (1977), OFm Stockinger J. (1982), OFm Stockinger S. (1980), HFm Stögmüller H. (1978), Wagner K. (1962), Zierlinger K. (1943), Zöchbauer F. (1952)

FF ST. PETER AM WIMBERG

Nach einem Aufruf am 8. November 1883 fand am 2. Dezember 1883 unter Vorsitz des Gemeindevorstehers Georg Hötzmanseder die Gründungsversammlung der Freiwilligen Feuerwehr St. Peter am Wimberg statt. 58 Mitglieder wählten Stefan Neubauer zum Kommandanten. Eine Abprotzspritze mit Vordergestell und Schlauchhaspel hatte die Gemeinde schon 1877 angekauft. Acht Ortschaften im Gemeindegebiet, hauptsächlich Einzelgehöfte sowie zwei Nachbargemeinden (Auberg, Pürnstein) gehörten zum Pflichtbereich. Mit genügsamen finanziellen Mitteln brachte man sich jahrzehntelang über die Runden. Die Chronik berichtet über viele Kameradschaftsabende, die oft in sehr ulkiger Weise durchgeführt wurden. 1930 konnte eine Tragkraftspritze von der Fa. Rosenbauer angekauft werden. Der Zweite Weltkrieg bremste die Aufwärtsentwicklung und brachte auch kritische Situationen u. a. 1949, wo mit der Wahl eines neuen Kommandanten Aktivitäten gesetzt wurden. Die Zeugstätte, einquartiert in einem Abstellraum, konnte bald durch ein neues Depot ersetzt werden. Für Anschaffungen von Geräten und für Schulungen der Wehrmänner wurde unter Mithilfe der Gemeinde, von Unterhaltungen und Beihilfen des Landes viel getan. 1911 kaufte Berta Pöchtrager eine Fahne, die heute noch ihren Dienst bei feierlichen Ausrückungen versieht. Das Feuerwehrhaus beherbergt zur Zeit: 1 VW Automatik, 1 KHD-Anhänger, 1 Schlauchboot mit Anhänger und Taucherausrüstung, 1 Sprengausrüstung, 1 Hochdruckkompressor. An Fahrzeugen besitzt die Wehr: 1 Kommandofahrzeug, 1 KLF, 1 TLF 2000, 1 Atemschutzgerät. Eine Sanitätsabteilung wurde 1883 gegründet, eine Schutzabteilung 1908.

HBI Priesner L. (1959), OBI Keplinger L. (1963), AW Hartl A. (1967), AW Meßtaler E. (1967), AW Mitter K. (1950), BI Hartl W. (1963), BI Stritzinger J. (1968), BR Ing. Hartl S. (1949) — OLm Bernecker H. (1947), Böck W. (1933), HFm Breitenfellner P. (1967), JFm Dannerbauer R. (1981), Bm Dannerbauer W. (1967), HFm Danninger R. (1949), OFm Dumfart H. (1981), Fm Dumfart M. (1976), Bm Dumfart R. (1947), OFm Eckerstorfer H. (1969), Lm Eckerstorfer J. (1959), HFm Eckerstorfer J. (1965), OLm Egger J. (1959), Lm Falkner J. (1924), OLm Gahleitner I. (1952), Fm Ganser A. (1974), OFm Ganser B. (1975), HFm Ganser J. (1968), OFm Ganser W. (1973), Lm Hartl J. (1930), Bm Hartl J. (1964), Lm Hartl J. (1972), Lm Hartl K. (1947), OLm Hinterleitner A. (1950), Hinterleitner F. (1983), Bm Hinterleitner K. (1972), OFm Hofer J. (1974), HLm Kainberger J. (1963), E-OBI Kaiser J. (1929), Fm Kaiser J. (1973), HBm Kapfer F. (1949), Fm Kapfer G. (1980), OFm Keplinger H. (1972), HFm Keplinger J. (1974), JFm Kepplinger G. (1982), OFm Kneidinger A. (1972), Bm Kneidinger A. (1950), JFm Kneidinger Ch. (1982), HLm Kneidinger J. (1946), OFm Kneidinger J. (1980), OLm Koppler S. (1967), E-OBI Kröpl E. (1952), Lm Leitner J. (1964), OFm Leutgöb J. (1972), OLm Luger K. (1958), Lm Mittermayr E. (1966), OLm Mittermayr J. (1968), Lm Neumüller F. (1971), Fm Neumüller J. (1959), OFm Neumüller H. (1974), Fm Pöchtrager A. (1980), HBm Pichler A. (1967), HFm Pichler J. (1968), OLm Pichler R. (1943), JFm Pöchtrager S. (1983), Fm Praher K. (1972), HFm Priesner G. (1969), Fm Priesner W. (1972), OLm Pühringer J. (1953), OLm Pühringer K. (1963), Pühringer K. (1979), OFm Radler H. (1976), Fm Radler J. (1977), Lm Rehberger F. (1946), JFm Rehberger G. (1983), OFm Rehberger M. (1974), Fm Reiter B. (1975), OFm Reiter J. (1975), HFm Sachsenhofer F. (1967), FK Scheinecker H. (1974), Lm Schürz J. (1925), Fm Stöttner J. (1978), Bm Stöttner J. (1963), OLm Sunzenauer F. (1957), OBm Sunzenauer W. (1956), JFm Thumfart J. (1982), JFm Thumfart J. (1980), Lm Thumfart L. (1967), OLm Tremel H. (1956), JFm Treml W. (1983), Lm Wakolbinger E. (1972), HLm Wakolbinger K. (1947), Lm Wakolbinger K. (1968), Fm Walchshofer J. (1978), Fm Weichselbaumer J. (1975), Fm Weichselbaumer K. (1983), OFm Wöhrer R. (1975), Fm Woieß M. (1979), HFm Wolfesberger R. (1963), JFm Wolkentorfer G. (1983), OLm Wolkerstorfer J. (1963)

FF ST. STEFAN AM WALDE

Am 29. Juni 1926 wurde die Freiwillige Feuerwehr St. Stefan am Walde gegründet. Gründungsmitglieder waren Alexander Anzinger, Josef Mayr, Markus Hehenberger, Johann Schaubschläger, Johann Hetzmannseder, Johann Grabner, Franz Steininger, Michael Rehberger, Eduard Kastner und Johann Fisch. Unmittelbarer Anlaß für die Gründung der Wehr war die Tatsache, daß es zu dieser Zeit in der Gemeinde mehrere Brände gegeben hatte. Das Gründungsfest fand allerdings erst zwei Jahre später, am 12. August 1928, statt. Die erste Feuerwehrpumpe, ein Fabrikat Rosenbauer, wurde im Jahr 1939 angeschafft. 1958 konnte die Wehr einen Rosenbauer-Traktor- und -Pferdezuganhänger erwerben. Das heute in Benützung stehende Feuerwehrgebäude wurde 1964 errichtet. Am 25. Juli 1976 wurde das 50jährige Bestandsjubiläum gefeiert. Im Jahr 1977 wurde ein neues Feuerwehrauto LFB Mercedes in Dienst gestellt. Die Ausrüstung für dieses Fahrzeug wird laufend auf den neuesten Stand gebracht. Seit der Gründung der Freiwilligen Feuerwehr St. Stefan am Walde standen folgende Kommandanten an der Spitze der Wehr: Markus Hehenberger, Josef Mayr, Johann Grabner, Franz Steininger, Josef Kitzmüller, Johann Hofer, Alois Haudum.

HBI Haudum A. (1968), OLm Kitzmüller O. (1971), AW Lindorfer J. (1973) — JFm Andexlinger G. (1983), Fm Andexlinger S. (1974), HFm Anzinger F. (1947), JFm Anzinger P. (1983), OLm Arnoldner J. (1970), HFm Arnoldner N. (1975), OLm Engleder F. (1958), JFm Engleder O. (1984), HFm Enzenhofer W. (1974), HFm Grübl O. (1953), HFm Hainzl A. (1934), HFm Hanner F. (1946), HFm Haudum A. (1937), JFm Hetzmannseder D. (1982), HFm Hetzmannseder E. (1937), HFm Hetzmannseder E. (1971), OLm Hetzmannseder J. (1969), JFm Hetzmannseder J. (1982), HFm Hetzmannseder J. (1968), PFm Hetzmannseder J. (1983), Fm Hinterhölzl K. (1974), HFm Hinterhölzl S. (1947), E-HBI Hofer J. (1945), Fm Kagerer W. (1974), HFm Kastner E. (1926), JFm Kastner N. (1983), HFm Kastner O. (1955), HFm Kitzmüller J. (1968), HBm Kitzmüller J. (1946), HLm Leibetseder F. (1963), JFm Lindorfer G. (1984), OLm Loitzenbauer J. (1971), JFm Mayerhofer M. (1983), Fm Michlbauer E. (1974), HFm Michlbauer J. (1948), HFm Neubauer J. (1958), HFm Neulinger F. (1955), HFm Panholzer H. (1974), HFm Piermayr O. (1970), OFm Piermayr V. (1976), JFm Plattner J. (1983), JFm Plattner J. (1984), HLm Plattner L. (1958), HLm Pürmayer M. (1945), OFm Pürmayr N. (1980), E-HBI Rehberger M. (1946), JFm Reifenmüller C. (1983), HFm Reisinger A. (1958), HFm Reisinger E. (1958), JFm Schaubschläger G. (1983), Lm Scheucher E. (1975), Lm Teufelsbrucker A. (1971), JFm Zauner F. (1983), HFm Zeinhofer A. (1968), HFm Zeinhofer F. (1969)

FF ST. ULRICH IM MÜHLKREIS

Da man dem furchtbaren Element Feuer ganz und gar machtlos gegenüberstand, war die Gründung einer organisierten Feuerwehr dringende Notwendigkeit. So gelang es Ignaz Karlsböck und einigen anderen beherzten Männern am 28. November 1909, die Freiwillige Feuerwehr St. Ulrich zu gründen. Zum Pflichtbereich gehörten bzw. gehören überwiegend landwirtschaftliche Objekte. Zur ersten Ausrüstung zählte eine mit Hand zu betätigende Löschmaschine sowie ein Wagen für Pferdebespannung mit zwölf Sitzplätzen. Im Jahr 1942 bekam die Feuerwehr erstmals eine Motorspritze, welche allerdings aus schlechtem Material bestand und schon beim ersten Brandeinsatz nach einer halben Stunde versagte. Dieses Gerät wurde dann 1948 gegen ein anderes (RW 80) ausgetauscht. Seit 1968 ist eine TS VW 75 Automatik in Verwendung. Das erste Feuerwehrauto, ein gebrauchter Armee-Jeep, wurde im Jahr 1960 angeschafft. Dieses wurde 1967 gegen ein anderes ehemaliges Militärfahrzeug ausgetauscht. Das nunmehr in Verwendung stehende Löschfahrzeug, ein Land Rover 109 mit Vorbaupumpe, wurde 1973 angeschafft. Zu diesem allradbetriebenen Geländefahrzeug verwendet die Feuerwehr noch einen Tragkraftspritzenanhänger. Die seit 1963 existierende Alarmsirene ist seit 1983 an die Funkalarmierung angeschlossen. In den letzten Jahren wurde die Ausrüstung noch mit einem Mobil- und einem Handfunkgerät (2-m-Band), drei Atemschutzgeräten sowie einer Lautsprecheranlage verbessert. Ein eigenes Feuerwehrzeughaus besteht seit dem Jahr 1923. Dieses wurde 1950 durch Anbau mit dem Gemeindeamtsgebäude vereinigt. Eine Vergrößerung des Depotraumes erfolgte 1969. Im Hinblick auf den Raummangel ist nunmehr ein neues Feuerwehrhaus in Planung.

HBI Pichler J. (1955), OBI Hofer V. (1961), AW Kapeller J. (1968), AW Lindorfer L. (1952), AW Ornetzeder H. (1969), AW Pichler K. (1951), BI Reisinger A. (1946) — Fm Atzlesberger M. (1980), HFm Böck J. (1952), Fm Böck R. (1979), HFm Breuer J. (1946), JFm Fidler Ch. (1983), HFm Fidler F. (1952), HFm Gabriel W. (1975), OLm Götzendorfer A. (1957), HFm Haider F. (1946), Fm Haider F. (1978), OFm Haider J. (1976), HFm Haider J. (1973), Lm Hofer A. (1973), HFm Hofer J. (1964), OLm Hofer R. (1972), HFm Hofer W. (1970), E-HBI Kapeller L. (1949), HBm Kapfer J. (1959), HFm Kepplinger F. (1964), Fm Kepplinger H. (1979), OLm Kepplinger J. (1971), HFm Kepplinger L. (1950), Fm Kitzmüller J. (1973), HBm Kitzmüller K. (1951), OLm Kitzmüller K. (1968), Fm Kobler H. (1980), OFm Lackner J. (1973), HFm Leibetseder F. (1955), Fm Leibetseder F. (1978), Fm Leibetseder K. (1978), Fm Leitner E. (1974), JFm Leitner H. (1983), OLm Leitner L. (1959), HLm Leitner M. (1925), HFm Lindorfer A. (1955), Fm Lindorfer H. (1979), Fm Lindorfer M. (1979), JFm Lindorfer W. (1983), Fm Maureder F. (1980), HFm Neußl J. (1963), OFm Niederhuber A. (1971), Fm Oberhamberger A. (1980), OFm Peherstorfer J. (1979), JFm Peherstorfer M. (1983), HFm Peherstorfer R. (1943), Fm Pichler A. (1978), OLm Pichler F. (1959), Fm Pichler F. (1978), OLm Pichler J. (1938), HFm Pichler J. (1961), Fm Pichler J. (1978), Fm Pichler K. (1978), JFm Pichler S. (1978), HFm Prüglinger J. (1957), Fm Ranetbauer E. (1980), HFm Reingruber J. (1972), Fm Reisinger B. (1978), Fm Reisinger P. (1981), JFm Reisinger R. (1983), HFm Stelzer J. (1960), Fm Stelzer J. (1981), Fm Stelzer S. (1981), JFm Stelzer W. (1983), OFm Urban J. (1974), HBm Wögerbauer-Koppler J. (1946), HLm Wolfmayr F. (1971), HFm Wolkerstorfer J. (1964), HBm Zauner A. (1950)

FF ST. VEIT IM MÜHLKREIS

Die Freiwillige Feuerwehr St. Veit wurde im Jahr 1873 gegründet. Bis zum Jahr 1945 sind die Aufzeichnungen sehr spärlich. So ist aus dem Jahr 1882 bekannt, daß Oberlehrer Hans Schnopfhagen für sein tatkräftiges Eingreifen bei einem Großbrand (er führte das Strahlrohr) vom Oö. Landesfeuerwehrverband Anerkennung ausgesprochen erhielt. Um 1950 war bei der Wehr ein dreiachsiges Löschfahrzeug im Einsatz. Am 1. Mai 1977 wurde die erste Florianimesse seit dem Zweiten Weltkrieg gefeiert. Im Jahr darauf wurde eine Heusonde angekauft und der Ankauf eines Tanklöschfahrzeuges beschlossen. Außerdem erfolgte der Gemeindebeschluß zum Bau eines Bauhofs mit Feuerwehr-Gerätedepot. Am 22. Juni 1980 wurde das TLF übergeben und geweiht. Im Juli kam es zum Ankauf eines Funkgeräts. 1981 wurden Atemschutzgeräte angeschafft, 1982 ein Notstromaggregat. Die Freiwillige Feuerwehr St. Veit im Mühlkreis stand seit ihrer Gründung unter der Führung folgender Hauptleute: Ludwig Hainy, Alois Panholzer (1913), Karl Gerstberger, Michael Rammerstorfer, Johann Steiniger (1930), Franz Höglinger, Josef Gahleitner, Edmund Scheucher (1945–1948), Dr. Dankmar Jesch (1949–1952), Friedrich Mayr (1952–1963), Ferdinand Hofinger (1963–1973), Johann Kramml (1973–1978) und Karl Möstl (seit 1978).

HBI Möstl K. (1963), OBI Lummerstorfer F. (1973) — Atzmüller A. (1955), Atzmüller S. (1973), Atzmüller S. (1979), Baumgartner J. (1959), Donner A. (1946), Donner A. (1968), Donner J. (1974), Donner R. (1948), Ehrengruber A. (1979), Fraundorfer H. (1955), Fraundorfer L. (1958), Füreder E. (1973), Füreder M. (1933), Gahleitner J. (1949), Gahleitner K. (1978), Gassenreiter R. (1948), Gut K. (1957), Haas E. (1983), Hackl F. (1973), Hackl G. (1974), Hainy L. (1980), Hainy L. (1952), Hammerschmied S. (1958), Haudum W. (1981), Hehenberger F. (1968), Heinzl H. (1971), Hofinger K. (1958), Kaiser R. (1982), Kaiser R. (1982), Keplinger E. (1958), Keplinger S. (1968), Kramml J. (1955), Krauck F. (1967), Kuhnert K., Lindenberger F. (1981), Mayr F. (1930), Mayrhofer J. (1966), Mayrhofer L. (1958), Möstl F. (1984), Neißl A. (1944), Neißl A. (1966), Neißl G. (1964), Neubauer K. (1973), Neundlinger W. (1971), Oberhamberger K. (1982), Plakolb Ch. (1981), Prammer M. (1946), Ratzenböck F. (1950), Rauscher K. (1950), Rechberger F. (1973), Rechberger N. (1981), Rechberger N. (1980), Schmidt K. (1981), Schmidt K. (1926), Schütz J. (1984), Schwarz L. (1951), Schwendtner F. (1981), Starl R. (1952), Thomiczny J. (1967), Traxler F. (1973), Dr. Traxler H. (1970), Traxler J. (1973), Wakolbinger J. (1967), Weigl J. (1977), Weigl W. (1984), Weißengruber M. (1963), Weißengruber R. (1969), Wögerbauer J. (1952)

FF SCHLÄGL

Über Initiative des seinerzeitigen Verwalters des Stiftsmeierhofes Schlägl, Ludwig Schlägl, fand am 4. Juni 1922 die Gründungsversammlung der FF Schlägl statt, nachdem vorher am 23. Mai 1922 der Gemeindeausschuß den Beschluß zur Gründung einer freiwilligen Feuerwehr gefaßt hatte. 22 Burschen und Männer traten der Feuerwehr bei. Bei der Wahl des ersten Vorstandes am 11. Juni 1922 wurde Ludwig Schlägl zum Obmann gewählt. Vom Stift Schlägl, wo schon eine Art Betriebsfeuerwehr bestand, wurden die dort vorhandenen Geräte wie Handpumpe, Baujahr 1850, Hanfschläuche und Wasserkübel der FF Schlägl übergeben. Bei Einsätzen wurden vom Meierhof die Pferdebespannung und der Kutscher, später ein Traktor kostenlos zur Verfügung gestellt. Den ersten Einsatz hatte die FF Schlägl am 3. Juni 1923 in Schindlau, wo neun Häuser abbrannten. Es folgten zahlreiche Brandeinsätze im Pflichtbereich und in den Nachbargemeinden. Im September 1931 wurde mit Unterstützung der Gemeinde Schlägl, des Stiftes Schlägl und der Gemeindebevölkerung die erste Motorspritze angekauft. Nach dem Zweiten Weltkrieg (1949) wurde wieder eine Versammlung einberufen, man kann diese als „neukonstituierende Versammlung" bezeichnen. Zehn junge Burschen traten in die FF Schlägl ein. Der Schmiedemeister Karl Krenn wurde zum Feuerwehrkommandanten gewählt, nachdem Ludwig Schlägl zurücktrat. 1952 wurde das erste Fahrzeug und 1959 eine neue Motorspritze angeschafft. 1971 wurde ein neues Kleinlöschfahrzeug Land Rover angekauft, welches bereits 1979 wieder verkauft und an dessen Stelle ein neues Löschfahrzeug mit Bergeausrüstung angeschafft wurde. Die FF Schlägl hat in ihrem 63jährigen Bestand fast 100 Brandeinsätze und fast ebenso viele technische Einsätze zu verzeichnen.

BR Eisner H. (1963), OBI Eisschiel P. (1969), OAW Traxler E. (1972), AW Andexlinger A. (1964), AW Schiffler F. (1977), AW Steidl L. (1977), BI Jauker J. (1953), BI Lanzerstorfer H. (1959) — Fm Andexlinger A. (1978), OLm Arnoldner M. (1970), HBm Barth R. (1959), HFm Brendtner E. (1972), OFm Brendtner F. (1970), OFm Brendtner J. (1973), JFm Eisner H. (1983), JFm Eisschiel P. (1983), HFm Felhofer A. (1967), OFm Felhofer F. (1972), HFm Felhofer R. (1964), HFm Felhofer R. (1970), HFm Felhofer R. (1960), Fm Feßl W. (1977), HFm Fuchs A. (1954), HFm Gabriel F. (1962), HFm Gabriel F. (1967), Fm Gabriel R. (1977), Fm Grausgruber G. (1979), Fm Groiß G. (1978), OFm Groiß J. (1970), Fm Groiß R. (1980), OFm Gruber F. (1967), PFm Grübl H. (1983), HFm Kickinger E. (1949), JFm Märzinger R. (1983), Fm Mathe Ch. (1978), JFm Nigl W. (1983), OFm Öppinger K. (1972), OLm Öppinger P. (1969), OFm Pichler F. (1972), JFm Pindeus E. (1983), JFm Plöderl M. (1983), PFm Pröll F. (1983), OFm Reischl G. (1972), HFm Schauer K. (1949), Fm Schiffler G. (1978), Fm Schiffler R. (1978), OLm Schmidinger J. (1954), Fm Schmidinger J. (1977), OLm Schmidinger R. (1956), OLm Sonnleitner F. (1968), JFm Stadlbauer J. (1983), HLm Steidl L. (1929), HFm Steininger H. (1974), HFm Wiesinger A. (1975), HFm Wöß A. (1946), OLm Wöß A. (1954), HFm Wöß A. (1963), Fm Wöß E. (1978), HFm Wöß F. (1949), Fm Wöß J. (1977), Fm Wöß J. (1978), E-AW Wöß J. (1953), HFm Wöß L. (1949), Fm Wöß N. (1977)

FF SCHÖNEGG

Die Freiwillige Feuerwehr Schönegg wurde 1929 unter Bürgermeister Franz Leutgöb gegründet, gleichzeitig eine Motorspritze angeschafft und ein Zeughaus errichtet. Durch die nationalsozialistische Herrschaft in unserem Land löste sich die Wehr 1938 auf; eine Körperschaft wurde gebildet, die einer deutschen Luftschutzpolizei unterstellt war. Während der Kriegsjahre dienten die meisten Kameraden bei der deutschen Wehrmacht. Die Wehr bestand daher hauptsächlich aus noch nicht wehrdienstpflichtigen Jugendlichen (Hitlerjugend). Nach dem Krieg wurde die Feuerwehr wieder in österreichischem Stil aufgebaut. 1951 bildete sich durch den Ankauf einer Motorspritze für Piberschlag eine zweite Löschgruppe der FF Schönegg, die sich schließlich 1952 zu einer selbständigen Feuerwehr entwickelte. 1956 wurde das veraltete Fahrzeug, das noch aus den dreißiger Jahren stammte, durch einen neuen Anhänger ersetzt. 1965 konnte durch die großzügige Unterstützung der Gemeinde eine neue VW-Spritze angeschafft werden. Unter Bürgermeister Prof. Winkler und HBI Enzenhofer wurde 1977 ein neues Zeughaus erbaut und bereits ein Jahr später ein neues Löschfahrzeug mit Bergeausrüstung (Mercedes 409) angeschafft. Seit 1967 besteht in der Feuerwehr auch eine aktive Wettbewerbsgruppe. 1974 konnten insgesamt 19 Pokale erobert werden. 1978 nahm die Gruppe am Bundeswettbewerb in Wiener Neustadt teil. Unter der Leitung von Bgm. Prof. Winkler konnte die Wettbewerbsgruppe 1975 auch an einem Leistungsbewerb unseres nördlichen Nachbarn in Vyssi Brod (Hohenfurt, ČSSR) teilnehmen. Durch die Veranstaltung von Feuerwehrbällen, Stadelfesten, Kameradschaftsabenden u. ä. wird das gute Verhältnis zur Bevölkerung und innerhalb der Mitglieder der Feuerwehr aufrechterhalten.

HBI Dumfart W. (1974), OBI Dobesberger E. (1965), HAW Prof. Winkler F. (1974), AW Enzenhofer K. (1972), AW Keplinger W. (1970), AW Preining L. (1976), BI Traxler F. (1965) — HFm Arnreiter F. (1934), E-HBI Breitschopf F. (1944), HFm Dobesberger H. (1965), HFm Dumfart F. (1973), HFm Eckerstorfer F. (1958), OFm Eckerstorfer E. (1976), HFm Eckerstorfer J. (1972), OLm Enzenhofer J. (1970), E-HBI Enzenhofer J. (1944), OFm Enzenhofer J. (1966), HFm Feilmayr F. (1974), Lm Feilmayr J. (1967), HFm Gallistl J. (1967), HFm Hamberger J. (1929), PFm Hierschläger A. (1984), HFm Keplinger J. (1958), PFm Kitzmüller E. (1984), E-OBI Kitzmüller T. (1940), HFm Kitzmüller W. (1976), PFm Koller S. (1984), Fm Lanz K. (1980), OBm Liedl A. (1960), HLm Neulinger J. (1980), Fm Preining R. (1976), HFm Schwarzinger F. (1929), Fm Thonabauer G. (1976), Fm Winkler B. (1979), OFm Winkler F. (1976), Fm Wolkerstorfer H. (1976)

FF SCHWARZENBERG IM MÜHLKREIS

Die Freiwillige Feuerwehr Schwarzenberg wurde am 13. August 1890 auf Initiative von Paul Langthaler gegründet. Weitere wichtige Gründungsmitglieder waren Sylvester Hauer, Gottfried Czap, Ignaz Jungwirth und Wenzl Steinacher. Noch im Gründungsjahr wurde bei der Fa. Kernreuther in Wien eine Saugpumpe mit Wagen bestellt. Im Jahr 1906 wurde in Schwarzenberg ein neues Zeughaus erbaut. 1911 wurde eine Handpumpe mit Wagen angekauft. Bereits am 31. Mai 1931 wurde die erste Motorspritze angekauft. Beim Bau des neuen Gemeindehauses in Schwarzenberg erhielt die Feuerwehr ein neues Zeughaus beim hinteren Eingang des Hauses. 1944 wurde eine neue Motorspritze TS 8 zusammen mit 100 m Schlauchmaterial und diversen Armaturen angekauft und dem damaligen Kommandanten Hermann Höpfl übergeben. Am 19. April 1968 wurde das bei der Fa. Rosenbauer bestellte Feuerwehrauto der Feuerwehr übergeben. Am 18. Oktober 1937 wurden das neue Gemeindehaus und das Zeughaus eingeweiht. Ein Neubau des Zeugstättengebäudes wurde im November 1983 begonnen, der Rohbau ist bereits fertiggestellt. 1935 wurde auch eine Rettungsabteilung gegründet, Rettungsführer war Josef Hain. Die Kommandanten der Freiwilligen Feuerwehr Schwarzenberg seit der Gründung waren: Paul Langthaler (1890–1901), Otto Filnkößl (1901–1905), Rudolf Hutterer (1905–1913), Ferdinand Hornath (1913–1920), Franz Greiner (1920–1923), Ferdinand Hornath (1923–1930), Sylvester Donabauer (1930–1938), Hermann Höpfl (1938–1978) und Rupert Sommer (seit 1978).

HBI Sommer R. (1946), OBI Schmid W. (1966) — Almesberger F. (1975), Almesberger W. (1978), Auberger M. (1980), Eichinger O. (1969), Eisner Ch. (1979), JFm Eisner M., Fischer A. (1937), JFm Fleck Ch., Fleck J., Frischkorn J. (1975), Gratzl P. (1979), Greiner A. (1974), Greiner E. (1979), Greiner F. (1948), Greiner H. (1973), Greiner J. jun. (1977), Greiner J. sen. (1953), Groiß W. jun. (1978), Groiß W. sen. (1953), JFm Gumpenberger A., Gumpenberger G. (1972), Hafner F. (1962), Hauer F. (1952), Hauer J. (1981), Hauer P. (1962), Hauzeneder H. (1977), Hoheneder A. (1966), Kasper A. (1948), Kasper H. (1974), Kasper J. (1937), Kasper J. (1975), Krieg L. (1948), Lang O. (1983), Löffler A. (1983), Mayr F. (1958), JFm Mayr F., JFm Mayr M. (1979), Mühlbök W. (1979), Neumüller H. (1948), Neumüller J. (1976), Neundlinger F. (1954), Obermüller A. (1978), Obermüller E. (1968), Öller M. (1979), Pfoser E. (1953), Pilger W. jun. (1978), Resch J. (1979), Rosenberger F. (1980), JFm Rosenberger H. (1978), Rosenberger R. (1975), Rosenberger W. (1957), Rosenberger W. (1974), Scheiblberger J. (1976), Schmid A., Schmid P. (1979), Sommer G. (1977), Sommer G. (1974), Stangl K. (1975), Steininger E. (1970), Steininger H. (1974), Steininger H. (1978), Steininger W. (1976), Studener R. (1954), Studener W. (1978), Thaller Ch., Thaller H. (1977), Thaller H. (1963), Thaller J., Weidinger E. (1983), Weidinger E. (1957), Weidinger J. (1983), Weidinger L. (1941), Weidinger R. (1963), Weidinger R. jun. (1981), Wöß F. jun. (1979), Wöß F. sen. (1951), Wöß H. (1982), Wöß J., Wöß W. (1968), Wöß W. (1979), Wöß W. (1980), Zimmermann M., Zoitl F. (1970), Zoitl L. jun. (1962), Zoitl L. sen. (1937)

FF SPRINZENSTEIN

Mit der Führung des Kassenbuches wurde am 16. April 1910 begonnen. 713 Kronen und 73 Pfennig wurden von 38 Aktiven und 77 unterstützenden Gründungsmitgliedern zum Ankauf einer Handspritze gespendet. 1000 Kronen wurden an die Fa. Gugg angezahlt, der Rest ist in vier Raten bezahlt worden. Die erste Ausschußsitzung war am 8. Juni 1910. Das Gründungsfest wurde wegen Geldmangels auf den 7. Juli 1912 verschoben. Während des Ersten Weltkrieges gab es keine Versammlung bis 12. Januar 1919. Am 12. September 1923 brannte das Schloß in Sprinzenstein ab. Am 26. Mai 1938 wurde die Feuerwehr Sprinzenstein für die Dauer der NS-Zeit der Feuerwehr Sarleinsbach eingegliedert. Eine neue R-50-Motorspritze wurde 1938 von der Fa. Rosenbauer in Linz gekauft. 1952 erhielt die Wehr das erste Feuerwehrauto, einen Dodge, Baujahr 1936, der bis 1967 benützt wurde. Am 4. Dezember 1955 brannte der Mairhof in Sprinzenstein durch Heuselbstentzündung ab und damit der Geräteschuppen der Wehr samt Schlauchturm. 1956 wurde das jetzige Feuerwehrhaus gebaut. 1959 wurde das neue Feuerwehrhaus geweiht, gegen Schluß des Festaktes zog ein Gewitter auf, ein Blitz zündete ein landwirtschaftliches Anwesen in Lanzersdorf; es gab Brandalarm, das Feuerwehrfest war aus. 1962 wurde eine neue Tragkraftspritze R 75 VW Automatik gekauft und im Juli 1963 anläßlich des 50jährigen Gründungsfestes gesegnet. 1970 erhielt die Wehr ein neues Berglandlöschfahrzeug Marke Land Rover 109. 1979 wurde vom Reingewinn einiger Gartenfeste ein gebrauchter VW-Bus vom Roten Kreuz angekauft. Dieses Rettungsauto haben die Kameraden in ihrer Freizeit in ein Kommandofahrzeug umgebaut. Eine Lautsprecheranlage wurde im Kommandobus eingebaut und wird von der Bevölkerung als wichtiges Gerät geschätzt.

HBI Höglinger M. (1953), OBI Höppe F. (1973), AW Backfrieder A. (1973), AW Gumpenberger H. (1963), AW Peer A. (1966), BI Höfler F. (1959) — Lm Altenhofer F. jun. (1973), HFm Altenhofer F. sen. (1946), JFm Altenhofer L. (1980), HFm Arnreiter F. (1978), JFm Backfrieder K. (1983), PFm Beismann A. (1983), OBm Beismann F. (1959), PFm Beismann R. (1983), OFm Eder A. (1955), Bm Eder F. jun. (1967), HLm Eder F. sen. (1936), HLm Eilmansberger J. (1942), HFm Falkner E. (1973), HFm Fuchs J. (1975), HFm Gattringer J. (1976), OBm Gierlinger L. (1956), Fm Gierlinger N. (1978), OFm Grabner B. (1973), OFm Grabner F. (1967), OFm Grabner J. (1973), E-BR Grabner J. (1946), JFm Grabner M. (1983), OFm Hager J. (1975), Bm Höglinger A. (1970), Lm Höglinger F. (1973), HFm Höglinger F. (1975), HLm Höglinger M. (1974), Fm Höppe F. (1977), HFm Hofer F. (1974), HFm Hofer M. (1967), HFm Hofer R. (1965), JFm Hofer W. (1980), JFm Hofer W., PFm Kneidinger A. (1983), OLm Kneidinger J. (1973), HFm Kriegner A. (1953), OFm Lang J. (1978), Fm Lang R. (1978), HFm Leibezeder A. (1974), HFm Liebletsberger J. (1959), Pichler K. (1983), HFm Pühringer M. (1980), E-AW Reiter J. (1948), JFm Reiter N. (1980), JFm Rumerstorfer Ch. (1951), Fm Dr. Spannocchi H. (1965), JFm Starlinger Ch. (1981), HBm Starlinger H. (1963), JFm Starlinger J. jun. (1980), HBm Starlinger J. sen. (1963), JFm Starlinger W., HFm Vierlinger H. (1966), OBm Vierlinger H. (1967), E-BI Vierlinger L. (1943), HFm Wögerbauer J. (1974), HFm Zöchbauer A. (1962)

FF STEINBRUCH

Durch mehrere Brände in der Ortschaft Steinbruch-Pürnstein wurde von der Bevölkerung der Wunsch geäußert, eine eigene Feuerwehr zu gründen. Durch die Unterstützung des damaligen Bezirkskommandanten Leopold Natschläger und des Ortskommandanten von Neufelden Karl Unter wurde vorerst ein Löschzug in Steinbruch aufgestellt. Im Herbst 1949 wurde mit dem Bau eines Feuerwehr-Zeughauses begonnen und mit Hilfe der Gemeinde Neufelden und durch Spenden und freiwillige Arbeitsleistung der Feuerwehrmänner und der Bevölkerung von Steinbruch-Pürnstein im Jahr 1950 fertiggestellt. Auf Wunsch der Feuerwehrmänner des Löschzuges wurde an die Zivilverwaltung Mühlviertel ein Ansuchen gerichtet, um den Löschzug in eine selbständige Feuerwehr umzuwandeln. Mit Bescheid vom 14. Juli 1950 wurde der Löschzug Neufelden als selbständige Feuerwehr mit dem Namen „Freiwillige Feuerwehr Steinbruch" anerkannt. Am 23. Juli 1950 wurde das Gründungsfest der Freiwilligen Feuerwehr Steinbruch unter Beisein des damaligen Feuerwehrreferenten Wolkerstorfer von der Zivilverwaltung Mühlviertel, des Abschnittsfeuerwehrkommandanten Leidinger-Neuhaus, des Bürgermeisters von Neufelden Ing. Jacksch, des Feuerwehrkommandanten von Neufelden Sonnleitner, des Gründungskommandanten von Steinbruch Franz Mittermayr und mit den angrenzenden Nachbarfeuerwehren sowie der Bevölkerung von Steinbruch-Pürnstein würdig gefeiert. 1948 erhielt die FF Steinbruch eine Luftschutzpumpe TS 8, 1970 eine VW 75 Automatik. Hauptleute seit der Gründung waren Franz Mittermayr (1948–1958) und Franz Sachsenhofer (seit 1958).

HBI Sachsenhofer F. (1948), OBI Neumüller J. (1973), AW Leibetseder F. jun. (1979), AW Mittermayr H. (1950), AW Stöbich F. (1962) — OLm Furtmüller H. (1967), HLm Girlinger J. (1948), Fm Hauzenberger G. (1983), OLm Höglinger J. (1967), E-OBI Höller M. (1948), E-AW Höllinger F. (1948), OLm Hötzendorfer M. (1958), OFm Jelinek G. (1980), Lm Jelinek W. (1974), OFm Lehner J. (1980), OLm Lehner M. (1976), HLm Leibetseder A. (1958), E-AW Leibetseder A. (1950), Fm Leibetseder Ch. (1981), HLm Leibetseder F. (1948), HLm Leibetseder F. (1950), HFm Leitenmüller R. (1980), E-AW Mittermayr F. (1953), HLm Mittermayr L. (1959), Fm Ortner S. (1983), HBm Priesner E. (1958), OLm Richtsfeld H. (1971), Lm Richtsfeld M. (1969), HLm Richtsfeld M. sen. (1948), Lm Scharinger K. (1979), HLm Stöbich J. (1967), E-OBI Stöbich K. (1959), Fm Stürmer E. (1982), OFm Stürmer H. (1980), E-OBI Stürmer H. sen. (1953), HLm Viehböck A. (1949), E-AW Viehböck H. (1955), HFm Viehböck H. jun. (1980), Fm Viehböck J. (1983), Fm Viehböck W. (1982), HLm Zeller H. (1958)

FF ULRICHSBERG

Die Freiwillige Feuerwehr Ulrichsberg wurde im Jahr 1873 gegründet. Gründungsmitglieder waren Friedrich Lanz, Josef Weber, Leopold Schauberger und Josef Wuschko. Das Gründungsmitglied Friedrich Lanz wurde auch zum ersten Feuerwehrhauptmann gewählt. Ihm folgten die Kommandanten Josef Langthaler, Franz Bayr, Josef Berlinger, Johann Lauß, Franz Krenn, Roman Würdinger, Karl Kapfer, Alois Pröll, Franz Neuburger, Rupert Krendl, Franz Geretschläger, Rupert Krendl, Franz Urmann und Franz Kapfer. Am 2. Mai 1874 erhielt die Freiwillige Feuerwehr Ulrichsberg eine Saugspritze und eine Petroleumlampe. 1928 wurde die erste Motorspritze gekauft. 1937 wurde ein Personenauto angeschafft. Im Jahr 1952 erhielt die Wehr einen Rüstwagen und eine Motorspritze; auch wurde ein Zeughaus errichtet. 1973 wurde ein Tanklöschwagen Type TLF 2000 60 sowie eine Tragkraftspritze erworben. Im selben Jahr wurde auch eine neue Fahne gekauft, weil in diesem Jahr die Freiwillige Feuerwehr Ulrichsberg ihr 100jähriges Bestandsjubiläum feierte. 1981 erhielt die Freiwillige Feuerwehr Ulrichsberg vom Land Oberösterreich einen E-Wagen. 1983 erfolgte der Spatenstich zum neuen Feuerwehrhaus, das sich derzeit im Bau befindet.

HBI Kapfer F. (1947), OBI Zöchbauer A. (1973), AW Gabriel J. (1974), AW Leitner J. (1973), BI Glaser K. (1937), BI Krenn F. (1953) — HFm Baier O. (1929), HFm Binder A. (1958), Lm Bindl R. (1973), HFm Bogner S. (1973), Fm Bräuer H. (1980), HFm Bräuer J. (1951), Fm Deutsch M. (1979), Fm Egginger W. (1977), OFm Felhofer M. (1974), HFm Fischer H. (1958), PFm Fischer L. (1983), HFm Geretschläger F. (1967), PFm Grafeneder R. (1982), OFm Grims W. (1971), HFm Kaar F. (1920), Lm Kagerer S. (1967), HFm Kapfer K. (1927), PFm Kasper F. (1983), HBm Kasper M. (1973), HFm Köck H. (1965), Lm Lang W. (1973), HFm Lanzersdorfer F. (1950), Lm Lichtenauer Ch. (1977), HFm List L. (1952), BI Löffler A. (1934), HFm Löffler F. (1977), HFm Löffler F. (1973), HFm Löffler J. (1973), HFm Löffler R. (1952), HFm Nigl F. (1954), HFm Pankratz B. (1961), HFm Reischl J. (1933), OFm Rutzendorfer K. (1969), OFm Schramm B. (1973), OFm Sonnleitner F. (1974), Lm Sonnleitner R. (1974), HFm Spitzenberger F. (1959), HFm Steininger J. (1928), HFm Stoiber F. (1952), OFm Umdasch S. (1980), HFm Urmann F. (1946), OFm Urmann W. (1979), OFm Wagner K. (1973), HBm Wagner R. (1967), Lm Wögerbauer A. (1952), HFm Wögerbauer E. (1961), OFm Wögerbauer E. (1979), FK Wögerbauer O. (1974), HFm Wuschko E. (1951), HFm Zoidl R. (1967)

FBtF DER PAPIERFABRIK OBERMÜHL

Die Freiwillige Betriebsfeuerwehr der Papierfabrik Obermühl wurde am 5. Februar 1922 gegründet. Als Wehrführer agierte Direktor Hermann Schmiedel. Es war sicher ein kleiner bescheidener Anfang von der Geräteseite her. Denn als Einsatzfahrzeug diente ein von Hand gezogener Karren. Die erste Pumpe wurde ebenfalls von Hand betrieben. Ein Zeughaus samt Umkleideraum wurde aus Holz erbaut, das heute noch den Kameraden zur Verfügung steht. In den Jahren nach der Gründung wurden von der Betriebsleitung immer wieder neue Geräte angekauft, die der damaligen Zeit entsprachen. Anfang 1930 wurde ein kleines gebrauchtes Einsatzfahrzeug angekauft, das bis Kriegsende im Einsatz stand. Die Betriebsfeuerwehr war dadurch immer sehr gut ausgerüstet, um einer Brandkatastrophe wirksam entgegentreten zu können. Während des Zweiten Weltkrieges hat auch der Mannschaftsstand durch Ausfälle sehr gelitten. In den Nachkriegsjahren wurde ein Wehrmachts-Lastkraftwagen von der damaligen Firmenleitung auf ein Einsatzfahrzeug umgebaut; dieses stand bis 1968 im Einsatz. Im August 1968 wurde ein Löschfahrzeug der Type LLF A Land Rover angekauft. Die Anschaffung kam nur zustande, weil die BtF von den Gemeinden Kirchberg, Altenfelden und Niederkappel und der Papierfabrik Obermühl finanziell großzügig unterstützt wurde. Auch von der Kameradschaftskasse wurde ein größerer Betrag zur Anschaffung geleistet. Seit ihrer Gründung stand die Freiwillige Betriebsfeuerwehr der Papierfabrik Obermühl unter der Führung folgender Kommandanten: Dir. Hermann Schmiedel (1922–1925), Dir. Karl Nemeth (1925–1939), Ing. Josef Baumgärtner (1939–1945), Josef Aistleitner (1945–1948), Leopold Emerstorfer (1948–1961) und August Rauscher (seit 1961).

HBI Rauscher A. (1949), OBI Peherstorfer K. (1949) — Aigelsdorfer J. (1966), Aiglsberger J. (1948), Aiglsberger W. (1974), Almesberger J. (1965), Altendorfer E. (1972), Atzgerstorfer J. (1972), Gierlinger L. (1951), Girlinger J. (1959), Haller J. (1935), Kneidinger J. (1958), Knogler U. (1954), Leitenbauer W. (1949), Prey J. (1960), Schwarzenbrunner K. (1954), Wimmer L. (1949)

BtF DER LEINENWEBEREI VONWILLER, HASLACH

Die Geschichte der Betriebsfeuerwehr reicht weit in das vorige Jahrhundert zurück. Die Textilfabrik Vonwiller wurde im Jahr 1819 gegründet. Wenige Jahre später, am 5. August 1826, brach in Haslach ein verheerender Brand aus, dem über 100 Bürgerhäuser und 37 Scheunen zum Opfer fielen. Das veranlaßte die Firma, eine Feuerwehr aufzustellen, der bald darauf eine wohlorganisierte Betriebsfeuerwehr folgte. Zu dem Brandunglück vom 28. September 1862 schreibt die „Linzer Zeitung" u. a.: „Feuerspritzen sahen wir 7 in Tätigkeit, 2 von der hiesigen Marktkommune, 1 von der Fabrik Vonwiller, 1 vom Gutsbesitzer L. Foelser aus Lichtenau, 1 aus Rohrbach, 1 vom Grafen von Seeau und 1 von Simonetta in Helfenberg." Am 14. Juli 1890 brach um 3 Uhr früh in einem Warenlager der Fabrik ein Brand aus, der die gesamten Fabrikanlagen und außerdem die Häuser in der Windgasse gefährdete. Es gelang der Betriebsfeuerwehr, den Brand zu lokalisieren, ebenso wie es bei einem Brand im selben Jahr gelang, im Verein mit der Feuerwehr von Haslach und einigen Nachbarwehren ein Feuer einzudämmen, das bereits auf das Haslacher Rathaus übergegriffen hatte. Bald darauf erwarb die Firma eine Dampfspritze mit stehendem Kessel, betreut vom Fabriks-Schlossermeister Eyselt. Die Spritze wurde stets in Bereitschaft gehalten und war in weniger als 15 Minuten einsatzbereit. Sie war die einzige Dampfspritze des ganzen Gebietes. Schließlich mußte sie den modernen Motorspritzen weichen, heute wäre sie ein wertvolles Museumsstück. 1947 wurde eine RW 80 und 1979 eine R VW 75 eingestellt, ein neues Feuerwehrhaus wurde 1971 errichtet, und in der Folge wurde die persönliche Ausrüstung mit Schutzjacken, Lederstiefeln usw. auf den neuesten Stand gebracht.

HBI Vierlinger W. (1953), OBI Pürmair M. (1949), AW Bayer J. (1959), AW Keplinger J. (1964) — OFm Baier G. (1977), HFm Berndorfer J. (1979), OFm Eggerstorfer E. (1962), Lm Friedl W. (1975), Fm Gaisbauer R. (1966), OFm Hintringer J. (1978), Fm Mayrhofer F. (1973), Lm Müller K. (1954), OLm Praxl J. (1962), Fm Schinkinger G. (1983), OLm Walchshofer A. (1964), OFm Walchshofer J. (1981), HLm Zimmermann E. (1954)

BEZIRK SCHÄRDING

67 FEUERWEHREN

Abschnitt 1	Engelhartszell	19 Feuerwehren
Abschnitt 2	Raab	21 Feuerwehren
Abschnitt 3	Schärding	27 Feuerwehren

BEZIRKSKOMMANDO

Sitzend von links nach rechts: BFK GR Nefischer Johann, BR Atteneder Wilhelm, OBR Gehmaier Karl, BR Mayrhofer Herbert, BFA OMR Lindinger Richard; stehend von links nach rechts: HAW Stafflinger Josef, HAW Scheuringer Josef, BR Huber Hans, VBR Zöchling Josef, HAW Schano Hubert, HAW Petershofer Rudolf

FF AICHBERG

Die FF Aichberg wurde 1887 durch den damaligen Schloßbesitzer Baron Sunthal gegründet. 1931 wurde aus der FF Aichberg ein Löschzug in Erledt errichtet und diesem eine Handdruckspritze überlassen. 1947 wurde eine Sammlung zum Ankauf einer Motorspritze durchgeführt. Die Weihe erfolgte zugleich mit dem 60jährigen Gründungsfest am 27. Juli 1948. Im Februar 1950 wurde ein aus Kriegsbeständen stammendes Kraftfahrzeug gekauft und zu einem Feuerwehrauto umgebaut. Eine Feuerwehrfahne wurde 1951 aus Spenden der Feuerwehrkameraden gekauft. Ein neues Feuerwehrhaus wurde 1955 gebaut und am 8. Juli 1956 geweiht. 1961 wurde die Verkehrsuntüchtigkeit des Feuerwehrautos festgestellt. Man kam zu dem Entschluß, einen neuen Rüstwagen zu kaufen. Am 12. August 1962 konnte die Segnung des neuen Rüstwagens (Ford FK 1250) gefeiert werden. Dieser Rüstwagen war 1981 wieder zu klein, um die vielen Geräte, u. a. schweren Atemschutz, Notstromversorger, Greifzug, Mittelschaumanlage, hydraulische Rettungsschere, aufzunehmen. So wurde ein weiteres Rüstfahrzeug der Klasse LFB Mercedes 508 dazugekauft.

HBI Perndorfer F. (1936), OBI Razenberger J. (1973), AW Klapfenböck R. (1968), AW Luger J. (1956), AW Putta W. (1967), BI Humer L. (1974), BI Luger A. (1963) — HFm Aigner J. (1962), OFm Aigner J. (1978), OFm Amersdorfer L. (1931), HFm Brandstätter F. (1964), OFm Dobetsberger G. (1975), Fm Dobetsberger G. (1978), HFm Dobretzberger E. (1953), Fm Dobretzberger E. (1976), Fm Eilmannsberger H. (1981), HFm Eilmannsberger F. (1973), FA Dr. Enzelsberger H. (1977), HFm Eppacher A. (1959), Fm Feßler P. (1982), OFm Gahleitner A. (1973), Fm Gahleitner G. (1980), HFm Gahleitner M. (1973), Fm Gahleitner O. (1981), HFm Gahleitner R. (1953), Lm Gahleitner R. (1980), Fm Grill F. (1974), Fm Grill G. (1982), OFm Haider E. (1966), E-HBI Hofer J. (1932), HFm Hofer J. (1952), HFm Hofer J. (1973), Lm Huber L. J. (1978), Bm Humer E. (1958), OFm Humer F. (1979), HFm Humer G. (1973), HFm Humer H. (1950), Fm Humer H. (1974), E-BI Humer L. (1948), HLm Jäger G. (1965), HFm Klapfenböck F. (1949), HFm Klapfenböck F. (1949), OLm Klapfenböck F. (1971), Fm Klapfenböck J. (1981),OLm Klapfenböck J. (1971), OLm Klapfenböck W. (1973), HFm Luger A. (1966), Fm Luger A. (1980), HBm Luger H. (1964), HFm Luger J. (1950), Fm Luger J. (1980), OFm Luger J. (1978), HFm Luger K. (1977), Fm Mayerhofer K. (1981), HFm Moser H. (1971), HFm Mühlböck H. (1971),

HLm Mühlböck H. (1946), HFm Mühlböck P. (1977), OFm Osterkorn F. (1974), Fm Osterkorn J. (1980), OLm Osterkorn J. (1950), OFm Ozlberger J. (1928), Lm Peham F. (1927), OFm Perndorfer E. (1971), HLm Perndorfer F. (1949), Fm Perndorfer F. jun. (1981), OFm Perndorfer G. (1981), HFm Perndorfer J. (1956), OLm Perndorfer L. (1973), HFm Perndorfer M. (1971), HFm Perndorfer R. (1948), Lm Perndorfer R. (1977), HFm Ratzesberger L. (1963), OLm Razenberger F. (1976), HFm Razenberger G. (1976), HFm Reisinger J. (1948), OFm Reitinger A. (1973), HFm Reitinger H. (1948), Lm Reitinger H. (1973), E-AW Reitinger J. (1931), HFm Reitinger J. (1963), HFm Reitinger J. (1962), HFm Reitinger J. (1949), Lm Reitinger J. (1971), HFm Reitinger R. (1963), HFm Roth J. (1966), Lm Samhaber J. (1973), Fm Samhaber W. (1980), HFm Schauer M. (1971), HFm Schwendinger E. (1963), HFm Sigl A. (1958), Lm Sigl A. (1974), HFm Sigl J. (1976), OFm Sigl L. (1971), Fm Sigl N. (1983), OFm Steindl A. (1970), Fm Stieglmaier E. (1979), HFm Stuhlberger K. (1950), HFm Wallner J. (1977), HFm Weißenböck H. (1950), HFm Weißenböck J. (1921), HFm Weißenböck M. (1962), HBm Weißenböck R. (1958), OLm Wildauer H. (1973), Fm Wildauer J. (1975), HFm Zachbauer A. (1958), HFm Zachbauer J. (1973)

FF ALTSCHWENDT

1854 verfertigte Rupert Gugg aus Braunau für die Gemeinde Altschwendt eine fahrbare Feuerspritze, zu der das Wasser, das durch ein Wenderohr ausgespritzt wurde, zugetragen werden mußte. Im Jahr 1882 wurde diese Spritze in eine Saugspritze umgewandelt. 1892 wurde die Freiwillige Feuerwehr Altschwendt gegründet. 1898 wurde von der Fa. Gugg eine neue Saugspritze angekauft. Für die alte Feuerspritze wurde in Oberrödham ein eigenes Depot gebaut und von dort das Gebiet von Oberrödham und Einbach versorgt. 1905 baute man am Westende des Ortes Altschwendt ein neues Feuerwehrhaus. 1924 bekam die Feuerwehr eine eigene Fahne. Als Fahnenpatin agierte Agnes Bauer. Am 19. März 1930 wurde von der Fa. Rosenbauer, Linz, die erste Motorspritze angekauft. Die feierliche Weihe fand am 4. Mai 1930 statt. 1932 wurde auf das neue Zeughaus ein Schlauchturm aufgebaut. Bis dahin waren die Schläuche auf dem Kirchturm zum Trocknen aufgehängt worden. 1952 feierte man das 60jährige Gründungsfest mit der Weihe einer neuen Motorspritze. Der erste Löschteich in Betonbauweise wurde 1958 errichtet. Im Jahr 1969 wurde das Zeughaus einer Generalsanierung unterzogen. In den Jahren 1971 bis 1973 wurde je ein Löschteich in Oberrödham, Unterrödham und Danrath errichtet. Zur besseren finanziellen Grundlage der Feuerwehrkasse wird seit 1975 das Hallenfest der FF veranstaltet. 1976 wurde wieder ein Löschteich errichtet, und zwar in der Ortschaft Rien. Das große Ereignis der FF war 1978 die Anschaffung eines LFB, 1981 kam ein mobiles Funkgerät zur Anschaffung, und 1983 wurden drei Atemschutzgeräte angekauft.

HBI Söberl J. (1966), OBI Perndorfer A. (1970), AW Grillneder J. (1977), AW Hofinger A. (1977), AW Weyrer R. (1978), BI Auzinger J. (1952) — HFm Altmann A. (1973), OBm Angermayr J. (1946), OFm Angermayr J. (1977), OBm Anzengruber J. (1948), PFm Arminger E. (1983), OFm Aschauer M. (1978), OFm Auzinger H. (1969), Fm Bauer J. (1981), OFm Bauer M. (1975), PFm Baumgartner J. (1983), OBm Baumgartner M. (1933), OFm Demelbauer E. (1976), Fm Demelbauer N. (1981), Fm Etzl J. (1981), Lm Feichtner L. (1963), OBm Fraueneder A. (1949), Fm Fraueneder A. (1981), Lm Gradinger A. (1970), OFm Grillneder F. (1975), OFm Haderer G. (1977), Fm Haderer M. (1981), Fm Hinterleitner A. (1979), Lm Hochhold J. (1970), OLm Holzinger A. (1956), OBm Kopfberger L. (1931), HBm Lengfellner M. (1952), OBm Lindpointner A. (1959), OFm Lindpointner F. (1976), Fm Lindpointner J. (1980), OLm Maier-Bauer T. (1952), OBm Mair F. (1933), Lm Mayr F. (1970), Fm Pehringer G. (1981), OFm Pehringer R. (1977), Lm Perndorfer F. (1976), OBm Perndorfer J. (1945), E-HBI Razenböck A. (1936), Fm Schmadlak P. (1979), Fm Schmidleitner L. (1978), OBm Schreinmoser F. (1966), OBm Traunwieser J. (1960), Fm Voglmeier H. (1981), Wastlbauer M. (1927), Lm Weißenböck A. (1970)

FF ANDORF

Im Jahr 1818 brannte der halbe Ort Andorf bei einem Großbrand ab. Zu dieser Zeit gab es als Brandbekämpfung nur eine Eimerkette von der Wasserentnahmestelle bis zum Brandherd. Die Wirkung war daher entsprechend gering. Im Jahr 1877 stellten sich elf Männer für ein Proponentenkomitee zur Verfügung. Es wurde eine Handdruckspritze angekauft und vier Jahre später eine Kübelspritze, die bis 1924 in Betrieb war. In diesem Jahr wurde eine Wagen-Motorspritze von der Fa. Rosenbauer angekauft, was eine fühlbare Erleichterung für die Mannschaft bedeutete, da bei den Handdruckspritzen die Männer kräftig drücken mußten. Doch nach dem Krieg kam diese Motorspritze abhanden, und so kaufte die Feuerwehr 1946 ein Steyr-Fahrgestell, welches von Andorfer Handwerkern aufgebaut wurde. Auch eine Tragkraftspritze wurde angekauft. Dieses Feuerwehrauto tat bis 1975 verläßlich seinen Dienst, als die Wehr mit einem modernen Tanklöschfahrzeug ausgestattet wurde. Zwei Jahre später kaufte man ein VW-Kommandofahrzeug, und 1983 wurde ein Lösch- und Bergefahrzeug angeschafft. Außerdem gehören ein hydraulisches Bergegerät und drei schwere Atemschutzgeräte sowie eine modernst aufgebaute Funk- und Alarmanlage neben vielen anderen Feuerwehrgeräten zur Ausrüstung. Von 1973 bis 1983 war Johann Peinbauer Kommandant; unter ihm wurde sehr viel geleistet. Um das Geld für die Feuerwehrautos und die Ausrüstung zusammenzubekommen, wurden Flohmärkte, Feuerwehrbälle und Volksfeste veranstaltet. Aus gesundheitlichen Gründen trat er 1983 zurück, neuer Kommandant wurde sein ehemaliger Stellvertreter Karl Feichtner.

HBI Feichtner K. (1962), OBI Jobst H. (1953), AW Bauer A. (1973), AW Bischof F. (1950), AW Niedermeier H. (1946), BI Haider J. (1969), BI Manhartsberger J. (1982) — Lm Aichinger L. (1973), Fm Andeßner L. (1946), Fm Angerbauer A. (1981), JFm Angleitner G. (1983), Fm Angleitner M. (1980), JFm Angleitner W. (1981), HLm Baumann L. (1961), OLm Baumgartner A. (1950), Fm Binder W., Fm Bischof H. (1973), Bm Bramer H. (1962), HBm Brandl A. (1955), HFm Bubestinger A. (1975), JFm Buschbeck N. (1981), Fm Feichtlbauer J. jun. (1973), Fm Feichtner K. jun. (1974), HBm Furthner F. (1946), Fm Haidinger K. jun. (1979), Fm Haidinger K. sen. (1979), Fm Hartwagner L. (1973), JFm Hellbauer J. (1981), HBm Hölzl J. (1963), JFm Hözl H. (1981), Lm Holz E. (1970), Fm Jell J. (1979), JFm Jobst H. (1980), OFm Kreinecker G. (1980), Fm Kumpfmüller G. (1975), HFm Leeb W. (1974), JFm Lehner A. (1980), JFm Lehner S. (1982), JFm Lindlbauer J. (1982), OFm Mayrhofer F. (1962), Fm Oberauer M. (1962), E-AW Oppitz K. F. (1951), HFm Ortbauer F. (1969), Fm Ortbauer J. (1982), Fm Ortbauer M. jun. (1980), E-HBI Peinbauer J. (1945), Fm Peneder H. (1980), Fm Perzl J. (1982), OFm Reischl A. (1980), OFm Schinagl P. (1975), OFm Schneebauer J. (1923), HFm Schönbauer W. (1976), OLm Schröckner L. (1947), JFm Seidl A. (1983), HFm Sommergruber L. (1956), HFm Sperz G. (1969), Lm Spreitzer A. (1963), Fm Spreitzer A. (1975), HLm Spreitzer J. (1963), OFm Starzengruber H. (1965), HFm Staudinger J. (1961), Lm Sternbauer J. (1960), OFm Straßer R. (1975), OLm Straßl J. (1948), OFm Summereder J. jun. (1970), Bm Summereder J. sen. (1948), Lm Surner F. (1966), JFm Tiefenböck H. (1980), HFm Tiefenböck J. (1932), HLm Wagner J. (1946), Fm Wetzelmayer K., Fm Wieshammer J. (1980), HBm Witzmann R. (1918), Fm Zachbauer G. (1980), HLm Zauner M. (1923)

FF ASCHENBERG

Am 4. August 1904 wurde die FF Aschenberg als Filiale der FF St. Roman mit einem Mitgliederstand von 19 Mann gegründet. Zugsführer war Josef Haderer. Anlaß der Gründung war ein Brand im Baumgartnergute in Ginzldorf. 1905 Einführung des Selbsthilfevereins und Erbauung des Spritzenhauses. Am 27. Mai 1912 wurde die FF Aschenberg zur selbständigen Feuerwehr erklärt. Die erste Benzinmotorspritze wurde am 11. Oktober 1931 anläßlich eines Festaktes eingeweiht. Nach dem Anschluß Österreichs an Deutschland 1938 verlor die Feuerwehr die Freiwilligkeit insoweit, als sie ein sogenannter Polizeitrupp und in den einzelnen Gemeinden dem Bürgermeister unterstellt wurde. Der Feuerwehr St. Roman sowie allen Löschzügen stand als Gemeindefeuerwehrführer Anton Widegger vor. Von 1946 bis 1972 war die Wehr Aschenberg wieder Löschzug der FF St. Roman. 1970 Anschaffung einer neuen Tragkraftspritze VW 75 Automatik. 1973 abermals Selbständigmachung der FF Aschenberg. 1977 Begräbnis der Fahnenpatin der FF Aschenberg, Maria Lang, Altbäuerin vom Prostgute. 1983 Kauf eines Kleinlöschfahrzeuges vom Typ VW LT 35. 1984 80jähriges Gründungsfest mit Löschfahrzeugsegnung.

HBI Himsl M. (1947), OBI Stadler A. (1954), AW Lang A. jun. (1975), AW Scharinger M. (1961), AW Scheuringer F. (1975), OBI Kohlbauer M. (1947), BI Edelmann M. (1951), BI Kalchgruber A. (1966) — HLm Auinger J. (1952), OLm Auinger M. (1967), HLm Auinger M. (1947), HLm Baminger F. (1958), Fm Baminger F. jun. (1979), OFm Baminger R. (1974), Fm Baminger R. jun. (1980), HLm Baumgartner F. (1959), HLm Baumgartner M. (1920), HFm Breitenauer J. (1971), Fm Breitenauer J. (1983), OFm Bruckner J. (1976), OBm Doblinger J. (1966), HLm Duscher A. (1929), OFm Duscher A. jun. (1971), HLm Edelmann J. (1959), HFm Edelmann J. jun. (1978), OFm Estermann F. (1978), HLm Friedl J. (1959), HLm Fuchs W. (1964), OFm Fuchs W. jun. (1981), HLm Grünberger J. (1970), HLm Grüneis M. (1952), OLm Grüneis M. jun. (1964), HLm Haderer J. (1948), HFm Haderer J. jun. (1978), HLm Haderer J. sen. (1923), OLm Haderer M. (1961), OFm Haderer M. jun. (1979), HFm Helm G. (1977), OBm Himsl M. jun. (1971), HLm Höller A. (1952), HFm Höller A. jun. (1979), HLm Höller A. (1950), HLm Höller J. (1943), HLm Höller J. (1960), HFm Höller J. (1977), HLm Höller M. jun. (1947), OFm Höller M. jun. (1980), OFm Höller W. (1979), HFm Höllinger J. (1948), HLm Höllinger J. (1979), HLm Höllinger J. (1946), HFm Höllinger J. jun. (1973), OFm Klaffenböck J. (1982), Fm Klaffenböck J. (1983), HLm Kößlinger J. (1947), Fm Kohlbauer E. (1983), HFm Kohlbauer H. (1974), Lm Kohlbauer J. (1974), HLm Kohlbauer J. (1947), HFm Kohlbauer J. jun. (1974), HFm Koller N. (1976), OFm Kramer F. (1978), HLm Kriegner A. (1920), HFm Kriegner A. (1974), HFm Kriegner J. (1975), Lm Kropf F. (1974), Bm Lang A. (1947), HLm Lang A. (1947), HLm Lang F. (1978), HLm Lang J. (1948), HLm Lang J. (1951), Fm Lang J. jun. (1982), HLm Lang J. (1946), HFm Lang J. (1978), HFm Lang J. jun. (1974), HLm Lang M. (1948), HLm Leidinger J. (1935), OLm Leidinger J. jun. (1964), OLm Leidinger J. (1967), OLm Liebl J. (1961), HLm Max J. (1953), HFm Max J. jun. (1980), Fm Mittelböck A. (1982), OLm Mittelböck A. (1966), OLm Mittelböck F. (1962), OLm Mittelböck F. jun. (1962), HFm Mittelböck J. (1974), HFm Mitterbauer J. (1975), OFm Mitterbauer J. jun. (1979), Fm Rodler J. (1983), HLm Schardinger G. (1949), HLm Schardinger G. jun. (1963), OLm Schardinger J. (1966), Fm Scharinger M. jun. (1983), Lm Schasching J. (1975), HLm Schmiedbauer J. (1932), OBm Schönbauer F. (1960), HLm Schreiner H. (1930), OLm Stadler A. (1963), HLm Stadler F. (1977), HLm Stadler J. (1949), Fm Stadler J. jun. (1980), E-BI Stadler J. (1929), HFm Stadler M. (1979), OBm Stadler M. (1954), E-OBI Sulzer J. (1929), OLm Thomandl F. (1967), OLm Thomandl J. (1967), HLm Wimmer J. (1959)

FF BLÜMLING

Die FF Blümling ist eine der drei Feuerwehren der Gemeinde Zell an der Pram. Das Gründungsjahr der Feuerwehr ist 1893. Seit 1983 ist Martin Wölfleder Kommandant. Vor HB Wölfleder war Johann Fleischberger Kommandant. Fleischberger ist bereits 60 Jahre Mitglied der Freiwilligen Feuerwehr Blümling, davon 30 Jahre als Kommandant. Unter der Führung von Kommandant Fleischberger wurde in der Freiwilligen Feuerwehr Blümling sehr viel geleistet: Ankauf einer modernen Tragkraftspritze; Neubau und Einrichtung eines neuen Feuerwehrhauses; Ankauf eines KLF; auch wurde die Ausrüstung auf den modernsten Stand der Feuerwehrtechnik gebracht. Für seine besonderen Verdienste wurde E-HBI Fleischberger 1984 mit dem Bundesfeuerwehrverdienstkreuz III. Stufe ausgezeichnet. Die Feuerwehr Blümling beschäftigt sich auch mit der Umwelt: Säuberung von Bächen und Wäldern von Unrat; Sammelaktion für Altautos und Schrott und deren Abtransport. Auch wurden kulturelle Tätigkeiten gesetzt: Maibaumaufstellen und Maibaumkraxeln, Weinlesefest. In den letzten Jahren herrscht auch eine sehr aktive Bewerbstätigkeit, es gibt zwei Bewerbsgruppen und eine Jugendgruppe. Die FF Blümling ist als Versorgungszug auch zum KHD eingeteilt.

HBI Wölfleder M. (1963), OBI Rothner A. (1959), AW Baumgartner F. (1927), AW Hofinger J. (1963), AW Kaiser W. (1965), AW Wagner F. (1940), BI Auer J. (1960), BI Hellwagner F. (1946), BI Schmidhuber H. (1972), BI Wiesinger F. (1950), BI Zallinger G. (1974) — HFm Auer R. (1929), HBm Ing. Augustin J. (1958), OLm Baumgartner F. jun. (1964), OLm Baumgartner J., HFm Bauschmid F. (1926), HFm Bauschmid F. (1954), Lm Berger J. (1963), Fm Briglauer F. (1982), OFm Briglauer F. (1949), Fm Briglauer R. (1982), OLm Brückl R. (1970), Lm Brüglauer J. (1953), Fm Demmelbauer F. (1983), HLm Demmelbauer J. (1948), Lm Demmelbauer J. jun. (1973), Demmelbauer K. (1943), Fm Desch F. (1932), OFm Detzlhofer F. (1976), OLm Detzlhofer J. (1950), Fm Dick J. (1959), Fm Dick J. (1983), Lm Dick J. (1956), Lm Dick M. (1950), OLm Diermaier M. (1962), HFm Doblhofer F. (1946), Lm Doblinger H. (1974), OLm Doblinger J. (1970), Lm Doblmayr F. (1970), Fm Doblmayr J. (1974), OLm Ertl J. (1952), OFm Ertl J. (1976), E-HBI Fleischberger J. (1925), OFm Gattermaier J. (1946), Fm Gattermaier J. jun. (1974), Fm Großpötzl J. (1983), HFm Großpötzl J. (1939), HFm Hartl F. (1926), Lm Hartl F. jun. (1964), HFm Hatheier F. (1975), HFm Hatzmann J. (1926), Fm Hellwagner A. (1983), AW Hellwagner F. (1924), HFm Höllerl J. (1940), Fm Hömanseder G. (1977), Fm Hörmanseder F. (1978), HFm Hörmanseder J. (1944), Lm Hörmanseder J. jun. (1974), Fm Hofinger G. (1983), Lm Hofinger G. (1981), Fm Huber J. (1983), OLm Kaser A. (1958), E-HBI Kaser I. (1914), HFm Kettl J. (1933), Fm Kinzlbauer M. (1980), HFm Kleinpötzl A. (1958), HFm Kleinpötzl J. (1946), HFm Lengauer F. (1919), HFm Lengauer J. (1926), Fm Maier W. (1975), Fm Meier T. (1978), OLm Milleder H. (1965), HFm Mühlböck J. (1931), Lm Oberhumer J. (1948), OBm Ondras R. (1958), OFm Reisinger F. (1954), OFm Reisinger J. (1968), Fm Rothner G. (1979), HFm Schmidleitner J. (1920), Sommereder L. (1979), Fm Sommereder W. (1983), Spannlang J. (1970), OFm Standler M. (1937), OFm Tiefentaler J., Fm Tiefenthaler J. (1983), Fm Unterweger J. (1967), Fm Vessely F. (1946), HFm Vessely F. (1927), Fm Vessely F. (1983), OLm Voitleitner J. (1961), OLm Wagner F. (1968), Lm Wagner J. (1974), Fm Wiesinger P. (1981), Fm Wiesinger W. (1982), OFm Wöfleder H. (1970), OLm Wölfleder H. (1972), OBm Wölfleder W. (1966), OLm Zallinger G. (1967), Fm Ziegler A. (1983), Lm Ziegler H. (1951), Fm Ziegler K. (1982), Fm Ziegler K. (1970)

FF BRAUCHSDORF

Die Wehr wurde am 20. Dezember 1920 gegründet. Erster Wehrführer wurde Johann Litzlbauer. Bei der Neuwahl 1924 wurde Johann Mayerhofer sein Nachfolger. 1928 wurde Johann Litzlbauer wieder Wehrführer. 1930 war in Holzing das Fest der Spritzenweihe. 1932 wurde beschlossen, daß der Zeugwart alle zwei Jahre ein Paar Schuhe erhält. 1933 besuchten die Feuerwehrmitglieder Selker, Schatzberger und Gabauer einen Sanitätskurs. 1936 wurde beschlossen, ein neues Zeughaus zu bauen. Es sollte aber erst nach dem Krieg dazu kommen. 1947 rückte die Feuerwehr im September zur Kirchenweihe aus. In diesem Jahr wurde nun auch das Zeughaus errichtet. 1950 wurde das Zeughaus geweiht, ebenso die Kirchenglocken. 1951 wurde Franz Eder Kommandant, sein Vorgänger Johann Litzlbauer Ehrenkommandant. 1957 wurde das Auto verkauft, und im November dieses Jahres erfolgte die Anschaffung einer neuen Motorspritze. Die Spritze wurde im Mai 1958 geweiht. Im Juni 1959 wurde ein Traktoranhänger gekauft. Am 16. Mai 1974 wurde mit dem Bau des zweiten Zeughauses begonnen. Dafür mußten 4 828 Arbeitsstunden und 16 Traktorstunden aufgewendet werden. Aus der Neuwahl 1978 ging Josef Ortner als Kommandant hervor. 1981 wurde die Sirene angekauft. 1983 konnte das neue Zeughaus endlich seiner Bestimmung übergeben werden.

HBI Ortner J. (1954), OBI Mayböck K. jun. (1974), AW Eder F. (1960), AW Lindlbauer J. (1946), AW Penzinger H. (1950), BI Ortner J. (1954) — HLm Auzinger F. (1957), OBm Bachmair J. (1951), Bm Bauer F. (1942), HLm Breinbauer A. (1969), HLm Denk J. (1954), E-OBI Denk J. (1946), E-HBI Denk F. (1912), HFm Denk J. jun. (1978), OLm Denk K. (1954), OBm Freilinger G. (1923), Bm Gahbauer A. (1918), Fm Gahbauer M. (1981), Fm Glas J. (1981), HLm Haderer R. (1958), OFm Kaltenbrunner F. (1979), OLm Litzlbauer J. jun. (1975), HBm Litzlbauer J. sen. (1946), PFm Mayböck H. (1982), Lm Mayböck K. (1949), HFm Mayrhofer R. (1978), HBm Niedermaier J. (1973), Bm Ortner A. (1929), HLm Ortner J. (1921), OFm Penzinger J. (1981), HLm Peterbauer F. (1934), Bm Pichler A. (1951), Bm Schauer A. (1957), Fm Schauer A. (1981), Fm Schauer H. (1981), Bm Schinagl J. (1928), HFm Steinmann A. (1977), HLm Steinmann A. (1930), HFm Steinmann F. jun. (1976), HBm Steinmann F. sen. (1935), OLm Steinmann H. (1951), HLm Straßer F. (1957)

FF BRUNNENTHAL

Die Wehr Brunnenthal wurde 1894 gegründet. Erster Hauptmann war Matthias Beham. Im Jahr darauf gab es die erste Übung mit der neuen Saugspritze von der Fa. Gugg. 1912 wurde der Zug Wallensham errichtet. Damit hatte die Wehr drei Löschzüge, zwei Zeughäuser, drei fahrbare Saugspritzen, zwei Handspritzen. 1914 stellte die Wehr eine Rettungspatrouille von drei Mann zusammen. 1930 wurde Wallensham selbständig. Etwa zu der Zeit wurde die erste Motorspritze angeschafft. 1935 wurde ein Spritzenwagen angekauft, 1938 mußten die Wehren Brunnenthal und Wallensham zusammengelegt werden. Nach Ende des Zweiten Weltkriegs wurde Wallensham wieder eine eigene Wehr. 1960 wurde die Handdruckspritze samt Wagen verkauft. Dafür wurden in den folgenden Jahren angeschafft: ein VW-Feuerwehr-Transporter, zwei Anhänger und zwei VW-Motorspritzen. 1969/70 wurden die Zeugstätten Korneredt und Haraberg renoviert und ein neues Feuerwehrauto angekauft. 1975 wurde eine neue Sirene angeschafft.

HBI Haderer J. (1974), OBI Stahr J. (1959) — Adlmanninger E. (1980), Auer A. (1976), Auer H. P. (1978), Auer J. (1946), Augustin F. (1954), Augustin M. (1960), Bangerl A. (1942), Bangerl A. (1930), Bangerl A. (1959), Bangerl F. (1971), Bauer A. (1959), Bauer J. (1921), Bauer J. (1949), Bauer J. (1977), Bittner M. (1972), Brandstätter E. (1976), Bruckbauer F. (1960), Bruckbauer G. (1974), Bruckbauer H. (1974), Bruckbauer J. (1958), Bruckbauer J. (1928), Bruckbauer J. (1953), Bruckbauer J. (1969), Bründl H. (1951), Brunner S. (1974), Buchinger J. (1935), Burgstaller J. (1933), Christl A. (1959), Christl A. (1931), Christl A. (1959), Christl G. (1925), Christl H. (1948), Christl J. (1954), Christl J. (1974), Christl W. (1966), Danielauer F. (1952), Danielauer F. (1920), Danielauer F. (1977), Daurer K. (1981), Dezlhofer A. (1952), Dobler A. (1970), Dobler H. (1979), Dobler K. (1951), Duscher H. (1980), Eder L. (1978), Entmaier F. (1960), Ertl A. (1964), Ertl G. (1943), Ertl J. (1976), Ertl N. (1977), Feichtinger J. (1973), Flattenhutter H. (1975), Freigner W. (1974), Frixeder J. (1951), Froschauer H. (1984), Fuchs J. (1960), Furtner A. (1946), Gangl H. (1980), Gattermann J. (1981), Geislberger J. (1951), Gieler L. (1951), Glöckl J. (1966), Goldberger J. (1946), Gotscha A. (1959), Graf A. (1977), Graf F. (1973), Gschaider J. (1971), Haas A. (1946), Haas J. (1963), Haas J. (1977), Haas R. (1973), Hagn H. (1971), Haidinger H. (1983), Hamedinger A. (1952), Hamminger F. (1982), Hauer K. (1984), Hell F. (1975), Hingsamer G. (1974), Hingsamer J. (1949), Hochhold M. (1950), Hörmannseder A. (1982), Holper J. (1981), Hubauer K. (1980), Hüttenberger F. (1971), Jäger G. (1977), Jäger R. (1983), Jell G. (1952), Jell G. (1974), Jell J. (1942), Jell J. (1972), Jungwirth M. (1968), Kasbauer E. (1971), Kasbauer M. (1967), Kickinger H. (1966), Kickinger J. (1966), Kinzlbauer M. (1979), Kinzlbauer R. (1979), Koch J. (1951), Koch J. (1975), König M. (1958), Koteschowitz A. (1977), Kühnhammer A. (1980), Kühnhammer J. (1981), Langer E. (1974), Lautner R. (1965), Lechner A. (1949), Lorenz H. (1946), Lorenz H. (1968), Lorenz J. (1971), Maier E. (1983), Maier K. (1977), Mairinger M. (1946), Mandl J. (1979), Naderbauer K. (1953), Neißl J. (1959), Nöbauer F. (1981), Mag. Nöbauer J. (1984), Öhlinger A. (1957), Onea V. (1982), Penzinger K. (1980), Perzl G. (1922), Perzl G. (1954), Plank W. (1966), Pröller J. H. (1976), Psotka F. (1952), Psotka F. (1979), Puschnik A. (1978), Rad H. (1974), Rad L. (1970), Rad M. (1973), Raidl J. (1983), Reisegger J. (1973), Reitinger R. (1984), Salletmayr A. (1930), Salletmayr J. (1969), Scheurecker F. (1936), Scheuring W. (1978), Schmid F. (1973), Schmidbauer A. (1951), Schredl F. (1983), Schreiner K. (1959), Schulz W. (1977), Schustereder J. (1984), Schwarz F. (1954), Schwarz J. (1949), Schwarz J. (1979), Schwendinger F. (1920), Schwendinger J. (1968), Seitz J. (1976), Sinzinger K. (1976), Stadler O. (1983), Stahr J. (1978), Stockinger W. (1978), Stöckl G. (1984), Straßer J. (1943), Süß W. (1968), Surner F. (1947), Thoma A. (1953), Unterholzer A. (1974), Unterholzer J. (1955), Unterholzer J. (1975), Veitschegger F. (1981), Wadler F. (1979), Wagner E. (1957), Wagner E. (1977), Wallner A. (1963), Wallner F. (1964), Weidenholzer F. (1981), Weilhartner A. (1979), Weitzenauer J. (1946), Wiesenberger F. (1948), Wiesenberger J. (1954), Wimeder F. (1929), Wimeder J. (1960), Wimmer M. (1953), Winroither G. (1975), Winroither G. (1977), Winroither W. (1974), Wohlmuth K. (1946), Zachbauer K. (1969), Zarbl J. (1967), Zeilberger J. (1965)

FF DIERSBACH

Nachdem bereits 1840 die erste Handspritze von den Gemeinden Diersbach und Sigharting gemeinsam angekauft worden war, erwarb 1873 die Gemeinde Diersbach eine Pumpe, die erstmals 1874 in Kalling eingesetzt wurde. Die Feuerwehr Diersbach wurde 1875 gegründet. Am 29. August 1920 hat sich die Feuerwehr Oberedt (Diersbach) selbständig gemacht. Am 5. August 1923 fand die Fahnenweihe der FF Diersbach (Fahnenmutter: Maria Hager) statt. 1928 wurde ein Leichenwagen durch die FF Diersbach angekauft; dafür war eine Haussammlung (Geld und Getreide) durchgeführt worden. 1932 wurde eine Motorspritze von der Firma Rosenbauer in Linz angekauft, das Geld wurde durch Spenden (Geld und Getreide) aufgebracht. 1932 Spritzenweihe der FF Diersbach. Im Mai 1951 wurde mit dem Zeughausbau begonnen. 1952 Zeughausweihe der FF Diersbach. 1953 60jähriges Gründungsfest. 1959 Ankauf einer Motorspritze VW von der Firma Rosenbauer. 1963 Weihe der Motorspritze. 1965 70jähriges Gründungsfest. 1970 Ankauf eines Feuerwehrautos der Type Ford. 1983 Ankauf von zwei Funkgeräten (11-m-Band, Type Tokay). Seit 1983 ist die FF Diersbach an das Sirenennetz und die Funkalarmierung angeschlossen. 1985 Ankauf eines Autofunks (2-m-Band, Type Bosch). Seit ihrer Gründung stand die FF Diersbach unter der Leitung folgender Kommandanten: Josef Mayer (1893–1898), Johann Brinninger (1898–1901), Josef Eichinger (1901–1905), Ferdinand Schmiedseder (1905–1910), Karl Maier (1910–1918), Hans Mayr (1918–1920), Karl Hörlberger (1920–1940), Alois Baumann (1940–1945), Franz Kalchgruber (1945–1950), Alois Baumann (1950–1958), Josef Froschhauer (1958–1973), Karl Grömer (1973–1979), Felix Sallaberger (seit 1979).

HBI Sallaberger F. (1953), OBI Froschauer J. (1961), AW Bauer L. (1968), AW Glas F. (1946), AW Perzl J. (1968), BI Schlager H. (1968) — Fm Allmansberger M. (1981), HFm Bauböck A. (1946), Fm Bauböck A. (1981), HFm Bauböck H. (1941), HFm Bauböck H. (1972), OFm Bauböck J. (1968), HFm Bauer H. (1972), HFm Bauer J. (1951), HFm Baumann J. jun. (1971), Bm Baumann J. sen. (1950), OFm Blasl F. (1950), Lm Eder J. (1981), HFm Edtl J. (1966), HFm Emminger A. (1973), HFm Friedl F. (1976), HFm Gabauer K. (1946), OFm Gabauer K. (1971), OFm Girlinger M. (1978), HFm Goldberger A. jun. (1970), HFm Goldberger A. sen. (1956), HFm Grasegger J. (1949), HBm Grömer K. (1965), Fm Grüneis J. (1981), Fm Hager A. (1982), HFm Hager J. (1975), HLm Hager K. (1954), PFm Hager K. (1978), HFm Hagn J. jun. (1974), HFm Hagn J. sen. (1946), HFm Hörlberger J. (1960), HFm Hörlberger K. (1960), HFm Labmayer A. (1949), Fm Laufer J. (1970), Fm Lengauer J. (1982), HFm Lindinger F. (1968), HFm Luger F. (1982), HFm Maier J. (1962), HFm Marinovic S. (1971), HFm Mayr A. (1946), HFm Mayr K. (1943), Fm Mayr P. (1981), Fm Niedermayer J. (1981), Bm Öhlinger J. (1958), HFm Parzer A. (1969), HFm Parzer J. (1949), HFm Parzer K. (1949), HFm Perzl J. (1978), HFm Pötzl A. (1969), HFm Pötzl F. (1960), HFm Ratzenböck K. (1927), Fm Sallaberger W. (1981), HFm Salletmaier M. (1969), PFm Schildhammer G. (1981), Bm Schlager A. (1961), Schlager F. (1970), Fm Schlager F. (1981), HFm Schlöglmann J. (1970), HFm Schlöglmann J. (1970), Schmidseder A. jun. (1979), Bm Schmidseder A. sen. (1958), HLm Schmidseder F. (1957), HFm Schmidseder J. (1971), Fm Schmidseder M. (1981), HFm Stuhlberger J. (1980), PFm Stuhlberger J. jun. (1983), PFm Tripold P. (1978), Bm Unterholzer J. (1958), Vogetseder A. (1981), HFm Wagnermaier J. (1965), Bm Weiß M. (1969), Fm Wiesbauer J. (1983), HFm Wirth H. (1962), HFm Zauner H. (1974), Fm Zauner J. (1981), Bm Zauner J. (1949), Fm Zauner J. (1981), HFm Zauner L. (1950)

FF DORF AN DER PRAM

Die Freiwillige Feuerwehr Dorf an der Pram wurde im Jahr 1890 von drei Männern gegründet. Nach wenigen Jahren, 1903, brannten gleich zwei große Bauernhöfe durch die Dreschmaschine nieder. Damals wurde noch mit einer Handspritze gelöscht. Die Freiwillige Feuerwehr Dorf an der Pram war vorerst mit ganz primitiven Geräten ausgestattet, wie z. B. Kübelspritze, Pferdebespannung. Die Freiwillige Feuerwehr Hinterndobl war Löschzug der Freiwilligen Feuerwehr Dorf von 1938 bis 1949. Neben der technischen Ausrüstung der Freiwilligen Feuerwehr Dorf wurde im Jahr 1964 auch eine Fahne gekauft, wobei Maria Schatzl und Franziska Schwertfärber die Stelle als Fahnenmutter bzw. Fahnenpatin übernahmen. Im Jahr 1958 wurde ein Mannschaftswagen zugekauft. Im Jahr 1960 wurde die Segnung des Zeughauses durchgeführt. 1961 wurde die TS VW 75 Automatik angekauft. 1967 wurden zwei Löschteiche errichtet (in Augendobl und in Grub). Weiters wurde im selben Jahr noch ein Frischluftgerät gekauft. 1976 wurden zwei Handfunkgeräte (11-m-Band) gekauft. Im Jahr 1977 bekam die Wehr ein Fahrzeug LFB Mercedes 409, welches in den darauffolgenden Jahren voll ausgerüstet wurde. 1981 wurde die Funksirenensteuerung im Feuerwehrhaus installiert. 1983 wurden ein mobiles und ein Handsprechfunkgerät angeschafft. Kommandanten seit der Gründung waren: Franz Dornhofer (1926–1951), Franz Schmiedbauer (1951–1953), Gottfried Hörmanseder (1953–1958), Franz Schmiedbauer (1958–1973), Franz Obernhufer (seit 1973).

HBI Obernhuber F. (1968), OBI Petershofer G. (1969), AW Doberer J. (1974), AW Richter H. (1953), AW Schatzl F. (1957), BI Maier F. (1966) — HFm Anzengruber J. (1973), Lm Aschauer E. (1965), Bm Aschauer J. (1958), OFm Auer J. (1963), HFm Auzinger R. (1969), HFm Berghammer A. (1953), HFm Berndorfer H. (1956), Lm Doberer J. (1958), Fm Doberer L. (1977), HFm Doberer R. (1953), Lm Dollereder J. (1960), HFm Ebetshuber A. (1973), HFm Ebner J. (1947), Endmayer J. (1983), Fm Endmayr H. (1973), HFm Endmayr J. (1953), Fm Gartner H. (1963), Fm Greifeneder G. (1980), HFm Greifeneder J. (1956), Griesmaier H. (1983), Fm Griesmayr R. (1959), HFm Grundlinger J. (1955), HFm Gumpoltsberger L. (1955), Gumpoltsberger L. (1983), HFm Hangl R. (1928), Hansbauer F. (1983), OFm Hinterbauer W. (1975), Hörmanseder Ch. (1983), OBm Hörmanseder G. (1951), Lm Hörmanseder J. (1970), Hörmanseder K. (1983), Fm Hörmanseder R. (1975), Fm Holzinger O. (1968), OFm Hummer F. (1969), HFm Junger A. (1957), HFm Junger E. (1947), Fm Junger E. (1981), Lm Kaltenböck J. (1958), Fm Kraft J. (1960), Fm Kreuzhuber J. (1979), Bm Nagl F. (1955), HFm Nagl F. (1960), HFm Petershofer J. (1931), HFm Petershofer J. (1969), HFm Petershofer M. (1931), Fm Praschl J. (1982), Bm Raher F. (1950), Fm Schlosser A. (1975), OFm Schlosser H. (1964), Fm Schlosser R. (1979), OFm Schmid J. (1965), HBI Schmiedbauer F. (1937), HFm Schmiedbauer F. (1969), HFm Schmiedbauer J. (1947), HFm Schmiedbauer J. (1950), Fm Schmiedbauer J. (1975), HFm Schneiderbauer P. (1951), OFm Schneiderbauer P. (1965), Fm Senzenberger R. (1979), Fm Spannlang H. (1975), Fm Steininger E. (1977), Lm Steininger F. (1958), OFm Steininger F. (1970), Fm Straßer O. (1977), Fm Straßer P. (1968), OFm Weber A. (1928), Fm Weber M. (1977), HFm Wilfingseder J. (1953), Lm Zauner J. (1926), Lm Zellinger E. (1976).

FF EGGERDING

Die FF Eggerding wurde am 1. Juli 1903 gegründet. Zum Hauptmann wurde Johann Wieshammer gewählt. Im Mai 1905 wurde ein Spritzenhaus gebaut. Aus der Neuwahl 1909 ging Felix Hofbauer als Hauptmann hervor. 1912 trat Johann Aigner an Hofbauers Stelle. Im Frühjahr 1914 wurde eine Abprotzspritze gekauft. 1916 legte Johann Aigner seine Wehrführerstelle nieder, und Josef Dantler wurde zum Hauptmann gewählt. 1919 konnte eine Vereinsfahne angeschafft werden. 1927 legte Josef Dantler seine Wehrführerstelle nieder, worauf Jakob Bachmaier als dessen Nachfolger gewählt wurde. Dieser trat aber 1928 zurück, worauf wieder Josef Dantler Wehrführer wurde. Im Dezember 1929 konnte eine Motorspritze angekauft werden. Am 11. Februar 1934 starb Josef Dantler. Josef Angerbauer wurde sein Nachfolger. Für die Zeit bis 1945 wurde weniges schriftlich festgehalten. Johann Feichtlbauer war Wehrführer. 1946 wurde die Feuerwehr wieder Ortsfeuerwehr. Josef Wimleitner wurde 1947 zum neuen Wehrführer gewählt. 1948 wurde unter seiner Führung ein neues Gerätehaus errichtet, 1949 die Motorspritze gegen eine neue RW 80 umgetauscht. 1950 legte Wimleitner seine Funktion nieder, Josef Stieglbauer wurde sein Nachfolger; Motorspritzen- und Zeughausweihe; eine Alarmsirene wurde angeschafft. 1976 trat Kommandant Josef Stieglbauer nach 26 Jahren verdienstvoller Tätigkeit aus gesundheitlichen Gründen zurück. Zum Nachfolger wurde Josef Bachmaier gewählt. 1978 wurde Johann Bodenhofer zum Kommandanten gewählt. Unter seinem Kommando wurde ein neues Feuerwehrhaus errichtet, ein TLF 2000 angeschafft sowie die Funkalarmierung für Sirenen installiert. Am 6. Februar 1983 konnte das TLF übernommen werden. Die Segnung des Feuerwehrhauses sowie des TLF erfolgte am 16. Mai 1983.

HBI Bodenhofer J. (1968), OBI Bachmaier J. (1956), AW Mitterbauer F. (1957), AW Mitterbauer G. (1971), AW Stein H. (1971), BI Aigner R. jun. (1963) — HFm Aigner F. (1975), HFm Aigner G. (1975), HLm Aigner J. (1949), OBm Aigner J. (1959), HFm Aigner J. jun. (1975), JFm Aigner J. jun. (1981), OLm Aigner R. (1948), Fm Bachmaier G. (1980), OFm Bachmaier J. jun. (1978), JFm Bodenhofer W. (1982), JFm Bögl E. (1983), Fm Bramberger L. (1977), Fm Brandstätter L. (1982), OBm Bruneder J. (1982), OBm Bruneder J. (1926), Fm Daller F. (1979), HFm Daringer K. (1973), HFm Deschberger J. (1970), OFm Doblhammer A. (1966), HLm Doblhammer A. (1928), HFm Doblhammer K. (1975), OFm Dullinger J. (1973), HBm Eberhardt F. (1967), Lm Einböck J. (1975), OFm Feichtlbauer F. (1978), JFm Feichtlbauer G. (1982), OBm Feichtlbauer J. (1957), OFm Feichtlbauer J. jun. (1975), Bm Feichtlbauer J. sen. (1919), Fm Feichtlbauer M. (1980), JFm Fichtinger H. (1980), HFm Flotzinger F. (1970), HFm Flotzinger J. (1970), HLm Gaderer J. (1970), Bm Gadermaier J. (1950), HFm Gerhofer L. (1974), JFm Gerhofer W. (1983), HBm Haslinger M. (1949), HFm Helm M. (1970), OBm Helm W. (1968), HBm Hingsamer F. (1966), Fm Hingsamer J. (1977), HLm Hobetseder J. (1949), JFm Hölzl Ch. (1981), JFm Hölzl G. (1983), HFm Itzinger J. (1973), Bm Itzinger J. (1950), OBm Kaser R. (1946), HFm Kaser R. jun. (1970), Kastinger A. (1966), Fm Kickinger S. (1975), Bm Kobler L. (1953), OFm Kohlbauer A. (1978), OLm Kohlbauer A. (1947), Fm Kohlbauer A. jun. (1976), OFm Kohlbauer H. (1981), OBm Koller A. (1952), Koller A. (1975), JFm Lindner B. (1980), Fm Lippl G. (1978), Fm Lobmaier H. (1978), OLm Maier K. (1947), Mayrhofer J. (1957), Fm Mayrhofer W. (1979), Mitterbauer H. (1975), HFm Mitterbauer H. (1980), OFm Mittermaier L. (1968), OFm Öttl J. (1973), Lm Penninger J. (1970), Fm Rachbauer K. (1978), Fm Redhammer J. (1976), Fm Schatzberger R. (1982), HFm Schönbauer J. (1971), OBm Schrattenecker F. (1948), HFm Schwarz J. (1958), Lm Simetsberger G. (1958), JFm Simetsberger W. (1981), Fm Sperl T. (1977), OBm Straßer A. (1933), OFm Straßer A. (1973), Lm Straßer F. (1946), HFm Straßer H. (1975), OBm Wagner A. (1966), JFm Wagner Ch. (1983), Fm Wagner R. (1978), JFm Wambacher J. (1983), OBm Wieshammer J. (1956), Lm Zahrer J. (1947), JFm Zahrer J. (1981).

FF EISENBIRN

Die erste Versammlung der Freiwilligen Feuerwehr Eisenbirn wurde bei Alois Höller in Eisenbirn am 27. Dezember 1904 abgehalten. In dieser ersten Versammlung wurde auch die Wahl vorgenommen. Bei der zweiten Versammlung wurde eine Kameradschaftskasse gegründet und beschlossen, den Feuerwehrteich beim Schusterbauer in Eisenbirn zu errichten. Am 5. April 1905 wurde die erste Spritzenübung abgehalten. Am 28. Dezember 1905 betrug die Mitgliederzahl 31, und es erfolgte die Beschlußfassung für den Ankauf eines Feuerwehrhorns. Dann kam der Erste Weltkrieg, zu dem von der FF Eisenbirn 30 Mann einrückten; drei Kameraden sind gefallen und ein Kamerad war vermißt. Am 25. Oktober 1931 wurde beschlossen, daß Feuerwehrpässe eingeführt werden; diese wurden dann am 28. Dezember 1931 ausgefüllt, soweit die Mitglieder vorhanden waren. Im Zweiten Weltkrieg wurde die FF Eisenbirn wieder der FF Münzkirchen angegliedert. 1946 wurde die erste Versammlung nach dem Krieg abgehalten. Dabei wurde die Neugestaltung der Feuerwehr beschlossen, womit die Wehr wieder selbständig wurde. Altbürgermeister Ökonomierat Franz Höller legte am 27. Oktober 1950 die Schriftführerstelle nach 30jähriger Tätigkeit zurück. Von 1959 bis 1960 entstand der Zeughausbau in Eisenbirn. Das 1899 erbaute und 1905 erweiterte Zeughaus mußte 1959 infolge Straßenerweiterung der Eisenbirner Landesstraße abgerissen werden. Johann Stadler erklärte sich bereit, das Grundstück zur Verfügung zu stellen. Daraufhin wurde auch gleich mit dem Bau begonnen, der ausschließlich durch Robot der einzelnen Mitglieder fertiggestellt wurde. Für den Ankauf der neuen Motorspritze VW 75 Automatik am 9. März 1968 wurde unter den Mitgliedern eine Sammlung vorgenommen.

HBI Grünberger J. (1954), OBI Leidinger M. (1967) — Bachinger J. (1960), Bachinger W. (1983), Brait A. (1950), Buchinger J. (1960), Buchinger R. (1973), Doblmann A. (1974), Doblmann R. (1975), Dorfer F. (1972), Fasching M. (1980), Feichtinger F. (1971), Feichtinger J. (1945), Feichtinger J. (1969), Fischer F. (1956), Friedl J. (1956), Gnigler H. (1956), Grill J. (1937), Gruber J. (1969), Gruber J. (1974), Grünberger F. (1956), Grünberger J. (1967), Grünberger R. (1963), Haas F. (1963), Haas F., Haderer F. (1972), Haderer J. (1938), Hamedinger J. (1962), Hamedinger J., Hamedinger J. (1980), Höller F. (1956), Höller J. (1967), Hofer J. (1972), Kaltenecker M., Kaserer J. (1969), Leidinger M. (1973), Neunteufel S., Pichler J., Pichler J. (1968), Probst A. (1973), Pum J. (1968), Reitinger J. (1960), Ritzberger A. (1967), Ritzberger J. (1971), Rudelsdorfer F. (1954), Schasching J. (1970), Schererbauer F. (1956), Schmid J. (1965), Schmiedbauer M. (1952), Stadler H. (1974), Stadler J. (1980), Stadler F., Stadler J. (1940), Stadler J. (1975), Stadler M. (1945), Stadler O. (1976), Stadler W. (1983), Stingl F. (1945), Stingl F. (1974), Stingl M. (1983), Stingl R. (1982), Wallner A. (1971), Wallner A. (1973), Wallner A. (1954), Wallner F. (1970), Wallner F. (1952), Wallner F. (1972), Wallner F. (1973), Wallner J. (1970), Wallner J. (1974), Zauner J. (1981), Zauner M. (1948), Zauner M. (1973)

FF ENGELHARTSZELL

Die Freiwillige Feuerwehr Engelhartszell wurde 1867 gegründet. Unterlagen über Gründungsmitglieder sind nicht vorhanden. Überhaupt beschränkt sich ein Rückblick auf die Zeit vornehmlich nach dem Zweiten Weltkrieg. Bis zum Jahr 1938 war nur eine handbetriebene Pumpe vorhanden, ein Umstand, der sich bei einem Brand im Ortsbereich 1928 fühlbar bemerkbar machte. Anfang der dreißiger Jahre bekam der Ort im Zuge einer modernen Wasserversorgung auch eine genügende Anzahl von Hydranten, wodurch eine Brandbekämpfung wesentlich wirkungsvoller gestaltet werden konnte. 1938 erhielt die FF eine DKW-Motorspritze, die im Jahr 1953 durch eine VW-Spritze, aufgebaut auf einer Karrette, abgelöst wurde. 1951 wurde ein neues Feuerwehrgebäude errichtet und somit eine ordentliche Unterbringung der Gerätschaften gewährleistet. 1971 wurde ein gebrauchter VW-Kombi zu einem KLF umgebaut, das heute noch seinen Dienst tut. Die weitere Modernisierung der Wehr stieß aus finanziellen Gründen immer wieder auf unüberwindliche Schwierigkeiten, und die einzelnen Kommandanten hatten ihre liebe Not, das Nötigste für ihre Wehr zu erhalten. In dem verhältnismäßig kleinen Gemeindebereich sind drei Wehren etabliert, ein Umstand, der die Gemeindekasse arg beansprucht. Vom Landes-Feuerwehrkommando wurden in neuerer Zeit ein Rüstfahrzeug und eine Motorzille zur Verfügung gestellt. Zuletzt erhielt die Wehr ein TLF, zu dessen Finanzierung die Bevölkerung und die Gemeinde einen namhaften Beitrag leisteten. Funk- und Alarmeinrichtungen sind vorhanden und gewährleisten die Einsatzbereitschaft.

HBI Wundsam A. (1974), OBI Aichinger R. (1971), AW Bernhofer F. (1946), AW Luger L. (1967), AW Pötscher F. (1951), BI Auinger A. (1976), BI Guggenbichler N. (1970) — OLm Aichinger F. (1968), HFm Aumüller J. (1961), E-HBI Berger A. (1929), Fm Brandstätter F. (1978), OLm Brauermocker R. (1949), JFm Brunnbauer K. H. (1980), Fm Fuchs H. (1979), Lm Grublinger J. (1950), Lm Grüblinger A. (1977), Fm Guggenbichler J. (1978), Fm Haderer R. (1979), JFm Hartl D. (1982), JFm Hartl K. (1981), HLm Hechinger M. (1956), Fm Hinterleitner M. (1982), OFm Höllinger K. (1973), JFm Höllinger K. (1980), HFm Höllinger R. (1960), OFm Holler E. (1978), JFm Huber Ch. (1983), Fm Huber R. (1981), Bm Jungwirth J. (1946), OFm Knaus H. (1974), FA Dr. Lindinger R. (1960), Fm Lindorfer R. (1982), Fm Lindorfer R. (1979), JFm Luger A. (1981), Fm Luger H. (1980), OFm Märzenacker E. (1976), HFm Markschläger J. (1958), Fm Mayer M. (1979), HFm Moser R. (1961), HFm Mühlböck P. (1961), HLm Preining E. (1964), OLm Rader P. (1964), Fm Ramseder A. (1979), Fm Rathmaier R. (1979), JFm Rathmaier W. (1981), Bm Reisinger E. (1954), HFm Ringler H. (1947), HFm Rösser L. (1972), HFm Rosenberger J. (1936), OFm Rosenberger S. (1970), HFm Rutmann J. (1961), Lm Sageder W. (1979), OFm Scharrer W. (1979), Lm Schasching R. (1955), Fm Schellmann M. (1979), OFm Straßl W. (1977), Fm Taucher M. (1979), Lm Tomaschek F. (1972), OFm Tomaschek W. (1973), OLm Weberbauer R. (1950), JFm Weidlinger D. (1980), OFm Weidlinger H. (1979), OFm Weidlinger N. (1979), JFm Weidlinger R. (1982), HFm Würstl F. (1963), OFm Würstl H. (1979), OFm Wundsam A. (1979)

FF ENGERTSBERG

Am 16. Februar 1921 wurde von 40 Männern aus den Ortschaften Au, Dürnberg, Engertsberg, Entholz, Glatzing, Hub und Matzelsdorf, Gemeinde Kopfing im Innkreis, die Freiwillige Feuerwehr Engertsberg gegründet. Als Funktionäre wurden folgende Kameraden gewählt: Wehrführer: Alois Zahlberger, Wehrführerstellvertreter: Matthias Schönbauer, Kassier: Josef Kreuzer, Schriftführer: Josef Kislinger. Folgende Kommandanten führten seit der Gründung die Freiwillige Feuerwehr Engertsberg: Alois Zahlberger (1921–1933), Franz Jodlbauer (1934–1973), Johann Jobst (seit 1973).

HBI Jobst J. (1961), OBI Zauner A. (1970), AW Peham J. (1950), AW Schönbauer M. (1947), AW Zahlberger H. (1953), OBI Klostermann J. (1953) — Achleitner L. (1948), Aschenberger A. (1948), Baminger J. (1962), Baminger J. (1982), Braid J. (1975), Bruckner J. (1969), Buchinger A., Buchinger J. (1969), Eichiner H. (1973), Ertl W., HFm Gahleithner G. (1953), Galeithner H. (1960), Galeithner L. (1956), Galeithner R. (1982), Gatterbauer F. (1977), Grill A. (1973), Grill F. (1976), HFm Grömer A. (1958), Grünberger H. (1974), HFm Grüneis-Waner E. (1970), Haderer J. (1968), Lm Haderer M. (1970), OBm Hager J. (1948), Hamedinger J. (1948), HLm Hatzmann K. (1950), Hatzmann K. (1974), Lm Hofer H. (1956), Jobst E. (1976), Jobst J. (1973), Jobst S. (1973), HLm Jodlbauer G. (1948), Lm Jodlbauer J. (1953), HLm Kammerer J. (1954), OFm Kammerer K. (1975), Kislinger F. (1971), Kislinger J. (1973), HFm Klaffenböck H. (1948), HFm Klostermann K. (1956), Kohlbauer W. (1979), Kramer J. (1982), OLm Kreuzer J. (1950), Kreuzer J., Lm Kreuzer J. (1970), Kühberger A. (1975), List J. (1973), HFm Mair J. (1934), Lm Mair J. (1964), Nusko F. (1973), Lm Osterkorn A. (1965), HFm Peham H. (1970), OLm Peham H. (1952), Peham J. (1970), HFm Peham J. (1970), Probst H. (1981), Probst J. (1972), HLm Reitiner F. (1948), Reitinger F. (1970), Reitinger H. (1982), Schasching R. (1973), Lm Schatzberger J. (1970), OLm Scheuringer A. (1950), Scheuringer F. (1976), Lm Scheuringer G. (1959), OLm Scheuringer J. (1953), Scheuringer J., Schmidbauer B., HFm Schmidbauer M. (1970), Lm Schmiedseder J. (1965), Lm Schmiedseder J. (1970), Schnee H. (1970), HFm Schnee H. (1948), HFm Schnee J. (1948), Lm Schönbauer H. (1970), Lm Stadlinger J. (1948), Steininger J. (1974), HFm Straßl O. (1970), OFm Süß F. (1977), Süß H. (1970), OLm Zahlberger J. (1952), Lm Zauner H. (1950), Zauner H. (1975), Zauner J. (1949)

FF ENZENKIRCHEN

Die Freiwillige Feuerwehr Enzenkirchen wurde im Jahr 1884 durch den Lehrer Max Kronawitter gegründet. Der erste Kommandant war Schmiedemeister Grömer aus Enzenkirchen. 1889 wurde die erste Brandausrüstung aus eigenen Mitteln gekauft. Das erste Kommando bestand aus Kommandant Johann Grömer und Stellvertreter Anton Maier. Das 40jährige Gründungsfest wurde 1924 abgehalten. Weitere Kommandanten der Zwischenkriegszeit waren: Mathias Mitterecker, Josef Leitner, Josef Reitinger, Franz Grömer, Johann Kislinger, Alois Zauner. Alois Zauner war auch nach dem Zweiten Weltkrieg noch bis zum Jahr 1963 Kommandant. Nach Alois Zauner wurde Johann Hager zum Kommandanten gewählt. Unter seiner Führung wurde ein Land-Rover-Löschfahrzeug angeschafft. 1973 wurde Josef Kornfelder als Kommandant gewählt. Unter dieser Führung wurde 1973 das neue Zeughaus erbaut, 1975 fertiggestellt und eingeweiht. 1976 wurde ein Kommandofahrzeug (VW-Bus) angeschafft. 1980 wurde ein neues Tanklöschfahrzeug TLF 2000 gekauft, dieses wurde 1981 geweiht. Der heutige Bestand an Fahrzeugen und Geräten ist wie folgt: 1 TLF 2000, 1 Kdo.-Fahrzeug (VW-Bus), 1 Anhänger, 1 Tragkraftspritze, 1 Notstromaggregat.

HBI Kornfelder J. (1958), OBI Jobst G. (1967), AW Auzinger J. (1960), AW Oberauer H. (1968), AW Pichler J. (1981), BI Ecker K. (1975), BI Eßl A. (1966) — JFm Almansberger R. (1981), HFm Amesberger F. (1939), HFm Amesberger F. (1967), HFm Amesberger J. (1964), OFm Angsüßer R. (1973), OFm Angsüßer R. (1948), OFm Auzinger H. (1967), OFm Auzinger J. (1973), HFm Auzinger J. (1966), HFm Bischog J. (1972), HFm Brandmayr F. (1933), HFm Brandmayr F. (1965), Lm Brandmayr G. (1967), Fm Demmelbauer W. (1980), Lm Dirnberger J. (1948), Lm Dirnberger L. (1948), HFm Ecker A. (1980), Lm Ertl J. (1975), HFm Estermann J. (1977), OFm Feichtinger K. (1972), HFm Friedl J. (1974), Lm Gaßner J. (1975), OFm Grömer E. (1980), OFm Grömer H. (1973), HLm Grömer J. (1946), HFm Grüneis H. (1968), OFm Grüneis J. (1972), E-HBI Hager J. (1927), JFm Hager J. (1980), Hainzl F. (1970), OFm Hochegger F. (1972), Fm Hosner F. (1972), HFm Hraschan F. (1962), HLm Huber H. (1961), OLm Hutterer J. (1927), HLm Jobst J. (1957), Fm Jobst J. (1980), HFm Killingseder H. (1964), JFm Kislinger R. (1982), HFm Kuppek J. (1972), OFm Lang J. (1974), HFm Lang M. (1967), HFm Lehner J. (1964), OFm List J. (1976), HFm Mayr F. (1949), OFm Mayr K. (1981), OFm Nöbauer E. (1977), Lm Oberauer H. (1969), JFm Oberauer P. (1980), OBm Ornetsmüller J. (1974), HFm Ortbauer F. (1972), OFm Osterkorn K. (1973), HFm Pichler G. (1969), HFm Pichler P. (1936), HFm Pointhecker F. (1969), HFm Pointhecker F. (1934), HFm Pointhecker J. (1973), Fm Putzinger A. (1982), OFm Reitinger J. (1970), Fm Ringer R. (1980), Lm Saletmaier F. (1959), OFm Schlöglmann J. (1976), OFm Schlöglmann J. (1976), Lm Schwendinger F. (1980), JFm Steininger A. (1982), OFm Straßer J. (1975), HFm Vogetseder G. (1973), HFm Wetzlmaier A. (1972), Lm Zauner H. (1962), Fm Zauner H. (1980), Lm Zauner W. (1969)

FF ESTERNBERG

Die Freiwillige Feuerwehr Esternberg wurde am 19. März 1879 gegründet. Gründungsmitglieder waren Johann Steininger, Vinzenz Müller und Johann Reitinger. Seit ihrer Gründung stand die Freiwillige Feuerwehr Esternberg unter der Leitung folgender Kommandanten: Johann Steininger (1879–1906), Josef Baumgartner (1906–1921), Franz Baumgartner (1921–1942), Josef Steininger (1942–1945), Josef Hell (1945–1950), Valentin Tischler (1950–1973), Johann Reitinger (1973–1983) und Ludwig Brunnbauer (seit 1983).

HBI Brunnbauer L. (1961), OBI Kargl A. (1974), AW Zeilberger A. (1961), BI Kargl J. (1938), BI Schild J. (1958) — Ahörndl F., Ahörndl G. (1976), Aichinger R. (1969), Arnezeder H. (1934), Arnezeder H. (1934), Aschenberger F. (1977), Aschenberger J. (1977), Aschenberger K. (1974), Aschenberger M. (1953), Auer M. (1970), Auinger H. (1968), Baumgartner R. (1975), Berger F. (1958), Bogner A. (1960), Bogner A. (1964), Bogner F. (1954), Bogner J. (1971), Breit A. (1952), Breit Ch. (1975), Breit F. (1976), Breit H. (1977), Breit J. (1958), Breit J. (1974), Breit J. (1963), Breit K. (1954), Breit K. (1954), Brunnbauer J. (1978), Brunnmayr M. (1983), Brunnmayr M. (1983), Diebetsberger G. (1983), Diebetsberger J. (1963), Dobretsberger G. (1975), Dobretsberger M. (1959), Dorfer J. (1926), Dorfer M. (1960), Dullinger A. (1977), Dullinger F. (1977), Dullinger F. (1977), Dullinger F. (1974), Dullinger F. (1976), Dullinger H. (1967), Dullinger J. (1977), Dullinger J. (1946), Dullinger J. (1971), Dullinger J. (1982), Dullinger J. (1927), Dullinger J. (1955), Dullinger J. (1959), Dullinger J. (1978), Dullinger J. (1982), Dullinger L. (1947), Dullinger L. (1974), Dullinger M. (1979), Edelmann E. (1955), Edelmann F. (1982), Edelmann J. (1961), Edelmann J. (1982), Edelmann J. (1955), Edelmann J. (1976), Ertl H. (1962), Feichtinger A. (1964), Feichtinger K. (1964), Fesel F. (1947), Fesel F. (1983), Fesel M. (1968), Fleckinger R. (1976), Freller J. (1957), Freller J. (1981), Friedl A. (1950), Friedl A. (1974), Friedl A. (1971), Friedl A. (1946), Friedl F. (1974), Friedl F. (1976), Friedl J. (1928), Friedl J. (1959), Friedl J. (1970), Friedl J. (1981), Friedl J. (1972), Friedl K. (1977), Friedl L. (1956), Friedl L. (1962), Friedl L. (1982), Friedl M. (1970), Froschauer E. (1974), Froschauer E. (1948), Fuchs A. (1954), Fuchs A. (1956), Fuchs A. (1958), Fuchs F. (1953), Fuchs F. (1960), Fuchs F. (1980), Fuchs G. (1981), Fuchs H. H. (1977), Fuchs J. (1982), Fuchs J. (1954), Fuchs J. (1959), Fuchs J. (1982), Fuchs M. (1981), Fuchs R. (1976), Gabauer A. (1954), Gabauer J. (1946), Gabauer J. (1979), Gaderbauer A. (1964), Gaier O. (1961), Götzendorfer A. (1976), Götzendorfer J. (1975), Götzendorfer J. (1982), Gradinger J. (1981), Gras F. (1971), Grasegger E. (1965), Grill F. (1946), Grill J. (1979), Grill J. (1970), Grill O. (1958), Gruber F. (1956), Gruber H. (1959), Gruber J. (1974), Gruber J. (1960), Gruber J. (1970), Grüblinger A. (1976), Grüblinger A. (1950), Grüblinger A. (1975), Grüblinger P. (1975), Grüll J. (1926), Grüll J. (1977), Grünberger A. (1961), Grünberger F. (1982), Grünberger J. (1956), Grünberger J. (1981), Grünberger P. (1928), Gstöttner W. (1977), Haas G. (1968), Haas J. (1951), Haas J. (1957), Haas R. (1947), Haas R. (1979), Haderer F. (1954), Haderer J. (1976), Haidinger A. (1928), Haidinger J. (1968), Haidinger J. (1928), Haidinger J. (1966), Haidinger J. (1982), Haidinger J. (1928), Haidinger J. (1980), Haidinger L. (1939), Haidinger R. (1945), Has H. (1977), Haselgruber G. (1948), Hell E. (1976), Hell J. (1954), Hell J. (1959), Hell J. (1932), Hell J. (1960), Hell J. (1964), Hell J. (1974), Hell J. (1971), Hell J. (1950), Hell J. (1977), Hell P. (1959), Himsl J. (1961), Höller E. (1982), Höller H. (1983), Höller J. (1976), Höller M. (1951), Höller R. (1964), Höllinger J. (1959), Höllinger J. (1974), Höllinger J. (1963), Hofbauer A. (1949), Hofbauer J. (1959), Hofbauer J. (1981), Hofer A. (1954), Hois A. (1974), Hois F. (1946), Hois F. (1972), Hois J. (1978), Hois W. (1981), Holzapfel A. (1972), Holzapfel A. (1947), Holzapfel E. (1972), Holzapfel F. (1949), Holzapfel J. (1968), Holzapfel H. (1978), Holzapfel J. (1949), Holzapfel J. (1969), Holzapfel J. (1955), Holzapfel J. (1958), Holzapfel J. (1969), Holzapfel M. (1946), Holzapfel N. (1974), Holzapfel R. (1975), Huber A. (1960), Huber E. (1971), Huber E. (1976), Huber F. (1972), Huber J. (1960), Huber J. (1949), Huber J. (1975), Huber J. (1981), Huber J. (1946), Huber J. (1961), Huber J. (1969), Huber J. (1981), Huber M. (1965), Huber R. (1982), Hubinger A. (1970), Jodelbauer E. (1974), Jodelbauer F. (1977), Jodelbauer R. (1981), Jungbauer J. (1976), Jungbauer J. (1973), Jungraithmayer F. (1959), Jungwirth H. (1974), Jungwirth J. (1978), Jungwirth J. (1956), Jungwirth M. (1947), Kaiser J. (1932), Kaiser J. (1962), Kaiser J. (1946), Kaiser J. (1950), Kaiser J. (1967), Kaiser J. (1977), Kaiser J. (1974), Kapfhammer M. (1949), Kargl A. (1948), Kargl A. (1948), Kargl A. (1972), Kargl F. (1952), Kargl H. (1974), Kargl J. (1946), Kargl J. (1974), Kargl J. (1974), Kargl O. (1950), Kargl O. (1980), Karl J. (1946), Karl J. (1976), Kasbauer J. (1958), Kasbauer J. (1976), Kern J. (1952), Keßler F. (1981), Kieslinger A. (1963), Kieslinger F. (1976), Kieslinger J. (1963), Klepsa M. (1964), Kohlbauer F. (1951), Kohlbauer G. (1980),

Kohlbauer J. (1980), Kohlbauer J. (1959), Koller A. (1958), Koller A. (1982), Koller E. (1966), Koller E. (1980), Koller F. (1983), Koller F. (1973), Koller H. (1973), Koller J. (1953), Koller J. (1965), Koller J. (1978), Koller J. (1962), Koller J. (1976), Koller J. (1982), Koller J. (1927), Koller J. (1960), Koller J. (1970), Koller J. (1976), Koller J. (1981), Koller J. (1983), Koller K. (1977), Koller L. (1974), Koller M. (1938), Kothbauer J. (1970), Kothbauer J. (1974), Kriegner F. (1973), Krivec L. (1972), Kropf F. (1963), Kropf J. (1976), Kropf J. (1976), Kropf L. (1976), Kropff L. (1930), Kropfmüller M. (1962), Krottenthaler F. (1948), Krottenthaler F. (1972), Krottenthaler J. (1969), Krottenthaler J. (1972), Krottenthaler J. (1975), Krottenthaler J. (1976), Krottenthaler O. (1946), Krottenthaler O. (1970), Kuffner J. (1960), Kuffner J. (1951), Kuffner M. (1977), Kuffner M. (1948), Kuffner M. (1974), Lang L. (1961), Langbauer A. (1970), Langbauer A. (1946), Leitner L. (1963), Litzlbauer J. (1981), Litzlbauer J. (1965), Lucht E. (1969), Lucht K. (1976), Lucht M. (1946), Ludhammer H. (1982), Ludhammer J. (1949), Ludhammer J. (1978), Ludhammer M. (1921), Luger J. (1981), Luger J. (1950), Luger J. (1981), Maier J. (1960), Marschall J. (1964), Marschall J. (1978), Marschall J. (1976), Mauthner F. (1946), Mauthner F. (1976), Max J. (1958), Max J. (1980), Max M. (1981), Max M. (1958), Mayer M. (1976), Mayrhofer E. (1974), Meilinger J. (1971), Meilinger J. (1959), Miesbauer A. (1948), Miesbauer J. (1974), Mittermaier J. (1972), Mittermaier J. (1976), Mohaupt J. (1953), Moser Ch. (1981), Moser F. (1947), Moser F. (1975), Moser G. (1979), Moser H. (1960), Moser J. (1974), Moser J. (1946), Moser J. (1978), Moser J. (1978), Moser M. (1949), Müller S. (1978), Neuhauser J. (1973), Nießner A. (1969), Ortner A. (1952), Ortner A. (1977), Ortner A., Ortner B. (1957), Ortner E. (1965), Ortner F. (1931), Ortner F. (1946), Ortner F. (1976), Ortner H. (1974), Ortner H. (1981), E-OBI Ortner J. (1955), Ortner J. (1955), Ortner J. (1958), Ortner J. (1977), Ortner J. (1925), Ortner M. (1971), Ortner M. (1960), Ortner R. (1973), Osterkorn A. (1970), Pankratz J. (1975), Pankratz L. (1943), Pankratz L. (1974), Pankratz M. (1974), Penzinger A. (1925), Penzinger J. (1956), Penzinger J. (1982), Ramer A. (1955), Ramerseder J. (1960), Redlingshofer H. (1961), Reischl J. (1950), Reischl J. (1967), Reischl M. (1938), Reisinger F. (1969), Reisinger G. (1970), Reisinger K. (1983), Reitinger F. (1982), E-HBI Reitinger J. (1954), Reitinger J. (1930), Reitinger J. (1970), Reitinger J. (1974), Reitinger J. (1966), Reitinger J. (1931), Reitinger J. (1968), Riegler F. (1960), Roßgatterer R. (1981), Roth F. (1974), Schano L. (1927), Schano O. (1950), Schardinger J. (1946), Schardinger J. (1979), Schardinger R. (1966), Scharinger R. (1981), Scherrer A. (1954), Scherrer F. (1974), Scherrerbauer J. (1978), Schild A. (1962), Schild L. (1969), Schild M. (1938), Schmidbauer F. (1958), Schmidseder F. (1930), Schmidseder N. (1976), Schreiner F. (1956), Schreiner W. (1964), Schwarz H. (1977), Schwendinger E. (1974), Schwendinger E. (1952), Schwendinger E. (1983), Schwendinger G. (1971), Schwendinger J. (1951), Schwendinger J. (1978), Schwendinger J. (1925), Schwendinger J. (1946), Schwendinger J. (1972), Schwendinger M. (1982), Sobolik J. (1970), Sommergruber J. (1956), Sommergruber J. (1976), Spitzenberger A. (1979), Stadler A. (1958), Stadler F. (1982), Stadler P. (1980), Stadlmaier F. (1982), Stadlmaier J. (1958), Stadlmayr M. (1952), Stauber A. (1973), Stauber G. (1979), Steinmann J. (1960), Steinmann J. (1977), Steinmann K. (1940), Steinmann K. (1969), Stemplinger A. (1952), Stemplinger A. (1977), Stockinger A. (1954), Stockinger F. (1960), Stockinger F. (1969), Stockinger F. (1948), Stockinger F. (1977), Stockinger J. (1977), Stockinger J. (1968), Stögbauer A. (1929), Stögbauer A. (1959), Stögermüller F. (1970), Tischler J. (1944), Tischler J. (1978), Tosch J. (1948), Tuscher A. (1957), Tuscher F. (1978), Tuscher I. (1926), Tuscher J. (1956), Uhrl F. (1940), Unhaller J. (1974), Unhaller J. (1953), Unterberger J. (1940), Wallner A. (1964), Wallner J. (1952), Wallner J. (1964), Wallner J. (1955), Wallner J. (1977), Wallner M. (1970), Weißenböck A. (1957), Weißenböck G. (1979), Wilhelm J. (1965), Wimmer F. (1960), Windpassinger E. (1970), Windpassinger M. (1931), Windpassinger M. (1977), Winter A. (1946), Winter F. (1982), Winter J. (1954), Winter J. (1977), Winter K. (1974), Wirth F. (1976), Wirth F. (1959), Wirth J. (1970), Wirth J. (1970), Wöginger A. (1975), Wöß E. (1977), Wöß K. (1964), Wöß W. (1966), Zauner J. (1966), Zauner L. (1955), Zeilberger A. (1978), Zeilberger F. (1957), Zeilberger J. (1922)

FF FREINBERG

Bis 1958 gab es in Freinberg drei selbständige Feuerwehren: Freinberg, Lehen-Hanzing und Anzberg. Freinberg hatte als erstes eine eigene Wehr: Am 14. Januar 1883 wurde der Beschluß gefaßt, und am 15. März 1883 unter dem Obmann Anton Mandl und seinen fünf Kommandomitgliedern Josef Neulinger, Fabian Langeder, Michael Ellinger, Anton Aschenberger und Lorenz Osterkorn entstand die Freiwillige Feuerwehr Freinberg. Ein Jahr nach der Gründung brannte es in Unterfreinberg, wobei die Anwesen Altweger, Kobler und Mattlbauer den Flammen zum Opfer fielen. Zum Kriegsende 1918 wurde Johann Friedl der neue Obmann, der bis 1937 die Wehr führte. Die erste Fahne wurde 1922 geweiht. Eine große Feier gab es 1929: Die erste Motorspritze wurde im Zeughaus eingeweiht. Die alte Handspritze wurde 1929 beim Bauernschmid (Scharnböck) in Hinding bis zur Fertigstellung des Zeughauses eingestellt. Der Löschzug Hinding bestand von 1929 bis Kriegsende, wurde schließlich der Feuerwehr Freinberg wieder zugeordnet. 1930 war das Jahr der Brandkatastrophen: Vier Bauernhöfe brannten nieder, und in Hinding brach ein Waldbrand aus. Am 25. Juni 1933 wurde dann das 50jährige Gründungsfest gefeiert. In der Zeit des Zweiten Weltkrieges waren folgende Obmänner tätig: Johann Schachner (1937–1938), Johann Meindl (1938–1942), Alois Weidinger (1942–1943) und Josef Diebetsberger (1943 bis zum Zusammenschluß 1958). Die Wehr feierte am 9. August 1953 ihr 70jähriges Bestandsfest. Die Freiwillige Feuerwehr Lehen-Hanzing wurde 1921 unter Obmann Georg Scharnböck gegründet. Weitere Kommandanten waren im Amt: Ferdinand Pretzl (1925–1933), Josef Burgholzer (1933–1951) und Mathias Scherrer (1951–1958). Der Löschzug Lehen-Hanzing ist bis heute sehr aktiv unter dem Kommando von Zugführer Johann Kasbauer. Von der Feuerwehr Anzberg ist kein Geburtsjahr zu erfahren. Es ist lediglich bekannt, daß Johann Schwarz seit der Gründung der Wehr bis 1938 dem Verein vorstand. Im Krieg verlor die Wehr ihre Funktion, und erst 1949 entstand eine neue Selbständigkeit, Kommandant war bis 1958 Hubert Wirth. Im Februar 1978 starb Zugführer Josef Friedl und mit ihm auch der Löschzug Anzberg. 1958 schlossen sich die drei damals selbständigen Wehren zu der Freiwilligen Feuerwehr Freinberg mit den Löschzügen Anzberg und Lehen-Hanzing zusammen. Ihr neuer Kommandant war Karl Neulinger (1958–1978). 1968 wurde das 85jährige Gründungsfest mit Fahnenweihe gefeiert. In der nächsten Zeit gab es dann zwei große Naturkatastrophen: ein Wolkenbruch, wobei 40 Feuerwehrmänner 640 Stunden im Einsatz standen, und 1979 der schwere Schneefall, wo 64 Feuerwehrmänner 593 Stunden aktiv waren. 1977 wurde das neue Zeughaus, nur von Spenden und in Selbstarbeit mit Maximilian Scharnböck aus Hinding als einzigem Maurer errichtet, eingeweiht und das neue Feuerwehrauto gesegnet. 1978 wurde der jetzige Kommandant Ferdinand Scharnböck in sein Amt eingeführt. 1981 gab es den schrecklichsten Brand seit Bestehen der Freiwilligen Feuerwehr Freinberg: Der Troadkasten des Ratzinger-Bauern in Freinberg brannte. Drei Kinder fanden in den Flammen den Tod.

HBI Schamböck F. (1953), OBI Friedl J. (1965), AW Ellinger G. (1967), AW Friedl G. (1963), AW Mautner J. (1967), BI Bauer A. (1959), BI Madl J. (1970) — Fm Altweger J. (1979), HFm Altweger M. (1974), Fm Auer A. (1975), Fm Auer L. (1984), OFm Bachl W. (1963), OFm Bauer A. (1975), OFm Bauer A. (1958), JFm Bauer F. (1980), OFm Bauer G. (1951), OFm Bauer J. (1975), Fm Bauer J. (1980), HFm Beham J. (1956), OFm Blaas A. (1967), Fm Burgholzer A. (1982), HLm Burgholzer A. (1959), OFm Burgholzer G. (1974), Bm Burgholzer A. (1945), Fm Burgholzer J. (1982), Lm Burgholzer J. (1960), OFm Burgholzer J. (1978), Fm Desselbauer J. (1983), OFm Diebetsberger E. (1972), Diebetsberger H. (1975), HLm Diebetsberger J. (1956), OFm Dullinger M. (1958), Fm Durlund H. (1976), OFm Duschl F. (1950), Fm Duschl F. (1980), HLm Ellinger J. (1956), Fm Ellinger R. (1980), Fm Ertl A. (1977), Fm Ertl G. (1977), Fm Ertl G. (1981), OFm Fattinger F. (1977), OFm Fattinger H. (1970), HLm Friedl G. (1928), Lm Friedl G. (1959), Fm Friedl G. (1980), OFm Friedl G. (1976), JFm Friedl H. (1982), HLm Friedl J. (1967), OFm Friedl J. (1967), E-BI Friedl J. (1946), Fm Friedl R. (1973), Lm Gaßner M. (1982), Fm Gimplinger F. (1981), Fm Glasl F. (1960), Fm Glasl F. (1980), OLm Graf J. (1946), Fm Graf J. (1980), OLm Graf J. (1946), OFm Grill A. (1960), Fm Grill A. (1980), Fm Gumpinger G. (1978), Fm Haböck W. (1979), Fm Hager A. (1972), JFm Hager S. (1982), HLm Heinzl J. (1936), Fm Himsl A. (1977), OLm Himsl A. (1951), OFm Himsl E. (1972), OFm Höffer A. (1979), Fm Höfler J. (1976), Fm Höller E. (1978), Fm Hölzl A. (1953), Fm Hofer J. (1977), Fm Horneck A. (1977), OFm Huber K. (1955), Fm Huber M. (1975), OFm Hüttenberger F. (1967), Fm Irlinger M. (1980), Fm Irsigler E. (1968), OFm Irsigler G. (1967), Fm Irsigler J. (1967), Fm Jäger H. (1977), OLm Kargl V. (1953), OLm Kasbauer A. (1950), OFm Kasbauer A. (1978), Bm Kasbauer J. (1919), E-BI Kasbauer J. (1951), OFm Kasbauer J. (1980), OFm Kasbauer J. (1978), Fm Kettl J. (1983), Fm Kettl J. (1977), Fm Klement F. (1975), OFm Klement G. (1977), Lm Klement J. (1951), OLm Klement J. (1951), HFm Klement J. (1978), OFm Kletzmaier K. (1959), Fm Kletzmaier S. (1975), Bm Kobler M. (1919), Lm König F. (1949), OFm König M. (1958), Lm Kypta J. (1936), OBm Madl F. (1966), OFm Madl G. (1950), HFm Maier G. (1957), Fm Mairinger R. (1977), OLm Mandl A. (1936), OFm Marschall F. (1974), HFm Mautner F. (1967), Fm Mautner R. (1980), JFm Mayer Ch. (1980), Fm Mayr A. (1977), Fm Mayrhofer R. (1979), HFm Meindl A. (1968), HLm Meindl J. (1925), HLm Moser A. (1930), OBm Moser A. (1956), Fm Moser A. (1979), Fm Neulinger A. (1965), OFm Neulinger K. (1956), OLm Ortner M. (1950), Bm Ortner W. (1950), Fm Petzl A. (1978), Fm Pfeiffer K. (1974), Fm Piberhofer H. (1967), OLm Pichler A. (1934), OFm Pichler H. (1958), Fm Pichler H. (1974), E-BI Pichler J. (1924), Fm Pichler R. (1977), OFm Pillinger F. (1950), Fm Pillinger M. (1981), Fm Pindl A. (1973), Fm Pöschl J. (1973), Fm Pöschl J. (1957), OFm Pretzl A. (1959), HFm Pretzl A. (1950), Lm Pretzl A. (1936), OFm Pretzl J. (1946), Fm Pretzl J. (1974), Fm Pretzl J. (1982), Fm Pretzl J. (1980), Fm Prinstinger M. (1977), OLm Prost M. (1946), Lm Prost M. (1974), HFm Ratzinger J. (1930), Fm Ratzinger J. (1971), HFm Ratzinger J. (1935), OFm Ratzinger J. (1966), OFm Rebender R. (1958), OFm Rebhahn J. (1967), Fm Reinprecht R. (1980), HFm Reinprecht W. (1974), OLm Sageder F. (1962), JFm Sageder H. (1980), Fm Sageder R. (1980), Fm Sandrieser E. (1981), HFm Schachner F. (1950), Lm Schachner F. (1966), HFm Schachner J. (1958), HFm Schachner J. (1959), HFm Schachner J. (1959), HFm Scharnböck A. (1983), Fm Scharnböck Ch. (1983), Fm Scharnböck F. (1969), OFm Scharnböck K. (1962), Lm Scharnböck M. (1950), OLm Scharnböck M. (1951), OFm Scharnböck M. (1950), OFm Scharnböck R. (1980), OFm Scharnböck W. (1973), OFm Schasching J. (1950), Lm Schasching J. (1966), OFm Schatzberger H. (1978), Fm Schenk E. (1979), Lm Scherrer J. (1960), OFm Scherrer J. (1976), Fm Scherrer J. (1982), E-HBI Scherrer M. (1917), JFm Scherrer R. (1982), Fm Scherrer R. (1981), JFm Schimek B. (1980), Fm Schimek J. (1977), Fm Schlipfinger R. (1980), Fm Schmid L. (1980), OFm Schmidt F. (1974), Fm Schumergruber K. (1980), OFm Schwarz A. (1967), E-AW Schwarz A. (1921), OBm Schwendinger F. (1956), JFm Schwendinger F. (1980), HFm Schwendinger F. (1934), OFm Schwendinger F. (1967), Fm Sevi R. (1982), Fm Sigl G. (1981), Fm Smola Ch. (1982), Lm Smola H. (1965), OLm Söllwagner F. (1945), HLm Söllwagner G. (1948), HFm Söllwagner G. (1974), OFm Söllwagner J. (1944), HFm Söllwagner J. (1980), Fm Söllwagner J. (1976), HFm Sommergruber A. (1959), HFm Sommergruber G. (1973), Lm Sommergruber W. (1968), Fm Spitaler R. (1980), HFm Stadler A. (1921), HFm Stadler A. (1963), Fm Stadler F. (1974), Fm Stadler J. (1981), HLm Striedl J. (1948), HFm Süß J. (1965), Bm Suß J. (1957), OFm Tomandl A. (1959), Fm Tomandl A. (1980), Fm Türk J. (1982), Bm Unterholzer F. (1930), HFm Vogl L. (1924), OLm Vogl L. (1948), Lm Wagner A. (1966), HLm Wallner M. (1949), Fm Wallner M. (1981), Fm Weber R. (1981), Fm Weiß J. (1983), OFm Weny H. (1946), Fm Wiesner J. (1977), Fm Wiesner R. (1980), Fm Wimmer K. (1979), OLm Wirth H. (1949), Lm Wirth R. (1963), Fm Zarbl O. (1981), Fm Zauner F. (1977), Fm Zeller M. (1983)

FF ERLEDT

Die Gründung der FF Erledt erfolgte am 25. März 1931. Im Gründungsjahr bekam die Feuerwehr eine Handdruckspritze, einen Pferdewagen und neue Helme. Auch wurde beim Oberneder in Erledt ein Zeughaus errichtet. 1938 wurde erstmals ein Gruppenfoto von der FF Erledt, Gem. Waldkirchen, gemacht. 1948 wurde das erste Kraftfahrzeug angekauft. Im Jahr 1953 kam es zum Ankauf der ersten Motorspritze. Hochwassereinsatz in Wesenufer im Jahr 1954. 1957 wurde unter kräftiger Mithilfe der Bevölkerung eine Fahne gekauft. 1960 wurde ein VW-Kastenwagen und 1967 eine Motorspritze der Marke VW Automatik angekauft. 1974 wurde bei Josef Fraungruber in Strass ein neues Feuerwehrhaus errichtet. Seit diesem Jahr stellt die FF Erledt eine Wettbewerbsgruppe. Auf dem Gerätesektor wurden in den vergangenen Jahren ein Funk im 2-m-Band und zwei im 11-m-Band, ein Mittelschaumgerät, eine Schiebeleiter, neue Helme und Einsatzkleidung für die Wettbewerbsgruppe, eine Tauchpumpe und zwei leichte Atemschutzgeräte angeschafft. Im „Jahr des Umweltschutzes" wurde, wie auch in den letzten Jahren, eine Alteisensammlung durchgeführt. Zum 50. Bestandsjubiläum bekam die FF Erledt von der Gemeinde eine Motorsäge als Geschenk.

HBI Pointinger K. (1951), OBI Fraungruber J. jun. (1973) — Adlesgruber F. (1931), Adlesgruber J. jun. (1978), Adlesgruber J. sen. (1973), Adlesgruber M. (1972), Dieplinger F. (1980), Dirlinger A. (1978), Dunzinger J. (1947), Dunzinger M. (1970), Eder J. (1946), Eder M. (1983), Eisenköck A. jun. (1978), Eisenköck A. sen. (1964), Eisenköck N. (1981), Ennsfellner A. (1976), Ertl L. (1947), Fraungruber J. sen. (1932), Gerstberger G. (1983), Haderer R. (1970), Heletsgruber A. jun. (1980), Heletsgruber A. sen. (1951), Hinteringer F. (1926), Huber R. (1980), Kirchmaier J. (1974), Kriegner M. (1978), Lippacher A. (1982), Litzlbauer A. (1946), Maierhofer F. (1948), Mühlböck J. jun. (1972), Mühlböck J. sen. (1946), Peham H. (1966), Perndorfer A. (1966), Perndorfer G. (1978), Perndorfer J. jun. (1976), Perndorfer J. sen. (1946), Perndorfer N. (1981), Pointinger J. (1973), Prokopp F. (1983), Ratzenböck F. (1949), Roller E. (1972), Sigl A. (1973), Sigl A. (1956), Steindl A. (1973), Steindl H. (1947), Steinmetz E. (1957), Weißenböck R. (1947), Wimmer A. (1970), Wimmer A. (1981), Zahlinger F. jun. (1976), Zahlinger F. sen. (1953)

FF HACKENBUCH

Im Jahr 1936 wurde die FF Hackenbuch gegründet. Die erste Ausschußsitzung fand am 14. April 1936 statt. Der Mitgliederstand bei der Gründungsversammlung betrug 45 Wehrmänner. In der Zeit von Dezember 1938 bis Mai 1946 fehlen die Tätigkeitsberichte infolge des Zweiten Weltkrieges. Am 29. Juni 1949 wurde die erste Motorspritze gesegnet. Josef Bauer übernahm am 2. April 1950 die Führung der Feuerwehr. Am 6. März 1952 wurde das erste Feuerwehrauto angekauft. Die Feuerwehrfahne wurde am 8. Juni 1952 von Kanonikus Starzinger geweiht. Am 8. August 1958 wurde eine neue Motorspritze (VW R 75) von der Fa. Rosenbauer angekauft. In den Jahren 1962 und 1963 wurde das derzeitige Feuerwehrhaus errichtet und am 21. Juli 1963 im Rahmen eines Feuerwehrfestes mit Beteiligung von 18 auswärtigen Wehren gesegnet. Im Jahr 1966 wurde ein Tragkraftspritzenanhänger (TSA 750, Fa. Rosenbauer) angekauft. Ende des Jahres 1968 wurde ein neuer Löschteich für die Ortschaft Hackenbuch errichtet (Fassungsvermögen 120 m³). Am 7. Mai 1978 übernahm Wilhelm Bernauer die Führung der Feuerwehr. Am 16. Mai 1979 konnte ein neues Löschfahrzeug mit Bergeausrüstung (LFB Mercedes Benz L 409) zur Freude aller Feuerwehrkameraden angekauft werden. Die Segnung des Löschfahrzeuges wurde am 31. August 1980 im Rahmen eines Feuerwehrfestes, zu dem 37 Feuerwehren erschienen, von Pfarrer Johann Loidl vorgenommen. In den Jahren 1981 und 1982 konnte durch den Ankauf eines Notstromaggregates (BDKA 8/35), von schwerem Atemschutz (DA 58) sowie einem Mobilfunkgerät und einem Handfunkgerät (Bosch) die Schlagkraft der Feuerwehr wesentlich verbessert werden. Seit dem Jahr 1968 besteht laufend eine Wettbewerbsgruppe mit reger Tätigkeit.

HBI Bernauer W. (1963), OBI Schustereder F. (1968), AW Demmelbauer-Ebner J. (1958), AW Itzinger L. (1966), AW Schmolz J. (1967) — HFm Adlmanninger L. (1954), HLm Bast E. (1967), HFm Bernauer A. (1954), HFm Biereder A. (1962), HFm Blümlinger J. (1946), OFm Burger A. (1979), OFm Burger H. (1978), OFm Daller M. (1979), HLm Danninger F. (1973), OFm Demmelbauer-Ebner J. (1980), HFm Demmelbauer-Ebner L. (1952), Fm Denk J. (1981), HFm Denk J. (1935), Fm Deschberger W. (1980), HFm Eder F. (1948), Fm Eder J. (1970), HFm Eder K. (1948), Fm Eder K. (1978), HFm Eder W. (1975), HFm Estermann H. (1964), HLm Feichtenschlager H. (1968), OFm Fischer F. (1981), OBm Fischer F. (1955), OFm Goldberger H. (1977), HFm Goldberger J. (1943), OFm Gumpoldsberger A. (1978), HFm Gumpoldsberger L. (1949), Lm Hartinger J. (1978), HFm Höller F. (1964), Lm Huber J. (1977), HFm Itzinger L. (1933), Fm Kobler H. (1978), HFm Lang F. (1946), HFm Lang F. (1970), HFm Laufenböck A. (1937), HFm Laufenböck A. (1974), HFm Laufenböck A. (1973), OFm Laufenböck J. (1980), HFm Laufenböck J. (1947), Fm Laufenböck J. (1973), HFm Laufenböck L. (1946), HFm Laufenböck L. (1965), HFm Lechner F. (1964), HFm Maier J. (1965), E-OBI Niederleithner J. (1946), HFm Novak A. (1973), HFm Ötzlinger J. (1936), Fm Pichler L. (1983), E-AW Pichler L. (1951), Fm Reisinger J. (1969), HFm Schaurecker R. (1953), OLm Schmolz J. (1965), Fm Schmolz J. (1983), OFm Schwendinger K. (1979), HFm Siegesleithner H. (1950), Fm Siegesleithner L. (1981), HBm Skvaric R. (1977), HFm Skvaric S. (1954), HLm Skvaric S. (1975), HFm Spanner O. (1952), HFm Weidlinger L. (1965), HFm Wimmeder A. (1965), Lm Wimmeder A. (1969), Fm Wimmeder A. (1981), Bm Wimmeder J. (1971), OLm Wimmeder J. (1977), HFm Wimmeder J. (1947), Fm Wimmeder J. (1972), Fm Wimmeder M. (1983), HFm Wölfinger H. (1964), Lm Wölflingseder J. (1937), HFm Wölflingseder J. (1954), HFm Wolfsberger F. (1969), Lm Wolfsberger J. (1966), Fm Zarbl F. (1917), Fm Zarbl K. (1978)

FF HACKENDORF

1895 wird die Freiwillige Feuerwehr Hackendorf als Filialfeuerwehr der Freiwilligen Feuerwehr St. Aegidi zum erstenmal in der Chronik erwähnt. Der damalige Filialfeuerwehrführer Josef Straßl beabsichtigte aus der Filialfeuerwehr eine selbständige Feuerwehr zu gründen. 1912 erhielt er von Linz die Bewilligung, eine selbständige Feuerwehr zu gründen. Und schon am 21. Februar 1912 verabschiedete sich die Filialfeuerwehr Hackendorf von der Stammfeuerwehr St. Aegidi. Es wurde vereinbart, daß die neue Feuerwehr die Hälfte des Kassenbestandes von 600 Kronen und die Geräte der Filialfeuerwehr als Eigentum erhalten sollte. Der Gründungsfeuerwehrführer Josef Straßl übte die Funktion bis 1928 aus. Durch großzügige Spenden der Bevölkerung von Hackendorf und Umgebung war es ihm möglich, 1920 ein neues Zeughaus zu bauen. 1922 wurde eine neue Fahne angekauft. Im August 1928 wurde Franz Reitinger zum neuen Wehrführer der Freiwilligen Feuerwehr Hackendorf gewählt. Er übte die Funktion bis 1932 aus. 1929 konnte er durch Holz- und Geldspenden eine neue Motorspritze anschaffen. Florian Haderer wurde 1933 zum Wehrführer der Freiwilligen Feuerwehr Hackendorf gewählt und übte sein Amt bis 1945 tatkräftig aus. In der Übergangszeit von 1945 bis 1948 war Hermann Scheuringer als Wehrführer tätig. 1948 wurde Roman Tomandl zum Kommandanten gewählt. Die Funktion übte er bis 1968 aus. Unter seiner Führung wurden ein neues Zeughaus und ein Löschteich errichtet. Durch die Unterstützung der Gemeinde war es ihm möglich, auch eine neue Motorspritze anzuschaffen. Seit 1968 führt der derzeitige Feuerwehrkommandant Martin Weidinger die Freiwillige Feuerwehr Hackendorf. Unter seiner Führung wurde ein KLF angekauft.

HBI Weidinger M. (1946), OBI Ratzenböck J. (1971), AW Haderer H. (1978), AW Krenn H. (1966), AW Schöfberger Ä. (1956), AW Weißenböck E. (1948), BI Mühlböck S. (1968), BI Stockmaier R. (1978) — JFm Altenhofer J. (1981), HFm Beham R. (1947), HFm Beham W. (1967), HFm Berndorfer H. (1967), HFm Däxler J. (1975), Lm Dunzinger J. (1928), HFm Ecker J. (1969), JFm Ecker J. (1981), JFm Eder A. (1982), Fm Eder A. (1982), HFm Eder G. (1972), HFm Eder J. (1956), Lm Eder M. (1967), HFm Em J. (1965), PFm Fasching A. (1983), PFm Fasching J. (1983), HFm Fröhler J. (1958), Lm Froschauer F. (1979), HFm Froschauer J. (1948), OFm Haderer A. (1975), HFm Haderer A. (1947), Lm Haderer F. (1913), HFm Haderer H. (1964), Fm Haderer H. (1978), HFm Haderer J. (1946), HFm Haderer W. (1967), HFm Hamedinger A. (1966), OFm Hamedinger J. (1972), Fm Hamedinger S. (1978), HFm Hamedinger S. (1976), PFm Hiermann W. (1981), HLm Hirmann J. (1978), HFm Hofer M. (1968), HFm Huber J. (1973), HFm Huber J. (1948), HFm Huber J. (1972), JFm Jäger G. (1983), HLm Jell M. (1976), OFm Klaffenböck H. (1972), HFm Klaffenböck J. (1948), OLm Kornfelder A. (1968), HFm Kornfelder J. (1965), OLm Kornfelder W. (1970), HFm Kriegner J. (1957), HFm Mayer J. (1952), HFm Mittelböck J. (1948), JFm Mühlböck G. (1982), HFm Neuhuber A. (1965), JFm Neuhuber O. (1981), HLm Ortmaier J. (1967), Fm Ortmayr J. (1978), Lm Prünstinger J. (1955), HFm Ratzenböck H. (1969), Lm Ratzenböck J. (1929), HFm Reitinger F. (1962), Lm Reitinger F. (1936), Lm Reitinger F. (1980), OFm Reitinger R. (1973), HFm Rittberger J. (1966), Fm Rittberger J. (1978), HFm Sageder A. (1965), HFm Sageder M. (1973), HFm Scharinger J. (1948), HFm Scheuringer G. (1980), HFm Schmiedbauer F. (1955), OFm Schmiedbauer F. (1975), OFm Schöfberger J. (1975), Fm Schopf G. (1980), JFm Schütz M. (1982), HFm Stockmaier R. (1969), HFm Wasner J. (1961), JFm Weidinger A. (1980), Lm Weidinger M. (1976), JFm Weißenböck W. (1983)

FF HAIBACH BEI SCHÄRDING

Die FF Haibach wurde am 1. Mai 1935 von Josef Mayrhofer mit den Mitgliedern Alois Weidinger, Karl Prommersberger, Johann Süß, Johann Bieringer, Alois Wiesner und Karl Leidinger gegründet. 1936 wurde eine Motorspritze R 25 von der Fa. Rosenbauer angekauft. Während des Zweiten Weltkriegs gehörte die Wehr als Löschzug zur FF Freinberg. 1946 wurde die Wehr wieder selbständig. 1948 wurde das erste Feuerwehrhaus errichtet. 1954 wurde ein Einachsanhänger gekauft und die Wasserwehr unter Leitung von Michael Krampfl gegründet. Eine Holzzille wurde 1956 angekauft. 1965 fand die Fahnenweihe mit dem 30jährigen Gründungsfest statt. 1974 wurde mit dem Bau des zweiten Feuerwehrhauses begonnen. Die Weihe fand gemeinsam mit der des Löschfahrzeuges 1978 statt. Kommandanten der Wehr waren: Josef Mayrhofer, Alois Weidinger, Matthias Höllinger, Johann Kropf, Josef Ortner.

HBI Ortner J. (1945), OBI Kasbauer H. (1962) — Altmann J. (1946), Altmann J. (1956), Altweger A. (1955), Altweger Ch. (1978), Altweger E. (1956), Altweger H. (1971), Altweger J. (1950), Augustin F. (1962), Augustin F. (1976), Bachinger K. (1977), Bachinger R. (1978), Bauer A. (1962), Beham E. (1980), Braunsreuther R. (1980), Daller A. (1956), Daller A. (1978), Dorfer R. (1974), Eberhart F. (1964), Ellinger H. (1970), Falkner A. (1969), Falkner J. (1966), Feicht M. (1958), Ferby F. (1964), Fritz J. (1981), Graswald E. (1983), Grill J. (1956), Grill J. (1945), Gschaider K. (1948), Haas K. (1954), Haderer A. (1964), Haderer F. (1958), Hocheneder W. (1966), Höglinger G. (1964), Höglinger H. (1979), Höglinger R. (1976), Höllinger F. (1956), Höllinger M. (1930), Hofmann A. (1977), Huber J. (1974), Huber J. (1966), Huber K.-H. (1978), Hubinger J. (1956), Irlinger R. (1983), Jany B. (1981), Karl J. (1963), Kasbauer A. (1976), Kasbauer G. (1927), Kasbauer J. (1971), Kasbauer N. (1977), Kieslinger J. (1945), Kletzmaier S. (1978), Köstler F. (1966), Köstler G. (1959), Köstler G. (1976), Köstler J. (1935), Köstler J. (1970), Köstler R. (1974), Kotanko P. (1965), Krampfl M. (1956), Kropf J. (1956), Kropf J. (1977), Lahersdorfer J. (1979), Leitner H. (1963), Lirvcenko W. (1980), Loidold G. (1974), Loidold J. (1955), Mairinger J., Oberpeilsteiner G. (1976), Oberpeilsteiner J. (1953), Oberpeilsteiner J. (1979), Ohrhallinger F. (1949), Ohrhallinger W. (1971), Ortner J. (1975), Peer L. (1932), Pichler J. (1925), Pieringer J. (1952), Pieringer W. (1980), Pöschl G. (1983), Pöschl J. (1951), Promesberger K. (1956), Pulfer J. (1966), Ranzenberger J. (1956), Ratzenböck J. (1958), Rebhahn J. (1981), Reinprecht J. (1970), Reisinger J. (1967), Reisinger J. (1967), Reisinger J. (1952), Reitmaier F. (1948), Roider J. (1953), Sageder A. (1981), Sageder J. (1966), Sageder J. (1976), Schachner J. (1976), Scharnböck W. (1978), Scherrer A. (1977), Scherrer A. (1977), Scherrer F. (1977), Schmid H. (1967), Schmid W. (1967), Schmidt G. (1958), Schmied M. (1962), Schraml E. (1969), Schraml F. (1951), Schraml F. (1967), Schraml R. (1966), Schwarz A. (1937), Schwarz A. (1966), Schweiger F. (1973), Simmelbauer F. (1947), Spitaler A. (1955), Spitaler J. (1959), Stadler M. (1970), Staudacher J. (1963), Steininger J. (1981), Stürer G. (1964), Süß K. (1957), Thallinger A. (1958), Thallinger G. (1978), Unterleitner W. (1979), Uttenthaler E. (1978), Uttenthaler F. (1955), Uttenthaler M. (1957), Uttenthaler W. (1978), Weishäupl J. (1956), Weishäupl J. (1976), Weishäupl S. (1979), Wengler E. (1983), Wiederstein E. (1976), Wiesner A. (1964), Zarda A. (1983), Zauner A. (1957), Zauner E. (1975), Zulehner H. (1963), Zulehner K. (1956)

FF HINTERDOBL

Die Freiwillige Feuerwehr Hinterdobl wurde am 11. November 1909 von einem Komitee unter Jakob Hartwagner aus Vorderndobl gegründet. Den Protokollen der Gründungsversammlung ist zu entnehmen, daß schon vorher eine Feuerwehr bestand, und zwar unter Hauptmann Johann Spannlang; weitere Aufzeichnungen sind nicht vorhanden. 1910 wurde das Feuerwehrhaus mit Schlauchturm errichtet und eine Handsaugdruckspritze von der Fa. Gugg in Braunau gekauft. Infolge des Ersten Weltkrieges wurde am 10. Januar 1915 folgender Antrag beschlossen: „Die Gemeindevertretung möge Sorge tragen, daß möglichst viele kräftige Weibspersonen im Falle eines Brandes am Platz sein sollen, um beim Spritzenziehen mithelfen zu können, da die Wehr durch den Krieg geschwächt ist." Am 18. August 1938, infolge des Anschlusses Österreichs an Deutschland, wurde die FF Hinterdobl der FF Dorf an der Pram als Löschzug unterstellt. Am 20. Februar 1949 Wiedererrichtung der Feuerwehr Hinterdobl, die Eigenständigkeit wurde wiederhergestellt, der neugewählte Kommandant war Franz Schamberger jun. Im Januar 1950 wurde die erste Motorspritze vom Typ RW 80 von der Fa. Rosenbauer Linz angekauft. Am 23. Mai 1954 wurden das neuerbaute Feuerwehrhaus und die Motorspritze gesegnet. Um eine bessere Alarmierung zu erreichen, wurde 1959 eine Alarmsirene am Schlauchturm des Feuerwehrhauses montiert. Eine neue Tragkraftspritze vom Typ VW Automatik Rosenbauer wurde 1967 angeschafft und beim 60jährigen Gründungsfest am 18. Mai 1969 gesegnet. 1976 wurde die Feuerwehr Hinterdobl als Heuwehrstützpunkt mit einem KLF Ford Transit und einem Heuwehrgerät ausgestattet. Der Stützpunkt umfaßt drei Bezirke (Schärding, Grieskirchen und Eferding).

HBI Wilflingseder J. (1953), OBI Mauerer A. (1952), OBR Gehmaier K. (1949) — Aichinger A. (1961), Asböck Ch., Asböck F., Asböck J. (1956), Asböck J., Brandl W., Dick J. (1964), Dick J. (1967), Doppler A., Doppler M. (1949), Doppler M. (1980), Dürnberger J. (1981), Einböck K. (1972), Einböck L. (1983), Erkner-Sacherl K. (1964), Fischer M. (1951), Gadermayr G. (1982), Gadermayr H., Gadermayr J. (1957), Gadermayr J. (1981), Gadermayr R. (1983), Gehmaier G., Gehmaier K. (1970), Greifeneder J. (1935), Hager J. (1983), Hartl A., Hinterholzer A. (1983), Hinterholzer J. (1953), Hinterholzer K. (1983), Hinterholzer M. (1981), Hochmayr F., Hochreiter K. (1969), Hömanseder J. (1925), Huemer A., Huemer J. (1935), JFm Huemer W. (1983), Humer E., Humer F., Humer J. (1954), Humer J., Hummer A., Kaltenböck F. (1971), Kaltenböck H. (1966), Kaltenböck J. (1967), Katzelberger F. (1953), Maier J. (1957), Moser J. (1936), Moser L. (1959), Mühlböck Ch., Mühlböck F. (1965), Mühlböck J. (1949), Mühlböck U. (1954), Mühlböck U. (1983), Oberndorfer D. (1969), Pichler A. (1962), Pöttinger A., JFm Pöttinger Ch. (1983), Schreckeneder A. (1952), Spannlang A., Spannlang J. (1928), Stelzhammer E. (1954), Stelzhammer E. (1983), Weber A. (1961), Wildhager J. (1919), Wilflingseder F. (1954), Wilflingseder H., Wilflingseder H., Wilflingseder H. (1948), JFm Wilflingseder J. (1983), Wilflingseder J. (1957), Wilflingseder J. (1921), Wilflingseder J. (1983), Wilflingseder J. (1949), Wilflingseder K. (1970), Willinger J. (1970), Zauner J. (1963), Zellinger A., Zellinger J. (1970), Zellinger J. (1925)

FF HÖBMANNSBACH

Im Jahr 1904 wurde die Löschrotte Höbmannsbach von 24 Mitgliedern gegründet. Im selben Jahr wurde eine Handdruckspritze mit Doppelkolben angeschafft und das erste Feuerwehrgebäude errichtet. 1920 wurde die Freiwillige Feuerwehr Höbmannsbach selbständig. Im Jahr 1933 wurde die R 50 Motorspritze Type Rosenbauer gekauft und im selben Jahr das Zeughaus saniert. Von 1938 bis 1945 war die Freiwillige Feuerwehr Höbmannsbach der Ortsfeuerwehr Taufkirchen an der Pram unterstellt. Im Jahr 1945 wurde die Freiwillige Feuerwehr Höbmannsbach wieder selbständig. Im Jahr 1978 wurde eine neue VW Supermatic Motorspritze von der Fa. Rosenbauer angekauft. Im Jahr 1984 erfolgte der Neubau des Zeughauses. Seit der Gründung waren, soweit bekannt, folgende Hauptleute tätig: Karl Niedermayr, Josef Daller und Johann Lindinger.

HBI Lindinger H. (1937), OBI Kalchgruber F. (1960) — Almesberger A. (1966), Altweger J. (1981), Bachinger H. (1956), Bauer F. (1957), Bauer J. (1978), Berger J. (1946), Breinbauer F. (1955), Breinbauer J. (1978), Bruneder A. (1960), Dantler L. (1972), Demmelbauer-Ebner A. (1968), Demmelbauer-Ebner A. (1975), Dichtl A. (1979), Ebner K. (1973), Ebner L. (1973), Ertl K. (1983), Feldweber H. (1955), Fischer H. (1977), Fischer P. (1982), Friedl E. (1964), Fuchs F. (1978), Gaderer A. (1951), Gaßner H. (1966), Gaßner J. (1960), Gaßner J. (1968), Geisbauer R. (1983), Gerauer J. (1980), Goldberger K. (1963), Gruber H. (1966), Gruber J. (1982), Gruber O. (1982), Hofstätter H. (1975), Hufnagl A. (1940), Hufnagl A. (1964), Jagereder F. (1979), Jungwirth F. (1950), Jungwirth J. (1955), Jungwirth J. (1981), Kalchgruber F. (1982), Kalchgruber J. (1957), Lindinger F. (1939), Lindinger F. (1963), Lindinger J. (1967), Lindlbauer J. (1917), Maier A. (1952), Maier E. (1952), Mittermayr A. (1977), Niedermayer A. (1970), Niedermayer J. (1975), Niedermayer J. (1949), Niedermayer J. (1968), Niedermayer K. (1981), Niedermayr J. (1960), Obereder R. (1950), Piffer F. (1978), Piffer H. (1965), Pötzl H. (1962), Pötzl J. (1946), Dr. Reininger K. (1983), Reininger K. (1947), Schauer A. (1957), Schauer A. (1982), Schauer K. (1949), Schmid F. (1979), Schreiner A. (1973), Schwarz A. (1946), Schwarz F. (1972), Schwarz K. (1967), Sob H. (1957), Sob H. (1972), Stammler J. (1946), Stammler J. (1966), Steininger A. (1973), Steininger F. (1955), Stockinger K. (1950), Stockinger K. (1976), Streif J. (1946), Streif J. (1975), Süß H. (1955), Waizenauer A. (1983), Waizenauer A. (1955), Waizenauer A. (1981), Waizenauer F. (1925), Waizenauer H. (1952), Wallner H. (1961), Weißhaidinger J. (1983), Weitzenauer J. (1964)

FF HÖCKING

Die FF Höcking wurde am 28. Dezember 1910 gegründet. Gründungsmitglieder waren: Der Bgm. von Rainbach, Anton Moritz, der Kdt. von Rainbach, Josef Wallner, und die Feuerwehrmänner von Höcking, Matthias Augustin, Josef Hanslauer, G. Boxrucker. Erster Kommandant war Matthias Augustin, erster Spritzenmeister Josef Hanslauer. Im April 1919 wurde Matthias Augustin von Georg Hanslauer als Wehrführer abgelöst. 1922 bekam die FF Höcking die erste eigene Fahne. Am 25. Oktober 1924 Großbrand in Haselbach. 30 Objekte verbrannten, nur ein Haus blieb erhalten. In den Jahren 1935 und 1936 kamen die ersten Krückenspritzen nach Böring und nach Rampelsau. Am 18. Oktober 1936 feierte die FF Höcking ihr 25jähriges Bestandsfest. 1945 wurde Josef Steinkreß zum Löschgruppenkommandanten bestellt. 1952 errichtete die FF Höcking ein neues Zeughaus. 1953 wurde eine neue Spritze R 75 angeschafft. Am 8. Mai 1960 feierte die Wehr ihr 50jähriges Gründungsfest mit Fahnenweihe. Am 7. Oktober 1961 wurde Josef Steinkreß von Johann Moritz als Kommandant abgelöst. Am 27. Mai 1962 erfolgte die Zeughausweihe in Höcking. Kommandant Moritz stellte nach Ablauf der Amtsperiode am 10. Dezember 1978 sein Amt zur Verfügung. Neuer Kommandant wurde Karl Weidlinger aus Böring. 21. April 1979: Die FF Höcking war bei den Holzaufräumungsarbeiten eingesetzt, die durch den Schneedruck entstanden waren. Am 5. November 1980 wurde eine neue Motorspritze VW Automatik bestellt. Am 27. und 28. Juni 1983 gab es Hochwassereinsatz in Haselbach und in Rainbach. Die Bestellung eines neuen Kleinlöschfahrzeuges wurde 1984 durchgeführt. Ab 1937 gab es auch eine Rettungsabteilung, die unter der Leitung von Dr. Kerber aus Schärding stand.

HBI Weidlinger K. jun. (1964), OBI Dichtl A. jun. (1962), AW Gangl F. jun. (1972), AW Gangl F. sen. (1954), AW Kohlbauer H. sen. (1957), AW Schratzberger F. (1964) — Fm Armstark R. (1982), Fm Augustin M. (1922), Fm Baumgartner H. (1980), Fm Burgstaller F. (1981), OFm Daller H. (1977), Fm Daller J. (1952), OFm Daller J. (1954), Fm Daller J. jun. (1978), OFm Dichtl A. sen. (1922), OFm Dichtl G. jun. (1977), OLm Dichtl G. sen. (1948), Fm Engertsberger J. (1978), Fm Engertsberger M. (1978), Fm Fink J. jun. (1978), OFm Fink J. sen. (1961), Fm Froschauer J. jun. (1980), OFm Froschauer J. sen. (1948), OFm Gangl J. (1978), OFm Goldberger J. (1942), OLm Haas J. (1970), Fm Hanslauer F. jun. (1983), OFm Hanslauer F. sen. (1945), OLm Hobetseder H. (1949), OFm Hobetseder J. (1977), OFm Högl A. (1971), Lm Högl F. (1967), Fm Högl G. (1982), OFm Högl J. (1928), Fm Högl J. jun. (1980), OFm Högl J. sen. (1962), Fm Hofbauer A. (1976), Fm Kohlbauer H. jun. (1980), HFm Lautner A. (1962), Fm Lerch K. (1973), OFm Moritz J. jun. (1977), E-HBI Moritz J. sen. (1934), Fm Moritz J. (1972), Lm Oberbauer A. jun., Fm Oberbauer A. sen. (1921), Fm Ortner F. (1982), Fm Ortner J. (1964), Fm Penzinger J. (1950), E-AW Ruhaltinger J. (1952), Fm Schmid A. (1957), OFm Schmid E. (1978), OFm Schmid K. (1961), Lm Schneebauer A. (1976), Fm Schneebauer J. jun. (1977), Fm Schneebauer J. sen. (1950), Fm Schneiderbauer A. (1922), Fm Schneiderbauer J. (1972), OFm Schneiderbauer R. (1966), OFm Schratzberger F. (1948), Fm Schreiner A. (1983), OFm Schreiner A. (1961), Fm Schreiner J. (1984), Fm Schwarz J. (1948), Fm Schwarz J. jun. (1980), Lm Schwarz J. sen. (1957), OFm Steinkreß A. jun. (1978), OLm Steinkreß A. sen. (1953), Fm Steinkreß F. (1980), Fm Steinkreß J. (1975), Fm Steinkreß J. (1980), OFm Steinkreß M. (1978), OFm Steinkreß P. (1952), Fm Steinkreß R. (1981), Fm Steinkreß W. (1981), Fm Stimpfl J. (1975), Fm Unterberger H.-O. (1979), Fm Vogetsberger J. (1967), Fm Wallner F. jun. (1980), OFm Wallner F. sen. (1952), OFm Weidlinger K. sen. (1934), Fm Wimmer J. (1950)

FF HOF

Die FF Hof wurde am 7. Juli 1904 gegründet. Aber man muß noch etwas weiter zurückgreifen. Wie der Chronik zu entnehmen ist, hatte die Ortschaft Hof bereits 1882 ein Löschgerät, nämlich eine Handdruckspritze. Der erste Hauptmann war Karl Pöttinger. Ihm folgte 1907 Karl Wirth. Dann folgten Johann Schusterbauer, ab 1919 Ludwig Kinsthaler, ab 1927 Matthias Wieshammer, ab 1939 Alois Barth, ab 1951 Friedrich Fischer, und seit 1963 ist Alois Hauer Kommandant der Freiwilligen Feuerwehr Hof. 1931 erhielt die Feuerwehr die erste Motorspritze. 1957 konnte die zweite Spritze mit einem Anhänger für Traktor erworben werden. 1959: Weihe der neuen Spritze. Nach dem Zweiten Weltkrieg wurde die Feuerwehr neu reaktiviert bzw. organisiert. Im Jahr 1974 wurde eine Jugendgruppe gegründet. Das bestehende Zeughaus wurde im Jahr 1950 gebaut und im Jahr 1976 für das neu angeschaffte LFB-Löschfahrzeug Mercedes 409 umgebaut. Der Umbau des Zeughauses erfolgte auf Kosten der Mannschaft bzw. mit Kameradschaftsgeldern. Im Jahr 1976 brachte die Freiwillige Feuerwehr Hof zum Ankauf des neuen Löschfahrzeuges selbst sehr viel Geld auf. Die Weihe des LFB-Löschfahrzeuges erfolgte im Juli 1979 durch Pfarrer Franz Weidenholzer. In der Wehr wird sehr viel Wert auf die Ausbildung der Kameraden gelegt, es herrscht rege Aktivität, gute Kameradschaft und hoher Ausbildungsstand.

HBI Hauer A. (1956), OBI Schusterbauer F. (1961), AW Kickinger J. (1961), AW Laufenböck J. (1959), AW Renoldner K. (1937), BI Hauer A. (1954) — OFm Aichinger F. (1975), HFm Aichinger F. (1973), E-AW Aichinger J. (1938), HLm Anzengruber J. (1964), JFm Bachmaier E. (1982), OFm Bachmaier J. (1975), HFm Blümlinger J. (1973), Fm Brunmair M. (1980), Fm Buchbauer H. (1975), Fm Deschberger J. (1983), PFm Dobler F. (1973), Fm Dobler K. (1977), HFm Doblhammer R. (1946), Fm Ettl A. (1975), OFm Fellner A. (1967), HFm Fellner F. (1967), Lm Fischer F. (1973), E-HBI Fischer F. (1928), Fm Fischer G. (1973), Lm Fischer J. (1949), HLm Gadermaier J. (1963), HFm Gadermaier W. (1970), OFm Greiner M. (1982), HFm Großbötzl J. (1951), HLm Grübler L. (1950), HFm Hanslmayer J. (1970), OLm Hauer A. (1973), Fm Hauer A. (1979), JFm Hauer Ch. (1982), OFm Hauer F. (1975), HFm Hauer G. (1975), OFm Hauer H. (1978), OLm Hauer J. (1968), OFm Hauer J. (1975), HFm Hauer J. (1946), HFm Hauer J. (1955), HFm Hauer J. (1956), HFm Hauer J. (1977), Fm Hauer J. (1973), Lm Hauer M. (1973), OLm Hauer W. (1973), HFm Höllinger J. (1976), OFm Klugsberger F. (1952), JFm Klugsberger H. (1982), HFm Kobler J. (1973), HFm Kobler K. (1973), HFm Langgruber K. (1952), OFm Langgruber K. (1973), OFm Litzlhammer E. (1973), HFm Lorenz F. (1953), Fm Lorenz F. (1977), HFm Rothner G. (1953), OFm Rothner K. (1976), HFm Rothner J. (1977), OFm Schachl-Lughofer F. (1961), OFm Schachl-Lughofer F. (1973), Fm Schachl-Lughofer H. (1975), OLm Schmiedseder F. (1954), HFm Schratzberger J. (1967), HLm Schusterbauer J. (1973), E-AW Siegetsleitner J. (1934), HFm Sommergruber K. (1950), HFm Sommergruber M. (1973), HLm Sommergruber W. (1970), HFm Spadinger G. (1973), Fm Spadinger G. (1980), OFm Spadinger J. (1975), HFm Stauber G. (1946), OFm Stauber J. (1970), OFm Steinkreß A. (1978), Lm Steinkreß F. (1946), Fm Strasser J. (1973), OLm Strasser M. (1973), OFm Strasser R. (1973), JFm Weinhäupl H. (1980), HFm Weinhäupl J. (1970), Fm Weinhäupl J. (1978), Fm Weinhäupl W. (1978), OFm Wiesner J. (1977), HFm Witzmann E. (1973), HFm Witzmann K. (1963), HFm Zarbl J. (1949), Fm Zarbl J. (1980)

FF HUB

Nach einer Häufung von Bränden in den neunziger Jahren schlossen sich sechs Männer am 19. Februar 1902 zusammen und gründeten die FF Hub. Als erster Kommandant wurde Georg Hobetzeder bestimmt. Im Jahr 1903 wurde das erste Feuerwehrhaus mit einem Turm aus Holz vor dem Sölneranwesen in Hub von der Bevölkerung errichtet. Als erstes Gerät wurde die Handpumpe (Ankaufsdatum unbekannt) angeschafft. 1948 wurde die erste Tragkraftspritze RW 8 angekauft. Mit dem Ankauf eines gebrauchten Militärfahrzeuges Marke Dodge im Jahr 1949 war der erste Schritt zur mobilen Ausrüstung getan. 1961 wurde ein Feuerwehrhaus mit Turm und Geräteraum gemauert. Das desolat gewordene Feuerwehrfahrzeug Dodge wurde ebenfalls 1961 durch einen TSA ersetzt. Durch den Ankauf einer TS-VW 75 Automatik im Jahr 1963 geschah ein weiterer Schritt. Im Ausbildungswesen bzw. Bewerbsgeschehen wurde 1964 erstmals eine Bewerbsgruppe unter dem damaligen Kommandanten HBI Karl Murauer organisiert. Durch die Erstellung des Sprengtrupps unter Sprengtruppführer OBI J. Huber wurde der erste überregionale Schritt eingeleitet. Mit dem Ankauf eines KLF Marke Ford Transit 1976 begann die Modernisierung. 1980 wurde die Jugendgruppe ins Leben gerufen. Durch die Verlagerung des A-Bootes vom Landes-Feuerwehrkommando OÖ (KHD) 1982 wurde die Erweiterung bzw. Vergrößerung des Feuerwehrhauses erforderlich und in den Jahren 1981/82 unter Kommandant HBI J. Huber durchgeführt, wobei die Arbeitsleistungen, insgesamt 5 000 Arbeitsstunden, von den Kameraden der Feuerwehr getätigt wurden. Daraufhin wurde 1982 eine Wasserwehr gegründet. Die Verlagerung eines Rüstfahrzeuges KRF + B 1984 zur Wehr Hub erhöhte die Schlagkraft.

BR Huber J. (1964), OBI Puttinger H. (1960), HAW Petershofer R. (1965), AW Dullinger M. (1931), AW Huber J. (1969), AW Zarbl J. (1965), AW Zarbl J. (1971), BI Feköhrer J. (1965), BR Murauer K. (1949) — Fm Auzinger R. (1980), HFm Bauer A. (1936), OLm Bieringer F. (1976), Fm Chwala F. (1967), JFm Doblmayr G. (1980), JFm Doblmayr H. (1983), Fm Doblmayr M. (1980), HFm Doblmeier K. (1958), HFm Dullinger J. (1960), HFm Dullinger M. (1967), OLm Fasthuber W. (1973), E-OBI Froschauer F. (1946), Fm Froschauer J. (1980), HFm Gattermeier F. (1935), OFm Gerstorfer J. (1977), JFm Grömmer A. (1981), HFm Guppenberger K. (1962), Fm Guppenberger K. (1979), HFm Hanslmayr J. (1956), HFm Hingsammer M. (1975), HFm Hingsammer M. (1947), OLm Hobetzeder M. (1973), HFm Höller J. (1962), HFm Huber J. (1963), PFm Huber R. (1980), HFm Huber W. (1972), HFm Kastinger J. (1970), JFm Kastinger J. (1983), OLm Labmayer F. (1971), HFm Labmayer F. (1963), HFm Leiner W. (1973), HFm Lenzbauer F. (1962), Fm Lenzbauer F. (1983), OFm Lippel A. (1979), HFm Maier J. (1929), Lm Manzeneder F. (1971), OLm Manzeneder F. (1977), HFm Manzeneder J. (1947), OFm Manzeneder J. (1977), HFm Markl W. (1971), OFm Murauer K. (1977), HFm Oberrader F. (1975), JFm Oberrader J. (1980), OFm Oberrader K. (1980), Fm Ötzlinger F., HFm Ötzlinger J. (1968), HFm Puttinger E. (1965), HBm Puttinger G. (1963), HFm Puttinger H. (1979), JFm Puttinger K. (1982), JFm Puttinger M. (1981), HFm Puttinger R. (1951), HFm Puttinger R. (1971), HFm Reifinger J. (1974), HFm Reinthaler E. (1964), JFm Reinthaler E. (1980), HFm Reisegger A. (1971), HFm Reisegger J. (1949), HFm Reisegger J. (1974), HFm Riedl J. (1960), Fm Schachinger F. (1980), JFm Scheuringer M. (1982), Lm Schildhammer F. (1980), Fm Schildhammer H. (1980), Lm Schildhammer J. (1981), OFm Schildhammer M. (1980), HFm Schneebauer E. (1973), HFm Schneebauer M., Bm Schneebauer R. (1973), JFm Schrank A., JFm Schrank J. (1983), HFm Siegesleitner A. (1963), Fm Siegesleitner F. (1968), HBm Sommer J. (1962), Fm Sommer M. (1980), HBm Stiegelbauer J. (1954), PFm Wiesner H. (1980), HFm Witzmann J. (1965), Lm Zauner J. (1979)

FF KALTENMARKT

Am 27. April 1930 wurde von der Firma Rosenbauer in Linz eine Motorspritze angekauft. Zur Übernahme waren erschienen: Kreisleiter Stiegler, Bezirksverbandsobmann Schnabel, der Feuerwehrausschuß mit Hauptmann Johann Biergeder Ficht sowie 30 Kameraden. Am 9. Juni 1930, Pfingstmontag 2 Uhr früh, entstand beim Böllerschießen anläßlich der Hochzeit beim Dirthibauern ein Brand, welcher die zwei Stallgebäude und die Scheune vernichtete. Die Feuerwehr rückte sofort mit der Handspritze zum Brandort aus. Die neue Rosenbauerspritze wurde auf einen Wagen verladen, und drei Mann zogen diesen mangels Bespannung selbst zum Brandplatz. Die Motorspritze bestand die Feuertaufe vorzüglich. Am 24. Juli 1938 wurde die Freiwillige Feuerwehr Kaltenmarkt aufgelöst und der Ortsfeuerwehr Münzkirchen als Löschzug zugeteilt. 1945 bekam die Wehr ihre Selbständigkeit wieder. Am 7. Juni 1959 nahm erstmals eine Löschgruppe am Landesleistungsbewerb in Ried im Innkreis mit ausgezeichnetem Erfolg teil. Am 20. April 1963 konnte Kommandant Josef Fasching die neue VW-Automatik-Motorspritze übernehmen. Das schulische Zeitalter in der FF Kaltenmarkt wurde durch Kommandant Franz Fasching eingeführt. Am 22. Mai 1971 erwarben die Kameraden Ludwig Kainz, Alois Langbauer und der jetzige Kommandant Adolf Auinger das Feuerwehrleistungsabzeichen in Gold. 1976 wurde das Feuerwehrhaus neu erbaut, und am 22. Mai 1981 wurde das von der Firma Rosenbauer angekaufte KLF geliefert und von Kommandant Josef Biergeder übernommen. Seit 1983 ist HBI Adolf Auinger Kommandant der FF Kaltenmarkt.

HBI Auinger A. (1958), OBI Alteneder R. (1960) — Almansberger J. (1946), Almansberger J. (1973), Almansberger P. (1924), Alteneder A. (1931), Alteneder G. (1981), Alteneder H. (1979), Bartl A. (1958), Bauer A. (1979), Bauer J. (1930), Bauer M. (1980), Bauer R. (1973), Bauer R. (1973), Biergeder A. (1950), Biergeder F. (1979), Biergeder F. (1967), Biergeder J. (1946), Biergeder J. (1975), Biergeder J. (1982), Biergeder J. (1956), Biergeder J. (1979), Braschl J. (1948), Dallinger J. (1952), Ertl F. (1950), Ertl F. (1973), Faching K. (1948), Fasching A. (1962), Fasching A. (1960), Fasching F. (1946), Fasching F. (1968), Fasching G. (1976), Fasching J. (1974), Fasching J. (1977), Fasching J. (1924), Fasching R. (1946), Fischer R. (1971), Glas A. (1935), Glas A. (1968), Glas E. (1973), Glas R. (1967), Gnigler J. (1979), Gnigler W. (1979), Goldberger M. (1971), Gruber F. (1963), Gruber H. (1976), Gruber J. (1975), Hagen F. (1958), Hagen F. (1976), Hagen J. (1982), Hagn K. (1976), Hautzinger H. (1981), Höfler J. (1963), Höfler J. (1979), Kainz L. (1957), Kainz L. (1981), Kaserer W. (1983), Kriegner A. (1970), Lang J. (1952), Lang K. (1957), Langbauer F. (1963), Langbauer J. (1950), Langbauer J. (1958), Langbauer R. (1969), Ledinger J. (1974), Ledinger M. (1960), Leidinger M. (1967), Maier J. (1929), Moser J. (1955), Oswald A. (1965), Peterbauer A. (1974), Peterbauer A. (1954), Probst A. (1977), Reitinger J. (1960), Ritzberger F. (1975), Ritzberger-Moser M. (1948), Sageder A. (1975), Scharinger M. (1960), Scharinger J. (1970), Schatzberger A. (1982), Schatzberger A. (1958), Schatzberger J. (1953), Schatzberger J. (1957), Schatzberger J. (1938), Scherer J. (1952), Schmid J. (1935), Schmid J. (1967), Schmidbauer M. (1950), Stadler A. (1983), Stadler A. (1918), Stadler R. (1962), Stieger J. (1925), Stöckl F. (1983), Unterholzer F. (1930), Unterholzer H. (1979), Unterholzer R. (1953), Unterholzer R. (1975), Zandler F. (1955)

FF KÖNIGSEDT

Die Freiwillige Feuerwehr Königsedt wurde am 26. Juli 1914 gegründet. Seit der Gründung stellte bis zum Jahr 1978 immer die Familie Ludwig Grömer in Straß den Kommandanten. Seit 1978 ist Karl Hauser in dieser Funktion tätig. Im Jahr 1953 wurde das Feuerwehrdepot errichtet und eine neue Motorspritze angekauft. 1982 wurde eine VW-Automatik Gugg angekauft und die Feuerwehrzeugstätte renoviert.

HBI Hauser K. (1961), OBI Wallner F. (1969), AW Baminger H. (1946), AW Kaufmann A. (1944), AW Moser H. (1949) — Fm Baminger H. (1971), Fm Baminger J. (1981), OFm Baminger L. (1946), Fm Fasching J. (1948), Fm Fuchs F. (1971), OFm Gangl J. (1959), OFm Grafendorfer L. (1951), PFm Grafendorfer M., E-HBI Grömer L. (1930), HBm Grömer L. (1964), Fm Grömer M. (1972), OFm Grüblinger J. (1960), Fm Hauser J. (1964), Fm Himsl J. (1971), OFm Klaffenböck L. (1952), OFm Kreuzer H. (1973), PFm Mayer M., Fm Osterkorn M. (1974), OFm Reitinger A. (1958), Fm Reitinger F. (1974), Fm Reitinger J. (1962), OFm Reitinger M. (1943), Fm Stadler H. (1974), OFm Stadler J. (1930), OFm Strasse J. (1952), Fm Straßl L. (1973), OFm Wallner J. (1947)

FF KÖSSLDORF

Am 12. Februar 1913 fand wegen der Gründung einer Feuerwehr in Kößldorf eine Besprechung statt. Bereits am 25. Februar 1913 wurde von der k. k. Statthalterei in Linz die Bildung des Vereins gestattet und am 31. März 1913 der Bestand des Vereins Freiwillige Feuerwehr Kößldorf bescheinigt. Im April 1913 fand die erste ordentliche Versammlung der 42 Mitglieder mit einer Wahl statt, aus der Matthias Schopf als Obmann hervorging. Im gleichen Monat wurde noch eine Handpumpe angeschafft. Obmann Matthias Schopf mußte 1914 bei Beginn des Ersten Weltkrieges einrücken und fiel bereits am 14. Oktober 1914 in der Schlacht am San bei Nirko. Zum ersten Brand größeren Ausmaßes kam es am 8. August 1922 beim Kieslinger, Bauer in Geibing, durch Blitzschlag, die FF Kößldorf konnte durch das schnelle Übergreifen der Flammen nicht mehr viel retten. Bis 1928 wurden die Versammlungen hauptsächlich in Bauernstuben abgehalten. Am 17. August 1929 kam es in Oberngrub zu einem Großbrand, die Feuerwehren aus der Umgebung konnten die zwei Bauernhöfe nicht mehr retten. In den dreißiger Jahren mußte die Feuerwehr Kößldorf oft zu Bränden ausrücken. Von 1939 bis 1945 wurde die Feuerwehr dem Bürgermeister als sogenannte Polizeitruppe unterstellt. 1948 bekam die Feuerwehr eine Motorspritze. Seit 1949 ist sie im Besitz einer Fahne. 1948 wurde das Gründungsmitglied Ferdinand Wallner einstimmig zum Kommandanten gewählt; er sollte dieses Amt 25 Jahre innehaben. 1951 erfolgte der Ankauf eines Feuerwehrautos. Ein neues Zeughaus wurde 1962 erbaut. 1967 wurde ein Traktoranhänger angekauft. Am 6. April 1970 erhielt die Wehr eine Sirene. 1973 wurde Franz Pichler zum neuen Kommandanten gewählt. In diesem Jahr wurde auch eine VW-Motorspritze angekauft.

HBI Pichler F. (1968), OBI Schreiner M. (1968), AW Dallinger J. (1971), AW Jell F. (1963), AW Wallner F. (1958), BI Lang M. (1962) — HLm Bauer J. (1945), Lm Bauer J. (1972), OFm Berger J. (1975), OLm Berlinger F. (1968), HLm Braidt F. (1955), HLm Braidt F. (1946), HFm Braidt F. (1976), HFm Braidt J. (1977), HLm Braidt J. (1958), OFm Braidt M. (1977), HFm Braidt N. (1979), OFm Breid A. (1979), HLm Dallinger J. (1945), Lm Doblinger J. (1972), OFm Doblinger J. (1978), OBm Fasching A. (1946), Fm Friedl E. (1982), HLm Friedl F. (1930), OFm Friedl H. (1976), HLm Friedl J. (1954), HFm Friedl J. (1975), Fm Friedl J. (1981), OFm Friedl J. (1978), OFm Friedl J. (1980), Fm Friedl M. (1982), OBm Groß A. (1951), HFm Grünberger F. (1973), OBm Grünberger J. (1971), HBm Grünberger J. (1935), HLm Haderer J. (1935), HBm Haidinger M. (1950), Lm Heger J. (1968), HLm Höllinger F. (1928), Lm Huber J. (1964), HLm Kapfhammer M. (1932), Lm Kapshammer J. (1970), OFm Kapshammer J. (1978), OFm Kasbauer M. (1973), HLm Kramer M. (1955), HFm Kramer M. (1973), HLm Kriegner J. (1946), HFm Kriegner J. (1978), Lm Kriegner J. (1971), Lm Lang J. (1969), OFm Lang J. (1977), HLm Lang L. (1945), HLm Lang M. (1946), HFm Lang M. (1974), OFm Mauthner F. (1979), HLm Mauthner M. (1945), Fm Mauthner M. (1982), Lm Mayr F. (1971), OFm Mayr J. (1978), HBm Mayr M. (1930), HFm Mayr R. (1972), HFm Mayr R. (1972), E-OBI Moser A. (1945), HLm Moser F. (1955), HFm Moser F. (1978), Lm Moser J. (1979), HFm Moser J. (1979), OFm Moser M. (1978), E-AW Pilsl F. (1931), OLm Pilsl F. (1971), OFm Pilsl J. (1981), HBm Pröller F. (1955), Lm Pröller F. (1973), E-AW Pröller M. (1947), Lm Pröller M. (1971), Lm Reitinger A. (1970), HLm Ried A. (1950), HLm Ried A. (1954), OBm Schardinger A. (1958), HLm Schardinger J. (1955), Fm Schopf H. (1982), HBm Schopf J. (1950), HLm Schopf J. (1978), HLm Schopf M. (1962), HBm Schreiner A. (1937), HFm Schreiner A. (1977), OFm Schreiner J. (1980), OFm Stadlmayr J. (1979), HFm Stockinger J. (1973), E-HBI Wallner F. (1913), HLm Wallner F. (1916), HLm Wallner F. (1931), HLm Wallner F. (1954), OFm Wallner H. (1980), HLm Wallner J. (1958), OLm Widegger J. (1971), Lm Widegger J. (1971), Lm Widegger J. (1979)

FF KOPFING IM INNKREIS

Die Freiwillige Feuerwehr Kopfing wurde 1892 gegründet. Da sich in den Statuten die Gemeinde verpflichtet hatte, die notwendigsten Löschgeräte für die Feuerwehr zur Verfügung zu stellen, bekam die Feuerwehr noch im selben Jahr eine Spritze zur Brandbekämpfung. Zwischen 1914 und 1921 entstand die heutige Struktur der Kopfinger Feuerwehren. Bedingt durch die flächenmäßig große Ausdehnung der Gemeinde erschien eine zentrale Feuerwehr als nicht zielführend. Es kristallisierten sich die heute noch bestehenden vier Kopfinger Feuerwehren heraus. Am 7. Juli 1929 wurde beschlossen, für die Feuerwehr Kopfing eine Motorspritze anzukaufen. Mit dem Anschluß Österreichs an Hitler-Deutschland wurden die vier Feuerwehren in einer einzigen zusammengeschlossen, als Kommandant fungierte Franz Jodlbauer. Erst 1948 wurden die einzelnen Feuerwehren wieder selbständig. Die Feuerwehren Königsedt, Kopfing und Neukirchendorf schlossen sich jedoch unter einer Führung und Mannschaftskasse zusammen, blieben aber sonst selbständig. Die FF Engertsberg schloß sich nicht an und blieb wie früher eine eigenständige Wehr. 1949 bekam die Feuerwehr Kopfing ein Kraftfahrzeug, einen alten Dodge. 1955 wurde eine neue Motorspritze Marke VW angekauft. Kopfing erhielt 1959 ein neues Feuerwehrauto, nachdem der alte Dodge endgültig seinen Geist aufgegeben hatte. 1960, anläßlich des 65jährigen Gründungsfestes, wurden das neu gekaufte Löschfahrzeug und die Motorspritze geweiht. Das 80jährige Gründungsfest fand, verbunden mit einer Fahnenweihe, am 28. Mai 1972 statt. Das größte Ereignis war der Ankauf eines TLF 2000 Trupp 1979 und die Segnung 1980.

HBI Boxrucker R. (1964), OBI Schopf J. (1947) — Brucker A. (1973), Danninger J. (1977), Danninger J. (1977), Dichtl A. (1963), Dichtl F. (1949), Dichtl F. (1974), Dichtl H. (1974), Doblinger A. (1979), Doblinger H. (1971), Doblinger J. (1966), Doblinger J. (1977), Doblinger J. (1961), Doblinger L. (1966), Edtl F. (1978), Edtl W. (1975), Eichinger H. (1978), Eichinger J. (1981), Eichinger S. (1980), Eichinger W. (1978), Ertl H. (1981), Ertl J. (1946), Ertl M. (1947), Felber F. (1982), Fischer G. (1982), Fischer G. (1981), Fischer J. (1948), Fischer J. (1972), Fischer J. (1972), Fuchs G. (1979), Greiner A. (1946), Grömer H. (1973), Großl J. (1959), Großl J. (1973), Grünberger H. (1927), Grünberger H. (1972), Grünberger J. (1976), Grünberger M. (1978), Grüneis G. (1970), Grüneis J. (1975), Grüneis P. (1979), Grüneis R. (1971), Grüneis R. (1978), Grüneis T. (1980), Grüneis Wasner G. (1973), Haderer H. (1974), Haderer J. (1974), Hainz H. (1947), Hamedinger F. (1924), Hamedinger F. (1981), Hamedinger F. (1962), Hamedinger F. (1981), Hamedinger H. (1962), Hamedinger J. (1949), Hamedinger J. (1964), Hauser Ch. (1979), Hötzeder G. (1979), Jobst H. (1973), Jodlbauer F. (1916), Klaffenböck F. (1975), Klaffenböck J. (1965), Knechtelsdorfer H. (1966), Leitner E. (1973), Leitner K. (1950), Maier T. (1980), Moser E. (1965), Moser H. (1975), Plöckinger A. (1955), Plöckinger F. (1922), Plöckinger H. (1971), Plöckinger L. (1928), Plöckinger R. (1980), Reitinger A. (1974), Reitinger J. (1974), Reitinger J. (1971), Reitinger J. (1974), Reitzelsdorfer J. (1948), Renoltner J. (1940), Renoltner W. (1980), Samhaber A. (1947), Scheuringer M., Schöfberger J. (1954), Schopf J. (1974), Schopf W. (1978), Schuster F. (1971), Schuster J. (1930), Schuster J. (1970), Schuster J. (1980), Steiner J. (1959), Steinmann R. (1977), Strasser J. (1974), Strasser M. (1980), Unger F. (1947), Wallner J. (1974), Wasner J. (1983), Weberschläger R. (1974), Weberschläger R. (1946), Wimmer H. (1952)

FF KRENA

Im Jahr 1885 wurde die Freiwillige Feuerwehr Krena gegründet. Noch im selben Jahr wurde die erste Handspritzpumpe angeschafft. Das erste Fahrzeug fertigte Mathias Wimmer, Schmied in Krena, 1886 an. Zum selben Zeitpunkt wurde auch ein Zeughaus errichtet. Der erste Einsatz der Wehr war beim Hocheder in Holzedt im Jahr 1886. Unter den vielen Einsätzen sind besonders hervorzuheben: der Brand des Kirchturmes in Kallham im Jahr 1891, der Brand in Zell an der Pram 1919, der Brand in Altschwendt 1927, wo jeweils vier Häuser ein Raub der Flammen wurden. Im Jahr 1923 bekam die Feuerwehr die erste Fahne, die im selben Jahr geweiht wurde. 1926 wurde eine Motorspritze der Marke Rosenbauer angekauft. Die neue Motorspritze RW 80 löste 1950 das alte Gerät ab. Der Neubau des Zeughauses war 1954 erforderlich. Der Ankauf eines Rüstwagens, der noch mit Traktor gezogen werden mußte, erfolgte 1960. Zwei Jahre später kaufte die Feuerwehr eine moderne Motortragkraftspritze VW Automatik 75 an. Durch die größer werdende Technisierung kam das Kommando zu dem Entschluß, ein Kleinlöschfahrzeug anzuschaffen (1975). Seit 1982 ist die Feuerwehr Krena auch an die Funkalarmierung angeschlossen. Seit der Gründung der Freiwilligen Feuerwehr Krena waren folgende Kommandanten tätig: Josef Brunner, Leopold Huber, Max Wimmer, Josef Köstlinger, Josef Gumpinger, Ferdinand Höllinger, Johann Gruber, Josef Mühlböck, Johann Moser, Rudolf Hummer.

HBI Hummer R. (1965), OBI Flotzinger J. (1971), AW Etzl J. (1977), AW Moser J. (1976), AW Perndorfer F. (1975), BI Hellwagner A. (1970), BI Wimmer F. (1965) — OFm Bachner H. (1975), HFm Bachner J. (1958), Lm Bachner J. (1968), Lm Bachner J. (1970), HFm Brandmayer J. (1945), Lm Brandmayer J. (1970), HFm Brandmayer J. (1970), HFm Brunner A. (1975), OFm Brunner G. (1975), OLm Brunner J. (1977), HBm Doblinger A. (1925), OFm Doblinger F. (1971), HBm Ebner A. (1948), HFm Ebner A. (1971), OFm Eder H. (1975), HBm Eder P. (1945), OFm Etzl J. (1975), OBm Etzl J. (1947), OFm Etzl N. (1976), Lm Gruber A. (1957), Lm Gruber A. (1945), JFm Gruber B. (1981), JFm Gruber E. (1981), Lm Gruber J. (1952), Fm Gruber M. (1977), HFm Gumpinger F. (1947), OFm Gumpinger F. (1977), OFm Gumpinger G. (1976), Fm Gumpinger G. (1981), HFm Gumpinger J. (1975), Bm Gumpoldsberger F. (1949), Fm Gumpoldsberger F. (1977), Lm Gumpoldsberger J. (1960), Fm Gumpoldseder L. (1983), OFm Heitzinger J. (1974), Heitzinger J. (1974), HFm Hellwagner A. (1945), Lm Hellwagner G. (1968), HFm Hellwagner J. (1973), HFm Hellwagner L. (1970), Bm Hummer F. (1970), HFm Hummer R. (1937), Lm Kirchböck J. (1970), JFm Kirchböck J. (1981), OFm Lauber A. (1978), JFm Lauber M. (1981), HFm Laufenböck F. (1945), HFm Laufenböck J. (1945), HBm Mayer F. (1928), OLm Mayer F. (1974), OFm Moser Ch. (1976), OFm Moser G. (1970), E-HBI Moser J. (1945), HFm Pendorfer F. (1945), Lm Perndorfer A. (1949), HFm Riedl S. (1977), Fm Ringer H. (1974), JFm Ringer R. (1981), OFm Rinner A. (1975), Fm Rinner M. (1981), Fm Rothböck G. (1981), HBm Samhaber F. (1945), Lm Samhaber F. (1976), HFm Wimmer F. (1973), HFm Wimmer M. (1928), HFm Wimmer M. (1970), OFm Zechmeister J. (1959), HFm Zeuchmeister M. (1928)

FF LAUFENBACH

Am 6. November 1935 wurden die Satzungen für die Freiwillige Feuerwehr Laufenbach von der Gemeinde Taufkirchen an der Pram laut Gemeinderatsbeschluß unter Bürgermeister Johann Froschauer den Proponenten des Vereines der Feuerwehr Laufenbach, zu Handen von Obmann Johann Egger, überreicht. Die Gründungsversammlung fand am 28. November 1935 im Gasthaus Josef Hasibeder in Laufenbach statt. Am 2. Februar 1937 beging man den ersten Feuerwehrball. Im Jahr 1948 konnte man die Anschaffung einer Motorspritze RW 80 vornehmen. Im April 1962 wurde eine neue Motorspritze Marke Rosenbauer 75 VW Automatik gekauft. Am 29. September 1963 fand ein Feuerwehrfest mit Spritzenweihe statt. Am 8. November 1963 wurde von der Fa. Rosenbauer ein Tragkraftspritzenwagen (TSW) geliefert. 1975: Anschaffung einer Alarmsirene Type FS 8. 1982: Neubau des Feuerwehrhauses. 1983: Ankauf eines Lösch- und Bergefahrzeuges. 1984: Ankauf einer Schiebeleiter für das LFB sowie Anschaffung eines Notstromaggregates und von drei Stück Preßluftatmern der Type Pa. 58 für LFB. Seit der Gründung der Wehr waren folgende Kommandanten tätig: Johann Egger (1935–1973), Paul Freund (1973–1977), Alois Auinger (seit 1977).

HBI Auinger A. (1957), OBI Grammer K. (1950) — Aichinger R. (1983), Almesberger J. (1974), Auinger A. (1982), Auinger J. (1983), Bachmayer J. (1970), Dandler A. (1983), Ebner L. (1945), Ecker F. (1983), Egger J. (1945), Eichinger J. (1968), Feichtner F. (1955), Fleckl A. (1978), Fleckl Ch. (1978), Fleckl J. (1963), Fleckl K. (1978), Fleckl L. (1967), Freund J. (1963), Froschauer O. (1973), Gabauer A. (1983), Gahbauer H. (1975), Grammer K. (1936), Grammer K. (1972), Grill H. (1957), Großfurtner A. (1948), Gruber R. (1963), Haas J. (1963), Haas J. (1982), Hauer A. (1982), Hauer H. (1973), Hauer J. (1963), Hauer J. (1974), Hobetseder F. (1979), Hobetseder J. (1974), Hobetseder K. (1957), Hochhuber A. (1975), Hochuber A. (1947), Hölzl A. (1955), Hölzl F. (1967), Hölzl H. (1977), Hölzl J. (1958), Huber J. (1936), Huber J. (1953), Huber J. (1958), Justl R. (1938), Klugsberger J. (1958), Kreiner H. (1973), Kreiner J. (1958), Kreiner J. (1971), Kühberger H. (1975), Luxbauer J. (1968), Madl H. (1971), Maier J. (1945), Maier J. (1979), Moser J. (1983), Nigl A. (1963), Nigl J. (1963), Peham A. (1980), Peham H. (1982), Redinger K. (1949), Reifinger J. (1963), Reifinger J. (1945), Reiterer A. (1958), Reiterer A. (1982), Reiterer Ch. (1977), Reiterer F. (1955), Reiterer F. (1978), Reiterer J. (1965), Schauer J. (1945), Schmidhuber J. (1965), Schmidleitner J. (1974), Schmidleitner J. (1955), Schneebauer M. (1945), Schönbauer H. (1983), Schönbauer R. (1975), Szyhska K. (1963), Thaler B. (1977), Thaler F. (1936), Tischlinger G. (1975), Tischlinger G. (1977), Untner A. (1973), Untner A. (1945), Untner J. (1945), Veroner A. (1977), Veroner H. (1976), Veroner K. (1964), Weisheitinger A. (1967), Weisheitinger A. (1982), Weisheitinger J. (1936), Wezelmaier O. (1982)

FF LINDEN

Die FF Linden ist die jüngste der vier Feuerwehren in der Gemeinde Andorf. Am 24. Februar 1924 trat der Gründungsausschuß unter Obmann Franz Bauschmied in Tätigkeit. Das Gebiet Linden und Umgebung bekam, von der Gemeinde angeregt, am 1. Mai 1924 von der Ortsfeuerwehr eine Doppelschlauch-Handdruckspritze. Am 26. Mai 1924 wurde das Depot mit Schlauchturm fertig. Bei der Gründungsversammlung am 10. Juni 1924 wurde Josef Hatzmann zum Hauptmann gewählt. Die junge Wehr zählte 73 Aktive und hielt 1925 das erste Waldfest beim Wirt in Griesbach ab. Schon am 26. Mai 1929 konnte in Griesbach die Weihe der ersten Motorspritze mit Pferdebespannwagen gefeiert werden. Am 7. Juli 1935 feierte die FF Linden in Andorf die erste Fahnenweihe. Fahnenmutter war Maria Geisberger, Fahnenpatinnen waren Anna Grübler und Julie Wösner. Nach 14 Jahren folgte als zweiter Kommandant Josef Stiglbauer. Von 1948 bis 1953 war Ferdinand Berger Wehrführer. Das alte Spritzenhaus wurde am 11. und 12. Mai 1952 abgerissen und gleich durch einen Neubau ersetzt, der am 6. Juli 1952 eingeweiht wurde. Josef Hatzmann, Sohn des Gründungshauptmannes, wurde am 8. März 1953 zum vierten Kommandanten gewählt. 1957 wurde eine Alarmsirene montiert. Am 21. Juli 1963 wurde die zweite Motorspritze samt Rüstwagen für Traktorzug eingeweiht. Im Rahmen der Florianifeier beging die FF Linden am 5. Mai 1974 das Fest der Gründung vor 50 Jahren. Nach einem Vierteljahrhundert trat der tüchtige Kommandant Josef Hatzmann ab. Am 9. April 1978 wurde Sebastian Schmied zum fünften Hauptmann der FF Linden gewählt. 1982 erhielt die Wehr ein Kleinlöschauto, das am 25. Juni desselben Jahres geweiht wurde. Am 8. Juli 1983 wurde der derzeitige Kommandant Karl Brückl gewählt.

HBI Brückl K. (1961), OBI Feichtlbauer L. (1962) — Aichberger J. (1950), JFm Backschweller J. (1981), Bauschmied G. (1978), Berger F. jun. (1948), Berger F. (1950), Brückl K. (1976), Eder A. (1952), Eder J. (1950), Eder W. (1979), Emprechtinger J. (1980), JFm Feichtlbauer L. (1982), Fischer S. (1958), Gaisberger J. (1954), Gaisberger J. (1980), Grömer F. (1963), JFm Grömer F. (1981), JFm Großpökl M. (1980), Großpökl W. (1982), Großpötzl M. (1955), Grübler F. (1954), Grübler F. (1967), JFm Grübler L. (1980), Grübler L. (1959), JFm Grübler M. (1981), Haidinger F. (1959), Herzberger A. (1976), Hetzlinger J. (1980), Humer Ch. (1978), Loher W. (1959), Maier M. (1982), Oberauer L. (1950), Oberauer L. (1970), Paulusberger J. (1954), Reiser F. (1951), Reisinger J. (1961), Reisinger J. (1978), Reitinger L. (1953), Schlosser N. (1970), Schmied J. (1973), Schmied S. (1949), Schneglberger F. (1970), Schustereder J. (1970), Selker A. (1965), Selker A. jun. (1978), Selker G. (1978), Sinzinger J. (1982), Stiglbauer Ch. (1978), Stiglbauer G. (1978), Stiglbauer J. (1948), Stiglbauer J. (1978), Stiglbauer J. (1957), Veroner K. (1980), Wallner R. (1978), Wohlmoth F. (1978), Wohlmoth M. (1978), Zahrer F. (1979)

FF MAASBACH

Die Freiwillige Feuerwehr Maasbach wurde am 2. Juni 1907, damals zur Gemeinde Ort im Innkreis gehörig, unter Bürgermeister Josef Eßl neu gegründet. Bei der Fa. Gugg in Braunau wurde das erste Löschgerät gekauft, im Dezember 1923 von Johann Maier auch eine Fahne käuflich erworben. Für die Kosten kamen dessen Gattin Elisabeth als Fahnenmutter und andere Spender auf. Zur Fahnenweihe am 18. Mai 1924 erschienen 25 Vereine mit zwölf Fahnen und drei Musikkapellen. Das Fahnenband spendete die Fahnenpatin Theresia Dietrich. In der NS-Zeit bildeten die drei Feuerwehren Maasbach, Hof und Eggerding als Löschzüge die Feuerpolizei Eggerding. Erst ab 27. Januar 1946 gab es wieder eine Feuerwehr Maasbach. An Geräten wurden seit dem ersten Löschgerät 1907 gekauft: 1947 eine RW 75, 1948 eine RW 80 und 1978 eine neue Motorspritze von der Fa. Gugg. Im Juni desselben Jahres kaufte Johann Billinger, Besitzer einer Kfz-Werkstätte in Maasbach und Mitglied der Feuerwehr, einen gebrauchten Mercedes Kleinbus, den unter seiner Anleitung die Feuerwehrkameraden in 396 freiwillig geleisteten Arbeitsstunden in ein tadelloses Löschfahrzeug umwandelten. In weiteren 96 Arbeitsstunden bauten sie auch den Eingang der Zeugstätte für dieses Fahrzeug um. 1967 war von der Fa. Dachsberger unter begeisterter Mitarbeit vieler Kameraden ein Löschteich mit einem Fassungsvermögen von 150 Kubikmetern errichtet worden. Brandbekämpfung leisteten die Maasbacher von 1907 bis 1984 in 41 Fällen. 1954 beteiligten sich die Maasbacher am Hochwassereinsatz in Schärding und 1976 an der Suche nach einem Jugendlichen.

HBI Wagner K. (1978), OBI Dietrich F. jun. (1971), AW Billinger K. (1969), AW Daller E. (1978), AW Mayerhuber M. (1978), BI Schmölzer J. (1937) — HFm Aichinger J. (1976), HFm Auzinger F. (1973), HFm Bachmayr J. (1979), OFm Baumgartner M. (1978), Lm Bernauer F. (1959), Lm Biereder F. (1973), OLm Biereder H. (1973), Fm Biereder N. (1983), Bm Billinger J. (1965), HBm Bodenhofer A. (1958), E-OBI Burgstaller A. (1956), HFm Demelbauer-Ebner J. (1975), BI Dietrich F. sen. (1933), Fm Doblhofer L. (1968), HFm Edenstöckl J. (1963), Lm Eichinger F. (1959), Lm Eschlböck J. (1979), Fm Feichtinger R. (1983), HFm Fuchs H. (1969), OFm Fuchs J. (1980), Fm Greil G. (1983), OLm Greil H. (1975), E-AW Greil J. (1946), Lm Häring K. (1977), Fm Inzinger J. (1979), E-AW Lobmaier J. (1946), Lm Maier J. sen. (1928), HFm Maier J. jun. (1950), HFm Mitterer G. (1973), HFm Mitterer J. (1975), Fm Nömayr W. (1983), HFm Oberkalmsteiner M. (1978), HFm Oberkalmsteiner W. (1978), Lm Peter J. (1946), E-HBI Schmidseder K. (1946), HFm Schmölzer H. (1967), HBm Vetter F. (1961), Lm Weiermann J. (1958), Lm Wimeder H. (1971), E-AW Wimeder K. (1933), HFm Zeilberger M. (1975)

FF MAIERHOF

Die Gründung der Freiwilligen Feuerwehr Maierhof, Gemeinde Engelhartszell, erfolgte am 18. August 1894. Gründungsmitglieder waren: Georg Windpassinger, Karl Prünstinger, Anton Greiner und Anton Grüblinger als Komitee. Laut Statuten war es Zweck der Freiwilligen Feuerwehr Maierhof, Schadenfeuer in den Ortschaften Maierhof, Stadl-Kicking und in nächster Umgebung zu bekämpfen sowie Eigentum und Personen vor Feuer zu schützen. Die Mitglieder der FF Maierhof stammten damals aus der Umgebung und mußten bei Eintritt 17 Jahre alt sein. Im Kassabuch standen als Kommando: Obmann, Obmannstellvertreter, Schlauchführer, Spritzenmeister, Kassier, Hornist, Rettungsführer und Sanitätsführer. In der FF Maierhof bestanden damals vier Züge zu je acht Mann, ein Zugsführer wurde aus ihrer Mitte gewählt. Die Züge gliederten sich in: 1. Steiger und Retter, 2. Spritzer und Wasserleiter, 3. Werkleiter, 4. Schutzmannschaft. Im Kassabuch waren folgende Kameraden als Kommandanten angeführt: Andreas Rader (1906–1922), Anton Luger (1923–1940), Martin Stadler (1949–1975), Franz Scharinger (seit 1976). In den zwanziger Jahren wurde Stadl-Kicking von Maierhof getrennt und als eigene Feuerwehr gegründet. Die erste Handspritze wurde im Jahr 1908 angekauft, welche den Dienst bis 1925 versah. 1911 wurde ein Schlauchwagen dazugekauft. Eine neuere Handspritze wurde 1925 gekauft und damit das Auslangen gefunden. Mit Unterstützung der Gemeinde Engelhartszell wurde 1952 ein neues Zeughaus erbaut und der Bestimmung übergeben. Am 18. Juni 1955 wurde eine RW 25 angeschafft. Am 8. Mai 1977 wurde die RW 25 durch eine VW-Spritze des Donaukraftwerks Jochenstein A. G. ersetzt. Die RW 25 wurde an die Gemeinde abgegeben.

HBI Scharinger F., OBI Jungwirth L. (1974) — Baumgartner W. (1967), Baumgartner W. (1983), Beham F. (1981), Beham J. (1974), Bernhard J. (1962), Bernhard J. jun. (1975), Ecker J. (1972), Greiner J. (1983), Greiner J. (1954), Greiner J. (1947), Greiner S. (1969), Haderer G. (1980), Haderer M. (1970), Huber J. (1977), Indinger V. (1947), Jäger J. (1954), Jäger J. jun. (1979), Jäger M. (1980), Klaffenböck A. (1963), Lang F. (1982), Lang J. (1980), Luger O. (1947), Märzinger J. (1962), Paminger F. (1947), Paminger F. jun. (1971), Paminger J. (1978), Pramhaas L. (1977), Pramhaas L., Rader A. (1968), Rader J. (1959), Rader J. jun. (1979), Rader W. (1982), Scharinger F. (1923), Scharinger F. jun. (1978), Schasching J. (1967), Schasching J. (1947), Schasching M. (1971), Schauer H. (1978), Tomandl F. (1976), Wallner F. (1974), Winkelbauer J. (1953)

FF MATZING

Im August 1929 entschlossen sich einige tatkräftige Männer in Matzing, eine Feuerwehr zu gründen, welche in kurzer Zeit 41 aktive Mitglieder zählte. Der besondere Stolz war damals die erste Motorspritze E 35, welche auf einem Pferdegespann aufgebaut und die einzige Spritze in der Umgebung war. Auch ein Zeughaus wurde errichtet, welches aber bald zu klein wurde. Unter Kommandant Matthias Grömer wurde 1952 ein gebrauchtes Auto, Marke Dodge, angekauft, welches als Feuerwehrauto umgebaut wurde. Im Jahr 1956 erfolgte der Neubau des Zeughauses; viele freiwillige Helfer arbeiteten damals an der Fertigstellung. Eine besondere Leistung ist auch, daß die FF Matzing zweimal als Bezirkssieger hervorging, und zwar in den Jahren 1953 und 1984. Die erste Jugendgruppe des Bezirkes Schärding stellte 1956 ebenfalls die FF Matzing, der es gelang, 1972 den 3. Rang im Landesbewerb zu erreichen. Seit dem Bestehen der Bewerbe nimmt sie jährlich daran teil. Durch Subventionen und Spenden war es möglich, 1978 ein neues, modernes LFB mit sämtlichem technischem Zubehör anzuschaffen, mit Vorbaupumpe RV 125 und TS RK 75, welches sich schon bei mehreren großen Einsätzen bestens bewährt hat. Seit 1981 verfügt die FF Matzing auch über ein Kommandofahrzeug. Beide Fahrzeuge sind mit Funk ausgestattet. Für mehr als 25jährige Tätigkeit als Kommandant bei der Feuerwehr erhielt HBI Ferdinand Oberauer 1984 das Bundesverdienstkreuz III. Stufe für besondere Leistungen. Viele Pokale und Auszeichnungen zeugen von den Leistungen der Feuerwehr, welche nur durch gute Zusammenarbeit, Fleiß und Opferbereitschaft errungen wurden.

HBI Grömer F. (1958), OBI Hager A. (1964), AW Mittermaier J. (1947), AW Steininger O. (1962), AW Wintersteiger F. (1967), BI Achleitner G. (1971), BI Sageder M. (1957) — OBm Achleitner G. (1951), JFm Achleitner H. (1982), Lm Ametsreiter G. (1952), HFm Auer A. (1951), HFm Dietach H. (1971), PFm Edtmeier G. (1979), HFm Edtmeier J. (1953), Fm Grüneis G. (1978), HFm Grüneis H. (1974), HFm Grüneis J. (1951), OBm Grüneis J. (1951), Bm Grüneis J. (1967), E-BI Hager A. (1950), Fm Hager R. (1979), HFm Hager W. (1969), HFm Hochegger J. (1947), OFm Hochegger J. (1977), OFm Hörantner H. (1979), HFm Karinger H. (1952), OLm Karinger J. (1957), OFm Kislinger E. (1977), Fm Klaffenböck J. (1978), HFm König B. (1974), HFm König E. (1974), OFm König H. (1975), OBm Lang J. (1951), HBm Lindlbauer L. (1964), E-OBI Lindlbauer M. (1929), Lm Mitterecker J. (1952), HFm Mittermaier J. (1977), JFm Moser A. (1981), Fm Moser R. (1979), Lm Mühlböck J. (1968), E-HBI Oberauer F. (1951), HFm Oberauer J. (1953), Lm Oberauer J. (1951), HFm Oberauer J. (1969), OBm Oberauer M. (1951), OLm Peham A. (1934), HFm Pölzl H. (1971), HFm Pölzl J. (1962), Lm Pölzl J. (1969), Lm Reisinger J. (1961), HBm Reitinger J. (1958), HFm Sandmeier L. (1952), HBm Scheuringer A. (1957), Fm Scheuringer A. (1978), JFm Scheuringer G. (1982), Lm Schiebler J. (1974), HFm Spreitzer J. (1972), HFm Stadler J. (1951), PFm Starzengruber Ch. (1980), JFm Starzengruber Ch. (1983), Lm Starzengruber H. (1979), Lm Starzengruber H. (1974), OLm Starzengruber J. (1954), OFm Starzengruber M. (1977), JFm Starzengruber M. (1981), JFm Starzengruber W. (1981), JFm Steininger E. (1981), JFm Steininger H. (1982), OFm Steininger O. (1977), Lm Steininger W. (1970), HFm Thüringer J. (1951), HLm Thüringer J. (1964), OBm Vogetseder A. (1947), HFm Vogetseder J. (1971), OBm Vogetseder J. (1951), OLm Weidlinger J. (1972), HFm Weinberger J. (1951), Lm Wintersteiger F. (1973), E-BI Wintersteiger J. (1948), HFm Witzeneder G. (1960), Fm Zauner F. (1974), HFm Zauner J. (1967)

FF MITTERNDORF

Die Entstehung der Freiwilligen Feuerwehr Mitterndorf wurde im Jahr 1885 als Filial-Feuerwehr unter dem damaligen Bürgermeister Schildhammer vollzogen. Noch im selben Jahr wurde von der Gemeinde Diersbach eine neue Saug- und Handdruckspritze angekauft. Ein Jahr später wurde mit dem Bau einer Zeugstätte begonnen. Bis zum Jahr 1909 wuchs der Mannschaftsstand auf 40 Mann, es kam die Auflösung der Filial-Feuerwehr und die Aufnahme als selbständige Wehr unter den damaligen Hauptmännern Denk und Rakaseder. 1910 wurde Johann Penzinger an die Spitze gewählt, anschließend wurde das Gründungsfest vollzogen. Von 1912 bis 1913 konnte Ferdinand Schatzberger und von 1913 bis 1933 Josef Radpolt in seiner Funktion als Hauptmann bestätigt werden. Im Jahr 1929 wurden eine neue Motorspritze und ein Geräteanhänger angekauft. Bei der Wahl 1933 wurde die Funktion des Hauptmanns an Franz Radpolt übertragen, der das Amt bis 1940 innehatte. 1940 wurde Alois Penzinger zum Wehrführer gewählt. 1938 verlor die FF Mitterndorf ihre Selbständigkeit und wurde als Gruppe II der Gemeindefeuerwehr angegliedert. Im November 1949 wurde die Wehr Mitterndorf wieder als selbständige Wehr anerkannt. Im Jahr 1952 wurde der Bau eines neuen Feuerwehrhauses beschlossen und durchgeführt. 1959 wurde eine neue TS VW Automatik und zwei Jahre später ein Mannschafts- und Gerätewagen angekauft. Nach 28jähriger Tätigkeit wurde Alois Penzinger zum Ehrenhauptbrandinspektor ernannt, und als Nachfolger wurde 1968 Alois Jobst zum neuen HBI gewählt. Nach jahrelanger Sparsamkeit konnte 1976 ein neues KLF angekauft werden, und noch im selben Jahr feierte man das 90jährige Gründungsfest, verbunden mit der Segnung des KLF, was ein gelungenes Fest wurde.

HBI Jobst A. (1947), OBI Schlöglmann K. (1978), AW Egger J. (1950), AW Himsl J. (1974), AW Kreuzer H. (1965), BI Lang H. (1952), BI Penzinger H. (1969) — Fm Alteneder A. (1977), JFm Alteneder J., OFm Alteneder L. (1968), Fm Alteneder L. (1981), HLm Bernauer J. (1967), JFm Bernauer J., HFm Buchinger F. (1949), OLm Buchinger R. (1966), PFm Buchinger F. (1983), HFm Denk H. (1950), HFm Diesenberger H. (1937), OLm Diesenberger H. (1969), E-AW Eder F. (1920), OLm Eder F. (1952), Fm Eder F. (1980), Fm Eder N. (1980), OFm Edtl J. (1973), HFm Egger J. (1943), Fm Egger J. (1983), JFm Egger M., PFm Fasching W. (1983), JFm Freilinger J., HFm Fuchs J. (1948), Fm Fuchs J. (1982), HFm Gahbauer H. (1938), Fm Goldberger A. (1973), Fm Grömer J. (1974), Fm Hager F. (1975), HLm Hager H. (1970), Lm Hubinger M. (1974), Fm Jodlbauer J. (1968), HFm Kieslinger F. (1950), HFm Kobleder A. (1948), OFm Kobleder A. (1972), Fm Köglhaider L. (1983), Fm Kreuzer H. (1982), Fm Krug R. (1983), Fm Lang A. (1978), Fm Lang A. (1976), JFm Lang G., OLm Lang H. (1972), OBm Lang J. (1971), Fm Lang M. (1981), HFm Lindlbauer M. (1965), HFm Maier F. (1969), OFm Maier K. (1975), OFm Maier L. (1970), Fm Mayr K. (1982), OFm Niedermeier K. (1970), OFm Obereder J. (1970), Fm Ohrhalling K. (1983), HFm Osterkorn J. (1954), HFm Parzer R. (1963), E-HBI Penzinger A. (1927), HFm Pichler K. (1970), OLm Pichler P. (1972), HFm Plöckinger J. (1960), Fm Rackerseder H. (1980), OFm Rackerseder J. (1975), Fm Rackerseder R. (1974), JFm Rapold G., HFm Rapold J. (1969), Fm Rapold J. (1974), OLm Rapold J. (1970), OFm Reisinger J. (1974), HFm Schatzberger A. (1948), E-OBI Schatzberger F. (1947), Fm Schatzberger F. (1974), OFm Scheuringer F. (1971), Fm Schild H. (1980), Fm Schild J. (1979), HFm Schild K. (1948), Fm Schlöglmann J. (1982), Fm Schlöglmann J. (1980), HFm Stahr J. (1947), HFm Starzengruber J. (1974), Lm Steininger K. (1974), Fm Steinmann A., JFm Steinmann F., HFm Steinmann J. (1965), JFm Steinmann M., Fm Stieger J. (1979), HFm Unterholzer J. (1949), Fm Wagnermeier H. (1975), OLm Wagnermeier P. (1950), Fm Wagnermeier P. (1980), JFm Zahlinger R., HFm Zauner R. (1949)

FF DES MARKTES MÜNZKIRCHEN

1882 ist das Gründungsjahr der Freiwilligen Feuerwehr Münzkirchen. Seit 1903 wird eine Chronik geführt. Die ersten Brandeinsätze waren 1883 beim Pfarrhofbauern in Eisenbirn (heute Besitz des Bürgermeisters Martin Zauner) und in Salling, Gemeinde Rainbach. Seit dem Gründungsjahr sind 157 größere Brandeinsätze verzeichnet. Katastropheneinsätze 1952 bei schweren Gewittern und 1954 Hochwassereinsatz in Schärding, Hochwassereinsatz in Münzkirchen 1967 und 1974, Großeinsatz nach der Hagelkatastrophe 1981. 1925 wurde die erste Fahne geweiht, Fahnenmutter Anna Krottenthaler; 1982 wurde die neue Fahne geweiht, Fahnenmutter Maria Schiller. 1952 wurden die Feuerwehrpässe eingeführt und das 70jährige Gründungsfest festlich begangen. 1956 fand in Münzkirchen der erste Bezirksleistungsbewerb statt, 1982 der zweite. 1969 war zum ersten Mal ein „Tag der offenen Tür" und eine gut gelungene Übung mit alten und neuen Geräten. 1951 wurde die Sirene angebracht. 1904 fand der erste Feuerwehrball statt. 1907 wurden die ersten Ehrenmedaillen anläßlich des 25jährigen Gründungsfestes verliehen. 1963 war die erste Florianifeier aller fünf Feuerwehren der Gemeinde. An Ausrüstungsgegenständen und Fahrzeugen besaß die Wehr im Laufe von fast 100 Jahren: die erste Spritze samt Schläuchen (angeschafft 1904), die erste Motorspritze in der Gemeinde (1926), eine weitere Motorspritze (1953), einen Rüstwagen (1956), ein Löschfahrzeug LF (1963), ein Tanklöschfahrzeug TLF 2000 (1977), ein LF-B und eine TS 8 anstatt des LF (1983). Das Baujahr des ersten Zeughauses ist nicht mehr bekannt; das zweite, heute in Benützung stehende wurde 1949 bezogen.

HBI Stafflinger J. (1964), OBI Lautner K. (1946), AW Maier P. (1977), AW Schiller A. (1946), AW Schlick A. (1980), BI Baumgartner R. (1952), BI Baumgartner R. (1972), BI Reitinger E. (1972) — HFm Ablinger J. (1954), HFm Almesberger J. (1961), JFm Bamberger E., Fm Bauer A. (1979), Fm Bauer J. (1976), Lm Bauer J. (1971), Lm Baumgartner P. (1953), HFm Berndl F. (1955), Lm Bischof F. (1955), Fm Bischof F. (1980), HFm Bischof J. (1963), Fm Denk K. (1980), Fm Dieplinger O. (1976), HFm Doppler W. (1970), HFm Freihaut J. (1954), JFm Freihaut J. (1980), Fm Glas A. (1956), HFm Glas J. (1935), OFm Glas M. (1980), E-AW Glas P. (1954), Fm Gruber A. (1964), HBm Gruber H. (1957), JFm Gruber N., JFm Gruber W., FA MR Dr. Grünberger M. (1952), JFm Haberl J., Fm Haidinger H. (1981), OFm Haidinger M. (1977), JFm Haidinger M., Lm Holzapfel A. (1962), HFm Holzapfel J. (1946), Fm Holzapfel J. (1979), OFm Humer J. (1975), Lm Humer J. (1970), OBm Kapfhammer K. (1955), HFm Karl J. (1953), Fm Kohlbauer J. (1973), OFm Kohlbauer R. (1972), Lm Kohlbauer R. (1945), OFm Kohlbauer S. (1968), Fm Kotzor G. (1981), HFm Lautner F. (1954), Fm Lautner F. (1976), Fm Lautner J. (1975), Fm Maurer K. (1971), Fm Mayr L. (1982), HFm Moser F. (1974), JFm Moser H. (1980), HFm Moser J. (1952), HFm Neulinger J. (1961), Lm Osterkorn E. (1946), Fm Pointner H. (1979), Bm Reidinger A. (1973), E-AW Reidinger E. (1949), HBm Reidinger E. (1973), Lm Reidinger J. (1946), E-OBI Reitinger M. (1952), HFm Riedl J. (1943), HFm Roßdorfer A. (1948), HBm Roßdorfer A. (1975), Fm Roßdorfer G. (1975), HFm Scheurecker M. (1959), Fm Scheurecker M. (1980), HFm Schiller A. (1946), HFm Schmid A. (1952), JFm Schmidbauer F., Fm Schmidbauer M. (1977), Fm Schratzberger F. (1958), HFm Stadlmayr F. (1952), Lm Stadlmayr H. (1962), Fm Stadlmayr J. (1977), OFm Stingl H. (1976), E-OBI Stingl J. (1945), Fm Stingl J. (1972), Fm Stingl K. (1977), OFm Stolzlechner E. (1975), Lm Wallaberger R. (1946), Fm Wallner H. (1982), Fm Weinberger A. (1976), HFm Weinberger J. (1951), Lm Wimmer J. (1963), HFm Wimmer M. (1973), Fm Wösner M. (1977), OFm Wösner R. (1963), HFm Wösner V. (1952)

FF NEUKIRCHENDORF

Die Freiwillige Feuerwehr Neukirchendorf wurde am 13. November 1921 gegründet. Im Jahr 1952 wurde das Feuerwehrdepot erbaut und eingeweiht. Ein Jahr später wurde eine neue Motorspritze angekauft und gesegnet. Da durch den langjährigen Einsatz die Tragkraftspritze unbrauchbar geworden war, wurde 1967 eine neue VW Automatik mit kombiniertem Anhänger angekauft. Im Jahr 1984 wurde ein neues Feuerwehrhaus errichtet. Die Kommandanten der Freiwilligen Feuerwehr Neukirchendorf waren seit ihrer Gründung: Franz Weiretmaier (1921–1949), Johann Unger (1949–1973), Josef Plöckinger (1973–1978), Josef Rathberger (seit 1978).

HBI Rathberger J. (1957), OBI Reiter J. (1972) — Auer J. (1980), Dallinger J. (1952), Fischer H. (1982), Fischer J. (1950), Gimplinger O. (1980), Hauser A. (1970), Höld J. (1949), Jodlbauer G. (1976), Kramer J. (1971), Kramer J. (1974), Kramer M. (1949), Lang H. (1983), Lang J. (1938), Moser J. (1980), Mühlböck G. (1981), Mukinovic B. (1965), Plöckinger G. (1980), Plöckinger J. (1949), Plöckinger J. (1974), Pöchersdorfer H. (1980), Probst H. (1982), Rapolter E. (1981), Reiter J. (1926), Scharinger A. (1970), Schauer A. (1945), Schauer A. (1980), Schauer J. (1974), Starzengruber M. (1975), Straßl M. (1965), Unger F. (1949), Unger J. (1947), Unger J. (1919), Unger J. (1973), Unger J. (1964), Wasner J. (1972)

FF OBEREDT

Die Feuerwehr Oberedt unterstand von 1893 bis 1898 als Abteilung der Feuerwehr Diersbach. Im Zusammenhang mit dem Ankauf der neuen Feuerspritze für die FF Diersbach am 13. Februar 1898 wurde die gebrauchte Handfeuerspritze nach Oberedt überstellt und somit die FF Oberedt als selbständige Feuerwehr gegründet. Bei der Gründungsversammlung wurde Matthias Stahr zum ersten Wehrführer gewählt. Es meldeten sich sofort 30 Mann zum Eintritt in die Feuerwehr. Am 20. August 1922 feierte die FF Oberedt ihr 25jähriges Gründungsjubiläum, verbunden mit der Weihe der ersten Fahne, wobei Franziska Streif die Patenschaft der Fahne übernahm. Ende 1929 erhielt die Feuerwehr von der Gemeinde Diersbach eine neue Motorspritze (Erzeugerfirma Rosenbauer, Leonding). Im Jahr 1950 wurde unter Führung von Kommandant Alois Fasching das jetzige Zeughaus errichtet. Im Jahr 1951 beging die FF Oberedt das 50jährige Gründungsfest im Gasthaus Schmidseder in Waging. Am 18. Juni 1957 wurde der Feuerwehr ein neuer Spritzenanhänger übergeben, welcher von den Firmen Kasbauer und Lindlbauer aus Erledt angefertigt wurde. Von der Firma Rosenbauer wurde am 20. August 1960 die Tragkraftspritze VW 75 angekauft, welche noch heute in Verwendung ist. Im Jahr 1965 wurde eine Sirene angeschafft und bei Josef Stahr in Erledt montiert. 1977 war das 80jährige Gründungsfest mit Fahnenweihe der neu angekauften Fahne. Dabei übernahmen Maria Stahr und Anna Gimplinger die Patenschaften. 1979 erfolgte der Ankauf eines Kleinlöschfahrzeuges, wobei der Innenausbau in Eigenregie durchgeführt wurde. 1980 wurde der elektrische Strom im Feuerwehrhaus installiert. 1983 wurde das mobile Funkgerät (2-m-Band) angeschafft, 1984 ein schweres Atemschutzgerät.

HBI Kohlbauer K. (1965), OBI Stadler J. (1965), AW Hötzeneder K. (1955), AW Kammerer J. jun. (1980), AW Mayer J. (1971), BI Stahr J. sen. (1955) — Lm Aichinger F. (1954), HLm Bodenhofer J. (1957), HLm Ertl A. (1947), Lm Ertl A. jun. (1980), Lm Fischer A. (1955), HFm Froschauer A. (1968), Fm Gangl F. (1967), E-OBI Gimplinger F. (1956), JFm Gimplinger F. jun. (1983), E-HBI Hauzinger F. (1950), OFm Hauzinger J. (1970), JFm Hötzeneder H. (1982), Bm Hötzeneder J. (1962), JFm Hötzeneder J. jun. (1982), Hötzeneder K. jun. (1982), HFm Hofmann J. (1965), JFm Hofmann J. (1983), HLm Kammerer J. (1955), JFm Kasbauer G. (1983), Bm Kasbauer H. (1957), JFm Kasbauer H. jun. (1982), Lm Kasbauer J. (1956), Fm Kislinger J. (1948), JFm Kohlbauer K. jun. (1983), HLm Lang A. (1950), JFm Lang A. jun. (1982), Fm Lang K. (1980), Lm Laufer P. (1961), JFm Lindlbauer J. (1982), Bm Lindlbauer J. (1955), Fm Maidobler A. (1976), Fm Peterbauer A. (1980), Lm Peterbauer J. (1948), Lm Pichler H. (1953), Fm Redinger J. (1980), Fm Reisegger J. (1980), OBm Riedl F. (1965), Lm Roßdorfer F. (1946), HFm Schatzberger J. (1970), Schmidbauer G. (1983), JFm Schmidbauer H. (1982), Fm Schmidbauer H. (1969), Lm Schmidseder J. (1955), HFm Schmidseder J. (1972), Fm Schmidseder R. (1976), Lm Schmidtseder J. (1980), Bm Schratzberger J. (1958), JFm Schreiner A. (1982), Fm Schreiner A. (1977), Lm Schreiner J. (1955), Fm Schreiner J. jun. (1977), OFm Schuster R. (1976), JFm Stadler J. (1983), Lm Stahr J. (1980), JFm Stahr R. (1982), E-OBI Steininger J. (1948), Fm Steininger J. jun. (1982), E-AW Stieger J. (1959), Fm Stieger J. (1969), HLm Stieger J. (1976), Fm Stieger J. jun. (1981), E-HBI Vogl L. (1951), Fm Zandler F. (1980), OFm Zauner K. (1967), Fm Zauner P. (1967), Fm Zauner P. jun. (1980)

FF PIMPFING

Aufgrund der zahlreichen Brände wurde in der Bevölkerung der Wunsch laut, auch im Südwesten der großen Landgemeinde Andorf eine Feuerwehr zu errichten. Die Feuerwehr Pimpfing wurde 1895 unter Johann Bachschweller gegründet und erhielt 1901 von der Gemeinde eine neue Spritze. Die Wehr Pimpfing war von 1895 bis 1907 eine Filiale der Ortsfeuerwehr. Mit Beschluß des Gemeindeausschusses vom 28. August 1907 wurde die Neugründung der Freiwilligen Feuerwehr Pimpfing und die Loslösung von der Ortsfeuerwehr zur Kenntnis genommen. Johann Bauböck war bis 1908 Obmann der Freiwilligen Feuerwehr Pimpfing. Von 1908 bis 1919 war Johann Voitleitner Feuerwehrhauptmann. Er wurde 1919 Bürgermeister von Andorf. Die erste Fahnenweihe wurde am 10. Juli 1910 gefeiert. Nach Kriegsende, am 30. März 1919, wurde Matthias Bachschweller zum Hauptmann gewählt. Über zwei Jahrzehnte war er Wehrführer von Pimpfing. In seine Zeit fällt die Motorspritzenweihe (20. Oktober 1935). Auch im Zweiten Weltkrieg ruhte die Vereinstätigkeit. Zum Hauptmann wurde Johann Sallaberger gewählt. Durch viele Jahre wirkte der Schulleiter Karl Haidinger als Schriftführer. Am 6. März 1947 wurde Leopold Schwarz Feuerwehrhauptmann, der 25 Jahre den Verein stramm führte. 1950 wurde ein neues Zeughaus gebaut und am 3. Juni 1951 durch Dechant Schachinger feierlich eingeweiht. Am 6. Mai 1962 wurde beim Florianiamt von Dechant Mayr eine neue Fahne geweiht. Von 1972 bis 1977 führte Felix Himsl die Wehr. Am 26. Februar 1978 wurde Josef Thalhammer zum Kommandanten gewählt. Bei der Feldmesse auf dem Kirchenplatz wurde am 3. Mai 1981 von Pfarrer Kerschberger das neuerworbene Kleinlöschfahrzeug VW L 30 der FF Pimpfing geweiht.

HBI Thalhammer J. (1952), OBI Hatzmann J. (1957), AW Bogner F. (1969), AW Kaser F. (1957), AW Schusterbauer J. (1979), BI Strobl L. (1971) — OFm Aigner A. (1980), JFm Aigner G. (1982), JFm Aigner H. (1980), HFm Andorfer F. (1970), Fm Aumaier J. (1978), Fm Aumaier J. (1974), HFm Aumaier J. (1946), Fm Bachschweller A. (1980), OFm Bachschweller J. (1973), HFm Bachschweller J. (1946), Fm Bachschweller J. (1975), HFm Bachschweller J. (1970), OFm Bachschweller J. (1971), Bachschweller J. (1946), HFm Bachschweller M. (1946), OFm Bachschweller W. (1981), OFm Bauböck J. (1971), HFm Bauböck L. (1959), OFm Blümlinger A. (1978), Fm Brandmayer A. (1982), HFm Demmelbauer A. (1947), HFm Dick F. (1963), HFm Etzl J. (1960), OFm Etzl J. (1979), OFm Etzl J. (1982), HFm Etzl L. (1953), Fm Etzl W. (1978), JFm Etzl W. (1983), HFm Feichtner J. (1951), HLm Furthner S. (1932), HFm Goldberger A. (1967), OFm Gruber J. (1965), JFm Grübler H.-P. (1982), HFm Gumpoldsberger A. (1973), OFm Hager G. (1979), OFm Hager H. (1973), Lm Hainzl J. (1976), OFm Hainzl K. (1973), OFm Hainzl L. (1971), HFm Hartwagner L. (1980), OFm Hatzmann A. (1978), OFm Hatzmann J. (1977), HBm Himsl F. (1949), HFm Himsl J. (1946), OFm Himsl P. (1976), OLm Kitzberger J. (1978), HFm Kleinpötzl M. (1950), JFm Kleinpötzl M. (1980), HFm Leitner J. (1973), OFm Lindinger J., JFm Lindinger K. (1979), HFm Löckinger A. (1957), Fm Löckinger A. (1980), E-AW Maier F. (1946), OFm Manhartsberger J. (1980), OFm Mitterecker J. (1975), HFm Mühlböck F. (1976), OFm Neulinger K. (1968), HFm Prechtl J. (1959), JFm Prechtl J. (1982), OLm Pumberger J. (1973), HFm Sallaberger J. (1953), OFm Schardinger L. (1928), HFm Schaschinger L. (1968), Fm Schaschinger L. (1980), E-AW Schlederer J. (1938), HFm Schönbauer A. (1956), HFm Schönbauer M. (1964), Schönbauer S. (1978), JFm Schreiner E. (1983), HFm Schreiner H. (1963), E-BI Schreiner H. (1963), Schwarz K. (1950), JFm Schwarz R. (1981), HFm Sommergruber J. (1947), OFm Sommergruber W. (1976), OFm Strasser A. (1967), HFm Strauß A. (1946), Fm Strauß W. (1977), HFm Strobl K. (1965), OFm Summereder J. (1975), HFm Summereder M. (1965), OFm Thalhammer J. (1980), OFm Tiefenböck K. (1946), OFm Tiefenböck K. (1976), HFm Tiefenböck L. (1965), OFm Tiefenböck R. (1978), HFm Vogetseder E. (1973), OFm Wageneder H. (1978), HFm Weiretmaier A. (1964), HLm Zauner K. (1953), OFm Zauner K. (1968), JFm Zauner M. (1982)

FF PRAMAU

Im Jahr 1894 wurden durch einen Großbrand drei Gehöfte in Unterpramau eingeäschert. Daraufhin gründeten Mitglieder der Pramauer Zeche, unter ihnen die vier Brüder Ortbauer aus Schusteredt, die Freiwillige Feuerwehr Pramau als erste Feuerwehr im Gemeindegebiet Taufkirchen an der Pram. Bis zur Anschaffung der ersten Handdruckspritze, Fabrikat Gugg, Braunau, die mit acht Mann bedient wurde, wurden die Brände mit Eimern bekämpft. Ein von Pferden gezogener Zweiachswagen mit Schlauchhaspelanhänger diente als Löschfahrzeug. Durch einen Hornisten wurden die Feuerwehrmänner zum Einsatz gerufen. Der Bauer, bei dem sich die sogenannte Einspanntafel befand, mußte zwei Pferde als Gespann zur Verfügung stellen. In den Ortschaften Oberpramau, Igling und Inding gab es jeweils eine Vorspanntafel, die ebenfalls wie die Einspanntafel nach jedem Brand zum nächsten Bauern weitergegeben wurde. Hier wurden beim Eintreffen des Löschwagens weitere zwei Pferde vorgespannt. 1936 wurde die erste Motorspritze RW 25, Fabrikat Rosenbauer, angeschafft. Nach dem Anschluß Österreichs 1938 bis zur Wiederselbständigmachung der Wehr 1951 unterstand die Feuerwehr Pramau als Löschzug der FF Taufkirchen. Nach der Fertigstellung des neuen Feuerwehrhauses wurde 1951 die erste Alarmsirene der Gemeinde Taufkirchen montiert und das erste motorisierte Fahrzeug, ein Rüstfahrzeug Marke Fiat, in Dienst gestellt. 1958 wurde ein Löschteich in der Schärdingerau errichtet. Eine neue Motorspritze TS 75 Automatik, Fabrikat Rosenbauer, wurde 1970 angekauft. Durch den Kauf eines neuen Kleinlöschfahrzeuges 1983, von zwei Handfunkgeräten, einem Mobilfunkgerät (alle im 2-m-Band) 1984 und den Anschluß der Sirene an die Funkalarmierung wurde die Wehr entsprechend modernisiert.

HBI Gröbner S. (1964), OBI Hölzl J. (1974), AW Höllerl G. (1980), AW Hölzl J. (1970), AW Putzinger J. (1966), BI Parzer A. (1968) — Fm Aichinger G. (1982), OBm Aichinger L. (1952), OFm Brandl W. (1980), OBm Dantler K. (1945), PFm Dorn F. (1982), PFm Dorn J. (1982), OBm Ezinger F. (1945), Lm Flieher K. (1950), PFm Friedl W. (1983), PFm Gahbauer J. (1983), HBm Glas J. (1968), HBm Hainzl F. (1956), OBm Hattinger K. (1950), OBm Höller J. (1930), OFm Höller J. (1981), E-OBI Hölzl J. (1953), PFm Kasbauer J. (1983), OBm Kottbauer F. (1945), OFm Lechner J. (1980), HFm Lechner K. (1974), HFm Leidinger A. (1970), Lm Mairleithner A. (1955), Lm Neulinger J. (1952), PFm Parzer J. (1983), E-HBI Peterbauer J. (1936), HFm Peterbauer J. (1968), Bm Peterbauer J. (1932), Fm Putzinger J. (1978), PFm Putzinger K. (1982), OFm Raab A. (1974), E-AW Raab J. (1962), OFm Raab J. (1972), PFm Redinger J. (1983), HFm Reisinger A. (1968), OFm Reisinger F. (1981), PFm Reisinger K. (1983), PFm Schauer A. (1983), Lm Schauer A. (1947), OLm Schauer A. (1956), Lm Schauer K. (1956), Lm Schauer L. (1956), PFm Schönböck G. (1983), OLm Schustereder J. (1954), OBm Strasser A. (1920), Bm Strasser H. (1945), OFm Streif H. (1973), HFm Tiefenthaler E. (1968), PFm Tiefenthaler H. (1982), OFm Tiefenthaler R. (1975), Fm Tischler F. (1982), HFm Tischler J. (1976), HFm Wagnermaier H. (1974), Fm Weißhaidinger F. (1980), Lm Weißhaidinger J. (1945), OFm Weißhaidinger P. (1976), HBm Wimmer J. (1950), HFm Wirth F. (1969)

FF PYRAWANG

Am 23. Januar 1920 erfolgte die Gründung der FF Pyrawang. Am 13. Juli 1924 gab es eine Fahnenweihe bei der FF Pyrawang. Fahnenmutter war Rosina Wasner. Man feierte mit großem Feuerwerk und Zapfenstreich. 1926: Anschaffung einer 5,5 m langen Leiter aus Eschenholz und eine Schlauchhaspel. 1932: Ankauf einer DKW Motorspritze. 1938: Ankauf einer Tragbahre. Vom 9. bis 12. Juli 1954 stand die Wehr im Hochwassereinsatz in Pyrawang. Die Ortschaft Pyrawang wurde durch das rasche Ansteigen der Donau überschwemmt. 1953–1957: Durch den Kraftwerksbau Jochenstein wurde die Ortschaft Pyrawang um die Kirche niedergerissen und die Häuser Nr. 3, 5, 9, 11, 12, 14, 16 umgebaut, Bewohner der Häuser Nr. 4, 7, 8, 10, 13, 15, 22 umgesiedelt. Unverändert blieben die Häuser Nr. 1, 6, 17, 25 und die Kirche. 1956 mußte der Abbruch der alten Feuerwehrzeugstätte vorgenommen werden. Am 1. April 1959 begann man mit dem Zeugstättenneubau. Durch den Bau des Donaukraftwerkes Jochenstein und der Bundesstraße 130 mußte ein neues Zeughaus erbaut werden. Die AG Jochenstein gab hiezu S 17.000.— Entschädigung und 200 Quadratmeter Baugrund. Den Bau selbst finanzierte die Gemeinde Esternberg. Durch die Umsicht des Bauleiters HBI Josef Huber und die Beteiligung aller Kameraden wurde die Zeugstätte am 28. Dezember 1959 bezugsfertig. 20. Mai 1960: Kollaudierung der Feuerwehrzeugstätte. Am 5. Dezember 1967 wurde eine Sirene auf der Zeugstätte montiert. 11. Februar 1980: Ankauf einer neuen Motorspritze VW TS 8. 28. Juni 1981: Segnung der neuen Tragkraftspritze auf dem Kirchenplatz in Pyrawang. 14. bis 15. Juni 1982: Einbau eines Sirenensteuergerätes für Funkalarmierung am Zeughaus.

HBI Holzapfel J. (1954), OBI Wasner J. (1964), AW Haas A. (1960), AW Unterholzer M. (1953) — HFm Baumgartner J. (1963), Fm Breit H. (1979), Fm Daublebsky K. (1969), Fm Feichtinger L. (1976), OFm Fischer J. (1973), Fm Gärtner K. (1976), HFm Grasegger J. (1949), HFm Grasegger R. (1949), OFm Grasegger R. (1979), HFm Grill J. (1954), OFm Grill R. (1966), Fm Gründinger E. (1983), HFm Gründinger J. (1960), HFm Haas A. (1949), Fm Haas A. (1982), HFm Haas R. (1973), Lm Holzapfel J. (1921), Fm Holzapfel J. (1980), HFm Holzapfel M. (1959), HFm Huber J. (1966), E-HBI Huber J. (1949), HFm Humer H. (1972), OFm Kargl J. (1973), HFm Krammer J. (1959), HFm Langbauer J. (1949), OFm Langbauer J. (1966), HFm Melchers H.-W. (1977), Fm Ortner M. (1980), OFm Rammer A. (1970), HFm Reischl M. (1954), OFm Steininger H. (1973), OFm Steininger J. (1972), Fm Stutz A. (1979), Fm Unterholzer G. (1981), Fm Unterholzer H. (1973), HFm Wasner J. (1954), OFm Winkler E. (1968), Fm Winkler E. (1980), Fm Winkler G. (1980)

FF RAAB

Die FF Raab wurde am 4. Mai 1873 gegründet. Zur Gründung erklärten sich 87 Mitglieder bereit. Das Gründungskomitee bestand aus zwölf Mitgliedern, an der Spitze Alexander Steininger, Gutsbesitzer aus Raab. Am 29. August 1875 wurde unter Mitwirkung der Musikkapelle Altschwendt eine eigene Gründungsfeier veranstaltet. Führung der Feuerwehr seit der Gründung (Hauptmann bzw. Kommandant): 1873 Alexander Steininger, 1877 Johann Schneiderbauer, 1881 Theodor Wimmer, 1885 Josef Kurzwernhart, 1889 Leopold Neumayr, 1891 Johann Schmid, 1905 Leopold Neumayr, 1913 Julius Schlitterlan, 1919 Matthias Schmid, 1921 Franz Pechleitner, 1947 Josef Stöger, 1949 Franz Pechleitner, 1950 Karl Stürmer, 1975 Herbert Mayrhofer, 1982 Josef Stegner. Die FF Raab feierte im Jahr 1898 das 25jährige, am 29. Juni 1924 das 50jährige, am 29. Mai 1949 das 75jährige und am 27. Mai 1973 das 100jährige Gründungsfest. Das alte Feuerwehrdepot an der Nordostecke das Kirchenplatzes wurde im Jahr 1924 verlegt und befindet sich seither an der Bründlstraße in Raab. Seit der Gründung verwendete Spritzen: Hydrophor; Dampfspritze, welche geheizt werden mußte; Autospritze Ford; Autospritze Opel Blitz; Tanklöschfahrzeug TLF 1000 und seit dem Jahr 1982 ein Tanklöschfahrzeug TLF 2000. Derzeitige Ausrüstung: 1 LFB Mercedes (angekauft 1977), 1 TLF Steyr 2000 (angekauft 1982).

HBI Stegner J. (1965), OBI Lang J. (1967), HAW Scheuringer J. (1975), AW Baumberger G. F. (1977), AW Bruckner E. (1975), AW Mühlböck K. (1954), AW Schadler A. (1976), BI Ratzenberger P. (1979), BR Mayrhofer H. (1958) — E-AW Allerberger A. (1939), OFm Bauinger J. (1971), Fm Bauinger N. (1978), Fm Blümlinger W. (1982), Fm Bruckner E. (1978), OFm Bruckner J. (1965), PFm Brunner S. (1980), Fm Ecker K. (1979), OLm Eßl J. (1965), Fm Eßl W. (1978), FK Fischer F. (1979), OLm Fischer K. (1939), E-AW Dir. Glas H. (1940), OBm Grömer L. (1963), E-BI Häusler J. (1919), HBm Häusler J. (1954), Lm Hager K. (1965), HFm Hager R. (1971), OFm Handschuhmacher F. (1979), Bm Hochhuber D. (1965), Fm Huemer E. (1981), Fm Huemer M. (1978), HFm Humer L. (1971), OBm Jutz H. (1963), Fm Lang H. (1978), HFm Lang W. (1978), PFm Lindinger E. (1982), E-AW Lindinger E. (1948), PFm Lindinger J. (1984), OFm Lindlbauer R. (1965), OFm Mayer J. (1977), PFm Mayrhofer K. (1978), Fm Moritz H. (1980), PFm Moser H. (1983), HBm Mühlböck E. (1969), PFm Mühlböck T. (1978), HFm Neulinger J. (1946), OLm Parzer F. (1922), Bm Parzer F. (1960), OLm Patta E. (1970), OFm Peham H. (1950), PFm Peham W. (1978), HLm Pfeiffer R. (1965), Pilstl K. (1921), JFm Postl S. (1983), JFm Radlmaier N. (1980), HBm Radlmair J. (1979), PFm Radlmair L. (1977), PFm Schadler T. (1980), JFm Scheuringer Ch. (1979), OFm Scheuringer W. (1978), HFm Schmidleitner A. (1975), OLm Schmidleitner A. (1939), Fm Schraml M. (1968), OFm Schwarz A. (1974), Lm Schwarz A. (1971), HFm Seidl H. (1946), Fm Seidl J. (1980), HLm Seidl L. (1946), OLm Seidl P. (1911), Fm Stelzer G. (1971), Bm Stürmer E. (1955), HFm Wall J. (1975), FA Dr. Weinberger A. (1950), OBm Wesner F. (1956), OLm Wetzlmaier F. (1968), PFm Wetzlmaier M. (1978), Fm Winkler H. (1979), Fm Zweimüller J. (1976)

FF RAIN

Am 2. Dezember 1928 trafen sich die Gründungsmitglieder aus Rain und Umgebung im Gasthaus Goldberger in Hub zur Gründungsversammlung. Unter Anwesenheit von Bezirksobmann Stiegler aus St. Roman wurde folgendes Kommando gewählt: Obmann Johann Höllinger, Stellvertreter Josef Moser, Schriftführer Josef Auinger, Kassier Franz Kohlbauer. Von der FF Vichtenstein wurde der Handspritzenanhänger gekauft. Dieser wurde vorerst beim Schriftführer Auinger (Goderer) untergestellt. Zuständige Gemeinde für unsere Wehr war zu dieser Zeit Vichtenstein. Als Mitgliedsbeitrag wurde 1 Schilling beschlossen. Die erste Veranstaltung war der Feuerwehrball am 1. April 1929, und die erste Übung fand am 1. Mai 1929 statt. Zum ersten Brandeinsatz kamen unsere Kameraden mit der Handspritze beim Hanslgute in Reisdorf. Nach nur vierjähriger Tätigkeit wurde Gründungsobmann Johann Höllinger am 26. Januar 1932 zu Grabe getragen. Im April 1932 wurde das erste Depot an die Wagenhütte des Josef Auinger angebaut. 1938 wurde unsere Feuerwehr wie viele andere aufgelöst und der „Gemeindefeuerwehr" Vichtenstein als Löschzug zugeteilt. Nach dem Krieg wurde am 25. Januar 1948 wieder die erste Vollversammlung abgehalten. Der Grundstein für unser jetziges Feuerwehrhaus wurde 1959 gelegt. Die erste Motorspritze samt Einachsanhänger wurde 1960 bestellt und 1961 feierlich eingeweiht. 1972 wurde eine elektrische Sirene angeschafft. Mit der Weihe der neuen Fahne wurde am 15. und 16. Juli 1978 das 50jährige Gründungsfest gefeiert. Am 6. November 1984 wurde eine endgültige Besprechung mit Bgm. Kisslinger und Mitgliedern des Gemeinderates geführt, in der der Ankauf eines KLF beschlossen wurde. Die Feuerwehr wurde verpflichtet, sich mit 35 Prozent der Kosten zu beteiligen.

HBi Ing. Grüneis O. (1971), OBI Reiter J. (1964), AW Fesel M. (1960), AW Reitinger K. (1972), AW Schachner F. (1974) — OLm Auinger J. (1948), Fm Auinger J. (1975), JFm Baminger H. (1983), HFm Baminger H. (1970), Fm Baumgartner E. (1979), E-AW Baumgartner F. (1949), Fm Baumgartner W. (1980), Lm Bogner E. (1976), Fm Drechsler O. (1980), Fm Fesel J. (1982), Fm Fesel J. (1981), Fm Fesel K. (1975), E-AW Fesel M. (1928), JFm Fesel M. (1980), Bm Feßl A. (1930), HLm Feßl A. (1966), OFm Friedl K. (1970), Lm Friedl K. (1974), Frisch J. (1963), Fm Grill A. (1977), JFm Grill G. (1980), JFm Grill K. (1982), HFm Grüneis O. (1946), PFm Haidinger Ch. (1980), HLm Haidinger F. (1970), Fm Höllinger Ch. (1975), E-AW Höllinger M. (1928), Lm Höllinger M. (1954), OFm Ing. Huber G. (1974), HFm Huber H. (1965), JFm Jungwirth G. (1983), OLm Jungwirth J. (1969), Fm Jungwirth J. (1977), HFm Jungwirth J. (1967), Lm Kohlbauer A. (1954), Fm Kohlbauer A. (1978), Bm Kohlbauer J. (1928), OFm Koller F. (1974), OFm Koller J. (1977), Fm Koller K. (1977), E-HBI Koller M. (1947), OLm Koller M., HFm Ludhamer O. (1970), JFm Ludhammer G. (1982), JFm Ludhammer M. (1981), Fm Ludhammer O. (1982), OFm Moser F. (1969), E-OBI Moser J. (1928), OLm Moser J. (1961), HFm Mühlböck J. (1967), OFm Penzinger F. (1975), OLm Penzinger J. (1969), JFm Penzinger J. (1982), PFm Reiter J. (1975), HFm Reitinger J. (1969), Lm Reitinger J. (1974), Fm Sageder R. (1980), Lm Schardinger F. (1959), OFm Schardinger F. (1977), OFm Schardinger J. (1971), JFm Schardinger J. (1982), JFm Schwarz F. (1981), Lm Schwarz J. (1960), JFm Schwarz J. (1981), Lm Steininger R. (1971)

FF RAINBACH IM INNKREIS

Aufgrund eines Großfeuers im Nachbarort Brauchsdorf wurde in Rainbach der Wunsch laut, auch in Rainbach eine Freiwillige Feuerwehr zu gründen. So wurde 1899 unter Bürgermeister Georg Boxrucker und dem damaligen Kooperator Michael Peterseil die Gründungsversammlung abgehalten. Zum ersten Kommandanten der FF Rainbach wurde Leopold Lobmeier gewählt. 1900 brach im Anwesen des Auer in Wienering aus ungeklärter Ursache ein Brand aus, zu der die Wehr zum ersten Mal ausrückte. 1907 schlug ein Blitz in das Anwesen Auer in Wienering ein. 1908 brannte die Scheune des Gastwirtes Eder in Rainbach nieder. 1908 wurde in der FF Rainbach, die seit ihrer Gründung auf drei Löschzüge angewachsen war und inzwischen 90 Mitglieder zählte, eine Neuwahl abgehalten. Als Kdt. ging Josef Wallner aus Diesenberg hervor. Wieder wurde die junge Wehr zu zwei Bränden gerufen. 1910 galt es, zwei Brände zu bekämpfen. Außerdem wurde für das Gebiet Höcking eine Spritze angekauft und somit der vierte Löschzug gegründet. 1911–1918 führten die Kommandanten Johann Gangl, Franz Eder und Anton Gruber die Wehr an. 1918 und 1919 gab es mehrere Scheunenbrände. 1919 wurde Johann Gruber zum neuen Kommandanten gewählt. Es gelang ihm, 1921 die erste Fahne anzukaufen. 1922 wurde der Löschzug Höcking zu einer selbständigen Feuerwehr. 1924 wurde die Feuerwehr zu einem Brand nach Sinzing gerufen, im selben Jahr zum Großbrand nach Haselbach, dem 13 Objekte zum Opfer fielen. 1929 war die Wehr beim Großbrand in Hingsham, dem sechs Objekte zum Opfer fielen. 1930 und 1931 mußte die Wehr jeweils zu zwei Bränden ausrücken. 1932 wurde in der FF Rainbach die erste Motorspritze angekauft, die Handdruckspritze von Rainbach nach Steinberg überstellt und zugleich der Löschzug Steinberg gegründet. 1934 galt es wieder, zwei Brände unter Kontrolle zu bringen. 1937 gab es einen Brand beim Balindl in Salling, 1938 beim Hofer in Rainbach. 1938 wurde Anton Gruber zum neuen Kommandanten gewählt. Im selben Jahr wurde eine neue Motorspritze angekauft. 1939 und 1944 gab es je einen Scheunenbrand. 1946 wurde die erste Generalversammlung nach dem Krieg abgehalten, bei der Fritz Weikl als Kommandant hervorging. 1946 schlug ein Blitz in die Scheune des Kirimeier in Rampesau ein. 1952 wurde für die FF Rainbach das erste Feuerwehrauto angekauft. 1963 wurde ein neues Kommando gewählt, neuer Kommandant wurde Johann Kothbauer. 1965 hat, weil das Rüstfahrzeug nicht mehr einsatzfähig war, die FF Rainbach eine neue TS VW R 75 erhalten. 1971 brannte die Scheune des Karl Gruber in der Hanslau ab. 1972 wurden durch Funkenflug die Scheune und ein Stallgebäude des Besitzers Johann Bangerl in Sinzing ein Raub der Flammen. 1973 brannte das Sägewerk des Johann Scheuringer in Pfaffing nieder. 1974 wurde durch Brandstiftung die Scheune des Alois Hoffmann in Haselbach ein Raub der Flammen. 1978 löste Alois Gimplinger Johann Kothbauer als Kommandant ab. 1979 bekam die FF Rainbach ein neues LF-B und zugleich einen schweren Atemschutz. 1983 wurde Alois Goldberger zum neuen Kommandanten gewählt. Im Juni brach über Rainbach ein derartiger Wolkenbruch herein, der ein nie dagewesenes Hochwasser verursachte. Neben vielen Pumparbeiten hatte die FF Rainbach einen viertägigen Öleinsatz zu bewältigen.

HBI Goldberger A. (1971), OBI Ablinger R. (1961), AW Gangl A. (1969), AW Leithner A. (1967), AW Nigl J. (1977), BI Bangerl J. (1953), BI Boxrucker A. (1947), BI Boxrucker J. (1946), BI Daller F. (1948), BI Eder J. (1939), BI Eder J. (1968), BI Fasching J. (1971), BI Froschauer A. (1946), BI Holzapfel F. (1977), BI Moritz R. (1947), BI Penzinger J. (1980), BI Raab M. (1977) — OFm Ablinger F. (1955), Fm Ablinger R. (1983), HFm Auzinger J. (1973), Fm Bangerl J. (1980), HFm Bauer A. (1978), Fm Bauer A. (1961), Fm Bauer J. (1946), Fm Bauer J. (1977), Lm Bichler A. (1959), HFm Billinger F. (1934), HFm Billinger F. (1971), Lm Boxrucker A. (1974), HFm Boxrucker J. (1979), Fm Boxrucker K. (1973), HFm Boxrucker M. (1979), Fm Buchinger J. (1970), Fm Burgstaller J. (1952), Fm Christl G. (1963), Fm Christl G. (1979), OLm Daller F. (1977), HFm Daller J. (1937), Lm Daller J. (1973), Fm Dallinger A. (1970), HFm Denk J. (1930), Fm Denk J. (1982), Fm Denk J. (1965), Fm Diesenberger K. (1964), Fm Diesenberger K. (1930), HFm Doblhammer J. (1946), Fm Doblhammer J. (1973), Donninger L. (1924), Fm Ebner L. (1956), Fm Ebner L. (1979), HFm Eder F. (1925), OLm Eder F. (1970), OFm Eder J. (1969), Fm Eder J. (1983), OFm Eder K. (1963), Fm Eder M. (1981), Fm Em S. (1980), Fm Engertsberger F. (1978), OFm Fasching A. (1953), HFm Fasching A. (1977), Fm Fasching Ch. (1980), Fm Fasching G. (1980), Fm Fasching J. (1983), Fm Fasching J. (1946), HFm Fasching J. (1981), OFm Fasching M. (1975), Fm Fasching V. (1983), Lm Fischbauer F. (1946), HFm Fischbauer F. (1978), Fm Fischbauer J. (1961), HFm Fischer J. (1963), HFm Flotzinger F. (1938), Fm Foschauer A. (1976), Fm Foschauer H. (1971), Fm Froschauer A. (1983), HFm Froschauer A. (1936), HFm Froschauer J. (1933), FA Dr. Froschauer J. (1976), FA Dr. Froschauer J. (1976), OFm Froschauer K. (1946), HFm Froschauer O. (1966), Fm Furthner H. (1980), Fm Gaderbauer H. (1983), HFm Gangl A. (1969), Fm Gangl F. (1977), HFm Gangl F. (1966), HFm Gangl J. (1964), Fm Gangl J. (1969), Lm Gangl J. (1949), Gasser F. (1964), OFm Gasser S. (1970), Fm Gatterman J. (1983), Fm Gattermann F. (1978), E-BI Gattermann J. (1948), OFm Gattermann J. (1934), HLm Gattermann J. (1971), Fm Gattermann J. (1980), HFm Gimplinger A. (1923), Fm Gimplinger A. (1964), E-HBI Gimplinger A. (1967), Fm Gimplinger J. (1973), HFm Glas F. (1966), Fm Gnigler A. (1970), Lm Goldberger A. (1946), Fm Goldberger A. (1930), Fm Goldberger F. (1983), HFm Goldberger F. (1951), Fm Goldberger F. (1978), Fm Goldberger J. (1983), Fm Goldberger J. (1961), Fm Goldberger P. (1929), OFm Grill A. (1971), Fm Gruber A. (1930), Fm Gruber A. (1974), Fm Gruber J. (1965), HFm Gruber J. (1928), Fm Gruber J. (1970), Fm Grünberger H. (1983), Fm Grünberger H. (1970), Fm Grünberger J. (1961), OLm Guppenberger L. (1960), Lm Haas F. (1980), HFm Haas F. (1957), Fm Haas J. (1936), HBm Haas J. (1969), HFm Haas J. (1946), OFm Hager A. (1952), HFm Hager J. (1952), HFm Harant G. (1983), Fm Harant L. (1978), HFm Harant M. (1978), Fm Harrant L. (1963), Fm Haslinger R. (1953), HBm Hauzinger F. (1946), HFm Hauzinger F. (1979), OFm Hechinger A. (1974), HFm Hechinger A. (1950), Fm Hechinger J. (1983), HFm Hinterlechner R. (1963), Fm Hirsch F. (1978), HFm Höller A. (1956), OFm Hofmann A. (1982), OFm Hofmann A. (1955), OFm Hofmann G. (1982), HFm Holzapfel F. (1951), Fm Huber F. (1983), HFm Huber J. (1975), OFm Huber J. (1976), HFm Huber M. (1945), HFm Jell I. (1951), HFm Jell J. (1975), HFm Jungwirth A. (1949), HFm Jungwirth A. (1968), HFm Kasbauer A. (1964), HFm Kasbauer J. (1920), Fm Kasbauer M. (1973), OFm Kieslinger J. (1982), HFm Kieslinger M. (1945), HFm Kinzlbauer F. (1947), Lm Kinzlbauer J. (1963), E-HBI Kothbauer J. (1936), OFm Kothbauer J. (1964), Fm Lachtner F. (1970), Fm Lang A. (1980), HFm Lang G. (1974), HFm Lang J. (1945), HFm Lang J. (1973), BI Leithner A. (1947), OFm Leitner J. (1980), E-BI Leitner J. (1956), Fm Leitner J. (1980), Fm Maier A. (1982), Fm Mayr F. (1968), HFm Moritz H. (1956), Fm Moritz H. (1978), E-BI Moritz J. (1917), HFm Moritz R. (1947), Fm Moritz T. (1978), Fm Moser A. (1958), HFm Moser J. (1946), Fm Moser J. (1981), Fm Niedermaier A. (1983), Fm Niedermaier G. (1965), Fm Nigl F. (1963), OFm Nigl F. (1980), Fm Nigl J. (1953), HFm Öhlinger F. (1935), OLm Öhlinger F. (1970), Lm Ohlinger F. (1959), Fm Ortbauer F. (1952), Fm Ortbauer J. (1930), Fm Ortbauer J. (1967), HFm Ortner F. (1962), OFm Osterkorn J. (1970), Fm Panhölzl J. (1935), OFm Penzinger J. (1951), OFm Penzinger J. (1982), HFm Penzinger J. (1950), HFm Pichler A. (1938), HFm Pichler F. (1981), OFm Piereder J. (1957), Fm Piereder P. (1979), Fm Reidinger A. (1976), E-BI Reidinger F. (1942), HFm Reidinger J. (1968), Fm Reidinger K. (1957), Fm Reidinger M. (1983), Fm Reidinger P. (1977), HFm Reisegger K. (1972), Fm Reitinger J. (1950), Fm Renoldner F. (1960), OFm Riedl M. (1977), OFm Rudelstorfer J. (1948), Fm Ruhaltinger A. (1964), OFm Samhaber K. (1972), Fm Scheuringer J. (1968), Fm Scheuringer J. (1979), HFm Schild F. (1949), Fm Schild F. (1976), HFm Schinagl G. (1947), E-AW Schmid F. (1949), OFm Schmid F. (1974), OFm Schmid G. (1979), HFm Schmid J. (1946), HFm Schmid J. (1969), Fm Schmid J. (1982), Fm Schmid L. (1975), HFm Schmid N. (1978), Fm Schmid W. (1975), Fm Schmidbauer A. (1946), Lm Schneebauer A. (1980), Fm Schneebauer F. (1978), E-BI Schneebauer F. (1935), HFm Schneebauer J. (1953), Fm Schneebauer J. (1951), HFm Schreiner J. (1929), Lm Schwarz J. (1951), E-AW Schwarz J. (1947), Fm Selker A. (1977), HFm Selker J. (1966), Fm Stadler J. (1968), OLm Steinhofer F. (1968), OFm Steininger F. (1963), HFm Steininger G. (1947), Fm Steininger G. (1980), HFm Steininger P. (1981), E-AW Steinkreß J. (1929), HFm Stingl G. (1920), HFm Thanecker A. (1951), Fm Thanecker A. (1979), OFm Unterholzer J. (1957), HFm Veroner J. (1928), OFm Wallner A. (1977), HFm Wallner A. (1946), E-HBI Weikl F. (1930), HFm Weikl F. (1946), Fm Wiesbauer J. (1946), Fm Wöcker F. (1926), Fm Wöcker F. (1971), Wollersberger J. (1977), OFm Zachbauer S. (1970)

FF REIKERSHAM

Im Jahr 1905 fand in Reikersham unter der Führung von Franz Wallner die Zusammenkunft einiger bewährter Männer aus den Ortschaften Feicht, Reikersham, Freundorf und Wilhelming statt, die zur Gründung der FF Reikersham führte. Eine neu hergerichtete Handspritze wurde am 1. August 1905 von Münzkirchen nach Reikersham verlegt. Als Zeughaus wurde noch 1905 eine Ziegelhütte errichtet. Am 1. Januar 1919 fand die erste Kommandowahl statt: Hauptmann wurde Franz Wallner jun. 1922 wurde die erste Fahne angekauft und geweiht. 1948 wurde die Motorspritze RW 80 angekauft. 1959 Ankauf und Weihe der zweiten Feuerwehrfahne. 1967 Ankauf einer neuen Motorspritze VW Automatik. 1970 wurde die Jugendgruppe gegründet, die seither viele Erfolge erzielen konnte. 1975 Zeughausneubau, 1977 Ankauf eines Fahrzeuges Ford Transit, das von einigen Kameraden den Normen entsprechend ausgebaut wurde.

HBI Wallner M. (1959), OBI Haberl A. (1971), AW Schano J. (1948), AW Wallner J. (1960), AW Weirethmayr A. (1972), BI Kindermann J. (1972) — HFm Auinger M. (1948), OLm Auinger M. (1972), Fm Bamberger J. (1980), HFm Bauer J. (1952), Fm Bauer J. (1983), HFm Braid A. (1949), HFm Christl J. (1954), Fm Diebetsberger J. (1982), OFm Diebetsberger J. (1973), HFm Dorfer A. (1946), Bm Ettl G. (1974), OFm Ettl G. (1974), OFm Ettl G. (1974), Fm Ettl H. (1976), Lm Ettl J. (1976), OFm Ettl K. (1975), Fm Fasching A. (1952), Lm Feßl A. (1952), HFm Feßl J. (1964), OFm Feßl J. (1973), Fm Freilinger Ch. (1982), Fm Freilinger H. (1982), HFm Goldberger F. (1971), Fm Greiner A. (1981), Fm Grill J. (1980), OLm Großfurtner J. (1965), OFm Großfurtner J. (1928), HFm Großfurtner M. (1943), OLm Gruber A. (1973), HFm Gruber J. (1970), OFm Grünberger M. (1972), OFm Grünberger M. (1928), HFm Grüneis J. (1967), Fm Haas A. (1980), HFm Haas J. (1959), Bm Hamedinger F. (1966), HFm Harb F. (1964), OFm Haslinger G. (1974), Fm Haslinger G. (1976), HFm Haslinger J. (1973), E-OBI Haslinger J. (1955), Fm Haslinger R. (1978), OFm Hechinger F. (1948), OFm Hofer J. (1972), HFm Hofer J. (1946), Fm Huber A. (1983), OFm Huber R. (1976), HFm Jodlbauer F. (1946), OFm Jöchtl F. (1976), OFm Kaindlsdorfer A. (1973), OFm Kaindlsdorfer M. (1976), Fm Kindermann E. (1975), HFm Kindermann E. (1955), OFm Kindermann F. (1972), Fm Kindermann H. (1982), HFm Koller A. (1970), HFm Kothbauer J. (1958), OFm Kraninger R. (1977), Bm Kraninger R. (1963), OFm Kriegner E. (1973), Fm Kroiß A. (1981), OFm Kroiß J. (1977), Fm Kroiß M. (1980), OFm Kühnhammer G. (1977), OFm Langbauer J. (1916), E-AW Langbauer J. (1950), OFm Lappe P. (1973), Fm Lau P. (1983), Fm Lautner A. (1976), Fm Lautner E. (1980), Lm Lautner F. (1974), OFm Lautner G. (1977), Fm Lautner H. (1980), HFm Lautner J. (1968), HFm Lautner L. (1968), HFm Lautner O. (1963), HFm Lay P. (1959), OLm Leidinger R. (1969), HFm Leitner A. (1963), OFm Maier F. (1973),

Lm Marschall J. (1934), HFm Mayr A. (1970), E-AW Mayr F. (1938), HFm Mayr H. (1971), OFm Mayr J. (1975), E-OBI Neuhauser F. (1942), HFm Öhlinger A. (1963), HFm Öhlinger J. (1949), HFm Öhlinger J. (1962), HFm Öhlinger J. (1940), Bm Öhlinger M. (1955), HFm Öllinger A. (1946), OLm Öllinger A. (1964), HFm Öllinger G. (1973), OFm Öllinger J. (1974), Fm Pfaffenbauer H. (1979), HFm Pfaffenbauer M. (1948), HLm Pröller J. (1953), Fm Pröller J. (1976), Fm Pröller H. (1978), HFm Ruhsam J. (1967), Fm Schano A. (1966), OFm Schano H. (1972), OLm Schano J. (1970), HFm Schano R. (1970), OFm Schatzberger R. (1972), HFm Schererbauer A. (1976), Schererbauer A. (1974), HFm Schererbauer F. (1945), OFm Schererbauer J. (1975), OFm Schererbauer L. (1975), OFm Schießl R. (1973), HFm Schild F. (1946), HFm Schild J. (1932), E-HBI Schild M. (1946), HFm Schmidbauer A. (1949), HFm Schmidbauer A. (1959), Fm Schmidbauer G. (1983), Bm Schmidbauer S. (1967), Fm Schmidbauer S. (1979), OFm Schmied H. (1934), OFm Schmiedbauer F. (1975), HFm Schmiedbauer H. (1973), Fm Schmiedbauer J. (1978), OFm Schmiedbauer J. (1973), HFm Schmiedbauer M. (1952), OFm Schmiedbauer M. (1977), Fm Schopf A. (1980), Fm Schopf F. (1978), Fm Schopf H. (1982), Fm Schopf J. (1977), OBm Schopf J. (1956), OFm Schopf J. (1976), OFm Schopf S. (1976), OFm Sperz H. (1970), OFm Spitzenberger H. (1975), OFm Streibl J. (1970), HFm Streibl J. (1964), HFm Sulzer A. (1946), HFm Sulzer J. (1948), Fm Täuber H. (1983), HFm Tahetl J. (1962), OFm Triebert B. (1973), HFm Unterholzer A. (1937), HFm Unterholzer F. (1951), HFm Unterholzer G. (1982), HFm Unterholzer J. (1962), OFm Unterholzer J. (1974), HFm Unterholzer J. (1964), OFm Unterholzer R. (1970), OBm Wallner A. (1954), Fm Wallner B. (1977), HFm Wallner F. (1934), Fm Wallner J. (1981), Fm Wallner M. (1978), OBm Wöginger J. (1955), OFm Wöginger R. (1974), Fm Wöginger R. (1979), OFm Wöß W. (1966)

FF RIEDAU

Zwei Brände waren es im Jahr 1882, die die Spritzen- und Feuerwehrfrage ins Rollen brachten. Bei beiden waren Riedauer helfend tätig, doch mußten sie feststellen, daß die bereits in Feuerwehren organisierten Männer der umliegenden Gemeinden viel besser ausgerüstet waren. Daher wurde vom Gemeindeausschuß beschlossen, eine Feuerwehr zu gründen und geeignete Geräte anzuschaffen. Der 28. Oktober 1882 kann als Gründungstag der Freiwilligen Feuerwehr Riedau bezeichnet werden. Auf Wunsch des Pfarramtes und wegen Raummangels wurde das an der Kirche angebaute Feuerwehrdepot 1910 aufgelassen. Ein um das Wohl des Marktes verdienter Mann erklärte sich bereit, auf seine Kosten ein neues Depot errichten zu lassen. Ende August war der Bau fertig, und am 4. September 1910 wurde mit einem großen Fest das neue Depot eingeweiht. Hauptattraktion dabei war der Aufstieg eines Luftschiffes, System Zeppelin. Das 40jährige Bestandsjubiläum wurde 1923 begangen. Bereits 1935 wurden in der Feuerwehrschule in Linz die ersten Kurse besucht und mit Erfolg abgeschlossen. Im Zuge der Neugestaltung des Marktplatzes im Jahr 1939 wurde die Feuerwehrzeugstätte von ihrem bisherigen Platz gegenüber der Kirche entfernt und neben der Hofmühle neu aufgebaut. Besondere Verdienste erwarben sich die Wehrmänner während der katastrophalen Überschwemmungen 1954 bei Einsätzen in Riedau und Schärding. Ein neues Fahrzeug erhielt die Riedauer Wehr im Jahr 1972 anläßlich des 90jährigen Bestandsjubiläums. Dieses Jubiläum wurde am 24. und 25. Juni 1972 gemeinsam mit dem Gründungsfest der Betriebsfeuerwehr Leitz, einer Depotweihe und einer Fahrzeugsegnung begangen. 1980 wurde das neu errichtete Gendarmeriedienstgebäude mit einer neuen Zeugstätte feierlich eingeweiht.

HBI Heinzl A. (1953), OBI Stieglmayr F. (1962), AW Hebertinger H. (1961), AW Schuster J. (1950), BI Buchinger H. (1959), BI Hosner R. (1980), BI Jebinger J. (1974), BI Löger H. (1966), BI Ortner G. (1978), BI Schwabeneder J. (1965), BI Woldrich A. (1940) — HFm Affenzeller A. (1971), E-HBI Aigner A. (1914), OBm Andeßner J. (1945), OFm Aschauer G. (1983), OFm Aschauer H. (1979), Lm Bangerl J. (1955), OFm Bangerl M. (1948), HFm Bangerl M. (1974), Fm Berger M. (1970), HFm Briglauer L. (1970), HFm Brunner J. (1963), Fm Brunner J. (1975), HFm Brunner M. (1957), JFm Brunner R. (1981), OLm Buchinger J. (1948), Fm Buchinger J. (1982), OFm Desch F. (1976), HLm Dick J. (1945), Lm Dobler F. (1928), HFm Dobler J. (1970), Lm Ehgartner F. (1946), E-HBI Fellner J. (1925), OLm Fisegger A. (1945), OFm Gahleitner P. (1978), JFm Gumpoldsberger R. (1983), OBm Haslinger J. (1936), Bm Hebertinger A. (1921), JFm Hebertinger H. (1983), OFm Heinzl H. (1979), Lm Hintermaier F. (1968), Hönikl E. (1982), OLm Huemer-Baumgartner K. (1975), OFm Humer L., Lm Jebinger J. (1974), Lm Jebinger J. (1946), Fm Jebinger M. (1975), Fm Kalchgruber M. (1983), Lm Kammerer H. (1974), HFm Kislinger R. (1968), Lm Köstlinger J. (1968), Lm Kottbauer A. (1951), E-OBI Kottbauer E. (1912), HFm Kottbauer E. (1966), OFm Kraft D. (1979), Lm Krammel F. (1972), HFm Laufenböck F. (1962), Bm Leiner A. (1930), Bm Lenglachner F. (1928), HFm Märzendorfer T. (1981), Fm Markl L. (1967), OLm Mayr H. (1966), Lm Mayr J. (1964), HFm Mayr K. (1960), OFm Meier A. (1972), JFm Oberwagner W. (1982), Lm Pirnleitner J. (1949), HFm Pöcherstorfer M. (1946), Fm Schärfl M. (1981), Fm Scheuringer H. (1981), Lm Schönbauer J. (1954), Lm Schroll A. (1973), OFm Schroll J. (1916), Lm Schroll J. (1945), HFm Schuster J. (1970), HFm Schwarz A. (1961), Fm Spitzer Ch. (1983), OFm Stieglmayr M. (1978), Lm Stieglmayr M. (1953), Fm Stiglmayr M. (1982), OFm Strasser M. (1955), OFm Voglmayr J. (1970), OFm Vormayr J. (1976), OFm Wageneder F. (1972), Lm Wageneder K. (1974), JFm Waldenberger K. (1983), OFm Waldenberger R. (1980), OFm Weirethmayr K. (1957), Lm Weißenböck N. (1952), JFm Weißenböck W. (1982), Fm Willinger A. (1983), OBm Winklinger G. (1956)

FF ST. AEGIDI

Im Jahr 1879 hatten sich in der Gemeinde St. Aegidi Männer unter Anführung von Carl Redl und Heinrich Pramendorfer hervorgetan, welche das Zustandekommen einer Feuerwehr in der Gemeinde wollten. Nach ihrem Wunsch und im Beisein der Gemeindevorsteher wurden die Statuten am 13. Mai 1880 genehmigt. Somit war der erste große Schritt getan. Es wurden eine Löschmaschine (80 mm Zylinderdurchmesser) und ca. 60 m Schläuche angekauft. So hob sich der Stand der Feuerwehr von Jahr zu Jahr. Es wurden Geräte dazugekauft und ein Depot aus Holz errichtet. Im Jahr 1890 wurde eine neue Löschmaschine angekauft und wieder in St. Aegidi aufgestellt. Die erste Löschmaschine kam dann nach Walleiten, wo ein Depot als Filiale errichtet wurde. 1895 wurden die Löschgeräte samt dem hölzernen Depot in die Ortschaft Hackendorf überstellt. Laut Gemeinderatssitzungsbeschluß vom 21. Februar 1912 wurde unter Bürgermeister Franz Grüneis und Wehrführer Johann Mühlböck der Beschluß gefaßt, in Dorf einen Löschzug zu gründen. Die Bauern von Dorf Andreas Rossgatterer, Franz Fischer, Andreas Auinger und Matthias Voglgruber ließen auf eigene Kosten das Depot bauen. 1912 kam die Feuerspritze von St. Aegidi nach Dorf. Die Gemeinde St. Aegidi kaufte eine neue Feuerspritze für die FF St. Aegidi an. Der Löschzug Wallern wurde 1921 gegründet; es wurde ein Feuerwehrdepot aus Holz errichtet und eine Feuerlöschpumpe angekauft sowie ein Wagen mit Pferdebespannung. 1930 wurde von der FF St. Aegidi die erste Motorspritze angekauft. 1946 wurde für den Löschzug Wallern eine Motorspritze (Florian) angekauft. 1952, Löschzug Dorf: Ankauf einer Motorspritze RW 25 und eines Anhängers, der mit Pferden gezogen wurde. 1959 wurde die zweite Motorspritze für die FF St. Aegidi angekauft, eine VW TS 75. 1979 bekam die FF St. Aegidi das neue LFB geliefert.

HBI Schauer J. (1962), OBI Auinger R. (1960), AW Dräxler A. (1949), AW Fischer J. (1971), AW Jaksch R. (1971), AW Rader H. (1954), BI Mühlböck A. (1934), BI Schasching M. (1973), BI Strasser H. (1969), BI Wösenböck E. (1952) — OLm Aichinger W. (1979), OLm Antlinger L. (1975), HFm Auinger A. (1969), JFm Auinger R. (1982), HFm Bartenberger F. (1961), HFm Baubock A. (1973), HFm Beham O. (1971), HFm Beham R. (1953), HFm Beham S. (1973), HFm Beham S. (1976), HFm Dräxler A. (1973), Fm Dräxler E. (1981), OLm Dräxler S. (1973), HFm Em E. (1949), HFm Enzlmüller H. (1976), JFm Fischer F. (1982), E-HBI Fischer J. (1949), JFm Fischer R. (1982), HFm Froschauer W. (1977), OFm Gahleitner J. (1981), Bm Gierlinger G. (1971), HFm Gierlinger M. (1950), HFm Glas J. (1970), HFm Greindl F. (1943), OFm Haas M. (1980), OFm Haderer W. (1980), HFm Hamedinger W. (1970), FK Hat P. (1983), OFm Hoffmann A. (1973), HFm Hoffmann H. (1973), HFm Jaksch H. (1949), Fm Klaffenböck A. (1978), HFm Klaffenböck E. (1937), OFm Klaffenböck E. (1977), HFm Klaffenböck E. (1973), HLm Klaffenböck J. (1928), HFm Klaffenböck K. (1979), Fm Klaffenböck M. (1980), Fm Klaffenböck W. (1981), OFm Lang G. (1978), HFm Lang H. P. (1974), HFm Lang H. (1958), HFm Lang J. (1958), OFm Moser F. (1980), HFm Mühlböck A. (1971), HLm Mühlböck J. (1929), OFm Mühlböck W. (1974), HFm Panhölzl H. (1974), JFm Rathmaier H. (1982), HFm Rathmaier M. (1979), OFm Roßgatterer J. (1976), OFm Roßgatterer J. (1973), JFm Roßgatterer M. (1982), OFm Schasching F. (1980), OFm Schasching G. (1973), JFm Scheiterbauer H. (1980), JFm Scheiterbauer K. (1982), HLm Scheuringer M. (1973), Fm Schichl A. (1978), OLm Schöfberger A. (1973), HFm Schöfberger A. (1972), HBm Schöfberger A. (1949), OFm Schöfberger J. (1971), HFm Schwaiger K. (1976), HFm Schweitzer W. (1975), HFm Stadler G. (1973), HFm Stadler M. (1960), HLm Stuhlberger F. (1924), OFm Stuhlberger J. (1976), HFm Stuhlberger M. (1971), OFm Stuhlberger W. (1977), OFm Thalhammer J. (1977), OFm Tomandl J. (1979), E-AW Tomandl O. (1949), HFm Wallner J. (1949), OLm Weberbauer G. (1971), OLm Weberbauer J. (1971), OFm Weberbauer R. (1975)

FF ST. FLORIAN AM INN

Die FF St. Florian am Inn wurde 1894 gegründet. Sie war in zwei Züge eingeteilt. (1. Zug: St. Florian, Otterbach und Edt; 2. Zug: Allerding und Teufenbach.) 1936 wurde die Rotte Teufenbach abgetrennt und als selbständige Feuerwehr gegründet, 1938 aber wieder mit der FF St. Florian vereinigt. In den Aufzeichnungen wird 1898 über den Ankauf einer Gugg-Spritze und 1938 über den Ankauf einer Rosenbauer-Motorspritze berichtet. Die Wehr hat sich in ihrem 90jährigen Bestehen zu einer schlagkräftigen Feuerwehr entwickelt, der an Ausrüstung 1 TLF 2000, 3 KLF, 5 TS 8, 4 Funkgeräte (2 m), 3 Atemschutzgeräte und Funkalarmierung zur Verfügung stehen. Die Wehr besteht heute aus fünf Löschzügen, nämlich St. Florian am Inn, Bubing, Edt, Allerding und Teufenbach.

HBI Hamminger J., OBI Gaßner J. — Ahörndl A., Ahörndl J., Altenhofer J., Artner A., Artner A., Auböck K., Auer H., Auer K., Augustin W., Auinger K., Bauer G., Bauer J., Bauer J., Beham G., Beham H., Beham J., Beham M., Bell M., Billinger E., Binder J., PFm Binder J. (1983), Bögl H., Bögl H., Bouda F., Bouda L., Bouda W., Boxrucker E., Boxrucker J., Brait J., Brait J., Breinbauer F., Brose H., Brunnbauer J., Brunninger W., Brunninger W., Buchbauer K., Buchinger K., Büchler J., Burgstaller E., Christl R., Damberger A., Dantler F., Dantler J., Degenberger J., Demmelbauer A., Demmelbauer J., Denk H., Desch A., Diesenberger J., Doblhammer F., Doblhammer J., Doblhammer J., Donninger F., Doppler J., Dorfer L., Dürnberger K., Duscher J., Duscher J., Duscher K., Ebner F., Ebner J., Ebner K., PFm Eder M. (1983), Ellerböck A., Ellerböck J., Emminger F., Engelputzeder F., Engelputzeder F., PFm Espernberger J. (1983), Espernberger J., Espernberger R., Estermann A., Ettl F., Feichtinger J., Feldmaier L., Fellner J., Fink F., Fischer J., Fischer J., Fischer J., Fischer J., Fischer K., PFm Fisegger Ch. (1983), Fisegger J., Flixeder A., Frankenberger F., Frankenberger F., Friedl J., Friedl L., Furtner H., Fuß S., Gaderbauer E., Gaderbauer H., Gahbauer R., Gaisberger A., Gaisberger F., PFm Galeithner A. (1983), Gallhammer R., Gattermann J., Gerauer J., Gerauer J., Gerauer P., Geroldinger J., Glaser J., Glechner J., Glechner F., Glechner R., Gollwitzer S., Grömer L., Großfurtner F., Großfurtner J., Gruber A., Gruber A., Gruber H., Gruber K., Gütlinger F., Gütlinger H., Gütlinger H., Hackenbuchner L., Hamedinger J., Hanslauer G., Hartl F., Hartl J., Haselberger J., Hasibether J., PFm Hasibether J. (1983), Hasibether J., Haslauer G., Hatzmann M., Hauer K., Hauzinger F., Hauzinger F., Hauzinger K., Helm M., Helm M., Hettmann P., Hintermaier R., Hitzinger A., Högl J., Högl J., Högl J., Högl J., Höhenfelder J., Höllinger K., Hölzl F., Hölzl F., Hölzl J., PFm Hötzeneder J. (1983), Hofbauer A., Hofbauer J., Hofinger A., Hofinger J., Hofmann J., Hofpointner F., Huber J., Huber J., Immler W., Jodlbauer J., Jöchtl A., Jöchtl J., Jöchtl J., PFm Jungwirth J. (1983), Kainzbauer F., Kalchgruber J., Ketter A., Ketter J., Ketter K., Kinzl A., Kinzl A., Kinzl J., Kinzl M., Kinzl M., Kinzl P., Kislinger F., Klaffenböck H.,

PFm Klaffenböck M. (1983), Klaus F., Klement A., Klement A., Klement J., Königsbauer W., Königsbauer W., Köstler F., Kolic P., Kracher J., Kühnhammer H., Lang J., Lang J., Lang J., Lechner J., Lechner K., Leidinger J., Leitner F., Lindinger J., Lindinger J., PFm Lindinger M. (1983), Löhner H., Loidolt F., Lorenz A., Lorenz E., Lorenz J., Luger J., Lugmaier R., Lukas K., Macherhammer R., Maier A., Maier A., Maier J., Maier J., Manzinger H., Maxwald J., Mayerhofer H., Mayrhofer F., Mitterecker F., Moritz F., Moritz J., Moser H., Murauer R., Neiß A., Neiß F., Neiß P., Novotny A., Palmetshofer A., Part A., Part J., Part J., Past F., Penzinger A., Penzinger J., Perzl A., Perzl J., Perzl J., PFm Pichler F. (1983), Pichler F., Pichler J., PFm Pichler R. (1983), Pichler R., Pötzl H., Pötzl J., Pötzl J., Pötzl J., Pötzl J., Pötzl R., Prader O., PFm Pucher J. (1983), Pucher M., Ratzinger J., Rauscher L., Redhamer J., Redinger A., Redinger J., Redinger J., Redinger K., Reidinger F., Reidinger H., Reinhard F., Reisegger-Huber A., Reiter J., Reitinger A., Renoltner F., Sageder F., Scharinger J., Scharnböck F., Schatzberger H., Scheucher J., Schmid F., Schmid F., Schmied F., Schmiedseder F., Schneebauer A., Schneebauer J., Schneebauer J., Schneebauer J., Schneebauer J., Schneebauer J., Schneebauer J., Schneebauer R., Schöndorfer A., Schratzberger J., Schredl F., Schreiner R., PFm Schröckeneder G. (1983), Schröckeneder J., Schröckeneder J., Schröckeneder J., Schröckeneder J., Schütz J., Schummergruber J., Schustereder L., Schustereder L., PFm Schwarzbauer W. (1983), Schwendinger F., Schwendinger J., Seitz A., Selker J., Siegesleitner J., PFm Spadinger J. (1983), Spadinger K., Spitzenberger J., Stadler K., Steindl J., Stockinger J., Stockinger J., Stockinger M., Stöckl F., Stöckl J., Stöckl J., Stöckl J., Strauß F., PFm Strauß T. (1983), PFm Tischlinger A. (1983), Trausinger A., Trausinger A., Untner K., Ing. Veits N., Veroner J., Wagner J., Walch B., Walch G., Walch W., Wallner J., Wallner J., Wegschaider R., Weich K., Weidenholzer J., PFm Weixelbaumer K. (1983), Willibald H., Wimmeder H., Wimmeder J., Wimmer A., Wimmer A., PFm Wimmer G. (1983), Wimmer J., Wimmer J., Wimmer J., Windisch E., Windisch E., Wintersteiger K., Wintersteiger K., Wohlmacher E., Zallinger A., Zarbl F., Zauner J., Ziegler E., Zopf W.

FF ST. MARIENKIRCHEN BEI SCHÄRDING

Die FF St. Marienkirchen bei Schärding wurde im Jahr 1886 gegründet. Leider fehlen in den Tätigkeitsberichten die Aufzeichnungen von 1886 bis 1903. Die Gründung der FF kann nur aufgrund der Statuten nachgewiesen werden. Der erste Feuerwehrwagen (Bj. 1883) wurde vermutlich 1886 angekauft. Bereits 1903 wurde vom Kdt. Alois Billinger der Antrag um Aufnahme in den Bezirksverband gestellt und genehmigt. Am 10. Juni 1906 wurde die erste Fahne geweiht und das 20jährige Gründungsfest gefeiert. 1906 wurde eine dritte Spritze angekauft und in Hackenbuch aufgestellt. Ein Antrag zur Aufstellung einer Sanitätsabteilung bei der Wehr in St. Marienkirchen wurde 1929 gestellt und genehmigt. Während des Zweiten Weltkrieges war es um die Wehr nicht gut bestellt: So kam es 1943 nur zu einer Übung, bei der zweiten Übung erschienen nur der Kdt. und sein Stellvertreter. 1944 konnte ebenfalls nur eine Übung (aus Benzinmangel) abgehalten werden. „Laut Bescheid des Amtes der oö. Landesregierung vom 31. März 1949 wurde die Freiwillige Feuerwehr St. Marienkirchen in das Feuerwehrbuch eingetragen und somit Bürgschaft öffentlichen Rechts." Seit 1949 ist die Wehr uniformiert. Bei der Ausschußsitzung am 27. Januar 1953 wurde das erste Feuerwehrauto übernommen. Das 70jährige Gründungsfest mit Auto- und Feuerwehrzeugstättenweihe fand 1956 statt. 1977 wurde die Aufstellung einer Jugendgruppe beschlossen. 1978 Anschaffung eines mobilen Funkgerätes. 1979 beschloß der Gemeinderat, für die FF St. Marienkirchen ein Tanklöschfahrzeug anzukaufen. Höhepunkt des Jahres 1980 und wohl für die gesamte Wehr war die Zustellung bzw. Übernahme des neuen Tanklöschfahrzeuges. 1983/84 wurde das Feuerwehrgebäude umgebaut.

HBI Fuchs E. (1965), OBI Hölzl-Seilinger F. (1970), AW Pucher E. (1962), AW Schmolz A. (1965), AW Wolfsberger J. (1966) — Lm Angerbauer B. (1974), OFm Angerbauer F. (1968), HFm Angerbauer F. (1947), PFm Aumaier H. (1978), HFm Aumaier J. (1936), OFm Aumaier J. (1974), OFm Bauer L. jun. (1965), E-HBI Bauer L. sen. (1949), HFm Berger L. (1953), OLm Berger P. (1970), Fm Berger S. (1980), OFm Bernsteiner A. (1975), HFm Brüwasser A. (1920), HFm Brüwasser A. (1953), Fm Brüwasser K. (1977), JFm Bruneder K. (1981), Fm Burgstaller J. (1978), Bm Daller J. (1938), HBm Denk A. (1966), HFm Eder J. (1953), Lm Eichinger J. (1948), Fm Fasthuber F. (1965), E-AW Fuchs A. (1959), FA Dr. Gosztonyi P. (1980), HFm Gruber J. jun. (1965), HFm Gruber J. sen. (1946), OFm Gumpoltsberger A. (1977), Fm Gumpoltsberger A. (1974), HFm Guntner A. (1938), HFm Guntner J. (1949) HFm Hauer L. (1949), HFm Hechinger J. jun. (1979), E-AW Hechinger J. sen. (1947), Lm Hölzl-Seilinger F. (1957), JFm Höpfner F. (1982), OFm Höpfner K. (1979), Fm Höpfner M. (1982), PFm Kalteis A. (1983), JFm Kalteis F. (1983), Lm Kapeller F. (1946), OFm Koller J. (1970), HFm Labmayer A. (1946), Fm Labmayer A. (1978), OBm Labmayer F. sen. (1956), E-OBI Labmayer I. (1906), JFm Lachner W. (1982), HFm Lehr J. (1966), OFm Mayr J. (1968), OFm Pichler J. jun. (1975), HFm Pichler J. sen. (1928), OFm Pichler J. (1947), Fm Pucher A. (1980), OFm Pucher G. (1974), E-OBI Pucher J. (1957), OLm Pucher L. (1956), Lm Pucher M. (1974), HFm Radlwimmer F. (1969), HFm Reifinger-Wiesner J. (1947), Fm Schachinger J. (1977), OFm Schmolz A. (1935), HFm Schmolz H. (1969), Fm Schneebauer H. (1980), OFm Schneebauer J. (1952), OBm Schneebauer W. (1968), OFm Schützer J. (1965), JFm Schwarzgruber G. (1981), JFm Schwarzgruber J. (1981), JFm Wallner Ch. (1982), HFm Wallner F., Fm Wirth F. (1983), JFm Wolfsberger R. (1980), OFm Zajonskowoski J. (1950), OFm Zauner A. (1977)

FF ST. ROMAN

Der Bezirkshauptmann von Schärding, Hugo Ritter v. Hebenstreit, erließ einen Aufruf an alle Gemeinden zur Gründung freiwilliger Löschtrupps. Am 30. September 1888 fand die erste Generalversammlung statt. Erster Obmann wurde Johann Penzinger. Die Gemeinde stellte die bereits vorhandenen Löschgeräte (fahrbare Saugspritze und eine kleine Handspritze mit 50 m Schlauch) zur Verfügung. Am 4. August 1904 wurde in Aschenberg die erste Filiale gegründet. 1906 wurde in Steinerzaun eine weitere Feuerwehr gegründet. Die Umgestaltung dieser Filialen in eigene Wehren erfolgte 1912. Nach 34 Jahren legte Wehrführer Penzinger 1922 seine Stelle zurück. Sein Nachfolger wurde Alois Haas. Infolge des Anschlusses 1938 verlor die Feuerwehr ihre Freiwilligkeit und wurde in eine sogenannte Polizeitruppe umgewandelt (Wehrführer Anton Widegger). Nach Kriegsende wurde die FF unter der Führung von Kommandant Scheuringer wieder ins Leben gerufen. 1945 wurden eine Motorspritze TS 8 und 350 m Schläuche geliefert. 1948 und 1949 wurde je ein amerikanischer Dodge als Feuerwehrfahrzeug angekauft. 1950 wurde ein Löschteich gebaut, und 1951 erfolgte der Ankauf einer Alarmsirene. 1955 bis 1957 wurde ein neues Feuerwehrhaus errichtet. 1965 erfolgte der Ankauf eines Anhängers mit einer Anbauspritze. Nachdem 1974 die FF St. Roman zur Stützpunktfeuerwehr ernannt worden war, erfolgte die Ausrüstung mit einem TLF 2000. Durch den Neubau der Raika war eine Verlegung des Feuerwehrhauses notwendig. Nach zweijähriger Bauzeit erfolgte 1981 die Segnung des Feuerwehrhauses und des 1980 nach St. Roman verlegten KRF-B. 1982 wurde die FF St. Roman an das Sirenennetz angeschlossen und mit Funkalarmierung ausgerüstet. 1983 erfolgte die Anschaffung von Funkgeräten.

HBI Scheuringer J. (1952), OBI Wiesinger W. — Aßkamp R. (1984), Auinger F., Beck W. (1981), Beham A. (1951), Beham J. (1957), Beham J. (1978), RR Benecke A. (1976), Breitenauer F. (1971), LAbg. Buchinger J. (1951), Enökl H. (1955), Fischer J. (1981), Fischer J. (1975), Freilinger H. (1981), Friedl F. (1952), Fuchs F., Fuchs J. (1929), Fuchs J., Fuchs M. (1946), Gaderer H. (1975), Gahbauer J. (1981), Gahbauer O. (1980), Gahbauer O. (1981), Gimplinger J. (1976), Glas J., Glas J., Goldberger J. (1946), Goldberger M. (1966), Goldberger R. (1952), Grömmer F. (1974), Grömmer J. (1952), Grömmer J. (1974), Grömmer K. (1977), Grömmer R. (1974), Haas A. (1951), Haas A. (1975), Haas F., Haas J., Haas J. (1975), Haas J. (1976), Haas M. (1979), Haderer J. (1951), Hamedinger J., Hamedinger M., Hiermann A., Hiermann A., Hötzeneder J., Hötzeneder J., Holzapfel A. (1933), Holzapfel A. (1975), Huber A. (1970), Huber A. (1979), Huber J. (1970), Kasbauer F. (1936), Kazmierczak J. (1979), Kazmierczak J., Kazmierczak M. (1951), Kieslinger J. (1982), Kislinger A. (1954), Kislinger A. (1978), Kislinger J. (1974), Dr. Kislinger F. (1970), Kislinger F. (1953), Kislinger F., Kislinger J. (1946), Kislinger J. (1974), Kislinger J. (1960), Kislinger J. (1977), Kislinger J. (1972), Kislinger J. (1966), Kislinger M. (1947), Kislinger M. (1974), Kislinger M. (1966), Kislinger M. (1957), Kislinger M., Klaffenböck F. (1925), Klaffenböck F. (1951), Klaffenböck J. (1960), Kößlinger R. (1969), Kramer A. (1983), Kramer F. (1976), Kramer F. (1952), Lang A., Lang F. (1974), Lang G. (1983), Lang J., Lautner A. (1980), Lautner M. (1946), Lautner M. (1980), Leitz F. (1975), Maurer J. (1951), Maurer J. (1982), Maurer M. (1960), Max A. (1954), Max A. (1976), Max R. (1969), Miesbauer A. (1952), Miesbauer A. (1984), Miesbauer F. (1981), Miesbauer F. (1957), Mühlböck F., Penzinger J. (1946), Penzinger J. (1981), Penzinger J., Penzinger J. (1946), Penzinger J., Pichler J. (1972), Pointecker H. (1977), Roßdorfer J. (1935), Rutter E., Schano H. (1971), Schano S., Schasching F. (1960), Schatzberger M., Schauer A. (1957), Schauer A. (1976), Schauer F. (1947), Schauer H. (1983), Schauer H. (1951), Schauer J. (1980), Schauer J. (1983), Schauer J. (1946), Schauer J. (1954), Scherrer J. (1975), Scheuringer F. (1946), Scheuringer O. (1982), Scheuringer O. (1954), Schmidbauer J., Schmidbauer J., Schmidbauer J. (1963), Schmidbauer K. (1951), Schmidbauer K. (1978), Schratzberger F. (1951), Staufer E. (1980), Stingl A. (1981), Strasser A., Strasser F., Straßl F. (1927), Straßl F. (1951), Wallner A. (1970), Wallner J., Wallner M. (1970), Weirethmaier J., Weirethmayer J. (1954), Widegger A., Widegger A., Widegger A. (1981), Widegger J., Wizani J. (1981)

FF ST. WILLIBALD

Im April 1894 wurde von der Gemeinde das Gründungskomitee Franz Fischer, Josef Lindinger, Johann Daller, Johann Steiner, Johann Gumpinger und Johann Auer vorgeschlagen. Am 6. Mai 1894 wurde die FF St. Willibald mit der Wahl des Kommandos gegründet. Kommandant wurde Josef Lindinger. Ausgestattet wurde die Feuerwehr mit einer Spritze. Diese Feuerwehr bestand bis zum Beginn des Zweiten Weltkrieges unter den verschiedensten Feuerwehrkommandos. Im Mai 1945 wurde durch die Gemeinde und von den noch 15 lebenden Feuerwehrmitgliedern Johann Haslinger zum neuen Feuerwehrobmann bestellt. Im September 1945 wurden eine neue Motorspritze und Schläuche bei der Fa. Rosenbauer angekauft. Im Jahr 1949 besuchten die ersten zwei Feuerwehrmitglieder die Feuerwehrschule in Linz. 1952 wurde Leopold Haslinger zum neuen Feuerwehrkommandanten gewählt. 1953 wurde das erste Feuerwehrauto angekauft. Am 9. Juli 1954 wurden 17 Mann der Feuerwehr St. Willibald in Schärding beim Hochwasser eingesetzt. Außerdem wurde 1954 die Sirene montiert. Am 18. Februar 1958 mußte auf Befehl des Landes-Feuerwehrkommandos die Feuerwehr nach Waizenkirchen zum Hochwassereinsatz ausrücken. 1960 wurde das Feuerwehrgebäude errichtet. 1968 übernahm Johann Entholzer das Kommando der FF St. Willibald. 1976 wurde er zum Abschnittsfeuerwehrkommandanten (Raab) gewählt. 1979 wurde Franz Huber, seit 1972 sein Stellvertreter, zum Feuerwehrkommandanten gewählt und übt dieses Amt bis heute aus.

HBI Huber F. (1951), OBI Haslinger L. jun. (1971), AW Gierlinger J. (1970), AW Radlmaier R. (1972), AW Samhaber A. (1945), BI Killingseder H. (1968), BI Neuwirth F. (1966) — HFm Augustin A. (1979), HFm Augustin J. (1977), OLm Auzinger F. (1953), Fm Auzinger F. jun. (1980), Fm Auzinger J. (1980), HFm Auzinger M. (1971), HFm Beinstingl R. (1975), OBm Brandl A. (1966), HFm Brandl J. (1974), Fm Bründl J. (1980), E-AW Brunner J. (1961), JFm Diermaier A. (1980), JFm Diermaier A. (1951), Fm Entholzer F. (1971), E-BR Entholzer J. (1945), Lm Entholzer J. jun. (1969), E-AW Entholzer J. (1958), OLm Eßl K. (1959), OBm Fuchs A. (1957), HFm Gföllner J. (1973), JFm Gföllner W. (1980), Lm Grüll A. (1961), Fm Grüll Ch. (1980), HFm Gumpinger J. (1966), HFm Gumpinger R. (1959), Fm Gumpinger R. jun. (1980), Lm Hager F. (1945), JFm Hager H. (1945), JFm Hager K. (1983), HFm Haslinger E. (1973), JFm Haslinger H. (1980), JFm Haslinger J. (1980), E-OBI Haslinger J. (1962), Fm Haslinger J. (1980), HFm Haslinger K. (1973), E-HBI Haslinger L. (1945), Fm Haslinger R. (1980), OLm Hintermaier J. (1945), HBm Hochhold J. (1959), PFm Huber J. (1973), JFm Hurnaus D. (1983), Bm Jagereder R. (1970), Fm Jagereder R. jun. (1973), JFm Kamleitner K. (1983), JFm Kerschberger E. (1983), Fm Kerschberger J. (1980), Fm Killingseder L. (1980), HFm König G. (1975), Lm Lindmayer L. (1971), HFm Macherhammer F. (1966), Lm Macherhammer W. (1971), HFm Maier M. (1969), OLm Ornezeder L. (1945), OFm Ortbauer M. (1979), HFm Ringer J. jun. (1971), HFm Steininger J. (1969), Fm Süß A. (1980), HFm Süß F. (1975), JFm Thüringer R. (1980), Fm Traunwieser T. (1980), HFm Voglmaier H. (1948), HFm Voglmayr G. (1975), HFm Windpeßl R. (1974), HFm Winpeßl E. (1975), OFm Witzeneder J. (1970), E-BI Zauner M. (1945)

FF SCHÄRDING

1873 beschloß die Stadtgemeinde Schärding die Gründung einer Feuerwehr. In der ersten Versammlung am 27. Juli 1873 wurde Hans Trautner zum Hauptmann gewählt. Nach kurzer Zeit wurde er vom Brauereibesitzer Weber abgelöst (bis 1887). Sein Nachfolger wurde bis 1912 Herr Steinermann. Unter Wehrführer Standhartinger wurde 1925 die erste Autospritze erworben. 1928 feierte die Sanitätsabteilung ihr 30jähriges Bestehen. 1938 wurde unter Wehrführer Bruno Palfinger die FF als Verein aufgelöst und in eine Körperschaft öffentlichen Rechts übergeleitet. 1946 wurde Bruno Palfinger zum Kommandanten gewählt. In der Aufbauphase waren auch die Kommandanten Schneider und Aichmayr erfolgreich. 1953 wurde Hans Huber Kommandant. Die Hochwasserkatastrophe 1954 führte zur Neugründung der Wasserwehr. 1956 erhielt die Wehr ihr erstes TLF: einen Lkw Opel Blitz, von der Fa. Rosenbauer umgerüstet. 1964 wurden die ersten schweren Atemschutzgeräte angekauft. 1965 wurde das Feuerwehrdepot fertiggestellt. 1970 wurde das neue TLF 4000 in Dienst gestellt, 1971 das Sturmboot angekauft. 1974 verlagerte das LFK den Ford Transit Rüst 1–10 und das erste A-Boot nach Schärding. 1975 wurde das Öleinsatzfahrzeug übernommen. 1976 Ankauf des TLF 2000. 1978 starb der seit 1962 im Amt befindliche Kommandant Karl Kern, Josef Zöchling wurde zum Nachfolger gewählt. 1980 wurde aus Eigenmitteln ein VW-Kombi mit Doppelkabine als Kommandofahrzeug angekauft. 1981 verlagerte das LFK ein neues A-Boot und ein Schlauchboot nach Schärding. 1982 folgten sechs Gasschutzanzüge, das Krad Suzuki 250 wurde angekauft und im Rathaus die Bezirkswarnzentrale in Betrieb genommen. 1983 wurde das Atemschutzfahrzeug verlagert und eine neue 25-m-Drehleiter erworben.

HBI Zöchling J. (1959), OBI Schneebauer W. (1965) — Adlmanninger T. (1982), Adlmanseder S. (1982), Aichinger M. (1954), Aschenbrenner E. (1967), Auinger A., JFm Baldi Ch. (1983), JFm Berger M. (1983), Birner G. (1979), Brein A. (1982), Bruckmayer P. (1979), Danielauer A. (1954), Dithör A. (1914), JFm Doblhammer R. (1983), Dobretzsberger M. (1962), Dorfer Ch. (1976), Dürr E. (1949), Estermann H. (1950), JFm Fahn B. (1983), JFm Feiner M. (1983), Fischer F. (1949), Forstinger H. (1951), Frank W. (1948), Gallhammer W. (1983), Gratz F. (1949), Gstöttner F. (1968), Hanslauer J. (1962), Hasibeder M. (1958), Hauseder G. (1982), JFm Heigner Ch. (1983), Heindl J. (1950), Hillberger H. (1969), Himsl M. (1964), Hutterer J. (1964), Jäger H. (1955), Jäger H. (1973), Jakely H. (1978), Kampl H. (1982), Kapsammer L. (1972), Karl J. (1972), Ketzl H. (1954), Kirchmayer B. (1974), Klepsa K. (1966), Köck N. (1962), Kohlbauer A. (1962), Kohlbauer M. (1982), JFm Koran H. (1983), Kumpfmüller A. (1949), Kumpfmüller H. (1980), Kumpfmüller P. (1973), Kutter H. (1981), Ledel H. (1983), Ledel P. (1974), Leitner N. (1979), Loferer F. (1980), Mörtlbauer A. (1964), Mötz W. (1979), Mühlschuster H. (1983), Obereder M. (1983), Oblinger H. (1958), Ölinger A. (1949), Ölinger O. (1964), Praschl M. (1981), Preuner M. (1982), Pröller R. (1983), Prohaska N. (1983), Psotka F. (1962), Rackaseder R. (1979), JFm Rakaseder W. (1983), Reischauer A. (1976), Resinger K. H. (1982), Rinner V. (1946), JFm Sageder R. (1983), Samhaber F. (1928), Schachner F. (1955), Schlager W. (1958), Schmid O. (1960), Schmid O. (1983), Schmidbauer J. (1955), Schneebauer J. (1973), Schneebauer W. (1983), Schönauer A. (1947), Schönauer H. (1962), Schraml Ch. (1983), Schultz R. (1956), Schwarz M. (1975), Schwarzmayer J. (1974), Söllwanger J. (1962), Sprinzl E. (1983), Stiegler A. (1957), Stockenhuber G. (1981), JFm Stockenhuber M. (1983), Stöger F. (1955), Stöger S. (1955), Till R. (1977), Till W. (1983), JFm Tumler M. (1983), Viehoff T. (1982), JFm Wagner G. (1983), Weber F. (1954), Weber H. (1955), Weber P. (1954), Wimmer K. (1930), Woldrich I. (1950), Wolfsberger A. (1983), Wolfsberger G. (1982), Zarbl A. (1983), Zöchling J. (1983)

FF SCHARDENBERG

Die FF Schardenberg wurde am 24. April 1881 gegründet. Gründungsmitglieder waren Johann Auer, Anton Schwarz, Josef Huber, Matthias Huber, Johann Kellner, Josef Danninger, Alois Kohlbauer, Josef Ertl, Josef Maier, Ludwig Teufelberger und Matthias Zauner. Die FF Schardenberg besteht derzeit aus sechs Löschzügen. Gründung der Züge: Schardenberg 1881, Achleiten 1902, Dierthalling 1903, Winkl 1907, Asing 1922 und Fraunhof 1929. Aufgelöst wurden die Züge Hof und Kneiding. Es ist nicht bekannt, ob 1881 eine Spritze vorhanden war und ob die FF eine Fahne hatte. 1893 Ankauf einer Spritze (steht derzeit beim Bauer in Hof), 1901 Ankauf einer Spritze; 20jähriges Gründungsfest; 1902 Anschaffung eines Spritzenwagens; 1929 Ankauf der ersten Motorspritze; 1946 Motorspritzenweihe in Dierthalling; 1947 Motorspritze zu Winkl; 1951 Ankauf des ersten Feuerwehrautos und der Alarmsirene; 1952 Ankauf einer Motorspritze für den Zug Achleiten, 1959 Ankauf eines LLF (Opel Blitz mit Vorbaupumpe) und fünf Löschwagen für die Züge. 1961 Motorspritzenweihe für den Zug Fraunhof; 1974 Ankauf des Tanklöschfahrzeuges Trupp 2000 und Fahrzeugweihe; 1977 neue Motorspritze für den Zug Achleiten. Der Atemschutz wurde 1972 angeschafft. Ein mobiles und ein Handfunkgerät erhielt die Wehr 1975; 7 Stück Funkgeräte auf 11-m-Band wurden 1981 angekauft.

HBI Haas F. (1955), OBI Springer K. (1946), AW Bachmaier K. (1961), AW Huber M. (1958), AW Ohrhallinger J. (1969), AW Streibl A. (1977), HBI Maier R. (1947), BI Doppermann J. (1957), BI Doppermann R. (1963), BI Jungbauer J. (1952), BI Pichler J. (1969), BI Scherrer A. (1960), BI Schwarz J. (1946), BI Steffeldemel G. (1947) — OFm Altweger F. (1960), OFm Altweger F. (1967), Altweger M. (1983), OFm Artner O. (1953), Bachmaier J. (1973), OFm Bachmair G. (1971), HFm Bachmair J. (1956), Fm Bachmair J. (1978), HBm Bachmair M. (1960), OFm Baier M. (1968), OFm Baier R. (1974), OFm Bauer A. (1954), HFm Bauer F. (1946), E-BI Bauer G. (1948), HFm Bauer J. (1938), HFm Bauer J. (1963), Fm Bauer J. (1980), HFm Bauer J. (1956), HFm Bauer J. (1933), HFm Bauer J. (1971), Fm Beham H. (1970), HFm Berndorfer A. (1958), OFm Berndorfer F. (1950), Fm Berndorfer F. (1978), OFm Berndorfer K. (1968), Fm Bernecker W. (1981), OFm Bernegger W. (1974), HFm Birgeder J. (1947), Lm Blauensteiner F. (1972), HFm Bogner A. (1949), HFm Breinbauer F. (1946), Lm Breinbauer J. (1979), OFm Breit A. (1963), HFm Breit A. (1956), HFm Breit J. (1959), Fm Breit J. (1981), Fm Breit J. (1981), HFm Brummer A. (1963), HFm Brummer E. (1974), HFm Brummer G. (1965), OFm Brummer J. (1966), OFm Buchinger F. (1953), HFm Buchinger F. (1969), OFm Burgholzer J. (1970), HFm Burgholzer J. (1951), HFm Burgstaller A. (1948), Fm Burgstaller G. (1979), HFm Burgstaller J. (1958), OFm Danielauer A. (1974), OFm Dichtl K. (1973), OFm Dittrich H. (1978), HFm Doppermann A. (1921), HFm Doppermann A. (1923), HFm Doppermann J. (1955), OFm Doppermann J. (1968), HFm Doppermann J. (1947), Lm Doppermann J. (1963), OFm Dorfer F. (1946), OFm Dorfer J. (1970), OFm Dorfer J. (1957), Fm Dorfer J. (1979), Dullinger J., OLm Duscher F. (1963), HFm Eder J. (1953), HFm Eder J. (1953), Fm Eggertsberger A. (1973), OFm Eggertsberger A. (1945), OFm Eggertsberger F. (1974), OFm Eggertsberger F. (1973), OFm Eggertsberger J. (1950), OFm Engertsberger J. (1971), OFm Engertsberger J. (1952), HFm Engertsberger M. (1967), HFm Ertler A. (1946), OFm Ertler F. (1974), OFm Ertler J. (1979), OFm Ertler R. (1971), HFm Ertler R. (1946), Fm Eymannsberger G. (1979), Fm Eymannsberger J. (1976), Fm Eymannsberger M. (1979), OFm Fasching F. (1965), OFm Fasching G. (1966), OLm Fasching J. (1951), HFm Fasching J. (1945), Lm Fasching J. (1980), Fasching J. (1956), E-HBI Fasching J. (1927), HFm Feicht F. (1948), OLm Feicht F. (1962), HFm Friedl F. (1946), OFm Friedl J. (1972), Fm Friedl R. (1980), OFm Fuchs R. (1965), OFm Fürst J. (1965), OFm Furtner J. (1954), Fm Gabor M. (1978), HFm Gabor M. (1962), OFm Gahbauer J. (1982), HFm Glas F. (1920), OFm Glas G. (1972), HFm Glas J. (1951), OFm Glöckl E. (1969), OFm Göls J. (1974), OFm Goldberger F. (1970), OFm Goldberger J. (1974), Fm Grill G. (1979), Fm Grill H. (1979), HFm Grill M. (1950), OFm Grinninger F. (1976), HFm Großfurtner A. (1923), E-AW Gruber F. (1954), Grünberger A. (1983), OFm Grünberger M. (1964), OFm Grünberger M. (1956), HFm Gründinger A. (1922), OFm Gstöttner J. (1956), HFm Haas A. (1958), HFm Haas F. (1966), HFm Haas F. (1931), Fm Haas F. (1981), Fm Haas H. (1982), OFm Haas J. (1976), OFm Haas J. (1965), HFm Haas J., HFm Haas J. (1962), Fm Haas J. (1979), OFm Haas K. (1966), HFm Haas M. (1959), HFm Haas R. (1961), Fm Haas W. (1982), OFm Hackl D. (1968), HBm Haderer G. (1978), HFm Haderer J. (1960), Fm Hager M. (1976), Fm Haidinger H. (1976), OFm Hamedinger G. (1957), OFm Hangl F. (1957), OFm Haselböck K. (1970), OFm Haselböck K. (1951), OFm Haslinger J. (1965), Fm Haslinger R. (1979), Hauzinger F. (1983), Hell F. (1983), HLm Hell F. (1946), Lm Hell F. (1980), HFm Himsl A. (1950), OFm Himsl A. (1977), Fm Himsl A. (1981), OFm Himsl G. (1966), HFm Himsl G. (1933), HFm Himsl J. (1949), Fm Himsl J. (1979), Fm Himsl J. (1974), Himsl J. (1983), Himsl M. (1983), HFm Höllinger F. (1925), Fm Hölzl F. (1976), Hohensinn A. (1983), HFm Holzapfel F. (1929), OFm Huber A. (1962), Huber A. (1950), Huber A. (1983), HFm Huber F. (1957), OFm Huber F. (1956), HFm Huber F. (1967), OFm Hüttenberger F. (1969), OLm Hüttenberger J. (1972), HFm Hüttenberger J. (1957), OFm Irlesberger K. (1966), OFm Jungwirth E. (1968), OFm Karl A. (1964), OFm Kasbauer A. (1951), Fm Kasbauer A. (1980), Fm Kasbauer A. (1975), HFm Kasbauer A. (1976), OFm Kasbauer G. (1954), Fm Kasbauer J. (1977), OFm Kasbauer J. (1978), E-BI Kasbauer K. (1935), OLm Kasbauer K. (1967), OFm Kasbauer R. (1978), Fm Kasbauer S. (1979), HFm Kasberger K. (1952), Fm Kieser R. (1981), Lm Kislinger A. (1979), E-BI Kislinger A. (1940), Fm Kislinger R. (1981), OFm Kitzmüller G. (1955), Kitzmüller J. (1983), OFm Kitzmüller W. (1957), OFm Klement A. (1955), Fm Knonbauer F. (1980), HFm Knonbauer J. (1953), Fm Knonbauer J. (1980), HFm Knonbauer J. (1950), OFm Knunbauer H. (1976), OFm König J. (1964), HFm König M. (1954), HFm Kohlbauer A. (1948), Fm Kohlbauer A. (1975), Fm Kohlbauer F. (1980), OFm Kohlbauer F. (1967), HFm Kohlbauer G. (1946), OFm Kohlbauer J. (1967), HFm Kohlbauer J. (1965), HFm Kohlbauer J. (1924), OFm Kohlbauer J. (1976), HFm Kohlbauer J. (1955), HFm Kohlbauer J. (1956), HFm Kohlbauer M. (1954), OFm Kohlbauer R. (1965), Fm Kollingbaum K. (1982), OFm Kosch E. (1957), OFm Kothbauer J. (1977), OFm Kothbauer K. (1976), OFm Kothbauer M. (1976), OFm Krennbauer F. (1967), OFm Krennbauer J. (1965), OFm Krois H. (1959), Fm Kroiß H. (1982), Dr. Lamprecht R. (1954), HFm Lechner A. (1953), OFm Lechner E. (1947), OFm Lechner J. (1954), OFm Lehner J. (1975), Fm Leitmüller J. (1976), OFm Leitner A. (1963), OFm Leitner G. (1970), Fm Leitner G. (1977), OBm Leitner J. (1955), OFm Leitner J. (1966), OFm Leitner J. (1973), OFm Leitner L. (1967), Fm Lindinger E. (1973), OFm Lindinger J. (1974), OFm Lindinger J. (1946), HFm Lorenz J. (1956), Fm Lorenz R. (1977), HFm Luger R. (1949), Lm Mackinger E. (1948), OFm Mager A. (1976), HFm Mager F. (1946), Fm Mager H. (1980), E-BI Maier A. (1945), Fm Maier A. (1974), HFm Maier F. (1950), Fm Maier F. (1979), Fm Maier H. (1978), OFm Maier J. (1948), OFm Maier J. (1956), OLm Maier M. (1951), OFm Maier R. (1968), E-BI Maier R. (1917), Fm Manichgatterer J. (1979), OFm Marschall A. (1963), OFm Marschall K. (1969), OFm Marschall W. (1970), HFm Mauthner A. (1953), Fm Mauthner J. (1972), OFm Mauthner J. (1950), OFm Max F. (1959), Fm Maxwald J. (1976), OFm Mayerhofer E. (1972), HFm Mayerhofer F. (1954), HFm Mayerhofer F. (1949), Fm Mayerhofer F. (1980), HFm Mayerhofer J. (1946), HFm Mayerhofer J. (1947), OLm Mayerhofer J. (1971), OFm Mayerhofer J. (1971), HFm Mayerhofer J. (1951), HFm Mayerhofer K. (1951), HFm Mayerhofer M. (1946), HLm Mayerhofer M. (1967), Fm Mayr F. (1980), Fm Mayr W. (1973), Fm Mayrhofer J. (1978), OFm Mayrleitner J. (1968), Fm Meier A. (1977), Fm Meier K. (1977), Fm Meier R. (1982), HFm Meindl F. (1953), Fm Meindl F. (1981), Fm Meindl J. (1979), OFm Meindl J. (1949), HFm Meißl A. (1959), OFm Mitter E. (1974), HFm Mittermaier A. (1960), Fm Mittermaier J. (1981), HFm Mittermaier M. (1926), HFm Mittermaier M. (1958), Fm Mooseder P. (1980), OFm Mooseder P. (1948), OFm Moser F. (1954), HFm Mühlböck E. (1955), Fm Mühlböck K. (1980), OLm Neißl G. (1956), HFm Nöbauer J. (1949), Fm Ober J. (1980), OFm Oberbauer A. (1974), OFm Oberbauer A. (1956), OFm Oberbauer A. (1954), OFm Ohler J. (1970), Lm Ohrhallinger F. (1981), HFm Ohrhallinger G. (1970), HFm Ohrhallinger J. (1951), HFm Ohrhallinger J. (1976), Fm Ohrhallinger K. (1979), Fm Ortner A. (1981), HFm Osterkorn A. (1962), HFm Osterkorn A. (1954), OFm Osterkorn A. (1966), OFm Osterkorn A. (1971), OFm Osterkorn A. (1975), Fm Osterkorn F. (1981), OFm Osterkorn J. (1953), Fm Osterkorn J. (1981), OFm Osterkorn J. (1966), OFm Osterkorn M. (1960), Fm Osterkorn M. (1979), Fm Panholzer J. (1965), OFm Panholzer J. (1954), E-AW Paschl J. (1960), Dr. Petracek F. (1978), Pfeil J. (1968), OFm Pflügl A. (1966), HFm Pichler A. (1925), HFm Pichler J. (1947), HFm Pichler J. (1956), HFm Pichler J. (1962), Fm Pitscheneder J. (1981), OFm Pitscheneder M. (1956), OFm Prost J. (1976), HFm Ratzinger A. (1976), OBm Ratzinger A. (1951), HFm Ratzinger J. (1956), OFm Reidinger M. (1955), OBm Reisinger J. (1960), Reiter J. (1983), OFm Riembach A. (1974), OFm Sageder J. (1974), Bm Schachner A. (1953), Fm Schachner A. (1982), Lm Schachner J. (1948), Fm Schachner J. (1972), HFm Schachner J. (1971), HFm Schachner J. (1945), OFm Schachner K. (1963), OFm Schano G. (1974), OFm Schano J. (1976), HFm Schano J. (1935), HFm Schano R. (1973), OFm Schano R. (1974), HBm Scharnböck A. (1954), Fm Scharnböck A. (1977), Fm Scharnböck F. (1973), HFm Scharnböck G. (1945), Fm Scharnböck G. (1974), OFm Scharnböck J. (1973), HFm Schenk J. (1950), Fm Schenk J. (1979), OFm Scherrer A. (1979), Fm Scherrer F. (1974), Fm Scherrer F. (1973), HFm Scherrer F. (1958), OFm Scherrer G. (1953), Fm Scherrer G. (1978), Fm Scherrer H. P. (1980), HFm Scherrer J. (1946), Fm Scherrer J. (1979), Fm Scherrer J. (1973), Fm Scherrer K. (1978), HFm Scherrer R. (1957), HFm Schild G. (1948), Fm Schmierer P. (1979), Dr. Schneebauer F. (1947), HFm Schönböck J. (1950), OFm Schreiner A. (1951), OFm Schreiner E. (1968), HFm Schreiner M. (1934), HFm Schreiner M. (1929), HFm Schreiner R. (1958), HFm Schreiner R. (1963), OBm Schwarz A. (1949), E-AW Schwarz A. (1927), Fm Schwarz A. (1980), Lm Schwarz F. (1979), HFm Schwarz M. (1956), HFm Schwendinger A. (1956), HFm Schwendinger F. (1936), Fm Schwendinger G. (1982), Fm Schwendinger H. P. (1976), OFm Schwendinger J. (1968), OFm Schwendinger J. (1953), OFm Schwendinger J. (1971), OFm Schwendinger J. (1971), Fm Schwendinger R. (1979), Fm Schwendinger R. (1981), Fm Siegesleitner J. (1981), Fm Siegesleitner R. (1980), Fm Siller A. (1971), OFm Siller A. (1965), Fm Skrubel M. (1975), HFm Söllwagner F. (1947), OLm Söllwagner F. (1969), OLm Söllwagner J. (1977), HFm Stadler M. (1971), Fm Steffeldemel G. (1980), OFm Stein S. (1958), OFm Stöckl F. (1963), HFm Streibl A. (1946), OFm Streibl A. (1966), OFm Streibl F. (1953), OFm Streibl G. (1974), OFm Süß H. (1975), OFm Sumbauer F. (1974), OFm Teufelberger G. (1956), Fm Teufelberger K. (1975), OFm Tischler A. (1968), HFm Tischler A. (1942), OFm Tischler J. (1968), Fm Tomandl G. (1982), Fm Tomandl H. (1980), OFm Tomaschek A. (1968), OFm Tomaschek E. (1971), HFm Tomaschek H. (1946), OFm Tomaschek H. (1966), Fm Tomaschek W. (1976), Fm Tremel R. (1973), HFm Türk A. (1946), Fm Türk A. (1980), Fm Türk F. (1981), HFm Türk J. (1949), HFm Tuscher J. (1959), Fm Tuscher J. (1982), HFm Unter R. (1926), OFm Utz M. (1950), OFm Vierlinger J. (1967), HFm Wagenthaler H. (1951), OFm Weidinger F. (1977), E-BI Weiretmaier F. (1931), HFm Weisheitinger A. (1929), OFm Weitzhofer J. (1979), Fm Weitzhofer K. J. (1979), Fm Weitzhofer M. (1982), Fm Weitzhofer R. (1979), OFm Wenny G. (1969), OFm Wiedegger A. (1960), HFm Wiedegger K. (1946), Fm Wilflingseder O. (1972), OFm Wimmer F. (1956), OFm Wimmer F. (1958), Lm Wimmer J. (1961), Wipplinger J. (1983), Fm Wolf O. (1971), Fm Zauner G. (1981), OFm Zauner J. (1956), Fm Zauner M. J. (1978), HFm Zauner R. (1953), Fm Zehetner L. (1975), HFm Zeilberger A. (1950), Fm Zeilberger F. (1982), Fm Zeilberger L. (1981), HFm Zöbl J. (1951)

FF SCHIESSDORF

Am 13. Mai 1911 wurde die Freiwillige Feuerwehr Schießdorf gegründet. Gründungsmitglieder waren: Alois Widegger, Martin Stadler, Felix Wiesshammer, Matthias Wallner, Franz Reitinger, Jakob Moser, Matthias Haas, Franz Haas, Johann Wirth, Johann Gimplinger, Matthias Dallinger, Martin Kothbauer. Noch im Gründungsjahr wurde das Feuerwehrhaus errichtet und eine Handpumpe angeschafft. Der Mannschaftsstand unter dem ersten Kommandanten Alois Widegger betrug 32 Mann im Jahr 1911. 1949 erfolgte die Anschaffung der ersten und im Jahr 1966 der zweiten Motorspritze. 1969 wurde ein neues Zeughaus errichtet. Seit der Gründung der Freiwilligen Feuerwehr Schießdorf waren folgende Kommandanten für die Belange der Wehr verantwortlich: Alois Widegger, Matthias Wallner, Franz Wiesshammer, Matthias Haas, Johann Mayr, Franz Haas, Matthias Dallinger.

HBI Dallinger M. (1951), OBI Haas F. (1972) — Bachinger A. (1931), Bauer A. (1972), Bauer F. (1980), Bodenhofer A. (1963), Braier R. (1975), Breid J. (1945), Breid J. (1978), Dallinger A. (1951), Dallinger F. (1981), Dallinger M. (1979), Fasching R. (1952), Fasching R. (1981), Gimplinger F. (1974), Gimplinger J. (1979), Greipl D. (1980), Gruber F. (1982), Haas F. (1928) Haas F. (1978), Haas J. (1948), Haas J. (1981), Haas K. (1955), Haberl H. (1973), Haderer J. (1976), Hauser J. (1938), Hauser J. (1976), Holzapfel O. (1969), Holzeneder A. (1966), Kislinger A. (1955), Kislinger R. (1955), Klaffenböck A. (1925), Kothbauer A. (1945), Kothbauer A. (1945), Kothbauer A. (1978), Kothbauer A. (1945), Kothbauer A. (1970), Kothbauer A. (1979), Kothbauer F. (1981), Kramer J. (1962), Kramer J. (1975), Krenn W. (1970), Lang F. (1951), Lang F. (1967), Lang R. (1978), Maier A. (1945), Maier J. (1931), Maier J. (1970), Mittermaier A. (1936), Moser A. (1956), Moser A. (1978), Moser A. (1950), Moser A. (1980), Osterkorn G. (1981), Reitinger F. (1978), Reitinger H. (1980), Reitinger J. (1983), Schano A. (1929), Schmidbauer A. (1971), Schmidbauer F. (1918), Schmidbauer J. (1978), Schopf H. (1981), Selker F. (1977), Sommergruber R. (1979), Stadler F. (1976), Stadler M. (1978), Stadler M. (1948), Vierlinger J. (1978), Wallner A. (1981), Wallner A. (1968), Wallner A. (1979), Wallner F. (1952), Wallner F. (1983), Wallner J. (1941), Wallner J. (1978), Wallner J. (1940), Wallner J. (1974), Wießhamer F. (1969), Wießhamer R. (1976), Wirth J. (1955), Wurmsdobler R. (1979), Zechmeister F. (1965), Zechmeister N. (1981)

FF SCHULLEREDT

Die Größe des Andorfer Gemeindegebietes und die schlechten Verkehrsverhältnisse erforderten die Schaffung von Feuerwehren. Bis die Ortsfeuerwehr bei allem Einsatzeifer mit dem Pferdegespann in die entfernten Ortschaften kam, verstrich kostbare Zeit. So fand am 4. Mai 1888, dem Florianitag, in Schulleredt eine Besprechung über die Gründung eines Löschzuges statt, bei der Matthias Bauböck, Johann Doblinger und Josef Bauschmied in den Gründungsausschuß gewählt wurden. Sie fungierten als erste Vereinsleitung. Folgender Ausschuß fungierte ab 1891: Erster Obmann wurde Matthias Bauböck, Kassier Josef Bauschmied, Schriftführer Sebastian Gruber. Die Neuwahl am 25. Januar 1897 brachte folgendes Ergebnis: Johann Bramer – Hauptmann, Josef Bauschmied – Kassier, Sebastian Gruber – Schriftführer. 1927 bis 1938 stand Matthias Gruber, Autzing, als Hauptmann vor. 1938 bis 1950 war Karl Geiselseder Hauptmann. Am Sonntag, dem 3. Oktober 1984, feierte die Wehr den 60jährigen Bestand. 1951 wurde Josef Stegner zum Hauptmann gewählt. Dieses Amt übte er 22 Jahre lang aus. Einen Rüstwagen erhielt die Wehr 1955. Zum 70jährigen Bestehen bekam die Feuerwehr eine neue Motorspritze. 1973 wurde Josef Stegner jun. zum Kommandanten gewählt. So folgte der Hoferbe auch als Feuerwehrhauptmann seinem Vater nach. Das neue Rüstauto segnete Altdechant Gottfried Mayr am 7. Mai 1978. Seit dem Jahr 1983 bildet das neuerrichtete Feuerwehrhaus den Rahmen für die Aktivitäten der Feuerwehr. Zur Zeit ist Josef Stegner Kommandant.

HBI Stegner J. (1962), OBI Schlöglmann J. (1960), AW Bramer J. (1962), AW Hansbauer K. (1977), AW Wiesinger J. (1977), BI Ratzenberger F. (1971) — E-OBI Adlmanninger J. (1946), OLm Aigner A. (1946), HBm Aigner F. (1928), OLm Aigner J. (1982), OFm Aumayr F. (1978), Fm Bramer G. (1978), Fm Brandl H. (1983), Brandmayer H. (1950), Lm Brandmayr G. (1977), Fm Dallinger J. (1982), OLm Dallinger J. (1962), Lm Doblinger H. (1974), Fm Doregger W. (1978), Bm Eder F. (1966), Bm Eder J. (1959), OFm Eder J. (1971), Lm Feichtlbauer A. (1946), OFm Feichtlbauer A. (1978), HFm Frisch A. (1972), Lm Geßl J. (1951), Fm Grabmann J. (1982), Lm Gruber A. (1959), JFm Gruber H. (1979), HLm Gruber J. (1959), HLm Gruber J. (1974), JFm Gruber J. (1981), Bm Gruber K. (1966), Lm Gruber M. (1977), Fm Gruber W. (1978), Fm Gupfinger J. (1978), Fm Haidinger F. (1979), Bm Haslinger L. (1946), Lm Hellwagner J. (1946), HFm Hellwagner J. (1971), E-AW Lechner L. (1934), Lm Lechner L. (1966), Lm Lindinger J. (1977), HFm Lindinger K. (1974), Lm Mayr J. (1949), HFm Mayr J. (1946), Lm Mayr J. (1978), HLm Mayrleithner J. (1959), HBm Mayrleithner J. (1934), Fm Ortbauer J. (1982), Fm Ortbauer J. (1983), Fm Paulusberger J. (1979), HFm Putzinger P. (1959), HLm Ratzenberger J. (1978), Bm Ratzenberger R. (1948), OFm Ratzenberger R. (1977), HBm Röhrenbauer J. (1952), HFm Schlederer F. (1946), OFm Schlederer J. (1971), Lm Schlöglmann J. (1962), Lm Schlosser J. (1977), HBm Schönbauer J. (1938), Lm Schwarz F. (1967), Lm Schwendinger F. (1951), Lm Schwendinger J. (1971), Fm Schwendinger N. (1979), HLm Senzenberger L. (1959), HLm Stegner F. (1966), HFm Stegner F. (1971), E-HBI Stegner J. (1936), Fm Voglmayr J. (1978), Lm Voglmayr J. (1978), HFm Voglmayr J. (1979), Lm Wimmer J. (1966), Lm Wimmer J. (1979), Lm Windhager A. (1946), Bm Windhager E. (1956), Lm Windhager F. (1971), Fm Windhager J. (1978), JFm Windhager K. (1979), Lm Wohlfart H. (1977), Fm Wohlfart H. (1979), HFm Wohlfart J. (1968)

FF SIGHARTING

1800 bis 1870: Nachtwächter angestellt. 1820: Sigharting und Diersbach kaufen gemeinsam eine Feuerwehrspritze, die einzige der Umgebung. 1885: Saugspritze mit Schläuchen und einen Mannschaftswagen angekauft. 1888: 6. Mai Gründung der FF Sigharting; erster Kommandant Johann Baumgartner. Errichtung eines Zeughauses beim Haus Nr. 26 (Herndel) und später im Schloßhof; Holzaufzug für Schläuche im Schloßturm; Anschaffung einer Kastenspritze der Fa. Gugg in Braunau. 1889: neuer Mannschaftswagen angeschafft. 1891: Wasserbassin in der Schloßwiese errichtet. 1892: neues Depot auf dem Grund des Wirtes Baumgartner errichtet. 1896: Umgestaltung der alten Kastenspritze in eine Saugspritze. 1908: Gründung der Orts- und Feuerwehrmusikkapelle durch Rauchfangkehrermeister Maurer in Andorf. 1928: Anschaffung einer Liliput-Motorspritze (Fa. Rosenbauer). 1929: Weihe der Motorspritze. 1930: Verkauf des alten Spritzenwagens. 1933: Verkauf des alten Depots an den Gastwirt Gahbauer und Errichtung eines neuen Zeughauses auf der Schneiderwiese. 1939: Umwandlung der Freiwilligen Feuerwehr in eine Feuerpolizei. 1946: neue Motorspritze gekauft. 1948: Feuerwehrauto um 9 000 Schilling gekauft. 1950: altes Depot beim Hofwirt abgerissen, das Depot im Siebeneck verkauft. Neubau eines Zeughauses, das auch das Gemeindeamt und den Gendarmerieposten beherbergt. 1951: alte Motorspritze gegen neue ausgetauscht. 60jähriges Gründungsfest mit Weihe des Zeughauses, der Motorspritze und des Feuerwehrautos. 1954: Errichtung eines Löschteiches in der Ortschaft Doblern. 1955: Fahnenweihfest der FF Sigharting. 1960: Ankauf eines KLF. 1981: Ankauf eines LFB.

HBI Koller H. (1960), OBI Hager J. (1971), AW Friedl F. (1950), AW Hager J. (1951), AW Hampsl F. (1946), AW Humenberger H. (1982), AW Jansko F. (1971), AW Schwarzmaier M. (1983), HBI Künzlberger J. (1947), OBI Grüneis M. (1946), BI Schütz H. (1978) — Fm Bauer F. (1946), Fm Bauer F. jun. (1974), E-HBI Bauer J. (1925), Fm Bauer J. jun. (1967), OLm Bauschmied J. (1968), Fm Berghammer J. (1945), Fm Berghammer R. (1974), JFm Entholzer E. (1983), HFm Fischer W. (1971), OFm Friedl F. jun. (1973), HFm Gahbauer J. (1967), Fm Geroldinger A. (1953), Fm Geroldinger K. (1952), Fm Großpötzl J. jun. (1971), HFm Grüneis A. (1953), Fm Grüneis A. jun. (1981), OFm Hager F. (1933), JFm Hamedinger H. (1983), OFm Hofinger G. (1948), HFm Hofinger J. (1975), HFm Karl J. (1967), JFm Kindlinger K. (1983), JFm Kislinger M. (1983), Fm Kittl H. (1955), Fm Koller K. (1951), Fm Koller R., Fm Lachtner J. (1981), JFm Lang W. (1983), OFm Maier J. (1953), Fm Maier J., HFm Mair J. (1974), OFm Mair J. (1979), Fm Mairwieser H. (1979), Fm Mairwieser J. (1967), OFm Niggas F. (1981), Fm Obereder A. (1969), JFm Plöckinger M. (1983), Fm Propst G. (1981), Fm Propst J. (1971), OFm Propst N. (1978), OFm Putzinger F. (1965), JFm Putzinger R. (1983), HFm Ratzenberger H. (1953), JFm Reder R. (1983), OFm Reisinger F. (1978), OFm Sageder F. (1978), Fm Sailer J. (1982), HFm Schatzberger G. (1955), Fm Schatzberger J. (1983), HFm Schlöglmann A. (1945), Fm Schmid J. (1981), JFm Schütz E. (1983), Fm Selker A. (1974), Fm Stadler F. (1975), OFm Steibl J. (1971), Fm Steininger R. (1960), Fm Stoll J. (1979), Fm Tiefenthaler J. (1971), JFm Wetzlmaier R. (1983)

FF STADL

Die FF Stadl wurde am 25. März 1924 mit zwölf Kameraden gegründet. Zum Kommandanten wurde Anton Greiner gewählt, bald wurde auch eine Handspritze von der Feuerwehr gekauft. Das erste Zeughaus wurde am 26. Juli 1926 feierlich gesegnet. Im Jahr 1949 legte Kommandant Anton Greiner nach 25jähriger Tätigkeit seine Funktion zurück. Als neuer Kommandant wurde Johann Reitinger gewählt. Im Jahr 1950 wurde die erste Motorspritze RW 25 angekauft. 1955 wurde ein neues Zeughaus gebaut. Anläßlich des 30jährigen Gründungsfestes am 23. September 1956 wurde eine Fahne gesegnet. Am 1. Februar 1959 starb der Gründer, Kommandant Anton Greiner. Nach 14 Jahren legte Kommandant Johann Reitinger 1963 seine Funktion zurück, zum Nachfolger wurde Josef Jungwirth gewählt. Am 25. Juli 1971 wurde eine neue Motorspritze VW Automatik gekauft. Die Freiwillige Feuerwehr Stadl kaufte am 16. November 1977 ein Feuerwehrauto Ford FK 1250 von der FF Weißkirchen bei Wels, Bj. 1958. Am 15. August 1980 wurde nach zweijähriger Bauzeit ein erweitertes Feuerwehrhaus feierlich gesegnet. Am 2. Juli 1983 fand in Stadl der Bezirks-Feuerwehrleistungsbewerb des Bezirkes Schärding statt. Bei der Feuerwehrwahl am 12. November 1983 wurde Kommandant Josef Jungwirth nach bereits 20jähriger Tätigkeit wieder einstimmig zum Kommandanten gewählt.

HBI Jungwirth J. (1946), OBI Stelzhammer G. (1946) — Beham F. (1950), Beham F. (1970), Beham G. (1983), Beham J. (1954), Beham K. (1946), Beham K. (1975), Beham L. (1963), Beham M. (1983), Berndl E. (1983), Berndl F. (1980), Dorfer J. (1927), Dorfer J. (1963), Eder J. (1946), Fesel F. (1954), Fesel J. (1979), Fesel J. (1974), Fesel M. (1975), Grüblinger H. (1969), Grüblinger J. (1950), Grüneis F. (1972), Grüneis G. (1983), Grüneis J. (1974), Grüneis R. (1976), Haderer H. (1962), Haslinger K. (1958), Höllinger G. (1981), Höllinger J. (1962), Höllinger J. (1981), Holzapfel J. (1976), Holzapfel J. (1983), Holzapfel J. (1982), Holzapfel J. (1962), Jungwirth J. (1970), Jungwirth L. (1946), Jungwirth M. (1983), Kammerer G. (1950), Kammerer H. (1974), Kammerer H. (1974), Kammerer J. (1974), Klaffenböck J. (1954), Klaffenböck J. (1980), Klepsa J. (1970), Klepsa R. (1976), Kriegner J. (1976), Laus F. (1946), Lautner J. (1976), Lautner J. (1950), Leidinger E. (1946), Leidinger J. (1930), Leidinger J. (1970), Leidinger P. (1972), Leidinger W. (1955), Liebl F. (1946), Liebl H. (1980), Liebl J. (1970), Neunteufel F. (1950), Pröller A. (1979), Pröller F. (1970), Pröller J. (1946), Pröller J. (1976), Razenberger G. (1974), Reitinger J. (1924), Reitinger J. (1950), Reitinger J. (1976), Schabetsberger L. (1981), Schaching J. (1983), Scharrer A. (1976), Scharrer F. (1962), Schasching F. (1962), Schmidbauer J. (1980), Schopf A. (1946), Schopf F. (1962), Schopf J. (1924), Schopf J. (1979), Schopf J. (1952), Schopf J. (1963), Schopf J. (1959), Stelzhammer G. (1975), Stelzhammer J. (1981), Unhaller S. (1948), Windpassinger A. (1958), Windpassinger F. (1962), Windpassinger M. (1936), Witzmann J. (1949)

FF STEINBRUCK-BRÜNDL

Aufgrund größerer Brände und Umweltkatastrophen fanden sich im Jahr 1883 eine Anzahl Männer zusammen und beschlossen, eine eigene Feuerwehr zu gründen. Obwohl in Raab eine Feuerwehr bestand, gründete man am 23. Mai 1883 die Freiwillige Feuerwehr Steinbruck-Bründl zuerst als Filiale der Freiwilligen Feuerwehr Raab, aber mit eigenem Kommando und eigener Gebarung. Erst 1903 wurde man ohne Anhang eigenständig. Zwischen 1914 und 1918 waren wegen personeller Mängel die beiden Feuerwehren FF Steinbruck-Bründl und FF Raab zusammengelegt, ebenso zwischen 1940 und 1945. Begnügte man sich anfangs mit einer gebrauchten Saugspritze, wurde 1903 eine neue Saugspritze, 1934 erstmals eine Motorspritze sowie 1962 eine RW 75 A angeschafft. War man 1934 noch mit einem Anhänger mit Aufbau für Pumpe und Mannschaft zufrieden, schaffte man 1945 aus amerikanischen Heeresbeständen einen Dodge Allrad an. 1969 kaufte man einen Ford Transit, den man selbst umbaute, und 1978 einen neuen LFB Mercedes Benz 409, um immer mobil zu sein. Auch personell war man jeweils 1918 wie auch 1945 nach den Wirren der beiden Weltkriege fast am Nullpunkt, doch es ging immer wieder durch gute kameradschaftliche Zusammenarbeit stetig aufwärts. Das erste gemauerte Zeughaus wurde 1930 gebaut; 1954 erfolgte der Neubau des Feuerwehrhauses wegen des Straßenbaus. Seit der Gründung der Wehr waren folgende Hauptleute tätig: Leander Winterbauer (1883–1903), Franz Danninger (1903–1923), Josef Schiebler (1923–1933), Johann Schiebler (1933–1940), Eduard Schiebler (1945–1946), Josef Hainzl (1946–1953), Franz König (1953–1958), Hermann Bangerl (1958–1973), Heinz Plöderl (seit 1973).

HBI Plöderl H. (1956), OBI Humer F. (1971), AW König J. (1968), AW Lindlbauer J. (1963), AW Luger A. (1963), BI Bangerl A. (1959) — Auinger P. (1983), Lm Bangerl A. (1935), E-HBI Bangerl H. (1946), Fm Bangerl J. (1980), OFm Baumann L. (1966), HFm Brantner M. (1953), Fm Brettbacher F. (1975), HFm Briglauer R. (1953), Lm Eder A. (1963), Eder H. (1980), PFm Eder M. (1978), HLm Eder M. (1931), HFm Eichinger K. (1968), HFm Eßl J. (1960), Fm Etzl J. (1980), Lm Gaderbauer H. (1946), OLm Gaiswinkler F. (1973), OLm Hager F. (1949), JFm Hager F. (1980), Fm Hammerer J. (1978), Fm Hartl J. (1979), Fm Haslinger A. (1980), HFm Helml J. (1956), OFm Indinger H. (1973), Fm Kasbauer F. (1980), Lm Killingseder F. (1946), E-OBI Knoll A. (1936), Fm Knoll A. jun. (1980), OLm König F. (1946), Lm König F. (1956), OBm König R. (1946), Fm Kopfberger L. (1975), Lm Kopfberger L. (1968), Fm Kurz O. (1975), Lm Lautner J. (1946), Lm Lehner F. (1960), Lm Lehner J. (1951), Fm Lehner J. (1972), Fm Lehner M. (1979), Fm Lindlbauer J. (1975), Fm Mayer J. (1975), HFm Mayr F. (1949), Fm Mittermaier J. (1977), JFm Muschinski G. (1980), Fm Plöderl H. (1975), Fm Remlinger J. (1971), Fm Remlinger R. (1971), Lm Salletmaier F. (1966), Fm Salletmaier F. (1978), Schiebler H. (1968), JFm Schmidleitner G. (1982), Fm Schweiger M. (1973), HFm Stich A. (1967), PFm Vogetseder J. (1981), Lm Vogetseder L. (1946), Fm Winkler J. (1980), Lm Winkler J. (1959), Fm Winkler J. (1979), Lm Witzeneder A. (1946), HFm Zoloz A. (1962), HFm Zweimüller A. (1968), Zweimüller A. (1974), Zweimüller A. (1946), HFm Zweimüller A. (1978), Fm Zweimüller H. (1975), Fm Zweimüller J. (1975), Fm Zweimüller J. (1975)

FF SUBEN

1858 wurde von der Haftanstalt die erste Feuerspritze angekauft. Da man sich seitens der Haftanstalt nicht imstande sah, die Spritze zu betätigen, trat man an die Gemeinde heran, um Leute für diese Tätigkeit namhaft zu machen. So wurden Augustin Sinnhuber und Martin Schönbrunn mit der Bedienung beauftragt. Da diese Spritze auch der Gemeinde Suben zum eventuellen Gebrauch überlassen wurde und jede Arbeit ohne jedes Entgelt geleistet werden mußte, war auch das Prinzip der Freiwilligkeit gegeben. Die FF Suben ist zwar noch im Besitz einer Handspritze, ob es sich dabei um diese Spritze handelt, läßt sich nicht mehr feststellen. Am 15. August 1893 wurden von Josef Vickl, Johann Indinger, Josef Maier, Josef Gschwandtner, Josef Bauer und Jakob Aigner neue Statuten erarbeitet. Die erste Motorspritze wurde 1928 angekauft. 1936 wurde eine zweite Motorspritze angekauft, die in Roßbach deponiert wurde. Aus diesem Anlaß wurde die Wehr in drei Züge geteilt. Der dritte Zug wurde in Etzelshofen errichtet. 1951 wurde das erste Auto gekauft und das Zeughaus umgebaut. Die Hochwasserkatastrophe 1954 brachte auch für die FF Suben einen Einsatz größeren Ausmaßes. 1957 kaufte man einen VW-Bus als KLF und errichtete eine neue Zeugstätte. 1960 wurde ein Anhänger für eine Tragkraftspritze und 1967 eine fahrbare Schiebeleiter angeschafft. Da das KLF nicht mehr den Erfordernissen entsprach, wurde 1978 ein Mercedes 409 als LFB angekauft. Nach einem Kommandobeschluß von 1979 wurden die drei Löschzüge aufgelassen und zu einem in Suben vereint. Die Feuerwehr wurde 1981 mit einem Mobil- und 1983 mit zwei Handfunkgeräten ausgestattet. Außerdem wurden 1983 drei Atemschutzgeräte und drei Hebekissen übergeben.

HBI Billinger J. (1963), OBI Ecker A. (1957), AW Gangl J. (1969), AW Lechner A. (1955), AW Weishäupl J. (1967), BI Lechner F. (1962) — E-AW Bauer J. (1953), Fm Bernauer K. (1982), Bieringer H. (1983), HFm Billinger J. (1933), HFm Brandstetter F. (1952), HBm Breinbauer H. (1972), HFm Brüneder J. (1968), OFm Bruneder A. (1970), HFm Bruneder F. (1932), Fm Bruneder K. (1971), HFm Daller-Machtlinger J. (1950), Fm Duscher A. (1970), HFm Duscher J. (1950), HFm Duscher J. (1968), HFm Ecker G. (1982), OFm Ecker J. (1968), HFm Ecker L. (1950), JFm Ecker R. (1982), JFm Edtbauer G. (1982), E-BI Edtbauer J. (1950), Feichtinger E. (1952), Froner G. (1983), HFm Götzendorfer H. (1950), Götzendorfer K., Goldberger A. (1983), JFm Goldberger N. (1982), E-AW Grausgruber F. (1946), Gruber M. (1983), HFm Grünberger A. (1961), E-AW Hametner F. (1946), HBm Hametner J. (1951), HFm Heiling P. (1963), Fm Hintringer R. (1982), HFm Hofinger J. (1958), Hofinger J. (1983), HBm Jell A. (1947), OFm Jell A. (1971), Jell F. (1974), HFm Kalteis A. (1968), OFm Karl F. (1964), JFm Karl T. (1982), Lechner G. (1983), JFm Lechner H. (1982), HBm Lechner J. (1929), JFm Lechner M. (1982), OFm Leingartner E. (1964), HFm Liebl A. (1950), HFm Liebl J. (1947), OFm Liebl J. (1974), Maier J. (1983), Mayer G. (1983), HFm Mayrhofer J. (1961), E-AW Niedermaier M. (1953), JFm Niedermaier M. (1982), OFm Penzenstadler F. (1964), JFm Pfeiffer F. (1982), Fm Pichler J. (1980), HFm Pillinger A. (1930), JFm Radlwimmer G. (1982), HFm Radlwimmer J. (1952), HFm Reininger E. (1954), HFm Reininger F. (1950), E-HBI Reininger F. (1947), E-HBI Reininger J. (1924), Fm Reininger J. (1971), HFm Reisinger E. (1962), OLm Riedl J. (1927), HBm Schachinger K. (1962), HFm Schrattenecker F. (1958), OLm Starzengruber F. (1928), OFm Stiegler J. (1961), JFm Stockenhuber M. (1982), OFm Weinhäupl F. (1954), HFm Wölflingseder A. (1960), JFm Wölflingseder B. (1982), JFm Wölflingseder M. (1982), E-AW Zeilinger J. (1965)

FF TAUFKIRCHEN AN DER PRAM

Nach einer Häufung von Bränden in den achtziger Jahren des vorigen Jahrhunderts schlossen sich sieben Taufkirchner 1894 unter der Leitung des Gastwirts Josef Mayer zusammen und gründeten die FF Taufkirchen. Anläßlich der Gründung errichtete die Gemeinde ein Feuerwehrhaus mit Schlauchturm. Bis 1904 liegen keine schriftlichen Unterlagen über das Vereinsleben vor. Unter der Leitung von Kdt. Anton Schmiedbauer wurde 1904 mit dem Abfassen eines Protokollbuches begonnen. 1935 konnte die erste Pumpe (R 50) durch die FF Taufkirchen angeschafft werden. Kurz nach dem Ende des Zweiten Weltkrieges 1945 wurde das erste Fahrzeug, ein Steyr 1500, gekauft. Da das alte Zeughaus bereits baufällig geworden war, erfolgte 1962 die Übersiedlung in ein von der Gemeinde bereitgestelltes Gebäude, zusätzlich wurde ein Schlauchturm errichtet. Derzeit besitzt die Freiwillige Feuerwehr Taufkirchen zwei Fahrzeuge: ein TLF 2000, angeschafft im Jahr 1975, und ein Kleinrüstfahrzeug aus dem Jahr 1979. Als Großvorhaben für die nächste Zeit ist die Errichtung eines eigenen Zeughauses geplant. Seit der Gründung der Wehr waren folgende Kommandanten für die Belange der FF Taufkirchen zuständig: Josef Mayer (1894–1904), Anton Schmiedbauer (1904–1946), Josef Reiterer (1946–1968), Matthias Part (1968–1973), Josef Bogner (1973–1982), Johann Mittermeier (seit 1982).

HBI Mittermeier J. (1949), OBI Bauer R. (1962) — Albenberger J. (1956), Altweger F., Aumaier H. (1982), Aumeier J. (1970), Bachmaier J. (1981), Bachmaier J. (1955), Bauer F. (1963), Bauer F. (1963), Bauer R. (1983), Beham J. (1964), Beham J. (1981), Beham J. (1975), Bittner H., Bittner R. (1965), Bittner R. (1981), Bogner J. (1980), Bogner J. (1970), Brihacek W. (1983), Bubendorfer H. (1946), Buchinger J. (1973), Daller J. (1964), Dötzelhofer F. (1938), Doninger J. (1949), Dorfner H. (1951), Dorn J. (1955), Egger J., Egger W. (1972), Ellerböck F. (1964), Espernberger H. (1964), Espernberger H. (1983), Ettl K. (1952), Etzinger L. (1978), Etzinger L. (1982), Feldweber G. (1983), Fink F. (1950), Fink F. (1969), Fischer F. (1947), Froschauer K. (1965), Gimplinger F. (1952), Gnigler F. (1949), Gruber F. (1930), Gruber J. (1966), Gruber J. (1973), Haas J. (1978), Hamedinger F. (1980), Hamedinger J. (1984), Hangler J. (1963), Haslberger M. (1948), Hermann K. (1983), Heusl F. (1946), Hirmann A. (1955), Hirmann A. (1973), Hubauer H. (1979), Hufnagl H. (1983), Indinger J. (1978), Indinger M. (1983), Jansko J. (1964), Jodlbauer A. (1956), Jungwirth A. (1967), Kalchgruber J. (1962), Kottbauer K. (1969), Kreuzer H. (1973), Lang J. (1966), Lechner R. (1981), Leidinger J. (1976), Lindlbauer K. (1928), Lindlbauer K. (1972), Loher O. (1958), Luger K. (1945), Luger K. (1978), Lukas J. (1965), Lukas J. (1977), Mairhofer R. (1967), Mittermeier J. (1979), Murauer F. (1982), Murauer G. (1983), Neuböck Ch. (1982), Neuböck G. (1967), Neuböck G. (1981), Öhlinger F. (1979), Ortbauer F. (1950), Ortbauer G. (1982), Parzer L. (1956), Ratzenberger K. (1914), Redinger K. (1973), Reisinger A. (1949), Reisinger K. (1922), Reisinger W. (1981), Reiterer J. (1983), Riedl P. (1966), Roßdorfer Ch. (1983), Roßdorfer F. (1962), Schachinger J. (1947), Schlöglmann A. (1982), Schmidt J. (1975), Sekot S. (1981), Spitzenberger H. (1983), Stadler J. (1937), Stöckl J. (1949), Straif M. (1983), Streif J. (1945), Streif M. (1963), Summergruber L. (1966), Tischler G. (1982), Tomandl G. (1977), Tomandl J. (1957), Weidlinger H. (1952), Wiener A. (1964), Wiesbauer J. (1981), Wintersteiger G. (1981), Wintersteiger J. (1981), Zauner E. (1983), Zeilinger E. (1978), Zibuschka E. (1974)

FF VICHTENSTEIN

Die FF Vichtenstein wurde 1888 gegründet. Über die Gründungsversammlung und die Gründungsmitglieder liegen keine Unterlagen auf. Erste schriftliche Aufzeichnungen stammen vom 23. August 1891. Große Verdienste um das Feuerwesen haben sich die Besitzer der Burg Vichtenstein, die Grafen Pachta, erworben. Am 28. Juni 1914 beging die Wehr ihr 25jähriges Gründungsfest. Laut Satzungen der Gemeinde Vichtenstein vom 13. Juni 1914 und des k. k. Statthalters für Österreich ob der Enns vom 31. Juli 1914 wurde in der Ortschaft Kasten eine selbständige Feuerwehr gegründet. Sie wurde 1938 wieder aufgelöst. Am 25. Mai 1928 wurde bei der Fa. Rosenbauer in Linz eine Motorspritze um 4 300 Schilling bestellt. Die Gemeinde leistete einen Beitrag von 1 000 Schilling. Die Feuertaufe bestand die TS beim Brand des Anwesens Kohlbauer in Grub, Gemeinde Esternberg. Am 4. Dezember 1928 wurde im südlichen Pfarrgebiet, zur Gemeinde St. Roman gehörend, die FF Rain gegründet. 1930 wurde eine Fahne angeschafft und anläßlich des 40jährigen Gründungsfestes am 9. Oktober 1930 gesegnet. 1936 wurde das Feuerwehrhaus erbaut und am 23. August 1936 feierlich seiner Bestimmung übergeben. Am 4. Juli 1938 wurde die Neuordnung des Feuerwehrwesens durchgeführt, die Feuerwehren Kasten und Rain wurden aufgelöst. Sie waren weiterhin Löschzüge der FF Vichtenstein. Nach 1945 wurde die Feuerwehr reorganisiert. Am 28. und 29. Juni 1950 wurde das 60jährige Gründungsfest mit der Segnung des Dodge gefeiert. 1973 wurde auf dem Feuerwehrhaus eine Sirene installiert. 1974 wurde eine VW Automatik angekauft. 1977 wurde Vichtenstein Ölwehrstützpunkt. Der Bau eines Bootshauses in der Ortschaft Kasten war erforderlich. Am 26. Juni 1977 wurde dieses feierlich seiner Bestimmung übergeben.

HBI Burgholzer K. (1956), OBI Ortner J. (1972), AW Baumgartner J. (1963), AW Fesel G. (1976), AW Klaffenböck F. (1959), AW Kramer J. (1957), BI Jungwirth H. (1974), BI Pilsl-Wurmsdobler F. (1960), BR Atteneder W. (1950) — Lm Bauer A. (1967), HFm Bauer G. (1956), HFm Bauer H. (1947), Fm Bauer J. (1976), Lm Baumgartner J. (1946), Lm Baumgartner J. (1930), HFm Baumgartner J. (1959), JFm Baumgartner K. (1983), OLm Berndl J. (1928), Lm Berndl J. (1960), HFm Binder G. (1964), HFm Breit A. (1955), OLm Breit A. (1930), OFm Breit A. (1976), HFm Breit F. (1949), HFm Breit G. (1966), OFm Breit H. (1977), HFm Breit J. (1956), Fm Breit J. (1977), Lm Breit J. (1924), Fm Breit J. (1973), OFm Breit W. (1971), JFm Burgholzer A. (1981), OFm Burgholzer K. (1976), JFm Burgholzer R. (1981), HFm Dullinger A. (1949), Fm Dullinger J. (1977), Lm Dullinger W. (1968), HFm Edelmann F. (1965), OFm Fesel A., HFm Fesel F. (1949), OFm Fesel F. (1975), HFm Friedl A. (1949), JFm Friedl A. (1982), OBm Friedl M. (1950), JFm Friedl T. (1979), HFm Frisch J. (1936), Fm Frisch M. (1976), Fm Gimplinger J. (1979), OFm Gimplinger J., HFm Grill M. (1951), HFm Grüblinger A. (1948), HFm Grüblinger K., OLm Haidinger J. (1970), Lm Höllinger M. (1948), Fm Höltzel G. (1968), HFm Huber A. (1940), JFm Jungwirth Ch. (1982), JFm Jungwirth G. (1983), Fm Karl M. (1969), HFm Klaffenböck A. (1961), JFm Klaffenböck L. (1982), HFm Koller J. (1948), Fm Koller J. (1976), Fm Koller R. (1982), Fm Kramer G. (1977), OFm Kramer J. (1976), Lm Lauber W. (1966), Fm Lautner H. (1976), HFm Luger A. (1972), Lm Mühlböck J., Lm Mühlböck W. (1969), BFK Nefischer J. (1973), OFm Neißl J. (1974), Lm Öhlinger A. (1970), Lm Örtner J. (1947), JFm Paminger J. (1981), Lm Penzinger F. (1959), Bm Pichler J. (1966), E-OBI Pilsl-Wurmsdobler F. (1933), JFm Pilsl-Wurmsdobler M. (1980), Fm Pilsl-Wurmsdobler T. (1978), JFm Pretzl J. (1979), Lm Pretzl M. (1956), HFm Reitinger J. (1949), Bm Ritt M. (1957), HFm Ruhmanseder J. (1936), HFm Schano O. (1970), Bm Schasching J. (1947), E-AW Scheuringer E. (1946), OBm Schmid F. (1960), OFm Schmid J. (1976), Lm Schopf M. (1949), HLm Servi J. (1948), E-HBI Stadler A. (1927), Lm Stadler O. (1951), Fm Stadlmair P. (1980), Fm Tuma A. (1981), HFm Tuma R. (1961), E-BI Wallner J. (1926), HFm Wallner J. (1930), Lm Wallner M. (1958), Fm Wallner M. (1978), Fm Weinzierl F. (1977), Fm Weinzierl S. (1979), Fm Wieler S. (1976)

FF WALLENSHAM

1929 kam es in der FF Brunnenthal zu Meinungsverschiedenheiten und deshalb zur Gründung der FF Wallensham und Eggersham. Josef Gangl wurde zum Feuerwehrkommandanten gewählt. 1935 wurde die erste Fahne gesegnet. Bei Ausbruch des Zweiten Weltkrieges wurde die Wehr aufgelöst und der FF Brunnenthal angegliedert. 1945 wählte die Wehr erneut ihr eigenes Kommando. Zur Brandbekämpfung standen zwei Pumpenwagen mit je einer TS 80 zur Verfügung. 1954 wurden ein neuer Anhänger und eine neue TS 75 angekauft. 1956 wurde eine Alarmsirene angeschafft. Das neue Feuerwehrhaus wurde 1972 unter großer Mithilfe der Feuerwehrmänner und Nachbarschaft erbaut. 1979 wurde der 5. Bezirksleistungsbewerb in Wallensham durchgeführt. Dabei konnten eine Jugendgruppe und zwei Leistungsgruppen die ersten Plätze behaupten. Noch im gleichen Jahr wurde zum 50jährigen Bestehen ein Gründungsfest, verbunden mit Fahnensegnung, abgehalten. 1981 wurde die Ausrüstung modernisiert und die Anschaffung eines neuen Kleinlöschfahrzeuges getätigt. 1982 erfolgte der Einbau der Funkalarmierung.

HBI Mayr J. (1945), OBI Danninger F. (1958), AW Gangl V. (1955), AW Haberl A. (1955), AW Haberl J. (1967), AW Scherrer J. (1945), BI Aumayr G. (1978), BI Litzlbauer F. (1951), BI Weishäupl M. (1967) — Fm Aumair G. (1979), OFm Bauer R. (1948), HFm Breit A. (1961), OFm Burgstaller H. (1974), OFm Burgstaller J. (1969), HFm Christl F. (1967), Lm Degenberger J. (1920), HFm Degenberger J. (1946), Lm Dirmhirn K. (1927), HBm Dorfer A. (1971), OFm Dorfer F. (1971), OFm Dorfer G. (1975), OFm Dorfer H. (1975), HFm Dorfer J. (1970), Fm Dorfer J. (1981), Fm Dorfer M., HFm Drexler A. (1971), Fm Drexler J. (1978), OFm Drexler R. (1974), Lm Gangl A. (1972), HFm Gangl J. (1968), HLm Gangl R. (1970), HBm Glas F. (1977), HFm Grasmeier A. (1961), Fm Grasmeier A. (1974), HFm Graz A. (1955), OFm Graz A. (1974), Fm Grömmer Ch. (1978), Lm Grömmer F. (1946), HFm Grömmer G. (1955), HFm Grömmer J. (1946), Lm Grömmer J. (1930), Fm Grömmer K. (1975), Lm Grömmer M. (1955), HBm Grömmer-Goldberger J. (1952), OFm Grömmer-Goldberger J. (1979), HLm Haberl F. (1967), OFm Haberl F. (1974), OFm Haberl H. (1974), HFm Haberl J. (1935), HFm Haberl J. (1946), OFm Haberl J. (1972), HBm Haidinger F. (1959), JFm Haidinger F. (1982), HFm Haidinger F. (1948), Fm Haidinger F. (1970), HFm Heger F. (1982), Fm Hinterlechner O. (1977), E-AW Hintringer J. (1924), Fm Hochhold J. (1979), OFm Hochhold F. (1971), OFm Hochhold R. (1974), Fm Hötzeneder J. (1979), HFm Holzapfel F. (1946), Fm Holzapfel F. (1974), OFm Holzapfel J. (1975), OFm Holzapfel J. (1977), Fm Jobst J. (1975), HFm Kasbauer A. (1958), Fm Kasbauer A. (1979), Lm Kasbauer R. (1974), OLm Kinzl F. (1960), Fm Kislinger F. (1978), Fm Kitzmüller W. (1975), OFm Kothbauer A. (1946), Fm Kothbauer M. (1971), HFm Kothbauer M. (1946), HLm Lechner F. (1945), HFm Lechner J. (1965), HFm Lechner R. (1949), OFm Litzlbauer F. (1974), OFm Litzlbauer J. (1974), HFm Mairinger H. (1955), OFm Mayr F. (1975), HLm Mayr J. (1967), Lm Öhlinger J. (1913), OFm Pfaffenbauer H. (1966), Fm Pock K. (1974), OFm Pock R. (1971), OFm Pock R. (1974), Lm Pröller F. (1928), OFm Reidinger A. (1969), OFm Reidinger K. (1972), Fm Reidinger R. (1974), Fm Reisegger K. (1974), OBm Reisinger J. (1966), HFm Salletmeier J. (1945), HFm Samhaber A. (1948), Fm Scherrer J. (1983), HFm Schratzberger J. (1946), OFm Schratzberger J. (1979), OFm Schratzberger R. (1975), OFm Schreiner J. (1971), Bm Schröckeneder A. (1965), HFm Schwendinger A. (1954), OFm Schwendinger R. (1976), HFm Spieler J. (1954), OFm Spiesberger M. (1974), HFm Stingl J. (1958), HFm Stingl J. (1958), OFm Stingl J. (1980), OFm Stingl R. (1966), HFm Stöckl F. (1954), HFm Stöckl F. (1957), OFm Stöckl G. (1971), HFm Stöckl J. (1960), Lm Tomandl O. (1937), Fm Unterholzer F. (1968), OFm Vierlinger J. (1972), Lm Weishäupl M. (1935), OFm Wirth F. (1973), HFm Wirth J. (1971), HFm Wirth R. (1967), Fm Zachbauer S. (1982), E-BI Zauner J. (1930), HFm Zauner J. (1957)

FF WESENUFER

Die FF Wesenufer wurde 1875 vom Schmiede- und Postmeister Sebastian Hanus gegründet. Ansuchen hiefür erfolgten mit allen gesetzlichen Unterlagen und Statuten über die Bezirkshauptmannschaft Schärding an die k. u. k. Statthalterei in Linz, wo das Gründungsdekret vom damaligen Landeshauptmann Ernst Eigner unterzeichnet wurde. Das besondere Interesse seitens der Bevölkerung dokumentiert eine Spendenliste aus der Gründerzeit, wonach man der FF Wesenufer zur Anschaffung von Geräten und Ausrüstungsgegenständen finanzielle Unterstützung zuteil werden ließ, darunter auch eine Spende von 50 Kronen aus der Privatschatulle von Kaiser Franz Joseph I. Der Anschluß Österreichs an das Deutsche Reich 1938 brachte die allgemeine Unterstellung aller Feuerwehren (Auflösung) der Befehlsgewalt des damaligen Reichsinnenministeriums Berlin unter dem Namen „Deutsche Feuerschutzpolizei". Anton Selle wurde zum Bezirksfeuerwehrkommandanten des Bezirkes Schärding bestellt. Nach Beendigung des Zweiten Weltkrieges 1945 erfolgt der Wiederaufbau der FF Wesenufer: Neuanschaffung bzw. Ergänzung von Gerät und Ausrüstung. 1954 rückt die FF Wesenufer seit ihrer Gründung zum größten und am längsten dauernden Einsatz (1 Woche) gegen die Fluten der Hochwasser führenden Donau aus. 1975 begeht die FF Wesenufer in festlicher Weise, verbunden mit dem 1. Abschnittswettbewerb des Abschnittes Engelhartszell, ihr 100jähriges Bestandsjubiläum und erhält als Geschenk der Gemeinde ein neues Löschfahrzeug (KLF). 1980 wird die Wasserwehr Wesenufer gegründet. Sie wird 1981 als Katastrophenstützpunkt mit einem A-Boot aus Mitteln des Oberösterreichischen Katastrophenfonds ausgerüstet.

HBI Selle H. (1963), OBI Ing. Razesberger J. (1972), AW Rammelmüller A. (1982), AW Schütz F. (1963), AW Viehböck H. (1974), BI Haslböck M. (1974), BI Selle S. (1971) — OFm Adlesgruber F. jun. (1974), Fm Aichinger F. (1981), OFm Aichinger H. (1975), OFm Aichinger W. (1959), Lm Auer G. (1968), OLm Autengruber F. (1956), Fm Brandstätter J. (1983), Fm Brandstätter R. (1977), Fm Brandstätter R. (1977), OFm Dornetshumer J. jun. (1974), PFm Dornetshumer R. (1983), OFm Ellmer A. jun. (1974), HFm Ellmer A. sen. (1954), OFm Feiken D. (1974), E-AW Haas F. (1927), OFm Hartmann P. (1974), Lm Haslböck J. jun. (1974), E-OBI Haslböck J. sen. (1959), Fm Haunschmidt J. (1979), E-HBI Höller A. (1949), OFm Höller J. (1967), HFm Huber A. (1948), Fm Huber M. (1977), JFm Jungwirth T. (1983), JFm Kalinke G. (1981), JFm Kalinke G. (1983), HFm Kalinke H. (1967), Lm Katzinger R. (1946), HFm Königseder J. (1963), JFm Königseder R. (1981), OFm Kolmhofer J. sen. (1928), Fm Kolmhofer J. (1978), HFm Kolmhofer R. (1957), OFm Krammer Ch. (1974), OFm Krammer W. (1959), JFm Lehner Ch. (1980), Fm Lehner F. (1981), OLm Leidinger A. (1957), Fm Leidinger P. (1978), Fm Mayer L. (1981), OFm Mitter Ch. (1974), Fm Mitter S. (1980), Fm Mitter T. (1978), OFm Mitter W. (1974), Fm Öttl J. (1975), HFm Pumberger A. (1970), OFm Ratzenböck E. (1973), HFm Ratzenböck J. (1946), OFm Ratzenböck J. (1973), Fm Ratzenböck W. (1975), HFm Razesberger R. (1974), OFm Razesberger W. (1977), HLm Reinthaler H. (1947), Fm Reinthaler P. (1977), OFm Rosezky H. (1979), Fm Scharinger A. (1977), OFm Scheuringer A. (1974), JFm Schild G. (1981), Fm Schild B. (1981), JFm Selle G. (1981), JFm Selle W. (1981), OLm Stallinger R. (1974), HFm Stallinger W. (1974), Fm Staufer H. (1980), JFm Staufer T. (1980), Lm Steininger A. (1932), OFm Steininger O. (1973), HFm Stögbauer H. jun., OLm Stögbauer H. sen. (1959), OFm Strasser H. (1974), HFm Viehböck J. jun. (1972), HFm Viehböck J. sen. (1930)

FF WERNSTEIN AM INN

Die Freiwillige Feuerwehr Wernstein wurde im Jahr 1878 auf Initiative des Gutsbesitzers Moritz Hoch gegründet. Gründungsmitglieder waren: Moritz Hoch, Paul Brummer, Franz Schachner, Johann Eberl, Josef Maier, Alois Scherrer, Johann Zauner, Johann Scherrer. Es gibt aus dieser Zeit kaum Aufzeichnungen über die Entwicklung der Feuerwehr. Doch läßt eine Mitgliederliste, welche bereits zur Jahrhundertwende einen Mitgliederstand von 46 Mann aufweist, auf ein reges Interesse in der Bevölkerung an der Feuerwehr schließen. Auch der Ausrüstungsstand wurde in den Jahren laufend verbessert und dem Aufgabenbereich angepaßt. So wurde 1931 die erste Motorspritze angekauft, welcher 1946 drei weitere folgten. Anfang der sechziger Jahre wurden zwei dieser Pumpen durch neue ersetzt. Auch wurden 1962 drei Mannschafts- und Geräteanhänger angeschafft. Aus dieser Zeit stammt auch die erste Feuerwehrsirene. Lange Zeit diente ein umgebauter Krankenwagen aus dem Zweiten Weltkrieg als Löschfahrzeug, bis er 1977 durch ein modernes Fahrzeug (LFB) abgelöst wurde. Dieses Einsatzfahrzeug wurde in der Zwischenzeit voll ausgerüstet, und es stehen damit den Feuerwehrmännern technische Geräte zur Bewältigung verschiedenster Einsätze zur Verfügung. Aufgrund der ungünstigen geographischen Lage der Gemeinde sah man sich 1981 veranlaßt, ein zweites Löschfahrzeug anzuschaffen, wodurch die Schlagkraft der Feuerwehr im Ort Wernstein erheblich verbessert wurde. Die Feuerwehr besteht heute aus zwei Zügen und zwei Feuerwachen, welche über das gesamte Gemeindegebiet gleichmäßig verteilt sind. Neben zahlreichen Brandeinsätzen seit der Gründung der Freiwilligen Feuerwehr Wernstein nahm die Zahl der technischen Einsätze in den letzten Jahren an Bedeutung zu. Dieser Trend scheint sich auch in der Zukunft fortzusetzen, und es ist daher die Pflicht der Feuerwehr, durch Schulung und Erweiterung der Ausrüstung dieser Aufgabe gerecht zu werden. Seit der Gründung der Freiwilligen Feuerwehr Wernstein am Inn lenkten folgende Kommandanten die Geschicke der Wehr: Moritz Hoch (1878–1888), Johann Zauner (1888–1894), Johann Scherrer (1894–1897), Anton Kasbauer (1897–1903), Johann Freilinger (1903–1906), Anton Kasbauer (1906–1924), Johann Zauner (1924–1929), Alois Scherrer (1929–1943), Johann Freilinger (1943–1945), Johann Utz (1945–1949), Georg Zauner (1949–1960), Josef Piroth (1960–1978), Josef Gruber (seit 1978).

HBI Gruber J. (1958), OBI Ertler J. (1972), AW Holzapfel J. (1955), AW Holzinger J. (1973), AW Mayr L. (1953), AW Pichler A. (1969), AW Wimmer M. (1965), AW Wollersberger J. (1969), BI Eder A. (1951), BI Mayr-Steffeldemel A. (1953), BI Nöbauer G. (1965), BI Paschl F. (1958) — Bm Antesberger J. (1949), Fm Antesberger J. (1977), Fm Auer J. (1946), Fm Auer K. (1958), HFm Augustin F. (1949), HFm Bachmaier J. (1946), OFm Bachmaier J. (1973), HFm Baumgartner F. (1946), Fm Baumgartner P. (1980), HFm Bernauer F. (1949), E-AW Bernauer K. (1954), Fm Bernauer P. (1980), HBm Biergeder J. (1956), HFm Boxrucker F. (1960), HFm Boxrucker F. (1978), OFm Boxrucker J. (1973), Fm Boxrucker R. (1980), Fm Boxrucker R. (1981), HFm Brandstätter J. (1946), HFm Brunner R. (1965), Fm Burgholzer A. (1951), Lm Danninger J. (1969), HFm Danninger J. (1946), HFm Delzhofer A. (1925), OFm Delzhofer A. (1972), OLm Diebetsberger J. (1967), JFm Diebetsberger F. (1983), HFm Dirmhirn J. (1967), Fm Dirmhirn J. (1978), Fm Dirmhirn M. (1923), HLm Doppermann A. (1951), E-BI Duscher G. (1946), JFm Eder F. (1982), HFm Eder H. (1973), HFm Ertl J. (1960), Fm Ertl P. (1980), Fm Feichtinger G. (1981), HFm Fischer J. (1948), OLm Fischer J. (1942), Fm Ing. Fladerer T. (1981), E-BI Forsthuber J. (1946), Fm Freilinger A. (1952), Fm Freilinger H. (1958), Fm Freilinger J. (1961), Fm Friedl K. (1978), OLm Gahbauer J. (1966), Fm Gahbauer J. (1977), HFm Gratz J. (1966), Fm Gruber F. (1919), HFm Gruber G. (1967), OLm Gruber J. (1953), Fm Gruber J. (1979), Fm Grüblinger A. (1980), HFm Grüblinger F. (1936), HBm Haas G. (1970), HFm Haderer J. (1952), HFm Hamedinger G. (1959), JFm Hamedinger G. (1983), JFm Hamedinger R. (1983), HFm Hamedinger M. (1948), PFm Hermüller G. (1983), Fm Hölzl J. (1981), HFm Hötzeneder R. (1952), PFm Hötzeneder R. (1983), OLm Holzapfel G. (1963), Lm Holzapfel J. (1949), Fm Holzapfel J. (1981), JFm Holzapfel J. (1983), Fm Holzinger A. (1954), Fm Huber A. (1981), Fm Huber A. (1980), Fm Huber G. (1963), Fm Jodlbauer O. (1980), PFm Karl Ch. (1983), HFm Karl J. (1946), HBm Karl J. (1934), Lm Kasbauer A. (1946), HFm Kasbauer A. (1953), Lm Kasbauer A. (1973), Lm Kasbauer G. (1954), HFm Kasbauer J. (1918), Fm Kasbauer J. (1950), OFm Kasbauer J. (1975), HFm Kasbauer M. (1974), HFm Kasbauer M. (1960), Fm Kasberger A. (1969), Fm Kieslinger A. (1978), HFm Kieslinger F. (1950), HLm Kieslinger J. (1946), Fm Kieslinger J. (1975), Fm Klepsa H. (1982), HFm Klepsa J. (1969), Lm König J. (1948), Lm König J. (1978), OFm König J. (1977), PFm König M. (1983), PFm Kohlbauer J. (1983), Lm Kothbauer A. (1964), Fm Kothbauer J. (1976), HFm Kothbauer M. (1949), Lm Kothbauer M. (1973), HFm Kothbauer M. (1949), Fm Krautzer A. (1966), Fm Labmayer W. (1969), Fm Lande P. (1971), Fm Lechner J. (1957), HFm Lechner J. (1964), Fm Mager J. (1953), HFm Mager R. (1949), Fm Maier G. (1934), Fm Maier J. (1950), Fm Maier M. (1950), Fm Matzelsberger H. (1966), Fm Mautner J. (1977), PFm Mautner J. (1983), HFm Mayr H. (1959), Fm Mayr J. (1940), HFm Mayr J. (1974), Fm Mayr R. (1981), Lm Mayr-Steffeldemel A. (1973), Fm Mayr-Steffeldemel G. (1979), JFm Mayr-Steffeldemel G. (1981), Lm Mayr-Steffeldemel J. (1973), HFm Mireider J. (1956), OLm Moser A. (1946), Fm Moser E. (1947), HFm Neuböck F. (1955), Lm Neuböck F. (1973), Fm Nöbauer J. (1980), JFm Nöbauer M. (1983), HFm Ortner J. (1974), HBm Ortner R. (1966), HBm Paschl E. (1959), Fm Paschl F. (1978), Fm Paschl J. (1967), HFm Pichler A. (1957), E-AW Pichler A. (1946), OLm Pichler A. (1973), PFm Pichler E. (1983), HFm Pichler J. (1941), Lm Pichler J. (1969), HFm Pöppl J. (1936), HFm Pöppl M. (1948), HFm Pöschl A. (1951), OFm Pratter H. (1975), OFm Prey E. (1970), HFm Prey G. (1949), OFm Prey H. (1970), JFm Prey H. (1983), Fm Prey H. (1974), Fm Prey J. (1976), Fm Prey N. (1980), Fm Prey S. (1976), Fm Pröller F. (1961), Fm Prohaska J. (1980), PFm Ratzinger W. (1983), Fm Reinthaler A. (1975), JFm Reinthaler A. (1983), HFm Reisinger J. (1947), Fm Sageder W. (1981), HFm Schachner K. (1950), HFm Schachner K. (1975), HFm Schachner R. (1978), Fm Schano A. (1946), Fm Schano J. (1975), HFm Scharnböck J. (1955), E-OBI Scherrer A. (1943), Lm Scherrer J. (1945), Fm Schiebler A. (1961), Fm Schiffmann F. (1947), Fm Schreiner J. (1976), HFm Schulz A. (1958), HFm Schurm F. (1947), Fm Schwingenschlögel D. (1975), HFm Selker F. (1958), HFm Siener J. (1980), HFm Smeykal R. (1966), HFm Spießberger F. (1954), HFm Stadler G. (1947), Fm Sternbauer J. (1950), Fm Stieglbauer H. (1962), Fm Stockhammer A. (1959), Fm Stöckl J. (1982), Fm Strahberger E. (1977), HFm Straßl L. (1975), Fm Süß G. (1975), JFm Süß K. (1982), HFm Tischler F. (1946), Fm Tischler F. (1978), OFm Tomanschek H. (1966), HFm Utz F. (1959), E-HBI Utz J. (1932), Fm Vormayr E. (1977), Fm Wagner G. (1977), Fm Wallner J. (1981), Lm Weidinger J. (1969), Lm Weilhartner A. (1943), Lm Weiß A. (1935), HFm Weiß J. (1922), Fm Wiegl J. (1974), Lm Willmann M. (1958), Fm Wimmer A. (1969), Fm Wimmer A. (1929), OLm Wimmer F. (1969), OFm Wimmer G. (1973), Fm Wimmer K. (1977), OBm Wimmer M. (1946), Fm Winkelbauer F. (1958), HFm Wollersberger A. (1955), Fm Wollersberger A. (1977), Fm Wollersberger J. (1945), Fm Wollersberger K. (1979), HFm Zarbl J. (1954), HFm Zauner A. (1922), OFm Zauner G. (1977), HFm Zauner J. (1961), OFm Zauner J. (1975), OBm Zauner J. (1945), Fm Zauner J. (1971), OFm Zauner K. (1976), Fm Zauner M. (1978), Fm Zauner M. (1946), Fm Zauner R. (1978)

FF ZELL AN DER PRAM

1874 wurde die Feuerwehr Zell an der Pram unter dem damaligen Arzt Lemberger gegründet. Es war wohl eine Löschgemeinschaft wie in vielen anderen Gemeinden, die den Bewohnern zur Brandbekämpfung zur Verfügung stand. Waren es damals einfache Handgeräte, so wurde nach dem Zweiten Weltkrieg ein Steyr-Wehrmachtsauto angeschafft, das als Feuerwehrauto ein Vierteljahrhundert im Einsatz war. Als Zeugstätte diente das Erdgeschoß des alten Bräuhauses von Zell. Bei der Neuwahl 1958 wurde Anton Fasthuber zum Kommandanten gewählt. 1972 erhielt die Feuerwehr Zell an der Pram ein Tanklöschfahrzeug. Das TLF 2000 Trupp ist mit Schaumlöschgerät und drei Handfunkgeräten ausgestattet. Am 5. Januar 1973 war das Begräbnis des so umsichtigen und fleißigen Feuerwehrkommandanten Anton Fasthuber. Bei der Wahl zwei Monate später wurde Adolf Oberauer zum Nachfolger bestellt. Ein Festtag in der Geschichte der Feuerwehr war das 100jährige Gründungsfest am 14. und 15. Juli 1974, verbunden mit Zeughaus- und Fahrzeugweihe. Um die Schlagkraft zu steigern, wurden 1976 drei schwere Atemschutzgeräte angekauft und die Ausbildung einer Trägergruppe vorgenommen. Schon bald stellte sich heraus, daß diese Investitionen sehr sinnvoll waren. Zwei große Scheunenbrände und ein schwieriger Zimmerbrand konnten mit Hilfe der technischen Ausrüstung rasch unter Kontrolle gebracht werden. Die Schneedruckkatastrophe sowie ein Phosphorbrand verlangten ebenfalls den Einsatz zahlreicher Feuerwehrmänner. Im Dezember 1978 wurde aus den Mitteln der Kameradschaftskasse ein Kleinlöschfahrzeug erworben, weil der Transport der Tragkraftspritze bisher nur mit Hilfe eines Traktorfuhrwerkes möglich war.

HBI Weilhartner A., OBI Oberauer A. (1965), AW Langbauer M. (1961), AW Ratzinger J. (1963), AW Schmied J. (1975), BI Sinzinger J. (1972), BI Stockinger J. (1956), BI Zallinger A. (1973) — HFm Aumaier J. (1930), HFm Bauer K. (1932), Fm Bauer M. (1975), HFm Brandmaier J. (1976), HFm Brandmaier K. (1974), PFm Brandmayer J. (1983), HFm Buchinger J. (1946), OBm Buchinger J. (1962), HFm Buchinger P. (1968), HFm Demmelbauer F. (1942), HBm Demmelbauer W. (1982), OFm Doberer J. (1969), Fm Doberer N. (1980), Fm Eder J. (1982), HFm Endtmaier F. (1956), PFm Endtmayer F. (1983), OFm Endtmayer J. (1980), Fm Gaderbauer H. (1980), HFm Gerhartinger F. (1922), HFm Greifeneder M. (1973), HFm Gumpoldsberger F. (1962), HLm Gumpoldsberger J. (1945), OFm Haferl F. (1974), HFm Haferl K. (1968), HFm Hainzl J. (1945), Lm Hansbauer J. (1958), HFm Hatzmann A. (1979), HFm Heitzinger A. (1977), OFm Heitzinger M. (1981), HFm Hellwagner F. (1956), HFm Hellwagner J. (1975), Lm Hintermaier O. (1947), HFm Höllerl G. (1946), HFm Höllerl J. (1946), Fm Höllerl K. (1973), JFm Hörmannseder W. (1982), HFm Hörmanseder W. (1971), HFm Huber F. (1946), HFm Kahrer J. (1947), Fm Kammerer P. (1954), HFm Karl W. (1979), HFm Kaser F. (1973), HFm Leidinger E. (1978), HBm Leitner K. (1982), Fm Loher E. (1974), E-BI Mager J. (1926), HFm Mager J. (1965), Fm Mager N. (1982), PFm Meingaßner H. (1983), HFm Meingaßner M. (1973), PFm Mitterecker G. (1983), OFm Mitterecker G. (1981), HFm Oberwagner A. (1938), HLm Pointner N. (1962), Lm Praschl A. (1959), HFm Reischl F. (1972), HFm Reischl J. (1972), HFm Reischl L. (1946), OFm Reisinger P. (1960), PFm Reitinger J. (1983), OLm Reitinger J. (1978), OLm Schießl F. (1962), PFm Schießl L. (1983), HFm Schmied J. (1946), HLm Schmiedleitner J. (1945), HFm Schmiedleitner N. (1972), OFm Schmiedleitner W. (1968), HFm Sinzinger J. (1946), Fm Steindl H. (1982), OFm Stieglmaier A. (1959), OFm Unterortner J. (1969), HFm Voglmaier L. (1946), HFm Wesentslintner J. (1977), HFm Windhager J. (1974), HFm Zallinger Ch. (1979), HFm Ziegler H. (1975)

FBtF DER FIRMA LEITZ, RIEDAU

Von seiten der Bevölkerung und des Bezirkskommandos wurde Ende der sechziger Jahre bereits der Wunsch geäußert, in Riedau ein neues Feuerwehrfahrzeug anzuschaffen. Um den aktiven Brandschutz zu verbessern, erklärte sich die Geschäftsleitung der Firma Leitz bereit, ein Tanklöschfahrzeug der Type TLFA 2000 zu kaufen, und ließ dafür ein eigenes Depot errichten. Unter der Leitung des Brandschutzbeauftragten der Firma Leitz, Fräsermeister Walter Schlipper, wurde eine auf freiwilliger Mitarbeit beruhende Betriebsfeuerwehr aufgestellt. 21 Mitarbeiter, vom Arbeiter bis zum Ingenieur, erklärten sich bereit, sich in den Dienst am Nächsten zu stellen. Die FBtF sollte nicht nur für den eigenen Firmenbereich zuständig sein, sondern auch helfend im Markt Riedau und in den umliegenden Gemeinden eingreifen. Anfang 1972 wurde die Wehr zusammengestellt, am 8. März traf das neue Tanklöschfahrzeug ein, und bereits drei Wochen später mußten die Wehrmänner und das Fahrzeug bei einem Brand in Lambrechten ihre erste Bewährungsprobe bestehen. Im Mittelpunkt des Gründungsjahres standen noch zwei weitere Ereignisse: Am 24. und 25. Juni 1972 wurde das Gründungsfest im Zusammenhang mit dem 90jährigen Bestandsjubiläum der Freiwilligen Feuerwehr Riedau begangen. Verbunden wurde mit diesem Fest die Einweihung des neuen Depots und die Fahrzeugsegnung des Tanklöschfahrzeuges und des neuen Löschfahrzeuges der FF Riedau. Der nächste Höhepunkt fand schon kurze Zeit später statt. Am 15. Juli 1972 traten die Wehrmänner zur Ablegung des Feuerwehrleistungsabzeichens in Grieskirchen an. Damit war die fachliche Qualifikation geschaffen. Eine Auszeichnung für die junge Wehr war, daß sie bereits Ende 1972 bei der Bezirksfeuerwehrtagung zur FuB-Bereitschaft eingeteilt wurde.

HBI Schlipper W. (1972), OBI Fürweger J. (1972), AW Ing. Kislinger H. (1972), AW Reisecker L. (1972), AW Schuster J. (1972), BI Raschhofer K. (1972) — Fm Braun P. (1982), Hackenbuchner F. (1977), OFm Ing. Haslauer H. (1972), OFm Holzbauer E. (1980), Fm Kottbauer G. (1972), Fm Lang J. (1976), Fm Laufenböck P. (1982), OFm Marksteiner Ch. (1972), OLm Mayr H. (1972), Lm Mayr J. (1972), Lm Ondras R. (1972), Lm Pawel W. (1972), Raab H. (1972), OFm Schabetsberger F. (1983), Fm Spitzer J. (1977), OFm Tomandl H. (1972), OFm Zikeli F. (1972)

BEZIRK STEYR-LAND

44 FEUERWEHREN

Abschnitt 1 Bad Hall   7 Feuerwehren
Abschnitt 2 Steyr-Land   18 Feuerwehren
Abschnitt 3 Weyer   19 Feuerwehren

BEZIRKSKOMMANDO

Sitzend Mitte: OBR Stegmüller Otto; von links nach rechts: HAW Berger Bernhard, HAW Eibenberger Franz, BR Salcher Horst, HAW Ritt Josef, HAW Ramskogler Anton, BR Edlmayr Josef, BFK Fröhlich Helmut, HAW Rieglthaler Josef, BR Leitner Wilhelm, HAW Weberndorfer Günther, HAW Enzenebner Josef

FF ADLWANG

Im Jahr 1894 wurde die FF Adlwang gegründet; ausschlaggebendes Moment war ein Großbrand in Bad Hall. Im selben Jahr wurde eine Handspritze gekauft und das für die Unterbringung notwendige Spritzenhaus gebaut. In den Wirrnissen des letzten Kriegsjahres gelang es, eine Tragkraftspritze TS 8 billigst zu erwerben und einen Wehrmachtslastwagen Steyr A-Typ sicherzustellen. 1948 wurde eine moderne Gasstrahlerpumpe RW 80 von der Fa. Rosenbauer angekauft. 1953 wurde die Alarmsirene gekauft und mit der Neuuniformierung begonnen, das Geld dafür mußte von den Kameraden vorgeschossen werden – die Kasse war leer. 1957 wurde von der FF Schwertberg ein Rüstwagen A-Typ mit Aufbau und Vorbaupumpe gekauft. 1958 legte Kdt. Johann Bachleitner sein Amt zurück, Karl Dietermayr wurde zum neuen Kommandanten gewählt. Unter seinem Kommando wurde der Bau des neuen Zeughauses beschlossen. Der Bau wurde in Eigenregie errichtet. 1965 wurde das neue Zeughaus eingeweiht und seiner Bestimmung übergeben. 1968 wurde der A-Typ gegen einen Opel Blitz mit Vorbaupumpe ausgetauscht und eine neue Tragkraftspritze VW 75 Automatik gekauft. Im LLF wurde ein Funkgerät eingebaut. Seit diesem Jahr gibt es auch ständig eine Jugendgruppe. 1969 wurden drei Preßluftatmer und 1972 ein VW-Bus als Kommandofahrzeug gekauft. Im Kdo.-Bus wurde ebenfalls ein Funkgerät eingebaut. 1974 legte Kdt. Karl Dietermayr sein Amt zurück, und Josef Bruckbauer wurde zum neuen Kommandanten gewählt. 1976 wurde ein neuer Kdo.-Bus und 1978 ein TLF 2000 Trupp mit eingebautem Funkgerät angekauft. 1982 wurde die FF Adlwang in das Funkalarmnetz einbezogen und ein Notstromaggregat gekauft.

HBI Bruckbauer J. (1962), OBI Kammerhuber A. (1955), AW Ackerl R. (1974), AW Lettenmair J. (1977), AW Platzer K. (1977), BI Breinesberger F. (1965), BI Höllhuber L. (1973) — Bm Achathaler J. (1955), HFm Achathaler J. (1976), Fm Achathaler K. (1980), AW Aigner J. (1938), Altmann J. (1963), Bm Bögl J. (1951), HLm Breinesberger F. (1923), Fm Dietermair J. (1978), E-HBI Dietermayr K. (1948), OFm Gaißberger J. (1977), HFm Gaißberger J. (1973), OLm Garstenauer R. (1961), HFm Gebesmair E. (1962), OLm Gegenhuber F. (1970), OFm Gurtner J. (1980), Lm Höllhuber L. (1980), HFm Hornbachner M. (1969), Fm Hornbachner F. (1982), Fm Kammerhuber A. (1983), Bm Lettenmair J. (1950), OFm Lungenschmid F. (1975), Bm Mandorfer J. (1950), Fm Mandorfer R. (1979), HBm Matzke A. (1964), OFm Mitterberger H. (1973), HBm Neuhofer J. (1964), Fm Pamminger Ch. (1983), Lm Platzer J. (1958), OLm Pürstinger K. (1960), Pürstinger K. (1982), OFm Rath P. (1981), HLm Riener A. (1950), OFm Riener H. (1975), Fm Riener P. (1979), Lm Schwarzenbrunner E. (1964), Fm Schwarzenbrunner E. (1983), Fm Schwarzenbrunner F. (1983), HFm Singhuber F. (1968), Fm Steiner J. (1982), E-OBI Wasserbauer B. (1923), E-AW Wasserbauer F. (1955), JFm Wasserbauer J. (1982), HFm Weiermair K. (1966), OFm Winter J. (1975), JFm Wolschlager H. (1982), HFm Zauner H. (1967), Fm Zeilinger A. (1983), JFm Zeilinger A. (1982), HFm Zeilinger H. (1961), OFm Zeilinger H. (1980), OFm Zeilinger J. (1964), Fm Zeilinger W. (1982), Bm Zweckmayr J. (1962)

FF ASCHACH AN DER STEYR

Am 27. Oktober 1885 versammelten sich die Bewohner von Aschach und Umgebung zur Gründungsversammlung der Wehr. Hugo Ramnek wurde zum Hauptmann gewählt. Am 29. März 1896 wurden die ersten sechs Steigerausrüstungen angeschafft. 1922 ließ die Gemeinde einen neuen Schlauchturm erbauen. 1928 wurden verschiedene Sammlungen durchgeführt, da für 1929 die Anschaffung einer Motorspritze und der Bau eines neuen Zeughauses in Aussicht gestellt wurde. Am 24. April 1929 wurde die Motorspritze bei der Fa. Rosenbauer bestellt und am 31. Mai geliefert. Am 28. Juli 1929 fand die Zeughaus- und Motorspritzenweihe, verbunden mit einem großen Fest, statt. In den Jahren 1947 bis 1949 wurde bereits für die Anschaffung eines Feuerwehrautos gespart und gesammelt. Am 4. September 1949 fand die Rüstwagenweihe statt. Es war ein gebrauchtes Militärfahrzeug Steyr A-Typ. Am 28. August 1955 fand das 60jährige Gründungsfest mit der Weihe der neuen Motorspritze statt. Am 10. Juli 1960 Weihe einer neuen Motorspritze VW TS 75 Automatik. 1970 wurde ein Kleinlöschfahrzeug Fiat 1300 angekauft und das alte Feuerwehrfahrzeug Steyr A-Typ ausgeschieden. Am 26. März 1970 wurde das neue KLF Fiat 1300 von der Fa. Rosenbauer abgeholt. 1977 wurden ein mobiles Funkgerät (2 m) und zwei Handfunkgeräte (11 m) angekauft. 1980 wurde die FF Aschach an die Funkalarmierung angeschlossen. 1981 wurden drei schwere Atemschutzgeräte Typ DA 58 angekauft. 1982 wurde das erste schriftliche Ansuchen wegen Ankauf eines Tanklöschfahrzeuges an die Gemeinde gerichtet, das mittlerweile geliefert wurde. Ebenfalls 1982 wurde ein Notstromaggregat 8 kV angekauft.

HBI Mayr R. (1965), OBI Bogengruber F. (1959), AW Etlinger F. (1968), AW Gföllner F. (1951), AW Karigl H. (1976), AW Winklmayr H. (1973), BI Bogengruber K. (1968), BI Fellinger A. (1959) — OLm Blasl H. (1966), HFm Brunnmair F. (1980), HBm Dormayr H. (1974), HFm Etlinger A. (1959), HFm Etlinger J. (1966), Fm Etlinger K. (1982), HFm Fellinger L. (1950), HFm Garstenauer F. (1949), E-HBI Garstenauer K. (1947), HFm Graßauer K. (1965), Lm Gschnaidtner J. (1969), Fm Heim E. (1982), HFm Himmelfreundpointner J. (1964), Fm Hollnbuchner A. (1981), Fm Hollnbuchner L. (1980), HFm Hundsberger J. (1974), Hundsberger J. (1935), OLm Kastenhofer K. (1969), OFm Maderthaner J. (1977), OFm Mayrhofer J. (1977), HBm Miglbauer K. (1973), HFm Miglbauer K. (1954), Fm Ölsinger M. (1979), Fm Postlmayr F. (1982), HFm Postlmayr J. (1974), Lm Postlmayr K. (1973), Lm Scheucher K. (1970), HBm Schimpelsberger J. (1946), Fm Schmid R. (1979), E-BI Schmidhuber F. (1946), E-OBI Schmidhuber K. (1974), Lm Seimair H. (1977), HBm Sergl J. (1968), HLm Sieghartsleitner H. (1973), Fm Steiner F. (1982), Fm Sternberger R. (1982), E-AW Wiesinger E. (1924), HFm Ziebermayr J. (1947)

FF BAD HALL

Am 4. Mai 1871 wurde unter Bgm. Josef Zachhuber eine freiwillige Hilfsorganisation zur Brandbekämpfung gegründet. Diese Organisation wurde als Verein bezeichnet, der Obmann war Bgm. Zachhuber. Ausgerüstet wurde diese Feuerwehr mit einer Handdruckspritze und mehreren Wassereimern. Ein Jahr später kam es zu einem Brand, bei dem 24 Objekte erfaßt wurden. Daraufhin wurde eine Schubleiter angeschafft, die auch der Anlaß war, regelmäßige Übungen abzuhalten. Das erste Feuerwehrhaus wurde 1898 erbaut. 1910 wurde ein Sanitätswagen angeschafft und der Feuerwehr übergeben. Diese übernahm somit auch den Sanitätsdienst für Bad Hall. 1912 wurde die erste Ortswasserleitung mit Hydranten gebaut. Ein wesentlicher Fortschritt wurde durch die Anschaffung einer Motorspritze 1930 erreicht. 1938 wurden der Freiwilligen Feuerwehr Bad Hall die Wehren Furtberg, Mengersdorf und Pfarrkirchen unterstellt. 1941 schied die Sanitätsabteilung aus und wurde dem Roten Kreuz eingegliedert. Im Lauf der Jahre mußten Fahrzeuge und Geräte verbessert bzw. neu angeschafft werden, so daß die FF Bad Hall heute über einen Gerätestand von 1 Tankwagen 2000, 2 Rüstwagen, 1 Kleinrüstwagen, der vom Landes-Feuerwehrkommando nach Bad Hall verlagert ist, und 1 Kommandowagen verfügt. Im September 1977 konnte das neue Feuerwehrhaus eingeweiht und seiner Bestimmung übergeben werden. In Planung steht der Ankauf einer Drehleiter, da es in Bad Hall und in den angrenzenden Gemeinden Häuser gibt, aus welchen eine Bergung aus den oberen Stockwerken nur mit einer solchen möglich ist.

HBI Großauer H. (1959), OBI Pirklhuber N. (1964), AW Artmann A. (1949), AW König K. (1971), AW Weixlbaumer G. (1953), BI Beer F. (1972), BI Burger M. (1959), BI Hennerbichler O. (1971), BI Schallauer F. (1951), BR Edlmayr J. — OFm Allersdorfer M. (1973), OLm Angerbauer F. (1953), Bachofner H., JFm Baihuber K. (1981), Fm Baihuber W. (1980), OFm Baumgartner J. (1953), HFm Bergmair F. (1971), E-BI Bichler R. (1962), Fm Binder H. (1979), OBm Binder H. (1958), HFm Bramberger K. (1951), JFm Brandner H. (1983), Fm Brenner G. (1955), OFm Büchler W. (1977), Fm Bürger P. (1973), JFm Dickinger F. (1957), JFm Dirk F. (1980), OFm Ecklbauer W. (1973), OFm Edlmayr A. (1930), OFm Englmayr J. (1954), HLm Erntl F. (1949), HFm Feuchtinger A. (1943), Fm Fischer G. (1978), JFm Fischer H. (1983), E-BR Foisner J. (1946), Fm Glaser F. D. (1983), Fm Görg R. (1983), Lm Großauer O. (1957), HBm Gschaider F. (1949), OBm Gschaider J. (1947), Lm Gubesch J. (1968), PFm Gundendorfer Ch. (1980), HBm Haager H. (1947), Bm Ing. Hager J.-V. (1965), HBm Hager V. (1939), HFm Hametner A. (1957), Fm Hennerbichler J. (1979), HFm Hennerbichler W. (1971), Lm Hieslmayr J. (1966), OFm Hieslmayr J. (1951), HFm Hieslmayr J. (1948), HLm Hilber J. (1963), HLm Hipfinger F.-P. (1965), OFm Holzinger J. (1976), OLm Huber H. (1958), HFm Huemer W. (1973), HBm Hunger R. (1962), Fm Jilko J. (1979), OLm Kaiplinger R. (1929), JFm Kastner A. (1983), Lm Kaufmann K. (1949), HFm Kirchmeier A. (1971), OFm Klausner J. (1951), HFm Klinglmayr F. (1971), HLm Laimer H. (1966), OFm Lang J. (1971), Bm Lederhilger H. (1959), Bm Lehner A. (1949), OLm Lettenmayr H. (1950), FA Dr. Loos W. (1983), JFm Luger T. (1981), OBm Mayrhofer F. (1966), HLm Mayrhofer F. sen. (1947), OFm Mayrpeter G. (1951), OBm Minichberger J. (1968), JFm Mitter E., HFm Mitter E. (1966), JFm Mitter M. (1982), HLm Mitter M. (1952), HFm Mittermüller G. (1931), HFm Niedermoser P. (1971), OBm Oberlinninger J. (1945), PFm Ostermann W. (1980), HLm Ott A. (1949), OFm Pauzenberger J. (1951), OFm Pauzenberger J. (1973), OFm Mag. Petschl F. (1964), Lm Petschl R. (1947), Fm Pointl N. (1980), FA Dr. Porsche F., OLm Radner F. (1955), OLm Radner J. (1956), Rauch W. (1980), HBm Schaubmair J. (1948), OBm Scherhammer-Hennerbichler K. (1948), HFm Schmidhuber J. (1971), Bm Schoßthaller F. (1954), Bm Schröck J. (1948), OBm Schubert R. (1955), HFm Schwendtner F. (1959), Lm Söllner M. (1954), Bm Strauß J. (1951), HFm Stuhan J. (1965), HFm Stuhan J. (1948), Fm Sturm S. (1980), Fm Tretter A. (1979), OLm Utz J. (1948), Lm Utz W. (1958), HFm Weigerstorfer J. (1951), OLm Willesberger A. (1966), OBm Zachhuber J. (1949)

FF DIETACH

Die Freiwillige Feuerwehr Dietach wurde im Jahr 1911 gegründet. Im Jahr 1932 wurde ein Feuerwehrgebäude errichtet, das 1973 erheblich erweitert und im Jahr 1984 zu einer Kommandozentrale mit vier Toren umgebaut wurde. Das erste Löschfahrzeug, ein Mercedes, wurde 1956 angeschafft, 1967 erfolgte ein Neuankauf eines OM Cerbeato. 1968 kam ein VW-Bus als Kommandofahrzeug hinzu. 1970 kaufte die Wehr einen gebrauchten Tankwagen Steyr 380 und 1978 ein Kommandofahrzeug Toyota-Bus. Zwei Jahre später konnte die Wehr ein Tanklöschfahrzeug 2000 erwerben, dem 1982 ein LFB Mercedes folgte. Seit 1978 ist die Freiwillige Feuerwehr Dietach Ölwehr für den Staninger Stausee, besitzt seit 1979 eine Motorzille und seit 1982 ein A-Boot vom KHD Oberösterreich. Seit 1945 waren folgende Kommandanten an der Spitze der Wehr tätig: Matthias Grünling (1945–1947), Josef Schweinschwaller (1947–1951), Florian Steiner (1951–1958), Franz Fellinger (1958–1967), Hermann Pfeisinger (1967–1973), Josef Brandner (seit 1973).

HBI Brandner J. (1955), OBI Metz E. (1966), AW Ing. Enickl F. (1980), AW Passenbrunner E. (1971), AW Schweinschwaller K. (1964), BI Lanz H. (1960), BI Zehetner H. (1965) — HFm Abenteuer F. (1971), HFm Alfanz G. (1978), E-BI Angerer H. (1962), E-AW Bodingbauer A. (1953), Lm Egger K. (1967), HFm Eßl F. (1978), Fm Eßl J. (1982), OLm Grünwald A. (1953), Bm Haimberger J. (1920), Lm Hirsch A. (1967), Lm Höller A. (1950), HBm Kammerhuber J. (1968), HFm Kampenhuber J. (1978), OFm Kastenhofer W. (1971), HFm Kram R. (1978), OLm Kühböck F. (1963), E-AW Laßelsberger L. (1935), Lm Lenzlbauer J. (1940), HFm Mayr G. (1977), Lm Mayrhofer A. (1945), HFm Ömer F. (1975), OFm Ömer J. (1978), OFm Pfaffenwimmer B. (1978), OLm Pfaffenwimmer J. (1925), Fm Pfaffenwimmer T. (1975), E-HBI Pfeisinger H. (1945), OFm Reininger H. (1976), Lm Rieder F. (1939), OFm Rodlmayr F. (1980), PFm Schillhuber H. (1983), PFm Schillhuber H. (1979), HFm Sinn J. (1967), OFm Steiner H. (1978), HBm Stögbauer A. (1955), Fm Stögbauer H. jun. (1982), OLm Stögbauer H. sen. (1955), HFm Wilfinger J. (1971), OBm Winkler B. (1967), Fm Winkler D. (1983), Lm Winkler E. (1968), Lm Winkler F. (1959), Bm Winklmayr J. (1967)

FF EBERSEGG

Am 20. Juli 1930 wurde die Freiwillige Feuerwehr Ebersegg von den Bewohnern der Ortschaften Ebersegg und Kohlergraben der Gemeinde St. Ulrich bei Steyr gegründet. Die Feuerwehr Ebersegg entstand aus dem Löschzug Ebersegg, der sich aufgrund des großen Gemeindegebietes von der Mutterwehr Kleinraming trennte. Der technische Stand der Ausrüstung wurde durch den Idealismus der Feuerwehrkameraden und in Zusammenarbeit mit der Gemeinde St. Ulrich den heutigen Anforderungen weitgehend angepaßt. Meilensteine der Entwicklung sind: 1933: Ankauf einer neuen Tragkraftspritze R 50; 1934: Errichtung eines Feuerwehrhauses in Ebersegg; 1964: Ankauf eines leichten Löschfahrzeuges; 1965: Ankauf einer neuen Tragkraftspritze R 75; 1972: Neuerrichtung des Feuerwehrhauses in Kohlergraben; 1982: Ankauf eines Löschfahrzeuges mit Bergeausrüstung; 1983: Ankauf eines Kommandofahrzeuges. Die Feuerwehr Ebersegg betreibt eine Jugendgruppe, eine Altersgruppe und zwei Wettkampfgruppen. Bereits seit den sechziger Jahren ist der Name Ebersegg auf den Bewerbsplätzen ein Begriff. Beim Oberösterreichischen Landesbewerb konnte die Feuerwehr schon viermal den ersten Platz belegen. Bei weiteren nationalen sowie internationalen Wettkämpfen konnte sie ebenfalls hervorragende Plazierungen erreichen. Seit der Gründung der Wehr standen folgende Kommandanten an der Spitze: Alois Sommer (1930–1933), Johann Badhofer (1933–1934), Alois Sommer (1934–1940), Name unbekannt (1940–1946), Leopold Ritt (1947–1952), Roman Zöttl (1952), Pius Ramsner (1953–1961), Leopold Hauzlehner (1961–1977), Josef Schmidbauer (seit 1978).

HBI Schmidbauer J. (1975), OBI Streitner J. (1962), AW Hauzlehner R. (1974), AW Losbichler F. jun. (1975), AW Mitteramskogler E. (1972), BI Schwödiauer A. jun. (1976) — OFm Badhofer E. (1950), HBm Badhofer F. (1974), Fm Badhofer G. (1980), HFm Badhofer J. (1976), OFm Badhofer J. (1967), OFm Badhofer J. sen. (1933), PFm Buchegger M. (1983), Fm Dorfer A. (1976), Fm Dorfer F. (1982), Lm Draxler R. (1963), OFm Gmainer F. (1974), HFm Gmainer F. sen. (1947), OFm Gmainer H. (1974), HFm Großeiber J. (1973), PFm Großeiber K. (1983), OFm Hauer L. (1978), E-HBI Hauzlehner L. (1947), Lm Hauzlehner M. (1947), Lm Hinterplattner J. (1974), HFm Hinterplattner S. (1961), Fm Hinterplattner S. jun. (1982), Fm Hinterwirth P. (1979), JFm Hofer P. (1982), Lm Holzer K. (1953), HFm Holzer K. (1968), OBm Holzer L. (1951), OLm Holzer M. (1961), JFm Holzer M. jun. (1982), E-AW Holzner K. (1977), HFm Kirschbichler F. (1976), E-AW Kögl R. (1928), JFm Kuzmich R. jun. (1981), Lm Losbichler F. sen. (1947), OLm Losbichler J. (1961), OFm Losbichler L. jun. (1978), OFm Losbichler L. jun. (1978), OBm Losbichler L. sen. (1947), Fm Losbichler P. (1982), HFm Losbichler S. (1974), OLm Mitteramskogler B. (1976), Fm Musl J. (1978), HFm Musl M. (1960), Lm Nagl H. (1971), Fm Nagl J. (1978), OLm Nagl J. (1974), OBm Nagl L. (1968), E-BI Nagl L. sen. (1953), Fm Othmer B. (1980), Fm Ritt A. (1976), Fm Rohrweck M. (1981), Lm Rohrweck M. sen. (1966), Fm Rohrweck M. (1980), Fm Schoberberger A. (1980), Fm Schoberberger F. (1978), Lm Schönleitner E. (1976), HFm Schwödiauer A. sen. (1966), JFm Schwödiauer H. (1984), Fm Schwödiauer H. (1980), Fm Schwödiauer J. (1978), Fm Schwödiauer J. (1978), HBm Schwödiauer K. (1975), Lm Schwödiauer M. (1948), JFm Seirlehner A. (1980), Fm Seirlehner F. (1978), Fm Seirlehner H. (1979), Fm Seirlehner J. jun. (1979), HFm Seirlehner J. sen. (1952), OFm Sommer J. (1959), HFm Sonnleitner J. (1977), Fm Steinparzer J. (1971), Lm Steinparzer S. (1953), JFm Streitner M. (1981), JFm Streitner R. (1984), JFm Stubauer G. (1980), OFm Stubauer L. (1979), Fm Stubauer R. (1978), Fm Tempelmayr F. (1976), OBm Tempelmayr F. sen. (1950), PFm Wahlandt J. (1982), JFm Wenger A. (1984), HFm Zöttl J. (1961)

FF GAFLENZ

Am 14. November 1881 erfolgte die Gründung der Kommune-Feuerwehr unter dem Ortsvorsteher Franz Heuberger als Hauptmann und dem Kaplan Johann Nepomuk Hauser, der später Prälat und Landeshauptmann wurde. 40 Gulden waren das Kapital. Am 27. Mai 1890 kam es schließlich zur Gründung der Freiwilligen Feuerwehr Gaflenz in der konstituierenden Sitzung der Gemeinde. Erster Hauptmann war Heinrich Redl (bis 1898). Von 1898 bis 1929 war Gemeindesekretär Schreil Kommandant der Wehr. Von 1929 bis 1939 stand die Wehr unter dem Kommando Pesavento. Es wurde die erste Motorspritze (Breuer) angekauft und feierlich eingeweiht. Spritzenpatin war Frau Moshammer. Von 1939 bis 1947 war Josef Gärtl Wehrführer. In seiner Zeit war der Großbrand in Weyr beim Sägewerk Silber. 1947–1953: Kommandant Josef Sattler. In seiner Zeit war der Brand beim Bauernhaus Steger durch die Russen. 1953–1956: Kommandant Franz Drechsler, aufgestellt vom Landesfeuerwehrkommando. Im April 1951 wurde die Motorspritze R 75 erworben und feierlich eingeweiht. 1953: Ankauf des Rüstwagens Dodge von der Fleischhauerei Häller und in vielen freiwilligen Stunden Umbau zum Rüstwagen. 1956–1963: Kdt. Josef Sattler. 1963: Ankauf der VW-Automatik; 1968: Ankauf des Ford-Transit-Rüstwagens. 1977: Ankauf eines TLF 1000. 1979: Einweihung des neuen Feuerwehrhauses. 1983: Ankauf eines TLF Trupp 2000 und Segnung mit Zeltfest im August. Nach Josef Sattler waren folgende Kommandanten tätig: Franz Strick (1963–1983) und Werner Harreither (seit 1983).

HBI Harreither W. (1968), OBI Mitterramskogler H. (1977), AW Desch F. (1964), AW Englisch R. (1978), AW Führnholzner N. (1977), BI Atschreiter G. (1973), BI Bichlbauer J. (1964) — OLm Almberger A. (1953), OFm Atschreiter J. (1982), Fm Bachner E. (1977), OFm Brenn K. (1977), Fm Brenn S. (1979), OFm Buder J. (1977), Fm Fleischanderl L. (1950), Lm Hartung L. (1950), HBm Hochpöchler H. (1970), Lm Hochpöchler J. (1966), HFm Höchpöchler J. (1946), HBm Hölzl H. (1952), Fm Kleinlehner H. (1979), Fm Kleinlehner J. (1977), OFm Köppl E. (1977), Fm Köppl M. (1979), HFm Kopf A. (1973), HFm Kopf J. (1966), OFm Krenn F., HFm Mair-Vielhaber J. (1970), HFm Mair-Vielhaber J. (1970), Lm Merkinger F. (1957), PFm Merkinger R. (1983), HFm Pfaffenlehner F. (1963), Fm Pon F. (1946), HFm Rettensteiner A. (1954), PFm Rettensteiner E. (1983), PFm Rettensteiner F. (1981), OFm Rettensteiner J. (1943), Fm Rettensteiner J. (1979), OFm Rettensteiner M. (1956), OFm Salcher A. (1967), HBm Sattler J. (1947), Fm Schneckenreitner E. (1947), Fm Schneckenreitner G. (1974), Fm Schneckenreitner G. (1977), HBm Schoyswohl K. (1969), HFm Stadler J. (1943), OFm Stadler J. (1970), E-HBI Strick F. (1953), OFm Stubauer J. (1973), OFm Suchy W. (1954), HFm Wachauer F. (1964), Lm Weißensteiner A. (1947), Fm Weißensteiner Ch. (1979), Lm Weißensteiner E. (1949), HFm Weißensteiner J. (1980), HFm Wöhrenschimmel J. (1950)

FF GARSTEN

Die FF Garsten wurde am 7. September 1896 in der ersten Sitzung des Ausschusses gegründet. Die erste Mitgliederversammlung wurde am 19. September 1896 abgehalten. In dieser Versammlung wurde die Einteilung der Mannschaft in drei Abteilungen vorgenommen. Steigermannschaft: 17 Mann, Spritzenmannschaft: 35 Mann, Schutzmannschaft: 10 Mann. In dieser Sitzung wurde auch gleich über die Anschaffung von Blusen und Kappen gesprochen. Am 10. Oktober 1897 wurde der Ankauf von Petroleumfackeln beschlossen. Am 7. Mai 1898 fuhr Schriftführer Haas nach Wien zu einer Huldigungsfeier für Kaiser Franz Joseph, wobei gleichzeitig die Jubiläumsausstellung eröffnet wurde. Am 23. Oktober 1898 wurde der 2. Train (Feuerwehr) in der Ortschaft Sand gegründet. Am 19. März 1900 fand die Brückeneinweihung in Sand statt. Am 19. Oktober 1901 wurde von der Freiwilligen Rettung Wien eine Tafel „Erste Hilfe" zum Preis von einer Krone angekauft. Im Jahr 1905 meldete Dr. Wichtl seinen Beitritt als Corpsarzt und hielt einen Vortrag über Erste Hilfe bei Unfällen. Im Jahr 1915 standen 27 Feuerwehrmänner im Kriegsdienst. Bis zum 13. Oktober 1918 war die Feuerwehr im Gemeindestadel eingerichtet, anschließend wurde das neue Feuerwehrdepot bezogen. Am 20. März 1926 wurde von der Gemeinde ein Minimax angeschafft. 1926 wurden zwei Zillen angekauft, welche in der Strafanstalt aufbewahrt wurden. Am 28. August 1927 wurde eine Motorspritze der Fa. Gugg angekauft. Die Pferde für die Motorspritze wurden ab diesem Zeitpunkt ständig von Herrn Wieltsch gestellt. 1934 brach diese Spritze bei einer Übung, worauf eine tragbare Motorspritze angekauft wurde. Im Jahr 1947 wurde dank der Post eine Sirene montiert. 1949 wurde der Zeughausneubau begonnen und ging rasch voran.

HBI Schmidauer K. (1968), OBI Hollnbuchner S. (1971), AW Straubinger K. (1963), BI Straßer J. (1973) — Fm Bauer M. (1982), Fm Bernögger A. (1947), Fm Bernögger F. (1982), Fm Brader G. (1967), HBm Bramhas J. (1974), Bm Dürnberger J. (1947), Fm Egger P. (1982), OFm Felbauer B. (1974), Lm Fineder H. (1950), Fm Ginstl Ch. (1982), Fm Ginstl F., Fm Gorfer W. (1982), PFm Grill M. (1983), OFm Grünling A., OFm Grundner K. (1953), Lm Gstöttner K. (1976), OFm Haider J. (1983), OFm Hochleitner J. (1943), Lm Hollnbuchner L. (1973), HFm Karigl H. (1974), Lm Karigl K. (1979), OLm Kastner A. (1956), OFm Kerschbaumer H. (1979), OFm Kerschbaumer J. (1979), HBm Köpf A. (1969), OLm Leibner W. (1965), PFm Mayr F. (1983), Fm Mayrhofer A. (1950), Mörtenhuber J. (1973), E-OBI Mörtenhuber J. sen. (1950), E-BI Müller F. (1947), Lm Munk J. (1964), Lm Munk L. (1964), HFm Nagl J. (1973), Lm Nigsch G. (1974), Fm Paulitsch A. (1982), OFm Pavlicek A. (1970), Lm Pottfay R. (1964), HFm Roth H. (1972), Fm Dr. Ruschitzka W. (1956), OFm Schwarz E. (1948), Fm Siebermair H. (1982), Fm Steininger F. (1981), OFm Straßer F. (1949), HBm Wenigwieser S. (1973), Fm Wieltsch W. (1947), Fm Winkler M. (1973), OFm Zachl M. (1979), OFm Zachl M. (1980), Lm Zachl T. (1974), Zöhrer R.

FF GROSSRAMING

Über Betreiben des Feuerwehr-Bezirksverbandes Weyer an der Enns fand am 18. März 1894 die gründende Versammlung der FF Großraming statt, bei der 44 Gründungsmitglieder den Oberlehrer Carl Rauscher als ersten Hauptmann wählten. Bereits im Gründungsjahr wurde eine Handdruckspritze für ein Pferdegespann angeschafft und im Schulgebäude untergebracht. 1912 wurde sodann auf einem vom Gastwirt und späteren Fw. Kdt. Josef Salzwimmer zur Verfügung gestellten Grundstück das erste Zeughaus errichtet, das 1950/51 erweitert wurde. Die FF hatte außerdem im Ortsteil Hintstein noch eine eigene Feuerwache, wo 1937 ein Zeughaus errichtet wurde. Die erste Motorspritze (Marke Gugg) wurde am 1. September 1929 eingeweiht. 1945 wurde das erste Fahrzeug angeschafft, ein Steyr A-Typ samt Anhänger aus Wehrmachtsbeständen; ein Rüstfahrzeug LLF auf Opel Blitz folgte 1957, und das erste Tanklöschfahrzeug TLF 1700 auf einem Borgward-Fahrgestell 1960. Unser langjähriger Fw. Kdt. und 1980 verstorbener E-OBR Josef Stegmüller hat als Bezirks-Fw.-Kdt. des Bezirkes Steyr-Land – wie sein Sohn OBR Otto Stegmüller, der jetzt dieses Amt ausübt – weit über unseren Bezirk hinaus an Bekanntheit erlangt. 1972/73 wurde unter Kdt. Max Lirscher an der Eisenbundesstraße ein modernes Feuerwehrhaus mit vier Garagen und zwei Zeugwartewohnungen errichtet, wozu den Feuerwehrmännern rund 8 500 freiwillige Arbeitsstunden erbracht wurden. Im Zuge der Installierung der oö. Funkalarmierung wurde 1979 im Feuerwehrhaus die Bezirkswarnstelle Steyr-Land stationiert. Ausgerüstet ist die Wehr mit einem TLF 2000, einem modernen LF-B, einem Kdo.-Bus sowie mit einem vom LFK verlagerten Öl-Einsatzfahrzeug.

HBI Feistritzer L. (1956), OBI Großauer H. (1962), AW Auer J. (1970), AW Kerschbaumsteiner W. (1976), AW Zauner M. (1964), BI Aschauer K. (1959), BI Hack J. (1967), BI Pfanzeltner J. sen. (1956), BI Scharnreiter J. (1951), OBR Stegmüller O. (1945) — HLm Ahrer H. (1937), OFm Aigner W. (1979), JFm Artner Ch. (1982), Fm Artner R. (1981), HFm Auer H. (1970), E-AW Auer J. (1947), HFm Auer W. (1974), OLm Bauer W. (1962), OFm Baumgartner W. (1966), Fm Berger D. (1983), OBm Bernreiter B. (1958), OLm Bernreiter J. (1961), HFm Bernreiter M. (1930), HFm Böckl L. (1978), HFm Brandecker D. (1937), OFm Brenn A. (1978), HFm Buchmasser M. (1977), OFm Bürscher B. (1979), OLm Bürscher R. (1951), JFm Daucher P. (1983), JFm Ebenführer H. (1983), OLm Effenberg J. (1967), OLm Elsigan J. (1926), HFm Ende S. (1978), OLm Forster J. (1970), HBm Forster K. (1970), PFm Frühwirt F. (1984), OBm Gabaldo T. (1967), Fm Gabaldo W. (1981), Lm Garstenauer L. (1976), HBm Garstenauer J. (1955), OBm Großauer A. (1959), Bm Großauer J. (1966), Lm Großauer K. (1970), OLm Großauer L. (1974), OLm Großauer L. jun. (1973), HFm Großauer L. sen. (1951), HLm Großauer R. (1970), HBm Gsöllpointner H. jun. (1964), OLm Gsöllpointner H. sen. (1947), HBm Gsöllpointner K. (1977), HFm Gsöllpointner P. (1978), JFm Hack J. (1983), OLm Hack K. jun. (1967), OLm Hack K. sen. (1927), HLm Hanusch A. (1964), HBm Hartl F. (1962), JFm Hehenberger R. (1981), HLm Hekel G. (1964), OBm Herold S. (1954), HLm Hinterbichler J. (1968), JFm Höretzauer E. (1983), Lm Höretzauer J. (1973), OFm Höretzauer O. (1980), HLm Hofer H. (1961), OBm Holzinger E. (1968), PFm Huber H. (1984), HBm Jany F. (1977), Lm Jany L. (1951), OBm Köchl F. (1953), OFm Köchl H. (1979), E-AW Köchl J. (1931), OLm Kopf E. (1957), HFm Krenn R. (1977), JFm Kronsteiner D. (1982), JFm Kronsteiner M. (1982), HLm Kronsteiner O. (1964), OLm Laußermayr K. (1970), Lm Lirscher M. (1973), E-BI Lirscher R. (1948), OBm Lirscher R. (1982), Lm Lumplecker L. (1977), HFm Nagler M. (1977), Fm Neuhauser J. (1979), Lm Pfanzeltner J. jun. (1974), HFm Pfanzeltner K. (1977), Fm Pirkner G. (1982), OFm Pumsleitner E. (1973), OLm Pumsleitner W. (1964), HFm Ramskogler F. (1976), Lm Scharnreiter L. jun. (1966), E-HBI Scharnleitner L. sen. (1929), OLm Scharnleitner L. (1956), OFm Schlager A. (1978), HFm Schörkhuber J. (1978), OBm Schörkhuber J. (1958), Lm Schweighuber J. (1976), HFm Streicher J. (1979), Lm Streicher L. (1971), HBm Stubauer L. (1972), OFm Taferner F. (1974), HLm Unterbuchschachner A. (1960), OLm Vorderderfler R. (1953), E-BI Vorderderfler S. (1942), JFm Vorderwinkler D. (1982)

FF HILBERN

Um die Jahrhundertwende erhielt die Ortschaft Hilbern eine Spritze von der Feuerwehr Sierning, obwohl keine Feuerwehr bestand. So entschlossen sich die Hilberner, auch eine eigene FF zu gründen. Am 18. April 1926 war die Gründungsversammlung. Wie erwartet, wurde von den zahlreichen Anwesenden der Beschluß einstimmig angenommen. Johann Landerl erklärte sich bereit, den Grund für den Bau eines Depots kostenlos zur Verfügung zu stellen. Die Landwirte und Wehrkameraden halfen durch Robot und Fuhrwerk fleißig mit. Im Jahr 1930 gab es mehrere Brände, ein Erdbeben und Hochwasser. Durch Bausteine und Spenden konnte im selben Jahr eine neue Motorspritze angekauft werden. 1934 konnte wegen Trockenheit keine Übung abgehalten werden. Durch musikalische Feuerwehrmänner fand sich eine Musikgruppe zusammen, die den Ansporn zur Gründung der späteren Feuerwehrmusikkapelle Hilbern gab. Im Jahr 1938 kam die Feuerwehr Hilbern laut Feuerwehrordnung an die Gemeinde Sierning. Erst 1946 kam wieder Leben in die Feuerwehr. Die FF Hilbern hatte Glück und brauchte ihre Geräte nicht für Kriegszwecke abzuliefern. Am 3. August 1947 wurde das 20jährige Bestehen gefeiert. Am 4. Juni 1951 war es soweit, ein neuer Rüstwagen wurde bei der 25jährigen Bestandsfeier gesegnet. Die Wehrkasse war leer, es kamen immer Rechnungen, und so mußten Schulden gemacht werden. Doch durch Sammlungen und Spenden waren sie bald wieder beglichen. Im Jahr 1956 wurden eine Telefonsprechstelle bei Johann Landerl und ein Löschteich errichtet. Im Jahr 1964 wurde in Thanstetten ein Löschteich gebaut. Im Jahr 1966 entstand ein neues Feuerwehrdepot. Im Jahr 1975 wurde im Dorf Hilbern ein Löschteich errichtet.

HBI Weinfurtner A. (1965), OBI Glück F. (1960), AW Hiesmayr K. (1975), AW Kaltenböck G. (1975), AW Wasserbauer F. (1969), BI Edlmayr J. (1975), BI Häubl J. (1978) — HFm Achleitner F. (1960), OFm Baumschlager G. (1972), E-OBI Derflinger J. (1953), HLm Dietachmair A. (1951), OFm Dietachmair A. (1973), OFm Dietachmair F. (1975), E-AW Dietachmair J. (1948), HBm Edlmayr F. (1977), E-BI Eisenhuber L. (1959), Lm Frantal A. (1952), Lm Ganglbauer E. (1956), Lm Ganglbauer J. (1952), Fm Ganglbauer J. (1982), OLm Ganglbauer J. (1932), OFm Ganglbauer L. (1973), HBm Grill J. (1928), PFm Huber H. (1983), E-AW Humenberger A. (1951), PFm Humenberger A. (1983), E-HBI Judendorfer F. (1937), OFm Kaltenböck A. (1976), Fm Kaltenböck R. (1978), Fm Kerschberger F. (1981), Lm Krahwinkler J. (1946), OLm Lamm I. (1957), PFm Landerl F. (1983), OFm Landerl H. (1975), Bm Landerl J. (1929), Bm Langgraf F. (1933), OFm Malzner K. (1971), HFm Mayrpeter E. (1973), OLm Mayrpeter F. (1947), E-BI Mayrpeter J. (1956), OFm Nikolai J. (1973), OLm Nöbauer J. (1956), Fm Nöbauer J. (1980), OLm Obermayr E. (1956), PFm Obermayr E. jun. (1983), OFm Plaß F. (1983), HLm Raxendorfer F. (1948), Lm Ringer J. (1961), Lm Ruf A. (1959), Lm Ruf J. (1970), Lm Söllradl F. (1952), Fm Söllradl J. (1975), OBm Thalhammer F. (1963), OFm Wasserbauer A. (1973), E-HBI Wasserbauer K. (1951), E-HBI Weinberger K. (1959), Bm Zeilinger L. (1926)

FF HOFBERG

Die Freiwillige Feuerwehr Hofberg wurde im Jahr 1936 gegründet. Das Zeughaus wurde im Gründungsjahr erbaut und im Jahr 1961 renoviert. Die erste Pumpe war eine R 50 (Fa. Rosenbauer), das erste Fahrzeug ein Pferdegespann, dann wurde ein Anhänger für Traktor angekauft. 1964 wurde die VW Automatik 750 (TS 8) gekauft. 1974 wurde ein VW-Bus von der Rettung Weyer angekauft und zu einem KLF umgebaut. Seit der Gründung der Freiwilligen Feuerwehr Hofberg waren folgende Kommandanten für die Feuerwehr tätig: Josef Aigner, Ferdinand Ritt, Roman Hörmann, Alois Aspalter, Josef Stubauer, Konrad Hörmann.

HBI Hörmann K. (1968), OBI Stubauer J. (1959) — Aigner D. (1936), Aigner E. (1978), Aigner J. (1976), Aigner K. (1969), Aigner M. (1951), Aigner P. (1972), Aspalter A. (1951), Aspalter A. (1978), Aspalter H. (1979), Aspalter L. (1946), Aspalter P. (1982), Aspalter R. (1972), Bamacher J. (1974), Baumann J. (1978), Bürscher F. (1978), Bürscher F. (1978), Bürscher J. (1951), Bürscher J. (1968), Bürscher J. (1972), Bürscher S. (1980), Garstenauer J. (1962), Gartlehner A. (1972), Gartlehner A. (1956), Gartlehner K. (1972), Hörmann A. (1972), Hörmann E. (1970), Hörmann E. (1975), Hörmann F. (1968), Hörmann P. (1968), Hörmann R. (1947), Hundegger H. (1980), Hundegger J. (1982), Kalkhofer A. (1950), Kalkhofer E. (1976), Kalkhofer H. (1976), Kalkhofer H. (1976), Kalkhofer J. (1976), Katzensteiner A. (1959), Katzensteiner F. (1980), Mitterwachauer J. (1972), Oberbramberger M. (1970), Ritt M. (1970), Scharnreiter H., Scharrer A. (1972), Scharrer A. (1947), Stubauer F. (1961), Vorderderfler D. (1939)

FF KLEINRAMING

Die Freiwillige Feuerwehr Kleinraming wurde im Jahr 1903 gegründet. Leider sind alle Aufzeichnungen nach dem Zweiten Weltkrieg verlorengegangen, so daß nur spärliche Berichte über die frühen Jahre der Wehr vorhanden sind. Das erste Zeughaus wurde 1906 errichtet, das zweite, moderne Zeughaus in Massivbauweise wurde 1975 begonnen und 1979 eingeweiht. Die erste Pumpe war ein Hydrophor von der Fa. Peterle in Steyr, die erste Motorspritze ein Bräuer-Fabrikat aus dem Jahr 1929. 1958 kam es zum Ankauf einer neuen Motorspritze VW R 75, nachdem 1955 schon ein Rüstwagen Steyr A-Typ angeschafft worden war. 1962 erwarb die Wehr einen Land Rover mit Vorbaupumpe. Im Jahr 1980 wurde ein Ford Transit Bergefahrzeug vom LFK nach Kleinraming stationiert. 1984 vervollständigte ein TLF Trupp 2000 den Gerätestand der FF Kleinraming. Während der Kriegsjahre war die Freiwillige Feuerwehr Kleinraming übrigens der FF St. Ulrich unterstellt und wurde erst wieder im Jahr 1949 selbständig. Seit der Gründung standen folgende Kommandanten an der Spitze der Wehr: Josef Wimmer (1903–1908), Leopold Tursch (1908–1912); Michael Schwödiauer (1913–1939), Karl Beinhackl (1946–1951), Ernst Schwödiauer (1951–1963), Roman Forster (1963–1973), Alois Fuchshuber (seit 1973).

HBI Fuchshuber A. (1947), OBI Hinteramskogler L. (1950), AW Arthofer L. (1947), AW Infanger H. (1972), AW Kloiber F. (1963), BI Großeiber H. (1967), BI Ramsner J. (1962) — HFm Ahrer D. (1956), HBm Arthofer A. (1980), Fm Beinhackl H. (1974), OLm Beinhackl W. (1966), Fm Bramberger G. (1982), OFm Bramberger H. (1976), OLm Bramberger W. (1954), HFm Bramberger W. (1974), E-BI Burgholzer J. (1947), Lm Burgholzer J. (1972), OFm Burgholzer L. (1977), PFm Ebmer F. (1983), HFm Ecker L. (1966), OFm Emler J. (1969), Forster R. (1928), Lm Fuchshuber A. (1972), OFm Fuchshuber J. (1980), HFm Garstenauer A. (1960), OFm Garstenauer F. (1929), OFm Garstenauer F. (1962), HFm Garstenauer F. (1963), PFm Garstenauer K. (1983), HFm Gerstleitner J. (1962), Lm Gmainer F. (1956), HFm Gmainer L. (1937), Fm Gmainer R. (1982), OFm Grillenberger J. (1979), Fm Gschneidtner J. (1925), HFm Hanger H. (1973), PFm Heneckl E. (1983), HFm Hörmann L. (1963), HFm Holzner F. (1966), HFm Infanger P. (1970), Bm Kaiserlehner K. (1953), HFm Karer L. (1963), OFm Kleeberger J. (1979), HFm Kloiber F. (1937), HFm Kloiber J. (1962), HFm Kuzmich R. (1969), OFm Leitner J. (1965), HFm Lichtenberger J. (1953), Fm Lichtenberger L. (1931), Fm Mitterramskogler H. (1966), E-OBI Müller A. (1927), Lm Nell J. (1960), Fm Nell W. (1972), OFm Ostermayr F. (1968), Fm Ostermayr F. (1968), Lm Ramsner J. (1963), E-OBI Reichweger L. (1934), HFm Reitner J. (1947), Lm Riegler J. (1962), Fm Ritt F. (1976), Fm Ritt K. (1979), Fm Ritter E. (1979), HFm Ritter F. (1950), OFm Ritter G. (1980), HFm Schönleitner D. (1962), HFm Schönleitner H. (1982), OFm Schörkhuber O. (1979), OFm Schörkhuber W. (1980), HFm Schreiner J. (1968), HFm Schwödiauer E. (1969), OBm Schwödiauer H. (1966), Fm Steinbereiter L. (1979), Lm Tempelmayr F. (1969), HBm Tempelmayr J. (1947), HFm Tempelmayr J. (1973), PFm Walcher A. (1983), OLm Walcher D. (1961), PFm Walcher K. (1983), Fm Wansch F. (1975), Fm Wieser H. (1976), Fm Wieser L. (1976), OFm Wieser S. (1951), PFm Wimmer G. (1983), HBm Wimmer H. (1966), HFm Wimmer K. (1963), OFm Wimmer M. (1980), Lm Wimmer S. (1966), Fm Wirleitner F. (1979), HFm Wörtner J. (1959)

FF KLEINREIFLING

Im Jahr 1911 brannte das Wirtschaftsgebäude Reiflingbauer in Kleinreifling ab; das war der Anlaß für die Gründung der FF Kleinreifling im Jahr 1912. Die Gründungsmitglieder (soweit bekannt) waren: Franz Amon, Alois Aigner, Eduard Danzinger, Franz Brugger, Engelbert Kaltenbrunner sen., Johann Katzensteiner, Karl Katzensteiner, Franz Walcher sen., Xander Wöhri, Josef Beierl. Ab 25. April 1949 wurde die FF Kleinreifling mit Bescheid vom Amt der Oö. Landesregierung eine Körperschaft öffentlichen Rechtes. Im Jahr 1922 wurde das erste Zeughaus seiner Bestimmung übergeben. 1956 wurde das baufällig gewordene hölzerne Zeughaus zum Teil vergrößert und das Holzbauwerk durch ein Mauerziegelwerk ersetzt. Bis zum Jahr 1968 – Elektrifizierung der Bahnstrecken St. Valentin –Kleinreifling und Amstetten–Kleinreifling sowie im Jahr 1971 die Elektrifizierung der Bahnstrecke Kleinreifling–Hieflau – hatte die FF Kleinreifling jährlich bis zu 30 Waldbrände zu verzeichnen, hervorgerufen durch Funkenflug der Dampflokomotiven. 1967 wurde aufgrund des Kraftwerkbaues Kastenreith/Weyer der ehemalige Ort Kleinreifling abgerissen bzw. eingestaut und auf dem Plateau oberhalb des alten Ortes neu errichtet. Im Zuge dieser Umsiedlung wurde auch das Zeughaus im neuen Ort neu aufgebaut. Die Hauptleute seit der Gründung waren: Franz Amon (1912–1914), Engelbert Kaltenbrunner sen. (1914–1930), Engelbert Kaltenbrunner jun. (1930–1938), Alois Aigner (1938–1952), Johann Kremser (1952–1958), Ernst Schenk (1958–1961), Lambert Kupfer (1961–1983), Kurt Rodlauer (seit 1983). Heute verfügt die FF Kleinreifling über 1 LFB und 1 KLF mit 2 Stück TS 8 und ein hydraulisches Rettungsgerät.

HBI Rodlauer K. (1966), OBI Kerschbaumsteiner E. (1955) — Ahrer E. (1981), Aschacher H. (1981), Aschauer H. (1980), Beier W. (1981), Berger E. (1977), Berger J. (1977), Berger S. (1977), Binder F. (1971), Ertl F. (1981), Fößleitner H. (1982), Gollner G. (1983), Gottsbacher H. (1975), Gottsbacher R. (1966), Gurmann E. (1953), Hagauer J. (1975), Hager J. (1972), Haselsteiner A. (1953), Haselsteiner P. (1981), Hinteramskogler J. (1969), Hirner H. (1983), Hoffmann M. (1981), Hoffmann R. (1981), Holzner J. (1979), Hopf A. (1958), Hopf A. (1981), Hrubes H. (1965), Hrubes J. (1981), Hüttenbrenner R. (1975), Kalkhofer G. (1981), Kaltenbrunner E. (1979), Kaltenbrunner F. (1981), Kaspurz H. (1982), Kerschbaumsteiner A. (1982), Kerschbaumsteiner A. (1981), Kerschbaumsteiner E. (1975), Kerschbaumsteiner H. (1975), Kerschbaumsteiner H. (1977), Kerschbaumsteiner H. (1979), Kerschbaumsteiner K. (1959), Kerschbaumsteiner K. (1981), Kerschbaumsteiner W. (1981), Kittinger G. (1982), Kopf F. (1982), Krejcarek F. (1982), JFm Krejzarek M. (1983), Kupfer A. (1983), Kupfer H. (1981), Kupfer L. (1953), Larch A. (1983), Pichler M. (1981), Pölzl M. (1964), JFm Pölzl M. (1983), Pölzlbauer F. (1975), Pölzlbauer R. (1975), Prader K. (1979), Riegler F. (1971), Riegler G. (1967), Riegler J. (1968), Riegler L. (1968), Schürhagl E. (1982), Schwingshackl A. (1981), Schwingshackl H. (1982), Schwingshackl H. (1971), Schwingshackl R. (1980), Schwingshackl W. (1981), Seebauer H. (1981), Stangl J. (1983), Stix A. (1965), JFm Stix E. (1983), Stix H. (1981), Stöcklmair J. (1959), Stubauer J. (1968), Trauner F. (1975), Weidinger A. (1967), Weidinger H. (1981), Weidinger H. (1981), Weidinger J. (1965), Wolloner J. (1976)

FF LAUSSA

Nach dem Selbständigwerden der Gemeinde Laussa wurde im Jahr 1872 die FF Laussa gegründet. Das dürftige Löschgerät war bis zum Jahr 1932 in privaten Häusern untergebracht. In diesem Jahr erfolgte die Gliederung in zwei Züge: 1. Zug Laussa, 2. Zug Plattenberg. Das Gerät des 1. Zuges war im sogenannten Armenhaus der Gemeinde untergebracht, und für die Geräte des 2. Zuges wurde ein hölzernes freistehendes Depot beim Schöfftal auf dem Plattenberg errichtet. 1935 konnte die erste Motorspritze (TS 8) gekauft werden. 1947 wurde beim Gschwendbichl auf dem Sonnberg ein hölzernes Zeughaus errichtet und ein 3. Löschzug der Feuerwehr dort stationiert. Die drei Züge der Feuerwehr waren damals mit je einer Motor- und Handdruckspritze sowie 300 m Schläuchen ausgerüstet. 1950 wurde eine Alarmsirene im Ortszentrum installiert. 1955 wurde ein gebrauchter Mannschaftswagen (Steyr 640 A-Typ) angeschafft. 1964 wurde ein neues KLF (Ford FK 1000) mit Vorbaupumpe und Sprechfunkgerät (11-m-Band) angeschafft. Die schlechte Unterbringung der Löschgeräte machte den Bau eines Feuerwehrhauses notwendig. 1968 wurde dieses Haus von der Gemeinde und der FF Laussa errichtet. Die Feuerwehrkameraden leisteten dazu über 1 000 freiwillige Arbeitsstunden. Im neuen Feuerwehrhaus konnte das Gerät aller drei Züge untergebracht werden. 1973 wurde ein Kleinrüstfahrzeug (E-Wagen) vom Landesfeuerwehrkommando im Feuerwehrhaus stationiert. 1974 wurde ein Tanklöschfahrzeug (TLF Trupp 2000) gekauft, 1979 drei schwere Atemschutzgeräte und 1981 ein neues Kleinlöschfahrzeug angeschafft. 1982 erfolgte die Umstellung der Sirenensteuerung durch Funkauslösung des Landes- bzw. des Bezirksfeuerwehrkommandos.

HBI Laussermayr E. (1950), OBI Hinterplattner S. (1968), AW Derflinger J. (1966), AW Handstanger O. (1955), BI Laussermayr J. (1979) — HFm Auer W. (1975), E-HBI Baumgartner A. (1957), HBm Baumgartner H. (1964), JFm Bichler J., JFm Brandecker T., E-BI Brandner J. (1932), Fm Fösleitner J. (1977), Fm Gaszner A. (1982), Fm Gruber L. (1972), OFm Gruber R. (1977), HFm Hinterbichler J. (1932), OFm Hinterbichler J. (1966), Bm Hinterbichler R. (1958), Fm Hinterplattner H. (1978), HFm Hinterplattner J. (1947), Bm Losbichler F. (1947), HLm Obereigner Franz (1958), E-AW Obereinger F. (1925), HFm Obereigner S. (1956), Bm Pranzl B. (1940), JFm Pranzl H., OLm Pranzl J. (1954), HFm Pranzl J. (1976), OFm Pranzl L. (1976), OFm Pranzl S. (1975), E-AW Reither F. (1963), Fm Reither L. (1977), Fm Schmidthaler F. (1971), HBm Schmidthaler F. (1963), OLm Schmidthaler F. (1960), HLm Schmidthaler K. (1941), HBm Schmidthaler K. (1957), HBm Schmidthaler K. (1948), HLm Schmidthaler L. (1947), JFm Schörkhuber G., OLm Schörkhuber J. (1938), OFm Schörkhuber L. (1971), Lm Schörkhuber L. (1966), Schwaiger M., JFm Simayr K., JFm Simayr L. (1980), Simayr L., HLm Sonnleitner A. (1947), Bm Sonnleitner A. (1958), JFm Sperrer A., Fm Steiner B. (1973), OFm Steiner H. (1977), HBm Stubauer F. (1976), Fm Stubauer W. (1978), Fm Walker M. (1980), Bm Wallerberger A. (1941), HFm Wallerberger A. (1971), Fm Wimmer G. (1977), Fm Wimmer H. (1973), Lm Wimmer R. (1953), Fm Wolfthaler H. (1978), Fm Wolfthaler M. (1978)

FF LINDAU-NEUDORF

Die FF Lindau-Neudorf, die im Jahr 1929 gegründet wurde, hat in ihren ersten Jahren das Größte an Leistungen erbracht. Aus einem alten geschenkten Heustadel erbaute sie eine Zeugstätte, die dann auch, abgesehen von kleinen Verbesserungen (wie Sirene, Schlauchturm, Stromzufuhr), bis zum Jahr 1965 diente. Als erstes Gerät fungierte eine von Pferden gezogene Handdruckpumpe, die 1931 vom „Kleinen Florian" ersetzt wurde. Diese wurde 1934 von einer modernen Pumpe (R 24) abgelöst. 1960 kaufte man eine moderne Automatik 75 VW. Als Fortbewegungsmittel gab es bis 1955 Pferdefuhrwerk, Traktor bzw. ausgeliehene Autos von hiesigen Transportunternehmern. 1955 erwarb die Wehr einen alten Opel Blitz, der schon bei der Wehrmacht und später bei einem Unternehmer Dienst tat. Mit viel Eifer wurde er zu einem Feuerwehrfahrzeug umgebaut und typisiert. Die Freude war kurz und wurde bald vom Ärger abgelöst. Alle erdenklichen Krankheiten stellten sich ein, und es gab immer wieder unfreiwillige Geldausgaben. Aber die finanzielle Lage der Wehr erlaubte keine Neuanschaffung, da 1965 auch mit dem Bau einer neuen Zeugstätte begonnen wurde. Somit mußte mit dem Ankauf des neuen Fiat 1300, der jetzt im Besitz der Wehr ist, noch bis 1969 zugewartet werden. Zum Bau der Zeugstätte sowie zur Neuanschaffung des Löschfahrzeugs und der Automatik 75 VW, die unter der Kommandoführung von HBM Kandler geleitet wurden, wäre noch hinzuzufügen, daß viel Idealismus, Fleiß und Ausdauer der gesamten Mannschaft notwendig waren, um all das zu bewältigen. Haussammlungen, Veranstaltungen, Geld- und Holzspenden und vor allem unzählige unbezahlte Arbeitsstunden ermöglichten die Vorhaben.

HBI Maderthaner J. (1967), OBI Uriach B. (1967), AW Kandler R. (1938), AW Katzensteiner J. (1947), AW Krenn J. (1967), BI Kopf F. (1976) — HFm Bürscher J. (1981), OFm Dammerer F. (1970), Fm Garstenauer H. (1980), HBm Gsöllpointner J. (1969), HBm Hochbichler G. (1979), HBm Hochbichler H. (1976), E-BI Hopf E. (1962), HLm Hopf G. (1970), HBm Hornbachner J. (1961), HBm Kandler R. (1964), HFm Katzensteiner E. (1964), HFm Katzensteiner J. (1967), HFm Katzensteiner K. (1976), E-HBI Krenn A. (1936), E-HBI Krenn E. (1933), OBm Krenn E. (1964), OFm Kronsteiner F. (1979), HFm Kronsteiner F. (1979), HFm Puchbauer J. (1969), HFm Riegler J. (1981), Riegler K., HBm Riegler K. (1929), HFm Riegler L. (1979), HFm Riegler R. (1967), Lm Riegler R. (1967), HBm Schausberger J. (1964), OLm Schneider A. (1954), HFm Stangl A. (1970), HFm Stockinger G. (1977), HFm Stockinger J. (1967), HBm Stockinger M. (1959), HFm Weißensteiner F. (1979)

FF LOSENSTEIN

1871/72 wurde durch den Pächter des Zecket-Hammer Edelbauer die Losensteiner Wehr gegründet. Im selben Jahr konnte auch durch Initiative des Messerfabrikanten Alois Stadler eine Fabriks-Feuerwehr ins Leben gerufen werden, deren Mannschaft sich aus allen Schichten der Bevölkerung rekrutierte. Mit einfachsten Werkzeugen und Geräten wie Wassereimern, Feuerhaken und hölzernen Handdruckspritzen wurde der „Rote Hahn" bekämpft. Als Alarmierung diente die Dampfpfeife des Betriebes sowie die Burgkapellenglocke des Schlosses Weihmär. 1896 wurde im Ortskern eine Zeugstätte erbaut. 1926 fand der Zusammenschluß der Fabrikswehr mit der Ortsfeuerwehr statt. Nach den Kriegswirren fanden sich wiederum Männer zusammen, um die Wehr schlagkräftig zu machen. 1948 bestand die Freiwillige Feuerwehr Losenstein aus vier Löschzügen und verfügte über drei Motorspritzen samt Anhängern. 1953 konnte der Kauf eines eigenen Fahrzeuges Marke Steyr A-Typ getätigt werden. Unter der Führung des damaligen Kdt. Adolf Klaus wurde die Zeugstätte Schieferstein errichtet, am 11. September 1955 konnte der Löschteich Kirchenberg seiner Bestimmung übergeben werden, am 4. Juni 1961 erfolgte die Zeughaus- und Motorspritzenweihe (VW). Auch die nachfolgenden Wehrkommandanten setzten sich voll für die Modernisierung der Wehr ein; so konnten in Zusammenarbeit mit der Gemeinde folgende Ankäufe getätigt werden: 1 TLF 1000 (1966), 1 Mannschaftsfahrzeug Land Rover (1967). Die Errichtung eines Taucherstützpunktes des Bezirkes Steyr-Land (1971) stellte eine wesentliche Erweiterung der Einsatzfähigkeit der Wehr dar. Der Höhepunkt in der Geschichte der FF Losenstein war die Verlagerung eines Atemschutzwagens (1983) vom LKF. Im April 1984 wurde eine TS 120 VW angeschafft.

HBI Kroboth R. (1969), OBI Vorderwinkler H. (1957), AW Leonhardsberger K. (1973), AW Preuer J. (1955), AW Wimmer E. (1962), BI Damhofer F. (1964), BI Klaus A. (1955), BI Schwaiger F. (1965) — OFm Achleitner F. (1979), Lm Achleitner R. (1971), HBm Arthofer L. (1975), OFm Arthofer W. (1975), Lm Auer J. (1971), HFm Auer M. (1973), BI Brandner L. (1946), OFm Brandner L. (1946), HFm Brandner S. (1973), OFm Damhofer N. (1976), JFm Damhofer W. (1980), HFm Danzer F. (1946), Lm Ebenführer M. (1976), HBm Fürweger J. (1966), HFm Garstenauer A. (1953), HFm Garstenauer S. (1946), HFm Gartlehner E. (1964), JFm Gartlehner T. (1982), OFm Gröbl R. (1976), HBm Hagauer F. (1956), Lm Hirner J. (1971), HFm Hohlrieder P. (1969), HFm Jobst H. (1974), Lm Karrer K. (1969), Fm Kerec J. (1978), HBm Klaus F. (1955), PFm Körber H. (1982), JFm Körber H. (1982), Lm Kopeter M. (1965), BI Kothgaßner F. (1946), HBm Kothgaßner R. (1973), JFm Kroboth R. (1981), Bm Leonhardsberger A. (1964), OFm Leonhardsberger F. (1930), HFm Litzlbauer F. (1956), OLm Mayer R. (1968), OFm Nagler S. (1946), HBm Niederhofer F. (1969), Lm Niederhofer F. (1969), HFm Niederhofer J. (1969), OFm Niederhofer L. (1979), HFm Plöchl J. (1969), JFm Pranzl L. (1980), Lm Putzer B. (1972), Fm Reisinger G. (1977), HBm Reisinger J. (1955), HFm Reisinger W. (1973), OLm Salzmann L. (1946), HFm Schausberger F. (1964), OFm Schausberger J. (1946), BI Schmirl K. (1915), Bm Schörkhuber D. (1951), HLm Schörkhuber H. (1965), HFm Schörkhuber J. (1969), Lm Schörkhuber J. (1967), HLm Schörkhuber J. (1953), OLm Schörkhuber K. (1946), JFm Schwaiger R. (1981), Bm Siebmayr K. (1961), Fm Steindler J. (1976), HBm Steindler J. (1969), OFm Steindler L. (1976), OFm Stöllnberger L. (1979), BI Straßer W. (1956), Lm Strixner H. (1946), HFm Sulzner H. (1959), Fm Vanic D. (1980), Fm Wagner E. (1981), FK Walcherberger A. (1976), Lm Weberndorfer H. (1961), Fm Weilguny U. (1981), BI Weinberger J. (1946), Lm Weingrill O. (1930), Lm Zeilermayr E. (1965), OFm Zeilermayr E. (1974), Bm Zeilermayr K. (1946), Fm Zeilermayr K. (1976), Lm Ziebermayr R. (1965)

FF LOSENSTEINLEITEN

Die FF Losensteinleiten wurde 1897 gegründet. Gründer und erster Kommandant war Johann Hartmann (bis 1911). Die seit 1897 mit einer Handspritze und seit 1923 mit Einheitskupplungen versehene FF Losensteinleiten kaufte 1930 den ersten Rüstwagen, eine Motorpumpe mit einem Steyr-Austromotor. Zwischendurch wurde 1946 ein Depot erbaut und ein Steyr A-Typ angeschafft. 1959 kam eine Motorpumpe Rosenbauer VW R 75 zum Bestand, ihr folgte 1966 ein Rüstwagen Fiat 1300. Erst 1973 wurde die Ausrüstung modernisiert, ein Tankwagen TLF 2000 Trupp, versehen mit modernen Geräten wie Atemschutz, Schaumausrüstung, Funkgeräten usw., gekauft. 1976 wurde ein in Eigenregie umfunktionierter Ford Transit zu einem Rüstwagen umgebaut. 1981 folgte ein neues Feuerwehrhaus, dessen Arbeitsleistungen fast zur Gänze von Feuerwehrkameraden und Gönnern der FF erbracht wurden. 1983 konnte die Wehr ein Notstromaggregat und schließlich 1984 einen neuen LFB Mercedes Diesel 508 ihr eigen nennen. Seit 1980 ist die FF Losensteinleiten an das Sirenennetz und an die Funkalarmierung angeschlossen. Seit der Gründung der FF Losensteinleiten lenkten folgende Kommandanten die Geschicke der Wehr: Johann Hartmann (1897–1911), Johann Wild (1911–1919), Anton Klazna (1919–1933), Leopold Kreutzinger (1933–1938, zwischen 1938 und 1947 alternierend mit anderen, 1949–1953), Georg Mayr (Anfang 1938 bis Mitte 1938), Karl Steinmayr (1939–1941, 1947–1949), Alb. Zabern (1953–1956), Franz Akerl (1956–1963, 1968–1978), J. Girkinger (1963–1968), Martin Kreutzinger (seit 1978).

HBI Kreutzinger M. (1960), OBI Wimmer H., AW Hundsberger F. (1958), BI Ackerl J. (1970), BI Jonas J. (1956) — HFm Ackerl F. (1968), E-HBI Ackerl F. sen. (1945), HFm Ackerl K. (1974), E-BI Angerer F. (1932), HFm Arbeithuber J. (1971), OFm Auer G. (1975), Fm Berghuber M. (1982), HFm Binder H. (1967), Bm Blattner J. (1953), Lm Bräuer I. (1954), OFm Bruckner J. (1979), Eigner A. (1951), HFm Eigner F. (1974), OLm Eigner K. (1975), Fm Eigner W. (1981), HLm Felberbauer F. (1968), HLm Felberbauer J. (1968), OLm Gerstmayr J. (1967), HBm Girkinger J. (1950), Fm Hahn G. (1981), Haimböck F. (1920), HFm Hiesmayr A. (1961), HLm Hofer J. (1954), OFm Hofer J. (1979), OFm Hundsberger H. (1979), OFm Hundsberger W. (1978), OFm Jonas F. (1979), HFm Kimmerstorfer J. (1975), Knoll J. (1927), OFm König K. (1979), OFm Kreutzinger F. (1979), OFm Kreutzinger L. (1915), Lm Lederhilger L. (1951), HFm Leeber F. (1948), OFm Mayr J. (1975), HFm Mitter F. (1964), OLm Oberlehner F. (1946), HFm Poinstingl J. (1964), HFm Poschmayr F. (1964), Bm Poschmayr W. (1964), Pühringer R. (1973), HFm Katzinger F. (1955), HFm Schachner W. (1971), Schnabl E., Schöllerbacher R., Schrack K., Schrack K., Schützenhöfer V., Spatt A., Spatt I., Steinmayr F., Steinmayr F., Svoboda E., Weinmayr F., Wild K., Wolfinger F., Wolfinger F., Zehetner F.

FF MARIA NEUSTIFT

Am 10. September 1921 wurden von Oberlehrer Reiter 33 Männer zur Gründung einer Feuerwehr als Notschutz für die Bevölkerung einberufen. Reiter wurde zum Kommandanten gewählt. Es stand nur eine kleine Handspritze zur Verfügung. 1925 wurde eine große Handspritze angeschafft, die bereits von Pferden gezogen wurde. Die Ausrüstung war bis 1930 im Gemeindehaus untergebracht. 1930 wurde ein Depot aus von den Bauern zur Verfügung gestelltem Holz errichtet. Da keine Sirene zur Verfügung stand, geschah die Alarmierung durch Feuergeläut mit Kirchenglocken und Hornisten. Als Löschmittel wurde oft, wenn zu wenig Löschwasser vorhanden war, Jauche verwendet. 1932 konnte die erste Motorspritze (Kleiner Florian) angeschafft werden. Das Feuerwehrdepot wurde zwischen 1945 und 1949 von den Russen als Pferdestall benützt, die meiste Ausrüstung und die große Handspritze waren während dieser Zeit in Kleinscheibelstein in einer Scheune untergebracht. 1950 wurde im alten Gemeindeamt eine Sirene installiert und ein Löschteich gebaut. 1952 erhielt die FF Maria Neustift ihr erstes motorisiertes Fahrzeug (Chevrolet). Seit 1963 wurde ein Protokollbuch geführt. 1967 wurde anstelle des Chevrolet ein Unimog mit Allradantrieb angeschafft. 1970 konnte endlich eine Garage im neu erbauten Amtshaus, die als Zeughaus eingerichtet wurde, bezogen und das alte, baufällige Holzdepot geräumt werden. 1976 wurde der Unimog verkauft und ein neues TLF 2000 Steyr 590 in Empfang genommen. Die Gerätschaft besteht aus einem TLF 2000, einem Anhänger mit einer TS Automatik 75 VW und der dazugehörigen Löschangriffsausrüstung, einer Atemschutzausrüstung für drei Mann, einem 24-t-Hubzug, einem Notstromaggregat und sonstigen Ausrüstungsgegenständen.

HBI Dürnberger E. (1960), OBI Baumann J. (1969), AW Kopf H. (1977), AW Kopf J. (1972), AW Stubauer J. (1973), BI Hornbachner E. (1963), BI Infanger J. (1973) — E-AW Ahrer A. (1932), OBm Ahrer J. (1936), HFm Ahrer J. (1969), Lm Aigner F. (1970), Lm Arbacher H. (1970), HFm Arthofer J. (1971), Lm Baumann F. (1978), HBm Baumann W. (1975), HFm Dirnberger L. (1975), OLm Dürnberger F. (1966), E-AW Egger D. (1921), OLm Fellner R. (1962), OBm Forsthuber L. (1958), Fm Gelbenegger L. (1982), OBm Großbichler A. (1975), OFm Grosschartner H. (1974), OLm Grosschartner L. (1961), Fm Gruber R. (1982), HBm Gruber W. (1964), Bm Haas G. (1952), Fm Hintersonnleitner K. (1982), Lm Hirtenlehner L. (1947), HFm Hörndler M. (1969), OLm Hornbachner A. (1958), Fm Hornbachner E. (1980), Fm Hornbachner M. (1981), OLm Infanger H. (1967), OFm Kaltenriener G. (1963), HLm Kogler F. (1960), Fm Krenn J. (1982), Fm Krenn L. (1982), Fm Krifter K. (1976), OFm Merkinger E. (1973), OBm Merkinger F. (1958), HFm Mösengruber F. (1974), Lm Otto G. (1973), OFm Pfaffenlehner J. (1976), OLm Ratzberger D. (1955), OBm Ratzberger G. (1961), HBm Ratzberger J. (1947), Fm Ratzberger R. (1978), Lm Riener F. (1977), Bm Riener J. (1961), OFm Riener J. (1973), HFm Sattler F. (1967), OLm Schörkhuber A. (1961), Lm Schörkhuber G. (1954), HLm Schörkhuber K. (1951), OFm Schörkhuber W. (1975), Lm Schreiner J. (1977), Lm Schreiner J. (1970), OFm Siebermair J. (1964), OBm Sieghartsleitner E. (1959), Fm Sieghartsleitner E. (1978), HBm Stangl A. (1958), Fm Steindler A. (1981), Lm Steindler E. (1947), OLm Stubauer F. (1963), Lm Stubauer J. (1952), Fm Stubauer J. (1981), HFm Stubauer W. (1961), HFm Unterbuchschachner K. (1961), Fm Unterbuchschachner M. (1981)

FF MITTEREGG-HAAGEN

Die FF Mitteregg-Haagen wurde am 27. Dezember 1912 gegründet. Erster Kommandant war Michael Postlmayr. An Geräten stand eine Handspritze zur Verfügung. Im Jahr 1932 wurden eine tragbare Motorspritze Type Rosenbauer D 45 sowie Saugschläuche und 105 m B-Schläuche angekauft. Weiters wurde beschlossen, einen Spritzenwagen für Pferdegespann zu beschaffen. Von 1932 bis 1934 stand Kommandant Mitterhuber an der Spitze der Wehr. Von 1934 bis 1951 war Anton Ramskogler Hauptmann der FF Mitteregg-Haagen. 1951 übernahm Franz Pengelstorfer das Kommando. 1957 wurde eine neue Tragkraftspritze R 75 angekauft. Die Spritzenweihe fand am 8. August 1957 statt. 1960 wurde ein Feuerwehranhänger angekauft. Am 8. Juli 1962 wurde das 50jährige Gründungsfest gefeiert und dabei neun Gründungsmitglieder geehrt. Von 1963 bis 1968 führte Karl Riedl das Kommando. 1968 wurde Anton Ramskogler zum Kommandanten gewählt. 1971 wurde unter Kdt. Ramskogler ein KLF Ford Transit angekauft. In den darauffolgenden Jahren wurden Funkgeräte, Atemschutzgeräte und verschiedene Ausrüstungsgegenstände angeschafft. Nachdem das alte Feuerwehrhaus schon lange nicht mehr den Anforderungen entsprach, wurde mit der Gemeinde der Bau eines neuen Feuerwehrhauses beschlossen. Mit den Bauarbeiten wurde am 4. März 1982 begonnen. Bereits ein Jahr später, 1983, war der Bau fertiggestellt. Für den Neubau des Feuerwehrhauses wurden von den Feuerwehrkameraden 4500 Arbeitsstunden und 180 Traktorstunden unentgeltlich geleistet. Am 10. Juli 1983 fand das 70jährige Gründungsfest, verbunden mit der Einweihung des neuen Feuerwehrhauses, statt. 1983 erfolgte die Bestellung eines neuen LFB, das 1984 in den Dienst gestellt wurde.

HBI Spath J. (1966), OBI Postlmayr M. (1949) — Angerer K., Aschauer H., Baumgartner J., Bergmayr J., Blasl L., Blasl M., Brandecker F., Brandecker J., Brandtner A., Brandtner A. jun., Brandtner H., Brandtner J., Eigner F., Eigner F., Eigner M., Ennöckl-Steinbühler R., Ettlinger K., Felberbauer F., Felberbauer F., Felberbauer J., Felberbauer S., Finner E., Finner E. jun., Frech G. jun., Garstenauer J., Großauer F., Holzner F., Holzner J., Hundsberger F., Hundsberger F. jun., Kohl D., Kohl J., Kranawetter F., Kranawetter K., Fm Kranawetter M. (1982), Maderthaner J., Mandlberger P., Michlmayr A., Michlmayr J., Michlmayr J., Moser J., Pengelstorfer F., Pengelstorfer J., Pengelstorfer J., Pengelstorfer M., Postlmayr F., Postlmayr J., Postlmayr J., Postlmayr M., Ramskogler A., Ramskogler A. jun., Rauchenschwandtner F., Rauchenschwandtner J., Riedl F., Riedl F. jun., Riedl J., Riedl K., Roidinger M., Schaumberger F., Schedlberger J., Schedlberger K., Scherer H., Seiwald F., Seiwald J., Steiner J., Stögmüller K., Weinberger E.

FF MOOSGRABEN

Die FF Moosgraben ist eine der vier Ortsfeuerwehren der Gemeinde Maria Neustift. Am 28. November 1929 wurde die erste Versammlung abgehalten. Die Gründung wurde mit 1. Januar 1930 rechtskräftig. Zum Wehrführer wurde von den 40 Mitgliedern Johann Bernreitner gewählt, der diese Funktion bis 1947 ausübte. Zu den Ausrüstungsgegenständen gehörte eine neue Motorspritze Breuer E 35, die heute noch bei Schauübungen verwendet werden kann. Im Jahr 1945 mußte das Zeughaus geräumt werden, da es von den Russen als Wachlokal verwendet wurde. Nachdem die Russen das Zeughaus geräumt hatten, wurden die Geräte wieder in das Zeughaus gebracht. Seit 1947 war Johann Schweighuber Kommandant. Unter dem Kommando Schweighuber wurden eine neue Motorspritze VW 75 samt Anhänger sowie andere Geräte angeschafft. Schweighuber übte die Funktion des Feuerwehrkommandanten 25 Jahre lang aus und legte diese am 11. März 1972 nieder. An diesem Tag wurde Anton Krenn zum neuen Kommandanten gewählt. Im August 1974 wurde der Bau eines neuen Zeughauses begonnen und ohne fremde Mittel (außer 5 000 Schilling vom Landesfeuerwehrkommando) in Eigenregie errichtet. Es waren dazu 1 800 Arbeits- und 120 Traktorstunden nötig. Die Materialkosten wurden durch Haussammlungen und Veranstaltungen gedeckt. Am 29. August 1976 wurde das neue Zeughaus feierlich eingeweiht. Seit 1976 ist die FF Moosgraben auch Heuwehrstützpunkt; es wurde ein Fahrzeug mit Gerät vom Landesfeuerwehrkommando in die Feuerwehr verlagert. Die Wehr ist für die Bezirke Steyr-Land, Steyr-Stadt, Kirchdorf und Linz-Land zuständig.

HBI Krenn A. (1958), OBI Schweighuber J. (1971) — Berger R. (1982), Bramberger L. (1958), Brandner K. (1958), Brandner K. (1973), Brandner R. (1979), Dürnberger J. (1968), Ecker F. (1969), Ecker J. (1930), Ecker S. (1973), Garstenauer J. (1982), Geierlehner J. (1952), Hirtenlehner E. (1978), Hirtenlehner J. (1958), Hirtenlehner J. (1969), Hirtenlehner J. (1976), Hirtenlehner R. (1976), Hochbichler H. (1981), Hochstrasser L. (1930), Hörndler F. (1965), Hörndler F. (1979), Hörndler L. (1981), Hörndler M. (1964), Hornbachner D. (1952), Hornbachner D. (1981), Hornbachner J. (1969), Infanger J. (1954), Kleinlehner L. (1930), Krenn A. (1963), Krenn A. (1980), Krenn F. (1981), Krenn J. (1956), Krenn L. (1930), Krenn L. (1957), Laussermayr E. (1979), Laussermayr F. (1930), Laussermayr F. (1967), Maderthaner L. (1966), Maderthaner L. (1947), Oberbramberger D. (1975), Pretsch J. (1952), Ritt A. (1967), Ritt K. (1980), Ritt P. (1981), Rumer J. (1965), Schaupp E. (1972), Schoyswohl F. (1969), Schweiger J. (1973), Schweighuber D. (1930), Schweighuber D. (1947), Schweighuber F. (1969), Schweighuber F. (1977), Schweighuber J. (1939), Schweighuber J. (1930), Schweighuber J. (1979), Schweighuber M. (1980), Staudinger L. (1967), Tramberger K. (1957), Tramberger K. (1978), Unterbuchschachner R. (1954), Winklmayr F. (1979), Winklmayr J. (1982), Winklmayr L. (1977), Zöttl H. (1969)

FF NEUZEUG-SIERNINGHOFEN

Die Freiwillige Feuerwehr Neuzeug-Sierninghofen wurde im Jahr 1872 gegründet. Unterlagen über die Wehr sind leider erst ab 1889 vorhanden. Gründungsmitglieder waren Friedrich Bauernnebel, Dr. Friedrich Kränzl, Josef Greck, Josef Radmoser. 1890 wurde eine Handspritze angeschafft, 1900 eine neue Motorspritze. Nachdem das alte Feuerwehrhaus den Anforderungen nicht mehr entsprach, erfolgt 1985 die Eröffnung des neuen Zeughauses mit vier Ausfahrten. An Löschfahrzeugen sind vorhanden: 1 TLF Opel 1000-40, 1 Rüstfahrzeug Daimler L 409 LFB. An Einsatzgeräten für Brandeinsätze gibt es: 1 Sirene mit Sirenensteuergerät, 1 Pumpe VW Automat R 75, 3 Preßluftatmer, 8 Reserveflaschen, 4 Atemschutz leicht; 8 m A-Schläuche, 560 m B-Schläuche, 335 m C-Schläuche, 100 m HD-Schläuche, 3 Feuerlöscher CO_2, 200 l Mittelschaum, 2 Alu-Schiebeleitern, 3 Mobilfunkgeräte 2 m, 1 Handfunkgerät 2 m, 4 Handsprechgeräte 11 m, 2 Saugköpfe, 2 Verteiler, 1 B-Rohr, 4 C-Rohre, 2 Hitzeschutzjacken, 2 Hitzeschutzhandschuhe, 1 Asbest-Rettungstuch, 4 Feuerpatschen, 2 Standrohre, 1 Kanalratte. Technische Einsatzgeräte: 1 Zille mit Anhänger, 1 Unterwasserpumpe, 1 Stromaggregat mit Zubehör 5 kV, 1 Motorsäge Stihl, 1 Schleifhexe, 1 10-t-Winde, 3 Vetter Hebekissen mit Druckverminderer und Steuergerät 7,9 bis 14 t, 1 Rettungszwinger mit Gurte, 1 Vetter Hebekissen Type II–4, 1 Spreitzer SP 30 (Weber) mit Gelenkhaken und Zugketten, 1 Schneidegerät Type S90H, 1 Hydro-Pumpenaggregat mit E-Motor, 1 Bolzenzange groß, 1 Kontainer, 3 Schwimmwesten, 10 Säcke Ölbindemittel Fyenzit, 2 Halogenscheinwerfer mit Stativ, 2 Alu-Schaufeln, 3 Straßenkehrbesen.

BR Leitner W., Presenhuber K. — Amstler K., Bernauer J., Bonell E., Brandl F., Enzenebner J., Feldhofer A., Hasenauer P., Heiml J., Hollnsteiner G., Holnsteiner G., Kerbl R., Klausrigler F., Köstenberger M., Komarek J., Kreilhuber F., Krendlsberger J., Lachner K., Ledermann K., Leitner R., PFm Mayr H. (1983), Mollnhuber G., Nechtelberger R., Nechtelberger R., Neuhauser J., PFm Pinezits F. (1983), PFm Polzhuber P. (1983), Presenhuber M., Presenhuber M., Rieder H., Röhlich R., Scheiblauer G., Schiffer J., Schiffer J., Schlintl R., Schloßgangl F., Schmidberger F., Steinalt J., PFm Steinmayr F. (1983), Weingartsberger F., Wieser K., Wild E., Zinganell J., Zinganell J.

FF OBERDAMBACH

Bereits im Januar 1936 fanden erste Kontaktgespräche über die Gründung einer Feuerwehr in Oberdambach statt. Der Vorschlag, als 2. Löschzug der FF Reitnerberg zu fungieren, scheiterte wegen der ungünstigen Lage des Terrains (Gemeindegrenze), außerdem konnte eine gewünschte Handdruckspritze von der genannten Wehr nicht zur Verfügung gestellt werden. Nun ging man mit dem Anliegen zur Nachbarfeuerwehr Sand, von der auch sofort die Zusage kam, die erforderliche Handdruckspritze, einschließlich der notwendigen Schläuche und Geräte, zur Verfügung zu stellen. Der Gründung des 2. Löschzuges der FF Sand am 26. April 1936 stand nun nichts mehr im Wege. Zum ersten Zugskommandanten wurde Rupert Kopf bestellt, dem 25 begeisterte Kameraden zur Seite standen. Am 30. August 1936 fand die feierliche Einweihung des inzwischen erbauten Zeughauses statt. Im September 1939 wurde eine große Anzahl der FF-Kameraden zum deutschen Heer einberufen. Leider kehrten sechs tapfere Soldaten aus diesem furchtbaren Krieg nicht mehr heim. Im Herbst 1945 begann wieder der Aufbau des 2. Löschzuges, welcher im Februar 1951, unter Kommandant Kopf, eine selbständige Wehr der Gemeinde Garsten wurde. 1956 erfolgte der Ankauf der ersten Motorspritze, deren Transport noch auf Pferdewagen erfolgte. Im Juli 1959 großer Hochwassereinsatz in Mühlbach, es entstanden schwere Flurschäden. Im August 1969 verstarb Gründungskommandant Rupert Kopf. Hochwassereinsatz im Juli 1974. 1975: Beginn der Bauarbeiten für ein neues größeres Feuerwehrhaus, welches im November 1976 fertiggestellt wurde. Ankauf eines KLF im Dezember 1977. Im Juli 1978 wurde die feierliche Einweihung des neuen Zeughauses und des Rüstfahrzeuges vorgenommen.

HBI Stoiber A. (1952), OBI Obexer E. (1969) — Brunnmayr P. (1982), Eisenhofer J. (1982), Felbauer L. (1966), Feuerhuber J. (1978), Forster E. (1936), Forster J. (1977), Forster S. (1970), Garstenauer F. (1970), Garstenauer K. (1982), Hahn M. (1980), Hochbichler J. (1946), Hochbichler J. (1975), Hochbichler J. (1970), Hochbichler K. (1979), Hollnbuchner J. (1936), Hollnbuchner J. (1963), Infanger F. (1979), Kaltenriener F. (1936), Kopf R. (1957), Mörwald F. (1936), Obexer M. (1983), Putz J. (1978), Putz K. (1954), Putz K. (1983), Schimpelsberger D. (1983), Schimpelsberger D. (1959), Schörkhuber H. (1976), Schörkhuber J. (1954), Schörkhuber J. (1975), Steiner J. (1957), Stockenreitner J. (1978), Stoiber A. (1977), Stoiber B. (1980), Streitner R. (1978), Stumme F. (1983), Vorderndorfler F. (1957), Wahl E. (1957), Weißensteiner F. (1975), Weißensteiner K. (1970), Zöttl J. (1969)

FF PECHGRABEN

Schon 1914 wollte man eine Feuerwehr in Pechgraben gründen, doch verhinderte der Krieg dieses Vorhaben. Die erste Anschaffung war 1920 eine Schubkarrenspritze, erster Kommandant der provisorischen Wehr war Franz Holzinger. Die offizielle Gründung erfolgte am 29. Juni 1923. Das erste Zeughaus, ein Holzbau, wurde 1924/25 errichtet. Die Schubkarrenspritze war noch pferdebespannt; der erste motorisierte Rüstwagen, ein Dodge V 8, wurde 1953 von den Wehrkameraden aus einem Militärfahrzeug umgebaut. 1962 wurde ein Ford FK 1250 angeschafft; das nächste Rüstfahrzeug, ein Rover KLFA, kam 1974 zur Wehr. Das neueste Einsatzfahrzeug ist ein Mercedes 508 LFB mit Vorbaupumpe, das 1983 erworben wurde. Nachdem das hölzerne Zeughaus ausgedient hatte, wurde 1959 ein Ziegelbau errichtet, der 1969 aufgestockt wurde. Im März 1980 wurde mit dem Neubau eines Zeughauses begonnen und innerhalb eines Jahres mit enormem Arbeitseinsatz der Kameraden fertiggestellt. Seit der Gründung der Freiwilligen Feuerwehr Pechgraben standen folgende Kommandanten an der Spitze: Franz Holzinger (1920–1936), Ignaz Hochrieser (1936–1965), Thomas Hinterramskogler (1965–1968) und Stefan Riegler (seit 1968).

HBI Riegler S. (1958), OBI Maderthaner J. (1964), AW Gruber A. (1962), AW Schwarzlmüller M., BI Schraml H. (1971), BI Schwarzlmüller A. (1978) — Lm Ahrer A. (1975), Ahrer G., HLm Ahrer H. (1965), Bm Ahrer L. (1973), HFm Ahrer P. (1975), HLm Auer J. (1938), HLm Auer K. sen. (1960), OFm Auer K. jun. (1981), Bm Auer M. (1954), HFm Auer M. jun. (1981), Fm Badhofer R. (1949), Beran A. (1949), Fm Brandstetter H. (1975), HFm Einzenberger J. (1976), Lm Einzenberger P. (1980), Lm Einzenberger S. (1950), OFm Gamsjäger F. (1947), Lm Garstenauer F. (1976), OFm Garstenauer H. (1982), HFm Garstenauer J. jun. (1975), HLm Garstenauer J. sen. (1946), OLm Garstenauer M. (1960), OFm Göberl J. (1974), Lm Gruber A. (1980), OLm Gruber J. (1960), Lm Haselsteiner L. (1928), HLm Hinterramskogler F. (1963), HBm Hirner E. (1958), HFm Hirner H. (1975), HLm Hirner H. (1959), Lm Hirner J. (1977), Bm Hochrieser O. (1954), OFm Hochrieser O. jun. (1980), OLm Höritzauer L. (1958), Lm Höritzauer L. jun., Lm Holzinger F. (1958), OFm Holzinger F. (1980), Lm Holzinger F. sen. (1929), OFm Holzinger H. (1968), OFm Holzinger I. (1968), HFm Kaltenreiner R. (1976), HFm Katzensteiner E. (1974), Bm Katzensteiner L. (1947), HLm Krendl D. (1952), Bm Krendl K. (1965), HLm Maier S. (1961), Lm Mair F. (1958), OFm Mair F. jun. (1981), OLm Naderer-Eder F. (1946), HLm Pichlbauer H. (1953), OFm Pichlbauer H. (1980), Pichlbauer S., HFm Punzhuber R. (1968), OLm Rammelmüller S. (1971), OLm Riegler S. sen. (1938), Bm Rinnerberger H. (1953), HFm Rinnerberger H. (1970), OFm Rinnerberger P. (1976), OFm Schlager J. (1974), OFm Schmollngruber F. (1974), OLm Schmollngruber H. (1975), Lm Schmollngruber J. (1979), Lm Schraml J. (1932), Lm Schwarzlmüller W. (1979), HFm Staudinger E. (1968), Fm Strutzenberger J. (1982), Bm Stubauer A. (1959), OFm Stubauer F. (1980), OFm Wallerberger J. (1980), OFm Wimmer F. (1979), OLm Wöhrnschiml B. (1977)

FF PFARRKIRCHEN BEI BAD HALL

Am 9. Dezember 1894 fand die Gründungsversammlung statt, bei der 34 Mann eingeschrieben und daraus der erste Ausschuß gewählt wurde. Am 21. Februar 1895 wurden die Statuten angenommen und mit der Genehmigungsklausel versehen. Am 16. April 1895 wurde die erste Feuerspritze mit Saugwerk von der Firma Peterle in Steyr geliefert. Sechs Jahre später, am 27. Oktober 1901, wurde das erste Zeughaus von Pater Lambert Guppenberger eingeweiht. Am 19. August 1923 wurde die erste Motorspritze eingeweiht. Vor Kriegsbeginn, am 11. Dezember 1938, wurde die Freiwillige Feuerwehr Pfarrkirchen der Gemeinde Bad Hall unterstellt (Eingemeindung). 1946 erhielt die Freiwillige Feuerwehr Pfarrkirchen wieder ihre Selbständigkeit. Am 14. August 1949 wurde das erste Feuerwehrauto (Steyr 270 A-Type in offener Bauweise) in Dienst gestellt, und am 9. August 1959 kam es zur Übergabe und Einweihung der neuen VW-Tragkraftspritze. Am 14. März 1962 wurde eine Alarmsirene auf dem Gemeindeamt montiert. Am 16. April 1971 war die offizielle Übergabe des neuen Tanklöschfahrzeuges TLF 1000. 1971/72 erbaute die Kameradschaft der Freiwilligen Feuerwehr Pfarrkirchen mit Unterstützung der Bevölkerung ein neues Feuerwehrhaus und schaffte auch ein Kommandofahrzeug an, ohne dabei die Gemeindekasse zu belasten. Am 22. Oktober 1972 vollzog der Ortspfarrer Pater Thomas Eckerstorfer die Einweihung des neugebauten Feuerwehrhauses und des Kdo.-Fahrzeuges. Dabei wurde Pater Thomas zum Feuerwehrkurat ernannt. In der Gemeinde Pfarrkirchen wurde außerdem in der Ortschaft Möderndorf im Jahr 1922 eine eigene freiwillige Feuerwehr gegründet, die 1972 aus finanziellen Gründen und anderen Schwierigkeiten wieder aufgelöst wurde.

HBI Hiesmayr R. (1966), OBI Berger B. (1943), AW Breinesberger J. (1979), AW Maurerbaur J. (1958), AW Waglhuber F. (1965), HBI Motz R. (1934), BI Krammer J. (1950), BI Windisch H. (1958) — Fm Breinesberger A. (1979), Fm Breinesberger J. (1977), Fm Breinesberger W. (1977), OLm Bruckbauer W. (1963), OFm Derflinger A. (1973), OLm Derflinger H. (1962), BFK Eckerstorfer T. (1966), JFm Fechtig W. (1980), HFm Filzmoser K. (1966), Lm Filzmoser K. (1938), Fm Fischereder A. (1977), Fm Füßlberger J. (1966), HFm Gaßner G. (1959), JFm Gegenhuber R. (1983), Fm Girkinger A. (1981), JFm Girkinger G. (1983), JFm Gnadlinger F. (1983), HFm Grillmayr E. (1965), OFm Grilmayr R. (1973), Fm Hiesmayr R. (1977), JFm Iraschek G. (1982), Fm Jenzer A. (1979), E-OBI Jungreitmair F. (1932), Jungreitmair F. (1953), Bm Kaup H. (1972), Fm Kecler R. (1977), JFm Kögler S. (1982), Fm Kraus F. (1977), Lechner H., Fm Lechner J. (1977), E-HBI Lehner F. (1950), HFm Leibezeder J. (1958), HBm Maurerbaur J. (1955), Fm Maurerbaur J. (1979), JFm Mayr J. (1937), Lm Mayrbäurl J. (1933), HFm Mayrbäurl W. (1968), E-OBI Mayrhofer F. (1946), HBm Mitterbauer K. (1946), JFm Mitterbauer S. (1982), Fm Obermayr P. (1981), HLm Pichler A. (1963), HFm Pichler J. (1966), HFm Pichler J. (1958), OFm Plaß I. (1953), Fm Plaß J. (1977), HFm Platzer A. (1955), Lm Prieler J. (1971), JFm Reitspieß G. (1982), Fm Rosenberger A. (1978), HFm Schachner F. (1946), OLm Schachner F. (1956), Fm Schachner F. (1977), Fm Schachner G. (1977), Fm Stanzinger G. (1979), Fm Stelzer J. (1977), Waglhuber F. (1946), Lm Waglhuber K. (1971), OLm Wallner J. (1960), HBm Wessely J. (1928), HFm Windisch F. (1961), JFm Windisch T. (1982), Fm Zorn F. (1967)

FF PICHLERN

Als in den Jahren 1864 bis 1866 in Pichlern fünf Häuser ein Raub der Flammen wurden, faßten einige Bewohner des Ortes den Beschluß, eine Feuerspritze zu kaufen. Der Ankauf scheiterte jedoch an den zu hohen Kosten. Am 8. April 1890 wurde von der Innerberger Montangesellschaft Reichraming eine vierrädrige Saugspritze angekauft. Am 13. April 1890 war die erste Versammlung, bei der beschlossen wurde, eine Feuerlöschgesellschaft zu gründen. Zum ersten Feuerwehrkommandanten wurde Franz Zauner gewählt. 1894 wurde im Ort ein Löschteich mit einem Fassungsraum von 1 200 Eimern gebaut. Um 1900 setzte sich die Wehr Pichlern aus zwei Löschzügen, einer Steigerabteilung, einer Schlauchmannschaft und einer Schutzmannschaft zusammen. 1907 wurde bei der Generalversammlung der FF Pichlern auch eine Sanitätsabteilung angeschlossen. Am 2. September 1908 beschloß die FF Pichlern die Einführung eines Nachtwächterdienstes. Im August 1927 wurde von der Fa. Rosenbauer die erste Motorspritze angekauft. In den letzten Jahren des Zweiten Weltkrieges wurde das Feuerwehrdepot vollkommen ausgeplündert. Amerikanische Soldaten benützten die Motorspritze zum Reinigen ihrer Heeresfahrzeuge. Aufgrund von massiven Beschwerden des Kommandanten Scharz stellten die Amerikaner wieder eine Motorspritze TS 8 zur Verfügung. Alle übrigen Feuerwehrgeräte mußten neu angeschafft werden. 1947 bekam die Wehr Pichlern das erste motorisierte Löschfahrzeug, Typ Steyr 12. Am 21. Mai 1950 wurde ein neuer Rüstwagen Steyr A-Typ angekauft. 1976 wurde ein neues Lösch- und Bergefahrzeug, Mercedes Benz 409, erworben. Am 26. Oktober 1981 wurde eine Jugendgruppe gegründet.

HBI Eßl L. (1959), OBI Zeilinger F. (1961), AW Gubitzer L. (1974), AW König J. (1948), AW Mayrhofer F. (1979), BI Mayrhofer H. (1963), BI Michlmayr M. (1969) — OFm Attwenger H. (1980), OFm Blasl H. (1974), OFm Böttcher G. (1978), JFm Bota A. (1983), JFm Bota M. (1983), Brandhuber G. (1981), Ditzl Ch. (1981), HFm Ditzl K. (1978), Ditzl P. (1981), Bm Eßl G. (1975), Lm Fries R. (1964), OLm Ganglbauer J. (1953), HFm Grabenweger R. (1978), Fm Grillnberger R. (1981), E-HBI Gruchow E. (1959), Fm Gubitzer T. (1981), HFm Haslmayr H. (1978), Haslmayr M. (1972), Lm Heindler J. (1937), Hofstetter J. (1948), HFm Horeth J. (1978), HFm Keinrath J. (1972), Fm Kerschbaum F. (1981), OFm Kerschbaum H. (1973), OLm Kerschbaum L. (1953), OFm Kerschbaum L. (1980), Fm Kienbacher O. (1982), Lm Klausriegler A. (1979), Lm Klug F. (1978), OLm Köstenberger K. (1964), Lm Leichtfried R. (1968), HFm Markgraber G. (1978), Mayrhofer T. (1981), E-BI Mitterhuber K. (1920), HLm Mohringer K. (1951), HFm Mohringer P. (1975), HFm Molterer R. (1973), OBm Oberhauser G. (1963), Pichler S. (1981), PFm Polzhuber M. (1983), Lm Rehbogen A. (1973), Rosatzin M. (1981), Fm Ruttensteiner B. (1982), PFm Ruttensteiner W. (1981), E-HBI Scharz K. (1923), Scheierling A. (1981), OLm Schmid J. (1938), HFm Schwaiger J. (1976), JFm Simmlinger G. (1983), PFm Sinn W. (1984), JFm Teufel B. (1983), Lm Tews H. (1960), OFm Thumfart E. (1979), OLm Waldmann S. (1961)

FF REICHRAMING

Nach dem großen Brand im Jahr 1846, dem ein Großteil der Häuser von Reichraming zum Opfer fiel, wurden von der Alpine-Montan-Gesellschaft zwei Feuerspritzen und Feuerleitern angeschafft, aber von einer organisierten Feuerwehr konnte keine Rede sein. Im Jahr 1895 wird in der Chronik erstmals die Feuerwehr erwähnt, als Gründer und erster Hauptmann wird Mathias Albauer, als sein Nachfolger Stiglecker genannt, doch war es eine Wehr ohne eigene Ausrüstung und ab dem Hochwasser 1899 auch ohne Zeughaus. Erst dem wohl sehr energischen Kuno Dickbauer, Gastwirt und Schmiedemeister in Arzberg, ist die Gründung der Feuerwehr Reichraming zu danken. Ihm gelang es, im Jahr 1900 mit Hilfe der Gemeinde und privater Unterstützung die erste Saugspritze und die nötige Ausrüstung anzuschaffen. Auf dem von Johann Salcher der Feuerwehr geschenkten Grund wurde dann eine Zeugstätte errichtet, und nun erst konnte sich die Wehr im Laufe der Zeit entsprechend entwickeln: Den Feuerwehrmännern stehen heute 1 TLF 3000 mit Heckpumpe und Wasserwerfer, 1 LLFA mit Vorbaupumpe, 1 Kommando-Fahrzeug, Anhänger für Geräte zur Waldbrandbekämpfung mit Hubschrauber-Einsatz, 1 TS 8, Notstromaggregat 5 kV, 4 Preßluftatmer, 1 Sirenensteuergerät mit Durchsagespeicher, Funk und eine Vielzahl sonstiger kleinerer Ausrüstungsgegenstände für den Einsatz zur Verfügung. Seit der Gründung standen folgende Kommandanten an der Spitze der Wehr: Kuno Dickbauer (1900–1904), Mathias Franzmayr (1905), Johann Salcher (1906–1912), Josef Haider (1912–1952), Karl Salcher (1952–1964), Karl Wurz (1964–1980), Alois Salcher (1980–1983), Karl Salcher jun. (seit 1983).

HBI Salcher K. jun. (1969), OBI Klausberger G. (1961), HAW Weberndorfer G. (1973), AW Aichinger G. (1974), AW Krendl H. (1950), BI Garstenauer J. (1958), BI Unterbrunner E. (1948), LBD Salcher K. sen. (1945) — HBm Ahrer A. jun. (1972), HLm Ahrer A. sen. (1956), Bm Berger B. (1951), HLm Bichler J. (1964), Lm Blasl F. (1972), HLm Brandecker L. (1964), JFm Brunthaler Ch. (1981), Lm Eder R. (1964), JFm Fechter F. (1980), OFm Furtner M. (1969), Lm Grossauer J. jun. (1972), OBm Grossauer J. sen. (1952), Bm OSR Haider K. (1948), HFm Hanslik G. jun. (1972), HBm Hanslik G. sen. (1942), HFm Hanslik J. (1966), OFm Haselsteiner F. (1979), Fm Haselsteiner G. (1980), HLm Hennlich A. (1966), JFm Hennlich R. (1980), Fm Hinteramskogler F. (1979), Lm Karrer L. (1948), HFm Karrer W. (1969), HLm Kerbl F. (1965), HBm Klausberger K. (1972), OFm Klausberger M. (1976), HLm Koppenberger A. (1964), HBm Krendl H. (1975), HLm Kreuzriegler K. (1958), Lischka H., OLm Loibl L. (1950), HLm Mayr L. sen. (1948), OBm Oberthaler F. (1949), Fm Prenn E. (1980), HBm Rettenegger R. (1955), Bm Riedlecker J. (1946), OFm Salcher A. jun. (1973), E-HBI Salcher A. sen. (1954), Fm Salcher Ch. (1976), Fm Schiffthaler G. (1977), JFm Schlager H. (1980), HLm Schlager R. (1961), Lm Schmidthaler R. (1958), JFm Schwingshackl T. (1981), JFm Stinglmeier Ch. (1980), JFm Stinglmeier R. (1980), OLm Stockenreitner A. (1950), Stockenreitner A., JFm Sulzner H. (1981), Lm Vorderwinkler L. (1948), Fm Wartecker H. (1977) Fm Wipplinger L. (1982), OFm Wurz K. jun. (1976), E-HBI Wurz K. sen. (1948)

FF REITNERBERG-MÜHLBACHGRABEN

Die Freiwillige Feuerwehr Reitnerberg wurde am 26. April 1925 gegründet. Zum ersten Kommandanten wurde Michael Brandstätter gewählt. Das erste hölzerne Zeughaus wurde schon im Mai 1925 fertiggestellt. Am 14. Juli 1926 rückte die FF zum ersten Brandeinsatz beim Burner in Mühlbachgraben aus. Im November 1928 wurde die erste Saugspritze von der Firma Gugg gekauft. In der folgenden Zeit hatte die Feuerwehr viele Brandeinsätze. Nach vielen Einsätzen kaufte die Feuerwehr im September 1930 eine Motorspritze (Kleiner Florian). Im Jahr 1939 wurde die Feuerwehr Reitnerberg der Feuerwehr Ternberg als Löschzug zugeordnet. Unter Kommandant David Buchberger wurde nach dem Krieg 1947 die Tätigkeit der Feuerwehr wieder aufgenommen und im selben Jahr wieder eine Motorspritze und ein Feuerwehrwagen gekauft. 1952 wurde unter sehr schwierigen Umständen das Zeughaus neu errichtet. Im November 1958 kaufte die FF Reitnerberg eine neue Motorspritze der Type R 75 von der Fa. Rosenbauer. Im August 1959 hatte die FF einen großen Hochwassereinsatz. 1967 legte nach 30jähriger Tätigkeit Kommandant Buchberger seine Funktion zurück. Sein Nachfolger wurde Leopold Baumgartner. Bei der Jahreshauptversammlung 1973 wurde Karl Lindner zum neuen Kommandanten gewählt. Am 15. August 1975 feierte die Feuerwehr ihr 50jähriges Jubiläum und weihte ihr umgebautes Zeughaus ein. Im Juni 1979 übernahm David Buchberger jun. das Kommando der Feuerwehr Reitnerberg. Noch im Juli 1979 kaufte die Feuerwehr ein neues Feuerwehrauto KLF VW LT 35. Im Januar 1982 konnte die R 75 durch eine neue Tragkraftspritze der Type VW Supermatic ersetzt werden. Seit Januar 1983 steht die Feuerwehr Reitnerberg unter einer neuen Führung.

HBI Buchberger A. (1972), OBI Eibl A. (1959), AW Eibl J. (1966), AW Postlmayr J. (1969), AW Rosensteiner S. (1939), BI Buchberger D. (1955) — Lm Baumgartner H. (1974), OBm Baumgartner L. (1955), HFm Bramberger J. (1925), E-BI Buchberger B. (1934), E-HBI Buchberger D. (1925), Fm Burger M. (1981), HFm Chladil J. (1930), OFm Ehrenhuber M. (1935), E-OBI Eibl A. (1926), Fm Enöckl L. (1975), HLm Forster K. (1949), HBm Forster K. (1969), Fm Fröschl G. (1978), Fm Großauer K. (1979), Fm Haidler A. (1981), HBm Hollnbuchner J. (1972), OFm Klausriegler H. (1976), Fm Klausriegler H. (1974), Fm Klausriegler J. (1980), HFm Klausriegler K. (1955), HFm Kogler J. (1925), Fm Lengdorfer A. (1955), Lm Postlmayr J. (1939), Fm Resch A. (1936), HFm Rosensteiner J. (1952), OLm Rosensteiner J. (1952), HFm Rosensteiner J. (1974), HFm Rosensteiner S. (1973), HLm Schmiedberger J. (1955), HFm Schörkhuber F. (1970), Fm Schörkhuber H. (1981), OLm Schreiber H. (1968), Fm Schreiner R. (1980), HLm Steinbach A. (1939), Steinbach A., OFm Steinbach J. (1980), Fm Steinbach K. (1980), HLm Templ H. (1952), HFm Unterberger H. (1974), Lm Wimmer J. (1927), HFm Wolflehner G. (1925), OFm Wolfslehner E. (1980), HFm Wolfslehner J. (1976), OLm Wolfslehner J. (1939)

FF ROHR

Die FF Rohr wurde am 19. Mai 1889 gegründet. Gründer und erster Kommandant war der Gemeindesekretär Josef Waldenhofer. Die damalige Ausrüstung war eine Rosenbauer-Handdruckspritze. 1911 wurde eine fahrbare Schlauchhaspel angeschafft. Im Jahr 1925 wurde das neue Zeughaus unter dem Kommando von Johann Wienerroither erbaut. Sieben Jahre später wurde eine Rosenbauer-Motorspritze mit 18-PS-Viertakt-Motor gekauft. 1945 war für die FF Rohr ein besonderes Jahr. Aus Beständen der aufgelösten deutschen Wehrmacht bekam die Wehr einen Wehrmachts-Mannschaftstransportwagen, zwei Tragkraftspritzen, einen Feuerwehranhänger und an die 1000 m Schläuche. Das Hauptverdienst an dieser Aktion kommt dem damaligen Kommandanten Karl Flotzinger zu. Im Jahr 1952 wurde das Wehrmachtsfahrzeug zu einem vorschriftsmäßigen Löschfahrzeug umgebaut. Drei Jahre später wurde das Alarmhorn durch eine Alarmsirene beim Kirchenwirt ersetzt. 1957 wurde das erste Funkgerät gekauft und 1965 eine zweite Alarmsirene auf der Glashütte Rohr montiert. Im selben Jahr gab der Motor des Wehrmachtswagens den Geist auf. Bis 1967 wurde ein Traktor mit Anhänger eingesetzt und dann durch ein TLF 1000 auf Opel Blitz ersetzt. 1969 wurde ein Kleinbus angeschafft und zu einem Mannschaftswagen umgebaut, der 1980 durch einen neueren VW-Bus ersetzt wurde. Heute besitzt die FF Rohr ein TLF 2000 Trupp auf Steyr 591. Die FF Rohr zählt seit der Gründung zu den schlagkräftigsten Wehren der Umgebung und wird es auch mit der fortschreitenden Modernisierung der Einsatzgeräte und Einsatzmittel in Zukunft bleiben.

HBI Söllradl G. (1966), OBI Wölflehner J. (1956), AW Edelbauer F. (1964), AW Klausner J. (1977), AW Lederhilger W. (1962), BI Krieger E. (1964) — HFm Artner F. (1964), OFm Bleimfeldner W. (1976), OFm Brandstätter J. (1977), HLm Brandstätter J. (1949), HBm Breinesberger W. (1964), Lm Derflinger J. (1950), HFm Eder H. (1962), E-HBI Flotzinger K. (1949), PFm Ganglbauer A. (1983), Fm Ganglbauer H. (1981), HFm Ganglbauer J. (1973), HLm Gebeshuber J. (1958), HLm Hennerbichler J. (1962), HFm Höpoltseder H. (1962), PFm Huemer H. (1983), HFm Kirchmayr E. (1972), OBm Königsgruber F. (1956), PFm Königsgruber F. (1983), HBm Kohlendorfer J. (1964), HLm Lechenauer J. (1958), Lm Michlmair F. (1950), HFm Michlmair F. (1975), Fm Oberhuber W. (1978), HLm Perschel K. (1958), OLm Pfanzagl F. (1973), OFm Platzer E. (1980), Lm Raindl A. (1923), Lm Reindl J. (1968), Lm Reindl K. (1968), Lm Schneider K. (1940), OFm Schwarzlmüller F. (1972), Fm Singer J. (1982), Lm Singer K. (1952), HFm Singer K. (1976), OFm Staudinger W. (1980), Lm Stehrer F. (1948), HFm Stellnberger H. (1973), E-OBI Teufelauer G. (1947), HFm Teufelauer G. (1976)

FF ST. NIKOLA

Am 1. Oktober 1926 wurde die Freiwillige Feuerwehr St. Nikola gegründet. Die Erstausrüstung bestand aus einer Kübelpumpe. Am 7. Juni 1927 wurde das Gründungsfest der FF St. Nikola gefeiert. Gleichzeitig wurde die Segnung der inzwischen angekauften Handdruckpumpe vorgenommen. Am 4. Juli 1927 hatte die Feuerwehr St. Nikola die Feuertaufe zu bestehen, als das Spattlehnergut in der Ortschaft Wagenhub in Grünburg in Flammen aufging. Die Feuerwehr St. Nikola war von der Gründung bis Dezember 1927 eine Filialfeuerwehr von Waldneukirchen. Erst das Jahr 1928 brachte die Selbständigkeit. 1930 wurde mit dem Bau eines Feuerwehrhauses begonnen. Die Einweihung fand am 31. August 1930 statt. 1938 wurde die Wehr wieder der FF Waldneukirchen eingegliedert. In den Nachkriegsjahren setzte die Feuerwehr St. Nikola alles daran, das während der Kriegsjahre Versäumte nachzuholen und die verlorene Selbständigkeit wiederzuerlangen. 1952 wurde die erste Motorpumpe, eine RW 25, angekauft. Das Jahr 1954 brachte der Feuerwehr St. Nikola die Selbständigkeit. Im Jahr 1958 wurde ein Einachsanhänger und 1961 eine Sirene angekauft. 1969 erhielt die FF St. Nikola eine neue Motorpumpe, eine VW-Automatik, und 1974 wurde ein gebrauchter Ford Transit angekauft, welcher zu einem KLF umgebaut wurde. Da auch das Feuerwehrhaus nicht mehr den Anforderungen entsprach, wurde im April 1980 mit dem Bau eines neuen Feuerwehrhauses begonnen, welches 1982 fertiggestellt werden konnte. Die Segnung des neuen Feuerwehrhauses fand 1982 statt. 1983 wurde ein LFB, Mercedes 409 D, angekauft, das am 18. September 1983 gesegnet und seiner Bestimmung übergeben wurde.

HBI Kammerhuber K. (1967), OBI Schmidthaler H. (1979), AW Garstenauer S. (1967), AW Hofer J. jun. (1955), AW Lehner R. sen. (1959), BI Kammerhuber F. (1975) — Lm Blumenschein F. (1947), PFm Blumenschein H. (1983), Lm Ebner W. (1965), Fm Gegenleitner F. (1982), HFm Gegenleitner H., HFm Gegenleitner L. jun. (1967), OBm Gegenleitner L. sen. (1947), OFm Gutbrunner F. (1983), Lm Hofer A. (1957), HFm Hofer M. (1976), HFm Huemer Kals F. (1964), OBm Kainrad F. (1961), OLm Kammerhuber J. (1957), PFm Kammerhuber R. (1983), Lm Karlhuber F. (1964), HFm Karlhuber J. jun. (1955), HFm Kronsteiner L. (1975), HFm Lappi J. (1941), HFm Lederhilger A. (1965), Lm Lehner R. jun. (1974), Fm Pranzl F. (1982), HFm Pranzl J. (1969), HFm Pranzl K. (1978), HFm Reiterer F. jun. (1976), E-HBI Reiterer F. sen. (1953), Lm Rohrweger K. (1972), HFm Schneckenleitner R. (1959), HFm Tanzmayr H. jun. (1960), E-HBI Tanzmayr H. sen. (1930)

FF ST. ULRICH

Am 15. August 1905 fand die Gründungsversammlung der Freiwilligen Feuerwehr St. Ulrich statt. Sogleich wurde der Ankauf einer Handdruckspritze, von Schläuchen und notwendigen Geräten beschlossen. 1907 wurde das Zeughaus fertiggestellt. 1910 kam es zur Anschaffung einer zweiten Spritze. 1911 wurde die Feuerwehrmusik ins Leben gerufen. 1926 baute die Wehr ein zweites Depot und gründete einen 2. Zug sowie eine Sanitätsabteilung unter Kamerad Heindl. Um ihre Schlagkraft zu erhöhen, baute die Wehr ein drittes Zeughaus und einen 3. Zug. Im selben Jahr, 1930, wurde für den 1. Zug die erste Motorspritze „Kleiner Florian" angeschafft. Noch vor Kriegsende erhielt die Wehr ein Feuerwehrauto Marke Magirus, das 1945 von den Russen beschlagnahmt wurde. 1947 bekam die FF aus Heeresbeständen einen Lastwagen Steyr A-Typ, der von den Kameraden zu einem Feuerwehrauto umgebaut wurde. 1952 wurden der 2. und der 3. Zug aufgelöst und dem 1. Zug der FF St. Ulrich eingegliedert. 1958: Kauf eines Rüstwagens Opel von der Fa. Rosenbauer und Verkauf des alten Wagens. 1961 Ankauf einer neuen TS VW Automatik, Einbau einer Sirene. 1968 wurde die FF mit schwerem Atemschutz ausgerüstet. Von 1974 bis 1978 Bau eines neuen Zeughauses. 1979 erfolgte der Kauf eines neuen TLF, 1981 eines LFB und hydraulischer Bergewerkzeuge. Die Feuerwehrkommandanten seit der Gründung waren: Vinzenz Kern (1905–1937), Max Rahofer (1937–1945), Vinzenz Kern (1945–1952), Leopold Ottenberger (1952–1966), Johann Mock (1966–1975).

HBI Blumenschein J., OBI Mörtenhuber J. (1969), AW Garstenauer F. (1950), AW Hinterleitner K. (1954), AW Kreuzhuber J. (1973), BI Ottenberger J. (1964) — OFm Benischek H. (1980), JFm Beran Ch. (1983), Lm Blumenschein J. (1975), OBm Blumenschein J. (1975), Lm Bramberger J. (1974), JFm Brandner Ch. (1982), Lm Brandner W. (1981), HFm Brandstetter F. (1976), FA Dr. Brandstetter J. (1983), Fm Braunsberger B. (1983), Lm Buder A. (1975), OLm Buder F. (1959), Lm Buder F. (1975), Fm Bürstmayr H. (1980), Fm Bürstmayr H. (1982), Fm Bürstmayr M. (1980), JFm Bürstmayr R. (1980), Fm Büßer H. (1980), OLm Büßer J. (1963), Lm Derflinger J. (1972), JFm Dorfer S. (1982), Fm Dutzler H. (1977), OFm Fachberger F. (1973), OFm Fachberger H. (1973), OLm Forstenlehner F. (1956), JFm Forstenlehner F. (1980), JFm Forstenlehner S. (1981), HBm Grünmann F. (1952), Fm Grünmann W. (1980), OBm Hiesmair L. (1946), OFm Hiesmair L. (1975), OLm Hinterbichler J. (1967), Lm Hinterreiter S. (1980), OFm Hochstrasser Ch. (1978), Lm Hochstrasser F. (1960), Fm Hummer H. J. (1980), Lm Hundsberger F. (1947), OLm Infanger H. (1963), HLm Kahlig A. (1956), Fm Kahlig A. (1980), Bm Kalasch R. (1947), HBm Kalasch R. (1966), HFm Kern F. (1926), Kern G. (1980), HBm Kern K. (1960), E-HBI Kern V. (1916), OLm Kern W. (1954), Lm Kimberger J. (1969), Fm Kimberger K. (1981), Lm Kimberger R. (1921), HFm Kinzelhofer K. (1973), Fm Kogler W. (1978), Fm Kriener H. (1982), Lm Madengruber J. (1960), E-BI Madengruber K. (1929), HFm Marchgraber F. (1930), Fm Mayr J. (1972), HFm Mock J. (1930), OFm Molterer K. (1976), E-AW Nagler J. (1930), HFm Nußbaumer J. (1946), HFm Ortner J. (1935), HFm Pell J. (1976), OFm Pöllhuber H. (1975), OBm Pöllhuber J. (1949), OFm Poinstingl J. (1976), HFm Prenn M. (1938), HFm Prenn M. (1972), JFm Putz G. (1982), JFm Putz H. (1983), OFm Putz H. (1975), HLm Putz K. (1954), OFm Putz K. (1975), HBm Rahofer F. (1958), JFm Raschl P. (1982), HBm Rauscher K. (1947), HFm Rauscher K. (1969), OBm Riedl J. (1947), Fm Riedl L. (1976), Fm Riedl W. (1980), JFm Sergl F. (1983), Fm Singer M. (1980), HBm Sonnleitner F. (1963), JFm Sonnleitner H. (1982), Fm Stanzel J. (1980), E-AW Steinmayr T. (1949), Lm Strasser F. (1940), HBm Strasser J. (1960), Lm Tursch L. (1971), HLm Wieser E. (1966), Wieser H. (1963), OFm Wild A. (1975), Lm Wild F. (1956), Lm Wild J. (1969), OFm Wild M. (1975), HFm Wimmer E. (1973), Fm Wimmer G. (1980), OFm Wimmer H. (1975), Lm Wimmer J. (1960), JFm Wimmer J. (1981), HFm Wimmer R. (1975), Fm Wolfsjäger H. (1980), JFm Würflinger M. (1983)

FF SAASS

Bereits seit 19. Juli 1913 bestand in der Saaß ein Löschzug, zugehörig zur FF Garsten. Am 10. April 1921 gründeten 24 Mann eine selbständige Wehr, und Johann Hofstätter, der bisher Löschzugführer war, wurde zum ersten Wehrführer gewählt. Sämtliche Rüstungen wurden an die FF Garsten zurückgestellt, und es begann der Aufbau der jungen, gänzlich mittellosen Wehr. Dank der Opferbereitschaft der Bevölkerung ist es zum Wohle des Nächsten gelungen, das Allernotwendigste anzuschaffen. Als Zeughaus diente ein Holzschuppen. Von der FF Garsten wurde ein alter Schlauchturm angekauft und in der Saaß aufgestellt. Aber schon einige Jahre später fand man mit dem als Zeughaus verwendeten Holzschuppen nicht mehr das Auslangen, und so faßte man den Beschluß, ein neues Zeughaus zu bauen. Im Januar 1925 wurde von der Gemeinde hiezu die Bewilligung gegeben und der Bau in Angriff genommen. Bereits im Juni 1925 konnte das neue Zeughaus von der Gemeinde an die Wehr übergeben werden. Eine sehr wichtige Anschaffung war im Jahr 1931 die erste Motorspritze, Type E 35 Rosenbauer, die bei zahlreichen Brandeinsätzen gute Dienste leistete. 1947 wurde ein Motorwagen „Steyr A-Type" angekauft, der aus Restbeständen der Deutschen Wehrmacht stammte und zu einem Mannschafts- und Rüstwagen umgebaut wurde. Am 30. Mai 1950 wurde die Wiederselbständigmachung und Eintragung der Wehr in das Feuerwehrbuch vorgenommen. Um den steigenden Anforderungen gerecht zu werden, wurde die Wehr 1956 mit einer neuen Motorspritze VW 75 Rosenbauer und 1968 mit einem KLF Ford Transit 1500 ausgerüstet. In den weiteren Jahren wurden Funkgeräte 11-m-Band und 2-m-Band sowie drei schwere Atemschutzgeräte angekauft. 1983 wurde mit dem Bau eines neuen Feuerwehrhauses begonnen.

HBI Stoiber E. (1956), OBI Rosensteiner B. (1963), AW Bruckner K. (1951), AW Mayr B. (1957), AW Rosensteiner G. (1979), AW Schaffhauser K. (1971), HBI Dietermair H. (1946), BI Felbauer H. (1957), BI Rosensteiner J. (1963) — OLm Berer J. (1981), HFm Brandner F. (1976), HBm Brandner J. (1973), HLm Brandner K. (1971), HLm Brandner M. sen. (1945), OLm Brunner J. (1947), HFm Brunner J. (1964), OBm Dietermair H. jun. (1974), OBm Ehrenhuber W. (1968), OBm Elias J. (1964), Fm Felbauer F. (1981), Bm Groß J. (1965), OBm Grossauer A. (1963), OBm Gruber B. (1964), Fm Hinterplattner A. (1981), OBm Hinterplattner B. (1947), OFm Hinterplattner B. (1978), OFm Hinterplattner J. (1979), Bm Hofstätter J. (1926), OBm Holzner E. (1955), OLm Holzner R. (1969), Lm Infanger K. (1974), Lm Jany A. (1958), Lm Kastenhofer O. (1953), HFm Kastner J. (1977), Fm Kiesenhofer G. (1981), HFm Koppler F. (1975), OFm Kroiß F. (1928), Lm Lainerberger F. (1957), Loibl L. (1935), AW Mollner K. (1931), Bm Mollner K. jun. (1973), HLm Nigsch F. (1929), Lm Platzer K. (1932), OLm Poxrucker L. (1934), Lm Richter F. (1974), Lm Rosensteiner J. (1922), OLm Schachner K. (1949), HFm Schachner K. (1953), Fm Schaffhauser F. (1981), HBm Schartner F. (1952), HLm Steininger F., OFm Stoiber B. (1979), Bm Stoiber E. (1978), HBm Stoiber F. (1977), OBm Taferner A. (1956), Lm Wührer S. (1957), E-BI Zehetmaier L. (1969), OLm Zöttl J. (1925), AW Zöttl L. (1956)

FF SAND

Die Freiwillige Feuerwehr Sand, welche von 1899 bis 1902 als 2. Zug der Ortsfeuerwehr Garsten geführt wurde, wurde 1903 eine eigenständige Wehr. Die damaligen Gründungsmitglieder Hilbertratner, Brettentaler, Domini, Sachsenhuber, Zeilermayr, Strasser, Lachner, Wild und Vögerl verstanden es bereits, 34 Mann zu vereinen. Eine pferdegezogene Handdruckspritze war bis 1931 das Löschgerät. 1931 wurde eine E 35 angeschafft, welche bis 1936 ihren Dienst in Sand versah, und anschließend beim 2. Zug in Oberdambach im Einsatz war. Zwischen 1936 und 1959 war eine TS 50 im Einsatz, welche 1946 auf einem umgebauten, aus Kriegsbeständen stammenden Steyr A-Typ, der auch als Mannschaftswagen diente, befördert wurde. Dann begann die Zeit der Neuanschaffungen: 1960 wird eine TS 8 angeschafft; 1964 Ankauf eines Allrad-Land-Rover mit Vorbaupumpe; 1966 Zeughausbau; 1969 2 Sirenen installiert; 1968 3 Atemschutzgeräte; 1971 Kauf von Funkgeräten; 1974 Ankauf eines Tanklöschfahrzeuges TLF 2000, ebenso Zubau beim Zeughaus (Garagen und Mannschaftsräume); 1977 Ankauf eines Rüstwagens LFB M 408; 1981 – Notstromaggregat, Bergegeräte angeschafft; 1982 eigener Brunnen und Wasserversorgung geschaffen. Seit der Gründung führten folgende Kommandanten die FF Sand: Michael Hilbertratner (1903–1918), Karl Sallinger (1919–1922), Josef Strasser (1923–1928), Karl Finner (1928–1938), Karl Sallinger (1938–1946), Josef Pfleger (1946–1963), Josef Angerer (1963–1966), Franz Sallinger (1966–1983), Manfred Nöbauer (seit 1983).

HBI Nöbauer M. (1970), OBI Weidmann K. (1966), AW Brettenthaler W. (1971), AW Leimhofer J. (1970), AW Nußbaumer H. (1977), BI Eibl B. (1949), BI Ing. Hinterleitner F. (1968) — Bm Angerer J. (1949), HFm Asanger R. (1953), OLm Auer K. (1940), OBm Binder L. (1976), Lm Brandner F. (1953), HFm Brettenthaler J. (1931), HFm Brettenthaler K. (1923), HFm Brettenthaler W. (1921), Lm Buder R. (1963), E-AW Burgholzer F. (1931), OLm Burgholzer W. (1969), HFm Danmayr H. (1976), HFm Danmayr J. (1962), HLm Danzberger F. (1962), HFm Danzberger J. (1931), HFm Dorfer H. (1976), HFm Dorfer J. (1959), Lm Dorfer P. (1959), Lm Eibl B. (1974), OBm Eibl L. (1954), HFm Eitzenberger F. (1980), Lm Eitzenberger F. (1956), Lm Forster B. (1957), PFm Forster G. (1983), OLm Forster H. (1951), HFm Forster L. (1923), PFm Gmainer W. (1983), OFm Grenzlehner F. (1969), Lm Gschneitner E. (1976), Lm Hatschenberger B. (1974), Lm Hatschenberger J. (1921), HFm Hebrank M. (1971), E-AW Hinterleitner F. (1950), Lm Hinterleitner R. (1980), OBm Hinterplattner M. (1976), Fm Hochwallner J., Lm Hörmann P. (1980), PFm Hubauer J. (1983), Lm Kalas J. (1972), HFm Kaltenrainer L. (1925), Lm Kletzmayr K. (1966), HBm Kohlgruber F. (1960), HFm Leimhofer F. (1970), OFm Leimhofer H. (1979), Lm Leimhofer J. (1979), HFm Lichtenegger A. (1966), HFm Lichtenegger K. (1926), HBm Maderthaner K. (1968), Bm Maderthaner R. (1951), OLm Mayr K. (1947), Lm Mösengruber K. (1980), OFm Oberaigner L. (1946), HFm Özelt A. (1979), PFm Pachner W. (1983), Lm Pelikan K. (1974), E-OBI Pfleger J. (1949), HFm Pissermayr J. (1966), E-HBI Sallinger F. (1951), Lm Sallinger K. (1951), Lm Sallinger K. (1980), OLm Schachner L. (1959), Lm Schartner F. (1967), OFm Schörkhuber H. (1983), HFm Schörkhuber J. (1946), Bm Seyer O. (1967), HFm Seyrlehner F. (1952), OFm Strauß J. (1972), OFm Stubauer R. (1972), HFm Weidmann H . (1938), PFm Wimmer F. (1983), OBm Wimmer J. (1974), HFm Zeilermayer A. (1946), HFm Zeilermayer F. (1977), HLm Zeilermayer F. (1951)

FF SCHATTLEITEN-SCHWEINSEGG

Die Freiwillige Feuerwehr Schattleiten-Schweinsegg wurde im Jahr 1919 gegründet. Zu den Gründungsmitgliedern zählten Heinrich Ziebermayr, Karl Kogler und Johann Mitterhuber. Im Jahr 1919 schaffte die Wehr eine Membranpumpe an, der zwei Jahre später eine Kolbenpumpe folgte. Die erste Motorspritze stammte von der Fa. Breuer und wurde im Jahr 1929 erworben; die nächste Motorpumpe kaufte die Freiwillige Feuerwehr Schattleiten-Schweinsegg im Jahr 1954 (VW-Pumpe). Als Kleinlöschfahrzeug ist ein Land Rover (1971) in Betrieb und ein Lösch- und Bergefahrzeug seit 1979 (Mercedes 508 D). Das erste Zeughaus wurde im Jahr 1919 errichtet. Im Jahr 1977 wurde das alte Zeughaus abgetragen und der Neubau des Feuerwehrgebäudes durchgeführt. Seit der Gründung der Freiwilligen Feuerwehr Schattleiten-Schweinsegg standen folgende Kommandanten an der Spitze der Wehr: Heinrich Ziebermayr (1919–1930), Karl Kogler (1930–1938), Johann Großteßner (1938–1945), Karl Kogler (1945–1953), Franz Putz (1953–1978) und Johann Gerl (seit 1978).

HBI Gerl J. (1968), OBI Ritt M. (1968), HAW Ritt J. (1968), AW Brandstetter K. (1972), AW Felberbauer J. (1974), AW Renöckl H. (1969), BI Haider J. (1966) — JFm Altrichter J. (1981), HFm Buchberger B. (1974), HFm Buder J. (1950), Fm Burghuber H. (1980), JFm Burghuber J. (1981), OFm Edlinger G. (1979), Fm Eglseer K. (1981), JFm Etlinger A. (1979), HFm Etlinger J. (1959), OFm Fachberger E. (1979), HFm Fachberger F. (1946), OFm Fachberger F. (1971), HFm Felberbauer F. (1974), OFm Felberbauer J. (1975), OFm Felberbauer S. (1975), OFm Fürweger H. (1976), JFm Großbichler J. (1980), OLm Großdeßner E. (1946), OFm Großdeßner J. (1974), Fm Großdeßner J. (1976), HFm Gruber F. (1955), OFm Gruber F. (1973), HFm Gruber J. (1954), Fm Gruber J. (1978), JFm Gruber W. (1979), HFm Haider H. (1971), HFm Haider J. (1955), Lm Haider J. (1969), HFm Hain K. (1927), OFm Hermann K. (1976), OLm Himmelfreundpointner J. (1974), HBm Höllhuber J. (1974), OFm Hollnbuchner F. (1973), Fm Holzner B. (1976), Fm Holzner J. (1979), HFm Kogler A. (1954), OFm Kogler F. (1972), HFm Kogler J. (1952), E-AW Kogler K. (1942), OFm Kogler K. (1971), HFm Lungenschmid K. (1972), OFm Marderthaner H. (1977), OLm Marderthaner J. (1954), OLm Mayr K. (1968), OFm Mayr S. (1981), Lm Michlmayr L. (1971), HFm Michlmayr S. (1971), OLm Mitterhuber H. (1946), JFm Mitterhuber H. (1981), OFm Nagler W. (1981), PFm Pengelsdorfer E. (1981), HFm Pengelsdorfer R. (1972), E-HBI Putz F. (1942), HBm Putz F. (1971), HBm Renöckl F. (1969), OFm Renöckl J. (1973), E-AW Ritt H. (1938), PFm Rohregger J. (1980), JFm Rohregger K. (1981), Fm Schmidthaler J. (1963), OFm Sonnleitner S. (1982), JFm Steininger G. (1981), Lm Stögmüller K. (1974), Fm Ziebermayr A. (1971), Fm Ziebermayr A. (1979), HBm Ziebermayr F. (1930)

FF SCHIEDLBERG

Die Freiwillige Feuerwehr Schiedlberg wurde 1899 gegründet. Die wegen des Geräteankaufs verschuldete Feuerwehr begann mit Theateraufführungen, um Geld hereinzubringen. Der Bau des ersten Zeughauses wurde 1903 begonnen. 1956 konnte die Feuerwehr in das Gebäude der Styria übersiedeln. Im April 1908 wurde eine Rettungsabteilung gegründet. Die erste Handdruckspritze stammte aus dem Jahr 1879, eine weitere Karrenspritze wurde 1905 gekauft. 1928 wurde von der Fa. Rosenbauer eine pferdebespannte Motorspritze Type I erworben. Das erste Tanklöschfahrzeug, ein TLF 1000, wurde 1963 angeschafft. Seit der Gründung der Freiwilligen Feuerwehr Schiedlberg standen folgende Kommandanten an der Spitze der Wehr: Dr. Karl Hamann (1899–1903), Matthias Hiesmayr (1904–1927), Josef Huber (1928), Matthäus Hiesmayr (1928–1973), August Freller (1973–1983), Josef Kreutzinger (seit 1983).

HBI Kreutzinger J. (1953), OBI Eidenberger M. (1965), AW Ganglbauer J. (1974), AW Kreutzinger J. (1978), AW Stinglmair J. (1957), BI Auszermayr A. (1966), BI Singhuber J. (1956) — Fm Blumenschein A. (1977), HFm Blumenschein F. (1935), OFm Breuer J. (1977), OLm Breuer K. (1942), HFm Breuer K. (1972), OFm Cerwenka J. (1977), OFm Eder J. (1969), OFm Edlinger F. (1976), E-HBI Freller A. (1936), HFm Freller R. (1972), E-BI Ganglbauer J. (1950), HFm Guger J. (1963), PFm Hiesmayr J. (1983), HLm Hiesmayr J. (1956), FA Dr. Hintenaus T. (1980), OFm Hinterleitner K. (1978), OLm Holzer L. (1953), OFm Huber K. (1980), OFm Huemer-Edlmayr F. (1980), OLm Huemer-Edlmayr G. (1950), OLm Innerhaider A. (1957), OLm Innerhaider A. (1976), HFm Irndorfer J. (1972), BI Klinglmair A. (1937), OFm Klinglmair J. (1977), OFm Klinglmair J. (1977) Knoll F. (1931), OLm König E. (1957), OFm Koller K. (1974), OFm Kreutzinger A. (1980), HFm Leiml F. (1971), HLm Puckmair A. (1945), OFm Puckmair R. (1977), Lm Richter A. (1963), HFm Schütz R. (1948), HLm Singer J. (1942), OFm Singer J. (1976), HFm Singer J. (1973), OBm Singer K. (1921), HLm Singer K. (1931), PFm Söllradl F. (1983), HFm Söllradl J. (1968), OFm Steindl E. (1977), HFm Steindl J. (1974), Bm Steinmair K. (1922), HFm Weigl J. (1974), Fm Wieländer R. (1970), HFm Wieser J. (1955), HFm Wieser J. (1974), OLm Wimmer J. (1951), OFm Wolfschwenger F. (1980)

FF SCHWAMING

1921: Gründung der Freiwilligen Feuerwehr Schwaming – damals Löschzug der Freiwilligen Feuerwehr Christkindl. Erstes Gerät war eine Handspritze, die beim Koppler eingestellt war. 1927: Bau der ersten Zeugstätte. Kommandant war Johann Pristner. 1938: Durch die Eingliederung Österreichs in das Deutsche Reich wurde Schwaming ein Löschzug von Garsten. Kommandant wurde Franz Thaller. 1944: Ankauf eines Feuerwehrwagens mit Motorspritze für Pferdebespannung von der Werksfeuerwehr Letten. 1945: Josef Schedlberger übernahm das Kommando. 1949: Aus dem Löschzug wurde wieder eine selbständige Feuerwehr. Hauptmann war Florian Weingartner. 1954: Ankauf eines Rüstwagens Marke A-Typ. Großes Feuerwehrfest in Schwaming und Bau von zwei Löschteichen. 1963: Ankauf einer Motorspritze TS 8. Spritzenweihe am 21. Juli 1963 in Christkindl. 1971: Ankauf eines neuen Rüstwagens (Ford Transit) zum Preis von 120 000 Schilling (Eigenmittel: 30 000 Schilling). 1974: Abschnitts-Trockenbewerb am 21. Juli 1974 – Feldmesse in Schwaming. 1978: Baubeginn des neuen Feuerwehrhauses – Fertigstellung des Rohbaues. Die Arbeiten wurden zur Gänze von den Kameraden unentgeltlich geleistet. 1980: Fertigstellung und Segnung des Feuerwehrgebäudes am 6. Juli 1980. 1983: Ein Höhepunkt war die Teilnahme am Bundesentscheid in Vorarlberg, wo die FF Schwaming mit einem 7. Rang in Bronze belohnt wurde und zweitbeste Gruppe Oberösterreichs war! Seit 20 Jahren ist Johann Schedlberger Kommandant der Wehr.

HBI Schedlberger J. (1948), OBI Zeilinger F. (1968) — Binder F. (1974), Buchberger F. (1952), Dobrauz G. (1975), Dutzler F. (1962), Federsel J. (1938), Federsel J. (1966), Federsel J. (1981), Feichtinger K. (1973), Freilinger J. (1982), Greil F. (1977), Greil J. (1957), Greil J. (1968), Hager M. (1965), Hieslmayr J. (1937), Hieslmayr J. (1969), Horvath P. (1978), Huemer B. (1974), Huemer F. (1958), Huemer F. (1976), Kornberger J. (1983), Kralik K. (1983), Lumplecker J. (1958), Mauhart J. (1964), Mayr J. (1948) Nagler F. (1950), Nagler F. (1968), Nagler F. (1972), Nagler J. (1979), Pristner F. (1965), Pristner J. (1960), Pristner J. (1956), Pristner J. (1963), Pristner W. (1975), Schafleitner F. (1921), Schafleitner F. (1973), Schafleitner J. (1938), Schedlberger Ch. (1978), Schedlberger J. (1983), Schilcher H. (1975), Schlader P. (1978), Thaller F. (1983), Weindl A. (1958), Winkelmayr R. (1982)

FF SCHWEINSEGG-ZEHETNER

Die Gründung der Wehr erfolgte 1933 von den Gründungsmitgliedern Johann Hilber, Franz Leinerberger und Leopold Steiner. Begonnen hatte es eigentlich schon Jahrzehnte früher, als die FF Schattleiten-Schweinsegg gegründet wurde. Diese Wehr wurde laufend vergrößert, so daß es nahe lag, einen 2. Löschzug in Schweinsegg zu gründen. Hier waren auch Mitglieder aus der Ortschaft Zehetner dabei. 1923 wurde von der Waffenfabrik Steyr eine Handdruckspritze angeschafft, für deren Unterbringung 1924 ein Depot gebaut wurde. 1933 kam es dann zur Gründung der eigenen Wehr. 1935 wurde eine Motorspritze R 24 angekauft. Während der Kriegsjahre waren die fünf Feuerwehren der Gemeinde Ternberg zusammengelegt. Nach dem Krieg wurden die Wehren wieder selbständig. 1957 wurde das derzeitige Feuerwehrdepot errichtet; 1964 wurde ein Anhänger für Traktorzug angekauft; 1965 wurde eine Motorspritze VW R 75 in Dienst gestellt. 1970 übergab Karl Schatzl der Wehr einen Ford Transit. 1981 konnte ein KLF VW LT 35 erworben werden. Seit der Gründung der Wehr standen folgende Kommandanten an der Spitze: Franz Pöberl (1933–1963), Anton Burghuber (1963–1968), Karl Leinerberger (1968–1973), Johann Reitner (1973–1984).

HBI Reitner J. (1967), OBI Steiner K. (1968), AW Dorfner O., AW Hueber M. (1971), AW Rosensteiner A. (1967), BI Pinsel J. (1965), BI Rosensteiner R. (1969) — OFm Baumschlager K. (1975), OLm Baumschlager M. (1971), Bm Burghuber A. (1953), HFm Dämon L. (1958), OFm Dämon L. (1979), HBm Felbinger H. (1971), OFm Frech H. (1973), Fm Haider J. (1981), Lm Hametner N. (1935), Lm Hilber J. (1931), OFm Hirsch H. (1972), HFm Hirsch K. (1946), HFm Hofbauer W. (1957), OFm Hofbauer W. (1979), OBm Hubauer H. (1982), OLm Hubauer L. (1965), OLm Kammerhuber L. (1967), Lm Klauser A. (1975), Lm Leinerberger F. (1924), E-HBI Leinerberger K. (1957), OFm Lichtenwöhrer J. (1975), HBm Moser F. (1975), Lm Moser G. (1964), HFm Moser H. (1975), OFm Pinsel K. (1975), OFm Pinsel M. (1975), E-BI Pöberl F. (1944), OFm Pöberl G. (1981), OFm Pölz G. (1975), OFm Rainer J. (1973), Lm Reinhart F. (1967), OFm Reitner J. (1975), E-BI Rosensteiner A. (1938), Lm Rosensteiner Ch. (1975), HFm Schwarzlmüller F. (1971), E-BI Steiner L. (1928), Lm Wasserbauer F. (1938)

FF SIERNING

Im Jahr 1871 wurde die Freiwillige Feuerwehr Sierning gegründet. Am 29. März 1872 wurden der Wehr vom Gemeindeamt zwei Feuerspritzen übergeben. Weiters wurden zwei Wasserwagen mit Fässern und Deichsen (beide sehr alt und schadhaft, dem Verfall nahe) sowie 36 Wassereimer aus Stroh übergeben. Nach der Gründung der Sanitätsabteilung im Jahr 1903 wurde bereits 1909 ein Sanitätswagen angekauft. Am 21. März 1921 wurde um 122 Millionen Kronen die erste Motorspritze angekauft. 1928 wurde das erste Sanitätsauto und im Jahr 1930 das erste Feuerwehrauto Marke Steyr 12 der Wehr übergeben. Am 3. Mai 1959 wurde das erste Tankfahrzeug Marke Steyr 390 angekauft. Da im alten Zeughaus auf dem Kirchenplatz nur mehr für zwei Fahrzeuge Platz war, wurde unter dem Kommandanten Lubinger im Jahr 1977 das neue Feuerwehrhaus fertiggestellt. Heute ist die Feuerwehr auf das modernste ausgerüstet. Der Fuhrpark enthält ein Tankfahrzeug Marke Steyr 590 Trupp, ein Pumpenfahrzeug Marke VW LT 35, ein technisches Fahrzeug Marke VW sowie ein Ölfahrzeug des Bezirkes. Seit der Gründung der Freiwilligen Feuerwehr Sierning standen folgende Kommandanten an der Spitze der Wehr: Josef Sugg (1871–1886), Franz Wiesner (1886–1895), Josef Wittmann (1895–1900), Josef Lettner (1900–1906), Franz Wintermayr (1906–1913), Johann Kirchmayr (1913–1923), Franz Ehgartner (1923), Hans Facinelly (1923–1926), Josef Wintermayr (1926–1931), Karl Gutmannsbauer (1931–1935), Josef Kemetmüller (1935–1939), Max Platzer (1939–1946), Leopold Dutzler (1946–1953), Franz Landerl (1953–1958), Hans Schmid (1958–1973), Rudolf Lubinger (1973–1983), Heinz Steininger (seit 1983).

HBI Steininger H. (1975), OBI Geck H. (1981), AW Lubinger A. (1965), AW Wiesinger J. (1972), BI Weber J. (1973) — Lm Brandstetter J. (1934), PFm Daurer H. (1983), PFm Ditzl W. (1983), E-HBI Dutzler L. (1935), OFm Ecker W. (1976), Lm Edlmayr J. (1949), BFK Fröhlich H. (1965), HLm Gradauer H. (1934), PFm Grossauer M. (1983), OFm Heinz A. (1980), OFm Hundsberger R., Lm Kastlunger J. (1960), E-BI Kerschbaum J. (1930), Fm Kranawetter E. (1983), HLm Kronschachner F. (1953), E-OBI Laiber K. (1964), E-BR Landerl F. (1932), PFm Lehner P. (1983), E-HBI Lubinger R. (1950), OFm Lukschanderl K. (1978), Lm Maier E. (1962), Bm Maier J. (1949), PFm Mauhart R. (1983), Lm Mayr F. (1949), HFm Molterer G. (1972), E-BI Pfeil J. (1917), OBm Plöderl J. (1968), Lm Reiter H. (1926), PFm Rogl R. (1983), OLm Rottinger A. (1970), OBm Rottinger E. (1970), PFm Schönleitner F. (1983), OFm Sommer H. (1978), E-AW Stadlinger J. (1934), HFm Steiner R. (1972), OFm Steininger H.-J. (1978), E-AW Stummer A. (1950), HBm Wagner R. (1952), E-BI Wegmayr J. (1938), E-AW Weilguny S. (1964), E-AW Wolf A. (1968), HFm Wolfinger E. (1953), E-BI Zachhuber W. (1949), HLm Ziebermayr F. (1946)

FF STEINERSDORF

Die Freiwillige Feuerwehr Steinersdorf wurde am 4. Mai 1928 gegründet und hatte einen Stand von 27 Mitgliedern. Unter Bürgermeister Peter Mandorfer wurde der Gründungsausschuß gebildet. Wehrführer wurde Josef Gruber sen., Stellvertreter Johann Ganglbauer. Das Zeughaus wurde durch tatkräftige Unterstützung der Gründungsmitglieder, Freunde und Gönner ebenfalls 1928 erbaut. Als Löschgerät stand ihr damals eine fahrbare Handdruckspritze, System Knaust (Steyr-Werke), die von der FF Schweinsegg gebraucht angekauft wurde, zur Verfügung. 1931 wurde eine Motorspritze Florian und ein Pferdewagen von der Fa. Rosenbauer angekauft. 1936 wurde die Motorspritze Florian auf eine R 25 umgetauscht. Von 1938 bis 1953 hatte Franz Ganglbauer (Holzner) das Kommando inne. Die FF Steinersdorf wurde nach dem Anschluß 1938 der FF Waldneukirchen eingegliedert und erlangte 1948 wiederum ihre Selbständigkeit. Durch die Eingliederung in die Ortsfeuerwehr wurden sämtliche Bücher an Waldneukirchen übergeben, bei der Wiedererlangung der Selbständigkeit der FF Steinersdorf konnte das Hauptbuch nicht mehr vorgefunden werden. Unter der Führung des Kommandanten Franz Burghuber (1953–1958) ertönte erstmals 1955 im Zeughaus der FF Steinersdorf die Sirene. 1957: Weihe der Tragkraftspritze VW R 75 mit gebrauchtem Anhänger für Traktor. Angekauft wurde der Anhänger von der FF Thalheim. Von 1958 bis 1983 war Josef Gruber Kommandant. Unter seiner Führung wurde 1968 das erste Kleinlöschfahrzeug Fiat 1300 angekauft. 1972/73 baute man ein neues Feuerwehrhaus. Das Material finanzierte die Gemeinde im Wert von 100 000 Schilling. Mit 2 000 freiwilligen Arbeitsstunden und 25 000 Schilling Eigenkapital wurde es 1973 fertiggestellt. 1983 Ankauf eines LFB Mercedes 608 D.

HBI Ganglbauer F. (1959), OBI Burghuber F. (1972), AW Ganglbauer J. (1974), AW Gruber J. (1976), AW Wasserbauer F. (1967), BI Dietermayr J. (1968) — OFm Angerbauer B. (1981), OLm Angerbauer F. (1953), OFm Angerbauer P. (1980), OLm Barteder H. (1953), Fm Barteder K. (1983), OLm Baumgartner H. (1967), OBm Bicker L. (1937), Lm Buchberger H. (1972), E-BI Burghuber F. (1948), E-BI Burghuber J. (1950), Lm Burghuber J. (1974), OBm Burghuber J. (1948), Fm Diwald J. (1983), Fm Fellinger H. (1983), HFm Freudenthaler H. (1966), OLm Freudenthaler M. (1966), E-HBI Ganglbauer J. (1928), E-BI Ganglbauer J. (1948), OLm Girkinger H. (1967), OLm Göschl A. (1953), OLm Göschl F. (1967), HBm Gruber A. (1949), Lm Gruber F. (1972), HFm Gruber H. (1976), E-HBI Gruber J. (1947), Lm Haider M. (1974), OBm Heidlberger A. (1959), E-AW Heidlberger F. (1928), Irnberger J., Irnberger J., König F., Mandorfer P., Niedermoser A., Schimpfhuber J., Sieghartsleitner H. (1983), Sieghartsleitner J., OLm Sieghartsleitner J. (1951), Sieghartsleitner J., HFm Strutzenberger F. (1976), OFm Strutzenberger S. (1981), OLm Strutzenberger S. (1959), Lm Wasserbauer H. (1974), E-BI Wasserbauer J. (1950), Fm Wenzl A. (1983)

FF SULZBACH

1928 kam es zur Gründung der Freiwilligen Feuerwehr Sulzbach unter Führung von Leopold Derfler. Es wurde sofort eine Handspritze angekauft und 1930 ein Feuerwehrzeughaus gebaut. Während der Kriegszeit (1939–1946) wurde die FF Sulzbach der Feuerpolizei unterstellt. 1946 wurden unter Kommandant Alois Infanger und ab 1948 unter Kommandant Leopold Derfler die Feuerwehr und unter Kapellmeister Pius Stangl die Feuerwehrmusik wieder aktiviert. Von der Wehr wurde 1947 eine Motorspritze und ein Spritzenwagen angekauft. 1952 wurde ein gebrauchter Lkw (Allrad) gekauft. 1960 wurde eine VW-Automatik-Pumpe gekauft. 1963 wurde ein Fiat 1100 (KLF) samt entsprechendem Rüstzeug angeschafft. Weitere wichtige Anschaffungen waren 1967 ein Greifzug, 1973 drei schwere Atemschutzgeräte und 1975 ein Mittelschaumgerät. Ab 1980 wurde durch den geplanten Straßenausbau der Gedanke, ein neues Feuerwehrhaus zu bauen, aktuell. 1983 konnten das neue Feuerwehrhaus und ein neuer Feuerwehrwagen, ein LFB (Mercedes 508 D) mit voller Ausrüstung (Vorbaupumpe, Webergerät, Notstromaggregat usw.) gesegnet werden.

HBI Steinparzer J. (1947), OBI Schwodiauer D. (1955), AW Arthofer F. (1976), AW Derfler L. (1964), AW Ratzberger H. (1964), BI Arthofer J. (1976), BI Schwodiauer E. (1961) — HFm Arthofer J. (1956), Bm Blöchl J. (1965), Fm Edlinger J. (1966), HFm Forstlehner J. (1968), HFm Frühauf F. (1954), HFm Fürschuß J. (1973), HFm Garstenauer S. (1976), HFm Grenzlehner J. (1967), HFm Großalber A. (1954), HFm Großalber H. (1971), HFm Großalber J. (1978), Lm Großalber K. (1973), OLm Großalber L. (1969), HFm Großalber R. (1946), Lm Großalber R. (1969), PFm Großbichler H. (1983), HBm Grosschartner K. (1964), HFm Gruber E. (1979), PFm Gruber F. (1983), HFm Gruber H. (1979), Lm Gruber R. (1946), HFm Gruber R. (1973), HFm Gruber W. (1976), HFm Haider G. (1952), HFm Haider G. (1979), Fm Haider H. (1981), HFm Haider J. (1952), HFm Haider J. (1980), Haider L. (1979), HFm Hirtenlehner J. (1946), HFm Hörndler H. (1966), HFm Hötitzauer J. (1982), Lm Hofer F. (1946), HFm Hofer F. (1956), HFm Hofer F. (1968), HFm Hofer F. (1977), HFm Hofer J. (1968), HFm Hofer-Hörndler F. (1967), HFm Hofer-Hörndler R. (1949), PFm Hofer-Hörndler R. (1983), HFm Holzer F. (1969), HFm Holzner M. (1968), Bm Holzner R. (1950), Bm Hornbachner F. (1954), Lm Hornbachner F. (1975), HFm Hornbachner J. (1976), HFm Huber J. (1966), HFm Infanger A. (1946), HFm Infanger E. (1977), HFm Infanger F. (1946), Lm Infanger F. (1975), HFm Infanger G. (1978), Fm Infanger J. (1982), PFm Infanger J. (1983), HFm Infanger J. (1969), Bm Infanger K. (1973), Lm Infanger P. (1946), Lm Infanger W. (1952), HFm Katzensteiner I. (1976), HFm Kleeberger J. (1952), HFm Kleeberger R. (1966), HFm Maderthaner A. (1950), HFm Maderthaner F. (1952), HFm Maderthaner G. (1959), OBm Maderthaner J. (1955), HFm Maderthaner L. (1958), Fm Mayr F. (1981), HFm Mayr K. (1952), HFm Mayr K. (1980), Lm Musenbichler M. (1928), PFm Musl D. (1983), HFm Musl R. (1953), HFm Nagler F. (1978), HFm Panholzer B. (1946), HBm Plank L. (1960), PFm Poor M. (1983), HFm Ramskogler H. (1966), Lm Ratzberger D. (1964), HFm Ratzberger H. (1966), PFm Ratzberger J. (1983), HFm Ratzberger J. (1953), HFm Ratzberger J. (1946), HFm Ratzberger R. (1972), HFm Rettensteiner F. (1968), HFm Rettensteiner J. (1979), HFm Rettensteiner L. (1980), HFm Ritt A. (1972), HFm Ritt D. (1967), HFm Rottberger J. (1967), PFm Schacherbauer F. (1983), PFm Schacherbauer J. (1983), HFm Schaubmayr A. (1968), HFm Schaubmayr J. (1946), HFm Schaubmayr K. (1979), HFm Schoißwohl J. (1966), HFm Schreiner J. (1966), HFm Schreiner L. (1980), HFm Schwodiauer A. (1979), HFm Stangl M. (1946), Lm Stangl P. (1928), JFm Steinparzer E. (1964), HBm Steinparzer J. (1973), HFm Steinparzer L. (1953), Fm Steinparzer M. (1982), HFm Steinparzer M. (1958), HFm Stöcklmayer E. (1935), HFm Sulzner W. (1967), Fm Sulzner W. (1982), HFm Tiziani H. (1979), Fm Vorderderfler H. (1981), HFm Wirleitner D. (1952), Fm Wirleitner J. (1951), HFm Wirleitner R. (1952), HFm Zöttl D. (1946), HFm Zöttl J. (1979)

FF TERNBERG

Am 26. Januar 1890 fand die Gründungsversammlung der Freiwilligen Feuerwehr Ternberg statt. 1892 wurde das Löschrequisitenhaus errichtet, die neue Saugspritze und 120 m Hanfschläuche erworben, ein Jahr später Feuerhaken, Schaufeln und Krampen. 1938 wurden die Wehren der Umgebung zusammengelegt, und Ternberg bestand nun aus fünf Löschzügen. 1947 wurde eine Sirene auf der Volksschule montiert, 1948 der Rüstwagen Steyr A 1500 erworben. 1961/62 kam es zum Kauf eines Tanklöschfahrzeuges und zweier Handfunkgeräte (11-m-Band). Nach Auflösung der Ennskraftwerke-Feuerwehr übernahm die FF Ternberg den Brandschutz für das Kraftwerk. 1976 wurde ein Sirenensteuergerät angeschafft. 1977 kam es zum Neubau des Zeughauses und 1978 zum Ankauf einer Mittelschaumanlage. 1980: Übersiedlung ins neue Feuerwehrdepot; die FF bekommt ein Notstromaggregat; 1982 Ankauf eines neuen TLF Trupp 2000 und Beschluß, einen gebrauchten Rover als Rüstfahrzeug zu erwerben. 1983: Übernahme des Land Rover. Zwischen 1926 und 1945 bestand auch eine Rettungsabteilung unter Heinrich Haselbauer.

HBI Raberger K. (1954), OBI Andreatta E. (1967), AW Hirsch K. (1950), AW Kalasch S. (1972), AW Sporn P. (1969), BI Haidinger J. (1959), BI Ing. Kaltenböck W. (1967) — Altenmüller O. (1956), HBm Aschauer A. (1962), HLm Aschauer K. (1965), HFm Aschauer J. (1969), HFm Bauer J. (1975), JFm Bichler R. (1982), HLm Burghuber F. (1937), OLm Burghuber F. (1973), OFm Eder J. (1974), OLm Eibl F. (1968), JFm Fachberger H. (1982), Lm Fachberger J. (1945), HFm Fallmann A. (1974), Fm Fischer G. (1977), Fm Fischer H. (1977), OFm Fischerauer K. (1976), Lm Forster J. (1952), JFm Garstenauer G. (1982), Lm Gerstmayer R. (1959), HFm Goldgruber H. (1972), Fm Großalber J. (1979), JFm Großalber M. (1983), Fm Großalber M. (1982), HBm Grosssteßner-Hain J. (1947), Lm Großwindhager F. (1971), OFm Gruber H. (1950), HFm Gsöllpointner R. (1966) OBm Hager J. (1950), Lm Hager J. (1974), OLm Harrer J. (1938), OLm Hinterplattner H. (1966), OLm Hohlrieder A. (1970), Lm Hohlrieder A. (1974), JFm Hohlrieder D. (1980), Fm Hohlrieder J. (1979), JFm Horvath R. P. (1982), E-HBI Kaltenböck K. (1952), Fm Kogler G. (1977), Lm Kranzer J. (1967), Lm Krenn L. (1963), Lm Kristner B. (1960), Lm Kronsteiner A. (1949), OBm Lichtl J. (1965), OFm Lichtl W. (1976), JFm Lumplecker K. (1981), Fm Nowak P. (1981), FA Dr. Oser W. (1954), JFm Pichler R. (1981), Bm Raberger K. (1930), HFm Rettensteiner F. (1967), JFm Riglthaler H. (1983), OFm Riglthaler H. (1964), HBm Riglthaler J. (1971), Fm Schaffelner C. (1981), OLm Schaffelner E. (1959), JFm Schaffelner E. (1981), HFm Schatz J. (1963), OFm Schatz J. (1974), JFm Schaupp E. (1983), Lm Schildberger K. (1980), HLm Schlüßlmayr P. (1962), Fm Schlüßlmayr P. (1978), JFm Schlüßlmayr S. (1982), HLm Schnöll P. (1957), JFm Schwaiger E. (1982), JFm Schwaiger M. (1983), OFm Sieghartsleitner E. (1974), OBm Sieghartsleitner L. (1955), HBm Spernbauer G. (1951), Fm Steinlesberger K. (1981), HFm Stummer J. (1966), Lm Wartecker O. (1963), Fm Wartecker O., JFm Weißensteiner G. (1981), OFm Wolfslehner G. (1974)

FF TRATTENBACH

Die FF Trattenbach wurde im Jahr 1883 gegründet. Bereits 1888 wurde eine Übung unter Annahme eines Brandes der Volksschule Trattenbach durchgeführt. Weiters wurden regelmäßige theoretische Schulungen abgehalten. 1891 fand ein Ausflug nach Losenstein statt, und im selben Jahr reiste eine Deputation von sieben Mann anläßlich des 25jährigen Gründungsfestes der dortigen Wehr nach Gmunden. Die Wehr legte auf Geselligkeit ebenfalls großen Wert – so wurde 1893 der erste Feuerwehrball abgehalten, und 1895 gab es eine Faschingsveranstaltung im Mandlschen Gasthaus zu Ternberg. Markante Meilensteine in der Entwicklung der FF Trattenbach wären weiters: 1932: Anschaffung einer Motorspritze; 1937: Zurverfügungstellung eines Rettungsschlittens; 1947: Ankauf einer gebrauchten Tragkraftspritze TS 8; 1952: Erhalt eines Anhängers für die Tragkraftspritze und Aufstellung der ersten Wettbewerbsgruppe; 1953: Erstmaliger Besuch der Feuerwehrschule Linz durch Kameraden der FF Trattenbach; 1963: Investition in eine Motorspritze VW 75; 1965: Gründung einer Jugendgruppe; 1966: Errichtung eines Kriegerdenkmals; 1972: Anschaffung eines Fahrzeuges Ford Transit; 1973: Einweihung des neuen Zeughauses; 1982: Durchführung des Abschnittswettbewerbes. Vier Mann besitzen das Feuerwehrleistungsabzeichen in Gold, 40 in Silber und 13 in Bronze. Sieben Kameraden der Wehr haben den Kommandantenlehrgang mit Erfolg abgelegt. Aus den Reihen der FF Trattenbach sind bereits zwei Abschnittskommandanten hervorgegangen.

HBI Kleindl J. (1965), OBI Eibenberger F. (1965), AW Aschauer W. (1975), AW Außermayr W. (1956), AW Samögmüller J. (1956), BI Ing. Löschenkohl B. (1970), BR Salcher H. (1960) — JFm Aschauer B., Fm Aschauer H. (1981), Fm Blasl A. (1982), HFm Blasl R. (1959), HFm Brösenhuber R. (1965), OFm Dietinger F. (1976), JFm Dietinger R., OBm Eibenberger L. (1947), Lm Flick E. (1970), HBm Fürweger H. (1958), HFm Fürweger W. (1974), JFm Goldgruber P., Bm Großauer A. (1960), Fm Großbichler E. (1982), Lm Großbichler J. (1970), HFm Großbichler L. (1956), HFm Gruber B. (1975), JFm Gruber E., HFm Hack O. (1973), JFm Hagauer W., Fm Hörmann M. (1982), Fm Jansesberger M. (1982), Fm Johanek J. (1982), Fm Johanek R. (1981), JFm Klausberger R., Lm Klausriegler K. (1979), HLm Löschenkohl B. (1927), HFm Löschenkohl J. (1970), HFm Mayr F., Fm Minoth H. (1976), OFm Minoth P. (1964), OFm Minoth P. (1975), Lm Mitterhumer A. (1965), HFm Ostermann K. (1952), HFm Popp J. (1952), HFm Radinger K. (1975), OLm Radinger W. (1965), HFm Reisinger J. (1970), Lm Reisinger K. (1970), JFm Salcher H., HLm Schiebler J. (1964), HFm Schreiner K. (1949), OLm Staudinger A., OFm Steinauer H., JFm Steindlegger H., JFm Strecker K., Fm Strecker L., E-BR Stübinger J., HFm Stübinger S. (1964), OBm Weigner J., FKM Weigner K. (1973), JFm Weymayr K. (1952), Fm Weymayr K. (1982), HLm Wohlhart W. (1947), Lm Zöserl H. (1972), Lm Zöserl J. (1971), JFm Zweckmayr Ch., Lm Zweckmayr E. (1952), HBm Zweckmayr F. (1964), HFm Zweckmayr H. (1964), JFm Zweckmayr J., HBm Zweckmayr K. J. (1964), Fm Zweckmayr M. (1982)

FF UNTERLAUSSA

Die Freiwillige Feuerwehr Unterlaussa wurde 1896 von Josef Reisinger, Franz Brösl, Franz Fuxjäger und Ambros Weidinger gegründet, aber 1922 wieder aufgelöst. 1926 wurde die Wehr schließlich noch einmal gegründet, und zwar von Alois Kiebl, Fritz Wolkersdorfer und Franz Fuxjäger. 1945 konnte ein Mannschaftswagen angekauft werden, 1971 konnte dieser durch einen neuen Tankwagen ersetzt werden. Schon im Jahr 1950 hatten die Kameraden eine schöne neue Fahne gekauft, als Fahnenmutter fungierte Adolfine Petroczy, als Fahnenpatin Theresia Rodlauer. 1968 wurde das neue Feuerwehrzeughaus eingeweiht und der FF übergeben. 1952 nahm die erste Löschgruppe aus Unterlaussa bei einem Wettbewerb in der Feuerwehrschule in Linz teil und konnte das Leistungsabzeichen in Bronze erringen. 1965 erkämpfte sich eine Gruppe in Weyer beim Naßbewerb das silberne Stahlrohr zum dritten Mal. Seit der Gründung der Wehr standen folgende Kommandanten an der Spitze: Josef Reisinger (ab 1896); Franz Fuxjäger (1926–1929), Hermann Freihofner (1929–1930), Alois Rodlauer (1930–1933), Johann Petroczy (1933–1946), Ernst Grüll (1946–1950), Johann Rodlauer (1950–1973), Josef Fuxjäger (seit 1973).

HBI Fuxjäger J. (1949), OBI Stecher F. (1942), AW Maderthanner R. (1968), AW Musenbichler L. (1947), AW Zick H. (1955), BI Petroczy H. (1962), BI Schoiswohl A. (1956) — OFm Dirninger H. (1976), HFm Dräher J. (1961), Lm Edelsbacher J. (1939), OFm Edelsbacher J. (1976), Fm Fösl J. (1983), Fm Fuxjäger E. (1979), HFm Fuxjäger F. (1956), OFm Fuxjäger G. (1976), Fm Fuxjäger H. (1983), Fm Fuxjäger H. (1983), HFm Fuxjäger J. (1972), Fm Fuxjäger W. (1979), OFm Gruber R. (1976), Fm Halsmayr R. (1980), HFm Heigl A. (1956), Fm Holzmüller F. (1983), OFm Katzensteiner A. (1974), HFm Kößler F. (1956), HFm Kupfer J. (1972), HFm Lautner F. (1965), Fm Maderthanner G. (1980), OFm Maderthanner R. (1976), HFm Nageler G. (1958), Fm Petroczy H. (1983), Fm Pölz R. (1983), Lm Pölzgutter A. (1948), OLm Pölzgutter L. (1964), Bm Redl K. (1953), Bm Rodlauer F. (1953), BI Schoiswohl M. (1926), HFm Schweiger R. (1974), Lm Stecher O. (1942), Fm Studeregger E. (1975), Fm Stumberger K. (1980), HFm Wedl P. (1956), E-OBI Weißensteiner R. (1947), Fm Weißensteiner R. (1983), Lm Wildling I. (1951), Fm Wildling J. (1983), Fm Wildling N. (1983), Lm Zick E. (1966), Lm Zick E. (1926)

FF WALDNEUKIRCHEN

Die Freiwillige Feuerwehr Waldneukirchen wurde am 3. Juni 1894 gegründet. In den Aufzeichnungen scheinen die Namen von sieben Gründungsmitgliedern auf. Die Wehr wurde sehr bald zu größeren Bränden gerufen, hauptsächlich handelte es sich um Brände von Bauernhäusern. Das Gründungsfest wurde am 25. Juli 1897 gefeiert, bei dem zwölf Wehren mit 260 Mann anwesend waren. In den Jahren ab 1920 wurden die Löschzüge St. Nikola und Steinersdorf aufgestellt, die sich ab 1930 als selbständige Feuerwehren etablierten. Der Ankauf der ersten Motorspritze und des ersten Fahrzeuges wurde im Jahr 1932 unter Kdt. Florian Hornhuber unter tatkräftiger Mithilfe der Gemeinde, des Landesfeuerwehrkommandos und der Bevölkerung getätigt. Das erste Feuerwehrzeughaus wurde im Jahr 1933 ebenfalls unter Kdt. Florian Hornhuber errichtet, das bis zum Jahr 1978 benützt wurde. Nach dem deutschen Einmarsch im Jahr 1938 erfolgte die Zusammenlegung der Wehren Waldneukirchen, Steinersdorf und St. Nikola. Die Trennung der drei Wehren erfolgte nach Kriegsende im Jahr 1947. Im Jahr 1949 kam es unter Kdt. Max Gebeshuber zum Ankauf eines gebrauchten Wehrmachtsfahrzeuges der Type A-Typ, das bis zum Ankauf eines Tankwagens der Type OM TLF A 1500 im Jahr 1968 unter Kdt. Emmerich Hauser in Gebrauch war. 1972 erfolgte der Ankauf eines Kdo.-Fahrzeuges, das in Eigenregie umgerüstet wurde. Ein Höhepunkt in der Geschichte der Freiwilligen Feuerwehr Waldneukirchen war die Eröffnung des neuen modernen Feuerwehrhauses am 20. Mai 1979. Die Errichtung des neuen Feuerwehrhauses ist vor allem Bürgermeister ÖR Mandorfer und Kdt. HBI Hauser zu verdanken. Im Jahr 1983 wurde unter Kdt. HBI Lederhilger ein moderner Kdo.-Bus angekauft und in Eigenregie umgebaut.

HBI Lederhilger F., OBI Heidlberger F., AW Ettlinger G., AW Ganglbauer J., AW Geyer F., BI Mandorfer J. — Lm Atzelhuber K., Atzelhuber K., HFm Brunner F., HLm Brunner H., Fm Brunner J., OLm Buchroithner F., HFm Damböck L., Fm Diwald F., HFm Ganglbauer F., HFm Gappmayr F., HFm Großauer K., E-HBI Hauser E., HFm Hauser E., Fm Hauser W., Lm Hofstetter E., Fm Holzinger F., E-AW Huber F., OFm Huber F., OBm Huemer J., HLm Klinglmayr J., HFm König G., HFm König W., Lm Leblhuber F., HFm Lederhilger E., Lm Lughofer J., HFm Lughofer J., Fm Maderthaner F., HLm Mandorfer J., OLm Ömmer J., Lm Panwinkler E., HFm Mag. Panwinkler E., OFm Pehböck K., HLm Pimminger J., HFm Pramhas A., HFm Pramhas J., HBm Riedl F., HFm Riedler F., Lm Ruß H., HFm Schallauer F., OLm Schallauer H., E-HBI Ulbrich E., Fm Voscak J.

FF WEYER

Am 15. November 1873 wurde die Freiwillige Feuerwehr Weyer gegründet. Im Erdgeschoß des Rathauses wurden zur Unterbringung der Geräte zwei Räume freigemacht. Am 19. Juni 1895 wurden die ersten Handdruckspritzen in Dienst gestellt. Der Erste Weltkrieg brachte der Feuerwehr große Verluste; erst am 17. Juli 1921 konnte die FF Weyer ihre volle Tätigkeit wieder aufnehmen. Obmann des Verbandes war Johann Blaschko. Eine Rettungsabteilung im Rahmen der Wehr wurde aufgestellt. Am 18. März 1922 wurde die neugegründete Drehersche Feuerwehr in Dienst gestellt. Am 15. März 1927 wurde die Drehersche Forstamtsfeuerwehr aufgelöst und sämtliche Ausrüstungsgegenstände der Feuerwehr Weyer übergeben. Der Anschluß 1938 brachte eine große Umstellung mit sich. 1945 war die Wehr durch die vielen Gefallenen, Krankheiten und Überalterung der Männer nicht mehr imstande, ihre Pflicht zu erfüllen. Neue Mitglieder mußten angeworben werden, um die Wehr wieder aufzubauen. Die neuerbaute Zeugstätte konnte am 16. August 1959 eingeweiht werden. Die Übergabe des neuen TLF fand 1965 statt. 1983 wurden ein Berge- und Löschfahrzeug sowie ein Hochdruckkompressor und eine 14 m lange Alu-Schiebeleiter gekauft.

HBI Hinding J. (1964), OBI Haider E. (1943), AW Bürbaumer W. (1973), AW Haider F. (1950), AW Katzensteiner F. (1964), BI Gröbl H. (1938), BI Großmann R. (1973), BI Haider F. jun. (1974), BI Mosböck F. (1974) — OFm Ahrer E. (1983), Fm Ahrer R. (1982), HLm Aichholzer H. (1973), Aigner P. (1930), Fm Asch K. (1983), JFm Aschauer G. (1983), Fm Auer A. (1983), HFm Auer L. (1961), HLm Baumgartner W. (1952), Fm Beftan M. (1982), HFm Beftan R. (1974), OFm Berger M. (1974), HBm Bichler O. (1974), Fm Brenner H. (1983), HBm Buchta K. (1948), JFm Buder A. (1982), HFm Buder H. (1976), HBm Buder W. (1960), HFm Buder W. jun. (1981), Deimbacher L. (1956), Fm Dorfner H. (1982), JFm Ebner E. (1983), OLm Ebner L. (1964), HFm Egger G. (1974), HBm Egger G. (1960), Fm Egger H., E-BR Etlinger K. (1962), HFm Fasser K. (1962), OLm Feigl E. (1949), HFm Feigl R. (1963), Fm Forstenlechner Ch. (1983), JFm Forstenlechner J. (1983), JFm Garstenauer B. (1982), Fm Garstenauer G. (1983), JFm Garstenauer W. (1982), JFm Gartlehner G. (1982), Fm Grasegger W. (1983), JFm Großmann R. (1982), Fm Gruber Ch. (1983), OFm Hackl D. (1976), HFm Haider P. (1974), Fm Hauch A. (1980), Hochhaltinger K. (1937), Huber N. (1931), OFm Hügel L., Fm Hüttenbrenner L. (1984), Bm Kaltenreiner J. (1946), OFm Kickinger R. (1975), Fm Klausberger J. (1983), Kleindl J. (1945), JFm Knotz A. (1982), JFm Knotz W. (1983), Fm Köppel J. (1973), Fm Kranner W. (1983), Fm Kronsteiner J. (1980), OLm Lenz J. (1945), HLm Lichtl H. (1972), Fm Luckerbauer J. (1983), HFm Lumplecker J. (1968), OBm Lumplecker J. (1952), HBm Maderthaner A. (1973), Bm Maderthaner E. (1968), Fm Maderthaner H. (1982), JFm Moro D. (1982), HFm Mosböck H. (1978), HFm Mosböck R. (1981), Fm Nachtsheim J. (1983), Platzer W. (1973), E-AW Prodinger E. (1945), OLm Promebner E. (1967), HFm Reichl W. (1973), HBm Reiter H. (1976), Fm Ritt E. (1983), JFm Rittler R. (1983), JFm Schlöglhofer A. (1983), Bm Seyerl K. (1942), FA Dr. Sonnenschein G. (1981), Fm Stangl G. (1982), HFm Stangl H. (1961), Bm Stangl J. (1965), HFm Steindler A. (1978), JFm Steindler E. (1982), Bm Steindler F. (1967), Fm Tröstl R. (1982), Bm Tüchlberger J. (1970), FA Dr. Wawra H. (1965), Bm Weninger E. (1957), JFm Weninger R. (1982), HBm Ing. Wesely F. (1964), E-AW Winklmayr H. (1939), E-AW Winklmayr J. (1939), HBm Wöhrenschimmel E. (1945), OFm Zisch H. (1977).

FF WOLFERN

Die Freiwillige Feuerwehr Wolfern wurde 1895 gegründet. Im Jahr 1897 wurde die erste Handdruckspritze angekauft. Im selben Jahr wurde auch die Weihe des Gerätes bei einem großen Feuerwehrfest durchgeführt. Der erste Feuerwehr-Hauptmann der FF Wolfern war Johann Nömayr. Bereits 1933 begann die FF Wolfern mit der Modernisierung. Der Ankauf eines Feuerwehrfahrzeuges und einer Motorspritze von der Firma Rosenbauer in Linz wurde durchgeführt. Die FF Wolfern hat auch vier Lebensrettungen zu verzeichnen. In den Kriegsjahren 1939 bis 1945 wurde ein neues Löschfahrzeug mit Motorspritze zur Verfügung gestellt. In den ersten Nachkriegsjahren wurde die FF Wolfern unter dem Kommando von HBI Zwicklhuber wieder aufgebaut; 1957 wurde ein Opel Blitz angekauft und zu einem Tankwagen mit 2 000 l Inhalt und einer Hochdrucknebelpumpe von der Firma Rosenbauer in Linz ausgebaut und seiner Bestimmung übergeben. In den Jahren 1973 bis 1981 wurde unter Kommandant Angerer die Feuerwehr mit neuen modernen Geräten, KLF Ford Transit und TLF 2000 Trupp, ausgestattet. Die FF Wolfern war auch bei Großeinsätzen (Hochwasser 1954 in Linz und bei F. u. B.-Einsätzen, Steyr-Land) dabei.

HBI Angerer A. (1938), OBI Lichtenberger K. (1955), AW Huber F. (1950), AW Kreuzinger L. (1951), AW Neustifter F. (1975), AW Weilguny A. (1958), BI Kreuzinger L. (1973), BI Schillhuber F. (1967), BI Schopf J. (1977) — HFm Bräuer K. (1963), FA Dietachmayr J. (1938), HFm Dorninger F. (1954), OBm Eckmayr K. (1970), E-BI Faderl E. (1939), Lm Fellner F. (1967), HFm Forstenlehner L. (1951), Lm Forsthuber J. (1938), HFm Frech H. (1979), OFm Frech J. (1979), Lm Gegenbauer F. (1964), OLm Gegenbauer J. (1931), OFm Grasser K. (1974), E-AW Großauer K. (1948), OLm Gruber J. (1938), Lm Gruber J. (1968), OFm Gruber R. (1980), HFm Herber F. (1960), HBm Hübler E. (1970), OFm Kampenhuber F. (1982), E-BI Kampenhuber J. (1920), Lm Kastlunger J. (1940), HFm Klement J. (1962), HFm Mantler M. (1960), Lm Mayr J. (1938), E-BI Mayr J. (1950), Lm Mayr J. (1974), OLm Mayr J. (1933), Lm Mayr J. (1955), OFm Mayr J. (1980), Lm Mehler J. (1953), OLm Mitter J. (1968), OLm Niederhauser R. (1928), Lm Niedermayr J. (1955), HFm Obermann G. (1980), HBm Obermann W. (1956), HFm Pilz R. (1978), Lm Pühringer J. (1950), Lm Puttinger A. (1932), HFm Rieger E. (1980), HFm Rieger H. (1977), OLm Schiffermüller E. (1966), HFm Schneckenleitner B. (1977), E-BI Schopf J. (1945), HFm Söllradl F. (1967), HFm Stern F. (1966), Lm Varesko M. (1966), HFm Weingartner H., OLm Weingartner J. (1948), HFm Wimmer A. (1980), OLm Zachhuber F. (1920), HFm Zachhuber F. (1966), E-OBI Zauner J. (1946), E-HBI Zwicklhuber H. (1931), HFm Zwicklhuber H. (1964), HFm Zwicklhuber W. (1970).

BEZIRK URFAHR-UMGEBUNG

64 FEUERWEHREN

Abschnitt 1	Leonfelden	27 Feuerwehren
Abschnitt 2	Ottensheim	21 Feuerwehren
Abschnitt 3	Urfahr	16 Feuerwehren

BEZIRKSKOMMANDO

Sitzend von links nach rechts: BFK P. Wolfmair Michael, OBR Gielge Günther (Bezirkskommandant), BFA MR Dr. Fattinger Wolfgang; stehend von links nach rechts: OAW Rammerstorfer Leopold, OAW Bindeus Heinz, BR Loitz Anton (Abschnittskommandant), BR Pargfrieder Hubert (Abschnittskommandant), BR Rabeder Johann (Abschnittskommandant), VBR Kapeller Johann, OAW Leitner Max

FF ALBERNDORF IN DER RIEDMARK

Die FF Alberndorf wählte in ihrer Gründungsversammlung am 24. Januar 1909 Josef Klambauer zum Kommandanten. Im Juli 1910 feierte man in Form eines Waldfestes das Gründungsfest. 1911 wurde das erste Zeughaus erbaut. Ankauf der ersten Motorspritze 1929. Die Kommandanten der folgenden Jahre waren: Leopold Reidinger (1919–1933), Josef Dobusch (1933–1934), Johann Neuwirth (1934–1938). In den Jahren der NS-Zeit wurden die Feuerwehren Alberndorf, Pröselsdorf und Kottingersdorf zur „Gemeindefeuerwehr" zusammengelegt und umbenannt. Zum geschäftsführenden Wehrführer wurde der bisherige Kommandant Johann Neuwirth ernannt. 1946 übernahm Franz Kaar die Kommandantenstelle. Von 1953 bis 1981 (28 Jahre) war Leopold Hauser Kommandant der FF Alberndorf. Unter Hauser wurde das neue Feuerwehrhaus, das am 16. November 1980 feierlich eingeweiht und seiner Bestimmung übergeben werden konnte, errichtet. Am 14. August 1982 starb Ehrenamtswalter VS Dir. OSR Hans Schneeberger. Er hat das Amt des Schriftführers von 1934 bis 1979 geführt.

HBI Stockinger J. (1972), OBI Hauser J. (1956), AW Hofstadler J. (1948), AW Leutgeb J. (1954), AW Schwarz J. (1974), BI Altreiter J. (1959) — OFm Außerweger F. (1948), OFm Bachl J. (1932), Fm Berndl E. (1978), OFm Brandl F. (1968), Fm Brandstetter F. (1977), JFm Brandstetter H. (1982), OLm Brandstetter J. (1953), Fm Brandstetter J. (1976), Brandstetter J. (1966), Breiteneder H. (1968), Fm Burgstaller J. (1970), Fm Burgstaller K. (1974), HFm Danner M. (1974), Lm Danninger I. (1955), OFm Danninger I. (1926), Danninger I. (1981), Fm Danninger J. (1979), HFm Danninger J. (1959), Fm Danninger R. (1981), OLm Denkmair W. (1953), Fm Denkmair W. J. (1979), Fm Dollentz H. (1970), Fm Ehrenmüller E. (1974), Fm Feyrer A. (1982), JFm Feyrer Ch. (1980), Fm Gossenreiter E. (1979), HFm Gossenreiter J. (1956), Lm Grasser F. (1954), OFm Grasser J. (1927), Lm Grasser J. (1953), Fm Grasser J. G. (1977), Fm Grubauer F. (1980), JFm Grubauer F. (1980), HFm Grubauer H. (1943), OLm Gruber A. (1962), JFm Gruber B. (1983), Lm Gruber L. (1968), Fm Gstöttenmayr G. (1974), Fm Hainzl R. (1969), Fm Hammer E. (1980), Fm Hammer F. (1959), OFm Hammer F. (1929), Fm Hammer H. (1980), OFm Hauser A. (1950), JFm Hauser G. (1980), Hauser J. (1983), OLm Hauser J. (1956), Fm Hauser J. (1978), Lm Hauser J. (1953), OFm Hauser J. (1982), OFm Hauser J. (1924), OFm Hofer J. (1930), Fm Hofer J. (1960), Fm Hofstadler H. (1949), Lm Hofstadler J. (1953), HBm Hofstadler J. (1953), OFm Hofstadler J. (1955), Fm Hofstadler J. (1976), HFm Hofstadler K. (1959), OFm Hofstadler M. (1959), Lm Hofstadler P. (1926), Fm Huemer J. (1975), OFm Huemer W. (1958), OLm Kaar F. (1950), Fm Kaar F. (1976), HBm Kaar F. (1918),

Fm Kappl B. (1978), OFm Kappl F. (1954), HFm Ing. Kappl J. (1950), OLm Klambauer E. (1943), Fm Klambauer E. jun. (1976), OFm Klambauer H. (1950), Fm Klambauer H. (1976), OFm Klambauer J. (1956), OFm Klambauer J. (1931), Fm Klambauer S. (1978), Fm Kopatsch J. (1982), Fm Koxeder H. P. (1977), OFm Kurz J. (1963), Fm Landl H. (1976), Bm Landl J. (1952), Fm Landl M. (1974), HBm Landl S. (1953), Fm Leitner R. (1971), Fm Leutgeb E. (1970), Fm Madlmair E. (1971), Fm Madlmair F. (1972), Fm Oyrer G. (1980), OFm Oyrer J. (1960), OFm Oyrer J. (1960), OFm Pirchenfellner J. (1978), Fm Raml H. A. (1979), Ing. Raml K. (1956), HFm Raml K. jun. (1976), Fm Rubenser M. (1980), JFm Sandner G. (1981), Lm Scheuchenstuhl A. (1943), Fm Scheuchenstuhl E. (1974), Fm Scheuchenstuhl E. (1974), Fm Scheuchenstuhl F. (1970), OFm Scheuchenstuhl J. (1970), E-AW Scheuchenstuhl K. (1951), Fm Scheuchenstuhl K. (1974), Fm Scheuchenstuhl L. (1970), HFm Scheuchenstuhl O. (1961), JFm Schinagl J. (1983), JFm Schinagl K. (1983), Fm Schinagl K. (1982), OFm Schinagl P. (1933), OLm Schoissengaier A. (1942), OFm Schoissengaier H. (1970), Fm Schoissengaier J. (1979), OLm Schoissengaier J. (1950), OFm Schoissengaier J. jun. (1970), OFm Schwarz J. (1950), JFm Schweiger J. (1983), Fm Stadler F. (1976), Lm Stadler J. (1965), Fm Stadler J. (1976), OFm Stadler W. (1938), Lm Stelzmüller H. (1959), Fm Stockinger F. (1979), OFm Stöglehner E. (1959), Triefhaider J. (1943), Waldmann W. (1959), Watzinger A. (1976), Watzinger J. (1952), Fm Weberndorfer J. (1980), Fm Weberndorfer W. (1976), Fm Wührer E. (1977), OFm Zarzer F. (1970), Lm Zarzer J. (1948), HFm Zeirzer E. (1968)

FF ALTENBERG BEI LINZ

Am 20. November 1898 wurde die FF Altenberg gegründet. Der erste Kommandant war Johann Keplinger. 1928 wurde die Motorspritze angekauft, da mit der vorhandenen Handdruckspritze das Auslangen nicht mehr gefunden werden konnte. 1947 wurde unter Kdt. Michael Deubl das erste Feuerwehrauto, ein Mercedes Benz, angekauft. Ein Jahr später mußte aus Platzmangel ein neues Feuerwehrhaus errichtet werden. 1962 wurde unter Kdt. Johann Neubauer eine neue Motorspritze VW Automatik angekauft. 1965 wurde unter Kdt. Peter Landl ein neues Löschfahrzeug, Marke Ford FK 1000, angekauft. 1977 wurde als Zweitfahrzeug ein neuer LFB Mercedes 409 angekauft. Im Zuge einer Geschäftserweiterung der Fa. Winkler war der Standort des bestehenden Feuerwehrhauses hinderlich, es war daher notwendig, ein neues Feuerwehrhaus zu errichten. Am 12. Juni 1982 wurde das Feuerwehrhaus im Rahmen der Altenberger Kulturwochen unter Beisein von Landesfeuerwehrkdt. Salcher feierlich seiner Bestimmung übergeben.

HBI Penn J. (1957), OBI Grömer F. (1972), AW Aichberger J. (1969), AW Rabmer G. (1966), AW Reichör F. (1964), BI Schwarz K. (1974) — OLm Aichberger A. (1974), HFm Aichberger J. (1968), HFm Aichberger J. (1935), Fm Aichhorn A. (1979), HFm Auer E. (1968), HFm Auer H. (1960), HFm Auer J. (1968), Lm Bachl F. (1918), OLm Bachl W. (1974), OFm Baumgartner H. (1979), HFm Baumgartner M. (1975), HFm Denkmayr F. (1959), HFm Dorninger J. (1971), HFm Enzenhofer F. (1947), HFm Enzenhofer F. (1953), JFm Enzenhofer F. (1982), HFm Freudenthaler J. (1949), HFm Grömer F. (1970), OFm Grömer J. (1978), Lm Gusner W. (1971), Fm Hainzl J. (1979), JFm Hammer J. (1983), JFm Hammer M. (1983), HFm Hammer M. (1978), HFm Hammer P. (1967), HFm Hartl M. (1965), Bm Haslinger J. (1937), OLm Haslinger J. (1968), HFm Haslinger W. (1974), HLm Hauser J. (1940), HFm Hauzenberger H. (1977), Fm Hauzenberger J. (1979), OBm Hochmayr L. (1931), Bm Hörschläger S. (1970), HFm Hofbauer F. (1963), OFm Hofer W. (1980), HFm Huemer J. (1961), E-AW Jeck F. (1922), HFm Kaineder A. (1975), PFm Kaineder J. (1983), HFm Kellerer-Mayr F. (1970), E-OBI Kellerer-Mayr M. (1930), HFm Keplinger J. (1959), FA Dr. Kiblböck B. (1982), Bm Königsdorfer J. (1935), Fm Landl F. (1979), JFm Landl H. (1981), Fm Landl H. (1919), E-HBI Landl P. (1949), HFm Landl W. (1943), OLm Lehner A. (1948), HFm Lehner J. (1959), HFm Leitner J. (1959), HFm Leitner J. (1951), HFm Mayr F. (1935), HBm Neubauer J. (1947), OFm Neubauer W. (1979), OFm Neumüller E. (1979), HFm Neumüller F.

(1947), HFm Neumüller W. (1978), HFm Ortner W. (1959), OLm Panholzer F. (1971), OLm Papier A. (1947), JFm Penn G. (1983), Fm Penn H. (1979), Fm Penn J. (1979), OFm Pfarrhofer E. (1979), HFm Pfarrhofer F. (1968), HFm Pfarrhofer G. (1978), JFm Pfarrhofer H. (1982), Bm Pfarrhofer H. (1962), JFm Pfarrhofer H. (1981), HFm Pfarrhofer J. (1977), HFm Pfarrhofer J. (1976), JFm Pfarrhofer M. (1983), Bm Pfarrhofer P. (1962), HFm Pichler J. (1959), JFm Pichler M. (1983), Fm Pichler W. (1979), Fm Pirngruber R. (1981), Lm Reingruber K. (1963), Bm Reisinger F. (1940), HBm Reisinger F. (1968), HFm Riener J. (1978), HFm Rohrmanstorfer W. (1962), OLm Sailer-Aichberger J. (1928), OLm Scheuchenstuhl H. (1974), HFm Schicho J. (1962), HFm Schwarz F. (1943), Lm Schwarz J. (1974), OLm Schwarz J. (1951), HLm Schwarz J. (1951), Lm Schwarz R. (1969), JFm Seyr Ch. (1982), HFm Seyr F. (1962), OBm Seyr J. (1962), Fm Seyr J. (1979), HFm Seyr K. (1953), HFm Silber J. (1977), HFm Silber L. (1977), HFm Stadler F. (1962), E-AW Stadler K. (1926), HFm Strasser H. (1978), HFm Stürmer A. (1953), HFm Stummer F. (1968), OFm Syn H. (1980), HFm Traunmüller F. (1917), HFm Traunmüller F. (1952), Fm Traunmüller M. (1979), HFm Traunmüller R. (1959), HFm Traunmüller R. (1956), HFm Traunmüller W. (1959), JFm Weissengruber A. (1982), HLm Weissengruber F. (1959), HFm Winkler F. (1953), HFm Winkler H. (1959), HLm Wolfinger J. (1959), Lm Ziegler L. (1935).

FF AMESSCHLAG BEI OBERNEUKIRCHEN

Die Freiwillige Feuerwehr Amesschlag bei Oberneukirchen wurde im Jahr 1896 gegründet. Ein Jahr nach der Gründung wurde bereits die erste Handpumpe angeschafft. Das erste Feuerwehrgebäude wurde um das Jahr 1900 erbaut, natürlich noch in Holzbauweise. Eine zweite Feuerwehrzeugstätte wurde im Jahr 1949 in Massivbauweise errichtet. Das erste Kleinlöschfahrzeug, Type VW LT 35, konnte die Freiwillige Feuerwehr Amesschlag im Jahr 1984 erwerben. Seit der Gründung der Wehr waren folgende Kommandanten, soweit bekannt, für die Geschicke der Freiwilligen Feuerwehr Amesschlag bei Oberneukirchen verantwortlich: Gottfried Pammer (1920–1938), Anton Pammer und Hermann Kappl (1938–1945), Johann Pischlöger (1945–1973) und Gottfried Pammer (seit 1973).

HBI Pammer G., OBI Walchshofer G. (1961), AW Engleder H. (1967), AW Schwarz F. (1951), AW Waldhör S. (1951) — OFm Berlesreiter E. (1963), HFm Berlesreiter R. (1950), Berlesreiter R. (1974), Braun H. (1925), JFm Braun H. (1983), Braun J. (1958), Breiteneder W. (1975), HFm Denkmeir A. (1920), OFm Denkmeir R. (1949), HFm Denkmeir W. (1961), HFm Einzenhofer K. (1960), Engleder A. (1946), HFm Engleder A. jun. (1972), OFm Enzenhofer A. (1951), HFm Enzenhofer R. (1954), OFm Enzenhofer R. jun. (1974), OFm Füreder R. (1949), HFm Gillhofer F. (1934), HFm Gussenleitner J. (1961), JFm Haudum M. (1983), OFm Hehenberger J. (1981), HFm Hochreiter K. (1950), OFm Kappl H. (1946), HFm Kappl H. jun. (1973), HFm Kappl J. (1974), OFm Kollros J. (1974), HFm Kollros L. (1954), JFm Neundlinger G. (1982), JFm Neundlinger M. (1983), OBI Pammer A. (1925), OFm Pammer A. (1954), JFm Pammer Ch. (1982), HFm Pammer G. jun. (1974), JFm Pammer H. (1983), OFm Pammer H. (1951), HLm Pammer W. (1961), HBI Pischlöger J. (1925), AW Pötscher F. (1928), JFm Prammer H. (1982), JFm Prammer M. (1983), HFm Priesner L. (1947), HFm Schaubmair E. (1971), HFm Schwarz H. (1974), HFm Stehrer J. (1952), HFm Stöttner A. (1969), HFm Stöttner A. sen. (1946), JFm Walchshofer A. (1983), JFm Walchshofer G. (1982), HFm Walchshofer R. (1926), HFm Waldhör H. (1972)

FF AMESSCHLAG BEI VORDERWEISSENBACH

Die Freiwillige Feuerwehr Amesschlag wurde am 20. Februar 1902 gegründet. Anton Braunschmid wurde zum Hauptmann gewählt. Noch im Gründungsjahr wurde in Eberhardschlag ein Zeughaus errichtet und eine Handdruckspritze mit Schläuchen und Stahlrohr erworben. In den folgenden Jahren wurden immer wieder neue Ausrüstungsgegenstände wie Schläuche, Haspeln, Eimer, Feuerhaken und Sturmlampen angeschafft. Das Jahr 1938 brachte nicht nur den Beschluß der Wehr, das Zeughaus in Eberhardschlag zu erweitern, sondern auch die Eingemeindung von Amesschlag in die Freiwillige Feuerwehr Vorderweißenbach. Nun schied auch Anton Braunschmid als Kommandant aus, ihm folgten: Johann Grünzweil (1938–1949), Karl Katzmayr (1949–1952), Josef Fleischanderl (1952–1953), Johann Mitterhofer (1953, 1954–1973), Karl Mülleder (1973–1983), Johann Aigner (seit 1983). 1959/60 wurde in Amesschlag eine neue Zeugstätte errichtet und eine Motorspritze VW R 80 angeschafft. 1964 kaufte die Freiwillige Feuerwehr Amesschlag einen Anhänger für die Tragkraftspritze. Im Verlauf der folgenden Jahre konnte die Wehr weitere Trockenlöscher, leichte Atemschutzgeräte und Feuerlöscher erwerben sowie mehrere Löschteiche bauen. In den letzten Jahren wurde schwerer Atemschutz und eine Funksirenensteuerung angekauft. 1984 konnte endlich ein Löschfahrzeug, ein Land Rover mit Vorbaupumpe, erworben werden.

HBI Aigner J. (1953), OBI Keplinger J. (1949) — Barth J., Braunschmid A. (1930), Braunschmid S. (1961), Braunschmid W. (1975), Enzenhofer F., Enzenhofer J. (1963), Fleischanderl E., Fleischanderl J. (1964), Fröhlich W., Grünzweil A., Grünzweil S. (1973), Hinterhölzl W., Hochreiter H. (1975), Hochreiter H. (1961), Hochreiter J. (1958), Hochreiter K. (1933), Hochreiter K. (1956), Kaar J. (1964), Kaar J., Katzmayer F. (1972), Katzmayr K. (1974), Keplinger H. (1972), Keplinger J. (1972), Leitner A. (1956), Mitterhofer B., Mitterhofer J., Mülleder F., Mülleder K. (1961), Peherstorfer J. (1953), Peherstorfer J., Reingruber A., Schimpl J. (1973), Schwarz J., Schwarz J., Schwarz N. (1933), Sonnberger J. (1972), Thumfart E., Thumfart E., Thumfart H., Thumfart H. (1973), Torwartl A. (1964), Wiesinger G. (1977), Wiesinger J. (1976), Wohlschlager H. (1963), Wohlschlager J., Wohlschlager J.

FF BAD LEONFELDEN

Die Freiwillige Feuerwehr Bad Leonfelden wurde 1871 gegründet. Die erste Abprotzspritze wurde 1873 erworben. Am 11. September 1872 gab es den ersten Brandeinsatz in Hohenfurth (jetzt Vyssi Brod, ČSSR). 1874 wurde der erste Mannschafts- und Gerätewagen übernommen. Das erste Depot befand sich im ehemaligen Rathaus. Mit den benachbarten Feuerwehren wurden seinerzeit schon Übungen abgehalten. Am 5. Mai 1882 erfolgte die feierliche Grundsteinlegung zum neuen Depot in der Nähe des Friedhofes, das aber im Jahr 1975 dem Neubau einer Bestattungshalle weichen mußte. In unmittelbarer Nähe wurde ein neues Feuerwehrhaus unter Mithilfe der Feuerwehrkameraden erbaut, das sich aber schon wieder als zu klein erweist. Die Feuerwehr Bad Leonfelden verfügt derzeit über fünf Einsatzfahrzeuge, darunter ein Ölalarmfahrzeug, das das Landesfeuerwehrkommando in Bad Leonfelden stationiert hat. In monatelanger Arbeit haben einige Kameraden 1984 ein 60-kVA-Notstromaggregat zusammengebaut.

HBI Wagner K. (1949), OBI Ing. Kapl S. (1953), AW Fürlinger E. (1950), AW Hettrich-Keller O. (1971), AW Hofstadler R. (1961), BI Hraba R. (1965), BI Ullmann W. (1981) — HFm Baumgartner A. (1976), HFm Baumgartner K. (1933), Fm Baumgartner K. (1976), Fm Berger R. (1970), Fm Bindeus K. (1966), HFm Birklbauer J. (1971), JFm Birklbauer K. (1983), OFm Birklbauer M. (1978), JFm Birngruber M. Ch. (1983), HFm Blaschek H. (1978), E-BI Böcksteiner J. (1927), OBm Böcksteiner J. (1964), OBm Böcksteiner J. (1965), OFm Bräuer G. (1978), Fm Bräuer W. (1981), OBm Brenner J. (1965), HLm Breuer L. (1964), Fm Dumfart F. (1971), OFm Dumphart H. (1978), Bm Dumphart K. (1963), OLm Dumphart M. (1954), E-HBI Ehrnleitner J. (1954), JFm Ehrnleitner R. (1983), HFm Eidenberger A. (1970), HFm Enzenhofer A. (1938), HFm Enzenhofer J. (1966), HFm Enzenhofer J. (1963), BFA Dr. Fattinger W. (1973), HBm Feilmair J. (1953), JFm Fleischmann Ch. (1983), Fm Freinbichler H. (1978), Fm Freller H. (1981), OBm Freller R. (1960), HFm Frick W. (1972), OFm Gilhofer H. (1978), Fm Gillhofer G. (1981), HLm Gimpl J. (1957), OFm Gimpl H. (1978), OBm Glansegg R. (1951), OFm Glansegg R. (1978), JFm Gratschmayer E. L. (1983), OFm Grubauer R. (1966), HBm Grüner P. (1966), PFm Gsöllpointner E. (1983), Bm Haider J. (1966), HFm Hartl F. (1932), HLm Hartl J. (1971), HLm Heindl E. (1949), E-BI Hettrich-Keller E. (1939), HBm Hettrich-Keller E.-G. (1973), OBm Hettrich-Keller R. (1965), Fm Hochreiter F. (1981), OFm Hochreiter H. (1978), HBm Hochreiter H. (1959), HFm Hochreiter R. (1971), Lm Hochreiter W. (1971), OFm Hochreither H. (1978), JFm Hofstadler F. (1983), Fm Hollinger P. (1982), JFm Hraba R. (1971), HBm Huemer J. (1965), OFm Huemer W. (1978), HFm Immervoll H. (1966), E-BR Kagerer O. (1930), HLm Kaltenberger J. (1946), OFm Kapl A. (1978), HFm Kapl F. (1963), E-BI Kastner F. (1927), HFm Königstorfer J. (1929), JFm Koll Ch. (1983), HFm Kreisel J. (1978), HBm Kutschera W. (1953), JFm Landendorfer P. G. (1983), E-AW Lehner M. (1951), OFm Mairhofer A. (1978), HFm Maureder J. (1958), JFm Maureder M. (1983), JFm Mittermüller H. (1983), HFm Mittermüller J. (1971), JFm Mittermüller P. (1983), Fm Mittermüllner M. (1981), OFm Neuburger D. (1978), HFm Neumüller J. (1953), HFm Neumüller L. (1958), Fm Nimmervoll G. (1979), OBm Nöbauer K. (1953), BFK P. Wolfmair M. (1972), JFm Pachner J. (1982), HFm Pammer H. (1949), HFm Panholzer F. (1963), HFm Panholzer K. (1971), Fm Panholzer M. (1980), OBm Pelz M. (1965), Lm Poscher J. (1947), Lm Rehberger G. (1973), OFm Rehberger M. (1976), OBm Riener F. (1965), Lm Riener R. (1967), HLm Ritter A. (1964), Ritter J. (1963), JFm Rottensteiner K. R. (1983), OBm Schäfler J. (1962), JFm Schaffner H.-P. (1983), Lm Schartner A. (1963), JFm Schiefermüller G. (1983), E-HBI Schilcher F. (1949), OBm Schilcher R. (1953), JFm Schreiner J. N. (1983), HFm Schwarz A. (1965), OFm Schwarz E. (1978), HBm Schwarz W. (1971), OBm Stockinger E. (1949), HFm Stummer F. (1971), HFm Stumptner F. (1949), Fm Tumfart R. (1982), OFm Ullmann A. (1978), OFm Veitschegger T. (1978), Fm Wagner B. (1978), HFm Wagner Ch. (1978), HFm Wagner K. (1973), Lm Wagner R. (1976), OFm Wakolm J. (1977), HFm Wakolm S. (1965), E-HBI Walchshofer F. (1932), Lm Walchshofer G. (1951), HFm Wiesinger J. (1953), HFm Winkler F. (1972), E-HBI Winkler L. (1949), HFm Wohlschlager M. (1956)

FF BERNDORF

Am 22. September 1935 wurde im ehemaligen Gasthaus Kogler aufgrund der bestehenden Notwendigkeit und im Einvernehmen mit den dafür verantwortlichen Körperschaften die Gründungsversammlung abgehalten. Unter dem Vorsitz des damaligen Bürgermeisters Roither, des Bezirksverbandsobmannes Hartl und des Bezirkswartes Hugo Gielge, neben dem Wehrführer Klinger und den anwesenden Mitgliedern der neuen Wehr mit ihren Interessenten, wurden folgende Funktionäre gewählt: Vinzenz Fleischanderl zum Wehrführer, Josef Priglinger zum Stellvertreter, Josef Hofer zum Spritzenmeister und Franz Kogler zum Schriftführer und Kassier. Bei der ersten Jahreshauptversammlung am 15. März 1936 wurde der Bau des neuen Rüsthauses für Berndorf beschlossen. Durch eine Gesetzesverordnung vom 15. Dezember 1937 wurden die Feuerwehren als Körperschaften des öffentlichen Rechtes erklärt. Es fand dann am 17. Juli 1938 im Gemeindeamt Eidenberg unter Bgm. Josef Bräuer und den Wehrführern von Eidenberg, Geng und Berndorf die Zusammenlegung der drei Wehren statt. Als Wehrführer der Gemeinde Eidenberg wurde Peter Haiböck ernannt. 1948 konnte die erste Motorspritze angekauft und weiteres Rüstzeug angeschafft werden. 1971 wurde der Zeughausneubau durchgeführt und 1972 feierlich im Rahmen eines Naßwettbewerbes eingeweiht. 1974 konnte durch Unterstützung der Gemeinde ein Ford Transit sowie eine neue Motorspritze VW 80 angekauft werden. 1982 wurde das KLF Ford Transit durch einen Land Rover BLF ersetzt.

HBI Schwarz F. (1964), OBI Führlinger H. (1964) — Aschl J. (1978), Barth J. (1983), Barth K. (1983), Barth K. (1962), Breuer F. (1958), Engleder G. (1935), Fleischanderl J. (1948), Fleischanderl J. (1980), Fleischanderl O. (1964), Gattringer J. (1935), Gattringer J. (1969), Gruber M. (1983), Hainzl A. (1983), Hainzl A. (1983), Hainzl B. (1983), Hainzl F. (1983), Hainzl J. (1935), Hainzl J. (1982), Hainzl J. (1969), Hainzl J. (1952), Hörschläger J. (1983), Hörschläger J. (1958), Hörschläger J., Hofer A. (1978), Hofer F. (1969), Hofer F. (1978), Hofer J. (1935), Hofer J. (1968), Hofer K. (1978), Huemer K. (1976), Kaiser G. (1969), Kaiser J. (1968), Luger F. (1978), Luger J. (1981), Luger J. (1978), Luger R. (1946), Luger R. (1969), Mayr F. (1978), Pointner F. (1978), Pointner J. (1978), Pointner J. (1978), Pointner M., Priglinger E. (1983), Priglinger G. (1983), Priglinger J. (1978), Priglinger O. (1946), Priglinger R. (1978), Priglinger W. (1979), Rechberger F. (1981), Rechberger O. (1981), Scherb L. (1978), Schwarz F. (1983), Schwarz G. (1968), Stadlbauer W. (1983), Wakolbinger R. (1954), Weixlbaumer P. (1946), Weixlbaumer J. (1977), Weixlbaumer P.

FF BERNHARDSCHLAG

Die Gründung der Freiwilligen Feuerwehr Bernhardschlag erfolgte am 23. Januar 1910. Gründungsmitglieder waren Josef und Franz Ganglberger, Heinrich Grillnberger, Leopold Hofer, Josef Schilcher, Wakolbinger, Karl Rechberger, Karl Wolfesberger. Bei der konstituierenden Sitzung wurde beschlossen, eine Sterbekasse sowie eine Rettungsabteilung einzurichten und einen Mitglieder-Jahresbeitrag von 1 Krone einzuheben. Die Wehr war eine Katastralfeuerwehr; der Ankauf von Ausrüstung und Geräten war jedoch sehr zaghaft. 1912 konnte eine zweirädrige Akkordspritze erworben werden. Das erste Feuerwehrgebäude wurde im Jahr 1913 errichtet. 1930 wurden zwei Hörner, zwei Steigerausrüstungen sowie einige Helme angeschafft; 45 m Schläuche waren schon im Jahr zuvor eingekauft worden. 1932 kamen wieder neun Helme dazu und 1933 zwei Signalhörner für die Alarmierung. 1938: Ankauf einer neuen Zeughausuniform. 1951 wurde eine gebrauchte Motorspritze angeschafft, die Finanzierung erfolgte durch die Bauern der Ortschaften Bernhardschlag, Stumpten und Ortschlag. Der 1912 erworbene Schlauchkarren wurde 1954 durch den Ankauf eines Gummiwagens für Pferde und Traktor ergänzt und steht jetzt noch in Verwendung. 1955 wurde der erste Löschteich gebaut, dem inzwischen vier weitere folgten. 1957 ging man an den Neubau des Feuerwehrgebäudes, 1961 wurde eine Sirene angeschafft und 1957 eine Tragkraftspritze VW 75. Seit der Gründung der Freiwilligen Feuerwehr Bernhardschlag waren folgende Kommandanten an der Spitze der Wehr tätig: Franz Ganglberger (1910–1932), Karl Rechberger (1932–1952), Franz Hofer (1952–1953), Karl Feilmayr (1953–1963), Josef Birklbauer (1963–1973) und Johann Kaar (seit 1973).

HBI Kaar J. (1960), OBI Birklbauer J. (1954), AW Brandstätter J. (1946), AW Breuer J. (1969), AW Breuer M. (1954), AW Ganglberger W. jun. (1973), AW Kaar R. (1954), AW Pötscher H. (1955) — PFm Birklbauer A. (1983), HFm Birklbauer W. (1976), HFm Birngruber J. (1973), Fm Brandstätter K. (1979), HFm Breuer A. sen. (1936), HLm Dobesberger J. (1964), HLm Dobesberger J. (1964), Enzenhofer F. (1930), HBm Feilmeyr K. (1951), HFm Ganglberger F. (1970), PFm Ganglberger H. (1983), Ganglberger J. (1925), Bm Ganglberger L. (1966), HFm Ganglberger W. (1955), HFm Griebl J. (1977), PFm Griebl R. (1983), HFm Grünzweil G. (1976), OFm Hammerschmied L. (1952), HFm Hartl H. (1972), HFm Hartl J. (1942), Bm Hofer F. (1927), OLm Hofer J. (1956), HFm Hofer L. (1937), HFm Kaar A. (1937), OFm Kaar H. (1975), Fm Kaar H. (1975), Kaar J. (1951), HFm Kaar L. (1951), HFm Kapl J. (1983), Lm Kastner H. (1969), HFm Kastner H. (1946), HFm Kastner W. (1970), HFm Kitzmüller G. (1975), PFm Lehner E. (1983), Lm Lehner F. (1977), OFm Lehner K. (1964), Fm Lehner M. (1977), PFm Mitter F. (1983), HFm Mitter S. (1959), PFm Pils J. (1983), Fm Pirngruber B. (1979), HFm Pirngruber R. (1970), Pötscher A. (1936), OFm Pötscher G. (1977), OLm Reingruber J. (1960), HLm Schiefermüller F. (1964), OFm Schirz J. (1975), OFm Schwarz A. (1940), Sonnberger F. (1983), Lm Stumptner G. (1970), Lm Winkler G. (1968), Wolfesberger J. (1930), HFm Wolfesberger J. (1961)

FF DIETRICHSCHLAG

Am 12. Mai 1908 wurde die Gründungsversammlung abgehalten und die Gründung der Freiwilligen Feuerwehr Dietrichschlag vorgenommen. Erster Kommandant der Wehr wurde Florian Mülleder. Noch im Gründungsjahr wurde mit dem Neubau des Zeughauses begonnen. Auch wurde bald nach der Gründung eine Sterbekasse eingerichtet. Während des Ersten Weltkrieges gab es auch eine Rettungsabteilung, zu der je drei Mann abgestellt waren, zum Transport Verwundeter und kranker Soldaten in die Heimat. Im Jahr 1931 wurde von der Firma Rosenbauer eine Motorpumpe angeschafft, Typ HSO/II. Zwischen 1939 und 1946 war die Freiwillige Feuerwehr Dietrichschlag aufgelöst bzw. eingemeindet. 1955 wurde ein Traktoranhänger erworben und im Jahr 1962 ein VW-Bus. Im Jahr 1985 wird der Zeughausneubau fertiggestellt werden, um den modernen technischen Geräten Platz zu bieten. Auch ein Kleinlöschfahrzeug soll angeschafft werden.

HBI Sonnberger K. (1968), OBI Leitner G. (1980), AW Kapl K. (1971), AW Mülleder J. (1968), AW Nimmervoll J. (1966), AW Ollmann J. (1957), BI Stumptner L. (1949) — HFm Birngruber A. (1968), HBm Birngruber D. (1962), E-BI Birngruber F. (1957), PFm Birngruber F. (1983), E-BI Birngruber G. (1957), Lm Birngruber G. (1957), Fm Birngruber J. (1982), OFm Birngruber J. (1967), PFm Birngruber R. (1983), Lm Birngruber R. (1957), Fm Danninger H. (1978), OFm Enzenhofer A. (1978), Fm Hartl G. (1981), Fm Hochreiter A. (1968), Fm Hofer J. (1982), Bm Kapl A. (1942), Lm Kapl A. (1967), OFm Kapl J. (1971), OFm Kapl M. (1978), Fm Keplinger J. (1930), HFm Keplinger J. (1968), Fm Kinn J. (1978), OFm Lengauer F. (1976), Fm Mülleder E. (1979), OFm Mülleder H. (1974), HFm Mülleder H. (1972), OFm Mülleder J. (1975), OFm Ing. Mülleder J. (1978), E-HBI Mülleder J. (1938), E-OBI Mülleder L. (1932), E-HBI Mülleder L. (1949), Fm Ing. Mülleder L. (1981), Fm Mülleder R. (1979), OFm Nimmervoll A. (1976), Fm Nimmervoll J. (1974), OBm Nimmervoll K. (1968), OFm Nimmervoll S. (1978), OFm Ollmann J. (1936), Lm Pötscher H. (1964), Fm Pötscher K. (1951), OFm Radler L. (1956), Fm Schoissengeier A. (1951), Fm Schraml J. (1929), Fm Schraml J. (1978), Fm Sengschmied L. (1952), OFm Sonnberger A. (1974), Lm Sonnberger F. (1971), HFm Sonnberger L. (1971), OFm Spiesmayer F. (1972), Fm Steffl R. (1931), HFm Steffl W. (1971), Fm Stumptner F. (1979), Fm Stumptner H. (1946), OBm Stumptner J. (1978), Fm Stumptner R. (1981), OFm Traxler G. (1925), Lm Traxler J. (1969), Lm Wakolm L. (1930), Lm Wakolm L. (1957), OFm Winkler G. (1979), Fm Winkler J. (1979)

FF DREIEGG-GLASHÜTTEN

Die Freiwillige Feuerwehr Dreiegg-Glashütten gehört den Gemeinden Sonnberg und Reichenau an. Als im Jahr 1928 bei einem Brand die Nachbarhäuser nur durch starken Regen vom Feuer verschont blieben, sahen einige Dreiegger, die schon Mitglieder der Nachbarfeuerwehr waren, wie wichtig eine eigene Feuerwehr wäre. So kam es am 15. März 1929 mit 35 Männern aus Dreiegg und Glashütten zur Gründungsversammlung. Michael Brunner wurde zum ersten Kommandanten gewählt. Im Frühjahr 1930 konnte das erste Feuerwehrhaus bezogen werden. Auch ein Pferdeanhänger wurde angeschafft. Die Spritze wurde händisch betrieben. Während des Krieges war Dreiegg-Glashütten als Löschzug der FF Sonnberg angeschlossen. 1946 wurde die Freiwillige Feuerwehr Dreiegg-Glashütten wieder selbständig. Neuer Kommandant wurde Emanuel Leutgeb. Ihm folgten Alois Brandstetter und Franz Reintaler, der 28 Jahre hindurch der Feuerwehr vorstand. Wegen Platzmangels wurde ein Neubau des Feuerwehrdepots notwendig. Durch Spenden und Robot war dies möglich. Am 17. August 1969 wurden das Zeughaus, ein Traktoranhänger und eine Tragkraftspritze geweiht. Seit diesem Jahr besteht eine Wettbewerbsgruppe, welche schon sehr schöne Erfolge erreicht hat. Höhepunkte waren ein dritter Rang beim Landeswettbewerb 1981 in Rohrbach sowie der Abschnittssieg und der zweite Platz im Bezirk Urfahr 1983. 1981 wurde ein Löschfahrzeug angeschafft und 1983 mit Funk ausgerüstet.

HBI Rechberger F. (1967), OBI Leutgeb W. (1951), AW Elmer J. (1969), AW Hochreiter J. (1951), AW Huemer J. (1974), HBI Reinthaler F. (1938), BI Huemer J. (1947) — HFm Brandstätter L. (1963), HFm Brandstetter A. (1929), OFm Brandstetter F. (1980), OFm Brandstetter F. (1968), HFm Brandstetter F. (1929), JFm Brandstetter G. (1980), HFm Brunner A. (1952), Fm Brunner B. (1980), HFm Brunner E. (1974), HFm Brunner H. (1963), Dreger N. (1981), HFm Eckerstorfer J. (1973), Lm Grasböck A. (1955), Fm Grasböck B. (1980), PFm Haudum J. (1981), HFm Hochreiter A. (1955), HFm Hochreiter A. (1975), Fm Hochreiter B. (1980), Fm Hochreiter G. (1980), OFm Hochreiter H. (1979), OFm Hochreiter J. (1981), Hochreiter O. (1978), OLm Horner A. (1946), HFm Horner K. (1972), Fm Huber G. (1980), HFm Huemer A. (1968), OFm Keplinger R. (1969), OFm Landl A. (1979), OLm Landl A. (1955), OFm Landl J. (1979), HFm Landl O. (1968), Fm Leberbauer H. (1981), HFm Leberbauer H. (1980), HBm Leutgeb W. (1974), HFm Leutgeb E. (1972), OFm Leutgeb H. (1976), JFm Leutgeb J. (1982), HFm Leutgeb J. (1929), OBm Leutgeb O. (1967), HFm Leutgeb W. (1969), Linhart N. (1963), HFm Manzenreiter J. (1978), HFm Manzenreiter J. (1954), JFm Manzenreiter J. (1980), HFm Nimmervoll E. (1969), HFm Nimmervoll J. (1968), OFm Nimmervoll J. (1981), OFm Pirngruber K. (1978), Bm Rechberger F. (1930), OFm Rechberger F. (1980), JFm Rechberger R. (1981), Fm Reingruber A. (1982), OLm Reingruber M. (1954), Fm Schaffer E. (1980), HFm Schaffer J. (1969), OFm Schmidt K. (1980), HLm Schuhmann F. (1951), HFm Weigl H. (1962)

FF EIDENBERG

Am 25. April 1925 wurde die Gründungsversammlung abgehalten. Als Wehrführer wurde Förster Schiroky gewählt. Am 10. Juli 1926 wurde von der Stadtfeuerwehr Urfahr eine Handspritze samt Schläuchen erworben. 1927 wurde der Bau eines Zeughauses vorgenommen. 1935 wurde die erste Motorspritze (R 25) gekauft. Diese wurde 1983 gereinigt und neu lackiert und steht nun als Ausstellungsstück im neuen Zeughaus. 1962 kaufte die Wehr eine neue Motorspritze TS 75 VW Automatik und einen Tragkraftspritzenanhänger. Als Zugmaschine hiefür diente ein Unimog der Gemeinde. Dieses Löschgerät steht auch heute noch in Verwendung. 1976 wurde der Bau eines neuen Zeughauses und der Ankauf eines modernen Löschfahrzeuges LFB beschlossen. Bereits im Juni 1977 konnte das LFB im neuen Gebäude untergebracht werden. Dieses Löschfahrzeug wurde in den letzten Jahren ständig mit neuen Geräten wie schwerer Atemschutz, Mittelschaumrohr, Funkgeräte, Notstromaggregat mit Beleuchtungskörper, Motorsäge und vielen kleineren Geräten ausgestattet, so daß die Feuerwehr nunmehr gut gerüstet ist.

HBI Knollmayr J. (1954), OBI Mühlberger J. (1950), AW Huemer J. (1970), AW Pointner A. (1964), AW Weixlbaumer A. (1962), BI Maureder R. (1946), BI Schmidinger N. (1974) — OFm Breuer G. (1965), HLm Breuer J. (1946), HLm Dumfart J. (1946), HFm Dumfart J. (1980), Lm Durstberger J. (1966), HFm Ehrenmüller A. (1980), HLm Erlinger F. (1925), Bm Erlinger F. (1965), OLm Erlinger R. (1968), HFm Fürlinger H. (1965), HFm Haider G. (1980), HLm Haider P. (1946), HLm Hauzenberger A. (1960), OFm Hauzenberger A. (1980), OFm Hauzenberger A. (1981), Hauzenberger J. (1974), HFm Hierschläger F. (1977), Fm Hierschläger F. (1978), OLm Hierschläger J. (1969), HLm Hierschläger J. (1950), HLm Hinterhölzl A. (1958), OFm Hofstadler R. (1958), OLm Hofstätter J. (1954), E-BI Hofstätter L. (1950), HLm Hofstätter M. (1958), HFm Kaiser F. (1980), Fm Kaiser N. (1983), OFm Knollmayr F. (1962), OLm Knollmayr O. (1962), OLm Köppl E. (1969), HLm Köppl F. (1925), Lm Köppl F. (1965), HLm Köppl J. (1969), OLm Köppl R. (1961), HLm Köppl R. (1933), OFm Köppl W. (1976), HLm Koll J. (1936), OFm Koll M. (1980), Fm Kollmayr J. (1982), Fm Kollmayr O. (1982), OLm Lehner E. (1959), HLm Madlmeir F. (1957) HFm Madlmeir J. (1976), HFm Mair G. (1978), OFm Maureder E. (1976), OLm Maureder K. (1946), Fm Maureder K. (1980), Fm Maureder N. (1982), Fm Maureder W. (1983), OFm Mayer H. (1980), OLm Mayr J. (1961), OLm Ing. Müllner A. (1961), E-HBI Müllner W. (1946), OFm Neundlinger A. (1981), OLm Öhlinger F. (1974), OFm Pargfrieder E. (1974), Fm Pargfrieder F. (1983), Fm Pargfrieder K. (1982), HLm Pargfrieder R. (1946), Lm Pichlbauer H. (1974), HLm Pointner A., HLm Pointner E. (1965), OBm Pointner H. (1958), OLm Radler K. (1962), Lm Ratzenböck A. (1969), Lm Rechberger F. (1950), HFm Rechberger F. (1976), HLm Rechberger J. (1950), Fm Reisinger W. (1983), OFm Reiter K. (1976), HFm Reiter M. (1976), OFm Reiter W. (1980), HLm Rohrmannsdorfer E. (1958), Fm Rois E. (1980), HLm Schmidinger A. (1958), Lm Schmidinger E. (1976), HLm Schmidinger K. (1953), HFm Schmidinger K. (1977), OFm Schmidinger M. (1981), Fm Schmidinger R. (1983), HLm Schmidinger R. (1949), HFm Schneider O. (1958), Fm Schütz J. (1946), HBm Schütz J. (1946), HLm Schütz K. (1958), Bm Schütz M. (1961), Fm Schuster Ch. (1983), OFm Schwantner H. (1980), Fm Seifert B. (1982), HFm Seifert G. (1978), OLm Steininger R. (1958), HBm Wakolm J. (1962), HFm Wöhrer E. (1970), Fm Wöhrer H. (1982), E-OBI Wöhrer K. (1946), OBm Wöhrer K. (1933), OLm Wöhrer W. (1956), Bm Wollendorfer G. (1959)

FF ESCHELBERG

Die Gründungsversammlung fand am 4. Juli 1902 statt. Michael Dachs wurde einstimmig zum Obmann gewählt. Bei der Hauptversammlung am 25. Februar 1903 wurde über Anregung des Wehrführers Michael Dachs der Ankauf einer Handdruckspritze und sonstiger Geräte bei der Fa. Gugg beschlossen. Bei der abgehaltenen Neuwahl wurde das bisherige Kommando wieder gewählt. Feuerwehrübung am 12. März 1905. Zur Prüfung und Einschulung der Mannschaft wurde am Samstag, dem 12. März 1905, eine Übung durchgeführt, die zur vollsten Zufriedenheit verlief. Im Jahr 1905 starb der erste Obmann und Wehrführer Michael Dachs. Ihm war die Neugründung der Wehr zu verdanken. Alle Kameraden nahmen am Begräbnis teil. Am 29. Oktober 1905 fand im Gasthaus der Maria Dachs die Hauptversammlung und die Neuwahl statt. Zum Obmann und Wehrführer wurde Johann Höllinger ernannt. Die am 5. März 1911 abgehaltene Neuwahl brachte Ferdinand Baumgartner als Obmann und Wehrführer. Im Jahr 1926 fand wieder eine Neuwahl statt; als Obmann und Wehrführer wurde Karl Freilinger gewählt. 1931 fand die nächste Neuwahl statt, bei der Matthias Pühringer als Kommandant hervorging. 1946 wurde Pühringer wiedergewählt; er hatte das Amt 32 Jahre inne. Im Jahr 1978 wurde der jetzige Kommandant Leopold Kepplinger zum Wehrführer bestellt. Ausrüstungsgegenstände: Die zweite Pumpe wurde 1935 bei der Fa. Rosenbauer bestellt – eine HR 253, 10 PS, 400 l/min. 1957 wurde eine Pumpe VW 122 erworben, 1958 ein Land Rover 109 als Einsatzfahrzeug. Die Errichtung des Zeughauses erfolgte im Jahr 1957.

HBI Kepplinger L., OBI Wurzinger J. — Baumgartner J., Bognermayer F., Bräuer L., Burgstaller L., Ehrlinger A., Ehrlinger A., Ehrlinger J., Ehrlinger L., Engleder E., Engleder G., Engleder G., Engleder H., Engleder J., Engleder K., Engleder L., Engleder L., Erlinger A., Erlinger F., Erlinger G., Erlinger G., Erlinger H., Erlinger J., Erlinger M., Füreder H., Füreder J., Gattringer A., Gattringer J., Hander J., Harrer J., Haudum J., Höfler A., Höfler R., Hofstätter F., Hofstätter G., Hofstätter J., Hofstätter J., Hofstätter R., Kaiser A., Kaiser J., Kaiser J., Kepplinger H., Kepplinger L., Kepplinger M. (1984), Kepplinger M., Lang H., Lueger L., Mayr J., Mayr J., Nopp H., Nopp J., Oberthanner J., Plöderl G., Pönner E., Pröll E., Pühringer J., Pühringer R., Pühringer W., Rammerstorfer F., Rammerstorfer H., Rauscher J. (1984), Rechberger F., Rechberger J., Reingruber J., Schietz A., Schietz G., Schietz H., Schietz K., Stelzer J., Stelzer J., Stöttner J., Trachsler R., Wagner J., Wagner K., Wolfmair J. (1984), Wolfmayr A., Wolfmayr A., Wolfmayr J., Wurzinger A., Wurzinger A., Wurzinger F., Wurzinger F., Wurzinger J., Wurzinger J., Wurzinger K., Wurzinger R. (1984), Zauner R., Zauner R.

FF FELDKIRCHEN AN DER DONAU

Die FF Feldkirchen wurde am 10. September 1899 gegründet. Gründungsmitglieder waren Franz Reiter, Matthias Altreiter, Johann Althuber, Martin Radler und Franz Scharinger. In den dreißiger Jahren kaufte man einen Rüstwagen mit Leiter. Während des Zweiten Weltkrieges gab es nur fünf Löschzüge, die vom Kommandanten der FF Bad Mühllacken Franz Gattringer geführt wurden. In dieser Zeit wurde eine Tragkraftspritze für die FF Feldkirchen angekauft. 1950 wurde ein Kraftfahrzeug der Type Steyr für die FF Feldkirchen angekauft. Unter Kdt. Karl Luger wurde 1956 ein neuer Feuerwehranhänger gebaut. Die Besprechungen und Planungen für ein neues Zeughaus wurden begonnen. Unter Kommandant Johann Watzl konnte die FF Feldkirchen bereits 1967 in das neue Zeughaus übersiedeln. Das neue Kommando unter Franz Augendopler begann mit der Technisierung. Ein Rüstfahrzeug, ein Tanklöschfahrzeug, eine Motorzille, schwerer Atemschutz, Funkgeräte sowie viele andere Einsatzgeräte wurden erworben. Mit diesen Anschaffungen sowie den technischen Einrichtungen ist es der FF Feldkirchen möglich, den derzeit gestellten Aufgaben gerecht zu werden.

HBI Augendopler F. (1956), OBI Allerstorfer R. (1975), AW Hintringer J. (1970), AW Luger K. (1963), AW Rechberger J. (1970), BI Baumgartner J. (1953), BI Haider R. (1970), BI Riefellner J. (1958) — Fm Aigner H. (1977), OFm Allerstorfer A. (1947), HFm Allerstorfer J. (1967), OFm Allerstorfer R. (1950), Lm Augendopler F. (1976), JFm Augendopler T. (1981), Fm Baumgartner J. jun. (1970), Fm Berger R. (1971), HFm Doppelbauer F. (1928), Fm Emerstorfer F. (1970), Fm Emerstorfer G. (1976), Fm Emmerstorfer G. (1976), OFm Erlinger J. (1949), HFm Gruber J. (1965), Fm Gruber M. (1981), Fm Gumpenberger A. (1976), OFm Gumpenberger H. (1964), JFm Gumpenberger R. (1983), HFm Haider H. (1970), Hartl J. (1960), Lm Hartl W. (1973), Fm Haslmayr E. (1980), Fm Haslmayr F. (1970), Fm Halsmayr H. (1980), Fm Haslmayr J. (1974), Fm Haslmayr J. (1976), HFm Hinterberger F. (1950), Olm Hinterberger F. (1959), Lm Hinterberger F. (1970), Fm Höfer J. (1967), Fm Höfer W. (1976), OFm Hummer A. (1968), OFm Inhofner W. (1977), HFm Kaiser F. (1955), Fm Kaiser W. (1983), HFm Kastner W. (1962), Fm Kehrer J. (1971), Fm Keinberger S. (1977), OLm Kitzberger A. (1950), HFm Kitzberger S. (1934), HFm Knögler A. (1959), HFm Knögler A. (1928), HFm Knögler J. (1955), Fm Köberl R. (1980), Fm Krenmayr H. (1982), Lm Lang F. (1976), HFm Lanzersdorfer J. (1920), HFm Leitner L. (1959), HFm Leitner L. (1930), Fm Leitner L. (1982), Lm Lindenbauer G. (1970), HFm Lindenbauer J. (1945), OFm Lindenbauer W. (1970), HFm Luger K. (1933), OFm Maresch J. (1982), JFm Maresch R. (1983), OFm Mörtenhuber H. (1977), PFm Mühlbauer K. (1982), HFm Neubauer J. (1930), Fm Pammer G. (1983), HFm Peherstorfer A. (1952), HFm Peherstorfer J. (1950), Fm Peherstorffer A. (1977), HFm Pichler L. (1950), HFm Preining J. (1950), HFm Pühringer H. (1950), HFm Pühringer J. (1950), HFm Putschögl R. (1950), HFm Putz R. (1961), Fm Radler M. (1980), HFm Rechberger F. (1959), Fm Rechberger F. jun. (1981), HFm Rechberger J. (1962), HFm Rechberger J. (1938), HFm Rechberger M. (1927), HFm Rechberger R. (1962), PFm Reifellner H. (1981), JFm Reisinger W. (1983), Fm Reiter F. (1981), HFm Reiter H. (1955), JFm Reiter H. jun. (1983), HFm Reiter K. (1983), HFm Reiter S. (1959), JFm Riefellner E. (1981), PFm Riefellner H. (1981), JFm Scheiblmayr H. (1981), HFm Schmiedinger F. (1961), HFm Schned F. (1959), HFm Schned F. (1950), JFm Stiermayr Ch. (1981), Fm Stiermayr J. (1981), HFm Stiermayr J. (1950), HFm Traxler E. (1956), HFm Traxler K. (1962), E-HBI Watzl J. (1950), HFm Wögerer K. (1967), HFm Zauner L. (1932), JFm Zauner R. (1983), HFm Zauner R. (1959), Lm Zehetbauer F. (1975), HFm Zehetbauer F. (1949), Fm Zehetbauer J. (1977), JFm Zeitlhofer H. (1983)

FF GALLNEUKIRCHEN

Die Gründung der Freiwilligen Feuerwehr Gallneukirchen erfolgte im Jahr 1874. Zum ersten Kommandanten wurde Dr. Friedrich Pokorny gewählt. Im darauffolgenden Jahr kaufte die Wehr aus Beständen der Gemeinde Rohrbach eine Steigerausrüstung an, 1876 eine Saugspritze von der Fa. Gugg, 1893 eine weitere Saugspritze von der Fa. Rosenbauer. 1912 wurde eine Sanitätsabteilung eingerichtet, die bis 1938 bestand (Gründer Johann Leitner). 1931 bekam die FF die erste Motorspritze und einen Rüstwagen. 1947 wurde mit dem Bau einer neuen Zeugstätte begonnen und ein LKW-Rüstwagen angeschafft. Ein weiterer Rüstwagen kam 1958 hinzu, zwei Jahre später eine neue Motorspritze. 1963 Ankauf einer Vorbaupumpe, 1972 ein Tankwagen; 1974 feierte die Wehr ihr 100jähriges Bestandsjubiläum und kaufte Funkgeräte an. 1977: Ankauf eines LFB; 1981 werden schwere Atemschutzgeräte, 1983 ein VW LT 35 mit Tragkraftspritze angeschafft. 1982 wurde das Zeughaus erweitert und den modernen technischen Geräten Platz gemacht.

HBI Kapeller J. (1965), OBI Luger H. (1968), AW Hons H. (1953), AW Leitner H. (1978), AW Stobel M. (1976), AW Wiesmayr R. (1980), OBI Brandl J., BI Benda F. (1940), BI Fuchs J. (1971), BI Leitgeb K. (1974), BI Pühringer W. (1977), BI Rader K. (1952), BI Watzinger G. (1969), BI Watzinger H. (1971), BR Loitz A. (1955), VBR Hanousek H. (1950) — Lm Affenzeller H. (1929), Fm Atteneder H. (1978), Fm Aufreiter W. (1980), HBm Aumayr F. (1967), OFm Brunner J. (1967), HLm Doblhammer A. (1970), HBm Doblhammer F. (1972), OFm Dorninger A., Fm Dorninger G. (1978), HBm Enzenhofer J. (1955), Fm Findenig G. (1979), Bm Finster H. (1955), OFm Fischerlehner W., E-HBI Fragner F. (1938), OLm Frank W. (1961), HBm Frech P. (1975), HLm Fürst J. (1964), PFm Gierling N. (1983), HFm Grabner F., HFm Grabner J. (1954), Fm Greul A. (1977), Fm Greul G., Lm Grünsteidl J. (1962), Lm Haider M., Fm Haidinger M., Lm Handlbauer A. (1965), E-AW Handlbauer R. (1951), HFm Hanl A., Fm Hanousek Ch. (1978), OFm Haslmayr A., Fm Hauser S. (1979), HBm Heiligenbrunner B. (1979), HFm Hemelmayr J. (1957), Fm Hons H. jun., HBm Hons R. (1971), Fm Kapeller G. (1977), OFm Karl H., HBm Karl J. (1972), HFm Karl K., HBm Karl M. (1972), HFm Kastner P. (1938), FTA Kranczics H. D., Fm Kriechbaum V. (1981), HFm Kürnsteiner J. (1961), Fm Lang H. (1979), HLm Lang R. (1965), Lm Lehner J. (1980), Lm Leitner S. (1954), HFm Leutgeb F., HFm Leutgeb W. (1975), HBm Löffler K. (1939), Fm Loitz A. (1977), E-OBI Luger W. (1942), HBm Maucha R. (1957), HFm Mayrhofer F., Fm Mitterlehner M. (1979), OBm Muckenschnabl J. (1942), HBm Nowotny J. (1953), OFm Oberreiter R. (1975), HFm Oyrer R. (1954), OFm Pötscher Ch. (1977), Lm Pötscher H. (1962), HFm Pötscher H. (1960), PFm Prandstötter E. (1983), OFm Pröslmayr G., HFm Reindl O. (1950), Fm Reiter A. (1980), OBm Reiter F. (1950), OLm Reiter K. (1965), HFm Rittberger R. (1973), Fm Ing. Schmid K. (1981), Fm Seitlinger J. (1983), Lm Stingeder Ä. (1978), Fm Stumpner H. (1980), HFm Tschernuth N. (1956), HFm Walchshofer F. (1982)

FF GENG

Am 14. Dezember 1907 kam es zur Gründungsversammlung, bei der das Kommando gewählt wurde. Am 4. Mai 1908 entschloß sich das Kommando zum Bau des Zeughauses beim Stummer, der den Grund kostenlos zur Verfügung stellte. Am 17. Juli 1938 fand im Gemeindeamt über Aufforderung der Bezirkshauptmannschaft Urfahr die Zusammenlegung der Feuerwehren Berndorf, Eidenberg und Geng statt. Ab dem 1. Dezember 1950 wurden die Hornisten der Feuerwehr durch die neu angekaufte Sirene ersetzt. 1953 wurde ein zweiachsiger Gerätewagen angekauft. Verbunden mit dem 50jährigen Gründungsfest am 4. Oktober 1959 wurde das neue Zeughaus eingeweiht. Am 5. Juli 1974 wurde ein Kleinlöschfahrzeug der Type Land Rover mit Vorbaupumpe geliefert. Um die Ausrüstung zu vervollständigen, wurden 1978 ein mobiles Funkgerät und drei schwere Atemschutzgeräte angekauft. Seit 1977 nehmen jährlich mindestens zwei Gruppen und eine Jugendgruppe am oö. Landeswettbewerb teil. Seit 1979 nimmt eine Wettbewerbsgruppe auch am Tiroler Landeswettbewerb teil. Die Wettbewerbsgruppen konnten sich schon dreimal für das Bayerische Leistungsabzeichen qualifizieren.

HBI Weixlbaumer F. (1972), OBI Mayr J. (1972), AW Birngruber J. (1953), AW Kneidinger S. (1973), AW Pargfrieder J. (1972), BI Dannerer L. (1974), BI Hauzenberger G. (1973) — OLm Arbeithuber R. (1974), OFm Atzmüller J. (1978), Fm Birngruber B. (1974), Fm Birngruber F. (1980), OLm Birngruber L. (1960), Birngruber W. (1978), OFm Brandstetter K. (1974), HFm Brandstetter K. (1978), OLm Burgstaller J. (1952), Burgstaller W. (1980), E-AW Dannerer M. (1918), JFm Dannerer R. (1981), HLm Dumfart J. (1946), HFm Dumfart H. (1975), OFm Dumfart W. (1975), Dumfart W., Lm Elmer E. (1968), HFm Fleischanderl F. (1973), OFm Friesenecker G. (1966), HFm Ganglberger J. (1967), OFm Ganhör R. (1972), Lm Ganhör R. (1973), E-AW Haiböck F. (1946), Fm Haiböck S. (1975), HFm Hartl H. (1972), OLm Hemmelmayr J. (1966), HFm Hofer F. (1968), Lm Hofer J. (1969), OFm Hofer S. (1968), Fm Hofstadler K. (1964), OLm Kaiser A. (1954), OFm Kaiser A. (1978), Kamplmüller F., Kaplmüller F., HFm Karl W. (1966), Fm Kitzmüller E. (1979), OLm Kitzmüller H. (1953), JFm Kneidinger Ch., OFm Kneidinger G. (1974), E-OBI Kneidinger L. (1946), Fm Kneidinger W. (1976), Lm Kogseder M. (1934), Fm Limberger G. (1976), Fm Limberger H. (1976), JFm Limberger W., OLm Matischek J. (1946), Matischek M., OLm Matischek S. (1961), Fm Matischek S. (1976), E-HBI Mayr J. (1946), Mayr J., HFm Mayr W. (1973), OFm Müller K. (1974), OLm Müller K. sen. (1953), Fm Müller M. (1975), Dr. Niederberger P. (1974), OLm Nopp J. (1957), Fm Nopp L. (1976), OFm Nopp S. (1974), PFm Nopp T. (1979), OFm Pargfrieder B. (1964), OFm Pargfrieder F. (1978), OFm Pargfrieder F. (1962), E-AW Pargfrieder G. (1925), Lm Pargfrieder M. (1973), Fm Pfleger J. (1961), Fm Pfleger J. (1978), Plakolm P., HLm Plank H. (1975), Fm Pointner G. (1980), OLm Pointner M. (1958), Pointner M., OLm Rammerstorfer J. (1955), Fm Rammerstorfer P. (1974), Fm Rammerstorfer R., OLm Reichenberger H. (1958), OLm Reisner J. (1954), Lm Schütz J. (1960), OLm Schütz S. (1960), HFm Sonnberger F. (1954), Fm Sonnberger F. (1977), Fm Stiebler W. (1977), HFm Veit E. (1967), OLm Weberndorfer J. (1960), OFm Weixlbaumer G. (1968), HFm Weixlbaumer H. (1964), HBm Weixlbaumer J. (1972), JFm Weixlbaumer M., HLm Weixlbaumer P. (1932), OLm Weixlbaumer P. (1947), HFm Weixlbaumer P. (1973), OFm Weixlbaumer R. (1975), HLm Wollendorfer H. (1960), Fm Wollendorfer J. (1978)

FF GOLDWÖRTH

Am 27. Mai 1901 konnte die erste Gründungsversammlung mit der Wahl des Feuerwehrkommandos abgehalten werden. Zum Feuerwehrobmann wurde der Gründer Franz Platzl gewählt. 1921 gab Franz Platzl die Funktion als Feuerwehrobmann nach 20jähriger verantwortungsbewußter Tätigkeit auf. Am 8. Mai 1921 wurde das Kommando neu gewählt. Feuerwehrobmann wurde Josef Luegmayr. 1933 wurde das alte Zeughaus erweitert und ein Schlauchturm errichtet, im selben Jahr die Weihe und das 30jährige Gründungsfest gefeiert. 1935 wurde Johann Körner zum Feuerwehrobmann gewählt. Körner verstand es, die Feuerwehr wieder auf einen einsatz- und schlagkräftigen Stand zu bringen. Insbesondere ist die Anschaffung einer Motorspritze und eines Feuerwehrautos hervorzuheben. 1953 wurde Ernst Gumplmayr zum Feuerwehrobmann gewählt. In dieser Zeit wurde ein neues Gemeindehaus erbaut, in dem ein Zeughaus untergebracht wurde. Auch ein Rüstauto wurde angeschafft. Am 29. Dezember 1958 übergab Kommandant Gumplmayr seine Funktion an Johann Huemer. Unter Huemers Führung wurde die Plättenhütte neu errichtet und eine VW-Motorspritze angeschafft. 1968 wurde Albert Platzl zum neuen Kommandanten gewählt. Es wurden ein neuer Außenbordmotor und eine Motorzille angekauft, weiters noch eine Schlammpumpe. Kommandant Albert Platzl legte auch den Grundstein zur Anschaffung eines Löschfahrzeuges. Bei der Neuwahl des Feuerwehrkommandos 1973 wurde Alfred Höglinger Kommandant. Kommandant Höglinger sah als eine seiner Hauptaufgaben die Anschaffung eines KLF und eine A-Bootsverlagerung vom Landes-KHD an die Freiwillige Feuerwehr Goldwörth. Darüber hinaus wurden diverse Ausrüstungsgegenstände für die Feuer-Wasserwehr angeschafft.

HBI Stockner J. (1968), E-OBI Spitaler K. (1972), AW Eidenberger J. (1971), AW Lugmayr J. (1962), AW Reinthaler F. jun. (1953), BI Lackner J. (1955), BI Venzl E. (1977) — Fm Aichhorn F. (1974), Lm Aichhorn L. (1937), OFm Aichhorn L. jun. (1968), OLm Amtmann L. (1950), HFm Ausserwöger H. (1968), HFm Bötscher G. (1952), OFm Burgstaller W. (1972), Fm Dall F. (1975), HFm Eder A. (1925), Lm Eder J. (1930), Fm Enzenhofer J. (1975), Fm Fellner H. (1968), Lm Füreder J. (1946), OFm Füreder J. jun. (1968), Lm Gnad J. (1974), Fm Grubinger M. (1977), PFm Gumplmayr R. (1983), Fm Happ H. (1979), HBm Höglinger A., OFm Hörschleger G. (1968), HBm Huemer J. (1946), HFm Knogler W. (1960), Koller H. (1932), OFm Lackner R. (1968), E-BI Lehner J. (1958), Fm Lehner J. jun. (1975), Fm Leitgöb F. (1973), Lm Leitner J. (1947), HFm Leitner J. (1960), Lm Lötsch J. (1954), OFm Luegmayr J. (1968), OLm Madlmayr A. (1950), Fm Madlmayr A. jun. (1975), Fm Madlmayr G. (1975), OLm Madlmayr J. (1946), Lm Mayr E. (1960), Bm Mayr F. (1945), HFm Mitterlehner G. (1972), Fm Pickl-Eder F. (1960), E-OBI Platzl A. (1946), Lm Pommermayr R. (1956), HFm Poxrucker F. (1960), Lm Ratzenböck A. (1950), HBm Reinthaler F. (1925), HFm Satzinger H. (1956), E-AW Satzinger J. (1935), Fm Spitaler F. (1972), Fm Spitaler R. (1975), Fm Stockner F. (1975), Fm Taubinger H. (1970), PFm Venzl E. (1983), Lm Walchshofer J. (1946), Lm Weinzierl F. (1954), Lm Willnauer W. (1956), HFm Würmer L. (1960), E-AW Zauner L. (1929)

FF GRAMASTETTEN

Die FF Gramastetten wurde 1885 vom damaligen Schulmeister, Gemeindeschreiber, Mesner und Organist Johann Wöran gegründet. Bereits 1886 wurde von der Gemeinde das erste Zeughaus gebaut und eine zweite Hand-Feuerspritze angekauft. Bei der Gründung der Ortsmusik 1898 durch Johann Führlinger schlossen sich die Musiker der Feuerwehr an und benannten sich „Feuerwehrmusikkapelle Gramastetten", um sich eine eigene Uniform zu ersparen. Bis 1928 wurde bei Ausrückungen die Feuerwehruniform getragen. 1932 wurde die erste Motorspritze von der Fa. Rosenbauer angekauft. Bis 1938 rückte die Feuerwehr Gramastetten bei Bränden etwa 40mal aus. Während der Kriegsjahre von 1939 bis 1945 wurde eine Damenfeuerwehrmannschaft gegründet, da alle wehrfähigen Männer Kriegsdienst leisten mußten. Als eine besondere Auszeichnung für Gramastetten darf erwähnt werden, daß Franz Hartl, ein Gramastettner, von 1951 bis zu seinem Tode 1970 Landesfeuerwehrkommandant von Oberösterreich und Vizepräsident des Bundesfeuerwehr-Verbandes war.

HBI Leitner M. (1953), OBI Schneider R. (1967), AW Bruckmüller R. (1967), AW Doppler M. (1974), AW Gielge G. (1974), BI Wiesmayr K. (1960), OBR Gielge G. (1946) — HBm Allerstorfer G. (1967), HLm Dir. Altmüller J. (1956), Fm Altmüller J. jun. (1980), HLm Atzesberger F. (1956), HFm Atzesberger J. (1952), HLm Auer M. (1931), Lm Ausserwöger F. (1960), HFm Bargfrieder H. (1976), Lm Bargfrieder L. (1968), Lm Baumgartner R. (1946), OLm Berger G. (1961), OLm Berger H. (1931), OFm Berger R. (1956), HFm Berndorfer M. (1975), Lm Blascheck J. (1960), FK Brandstätter A. (1975), HFm Breuer H. (1968), HLm Breuer J. (1952), HFm Breuer R. (1973), HFm Breuer R. (1975), OLm Burgstaller A. (1951), HFm Dall K. (1958), Lm Doppler M. (1960), Lm Dumfart A. (1972), HLm Dumfart L. (1951), OFm Durstberger J. (1951), HFm Egginger A., Fm Ehrenmüller A. (1979), HLm Dir. Fiereder J. (1957), OFm Fiereder R. (1977), Lm Fiereder M. (1930), HFm Fiereder R. (1974), Lm Fischer L. (1968), HFm Freiseder M. (1972), Fm Führlinger R. (1960), HBm Gaisbauer J. (1967), Lm Gattringer B. (1946), Fm Gielge K. (1980), Lm Gillmayr L. (1951), Lm Ginterseder H. (1968), Bm Ginterseder J. (1957), OFm Ginterseder J. jun. (1977), HFm Ginterseder J. (1953), HLm Ginterseder L. (1946), HBm Ginterseder L. (1946), Lm Ginterseder R. (1953), HFm Grillberger M. (1960), HBm Grünberger J. (1923), HFm Dir. Gütlbauer L. (1948), OLm Guttenberger E. (1959), Fm Guttenberger R. (1980), E-AW Hamberger E. (1933), HBm Hammerschmid F. (1960), HFm Handlbauer A. (1974), Lm Handlbauer E. (1960), Fm Hartl F. (1978), Fm Hartl G. (1980), HLm Hauser R. (1956), OLm Hofbauer J. (1961), HFm Hofer A. (1950), Lm Hofer F. (1960), Fm Hofer F. (1961), OFm Hofer J. (1977), Lm Hofer S. (1960), HFm Hofer W. (1974), Fm Huemer J. (1975), HLm Huemer R. (1946), HFm Kaiser J. (1933), OLm Kaiser J. (1960), HFm Kaiser M. (1946), HFm Kaiser P. (1965), Fm Kirschner E. (1980), HFm Kirschner J. (1976), HLm Kitzmüller A. (1946), Lm Kitzmüller A. (1967), Lm Kitzmüller S. (1959), HLm Knollmayr H. (1948), Lm Koll W. (1969), HFm Kreupl H. (1951), HFm Lackner H. (1951), FA Dr. Loidl H. (1963), HLm Lowas J. (1960), Lm Luckeneder H. (1932), Lm Madlmayr H. (1966), OLm Madlmayr J. (1960), HBm Maurer A. (1946), Lm Maurer E. (1960), Lm Maurer K. (1960), HFm Mayr J. (1974), OLm Mayr R. (1946), Lm Mayr R. (1967), Lm Mitgutsch E. (1960), OLm Möstl J. (1960), Lm Pargfrieder L. (1935), FKM Pertlwieser J. (1956), OLm Pichler J. (1960), Fm Pilz J. (1974), Bm Rath J. (1956), HFm Rath W. (1971), Lm Reifenauer E. (1958), Fm Reischl E. (1978), Fm Reischl E. (1978), HBm Reisinger F. (1960), OFm Reithmayr F. (1974), Lm Reithmayr J. (1968), HFm Riener J. (1933), HLm Rinner K. (1946), Lm Rinner K. (1966), Lm Schlosser E. (1968), HFm Schlosser O. (1969), Lm Schmid K. (1968), HLm Schneider R. (1946), Lm Schneider W. (1968), HBm Schütz R. (1950), HLm Schuhmann A. (1958), HLm Schuhmann R. (1956), HLm Schuhmann O. (1946), Lm Singer J. (1964), HFm Stadlbauer L. (1971), HFm Stiermayr F. (1952), HLm Stummer G. (1946), HFm Übermasser A. (1963), Lm Vitale H. (1966), HFm Vitale W. (1974), HFm Wakolm F. (1967), Lm Wakolm K. (1960), OFm Wartner E. (1977), E-HBI Wartner K. (1947), HLm Weigl F. (1952), OLm Wiesmayr M. (1960), HFm Wolkerstorfer R. (1973)

FF HABRUCK

Da in der bäuerlichen Gegend von Habruck und Langbruck des öfteren Bauernhäuser dem Feuer zum Opfer fielen und die benachbarten Feuerwehren doch in einiger Entfernung waren (Reichenau 5 km, Leonfelden 7 km), traten die Bauern von Habruck und Langbruck zusammen, um eine eigene Feuerwehr zu gründen. Hiezu wurde eine Gründungsversammlung einberufen. Bei dieser Versammlung am 20. Dezember 1928 wurde die Gründung der Freiwilligen Feuerwehr Habruck-Langbruck einhellig beschlossen und ein provisorisches Kommando gewählt. Am 17. Januar 1929 wurde in Langbruck eine Vollversammlung abgehalten, bei welcher die Höhe der Gründungs- und Vereinsbeiträge festgesetzt wurde. Das Zeughaus wurde 1929 in Habruck errichtet und steht heute noch in Verwendung. Die erste Pumpe wurde bereits 1929 angeschafft, ebenso wie das erste Fahrzeug, ein Anhänger. Es ist ein langgehegter Wunsch der FF Habruck, in den nächsten Jahren ein neues Feuerwehrzeughaus zu bekommen, da infolge der Motorisierung der Platz im bestehenden Zeughaus schon längst nicht mehr ausreicht. Ein weiteres Anliegen ist es auch, für die Feuerwehr Habruck ein neues KLF zur Anschaffung zu bringen, da das derzeitige Fahrzeug nicht mehr ganz den heutigen Anforderungen entspricht. Seit der Gründung der Wehr standen folgende Kommandanten an der Spitze: Johann Rechberger, August Hofstadler, Johann Rechberger, Emil Denkmaier, Johann Jobst, Johann Rechberger.

HBI Rechberger J., OBI Schwarz H., (1966), AW Hofstadler H. (1969), AW Seiberl J. (1969), AW Watzinger K. (1954) — E-HBI Hofstadler A. (1928), HFm Hofstadler J. (1967), HFm Jobst F. (1966), Fm Jobst J. (1980), HFm Katzmaier A. (1961), HFm Leutgeb G. (1969), HFm Mittermüller E. (1961), E-AW Niedermaier J. (1928), HFm Panholzer K. (1969), HFm Plakolb K. (1943), Fm Raml S. (1980), Lm Raml W. (1955), Fm Raml W. (1980), OLm Rechberger A. (1957), Fm Rechberger B. (1980), HFm Rechberger E. (1973), Fm Rechberger S. (1980), OLm Reingruber E. (1956), Fm Reingruber H. (1980), OFm Seiberl F. (1975), Fm Stadler A. (1980), Fm Stummer E. (1980), Fm Watzinger E. (1980), Fm Watzinger H. (1980)

FF HAIBACH IM MÜHLKREIS

Die Freiwillige Feuerwehr Haibach wurde am 24. März 1946 gegründet und der Landwirt Josef Penn zum Kommandanten gewählt. 1946 wurde eine damals moderne Motorspritze TS 8 samt den nötigen Geräten angeschafft. Im Jahr 1950 wurde unter Mithilfe der Feuerwehr das Zeughaus errichtet. 1962 wurde ein Traktoranhänger (TSW) und 1963 eine neue Motorspritze, VW 75 Automatik, angekauft. Im Jahr 1973 legte Kommandant Josef Penn die Stelle des Kommandanten aus Altersgründen zurück, und Josef Stadler wurde zum Kommandanten gewählt. Ab 1974 wurde in der Gemeinde Haibach der Bau von Löschwasserbehältern vorangetrieben, und so verfügt die Feuerwehr derzeit über sechs Betonbehälter. 1978 wurde das erste Feuerwehrauto, ein gebrauchter Opel Blitz, angeschafft, welches heute noch im Einsatz steht.

HBI Stadler J. (1960), OBI Leitner J. (1957), AW Penn J. (1962), AW Reingruber E. (1951), AW Reingruber J. (1946), BI Birklbauer K. (1972), BI Hofstadler R. (1950) — E-AW Aichberger J. (1928), OFm Birklbauer R. (1972), HFm Danner K. (1950), HFm Deubl P. (1946), OFm Deubl P. (1957), HFm Ecker A. (1957), Fm Ecker E. (1982), OFm Ecker O. (1946), HFm Ecker O. (1975), Lm Freudenthaler F. (1972), Fm Freudenthaler F. (1950), Fm Freudenthaler H. (1981), OFm Freudenthaler J. (1977), HFm Gstöttner F. (1946), HFm Gusner A. (1946), Gusner A. (1967), OFm Hammer E. (1978), HFm Hammer F. (1957), HFm Hofstadler F. (1946), Lm Hofstadler F. (1968), HFm Hofstadler H. (1953), Fm Hofstadler J. (1979), OFm Huemer A. (1950), HFm Huemer F. (1967), Fm Huemer J. (1979), OLm Huemer K.-H. (1963), HFm Kaiser J. (1946), HFm Koplinger J. (1956), OFm Leitner S. (1972), HFm Maier J. (1961), E-OBI Mair J. (1946), Lm Mair J. (1967), HFm Mayr J. (1946), OFm Mayr S. (1977), OFm Mayrhofer F. (1946), HFm Mayrhofer J. (1972), Fm Neumeier K. (1979), E-BI Nimmervoll H. (1946), OFm Nimmervoll J. (1953), OFm Nimmervoll P. (1967), OFm Pammer F. (1946), Fm Pammer F. (1975), OFm Pargfrieder F. (1950), OFm Pargfrieder J. (1953), HBm Pargfrieder J. (1972), OFm Pargfrieder J. (1977), E-HBI Penn J. (1929), HFm Pfleger J. (1972), Lm Priglinger R. (1972), Lm Priglinger W. (1972), Lm Radler F. (1946), HFm Radler F. (1976), OLm Raml H. (1957), HFm Reifenauer H. (1962), OFm Reingruber J. (1977), HFm Riener L. (1957), HFm Rosenauer E. (1975), HFm Schäffler J. (1935), OFm Stadler J. (1962), Fm Thumfart J. (1981)

FF HELLMONSÖDT

Im Jahr 1885 wurde die Freiwillige Feuerwehr Hellmonsödt gegründet. 1887 wurde der Beitritt zum Feuerwehrverband beschlossen. Der erste Feuerwehrball fand im Jahr 1888 statt. Die Anschaffung eines Mannschaftswagens im Jahr 1892 trug im wesentlichen zur Schlagkraft der Wehr bei. In diesem Jahr wirkte die FF Hellmonsödt bei der Brandbekämpfung (92 Häuser) in Leonfelden mit. Ein Feuerwehrhaus (Depot) wird aus dem Jahr 1895 erstmals erwähnt. Die erste Erwähnung einer tragbaren Motorspritze wurde 1928 festgestellt. Es war dies eine Spritze Fabrikat Breuer. Betreffend organisatorischer Maßnahmen wurde 1930 die Umschulung der I. Bereitschaft auf den Einzelfeuerwehrmann verzeichnet. Zur vorbeugenden Feuerverhütung – Intensivierung von Errichtung der Wasseranlagen – kam es 1931. Im Jahr 1946 wurde die Anschaffung einer zweiten Motorspritze vorgenommen. Die FF Hellmonsödt traf, den Aufzeichnungen zufolge, erste Vorbereitungen zur Teilnahme an offiziellen Wettbewerben. Betreffend des weiteren technischen Ausbaues unserer Feuerwehr wurde 1956 ein neues Rüstauto angeschafft. Ebenso wurde die erste Alarmsirene installiert. In den darauffolgenden Jahren wurde an der Errichtung von Löschteichen in den angrenzenden Ortschaften gearbeitet. Ebenso wurden seitens der Feuerwehr die Übungen für die Teilnahme an Wettbewerben und Leistungsabzeichen intensiviert. Im Jahr 1964 wurde das derzeitige Feuerwehrhaus errichtet, wohin 1966 die Gerätschaften übersiedelt wurden. Eine vordringliche Aufgabe der Freiwilligen Feuerwehr waren die Interventionen bei technischen Einsätzen (Verkehrsunfälle). 1968 wurde ein Tanklöschfahrzeug angekauft.

HBI Deubl F. (1965), OBI Mayrhofer W. (1959) — Altmüller H. (1963), Andraschko A. (1920), Auer H. (1943), Bindeus K. (1963), Bindeus L. (1974), Dengg H. (1979), Deubl F. (1949), Diegisser J. (1950), Draxler H. (1975), Egger L. (1943), Eibensteiner J. (1956), Fleischhacker P. (1970), Freller J. (1955), Gahleitner J. (1970), Gangl K. (1955), Guttenbrunner K. (1967), Guttenbrunner W. (1973), Haider J. (1925), Hofer M. (1947), Huemer K. (1971), Irrgeher F. (1949), Kaiser G. (1963), Kapfer M. (1976), Kapfer W. (1949), Kapfer W. (1979), Kapl E. (1966), Kern J. (1947), Kern J. (1966), Kerschbaumer J. (1951), Kitzmüller E. (1963), Kobani W. (1950), Krieg A. (1951), Lang F. (1969), Lehner A. (1972), Leitner F. (1942), Leitner R. (1968), Liedl O. (1960), Mayr J. (1957), Mayr P. (1970), Mayrhauser H. (1960), Mühlberger F. (1962), Mühlberger T. (1975), Nimmervoll R. (1954), Nimmervoll W. (1975), Obermeier J. (1972), Pichler A. (1931), Pichler J. (1975), Pichler M. (1963), Pilsl K. (1943), Dr. Pinzger W. (1942), Pirkelbauer H. (1973), Pirklbauer K. (1982), Pointner J. (1967), Pühringer F. (1945), Pühringer F. (1969), Rader W. (1962), Radlmüller W. (1969), Radlmüller W. (1940), Radlmüller W. (1973), Reingruber J. (1953), Rieger F. (1952), Schipke G. (1976), Schober A. (1950), Schober A. (1943), Schwarz H. (1952), Staltner E. (1957), Staltner F. (1922), Staltner H. (1968), Staltner R. (1955), Stumptner S. (1977), Tröbinger G. (1968), Wakolbinger R. (1950), Wakolbinger W. (1942), Wallmüller H. (1947), Welguni J. (1948), Wiederstein I. (1973), Zeller M. (1949)

FF HERZOGSDORF

Die FF Herzogsdorf wurde im Mai 1889 gegründet; erster Kommandant war Kaspar Zeller. 1933 wurde eine Gugg-Motorspritze gekauft und gesegnet. Das erste Feuerwehrauto, ein Beutefahrzeug aus Militärbeständen, wurde 1945/46 beschafft und umgerüstet. 1954 konnte die Wehr das 65jährige Gründungsfest mit der Segnung des neuen Feuerwehrhauses und einer neuen Motorspritze feiern. 1965 wurde ein neues Rüst- und Löschfahrzeug, ein Land Rover, erworben. 1977 konnte nach langen Bemühungen endlich ein TLF gekauft werden. Und auch das neue Zeughaus wurde seiner Bestimmung übergeben. Am 1. Juli 1982 konnte das neue Bergegerät komplett mit Notstromaggregat in Dienst gestellt werden. 1983 wurde der Land Rover durch einen gebrauchten Opel Blitz ersetzt. Die FF Herzogsdorf verfügt über Funkausrüstung, Atemschutzgeräte, Sirenensteuergerät. Kommandanten: Kaspar Zeller (1889–1900), Josef Kögl (1900–1906), Leopold Schober (1906–1931), Michael Daill (1931–1939), Rudolf Gahleitner (1939–1941), Leopold Schober (1941–1944), Leopold Kitzmüller-Schütz (1944–1946), Leopold Grillberger (1946–1949), Leopold Schober (1949–1963), August Gahleitner (seit 1963).

HBI Gahleitner A. (1946), OBI Sandgruber A. (1949), AW Bichler W. (1954), AW Dall J. (1959), AW Mahringer L. (1963), BI Hartl J. (1960), BI Lanzerstorfer K. (1955), BI Pargfrieder M. (1950) — JFm Aiglstorfer H. (1983), HFm Aiglstorfer J. (1970), Lm Angerer J. (1949), JFm Angerer S. (1982), HFm Bräuer J. (1969), Fm Bräuer J. (1977), HFm Brandstetter A. (1961), HFm Brandstetter J. (1946), OFm Brandstetter J. (1974), HFm Daill H. (1949), OFm Daill J. (1978), OLm Dall F. (1964), JFm Dall H. P. (1983), OLm Dall J. (1961), HFm Danninger A. (1957), HFm Danninger R. (1969), HFm Doppelhammer A. (1946), Lm Erlinger A. (1947), Lm Erlinger B. (1968), Fm Erlinger H. (1980), Fm Erlinger J. (1978), HLm Erlinger K. (1963), Fm Feneberger S. (1978), HFm Füreder F. (1965), Fm Füreder H.-P. (1980), HLm Füreder N. (1964), HFm Gahleitner A. (1974), HFm Gahleitner A. (1969), JFm Gahleitner H. (1983), HFm Gahleitner K. (1963), HLm Ganglberger E. (1946), HFm Ganglberger H. (1962), HFm Grillberger W. (1961), E-OBI Gruber A. (1946), HFm Gruber J. (1975), OFm Hauder J. (1976), OFm Hofbauer B. (1950), OFm Hofbauer K. (1975), E-BI Hofer J. (1949), OBm Hofer F. (1955), Lm Hofer J. (1935), PFm Kaimberger J. (1983), OLm Kitzmüller R. (1964), HFm Kögl H. (1937), PFm Kögl H. (1982), Lm Lehner F. (1958), OLm Leibetseder J. (1964), HFm Leibetseder L. (1969), JFm Mahringer A. (1983), Fm Mahringer F. (1980), Fm Mahringer L. (1978), Fm Mair J. (1980), OLm Mittermair L. (1960), OLm Mittermayr M. (1963), HFm Pargfrieder G. (1973), HFm Pargfrieder R. (1963), JFm Pargfrieder W. (1980), JFm Peherstorfer H. (1982), HFm Pichler J. (1965), OFm Pösenbäck F. (1976), OFm Prandl-Hofer A. (1969), HFm Prandl-Hofer A. (1937), HFm Pühringer W. (1965), Lm Rabeder A. (1951), JFm Rabeder Ch. (1982), Fm Rabeder W. (1978), Fm Radler D. (1982), HBm Rammerstorfer F. (1963), JFm Rammerstorfer F. (1980), JFm Rammerstorfer H. (1982), Lm Reinthaler F. (1949), Fm Richtsfeld J. (1959), Lm Schierz F. (1961), Fm Schierz R. (1976), Fm Schierz R. (1978), JFm Schietz F. (1982), OLm Schietz J. (1960), HFm Schmid J. (1975), HBI Schober L. (1931), HFm Schütz H. (1969), Fm Schwarzbauer S. (1980), HLm Stöbich F. (1961), HFm Stöbich J. (1961), Fm Stöbich J. (1978), Fm Tschernay W. (1980), PFm Vorauer E. (1977), HFm Vorauer L. (1969), HFm Walchshofer F. (1946), HFm Walchshofer G. (1946), OFm Walchshofer H. (1977), HFm Weindl G. (1975), OFm Wögerbauer R. (1975), Fm Wolfmayr F. (1978)

FF HÖFLEIN

Das Gründungsjahr der Freiwilligen Feuerwehr Höflein ist 1903. Die Gründungsmitglieder waren Kameraden der Löschrotte Höflein, der 2. Zug der Freiwilligen Feuerwehr Ottensheim. Das erste Feuerwehrgebäude stammt aus dem Gründungsjahr; das zweite, moderne und in Massivbauweise errichtete Feuerwehrgebäude wurde in den Jahren 1980 bis 1983 erbaut und während des 80jährigen Gründungsfestes vom 9. bis 11. September 1983 feierlich eingeweiht. Ein Großteil der Arbeit an dem neuen Zeughaus wurde von den Kameraden der Freiwilligen Feuerwehr Höflein unentgeltlich geleistet. Es umfaßt drei Garagen und im Obergeschoß Mannschafts- und Kommandoraum. Seit der Gründung der Freiwilligen Feuerwehr Höflein waren folgende Kommandanten für die Wehr tätig: Johann Hofmann, Josef Simbrunner, Franz Kornfellner, Josef Zeller, Johann Leitner.

HBI Leitner J. (1962), OBI Breitenfellner F. (1975), AW Hackl F. (1965), AW Kaimberger K. (1957), AW Liedl J. (1959), BI Aiglsperger J. (1960) — Fm Aiglsperger G. (1982), HFm Auer V. (1970), PFm Burgstaller F. (1983), OFm Daninger E. (1978), OFm Eckerstorfer A. (1979), E-BI Eckerstorfer K. (1932), OLm Hammer A. (1957), HBm Hammer M. (1973), OFm Dr. Höchtl W. (1976), E-BI Hofinger H. (1949), HLm Hofmann E. (1965), Lm Hofmann H. (1972), E-BI Hofmann J. (1947), OLm Klein K. (1953), Lm Köpplmayr J. (1952), OLm Kollnberger A. (1968), OLm Kupka H. (1968), OBm Lackner E. (1960), Fm Lackner G. (1981), Fm Langeder H. (1982), HLm Lehner J. (1953), HFm Leitner R. (1978), HFm Leitner R. (1976), HBm Leitner W. (1968), Lm Madlmayr A. (1952), AW Mundl A. (1954), OLm Obermayer J. (1949), OLm Reitermayr F. (1959), HFm Reitermayr F. jun. (1976), Fm Reitermayr J. (1982), Fm Riedl R. (1980), HFm Schöppl J. (1976), OLm Schütz F. (1931), HBm Schütz J. (1963), ÖLm Silber F. (1952), Fm Silber F. (1981), HFm Silber J. (1976), HFm Wasicek H. (1976), Lm Weixlbaumer F. (1972), OLm Wollinger F. (1965), E-HBI Zeller J. (1945)

FF KIRCHSCHLAG BEI LINZ

Viele Brände in den Jahren 1880 bis 1889 waren die Ursache, daß man sich im Jahr 1890 entschloß, eine eigene Feuerwehr zu gründen. Das Depot dazu errichtete man hinter dem Schulgebäude. Als besonderer Wohltäter der jungen Kirschlager Feuerwehr erwies sich der Linzer Industrielle Josef Dierzer von Traunthal, der in seinem Testament 50 Kronen der Kirschlager Feuerwehr zur Verfügung stellte. 1919 besserte man das bestehende Depot aus. Das dazu benötigte Holz stellten Landwirte kostenlos zur Verfügung. Bei einer Sammlung zum Neubau eines Feuerwehrdepots im Jahr 1922 spendeten die Kirschlager 141 000 Kronen. Diese Summe reichte aus, um das Depot in das Gemeindehaus einzubauen. Im September 1930 konnte die Feuerwehr Kirchschlag eine neue Motorspritze von der Fa. Rosenbauer in Linz kaufen. Schon ein Jahr später, am 31. Juli 1931, stand die Motorspritze zum erstenmal im Einsatz, als durch einen Blitzschlag das Anwesen Kirchschlag 4 (Durstberg-Lex) eingeäschert wurde. Am 9. August 1931 feierte die Feuerwehr Kirchschlag ihr 40jähriges Gründungsfest, verbunden mit der Motorspritzenweihe. 1934 kaufte die Feuerwehr einen alten leichten Wagen, der ein Jahr später in einen Rüstwagen umgebaut wurde. 1952 wurde eine zweite Motorspritze angekauft. 1962 wurde von der Feuerwehr ein geländegängiges Löschfahrzeug der Marke Land Rover mit Vorbaupumpe gekauft. In den Jahren 1976 bis 1978 wurde unter kräftiger Mithilfe aller Feuerwehrkameraden und der ganzen Gemeindebevölkerung eine neue Zeugstätte errichtet. Bei der feierlichen Einweihung dieses Hauses wurde auch ein neues Löschfahrzeug der Wehr übergeben.

HBI Gangl R. (1963), OBI Leimhofer A. (1964), AW Kaiser F. (1961), AW Niedermayr A. (1964), AW Reisenberger J. (1966), BI Kaineder J. (1947), BI Kapeller J. (1955), BI Rohrmanstorfer J. (1963) — Lm Aichhorn E. (1971), HFm Aichhorn M. (1946), FA Dr. Baldauf W. (1974), OFm Gangl J. (1930), OFm Gangl M. (1971), HFm Gangl P. (1970), Fm Gangl R. (1979), Lm Götzendorfer F. (1971), OFm Grausam G. (1975), JFm Grausam M. (1980), HFm Hackl A. (1962), JFm Hackl H. (1983), Lm Haiböck J. (1965), JFm Haiböck M. (1982), Fm Hauzenberger W. (1971), HBm Hofinger H. (1953), Fm Hofinger H. (1977), Fm Kaineder H. (1975), HFm Kaineder J. (1957), HFm Kaineder J. (1970), Lm Kaiser E. (1953), Lm Kaiser E. (1964), Lm Kaiser F. (1970), PFm Kaiser F. (1982), OFm Kaiser F. (1976), JFm Kaiser G. (1983), HFm Kaiser H. (1974), PFm Kaiser H. (1978), Lm Kaiser J. (1964), Lm Kaiser J. (1965), Lm Kaiser J. (1964), OFm Kapeller M. (1928), HFm Kapfer J. (1953), HFm Lang H. (1972), OLm Lepschi K. (1952), OFm Liedl F. (1931), OFm Liedl J. (1966), Lm Manzenreiter M. (1969), HFm Mühlberger F. (1951), HFm Müllner J. (1975), OLm Müllner S. (1948), Fm Niedermayr A. (1977), Fm Niedermayr Ch. (1978), OFm Noska J. (1971), HLm Obermüller A. (1942), HLm LAbg. Pallwein-Prettner L. (1960), Lm Panwinkler F. (1963), HBm Ing. Panwinkler J. (1970), Bm Panwinkler M. (1932), Fm Pargfrieder A. (1978), OFm Pargfrieder A. (1975), Lm Pargfrieder A. (1956), Fm Pargfrieder J. (1979), Fm Pargfrieder J. (1972), Lm Pichler J. (1955), HFm Pichler J. (1976), JFm Pichler M. (1983), Fm Pillinger S. (1971), HBm Plakolm F. (1946), JFm Pöppl A. (1982), JFm Pöppl B. (1983), JFm Pöppl J. (1982), Fm Rechberger M. (1966), JFm Reisenberger A. (1983), E-OBI Reisenberger A. (1946), HFm Reisenberger F. (1950), E-HBI Reisenberger F. (1942), HFm Reisenberger F. (1975), OFm Reisenberger F. (1975), HLm Reisenberger H. (1952), E-BI Reisenberger J. (1940), OFm Reisenberger J. (1975), OFm Reisenberger K. (1975), Fm Reisenberger O. (1977), OFm Reisenberger O. (1978), Fm Reisenberger T. (1978), OFm Reisinger O. (1976), JFm Reisinger S. (1982), JFm Rohrmanstorfer A. (1983), Fm Rohrmanstorfer J. (1924), Fm Rohrmanstorfer J. (1978), Lm Rohrmanstorfer M. (1954), Fm Samitschek J. (1981), JFm Silber S. (1982), PFm Weberndorfer E. (1982), JFm Weidinger Ch. (1983), JFm Weidinger H. (1983)

FF KÖNIGSCHLAG

Die Freiwillige Feuerwehr Königschlag wurde im Jahr 1903 gegründet. Erster Kommandant der Wehr war Johann Elmecker. Noch im Gründungsjahr wurde eine Zeugstätte errichtet, wobei der Kommandant den Baugrund zur Verfügung stellte. 1904 wurde Josef Enzenhofer neuer Kommandant. Ihm folgte 1928 Wehrführer Johann Pachinger und 1936 Josef Pirklbauer. Zwischen 1945 und 1948 war Alois Pirklbauer Feuerwehrhauptmann. Die erste Tätigkeit des 1948 gewählten Kommandanten Michael Altmüller war der Ankauf einer neuen Motorspritze, da die alte Spritze aus dem Jahr 1903 nicht mehr einsatzfähig war. 1958 übernahm Franz Fleischanderl das Kommando, dem 1963 Josef Rechberger folgte. 1964 wurde eine neue Motorspritze gekauft, auch wurden vier Sauger, ein Verteiler, ein Saugkorb und sechs B-Schläuche erworben. 1965/66 erfolgte die Errichtung eines neuen Zeughauses. 1967 bekam die Wehr einen Traktoranhänger und 1973 eine neue Motorspritze VW 122. 1977 kaufte die Wehr ein gebrauchtes Feuerwehrauto Ford Transit von der Stadtfeuerwehr Wels. 1978 wurde Karl Manzenreiter neuer Feuerwehrkommandant.

HBI Manzenreiter K. (1964), OBI Altmüller J. (1942) — Fm Altmüller J. (1974), Fm Altmüller J. (1970), Lm Altmüller K. (1933), Lm Altmüller K. (1967), Bm Altmüller M. (1933), OFm Altmüller P. (1970), Altmüller W. (1982), HFm Birngruber J., Bm Burgstaller J. (1927), Burgstaller J. (1982), JFm Burgstaller J. (1979), JFm Burgstaller J. (1982), Bm Desl J. (1956), HFm Desl K. (1967), Bm Ehgartner K. (1955), HFm Ehgartner K. (1971), Lm Elmecker F. (1964), OFm Enzenhofer J. (1969), OLm Enzenhofer K. (1928), HFm Fleischanderl F. (1967), E-OBI Fleischanderl F. (1936), Bm Fleischanderl J. (1934), Lm Freudenthaler A. (1963), Bm Friedl J. (1948), OBm Fürlinger E. (1953), Fm Fürlinger H. (1976), Gossenreiter A. (1969), JFm Gossenreiter A. (1979), JFm Gossenreiter G. (1982), Bm Gossenreiter J. (1942), OFm Gossenreiter J. (1973), OFm Gossenreiter J. (1970), OFm Gossenreiter K. (1969), OFm Gossenreiter K. (1969), Fm Gossenreiter M. (1977), Fm Gossenreiter M. (1979), OFm Grasböck F. (1969), Fm Grasböck H. (1969), Fm Grasböck J. (1971), Fm Grasböck M. (1973), Fm Grasböck W. (1973), E-AW Graßböck J. (1942), Grüner F. (1982), HLm Grüner J. (1942), JFm Grüner M. (1983), OBm Grüner M. (1952), OFm Gutschreiter J. (1971), Lm Lamplmair J. (1948), OFm Lamplmair J. (1979), HFm Manzenreiter J. (1967), Manzenreiter M. (1982), OFm Moser R. (1957), Bm Pachinger M. (1919), Lm Pichler A. (1953), Bm Pirklbauer A. (1956), OFm Pirklbauer J. (1973), Lm Pirklbauer S. (1964), Fm Pupeter F. (1975), PFm Pupeter H. (1982), Fm Ratzenböck H. (1972), OFm Ratzenböck J. (1978), HFm Ratzenböck K. (1968), OFm Ratzenböck K. (1973), Fm Rechberger F. (1969), OBm Rechberger F. (1956), OFm Rechberger F. (1979), Rechberger F. (1982), E-HBI Rechberger J. (1953), Fm Rechberger K. (1969), Rechberger M. (1982), OFm Rechberger R. (1979), Fm Ruhsam G. (1976), OFm Ruhsam J. (1975), Fm Ruhsam J. (1979), HFm Ruhsam M. (1955), HLm Schaumberger E. (1956), JFm Schaumberger R. (1982), OFm Schwarz K. (1964), Fm Siegl F. (1979), Fm Siegl H. (1979), Lm Thieber M. (1967), Thumphart J. (1920), OBm Weißenböck F. (1956), OFm Weißenböck F. (1979), Fm Wiesinger H. (1970), Bm Wiesinger J. (1957), Fm Wiesinger W., HFm Woisetschläger R. (1953)

FF KOGLERAU

Die Gründung der Wehr erfolgte am 2. Mai 1909. Obmann wurde Johann Wiesmayr. Das Zeughaus wurde 1910 errichtet; das Grundstück wurde von Obmann Johann Wiesmayr kostenlos zur Verfügung gestellt. Am 25. Juli 1910 war die nun 30 Mann umfassende Truppe komplett ausgerüstet und konnte die erste Übung mit einer von der Fa. Rosenbauer und Kneitschel aus Linz gelieferten Abprotzspritze Triumph stattfinden. Bei den Neuwahlen 1928 wurde Franz Maureder Kommandant. 1932 wurde die Spritze Klein-Florian gekauft, Maria Wiesmayr übernahm die Patenschaft. Bei den Neuwahlen 1950 wurde der Sohn des Gründers Johann Wiesmayr als neuer Kommandant gewählt. Am 30. April 1954 wurde die Spritze Klein-Florian durch die Motorspritze Type R 7 ersetzt. Im Juli 1954 war die FF Koglerau zwei Tage (zwölf Mann) beim großen Hochwasser der Donau im Einsatz. Am 4. August 1954 wurde die Motorspritze Type RW 25 gekauft. Im März 1958 wurde ein traktorgezogener Rüstwagen gekauft. Bei den 1963 erfolgten Neuwahlen wurde Johann Hackl neuer Kommandant. Am 13. Januar 1964 wurde eine Alarmsirene Type FS 8 von der Fa. Rosenbauer gekauft. Am 17. September 1970 wurde ein gebrauchter Land Rover angekauft und zum Rüstwagen umgebaut. Am 13. Dezember 1973 konnte eine Spritze Type Automatik 75 VW angeschafft werden; am 4. Mai 1975 fand die Weihe statt, die Patenschaft übernahmen Frau Dr. Gatti und Frau Dr. Müllner. Am 20. November 1980 wurde das Löschfahrzeug Opel Blitz von der FF Pöstlingberg erworben. Bei den Neuwahlen 1983 wurde Johann Hackl zum Wehrführer gewählt. 1983 konnte ein Fahrzeugfunk angekauft werden. Auch den Neubau eines Zeughauses beschloß man.

HBI Hackl J. (1949), OBI Hartl S. (1954), AW Buchgeher L. (1961), AW Höller J. (1973), BI Haudum J. (1970) — HLm Doll J. (1934), Fm Dumfart M. (1981), HLm Eidenberger M. (1930), OLm Ferrari J. (1963), HLm Füreder F. (1949), HLm Füreder F. jun. (1974), Fm Füreder H. (1982), OBm Gonser J. (1965), OFm Goß Ch. (1977), HBm Goß G. (1953), OLm Hackl A. (1965), Fm Hackl J. (1981), AW Hackl L. (1923), HFm Hagenauer J. (1954), Fm Hagenauer L. (1981), HLm Hartl J. (1941), Fm Hofer K. (1980), Holzinger K. (1952), OFm Holzinger K. jun. (1977), Huemer J. (1955), HBm Knoll L. (1972), Fm Koblmüller F., Fm Koblmüller K. (1980), OFm Leitner A. (1975), OFm Leitner G. (1977), OFm Leitner M. (1978), OFm Mayrhofer J. (1978), HLm Mühleder J. (1952), FA Dr. Müllner M. (1976), OFm Pumberger J. (1975), Fm Pumberger J. (1981), OLm Wiesmayr F. (1929), E-HBI Wiesmayr J. (1929)

FF KOTTINGERSDORF

Schon jahrelang hegte die Bevölkerung von Kottingersdorf und Umgebung den Wunsch, eine Feuerwehr oder wenigstens ein Löschgerät zu besitzen. Es kamen wiederholt Brände vor, wo weder eine Feuerwehr noch ein Spritzgerät im Einsatz waren. 1933 wurde der Löschzug Kottingersdorf unter der FF Alberndorf errichtet und eine Handdruckspritze mit diversen Geräten beigestellt. Am 11. März 1934 fand die Gründungsversammlung statt. 1935 erfolgte der Bau des ersten Feuerwehrhauses. 1937 wurde der Löschzug Haibach unter der FF Kottingersdorf aufgestellt. 1946 erfolgte die Gründung der FF Haibach im Mühlkreis. 1939 wurde die FF Kottingersdorf aufgelöst und als 3. Löschzug der Gemeindefeuerwehr Alberndorf zugeteilt. Der Löschzug wurde mit der Klein-Florian-Motorspritze ausgestattet. Nach dem Krieg mußte die Feuerwehr neu aufgebaut werden. 1951 wurde die Motorspritze RW 25 angekauft. 1953/54 wurde ein neues Feuerwehrhaus unter großer Mithilfe der Bevölkerung errichtet; Ankauf eines Anhängers und einer Sirene. 1955 erfolgte die Zeughaus-, Wagen- und Motorspritzenweihe. 1960: Ankauf einer leistungsstärkeren Motorspritze RW 75. 1974 wurde aus Mitteln der Kameradschaftskasse ein gebrauchtes Feuerwehrauto angeschafft. 1975 wurde die Motorspritze VW Automatik angekauft. 1977 Funkgerät und Schiebeleiter, 1979 Atemschutzgeräte. 1982 erfolgte der Ankauf eines neuen Löschfahrzeuges LFB, 1982/83 der Bergeausrüstung. Die erforderlichen Mittel hat die Feuerwehr durch eigene Veranstaltungen und Zusammenarbeit aufgebracht. Neben den Einsätzen werden von der Feuerwehr noch viele andere Arbeiten durchgeführt, etwa Alteisensammlung, Erntearbeiten bei erkrankten und verunglückten Kameraden usw.

HBI Penn M. (1954), OBI Rechberger J. (1972), AW Auer W. (1953), AW Hauser J. (1960), AW Stumpner M. (1958), BI Keplinger J. (1975) — HFm Aichhorn P. (1934), OLm Aigner J. (1960), HFm Aigner J. (1934), Fm Arnoldner J. (1929), HFm Arnoldner R. (1964), HFm Auer W. (1978), HFm Berndl G. (1951), OFm Danner W. (1979), E-HBI Denkmair J. (1918), Fm Denkmair J. (1982), HBm Denkmair J. (1951), JFm Denkmair J. (1981), Fm Emmer W. (1978), HLm Enzenhofer A. (1972), JFm Enzenhofer A. (1982), Fm Enzenhofer Ch. (1979), JFm Enzenhofer R. (1981), Lm Freudenthaler W. (1962), OFm Gaisberger N. (1981), Fm Hauser J. (1934), OLm Hörschläger F. (1975), HLm Hörschläger H. (1968), HBm Hörschläger H. (1973), OBm Hörschläger J. (1970), JFm Hörschläger J. jun. (1981), JFm Hörschläger S. (1982), Lm Huemer J. (1954), OLm Kaineder J. (1958), Lm Kaineder J. (1976), HFm Karlseder J. (1977), OFm Karlseder J. (1976), Fm Karlseder K. (1983), JFm Dr. Kellerer-Mayr H., JFm Kolmbauer G. (1981), Lm Krieg F. (1976), E-AW Leutgeb E. (1925), HLm Leutgeb R. (1963), Fm Mayr A. (1982), OLm Meier J. (1951), HFm Meier W. (1969), OFm Moser J. (1978), OFm Moser J. (1978), HFm Moser K. (1979), Lm Moser O. (1974), OFm Mugrauer E. (1950), OFm Mugrauer E. (1972), HFm Mugrauer H. (1976), Lm Obermüller R. (1960), OFm Penkner A. (1923), HFm Penkner A. (1970), Lm Penkner F. (1965), HFm Penn M. (1930), JFm Penn M. (1981), Lm Penzenleitner R. (1962), OLm Pfarrhofer J. (1973), E-HBI Plöchl G. (1950), OFm Plöchl H. (1980), Fm Plöchl R. (1981), OLm Raber E. F. (1972), HFm Raber F. (1979), OLm Raber F. (1951), Lm Raber F. (1976), OFm Raber H. (1980), Fm Raber K. (1981), Lm Raber M. (1976), HFm Raber W. (1979), OFm Rechberger J. (1976), OBm Rechberger K. (1950), HFm Rechberger K. (1965), OFm Roth G. (1978), OLm Roth J. (1974), JFm Roth R. (1982), HLm Roth W. (1967), JFm Ruckerbauer Ch. (1981), Lm Ruckerbauer F. (1971), HFm Ruckerbauer J. (1969), JFm Ruckerbauer K. (1983), HFm Ruckerbauer K. (1966), E-OBI Scheuchenstuhl H. (1956), Lm Scheuchenstuhl J. (1976), HFm Scheuchenstuhl O. (1979), HFm Schimpl H. (1951), OLm Schwarz W. (1972), Lm Stadler E. (1964), HFm Stadler F. (1950), Lm Stadler H. (1970), PFm Stadler J. (1983), HFm Veraguth F. (1951), OFm Walchshofer O. (1978), OBm Weichselbaumer O. (1969)

FF KRONABITTEDT

Gegründet wurde die Freiwillige Feuerwehr Kronabittedt im Jahr 1925. Gründungsmitglieder waren Öhlinger, Pöppl, Göweil, Haider, Ganglberger, Graßböck, Enzenhofer, Grasböck, Haas, Nadlmeir, Reisinger, Kapeller. Noch im Gründungsjahr wurde das Feuerwehrhaus gebaut und ein Pferdewagen mit Handdruckspritze angeschafft. 1933 wurde eine Zweitakt-Motorspritze angekauft. 1956 wurde eine Viertakt-Motorspritze erworben. 1962 wurde der Pferdewagen durch Traktor und Anhänger ersetzt. 1969 wurde eine Jugendgruppe gegründet, welche an Wettbewerben teilnimmt. 1973 wurde ein VW-Bus gekauft und selbst zum Feuerwehrfahrzeug umgebaut und ausgestattet. 1966 wurden in Geitenedt und in Kronabittedt je ein Löschteich ausgehoben und betoniert. Seit der Gründung der Freiwilligen Feuerwehr Kronabittedt waren folgende Kommandanten tätig: Michael Öhlinger (1925–1931), Johann Thaler (1931–1933), Michael Enzenhofer (1933–1957), Josef Enzenhofer (1957–1967), Josef Madlmeir (seit 1968).

HBI Madlmeir J. (1953), OBI Kapeller E. (1961), AW Haas A. (1958), AW Hartl F. (1954), AW Mühlberger Aichhorn J. (1980), BI Reifauer F. (1969) — OFm Breuer J. (1935), HBm Göweil F. (1958), HFm Göweil H. (1978), Fm Graßböck F. (1960), Fm Graßböck G. (1979), Fm Graßböck G. (1978), Fm Graßböck M. (1978), HFm Ing. Haas A. (1974), Fm Habringer M. (1983), HLm Haider E. (1973), OFm Haider M. (1955), Fm Hartl F. (1980), Fm Hartl L. (1978), Fm Hartl R. (1955), OFm Hehenberger F. (1979), OFm Hochreiter F. (1972), Fm Kaineder J. (1951), E-BI Kapeller S. (1927), Fm Kogler M. (1979), OFm Madlmeir J. (1976), E-HBI Madlmeir J. (1925), Fm Madlmeir J. (1978), Maier F. (1925), OFm Maureder H. (1978), HFm Maureder J. (1971), Fm Maurer A. (1950), Fm Maurer J. (1965), Fm Öhlinger J., E-AW Öhlinger J. (1951), Lm Pargfrieder F. (1961), Fm Pargfrieder R. (1982), Fm Pöppl L., HFm Reichör M. (1974), Fm Reifauer F. K. (1978), E-AW Schütz K. (1938), Lm Schütz K. (1961), OFm Staudinger L. (1938), Fm Stummer G. (1979), OBm Stummer W. (1964), Fm Wakolbinger A. (1953), HFm Wakolbinger F. (1972), HLm Wakolbinger R. (1976)

FF LACHSTATT

Gründer und erster Obmann war Josef Reindl. Der Verein wurde FF Lachstatt genannt, weil sich das Depot in Lachstatt befand. Die erste Handdruckspritze und einige Schläuche waren beim Obmann in Verwahrung. 1908 folgte Johann Ratschenberger als Kommandant (bis 1912). Von 1912 bis 1945 führte Alois Schwandtner die Wehr. Während des Zweiten Weltkrieges wurden die Feuerwehren Steyregg und Lachstatt zusammengezogen. Nach 1945 wurde die FF Lachstatt wieder selbständig. In diesem Jahr legte Alois Schwandtner nach 33jähriger Funktionstätigkeit die Obmannstelle zurück. Neuer Obmann wurde Franz Rammer. Nach einem schweren Unfall mußte er jedoch bereits nach einem halben Jahr diese Tätigkeit abgeben; neuer Obmann wurde Johann Schwandtner. In der Chronik sind die Ankäufe folgender Geräte verzeichnet: 1906: Handdruckspritze; 1912: Errichtung eines Schlauchturmes; 1933: erste Motorspritze. In den Kriegsjahren wurde das Inventar zerstört. 1946: Beginn des Wiederaufbaues. Der Holztransformator der Flakstellung wurde abgetragen und als Schlauchturm beim Depot aufgestellt. 1948: Vergrößerung des Depots; 1950: Ankauf einer neuen VW-Motorspritze; 1954: Ankauf des ersten Feuerwehrautos, Steyr Typ A. 1964: Unentgeltliche Übergabe eines Baugrundes durch den Feuerwehrkameraden August Grubauer, worauf das Zeughaus der FF Lachstatt errichtet wurde. 1971: Ablöse des alten Feuerwehrautos durch einen neuen Land Rover, der mit den vorhandenen technischen Geräten ausgerüstet wurde. 1974: Ankauf eines Kommandowagens aus eigenen Mitteln, der später mit Lautsprecheranlage, Funk und schwerem Atemschutz ausgestattet wurde. 1982: Da sich das bestehende Feuerwehrhaus als zu klein erwies, wurde ein Zubau getätigt.

HBI Sehwandtner J. (1946), OBI Truttenberger E. (1960), AW Hochstöger R. (1982), AW Mittermüller A. (1953), AW Scheba J. (1956), BI Stingeder J. (1969), BI Weißengruber F. (1963) — Aichberger J. (1933), OLm Aichberger J. (1964), HBm Brückl A. (1947), Brückl A. (1981), HFm Buchmayr R. (1980), HFm Burger A. (1972), OFm Burger J. (1975), HFm Burger R. (1972), HFm Grasböck J. (1975), HFm Grasböck K. (1948), Fm Gusenbauer F. (1980), OFm Hackl A. (1979), OLm Hackl A. (1959), PFm Hackl H. (1983), OFm Hackl-Lehner K. (1980), Fm Hackl-Lehner M. (1980), HFm Haider K. (1966), PFm Hametner A. (1983), HFm Hametner M. (1958), Himmelbauer A. (1954), HFm Himmelbauer A. (1979), HFm Himmelbauer J. (1976), HFm Holzer H. (1959), HFm Lehermayr H. (1946), HFm Lehermayr F. (1972), HFm Lehermayr H. (1982), HFm Lehermayr L. (1949), Fm Lehner H. (1983), HFm Lehner J. (1983), Lm Lehner J. (1972), Fm Lehner O. (1980), PFm Lehner P. (1983), HFm Mittermüller A. jun. (1973), OFm Mittermüller H. (1977), OFm Perterseil G. (1978), HFm Perterseil J. (1972), HFm Perterseil W. (1969), OLm Prammer F. (1969), OFm Prammer F. (1974), OFm Rammer R. (1969), HFm Ratschenberger J. (1971), HFm Reiter-Huemer F. (1952), HFm Rittenschober J., HFm Schober H. (1959), PFm Schützenberger Ch. (1983), Fm Schützenberger E. (1981), Schützenberger J. (1948), Fm Schützenberger K. (1981), Lm Schwandtner J. (1972), HBm Stingeder A. (1956), HBm Stingeder A. (1974), Fm Stingeder H. (1981), Stingeder J. (1946), Fm Stingeder R. (1983), HFm Truttenberger A. (1946), Lm Truttenberger F. (1956), PFm Truttenberger H. (1983), HFm Truttenberger J. (1972), OFm Truttenberger J. (1972), HFm Wöckinger J. (1972), Lm Wöckinger L. (1956), OLm Zeindlhofer F. (1972), HFm Zeindlhofer J. (1949), OFm Zeindlhofer J. (1975)

FF LACKEN

Am 19. Mai 1912 fand die Gründungsversammlung statt, bei der Georg Rammerstorfer zum Kommandanten gewählt wurde. Bereits im Herbst 1912 wurde für die neuangeschaffte Spritze von Anton Gugg das Feuerwehrdepot fertiggestellt. Die Kosten hiefür wurden durch Spenden, Balleinnahmen, Beiträge von unterstützenden Mitgliedern und durch Hand- und Zugrobot der Bauern hereingebracht. Die erste Motorspritze wurde 1950, das erste Fahrzeug, ein Steyr, 1951 angeschafft. 1932 wurde ein neues Zeughaus erbaut, 1952 baute man wieder ein Zeughaus. Am 4. Juli 1954 fand das 40jährige Gründungsfest mit Ehrung statt. Am 12. Mai 1963 feierte die Wehr ihr 50jähriges Gründungsfest mit Ehrung. Am 14. Mai 1963 wurde Leopold Rammerstorfer zum Kommandanten gewählt. Am 12. Juli 1964 fand die Motorspritzenweihe und der erste Naßwettbewerb in Lacken statt. Am 22. Juli 1976 erfolgte der Ankauf eines neuen Löschfahrzeuges mit Bergeausrüstung und Funk. Im Jahre 1982 kam es zum Ankauf einer Hydrogarnitur, 1982 war die Inbetriebnahme der Funkalarmierung. 1983 konnte die Wehr den Ankauf einer Schmutzwasserpumpe tätigen.

HBI Rammerstorfer L. (1954), OBI Limberger J. (1954), AW Eichler O. (1966), AW Nopp H. (1978), AW Rammerstorfer J. (1955), BI Hartl F. (1958), BI Mahringer M. (1946) — HLm Baumann J. (1958), OFm Dannerer F. (1948), JFm Ehrenmüller E. (1981), Lm Ehrenmüller F. (1953), OFm Ehrenmüller J. (1978), JFm Ehrlinger E. (1982), Lm Fritz E. (1960), OLm Füreder G. (1949), HLm Fürthner J. (1946), HBm Gaisbauer J. (1964), OFm Ganhör H. (1980), OFm Ganhör H. (1975), Fm Ganhör J. (1981), Bm Gastinger H. (1963), Lm Gattringer F. (1946), Fm Gattringer F. (1967), HFm Gattringer R. (1968), HLm Grömer J. (1949), Fm Grömer J. (1983), JFm Haas J. (1983), HFm Haas K. (1971), PFm Hartl F. jun. (1983), OFm Hartl H. (1979), HLm Hofer A. (1949), HLm Huber K. (1964), HLm Huber L. (1962), HFm Kosmata E. (1978), OFm Lackner E. (1977), Lm Limberger J. (1962), JFm Limberger J. (1983), HLm Loizenbauer M. (1943), HLm Lueger F. (1947), HBm Märzinger A. (1965), Fm Märzinger A. (1982), HLm Märzinger H. (1962), Fm Märzinger M. (1982), HLm Mahringer F. (1949), HLm Mahringer F. (1968), OFm Mahringer H. (1948), HFm Mahringer J. (1979), E-OBI Mahringer J. (1949), Lm Mittmasser L. (1961), HFm Mörtenschlag A. (1946), Lm Nopp K. (1958), Fm Pichler F. (1981), Fm Pichler G. (1983), JFm Pichler J. (1983), HFm Plöderl K. (1970), Lm Pühringer A. (1965), HFm Rammerstorfer G. (1975), JFm Rammerstorfer J. (1983), HFm Rammerstorfer J. (1922), OBm Rammerstorfer K. (1962), JFm Rammerstorfer K. (1981), Fm Rois A. (1977), Lm Schmalz H. (1966), Lm Schmaranzer W. (1964), HLm Schöbinger J. (1955), Fm Schöbinger J. (1981), OFm Schürz W. (1979), OLm Schütz K. (1946), HFm Schütz K. (1949), HLm Schwendner J. (1966), OFm Simader J. (1978), Lm Speckard A. (1970), Fm Speckard P. (1982), OLm Steininger F. (1962), Fm Strasser A. (1981), OFm Strasser J. (1980), JFm Wiesinger K. (1982), Bm Wiesmayr F. (1958), HFm Wiesmayr G. (1956), JFm Wolfmayr J. (1983), Bm Wolkerstorfer A. (1968), HLm Wolkerstorfer F. (1947), E-BI Wolkerstorfer J. (1948), Lm Wolkerstorfer J. (1958), OFm Wolkerstorfer K. (1978), E-BI Wolkerstorfer S. (1912)

FF LAIMBACH

Die Gründung der Wehr erfolgte am 24. Juni 1928 unter Bürgermeister Johann Ratzenböck. Damals war Laimbach noch eine selbständige Gemeinde. Heute gehört Laimbach zur Gemeinde Bad Leonfelden. Bei der Gründung am 24. Juni 1928 traten der Freiwilligen Feuerwehr Laimbach 55 Männer als Mitglieder bei. Die Wahl des ersten Wehrführers fiel auf Franz Pachner. Die Kommandanten von der Gründung bis heute waren: Franz Pachner, Ferdinand Gabauer, Anton Enzenhofer, Franz Söser, Gottfried Stumptner. Die Ausrüstung besteht aus einem Kleinlöschfahrzeug mit der dazugehörigen Ausrüstung und einer Tragkraftspritze TS 8. Das derzeitige Feuerwehrhaus ist zu klein und der bauliche Zustand ist nicht besonders gut. Der Wunsch der Feuerwehr ist ein neues geräumiges Feuerwehrhaus. Auf Kameradschaftspflege wird in der Freiwilligen Feuerwehr Laimbach besonderer Wert gelegt; diese wird daher besonders großgeschrieben!

HBI Stumptner G. (1971), OBI Riener A. (1963), AW Haslgrübler F. (1946), AW Hochreiter A. (1953), AW Prückl A. (1965), BI Pötscher K. (1931) — Atzmüller A., HFm Atzmüller A. (1954), HFm Baier A. (1965), OFm Baier A. (1954), OLm Bergsmann H. (1951), Fm Bergsmann H. (1981), Fm Bergsmann M. (1980), Fm Bergsmann R. (1982), HFm Birklbauer J. (1963), Fm Birklbauer S. (1981), PFm Birngruber J. (1983), Fm Birngruber K. (1968), JFm Eckersdorfer A. (1981), HFm Edelbauer J. (1975), JFm Eder H. (1983), OBm Eidenberger F. (1936), OFm Enzenhofer L. (1954), Fm Enzenhofer R. (1975), Lm Feilmayr G. (1960), PFm Filipp G. (1983), OFm Filipp G. (1977), OFm Filipp H. (1975), HFm Filipp H. (1954), OFm Filipp J. (1976), OFm Filipp J. (1976), PFm Filipp J. (1983), Fm Filipp M. (1977), Fm Freinbichler F. (1979), Fm Fuchs A. (1981), JFm Fuchs J. (1981), Fm Fuchs R. (1981), HFm Gabauer A. (1965), OFm Gabauer A. (1971), OFm Gabauer F. (1965), HBm Gabauer F. (1928), OFm Gabauer G. (1978), HFm Gabauer J. (1965), HFm Gabauer M. (1965), OFm Gabauer R. (1973), OFm Gahbauer J. (1928), OFm Gillmayr O. (1971), OFm Gillmayr W. (1977), OFm Grasböck H. (1973), HBm Grasböck H. (1976), E-AW Grasböck J. (1946), Fm Haslgrübler F. (1980), OFm Hinterhölzl K. (1954), OFm Hochreiter F. (1969), HFm Hochreiter G. (1956), HFm Hochreiter H. (1961), HFm Hochreiter J. (1959), OFm Hochreiter L. (1975), Fm Hochreiter M. (1981), HFm Hochreiter M. (1953), HFm Hochreither F. (1954), Fm Hochreither F. (1978), OFm Hofer A. (1974), Fm Hofer E. (1977), HFm Hofer F. (1954), OFm Hofer F. (1977), OFm Hofer H. (1975), Fm Hofer K. (1975), OFm Hofer M. (1975), HFm Hofer R. (1965), OFm Hoser D. (1978), Fm Kaar G. (1974), PFm Keplinger A. (1983), OFm Keplinger G. (1973), HFm Keplinger J. (1968), OFm Keplinger L. (1954), OFm Keplinger L. (1976), Fm Keplinger L. (1980), HFm Keplinger S. (1973), OFm Keplinger W. (1954), OFm Ladendorfer G. (1976), JFm Martetschläger R. (1980), HFm Meindl F. (1965), Lm Mitter S. (1976), PFm Mittermüller H. (1983), Fm Nopp F. (1946), HFm Ollmann J. (1940), E-AW Ollmann J. (1960), JFm Pachler Ch. (1981), HFm Pachner F. (1955), HFm Pachner W. (1965), E-OBI Panholzer F. (1954), OFm Petermüller M. (1977), OLm Petermüller V. (1966), Fm Pichler S. (1981), HFm Pötscher K. (1977), JFm Prückl G. (1983), HFm Ratzenböck H. (1965), Fm Ratzenböck J. (1963), Lm Ratzenböck K. (1963), JFm Reingruber J. (1981), OFm Reingruber J. (1928), HFm Reingruber K. (1981), HLm Reingruber R. (1959), JFm Reingruber R. (1981), HFm Riener K. (1963), Fm Scheuchenstuhl F. (1981), Fm Schnepf A. (1981), Fm Schwarz A. (1973), JFm Schwarz D. (1981), OFm Schwarz F. (1931), HBm Schwarz F. (1953), Fm Schwarz K. (1978), OFm Simon K. (1976), HFm Söser F. (1973), E-HBI Söser F. (1946). HFm Söser J. (1973), OFm Stelzmüller P. (1978), OFm Wagner A. (1960), JFm Wagner R. (1981)

FF LANDSHAAG

Die Freiwillige Feuerwehr Landshaag wurde am 24. September 1899 mit Josef Schöppl als Kommandant gegründet. Noch im Gründungsjahr wurde eine Handspritze Hydrophor von der Fa. Rosenbauer erworben. 1900 begann man mit dem Bau des Zeughauses. Die erste Motorspritze C 60 von der Fa. Rosenbauer wurde 1932 in Dienst gestellt, das erste Feuerwehrauto, ein Morris, konnte die Wehr 1950 anschaffen. 1955 wurde eine VW-Motorspritze erworben und 1960 der erste Rüstwagen, ein Ford FK 1250. In den Jahren 1969 bis 1973 wurde die Vergrößerung des Feuerwehrgebäudes vorgenommen, da sonst nicht alle Geräte hätten untergebracht werden können. Der FF Landshaag stehen derzeit folgende Ausrüstungen zur Verfügung: 1 LLF-B, 1 KRF-W Supermatik, 4 Funkgeräte (2-m-Band), 3 Funkgeräte (11-m-Band), 3 Motorboote, 1 Schlauchboot, 3 Zillen. Kommandanten: Josef Schöppl (1899–1905), Franz Stadlbauer (1905–1907), Josef Schöppl (1907–1919), Josef Rechberger (1919–1939), Johann Asenbaum (1946–1973), Alois Böck (1973–1974) und Johann Lehner (seit 1974).

HBI Lehner J. (1953), OBI Asenbaum J. (1962), AW Hartl H. (1953), AW Lehner K. (1953), AW Mayr J. (1952), BI Allerstorfer W. (1977), BI Baireder H. (1973), BI Bruckner M. (1975), BI Rosenauer J. (1955), BI Schöpl H. (1978), BI Weinzierl R. jun. (1975) — OFm Aigner H. (1949), OFm Aigner J. (1949), OFm Aigner W. (1979), Fm Altenstrasser J. (1980), PFm Baireder E. (1983), E-AW Baireder F. (1952), Fm Binder L. (1973), Fm Blasenbauer H. (1962), Lm Böck E. (1946), HFm Böck F. (1973), Fm Bruckner D. (1975), OFm Bruckner F. (1969), HFm Bruckner J. (1970), OFm Burgstaller J. (1933), Fm Burgstaller J. jun. (1969), Lm Danninger J. (1962), Fm Dittinger J. (1959), HFm Fattinger J. (1967), Fm Ferner E. (1975), Fm Füreder J. (1946), Fm Gaadt M. (1970), OFm Gattringer F. (1946), OFm Gattringer J. (1923), Fm Gattringer J. (1983), OFm Gattringer J. (1946), Lm Gattringer R. (1946), OFm Gruber M. (1946), HFm Grünberger H. (1962), OFm Gumpenberger L. (1950), HFm Harrer F. (1962), HFm Harrer G. (1962), Lm Hartl J. (1956), Lm Hartl J. (1948), OFm Hintenaus J. (1962), HLm Hochhold J., OFm Höfer W. (1959), E-BI Höllinger A. (1952), OFm Höllinger R. (1973), OFm Hofer J. (1948), Fm Janko H. (1973), Fm Kaiser J. (1978), OFm Karlsböck E. (1969), OFm Kary A. (1948), E-BI Kitzberger J. (1934), Fm Knögler J. (1975), HFm König A. (1952), Fm König E. (1977), Fm König K. (1983), Fm Krennbauer J. (1966), Fm Kriegner M. (1956), Fm Kurzenkirchner J. (1957), OFm Lang S. (1953), OFm Lehner A. (1948), Fm Lehner G. (1983), Fm Lehner K. (1983), Fm Leibetseder J. (1959), HFm Leidinger K. (1946), OFm Leirich J. (1952), OFm Leitgöb B. (1973), Fm Linner E. (1973), OFm Linner F. (1946), HLm Linner J. (1946), Lm Linner K. (1925), Lm Loizenbauer J. (1973), HLm Mair H. (1975), OFm Mair J. (1973), HFm Malfeut J. (1964), E-OBI Malfeut M. (1927), OFm Maresch J. (1919), Fm Maresch J. (1979), Maresch R., OFm Maresch W. (1947), OFm Mayrhofer J. (1950), OFm Mayrhofer J. jun. (1978), OFm Mittendorfer J. (1953), OFm Mittermayr F. (1977), HFm Mittermayr J. (1966), Fm Neß L. (1974), HFm Neß R. (1967), Lm Nußbaumer J. (1946), HFm Öppinger A. (1936), HFm Ofner J. (1969), OFm Pargfrieder J. (1974), Fm Parkfrieder J. (1981), HFm Pirkelbauer K. (1954), Fm Plakolm A. (1983), OFm Plank W. (1962), HFm Pointinger J. (1962), HFm Pointinger R. (1962), OFm Poxrucker J. (1964), Fm Prokesch E. (1975), Fm Pühringer S. (1975), Fm Rechberger G. (1968), HFm Rechberger J. (1952), E-OBI Rechberger J. (1919), OFm Rechberger J. jun. (1964), Fm Rechberger J. (1983), OFm Rechberger J. (1946), Fm Rechberger M. (1975), Fm Riedl K. (1980), Fm Rosenauer F. (1964), Fm Rosenauer G. (1983), OFm Rosenauer J. (1967), OFm Scheucher J. (1932), OFm Scheucher J. jun. (1962), E-BI Schober F. (1946), OLm Schober H. (1973), Fm Schöpl A. (1973), Fm Schöpl J. (1973), OFm Schöpl M. (1975), Lm Schütz A. (1946), OLm Schwandner J. (1962), OFm Seyr A. (1964), Fm Seyr W. (1975), E-BI Stumptner J. (1918), OFm Thalhammer J. (1959), Fm Vorauer H. (1982), Fm Wakolbinger K. (1979), Bm Weigl F. (1950), HBm Weinzierl R. (1952), OFm Weißenberger F. (1953), Fm Weißenberger H. (1979), Fm Weißenberger W. (1973), OFm Weißenberger W. (1962), OBm Wimmer K. (1962), Fm Wöß G. (1973), OFm Wolfsteiner K. (1967), OFm Wolfsteiner R. (1946), Fm Wollendorfer N. (1975), Lm Wurzinger M. (1948), OFm Zeller F. (1950), Fm Zeller J. (1975), Fm Zoitl M. (1973), OFm Zoitl O. (1962)

FF LANGZWETTL

Die FF Langzwettl wurde als Filiale von Zwettl im Jahr 1897 gegründet. Es gab 23 Gründungsmitglieder. Da sich aber sämtliche Mitglieder bald mehr Selbständigkeit wünschten, wurde laut Protokoll vom 21. Februar 1909 eine selbständige Feuerwehr Langzwettl unter folgendem Kommando gegründet: Hauptmann: Peter Schoissengeier; Hauptmann-Stellvertreter: Anton Braunschmid; Schriftführer: Leopold Erlinger; Zeugwart: Simon Hochreiter. Diese Neugründung brachte auch den Vorteil einer einfacheren Verwaltung, und es konnten dadurch auch Beihilfen des Landesausschusses und anderer Körperschaften beantragt werden. Bei der zweiten Versammlung der neugegründeten Feuerwehr wurde über die Anschaffung einer Ausrüstung gesprochen. Am 20. Januar 1910 wurden die Anträge für den Bau eines Zeughauses und die Anschaffung eines Schlauchwagens gestellt. Im darauffolgenden Jahr wurde durch persönlichen Einsatz und die Mithilfe aller Kameraden das Zeughaus errichtet. Als nächste Neuerung wurde am 13. September 1935 die alte Handspritze durch eine neue Motorspritze, die bei einer großen Feier am 5. Juli 1936 eingeweiht wurde, ersetzt. Während des Zweiten Weltkrieges war die FF Langzwettl wieder der FF Zwettl zugeteilt. Im Sommer 1963 kaufte man eine Sirene, die sofort in Betrieb genommen wurde. Ein Jahr später wurden eine neue Motorspritze und ein Rüstwagen-Traktoranhänger angeschafft. Das silberne Leistungsabzeichen wurde am 23. Juli 1961, das goldene im Jahr 1972 von den Feuerwehrkameraden erworben. Am 13. Oktober 1974 erwarb man die Bezirks-Florianiplakette in Bronze, am 3. September 1976 die Silberne Plakette.

HBI Schwarz A. (1956), OBI Maureder R. (1969), AW Kneidinger L. (1969), AW Schenkenfelder J. (1966), AW Schernhorst L. (1962), BI Enzenhofer J. — Fm Brandstetter G. (1970), Fm Braunschmid J. (1979), Braunschmid O., Fm Danner J. (1977), HFm Danner J. (1928), OFm Eidenberger I. (1926), Fm Enzenhofer F. (1970), HFm Enzenhofer J. (1938), Fm Enzenhofer M. (1981), PFm Feirer F. (1983), OFm Gabauer F. (1966), HFm Grasböck J. (1964), PFm Höfer A. (1978), Fm Höfer F. (1973), HFm Höfer H. (1958), PFm Höfer H. (1981), Fm Höfer J. (1978), HFm Höfer J. (1946), PFm Höfer K. (1981), HFm Höfer S. (1928), PFm Huemer J. (1982), PFm Huemer W. (1982), OFm Kapeller A. (1966), HFm Kneidinger L. (1930), OFm Maureder A. (1974), HFm Maureder E. (1975), HBm Niedermayr E. (1956), Fm Niedermayr E. (1979), HFm Niedermayr H. (1971), Fm Niedermayr J. (1979), Lm Nimmervoll W. (1966), HBm Ollmann J. (1946), Lm Ollmann J. (1976), Fm Ollmann K. (1982), Fm Ortner A. (1930), Fm Ortner F. (1978), Lm Pammer B. (1948), E-AW Pirngruber F. (1951), HFm Pirngruber L. (1932), Lm Pirngruber L. (1962), Fm Ratzenböck F. (1978), Fm Ratzenböck F. (1973), Lm Ratzenböck J. (1969), HFm Ratzenböck M., HFm Ratzenböck M. (1946), OFm Ratzenböck M. (1970), HFm Schenkenfelder F. (1938), Schenkenfelder F., OFm Schenkenfelder L. (1977), HFm Schernhorst L. (1926), Lm Schoißengeier A. (1977), HFm Schoißengeier A. (1948), Fm Schoißengeier B. (1976), Fm Schoißengeier F. (1977), PFm Schoißengeier H. (1979), PFm Schoißengeier J. (1983), OFm Schoißengeier K. (1974), HBm Schoißengeier P. (1962), Fm Schwarz A. (1982), HFm Schwarz W. (1970), HFm Schwarz W. (1969)

FF LASSERSDORF

Die FF Lassersdorf wurde am 29. März 1931 gegründet. Das Kommando übernahm Josef Burgstaller, der als Wehrführer bis zum Jahr 1937 fungierte. Da die FF Lassersdorf keine Mittel zum Ankauf von Feuerwehrgeräten besaß, erhielt sie leihweise von der FF Gramastetten eine eisenachserne Saugspritze und 58 m Schläuche. Bereits 1934 wurde mit dem Bau eines Feuerwehrdepots aus Holz begonnen und dieses noch im selben Jahr fertiggestellt. 1946 wurde von der Gemeinde Gramastetten für die FF Lassersdorf bei der Fa. Rosenbauer eine Motorspritze angekauft. Die von der FF Gramastetten geborgte Saugspritze konnte daher zurückgegeben werden. Von April 1946 bis Mai 1947 wirkte Rudolf Kramler als Wehrführer, ihm folgte Wehrführer Alois Simader (bis Juni 1963). 1970 wurde das provisorisch errichtete Feuerwehrdepot aus Holz abgerissen und mit dem Bau eines neuen Feuerwehrzeughauses begonnen. Obwohl die FF Lassersdorf für den Zeughausbau Zuschüsse von der Gemeinde Gramastetten und vom Landesfeuerwehrkommando erhielt, war die rasche Fertigstellung des Zeughauses nur deshalb möglich, weil sich sehr viele Kameraden und Gönner der FF Lassersdorf unentgeltlich beim Bau zur Verfügung gestellt oder großzügig Spenden geleistet haben. Der Zeughausbau konnte 1971 abgeschlossen werden. 1972 wurde von der Gemeinde Gramastetten für die FF Lassersdorf eine neue VW-Motorspritze angekauft. Als Transportmittel für die Feuerwehrgeräte diente von 1963 bis 1977 ein Traktoranhänger. 1977 wurde für die FF Lassersdorf vom Marktgemeindeamt Gramastetten ein Kleinlöschfahrzeug angekauft. Weil dieses Auto den Anforderungen nicht mehr gerecht wurde, wurde im April 1982 ein neues Feuerwehrauto Mercedes 508 D angekauft.

HBI Pramer H. (1968), OBI Kaiser J. (1968) — Auer R. (1978), Brandstätter R. (1982), Brandstötter A. (1952), Burgstaller J. (1946), Burgstaller J. (1975), Doppelhammer K. (1977), Eckerstorfer A. (1968), Eckerstorfer G. (1975), Eckerstorfer H. (1960), Eckerstorfer H. (1975), Eckerstorfer K. (1975), JFm Eckerstorfer R. (1983), Fischer L. (1960), Forstner K. (1979), Gugler J. (1962), JFm Gugler J. jun. (1983), Heinzl L. (1931), JFm Hofer F. (1983), JFm Hofer J. (1983), Hofmann W. (1976), Hofstätter H. (1979), Hofstätter J. (1975), Hofstätter M. (1968), Kaiser R. (1958), Katzmaier J. (1972), Katzmaier R. (1978), Kitzmüller J. (1979), Kitzmüller J. (1975), JFm Kitzmüller R. (1983), Krupka O. (1977), Lanzersdorfer A. (1962), Limberger J. (1965), Madlmayr A. (1931), Madlmayr J. (1957), Mayrhofer J. (1952), JFm Mayrhofer J. jun. (1983), Meindl R. (1962), Mittermayr A. (1962), Nopp K. (1931), Oberhamberger A. (1952), JFm Petermüller J. (1983), Petermüller K. (1980), Plöderl A. (1946), Plöderl A. (1970), Plöderl J. (1972), Plöderl L. (1975), Plöderl N. (1972), JFm Pramer H. jun. (1983), Rammerstorfer H. (1975), Rammerstorfer J. (1972), JFm Rath B. (1983), Rath J. (1963), JFm Rath J. jun. (1983), Rechberger A. (1978), Rechberger H. (1978), Ing. Scharmüller K. (1977), Schürz K. (1962), Schuhmann H. (1975), Wakolbinger H. (1970), Wakolbinger R. (1968), Zach H. (1972), Zauner J. (1968)

FF LICHTENBERG

1905 gingen beherzte Männer daran, eine Spritze anzuschaffen und ein Kommando zu bilden. Die treibende Kraft war wohl Sebastian Ries, der auch erster Kommandant wurde. 1928 wurde die erste Motorspritze E 28 angekauft, sie wurde im Jahr darauf geweiht. Im Juli 1944 wurde bei einem Bombenangriff das Feuerwehrhaus schwer beschädigt und mußte abgetragen werden. Nach dem Zweiten Weltkrieg wurde 1946 ein ausgedienter amerikanischer Militärwagen zu einem Feuerwehrauto umgebaut. Es hatte 80 PS, war mit einer Seilwinde ausgestattet und wurde zwei Jahre später geweiht. Am 7. August 1949 wurde der Grundstein für ein neues Gemeindeamt gelegt. Im Juli 1951 konnte das neue Gebäude eingeweiht werden. In diesem befindet sich bis heute das Feuerwehrdepot. 1952 wurde eine neue Motorspritze R 75 von der Fa. Rosenbauer angekauft. Sie wurde 1966 durch eine neue VW 75 Rosenbauer ersetzt. Die alte Spritze E 28 versieht noch heute ihren Dienst als Schmutzwasserpumpe. 1971 wurde als Ersatz für den alten Rüstwagen ein VW-Bus angekauft und in vielen Arbeitsstunden zu einem Kleinlöschfahrzeug umgebaut. 1972 konnte trotz finanzieller Schwierigkeiten seitens der Gemeinde ein Tanklöschfahrzeug Steyr TLF 2000 angeschafft werden. Zur selben Zeit wurden auch schwere Atemschutzgeräte, Schaummittel, Funkausrüstung, Asbestanzüge und andere moderne Geräte angekauft. Die Weihe der beiden Fahrzeuge fand am 13. August 1972 statt. Im November 1978 wurde der VW-Bus an eine andere Feuerwehr verkauft, und im Februar 1979 konnte ein neuer Mercedes L 409 LFB in Dienst gestellt werden. Von der Kameradschaftskasse, die auch Spenden der Bevölkerung beinhaltet, wurde 1978 ein Notstromaggregat mit Beleuchtungsgeräten und eine neue Schmutzwasserpumpe angekauft.

HBI Breuer J., OBI Kogler A., AW Hofstetter J. (1974), AW Hofstetter K. (1972), AW Kogler R. (1963), AW Pointner H. (1969), BI Koll J. (1966), BI Zankl J. (1966) — Lm Anzinger J. (1962), HFm Barth A. (1963), OBm Baumann L. (1952), HFm Biberauer J. (1953), HFm Danninger A. (1949), HFm Danninger A. (1972), HFm Danninger E. (1979), OFm Durstberger J. (1972), OFm Durstberger K. (1967), Fm Eckerstorfer J. (1983), HFm Eder F. (1979), Fm Fischerlehner R. (1974), HFm Freiseder F. (1955), Fm Freiseder F. (1975), OFm Freudenthaler J. (1979), OLm Füreder A. (1967), Fm Füreder H. (1979), HFm Füreder J. (1953), HFm Füreder R. (1946), Lm Gangl K. (1967), OFm Grasböck J. (1983), HFm Greil K. (1972), OFm Harsch J. (1969), JFm Hartl H. (1980), Fm Hartl M. (1978), OFm Haslinger F. (1962), JFm Hemmelmayr J. (1980), HFm Hemmelmayr J. (1946), HFm Hemmelmeir P. (1974), OFm Hemmelmeir R. (1967), HFm Hönekl S. (1957), HFm Hönekl S. (1974), OFm Hofbauer G. (1976), HFm Hofbauer J. (1953), OFm Hofbauer J. (1976), HFm Hofer R. (1954), OLm Hofstetter K. (1948), HFm Kaineder J. (1966), HBm Kaiser J. (1974), Lm Kastner Ch. (1955), JFm Kleesadl G. (1982), HFm Koblinger W. (1976), HFm Königstorfer F. (1972), HFm Königstorfer L. (1946), JFm Kogler A. (1983), JFm Kogler Ch. (1983), JFm Kogler H. (1983), JFm Kogler R. (1982), HFm Koll J. (1957), JFm Koll J. (1982), Fm Koll R. (1979), Fm Leeb Ch. (1976), HFm Lehner F. (1946), HFm Leibetseder A. (1978), OFm Leitner J. (1974), OFm Leitner J. (1962), OFm Lindenberger F. (1941), E-HBI Lindenberger L. (1933), JFm Madl F. (1983), Lm Mahringer J. (1952), Lm Mayr E. (1967), HFm Mitter A. (1924), Lm Mitter A. (1959), JFm Mitter A. (1979), HFm Mühlberger F. (1974), FA Dr. Müllner A. (1976), Fm Neuweg G. (1974), HFm Pammer F. (1962), HFm Pany F. (1974), HFm Pointner M. (1925), OFm Pusch S. (1977), OFm Radler R. (1974), OFm Ratzenböck M. (1981), OFm Rechberger K. (1962), JFm Rechberger K. (1983), E-AW Reichöhr J. (1968), PFm Schütz R. (1976), Fm Weber B. (1979), HFm Weberndorfer A. (1963), E-AW Weberndorfer F. (1968), OLm Weberndorfer K. (1974), OFm Weißenbrunner P. (1974), HFm Wolfmayr F. (1947), OFm Zankl G. (1980), JFm Zankl H. (1982)

FF MIESENBACH

Dem Beispiel aller größeren Orte folgend, beschloß die damals selbständige Gemeinde Stiftung unter Bgm. Kranzl im Jahr 1904 die Gründung einer eigenen Feuerwehr. Die aus sechs Dörfern bestehende Feuerwehr wurde 1931 geteilt und aus den Dörfern Miesenbach, Böhmdorf, Allhut und Kohlgrub eine selbständige Feuerwehr Miesenbach gegründet. Erster Hauptmann war Michael Tröbinger. Die Ausrüstung bestand aus einer Handdruckspritze, einigen Schläuchen und einigen Feuerhaken. Ein gemauertes Zeughaus war in Miesenbach bereits vorhanden. Die erste TS wurde von der Feuerwehr Wien angekauft und ein Pferdegespannwagen von der FF Reichenthal zur Verfügung gestellt. Ein verjüngtes neues Kommando unter Kdt. Leopold Ruhsam verstand es, auch die Jugend heranzuziehen und die Reihen aufzustocken: Es wurden geeignete Geräte angekauft und ein vom LFK zur Verfügung gestellter KHD-Anhänger zu einem Rüstanhänger umgebaut. 1976 bekam die Wehr von Kamerad Franz Thiem aus Solingen einen Kastenwagen geschenkt, der zu einem KLF umfunktioniert wurde. Eine gebrauchte TS VW 75 wurde von der FF St. Agatha angekauft. 1980 wurde mit dem Bau eines Feuerwehrhauses begonnen, das 1981 beim 50jährigen Gründungsfest geweiht wurde. Auch wurden Atemschutzgeräte angekauft sowie 1982 Funkgeräte und der Anschluß an die Funkalarmierung getätigt.

HBI Nimmervoll H. (1974), OBI Stumbauer J. (1968), AW Birngruber F. (1966), AW Hochreiter J. (1968), AW Pachinger J. (1946), BI Kapeller J. (1949), BI Pachinger J. (1973) — OFm Affenzeller W. (1964), JFm Biberhofer B., OFm Biberhofer H. (1979), Lm Biberhofer L. (1949), HFm Birngruber A. (1974), E-AW Birngruber M. (1922), OFm Bräuer A. (1981), OFm Bräuer R. (1980), Fm Bueque D., JFm Eidenberger H. (1973), HFm Eidenberger S. (1967), OFm Freudenthaler J. (1976), Lm Haiböck E. (1964), HFm Haiböck K. (1928), JFm Haiböck M., Fm Hofstadler E. (1982), Lm Hofstadler E. (1948), HFm Hofstadler F. (1948), HBm Hofstadler F. (1966), Bm Hofstadler I. (1919), OFm Kampelmüller A. (1980), Bm Kampelmüller G. (1954), HBm Kampelmüller L. (1946), OFm Kampelmüller L. (1980), JFm Kampelmüller S., E-HBI Kapeller J. (1909), JFm Kapeller J. (1979), JFm Kapeller M., Fm Kapeller R. (1982), OFm Kläs K. (1967), HFm Leitner A. (1932), HFm Leitner E. (1974), Lm Leitner J. (1967), JFm Matsche G., HFm Matsche H. (1976), E-HBI Moser J. (1935), Fm Ortner Ch. (1982), Lm Ortner F. (1959), OFm Ortner F. (1979), JFm Ortner M., Lm Pachinger G. (1928), Lm Pachinger G. (1957), JFm Pachinger H., OFm Pachinger H. (1980), JFm Pachinger J., HFm Pachinger J. (1973), Lm Pachinger J. (1975), HFm Pötscher K. (1974), HFm Pötscher R. (1949), Lm Pühringer E. (1975), HFm Pühringer F. (1946), OFm Pühringer J. (1967), JFm Pühringer K., Fm Pühringer L. (1974), Lm Ruckendorfer J. (1950), Fm Ruhsam E. (1982), OFm Ruhsam J. (1981), JFm Ruhsam L., HBm Ruhsam L. (1953), JFm Sonnberger J., OFm Tauber A. (1980), JFm Tauber Ch., Lm Tauber J. (1946), OFm Tauber J. (1975), JFm Tauber J. (1978), HBm Traxl A. (1948), Fm Traxl F. (1982), HFm Traxl F. (1948), JFm Traxl J., JFm Traxl R., Lm Winklehner F. (1949), HBm Winklehner F. (1975), Fm Winklehner J. (1982)

FF MÜHLDORF

Die FF Mühldorf wurde 1907 als Schloß- und Dorffeuerwehr bzw. Hilfsfeuerwehr gegründet. Erst 1921 wurde mit Josef Allerstorfer als erster Kommandant die eigentliche FF Mühldorf gegründet. Die Ausrüstung bestand vorerst nur aus einer kleinen Handspritze aus dem Stift Wilhering, 1910 wurde eine größere Spritze R 3E angekauft, 1950 wurde endlich eine kleine Motorspritze erworben. Bis 1953 waren die Spritzen im Schloß Mühldorf untergebracht, bis das erste Zeughaus gebaut wurde. 1954 Ankauf einer neuen Motorspritze RW 25 und eines neuen Wagens mit Pferdegeschirr. 1963 erhielt die Wehr das erste Auto, einen Mercedes. Da das Zeughaus nun zu klein war, baute man 1969 das heutige Feuerwehrgebäude. Bei der Einweihung 1970 konnte auch eine neue Motorspritze VW 75 gesegnet werden. Als zweites Auto diente ab 1973 ein Ford Transit, ab 1982 steht ein LLF Mercedes zur Verfügung. Die FF Mühldorf hat Einsätze als Wasserwehr (Donaubereich) und im technischen Bereich zu bewältigen.

HBI Klug A. (1974), OBI Wurzinger E. (1964), AW Lehner K. (1951), AW Mohringer E. (1979), AW Neumüller L. (1974), BI Pargfrieder J. (1971), BI Pichler J. (1950), BI Rammerstorfer A. (1947), BI Rechberger E. (1949), BI Wiesmayr J. (1947) — E-HBI Allerstorfer F. (1946), HLm Allerstorfer J. (1950), OFm Allerstorfer J. (1971), OLm Auer L. (1959), OFm Auer M. (1976), Fm Auer W. (1983), Fm Barth W. (1976), OFm Baumgartner F. (1976), OLm Berger F. (1956), HFm Berger J. (1978), E-BI Böck K. (1946), HLm Böck R. (1968), Lm Danninger A. (1964), Lm Danninger J. (1953), OFm Doppelhammer A. (1977), OFm Doppelhammer M. (1971), Lm Ehrlinger A. (1968), OFm Falkner J. (1971), OFm Füreder A. (1981), HLm Füreder F. (1949), OFm Gaadt J. (1967), HBm Geßl J. (1962), Lm Hain H. (1951), OFm Hammerschmid F. (1948), Fm Happ F. (1974), OLm Hartl A. (1962), HFm Hartl B. (1980), OLm Holzer A. (1975), OFm Holzer E. (1975), OFm Huemer J. (1977), OLm Kari K. (1949), OFm Kari K. (1974), OBm Karl A. (1926), Lm Karl A. (1962), Lm Kepplinger A. (1962), Fm Kepplinger A. (1962), HLm Kepplinger F. (1951), OFm Kepplinger K. (1978), HLm Kieslinger J. (1948), OFm Kieslinger K. (1968), OBI Kitzberger H. (1928), OFm Klug A. (1981), OFm Klug R. (1980), HLm Kneidinger A. (1950), OFm Kneidinger H. (1982), HFm Kneidinger J. (1978), Lm Knögler A. (1950), OLm Knogler H. (1956), HFm Knollmüller J. (1975), HLm Köpplmayr F. (1951), Fm Köpplmayr H. (1976), Lm Köpplmayr J. (1968), Lm Köpplmayr K. (1969), Lm Krennmayr A. (1967), HLm Krennmayr J. (1957), OFm Lackner W. (1971), OFm Leher J. (1948), Lm Lindenberger J. (1967), HLm Lindenberger J. (1956), Lm Loizenbauer A. (1976), E-AW Lugmayr F. (1928), Bm Lugmayr F. (1956), OFm Lugmayr F. (1968), OFm Luksch J. (1955), HLm Mahringer J. (1950), OFm Mahringer J. (1977), Lm Mahringer R. (1957), OLm Maresch J. (1953), HLm Mayr F. (1949), Fm Mayr H. (1971), OLm Mayr H. (1963), OLm Mayr R. (1960), HLm Mayr R. (1947), HLm Meisl W. (1966), OFm Meisl W. (1981), Lm Pargfrieder F. (1976), OFm Pfleger M. (1976), OFm Pichler H. (1982), Lm Pichler J. (1967), HBm Pichler M. (1921), OLm Pichler R. (1957), HFm Pichler R. (1980), OFm Pihringer G. (1978), OLm Prischl J. (1958), OFm Prischl S. (1975), OBm Prischl S. (1945), OFm Pumberger H. (1976), OFm Radler J. (1971), OFm Rammerstorfer A. (1959), HLm Rammerstorfer F. (1946), Lm Rammerstorfer J. (1968), OFm Rammerstorfer K. (1976), Fm Rathmaier J. (1978), OFm Rauch H. (1974), HFm Rechberger E. (1974), OLm Rechberger F. (1949), HFm Rechberger F. (1978), OFm Rechberger G. (1980), Fm Rehberger H. (1971), OFm Reingruber F. (1967), Lm Reinthaler K. (1969), OFm Reiter F. (1975), OLm Reiter J. (1946), OFm Reiter J. (1981), Fm Resch W. (1977), HLm Sandgruber A. (1948), OFm Sandgruber A. (1975), OLm Sauerkoch M. (1949), HFm Ing. Schachner F. (1971), OFm Schmidjörg K. (1975), OLm Thalhammer F. (1949), Lm Thalhammer J. (1971), OLm Thalhammer J. (1946), HFm Thalhammer J. (1951), OFm Thalhammer J. (1982), OFm Thalhammer M. (1971), Fm Vogetseder F. (1978), OFm Wagner W. (1966), Lm Watzl O. (1957), Lm Weberndorfer J. (1968), HLm Wiesinger H. (1962), HFm Wiesmayr J. (1953), OLm Willnauer J. (1948), OLm Willnauer J. (1951), HFm Willnauer J. (1980), OFm Willnauer J. (1978), OFm Willnauer J. (1983), Lm Willnauer J. (1956), OLm Wögerer F. (1942), OFm Wögerer J. (1981), OFm Wolfsteiner H. (1970), OLm Wolfsteiner W. (1963), Lm Wurzinger F. (1968), HLm Wurzinger J. (1962), OFm Wurzinger J. (1950), HFm Zauner J. (1979), E-BI Zehetbauer F. (1956), HBm Zeller J. (1964), Lm Zeller K. (1968)

FF BAD MÜHLLACKEN

1902 wurde die Freiwillige Feuerwehr Mühllacken, vorerst noch unselbständig, gegründet, aber schon sechs Jahre später erreichte sie ihre Selbständigkeit. Bald darauf kam es zum Kauf einer Motorspritze, und 1935 feierte man bereits die Weihe des neuerbauten Zeughauses. In den Kriegsjahren waren alle Feuerwehren der Gemeinde vereinigt; seit 1946 gibt es wieder eine eigenständige FF Mühllacken. 1949 wurde ein Löschfahrzeug, Type Steyr A, angekauft. In die nächsten zehn Jahre fiel der Ankauf einer Motorspritze und der Erwerb einer Sirene. Der langgehegte Wunsch nach einem Tanklöschfahrzeug wurde 1967 durch den Ankauf eines TLF 1000 Opel Wirklichkeit, und 1970 erwarb man einen Land Rover, der in Eigenregie mit einem Stromgenerator ausgerüstet wurde. 1976 kam es zur Übergabe eines neuen TLF 2000 Steyr 590. Das neue Fahrzeug erforderte einen Feuerwehrhaus-Neubau. Im Dezember 1977 konnte in das neue Zeughaus übersiedelt werden. 1981: Ankauf eines modernen Rüstfahrzeuges Steyr 690 mit Kran, 30-kV-Generator und modernster technischer Ausrüstung.

HBI Kastner G. (1957), OBI Allerstorfer J. (1964), AW Allerstorfer H. (1964), AW Bachlmair S.-D. (1969), AW Schöppl H. (1962), BI Fleischhacker J. (1978), BI Poxrucker R. (1962) — JFm Allerstorfer E., E-BI Allerstorfer F. (1946), HFm Allerstorfer F. (1972), HFm Allerstorfer F. (1964), OLm Allerstorfer I., OLm Allerstorfer J. (1971), HBm Allerstorfer S. (1954), OFm Allerstorfer S. (1980), JFm Bachlmair D., OFm Berger E. (1957), HLm Berger F. (1927), Fm Berger J. (1983), Lm Buchinger F. (1959), E-BI Burgstaller F. (1934), HFm Csenar S. (1972), Fm Eckl G. (1976), Fm Eckl P. (1983), JFm Eckl R., Lm Eisterer O. (1962), HLm Fidler G. (1954), OFm Fidler J. (1979), Lm Fidler K. (1954), Lm Fleischhacker J. (1949), Fm Gaisbauer R. (1954), Lm Gattringer A. (1973), HFm Gattringer J. (1954), Bm Gattringer J. (1949), Fm Gattringer J. (1959), Fm Gattringer J. (1954), OLm Gattringer P. (1964), HFm Gattringer R. (1979), Lm Geißlmayr M. (1968), Fm Groiß R. (1964), E-HBI Groiß R. (1951), HFm Gstöttenmayr J. (1968), Lm Gubo A. (1963), Fm Gubo H. (1968), E-OBI Gumplmayr R. (1951), Fm Gumplmayr J. jun. (1983), HFm Gumplmayr T. (1980), OFm Hackl A. (1965), Fm Hartl J. (1949), Lm Hengstschläger F. (1961), HFm Hengstschläger J. (1952), Lm Herrmann E. (1967), OFm Hofbauer K. (1974), Fm Hofbauer W. (1974), OLm Hofer J. (1961), OFm Hofer J. (1974), HFm Hüttner H. (1949), JFm Hummer K., Fm Kastner R. (1980), OBm Kneidinger A. (1957), HFm Kneidinger G. (1978), HFm Kneidinger M. (1957), HFm Kottbauer A. (1978), Lm Kottbauer F. (1958), OLm Kraft K. (1977), Fm Krammler N. (1980), E-OBI Lackner F. (1954), Fm Lanzerstorfer F. (1959), Fm Laus A. (1977), JFm Leibetseder B., HBm Leibetseder F. (1962), Lm Leibetseder J. (1973), HBm Leibetseder J. (1946), Lm Leibetseder J. (1973), E-BI Leibetseder J. (1946), OLm Leitner A. (1949), Fm Leonfellner A. (1967), HFm Lötsch A. (1923), HFm Lötsch A. (1959), Lm Lötsch J. (1975), Fm Maresch K. (1981), OFm Mayr K. (1964), HFm Mitterlehner J. (1949), HFm Mühlparzer J. (1929), E-BI Mühlparzer M. (1950), Lm Nußbaumer B. (1971), Lm Nußbaumer B. (1935), Fm Ofner A. (1976), Lm Peherstorfer G. (1966), OBm Peherstorfer R. (1975), OBm Peherstorfer W. (1962), HFm Peterlechner J. (1949), HFm Pichler A. (1948), Lm Pichler F. (1964), OFm Pichler H. (1969), OLm Pichler J. (1969), JFm Pichler P., HFm Poxrucker Ch. (1977), OLm Poxrucker F. (1949), HFm Punz R. (1979), HFm Rabeder E. (1979), JFm Rabeder G., HFm Rabeder H. (1979), HBm Rabeder J. (1949), Lm Rabeder J. (1974), OLm Rabeder K. (1957), Fm Rabeder K. (1954), HFm Rabeder K.-H. (1975), JFm Radinger H., JFm Radinger M., HBm Rammerstorfer A. (1976), Lm Rammerstorfer L. (1954), Lm Rammerstorfer R. (1969), OFm Rammerstorfer W. (1976), OFm Ratzenböck F. (1980), HFm Ratzenböck H. (1979), HBm Ratzenböck H. (1972), HFm Rauch A. (1949), OLm Rothbauer F. (1959), Lm Sandler I. (1954), Lm Scharinger J. (1959), FA Dr. Schiller H. (1978), HBm Schößwender R. (1957), Lm Schürz H. (1978), Lm Schürz J. (1963), Fm Sonnleitner H. (1983), Fm Sonnleitner R. (1983), OLm Steinparzer A. (1949), OFm Stitkowetz M. (1949), Fm Stückmann K. (1981), Fm Süß G. (1983), Lm Süß J. (1964), HFm Tully G. (1957), HFm Viehböck A. (1979), OFm Viehböck A. (1959), Fm Viehböck A. (1962), OLm Wagner H. (1970), Fm Wagner H. (1969), JFm Wagner M., HFm Wagner R. (1968), HFm Wagner R. (1956), HFm Wiesinger R., Fm Willnauer L. (1955), HBm Wolfsteiner F. (1977)

FF NEUDORF

Als die Amerikaner am 4. Mai 1945 das in Neudorf gelandete Flugzeug Fiseler Storch in Brand steckten, entstand eine verheerende Brandkatastrophe. Vier Gehöfte brannten bis auf die Grundmauern nieder. Von der amerikanischen Besatzungsmacht wurde jegliche Löscharbeit der Nachbarsfeuerwehren untersagt. Aufgrund dieser Katastrophe sahen sich die Männer von Neudorf gezwungen, eine freiwillige Feuerwehr zu gründen. Am 7. April 1946 fand beim Gahleitner vulgo Gmoabauer die Gründungsversammlung statt, bei der Johann Rechberger zum Kommandanten gewählt wurde. Bald darauf wurde von der jungen Wehr eine Motorspritze gekauft und am 28. April 1946 gesegnet. Im Jahr 1949 wurde auf einem vom Denkmaiergut gestifteten Grundstück aus eigenen Mitteln ein Zeughaus errichtet. 1963 wurde der jetzige Kommandant Leopold Gattringer einstimmig gewählt. Durch verschiedene Veranstaltungen wie Pferdeschlittenrennen konnte die FF Neudorf zum Ankauf des neuen KLF einen wesentlichen Beitrag leisten.

HBI Gattringer L. (1946), OBI Gahleitner H. (1946), AW Fischerlehner J. (1946), AW Hamberger H. (1957), AW Obermaier J. (1948), AW Obermaier L. (1974), BI Steirl A. (1954) — OFm Breuer F. (1946), PFm Breuer H. (1983), Fm Durstberger J. (1963), HFm Durstberger J. (1972), Fm Ecker M. (1967), OFm Fischerlehner H. (1974), HBm Fischerlehner J. (1958), HFm Fischerlehner S. (1974), Fm Flattinger K. (1982), HFm Gahleitner G. (1974), HFm Gahleitner H. (1967), HFm Gahleitner H. (1973), HLm Gahleitner J. (1967), Lm Gahleitner J. (1972), HFm Gahleitner R. (1979), HFm Gahleitner W. (1972), Fm Gattringer J. (1981), HFm Gattringer J. (1951), HFm Gattringer K. (1976), OFm Gattringer L. (1976), OFm Hakl J. (1963), Fm Hamberger S. (1977), OFm Hofer W. (1983), OFm Hofstadler F. (1963), HFm Hofstätter A. (1980), HFm Kastner J. (1946), HFm Kogler H. (1946), OFm Koglgruber L. (1963), Fm Ledermüller J. (1967), HFm Lehner A. (1967), Fm Neundlinger J. (1981), Lm Neundlinger K. (1950), OFm Obermaier F. (1974), HFm Obermaier J. (1974), HFm Prammer H. (1963), OFm Prammer H. (1974), OFm Prammer J. (1975), Fm Prammer W. (1974), OFm Preuer H. (1980), Fm Priglinger E. (1969), PFm Priglinger G. (1983), HFm Ramerstorfer E. (1977), HFm Ramerstorfer J. (1974), OLm Rammerstorfer J. (1963), OFm Rauscher J. (1961), OFm Rechberger H. (1974), HLm Rechberger J. (1950), OFm Rechberger R. (1974), HFm Schatzdorfer A. (1978), HFm Schinnerl A. (1946), HFm Schoißengeier H. (1972), OFm Schoißengeier K. (1946), HFm Schwantner J. (1980), HFm Steirl J. (1974), Lm Sturm H. (1963), HFm Sturm H. (1974), HFm Weichselbaumer E. (1963), HFm Weichselbaumer J. (1972)

FF NEUSSERLING

Am 8. November 1921 wurde der Feuerwehrverein gegründet. Noch im Gründungsjahr wurde die erste Abprotzspritze gekauft. Michael Durstberger wurde zum ersten Wehrführer gewählt. Bereits 1922 wurde auf dem von Luger und Roither zur Verfügung gestellten Grund ein Zeughaus gebaut. Lassersdorf gründete 1931 und Neudorf 1946 eine eigene Feuerwehr. Bis dahin waren die Männer bei der FF Neußerling. Im März 1933 wurde die erste Motorspritze D 45 gekauft. 1936 wurde unter dem Löschzugskommandanten Peter Burgstaller ein Löschzug gegründet und ein Zeughaus in Felsleiten gebaut. Während des Zweiten Weltkrieges gehörte die FF Neußerling als Löschzug der FF Herzogsdorf an. Weitere nennenswerte Daten sind: 1954 Ankauf einer Sirene. 1959 wurde das damals schon baufällige Zeughaus in Neußerling abgerissen und ein neues gebaut. Viele freiwillige Arbeitsstunden wurden unter Kdt. Johann Roither geleistet. 1964 wurde das erste Löschfahrzeug (Steyer 300, luftgekühlt) angeschafft. 1970 hatte dieser Wagen ausgedient und wurde durch einen Land Rover mit Vorbaupumpe ersetzt.

HBI Lehner F. (1948), OBI Roither F. (1959), AW Birngruber F. (1946), AW Burgstaller J. (1952), AW Kappl A. (1969), AW Schöffl O. (1963), BI Durstberger J. (1971), BI Harrer M. (1946), BI Kaimberger M. (1946), BI Lehner E. (1951), BI Lehner M. (1978), BI Pramer J. (1946), BI Traxler W. (1977) — Fm Allersdorfer F. (1967), OFm Bargfrieder J. (1970), OFm Bargfrieder J. (1970), Fm Birngruber E. (1978), Fm Birngruber H. (1981), OFm Birngruber H. (1978), HFm Birngruber J. (1952), OFm Birngruber J. (1976), OFm Birngruber J. (1921), Fm Birngruber K. (1969), Fm Blüml M. (1936), E-OBI Breuer R. (1934), HFm Bruckmüller J. (1973), OFm Bruckmüller V. (1946), Fm Burgstaller J. (1979), HFm Burgstaller F. (1950), HFm Burgstaller J. (1960), Fm Burner A. (1981), OFm Danninger J. (1954), HFm Doppelhammer J. (1946), HFm Durstberger J. (1952), Fm Durstberger J. (1981), Fm Durstberger L. (1971), HFm Durstberger L. (1946), OFm Dutzler E. (1970), Fm Enzenhofer E. (1981), OFm Enzenhofer J. (1960), Fm Fischerlehner A. (1981), Fm Fischerlehner G. (1981), OFm Fischerlehner L. (1959), OFm Fuchs A. (1961), OFm Furtmüller J. (1928), OFm Gabriel H. (1977), OFm Gabriel J. (1956), Fm Gabriel J. (1976), HFm Gabriel W. (1972), HFm Gilhofer K. (1944), Fm Gilhofer K. (1969), Fm Grillberger H. (1971), OFm Grillberger R. (1976), OFm Gruber J. (1946), OFm Hartl F. (1971), HFm Hartl R. (1951), OFm Haselmayr G. (1936), Fm Haselmayr J. (1979), Fm Haselmayr R. (1979), Bm Haslmayr J. (1961), Fm Haudum H. (1976), Fm Hehenberger F. (1969), HFm Hehenberger J. (1954), OFm Hochreiter F. (1935), OFm Hochreiter J. (1969), OLm Hötzmannseder J. (1964), HFm Hötzmannseder J. (1946), Lm Kaimberger A. (1973), OFm Kaimberger J. (1976), OFm Kaiser F. (1959), OFm Kappl A. (1936), Fm Kappl J. (1970), E-HBI Kepplinger F. (1946), Fm Kepplinger J. (1981), Fm Kern R. (1979), BI Kogler V. (1978), Lm Lehner J. (1973), Fm Lehner J. (1980), OFm Leitner F. (1936), Fm Leitner S. (1969), OFm Lindenberger J. (1925), Lm Meindl G. (1964), Fm Pamer J. (1975), Fm Plakolm H. (1974), Fm Plakolm R. (1963), OFm Pointner F. (1967), OFm Pramer J. (1967), Fm Priglinger E. (1969), HFm Prommer F. (1952), Fm Prommer F. (1973), Fm Prommer H. (1981), OFm Prommer J. (1973), Fm Prommer L. (1976), Fm Radler G. (1976), OFm Rath H. (1973), OFm Rath L. (1966), Bm Rath R. (1951), Fm Rath R. (1979), OLm Rechberger J. (1949), Fm Rechberger J. (1979), Lm Rechberger W. (1983), OFm Reisner F. (1971), Fm Reiter A. (1962), HFm Reithmayr K. (1954), Bm Roither F. (1957), Fm Schöffl G. (1981), Lm Schöffl R. (1965), OFm Sommer A. (1965), Fm Stadlbauer W. (1978), OFm Stadler J. (1963), HFm Stadler W. (1971), OFm Winkler L. (1967)

FF OBERBAIRING

Die Freiwillige Feuerwehr Oberbairing wurde 1898 gegründet, aber erst 1904 von der Gemeinde offiziell anerkannt. Noch im Gründungsjahr 1898 wurde eine Handdruckspritze mit Pferdewagen angeschafft und das erste Feuerwehrdepot errichtet. 1931 kam eine neue Spritze R 45 mit Pferdewagen hinzu; 1947 gab es den ersten Wagen, einen Dodge, 1953 wieder eine Spritze, eine R 75. Im Jahr 1959 kaufte die Wehr ein Feuerwehrauto Marke Opel Blitz, 1966 eine Spritze R VW 75 Automatik. Im Jahr 1950 wurde ein zweites Zeughaus an einem neuen Standort errichtet, das 1982 durch Um- und Anbau vergrößert wurde. Die Freiwillige Feuerwehr Oberbairing verfügte auch über eine Rettungsabteilung, die Michael Hemmelmayr ab 1902 führte; zwischen 1947 und 1970 wurde sie von Josef Grinninger geführt. Seit der Gründung der Freiwilligen Feuerwehr Oberbairing standen folgende Kommandanten an der Spitze der Wehr: Franz Schützeneder (1898–1907), Leopold Gaisbauer (1907–1921), Anton Scheibenreif (1921–1953) und Josef Scheibenreif (seit 1953).

HBI Scheibenreif J. (1947), OBI Mayr K., AW Angerer J. (1962), AW Mayr F. (1956), AW Stumpner J. (1956), BI Höglinger F. (1968), BI Scheibenreif F. (1967) — HFm Aichhorn A. (1953), JFm Altreiter F. (1982), Lm Angerer A. (1948), E-AW Angerer J. (1927), HFm Angerer L. (1967), Fm Apfler W. (1976), Fm Bachl H. (1980), OFm Bauer F. (1971), E-OBI Baumgartner F. (1924), OFm Baumgartner H. (1979), Fm Danner K. (1979), Fm Dannerbauer G. (1973), OFm Eckersdorfer A. (1976), HFm Fleischandl (1980), HFm Gaisbauer H. (1970), Lm Grinninger J. (1973), OFm Haas J. (1951), Fm Hammer F. (1967), OLm Hammer G. (1959), Lm Hammer G. (1923), JFm Hammer G. (1982), JFm Hammer H. (1921), Lm Hartl L. (1974), HFm Haslinger F. (1976), OFm Haslinger J. (1973), Lm Hemmelmayr M. (1921), OLm Hirtenlehner L. (1980), HFm Höglinger F. (1947), HFm Höglinger J. (1973), HFm Hofer F. (1937), HFm Hofer F. (1968), HFm Hofer H. (1973), HFm Hofer J. (1973), OFm Irndorfer F. (1963), OFm Irndorfer J. (1965), HBm Kagerer J. (1965), Fm Katzmayr S. (1975), Fm Kerschbaumer L. (1979), JFm Lackinger A. (1980), HFm Lackinger F. (1950), Lm Lackinger J. (1956), Fm Lackinger J. (1980), JFm Lackinger M. (1982), HFm Landl I. (1973), JFm Landl J. (1982), PFm Landl J. (1983), JFm Landl K. (1983), Fm Landl R. (1980), OFm Landl W. (1980), OFm Lindner W. (1979), HFm Mayr A. (1947), HFm Mayr A. (1963), Lm Mayr A. (1952), HFm Mayr A. (1965), HFm Mayr E. (1952), HFm Mayr E. (1968), OBm Mayr F. (1931), HFm Mayr F. (1956), HFm Mayr F. (1973), Fm Mayr F. (1980), JFm Mayr F. (1982), OFm Mayr F. (1954), HFm Mayr J. (1953), HFm Mayr J. (1934), HFm Mayr J. (1959), HFm Mayr J. (1968), HFm Mayr J. (1976), Lm Mayr K. (1947), OLm Mayr K. (1962), HFm Mayr K. (1965), JFm Mayr K. (1982), Fm Mayr R. (1980), Fm Moser H. (1981), PFm Mostbauer K. (1983), Fm Mühlberger A. (1970), HBm Mühlberger J. (1951), HFm Mühlberger J. (1970), Fm Mühlberger J. (1981), HFm Mühlberger K. (1956), HFm Mühlberger S. (1947), Lm Mühlberger W. (1956), HFm Mühlberger W. (1970), HFm Noska F. (1951), HFm Noska F. (1963), HFm Obermüller F. (1963), Fm Obermüller J. (1980), OLm Pachler F. (1957), E-BI Pfarrhofer J. (1948), Fm Pirngruber F. (1980), Lm Pirngruber G. (1947), OFm Püringer J. (1979), HFm Punzenberger A. (1970), Punzenberger R. (1951), HFm Rabner J. (1968), OBm Rabner J. (1949), HFm Rabner J. (1935), HFm Rabner K. (1973), Fm Raml J. (1967), OFm Raml J. (1952), Fm Reichör A. (1981), HFm Reisinger J. (1948), OFm Riener F. (1948), Fm Scheibenreif Ch. (1980), HFm Scheibenreif J. (1970), HFm Scheibenreif J. (1973), HFm Scheibenreif W. (1975), Fm Schütz F. (1980), Lm Schwarz J. (1936), Schwarz J., OFm Schwarz J. (1965), HFm Schwarz P. (1953), OLm Schwendtner L. (1953), HFm Stürmer F. (1967), HFm Stürmer K. (1967), OFm Vogelsberger M. (1979), Fm Weber F. (1979), OFm Wolfersberger J. (1953), Fm Wolfersberger J. (1981)

FF OBERNEUKIRCHEN

In der Chronik der FF Oberneukirchen steht zwar, daß diese 1887 auf Betreiben des Gemeindevorstehers Johann Mascher gegründet worden sei, durch Forschungen im oö. Landesarchiv konnte aber ermittelt werden, daß schon am 25. März 1854 vom damaligen Bürgermeister Karl Führlinger der erste „Brandlöschverein" von Oberneukirchen gegründet worden war. Dieser Verein erfaßte gebietsmäßig nicht nur den Markt Oberneukirchen samt seiner Umgebung, sondern auch die umliegenden Ortschaften Amesschlag, Waldschlag, Brunnwald, Schauersschlag, Innernschlag, Lobenstein, Berndorf, Reindlsedt, Schaffetschlag, Waxenberg und Traberg. Als Brandlöschgeräte standen damals vier fahrbare Wasserbottiche, eine Schlauchspritzpumpe, 12 Handspritzen, 70 „Spützen", das waren Löscheimer aus Leder, zur Verfügung. Im Gründungsjahr 1887 wurde der Ankauf einer Saugspritze getätigt. 1923 wurde das Zeughaus durch den Zubau eines Schlauchturmes erweitert. 1948 erfolgte der Zeughausneubau. Die erste Motorspritze stammt aus 1930, das erste TLF aus 1977. Der Opel wurde schon 1960 angeschafft.

HBI Preuer L. (1960), OBI Walchshofer J. (1979), AW Birklbauer K. (1946), AW Öhner W. (1946), AW Wolschlager F. (1951), AW Wolschlager S. (1964), BI Eder J. sen. (1962), BI Hammerschmied H. (1964), BI Hartl G. (1966) — Fm Angerbauer-Leitner W. (1975), Lm Auer J. (1938), HBm Bindeus R. (1967), Fm Brandstetter J. (1954), Fm Ing. Brandstetter L. (1980), Fm Briesner H. (1980), OLm Burgstaller G. (1964), Fm Burgstaller M. (1983), OFm Danner A. (1950), Fm Dunzendorfer E. (1960), Fm Dunzendorfer G. (1960), Fm Eckerstorfer F. (1966), Lm Eder J. jun. (1976), Fm Ehrenmüller J. (1979), Bm Eibensteiner L. (1968), HFm Enzenhofer H. (1977), Fm Enzenhofer W. (1948), Fm Führlinger G. (1960), Fm Führlinger P. (1977), OFm Führlinger T. (1948), OFm Führlinger W. (1946), Fm Füreder H. (1946), Bm Gasselseder A. (1946), Fm Gasselseder I. (1938), Fm Gasselseder R. (1938), HFm Haas K. (1978), Fm Hackl A. (1968), Fm Haider A. (1961), HLm Hartl J. (1974), OFm Hartl J. (1976), Fm Hauzenberger A. (1961), HFm Hehenberger J. (1961), Fm Heinzl R., Lm Hochholzer H. (1963), Fm Hochholzer H. (1930), Fm Hofer J. (1978), Fm Hofmann F. (1956), Fm Holy A. (1946), Fm Horner A. (1910), Fm Hutsteiner J. (1961), Bm Königstorfer A. (1948), Fm Kolb A. (1971), OFm Kolb E. (1974), OFm Lang R. (1982), Fm Leibetseder F. (1960), HFm Leutgeb J. (1948), Fm Mautner A. (1951), Fm Mayrhofer F. (1922), HFm Mayrhofer H. (1979), OFm Mayrhofer J. (1974), HFm Mayrhofer L. (1981), HFm Mayrhofer O. (1977), OLm Mayrhofer W. (1964), Fm Mitter H. (1963), OLm Naderer V. (1946), OLm Naderer W. (1946), OFm Neubauer J. (1948), Bm Pammer G. (1946), Fm Pammer J. (1960), Bm Pammer L. (1960), Fm Peneder A. (1977), OLm Peneder F. (1951), Lm Pfleger H. (1948), Fm Pfleger W. (1967), HLm Pirngruber F. (1951), HFm Prammer F. (1963), OFm Prammer G. (1982), OFm Prammer H. (1981), OFm Prammer K. jun. (1977), HFm Prammer K. sen. (1959), Fm Preining F. (1933), OFm Preining J. (1962), Fm Preuer L. (1978), Fm Rammelmüller H. (1946), Fm Rammerstorfer R. (1928), Fm Prof. Mag. Ratgeb R. (1975), Fm Ratzenböck J. (1934), Lm Reifenauer J. (1951), Fm Schnürch J. (1946), Fm Schwarz A. (1930), Fm Schwarz F. (1961), HFm Schwarz R. (1979), HLm Schwarz W. (1946), Fm Schwendtner A. (1979), E-HBI Schwentner E. (1946), Fm Ing. Simader O. (1948), FA Dr. Spindelbalker J. (1975), OFm Stadlbauer F. (1982), HFm Stadlbauer J. (1977), HLm Stadlbauer L. (1970), Fm Stürmer G. (1983), Fm Teibler F. (1983), Fm Teibler T. (1980), Viertbauer F. (1946), Fm Viertbauer F. (1979), Fm Viertbauer T. (1978), Fm Wakolbinger H. (1982), Fm Wakolbinger H. (1968), Fm Wakolbinger J. (1980), Fm Waldburger W. (1981), OFm Winter G., Bm Wögerer K. sen. (1963), HFm Wögerer P. (1977), OFm Wolfesberger F. (1974), OFm Zellinger W. (1963)

FF OTTENSCHLAG IM MÜHLKREIS

Das Gründungsjahr der FF Ottenschlag war 1905. In diesem Jahr wurde auch ein Zeughaus gebaut. Die erste Ausrüstung bestand aus einer Handkarrenpumpe. 1913 kam es zum Ankauf einer fahrbaren Handpumpe; die erste Motorspritze wurde 1940 erworben. 1951: Ankauf eines Kraftfahrzeuges (altes Kriegsfahrzeug, Opel Blitz); 1957: Ankauf einer neuen Motorspritze (VW Automatik Tragkraftspritze). Im Jahr 1960 wurde das Kraftfahrzeug Opel Blitz verkauft und ein Anhänger von der Firma Rosenbauer erworben. 1965 konnte die Wehr die Fertigstellung des neuen Zeughauses feiern. Im Jahr 1966 wurden die dringend nötigen Ausrüstungen nach dem neuesten Stand gekauft. 1975 feierte die FF Ottenschlag das 70jährige Gründungsfest mit einem Naßlöschwettbewerb. 1978: Verkauf des Rosenbauer-Anhängers und Ankauf eines Kleinlöschfahrzeuges (Marke Ford Transit). Folgende Feuerwehrkommandanten waren von 1905 bis 1983 tätig: Johann Zeirzer, Leopold Aigner, Franz Hofer, Michael Schwarz, Michael Kaineder, Alois Ortner, Ferdinand Lengauer, Leopold Prückl, Stefan Weidinger, Ferdinand Horner.

HBI Hofer R. (1973), OBI Lengauer L. (1966), AW Pachl W. (1973), AW Raml K., AW Weidinger S. (1974), BI Reindl J. (1967) — HFm Beierl E. (1973), HFm Beierl J. (1953), HFm Beierl J. (1973), Fm Beierl M. (1979), OFm Beierl R. (1977), Fm Berndl A. (1981), HFm Binder F. (1956), Fm Binder M. (1981), HFm Hofer E. (1958), Fm Hofer E. (1977), Fm Hofer E. (1977), OBm Hofer F. (1940), Fm Hofer G. (1983), OFm Hofer H. (1977), OBm Hofer J., Fm Hofer J. (1978), HFm Hofstätter J. (1966), E-HBI Horner F. (1947), Fm Horner W. (1973), HFm Kaineder J. (1956), HFm Koxeder A. (1947), OFm Koxeder W. (1970), PFm Lichtenauer A. (1983), Bm Manzenreiter J. (1951), HBm Mayr F. (1957), Fm Mayr L. (1978), Fm Mayr M. (1981), HFm Mülleder E. (1953), Bm Ortner J. (1946), OBm Ortner J. (1967), Fm Prückl J. (1977), E-AW Prückl L. (1938), Fm Prückl S. (1983), Fm Prückl W. (1981), HLm Prungraber E. (1977), Fm Rauch G. (1983), E-AW Weidinger S. (1947), Fm Wimberger J. (1983), OBm Wimberger J. (1930), HFm Wimberger J. (1958), Fm Wimberger J. (1983)

FF OTTENSHEIM

Am 1. September 1872 erfolgte die Gründung der Feuerwehr. Im September 1899 wurde Ottensheim von einem großen Hochwasser heimgesucht. Dieses Hochwasser gab den Anstoß zur Gründung einer Wasserwehrabteilung in Ottensheim. Am 1. Januar 1920 war Kommando-Sitzung, bei welcher die Gründung der neuen Musikkapelle aus der Feuerwehrkapelle stattfand. 1944 war es notwendig geworden, eine 15köpfige Mädchengruppe in der FF Ottensheim aufzustellen. 1949 wurde eine Wettbewerbsgruppe aufgestellt. Nach Erreichen des Abschnitts- und Bezirkssieges nahm die Wettbewerbsgruppe am 30. September 1950 beim Landeswettbewerb der oö. Feuerwehren in Mattighofen teil. Die Gruppe unter Kommandant Anton Müllner konnte mit 156 Punkten den oö. Landessieg erringen. Im Juli 1954 war eine schwere Hochwasserkatastrophe. Obwohl Ottensheim eine vom Wasser eingeschlossene Marktinsel war und die Männer Tag und Nacht im Einsatz standen, wurde zusätzlich für Einzelgehöfte von Hagenau bis Goldwörth mit großen Motorbooten (DDSG) rettende Hilfe geleistet. In den Jahren 1955 bis 1957 wurde unter Kommandant Anton Müllner und Bürgermeister Fiederhell ein neues Feuerwehrzeughaus mit drei Kipptoren, Schlauchturm, Waschraum, Heizung, Mannschaftsraum und drei Wohnungen errichtet. Die Unterbringung der KHD-Boote brachte Raumschwierigkeiten. Unter Kommandant Johann Mikschl und Bürgermeister Walter Steiner wurde 1982 eine Hochwasserzeugstätte errichtet. Dieser Bau ist ein weiterer Stolz der Feuerwehr und hat für die Unterbringung aller KHD-Geräte gesorgt. Im Zeughaus sind drei Löschfahrzeuge (TLF 4000, LLF Mercedes 409 und der Land Rover) sowie das Atemschutzfahrzeug stationiert.

HBI Mikschl J. (1955), OBI Klaubauf J. (1954), AW Eder D. (1970), AW Klambauer F. (1959), AW Stütz A. (1956), BI Dorfer R. (1965), BI Leibetseder H. (1955) — HLm Aichhorn A. (1964), Lm Appl E. (1971), OFm Augustyn F. (1978), OLm Ing. Augustyn G. (1972), Lm Bachmayr H. (1964), Fm Baumann H. (1981), OBm Benedikt R. (1940), Fm Brandstätter F. (1981), Fm Brandstätter R. (1981), OBm Breitwimmer K. (1940), Breslmayer F. (1940), Fm Breuer B. (1981), Lm Campestrini F. (1972), Fm Dorfer R. (1980), HBm Ecker H. (1960), Fm Ecker R. (1982), OBm Eder H. (1940), Lm Eder H. (1966), Eder R. (1936), OLm Gastinger N. (1956), Lm Gattringer K. (1974), HFm Grillberger A. (1972), Hartl J. (1952), HFm Hartmaier F. (1960), Fm Hinterstoiber P. (1981), Bm Hoffmann R. (1956), Lm Huly B. (1974), OLm Kerschbaumer S. (1959), OBm Kneidinger P. (1956), OLm König E. (1970), HFm Kraushofer W. (1973), Lm Lauß K. (1970), Lehner H. (1949), Bm Leibetseder F. (1940), Fm Leibetseder G. (1980), OFm Leibetseder L. (1978), HLm Madlmayr J. (1955), OFm Mayer K. (1980), HBm Mayrhofer R. (1958), OFm Mikschl K. (1980), Fm Mikschl M. (1981), OLm Oberhamberger M. (1970), PFm Ofner P. (1982), HBm Pargfrieder A. (1957), Fm Pargfrieder Ch. (1981), Lm Pichlbauer P. (1964), OLm Platzer A. (1940), Fm Pöchtrager A. (1980), BI Pöchtrager H. (1930), Lm Pöchtrager J. (1956), OFm Preslmayr L. (1964), Priesner H. (1949), OLm Pühringer A. (1957), Fm Reiter R. (1981), OLm Schinkinger F. (1970), HFm Schinkinger H. (1964), OAW Simbrunner J. (1940), Bm Steininger W. (1963), HLm Stocklauser H. (1965), Bm Thanhäuser O. (1948), Lm Troller K. (1928), OFm Walchshofer J. (1949), HBI Wasicek R. (1930), HLm Weilnböck B. (1948), HBm Widmann K. (1949), OLm Widmann K. (1970), Fm Wiesinger R. (1980), HFm Wiesinger W. (1973), Lm Zölß E. (1956)

FF PRÖSELSDORF

Ein Großbrand in Alberndorf im Dezember 1908 und das Nichtvorhandensein einer Feuerwehr in Alberndorf veranlaßte mutige Männer, eine freiwillige Feuerwehr in Pröselsdorf zu gründen. Die Gründungsversammlung wurde am 17. Januar 1909 abgehalten, wobei Josef Seyer als Hauptmann gewählt wurde. Der Ankauf der ersten Handspritze erfolgte im Februar 1909. Im April 1909 wurde mit dem Bau des Feuerwehrdepots begonnen. Im Jahr 1931 wurde die erste Motorspritze der Type I O mit 16 PS von der Fa. Gugg angekauft. Am 17. Juli 1938 wurden die drei Feuerwehren zu einer Gemeindefeuerwehr zusammengelegt. Pröselsdorf war der 1. Löschzug. Die Selbständigkeit erhielt die FF Pröselsdorf am 28. April 1946 wieder. 1954 erfolgte der Ankauf eines neuen Rüstanhängers. Eine neue Motorspritze der Type R VW 75 wurde im Jahr 1956 angeschafft. Das 50jährige Gründungsfest feierte die Feuerwehr am 19. Juni 1960, verbunden mit der Segnung des neuen Löschteiches in Pröselsdorf. Das erste Löschfahrzeug (Opel Blitz) wurde 1970 angekauft. 1976 erfolgte die Renovierung des Feuerwehrhauses und der Neubau eines Schlauchturmes. Mit einem Funkgerät wurde die Feuerwehr 1977 ausgestattet.

HBI Kernegger J. (1976), BI Danninger H. (1968), AW Prandstätter J. (1953), AW Wandl A. (1968), AW Weilguni R. (1968), BI Aufreiter J. (1976) — Lm Affenzeller J. (1948), Fm Affenzeller J. (1972), PFm Aichinger H. (1980), OLm Altreiter J. (1952), Fm Altreiter J. (1975), OFm Auer F. (1960), Fm Aufreiter J. (1945), Fm Brandstätter J. (1977), Bm Brandstetter F (1924), Lm Brandstetter F. (1960), E-HBI Brandstetter J. (1949), Fm Brandstetter J. (1978), OFm Brandstetter R. (1975), PFm Ing. Bretterbauer H. (1975), PFm Bretterbauer K. (1982), OFm Danninger A. (1968), Lm Danninger H. (1947), OFm Danninger J. (1971), Fm Danninger J. (1968), HFm Dorninger J. (1975), Fm Dorninger R. (1975), HFm Dorninger L. (1952), E-AW Enzenhofer J. (1953), Fm Fabian J. (1970), OLm Fröller J. (1953), Fm Fröller J. (1968), OFm Fuchs J. (1968), OFm Ganglberger A. (1929), OFm Ganglberger H. (1975), OFm Ganglberger H. (1965), OFm Ganglberger J. (1975), Bm Ganglberger R. (1970), Fm Gritsch M. (1983), Fm Hauser F. (1976), OFm Hauser M. (1932), HFm Hochreiter H. (1966), HFm Hochreiter J. (1968), Fm Hochreiter L. (1956), OFm Hofstadler F. (1951), HFm Hofstadler F. (1968), Hofstadler F., OFm Hofstadler H. (1968), HBm Hofstadler L. (1977), Fm Kaineder A. (1978), Fm Kaineder W. (1978), OFm Kapeller J. (1931), Fm Kernecker R. (1971), Fm Kernecker W. (1977),

HFm Kernecker W. (1966), JFm Kernegger Ch. (1980), OLm Kernegger J. (1948), OFm Koplinger J. (1938), HFm Krammer J. (1968), OFm Kraus J. (1928), Kühn W. (1980), Fm Lehner M. (1966), E-HBI Loitzenbauer J. (1932), HFm Maier J. (1970), OFm Mayer J. (1963), Lm Mayr F. (1952), OFm Melchart H. (1966), Lm Miesenböck P. (1958), Lm Mittermüller I. (1949), HFm Moser J. (1974), OFm Mühlbachler J. (1948), OFm Ortner E. (1975), JFm Ortner H. (1982), OFm Ortner J. (1964), OFm Ortner K. (1975), Fm Ortner W. (1979), Lm Pichler J. (1949), OFm Pichler J. (1979), Fm Pichler K. (1978), Bm Puchner J. (1960), Fm Puchner J. (1975), Fm Puchner R. (1978), PFm Punkenhofer E. (1979), Fm Punkenhofer J. (1968), Lm Punkenhofer J. (1949), HFm Punkenhofer J. (1968), HFm Rechberger A. (1975), HFm Rechberger F. (1968), OFm Rechberger F. (1976), OFm Rechberger M. (1949), Lm Reichetseder J. (1953), Fm Rudlsdorfer E. (1977), Fm Rudlsdorfer L. (1975), Lm Scharinger J. (1949), OFm Schimpl F. (1951), OFm Schimpl M. (1975), HLm Schoißengeier K. (1950), Fm Schoißengeier K. (1978), OFm Sebesta A. (1953), Lm Sebesta F. (1966), Lm Thron J. (1928), PFm Traxler E. (1980), Fm Wandl E. (1977), Fm Watzinger K. (1978), PFm Weinberger J. (1979), PFm Wolfsgruber K. (1981), OFm Zarzer H. (1975), HLm Zarzer J. (1963), OFm Zarzer K. (1968), HFm Zarzer L. (1956)

FF PUCHENAU

Die FF Puchenau wurde am 20. April 1940 nach wiederholten Aufrufen des damaligen Bürgermeisters Hans Grubmüller von verantwortungsbewußten Bürgern gegründet. Erster Kommandant war Johann Kogler. Zwei noch lebende Gründungsmitglieder, Johann Hofstätter und Josef Hofstätter, sind heute Ehrenmitglieder der FF Puchenau. Schon am 24. April wurden Motorspritze und Schläuche angekauft. Eine zweite Motorspritze wurde am 15. Juni 1947 angeschafft, das erste Feuerwehrauto am 25. April 1948. Mit dem Bau des ersten Feuerwehrhauses wurde bald darauf unter Bürgermeister August Derndorfer und Amtsleiter Josef Rigler begonnen. Es wurde bereits am 21. August 1949 eingeweiht. Außer den Genannten gebührt dem Kommandanten Kogler mit seinen Feuerwehrmännern und den Landwirten für ihre Mithilfe beim Bau Dank. Am 22. April 1956 erfolgte der Ankauf einer Sirene. Eine neue Motorspritze R VW 75 wurde am 15. Januar 1975 bestellt und prompt geliefert. Da auch das alte Feuerwehrauto den Anforderungen nicht mehr entsprach, wurde am 19. März 1961 ein Rüstwagen LL 8 angeschafft. Kommandant Johann Kogler legte aus gesundheitlichen Gründen seine Stelle am 1. Juli 1966 zurück. Die Wahl am 8. Dezember 1966 fiel auf Karl Grubmüller. Er ist bis zum heutigen Tage Kommandant der FF Puchenau. Das rapide Wachstum des Ortes und das steigende Verkehrsaufkommen auf der B 127 brachte es mit sich, daß die Ausrüstung der Wehr weiter vervollkommnet werden mußte. Während der Amtszeit von Bürgermeister Markus Mißbichler wurde die Schlagkraft der Wehr 1975 durch den Erwerb eines TLF 2000 und eines LFB 1978 erhöht. Der gegenwärtige Bürgermeister Dipl.-Ing. Friedrich Gabriel betreibt mit Eifer den Bau eines neuen Feuerwehrhauses.

HBI Grubmüller K. (1948), OBI Grubmüller K. jun. (1965), AW Dannereder J. (1952), AW Gahleitner M. (1948), AW Hehenberger F. (1953), BI Hehenberger F. jun. (1973) — HFm Bamminger F. (1973), HFm Bichler L. (1974), HFm Dannereder H. (1972), Lm Derndorfer F. (1946), HFm Ebetshuber M. (1974), HFm Ecker J. (1966), HFm Eckerstorfer G. (1958), HFm Erlinger H. (1977), HLm Füreder F. (1964), HFm Gahleitner K. (1977), HFm Ganser A. (1977), HFm Grubmüller J. (1972), HFm Grubmüller S. (1977), Lm Dr. Gugerbauer J. (1975), OFm Hamberger J. (1980), HFm Hammer J. (1970), HFm Heinzl K. (1977), HFm Hörschläger K. (1975), Lm Hofstätter J. (1936), HFm Hofstätter J. (1963), Lm Hofstätter J. (1940), HLm Hofstätter J. jun. (1960), HFm Kaiser R. (1974), HFm Kaiser S. (1974), HLm Kapfer A. (1953), OLm Keplinger H. (1974), OLm Keplinger O. (1946), HFm Kepplinger S. (1948), HLm Kirschner J. (1946), HFm Koppensteiner A. (1977), OFm Koppensteiner P. (1979), HFm Kronsteiner E. (1956), OLm Kronsteiner W. (1970), HLm Dr. Kronsteiner W. (1972), Lauß G., Lm Leibetzeder A. (1976), HFm Maurer K. (1970), HFm Mayr A. (1972), HFm Mayr K. (1963), HFm Missbichler A. (1973), FA Dr. Moshammer E. (1972), Lm Neumüller M. (1973), Lm Schimböck K. (1975), HFm Schwarz G. (1970), HFm Schwarz J. (1970), HFm Spazierer E. (1964), OBm Spindelbalker R. (1946), HFm Stürmer G. (1973), HLm Stürmer K. (1943), HFm Watzinger A. (1975), Fm Watzinger H. (1977), HFm Watzinger K. (1977), OLm Wipplinger W. (1969)

FF REICHENAU IM MÜHLKREIS

Die Idee zur Gründung einer Feuerwehr scheint erstmals im Jahr 1879 in der Chronik auf. Dieser Versuch scheiterte jedoch an den Vorurteilen vieler Bürger und an der mißlichen finanziellen Lage. Erst die Zusage der Marktkommune Reichenau, eine neue Saugspritze anzukaufen, ermöglichte eine Wiederbelebung des Vereines, dessen Statuten am 6. August 1883 genehmigt wurden. Zuwendungen erhielt der Verein vom Kaiserhaus und von Fürst Starhemberg. Zum Gründungsfest 1884 kamen Abordnungen der Feuerwehren Gallneukirchen, Schenkenfelden, Leonfelden und St. Veit. 1897/98 erfolgte der Bau des ersten Depots. 1905 Kauf und Weihe einer neuen Saugspritze. 1924 Fahnenweihe. Die Fahne wurde von der Gutsbesitzerin Adele Maresch-Wilberg gespendet. Diese war auch zugleich Fahnenpatin und Fahnenmutter. 1931 feierte die FF Reichenau gemeinsam mit der FF Ottenschlag das 50jährige bzw. 25jährige Gründungsfest. Am 10. Juni 1934 fand die Weihe der ersten Motorspritze von der Fa. Rosenbauer statt. 1940 erfolgte die Zusammenlegung der Feuerwehren Reichenau, Habruck, Ottenschlag und Wintersdorf zu einer Gemeindefeuerwehr. Das Kommando über die vereinigten Wehren erhielt der Kdt. der FF Reichenau, Hermann Klopf. Am 21. Juli 1946 wurde die gemeinsame Feuerwehr wieder aufgelöst. 1958 erfolgte die Weihe des neuerbauten Zeughauses und der neuen Motorspritze. Am 8. Juli 1960 Ankauf des ersten Löschfahrzeuges, eines gebrauchten Steyr 1500 A mit Vorbaupumpe. Am 10. September 1967 Weihe des neuen LF Unimog mit Vorbaupumpe und Seilwinde. 1968 wurde die TS durch eine neue Automatikpumpe ersetzt. 1976 erfolgte die Beistellung eines Heuwehrgerätes durch das Landes-Feuerwehrkommando. Beim 100jährigen Gründungsfest wurde das neue TLF geweiht.

BR Pargfrieder H. (1956), OBI Strasser R. (1958), OAW Baumann G. (1967), AW Hofstadler H. (1958), AW Huber F. (1958), AW Watzinger H. (1954), BI Czejka F. (1970), BI Gangl J. (1956), BI Mayr E. (1943), BI Wittibschlager W. (1956) — HFm Aichhorn F. (1975), HBm Aigner E. (1943), OLm Binderhofer J. (1953), Fm Czejka G. (1982), OLm Dunzendorfer E. (1966), JFm Ecker H. (1983), HFm Eckerstorfer O. (1974), HLm Eibensteiner H. (1957), OFm Eibensteiner H. (1974), JFm Eibensteiner R. (1983), HFm Eibensteiner W. (1971), OLm Elmer A. (1968), HFm Elmer H. (1974), HFm Elmer W. (1973), Lm Enzenhofer F. (1925), Fm Enzenhofer H. (1982), HFm Enzenhofer H. (1974), Fm Freudenthaler K. (1982), OBm Gangl W. (1960), OLm Grasser J. (1951), Lm Grasser K. (1971), JFm Grillnberger M. (1981), OFm Hartl H. (1974), OFm Hartl R. (1977), OLm Hochreiter F. (1957), HBm Hofer F. (1965), Fm Hofer H. (1977), OLm Hofstadler R. (1968), JFm Hofstätter H. (1982), OFm Horner F. (1977), Fm Horner P. (1977), OLm Horner R. (1965), HBm Huber H. (1973), OFm Jaksch H. (1974), OLm Jenner A. (1961), OLm Jenner E. (1953), OFm Jenner-Braunschmid A. (1979), OFm Ing. Jenner-Braunschmid E. (1977), OLm Kaar F. (1958), OLm Kaineder H. (1967), OFm Kernecker T. (1978), OBm Klopf H. (1948), Fm Kruckenhauser E. (1983), OLm Leitner J. (1960), HBm Loschka J. (1964), OLm Maier W. (1959), JFm Mayr A. (1983), Lm Mayr E. (1972), HFm Mayr E. (1973), OLm Mayr J. (1966), HFm Mayr J. (1972), HFm Minichberger S. (1973), OFm Möstl R. (1976), OLm Ollmann W. (1966), E-OBI Ollmann W. (1926), OLm Ollmann W. (1964), JFm Ortner W. (1981), HBm Ortner W. (1957), OFm Pammer N. (1975), OFm Panholzer G. (1974), HFm Panholzer J. (1973), Lm Pargfrieder H. (1971), HBm Penkner W. (1963), HFm Penkner W. (1971), FA Dr. Penn G. (1972), HFm Penn S. D. (1974), OFm Penzenleitner L. (1974), HFm Pfleger H. (1970), OLm Pillinger R. (1968), Lm Pillinger S. (1971), HFm Pirngruber P. (1973), Fm Purner A. (1981), OFm Purner E. (1974), OBm Purner O. (1948), HFm Purner O. (1971), Fm Rohrmansdorfer K. (1982), HBm Rohrmanstorfer E. (1948), HBm Rohrmanstorfer R. (1946), OFm Salzlechner H. (1976), OLm Schober H. (1951), OLm Sedivy A. (1964), OLm Sedivy A. (1953), HFm Seiberl J. (1974), OFm Seiberl W. (1977), JFm Stadler J. (1983), OFm Stadler J. (1977), HFm Stummer G. (1973), OLm Sunnerer E. (1960), Fm Thumfart M. (1980), JFm Thumfart N. (1982), HFm Dr. Wagner H. (1971), JFm Watzinger M. (1981), OFm Wittibschlager W. (1974), HFm Woisetschläger O. (1974)

FF REICHENTHAL

In Reichenthal gründete Karl Preinfalk im Juni 1888 die Freiwillige Feuerwehr. Der jungen Wehr gelang innerhalb von zwei Monaten die Beschaffung einer fahrbaren Kastenspritze. Der Bau eines Zeughauses konnte nach einer Grundstückspende 1903 begonnen werden. Der Kauf einer Abprotzspritze 1907 erhöhte die Beweglichkeit. 1928 konnten die erste Motorspritze und ein Spritzenwagen erworben werden. 1929 spendete der Ehrenkommandant Graf Grundemann die langersehnte Fahne. Michael Hackl gelang 1944 die Beschaffung des ersten motorisierten Löschfahrzeuges. In dieser Zeit mußte wegen Mannschaftsmangel eine Frauengruppe aufgestellt werden. Am 13. März 1976 wurde mit Franz Baumgartner ein Mann der jungen Generation zum Kommandanten gewählt, der eine unglaubliche Entwicklung auslöste. Innerhalb von acht Jahren wurden ein neues Feuerwehrhaus erbaut, ein Löschfahrzeug mit Bergeeinrichtung und ein Tanklöschfahrzeug angekauft sowie Atemschutz- und Sprechfunkgeräte beschafft.

HBI Baumgartner F. (1954), OBI Ing. Rittirsch R. (1944), AW Leitner K. (1956), AW Lengauer F. (1956), AW Oßberger J. (1951), AW Dir. Wirthl R. (1953), BI Kohlberger H. (1960), BI Manzenreiter G. (1958), BI Pirklbauer K. (1950) — Lm Anzinger J. (1925), HFm Atzmüller H. (1980), Atzmüller H. (1980), Fm Baumgartner A. (1973), Bräuer A. (1980), Fm Bräuer E. (1953), Bräuer F. (1957), OFm Bräuer F. jun. (1977), Fm Etzelstorfer H. (1926), Fm Etzelstorfer H. J. (1977), Fm Fitzinger J. (1956), Lm Fleischanderl H. (1981), E-OBI Frauenhuber F. (1952), Fm Frauenhuber F. (1973), FA Dr. Friedrichkeit R. (1979), HLm Führlinger J. (1954), HLm Führlinger J. (1952), Fm Goldmann J. (1981), E-HBI Grundemann E. (1928), Lm Guttenbrunner K. (1977), Lm Hainzl E. (1980), Lm Hainzl N. (1956), OFm Heinzl R. (1942), Fm Heumader A. (1960), Fm Höler Ch. (1980), Fm Huemer K. (1965), Fm Huemer S. (1958), OFm Jäger F. (1941), OLm Jäger F. jun. (1964), HBm Jaksch K. (1975), Fm Kaspar F. (1970), Fm Kaspar J. (1953), Katzmaier J. (1956), Fm Katzmaier K. (1975), Fm Katzmair A. (1965), Lm Katzmayr A. (1970), OFm Katzmayr J. (1926), Fm Katzmeier F. (1980), Fm Katzmeier N. (1974), Fm Koblbauer K. (1965), Lm Kohlberger A. (1945), Lm Kohlberger G. (1980), OFm Kohlberger H. (1954), HBm Kreuzer F. (1940), HLm Kroiß A. (1953), Fm Kroiß E. (1974), HFm Kurzbauer F. (1957), Fm Lang A. (1977), Fm Lang J. (1972), Lm Lepschy E. (1980), HFm Lomsky J. (1941), E-OBI Malzner A. (1918), OLm Manzenreiter F. (1953), Fm Manzenreiter J. (1951), E-BI Manzenreiter J. (1954), Fm Manzenreiter K. jun. (1970), Fm Manzenreiter W. (1970), OFm Moosbauer J. (1965), OFm Mülleder J. (1957), OLm Mülleder J. (1964), Lm Niederer K. (1958), Fm Nimmervoll A. (1973), E-HBI Nimmervoll J. (1938), E-OBI Nimmervoll K. (1940), HFm Oßberger J. jun. (1974), HFm Pirklbauer E. (1958), OLm Pirklbauer G. (1980), Fm Pirklbauer K. H. (1973), HLm Pöschko J. (1953), E-OBI Pötscher E. (1923), Fm Pötscher G. (1946), HFm Pötscher M. (1959), Fm Pree H. (1978), HFm Preinfalk A. (1959), Fm Preinfalk G. (1973), HLm Preinfalk H. (1957), Fm Preinfalk J. (1952), HLm Preinfalk K. (1956), Lm Preslmaier G. (1958), OLm Reindl J. (1950), Fm Reindl J. jun. (1958), OLm Reindl L. (1980), Fm Reisinger E. (1933), FK GR Renauer A. (1974), Bm Rittirsch A. (1951), Bm Rittirsch H. (1959), HBm Mag. Rittirsch R. (1977), E-OBI Roland F. (1926), HLm Ruckendorfer L. (1954), OFm Schauer E. (1958), OFm Schauer J. (1922), Fm Schauer K. (1954), OFm Schauer K. (1980), Fm Schauer S. (1965), OFm Schauer W. (1954), Fm Scherb H. (1968), OFm Schinagl J. (1962), OFm Schneeberger A. (1974), Fm Schöftner J. (1953), Fm Schoissengeier J. J. (1980), OFm Schwingshandl J. (1954), Bm Seiberl G. (1956), Fm Seiberl K. (1957), OFm Steubelmüller G. (1957), Lm Steubelmüller M. (1928), HFm Stumpner H. (1958), OFm Stumpner J. (1953), HFm Stumpner O. jun. (1968), OFm Stupka G. (1958), HLm Traxler J. (1943), HFm Traxler M. (1971), HFm Tröbinger J. (1954), Bm Tröbinger R. (1977), Fm Umdasch D. (1981), HFm Umdasch F. J. (1972), HFm Voit G. (1965), HFm Walchshofer L. (1959), Fm Wegerbauer A. (1962), Fm Weichselbaum J. (1954), Fm Weinzierl F. (1954), Bm Weissenböck G. (1951), HFm Weissenböck J. (1953), Lm Wiesinger A. (1973), OFm Wiesinger J. (1961), Wiesinger J., Lm Wiesinger L., OFm Windhager K. (1970), Fm Dr. Windhager L. (1958), E-HBI Windhager L. (1933), E-BI Wurm F. (1951), HFm Zeindlhofer E. (1946)

FF ROTTENEGG

Am 28. Februar 1926 wurde die Freiwillige Feuerwehr Rottenegg gegründet. Der erste Kommandant war Johann Kastner. Als erste Ausrüstung wurden am 14. November 1926 eine Handdruckspritze und 80 m Druckschläuche angekauft. Zum Transport dieser Geräte diente ein Pferdewagen. Mit dem Bau der Zeugstätte wurde am 28. September 1928 begonnen. Die feierliche Einweihung erfolgte am 31. Mai 1931, gleichzeitig wurde die erste Motorpumpe, Marke Florian, geweiht. Am 7. Mai 1935 wurde ein gebrauchter Personenkraftwagen angekauft und zu einem Feuerwehrauto umgebaut. Während des Krieges bekam die Feuerwehr eine moderne Motorpumpe Marke DKW. In den Jahren 1951 bis 1954 wurde die Wehr mit einem Allradfahrzeug Marke Chevrolet sowie einer neuen Tragkraftspritze RW 25 und einer neuen RV 75 ausgestattet. 1961 erfolgte der Ankauf eines neuen Berglandfahrzeuges Marke Land Rover, 1967 wurde ein gebrauchtes Tanklöschfahrzeug von der FF Linz angekauft. Gleichzeitig erhielt die FF Rottenegg vom Landes-Feuerwehrkommando einen KHD-Anhänger. Ein besonderer Höhepunkt war die Übersiedlung in die neue Zeugstätte im neuerbauten Gemeindehaus (1971). Dort stehen der Feuerwehr drei Garagen und ein Aufenthaltsraum zur Verfügung. Vom Landes-Feuerwehrkommando wurde 1972 der KHD-Anhänger gegen ein Kleinrüstfahrzeug umgetauscht. 1973 erfolgte die Ausrüstung aller drei Fahrzeuge mit Funkgeräten. Der heutige Stand umfaßt ein Berglandfahrzeug, ein Tanklöschfahrzeug (in jedem Fahrzeug ist eine Ein- oder Vorbaupumpe), ein Kleinrüstfahrzeug, Motorspritzen, ca. 1 000 m Druckschläuche, Unterwasserpumpe, Preßluftatmer und vieles mehr.

HBI Plakolm J. (1946), OBI Hammerschmid K. (1944), BR Rabeder J. (1951) — Allerstorfer A. (1977), Allerstorfer R. (1951), Außerwöger F. (1942), Barth F. (1955), Barth L. (1972), Bindeus H. (1958), Breiteneder H. (1975), Breitenfellner F. (1926), Bruckmüller E. (1955), Busch F. (1972), Ennsbrunner J. (1933), Ennsbrunner J. (1968), Forstner A. (1928), Freller L. (1975), Freller S. (1974), Fürthner A. (1944), Gabauer L. (1962), Hamberger G. (1970), Hamberger J. (1949), Hamberger M. (1968), Hammerschmid E. (1977), Hammerschmid K. (1977), Haudum J. (1964), Höllinger E. (1955), Höllinger F. (1958), Hofer F. (1963), Hummenberger H. (1966), Hummenberger J. (1946), Hummenberger J. (1961), Kaiser E. (1953), Koll J. (1962), Leitner J. (1973), Leitner L. (1959), Leitner R. (1953), Limberger M. (1959), Limberger R. (1983), Limberger R. (1951), Luckeneder F. (1935), Luksch L. (1926), Luksch L. (1963), Luksch R. (1963), Madlmair W. (1975), Muska R. (1954), Nopp A. (1944), Nopp A. (1943), Nopp Ch. (1981), Oßberger E. (1957), Perkmann J. (1975), Perkmann J. (1976), Pichler J. (1947), Ing. Pichler J. (1968), Plakolm H. (1982), Plakolm J. (1982), Scheftner S. (1962), Scheftner W. (1957), Scherndl A. (1962), Schietz K. (1973), Schwarz E. (1976), Schwarz K. (1957), Schwarz K. (1976), Wolfmayr A. (1951), Wolfmayr H. (1978), Wurzinger G. (1973), Wurzinger G. (1963)

FF SCHENKENFELDEN

Die FF Schenkenfelden wurde am 4. März 1877 gegründet. Franz Steffan wurde erster Hauptmann. Im Juni 1931 wurde die erste und 1953 die zweite Motorspritze angekauft. Am 13. Juni 1954 fand die Fahnenweihe (Fahnenpatin Frau Doleschal aus Wien) und die Spritzenweihe statt. 1968 wurde in Lichtenstein beim „Schiefer" ein Löschteich gebaut und später einer beim „Hunger" in Lichtenstein, ein Rundbehälter unterhalb vom „Munter" in Schild und ein Rundbehälter beim „Heiserer" in Liebenschlag. Letztlich wurde beim ehemaligen „Huemer-Teich" ein weiterer Rundbehälter mit 100 m³ gebaut (1981). 1971 wurden drei Atemschutzgeräte in Dienst gestellt. Am 21. Mai 1967 übergab Bürgermeister Josef Leitner beim 90jährigen Gründungsfest ein neues Löschfahrzeug mit Allradantrieb (Land Rover) und eine neue VW-Motorspritze, Automatik 75. Bürgermeister Michael Ruhsam übergab 1982 das neue Depot und ein neues Tanklöschfahrzeug.

HBI Gossenreiter A. (1953), OBI Pötscher F. (1962), AW Gutenbrunner J. (1953), AW Hraba R. (1960), AW Leitner J. (1977), BI Apfolterer J. (1950), BI Gossenreiter G. (1965), BI Sengsschmid F. (1973) — HBm Abfalterer F. (1972), OFm Affenzeller J. (1958), FK Dechant Andessner J. (1965), HFm Auer E. (1963), OFm Auer K. (1952), HBm Bachl W. (1953), HFm Berger L. (1946), Fm Bergsmann P. (1963), OFm Birklbauer J. (1948), OLm Brandstetter A. (1963), Brandstetter J. (1922), OBm Breiteneder J. (1948), FA Dr. Brennessel P. (1961), HLm Danninger E. (1953), PFm Denkmaier A. (1979), OFm Denkmaier L. (1976), Fm Denkmaier M. (1977), OFm Denkmaier S. (1974), Lm Denkmayr G. (1963), OLm Draxler M. (1963), Fm Ecker R. (1958), Fm Eder J. (1958), OFm Eibensteiner E. (1966), OFm Eidenberger J. (1960), HFm Elmecker A. (1967), Fm Elmecker H. (1962), HFm Elmecker H. (1973), Fm Elmecker J. (1955), HFm Elmecker J. (1975), OFm Elmecker K. (1949), OFm Fleischanderl A. (1961), HFm Fleischanderl A. (1982), OFm Fleischanderl A. (1949), Lm Fleischanderl F. (1982), HFm Foisner J. (1962), Fm Ganhör F. (1982), HFm Ganhör J. (1975), Bm Ganhör K. (1946), OFm Ganhör K. (1979), OFm Garber E. (1966), OFm Garber E. (1966), KHm Gimpl H. (1982), Fm Gossenreiter A. (1963), Fm Gossenreiter A. (1979), Fm Gossenreiter J. (1979), Fm Gossenreiter H. (1957), Fm Gossenreiter H. (1982), OLm Gossenreiter J. (1949), HFm Gossenreiter J. (1973), Fm Gossenreiter W. (1982), HFm Grasböck J. (1968), OFm Grasböck R. O. (1962), Lm Grasböck W. (1956), HFm Grüner F. (1964), Fm Grüner F. (1982), Fm Gußner J. (1952), OFm Gutenbrunner J. (1973), HFm Haider N. (1954), OFm Hanghofer A. (1955), OFm Hanghofer J. (1936), OBm Hanus H. (1954), HFm Hanus H. (1973), Fm Hanus S. (1977), Fm Heinzl J. (1979), Fm Heinzl K. (1963), HFm Hinterleitner K. (1972), HLm Prof. Hirnschrodt J. (1958), HFm Hirnschrodt N. (1950), HBm Höß J. (1958), HFm Hofer K. (1967), HBm Hofstadler E. (1977), Lm Hofstadler H. (1982), HFm Horner A. (1944), OFm Horner F. (1957), Lm Horner F. (1949), OFm Horner H. (1949), OBm Horner J. (1956), Fm Horner K. (1975), PFm Horner L. (1983), OFm Hraba A. (1973), Fm Huemer F. (1938), Fm Kaar A. (1954), OFm Kaar F. (1949), OLm Kaar K. (1968), Fm Kagerer A. (1975), PFm Kaineder Ch. (1983), Lm Kaineder H. (1968), Lm Kaineder J. (1964), Lm Kaineder J. (1958), OFm Kaineder J. (1973), Fm Kaineder J. (1960), OFm Kreuzer J. (1956), Bm Leitner J. (1952), HFm Leitner J. (1975), Lm Leitner J. (1971), Fm Leitner J. (1964), Bm Lonsing A. (1952), Lm Loy O. (1952), OLm Manzenreiter J. (1963), OFm Mascher J. (1937), Fm Mayr F. (1967), OBm Milleder A. (1946). Lm Minichberger F. (1956), HFm Minichberger I. (1960), Fm Mittermüller J. (1982), Fm Mülleder J. (1960), OBm Neulinger K. (1946), PFm Niedermayr P. (1983), OFm Nötzberger J. (1950), Lm Oßberger H. (1966), OFm Oßberger R. (1973), Bm Palme W. (1949), Fm Panholzer E. (1958), Lm Pascher F. (1970), Fm Pötscher J. (1948), HLm Pötscher K. (1966), HFm Pötscher L. (1972), Lm Preining K. (1933), OBm Prückl J. (1956), OFm Prückl J. (1929), Fm Radler H. (1966), Fm Radler J. (1949), Fm Ratzenböck A. (1977), HLm Ratzenböck F. (1949), HFm Rauch H. (1962), PFm Rösler P. (1980), PFm Sauseng H. (1982), Fm Schaumberger A. (1955), E-AW Scherb J. (1969), PFm Scherb M. (1977), HFm Scherb R. (1970), PFm Schrems G. (1980), E-HBI Schrems L. (1946), OBm Sengsschmid J. (1949), Fm Steffan F. (1936), Fm Dr. Steffan H. (1952), OLm Stumpner J. (1966), E-HBI Stumpner P. (1923), Lm Stumptner S. (1956), OFm Traxler H. (1957), HFm Übermasser J. (1973), HBm Übermasser J. (1949), HBm Übermasser J. (1973), OFm Umdasch A. (1937), Fm Wagner E. (1980), OFm Weidinger A. (1912), OFm Weidinger A. (1946), PFm Wimmer A. (1983), Lm Wimmer H. (1973), HFm Winklehner J. (1967), HFm Winkler F. (1967), Bm Winkler K. (1954), OFm Wöß J. (1952), OBm Zainhofer J. (1952)

FF SCHMIEDGASSEN

Am 11. Februar 1930 wurde im Beisein des Bürgermeisters Franz Wöckinger die FF Schmiedgassen gegründet. Als erste Anschaffung konnte durch die FF Treffling und deren Hauptmann Leitner eine Handpumpe den Schmiedgassern zur Gründung übergeben werden. Schwer beeinträchtigt in ihrer Weiterentwicklung wurde die FF Schmiedgassen durch den Ausbruch des Zweiten Weltkrieges. Nach dem Krieg, am 5. Mai 1946, konnte erstmals wieder eine Versammlung abgehalten werden. Durch Kommandant Michael Raml wurde der Wiederaufbau der Feuerwehr begonnen. Im November 1953 wurde sein Sohn Franz Raml Kommandant der FF Schmiedgassen. In seiner 25jährigen Tätigkeit wurde ein Traktoranhänger, eine Motorspritze, das Feuerwehrhaus und ein Löschfahrzeug angeschafft. Weiters konnte der Ausbildungsstand und die Kameradschaft auf ein gutes Niveau gebracht werden. Einen großen Anteil an der Gruppenausbildung leistete der damalige Gruppenkommandant Michael Wöckinger. Zum Nachfolger von Franz Raml wurde im März 1978 Franz Weitersberger gewählt, der diese Funktion bis heute ausübt. 1980 konnte das neue Feuerwehrhaus sowie ein zweites Löschfahrzeug eingeweiht werden.

HBI Weitersberger F. (1965), OBI Spendlingwimmer J. (1962), AW Fürst J. (1970), AW Wöckinger H. (1962), AW Wöckinger J. (1961), BI Buchmayr J. (1971), BI Mühlberger A. (1970) — Fm Aichinger J. (1979), HFm Aichinger J. (1974), HFm Aistleitner F. (1974), HLm Aistleitner J. (1949), Fm Aistleitner J. (1974), Bm Aubrunner F. (1982), Lm Aumayr G. (1966), HBm Aumayr J. (1970), HLm Aumayr J. (1967), OBm Aumayr K. (1965), OFm Bernhard E. (1946), HLm Bernhard E. (1961), OFm Binder H. (1977), JFm Brandstätter G. (1981), OLm Brandstätter R. (1962), OFm Brandstätter R. (1980), OBm Buchmayr J. (1946), JFm Burner A. (1981), Fm Burner K. (1978), HFm Deutsch L. (1978), Fm Deutsch L. (1981), HLm Doblhammer A. (1953), OFm Doblhammer J. (1968), HLm Doblhammer J. (1946), OLm Dorninger L. (1966), Lm Feichtmayr K. (1961), Fm Feichtmayr K. (1980), HFm Friedinger R. (1966), OLm Fürst F. (1949), OFm Fürst F. (1975), HFm Fürst J. (1949), HFm Ganhör F. (1967), Lm Ganhör R. (1970), Fm Gottenhuber A. (1982), Lm Gusenleitner J. (1970), Lm Hametner J. (1965), Lm Jungwirth J. (1960), HLm Kaar K. (1958), Fm Kaar J. (1982), JFm Kaar J. (1982), Fm Kitzmüller J. (1981), HLm Kreundl J. (1946), E-AW Küllinger F. (1946), OFm Kurzbauer F. (1980), PFm Kurzbauer G. (1984), Lm Lehner F. (1971), OFm Lehner F. (1981), HFm Lehner H. (1973), OBm Leopoldseder A. (1968), Lm Mayr E. (1968), OFm Mayr F. (1951), OLm Mayr-Kellerer K. (1962), Lm Mayrhofer J. (1966), HFm Mittermayr P. (1930), HFm Mühlberger J. (1962), Lm Mühlberger K. (1970), Fm Peterseil F. (1981), OFm Peterseil J. (1980), HLm Pichler R. (1964), Fm Pichler R. (1977), HFm Pilz J. (1977), HFm Piringer L. (1946), HFm Pointner J. (1930), Fm Punzenberger E. (1980), OLm Punzenberger F. (1949), HFm Punzenberger F. (1974), JFm Punzenberger G. (1981), HFm Punzenberger J. (1976), E-HBI Raml F. (1946), OFm Raml F. (1975), HFm Raml H. (1976), OFm Reif Ch. (1981), Bm Reif H. (1970), Fm Reif M. (1980), E-AW Reindl J. (1962), OFm Reindl J. (1979), HLm Scheuchenstuhl M. (1958), JFm Schierz Ch. (1981), Fm Schierz H. (1982), OLm Schierz O. (1964), HFm Schimböck H. (1974), OFm Schimböck J. (1980), OLm Schneeberger S. (1970), OFm Schützenberger W. (1980), OFm Schwarz L. (1971), Fm Spenlingwimmer J. (1982), HFm Stadler R. (1950), HFm Stadler R. (1971), HLm Stingeder Ä. (1949), HLm Wall F. (1946), JFm Wall F. M. (1983), OLm Wenigwieser H. (1963), OFm Winkler J. (1932), OLm Wöckinger F. (1965), Fm Wöckinger F. (1982), HBm Wöckinger F. (1968), Fm Wöckinger H. (1977), HBm Wöckinger H. (1955), Fm Wöckinger J. (1981), Fm Wöckinger J. (1974), E-AW Wöckinger J. (1938), HBm Wöckinger M. (1955), E-AW Wöckinger M. (1930), HFm Wolfinger F. (1970), JFm Wolfinger R. (1983), Fm Wolfinger W. (1983)

FF SCHWEINBACH

Die Ortschaft Engerwitzdorf brannte am 29. April 1897 fast vollständig nieder. Es dauerte aber noch mehr als 30 Jahre, bis die Gründungsversammlung am 2. Februar 1930 stattfand. Zum ersten Kommandanten wählte man Franz Winkler. Am 11. Februar 1930 war eine Neuwahl erforderlich, bei der Leopold Rittenschober zum Kommandanten gewählt wurde. Bereits im Gründungsjahr kaufte die Wehr eine Handdruckspritze sowie einen pferdebespannten Leichenwagen, den man zum Rüstwagen umbaute. Als Zeughaus diente ein Holzschuppen. Im Dezember 1931 erwarb die Wehr ihre erste Motorspritze. Während der Kriegsjahre wurden fast alle Kameraden zum Kriegsdienst eingezogen, was der Weiterentwicklung der bis dahin gut funktionierenden Wehr sehr schadete. Bei der am 22. April 1946 erstmals wieder abgehaltenen Versammlung wählten die Kameraden Karl Schöffl zum Kommandanten. Mit viel Energie begann man dann mit dem Neuaufbau der Wehr. In den ersten Jahren wurde vor allem auf die Ausbildung besonderer Wert gelegt. Aber auch die Ausrüstung konnte wesentlich verbessert werden. 1948 kaufte man einen amerikanischen Militär-LKW als Löschfahrzeug an. In den Jahren 1950 und 1951 entstand das erste Zeughaus. Zum Nachfolger von Karl Schöffl wurde am 21. November 1953 Franz Schwarz gewählt, der diese Funktion bis 1973 ausübte. In dieser Zeit konnte neben einer weiteren Motorspritze auch ein neues Rüstauto sowie 1963 eine VW Tragkraftspritze angeschafft werden. Seit 1973 leitet Franz Grasböck als Kommandant die Geschicke der FF Schweinbach. In den folgenden Jahren wurden neben dem Kauf eines neuen Löschfahrzeuges noch Funkgeräte, Atemschutzgeräte, Hitzeanzüge, ein Elektroaggregat sowie eine Reihe weiterer technischer Geräte angeschafft.

HBI Grasböck F. (1952), OBI Morawetz J. (1974), AW Diendorfer E. (1969), AW Königstorfer A. (1956), AW Mühlberger H. (1979), BI Fragner W. (1961), BI Gstöttenmayr F. (1949), BI Huemer A. (1978), BI Karlinger J. (1962) — OLm Aichinger J. (1955), OFm Aistleitner H. (1978), HFm Aistleitner J. (1954), Fm Atzmüller H. (1974), HFm Bauernfeind J. (1975), E-AW Brückler K. (1949), OFm Brückler K. (1948), OFm Buchgeher A. (1962), HFm Buchgeher W. (1967), HFm Burgstaller M. (1983), HFm Burner J. (1950), Lm Diendorfer J. (1975), Lm Diwald G. (1973), OFm Dobhammer R. (1976), OFm Doblhammer G. (1968), OFm Enzenhofer E. (1950), OFm Enzenhofer J. (1949), HFm Fragner A. (1930), HFm Fragner F. (1932), OFm Fürst F. (1949), OFm Grasböck F. (1969), OFm Gstöttenmayr F. (1979), HFm Gstöttenmayr L. (1956), Fm Gstöttenmayr L. (1982), OFm Haidinger E. (1979), OLm Haidinger F. (1954), HFm Hattmannsdorfer F. (1962), HFm Hattmannsdorfer F. (1967), Fm Hießl A. (1979), E-AW Hießl K. (1965), HFm Hözl J. (1968), HFm Hofstadler H. (1982), OFm Kalchmayr K. (1958), HFm Klug J. (1934), Fm Königstorfer A. (1976), HFm Königstorfer J. (1950), HFm Kürnsteiner H. (1983), OFm Kürnsteiner J. (1976), OFm Lehner A. (1955), Lm Lehner J. (1955), OLm Lehner R. (1972), HFm Luckeneder J. (1930), OLm Mayrhofer F. (1958), Fm Mitterhuemer W. (1980), OFm Mittermayer J. (1949), Fm Mühlberger G. (1982), HFm Müller A. (1982), HFm Pichler G. (1983), OFm Pichler F. (1954), OFm Plank A. (1980), OFm Plank F. (1958), HFm Plank J. (1949), Fm Plank J. (1978), HFm Plank L. (1982), OLm Plank L. (1957), HFm Pühringer K. (1967), Lm Purner K. (1959), HFm Reichinger J. (1946), OFm Reichör J. (1975), HBm Riedlbauer J. (1975), E-HBI Schöffl K. (1930), Lm Schöffl K. (1958), FA Dr. Schuster G. (1981), OFm Schwander G. (1979), OFm Schwandner H. (1978), HFm Schwandner K. (1932), HFm Schwarz E. (1961), Fm Schwarz H. (1975), OFm Seitlinger J. (1960), Fm Spenlingwimmer E. (1974), OFm Steinbichl J. (1950), OFm Stellnberger J. (1976), OFm Wall K. (1947), HFm Winklehner H. (1956), OLm Winklehner K. (1959), OFm Winklehner P. (1962), HFm Wögerbauer J. (1965)

FF SONNBERG IM MÜHLKREIS

Im Herbst 1921 wurden in Sonnberg durch eine furchtbare Brandkatastrophe acht Häuser zerstört. Dabei kamen eine Frau und ein Kind ums Leben. Bei zwei Gehöften verbrannte der gesamte Viehbestand. Um so eine schreckliche Katastrophe in Zukunft vermeiden zu können, wurde im Jahr 1923 die Freiwillige Feuerwehr Sonnberg gegründet. Bis zum Jahr 1940 wurde mit einer Kolbenpumpe, der ersten Pumpe, die die Wehr im Jahr 1923 von der Freiwilligen Feuerwehr Wels angekauft hatte, im Handbetrieb das Wasser befördert. Von 1940 bis heute steht eine Motortragkraftspritze in Verwendung. Der erste Feuerwehranhänger wurde 1957 gekauft, dieser wurde mit einem Traktor weiterbefördert. Nachdem das 1923 errichtete erste Feuerwehrgebäude im Laufe der Zeit zu klein geworden war, wurde im Jahr 1962 ein zweites Zeughaus im Gemeinde-amt Sonnberg eingerichtet. Im Jahr 1983 wurde von der Gemeinde ein Lösch- und Bergefahrzeug angekauft, und zwar ein Mercedes 508 von der Fa. Rosenbauer. Seit der Gründung der Wehr standen folgende Kommandanten an der Spitze: Josef Simon, Johann Raml, Michael Nimmervoll, Ernst Simon.

HBI Simon E. (1942), OBI Gußner G. (1976), AW Simon G. (1976) — Bm Brandstätter J. (1931), Lm Buchmüller W. (1955), OFm Danner G. (1981), OFm Danner J. (1978), Lm Danner L. (1955), Fm Danner L. (1981), Lm Deßl J. (1952), OFm Deßl J. (1952), PFm Eder L. (1983), OFm Eder M. (1946), OFm Elmer B. (1972), OFm Elmer F. (1978), Lm Elmer J. (1946), OFm Elmer J. (1973), HFm Gußner F. (1972), Hemmelmayr A. (1926), Hemmelmayr J. (1926), OFm Hofbauer P. (1976), Lm Hofstadler J. (1946), HFm Huemer J. (1960), HFm Huemer W. (1968), E-OBI Kapfer J. (1949), Lm Katzmayr A. (1978), OFm Katzmayr J. (1978), E-AW Kellerer-Mayr J. (1966), Lm Keplinger A. (1946), OFm Keplinger H. (1981), HFm Keplinger J. (1978), OLm Kindermann F. (1950), HFm Kindermann F. (1981), OFm Kindermann J. (1981), Bm Leutgeb F. (1956), Lm Lichtenberger J. (1938), Bm Lidl J. (1931), Lm Mascher A. (1946), Lm Mascher J. (1946), Lm Mayr J. (1963), Lm Niedermayr A. (1956), HFm Nimmervoll A. (1961), OFm Nimmervoll A. (1978), OFm Nimmervoll Ch. (1981), OLm Nimmervoll F. (1958), OFm Nimmervoll F. (1981), OBm Nimmervoll J. (1956), OFm Nimmervoll J. (1973), HFm Nimmervoll S. (1971), OLm Nopp E. (1955), Nopp L. (1952), Fm Obermüller J. (1982), OLm Obermüller M. (1955), OFm Pabel W. (1974), HFm Pammer J. (1972), HFm Plakolb H. (1969), OFm Plakolb R. (1982), OFm Pötscher E. (1981), Fm Pötscher H. (1981), HFm Pree G. (1981), Lm Pree G. (1976), E-AW Pree H. (1950), OFm Raml A. (1981), Lm Raml J. (1949), OFm Raml J. (1982), HFm Raml J. (1978), Fm Raml K. (1982), Lm Raml O. (1955), Lm Riener W. (1963), HFm Simon W. (1981), HFm Stummer J. (1960)

FF STEYREGG

Wie aus Aufzeichnungen ersichtlich ist, taten sich 1874 in der Gemeinde Steyregg einige Männer zusammen, um eine Feuer-wehr zu gründen. Es waren dies der Bürgermeister Georg Haager, Franz Oberherber, Franz Lanz, August Wöran, Franz Kaiser, Johann Schaden, Josef Frühwirth und August Kauf-mann. Franz Oberherber wurde zum Obmann des neuen Vereines gewählt. Die Feuerwehr war in vier Gruppen geglie-dert: Wasserschutzmannschaft für die Wasserbereitstellung im Brandfall, Wehrausschuß oder Vorstand, Steigerabteilung und Spritzenmannschaft. 1905 wurde das 30jährige Gründungsfest begangen. 1921 wurde ein neues Depot geweiht. 1926 wurde bei der Fa. Breuer eine Motorspritze gekauft. 1949 wurde vom Roten Kreuz ein Kraftwagen angekauft, der als Rüstwagen dienen sollte. Von 1950 bis 1952 klafft wieder eine Lücke in der Berichterstattung. Im Mai 1953 wurde ein neuer Rüstwagen angeschafft, da der alte untauglich geworden war; am 12. Juli 1953 war Auto- und Spritzenweihe. Bei der Generalversamm-lung 1954 wurde auf die Notwendigkeit eines Zeughausneu-baues hingewiesen. 1956 bestand bereits eine Jugendgruppe der Feuerwehr. Bei der Generalversammlung 1957 wurde wieder über den Zeughausbau verhandelt. 1958 wurde eine neue Motorspritze RVW 75 Automatik gekauft. 1960 konnte endlich mit dem Depotbau begonnen werden. Am 10. Juni 1964 fand die Kollaudierung des fertiggestellten Zeughauses statt. Am 3. und 4. Juli 1965 feierte man den 90jährigen Bestand und die Zeughausweihe. 1976 wurde ein TLF 2000 Steyr 590 angekauft, dessen Weihe mit der offiziellen 100-Jahr-Feier der Wehr vom 13. bis 15. August 1976 verbunden wurde.

HBI Pfleger D. (1955), OBI Stingeder A. (1959), AW Hirnschrodt F. (1965), AW Moser E. (1979), AW Spinner H. (1977), BI Aichhorn J. (1948), BI Haider M. (1971), BI Ing. Lepschi J. (1952) — HFm Aichhorn Ch. (1975), HFm Breiteck P. (1974), HLm Eder J. (1942), JFm Eder R. (1982), OFm Forstner F. (1933), JFm Forstner G. (1983), OFm Forstner W. (1975), E-BR Frühmann L. (1940), JFm Führeder J. (1982), HLm Gattringer A. (1952), HLm Gattringer A. (1967), JFm Gruber G. (1982), JFm Gruber G. (1981), HFm Gruber W. (1980), JFm Haase M. (1983), HBm Hackl F. (1975), Fm Haider G. (1979), HFm Haider M. (1975), JFm Hametner H. (1982), HFm Hartl K. (1959), OFm Hartl K. (1972), Hartl O. (1975), JFm Hintringer W. (1982), Fm Hocheneder M. (1983), Fm Höfler Ch. (1979), E-OBI Janusko F. (1947), HBm Janusko J. (1942), Lm Langthaler A. (1972), OLm Lehermayer A. (1936), HFm Lehermayer J. (1947), JFm Lengauer M. (1982), BI Leonhartsberger J. (1947), E-AW Maier E. (1942), Lm Permadinger S. (1972), JFm Pöschl S. (1983), OFm Rader O. (1975), HFm Rametsteiner O. (1978), JFm Rebhandl K. (1983), HFm Schaffer F. (1967), JFm Schlager P. (1983), HFm Schopf L. (1975), Fm Schütz K. (1983), Fm Steininger G. (1983), OFm Stingeder Ch. (1975), JFm Stingeder S. (1983), Fm Sturmberger G. (1983), JFm Taubner R. (1982), HFm Wagner W. (1972), HBm Wöckinger A. (1976), HBm Wöckinger A. (1972), Wöckinger K., Lm Wöckinger K. (1972), OLm Wöginger F. (1968), HFm Wöginger F. (1975), Fm Zach H. (1979)

FF STIFTUNG BEI BAD LEONFELDEN

Am 1. Juli 1900 wurde die Freiwillige Feuerwehr Stiftung bei Leonfelden von Josef Hochreiter gegründet. Erster Kommandant war Leopold Weißengruber. Die Feuerwehr bestand aus 19 Mitgliedern. Am 5. Juli 1935 wurde die erste Motorspritze angekauft. Am 6. November 1936 starb der Gründer Josef Hochreiter. Von 1939 bis 1947 gibt es keine Aufzeichnungen. Im Mai 1954 wurde der vierrädrige Traktoranhänger gekauft. Am 5. Juni 1967 wurde eine neue Motorspritze angeschafft. Am 5. Januar 1975 wurde die jetzige Motorspritze angekauft. Im Herbst 1983 wurde mit dem Bau eines neuen Zeughauses beim Anwesen Stumptner in Unterstiftung begonnen. Zu den nächsten größeren Ausgaben der Feuerwehr zählen: Anschaffung eines KLF (VW-LT 35) bzw. eines Kommandofahrzeuges sowie Ankauf von Funk und schwerem Atemschutz. Seit der Gründung der Wehr waren folgende Kommandanten für die Wehr verantwortlich: Josef Weißengruber (1900–1927), Franz Altmüller (1927–1938), Anton Schoißengeier (1938–1947), Rupert Hofstadler (1947–1949), Florian Altmüller (1949–1963), Franz Gartner (1963–1978), Josef Weißenböck (1978–1983), Franz Wohlschlager (seit 1983).

HBI Wohlschlager F. (1973), OBI Altmüller F. (1965), AW Mairhofer R. (1975), AW Rehberger J. (1974), AW Wohlschlager H. (1976), BI Denkmayer E. (1959), BI Hofstadler J. (1956) — E-HBI Altmüller F. (1931), PFm Altmüller J. (1984), JFm Altmüller T. (1981), OFm Bergsmann J. (1980), Fm Birklbauer A. (1977), Fm Birklbauer J. (1979), OBm Birklbauer L. (1953), JFm Denkmayr H. (1981), JFm Edelbauer H. (1979), Lm Forstner J. (1954), PFm Freller R. (1983), Fm Gaishofer K. (1979), HFm Gartner A. (1971), E-HBI Gartner F. (1947), OLm Gartner K. (1945), HFm Gartner K. (1973), HFm Grasböck A. (1973), HLm Grasböck K. (1949), JFm Grasböck S. (1981), Lm Hammerschmid A. (1958), JFm Hammerschmied E. (1980), HFm Hammerschmied J. (1973), HFm Hehenberger J. (1971), OFm Hehenberger M. (1973), HLm Heinzl F. (1928), E-OBI Hochreiter F. (1947), PFm Hochreiter J. (1983), JFm Hochreiter H. (1979), HFm Hofer J. (1965), PFm Hofer K. (1983), HFm Hofer R. (1972), HFm Hofmann F. (1967), JFm Huemer Ch. (1981), E-AW Huemer F. (1953), Bm Huemer F. (1965), HFm Huemer G. (1977), HLm Huemer J. (1923), HFm Huemer J. (1973), JFm Huemer J. (1983), HLm Huemer J. (1923), Lm Huemer J. (1967), E-AW Huemer K. (1947), HFm Huemer M. (1974), JFm Kapl B. (1982), HFm Kapl R. (1973), OFm Katzmair H. (1974), JFm Koll Ch. (1983), Fm Koll J. (1982), HFm Koll J. (1971), Lm Koll J. (1953), Fm Koll J. (1982), OLm Lummerstorfer L. (1966), JFm Manzenreiter Ch. (1983), OLm Manzenreiter F. (1940), E-AW Manzenreiter F. (1947), HFm Manzenreiter F. (1973), PFm Manzenreiter F. (1982), OFm Manzenreiter J. (1977), Fm Manzenreiter J. (1982), JFm Manzenreiter J. (1981), Manzenreiter K. (1977), OBm Manzenreiter M. (1958), Fm Manzenreiter M. (1977), Fm Manzenreiter M. (1982), OFm Mayerhofer F. (1976), HLm Mayerhofer J. (1934), OLm Mittermüller F. (1958), Fm Mittermüller F. (1979), OFm Mittermüller M. (1979), E-OBI Mülleder F. (1923), HFm Mülleder H. (1965), OFm Mülleder J. (1979), Lm Panholzer A. (1947), Fm Panholzer H. (1974), Bm Panholzer W. (1971), HFm Pirklbauer K. (1967), Lm Rauch W. (1973), PFm Rechberger W. (1983), OFm Rehberger J. (1973), HFm Rehberger K. (1971), Fm Rehberger M. (1980), Lm Reisinger J. (1980), OFm Schoissengeier A. (1977), Lm Schoissengeier A. (1952), OFm Schoissengeier A. (1973), JFm Schoissengeier H. (1981), Lm Schoissengeier J. (1971), OLm Schossengeier J. (1947), OFm Schoissengeier J. (1977), HFm Stumptner A. (1980), Lm Stumptner A. (1948), HFm Süß F. (1973), JFm Süß W. (1981), JFm Traxler G. (1982), HBm Weissenböck J. (1967), OLm Weissenböck J. (1947), Lm Weissenböck S. (1971), Lm Wohlschlager F. (1958)

FF STIFTUNG BEI REICHENTHAL

Die Gründung der Freiwilligen Feuerwehr Stiftung erfolgte im Jahr 1904 durch die Gemeindevertretung unter Bürgermeister Franz Kranzl. Zum ersten Obmann wurde Franz Pötscher gewählt. Weitere Kommandanten während des Ersten Weltkrieges waren Josef Preinfalk und Anton Fleischanderl. 1919 wurde Josef Traxl zum Wehrführer gewählt. Ihm folgte Karl Gattinger 1923. Noch im gleichen Jahr wurde Johann Fürlinger neuer Kommandant, dem 1928 Mathias Seiberl als Wehrführer folgte (bis 1938). 1931 wurde die erste Motorspritze „Kleiner Florian" angeschafft. Während der Kriegsjahre war die FF Stiftung der FF Reichenthal angeschlossen. Nach dem Krieg wurde die Wehr wieder selbständig, neuer Kommandant war Rudolf Fürlinger, dem 1958 Alois Seiberl in dieser Funktion folgte (bis 1968). 1960 wurde ein Tragkraftspritzenwagen und 1964 eine neue Motorspritze VW Automatik angeschafft. 1968 wurde Erich Seiberl Wehrführer, 1972 konnte ein gebrauchtes Kfz Ford Transit angekauft und zu einem Rüstwagen umgebaut werden. Weiters konnte die Wehr im Laufe der folgenden Jahre schwere Atemschutzgeräte erwerben und den Schlauchbestand erneuern sowie 1974 ein neues Feuerwehrgebäude errichten, das 1976 seiner Bestimmung übergeben wurde.

HBI Seiberl E. (1954), OBI Breuer G. (1951), AW Birngruber A. (1965), AW Lang F. (1954), AW Seiberl A. (1965), BI Barth H. (1968), BI Pachinger A. (1973) — HFm Barth F. (1952), E-OBI Berger G. (1946), HFm Biberhofer F. (1959), JFm Biberhofer H. (1982), Lm Birngruber A. (1968), HFm Birngruber E. (1965), OLm Birngruber F. (1929), Lm Birngruber F. (1965), OFm Birngruber K. (1978), JFm Birngruber M. (1981), Fm Breuer E. (1978), Lm Breuer G. (1975), Lm Deibl J. (1953), HFm Denkmayr A. (1954), JFm Denkmayr Ch. (1970), OLm Denkmayr F. (1954), HFm Denkmayr H. (1969), Fm Denkmayr J. (1976), Fm Denkmayr N. (1980), HBm Elmecker N. (1956), HLm Etzelstorfer A. (1954), Fm Etzelstorfer A. (1977), HFm Fürlinger H. (1968), E-BI Fürlinger R. (1947), Fm Fuka F. (1950), Lm Fuka R. (1969), HFm Fuka R. (1965), HFm Goldmann W. (1960), OFm Haiböck H. (1979), Lm Handlbauer G. (1965), HFm Handlbauer F. (1958), HFm Handlbauer F. (1973), HFm Hintringer E. (1928), Lm Hintringer H. (1968), HFm Hofstadler J. (1948), HFm Hofstadler J. (1965), Fm Kampelmüller G. (1977), HBm Kampelmüller H. (1969), Lm Kampelmüller J. (1968), HFm Kapl E. (1973), HFm Kathofer F. (1939), HFm Kathofer J. (1965), HFm Kostolnik W. (1973), HLm Kranzl E. (1954), OFm Kroisz F. (1939), HFm Kroisz F. (1954), JFm Lang F. (1982), HFm Martetschläger F. (1949), OFm Mörixbauer F. (1976), HFm Mörixbauer H. (1975), Lm Ortner F. (1951), HBm Ortner F. (1975), OFm Ortner J. (1975), Lm Pachinger A. (1956), HFm Payer A. (1948), OLm Pirklbauer A. (1954), Lm Pirklbauer A. (1969), JFm Pirklbauer A. (1982), E-OBI Pirklbauer F. (1933), OFm Pirklbauer H. (1976), Lm Pirklbauer J. (1954), Lm Pirklbauer J. (1975), HFm Pirklbauer J. (1913), HFm Pötscher J. (1956), Lm Poscher A. (1959), HFm Pree F. (1952), Lm Pühringer A. (1965), JFm Pühringer R. (1981), OFm Ruckendorfer J. (1973), OFm Schimpl A. (1978), HFm Schramm H. (1965), Lm Schwingshandl J. (1959), HFm Schwingshandl J. (1924), JFm Schwingshandl J. (1982), HFm Schwingshandl J. (1940), Lm Schwingshandl J. (1956), E-HBI Seiberl A. (1941), JFm Steidl G. (1981), JFm Stockinger H. (1982), OLm Tröbinger A. (1954), OFm Tröbinger E. (1975), HFm Tröbinger J. (1968), OFm Tröbinger K. (1973), HFm Tröbinger N. (1965), Fm Tröbinger N. (1979), OLm Wagner J. (1956), HBm Wagner J. (1975), JFm Wagner R. (1982), HFm Wagner R. (1965), Wakolbinger J. (1969)

FF TRABERG

Die FF Traberg wurde 1895 gegründet. Ignaz Agfolter war erster Obmann. Als Hauptinitiator der Vereinsgründung scheint Maximilian Möstl auf, der sich die meiste Mühe um das Zustandekommen der Feuerwehr gegeben hatte. Am 25. April wurde von der Firma Rosenbauer eine Handdruckspritze samt Zubehör gekauft. Die Spritze und die gesamte Feuerwehr hatten kurze Zeit danach ihre erste harte Bewährungsprobe zu bestehen, als im Ort ein Feuer ausbrach, das zwölf Objekte einäscherte. Die Kirche, das Schulhaus, der Pfarrhof, das Gasthaus Agfolter und der obere Teil des Ortes konnten gerettet werden. Dem Betreiben Möstls war auch die Gründung der vereinseigenen Musikkapelle zu verdanken; als Kapellmeister wurde Philipp Kitzmüller gewählt. Die Feuerwehr kaufte 1907 ihre zweite Handdruckspritze und einen Gerätewagen. Das 1896 erbaute Depot wurde 1913 mit einem Schlauchtrockenturm versehen, im März 1932 wurde eine Motorspritze von der Firma Gugg, 1935 ein feuerwehreigener Pferdewagen angekauft. 1938 wurde die Feuerwehr Traberg als Löschzug in die Feuerwehr Oberneukirchen eingegliedert. Nach Kriegsende ging die Jugend ans Werk. Die Fw.-Kameraden Brandstetter, Prischl, Stumptner, Halwachs und Prammer bauten aus einem Wrack und vielen Einzelteilen eines russischen Besatzungsautos ein gut brauchbares, geländegängiges Feuerwehrauto zusammen. 1949/50 wurde ein neues Zeughaus fertiggestellt und eine Motorspritze (DKW) gekauft. Am 16. Juni 1950 wurde das 55jährige Gründungsfest mit Auto-, Motorspritzen- und Zeughausweihe abgehalten. 1963 Ankauf einer neuen VW Motorspritze. 29. Juni 1969 Segnung des neuen Löschfahrzeuges (Land Rover). 1980 Ankauf eines KDO-Fahrzeuges VW-Bus.

HBI Ganglberger L. (1961), OBI Hauzenberger W. (1976), AW Atzmüller B. (1975), AW Prammer B. (1947), AW Steininger H. (1962), BI Möstl G. (1975), — Fm Atzmüller K. (1981), OFm Atzmüller L. (1950), Lm Beran F. (1950), HFm Bernecker R. (1947), Lm Bindeus M. (1930), Fm Dollhäubl W. (1959), OLm Ehrenmüller F. (1950), Fm Enzenhofer H. (1976), Fm Enzenhofer H. (1952), OFm Gaisbauer F. (1960), Fm Gaisbauer G. (1979), Fm Gaisbauer M. (1981), OFm Getzinger A. (1970), Lm Hartl S. (1962), HFm Hauzenberger O. (1950), OFm Hinterleitner H. (1956), OLm Höller E. (1950), Fm Ing. Kastner A. (1976), OFm Kastner J. (1958), OFm Kastner R. (1969), Lm Katzmayr J. (1954), OFm Katzmayr M. (1940), OFm Keplinger A. (1974) E-AW Keplinger A. (1936), PFm Kitzmüller F. (1983), Lm Kitzmüller H. (1947), E-BI Koch J. (1953), OFm Lehner J. (1964), Fm Lehner M., Fm Mares S. (1968), Fm Mayrhofer H. (1980), OLm Mayrhofer K. (1963), E-OBI Möstl F. (1950), HFm Nimmervoll F. (1926), HLm Nimmervoll J. (1947), Fm Nimmervoll J. (1980), PFm Nimmervoll J. (1983), Fm Nimmervoll M. (1980), HFm Pirklbauer A. (1961), HFm Prammer A. (1968), Fm Prammer Ch. (1978), HFm Prammer J. (1970), HFm Rehberger J. (1960), Fm Ringler M., OFm Scheiblhofer J. (1962), Fm Schwarz R. (1977), E-HBI Stumptner J. (1947), Fm Stumptner O. (1981), HFm Stumptner S. (1962), OFm Traxler K. (1974), Tumfart H. (1975), E-AW Tumfart J. (1949), Fm Tumfart P. (1976), HLm Winkler J. (1958)

FF TREFFLING

Als am 4. August 1904 in der Gemeinde Engerwitzdorf drei Häuser niederbrannten und keine Feuerwehr erschien, war dies der Anlaß für die Gründung einer eigenen Feuerwehr der Gemeinde Engerwitzdorf mit dem Sitz in Treffling. Bei der Gründungsversammlung im Mai 1905 traten 33 Mann der Feuerwehr bei. In der Folge wurde das erste Zeughaus der „Engerwitzdorfer Wehr" an der alten Linzer Straße erbaut. Schon 1925 erhielt die Wehr ihre erste Motorspritze. Um die Schlagkraft bei Brandeinsätzen zu erhöhen, kam es 1930 zur Gründung von zwei weiteren Feuerwehren, in Schmiedgassen und in Schweinbach. Die Trefflinger Wehr, die bis dahin als „freiwillige Ortsfeuerwehr der Gemeinde Engerwitzdorf mit dem Sitz in Treffling" geführt worden war, nannte sich ab diesem Zeitpunkt nur noch „Freiwillige Feuerwehr Treffling". 1939 mußte das Zeughaus dem Truppenübungsplatz weichen. Es kam zum Neubau an der Felber Bezirksstraße. 1945 wurde das Feuerwehrhaus ausgeplündert. Fenster und Tore waren zerschlagen, Ausrüstung und Gerät vernichtet oder verschleppt worden. Mit einer aus der Gusen gefischten Motorspritze und mit von der FF Gallneukirchen erbettelten Schläuchen begann die Feuerwehr nach dem Krieg wieder ihre Tätigkeit. Die Aufbauarbeit war mühevoll. 1953 wurde ein Wehrmachts-Dreiachser ersteigert und dann zu einem Feuerwehrauto umgebaut. 1961 kaufte die Wehr einen Ford FK 1250, der noch zum Mannschaftstransport dient. 1965 erhielt die Wehr eine neue Motorspritze. Später wurden dann Funkgeräte und schwerer Atemschutz angeschafft. Das neue Tanklöschfahrzeug Trupp 2000 wurde 1978 feierlich gesegnet. In nur einjähriger Bauzeit konnte das neue Zeughaus fertiggestellt und 1980 in Betrieb genommen werden.

HBI Mairhofer L. (1948), OBI Kastler K. (1966), AW Burgstaller J. (1966), AW Minichberger F. (1961), AW Priesner J. (1965), HBI Mairhofer J. (1967), BI Fürst J. (1977), BI Scheba J. (1964) — OFm Aichhorn J. (1977), HFm Brandstetter J. (1973), Fm Brückl H. (1981), Lm Brückl M. (1946), OLm Fuchs A. (1957), OLm Fuchs F. (1969), OFm Fuchs J. (1953), Fuchs J., HFm Fürst A. (1951), OFm Fürst H. (1979), OLm Fürst J. (1946), OFm Gattringer G. (1979), HFm Grünberger M. (1977), Fm Hahnerbauer G. (1979), HFm Halmerbauer J. (1960), HFm Hintermüller J. (1954), HFm Hintermüller O. (1954), Fm Hofbauer H. (1981), OLm Jobst J. (1966), HFm Kagerer F. (1979), HFm Klinger F. (1950), OFm Kneidinger J. (1979), OFm Kolberger J. (1975), OLm Lang J. (1946), OFm Langeder J. (1978), Bm Leutgeb E. (1951), Lm Liedl G. (1974), OBm Lorenz J. (1963), Fm Madlmair J. (1981), OLm Mairhofer R. (1951), HFm Mairhofer R. (1980), OLm Mayr R. (1973), HBm Moshammer E. (1980), HFm Mühlbachler F. (1977), OFm Maderer F. (1954), OLm Penkner F. (1974), HFm Penkner H. (1976), Bm Penkner J. (1972), OFm Pletz F. (1948), HBm Prammer F. (1957), Fm Reichinger G. (1979), Reindl A. (1959), Fm Reindl E. (1981), E-AW Sageder A. (1948), Bm Schatz F. (1957), Bm Schinagl J. (1965), HFm Schinnerl H. (1976), OFm Schinnerl J. (1979), OLm Schöndorfer A. (1962), Fm Schöndorfer M. (1979), HFm Schürhagl J., HLm Schwarz J. (1963), HBm Schwarzenberger F. (1959), HFm Seyr A. (1966), OLm Stadler K. (1972), OFm Standhartinger R. (1979), HBm Steiner F. (1948), HFm Tanzer H. (1950), OFm Wagner F. (1948), OFm Walch J. (1948), HFm Weichselbaum F. (1963), HFm Weiß F. (1973), Lm Weiß J. (1967), HFm Wiesinger H. (1977), Lm Wiesinger K. (1976), HFm Wolfsjäger G., Zehethofer J.

FF VEITSDORF

Nachdem am Christi Himmelfahrtstag des Jahres 1933 die Bauernhöfe vulgo Bachbauer und Stummer in Veitsdorf einem Brand zum Opfer fielen, wurde von den Ortsbewohnern erstmals der Wunsch geäußert, eine eigene Feuerwehr zu gründen. Daraus wurde vorerst jedoch nichts, da nicht, wie die Bevölkerung wollte, eine eigene Feuerwehr, sondern nur ein Löschzug aufgestellt werden sollte. So kam es, daß 13 Jahre vergingen, bis endlich am 15. Mai 1946 die Gründungsversammlung abgehalten werden konnte. 16 Mann traten der neu gegründeten Feuerwehr bei und wählten Johann Hartl zu ihrem Kommandanten. Zugleich wurde beschlossen, von der FF Gallneukirchen eine gebrauchte Handdruckspritze samt Schläuchen anzukaufen. Im November 1947 bekam die FF Veitsdorf die erste Motorspritze. Im Jahr 1953 wurde das in Eigenregie erbaute Feuerwehrhaus eingeweiht und zwei Jahre später mit Strom versorgt sowie eine Alarmsirene installiert. 1958 wurde ein neuer Rüstanhänger für Traktorzug angekauft und ein Löschteich errichtet. Eine neue Tragkraftspritze der Marke VW konnte 1969 festlich eingeweiht werden. Nachdem 1971 Kommandant Johann Hartl seinen Rücktritt bekanntgab, wurde Josef Reisinger zum neuen Kommandanten gewählt. Weiters wurde 1975 erstmals eine Jugendgruppe ins Leben gerufen. Ein gebrauchtes Löschfahrzeug KLF Marke VW (VW-Bus) konnte im Jahr 1977 angeschafft und mit Funk ausgestattet werden. Dank der Unterstützung von LFK, der Gemeinde Alberndorf und der Bevölkerung konnte im Jahr 1981 ein neues Feuerwehrhaus mit Schulungsraum seiner Bestimmung übergeben werden. 1983 konnte ein neues KLF VW LT 35 in Betrieb genommen werden. Bei der Wahl im gleichen Jahr wurde Franz Pröselmayr zum Kommandanten der Wehr gewählt.

HBI Pröselmayr F. (1959), OBI Oberreiter W. (1965), AW Mayr J. (1970), AW Mühlberger F. (1959), AW Rammerstorfer J. (1975), BI Finster G. (1952) — OLm Affenzeller J. (1965), OFm Barth E. (1976), Fm Bernhard J. (1979), JFm Bernhard K. (1981), Lm Danner J. (1953), Lm Glanzegg J. (1946), Lm Glanzegg J. (1959), HFm Glanzegg J. (1968), HBm Groiß F. (1973), JFm Grosser M. (1983), HFm Gschwandtner A. (1980), Lm Hahn J. (1966), Fm Hartl Ch. (1979), HLm Hartl J. (1958), PFm Hartl J. (1975), JFm Hartl J. (1983), OLm Hartl J. (1959), Lm Huemer J. (1949), PFm Huemer J. (1979), PFm Kagerer J. (1982), PFm Kranzl W. (1980), PFm Kurzmann R. (1979), HFm Langwiesner F. (1946), Fm Lehner J. (1982), HBm Mayr F. (1975), Lm Mayr F. (1951), HFm Minichberger J. (1965), JFm Mühlberger A. (1983), Lm Mühlberger J. (1946), HBm Mühlberger J. (1975), PFm Oberreiter E. (1974), Lm Oberreiter W. (1949), HFm Penkner J. (1946), HFm Penkner J. (1968), Fm Pröselmayr Ch. (1977), Lm Pröselmayr F. (1946), Lm Pröselmayr J. (1965), Lm Pühringer E. (1967), HFm Rammerstorfer G. (1946), JFm Rammerstorfer J. (1982), HFm Reichetseder J. (1946), OFm Reichetseder J. (1977), PFm Reisinger Ch. (1979), E-HBI Reisinger J. (1948), Fm Reisinger O. (1979), Lm Winter J. (1970)

FF VORDERWEISSENBACH

Aufgemuntert durch das Beispiel anderer Vereine, welche sich zu edler und nützlicher Arbeit vereinigten, wollte auch Oberweißenbach, da schon im Jahr 1867 von der Gemeinde eine Spritze angeschafft wurde, einen solchen Verein gründen. „Gott zur Ehr und dem Nächsten zur Wehr." Aber immer und immer wieder scheiterte dieses Vorhaben. Endlich, am 1. Juni 1890 konnte im Gasthaus der Frau Maria Langsteiner die erste Versammlung abgehalten werden. Dank der Mithilfe durch die Gemeinde und vor allem der Kameraden, die sich durch all die Jahre bereit erklärten, Faschingszüge zu veranstalten, Theaterstücke aufzuführen und Feuerwehrbälle abzuhalten, konnten viele Neuanschaffungen von Feuerwehrgeräten getätigt werden. So wurde im Jahr 1960 eine Motorspritze VW 75 Automatik angekauft, das alte Auto Steyr 2000 dem Altwarenhändler übergeben und durch einen Ford FK 1000 ersetzt. Im Jahr 1971 wurde die Feuerwehr weiter modernisiert und ein LLF, Type Land Rover, angekauft. In den folgenden Jahren wurden Atemschutzgeräte, ein Sirenensteuerungsgerät und Hitzeanzüge angeschafft. Das nächste Ziel und der Wunsch der Feuerwehr ist ein TLF, für dessen Unterbringung aber ein neues Feuerwehrhaus notwendig ist, wofür die Gemeinde den Grundkauf bereits getätigt hat. Seit der Gründung waren folgende Hauptleute für die Wehr tätig: Moritz Wiltschko, Johann Schartner, Josef Hofer, Johann Rechberger, Michael Gillhofer, Raimund Grabner sen., Josef Feilmayr, Raimund Grabner jun.

HBI Grabner R. (1961), OBI Preining K. (1960), AW Barth K. (1964), AW Enzenhofer R. (1952), AW Gillhofer V. (1950), AW Kaar H. (1939), AW Mascher H. (1967), AW Postl H. (1975), AW Thumfart W. (1966), AW Weinelt W. (1973), BI Mascher K. (1975), BI Preining A. (1957) — Brandstetter A. (1980), Lm Dobesberger H. (1975), Eckerstorfer F. (1975), Enzenhofer F. (1957), Enzenhofer J. (1972), HFm Enzenhofer R. (1961), Fm Feilmayr J., E-HBI Feilmayr J. (1933), HFm Feilmayr L. (1949), HFm Fröhlich B. (1956), HFm Fröhlich P. (1954), HFm Ganglberger A. (1972), Fm Gillhofer M. (1980), HBm Grabner R. (1938), HFm Hintringer F. (1951), Fm Hofer H. (1980), HBm Hofer J. (1966), OFm Hofer J. (1975), Fm Hofer R. (1981), E-BI Hofer S. (1959), Fm Hohner K. (1968), OFm Kaar J. (1975), OFm Kaar W. (1975), FK Kepplinger J. (1951), FK Kepplinger K. (1977), Fm Lehner E. (1980), HFm Lepschy A. (1968), HBm Liedl G. (1975), OLm Liedl H. (1959), HFm Lischka J. (1945), HFm Lummerstorfer K. (1960), Lm Lummerstorfer M. (1978), HFm Lummerstorfer O. (1959), HFm Mitterhofer F. (1963), HFm Mülleder K. (1954), HFm Pirngruber F. (1967), OLm Pötscher J. (1968), Fm Polzer K. (1975), OLm Poscher J. (1959), Bm Postl H. (1934), HFm Postl J. (1952), OFm Postl J. (1975), E-OBI Preining H. (1955), Bm Rechberger J. (1932), OFm Reingruber F. (1973), HFm Schimpl K. (1961), OFm Schwarz F. (1978), OFm Schwarz K. (1975), Fm Sonnberger W. (1980), OFm Thumfart B. (1975), OLm Thumfart E. (1967), HBm Thumfart W. (1975), HFm Traxler J. (1963), Wakolbinger F. (1949), Fm Wiesinger A. (1980), E-BI Zauner K. (1936), HFm Zauner S. (1957), HFm Zölß K. (1956)

FF WALDING

1897 war das Gründungsjahr der Freiwilligen Feuerwehr Walding, Gründungsmitglieder waren Martin Zellinger, Franz Buemberger und Peter Atzlesberger. 1898 erfolgte der Ankauf einer Handdruckspritze. 1899 war der erste große Einsatz beim Marktbrand in Ottensheim. 1932: Ankauf der ersten Motorspritze „Kleiner Florian". 1939: Ausrüstung mit einer TS 8 Motorspritze. Im Kriegsjahr 1940 erfolgte die Ergänzung der Löschmannschaften durch Frauen, die von Matthias Hartl ausgebildet wurden. Nach dem Ende des Zweiten Weltkrieges (1945) wurde ein Großteil der Geräte geraubt. 1948 wurde das erste Rüstauto, ein Dodge Allrad, angekauft. 1950 feierte man das 50jährige Gründungsfest der FF Walding. 1954 stand die Freiwillige Feuerwehr Walding vier Tage ohne Unterbrechung im Hochwassereinsatz. Die Feuerwehr hat in diesen Tagen Übermenschliches geleistet. Walding war eine der wenigen Gemeinden, wo kein einziges Stück Vieh ertrunken ist. Von ca. 20 landwirtschaftlichen Betrieben mußte das Vieh wegtransportiert werden. 1955: Ankauf eines Opel Lkw, der 1956 als Tanklöschfahrzeug mit dem Aufbau einer Hochdruckspritze umgebaut wurde. Es war dies das erste Tanklöschfahrzeug im Bezirk Urfahr-Umgebung. 1962 erfolgte der Ankauf eines Unimog Rüstfahrzeuges. 1974: Ankauf des TLF 2000 und 1981 Ankauf des VW LT 35 Rüstfahrzeuges. Seit der Gründung der Wehr standen folgende Kommandanten an der Spitze: Martin Zellinger sen. (1897–1904), Alois Wiesinger (1904–1919), Martin Zellinger jun. (1919–1939), Johann Köpplmayr (1939–1945), Johann Grünberger (1946–1950) und Johann Bergmayr (seit 1950).

HBI Bergmayr J. (1940), OBI Luckeneder F. (1960), AW Lehner J. (1980), AW Plöderl H. (1953), AW Rechberger F. (1963), AW Sachsenhofer F. (1945), BI Bergmayr J. jun. (1971), BI Kaiser J. (1950), BI Köpplmayr J. (1950), BI Ing. Zellinger P. (1973) — OFm Altendorfer L. (1965), OFm Bergmayr W. (1976), Lm Birklbauer K. (1959), OFm Böck F. (1963), OFm Bumberger A. (1977), PFm Bumberger J. (1982), OLm Dopplhammer J. (1963), OFm Dopplhammer J. jun. (1976), HFm Eder S. (1965), OFm Gattringer A. (1950), OFm Gattringer F. (1960), Fm Gattringer H. (1976), Lm Gattringer R. (1962), HFm Gottinger E. (1953), Fm Greiner F. (1972), HLm Greiner J. (1970), Fm Greiner J. (1977), HFm Grilnberger E. (1957), OFm Grilnberger E. (1979), Lm Grilnberger F. (1951), Lm Grilnberger F. (1973), HFm Grilnberger J. (1942), HFm Grobner A. (1975), HBm Größmann G. (1959), HFm Grünberger A. (1962), Lm Gugerel R. (1967), Fm Haider L. (1952), HFm Haslinger J. (1936), PFm Hauser R. (1981), HFm Hinterleitner H. (1977), Fm Höfler A. (1972), OFm Höglinger A. (1970), HFm Höllinger J. (1945), HFm Hoffelner F. (1913), Fm Hofmann L. (1955), HBm Kaiser H. (1953), OFm Kaiser P. (1974), HFm Karner A. (1967), OFm Kellerer W. (1979), OFm Klamer G. (1924), HFm Klamer W. (1955), HFm Köpplmayr H. (1961), Fm Köpplmayr H. jun. (1974), Fm Köpplmayr J. (1980), OFm Konzalla W. (1977), HFm Lackner J. (1920), OLm Lanzerstorfer A. (1957), PFm Lanzerstorfer A. (1979), Fm Lanzerstorfer J. (1974), OFm Luckeneder F. (1977), HFm Lueghammer J. (1945), OFm Mahringer H. (1981), HFm Meisinger A. (1951), Lm Mittermayr A. (1926), Fm Neilinger H. (1955), AW Neilinger J. (1948), Lm Pichler H. (1973), OLm Pindeus K. (1961), Lm Prisner F. (1950), Lm Pühringer L. (1963), Fm Rath J. (1972), Lm Rechberger J. (1973), PFm Rechberger M. (1983), Fm Reisinger H. (1973), OFm Reiter K. (1974), OFm Reiter R. (1973), HFm Reitermayr J. (1948), OLm Rosenauer K. (1966), Fm Rosenauer W. (1979), HFm Schned J. (1931), Lm Schned J. (1965), Fm Schnell G. (1977), Lm Schober J. (1964), Lm Stadlbauer F. (1957), OFm Weichselbaumer F. (1965), OFm Weissengruber J. (1918), Lm Weixelbaumer F. (1964), OBm Wiesinger H. (1945), Fm Wiesinger H. (1979), HFm Wiesinger J. (1959), HFm Wiesinger J. (1953), OFm Wögerbauer R. (1967), HFm Wolfsteiner J. (1945), OFm Wolfsteiner J. (1974), Lm Wolfsteiner O. (1964), OFm Wolfsteiner W. (1979), HFm Zauner A. (1955), Fm Zauner F. (1981), OFm Zauner J. (1979), Lm Zauner J. (1968), Lm Zellinger J. (1940)

FF WALDSCHLAG

Die Freiwillige Feuerwehr Oberwaldschlag wurde 1912 gegründet. Das erste Zeughaus wurde 1926 unter Kommandant Johann Gstöttner eingeweiht. Von 1932 bis 1938 führte Johann Haslgrübler die Feuerwehr. Von 1938 bis 1945 wurde die Wehr als Löschzug geführt und gehörte zu Oberneukirchen. Geleitet wurde der Zug von Peter Nimmervoll. Nach dem Zweiten Weltkrieg schloß sich die Ortschaft Unterwaldschlag der Feuerwehr an und seither heißt die Feuerwehr Waldschlag. 1948 übernahm Raimund Gstöttner die Wehr. 1956 wurde das jetzige Feuerwehrhaus gebaut. Als Nachfolger wurde 1958 Benjamin Tumfart gewählt. 1961 wurde ein Jeep (gebraucht) von der Feuerwehr Scharnstein angekauft und 1964 eine neue Motorspritze. Der Schmiedemeister Johann Fischerlehner wurde 1968 zum Kommandanten gewählt. 1970 wurde der Jeep wegen laufender Reparaturen verkauft. 1971 wurde ein Tragkraftspritzenanhänger gekauft. Von 1973 bis 1978 war Alois Pühringer der Chef dieser Wehr und er konnte viele Jugendliche werben. 1978 wurde ein sehr junges Kommando gewählt mit dem damals erst 20jährigen Manfred Mayerhofer als Kommandant. Das junge Kommando zeigte große Aktivitäten. So konnte noch im Jahr 1978 der Anschluß an das Stromnetz sowie die Sirene installiert werden. 1981 konnte mit Unterstützung der Gemeinde sowie der Bevölkerung ein neues Kleinlöschfahrzeug angekauft werden. Viele andere wichtige Ausrüstungen und Geräte konnten aus Erlösen von Festen finanziert werden. Die Freiwillige Feuerwehr Waldschlag nahm auch an Bezirks- und Landeswettbewerben teil und besuchte die Feuerwehrschule. Bei der letzten Feuerwehrwahl 1983 wurde das bestehende Kommando wiedergewählt.

HBI Mayerhofer M. (1973), OBI Pühringer A. (1968), AW Gstöttner J. (1973), AW Mayerhofer W. (1974), AW Schiller J. (1973), BI Nimmervoll J. (1961) — OFm Beneder A. (1980), OLm Beneder F. (1949), OFm Ehrmüller A. (1980), OFm Ehrmüller J. (1980), HFm Ehrmüller J. (1947), Lm Enzenhofer A. (1975), Lm Feichtner F. (1924), OFm Fischerlehner G. (1979), Bm Fischerlehner J. (1947), Fm Fischerlehner M. (1980), OFm Gillhofer G. (1978), HLm Gillhofer P. (1964), OFm Gstöttner Ch. (1980), HLm Gstöttner F. (1947), OBm Gstöttner R. (1944), Fm Gündeseder F. (1983), Lm Gündeseder F. (1949), HFm Hofer A. (1973), Bm Hofer F. (1954), JFm Katzmayr K. (1983), JFm Lehner A. (1983), Fm Mayerhofer K. (1980), Fm Mitter H. (1980), OFm Nimmervoll A. (1980), Lm Nimmervoll F. (1947), HBm Nimmervoll F. (1979), Fm Nimmervoll F. (1980), HFm Nimmervoll J. (1974), Bm Nimmervoll L. (1955), JFm Nimmervoll M. (1983), JFm Nimmervoll N. (1983), OFm Nimmervoll W. (1978), JFm Perneker Ch. (1983), HFm Perneker L. (1962), Lm Prammer F. (1922), Lm Prammer H. (1980), Fm Prammer H. (1980), Fm Prammer J. (1980), Fm Prammer K. (1980), HFm Preining J. (1973), Fm Rehberger H. (1980), Fm Rehberger K. (1980), HFm Rehberger R. (1960), Lm Schöftner H. (1945), OFm Schuhmann B. (1978), Fm Stimmeder J. (1980), OFm Stöbich R. (1980), OBm Tumfart B. (1945), HFm Tumfart J. (1969), Fm Waldhör A. (1980), OLm Waldhör H. (1947), Waldhör H. (1947)

FF WAXENBERG

Die Freiwillige Feuerwehr Waxenberg wurde am 27. Dezember 1903 unter der Leitung des Obmannes des Bezirksfeuerwehrverbandes Johann Ritter aus Leonfelden gegründet. Erster Kommandant war Johann Pötscher. Ihm folgten die Kommandanten Johann Danninger (1906–1907), Johann Rader (1908–1909), Johann Danninger (1909–1910), Johann Pötscher (1910–1914), Anton Azwanger (1914–1917), Hans Bart (1917–1918), Ferdinand Knogler (1918–1922), Robert Klafterböck (1922–1924), Alois Alkühn (1924–1926), Hans Rader (1926–1930), Johann Preuer (1930–1938). Während der Kriegsjahre war die Feuerwehr aufgelöst. Nach dem Anschluß 1938 wurde die Gemeinde Waxenberg der Marktgemeinde Oberneukirchen eingegliedert. 1946 wurde die FF Waxenberg neu gegründet; Kommandanten waren Johann Preuer (1946–1947), Heinrich Füreder (1947–1949), Heinrich Neumüller (1949–1958), Anton Wolfmayr (1958–1959), Josef Alkühn (1959–1983) und Johann Engleder (seit 1983). Als wichtige feuerwehrhistorische Ereignisse gelten folgende Aktivitäten: 1904 wurde ein Zeughaus mit Turm zum Trocknen der Schläuche gebaut; ein Spritzenwagen und die nötige Gerätschaft angeschafft. 1931 wurde die erste Motorspritze gekauft. 1948 wurde ein Jeep als Feuerwehrauto angeschafft. 1959 bekam die Feuerwehr von der Landes-Feuerwehrschule einen Löschwagen. 1964 wurde eine Tragkraftspritze mit Automatik angekauft. Diese wurde am 6. September 1964 im Rahmen des 60jährigen Bestandsjubiläums der Wehr eingeweiht. 1966 wurde ein Feuerwehrauto mit Seilwinde bestellt. 1967 wurde das Zeughaus renoviert, 25 Kameraden leisteten 300 Arbeitsstunden. Am 7. Mai 1967 wurde der neue Rüstwagen feierlich eingeweiht. 1972 wurde eine Jugendgruppe aufgestellt.

HBI Engleder J. (1959), OBI Howorka H. (1957), AW Alkühn W. (1973), AW Kurzbauer E. (1951), AW Steinleitner H. (1963), BI Haas J. (1963), BI Lepschy K. (1981) — E-HBI Alkühn J. (1957), Fm Atzmüller F. (1965), Fm Atzmüller G. (1973), Fm Brandl J. (1918), Fm Breuer F. (1980), Fm Breuer K.-H. (1983), Fm Breuer K. (1980), Fm Engleder J. (1975), Fm Engleder J. (1973), OFm Finster I. (1952), HFm Finster J. (1972), OBm Füreder J. (1946), Fm Füreder O. (1974), OFm Fürlinger F. (1926), Fm Fürlinger K. (1983), HFm Gaißbauer M. (1960), Fm Glaser F. (1982), HLm Haider A. (1982), HFm Hamberger J. (1965), OFm Hinterberger K. (1944), OFm Hinterberger K. (1963), OFm Hinterhözl J. (1959), Fm Hinterhözl J. (1975), Fm Hinterhözl P. (1979), OFm Hinterhözl P. (1978), OFm Hinterhözl S. (1967), OFm Hochreiter F. (1959), OFm Hörschläger J. (1963), Fm Hofbauer W. (1980), Fm Howorka G. (1974), Fm Howorka H. (1980), Fm Hutter J. (1980), HFm Keplinger A. (1977), HFm Keplinger E. (1961), OFm Keplinger E. (1975), OFm Keplinger H. (1975), HLm Keplinger L. (1937), OFm Köck L. (1979), OFm Kucera E. (1963), Fm Kurzbauer J. (1980), Fm Kurzbauer P. (1980), Fm Kurzbauer W. (1980), HFm Mayrhofer A. (1953), Fm Mayrhofer J. (1963), Fm Mayrhofer S. (1973), Fm Neulinger J. (1963), HFm Neulinger H. (1967), HLm Panholzer J. (1933), OFm Panholzer W. (1957), Fm Pichler J. (1980), OFm Preuer P. (1974), HBm Priglinger K. (1959), Fm Priglinger K. (1973), Fm Pühringer E. (1975), Fm Richtsfeld A. (1959), Fm Richtsfeld Ch. (1975), Bm Richtsfeld K. (1959), OFm Rudelstorfer F. (1935), OFm Schiller F. (1933), PFm Schiller J. (1983), Fm Schütz H. (1980), OBm Steinleitner K. (1949), OFm Stöttner L. (1946), OFm Stöttner L. (1975), OFm Stumpfner M. (1930), HFm Walchshofer E. (1982), OFm Weigl P. (1935), OFm Weissengruber A., HFm Zwonarich F. (1959)

FF WEIGETSCHLAG

Am 19. Juli 1908 versammelten sich in Weigetschlag 33 Männer aus den Ortschaften Weigetschlag, Affetschlag, Dürnau, Silberhartschlag, Böheimschlag, Roßberg und Rading, um eine Freiwillige Feuerwehr zu gründen. Unter Bürgermeister Alois Wagner, Feuerwehrbezirksobmann Anton Kapl und Verbandsschriftführer Ferdinand Pickl wurde die konstituierende Versammlung durchgeführt und die FF Weigetschlag gegründet. Zum Feuerwehrhauptmann wurde Michael Mascher gewählt. Noch im selben Jahr wurde das Zeughaus gebaut und eine Handspritze angekauft. In der Kriegszeit von 1938 bis 1945 war die Freiwillige Feuerwehr Weigetschlag an Leonfelden angegliedert. In dieser Zeit war Josef Birngruber Wehrführer. Folgende Anschaffungen wurden getätigt: 1933: neue Motorspritze; 1948: Überstellung einer Motorspritze von der FF Leonfelden; 1966: neue Motorspritze Marke VW; 1969: gebrauchter Tragkraftspritzenwagen mit Traktorzug; 1978: Sirene; 1981: Sirenenfunksteuergerät; 1984: neues Feuerwehrauto VW-Bus mit Geräteausstattung, 5 Löschteiche, davon 2 Betonbehälter. Auszeichnungen: 1954: Hochwassermedaille an 9 Feuerwehrmänner; 1973: Bezirksplakette in Bronze; Verdienstkreuz III. Stufe an Kdt. Gottlieb Hochreiter; Silbermedaille – 11 Kameraden; Bronzemedaille – 15 Kameraden; 25jährige Mitgliedschaft: 55 Medaillen; 40jährige Mitgliedschaft: 33 Medaillen; 50- und 60jährige Mitgliedschaft: 18 Urkunden. Seit der Gründung der Freiwilligen Feuerwehr waren folgende Kommandanten tätig: Michael Mascher, Gottlieb Hochreiter, Anton Hofer, Alois Hochreiter, Josef Birngruber, Josef Hofer, Gottlieb Hochreiter.

HBI Hochreiter G. (1950), OBI Katzmayer F. (1949), OBI Traxler J. (1967) — Abfolterer H. (1983), Achleitner H. (1980), Aigner J. (1972), Birklbauer A. (1963), Birklbauer B. (1971), Birklbauer H. (1963), Birngruber H. (1967), Birngruber H. (1973), Bogner M. (1969), Deßl J. (1950), Eckerstorfer F. (1968), Fleischanderl G. (1982), Gabauer O. (1952), Gangl A. (1966), Gangl A. (1983), Gangl W. (1983), Hochreiter G. (1979), Hochreiter G. (1979), Hochreiter H. (1950), Hochreiter H., Hochreiter S. (1948), Hochreiter S. (1974), Hochreiter W. (1983), Hofer J. (1967), Hofer J. (1919), Huemer F. (1949), Huemer F. (1968), Huemer R. (1977), Katzmayer F. (1977), Katzmayer G. (1979), Keplinger W. (1967), Koll M. (1979), Leitner K. (1969), Müller K. (1952), Müller M. (1977), Pachner H. (1964), Petermüller H. (1970), Petermüller V. (1933), Pichler A. (1980), Pichler F. (1973), Pötscher J. (1952), Pötscher J. (1925), Pupeter J. (1960), Reingruber J. (1970), Reingruber L. (1949), Reingruber L. (1972), Reingruber W. (1974), Riener K. (1933), Schläger J. (1949), Schwarz K. (1983), Schwarz W. (1963), Sonnberger F. (1929), Sonnberger J. (1924), Sonnberger K. (1963), Steiblmüller H. (1965), Stürzl A. (1980), Stürzl J. (1925), Stürzl K. (1952), Stürzl K. (1977), Traxler F. (1930), Dr. Traxlmayr H. (1978), Wohlschlager H. (1963)

FF WINTERSDORF

Die FF Wintersdorf entwickelte sich aus einem Löschzug, welcher der FF Ottenschlag angeschlossen war. 1935 wurde bei einer Feuerwehrversammlung in Ottenschlag in Anwesenheit des damaligen Landesfeuerwehrkommandanten Pointner und des Landesfeuerwehrinspektors Neumair sowie des Bürgermeisters der Gemeinde Ottenschlag Ortner die FF Wintersdorf gegründet. Als Hauptmann wurde Johann Brandl ernannt, der bis zu diesem Zeitpunkt Feuerwehrhauptmann der FF Ottenschlag war. Kurz nach der Gründung erfolgte die Neuwahl des Kommandos. Es wurde wiederum Johann Brandl zum Hauptmann gewählt. Unter diesem Kommando wurden die ersten zwei Handdruckspritzen gekauft sowie das erste Zeughaus gebaut. Am 21. Februar 1937 wurde anläßlich einer Feuerwehrversammlung im Gasthaus Prückl in Wintersdorf Johann Keck als Hauptmann gewählt. In seiner Funktionsperiode erlebte die FF Wintersdorf einen großen Aufschwung. Es wurden eine Motorspritze und ein Rüstauto angeschafft sowie das Zeughaus neu errichtet. Im Jahr 1963 wurde Franz Poimer als Kommandant gewählt, in dessen Funktionsperiode der Ankauf der derzeitigen Tragkraftspritze fällt. Nach Ablauf der Funktionsperiode Poimers im Jahr 1973 wurde Adolf Maier als Kommandant gewählt, der die Geschäfte der Wehr bis zum Jahr 1978 führte. 1978 wurde der bisherige Schriftführer Franz Wimberger als Kommandant gewählt. In seiner Periode wurde der nach dem Verkauf des Rüstautos neuangeschaffte Tragkraftspritzenanhänger durch ein Kleinlöschfahrzeug Type VW ersetzt.

HBI Reindl S. (1973), OBI Lamplmair W. (1958), AW Kaliwoda E. (1971), AW Maier M. (1976), AW Mayr A. (1964), BI Keck F. (1967), BI Poimer F. (1947) — PFm Ernst K., OFm Faltner F. (1981), OLm Ganhör F. (1957), HFm Ganhör W. (1973), HFm Grubauer A. (1957), Fm Grubauer F. (1973), Lm Grubauer H. (1952), OFm Grubauer H. (1978), PFm Hehenberger R. (1983), OFm Hofstadler E. (1958), HBm Kaar J. (1967), HFm Kaar L. (1969), Fm Kagerer E. (1967), OFm Kampelmüller N. (1980), Fm Kapeller J. (1973), Fm Kapeller J. (1981), OFm Kapeller J. (1973), PFm Kapeller S. (1978), OFm Kreisberger E. (1950), OLm Lamplmair J. (1958), Fm Lamplmayr H. (1981), PFm Lamplmayr J. (1981), Fm Leitner E. (1980), HFm Maier J. (1976), Bm Maier J. (1947), OFm Mühlbachler H. (1963), OFm Mülleder J. (1967), HFm Penzenleitner E. (1974), PFm Pinsker E. (1981), PFm Pinsker W. (1980), Fm Poimer F. (1974), PFm Poimer W. (1979), Lm Pühringer F. (1947), Fm Reindl A. (1974), OFm Stadler J. (1980), Lm Weberndorfer M. (1948), HBm Wimberger A. (1969), E-HBI Wimberger F. (1957), HBm Wimberger F. (1973), OFm Wimberger J. (1973), Lm Wimberger K. (1947), OFm Wimberger S. (1978), PFm Wolfinger J. (1976), Fm Zeirzer J. (1967), OBm Zeirzer J. (1937), OBm Zeirzer W. (1969)

FF ZWETTL AN DER RODL

Die Freiwillige Feuerwehr Zwettl an der Rodl wurde unmittelbar nach dem Brand in Bad Leonfelden, am 10. April 1892, durch den damaligen Schulleiter Alois Höpfler gegründet. Das für die Brandbekämpfung erforderliche Inventar wurde, da kein diesbezügliches Depot zur Verfügung stand, in den Räumlichkeiten des Bräuhauses (jetziges Café Engelbert Schwarz) untergebracht. 1900 erfolgte der Ankauf einer Handdruckspritze für Pferdebespannung. 1911 wurde das auf dem Grundstück des Herrn Breiteneichinger errichtete erste Feuerwehrdepot seiner Bestimmung übergeben. 1931 wurde unter Führung von Kommandant Georg Buchberger die erste Motorspritze der Type E 35 erworben. Die Alarmierung im Einsatzfalle erfolgte bis zur Montage der Alarmsirene auf dem Gebäude des Gemeindeamtes (1951) durch einen hiefür bestimmten Hornisten. 1951 erfolgte der Ankauf des ersten Rüstfahrzeuges der Marke Steyr 1500. Am 6. September 1975 eröffnete man das neue Feuerwehrdepot, das auf dem Grundstück der Gemeinde erbaut wurde. Der technische Stand der Feuerwehr wurde bis zum heutigen Tage immer wieder den Bedürfnissen angepaßt. In den letzten Jahren wurden an Fahrzeugen erworben: ein Tanklöschfahrzeug der Type Opel Blitz (1969), als Tanklöschneufahrzeug ein Wagen der Marke Steyr 586 (1979) sowie als Löschfahrzeug ein Mercedes der Type L 508 D (1982). Weiters wäre zu erwähnen, daß seit 1981 der Wagen des Katastrophenhilfsdienstes, ein Ford Transit, im Depot der FF Zwettl stationiert ist. An technischen Geräten wurden angeschafft: eine TS R 75, VW Automatik (1969), Mehrbereichsschaumlöscher, schwerer Atemschutz, Notstromaggregat, Funkausrüstung sowie ein Spreitzer. Seit 1982 ist die FF Zwettl an das Sirenennetz und die Funkalarmierung angeschlossen.

HBI Oberfichtner F. (1950), OBI Schwarz K. (1962), AW Enzenhofer E. (1974), AW Reingruber J. (1952), AW Weixlbaumer A. (1968), BI Gossenreiter J. (1949) — Fm Abrandtner J. (1947), OFm Aigner F. (1973), OFm Aigner F. (1938), Lm Aigner F. (1952), OFm Baumgartner F. (1975), Buchberger A. (1915), HFm Danner A. (1951), E-AW Danner K. (1947), HFm Fink F. (1972), OFm Fink L. (1976), HLm Fuchs R. (1951), OFm Gossenreiter J. (1970), Grasböck F. (1934), Grillnberger J. (1973), HFm Grillnberger J. (1947), PFm Grillnberger J. (1974), Grünzweil L. (1934), Lm Gußner E. (1962), HFm Gußner J. (1922), OFm Hahn E. (1979), FA Dr. Haider E. (1982), Lm Haider H. (1947), OFm Hamberger J. (1975), HBm Höfer F. (1966), OFm Höfer J. (1973), OLm Huemer J. (1958), Fm Koll S. (1974), Leitner A. (1925), OLm Leitner A. (1947), HFm Leitner A. (1974), HFm Leutgeb A. (1951), HFm Leutgeb F. (1957), HBm Leutgeb J. (1966), Lm Linhart J. (1959), PFm Magerl F. (1974), Lm Maureder J. (1964), Fm Mistlbacher R. (1924), Fm Moser H. (1974), OLm Mühlböck A. (1962), Mühlböck I. (1929), OFm Mühlböck I. (1943), Mühleder G., HLm Oberfichtner A. (1959), OFm Oberfichtner F. (1951), Penn L. (1935), OLm Penn R. (1935), Fm Penn R. (1982), Fm Pertlwieser A. (1971), Fm Pichler F. (1981), HBm Putzinger G. (1968), Fm Ratzenböck J. (1960), HFm Ratzenböck M. (1965), Fm Reingruber E. (1975), OFm Reingruber W. (1975), Schinkinger J. (1944), Fm Schmiedinger K. (1954), OLm Schraml G. (1962), OLm Schwarz J. (1949), Fm Stadlbauer R. (1967), HFm Stoiber B. (1975), HFm Stoiber J. (1975), Fm Stürmer A. (1952), Lm Stürmer E. (1953), OFm Stürmer E. (1975), Stürmer J. (1919), OFm Stürmer W. (1975), Fm Wachberger W. (1969), Lm Walchshofer A. (1968), Lm Weixlbaumer J. (1936), OLm Weixlbaumer J. (1962), Fm Dr. Werner E., Werner F. (1925)

BEZIRK VÖCKLABRUCK

119 FEUERWEHREN

Abschnitt 1	Frankenmarkt	31 Feuerwehren
Abschnitt 2	Mondsee	15 Feuerwehren
Abschnitt 3	Schwanenstadt	18 Feuerwehren
Abschnitt 4	Vöcklabruck	29 Feuerwehren
Abschnitt 5	Attersee	26 Feuerwehren

BEZIRKSKOMMANDO

1. Reihe von links nach rechts: BR Neuhofer Anton (Abschnittskommandant), BR Lasinger Alois (Abschnittskommandant), OBR Kopp Erich (Bezirkskommandant und F-u.-B-Kommandant), BR Schoberleitner Robert (Abschnittskommandant), BR Durchner Anton (Abschnittskommandant), BR Gastner Alois (Abschnittskommandant); 2. Reihe von links nach rechts: HAW Ettinger Othmar (Zeugwart), HAW Irran Julius (Taucherstützpunktkommandant), HAW Kronlachner Karl (Kassenführer), BFK Dechant Kons.-Rat Reiter Bernhard, BFA OMR Dr. Hofer Alwin E., VBR Gschwandtner Josef (F-u.-B-Kommandant-Stv.); 3. Reihe von links nach rechts: HAW Zopf Gerhard J. (Schriftführer), HAW Kirtsch Martin (Bewerbsleiter), HAW Schumet Johann (Funkbetreuer), HAW Quirchmair Johann (Jugendbetreuer)

FF ABTSDORF

Die Gründungsversammlung der FF Abtsdorf fand am 20. Mai 1906 statt. Im Gründungsprotokoll heißt es: „Um den Lösch- und Rettungsdienst in der Gemeinde Abtsdorf und Umgebung zu regeln und in Unglücksfällen möglichst rasche und wirksame Hilfe leisten zu können, beschlossen die gefertigten Bewohner der Gemeinde Abtsdorf eine Freiwillige Feuerwehr Abtsdorf zu gründen." Die FF Abtsdorf wurde 1941 als selbständige Wehr aufgelöst und als Löschzug der Feuerwehr Attersee unterstellt. Mit Bescheid des Amtes der oö. Landesregierung vom 21. April 1949 wurde die Selbständigkeit der FF Abtsdorf wiederhergestellt. Bereits seit dem Gründungsjahr der Feuerwehr stand ein altes Nebengebäude des Pfarrhauses als Feuerwehrzeugstätte zur Verfügung. Dieses Objekt dürfte bereits vorher zur Einstellung der Feuerwehrspritze und anderer Geräte gedient haben. 1924 wurde das elektrische Licht eingeleitet, und Ende 1924 wurde der hölzerne Schlauchturm errichtet. 1951 wurde die erste Feuerwehrsirene installiert. Außerdem wurde in diesem Jahr das Feuerwehrhaus renoviert. Das neue Feuerwehrhaus wurde 1981 bis 1983 an der Ortsausfahrt nach Palmsdorf erbaut. Das alte Feuerwehrhaus wurde 1982 abgetragen. Die Kameraden der FF Abtsdorf leisteten für den Neubau des Depots ca. 1 800 Robotstunden. Bereits 1878 schaffte die Gemeinde Abtsdorf eine eigene Feuerwehrspritze an, nachdem die zuerst im gemeinsamen Eigentum stehende Kastenspritze an die Gemeinde Attersee verkauft worden war. 1927 wurde eine neue Brückenspritze angeschafft. Die erste Motorspritze wurde Ende 1930 erworben, und zwar eine tragbare Gugg-Motorspritze Type „Piccolo". Weitere Anschaffungen: Motorspritzenwagen (1950), Motorspritze (1955), Rüstwagenanhänger (1958), Feuerwehrspritze (1964), Feuerwehrauto (1976).

HBI Sterrer W. (1952), OBI Leitner G. (1968), AW Danter M. (1954), AW Gruber H. (1977), AW Obermaier G. (1978), BI Langer A. (1955) — OFm Ablinger G. (1949), HFm Aigner E. (1968), Fm Blaichinger F. (1955), Fm Blaichinger G. (1962), Fm Blaichinger H. (1976), OFm Blaichinger J. (1949), Fm Blaichinger J. (1974), OLm Danter M. (1929), Lm Dorfinger J. (1952), Fm Göschl F. (1965), Fm Hager F. (1964), Bm Hemetsberger F. (1950), Fm Hemetsberger G. (1968), Fm Hemetsberger J. (1955), Fm Hemetsberger J. (1979), PFm Hollerwöger E. (1974), OFm Hollerwöger F. (1949), Fm Hollerwöger F. (1973), Fm Hollweger J. (1954), PFm Hollweger J. (1975), Fm Hurler M. (1962), Fm Kreuzer J. (1968), Fm Kroiß E. (1969), Fm Kroiß J. (1940), Bm Leitner G. (1940), PFm Lindenbauer F. (1981), Lm Lindenbauer M. (1939), Fm Lohninger A. (1958), OFm Lohninger A. (1954), PFm Lohninger F. (1977), Fm Lohninger H. (1958), Fm Mayr J. (1936), Fm Nußdorfer A. (1960), PFm Pichler F. (1974), Lm Pichler J. (1921), Fm Pichler J. (1954), Fm Renner J. (1982), OFm Resch J. (1949), Fm Resch J. (1974), OFm Resch J. (1949), Fm Resch M. (1974), Fm Resch R. (1982), Fm Schiemer A. (1954), Fm Schiemer G. (1959), Lm Schiemer H. (1928), E-BI Schiemer J. (1949), Fm Schiemer K. (1974), Fm Schiemer W. (1974), Lm Segner M. (1949), Fm Seiringer A. (1954), Fm Sperr F. (1968), Fm Sperr J. (1958), OLm Sperr J. (1927), Fm Sperr K. (1962), Fm Sperr M. (1974), OFm Sterrer F. (1973), Fm Sterrer W. (1982), HBm Teufl R. (1958), PFm Teufl R. (1976), Fm Wienerroither A. (1959), Fm Wienerroither W. (1974), Fm Winkler H. (1955), Fm Zieher J. (1958)

FF ACKERSBERG

Die Freiwillige Feuerwehr Ackersberg wurde im Jahr 1897 ins Leben gerufen. Gründungsmitglieder waren: Anton Badergruber, Mathias Maringer, J. Haslinger, Georg Imlinger, Johann Kofler, Franz Fellner, Mathias Stiegler, Johann Aichhorn, Jakob Baumann, Martin Daringer, Franz Daxl, Franz Eitzinger, Johann Hangler, Franz Haslinger u. v. m. Im Jahr 1907 kaufte die Wehr von der Firma Rosenbauer eine Handdruckspritze an; das dazugehörige und damals noch in Verwendung gestandene Pferdegespann ist heute noch immer fahrbereit. Im Jahr 1909 wurde ein Grundstück angekauft und mit dem Bau einer Zeugstätte begonnen. 1935 wurde das Feuerwehrgebäude erweitert und ein Schlauchturm angebaut. Das heutige Feuerwehrgebäude wurde im Jahr 1971 errichtet. Seit der Gründung der Freiwilligen Feuerwehr Ackersberg standen folgende Kommandanten an der Spitze der Wehr: A. Badergruber, M. Thurnhofer, J. Achleitner, A. Thurnhofer, A. Hangler, J. Badergruber, F. Riedl.

HBI Riedl-Hagler F. (1946), OBI Neuwirth J. (1957), AW Badergruber J. (1969), AW Holzinger J. (1975), AW Wagner R. (1975) — Fm Aichhorn J. (1974), E-HBI Badergruber J. (1948), OFm Baumgartinger A. (1958), Fm Baumgartinger A. (1970), Fm Baumgartinger J. (1930), Fm Baumgartinger M. (1978), Fm Berkowitsch F. (1979), Fm Berkowitsch F. (1973), OFm Brandmayr H. (1975), Fm Breitwieser A. (1976), OFm Breitwieser A. (1950), Fm Breitwieser E. (1974), Fm Breitwieser H. (1972), Fm Daxl A. (1964), JFm Dißlbacher J. (1981), Fm Eggl G. (1951), Fm Ehrenfellner F. (1981), Fm Eitzinger A. (1962), JFm Eitzinger A., Fm Eitzinger J. (1948), Fm Eitzinger J. (1973), Fm Eitzinger J. (1956), Fm Eitzinger J. (1981), Fm Enzinger J. (1975), Fm Fellinger F. (1958), Fm Fellinger H. (1968), OFm Fellinger J. (1927), Fm Fellinger J. (1957), Fm Fellner A. (1959), Fm Fellner J. (1948), Fm Fuchsberger A. (1937), Fm Gehmayr J. (1974), Grießmayr A. (1958), Fm Grießmayr F. (1949), Fm Gröstlinger F. (1982), Fm Haas F. (1963), Fm Hagler J. (1962), HBm Hagler J. (1975), Fm Hammerlinger J. (1972), E-HBI Hangler A. (1946), OFm Hangler A. (1953), Fm Hangler A. (1974), OFm Hangler G. (1981), Fm Haslinger F. (1973), Fm Hauser F. (1930), Lm Heindl J. (1963), BI Hemetsberger F. (1947), Fm Hemetsberger K. (1967), Fm Hochrainer A. (1920), Fm Hörantner J. (1963), Fm Hörndlinger F. (1925), JFm Huber R. (1981), Fm Humetbrunner M. (1958), Fm Humetbrunner H. (1973), Fm Kienberger J. (1980), Fm Kinast A. (1950), Fm Kreutzer J. (1981), Fm Kriechbaum F. (1949), Fm Leitner F. (1973), JFm Loy H. (1981), Fm Loy J. (1960), Fm Lugstein J. (1967), Fm Maier J. (1968), Fm Muß A. (1954), Fm Neuwirth A. (1968), Fm Neuwirth A. (1977), OFm Öttl F. (1958), E-OBI Preuner A. (1953), Fm Preuner A. (1976), JFm Preuner H. (1979), JFm Probst E. (1979), Fm Probst J. (1955), Fm Raab R. (1955), OFm Riedl J. (1942), Fm Riedl-Hagler F. (1972), Fm Rodleitner A. (1953), Fm Rodleitner A. (1967), Fm Schachermaier M. (1964), Fm Schachermayer J. (1976), Fm Scheichl J. (1972), Fm Schmoller J. (1979), OFm Schneeweis J. (1948), HFm Seifriedsberger E. (1972), OFm Seiringer J. (1952), OLm Stadlmaier M. (1976), Fm Stadlmair A. (1961), OBm Starlinger J. (1972), Fm Staudinger J. (1974), Fm Staudinger E. (1959), Fm Steiner E. (1974), Fm Steiner J. (1947), Bm Steiner J. (1974), Fm Stockinger J. (1956), JFm Straßer E. (1981), JFm Straßer G. (1981), Fm Straßer J. (1980), HFm Streicher J. (1964), E-HBI Thurnhofer A. (1925), Fm Uhrlich R. (1949), JFm Wagner R. (1982), Fm Wimmer J. (1969), JFm Zeilinger F. (1980), OFm Zeilinger J. (1961), Fm Zeilinger J. (1977), JFm Zeilinger R. (1981)

FF AIGEN BEI AMPFLWANG

Über Initiative einiger Hausbesitzer von Aigen, Schmitzberg und Scheiblwies, welche bereits der FF Ampflwang angehörten, kam es am 2. Oktober 1927 zur Gründung der FF Aigen. Bei der ersten Versammlung am 23. Oktober 1927 fanden sich 60 Feuerwehrmänner ein und wählten folgendes Kommando: Wehrführer Anton Pohn, Stellvertreter Jakob Ablinger, Schriftführer Franz Harringer, Kassier Josef Mairinger, Spritzenmeister Johann Eitzinger, Zeugwart Josef Haas. Ausgerüstet wurde die FF Aigen von der FF Ampflwang mit einem Handspritzenwagen für Pferdebespannung. Im Anwesen des Gasthausbesitzers Josef Haas wurden die ersten Geräte untergebracht. Zum Bau des ersten Feuerwehrhauses kam es am 25. März 1928 auf dem von der Fam. August Eitzinger kostenlos zur Verfügung gestellten Grundstück. 1932 wurde die erste Motorspritze von der Fa. Rosenbauer gekauft, wobei der Handspritzenwagen als Transportwagen umgerüstet werden mußte. Bei der Feuerwehrwahl 1939 übernahm Josef Krichbaum die Führung der FF Aigen. Während der Kriegsjahre wurde die FF Aigen als Löschzug der FF Ampflwang geführt. Die größte Brandnacht in Ampflwang seit Bestehen der FF Aigen war im Herbst 1953, als drei Anwesen durch Brandstiftung in Flammen aufgingen. Seither wurde der technische Stand der FF Aigen laufend modernisiert. 1954 Kauf eines gebrauchten Feuerwehrautos, welches 1959 durch einen Traktoranhänger ersetzt wurde, 1963 Kauf einer Tragkraftspritze Automatik 75 VW Rosenbauer, 1972 ein KLFA Land Rover, das 1976 mit einer Vorbaupumpe ausgerüstet wurde. Inzwischen gab es zwei Führungswechsel, 1958 übernahm August Holl sen. und 1973 der jetzige Kommandant August Holl jun. die Führung der FF Aigen.

HBI Holl A. (1965), OBI Neuwirth J. (1974), AW Hötzinger A. (1971), AW Huemer J. (1963), AW Ischep H. (1978), BI Hemetsberger F. (1968) — OFm Berger S. (1975), OFm Bergmeier H. (1978), OFm Bergmeier W. (1975), OLm Brenneis O. (1963), Fm Dauti R. (1982), OLm Eitzinger A. (1957), Lm Eitzinger A. (1953), HFm Eitzinger R. (1965), HFm Fuchsberger A. (1970), Lm Fuchsberger N. (1974), OFm Fuchsberger R. (1977), OFm Fuchsberger W. (1974), HFm Grabner J. (1951), Lm Griesmayr R. (1937), Fm Haas A. (1981), Fm Haslinger H. (1981), OBm Haslinger H. (1953), OFm Haslinger M. (1975), OFm Haslinger W. (1978), HFm Hausjell J. (1965), E-BI Holl A. (1950), Holl J. (1974), Bm Holl R. (1969), Fm Huemer J. (1981), Ischep G. (1978), Krankl E. (1974), HFm Kriegl J. (1949), Lm Kriegl K. (1948), Fm Lenzeder G. (1978), OFm Mayrhofer F. (1971), OLm Neudorfer R. (1948), OFm Neuwirth J. (1974), Lm Pachinger A. (1923), PFm Plötzneder J. (1983), HFm Pohn A. (1930), HFm Pohn A. (1965), OFm Pollhammer R. (1932), Lm Schönpos J. (1971), OFm Schönpos W. (1972), HFm Seifriedsberger F. (1954), OFm Seiringer J. (1949), OLm Seiringer S. (1957), OFm Wagner F. (1923)

FF ALKERSDORF

Die erste Vorsorge zum Schutz gegen Feuer wurde in Alkersdorf Anfang 1898 getroffen. Der Vorschlag des Obmannes des Brandassekuranz-Vereines Josef Leitner und des Feuerwehrobmannes Heinrich Pichler, beide aus St. Georgen im Attergau, in Alkersdorf einen Löschteich zu errichten, wurde von den Bewohnern einstimmig angenommen, und Bürgermeister Thesinger erteilte die Baugenehmigung. Mit Holzstämmen und Lehmabdichtung wurde der Löschwasserteich errichtet. Am 15. Mai desselben Jahres wurde den Bewohnern von Alkersdorf von der Brandassekuranz eine Handpumpe mit 150 m Druckschläuchen zur Verfügung gestellt. Schließlich wurde der Beschluß gefaßt, ein Spritzenhaus zu errichten. Am 18. Mai 1904 wurde von Bürgermeister Johann Lukas die Baubewilligung erteilt. Alle diese Feuerwehraktivitäten wurden unter dem Kommando von St. Georgen im Attergau durchgeführt. Mit einem Schreiben der k. u. k. Statthalterei in Linz vom 6. November 1909 wurde die Bildung eines Vereines Freiwillige Feuerwehr Alkersdorf nicht untersagt. Damit war es den Bewohnern von Alkersdorf nun möglich, eine selbständige Feuerwehr zu gründen. Bei der ersten Generalversammlung am 30. Januar 1910 wurde Johann Staufer zum ersten Kommandanten gewählt. An Anschaffungen tätigte die Wehr im Lauf der Jahrzehnte: eine Krückenspritze mit Kupferwindkessel (1926), eine tragbare Kleinmotorspritze Type O Piccolo (1930), TSA 750 Anhänger (1959), VW 75 Automatik (1964), VW-Bus, umgebaut (1972), VW Automatik Super 80 (1979), KLF VW LT 35 (1980). Ein neues Feuerwehrgebäude wurde 1969 errichtet.

HBI Klausegger J. (1958), OBI Haidinger M. (1973), AW Pölz K. (1952) — E-HBI Breitenthaler G. (1955), HFm Breitenthaler G. (1975), HFm Breitenthaler J., E-AW Brunmayr J. (1934), OFm Cechner J. (1966), Fm Cechner R. (1960), Ebner F. (1930), HFm Enthammer F. (1980), HFm Geyer A. (1975), HFm Geyer S. (1980), OLm Gruber G. (1952), HFm Gruber F. (1975), E-OBI Gruber F. (1928), BI Gruber F. (1949), HFm Gruber F. (1967), HFm Gruber G. (1980), HFm Gruber H. (1980), HFm Gruber H. (1957), HFm Gruber H. (1980), HFm Gruber H. (1955), HFm Gruber J. (1969), E-HBI Gruber K. (1932), HFm Gruber K. (1975), Lm Haberl H. (1949), OFm Haberl H. (1967), OFm Hemetsberger K. (1949), Lm Hollerweger F. (1973), HFm Hollerweger J. (1980), HFm Hollerweger M. (1975), HFm Huemer G. (1949), E-HBI Klausegger F. (1923), Fm Lohinger G. (1956), Fm Maier O. (1967), HFm Meergraf E. (1973), OFm Meergraf F. (1973), OFm Meergraf H. (1971), HFm Neubacher G. (1973), Lm Otter J. (1968), HFm Pachler J. (1948), OFm Pachler M. (1931), Fm Peschke H. (1967), HFm Schneeweiß J. (1975), Fm Seyerl F. (1966), Lm Staufer G. (1956), Fm Staufer M. (1968), HFm Steinbichler F. (1963), PFm Strobl G. (1984), PFm Stutz L. (1941), HFm Wallinger F. (1949), OFm Wallinger R. (1972)

FF AMPFLWANG

1884: Gründung durch den Gastwirt August Mayr in Ampflwang. Am 7. Juli 1897 brach in Ampflwang ein Großbrand aus, der den ganzen Ort einzuäschern drohte – insgesamt fielen 17 Objekte dem Feuer zum Opfer, und es brannte drei Tage lang. 1912 wurde die bisherige Filiale Schlagen unter Mitgabe von ausreichend Ausrüstungsmaterial in die Selbständigkeit entlassen. Am 10. Juli 1927 wurde die Ortswasserleitung eröffnet, so daß ab diesem Zeitpunkt Löschungen mittels Hydranten möglich waren. Am 23. Oktober 1927 wurde die bisherige Filiale Aigen in die Selbständigkeit entlassen. 1931: Erste motorisierte Ausfahrt zu einem Brandeinsatz. 1932: Ankauf der ersten Motorspritze bei der Fa. Gugg. 1947: Erster Rüstwagen für die FF Ampflwang. 1953: Feuersbrunst durch Brandlegung in Ampflwang. Acht Kameraden der Wehr waren vom 12. bis 14. Juli 1954 in Linz beim Jahrhunderthochwasser im Einsatz. In der zweiten Maihälfte 1957 mußte die ca. 50 Jahre alte Feuerwehrzeugstätte dem neuen Amtsgebäude weichen. Im Zuge des 75jährigen Gründungsfestes wurde 1959 der FF Ampflwang ein neues Löschfahrzeug, Marke Opel Blitz, und die neue Feuerwehrzeugstätte übergeben. 1974 wurde vom Roten Kreuz Thomasroith ein VW-Bus angekauft. Dieser wurde in Eigenregie auf ein Feuerwehr-Kommandofahrzeug umgebaut. 1978: Ankauf eines Notstromaggregats. Im Rahmen des 95jährigen Gründungsfestes konnte 1979 die FF Ampflwang von Bürgermeister Roland Kaltenbrunner ein neues Tanklöschfahrzeug TLF 2000 übernehmen. Anläßlich des 100jährigen Bestandsjubiläums wurde 1984 der FF Ampflwang ein neues Löschfahrzeug mit Bergeausrüstung übergeben.

HBI Schlager F. (1953), HBI Winter R. (1963), AW Fettinger H. (1982), AW Hartjes R. (1976), AW Scheiblhofer A. (1974), BI Mairinger A. (1963) — Fm Aigner M. (1979), Lm Aigner O. (1955), E-OBI Baumgartner J. (1948), HBm Berger F. (1919), Lm Brand A. (1963), HLm Demon S. (1968), HBm Eberl F. (1948), Lm Eberl F. (1946), OFm Fürtbauer H. (1979), HLm Fürtbauer J. (1956), OLm Fürtbauer J. (1976), HFm Gruber J. (1959), OFm Haider R. (1979), OFm Hödl P. (1974), Bm Hötzinger F. (1959), HFm Hötzinger H. (1928), HFm Huemer J. (1974), HFm Jakschy A. (1959), HFm Käferböck J. (1969), OLm Kaltenbrunner F. (1974), OFm Karmus A. (1978), FA Dr. Keck R. (1979), Fm Klein R. (1980), FA Dr. Kleinsasser B. (1936), Fm Knasmüller J. (1980), E-BI Krammerbauer A. (1925), OBm Lösch H. (1947), OFm Maierhofer G. (1965), OFm Neuwirth J. (1979), HFm Penninger F. (1958), OFm Plötzeneder A. (1969), OFm Prenneis R. (1963), E-AW Rauscher H. (1966), Lm Riesinger A. (1976), OFm Schachermaier J. (1948), OFm Schachermaier J. (1979), Fm Schlager G. (1981), OFm Schoßleitner R. (1979), PFm Seiringer F. (1982), Fm Seiringer J. (1981), OFm Stayduchar S. (1976), FK Switalsky S. (1979), Lm Weißenbrunner J. (1947)

FF ATTERSEE

In das Jahr 1876 fällt die erste urkundliche Erwähnung über das Vorhandensein einer Feuerspritze in Attersee. In der Schulchronik heißt es: „Am 24. September 1876 entstand am Hager'schen Brauhaus Feuer. Ein sehr heftiger Regen und die Feuerspritze von hier helfen den Brand an dem Brauhaus zu lokalisieren." Am 25. Dezember 1889 wurde der Beschluß zur Gründung der FF Attersee gefaßt. Anschaffung der ersten Pumpe 1924, des ersten Fahrzeuges 1937. Die erste mechanische Schiebeleiter wurde 1904, 1907 die Abprotzspritze angeschafft. Die zweite Motorspritze wurde 1935 gekauft. 1949 Anschaffung der Motorspritze TS 8 Mair-Hagen. 1947 Ankauf des LF 15 Glöckner-Deutz. Das Kommando der FF Attersee war immer um gute Ausrüstung bemüht. So wurde 1961 erstmals ein fabriksneues KLF, FK 1250, angekauft sowie eine TS 75 Rosenbauer. 1969 konnte bereits ein Tanklöschfahrzeug TLF 1000 durch Mithilfe der Bevölkerung angekauft werden. Im selben Jahr wurden auch zwei mobile Funkgeräte in die beiden Fahrzeuge installiert. 1969 80jähriges Gründungsfest mit Fahnenweihe. 1970 wurden das Telefon und eine Funk-Fixstation (Florian) errichtet. 1971 Weihe des TLF 1000. 1973 Anschaffung eines Handfunkgerätes (2-m-Band). 1975 Ankauf und Segnung des KLF Ford 150. 1976 erfolgt eine Erweiterung des 1948 errichteten Feuerwehrhauses durch Zubau einer Garage für das Katastrophen- bzw. Kommandofahrzeug. Außerdem wurde für den KHD diverses Material angeschafft (Motorkettensäge, Tauchpumpe usw.). 1979 wurden die Fassade und das Dach des Feuerwehrhauses und der Schlauchturm erneuert. 1980 wurden die Innenräume renoviert.

HBI Brüdl H. (1954), OBI Neuwirth J. (1955), AW Göschl J. (1979), AW Hermanutz J. (1954), AW Stranzinger H. (1969), BI Emhofer M. (1972), BI Mierl E. (1956) — Lm Aichhorn J. (1936), Lm Astecker F. (1962), Lm Astecker F. (1962), OLm Baier A. (1966), Fm Baier G. (1973), E-OBI Baresch M. (1932), PFm Berger D. (1982), OFm Berger K. (1979), OFm Brüdl A. (1972), HFm Dallinger H. (1970), Fm Eicher J. (1970), Fm Eicher L. (1972), OFm Eichhorn W. (1959), Fm Emhofer R. (1973), Lm Göschl R. (1969), OFm Göschl R. (1954), Fm Gruber J. (1983), OLm Grünwald A. (1954), Lm Grünwald J. (1957), Lm Haberl F. (1924), Lm Häupl F. (1945), OFm Häupl F. (1973), PFm Haitzinger H. (1970), Fm Hermanutz Ch. (1973), Lm Höchsmann D. (1973), OLm Höchsmann G. (1953), Fm Hofbauer R. (1975), HBm Hofbauer R. (1961), Lm Hollerwöger J. (1954), Fm Hollerwöger J. (1975), OFm Hubelnig P. (1964), E-HBI Kirchgatterer T. (1929), OFm Krieg B. (1973), OFm Krieg H. (1973), HFm Kroiß J. (1972), HFm Löschenberger E. (1967), HBm Mayrhofer M. (1951), OFm Mens L. (1979), OFm Miglbauer M. (1946), Müllner W. (1959), Lm Oberndorfer J. (1963), Fm Sammer A. (1975), OFm Schwamberger F. (1953), Lm Schwarzenlander E. (1956), OFm Spießberger A. (1954), OFm Steinhuber F. (1958), HFm Stötzer W. (1972), Fm Viehböck G. (1973), HBm Zaiser E. (1940)

FF ATTNANG

Die offizielle Gründung erfolgte 1885. Bereits 1888 wurde ein Feuerspritzenhaus gebaut und eine Landfahr-Handdruckspritze gekauft. 1905 wurde als leichteres Löschgerät dazu eine Gebirgs-Abprotzspritze erworben und bereits 1908 eine mechanische Schiebeleiter angeschafft. Nach dem Ersten Weltkrieg erlebte die Wehr einen besonderen Aufschwung. 1924 wurde eine zweirädrige Motorspritze angeschafft. Der technische Fortschritt widerspiegelt sich in folgenden Daten: 1927 Ankauf des ersten Feuerwehrautos Steyr 12 und Ausbau des Feuerwehrdepots. 1932 Erwerb einer tragbaren Motorspritze C 60 und Kauf des Feuerwehrautos Fiat. 1938 wurde die Wehr als Körperschaft aufgelöst und in die Deutsche Feuerpolizei eingegliedert. 1941 erfolgte die Anschaffung eines leichten Löschfahrzeuges Mercedes LF 8. 1943 wurde die Feuerwehr Attnang-Puchheim Stützpunkt der Feuerwehr-Bereitschaft „Od 7". Der 21. April 1945, an dem das Zentrum von Attnang-Puchheim in Schutt und Asche gelegt wurde, brachte auch für die Feuerwehr die höchste Belastung. Trotzdem fanden sich wiederum Männer, die zusammenstanden, um die Wehr aufzurüsten. Aus Wehrmachtsbeständen wurde ein schweres Löschfahrzeug Mercedes LF 15 erworben und 1950 der erste Tanklöschwagen des Bezirks auf ein amerikanisches Armeefahrzeug Studebaker aufgebaut. Mit dem Zu- und Aufbau 1949 bis 1952 und einem Zubau 1977 erreichte das Feuerwehrhaus sein heutiges Aussehen. Die derzeitige Ausrüstung: 1 TLF 2000 mit Werfer und Leichtschaumgenerator, 1 TLF Steyr 380 mit Bergeausrüstung, 1 KLF Ford Transit, 1 Drehleiter DL 25/2, 1 KRF-E mit Generator (vom LFK verlagert), 6 Preßluftatmer, 1 Funkfixstation mit 4 mobilen und 2 tragbaren Funkgeräten.

BR Lasinger A. (1952), OBI Bonner J. (1941), OAW Raab R. (1951), AW Lehner J. (1953), AW Reiter R. (1967), AW Thaller H. (1967), BI Bauer F. (1961), BI Rebhan W. (1965), BI Wienerroither A. (1955) — E-AW Aichhorn F. (1957), PFm Bauer G. (1983), PFm Deisenhammer R. (1983), Lm Diehs J. (1972), HBm Eibl A. (1970), E-HBI Eibl A. (1923), E-BI Engleitner A. (1931), Lm Fellinger J. (1955), Lm Fleischmann J. (1938), HBm Gastelsberger W. (1971), HFm Gehmair F. (1955), Fm Glaser F. (1981), Lm Glaser L. (1983), Fm Gramelt S. (1982), HFm Greifeneder L. (1978), OBm Gruber J. (1943), HFm Hainbucher A. (1951), Bm Hangweyrer H. (1959), Lm Hangweyrer J. (1958), Bm Haring R. (1950), Lm Haring R. (1971), HBm Heidenreich O. (1942), OLm Heitzinger H. (1974), Lm Högl A. (1975), BFA Dr. Hofer A. (1968), Lm Holzinger A. (1923), E-BI Holzinger F. (1919), OBm Holzinger F. (1967), E-AW Holzinger J. (1919), OBm Huber F. (1955), PFm Huber J. (1983), E-HBI Kaltenbrunner A. (1952), HLm Kaltenbrunner R. (1965), PFm Kirchgatterer J. (1982), OBm Kirchtag R. (1955), OBm Kracher G. (1962), HFm Kreuzer G. (1963), Lm Lasinger A. (1975), HBm Lasinger R. (1972), PFm Lehner R. (1983), PFm Oberegger R. (1983), OFm Rebhahn P. (1981), E-OBI Reimair A. (1942), Lm Reimair F. (1971), PFm Reiter R. (1983), HBm Rotter K. (1965), Fm See W. (1982), HLm Söllinger J. (1942), OBm Thaller B. (1960), E-AW Vorhauer F. (1942), HFm Wienerroither A. (1928), Lm Wienerroither K. (1955), HFm Wienerroither R. (1976)

FF ATZBACH

Aufgrund eines Gemeindebeschlusses unter dem damaligen Bürgermeister Leopold Riedl wurde Ende 1886 aus Gemeindemitteln eine neue Saugspritze angekauft. Am 20. Januar 1887 gründete Riedl die FF Atzbach. Somit begann für das Feuerlöschwesen ein neuer Zeitabschnitt. Die 17 Gründungsmitglieder wählten Johann Reinthaler zum Hauptmann. Zum ersten großen Brand im Pflichtbereich rückte die FF Atzbach am 8. Juli 1889 zum Kollmanngut in Hippelsberg aus. Trotz größtmöglichem Einsatz der Mannschaft fielen auch die Nachbarhäuser dem Brand zum Opfer. Es konnte lediglich das Wagnergut gerettet werden. Die Feuerwehr kaufte am 12. September 1928 eine neue Motorspritze an. Am 6. Oktober 1946 brach um 21.30 Uhr beim Gasthaus Salletmayr in Atzbach in der Scheune ein Brand aus. Durch den starken Westwind und wegen der Wassernot brannte das Salletmayrgut bis auf die Grundmauern nieder. Die Kirchturmkuppel fing Feuer. Es brannten das Dach und der Turm, die Glocken stürzten bis zum Choreingang ab, auch die Orgel wurde ein Raub der Flammen, und die Decke der Kirche, mit den herrlichen Gemälden, wurde vernichtet. Die umliegenden Gebäude konnten durch harten Einsatz von den Feuerwehren gerettet werden. Vom Landesverband Linz kaufte die Gemeinde 1946 ein Autofahrgestell Type Steyr 2000 an. In den folgenden Jahren wurde der Steyr auf ein Rüstfahrzeug umgebaut. Am 16. Mai 1971 fand das 85jährige Gründungsfest, verbunden mit der Weihe des neuen Zeughauses, statt. 1972 war die Anschaffung eines Tankwagens unbedingt notwendig. Kommandant Johann Quirchmair setzte sich sehr dafür ein, so daß ein gebrauchter TLF 1000, Type Opel Blitz, angekauft wurde.

HBI Quirchmair J. sen. (1952), OBI Rutzinger F. (1956), AW Huber F. (1974), AW Kapeller H. (1969), AW Mühlbauer J. (1967), BI Huemer H. (1957), BI Niedermayr J. (1974), BI Stumpfl A. (1971) — OBm Baumann H. (1961), HFm Baumann M. (1953), HFm Biel W. (1976), OLm Felleitner J. (1968), OFm Gramberger F. jun. (1977), HFm Haslinger J. (1950), HFm Haslinger K. (1959), HFm Hofer F. (1978), E-AW Huemer F. (1924), OFm Hummer J. (1975), E-AW Hutterer F. (1948), HFm Hutterer R. (1947), HFm Kapeller G. (1969), HFm Kapplmüller F. (1951), OBm Kriechbaum H. (1961), HFm Lexl F. (1975), Lm Maier J. (1979), Fm Mayr K. (1981), HFm Meier J. (1972), HFm Niedermayr J. (1957), OBm Obermaier F. (1948), HFm Obermair A. jun. (1976), OFm Obermair J. (1980), HFm Obermair K. (1950), HFm Obermair S. (1977), HFm Papst F. jun. (1977), Fm Quirchmair J. jun. (1980), OBm Riedl J. (1960), OFm Riener J. (1977), Fm Rutzinger G. (1982), HBm Rutzinger J. (1970), OFm Schachinger F. (1980), OFm Schachinger K. jun. (1979), HFm Schachinger K. sen. (1957), HFm Schneeberger J. (1952), HFm Simmerer Ch. (1982), HFm Simmerer W. sen. (1949), Fm Stadlbauer J. (1982), Fm Starlinger S. (1978), OFm Strohbach F. (1975), HFm Thalhammer J. (1965), HBm Thallinger A. (1958), OFm Thallinger J. jun. (1977), HBm Thallinger J. sen. (1954), HFm Wagner J. (1967), HFm Weik A. (1973), HFm Weilinger H. (1969), HFm Wiesmüller K. (1936)

FF AU-SEE

Die Freiwillige Feuerwehr Au-See wurde im Jahr 1908 von Josef Gebetsroither, Josef Riedl, Georg Reichl und Anton Graf gegründet. Die erste Abprotzspritze mit Handbetrieb konnte die Wehr 1909 erwerben. Bald nach der Gründung ging man daran, eine Feuerwehrzeugstätte zu errichten, die schließlich 1911 bezugsfertig war. Im September 1933 erfolgte die Anschaffung der ersten Motorspritze (Pikkolo) von der Firma Gugg, im April 1939 lieferte die Firma Rosenbauer den neuen Rüstwagen RW 80. Gegen Ende des Zweiten Weltkrieges, 1944, tätigte die FF Au-See den Kauf eines gebrauchten Löschfahrzeuges Steyr 16. In den Kriegsjahren war die Wehr nur ein Löschzug und einer größeren FF eingegliedert. Am 21. April 1949 erhielt die FF Au-See den Bescheid, daß sie wieder als selbständige Wehr anerkannt ist. 1951 Ankauf des ersten Rüstfahrzeuges Steyr 1500 A (Benzin). 1952 gab es eine Fahnen- und Geräteweihe. 1953 Ankauf der ersten Vorbaupumpe von der Firma Rosenbauer. 1955 wurde die Sirene installiert. 1957 Kauf des Rüstwagens Opel Blitz mit Vorbaupumpe. 1969 Neubau des Schlauchturms. 1970 wurde die VW Automatik 75 in Dienst gestellt. 1974 kaufte die Wehr ein Funkgerät (2-m-Band). Seit September 1981 wurde der Neubau des Zeughauses vorgenommen. Im Juli 1984 erwarb die FF Au-See ein neues Löschfahrzeug LFB Mercedes Diesel. Folgende Kommandanten waren seit der Gründung der Wehr tätig: Josef Gebetsroither, Franz Hemetsberger, Johann Pölzleithner, Johann Hemetsberger, Johann Reichl, Franz Hemetsberger, Johann Kafko, Johann Schabelreiter.

HBI Schabelreiter J. jun. (1969), OBI Maier F. jun. (1973), AW Maier F. sen. (1949), AW Reichl J. (1952), AW Wienerroither A. (1952) — OFm Aigner G. (1973), OFm Aigner J. jun. (1973), HLm Aigner J. sen. (1931), HFm Arnold O. (1959), HFm Binder A. (1963), HFm Campestrini H. (1954), Fm Döllerer P. (1980), HFm Ecker R. (1972), HFm Egger H. (1963), OFm Feistritzer M. (1973), HFm Freimüller J. (1960), HFm Hemetsberger A. (1945), HFm Hemetsberger J. jun. (1953), E-HBI Hemetsberger J. sen. (1927), Hemetsberger J. (1957), E-HBI Kafko J. (1938), HFm Lohinger G. (1955), HFm Lohinger M. (1927), HFm Maier W. (1973), HFm Miller F. (1970), HFm Mirl M. (1964), OFm Oberschmied Ch. (1977), HFm Oberschmied F. (1954), OFm Pfeifer S. (1975), OFm Pointinger H. (1944), HFm Pugl F. (1946), OFm Rainer E. (1975), OFm Rainer H. jun. (1973), HFm Rainer H. sen. (1973), HFm Reisenhofer F. (1942), HFm Riesner A. (1951), OFm Riesner H. (1973), HFm Riesner M. (1952), HFm Schabelreiter J. sen. (1941), HFm Scheichl G. (1948), HFm Schindlauer J. (1973), Fm Schmeißer F. (1973), OFm Schmeißer J. (1973), HFm Schütz E. (1971), HFm Schütz N. (1964), OFm Silberleithner-Zopf E. jun. (1973), E-AW Silberleithner-Zopf E. sen. (1946), HBm Tiefenbacher F. (1949), HFm Tuma H. (1971), HFm Wesenauer J. (1973), HFm Wesenauer J. jun. (1973), HFm Wesenauer J. sen. (1947), HFm Wewerka L. jun. (1949), HFm Wewerker L. sen. (1934), HFm Wienerroither H. (1953), HBm Winkler L.-S. (1941), HFm Wipplinger N. (1958)

FF AURACH AM HONGAR

Seit 1881 gab es in Aurach eine Feuerspritze. Die offizielle Gründung der Freiwilligen Feuerwehr Aurach erfolgte jedoch erst 1904. Bei der Gründungsversammlung meldeten sich 40 Mann, die Josef Staudinger zum Hauptmann wählten. Im nächsten Jahr schritt man an die Errichtung eines Feuerspritzendepots, wahrscheinlich in Eigenregie. Der Erste Weltkrieg brachte ein Nachlassen des Vereinslebens. 1930 feierte die Feuerwehr ihr 25jähriges Bestehen. Im selben Jahr wurde die erste Motorspritze, ein „Kleiner Florian" P 12/2, angekauft und geweiht. 1936 fand die Fahnenweihe mit Josefa Spitzer als Fahnenmutter statt. 1939 wurde die Freiwillige Feuerwehr Aurach als Verein aufgelöst und dem neuen Regime unterstellt. In diesem Jahr wurde auch eine leistungsfähigere Motorspritze (DKW F 2) mit Rüstwagen angekauft. 1942 wurde der kleine Florian nach Hainbach gestellt. Bis zur ersten Generalversammlung nach dem Krieg 1946 gibt es keine Aufzeichnungen. 1949 erfolgte die Bewilligung zur Errichtung eines neuen Zeugstättenhauses auf dem heutigen Standplatz; es wurde 1951 eingeweiht. 1954 wurde eine Sirene angeschafft. 1956 feierte die Feuerwehr das 50jährige Bestandsfest mit der Weihe des Rüstwagens. 1960 wurden der Erweiterungsbau des Zeughauses und die VW-Motorspritze eingeweiht. Aus den Einnahmen von Wald- und Scheunenfesten sowie aus Spenden der Bevölkerung wurde ein Tanklöschfahrzeug angekauft und 1967 geweiht. 1977 wurden Handfunkgeräte angeschafft. 1980 feierte die Feuerwehr ihr 75jähriges Bestehen mit einem Festakt auf dem Gemeindeplatz. Unter Mithilfe der Bevölkerung wurden ein modernst ausgerüstetes leichtes Löschfahrzeug, außerdem drei schwere Atemschutzgeräte und eine 10-m-Leiter angekauft.

HBI Mair J. (1969), OBI Schifflhuber W. (1969), AW Reinthaller F. (1965), AW Schneeberger H. (1971), BI Niedermayr A. (1977), BI Schreiber W. (1964) — OFm Asamer F. (1969), OFm Auracher F. (1964), JFm Bauer J. (1983), Fm Baumgartner Ch. (1978), Fm Brandmair J. (1980), Fm Ebner H. (1975), HFm Eder E. (1964), Lm Eder R. (1949), HLm Emminger-Baumgartinger R. (1958), HLm Engelbrecht A. (1923), JFm Fellinger J. (1983), Fm Gebetsroither J. (1953), Lm Gebhart J. (1956), OLm Gebhart J. (1950), PFm Greil Ch. (1980), HFm Herzenauer E. (1968), Fm Kirchgatterer A. (1975), OBm Kirchgatterer M. (1953), Lm Kofler E. (1956), OFm Kofler E. (1976), Fm Kreuzer F. (1980), Fm Kreuzer H. (1980), Lm Lacher A. (1964), Lm Lacher G. (1925), E-OBI Lacher G. (1956), OFm Lacher G. (1975), JFm Lacher H. (1980), HFm Lacher J. (1964), HFm Lacher J. (1953), JFm Lacher K. (1980), HFm Landershammer A. (1975), JFm Landershammer E. (1983), HFm Landershammer F. (1975), Lm Landershammer H. (1956), HBm Malzner F. (1969), Fm Mayr G. (1981), HLm Mielacher E. (1964), HFm Neudorfer F. (1950), Bm Neudorfer M. (1950), E-OBI Neuwirth R. (1950), HFm Oberndorfer F. (1959), Lm Oberndorfer F. (1951), HBm Oberndorfer G. (1971), JFm Reinthaller F. (1983), E-AW Reiter F. (1956), FK Reiter J. B. (1975), HFm Reitter J. (1958), Lm Renner R. (1964), Bm Riedl H. (1958), OFm Roither F. (1976), Lm Schachinger J. (1958), HFm Schachinger O. (1950), PFm Schneidinger H. (1983), JFm Schobesberger M. (1983), Fm Schranzinger Ch. (1978), HFm Schranzinger F. (1976), HBm Schranzinger J. (1975), Lm Schreiber J. (1951), OFm Schreiber K. (1979), OFm Schuster J. (1974), Lm Schuster R. (1950), HFm Schuster H. (1969), HFm Six J. (1964), HLm Stadlmayr R. (1958), Fm Stadlmayr R. (1978), Fm Stadlmayr W. (1980), Lm Starzinger G. (1953), JFm Starzinger R. (1980), Fm Straßer B. (1980), Lm Zopf A. (1941), OLm Zopf A. (1971), E-HBI Zopf A. (1950), OFm Zopf R. (1969)

FF BACH

Die Freiwillige Feuerwehr Bach wurde 1908 gegründet. Von Grundbesitzer Gottlieb Hufnagl wurde ein Grundstück zum Bau eines Depots gratis zur Verfügung gestellt. Nach der Gründungsversammlung und der Wahl eines Kommandos befaßte man sich sogleich mit dem Bau eines Depots und dem Ankauf einer Handpumpe. 1909 war beides erreicht. Mit Ochsenkarren und Handkarren wurde die erste Handpumpe zu den Brandstätten gebracht. Als Mitgliedsbeitrag bezahlten die Mitglieder damals einen Betrag von 1 Krone. 1909 wurde die FF Bach bereits an ein Privattelefon angeschlossen. Mitte der zwanziger Jahre wurde die erste motorische Kleinpumpe angeschafft. Mit dem Ausbruch des Zweiten Weltkrieges im Jahr 1939 wurde mangels Einsatzkräften die FF Bach bis zum Jahr 1949 stillgelegt. Nach der wiedererlangten Selbständigkeit wurde im Jahr 1952 das erste motorisierte Fahrzeug Type Steyr 2000 (Militärfahrzeug) angekauft. Im Jahr 1966 wurde eine leistungsstarke TS VW-Automatikpumpe angeschafft, die bis heute in Betrieb ist. 1969 wurde der Steyr 2000 ausrangiert und ein Land Rover zur Brandbekämpfung angekauft. Auch dieser leistet bis heute noch seine guten Dienste. Zu dieser Zeit wurden auch die ersten Funkgeräte eingesetzt. 1976 wurde der Beschluß gefaßt, aufgrund des Platzmangels ein neues Zeughaus zu errichten. 1978 wurde es feierlich eingeweiht. 1982 wurde aus eigenen Mitteln ein gebrauchter Tankwagen (Opel 1000 l) angeschafft. Seit der Gründung der Freiwilligen Feuerwehr Bach lenkten folgende Kommandanten die Geschicke der Wehr: Alois Kreuzer (1908–1936), Georg Mayr (1936–1950), Franz Ablinger (1950–1968), Anton Pichler (seit 1968).

HBI Pichler A. sen. (1950), OBI Astecker M. (1962), AW Falkensteiner R. (1974), AW Liftinger P. (1962), AW Spießberger L. (1977), BI Kaufmann E. (1965), BI Moser F. (1962), BI Spießberger G. (1951) — PFm Ablinger G. (1983), OFm Ablinger R. (1971), OFm Astecker H. (1978), OFm Astecker J. (1978), Fm Astecker J. (1954), HFm Baldinger M. (1952), Fm Egger J. (1982), OFm Egger J. (1979), HFm Englbrecht J. (1958), OFm Falkensteiner V. (1970), OFm Falkensteiner V. sen. (1950), Fm Feichtinger F. (1980), OFm Gebhart J. (1966), PFm Gebhart J. jun. (1983), HFm Greifeneder J. (1951), HFm Hubinger J. (1923), Fm Hubinger S. (1978), OFm Hufnagl J. (1980), HFm Hufnagl J. (1970), Fm Hufnagl M. (1979), Lm Kaiser E. (1967), Lm Kaiser J. (1955), HFm Karl E. (1960), E-BI Klausecker O. (1950), Fm Kriechbaum A. (1979), Fm Kriechbaum J., OFm Leitner A. (1980), Fm Leitner A. (1979), Fm Leitner K. (1979), OFm Männer J. (1968), OFm Maitz J. jun. (1978), HFm Maitz J. sen. (1954), OFm Mayr J. jun. (1968), E-OBI Mayr J. sen. (1939), Fm Nagel H. (1981), Fm Pale R. (1978), OFm Pichler A. jun. (1973), HFm Pichler J. (1945), HFm Pichler M. (1971), OFm Pichler S. (1977), OFm Pollhammer M. jun. (1971), Fm Pollhammer M. sen. (1978), OFm Renner H. (1975), OFm Renner J. (1963), OFm Scheckenberger F. (1968), Fm Scheutz H. (1982), E-AW Schiffer J. (1938), Fm Schwarzenlander H. (1979), HLm Six G. (1951), OFm Stallinger G. (1969), OFm Stallinger J. (1971), OFm Stallinger J. (1970), OFm Sturm A. (1974), OFm Untersperger H. (1975), OFm Untersperger J. (1975), PFm Untersperger M. (1983)

FF BADSTUBEN

Nach zahlreichen Bränden um die Jahrhundertwende im Gemeindegebiet von Frankenburg taten sich beherzte Männer unter der Leitung von Alois Preuner 1901 in Badstuben zusammen um sich um die verkäufliche Handpumpe der FF Frankenburg, um eine Feuerwehr-Filiale zu errichten. 1904: Gründung der Freiwilligen Feuerwehr-Filiale Badstuben. Als Abteilungsobmann wird Alois Preuner einstimmig gewählt. 1909: Die Feuerwehr Badstuben wird selbständig. 1914: Ankauf einer neuen Spritze. 1928 wurde nach dem Tod Preuners Franz Pichlmann zum Wehrobmann gewählt. 1929: Errichtung eines Schlauchturmes und 25jähriges Gründungsfest. 1931: Ankauf der ersten Motorspritze mit Weihe. 1932: Elektrisches Licht im Zeughaus. 1936: Umtausch der vorhandenen Motorspritze gegen eine neue, leistungsfähigere (R 25). 1938: Feuerwehr Badstuben wird Löschzug. 1946: Die FF Badstuben wird wieder eine selbständige Körperschaft. 1951: Die baufällige Zeugstätte wird durch einen neuen Holzbau ersetzt. 1952: Ankauf der ersten B-Schläuche. 1953: Alois Huemer wird zum Kommandanten gewählt. 1954: 50jähriges Gründungsfest. 1957: Der alte Spritzenwagen wird durch einen neuen, gummibereiften Anhänger, der von den Kameraden in Eigenregie gebaut wird, ersetzt. 1967: Ankauf einer neuen Pumpe (VW TS 8 Automatik). 1973: Neubau des Zeughauses. 1975: Zeughausweihe und 70jähriges Gründungsfest. 1979: Ankauf eines Kleinlöschfahrzeuges. 1981: Ankauf und Umbau eines gebrauchten Rettungsfahrzeuges, das mit einem Notstromaggregat, mit Scheinwerfern, Motorsäge und diversen Elektromaterialien ausgestattet wird.

HBI Huemer A. (1943), OBI Fürlinger M. (1960), AW Preuner A. (1967), AW Witas J. (1973), AW Ing. Wolkerseder N. (1975), BI Mosleitner A. (1956) — Fm Aigner F. (1956), OFm Bachleitner Ch. (1979), HFm Bachleitner K. (1977), Fm Binder F. (1971), OFm Breiner R. (1949), HLm Brenneis A. (1956), Lm Brenneis W. (1965), Lm Dachs K. (1961), Eichberger F. (1981), Fm Feichter G. (1981), HFm Forstinger A. (1937), OFm Forstinger A. (1965), OLm Forstinger A. (1932), HLm Forstinger J. (1921), HFm Gasselsberger F. (1937), Lm Gasselsberger J. (1960), OFm Gebetsberger A. (1951), Lm Habring A. (1976), OLm Habring A. (1951), HFm Habring A. (1974), HFm Habring E. (1976), HFm Habring N. (1977), HFm Hammertinger H. (1976), Lm Hemetsberger G. (1949), OFm Hemetsberger J. (1982), Bm Hinterleitner A. (1967), Bm Hochreiner F. (1971), Fm Hofbauer F. (1980), OLm Holl N. (1976), E-AW Holl R. (1954), OLm Huber D. (1957), HFm Huber O. (1977), Lm Huemer A. (1976), HFm Mayer J., OFm Meingaßner H. (1972), E-AW Meingaßner H. (1954), OFm Moosleitner J. (1976), Lm Moosleitner J. (1952), HFm Moosleitner J. (1927), Lm Mosleitner F. (1961), HFm Niederhauser F. (1974), Lm Pichlmann E. (1967), HFm Pichlmann F. (1940), HFm Piesl J. (1971), Fm Piesl M. (1968), Lm Pillichshammer A. (1955), HFm Preundler E. (1979), Lm Preuner A. (1931), Lm Preuner F. (1973), OFm Preuner J. (1958), Lm Preuner J. (1975), Lm Purrer F. (1956), OFm Purrer F. (1973), HFm Purrer H. (1977), OFm Schachl A. (1976), OFm Schachl A. (1973), OFm Schachl G. (1978), Lm Schachl J. (1960), OFm Scherndl A. (1956), OLm Scherndl A. (1973), HFm Scherndl E. (1977), HFm Scherndl G. (1976), Fm Scherndl J. (1979), OFm Seiringer A. (1959), HFm Seyringer A. (1973), Fm Spindler Ch. (1981), OFm Stallinger W. (1978), Fm Stallinger W. (1979), OLm Steiner A. (1962), Steinhuber H. (1984), HFm Steinhuber M. (1931), OLm Straßer J., HFm Wolkerseder S. (1976), Fm Zaunrith G. (1958), Fm Zeilinger F. (1961), HFm Zoister A. (1974), OFm Zoister A. (1967), OFm Zoister A. (1978), Fm Zoister F. (1974)

FF BAUMGARTING

Die Freiwillige Feuerwehr Baumgarting wurde im Jahr 1928 gegründet. Im Jahr 1932 wurde die erste Feuerwehrzeugstätte errichtet, die aber allmählich für die Unterbringung der modernen Geräte zu klein wurde. Aus diesem Grund wurde im Jahr 1972 ein neues und größeres Feuerwehrgebäude errichtet. Seit der Gründung der Freiwilligen Feuerwehr Baumgarting lenkten folgende Feuerwehrhauptleute die Geschicke der Wehr: Johann Meisthuber, Karl Neuhofer, Hermann Stockinger, Josef Schwammberger, Kdt. Knoll und Kdt. Kalleitner.

HBI Meisthuber J. (1951), BI Eberl F. (1961), AW Bloo J. (1968), AW Padinger F. (1974), AW Stockinger M. (1958) — OFm Altmann J. (1975), Fm Altmann M. (1979), Fm Asen M. (1979), Fm Banek E. (1978), OFm Banek G. (1978), Fm Bauernfeind F. (1949), Fm Baumgartinger J. (1966), Fm Baumgartner F. (1951), Fm Dorfi H. (1981), Fm Dorfi J. (1975), Fm Draschwandter K. (1970), OFm Feichtlbauer F. (1975), Lm Gebetsberger A. (1968), Fm Gebetsberger F. (1938), Fm Gebetsberger G. (1965), OFm Gebetsroither E. (1946), Fm Grabenwöger K. (1973), Fm Groiß J. (1952), OFm Habring F. (1945), HFm Haubenreich R. (1971), Fm Höftberger A. (1968), Fm Huber J. (1945), Fm Huber J. (1945), OLm Kalleitner J. (1952), Fm Kalleitner J. (1978), Fm Kiesenhofer J. (1981), Fm Klampferer J. (1945), Fm Knoll A. (1967), Fm Knoll E. (1957), Fm Knoll E. (1957), Fm Knoll J. (1959), OFm Kofler J. (1957), Fm Kriechbaum F. (1978), Fm Kriechbaum J. (1925), Fm Lachinger A. (1960), Fm Leeb H. (1963), OFm Lörenz G. (1979), Fm Lörenz M. (1962), Fm Lörenz P. (1980), OFm Loy F. (1976), Lm Mahringer F. (1960), Fm Müller G. (1978), Fm Müller M. (1962), Fm Neudorfer G. (1980), Fm Neudorfer J. (1978), Fm Neuhofer A. (1978), Fm Neuhofer E. (1967), E-HBI Neuhofer K. (1945), Fm Nußbaumer A. (1945), OFm Nußbaumer J. (1978), Fm Öttl J. (1945), OFm Preisinger J. (1967), OFm Reiter F. (1958), Fm Reiter F. (1981), Fm Reiter M. (1978), OFm Renner F. (1971), Fm Rexeisen E. (1960), Fm Rieger E. (1977), Fm Schachermaier J. (1961), Fm Schobesberger H. (1971), Fm Schobesberger H. (1979), HFm Schwammberger J. (1928), Fm Seiringer T. (1974), Fm Stallinger F. (1940), Fm Stallinger F. (1926), Fm Steiner J. (1979), Fm Stiegler J. (1952), HFm Stockinger H. (1945), OFm Stockinger H. (1978), OFm Thalhammer A. (1945), Fm Vogtenhuber F. (1967), OFm Weichselberger A. (1960), Fm Winkler M. (1958), Fm Winzer J. (1963), Lm Zachmann J. (1953), Fm Zachmann R. (1979)

FF BERG IM ATTERGAU

Die Freiwillige Feuerwehr Berg im Attergau wurde im Jahr 1911 gegründet. Zu dieser Zeit hatte die neugegründete Feuerwehr noch kein Zeughaus. Die Spritze wurde erst 1912 gekauft. Diese wurde im Haus Berg 13, Tischlerei Durchner, untergestellt. Die erste Spritzenprobe erfolgte am Florianitag, dem 4. Mai 1912. Erst einige Zeit später wurde ein Zeughaus errichtet. In weiterer Folge wurde ein Spritzenwagen angeschafft. Dieser Wagen, der von zwei Pferden gezogen wurde, war ein großer Fortschritt in der Geschichte der Berger Feuerwehr. Im Jahr 1949 entschloß man sich, das alte, aus Holz gebaute Zeughaus abzureißen und an einem anderen Ort ein neues in Massivbauweise zu errichten. Die nächste Anschaffung war eine damals sehr moderne VW-Spritze. In weiterer Folge wurde der Spritzenwagen in ein moderneres Modell, mit Gummirädern und Anhängevorrichtung für Traktor, umgetauscht. 1973 erhielt die Freiwillige Feuerwehr Berg den ersten Funk. 1977 wurde die VW-Pumpe gegen eine Pumpe Marke Rotax eingetauscht. Erst im Jahr 1979 wurde ein Land Rover mit Vorbaupumpe angeschafft. Die Feuerwehr Berg kann, Gott sei Dank, auf keine größeren Einsätze in der Vergangenheit zurückblicken. Und trotzdem wird immer modernisiert, um für den kleinen als auch den großen Einsatz bereit zu sein. Darum gilt auch für die Feuerwehr Berg der Leitspruch „Gott zur Ehr, dem Nächsten zur Wehr". Seit der Gründung der Freiwilligen Feuerwehr Berg im Attergau waren folgende Kommandanten für die Wehr verantwortlich: Matthias Hochrainer, Josef Göschl, Josef Resch, Franz Göschl, Matthias Offenhauser sen., Matthias Offenhauser jun., Anton Durchner, Johann Putz.

HBI Putz J. (1952), OBI Durchner J. (1965), AW Durchner H. (1969), AW Höllnsteiner A. (1972), AW Rohrmoser J. (1974) — HFm Blim J. (1949), OFm Brunmayer J. (1978), HFm Durchner A. (1965), E-HBI Durchner A. (1933), HFm Göschl F. (1953), HFm Graf J. (1973), HFm Hemetsberger A. (1953), HFm Hemetsberger A. (1948), HFm Hemetsberger F. (1942), HFm Hemetsberger J. (1952), HFm Höllnsteiner A. (1952), OFm Höllnsteiner E. (1975), HFm Höllnsteiner E. (1973), HFm Lenzenweger J. (1933), HFm Lenzenweger J. (1953), HFm Lenzenweger J. (1973), Fm Lenzenweger M. (1980), OFm Lenzenweger R. (1978), HFm Mayr J. (1951), HFm Moser A. (1977), OFm Moser G. (1978), HFm Offenhauser M. (1945), OFm Pachler E. (1978), HFm Putz H. (1958), HFm Putz J. (1924), OFm Ranzenberger F. (1972), HFm Resch J. (1959), HFm Scherr G. (1942), HFm Scherr H. (1975), OFm Schneeweiß F. (1975), OFm Stockhammer G. (1975), OFm Stummer H. (1980), HFm Zauner F. (1948), HFm Zeininger J. (1953), HFm Zeininger L. (1973)

FF BERGERN

Am 18. Juni 1933 wurde die Freiwillige Feuerwehr Bergern gegründet. Bei der Gründungsversammlung wurde Johann Bischof zum Wehrführer gewählt; er führte die Wehr 25 Jahre als Kommandant. In dieser Zeit wurden folgende Leistungen gesetzt: Die erste Motorspritze Type TS 8 wurde 1945 angekauft, die jedoch 1949 durch eine neue Spritze, Type RW 80, bei der Fa. Rosenbauer eingetauscht wurde. Das erste Kraftfahrzeug, ein Lkw (Type Phänomen Allrad), wurde 1946 aus amerikanischen Beutebeständen vom Landesverkehrsamt als Rüstwagen zur Verfügung gestellt. Bei der Jahreshauptversammlung am 15. März 1959 legte Kommandant Bischof, der die Wehr durch die schwierigen Aufbaujahre geführt hatte, sein Amt zurück. Hans Brandstätter wurde zum neuen Kommandanten gewählt. Kommandant Brandstätter sorgte für eine technische Aufwärtsentwicklung. So wurde 1962, wegen Ausbaus der Bezirksstraße, das alte Zeughaus unbrauchbar, und es mußte ein neues gebaut werden. Ein Jahr später wurde ein neues Löschfahrzeug Marke Steyr Fiat Type 1100 T 2 angekauft. In den folgenden Jahren wurden Funkgeräte sowie eine neue Tragkraftspritze, Type TS 75 VW, angekauft. Am 20. Februar 1972 legte Kommandant Brandstätter sein Amt nieder. Sein Stellvertreter Rudolf Plötzeneder wurde als neuer Kommandant gewählt. 1973 wurde vom Erlös einer Alteisensammlung ein neues mobiles Funkgerät für das KLF angekauft sowie ein Sirenensteuergerät installiert. Im darauffolgenden Jahr wurde erstmals Funkkontakt mit den Feuerwehren vom Abschnitt aufgenommen. 1978 wurde das alte reparaturbedürftige Fahrzeug durch ein neues Löschfahrzeug KLFA Chevrolet (Allrad) ersetzt. Am 26. Juni 1983 feierte die FF Bergern das 50jährige Gründungsfest.

HBI Plötzeneder R. jun. (1955), OBI Eder A. (1961), AW Glück H. (1975), AW Hopl F. (1955), AW Mayr M. (1975), BI Absenger K. (1971), BI Kurz F. (1970) — Lm Bauchinger J. (1969), E-BI Bischof J. (1955), Fm Burger Ch. (1979), Fm Doblinger F. (1979), Fm Eder M. (1982), PFm Forstinger H. (1981), HFm Fuchs F. (1972), Lm Glück F. (1946), HFm Glück J. (1965), OFm Gollner A. (1980), Lm Gröstlinger E. (1948), HFm Hiptmayer A. (1974), Fm Hopl F. (1981), HFm Hopl F. jun. (1975), Lm Hummelbrunner K. (1947), Fm Jetzinger F. (1975), E-OBI Mayr H. (1956), OFm Mayr H. (1975), OFm Mayr H. (1979), HFm Mayr J. (1975), HFm Milacher W. (1972), HFm Papst H. (1964), E-BI Plötzeneder R. (1927), PFm Plötzeneder R. jun. (1982), Lm Schiller J. (1965), Lm Schlütter G. (1963), E-BI Starlinger J. (1925), OFm Steinbichler W. (1979), HFm Stockinger A. (1975), Fm Stockinger R. (1973), OFm Stöttner J. (1976), Fm Tassold A. (1980), Lm Weißenbrunner R., OFm Wiesinger K. (1979), OLm Wöllinger G. (1950)

FF BRANDHAM

Die Freiwillige Feuerwehr Brandham wurde am 12. Januar 1930 gegründet. 17 Mitglieder unter Kommandant Anton Sulzberger legten den Grundstein für eine erfolgreiche Feuerwehrtätigkeit. Gründungsmitglieder waren: Anton Resch, Engljähring; Anton Resch, Brandham; Karl Aicher, Anton Aicher, Johann Karl, Anton Sulzberger, Franz Emeder, Johann Eicher, Ludwig Eicher, Anton Zieher, Georg Hauser, Josef Hauser, Josef Haidinger, Johann Starzinger, Franz Baumann, Josef Baumann, Johann Baumann. Die erste Pumpe, eine Vogel-Pumpe, wurde noch im Gründungsjahr angeschafft. Auch das Feuerwehrgebäude wurde im Gründungsjahr 1930 errichtet. Ursprünglich für die Ortschaften Engljähring, Rubensdorf und Brandham vorgesehen, sind im Lauf der Zeit die Ortschaften Baum und Staudach dazugekommen. Die Ortschaft Engljähring liegt jetzt im Bereich der Freiwilligen Feuerwehr Eggenberg-Riexing. Die Feuerwehrzeugstätte wurde in der Ortschaft Brandham eingerichtet. 1981 wurde das Feuerwehrhaus neu errichtet und gleichzeitig das 50jährige Gründungsfest gefeiert. Das hauptsächliche Einsatzgebiet der Freiwilligen Feuerwehr Brandham ist die Brandbekämpfung in den naheliegenden bäuerlichen Ortschaften. Sehr oft wird sie auch zu Hochwassereinsätzen an der Dürren Ager gerufen. Folgende Kommandanten führten bisher die Freiwillige Feuerwehr Brandham: Anton Sulzberger, Anton Starzinger, Josef Sulzberger, Matthias Eicher und Anton Starzinger jun.

HBI Starzinger A. (1957), OBI Resch E. (1964), AW Ing. Hauser F. (1964), AW Kletzl F. (1974), AW Sulzberger A. (1964) — OLm Aicher K. (1943), OFm Baumann J. (1971), Fm Eder F. (1975), Fm Eicher G. (1979), OLm Eicher J. (1961), E-HBI Eicher M. (1947), Fm Fuchs A. (1963), Fm Fürthauer F. (1981), HFm Gebetsberger F. (1966), Fm Gebetsberger G. (1979), HFm Haidinger J. (1930), Fm Hemetsberger J. (1930), OFm Kalleitner A. (1932), Lm Kalleitner J. (1952), Fm Kalleitner A. (1981), Fm Kalleitner Ch. (1981), Lm Karl J. (1937), OLm Kletzl A. (1943), OFm Kletzl A. (1973), Fm Kletzl M. (1979), HFm Lohninger J. (1964), Fm Mittermair J. (1981), Fm Moser A. (1955), HFm Roither F. (1964), HFm Schrattenecker F. (1966), Lm Starzinger J. (1961), Lm Sulzberger A. (1930), E-HBI Sulzberger J. (1930), OFm Sulzberger J. (1975)

FF BRUCKMÜHL

Eine Feuersbrunst in Obermühlau, bei der das ganze Dorf ein Opfer der Flammen wurde, veranlaßte 38 Bürger von Bruckmühl und Umgebung im Jahr 1889, eine freiwillige Feuerwehr zu gründen. Die Feuerwehr war in zwei Löschzüge unterteilt. Da nur eine Pumpe vorhanden war, wurde 1902 für den 2. Löschzug eine Handdruckpumpe angekauft. Infolge des Ersten Weltkrieges schmolz die Wehr auf 25 Mann zusammen. Nach den Wirren des Krieges wurde 1919 der Mannschaftsbestand wieder erreicht. Zu erwähnen wäre noch, daß bis Ausbruch des Weltkrieges die Wehr eine Feuerwehrmusik war, aus der dann die Ortsmusik hervorging. Unter dem Kommandanten Franz Hummer sen. erfolgte im Frühjahr 1933 die Trennung, aus dem 2. Löschzug wurde die FF Bergern. 1937 wurde nach einer Betriebsbesichtigung bei der Firma Rosenbauer eine Motorpumpe Type R 50 angekauft. Auch vom Zweiten Weltkrieg wurde die Wehr nicht verschont. Sie mußte ihre Uniformen dem Volkssturm abgeben. 1948 wurde ein amerikanischer Dodge angekauft und zu einem Rüstwagen umgebaut. Die Uniformierung wurde 1950 abgeschlossen. Beim 75jährigen Gründungsfest im Jahr 1964 wurde das neue Feuerwehrhaus eingeweiht und im Juni 1967 ein KLF Marke Land Rover mit Vorbaupumpe R 120 gekauft. Außer den großen Bränden im Jahr 1907 in Ottnang und in Holzleithen wäre ein Brand in Obermühlau 1946 und die Brände in Pettenfirst, Stockedt, Plötzenedt und Bruckmühl 1976 sowie der Hochwassereinsatz in Ottnang 1977 zu erwähnen. Da das Feuerwehrhaus keinen Schulungsraum bzw. Nebenräume hat, entschloß sich die Wehr zum Bau eines neuen Feuerwehrhauses, welches am 24. Juni 1984 beim 95jährigen Gründungsfest eingeweiht wurde.

HBI Hummer F. (1946), OBI Sametinger K. (1971), AW Gröstlinger J. (1956), AW Huber J. (1972), AW Kaltenbrunner L. (1964), BI Ebner R. — Lm Aigner A. (1950), E-BI Aigner F. (1927), OLm Aigner F. (1972), Fm Aigner G. (1979), HFm Aigner H. (1965), Fm Aigner H. (1979), HFm Ainger J. (1972), HFm Birner J. (1964), HBm Bretbacher H. (1950), Lm Düster G. (1976), JFm Ebner J. (1983), Fm Eckstein Ch. (1979), Fm Eckstein P. (1979), JFm Enser W. (1983), HFm Gerhardinger W. (1974), E-BI Grabenberger J. (1935), OLm Grabenberger J. (1961), JFm Größwang G. (1983), Fm Gröstlinger A. (1979), Lm Gröstlinger F. (1946), Fm Gröstlinger H. (1979), Fm Haslinger H. (1979), Fm Hiptmair J. (1979), JFm Hitsch W. (1981), HFm Huber Ch. (1974), OLm Huber J. (1952), Fm Humer H. (1981), Fm Hummer J. (1979), PFm Hummer J. (1982), HFm Kaßl P. (1962), Lm Kofler K. (1956), Fm Lang A. (1980), Fm Lidauer G. (1981), Fm Mairinger F. (1979), OFm Meister F. (1975), HFm Meister J. (1972), HFm Meister J. (1961), Lm Milacher A. (1954), JFm Pabst F. (1981), JFm Plursch G. (1983), JFm Pohn R. (1981), Bm Purrer D. (1956), JFm Purrer G. (1981), Fm Ratschko K. H. (1979), Fm Scheumayr Ch. (1979), HLm Scheumayr J. (1961), Lm Seiringer A. (1960), JFm Seiringer A. (1983), Fm Seiringer B. (1979), HFm Seiringer J. (1962), Fm Seiringer K. H. (1979), Fm Stadler G. (1979), HLm Starlinger F. (1956), Lm Stöger F. (1951), Lm Thalhammer K. (1956), OLm Übleis J. (1937), Bm Übleis J. (1972), Fm Urich E. (1979), Lm Wiesinger F. (1949), HFm Wiesinger F. (1972), Fm Wiesinger K. (1979), E-BI Ziegler R. (1948)

FF BUCHENORT

Im Winter 1914 wurde in Steinbach am Attersee beschlossen, in Buchenort eine Feuerwehr zu gründen. Laut Protokoll vom 15. März 1914 wurde im Hause Eder die FF Buchenort gegründet. Wehrführer Franz Eder führte ein Jahr die neugegründete Feuerwehr. Es wurde auch beschlossen, eine Zeugstätte zu errichten. Am 9. Mai 1915 legte Wehrführer Eder seine Funktion zurück. Während der Kriegsjahre 1914 bis 1918 wurde Josef Löschenberger mit der Führung beauftragt. Nach dem Ersten Weltkrieg wurde Josef Wienerroither zum neuen Wehrführer gewählt. Dieser führte die FF Buchenort bis zum Oktober 1930. Unter seiner Leitung wurde 1929 eine Breuer-Höchst-Spritze angekauft. Am 12. Oktober 1930 wurde Franz Windhager zum neuen Wehrführer gewählt. Er führte die Feuerwehr bis 1938. Von 1938 bis 1950 liegen keine protokollischen Aufzeichnungen vor. In dieser Zeit wurde die FF Buchenort von verschiedenen Kameraden geführt. Unter anderem auch von Franz Pachler, der diese Funktion am 1. Juli 1951 zurücklegte. An diesem Tag wurde Karl Eder als neuer Wehrführer gewählt. Sein Stellvertreter wurde Matthias Steinbichler. Wehrführer Eder leitete die FF Buchenort bis zu seinem Tod 1953. Bis 22. Oktober 1953 führte Steinbichler die FF Buchenort. Nach Steinbichlers Tod 1960 wurde Franz Windhager zum neuen Kommandanten gewählt, der die FF Buchenort bis 1962 führte. Von 1962 bis 1983 führte die Feuerwehr Walter Pachler. Der Bau des neuen Zeughauses wurde 1954 errichtet. Bei den Einsätzen am anderen Seeufer, die damals sehr häufig waren, wurde der Transport der Geräte mit den Fischerbooten durchgeführt. Nach 1952 – das erste Auto (Jeep) wurde damals in Dienst gestellt – wurden derartige Einsätze auch auf der Straße gefahren.

HBI Schernthaner A. (1959), OBI Schindlauer J. (1968), AW Aigner G. (1970), AW Graf F. (1972), AW Neubacher F. (1954), AW Schmidt K. (1970) — OLm Aichstill J. (1943), PFm Aichstill J. (1982), JFm Aigner G. (1981), PFm Aigner W. (1981), HFm Arnold J. (1966), JFm Gabriel G. (1970), AW Gabriel J. (1952), PFm Graf A. (1972), Lm Graf M. (1921), OLm Hemetsberger F. (1971), Fm Hemetsberger M. (1974), Lm Klausegger A. (1956), HFm Leitner A. (1962), JFm Löschenberger D. (1983), HFm Löschenberger E. (1964), HFm Loidl H. (1970), JFm Neubacher F. (1981), Lm Neubacher H. (1964), OFm Noggler H. (1973), HFm Nußdorfer F. (1976), HFm Nußdorfer J. (1952), E-HBI Pachler W. (1951), Fm Pachler W. (1972), OLm Roither F. (1937), OFm Roither F. (1972), HFm Scheichl J. (1952), OLm Scheichl J. (1970), PFm Schernthaner F. (1973), PFm Schernthaner M. (1942), Fm Schernthaner M. (1972), HFm Schernthaner W. (1964), HFm Stabauer A. (1960), HFm Stadler F. (1940), OFm Stadler P. (1970), Fm Steinbichler J. (1978), HFm Steinbichler J. (1950), Bm Steinbichler J. (1972), HFm Wiedlroither J. (1962), PFm Windhager E. (1974), HFm Windhager F. (1952), OFm Windhager R. (1944), HFm Windhager W. (1951), OFm Windhager W. (1972)

FF DESSELBRUNN

Die Gründung der Freiwilligen Feuerwehr Desselbrunn erfolgte am 8. September 1895 unter Wehrführer Paul Schuster. Das Gründungsfest wurde 1897 abgehalten. Neuwahl des Wehrführers – zum Hauptmann wurde Alois Silbermayer gewählt. Anläßlich einer Neuwahl 1907 wurde Matthias Landertshammer zum Feuerwehrhauptmann gewählt. 1909: Aufteilung der Feuerwehr Desselbrunn in drei Löschzüge: Löschzug Desselbrunn, Löschzug Sicking, Löschzug Windern. Das Oberkommando führte der Kommandant von Desselbrunn. In der Ortschaft Deutenham wurde 1923 ebenfalls ein Löschzug eingerichtet. Zum Spritzenmeister wurde Michael Lang ernannt. Eine gebrauchte Handspritze wurde von Desselbrunn nach Deutenham überstellt. Anläßlich der Generalversammlung wurden auch Neuwahlen durchgeführt. Neuer Kommandant wurde Alois Gruber. In den zwanziger Jahren wurden die Löschzüge Sicking und Windern selbständige Feuerwehren. 1938: Ankauf einer gebrauchten Handdruckspritze von der FF Steyrermühl. 1950: Ankauf der ersten Motorspritze. Neuwahl des Kommandos: Franz Hüthmair wird Hauptmann. 1951: Bau des Feuerwehrhauses anläßlich der Errichtung einer Gemeindehalle. 1952: Bei der Generalversammlung wurde Josef Übleis-Lang zum Wehrführer gewählt. Kauf des ersten Feuerwehrautos, das nach einem halben Jahr auf einen Steyr Type 1500 umgetauscht wurde. 1959: Ankauf einer TS Automatik 75 VW bei der Fa. Rosenbauer. 1962: Übergabe eines neuen Feuerwehrautos Type Ford Transit durch Fa. Rosenbauer. 1963 Neuwahl: Rudolf Kröchshamer wird Kommandant (bis 1983). 1970: Ankauf des ersten Tankwagens Steyr-Lkw 780. 1976: Anschaffung von zwei Funkgeräten. 1981: Ankauf der neuen Funkalarmierung, 1982 von drei schweren Atemschutzgeräten.

HBI Pamminger J. (1971), OBI Holzinger F. (1951), AW Altmann J. (1969), AW Hüthmair F. (1947), AW Mair E. (1977), AW Resch F. (1947), AW Stiegler J. (1946), AW Stögmüller K. (1957), BI Ablinger J. (1979) — PFm Aichorn M. (1983), HBm Altmann J. (1935), HFm Asamer J. (1938), Lm Bauer Ch. (1977), Fm Breneis A. (1981), HFm Fuchs J. (1947), Fm Fuchs J. (1977), Fm Fuchs K. (1982), HFm Hochreiter J. (1947), HFm Holzinger F. (1924), Fm Holzinger F. (1979), OLm Huemer F. (1947), Fm Huemer F. (1982), HBm Huemer J. (1947), HFm Hüthmair F. (1947), OFm Hüthmair F. (1971), HFm Hüthmair K. (1966), PFm Humer H. (1983), HFm Kastenhuber E. (1971), OFm Kastenhuber E. (1978), HBm Kastenhuber F. (1930), HBm Kastenhuber F. (1966), HFm Kastenhuber L. (1953), OBm Kienesberger W. (1974), HFm Köppl F. (1966), HBm Kröchshamer E. (1971), HBm Kröchshamer F. (1947), E-HBI Kröchshamer R. (1947), HFm Landertshamer J. (1964), HFm Mair E. (1947), OFm Mair F. (1977), Fm Mair K. (1982), Fm Meitzenits M. (1981), HFm Meitzenitsch H. (1947), Fm Müller-Kreutzer J. (1982), Lm Müller-Kreuzer A. (1978), HFm Neudorfer K. (1953), OFm Neudorfer K. (1977), HFm Pamminger E. (1974), E-OBI Pamminger J. (1950), Fm Pamminger J. (1980), HFm Parzer A. (1924), OFm Parzer E. (1971), Lm Pohn J. (1957), HFm Resch H. (1952), HFm Schernthaner G. (1973), E-BI Schiermair F. (1928), HFm Schmid A. (1968), HFm Schmid M. (1966), OFm Schneider G. (1974), HFm Silbermair M. (1924), Fm Stehrer H. (1980), AW Stehrer J. (1964), HFm Steinhuber A. (1964), HFm Stockhammer J. (1947), PFm Stögmüller K. (1983), OFm Stögmüller M. (1978), E-HBI Übleis-Lang J. (1947), OFm Übleis-Lang J. (1977), OFm Weixelbaumer R. (1973), HFm Zimmer J. (1925), HFm Zimmer R. (1923)

FF EGGENBERG-RIEXING

Die Freiwillige Feuerwehr Eggenberg-Riexing wurde im Jahr 1909 von 24 Mitgliedern gegründet. Noch im Gründungsjahr schaffte die Wehr unter Kommandant Martin Pachler eine Handdruckspritze an und errichtete das erste Feuerwehrgebäude. Im Jahr 1932 wurde von der Firma Gugg eine Motorspritze angeschafft. Im Jahr 1960 konnte die FF Eggenberg von der Firma Rosenbauer eine Tragkraftspritze VW Automatik erwerben. Im gleichen Jahr wurde auch das derzeit bestehende Feuerwehrgebäude unter Kommandant Mathias Resch errichtet, das schließlich im Jahr 1979 unter Wehrführer Josef Schwamberger renoviert wurde. 1979 tätigte die FF Eggenberg-Riexing den Kauf eines LLFB Marke Mercedes von der Firma Rosenbauer. Seit der Gründung der Freiwilligen Feuerwehr Eggenberg-Riexing standen folgende Kommandanten an der Spitze der Wehr: Martin Pachler (1909–1914), Franz Hufnagl (1914–1917), Martin Pachler (1917–1922), Karl Ablinger (1922–1927), Mathias Schwamberger (1927–1931), Johann Staufer (1931–1949), Josef Schwamberger (1949–1955), Mathias Resch (1955–1978), Eduard Schwamberger (seit 1978).

HBI Schwamberger E. (1959), OBI Ablinger J. (1971), AW Ablinger E. (1955), AW Kettenbauer K. (1967), AW Resch J. (1976) — PFm Ablinger E. (1979), Ablinger F. (1933), HFm Ablinger F. (1970), HLm Ablinger F. (1971), PFm Ablinger G. (1983), Ablinger H. (1975), Ablinger J. (1981), HFm Aigner F. (1966), PFm Aigner F. (1983), PFm Aigner F. (1980), PFm Bankhamer F. (1979), HBm Braun J. (1963), Danter J. (1940), OFm Eder E. (1977), HFm Eder F. (1965), HFm Eder J. (1967), Eder S. (1964), HFm Eitzinger A. (1963), OFm Gasperl A. (1979), OFm Gasperl J. (1979), Fm Gebetsroither A. (1978), Lm Gebetsroither A. (1956), OFm Gebetsroither G. (1977), Hehenfellner J. (1937), OLm Hehenfellner J. (1956), Lm Hemetsberger A. (1977), HFm Hemetsberger F. (1959), Hemetsberger F. (1974), PFm Hemetsberger F. (1983), PFm Hemetsberger F. (1983), Hemetsberger J. (1945), PFm Hemetsberger J. (1983), OFm Hemetsberger L. (1979), OFm Hemetsberger L. (1980), PFm Hemetsberger M. (1982), OFm Hemetsberger N. (1979), PFm Huber B. (1979), Fm Huber G. (1980), HFm Kaltenleitner F. (1976), E-AW Kaltenleitner F. (1947), HFm Kaltenleitner J. (1976), HFm Karl F. (1974), Kettenbauer K. (1976), PFm König A. (1983), PFm König G. (1983), HFm Kofler E. (1971), OFm Lohninger M. (1977), Lohninger M. (1964), HFm Mayr J. (1948), HFm Mayr J. (1971), HFm Mayrhofer F. (1971), OFm Mayrhofer J. (1980), HFm Plomberger F. (1967), HFm Preuner J. (1958), HFm Purrer F. (1977), PFm Reiter G. (1983), HFm Resch F. (1970), E-HBI Resch M. (1950), Rosenkranz A. (1945), E-OBI Rosenkranz E. (1955), PFm Sagerer G. (1983), Sagerer J. (1974), JFm Sagerer J. (1982), Schallmeiner J. (1974), Schmeißer A. (1981), Fm Schmeißer F. (1982), JFm Schmeißer F. (1982), Lm Schmeißer J. (1953), HFm Schmeißer J. (1955), Fm Schmeißer J. (1981), OFm Schönberger H. (1977), OFm Schönberger A. (1977), JFm Schwamberger F. (1983), Fm Staufer F. (1982), E-AW Staufer J. (1945), HFm Staufer J. (1976), HBm Staufer J. (1945), Bm Steinbichler F. (1970), HFm Stiegler K. (1972), HFm Streicher F. (1971), OFm Strobl G. (1977), Fm Strobl H. (1977), HFm Treml A. (1966), HFm Treml H. (1971), HFm Treml J. (1967), Bm Wiespointner F. (1950), JFm Wiespointner F. (1981), HLm Zoister J. (1971)

FF FORNACH

Die FF Fornach wurde 1897 gegründet und feierte 1926 ihr 25jähriges Gründungsfest. 1931 wurden die Feuerwehren Walligen und Sallach gegründet. Zur gleichen Zeit wurde eine Motorspritze angeworben. 1932 erhielt die FF Fornach einen neuen Spritzenwagen, der sich bei einem Großeinsatz Mitte Mai in Frankenmarkt sehr bewährte. 1935 hatten die drei Wehren von Fornach einen Großeinsatz zu verzeichnen – in der Nachbarortschaft Danzenreith brannten acht Objekte nieder. Im Jahr 1938 wurde die FF Walligen aufgelöst und eine Gemeindefeuerwehr gegründet, wobei der 1. Zug Fornach, der 2. Zug Walligen und der 3. Zug Sallach war. 1942 erhielt die FF Fornach eine dritte Motorspritze. 1949 wurde die FF Walligen neugegründet. 1952 bekamen die Florianijünger das jetzige Feuerwehrhaus. 1966 wurde eine TS VW R 75 und 1967 ein Land Rover mit Vorbaupumpe angekauft. Diese Ausrüstung wurde in den folgenden Jahren dringend gebraucht, denn es gab zahlreiche Brände (Wald, Höfe usw.) zu bekämpfen. 1985 wird das im Jahr 1982 begonnene neue Zeughaus übergeben. Seit der Gründung der Freiwilligen Feuerwehr Fornach waren folgende Hauptleute für die Wehr verantwortlich: Johann Mayr, Simon Reitter, Franz Pettighofer, Josef Lohninger, Michael Schimpl und Willi Hupf (seit 1973).

HBI Hupf W. (1960), OBI Brückl J. (1964), AW Holzleitner K. (1979), AW Kahleitner F. (1952), AW Resch M., BI Dichtl F. (1945), BI Eder W. (1957) — HFm Aigner J. (1970), HFm Berger F. (1979), Fm Birglehner J. (1981), HFm Birglehner F. (1945), OFm Breitwimmer M. (1968), E-AW Breitwimmer M. (1932), OFm Brückl F. (1979), JFm Brückl J. (1983), HFm Dickinger F. (1967), OLm Eitzinger A. (1962), HFm Eitzinger J. (1961), HFm Fischer J. (1970), HFm Fuchsberger A. (1946), HFm Fuchsberger J. (1964), JFm Fuchsberger J. (1983), HFm Gasselsberger J. (1960), Fm Gasselsberger W. (1983), HFm Gramlinger J. (1968), JFm Haidecker G. (1982), E-AW Haidecker G. (1957), Fm Haidinger K. (1980), HFm Herzog B. (1968), HFm Herzog J. (1962), HFm Höller K. (1962), Lm Hofinger A. (1970), OFm Hofinger F. (1947), HFm Hofinger J. (1949), HFm Holzinger S. (1946), Fm Holzleitner J. (1978), HFm Huber F. (1962), JFm Hupf Ch. (1980), JFm Hupf E. (1982), Fm Hupf F. (1980), JFm Hupf W. (1983), Lm Kahleitner A. (1964), OFm Kahleitner F. (1979), HLm Karl-Astegger A. (1944), Fm Knoll E. (1981), JFm Knoll G. (1982), Fm Knoll J. (1980), PFm Koller Ch. (1983), HFm Lehner M. (1949), Lohninger J. (1919), Fm Maringer G. (1981), HFm Mayr J. (1945), HFm Naglseder J. (1956), Fm Nußbaumer A. (1980), HFm Padinger J. (1955), HFm Padinger J. (1970), Fm Pichtl F. (1983), HFm Putz A. (1945), HFm Quehenberger A. (1979), HFm Quehenberger J. (1979), HFm Quehenberger J. (1959), HFm Salcher A. (1964), HFm Sammer G. (1946), HFm Scheibl A. (1979), HFm Scheibl A. (1947), HFm Scheibl A. (1964), HFm Scheibl H. (1979), HLm Scheibl J. (1956), HFm Schimpl E. (1975), HFm Schimpl J. (1970), HBm Schimpl M. (1945), Fm Schlager J. (1977), JFm Schmid G. (1980), HFm Schneeweiß R. (1950), OFm Schwab A. (1974), HFm Segner J. (1952), JFm Seifriedsberger Ch. (1980), HFm Seiringer A. (1949), Lm Seiringer A. (1974), Lm Spiesberger F. (1964), HFm Spindler L. (1964), HFm Steindl F. (1962), OLm Steindl J. (1964), OFm Steindl J. (1957), Fm Steindl J. (1980), HBm Steiner F. (1964), HFm Steinhofer E. (1974), HFm Steinhofer J. (1953), Fm Steinhofer J. (1976), HFm Streicher J. (1960), HFm Treml F. (1964), HFm Wesenauer H. (1979), Fm Wesenauer J. (1980), HFm Wienerroither A. (1965), HFm Wienerroither J. (1948), HFm Wiesenauer F. (1979), HFm Wiesenauer M. (1955)

FF FORSTERN

Die Gründung der Freiwilligen Feuerwehr Forstern erfolgte am 25. Februar 1914 im Gasthaus Pattinger in Forstern. Es waren ca. 60 Mann anwesend, darunter Bürgermeister der Gemeinde Pöndorf Martin Rillinger, Pfarrer Johann Hagen und Dr. Anton Scheiber aus Vöcklamarkt. Die erste Ausrüstung war eine Handpumpe mit Pferdegespann. 1939 wurde die erste Motorpumpe DKW der Fa. Gugg angekauft. Im Jahr 1957 wurde diese gegen eine VW-Motorspritze der Fa. Gugg umgetauscht. 1972 wurde die Pumpe von der Fa. Gugg zurückgekauft und statt dessen eine neue VW-Trokomat angeschafft. 1974 entschloß sich die Feuerwehr, einen gebrauchten Ford Transit Kastenwagen auf ein Rüstauto umzubauen. Somit konnte der Anhänger außer Dienst gestellt werden. 1962 trat die erste Wettbewerbsgruppe in Aktion und errang das Feuerwehrleistungsabzeichen in Silber und in Bronze. 1965 wurde eine Jugendgruppe aufgestellt, welche 1967 das Leistungsabzeichen errang. Diese Gruppe war bis 1975 bei allen Landes- und Bezirksbewerben beteiligt und konnte ausgezeichnete Plätze erringen. 1972 und 1974 führte die Freiwillige Feuerwehr Forstern zwei eigene Pokalwettbewerbe durch, bei denen sich jedesmal über 100 Gruppen aus Oberösterreich beteiligten. 1972 schloß die Wehr Forstern mit der FF Fernabrünst (Bundesrepublik Deutschland) Freundschaft. Zum 70jährigen Gründungsfest 1984 kaufte die Freiwillige Feuerwehr Forstern ein neues KLF. Seit der Gründung der FF Forstern leiteten folgende Kommandanten die Wehr: Josef Pichler (1914–1934), Johann Six (1934–1944), Franz Ramsauer (1944–1948), Alois Eder (1948–1949), Franz Fink (1949–1958), Franz Six (1958–1963), Josef Pichler (seit 1963).

HBI Pichler J. (1955), OBI Six J. (1968), AW Pichler F. (1966), AW Pichler J. (1966), AW Six F. (1966) — OFm Asen J. (1956), Asen J. (1926), Berner A. (1917), Fm Brudl F. (1974), Fm Brudl J. (1982), OBm Brudl J. (1951), Danter F. (1938), Lm Danter W., Daxegger J. (1925), Denk J. (1966), Eitzinger J. (1923), HFm Eitzinger S. (1960), OLm Fink F. (1962), Lm Fink J. (1966), HFm Haslinger J. (1957), Haslinger J. (1946), Hauser F. (1937), Holzapfel J. (1947), Holzinger F. (1950), Holzinger F. (1914), HFm Holzinger P. (1943), Lm Holzinger P. (1968), Huber G. (1940), Huber J. (1958), Karrer H. (1935), Kaufmann A. (1932), Fm Kaufmann A. (1969), Kölblinger J. (1937), Lösch F. (1929), Lm Lösch F. (1962), OFm Maislinger M. (1981), Mühlecker A. (1949), OFm Mühlecker F. (1981), OFm Mühlecker F. (1981), Mühlecker J. (1951), OFm Padinger F. (1980), HFm Padinger J. (1946), Fm Padinger J. (1971), Padinger J. (1946), HFm Padinger P. (1948), Pattinger M. (1935), Bm Pichler A. (1957), OFm Pichler A. (1981), Pichler F. (1948), Pichler F. (1924), HFm Pichler G. (1948), Bm Pichler J. (1959), OFm Pichler J. (1981), E-OBI Pichler J. (1950), Pichler J. (1921), HFm Pichler M. (1956), Pommer J. (1952), HFm Pommer J. (1970), Ramsauer J. (1928), HLm Ramsauer J. (1968), OLm Schachinger J. (1968), Scheibl A. (1940), Fm Schindecker A. (1980), HFm Schleimecker J. (1959), Schuster F. (1919), Fm Schwab A. (1970), Schwab A. (1931), OBm Six F. (1943), HFm Six F. (1957), HBm Six J. (1966), Six J. (1931), Walsberger A. (1966), OFm Weiser F. (1981), Fm Weiser F. (1961), Fm Wielend J. (1982), Fm Wielend M. (1967), HLm Zieher J. (1965)

FF FRANKENBURG

Die FF Frankenburg wurde 1876 unter Johann Sunkler gegründet. 1880 wurde eine fahrbare Spritze angekauft, 1882 ein Steigerhaus erbaut. 1904 wurde ein Hydrophor mit kleiner Spritze angeschafft. 1923 wurde die erste Motorspritze mit 500 m Schläuchen gekauft. Als Transportmittel wurden Pferdefuhrwerke verwendet. Später erhielt die Wehr die Bewilligung zur Benützung des mit Vollgummi bereiften Rüstwagens Praga. 1938 wurde die Wehr als Verein aufgelöst und zur Körperschaft des öffentlichen Rechts. 1947 erhielt die Wehr einen Schlauchwagen Glöckner-Deutz. Zwei Jahre später wurde eine Tragkraftspritze Marke DKW angekauft. Das heute noch in Verwendung stehende Feuerwehrhaus wurde zwischen 1950 und 1953 erbaut und auch mit einer Sirene versehen. Auf den Glöckner-Deutz wurde 1957 eine Vorbaupumpe aufgebaut. 1959 erhielt die Wehr ein LF Opel Blitz, das 1967 mit einem mobilen Funkgerät (2-m-Band) und einem Handsprecher ausgerüstet wurde. Die Atemschutzgeräte PA 37 wurden 1969 angekauft. 1971 wurde ein Tanklöschfahrzeug Mercedes 991 mit 3000 l Wasserinhalt angekauft. Einsatzbereit sind derzeit ein TLF 3000/200, ein LF Opel Blitz mit Bedarfsausrüstung und ein Kommandofahrzeug, das als Einsatzleitstelle dient.

HBI Derflinger J. (1969), OBI Zechmeister G. (1970), OAW Eder H. (1962), AW Pillichshammer F. (1972), AW Streicher H. (1982), AW Waldhör R. (1970), BI Sieberer F. (1967), BI Wenninger S. (1973) — HFm Aichmaier J. (1948), HFm Aigner K. (1974), Lm Aigner N. (1974), Fm Berger A. (1982), HLm Berger G. (1955), Fm Brem B. (1980), HFm Dallinger E. (1944), Lm Dißlbacher G. (1975), HFm Donninger A. (1951), HFm Donninger A. (1976), JFm Eder H. (1981), HFm Feichtinger R. (1942), HFm Geyer A. (1944), HFm Gröstlinger F. (1970), OFm Gröstlinger N. (1977), JFm Gröstlinger P. (1982), Lm Gruber K. (1958), HFm Gruber M. (1940), HBm Hammertinger F. (1962), HFm Hammertinger W., OBm Herzog A. (1958), Fm Herzog A. (1976), Fm Hintsteiner E., HFm Holl J. (1943), HFm Holl J. (1960), Fm Huber G., HFm Hüttl H. (1962), Fm Hüttl H. (1980), HFm Jurgovsky J. (1964), JFm Kaiser A. (1979), Lm Kaiser F. (1957), Fm Kaiser J. (1979), Fm Kienberger A. (1983), HFm Kienberger J. (1956), Lm Kienberger J. (1974), Bm Kukla K. (1930), HFm Laibl E. (1970), Fm Lindinger M. (1983), OFm Lüftenecker R., HFm Maletzky A. (1952), Fm Marisch W. (1972), JFm Mayr N. (1980), HFm Meinhard J. (1980), Fm Micheler H. (1983), HFm Moser H. (1930), Fm Munter H., JFm Neudorfer W. (1982), HFm Oberreiter H. (1956), HFm Oberreiter O. (1952), Ottinger E. (1983), HFm Dr. Ottinger F. (1949), Fm Pachinger J., Fm Pesendorfer R., Fm Preiner E., HFm Preuner A. (1954), HFm Preuner J. (1947), Puffer J. (1962), HFm Reifetshammer J. (1957), JFm Reifetshammer R. (1982), Fm Reiffetshammer S. (1978), HFm Schachl J. (1938), Lm Scheibl J. (1952), HFm Scherübl F. (1963), HFm Schlager F. (1932), HFm Schlager F. (1965), Fm Schmitzberger A. (1982), HFm Schmitzberger H. (1974), JFm Schönlechner E. (1982), Lm Schönlechner H. (1954), HFm Schwamberger F. (1951), HFm Schwamberger G. (1973), Fm Schwebach G. P. (1972), HFm Schwebach P. (1952), Fm Schwebach P. jun. (1975), OFm Seifriedsberger H., HFm Seiringer A. (1956), HFm Seiringer R., HFm Sieberer F. (1949), Fm Streicher H. (1970), HBm Streicher G. (1962), OBm Walchetseder J. (1965), HFm Wamprechtshammer J. (1926), HBm Wamprechtshammer J. (1947), Fm Weinmüller W. (1980), HFm Wenninger J. (1949), HFm Wienerroither J. (1958), HFm Wienroither G. (1974), HBm Wienroither K. (1956), OFm Wienroither K. (1973), HFm Zechmeister F. (1943), Fm Zechmeister F. (1978), Fm Ziegler H., HFm Ziegler J. (1951)

FF FRANKENMARKT

Die FF Frankenmarkt wurde 1873 gegründet. Als Gründer wird Notar Dr. Albinger genannt. Kommandant zu dieser Zeit war Franz Affenhuber. An Geräten standen der FF Frankenmarkt zur Verfügung: 2 Spritzen mit Saugwagen, 1 Hydrophor, 2 Spritzen ohne Sauger, 6 kleine Spritzen, 8 Hydranten, 2 Schlauchhaspeln, 120 m Schläuche, 2 Wasserwagen, 1 Gerätewagen, 1 Mannschaftswagen, 30 Wassereimer, 16 Dachleitern, 8 Hakenleitern und 6 Steckleitern. Die Alarmierung waren die Kirchenglocken und in der Nacht der Marktwächter. Im Jahr 1939 wurde die FF Frankenmarkt zur OD – 6 eingegliedert, wo 1941 ein leichtes Löschfahrzeug Marke Mercedes mit Anhänger und TS 8 verlagert wurde. Im Jahr 1944 brannten innerhalb von 24 Stunden einige Häuser nieder. Als Brandursache nimmt man Brandlegung mit Brandplättchen an, wie sie damals von feindlichen Flugzeugen abgeworfen wurden. Weiters nahm die Feuerwehr in diesen Jahren bei Aufräumungsarbeiten nach Luftangriffen in Wels und Attnang-Puchheim teil. Der erste Feuerwehrkommandant nach Kriegsende hieß Johann Klapper. Aus Heeresbeständen wurde im Jahr 1945 ein Steyr Type A erworben. Das Fahrzeug wurde später von der Firma Rosenbauer aufgebaut und mit einer Vorbaupumpe ausgestattet. 1960 wurde ein Berglandlöschfahrzeug Marke Land Rover mit Vorbaupumpe angekauft. Ein VW-Bus wurde 1972 angekauft und als Kommandofahrzeug verwendet. 1973 wurde das TLF 2000 anläßlich der 100-Jahr-Feier eingeweiht. 1974 wurde vom LFK ein KRF-E nach Frankenmarkt verlagert. 1982 wurde ein zweites Tanklöschfahrzeug Type Steyr 580 Allrad angeschafft. Seit 1974 besteht eine Jugendgruppe. Von 1974 bis 1983 nahm die Jugendgruppe an allen Abschnitts-, Bezirks- und Landesbewerben teil.

VBR Grafinger J. (1950), HBI Kirtsch M. sen. (1961), OBI Neudorfer F. sen. (1961), AW Eitzinger F. (1960), AW Fellner R. (1978), AW Neudorfer J. (1965), BI Haitzinger H. (1977), BI Karrer H. sen. (1972), BI Kirtsch H. — JFm Anegg M. (1983), OLm Bachinger J. (1960), JFm Bachinger M. (1983), Lm Baumann A. (1964), JFm Bonner H. (1983), OLm Breinstampf S. (1952), OFm Dorfer J. (1978), JFm Eitzinger M. (1982), HLm Erbersdobler M. (1966), HFm Fimberger J. (1957), JFm Fischinger D. (1983), HFm Geißler H. (1964), HFm Gonschior F. (1973), Fm Gräf H. (1979), HBm Gräf M. (1975), Fm Gräf W. (1981), OLm Grafinger A. (1955), HBm Grafinger G. (1974), Bm Grafinger J. (1955), OFm Gramlinger G. (1973), OLm Hauser R. (1970), PFm Heimetsberger O. (1978), OFm Hemetsberger B. (1977), HBm Hemetsberger J. (1949), HFm Innerlohinger J., JFm Jedinger J. (1981), HFm Jedinger J. (1965), Jedinger J. (1979), HLm Kaltenleitner A. (1975), OFm Karl H. (1974), PFm Karrer K. H. (1979), OLm Keppel H. (1967), OFm Kirtsch M. jun. (1980), OFm Köck H. (1974), HBm Kühberger A. (1974), PFm Kühberger H. (1980), JFm Leitner E. (1983), HFm Meinhart J., Fm Meister J. (1945), HFm Muhr F. (1946), HBm Neudorfer J. jun. (1974), Fm Neudorfer J. (1976), Fm Neudorfer K. (1978), HFm Nußbaumer A. (1948), JFm Ornezeder T., JFm Preßlmayr F. (1962), PFm Rahofer A., OLm Riedl J. (1950), JFm Schafleitner E., HLm Schafleitner G. (1950), Fm Schafleitner G. (1978), OLm Scherndl J. (1944), HFm Seiringer J. (1976), OFm Six J. jun. (1973), HFm Six J. sen. (1946), HFm Stadlmann F. (1963), JFm Wallsberger G. (1983), OFm Walsberger H. (1974), Fm Walsberger J. (1978), Fm Walsberger J. (1977), JFm Weber S. (1983)

FF FREIN

Die Freiwillige Feuerwehr Frein wurde unter Kommandant August Hofstätter am 18. Juli 1924 gegründet. Die Geräte wurden damals von der Betriebswehr der Forst- und Gutsverwaltung Frein zur Verfügung gestellt. Von 1924 bis 1954 waren die Geräte in der Forst- und Gutsverwaltung Frein untergebracht. Im Jahr 1954 wurde ein geeignetes Grundstück erworben und darauf durch tatkräftigen Robot das Feuerwehrhaus errichtet. Seit 1950 besitzt die Feuerwehr Frein ein Löschfahrzeug Type Steyr 1500 Allrad. Dieses Fahrzeug konnte aufgrund vieler freiwilliger Stunden bis heute einsatzbereit gehalten werden. Seit dem Jahr 1976 besitzt die FF Frein ein neues Löschfahrzeug Type Ford Transit. Als weitere größere Investitionen können der Ankauf einer Tragkraftspritze im Jahr 1962 und im Jahr 1982 bezeichnet werden. Beim Feuerwehrhaus wurden großteils in Eigenregie ein Außenverputz angebracht und ein Gesellschaftsraum im ersten Stock ausgebaut. Weiters wurden Leichtmetallregale für die Uniformen, ein stationäres und ein mobiles Funkgerät angeschafft. Seit der Gründung hatte die Feuerwehr folgende Kommandanten: August Hofstätter (1924–1933), Josef Huber (1933–1939), Alois Gehnböck (1939–1957), Karl Pixner (1957–1973), Franz Wienerroither (seit 1973).

HBI Wienerroither F. (1951), OBI Eder M. (1964), AW Eggl J. (1966) — Fm Aichmaier J. (1978), OFm Ams F. (1971), OFm Baudisch W. (1975), OFm Beck W. (1964), Fm Berger Ch. (1982), OFm Berghammer J. (1973), Lm Buchegger J. (1972), OFm Burgstaller F. (1973), Lm Burgstaller J. (1947), HFm Dachs A. (1964), HFm Dachs F. (1970), OBm Doppler F. (1957), HFm Eberl A. (1925), Fm Ebner F. (1974), OFm Eder W. (1966), HFm Eggl F. (1938), HFm Ehrenfellner A. (1951), Gehnböck A., HFm Groß L. (1949), HFm Groß L. (1972), Fm Hammertinger A. (1982), HFm Hinterleitner A. (1928), Lm Hochrainer A. (1957), Lm Hochrainer J. (1955), Fm Hochrainer J. jun. (1982), JFm Hochrainer K. (1982), OFm Huemer A. (1964), HFm Huemer A. (1961), OFm Huemer F. (1958), HFm Huemer F. (1935), Fm Huemer N. (1982), Fm Huemer W. (1982), HFm Kaltenbrunner M. (1956), Fm Kania E. (1974), Fm Kania O. (1974), HFm Leitner G. (1923), HFm Mayr A. (1928), HFm Mayr A. (1951), OFm Oberdacher W. (1976), HFm Obermeier J. (1948), HBm Pillichshammer J. (1973), HFm Pixner K. (1958), HFm Pramendorfer R. (1974), HFm Renetseder A. (1948), HFm Renetseder L. (1948), HFm Scheibl A. (1924), Fm Scheibl A. (1969), OFm Scheibl F. (1964), OFm Schwebach F. (1982), PFm Mag. Seidl G. (1983), Fm Seifriedsberger M. (1982), HFm Streicher A. (1955), OFm Wienerroither A. (1952), HFm Wienerroither M. (1934), Fm Willinger R. (1982), Fm Winklinger P. (1983), Fm Zoister A. (1946), Fm Zoister F. (1966), Fm Zweimüller N. (1974)

FF GAMPERN

Am 25. April 1890 forderte der Bürgermeister von Gampern zur Gründung einer freiwilligen Feuerwehr auf, um geschulte Männer zur Brandbekämpfung zur Verfügung zu haben. Das Mindestalter der Kameraden setzte er mit 17 Jahren fest. Der Gründungskommandant, und vornehmlich für die Gründung der Wehr tätig, war Lehrer Behounek, ihm zur Seite standen J. Steinbüchler, D. Purrer und J. Baumgartinger. 1930 schaffte die Wehr eine E 35, Motor Breuer, Viertakt, von der Firma Rosenbauer an, 1945 wurde aus Heeresbeständen ein offener Horch, der auf 100 km 40 Liter Benzin brauchte, erworben. Seit der Gründung fielen bereits zwei Feuerwehrgebäude der Spitzhacke zum Opfer, das heutige Zeughaus wurde im Jahr 1969 errichtet. Die technische Entwicklung der FF Gampern: TS E 35, TS RW 80, Militärauto Horch, Kleinlöschfahrzeug Ford FK 1250 mit Vorbaupumpe (1958–1976), TS VW 75 Automatik von der Firma Rosenbauer (1959), nachdem die RW 80 unbrauchbar geworden war. Funkgeräte Marke Bosch 1972, TLF 200-60 sowie schwerer Atemschutz 1974. Im Frühjahr 1982 wurde ein Löschfahrzeug mit Bergeausrüstung erworben. Bis dahin stand der Gemeinde-Unimog der Feuerwehr zur Verfügung. Kommandanten seit der Gründung der Wehr waren: Kdt. Behounek, J. Obermeier, K. Kettl, A. Ensinger, F. Trausner, E. Hollerweger (1963–1968), S. Prenner (1968–1970), A. Brunbauer (1970–1983), J. Kalleitner (seit 1983).

HBI Kalleitner J. (1964), OBI Schmid J. (1967), AW Aschauer G. (1966), AW Resch E. (1951), AW Seiringer J. (1959), BI Hollerwöger H. (1955), BI Pöhringer J. (1965) — HFm Ablinger A. (1961), HFm Apfl G. (1934), HFm Aschauer F. (1946), OFm Auböck W. (1979), Fm Bichler A. (1977), OFm Brunbauer A. (1975), HFm Brunbauer A. (1920), E-HBI Brunbauer A. (1947), Fm Brunbauer G. (1980), HFm Brunbauer H. (1977), HFm Brunbauer M. (1978), OFm De Zordo E. (1977), OLm Dezordo D. (1957), OFm Eicher A. (1952), OFm Eicher R. (1977), HFm Ensinger A. (1965), OFm Fellner J. (1977), Fm Dr. Gaisböck H. (1974), Fm Gaßner E. (1978), HFm Gebetsberger A. (1971), HFm Gebetsberger M. (1970), HFm Gehmaier H. (1977), OFm Gehmaier J. (1945), Lm Gehmaier J. (1970), OFm Gehmaier K. (1945), Fm Göschl E. (1958), HFm Gramlinger J. (1972), Fm Gugg J. (1963), OFm Haas A. (1977), OFm Haas M. (1977), OFm Habring J. (1970), Fm Ing. Habring J. (1970), HFm Hanninger F. (1950), HFm Dir. Hasengschwantner F. (1955), OFm Hauser A. (1976), HFm Hinterholzer A. (1977), OFm Hittenberger A. (1958), OFm Hittenberger E. (1968), OFm Hittenberger F. (1970), OFm Hittenberger J. (1968), OFm Hittenberger J. (1929), OFm Hittenberger M. (1932), HFm Hochrainer J. (1950), OFm Hochreiner H. (1955), Fm Hollerneger Ch. (1980), Lm Hollerweger E. (1946), OFm Kaiser A. (1936), HFm Kalleitner E. (1958), OFm Kalleitner F. (1950), OFm Kalleitner H. (1958), HFm Kalleitner L. (1923), HFm Katterl H. (1966), HFm Katterl J. (1933), Fm Kumpfmüller K. (1968), HFm Mayr K. (1977), Fm Ortner J. (1950), OFm Pöhringer E. (1971), OFm Pohringer J. (1945), OFm Prenner S. (1961), HFm Rebhan J. (1974), OFm Rebhan J. (1972), OFm Rebhan M. (1977), HFm Rendl J. (1947), HFm Rendl J. (1914), OFm Resch F. (1961), OFm Resch J. (1941), Fm Resch M. (1980), HFm Riedl F. (1955), HFm Riedl F. (1928), Fm Rosner J. (1961), HFm Schausberger F. (1963), Fm Scheibl F. (1961), Fm Scheibl M. (1946), OFm Schistl F. (1977), Fm Schlager J. (1946), Fm Schuster M. (1961), HFm Stadlmann H. (1973), Fm Stegfellner J. (1973), OFm Steinbichler F. (1979), OFm Steinbichler M. (1946), Fm Steiner J. (1970), HFm Sterrer A. (1958), HFm Sterrer F. (1968), OFm Sterrer J. (1972), HFm Sterrer J. (1958), OFm Sterrer J. (1972), OFm Sterrer J. (1962), OFm Stockinger H. (1976), Fm Straßmair R. (1963), Fm Stubitz S. (1970), HFm Thalhamer M. (1958), OFm Trausner A. (1946), OFm Trausner A. (1965), E-HBI Trausner F. (1941), OFm Trausner J. (1968), OFm Wageneder J. (1979), OFm Ziegl J. (1945), OFm Ziegl J. (1970), OFm Ziegl L. (1928)

FF GUGGENBERG

Über Anregung von Michael und Andreas Ramsauer wurde am 26. Juli 1925 beschlossen, die Freiwillige Feuerwehr Guggenberg zu gründen. Zur ersten spärlichen Ausrüstung gehörte eine Handspritze, welche die FF Hof zur Verfügung stellte. Der Spritzenwagen war selbst gebaut worden. Bei der Fahnenweihe 1927 in Mondsee war Elisabeth Kaltenbrunner Fahnenpatin. Mit der Machtübernahme der Nationalsozialisten 1939 wurden die einzelnen Feuerwehren zu größeren Einheiten zusammengezogen; die FF Guggenberg wurde der Feuerwehr Hof unterstellt. Als Obmann trat Michael Ramsauer zurück, ihm folgte Leopold Hausleitner als Gruppenleiter. In seine Amtszeit fiel auch die Einmauerung der aus Holz erbauten Zeugstätte. 1958 wurde Johann Schafleitner zum Kommandanten wiedergewählt (nach 1951), ein Jahr später erfolgte die Segnung eines Rüstwagens, der vom Landesfeuerwehrkommando, von der Gemeinde Tiefgraben und aus Spenden der Bevölkerung finanziert worden war. Im selben Jahr wurde mit dem Bau einer neuen Zeugstätte begonnen. Den Baugrund hatte der Kommandant der Feuerwehr kostenlos zur Verfügung gestellt. Am 29. Mai 1960 war das Zeughaus fertiggestellt, und die feierliche Segnung des Hauses konnte vorgenommen werden. 1973 wurde Michael Schindlauer neuer Kommandant. Am 8. und 9. Juli 1978 veranstaltete die FF Guggenberg ein Sommernachtsfest, das mit der Weihe des neu erworbenen LLF seinen Höhepunkt fand. Dieses Fahrzeug wird auch im Winter zur Schneeräumung verwendet.

HBI Schindlauer M. (1964), OBI Dorfinger P. (1973), AW Hausleitner J. (1968), AW Rauchenschwandtner M. (1976), AW Schindlauer M. (1958), BI Ramsauer A. (1962) — Fm Birglechner G. (1925), OLm Birglechner L. (1958), OFm Brunnbauer F. (1979), OFm Dorfinger A. (1956), PFm Dorfinger M. (1979), PFm Edtmayr A. (1980), PFm Edtmeier M. (1982), PFm Fischhofer G. (1981), OBm Fischhofer J. (1951), OFm Fischhofer J. (1977), Fm Gaderer M. (1938), HFm Gaderer W. (1958), HFm Grubinger J. (1959), PFm Grubinger M. (1982), PFm Hausleitner G. (1981), HLm Hausleitner J. (1942), OFm Hausleitner J. (1979), PFm Herzog M. (1982), OLm Hufnagl A. (1964), PFm Kapfer F. (1982), OFm Knupfer F. (1969), Bm Köbrunner J. (1932), HFm Kroiß A. (1973), Lm Kroiß M., HFm Lettner F. (1959), HFm Lettner J. (1951), Lm Lettner J. (1964), OLm Päckert F. (1940), HFm Putz G. (1974), HFm Putz M. (1951), HFm Ramsauer A. (1968), HFm Ramsauer M. (1972), HFm Ramsauer M. (1967), HFm Rauchenschwandtner F. (1976), OFm Rauchenschwandtner J. (1969), Fm Reichl M. (1980), OFm Reindl M. (1954), OFm Reindl M. (1974), E-HBI Schafleitner J. (1925), OBm Schafleitner J. (1953), PFm Schafleitner J. (1980), PFm Schweighofer G. (1981), OBm Schweighofer J. (1949), OFm Schweighofer J. (1977), PFm Schweighofer J. (1980), Bm Stabauer J. (1947), OFm Steininger A. (1967), HFm Steininger A. (1969), HFm Steininger F. (1937), HFm Steininger F. (1961), OBm Steininger J. (1925), Fm Steininger J. (1980), HLm Steininger M. (1956), HLm Steininger M. (1957), OLm Steinkress M. (1958), E-OBI Wengler J. (1925), Lm Wengler J. (1967), PFm Wiedlroither M. (1980), Fm Winkler G. (1980), OBm Winkler J. (1947)

FF HABERPOINT

Im Jahr 1914 wurde die FF Haberpoint gegründet, und zwar mit den Ortschaften Untermühlham, Matzlröth, Volkerding, Obermühlham, Hechfeld, Plain, Unterreith, Nößlthal, Haberpoint, Ober- und Unterschwand. Es waren zwei fahrbare Spritzen und zwei Handspritzen mit 170 m Hanfschläuchen vorhanden. Die Mannschaft war eingeteilt in drei Abteilungen. 1932 kamen die Ortschaften Untermühlham, Matzlröth, Hechfeld, Obermühlham, Volkerding weg, da Volkerding ein eigenes Kommando wurde. In Unterreith wurde von der FF Haberpoint 1932 ein Löschzug eingerichtet mit der Spritze von der Abteilung Volkerding. Im Jahr 1931 wurde von der FF Haberpoint die erste Motorspritze Gugg II angekauft. 1950 wurde ein Lkw erworben, der einige Jahre hindurch seine Aufgaben erfüllte. Im Jahr 1951 bekam der Löschzug Unterreith eine Motorspritze Rosenbauer RW 25, welche bis 1969 in Betrieb war, und im Jahr 1969 wurde auch der Löschzug Unterreith aufgelassen. Die FF Haberpoint erhielt im Jahr 1961 eine Tragkraftspritze Gugg Automatik, welche auf einem Rüstwagen für Traktorzug gefahren wurde; dieser wurde 1959 angekauft. 1976 wurde ein Lkw Mercedes Benz (Doppelkabine) angekauft und von der Mannschaft zu einem Leichten Löschfahrzeug umgebaut. Unsere erste Zeugstätte wurde erst 1956 gebaut, bis dahin waren die Feuerwehrgeräte privat untergebracht. Seit der Gründung der Freiwilligen Feuerwehr Haberpoint lenkten folgende Kommandanten die Geschicke der Wehr: Franz Padinger, Josef Reitzl, Anton Huber, Josef Reitzl, Mathias Schwandner, Gottlieb Reitzl.

HBI Reitzl G. (1954), OBI Kranzinger J. (1960) — Aigner J. (1971), Angelberger J. (1949), Asen J. (1939), Asen M. (1934), Baumann F. (1937), Berner F. (1975), Breiner G. (1981), Fink F. (1953), Fink G. (1949), Fischhofer J. (1978), Füßl A. (1954), Furthner A. (1972), Gramlinger W. (1953), Gruber J. (1980), Gruber J. (1983), Hemetsberger D. (1974), Höckner J. (1966), Huber F. (1937), Huber F. jun. (1966), Huber J. (1975), Huber M. (1947), Huber M. (1968), Hulan E. (1968), Jell J. (1982), Jell J. (1980), Dr. Kampas K. (1980), Kaser J. (1957), Kaser O. (1974), Koblechner M. (1963), Kranzinger A. (1960), Kranzinger J. (1960), Lugstein J. (1966), Lugstein M. (1953), Neuhofer F. (1948), Padinger F. (1922), Padinger F. (1958), Pattinger J. (1980), Pichler J. (1945), Pölzleitner J. (1960), Reindl F. (1982), Reindl J. (1960), Reindl J. (1980), Reitzl J. (1947), Reitzl M. (1947), Reitzl W. (1974), Renner G. (1969), Schachner H. (1982), Schafleitner J. (1965), Schafleitner F. (1982), Schinagl F. (1965), Schindecker E. (1983), Schindecker J. (1946), Schmidt J. (1971), Schnellberger A. (1954), Schwandtner F. (1973), Schwandtner M. (1958), Six A. (1952), Strobl J. (1964), Taglinger A. (1954), Thöny G. (1974), Vitztum H. (1981), Vogl F. (1920), Vogl F. (1945), Vogl F. (1970), Vogl J. (1973), Weiser F. (1982), Winkelhofer E. (1962), Winkelhofer E. (1980), Winkelhofer G. (1982), Winkelhofer G. (1981)

FF HASLAU

Im Jahr 1900 wurde die Freiwillige Feuerwehr Haslau unter der Leitung des ersten Hauptmannes Josef Radauer gegründet. In den ersten Jahren hatte man nur eine Handspritze, die von Rössern gezogen werden mußte. 1925 wurde die erste Motorspritze gekauft, eine Benzinmotorspritze GR I von der Fa. Rosenbauer. 1926 widmete Leo Scheichl der Feuerwehr die erste Fahne. Laut NS-Ordnung war vom 22. Mai bis 7. August 1938 Franz Hemetsberger als damaliger Bürgermeister auch oberster Herr der Feuerwehr, da alle Vereine aufgelöst werden mußten. Am 7. August 1938 wurden die Wehren Zell am Moos und Haslau zur „Feuerwehr der Gemeinde Zell am Moos" zusammengelegt, deren Obmann Friedrich Radauer, Sohn des ersten Hauptmannes, war. Ihm folgte von 1942 bis 1947 Franz Hufnagel. 1947 wurde die Freiwillige Feuerwehr Haslau neu aufgestellt. Franz Achleitner wurde Kommandant. 1950 fand das 50jährige Gründungsfest statt. 1952 wurde unter schwierigen finanziellen Bedingungen eine neue Zeugstätte errichtet. 1953 wurde Matthias Maderecker (seit 1947 Komm.-Stellv.) zum Kommandanten gewählt und blieb bis 1983 in diesem Amt. 1956 wurde ein Dodge, ein Wehrmachtsauto, erworben und zu einem Feuerwehrauto umgebaut. Eine Rosenbauerspritze R 75 wurde gekauft und gleichzeitig mit dem Dodge am 17. Juli 1956 geweiht. 1962 wurde eine Motorspritze VW 75 angeschafft und 1972 ein Land Rover T 109, der beim 75jährigen Gründungsfest am 11. und 12. August 1973 geweiht wurde. 1977 wurde die Zeugstätte umgebaut und vergrößert. 1981 wurde ein Sirenensteuergerät erworben. Am 15. April 1983 legte Matthias Maderecker nach 30jähriger Tätigkeit sein Amt nieder. Neuer Kommandant ist seither Herbert Hemetsberger.

HBI Hemetsberger H. (1957), OBI Eicher M. (1971), AW Achleitner J. (1977), AW Kaltenleitner F. (1951), AW Schweighofer F. (1954) — OFm Achleitner A. (1957), Fm Achleitner E. (1951), OFm Achleitner E. (1978), Achleitner F. (1953), E-OBI Achleitner J. (1951), OFm Achleitner J. (1954), HFm Achleitner M. (1954), Fm Achleitner M. (1948), OFm Achleitner M. (1975), OFm Brand J. (1974), PFm Brandner J. (1982), OFm Breitenthaler F., Fm Brucker J. (1957), Fm Brucker J. (1951), Fm Brucker J. (1933), Fm Daichendt M. (1978), OFm Dorfinger F. (1978), PFm Engl F., Fm Engl J. (1933), OFm Engl J. (1968), Fm Graf G. (1952), Fm Grubinger G. (1982), Fm Grubinger G. (1952), Fm Grubinger J. (1948), Fm Hagenauer W. (1965), Fm Hemetsberger G. (1969), OFm Hemetsberger H. (1978), Fm Jungwirth J. (1950), Fm Kaltenleitner F. (1978), Fm Kriechhammer H. (1949), OFm Lacher A. (1963), Fm Lacher A. (1933), Fm Lindinger A. (1949), Fm Maderecker F. (1932), Fm Maderecker F. (1948), Maderecker F. (1974), E-AW Maderecker F. (1964), Maderecker M., Fm Maderecker W. (1972), Fm Mindlberger J. (1974), Fm Mindlberger J. (1942), OFm Mindlberger J. (1968), Fm Muß E. (1969), Fm Neuhofer F. (1925), Fm Neuhofer F. (1937), Fm Neuhofer F. (1957), Fm Nußbaumer F. (1959), OFm Nußbaumer F. (1980), Fm Nußbaumer J. (1948), OFm Nußbaumer J. (1977), Fm Pachler G. (1969), Fm Pachler J. (1956), Fm Pachler J. (1980), Fm Pachler J. (1978), Fm Pachler M., Fm Permoser J. (1939), HFm Pöckl J. (1954), Fm Pöckl J. (1981), Fm Pöckl-Achleitner S. (1950), Fm Portenkirchner J. (1978), Fm Preining J. (1980), Fm Prem F. (1970), Fm Prem K. (1951), HFm Radauer F. (1957), OFm Radauer F. (1980), Fm Raudaschl G. (1968), PFm Reitter F. (1955), Fm Rinnerthaler A. (1945), Fm Rinnerthaler A. (1951), Fm Roider P. (1961), Fm Schafleitner J. (1951), Fm Schafleitner P. (1949), Fm Schindlauer L. (1961), OFm Schleicher M. (1955), Fm Schmitzberger J. (1949), Lm Schwaighofer F. (1968), Fm Schweighofer F. (1968), Fm Schweighofer F. (1935), Fm Schweighofer M. (1939), Fm Schweighofer R. (1933), Fm Schweighofer R. (1963), Fm Sperr A. (1983), Fm Sperr J. (1951), OFm Sperr G. (1974), Fm Sperr J. (1920), OLm Sperr J. (1978), OFm Strobl A. (1963), OFm Strobl G. (1968), Fm Strobl J. (1948), Fm Strobl J. (1952), Fm Strobl J., OLm Strobl J. (1964), Fm Strobl M. (1969), OLm Wagenleitner H. (1976), Fm Weninger A. (1933), Fm Weninger J., Fm Zoister A. (1965).

FF HIPPING

Am 23. Mai 1950 wurde die Löschgruppe Hipping gegründet; Kommandant war Johann Lacher. Am 20. Oktober 1950 wurden die Ortschaften Walsberg und Thanham in die Feuerwehr eingegliedert. 1952 entschloß man sich, ein Feuerwehrhaus zu bauen. Dieses Vorhaben wurde raschest in die Tat umgesetzt, denn bereits am 12. Juli 1953 fand die Einweihung statt. Fahrzeug stand zu dieser Zeit keines zur Verfügung, dafür verpflichtete sich Kamerad Anton Lohninger, im Brandfall mit seinem Traktor auszurücken. Am 8. August 1955 kaufte die Wehr einen geschlossenen Einachsanhänger mit Vollgummibereifung von der FF Attersee. Inzwischen wurden auch die Ortschaften Pössing und Reith von der FF Hipping übernommen. In den Jahren 1957 bis 1962 wurden in den Ortschaften Walsberg, Thanham, Pössing und Reith Löschteiche angelegt. Im März 1963 entschloß man sich, eine neue Motorspritze anzukaufen; da die alte DKW ausgedient hatte, erstand eine neue VW Automatik. In den weiteren Jahren wurden immer wieder Feuerwehrfeste abgehalten, deren Reinerlös der Anschaffung neuer Geräte diente. Am 21. März 1972 lieferte die Fa. Rosenbauer ein funkelnagelneues Feuerwehrauto, einen Ford Transit. Das neue KLF wurde am 25. Juni 1972 feierlich geweiht und seiner Bestimmung übergeben. Der Ankauf von drei schweren Atemschutzgeräten erfolgte 1972. 1978 kaufte Hermann Schober, Hotelier in Hipping, einen 26 m langen Rettungsschlauch. Dieses Gerät steht unserer Wehr für Übungszwecke in seinem Hotel jederzeit zur Verfügung. Am 26. Oktober 1978 war der Spatenstich zum Bau eines neuen Feuerwehrhauses. Dieses neue Haus wurde in Eigenregie erbaut und enthält einen Schulungsraum, Waschraum, WC-Anlagen, Montagegrube und bietet Platz für zwei Fahrzeuge.

HBI Renner J. (1955), OBI Kübler A. (1966), AW Lohinger L. (1968), AW Schwab F. (1974), AW Steinbichler J. (1978) — E-BI Aigner A. (1947), OBm Aigner F. (1950), HLm Aigner F. (1968), HFm Baumann J. (1966), Lm Bergschober J. (1966), Lm Braun F. (1959), Fm Braun R. (1982), HFm Dax F. (1954), HFm Eder K. (1972), HFm Eicher E. (1958), OLm Eichhorn A. (1969), OLm Eichhorn F. (1951), OLm Eichhorn F. (1977), Fm Eichhorn G. (1982), OLm Eitzinger J. (1967), HLm Emeder A. (1951), OLm Enzi H. (1951), HFm Gramlinger G. (1978), HBm Gramlinger J. (1958), HFm Gruber F. (1970), HFm Hager A. (1972), HFm Hager F. (1970), OLm Hofinger H. (1969), HFm Hofinger J. (1951), HLm Jedinger F. (1951), HFm Jedinger F. (1969), Fm Kibler H. (1969), HBm Konrad J. (1963), OLm Kreutzer F. (1947), Kreutzer F. (1974), OFm Kreutzer J. (1978), Lm Kübler G. (1958), HLm Lettner F. (1968), OLm Lohninger M. (1950), HBm Nini A. (1950), Fm Nini G. (1983), OFm Nini J. (1963), Lm Pixner F. (1950), Lm Pixner H. (1969), HFm Pixner W. (1978), Fm Rabanser K. (1982), Fm Rabanser J. (1983), Lm Rabauser E. (1959), Fm Renner J. (1982), HBm Riedl N. (1978), OFm Schmidt G. (1974), HBm Schmoller E. (1961), HFm Schmoller F. (1980), HFm Schneeweiß A. (1966), Lm Schober H. (1976), HFm Staufer A. (1950), BI Staufer F. (1950), Fm Staufer J. (1983), HLm Staufer J. (1950), Lm Steinbichler F. (1950), HBm Tötsch A. (1950), HLm Tötsch E. (1950), Fm Walchetseder F. (1982), OFm Wörmanseder G. (1982), HFm Wörmanseder J. (1969).

FF HOF BEI MONDSEE

Die FF Hof wurde 1897 anläßlich immer wieder auftretender Brandkatastrophen in der näheren Umgebung, zur Bekämpfung der Feuersbrunst und zum Schutz der Bevölkerung gegründet. Trotz eines sehr bescheidenen Anfangs – lediglich eine kleine Handpumpe und einige Löscheimer waren vorhanden – hat sich die Wehr inzwischen zu einer schlagkräftigen Landfeuerwehr entwickelt. Schon bald nach der Gründung wurde eine weitere, größere Handpumpe angeschafft. 1928 wurde eine fahrbare Motorspritze angeschafft, mit welcher man bis Ende des Zweiten Weltkrieges sämtliche Brandbekämpfungen durchführte. Nach einer auch für das Feuerwehrwesen äußerst schwierigen Zeit während des Krieges begann man 1949 mit dem Bau der ersten Zeugstätte und schaffte somit einen zentralen Feuerwehrstützpunkt, welcher bisher durch die Unterbringung der Geräte in den verschiedensten bäuerlichen Anwesen ersetzt wurde. 1950 wurde eine zeitgemäße und leistungsfähige Motorspritze mit Pferdewagen angeschafft. 1955 wurde durch den Ankauf eines von der Stadtfeuerwehr Ried im Innkreis veräußerten Fahrzeuges, eines Lkw Steyr, ein weiterer wichtiger Schritt getan. Als weiterer Schritt kann die Gründung einer aktiven Jugendgruppe 1972 hervorgehoben werden. 1973 wurde eine leistungsfähige TS angeschafft, und 1974 wurde mit dem Neubau eines größeren Zeughauses begonnen. Nachdem der Zeugstättenbau zügig voranschritt, konnte man bereits 1975 ein Tanklöschfahrzeug der Type Rosenbauer TLF 2000/60 anschaffen. 1978 wurde ein VW-Mannschaftsfahrzeug angekauft. 1980 konnte man nach fünfjähriger Bauzeit die endgültige Fertigstellung und Segnung des Feuerwehrhauses feiern. 1983 wurde ein weiteres Feuerwehrfahrzeug, ein KLF Rosenbauer VW LT 35, angeschafft.

HBI Pöllmann J. (1965), OBI Wesenauer J. (1962), AW Schweighofer F. (1959), AW Schweighofer J. (1969), AW Widlroither J. (1975), HBI Schink F. (1973), BI Hillebrand M. (1955), BI Schweighofer M. (1969) — HLm Arthofer F. (1949), Fm Bernroither A. (1982), HFm Brucker G. (1972), Bm Dittlbacher G. (1955), Fm Dittlbacher G. (1979), OLm Dittlbacher J. (1961), Bm Dittlbacher M. (1955), Dürnberger J. (1918), Fm Eder G. (1977), Eder J. (1918), OLm Feusthuber M. (1954), Fm Feusthuber M. (1981), Fischhofer A. (1978), OFm Fischhofer A. (1932), HLm Gaderer A. (1969), Fm Gasner A. (1979), Lm Greisberger F. (1957), HLm Habring F. (1949), OFm Kalleitner J., Fm Kalleitner M. (1965), OFm Lettner A. (1973), E-AW Lettner F. (1949), OFm Lettner G. (1973), OFm Lettner J. (1978), HLm Lettner L. (1949), HLm Lugstein J. (1972), OLm Lutz J. (1965), OFm Maierhofer J. (1973), Fm Maindl A. (1980), HLm Maindl J. (1951), Fm Maindl W. (1980), OFm Mangelberger K. (1975), Fm Oberhauser J. (1981), PFm Oberhauser K. (1981), Pichler J. (1978), HFm Pichler J. (1972), HFm Pichler J. (1973), E-HBI Pöllmann J. (1949), HBm Pöllmann K. (1973), E-AW Röthleitner M. (1980), Fm Röthleitner M. (1949), Fm Schink Ch. (1977), Bm Schwaighofer G. (1968), HFm Schwaighofer M. (1973), HFm Schwaighofer M. (1976), Lm Schwaighofer M. (1973), OLm Schwaighofer Ch. (1973), OLm Schwaighofer F. (1973), HLm Schweighofer F. (1949), Schweighofer M. (1930), HLm Stabauer K. (1949), OFm Staudinger F. (1974), OLm Strobl M. (1957), OFm Strobl M. (1973), Wesenauer A. (1918), Bm Wesenauer F. (1955), HFm Widlroither F. (1978), Lm Widlroither G. (1974), Fm Widlroither J. (1978)

FF HÖRGERSTEIG

Die FF Hörgersteig ging aus der 1899 gegründeten FF Raitenberg hervor. Die FF Raitenberg bestand aus den Löschzügen Raitenberg, Innerhörgersteig und Außerhörgersteig. Der Löschbereich umfaßte die gesamte Katastralgemeinde Hörgersteig. Im Jahr 1933 wurde die erste Motorspritze (Gugg Piccolo, 300 l/min.) für den Löschzug Innerhörgersteig angekauft, die bis 1966 in Betrieb war. Infolge des zu großen Löschbereichs wurden die Löschzüge Inner- und Außerhörgersteig 1950 zur selbständigen Feuerwehr. Gründungskommandant war Franz Seiringer, sein Stellvertreter wurde Peter Aiterbichler. Im Jahr 1956 wurde ein neues Feuerwehrhaus gebaut. 1958 wurde ein neues Kommando gewählt. Franz Seiringer jun. wurde Wehrführer, sein Stellvertreter war Johann Scheibl. 1966 wurde mit der Neuausrüstung begonnen; eine TS 75 samt Schläuchen und Zubehör wurden von der FF Hörgersteig erworben. 1971 wurde ein TSW, 1973 eine Alarmsirene angekauft. Zur Finanzierung der Ausrüstung wurde 1967 ein Gartenfest veranstaltet, das alle zwei Jahre stattfindet. Um die Schlagkraft der Wehr zu erhöhen, wurde 1980 ein neues Einsatzfahrzeug (KLF-LT 35) angekauft. Die Finanzierung des Ankaufes wurde durch eine Haussammlung, durch Eigenmittel der Wehr und durch Subvention von Gemeinde und Land ermöglicht. Im Jahr 1981 wurden zwei Funkgeräte angeschafft, womit die Ausrüstung auf den ortsüblichen Stand gebracht wurde.

HBI Jungwirth F. (1971), OBI Redlinger J. (1969), AW Flattinger E. (1971), AW Reisenberger F. (1958), AW Seiringer F. (1971) — HFm Aicher J. (1967), Fm Aicher J. (1979), Fm Aicher R. (1979), OFm Aiterbichler G. (1977), HFm Aiterbichler J. (1950), Lm Aiterbichler P. (1976), HFm Bergleitner A. (1954), OFm Bergleitner A. jun. (1978), Fm Brüstle G. (1954), HFm Brüstle H. (1958), HFm Brüstle R. (1965), HFm Eitzinger J. (1936), HFm Eitzinger J. (1968), Fm Engljähbinger A. (1981), OFm Frickh J. (1979), HFm Gadermair G. (1968), HFm Gasselsberger J. (1951), OFm Grasch R. (1977), Fm Haidinger J. (1983), OFm Hemetzberger A. (1977), OFm Hemetzberger J. (1976), HFm Lackner A. (1968), OFm Laibl J. (1976), HFm Leitner A. (1951), HFm Leitner G. (1972), HFm Leitner J. (1958), HFm Leitner J. (1976), Lm Maier A. (1973), OFm Maier F. (1973), OFm Obermeir J. (1970), HFm Pillichshammer A. (1949), HFm Pillichshammer A. (1958), HFm Pixner J. (1962), HFm Purrer F. (1951), OFm Purrer N. (1978), HFm Redlinger J. (1950), Fm Rosenkranz J. (1980), HFm Scheibl F. (1968), HLm Scheibl J. (1935), HFm Scheibl J. (1951), HFm Schwaiger G. (1969), HFm Seiringer E. (1949), E-HBI Seiringer F. (1947), HFm Ing. Seiringer F. (1967), HFm Seiringer J. (1968), HFm Staufer F. (1972), E-AW Steinbacher A. (1947), HFm Steinbacher A. (1967), HFm Steinbacher K. (1972), HFm Straßer F. (1963), OFm Straßer F. jun. (1980), Fm Straßer R. (1983), HFm Wimmer A. (1948), OFm Wimmer A. (1975), Fm Wimmer J. (1981), HFm Wimmer J. (1945), Fm Wimmer J. (1975), OFm Winter A. (1979), OFm Winter A. (1979), Lm Winter J. (1973)

FF INNERSCHWAND

Drei mutige Männer gründeten 1904 die Feuerwehr Inner-schwand. Nach dem Ersten Weltkrieg wurde die Wehr neu aufgestellt und mit einer Handpumpe ausgestattet. Am 7. September 1924 wurde eine Fahnenweihe abgehalten. Das erste Einsatzfahrzeug, ein Lkw Austro Fiat, wurde 1952 angekauft und von den Kameraden selbst zu einem Feuerwehrfahrzeug umgebaut. Am 16. Dezember 1954 wurde die FF Innerschwand zum Großbrand im Schloß Mondsee gerufen. 1955 wurde ein anderes Löschfahrzeug, ein Steyr 1500 A, mit Feuerwehraufbau angekauft. Am 25. Juni 1963 stürzte die Staumauer beim Riedlbach ein. Gewaltige Wassermassen stürzten über das Sägewerk Parhammer sowie über die an der Wangauer Ache gelegenen Häuser. Zahlreiche Häuser mußten geräumt werden, Autos sowie der gesamte Holzlagerbestand des Sägewerks wurden weggeschwemmt. 1963 mußte das alte Feuerwehrhaus dem Straßenbau weichen und wurde im Zuge eines Gemeindehausbaues neu errichtet. 1969 wurde das erste neue Einsatzfahrzeug, ein Mercedes 408 F, mit großzügiger Unterstützung der Bevölkerung und des Landesfeuerwehrverbandes angekauft. Anläßlich der 75-Jahr-Feier 1979 wurde ein Kommandofahrzeug angeschafft und gesegnet. Seit 1969 nehmen regelmäßig Bewerbsgruppen an Landesbewerben teil. Durch die immer größer werdende Anzahl von technischen Einsätzen beschloß das Kommando 1981 den Ankauf eines Rüstlöschfahrzeuges, das am 30. Juli 1983 von Altbischof DDr. Franz Zauner gesegnet wurde. Der Pflichtbereich unserer Wehr erstreckt sich über das gesamte Gemeindegebiet Innerschwand sowie ein Stück der Westautobahn. Der Fuhrpark besteht aus einem Kommandobus, einem Rüstlöschfahrzeug und einem Tragkraftspritzenanhänger.

HBI Draschwandtner J. (1964), OBI Ellmauer H. (1963), AW Muhr F. (1977), AW Schneider F. (1952), AW Speigner G. (1965), BI Mayrhofer J. — HFm Ainz M. (1973), E-AW Anders H. (1938), HFm Auswöger A. (1973), Fm Auswöger J. (1980), HBm Bahn F. (1963), Lm Dachs J. (1965), HBm Draschwandtner F. (1967), Fm Draschwandtner K. (1981), HFm Eder J. (1972), Lm Edtmayer F. (1963), OLm Edtmayer J. (1958), HLm Edtmeier J. (1943), OFm Edtmeier J. (1978), Fm Ing. Ellmauer J. (1978), E-HBI Ellmauer M. (1933), HBm Haberl J. (1952), Fm Haberl J. jun. (1983), Lm Hausstätter J. (1980), Fm Hausstötter J. (1981), HFm Hierl F. (1973), Fm Hierl K. (1980), Lm Hierl M. (1975), HLm Knoblechner J. (1972), Fm Knoblechner L. (1979), Fm Kühleitner Ch. (1982), Lm Langer F. (1964), Lm Leitner R. (1966), HFm Mayrhofer F. (1975), Lm Mayrhofer J. (1968), Fm Mayrhofer J. jun. (1983), OLm Mayrhofer K. (1940), HFm Niederbrucker A. (1969), HFm Niederbrucker F. (1973), OFm Nußbaumer G. (1977), HFm Pachler J. (1968), OLm Parhammer F. (1953), Lm Parhammer G. (1963), Lm Parhammer J. (1963), OLm Ramsauer G. (1972), Lm Rindberger K. (1979), HLm Rindberger M. (1966), E-OBI Speigner G. (1940), OLm Stabauer J. (1952), Fm Stabauer M. (1982), HLm Stabauer M. (1942), HLm Stabauer M. (1969), OFm Staudinger H. (1978), OLm Staudinger J. (1953), HBm Strobl G. (1968), HFm Strobl P. (1969), HLm Vockenhuber F. (1943), OFm Wendtner G. (1975), HBm Wendtner J. (1960), Lm Wendtner J. (1975), Fm Wendtner J. (1980), Lm Wendtner K. (1966), HLm Wendtner M. (1944), HBm Wendtner M. (1972), HLm Wesenauer A. (1971), Fm Wesenauer H. (1982), HBm Wesenauer J. (1973), HLm Wesenauer M. (1944), Fm Widlroither A. (1983), Lm Widlroither F. (1973), OLm Widlroither J. (1971), OLm Widlroither J. (1952), HFm Widlroither M. (1969)

FF KAMMER AM ATTERSEE

Die Freiwillige Feuerwehr Kammer am Attersee wurde 1874 durch August von Horwarth und dessen Gattin Ida von Horwarth geb. Gräfin Khevenhüller gegründet. Obmann Hans Holzinger regte im Januar 1900 an, ein Protokoll- und ein Kassabuch zu führen. Die erste Generalversammlung wurde am 16. Februar 1901 abgehalten. Die erste Aufzeichnung über den Mitgliedsstand stammt aus dem Jahr 1909 und weist 26 Mitglieder aus. Bis 1914 ist weiter eine rege Tätigkeit der Wehr aufgezeichnet. Ab dann allerdings, bis 1919, gibt es keine Aufzeichnungen. Auch gibt es keine Unterlagen über die Ausrüstung zu dieser Zeit. 1926 faßte das „Spritzenankaufskomitee" den Beschluß, eine Leichtmotorspritze bei der Fa. Rosenbauer anzukaufen. Gleichzeitig wurde auch ein Karren mit doppelten Federn zum Transport der Spritze angekauft. Durch die Kriegswirren wurde das Protokollbuch ab 1939 nicht mehr geführt, erst 1950 gibt es wieder Eintragungen. Es wird auch sogleich von zahlreichen Problemen berichtet, mit denen das Kommando konfrontiert war. Seit dieser Zeit gab es eine stete Aufwärtsentwicklung der FF Kammer, in der die Ausrüstung auf den entsprechenden Stand gebracht wurde. Lediglich das Problem der Unterbringung konnte vorerst noch nicht gelöst werden. 1964 wurden zwei Preßluftatmer der Type PA 37 angeschafft. Mit diesen Geräten schlug die Geburtsstunde der Tauchergruppe der FF Kammer, die sich in kurzer Zeit einen guten Namen bei Bergungseinsätzen machen konnte; die Wehr Kammer wurde als Bezirkstaucherstützpunkt ausgestattet. Das größte Projekt der FF Kammer ist derzeit der Neubau des Feuerwehrhauses. Nach jahrzehntelangen Bemühungen und Verhandlungen konnte im August 1984 mit dem Abbruch des alten und dem Bau des neuen Hauses begonnen werden.

HBI Muhrer L. (1958), OBI Teubl J. jun. (1966), AW Gruber H. (1958), AW Huemer H. (1966), AW Maller J. (1973), BI Riepl H. (1960) — OFm Augustin K. (1975), HBm Bichler P. (1964), OFm Bichler P. jun. (1974), HBm Casta J., HFm Frim G. (1973), HFm Frim H. (1973), OFm Gantner J. (1969), HFm Haring J. (1964), E-OBI Hausjell F., E-AW Hufnagl F. (1948), HFm Jungwirth R. (1973), PFm Kastenhuber K., E-AW Krenmayr J. (1936), HFm Krenmayr P. (1974), PFm Legat H., Lm Leitner A., OLm Mayr K. (1955), E-AW Mittendorfer F. (1961), OFm Muhrer N. (1980), Fm Nöhmer F. (1975), OLm Perner F. (1963), OLm Pesendorfer J. (1957), HBm Pesendorfer W., HFm Pichler W. (1970), HFm Prucha E., HFm Rehbrunner J. (1974), OFm Rehbrunner J. (1973), HFm Rupert R., PFm Schobesberger H., OFm Söllradl Ch. (1973), E-BI Söllradl F. (1968), HFm Teubl G. (1967), HFm Teubl G. (1973), E-HBI Teubl J. sen., HFm Teubl P. (1967)

FF KEMATING

Die Freiwillige Feuerwehr Kemating wurde im Jahr 1901 von 14 Männern gegründet. Karl Dachs übernahm die Führung und leitete die Wehr bis 1912. Bei der Vollversammlung am 11. Februar 1912 legte Karl Dachs seine Funktion zurück, und Franz Roither übernahm den Posten des Wehrführers. Durch den Beitritt der Männer aus den Nachbarortschaften war die Mitgliederzahl bereits auf 51 angestiegen. Da Wehrführer Franz Roither im Jahr 1914 fiel, wurde bei der Vollversammlung am 10. März 1915 Johann Rauchenzauner zum neuen Wehrführer gewählt. Nach Kriegsende bestand die Wehr aus 47 Mitgliedern. Am 24. Februar 1921 fand die Vollversammlung bei Johann Rauchenzauner statt, wo Anton Lechner zum Obmann gewählt wurde. 1931 wurde unter seiner Führung das neue (heutige) Zeughaus erbaut. 1933 legte Anton Lechner sein Amt zurück, und Rupert Rauchenzauner wurde zum neuen Obmann gewählt. 1935 fand wiederum ein Kommandowechsel statt. Franz Kübler wurde neuer Kommandant, der die Wehr bis 13. Dezember 1949 führte. Vom Gründungsjahr 1901 bis 1949 wurde mit einer handbetriebenen Spritze gelöscht, die von 16 Mann bedient werden mußte. Im Jahr 1949 bekam die Wehr den ersten Rüstwagen Marke Borgward (Überfallswagen der SS). Bei der Vollversammlung am 13. Februar 1949 wurde Franz Starzinger neuer Kommandant, der der Wehr bis 1952 vorstand. Bei der Wahl am 27. Januar 1952 wurde Johann Schlipfinger Kommandant. 1967 wurde ein neues Kleinlöschfahrzeug Marke Fiat 1300 angekauft. 1967 legte Kommandant Schlipfinger seine Funktion zurück. Stellvertreter Franz Mahringer übernahm die Führung bis 1968. Bei der Vollversammlung am 3. März 1968 wurde Franz Verwanger zum Kommandanten gewählt, der die Wehr bis März 1983 führte.

HBI Loidl F. (1970), OBI Verwanger F. (1974), AW Emeder R. (1957), AW Mahringer F. (1973), AW Voglhuber E. (1974), BI Mayr J. (1964) — HFm Dachs A. (1948), HFm Dachs A. (1968), Lm Dachs A. (1939), OLm Ebetsberger F. (1948), PFm Edmayr E. (1983), Lm Edmayr E. (1958), Lm Eicher J. (1921), HFm Grammlinger F. (1951), HFm Grammlinger F. (1974), HFm Hemetsberger A. (1981), PFm Hochreiner J. (1983), HFm Huber F. (1974), HFm Huber J. (1955), HFm Karl A. (1968), HFm Kibler F. (1925), HFm Kilzer W. (1980), OFm Kronreif H. (1962), OLm Mahringer F. (1948), HFm Mahringer G. (1974), PFm Mayr Ch. (1981), HFm Meinhart M. (1967), HFm Niedermeier F. (1939), OFm Raß S. (1974), HFm Reiter A. (1925), HFm Roither F. (1933), HFm Sammer F. (1948), HFm Schachl G. (1939), Lm Schachl J. (1962), HFm Schlipfinger J. (1975), HBm Schlipfinger J. (1936), OFm Schwenger K. (1967), Lm Starzinger F. (1937), HFm Stiegler G. (1957), HFm Sturm F. (1980), Lm Sturm K. (1951), HFm Sturm K. (1980), E-HBI Verwanger F. (1951), HFm Voglhuber F. (1969), OFm Voglhuber F. (1968), HFm Voglhuber F. (1948), OLm Wiesinger F. (1957), OFm Wiesinger G. (1974), HFm Wiesinger H. (1974).

FF KEUSCHEN

1929 wurde auf Initiative von Franz Lanner ein pferdebespannter Wagen mit einer Tragkraftspritze der Fa. Gugg mit dazugehöriger Ausrüstung angeschafft. Die Kosten wurden zum Großteil von der Bevölkerung getragen, den Rest steuerte die Gemeinde St. Lorenz bei. Die Organisation (Feuerwehr) wurde als Zug II der FF St. Lorenz geführt. Die Geräte wurden in von Franz Lanner bereitgestellten Räumen untergebracht. Nach dem Zweiten Weltkrieg übernahm Josef Schwertl den Zug; er führte ihn bis 1947. Im Anschluß übernahm Johann Schwertl den Zug. Er führte den Zug II bis 1958. 1958 übernahm Josef Lehrl den Zug II. Er konnte die Mannschaft wieder aktivieren und Neuzugänge verbuchen. 1967 wurde beschlossen, ein Kfz anzukaufen. Die Kosten für einen VW-Pritschenwagen übernahm die Gemeinde. Das Fahrzeug wurde 1968 in Dienst gestellt. 1968 legte Lehrl seine Funktion in jüngere Hände. Aufgrund der Wahl des Kommandos der FF St. Lorenz wurde Karl Pöllmann neuer Zugkommandant. Der gesamte Zug wurde zum ersten Mal mit neuen Uniformen ausgestattet. 1969 wurde die Zeugstätte errichtet und im Jahr darauf gesegnet. 1972 wurde bei der Gemeinde St. Lorenz und beim Oö. Landes-Feuerwehrverband um die Eigenständigkeit des Zuges II St. Lorenz angesucht. Dem Ansuchen wurde stattgegeben, worauf am 13. Mai 1973 das erste Kommando der FF Keuschen gewählt wurde. Karl Pöllmann wurde Kommandant. Im Juli 1973 fand die offizielle Gründung der FF Keuschen statt, dabei wurde die von Margarete Freunberger gestiftete Fahne geweiht. Aufgrund des schlechten Zustands des Fahrzeuges wurde der Neuankauf eines LLF notwendig. 1974 beschloß man den Ankauf eines LLF-A Unimog. 1979 wurde der Erweiterungsbau der Zeugstätte notwendig.

HBI Pöllmann K. (1951), OBI Pichler J., AW Freunberger G. (1963), AW Graf A. (1960), AW Stabauer G. (1968) — OFm Achleitner J. (1977), Fm Achleitner K. (1980), OFm Dirnberger J. (1975), HFm Dittlbacher G. (1973), OBm Ebner M. (1952), HFm Eder J. (1976), HFm Ellmauer F. (1947), OFm Ellmauer F. (1968), Bm Ellmauer M. (1948), JFm Ellmauer F. (1968), JFm Ellmauer M., OFm Eßl M. (1968), JFm Freunberger G., HLm Gaßner F. (1940), HLm Graf A. (1968), HFm Graf E. (1976), JFm Gulder K., Fm Hammerl F. (1982), Bm Hasenöhrl F. (1947), JFm Hasibeder J., HBm Holzleitner M. (1953), OFm Holzleitner M., HFm Kaltenbrunner H. (1956), Fm Kluppenegger T. (1982), Lm Landauer G. (1968), E-BI Lehrl J. (1950), OBm Lehrl J. (1964), OFm Meindl A. (1967), HFm Niederbrucker G. (1956), Lm Niederbrucker J. (1948), Fm Niederbrucker J. (1983), JFm Niederbrucker J., HFm Niederbrucker M. (1968), Fm Nußbaumer F. (1976), Lm Oberascher A. (1972), E-AW Pichler M. (1968), Lm Pichler M. (1969), Lm Pinwinkler A. (1967), HFm Pöllmann F. (1978), HFm Pöllmann J. (1977), E-AW Schruckmayer A. (1945), Lm Schruckmayer F. (1968), HFm Schruckmayr J. (1977), OFm Schruckmayr W. (1979), Bm Schweighofer J. (1956), HLm Spielberger F., JFm Stabauer G., HFm Stabauer M. (1978), Lm Wesenauer M., JFm Widlroither A., HFm Widlroither F. (1973), Lm Widlroither G. (1962), Fm Widlroither G. (1982), JFm Widlroither G., JFm Widlroither J., HFm Widlroither M. (1968), Fm Widlroither M. (1981), OLm Wiedlroither F. (1940), HFm Wieser G. (1968), JFm Wieser G., JFm Wieser J., HFm Wieser M. (1976), Fm Winkler A. (1981).

FF KOGL

Im Jahr 1926 konnte auf Betreiben von Gräfin Kottulinsky in Kogl eine Feuerwehr gegründet werden. Sie hatte sich bereit erklärt, daß in ihrem Herrschaftsbesitz im Schloß Kogl ein Depot eingerichtet werden kann und die erforderliche Ausrüstung – Schläuche, eine Knaust-Handkraftspritze sowie ein Wagen mit Pferdebespannung – für Einsätze und Übungszwecke zur Verfügung gestellt wird. Mit dieser fundamentalen Voraussetzung wurde am 26. März 1926 unter Vorsitz von Kreisleiter Franz Schachinger in Kogl eine Gründungsversammlung abgehalten. Bürgermeister Hans Wimroither unterstützte und begrüßte die Entscheidung, in Kogl eine Wehr aufzustellen. Als erste Kommandomitglieder wurden bestellt: Kommandant ÖR Hans Diesenreiter (1926–1936), Vizekommandant Alois Koch (1926–1933), Schriftführer Jakob Wieser (1926–1957) und Kassier Ferdinand Mühlbacher (1926–1958). Durch großzügige Unterstützungen der Gräfin und der Ortsbevölkerung konnte 1930 der Beschluß zum Ankauf einer zweirädrigen 2-Zylinder-Motorspritze von der Fa. Gugg gefaßt werden. 1931 wurde vom Gutshof ein Brakewagen als Mannschaftswagen zur Verfügung gestellt. Unter Kommandant Josef Wolfsgruber, der die Führung von 1936 bis 1956 innehatte, wurde das derzeitige Depot vorbereitet, von Kommandant Franz Spitzer (1956–1958) begonnen und 1959 von Kommandant Johann Wimmer (1958–1973) vollendet. Der technische Stand der Wehr wurde laufend den Bedürfnissen und finanziellen Möglichkeiten angepaßt. So wurde 1960 eine Tragkraftspritze Automatik 75 VW, 1963 eine TS W und 1977 unter Kommandant Matthias Staufer (1973–1983) ein KLF VW angekauft. 1983 hat Michael Hemetsberger die Führung der Wehr übernommen.

HBI Hemetsberger M. (1952), OBI Rabanek W. (1973), AW Hauser J. (1963), AW Spitzer G. (1975), AW Wiedlroither J. — OLm Aigner J. (1952), OFm Baumann (1974), OLm Danter J. (1961), HFm Dollberger A. (1978), HFm Dollberger J. (1933), OLm Dollberger J. (1956), OLm Fally F. (1945), HFm Grabner M. (1931), HFm Ing. Habermaier E., Fm Heidecker G., OFm Heidecker J. (1977), Lm Heidecker M. (1949), OFm Heidecker W. (1978), OFm Hemetsberger H. (1980), Fm Hemetsberger L. (1982), OLm Hemetsberger L. (1948), HFm Hermann H. (1968), OLm Hofinger F. (1952), HFm Ing. Jahoda H. (1958), Lm Jahoda H. (1967), HLm Kaltenleitner H. (1960), HLm Kaltenleitner M. (1932), PFm Kaltenleitner T. (1980), HLm Klausegger J. (1959), OFm Koch J. (1952), OLm Kurz A. (1946), Lm Lacher N. (1974), HFm Mair E. (1967), HLm Mair J. (1947), Fm Mair J. (1974), PFm Mayrhofer F. (1981), OLm Mayrhofer M. (1956), HLm Miejski F. (1974), PFm Miejski F. jun. (1967), OLm Miejski P. (1967), Lm Miejski W. (1953), HLm Rabanek J. (1947), OLm Schneeweiß E. (1967), HFm Schneeweiß F. (1967), HBm Schneeweiß J. (1952), Fm Ing. Seidl E. (1967), HFm Seiringer K. (1954), OBm Spitzer F. (1936), HLm Staufer A. (1952), OLm Staufer G. (1979), HLm Staufer M., HLm Tiefenbacher G. (1933), OFm Wiedlroither W. (1978), Fm Wimmer J. (1981), E-OBI Wimmer J. (1947), OFm Windhager J. (1963), PFm Windhager J. jun. (1981), Lm Zoister M. (1951)

FF KRONBERG-ERLAT

Die FF Kronberg wurde am 10. Mai 1906 von 24 Mitgliedern, hauptsächlich Bauern und Pointler, gegründet. Von der Gründung bis nach dem Zweiten Weltkrieg sind nur wenige Aufzeichnungen vorhanden. Am 29. November 1907 wurde eine Patent-Abprotzspritze um 1 060 Kronen angekauft, welche bis 1930 im Einsatz war. Von 1930 bis 1952 stand eine Floriani-Motorspritze zur Verfügung, und von 1952 wurde eine Motorspritze Type RW 25 verwendet. Im Jahr 1970 wurde die alte Motorspritze durch eine gebrauchte Tragkraftspritze Type VW R 75 ersetzt. Die Feuerwehrgeräte waren am Anfang im Almgebäude auf dem Kronberg untergebracht. Erst im Jahr 1933 wurde das Feuerwehrzeughaus erbaut. Bedingt durch den Ankauf der ersten Motorspritze mußte im Jahr 1931 auch der erste Spritzenwagen (Einachsanhänger, Eigenanfertigung) angeschafft werden, welcher bis 1953 zur Verfügung stand. Von 1953 bis 1983 stand ebenfalls ein Einachsanhänger luftbereift zur Verfügung. Am 21. Januar 1983 kaufte die Feuerwehr ein Kleinlöschfahrzeug der Type VW LT 35 an und rüstete es mit Funk aus. Mit diesem Schritt wurde die relativ kleine Landfeuerwehr zu einer gut ausgerüsteten und schlagkräftigen Feuerwehr. 1973/74 wurde das Feuerwehrzeughaus vergrößert. Es wurden eine zweite Garage und ein Mannschaftsraum angebaut sowie ein neuer Dachstuhl errichtet. Diese Arbeiten wurden zur Gänze von den Feuerwehrkameraden durchgeführt. Im Dezember 1983 ist der Mannschaftsraum dem Zweck entsprechend eingerichtet und ausgestattet worden.

HBI Dachs F. (1963), OBI Rabanser J. sen. (1964), AW Geyer J. (1976), AW Hemetsberger R. (1968), AW Hofer E. (1968) — PFm Dachs G. (1980), E-HBI Dachs J. (1924), OLm Dachs J. (1963), HLm Eichhorn F. (1968), HFm Eichhorn K. (1964), Lm Eichhorn K. (1968), Lm Emeder A. (1971), E-HBI Emeder F. sen. (1946), Fm Geyer J. (1981), OLm Geyer J. (1958), HFm Gnigler F. (1946), HFm Gstöttner J. jun. (1978), OLm Gstöttner J. sen. (1955), HFm Haberl H. jun. (1977), HLm Haberl H. sen. (1952), Fm Haberl N. (1981), OFm Hemetsberger G. (1980), OLm Hemetsberger J. (1966), HLm Höckner G. jun. (1962), Fm Höckner G. sen. (1955), Fm Hofer F. (1946), Lm Hofer G. (1973), Lm Hofer G. (1976), Lm Hollerweger J. (1973), Fm Kroiß M. (1946), OLm Lohninger J. (1971), Fm Rabanser J. jun. (1981), Lm Richard M., HFm Schachl J. (1973), Fm Schmid F. jun. (1981), HFm Schmid F. sen. (1963), Bm Steiner A. (1952), HFm Steiner J. (1977), Lm Tiefenthaler H. (1973), Lm Uhrlich M., HFm Wimmer G. (1976), HFm Zieher F. jun. (1977), Fm Zieher F. sen. (1946), PFm Zieher G. (1980), OFm Zieher J. (1979)

FF LENZING

Die Freiwillige Feuerwehr Lenzing wurde am 6. Januar 1908 als FF Pettighofen gegründet und im Jahr 1960 dann auf FF Lenzing umbenannt. Gründungsmitglieder waren Bernhard Lacher, Johann Ablinger, Franz Oberndorfer, Anton Hutterer, Josef Hutterer, Michael Lehner, Franz Aigner, Karl Starzinger, Andreas Renner. Im Jahr 1932 kaufte die Wehr eine Pumpe Marke Gugg mit 16 PS an. Das Feuerwehrgebäude wurde in den Jahren 1953 und 1954 errichtet. Im Jahr 1954 konnte als Rüstfahrzeug ein gebrauchter Mercedes L 1500, Baujahr 1942, angeschafft werden. Im Jahr 1960 kaufte die Freiwillige Feuerwehr Lenzing ein Tanklöschfahrzeug Steyr Diesel 380 TLF 2000 (neu) an. Die Bewerbsgruppe der Freiwilligen Feuerwehr Lenzing nahm auch an den internationalen Feuerwehrwettkämpfen in Brünn 1973 und in Böblingen, Bundesrepublik Deutschland, 1981 teil. Seit der Gründung der Freiwilligen Feuerwehr Lenzing waren folgende Kommandanten für die Belange der Wehr verantwortlich: Bernhard Lacher (1908–1932), Johann Öttl (1933–1958), Josef Kriechbaum (1958–1960), Walter Trückl (1960–1975) und Eduard Gremelmayr (seit 1975).

HBI Gremelmayr E. (1954), OBI Stockinger G. (1964), AW Malzner F. (1964), AW Plesche R. (1981), AW Wolf F. (1976), BI Graiger J., BI Moser J. (1956) — HFm Ablinger J. (1929), HFm Aigner H. (1928), HFm Aigner W. (1955), HFm Baumgartinger A. (1929), HFm Bichler K. (1964), HFm Brenneis K. (1935), OFm Eder M. (1976), HBm Fleischmann K. (1959), Lm Führer A. (1956), HFm Gärtner G. (1970), Greil H. (1984), OFm Gremelmayr R. (1975), OFm Hartinger H. (1971), OFm Hillinger E. (1977), Lm Hutterer A. (1949), OFm Katterbauer E. (1973), OFm Katterbauer H. (1970), HFm Kettlgruber J. (1940), Fm Kremper M. (1982), HBm Kriechbaum J. (1950), HFm Kritzinger F. (1972), OFm Kritzinger R. (1971), Laganda A., Fm Lehner R. (1981), HFm Löffler L. (1961), E-OBI Malzner F. (1947), OLm Meinhart E. (1966), Mittermaier M. (1984), OFm Moser J. (1975), Muhr R. (1983), HFm Neudorfer A. (1964), HFm Neudorfer F. (1940), HBm Oberndorfer F. (1962), HFm Öttl K. (1950), Fm Pesendorfer K. (1981), Pesendorfer R. (1981), HFm Pillichshammer J. (1940), Fm Plesche H. (1981), HFm Pohn J. (1952), OFm Renner M., Renner M. (1975), Renner N. (1981), Lm Riedl A. G. (1967), JFm Riedl B. (1983), Fm Rüdiger L. (1982), Schickermüller H. (1983), OFm Seiringer F. (1975), Stabauer A., Lm Stabauer M. (1971), HBm Stelzhammer A. (1957), Wechsler N. (1984), HFm Wolf F. (1959), Fm Wolf J. (1981)

FF MANNING

Die Gründungsversammlung der Freiwilligen Feuerwehr Manning fand am 20. Januar 1924 unter dem Vorsitz von Bürgermeister Josef Wimroither im Gasthaus Mayr in Manning statt, nachdem bereits vorher eine Feuerwehrspritze angeschafft worden war. Bei der Gründungsversammlung traten insgesamt 50 ausübende und 46 unterstützende Mitglieder der Freiwilligen Feuerwehr Manning bei. Zum ersten Wehrführer wurde Ing. Viktor Ploy, Fabrikant in Manning, gewählt. Bereits am 24. März 1925 war der erste Einsatz beim Brand der Bauernhöfe Falter und Maurer in Schlaugenham. Noch im Gründungsjahr erfolgte die Errichtung des ersten Spritzenhauses. Am 31. August 1924 fand das feierliche Gründungsfest der Freiwilligen Feuerwehr Manning mit Spritzenweihe statt. Im Jahr 1946 erfolgte der Ankauf eines amerikanischen Armeefahrzeuges der Marke Dodge, Baujahr 1942. Dieses Fahrzeug stand bis 1980 als Pumpenfahrzeug in Verwendung. Weiters wurde 1975 ein gebrauchtes Tanklöschfahrzeug angekauft. 1980 wurde anstelle des veralteten amerikanischen Armeefahrzeuges ein Sonderkraftfahrzeug der Marke International angeschafft und zu einem zweckmäßigen Löschfahrzeug mit eingebauter Seilwinde umgebaut. Das derzeitige Feuerwehrhaus wurde im Jahr 1960 erbaut, und 1975 wurde ein entsprechender Zubau errichtet. In der derzeitigen Feuerwehrmannschaft bestehen drei Bewerbsgruppen, welche bei den einzelnen Bewerben bereits sehr gute Erfolge erzielen konnten. Durch die hervorragenden Leistungen bei den Landes-Feuerwehrleistungsbewerben konnte die Freiwillige Feuerwehr Manning bereits zweimal, und zwar 1973 in Lebring und 1983 in Feldkirch, an den Bundes-Feuerwehrleistungsbewerben teilnehmen.

HBI Thaler H. (1960), OBI Hellwagner F. (1975), HAW Kronlachner K. (1968), AW Bogner F. (1979), AW Schachreiter J. (1972), BI Duftschmid J. (1959), BI Mayr G. (1975) — Fm Baldinger K. (1947), Lm Baumgartner J. (1962), OFm Bogner A. (1979), OFm Bogner P. (1979), Fm Brandmair R. (1971), Fm Brandmayr J. (1980), Fm Brugger J. (1949), OFm Brugger J. (1964), OLm Dickinger A. (1947), HFm Dickinger N. (1972), OFm Dickinger S. (1969), PFm Drienko P. (1983), Fm Duftschmid A. (1975), OFm Duftschmid G. (1981), HFm Duftschmid H. (1950), OFm Ehrenfellner J. (1964), Fm Ehrenfellner K. (1969), OFm Eichinger E. (1982), Fm Englmair A. (1979), Lm Englmair F. (1976), OLm Gröstlinger F. (1973), HFm Gröstlinger H. (1965), OFm Haas H. (1975), OFm Haas J. (1982), HFm Hadinger I. (1924), OFm Hager L. (1959), HFm Hellwagner A. (1965), HFm Hellwagner H. (1973), HFm Hintersteininger F. (1973), HFm Hintersteininger J. (1973), Lm Hochreiter K. (1972), OLm Höglinger F. (1961), OFm Holl W. (1959), OFm Holzhammer F. (1959), Lm Holzinger R. (1975), Lm Holzinger R. (1947), OFm Holzleitner K. (1954), Fm Huemer H. P. (1964), Fm Hüthmair F. (1977), OFm Hüthmair J. (1934), HFm Kaltenbrunner J. (1947), Lm Kaser J. Ch. (1973), OFm Kirchtag L. (1959), OFm Kriechbaum J. (1924), Kriechbaum J. (1959), OLm Kronlachner K. (1950), HLm Kronlachner W. (1963), HFm Lehner A. (1980), HFm Lehner F. (1974), HFm Lehner H. (1973), OFm Mair A. (1979), OFm Mair J. (1981), HFm Mayr J. (1947), OFm Mayr L. (1947), OFm Mayr L. (1981), Bm Meier K. (1970), Fm Meier T. (1980), Fm Niedermayr E. (1979), HFm Obermair J. (1966), HFm Papst H. (1970), Fm Pichler A. (1971), PFm Pichler J. (1983), HLm Pichler J. (1971), OFm Dipl.-Ing. Ploy H. (1947), Lm Racher F. (1964), HFm Racher F. (1950), OFm Ratzberger G. (1981), E-HBI Reitinger M. (1947), OFm Roithner B. (1969), OLm Roithner F. (1947), Fm Roithner H. (1982), OFm Schachreiter H. (1981), OFm Schenk F. (1955), OFm Sterer G. (1952), OFm Sterrer H. (1954), HFm Stiegler M. (1948), HFm Stockinger A. (1954), OLm Stöckl H. (1954), OFm Würzl J. (1951)

FF MÖSENDORF

1904: Gründung der FF Mösendorf im Gasthaus in Mösendorf mit 26 Gründungsmitgliedern. Beschluß über den Bau einer Feuerspritzenhütte und den Ankauf einer Handspritze, Bau von zwei Löschteichen. Einsätze mit Pferdespann. 1906: Beitritt von Mitgliedern der Ortschaft Asten zur FF Mösendorf. 1913: Ankauf von drei Leitern. 1922: Ankauf eines Greifeisens um 150.800 Kronen. 1927: Bau von weiteren zwei Löschteichen. 1936: Besichtigung der Wehr durch Landesvereinsobmann Pointner und Landesfeuerwehrinspektor Themair. 1937: Ankauf einer Motorspritze R 50. 1951: Bau eines Wasserbassins in Mösenthal. 1954: Eintragung in das Feuerwehrbuch aufgrund des Bescheides der oö. Landesregierung. 1955: Ankauf und Einbau einer Feuerwehrsirene. 1958–1959: Teilnahme einer Löschgruppe an mehreren Bewerben mit sehr guten Erfolgen; Erringung des Leistungsabzeichens in Silber. 1960: Beginn des Neubaus des Feuerwehrzeughauses. 1963: Ankauf einer Motorspritze VW 75 Automatik. 1966: Ankauf eines Kleinlöschfahrzeuges Ford Transit. Seit 1904 fungierten nachstehende Obmänner bzw. Kommandanten: Johann Muhr (1904–1911), Matthias Meinhart (1911–1919), Adalbert Leitner (1919–1921), Alois Strasser (1921–1934), Anton Leitner (1934–1951), Georg Daxer (1951–1953), Josef Feichtelbauer (1953–1955), Anton Muhr (1955–1963), Josef Feichtelbauer (1963–1968), Johann Steiner (1968–1973), Anton Durchner (1973–1976), Franz Brandner (seit 1976).

HBI Brandner F. (1960), OBI Geisler J. (1965), OAW Eder N. (1981), AW Daxer J. (1965), AW Eder J. (1957), AW Heitzinger J. (1979), BI Enzenberger A. (1953) — Fm Ablinger A. (1978), Fm Bernglau H. (1977), HFm Bernglau W. (1960), OFm Brandner F. (1975), Fm Burger J. (1982), OFm Burger P. (1979), HBm Daxer G. (1947), OLm Dorfner M. (1949), OFm Eberharter M. (1963), Fm Eder F. (1951), Lm Eder F. (1970), Fm Eder G. (1976), OFm Eder G. (1970), OFm Eder J. (1979), OFm Eder M. (1982), Bm Eitzinger A. (1969), OLm Eitzinger A. (1938), OFm Feichtelbauer E. (1973), HFm Feichtelbauer F. (1966), Bm Feichtelbauer J. (1949), Fm Fellner G. (1965), HFm Fellner J. (1927), Lm Fellner J. (1957), OFm Geisler J. (1981), Fm Gruber A. (1963), HFm Hager E. (1973), OFm Hausjell W. (1976), OFm Heitzinger F. (1956), OFm Heitzinger G. (1975), OFm Heitzinger J. (1975), OFm Hemetsberger F. (1982), Holzinger J. (1966), HFm Huber P. (1931), HFm Kaltenleitner A. (1950), E-HBI Muhr A. (1924), OFm Padinger G. (1947), HFm Pixner J. (1934), Fm Pixner J. (1970), Fm Schafleitner Ch. (1983), OFm Schafleitner J. (1965), OFm Schmid O. (1980), HFm Schwamberger F. (1965), HFm Segner F., Fm Sillinger F. (1983), Fm Sillinger J. (1982), HFm Sillinger J. (1965), OLm Steiner F. (1953), Fm Steiner F. (1981), OBm Steiner J. (1949), OFm Sterrer G., OFm Sterrer K. (1963), OFm Sterrer M., HLm Straßer M. (1938), Lm Straßer M. (1957), Fm Straßer N. (1981), OFm Vogl E., HFm Wiener F. (1970), HFm Wiener F. (1969), HFm Wiesinger F. (1927), OFm Wiesinger F. (1963), HBm Wiesinger H. (1969), Fm Wiesinger H. (1982), Lm Wiesinger H. (1957), HFm Wiespointner G. (1946), Lm Wiespointner G. (1963)

FF MONDSEE

Am 31. Juli 1869 fand unter Anwesenheit des Bürgermeisters Peter Taferner die Gründungsversammlung statt. Erster Wehrführer wurde Arnold Feichtinger. Am 16. August 1869 übergab der Bürgermeister die bei der Gemeinde vorhandenen Feuerlöschrequisiten an die Feuerwehr. Die wichtigsten Geräte waren zwei alte Feuerspritzen und fünf Lederschläuche. 1870 wurde eine zweirädrige Abprotzspritze angekauft. 1890 bekam die Wehr eine vierrädrige Landfahrspritze, eine schwere Spritze, die mit zwei Paar Pferden bespannt werden mußte. Zur 30-Jahr-Feier wurde eine Schiebeleiter angekauft. Den ersten Mannschaftswagen erhielt die FF 1902 von der Fa. Rosenbauer. 1923 wurde die erste fahrbare Motorspritze für Pferdebespannung angekauft. 1945 bekam die Wehr ein LF 15, das noch heute im Einsatz steht. 1946: Bau einer Zeugstätte, die 1963 durch eine neue, größere Zeugstätte ersetzt wurde. 1968 Ankauf eines neuen TLF 1800 Mercedes 710. 1971 wurde ein Katastropheneinsatzwagen angeschafft. 1973 wurde ein Kommandofahrzeug (VW-Bus) in Dienst genommen. 1974 wurde ein weiteres TLF Trupp 2000 geliefert. Anläßlich der 110-Jahr-Feier wurde 1980 eine Drehleiter (DL 25) angekauft. Als Ersatz für das LF 15 wurde ein modernes LFB geliefert.

BR Meindl A. (1947), HBI Neuhofer A. (1978), OBI Unger H. (1952), OAW Bichlbauer R. (1951), AW Flasch S. (1953), AW Hübner H. (1962), AW Lettner M. (1964), BI Meindl J. (1956) — Lm Ablinger K. (1965), Lm Ahamer E. (1963), Lm Auer A. (1974), PFm Baier J. (1982), HFm Berger K. (1955), Berger K. (1925), Lm Berger W. (1958), HLm Binder A. (1939), HBm Binder H. (1941), HBm Buchegger A. (1955), HLm Bugl H. (1965), JFm Czekal W. (1982), PFm Döllerer M. (1982), JFm Draschwandtner G. (1982), HLm Eberl F. (1949), JFm Eberl H. (1982), HBm Edtmayer J. (1960), Bm Ertl K. (1939), JFm Feichtinger W. (1982), E-BI Frauenschuh H. (1927), Girlinger W. (1945), FA Dr. Gmeiner J. (1977), Lm Grabner A. (1945), JFm Grabner G. (1982), OLm Graf E. (1944), HFm Greinz E. (1971), JFm Greinz J. (1982), JFm Gröblacher H. (1982), Fm Grubinger F. (1981), HFm Hartmann R. (1964), Lm Haschberger R. (1961), HFm Hasenschwandtner G. (1964), HLm Hasenschwandtner J. (1953), OBI Hierner P. (1944), HFm Hupf J. (1968), Lm Hupf R. (1963), Karl P. (1930), HFm Karl P. (1955), HFm Koch E. (1973), JFm Krenn Ch. (1982), JFm Lang O. (1982), Lm Lemke R. (1965), JFm Loidl E. (1982), JFm Loidl G. (1982), Fm Marek A. (1980), JFm Marek Ch. (1982), PFm Meindl A. (1982), Bm Meindl G. (1949), Lm Meindl G. (1976), HLm Meindl H. (1973), JFm Meindl J. (1982), Lm Meingast W. (1944), Bm Mörtl J. (1942), HLm Nemetz W. (1964), HBm Niederreiter R. (1946), Lm Niederreiter R. (1975), JFm Pachler G. (1982), JFm Parhammer K. (1982), JFm Plomberger R. (1983), OFm Ing. Pölz A. (1969), JFm Pürstinger W. (1983), OFm Putz J. (1979), OFm Reiter J. (1978), OBm Resch F. (1935), JFm Riesner J. (1982), Lm Rothdeutsch W. (1964), OFm Rothdeutsch W. (1975), HLm Schindlauer A. (1953), JFm Schneeweiß K. (1982), OFm Schoblocher H. (1976), HLm Schoblocher J. (1971), Lm Schützenhofer L. (1954), OFm Schützenhofer L. (1981), OLm Schweighofer K. (1968), OFm Schwertl H. (1961), PFm Spindler J. (1982), OLm Steinberger J. (1949), OFm Steinbichler F. (1978), JFm Steinkogler S. (1982), Lm Tajkovsky E. (1969), PFm Überreich G. (1982), OFm Wesenauer G. (1978), Fm Wesenauer M. (1981), OLm Wesenauer M. (1969), OLm Wienerroither J. (1944)

FF NEUKIRCHEN AN DER VÖCKLA

Aufgrund von Unterlagen steht fest, daß die Freiwillige Feuerwehr Neukirchen an der Vöckla im Jahr 1878 gegründet wurde. Seit dem Jahr 1900 lassen sich 39 Brände nachweisen, die zumeist Gehöfte oder Wohnhäuser betrafen. Seit der Gründung wurde die Wehr von insgesamt 14 Kommandanten geführt. Der Mitgliederstand hat sich inzwischen auf 223 Mann erhöht. Über die erste Zeugstätte ist nichts bekannt. Eine neue wurde im Jahr 1927 errichtet. Im Jahr 1932 wurde eine neue Motorspritze angekauft. Die dritte Zeugstätte wurde in den Jahren 1949 bis 1953 geplant und errichtet. Im Jahr 1957 wurde ein Leicht-löschfahrzeug der Marke Opel Blitz angekauft. Das Jahr 1976 stellte für die Wehr einen Höhepunkt dar. In diesem Jahr wurde ein Tanklöschfahrzeug in Dienst gestellt. Bereits zwei Jahre vorher, nämlich im Jahr 1974, konnte die neue Zeugstätte bezogen werden. Es war dies die vierte Zeugstätte. Im Jahr 1979 wurde ein VW-Bus angekauft und in Eigenregie umgebaut, so daß er ab Mai 1980 für die diversen Einsätze zur Verfügung stand. Der Bus wurde als Kommandofahrzeug ausgerüstet und ist mit einer modernen, leistungsfähigen Funk- und Lautspre-cheranlage ausgestattet. Ebenfalls 1979 wurde eine Jugend-gruppe aufgestellt, die derzeit 16 Jungkameraden zählt. Im Jahr 1983 wurde vom Landesfeuerwehrkommando ein Bergegerät in Form einer Schere, eines Spreitzers und Hebekissen als Verlage-rungsgerät der Wehr zugewiesen. Ferner wurde eine neue Tragkraftspritze mit E-Starter angekauft, weil die alte TS nicht mehr die nötige Betriebssicherheit aufwies. In den letzten Jahren leisteten die Feuerwehrmänner pro Jahr ca. 1500 Arbeitsstunden, um Einsätze, Übungen, Instandhaltungsarbei-ten und sonstige Tätigkeiten ausführen zu können. Die geleiste-ten Stunden stiegen im Jahr 1983 auf beachtliche 2500 Stunden. Derzeit stehen der Freiwilligen Feuerwehr Neukirchen an der Vöckla an Fahrzeugen zur Verfügung: TLF 2000 Trupp, KLF Opel Blitz, KDO-Bus VW. Folgende Kommandanten führten die Wehr: Josef Belndorfer, Josef Plötzeneder, Franz Stockin-ger, Leonhard Schachermayr, Dominik Schachermayr, Franz Streibl, Franz Hemetsberger, Anton Streibl, Josef Schacher-mayr, Hermann Bauernfeind, Ernst Pichler, Walter Schnee-weiß.

HBI Schneeweiß W. (1960), OBI Stockinger A. (1963), AW Harringer J. (1973), AW Lacher E. (1971), AW Schachl J. (1965), BI Bauernfeind A. (1976), BI Brenneis M. (1975), BI Peer W. (1965), BI Streibl A. (1967) — HFm Ablinger K. (1942), Fm Ablinger R. (1972), OFm Aichinger W. (1960), HFm Aigner K. (1929), HFm Armbruckner J. (1965), Fm Dr. Aschenberger J. (1981), Fm Bachler R. (1979), Fm Baldinger A. (1973), Fm Bauernfeind F. (1963), E-HBI Bauernfeind H. (1942), Lm Bauernfeind J. (1967), Fm Belndorfer A. (1979), HFm Belndorfer A. (1936), Fm Berger A. (1975), HFm Berger F. (1954), Fm Bischof F. (1979), OLm Bortenschlager J. (1925), HFm Bramerdorfer O. (1940), HFm Brandt M. (1967), Fm Brandt M. (1975), Fm Breitenbach J. (1980), E-AW Brenneis A. (1950), OBm Brenneis G. (1966), Fm Buchinger J. (1981), Fm Diszlbacher M. (1973), Fm Diszlbacher-Fink A. (1973), Fm Diszlbacher-Fink G. (1979), OFm Diszlbacher-Fink M. (1950), HLm Diszlbacher-Fink J. (1963), Fm Dipl.-Ing. Doubrova M. (1979), OFm Eberl H. (1961), Fm Eberl J. (1978), Fm Einzenberger J. (1970), HFm Eizinger F. (1963), HFm Eizinger G. (1979), Bm Eizinger J. (1961), HFm Eizinger J. (1966), Fm Eizinger M. (1966), OFm Eizinger R. (1979), Fm Engljähringer E. (1979), Fm Engljähringer H. (1979), Fm Engljähringer H. (1978), JFm Eppensteiner G. (1981), Lm Eppensteiner H. (1979), Fm Eppensteiner P. (1979), Fm Dr. Feichtinger K. (1980), Lm Fellinger J. (1981), Fm Fellner F. (1979), Fm Fellner F. (1979), HFm Fellner F. (1954), Fm Fellner J. (1963), Fm Fellner J. (1973), OFm Fellner J. (1979), JFm Fellner T. (1982), Fm Fresacher P. (1978), Fm Fuchsberger A. (1918), HFm Gaubinger A. (1931), HFm Gaubinger E. (1954), Fm Grafinger S. (1974), Fm Habring W. (1979), Fm Hackl-Aigner E. (1979), HFm Hackl-Aigner F. (1926), Fm Hackl-Aigner F. (1963), Fm Hackl-Aigner G. (1973), HFm Hackl-Aigner K. (1963), HFm Hackl-Aigner W. (1966), Fm Hager J. (1966), HFm Hager M. (1941), Fm Hager M. (1973), Fm Hammertinger J. (1979), Fm Hangler A. (1974), Fm Hangler E. (1980), Fm Hangler E. (1963), Fm Hangler E. (1979), OLm Harringer J. (1942), HFm Harringer R. (1922), Fm Haslinger A. (1979), Fm Haslinger A. (1952), Fm Hauer A. (1970), Fm Hauser J. (1979), OFm Hemetsberger A. (1966), JFm Hemetsberger A. (1984), HFm Hemetsberger E. (1967), OFm Hemetsberger F. (1957), Fm Hemetsberger F. (1979), Fm Hemetsberger H. (1966), Fm Hemetsberger J. (1958), PFm Hemetsberger R. (1980), JFm Hemetsberger W. (1981), Fm Herzog F. (1978), Lm Hollerweger H. (1942), Fm Hollerweger J. (1971), Fm Huber B. (1982), Fm Huber L. (1974), Fm Huemer F. (1974), Fm Hummelbrunner J. (1935), HFm Jedinger G. (1937), HFm Jedinger J. (1963), JFm Jedinger R. (1984), OBm Katzlberger A. (1974), Fm Kienast F. (1960), Fm Kienberger F. (1979), Fm Kinast F. (1928), HFm Kinast J. (1958), Fm Kircher P. (1976), Fm Koberger A. (1982), Fm Köttl A. (1936), Fm Köttl A. (1955), Fm Köttl J. (1973), OFm Kofler F. (1920), OFm Kofler J. (1954), OFm Kofler O. (1981), HFm Kräutner M. (1953), Fm Krichbaum Ch. (1979), Fm Krichbaum J. (1979), HFm Krichbaum J. (1951), JFm Krichbaum S. (1981), OFm Kriechbaum F. (1979), Fm Kriechbaum M. (1979), HFm Kritzinger F. (1950), Fm Kritzinger G. (1979), Fm Ing. Kritzinger H. (1973), Fm Kritzinger I. (1946), OBm Lacher A. (1942), Fm Laßacher W. (1980), Fm Lechner A. (1978), Fm Lechner B. (1979), Fm Lechner J. (1979), Fm Lechner J. (1978), OFm Leitner A. (1949), Fm Lichtwagner F. (1979), Bm Loy F. (1950), E-OBI Loy J. (1950), Fm Maringer J. (1954), Fm Maringer J. (1975), Fm Mayr A. (1974), OFm Mayr E. (1969), Fm Mayr F. (1954), Fm Mayr J. (1973), Fm Moosleitner A. (1978), JFm Moosleitner A. (1982), JFm Moosleitner M. (1982), Fm Muß H. (1979), Fm Muß J. (1954), OFm Neudorfer A. (1973), JFm Neudorfer S. (1984), OLm Neuhuber E. (1973), Fm Neuhuber E. (1954), Fm Neuhuber L. (1979), Fm Ortner F. (1971), JFm Ott M. (1984), Fm Ott W. (1979), Fm Ing. Philipp P. (1979), HBm Pichler E. (1960), Fm Ing. Pichler R. (1973), HFm Plötzeneder A. (1969), OLm Plötzeneder J. (1949), HFm Pohn A. (1965), Fm Pohn E. (1963), HFm Pohn H. (1966), Fm Pohn K. (1970), HFm Pohn K. (1942), Fm Preundler J. (1979), Fm Preundler J. (1960), OBm Ramp J. (1963), Fm Reinmüller F. (1978), Fm Resch J. (1971), Fm Resch K. (1979), Fm Rosner F. (1973), Fm Rosner K. (1972), Fm Rosner M. (1955), Fm Ing. Rossak N. (1978), Fm Rossenbeck J. (1975), JFm Salfinger A. (1984), Fm Schachermayer J. (1979), HFm Schachermayr J. (1917), Fm Schäfer W. (1979), HFm Schausberger A. (1924), OFm Schausberger A. (1951), Fm Schausberger A. (1974), HFm Schausberger H. (1981), Fm Schausberger J. (1976), OFm Schausberger M. (1953), Fm Schlager A. (1963), JFm Schlager A. (1980), HFm Schlager F. (1963), OFm Schlager G. (1979), Fm Schmidtleitner O. (1951), Fm Schmoller A. (1974), Fm Schmoller M. (1954), JFm Schmoller R. (1984), JFm Schneeweiß A. (1984), Fm Schneeweiß J. (1980), Fm Schönpos F. (1963), Fm Schopf J. (1978), Fm Schoßleitner B. (1974), JFm Seifriedsberger E. (1982), HFm Seifriedsberger F. (1968), JFm Seifriedsberger F. (1982), Fm Spindler R. (1979), Fm Stadlmayr J. (1950), Fm Stadlmayr J. (1973), Fm Steinbichler F. (1978), HFm Steiner A. (1955), HBm Stockinger A. (1960), OFm Stockinger A. (1925), HFm Stockinger A. (1983), HFm Stockinger N. (1980), OFm Stockinger J. (1960), Fm Stockinger M. (1980), Fm Stranzinger M. (1963), Fm Stranzinger M. (1973), Lm Streibl A. (1934), HFm Streibl J. (1960), OFm Streibl J. (1958), HLm Uhrlich L. (1963), Fm Uhrlich R. (1973), Fm Wegleitner A. (1933), HFm Wegleitner A. (1973), HFm Wiesinger A. (1948), HLm Wiesinger J. (1970), JFm Winkler A., OFm Winkler A. (1970), HFm Winkler H. (1967), Fm Winkler P. (1974), HFm Winkler P. (1950), Fm Winkler W. (1979), Fm Wolf E. (1974), Fm Wolf E. (1974), HFm Wurm A. (1954), Fm Zopf J. (1970), Fm Zopf K. (1979)

FF NIEDERTHALHEIM

Die Freiwillige Feuerwehr Niederthalheim wurde im Jahr 1883 von 23 Gemeindebürgern der Gemeinde Niederthalheim gegründet. Bis zum Jahr 1936 wurde eine Feuerwehr-Musikkapelle geführt. Nach dem Anschluß 1938 wurde auf Weisung der oö. Landesregierung die FF Penetzdorf als 2. Löschzug der FF Niederthalheim angegliedert. Erst um 1950 wurde Penetzdorf wieder selbständig. Über Geräte und Fahrzeuge verfügte die FF Niederthalheim im Laufe der Jahrzehnte: 1887 wurde eine Handdruckspritze angekauft, der 1929 die erste Motorspritze, eine Rosenbauer R II, folgte. 1948 konnte die Wehr das erste Löschfahrzeug, ein Puch 1500 LLF, erwerben, die zweite Motorspritze, eine DKW-Spritze, wurde 1950 in Dienst gestellt. Ein leichtes Löschfahrzeug Opel Blitz kam 1959 zur FF Niederthalheim; die eingebaute Vorbaupumpe wurde vom ehemaligen Kommandanten Johann Ecker gespendet. Derzeit stehen eine Tragkraftspritze VW 8 und als Fahrzeug ein Lösch- und Bergefahrzeug Mercedes L 409 in Verwendung. Nachdem das alte, 1948 erbaute Zeughaus zu klein geworden war, wurde 1981 ein neues Feuerwehrgebäude errichtet. Seit der Gründung der FF Niederthalheim lenkten folgende Kommandanten die Geschicke der Wehr: Josef Pabst (1883–1890), Johann Payrhuber (1890–1898), August Kiener (1898–1901), Franz Baldinger (1901–1908), Josef Oberhummer (1908–1911), Josef Schiller (1911–1912), Matthias Zauner (1912–1915), Josef Payrhuber (1915–1920), Max Payrhuber (1920–1923), Josef Schiller (1923–1927), Rupert Parzmayr (1927–1932), Johann Schablinger (1932–1937), Rudolf Schiller (1937–1938), Josef Huber (1938–1945), Johann Schablinger (1945–1949), Johann Ecker (1949–1958), Rudolf Schiller (1958–1973), Rudolf Riedl (1973–1983), Franz Seiringer (seit 1983).

HBI Seiringer F. (1974), HBI Hamminger F. (1970), AW Mayrhofer J. jun. (1980), AW Mayrhofer J. sen. (1965), AW Pingstinger A. (1966), BI Ennser E. (1963), BI Fischnaller J. (1957), BI Gattinger M. (1967), BI Hummer A. (1956) — HBm Aichinger F. (1960), HBm Artelsmair F. (1980), Lm Berger-Oberndorfer H. (1980), HLm Ecker O. (1947), Fm Ennser A. (1978), HFm Ennser F. jun. (1974), HLm Ennser F. sen. (1949), E-OBI Ennser H. (1938), HFm Falkner H. (1974), E-AW Falkner K. (1960). HBm Fellinger F. (1960), JFm Greifeneder H. (1980), HFm Haas F. (1963), Lm Huber F. (1957), JFm Huber F. (1980), OFm Huber F. (1980), JFm Huber H. (1980), Fm Hummer G. (1982), Fm Knapp E. (1980), JFm Kriehs D. (1982), JFm Kurz A. (1980), HFm Kurz J. (1957), HBm Liedauer H. (1977), E-OBI Liedauer W. (1955), Lm Minihuber H. (1974), E-AW Neumeister L. (1953), HBm Niedermair J. (1958), E-AW Oberndorfer J. (1949), HFm Payrhuber G. (1968), OFm Payrhuber T. (1981), Lm Rathner K. (1953), OFm Riedl J. (1980), E-HBI Riedl R. (1947), Fm Schablinger H. (1982), Lm Schablinger G. (1980), OFm Schablinger R. (1981), OFm Schablinger R. sen. (1951), OBm Schachermair M. (1955), E-OBI Schick A. (1928), JFm Schiller F. (1980), Bm Schiller J. jun. (1977), HBm Schiller J. sen. (1953), OBm Schiller R. jun. (1978), E-HBI Schiller R. sen. (1949), JFm Schiller T. (1982), OFm Schiller W. (1980), HBm Schmalwieser A. (1963), JFm Sieberer F., OFm Sieberer F. (1973), Lm Sieberer K. (1973), HFm Simmer F. (1965), OBm Stix D. (1966), OBm Trauner H. (1957), E-AW Voraberger F. (1939), Lm Voraberger H. (1980), Bm Wagner H. (1947), Fm Wagner H. jun. (1980), HBm Winkler A. (1963), HFm Wöß O. (1972), HFm Wührer F. (1966), Fm Zitzler J. jun. (1981), HLm Zizler J. (1957)

FF NUSSDORF AM ATTERSEE

Nach den furchtbaren Brandkatastrophen von 1857 und 1866 wurde im Oktober 1890 die Freiwillige Feuerwehr Nußdorf am Attersee gegründet. Gründer waren der Brauereibesitzer Ludwig Hofmann, Oberförster Leopold Berlinger, Bauer Matthias Gruber, Gerber Johann Franz, Bauer Josef Wiesinger, Schmied Johann Hollerweger, Fleischer Anton Wiesinger. Ein Jahr später hatte die Wehr bereits 34 Mitglieder. Im Gemeindegebiet hatte die Wehr 22 Brände von Wohn- und Bauernhäusern zu bekämpfen. Die Wehr hatte auch des öfteren mit dem Wasser zu kämpfen, wenn bei Wolkenbrüchen und längeren Regenperioden der Nußdorfer-, der Zeller- oder der Dexelbach Vermurungen anrichtete. Im Jahr 1968 wurde die Segnung des umgebauten Zeughauses vorgenommen. 1972 gab es eine Fahrzeugsegnung (Land Rover) und eine Fahnenweihe. 1981 feierte die Wehr das 90jährige Gründungsfest mit Tankwagensegnung. Die erste Motorspritze Marke Rosenbauer wurde 1925, das erste Auto, ein Dodge, 1945 angeschafft. 1973 wurde die erste Jugendgruppe unter Betreuer HLm Hans Neubacher gegründet, beim Landesfeuerwehrtag wurde das Leistungsabzeichen in Bronze erworben, 1983 mit AW Herbert Auinger das Wissenstestabzeichen in Bronze, 1984 in Silber. Die Wehr wurde von der Gründung bis 1906 von Ludwig Hofmann geführt, der 1909 mit dem Goldenen Verdienstkreuz ausgezeichnet wurde; 1906 bis 1929 von Johann Speigner, der auch eine Zeitlang Bezirkskommandant war und mehrere Auszeichnungen erhielt; von 1929 bis 1936 von Alois Franz; von 1936 bis 1938 von Felix Großpointner; von 1938 bis 1963 von Rudolf Wiesner; von 1963 bis 1978 von Adolf Koblmüller und seit 1978 von Hans Neubacher; die letzten drei sind Träger des Oö. Verdienstkreuzes III.

HBI Neubacher H. (1940), OBI Schlipfinger H. (1963), AW Auinger H. (1973), AW Haberl F. (1955), AW Schmeißer H. (1963), BI Wiesinger H. (1963) — HFm Ablinger J. (1956), Lm Ablinger J. (1931), JFm Ablinger R. (1982), OLm Ahamer J. (1930), OFm Aichinger F. (1958), HLm Auinger E. (1920), Lm Auinger E. (1958), OLm Auinger H. (1945), OLm Auinger J. (1951), HLm Baumann E. (1945), JFm Baumann E. (1982), HFm Birnecker G. (1932), Bm Emmer K. (1958), HBm Falkensteiner F. (1940), OFm Gabler G. (1973), HFm Göschl F. (1979), OFm Graus F. (1956), HFm Graus J. (1948), OBm Großpointner W. (1963), JFm Großpointner W. (1982), HFm Gruber E. (1958), HFm Gstöttner G. (1958), OLm Haberl F. (1963), HLm Haberl F. (1936), OFm Haberl F. (1972), HFm Haberl F. (1946), HFm Haberl N. (1976), OFm Hausjell L. (1978), Lm Hemetsberger A. (1949), HFm Hemetsberger G. (1953), HFm Hemetsberger K. (1954), HFm Hemetsberger M. (1961), Lm Hemetsberger W. (1973), Bm Henninger H. (1948), Fm Henninger T. (1981), OFm Hollerweger M. (1964), JFm Hollerweger M. (1982), HFm Kaspurz F. (1961), HFm Keber A. (1981), HLm Keber M. (1963), HLm Koblmüller Ch. (1966), Bm Koblmüller J. (1960), JFm Kochmann E. (1982), JFm Köblinger G. (1982), HFm Kölblinger J. (1951), OFm Dipl.-Ing. Kroschewski P. (1979), HLm Mayrhauser J. (1958), JFm Mayrhauser J. (1982), HLm Mayrhofer G. (1958), Fm Mayrhofer H. (1981), JFm Mayrhofer W. (1982), Lm Meindl G. (1960), HFm Meindl H. (1973), Bm Meinhart H. (1950), HFm Meinhart H. (1978), HFm Neubacher F. (1942), Bm Neubacher F. (1973), HFm Neubacher H. (1977), HFm Nini H. (1971), OBm Nußdorfer H. (1958), JFm Oppermann H. (1982), OFm Ploier M. (1981), OFm Ploier P. (1981), HFm Dr. Prodinger F. (1958), OFm Ragginger A. (1966), HFm Ragginger F. (1949), OFm Reiter K., Bm Renner M. (1927), JFm Roither A. (1982), Lm Roither G. (1948), OFm Rosenauer M. (1958), OLm Schmeißer F. (1938), JFm Schmeißer M. (1982), OLm Stigler H. (1966), Lm Vollmeier M. (1969), Wachter C. (1963), JFm Wachter M. (1982), Bm Wendl M. (1922), Bm Wiesinger A. (1949), OFm Wiesinger F. (1977), Lm Wiesinger H. (1922), HLm Wiesinger K. (1961), HFm Wiesinger M. (1920), JFm Wiesinger M. (1982), HFm Wiesner R. (1951), JFm Wiesner S. (1982)

FF OBERALBERTING

Die FF Oberalberting wurde im Jahr 1929 gegründet. Im gleichen Jahr wurde ein Feuerwehrdepot aus Holz mit Schlauchturm gebaut und die erste Handdruckspritze angekauft. Um die finanziellen Mittel aufzutreiben, wurden Feuerwehrbälle und Gartenfeste veranstaltet. 1949 wurde das Holzdepot auf Massivbauweise umgebaut und eine Feuersirene eingebaut. 1955 wurde die erste Motorspritze DKW und ein Einachstraktoranhänger gekauft. 1970 wurde eine gebrauchte Motorspritze VW TS 75 Automatik angekauft. Weiters wurden die Druckschläuche von Hanf- auf Treviraschläuche umgerüstet. 1973 wurde die erste Bewerbsgruppe zusammengestellt, und 1974 absolvierte diese Gruppe das silberne Leistungsabzeichen. 1976 wurde ein gebrauchter VW-Bus, Bj. 1960, aus eigenen Mitteln erworben. 1977 erfolgte der Neubau eines Zeughauses für zwei Fahrzeuge und einen Mannschaftsraum, dazu wurde von den Feuerwehrmännern 3652 Stunden unentgeltlich gearbeitet. 1978 feierte man das 50jährige Gründungsfest mit Einweihung des Feuerwehrzeughauses und einer Autosegnung. Weiters wurde die Feuerwehr mit zwei Funkgeräten und später auch mit Funkalarmierung ausgerüstet. Seit 1979 hat die Feuerwehr eine schlagkräftige Bewerbsgruppe, die an mehreren Bewerben teilgenommen hat und dabei zahlreiche Pokale und im Landesbewerb einige Medaillen erringen konnte. Der Höhepunkt war die erfolgreiche Teilnahme am Bundesbewerb in Feldkirch im Jahr 1983.

HBI Scheibl J. (1958), OBI Gaugger J. (1973), AW Hofinger J. (1958), AW Preundler F. (1974), AW Riedl F. (1973), AW Schausberger J. (1946), OBI Linnert G. (1946), BI Burger J. (1977), BI Innerlohinger J. (1974) — Lm Aumayr J. (1962), OFm Aumayr L. (1965), Lm Baumgartinger E. (1964). HFm Brand A. (1968), Lm Brandmayr J. (1940), HFm Brandmayr J. (1965), Fm Burger J. (1974), Fm Burger R. (1979), Dietl E., Lm Eitzinger J. (1945), HBI Eitzinger J. (1931), Fm Eitzinger J. (1980), HFm Gasselsberger A. (1956), HFm Gasselsberger A. (1931), OFm Gasselsberger J. (1959), Lm Gasselsberger J. (1962), Gasselsberger J. (1983), HFm Gasselsberger M. (1931), HFm Gramlinger F. (1962), Gramlinger F. (1983), OFm Gramlinger M. (1955), Lm Grubinger-Oberholzer J. (1950), HFm Grubinger-Oberholzer J. (1975), HFm Gstöttner K. (1960), OFm Hangl F. (1961), HFm Hauser A. (1975), HFm Hauser A. (1968), Lm Hauser A. (1962), HFm Hauser F. (1974), Höller Ch. (1983), OFm Höller E. (1968), HFm Höller S. (1974), Höller S. (1983), Fm Hoffmann H. (1977), HFm Huber H. (1945), Lm Huber J. (1926), HFm Huber J. (1946), HFm Kahleitner K. (1964), OBm Lehner E. (1966), OFm Neudorfer H. (1975), HFm Padinger F. (1974), Fm Padinger F. (1977), Padinger J. (1983), HFm Pauzenberger J. (1974), HFm Pauzenberger J. (1945), Lm Preundler M. (1945), OFm Rachbauer H. (1965), Rachbauer H. (1983), Lm Rendl A. (1931), Lm Rendl F. (1962), OFm Riedl A. (1977), Riedl A., HFm Riedl F. (1931), OFm Riedl J. (1977), Fm Ruprecht J. (1983), HFm Schausberger F. (1960), Fm Schausberger J. (1974), Fm Schausberger S. (1982), Lm Scheibl A. (1931), HFm Scheibl J. (1968), HFm Schmid A. (1964), HFm Schmidt A. (1964), Lm Schmidt J. (1964), Fm Schmidt H. (1978), OLm Schmidt J. (1975), Lm Schmoller F. (1955), HFm Schmoller F. (1973), HFm Schwab J. (1949), Fm Seiferd R. (1980), HFm Seyringer F. (1962), HFm Seyringer F. (1964), OFm Seyringer J. (1962), Sommer A. (1983), HFm Sommer L. (1974), HFm Straßer J. (1960), Lm Teufl A. (1967), OLm Trubka J. (1938), Lm Wiesinger A. (1948), HFm Wiesinger A. (1973), Lm Zeller A. (1963)

FF OBERASCHAU

Die Gründung der Freiwilligen Feuerwehr Oberaschau erfolgte am 12. Oktober 1924 mit 26 Mitgliedern. Zum ersten Kommandanten wurde Johann Radauer gewählt. An Ausrüstung waren bereits vier Handpumpen vorhanden. Im Frühjahr 1936 wurde mit dem Bau der Zeugstätte begonnen und diese im September eingeweiht. Dank der spendenfreudigen Bevölkerung war es möglich, sich am Florianitag 1927 erstmals mit den neuen Uniformen vorzustellen. Im November desselben Jahres wurde dann die erste Motorspritze angeschafft (Fa. Gugg). Spritzenweihe fand am 16. September 1928 in Riedlbach statt. Durch den unermüdlichen Einsatz der Wehrmänner bei verschiedenen Veranstaltungen und durch die Unterstützung der Bevölkerung war es möglich, im Lauf der Zeit alle möglichen Ausrüstungsgegenstände anzuschaffen. Bereits Mitte Oktober 1951 wurde nach Rücksprache mit dem Landesfeuerwehrkommando beschlossen, einen gebrauchten Geländewagen anzukaufen und für Feuerwehrzwecke umzubauen. Da durch den Ankauf dieses Löschfahrzeuges die Zeugstätte zu klein geworden war, wurde es notwendig, diese zu erneuern und zu vergrößern. Die Weihe der Zeugstätte und des Löschfahrzeuges fand am 26. Juli 1953 statt. Da die Wasserleistung der 1927 angekauften Motorspritze sehr gering war und diese auch schon sehr abgenützt war, wurde 1956 eine Tragkraftspritze R VW 75 angekauft. Um die Schlagkraft der Feuerwehr zu erhöhen, wurde 1969 eine weitere TS 75 Automatik angekauft. Da das 1951 erworbene Löschfahrzeug den modernen Anforderungen nicht mehr entsprach, wurde 1972 ein KLF Typ Land Rover 109 mit Vorbaupumpe angeschafft. 1982 wurde zusätzlich ein VW LT 35 in Dienst gestellt.

HBI Soriat J. (1971), OBI Freunberger J. (1962), AW Hinterberger J. (1972), AW Mayr J. (1971), AW Strobl G. (1973), BI Loindl J. (1952) — PFm Feusthuber F. (1983), Lm Freunberger H. (1964), OLm Grabner J. (1952), Fm Grabner J. (1978), PFm Grabner J. (1983), Lm Hammerl J. (1960), HFm Heim P. (1971), OFm Heim R. (1980), OFm Höllnsteiner E. (1978), HFm Höllnsteiner F. (1975), OBm Höllnsteiner M. (1954), Lm Höllnsteiner P. (1972), HBm Hofauer M. (1971), OLm Innerlohinger J. (1958), Fm Kroißl R. (1978), Bm Lametschwandtner K. (1949), Lm Lametschwandtner K. (1973), OLm Leitner J. (1955), OLm Lettner H. (1962), Lm Loindl P. (1962), OLm Mayer J. (1966), Fm Mayer J. (1982), OFm Mayrhofer J. (1976), Lm Mayrhofer P. (1971), Bm Mühlparzer J. (1946), PFm Mühlparzer J. (1982), Bm Plomberger J. (1963), OLm Radauer J. (1952), Fm Scheinast J. (1982), HFm Schindlauer S. (1974), Fm Schmidt G. (1980), OLm Soriat R. (1950), PFm Soriat R. (1983), Fm Speer J. (1978), HLm Speer M. (1947), OLm Stampfl F. (1954), PFm Stampfl F. (1983), HBm Strobl J. (1947), Fm Strobl K. (1980), HBm Strobl M. (1967), OLm Traschwandtner J. (1958), E-OBI Wienerroither J. (1947), Lm Wienerroither J. (1952), OFm Wienerroither J. (1978), Fm Wienerroither M. (1980)

FF OBERHEHENFELD

Nach dem Ersten Weltkrieg fanden sich in Oberhehenfeld mehrere Männer zu einer Löschgruppe und ab 1924 zu einem Löschzug zusammen. Kommandant dieser Gruppe bzw. dieses Löschzuges war von 1921 bis 1931 Johann Mayr. Nach dem Zweiten Weltkrieg wurde die FF Oberhehenfeld reorganisiert (sie war seit 1932 eine selbständige Feuerwehr); den Kommandanten Josef Freund, Josef Schobesberger und Ludwig Arnitz gelang es, eine gutausgebildete Wehr zu schaffen. Unmittelbar nach Selbständigwerden der Wehr wurde eine Gugg-Pumpe G 25-45 angeschafft. 1948 wurde von der Freiwilligen Feuerwehr Schörfling ein Austro-Daimler, ein offener Sechssitzer, erworben, der drei Jahre später an den Holzhändler Josef Schwarzenlander veräußert wurde. Das Feuerwehrgebäude wurde in den Jahren 1950 bis 1952 errichtet; 1953/54 wurde ein Schlauchturm an das Gebäude angebaut. Das umfangreiche Hydrantensystem wurde zu einem Gutteil von der Freiwilligen Feuerwehr Oberhehenfeld mitfinanziert, womit wesentlich zur Feuersicherheit beigetragen wurde. 1960 wurde eine Motorspritze VW Automatik angeschafft und wenige Monate später eine Sirene zur Alarmierung installiert. Im Mai 1963 kaufte die Wehr ein leichtes Löschfahrzeug Opel Blitz mit Vorbaupumpe an, bei dem Land und Gemeinde finanzielle Unterstützung leisteten. Einige Zeit bestand ein Sanitätstrupp, der unter der Leitung von Franz Stockinger stand. Seit der Gründung der FF Oberhehenberg standen folgende Kommandanten an der Spitze der Wehr: Johann Mayr sen. (1921–1931), Josef Freund (1931–1947), Josef Schobesberger (1948–1953) und Ludwig Arnitz (seit 1953).

HBI Arnitz L. sen. (1953), OBI Bichler M. (1950), AW Freund K. (1943), AW Hufnagl F. (1963), AW Lemp F. (1953), BI Danter J. (1972), BI Englbrecht G. (1955) — Lm Arnitz G. (1963), Lm Arnitz L. jun. (1967), OFm Auer A. (1944), OBm Baumgartinger A. (1943), OFm Baumgartinger H. (1973), HFm Bichler Ch. jun. (1961), OBm Bichler Ch. sen. (1941), HFm Bichler F. (1973), OFm Bichler H. (1973), Fm Bichler H. (1978), OFm Bichler J. (1957), OLm Bichler W. (1948), HFm Bogensberger J. (1956), Fm Duringer G. (1980), Bm Ebetsberger H. (1973), HFm Ehrnleitner J. (1966), E-OBI Englbrecht A. (1948), HFm Englbrecht F. (1971), OFm Englbrecht H. (1971), HFm Englbrecht K. (1931), JFm Englbrecht M. (1983), Fm Englbrecht R. (1981), Lm Gebetsroither F. (1967), Fm Gebetsroither G. (1980), HFm Gebetsroither J. (1959), Fm Gebetsroither W. (1978), HFm Hackl L. (1947), Lm Hausjell F. (1959), OFm Hehenfelder J. (1975), OFm Heiml G. (1975), HFm Heiml L. (1950), HFm Hödlmoser F. (1980), HFm Hufnagl F. (1961), HFm Kaiser A. (1955), HFm Kaiser F. jun. (1967), HFm Kaiser F. sen. (1948), OBm Katerl M. (1940), HFm Köppl J. (1948), OFm Krammer W. jun. (1979), HFm Krammer W. sen., OFm Leberbauer K. (1974), HFm Lösch F. (1957), OBm Mair J. (1956), Lm Mayr A. (1956), HFm Mayr A. (1966), Fm Mayr F. (1980), OFm Mayr F. (1976), Fm Mayr G. (1980), Fm Mayr H. (1980), Lm Meindl F. (1974), HBm Neuwirth F. (1961), JFm Neuwirth F. jun. (1983), OFm Nöhmer F. (1980), OFm Peer F. (1972), HFm Pesendorfer F. (1955), OFm Reiter J. (1975), OFm Reiter R. (1975), OFm Reiter R. jun. (1975), OFm Reiter R. sen. (1975), OBm Riedl F. (1943), HFm Riedl G. jun. (1971), OLm Riedl G. sen. (1948), OBm Riedl J. (1940), E-OBI Riedl J. (1948), OLm Riedl J. (1948), HLm Riedl K. (1943), HFm Riedl K. (1961), OFm Riedl R. (1974), HFm Riedl R. (1950), Bm Roider G. (1971), HFm Sagerer A. (1959), Lm Sammer A. (1959), Lm Sammer S. (1967), HFm Schachinger F. jun. (1951), HFm Schachinger F. sen. (1931), HFm Scharmüller G. (1948), HFm Scherwenk J. (1926), Lm Schiemer H. (1970), HFm Schimpl Ch. (1931), Fm Schimpl Ch. (1982), OFm Schimpl J. jun. (1971), HFm Schimpl J. sen. (1951), HFm Schindlauer J. (1961), OLm Schobesberger F. (1961), HFm Schobesberger G. (1959), JFm Schobesberger H. (1982), HFm Schobesberger J. jun., E-OBR Schobesberger J. sen. (1939), HFm Schobesberger M. (1955), Lm Schwarzenlander A. (1950), Fm Schwarzmayr H. (1983), HFm Staudinger A. (1955), HFm Staudinger E. (1958), HFm Süß K. (1951), Fm Süß K. jun. (1982), OFm Untersperger A. (1975), OFm Untersperger M. (1975), HFm Verwanger E. (1959), HFm Wallinger M. (1960), HFm Wörgötter L. (1968), HFm Wurm A. (1961), Lm Zweimüller R. (1972)

FF OBERHOFEN AM IRRSEE

Die FF Oberhofen wurde am 27. Oktober 1907 gegründet. Bei der Gründungsversammlung erklärten 25 Mann ihren Beitritt zur neugegründeten Wehr. Bis zur ersten Generalversammlung im März 1908 war die FF Oberhofen auf 35 Mann angewachsen. Es erfolgte eine Unterteilung in die Löschzüge Oberhofen, Gegend und Kummersberg, welche mit pferdebespannten Feuerspritzen ausgerüstet waren. 1909 wurde die erste Zeugstätte errichtet. Ebenfalls in diesem Jahr schuf man mit Hilfe der Kirchenglocken ein ausgeklügeltes Alarmsystem, welches auch die Ortschaft eines Brandes erkennen ließ. Im September 1926 erhielt die Feuerwehr eine neue Fahne. Die Segnung und Übergabe derselben wurde zu einem eindrucksvollen Fest für die gesamte Bevölkerung. 1929 kaufte die Gemeinde als erste Motorspritze eine B 48. 1949 rüstete man einen alten Steyr V 8-Wehrmachts-Lkw als Löschfahrzeug um. Die Motorisierung machte im selben Jahr auch die Errichtung eines neuen Zeughauses notwendig. In weiterer Folge wurde die B 48 durch eine stärkere R 75 ersetzt, welche 1960 durch eine VW Automatik abgelöst wurde. Für den Löschzug Gegend, welcher sich noch aus der Gründerzeit erhalten hat, errichtete man 1964 über einer Löschwasseranlage ein kleines Zeughaus für die dort stationierte TS A, welche ebenfalls mit einer VW Automatik ausgerüstet ist. 1965 ergab sich die Notwendigkeit, ein neues Löschfahrzeug anzuschaffen. Die Wahl fiel auf einen Land Rover in Normausrüstung, welcher 1967 noch durch eine Vorbaupumpe ergänzt wurde. 1983 wurde zur bestehenden Ausrüstung ein gebrauchtes TLF 1000 angekauft.

HBI Schindlauer M. (1963), OBI Loibichler F. (1969), AW Eichstiel A. (1972), AW Riegler G. (1957), AW Roidmayr J. jun. (1974), BI Asen R. (1950) — HFm Asen A. (1959), HFm Asen H. (1959), HFm Bachleitner A. (1977), OFm Bachleitner A. jun. (1977), E-HBI Bachleitner A. sen. (1945), OFm Berner J. jun. (1980), HFm Berner J. sen. (1945), Lm Buchner A. (1951), OFm Derflinger J. jun. (1977), OFm Feldbacher F. (1958), HFm Feldbacher J. (1928), OFm Feldbacher J. jun. (1977), HFm Feldbacher J. sen. (1951), HFm Freinbichler F. (1974), HFm Gaßner A. (1946), E-OBI Gaßner J. (1935), HLm Grabner M. (1950), PFm Graf A. (1976), PFm Haag G. (1983), Fm Haas A. (1982), Lm Hitzl J. (1974), Fm Hofinger F. (1979), OFm Hofinger M. sen. (1961), HFm Huber H. (1968), HFm Kaufmann P. (1974), HFm Lachinger J. (1969), OFm Lettner A. jun. (1979), HFm Lettner A. sen. (1948), HFm Lindinger T. (1959), HLm Lochner J. (1945), HFm Loibichler J. (1977), Lm Mayrhofer A. (1972), PFm Mindlberger M. (1981), OBm Mirl J. (1951), OBm Muckenhammer A. (1956), HFm Muckenhammer J. (1978), OFm Muckenhammer M. (1979), PFm Pichler H. (1983), PFm Pöckl F. (1947), PFm Pöckl F. jun. (1983), Fm Rauchenschwandtner A. jun. (1981), PFm Rauchenschwandtner F. (1983), PFm Rauchenschwandtner G. (1983), Fm Rauchenschwandtner G. (1982), HFm Rauchenschwandtner J. (1953), OFm Rauchenschwandtner J. (1977), OFm Rauchenschwandtner J. (1979), HFm Rillinger F. (1968), E-HBI Roidmayr J. sen. (1977), OBm Schafleitner J. (1955), HFm Schindlauer F. (1937), Fm Schindlauer G. (1979), Fm Schindlauer J. (1979), OFm Schindlauer J. (1977), HFm Schindlauer P. (1945), HFm Schweiger A. (1977), Lm Schweighofer E. (1974), HFm Schweighofer E. (1968), Fm Spielberger M. (1981), HFm Wagenbichler J. (1976), OFm Zopf J. (1977)

FF OBERWANG

Im Jahr 1898 wurde die Freiwillige Feuerwehr gegründet. Der damalige Obmann war Karl Helmberger. 1900 wurde von Mathäus Feusthuber ein Grundstück zur Errichtung eines Feuerwehrgebäudes angekauft und im selben Jahr auch das Feuerwehrhaus errichtet. 1926 wurde bei einem starken Sturm der Schlauchturm umgerissen und 1927 wieder aufgebaut. 1914 spendete Katharina Radauer der Wehr eine Fahne, die damals die schönste Fahne weit und breit war. Die Fahne wurde 1914 geweiht. 1928 wurde die Motorspritze Type II angekauft. 1929 wurde durch die Gemeinde ein Motorspritzenwagen bestellt. 1935 wurde von der Fa. Rosenbauer eine Florianispritze gekauft. 1948 wurde eine neue Motorspritze angekauft und geweiht. 1952 wurde eine Alarmsirene angeschafft. Gleichzeitig wurde die Zeugstätte vergrößert. 1954 wurde ein Zweiradanhänger angekauft. Das erste Rüstauto Marke Opel Blitz und eine neue Motorspritze VW 75 wurden 1957 gekauft. 1978 wurde die Zeugstätte zur Unterbringung eines zweiten Fahrzeuges erweitert. Ein Jahr später wurde ein TLF 2000 angekauft. Das letzte Fahrzeug wurde 1981 für die Löschgruppe Großenschwandt – ein gebrauchter Ford Transit – angekauft.

HBI Wesenauer J. (1971), OBI Schoblocher H. (1971), AW Brucker J. (1962), AW Kalleitner G. (1982), AW Lametschwandtner G. (1975), AW Putz J. (1979), BI Schindlauer K. (1965), BI Strobl J. (1973) — FA Dr. Brenneis H. (1956), Bm Dachs M. (1954), OBm Ditlbacher M. (1942), OFm Dittlbacher F. (1974), OLm Dorfinger M. (1969), Lm Feusthuber M. (1960), Feusthuber M. (1922), Fischer K. (1940), OFm Fischer K. (1976), OBm Gaderer J. (1956), OFm Grabner G. (1979), PFm Grabner H. (1983), Bm Grabner J. (1956), Fm Grabner J. (1979), OLm Graspointner G. (1956), OFm Graspointner G. (1977), OFm Graspointner G. (1979), Lm Hausleithner F. (1952), HFm Hausleithner J. (1945), Fm Hausleithner M. (1981), Lm Hofinger F. (1940), HLm Hupf F. (1942), Fm Innerlohinger F. (1981), Bm Innerlohinger J. (1967), Dr. Kainhofer E. (1981), Bm Kalleitner F. (1951), OLm Kalleitner F. (1975), OLm Kalleitner G. (1959), Kalleitner J. (1942), OFm Kalleitner J. (1979), PFm Kalleitner R.(1983), PFm Kalleitner S. (1958), OLm Kalleitner S. (1958), OFm Kalleitner W. (1983), OBm Knoblechner M. (1958), Lm Knoblechner A. (1949), Knoblechner J. (1942), Knoblechner J. (1942), OFm Knoblechner J. (1979), Lm Knoblechner J. (1956), Lm Knoblechner J. (1956), PFm Knoblechner J. (1983), Knoblechner M. (1909), OFm König E. (1980), PFm König E. (1983), OBm Kreuzer G. (1942), OLm Kreuzer J. (1950), OFm Kreuzer J. (1974), Kreuzer J. (1940), OBm Kreuzer J. (1957), HFm Kreuzer J. (1961), Kreuzer V. (1933), PFm Kroibl H. (1983), OLm Kroiß J. (1949), HLm Lametschwandtner A. (1961), Bm Lametschwandtner L. (1958), Lametschwandtner P. (1942), Lm Lettner G. (1956), Bm Lettner M. (1956), Mayrhofer G. (1949), E-HBI Mayrhofer M. (1956), HFm Mierl H. (1964), HFm Neumayer M. (1960), OLm Ölinger E. (1964), Pölzleitner J. (1926), Bm Pölzleitner J. (1959), HBm Putz J. (1942), Lm Putz J. (1973), OFm Putz R. (1975), HLm Reichl J. (1949), HFm Resch E. (1964), HLm Riedl L. (1949), OFm Riedl L. (1979), Bm Riedl M. (1964), HBm Rienerthaler E. (1954), Fm Roither E. (1980), Schindlauer J. (1934), Schindlauer L. (1937), Schneeweis P. (1927), Sperr J. (1933), Lm Staudinger F. (1959), Lm Staudinger J. (1950), Fm Staudinger J. (1981), HFm Staudinger S. (1964), HFm Steinbichler J. (1975), Lm Steinbichler J. (1949), HFm Strobl W. (1969), Strubreiter F. (1952), Lm Strubreiter M. (1950), OFm Strubreiter M. (1975), Fm Szalay G. (1979), HFm Ullmann F. (1972), HLm Wesenauer J. (1937), PFm Wesenauer J. (1984), E-HBI Wienerroither F. (1942), OBm Zieher L. (1948), Lm Zieher M. (1961)

FF OTTNANG

Von der Gemeinde wurde 1885 eine Saugspritze Fabrikat Halder in Sachsen angekauft. Am 4. November 1888 wurde schließlich die FF Ottnang gegründet. Da der Pflichtbereich so groß war, wurde 1890 die Rotte Holzham gegründet. 1894 wurde die Ausrüstung für die Rotte Holzham gekauft. 1898 wurde in Ottnang das erste Feuerwehrhaus erbaut. 1908 wurde eine Doppelkolbenspritze von der Fa. Rosenbauer gekauft. Das 20jährige Gründungsfest fand am 14. Juni 1908 statt, wobei die Jubiläumsspritze gesegnet wurde. 1914 wurde der Schlauchturm an das bestehende Feuerwehrhaus angebaut. Der Baugrund wurde von Franz Obermaier gratis zur Verfügung gestellt. Die Neuuniformierung der Wehr erfolgte 1923. Am 31. August 1924 Gründungsfest der FF Manning. Das Gemeindegebiet Manning wurde vom Ottnanger Pflichtbereich an Manning abgetreten. Am 3. Dezember 1933 fand die Aufteilung der Pflichtbereiche der fünf Wehren in der Gemeinde statt. 1934 Kauf des Rüstwagens von der Werksfeuerwehr Thomasroith, ein Steyr 7.; Kauf einer Gugg Motorspritze. Am 8. November 1946 Übernahme eines Steyr Achtzylinder, luftgekühlter Lastwagen, vom Militärdienst, der zum Feuerwehrwagen umgebaut wurde. 1949 wurde das alte Feuerwehrhaus abgerissen und das neue 1950 bezogen. 1954 Ankauf einer Sirene und einer Vorbaupumpe bei der Fa. Rosenbauer. Am 5. Mai 1968 80jähriges Gründungsfest und Segnung des Tanklöschwagens Opel TLF 1000. 1974 Bestellung eines mobilen und eines Handfunkgeräts. 1980 wurde ein Ford Transit mit Vorbaupumpe gekauft. Bei der Betriebsbesichtigung der Fa. Rosenbauer am 13. Januar 1982 konnte man den Steyr Trupp TLF 2000 mit Wasserwerfer übernehmen. 1982 Ankauf eines Notstromaggregats. 1984 wurden drei Atemschutzgeräte vom LFK übernommen.

HBI Schmidt F. (1955), OBI Niedermaier J. (1959), AW Niedermaier J. (1978), AW Wameseder F. (1972), AW Weiß A. (1967), BI Humer D. (1957), BI König A. (1959), BI Niedermaier J. (1954) — OFm Ackerer A. (1978), HFm Ackerer J. (1960), PFm Baumgartner J. (1982), HBm Baumgartner J. (1953), OFm Brandmaier A. (1972), HFm Brandmaier M. (1946), E-AW Breineis H. (1946), Fm Farina J. (1967), HFm Fellner A. (1974), PFm Fellner H. (1983), Lm Fellner J. (1977), HLm Fellner J. (1949), HFm Fellner J. (1974), OLm Gasselsberger A. (1967), Fm Gogl B. (1974), Fm Gröstlinger H. (1980), Fm Groß F. (1974), E-HBI Gründlinger J. (1934), E-HBI Hagler A. (1938), HFm Hagler J. (1972), HFm Hiegelsberger F. (1941), Fm Hillinger J. (1980), OFm Hirsch F. (1978), OFm Hirsch K. (1946), HFm Hirsch K. (1970), Lm Hittmaier R. (1958), HFm Holl F. (1970), PFm Humer D. (1980), BI Kaltenbrunner H. (1911), PFm Kettelgruber A. (1983), OFm Kettelgruber J. (1923), OFm König A. (1978), OFm Lidauer A. (1946), Fm Maier F. (1982), Fm Maier J. (1972), OLm Mairinger A. (1955), OLm Mairinger F. (1950), OFm Mairinger F. (1972), E-OBI Mayer L. (1936), PFm Niedermaier H. (1983), OFm Niedermaier R. (1973), HBm Oberhumer A. (1957), OFm Obermaier A. (1959), E-AW Pichler J. (1922), OFm Pichler K. (1968), E-AW Pichler M. (1929), OFm Rieger J. (1978), OLm Ringer F. (1968), HFm Ringer J. (1944), Fm Schablinger F. (1978), HFm Schablinger F. (1946), HFm Schneider W. (1976), PFm Steinbacher J. (1983), Fm Steinbacher J. (1980), OLm Stürtzenbaum F. (1948), PFm Sturm F. (1982), OFm Sturm K. (1978), HFm Voraberger A. (1970), HFm Wameseder I. (1946)

FF OTTOKÖNIGEN

Die Freiwillige Feuerwehr Ottokönigen wurde am 4. Mai 1902 ins Leben gerufen. An ihrer Gründung war der damalige Kommandant der Marktfeuerwehr, Dr. Ferdinand Groß, maßgeblich beteiligt. Die neue Wehr wurde bis zum Jahr 1909 als Filiale der Marktfeuerwehr bezeichnet, mit diesem Jahr erhielt sie ihre volle Selbständigkeit. Anfangs gab es nur eine Handdruckspritze. 1937 wurde die erste Motorspritze gekauft, im Juli 1949 fand die Weihe einer zweiten Motorspritze statt, welche der Löschzug Loixigen erhielt. Die FF Ottokönigen hat zwei Löschzüge. Der Löschzug Loixigen erhielt 1952 ein neues Zeughaus. 1953 feierte die Wehr das 50jährige Gründungsfest. Im Jahr 1966 wurde die alte Motorspritze der Feuerwehr Ottokönigen durch eine neue ersetzt. 1969 bekam der Löschzug Loixigen seine alte Motorspritze durch eine neue ersetzt. Im Jahr 1979 wurde ein Grundstück angekauft, auf dem die Feuerwehr Ottokönigen ein Zeughaus errichtete. Dieses Zeughaus wurde 1982 gesegnet, zugleich wurde das 80jährige Gründungsfest gefeiert. An Geräten besitzt die Wehr zwei Zeughäuser, ein KLF, einen Traktoranhänger, zwei Motorspritzen.

HBI Riedl H. (1972), OBI Koberger A. (1973), AW Koberger F. (1977), AW Koberger J. (1948), AW Rieger J. (1962), AW Spindler K. (1973) — Fm Aigner F. (1983), OFm Aschenberger J. (1975), OFm Bayer J. (1940), OFm Bayer J. (1972), OFm Birnbaumer A. (1950), OFm Brand F. (1981), OFm Brand F. (1962), HFm Brandmayr J. (1979), HFm Breitwieser A. (1972), OFm Burgstaller J. (1977), OFm Eberl J. (1955), HFm Eberl J. (1979), OFm Eberl J. (1933), OFm Emminger J. (1969), OFm Fischer J. (1965), OFm Geisegger A. (1980), OFm Gumpoltsberger K. (1972), OFm Hager J. (1948), OFm Hager J. (1977), Fm Hingsamer J. (1983), OFm Höchfurtner H. (1981), OFm Höchfurtner M. (1932), OFm Höchfurtner M. (1974), OFm Hofmann E. (1959), OFm Huber F. (1965), HFm Huber K. (1978), Bm Huemer A. (1936), OLm Huemer A. (1966), OFm Huemer A. (1927), OFm Huemer J. (1977), OFm Huemer J. (1977), OFm Huemer W. (1969), Fm Jungwirth K. (1983), OFm Kaiser A. (1950), Fm Kaiser A. (1970), HFm Kaiser O. (1955), OBm Koberger F. (1948), E-HBI Koberger J. (1918), HFm Koberger J. (1981), OFm Lehofer R. (1973), OFm Leitner J. (1969), Lm Mairinger J. (1943), OFm Mairinger J. jun. (1974), OFm Mayr R. (1973), OFm Muhr A. (1948), HFm Muhr J. (1966), Fm

Neudorfer H. (1983), OFm Ölschuster G. (1981), OFm Ölschuster J. (1959), HFm Pesendorfer J. (1948), OFm Pesendorfer J. (1977), OFm Pesendorfer J. (1948), OFm Pesendorfer J. (1966), OFm Pesendorfer J. (1966), OFm Pixner J. (1962), OFm Reiter A. (1981), OFm Reiter G. (1963), OFm Reiter G. (1972), OFm Riedl F. (1940), HFm Rieger F. (1981), OFm Rieger G. (1974), OFm Roither J. (1962), OFm Sahlhofer G. (1972), OFm Schmidlechner A. (1962), Fm Schmidlechner J. (1983), OFm Schmidlechner J. (1958), OFm Schmidlechner J. sen. (1930), OFm Schrattenecker J. (1962), OFm Schrattenecker J. (1974), OFm Seifriedsberger A. (1959), OFm Spindler E. (1979), OFm Spindler G. (1950), HBm Spindler G. (1979), OFm Spindler G. (1927), OFm Streicher A. (1977), OFm Streicher A. (1966), OFm Streicher F. (1941), Fm Streicher J. (1983), OFm Streicher J. (1941), OFm Streicher W. (1966), Fm Thalhammer R. (1983), OFm Wagner R. (1957), OFm Wieser R. (1950), HFm Winklinger A. (1948), OFm Winklinger A. (1962), OFm Winklinger O. (1973), HFm Zoister A. (1978), OFm Zoister J. (1931), HFm Zoister J. (1972)

FF PABING

Die Freiwillige Feuerwehr Pabing wurde im Jahr 1906 von Franz Holzapfel und Josef Hemetsberger gegründet. Ein Depot war nicht vorhanden, weshalb die bestehende Dreschmaschinenscheune der damaligen Druschgemeinschaft verwendet wurde. Im Jahr 1907 wurde die erste Handdruckpumpe, die von acht Mann betätigt werden mußte, von der Fa. Rosenbauer angeschafft. Diese Pumpe war auf einem einachsigen Wagen aufgebaut, welcher von vier bis acht Mann gezogen wurde. Erst fünf Jahre später, 1912, konnte ein neuer zweiachsiger Wagen erworben werden, welcher von Pferden gezogen wurde. Im Jahr 1929 wurde das erste Zeughaus errichtet und eingeweiht. Der erste größere Brandeinsatz war im Bauernhaus Annerl in Pabing; der zweite Einsatz in Lichtenberg war insofern schwierig, weil zuwenig Schläuche vorhanden waren und das Wasser vom Klausbach in Eimern von Hand zu Hand bergauf befördert werden mußte. 1939 wurde die erste Motorspritze DKW Zweitakt angeschafft. Erst im Jahr 1975 waren die Mittel dafür vorhanden, eine moderne Pumpe zu kaufen (Fa. Rosenbauer). 1971 wurde das neue Zeughaus errichtet und eingeweiht. Seit 1945 wurden vier Löschteiche gebaut. Auch wurden die Pumpenwagen zweimal umgeändert und werden heute mit einem Traktor gezogen, auf dem die Pumpe und neun Mann Platz finden. Seit der Gründung der Wehr standen folgende Feuerwehrhauptleute an der Spitze ihrer Kameraden: Franz Holzapfel, Josef Hemetsberger, Franz Hemetsberger, Mathias Hofinger, Rudolf Furtmoser, Michael Lohninger, Simon Grabner (1952–1973), Franz Hemetsberger (1973–1978), Georg Hemetsberger (seit 1978).

HBI Hemetsberger G. (1968), OBI Auer L. (1955) — Aigner J. (1949), Auer G. (1975), Dorfinger J. (1949), Emeder A. (1980), Emeder A. (1955), Emeder E. (1983), Emeder F. (1973), Emeder J. (1973), Emeder K. (1973), Emeder L. (1951), Emeder M. (1982), Emeder R. (1973), Gramer H. (1968), Gramer J. (1968), Gramer S. (1949), Hemetsberger F. (1973), Hemetsberger F. (1975), Hemetsberger F. (1928), Hemetsberger F. (1935), Hemetsberger F. (1949), Hemetsberger F. (1955), Hemetsberger F. (1951), Hemetsberger G. (1980), Hemetsberger J. (1973), Hemetsberger J. (1964), Hemetsberger P. (1983), Hofinger J. (1950), Hufnagl F. (1928), Lacher A. (1973), Rauchenschwandtner A. (1979), Rauchenschwandtner M. (1951), Rauchenschwandtner P. (1955), Renner F. (1951), Renner G. (1964), Renner K. (1974), Schachl E. (1972), Schachl F. (1973), Schönberger A. (1951), Schönberger F. (1949), Schönberger F. (1973), Schönberger J. (1973), Spießberger E. (1979), Voglhuber A. (1955)

FF PARSCHALLEN-AICH

Die Freiwillige Feuerwehr Parschallen-Aich wurde im Jahr 1911 gegründet. Noch im Gründungsjahr ging man daran, eine Feuerwehrzeugstätte zu errichten. Die erste Motorspritze, eine Tragkraftspritze der Firma Gugg, wurde im Jahr 1926 von der FF Parschallen-Aich angeschafft. Das erste Motorfahrzeug, ein KLF Ford, erwarb die Wehr im Jahr 1960. Seit der Gründung der Freiwilligen Feuerwehr Parschallen-Aich waren folgende Feuerwehrhauptleute für die Belange der Wehr zuständig: Franz Hemetsberger und Max Maringer.

HBI Maringer M. (1960), OBI Falkensteiner H. (1963) — Aigner E. (1974), Bruckbacher J. (1976), Bruckbacher J. (1948), Danter M. (1933), Danter R. (1961), Eder F. (1948), Eder G. (1948), Eder G. (1978), Erricher F. (1952), Freinberger F. (1978), Gneißl F. (1931), Gneißl H. (1969), Häupl H. (1948), Hemetsberger F. (1927), Hrobath H. (1976), Hrobath H. (1976), Kletzl F. (1978), Kletzl F. (1954), Kletzl J. (1954), Kletzl J. (1983), Kletzl R. (1983), Krug J. (1954), Langgartner L. (1948), Langgartner W. (1976), Löschenberger G. (1951), Mayrhauser F. (1981), Neubacher F. (1952), Neubacher J. (1922), Nußbaumer J. (1954), Nußbaumer J. (1983), Rader E. (1981), Rader M. (1981), Rebhan M. (1957), Reindl F. (1948), Reindl F. (1963), Resch M. (1967), Roither F. (1948), Roither H. (1952), Roither J. (1976), Roither J. (1930), Roither J. (1957), Scheichl N. (1980), Schindlauer J. (1948), Schindlauer J. (1966), Schmeißer J. (1959), Schmeißer M. (1974), Schütz M. (1974), Segner J. (1948), Sindt M. (1983), Wendl F. (1948), Wendl F. (1967), Wendl M. (1978), Wiener F. (1954), Wiesinger R. (1956), Wiesinger R. (1976)

FF PEHIGEN

Am 3. November 1912 wurde die Freiwillige Feuerwehr Pehigen gegründet. Als Kommandant wurde Anton Schneeweiß gewählt. 1932 errichtete man das erste Zeughaus der Feuerwehr. Der Grund dafür wurde von Alois Haas kostenlos zur Verfügung gestellt. Sehr bescheiden, doch für die Verhältnisse der Feuerwehr groß genug, um die Handspritze sowie einige Hanfschläuche unterzubringen. 1932 wurde die Handspritze durch eine Motorspritze ersetzt. 1938 wurde die FF Pehigen der FF Frankenburg als Löschzug zugeteilt (bis 1943). In diesem Jahr, zahlreiche Kameraden waren im Krieg, wurden junge Mädchen mit dem Umgang der Geräte vertraut, um im Ernstfall nicht tatenlos zusehen zu müssen. 1946 wurde eine Landauerkutsche angekauft, die man auf einen Spritzenwagen umbaute. Die alte Motorspritze wurde 1948 durch eine neuere der Marke Rosenbauer ausgetauscht. 1951 beschäftigte man sich mit dem Bau des Löschteiches in Pehigen. Der Löschteich in Renigen wurde ein Jahr später errichtet. Als sich das Geschehen der Feuerwehr überwiegend nach Renigen verlegte, stellte man dort ein Zeughaus auf. 1975 wurde die neue Motorspritze der Fa. Gugg geliefert. Mit der neuen TKS sowie mit einem angekauften Sprühstrahlrohr hielt man am 8. Oktober 1975 die erste Übung ab. 1978 wurde ein VW-Bus erworben, der vom Zeugwart auf ein KLF umgebaut wurde. Das Inventar der FF Pehigen umfaßte mit 1. Januar 1983: 1 VW-Trokomat, Bj. 1975, Typ SR 122, 900 l/min bei 100 m Förderhöhe; 1 KLF, Marke VW Typ 22, Bj. 1974; 1 Handfeuerlöscher, Typ P 6 VHSP; 1 Saugkopf; 4 Saugschläuche; 1 B-Strahlrohr; 2 C-Strahlrohre; 10 B-Schläuche; 6 C-Schläuche; 1 A-B Kupplungsstück; 1 B-C Kupplungsstück. Die Hauptaufgabe der FF Pehigen war 1984 die Errichtung und Finanzierung eines Zeugstättengebäudes.

HBI Hochrainer J. (1965), OBI Sommersberger W. (1969), AW Huber E. (1980), AW Loi R. (1946), AW Sommersberger F. (1980) — PFm Bachinger F. (1973), Fm Bachinger H. (1981), Fm Bachinger P. (1940), OFm Battaglia A. (1949), Lm Baumann D. (1974), Fm Baumann J. (1950), Fm Dax R. (1982), JFm Dax U. (1983), HFm Eberl F. (1973), Fm Eberl M. (1963), Fm Gadermeir F. (1983), Fm Gaisbauer J. (1949), Fm Gaisbauer R. (1959), Fm Hansl R. (1950), OFm Hinterleitner A. (1980), JFm Hinterleitner N. (1980), PFm Hochrainer E. (1980), JFm Hochrainer J. (1980), Fm Hofinger A. (1968), JFm Holl K. (1980), Fm Holl R. (1970), Fm Holl W. (1971), Fm Holl W. (1980), Fm Holl W. (1973), Fm Huber G. (1981), Fm Huber J. (1980), Fm Huber J. (1968), OFm Huber M. (1965), Fm Huber M. (1980), OFm Loi S. (1980), JFm Maier F. (1980), Fm Maier F. (1956), Fm Neuwirth H. (1983), JFm Öwaller G. (1980), Fm Öwaller J. (1961), PFm Öwaller K. (1973), PFm Öwaller M. (1974), HBm Petschger J. (1959), JFm Pixner H. (1983), Fm Plötzneder A. (1925), Fm Preuner A. (1973), Fm Schachl F. (1963), JFm Schachl G. (1981), Fm Schachl M. (1980), HFm Scheibl A. (1960), OFm Schmidmayr A. (1981), OFm Schrattnecker F. (1948), Lm Sommersberger G. (1980), Fm Sommersberger J. (1940), Fm Stadlmeier F. (1968), E-HBI Staudinger F. (1944), PFm Sterrer G. (1983), PFm Sterrer O. (1983), HFm Stockinger M. (1965), HFm Wagneder F. (1949), HFm Wagneder J. (1952), OFm Wiesmayr J. (1928), PFm Wiesmeier A. (1983), Lm Wimmer K. (1959)

FF PENETZDORF

Die Freiwillige Feuerwehr Penetzdorf wurde im Jahr 1905 von folgenden Gründungsmitgliedern ins Leben gerufen: Johann Kroiss, Franz Silligan, Josef Prötsch, Michael Salfinger, Karl Prötsch, Johann Kroiß, Johann Kofler, Josef Greifeneder, Rupert Schlager. Die erste Pumpe, ein Kleiner Florian, wurde 1931 angeschafft, 1933 kam eine DKW-Spritze hinzu. 1956 schaffte die FF Penetzdorf eine R 75 an, der im Jahr 1962 eine VW A 75 folgte. 1980 wurde eine VW A 80 erworben. Im Jahr 1973 wurde das erste Fahrzeug, ein Opel Blitz, Baujahr 1943, angeschafft. Seit dem Jahr 1977 besitzt die Wehr ein Leichtes Löschfahrzeug Marke Opel Blitz aus dem Jahr 1959. Um alle diese Geräte unterbringen zu können, wurde das erste im Jahr 1906 erbaute Zeughaus abgetragen und 1963 in Penetzdorf ein neues Feuerwehrgebäude mit Schlauchturm errichtet. Vor 1973 gab es einen Traktoranhänger, vor diesem fuhr man mit einem Pferdeanhänger zu den Einsätzen. Seit der Gründung der Freiwilligen Feuerwehr Penetzdorf standen folgende Kommandanten an der Spitze der Wehr: Karl Eder (1908–1911), Franz Weinberger (1912–1920), Josef Ennser (1921–1925), Karl Prötsch (1926–1928), Johann Kroiß (1929–1932), Michael Salfinger (1933–1934), Franz Schablinger (1935–1936), Michael Salfinger (1937–1938), Franz Schauer (1948–1953), Franz Ennser (1954–1963), Alois Riedl (1964–1969), Michael Trauner (seit 1969).

HBI Trauner M. (1952), OBI Eder H. (1976), AW Aichinger R. (1977), AW Loidolt F. (1953), AW Öhlinger J. (1974), BI Eder F. (1946) — OLm Burgstaller E. (1952), Fm Burgstaller J. (1983), OLm Burgstaller J. (1956), HFm Dallinger J. (1968), Fm Dallinger J. (1952), Fm Eder A. (1983), OLm Eder A. (1962), Fm Eder E. (1983), Fm Eder G. (1983), HFm Eder H. (1976), Fm Eder J. (1983), HBm Eder J. (1946), HFm Eder J. (1976), HFm Ennser F. (1953), HFm Ennser J. (1960), Fm Ennser M. (1931), HFm Fellinger H. (1977), HFm Fellinger J. (1977), HFm Gründlinger J. (1977), Fm Haas A. (1926), Fm Hager A. (1929), HLm Harrer A. (1939), OLm Harrer A. (1967), HFm Hillinger F. (1952), OFm Hofer H. (1967), HBm Holl A. (1962), PFm Knapp P. (1982), HFm Kroiß F. (1973), Kroiß J. (1946), HFm Laßnig J. (1970), HFm Lindorfer J. (1969), HFm Loidolt F. (1979), Bm Maier G. (1957), OBm Mairinger A. (1961), OLm Mairinger F. (1947), HFm Mairinger F. (1976), HFm Mairinger F. (1978), OFm Öhlinger J. (1980), HFm Pointner J. (1966), Fm Prötsch H. (1983), OFm Reimair F. (1971), Fm Riedl A. (1937), HBm Ringer R. (1947), HFm Schachermaier A. (1962), HFm Schlager F. (1962), OLm Stiglmair J. (1966), HFm Trauner F. (1962), HLm Vogl H. (1948), Fm Weinberger F. (1928), OLm Weinberger F. (1955), OFm Weinberger H. (1962), Fm Weishäupl R. (1982), HFm Zöbl F. (1970), Fm Zoitl K. (1940), Bm Zoitl R. (1962)

FF PFAFFING

Die Gründungsversammlung der FF Pfaffing fand am 13. März 1906 unter dem Vorsitz von Bgm. Alois Huber statt. Der erste Kommandant wurde Anton Nußbaumer. 1929 wurde die erste Motorspritze angekauft, und am 6. Juli 1930 fand die Spritzenweihe statt. In einer außerordentlichen Vollversammlung 1931 wurde die Loslösung der Katastralgemeinde Oberalberting von der FF Pfaffing und die Schaffung einer selbständigen Wehr für dieses Gebiet beschlossen. Das erste Zeughaus wurde 1933 in Hausham errichtet. 1945 wurde ein Löschwagen aus amerikanischem Beutegut angeschafft; dieser wurde 1950 gegen einen Löschwagen Marke Steyr eingetauscht. In einer Kommandositzung 1958 befaßte man sich mit dem Verkauf des Löschwagens und dem Kauf eines Traktoranhängers. 1965 wurde von der Stadtfeuerwehr Gmunden ein gebrauchter Löschwagen Marke Mercedes LF 8 erworben. 1969 wurde mit der Errichtung eines neuen Zeughauses in Pfaffing begonnen. Die Segnung des Zeughauses erfolgte am 4. Juli 1972 in Verbindung mit dem 65jährigen Gründungsfest. 1975 Ankauf eines neuen KLF Ford Transit. Am 29. Juni 1979 Weihe der neu angeschafften Feuerwehrfahne.

HBI Grabler A. (1968), OBI Lehner J. (1973), AW Grabler F. (1956), AW Kühberger H. (1973), AW Lehner J. (1970), BI Hötzinger W. (1971), BI Lehner F. (1942) — OFm Aicher A. (1960), OFm Aicher L. (1938), HFm Bachler A. (1952), HFm Bachler J. (1980), Fm Brand A. (1963), JFm Briefeneder A. (1983), JFm Briefeneder F. (1983), Lm Eggl G. (1971), OFm Eggl J. (1928), OFm Gasselsberger A. (1928), JFm Grabler H. (1983), Bm Grabner A. (1973), JFm Grabner E. (1983), HBm Grabner K. (1960), HFm Gramlinger F. (1965), JFm Gramlinger H. (1983), OFm Gramlinger M. (1972), OFm Gramlinger M. (1952), Fm Greinecker J. (1957), JFm Hauseder G. (1983), Fm Hauser A. (1948), Fm Hemetsberger A. (1962), Fm Hemetsberger A. (1977), HFm Hemetsberger J. (1966), HFm Hemetsberger J. (1968), PFm Hemetsberger F. (1983), OBm Hochreiner H. (1966), JFm Hötzinger E. (1983), PFm Hötzinger J. (1983), OFm Hötzinger J. (1972), OFm Holzinger A. (1965), Fm Holzinger G. (1956), PFm Huber H. (1983), OFm Huber H. (1925), PFm Huber J. (1983), Fm Hummer J. (1960), Fm Karrer J. (1935), JFm Kibler A. (1983), OFm Kibler F. (1966), Fm Kibler J. (1957), JFm Kibler J. (1983), OFm Kibler M. (1931), Fm Konrad J. (1980), JFm Konrad L. (1983), PFm Konrad M. (1983), JFm Kriechbaum H. (1983), OLm Kriechbaum J. (1955), JFm Kriechbaum J. (1983), HBm Kritzinger E. (1969), JFm Kritzinger E. (1983), OFm Kühberger F. (1974), OBm Kühberger M. (1950), OFm Kühberger M. (1973), JFm Lehner F. (1983), HFm Lehner G. (1956), JFm Lehner H. (1983), OFm Lehner J. (1926), OFm Maier J. (1951), OFm Mair F. (1932), OFm Meinhart J. (1972), OFm Meinhart J. (1944), OFm Muckenhuber E. (1935), OFm Neubacher A. (1951), PFm Neubacher G. (1983), HFm Neubacher J. (1942), OFm Neubacher J. (1973), HFm Neuwirth A. (1954), JFm Neuwirth G. (1983), JFm Neuwirth W. (1983), Fm Nöhmer A. (1952), HFm Nußbaumer A. (1948), PFm Nußbaumer A. (1983), HFm Nußbaumer F. (1942), HFm Nußbaumer F. (1973), OFm Nußbaumer J. (1945), Fm Nußbaumer J. (1928), PFm Nußbaumer M. (1983), OBm Nußbaumer W. (1957), OFm Obermeier K. (1966), OLm Petighofer J. (1944), OFm Pixner F. (1976), OFm Preuner A. (1942), Lm Preuner F. (1957), Fm Preuner F. (1980), Fm Riedl A. (1946), Lm Schausberger J. (1957), HFm Scheibl W. (1974), OBm Schrattenecker F. (1963), OFm Schrattenecker G. (1954), HBm Schrattenecker J. (1973), OBm Six A. (1928), JFm Smeykal H. (1983), Fm Stadlmann M. (1960), OFm Stadlmann M. (1969), OFm Steiner A. (1950), JFm Steinmann A. (1983), JFm Steinmann P. (1983), OFm Syen J. (1966), HBm Unger P. (1957), PFm Unger P. (1983), OFm Wiener K. (1974), Fm Wiener P. (1952), OFm Wiesinger A. (1963), HBm Zach F. (1933)

FF PICHL

Am 22. März 1932 fand die Gründungsversammlung der FF Pichl statt. Bei der ersten Kommandowahl wurde zum Wehrführer Johann Fürtbauer gewählt. Im Mai 1931 kaufte man eine Vereinsfahne, die am 21. Juni 1931 beim Gründungsfest eingeweiht wurde. Die Ausrüstung bestand aus einer fahrbaren Handdruckspritze und einem Schlauchkarren. Eine Motorspritze kaufte man 1936, und ein Landauer wurde als Rüstwagen umgebaut. Während des Krieges gab es nur eine Gemeindefeuerwehr, die unter der Leitung von Karl Moser stand. Am 25. Mai 1949 entstand wieder die FF Pichl unter Kdt. Franz Grabner. Das Feuerwehrhaus wurde 1954 vergrößert. 1954 kaufte man auch ein altes Auto als Rüstwagen. Bei einer Einsatzfahrt 1958 wurde das Auto durch ein technisches Gebrechen total beschädigt. Das LFKdo. stellte daraufhin einen gebrauchten Rüstwagen zur Verfügung. Ein neues Kommando wurde 1958 gewählt: Wehrführer wurde Josef Schlagnitweit. 1960 kaufte die Wehr eine neue Motorspritze VW Automatik. Ein VW-Kastenwagen wurde 1962 zu einem KLF umgebaut. Das 30jährige Gründungsfest, verbunden mit KLF- und Spritzenweihe, feierte man am 15. Juli 1962. Ein mobiles Funkgerät wurde 1974 eingebaut. 1976 hatte der VW ausgedient, man kaufte wieder ein gebrauchtes KLF. 1981 war es mit Hilfe einer Haussammlung, durch Suventionen der Gemeinde und des LFKdo. möglich, ein neues KLF anzukaufen. Ein Ereignis war das 50jährige Gründungsfest am 1. August 1982. Unter Beisein der gesamten Bevölkerung und vieler Feuerwehren wurde das neue KLF gesegnet, und viele Feuerwehrmänner wurden geehrt. Ein Sirenensteuergerät und Schwerer Atemschutz wurden 1982 angekauft.

HBI Schlagnitweit J. (1949), OBI Köttl A. (1957), AW Eberl J. (1954), AW Hemetsberger A. (1967), AW Redlinger Pohn A. (1972), AW Wimmer F. (1970), BI Haas A. (1957), BI Kinast J. (1969) — OFm Ablinger Ch. (1978), OFm Ablinger G. (1976), HFm Ablinger J. (1946), OFm Ablinger J. (1976), OFm Bachmayr K. (1958), HFm Baldinger J. (1958), OFm Böckl A. (1975), OFm Böckl F. (1972), E-AW Böckl J. (1941), OFm Böckl J. (1968), OFm Eberl A. (1971), OFm Felleitner F. (1967), OFm Fürtbauer H. (1978), Fürtbauer J. (1955), OFm Fürtbauer J. (1977), Fm Fürtbauer M. (1982), OLm Gaisbauer A. (1956), Lm Gemaier A. (1949), Lm Grabner F. (1968), HFm Haas A. (1957), OFm Harmer E. (1959), HFm Hemetsberger F. (1972), E-AW Hemetsberger J. (1949), HFm Hemetsberger J. (1970), HFm Hemetsberger J. (1933), HFm Kinast A. (1953), OFm Kinast A. (1977), OFm Kinast E. (1977), Lm Kinast J. (1949), OLm Kinast J. (1958), OFm Kohberger A. (1964), OFm Kohberger A. (1949), OFm Kohberger D. (1964), HFm Krichbaum M. (1936), Fm Leeb J. (1982), HFm Leeb O. (1959), OFm Leeb O. (1978), HFm Leiner F. (1966), OFm Manhartsgruber J. (1976), OFm Maringer J. (1974), OFm Muß A. (1949), OFm Muß A. (1977), OFm Neuwirth J. (1977), Fm Nobis H. (1958), OFm Nobis J. (1956), OFm Ortner F. (1977), OFm Ortner J. (1967), OFm Ortner N. (1972), OFm Plainer A. (1955), HFm Plötzeneder A. (1964), Fm Pohn D. (1982), HFm Pohn J. (1949), HFm Purer K. (1947), OFm Purer K. (1977), HFm Redlinger Pohn A. (1949), OFm Redlinger Pohn G. (1978), HFm Redlinger Pohn G. (1949), Fm Redlinger-Pohn J. (1982), OFm Schick J. (1951), OFm Schlagnitweit M. (1978), Fm Schlagnitweit N. (1982), OFm Schmid J. (1968), HFm Schmidmair M. (1949), OFm Schmidmair M. (1978), OFm Schrank A. (1964), OFm Stadlbauer J. (1940), Lm Stehrer A. (1956), OFm Stehrer J. (1949), OFm Stehrer J. (1976), Fm Störinger J. (1982), OFm Vorhauer P. (1957), OFm Waldhör J. (1949), OFm Waldhör J. (1968), OFm Wiltschek G. (1972), OFm Wimmer A. (1978), OFm Wimmer A. (1968), OFm Wimmer J. (1976), HFm Ziegl A. (1956)

FF PIESDORF

Die Freiwillige Feuerwehr Piesdorf wurde im Jahr 1891 mit 18 Mitgliedern gegründet. Noch im Gründungsjahr wurde eine Handdruckspritze von der Firma Gugg angeschafft und das Zeughaus erbaut. 1935 erwarb die Wehr eine Tragkraftspritze Gugg Pikkolo, 1946 wurde der Ankauf eines Steyr 1500 A getätigt. 1952 kaufte man eine Gugg L 2 GS 3 Tragkraftspritze, 1964 einen TSW-Rosenbauer-Anhänger. Im Jahr 1968 wurde die Ausrüstung mit einer TS VW 75 ergänzt. Die letzten Anschaffungen waren ein Löschfahrzeug VW-Bus 1974 und im Jahr 1981 ein KLF VW LT 35. Da alle diese Gerätschaften untergebracht werden mußten, baute man 1950 das alte Zeughaus großzügig aus. Seit der Gründung der Wehr standen folgende Kommandanten an der Spitze: Georg Gstöttner (1891–1901), Kdt. Muhr, Kdt. Knoll, Kdt. Kritzinger (Funktionsdaten nicht bekannt), Anton Scheibmayer (bis 1935), Josef Schimpl (1935–1968), Franz Schimpl (1968–1973) und Josef Hochreiner (seit 1973).

HBI Hochreiner J. (1960), OBI Voglhuber E. (1942), AW Gstöttner F. (1955), AW Habring M. (1971), AW Sulzberger J. (1975), AW Voglhuber A. (1974), BI Geyer H. (1973), BI Voglhuber E. (1968) — OFm Ablinger E. (1952), OFm Ablinger E. (1972), Fm Ablinger G. (1974), OFm Aicher F. (1948), OFm Aicher J. (1975), OLm Asamer A. (1966), OFm Asamer J. (1943), OFm Asamer J. (1975), OFm Berghammer F. (1980), JFm Berghammer G. (1980), Fm Berghammer R. (1978), OFm Binder W. (1977), Lm Ensinger J. (1936), Fm Fuchs E. (1978), OFm Fuchs F. (1946), Fm Fuchs G. (1974), HFm Fuchs J. (1950), OFm Gehmaier F. (1944), HFm Gehmaier E. (1968), Fm Gehmaier J. (1971), OFm Geyer H. (1967), OFm Gstöttner F. (1968), HFm Habring E. (1946), Fm Habring E. (1980), OFm Habring F. (1965), OFm Hinterholzer K. (1953), OLm Hittenberger F. (1966), Fm Höckner A. (1968), Fm Höckner J. (1973), OFm Huber K. (1980), E-OBI Katterl A. (1924), OBm Katterl A. (1950), OFm Keiml F. (1946), OFm Kibler A. (1934), OFm Knoll J. (1955), JFm Knoll J. (1981), Fm Kritzinger J. (1968), OFm Lüftenegger A. (1955), OFm Mayr A. (1978), OFm Mayr A. (1938), OFm Mayr J. (1974), HFm Meergraf M. (1966), Fm Mittermeyr F. (1973), OFm Preundler J. (1948), Fm Preundler J. (1978), OFm Rager A. (1968), Fm Ramsauer A. (1968), HFm Röthleitner J. (1968), OFm Schimek E. (1974), OFm Schimek G. (1980), Fm Schimek G. (1978), HBm Schimpl F. (1950), OFm Schimpl J. (1978), Fm Schimpl M. (1978), Fm Seiringer G. (1975), OFm Seiringer J. (1946), OFm Seiringer J. (1978), OFm Seyringer E. (1968), OFm Seyringer F. (1938), HBm Seyringer F. (1966), OFm Seyringer H. (1973), OFm Stadlmair H. (1969), HBm Stallinger J. (1964), OFm Stallinger J. (1933), HFm Stockinger K. (1950), OFm Sulzberger R. (1964), Fm Sulzberger R. (1964), OFm Voglhuber A. (1941), OFm Voglhuber J. (1955), OFm Voglhuber K. (1971), OFm Wageneder E. (1938), Fm Wageneder E. (1968), OFm Wageneder F. (1941), Fm Wageneder F. (1974), OFm Wageneder J. (1968), OFm Wageneder J. (1965), OFm Weber M. (1946), HFm Zoister G. (1953)

FF PILSBACH

Die FF Pilsbach wurde 1904 gegründet. Zum Wehrführer wurde Josef Raab gewählt. Im selben Jahr wurde mit dem Bau eines Feuerwehrhauses begonnen. Simon Stadlmayr stellte das Grundstück kostenlos zur Verfügung. Diese Zeugstätte steht heute noch. Die verschiedenen Ausrüstungsgegenstände wurden von der Fa. Rosenbauer bezogen. Das 20jährige Gründungsfest fand am 6. Juli 1924 statt. Für eine Tombola wurden Sachspenden aus den Gehöften von Vöcklabruck, Attnang bzw. aus dem eigenen Gemeindebereich gesammelt. Weiters wurden für dieses Fest 250 Stück ½-Liter-Bierkrüge angeschafft, welche mit „Inhalt" als Erinnerung verkauft wurden. 1924 wurde beschlossen, einen Schlauchturm an das bestehende Feuerwehrhaus anzubauen. Der Turm wurde in Eigenregie aufgestellt. 1925 wurde auf Antrag des Kommandanten Josef Raab Dr. Deisenhammer zum Wehrarzt bestellt. Es gab auch eine Feuerwehrmusik, die 1927 aus der Wehr herausgelöst wurde und als selbständiger Verein agierte. Die feuerwehreigenen Instrumente wurden lt. Kommandobeschluß der Musik überlassen. 1931 wurde die erste motorbetriebene Pumpe angeschafft, für die Kdt. Hinterleitner sein Auto als Feuerwehrwagen zur Verfügung stellte. 1947 wurde ein gebrauchter Steyr-Lkw angeschafft. Dieses Fahrzeug tat bis 1959 seinen Dienst.

HBI Ing. Ensberger R. (1972), OBI Hofmaninger J. (1953), AW Hinterleitner F. (1957), AW Humer M. (1976), AW Neudorfer J. (1979), BI Ensberger J. (1971), BI Schausberger M. (1974) — HFm Baumgardinger J. (1938), HFm Ecker F. (1969), HLm Ecker J. (1948), HLm Eder F. (1954), HFm Ennsberger J. (1965), Fm Ennsberger J. (1982), OFm Ennsberger K. (1948), Lm Ennsberger K. (1954), OLm Ennsberger K. (1948), OFm Ennsberger K. (1981), Fm Ennsberger M. (1982), Lm Ennsberger R. (1948), OFm Ennsberger R. (1972), E-HBI Ensberger A. (1933), HFm Ensberger G. (1948), E-AW Ensberger J. (1929), Lm Ensberger J. (1948), OBm Fischtaler A. (1956), Lm Furtmüller H. (1954), HFm Gruber A. (1959), Fm Gruber A. (1978), OLm Gruber D. (1948), HFm Gruber F. (1960), Fm Gruber J. (1978), OFm Gruber J. (1980), HFm Gruber K. (1972), Fm Hinterleitner F. (1981), OFm Hiptmayr J. (1954), OFm Hiptmayr J. (1971), OFm Hofmaninger A. (1948), OFm Holzinger J. (1965), Fm Huemer A. (1982), OFm Huemer J. (1981), OLm Huemer M. (1930), E-AW Huemer M. (1954), OFm Huemer M. (1980), Lm Humer M. (1957), OFm Kirchmayr F. (1948), OFm Kirchmayr H. (1981), OLm Kirgatterer H. (1938), HFm Kren K. (1950), OFm Kren K. (1976), HFm Landertshammer D. (1954), HFm Liedl K. (1974), Fm Lughofer H. (1978), OBm Maringer D. (1950), E-AW Maringer H. (1948), HBm Maringer H. (1967), Bm Mayr J. (1938), OFm Moser F. (1954), Fm Moser F. (1978), HFm Müller K. (1962), HFm Neudorfer F. (1962), Lm Neudorfer J. (1954), HFm Obermayer A. (1965), PFm Oberndorfer E. (1983), E-OBI Oberndorfer H. (1948), HFm Oberndorfer O. (1957), E-AW Ortner A. (1957), Lm Putz K. (1949), E-BI Raab D. (1930), E-BI Reiter A. (1927), OLm Reither E. (1948), Lm Reither E. (1972), HFm Rosner F. (1976), OLm Rosner J. (1947), HFm Schachinger J. (1954), E-OBI Schausberger F. (1934), HFm Schirl A. (1979), Lm Schirl M. (1963), Lm Stadlmayr A. (1954), OLm Stadlmayr G. (1948), OFm Stockinger A. (1962), Bm Stopfner J. (1960), Fm Voglhuber K. (1978)

FF PLÖTZENEDT

Am 21. März 1909 wurde die Freiwillige Feuerwehr Plötzenedt gegründet. Noch im Gründungsjahr wurde das Zeughaus erbaut und eine Handdruckspritze angekauft. 1910 wurde an das Zeughaus ein Schlauchturm aus Holz gebaut. 1911 spendete Dr. Friedmann aus Thomasroith eine Rettungstrage und einen Verbandkasten samt Verbandzeug, daraufhin wurde eine Rettungsmannschaft gebildet. Im Mai 1938 wurde der Entschluß gefaßt, eine neue Motorspritze und einen Spritzenwagen zu kaufen. Da aber Bürgermeister Kapeller mit der Begründung, daß ohnehin die anderen Wehren in der Umgebung eine Motorspritze hätten, dagegen war und die Gemeinde Ottnang keine Geldmittel zur Verfügung hatte, wurde von einigen Feuerwehrkameraden das Geld für ein Jahr der Gemeinde zinsenfrei vorgestreckt. Im Jahr 1969 wurde mit dem Neubau des Zeughauses begonnen, das Anfang 1971 fertiggestellt war. 1971 wurde ein gebrauchter Rüstwagen Ford Transit 1500 angekauft, weiters 3 Atemschutzgeräte und 1 Funkgerät. Am 23. Juli 1976 wurde von der Firma Rosenbauer ein neuer Rüstwagen angekauft. Im selben Jahr Ankauf einer neuen Motorspritze. Durch den Ankauf dieser Geräte wurde die Schlagkraft der Wehr erheblich erhöht. 1976 wurde auch ein Handfunkgerät angekauft. 1982 wurde der Anbau an das Zeughaus mit Klosettanlage, Waschraum, Mannschaftsraum und Abstellraum fertiggestellt. Im August 1982 wurde von der Rotkreuzstelle Vöcklabruck ein gebrauchter Rettungswagen gekauft und von den Feuerwehrkameraden zu einem Kommandofahrzeug umgebaut. Weiters besitzt die Wehr 1 Motorsäge, 1 Notstromaggregat, 1 Greifzug, 1 Heusonde, 1 Trennblitz, 1 Tauchpumpe und 1 Rettungstrage samt Verbandkasten.

HBI Holzmannhofer J. (1958), OBI Bischof J. (1969), AW Daucher A. (1964), AW Ehrenleitner J. (1977), AW Starlinger H. (1948), BI Holzinger J. (1949), BI Lidauer J. (1969), BI Mayr L. (1969) — Lm Bischof A. (1973), OLm Bischof F. (1973), Lm Bischof J. (1942), Lm Bocksleitner F. (1933), HFm Bocksleitner F. (1975), HFm Brenner J. (1974), Lm Daucher A. (1946), HLm Daucher R. (1967), Fm Deisenberger T. (1978), OLm Deisenhammer H. (1967), HFm Eckstein W. (1973), Fm Eichmayr K. (1924), HFm Gneißl J. (1971), Lm Grünbacher D. (1942), E-OBI Grünbacher F. (1946), OFm Grünbacher F. (1977), OLm Grünbacher J. (1942), Lm Hackl A. (1949), OFm Hirsch A. (1960), Fm Höglinger F. (1980), E-HBI Holzinger F. (1929), Lm Holzinger K. (1942), Bm Holzmannhofer F. (1960), HFm Kienberger F. (1932), OFm Klinger R. (1977), OLm Lagler H. (1963), OFm Lagler H. (1976), OFm Lidauer K. (1974), Fm Mair P. (1980), HBm Malzner K. (1966), Fm Mayr H. (1981), HFm Mayr J. (1964), Fm Mayr K. (1980), Fm Miksch J. (1980), HFm Moser K. (1949), HLm Oberhumer H. (1974), Fm Pohn G. (1980), Fm Purer J. (1981), OFm Schimpl A. (1977), Lm Schimpl F. (1954), HFm Schwarz A. (1967), HLm Staudinger A. (1967), Lm Stockhammer F. (1972), OLm Stockhammer J. (1969), HBm Stockinger K. (1967), HLm Stürzenbaum K. (1966)

FF PÖNDORF

1914 erfolgte die Gründung der FF Pöndorf, wobei eine Handdruckspritze und ein Spritzenwagen angeschafft wurden. 1928 wurde die noch jetzt im Gebrauch befindliche Fahne gekauft; Fahnenmutter war Anna Kölblinger. 1931 wurde die erste Motorspritze von der Fa. Gugg erworben (bis 1961 im Einsatz). Während des Zweiten Weltkrieges wurde die Feuerwehr Pöndorf von der Jugend aufrechterhalten, die die Einsätze durchführte. Nach dem Krieg begann man wieder den Aufbau, da sämtliches Material fast zur Gänze unbrauchbar geworden war. Als der erste Rüstwagen kaputtging, wurde ein Wagen aus Heeresbeständen umgebaut, der bis 1961 diente. In diesem Jahr erfolgte der Ankauf eines LLF Opel Blitz und einer neuen Motorspritze VW Automatik von der Fa. Rosenbauer. 1977 erfolgte der Bau des jetzigen Feuerwehrhauses in Zusammenarbeit der Kameraden mit der Gemeinde. 1977: Ankauf eines TLF 2000. 1978 wurde die feierliche Segnung des TLF 2000 und des Feuerwehrhauses unter großer Teilnahme der Nachbarfeuerwehren und von Vertretern vom LFK und des Landes vorgenommen. 1982 erfolgte der Abschluß der Löschwasserversorgung in allen Orten des Kommandobereiches. Auch ein Kommandofahrzeug wurde von der Feuerwehr angekauft und finanziert.

HBI Fuchs J. (1943), OBI Schuster F. (1968), AW Gebetsberger H. (1956), AW Gebetsberger J. (1953), AW Holzapfel J. jun. (1969), BI Pillichshammer A. (1964), BI Schachner J. (1970) — FA Dr. Bayer G. (1975), Fm Beck J. (1966), Fm Berner J. (1943), HFm Berner J. jun. (1970), Fm Bramerdorfer F. (1922), OLm Bramerdorfer R. (1973), Fm Bramersdorfer J. (1924), OLm Bramersdorfer P. (1974), OLm Breiner G. (1972), Fm Breiner G. (1955), HBm Breiner W. (1974), Fm Breiner W. (1975), JFm Breitenthaler F. (1984), JFm Breitenthaler G. (1981), Fm Breitenthaler G. (1978), Fm Breitwimmer A. sen. (1937), Fm Breitwimmer J. (1936), HFm Breitwimmer J. jun. (1965), HFm Dießlbacher F. (1969), Fm Eichstiel J. (1948), Fm Eidenhammer P. (1959), Fm Eidenhammer P. (1979), Fm Erkner F. (1926), OLm Fuchs E. (1958), Fm Fuchs F. (1955), Fm Gebetsberger H. (1983), JFm Grubelnig M. (1982), JFm Grubinger R. (1982), Fm Hattinger F. (1977), JFm Hattinger H. (1982), Fm Hattinger J. (1949), Fm Holzinger F. (1958), Fm Holzinger J. (1950), Fm Holzinger J. (1954), Fm Holzapfel J. sen. (1937), JFm Jell G. (1981), Fm Jell H. (1978), Fm Jell J. (1978), JFm Knoll Ch. (1982), Fm Kreil F. (1978), OLm Kreil J. (1966), Fm Kreil J. (1953), Fm Kreil J. (1978), Fm Kreil W. (1978), Fm Kühleitner F. (1937), Fm Laßl F. (1950), Fm Lechner J. (1951), Lm Lettner M. (1977), OLm Lixl G. (1963), Fm Lugstein A. (1979), Fm Lugstein J. (1967), Fm Mauberger J. (1968), Fm Neuhofer M. (1951), JFm Pichler J. (1982), JFm Pichler J. (1982), Fm Pichler J. sen. (1920), JFm Pichler W. (1984), Fm Pillichshammer F. (1977), Fm Pillichshammer J. (1979), HFm Pixner A. (1965), OFm Pixner A. (1946), HFm Rauchenschwandtner J. (1975), Fm Schinwald A. (1954), Fm Schuster E. (1958), HFm Schuster J. (1975), E-OBI Schuster J. (1934), OFm Schuster J. (1970), OFm Schuster M. (1963), Fm Schwab F. (1948), Fm Schwab F. jun. (1971), HFm Schwab J. (1974), Fm Schwab M. (1970), HBm Staufer F. (1969), Fm Steizinger G. (1958), HFm Summetshammer H. (1952), HFm Wieder R. (1953), Fm Wilhelmstötter M. (1964), Fm Wirglauer F. (1974), HFm Wirglauer M. (1973), HFm Wirglauer M. (1951)

FF POWANG

Den ersten schriftlichen Nachweis von der Existenz der Feuerwehr Powang gibt das Protokoll vom 2. Januar 1910 über die Gründung. Zu diesem Zeitpunkt war die Wehr mit einer Handpumpe Type Gugg, 4 verschraubbaren Saugschläuchen, 1 Saugkopf, 2 Strahlrohren, 150 m Superhanfschlauch und 1 Dreiwegehahn ausgerüstet. 1931 kaufte man eine Motorspritze Type Breuer, Größe E 35, die zunächst in einem Bauernhof untergebracht war und ab 1939 im neuerbauten Depot zum Einsatz bereit stand. Interessant ist ein Blick auf die damalige Art der Alarmierung. Als Vorläufer der Sirene waren Hornistenposten eingestellt. Eine elektrische Sirene löste erst 1951 dieses System ab. Um genügend Löschwasser zur Verfügung zu haben, wurde 1952 ein Löschteich errichtet. Bis 1956 diente zur Beförderung der Saug- und Druckspritze ein eigenangefertigter Spritzenwagen für Pferdezug. Als Modernisierung wurde dann ein gummibereifter, zweiachsiger Sonderanhänger zur Beförderung einer Löschgruppe, bestehend aus acht Feuerwehrleuten, einer Motorspritze und deren Ausrüstung, Fabrikat Rosenbauer, für Traktorzug angekauft. 1961 wurde eine Rosenbauer-Tragkraftspritze Type VW RV 75 Automatik angeschafft. Auf Betreiben der Freiwilligen Feuerwehr Powang wurden vier Löschwasserbehälter mit je 90 m³ Inhalt errichtet. 1974 wurde das Feuerwehrdepot einer Generalrenovierung unterzogen. 1975 stellte man eine Jugendgruppe auf, die den Nachwuchs der Feuerwehr Powang sichert. Die Kommandanten: Anton Lohninger (1910–1918), Gottlieb Hofbauer (1918–1932), Anton Lohninger (1932–1948), Johann Hubinger (1948–1958), Franz Schachl (1958–1973), Johann Ammer (1973–1979), Eduard Schlick (1979–1983), Josef Sperr (seit 1983).

HBI Sperr J. (1965), OBI Schlick E., AW Eder K. (1939), AW Lohninger J. jun. (1980), AW Wienerroither J. jun. (1980), BI Eder J. (1949), BI Hubinger K. (1973) — Bm Ammer J. (1966), PFm Ammer J. (1983), Fm Brüderl M. (1971), OFm Eder J. jun. (1980), HFm Eder K. (1970), Lm Edmayr F. (1954), HFm Edmayr G. (1978), Fm Gattinger J. (1971), Lm Haberl J. (1954), HFm Haberl J. jun. (1969), OFm Kößler S. jun. (1981), OFm Lametschwandtner F. (1965), HFm Lohninger G. (1975), HFm Lohninger J. (1948), HFm Mayrhauser G. (1924), HFm Mayrhauser J. (1924), Fm Mayrhauser J. jun. (1981), PFm Mayrmauser G. (1983), Lm Neubacher G. (1954), OFm Neubacher M. (1980), HFm Osterer J. (1943), Lm Paarhammer F. (1971), OFm Putz H. (1980), HFm Putz W. (1948), OFm Putz W. jun. (1971), Lm Roither A. (1943), HFm Roither A. jun. (1976), OFm Roither H. (1980), Lm Roither M. (1972), E-HBI Schachl F. (1948), HFm Schachl F. jun. (1969), E-AW Schneeweiß G. (1948), HFm Schneeweiß G. jun. (1978), OFm Schneeweiß G. (1954), OFm Schönberger G. (1952), OLm Steinbichler G. (1948), HFm Steinbichler K. (1970), OLm Steinbichler M. (1949), Lm Strobl F. (1948), HFm Strobl F. jun. (1971), HFm Strobl J. (1974), HFm Strobl J. (1943), HFm Voglhuber M. (1962), Lm Wienerroither A. (1954), OLm Wienerroither F. (1958), PFm Wienerroither F. (1983), OFm Wienerroither F. jun. (1980), HFm Wienerroither J. (1948), HFm Wixinger J. (1964), Lm Zieher M. (1948)

FF PUCHHEIM

Im Jahr 1885 wurde von den Brauereibesitzern Isidor und Max Braun die Freiwillige Feuerwehr Puchheim ins Leben gerufen. Die neugegründete Wehr hatte bereits eine moderne Dampfspritze, die 56 Gründungsmitglieder bildeten eine der wenigen Wehren, die bereits zu diesem Zeitpunkt eine Dampfspritze zum Kampf gegen Feuersbrunst einsetzen konnten. In der ersten offiziellen Kommandowahl 1923 wurde Isidor Braun als Hauptmann bestätigt. 1925 wurde eine neue Zeugstätte erbaut und in Anwesenheit der königlichen Hoheit feierlich der Bestimmung übergeben. Die Ausrüstung der Wehr wurde 1929 durch Ankauf einer zweiten Motorspritze und 1936 durch ein Rüstfahrzeug Marke Steyr 7 erweitert. Die 1938 angekaufte Motorspritze stand in den schwersten Tagen der Gemeinde Attnang-Puchheim, bei der Bombardierung im April 1945, pausenlos im Einsatz. 1948 wurde ein gebrauchtes Wehrmachtsauto mit Allradantrieb, Marke Mercedes Benz, in ein Rüstfahrzeug umgebaut. Das erste TLF Opel Blitz wurde 1953 in Betrieb genommen. Unter dem Kommandanten Ludwig Wessenthaler wurde 1961 ein neues Feuerwehrhaus errichtet. Nach der Anschaffung eines neuen TLF wurde 1971 eine Funkanlage in Betrieb genommen. Seit 1970 ist die FF Puchheim Strahlenmeßstützpunkt des Bezirkes Vöcklabruck und hat sich auf diesem Gebiet durch intensive Schulung zu einem Spezialtrupp entwickelt. Kommandanten: Isidor Braun (bis 1933), Fritz Heinritzi (1933–1947), Ludwig Wessenthaler (1947–1968), Friedrich Obermayr (seit 1968).

HBI Obermayr F. (1949), BI Zobl H. (1965), AW Eder M. (1962), AW Gruber F. (1976), AW Zobl J. (1965), BI Hutterer F. (1957), BI Leitner F. (1949), BI Vacha H. (1967) — HFm Aspöck E. (1949), HFm Berger F. (1949), HFm Bögl G. (1949), JFm Brandweiner A. (1983), OLm Danter J. (1973), HBm Danter P. (1962), HLm Desch F. (1954), Fm Ertl R. (1976), JFm Furthmayr R. (1981), JFm Goldberger A. (1981), OBm Gruber F. (1949), HLm Gruber L. (1931), Fm Grudl F. (1981), HFm Gut K. (1947), HFm Hager L. (1951), E-OBI Hauser A. (1947), E-BI Hauser A. (1947), HFm Hauser K. (1949), HFm Hauser M. (1976), JFm Hauser P. (1983), HBm Hauser R. (1974), Fm Höckner J. (1982), HFm Höckner J. (1949), Fm Holzleitner M. (1982), FK Mag. Jestl A. (1982), Fm Kacso T. (1981), HLm Kapeller D. (1976), Lm Karlhuber J. (1954), OLm Kritzinger E. (1978), OFm Kritzinger H. (1976), HFm Maurer E. (1957), JFm Mayr H. (1981), OFm Mühlberger H. (1969), Fm Mühlberger H. (1980), HFm Mühlegger Ch. (1973), HFm Neubacher J. (1949), Fm Niedermayr J. (1983), JFm Obermayr A. (1981), HFm Obermeier R. (1953), OBm Oberndorfer J. (1952), Fm Pabst G. (1981), HFm Peiskammer A. (1956), HBm Pesendorfer J. (1967), OBm Pesendorfer W. (1965), HLm Pichlmann O. (1937), JFm Plainer P. (1981), Lm Platzer H. (1949), HFm Pollhammer J. (1949), HLm Rachlinger J. (1937), HFm Rebhan J. (1976), OFm Rehner H. (1973), OLm Rothauer J. (1950), Lm Schachinger J. (1961), Fm Schachinger W. (1980), HFm Schwärzler A. (1951), Fm Schwecherl G. (1975), Bm Schwecherl J. (1951), Fm Schwecherl P. (1972), Lm Schwecherl W. (1972), Bm Stehrer F. (1938), HLm Steiner J. (1979), Fm Steinmacher R., JFm Vacha Ch. (1981), HFm Weißl A. (1957), HFm Wessenthaler J. (1949), Lm Wimmer G. (1967), Lm Wögerer K. (1975)

FF PUCHKIRCHEN

Am 20. Juli 1889 taten sich in der kleinen Gemeinde Puchkirchen am Trattberg zwölf beherzte Männer zusammen und gründeten aus der Notwendigkeit heraus, die Menschen sowie deren Hab und Gut vor dem Feuer zu schützen, die Freiwillige Feuerwehr Puchkirchen. Die Entwicklung und die Ausrüstung der FF Puchkirchen waren zeitgemäß bedingt. Mit einer Krückenspritze (Handspritze) sowie einer doppelten Handdruckspritze wurde der Einsatz gegen das Feuer begonnen. 1930 wurde die erste Motorspritze, montiert auf einem Mannschaftswagen mit acht bis zehn Sitzplätzen, angekauft. Die Beförderung erfolgte mit einem Pferdegespann. Während des Zweiten Weltkrieges war die Entwicklungsphase teilweise unterbrochen. 1956 wurde die neue Rosenbauer-Pumpe R VW 75 angekauft, und ab 1957 erfolgte die Beförderung mit einem gummibereiften Anhänger. Laut Gemeinderatsbeschluß vom 31. Januar 1956 wurde auf dem von der Pfarrkirche zur Verfügung gestellten Grund neben dem Friedhof das neue Zeughaus errichtet. 1958 wurde bereits ein neuer Rüstwagen Ford Transit FK 1000 angeschafft. In den Nachkriegsjahren erhöhte sich der Mitgliederstand auf über 100 Mann. Diese Entwicklung ist darauf zurückzuführen, daß die Menschen begriffen haben, wie wichtig es für jeden einzelnen ist, von jemandem Hilfe erwarten zu können. Den Höhepunkt in der technischen Entwicklung erreichte die FF Puchkirchen von 1978 bis 1982 unter dem Feuerwehrkommandanten Johann Kinast mit dem Ankauf eines Mercedes-Rüstwagens. Diese Investition war nur möglich durch die Subvention des Landesfeuerwehrkommandos, der Gemeinde Puchkirchen und nicht zuletzt durch die Spendefreudigkeit der Puchkirchner Bevölkerung.

HBI Kinast J. (1967), OBI Kaltenbrunner W. (1972), AW Kasper A. (1956), AW Pohn J. (1972), AW Redlinger-Pohn M. (1971), AW Schick F. (1972), AW Stockinger J. (1969), BI Hüttmayr J. (1971), BI Kühberger G. (1966) — FK Biermair F. (1980), HFm Dambauer J. (1962), HFm Eggl F. (1958), OBm Erhard J. (1945), OBm Gondor L. (1956), Fm Gschwandtner H. (1978), Lm Gschwandtner J. (1932), OFm Gschwandtner J. (1945), PFm Gschwandtner J. (1981), Lm Gschwandtner M. (1964), HBm Gschwandtner R. (1977), Lm Hager K. (1970), HFm Hemetsberger A. (1967), OFm Hemetsberger A., OFm Hemetsberger F. (1928), OFm Hemetsberger J. (1949), HFm Hemetsberger R. (1932), HFm Hochreiner F. (1928), HFm Hüttmayr A. (1948), HFm Hüttmayr A. (1948), PFm Hüttmayr A. (1973), PFm Hüttmayr A. (1972), OFm Kaiser A. (1948), OFm Kaiser A. (1979), PFm Kaiser F. (1978), HFm Kaiser K. (1967), HFm Kaltenbrunner A. (1968), HFm Kaltenbrunner J. (1925), Bm Kienast F. (1952), OFm Kinast A. (1978), OFm Kinast A. (1946), OFm Kinast A. (1946), OBm Kinast E. (1948), OFm Kinast J. (1930), HFm Kinast J. (1949), PFm Kinast J. (1981), HFm Knoll G. (1908), OFm Kreuzer J. (1957), Lm Krichbaum A. (1972), HFm Krichbaum A. (1939), OBm Lugstein J. (1969), Lm Lugstein K. (1941), HFm Mittermaier K. (1945), Lm Pachinger A. (1965), HFm Pohn F. (1936), HFm Pohn J. (1973), Fm Pohn J. (1973), Fm Riedl A. (1975), Fm Schlager J. (1950), PFm Schlager J. (1978), HFm Schlager J. (1934), HFm Schlager R. (1967), OFm Schmidt G. (1979), HFm Seiringer A. (1908), OBm Seiringer K. (1942), HFm Seiringer K. (1972), OBm Steinbichler H. (1950), Fm Steinbichler J. (1979), OFm Steiner H. (1945), PFm Steiner J. (1982), Fm Stix H. (1962), HFm Stix M. (1945), E-HBI Stockinger A. (1940), OFm Störinger J. (1960), HFm Tober J. (1937), OFm Waldhör A. (1979), OBm Waldhör A. (1940), Lm Waldhör A. (1949), OFm Waldhör A. (1979), HBm Waldhör A. (1977), Fm Waldhör J. (1968), PFm Waldhör J. (1982), E-AW Waldhör A. (1937), HFm Waldhör J. (1975), PFm Wenninger F. (1981), HFm Wenninger J. (1954), HFm Wenninger J. (1976)

FF PÜHRET

Vor der Gründung der Freiwilligen Feuerwehr Pühret bereiteten einige große Brände der Bevölkerung große Sorgen. So geschah es, daß einige tätige Männer zusammentraten und die FF Pühret gründeten. Noch im Gründungsjahr, am 23. März 1914, erfolgte der Ankauf einer vierrädrigen, von Pferden gezogenen Wagenspritze mit Handbetrieb samt der dazugehörigen Ausrüstung. Ende 1914 wurde der Bau des Feuerwehrhauses abgeschlossen. Um die Schlagkraft der Wehr zu erhöhen, wurden 1949 eine Motorspritze Type Rosenbauer R 50 und ein Tragkraftspritzenanhänger (einachsig), die von einem Traktor gezogen wurden, angekauft. Im Laufe der Jahre, von 1958 bis 1967, wurden verschiedene Löschteiche in den Orten Lehen, Moosham, Altensam und Ennsberg errichtet. Seither wurden noch angeschafft: eine TS-Automatik 75 VW-Rosenbauer (1963), ein neues KLF-Ford Transit (1971), 1967 wurde das Feuerwehrhaus erweitert. 1974 wurde der 60jährige Bestand der Wehr gefeiert. In den letzten Jahren erfolgte noch der Ankauf einer mobilen Sprechfunkanlage im Einsatzfahrzeug und eines Handsprechfunkgerätes (2-m-Band). Seit 1982/83 ist die FF Pühret an das Sirenennetz und die Funkalarmierung angeschlossen. Seit der Gründung der Freiwilligen Feuerwehr Pühret standen folgende Kommandanten an der Spitze der Wehr: Johann Plötzeneder, Josef Schiermayr, Karl Ebner, Franz Gneißl, Franz Hiptmair, Robert Hörtenhumer, Rupert Ebner, Johann Stürzlinger.

HBI Stürzlinger J. (1948), OBI Rebhan A. (1958), AW Payrhuber K. (1959), AW Reiter J. (1980), AW Riedl H. (1976) — HBm Aigner F. (1958), HBm Aigner J. (1966), HFm Aigner K. (1972), HFm Deuzer J. (1950), OLm Diermair M. (1948), OFm Diermair M. (1976), Lm Ebner A. (1966), HFm Friedl F. (1973), HFm Friedl F. (1972), HFm Gasselsberger H. (1972), Lm Gneißl K. (1966), HFm Grabner K. (1968), Bm Gsöttner F. (1966), OLm Hiptmair F. (1948), HFm Hiptmair F. (1972), HFm Hiptmair H. (1980), OLm Hiptmair M. (1944), OLm Hiptmair R. (1951), HFm Hobl J. (1963), Lm Ing. Hobl W. (1967), HFm Holl J. (1967), HFm Racher D. (1966), OFm Racher F. (1976), OBm Reiter J. (1950), HFm Riener J. (1970), OLm Schachinger F. (1958), HFm Schachinger F. (1970), OFm Schachinger H. (1976), Bm Schausberger F. (1967), OLm Schlachter J. (1961), OFm Schlachter J. (1980), E-AW Stadlmayr J. (1949), HFm Stadlmayr J. (1972), OLm Stix D. (1932), HFm Stix J. (1979), HFm Stürzlinger H. (1979), OLm Voglhuber F. (1966), OFm Voglhuber J. (1974), OLm Voglhuber R. (1948), OLm Voglhuber R. (1953)

FF RAITENBERG

Die Freiwillige Feuerwehr wurde am 24. November 1899 gegründet. Als erstes wurde eine Handspritze angekauft. Es gab drei Löschzüge: Raitenberg, Innerhörgersteig und Außerhörgersteig. 1933 wurde eine Motorspritze angekauft, die der Löschzug II, Innerhörgersteig, erhielt. Im Jahr 1948 wurde eine DKW-Spritze angekauft, die in Raitenberg verblieb. Am 28. Mai 1948 lösten sich Innerhörgersteig und Außerhörgersteig von der FF Raitenberg, denn sie gründeten eine eigene Wehr. 1949 wurde ein neuer Spritzenwagen angekauft. 1952 wurde in Pramegg ein neues Zeughaus aus Holz errichtet. 1964 wurde ein neuer Rüstwagen angekauft. Seit 1967 beteiligte sich die Wehr bei vielen Leistungswettbewerben, wobei bei Landeswettbewerben Gold und Silber errungen wurden. 1968 wurde eine neue VW-Spritze angekauft; 1972 wurde in Raitenberg ein Löschteich errichtet. 1973 wurde ein neues Zeughaus gebaut. 1975 wurde ein gebrauchter VW-Bus angekauft und zu einem Rüstwagen umgebaut. Am 22. September 1984 bekam die FF Raitenberg ein neues Löschfahrzeug Marke VW.

HBI Rager J. (1964), OBI Hemetzberger A. (1966) — OFm Aigner A. (1951), OFm Aigner H. (1974), OFm Aigner J. (1956), Fm Aigner J. (1983), OFm Aschenberger W. (1963), OFm Bachinger J. (1966), OFm Bachinger J. (1928), HFm Brettbacher J. (1946), OFm Brettbacher R. (1951), HBm Brettbacher R. (1955), OFm Brettbacher W. (1966), HFm Eberl J. (1938), Fm Eggl A. (1976), OFm Eggl A. (1951), OFm Engljähringer A. (1957), Fm Esterer J. (1959), OFm Fättinger F. (1952), OFm Fättinger F. (1971), OFm Fättinger J. (1952), OFm Gösselsberger G. (1976), OFm Gösselsberger H. (1956), HFm Gösselsberger G. (1983), HFm Hochrainer A. (1976), HFm Hochrainer A. (1941), Fm Hochrainer E. (1982), Fm Hochrainer W. (1981), HFm Hohensinn J. (1946), HFm Holl A. (1952), HFm Holzinger J. (1928), HFm Holzinger J. (1966), Fm Kritzinger A. (1974), Fm Kritzinger J. (1985), HFm Kurz K. (1958), OFm Maringer M. (1964), OFm Neudorfer K. (1977), OFm Preuner Ch. (1979), OFm Preuner F. (1973), HBm Preuner J. (1951), OLm Preuner J. (1972), HFm Preuner J. (1946), Fm Preuner J. (1970), HFm Rager A. (1932), OLm Schachl A. (1936), OFm Scheibl A. (1979), HFm Scheibl F. (1938), OFm Scheibl J. (1974), Fm Schlager J. (1967), OFm Schrattenecker A. (1960), Fm Seifried A. (1980), Lm Seifried G. (1956), Fm Seyringer J. (1981), OFm Steinbacher A. (1952), Fm Steinbacher H. (1977), HFm Streicher A. (1945), Lm Streicher A. (1973), OLm Streicher F. (1967), OFm Walchetseder F. (1953), HFm Walchetseder F. (1975), Fm Walchetseder J. (1983), HFm Waldhör G. (1977)

FF RASPOLDSEDT

Die im Jahr 1925 gegründete Freiwillige Feuerwehr Raspoldsedt feierte am 25. November 1925 ihr Gründungsfest mit den Gründungsmitgliedern Franz Schachinger, Baltasar Pachler, Karl Pachler, Martin Bauernfeind, Franz Renner, Fritz Engljähringer, Georg Nußdorfer, Johann Pichler, Franz Haubentratz, Josef Leitner, Franz Krempler, Franz Holzapfel, Georg Braun. Noch im Gründungsjahr wurde das Feuerwehrgebäude errichtet und eine Handdruckspritze von der Firma Gugg angekauft. 1931 konnte die Wehr eine Motorspritze Type P 12 von der Fa. Rosenbauer erwerben, 1938 von der gleichen Firma eine Spritze R 50 mit Licht und Regler. 1966 lieferte die Firma Rosenbauer eine Tragkraftspritze VW 75 Automatik. Das erste Fahrzeug, ein KLF Ford FK 1200, konnte 1962 in Dienst gestellt werden. Seit der Gründung der Freiwilligen Feuerwehr Raspoldsedt standen folgende Kommandanten an der Spitze: Baltasar Pachler (1925–1927), Franz Schachinger (1927–1937), Georg Herzog (1937–1938), Karl Pachler (1938–1957), Johann Schachinger (1957–1978) und Alois Huemer (seit 1978).

HBI Huemer A. (1966), OBI Heiml J. (1978) — HFm Ablinger G. (1966), AW Ablinger J. (1943), Lm Breitwimmer A. (1966), HFm Christl F. (1953), PFm Christl F. (1983), HFm Dax A. (1962), HFm Dax J. (1955), PFm Dollberger W. (1983), PFm Emeder H. (1983), AW Fischinger A. (1954), HFm Fischinger G. (1965), Fm Fischinger G. (1981), JFm Fischinger M. (1983), HFm Fuchs B. (1951), JFm Gappmeier J. (1983), HFm Griesmayr J. (1951), Hager E. (1982), Fm Hager F., HFm Haubentratz F. (1939), OFm Haubentratz F. (1973), HFm Haubentratz W. (1982), HFm Hauser K. (1970), Heiml J. (1978), HFm Heiml J. (1952), Fm Heitzinger Ch. (1982), JFm Heitzinger G. (1983), Lm Heitzinger J. (1956), JFm Heitzinger T. (1983), PFm Holzapfel F. (1983), JFm Holzapfel P. (1983), HFm Huemer K. (1953), HFm Hufnagl A. (1960), Fm Hufnagl A. (1978), HFm Hufnagl F. (1954), OFm Hufnagl F. (1977), HFm Innerlohninger J. (1949), HFm Kaltenleitner M. (1949), HFm Kaltenleitner W. (1956), PFm Konrad F. (1983), HFm Konrad H. (1977), HFm Konrad J. (1951), HFm Konrad J. (1967), HFm Krempler F. (1962), HFm Krempler J. (1968), HFm Kritzinger J. (1946), HFm Kübler J. (1953), HFm Kühleitner F. (1951), HLm Kühleitner R. (1978), HFm Lacher A. (1959), HBm Laßl J. (1978), E-BI Laßl J. (1947), HFm Laßl J. (1954), HFm Lettner M. (1954), PFm Lettner N. (1983), HFm Lochner J. (1953), HFm Lohninger J. (1965), HFm Lohninger J. (1958), OFm Monitzer R. (1973), HFm Nußdorfer A. (1933), HFm Nußdorfer A. (1964), HFm Nußdorfer F. (1941), HFm Nußdorfer G. (1959), JFm Nußdorfer G. (1983), JFm Nußdorfer M. (1983), HFm Oberascher F. (1951), Fm Oberascher F. (1981), OFm Oberascher M. (1981), HFm Padinger J. (1953), JFm Papp W. (1983), PFm Pettighofer F. (1966), PFm Pichler J. (1983), HFm Pichler J. (1953), JFm Pichler J. (1983), Lm Pillichshammer K. (1973), Fm Preuner W. (1981), HLm Renner F. (1956), JFm Renner F. (1983), AW Schachinger F. (1968), E-HBI Schachinger J. (1941), OFm Schachinger K. (1978), HFm Schauer A. (1966), JFm Schöringhuemer J. (1983), E-OBI Staudinger K. (1947), HFm Teufl E. (1953), PFm Teufl E. (1982), HFm Wesenauer G. (1958)

FF REDL

Im Februar 1880 hatten einige Männer der Ortschaft Redl einen „Brandlöschverein" gegründet. Technische Einsätze waren damals noch unbekannt, nur die Naturgewalten Feuer und vor allem immer wieder Wasser waren zu bekämpfen. Die Chronik berichtet von verheerenden Hochwassern in den Jahren 1897, 1899 und 1959. Schon 1904 wurde eine fahrbare Spritze mit Stahldruckfedern, Leistung 170 l/min., angekauft. 1927 erfolgte die Einleitung des elektrischen Stroms ins Feuerwehrhaus und der Ankauf einer tragbaren Leichtmotorspritze. 1930 wurde aus dem „Brandlöschverein" eine freiwillige Feuerwehr. 1935 wurde eine Feuerwehrsirene angeschafft und 1949 ein moderner Spritzenwagen, der aber noch mit Pferden gezogen werden mußte. 1952 wurde ein gebrauchter Lkw erworben, 1955 erhielt die Wehr eine Motorspritze und 1962 ein Kleinlöschfahrzeug. Anläßlich des 100jährigen Bestandes der FF Redl wurde 1980 ein modernes Löschfahrzeug mit Bergeausrüstung angeschafft. Kommandanten seit der Gründung waren: 1880 Hermann Hoppichler, 1895 Franz Roithinger, 1902 Franz Fuchs, 1908 Georg Geierhofer, 1920 Johann Stockinger, 1922 Josef Nobis, 1925 Franz Roithinger, 1928 Franz Hoppichler, 1933 Johann Fellner, 1938 Mathias Gebetsberger, 1941 Johann Untersberger, 1950 Alfred Lindner, 1956 Herbert Hoppichler, 1983 Josef Haslinger. 1980 feierte die FF Redl das 100jährige Bestandsjubiläum. Im Rahmen dieser Veranstaltung wurde auch der Feuerwehr-Bezirkswettbewerb durchgeführt: 180 Wettbewerbsgruppen nahmen am Bewerb teil. Da das Feuerwehrhaus an einem sehr ungünstigen Ort steht und dem heutigen Standard nicht entspricht, wurde 1983 der Bau eines neuen beschlossen.

HBI Haslinger J. (1955), OBI Seifriedsberger J. (1963), AW Brandt R. (1971), AW Stadlbauer F. (1956), AW Weinzinger O. (1951), BI Weidinger W. (1965) — OFm Aigner H. (1980), HFm Asamer H. (1954), PFm Brandt G. (1983), OFm Brettbacher G. (1978), HFm Buchinger F. (1928), HFm Buchinger M. (1948), Fm Danner F. (1952), HFm Danner F. (1943), OFm Doppler H. (1979), JFm Eder F. (1979), Fm Eiterbichler J. (1978), Fm Eitzinger J. (1950), E-HBI Fellner J. (1925), Lm Fellner J. (1946), HFm Fellner J. (1978), E-OBI Fellner M. (1919), E-AW Fellner M. (1946), JFm Fuchs H. (1980), JFm Fuchs N. (1980), HFm Gausterer A. (1950), HFm Haas A. (1935), HFm Haas A. (1953), OFm Haslinger J. (1979), Lm Hemetsberger H. (1950), HFm Hemetsberger H. (1973), HFm Holzinger Ch. (1973), E-HBI Hoppichler H. (1952), HFm Hoppichler H. (1948), OFm Kirchgatterer M., OFm Kretz P. (1978), Lm Kubesch F. (1943), HFm Lachner A. (1948), OFm Lametsschwandtner H. (1973), HFm Lehner G. (1950), HFm Lindtner A. (1941), JFm Maister L. (1983), Fm Marx J. (1975), HFm Meister L. (1951), HFm Muhr J. (1938), HFm Muhr J. (1941), HFm Neulentner G. (1958), HFm Neulentner K. (1958), JFm Neulentner K. (1981), HFm Neuwirt F. (1976), HFm Nobis J. (1974), HFm Pillichshammer F. (1949), JFm Pillichshammer F. (1983), HFm Preuner A. (1956), HFm Preuner J. (1954), HFm Preuner O. (1954), HFm Preuner O. (1951), HFm Raab H. (1943), OFm Reiter F. (1982), HFm Reiter F. (1934), HFm Reiter H. (1952), HFm Roither R. (1943), Lm Rosenkranz J. (1973), E-BI Schiemer A. (1948), HFm Schiemer A. (1973), Lm Schiemer J. (1974), OFm Schlager J., PFm Schwamberger T. (1983), JFm Seifriedsberger D. (1983), HFm Seifriedsberger J. (1983), Fm Stadlbauer Ch. (1978), OFm Stadlbauer F. (1978), HFm Staudinger A. (1951), HFm Staudinger A. (1978), HFm Stockinger A. (1932), HFm Stockinger R. (1950), JFm Stockinger R. (1980), Fm Teufl J. (1953), OLm Untersberger J. (1953), PFm Vogl H. (1983), HFm Waldhör A. (1942), HFm Wegleitner A. (1930), E-OBI Wegleitner A. (1954), HFm Wiener J. (1919), HFm Zoitl F. (1973)

FF REDLEITEN

Die Freiwillige Feuerwehr Redleiten wurde am 4. Januar 1906 gegründet. Zur Zeit der Gründung gehörten der Wehr 42 Mann an. Seit der Gründung der FF Redleiten waren elf gewählte Obmänner bzw. Kommandanten tätig. Der Pflichtbereich umfaßt das gesamte Gemeindegebiet im Ausmaß von 14,32 km². Am 25. Oktober 1925 wurde die FF Redleiten geteilt und die Freiwillige Feuerwehr Oberegg gegründet, welche aber bereits am 29. Juni 1937 wieder in die FF Redleiten eingegliedert wurde. Am 16. Mai 1937 wurde die erste Motorspritze ange kauft. Im Jahr 1952/53 wurde ein neues Zeughaus gebaut, und im Jahr 1954 erfolgte der Ankauf eines Lastautos aus ehemaligen Wehrmachtsbeständen, welches in ein Feuerwehrauto umgebaut wurde. 1964 wurde ein neues Löschfahrzeug der Marke Opel Blitz mit Vorbaupumpe angekauft. 1970 wurden eine Tragkraftspritze und zwei Funkgeräte erworben.

HBI Preuner A. (1957), OBI Forstinger J. (1939), AW Berghammer F. (1975), AW Pramendorfer H. (1974), AW Streicher H. (1958), BI Kienberger G. jun. (1971) — HLm Aigner M. (1940), Fm Buchner F. (1983), Fm Eitzinger A. (1975), BI Forstinger F. (1935), Fm Gruber J. (1983), OFm Hochrainer A. (1949), Lm Hofmann-Berghammer E. (1971), OFm Hunara F. (1958), OFm Kaineder F. (1974), E-HBI Kaineder J. (1944), HFm Kaineder J. jun. (1967), OFm Kienberger F. (1964), Lm Kienberger J. (1973), Fm Kienberger J. (1964), HBm Kinzelberger G. (1949), Fm Kinzelberger G. jun. (1974), OLm Klee F. (1969), HFm Klee J. (1940), OLm Klee J. jun. (1967), Lm Krammer E. (1958), Fm Lix J. (1973), Fm Mitterlinder J. (1982), Fm Mitterlinder J. (1982), OFm Moser A. (1949), HFm Moser A. jun. (1974), Fm Moser G. (1983), HFm Mühllechner J. (1974), OFm Obermeier J. (1935), HLm Pillichshammer A. (1951), HLm Pillichshammer J. (1953), Fm Pos G. (1983), HFm Pramendorfer E. (1967), HFm Pramendorfer H. (1965), HFm Preuner A. (1954), Fm Preuner H. (1945), Fm Preuner H. jun. (1982), Lm Purrer A. (1963), Lm Purrer A. (1953), Lm Purrer A. (1953), Lm Seifriedsberger A. (1966), OLm Seifriedsberger A. (1966), Lm Seifriedsberger H. (1940), Fm Seifriedsberger J. (1950), HFm Seifriedsberger J. (1974), OLm Steinberger N. (1973), Fm Streicher H. (1982), Fm Streicher H. jun. (1980), HBm Streicher J. (1944), Fm Tereschak J. (1974), Lm Walchetseder Ch. (1979), Fm Walchetseder G. (1983), HFm Walchetseder J. (1949), Fm Walchetseder J. jun. (1974), OFm Wenninger J. (1980), OBm Wienerroither J. (1958)

FF REDLHAM

Bei der Gründung der Freiwilligen Feuerwehr Redlham, die am 8. Februar 1887 stattfand und bei der 20 pflichtbewußte Männer der Feuerwehr beitraten, wurde Gastwirt Fellinger, der auch der Initiator dieser Versammlung war, zum Hauptmann gewählt. Kurze Zeit nach der Gründung wurde bereits aus Sammelgeldern und mit Unterstützung der Gemeinde die erste Handspritze angeschafft. In diesem Zeitraum mußte die Wehr zu 28 Bränden, 20 Sturm- und Hochwassereinsätzen sowie zu einigen Unfällen im Pflichtbereich ausrücken. 1932 wurde die erste Motorspritze, die heute ihren Ehrenplatz im Zeughaus hat und noch einwandfrei funktioniert, von der Fa. Rosenbauer angekauft, die mit den erforderlichen Gerätschaften auf einen dafür zweckmäßig umgebauten Wagen verladen und von zwei Pferden gezogen wurde; dies erfolgte bis zum Ankauf des ersten gebrauchten Feuerwehrautos Steyr 1500 A im Jahr 1945. Beim 60jährigen Gründungsfest 1948 wurden eine neue Motorspritze TS 8 samt Anhänger und das erste neue Feuerwehrzeughaus gesegnet. 1957 wurde ein neues KLF, Type FK 1000, und 1969 eine neue Motorspritze VW 75 Automatik sowie 1975 – da das FK 1000 nicht mehr den Sicherheitsvorschriften entsprach – ein neues Fahrzeug Type Ford Transit 1500 von der Fa. Rosenbauer gekauft. Von der Gründung bis heute haben 15 Feuerwehrkommandanten die Feuerwehr geführt. Den jetzigen Kommandanten ist es dank des Verständnisses der Gemeindevertretung gelungen, ein den heutigen Erfordernissen entsprechendes Feuerwehrzeughaus zu errichten; dieses wurde am 16. Mai 1982 in Anwesenheit hoher Persönlichkeiten von Politik und Feuerwehr, an der Spitze Landeshauptmann Dr. Ratzenböck, anläßlich des 95jährigen Gründungsfestes offiziell durch Bürgermeister Schoissengeier übergeben.

HBI Humer H. (1957), OBI Brenner J. (1948), AW Neuhuber J. (1964), AW Schoißengeier K. (1980), AW Stelzhammer N. (1973), BI Stelzhammer R. (1966) — OFm Ahamer W. (1978), HFm Baldinger E. (1964), HFm Baldinger J. (1973), Lm Darhos K. (1979), OLm Deuzer R. (1955), Lm Fischthaller K. (1957), Fm Forstinger J. (1972), Fm Gruber H. (1982), HFm Harreiter F. (1970), HFm Hittmair F. (1964), Fm Hitzfelder K. (1980), PFm Hochroither F. (1983), OBm Holzleitner A. (1947), Lm Huber G. (1936), HFm Huber K. (1979), OFm Huber M. (1970), OFm Humer W. (1974), PFm Kimeswenger P. (1983), HFm Kolb H. (1973), HFm Kronlachner W. (1975), HFm Lenzeder A. (1975), OFm Mathias F. (1979), PFm Muckenschnabel E. (1983), E-AW Neuhuber J. (1940), PFm Oberegger Ch. (1983), HFm Oberegger P. (1973), HFm Obermaier J. (1970), HFm Obermaier J. (1970), Bm Obermair J. (1930), OFm Oberndorfer P. (1981), HFm Poschinger E. (1973), Lm Prötsch F. (1936), PFm Putz R. (1983), HFm Quirchmair T. (1974), HFm Reiter H. (1973), HFm Reiter M. (1947), Fm Schachermayr F. (1929), PFm Schoißengeyer H. (1983), PFm Schoißengeyer J. (1983), PFm Schoißengeyer M. (1983), Lm Stangl J. (1922), HFm Stelzhammer A. (1948), Lm Stix R. (1924), PFm Stockinger H. (1983), HBm Stummer F. (1968), Fm Wagner J. (1982), E-HBI Wollschlager F. (1946), OLm Wollschlager R. (1946), HFm Wolsteiner F. (1952), OFm Zeilinger R. (1964)

FF REGAU

Die Freiwillige Feuerwehr Regau wurde 1865 gegründet. Am 7. Juni 1865 beschloß der Gemeindeausschuß den Ankauf einer Feuerwehrspritze. Der „Leiter der Feuerwehrspritze" war Franz Rößl. Die Spritze wurde von einem Pferdegespann geführt. Am 30. April 1889 beschloß der Gemeindeausschuß über Antrag des Gemeinderates Isidor Braun die Gründung der Freiwilligen Ortsfeuerwehr Regau. Eine Feuerwehrspritze und verschiedene Löschgeräte waren bei der Gründung der Spritzenmannschaft 1865 vorhanden. Zum Wehrführer wurde Hans Puchegger bestellt. 1901 erbaute die Freiwillige Feuerwehr Regau ein eigenes Zeughaus. Die Kosten wurden durch freiwillige Spenden gedeckt. 1903 errichtete die Feuerwehr für die Ortschaft Regau einen Wasserbehälter. 1926 kaufte die Gemeinde von der Firma Rosenbauer eine Motorspritze. In einer großen Feier – mit Feldgottesdienst – wurde die moderne Spritze eingeweiht. 1931 erhielt die Freiwillige Feuerwehr Regau einen Spritzenwagen. Nach dem Zweiten Weltkrieg (1945) erwarb die Freiwillige Feuerwehr Regau das erste Auto, und zwar einen Lkw (Beutefahrzeug). Im März 1951 wurde von der Firma Rosenbauer eine neue Feuerwehrspritze RW 75 samt Anhänger angekauft. Die alte Handspritze wurde zurückgegeben. In den Jahren 1954 bis 1956 erbaute die Gemeinde das Haus „Regau 70". Dort wurde die Zeugstätte der Freiwilligen Feuerwehr integriert. 1958 wurde von der Feuerwehr der neue Rüstwagen übernommen. Am 16. Juni 1972 konnte die neue Motorspritze VW eingeweiht werden. 1974 konnte von der Betriebsfeuerwehr Chemiefaser ein gebrauchtes Tanklöschfahrzeug angekauft werden. Dieses TLF wurde 1983 generalüberholt und ist nach wie vor im Einsatz. Anläßlich der Florianifeier 1983 konnte das neue TLF Trupp 2000 geweiht werden.

HBI Weidinger F. (1956), OBI Klein H. (1964), AW Leitner F. (1967), AW Nußbaumer K. (1964), AW Staudinger E. (1975), BI Brandstätter B. (1964), BI Kölblinger L. (1951), BI Reiter F. (1954), BI Schachinger W. (1973) — Fm Aigner O. (1980), HFm Bauernfeind J. (1973), Lm Bauernfeind S. (1964), HBm Berrer J. (1925), OFm Berrer M. (1976), OLm Dannbauer L. (1941), Lm Dickinger J. (1921), Lm Dickinger W. (1973), HFm Dorner F. (1972), OFm Drach J. (1972), Lm Enser R. (1966), HLm Esterbauer J. (1968), Fm Esterbauer J. (1980), HFm Gut S. (1975), OFm Haberfellner S. (1980), OFm Haslinger K. (1968), Fm Humer F. (1980), Fm Hummer S. (1981), OFm Jungwirth K. (1977), OFm Kaneider J. (1968), OFm Kölblinger P. (1977), OFm Leitner F. (1969), Fm Leitner M. (1981), OFm Leitner R. (1977), HFm Löberbaur R. (1975), OFm Mader G. (1975), Fm Madlmair A. (1982), HFm Mairhofer F. (1969), HFm Mattischek A. (1963), HFm Neubacher R. (1975), OFm Neudorfer E. (1975), OLm Neuhuber J. (1956), E-HBI Nußbaumer M. (1935), OFm Nußbaumer R. (1970), HFm Obermaier J. (1973), OLm Oberndorfer J. (1929), Fm Pöll F. (1980), HFm Pumberger E. (1968), HLm Raffelsberger A. (1956), Lm Rieger H. (1953), HLm Schmid F. (1952), OFm Schobesberger A. (1975), OFm Schreiner H. (1979), OFm Schwarzäugl S. (1963), OFm Stadlbauer H. (1975), Lm Stiedl W. (1969), OLm Stix F. (1943), HFm Weidinger K. (1963), HFm Weiß R. (1965), HFm Zabukovnik L. (1967)

FF REIBERSDORF

Die Freiwillige Feuerwehr Reibersdorf wurde im Mai 1923 gegründet und gehörte zur damaligen Gemeinde Oberachmann. Wehrführer im Gründungsjahr war Josef Kofler. Folgende Feuerwehrkameraden haben bisher der Feuerwehr als Kommandant vorgestanden: Josef Kofler (1923–1932), Karl Schiemer (1932–1935), Ferdinand Sturm (1935–1949), Josef Starzinger (1949–1973), Mathias Scharmüller (seit 1973). Während des Zweiten Weltkriegs wurde die Feuerwehr als 2. Zug der Gemeinde Agerzell geführt. Im Lauf der Jahre wurden von der Feuerwehr viele Geräte angeschafft. Die wichtigsten und größten Anschaffungen: Im Jahr 1923 wurde von der Feuerwehr Salzburg eine Handspritze gekauft. 1930 wurde eine Motorspritze von der Fa. Rosenbauer gekauft. 1945 erhielt die Freiwillige Feuerwehr Reibersdorf das erste Löschfahrzeug, Marke Dodge. Vier Jahre später (1949) wurde ein Löschfahrzeug der Marke Steyr angekauft. Dieses wurde im Jahr 1958 durch ein neues Löschfahrzeug der Fa. Opel ersetzt. 1968 wurde dazu noch ein Tanklöschfahrzeug erworben. Im Jahr 1981 erhielt die Wehr eine neue Tragkraftspritze, und 1983 konnte ein neues Löschfahrzeug mit Bergeausrüstung angeschafft werden.

HBI Scharmüller M. (1938), OBI Kofler F. (1952), AW Hausjell A. (1943), AW Riedl J. (1978), AW Wiesinger F. (1971), BI Huber J. (1966), BI Sturm J. (1963), BI Wimmer J. (1969) — HBm Ahammer F. (1971), Fm Aigner J. (1975), HFm Aigner K. (1949), Lm Astecker J. (1957), OLm Bichler K. (1948), HFm Brandmair A. (1971), HFm Brandstätter F. (1949), OFm Brandstätter F. (1980), HBm Brandstätter J. (1949), HFm Christl H. (1968), OFm Danzinger J. (1977), OFm Ehrenleitner A. (1949), OFm Ehrenleitner A. (1980), HFm Ertl F. (1949), OLm Gebhart F. (1928), OLm Haselberger M. (1949), OFm Hausjell A. (1974), OFm Hausjell F. (1975), HFm Hausjell G. (1943), Lm Hausjell J. (1949), HBm Hausjell L. (1976), HBm Höllermann E. (1979), OFm Hoffmann J. (1966), OFm Humer A. (1966), HFm Humer J. (1939), OFm Humer J. (1969), OFm Hummer G. (1977), Lm Kastenhuber F. (1949), OFm Kastenhuber H. (1954), Lm Katterl F. (1928), HFm Katterl F. (1975), HFm Kirchgatterer F. (1954), HBm Kofler A. (1949), OFm Kofler A. (1965), OLm Kofler E. (1957), OFm Kofler E. (1980), OFm Kofler F. (1971), OFm Kofler H. (1982), Fm Kofler J. (1968), Lm Kofler J. (1956), Lm Kofler J. (1943), OLm Linortner B. (1965), HFm Loy F. (1973), HFm Mayrhofer J. (1963), OFm Mühlbacher R. (1973), OFm Pfeil H. (1971), Fm Pfeil J. (1976), Lm Pfeil S. (1954), HFm Pohn J. (1940), Fm Reiter J. (1954), Lm Resch F. (1949), HFm Riedl J. (1949), OFm Riedl J. (1977), HFm Roither G. (1963), HFm Schachinger Ch. (1977), HFm Schachinger G. (1977), OFm Scharmüller F. (1976), Lm Scharmüller J. (1936), HFm Scharmüller J. (1971), HFm Scharmüller M. (1971), OBm Schauer W. (1964), Fm Scherndl F. (1975), Lm Schiemer M. (1943), HFm Schiemer M. (1976), Lm Schimpl F. (1968), HFm Staffl F. (1943), Lm Starzinger F. (1958), E-HBI Sturm F. (1923), HFm Wimmer F. (1949), HFm Wimmer L. (1949)

FF REICHENTHALHEIM

1918 erfolgte die Gründung der FF Reichenthalheim, erster Obmann wurde Mathias Starzinger. Zur Brandbekämpfung stand eine Handdruckspritze zur Verfügung, für diese wurde 1923 eine Feuerwehrzeugstätte errichtet. 1930 wurde eine tragbare Leichtmotorspritze „Florian" angekauft. Erst 1936 konnte der Neubau des Feuerwehrdepots fertiggestellt werden. 1938 kaufte die FF eine Tragkraftspritze von der Firma Gugg; bald darauf erfolgte die Eingemeindung der FF Reichenthalheim in die FF Vöcklamarkt als Löschzug. Erst 1946 wurde die Wehr wieder selbständig. 1959 Ankauf einer Tragkraftspritze R VW 75. Im Jahr 1973 stellten die FF Reichenthalheim und die FF Walchen gemeinsam eine Jugendgruppe auf, die Bezirkssieger wurde und das Landesleistungsabzeichen in Bronze errang. 1983 kaufte die Wehr ein Kleinlöschfahrzeug VW, das feierlich geweiht wurde. Seit der Gründung der FF Reichenthalheim standen folgende Kommandanten an der Spitze der Wehr: Mathias Starzinger (1918–1926), Mathias Gstöttner (1926–1931), Josef Lenzenweger (1931–1934), Mathias Starzinger (1934–1935), Johann Ehmeier (1935–1938), Karl Spatt (1946–1951), Franz Hammerer (1951–1954), Alois Staufer (1954–1958), Anton Nußbaumer sen. (1958–1981), Johann Fally (seit 1981).

HBI Fally J. (1963), OBI Nußbaumer A. jun. (1973), AW Faisthuber W. (1963), AW Starzinger J. (1963), AW Staufer Ch. (1973), OBI Gstöttner F. sen. (1945), OBI Staufer A. (1942) — OFm Auer H. (1963), Fm Fellner A. (1955), Fm Geßl L. (1976), OFm Gstöttner F. jun. (1973), Fm Gstöttner R. (1977), Fm Gstöttner R. (1965), Fm Gstöttner R. jun. (1979), OFm Haitzinger A. jun. (1975), HFm Haitzinger A. sen. (1936), OFm Hoffmann G. (1981), HFm Karl A. (1951), Fm Karl A. jun. (1979), E-HBI Nußbaumer A. sen. (1940), OFm Scherleitner K. (1966), OFm Sidaritsch F. (1965), Fm Spatt J. jun. (1977), HFm Starzinger F. (1969), OFm Starzinger F. (1938), HFm Starzinger F. (1973), Fm Starzinger M. (1974), Bm Wiesinger F. (1930)

FF REITTERN

Das Gründungsjahr der Freiwilligen Feuerwehr Reittern ist 1926. Gründungsmitglieder waren Anton Zieher, Johann Herzog, Johann Plainer, Roman Grabner, Josef Fischinger, Anton Fischinger, Franz Sieberer, Franz Zieher, Franz Schlader, Franz Zieher. Im Jahr 1931 wurde das Feuerwehrgebäude errichtet. Bis dahin hatte ein Holzschuppen als Zeugstätte gedient. Am 9. März 1931 kaufte die Wehr eine neue Motorspritze von der Firma Rosenbauer. Am 10. Juni 1933 wurde an Schmiedemeister Anton Lixl der Auftrag erteilt, einen neuen Spritzenwagen zu bauen. Vorher hatte ein Handpumpenwagen der Fa. Oberascher, Baujahr 1913, zur Brandbekämpfung gedient. Am 3. Dezember 1933 wurden Anton Kritzinger zum Sanitätsführer sowie Karl Zieher, Anton Zieher und Josef Hufnagl zu Sanitätsmännern bestimmt. Der Großzügigkeit Franz Lugsteins ist es zu danken, daß die FF Reittern nun eine schöne Feuerwehrfahne besitzt (seit 1971). Ebenso großzügig war Lugsteins Spende des Funkgerätes 1978 für das neue Kleinlöschfahrzeug. Seit der Gründung der Freiwilligen Feuerwehr Reittern waren folgende Kommandanten für die Belange der Wehr zuständig: Anton Zieher (1926–1954), Anton Zieher jun. (1954–1978), Georg Schinagl (seit 1978).

HBI Schinagl G. (1965), BI Hufnagl J. jun. (1968), AW Brucker E. (1978), AW Hemetsberger A. (1965), AW Rauchenzauner J. (1968) — Fm Andorfer G. (1981), HFm Andorfer G. sen. (1954), Fm Andorfer J. (1979), PFm Fischinger F. (1983), Fm Fischinger J. (1979), Fm Gstöttner A. jun. (1979), HFm Gstöttner A. sen. (1952), PFm Gstöttner J. (1982), HFm Haumtratz J. (1954), E-AW Hemetsberger A. (1944), OFm Hufnagl F. (1970), HFm Hufnagl J. sen., Fm Hufnagl-Resch J. (1979), HFm Hufnagl-Resch J. jun. (1968), HFm Hufnagl-Resch J. sen. (1949), OFm Hufnagl-Resch K. (1971), HFm Kaltenleitner W. (1961), HFm Knoll A. (1953), Fm Knoll J. (1979), PFm Kritzinger F. (1944), HFm Kritzinger J. (1979), HFm Lachner G. (1951), HFm Lachner J. sen. (1950), Fm Laßl A. (1979), Fm Laßl J. (1979), PFm Laßl K. (1982), OFm Lettner J. jun. (1970), HFm Lettner J. sen. (1944), HFm Lugstein F. (1950), Fm Lugstein J. (1978), HFm Parhammer A. (1972), Fm Pöckl F. (1972), HFm Rauchenzauner J. (1955), HLm Schinagl F., OFm Schlader F. (1971), HFm Schlader J. (1935), OFm Schlader M. (1977), HLm Schlader R. (1965), Fm Schneeweiß F. (1979), HFm Schneeweiß G. (1959), PFm Schneeweiß J. (1983), OFm Sieberer F. (1973), Fm Sieberer J. jun. (1976), HFm Sieberer J. sen. (1944), Lm Staudinger W. (1978), PFm Teufl H. (1982), OFm Thalhammer F. (1971), Lm Zieher A. jun. (1971), E-HBI Zieher A. sen. (1939), HFm Zieher F. (1950), PFm Zieher F. (1983), HFm Zieher J. (1944), HFm Zieher J. (1943)

FF RIEGL

Die Freiwillige Feuerwehr Riegl wurde im Jahr 1924 gegründet. Von der Gründung an wurde die Freiwillige Feuerwehr Riegl von Johann Ablinger geführt, der die Kommandantenstelle bis zum Jahr 1929 innehatte. In der Folge wurde die Feuerwehr dann von Martin Lanz (bis 1936), Josef Stöckl (bis 1946), Josef Hammertinger (bis Mai 1953), Franz Polt (bis Dezember 1953), Franz Maringer (bis 1968), und August Spindler (bis 1978) geführt. 1978 wurde Anton Prelecz zum Kommandanten gewählt und 1983 in seinem Amt bestätigt. Im Jahr 1937 wurde die Handspritze gegen eine Motorspritze eingetauscht. 1949 wurde das bei der Gründung erstellte Feuerwehrhaus auf einer anderen Stelle neu errichtet. 1958 wurde die zweite Pumpe, eine TS 75 VW, angekauft. 1964 wurde der Traktoranhänger gegen ein KLF Ford Taunus FK 1250 und die Pumpe gegen eine neue TS 75 VW Automatik ausgetauscht, die derzeit noch in Betrieb ist. 1978 wurde unter dem neugewählten Kommandanten Anton Prelecz und Bürgermeister Oswald Oberreiter ein Grundstück zum Bau eines neuen Feuerwehrhauses angekauft; 1979 wurde mit dem Bau des neuen Feuerwehrhauses begonnen, das 1980 seiner Bestimmung übergeben wurde. 1981 wurde ein zweites tragbares Funkgerät angekauft. Im Jahr 1982 wurde erstmals in der Feuerwehr ein Abschnittsfeuerwehrwettbewerb durchgeführt und noch im selben Jahr ein neues Kleinlöschfahrzeug der Marke VW LT 35 angekauft. Die Feuerwehr Riegl war eine der ersten Feuerwehren des Bezirks Vöcklabruck, die an Bewerben teilgenommen haben.

HBI Prelecz A. (1972), OBI Zoister J. (1964), AW Bachleitner M. (1972), AW Feichtinger K. (1982), AW Hochrainer A. (1952) — Fm Abwerzger F. (1981), JFm Abwerzger J. (1981), Aichhorn J. (1978), Bachleitner A. (1950), FM Buchleitner H. (1981), Dißlbacher A. (1964), Doppler R. (1974), HFm Enzinger E. (1956), Fm Ewaller R. (1974), Fm Ewalter H.-P. (1980), Fm Gaisbauer E. (1981), HFm Hagler A. (1935), Fm Hagler F. (1981), HLm Hagler J. (1974), HFm Hagler J. (1960), HLm Hagler J. (1950), Fm Hagler J. (1975), HFm Hagler M. (1952), OFm Hamertinger H. (1964), HFm Hamertinger J. (1938), OFm Hamertinger W. (1965), HFm Hartmann E. (1954), OFm Haslinger H. (1975), JFm Hirtenlehner T. (1981), Fm Hirtenlehner W. (1980), OFm Hochreiner A. (1972), Fm Hörschläger A. (1977), PFm Horwath G. (1983), Fm Huber A. (1978), Fm Huber H. (1980), HFm Huemer E. (1972), HFm Huemer G. (1974), HFm Huemer J. (1948), Fm Huemer J. (1978), Bm Huemer J. (1948), HFm Huemer M. (1940), Fm Huemer N. (1981), Fm Huemer R. (1977), Fm Hutzl S. (1965), Fm Kaiser J. (1978), HFm Kiebler F. (1938), Fm Kiebler F. (1981), HLm Koberger A. (1961), Fm Koberger A. (1980), JFm Koberger H. (1981), JFm Koberger R. (1981), HFm Koller P. (1966), OFm Kovacs E. (1964), OBI Kovacs J. (1957), HBm Kovacs J. (1972), Fm Lenzbauer A. (1965), OLm Luger J. (1960), HFm Mairinger J. (1937), OBm Maringer F. (1939), HFm Maringer F. (1972), HFm Maringer N. (1974), HFm Menninger J. (1958), Fm Moosleitner A. (1980), JFm Moosleitner N. (1981), HFm Mosleitner A. (1965), HFm Neuwirth E. (1972), Fm Neuwirth J. (1978), HFm Öttl F. (1948), OFm Öttl F. (1973), Lm Öttl J. (1949), Fm Pillichshammer J. (1977), HFm Pixner A. (1956), Fm Pollhammer S. (1981), HLm Polt F. (1948), HFm Purer F. (1964), HFm Purer J. (1950), Fm Purer M. (1971), HFm Raab A. (1950), Fm Raab A. (1972), Fm Reisinger E. (1978), Fm Roither K. (1978), Fm Rosenkranz J. (1977), OFm Salcher J. (1966), Fm Schachinger F. (1976), Fm Schmid A. (1981), HFm Schmoller J. (1956), Fm Schmoller J. (1979), OFm Schneeweiß J. (1962), HFm Schönpos A. (1955), HFm Schönpos S. (1966), OFm Schuster H. (1967), OFm Schuster J. (1964), OFm Schuster J. (1964), HBm Schwamberger F. (1970), Fm Schwarz W. (1977), OBm Spindler A. (1947), OFm Spindler A. (1973), HBm Spindler J. (1948), HLm Spindler J. (1953), Fm Spindler J. (1981), OFm Spindler S. (1975), HFm Stallinger J. (1948), Fm Stallmaier K. (1982), OFm Stempfer J. (1948), AW Stiegler J. (1940), OFm Stiegler J. (1964), OFm Stiegler O. (1964), Fm Wageneder G. (1978), OFm Wienerroither A. (1967), OFm Wiesinger H. (1964), Fm Wiesinger W. (1964), OFm Wimmer H. (1968), OFm Zieher G. (1967), OFm Zoister M. (1939)

FF RÜSTORF

Schon im Jahr 1872 wurde der erste Grundstein gelegt, in Rüstorf eine Feuerwehr zu gründen. Tüchtige Männer wie Johann Rutzinger, Matthias Assmanstorfer, Josef Rathner und Heinrich Petersamer setzten ihre Bemühungen fort und bildeten ein Provisorium mit einfachen Geräten. Durch namhafte Spenden konnte erstmals 1876 eine zweirädrige Karrenspritze angeschafft werden. Gleichzeitig wurde auf dem Hillingergrund in Rüstorf ein Spritzenhaus errichtet. Die Feuertaufe erhielt die Spritze beim Brand des Schindelmacherschusterhauses in Pfaffenberg am Michaelitag 1876. Im September 1886 berief Gemeindevorsteher Petersamer eine Gemeindeausschußsitzung ein. Die Satzungen zur Gründung einer Feuerwehr wurden vorgelegt und von den Herren unterfertigt. Am 2. Februar 1887 erfolgte die konstituierende Versammlung der Feuerwehr Rüstorf. Anton Mashamer wurde zum ersten Feuerwehrhauptmann gewählt. 1890 erfolgte durch Initiative von Gemeindesekretär Grötzl die Gründung einer Feuerwehrmusikkapelle. 1901 kaufte man eine Wagenspritze. 1905 wurde der Bezirksfeuerwehrtag in Rüstorf abgehalten. 1920 fand die Gründung des zweiten Löschzuges Mitterberg mit Standort Kaufing statt. 1938 wurde die Feuerwehr als Verein aufgelöst und der Gemeinde zugeteilt. Die Gemeinde ließ 1948 ein neues Feuerwehrzeughaus errichten. Eine neue Motorspritze R 75 wurde 1951 angekauft. Beim 80jährigen Gründungsfest 1967 wurden zwei neue Einsatzfahrzeuge (Tanklöschfahrzeug 1000 und das Bergelöschfahrzeug Land Rover) gesegnet. Auch eine neue Fahne wurde geweiht (Fahnenmutter Karoline Prohaska). Einen festlichen Tag für die Feuerwehr gab es am 12. Mai 1983. Pfarrer Konsistorialrat Josef Aistleitner segnete das neue Kommandofahrzeug.

HBI Stadlmayr J. (1946), OBI Lizelfelner F. (1969), AW Fürtner F. (1962), AW Racher A. (1948), AW Stadlmayr R. jun. (1978), BI Kastenhuber H. (1973), BI Zitzler R. (1977) — Lm Ahamer J. (1926), Lm Ahamer J. (1926), HFm Aigner F. (1950), HFm Bieregger F. (1940), E-AW Eggl F. (1926), Fm Göbl G. (1977), Fm Göbl K. jun. (1981), OLm Göbl K. sen. (1964), OLm Grasberger A. (1964), HFm Gruber E. (1973), OFm Gruber F. (1959), Fm Gruber R. (1974), HFm Grünbacher F. (1962), OLm Grünbacher J. (1951), Fm Hamader A. (1977), HFm Hamader F. (1947), Fm Hamader J. (1973), PFm Heiß W. (1980), HBm Hemetsberger F. (1966), OBm Humer J. (1947), OFm Humer J. (1972), HFm Imlinger J. (1971), HFm Jäger E. (1943), Fm Katherl G. (1975), HFm Kemtner F. (1965), PFm Klein R. (1983), Fm Kölblinger A. (1981), HFm Kölblinger R. (1954), OBm Dr. Kolb A. (1951), Fm Kraus K. jun. (1974), Bm Kronberger F. (1955), OFm Kronberger J. (1977), OFm Linner E. (1976), HFm Mairinger J. (1959), HFm Müller J. (1948), HFm Neuhuber S. (1974), OLm Nöhammer E. (1948), PFm Nöhammer J. jun. (1983), Fm Nöhammer F. jun. (1980), HFm Nöhammer F. jun. (1980), HFm Obermair M. (1928), Lm Oberroither A. (1956), OBm Oberroither F. (1946), Fm Oberroither F. (1977), Lm Oberroither J. (1948), HFm Oberroither M. (1954), OLm Pamminger J. (1951), OFm Pamminger M. (1975), HFm Pamminger R. (1962), HFm Penetsdorfer F. (1952), Lm Racher A. (1951), HFm Scheibl J. (1964), Fm Schenk R. (1981), Fm Schlager J. (1964), Fm Stadlmayr F. (1977), OFm Stadlmayr Kaufing F. (1974), HFm Stadlmayr R. sen. (1954), Fm Stadlmayr W. (1977), HFm Streicher J. (1936), HFm Weinberger F. (1927), HFm Weismann J. jun. (1956), HFm Weismann J. sen. (1925), JFm Wenk H. (1980), HFm Windhager J. (1931), Fm Zöbl J. jun. (1980), OLm Zöbl J. sen. (1958)

FF RUTZENHAM

Im Frühjahr 1893 wurde von jenen einsichtsvollen Männern, die die Gemeindevertretung Rutzenham bildeten, der Beschluß zur Gründung einer freiwilligen Feuerwehr gefaßt mit dem Ziel, den Lösch- und Rettungsdienst im Bereich der Ortsgemeinde zu besorgen. Die Gründung selbst erfolgte am 4. Juni 1893, die Satzungen wurden von der Gemeindevertretung am 12. September 1893 beschlossen. Seit 29. Dezember 1983 gehört die FF Rutzenham dem oö. Landesfeuerwehrverband an. Im Jahr 1911 wurde die FF Rutzenham in zwei Züge geteilt. Über Auftrag der Landesverbandsleitung wurde 1914 eine Sanitätspatrouille, bestehend aus einem Rottenführer und zwei Mann, eingerichtet, die mit einer Sanitätsverbandstasche mit Verbandsmaterial und einer Feldtrage ausgerüstet war. Im Jahr 1896 wurde ein Spritzen- und Gerätehaus in der Ortschaft Bergern erbaut. Nach der Gründung, im August 1893, wurden eine vierrädrige Saugspritze samt Zugehör und 100 m Hanfschläuche angeschafft. Am 1. März 1907 wurde der Ankauf einer Krückenspritze beschlossen und 1910 eine zweirädrige Saug- und Abprotzspritze erworben. Die erste Motorspritze wurde 1939 angeschafft. Das erste Feuerwehrauto wurde 1948 von der FF Attnang – ein gebrauchter Steyr VII – angekauft, das aber 1950 bei einem Brandeinsatz total beschädigt wurde, so daß ein Wehrmachtsfahrzeug angeschafft werden mußte, welches zu einem Feuerwehrauto umgebaut wurde. 1964 wurde ein Ford Transit angekauft, der bis 1979 in Verwendung stand und dann an die FF Zeiling, Gemeinde Eberschwang, weiterverkauft wurde. 1979 konnte der Ankauf eines neuen Kleinlöschfahrzeuges, eines VW LT 35 mit eingebautem Funk, getätigt werden. Seit 1982 ist die Alarmsirene an die zentrale Funksirenensteuerung angeschlossen.

HBI Reiter A. (1964), OBI Söllinger H. (1969), AW Gattinger F. (1970), AW Huemer A. (1962), AW Wohlschläger H. (1970), BI Glück F. (1941), BI Hummer A. (1935), BI Hummer J. (1928), BI Köttl J. (1937), BI Kroißböck J. (1959), BI Kroißböck R. (1970), BI Reiter A. (1945) — Fm Berger J. (1981), PFm Ing. Degelsegger W. (1983), OFm Federer E. (1974), HFm Fischthaller F. (1964), Fm Glück H. (1974), HFm Glück J. (1970), OFm Glück W. (1974), OFm Haidinger A. (1979), Lm Hiptmair H. (1956), PFm Hiptmair H. (1983), E-HBI Huemer H. (1946), HFm Hummer A. (1972), HBm Hummer J. (1958), Lm Hummer J. (1952), Lm Köttl H. (1952), OFm Köttl H. (1974), HFm Reiter F., E-BI Silberhorn M. (1934), HFm Söllinger J. (1963), OFm Wohlschläger J. (1979), HFm Zeininger J. (1966)

FF RUTZENMOOS

Nach einem Brand im Ort wurde im Jahr 1892 die Feuerwehr Rutzenmoos mit 50 Mann gegründet. Wehrführer war der Gastwirt Franz Blank. Die ersten Geräte wurden in einem Schuppen des Wehrführers untergebracht. Kommandant Matthias Wieser stellte 1913 ein Grundstück zum Bau eines kleinen Spritzenhauses zur Verfügung; Baujahr 1913. 1928 wurde in Neudorf ein Löschzug der FF Rutzenmoos gegründet und dort 1929 das neue Spritzenhaus eingeweiht. In Rutzenmoos wurde zur schon vorhandenen Handdruckspritze 1929 die erste Motorspritze angekauft, 1939 eine zweite; die erste wurde dem Löschzug Neudorf zur Verfügung gestellt. 1948 brannte durch Kurzschluß das Spritzenhaus ab. Es konnten nur die Motorspritze und der Pferdegespann-Einsatzwagen gerettet werden. Der Wiederaufbau des Zeughauses und der Bau eines Löschteiches wurden sofort in Angriff genommen. 1950 wurde ein alter Lkw Type Steyr A 2000 angekauft und zu einem Einsatzwagen umgebaut. Der Löschzug Neudorf wurde 1959 mit einem gebrauchten Jeep ausgerüstet. 1961 wurde eine moderne VW-Automatik-Pumpe angekauft. 1963 löste Alois Schlager Vitus Stoiber als Kommandant ab. 1965 wurde ein moderner Tankwagen Opel TLF 1000 angekauft. 1968/69 wurde eine Zeughauserweiterung vorgenommen. Zur Bewältigung der vielen Einsätze wurde 1971 der Ankauf eines Rüstwagens (Steyr 680) mit einer Seilwinde erforderlich. 1973 wurde die Wehr mit Funkgeräten ausgerüstet. 1974 erfolgte der Ankauf einer Schlammpumpe. 1976 wurde der alte TLF 1000 gegen einen neuen Tankwagen Steyr Trupp 2000 getauscht. 1979: drei schwere Atemschutzgeräte und ein Kommandobus. 1981 wurde ein Notstromaggregat (7,5 kVA) angekauft. 1982/83 Erweiterung des Zeughauses. 1983 mußte ein stärkerer Rüstwagen angekauft werden.

HBI Schlager A. (1947), OBI Auleitner J. (1958), OAW Feichtinger R. (1959), AW Hitsch M. (1945), AW Humer K. (1959), AW Knoll J. (1946), AW Schlager J. (1978), AW Thalhammer H. (1957), BI Holzinger F. (1955), BI Kreuzer J. (1974), BI Lugmayer A. (1947), BI Neudorfer F. (1961), BI Riedl J. (1974), BI Seyrl F. (1953) — Lm Achleitner K. (1971), OLm Auleitner J. (1928), Lm Auleitner J. (1969), OLm Bauer J. (1958), Bm Baumann K. (1950), OLm Baumgartinger F. (1928), OLm Baumgartinger F. (1959), Fm Baumgartinger F. (1983), OLm Binder A. (1966), Fm Binder R. (1979), Bm Ebetsberger G. (1969), Lm Ebner A. (1928), Lm Ebner L. (1969), HFm Eder E. (1974), Lm Eder F. (1971), Lm Eicher G. (1971), OLm Franz F. (1947), Fm Grüneis M. (1982), Fm Haberfellner M. (1981), Lm Habring J. (1971), HLm Haslinger A. (1947), Fm Haslinger A. (1979), HFm Hauser F. (1959), HFm Hauser J. (1977), Fm Hochmayr A. (1979), Lm Hochmayr F. (1954), OFm Hochmayr F. (1979), Lm Hochmayr J. (1954), OLm Hochmayr L. (1933), Bm Höller A. (1953), Lm Huemer A. (1971), HFm Huemer J. (1974), Lm Huemer J. (1954), Fm Huemer R. (1979), Lm Hüttenmayer G. (1954), Fm Hufnagl G. (1983), HLm Hufnagl R. (1963), Humer Ch. (1982), Bm Kemptner J. (1965), Lm Leitner A. (1974), HLm Leitner F. (1965), HFm Leitner F. (1974), Lm Lenzeder L. (1968), Fm Lenzeder M. (1981), Lm Lenzenwöger F. (1982), OLm Lugstein J. (1938), Fm Mitter G. (1974), OBm Neubacher H. (1947), HLm Neubacher M. (1928), HFm Neudorfer A. (1936), OFm Neudorfer F. (1977), HLm Neudorfer M. (1947), Lm Neuhuber J. (1937), HLm Pammer F. (1954), Lm Pammer K. (1962), Lm Puntigam R. (1968), OLm Rastinger M. (1967), E-OBI Reiter J. (1947), Fm Riedl M. (1971), Bm Schernberger A. (1953), OFm Schernberger A. (1978), Fm Schernberger H. (1979), OLm Schierl F. (1950), OFm Schlager F. (1978), BI Schmiedjell J. (1950), Bm Schobesberger J. (1968), Schöfbänker M. (1982), OFm Schwarz J. (1977), HFm Seiringer A. (1954), OFm Seiringer F. (1978), Lm Steinmaurer G. (1974), Bm Stoiber J. (1955), Fm Stoiber V. (1981), OFm Thalhammer A. (1978), OLm Thalhammer F. (1947), OBm Thalhammer J. (1963), AW Thalhammer J. (1919), Lm Wieser M. (1927), HFm Wimmer E. (1974)

FF ST. GEORGEN IM ATTERGAU

Die erste Löschhilfe in St. Georgen im Attergau waren die einfachen Geräte der Marktkommune: Kommunespritze, eine kleinere Spritze und Leitern, Löscheimer, Feuerhaken, Öl-fackeln usw. Die Brandassekuranz der Pfarre stellte schon damals jedem Dorf eine „Krückenspritze" zur Verfügung, und diese Geräte haben sich im Laufe der Jahre wiederholt werterhaltend bewährt. 1872 taten sich in St. Georgen eine Anzahl Männer zusammen und gründeten die erste Feuerwehr der Pfarre. 1892 wurde die erste Knaust-Saugspritze angeschafft. 1899 erhielt die Wehr eine schöne Fahne von Josefa Plainer. Zehn weitere Wehren wurden um diese Zeit im Pfarrgebiet gegründet. 1908 wurde ein für die damalige Zeit modernes Depot errichtet. Auch wurden eine Motorspritze und Hand-druckspritzen für die Pfarrfeuerwehren angekauft, die später durch Motorspritzen ersetzt wurden. 1926 konnte das erste Rüstauto und 1945 ein zweites angeschafft werden. Im Zeug-haus wurde 1928 ein Mannschaftszimmer eingerichtet, in dem die allwöchentlichen Kurse für die Aus- und Weiterbildung der Feuerwehrmänner stattfanden. Während des Zweiten Weltkrieges wurden die nicht mehr verwendeten Spritzen bei Altma-rialsammlungen gespendet. 1976 kaufte die Marktgemeinde das Raiffeisenbankgebäude in der Bahnhofstraße sowie das dane-benliegende Grundstück. Bis 1979 wurde dort der Garagentrakt errichtet. Damit bekam die Wehr ein modernes Zeughaus. Der Fuhrpark umfaßt: 1 KDO-VW-Bus, 2 Tanklöschfahrzeuge, 1 KLF VW-LT 35, 1 LLF Unimog mit Seilwinde und ein KRFB Ford Transit, das vom LFK nach St. Georgen verlagert wurde.

BR Gastner A. (1950), OBI Schlipfinger K. (1969), AW Eder H. (1965), AW Gastner J. (1970), AW Pillinger A. (1969), BI Foggensteiner J. (1957), BI Pillinger J. (1963) — Bm Ablinger J. (1949), E-OBR Ablinger J. (1928), Bm Ablinger K. (1954), E-BI Auinger K. (1924), E-OBI Bankhammer G. (1934), Fm Baresch K. (1979), Fm Bergmaier A. (1934), PFm Binder Ch. (1982), JFm Binder J. (1982), JFm Binder M. (1982), Fm Binder R. (1980), Fm Egle K. (1980), PFm Enthammer E. (1981), Fm Enthammer H. (1981), HBm Fischer J. (1963), JFm Fischer M. (1983), HBm Gastner J. (1951), Fm Grabner M. (1963), JFm Gramer G. (1983), Fm Haidinger M. (1963), PFm Hauser A. (1982), Lm Hemetsberger F. (1969), JFm Himmelreich F. (1983), Fm Hollerweger M. (1963), PFm Hummer M. (1982), E-OBI Jochimstal A. (1952), Lm Jochimstal A. (1976), HFm Jochimstal H. (1972), HBm Köstler A. (1975), PFm Köstler W. (1981), JFm Köttl F. (1982), Lm Lacher M. (1947), OFm Lametschwandtner F. (1975), HBm Lametschwandtner L. (1959), HFm Lohninger A. (1975), HBm Lohninger J. (1964), JFm Mayr K. (1981), OFm Meister J. (1974), HBm Mitter Ch. (1969), JFm Nußdorfer N. (1980), Fm Renner R. (1978), HLm Renner W. (1958), HLm Röthleitner J. (1964), HBm Rosenkranz E. (1956), OLm Rottner R. (1956), JFm Schacherleitner G. (1983), JFm Schachl N. (1981), E-BI Schlipfinger A. (1939), JFm Schmeißer G. (1982), Fm Schmeißer J. (1980), OFm Schütter K. (1977), Fm Schweiger H. (1981), OLm Staufer M. (1973), JFm Staufer M. (1982), JFm Stradinger K. (1981), HLm Stradinger L. (1970), JFm Teufl G. (1983), Fm Tremel F. (1967), HLm Watzinger F. (1963)

FF ST. LORENZ

Die Gründung der FF St. Lorenz erfolgte 1903 mit 38 Mitgliedern. Erster Kommandant wurde Johann Strobl. 1911 wurde der erste Mannschaftswagen, 1928 die erste Motorspritze angekauft. Neuer Wehrführer wurde im Februar 1938 Jakob Ebner. Im Mai desselben Jahres wurde die Feuerwehr als Verein aufgelöst und in eine Körperschaft öffentlichen Rechts überge-führt. In der ersten Jahreshauptversammlung nach dem Krieg 1947 wurde Andreas Hammerl zum Kommandanten gewählt. 1956 erfolgte die Anschaffung eines Löschfahrzeuges Opel Blitz, das bis 1983 in Dienst stand. Die 1928 erstmals erwähnte Brandwache Teufelsmühle erhielt 1960 in Form einer Arbeits-kleidung ihre erste Ausrüstung. 1973 wurde der derzeitige Kommandant Andreas Hammerl jun. gewählt. Bei dieser Wahl koppelte sich die Brandwache Teufelsmühle als FF Keuschen ab. Von 1979 bis 1983 erfolgte der Neubau des Zeughauses ausschließlich durch Robot der Kameraden. Als neues Löschfahrzeug wurde ein Mercedes Benz 508 D angeschafft. Im Rahmen des 80jährigen Gründungsfestes 1983 wurden Feuer-wehrhaus und Löschfahrzeug feierlich ihrer Bestimmung über-geben.

HBI Hammerl A. (1965), OBI Kerschbaumer J. (1965), AW Kühleitner J. (1962), AW Putz M. (1968), AW Schauer A. (1962), BI Hammerl M. (1954) — HLm Aichriedler W. (1967), HLm Birgl O. (1959), HLm Birgl R. (1959), HLm Ebner F. (1946), OFm Ebner F. (1974), HFm Ebner G. (1963), E-BI Ebner J. (1934), HBm Ebner J. (1957), E-AW Ebner J. (1954), HFm Ebner J. (1967), Fm Ebner J. (1980), HFm Eder F. (1971), OFm Eder J. (1977), OFm Eder M. (1974), HLm Eder M. (1946), OFm Emhofer H. (1974), HLm Eschlböck K. (1959), HLm Gaderer A. (1962), Fm Giritzhofer R. (1972), HLm Grabner F. (1967), Lm Hammerl A. (1933), E-HBI Hammerl A. (1934), HLm Hammerl F. (1957), Bm Hammerl L. (1951), HFm Hammerl L. (1967), HLm Hammerl M. (1954), Fm Hammerl M. (1980), HLm Handl F. (1946), Lm Hemetsberger J. (1959), E-AW Holzleitner J. (1930), Bm Holzleitner F. (1957), HLm Kerschbaumer F. (1959), HBm Kerschbaumer J. (1964), HLm Kerschbaumer J. (1959), HLm Kerschbaumer M. (1970), E-AW Kühleitner Ch. (1931), Lm Kühleitner J. (1942), OFm Lettner A. (1974), HLm Lettner F. (1963), Lm Lettner G. (1927), HLm Lettner J. (1954), PFm Lettner J. (1983), OFm Liebewein F. (1973), E-AW Loindl M. (1957), Fm Macheiner J. (1964), HLm Mayrhofer F. (1946), E-OBI Mayrhofer J. (1935), HLm Mayrhofer J. (1965), Fm Meindl F. (1977), OLm Meindl K. (1974), Fm Meindl M. (1978), HLm Niederbrucker J. (1969), E-AW Nußbaumer J. (1955), OFm Oberascher J. (1969), Lm Oberascher M. (1926), Lm Oberascher M. (1967), HLm Parhammer F. (1939), HFm Parhammer M. (1962), HLm Roither J. (1956), HFm Schachl J. (1965), HLm Schruckmayer F. (1951), Fm Schruckmayer J. (1980), OLm Schruckmayer J. (1974), OFm Schruckmayer J. (1975), PFm Stabauer A. (1983), HFm Stabauer A. (1971), PFm Stabauer K. (1983), Lm Stabauer M. (1933), HLm Stabauer M. (1952), Fm Stabauer M. (1982), Strobl A. (1913), Fm Strobl J. (1982), OBm Strubreiter F. (1954), OLm Wesenauer J. (1973), HLm Wesenauer L. (1919), HLm Wesenauer L. (1961), Fm Widlroither M. (1980), HLm Wieser O. (1957), OFm Wieser O. (1977), Fm Wistauder A. (1980), HLm Wistauder F. (1956), Fm Wistauder F. (1980), HLm Wistauder F. (1950), Fm Wistauder J. (1982), HLm Wistauder M. (1946)

FF SCHLAGEN

Über Initiative mehrerer Mitglieder der FF Ampflwang kam es 1913 zur Gründung der FF Schlagen. Bei der konstituierenden Versammlung wählten 20 Wehrmänner Franz Eberl zum ersten Kommandanten. Nach Ende des Ersten Weltkriegs wurde die Wehr wieder aktiv. 1927 erfolgte ein Handspritzenumtausch mit der FF Ampflwang; eine Kleinhandspritze wurde mit 70 m Schläuchen von Lukasberg nach Hinterschlagen überstellt. Die Spritzenbespannung erfolgte damals mit Pferden. 1932 erfolgte der Ankauf einer Motorspritze von der Fa. Gugg. Die Eingliederung Österreichs in das Deutsche Reich bewirkte 1938 die Auflösung der Freiwilligen Feuerwehren Schlagen und Aigen, die als Löschzüge der Gemeindefeuerwehr Ampflwang zugeordnet wurden. Sofort nach Beendigung des Zweiten Weltkriegs setzte wiederum ein sehr aktives Wirken ein. Der Löschzug wurde aufgelassen, die Feuerwehr Schlagen wieder in die ursprüngliche Wehr zurückgeführt. 1949 erfolgte ein Neuankauf von Uniformen, nachdem diese noch kurz vor Kriegsende hatten abgegeben werden müssen. Zum Zweck eines schnellen Voreinsatzes für die Ortschaft Hinterschlagen wurde 1953 eine Kleinmotorspritze angekauft. 1955 erfolgte der Ankauf eines Rüstwagens als Traktoranhänger. 1958 wurde die Errichtung eines Löschteiches beschlossen, der 1962 seiner Bestimmung übergeben werden konnte. 1966 wurde von der Fa. Rosenbauer eine neue Motorspritze angekauft. Der desolate Bauzustand und die unzulänglichen Platzverhältnisse der Zeugstätte führten 1969 zur Überlegung eines Neubaus. Nach Zusage der finanziellen Unterstützung durch die Gemeinde ging man an die Beschaffung eines Bauplatzes, auf dem dann 1974 die neue Zeugstätte errichtet wurde. 1982 wurde von der Fa. Rosenbauer ein Kleinlöschfahrzeug VW LT 35 angekauft.

HBI Gadringer F. (1952), OBI Zweimüller R. (1974), AW Berghammer S. (1974), AW Schachinger A. (1959), AW Steinbichler W. (1974), BI Hötzinger J. (1974), BI Pachinger A. (1952) — Fm Aichhorn A. (1972), JFm Aichhorn A. (1982), HFm Aigner F. (1966), HFm Berghammer J. (1951), HFm Berghammer J. (1978), HFm Eberl A. (1952), HFm Eberl A. (1920), JFm Eberl Ch. (1982), HFm Eberl F. (1958), HFm Eberl H. (1965), JFm Eitzinger Ch. (1982), HFm Eitzinger F. (1981), HFm Fekuhrer J. (1967), HFm Gadringer F. (1974), HFm Gadringer H. (1974), HFm Haas E. (1979), Fm Haas H. (1972), Fm Haas H. (1928), Fm Haas H. (1974), JFm Haidinger A. (1982), OFm Hartmann A. (1978), OFm Helm F. (1981), OFm Hörletzberger G. (1982), HFm Hötzinger J. (1946), HFm Knasmüller J. (1926), HFm Kolodka G. (1980), HFm Kolodka K. (1961), HFm Leeb F. (1979), HFm Maringer J. (1974), HFm Maringer J. (1967), E-HBI Maringer J. (1933), HFm Maringer S. (1974), Fm Mühlbacher A. (1980), HFm Neuwirth J. (1974), OFm Neuwirth M. (1946), HFm Pachinger A. (1974), JFm Pachinger A. (1982), PFm Pachinger G. (1982), HFm Pachinger H. (1965), HFm Pachinger J. (1959), JFm Pachinger R. (1982), HFm Plainer A. (1981), JFm Plainer M. (1983), HFm Plötzeneder A. (1958), JFm Plötzeneder M. (1982), OFm Pollhamer A. (1932), HFm Preiner E. (1965), Fm Preiner J. (1974), JFm Preiner J. (1982), OFm Razenberger M. (1982), OFm Reiter F. (1960), PFm Schachinger A. (1983), E-AW Schachinger J. (1928), E-HBI Steinbichler J. (1926), Fm Steinhofer A. (1979), OFm Steinhofer F. (1946), OFm Steinhofer J. (1965), HFm Steinhofer R. (1974), Fm Waltenberger A. (1937), HFm Witzmann R. (1966), FA Dr. Wurster J. (1980), OFm Zehentner J. (1982), JFm Zehetner P. (1982), HFm Zweimüller F. (1978), Lm Zweimüller M. (1974), HFm Zweimüller M. (1948)

FF SCHLATT

Am 12. September 1889 wurde in Breitenschützing eine Versammlung des Ortsausschusses abgehalten. Aus dieser Versammlung ging die Gründung der FF Schlatt mit Franz Schmalwieser als Obmann hervor. 1890 wurde in der Ortschaft Breitenschützing das erste Feuerwehrhaus errichtet. Es diente bis zum Zeitpunkt der Übersiedlung im April 1966 (Mehrzweckgebäude) als Unterkunft für die Gerätschaften. Bei der Motorspritzenweihe am 16. September 1923 (erste Motorspritze im Bezirk Vöcklabruck) war Josef Schmalwieser vlg. Pimer in Apeding Kommandant der Ehrendamen. Seinem Kommando und der Tüchtigkeit der Ehrendamen war es zu danken, daß durch den Verkauf von Fotokarten und Abzeichen der gesamte Erlös für die Pumpe aufgebracht werden konnte und so der Gemeinde keinerlei Kosten erwuchsen. Die Entwicklung der Feuerwehr blieb auch in der Gemeinde Schlatt nicht stehen. So konnten in den letzten Jahren moderne Geräte und ein neues Löschfahrzeug angeschafft werden. Seit der Gründung der Freiwilligen Feuerwehr Schlatt waren folgende Kommandanten für die Belange der FF Schlatt zuständig: Franz Schmalwieser, Matthias Schiller, Franz Rutzinger, Max Payrhuber, Ferdinand Eder, Franz Staudinger, Josef Schmalwieser, Ferdinand Niedermair, Franz Niedermaier, Karl Schiller, Alfred Kail.

HBI Kail A. (1966), OBI Mader R. (1957), AW Kaser M. (1977), AW Schiller J. (1972), AW Watzinger F. (1960), BI Braun K. (1959), BI Kaser J. sen. (1949), BI Nöhammer J. (1977), BI Pamminger A. (1957), BI Staudinger J. sen. (1946), BI Vogl J. (1972) — Lm Aicher J. (1966), Bm Aichmaier A. (1946), OFm Berghammer O. (1977), HFm Dirisamer J. (1972), E-OBI Ebner J. (1948), OFm Ebner J. jun. (1978), OBm Ebner K. (1946), PFm Friedwagner M. (1983), HBm Grausgruber A. (1959), OBm Gruber R. (1966), HBm Hafner F. (1947), Fm Hafner J. (1972), HLm Hafner K. (1955), Fm Hehn B. (1982), HFm Hemetsberger H. (1972), Lm Holzleitner K. (1951), PFm Holzleitner K. jun. (1983), OBm Humer F. (1948), HBm Humer J. (1951), PFm Kaser J. jun. (1983), E-BI Kastinger W. (1950), OBm Kroiß R. (1966), Fm Mair K. (1981), Lm Moor J. (1963), Fm Neuhuber J. (1982), Lm Niedermaier F. jun. (1972), E-BI Niedermaier F. sen. (1946), OFm Oberndorfer A. (1977), Lm Oberndorfer F. (1968), OFm Pamminger A. jun. (1977), OFm Pamminger J. (1978), Lm Parzmair F. (1966), Fm Pichler A. (1982), Lm Resch G. (1965), E-BI Rutzinger F. (1930), HBm Schmalwieser J. (1966), PFm Schönberger F. jun. (1983), PFm Schönberger S. (1983), HFm Starl R. (1972), OFm Staudinger F. jun. (1978), OFm Staudinger J. jun. (1977), Lm Staudinger J. jun. (1977), HBm Staudinger J. sen. (1946), Fm Staudinger N. (1982), OFm Staudinger P. (1978), Lm Tomek G. (1971), Fm Wallerstorfer A. jun. (1981), HFm Wallerstorfer W. (1972), HFm Zöbl A. (1975)

FF SCHMIDHAM

Nach langen Vorgesprächen und Diskussionen entschlossen sich die Bewohner von Schmidham 1904, eine Feuerwehr zu gründen. Mit ganz bescheidenen Mitteln begann die Aufbauarbeit. Eine Handspritze auf einem handgezogenen Karren war die erste Errungenschaft, ein Zeughaus wurde errichtet, die nötigen Ausrüstungen wurden angeschafft, offene Löschteiche angelegt. 1933: Anschaffung der ersten Motorspritze mit einem von Pferden gezogenen Wagen. Vorspannpläne für Pferde, die die Landwirte selbstlos zur Verfügung stellten, wurden erstellt. In den Jahren 1938 bis 1945 wurde die Wehr wegen der Kriegsereignisse stillgelegt, 1945 wurde die FF wieder neubelebt. 1950: Neubau des Zeughauses, 1953: Ankauf des ersten Feuerwehrautos, 1958 einer leistungsfähigen Motorspritze, 1978: Umbau des Zeughauses und Kauf eines LF-B-Löschfahrzeuges. Auch wurden die Löschteiche befestigt und durch neuere, größere ergänzt sowie Hydranten in das örtliche Wasserversorgungsnetz eingebaut. 1982/83 wurde die FF an das Sirenennetz und die Funkalarmierung angeschlossen.

HBI Schwamberger J. (1945), OBI Riedl J. (1961), AW Gattermaier J. (1957), AW Hüttmaier J. (1956), AW Steininger J. (1957), BI Schönegger N. (1965) — HFm Aicher A. (1943), HFm Aicher J. (1970), Fm Astegger A. (1982), Fm Astegger A. (1974), Lm Astegger F. (1945), Fm Astegger F. (1974), PFm Berghammer H. P. (1983), PFm Binder Reisinger R. (1983), OFm Binder-Reisinger F. (1982), Fm Binder-Reisinger F. (1969), Fm Binder-Reisinger F. (1982), HFm Binder-Reisinger F. (1961), OFm Binder-Reisinger G. (1982), JFm Binder-Reisinger H. (1982), Fm Binder-Reisinger H. (1982), Fm Binder-Reisinger J. (1966), Lm Binder-Reisinger K. (1953), Fm Binder-Reisinger K. (1979), HFm Binder-Reisinger M. (1961), JFm Binder-Reisinger R. (1982), HFm Binder-Reisinger R. (1933), OFm Draxlbauer Ch. (1982), HFm Draxlbauer K. (1967), OFm Draxlbauer K. (1979), Fm Emeder J. (1967), HLm Föttinger F. (1964), HFm Föttinger F. (1931), Bm Göschl A. (1965), Fm Göschl H. (1979), HFm Gößner F. (1954), HFm Gößner G. (1925), Fm Gramlinger K. (1981), OLm Gstöttner F. (1964), HFm Gstöttner F. (1943), HFm Gunst A. (1970), OLm Gunst A. (1934), Fm Ing. Häupl A. (1979), Fm Hager A. (1959), HFm Hager J. (1925), HFm Hager J. (1965), Fm Haider A. (1956), OLm Haider G. (1956), HFm Harrant A. (1964), OFm Harrant A. (1978), Fm Heim A. (1977), HFm Höller G. (1950), Fm Holletz J. (1966), HFm Holletz M. (1970), HFm Holletz M. (1935), HFm Huber F. (1949), E-AW Huber G. (1948), HFm Huber J. (1938), JFm Hüttmaier H. (1982), HFm Hüttmaier J. (1954), OFm Hüttmaier J. (1978), OFm Hüttmaier J. (1982), OLm Krempler F. (1951), JFm Krempler F. (1982), Fm Krempler F. (1964), HFm Krempler J. (1964), HFm Krempler J. (1936), OFm Krempler J. (1966), HFm Krempler K. (1970), Fm Krempler K. (1979), HFm Lechner F. (1970), HFm Lechner J. (1949), Fm Lerchner H. (1964), HFm Lohninger J. (1964), Fm Lohninger J. (1947), E-OBI Lohninger L. (1940), Lm Maier J. (1964), Maier K., Fm Maier L. (1970), OFm Mair Ch. (1978), HFm Mair J. (1950), Fm Mair J. (1982), PFm Mayr R. (1983), PFm Meinhart J. (1983), OFm Meinhart J. (1961), HFm Meinhart J. (1934), HFm Miller J. (1961), E-AW Neubacher F. (1960), HFm Neubacher F. (1932), Fm Neubacher F. (1982), HFm Neubacher G. (1969), HFm Neudorfer A. (1956), Fm Neuhofer A. (1961), JFm Neuhofer Ch. (1982), HLm Neuhofer J. (1957), HFm Nini J. (1953), PFm Paschek H. (1981), PFm Rabenberger H. (1982), Fm Rabenberger M. (1969), PFm Rager M. (1979), Lm Rager W. (1952), HFm Redlinger F. (1972), HFm Redlinger J. (1951), PFm Redlinger J. (1983), HFm Redlinger J. (1947), Riedl F., JFm Riedl J. (1982), JFm Riedl N. (1982), HFm Scherndl A. (1937), HFm Scherndl J. (1972), OLm Scherndl J. (1957), Fm Schernthaner J. (1937), HFm Schneller A. (1953), PFm Schönegger N. (1979), HFm Schrattenecker J. (1946), Fm Schwammberger J. (1979), OLm Schweitzer A. (1957), Fm Schweitzer G. (1979), Schweitzer G., HFm Schweitzer W. (1946), HBm Steininger J. (1972), PFm Straßer K. (1983), HFm Straßer W. (1958), Fm Teufl A. (1949), PFm Teufl J. (1982), Fm Weber A. (1969), PFm Zehentner F. (1982), Fm Zieher J. (1979), HFm Zieher J. (1939), HFm Zieher L. (1972).

FF MARKT SCHÖRFLING AM ATTERSEE

Die Chronik der Freiwilligen Feuerwehr Markt Schörfling am Attersee beginnt mit dem Wortlaut „Aber von Feur", einem Auszug aus der Markterhebungsurkunde des Jahres 1499. Die ab 1734 geführten Aufzeichnungen berichten u. a. von den Großbränden, die den Markt 1787 (36 Häuser abgebrannt) und 1828 (14 Häuser vernichtet) heimgesucht haben. Darüber hinaus werden die Kosten für die Mannschaft und für Feuerlöschrequisiten angeführt, die von der Markt-Kommune aufgebracht werden mußten. Am 1. Mai 1872 wurde die Freiwillige Feuerwehr Schörfling von August Horvath von St. György und Josef Wenger gegründet. Im selben Jahr wurde das Feuerwehrdepot gebaut, das jetzt noch benützt werden muß. Ein 1882 aufgestelltes Verzeichnis weist 89 Mitglieder und eine umfangreiche Geräteausrüstung auf. Bis 1896 wurden fast alle Ausgaben der Feuerwehr vom Mitbegründer Reichsratsabgeordneten Josef Wenger bestritten. Dann folgte eine vom Ersten Weltkrieg unterbrochene Aufwärtsentwicklung. Die ursprüngliche Pferdebespannung der Fahrzeuge wurde durch die Benützung eines Motorrades mit Beiwagen, der mit Gerät beladen wurde, und 1938 durch den Ankauf eines Kraftwagens abgelöst. Der 1933 gewählte Kdt. Josef Resch begann nach Kriegsende mit einigen Aktiven den Wiederaufbau, der mit dem Ankauf des Fahrzeuges Magirus bald Erfolge zeitigte. Die folgenden Ankäufe: 1959 LLF Opel, 1975 TLF 2000 Trupp, 1982 LFB Mercedes, der das LLF ablöst, dazu die TS, Atemschutzgeräte, komplette Ausrüstung und Funk, bewirken mit der jahrelangen Ausbildung der Wehrmänner eine überdurchschnittliche Schlagkraft der Schörflinger.

HBI Mayer A. (1939), OBI Bäuml H. (1944), HAW Irran J. (1962), AW Hubinger W. (1949), AW Nöhmer R. (1970), AW Oberndorfer H. (1972), BI Dir. Lachinger O. (1940), BI Nagl L. (1964) — Fm Aichmaier L. (1934), OLm Asenstorfer J. (1949), Fm Bäuml H. (1981), OFm Baumgärtner S. (1978), OFm Burgstaller J. (1962), Fm Chemelli J. R. (1981), OLm Dannenbaum V. (1958), Lm Derflinger J. (1963), Fm Dickinger E. (1979), OLm Dir. Dickinger H. (1951), OLm Dreher W. (1963), OLm Drukenthaner J. (1947), HFm Ennser W. (1971), HFm Fisch H. (1971), OLm Födinger A. (1949), HFm Frickh Ch. (1974), Lm Frickh L. (1937), OFm Gebetsroither J. (1975), Fm Gebetsroither P. (1981), Fm Größwang F. (1951), HLm Größwang G. (1960), Fm Größwang W. (1977), E-HBI Dir. Gruber F. (1934), Fm Hemetsberger K. (1981), Fm Hemetsberger M. (1981), OLm Huber J. (1940), OFm Hubinger L. (1970), Fm Hufnagl J., HFm Kainzbauer F. (1971), Fm Kapeller F. (1951), Fm Kinast E. (1954), Lm Kirchgatterer J. (1968), E-AW Lösch E. (1949), OLm Lösch F. (1951), Fm Lohninger L. (1981), OFm Lohninger L. (1951), OFm Mayer A. (1969), Fm Mayer B. (1979), PFm Mayer E. (1983), HFm Mayer R. (1972), OFm Mayr J. P. (1976), Fm Mayr N. (1982), Fm Mayr V. (1978), HBm Mayrhofer F. (1968), Bm Mayrhofer F. (1949), OLm Meinhart W. (1966), OLm Millinger A. (1967), OLm Nagl F. (1929), E-AW Nini F. (1949), HFm Nini F. (1970), Fm Nini G. (1971), Lm Nöhmer N. (1964), HBm Pfeffer J. (1949), Fm Pusch G. (1978), HFm Ranseder J. (1971), OFm Reithmeier H. (1954), OFm Resch F. (1976), OLm Resch J. (1971), OFm Riedl F. (1977), HFm Scherndl J. (1971), Fm Schinkowitsch H. P. (1981), Fm Schobesberger J. (1979), Fm Schuster I. (1915), Fm Schwarzenlander L. (1958), Fm Schwarzmayr H. (1957), Fm Six D. (1981), HBm Taglinger F. (1963), HBm Töpfer J. (1968), Lm Töpfer W. (1971), Fm Wannebauer N. (1980), HFm Windhager J. (1955).

FF SCHWAIGERN

Die Freiwillige Feuerwehr Schwaigern wurde im Jahr 1931 von den Mitgliedern Franz Kiebler, Anton und Johann Pölzl, Josef Ensinger, Franz Herzog, Andreas Weninger, Franz Enszinger, Franz Schiefecker, Franz Herzog jun., Karl Herzog, Franz Neuhofer, Franz Padinger, Martin Ensinger, Johann Fischinger, Johann Speckinger und Dr. M. Winkler gegründet. Im Jahr nach der Gründung wurde das erste Feuerwehrgebäude errichtet. Im Jahr 1936 erfolgte der Ankauf einer Spritze, P 12 – Klein Florian. Am 20. Januar 1940 kam die Wehr bei einem Großbrand in Frankenmarkt zum Einsatz. 1979 wurde als Fahrzeug ein FK 1250 erworben. In den Jahren 1980 und 1981 erfolgte der Neubau des Feuerwehrhauses. Im Jahr 1983 konnte die Wehr ein Kleinlöschfahrzeug Mercedes 308 D erwerben. Seit ihrer Gründung stand die Freiwillige Feuerwehr Schwaigern unter der Leitung folgender Kommandanten: Josef Ensinger (1931–1951), Johann Pölzl (1951–1963), Georg Herzog (1963–1968), Karl Zieher (1968–1973), Erwin Reifetshammer (1973–1978) und Josef Dollberger (seit 1978).

HBI Dollberger J. (1969), OBI Wiesbauer W. (1976)   —   Egger J., Ensinger J. jun. (1981), Ensinger J. sen. (1956), Fischhofer E. (1962), Fischhofer G. (1939), Fischhofer G., Fischhofer J., Herzog A. (1981), Herzog F. (1970), Herzog G. (1937), Herzog G., Herzog J. (1981), Herzog R. (1981), Holzapfel F., Holzapfel J. (1971), Kaser M., Kittenbaumer J., Kittenbaumer M., Knoll J. (1964), Köck M., Kranzinger G. (1956), Kritzinger F. jun., Kritzinger F. sen., Lachner A., Lixl A., Lixl E., Lixl F., Neuhofer F. (1949), Neuhofer W. (1956), Padinger F. jun. (1978), Padinger F. sen. (1949), Pichler F. (1960), Ramp J., Reifetshammer E., Reifschneider A. (1976), Salcher J. (1976), Schafleitner J. jun. (1975), Schafleitner J. sen., Six F. (1949), Staudinger H. (1982), Tomschitz J., Weninger J. (1947), Wenzl E., Wenzl J. (1971), Wenzl W., Wesenauer J., Wiesbauer A., Wiesbauer J. jun. (1973), Wiesbauer J. sen., Windhager M., Windhager J. (1978), Winkelhofer A. (1963), Winkelhofer J. (1977), Zieher J. (1982), Zieher K. (1950)

FF SCHWANENSTADT

Bereits in der zweiten Hälfte des vorigen Jahrhunderts fanden sich in Schwanenstadt Männer zusammen, um den Feuerwehrschutz zu organisieren. 1872 wurde zur Gründungsversammlung aufgerufen. Initiator war Ludwig Pürstinger. Schwanenstadt scheint einer der ersten Orte mit einer fahrbaren Druckkesselspritze gewesen zu sein. Die Freiwillige Feuerwehr wurde unter Kommandant Georg Hummer bald zu einer der tüchtigsten im Lande. Die nötigen Mittel zum Ausbau der Wehr, zur Ausbesserung und Neuanschaffung von Feuerlöschgeräten waren durch das allgemeine Interesse immer vorhanden. Als ein Meilenstein in der Geschichte der Feuerwehr Schwanenstadt kann festgehalten werden, daß bereits im Oktober 1923 eine Benzinmotorspritze angeschafft wurde. Schwanenstadt war eine der ersten motorisierten Wehren im Landkreis. Im April 1924 wurde ein gebrauchtes Turiner Fiat-Fahrgestell angeschafft, auf welchem die Handwerker der Stadt – fast alle aktive Mitglieder der Feuerwehr – einen Feuerwehraufbau herstellten. 1926 wurde die erste elektrisch betriebene Sirene installiert, weil die Alarmierung mittels Horn infolge der sich ausdehnenden Stadt nicht mehr ausreichte. Mit Ende des Krieges erfuhr die Stadtfeuerwehr eine enorme Schwächung, da die Dienstverpflichteten wieder ausschieden und viele Feuerwehrmänner aus dem Krieg nicht mehr heimkehrten. Einem Aufruf folgend, traten später mehrere junge Männer der Wehr bei, und bald wurde die Feuerwehr wieder das, was sie vor Ausbruch des Zweiten Weltkrieges war. Die zunehmende Technisierung erforderte neue Geräte und eine Universalschulung der Feuerwehrmänner. Der Stadtfeuerwehr Schwanenstadt stehen zur Zeit 1 Kommandofahrzeug, 2 Tanklöschfahrzeuge, 1 Kleinrüstfahrzeug, 2 Kleinlöschfahrzeuge und 1 fahrbare AL 17 zur Verfügung.

VBR Froschauer A. (1943), HBI Aicher W. (1953), OBI Baumgartner P. (1963), OAW Hinterstoißer M. (1966), AW Aichmayr A. (1971), AW Dutzler E. (1959), AW Schobesberger A. (1948), BI Braun M. (1959), BI Poschinger H. (1974), BI Wagner H. (1958), BR Schoberleitner R. (1957)   —   E-BI Anschober F. (1948), HBm Daringer J. (1978), PFm Deixler R. (1983), PFm Doppler S. (1983), HBm Eder F. (1964), PFm Foseteder T. (1983), Bm Froschauer H. (1963), HLm Froschauer W. (1969), HLm Fürlinger F. (1969), HBm Ganglmaier H. (1959), E-HBI Grötzl L. (1948), PFm Gruber Ch. (1983), PFm Gruber F. (1983), HFm Gruber H. (1975), Bm Hager K. (1922), E-BI Harreither H. (1952), HBm Hendel G. (1964), OLm Hendel J. (1971), PFm Hermanseder G. (1983), Bm Huber O. (1973), OLm Huemer G. (1969), Bm Hummer K. (1943), Bm Keintzel U. (1964), PFm Köst K. (1983), PFm Köstl G. (1983), HLm Kollmann H. (1959), OLm Linner J. (1972), Mairhofer A. (1958), HBm Obermayr E. (1953), Bm Obermayr R. (1981), HLm Prenninger A. (1948), HFm Pucher W. (1976), PFm Racher P. (1983), HLm Schatzl H. (1965), Lm Scheubmayr J. (1981), E-BI Schmidmayr H. (1963), HFm Schmolmüller O. (1976), PFm Schnaitl W. (1983), Fm Schobesberger W. (1978), PFm Starlinger F. (1983), HBm Staudinger H. (1948), Lm Staudinger H. (1973), PFm Staudinger P. (1983), HLm Steffeldemmel R. (1952), Fm Stockinger K. (1980), HFm Straßer G. (1976), Lm Wieder K. (1952), OBm Willeit R. (1949), Lm Wixinger J. (1970), OFm Wögerer Ch. (1979), OFm Wögerer G. (1979), Lm Wögerer J. (1952), HBm Zauner W. (1959)

FF MARKT SEEWALCHEN AM ATTERSEE

1860: Vorhandene Aufzeichnungen bestätigen, daß außer dem obligaten Löscheimer schon eine Handspritze vorhanden war. Am 2. November 1877 wurden die Statuten der neugegründeten Freiwilligen Feuerwehr Seewalchen am Attersee genehmigt. Als Gründungsjahr gilt daher 1877. Man bemühte sich umgehend um die Anschaffung der Gerätschaften, insbesondere einer Feuerspritze. Es war dies eine fahrbare hölzerne Spritze mit befestigtem, aber beweglichem Strahlrohr ohne Schläuche. Die Bespannung wurde von den einheimischen Fuhrwerksbesitzern gestellt. 1932 wurde ein ehemaliges Taxi angekauft und zu einem Feuerwehrfahrzeug umfunktioniert. Während des Zweiten Weltkrieges wurden die Aufgaben im Feuerwehrdienst kriegsbedingt von der Feuerwehr-HJ wahrgenommen. 1943 wurde ein LF 8 angekauft. 1963 wurde das Tanklöschfahrzeug 1000 angekauft. 1972 erfolgte die Nominierung zum Ölalarmstützpunkt für den Bezirk Vöcklabruck durch das oö. Landes-Feuerwehrkommando; das Ölalarmfahrzeug wurde nach Seewalchen verlagert. 1973 wurde das LLF Opel Blitz angekauft. Im selben Jahr entstand in der Schuhfabrik Kastinger ein Großbrand, und es erfolgte die Integrierung der FF Seewalchen in die F + B des Bezirkes Vöcklabruck. 1978 erfolgte der Ankauf des LF Unimog mit Seilwinde und Allrad. 1982 wurde das RLF-A 2000 Steyr 690 mit Wasserwerfer, Seilwinde, Spreizer und Rettungsschere angekauft. Seit 1978 stehen in einem neuen, modernen Feuerwehrhaus 2 LF mit Vorbaupumpe, 1 RLF-A 2000 mit Seilwinde, 1 Ölalarmfahrzeug, 1 A-Boot, 1 KHD-Anhänger zur Verfügung, um in Brand- und Katastrophenfällen den Schutz von Hab und Gut zu gewährleisten.

VBR Sumereder W. (1953), HBI Mayr Ch. (1961), OBI Schwarzenlander J. (1965), HAW Zopf G. J. (1973), AW Mayer J. (1965), AW Sumereder R. (1980), BI Kühn A. (1968), BI Mayr A. (1958) — HFm Ablinger A. (1957), HFm Aigner F. (1953), HFm Aigner F. (1940), HLm Altrichter H. (1968), Fm Baumgartinger G. (1983), OFm Baumgartinger J. (1980), Fm Mag. Berger K. J. M. (1982), HFm Brandstätter A. (1943), Lm Brandstätter F. (1951), OLm Ebner M. (1953), PFm Eitzinger R. (1982), Lm Flachberger H. (1968), OFm Flachberger P. (1979), OFm Groiß P. (1978), HFm Gruber J. (1951), Lm Gruber J. (1976), Lm Häupl E. (1961), HFm Hemetsberger J. (1965), Bm Hemetsberger J. (1952), HFm Hemetsberger R. (1951), HFm Holzinger W. (1957), HFm Holzleithner I. (1949), HFm Hummer A. (1965), E-HBI Idlhammer J. (1958), HFm Kastberger F. (1943), HLm Katerl A. (1959), HLm Köstler W. (1962), E-AW Kolm J. (1940), Fm Kolm J. F. (1983), OFm Kroiß A. (1980), HFm Kroiß F. (1934), E-OBI Kroiß P. (1953), PFm Kroiß P. (1979), E-AW Lachinger J. (1940), OBm Lachinger R. (1940), HLm Lechner A. (1951), PFm Lechner A. (1979), HFm Löschenberger F. (1978), HLm Männer A. (1959), Fm Mayer J. (1979), HFm Mayr F. (1936), OBm Mayr M. (1940), HFm Mihalic P. (1973), HFm Mittendorfer J. (1949), HFm Mittendorfer R. (1947), HFm Moser F. (1937), HFm Nöhmer J. (1953), OFm Plöderl R. (1980), Fm Ploner G. (1979), HFm Ing. Ploner J. (1953), OLm Preuner J. (1953), HFm Preuner L. (1951), OLm Rainer E. (1970), HBm Rauchenzauner H. (1946), HFm Reiter B. (1945), OFm Reith J. (1981), HLm Renner A. (1953), OLm Roiter J. (1964), HFm Romauer P. (1974), Lm Ruß K.-H. (1976), E-BI Scheucher R. (1940), HFm Schneckenberger F. (1946), Fm Schreder M. (1983), Lm Seifert F. (1973), FA Dr. Seifert G. (1955), HFm Stallinger A. (1953), HFm Stiefsohn I. (1949), HFm Streicher F. (1974), OBm Sumereder G. (1952), HFm Thaller F. (1955), Lm Weißböck W. (1958), HBm Zimmel F. (1932), Fm Zopf G. F. J. (1983)

FF SICKING

Die Freiwillige Feuerwehr Sicking ist eine der drei Feuerwehren der Gemeinde Desselbrunn im Bezirk Vöcklabruck. Bei der 1924 abgehaltenen Vollversammlung der FF Desselbrunn wurde der FF Sicking, die bis dahin als 2. Löschzug von Desselbrunn eingesetzt war, ihre Eigenständigkeit zugesprochen. Bei der 1. Vollversammlung im Gründungsjahr 1925 ging Johann Kleemayr als erster Kommandant hervor. 1932 wurde das erste Feuerwehrzeughaus errichtet. Bereits ein Jahr darauf wurde eine Motorspritze der Marke Gugg D 45 angekauft. 1947 wurde ein Motorfahrzeug der Marke Adam-Opel 20-12-10 erworben. 1949 wurde ein Lkw Marke Steyr Daimler Puch 1500/A als offener Kastenwagen angekauft. Nach dem Tod Kleemayrs wurde 1951 Johann Pabst Nachfolger. Ihm folgte Fritz Kleemayr. Unter seiner Regie wurde 1957 eine leistungsstärkere und modernere Tragkraftspritze, eine VW 75 der Fa. Rosenbauer, angeschafft. Die fortschreitende Veralterung des Fahrzeuges veranlaßte die FF, 1959 ein besseres und moderneres Fahrzeug der Marke Ford FK 1250 anzukaufen. Aus beruflichen Gründen trat Fritz Kleemayr 1961 zurück. Wieder übernahm Johann Pabst diese Stelle. Als Johann Pabst 1968 sein Amt zur Verfügung stellte, wurde Anton Brandmayr zu seinem Nachfolger gewählt. 1974 wurde mit dem Bau einer neuen Zeugstätte begonnen, Fertigstellung 1975. 1976 Ankauf eines Tankwagens Steyr TLF 1500. 1978 erfolgte der Einbau von Funkgeräten in die beiden Fahrzeuge. Nach Brandmayr übernahm wieder Fritz Kleemayr die Kommandantenstelle. 1981 wurde das 22 Jahre alte KLF durch ein moderneres, VW LT 35, ersetzt. Eine weitere Verbesserung war der Ankauf eines größeren Tanklöschfahrzeuges, Mercedes Benz TLFA 4000 (1982).

HBI Kleemayr F. (1947), OBI Brummayr J. (1976), AW Baumgartner A. (1975), AW Neubacher F. (1972), AW Renner W. (1956) — HFm Achleitner F. (1958), Lm Altmanninger L. (1965), HFm Attwenger M. (1977), OFm Auringer J. (1978), OFm Auringer W. (1977), Fm Binder A. (1980), OFm Binder J. (1977), HBm Brandmayr A. (1954), HFm Föttinger J. (1958), OFm Föttinger M. (1965), HFm Föttinger W. (1952), OFm Fürlinger H. (1950), OFm Gräfinger O. (1946), HFm Gumpelmayr F. (1949), OLm Hager A. (1950), HFm Hamedinger A. (1949), HFm Hauser J. (1966), Fm Kleemayr W. (1982), HLm Knoll R. (1948), HFm Köblinger M. (1968), Fm Köblinger J. (1982), OFm Koppler F. (1950), Bm Koppler F. (1924), OFm Krenn S. (1958), Fm Krenn S. (1980), Bm Kronegger J. (1958), Lm Mair J. (1952), Fm Nagl K. (1981), OFm Neubacher E. (1976), E-OBI Niedermayr F. (1925), OLm Nußbaumer J. (1950), HFm Pichler F. (1956), Lm Reiter A. (1967), Fm Reiter A. (1982), HLm Reiter A. (1957), Fm Renner Ch. (1982), HFm Renner W. (1975), HFm Schobesberger J. (1965), HLm Seiringer R. (1957), OLm Sickinger J. (1946), Fm Smrcek K. (1979), OFm Spitzbart K. (1946), HFm Stadlmayr A. (1975), HFm Stelzeneder A. (1947), HFm Stelzeneder G. (1975), HFm Stogmeier J. (1964), OFm Stogmeier R. (1976)

FF SPIELBERG

Ende Januar 1887 wurde die Gründung eines Brandlösch-Vereines angeregt, besprochen und beschlossen. Bereits am 27. April 1887 wurden eine vierrädrige Wagenspritze, die von Pferden gezogen wurde, sowie 4 m Saugschläuche und 30 m Druckschläuche gekauft. Am 22. Mai 1887 wurde der 1. Vereinsausschuß gewählt. Zum Obmann wurde Josef Eitzinger gewählt. 1895 wurde der Beitritt zum oö. Landes-Feuerwehr-verband beschlossen. In den Jahren 1887 bis 1903 waren bereits 22 Brandeinsätze zu verzeichnen. Leider fehlen für die Zeit von 1903 bis 1933 Aufzeichnungen über Tätigkeit und Einsätze der Wehr. 1933 wurde Peter Holzinger zum Kommandanten gewählt, 1948 wurde Franz Wegleitner Kommandant. Von 1949 bis 1952 war Anton Starzinger Feuerwehrkommandant. 1952 begann die verdienstvolle Tätigkeit von Josef Eitzinger. Er war über 20 Jahre Kommandant der FF Spielberg. Unter seiner Führung wurde das neue Feuerwehrhaus (1960) gebaut, eine neue Motorspritze samt Spritzenwagen gekauft (1968), die Sirene erneuert sowie in den Ortschaften Viecht, Spielberg, Thal und Gopprechting Löschteiche gebaut. 1973 übernahm Josef Eitzinger jun. das Kommando. 1977 wurde ein Handfunk-sprechgerät und 1978 ein gebrauchtes Löschfahrzeug ange-kauft.

HBI Huber J. (1967), OBI Huber F. (1967), AW Dötzlhofer F. (1974), AW Pötzelsberger H. (1969), AW Seiringer W. (1969) — Lm Bachler E. (1960), JFm Bachler E. (1981), Fm Brand F. (1961), Fm Brand F. (1978), HFm Dambauer J. (1954), Fm Eberl L. (1968), E-HBI Eitzinger J. (1926), HBm Eitzinger J. (1957), JFm Eitzinger J. (1983), Fm Emminger F. (1954), JFm Emminger S. (1983), Fm Gebetsroither A. (1971), Fm Gramlinger A. (1948), Lm Gramlinger A. (1962), PFm Gramlinger A. (1980), JFm Gramlinger G. (1982), Fm Gramlinger K. (1968), JFm Gramlinger R. (1984), JFm Hauser M. (1981), Fm Heiml F. (1949), Fm Hemetsberger F. (1973), Fm Hinterbuchner H. (1969), Fm Holzinger F. (1978), Bm Holzinger G. (1942), HFm Holzinger G. (1969), HLm Holzinger P. (1972), Fm Huber F. (1975), Fm Huber G. (1968), Fm Huber J. (1936), Fm Huber J. (1976), Fm Illig E. (1968), Fm Köllerer M. (1973), PFm Köllerer M. (1980), HFm Kurz J. (1972), Fm Lehner F. (1978), Fm Lehner G. (1978), HLm Lehner G. (1952), Fm Lehner G. (1930), Fm Lehner J. (1978), Fm Leitner W.

(1983), Fm Lohninger J. (1934), Bm Neudorfer L., PFm Plainer J. (1980), Fm Pleiner F. (1926), HLm Pleiner F. (1953), Fm Pleiner F. (1979), HFm Pleiner K. (1938), Fm Pötzelsberger J. (1969), Fm Pollhammer F. (1978), Fm Resch J. (1946), JFm Riedl B. (1983), HLm Riedl F. (1952), Fm Riedl F. (1979), Fm Schausberger A. (1969), HBm Schimpl F. (1938), Fm Schindlauer A. (1975), Fm Schramayr H. (1966), Fm Schramayr W. (1967), JFm Seifriedsberger H. (1981), Fm Seifriedsberger J. (1969), HLm Six A. (1956), PFm Six A. (1980), Fm Six M. (1964), Fm Six P. (1982), Fm Starzinger A. (1957), Fm Starzinger A. (1978), JFm Starzinger H. (1981), HLm Starzinger J. (1957), PFm Starzinger J. (1979), Fm Staudinger A. (1930), Fm Staudinger J. (1964), Fm Staudinger J. (1982), Fm Steiner J. (1935), Fm Tabernig T. (1978), Fm Wegleitner F. (1966), HFm Wegleitner F. (1931), Fm Zehetner H. (1969)

FF STEINBACH AM ATTERSEE

Unter Kommandant Johann Rötzer, Hotelbesitzer in Weißen-bach, wurde 1905 in der kleinen, am Fuße der steilen Hänge des Höllengebirges gelegenen Gemeinde Steinbach am Attersee die erste Feuerwehr gegründet. Das große Gemeindegebiet (63 km²) brachte sehr bald die Trennung in zwei regionale Wehren – Weißenbach und Steinbach – mit sich. Dank des technischen Fortschrittes wurde es möglich, in der Folge mit einer schlagkräftigen Wehr wieder das gesamte Gemeindegebiet ausreichend zu betreuen. Seit 1959 beschützt die Bevölkerung von Steinbach die FF Steinbach am Attersee als einzige Wehr der Gemeinde. Die Wehr Steinbach versuchte immer, sich der fortschreitenden Technik zu bedienen. 1932 wurde die Gugg-Spritze angeschafft. Nachdem die als Soldaten aus dem Zweiten Weltkrieg heimgekehrten Floriani-Jünger eine leere Zeugstätte vorgefunden hatten, erstand die Wehr 1945 einen Horch-Geländewagen, der von der Fa. A. Hummelbrunner zu einem Löschfahrzeug umgebaut wurde. Anläßlich der Inbetriebnahme der neuen Zeugstätte im Gemeindehaus (1967) wurde die Wehr mit einem Opel Blitz als Einsatzfahrzeug ausgestattet. Besonde-res Augenmerk legt die Wehr auch auf Brandverhütung. Der ständige Einsatz von Heusonden – seit 1984 ein elektronisches Gerät – hat schon so manches Gehöft vor Schaden bewahrt. Der neue Kommandowagen – angeschafft 1983 – ist vorwiegend für technische Einsätze ausgerüstet. Die Erinnerung an die großen Brände in unserer Gemeinde, insbesondere an die Waldbrände mahnt die Gemeindejugend, sich in den Dienst der Feuerwehr zu stellen. Kommandanten der FF Steinbach am Attersee nach Johann Rötzer waren Josef Bader, Franz Föttinger, Josef Schwarzenlander, Matthias Fürthauer und Johann Klausecker. Seit 1949 steht der Wehr HBI Georg Wurdak vor.

HBI Wurdak G. (1935), OBI Kreuzer F. (1964) — Aichhorn F. (1974), Aichhorn J. (1950), Bader J. (1974), Bader J. (1962), Ebner F. (1952), Eder F. (1964), Ellmauer M. (1976), Feitzinger H. (1962), Feitzinger J. (1953), Föttinger F. (1966), Föttinger F. (1977), Föttinger F., Fürthauer J. (1964), Fürthauer M. (1975), Fürthauer M. (1936), Gebetsroither H. (1964), Gebetsroither M. (1920), Gebetsroither R. (1936), Gebetsroither R. (1970), Gebhart F. (1968), Gebhart M. (1975), Grabner F. (1959), Grundner E. (1974), Haider O. (1954), Hausleithner E. (1975), Höllerl A. (1976), Hofer L. (1976), Holzinger A. (1952), Holzinger F. (1951), Huber J. (1982), Kneissl F. (1975), Kneissl F. (1949), Lacher F. (1940), Lacher J. (1975), Lindenbauer F. (1936), Lindenbauer H. (1975), Lindenbauer J. (1947), Ing. Lindenbauer J. (1975), Lindenbauer J. (1976), Loy J. (1968), Loy K. (1968), Meschuh H. (1955), Mitterbauer G. (1955), Mitterbauer H. (1962), Mühlegger G. (1955), Mühlegger J. (1968), Nußbaumer A. (1968), Nußbaumer A. (1978), Oberschmid H. (1975), Pichler J. (1959), Reiter A. (1950), Reiter W. (1947), Resch J. (1964), Resch J. (1933), Schiemer G. (1955), Schiemer J. (1968), Schwaiger J. (1975), Spalt F. (1952), Spalt J. (1973), Spiesberger F. (1980), Stadler F. (1983), Stadler F. (1950), Stadler H. (1975), Stadler J. (1975), Steinegger A. (1955), Untersberger J. (1959), Walter F. (1953), Wenger J. (1965), Wolfsgruber F. (1949), Wolfsgruber F. (1968), Wolfsgruber M. (1917), Zopf J. (1950), Zopf J. (1983), Zopf J. (1973), Zopf M. (1955)

FF STEINDORF

Von 1927 bis 1968 wurde die Wehr Steindorf als Löschgruppe der Freiwilligen Feuerwehr Seewalchen geführt. Mit Bescheid des Amtes der oö. Landesregierung vom 7. August 1968 wurde die bisherige Feuerwache Steindorf als selbständige Feuerwehr in das Feuerwehrbuch eingetragen. 1968 Ankauf eines TSW aus Eigenmitteln. 1970 Gründung einer Jugendgruppe, welche 1972 Sieger beim oö. Landesfeuerwehrwettbewerb in Grieskirchen wurde. 1973 erhielt die Wehr ein Löschfahrzeug Marke Land Rover mit Allradantrieb und Vorbaupumpe. 1978–1979: Bau eines neuen Feuerwehrhauses durch die Kameraden der Wehr mit Unterstützung durch die Gemeinde Seewalchen. Am 1. Juli 1979 feierte man das 10jährige Gründungsfest und nahm die Segnung des neuen Feuerwehrhauses vor. Beim Landesbewerb in Grieskirchen erreichte die Bewerbsgruppe 1982 einen 1. Rang in Silber und einen 2. Rang in Bronze. 1983: Ankauf eines zweiten Feuerwehrfahrzeuges (gebrauchter Daimler Benz 207 D) aus Eigenmitteln. Teilnahme der Bewerbsgruppe am 5. Bundes-Leistungsbewerb in Feldkirch.

HBI Haidinger J. (1954), OBI Schiemer K., AW Gruber K. (1951), AW Schachl J. (1968), AW Starzinger H. (1967), BI Schallmeiner K. (1967) — Lm Ebner A. (1964), OFm Egger J. (1977), FA Dr. Grasl G. (1975), HBm Gruber K. (1973), E-AW Haberl A. (1951), Fm Haberl A. (1977), OFm Haidinger K. (1977), Fm Hochreiner F. (1978), OFm Hochreiner J. (1977), Lm Hochreiner J. (1951), OFm Hochreiner J. (1973), HFm Kemptner B. (1945), HFm Krempler F. (1973), Lm Krempler K. (1951), Fm Liftinger H. (1977), PFm Liftinger H. (1983), E-OBI Liftinger M. (1960), E-AW Limberger J. (1960), Fm Lohninger Ch. (1980), OFm Lohninger F. (1975), HFm Lohninger L. (1967), HFm Lohninger M. (1967), HFm Lohninger S. (1969), HFm Mayr J. (1973), Lm Metzger J. (1967), HFm Reiter K. (1947), HFm Riedl J. (1961), HFm Schiemer K. (1967), Fm Schneeberger W. (1981), HFm Schwarzenlander F. (1954), OFm Sobotka F. (1977), HFm Werli G. (1967), Lm Wiesinger K. (1946)

FF STEINING

Die Wehr wurde 1925 gegründet. Erste Ausrüstung: 1 vierrädrige Abprotzspritze, 120 m Schläuche, 2 Geistgreifer, 2 Saugschläuche, 2 Steigerausrüstungen, 2 Mündungsstücke. 1927 Ankauf von 2 Löschapparaten, 1 Schlauchhalter, 1 Schlauchbinde. 1928 Beginn des Zeughausbaues. 1935 Aufstellung einer Rettungsabteilung. 1936/37 Ausbau des Zeughauses. 1941 Ankauf einer Motorspritze, Fa. Gugg. 1948 Ankauf von 3 Handsirenen. 1949 25jähriges Gründungsfest. 1950 Renovierung des Zeughauses. 1955 Beschluß, einen neuen Spritzenwagen anzukaufen. 1964 Ankauf eines Ford FK 1000. 1971 Umbzw. Neubau des Zeughauses. 1974 50jähriges Bestandsjubiläum mit Zeughausweihe; Anschaffung einer Alarmsirene mit Steuergerät. 1975 neue Druckschläuche. 1976 Anschaffung eines Funkgeräts und einer Heusonde. 1979 Ankauf eines modernen Löschfahrzeuges Chevrolet Geländewagen. 1980 Sirenensteuergerät mit Tonband wird angekauft. 1982 Beginn der Planung eines neuen Zeughauses. Kommandanten der FF Steining waren: Ludwig Fürk, Franz Binder, Franz Hötzinger und Johann Kobleder.

HBI Kobleder J. (1960), OBI Kaiser G. (1974), AW Kaiser F. (1976), AW Schmid F. (1969), AW Stallinger A. (1965) — OLm Asamer H. (1975), OFm Bachleitner A. (1941), OFm Berrer G. (1981), Fm Binder A. (1981), Fm Cepin G. (1981), Fm Dislbacher F. (1977), Fm Diwald F. (1965), Fm Diwald J. (1969), OFm Donninger A. (1960), OFm Donninger A. (1980), Fm Donninger A. (1982), Fm Donninger F. (1960), Fm Eggl E. (1980), Fm Eggl G. (1982), Fm Eggl J. (1973), OFm Eggl J. (1979), OFm Ehart A. (1948), OFm Ehart J. (1964), Lm Eichberger F. (1976), Fm Fellner W. (1967), OFm Formanek H. (1953), Fm Forstinger W. (1981), Fm Hammertinger R. (1948), HFm Haslinger A. (1938), OFm Haslinger A. (1966), HFm Hattinger A. (1929), Fm Hattinger G. (1982), Fm Hattinger J. (1974), OFm Hemetsberger J. (1954), Fm Hittmayer A. (1978), Fm Hittmayer F. (1974), OFm Hittmayer J. (1960), Fm Hittmayer J. (1976), OFm Hochrainer A. (1968), OFm Hochrainer J. (1941), Fm Hochrainer N. (1975), HFm Hötzinger F. (1949), OFm Hötzinger M. (1966), Fm Holl F. (1960), Fm Jungwirt F. (1954), Fm Kaiser A. (1976), OFm Kaiser F. (1980), Fm Kaiser J. (1974), Fm Kaiser M. (1976), Fm Kaiser R. (1966), OFm Kaltenbrunner A. (1967), HFm Kaltenbrunner F. (1952), Fm Kaltenbrunner N. (1958), Fm Ketter H. (1961), OFm Ketter H. (1961), Fm Kinast F. (1978), Fm Krichbaum J. (1948), Fm Lanz H. (1978), OFm Leitner J. (1973), Fm Leitner J. (1968), Fm Maringer A. (1978), HFm Maringer F. (1964), Fm Mayer J. (1965), Fm Mayr J. (1980), Fm Mitterbuchner F. (1978), Fm Mühlechner R. (1931), Fm Niederhauser F. (1953), Fm Palm J. (1981), Fm Pillichshammer A. (1969), HFm Pillichshammer F. (1941), Fm Pillichshammer M. (1929), Fm Pillichshammer M. (1964), Fm Plainer F. (1981), Fm Plainer F. (1951), OFm Pramendorfer E. (1951), Lm Pramendorfer E. (1966), OFm Pramendorfer G. (1973), OFm Preuner F. (1955), Fm Preuner F. (1979), Fm Preuner M. (1978), PFm Redlinger J. (1984), OFm Reiter A. (1974), Fm Rosner N. (1968), OFm Scharnböck W. (1969), HFm Scheibl A. (1948), Fm Scheibl A. (1975), OFm Scheibl F. (1962), HFm Scheibl F. (1951), OFm Scheibl F. (1979), Fm Scheibl G. (1981), Fm Scheibl J. (1953), Fm Scheibl M. (1981), PFm Scheibl N. (1984), OFm Scheucher R. (1980), Fm Schmid F. (1958), Fm Schmid F. (1951), PFm Schmid F. (1984), Fm Schnötzlinger K. (1965), Fm Seifriedsberger A. (1932), Fm Seifriedsberger J. (1951), OFm Seiringer A. (1951), Fm Seiringer A. (1978), OFm Spindler G. (1981), HFm Stallinger A. (1944), Fm Stallinger E. (1972), Fm Stallinger F. (1978), Fm Stallinger J. (1948), Fm Stallinger J. (1956), Fm Stallinger J. (1974), Fm Stallinger K. (1978), Fm Steinberger E. (1962), OFm Steinberger J. (1978), OFm Steinhuber A. (1956), OFm Steinhuber M. (1960), HFm Stockinger A. (1933), HFm Stockinger A. (1951), Fm Stockinger H. (1978), Fm Witas F. (1962), Fm Zaunrith J. (1932), HFm Zechleitner G. (1972), Fm Ziegler J. (1981), Fm Zoister A. (1983)

FF STRASS IM ATTERGAU

Die FF Straß im Attergau wurde erstmals 1898 als Löschzug der FF St. Georgen erwähnt. Das Gerät, welches zur Verfügung stand, war anfangs die Handdruckspritze, später die Breuer-Pumpe, die auf einem Wagen von einem Pferdegespann transportiert wurde. Diese Form gab es bis kurz nach dem Zweiten Weltkrieg. 1954 wurde eine VW-Pumpe in Betrieb genommen, welche noch heute zum Einsatz kommt. Die Zugfahrzeuge waren damals Traktoren und Unimogs. Als die Autobahn als große Gefahrenquelle dazukam, mußte die Schlagkraft der Wehr erhöht werden. 1975 war die Finanzierung zum Ankauf eines TLF 2000 Trupp gesichert, und innerhalb von vier Monaten stand dieses Gerät im Feuerwehrhaus. Mit der notwendigen Ausrüstung versehen (Schwerer Atemschutz und Funk), entsprach nun der technische Standard den Anforderungen. Meist ausgehend von getätigten Anschaffungen wurden im Laufe der Zeit Feste gefeiert, welche zu Meilensteinen der Feuerwehr wurden. Als Symbol der Kameradschaft wurde 1923 eine Fahne geweiht. 1927 gab es die Breuer-Spritzenweihe, verbunden mit dem 30jährigen Gründungsfest. Zwischenzeitlich (1938–1945) war die FF Straß im Attergau die zentrale Feuerwehr der Gemeinde und die anderen vier Feuerwehren zu Löschzügen umfunktioniert. 1954 wurde die R VW 75 geweiht und in Dienst gestellt. Als 1961 das neue Gemeindehaus gebaut wurde, bekam die Feuerwehr ein neues Domizil in diesem Haus, in welchem sie heute noch untergebracht ist. 1975 gab es in der Gemeinde die erste Angelobungsfeier einer Bundesheereinheit in Oberösterreich, welche außerhalb einer Kaserne durchgeführt wurde. An diesem Tag wurde auch das TLF geweiht und in Dienst genommen. 1979 spendete die Bevölkerung eine Fahne.

HBI Pachler W. (1961), OBI Wachter M. (1966), AW Hofinger R. (1966), AW Huber F. (1954), AW Offenhauser H. (1957), BI Hofinger J. (1940), BI Lettner F. (1954) — OLm Achleitner W. (1925), OLm Aigner J. (1963), HFm Asen A. (1943), PFm Asen G. (1980), PFm Asen M. (1980), PFm Breiteneder A. (1980), Bm Edtmayr J. (1947), Lm Edtmayr J. (1966), Lm Gramlinger F. (1961), HLm Hemetsberger J. (1966), OLm Hemetsberger J. (1955), Lm Hemetsberger W. (1967), OFm Hofinger H. (1975), E-BI Huber F. (1925), PFm Huber G. (1980), OLm Innerlohinger L. (1964), HLm Kreuzer A. (1933), PFm Kreuzer G. (1980), OFm Kreuzer L. (1970), PFm Lacher K. (1980), Lm Lacher K. (1965), PFm Lettner J. (1980), HLm Mayrhofer J. (1970), OBm Obermeier J. (1942), Fm Obermeier K. (1973), OBm Pachler J. (1955), Lm Pölzleitner H. (1980), PFm Pölzleitner J. (1958), Fm Radauer G. (1948), Fm Radauer H. (1973), HFm Radauer J. (1938), HFm Radauer J. (1942), HFm Radauer N. (1973), Fm Rienerthaler M. (1924), OBm Rienerthaler M. (1942), OFm Rienerthaler M. (1973), HFm Rienerthaler R. (1973), OFm Roither J. (1936), Fm Schachl A. (1953), Fm Schachl A. (1967), HBm Schindlauer F. (1940), OFm Schlömmer W. (1968), HFm Schwarzl G. (1961), PFm Schwarzl G. (1982), HBm Stabauer F. (1964), PFm Steinbichler G. (1981), HFm Teufl A. (1949), Lm Teufl E. (1967), OFm Teufl H. (1973), Fm Wachter K. (1967), OFm Westermayer P. (1972), OLm Wienerroither F. (1966), Bm Wiespointner J. (1954), OFm Windhager J. (1973), OFm Zauner A. (1973).

FF THALHAM-BERGHAM

Das Gründungsjahr der Freiwilligen Feuerwehr Thalham-Bergham ist 1909. Zu den Gründungsmitgliedern zählten Franz Rott, Franz Dollberger, Josef Köttl, Josef Haberl, Josef Hemetsberger, Johann Hemetsberger, Johann Aigner, Johann Haberl und Heinrich Haberl. Noch vor der offiziellen Gründung der Wehr wurde eine Feuerwehrzeugstätte errichtet. Im Jahr 1933 kaufte die FF eine Motorspritze von der Firma Rosenbauer. Eine weitere Motorspritze wurde im Jahr 1957 erworben (VW-Spritze). 1979 konnte ein Kleinlöschfahrzeug VW LT 35 angeschafft werden. Seit der Gründung der Freiwilligen Feuerwehr Thalham-Bergham lenkten folgende Kommandanten die Geschicke der Wehr: Josef Haberl, Math. Hemetsberger, Leopold Aigner, Josef Köttl, Wilhelm Kletzl.

HBI Kletzl W. (1963), OBI Baumann-Rott J. (1973), AW Aigner J. (1969), AW Hemetsberger W. (1954) — Lm Ablinger O. (1956), OFm Aicher F. (1976), Lm Aicher J. (1957), E-HBI Aigner L. (1947), Fm Baumann-Rott F. (1982), HFm Baumann-Rott J. (1958), HFm Baumann-Rott J. (1975), HLm Benedik F. (1956), Fm Brunner F. (1982), OFm Dollberger J. (1976), HFm Edmayr J. (1958), OFm Edmayr J. (1978), Fm Gantioler H. (1979), OFm Götzendorfer M. (1948), HFm Haberl F. (1947), Lm Haberl F. (1973), Lm Haberl H. (1967), OFm Haberl J. (1975), Lm Haberl J. (1964), Fm Hemetsberger G. (1983), OFm Hemetsberger H. (1979), OFm Hemetsberger J. (1974), Lm Hemetsberger J. (1952), Fm Hemetsberger J. (1982), OLm Hemetsberger J. (1955), HLm Hofinger J. (1947), HFm Hofinger L. (1952), HFm Holzapfel F. (1956), OLm Kalleitner A., Lm Kielleitner J. (1955), Lm Köttl E. (1960), OFm Köttl F. (1978), E-HBI Köttl J. (1947), Fm Köttl J. (1974), HFm Köttl M. (1956), HFm Lacher A. (1956), Lm Lachinger J. (1962), HLm Laßl F. (1962), OFm Laßl F. (1979), OFm Liftinger G. (1979), HFm Moser J. (1955), Bm Stabauer A. (1955), HFm Staufer F. (1947), HFm Staufer J. (1978), HFm Staufer M. (1978), HFm Voglhuber J. (1961), HFm Ziegler J. (1952).

FF TIEFGRABEN

Am 8. November 1931 fand unter der Leitung der Vertrauensmänner Michael Rödleitner und Anton Landauer die Vorbesprechung für eine Feuerwehrgründung statt. Zu dieser Zeit waren bereits zwei Handspritzen und etliche Schläuche von der Gemeinde Tiefgraben angekauft worden. Am 27. Dezember 1931 fand die konstituierende Gründungsversammlung statt. Dabei wurden 34 Mitglieder aufgenommen. 1941 wurde die erste Motorspritze angekauft. 1951 wurde ein neues Kommando gewählt, gleichzeitig wurde beschlossen, eine Zeugstätte zu errichten; diese wurde 1952 eingeweiht. 1953 war das Fest der Fahnenweihe (Fahnenpatin Lugerbauer). Um diese Zeit wurden auch die ersten Uniformen angekauft. 1955 wurde das erste Feuerwehrauto, ein gebrauchter Dodge Allrad, angekauft, dieser wurde 1969 von einem Land Rover mit Vorbaupumpe abgelöst, der heute noch im Dienst steht. 1958 wurde eine VW Tragkraftspritze angekauft. Der größte technische Einsatz war beim Autobahnbrückeneinsturz 1983; eine Totenbergung. Die Feuerwehr stellte zwischen 1952 und 1959 fünfmal den Sieger beim Abschnittsbewerb. Die Kommandanten der FF Tiefgraben waren: Anton Landauer (1931–1951), Johann Grabner (1951–1961), Johann Schruckmayer (1962–1977), Franz Maier (seit 1978).

HBI Maier F. (1962), OBI Schwaighofer J. (1965), AW Daxinger J. (1941), AW Ellmauer J. (1968), AW Ellmauer J. (1960), AW Gaderer F. (1962), AW Schwaighofer A. (1969), BI Büchler M. (1961), BI Schruckmayer J. (1965) — HFm Achleitner M. (1952), HFm Büchler M. (1972), HFm Daxinger F. (1975), HFm Daxinger J. (1972), Fm Edtmayer-Winkler J. (1980), HLm Edtmeier F. (1951), HFm Edtmeier J. (1946), HFm Ellmauer A. (1952), Fm Emeder K. (1981), Lm Gaderer M. (1976), HFm Grabner A. (1975), HFm Grabner A. (1952), HFm Handl W. (1939), HFm Hierl K. (1955), HFm Höllerer A. (1981), PFm Höllerer J. (1983), OFm Hofer H. (1978), HFm Hofer J. (1961), HFm Hofinger L. (1969), OLm Landauer A. (1956), HFm Landauer A. (1946), HFm Landauer A. (1940), HBm Landauer A. (1974), Lm Landauer F. (1956), HFm Landauer J. (1941), HFm Landauer J. (1961), Lm Lohninger J. (1956), Fm Lohninger J. (1981), OLm Lohninger J. (1951), OFm Lohninger J. (1978), Fm Lohninger M. (1980), E-OBI Lohninger M. (1946), HFm Lohninger M. (1973), HFm Mayerhofer J. (1969), HFm Mayerhofer K. (1973), HLm Mühlbacher A. (1943), Fm Mühlbacher A. (1980), OFm Mühlbacher F. (1978), Fm Mühlbacher H. (1980), HLm Mühlbacher J. (1946), OFm Pabinger J. (1979), Fm Pabinger-Rinnertaler A. (1979), OFm Parhammer A. (1960), OFm Parhammer J. (1979), E-OBI Parhammer M. (1951), HBm Parhammer M. (1973), OFm Parhammer P. (1978), HFm Radauer M. (1954), OLm Ramsauer F. (1979), HFm Rauchenschwandtner M. (1952), HLm Schindlauer G. (1981), Fm Schwaighofer J. (1981), HLm Schwaighofer K. (1971), HFm Schwaighofer M. (1931), HLm Schwaighofer M. (1951), HFm Spielberger M. (1951), HFm Spielberger M. (1972), HFm Steininger F. (1952), HFm Wesenauer A. (1933), HFm Ziegler J. (1953)

FF TIMELKAM

Die FF Timelkam wurde im Jahr 1888 gegründet. Der Bürgermeister Jakob Hochrainer und der Obmann des Bürgervereins Franz Weißl riefen am 8. Juni 1888 die Bürger zu einer Gründungsversammlung zusammen. Spontan erklärten 46 Männer ihren Beitritt und wählten Mathias Heiml zum ersten Hauptmann. Noch im ersten Bestandsjahr rückte die Feuerwehr zu vier Bränden in Nachbargemeinden aus, bei denen die angekaufte „Fladerische Abprotz-Saugspritze" ihre Bewährungsprobe bestand. Im Ersten Weltkrieg mußten 51 Feuerwehrmänner einrücken; 13 kamen nicht mehr zurück. Nach dem Krieg fanden sich wieder Idealisten, die sich um Franz Lachinger scharten, den 1926 Josef Eckl als Kommandant ablöste. Josef Eckls Amtsperiode war von seltener Tatkraft gekennzeichnet. 1928: Ankauf der ersten Motorspritze sowie Bau eines Feuerwehrdepots. Nach einjähriger Bauzeit wurde das schöne und weitsichtig geplante Feuerwehrhaus von Pfarrer Huber am 14. Oktober 1929 eingeweiht. Das gesamte Bauholz spendete Graf St. Julien von Wartenburg. 1934 erhielt die FF Timelkam ihr erstes Feuerwehrauto. Feuerwehrmänner bauten einen Steyr 7 zu einem Löschfahrzeug um, das am 6. Mai 1934 geweiht wurde. Josef Eckl leitete die Wehr bis 1950. Ihm folgte für kurze Zeit Alois Steyringer, und 1951 übernahm Josef Knoll die FF Timelkam und führte sie bis 1983. 1955 wurde der Steyr 7 durch einen Opel Blitz mit Vorbaupumpe ersetzt. 1965 wurde der Mercedes Benz 3000, der 1945 von einem aufgelassenen Feuerwehrregiment übernommen worden war, von einem Tankwagen mit Allradantrieb abgelöst. Anläßlich des 90jährigen Bestandsjubiläums übergab Bürgermeister Heinrich Strobl 1978 ein TLF Trupp 2000 an die FF. Außerdem wurden schon sehr früh Handfunkgeräte und Preßluftatmer eingeführt.

HBI Ertl E. (1959), OBI Hebedinger K. sen. (1957), AW Festner J. (1977), AW Kastinger B. (1960), AW Schirl M. jun. (1955), BI Meinhart K. (1949), BI Stolar J. (1966) — HFm Aletsee F. (1955), HFm Baumgartinger A. (1962), Fm Brenneis W. jun. (1979), OLm Brenneis W. sen. (1957), HFm Dietz H. (1966), HFm Doujak M. (1946), PFm Dullinger P. (1982), HFm Eckl J. (1969), HFm Eder H. (1969), HFm Eitzinger H. (1970), HLm Erkner F. (1969), HFm Falkner K. (1966), HFm Feregyhazy H. (1966), HFm Forstinger W. (1959), E-AW Gahberger J. (1955), HFm Gratzl K. (1951), HFm Gruber A. (1948), Fm Gruber B. (1980), HFm Hager H. (1964), HFm Hainbucher J. (1966), OFm Harring A. (1979), OFm Hebedinger H. (1978), OFm Hebedinger K. jun. (1977), Fm Heitzinger A. (1981), Fm Hochrainer J. (1981), HFm Höchtl J. (1971), HFm Ing. Hörlesberger G. (1969), HFm Huber I. (1953), PFm Huber J. (1982), HFm Hubl E. (1971), PFm Hubl K. (1975), HBm Illy R. (1946), HFm Johne H. (1961), HFm Kaltenbrunner A. (1961), HFm Kastinger A. (1970), HFm Kastinger W. (1967), HLm Knoll J. jun. (1969), E-HBI Knoll J. sen. (1946), HFm Kofler J. (1931), OFm Kriechbaum Ch. (1979), OFm Lahnsteiner E. (1980), OFm Lebersorger H. (1981), HFm Lebersorger R. (1967), HFm Lechner J. (1952), OFm Leeb F. (1972), HFm Malzner W. (1957), HFm Obermaier J. (1957), HFm Ornetsmüller J. (1952), HFm Pfeil R. (1955), HFm Pillichshammer A. (1970), HFm Pillichshammer H. (1967), PFm Pölzleithner J. (1983), E-AW Prehofer F. (1953), HFm Preiml G. (1933), OFm Ing. Puchhammer H. (1974), OFm Radl A. (1974), FA Dr. Rapf F. (1979), HFm Schirl H. (1959), Fm Schirl H. jun. (1981), HFm Schirl J. (1958), E-BI Schirl M. sen. (1925), OLm Schobesberger G. (1970), E-OBI Schobesberger R. (1946), HFm Seiringer H. (1963), OBm Sitter E. (1961), HLm Sögner D. (1948), HFm Steinwender H. (1949), HFm Stöckl A. (1953), HFm Stöckl M. (1969), PFm Strobl H. (1979), HFm Voglhuber E. (1959), HFm Wageneder M. (1959), E-BI Wagner J. (1949), OFm Weißl J. (1952), HFm Wiesinger H. (1950), HFm Windhager J. (1928), Fm Wolf G. (1978), HFm Zempleny Z. (1967)

FF UNGENACH

Als Gründungsjahr der FF Ungenach wird das Jahr 1888 festgestellt. Im Protokollbuch vom April 1904 wird auch der Ankauf von Musikinstrumenten erwähnt. Die Musikkapelle war bis 1932 eine Feuerwehrmusik. 1904 wurde beschlossen, eine zweite Handdruckspritze anzuschaffen. 1906 wurden sechs Steigerausrüstungen und zwei Kommandantenhelme angekauft. In der Sitzung vom 6. Januar 1926 wurde die Errichtung einer Sanitätsabteilung beschlossen, der vier Feuerwehrmänner angehörten. Am bestehenden Feuerwehrdepot in Ungenach (das Baujahr ist nicht feststellbar) wurde 1929 ein Schlauchturm angebaut und das Gebäude renoviert. 1931 und 1937 wurden bei der Fa. Gugg in Braunau je eine Motorspritze angekauft. Aus ehemaligen Wehrmachtsbeständen wurde 1945 ein Kraftfahrzeug (Opel Blitz) erstanden und für Feuerwehrzwecke umgebaut. Der Ankauf einer RW 75 erfolgte 1951. Von der FF Schärding wurde 1957 ein gebrauchtes Feuerwehrauto Mercedes angekauft, das später durch ein KLF der Fa. Rosenbauer ersetzt wurde. 1973 wurde ein mobiles Funkgerät erworben und 1980 die FF an die Funkalarmierung angeschlossen. Die Wehr hat zwei Feuerwehrdepots, zwei Fahrzeuge (KLF und Kdo.-Fahrzeug) und einen TSW.

HBI Schirl K. (1966), OBI Baier J. (1966), AW Gehmair G. (1978), AW Kohlböck J. (1973), AW Milacher F. (1979), AW Vogl Ch. (1976), BI Huemer J. (1965), BI Kohlböck D. (1957), BI Malzner E. (1978) — OLm Asamer A. (1935), HFm Baldinger H. (1973), HFm Baldinger W. (1978), JFm Brandmayr M. (1983), HFm Brandmayr J. (1955), HFm Burgstaller D. (1955), OFm Burgstaller D. (1981), HFm Duftschmied A. (1958), OLm Duringer F. (1974), Lm Duringer F. (1931), HFm Ecker H. (1969), E-AW Eisner J. (1946), E-OBI Ennsberger U. (1924), HLm Friedl F. (1976), FK Friedl J. (1979), E-OBI Friedl R. (1948), HFm Gehmair A. (1949), E-HBI Gehmair D. (1931), HLm Gehmair J. (1954), HFm Gehmair M. (1976), HFm Gehmayr D. (1974), HFm Gregoren S. (1965), Fm Gröstlinger F. (1981), HFm Gruber A. (1966), HFm Gruber J. (1975), HFm Haas F. (1950), JFm Hagler R. (1980), JFm Harrer H. (1983), OFm Harringer H. (1980), HFm Hemetsberger A. (1956), OFm Hemetsberger Ch. (1978), HFm Hitzl F. (1977), Fm Huemer F. (1983), JFm Huemer J. (1983), OLm Huemer M. (1923), HFm Jungwirth E. (1950), Fm Kaltenbrunner A. (1983), JFm Kastinger H.-P. (1983), HFm Kemptner K. (1938), OFm Koppl K. (1981), OBm Lang E. (1958), Fm Lang E. (1978), HFm Leitner J. (1978), Lm Malzner F. (1929), HFm Milacher E. (1973), JFm Milacher M. (1982), HFm Möslinger A. (1947), HFm Möslinger A. (1975), OFm Möslinger A. (1952), HFm Möslinger E. (1977), HFm Möslinger F. (1948), JFm Möslinger F. (1982), HFm Moshammer J. (1953), HLm Muckenhuber D. (1922), HFm Neudorfer F. (1973), FA Dr. Panhofer O. (1953), HFm Ramsauer M. (1946), HFm Rauscher A. (1947), OFm Renezeder H. (1979), OFm Reumair A. (1979), HFm Reumair A. (1946), Fm Reumair G. (1983), Lm Reumayr A. (1978), JFm Riedl H. (1981), OFm Rosner F. (1977), HFm Rosner A. (1950), OFm Rosner A. (1980), OFm Rosner B. (1981), HFm Rosner F. (1947), HFm Rosner J. (1974), Fm Schachermeier J. (1981), HFm Schausberger E. (1974), Lm Schausberger F. (1931), HFm Schausberger F. (1973), OBm Schein F. (1963), HFm Schlager-Weidinger A. (1974), HFm Schretzmeier J. (1978), HFm Schretzmeier M. (1980), JFm Seyringer J. (1983), HFm Spalt F. (1950), OFm Steinberger G. (1980), HFm Stix-Köttl A. (1957), HFm Stix-Köttl A. (1977), HFm Stockinger A. (1959), HBm Stockinger F. (1966), HFm Stockinger J. (1969), JFm Stockinger M. (1983), OBm Stockinger M. (1957), JFm Vogl R. (1980), OFm Watzinger E. (1981)

FF UNTERACH AM ATTERSEE

Die Freiwillige Feuerwehr Unterach wurde 1890 von Medizinalrat Dr. Alois Schönherr und dem Unteracher Kaufmann Franz Wimmer gegründet. Ersterer fungierte als Feuerwehrhauptmann. Vom Gründungsjahr bis 1963 gibt es bedauerlicherweise keine Chronik. Erst ab diesem Jahr konnte Direktor Hans Burda zur Führung einer Chronik gewonnen werden. Diese beginnt mit einer Kommandantenwahl. August Brand wurde zum Kommandanten gewählt sowie der scheidende Kommandant Rudolf Edeneicher zum Ehrenkommandanten ernannt. Brand war bis 1966 Kommandant. In seiner Zeit gab es einige besondere Einsätze, wie etwa der Unwetterkatastropheneinsatz 1963 sowie die Bekämpfung des Großbrandes Hummelbrunner in Steinbach. Bei der Kommandantenwahl 1966 wurde Engelbert Gnigler zum Kommandanten gewählt. Den Großbrand bei der Burgauer Holzindustrie sowie den Brand des Wirtschaftsgebäudes der Familie Laiminger im Ortszentrum galt es zu bekämpfen. Die Bergrettungsgruppe wurde neu formiert und entsprechend ausgerüstet. Mit großer Unterstützung der Gemeinde konnte 1971 das alte Rüstfahrzeug durch ein neues Tanklöschfahrzeug ersetzt werden. 1971 wurde Franz Speigner zum Kommandanten gewählt. Der erste Einsatz des Tanklöschfahrzeuges war die Bekämpfung eines Flächenbrandes bei Dr. Rath. Beim Großbrand der Landesmann-Villa konnte neuerlich die Zweckmäßigkeit des neuen Fahrzeuges festgestellt werden. Die Einsätze der Bergrettung sowie Einsätze bei Verkehrsunfällen nehmen ständig zu. So mußte 1974 diesem Trend durch Beschaffung eines Allrad-Geländewagens begegnet werden. Überhaupt wird ein Ansteigen der technischen Einsätze registriert. Es ist daher verständlich, daß der Ausbildung der Mannschaft besonderer Stellenwert zukommt.

HBI Speigner F. (1947), OBI Perner H. (1973), AW Aichhorn J. (1962), AW Kolar J. (1960), AW Rettenbacher J. (1959), OBI Gnigler E. (1951), OBI Zach J. (1961) — Lm Aichhorn J. (1975), Fm Aichhorn T. (1982), Fm Baumgartl H. (1980), OBI Brand A. (1951), E-OBI Burda H. (1960), HFm Desch G. (1939), Fm Ecker G. (1981), E-HBI Edenreicher R. (1929), Fm Edenreicher R. (1977), OBI Eder F. (1930), HFm Eitzinger J. (1948), Fm Forsthuber M. (1982), HBm Forsthuber M. (1960), PFm Gabriel H. (1977), HFm Grabner Ch. (1975), Fm Hammerl A. (1982), HFm Hemetsberger K. (1976), Fm Hemetsberger N. (1981), HFm Hieke R. (1958), HFm Hollerwöger K. (1970), OLm Holzer R. (1960), OBm Hufnagl R. (1976), Lm Karl J. (1953), OLm Lanz A. (1964), HFm Leitner M. (1930), HLm Loindl B. (1968), Fm Niedoba G. (1982), FA Dr. Niedoba H. (1977), HFm Pesendorfer F. (1946), Fm Plainer M. (1981), HBm Plainer R. (1962), E-AW Pölzleithner A. (1951), HFm Pölzleithner A. (1967), Fm Pölzleitner F. (1971), HFm Pölzleitner F. (1946), HFm Pölzleitner R. (1959), Lm Pölzleitner W. (1973), HLm Pointinger J. (1968), OFm Purkhart P. (1979), OLm Renner O. (1923), Fm Rettenbacher J. (1978), Bm Roither R. (1952), Fm Roither R. (1981), HLm Roither W. (1965), Fm Romauer D. (1983), HFm Scheichl A. (1927), OBI Scheichl J. (1932), HFm Schindlauer J. (1976), HFm Schindlauer M. (1950), FK Six K. (1975), Fm Soriat J. (1928), HFm Speigner F. (1947), Lm Speigner F. (1960), Fm Speigner H. (1962), HBm Speigner K. (1960), HFm Strnad K. (1965), HFm Strnad O. (1943), HFm Zach M. (1922), HLm Zach W. (1966), HFm Zopf J. (1954)

FF VÖCKLABRUCK

Als im Juni 1872 die Freiwillige Feuerwehr Vöcklabruck gegründet wurde, war die Brandbekämpfung nur vorstellbar mit einer großen Mitgliederzahl: Männer, die imstande waren, mit einer langen Eimerkette, später mit der Abprotzspritze und dem Feuerhaken, Brände im Stadtgebiet zu bekämpfen. Es war daher Ehrenpflicht für alle männlichen Stadtbewohner, diesem Selbstschutzverein anzugehören. Große Brandkatastrophen und die Hochwassergefahr um die Jahrhundertwende mögen dazu beigetragen haben, daß auch in Vöcklabruck diese Feuerwehr immer schlagkräftiger und mit der technischen Entwicklung auch effizienter wurde. Besonders die Anschaffung der Dampfspritze mit ihrer großartigen, auf Dauerbetrieb ausgelegten Pumpleistung war ein Sprung nach vorne. Zweispännig, wenn nötig mit Vorspann, wurde dieses Gerät bereits bei der Abfahrt beheizt, so daß am Brandplatz in kurzer Zeit gelöscht werden konnte. Aber nicht nur die Brandbekämpfung, auch die Rettung kranker oder verletzter Menschen wurde zum Anliegen der Feuerwehr. Viele tausend Spenden und zahlreiche Veranstaltungen der Feuerwehr waren notwendig, bis der erste Rettungswagen der FF Vöcklabruck zum Einsatz kommen konnte. Die Einsatzfahrer, Handwerker und Geschäftsleute, waren jahrelang freiwillig im Einsatz der Nächstenhilfe. Dieser Feuerwehr-Sanitätsabteilung hat die Stadt viel zu danken. Der technische Fortschritt hielt nach dem Zweiten Weltkrieg voll Einzug. Vöcklabruck bekam von einer aufgeschlossenen Gemeinde in den letzten zehn Jahren alle notwendigen Geräte und Fahrzeuge, um auch Hochhäuser und Verkehrsflächen erfolgreich schützen sowie die Bergung gefährlicher Güter und technische Einsätze zum Wohl der Stadt durchführen zu können.

VBR Gschwandtner J. (1939), HBI Machreich A. (1953), OBI Ettinger O. (1949), AW Berghahn B. (1965), AW Huemer K. (1939), AW Zauner M. (1965), BI Maxones F. (1959), BI Racher F. (1965) — OFm Ablinger Ch. (1980), HFm Adam M. (1968), HFm Asanger K. (1978), Lm Berghahn B. (1975), Lm Brenner T. (1922), HFm Casapiccola W. (1975), Lm Mag. Dusl G. (1967), OLm Gahr K. (1952), OLm Gallnböck G. (1969), HBm Gruber A. (1958), OFm Dr. Gschwandtner M. (1981), Fm Haas A. (1982), HFm Haas F. (1970), OFm Hackl Ch., HFm Hackl N. (1976), OFm Hanusch E. (1957), OFm Hertenstein M. (1930), E-HBI Hiesberger F. (1939), HBm Höllwerth K. (1966), HBm Kalischek F. (1945), OLm Kühner W. (1952), Fm Lintschinger J. (1961), PFm Machreich T. (1983), HFm Maxones F. (1976), OLm Müller J. (1971), Lm Müller R. (1946), HFm Mundl E. (1976), OFm Nagy R. (1978), Lm Neuhuber H. (1955), Fm Obermayer J. (1924), HBm Pixner J. (1967), E-OBI Plangger A. (1954), OFm Pöltner G. E. (1977), OFm Pointner W. (1977), OLm Reitböck H. (1967), HFm Reitinger G. (1972), OBm Reitinger H. (1951), Fm Riedler A. (1981), OLm Rosenkranz A. (1951), OBm Scherhäufl A. (1957), Lm Scheuchl G. (1941), HFm Schwaiger J. (1977), HFm Seifriedsberger F. (1976), HLm Sonntag F. (1964), OLm Sperr J. (1943), HFm Sperr R. (1976), HBm Stamberg H. (1965), HFm Stix J. (1975), OLm Stürzenbaum F. (1964), PFm Wegscheider W. (1983)

FF VÖCKLAMARKT

1873 erfolgte die Gründung unter Alois Schropp. Ihm folgten bis heute 18 Kommandanten. 1895: Großeinsatz in der Ortschaft Mösendorf, acht Häuser und die Kirche brannten. 1907 wurden 150 m Schläuche angekauft. Auch erhielt die Wehr ein Ansuchen einer deutschen Wehr um Unterstützung in Form von Gerätschaften. In den Jahren des Ersten Weltkrieges war die Wehr kaum einsatzbereit. 1923: Segnung der neu angekauften Motorspritze und 50-Jahr-Feier. 1927: 100 m Hanfschläuche angekauft. 1930: Der Musikverein wird von der Feuerwehr übernommen. 1933: Für alle Wehrführer wird ein Lehrgang abgehalten. 1934: Ein Lkw-Fiat wird zum Rüstwagen umgebaut. 1936: Elf Stück Rauch- bzw. Gasmasken werden angeschafft. 1944: Zuweisung eines LF-8 durch den Reichsstatthalter. 1952: Ein TLF wird selbst gebaut. 1963: Ankauf eines neuen TLF 1000 Opel-Blitz. 1968: Eine 15-m-Schiebeleiter wird gekauft. 1969 wird schwerer Atemschutz PA 37 angeschafft. 1978: Die Wehr erhält sechs Vollschutzanzüge vom Landes-KHD. 1983: Vom Landes-KHD wird ein Atemschutzfahrzeug übernommen.

BR Durchner A. (1962), OBI Feichtenschlager H. (1958), AW Eiböck P. (1966), AW Huemer A. (1955), AW Huemer J. (1972), BI Steingreß A. (1964) — HFm Beer F. (1935), Bm Berger G. (1940), HFm Binder A. (1946), Lm Blasl J. (1961), HLm Brunner J. (1956), Fm Brunschütz H. (1978), PFm Brunschütz H. (1980), Fm Burger J. (1980), HFm Dullinger J. (1928), PFm Durchner A. (1980), Bm Eberl J. (1957), PFm Eberl J. (1980), PFm Eberl K. (1980), HFm Feichtenschlager A. (1932), Fm Feichtenschlager H. (1977), Fm Fellner G. (1979), Lm Fischer A. (1925), Bm Fuchsberger F. (1940), OLm Hacksteiner H. (1967), HFm Hitsch J. (1946), JFm Hofer A. (1981), HFm Hofer R. (1973), Lm Hollerweger J. (1972), E-HBI Huber J. (1959), HBm Huemer F. (1972), Fm Huemer M. (1976), OLm Jergler M. (1943), HFm Jergler W. (1972), JFm Knoll W. (1983), Bm Köblinger K. (1963), JFm Köck A. (1983), PFm Kölblinger K. (1980), JFm Ledl G. (1983), Fm Leitner R. (1980), JFm Leprich D. (1980), Bm Mühlbacher F. (1960), HFm Mundl J. (1927), JFm Neubacher J. (1983), OLm Nußbaumer A. (1963), HFm Nußbaumer F. (1935), HFm Pichler F. (1927), Fm Pöckl M. (1980), HBm Preihs H. (1960), PFm Preihs H. (1980), HFm Priewasser F. (1978), Lm Proisl J. (1933), HFm Rager F. (1946), Fm Raich O., Fm Ramminger J. (1980), Fm Rauchenschwandtner H. (1977), JFm Rauscher G. (1983), PFm Rauscher M. (1983), JFm Reitmaier O. (1983), Bm Reitsperger H. (1952), Fm Reitsperger W. (1976), Fm Riedl F. (1982), Fm Riedl J. (1976), HFm Schneeweiß J. (1941), HFm Six R. (1958), HLm Steiner J. (1956), Fm Stögmüller G. (1980), PFm Stögmüller G. (1982), JFm Stögmüller S. (1982), OFm Thellmann M. (1962), OBm Trawöger G. (1961), HFm Wessenmayr G. (1975), JFm Wiener Ch. (1983), Fm Wienerroither M. (1981), Lm Wilhelmstötter A. (1963), JFm Wilhelmstötter A. (1981), Fm Zopf J. (1978)

FF VOLKERDING

Die Freiwillige Feuerwehr Volkerding mit den dazugehörigen Ortschaften Matzlröth, Hechfeld, Obermühlham und Untermühlham wurde im Jahr 1936 unter Wehrführer Josef Holzinger (Lenz Matzlröth) gegründet. Vor dem Gründungsjahr 1936 war Volkerding ein Löschzug der Freiwilligen Feuerwehr Haberpoint, welche im Jahr 1914 gegründet wurde. Im Gründungsjahr 1936 hatte die Freiwillige Feuerwehr Volkerding einen Mitgliederstand von 60 Mann. Die Feuerwehr Volkerding besaß zur Zeit der Gründung eine fahrbare Handdruckspritze für Pferdegespann. Im Jahr 1952 bekam die FF Volkerding die erste Motorspritze, eine RW 25, unter dem Kommandanten Maximilian Neuhofer. 1958 wurde unter Kommandant Georg Lugstein eine neue Feuerwehrzeugstätte gebaut. 1962 wurde die Feuerwehrzeugstätte unter Kommandant Alois Schinwald eingeweiht. Im selben Jahr wurde ein Rüstwagen mit Gummibereifung für Traktor angekauft. Im Jahr 1965 wurde die zweite Motorspritze (VW 75 Rosenbauer) unter dem Kommandanten Johann Pichler angeschafft. 1977 wurde ein Lkw Ford Taunus FK 1250 unter Kommandant Franz Schinagl angekauft. Löschwasserbehälter wurden in Volkerding, Matzlröth und Hechfeld gebaut.

HBI Schinagl F., OBI Freimüller K. — Asen H. (1980), Bauchenzauner J. (1965), Drausner J. (1961), Freimüller Ch. (1977), Freimüller R. (1964), Herzog F. (1972), Höflmayer J. (1967), Holzinger F. (1950), Holzinger M. (1977), Holzinger R., Köpl G. (1981), Ober R. (1980), Pichler F. (1958), Rauchenzauner G., Schachner G. (1958), Schinagl J., Sporn F. (1981), Sporn J. (1947), Sporn J. (1981), Stockinger J. (1963), Stockinger S. (1978), Weiser G. (1980), Wenninger E. (1963)

FF WALCHEN

Am 24. August 1905 wurde die FF Walchen gegründet. Als erster Hauptmann wurde Matthias Mayr gewählt. Die ersten Geräte wurden durch freiwillige Beitragssammlungen finanziert. Dazu wurden vom „Centralausschuß" der FF in Linz 400 Kronen Zuschuß bewilligt. Fünf Pferdebesitzer verpflichteten sich, abwechselnd ihre Pferde für „Feuerbereitschaft" zur Verfügung zu stellen. Ab 1910 besaß die Wehr eine Druckspritze. 1929 wurde eine Motorspritze angekauft. Im Frühjahr 1933 wurde das Zeughaus erbaut. 1951 wurden das Zeughaus und der Wasserturm repariert. Die Spritze wurde nun mit einem Traktor bespannt. 1954 wurde eine Sirene angekauft. 1956 fand die Weihe der neu angeschafften Motorspritze und des Rüstwagens Marke Horch statt. 1960 wurde ein VW-Rüstwagen angekauft, 1970 Bassinbau in Hörading. 1972 wurde das neue Zeughaus errichtet. 1973 wurde der Rüstwagen Marke Land Rover gekauft. 1974 wurde eine neue Vorbaupumpe dazugekauft sowie je ein Hand- und Autofunkgerät. 1977 wurde eine Heusonde gekauft. 1981 wurde der Funksirenenalarmkauf durchgeführt. 1983 bestellte die FF den neuen VW LT 35 und eine VW-Spritze Supermatik 80 mit Ausrüstung.

HBI Neudorfer E. (1983), OBI Binder A. (1968), AW Illig A., AW Meinhart J. (1956), AW Rieger A. (1964), BI Steiner J. (1978) — HFm Bertl R. (1973), Lm Binder A. (1946), Lm Eitzinger A. (1950), Eitzinger F. (1984), Fm Erler R. (1980), HFm Erler R. (1953), JFm Erler T. (1982), OFm Fuchshuber K. (1978), OFm Fuchshuber K. (1970), Fuchshuber R. (1981), Fm Gansterer A. (1972), E-AW Gansterer J. (1950), Lm Gansterer J. (1965), HFm Gebetsberger A. (1955), OFm Gebetsberger J. (1973), OFm Gschwandtner R. (1960), OFm Gschwandtner R. (1978), HLm Hitzl J. (1950), HFm Hitzl J. (1966), HFm Hitzl J. (1973), HFm Hitzl M. (1968), Fm Hochmuth H. (1980), HBm Hochmuth O. (1962), Fm Hollerweger A. (1980), HFm Hollerweger F. (1966), Lm Hollerweger H. (1929), OFm Hollerweger J. (1969), HFm Hollerweger J. (1950), HFm Hollerweger J. (1955), OFm Hollerweger J. (1969), Lm Huber A. (1956), Lm Huber H. (1946), Bm Huber J. (1958), JFm Illg R. (1981), JFm Illig Ch. (1983), HFm Illig F. (1968), Lm Illig J. (1965), OFm Knoll H. (1967), Bm Krug E. (1956), Fm Krug E. (1981), OFm Krug M. (1978), HFm Lachinger F. (1959), Fm Leitner J. (1980), HLm Maringer A. (1942), Fm Maringer F. (1969), OFm Mayr G. (1980), Fm Mayr J. (1956), Fm Mayr J. (1980), Lm Mayr J. (1950), HFm Mayrhauser J. (1955), Fm Mayrhauser J. (1981), OLm Meinhart A. (1956), JFm Meinhart J. (1982), Lm Meister J. (1950), HFm Meister J. (1968), OLm Meister K. (1966), Neudorfer E. (1959), Nußbaumer A. (1983), Lm Nußbaumer J. (1952), Peringer J. (1984), OLm Petickhofer F. (1938), OFm Petickhofer F. (1973), HFm Pitrich H., JFm Plainer F. 1981), OLm Plainer M. (1956), JFm Polt G. (1981), Polt J. (1952), Lm Preundler A. (1931), HFm Preundler A. (1968), Fm Preundler J. (1977), HLm Putzhammer M. (1938), OFm Putzhammer M. (1968), OLm Reiter J. (1925), OLm Reiter J. (1955), OLm Riedl J. (1949), HFm Schader J. (1939), Bm Schafleitner F. (1955), Schafleitner F. (1981), OFm Schiemer H. (1974), Fm Schmidtmayr F. (1980), HFm Schneeweiß W. (1970), JFm Schneeweiß W. (1981), HFm Schönberger J. (1968), Lm Six J. (1950), OLm Spalt K. (1950), OFm Springer J. (1965), OFm Stadlmeier A. (1974), HFm Steiner A. (1950), OFm Steiner A. (1969), Fm Steiner G. (1980), Steiner J. (1973), OFm Steiner M. (1977), HBm Stöckl J. (1938), Fm Teufel F. (1981), Lm Treml F. (1931), HFm Walsberger J. (1957), Bm Weisinger W. (1935), HFm Weixlberger F. (1959), OFm Weixlberger F. (1977), Fm Westermayer T. (1981), HFm Wiener J. (1965), OFm Wiener J. (1965), OFm Wimmer J. (1973), JFm Windhager Ch. (1981), JFm Windhager G. (1981), Bm Windhager J. (1959), Fm Zauner A. (1970)

FF WASCHPRECHTING

Am 23. Januar 1910 fand die konstituierende Versammlung dieser Wehr statt. Der Bereich der Wehr wurde mit den Ortschaften Waschprechting, Gründberg und Haid abgegrenzt. Georg Stöckl wurde zum Obmann gewählt. Das Feuerwehrhaus wird 1924 erstmals erwähnt, welches jedoch schon geraume Zeit bestanden haben dürfte. Der erste Löschteich mit Holzschalung wurde 1925 errichtet. 1929 wurde der erste Ball veranstaltet. Im selben Jahr kaufte die Wehr die erste Motorspritze. Das 25jährige Gründungsfest fand 1936 statt. Im Jahr 1950 errichtete man den ersten betonierten, jedoch noch nicht abgedeckten Löschteich. Bei der Wahlversammlung 1954 wählten die Kameraden Michael Leim zum Kommandanten, der die Wehr bis zum Mai 1983 (29 Jahre) führte. Unter seiner Leitung wurde 1955 der Bau des neuen Feuerwehrhauses beschlossen, der im Jahr 1964 durchgeführt und in den Folgejahren abgeschlossen werden konnte. Der Ankauf des damals neuen Rüstwagens wurde 1958 getätigt. Der ersten Löschgruppe gelang es 1958 in Wels, das Leistungsabzeichen in Bronze zu erreichen. Die Feuerwehr veranstaltete im Juli 1962 das seit zwei Jahren überfällige 50jährige Gründungsfest in Verbindung mit der Weihe des 1958 angekauften Rüstwagens. Der erste Maskenball, welcher nun jährlich veranstaltet wird, ging im Januar 1966 über die Bühne. Die neue Motorspritze kaufte man im August desselben Jahres. 1967 erfolgte die Eröffnung des neuen Feuerwehrhauses und die Segnung der neuen Motorspritze. Zwei Löschteiche wurden 1971 im Ortschaftsbereich Waschprechting und einer 1975 im Ortsbereich Gründberg errichtet. Der Ankauf des derzeit in Betrieb befindlichen Löschfahrzeuges wurde im Dezember 1979 durchgeführt.

HBI Hauser M. jun. (1967), HBI Eitzinger A. (1957), AW Doppler F. sen. (1946), AW Eggl F. (1961), AW Sieberer R. (1972) — Fm Bachmaier J. (1980), HFm Donninger F. (1957), HFm Doppler A. (1973), Fm Doppler F. jun. (1970), Lm Feichtinger A. jun. (1976), Lm Feichtinger A. sen. (1952), Fm Feichtinger F. (1978), Fm Feichtinger H. (1974), OFm Feichtinger J. (1977), Fm Feichtinger J. (1981), HFm Gaisbauer G. (1966), HFm Gehmeier A. (1957), Fm Grabler F. (1982), OLm Hauser M. sen. (1948), Fm Köbrunner F. jun. (1976), Lm Köbrunner F. sen. (1940), Fm Köpl M. (1959), Fm Kritzinger A. (1964), HFm Kritzinger J. (1958), PFm Leim H. (1983), HFm Leim J. (1972), E-HBI Leim M. (1938), HFm Meister F. (1957), Fm Pesendorfer W. (1979), Fm Renner F. (1977), PFm Renner H. (1983), HFm Renner J. (1957), Fm Renner J. jun. (1981), Fm Six A. jun. (1972), Lm Six A. sen. (1952), HFm Six J. (1974), Fm Stöckl J. jun. (1974), Fm Voglbauer F. (1978), Fm Ziller J. (1982), Lm Ziller J. (1962)

FF WEGLEITEN

Die FF Wegleiten wurde am 7. Juli 1901 gegründet. Bereits in diesem Jahr wurde das erste Feuerwehrzeughaus errichtet. Die Ausrüstung umfaßte eine Handdruckspritze. 1929 wurde die erste Motorspritze angeschafft (Fabrikat Knaust). 1951/52 errichtete man das zweite Zeughaus in Wegleiten. Auch wurde die zweite Motorspritze erstanden. 1963 wurde eine Rosenbauer Automatik angeschafft, die gleich bei Landwirtschaftsbränden zum Einsatz kam. Der Ankauf des ersten Feuerwehrfahrzeuges Marke Ford 1250 Transit erfolgte im Jahr 1964, das 1976 ausgeschieden und durch ein Fahrzeug der Marke Ford 150 ersetzt wurde. 1975 erfolgten der Umbau und die Aufstockung des derzeitigen Feuerwehrhauses. Weiters wurden im Jahr 1972 zwei schwere Atemschutzgeräte angeschafft. Der Anschluß an das Funkalarmsystem erfolgte 1983. Seit der Gründung standen der FF Wegleiten folgende Kommandanten vor: 1901 Mathias Stix, 1904 Mathias Stockinger, 1907 Josef Stadlmayr, 1913 Josef Schnöller, 1915 Franz Wageneder, 1921 Simon Starzinger, 1930 Alfons Rendl, 1933 Josef Meinhart, 1939 Johann Möslinger, 1948 Mathias Kinast, 1963 Franz Lukas, 1968 Alois Haslinger.

HBI Haslinger A. (1939), OBI Strobl J. (1968), AW Möslinger J. (1971), AW Ortner J. (1972), AW Pimmingsdorfer J. (1971), BI Spatt K. (1955) — HFm Bachler R. (1964), Fm Binder F. (1978), HFm Brenneis M. (1981), JFm Brugger Ch. (1980), Fm Brugger J. (1968), HFm Brugger J. (1971), Fm Brugger W. (1974), PFm Buchinger M. (1982), Fm Distler K. (1978), Fm Doppler A. (1970), Fm Dullinger W. (1983), PFm Dworschak H. (1980), HFm Eder W. (1969), Fm Ehrenfellner F. (1982), Fm Einzenberger J. (1971), Fm Emminger J. (1980), HFm Ettinger J. (1950), Lm Ettinger J. (1968), Fm Fellner F. (1974), Fm Fuchs A. (1976), Fm Haas F. (1929), OFm Haas F. (1952), OFm Haas F. (1971), PFm Ing. Haberpointner F. (1982), HFm Hackl K. (1966), Fm Haidecker A. (1951), PFm Haidecker E. (1980), Lm Haslinger A. (1966), HFm Haslinger J. (1940), Lm Haslinger W. (1968), HFm Hattinger F. (1947), Fm Hattinger F. (1968), PFm Hemetsberger G. (1982), Fm Höftberger A. (1981), JFm Höftberger S. (1981), HFm Hollerweger J. (1951), Fm Huber F. (1940), PFm Huber F. (1982), PFm Juricek J. (1981), OFm Juricek E. (1963), OFm Kinast A. (1964), Fm Köttl A. (1966), OFm Kofler J. (1974), OFm Kreuzer G. (1979), Fm Kriechbaum E. (1982), Fm Kriechbaum F. (1955), OFm Leinberger F. (1968), Fm Leitner A. (1978), Fm Lukas E. (1972), HFm Lukas F. (1941), Fm Lukas M. (1980), Fm Lukas W. (1971), HFm Malzner W. (1948), PFm Maringer A. (1981), PFm Maringer A. (1984), Fm Maringer J. (1951), OFm Mayer A. (1965), Fm Mayer A. (1978), Fm Meinhart A. (1970), HFm Mittermeier J. (1948), Lm Mittermeier J. (1966), HFm Möslinger E. (1971), HFm Möslinger J. (1944), Fm Moser E. (1971), PFm Moser H. (1973), E-BI Neudorfer M. (1923), Fm Neudorfer M. (1972), OFm Neudorfer M. (1972), HFm Obermeier E. (1957), OFm Ortner J. (1951), OFm Pichler H. (1957), PFm Pichler H. (1980), OFm Pichler I. (1957), OFm Pichler J. (1936), Fm Pillichshammer A. (1964), OFm Pimmingsdorfer J. (1952), OFm Pimmingsdorfer J. (1971), Fm Pimmingsdorfer J. (1944), JFm Pimmingsdorfer P. (1980), OFm Pohn J. (1964), OFm Pohn J. (1958), OFm Pohn J. (1975), HFm Rager J. (1940), OFm Reiter A. (1968), PFm Reiter E. (1979), OFm Reiter F. (1936), Fm Reiter F. (1964), Fm Reiter J. (1948), HFm Rendl A. (1918), OFm Rendl A. (1953), PFm Rendl G. (1980), Fm Rendl J. (1963), PFm Rendl W. (1980), OFm Resch F. (1955), OFm Riedl F. (1970), Fm Rieger J. (1978), HFm Roither R. (1973), PFm Schachinger F. (1966), OFm Schallmeiner F. (1953), Fm Schallmeiner F. (1978), OFm Scheichl R. (1952), HFm Scherndl F. (1965), Fm Schistl J. (1976), HFm Schobesberger H. (1976), HFm Schobesberger J. (1953), HBm Schumet J. (1967), OFm Seirlinger J. (1918), OFm Seiringer J. (1958), OFm Seiringer J. (1973), PFm Spatt G. (1980), PFm Spatt K. (1976), E-OBI Stadlmaier D. (1940), Fm Stadlmaier J. (1976), Fm Staudinger A. (1984), OFm Stockinger H. (1963), PFm Stöckl K. (1982), HFm Strobl Ch. (1973), OFm Sturm G., Fm Waldhör A. (1967), HFm Waltenberger J. (1957), Fm Weidinger J. (1978), OFm Weixlberger J. (1980), HFm Wimmer A. (1967), HFm Wimmer A. (1975), HFm Wimmer E. (1975), HBm Wimmer M. (1971)

FF WEISSENKIRCHEN IM ATTERGAU

Die Freiwillige Feuerwehr Weißenkirchen im Attergau wurde im Jahr 1907 von den Mitgliedern Josef Kalleitner, Johann Plainer, Josef Rauchenzauner, Franz Schlader, Johann Lugstein, Johann Loidl und Georg Zauner gegründet. Das Feuerwehrgebäude wurde im Jahr 1926 errichtet. Im Jahr 1931 konnte die erste Pumpe, Marke Gugg, angeschafft werden. Ihren größten Einsatz hatte die Wehr im Kriegsjahr 1944, als am 24. und 25. Juli innerhalb von 24 Stunden drei Brände durch Phosphorbomben ausbrachen. Gleich nach dem Krieg, im Jahr 1945, erhielt die Wehr ihr erstes Fahrzeug, einen Opel Blitz Baujahr 1937. Soweit bekannt, leiteten seit der Gründung folgende Kommandanten die Geschicke der Freiwilligen Feuerwehr Weißenkirchen im Attergau: Franz Flachberger, Josef Wendl, Josef Kalleitner, Gottfried Rauchenzauner, Johann Grammlinger, Franz Kalleitner, Leonhard Eitzinger, Johann Eicher, Anton Ablinger, Georg Zauner, Gottfried Laßl.

HBI Laßl G. (1963), OBI Stranzinger A. (1967), AW Hollerweger J. (1964), AW Rauchenzauner G. (1976), AW Schachl J. (1973), BI Plainer A. (1975), BI Schachl A. (1976) — HFm Bahn J. (1978), OFm Dax J. (1980), HFm Dollberger J. (1965), Lm Fally F. (1974), Fm Fally J. (1973), OFm Gell J. (1975), OFm Geyer F. (1948), Fm Grammlinger F. (1981), HFm Grammlinger J. (1954), HFm Grammlinger J. (1980), Fm Grubinger J. (1982), OFm Gstöttner M. (1969), HFm Gstöttner M. (1959), HFm Heiml A. (1964), HFm Heiml E. (1973), OFm Heiml W. (1974), Bm Herzog A. (1953), HFm Kalleitner J. (1961), Fm Karl F. (1981), OFm Karl F. (1954), OFm Klinger F. (1972), OFm Kroiß M. (1973), OFm Lettner A. (1970), HFm Lohninger J. (1974), HFm Mair A. (1965), Maislinger F. (1983), HFm Meinhart J. (1974), Fm Meinhart J. (1982), HFm Nini F. (1959), OFm Plainer F. (1978), HFm Preuner H. (1967), OBm Rauchenzauner G. (1954), OFm Rauchenzauner J. (1980), Lm Schalder J. (1979), HFm Schlader L. (1971), HFm Sporn J. (1979), HFm Stadlmann A. (1977), Bm Teufl J. (1963), HFm Wendl F. (1953), OFm Wendl F. (1980), OFm Wendl P. (1959), OFm Wendl P. (1980), Fm Weninger F. (1982), HFm Weninger J. (1945), E-HBI Zauner G. (1943), HFm Zauner G. (1972), OFm Zechleitner F. (1980), Fm Zechleitner R. (1981), HFm Zieher J. (1943), E-OBI Zieher J. (1949)

FF WEITERSCHWANG

Das Gründungsjahr der Freiwilligen Feuerwehr Weiterschwang ist 1928. Das erste Kommando bildeten Josef Scherndl als Wehrführer, Josef Rosenkranz als Wehrführer-Stellvertreter und Zeugwart, Johann Pollhammer als Schriftführer, Georg Knasmüller als Kassier, Josef Scherndl als Spritzenmeister, Karl Schmid als Spritzenmeister-Stellvertreter, Matthias Weihsböck als Steiger-Löschmeister, Johann Lehner als Steiger-Löschmeister-Stellvertreter, Matthias Weihsböck jun. als Steiger-Rottenführer, Dominikus Fellner als Rohrführer; Dr. Diwald wurde zum Wehrarzt, Matthias Lachinger zum Hornisten gewählt. Die erste Ausrüstung war eine Handdruckspritze, die von sechs bis acht Männern bedient werden mußte. 1929 erfolgte der Bau der Feuerwehrzeugstätte, der 1953 ein Schlauchturm angebaut wurde. 1942 wurde die erste Tragkraftspritze, Type Gugg DKW, und 1970 eine VW 75 Automatik gekauft. Feuerwehrkommandanten waren: Josef Scherndl (1928–1932), Josef Riedl (1932–1937), Heinrich Staudinger (1937–?). Aus dem Protokollbuch wörtlich: „Am 15. Mai 1949 wurde seit Kriegsende wieder die erste Versammlung abgehalten, da wir wieder selbständig sind. Da wir ja unter der Nazi-Herrschaft Gampern unterstellt waren." Nach dem Krieg leiteten die Geschicke der Wehr: Rudolf Pollhammer (?–1950), Johann Schmid (1950–1973), Edgar Schmid (seit 1973).

HBI Schmid E. (1963), OBI Schmid R. (1967), AW Kocher E. (1977), AW Kocher F. (1953), AW Kriechbaum F. (1977), BI Mayr J. (1967) — Fm Aicher J. (1968), Fm Aicher M. (1982), OFm Aigner F. (1973), HFm Apfel J. (1963), OFm Bauer J. (1955), Fm Dum R. (1969), OFm Fellner F. (1964), Fm Geiszler W. (1978), Fm Groß J. (1977), HFm Hittenberger A. (1937), HFm Kocher F. (1975), OFm Kriechbaum F. (1958), OFm Kriechbaum J. (1973), HFm Lachinger A. (1928), OFm Lachinger F. (1928), HFm Lachinger F. (1977), Lm Lachinger J. (1928), OFm Mayr J. (1951), Fm Mayr J. (1964), OFm Mayr J. (1977), Lm Mayr K. (1953), HFm Muhr J. (1967), OFm Post G. (1964), Fm Rosenkranz F. (1977), HFm Rosenkranz G. (1976), Lm Rosenkranz J. (1945), E-HBI Schmid J. (1928), Lm Schmid J. (1963), Fm Six J. (1967), HFm Staudinger J. (1953), OFm Umbrich F. (1967)

FF WEYREGG AM ATTERSEE

Das Gründungsjahr der Freiwilligen Feuerwehr Weyregg am Attersee ist 1888. Gründungsmitglieder waren Josef Stallinger, Felix Stallinger, Valentin Renner, Wolfgang Zopf, Franz Kern, Josef Hufnagl, Christoph Aichhorn, Martin Eichhorn und Franz Gebetsroither. Im Jahr 1934 wurde neben dem Mesnerhaus eine neue Zeugstätte errichtet (die alte befand sich neben der alten Volksschule). Die Anschaffung der ersten Pumpe, Fabrikat „Florian", erfolgte im Jahr 1936. Das erste Fahrzeug, einen Opel Blitz, konnte die Wehr im Jahr 1945 erwerben. Ständig war man darauf bedacht, neue Geräte anzuschaffen und die Ausrüstung zu verbessern. Dem Einsatz und dem Fleiß der Feuerwehrkameraden ist es zu danken, daß am 7. September 1969 eine neue, den heutigen Anforderungen entsprechende Zeugstätte errichtet und eingeweiht werden konnte. Derzeit besitzt die Wehr an Fahrzeugen ein TLF 2000 und ein KLF. Kommandanten der Freiwilligen Feuerwehr Weyregg am Attersee seit ihrer Gründung waren: Josef Stallinger (1888–1914), Felix Stallinger (1914–1918), Josef Hufnagl (1918–1919), Rudolf Nowotny (1919–1924), Felix Stallinger (1924–1933), Franz Gebetsroither (1933–1938), Robert Gebetsroither (1938–1948), Johann Langwallner (1948–1949), Robert Gebetsroither (1949–1953), Franz Gebetsroither (1953–1954), Hubert Bichler (1955), Franz Astecker (1956–1963), Hubert Bichler (1963–1983), Josef Kneißl (seit 1983). Weiterhin halten die Feuerwehrkameraden ihr Motto hoch: „Gott zur Ehr, dem Nächsten zur Wehr."

HBI Kneißl J. (1983), OBI Feichtinger J. (1960) — Astecker F. (1931), Astecker L. (1935), E-HBI Bichler H. (1950), Bichler R. (1970), Danter W. (1970), Danter W. (1977), Ecker R. (1955), Eichhorn G. (1937), Eichhorn G. (1983), Dr. Fallmann W. (1953), Gebetsroither A. (1970), Dir. Gebetsroither F. (1947), Gebetsroither J. (1940), Gebetsroither J. (1951), Gebetsroither J. (1970), Gebetsroither J. (1967), Gebhart A. (1983), Greifeneder H. (1972), Hemetsberger R. (1931), Hufnagl J. (1962), Innreiter F. (1966), Kickinger W. (1960), Leibner F. (1936), Liftinger E. (1955), Liftinger H. (1941), Liftinger H. (1955), Madlmayr H. (1982), Männer J. (1976), Männer M. (1967), Mayrhauser D. (1950), Mayrhauser J. (1947), Melhorn W. (1961), Nöhmer E. (1930), Osterer A. (1952), Osterer M. (1951), Pichler F. (1940), Rauchenzauner A. (1983), Rauchenzauner M. (1950), Renner A. (1983), Renner G. (1936), Schatzl H. (1964), Scheichl J. (1941), Schmölzer L. (1965), Schneeweiß F. (1950), Schock K. (1946), Spießberger N. (1983), Spießberger N. (1954), Stallinger F. (1937), Tremmel I. (1982)

FF WILDENHAG

Die FF Wildenhag entstand laut Protokoll vom 4. Mai 1899 aus einem Löschcorps, als Filiale der FF St. Georgen. Im Jahr 1911 wurde dann die Freiwillige Feuerwehr Wildenhag als selbständige Wehr gegründet. Damaliger Kommandant war Josef Schneeweiß. Zur Unterbringung der Geräte stand der Wehr eine kleine gemauerte Hütte zur Verfügung, wo ein Schlauchturm angebaut wurde. Vorhanden waren eine Handspritze und eine motorisierte Spritze mit Namen Flori. Bedingt durch die Kriegsjahre gab es in der Wehr keine besonderen Vorkommnisse. Eine Tragkraftspritze R 75 plus Anhänger wurde im Jahr 1954 angeschafft. Unter dem Kommando von Josef Traschwandtner (der 20 Jahre Kommandant der FF Wildenhag war) wurde unter der Mithilfe von etwa 45 Feuerwehrkameraden im Jahr 1964 ein neues und größeres Zeughaus errichtet. Eine neue und bessere Spritze der Type VW Automatik 75 konnte im Jahr 1969 angekauft werden. Im Jahr 1982 erfolgte die Anschaffung eines Kleinlöschfahrzeuges VW. Es war dies eine zeitgemäße und wichtige Investition der Wehr. Seit ihrer Gründung stand die Wehr unter der Leitung folgender Kommandanten: Josef Schneeweiß, Leopold Steinberger, Ludwig Kieleithner, Josef Mayrhauser, Josef Hauser, Josef Traschwandtner und seit 1983 Manfred Rieser.

HBI Rieser M. (1978), OBI Hofinger F. jun. (1974), AW Ablinger J. (1968), AW Kaltenböck E. (1965), AW Oberndorfer A. (1966) — OFm Auer S. (1963), Fm Beer A. (1981), Fm Buchschachermair R. (1964), HFm Emeder A. (1944), PFm Gstöttner A. (1979), HFm Hauser J. (1940), Fm Hausjell F., Lm Hausjell J. (1943), HFm Hemetsberger A. (1966), Lm Hemetsberger E. (1966), HFm Hemetsberger F. (1976), HFm Hemetsberger J. (1951), HFm Hemetsberger M. (1958), Fm Hemetsberger M. (1933), PFm Hofinger F. (1982), HFm Hofinger F. (1948), OFm Hofinger G. (1976), OFm Hofinger W. (1971), HFm Kalleitner F. (1976), Fm Keber K. (1964), OFm Keber W. (1976), HFm Kieleitner H. (1959), HFm Neudorfer A. (1947), OFm Neudorfer J. (1974), Lm Neudorfer K. (1978), PFm Neudorfer W. (1979), Fm Nöhmer H. (1978), Pachinger A., OFm Pachinger M. (1977), OFm Pachinger R. (1961), OBm Pernetstätter F. (1949), OFm Pernetstätter H. (1977), OFm Renner J. (1964), OLm Rieser A. (1964), Fm Scherr Ch. (1976), HFm Scherr K. (1953), JFm Schiemer G., OFm Schiemer H. (1976), JFm Schiemer H., HLm Schiemer H. (1966), OFm Schneeweiß G. (1981), Fm Steinberger F. (1957), JFm Steinberger F. (1982), OFm Strobl J. (1975), OFm Tötsch H. (1976), Lm Tötsch L., HBm Traschwandtner J. (1943), OBm Wachter F. (1956), HFm Wachter M. (1976), OFm Weißhäupl R. (1967)

FF WILDING-MÜHLBERG

Die Gründungsversammlung fand am 4. Dezember 1902 in Anwesenheit von 17 Mitgliedern statt. Der Brandlöschverein wurde am 6. Januar 1903 bei der k. u. k. Statthalterei eingetragen. Bereits zwei Monate vor der Gründungsversammlung war die neue Spritze bestellt und geliefert worden. 1931 wurde die Motorspritze T 35 mit sämtlichem Zubehör angekauft. 1938 wurde der Brandlöschverein aufgelöst und als Körperschaft öffentlichen Rechts neu gegründet. In diesem Jahr wurde Karl Neudorfer zum Obmann bestellt, der 35 Jahre lang Kommandant der FF Wilding-Mühlberg war. Erst 1953 wurde mit dem Ankauf eines Rüstwagens das Pferd als Bespannung vom Traktor abgelöst. 1955 wurde das Feuerwehrzeughaus neu gebaut. 1960 wurde die derzeitige Tragkraftspritze VW Automatik angekauft. 1973 legte Karl Neudorfer seine Stelle als Kommandant aus Altersgründen zurück. Ihm folgte Johann Hemetsberger, der mit viel persönlichem Einsatz und Elan der Feuerwehr vorstand. Seine Ziele waren die Mitwirkung bei den Leistungsbewerben sowie die Anschaffung eines Gerätes, das die Feuerwehr Wilding-Mühlberg zu einer nicht alltäglichen Feuerwehr machen sollte. So kaufte die Wehr schließlich das erste Heumeßgerät in Oberösterreich. Gleich im ersten Jahr mußte zu vier Einsätzen gefahren werden, wobei sich beim ersten Einsatz der Heustock auf 130 Grad C erhitzt hatte. Es war für die Wehr bestimmt keine leichte Aufgabe, besonders für Kommandant Hemetsberger, diese Verantwortung zu übernehmen. 1977 wurde vom Oö. Landes-Feuerwehrkommando das alte Gerät abgelöst; die Wehr erhielt ein neues Gerät mit Auto zugeteilt und wurde zum Heuwehrstützpunkt erklärt.

HBI Zieher H. (1971), OBI Grabler J. (1972), AW Asamer G. (1977), AW Ebetsberger E. (1959), AW Neudorfer J. (1961), BI Schader J. (1966), BI Scheinast F. (1976) — OFm Armbruckner F. (1978), HFm Armbruckner W. (1970), Fm Aschenberger W. (1979), PFm Asen F. (1983), OFm Asen J. (1976), OFm Brenneis E. (1973), Fm Ebner H. (1981), Fm Ebner R. (1981), HFm Feusthuber K. (1968), OFm Friedl G. (1978), Fm Gasselsberger A. (1981), HFm Gell A. (1969), HFm Grabler A. (1932), OFm Grabler M. (1973), HFm Gramlinger F. (1969), Fm Hauser J. (1968), HFm Hauser A. (1947), HFm Hauser J. (1967), Fm Hauser K. (1979), HLm Heiml G. (1947), Fm Heiml G. (1981), HBm Hemetsberger J. (1953), PFm Hochrainer H. (1983), HFm Hochreiner J. (1960), Fm Hochreiner J. (1978), HFm Höller G. (1925), Fm Hoffmann Ch. (1981), HFm Hoffmann H. (1966), HFm Hohenauer M. (1949), HFm Holzinger F. (1974), HFm Holzinger F. (1947), HFm Huemer L. (1935), HFm Kasberger J. (1940), OFm Kasberger J. (1975), HFm Kibler J. (1972), HFm Kornhuber F. (1979), HBm Kornhuber F. (1955), HFm Kübler F. (1969), HFm Lachner J. (1939), Fm Lachner J. (1978), HFm Lechner J. (1945), OFm Lexl J. (1973), HFm Lexl L. (1968), HFm Lexl L. (1931), Fm Mackner H. P. (1981), HFm Mackner J. (1963), Fm Mackner T. (1981), HFm Märzendorfer F. (1949), PFm Märzendorfer K. (1983), Fm Märzendorfer M. (1978), HFm Märzendorfer M. (1953), HFm Meinhart J. (1962), Fm Mirlacher A. (1978), HFm Mühl A. (1965), HFm Mühl A. (1948), OFm Muhr A. (1976), HFm Oberascher M. (1960), HFm Pettighofer F. (1972), Fm Pettighofer F. (1981), OFm Pillichshammer Ch. (1976), OFm Pillichshammer F. (1974), OFm Pillichshammer J. (1973), HLm Pillichshammer K. (1947), OFm Preuner W. (1976), OFm Raab F. (1966), HFm Rauchenzauner F. (1933), HFm Rauchenzauner H. (1951), OFm Rauchenzauner H. (1976), HFm Riegler J. (1947), Fm Sablatnig H. (1978), Fm Sablatnig W. (1978), Fm Sablatnig W. (1978), PFm Sablatnig P. W. (1983), HFm Sammer F. (1951), HFm Schader F. (1941), HFm Schader F. (1966), HFm Schader J. (1937), OFm Scheinast J. (1973), HFm Scheinast J. (1933), HFm Schierl H. (1971), HFm Schindlauer F. (1970), Fm Schindlauer F. (1978), Fm Schönlechner G. (1979), HLm Sillinger F. (1953), Fm Six Ch. (1981), OFm Six F. (1976), OFm Six J. (1974), HFm Six J. (1948), HFm Steinhofer J. (1968), HFm Strubreiter J. (1974), OFm Vitzthum H. (1975), HFm Vitzthum J. (1954), Lm Wageneder E. (1948), HFm Wimmer M. (1953), HFm Winzer F. (1968), HFm Winzer G. (1936), HFm Wirglauer H. (1968), HFm Ing. Zieher F. (1972), HFm Zieher F. (1947), PFm Zieher P. (1983), HLm Zieher W. (1972).

FF WINDERN

Die Freiwillige Feuerwehr Windern wurde im Jahr 1909 gegründet. Als erster Kommandant wurde Josef Hüthmair gewählt. Diesem folgten die Kommandanten Alois Rübl, Josef Plank und August Föttinger (Haus). Seit 1978 ist August Föttinger (Edt) Kommandant der Feuerwehr. Das erste Fahrzeug war ein Pferdegespann. Im Jahr 1925 konnte die erste Motorspritze angekauft werden. Das erste Feuerwehrauto wurde im Jahr 1934 in Betrieb genommen. Das zur Zeit im Einsatz stehende Tanklöschfahrzeug (TLF 3000) wurde im Jahr 1976 als Lkw angekauft. Der Umbau erfolgte in Eigenregie, der Aufbau (Verkleidung) wurde von einer Firma durchgeführt. Als zweites Fahrzeug besitzt die Feuerwehr ein leichtes Löschfahrzeug (LLF), welches aus einem VW-Bus und einem Anhänger besteht, in welchem die Pumpe (TS) und die notwendigen Geräte transportiert werden. Damit für die Zukunft die Schlagkraft erhalten bleibt, erhielt die Feuerwehr mit Anfang 1984 ein neues Fahrzeug. Dabei handelt es sich um einen LFB. Damit es für die Feuerwehr Windern auch in Zukunft keine Nachwuchssorgen gibt, wurde vom jetzigen Kommandant-Stellvertreter Walter Hauser im Jahr 1973 eine Jugendgruppe gegründet. Um die jährlichen Ausgaben bestreiten zu können und die Ausrüstung zu verbessern, veranstaltet die Feuerwehr neben dem Ball eine Großveranstaltung (Zeltfest).

HBI Föttinger A. (1961), OBI Hauser W. (1950), AW Hochreiter W. (1977), AW Schwed J. (1963), AW Schwed J. (1972), BI Leeb J. (1959), BI Löberbauer E. (1967) — Fm Bauer J. (1951), JFm Brunnbauer D. (1983), Fm Buchner H. (1976), HFm Buchner J. (1921), HFm Buchner J. (1961), OFm Buchner J. (1973), E-OBI Buchner J. (1947), HFm Drack M. (1973), OFm Drack R. (1976), JFm Eichmair J. (1983), JFm Föttinger A. (1982), E-HBI Föttinger A. (1936), OLm Föttinger J. (1967), Fm Gnigler E. (1978), OFm Gnigler G. (1973), HFm Gnigler J. (1973), Fm Gnigler W. (1978), HFm Hauser A. (1963), E-OBI Hauser F. (1933), HBm Heidegger H. (1974), HFm Heidegger J. (1951), Fm Heidegger-Kastenhuber A. (1979), OLm Herndl W. (1974), JFm Hinterberger J. (1983), Lm Hochleitner A. (1970), HFm Hochleitner J. (1973), Fm Höllbacher H. (1976), E-AW Hofmann J. (1935), HFm Leeb J. (1975), Fm Leeb R. (1982), Lm Lehner M. (1970), HFm Mielacher H. (1966), HFm Moser F. (1961), JFm Moser R. (1983), Fm Pamminger J. (1979), HFm Pöll J. (1936), HFm Pöll J. (1979), JFm Resch G. (1982), JFm Samhaber N. (1982), HBm Schobesberger J. (1956), OFm Schobesberger R. (1956), JFm Schobesberger R. (1981), HBm Schön J. (1978), AW Schwarzgruber J. (1930), AW Sebera P. (1947), AW Söllinger J. (1947), HFm Spiesberger J. (1956), Fm Tauber A. (1982), Fm Waltenberger J. (1982), OFm Wiesinger N. (1976), Fm Wiesinger R. (1981), HFm Zöbl M. (1956), Fm Zöbl M. (1976)

FF WOLFSEGG

Im Jahr 1877 gründeten der Schulleiter Autengruber, Stephan Uher, Franz Kölblinger, Gastwirt Hüttl und Alois Lindner einen Feuerwehrverein. 1912 wurde die Zeugstätte verbessert und der Schlauchturm gebaut. Während des Weltkrieges führte wieder Alois Lintner den Verein. Ihn löste 1919 Alois Gruber und 1921 wiederum Hittmaier ab. 1926 übernahm Franz Duftschmied die Obmannstelle. 1930 wurde der Löschzug Friesam gegründet und eine neue Motorspritze angeschafft. Adolf Kienast übernahm 1938 die Obmannstelle. Karl Kronlachner übernahm ab 1940 die Wehrführerstelle. 1946 bekam Schlaugenham eine Motorspritze, 1947 trat Eduard Deisenhamer an die Spitze des Vereines. Viele Instandsetzungsarbeiten wurden durchgeführt, neue Requisiten angeschafft. 1949 wurde Bruno Hollerwöger zum Wehrführer gewählt. Nachdem das alte, aus Wehrmachtsbeständen stammende Fahrzeug die Einsatzbereitschaft nicht mehr gewährleistete, wurde 1957 ein neues Rüstfahrzeug angekauft. 1958 wurde Kam. Wögerbauer zum Wehrführer gewählt. 1959 übernahm Kam. Josef Kratzer das Kommando. 1965 wurde das neue Feuerwehrhaus errichtet. An Ausrüstungsgegenständen wurden 1966 drei Geräte für schweren Atemschutz und 1970 eine neue Tragkraftspritze VW Automatik angekauft und in Dienst gestellt. Kam. Kratzer hatte bis 1973 das Kommando inne und wurde von Kam. Johann Kinberger abgelöst. Unter ihm wurden 1976 ein TLF 2000 und zwei Funkgeräte (2-m-Band) angeschafft. 1982 wurde ein Schulungsraum gebaut und ein neues Löschfahrzeug LFB erworben. Kam. Kinberger führte das Kommando bis 1983 und wurde von Kam. Gerhard Bartel abgelöst. Dieser konnte 1983 ein LFB in Dienst stellen, das Feuerwehrhaus umbauen, ein weiteres Funkgerät und eine neue TS VW Trokomat anschaffen.

HBI Bartel G. (1977), OBI Grabner F. (1968), AW Kossak J. (1963), AW Nöhammer A. (1964), AW Wiesmüller A. (1968), BI Haring J. (1968), BI Hittmeier R. (1949), BI Kronlachner H. (1956) — HFm Aigner K. (1938), E-OBI Asamer K. (1959), Fm Asamer K. (1980), OLm Bajtal A. (1954), HFm Baldinger J. (1969), OFm Bartolini M. (1978), Lm Berger M. (1977), JFm Berger R. (1983), JFm Berger W. (1979), Bm Brand A. (1947), Lm Burgstaller P. (1975), HFm Dallinger A. (1927), Lm Dallinger E. (1957), HFm Dambauer A. (1949), Lm Daringer A. (1940), E-HBI Deisenhammer E. (1922), Fm Distler H. (1979), JFm Doppler A. (1982), JFm Doppler H. (1982), HBm Doppler J. (1979), Fm Eder P. (1975), Fm Ehrenleitner F. (1972), HFm Forstner J. (1962), JFm Forstner W. (1983), OLm Gründlinger F. (1952), Fm Gründlinger F. (1973), Fm Hasenburger H. (1980), HBm Hattinger F. (1961), Lm Hattinger F. (1952), Fm Hittmaier K. (1981), Fm Hofmaninger F. (1983), HFm Hofmanninger F. (1969), HFm Hofmayr A. (1947), HFm Holl W. (1975), Lm Holzleitner F. (1959), OLm Huber J. (1946), OLm Kaltenbrunner F. (1947), Fm Kinberger G. (1980), E-HBI Kinberger J. (1946), PFm König G. (1983), Fm König R. (1975), Lm Kosel J. (1966), Fm Kossak J. (1979), E-HBI Kratzer J. (1928), OFm Lehner F. (1975), OFm Lobmayr H. (1975), PFm Mittermair K. (1983), HFm Osterkorn F. (1973), HFm Papst A. (1973), JFm Pötzlberger Ch. (1983), JFm Pötzlberger F. (1982), Lm Pötzlberger F. (1975), OFm Rieder H., Fm Rieder H. (1977), Fm Riedl J. (1981), Lm Rieger H. (1968), OFm Salfinger J. (1949), PFm Samhaber T. (1983), OFm Schönleitner F. (1973), Lm Schönmeier W. (1954), HFm Sonntag R. (1949), HBm Steiner A. (1965), JFm Stockinger Ch. (1983), Fm Traunwieser H. (1980), Fm Tremetsberger H. (1981), Lm Ullmann F. (1940), Unterhauser J. (1930), Fm Wallner H. W. (1980), HFm Wallner J. (1946), JFm Wolfsberger H. P. (1982), OLm Zöbl K. (1955)

FF ZELL AM MOOS

Die Freiwillige Feuerwehr Zell am Moos wurde am 12. Februar 1899 gegründet. Ein Jahr nach der Gründung wurde die Löschrotte Haslau aufgestellt. Am 22. Mai 1938 wurden die beiden Feuerwehren Zell am Moos und Haslau aufgelöst und zu einer Gemeindefeuerwehr vereinigt. Nach dem Zweiten Weltkrieg, am 27. April 1947, erfolgte die Trennung der Wehren, und der ursprüngliche Zustand wurde wieder hergestellt. Das Jahr 1948 war für die FF Zell am Moos von großer Bedeutung, denn es wurde eine neue Zeugstätte errichtet und ein Löschfahrzeug angekauft. Am 12. August 1950 konnte unsere Feuerwehr das 50jährige Gründungsfest feiern. Im Rahmen des Festaktes wurde die im Jahr 1939 angekaufte Motorspritze geweiht. Im Jahr 1951 erfolgte die Weihe unserer Vereinsfahne. Nach dem Krieg und unter der Leitung des damaligen Kommandanten konnte unsere Feuerwehr eine starke Aufwärtsentwicklung verzeichnen. Am 10. August 1952 hat die erste Gruppe unserer Feuerwehr das Leistungsabzeichen in Bronze erworben. Die alte Motorspritze war nicht mehr entsprechend, und so haben sich die damals im Jahr 1954 Verantwortlichen der FF Zell am Moos zum Ankauf einer neuen Motorspritze entschlossen. Ein neues Löschfahrzeug Opel Blitz wurde im Jahr 1970 angekauft und im Rahmen des 70jährigen Gründungsjubiläums gesegnet und seiner Bestimmung übergeben. Bereits 1972 kaufte die Wehr Atemschutzgeräte an. 1978 wurde die FF mit Funkgeräten (ein Fahrzeugfunk- und ein Handfunkgerät) ausgestattet.

HBI Obauer F. (1968), OBI Moser R. (1966), AW Brandstetter A. (1974), AW Huber A. (1964), AW Langwallner W. (1966), BI Langwallner J. (1969) — HFm Achleitner A. (1956), HFm Achleitner J. (1966), HFm Blaichinger F. (1950), OFm Brucker G. (1963), OLm Buchner J. (1960), HBm Döllerer F. (1960), HFm Dorfinger M. (1968), OFm Eder F. (1944), OFm Eisl J. (1947), Fm Eisl J. (1981), Fm Enzinger F. (1960), Lm Eppel F. (1956), OFm Froschauer A. (1973), HFm Gaderer F. (1950), HLm Gaderer F. (1966), Fm Gierbl F. (1979), HFm Gierbl J. (1968), HFm Gierbl M. (1960), OFm Grubinger J. (1956), OBm Grubinger M. (1950), OFm Grubinger M. (1956), HFm Grubinger M. (1931), HFm Grubinger M. (1967), HFm Haslinger A. (1983), HFm Höllerer J. (1934), OFm Höllerer J. (1968), Lm Höllerer M. (1956), HFm Howorka H. (1947), OFm Hufnagl F. (1975), HFm Hufnagl J. (1964), Bm Hutter J. (1956), PFm Krög M. (1978), OFm Krög M. (1974), HFm Kroiß M. (1963), Fm Lacher J. (1964), OFm Langwallner L. (1974), E-HBI Langwallner L. (1948), Fm Lettner J. (1948), HFm Lettner J. (1968), OFm Maier M. (1972), HFm Maier M. (1954), Fm Mayrhofer J. (1950), Fm Neuhofer J. (1966), OFm Neuhofer W. (1961), HFm Obauer F. (1947), Fm Obauer G. (1977), Fm Oberst G. (1975), Fm Parhammer M. (1963), HFm Pillinger M. (1953), HFm Pöckl F. (1950), Fm Pöckl F. (1982), HFm Pöckl F. (1950), HFm Pöckl G. (1956), HFm Pöckl J. (1927), HFm Pöckl J. (1941), HFm Pöckl J. (1968), HFm Pöckl L. (1968), Fm Rindberger F. (1983), OFm Rindberger F. (1968), HFm Rindberger J. (1939), Fm Salletmayer F. (1956), HFm Schafleitner G. (1956), OFm Schafleitner J. (1968), Fm Schafleitner J. (1981), OFm Schafleitner M. (1968), OFm Schafleitner M. (1956), OFm Schafleitner M. (1964), Lm Schindlauer J. (1977), HFm Schindlauer P. (1983), HFm Schindlauer P. (1950), OBm Sesser A. (1937), HFm Sesser J. (1956), Fm Sesser W. (1971), HFm Spielberger F. (1939), OFm Stabauer J. (1967), Fm Stabauer F. (1979), OFm Stabauer J. (1947), Fm Stabauer J. (1979), HFm Stöckl F. (1937), FA Dr. Stutz K. (1960), HFm Wiesinger F. (1966), Fm Mag. Wiesinger J. (1968), HFm Winter J. (1964), OFm Winter R. (1974)

FF ZELL AM PETTENFIRST

Am 23. Oktober 1888 brannten mitten im Ort zwei Häuser. Durch dieses Brandunglück wurde der Wunsch nach einer guten Feuerspritze laut und der Kauf beschlossen. Am 20. Januar 1889 wurde vom Gemeindevorstand Karl Pohn eine Versammlung zur Gründung einer Feuerwehr einberufen und diese auch gegründet. Anfang Mai 1889 kam die in Böhmen angekaufte Spritze, eine Ochsengespannspritze, an. Am 25. September 1889 wurden Spritze und Mannschaft erstmals zur Brandbekämpfung eingesetzt. Am 28. Juli 1896 wurde Grund angekauft und darauf ein Feuerlöschrequisiten-Depot errichtet. 1924 wurde ein Schlauchturm angebaut, der am 29. Mai 1924 von der Feuerwehr übernommen wurde. Die 1925 angeschaffte Fahne wurde am 12. Juli d. J. geweiht. 1931 sollte eine Motorspritze angeschafft werden, wozu man sich mit der Fa. Gugg, Braunau, ins Einvernehmen setzte. Der Kauf konnte jedoch erst am 3. November 1931 getätigt werden, wobei die größere Spritze, Gugg Type 2, mit Motorspritzenwagen gekauft wurde. Das Fahrgestell zum ersten Feuerwehrauto – Steyr 1500 – wurde 1946 gekauft, 1948 von der Fa. Poppenreiter, Attnang, aufgebaut und 1949 fahrbereit der Feuerwehr übergeben. Das zur Garagierung dieses Rüstautos notwendige Spritzenhaus wurde 1948/49 erbaut und am 30. Juli 1950 eingeweiht. 1953 wurde eine neue Motorspritze, Rosenbauer R 75, angekauft. Der altersschwache Rüstwagen Steyr 1500 wurde 1966 durch ein Allradfahrzeug, Land-Rover-Frontlenker, ersetzt. Auch wurde noch eine TS Rosenbauer VW Automatik angeschafft. Für die Unterbringung erstand man 1968 einen gebrauchten VW-Bus. Die ersten Funkgeräte wurden 1972 angekauft. 1976 wurde ein TLF angeschafft und 1977 ein KHD-Anhänger vom Landeskommando verlagert.

HBI Pohn H. (1957), OBI Gröstlinger M. (1955), AW Neußer J. (1967), AW Pohn R. (1977), AW Weißböck J. (1967), BI Doppler J. (1968), BI Mittermaier A. (1967), OBR Kopp E. (1950) — OFm Baldinger N. (1979), E-BI Berger F. (1947), OFm Dannbauer A. (1947), HFm Dannbauer J. (1970), PFm Dannbauer M. (1983), OFm Dannbauer R. (1955), E-AW Denk A. (1947), OFm Denk D. (1979), Lm Dollberger M. (1967), OLm Ecker A. (1966), Bm Ecker F. (1961), Lm Ecker J. (1914), E-AW Eitzinger J. (1946), Fm Gehmayr F. (1967), Fm Gehmayr J. (1967), Fm Glechner J. (1965), HLm Gradinger A. (1966), HFm Gradinger F. (1966), Lm Gröstlinger A. (1947), Fm Gröstlinger D. (1947), Lm Gröstlinger H. (1947), Lm Gruber A. (1949), Lm Gruber A. (1977), OLm Gruber F. (1967), PFm Gruber J. (1983), OFm Grünnbacher A. (1947), OFm Haas F. (1947), Bm Hager A. (1963), E-OBI Hager F. (1931), E-BI Haslinger J. (1948), OFm Hiegelsberger J. (1947), OFm Hiegelsberger J. (1974), Fm Hiegelsberger R. (1979), Fm Holl A. (1926), OLm Holl A. (1966), Fm Holl J. (1924), HLm Holl J. (1964), PFm Holl J. (1983), Lm Hufnagl W. (1974), HLm Kaltenbrunner A. (1965), Fm Kopp F. (1967), OLm Leeb H. (1952), OFm Lehner L. (1953), OFm Leitner K. (1950), Bm Leitner W. (1959), OFm Machacek A. (1979), OFm Mairinger F. (1955), E-AW Mayer A. (1949), Lm Meiringer A. (1977), Lm Meiringer A. (1977), Fm Meiringer B. (1982), E-OBI Meiringer R. (1948), OBm Mittermaier A. (1967), Bm Mittermaier R. (1967), Bm Mittermair J. (1967), E-OBI Pohn A. (1951), OLm Pohn A. (1966), HFm Pohn F. (1966), OFm Pohn F. (1976), Fm Pohn H. (1923), E-AW Pohn J. (1947), HLm Pohn J. (1951), OLm Pohn J. (1967), HLm Pohn J. (1974), E-HBI Pohn J. (1937), OFm Pohn J. (1947), OLm Pohn J. (1959), Fm Pohn K. (1967), OFm Pohn M. (1967), Lm Prem F. (1931), Fm Purer D. (1924), Lm Purer F. (1966), Bm Purer J. (1947), Bm Purer J. (1956), HLm Purer J. (1961), BFK Rammer J. (1974), OFm Reif G. (1951), Fm Reif R. (1967), Bm Rudinger B. (1961), Lm Schiller J. (1938), Fm Schiller J. (1958), E-AW Schlager F. (1947), OFm Mag. Schlager F. (1967), HLm Schmidtmaier J. (1966), Fm Schmidtmayr J. (1983), Lm Schrank H. (1947), Bm Schrank H. (1967), Fm Thalhammer P. (1980), OLm Wagner A. (1925), HBm Wagner F. (1954), OFm Wagner R. (1951), Fm Weißböck H. (1979), E-AW Wintereder K. (1947)

BtF DER BRAUEREI ZIPF

Zur Sicherung des Betriebes und der nächsten Umgebung wurde die Betriebsfeuerwehr gegründet. Am 15. Dezember 1927 fand die Gründungsversammlung in Zipf statt. 31 Mitglieder waren bei der Gründungsversammlung anwesend. Die erste Ausfahrt erfolgte am 12. Juli 1928. In den dreißiger Jahren gab es für die Betriebsfeuerwehr viele Einsätze in der nächsten Umgebung. Während der Kriegszeit hatte die Betriebsfeuerwehr besonders schwierige Aufgaben zu bewältigen. In den Kellerräumen der Brauerei war ein Rüstungsbetrieb (V 2) angesiedelt. Es kam öfter zu gefährlichen Bränden, wahrscheinlich durch Entzündungen von ausgeströmtem Sauerstoff. Dabei konnte sich die Betriebsfeuerwehr in etlichen lebensgefährlichen Einsätzen bewähren. Nach dem Weltkrieg wurde die Betriebsfeuerwehr nicht nur zu Brandeinsätzen, sondern auch mehrmals zu Hochwassereinsätzen gerufen. Die im Betriebsbereich ausgebrochenen Brände konnten jeweils im Anfangsstadium gelöscht werden. Die Einführung des Feuerwehrundganges an Sonn- und Feiertagen brachte für die Brauerei Zipf eine weitere Verbesserung des Brandschutzes. In den letzten 15 Jahren brachte die Firmenleitung die Ausrüstung der Betriebsfeuerwehr durch Ankauf modernster Geräte auf den neuesten technischen Stand. So wurden u. a. eine Tragkraftspritze, ein Löschfahrzeug, eine fahrbare Alu-Ausziehleiter, Mittelschaumausrüstung, Preßluftatmer, Sprechfunkgeräte, Notstromaggregat, Scheinwerfer und Stativ angeschafft. In den gefährdeten Objekten wurden Rauchgasmeldeanlagen installiert. Das Hydrantennetz wurde erweitert und auf Hochdruck umgestellt. Die Bekleidung wurde völlig erneuert. Seit August 1981 ist die Betriebsfeuerwehr an die Funkalarmierung angeschlossen.

HBI Grabner F. (1962), OBI Moser H. (1968), AW Bogner O. (1966), AW Loy J. (1950), BI Forster E. (1965), BI Wintereder A. (1951) — OLm Berer R. (1958), Fm Brandt F. (1978), OLm Burger G. (1957), OLm Eisl A. (1966), PFm Fellner F. (1983), E-VBR Ing. Hartl J. (1960), Fm Hiller W. (1981), HFm Hochrainer F. (1969), OLm Huber W. (1959), Bm Kaser H. (1960), Fm Lackner A. (1982), HLm Leitner H. (1965), Lm Moosleitner A. (1963), HFm Pühringer A. (1971), OLm Reich G. (1962), HLm Reitböck J. (1962), PFm Scheibl A. (1983), OFm Scheibl F. (1979), HFm Scheibl J. (1975), HFm Stallinger G. (1973), HFm Weidinger W. (1973)

BtF LENZING AG

1917 gründeten die benachbarten Papierfabriken Lenzing und Pettighofen – sie gehörten einem gemeinsamen Unternehmen an – in jeder dieser Produktionsstätten eine freiwillige Betriebsfeuerwehr. Kommandant war Karl Dunkel. Beide Wehren bestanden bis 1939 und wurden von der „Hauptberuflichen Werksfeuerwehr der Zellwolle und Papierfabrik AG" abgelöst und zum Teil in ihr eingebunden. Kommandant war Anton Plasser. Ab 1943 durch zwei Hitlerjugend-Feuerwehrgruppen und von der überregionalen Feuerwehrbereitschaft OD 6 verstärkt, versahen diese Organisationen den Brandschutz des Unternehmens bis 1945. Durch die Teilung des Großbetriebes (1949) in die Zellwolle Lenzing AG und in die Lenzinger Zellulose- und Papierfabrik AG wurde die Werksfeuerwehr wiederum erst 1969 eine Werksfeuerwehr für ein gemeinsames Unternehmen. 1965 entstand durch eine Firmengründung (Austria-Faserwerke Ges.m.b.H.) neuerdings eine Erweiterung des Aufgaben- und Schutzbereiches. In dieser Zeit wurden auch vier freiwillige Schicht- und eine Tagschichtgruppe gegründet. Im Spätsommer 1973 wurde die Betriebsfeuerwehr der Chemiefaser Lenzing AG und der Werkschutz desselben Unternehmens in eine gemeinsame Betriebsabteilung Werkssicherung der Chemiefaser Lenzing AG zusammengelegt. Der Kommandant der BtF ist seit 1968 VBR Josef Kriechbaum. Als Leiter der Werkssicherung der Chemiefaser Lenzing AG ist seit 1973 Franz Auracher tätig. Die BtF Lenzing AG verfügt derzeit über 6 Einsatzfahrzeuge. Außerdem betreut sie ca. 1 500 Maskenträger des Unternehmens. Sie verfügt über 40 Stück PA 54 und zwei leistungsfähige Atemluftkompressoren. Ein modernes Atemschutzzentrum mit Prüfstand wurde eingerichtet.

VBR Kriechbaum J. (1961), HBI Scheichl J., BI Baier J. (1957), BI Foggensteiner J. (1957), BI Gremelmayr E. (1968), BI Holleweger H. (1957) — Fm Aigner E. (1982), Fm Angermayr J. (1965), OFm Aschauer G. (1979), Fm Baier L. (1965), Fm Baumgartlinger F. (1981), Fm Bichler Ch. (1973), HLm Bichler M. (1959), Fm Brandstätter F. (1961), Fm Dax J. (1969), PFm Dittenberger J. (1983), Fm Dreher W. (1971), Fm Eberl J. (1976), Fm Ebner M. (1969), PFm Ehrnleitner A. (1983), Fm Fleischmann K. (1969), Lm Führer A. (1968), Fm Gams A. (1982), HFm Gebetsroither E. (1972), Fm Gebetsroither F. (1976), HFm Göschlberger F. (1972), PFm Grabner J. (1982), Lm Griebl F. (1938), PFm Gröstlinger F. (1982), PFm Hebedinger K. (1982), Fm Hemetsberger F. (1981), Lm Henökl J. (1971), HFm Henzinger F. (1972), Fm Hinterberger P. (1978), HBm Hofbauer R. (1956), OLm Hofer E. (1957), Fm Huber J. (1969), Fm Hufnagl J. (1977), HLm Kastinger H. (1957), Fm Kaufmann E. (1967), Fm Kendlbacher F. (1970), BI Köhbrunner A. (1945), OFm Kritzinger F. (1976), HFm Lacher A. (1969), Fm Lacher A. (1974), Fm Lachner K. (1981), HFm Lachner L. (1972), Fm Lasinger A. (1983), Fm Lebersorger R. (1976), Fm Lenzenweger J. (1965), Fm Linnerth G. (1961), Fm Lösch F. (1966), PFm Lohninger L. (1982), HFm Malzner F. (1968), HFm Mayr A. (1973), Fm Mayr Ch. (1979), HFm Mayr M., Fm Meergraf F. (1961), HFm Moser F. (1978), PFm Moser J. (1984), Lm Mühlbacher F. (1971), OFm Müller F. (1979), Fm Muhrer L. (1961), Bm Neubacher F. (1971), Fm Neudorfer J. (1972), HFm Neuwirth F. (1975), Fm Obermayr F. (1971), HFm Oberndorfer F. (1972), Fm Oyen G. (1979), Lm Pfister K. (1971), BI Plank M. (1950), PFm Preuner H. (1982), Fm Preuner J. (1961), HFm Riedl M. (1947), Fm Schachner A. (1978), Fm Schiemer K. (1982), Lm Schischma J. (1969), OLm Schön E. (1957), PFm Schwarzenlander R. (1982), PFm Seibriger E. (1983), Fm Stabauer M. (1983), Fm Staufer R. D. (1969), Lm Stelzhammer A. (1965), HLm Stolar J. (1970), Bm Teufl R. (1963), PFm Winderle F. (1983), Fm Zwickl K. (1979)

BtF DER ETERNIT-WERKE AG, VÖCKLABRUCK

Am 1. April 1900 wurde die Betriebsfeuerwehr der Eternit-Werke AG gegründet. Die Satzungen wurden im Jahr 1910 von der Statthalterei Linz genehmigt. Um die Eintragung in das oö. Feuerwehrbuch wurde 1949 angesucht. An Löschgeräten sind zum heutigen Zeitpunkt vorhanden: ein TLF 1000 mit Hochdruck, ein Rüstfahrzeug LF 15 mit eingebauter Kreiselpumpe sowie eine Tragkraftspritze RW 80; weiters ein Ford FK 1250 mit einer TS 80 VW Automatik, eine fahrbare Kraftspritze Breuer TSA 50. Außerdem sind im gesamten Betriebsgelände rund 300 Feuerlöscher im Einsatz, welche durch drei Löschwarte B betreut werden. Die Bezirks-Funkwarnanlage Vöcklabruck ist im Portierhaus der Eternit-Werke AG installiert und wird von den Portieren des Werks und von den Funkern der BtF betreut. Die Kommandanten der BtF Eternit-Werke AG (soweit bekannt) waren: Cajetan Armbruster (bis 1962), Wilhelm Hüttl (1962–1980) und Max Gschwandtner (seit 1980).

HBI Gschwandtner M. (1954), OBI Mayer H. (1972), AW Käferböck F. (1959), AW Kohlhofer J. (1973), AW Poschacher H. (1969), BI Hengster F.-P. (1976), BI Moser J. (1957) — HFm Ammer F. (1955), HFm Beindling F. (1951), HFm Billich A. (1969), Fm Brunmayr J. (1982), Lm Brunner H. (1974), HFm Gastinger J. (1945), Bm Gruber M. (1930), HLm Haberl H. (1960), E-AW Hengster F. (1941), HFm Huber H. (1957), E-HBI Hüttl W. (1945), E-OBI Hummer K. (1947), HFm Illy L. (1948), Fm Kreuter K. (1982), Lm Mairinger A. (1952), E-BI Marsalek K. (1961), Fm Mayr H. jun. (1982), Lm Mayr H. sen. (1969), Lm Mayrhofer H. (1962), Lm Moser A. (1930), HFm Padinger J. (1956), HFm Rosenkranz J. (1947), HFm Schaufler J. (1954), OFm Schürrer K. (1980), Fm Schwarz K. (1982), OFm Sperr G. (1980), E-AW Sperr K. (1941), HFm Stamberg G. (1965), OFm Steindl J. (1946), Lm Übleis A. (1968), HFm Walsberger E. (1967), OLm Walter F. (1954), Lm Wranig G. (1972)

BtF OKA, TIMELKAM

Die Betriebsfeuerwehr des Dampfkraftwerkes Timelkam wurde im September 1939 gegründet. Noch im Gründungsjahr wurde eine Tragkraftspritze TS R 60 mit allen dazugehörigen Geräten angeschafft. Die Spritze und die Gerätschaften waren in diversen Betriebsgebäuden untergebracht, die als Zeugstätte dienten. In den folgenden Jahren wurde der Mannschaftsstand allmählich erhöht und eine weitere Spritze, eine Motorspritze TS 8, erworben. 1947 wurde von der Betriebsleitung Ing. Rudolf Pflacher als Kommandant bestellt und beauftragt, die Neuanschaffung von Geräten sowie eine umfangreiche Schulung der Feuerwehrmitglieder durchzuführen. Im Jahr 1954 wurde die Betriebsfeuerwehr in das oö. Feuerwehrbuch eingetragen. Im Jahr 1966 wurde der Neubau eines Feuerwehrgebäudes vorgenommen. Die Kommandanten seit der Gründung der Betriebsfeuerwehr des Dampfkraftwerkes Timelkam waren: Franz Wagner (1939–1941), Anton Kohberger (1941–1947), Ing. Rudolf Pflacher (1947–1971), Josef Lacher (1971–1984) und Rudolf Micheler (seit 1984).

HBI Lacher J. (1949), OBI Micheler R. (1962), AW Dax F. (1948), AW Mayrhofer S. (1958), AW Stöckl J. (1964) — Lm Ablinger F. (1952), OLm Daxner W. (1964), HFm Doloszeski W. (1968), Lm Eder E. (1962), OLm Eder F. (1931), Lm Fuchs E. (1962), HBm Führer J. (1962), HLm Gerstl W. (1954), Lm Innerlohinger J. (1952), HFm Klambauer A. (1974), Lm Leitner S. (1967), Fm Lugstein A. (1982), Fm Lugstein A. (1982), OLm Mendl L. (1940), HFm Pangerl E. (1972), Lm Peer J. (1962), E-HBI Ing. Pflacher R. (1935), OLm Pohnitzer F. (1952), OLm Pollhammer J. (1936), HFm Schenk K. (1964), Lm Schnallinger J. (1967), HFm Schweitzer M. (1974), HLm Strobl A. (1954), HFm Strobl Ch. (1973), HBm Weber J. (1962)

BtF DER WOLFSEGG-TRAUNTHALER-KOHLENWERKS-AG, AMPFLWANG

Die Betriebsfeuerwehr der Wolfsegg-Traunthaler-Kohlenwerks-AG Ampflwang wurde im Jahr 1928 gegründet. Gründungskommandant der Wehr war Anton Kreutzmaier (1928–1940). Ihm folgten als Feuerwehrhauptleute Johann Doppler (1940–1958), Ernst Razenberger (1958–1982) und Walter Hinterleitner (seit 1982).

HBI Hinterleitner W. (1963), OBI Haslinger G. (1973), AW Bergmaier R. (1973), AW Kinast F. (1974), AW Lidauer H. (1975), AW Zödl M. (1950), BI Dobner H. (1979) — Fm Bachmann J. (1980), OLm Dobias D., Lm Dumfahrt J. (1953), Lm Eckl S. (1964), Bm Eitzinger A. (1918), Bm Fuchs J. (1929), HFm Grausgruber H.-P. (1979), Fm Gründlinger H., Lm Haidinger K. (1962), Lm Hart K. (1963), HFm Henkel M. (1980), Fm Holl M. (1982), PFm Holzinger G. (1983), Fm Holzinger H. (1981), Fm Huber F. (1979), Lm Kaltenbrunner R. (1946), HBm Kinast R. (1960), FA Dr. Kirchbaum J. (1981), Lm Klein G. (1979), Fm Krüger L. (1982), OFm Mair Ch. (1981), PFm Persterer G. (1983), HFm Prucha F. (1978), OLm Prucha O. (1945), E-HBI Razenberger E. (1940), Fm Razenberger K. (1974), OLm Rieger M. (1973), OBm Roither J. (1946), Lm Rosner J. (1928), Bm Rouschka F. (1928), Fm Schiller F. (1982), HFm Spieß F. (1974), Fm Spitzer F. (1982), HFm Stranzinger H. (1962), E-OBI Wiesinger J. (1946), Bm Zarbnicky J. (1920), Bm Zödl H. (1950)

BEZIRK WELS-LAND

45 FEUERWEHREN

Abschnitt 1 Lambach   20 Feuerwehren
Abschnitt 2 Wels   25 Feuerwehren

BEZIRKSKOMMANDO

Sitzend von links nach rechts: BFK P. Eisl Christoph, BR Reinthaler Franz, OBR Auzinger Karl, BR Krenner Max, BFA Dr. Baudraxler Walter; stehend von links nach rechts: HAW Geyrhofer Harald, HAW Hörmannseder Ernst, HAW Zwickl Karl, HAW Herbe Walter, HAW Peemöller Peter, HAW Rockenschaub Franz, HAW Brandl Johann

FF AICHKIRCHEN

Die FF Aichkirchen wurde am 8. September 1889 mit 48 Mitgliedern gegründet. Der erste Kommandant, damals hieß er Obmann, war Ferdinand Obermair. Bereits im Dezember des Gründungsjahres wurde von der Fa. Rosenbauer eine neue Saugspritze angekauft und ein „Feuerspritzendepot" erbaut. Der erste Löschteich wurde 1901 in Aichkirchen erbaut. Ferner wurden einige Handspritzen für die größeren Ortschaften angeschafft. Die erste Motorspritze, eine Rosenbauer-Breuer, die heute noch in Verwendung ist, konnte 1930 angekauft werden. Nach Ende des Zweiten Weltkriegs konnte ein Steyr-Geländewagen aus ehemaligen Wehrmachtsbeständen für die Feuerwehr sichergestellt und zu einem Rüstwagen umgebaut werden. Auch eine zweite Motorspritze, DKW-Flader, konnte auf diesem Wege erworben werden. 1957 konnte eine neue Tragkraftspritze VW Rosenbauer und 1959 ein Kleinlöschfahrzeug Ford FK 1250 angeschafft werden. Durch den Bau von Löschteichen wurde die Löschwasserversorgung in den Ortschaften verbessert. In der Ortschaft Pitting wurde das aus Holz erbaute Zeughaus durch einen Massivbau ersetzt. Eine Tragkraftspritze RK 75 und ein 1983 in Dienst gestellter Rüstwagen, LFB Mercedes 508 D, verbessern die Einsatzfähigkeit der Feuerwehr wesentlich. Funkalarmierung und die Anschaffung von Mittelschaumgerät, Notstromaggregat, schwerem Atemschutz und Ausrüstungsgegenständen wie Helmen, Arbeitsanzügen und Schutzjacken erhöhen die Schlagkraft und Vielseitigkeit eines Brand- oder technischen Einsatzes der Feuerwehr. Schließlich wurden noch neue Löschteiche gebaut, so daß fast jede Ortschaft mit Löschwasser versorgt ist.

HBI Weinberger A. (1947), OBI Pennetzsdorfer F. (1939) — Achleitner K. (1943), Gruber S. (1972), Haider G. (1969), Hinterberger G. (1983), Hiptmair K. (1983), Hofwimmer H. (1983), Klausmair J. (1974), Klausmair J. (1983), Klausmair J. (1956), Kunst P. B. (1972), Leopoldseder A. (1964), Leopoldseder F. (1963), Mair F. (1931), Mair F. (1967), Mairinger F. (1940), Manhartseder J. (1962), Münch E. (1965), Murauer W. (1972), Oberndorfer A. (1939), Oberndorfer F. (1950), Oberndorfer F. (1972), Oberndorfer K. (1974), Pautzenberger J. (1981), Pennetzdorfer F. (1953), Pennetzdorfer G. (1972), Pennetzdorfer J. (1947), Pennetzdorfer K. (1942), Piererfellner F. (1972), Pupeter J. (1959), Pupeter W. (1983), Schimon E. (1962), Schönleitner F. (1952), Selinger A. (1939), Selinger Ch. (1982), Selinger E. (1958), Selinger E. (1983), Selinger G. (1983), Selinger H. (1976), Selinger J. (1948), Söllinger J. (1965), Söllinger J. (1983), Sonnleitner H. (1952), Starl S. (1981), Steiner H. (1959), Steiner K. (1976), Steiner R. (1983), Steinhuber F. (1960), Steinhuber F. (1934), Sturbmayr W. (1967), Sturmair J. (1976), Vorhauer J. (1959), Willinger K. (1949)

FF AM IRRACH

Die Freiwillige Feuerwehr Am Irrach wurde 1932 von 28 Mitgliedern gegründet. Die Zeugstätte steht an der höchsten Erhebung des Bezirkes Wels, zwischen den Gemeinden Pichl und Gunskirchen. Zum ersten Hauptmann wurde Franz Loizenbauer gewählt. Eine Handspritze war der Stolz der damaligen Wehrmänner. Während der NS-Zeit Verschmelzung mit der FF Pichl. Am 1. September 1946 wurde Ferdinand Fuchsberger zum Kommandanten gewählt. 1947 wurden eine Motorspritze und ein Spritzenwagen angekauft. 1948 wurde die FF Am Irrach wieder selbständig. 1951 war ein sehr erfolgreiches Jahr: Ankauf einer Sirene, Bau eines Löschteiches in Unterirrach, Kauf eines Schaumlöschgerätes. 1952 wurde das erste Feuerwehrauto, ein Steyr 2000, gekauft. Erstmals auch Teilnahme an einem Leistungsbewerb. 1956 und 1957 Bau einer neuen Zeugstätte. 1963 errang erstmals eine Gruppe unter Stellvertreter Josef Huemer in Linz das Leistungsabzeichen in Silber. 1974 wurde ein neues Feuerwehrauto, ein Ford Transit mit Funk, Schiebeleiter und Mittelschaum, angekauft. Anläßlich der Neuwahl des Kommandos im Jahr 1978 trat Kommandant Fuchsberger nach 33 Jahren als Kommandant zurück. Durch die Verlegung der Fallsbacher Bezirksstraße 1982 Pläne zum Neubau einer Zeugstätte. 1983 Ankauf des Baugrundes angrenzend zur alten Zeugstätte. 1984 wurde mit dem Neubau begonnen.

HBI Dirnstorfer H. (1965), OBI Obermair J. (1960), AW Angermayr R. (1954) — Lm Auer W. (1979), OLm Berger A. (1970), Fm Berger J. (1975), OFm Beschta M. (1974), Lm Böhm H. (1949), Fm Doppler E. (1974), Fm Doppler K. (1977), Fm Doppler W. (1979), E-BI Fuchsberger F. (1932), OLm Fuchsberger F. (1970), OLm Fuchsberger H. (1945), OBm Fuchsberger J. (1932), OLm Haslinger F. (1951), Haslinger F. (1968), Bm Huemer G. (1942), OLm Huemer S. (1932), Fm Loizenbauer F. (1982), HFm Loizenbauer F. (1960), HBm Loizenbauer J. (1932), OLm Neuwirth F. (1957), PFm Obermaier-Dingböck J. (1983), OLm Parzer S. (1933), OLm Roiß F. (1957), OLm Sammer H. (1946), Schauer J. (1957), OFm Schmiedberger M. (1932), HFm Schörgi G. (1968), HLm Thaller F. (1971), Lm Thallinger J. (1964), OFm Tiefenthaler E. (1974), Lm Wurm F. (1953), Fm Wurm H. (1977), HBm Wurm J. (1974), HFm Wurm S. (1974)

FF BACHMANNING

Die Gründung der Wehr erfolgte am 10. Juni 1981. Damals bestand bereits seit etwa 20 Jahren eine Löschgemeinschaft zwischen Bachmanning, Aichkirchen und Neukirchen. Ein Löschgerät war in Willing stationiert. Nach mehreren Bränden, bei denen es Löschprobleme gegeben hatte, gründeten 30 Mann die Wehr und beschlossen die Anschaffung einer Saugspritze von der Fa. Flader. Auch Schlauchmaterial wurde angekauft. Man war ständig um die Verbesserung der Ausrüstung bemüht, jedoch machte die Inflation der zwanziger Jahre alle Pläne zunichte. 1928 war es dann nach einer Haussammlung möglich, eine 15-PS-Leichtmotorspritze von der Fa. Rosenbauer zu kaufen. Später konnte auch ein dazupassender Wagen angeschafft werden. Ende Dezember 1930 konnte die Wehr in ein neues, zweckmäßigeres Depot übersiedeln. Am 5. Juli 1931 wurde das 50jährige Gründungsfest gefeiert. 1932 wurde die vom Landesverband leihweise überlassene Sirene in Betrieb genommen, womit die Stelle des Hornisten der Vergangenheit angehörte. Im Zeitraum 1939 bis 1945 mußte der damalige Kommandant Gruber auf altgediente Mitglieder zurückgreifen, außerdem wurde eine Frauen- und Mädchengruppe aufgestellt. Am 1. Oktober 1946 wurde nach Neuformierung der Wehr unter Kommandant Oberndorfer ein Steyr-V8-Fahrgestell zugeteilt. Die Karossierung erfolgte erst im Lauf des folgenden Jahres. 1959 konnte mit Unterstützung des Landesverbandes ein Opel Blitz mit Vorbaupumpe erworben werden, der noch immer seinen Dienst versieht. Das Kommando war seither immer bemüht, die Schulung der Kameraden voranzutreiben und an der Verbesserung der Ausrüstung zu arbeiten. Anläßlich des 100jährigen Gründungsfestes 1981 konnte die FF Bachmanning in ein neues Zeughaus mit Schulungsraum übersiedeln.

HBI Buchinger J. (1956), OBI Sterrer P. (1959), AW Stritzinger F. (1965), AW Sturmair J. (1942), AW Watzinger H. (1962), BI Duringer W. (1956), BI Immlinger S. (1965), BI Kurz A. (1956) — HFm Aichmayr J. (1965), JFm Breitwieser H. (1982), JFm Denk G. (1982), Fm Faisthuber M. (1975), Lm Fellinger J. (1916), Lm Fuchshuber F. (1944), E-AW Fuchshuber H. (1942), Furtne M. (1983), Lm Grabner U. (1940), Lm Graf J. (1949), HFm Graf K. (1969), HFm Gschwendtner J. (1942), JFm Hartmann G. (1982), JFm Hofbauer A. (1980), HLm Humer F. (1951), JFm Humer F. (1979), OLm Katzinger K. (1962), Kotbauer M. (1983), Kranzl F. (1983), JFm Kurz Ch. (1980), HFm Kurz E. (1936), BI Leimgruber F. (1923), Fm Lettner A. (1953), Fm Mairhauser J. (1982), Lm Mairhauser J. (1941), JFm Obermair T. (1982), E-HBI Obermair U. (1916), HBm Obermair U. (1953), Fm Oberndorfer E. (1982), Fm Oberndorfer G. (1975), Oberndorfer R. (1983), Fm Oberndorfer W. (1979), Lm Purrer F. (1948), Lm Reumair F. (1937), Lm Roitinger F. (1954), HLm Schedlberger J. (1955), Lm Scheichl K. (1915), OFm Schmitzberger G. (1975), Lm Schmitzberger K. (1951), Lm Schöffmann A. (1935), OFm Steiner K. (1937), Lm Stöger F. (1958), E-HBI Stritzinger F. (1939), E-OBI Sturmair K. (1943), HFm Sturmair K. (1965), Lm Übleis F. (1928), Fm Waltenberger E. (1975), JFm Weber A. (1980), HFm Weidinger E. (1962), HFm Wiesinger R. (1965), Fm Zöpfl G. (1975), FA Dr. Zöpfl J. (1959)

FF BAD WIMSBACH-NEYDHARTING

Die Freiwillige Feuerwehr Bad Wimsbach-Neydharting wurde am 11. Juni 1883 von 61 Mitgliedern aus allen Schichten der Bevölkerung gegründet. Anfangs wurde mit einfachen Wassereimern, Druckpumpen und Handspritzen, später mit Feuerwehrdruckspritzen das Feuer bekämpft. Eine hölzerne fahrbare Schiebeleiter dürfte 1925 angekauft worden sein, und 1930 wurde eine Motorspritze bestellt. Beide Geräte sind heute noch zu besichtigen. Nach dem Zweiten Weltkrieg wurden aus aufgelassenen Wehrmachtsbeständen ein Feuerwehrauto LLF 8, eine Motorspritze, Schlauchmaterial, Armaturen und Rauchschutzgeräte beschafft. In den Jahren 1954 bis 1955 wurde ein neues Feuerwehrhaus errichtet, welches noch heute zur Verfügung steht. 1960 bis 1968 wurden acht Löschteiche (sechs aus Beton), verteilt auf das gesamte Gemeindegebiet, errichtet. Durch verschiedene Veranstaltungen wie Kameradschaftsbälle, Sommernachtsfeste, Flohmärkte und Haussammlungen wurden zusätzliche finanzielle Mittel aufgebracht, um den Ankauf der notwendigen Geräte gemeinsam mit der Marktgemeinde leichter finanzieren zu können. So konnten 1961 eine neue Motorpumpe VW Automatik und 1965 das erste Tanklöschfahrzeug, ein Opel Blitz TLF 1000, angekauft werden. Eine Jugendgruppe wurde 1970 aufgebaut. Sie ist bis heute sehr aktiv. Mit der Freiwilligen Feuerwehr Seulberg (BRD) wurde 1972 eine Partnerschaft geschlossen. Funkgeräte, ein eigener Telefonanschluß und Preßluftatmer wurden 1974 angeschafft. Der Ankauf eines neuen Rüstfahrzeuges Mercedes 409 inkl. Ausrüstung wurde 1976 Wirklichkeit. 1978 wurde die Wehr in die überregionale Funkalarmierung einbezogen. Im Juli 1984 feierte die Wehr das 100jährige Bestehen mit einem großen Fest, bei dem ein neues TLF festlich überreicht wurde.

HBI Gasperlmair J. sen. (1950), OBI Huemer J. (1962), AW Huber E. (1971), AW Seyrkammer J. (1967), AW Wöß J. sen. (1960), BI Hartner F. (1965), BI Straßer A. sen. (1960), BI Waldl R. (1970) — JFm Aglas A. (1980), OFm Aglas L. (1976), OLm Allmer J. (1967), OLm Appl F. jun. (1970), E-HBI Appl F. sen. (1947), OFm Austaller R. jun. (1980), Bm Austaller R. sen. (1964), Lm Bammer K. (1922), OLm Baumgartner H. (1971), Bm Becker J. (1947), JFm Berger Ch. (1980), HFm Berger J. (1966), JFm Berger M. (1983), Lm Birgmayr L. (1946), HFm Blöckinger L. (1975), Lm Brindl L. (1950), E-BI Butterwalter G. (1952), OFm Danner J. (1980), HLm Danner J. sen. (1949), OLm Dickinger H. (1959), OLm Eiblhuber J. (1952), HFm Eigner K. (1970), Lm Ennser J. (1978), Fm Gasperlmair G. (1980), HBm Gasperlmair J. (1973), HFm Goldschwendt A. (1953), Lm Goldschwendt P. (1921), OFm Greinöcker F. (1967), JFm Hallwirt H. (1980), JFm Hallwirth M. (1983), HFm Hartner E. (1970), JFm Hartner G. (1980), HFm Hartner F. (1966), Fm Hartner M. (1980), HFm Heitzinger F. (1978), Lm Heitzinger W. (1971), HFm Hofer K. (1953), OLm Dipl.-Ing. Huber J. (1971), Lm Kölblinger M. (1929), Fm Königswieser G. (1982), OBm Kreil J. (1941), HFm Kün A. (1952), OFm Kün L. (1972), Dr. Magauer F. (1973), OLm Milacher F. (1964), HFm Mistlberger F. (1947), HFm Ortner B., OLm Prem H. (1951), HFm Pumberger M. (1976), HFm Raab D. (1958), Fm Raab E., Dr. Rilling W. (1953), HFm Rosenauer H. (1952), OLm Schindlauer W. (1964), HBm Schlattner A. (1971), Fm Schröder E. (1980), JFm Schröder T. (1982), HFm Schütz W. (1954), Lm Schwarzlmüller H. (1952), HFm Schwarzlmüller H. (1976), Fm Seyrkammer F. (1930), Lm Söllinger L. (1966), Lm Stockhammer J. (1957), OFm Stockhammer W. (1980), HFm Stöckl A. (1970), JFm Straßer A. (1980), OFm Unger K. (1946), Lm Wagner M. (1963), OLm Waldl F. (1955), HFm Wallner J. (1948), JFm Wimmer Ch. (1982), Bm Wimmer F. I (1948), Bm Wimmer F. II (1963), HFm Wimmer F. III (1978), JFm Wimmer G. (1980), OLm Wimmer J. (1919), HFm Wimmer J. jun. (1948), OFm Wimmer J. sen. (1930), Lm Wimmer R. (1950), HFm Wimmer S. (1973), OLm Wögerer J. (1966), HFm Zahn W. (1975)

FF BERGERNDORF

Anno 1894 wurde die FF Bergerndorf als Filiale von Thalheim gegründet und die laut Gemeindebeschluß angekaufte Spritze ins Depot nach Bergerndorf überstellt. Die erste Feuertaufe erhielt die junge Wehr anläßlich des Kumpfmühlenbrandes am 24. November 1895 (Protokollbericht: „Mit Stolz und Freude können wir auf unsere erste Arbeit blicken"). Da es unter der Führung Thalheims immer wieder zu Unstimmigkeiten kam, wurde die Feuerwehr in ihrem 30. Gründungsjahr selbständig. Die Zeit der großen politischen Umwälzungen ging jedoch auch an den Feuerwehren nicht spurlos vorüber, so daß die Bergerndorfer von 1938 bis 1949 wieder der Feuerwehr Thalheim angegliedert waren. Viele Kameraden mußten zum Wehrdienst einrücken und die dadurch entstandenen Lücken durch ganz junge Kameraden aufgefüllt werden. Nach Beendigung des Krieges und nach einigen Nachkriegsjahren konnte der Feuerwehrbetrieb Anfang der fünfziger Jahre wieder normal aufgenommen werden und sich die Feuerwehr Bergerndorf zu einer gut ausgerüsteten und leistungsstarken Wehr entwickeln. Anschaffungen: 1931 Motorspritze „Klein Florian", Rüstanhänger (1945), Rüstwagen (1953), Depotinstandsetzung (1954), Neubau (1970–1972), LLF Mercedes 150 (1972), KLF Land Rover (1975), Feuerwehrhauszubau (1980–1982), Schwerer Atemschutz (1980), TLF 1200 Unimog (1982), Handfunkgerät 2-m-Band (1984).

HBI Steinhuber J. (1966), OBI Straßmair K. (1959), AW Holzinger A. (1959), AW Neudecker E. (1967), AW Smith Ch. (1977), BI Bergmair F. (1967), BI Hofinger J. (1959) — Fm Antos H. (1979), HFm Baier G. (1968), JFm Bairhuber H. (1980), E-OBI Bergmair F. (1923), Fm Blasser B. (1978), HFm Brandstätter A. (1967), JFm Haidinger Ch. (1983), HBm Haidinger J. (1965), HFm Heidl F. (1968), E-HBI Heidl J. (1936), JFm Himmelfreundpointner F. (1980), HBm Himmelfreundpointner H. (1967), HFm Himmelfreundpointner H. (1977), HBm Himmelfreundpointner R. (1942), Fm Hofinger K. (1982), JFm Hofinger N. (1982), Fm Holzinger G. (1979), Lm Holzinger G. (1973), HLm Holzinger J. (1959), JFm Hubauer E. (1982), Fm Kalchmair E. (1980), Bm Katzenschlager F. (1942), HLm Kirchmair F. (1980), Fm Lindinger E. (1980), OBm Nagl F. (1943), Fm Neubacher G. (1983), OBm Neudecker F. (1931), HFm Niederwimmer F. (1968), HFm Niederwimmer H. (1968), Fm Schieh G. (1982), JFm Schieh H. (1982), Fm Schieh M. (1980), JFm Schieh W. (1982), JFm Schwarz H. (1981), Lm Schwarzlmüller J. (1959), HFm Smith S. (1977), OLm Steiner G. (1953), OFm Steiner G. (1980), E-HBI Steinhuber J. (1923), Fm Steinwendner G. (1981), OLm Steinwendner J. (1965), Bm Steinwendner R. (1941), HFm Steinwendner R. (1977), JFm Viereckl H. (1982), JFm Vogl B. (1982), HFm Vogl M. (1977), OFm Wallner F. (1982), HFm Weiß A. (1967)

FF BERGHAM-KÖSSLWANG

Die FF Bergham-Kößlwang wurde am 29. Juni 1898 gegründet. Ihre Gründungsmitglieder waren ursprünglich Wehrmänner der FF Wimsbach, welche sich als Abteilungen durch Wahl eines eigenen Kommandos von der Ortsfeuerwehr loslösten. Erster Kommandant der Wehr war Herr Aigner, Mair in Bergham. Man betrieb aktive Mitgliederwerbung. Zwei Spritzenhäuser waren bereits entsprechend den damaligen Erfordernissen vorhanden, in denen je eine handbetriebene Feuerspritze für Pferdebespannung untergebracht war. In den dreißiger Jahren wurden die ersten zwei Motorspritzen (Fabrikat Gugg) angeschafft, die sich alsbald bei einem Brandeinsatz sehr bewährten. In der Zwischenzeit war die Mitgliederzahl auf über 50 Mann angestiegen, und man gründete als dritte Abteilung die Löschgruppe im Dorf Giering. Auch hier wurde in Eigenleistung ein Spritzenhaus errichtet und mit einer gebrauchten Handpumpe ausgestattet. In den Jahren 1938 bis 1948 gab es wegen eines Zwangszusammenschlusses bei der eigenen Wehr keine Aktivitäten. In mühsamer Aufbauarbeit bemühten sich 1948 wieder aus dem Kriegsdienst heimgekehrte Männer um die Weiterführung der Feuerwehr, was durch rund 30 Neubeitritte auch voll gelang. Die Pferdegespanne wurden auf Traktorzug umgebaut und das erste Feuerwehrfahrzeug der Marke Steyr (ein Wehrmachtsfahrzeug) beim dritten Zug angeschafft. Die Anschaffung eines weiteren Rüstfahrzeuges für den zweiten Zug machte auch dort einen Zeughausbau erforderlich. 1961 erwarb man ein neues KLF (FK 1000), und in den siebziger Jahren wurde schließlich als TLF 2400 ein Allrad-Steyr 680 erworben. Als neueste Investition unter maßgeblicher Eigenaufbringung ist der Ankauf eines LFB-Fahrzeuges und ein neuerrichtetes, drittes Feuerwehrhaus zu erwähnen.

HBI Hitzenberger K. (1957), OBI Raab F. sen. (1951), AW Gasperlmair A. (1964), AW Huemer F. jun. (1968), AW Wurm A. (1948), BI Kroiß W. (1968), BI Ortner F. (1954), BI Trommelschläger J. (1949) — HLm Altmanninger A. (1967), OFm Altmanninger F. (1918), Fm Altmanninger F. (1981), HLm Altmanninger J. jun. (1971), HFm Altmanninger J. sen. (1948), OFm Ameshofer W. (1979), HFm Austaller F. (1968), HFm Austaller F. (1972), HFm Austaller F. (1974), OLm Austaller H. (1968), HBm Austaller U. (1948), HFm Baumgartinger A. (1948), Fm Baumgartinger E. (1981), HFm Baumgartinger W. (1977), HFm Berger E. (1968), E-HBI Berger J. (1948), Fm Berger J. (1981), Fm Drack H. (1982), PFm Drack K. (1983), HFm Eckmair J. (1977), PFm Edlinger F. (1983), HFm Fellhofer R. (1951), HFm Furian R. (1968), HBm Gasperlmair S. (1958), PFm Gasperlmair S. (1983), HFm Goldschwendt H. (1963), Hartl J. (1951), Lm Hartner A. (1973), HFm Haslinger J. (1957), HFm Heitzinger E. (1976), HFm Hitzenberger F. (1951), Hitzenberger F. jun. (1977), HFm Hitzenberger H. (1977), HLm Hitzenberger I. (1967), OFm Hitzenberger J. (1979), HFm Huemer F. sen. (1930), OBm Kastenhuber J. (1967), Kastenhuber K. (1930), Bm Kettl H. (1967), HFm Kettl L. (1950), HFm Krumphuber J. (1959), OLm Leithenmair J. (1971), HFm Maier F. jun. (1976), HFm Maier F. sen. (1953), Fm Maier N. (1981), Fm Maier W. (1981), HFm Mair A. (1948), OBm Mayrhuber M. (1969), HFm Piesch M. (1976), Fm Pötzlberger E. (1981), HFm Prielinger E. (1967), HFm Raab F. jun. (1971), HFm Radner E. jun. (1971), HFm Radner E. sen. (1948), HFm Radner F. (1977), HFm Riedl N. (1976), HFm Schobesberger J. (1976), HFm Sterrer F. (1975), Lm Stix J. (1953), HBm Stöttinger F. (1956), HFm Straßer F. (1975), HFm Straub F. (1970), HFm Straub J. (1976), HFm Strauß F. (1978), Bm Stürzlinger E. (1968), HFm Stürzlinger J. (1948), HFm Ing. Stürzlinger M. (1975), Fm Tiefenthaler J. (1981), HFm Trommelschläger G. (1978), PFm Trommelschläger J. jun. (1983), OFm Viechtbauer J. (1918), HFm Waldl F. (1957), Fm Waldl G. (1981), Fm Winklmair F. (1931), HFm Zehetner J. (1934)

FF BUCHKIRCHEN

Am 10. Juni 1888 erfolgte die Gründung der Freiwilligen Feuerwehr Buchkirchen. Anfänglich standen an Ausrüstung eine Handdruckspritze sowie 92 m Schläuche zur Verfügung. Am 10. August 1919 erfolgte die Erstellung eines Löschzuges in der Ortschaft Niederlaab. Weiters wurde am 23. April 1921die FF Mistelbach gegründet, die sich ebenfalls im Pflichtbereich der FF Buchkirchen befindet. 1927 wurde die erste Motorspritze angekauft. 1947 wurde mit dem Bau des Feuerwehrhauses in Buchkirchen begonnen, und 1948 erfolgte die Inbetriebnahme des ersten Fahrzeuges LLF Steyr A-Typ 2000 mit gleichzeitigem Austausch der Motorspritze. 1970 wurde das heute noch in Verwendung stehende TLF A 2000 in Dienst gestellt. 1971 erfolgte der Anschluß an das Landes- und Bezirksfunknetz. 1974 wurde ein gebrauchter VW-Bus angekauft und in Eigenregie auf ein KDO-Fahrzeug mit Funkausrüstung umgebaut. 1978 erfolgte die Übernahme des Löschgruppenfahrzeuges mit Bergeausrüstung LFB Mercedes 409. 1979 wurde ein neuer VW-Bus als KDO-Fahrzeug angekauft, woraus sich auch der derzeitige Stand an Fahrzeugen ergibt. 1979 erfolgte der Anschluß an das ferngesteuerte Landes- und Bezirkssirenenwarnsystem. Um für den Brandschutz gerüstet zu sein, stehen u. a. 700 m Schläuche, vier Preßluftatemschutzgeräte, ein Schaumrohr mit Zubehör, für technische Einsätze Leitern, ein Stromgenerator mit Scheinwerfern, ein autogenes Schneidwerkzeug, ein Winkelschleifer und vieles mehr zur Verfügung.

BR Krenner M. (1952), OBI Zauner J. (1968), AW Katzlinger G. (1975), AW Panhuber A. (1975), AW Plankenauer A. (1961), AW Schröder L. (1970), BI Bauer H. (1942), BI Rathberger A. (1968), BI Schmid A. (1960) — HLm Abel J. (1968), Lm Aichinger F. (1928), OFm Aumayr F. (1978), OFm Bauer G. (1980), OFm Bauer G. (1979), HBm Bauer H. (1965), E-HBI Bauer K. (1954), HLm Böck G. (1968), Lm Buchroithner J. (1949), OBm Dir. Deßl W. (1937), Lm Ecker E. (1971), OFm Ecker N. (1980), Lm Fellner F. (1939), OBm Fellner F. (1968), HLm Fischlhammer F. (1954), OBm Floimair R. (1942), HLm Freimüller A. (1954), Lm Geischick J. (1926), HBm Göschl J. (1963), HFm Gruber E. (1973), HBm Guttenbrunner J. (1968), Lm Habertheuer J. (1950), OLm Hausmair A. (1957), HLm Hofmayr J. (1949), Lm Hois A. (1942), PFm Jäger R. (1983), HLm Kinast K. (1948), OFm Krenmair P. (1978), Lm Lehner B. (1965), Lm Lehner K. (1937), Fm Lehner M. (1981), HFm Märzinger J. (1960), Lm Mayr J. (1933), OFm Neumayr W. (1979), OLm Obermair F. (1953), HFm Obermair F. (1975), PFm Oberndorfer G. (1983), Lm Ortner G. (1975), Lm Panhuber W. (1975), Fm Paschinger F. (1982), OFm Petermair Ch. (1978), OFm Petermair H. (1980), Lm Poitinger J. (1943), OFm Proprenter S. (1964), Lm Radinger J. (1958), OBm Rieder H. (1946), Lm Rieder J. (1949), OLm Schardt P. (1954), HFm Schröder K. (1972), Lm Silber A. (1919), HBm Silber E. (1965), PFm Steinerberger W. (1983), Lm Stiebinger J. (1924), OFm Stiebinger M. (1977), OFm Toth L. (1977), OLm Trattner F. (1965), OBm Uttenthaler E. (1975), HFm Vabnik A. (1956), HFm Wagner G. (1956), OLm Weiß F. (1942), HFm Wiesinger J. (1972), PFm Wögerbauer B. (1983), Fm Wögerbauer G. (1979), OBm Zaininger H. (1946), Lm Zauner F. (1942)

FF EBERSTALZELL

Im Jahr 1907 wurde von fünf Gemeindevorstehern die FF Eberstalzell gegründet. Das Gründungskomitee ging im Ort und darüber hinaus in die Dörfer von Haus zu Haus und warb um aktive Mitglieder. Zur Brandbekämpfung wurde eine Spritze mit Pferdebespannung angekauft, welche in einem kleinen Depot untergebracht war. Zum Trocknen der Schläuche wurde ein Steigbaum aufgestellt. Ab 1913 wurden die Brände durch ein Glockensignal vom Kirchturm gemeldet. Die erste Motorspritze wurde 1928 angekauft. 1938 wurde über Anordnung eines Ortsgruppenleiters die noch zur Gemeinde Eberstalzell gehörenden FF Hallwang, Spieldorf und Hermannsdorf in Löschzüge eingeteilt und dem Kommandant der Ortsfeuerwehr zugeteilt. Es wurde eine Rettungsmannschaft aufgestellt und ausgebildet. 1944 waren fast alle Männer im Krieg eingerückt, und so wurde zur Sicherung des Brandschutzes eine Frauengruppe ausgebildet. 1945 wurde ein vom Krieg abgestelltes Lastauto sichergestellt und als Einsatzfahrzeug ausgebaut, weiters wurde eine Sirene organisiert und am Hause des damaligen Kommandanten Rührlinger angebracht. 1945 wurden auch die Löschzüge wieder aufgelöst. 1948 wurde ein größeres Feuerwehrhaus bezogen, welches 1973 zum Einstellen eines Postautobusses zur Verfügung gestellt. Als Ersatz wurde ein noch größeres Feuerwehrhaus mit mehr Räumlichkeiten gebaut. In den weiteren Jahren wurden dann noch angekauft: 1961 TS 75, LLF (1966). 1976 wurde eine neue Sirene gekauft und an das Sirenennetz und die Funkalarmierung angeschlossen. Ein TLF, ausgerüstet mit schwerem Atemschutz und Fahrzeugfunk (1979), sowie ein älterer VW-Kombi wurde 1980 angekauft und zu einem Kommandofahrzeug ausgebaut.

HBI Weiermair J. (1950), OBI Karlsberger F. (1962), AW Eder F. (1964), AW Seidner M. (1962), AW Zwirchmair J. (1956), BI Gaishüther J. (1956), BI Pernegger F. (1967) — OFm Aigner H. (1979), HBm Aigner P. (1949), E-HBI Bachl F. (1926), Lm Brandstötter J. (1973), E-HBI Bruckner F. (1932), OBm Dicketmüller H. (1955), HLm Dicketmüller J. (1917), Fm Eckmair K. (1978), OBm Franko H. (1959), FA Dr. Geroldinger W. (1977), HLm Gruber F. (1949), HLm Guttenberger J. (1949), HLm Guttenberger K. (1934), OFm Hörtenhuber J. (1972), HLm Humer K. (1956), HLm Karlsberger F. (1955), Fm Karlsberger F. (1980), OLm Kölblinger K. (1947), Lm Länglacher J. (1971), Fm Lebelhuber M. (1981), OFm Leithinger L. (1979), HBm Mair J. (1959), HLm Mascherbauer F. (1950), Fm Mascherbauer F. (1980), OBm Minichmair J. (1956), HFm Mittermayr H. (1972), HFm Neumair K. (1974), OFm Penetsdorfer J. (1973), Fm Pernegger Ch. (1979), HFm Pernegger H. (1977), OFm Pölz S. (1959), OFm Pramberger W. (1969), HLm Pramhaas J. (1934), E-HBI Rührlinger F. (1922), OFm Schwöry A. (1952), Fm Seidner H. (1977), OFm Seidner K. (1975), OFm Silbermayr H. (1979), E-BI Springer G. (1941), HLm Straßmair F. (1927), OFm Waldl G. (1977), Bm Weiermair J. (1975)

FF EDTHOLZ

Im Jahr 1925 wurde die Freiwillige Feuerwehr Edtholz als dritte Feuerwehr in der Gemeinde Thalheim gegründet. Einige Jahre später wurde beim Gutshof Lindenhof eine eigene Zeugstätte errichtet. Nach dem Anschluß an das Deutsche Reich im Jahr 1938 verlor die Edtholzer Feuerwehr ihre Selbständigkeit, die 1945 wiederhergestellt wurde. Die jetzige Zeugstätte wurde 1957 beim Groß-Hofinger errichtet und eingeweiht. Das erste eigene Fahrzeug war ein Stöwer aus dem Zweiten Weltkrieg. 1956 konnte ein gebrauchter Ford FK 1000 angeschafft werden, der bis 1975 im Einsatz war. Seither steht der Wehr ein KLF Ford 1500 zur Verfügung. Derzeitige Ausrüstung: eine TS 75 VW Automatik, drei schwere Atemschutzgeräte, Funkausrüstung. Die Kommandanten der Freiwilligen Feuerwehr Edtholz seit ihrer Gründung im Jahr 1925 waren: Franz Gatterbauer (1925–1927), Josef Neuböck (1927–1938), Alois Maier (1945–1953), Franz Thallinger (1953–1968), Josef Dopetsberger (seit 1968).

HBI Dopetsberger J. (1948), OBI Hörtenhuber F. (1951) — OLm Aumair F. (1955), HLm Derflinger J. (1964), OFm Dopetsberger H. (1975), HBm Gatterbauer F. (1968), Lm Gatterbauer G. (1966), OFm Helein F. (1978), Lm Hitzenberger R. (1966), OFm Hörtenhuber E. (1977), OFm Hörtenhuber F. (1975), Bm Neubauer F. (1951), OFm Neubauer G. (1975), Lm Pesl K. (1966), HLm Schmidhuber F. (1955), HFm Schmidhuber F. (1972), Bm Schmidhuber J. (1946), OFm Steiner J. (1975), Bm Thallinger F. (1940), Lm Thallinger G. (1968), HLm Thallinger J. (1953), OFm Thannhofer A. (1975), OFm Thannhofer H. (1975), Bm Wiener F. (1937), Winkler E.

FF EDT-KLAUS

Die Entwicklung des Feuerwehrwesens in Edt bei Lambach war mit der Entwicklung der Gemeinde eng verbunden. Es ist daher den Gründungsmitgliedern zu danken, auf deren Opferbereitschaft und Einsatzwillen die Entstehung von zwei gut ausgerüsteten und schlagkräftigen Wehren zurückgeht. War im Gründungsjahr 1894 ein Mannschaftsstand von 36 Kameraden zu verzeichnen, so kamen 1898 weitere 49 Kameraden hinzu. Eine Trennung der Wehr in Klaus und in Winkling wurde 1923 vollzogen. Von der Feuerwehr Lambach wurde 1894 eine Kasten-Handdruck-Spritze übernommen, die 1898 durch den Ankauf einer Fladrischen Handdruck-Abprotzspritze ersetzt wurde. 1928 konnte die erste Motorspritze angeschafft werden. Wegen des wirtschaftlichen Niederganges und der Kriegsjahre begann 1949 ein Wiederaufbau der schwer in Mitleidenschaft genommenen Wehr. Gerätschaften und Uniform wurden unter großem Einsatz der Kameraden instandgesetzt. Das angeschaffte Motorfahrzeug erforderte zwar die Vergrößerung des Depots, doch konnte die Wehr dadurch bei der Hochwasserkatastrophe 1954 in Lambach und in Linz ihre Einsatz- und Hilfsbereitschaft unter Beweis stellen. Nach dem Abschluß des Depotumbaus begann 1956 eine stete Verbesserung der Feuerwehreinrichtungen und der Feuerwehrausrüstung. So wurden Löschteiche für gefährdete Gehöfte und Ortschaften errichtet. Weiters wurde 1 Rüstwagen, 1 Tragkraftspritze, 2 Handfunkgeräte, 1 Sirenensteuerung für das Bezirksfunkalarmierungssystem sowie 1 stationäres Funkgerät am 2-m-Band angeschafft. Die Kameraden bildeten sich durch Kurse, bei Leistungswettbewerben und Übungen laufend weiter. Nun fehlt zur durchgeführten Modernisierung nur noch die Fertigstellung des bereits in Bau befindlichen Feuerwehrdepots.

HBI Hochholdt J. (1949), OBI Aichinger F. (1963), AW Schmidt A. (1976), AW Sonnleitner M. (1961), AW Spießberger J. (1961), BI Langmayr F. (1949), BI Vorhauer H. (1961), BI Weichselbaumer J. (1948) — HFm Aichinger F. (1928), BI Anzengruber K. (1928), OLm Anzengruber K. (1964), HFm Auer-Niedermair F. (1973), OLm Dunzinger H. (1963), Lm Edinger O. (1973), HBm Emathinger R. (1949), HFm Emathinger R. (1973), OFm Graml H. (1976), OFm Graml W. (1961), OFm Hainbuchner F. (1909), E-HBI Haslinger F. (1946), OFm Hochholdt F. (1977), HFm Hochholdt J. (1975), PFm Kratzer F. (1983), PFm Langmayr H. (1983), PFm Langmayr J. (1982), HLm Lidauer M. (1949), HBm Mallinger A. (1950), E-HBI Mallinger J. (1933), HFm Mallinger J. (1973), OFm Neuhofer J. (1933), OFm Obermayr M. (1933), HLm Öhlinger F. (1956), Bm Öhlinger M. (1928), Lm Olejniczak J. (1966), BI Olinger E. (1954), OLm Olinger E. (1964), Bm Pölzlberger M. (1948), HLm Schedlberger W. (1966), Schedlberger W. (1983), HFm Schmitzberger J. (1975), PFm Schwarzlmüller E. (1982), Lm Schwarzlmüller E. (1951), BI Sonnleitner A. (1936), HLm Stritzinger J. (1962), OLm Thurnberger J. (1967), OLm Vorhauer F. (1960), Bm Vorhauer J. (1938), HLm Watzinger H. (1959), OBI Wiesinger F. (1931), OLm Wiesinger F. (1964), OFm Wiesmayer J. (1977)

FF EDT-WINKLING

Die Gründung der FF Edt geht auf das Jahr 1894 zurück. Diese Wehr wurde mit einer Abteilung in Klaus eingerichtet. Aufgrund des großen Zuspruches zur Feuerwehr wurde 1898 eine 2. Abteilung in Winkling gegründet. Zum Wehrführer beider Abteilungen wurde das Gründungsmitglied Josef Krötzl gewählt. Der 2. Abteilung, deren vorwiegender Aktionsbereich im Überschwemmungsgebiet der Traun liegt, wurde eine Wasserwehr angeschlossen. Beide Abteilungen bauten nun eigene Depots in Klaus und in Winkling. 1923 wurde beschlossen, für jede Abteilung eine eigene Wehr zu gründen. Der 1. Zug wurde zur Feuerwehr Edt-Klaus, der 2. Zug zur Feuerwehr Edt-Winkling. Als erster Kommandant der Feuerwehr Edt-Winkling übernahm Josef Zacherl dieses Amt. 1925 schaffte die FF Edt-Winkling die erste Motorspritze an. Durch den Ausbruch des Zweiten Weltkrieges wurden beide Feuerwehren wieder unter ein Kommando gestellt. Als Kommandant fungierte in dieser Zeit Josef Langmayr, nachdem dieser zur Wehrmacht eingezogen wurde übernahm Johann Nußbaumer das Feuerwehrkommando. 1948 wurde die Kommandoteilung der Feuerwehren wieder möglich, als Kommandant wurde Max Riedlbauer bestellt (bis 1968). 1952 konnte in Edt-Winkling eine neue Zeugstätte errichtet werden. 1964 wurde in Edt-Winkling ein Rüstwagen angekauft. 1968 wurde Karl Brandstetter Kommandant in Edt-Winkling. 1973 wurde Walter Heitzinger Kommandant. 1978 wurde Franz Zauner Kommandant, der bis zum heutigen Tag tätig ist. 1981 wurde ein zweites Fahrzeug, ein TLF 2000 mit Funk und Atemschutzgeräten, angekauft. Die Gemeinde Edt errichtete in Kropfing ein neues Amtshaus, wo in diesem Gebäude für die FF Edt-Winkling eine neue Zeugstätte geschaffen wurde.

HBI Zauner F. (1948), OBI Schibl F. (1952), OAW Prömer F. (1964), AW Langmayr J. (1963), AW Morawetz J. (1969), AW Stieger H. (1963), BI Edinger R. (1955), BI Krötzl E. (1963), BI Rauber H. (1982), BI Riedlbauer M. (1974) — Fm Aichinger K. (1981), OLm Atzmansdorfer J. (1974), HLm Bäck A. (1948), PFm Bauer C. (1984), E-HBI Brandstetter K. (1949), PFm Brandstetter M. (1984), Fm Edinger Ch. (1981), Fm Edinger R. (1981), Lm Fischer F. (1940), OLm Frischmuth J. (1927), OLm Gailer J. (1956), OLm Heitzinger R. (1960), E-HBI Heitzinger W. (1961), HBm Hummer-Niedermayr F. (1948), E-AW Hummer-Niedermayr F. (1948), Lm Hummer-Niedermayr J. (1978), Bm Kastenhuber L. (1951), OFm Kreiml F. (1980), OLm Langmayr F. (1956), PFm Niß M. (1984), HFm Nobis H. (1968), OFm Obermayr W. (1964), BI Öttl F. (1925), PFm Ott D. (1984), OLm Ott H. (1950), OLm Panhuber J. (1961), PFm Reiter F. (1984), OFm Reiter J. (1978), E-HBI Riedlbauer M. (1923), HLm Rotschopf J. (1957), E-BI Sageder F. (1924), OFm Salamonsberger H. (1980), E-AW Schamberger J. (1928), OLm Scheikl L. (1951), OFm Schierl W. (1978), OLm Schlager F. (1948), Fm Schlager J. (1981), HFm Steiner J. (1976), Fm Stieger F. (1981), PFm Stieger G. (1984), OLm Stockinger F. (1946), OLm Weiß E. (1948), E-BI Willinger F. (1949), Fm Wimmer P. (1978), HLm Zobl F. (1948), OFm Zobl H. (1978)

FF FERNREITH

Die Gründung verdankt die FF Fernreith der Initiative zweier Landwirte: Peter Pointner und Ferdinand Jungreithmayr brachten 1911 bei der Gemeinde den Antrag ein. Am 19. November 1911 fand in Fernreith die Gründungsversammlung statt. Den beiden Initiatoren, die zum Kommandanten bzw. zum Kommandant-Stellvertreter gewählt wurden, hatten sich weitere 27 Gründungsmitglieder angeschlossen. Schon 1912 wurde von der Fa. Rosenbauer eine moderne Patent-Kolben-Abprotzspritze der Marke Triumph angekauft. Nach dem Weltkrieg und der Inflation entschloß man sich zum Bau der ersten Zeugstätte. 1932 bekam die FF Fernreith ihre erste Motorspritze von der Fa. Gugg. Die politischen Veränderungen 1938 brachten für die Feuerwehr Fernreith das Ende der Selbständigkeit. Sie wurde aufgelöst und der Feuerwehr Gunskirchen angegliedert. Wenige Monate später starb Kommandant Pointner. Heinrich Pühringer wurde zum Löschzugsführer von Fernreith bestellt. Erst 1948 erhielten die Fernreither wieder ihre Selbständigkeit. Stefan Fuchshuber wurde zum Kommandanten gewählt. 1950 wurde ein Feuerwehrauto der Marke Dodge gekauft, das bis heute im Einsatz steht. 1953 wurde Ulrich Stoiber Kommandant. 1960 bekam die Feuerwehr Fernreith wieder eine neue Motorspritze. Mit ihrer Weihe wurde zugleich das 50. Jahr des Bestandes gefeiert. Ulrich Stoiber zog sich 1968 aus dem aktiven Dienst zurück. Hubert Thallinger wurde sein Nachfolger. Als dieser 1973 eine neuerliche Kandidatur ablehnte, beriefen die Fernreither den damals erst 31jährigen Franz Weiß an die Spitze ihrer Wehr. Unter seiner Führung entschloß sich die Feuerwehr 1978 zum Bau eines neuen, den heutigen Erfordernissen angepaßten Feuerwehrhauses.

HBI Weiß F. (1967), OBI Weißenböck A. (1973), AW Heidl F. (1973), AW Rader J. (1962), BI Erbler H. (1967) — Adrian J. (1967), Adrian S. (1947), HFm Berger A. (1976), JFm Brandelmayer W., Mag. Brandlmayr F., HFm Doppelbauer J. (1959), Duftschmid J. (1953), Duftschmied K., OFm Famler A. (1972), HFm Freimüller J. (1976), HFm Fuchsberger J. (1959), Fuchsberger J., HFm Hofer F. (1969), JFm Huemer G., JFm Huemer J., Knogler W., Lichtenwagner L. (1950), Mayer-Anzengruber (1953), Meier M. (1939), HFm Nußendorfer E., HFm Paltinger H. (1974), HFm Paltinger J. (1973), Prandstätter R., Prandstetter K., Rader J., Schifflhuber J. (1953), Schifflhuber J., Schneider S. (1949), HFm Schönberger A. (1967), Schönberger A., Schönberger W., Stoiber U. (1950), Thallinger H. (1950), Übleis F., Übleis F. (1957), OFm Weiß W., Mag. Weißenböck W., Wieser F. (1947), Wimmer E. (1967), Wimmer E., Wimmer M., Zitzler Ch., HFm Zitzler G., E-BI Zitzler R. (1928), Zitzler R. (1964), HFm Zitzler W. (1978)

FF FISCHLHAM

Die vielen Brände – allein zwischen 1893 und 1895 wurden im Gemeindegebiet Fischlham 13 Bauernhäuser ein Raub der Flammen – ließen den Wunsch nach einer einsatzbereiten Feuerwehr entstehen. Am 22. November 1896 erfolgte die konstituierende Versammlung unter dem Vorsitz des Schloßbesitzers Josef Thieffenthaller, der auch zum Hauptmann gewählt wurde. Am 20. April 1897 erfolgte die erste Übung mit der Handspritze. Diese Übung wurde allmonatlich durchgeführt, und bereits am 16. September 1897 fand die Feuertaufe beim Brand des Almannsedergutes in Steinhaus statt. Bald (1909) wurde beschlossen, die Feuerwehr auch bei Wassergefahr einzusetzen. Bei Feuer läuteten die Kirchenglocken, bei Wassernot die Glocken des Schloßturmes. Zu Kriegsbeginn 1914 mußten 20 Mitglieder einrücken. Durch die weite Streuung des Siedlungsgebietes war es notwendig, drei Spritzen einsatzfähig zu haben: in Fischlham, in Forstberg und in Hafeld. Die erste Motorspritze, R 25, wurde 1937 geweiht. Der Zweite Weltkrieg brachte neue Belastungen. Trotz verminderter Mitgliederzahl, die durch den Krieg bedingt war, konnte die Feuerwehr ihre Einsatzfähigkeit aufrechterhalten und bei zwei – durch Bombenangriffe entstandenen – Bränden tatkräftig Hilfe leisten. Nach dem Zweiten Weltkrieg ging die Modernisierung weiter. Ein Rüstwagen Steyr 1500 und weitere Motorspritzen wurden in Dienst gestellt. Auf der neuen Zeugstätte wurde eine Sirene angebracht. Durch weitere Neuerungen wie Rüstwagen FK 1250, zwei TS Automatik 75 VW (1962 und 1963), Sprechfunkgeräte, Preßluftatmer, TLF 2000 und LFB konnten die Außenstellen Forstberg und Hafeld aufgelassen werden. Die Feuerwehr ist nun im Ort Fischlham konzentriert.

HBI Neuböck F. (1947), OBI Niedereder F. (1967), AW Gleixner G. (1972), AW Mittermair W. (1967), AW Treitinger W. (1964), BI Karntner N. (1973) — PFm Aschaber M. (1982), OBm Aschaber M. (1957), OFm Atzinger E. (1975), HBm Atzinger E. (1950), OBm Auer J. (1965), HLm Blumer H. (1938), Fm Blumer H. (1980), OFm Brandl J. (1977), OBm Brandl J. (1957), OFm Einsiedler F. (1975), OFm Ficker H. (1968), OFm Forthofer F. (1977), OBm Forthofer J. (1960), OFm Freimüller G. (1977), OBm Gatterbauer F. (1943), OBm Gruber H. (1962), E-BI Gruber L. (1918), Lm Hochleitner J. (1947), OBm Hörtenhuber K. (1957), OFm Hofinger F. (1977), OFm Hofinger H. (1979), OFm Hüttner O. (1978), HLm Karntner F. (1955), OBm Karntner J. (1947), Lm Kastenhuber F. (1963), HBm Koppler W. (1947), Fm Lindinger G. (1981), E-OBI Lindinger J. (1927), OBm Lindinger J. (1952), Fm Loitzenbauer Ch. (1977), Fm Marschner H. (1981), E-OBI Neuböck A. (1925), OLm Neuböck J. (1959), Parzer F. (1924), OLm Peterleitner J. (1950), Fm Peterleitner K. (1977), OFm Pfarl E. (1961), HLm Pfarl H. (1947), Fm Pierecker K. (1977), Lm Pühringer J. (1947), Fm Riedl H. (1975), PFm Riedl M. (1983), HFm Sattler F. (1974), HLm Sattler F. (1947), E-BI Schaumburger A. (1947), HFm Schlor F. (1973), HFm Schwarzkogler F. (1949), OFm Seiringer J. (1979), Lm Silberbauer S. (1973), HBm Steinhuber G. (1977), Lm Strauß F. (1925), HBm Treitinger W. (1968), OLm Wimmer F. (1962), OFm Wimmer H. (1973), HBm Wodak F. (1960)

FF GEISENSHEIM

1898 wurde die Feuerwehr Geisensheim als Filiale von Pichl gegründet, der Obmann war Josef Kraxberger. Bei der Hauptversammlung am 25. Oktober 1918 erhielt die Filiale Geisensheim von der Gemeinde das Recht, selbständige Feuerwehr zu werden. Eine neue Spritze und die hiezu nötigen Schläuche wurden beigestellt. 1927 wurde das Depot mit einem Schlauchturm an der derzeitigen Stelle errichtet. 1928 wurde eine Sirene angekauft. 1931 wurde die erste Motorspritze von der Fa. Gugg angeschafft. Von 1938 bis 1948 war die FF Geisensheim an die FF Pichl angeschlossen. Am 10. April 1949 gab Wehrführer Franz Kirchberger bei der Jahreshauptversammlung bekannt, daß die Feuerwehr Geisensheim wieder als selbständige Feuerwehr in das Feuerwehrbuch eingetragen wurde. 1953 mußte das Feuerwehrhäuschen umgebaut werden, um den selbstgebauten Rüstanhänger für Traktorbespannung unterbringen zu können. 1959 erfolgte der Ankauf der Motorspritze VW Automatik. 1963 Ankauf eines Löschfahrzeuges LLF, Opel-Blitz, mit vierteiliger Steckleiter. 1963 legte Kommandant Kirchberger seine Stelle zurück, und Josef Korntner wurde gewählt. Die Sirene gab ihren Dienst auf, eine neue mußte gekauft werden. Weiters wurden die Hydrantenausrüstung, ein Frischluftgerät und eine Mittelschaumausrüstung angeschafft. Da die alte Zeugstätte zu klein war, wurde 1973 das Feuerwehrhaus umgebaut und vergrößert. Weiters wurden 1979 drei schwere Atemschutzgeräte und Reserveflaschen, eine Schneidbrennergarnitur und ein Notstromgenerator 5 kVA angeschafft. 1980 wurde ein Notstromgenerator 30 kVA für Katastropheneinsätze stationiert. Da die Innkreisautobahn in unmittelbarer Nähe vorbeiführt, wurde ein hydraulisches Rettungsgerät von der Landes-Feuerwehrleitung zur Verfügung gestellt.

HBI Deixler J. (1949), OBI Kerschhuber E. (1951), AW Lindinger M. (1949), AW Mühlberger N. (1964), AW Neumayr J. (1957), BI Freimüller H. (1955) — HBm Atzmüller J. (1965), E-BI Baumgartner F. (1933), Lm Brandstetter F. (1949), HFm Bremeis J. (1965), Bm Brumbauer H. (1930), HLm Burgstaller H. (1959), OFm Burgstaller H. (1978), Fm Deixler P. (1982), HFm Denk F. (1947), OFm Derflinger H. (1971), Lm Derflinger J. (1941), Fm Fleischer E. (1982), Bm Fleischer H. (1953), OFm Gaubinger H. (1978), Lm Gaubinger J. (1954), OLm Gruber J. (1954), OLm Hochhauser K. (1949), OFm Hochhauser K. (1976), Bm Humer J. (1923), Lm Iglseder F. (1929), HLm Jagoditsch J. (1960), OFm Kerschhuber J. (1980), HFm Kirchberger F. (1965), Fm Knoll A. (1980), Fm Knoll G. (1982), E-HBI Korntner J. (1930), HFm Kramer H. (1975), E-OBI Kraxberger J. (1918), OFm Lauber H. (1970), HFm Lauber R. (1968), HFm Lehner A. (1962), Lm Lendl K. (1958), HFm Lindinger M. (1972), OFm Lindinger R. (1972), Fm Neumayr A. (1982), HFm Nöbauer G. (1970), HBm Nöbauer M. (1958), HLm Pölzl H. (1965), OBm Rauscher M. (1965), Fm Reisinger F. (1979), HFm Schillinger J. (1967), HFm Schranz J. (1950), OFm Schuler F. (1978), HFm Seimayr F. (1963), Lm Söllinger J. (1963), Lm Spillauer J. (1949), HFm Weidinger J. (1970), HBm Weidinger K. (1949), HFm Wimmer F. (1970)

FF GIERING-RAPPERSDORF

Die FF Giering-Rappersdorf wurde am 24. Januar 1910 gegründet. 32 Männer traten in den Feuerwehrdienst ein und wählten Franz Lebelhuber zum Kommandanten. Im Gründungsjahr wurde eine Handspritze samt Pferdewagen angekauft. Zur Finanzierung der Erstausrüstung wurde eine Haussammlung durchgeführt. Diese erbrachte jedoch nicht die erhoffte Summe, daher mußten der Kommandant und der Kassier den Rest von 219 Kronen 74 Heller aus eigener Tasche bezahlen. Es wurde dann von jedem Kameraden ein Mitgliedsbeitrag eingehoben. 1935 wurde die erste Motorspritze von der Firma Gugg angeschafft, die heute noch im Feuerwehrhaus zu sehen ist. Franz Leblhuber legte 1936 das Kommando zurück, worauf sein Sohn Josef zum Wehrführer gewählt wurde. 1938 wurde die Wehr ein Löschzug der FF Sipbachzell. Aufgrund eines Ansuchens durch Kdt. Josef Leblhuber beim LFK Linz wurde 1949 der Löschzug Giering-Rappersdorf wieder eine selbständige Feuerwehr. Das Feuerwehrhaus wurde 1950 errichtet. 1957 wurde ein KLF der Marke Ford FK 1000 gekauft. Die alte Gugg-Spritze wurde durch eine 1958 von der Fa. Rosenbauer gekaufte Tragkraftspritze der Type R VW 75 Warmgasstrahler abgelöst. Kdt. Josef Leblhuber legte nach 32 Dienstjahren seine Funktion zurück. Nachfolger wurde Johann Obermayr. 1980 wurde von der FF Sipbachzell der alte TLF 1000 Opel Blitz übernommen. 1983 stellte Johann Obermayr seine Funktion zur Verfügung. Der neugewählte Kdt. Otto Mayr ernannte HBI Obermayr zum Ehrenkommandanten. 1978 wurden ein mobiles Funkgerät und zwei Handsprechfunkgeräte (11-m-Band) gekauft. 1979 wurde die Wehr in die Funkalarmierung mit Sirenensteuerung aufgenommen. Ein Handsprechfunkgerät (2-m-Band) wurde 1983 gekauft.

HBI Mayr O. (1951), OBI Höllhuber J. (1973), AW Dornauer K. (1966), AW Jungwirth H. (1972), AW Mayr O. (1974), BI Moser J. (1972) — Althuber F. (1927), HBm Berner J. (1948), HLm Buchroithner H. (1975), PFm Edinger H. (1983), Edinger R. (1973), Egelseer F. (1935), PFm Hendlhuber H. (1983), OFm Höllhuber M. (1977), OFm Huber G. (1974), HLm Huber J. (1961), HBm Keferböck L. (1961), HFm Müllecker F. (1974), HBm Obermayr F. (1974), E-HBI Obermayr J. (1938), HBm Obermayr J. (1949), HLm Paulik K. (1951), Lm Roitner H. (1968), OBm Schickmair K. (1942), Stacheneder G. (1966), Lm Wischki W. (1968)

FF GROSSKROTTENDORF

Die Freiwillige Feuerwehr Großkrottendorf wurde als Löschzug der Offenhausener Feuerwehr 1898 gegründet. 1926 wurden in einer außerordentlichen Generalversammlung die Statuten für die Selbständigkeit beraten und einstimmig beschlossen. Der Gemeindeausschuß, welcher am 22. Februar 1926 zusammentrat, genehmigte diese Statuten einstimmig, und somit wurde die Löschgruppe Großkrottendorf eine selbständige Feuerwehr. Die Mannschaftsstärke betrug damals 51 Mann. Schon 1929 wurde die erste Motorspritze angekauft. 1932 wurde zum Zeughaus ein Schlauchturm gebaut. Während der Kriegsjahre bis 1947 war die FF Großkrottendorf wieder der FF Offenhausen zugeteilt. 1948 wurde die Selbständigkeit zurückgewonnen. Der Übergang vom Pferdegespann zur motorisierten Zugmaschine erfolgte Anfang der fünfziger Jahre. 1962 wurde eine Motorspritze, ein Jahr später von der FF Geisenheim ein Rüstwagen erworben. Als die alte Motorspritze nicht mehr gebrauchsfähig war, wurde 1968 eine neue angeschafft, die derzeit noch in Verwendung ist. In den folgenden Jahren wurde die Wehr neu eingekleidet. Der Traktoranhänger wurde 1974 von einem Kleinlöschfahrzeug, das von der FF Edt-Klaus angekauft wurde, abgelöst. Dieses Fahrzeug steht mit einer Vorbaupumpe heute noch im Einsatz. Das Zeughaus, das baufällig war und den technischen Erfordernissen nicht mehr entsprach, wurde 1977–1979 beinahe in Eigenregie erbaut. Zum älteren Kleinlöschfahrzeug wurde 1981 ein neues Lösch- und Rüstfahrzeug dazugekauft. 1983 wurden ein Notstromaggregat und ein schwerer Atemschutz erworben. Kommandanten der FF Großkrottendorf: Johann Thallinger (1926–1952), Franz Wimmer (1952–1958), Franz Thallinger (1958–1963), Josef Muggenhuber (1963–1983), Josef Silber (seit 1983).

HBI Silber J. (1965), OBI Muggenhuber J. jun. (1977), AW Aumayr J. (1972), AW Breitwieser M. (1978), AW Obermair A. jun. (1967), AW Stritzinger J. (1968), BI Knebl M. (1976), BI Stoiber H. (1968) — Fm Aichinger J. (1966), Lm Aumayr J. (1963), PFm Blaschek H. (1981), OFm Breitwieser H. (1980), E-AW Breitwieser R. (1956), OFm Erdpresser F. (1962), OFm Iglseder J. (1960), Kiener K. (1919), Fm Kosel R. (1976), Lm Minihuber F. (1978), HFm Mittermair R. (1942), HFm Mühlberger H. (1975), OFm Muggenhuber G. (1979), E-HBI Muggenhuber J. (1958), Fm Nagl J. (1975), HFm Obermair A. (1947), OFm Pötzlberger A. (1950), OFm Pupeter H. (1962), Fm Pupeter H. (1975), HFm Raab J. (1956), OFm Raab J. jun. (1978), OFm Riedl-Straßer J. (1954), OFm Riedl-Straßer J. jun. (1980), Fm Röbl Ch. (1981), Lm Röbl F. (1966), PFm Röbl W. (1983), HFm Schell F. (1968), HFm Schell P. (1956), Schnellinger K. (1936), Schöndorfer K. (1937), HFm Schuster L. (1958), HFm Schuster L. (1970), Lm Stritzinger A. (1951), HFm Stritzinger J. (1956), OFm Stritzinger W. (1977), HFm Tiefenthaler F. (1950), HFm Wickenhauser F. (1976), OFm Wickenhauser J. (1981), HFm Wickenhauser W. (1950), OFm Wickenhauser W. (1980), Fm Wimmer F. (1966), Wimmer F. (1929)

FF GUNSKIRCHEN

Die Freiwillige Feuerwehr Gunskirchen wurde im Jahr 1888 von den Mitgliedern Franz Bründl, Franz Steinwendner, Josef Obermüller, Josef Freimüller und Josef Eckl gegründet. Die erste Motorspritze erhielt die Wehr 1925, das erste Fahrzeug, einen Steyr Benzin, 1951. Im Jahr 1962 konnte das erste Tanklöschfahrzeug erworben werden. Von 1906 bis 1972 bestand das alte Feuerwehrhaus neben dem heutigen Altersheim. Errichtungsjahre der Feuerwehrgebäude der einzelnen Feuerwachen: 1972 Feuerwache Nord, 1950 Feuerwache Fallsbach, 1923 Feuerwache Kappling, 1927 Feuerwache Aigen, 1978 Feuerwache Süd. Die Freiwillige Feuerwehr Gunskirchen stand unter der Leitung folgender Kommandanten: Franz Bründl, Franz Voraberger, Johann Buchmeir, Josef Obermüller, Johann Hummer, Johann Pötzlberger, Heinrich Hollnbacher, Johann Öttl, Franz Wiesbauer, Josef Krenglmüller, Karl Wiesbauer, Karl Freimüller, Hermann Krenglmüller, Walter Herbe und Rudolf Pannagger.

VBR Herbe W., HBI Pannagger R. (1959), OBI Pöttinger A. (1948), AW Hörzi J. (1959), AW Hörzi M. (1974), AW Lendl A. (1965), BI Rohrer H. (1953) — OLm Achleitner W. (1969), OFm Augeneder H. (1977), HBm Bauer H. (1948), OLm Brandlmayer J. (1966), OLm Breitwieser F. (1978), Fm Brückler G. (1981), Lm Deisenhammer J. (1969), HLm Eckl F. (1922), OFm Ehmair A. (1979), HFm Ehmaier J. jun. (1975), HLm Ehmair J. sen. (1959), OFm Ehmair K. (1978), HLm Feischl G. (1962), HLm Freimüller J. (1960), Lm Gamml A. (1943), OFm Gruber J. (1980), HFm Gruber K. (1975), OBm Hacker H. (1958), HLm Hacker H. (1962), FA MR Dr. Haidinger H. (1961), HLm Hartmann J. (1976), HBm Hitzenberger F. (1968), HLm Hochleitner J. (1973), HFm Hochleitner J. sen. (1949), HLm Höller F. (1960), HFm Holzmann F. (1967), HFm Huemer H. (1975), Bm Huemer H. sen. (1947), HFm Huemer W. (1975), HLm Humer F. (1953), HLm Kaser J. (1966), HLm Kaufmann F. (1961), OFm Kaufmann W. (1979), HLm Kierner F. (1950), HFm Knogler F. (1976), HBm Knogler R. (1932), HLm König J. (1966), HFm Kraxberger W. (1950), Fm Krenglmüller H. (1982), Lm Lehner F. (1969), HFm Lehner F. (1975), HFm Lehner J. (1975), HLm Lehner J. sen. (1949), HFm Lehner M. (1928), OLm Leitner W. (1960), OFm Lepschy G. (1979), HFm Lugmayr J. (1932), HFm Mallinger F. (1974), HLm Mallinger F. sen. (1963), OLm Mittermayer F. (1967), Lm Muckenhuber E. (1969), OLm Muckenhuber E. (1969), HLm Muckenhuber S. (1947), HFm Neuwirth A. (1975), OBm Neuwirth F. (1963), HFm Neuwirth J. (1975), OLm Öttl A. jun. (1966), HFm Öttl A. sen. (1947), OLm Osternacher F. (1956), Lm Osternacher J. (1920), Lm Pramhas H. (1972), HBm Pühringer K. (1973), Lm Raaher F. (1949), Bm Rathbauer F. (1946), OFm Reiter H. R. (1978), OFm Roithner F. (1978), OLm Rumpfhuber H. (1964), OFm Mag. Schausberger N. (1978), Lm Schickmayr J. (1953), OBm Schmöller J. (1957), Fm Schmöller J. jun. (1982), OFm Schmuckermayer H. (1966), Lm Schmuckermayer H. (1973), HFm Schmuckermayer J. (1957), HBm Schrögenauer J. (1947), Lm Schrögenauer J. jun. (1971), OFm Schubert H. (1980), HLm Schwaighofer A. (1930), HFm Spanlag F. (1972), OLm Steiner R. (1963), HFm Steinhuber H. (1970), HFm Stockinger F. (1973), Bm Weichselbaumer E. (1947), HFm Weichselbaumer F. jun. (1975), HBm Weichselbaumer F. sen. (1946), Bm Weichselbaumer F. (1946), OFm Weidringer H. jun. (1980), HLm Weidringer H. sen. (1950), OFm Ing. Weindorfer K. (1978), HFm Wiesinger M. (1936), HFm Wimmer E. (1975), OFm Wimmer E. (1979), HFm Wimmer F. (1972), OLm Wimmer J. (1967), HFm Wimmer J. (1974), OLm Wolfmayr K. (1952), Lm Zanzerl-Beham K. (1947), OFm Zimmer W. (1978)

FF HAIDING

Die FF Haiding wurde laut Aufzeichnungen erstmals im Jahr 1888 erwähnt. Sie wurde als Werksfeuerwehr der Ziegelwerke Weixelbaumer in Haiding gegründet. 1906 wurde im Ort Haiding eine Zeugstätte erbaut. Den Baugrund hiefür stellte der damalige Besitzer des Schlosses Haiding gratis zur Verfügung. Aus den Aufzeichnungen geht hervor, daß der Ziegeleibesitzer Johann Weixelbaumer der erste Hauptmann war. Er wurde im Jahr 1906 erneut bestätigt. Bei Kriegsanfang 1939 wurde die Wehr der Freiwilligen Feuerwehr Krenglbach als Löschzug angegliedert. 1954 wurde das erste Feuerwehrauto angekauft. Es war dies ein Wehrmachtsfahrzeug, das bis 1972 seinen Dienst leistete. Die Einsätze wurden immer mehr, größtenteils technische, bedingt durch die B 137 (Verkehrsunfälle). So entsprach dieses Fahrzeug nicht mehr den Anforderungen, und es wurde ein anderes Fahrzeug angekauft (Type Mercedes L 406/28). 1976 wurde von den Kameraden des Löschzuges der Wunsch geäußert, wieder eine selbständige Feuerwehr zu werden. Der Gemeinderat sowie auch das Landesfeuerwehrkommando stellten sich diesem Wunsch positiv gegenüber. Seit der Neugründung der jüngsten Feuerwehr Oberösterreichs steht Heinz Übleis der Wehr als Kommandant vor. In dieser Zeit wurden zwei Feuerwehrautos angekauft. Auch die alte Feuerwehrzeugstätte entsprach nicht mehr den Anforderungen der Zeit, und so wurde 1982 mit dem Zeugstättenneubau begonnen, der 1985 beendet werden soll.

HBI Übleis H. (1955), BI Fischlhammer F. (1958), HAW Oberndorfer K. (1970), AW Ehrengruber H. (1968), AW Goldnagl K. (1965), AW Peham H. (1954) — Lm Achleitner F. (1965), Lm Achleitner F. (1970), Fm Achleitner F. (1982), OFm Auinger B. (1979), OFm Doppelbauer J. (1979), Fm Fischlhammer F. (1981), HFm Hajek R. (1976), HFm Hochmair F. (1976), PFm Hochmayr A. (1983), OLm Hochmayr J. (1958), OFm Hochmayr J. jun. (1979), Fm Hochmayr M. (1981), OLm Höller G. (1916), Lm Kraxberger J. (1965), Fm Kraxberger J. (1981), OLm Kraxberger J. (1962), HLm Kraxberger J. (1958), HFm Liedauer R. (1971), OLm Neuwirth J. (1953), Neuwirth J. (1979), Fm Oberndorfer G. (1980), HFm Ortner L. (1976), HFm Ortner O. (1976), HBm Peham W. (1976), Fm Pfanzagl F. (1981), OFm Pucher G. (1979), OLm Riesel P. (1965), HLm Söllinger M. (1942), Fm Wagner H. (1982), HFm Weber R. (1976), HBm Weinbergmair F. (1976)

FF HALLWANG

Um die Jahrhundertwende gingen tatkräftige Männer daran, den Vorläufer der heutigen Feuerwehr Hallwang zu gründen. Durch ein Legat wurde es 1901 möglich, ein Feuerspritzendepot zu errichten und eine Spritze anzukaufen. Es wurde sodann eine Vereinbarung getroffen, in der sich die umliegenden Landwirte verpflichteten, die Spritze im Ernstfall mit dem Pferdefuhrwerk zum Brandplatz zu fahren. Offiziell gegründet wurde die Wehr mehr als 20 Jahre später. Am 14. September 1924 fand die Gründungsversammlung statt. Erster Wehrführer wurde Leopold Tiefentaler, der rund 40 ausübende Mitglieder zur Verfügung hatte. 1938 konnte die erste Motorspritze, Gugg L/3, angekauft werden. Ein gebrauchter Steyr 12 wurde als Löschfahrzeug erworben. Wehrführer war nun Franz Waldl. 1938 brachte aber leider nicht nur die vollständige technische Neuausrüstung. Durch den politischen Umsturz kam es offiziell zur Auflösung der FF Hallwang, die nun als 2. Löschzug der Feuerwehr Eberstalzell geführt wurde. Nach dem Krieg wurde Johann Kranawetter Wehrführer. Es ging trotz aller Schwierigkeiten wieder aufwärts. Das dringend notwendige neue Zeughaus konnte 1954 errichtet und am 18. Juli zum 30jährigen Gründungsfest eingeweiht werden. 1958 wurde Josef Kienesberger zum Kommandanten gewählt. Unter ihm konnte am 24. Mai 1959 im Rahmen eines Festes ein neuer Rüstwagen geweiht werden, der 1963 mit einer Vorbaupumpe versehen wurde. 1970 wurden drei schwere Atemschutzgeräte angekauft. Im Juni 1974 zerstörte ein Blitz Turmdach und elektrische Anlage des Zeughauses – kein schönes Geschenk zum 40jährigen Gründungsfest, das am 21. Juli 1974 gefeiert wurde! 1981 wurde ein VW LT 35 angekauft und zum Rüstwagen umgebaut, der am 11. Juli 1982 mit der neuen Motorspritze geweiht wurde.

HBI Kienesberger J. (1946), OBI Krumphuber F. (1969), AW Karlsberger K. (1977), AW Rührlinger J. (1973), AW Steinhuber F. (1957), BI Hageneder F. (1954), BI Obernberger M. (1953), BI Zehetner K. (1946), BI Zwittl F. (1953) — E-OBI Bergmann K. (1924), HLm Breitwimmer J. (1965), Fm Breitwimmer K. (1982), HLm Brunbauer J. (1957), PFm Ehrengruber G. (1983), Grundner A. (1958), Grundner A. (1974), Fm Hageneder F. (1982), Kaiser-Mühlecker G. (1978), Bm Karlsberger F. (1949), HFm Karlsberger F. (1970), E-OBI Karlsberger J. (1943), HFm Kienesberger J. (1971), Kienesberger J., E-HBI Kranawetter J., Kranawetter J. (1958), Länglacher J. (1935), Langeder J. (1942), Fm Langeder M. (1982), E-BI Leitenmair F. (1946), OFm Leithenmair F. (1975), E-BI Lindlbauer F. (1946), HLm Obermair K. (1960), Lm Oppeneder J. (1924), Bm Pramberger A. (1958), OLm Sperrer F. (1960), HLm Steinhuber J. (1958), HFm Syböck J. (1947), HFm Waldl J. (1971), HFm Zwittl F. (1967)

FF HERMANNSDORF

Mit der freigewordenen Handdruckspritze der Eberstalzeller Feuerwehr wurde am 29. Januar 1928 der Löschzug Hermannsdorf gegründet. Daraufhin begann am 23. April 1928 der Depotbau in Hermannsdorf. Die große Bewährungsprobe bestand der junge Löschzug beim Brand der Stummerhütte. Hier wurde im August 1930 durch den raschen Einsatz der Kameraden ein ganzes Dorf vor dem Raub der Flammen bewahrt. Am 7. Dezember 1930 gründete man die Freiwillige Feuerwehr Hermannsdorf. Matthias Neubauer stellte den ersten Kommandanten. Die erste Motorspritze kaufte die Freiwillige Feuerwehr Hermannsdorf im Februar 1936. Kommandant Matthias Neubauer wurde am 24. Mai 1938 von der NSDAP seines Amtes enthoben. In den folgenden Kriegsjahren war es nicht möglich, die FF Hermannsdorf aufrechtzuerhalten, und ein Löschzug, der Eberstalzeller Feuerwehr angeschlossen, erfüllte die Aufgaben. Nach 1945 wurde unter dem ersten Kommandanten Matthias Neubauer die Feuerwehr wieder selbständig. Sein Sohn Matthias löste den erfahrenen Wehrführer ab. Die weiteren Nachfolger waren Johann Prielinger, Fritz Rathmaier und Franz Huemer, der das heutige Kommando leitet. 1951 beschloß man, einen Traktoranhänger mit Geräteaufbau anzuschaffen. 1961 kaufte die Feuerwehr die zweite Motorspritze und 1964 das erste Kleinlöschfahrzeug. Unter Kommandant Fritz Rathmaier rüstete 1978 die Freiwillige Feuerwehr Hermannsdorf in vielen Arbeitsstunden ein neues Kleinlöschfahrzeug selbständig aus.

HBI Huemer F. (1960), OBI Austaller A. (1956), AW Buchegger J. (1969), AW Huemer A. (1949), AW Kempinger H. (1976), HBI Rathmair F. (1962), BI Raffelsberger F. (1957) — HFm Achleitner J. (1972), OLm Austaller A. (1965), Fm Baumgartner M. (1982), Fm Buchegger F. (1982), HLm Buchegger F. (1953), OBm Fellner F. (1955), HFm Hacker F. (1976), Bm Hacker G. (1958), HFm Hacker H. (1975), OBm Hauser A. (1948), HFm Hauser A. (1974), HFm Hauser H. (1977), Fm Huemer H. (1982), HFm Neubauer A. (1976), E-BI Neuböck F. (1942), Fm Neuböck H. (1982), HFm Prielinger F. (1975), HBm Prielinger J. (1953), Lm Pühringer F. (1957), Fm Raffelsberger G. (1982), OFm Schwarzenbrunner R. (1976), Fm Sperrer J. (1982), OLm Sperrer J. (1958), HFm Straßmair F. (1976), Fm Straßmair H. (1982), Fm Trausner H. (1982), Fm Weingartner F. (1982), E-BI Wiener J. (1936), OBm Wimmer F. (1949)

FF HOLZHAUSEN

Am 7. Juni 1897 fand unter Vorsitz von Herrn Haidinger, Kommandant der FF Marchtrenk, die Gründungsversammlung der Feuerwehr Holzhausen statt. Dabei wählten 36 Männer Josef Berger zum Hauptmann. Noch im selben Monat wurde bei der Fa. Gugg eine Feuerspritze bestellt und geliefert. 1923 fand das 25jährige Bestandsjubiläum statt, der Sockel für den Schlauchturm wurde angefertigt und eine Sanitätsabteilung aufgestellt. 1929 wurde eine Rosenbauer-Motorspritze bestellt, die 1930 geweiht wurde. Von 1938 bis 1946 sind keine Berichte vorhanden. Die Errichtung einer neuen Zeugstätte wurde am 9. Februar 1946 beschlossen. Kommandant Josef Lehner legte seine Wehrführerstelle zurück. Kamerad Wolfsegger wurde vom Bezirks-Feuerwehrkommandanten zum neuen Wehrführer ernannt. Am 15. August 1948 fand die 50-Jahr-Feier statt. Die Weihe der neuen Zeugstätte erfolgte am 12. Juli 1949. 1949 wurde auch eine Sirene angekauft. 1953 wurde Kamerad Jungreithmeier zum neuen Wehrführer gewählt. Das 60jährige Gründungsfest fand am 7. Juli 1957 statt. Ein neues Löschfahrzeug FK 1000 wurde 1958 bei der Fa. Rosenbauer gekauft. Eine Getreidesammlung machte es möglich, daß 1959 eine VW-75-Automatik-Tragkraftspritze bei derselben Firma bestellt werden konnte. Neuer Kommandant wurde 1968 Franz Harrer. Die Übergabe des neuen Tanklöschfahrzeuges erfolgte 1972. 1974 wurde Siegmund Wolfsegger zum Kommandanten gewählt. Die FF Holzhausen verfügt derzeit über: Kdo.-Fahrzeug VW-Bus, Tanklöschfahrzeug TLF 2000, TSA, Supermatik-Pumpe, Notstromaggregat, schweren Atemschutz, Ölbindemittel und andere Geräte.

HBI Wolfsegger S. (1963), OBI Lindinger J. (1959), AW Baumgartner W. (1981), AW Gruber F. (1971), AW Nöbauer F. (1971), BI Bauer A. (1969), BI Hödl E. (1971), BI Lehner H. (1943) — HFm Bauer L. (1937), Fm Bauer W. (1981), HBm Berger A. (1953), E-HBI Berger J. (1910), HFm Brandmayer J. (1972), Fm Brandstetter F. (1981), HFm Datscher W. (1973), HFm Eggersberger F. (1950), Fm Ehmaier A. (1947), HFm Gruber E. (1923), Fm Gruber R. (1981), E-HBI Harrer F. (1943), HFm Hochmeier H. (1943), OFm Jungmair H. (1960), Lm Jungmair M. (1933), E-HBI Jungreithmayr H. (1946), HFm Jungwirth H. (1973), Fm Kremair H. (1971), HFm Kronawitter L. (1942), Bm Lehner J. (1966), Fm Lehner J. jun. (1982), OFm Märzinger A. (1980), HFm Märzinger F. (1946), PFm Märzinger M. (1982), HBm Märzinger W. (1967), Fm Mair J. (1981), OFm Mayer S. (1962), OFm Moshammer F. jun. (1978), OLm Moshammer F. sen. (1959), Lm Moshammer H. (1960), Lm Oberndorfer A. (1947), OLm Pichler A. (1966), OLm Pinz F. (1958), OFm Pinz K. F. (1974), Fm Riedlberger R. (1981), HFm Schellenhuber H. (1946), Lm Schölzl R. (1973), HFm Taubner K. (1958), HFm Tscherne J. (1923), E-HBI Wolfsegger F. (1941), E-OBI Zehetner W. (1953)

FF KAPPERN

Die FF Kappern ist 1925 als Löschzug II der FF Marchtrenk gegründet worden. Zur Bekämpfung von Bränden stand dem Löschzug Kappern eine mit Hand betriebene Pumpe, von Pferden gezogen, zur Verfügung. Unter K. Linimayr, dem ersten Zugskommandanten, erfolgte der Neubau der Zeugstätte (1926). Zugskommandanten waren dann: Engelbert Wiesmayr, Karl Thalinger, Josef Knoll und Karl Hofwimmer. 1942, in den Wirren des Zweiten Weltkrieges, übernahm Ferdinand Pötzlberger den Löschzug II. In dieser Zeit stützte sich der Löschzug auf eine weibliche Löschgruppe. Am 26. Februar 1950 löste sich der Löschzug II von der FF Marchtrenk und erhielt die Selbständigkeit. Kommandant wurde Ferdinand Pötzlberger. Erste Anschaffungen: ein alter Dodge von der amerikanischen Besatzungsarmee, eine DKW-Motorspritze und ein Schlauchturm 1952. Mit der Zeit wurde die Zeugstätte zu klein. Eine moderne Zeugstätte wurde am 27. August 1961 ihrer Bestimmung übergeben. 1963 Ankauf eines Mercedes-Feuerwehrlöschwagens. Die alte DKW-Motorspritze war nicht mehr voll einsatzfähig und konnte 1966 durch eine VW Automatik ersetzt werden. 1971 übernahm Kommandant Pötzlberger die Schlüssel für das neue TLF 1000 Opel Blitz. 1973 wurde Josef Kunz zum neuen Kommandanten gewählt. 1977 wurde ein gut erhaltener VW-Bus angekauft und zum Kommandowagen umgebaut. 1981 konnte ein neuer Ford-Transit KLF angekauft, ein Garagenbau getätigt und bereits 1982 eingeweiht werden. Vorher wurden beide bestehenden Zeugstätten neu eingedeckt und renoviert. 1983 wurde Heinrich Pötzlberger zum Kommandanten der FF Kappern gewählt.

HBI Pötzlberger H. (1965), OBI Reder H. (1957) — Arnezeder J. (1973), Brunner A. (1972), Brunner K. (1977), Brunner R. F. (1979), Eßl J. (1974), Eßl J. sen. (1952), Eßl R. (1979), Frick F. (1968), Geßl A. (1962), Geßl H. (1966), Haidinger E. (1958), JFm Haidinger G. (1981), Hammerschmidt J. (1948), Heidinger J. (1959), Heilinger F. (1947), Hofer F. (1953), Kellermair J. (1926), Kollmann G. (1979), JFm Krennmair A. (1981), JFm Krennmair P. (1982), Krexhammer F. (1977), JFm Kriegner F. (1980), JFm Kriegner J. (1983), Kriegner J. (1975), Kumpl E. (1947), Kunz J. (1939), Lehner E. (1965), Lehner F. (1965), Mayerbäurl F. (1974), Nöbauer J. (1975), Nöbauer J. sen. (1963), Peutlberger H. (1980), Preining A. (1960), Preining Ch. (1980), Preining E. (1926), Preining J. (1962), Preining J. (1957), Preining M. (1983), JFm Radwallner Ch. (1982), Radwallner G. (1974), Radwallner M. (1961), Reder G. (1983), JFm Rieder P. (1981), Rieder R. (1980), Rockenschaub A. (1976), Rockenschaub A. sen. (1971), Rockenschaub L. K. (1977), Samhaber E. (1964), Schickmair H. (1983), JFm Schickmayr W. (1980), Schmied H. (1934), JFm Schöller G. (1980), Schrangl H. (1982), Schrangl H. sen. (1952), JFm Schrenk R. (1982), Schuller E. (1978), Schuller G. (1974), Schuller H. (1975), Schuller J. (1974), Schuller J. sen. (1953), Schuller K. (1974), Steiner A. (1974), Steiner E. jun. (1974), Steiner E. sen. (1952), Steiner G. (1974), Steiner H. (1976), Steiner J. sen. (1952), Steiner K. (1965)

FF KRENGLBACH

Im Jahr 1888 wurde in der Gemeinde Krenglbach die erste Freiwillige Feuerwehr gegründet; die Gründungsversammlung fand am 18. November statt. Der erste Feuerwehrhauptmann war Andreas Mallinger. Den Männern der ersten Stunde war vom Schloßbesitzer von Schmiding, Franz Stocker, eine Spritze (damals die einzige in der Gemeinde) geschenkt worden. Die Feuerwehr hatte im südlichen Teil der Gemeinde, im Maierhof des Schlosses Schmiding, Unterkunft gefunden. Man erkannte sehr bald, daß das nördliche Gemeindegebiet, die Ortschaft Haiding mit Bahnhof und Ziegelei, ohne ausreichenden Schutz war. 1890 wurden daher zwei Löschzüge errichtet: Löschzug Schmiding und Löschzug Haiding. Die Ausrüstung wurde geteilt. Die vom Schloßbesitzer Stocker gespendete Spritze wurde zu einer Saugspritze umgebaut und nach Haiding überstellt. Der Löschzug Schmiding bekam eine neue Spritze. 1893 – so wird in den Protokollen berichtet – hatten die beiden Löschzüge eine „vollkommen entsprechende Ausrüstung". Schon 1895 trat die Feuerwehr dem Landesunfallverein bei. 1898 bekam der Löschzug Haiding ein eigenes Spritzendepot. 1899 wurde eine „neue Löschmaschine" von der Fa. Rosenbauer eingekauft. Das erste Depot bekam die FF Krenglbach 1914; es war am südlichen Ortsrand errichtet worden. Zu Beginn des Ersten Weltkrieges wurde auf Verlangen des oö. Landes-Feuerwehrausschusses eine Krankentransportkolonne mit 16 Mann errichtet. Nach dem Zweiten Weltkrieg war die Wehr wieder schnell errichtet und neu organisiert. 1947: Ankauf eines Autos (Steyr 1500) und Aufbau zu einem Rüstwagen, 1952: erste Sirene, 1964: erstes Funkgerät, 1966: Atemschutzgeräte, 1973: neues Zeughaus (2 Garagen, Schulungs- und Dienstraum), 1974: TLF, 1980: LFB, 1983: Kdo-Fahrzeug.

HBI Etzlstorfer J. (1949), HBm Gegenleitner J. (1961), AW Aigner P. (1968), AW Schiffelhuber M. (1974), AW Schrempf R. (1963), BI Oberndorfer A. (1963) — Fm Aigner P., Lm Augeneder B. (1946), Lm Baumüller M. (1922), Bm Diensthuber J. (1950), OFm Doppelbauer F. (1979), Bm Ecker J. (1938), HLm Eder J. (1961), OFm Etzlstorfer J. (1979), OFm Gegenleitner W. (1980), Lm Götzenberger E. (1977), HBm Herrmüller A. (1928), HLm Hochhauser H. (1950), Fm Huemer F. (1981), HLm Huemer F. (1950), OBm Kortner J. (1949), PFm Kreilmair R. (1983), OBm Kreilmayer F. (1961), OFm Kreilmayer G. (1979), Fm Kreilmayer G. (1981), Lm Kronberger R. (1974), Bm Lehner F. (1953), HLm Leuchtenmüller A. (1959), HFm Lichtenwagner R. (1940), OFm Lichtenwagner W. (1979), Lm Mayr K. (1959), Lm Mayr K. (1973), Lm Oberndorfer J. (1975), HFm Rauch H. (1951), OBm Schiffelhuber J. (1959), HLm Sillipp K. (1949), OFm Steinbacher W. (1980), Lm Straßer F. (1975), HLm Wagner A., Lm Wagner E. (1974), HLm Wiesbauer F. (1929)

FF LAMBACH

1870 hatte die FF Lambach schon kurz nach der Gründung eine erste Bewährungsprobe abzulegen. Sie wurde am 24. April 1870 nach Wels gerufen, wo 24 Häuser in Flammen standen. Die neu gegründete Feuerwehr tat auch ihr Bestes im Bereich der Ausbildung, jeden Sonntag und Donnerstag wurden Steiger- und Spritzenübungen durchgeführt. In jedem einzelnen der seit der Gründung verstrichenen Jahre hat die Lambacher Feuerwehr wiederholte Male wacker und restlos ganzen Einsatz geleistet. Zu erwähnen ist, daß in den Jahren 1927 bis 1935 in Lambach und Umgebung 24 Brände zu bekämpfen waren, die alle das Werk eines Brandlegers waren. Lambach erhielt 100 Mann Polizeiverstärkung und vier Geheimpolizisten, um des Brandlegers habhaft zu werden. 1901 wurde die Sanitätsabteilung der FF Lambach gegründet und mit einem Rettungswagen ausgerüstet. Jahr für Jahr wurde auch eifrig am Ausbau und der Modernisierung der Wehr gearbeitet: 1928 erster motorisierter Auto-Löschzug Austro-Fiat. Mit dem Ausbruch des Zweiten Weltkrieges mußten viele aktive Feuerwehrkameraden einrücken. Da aber die Schlagkraft der Wehr, vor allem wegen eines in nächster Nähe errichteten Rüstungsbetriebes (Muna), erhalten werden mußte, wurden viele Feuerwehrmänner bei der Feuerwehr dienstverpflichtet. Vorbildliche Arbeit leistete die FF Lambach auch bei der am 10. November 1942 im Sauerstoffwerk erfolgten Explosionskatastrophe. Da während des Krieges immer mehr Feuerwehrkameraden einrücken mußten, wurde eine Frauenwehr aufgestellt. Nach dem Zusammenbruch 1945 hörte vorerst der Bestand der FF Lambach auf. Aber bald stand sie mit 107 Mitgliedern wieder zum Schutz des Marktes zur Verfügung.

HBI Stadler E. (1942), OBI Simader H. (1942), AW Moser O. (1942), AW Pühringer J. (1940), AW Wronna P. (1960), BI Aichinger M. (1966), BI Platzl F. (1946) — HBm Anzengruber F. (1950), OFm Anzengruber J. (1976), Bm Anzengruber M. (1958), OBm Anzengruber O. (1952), Fm Badegruber F. (1960), OBm Baumgärtler A. (1954), OFm Bürgmann F. (1982), OFm Butz M. (1980), Lm Deisenhammer F. (1965), HBm Famler W. (1939), Fm Ing. Gailer G. (1982), FA Dr. Garetschläger E. (1959), Fm Halbig K. (1982), HBm Hinterberger G. (1977), OFm Hinterberger P. (1977), OBm Hinterkörner J. (1972), Hittenberger L. (1924), OLm Holzmann J. (1957), Fm Hundstorfer P. (1977), HBm Irnberger R. (1956), König G. (1973), Köstler M. (1942), Kriechbaum L. (1953), Kriegner A. (1921), Lang M. (1934), Lenzeder W. (1945), OLm Lettner J. (1970), OLm Meindl F. (1957), OFm Meindl K. (1980), HBm Moser A., Lm Moser K. (1975), Puchner K. (1926), Fm Pühringer J. jun. (1973), E-BR Rührlinger F. (1935), HFm Rührlinger F. jun. (1966), OFm Schöberl W. (1950), Lm Simader H. jun. (1973), OLm Thaller H. (1968), HFm Watzinger J. (1945), Wiesinger F. (1981), OLm Wöß R. (1946), Fm Wronna J. (1982), OFm Zauner J. (1960), Fm Zobl G. (1982)

FF LEOMBACH

Die Feuerwehrfiliale Leombach wurde am 1. März 1903 gegründet. 1906: Bau des ersten Feuerwehrdepots. Ankauf einer Handspritzpumpe auf leichtem Holzwagen im Jahr 1907. Laut Sitzungsbeschluß des hohen oö. Landesausschusses vom 17. März 1910 wurde die Feuerwehr Leombach selbständig. Der Gemeindevorstand von Sipbachzell genehmigte am 12. April 1910 die Selbständigkeit und gab die Satzungen heraus. Die erste Versammlung mit der Wahl des Kommandos fand am 17. April 1910 statt. Während des Ersten Weltkrieges gab es keine Tätigkeit. Am 9. März 1919 wurde die Wahl des Kommandos nach dem Ersten Weltkrieg durchgeführt. Im Jahr 1922 Anschaffungen von Schläuchen. 1930 Ankauf einer Motorspritze. In der NS-Zeit, von 1938 bis 1945, war die FF ein Löschzug der FF Sipbachzell. Am 27. Oktober 1948 erlangte sie wieder ihre Selbständigkeit. 1948 Ankauf eines Rüstwagens Dodge T 214, Bj. 1944. 1949 zweiter Zeugstättenbau. 1961 Ankauf einer neuen Motorspritze, Fabrikat Rosenbauer, Type HR 503, 18 PS. Zwei Funkgeräte und eine Motorsäge wurden im Jahr 1972 gekauft. 1976 Anschaffung eines Tankwagens TLF 2000. 1978 Kauf eines Anhängers TSA 500. Zwei schwere Atemschutzgeräte wurden 1979 angekauft, ein Gerät wurde vom Landes-Feuerwehrverband zugestellt. Im Jahr 1981 wurden ein Handfunkgerät, ein Drehstromgenerator, 7,5 kVA, und ein VW-Bus als Kommandowagen gekauft. 1982 Anschaffung von zwei Flutlichtscheinwerfern sowie einem Bergegerät.

HBI Keinrath F. (1961), OBI Scholl F. (1963), AW Höckner J. (1956), AW Sperr F. (1965), BI Ölsinger F. (1961), BI Striegl H. (1972) — PFm Aumair E. (1983), HFm Bieringer F. (1973), Fm Bruckner G. (1982), Lm Groiß G. (1958), Fm Hundstorfer G. (1980), Fm Köbrunner J. (1979), OFm Kösterke R. (1979), Lm Lambrecht J. (1938), E-AW Leblhuber F. (1949), Lm Mayr L. (1942), Lm Mühlbachler K. (1965), OLm Rathmair E. (1946), OFm Rathmair E. (1977), HBm Scheinecker H. (1962), E-HBI Scholl F. (1921), Wiespointner J. (1954)

FF MARCHTRENK

Die Freiwillige Feuerwehr Marchtrenk wurde 1894 gegründet. Unter der Führung von Wehrführer Johann Haidinger wurde mit dem Aufbau der Feuerwehr begonnen. 1896 wurde der Wehr eine Saug-Druckspritze mit Pferdebespannung übergeben. 1925 Errichtung einer Zeugstätte zur Rettungswageneinstellung. 1929 Übergabe einer neuen Motorspritze und eines Feuerwehrautos an die Feuerwehr. Durch die politischen Umstände in den dreißiger Jahren und in den darauffolgenden Kriegsjahren wurden die Wehrmänner zum Kriegsdienst eingezogen; so mußten Frauen den Feuerwehrdienst versehen. 1944 wurden der Wehr eine neue Motorspritze und ein neues Rüstauto, Marke Opel Blitz, zugeteilt. 1948 Neubau der heutigen Feuerwehrzeugstätte. Durch Uneinigkeiten wegen einer Wohnungsvergabe im Feuerwehrdepot kam es 1960 zur Auflösung der Wehr, doch begann bald die Neuaufstellung der heutigen jungen Feuerwehr. Franz Rathmoser wurde zum Feuerwehrkommandanten gewählt, der im November 1963 bei einem Brandeinsatz überfahren wurde. Unter dem neugewählten Kommandanten Rudolf Eschlböck begann für die FF eine rasche Aufwärtsentwicklung. Durch die Aufwärtsentwicklung der Gemeinde und der Industrie wurde es möglich, die Feuerwehr mit neuen modernen Löschfahrzeugen und Geräten auszurüsten. Die moderne Zeit brachte es mit sich, daß die Feuerwehr nicht nur zu Bränden aller Art ausrücken mußte, sondern zu allen technischen Einsätzen gerufen wurde. Um der Jugend Gelegenheit zu geben, im Dienste des Nächsten mitzuwirken, wurde 1984 vom Kommando der Beschluß gefaßt, eine Jugendgruppe aufzustellen, zu der sich sofort 22 Buben im Alter zwischen 12 und 16 Jahren meldeten.

HBI Eschlböck R. (1959), OBI Kautschitz A. (1961), AW Stöglehner K. (1961), AW Stoiber H. (1965), AW Taubner L. jun. (1978), BI Binder R. (1968), BI Gottholmseder E. (1979) — Fm Althuber G. (1980), HBm Berger E. (1964), HLm Berger J. (1961), HFm Berger R. (1974), HFm Brunner G. (1971), OBm Brunner A. (1940), Bm Brunschütz A. (1961), HBm Chatt W. (1979), Fm Feldbauer F. (1969), OFm Gintensdorfer E. (1979), OLm Haidinger E. (1970), OLm Hasanovic J. (1968), HFm Höllinger J. (1973), OFm Hönig N. (1971), HFm Hons P. (1980), HLm Jungmaier E. (1961), Bm Kimeswenger J. (1961), OLm Kirchmayr W. (1968), OLm Kraus R. (1950), Lm Lang B. (1971), OFm Lorenz H. (1974), Fm Mair M. (1979), OFm Oberroithmair H. (1969), HFm Oberroithmair W. (1977), OFm Pfanzagl R. (1976), Lm Popp J. (1968), HBm Dir. Rockenschaub F. (1957), Fm Schell W. (1980), Fm Schmidt R. (1982), Lm Taubner L. (1967), OLm Traxler R. (1967), HLm Wallner K. (1943), Bm Ing. Warsch F. (1965), Bm Wiesinger F. (1960), OLm Zwiellehner M. (1960)

FF MISTELBACH

Bereits in den Jahren 1800 bis 1921 bestand in Mistelbach eine Betriebsfeuerwehr, welche zur Sicherung des Gutshofes von Bediensteten geleistet wurde. Am 24. April 1921 erfolgte die Gründung der Ortsfeuerwehr. Vorhandene Löschgeräte sowie das vorhandene Zeughaus wurden übergeben. Im Jahr 1929 wurde von der Spritzen- und Metallwarenfabrik Braunau am Inn eine tragbare Gugg-Motorspritze Type I angekauft. Bis zum Jahr 1945 wurde der Einsatz mit Pferdegespann durchgeführt. Ein Dodge wurde aus alten Armeebeständen erworben. Auch dieses Fahrzeug hatte keine lange Lebensdauer. In der weiteren Folge wurde mit Traktor und Einachsanhänger oder mit Lieferwagen der Firma Silber zum Einsatzort gefahren. Im Mai 1956 erfolgte der Ankauf einer gebrauchten Motorspritze VW R 75 von der FF Schallerbach. 1968 wurde ein Fiat 1100 T 2/1, 3 t, von der Fa. Rosenbauer angekauft. Am 7. Juli 1968 fand das 45jährige Gründungsfest mit Löschfahrzeugweihe statt. Unter den Ehrengästen war auch Feuerwehrpräsident Dr. Heger. Eine Partnerschaft mit Mistelbach an der Thaya war die Krönung des Festes. 1980 wurde von der Gemeinde Buchkirchen ein Grundstück zum Bau eines neuen Depots erworben. Mit dem Bau wurde sofort begonnen, die Fertigstellung erfolgte 1984/85. Ein TLFA Mercedes 2200 vom Magistrat Wels wurde ersteigert und im Januar 1984 übergeben. Kommandanten der Freiwilligen Feuerwehr Mistelbach seit ihrer Gründung: Franz Roitner (1921–1928), Johann Ecker (1928–1949), Friedrich Mair (1949–1953), Johann Ecker (1953–1958), Johann Eschlböck-Bauer (1958–1963), Josef Lehner (1963–1968), Johann Eschlböck-Bauer (1968–1973), Friedrich Ortmayr (seit 1973).

HBI Ortmayr F. (1966), OBI Roitner H. (1967), AW Fellner G. (1979), AW Huemer F. (1967), AW Voraberger H., BI Angermayr E. (1973) — HFm Angermayr H. (1977), HFm Angermayr K. (1977), Bauer E. (1966), HFm Bauer J. (1972), HBm Eschlböck H. (1976), Eschlböck J. (1945), HFm Fellner F. (1977), HLm Fellner J. (1977), HBm Friedwagner H. (1960), OFm Friedwagner H. (1979), HBm Hödl J. (1972), HFm Huemer F. (1973), OLm Jungmeier J. (1971), Fm Kastner J. (1982), Kastner O. (1983), HLm Knoll H. (1950), HFm Knoll W. (1978), HBm Lehner J. (1954), HLm Nöbauer F. (1947), HBm Ortmayr E. (1971), OFm Parzer F. (1979), Parzer H. (1983), E-AW Roitner S. (1951), Fm Schwaiger H. (1982), Fm Schwaiger M. (1983), Fm Schwaiger R. (1983), HBm Silber F. (1961), OLm Stoiber J. (1972), Sturm F. (1983), HLm Wögerbauer M. (1963), Fm Zaininger K. (1981), HLm Zauner H. (1968), HBm Zauner J. (1921), HLm Zeininger J. (1946), HFm Zeininger J. (1978)

FF NEUKIRCHEN BEI LAMBACH

Die FF Neukirchen bei Lambach wurde 1890 gegründet. Erster Hauptmann wurde Josef Kaser. Im selben Jahr wurde eine Flandersche Abprotzspritze angekauft, die in Ermangelung eines Depots provisorisch in Spöck untergebracht wurde. Die seit zwei Jahren bestehende Musikkapelle trat 1891 zur Gänze der Feuerwehr bei und wurde bis 1939 als Feuerwehrmusikkapelle geführt. Kapellmeister war der ehemalige Regimentsmusiker Josef Fürtner. 1892 wurde in Neukirchen ein neues Depot errichtet. 1930 wurde das 40jährige Gründungsfest gefeiert. 1933 kam P. Severin Leidinger als Pfarrer nach Neukirchen. Auf sein Betreiben wurde eine kunstvoll gestaltete Vereinsfahne angeschafft, die auch heute noch bei der Florianifeier und bei Begräbnissen mitgetragen wird. Unter Wehrführer Josef Stöttinger wurde 1933 unterhalb der Kirche in Neukirchen eine neue Zeugstätte errichtet und die erste Tragkraftspritze, Rosenbauer R 50, erworben. 1934 wurde ein neuer Gerätewagen für Kraftspritze und Schläuche angeschafft. 1945 begannen P. Severin, Josef Reiter, Alois Grabner und Max Oberndorfer mit dem Aufbau der Feuerwehr. Von der amerikanischen Besatzung konnte das erste Rüstauto, Mercedes, erworben werden. Weiters wurde eine zweite Tragkraftspritze (DKW TS 8) angekauft. 1947 wurde das Feuerwehrdepot vergrößert, 1949 eine Alarmsirene installiert. 1950 feierte die Wehr das 60jährige Gründungsfest, verbunden mit Auto- und Spritzenweihe. 1954 erhielt das Rüstauto eine Rosenbauer-Vorbaupumpe. 1975 wurde ein Ford Transit angekauft und in Eigenregie ausgestattet. 1984 konnte ein VW-Bus als Rüstauto ausstaffiert werden, und 1985 wird ein Tanklöschfahrzeug TLF 2000 angekauft. Dazu wurde das Zeughaus in Eigenregie umgebaut.

HBI Feichtinger R. (1964), OBI Strebinger H. (1955), AW Brindl F. (1970), AW Schmalwieser F. (1969), AW Weichselbaumer H. (1970), BI Stöger H. (1958) — HBm Eckmayr E. (1960), HFm Eckmayr M. (1970), HFm Feichtinger G. (1945), Bm Feichtinger R. (1941), HFm Fürtner K. (1947), E-BI Grabner A. (1923), HFm Hainbucher M. (1940), HFm Hainbucher R. (1934), HFm Haslinger K. (1954), Fm Himmelbauer F. (1982), Fm Himmelbauer S. (1982), HFm Hörzi K. (1954), Fm Holzinger E., HFm Holzinger H. (1970), HFm Holzinger J. (1947), Lm König G. (1973), Lm Krammerbauer J. (1970), HFm Krammerbauer M. (1969), HFm Krötzl H. (1970), OFm Kroiß J. (1970), HFm Machtlinger A. (1951), HFm Marchhart J. (1946), HFm Mittermayr F. (1943), OFm Mittermayr F. (1924), HBm Niedermayr J. (1954), HFm Obermayr J. (1967), Lm Oberndorfer P. (1958), HFm Plaha F. (1950), HFm Preining A. (1945), OFm Puchinger H. (1948), HFm Rutzinger J. (1964), OFm Schallmeiner F. (1970), Fm Schrattenecker G. (1972), Fm Schuster Ch. (1981), HFm Schwarzgruber J. (1952), Fm Seilinger H. (1980), HFm Selinger F. (1932), HFm Spanlang J. (1970), HFm Stadlmayr J. (1945) E-HBI Stöttinger F. (1932), Lm Stöttinger F. (1966), HFm Ing. Stöttinger J. (1968), OFm Stöttinger J. (1970), HFm Stöttinger J. (1939), OFm Wagner R. (1964), HFm Watzinger J. (1945), HFm Watzinger U. (1945), HBm Weichselbaumer J. (1942), HFm Zehetner J. (1972)

FF OFFENHAUSEN

1884 offizielle Gründung der FF Offenhausen, Obmann Johann Karl Grillmayer. 1898 Gründung eines Löschzuges in Großkrottendorf, 1926 selbständige Feuerwehr. 1903 Gründung eines Löschzuges in Pfaffendorf, 1927 selbständige Feuerwehr bis 1973 (Auflösung). 1931 erhielt Offenhausen die erste Motortragkraftspritze, Schloßbesitzerin Baronin Guttmann stiftete 1927 eine Fahne. 1933: 50jähriges Gründungsfest der FF unter Wehrführer August Marschner. 1938 Auflösung der Feuerwehr als Verein, Weiterführung als Körperschaft. 1946 Ankauf der DKW-Motortragkraftspritze und eines Rüstwagens Opel Blitz. 1948 übernahm Johann Kirchberger die Führung bis 1950. 1950–1954 Johann Raber. 1954 übernahm die Stelle Franz Litzlbauer. 1955 neuer Kommandant Franz Schmalwieser. 1958 übersiedelte die FF in das neue Depot. 1959 Kauf einer Tragkraftspritze, Type VW 75. 1959: 75jähriges Gründungsfest. 1972 Kauf eines gebrauchten Tanklöschfahrzeuges. 1978 wurde Franz Reinthaler als Kommandant gewählt. 1983 Wahl des Kommandanten Franz Reinthaler zum Abschnittskommandanten des Abschnittes Lambach. Anschaffungen und Tätigkeiten der FF Offenhausen unter dem derzeitigen Kommando: 1978 Ankauf eines neuen Löschfahrzeuges Mercedes. 1979 persönliche Ausrüstung, Notstromaggregat, Tauchpumpe, zweites mobiles Funkgerät, Renovierungsarbeiten am Zeughaus, Einweihung des neuen Löschfahrzeuges. 1982 Ankauf eines neuen Tanklöschfahrzeuges mit 2000 l Wasserinhalt; Errichtung eines Schulungsraumes für die FF. 1983: Einweihung des Schulungsraumes, Baubeginn des Um- bzw. Zubaues des Feuerwehrhauses. 1984: Einweihung des TLF 2000 und des vergrößerten Feuerwehrhauses im Rahmen der Jubiläumsfeierlichkeiten zum 100jährigen Bestehen.

BR Reinthaler F. (1958), OBI Kraxberger J. (1963), AW Gruber A. (1958), AW Schmidt J. (1979), AW Wimmer K. (1970), BI Anzengruber F. (1965), BI Heppner F. (1958), BI Wiesinger R. (1970) — E-OBI Baudraxler G. (1966), BFA Dr. Baudraxler W. (1977), OFm Bernberger H. (1975), HFm Deisenhammer H. (1928), E-HBI Ematinger J. (1946), HLm Fuchshuber J. (1946), HFm Furtmüller E. (1948), HFm Gugerbauer F. (1922), HFm Heilinger M. (1944), OFm Heppner J. (1918), HFm Hoflehner J. (1937), PFm Hollaus H. (1982), HLm Käfer E. (1957), HFm Kinzl J. (1932), Fm Kirchberger K. (1978), HBm Kirchmayr F. (1957), Fm Kraus T. (1980), Lm Krempl J. (1934), E-OBI Litzlbauer F. (1933), OLm Litzlbauer K. (1963), Lm Mallinger E. (1962), Lm Marschner F. (1934), OFm Maurer A. (1955), PFm Maurer F. (1982), OFm Maurer N. (1978), HFm Mühlberger F. (1926), Lm Müller L. (1961), Fm Neuwirth J. (1980), OBm Ollinger J. (1975), HFm Plank M. (1976), E-HBI Raber H. (1937), Lm Reinthaler J. (1949), PFm Reinthaller N. (1983), HFm Schmalwieser O. (1968), Lm Schmitzberger F. (1962), HFm Schotola G. (1936), Fm Schotola R. (1982), Fm Stiefmüller Ch. (1980), HFm Straßer J. (1951), HBm Stürzlinger J. (1950), PFm Wagner T. (1983), OLm Weber G. (1960), HFm Weingartner H. (1976), Fm Weingartner K. (1980), OFm Wiesbauer A. (1978), HFm Wiesinger F. (1925), OFm Wiesinger R. (1978), OBm Wiggenhauser J. (1962), Fm Zauner G. (1976), HFm Zauner J. (1949)

FF PENNEWANG

Die FF Pennewang wurde am 7. Juli 1889 gegründet. Bedingt durch das ausgedehnte Gebiet der Gemeinde Pennewang, die damals sehr schlechten Verkehrsverhältnisse und die Tatsache, daß damals als Transportmittel nur Pferdefuhrwerke zur Verfügung standen, wurde neben dem Löschzug Pennewang auch in den Ortschaften Mitterfils und Schmitzberg jeweils ein eigener Löschzug mit eigener Spritze gegründet. Anläßlich des Ankaufes des ersten Löschfahrzeuges wurde der Löschzug in Schmitzberg und im Jahr 1970 auch der Löschzug in Mitterfils aufgelassen und das dort gewesene hölzerne Feuerwehrdepot abgerissen. Im Jahr 1930 wurde die erste Motorspritze, Fabrikat Breuer-Jörgstadt, 15 PS, 500 l/min, angekauft. Zur Finanzierung dieses Motorspritzenankaufes wurde eine Haussammlung durchgeführt. Im Jahr 1946 wurde das erste Feuerwehrauto, ein Steyr 1500 Allrad, aus Wehrmachtsbeständen angekauft. Im Jahr 1976 wurde das erste Tanklöschfahrzeug, ein Opel mit 1000 l Wassertank, von der Betriebsfeuerwehr der Papierfabrik Feuerstein in Traun und ein Jahr später noch ein Kleinlöschfahrzeug, Ford FK 1250, von der FF Achleiten angekauft und zugleich das alte und nicht mehr einsatzfähige Militärfahrzeug (Steyr 1500) abgestoßen. Diese beiden Einsatzfahrzeuge stehen bis heute im Einsatz. Das Feuerwehrdepot in Pennewang stand ursprünglich beim Kaufhaus Fuchshuber (jetzt Riedl). Im Jahr 1950 wurde ein neues Gemeindeamtsgebäude errichtet und im Untergeschoß die neue Feuerwehrzeugstätte installiert.

HBI Muggenhuber J. (1954), OBI Nußbaumer J. (1977), AW Breitwieser F. (1973), AW Fuchshuber J. (1972), AW Sitter J. (1952), AW Sturbmayr J. (1966), BI Muggenhuber J. (1974) — Lm Ablinger R. (1950), OFm Andeßner M. (1972), HFm Auinger J. (1951), PFm Auinger K. (1983), HFm Bachinger A. (1913), Lm Bachler J. (1950), PFm Baldinger M. (1983), Lm Brandlmayr J. (1937), Lm Brandtner H. (1950), Lm Breitwieser F. (1937), Lm Breitwieser J. (1952), OFm Brunnthaller E. (1963), HFm Eckerstorfer A. (1977), Lm Eckschlager J. (1955), HFm Eder H. (1972), HLm Ematinger J. (1948), PFm Filzwieser W. (1983), Lm Gerstmayr J. (1975), HFm Glück J. (1977), HLm Glück J. (1949), OFm Glück J. (1974), Lm Haberfellner H. (1946), OFm Holzer J. (1963), HFm Holzer J. (1978), HLm Huemer A. (1946), HFm Hummer F. (1931), OFm Hummer F. (1960), Lm Hummer H. (1951), Lm Jost N. (1963), Lm Kern K. (1926), HFm Kerschhaggl A. (1982), HFm Kreinecker J. (1973), OLm Kurz H. (1942), OFm Kurz J. (1947), HFm Kurz-Bayrhuber O. (1966), Lm Lackerbauer J. (1937), HFm Leitenmayr A. (1957), OFm Leitner F. (1964), HLm Leitner J. (1948), HFm Leitner J. (1957), HFm Leitner J. (1974), HFm Leitner K. (1969), HFm Lidauer H. (1969), Lm Muggenhuber J. (1977), OFm Muggenhuber W. (1966), HFm Murauer R. (1961), Lm Nöhammer A. (1942), HFm Nöhammer A. (1974), HFm Obermayr A. (1974), Lm Oberndorfer R. (1946), HFm Ortner H. (1968), HFm Plojer F. (1965), Lm Plojer M. (1935), Lm Pühretmayr F. (1974), OBm Pühretmayr M. (1950), HFm Pühretmayr W. (1978), Lm Rathner H. (1926), OLm Riedl M. (1952), Lm Rieger J. (1934), HFm Rieger J. (1966), Lm Schauer K. (1946), OBm Schedlberger F. (1950), OFm Scheibmayr A. (1946), HFm Schlüsselbauer J. (1964), HFm Schuster J. (1966), Bm Stadlbauer H. (1967), Lm Stöger V. (1923), PFm Stoiber A. (1983), HBm Stoiber F. (1950), PFm Stummer J. (1960), Lm Sturbmayr J. (1946), PFm Sturmair H. (1983), Lm Sturmair H. (1950), HFm Waldenberger F. (1950), Lm Waldenberger U. (1946)

FF PICHL BEI WELS

Das Gründungsjahr der Wehr ist 1870. Da in der damaligen Zeit die meisten Häuser aus Holz gebaut waren und daher bei einem Brand alles vernichtet wurde, war es von großer Notwendigkeit, eine Hilfe dagegen zu haben. Gelöscht wurde mit Ledereimern, die sich in den Häusern befanden und bei einem Brand mitgenommen wurden. 1904 wurde eine Handspritze angekauft. Von 1906 an gab es regelmäßig Übungen. Im gleichen Jahr wurde die erste Zeugstätte errichtet. Später wurde noch ein Schlauchturm angebaut. Die erste Motorspritze wurde 1931 gekauft, aber später gegen eine größere mit mehr Leistung umgetauscht. In den Jahren 1938/39 wurden alle fünf Feuerwehren der Gemeinde Pichl zu einer Wehr zusammengezogen. 1939 wurde das erste Auto angekauft, es war ein gebrauchter Mercedes. 1945 erwarb die Wehr einen Horch Allrad, der in Eigenregie umgebaut wurde und bis 1958 gute Dienste leistete. In diesem Jahr wurde ein neues KLF gekauft und auch eine Alarmsirene am Zeughaus installiert. Mit der zunehmenden Technisierung wurde die Zeugstätte zu klein und so 1971 gemeinsam mit der Ortsmusikkapelle mit dem Neubau des Feuerwehrhauses begonnen. Durch die tatkräftige und finanzielle Mithilfe vieler Ortsbewohner und der Feuerwehrmänner konnte im November 1972 das neue Haus bezogen werden. Die Einweihung erfolgte 1974. Im gleichen Jahr wurde trotz großer finanzieller Schwierigkeiten ein gebrauchtes TLF erworben. Drei Jahre später war das Einsatzfahrzeug, Bj. 58, nicht mehr voll einsatzfähig. Das neue Fahrzeug, ein mit Lösch- und Bergeausrüstung ausgestattetes Einsatzfahrzeug, wurde im Mai 1977 geliefert. Dazu wurden noch schwere Atemschutzgeräte und ein Notstromaggregat gekauft. Die bis jetzt letzte große Anschaffung war ein neues TLF Trupp 2000.

HBI Arthofer A. (1955), OBI Berghammer J. (1968), AW Bergmair A. (1949), AW Haslinger F. (1972), AW Parzer H. (1972) — PFm Aichmayr H. (1983), OFm Andlinger R. (1979), Fm Andlinger R. (1981), HFm Berger-Oberndorfer J. (1976), E-BI Berghammer J. (1928), Fm Beschta K. (1981), OLm Doppler J. (1954), PFm Ecker J. (1982), Fm Ecker J. (1981), OLm Falzberger F. (1959), HLm Harrer J. (1969), HFm Hochhauser J. (1970), OLm Hochreiner H. (1963), HLm Hochreiner M. (1922), OLm Huhn J. (1956), HLm Hurnaus M. (1955), E-OBI Kaser F. (1945), Fm Kaser F. jun. (1979), Fm Kaser J. (1982), HLm Kirchberger F. (1928), HFm Kreuzwieser J. (1958), E-HBI Krexhammer J. (1925), Fm Lechner H. (1979), OLm Lechner M. (1949), Fm Lehner J. (1975), PFm Madaras H. J. (1982), OLm Mader J. (1957), OFm Nagl-Springer G. (1974), HLm Nöhammer A. (1934), OFm Nöhammer J. (1975), E-AW Parzer J. (1937), OBm Söllinger H. (1948), E-OBI Steinhuber A. (1962), HFm Steinhuber A. (1972), HFm Thaller F. (1967), HLm Wendt J. (1967), OFm Wimmer G. (1975), E-AW Wimmer M. (1940), OFm Wolfsberger G. (1977), OLm Wolfsberger M. (1970), HBm Wolfsberger O. (1947), HBm Zehentner J.-P. (1966)

FF REUHARTING

Seit dem Jahr 1895 bestand in Reuharting eine Filiale der Freiwilligen Feuerwehr Steinerkirchen. Am 31. März 1904 erfolgte die Gründungsversammlung für eine selbständige Feuerwehr Reuharting. Es folgte ein Gründungsfest am 16. Juni 1904 mit Musik und Gartenfest. Mitgliederstand damals 19 Mann. Die erste Handdruckspritze konnte am 14. Januar 1905 bei der Fa. Rosenbauer angekauft werden. Kommandant war Alois Prielinger, dem im Jahr 1910 Georg Hillinger folgte. Am 16. März 1930 konnte die erste Motorspritze „Kleiner Florian" angekauft und am 2. Juli eingeweiht werden. Ab diesem Jahr war H. Obernberger Wehrführer, eine Funktion, welche er durch 34 Jahre ausübte. In diesem Jahr war auch der Großbrand beim Bauern zu Reuharting. Im Jahr 1954 wurde ein Löschteich errichtet und im darauffolgenden Jahr ein Rüstanhänger für Traktorzug angeschafft. Im Jahr 1959 erwarb die Feuerwehr eine moderne Tragkraftspritze VW 75 Automatik. Dieses Gerät wurde am 3. Juli 1906 geweiht. Dem Traktoranhänger folgte im Jahr 1971 ein Auto, und zwar ein VW-Bus. Die Modernisierung der Feuerwehr wurde im Jahr 1981 durch die Anschaffung von schwerem Atemschutz in der Form von Preßluftatmern fortgesetzt. Derzeit plant die Feuerwehr Reuharting den Neubau des Feuerwehrhauses; für das Jahr 1985 ist die Errichtung des Rohbaues ins Auge gefaßt. Im Zuge dieses Neubaues plant Kommandant Johann Hochleitner auch die Installierung der Sirenenfunkfernsteuerung für seine Wehr.

HBI Hochleitner J. (1951), OBI Wimmer K. (1965) — Aitzetmüller A. (1955), Aitzetmüller A. (1980), Artelsmaier J. (1962), Ennser F. (1950), Ennser F. (1974), Gasperlmaier F. (1926), Gollinger J. (1971), Gollinger J. (1947), Gollinger J. (1971), Gruber H. (1980), Heizendorfer M. (1959), Hochleitner G. (1980), Kaiser J. (1964), Kurzmann J. (1957), Kurzmann K. (1974), Lang-Jakschy A. (1952), Lebersorger K. (1949), Leitenmair F. (1964), Leitner A. (1933), Maidorfer F. (1960), Moser J. (1953), Nagler K. (1944), Pührecker F. (1951), Pühringer-Obernberger (1956), Rau M. (1974), Spitzbart J. (1968), Stockhamer K. (1950), Übleis J. (1969)

FF SATTLEDT

Im Jahr 1899 wurde in einer Gemeindesitzung in Kremsmünster beschlossen, in Sattledt eine selbständige Feuerwehr zu gründen. Bei der Gründung am 6. Januar 1900 bestand die Feuerwehr aus 49 Mitgliedern. Die Spritze und die Gerätschaften wurden durch Sammlungen angeschafft. Beim Schmied in Irndorf wurde ein Depot zur Unterbringung der Gerätschaften gemietet. 1923 wurden die zweite Handdruckspritze und ein Abprotzwagen angekauft. Beim 25jährigen Gründungsfest war der Stand 75 Mann, zwei Saug- und vier Handspritzen. 1926 erfolgte die Trennung der bisher in die Feuerwehr Sattledt eingegliederten Gruppe Irndorf. Im Dezember 1929 wurde der Beschluß gefaßt, ein Depot zu errichten. 1937 wurde das erste Feuerwehrauto, Steyr VII, angekauft und 1938 die erste Motorspritze, R 50. Im Juli 1945 fand dann wieder die erste Zusammenkunft unter Kommandant Karl Hochschartner statt. 1947 wurde der geschlossene Rüstwagen LF 15, 1950 die zweite Tragkraftspritze RW 80 und ein Rüstwagen Horch gekauft. 1961 wurde ein TLF 1000 angekauft. Aufgrund des schweren Gasunfalles 1967 (vier Tote) wurden 1968 drei schwere Atemschutzgeräte angeschafft. 1970 wurde ein Ford Transit 1250, ausgerüstet mit einer Öl-Umfüllpumpe und einem Funkgerät, gekauft. Am 28. September 1973 wurde uns ein Öl-Einsatzfahrzeug übergeben. Am 28. April 1977 wurde ein Trupp TLF 2000 gekauft. 1978 wurde nach vierjähriger Bauzeit die neue Zeugstätte eingeweiht. 1980 wurde der LFB ausgeliefert. 1980 wurde ein Notstromaggregat, 1981 drei schwere Atemschutzgeräte und eine Tauchpumpe gekauft. 1981 erhielt die Wehr die Rettungsgeräte vom LFK. 1982/83 Ausbau der stillen Alarmierung mit Fixfunkstation und 16 Piepsern.

HBI Höpoldseder R. (1952), OBI Huemer F. (1952), AW Bauer F. (1972), AW Kemmer J. (1974), AW Murauer W. (1977), BI Hofinger J. (1970), BI Hundstorfer J. (1972) — Lm Bieregger J. (1950), HBm Bintner H. (1964), HFm Ebner F. (1959), Lm Eckmann F. (1964), HFm Federmair R. (1949), HFm Gumpelmeier W. (1970), HFm Hofer R. (1951), HFm Hofmann H. (1950), HBm Holzinger F. (1951), Fm Kampelmüller R. (1982), OBm Kamptner J. (1928), OLm Mag. Kirchmayr J. (1979), HFm Krennhuber L. (1947), HFm Leitner G. (1958), OLm Lindinger F. (1970), Lm Löffler A. (1968), HFm Mair J. (1951), Fm Mair W. (1982), Fm Maringer H. (1982), OFm Mayr P. (1979), Fm Michlmayr M. (1982), Fm Monsberger G. (1982), HBm Müller G. (1956), Oppeneder F. (1974), Lm Pauzenberger A. (1955), Fm Pointl G. (1982), OBm Pointl S. (1950), HFm Pollhammer J. (1962), HFm Rumpfhuber A. (1951), E-BI Schirl F. (1952), Bm Schirl H. (1972), E-HBI Schmitzberger J. (1950), Fm Schock H. (1976), Fm Söllradl H. (1982), HFm Steinmaurer K. (1970), OFm Weidinger F. (1982), E-BI Weingartner A. (1965), Fm Weingartner A. jun. (1982), Fm Zambelli K. D. (1982)

FF SCHLEISSHEIM

Die Gründung der FF Schleißheim erfolgte 1888. Hauptmann wurde Johann Zehetner. 1889 wurde eine Saugspritze mit 50 m Schlauchleitung angeschafft. Im Juli 1904 wurde von der Fa. Gugg eine leistungsfähige Saugspritze angekauft. 1910 wurde erstmals der Versuch unternommen, die Rotte (Löschgruppe) Blindenmarkt in eine selbständige Feuerwehr umzuwandeln. 1932 wurde der Löschzug Blindenmarkt selbständig. 1932 wurde von der Fa. Rosenbauer eine Motorspritze angekauft. 1938 wurden die Wehren Schleißheim und Blindenmarkt zu einer Gemeindefeuerwehr zusammengelegt. Das erste Feuerwehrauto 1952 war ein amerikanischer Dodge, 80 PS, mit Benzinmotor. Das Fahrzeug wurde von der Fa. Gahberger, Wels, umgebaut. Die Vergrößerung der Zeugstätte Schleißheim wurde nun in Angriff genommen. 1956 wurde die Motorspritze Gugg der Löschgruppe Blindenmarkt gegen eine Motorspritze Fischer ausgetauscht. Außerdem wurde mit den Planungsarbeiten für eine Zeugstätte in Blindenmarkt begonnen (1961 fertiggestellt). 1962 wurde für Schleißheim eine Rosenbauer-Motorspritze VW-Automatik 75 gekauft. In weiterer Folge erwarb man ein gebrauchtes Fahrzeug, Marke Opel Blitz, welches zu einem TLF umgebaut wurde. 1966 wurde für Blindenmarkt ein VW-Pritschenwagen erworben. 1967 wurde eine weitere Rosenbauer VW-Automatik bestellt. 1975 entschloß man sich zum Bau einer Feuerwehrzeugstätte für Schleißheim. Sie wurde 1978 in Betrieb genommen. Kurz darauf erwarb man ein gebrauchtes TLF, Marke Opel, und 1982 noch ein gebrauchtes KLF, Marke Ford. Es sind dies die wesentlichsten Anschaffungen in der Funktionsperiode von Hermann Stadlmayr, der seit 1955 die Geschicke der FF Schleißheim leitet.

HBI Stadlmayr H. (1937), OBI Thallinger J. (1949), AW Hadringer J. (1948), AW Leithenmayr F. (1978), AW Sattleder J. (1962), AW Schmidtbauer J. (1968), AW Wimmer G. (1980), OBI Schlöglmann J. (1981), BI Adelsmair J. (1967), BI Sadleder J. (1965), BI Wimmer J. (1953) — HFm Adelsmair J. (1931), Bm Bauerecker H. (1955), HFm Baur A. (1952), Fm Csamay M. (1982), Lm Derflinger J. (1962), E-BI Eggendorfer A. (1930), E-OBI Filzmoser F. (1957), HFm Franzmair J. (1967), HBm Fürlinger A. (1957), OFm Fürlinger A. (1980), OFm Fürlinger E. (1977), Fm Fürlinger K. (1982), Lm Grubmair F. (1968), Fm Hadringer G. (1982), HBm Hadringer H. (1977), OFm Hausleitner G. (1977), HFm Hobl F. (1978), Fm Hobl H. (1982), HLm Hobl J. (1939), Lm Huber W. (1967), Lm Lamm J. (1957), E-BI Leblhuber J. (1932), HLm Leithenmayr F. (1953), Lm Maurer G. (1971), HBm Maurer W. (1972), E-BI Meingast M. (1957), HFm Meingast W. (1971), HFm Mielacher A. (1946), Fm Mihajlovic R. (1980), Mistlberger E. (1983), HFm Mistlberger G. (1980), Lm Peterwagner J. (1922), HFm Peterwagner J. (1958), Bm Schrenk N. (1957), OLm Selthafner F. (1973), OFm Selthafner H. (1978), Lm Stadlmair J. (1967), Fm Stadlmayr E. (1981), HFm Stadlmayr G. (1980), Fm Stadlmayr G. (1983), Lm Stadlmayr G. (1976), Lm Stadlmayr H. (1950), HFm Stadlmayr J. (1958), OFm Stadlmayr W. (1976), Lm Steiner F. (1947), Fm Thallinger F. (1981), Lm Thallinger J. (1973), HFm Weiß E. (1971), Fm Wespl E. (1982), OLm Wespl F. (1949), OFm Wespl F. (1977), OFm Wespl J. (1980), Fm Wimmer J. (1982)

FF SIPBACHZELL

Der Gemeindevorsteher Ignaz Ecker gründete 1897 die Freiwillige Feuerwehr Sipbachzell. Die konstituierende Sitzung fand am 21. März 1897 statt. 1911 wurde die Löschgruppe Leombach gegründet. Als zweite Löschgruppe gehörte Giering-Rappersdorf der FF Sipbachzell an. Diese beiden Löschgruppen wurden mit Bescheid des Amtes der OÖ. Landesregierung vom 14. Januar 1949 zu selbständigen Feuerwehren erklärt. Die Geräte wurden anfangs beim Obernberger untergebracht. 1929 wurde dann das erste Feuerwehrhaus bei der Kirchmühle errichtet. Seit 1963 ist die Feuerwehr im Amtsgebäude der Gemeinde Sipbachzell untergebracht. Das erste Fahrzeug, Steyr A, Typ 1500, erhielt die Wehr 1935. Im Juli 1960 wurde das Rüstfahrzeug Opel Blitz mit Motorspritze angeschafft. Dieses Fahrzeug wurde 1963 in ein Tanklöschfahrzeug umgebaut. Der Wassertankinhalt betrug 1000 Liter. 1978 wurde der Opel Blitz an die Feuerwehr Giering-Rappersdorf abgegeben, und die Feuerwehr Sipbachzell erhielt ein TLF 2000. Im November 1983 kaufte die Feuerwehr ein LFB Mercedes Benz 508 D an. Kommandanten der Freiwilligen Feuerwehr Sipbachzell waren seit ihrer Gründung: Julius Lackner (1897–1898), Ignaz Ecker (1898–1899), Johann Kaiser (1899–1923), Josef Fischer (1923–1935), Johann Mauhart (1935–1938), Johann Schachner (1938–1945), Franz Miglbauer (1945–1963), Franz Huber (1963–1976), Alois Koppler (1976–1982), Johann König-Felleitner (seit 1982).

HBI König-Felleitner J. (1982), OBI Kerschberger F. (1964), AW Huber F. (1964), AW Riegler J. (1975), AW Ries M. (1975), BI Spatt J. (1963), BI Weiringer J. (1968), BI Wieser F. (1971) — OFm Aiterwegmair Ch. (1975), Bm Aiterwegmair S. (1965), JFm Aspetsberger K. (1980), HFm Außerhuber H. (1981), OLm Blaimschein F. (1971), Fm Blaimschein F. (1981), OLm Blaimschein M. (1976), JFm Boschinger A. (1980), JFm Boschinger M. (1980), OFm Brillinger G. (1978), OLm Derflinger-Eggendorfer F. (1963), OLm Ecker J. (1959), OLm Hofmair J. (1955), HFm Huber E. (1975), E-HBI Huber F. (1946), Humer A. (1983), JFm Humer W. (1981), OFm Kaser H. (1979), JFm Kerschberger F. (1981), Köbrunner D. (1951), HLm Koppler J. (1955), OLm Krinzinger F. (1971), FA Dr. Krinzinger R. (1981), Lindinger G. (1983), OFm Loibingdorfer J. (1980), HFm Mauhart J. (1978), OFm Mayr A. (1979), Lm Mitterhuemer R. (1955), HFm Obermann J. (1979), JFm Plainer J. (1982), E-OBI Rathmair J. (1942), JFm Rathmair J. (1979), JFm Rathmair K. (1982), HFm Rathmair W. (1971), Lm Ries F. (1979), HLm Ries M. (1965), HFm Santner U. (1975), PFm Sengschmied F. (1983), Spatt J. (1938), Fm Steinmaurer J. (1982), PFm Steinmaurer J. (1983), Strutzenberger J. (1925), HFm Weingartmair A. (1975), E-AW Weingartmair J. (1942), Zeilinger G. (1949)

FF SPIELDORF

Die Freiwillige Feuerwehr Spieldorf besteht seit dem Jahr 1886. Zu dieser Zeit wurde die erste Feuerspritze angeschafft, die mit Pferden bespannt wurde. 1905 wurde der Entschluß gefaßt, daß mit 1. Januar 1906 die Wehr gegründet wird und den Namen „Freiwillige Feuerwehr Spieldorf" trägt. Aus einer alten Chronik geht hervor, daß in den Jahren von 1886 bis 1926 über 90 Ausfahrten zu Bränden notwendig wurden. 1930 wurde die Handpumpe gegen die erste Motorspritze ausgetauscht. Sie war eine gebrauchte Pumpe, so daß 1934 eine neue Rosenbauer TS R 25 gekauft wurde. In den Kriegsjahren wurde die Wehr der Ortsfeuerwehr Eberstalzell angeschlossen. Es bestand nur ein Löschzug. 1945 wurde die FF Spieldorf wieder selbständig. Zwei Jahre später erfolgte die erste Motorisierung. Es war ein Wehrmachtsfahrzeug, das für Feuerwehreinsätze aufgerüstet wurde. Aus Platzmangel baute man 1951 ein neues Zeughaus, und zugleich schaffte man eine größere gebrauchte Tragkraftpumpe an. 1959 wurde die Spritzenausrüstung auf den neuesten Stand gebracht und eine neue Pumpe gekauft. Aufgrund von mehreren Ankäufen gebrauchter Fahrzeuge, die den Anforderungen nicht immer entsprachen, wurde 1976 ein neues KLF der Marke Ford Transit in Dienst gestellt. In den letzten Jahren sind sehr viele natürliche Löschteiche im ländlichen Gebiet nicht mehr erhalten geblieben, so daß man 1983 den Kauf eines Tanklöschfahrzeuges beschloß. Dadurch ist das Zeughaus wiederum zu klein. Es wurde ein Erweiterungsbau geplant, der zurzeit im Rohbau steht. 1986 feiert die Feuerwehr Spieldorf das 100jährige Bestandsjubiläum, sie hat sich in vielen Einsätzen bewährt und trägt zur Hilfe in ärgsten Nöten bei.

HBI Wimmer A. (1945), OBI Karlsberger H. (1965), AW Stadlhuber O. (1977), AW Straßmair J. (1954), AW Weingartner P. (1978), BI Dickinger L. (1970), BI Karlsberger F. (1978) — OFm Achleitner E. (1976), OFm Achleitner M. (1980), HBm Artelsmair F. (1950), Fm Artelsmair W. (1982), AW Bayrhuber J. (1948), HBm Buchecker J. (1959), HFm Burgstaller K. (1962), HFm Ennser A. (1963), Lm Fellner F. (1954), Bm Grabner J. (1949), HFm Heidlmair F. (1965), OFm Hörtenhuemer G. (1980), OBm Lichtenwanger M. (1950), OFm Lichtenwanger M. jun. (1980), HLm Linsbod M. (1923), OBm Mair K. (1949), OBm Pfarl A. (1949), HLm Pfarl G. (1949), OFm Purrer A. (1979), OLm Söllradl J. (1958), Bm Sperrer F. (1949), OFm Sperrer J. (1979), Fm Sperrer W. (1981), Fm Sternberger M. (1981), Fm Straßmair J. jun. (1982), E-HBI Weingartner J. (1938), HBm Weingartner J. (1949), OFm Weingartner M. (1975), Fm Weingartner M. (1981), OFm Wimmer H. (1980), HFm Wimmer J. (1973), OFm Wimmer M. (1980), OFm Ziegelbäck A. (1979), OFm Ziegelbäck M. (1980)

FF STADL-PAURA

Bis 1881 bestanden die Feuerlöscheinrichtungen der Gemeinde Stadl-Paura aus zwei Handspritzen und den dazugehörigen Geräten. Am 10. November wurde die Anschaffung einer Gemeindespritze beschlossen. Um eine Bedienungsmannschaft zu haben, wurden die Ortsbewohner aufgefordert, einer zu gründenden Feuerwehr beizutreten; es meldeten sich 120 Mann. Die Gründungsversammlung fand am 1. Januar 1882 statt. 1883 wurde mit der Fa. Rosenbauer wegen Umtausch der Spritze in eine leistungsfähigere verhandelt. Auch sollte ein Depot errichtet werden. 1884 faßte man den Beschluß, eine zweite Spritze als Ersatz anzuschaffen. Nach schweren Hochwässern 1897 und 1899 wurde 1900 eine Wasserwehr mit 26 Mann gebildet. 1928 wurde ein Gemeindehaus errichtet, in dem auch die Feuerwehr untergebracht wurde. 1938 wurde die Wehr als Verein aufgelöst und zu einer Körperschaft öffentlichen Rechts umgebildet. Die erste reguläre Mitgliederversammlung nach dem Krieg fand am 15. Dezember 1945 statt. 1950 wurde erstmals der Bau einer neuen Zeugstätte diskutiert. Schon 1951 wurde ein moderneres Löschfahrzeug, LF 8 Steyr 370/1500 A, von der Fa. Rosenbauer angekauft. Das Garagengebäude wurde 1955 angekauft. 1956 wurde ein Lkw in Betrieb genommen, um die Zillen der Wasserwehr transportieren zu können. Das erste TLF 2000 mit Hochdruckpumpe wurde 1959 angeschafft. 1968 wurde in Eigenregie ein TLF 2000 gebaut. Ein Kdo-Fahrzeug konnte 1973 und ein LFB 1978 gekauft werden. Auch die Wasserwehr wurde weiter ausgebaut, und 1967 wurde eine Tauchergruppe aufgestellt. Zum 100. Geburtstag der Feuerwehr Stadl-Paura wurde 1982 von der Gemeinde ein neues TLF RLF-A 2000 angekauft, und vom LFK wurde 1983 ein Atemschutzfahrzeug verlagert.

HBI Mistlberger A. (1965), OBI Geyrhofer H. (1963), AW Binder K. (1970), AW Franzelin S. (1976), AW Jeglinger M. (1983), BI Oberroithmayr F. (1970), BI Zwickl K. (1970) — OLm Bauer G. (1970), OLm Bauer H. (1973), OLm Brandstötter M. (1967), Dickinger E. (1982), HFm Exl A. (1946), JFm Ficker A. (1982), HLm Födermaier H. (1956), OLm Forstner R. (1973), OFm Geßwagner K. (1976), E-HBI Graßinger A. (1942), Gutbrunner A. (1983), JFm Hartentahler M. (1982), HLm Hauer N. (1964), HLm Hehenberger H. (1960), Hörmanseder J. (1983), OFm Holzinger G. (1976), HFm Huemer L. (1962), Fm Kaltenbrunner H. (1980), Bm Mayr E. (1953), Bm Mayr J. (1962), HLm Mistlberger E. (1955), Bm Mistlberger H. (1940), HBm Müllner M. (1958), Lm Ott P. (1969), JFm Penninger J. (1981), Fm Riegler P. (1981), Bm Spitzbarth H., JFm Stachorski A. (1982), OLm Stieglbauer L. (1936), OFm Stockhammer A. (1976), OLm Streif L. (1958), JFm Unterfurtner M. (1979), Fm Wallner H. (1980), E-OBI Weidinger R. (1958), OFm Weszelovsky E. (1979), E-BI Wiesinger J. (1922), OLm Wiesinger J. (1924), Bm Ziegler M. (1961), Lm Zwickl K. (1955)

FF STEINERKIRCHEN AN DER TRAUN

Die Freiwillige Feuerwehr Steinerkirchen an der Traun wurde im Jahr 1894 von den Mitgliedern Josef Krennhuber, Johann Neuwirth, Alois Zellmair, Karl Resl, Karl Kaufmann, Stefan Maidorfer, Simon Gruber, Karl Ecker, Karl Gütlbauer, Josef Gatterbauer, Josef Eichinger, Franz Gruber, Johann Winter, Franz Deiker, Karl Aigner, Simon Stadlhuber, Karl Niedereder, Mathäus Aicher, Josef Zeininger, Franz Wimer, Mathias Burgstaller, Josef Mair, Karl Lahersdorfer und Josef Ecker gegründet. Im Jahr 1896 wurde eine Handdruckspritze angekauft. Die erste Motorspritze erwarb die Wehr im Jahr 1931. Im Jahr 1945 wurde die Wehr mit einem Steyr-Lkw aus Wehrmachtsbeständen ausgerüstet. Das Feuerwehrgebäude wurde 1952 errichtet. 1966 erfolgte der Ankauf eines Rüstwagens Mercedes mit Vorbaupumpe. 1977 wurde das TLF 2000, 1981 das LFB Mercedes 409 angekauft. Kommandanten der Freiwilligen Feuerwehr Steinerkirchen an der Traun waren seit ihrer Gründung, soweit bekannt: Josef Krennhuber (bis 1908), Stefan Maidorfer, Josef Hochreiner (1910–1913), Georg Scheinecker, Franz Asböck (bis 1927), Wolfgang Krumphuber (bis 1938), Anton Schmidler, Alois Hörtenhuemer (1947–1973), Johann Hörtenhuemer (seit 1973).

HBI Hörtenhuemer J. (1954), OBI Leithenmair J. (1965), AW Hangweirer W. (1977), AW Stockhammer J. (1976), AW Wimmer R. (1979), BI Wimmer R. (1958), BI Zagerbauer H. (1976) — Lm Aicher M. (1937), OFm Angerer J. (1979), Fm Augustin E. (1961), PFm Außerhuber E. (1983), OFm Bruckner J. (1947), Lm Brunnthaller G. (1933), Fm Fischereder F. (1982), HLm Fischereder F. (1953), OLm Gaspersmair H. (1951), OFm Gruber J. (1965), Lm Hermanowitsch J. (1957), E-HBI Hörtenhuemer A. (1931), Lm Huemer J. (1960), HFm Karntner F. (1973), Fm Krottenmüller E. (1960), Fm Mayr H. (1976), HFm Mitteregger F. (1968), HBm Neuböck A. (1947), Lm Neuböck J. (1954), HFm Obermair J. (1968), Lm Payrhuber J. (1955), FA Dr. Pjeta O. (1980), Lm Prillinger H. (1953), Fm Scherndl B. (1982), Lm Schobesberger G. (1973), Bm Stockhammer F. (1949), Fm Stockhammer J. (1982), HBm Wimmer F. (1945), Lm Wimmer K. (1952), OFm Wimmer K. (1976), OFm Wolf F. (1948), OFm Zagerbauer J. (1968)

FF STEINHAUS

1888 wurde die FF Steinhaus gegründet. Am 19. Januar 1891 fand die erste Hauptversammlung statt. Nachdem am 15. Januar 1893 der Feueralarm geregelt wurde, konnte jedermann bei Bränden im Ort zuerst mit der großen Glocke, hingegen außerhalb zuerst mit der kleinen Glocke vor dem ganzen Geläute die Feuerwehr alarmieren. Am 5. Juli 1925 gründete man die Feuerwehr-Filiale Traunleiten, welche am 21. Februar 1934 zur selbständigen Feuerwehr erklärt wurde. Im Jahr 1937 ist als Feuerwehrfahrzeug ein Steyr II, 6 Zylinder, angekauft worden, welcher im Jahr 1948 gegen einen Steyr A 1500 Allrad ausgetauscht wurde. Die noch jetzt im Einsatz befindliche Motorspritze VW 75 A konnte im Jahr 1961 angeschafft werden. Anläßlich des 75jährigen Gründungsfestes im Jahr 1963 stellte die FF Steinhaus einen neuen Tankwagen Opel Blitz TLF 1000 in Dienst, weiters im Jahr 1964 einen gebrauchten VW Kombi. Ab dem Jahr 1972 erleichterte das erste Funkgerät im 2-m-Band die Arbeit der Feuerwehr. Im Jahr 1977 ersetzte ein KLF Ford Transit 150 den VW Kombi, und das TLF 1000 konnte im Jahr 1983 gegen ein TLF 2000 Trupp ausgewechselt werden. Weiters stehen bei der FF Steinhaus zwei Funkgeräte im 2-m-Band in Verwendung. Es besteht außerdem der Anschluß an die Funkalarmierung mit Zentrale in Wels. Drei schwere Atemschutzgeräte stehen ebenfalls zur Verfügung. Im Jahr 1984 konnte aus der Feuerwehrkasse ein 8-kVA-Notstromversorgungsgerät angekauft werden.

HBI Kienesberger A. (1969), OBI Ziegelbäck F. (1953), AW Obermair R. (1973), AW Wimmer F. (1965), AW Wögerer E. (1968), BI Aumüller F. (1971), BI Obermair H. (1962) — Lm Achleithner J. (1971), Bm Berger J. (1955), PFm Derflinger A. (1983), OFm Felber F. (1978), OLm Hieslmair J. (1965), Lm Holzinger O. (1968), OLm Huemer A. (1966), HFm Karlhuber J. (1975), OFm Karlsberger J. (1978), E-HBI Lachmayr J. (1946), Lm Langeder J. (1978), OFm Langlehner F. (1978), E-HBI Langlehner J. (1947), Lm Mittermayr J. (1924), Lm Muggenhuber F. (1980), Lm Neuburger M. (1947), HFm Neumayr H. (1973), OLm Obermayr J. (1971), OFm Pocherdorfer A. (1978), PFm Reiter A. (1983), OLm Schedlberger J. (1966), OFm Schelberger A. (1978), PFm Schürz Ch. (1983), HBm Spatt J. (1949), OFm Spatt J. (1978), OFm Stacheneder M. (1978), OFm Steinhuber H. (1978), OLm Stinglmair F. (1947), PFm Stummvoll R. (1983), OLm Wiener J. (1971), Fm Ziegelbäck F. (1980)

FF SULZBACH

Nachdem die Feuerwehr Pichl 1876 gegründet worden war, bestand Sulzbach als Löschzug dieser Wehr. Am 5. Juni 1926 wurde die FF Sulzbach gegründet und ein Ansuchen an die FF Pichl wegen Kassateilung gestellt. 1928 war der Mitgliederstand 38 Feuerwehrmänner und 31 unterstützende Mitglieder. Die Feuerwehr suchte bei der Gemeinde um Ankauf von 150 Meter Schläuchen an, was bewilligt wurde. Die Einsätze waren ausschließlich Brandeinsätze. Am 10. April 1932 erhielt die Wehr die Spritze von der FF Geisensheim, ihre Spritze wurde an die FF Ödt übergeben, welche in diesem Jahr gegründet worden war. In einer gemeinsamen Übung 1933 prüften die fünf Feuerwehren von Pichl ihre Spritzen. Das Zeughaus war bei der Gründung errichtet worden. 1934 wurde der Schlauchturm gebaut. Dieses Gebäude wurde 1981 abgetragen. Die letzte Generalversammlung vor dem Krieg fand am 15. Januar 1939 statt. Die FF Sulzbach verlor ihre Selbständigkeit und wurde der 3. Zug der FF Pichl. In den Kriegsjahren hatte die Feuerwehr schwere Aufgaben und Einsätze bei verringertem Mannschaftsstand zu bewältigen. Unter Wehrführer Stefan Malzer wurde die Wehr am 24. Mai 1951 mit 26 Mitgliedern neuerlich selbständig. Durch die Auflösung der FF Ödt am 12. Januar 1958 traten vier Kameraden der Wehr Sulzbach bei. Technisierung und Vergrößerung der Aufgaben im Feuerwehrbereich erforderten den Neubau des Feuerwehrhauses. Durch die finanzielle Unterstützung der Gemeinde wurde ein geeignetes Grundstück gekauft. Der Bau des neuen Feuerwehrhauses erforderte bis jetzt eine freiwillige Arbeitsleistung der Kameraden von 5748 Stunden. Die letzte große Anschaffung war der Kauf eines Tankwagens Magirus Deutz TLF 2500.

HBI Wieser J. K. (1965), OBI Malzer J. (1968), AW Gebetsroither F. (1972), AW Nöbauer F. (1971), AW Söllinger H. (1977) — OLm Ammer I. (1970), OFm Burgstaller H. (1980), HLm Dirnstorfer H. (1951), OBm Dirnstorfer K. (1953), HFm Doppelbauer J. (1976), HLm Doppler J. (1945), HFm Fischereder J. (1973), OBm Freimüller E. (1958), HFm Freimüller J. (1976), OBm Gebetsroither M. (1953), HFm Gruber H. (1978), Fm Hangweirer G. (1980), HFm Keinrath F. (1970), Fm Keuschnigg A. (1980), E-HBI Keuschnigg P. (1955), HFm Keuschnigg P. (1977), HLm Kirchberger-Fischer K. (1958), Fm Kirchberger-Fischer K. (1982), HLm Kolb J. (1949), HFm Kraxberger J. (1968), HLm Lehner J. (1950), HLm Lindenbauer V. (1932), OFm Mader G. (1979), Fm Mair F. (1981), Lm Malzer H. (1974), E-HBI Malzer S. (1919), HLm Muggenhumer J. (1952), HFm Muggenhumer J. (1969), Fm Muggenhumer O. (1981), Bm Nöbauer F. (1951), HLm Oberbauer K. (1957), OBm Rudlstorfer F. (1951), OFm Rudlstorfer M. (1974), HBm Rumpfhuber G. (1980), OBm Rumpfhuber J. (1964), HFm Schachinger J. (1976), PFm Söllner W. (1983), Lm Stieglmayr K. (1975), OFm Stoiber Ch. (1979), Bm Stoiber F. (1951), Bm Straßer M. (1958), HFm Straßer M. (1977), OBm Stritzinger J. (1956), HFm Weiß H. (1963), HLm Zehetner H. (1957)

FF THALHEIM BEI WELS

Die Freiwillige Feuerwehr Thalheim bei Wels wurde mit Beschluß des Gemeindeausschusses vom 12. Juli 1888 gegründet. Bei der Gründung waren 55 Kameraden beteiligt. 1908 wurde das erste Depot erbaut, welches in den Jahren 1948 und 1949 umgebaut bzw. erweitert wurde. Dies war nur dank dem Idealismus der Familie Waglhuber möglich, welche den Grund kostenlos zur Verfügung stellte. In den Jahren 1976 bis 1979 wurde durch die Gemeinde, unter tatkräftiger Mitarbeit aller Kameraden, das neue Feuerwehrhaus errichtet. Mußte in den Gründungsjahren noch mit Pferdefuhrwerken ausgefahren werden, so wurde 1929 das erste Auto angekauft, welches jedoch bereits 1931 durch ein anderes Fahrzeug ersetzt werden mußte. Vom Ankauf der ersten tragbaren und fahrbaren Steigerleiter im Jahr 1921 über die Anschaffung von Greifzügen, Motorsägen und anderen Geräten bis zu den nunmehr vorhandenen Hebekissen verging natürlich einige Zeit, doch wurde festgestellt, daß die Wehr Thalheim jederzeit den Anforderungen entsprochen hat. Durch die Unterstützung der Gemeinde und des Landes-Feuerwehrkommandos hat die Wehr derzeit vier Autos, zwei Anhänger, zwei Zillen und ein Motorboot zur Verfügung. Kommandanten der Freiwilligen Feuerwehr Thalheim bei Wels waren seit ihrer Gründung: Georg Reitinger (1888–1889), Neumann (1889–1892), Klinger (1892–1899), Hummer (1899–1908), Josef Rohrhofer (1908), Karl Reitinger (1908), Anton Gartner (1908–1911), Johann Waglhuber (1911–1931), Josef Auzinger (1931–1956), Karl Auzinger (1956–1973), Konrad Brandtner (1973–1983), Josef Auzinger (seit 1983).

OBR Auzinger K. (1937), HBI Auzinger J. (1964), OBI Peemöller P. (1974), AW Kapl H. (1977), AW Kraxberger F. (1948), AW Weiß K. (1958), BI Nemes S. (1964), BI Rathberger J. (1955), BI Wimmer F. (1956) — Lm Bachmair H. (1974), JFm Behrens H. (1980), JFm Behrens M. (1983), E-HBI Brandtner K. (1937), HFm Brandtner K. (1970), Bm Erda Ch. (1952), PFm Feichtinger J. (1983), Fm Gallhofer A. (1980), HFm Griesbaum A. (1974), OFm Griesbaum T. (1976), E-BI Helmhart E. (1948), HFm Heppler W. (1976), JFm Höglinger H. (1981), OBm Hofmann K. (1940), E-BI Hundstorfer J. (1957), Fm Junek R. (1981), Bm Karner J. (1978), HFm Kraxberger F. (1974), HFm Kronberger F. (1979), HLm Lanzl E. (1964), Lm Ing. Mörtenhuber W. (1970), HBm Möseneder A. (1937), OLm Möseneder E. (1964), JFm Müller F. K. (1982), HFm Platzer J. (1974), Lm Reis G. (1967), HFm Schauflinger K. (1974), E-OBI Schober L. (1934), Fm Spath D. (1980), JFm Stadler J. (1980), HFm Traxler Ch. (1974), HFm Traxler H.-P. (1974), JFm Wallner K. (1980), HBm Wimmer F. (1938), HFm Wimmer J. (1970), JFm Zauner D. (1980)

FF TRAUNLEITEN

Im Jahr 1925 wurde die FF Traunleiten gegründet. Die kurz darauf stattgefundene erste Jahreshauptversammlung zeigte eine rege Teilnahme der Florianijünger. Kurz danach wurde die erste Handdruckspritze mit einem Wagen Marke Eigenbau angeschafft. Die Errichtung der Zeugstätte fand im Jahr 1935 statt. Von 1925 bis zur Errichtung der Zeugstätte wurden die Geräte im Wirtschaftsgebäude der Familie Ettl untergebracht. 1936 Anschaffung einer 2-Takt-Rosenbauer-Motorspritze. 1950 Kauf eines gebrauchten Steyr 2000 Allrad. Im Jahr 1954 erfolgte die Anschaffung eines neuen Anhängers, der bei Ausrückungen mit einem Traktor gezogen wurde. 1959 Kauf einer Tragkraftspritze Type KR VW 75 Automatik. 1965 Ankauf eines neuen Ford Transit als KLF. 1983 Übernahme eines gebrauchten TLF 1000 Opel Blitz, der voll zum Einsatz kommt. In der Zwischenzeit wurden laufend Anschaffungen von kleineren Geräten und Hilfsmitteln getätigt, um die Wehr den Anforderungen der heutigen Zeit anzupassen. 1983 wurde ein Zubau der Zeugstätte durchgeführt. Um schnell Informationen empfangen und weitergeben zu können, stehen der Wehr zwei Handfunkgeräte und zwei Funkgeräte in den Fahrzeugen zur Verfügung. Weiters besteht auch Anschluß an die Funkzentrale in Wels. An der Spitze der FF Traunleiten standen seit der Gründung: Heinrich Ettl (1925–1966), Franz Hundstorfer (1966–1973), Johann Ettl (seit 1973).

HBI Ettl J. (1947), OBI Krug F. (1964), AW Lachmayr F. (1978), AW Reder K. (1957), AW Zwidl K. (1978), BI Neuböck F. (1948) — OBm Breitwieser J. (1952), Bm Buchner J. (1926), Bm Hieslmair J. (1963), Fm Hieslmair J. (1980), PFm Hieslmayr E. (1983), OBm Hörtenhuber K. (1953), HBm Hundstorfer F. (1934), Fm Kaufmann A. (1980), PFm Kaufmann R. (1983), PFm Kriener J. (1983), Fm Krug F. (1980), Bm Krug F. (1944), OLm Lachmayr J. (1971), OLm Langeder F. (1973), Lm Lehner R. (1973), Bm Leitenmair G. (1923), AW Muckenhuber H. (1963), Lm Neuböck F. (1976), HLm Neumayr J. (1968), HBm Schierl J. (1949), HBm Steppan F. (1957), OBI Zwidl A. (1947)

692

FF WEISSKIRCHEN

Die FF Weißkirchen wurde 1889 unter Vorsitz des Gemeindevorstehers Franz Herber von den Komiteemitgliedern Johann Friedl, Johann Thalhuber, Josef Mair und Franz Urban gegründet. Die vorhandenen Gerätschaften waren bereits in einer eigenen Zeugstätte untergebracht. 1890 erhielt auch der Ortsteil Weyerbach eine eigene Feuerspritze. 1927 bekam diese Wehr eine Motorspritze, die gemeinsam mit dem Rüstanhänger in der 1912 erbauten Zeugstätte untergebracht war. Die Feuerwache Weyerbach war bis 1938 eine selbständige Wehr. Von 1938 bis zur Auflösung 1976 wurde sie als Zug der Ortsfeuerwehr geführt. Die FF Weißkirchen erwarb 1892 einen neuen Feuerwehrwagen. Die Weihe der Vereinsfahne, bei der die Fahnenmutter Baronin Emma Heine ein Band spendete, fand 1893 statt. Die erste Motorspritze und das erste Feuerwehrauto, Marke Puch, wurden 1929 in Betrieb genommen. Ein weiteres Kraftfahrzeug, Marke Steyr 12, stand bis 1939 in Verwendung. Das dritte Feuerwehrkraftfahrzeug, ein Fiat-Mannschaftswagen, wurde 1939 erworben und zu einem Rüstfahrzeug umgebaut. Als erstes normgerecht ausgerüstetes Einsatzfahrzeug wurde 1958 ein KLF FK 1000 in Dienst gestellt. 1960 übersiedelte die Feuerwehr vom alten Depot am Ortsplatz in die neue Zeugstätte, die im Zuge des Amtshausneubaues errichtet wurde. Eine neue TS der Type VW R 75 A wurde 1960 angekauft. Die rege Siedlungstätigkeit in der Gemeinde war ausschlaggebend dafür, daß 1974 ein modernes, mit Funk und schwerem Atemschutz ausgerüstetes TLF Trupp 2000 und 1977 ein KLF VW LT 35 angeschafft wurden. Die Häufung der Verkehrsunfälle machte es notwendig, die Wehr mit Berge- und Beleuchtungsgeräten auszustatten, die auf einem eigenen, seit 1983 in Verwendung stehenden KRF transportiert werden.

HBI Hörmannseder E. (1954), OBI Leblhuber F. (1941), AW Fertl R. (1973), AW Grubauer R. (1980), AW Wölfl F. (1963), BI Lederhilger E. (1958), BI Wölfl F. (1949) — E-AW Auböck J. (1948), OFm Auböck J. (1967), E-HBI Aufischer F. (1920), Bm Aufischer F. (1942), HLm Beisl H. (1972), OLm Beisl W. (1942), E-AW Binder F. (1939), Lm Binder R. (1949), Bm Brillinger J. (1926), Lm Bruckner J. (1949), Lm Eder J. (1975), Lm Eiber F. (1951), FK Eisl P. Ch. (1980), HFm Fazeny L. (1970), HLm Feisztl S. (1970), Fm Fermüller J. (1961), OFm Fertl Ch. (1972), OLm Fertl J. (1943), Lm Finner R. (1960), Lm Friedl J. (1943), HFm Friedl J. (1970), HFm Fürlinger F. (1977), HLm Gartner A. (1935), HFm Gartner F. (1964), OFm Gerdopler H. (1980), OFm Gierlinger M. (1968), HBm Glück F. (1941), HBm Glück F. (1975), HBm Glück F. (1970), Lm Glück J. (1949), OLm Glück K. (1973), OLm Griesmann J. (1942), OFm Herber F. (1980), Lm Hofer F. (1952), OFm Jakob J. (1968), HFm Klingmair H. (1977), HFm Köttsdorfer J. (1952), HLm Leblhuber F. (1970), Lm Lehner J. (1949), HBm Lettner F. (1972), Lm Lindinger-Janketschläg (1935), E-BI Miglbauer J. (1935), HFm Mittermeir W. (1962), PFm Neulinger H. (1983), OLm Oberndorfer R. (1959), Lm Pichler F. (1941), Lm Pichler L. (1946), OLm Rathner-Aufischer J. (1972), OFm Schallauer J. (1980), OFm Schickmair F. (1965), OFm Schmid H. (1980), HLm Schneider R. (1967), Lm Seier J. (1950), Fm Seyrl F. (1930), E-BI Sperr J. (1933), OFm Stadlmair G. (1980), HLm Staudinger F. (1955), Lm Steinwendner G. (1943), E-HBI Thallinger J. (1926), HBm Thallinger J. (1970), Fm Ulm J. (1975), FA Dr. Wakolbinger J. (1980), OFm Weichselbaumer F. (1980), OLm Wiesinger F. (1958), PFm Wiesinger W. (1983), Lm Wimmer R. (1952), HFm Zehetner J. (1977), Lm Ziperzik A. (1964)

FF WOLLSBERG

Die Freiwillige Feuerwehr Wollsberg wurde am 18. April 1885 von Simon Gruber, Georg Rappersdorfer, Josef Steinmaurer, Georg Hundstorfer und Johann Kalchmair gegründet. Schon am 30. April wurde von der Fa. Rosenbauer die erste handbetriebene Feuerwehrspritze angekauft. Noch im Gründungsjahr wurde der erste Spritzenschuppen errichtet. Am 13. Juni 1949 wurde ein beschädigter Rüstwagen Marke Dodge angekauft. Das derzeitige Feuerwehrdepot wurde im Jahr 1956 errichtet. Soweit bekannt, hatten folgende Kommandanten die Leitung der Freiwilligen Feuerwehr Wollsberg inne: Adam Sperrer, Franz Schmidingmair, Johann Mayr, Franz Rassinger, Franz Felbermayr, Johann Felbermayr und Johann Scheureder.

HBI Scheureder J. (1968), OBI Pühringer K. (1954), AW Krottenmüller H. (1977), AW Pühringer J. (1947), AW Viechtbauer F. (1968), HBI Felbermair J. (1953), OBI Eckmair G. (1938), BI Felbermair F. (1938), BI Reisinger H. (1974), BI Reisinger J. (1949), BI Sperrer J. (1958) — PFm Aitzetmüller J. (1983), HBm Aizetmüller J. (1949), HBm Baur K. (1945), Lm Brandstöttr R. (1968), Bm Dickinger F. (1954), Lm Eckmair G. (1974), Lm Felbermair J. (1974), OFm Gradnitzer J. (1980), Lm Hieslmair F. (1968), Lm Hundstorfer J. (1961), BI Kaiblinger M. (1929), Lm Kaiblinger M. (1968), HBm Obermair H. (1946), HFm Obermair H. (1977), PFm Pühringer J. (1983), HBm Raffelsberger L. (1953), Bm Rappersdorfer G. (1954), OBm Rappersdorfer J. (1950), PFm Scheureder J. (1983), HFm Steinmauer J. (1977), Lm Wimmer F. (1974), HBm Wolf F. (1941), Lm Zehetner W. (1974)

BtF DER FLACHSSPINNEREI LAMBACH

Ein Großbrand der Flachsmagazine im Jahr 1921 war der Anlaß zur Gründung der Betriebsfeuerwehr durch Josef Hager, Karl Holzinger, Josef Hölzlberger und Adolf Dohnalek im Jahr 1922. Eine Motorspritze, Marke Flader, auf Pferdewagen wurde im Jahr 1925 angeschafft. Die zweite Motorspritze war eine DKW TKS 8, Baujahr 1942, die noch in Betrieb ist. Ein Mercedes 1500 LF 8, Baujahr 1942, konnte 1946 erworben werden. Der Neubau des Feuerwehrgebäudes erfolgte im Jahr 1951. In den Jahren 1938 bis 1945 bestand eine Rettungsabteilung unter Leitung der Wehrführer Josef Hager und Adolf Dohnalek. Seit ihrer Gründung standen folgende Kommandanten an der Spitze der Betriebsfeuerwehr der Flachsspinnerei Lambach: Josef Hager (1922–1943), Adolf Dohnalek (1943–1952), Karl Dickinger (1953–1955), Ernst Schröfel (1955–1959), Karl Salmhofer (1960–1964), Adolf Kliegl (1964–1978), Franz Lotha (1979–1980), Ludwig Mörtenhumer (1980–1982), Franz Mistlberger (1982–1983) und Adolf Spießberger (seit 1984). Seit Bestehen der Betriebsfeuerwehr konnten Großbrände durch rasches Eingreifen und infolge der Mannschaftsstärke verhindert werden.

HBI Spießberger A. (1965) — Beck W. (1974), Berger R. (1977), Binder A. (1949), Hörtenhuber A. (1947), Holzer E. (1976), Kliegl A. (1946), Krickl F. (1969), Krickl F. sen. (1949), Marek R. (1979), Mörigsbauer D. (1965), Mörtenhumer L. (1974), Neumitka B. (1974), Neumitka J. (1943), Parzer J. (1980), Puchas H. (1982), Salmhofer K. (1949)

REGISTER DER FEUERWEHREN

FOTOGRAFEN

Photostudio Albin, Perg; Almstudio, Eidenberg; Pressefoto Christian Appelt, Kremsmünster; Foto W. Baier, Braunau am Inn; Foto Bamberger, Braunau am Inn; Foto Brandstetter, Linz; Fotostudio Dornik-Stadler, Bad Ischl; Fotohaus Ebner, Mattighofen; Pressefoto Helmut Erhardt, Wels; Foto Ertl, Ried im Innkreis; Foto Wilhelm Fettinger, Bad Goisern; Foto Fettinger, Timelkam; Fotohaus E. Filipits, Kirchdorf; Foto Fischerlehner, Ottensheim; Fotohaus Fischerlehner, Gallneukirchen; Foto Friedel, Gmunden; Foto Frühauf, Steyr-Sierning; Foto Füreder, Schwanenstadt-Lambach; Fotosport Gerner, Braunau am Inn; Foto Gugerbauer, Schärding; Fotostudio H. Hargasser, Riedau; Color-Foto Hartmann, Mondsee; Pressefoto Bernhard Haudum, Vorderweißenbach; Franz-Peter Hengster, Vöcklabruck; Foto Himsl, Schärding; Fotostudio A. Hirnschrodt, Ried im Innkreis; Foto Max Hofer, Kirchdorf; Foto-Studio Adolf Holzinger, Marchtrenk; Franz Holzinger, Waizenkirchen; Farblabor Humer, Waizenkirchen; Foto Humer, Lenzing; Franz Jöchtl, Münzkirchen; Foto Kaltenbrunner, Vöcklabruck; Fotoatelier Kieberger, Eferding; Foto Kirsch, Attnang; Foto Kirschner, Rohrbach; Fotoatelier und Fotohandel Bernhard Kittel, Freistadt; Foto Költringer, Straßwalchen (Sbg.); Fotoatelier-Fotohandel A. C. Kranzmayr, Steyr; Foto Lackner-Strauss, Freistadt; Foto-Atelier Lammer, Gmunden; Fotostudio Leidenfrost, St. Martin; Fotostudio Leidenfrost, Traun; Adolf Lengauer, Pregarten; Foto Linnert, Kirchdorf; Pressefoto Hannes Loderbauer, Gmunden; Pressefoto Otto Löffler, Linz; Josef Loschka, Reichenau; Foto Matauschek, Stadl-Paura; Fotostudio Mayr, Grünburg; Colour Art Photo Mehwald, Steyr; Foto Mitterbauer, Altheim; Foto Oberndorfer, Haiding; Foto-Studio Helene Ott, Haid bei Ansfelden; Franz Pflügl, Neufelden; Foto Erich Oskar Prokosch, Linz; Photo Racher, Rüstorf; Foto-Studio H. Ratzenböck, Mattighofen; Foto Reichl, Ebensee; Foto-Studio Renate, Mattighofen; Atelier Resch, Frankenburg; Konrad Rosenbauer KG., Rufling; Foto-Studio Roth, Aschach an der Donau; Fotostudio A. Samstag, Bürmoos (Sbg.); Foto Schachermaier, Ampflwang; Foto Fritz Schachhuber, Scharnstein; Fotostudio M. Schmidmayr, Perg; Foto Schmid, Waidhofen an der Ybbs (NÖ.); Foto-Studio Schröck-Freudenthaler, Laufen (Stmk.); Foto Fritz Schwaighofer, Mondsee; Peter Strasser, Dorf an der Pram; Fotohaus Them, Steyr; Foto Atelier Christian Unterhuber, Bad Schallerbach; Fotostudio Helmut Wansch, Gallspach; Foto Karl Weigl, Ebensee; Pressefoto Josef Wellinger, St. Marienkirchen am Hausruck; Foto Werkgarner, Wels; Foto-Studio Hannes Wurm, Grieskirchen; Fotostudio R. Ziegelböck, Haag am Hausruck.